Energierecht

dtv

Schnellübersicht

Energierecht

Energiewirtschaftsgesetz · Energiesicherungsgesetz
Erneuerbare-Energien-Gesetz
Erneuerbare-Energien-Wärmegesetz
Energiestatistikgesetz
Energieleitungsausbaugesetz
Bundesbedarfsplangesetz · Netzreserveverordnung
Systemstabilitätsverordnung
Erneuerbare-Energien-Verordnung
Energiedienstleistungsgesetz
Elektrizitätsbinnenmarktrichtlinie

Textausgabe mit ausführlichem Sachregister
und einer Einführung von
Dr. Christiane Nill-Theobald, Rechtsanwältin, Berlin,
und
Prof. Dr. Christian Theobald, Mag. rer. publ., Rechtsanwalt,
Berlin

16., überarbeitete Auflage
Stand: 20. November 2019

dtv

www.dtv.de
www.beck.de

Sonderausgabe
dtv Verlagsgesellschaft mbH & Co. KG,
Tumblingerstraße 21, 80337 München

Gesamtherstellung: Druckerei C. H. Beck, Nördlingen
(Adresse der Druckerei: Wilhelmstraße 9, 80801 München)
Umschlagtypographie auf der Grundlage
der Gestaltung von Celestino Piatti
ISBN 978-3-423-53014-9 (dtv)
ISBN 978-3-406-75186-8 (C. H. Beck)

9 783406 751868

Inhaltsverzeichnis

Erster Teil. Energierecht i. e. S.

Zweiter Teil. Wettbewerbsrecht

Dritter Teil. Netznutzung

Vierter Teil. Recht des Verbraucherschutzes

Fünfter Teil. Umweltschutz

Abkürzungsverzeichnis

ABl.	Amtsblatt
ABl. EU	Amtsblatt der Europäischen Union
AbLaV	Verordnung über Vereinbarungen zu abschaltbaren Lasten
Abs.	Absatz
ACER	European Agency for the Cooperation of Energy Regulators (Agentur für die Zusammenarbeit der Energieregulierungsbehörden)
ACERVO	Verordnung (EU) 2019/942 des Europäischen Parlaments und des Rates vom 5. Juni 2019 zur Gründung einer Agentur der Europäischen Union für die Zusammenarbeit der Energieregulierungsbehörden
ADR-Richtlinie	Richtlinie 2013/11/EU des Europäischen Parlaments und Rates vom 21. Mai 2013 über die alternative Beilegung verbraucherrechtlicher Streitigkeiten
AEUV	Vertrag über die Arbeitsweise der Europäischen Union
a. F.	alte Fassung
AGB	Allgemeine Geschäftsbedingungen
Amtl. Anm.	amtliche Anmerkung
AnlRegV	Anlagenregisterverordnung
ARegV	Anreizregulierungsverordnung
Art.	Artikel
AtG	Atomgesetz
AusglMechAV	Ausgleichsmechanismus-Ausführungsverordnung
AusglMechV	Ausgleichsmechanismus-Verordnung
AVBEltV	Verordnung über Allgemeine Versorgungsbedingungen für die Elektrizitätsversorgung von Tarifkunden
AVBFernwärmeV	Verordnung über Allgemeine Versorgungsbedingungen für die Fernwärmeversorgung von Tarifkunden
AVBGasV	Verordnung über Allgemeine Versorgungsbedingungen für die Gasversorgung von Tarifkunden
AVBWasserV	Verordnung über Allgemeine Versorgungsbedingungen für die Wasserversorgung von Tarifkunden
Az.	Aktenzeichen
BAFA	Bundesamt für Wirtschaft und Ausfuhrkontrolle
BAnz	Bundesanzeiger
BAGebV	Besondere-Ausgleichsregelung-Gebührenverordnung
BauGB	Baugesetzbuch

Abkürzungsverzeichnis

BayBO	Bayerische Bauordnung
BBergG	Bundesberggesetz
BBPlG	Bundesbedarfsplanungsgesetz
BDI	Bundesverband der Deutschen Industrie
BDEW	Bundesverband der Energie- und Wasserwirtschaft e. V.
BFH	Bundesfinanzhof
BGB	Bürgerliches Gesetzbuch
BGBl. (I, II)	Bundesgesetzblatt (Teil I, Teil II)
BGH	Bundesgerichtshof
BGW	Bundesverband der deutschen Gas- und Wasserwirtschaft e. V.
BImSchG	Bundes-Immissionsschutzgesetz
BiomasseV	Biomasseverordnung
BioSt-NachV	Biomassestrom-Nachhaltigkeitsverordnung
BMWi	Bundesministerium für Wirtschaft und Energie
BNatSchG	Bundesnaturschutzgesetz
BNetzA	Bundesnetzagentur
BNetzAG	Bundesnetzagenturgesetz
BRD	Bundesrepublik Deutschland
bspw.	beispielsweise
BTOElt	Bundestarifordnung Elektrizität
BTOGas	Bundestarifordnung Gas
BVerfG	Bundesverfassungsgericht
BVerwG	Bundesverwaltungsgericht
bzw.	beziehungsweise
CCS	Carbon Capture and Storage
CDM	Clean Development Mechanism
CO_2	Kohlendioxid
ct/kWh	Cent pro Kilowattstunde
DEHSt	Deutsche Emissionshandelsstelle
DEV 2020	Datenerhebungsverordnung 2020
d. h.	das heißt
EAG EE	Europarechtsanpassungsgesetz Erneuerbare Energien
EDL-G	Energiedienstleistungsgesetz
EEAV	Erneuerbare-Energien-Ausführungsverordnung
EEG	Erneuerbare-Energien-Gesetz
EERL	Richtlinie (EU) 2018/2001 des Europäischen Parlaments und des Rates vom 11. Dezember 2018 zur Förderung der Nutzung von Energie aus erneuerbaren Quellen
EEV	Erneuerbare-Energien-Verordnung
EEWärmeG	Erneuerbare-Energien-Wärmegesetz
EffizRL	Richtlinie 2012/27/EU des Europäischen Parlaments und des Rates vom 25. Oktober 2012 zur Energieeffizienz, zur Änderung der Richtlinien 2009/125/EG und 2010/30/EU und zur Aufhe-

	bung der Richtlinien 2004/8/EG und 2006/32/EG (Energieeffizienzrichtlinie)
EGBGB	Einführungsgesetz zum Bürgerlichen Gesetzbuche
EHV 2020	Emissionshandelsverordnung 2020
EHV 2030	Emissionshandelsverordnung 2030
EKFG	Energie- und Klimafonds-Gesetz
EltRL	Richtlinie (EU) 2019/944 des Europäischen Parlaments und des Rates vom 5. Juni 2019 mit gemeinsamen Vorschriften für den Elektrizitätsbinnenmarkt und zur Änderung der Richtlinie 2012/27/EU (Elektrizitätsbinnenmarktrichtlinie)
EmissH-RL	Richtlinie 2003/87/EG des Europäischen Parlaments und des Rates vom 13. Oktober 2003 über ein System für den Handel mit Treibhausgasemissionszertifikaten in der Gemeinschaft und zur Änderung der Richtlinie 96/61/EG des Rates (Emissionshandelsrichtlinie)
EmoG	Elektromobilitätsgesetz
EnEG	Energieeinsparungsgesetz
EnergieStG	Energiesteuergesetz
EnergieStV	Verordnung zur Durchführung des Energiesteuergesetzes (Energiesteuer-Durchführungsverordnung)
EnEV	Energieeinsparungsverordnung
EnLAG	Energieleitungsausbaugesetz
EnSG	Energiesicherungsgesetz
EnStatG	Energiestatistikgesetz
EnSTransV	Energiesteuer- und Stromsteuer-Transparenzverordnung
ENTSO-G	European Network of Transmission System Operators for Gas (Verband Europäischer Fernleitungsnetzbetreiber für Gas)
EnVKG	Energieverbrauchskennzeichnungsgesetz
EnWG	Energiewirtschaftsgesetz
EnWGKostV	Energiewirtschaftskostenverordnung
ErdgasZVO	Verordnung (EG) Nr. 715/2009 des Europäischen Parlaments und des Rates vom 13. Juli 2009 über die Bedingungen für den Zugang zu den Erdgasfernleitungsnetzen und zur Aufhebung der Verordnung (EG) Nr. 1775/ 2005 (Erdgaszugangsverordnung)
etc.	et cetera
EU	Europäische Union
EVPG	Energieverbrauchsrelevante-Produkte-Gesetz
EVU	Energieversorgungsunternehmen
f.	folgend
ff.	fortfolgend
FFAV	Freiflächenausschreibungsverordnung
FiMaNoG	Finanzmarktnovellierungsgesetz
FNB	Fernleitungsnetzbetreiber
FStrG	Bundesfernstraßengesetz

g	Gramm
G	Gesetz
GasGVV	Gasgrundversorgungsverordnung
GasNEV	Gasnetzentgeltverordnung
GasNZV	Gasnetzzugangsverordnung
GasRL	Richtlinie 2009/73/EG des Europäischen Parlaments und des Rates vom 13. Juli 2009 über gemeinsame Vorschriften für den Erdgasbinnenmarkt und zur Aufhebung der Richtlinie 2003/55/EG (Gasbinnenmarktrichtlinie)
GEEV	Grenzüberschreitende-Erneuerbare-Energien-Verordnung
GEG	Gebäudeenergiegesetz
GemAV	Verordnung zu den gemeinsamen Ausschreibungen
GG	Grundgesetz für die Bundesrepublik Deutschland
GovernanceRVO	Verordnung (EU) 2018/1999 des Europäischen Parlaments und des Rates vom 11. Dezember 2018 über das Governance-System für die Energieunion und für den Klimaschutz, zur Änderung der Verordnungen (EG) Nr. 663/2009 und (EG) Nr. 715/2009 des Europäischen Parlaments und des Rates, der Richtlinien 94/22/EG, 98/70/EG, 2009/31/EG, 2009/73/EG, 2010/31/EU, 2012/27/EU und 2013/30/EU des Europäischen Parlaments und des Rates, der Richtlinien 2009/119/EG und (EU) 2015/652 des Rates und zur Aufhebung der Verordnung (EU) Nr. 525/2013 des Europäischen Parlaments und des Rates (Governancerechtsverordnung)
GW	Gigawatt
GWB	Gesetz gegen Wettbewerbsbeschränkungen
GWh	Gigawattstunde
$H_{o,n}$	Brennwert
HeizkostenV	Verordnung über Heizkostenabrechnung
H_o	Heizwert
HGÜ	Hochspannungs-Gleichstrom-Übertragung
HkNV	Verordnung über Herkunftsnachweise für Strom aus erneuerbaren Energien (Herkunftsnachweisverordnung)
HkRNDV	Durchführungsverordnung über Herkunftsnachweise für Strom aus erneuerbaren Energien (Herkunftsnachweis-Durchführungsverordnung)
HkRNV	Herkunfts- und Regionalnachweisverordnung
Hs.	Halbsatz
i. d. F.	in der Fassung
i. S. d./v.	im Sinne des/von
ISO	Independent System Operator
IT	Informationstechnik

ITO	Independent Transmission Operator
i. V. m.	in Verbindung mit
JI	Joint Implementation
KAE	Anordnung über die Zulässigkeit von Konzessionsabgaben der Unternehmen und Betriebe zur Versorgung mit Elektrizität, Gas und Wasser an Gemeinden und Gemeindeverbände
KapResV	Kapazitätsreserveverordnung
KAV	Konzessionsabgabenverordnung
km	Kilometer
KNV-V	KWK-Kosten-Nutzen-Vergleich-Verordnung
KonTraG	Gesetz zur Kontrolle und Transparenz im Unternehmensbereich
KonzVgV	Konzessionsvergabeverordnung
KOV	Kooperationsvereinbarung
KraftNAV	Kraftwerks-Netzanschlussverordnung
KrWG	Kreislaufwirtschaftsgesetz
kV	Kilovolt
kW	Kilowatt
KWG	Kreditwesengesetz
kWh	Kilowattstunde
KWK	Kraft-Wärme-Kopplung
KWKAusV	KWK-Ausschreibungsverordnung
KWKG	Kraft-Wärme-Kopplungsgesetz
LBauO	Landesbauordnung
lit.	litera (Buchstabe)
LSV	Ladesäulenverordnung
m^2	Quadratmeter
MaStRV	Marktstammdatenregisterverordnung
MessEG	Mess- und Eichgesetz
MessZV	Messzugangsverordnung
mg/kg	Milligramm pro Kilogramm
Mio.	Million(en)
MinöStG	Mineralölsteuergesetz
mm	Millimeter
Mrd.	Milliarde
MsbG	Messstellenbetriebsgesetz
MW	Megawatt
MW_{el}	elektrische Megawatt
MWh	Megawattstunde
mWv	mit Wirkung vom
NABEG	Netzausbaubeschleunigungsgesetz Übertragungsnetz
NAP	Nationaler Allokationsplan
NAPE	Nationaler Aktionsplan Energieeffizienz
NAV	Niederspannungsanschlussverordnung

Abkürzungsverzeichnis

NDAV	Niederdruckanschlussverordnung
NELEV	Elektrotechnische-Eigenschaften-Nachweis-Verordnung
NEMOG	Netzentgeltmodernisierungsgesetz
NetzResV	Netzreserveverordnung
Nr.	Nummer
ODR-Verordnung	Verordnung (EU) Nr. 524/2013 über Online-Streitbeilegung in Verbraucherangelegenheiten
ÖkoStG	Ökosteuergesetz
PCI	Projects of Common Interests
ProMechG	Projekt-Mechanismen-Gesetz
RegTP	Regulierungsbehörde für Telekommunikation und Post
ResKV	Reservekraftwerksverordnung
RGBl. (I, II)	Reichsgesetzblatt (Teil I, II)
ROG	Raumordnungsgesetz
RVU	Regionalversorgungsunternehmen
S.	Seite, Satz
SDLWindV	Systemdienstleistungsverordnung
SeeAnlG	Seeanlagengesetz
SektVO	Sektorenverordnung
SINTEG-V	Verordnung zur Schaffung eines rechtlichen Rahmens zur Sammlung von Erfahrungen im Förderprogramm „Schaufenster intelligente Energie – Digitale Agenda für die Energiewende"
sog.	so genannt/e/er/es
StandAG	Standortauswahlgesetz
StrEG	Stromeinspeisungsgesetz
StromGVV	Stromgrundversorgungsverordnung
StromNEV	Stromnetzentgeltverordnung
StromNZV	Stromnetzzugangsverordnung
StromStG	Stromsteuergesetz
StromStV	Stromsteuer-Durchführungsverordnung
StVG	Straßenverkehrsgesetz
SysStabV	Systemstabilitätsverordnung
t	Tonne
TEHG	Treibhausgas-Emissionshandelsgesetz
TPA	Third Party Access
TWh	Terawattstunde
u. a.	unter anderem/und andere
UBA	Umweltbundesamt
UCTE	Union for the Co-ordination of Transmission of Electricity
ÜNB	Übertragungsnetzbetreiber

UVPG	Gesetz über die Umweltverträglichkeitsprüfung
UWG	Gesetz gegen den unlauteren Wettbewerb
v.	vom
VDEW	Verband der Elektrizitätswirtschaft
VDN	Verband der Netzbetreiber
Vertikal-GVO	Gruppenfreistellungsverordnung
vgl.	vergleiche
VIK	Verband der Industriellen Energie- und Kraftwirtschaft e. V.
VKU	Verband kommunaler Unternehmen e. V.
VO	Verordnung
VRE	Verband der Verbundunternehmen und Regionalen Energieversorger in Deutschland e. V.
VSBG	Verbraucherstreitbeilegungsgesetz
VV	Verbändevereinbarung
WärmeLV	Wärmelieferverordnung
WHG	Wasserhaushaltsgesetz
WiM	Wechselprozesse im Messwesen
WindSeeG	Windenergie-auf-See-Gesetz
WRegG	Wettbewerbsregistergesetz
z. B.	zum Beispiel

Einführung

von Dr. Christiane Nill-Theobald, Rechtsanwältin, Berlin,
und Prof. Dr. Christian Theobald, Mag. rer. publ., Rechtsanwalt, Berlin,
und Honorarprofessor an der Deutschen Universität für Verwaltungswissenschaften Speyer

I. Das neue Energiewirtschaftsrecht

1. Ziele und Mittel der Energierechtsnovelle

Nach über sechzig Jahren mehr oder weniger unveränderten Fortdauerns der gesetzlichen Rahmensetzung in der Energiewirtschaft ist das Gesetz über die Elektrizitäts- und Gasversorgung (Energiewirtschaftsgesetz – EnWG) **(Nr. 1)** in mehreren Etappen grundlegend novelliert worden: zuerst zum 29. April 1998, dann zum 7. Juli 2005 und zum 26. Juli 2011, zuletzt geändert durch Gesetz vom 13. Mai 2019. Das Zweite Gesetz zur Neuregelung des Energiewirtschaftsrechts vom 7. Juli 2005 enthielt in Art. 2 das Gesetz über die Bundesnetzagentur für Elektrizität, Gas, Telekommunikation, Post und Eisenbahnen (BNetzAG) **(Nr. 2)**, zuletzt geändert durch Gesetz vom 17. Juli 2017, in dem Regelungen zu Aufgaben und Aufbau der im Jahre 2005 aus der vorherigen Regulierungsbehörde für Telekommunikation und Post (RegTP) hervorgegangenen neu für die Regulierung der Strom- und Gaswirtschaft zuständigen Bundesnetzagentur (BNetzA) festgeschrieben sind. Die Kosten für den Verwaltungsvollzug, insbesondere durch die Regulierungsbehörde, ergeben sich im Einzelnen aus der Energiewirtschaftskostenverordnung (EnWGKostV).

Das Phänomen der Leitungsgebundenheit macht für die Strom- und Gasversorgung eine Nutzung öffentlicher Wege und Straßen unabdingbar. Der Gebrauch von Bundesfernstraßen ist gesondert in dem Bundesfernstraßengesetz i. d. F. vom 28. Juni 2007 (FStrG) geregelt. Regelmäßig und ausweislich des § 46 Abs. 1 S. 1 EnWG werden hierüber sog. Wegenutzungsverträge geschlossen. Spezielle Anforderungen an Wegenutzungsverträge für die Nutzung öffentlicher Wege und den Betrieb von Leitungen, die zu einem Energieversorgungsnetz der allgemeinen Versorgung im Gemeindegebiet gehören, statuiert § 46 Abs. 2 EnWG; hiernach ist im Falle eines Auslaufens eines Wegenutzungsvertrages „der bisher Netznutzungsberechtigte verpflichtet, seine für den Betrieb der Netze der allgemeinen Versorgung im Gemeindegebiet notwendigen Verteilungsanlagen dem neuen Energieversorgungsunternehmen (EVU) gegen Zahlung einer wirtschaftlich angemessenen Vergütung zu überlassen“; in der Regel ist damit eine Verpflichtung zur Übertragung des Eigentums verbunden.

In der Vergangenheit, bis in die Anfänge des letzten Jahrhunderts zurückreichend, war die deutsche Landschaft der leitungsgebundenen Energieversorgung durch die Aneinanderreihung von Gebietsmonopolen gekennzeichnet. Jede Gemeinde, die kein eigenes EVU betrieb, sah sich einem einzigen seine Versorgungsdienste anbietenden EVU gegenüber. Die Konzessionsverträge über die Nutzung der öffentlichen Wege zwischen der Gemeinde und dem jeweiligen EVU enthielten auf dessen Betreiben regelmäßig Ausschließlichkeitsklauseln, die kumulierende Wegenutzungen durch andere EVU verboten. Nach

Vertragsende hatte die Gemeinde nur die Wahl, die Energieversorgung selbst zu übernehmen oder das bisherige EVU erneut hierzu zu berechtigen. Charakteristikum der alten (Monopol-)Ordnung war das Zusammenfallen von Netzbetrieb und Stromlieferung in ein und derselben Person. Seit der Abschaffung der bis dahin für die Versorgung mit Elektrizität und Gas geltenden Ausnahmeregeln im Gesetz gegen Wettbewerbsbeschränkungen (GWB) **(Nr. 12)** durch das Gesetz zur Neuregelung des Energiewirtschaftsrechts vom 24. April 1998 gilt das Kartellverbot des § 1 GWB i. d. F. vom 26. Juni 2013, zuletzt geändert durch Gesetz vom 12. Juli 2018, jetzt auch für Gebietsabgrenzungsvereinbarungen entsprechender Versorger untereinander sowie für Verträge von Kommunen mit Versorgern, durch die die Kommunen dem jeweiligen Versorger exklusive Wegenutzungsrechte zugestehen.

Veranlasst durch ein Urteil des Bundesverwaltungsgerichts (BVerwG), wonach das in der ursprünglichen Konzessionsabgabenanordnung (KAE) enthaltene sog. Neueinführungs- und Erhöhungsverbot für verfassungswidrig befunden worden war, erließ das Bundesministerium für Wirtschaft und Technologie (BMWi) mit Zustimmung des Bundesrates am 9. Januar 1992 die heutige Konzessionsabgabenverordnung (KAV) **(Nr. 3)**, zuletzt geändert durch Verordnung vom 1. November 2006. Ein wesentlicher Zweck der KAV, aber auch bereits der Vorläuferregelung, der KAE aus dem Jahr 1941, ist die Deckelung der Höhe der Konzessionsabgaben als Gegenleistung für die Wegenutzung. Der tatsächliche Wert der Wegenutzung liegt vielfach weit über den Höchstsätzen der KAV, wie insbesondere Vergleiche mit den Entgeltleistungen im Fall der Indienstnahme privater Grundstücke zeigen. Bedenken, dass der künftig grundsätzlich mögliche Abschluss mehrerer Konzessionsverträge Auswirkungen auf die Höhe der Abgabensätze haben könnte, sind unbegründet. Die Legaldefinitionen des § 48 Abs. 1 EnWG und § 1 Abs. 2 KAV stellen gerade nicht auf die Verleihung von Ausschließlichkeitsrechten ab. Dennoch gestattet § 46 Abs. 1 S. 2 EnWG den Gemeinden, die nach der KAV zulässigen Höchstbeträge zu fordern.

Die erste grundlegende Novellierung des EnWG im Jahr 1998 ist ihrerseits nicht ohne Auswirkungen auf die KAV geblieben. Vielmehr ist die KAV mit Wirkung zum 31. Juli 1999 den wettbewerblichen Erfordernissen angepasst worden (KAV i. d. F. der Änderung vom 22. Juli 1999, BGBl. I S. 1669). Grundsätzlich war im Falle eines bestehenden Konzessions- bzw. Wegenutzungsvertrages der Verteilernetzbetreiber auch dann zur Entrichtung von Konzessionsabgaben verpflichtet, wenn der Letztverbraucher von einem anderen EVU im Wege der Durchleitung beliefert wurde.

§ 48 Abs. 3 EnWG stellt klar, dass ausschließlicher Schuldner der Konzessionsabgabe dasjenige EVU ist, dem das Wegerecht nach § 46 Abs. 1 EnWG eingeräumt wurde, also unabhängig davon, wer die Kunden mit Elektrizität bzw. Gas beliefert.

Ein weiteres in Folge der Novellierungen des EnWG häufig auftretendes Phänomen ist die sog. Bündelkundenversorgung. Hierunter versteht man den Zusammenschluss auf der Nachfrageseite, d. h. mehrere Abnahmestellen eines Unternehmens oder zuvor rechtlich selbstständige natürliche oder juristische Personen werden von Brokern, Stromhändlern oder Energieberatern zur gemeinsamen Belieferung durch ein einziges EVU vereint. Typischerweise handelt es sich hierbei um bisherige Tarifkunden, die durch die Bündelung nunmehr zu Sonderkunden „mutieren“, mit der Folge, dass nach der alten Rechtslage eine sehr viel niedrigere Konzessionsabgabe an die Gemeinde zu entrichten wäre. Dieser Problematik ist durch die Neufassung von § 2 Abs. 7 KAV Rechnung getragen worden; hiernach gelten Energielieferungen im Niederspannungsnetz grundsätzlich als Lieferungen an Tarifabnehmer, es sei denn, die gemessene Leistung überschreitet in mindestens zwei Monaten 30 kW und der Jahresverbrauch beträgt mehr als 30.000 kWh, wobei immer auf die einzelne Abnahmestelle abzustellen ist. Eine hiervon wiederum abweichende Variante ist die Zusammenfassung von Letztverbrauchern, die nicht mehr unter Benutzung öffentlicher Verkehrswege versorgt werden. Dies ist regelmäßig bei Wohnungsbaugesellschaften der Fall, welche zugleich als EVU tätig werden. Hier sieht § 2 Abs. 8 KAV vor, dass auch dann Konzessionsabgaben zu entrichten sind, wenn ein Weiterverteiler, d.h. vorliegend bspw. eine Wohnungsbaugesellschaft, über öffentliche Verkehrswege beliefert wird und diese Energie ohne weitere Benutzung öffentlicher Verkehrswege an Netzverbraucher weiter geliefert wird.

Nachdem die Strom- und Gasversorgung insgesamt lange Zeit entsprechend der „Besonderheitenlehre" als natürliche Monopole angesehen wurden, ist die Sichtweise mittlerweile erheblich differenzierter. Nach ganz überwiegender Auffassung in den Wirtschaftswissenschaften weisen innerhalb der Wertschöpfungskette die Stufen der Produktion/Förderung und Handel/Verkauf – anders als die Transport- und die Verteilungsebene – keine Charakteristika eines natürlichen Monopols auf; speziell in der Netzökonomie werden mittlerweile mehrere Wettbewerbsalternativen unterschieden, die maßgeblich auch die Inhalte der Richtlinie 2019/944/EU vom 5. Juni 2019 betreffend gemeinsame Vorschriften für den Elektrizitätsbinnenmarkt (Elektrizitätsbinnenmarktrichtlinie – EltRL 2019) **(Nr. 4)** und der Richtlinie 2009/73/EG vom 13. Juli 2009 betreffend gemeinsame Vorschriften für den Erdgasbinnenmarkt (Gasbinnenmarktrichtlinie – GasRL 2009) **(Nr. 5)** zuletzt geändert durch RL 2019/692/EU vom 17. April 2019 sowie die über die Verordnung (EU) Nr. 2019/942 vom 5. Juni 2019 zur Gründung einer Agentur für die Zusammenarbeit der Energieregulierungsbehörden (ACERVO 2019) **(Nr. 7)** vorgegebene Schaffung einer europäischen Energieregulierungsbehörde beeinflusst haben. Unterschieden wird insofern zwischen „Wettbewerb im Markt" einerseits und „Wettbewerb um den Markt" andererseits. Schon früh hat die Europäische Kommission u.a. darauf hingewiesen, dass der Anteil des grenzüberschreitenden Stromhandels der Gemeinschaft damit viel geringer ist als in anderen Wirtschaftszweigen, bspw. im Vergleich zur Telekommunikation, zu Finanzdienstleistungen oder Industrieerzeugnissen. Hieraus erklären sich die seinerzeitigen Bemühungen der Europäischen Kommission um eine weitere Öffnung der Strom- und Gasmärkte, denen neben der neuen Verordnung über den Elektrizitätsbinnenmarkt (ElektrizitätsbinnenmarktVO (EU) 2019/943) (**Nr. 8**) die Elektrizitäts- und Gasbinnenmarktrichtlinie dienen sollen. Diese Vorschläge hatten übrigens zunächst in der politischen Diskussion in Deutschland für erheblichen „Zündstoff" gesorgt, weil sie nicht nur das deutsche System des verhandelten Netzzugangs in Frage stellten, sondern auch weitreichende Anforderungen an das unternehmerische „Unbundling", den Speicherzugang und den Umgang mit Netzengpässen sowie nicht zuletzt die Auferlegung gemeinwirtschaftlicher Verpflichtungen vorsahen. Für andere Mitgliedstaaten, wie z.B. Frankreich, bedeutete die zeitlich vorgezogene Öffnung der nationalen Gas- und Strommärkte angesichts der ohnehin bisher nur defizitär erfolgten Richtlinienumsetzung mehr als nur eine Herausforderung.

Im EnWG hat sich der bundesdeutsche Gesetzgeber für eine Kombination der beiden grundlegenden Wettbewerbsmodelle entschieden. In Bezug auf die Energielieferung und den Handel soll „Wettbewerb im Netz" gelten. Um dies zu ermöglichen, ist grundlegend in § 19 Abs. 2 Nr. 4 GWB die Verpflichtung der Netzöffnung für Dritte festgelegt. § 20 Abs. 1 S. 1 EnWG bestimmt, dass Betreiber von Energieversorgungsnetzen jedermann nach sachlich gerechtfertigten Kriterien diskriminierungsfrei Netzzugang zu gewähren sowie die Bedingungen, einschließlich Musterverträge, und Entgelte für diesen Netzzugang im Internet zu veröffentlichen haben.

Was die Verteilerfunktion und damit den Netzbetrieb für die allgemeine Versorgung betrifft, so hat sich der Gesetzgeber in § 46 Abs. 2 (i. V. m. Abs. 3 und Abs. 4) EnWG für die zusätzliche Variante des „Wettbewerbs um den Markt", vorliegend den „Wettbewerb um das Netzgebiet", d. h. eine Form des periodischen Auktionsverfahrens, entschieden und die diesbezüglichen Vorgaben Schritt für Schritt 2005 und 2011 weiter verschärft.

Der Zielekatalog des EnWG entspricht in § 1 EnWG derjenigen Fassung von 1935 insoweit, als eine möglichst sichere und preisgünstige Energieversorgung bezweckt wird. Darüber hinaus wurden zunächst die Umweltverträglichkeit (1998) sowie Verbraucherfreundlichkeit und Effizienz (beide 2005) eingefügt. Die Sicherheit der Energieversorgung bedeutet hingegen unverändert zum einen, dass mengenmäßig ausreichende Versorgungskapazitäten verfügbar sein müssen, zum anderen muss die technische Sicherheit gewährleistet sein. Aufgrund der mangelnden (im Falle von Elektrizität) bzw. schwierigen Speicherbarkeit (im Falle von Gas) sind die Ressourcenschonung, die rationelle Energieverwendung sowie die Ausnutzung regenerativer Energien in besonderem Maße geboten. Aufgrund der Kostenintensität von Leitungsverlegungen wird es selten zu diesbezüglichen Duplizierungen kommen, sondern vielmehr weiterhin ein Monopol der Netze bestehen bleiben; folglich dürften die Investitionskosten eher gering sein. Günstige Verbraucherkosten werden sich insbesondere durch Energieeinsparmaßnahmen erzielen lassen.

Die umweltverträgliche Versorgung stellt keinen Widerspruch zur wettbewerblichen Steuerung der Energiewirtschaft dar. Vielmehr bedeutet die wettbewerbsrechtliche Ausrichtung des Ordnungsrahmens eine „Stärkung des Gestaltungsspielraums der Versorgungsunternehmen", der Voraussetzung für den Umweltschutz ist. Überdies schafft der Wettbewerb den Innovations- und Modernisierungsdruck, der eine Beschleunigung in der Entwicklung der Kraftwerkstechnik und damit ein wichtiges Instrument zur Umsetzung der „Energiewende" zur Folge hat. Hinzu kommt, dass eine zunehmende Zahl an Kunden nicht nur eine preiswerte und umfassende, sondern auch eine möglichst umweltverträgliche Versorgung erwartet. Der Wettbewerb zwingt die Unternehmen, das Wirtschaftlichkeitskriterium strikter zu beachten. Entscheidend ist deshalb die Sicherung des Umweltschutzes durch Änderung des Wettbewerbsrahmens und nicht durch Wettbewerbsausschluss. Die Verbesserung der Sicherheit bzw. der Umweltverträglichkeit führen unweigerlich zu höheren Kosten und Preisen. Insoweit stehen die Ziele Versorgungssicherheit, Preisgünstigkeit und Umweltverträglichkeit in einem Spannungsverhältnis; im Einzelfall muss deshalb praktische Konkordanz zwischen den jeweiligen Zielen herbeigeführt werden.

Bemerkenswerterweise sind bereits bei Verabschiedung der behandelten sog. ersten Beschleunigungsrichtlinien im Jahr 2003 deren Defizite und Gefahren erkannt worden, nämlich eine mögliche Schwächung der Versorgungssicherheit, weshalb zeitgleich ein Vorschlag für eine entsprechende Richtlinie zur Gewährleistung der Sicherheit (nur) der Elektrizitätsversorgung und von Infrastrukturinvestitionen (2005/89/EG – InfraRL) unterbreitet wurde. Im Ergebnis lege die InfraRL vom 18. Januar 2006 Maßnahmen fest, um einen angemessenen Umfang an Erzeugungskapazität, ein angemessenes Gleichgewicht zwischen Angebot und Nachfrage sowie einen angemessenen Grad der Zusammenschaltung zwischen Mitgliedstaaten zum Zwecke der Entwicklung des Binnenmarktes sicherzustellen.

Von den Novellierungen des EnWG weitgehend unberührt blieben einschlägige Gesetze wie das Energiesicherungsgesetz (EnSG 1975) vom 20. Dezember 1974 **(Nr. 10)**, zuletzt geändert durch Verordnung vom 31. August 2015. Als wesentliche Neuerung der ersten Energierechtsnovelle im Jahre 1998 gilt hingegen die Modifizierung des Energiekartellrechts. Nach den bis dahin gültigen §§ 103, 103a GWB (i. d. F. vom 20. Februar 1990) waren Verträge über die Versorgung mit Elektrizität, Gas und Wasser dem Anwendungsbereich des Kartellverbots entzogen. Im Zuge der Energierechtsnovelle 1998 wurden die Elektrizitäts- und Gaswirtschaft vom Anwendungsbereich dieser Ausnahmevorschriften ausgenommen (vgl. § 103b GWB i. d. F. vom 24. April 1998) und sind seitdem uneingeschränkt der Geltung des Kartellrechts unterworfen. Diese Gesetzeskonzeption wurde gewählt, um die Fortgeltung der Norm für die Wasserversorgung zu gewährleisten; eine schlichte Aufhebung des Freistellungstatbestandes war deshalb nicht möglich. Nach der gesamten Neugestaltung des GWB durch die 6. GWB-Novelle galten die §§ 103, 103a GWB a. F. zunächst über den Verweis in § 131 Abs. 8 GWB (i. d. F. vom 26. August 1998) fort, ehe die Ausnahmeregelung für die Wasserversorgung mit der 8. GWB-Novelle (vom 26. Juni 2013) wieder in das GWB integriert wurde (vgl. §§ 31, 31a GWB). Das europäische Kartellrecht sieht dagegen in Art. 101 ff. des Vertrages über die Arbeitsweise der Europäischen Union (AEUV) **(Nr. 13)** keine sektorspezifischen Freistellungen von grenzüberschreitenden Vereinbarungen aus dem Anwendungsbereich des europäischen Kartellrechts vor.

Das System der geschlossenen Versorgungsgebiete hat der deutsche Gesetzgeber aufgrund der eröffneten Anwendbarkeit der §§ 1, 15 und 18 GWB a. F. bzw. § 1 GWB aufgehoben. Konsequenterweise sind Demarkationsverträge sowie Ausschließlichkeitsbindungen in Konzessionsverträgen nach § 134 BGB nichtig, soweit sie unter das Kartellverbot des § 1 GWB fallen. Die energiekartellrechtliche Missbrauchsaufsicht, die ehemals in § 103 Abs. 5 GWB a. F. geregelt war, richtet sich nunmehr nach § 19 Abs. 1 GWB und dem neu gefassten § 19 Abs. 2 GWB sowie nach § 29 GWB, dessen Anwendung allerdings gem. § 186 Abs. 1 GWB bis zum 31. Dezember 2022 begrenzt ist.

Konsequenz der Anwendbarkeit des deutschen als auch des europäischen Kartellrechts war bzw. ist die, vielerorts auch gerichtlich bestätigte, Unwirksamkeit der alten Strom- und Gasbezugsverträge, die regelmäßig sog. Gesamtbedarfsdeckungs-, Verwendungsbeschränkungs- und Gebietsabgrenzungsklauseln sowie Laufzeitregelungen von 10 bis 20 Jahren enthielten bzw. noch enthalten. In diesem Zusammenhang gewinnt das europäische Recht zusätzliches Gewicht durch die Verordnung (EG) Nr. 330/2010 vom 20. April 2010 über die Anwendung von Art. 101 Abs. 3 AEUV auf Gruppen von vertikalen Vereinbarungen und abgestimmten Verhaltensweisen (Vertikal-GVO 2010) **(Nr. 14)**.

Zentraler Baustein des Gesetzespaketes 2011 zur Einleitung der Energiewende ist die Novellierung des Atomgesetzes (AtG), das nunmehr den Ausstieg aus der friedlichen Nutzung der Kernenergie bis zum 31. Dezember 2022 vorsieht.

Mit dem Gesetz zur Beschleunigung des Ausbaus der Höchstspannungsnetze (Energieleitungsausbaugesetz – EnLAG) **(Nr. 15)**, zuletzt geändert mit Gesetz vom 13. Mai 2019, werden die Planungs- und Genehmigungsverfahren für 22 vordringliche Leitungsbauvorhaben im Höchstspannungs-Übertragungsnetz (380 kV) beschleunigt. Dabei wird auch im Rahmen von vier Pilotprojekten die Erdverkabelung von 380-kV-Leitungen getestet. Auf der 110-kV-Ebene werden Erdkabel nach Wirtschaftlichkeitskriterien gestattet. Ferner werden Regelungen zur Verstärkung und Optimierung bestehender Leitungen sowie zum Einsatz neuer Technologien wie der Hochspannungs-Gleichstrom-Übertragung (HGÜ) im Netz getroffen. Ergänzend ist nunmehr das sog. Netzausbaubeschleunigungsgesetz Übertragungsnetz (NABEG) **(Nr. 16)** am 5. August 2011 in Kraft getreten (Gesetz vom 28. Juli 2011), zuletzt geändert durch Gesetz vom 13. Mai 2019, das den erforderlichen Ausbau von Übertragungsnetzen u. a. zur Anbindung der Offshore-Anlagen im Norden an diverse Verbrauchszentren im Westen und Süden beschleunigen soll. Gewissermaßen den umgekehrten Weg unterstützte bis zum 31. Dezember 2015 die Verordnung über Vereinbarungen zu abschaltbaren Lasten (AbLaV) vom 28. Dezember 2012, zuletzt geändert mit Verordnung vom 16. Juni 2016. Indem sie in Notfällen abgeschaltet werden dürfen, leisten gerade große industrielle Energieverbraucher einen Beitrag zur Netzstabilität, der auch angemessen vergütet werden soll. Diese Verordnung wird durch die gleichnamige Verordnung über Vereinbarungen zu abschaltbaren Lasten (AbLaV) **(Nr. 18)** vom 16. August 2016 ersetzt, zuletzt geändert durch Gesetz vom 22. Dezember 2016. Sie trat am 1. Juli 2016 in Kraft und wird am 1. Juli 2022 wieder außer Kraft treten.

In diesem Zusammenhang ist auch das Gesetz über den Bundesbedarfsplan (Bundesbedarfsplangesetz – BBPlG) **(Nr. 17)** vom 23. Juli 2013, zuletzt geändert durch Gesetz vom 13. Mai 2019, von Bedeutung. Mit dem BBPlG wird der Entwurf des Bundesbedarfsplans in ein Gesetz überführt und für die enthaltenen Netzausbauvorhaben entsprechend § 12e Abs. 4 EnWG die energiewirtschaftliche Notwendigkeit und der vordringliche Bedarf festgestellt. Um das Verfahren zur Realisierung der Vorhaben zu beschleunigen, wird ferner eine Rechtswegverkürzung herbeigeführt, wonach das BVerwG als erste und letzte Instanz für Rechtsstreitigkeiten für Vorhaben des Bundesbedarfsplans zuständig ist. Zudem werden die länderübergreifenden und grenzüberschreitenden Netzausbauvorhaben identifiziert, auf die die Regelungen des § 2 Abs. 1 NABEG Anwendung finden.

2. Marktzutritt und verhandelter Netzzugang

Vor dem eben geschilderten Hintergrund bildeten zu Beginn der Liberalisierung im Jahr 1998 die §§ 5–7 EnWG 1998 die zentralen wettbewerblichen Normen: Mit dem sog. verhandelten Netzzugang wurde Wettbewerbern des Netzbetreibers ein grundsätzlicher Anspruch auf Gestattung einer wettbewerbsbegründenden „Durchleitung" von Elektrizität bzw. Gas eingeräumt. Die Durchleitungsbedingungen mussten seit Mai 2003 zusätzlich guter fachlicher Praxis entsprechen und durften „nicht ungünstiger" sein, als die Netzbetreiber sich selbst „in vergleichbaren Fällen für Leistungen innerhalb ihres Unternehmens oder gegenüber verbundenen oder assoziierten Unternehmen tatsächlich oder kalkulatorisch in Rechnung stellen" (vgl. §§ 6 Abs. 1 S. 1, 6a Abs. 2 S. 1 EnWG 2003). Das Verhalten Dritten gegenüber wurde somit auch am Verhalten gegenüber sich selbst gemessen.

Ausnahmsweise durfte der Netzbetreiber ein Durchleitungsbegehren unter engen Voraussetzungen zurückweisen. Die Tatbestände der §§ 6 Abs. 1 S. 2, 6a

Abs. 2 S. 2 EnWG 2003 nannten die Verweigerungsgründe der Unmöglichkeit und Unzumutbarkeit aus betriebsbedingten oder sonstigen Gründen unter Berücksichtigung der Zielvorgaben des § 1 EnWG.

3. Die Verbändevereinbarungen 1998–2003

In die konkrete Ausgestaltung der Netzzugangsbedingungen griff der Gesetzgeber in dieser Phase selbst noch nicht ein. Ergänzend zum EnWG hatten deshalb die Verbände VDEW, BDI, VIK, VDN, VRE und VKU (Strom) bzw. BGW, BDI, VIK und VKU (Gas) in Form von sog. Verbändevereinbarungen (VV) Rahmenrichtlinien für die Gestaltung des Netzzugangs und der Netzzugangsentgelte erarbeitet. Die VV verpflichteten die beteiligten Verbände nicht, die Berechnungsregelungen einzuhalten oder Sorge für die Einhaltung durch ihre Mitgliedsunternehmen zu tragen.

Nachdem die VV sich als rechtlich unverbindliche Musterregelungen der Berechnungsgrundlagen für die Entgeltermittlungen und damit zusammenhängender Konditionen darstellten und deshalb als „außergesetzliche Übertragungsregelungen" bewertet wurden, wurden sie durch die Neufassung des EnWG insofern zwischenzeitlich rechtlich aufgewertet, als gem. §§ 6 Abs. 1 S. 5, 6a Abs. 2 S. 5 EnWG 2003 bei Einhaltung der VV bis zum 31. Dezember 2003 die Erfüllung der bereits angesprochenen Bedingungen guter fachlicher Praxis vermutet wurde.

Die VV Strom I vom 22. Mai 1998 war zunächst durch die VV Strom II vom 13. Dezember 1999, diese wiederum durch die VV Strom II Plus vom 13. Dezember 2001, abgelöst worden. Das transaktionsabhängige Durchleitungsmodell der VV Strom I wurde durch das Prinzip des transaktionsunabhängigen Netzpunkttarifs (Point of Connection Tariff) ersetzt.

Danach kaufte jeder Netznutzer die für seine Belieferung erforderliche Transportleistung, sozusagen als Abonnement, auf der 380-kV-Höchstspannungsebene. Dadurch wurde die konsequente Trennung zwischen Netznutzung einerseits und Stromlieferung andererseits möglich. Insoweit sah die VV Strom II Plus konsequenterweise auch getrennt von der Stromlieferung den Abschluss von Netzanschluss- und Netznutzungsverträgen vor. Die Trennung von Netzanschluss- und Netznutzungsverträgen war Voraussetzung für die freie Wahl und den beliebigen Wechsel des Lieferanten, den Strombezug von mehreren Lieferanten je Entnahmestelle, die Abwicklung von anonymen Strombörsengeschäften sowie die Schaffung von Transparenz bei Netznutzungs- und Strompreisen. Im Unterschied zur VV Strom II hat nach der VV Strom II Plus der Stromlieferant bei Vorlage eines sog. All-inclusive-Vertrages zur Stromversorgung eines Einzelkunden Anspruch auf den zeitnahen Abschluss eines Netznutzungsvertrages mit dem Netzbetreiber. In diesem Fall entfiel der Abschluss eines Netznutzungsvertrages zwischen Netzbetreiber und Einzelkunden. Der Netzbetreiber sollte in begründeten Fällen für die Netznutzung vom Schuldner des Netznutzungsentgelts eine angemessene Sicherheitsleistung verlangen können.

Die wesentlichen Veränderungen erlaubten eine entbündelte Betrachtung von gelieferter Ware (elektrische Energie und Leistung) und Transportweg (Netz). Die Netznutzer sollten nur ein Netznutzungsentgelt zahlen, welches den Ausgleich der Übertragungsverluste, die Systemdienstleistungen, wie Frequenzhaltung, Spannungshaltung, Versorgungswiederaufbau und Betriebsführung sowie den Bilanzausgleich innerhalb von Standardtoleranzbändern enthält.

Aus der Addition der genutzten Netzebenen sowie deren Umspannung (je eine Briefmarke) ergab sich das Entgelt. Das Höchstspannungsnetz diente sozusagen als Marktplatz, von dem der Netznutzer seine Energie bezieht, ohne dass dies Auswirkungen auf das Netznutzungsentgelt hat. Die vom 4. Juli 2000 datierende erste Konkretisierung von Netzzugangsregeln für einen liberalisierten deutschen Gasmarkt in Gestalt der VV Gas sowie eines 1. Nachtrags vom 15. März 2001 und eines 2. Nachtrags vom 21. September 2001 war zwischendurch durch die VV II Gas vom 3. Mai 2002 abgelöst worden.

Der Netzzugang erfolgte – wie noch in der ursprünglichen VV Strom I – grundsätzlich einzelfallbezogen, d. h. die Konditionen und Randbedingungen für den Netzzugang wurden individuell mit jedem betroffenen Netzbetreiber ausgehandelt. Nicht geregelt war, wer die Netzzugangsbedingungen aushandelt. Anders als bei der VV Strom II gab es keine Trennung zwischen Handelsgeschäft und Netznutzung. Die VV II Gas wurde insbesondere wegen des transaktionsabhängigen Netzzugangsmodells kritisiert. Die transaktionsbezogenen Einzelfallverhandlungen führten nämlich zu hohen Kosten und langwierigen Verhandlungsprozessen, die ein Kurzfrist- und Massengeschäft geradezu unmöglich machten. Auch die Entgeltberechnung auf der Grundlage eines internationalen Vergleichsmarktes vermochte nicht zu befriedigen. War das Konzept zwar vom Ansatz her zu begrüßen, so fehlten Regelungsinhalte bzw. Kalkulationsgrundlagen als auch eine eigenständige Kontrollinstanz für den Entgeltvergleich. Ferner fehlte es an den für die Gasdurchleitung elementaren Regelungen des Zugangs zu Gasspeichern.

In Umsetzung der nunmehr in den §§ 11 ff. EnWG geregelten Anforderungen an den Netzbetrieb war seinerzeit der sog. GridCode, später TransmissionCode erarbeitet worden.

In Anlehnung an den GridCode für das Übertragungsnetz hat der VDEW (nunmehr BDEW) im Mai 1999 einen sog. DistributionCode mit den Netz- und Anschlussregeln für das Verteilernetz (Weiterverteilungsebene) herausgegeben. Der DistributionCode 2003 war insbesondere für den Transport zur Belieferung von Tarifkunden und kleineren bis mittleren Sonderkunden von Bedeutung. Im Mittelpunkt standen dabei die Regelungen, die den Stromkunden zu einem gegenüber der Verbändevereinbarung vereinfachten Netzzugang verhelfen können. Eine wichtige Rolle spielten dabei die typisierten Lastprofile, mit denen sich teure Messtechnik vermeiden ließ. Der DistributionCode 2007 wurde an die neuen gesetzlichen Rahmenbedingungen angepasst bzw. weiterentwickelt und enthält Regeln für den Zugang zu Verteilungsnetzen. Gleichzeitig zum DistributionCode hatte der VDEW im Mai 1999 den MeteringCode veröffentlicht, der Regelungen für das Messverfahren und die Datenübertragung zwischen den Marktteilnehmern enthielt. Im Juli 2006 wurde der MeteringCode überarbeitet und an die Erfordernisse des EnWG sowie der StromNZV und StromNEV angepasst. Eine weitere Überarbeitung der Norm erfolgte im Jahr 2011. Der MeteringCode wurde durch die VOE-Anwendungsregel „VDE-AR-N 4400: 2011 Messwesen Strom" am 1. September 2011 abgelöst.

4. Die Netzzugangs- und Netzentgeltverordnungen

Bemerkenswerterweise sieht seit der Novellierung im Jahre 2005 § 20 Abs. 1a EnWG vor, dass zur Ausgestaltung des Rechts auf Zugang zu Elektrizitätsversorgungsnetzen Letztverbraucher von Elektrizität oder Lieferanten Verträge mit denjenigen Versorgungsunternehmen abzuschließen haben, aus deren Netzen die Entnahme oder in deren Netze die Einspeisung von Elektrizität erfolgen soll (Netznutzungsvertrag). Vergleichbares gilt für den Zugang zu Gasversorgungsnetzen in § 20 Abs. 1b EnWG, der zusätzlich zur vertraglichen Abwicklung (Ein- und Ausspeisevertrag) das Netzzugangsbegehren vom Vorhandensein freier Kapazitäten abhängig macht. In diesen beiden Vorschriften sind auch die übrigen abzuschließenden Vertragstypen benannt. Der eigentliche Übergang vom verhandelten zum regulierten Netzzugang manifestiert sich neben den allgemeinen Zuständigkeiten der Regulierungsbehörde(n) insbesondere in der in § 24 EnWG geregelten Ermächtigung der Bundesregierung, durch Rechtsverordnungen mit Zustimmung des Bundesrates u. a. die Bedingungen für den Netzzugang einschließlich der Beschaffung und Erbringung von Ausgleichsleistungen oder Methoden zur Bestimmung dieser Bedingungen sowie Methoden zur Bestimmung der Entgelte für den Netzzugang gem. §§ 20–23 EnWG festzulegen. Von dieser Verordnungsermächtigung, welche die in § 23a EnWG geregelte Ex-ante-Genehmigung der Entgelte für den Netzzugang flankiert, hat der Verordnungsgeber nahezu zeitgleich mit dem Inkrafttreten des EnWG im Jahr 2005 Gebrauch gemacht: betreffend den Zugang zu Stromnetzen sind die Stromnetzzugangsverordnung (StromNZV) **(Nr. 23)**, zuletzt geändert durch Gesetz vom 13. Mai 2019, und die Stromnetzentgeltverordnung (StromNEV) **(Nr. 24)**, zuletzt geändert durch Gesetz vom 13. Mai 2019 erlassen worden. Der Gasnetzzugang wird durch die am 3. September 2010 erlassene Gasnetzzugangsverordnung (GasNZV) **(Nr. 25)**, zuletzt geändert durch Gesetz vom 13. Juni 2019, und Gasnetzentgeltverordnung (GasNEV) **(Nr. 26)**, zuletzt geändert durch Gesetz vom 29. März 2017, geregelt. Alle vier Verordnungen sind (erstmals) am 29. Juli 2005 in Kraft getreten. Hinzugekommen ist die sog. Anreizregulierungsverordnung (ARegV) **(Nr. 28)**, zuletzt geändert durch Gesetz vom 13. Juni 2019. Die Anreizregulierung hat zum 1. Januar 2009 begonnen. Die ARegV wurde im Jahr 2016 neu gefasst. Die Neufassung soll zu einer Verbesserung der Investitionsbedingungen führen, aber auch eine Begrenzung der Kostenbelastung der Verbraucher bewirken. Als Kernbestandteil zur Förderung von Investitionsbedingungen wurde ab der dritten Regulierungsperiode ein jährlicher Kapitalkostenabgleich eingeführt. Durch diesen wurde eine umgehende Refinanzierung der Investitionen über Netzentgelte ermöglicht und der bislang bestehende Zeitverzug bei Neuinvestitionen abgeschafft. Dabei werden nicht nur kostenerhöhende Faktoren (Investitionen), sondern auch kostenmindernde Faktoren (Abschreibungen) jährlich aktualisiert. Dadurch entfällt der sog. Sockeleffekt.

Um Fehlentwicklungen im Bereich der vermiedenen Netzentgelte entgegenzuwirken und die Grundlage für eine bundesweite Vereinheitlichung der Entgelte auf Übertragungsnetzebene zu schaffen, ist das Gesetz zur Modernisierung der Netzentgeltstruktur (Netzentgeltmodernisierungsgesetz – NEMOG) vom 17. Juli 2017 verabschiedet worden, das insbesondere Änderungen des EnWG und der StromNEV zum Inhalt hat. Wesentlich sind hierbei die Änderungen der § 24 EnWG und § 18 StromNEV sowie die neu eingefügten §§ 24a und 120 EnWG (sog. Referenzpreisblatt).

In der Gaswirtschaft führte der regulierte Netzzugang nicht zur Aufgabe multilateraler Vereinbarungen zwischen den Netzbetreibern. § 20 Abs. 1b S. 7 EnWG verpflichtet die Gasnetzbetreiber, gemeinsame Vertragsstandards („Musterverträge") zu entwickeln; deren Umsetzung erfolgte durch die Kooperationsvereinbarung (KoV 10.2); die aktuelle Änderungsfassung vom 30. September 2019 wird am 1. Januar 2020 in Kraft treten. Für Strom wurden die Netzbetreiber mit Festlegung der Bundesnetzagentur vom 16. April 2015 (Az. BK6–13-042) verpflichtet, die von der Bundesnetzagentur entwickelten Musterverträge für die Abwicklung der Netznutzung zu verwenden.

5. Das sog. Unbundling gem. §§ 6 ff. EnWG

Conditio sine qua non einer Bewertung, inwieweit Benutzungsgebühren unter Berücksichtigung der Interessenlagen sowohl des Netzinhabers als auch des Zugangspetenten angemessen sind, ist die höchstmögliche Transparenz der Kostenzuordnung zu den einzelnen Marktstufen. Nur so kann das Ziel einer Verhinderung von Quersubventionierungen erreicht werden. An dieser Stelle setzen Legitimation und Funktionen der vertikalen Desintegration an, wenn der Netzbetrieb als fortwährendes natürliches Monopol auch in der Rechnungslegung aus der Wertschöpfungskette herausgelöst und von den vor- und nachgelagerten Märkten in Form der Erzeugung und des Einkaufs bzw. des Verkaufs abgetrennt wird.

Die frühere EltRL 2009 und die GasRL 2009 nennen als einen der Gründe für ihren Erlass, dass „die Rechnungslegung aller integrierten Unternehmen ein Höchstmaß an Transparenz aufweisen (muss), insbesondere im Hinblick auf die Feststellung von möglichen missbräuchlichen Ausnutzungen einer marktbeherrschenden Stellung, die z. B. in anormal hohen oder niedrigen Tarifen oder in der Anwendung unterschiedlicher Bedingungen bei gleichwertigen Leistungen bestehen könnten". Unbundling ist insofern eines der Instrumente der Marktmachtdisziplinierung und konkretisiert Art. 102 AEUV. Bezogen auf die leitungsgebundene Energieversorgung kann diese Disziplinierung dahingehend spezifiziert werden, als dass sich mit der im Rahmen der in den Wirtschaftswissenschaften mittlerweile etablierten Netzökonomie auf eine Beschränkung von Regulierungen auf natürliche Monopole, d. h. nicht angreifbare Netze, konzentriert wird.

Die Entflechtungstiefe kann unterschiedlich ausfallen. Sehr weitgehend ist eine organisatorische Desintegration mit gesellschaftsrechtlichen Implikationen mittels Bildung eigenständiger Rechtssubjekte. Als abgeschwächte Variante des organisatorischen Unbundlings kommt eine verwaltungstechnische in Form getrennter Abteilungen in Betracht. Am wenigsten intensiv ist eine buchhalterische Entflechtung im Wege separierter Kontenführung. Dass die praktische Umsetzung vertikaler Desintegration unterschiedlich ausfallen kann, zeigen die Erfahrungen in anderen Bereichen netzgebundenen Austauschs von Gütern und Dienstleistungen. So erfolgte im Fall der Deutschen Bahn eine Trennung von Fahrweg und Verkehrsabwicklung durch Schaffung eigenständiger Aktiengesellschaften für die Unternehmensbereiche Personen-(Nah- und Fern-)Verkehr, Güterverkehr und Fahrweg. Die Situation war hier insofern eine andere, als es der Staat selbst gewesen ist, der die Monopolstellung beim Netzbetrieb und auf den vor- und nachgelagerten Märkten inne hatte und sich daher, frei von einem etwaigen Grundrechtsschutz nach Art. 14 GG, sozusagen selbst „enteignen" konnte.

In Verschärfung zu den beiden Ausgangsrichtlinien Strom und Gas von 1996 bzw. 1998 sahen die zeitgleich 2003 neugefassten EltRL und GasRL (sog. Beschleunigungsrichtlinien) gleichermaßen Verpflichtungen zum Unbundling von EVU in vier abgestuften Formen vor: erstens die Verpflichtung zur Entflechtung und Transparenz der Rechnungslegung (Art. 18, 19 EltRL 2003,

Art. 16, 17 GasRL 2003), zweitens die Verpflichtung zum informatorischen Unbundling (Art. 12, 16 EltRL 2003, Art. 10, 14 GasRL 2003) sowie unter bestimmten Voraussetzungen drittens zum operativen/operationellen Unbundling (Art. 15 Abs. 2 EltRL 2003, Art. 13 Abs. 2 GasRL 2003) und viertens auch zur rechtlichen Entflechtung (Art. 10 Abs. 1, 15 Abs. 1 EltRL 2003, Art. 9 Abs. 1, 13 Abs. 1 GasRL 2003). Durch die EnWG-Novelle 2011 sind in Umsetzung des 3. EU-Binnenmarktpaketes weitere Verschärfungen für die Transportnetzbetreiber (ÜNB und FNB), insbesondere die Verpflichtungen zum sog. Ownership Unbundling, allerdings mit etlichen Alternativen, vorgenommen worden (vgl. §§ 8–10e EnWG). Den Mitgliedstaaten wird weiterhin die Option eingeräumt, beim rechtlichen und operationellen Unbundling solche Unternehmen auszunehmen, die weniger als 100.000 angeschlossene Kunden beliefern (Art. 26 Abs. 4 EltRL 2009, Art. 26 Abs. 4 GasRL 2009). Von dieser sog. De-minimis-Regelung hat der deutsche Gesetzgeber auch weiterhin in § 7 Abs. 2 und § 7a Abs. 7 EnWG 2011 Gebrauch gemacht. Zusätzlich sind in § 7a EnWG für Verteilernetzbetreiber verschärfte Regelungen zum Markenauftritt und zum Kommunikationsverhalten aufgenommen worden.

Die im Rahmen des sog. Winterpaketes erlassene Richtlinie 2019/944/EU vom 5. Juni 2019 mit gemeinsamen Vorschriften für den Elektrizitätsbinnenmarkt und zur Änderung der Richtlinie 2012/27/EU (Neufassung) enthält zum Unbundling keine wesentlichen Änderungen gegenüber der ersetzten EltRL 2009. Wichtig sind aber neue grundsätzliche Tätigkeitsbeschränkungen, etwa beim Betrieb von Ladepunkten für Elektrofahrzeuge und Energiespeicheranlagen.

II. Grundlagen und Entwicklung des Rechts der Energiewirtschaft

1. Regelungsgegenstand

Elektrische Energie lässt sich auch nach dem neuesten Stand der Technik, mit Ausnahme von Wasserkraftwerken, Pumpspeichern und Batteriespeichern, nicht konservieren. Elektrizität muss daher auf der Kraftwerksseite immer zeitgleich mit der Nachfrage bereitgestellt werden, d. h. das Angebot orientiert sich an der Nachfrage. Da Strom regelmäßig besonders kostengünstig in großen Blockeinheiten von über 300 MW erzeugt wird und die Auswahl der Kraftwerksstandorte nicht im Belieben des Betreibers steht, liegen Erzeugungs- und Verbraucherort häufig weit auseinander. Hieraus resultieren Transporte über größere Entfernungen, die eine hohe Übertragungsleistung notwendig machen. Außerdem entfällt im Stromsektor neben den angesprochenen fixen Kosten für das Leitungsnetz ein weiterer erheblicher Kostenbestandteil auf die Errichtung und Bereithaltung ausreichender Kraftwerkskapazität.

Die Eigenart, dass elektrische Energie nicht speicherbar ist, unterscheidet sie von den meisten anderen Waren und bewirkt die weitere Besonderheit, dass ein Transport nur mittels spezieller Leitungen erfolgen kann. In allen entwickelten Industrieländern existieren daher flächendeckende Leitungsnetze, an die gleichermaßen Erzeuger und Abnehmer von Strom angeschlossen sind. In den Anfängen entstanden in Deutschland die ersten Elektrizitätserzeugungsanlagen als Einzelanlagen zur Beleuchtung von Häusern. Diese Anlagen waren nur für eine enge räumliche Nähe gedacht. Der Antrieb der Gleichstromdynamos (Edison) erfolgte durch Dampfmaschinen. Einzelanlagen verbreiteten sich schnell in Deutschland in den Jahren 1878 bis 1884. Es folgten Blockanlagen, die technisch ähnlich wie Einzelanlagen ausgelegt, jedoch für größere Leistung konzipiert waren.

Als für die weitere Ausbreitung unabdingbar erwies sich die Notwendigkeit, für die Fortleitung des Stroms öffentliche Wege benutzen zu müssen. So war die Entstehung von Ortszentralen daher auch nur im Zusammenwirken mit den Gemeinden möglich, die über das Eigentum an den öffentlichen Wegen und Straßen verfügten. Diese konnten über eine Konzessionsvergabe auf die Gestaltung der Stromversorgung Einfluss nehmen oder die Stromversorgung auch in eigener Regie übernehmen. Die erste öffentliche Versorgung entstand im Jahre 1884 in Berlin im Wege der Konzessionsvergabe an ein privates Unternehmen. Die weitere Entwicklung war durch einen technischen Ausreifungsprozess bei gleichzeitigem Größenwachstum charakterisiert. Parallel dazu kam es durch die Einführung des Wechselstroms zu einer grundlegenden weiteren Innovation.

Die weitere Ausweitung ergab sich durch die Elektrifizierung der ländlichen Gebiete durch die sog. Überlandzentralen; die fortschreitende technische Entwicklung ermöglichte eine Vergrößerung der Kraftwerke bei sinkenden spezifischen Kosten. Ein wichtiges Moment in diesem Zusammenhang war der Übergang von Kolbendampfmaschinen auf Dampfturbinen. Bereits im Jahre 1916 wurde vorgeschlagen, ein Verbundsystem auf der Basis von 100 kV zu entwickeln und die Stromerzeugung auf wenige große leistungsfähige Kraftwerkseinheiten zu konzentrieren. Die Herstellung eines solchen Verbundsystems wurde insbesondere auch als eine politische Aufgabe gesehen; wie wir noch sehen werden, wird das heutige Verbundsystem von einer Reihe sog. Verbundunternehmen getragen, die jeweils für größere Teilräume in der Bundesrepublik zuständig sind.

Entlang der energiewirtschaftlichen Wertschöpfungskette lassen sich die zentralen Funktionen in der Strom- und Gaswirtschaft abbilden. Die erste Stufe bildet die Erzeugung/Förderung, es folgen der weiträumige Transport und die kleinräumigere Verteilung sowie schließlich der Verkauf bzw. der Verbrauch als letzte Stufe. Auf der ersten Stufe unterscheidet man zwischen der Erzeugung von Elektrizität bzw. der Förderung von Gas. Hinsichtlich der Erzeugung von Elektrizität kann man nochmals differenzieren zwischen mechanischer Energie (z. B. Wasserkraft, Windkraft), Wärmekraftwerken (bspw. fossile Energieträger, Kernenergie, Verbrennungskraftwerke, Kraft-Wärme-Kopplung), Sonnenenergie (Solarthermik, Photovoltaik) etc.

Die zweite und dritte Stufe, der Transport und die Verteilung von Strom und Gas, können auch als „Straßennetz der Energieversorgung" bezeichnet werden. Das Stromnetz eines Landes unterteilt sich in verschiedene, überlagerte Spannungsebenen. Die Einteilung des herkömmlichen Straßennetzes in ein Hierarchieverhältnis von Bundesautobahn, Bundes-, Landes- und Gemeindestraßen kann dabei durchaus als Illustration des Transport- bzw. Verteilungsnetzes der Strom- und Gasversorgung herangezogen werden:

Jede Spannungsebene erfüllt eine unterschiedliche Funktion hinsichtlich der Übertragungsleistung und der Übertragungsentfernung. Die Übertragungsleistung ergibt sich aus der pro Zeiteinheit übertragenen elektrischen Energie und wird üblicherweise in kWh angegeben. Strom wird über nationale Entfernungen im Höchstspannungsnetz weiträumig verteilt, in Mittelspannung bis zu Werksanschlüssen und Straßenzügen geliefert, um dann bspw. auf der Niederspannungsebene an die Hausanschlüsse zu gelangen. Physikalisch fließen die

Elektronen immer den kürzesten Weg bzw. den Weg des geringsten Widerstandes; genau genommen erhält ein Kunde also im freien Markt „den" Strom im Sinne einer Stückschuld nicht wirklich von „seinem" Lieferanten. Entscheidend ist vielmehr, dass der Lieferant irgendwo im Verbundnetz zeitgleich die entsprechende Strommenge selbst einspeist oder eine solche Menge seinerseits einkauft.

In Deutschland werden grundsätzlich folgende Spannungsebenen unterschieden: Höchstspannung, Hochspannung, Mittelspannung und Niederspannung. Die vier Spannungsebenen sind durch Umspannwerke miteinander verbunden. Insgesamt werden in Deutschland deshalb sieben Netzebenen unterschieden, da neben den vier Spannungsebenen auch die jeweiligen Umspannungen als jeweils eine Netzebene gelten.

Die 380- bzw. 220-kV-Höchstspannungsnetze dienen den großräumigen, europaweiten Energietransporten und dem Anschluss großer Kraftwerkseinheiten mit Leistungen von über 300 MW.

Die 110-kV-Hochspannungsnetze dienen dem regionalen Transport in meist ländliche Gebiete mit geringer Verbrauchsdichte und der innerstädtischen Verteilung in Ballungsgebiete. Die typischen Entfernungen von Hochspannungsnetzen betragen im ländlichen Bereich 50 bis 100 km, in Ballungsgebieten hingegen häufig nur zwischen 10 bis 20 km.

Die Mittelspannungsnetze bilden die Oberstufe der örtlichen Verteilernetze. Die typischen Übertragungsentfernungen betragen einige Kilometer. Unmittelbar an das Mittelspannungsnetz angeschlossen werden Abnehmer und Einspeiser mit einer Leistung zwischen 50 kW und einigen MW. Die vorherrschenden Betriebsspannungen von Mittelspannungsnetzen sind in Deutschland 20 kV und 10 kV.

Die überwiegende Anzahl der Abnehmer, d.h. Tarifkunden und kleinere Sonderkunden mit Abnahmemengen unter 100.000 kWh bzw. einer maximalen Leistung unter 50 bis 200 kW, ist an das Niederspannungsnetz angeschlossen. Die Übertragungsentfernungen ergeben sich in erster Linie aus der elektrischen Verbindung des Weges zwischen dem Einspeise- und dem Abnahmeort. Nur die höchste Spannungsebene des Netzes ist überregional ausgedehnt. Alle Netzebenen unterhalb des Höchstspannungsnetzes sind in mehr oder weniger große Teilnetze aufgetrennt. Es ergeben sich somit landesweit für eine Spannungsebene eine Vielzahl von Teilnetzen.

Entsprechend den verschiedenen Spannungsebenen ist zwischen verschiedenen Netzbetreibern zu unterscheiden, die entsprechend der Wertschöpfungskette verschiedene Aufgaben im Stromsystem übernehmen:

Die sog. Verbundunternehmen sind bzw. waren bis vor kurzem die Eigentümer und zugleich Betreiber der Höchstspannungsnetze (Verbundnetze). Im Einzelnen sind dies E.ON, RWE, EnBW und Vattenfall Europe. Die ersten drei haben jedenfalls mehrheitlich ihr jeweiliges Eigentum an ihren Übertragungsnetzen veräußert. Die Verbundunternehmen sind für die überregionale Reservevorhaltung sowie den regionalen und internationalen Stromaustausch verantwortlich.

Die Regionalversorgungsunternehmen (RVU) sind Eigentümer und Betreiber der Mittelspannungsnetze. Innerhalb der Wertschöpfungskette übernehmen sie die Funktionen der Weiterverteilung sowie partiell der Endkundenbelieferung.

Örtliche Unternehmen bzw. kommunale Unternehmen sind vornehmlich in der Stromverteilung und im Verkauf, meist auch in der Erzeugung tätig.

Die aus den bereits angesprochenen vier Stufen der Erzeugung, Übertragung, Verteilung und des Verkaufs an Endverbraucher bzw. des Verbrauchs bestehende Hierarchie der Elektrizitätsversorgung ist ferner durch eine starke vertikale Integration in Form von Kapitalbeteiligungen bzw. langfristigen Lieferverträgen gekennzeichnet. D. h. in der Vergangenheit sind vielfältige Kooperationen entstanden, um ansonsten erforderliche Transaktionen auf den vor- und nachgelagerten Wertschöpfungsstufen nicht auf den jeweiligen Märkten mit wechselnden Vertragspartnern vornehmen zu müssen.

Auch in der Gaswirtschaft lassen sich verschiedene Stufen ausmachen. Die Einteilung erfolgt hier in Produktion bzw. Import, Transport bzw. Weiterverteilung und Endverteilung. Diese Unterteilung entspricht der Organisation der deutschen Erdgaswirtschaft, die in Produzenten, Ferngasgesellschaften und Regional- bzw. Ortsgasgesellschaften unterteilt ist. Die Lieferkette setzt sich aus den Ferngesellschaften, den Regionalversorgern und den Ortsgasversorgern (insbesondere den Stadtwerken) zusammen.

Die Ferngesellschaften sind über die Marktstufen Förderung, Transport, Verteilung und Verkauf vertikal integriert. Zudem importieren sie ausländisches Erdgas, speichern Gas in großen Mengen unter Tage und sind für die Sicherung der Gasqualität verantwortlich. Zur Vereinfachung des Zugangs zu den Transportnetzen bilden die Fernleitungsnetzbetreiber sog. Marktgebiete, eine rechtlich selbstständige, aber weitreichende Kooperation der Betreiber. Seit dem 1. Oktober 2011 bestehen in Deutschland nur noch zwei Marktgebiete, NetConnect Germany und Gaspool.

Auch die überregionalen Gasversorger transportieren Erdgas über große Distanzen in Hochdrucknetzen, verkaufen und verteilen Gas an Endabnehmer sowie an die nachgelagerten Regional- und Ortsgasversorger.

Den Regional- und Ortsgasversorgern kommt in erster Linie die Aufgabe zu, über das Mittel- und Niederdrucknetz Erdgas an kleinere Abnehmer zu verteilen. Gasspeicherung wird von diesen Versorgungsunternehmen, die häufig im Querverbund mit der Strom-, Fernwärme- und/oder Wasserversorgung sowie der Abfallentsorgung agieren, nur in kleinen Mengen vorgenommen; auf den Gastransport in Hochdrucknetzen verzichten sie vollständig.

2. Das Spannungsfeld unterschiedlicher Interessen in der Energiewirtschaft

Den Anforderungen an eine kurze „Einführung in das Recht der Energiewirtschaft" gerecht zu werden, bedeutet – neben einer bloßen rechtlichen Darstellung – zuvorderst die Vorstellung der wesentlichen Gesetze, Verordnungen und sonstigen Rechtsquellen sowie die Offenlegung des in dieser Form einzigartigen Spannungsfeldes unterschiedlicher Interessen in der Energiewirtschaft. Bereits der Blick in das Ziele-Fünfeck des durch die Energierechtsnovelle neugefassten § 1 EnWG (Versorgungssicherheit, Preisgünstigkeit, Umweltverträglichkeit, Verbraucherfreundlichkeit, Effizienz) lässt die Unmöglichkeit einer gleichzeitigen Befriedigung aller fünf Ziele erkennen. Vielmehr kann es nur um eine Annäherung, d. h. eine Optimierung im Geflecht der vielfältigen Interessen, gehen.

Als die ersten, noch sehr kleinen, elektrischen Kraftanlagen im vierten Jahrzehnt des 19. Jahrhunderts in Betrieb genommen wurden, war Elektrifizierung ein besonderes Privileg. So kritisierte der Stadtverordnete Singer in der Berliner Stadtverordnetenversammlung am 24. Oktober 1889, dass die Elektrizität – und damit auch eine von der privaten Elektrizitätswerke AG der Stadt angebotene Preisermäßigung – „nur für den gut situierten Theil der Bevölkerung einen Nutzen habe" (Stenographische Berichte über die öffentlichen Sitzungen der Stadtverordnetenversammlung der Haupt- und Residenzstadt Berlin, 16. Jahrgang 1889, S. 283, 295). 15 Jahre nachdem sich bereits Lenin „von der Elektrifizierung den endgültigen Sieg der Revolution versprochen" hatte, trat im Jahr 1935 in Deutschland das EnWG (Gesetz vom 13. Dezember 1935, RGBl. I S. 1451; BGBl. III 752-1, Präambel) in Kraft, das im Zusammenhang mit der kriegsvorbereitenden Infrastruktur für den Aufbau einer flächendeckenden Energieversorgung von Bedeutung sein sollte. Das Bundesverfassungsgericht (BVerfG) schließlich hat die Sicherstellung der Energieversorgung als „ein Gemeinschaftsinteresse höchsten Ranges" herausgestellt. Es handele sich um ein „absolutes" Gemeinschaftsgut. Die Energieversorgung wird insofern als Bereich der Daseinsvorsorge bezeichnet, die „zur Sicherung einer menschenwürdigen Existenz unumgänglich ist".

Heute ist weniger die Energieversorgung an sich, sondern der Energiepreis ein maßgeblicher Faktor in der aktuellen Standortdebatte. Die Interessen der bundesdeutschen EVU sind herkömmlich gleichermaßen heterogen wie homogen: Der weitgehende Ausschluss von Wettbewerb hatte eine stabile dreigliedrige Akteursstruktur zur Folge: Neben den vier vertikal integrierten sog. Verbundunternehmen, d.h. EVU, die auf allen Stufen der Energieversorgung von der Erzeugung über Transport und Verteilung bis zur Endkundenbelieferung tätig waren bzw. sind, beschränken sich die RVU regelmäßig auf Strom- bzw. Gasverteilung. Auf der lokalen Ebene zeichnen sich vielerorts kommunale Unternehmen, Eigenbetriebe oder Stadtwerke für den Betrieb der örtlichen Verteilnetze und die Endkundenbelieferung, mitunter auch für eine begrenzte Eigenerzeugung verantwortlich. Die Unternehmen der erstgenannten Kategorie sind nunmehr die aus Fusionen hervorgegangenen Unternehmen RWE, E.ON, EnBW und Vattenfall Europe. Die Zahl der Stadtwerke bzw. kommunalen Unternehmen beläuft sich bei steigender Tendenz momentan auf mehr als 900.

Im Vergleich mit anderen Wirtschaftszweigen ist eine hohe Investitionsquote Kennzeichen der kapitalintensiven Strom- und Gaswirtschaft. Als Folge der Liberalisierung der Energiemärkte und der damit größeren Fungibilität der Handelswaren Strom und Gas hat das Geschäftsfeld Strom- bzw. Gashandel einen deutlichen Aufschwung erfahren. Die traditionellen EVU sehen sich durch eine Vielzahl neuer Akteure im Energiehandel erheblichen Herausforderungen ausgesetzt. Zuvorderst zu nennen sind Einzelhändler, Stromhandelskooperationen, Internet-Broker, Portfoliomanager, Risikomanager, Großhändler, Börsengesellschaften und -händler, Öko-Stromhändler sowie Broker. Das Beispiel der zwei Strombörsen LPX (Leipzig) und EEX (Frankfurt a.M.), die seit März 2002 zu einer Börse, der EEX, Leipzig, fusioniert sind, einer noch vor wenigen Jahren kaum vorstellbaren Akteursgruppe, belegt nachhaltig Chancen und Herausforderungen für die traditionellen EVU. Der Börsenhandel erfasst mittlerweile auch den Bereich Gas. Die EEX betreibt einen Spot- und Derivatehandel für Erdgas.

Die liberalisierungsbedingte Diversifizierung der EVU bedeutet eine ebensolche Vervielfältigung der Interessen. Insbesondere die meist ausschließlich im Strom- und Gashandel aktiven neuen Marktteilnehmer beklagten anfänglich Nachteile der bundesdeutschen Regelung des Netzzugangs. Als conditio sine qua non für die eigentlichen Handelsaktivitäten bedeutete der in §§ 6, 6a EnWG 1998/2003 geregelte sog. verhandelte Netzzugang neben immensen

Transaktionskosten und Zeitverlusten in jedem Einzelfall vor allen Dingen eine erhebliche, das Wettbewerbsprinzip letztlich bedrohende Rechtsunsicherheit. Die Einführung des sog. regulierten Netzzugangs, vollzogen durch die BNetzA in Bonn sowie die Landesregulierungsbehörden u. a. über eine Ex-ante-Genehmigung der Netzentgelte, hat dieses Problem tatsächlich jedenfalls weitgehend gelöst; die erste „Netzentgelt-Genehmigungswelle" 2006 bis 2008 führte zu teilweise deutlichen Senkungen der Netzentgelte Strom.

Regelmäßig gegenläufig zu den Interessen der eben genannten Unternehmensgruppen aus der Strom- und Gaswirtschaft ist die Perspektive der Berücksichtigung der Umweltbelange bzw. der Umweltökonomie. Natürliche Ressourcen, die der Allgemeinheit in gleicher Menge zum Konsum offen stehen („öffentliche Güter"), können nicht ohne Weiteres effizient über den Markt gelenkt werden. Angestrebt wird deshalb eine „Internalisierung der externen Kosten" als rechtlicher Ausfluss des Verursacherprinzips. Auf der Emissions- bzw. Output-Seite dient der volkswirtschaftliche Schaden als Bemessungsgrundlage. So hat sich die Bundesregierung das anspruchsvolle Ziel gesetzt, die Treibhausgasemissionen der BRD bis 2020 um 40% gegenüber 1990 zu reduzieren. Zugleich bedeutet jede Steigerung des Energie-Inputs aus konventionellen Energieträgern einen zusätzlichen, die Umwelt belastenden Ressourcenverbrauch. Aus dieser Perspektive werden grundsätzlich höhere Strompreise – um entsprechende Stimulanz zur Ressourceneinsparung zu erzielen – gefordert, es sei denn, der Input erfolgt mittels des Einsatzes regenerativer Energien. Vor diesem Hintergrund sowie einem zunehmend sichtbaren und wissenschaftlich belegten Klimawandel wurden bereits in den 1980er Jahren erste Weichen für die Energiewende gestellt, die zwar zunächst sehr umstritten war, mittlerweile aber von der Politik und der Energiewirtschaft grundsätzlich als notwendig anerkannt wird. Die Einführung des Stromeinspeisungsgesetzes (StrEG) 1991 legte den Grundstein für die Umstellung der Stromerzeugung auf Erneuerbare Energien. Diese Entwicklung wurde durch die Einführung des EEG im Jahr 2000 und den Energiewendebeschluss der Bundesregierung als Reaktion auf die Nuklearkatastrophe von Fukushima erheblich beschleunigt. Parallel dazu findet ein stufenweiser Ausstieg aus der konventionellen Stromerzeugung (Atom, Kohle, langfristig Gas) statt. Mit der Energiewende geht jedoch nicht nur ein Übergang zu nachhaltigen, Erneuerbaren Energien einher. Vielmehr befindet sich die gesamte Energieinfrastruktur im Wandel: Die Netze müssen ausgebaut und Speichertechnologien entwickelt werden. Da ein vollständiger Verzicht auf konventionelle Energieträger auf absehbare Zeit nicht möglich erscheint, wird mit verschiedenen Mechanismen ein möglichst sparsamer und effizienter Umgang mit Ressourcen gefördert, z. B. durch den europäischen Emissionshandel oder die energetische Sanierung von Gebäuden. Auch das Verkehrswesen wird mit zunehmender Elektrifizierung und Einbindung in das Elektrizitätsnetz als wichtiger Bestandteil der Energiewende erachtet.

Schließlich spielt die kommunale Ebene eine nicht unerhebliche Rolle, genannt seien die Stichworte „Rekommunalisierung" und „Dezentralisierung" der Energieversorgung; derzeit erfährt die Rekommunalisierung bundesweit eine regelrechte Renaissance, auch deshalb, weil aktuell sehr viele sog. Konzessionsverträge auslaufen und es nach einem Konzessionärswechsel zu Netzübernahmen i. S. d. §§ 46 ff. EnWG kommt. Während in den Anfängen der Nutzung elektrischer Energie gegen Ende des vorletzten Jahrhunderts zunächst die größeren Städte die Initiative ergriffen hatten und als Großverbraucher zur Versorgung ihrer Einwohner und ihrer Kommunalbetriebe, vor allem der Straßenbahnen, eigene Stadtwerke zur Stromerzeugung und Stromverteilung errichteten, setzte sich in der Folgezeit bis heute zunehmend eine durch wirtschaftliche Gründe bedingte Aufgabenteilung durch. Danach obliegen typischerweise die Stromerzeugung und die Stromübertragung im großen Maßstab den überregional tätigen Verbundunternehmen sowie den regionalen EVU gemischtwirtschaftlicher oder privater Prägung; dagegen wird die Stromverteilung, in vielen Städten auch die örtliche Stromerzeugung, traditionell von den Kommunen wahrgenommen.

Die Liberalisierung der Energiemärkte und die Novellierung des bundesdeutschen Energierechts sollen nicht zuletzt den Verbraucherinteressen Rechnung tragen. Zum Ausdruck kommt dies bereits in der in § 1 geregelten Zielsetzung des EnWG, wenn dort die „Preisgünstigkeit" genannt ist. Per Saldo sanken für die kleinen Kunden, vor allem die Haushalte, die Strompreise um 10 bis 15% und in den ersten Jahren nach der Liberalisierung die Stromrechnungen um etwa 2,5 Mrd. Euro; seit März 2002 bewegen sich die Preise allerdings – insbesondere bedingt durch Neueinführung bzw. Erhöhung von Umweltabgaben und eine regelrechte Explosion bei den Erzeugerpreisen – deutlich über dem Ausgangsniveau von 1998. Neben dem Preis steht aber auch Markttransparenz im Vordergrund. Eine zunehmende Kundenzahl verlangt – eingedenk der bislang als Interesse der Allgemeinheit wahrgenommenen Berücksichtigung der Belange des Umweltschutzes – nach Möglichkeiten einer Individualisierung in Gestalt von „grünem Strom" bzw. Öko-Produkten. Ferner verlangt der Verbraucherschutz nach einfachen und den Vorgaben des sog. AGB-Rechts (geregelt in den §§ 305 bis 310 BGB) entsprechenden vertraglichen Regelungen des Strombezugs sowie des Netzanschlusses und der Netznutzung. Die Vorgaben der sog. Energiewende werden ebenfalls strompreiserhöhend wirken, wenngleich das Ausmaß sehr umstritten ist.

3. Liberalisierung netzgebundener Güter und Dienstleistungen

Eine funktionsfähige Infrastruktur ist seit jeher Voraussetzung wirtschaftlicher und gesellschaftlicher Entwicklung. Als klassischer Anschauungsfall gilt der auf die Bedürfnisse der räumlichen Ausdehnung der Handelsbeziehungen ausgerichtete Ausbau des Verkehrs- und Transportwesens zur Zeit des römischen Imperiums. In der Epoche der mittelalterlichen Stadt- und Zunftwirtschaft im 15. und 16. Jahrhundert entfalteten sich in den Städten Handwerk und Handel zu eigenständigen Gewerbezweigen, die erste Maßnahmen einer öffentlichen Verwaltung der Wirtschaft erforderlich machten, welche nach dem Ende des 30-jährigen Krieges in die merkantilistisch-kameralistische Wirtschaftsverwaltung mündete. Neben der Vereinheitlichung von Maßen und Gewichten oder der Strukturierung des Münzwesens standen die Wiederherstellung der zerstörten Verkehrswege, der Land- wie Wasserstraßen und die räumliche Verdichtung der Postdienste im Mittelpunkt staatlicher Wirtschaftsstrukturpolitik.

Gerade Adam Smith bezeichnete – als eine von drei Ausnahmen der Güterallokation über den Markt – die Verantwortlichkeit für die wirtschaftliche Infrastruktur als Staatsaufgabe, wenn er ausführt, dass „die dritte und letzte Aufgabe des Staates (darin) besteht, solche öffentliche Anlagen und Einrichtungen aufzubauen und zu unterhalten, die, obwohl sie für ein großes Gemeinwesen höchst nützlich sind, ihrer ganzen Natur nach niemals einen Ertrag abwerfen, der hoch genug für eine oder mehrere Privatpersonen sein könnte, um die anfallenden Kosten zu decken, weshalb man von ihnen nicht erwarten kann, dass sie diese Aufgaben übernehmen". Auch in Zeiten der sog. postindustriellen Gesellschaft, in denen bereits von einer Quintärisierung der Gesamtwirtschaft gesprochen wird, erstreckt sich im Rahmen der Daseins- und Zukunftsvorsorge diese infrastrukturelle Verantwortlichkeit neben den Bereichen Verkehr, Information und Telekommunikation, Versorgung im Allgemeinen, Entsorgung, Bildung und Forschung, einheitliche Normierung, regionale Infrastrukturförderung, Geld- und Währungswesen in besonderem Maße auf die leitungsgebundene Strom- und Gasversorgung.

Die meisten der eben genannten Bereiche haben im Verlauf des 20. Jahrhunderts einen derart rapiden Anstieg der Teilnehmerzahlen, der direkten und verzweigten Verbindungslinien und der Durchlaufgeschwindigkeiten der transportierten Güter und Dienste erfahren, dass nunmehr der Begriff des Netzes als spezieller Tatbestand der Infrastruktur charakteristisch ist. Netze werden allgemein bezeichnet als „raumübergreifende, komplex verzweigte Transport- und Logistiksysteme für Güter, Personen oder Informationen". Die Netznutzung bzw. die Frage des Netzzugangs hat über die historischen Anschauungsfälle hinaus mit der gesellschaftlichen und ökonomischen Ausdifferenzierung nicht nur korrelierend, sondern diese überhaupt maßgeblich fördernd, kontinuierlich an Bedeutung gewonnen. Man denke neben den physischen Netzen an solche immaterieller Prägung wie bspw. Internet und Intranet, Flug- bzw. Hotelreservierungs- sowie Kontobuchungssysteme. Diese Beispiele indizieren die Uferlosigkeit des Netzbegriffs; außerhalb des Europarechts, wo in Art. 170 AEUV von den transeuropäischen Netzen die Rede ist, ist „Netz" bislang kein bestimmter Rechtsbegriff.

Über Art. 170 ff. AEUV ist der Europäischen Union mittlerweile die Aufgabe zugewiesen worden, zum Aufbau und Ausbau transeuropäischer Netze für Verkehr, Telekommunikation und Energie beizutragen. Auf supranationaler Ebene sind hierbei insbesondere der Verbund, die Interoperabilität und der Zugang zu den Netzen zu fördern. Durch die Herstellung der physischen Voraussetzungen soll die Verwirklichung des Binnenmarktes flankiert werden. Die diesbezüglichen Kosten allein bis zum Jahr 1999 sind mit 220 Mrd. Euro für die Verkehrsinfrastruktur, 150 Mrd. Euro für die Telekommunikation und 30 Mrd. Euro für den Energietransport beziffert worden. Die Liberalisierung der traditionell vielerorts als (Staats-)Monopole geführten Netzindustrien des Bahnverkehrs, des Postwesens, der Telekommunikation und der Energieversorgung ist zwischenzeitlich durch weitere Gemeinschaftsinitiativen in Form von Richtlinien forciert worden.

III. Europarechtliche Vorgaben des Wettbewerbs in der Energiewirtschaft

Die Forderung nach einem „Binnenmarkt für Energie" wurde im Rat der Gemeinschaft erstmals im Jahr 1986 erhoben, im Anschluss daran erarbeitete die Europäische Kommission eine legislatorische Grundkonzeption, wonach in drei Schritten das Binnenmarktziel – die Errichtung grenzüberschreitender Energiemärkte – erreicht werden sollte. Im Einzelnen lauteten die Ziele-Trias wie folgt: Erstens soll durch die Verbesserung der Transparenz zur Feststellung von Versorgungsmängeln im Binnenmarkt der grenzüberschreitende Energieaustausch erleichtert werden, zweitens soll die Liberalisierung durch ein freies Spiel der Kräfte auf dem Binnenmarkt vorangetrieben werden und drittens soll aufgrund der gewonnenen Erfahrungen aus der zweiten Phase die Beseitigung der Wettbewerbsverzerrungen erfolgen.

1. Die EU-Binnenmarktrichtlinie Elektrizität vom 13. Juli 2009

Die EU-Binnenmarktrichtlinie Elektrizität (EltRL 2009) vom 13. Juli 2009 (die Nachfolgeregelung der EltRL vom 19. Dezember 1996 bzw. vom 26. Juni 2003) bildet ein zentrales Produkt des Binnenmarktkonzeptes der Europäischen Kommission, welches sich an den Zielen der Verwirklichung der wirtschaftlichen Grundfreiheiten im Energiebereich, der Wettbewerbsfähigkeit und der Versorgungssicherheit orientiert. Die Europäische Kommission entwickelte hierfür ein mehrphasiges Konzept: Im Jahr 1988 legte sie ein Arbeitsdokument „Binnenmarkt für Energie" vor, dieses führte zur Verabschiedung der Preistransparenzrichtlinie vom 29. Juni 1990, welche die Einführung einer Berichtspflicht betreffend Strom- und Gaspreise zur Folge hatte; schließlich folgten die Richtlinien über den Transit von Elektrizität und Gas über große Netze vom 29. Oktober 1990.

Auf der Grundlage dieser Vorarbeiten wurde die EltRL vom 19. Dezember 1996 verabschiedet, die einen ersten Schritt in Richtung auf einen einheitlichen Binnenmarkt für Elektrizität darstellte; sie bezweckte vornehmlich die Schaffung eines wettbewerbsorientierten Elektrizitätsmarktes. Die EltRL 1996 kann als eine Kompromisslösung zwischen einer europaweiten Marktöffnung durch einen offenen Netzzugang (Third Party Access, TPA) einerseits und der Orientierung an Versorgungssicherheit, Umwelt- und Verbraucherschutz andererseits bezeichnet werden. Die Europäische Kommission machte seinerzeit ausdrücklich klar, dass „auch nach ihrer Durchführung Hemmnisse für den Elektrizitätshandel zwischen den Mitgliedstaaten fortbestehen."

Der Inhalt der EltRL 2009 lässt sich im Anschluss an den Definitionenkatalog in Art. 2 und einigen allgemeinen Vorschriften in Art. 3 entlang der eingangs beschriebenen energiewirtschaftlichen Wertschöpfungskette wie folgt skizzieren: Im Erzeugungsbereich wird gem. Art. 7 von den Mitgliedstaaten ein Genehmigungsverfahren für neue Kapazitäten beschlossen, deren Kriterien in Abs. 2 näher beschrieben werden. Nach Art. 8 tragen die Mitgliedstaaten Sorge für ein Ausschreibungsverfahren neuer Kapazitäten. Die zweite Stufe, der Betrieb des Übertragungsnetzes, ist in den Art. 9 bis 23 normiert. Hervorhebenswert sind insbesondere die in Art. 9 geregelten Vorgaben zum sog. Ownership Unbundling, von denen abweichend als Alternativen der sog. Independent System Operator (ISO; Art. 13) bzw. Independent Transmission Operator (ITO; Art. 14) zugelassen sind. In den Art. 24ff. sind die entsprechenden Anforderungen an die Verteilernetzbetreiber geregelt.

Bereits die EltRL 1996 gab den Mitgliedstaaten auf, eine oder mehrere zuständige Stellen mit der Aufgabe als Regulierungsbehörde zu betrauen (vgl. heutigen Art. 35 EltRL 2009). Ein solches Instrument existierte in Deutschland zunächst im Infrastrukturbereich für den Post- und Telekommunikationsbereich und sollte nun auch für den Energiebereich geschaffen werden. Diese Behörde muss von den Interessen der Elektrizitätswirtschaft vollkommen unabhängig sein. Sie soll die Aufgabe haben, Nichtdiskriminierung, echten Wettbewerb und ein effizientes Funktionieren des Marktes sicherzustellen. Ziele, Aufgaben und Befugnisse der Regulierungsbehörden sind nunmehr ausführlich in den Art. 36 und 37 vorgegeben.

Damit schufen die EltRL 2009 und ihre Vorgängerversionen einen neuen rechtlichen Rahmen für die Elektrizitätswirtschaft, dessen Umsetzung die rechtliche Grundlage für die Errichtung des Binnenmarktes Elektrizität bildet. Ferner bedarf es dazu der Entstehung einer echten Wettbewerbswirtschaft.

Der länderübergreifende Handel mit Elektrizität erfordert neben einem entsprechenden rechtlichen Rahmen aber auch das Vorhandensein gewisser technischer Voraussetzungen. Freilich findet ein grenzüberschreitender Handel mit Elektrizität nur dann statt, wenn die Elektrizität von einem nationalen Netz in das Netz eines anderen Staates „transportiert" werden kann. Technisch möglich wird dies durch sog. Verbundsysteme, welche verschiedene Staaten durch ein Netz von grenzüberschreitenden Hochspannungsleitungen miteinander verbinden. Innerhalb des europäischen Binnenmarkts existieren derzeit noch mehrere solcher Verbundsysteme; das bekannteste und am meisten Mitgliedstaaten umfassende war das kontinentaleuropäische Verbundsystem der UCTE (Union for the Co-ordination of Transmission of Electricity). Steht heute die Ermöglichung und Förderung eines grenzüberschreitenden Handels im Vordergrund, so diente das Netz der UCTE ursprünglich der Gewährleistung der Stromversorgung durch Vorhaltung gegenseitiger Reserven. Zum Zeitpunkt der Gründung fanden transnationale Elektrizitätslieferungen nur im Bedarfsfall statt, ansonsten blieb die Elektrizitätserzeugung und -versorgung den einzelnen Ländern vorbehalten, die ihre Stromerzeugung dem eigenen Verbrauch anpassten. Seit dem 1. Juli 2009 sind die Verbundsysteme aller Mitgliedstaaten des europäischen Binnenmarkts in dem übergeordneten Verband Europäischer Übertragungsnetzbetreiber (ENTSO-E, European Network of Transmission System Operators for Electricity) zusammengefasst.

Die Europäische Union verfolgt das Ziel, dass in allen Mitgliedstaaten die Kapazität der grenzüberschreitenden Stromverbindungsleitungen zu anderen Mitgliedstaaten bis 2020 mindestens 10% und bis 2030 mindestens 15% der heimischen Stromerzeugungskapazität („Verbundgrad") beträgt. Dafür wird seit 2013 der Aus- und Neubau von Stromverbindungsleitungen von der Europäischen Union im Rahmen von Vorhaben von gemeinsamen Interesse (Projects of Common Interest, PCI) gefördert.

Im Zuge des von der EU-Kommission vorgelegten „Clean-Energy-Pakets" zur vollständigen Dekarbonisierung des Elektrizitätssektors ist am 5. Juni 2019 eine neu gefasste Elektrizitätsbinnenmarktrichtlinie **(Nr. 4)** erlassen worden (RL 2019/944/EU). Mit dem 31. Dezember 2020 wird die EltRL 2009 damit außer Kraft treten.

2. Die EU-Binnenmarktrichtlinie Gas vom 13. Juli 2009

Die EU-Binnenmarktrichtlinie Gas (GasRL 2009) **(Nr. 5)** vom 13. Juli 2009 (die Nachfolgeregelung der GasRL vom 22. Juni 1998 bzw. vom 26. Juni 2003) setzt die Verwirklichung eines wettbewerbsorientierten Gasmarktes als Bestandteil des Energiebinnenmarktes fort. Die GasRL 2009 folgt dabei in weiten Teilen dem Vorbild der EltRL 2009, so z.B. bei der Entflechtung, der grenzüberschreitenden Zusammenarbeit der Netzbetreiber oder dem Verbraucherschutz. Die Regelungsinhalte beziehen sich auf Fernleitungen, Verteilnetze und die Versorgung. Als Besonderheit kommt bei der GasRL 2009 hinzu, dass Regelungen über die Entflechtung von Fernleitungsnetzeigentümer und Speicheranlagenbetreiber getroffen werden (Art. 15 GasRL 2009). Auch wird in der GasRL 2009 der Zugang zu Speicheranlagen geregelt (Art. 33 GasRL

2009), wobei die Vorgängerregelung der GasRL 2003 nicht verschärft wurde und somit die Mitgliedstaaten weiterhin die Wahl zwischen verhandeltem und reguliertem Zugangsregime haben. Mit Blick auf große Infrastrukturprojekte in der EU, wie Nabucco, Nordstream oder Trans Adriatic, ist noch hervorzuheben, dass große neue Erdgasinfrastrukturen, namentlich Verbindungsleitungen, LNG- und Speicheranlagen, unter bestimmten Voraussetzungen von den Verpflichtungen zur Entflechtung sowie der Gewährung eines diskriminierungsfreien Drittzugangs ausgenommen werden können (Art. 36 GasRL 2009).

Auch die den Verbraucherschutz betreffenden Vorschriften der Vorgängerregelung der GasRL 2003 wurden ausgebaut. Der europäische Gesetzgeber verlangt von den Mitgliedstaaten, das System der transparenten, einfachen und kostengünstigen Verbraucherbeschwerden zu gewährleisten. Insbesondere sollen außergerichtliche Streitigkeiten zügig (vorzugsweise innerhalb von drei Monaten) beigelegt werden. Darüber hinaus sollen die Kunden „häufig genug" über ihren tatsächlichen Gasverbrauch und ihre Gaskosten informiert werden.

Die GasRL 2009 führte zu der EnWG-Novelle im Jahr 2011 mit zahlreichen Verschärfungen der Entflechtungs- sowie Verbraucherschutzregeln sowie neuen Bestimmungen zum Mess- und Zählerwesen.

Das „Clean-Energy-Paket" der EU-Kommission nahm an der GasRL 2009 Änderungen vor (RL 2019/692/EU vom 17. April 2019). Insbesondere werden nun Marktvorschriften vermehrt auf Gasfernleitungen aus und in Drittländer angewandt. Hierfür wurde das Verfahren des Art. 36 GasRL neu strukturiert.

3. Die Erdgaszugangsverordnung vom 13. Juli 2009

Am 13. Juli 2009 ist ferner die Verordnung (EG) Nr. 715/2009 (ErdgasZVO 2009) **(Nr. 9)** über die Bedingungen für den Zugang zu den Erdgasfernleitungsnetzen und zur Aufhebung der Verordnung (EG) Nr. 1775/2005 erlassen worden und zum 3. September 2009 in Kraft getreten. Ihr Zweck ist, in Flankierung der GasRL 2009, die Grundprinzipien und Umsetzungsmaßnahmen betreffend den Zugang Dritter zu den Erdgasfernleitungsnetzen auszugestalten. Die ErdgasZVO wird sich zukünftig wachsender Bedeutung gegenübersehen. Zunächst wurde die Europäische Kommission ermächtigt, unter Beachtung des Komitologieverfahrens Leitlinien zu beschließen. Weiter wurde auf Grundlage der ErdgasZVO der Verband europäischer Fernleitungsnetzbetreiber ENTSO-G gegründet, der in Kooperation mit der EU-Agentur ACER und der Europäischen Kommission Netzkodizes entwickelt. Darüber hinaus konkretisiert die Verordnung direkt die Verpflichtungen von Fernleitungsnetzbetreibern sowie von Betreibern von Speicher- und LNG-Anlagen bezüglich der Gewährung eines diskriminierungsfreien Drittzugangs.

Der ENTSO-G hat in Bezug auf die Gasbilanzierung den Netzkodex Gasbilanzierung (Network Code on Gas Balancing in Transmission Systems) und einen Netzkodex mit Vorschriften für die Interoperabilität und den Datenaustausch (Network Code on Interoperability and Data Exchange) entwickelt. Beide Netzkodizes wurden von der Europäischen Kommission in Form von Verordnungen erlassen (EU Nr. 312/2014; EU Nr. 2015/703) Durch den Netzkodex Gasbilanzierung werden europaweit geltende, rechtlich verbindliche Bilanzierungsregeln für Fernleitungsnetzbetreiber geschaffen. Um den Netzkodex Gasbilanzierung umzusetzen, hat die BNetzA am 3. April 2014 das förmliche Festlegungsverfahren „GABi Gas 2.0" eröffnet (Az. BK7–14–020). Die

Leitlinien und Netzkodizes könnten dabei zukünftig die nationalen Vereinbarungen (die aktuelle Kooperationsvereinbarung KoV X vom 30. September 2019 enthält Regelungen zur Festlegung GABi Gas 2.0) zumindest zum Teil ersetzen.

4. Liberalisierung des Mess- und Zählerwesens und Einführung von intelligenten Messsystemen

Am 8. September 2008 wurde das Gesetz zur Öffnung des Messwesens in den Bereichen Strom und Gas für den Wettbewerb im BGBl. veröffentlicht. Zum 9. September 2008 wurde damit zum einen § 21b EnWG angepasst und die „Lücke" des § 40 EnWG geschlossen. Die Änderung des § 21b EnWG war insbesondere für Netzbetreiber und Messstellenbetreiber sowie Messdienstleister relevant. Obwohl bereits seit dem EnWG 2005 der Messstellenbetrieb (Einbau, Betrieb und Wartung des Zählers) liberalisiert ist und auf Wunsch des Anschlussnehmers durch einen Dritten durchgeführt werden konnte, ist aus verschiedenen Gründen nach wie vor der Netzbetreiber nahezu flächendeckend in der Zuständigkeit. Dieser Zustand sollte sich nach dem Willen des Gesetzgebers ändern, insbesondere indem er die Anspruchsinhaberschaft auf den Anschlussnutzer (= belieferter Kunde, Mieter) konzentriert und zusätzlich die Messung (Ablesen der Messwerte und Übertragung an die Berechtigten) liberalisiert. Daneben sollte der Boden für die Umstellung auf das Smart Metering bereitet werden. Über § 21b Abs. 3a und 3b EnWG 2005 waren Messstellenbetreiber verpflichtet, ab dem 1. Januar 2010 unter bestimmten Voraussetzungen Zähler anzubieten, die dem Anschlussnutzer seinen tatsächlichen Energieverbrauch und die tatsächliche Nutzungszeit widerspiegeln. Die Messzugangsverordnung (MessZV) gestaltete den Sachverhalt der Liberalisierung aus. Die BNetzA erließ eine Festlegung vor allem zu den Inhalten des Messstellen- und Messvertrages sowie zu den Geschäftsprozessen und zum Datenaustausch sodass detaillierte Bestimmungen getroffen werden können. Messstellen- und Messrahmenvertrag sind seit dem 9. September 2010 durch Festlegung der BNetzA standardisiert vorgegeben und müssen von den im Messmarkt tätigen Marktrollen wortgleich verwendet werden. Unter demselben Datum hat die BNetzA auch die Festlegung Wechselprozesse im Messwesen (WiM) erlassen, die die zwischen Netzbetreibern, Messstellenbetreibern, Messdienstleistern und Lieferanten beim Wechsel der Zuständigkeit für Messstellenbetrieb und Messung relevanten Geschäftsprozesse standardisiert und Vorgaben für deren IT-gestützte automatisierte Abwicklung macht.

Bereits das EnWG 2011 revolutionierte eine zweite Dimension des Mess- und Zählerwesens. Während die gesetzlichen Vorgaben bis dahin im Schwerpunkt die Frage betrafen, wer für Messstellenbetrieb und Messung zuständig ist, machten die neu eingefügten §§ 21c bis 21g EnWG Vorgaben dazu, welches Messsystem zu verwenden ist. Es ist insbesondere die Möglichkeit geschaffen worden, im Verordnungs- oder Festlegungswege Mindestanforderungen für die zukünftig zu verwendenden („intelligenten") Messsysteme zu fixieren, damit im Bereich Smart Metering ein gemeinsamer Standard gilt. Daneben wurden Vorgaben gemacht, wie das europäisch vorgegebene Ziel eines flächendeckenden Rollouts von Smart Metering (als notwendige Grundlage eines Smart Grids) zu erreichen ist. § 21c EnWG legt für bestimmte Fälle Einbaupflichten für die neuen Messsysteme fest.

Anknüpfend an diese Entwicklung wurde im Rahmen der als notwendig erachteten Digitalisierung der Energiewende mit dem Gesetz über den Messstellenbetrieb und die Datenkommunikation in intelligenten Energienetzen (Messstellenbetriebsgesetz – MsbG) **(Nr. 27)** vom 29. August 2016, zuletzt geändert durch Gesetz vom 13. Mai 2019, zukünftig der zentrale Rechtsrahmen für den Einsatz intelligenter und damit energiewendetauglicher Messsysteme und Zähler geschaffen. Das MsbG regelt den Rollout und die Finanzierung intelligenter Messsysteme sowie die damit im Zusammenhang stehenden datenschutz- und datensicherheitsrechtlichen Anforderungen als formelles Gesetz. Zudem wurden Regelungen zu Messstellenbetrieb und Messung, die bislang in der MessZV, in §§ 21b bis 21i EnWG und weiteren Verordnungen enthalten waren, in das neue Messstellenbetriebsgesetz überführt und damit zugleich zentralisiert. In der Folge wurden auch die genannten Festlegungen der BNetzA, die die sog. Marktkommunikation ausmachen, angepasst. Mit Wirkung vom 1. Dezember 2019 wurden die energiewirtschaftlichen Aufgaben, die den einzelnen Marktrollen zufallen, dadurch neu sortiert. Der Messstellenbetreiber erhält eine deutlich stärkere Bedeutung, da ihm die Hoheit sowohl über intelligente Messsysteme (digitale Kundenschnittstelle) als auch über die modernen Messeinrichtungen und über die Messwerte zukommt. Das intelligente Messsystem soll zur Plattform ausgebaut werden, über die Endabnehmer wie Erzeuger in den Energiemarkt eingebunden und Teil der Energiewende werden sollen.

Das Mess- und Eichgesetz (MessEG) **(Nr. 29)** vom 25. Juli 2013, zuletzt geändert durch Gesetz vom 11. April 2016, flankiert das MsbG und legt die Anforderungen fest, die für Messgeräte einzuhalten sind, um dem Stand der Technik entsprechende, richtige Messergebnisse zu gewährleisten.

IV. Das Verhältnis der Energieversorgungsunternehmen zu Staat und Gemeinden

1. Die Genehmigung des Betriebes eines Energieversorgungsnetzes gem. § 4 EnWG

Nach § 4 EnWG bedarf die Aufnahme des Betriebes eines Energieversorgungsnetzes einer Genehmigung der gem. § 55 Abs. 2 EnWG zuständigen Energieaufsichtsbehörde desjenigen Bundeslandes, in dem das Netz gelegen ist. Nach § 95 Abs. 1 Nr. 1 EnWG liegt ein bußgeldbewehrtes Handeln vor, wenn die Netzbetriebstätigkeit ohne Genehmigung aufgenommen wird. Der Genehmigungsbescheid ist gebührenpflichtig. Der Antrag erfolgt durch formlose Einreichung bei der Energieaufsichtsbehörde. Er sollte, dies verlangt die Praxis regelmäßig, mindestens die folgenden Angaben enthalten: Handelsregisterauszug, letzterstellte Gewinn- und Verlustrechnung und Bilanz (u.a. Geschäftsbericht), Nachweis der wirtschaftlichen Leistungsfähigkeit (Referenzliste), Organigramm mit der Übersicht zur Qualifikation der Mitarbeiter, Erklärung, ob die Genehmigung bundesweit beantragt wird.

2. Die Anzeige der Energiebelieferung nach § 5 EnWG

Anders als früher bedürfen EVU, die Haushaltskunden mit Energie beliefern, künftig keiner eigenständigen Versorgergenehmigung. Vielmehr müssen sie die Aufnahme und die Beendigung der Tätigkeit sowie Änderungen in ihrer Firma seit 2005 lediglich bei der Regulierungsbehörde unverzüglich anzeigen, sofern die Belieferung außerhalb von Kundenanlagen, geschlossenen Verteilernetzen sowie über nicht auf Dauer angelegte Leitungen erfolgt. Die Regulierungsbehörde kann im Einzelfall die Ausübung der Tätigkeit jederzeit ganz oder teilweise untersagen, wenn die personelle, technische oder wirtschaftliche Leistungsfähigkeit oder Zuverlässigkeit nicht gewährleistet ist (§ 5 EnWG). Die BNetzA hat wegen Verletzung der Anzeigepflicht bereits Bußgelder nach § 95 Abs. 1 und 2 EnWG verhängt.

3. Zuständigkeit der Regulierungsbehörde(n)

Als neuer staatlicher Akteur trat 2005 neben die bislang bereits zuständigen Kartell- und Energieaufsichtsbehörden die sog. Regulierungsbehörde. Nach § 54 Abs. 1 EnWG werden die Aufgaben der Regulierungsbehörde durch die BNetzA wahrgenommen, es sei denn, dass gem. § 54 Abs. 2 EnWG die Landesregulierungsbehörden zuständig sind. Letztere sind immer dann zuständig, wenn es sich um EVU handelt, an deren Elektrizitäts- oder Gasverteilernetz jeweils weniger als 100.000 Kunden unmittelbar oder mittelbar angeschlossen sind (§ 54 Abs. 2 S. 1 EnWG). Darüber hinaus darf das jeweilige Elektrizitäts- oder Gasverteilernetz nicht über das Gebiet eines Bundeslandes hinausreichen (§ 54 Abs. 2 S. 2 EnWG). Daneben fallen auch diejenigen Regelungsgegenstände in den Zuständigkeitsbereich der BNetzA, die zur Wahrung gleichwertiger wirtschaftlicher Verhältnisse im Bundesgebiet bundeseinheitlich vorgegeben werden müssen (§ 54 Abs. 3 S. 2 und 3 EnWG). In Art. 2 ZwNeuregelungsG ist ein eigenes Gesetz über die Bundesnetzagentur für Elektrizität, Gas, Telekommunikation, Post und Eisenbahn (BNetzAG) mit insgesamt elf Paragraphen geregelt. Die Abstimmung zwischen BNetzA und Landesregulierungsbehörden ist insbesondere durch § 64a EnWG geregelt; hinzu tritt der Länderausschuss, der nach § 60a Abs. 3 EnWG u.a. berechtigt ist, im Zusammenhang mit dem Erlass von Allgemeinverfügungen Auskünfte und Stellungnahmen von der BNetzA einzuholen. Die Verfahrensfragen sind ausführlich in den §§ 65ff. EnWG geregelt.

V. Die Stellung des Verbrauchers in der Energiewirtschaft

1. Anwendung des AGB-Rechts (§§ 305 bis 310 BGB)

Der Schutz von Privatkunden erfolgt über das Zivilrecht im Allgemeinen sowie über das sog. AGB-Recht **(Nr. 30)** im Besonderen. Letzteres ist durch die Anpassung an die europäische Richtlinie über missbräuchliche Klauseln in Verbraucherverträgen in seinem Anwendungsbereich erheblich ausgeweitet worden. Nach der europarechtlich indizierten Verschärfung werden nicht nur vorgedruckte, sondern sämtliche vom Verwender regelmäßig verwendete Klauseln erfasst. Vorgelagert ist aber die Frage, inwieweit das AGB-Recht überhaupt zur Anwendung kommt: Dabei ist die Anwendung der §§ 308, 309 BGB auf Versorgungsverhältnisse mit Unternehmern i.S.v. § 14 BGB und vergleichbaren Letztverbrauchern aufgrund des § 310 Abs. 1 und 2 BGB ausgeschlossen.

2. Das „Aufbrechen“ der sog. allgemeinen Anschluss- und Versorgungspflicht

Mit dem EnWG 2005 ist das Auseinanderfallen der früheren integrierten allgemeinen Anschluss- und Versorgungspflicht erfolgt: Unter Teil 3. „Regulierung des Netzbetriebes" gibt es einen eigenständigen Abschnitt 2. „Netzanschluss"; dort regelt § 18 EnWG die sog. allgemeine Anschlusspflicht; in Abs. 3 ist zudem eine Verordnungsermächtigung enthalten, wonach die Bundesregierung mit Zustimmung des Bundesrates durch Rechtsverordnungen die Allgemeinen Bedingungen für den Netzanschluss und dessen Nutzung in Niederspannung bzw. Niederdruck im Einzelnen regeln kann (vgl. dazu sogleich die Erläuterungen zur NAV bzw. NDAV).

Demgegenüber ist die „Lieferkomponente" der bisherigen allgemeinen Anschluss- und Versorgungspflicht in Teil 4. „Energielieferung an Letztverbraucher" als sog. Grundversorgungspflicht in §§ 36f. EnWG normiert. Grundversorger ist hiernach nicht mehr das seitens der Stadt bzw. Gemeinde konzessionierte EVU, sondern gem. § 36 Abs. 2 S. 1 EnWG jeweils „das EVU, das die meisten Haushaltskunden in einem Netzgebiet der allgemeinen Versorgung beliefert". Wer dies ist, wird alle drei Jahre neu ermittelt, erstmals zum 1. Juli 2006.

3. Die Allgemeinen Versorgungsbedingungen

Die Bedeutung einer sicheren und preisgünstigen Strom- und Gasversorgung für die Allgemeinheit und der Anspruch der Gewährleistung einer Grundversorgung mit strom- und gaswirtschaftlichen Dienstleistungen spiegeln sich in der bereits im EnWG von 1935 an zentraler Stelle in § 6 EnWG statuierten Anschluss- und Versorgungspflicht wider. Hiernach hatte ein EVU, welches ein bestimmtes Gebiet versorgt, Allgemeine Versorgungsbedingungen und Tarife öffentlich bekannt zu geben und zu diesen Bedingungen und Tarifpreisen jedermann an sein Versorgungsnetz anzuschließen und zu versorgen. Der Charakter der Grundversorgung als „soziales Auffangnetz" wird deutlich, da das Recht der Bürger auf standardisierte Mindestversorgung mit einer diesbezüglichen Begrenzung der Verpflichtung des jeweiligen EVU Hand in Hand geht. Sobald ein Abnehmer bspw. gegenüber den Tarifpreisen günstigere Konditionen vereinbart oder einen Anschluss nebst Belieferung außerhalb des die Tarifabnehmereigenschaft konstituierenden Niederspannungs- und Niederdruckbereichs erreichen möchte, besteht jedenfalls kein aus der allgemeinen Anschluss- und Versorgungspflicht resultierender Kontrahierungszwang. Vielmehr gilt der Kunde nunmehr als Sonderabnehmer, mit dem die Vertragsmodalitäten unter Berücksichtigung gewisser energierechtlicher Besonderheiten im Wege der Privatautonomie und zivilrechtlichen Dispositionsmaxime auszuhandeln sind.

Unter Beachtung der Trennung von Anschluss- und Versorgungspflicht sind die Allgemeinen Versorgungsbedingungen heute in Regelungen zum Netzanschluss (§ 18 EnWG) und zur Grundversorgung (§§ 36f. EnWG) unterteilt. Dem folgend wurden auch die der Konkretisierung der Anschluss- und Versorgungspflicht dienenden AVBEltV und AVBGasV von 1980 im Jahr 2006 schließlich ersetzt – durch die Niederspannungsanschlussverordnung (NAV) **(Nr. 32)** vom 1. November 2006, zuletzt geändert durch Verordnung vom 14. März 2019, und die Niederdruckanschlussverordnung (NDAV) **(Nr. 34)** vom 1. November 2006, zuletzt geändert durch Gesetz vom 17. Dezember 2018 (bezüglich des Netzanschlusses) sowie durch die Stromgrundversorgungsverordnung (StromGVV) **(Nr. 31)** vom 26. Oktober 2006, zuletzt geändert durch Verordnung vom 14. März 2019, und die Gasgrundversorgungsverordnung (GasGVV) **(Nr. 33)** vom 26. Oktober 2006, zuletzt geändert durch Gesetz vom 29. August 2016 (bezüglich der Versorgung). Hingegen sind mangels Liberalisierung der Fernwärme- und Wasserversorgung die Verordnung über

Allgemeine Bedingungen für die Versorgung mit Fernwärme (AVBFernwärmeV) **(Nr. 35)**, zuletzt geändert durch Gesetz vom 25. Juli 2013, sowie die Verordnung über Allgemeine Bedingungen für die Versorgung mit Wasser (AVBWasserV), zuletzt geändert durch Verordnung vom 11. Dezember 2014, beide vom 20. Juni 1980, grundsätzlich gleich geblieben.

Die NAV und NDAV dienen der Umsetzung der allgemeinen Anschlusspflicht und enthalten Bedingungen zum Netzanschluss sowie der Nutzung des Anschlusses, die kraft Gesetzes Teil des Netzanschlussvertrages bzw. des Anschlussnutzungsverhältnisses werden. Die StromGVV und GasGVV gestalten die Allgemeinen Preise und Bedingungen nach §§ 36, 38 EnWG, so dass eine Grundversorgung der Haushaltskunden nach einheitlichen und vorgegebenen Bedingungen gewährleistet ist. Von den Verordnungen abweichende, einseitig vorgegebene Bestimmungen sind dabei nichtig. Werden allerdings abweichende Bestimmungen gewünscht, so wird kein Grundversorgungs-, sondern ein Sondervertrag geschlossen; der Haushaltskunde wird zum Sonderkunden, mit der Folge, dass die StromGVV und GasGVV keine Anwendung mehr finden. Darüber hinaus regeln die StromGVV und GasGVV die Bedingungen für die Ersatzversorgung, wenn der Kunde ohne Abschluss eines Grundversorgungsvertrages Strom oder Gas aus dem Netz entnimmt. Diese gleichen weitgehend den Bedingungen über die Grundversorgung.

Das Grundversorgungsregime hat mit einer Novelle vom 30. April 2012 signifikante Änderungen in Bezug auf die Kündigungsregeln erfahren. Seit dem beträgt die ordentliche Kündigungsfrist zwei Wochen (vgl. § 20 Abs. 1 S. 1 StromGVV/GasGVV). Ferner wurde dem Kunden ein Recht zur Kündigung „ohne Einhaltung einer Kündigungsfrist" zuerkannt, falls der Grundversorger die Preise oder ergänzende Bedingungen zur StromGVV/GasGVV ändern sollte (vgl. § 5 Abs. 3 S. 1 StromGVV/GasGVV). Darüber hinaus hat der Grundversorger den Kunden ausdrücklich auf die Möglichkeit der Anrufung einer Schlichtungsstelle (dazu unten) hinzuweisen.

4. Verbraucherschutz nach dem EnWG

Mit der EnWG-Novelle 2011 (Inkrafttreten am 4. August 2011) hat ein originär energiewirtschaftlicher Verbraucherschutz Einzug in das EnWG gehalten, der über grundsätzliche Bestrebungen, wie eine allgemeine Versorgungspflicht, hinausgeht. Zuvor bestehende Regelungen zur Vertrags- und Rechnungsgestaltung wurden verschärft und einer umfassenden Regulierung durch die BNetzA unterworfen. In Umsetzung von EU-Vorgaben und um eine erhöhte Wechselbereitschaft der Endverbraucher zu erreichen, wurden neue Informationspflichten eingeführt und die Dauer des Lieferantenwechsels auf drei Wochen beschränkt. Auf Grund des Erlasses der Richtlinie 2019/944/EU (Elektrizitätsbinnenmarkt-Richtlinie) **(Nr. 4)** ist für 2021 mit einer EnWG-Novelle zu rechnen, welche den Verbraucherschutz sowie den Lieferantenwechsel weiter ausbaut und ab 2026 sogar innerhalb von 24 Stunden vorsieht. Im Zusammenhang mit der Einführung eines die EVU verpflichtenden Verfahrens zur Behandlung von Beschwerden privater Letztverbraucher, das insbesondere auch die Errichtung einer deutschlandweiten, zentralen Schlichtungsstelle zur außergerichtlichen, für den Verbraucher kostenlosen Streitbeilegung vorsieht, wurde am 1. November 2011 die Schlichtungsstelle Energie e. V. mit Sitz in Berlin gegründet. Mit dem Verbraucherstreitbeilegungsgesetz (VSBG) wurde dann in Umsetzung der Richtlinie 2013/11/EU vom 21. Mai 2013 (ADR-Richtlinie) die außergerichtliche Streitbeilegung auf alle Bereiche des Waren- und Dienstleistungsverkehrs ausgeweitet. Mit Inkrafttreten des Gesetzes am 1. April 2016 erkannte das Bundesamt für Justiz die allgemeine Verbraucherschlichtungsstelle des Zentrums für Schlichtung e. V. gem. § 4 Abs. 2 VSBG an. Hier können auf freiwilliger Basis Streitigkeiten zwischen Unternehmen aller Branchen und Verbrauchern geschlichtet werden. Von Bedeutung ist dies insbesondere für Mehrspartenunternehmen im Bereich der Energieversorgung, zu deren Geschäftsfeld bspw. auch die Wasser- oder Fernwärmeversorgung gehört. Aus Sicht des Gesetzgebers hat sich eine zentrale Auffangschlichtungsstelle bewährt. Deshalb hat die VSBG-Novelle 2019 den Bund zum 1. Januar 2020 zur Beleihung einer Verbraucherschlichtungsstelle mit Auffangzuständigkeit (Universalschlichtungsstelle des Bundes) ermächtigt. Die Aufgabe der Universalschlichtungsstelle wird ab dem 1. Januar 2020 für vier Jahre das Zentrum für Schlichtung e. V. übernehmen und diese zentrale Aufgabe (in neuem Gewand) fortführen. Auf Grund von §§ 36, 37 VSBG treffen Unternehmen verschiedene Informationspflichten. Auf Internetseiten und in AGB sowie bei Nichtbeteiligung der Streitigkeit ist eine Erklärung darüber, ob ein Unternehmen freiwillig an außergerichtlichen Streitbeilegungsverfahren teilnimmt, zwingend. Darüber hinaus wurde auf Grundlage der Verordnung (EU) Nr. 524/2013 über Online-Streitbeilegung in Verbraucherangelegenheiten (ODR-Verordnung) vom 21. Mai 2013 eine Online-Streitbeilegungs-Plattform (OS-Plattform) eingerichtet. Seit dem Inkrafttreten der ODR-Verordnung am 9. Januar 2016 treffen am Online-Geschäftsverkehr teilnehmende Unternehmen Informationspflichten hinsichtlich des Bestehens und der Nutzungsmöglichkeit der OS-Plattform. Die steigende Zahl der Schlichtungsverfahren zeigt, dass die Verbraucher das neue Instrument annehmen.

Auch die Novelle des Verbraucherschutzes im BGB (zum 13. Juni 2014) hatte Auswirkungen auf die Energiewirtschaft, da die mit Verbrauchern abgeschlossenen Verträge naturgemäß auch in der Energiewirtschaft den Vorgaben zu Informationspflichten und zum Widerrufsrecht unterliegen. Die Informationspflichten nach dem EnWG und dem BGB bzw. EGBGB überschneiden sich dabei in vielfältiger Weise.

5. Der Netzanschluss von Kraftwerken

In den Jahren vor 2007 hatte sich zunehmend herausgestellt, dass für den damals zu beobachtenden Strompreisanstieg vor allem auch gestiegene Erzeugerpreise verantwortlich waren. Strukturell problematisch war die Tatsache, dass ein sehr hoher Anteil der konventionellen bundesdeutschen Stromerzeugungskapazitäten auf sehr wenige Erzeugungsgesellschaften entfiel. Umso wichtiger erschien es, dass neue Kraftwerkskapazitäten durch neue Wettbewerber errichtet werden, wobei eine zentrale Voraussetzung ist, dass der jeweilige Netzanschluss des neu errichteten Kraftwerks auf der Hoch- oder Höchstspannungsebene transparent und diskriminierungsfrei erfolgt. Da dies in der Vergangenheit alles andere als reibungslos funktioniert hatte, hat der Gesetzgeber in § 17 Abs. 1 EnWG Betreiber von Energieversorgungsnetzen explizit verpflichtet, u. a. Erzeugungsanlagen zu technischen und wirtschaftlichen Bedingungen an ihr Netz anzuschließen, die angemessen, diskriminierungsfrei, transparent und nicht ungünstiger sind, als sie von den Betreibern der Energieversorgungsnetze in vergleichbaren Fällen für Leistungen innerhalb ihres Unternehmens oder gegenüber verbundenen oder assoziierten Unternehmen angewendet werden.

Deshalb ist die Bundesregierung gem. § 17 Abs. 3 EnWG ermächtigt worden, eine entsprechende Rechtsverordnung u. a. zum Anschluss von Erzeugungsanlagen an Energieversorgungsnetze zu erlassen. Von dieser Möglichkeit machte die Bundesregierung mit Zustimmung des Bundesrates Gebrauch und erließ die Kraftwerks-Netzanschlussverordnung (KraftNAV) **(Nr. 19)** vom 26. Juni 2007.

Wurden auch durch die KraftNAV ab 2007 generelle Rahmenbedingungen für den Anschluss von Erzeugungsanlagen geschaffen, sah sich der Gesetzgeber in den zurückliegenden Jahren zu weiteren regulatorischen Maßnahmen gezwungen, die den Kraftwerksbetrieb betreffen. So hatten sich durch den starken Anstieg regenerativ erzeugten Stroms Risiken sowohl für die Netzstabilität als auch für die Existenz zahlreicher konventioneller Kraftwerke ergeben. Um diesen Risiken Rechnung zu tragen, überarbeitete der Gesetzgeber mit dem Dritten Gesetz zur Neuregelung energiewirtschaftlicher Vorschriften vom 20. Dezember 2012 (BGBl. I S. 2730) die §§ 12ff. EnWG. Hierbei wurden zum einen die Eingriffsbefugnisse der ÜNB in die Fahrweise von Kraftwerken ausgeweitet (§ 13 Abs. 1 EnWG). Zum anderen wurde ein gesetzlicher Rahmen für die geplante Stilllegung von Erzeugungs- und Speicheranlagen und die Beschaffung von Netzreserve aus bestehenden oder neu zu errichtenden Erzeugungs- oder Speicheranlagen zur Gewährleistung der Sicherheit und Zuverlässigkeit des Elektrizitätsversorgungssystems geschaffen (§§ 13a bis 13d EnWG). Die Konkretisierung der letztgenannten Bestimmungen erfolgte auf Verordnungsebene mit der Verordnung zur Regelung des Verfahrens der Beschaffung einer Netzreserve sowie zur Regelung des Umgangs mit geplanten Stilllegungen von Energieerzeugungsanlagen zur Gewährleistung der Sicherheit und Zuverlässigkeit des Elektrizitätsversorgungssystems (Reservekraftwerksverordnung – ResKV) vom 27. Juni 2013. Die Verordnung wurde auf Grundlage von § 13 Abs. 1a und 1b, § 13a sowie § 13b Abs. 1 Nr. 1 EnWG aF erlassen und sollte gem. § 14 Abs. 2 ResKV mit Ablauf des 31. Dezember 2017 außer Kraft treten. Mit dem Strommarktgesetz wurden die gesetzlichen Grundlagen in §§ 13aff. EnWG überarbeitet und die ResKV umbenannt in die Verordnung zur Regelung der Beschaffung und Vorhaltung von Anlagen in der Netzreserve (Netzreserveverordnung – NetzResV) **(Nr. 20)** vom 27. Juni 2013, zuletzt geändert durch Gesetz vom 13. Mai 2019. Gleichzeitig wurde die Befristung dieser Verordnung aufgehoben. Jedoch soll vom BMWi bis Ende des Jahres 2022 evaluiert werden, ob die NetzResV auch über den 31. Dezember 2023 hinaus aus Gründen der Systemsicherheit erforderlich ist. Die Netzreserve wurde von der Europäischen Kommission inzwischen genehmigt (Entscheidung vom 20. Dezember 2016, SA. 42955 (2016/N-2), ABl. EU 2017 C 68, S. 1).

Im Kontext der politischen Diskussionen um die Energiewende und das künftige deutsche Strommarktdesign war mit dem Anfang Juli 2015 veröffentlichten Weißbuch (Ein Strommarkt für die Energiewende – Ergebnispapier des Bundesministeriums für Wirtschaft und Energie) bekannt geworden, dass neben der Netzreserve auch eine sog. Kapazitätsreserve sowie eine Klimareserve eingeführt werden sollten. Während die Netzreserve der Absicherung gegen regionale Netzengpässe vor allem im süddeutschen Raum in einer Übergangsphase des Netzausbaus dient, ist die Kapazitätsreserve als (nachrangige) Absicherung für den Fall gedacht, dass sich Angebot und Nachfrage an den Spotmärkten (Day-ahead und Intraday) ausnahmsweise nicht ausgleichen. Im Rahmen der Klimareserve sollten vor allem alte Braunkohlekraftwerke aus dem Markt genommen und anschließend stillgelegt werden. Die Beschaffung der Kapazitätsreserve sollte durch Ausschreibung unter technisch geeigneten Anlagen erfolgen, von denen diejenigen mit den geringsten Vorhaltekosten den Zuschlag erhalten sollten. Mit den Plänen zur Einführung einer Kapazitätsreserve als Absicherung der Stromversorgung hat sich die Politik für die Fortführung des bestehenden Marktdesigns als „Strommarkt 2.0" entschieden. Ordnungspolitisch ebenfalls diskutierte Konzepte zur grundlegenden Umgestaltung der Stromversorgung in Richtung eines sog. Kapazitätsmarktes werden damit vorerst nicht weiterverfolgt. Diese Pläne wurden in der Kapazitätsreserveverordnung (KapResV) **(Nr. 21)** umgesetzt. Die Verordnung trat am 6. Februar 2019 nach zwischenzeitlichem Wirksamwerden der durch das Strommarktgesetz neu eingeführten gesetzlichen Grundlagen in §§ 13e und 13h EnWG und nach Erteilung der beihilferechtlichen Genehmigung durch die Europäische Kommission in Kraft. Die Europäische Kommission (SA. 45852 (2017/N)) hatte sich kritisch zur Zulässigkeit des Mechanismus geäußert und eine eingehende Überprüfung eingeleitet. Die ersten Kraftwerke werden wie geplant im Winterhalbjahr 2020/21 in die Kapazitätsreserve überführt. Daneben hat der Gesetzgeber mit dem Strommarktgesetz in § 13g EnWG auch die Grundlagen für die schrittweise Überführung alter Braunkohlekraftwerke in die Sicherheitsbereitschaft (im Weißbuch noch als Klimareserve bezeichnet) geschaffen. Auf deren Basis hat sich die Bundesregierung mit den Betreibern der betreffenden Braunkohlemeiler auf eine schrittweise Stilllegung gegen Kompensationszahlung verständigt, die von der Europäischen Kommission beihilferechtlich genehmigt wurde (Entscheidung vom 27. Mai 2016, SA. 42536 (2015/N), ABl. EU 2016 C 258, S. 1).

Davon unabhängig ist das Kohleausstiegsgesetz als Folge der Empfehlung der Kommission „Wachstum, Strukturwandel und Beschäftigung" zu beurteilen, das gerade von der Bundesregierung vorangetrieben wird und wohl 2020 vom Bundestag erlassen werden soll. Das Gesetz hat einen geordneten Ausstieg aus der Kohleverstromung bis zum Jahr 2038 als Ziel. Auch bei regenerativen Erzeugungsanlagen und KWK-Anlagen wurden aufgrund der Veränderungen im Erzeugungsmarkt Nachbesserungen im Interesse der Systemsicherheit vorgenommen: Bestimmte, bereits an das Netz angeschlossene Erzeugungsanlagen können sich bei spezifischen Frequenzwerten automatisch abstellen, was in der Summe zu einer Gefährdung der Systemstabilität führen kann (sog. 50,2-Hertz-Problem). Daher wurde die Systemstabilitätsverordnung (SysStabV) **(Nr. 22)** vom 20. Juli 2012 erlassen, zuletzt geändert durch Verordnung vom 14. September 2016. Mit der ersten Fassung der Verordnung aus 2012 wurden zunächst die Verteilernetzbetreiber zur Nach- bzw. Umrüstung dieser Photovoltaik-Anlagen verpflichtet. Durch die Änderung der SysStabV im Jahr 2015 gilt diese Nach- und Umrüstungspflicht nun auch für sonstige Bestandsanlagen zur Erzeugung von Strom aus Erneuerbaren Energien und Kraft-Wärme-Kopplung (KWK) ab einer bestimmten Leistungsgröße, wobei für diese Anlagen die Nachrüstung durch die Anlagenbetreiber selbst durchzuführen ist. Die Nachrüstung ist mittlerweile im Wesentlichen abgeschlossen.

6. Die ehemalige Bundestarifaufsicht

Zu Zwecken der Vereinheitlichung und des Verbraucherschutzes hat der Gesetzgeber später auch das Tarifsystem geregelt, zunächst in der Stromwirtschaft durch Erlass der Bundestarifordnung Elektrizität (BTOElt) vom 10. Februar 1959, anschließend der Bundestarifordnung Gas (BTOGas) vom 26. November 1971. Die Grundfeste der allgemeinen Versorgung bzw. Grundversorgung einschließlich der Allgemeinen Bedingungen sowie der Bundestarifordnungen sind mit Ausnahme des Wegfalls der BTOGas durch die Novellierung des EnWG zum 24. bzw. 29. April 1998 nicht wesentlich erschüttert worden, allerdings sind insbesondere durch das Aufbrechen des einheitlichen, Netzanschluss und Belieferung umfassenden, Versorgungsbegriffs in Gestalt des Ansatzes des „Unbundling" eine Reihe von Auslegungsfragen virulent geworden. Mit der Novelle des EnWG 2005 vom 7. Juli 2005 ist die BTOElt am 1. Juli 2007 außer Kraft getreten. „Stattdessen" erlaubt § 29 GWB, der mit Wirkung zum 18. Dezember 2007 in das GWB neu aufgenommen wurde und dessen Anwendung zunächst nur bis zum 31. Dezember 2012 befristet war, jedoch mit der 8. GWB-Novelle und sodann mit der 9. GWB-Novelle bis zum 31. Dezember 2022 verlängert wurde, eine vorübergehende spezielle kartellrechtliche Energiepreiskontrolle für Strom und Gas.

VI. Umweltverträglichkeit und Energiewirtschaft

1. Regelungen im EnWG

Das EnWG liefert weiterhin das rechtliche Instrumentarium, um eine umweltschonende Versorgung mit Strom und Gas sicherzustellen. Der Gesetzgeber hatte bereits in § 2 Abs. 5 EnWG 2003 die Legaldefinition des Begriffs „Umweltverträglichkeit" verankert und diesen in § 3 Nr. 33 EnWG 2005 übernommen: „Umweltverträglichkeit bedeutet, dass die Energieversorgung den Erfordernissen eines rationellen und sparsamen Umgangs mit Energie genügt, eine schonende und dauerhafte Nutzung von Ressourcen gewährleistet ist und die Umwelt möglichst wenig belastet wird." Damit übernimmt das EnWG die seinerzeit in der BTOElt formulierten Einzelziele (§ 1 Abs. 1 BTOElt) und sichert als Rechtsgrundlage der Verordnungen die Berücksichtigung von Umweltaspekten. Auch in der EnWG-Novelle 2011 ist in § 1 Abs. 1 EnWG zusätzlich der Verweis auf eine Versorgung, die „zunehmend auf Erneuerbare[n] Energien beruht", aufgenommen worden. Überdies trägt der Gesetzgeber dem Umweltschutz verschiedentlich Rechnung, indem er die Versorgung mit Erneuerbaren Energien und KWK in § 2 Abs. 2 EnWG besonders hervorgehoben hat und diese im Gesetz an mehreren Stellen privilegiert. Des Weiteren wird das Ziel der Umweltverträglichkeit in § 1 EnWG als Abwägungsvorgang an verschiedenen Stellen im Gesetz vorgegeben; es findet eine Art Wechselwirkung zwischen technischem Fortschritt und den gesetzlichen Rahmenbedingungen statt. Das Ergebnis des Abwägungsvorgangs ist stets eine Frage des Einzelfalls; sie kann nicht generell entschieden werden.

2. Planungs- und Genehmigungsrechtliche Vorgaben

Der Bau von Energieanlagen beinhaltet notwendigerweise das Recht der Anlagengenehmigung. Ausgehend vom Begriff der Energieanlagen nach § 3 Nr. 15 EnWG, der durch § 1 Abs. 1 EnWG klar auf Energie aus Elektrizität und Gas beschränkt wird, erfasst die Definition Kraftwerke aller Typen, Umspannstationen, ober- und unterirdisch verlegte Elektrizitäts- und Gasrohrleitungen aller Spannungs- bzw. Druckstufen, Druckänderungsanlagen, Speicheranlagen und die dazugehörigen Hilfsanlagen. Davon ausgenommen sind vorgelagerte Produktionsstufen der Energiegewinnung.

Das Anlagengenehmigungsrecht basiert auf interdisziplinären Vorgaben und wird wegen technischer und wirtschaftlicher Fragestellungen von unterschiedlichen Fachgesetzen geregelt. Neben planungsrechtlichen Vorschriften aus BauGB und ROG sind insbesondere das Bundes-Immissionsschutzgesetz (BImSchG), Atomgesetz (AtG), Wasserhaushaltsgesetz (WHG), Gesetz über die Umweltverträglichkeitsprüfung (UVPG), Bundesnaturschutzgesetz (BNatSchG), Bundesberggesetz (BBergG) sowie landesrechtliche Vorschriften (wie z.B. das Bauordnungsrecht, LBauO) bedeutsam.

Während für die Genehmigung von Kraftwerken bundesweit das BImSchG anzuwenden ist, wird man hinsichtlich der Genehmigung der Errichtung von Energieleitungen im Bundesrecht nicht fündig. Lediglich Hochspannungsfreileitungen, ausgenommen Bahnstromfernleitungen, ab der Spannungsebene von 110 kV, große Gasversorgungsleitungen (> 300 mm), Offshore-Anbindungsleitungen sowie bestimmte grenzüberschreitende Gleichstrom-Hochspannungsleitungen und Hochspannungsleitungen nach § 2 Abs. 5 und 6 BBPlG sowie Anbindungsleitungen von LNG-Anlagen (> 300 mm) unterliegen dem Planfeststellungsvorbehalt des § 43 EnWG. Als Motiv für diese Lücke wird vornehmlich das geringere Gefährdungspotenzial der Energieleitungen ins Feld geführt (Ausnahme: Gashochdruckleitungen, vgl. daher die Gashochdruckleitungsverordnung [GasHDrLtgV] vom 18. Mai 2011, zuletzt geändert durch Gesetz vom 13. Mai 2019). Auf Antrag des Vorhabenträgers können seit dem Gesetz vom 13. Mai 2019 jedoch für verschiedene weitere, in § 43 Abs. 2 EnWG genannte Energieanlagen Planfeststellungsverfahren durchgeführt werden; Ziel ist eine Beschleunigung des Netzausbaus. Materielle Regelungen für Energieleitungen, das „Straßensystem" des Energieflusses, finden sich in verschiedenen Gesetzen (Energiewirtschaftsrecht, Raumordnungs- und Landesplanungsrecht, Naturschutzrecht, Baurecht, Immissionsschutzrecht, Wege- und Luftverkehrsrecht sowie Schutzbereichsrecht).

Zu den traditionellen Steuerungsinstrumenten des Umweltschutzes gehört das Planungsrecht und das ordnungsrechtliche Genehmigungsrecht. Im Planungsrecht sind verschiedene Planungsebenen zu unterscheiden, die jedoch nicht isoliert nebeneinander stehen, sondern Wechselwirkungen entfalten. Das Planungsrecht für die Energiewirtschaft umfasst als Ebenen die bundes- und landesweite Planung, die Regionalplanung sowie die kommunale Bauleitplanung. Für die Höchstspannungsleitungen kommt die Bundesbedarfsplanung hinzu (BBPlG).

Im Bereich der Energieversorgung bildet die Raumordnung eine wichtige Grundlage für die Verwirklichung energiepolitischer Zielsetzungen und der Harmonisierung gesamträumlicher Ziele. Unter Raumordnung wird allgemein die „zusammenfassende, überörtliche und überfachliche Ordnung des Raums aufgrund von vorgegebenen oder erst zu entwickelnden Leitvorstellungen" verstanden. Die Raumordnung befasst sich somit als überfachliche Planung bzw. „Querschnittsplanung" auch mit der Energieversorgung als „raumbeanspruchende Planung", ist aber keine spezifische Energiewirtschaftsplanung. Die Aufgabe der Raumordnung wird in § 1 Abs. 1 S. 1 Raumordnungsgesetz (ROG) definiert, nämlich den Gesamtraum der Bundesrepublik Deutschland und seine Teilräume „durch Raumordnungspläne, durch raumordnerische Zusammenarbeit und durch Abstimmung raumbedeutsamer Planungen und Maßnahmen zu entwickeln, zu ordnen und zu sichern". Ihrem materiellen Kerninhalt nach sollen die Raumordnungspläne nach § 13 Abs. 5 ROG insbesondere Regelungen zur anzustrebenden Siedlungsstruktur, Freiraumstruktur sowie zu den zu sichernden Standorten und Trassen für die Infrastruktur enthalten. Die Länder sind nach § 13 Abs. 1 ROG zur Aufstellung eines zusammenfassenden und übergeordneten Plans verpflichtet.

Daneben findet die für die Energiewirtschaft spezifische Fachplanung statt. Der auf die Energiewende zurückzuführende Bedarf eines umfangreichen Ausbaus der Stromnetze veranlasste den Gesetzgeber zu einem neuen Verfahren zur Ermittlung des notwendigen Netzausbaubedarfs. Der in den §§ 12a ff. EnWG vorgesehene sog. Netzentwicklungsplan für die Bundesrepublik Deutschland stellt hierbei einen wesentlichen Baustein für die Erreichung der hoch gesteckten Ziele dar. Die Übertragungsnetzbetreiber erarbeiten alle zwei Jahre einen sog. gemeinsamen Szenariorahmen, der die Grundlage für den bis zum 10. Dezember eines jeden geraden Jahres als Entwurf zu veröffentlichenden nationalen Netzentwicklungsplans bildet. Unverzüglich nach Konsultation und Überarbeitung, spätestens nach Genehmigung des Szenariorahmens, ist der Entwurf bei der Regulierungsbehörde einzureichen. Die Regulierungsbehörde prüft diesen unter Beteiligung der Öffentlichkeit und der Behörden, deren Aufgabenbereich berührt wird, und bestätigt ihn. Nach umfassender Prüfung ist der Netzentwicklungsplan mindestens alle vier Jahre der Bundesregierung als Entwurf für einen Bundesbedarfsplan vorzulegen, der nach Erlass des Bundesbedarfsplans durch den Bundesgesetzgeber die darin enthaltenen Vorhaben als energiewirtschaftlich notwendig und als vordringlichen Bedarf feststellt. Dies entfaltet bindende Wirkung für die Planfeststellung und die Plangenehmigung nach den §§ 43 ff. EnWG und §§ 18 ff. NABEG. Besondere Regelungen der Bundesfachplanung enthält das NABEG für länderübergreifende oder grenzüberschreitende Höchstspannungsleitungen. Zudem wurde zuvor mit dem Bedarfsplan des EnLAG bereits eine Grundlage für einen beschleunigten Ausbau von Höchstspannungsleitungen, für die nach Beurteilung des Gesetzgebers ein vordringlicher Bedarf besteht, geschaffen.

Planungsinstrumente für eine umweltgerechte Energieversorgung finden sich zudem im Bauplanungsrecht, d.h. in dem Recht der Ortsplanung durch die Gemeinden, das die Zulässigkeit der Nutzung des Grund und Bodens regelt. Die Bauleitpläne, also Bebauungs- und Flächennutzungspläne, tragen dem Klima- und Umweltschutz auch bei energiebezogenen Planungen verschiedentlich Rechnung. So sind insbesondere entsprechende Festsetzungen möglich (z.B. zur Ausweisung von Sondergebieten für Erneuerbare-Energien-Anlagen [§ 5 Abs. 2 Nr. 2 lit. b und c, § 9 Abs. 1 BauGB]).

Der Gesetzgeber hat die Erneuerbaren Energien mehrfach explizit im Baugesetzbuch (BauGB) berücksichtigt: Im Bereich der Bauleitplanung durch die Gemeinden wurden die Erneuerbaren Energien ausdrücklich als im Rahmen der Abwägung zu berücksichtigende Belange formuliert (§ 1 Abs. 6 Nr. 7 lit. f BauGB). Ferner finden die Versorgungsanlagen – und damit auch die Anlagen zur Erzeugung von Energie aus regenerativen Quellen – in den Vorschriften zum Flächennutzungsplan ausdrückliche Erwähnung (§ 5 Abs. 2 Nr. 4 BauGB). § 9 Abs. 1 Nr. 23 lit. b BauGB gestattet u.a. die Festsetzung von Gebieten für bauliche Nutzungen oder Maßnahmen für Erzeugung, Nutzung oder Speicherung von Strom, Wärme oder Kälte aus Erneuerbaren Energien. Im Bereich der bauplanungsrechtlichen Zulässigkeit im Außenbereich werden darüber hinaus mit Windenergie-, Biomasseanlagen sowie Anlagen zur Nutzung solarer Strahlungsenergie Erneuerbare-Energien-Anlagen privilegiert (§ 35 Abs. 1 Nr. 5, Nr. 6 und Nr. 8 BauGB). Für weitere Energieanlagen finden sich Privilegierungen in § 35 Abs. 1 Nr. 3 und Nr. 7 BauGB. Für Windenergieanlagen enthält § 35 Abs. 3 S. 3 BauGB allerdings den sog. „Planvorbehalt", der die Privilegierung nach Maßgabe großmaschigerer Planung einschränkt. Über § 249 Abs. 3 BauGB wurde den Bundesländern zwischenzeitlich die Möglichkeit eingeräumt, die (räumliche) Zulässigkeit von Windenergieanlagen durch besondere Abstandsregelungen zu steuern. Eine entsprechende Regelung hat jedoch nur Bayern getroffen (Art. 82 BayBO) und Windenergieanlagen im Außenbereich insbesondere nur dann für zulässig erklärt, wenn ein Mindestabstand vom 10-fachen ihrer Höhe zu Wohngebäuden in Gebieten mit Bebauungsplänen (§ 30 BauGB), innerhalb im Zusammenhang bebauter Ortsteile (§ 34 BauGB) und im Geltungsbereich von Satzungen nach § 35 Abs. 6 BauGB eingehalten wird. Diese Regelung wurde in der Zwischenzeit vom Bayerischen Verfassungsgerichtshof weitestgehend für verfassungskonform erklärt (Urteile vom 9. Mai 2016, Az. Vf. 14-VII-14, Vf. 3-VIII-15, Vf. 4-VIII-15). Spezielle bauplanungsrechtliche Regelungen zu energetischen Sanierung von Gebäuden sowie für Photovoltaik-Anlagen auf und an Gebäuden finden sich zudem in § 248 BauGB.

Der städtebauliche Vertrag i. S. v. § 11 BauGB dient neben dem hoheitlichen Instrumentarium der Bauleitpläne und dem abschließenden Festsetzungskatalog des § 9 BauGB der Verwirklichung städtebaulicher Ziele. So kann mit einem Bauträger bzw. mit den einzelnen Grunderwerbern und Grundbesitzern die ausschließliche Nutzung einer KWK-Anlage vertraglich geregelt werden. So ist es auch möglich, im vorhabenbezogenen Bebauungsplan nach § 12 BauGB Festsetzungen zugunsten des Klimaschutzes und der Ressourcenschonung zu treffen.

3. Das Erneuerbare-Energien-Gesetz

Das Erneuerbare-Energien-Gesetz (EEG) ist das zentrale Förderinstrument für die Stromerzeugung aus Erneuerbaren Energien. Sein Ziel besteht heute u. a. darin, den Anteil des aus Erneuerbaren Energien erzeugten Stroms am Bruttostromverbrauch bis zum Jahr 2050 auf mindestens 80% zu erhöhen, wobei dieser Anteil bis zum Jahr 2025 40–45% und bis zum Jahr 2035 55–60% betragen soll (§ 1 Abs. 2 EEG 2017). Der Weg dahin ist seit jeher gleich: Investitionen in Anlagen, die Strom aus Erneuerbaren Energien erzeugen, werden gefördert, indem der vorrangige Anschluss der Anlage, die vorrangige Abnahme und die Vergütung des erzeugten Stroms von Gesetzes wegen garantiert wird. In regelmäßigen Abständen erfolgten in den letzten Jahren jedoch Gesetzesnovellen bzw. -neufassungen. Die dahinter stehenden Motive – möglichst gezielte Förderung, breite Beteiligung an den damit einhergehenden Kosten unter Sicherstellung der Wettbewerbsfähigkeit stromintensiver Unternehmen und ein möglichst klares und anwenderfreundliches Gesetz – haben zu einem Werk mit mittlerweile über 100 Paragraphen geführt.

Die erste positivrechtliche, bundesweite Regelung zur Einspeisung und (Mindest-)Vergütung von Strom aus Erneuerbaren Energien erfolgte 1991 mit der Einführung des Stromeinspeisungsgesetzes (StrEG) und seinen lediglich sechs Paragraphen. Es wurde durch das Gesetz für den Vorrang Erneuerbarer Energien vom 29. März 2000 (EEG 2000) abgelöst, das – damals schon mit zwölf Paragraphen – im Ausgangspunkt eine umstrittene Förderungsdeckelung des StrEG verhindern wollte. Im Zuge einer Gesetzesänderung im Jahre 2003 wurde erstmals eine besondere Ausgleichsregelung zur Vermeidung von Wettbewerbsnachteilen für stromintensive Unternehmen eingeführt.

Einführung

Mit der Novelle vom 21. Juli 2004 (EEG 2004) entstand eine komplette Neufassung und formelle wie materielle Erweiterung des EEG 2000, zunächst mit 21 Paragraphen. Dabei wurde die Erneuerbare-Energien-Richtlinie 2001 (EERL 2001) vom 27. September 2001 umgesetzt, die erwähnte besondere Ausgleichsregelung ausgeweitet, das Gesetz durch die Einführung von Begriffsdefinitionen klarer gefasst und insbesondere die Vergütung für Biomasse erheblich ausgeweitet (u. a. durch die Einführung erster Vergütungs-Boni).

Eine weitere komplette Neufassung und Erweiterung des EEG trat am 1. Januar 2009 mit dem Gesetz zur Neuregelung des Rechts der Erneuerbaren Energien im Strombereich und zur Änderung damit zusammenhängender Vorschriften (EEG 2009) vom 25. Oktober 2008, zuletzt geändert durch Gesetz vom 28. Juli 2011, in Kraft, diesmal mit 66 Paragraphen und fünf Anlagen. Dadurch wurden die Vergütungssätze weiter ausdifferenziert, es erfolgte eine erste gesetzliche Regelung zur sog. Direktvermarktung und eine Konkretisierung des sog. Einspeisemanagements, Meldepflichten wurden erweitert, Unklarheiten beseitigt und durch die Einführung eines festgelegten Zubaukorridors eine bessere Steuerung der Förderung für Strom aus solarer Strahlungsenergie angestrebt. Zum 1. Mai 2011 erfolgte aufgrund des Europarechtsanpassungsgesetzes Erneuerbare Energien (EAG EE) die erste Änderung, die die europäische Richtlinie 2009/28/EG (Erneuerbare-Energien-Richtlinie 2009 – EERL 2009) vom 23. April 2009 umsetzte und die Grundlage für die Einführung eines Herkunftsnachweisregisters schuf. Darüber hinaus enthielt die Gesetzesänderung Vorgaben im Hinblick auf das Netzanschlussverfahren, eine Vertrauensschutzregelung beim Einsatz flüssiger Biomasse und eine strukturelle Änderung der Vergütungsvorschriften für Photovoltaik-Anlagen.

Am 1. Januar 2012 trat mit dem EEG 2012 eine Novelle des EEG 2009 in Kraft, die zum Teil wieder zu weitreichenden Änderungen führte. Hintergrund war u. a. der Energiewendebeschluss der Bundesregierung als Reaktion auf die Nuklearkatastrophe von Fukushima. Mit dem EEG 2012 wurden sog. Prämien eingeführt: zum einen die Marktprämie, mit der Betreibern von Erneuerbare-Energien-Anlagen der Schritt auf den freien Markt (Direktvermarktung) erleichtert werden sollten, zum anderen die Flexibilitätsprämie für Strom aus Biogasanlagen, um eine bedarfsgerechte Einspeisung von direkt vermarktetem Strom besonders zu fördern. Das Einspeisemanagement wurde mit den Regelungen des EnWG harmonisiert und dahingehend weiterentwickelt, dass es fortan auch „kleine" Photovoltaik-Anlagen erfasste. Schließlich wurde das sog. Grünstromprivileg, das durch das EEG 2000 eingeführt worden war, auf 2 ct/kWh begrenzt.

Schon Ende Juni 2012 und rückwirkend zum 1. April 2012 trat die sog. Photovoltaik-Novelle in Kraft. Diese war notwendig geworden, weil der erhebliche Zubau von Photovoltaik-Anlagen zu einem entsprechend starken und in dieser Höhe nicht beabsichtigten Anstieg der EEG-Umlage geführt hatte. Neben einer einmaligen erheblichen Absenkung der Vergütungssätze und der Einführung einer Gesamtfördergrenze von 52 GW für Solarstrom (die voraussichtlich noch Ende 2019 wieder aufgehoben wird) sah die Novelle eine Verkürzung der Degressionsintervalle bei Überschreitung des festgelegten Zubaukorridors vor. Im Rahmen des sog. Marktintegrationsmodells wurde bei einem Teil der Aufdach-Anlagen nur noch ein Teil des erzeugten Stroms vergütet. Energieträgerübergreifend wurde u. a. der Inbetriebnahmebegriff modifiziert.

Ein weiterer Meilenstein war das am 1. August 2014 in Kraft getretene Gesetz zur grundlegenden Reform des Erneuerbare-Energien-Gesetzes und zur Änderung weiterer Bestimmungen des Energiewirtschaftsrechts (EEG 2014) vom 21. Juli 2014.

Die mit dieser Novelle einhergehenden Änderungen waren erheblich. Rein formal wuchs das EEG – das seither die Bezeichnung Gesetz für den Ausbau Erneuerbarer Energien trägt – erstmals auf über 100 Paragraphen (zuzüglich vier Anlagen). Hintergrund der Reform war u. a. das Ziel, die stetige Erhöhung der EEG-Umlage zu begrenzen, die Marktintegration der Erneuerbaren Energien zu verbessern und eine bessere Kontrolle des Ausbautempos zu erreichen. So sollte die Direktvermarktung von EEG-Strom die feste EEG-Vergütung im Grundsatz ablösen. Anders als früher musste der Anlagenbetreiber den Strom also fortan grundsätzlich selbst oder durch einen Vermarkter verkaufen. Der Netzbetreiber war damit grundsätzlich nicht mehr verpflichtet, den Strom zu festen Vergütungssätzen abzukaufen. Dieses Prinzip wurde schrittweise bis Ende 2015 eingeführt. Der Anstieg der EEG-Umlage sollte hauptsächlich durch Absenkung der Fördersätze begrenzt werden. Außerdem waren nunmehr erstmals Letztverbraucher für selbst erzeugten und selbst verbrauchten Strom EEG-umlagepflichtig.

Das Ausbautempo der Erneuerbaren Energien sollte schließlich dadurch besser kontrolliert werden, dass das Prinzip des sog. atmenden Deckels, das bisher nur für Photovoltaik-Anlagen gegolten hatte, nun auch für Windenergie und Biomasse eingeführt wurde: Je nachdem, ob und inwieweit die Höhe der festgelegten Zielkorridore über- bzw. unterschritten wurde, veränderte sich die finanzielle Förderung. Weitere Änderungen betrafen die ersatzlose Streichung des Grünstromprivilegs und die gesetzliche Verankerung von BGH-Entscheidungen zum Netzverknüpfungspunkt.

Zudem wurde die Besondere Ausgleichsregelung für stromintensive Unternehmen des produzierenden Gewerbes sowie Schienenbahnen im Rahmen der Novelle des EEG 2014 in wesentlichen Teilen neu gefasst. Für Amtshandlungen des Bundesamtes für Wirtschaft und Ausfuhrkontrolle (BAFA) im Zusammenhang mit der besonderen Ausgleichsregelung konnten gegenüber den antragstellenden Unternehmen nunmehr Gebühren und Auslagen nach der Besondere-Ausgleichsregelung-Gebührenverordnung (BAGebV) vom 5. März 2013, zuletzt geändert durch Verordnung vom 17. Dezember 2018, erhoben werden.

Vorläufiger Schlusspunkt der Entwicklung des EEG ist das Erneuerbare-Energien-Gesetz 2017 (EEG 2017) **(Nr. 37)** vom 13. Oktober 2016, zuletzt geändert durch Gesetz vom 13. Mai 2019, das zum 1. Januar 2017 in Kraft getreten ist. Damit – das ist die wesentlichste Veränderung – wird das Fördersystem grundsätzlich auf Ausschreibungen umgestellt, nachdem zuvor bereits auf Grundlage der am 7. Februar 2015 in Kraft (und zum 1. Januar 2017 wieder außer Kraft) getretenen Freiflächenausschreibungsverordnung (FFAV) – begrenzt auf Photovoltaik-Freiflächenanlagen – erste Erfahrungen mit Ausschreibungen gewonnen wurden: Der in EEG-Anlagen erzeugte und in das Netz für die allgemeine Versorgung eingespeiste Strom wird also in der Regel nur noch dann gefördert, wenn die Anlagenbetreiber erfolgreich an einer Ausschreibung teilgenommen haben. Das Ausschreibungsergebnis entscheidet dann auch über die Höhe der Vergütung. Zu diesem Zweck schreibt die BNetzA in festgelegten Abständen und zunächst technologiespezifisch bestimmte Mengen an installierter Leistung Erneuerbare-Energien-Anlagen aus, für die dann bei Bezuschlagung eine EEG-Förderung in Höhe des angebotenen Förderwerts vom Netzbetreiber ausgezahlt werden kann. Die Ausschreibungspflicht gilt nicht für Anlagen zur Stromerzeugung aus Wasserkraft, Geothermie und Klärgas,

Deponiegas und Grubengas sowie Wind- und Solaranlagen, für alle Anlagen mit einer Leistung bis 750 kW und Biomasseanlagen mit einer Leistung bis 150 kW. Ausschreibungspflichtig sind nach dem EEG 2017 im Grundsatz auch alle Windenergieanlagen auf See (hierfür gilt das Windenergie-auf-See-Gesetz – WindSeeG **(Nr. 47)** vom 13. Oktober 2016, zuletzt geändert durch Gesetz vom 13. Mai 2019). Mit Gesetz vom 17. Dezember 2018 sind die Ausschreibungsvolumina für Windenenergieanlagen an Land und Solaranlagen durch Sonderausschreibungen in den Jahren 2019 bis 2021 zusätzlich erweitert worden.

Auch wenn die Ausschreibungen grundsätzlich technologiespezifisch stattfinden, sollen in einer Pilotphase in den Jahren 2018 bis 2020 Windenergieanlagen an Land und Solaranlagen nach § 39i EEG 2017 gemeinsam ausgeschrieben werden. Geregelt ist das Ausschreibungsverfahren in der Verordnung zu den gemeinsamen Ausschreibungen (GemAV) **(Nr. 40)** vom 10. August 2017, zuletzt geändert durch Gesetz vom 17. Dezember 2018. In den gemeinsamen Ausschreibungen können nur Gebote für Windenergieanlagen an Land und Solaranlagen abgegeben werden, für die die Marktprämie nach § 22 Abs. 2 und 3 EEG 2017 durch Ausschreibungen ermittelt wird (§ 1 Abs. 2 GemAV).

Für die Jahre 2019 bis 2021 sind ferner Innovationsausschreibungen nach § 39j EEG 2017 geplant. Diese sind nicht auf einzelne Erneuerbare Energien beschränkt und sollen Gebote für Kombinationen oder Zusammenschlüsse verschiedener erneuerbarer Energien ermöglichen. Zur näheren Ausgestaltung der Innovationsausschreibungen bedarf es einer Verordnung, mit deren zeitnahen Verkündung zu rechnen ist.

Im Interesse einer besseren regionalen Zusammenarbeit und einer stärkeren Angleichung der Rahmenbedingungen in den europäischen Strommärkten, insbesondere mit den an das Gebiet der Bundesrepublik Deutschland angrenzenden Mitgliedstaaten der Europäischen Union, werden zudem grenzüberschreitende Ausschreibungen für Strom aus Solaranlagen und Windenergieanlagen an Land, die sich im Bundesgebiet oder im Staatsgebiet eines anderen Mitgliedstaates der Europäischen Union befinden, stattfinden. Grundlage des grenzüberschreitenden Ausschreibungsverfahrens ist die Grenzüberschreitende-Erneuerbare-Energien-Verordnung (GEEV) **(Nr. 43)** vom 10. August 2017, zuletzt geändert durch Gesetz vom 13. Mai 2019. Anwendung findet die GEEV für gemeinsame grenzüberschreitende Ausschreibungen mit einem oder mehreren Mitgliedstaaten der Europäischen Union sowie – im Grundsatz – für geöffnete nationale und ausländische Ausschreibungen jeweils für Strom aus Solaranlagen und Windenergieanlagen.

Der bundesweite EEG-Ausgleichsmechanismus soll eine gleichmäßige Belastung aller Letztverbraucher gewährleisten, die sich aus den EEG-Vergütungszahlungen ergeben. Der Ausgleich vollzieht sich in fünf Schritten: Auf der ersten Stufe wird der EEG-Strom in das Netz der allgemeinen Versorgung eingespeist. Der Verteilnetzbetreiber ist zur Aufnahme und finanziellen Förderung der Energie verpflichtet und leitet auf der zweiten Stufe den Strom an den ÜNB weiter, der ihn entsprechend vergütet, wobei die vermiedenen Netzentgelte des Verteilnetzbetreibers – solange diese noch für Erneuerbare-Energien-Anlagen relevant sind – in Abzug zu bringen sind. Im Fall der Direktvermarktung mit Markt- bzw. Flexibilitätsprämie erfolgt dieser Ausgleich rein finanziell. Denn die entsprechenden Strommengen werden nicht an den Netzbetreiber verkauft. Da die ÜNB in sehr unterschiedlichem Maße von Einspeisungen aus Erneuerbare-Energien-Anlagen betroffen sind, greift auf der dritten Stufe ein bundesweiter Ausgleich zwischen den vier ÜNB, der zu einer gleichen relativen Aufnahme von EEG-Strom durch alle ÜNB führen soll. Der EEG-Strom wird dann, soweit er nicht direktvermarktet wird, von den ÜNB an der Börse verkauft. Die Erlöse aus diesem Verkauf gehen auf ein „EEG-Konto", aus dem u. a. auch die EEG-Förderungszahlungen an die Anlagenbetreiber bestritten werden. Der Saldo aus diesem „EEG-Konto" wird – verkürzt gesagt – auf die insgesamt in der Bundesrepublik Deutschland an Kunden gelieferte Strommenge verteilt (sog. EEG-Umlage). Die EEG-Umlage wird am 15. Oktober eines jeden Jahres für das Folgejahr bekannt gegeben und bleibt für das jeweilige Kalenderjahr unverändert. Auf der vierten Stufe wird die EEG-Umlage vom Letztversorger auf das „EEG-Konto" gezahlt und letztlich auf der fünften Stufe, die gesetzlich nicht geregelt ist, üblicherweise auf den Strompreis des Letztverbrauchers aufgeschlagen. Seit der EEG-Novelle 2014 wird auch der eigenverbrauchte Strom teilweise mit EEG-Mehrkosten belastet. Diesen Weg führt das EEG 2017 grundsätzlich fort. Mehrfach, zuletzt durch Gesetz vom 13. Mai 2019, sind die entsprechenden Regelungen ausdifferenziert bzw. ergänzt worden.

Detaillierte Regelungen zur Ausgestaltung des Ausgleichsmechanismus, insbesondere zur Ermittlung der EEG-Umlage, sind in der Erneuerbare-Energien-Verordnung (EEV) **(Nr. 41)** vom 17. Februar 2015, zuletzt geändert durch Gesetz vom 13. Mai 2019 – bis 2015 die Ausgleichsmechanismusverordnung (AusglMechV) – geregelt. Daneben sind in der EEV inzwischen weitere Regelungen aus Verordnungen auf Grundlage des EEG enthalten, und zwar zu Herkunfts- und Regionalnachweisen und zur Subdelegation weiterer Verordnungsermächtigungen auf die BNetzA und das Umweltbundesamt (UBA). Die Verordnung zur Ausführung der Erneuerbare-Energien-Verordnung (Erneuerbare-Energien-Ausführungsverordnung – EEAV) **(Nr. 42)** vom 22. Februar 2010, zuletzt geändert durch Gesetz vom 13. Mai 2019 – bis 2016 die Ausgleichsmechanismus-Ausführungsverordnung (AusglMechAV) – konkretisiert die Vorgaben der EEV weiter, die von den ÜNB bei der Vermarktung des nach EEG abzunehmenden Stroms zu beachten sind. Daneben enthält die EEAV Regelungen zur Einrichtung und Ausgestaltung eines Netzausbaugebiets für Windenergieanlagen an Land (§ 36c EEG 2017), die am 1. März 2017 (befristet bis zum 31. Dezember 2020) in Kraft getreten sind.

Erneuerbare-Energien-Anlagen waren ursprünglich zunächst im Photovoltaik-Meldeportal und später ab dem 1. August 2014 im Anlagenregister für Erzeugungsanlagen für Strom aus Erneuerbaren Energien, das auf Grundlage des EEG 2014 sowie der Anlagenregisterverordnung (AnlRegV) vom 1. August 2014 errichtet worden war, zu registrieren. Bereits am 1. Juli 2017 ist die Verordnung über das zentrale elektronische Verzeichnis energiewirtschaftlicher Daten (Marktstammdatenregisterverordnung – MaStRV) **(Nr. 38)** vom 10. April 2017, zuletzt geändert durch Verordnung vom 15. November 2018, in Kraft getreten. Das Marktstammdatenregister ersetzt das Anlagenregister, und die AnlRegV ist demgemäß zum 1. September 2017 außer Kraft getreten. Mit dem Marktstammdatenregister wird ein umfassendes behördliches Register des Strom- und Gasmarktes geschaffen, um die Verfügbarkeit und Qualität der energiewirtschaftlichen Daten für die Behörden und Marktakteure des Energiebereichs (Strom und Gas) zu verbessern, den Aufwand zur Erfüllung energierechtlicher Meldepflichten zu verringern sowie die Transformation des Energieversorgungssystems gegenüber der Öffentlichkeit transparent darzustellen (§ 111e Abs. 1 EnWG). Das Webportal des Marktstammdatenregisters ist am 31. Januar 2019 technisch in Betrieb gegangen. Ab diesem Zeitpunkt laufen auch die

Übergangsfristen für nachträgliche Registrierungen insbesondere von Bestandsanlagen.

Die Biomasseverordnung (BiomasseV) **(Nr. 39)** vom 21. Juni 2001, zuletzt geändert durch Gesetz vom 13. Oktober 2016, basiert auf dem EEG 2000 und bestimmt, welche Stoffe als Biomasse gelten, welche technischen Verfahren zur Stromerzeugung aus Biomasse in den Anwendungsbereich des Gesetzes fallen und welche Umweltanforderungen bei der Stromerzeugung aus Biomasse einzuhalten sind. Biomasse im Sinne dieser Verordnung sind Energieträger aus Phyto- und Zoomasse. Dazu zählen z. B. Pflanzen und Pflanzenbestandteile, Abfälle und Nebenprodukte pflanzlicher und tierischer Herkunft aus der Land-, Forst- und Fischwirtschaft, Bioabfälle i. S. v. § 2 Nr. 1 Bioabfallverordnung, Altholz und aus Altholz erzeugte Gase etc. (§ 2 BiomasseV).

Die Herkunftsnachweisverordnung (HkNV) vom 28. November 2011 war wesentlicher Bestandteil des Rechtsrahmens, der den Aufbau eines elektronischen Herkunftsnachweisregisters für Strom aus Erneuerbaren Energien regelte. Mithilfe der in diesem Register geführten Herkunftsnachweise sollte die Stromkennzeichnung für Strom aus Erneuerbaren Energien verbessert und transparenter gestaltet und eine Doppelvermarktung von Strom aus Erneuerbaren Energien verhindert werden. Die HkNV wurde erweitert und in die Herkunfts- und Regionalnachweisverordnung (HkRNV) umbenannt. Mittlerweile ist diese Verordnung außer Kraft getreten und in der EEV aufgegangen. Weitere Einzelheiten werden durch die Herkunfts- und Regionalnachweis-Durchführungsverordnung (HkRNDV) vom 8. November 2018 des UBA geregelt.

Weiterer Handlungsbedarf ergibt sich zukünftig aus der Richtlinie 2018/2001/EU (Erneuerbare-Energien-Richtlinie 2018 – EERL 2018) vom 11. Dezember 2018 **(Nr. 36)**, die am 24. Dezember 2018 in Kraft getreten ist. Bis zum 30. Juni 2021 sind die darin enthaltenen Vorgaben in nationales Recht umzusetzen. Neben Vorgaben für den Verkehrs- und Wärme-Kälte-Sektor formuliert die EERL 2018 unter anderem ein verbindliches EU-weites Ausbauziel von 32% Erneuerbarer Energien bis 2030, zu dem die Mitgliedsstaaten durch nationale Klima- und Energiepläne beizutragen haben. Die EERL 2018 ersetzt die bisherige europäische Richtlinie 2009/28/EG (Erneuerbare-Energien-Richtlinie 2009 – EERL 2009) vom 23. April 2009, die – mit wenigen Ausnahmen – mit dem 1. Juli 2021 außer Kraft treten wird.

4. Das Erneuerbare-Energien-Wärmegesetz

Das Erneuerbare-Energien-Wärmegesetz (EEWärmeG) **(Nr. 44)** ist am 1. Januar 2009 in Kraft getreten, zuletzt geändert durch Gesetz vom 20. Oktober 2015. Ziel des Gesetzes ist es, den Anteil Erneuerbarer Energien am Endenergieverbrauch für Wärme (Raum-, Kühl- und Prozesswärme sowie Warmwasser) bis zum Jahr 2020 auf 14% zu erhöhen. Die zwei Wege, auf denen dieses Ziel erreicht werden soll, lassen sich mit den Schlagworten „Fordern und Fördern" zusammenfassen: Zum einen sieht das Gesetz eine Nutzungspflicht für Erneuerbare Energien vor („Fordern"), zum anderen eine finanzielle Förderung für die Nutzung Erneuerbarer Energien zur Erzeugung von Wärme („Fördern").

Eigentümer von Gebäuden mit einer Nutzfläche von mehr als 50 m², die unter Einsatz von Energie beheizt oder gekühlt und nach dem 31. Dezember 2008 errichtet werden (Neubauten), müssen den Wärmeenergiebedarf durch eine anteilige Nutzung von Erneuerbaren Energien decken (Nutzungspflicht).

Bestimmte im EEWärmeG aufgeführte Gebäude sind vom Geltungsbereich der Nutzungspflicht ausgenommen. Auch Gebäude, die am 1. Januar 2009 bereits errichtet waren, werden von der Nutzungspflicht nach dem EEWärmeG nicht erfasst. Allerdings können die Bundesländer für bereits errichtete Gebäude eine entsprechende Nutzungspflicht vorsehen; von dieser Möglichkeit hat das Land Baden-Württemberg Gebrauch gemacht. In anderen Bundesländern sind entsprechende Gesetzesvorhaben geplant. Je nach eingesetzter Erneuerbarer Energie sieht das Gesetz bestimmte Anteile für den Wärmeenergiebedarf vor, die aus dieser Erneuerbaren Energie gedeckt werden müssen. Verpflichtete, deren Gebäude in räumlichem Zusammenhang stehen, können sich auch zusammenschließen und ihre Verpflichtungen gemeinschaftlich erfüllen (sog. quartiersbezogene Lösung). Die Nutzungspflicht gilt auch dann als erfüllt, wenn keine Erneuerbaren Energien eingesetzt werden, sondern bestimmte im Gesetz angeführte Maßnahmen ergriffen werden (Ersatzmaßnahmen). Erneuerbare Energien und Ersatzmaßnahmen können miteinander kombiniert werden. Unter bestimmten Voraussetzungen, z. B. wenn die Erfüllung einer öffentlich-rechtlichen Pflicht widerspricht, entfällt die Nutzungspflicht (Ausnahmen).

Die Nutzung Erneuerbarer Energien für die Erzeugung von Wärme wird mit dem Marktanreizprogramm durch den Bund bedarfsgerecht mit bis zu 300 Mio. Euro pro Jahr gefördert. Die Einzelheiten werden in Verwaltungsvorschriften geregelt. Grundsätzlich können solche Maßnahmen nicht gefördert werden, soweit sie der Erfüllung der Nutzungspflicht oder einer landesrechtlichen Pflicht dienen.

Durch das EAG EE, in Kraft getreten am 1. Mai 2011, wird die auf Bundesebene bislang nur für Neubauten bestehende Nutzungspflicht des EEWärmeG auf öffentliche Bestandsgebäude im Sinne einer Vorbildfunktion ausgedehnt. Erfasst werden nur solche Gebäude, die im Eigentum der öffentlichen Hand stehen oder künftig von der öffentlichen Hand angemietet werden. Dies gilt auch für von Kommunen genutzte öffentliche Gebäude. Kommunen, die sich in einer akuten Haushaltsnotlage befinden, sind von dieser Nutzungspflicht für Bestandsgebäude befreit.

Am 23. Oktober 2019 hat das Kabinett das Gebäudeenergiegesetz (GEG) beschlossen. Das neue Gesetz soll das EnEG, die EnEV und das EEWärmeG in einem einheitlichen Gesetz zusammenführen. Für neue und sanierte Gebäude gelten danach weiterhin die energetischen Anforderungen der EnEV 2016. Dies entspricht dem Koalitionsvertrag und soll Art. 9 der EU-Gebäuderichtlinie umsetzen, die dazu verpflichtet, ab 2021 alle neuen Gebäude als Niedrigstenergiegebäude zu errichten. Für Nichtwohngebäude der öffentlichen Hand gilt diese Pflicht schon ab 2019. Danach muss ein Gebäude eine sehr gute Gesamtenergieeffizienz aufweisen, der Energiebedarf des Gebäudes muss sehr gering sein und, soweit möglich, zu einem wesentlichen Teil aus erneuerbaren Quellen gedeckt werden. In die Bestimmung des Jahres-Primärenergiebedarfs gehen weiterhin energieträgerspezifische Primärenergiefaktoren mit ein.

Strom aus Erneuerbaren Energien kann dabei in einem bestimmten Umfang bei der Berechnung des Endenergiebedarfs des Gebäudes abgezogen werden. So erlaubt der Gesetzesentwurf, anders als bisher nach § 5 EEWärmeG den gebäudenah erzeugten erneuerbaren Strom auf den Primärenergiebedarf eines neu errichteten Gebäudes anzurechnen. Ein vereinfachtes Nachweisverfahren für Wohnungsneubau listet verschiedene Ausführungsvarianten pro Gebäudetyp auf, mit denen die Anforderungen je nach Anwendungsvoraussetzungen und Ausführungsvarianten ohne Nachweis energetischer Berechnungen erfüllt werden können. Das Gesetz regelt zudem, dass eine gemeinsame Erfüllung im Quartier möglich ist, wenn die Gebäude in räumlichem Zusammenhang stehen und gemeinsam geplant und innerhalb von 3 Jahren realisiert worden sind. Ferner bietet die soggenannte Innovationsklausel Flexibilisierung in der Form, dass anstelle der Anforderungen an den Primärenergiebedarf über ein auf Treibhausgas-Emissionen ausgerichtetes System die Erfüllung der gesetzlichen Vorschriften nachzuweisen ist. Neu ist, dass das GEG-E nunmehr vorsieht, dass die sich aus dem PEF-Bedarf ergebenen CO_2-Emmissionen im Energieausweis anzugeben sind.

5. Das Kraft-Wärme-Kopplungsgesetz (KWKG)

Kraft-Wärme-Kopplung (KWK) ist die gleichzeitige Umwandlung von eingesetzter Energie in elektrische Energie und Wärme in einer ortsfesten technischen Anlage (Legaldefinition in § 2 Nr. 13 KWKG). Die Förderung von KWK-Anlagen spielt schon deshalb eine wichtige Rolle, weil mit dem Prozess der KWK im Vergleich zur getrennten Erzeugung von Strom und Wärme eine Primärenergieeinsparung von 25 bis 30% erreicht werden kann. KWK ist auch eines der effizientesten Umweltinstrumente, weil es den Ausstoß des Treibhausgases CO_2 vermindert; denn je höher der Wirkungsgrad einer Anlage ist, desto weniger Kohle oder Gas muss verfeuert werden, um die gleiche Leistung zu erbringen. Der Ausbau der Elektrizitätserzeugung in KWK ist zudem eine wesentliche Maßnahme zur Umsetzung des Kyoto-Protokolls und des Übereinkommens von Paris. Die Förderung der KWK wird deshalb durch die Europäische Kommission stark forciert: Die Europäische Kommission legte bereits im Oktober 1997 eine Strategie zur Förderung von KWK-Strom vor, die eine 18%ige Steigerung des KWK-Anteils an der Stromerzeugung in der Europäischen Union bis zum Jahre 2010 vorsah. Sie versprach sich von einem solchen Ausbau von KWK eine Reduzierung des CO_2-Ausstoßes innerhalb von zehn Jahren um rund 150 Mio. t jährlich. Die Richtlinie 2004/8/EG über die Förderung einer am Nutzwärmebedarf orientierten Kraft-Wärme-Kopplung im Energiebinnenmarkt und zur Änderung der Richtlinie 92/42/EWG (KWK-RL) wurde durch die Richtlinie 2012/27/EU zur Energieeffizienz, zur Änderung der Richtlinien 2009/125/EG und 2010/30/EU und zur Aufhebung der Richtlinien 2004/8/EG und 2006/32/EG (EEffizRL) unbeschadet der Verpflichtungen der Mitgliedstaaten im Zusammenhang mit den Fristen für die Umsetzung der EEffizRL in innerstaatliches Recht ab 5. Juni 2014 aufgehoben. Die Regelungen der bisherigen KWK-RL wurden ohne nennenswerte Änderungen in die EEffizRL überführt.

Gemäß des Gutachtens zur „Potenzial- und Kosten-Nutzen-Analyse zu den Einsatzmöglichkeiten von Kraft-Wärme-Kopplung sowie Evaluierung des KWKG" vom 2. Oktober 2014, das im Auftrag des Bundesministeriums für Wirtschaft und Energie (BMWi) erstellt wurde, stieg im Zeitraum 2003 bis 2013 die gesamte KWK-Nettostromerzeugung in Deutschland um 14 TWh, von 82,4 TWh auf etwa 96,4 TWh. Die KWK-Quote stieg im gleichen Zeitraum um 2% auf 16,2%. Im Rahmen der Konkretisierung des Aktionsprogramms Klimaschutzes vom 3. Dezember 2014 wurde durch die Bundesregierung beschlossen, dass KWK-Anlagen eine zusätzliche Emissionsminderung von 4 Mio. t CO_2 bis zum Jahr 2020 erbringen sollen.

Das Gesetz zum Schutz der Stromerzeugung aus Kraft-Wärme-Kopplung (KWKG 2000) vom 12. Mai 2000 knüpfte an das EEG an. Beiden Regelungskomplexen liegt eine vergleichbare Gesetztechnik zugrunde: Die Anlagenbetreiber haben einen Anspruch auf Einspeisung von Stromerzeugung aus Erneuerbaren Energien bzw. KWK-Anlagen und deren Vergütung gegenüber dem lokalen Netzbetreiber. In beiden Gesetzen ist eine Vergütungspflicht festgelegt, verbunden mit einem bundeseinheitlichen Belastungsausgleich.

Das KWKG 2000 wurde durch das am 1. April 2002 in Kraft getretene Gesetz für die Erhaltung, die Modernisierung und den Ausbau der Kraft-Wärme-Kopplung, welches mit Wirkung zum 1. Januar 2009 novelliert wurde (KWKG 2009), abgelöst. Nur drei Jahre später erfolgte zum 1. Juli 2012 die nächste Novellierung (KWKG 2012). Diese sollte eine Erhöhung der Stromerzeugung aus Kraft-Wärme-Kopplung auf einen Anteil von 25% bis zum Jahr 2020 bezwecken. Dazu wurden neben dem Ausbau von hocheffizienten KWK-Anlagen sowie dem Bau von Wärmenetzen auch der Bau von Kältenetzen und Wärme- bzw. Kältespeichern mit Zuschlägen gefördert.

Im gesetzgeberischen Eilverfahren hob der Bundesgesetzgeber im Jahr 2015 eine vollständige Neufassung aus der Taufe. Das Kraft-Wärme-Kopplungsgesetz 2016 (KWKG 2016) **(Nr. 45)** vom 21. Dezember 2015, zuletzt geändert durch Gesetz vom 13. Mai 2019, trat am 1. Januar 2016 in Kraft. Das Gesetz übernimmt weitgehend die Fördersystematik und einen Großteil der Vorschriften seiner Vorgänger unter veränderter Nummerierung. Der Gesetzgeber führt die Förderung von Bestandsanlagen wieder ein (§ 1 Abs. 2 Nr. 3 KWKG 2016). Gleichzeitig verlangt er nun grundsätzlich die Einspeisung des erzeugten Stroms in ein Netz der allgemeinen Versorgung und ermöglicht die im KWKG 2009 eingeführte Förderung von KWK-Strom, der nicht eingespeist wird, nur noch in eng begrenzten Ausnahmefällen (§ 6 Abs. 4 S. 1 KWKG 2016 bzw. nach der Gesetzesänderung vom 1. Januar 2017 § 6 Abs. 3 S. 1 KWKG 2017).

Der Gesetzeszweck des KWKG 2016 i. S. d. § 1 Abs. 1 betrifft die Erhöhung der Nettostromerzeugung aus Kraft-Wärme-Kopplungsanlagen auf 110 TWh bis zum Jahr 2020 sowie auf 120 TWh bis zum Jahr 2025 im Interesse der Energieeinsparung sowie des Umwelt- und Klimaschutzes. Hierzu verdoppelt der Gesetzgeber die maximale Fördersumme auf 1,5 Mrd. Euro je Kalenderjahr (§ 29 Abs. 1 S. 1 KWKG 2016). Außerdem verlängert er den Zeitraum, innerhalb dessen die förderwürdigen Anlagen ihren Dauerbetrieb aufgenommen haben müssen, gegenüber der bisherigen Rechtslage bis zum 31. Dezember 2022.

§ 1 Abs. 2 KWKG 2016 legt den Anwendungsbereich in sachlicher und persönlicher Hinsicht fest. Sachlich sollen gem. § 1 Abs. 2 Nr. 2 KWKG 2016 in Übereinstimmung mit § 2 KWKG 2009 diejenigen Kraftwerke dem Anwendungsbereich des Gesetzes unterfallen, die KWK-Anlagen sind und auf Basis von Steinkohle, Braunkohle, Abfall, Abwärme, Biomasse, gasförmigen oder flüssigen Brennstoffen betrieben werden. Nicht vom Anwendungsbereich des Gesetzes erfasst wird folglich Kondensationsstrom, d. h. Strom, der nicht in einem KWK-Prozess erzeugt wird. Die im KWKG 2009 bzw. 2012 eingeführte Förderung für den Neu- und Ausbau von Wärme- und Kältenetzen bleibt erhalten (§ 1 Abs. 2 Nr. 3 und 4 KWKG 2016). Ausdrücklich ausgenommen ist wie bisher die Förderung von KWK-Strom gem. § 1 Abs. 3 KWKG 2016, sofern der Strom nach dem EEG gefördert wird, so dass eine Doppelförderung vermieden wird. Außerdem hat sich der Gesetzgeber entschieden, dem Ziel der Dekarbonisierung der Energieerzeugung auch dadurch Rechnung zu tragen, dass neue, modernisierte und nachgerüstete KWK-Anlagen auf Kohlebasis nicht mehr gefördert werden (§ 1 Abs. 2 Nr. 2 KWKG 2016).

Eine Reihe neuer Begriffsdefinitionen werden mit § 2 KWKG 2016 hinzugefügt. So stellt Nr. 1 klar, dass im KWKG der gleiche Begriff der Abnahmestelle gilt wie in § 64 Abs. 6 Nr. 1 EEG 2014/2017. Auch bei der Definition des Letztverbrauchers in Nr. 17, des von der Nettostromerzeugung abzuziehenden Eigenverbrauchs nach Nr. 20 sowie der stromkostenintensiven Unternehmen in Nr. 28 bedient sich der Gesetzgeber der Regelungen des EEG 2014/2017. Unter Aufgabe des bisherigen Begriffs der Hauptbestandteile wird in Nr. 2 eine einheitliche Definition der Anlagenteile für neue und modernisierte Anlagen versucht. Wie bisher wird die KWK-Förderung durch die Anzahl der Vollbenutzungsstunden begrenzt (§ 8 KWKG 2016). In § 2 Nr. 3 KWKG 2016 verdeutlicht der Gesetzgeber nun, dass nur die zuschlagsberechtigte KWK-Nettostromerzeugung Bezugsgröße für die Berechnung der Vollbenutzungsstunden ist. Die in Nr. 7 eingeführte Definition der elektrischen Leistung passt die Gesetzeslage an die bisherige Verwaltungspraxis an. Der Herstellung von Rechtssicherheit dient auch die neue Definition der industriellen Abwärme in Nr. 9. Der Begriff des Netzbetreibers wird nach Nr. 21 um den Betreiber geschlossener Verteilernetze erweitert, um diese ebenfalls zur Zuschlagszahlung zu verpflichten, wenn in ihrem Bereich eine KWK-Anlage angeschlossen wird. Nr. 24 enthält nun auch die Definition des Neubaus eines Wärmespeichers. Mit der letzten Gesetzesänderung im Mai 2019 wurde das Gesetz um Definitionen für Dampfsammelschienen-KWK-Anlagen in Nr. 6a bis d und korrespondierende Spezialregelungen in § 7 Abs. 2a und § 8 Abs. 2 für die Anlagentypen ergänzt.

Neu ist auch die Regelung des § 7 Abs. 2 KWKG 2016, wonach KWK-Anlagen, die Stromerzeugungsanlagen auf Kohlebasis ersetzen, einen Förderzuschlag erhalten. Auch hier trägt der Gesetzgeber dem Bemühen um Dekarbonisierung der Strom- und Wärmeerzeugung Rechnung. Um den Betreibern kapitalintensiver Anlagen mit mehr als 10 MW elektrischer Leistung (bzw. nach der Gesetzesänderung vom 1. Januar 2017 nur noch Anlagen mit 50 MW) trotz häufiger Anpassungen der Fördersummen Rechtssicherheit zu bieten, enthält § 12 KWKG 2016 nun die Möglichkeit, einen Vorbescheid zu beantragen, der befristet den Erhalt des jeweils geltenden Förderniveaus gewährleistet. Der grundsätzliche Wegfall der Förderung von KWK-Strom, der unmittelbar innerhalb einer Kundenanlage oder einem geschlossenen Verteilernetz verbraucht wird, geht mit der Erhöhung der Fördersätze für eingespeisten KWK-Strom in § 7 KWKG 2016 einher. Für die Ausnahmefälle einer Förderung von nicht eingespeistem KWK-Strom sieht § 7 Abs. 3 und 4 KWKG 2016 gesonderte Zuschlagssätze vor.

Die Neufassung des KWKG 2016 wird vom Gesetzgeber als Instrument genutzt, für kontraproduktiv erachteten Entwicklungen im Strom- und Wärmebereich zu begegnen. So wird für bestehende gasbefeuerte KWK-Anlagen in der allgemeinen Versorgung in § 13 KWKG 2016 eine bis Ende 2019 befristete Förderung eingeführt, um die Stilllegung effizienter Strom- und Wärmeversorgung zu verhindern und die entsprechenden CO_2-Einsparungen zu erhalten. Auch das Bemühen um die Flexibilisierung des Anlagenbetriebs ist eine Reaktion auf die durch den Ausbau der Erneuerbaren Energien entstandenen Herausforderungen. Während § 4 Abs. 2a KWKG 2012 noch die bloße Möglichkeit der Direktvermarkung auf Wunsch des Anlagenbetreibers vorsah, enthält § 4 Abs. 1 S. 1 KWKG 2016 nun die Pflicht zur Direktvermarktung für alle KWK-Anlagen mit einer elektrischen KWK-Leistung von mehr als 100 kW. Neu ist auch die Regelung des § 7 Abs. 8 S. 1 KWKG 2016, der die Förderung für solche Zeiträume aussetzt, in denen der Strompreis Null oder negativ ist. Einem flexiblen Anlagenbetrieb soll auch die Anhebung der Förderhöchstbeträge für Wärmenetze und -speicher in §§ 19 und 23 KWKG 2016 dienen.

Der Gesetzgeber zeigt sich bemüht, möglichen Einwänden der Europäischen Kommission gegen das KWKG 2016 hinsichtlich potenzieller Verstöße gegen das Verbot staatlicher Beihilfen aus Art. 107 AEUV zu begegnen. So enthält § 34 KWKG 2016 eine Evaluierungspflicht, wonach das BMWi die Angemessenheit der Zuschlagshöhe zu prüfen und dem Bundestag im Falle einer unangemessenen Entwicklung Bericht zu erstatten hat. Außerdem wurde eine Obergrenze für die Kumulierung des KWK-Zuschlags mit Investitionszuschüssen im Gesetz verankert (§ 7 Abs. 6 KWKG 2016) sowie die Zulassung von KWK-Anlagen mit einer elektrischen KWK-Leistung von mehr als 300 MW unter den Vorbehalt einer beihilferechtlichen Einzelfallgenehmigung (§ 10 Abs. 5 KWKG 2016) gestellt. Nach langen und intensiven Verhandlungen hat die Europäische Kommission am 24. Oktober 2016 die beihilferechtliche Genehmigung der bis dahin unter dem Genehmigungsvorbehalt des § 35 Abs. 12 KWKG 2016 stehenden Förderung nach dem KWKG 2016 erteilt.

Mit dem Gesetz zur Änderung der Bestimmungen zur Stromerzeugung aus Kraft-Wärme-Kopplung und zur Eigenversorgung vom 22. Dezember 2016, in Kraft getreten am 1. Januar 2017, kam es schon ein Jahr nach Inkrafttreten des KWKG 2016 zu weiteren erheblichen Änderungen des KWKG (KWKG 2017).

Diese Änderungen betreffen im Bereich der KWK-Förderung in erster Linie die Einführung von Ausschreibungen, mittels derer die Höhe der Zuschlagszahlungen ermittelt werden soll. Das KWKG wurde damit an europarechtliche Vorgaben, insbesondere aus den Leitlinien für staatliche Umweltschutz- und Energiebeihilfen (UEBLL), angepasst. Für KWK-Anlagen im Leistungssegment zwischen 1 MW und 50 MW elektrischer Leistung ist eine Förderung künftig nur noch möglich, wenn die BNetzA einen Ausschreibungszuschlag erteilt. Bisher wurden diese Anlagen nach festen Zuschlagssätzen gefördert. Im Übrigen bleibt es bei Höhe und Dauer der Förderung nach Maßgabe der mit dem KWKG 2016 eingeführten neuen Systematik der festen Fördersätze (§ 7 Abs. 1 bis 3 KWKG 2017). Die konkreten Regeln für die Ausschreibungen werden in der neuen KWKAusV geregelt. Der neu eingeführte § 35 Abs. 14 KWKG 2017 stellt eine Übergangsbestimmung mit Ausnahmetatbeständen dar, wonach in gewissen Fällen die bisherigen Förderregelungen nach dem KWKG 2016 bestehen bleiben. Zudem wurde mit den sog. innovativen KWK-Systemen eine neue Förderkategorie geschaffen. Die Förderung von innovativen KWK-Systemen wird ebenfalls durch Ausschreibung ermittelt.

Des Weiteren wurde die mit dem KWKG 2016 eingeführte befristete Förderung von Bestandsanlagen in § 13 Abs. 1 Nr. 1 KWKG 2017 dahingehend ergänzt, dass die Anschlussförderung für Bestandsanlagen nur für solche KWK-Anlagen einschlägig ist, die der Lieferung nicht nur von Strom, sondern auch von Wärme an Dritte dienen.

Auch in Bezug auf die Förderung von Wärme- und Kältenetzen sowie von Wärme- und Kältespeichern wurden mit dem KWKG 2017 einzelne, sehr relevante Änderungen eingeführt. So wurden die Fördervoraussetzungen für Wärmenetze an europarechtliche Vorgaben, insbesondere der Richtlinie 2012/27/EU (EEffizRL), angepasst und der vorgegebene Anteil an KWK-Wärme von 60% auf 75% angehoben. Zugleich wurden die Fördervoraussetzungen aber im Falle der Versorgung mit einer Kombination aus KWK-Wärme und Wärme aus Erneuerbaren Energien und/oder industrieller Abwärme auf 50% leicht abgesenkt. Neu geregelt wurde auch, dass Betreiber von Wärme- und Kältenetzen gegenüber dem BAFA bei Antragstellung zusätzlich die Fördernotwendigkeit ihres Vorhabens nachweisen müssen (§ 20 Abs. 1 S. 2 Nr. 2 KWKG 2017). Dies gilt entsprechend für die Förderung von Wärme- und Kältespeichern (§ 24 Abs. 1 S. 2 Nr. 2 KWKG 2017). Die mit dem KWKG 2016 eingeführte Vorbescheidung (§ 12 KWKG 2016) wurde dahingehend geändert, dass eine Antragstellung nunmehr nur für neue KWKG-Anlagen mit einer Nennleistung von mehr als 50 MW_{el} möglich ist (§ 12 KWKG 2017). Mit dem neu eingeführten § 32a KWKG 2017 wurde zudem entsprechend dem EEG die Möglichkeit zur Einrichtung einer Clearingstelle geschaffen.

Mit der Gesetzesänderung zum 1. Januar 2017 hat der Gesetzgeber neben den Änderungen zur KWK-Förderung auch wesentliche Änderungen für die Abwicklung der KWK-Umlage vorgesehen. Die bisherigen für die sog. Letztverbrauchergruppen B und C bestehenden Privilegierungstatbestände wurden gestrichen und neue Privilegierungstatbestände eingeführt. Letztverbraucher, die nicht privilegiert sind, müssen nun unabhängig vom Jahresverbrauch für die gesamte aus dem Netz entnommene Strommenge die volle KWK-Umlage entrichten. Eine Privilegierung gilt nunmehr nach § 27 KWKG 2017 für stromkostenintensive Unternehmen, für die nach den §§ 63 Nr. 1, 64 EEG auch die EEG-Umlage begrenzt ist. Für die Abwicklung der KWK-Umlage bei stromkostenintensiven Unternehmen sind nach § 27 Abs. 2 und 2a KWKG 2017 nun die Übertragungsnetzbetreiber zuständig. Weitere Privilegierungen gelten außerdem für Anlagen zur Verstromung von Kuppelgasen, für Stromspeicher und für Schienenbahnen gem. §§ 27a, 27b, 27c KWKG 2017. Für die nun nicht mehr privilegierten Letztverbrauchergruppen B und C gilt gem. § 36 Abs. 3 KWKG 2017 eine Übergangsregelung in Form einer sog. Verdopplungsgrenze. Für Letztverbraucher, die im Jahr 2016 berechtigt gewesen wären, die Privilegierung in Anspruch zu nehmen, darf sich dabei die KWK-Umlage nur um die im Änderungsgesetz festgeschriebenen Werte erhöhen. Die Privilegierungen der §§ 27 bis 27c KWKG 2017 standen nach § 35 Abs. 12 KWKG 2017 zunächst unter dem Vorbehalt der beihilferechtlichen Genehmigung durch die Europäische Kommission. Die Genehmigung der reduzierten Umlage für Schienenbahnen hat die Europäische Kommission bereits am 22. August 2016 erteilt (Fallnummer SA. 43666), die für stromkostenintensive Unternehmen und Stromspeicher folgte am 23. Mai 2017 (Fallnummer SA. 42393). Bei Redaktionsschluss wurde zur Umsetzung des Klimaschutzplans 2030 der Bundesregierung eine weitere Novellierung des Gesetzes vorbereitet, mit deren Inkrafttreten im Frühjahr 2020 zu rechnen ist.

6. Die KWK-Ausschreibungsverordnung (KWKAusV)

Nach der zum 1. Januar 2017 erfolgten Gesetzesänderung ist für KWK-Anlagen im Leistungssegment zwischen 1 MW_{el} und 50 MW_{el} eine Förderung nur dann möglich, wenn die BNetzA einen Ausschreibungszuschlag erteilt. Gleiches gilt für die neu eingeführte Förderkategorie der innovativen KWK-Systeme. § 1 KWKAusV legt den dementsprechenden Anwendungsbereich fest. Die Ausschreibung dient der wettbewerblichen Ermittlung der Förderhöhe. Im KWKG 2017 selbst ist der Ausschreibungsablauf nur in Grundzügen geregelt. Durch die am 18. August 2017 in Kraft getretene KWK-Ausschreibungsverordnung (KWKAusV) **(Nr. 46)** vom 10. August 2017, zuletzt geändert durch Gesetz vom 13. Mai 2019, wird dieser nun konkretisiert. Kern der Verordnung ist die Festlegung von Regeln, nach denen die Ausschreibungen ablaufen sollen. Die Ermächtigungsgrundlage dazu findet sich in §§ 33 Abs. 3 Nr. 1, 33a und 33b KWKG 2017.

Gemäß § 3 Abs. 1 KWKAusV werden von der BNetzA jährlich jeweils am 1. Juni und zum 1. Dezember Ausschreibungen durchgeführt. Die jeweilige Ausschreibung beginnt mit der Bekanntmachung fünf bis acht Wochen vor dem jeweiligen Gebotstermin (§ 7 KWKAusV). Es folgt das Gebotsverfahren. Die Gebote müssen die in § 8 Abs. 1 KWKAusV aufgeführten Angaben enthalten. Der Höchstpreis liegt bei 7 ct/kWh für KWK-Anlagen (§ 5 Nr. 1 KWKAusV) und bei 12 ct/kWh für innovative KWK-Systeme (§ 5 Nr. 2 KWKAusV). Zudem muss bis zum jeweiligen Gebotstermin eine Sicherheit in Höhe von 70 Euro je kW installierter KWK-Leistung für die im Gebot angegebene Menge geleistet werden (§ 10 KWKAusV). Im anschließenden Zuschlagsverfahren sortiert die BNetzA die Angebote zunächst nach den Gebotswerten (Höhe des KWK-Zuschlags in ct/kWh) bzw. bei gleichem Gebotswert nach den Gebotsmengen (§ 11 Abs. 2 S. 2 KWKAusV). Nach Prüfung der Zulässigkeit der Angebote erteilt die BNetzA allen zulässigen Geboten – beginnend mit dem jeweils niedrigsten Gebotswert/Gebotsmenge – einen Zuschlag, bis das Ausschreibungsvolumen erreicht ist. Die Ausschreibungszuschläge erfolgen personen- und standortbezogen, wobei eine Übertragung auf andere Personen möglich ist (§ 17 KWKAusV).

Die §§ 16, 17 KWKAusV sehen Entwertungs- und Erlöschenstatbestände für bereits erteilte Ausschreibungszuschläge vor. In § 19 Abs. 3 KWKAusV ist geregelt, unter welchen Voraussetzungen die Zuschlagszahlung für das gesamte Kalenderjahr entfallen kann.

Bei der Auszahlung der KWK-Förderung nach einer Ausschreibung erfolgt eine Verrechnung mit der gegebenenfalls anfallenden Stromsteuerbefreiung. Um die Berechnung zu ermöglichen, müssen betroffene Anlagenbetreiber nach § 20 Abs. 5 KWKAusV für das vorangegangene Kalenderjahr den Umfang der Stromsteuerbefreiung melden.

7. Das Energiesteuergesetz (EnergieStG) und das Stromsteuergesetz (StromStG)

Die Besteuerung von Strom und Energieerzeugnissen ist ein weiteres Steuerungsinstrument zur Förderung der (hocheffizienten) Stromerzeugung und eines energieeffizienten Verbrauchsverhalten. Das Steueraufkommen aus beiden Steuerarten ist erheblich; pro Jahr werden Energiesteuern in Höhe von ca. 39 bis 40 Mrd. Euro und Stromsteuern in Höhe von ca. 6,5 bis 7,0 Mrd. Euro eingenommen. Während die Besteuerung von Energieerzeugnissen mittels der Mineralölsteuer (bzw. seit 2006 Energiesteuer) bereits 1930 zunächst als „klassische" Steuer zur Einnahmenerzielung begonnen hat, ist seit der ökologischen Steuerreform im Jahre 1999 der ökologische Lenkungszweck, welcher insbesondere durch Einführung der Stromsteuer und Erhöhung der Mineralölsteuer erreicht werden sollte, (mit-)bestimmend für die Ausgestaltung des Strom- und Energiesteuerrechts. Ein Vergleich mit anderen europäischen Staaten zeigt, dass Deutschland mit der Verabschiedung des „Gesetzes zum Einstieg in die ökologische Steuerreform" (Ökosteuergesetz – ÖkoStG) am 1. April 1999 eine „Nachzüglerfunktion" eingenommen hat. Ausgestaltet als Artikelgesetz sah es in Art. 1 die Einführung des Stromsteuergesetzes (StromStG) **(Nr. 48)**, zuletzt geändert durch Gesetz vom 22. Juni 2019, und in Art. 2 die Änderung des Mineralölsteuergesetzes (MinöStG) vor. Letzteres ist mit dem Gesetz zur Neuregelung der Besteuerung von Energieerzeugnissen und zur Änderung des Stromsteuergesetzes vom 15. Juli 2006 außer Kraft getreten bzw. durch das Energiesteuergesetz (EnergieStG) **(Nr. 50)** abgelöst worden, zuletzt geändert durch Gesetz vom 22. Juni 2019. Beide Gesetze unterlagen seither bereits einer Vielzahl von Änderungen. Ergänzt werden die beiden Gesetze durch die Energiesteuer-Durchführungsverordnung (EnergieStV) **(Nr. 51)** vom 31. Juli 2006, zuletzt geändert durch Gesetz vom 22. Juni 2019, sowie die Stromsteuer-Durchführungsverordnung (StromStV) **(Nr. 49)** vom 31. Mai 2000, zuletzt geändert durch Gesetz vom 22. Juni 2019. Die Durchführungsverordnungen enthalten vor allem Verfahrensvorgaben; sie werden aber vom Verordnungsgeber auch gern genutzt, um in den Gesetzen fehlende Regelungen und Begriffsbestimmungen „nachzubessern".

Der Kerngedanke des ÖkoStG umfasste nach dem Vorbild anderer Mitgliedstaaten (z.B. Dänemark oder Finnland) zwei Ziele: Erstens sollte der Energiepreis verteuert werden, um Anreize zur Ausschöpfung vorhandener Energiesparpotenziale zu setzen sowie den Ausbau der Stromerzeugung aus Erneuerbaren Energien und die Entwicklung ressourcenschonender Produkte und Produktionsverfahren voranzutreiben. Zweitens sollte mit den Überschüssen aus der Energiesteuer die Senkung der Lohnnebenkosten finanziert werden. Mit dem zusätzlichen Aufkommen aus der Stromsteuer und der Erhöhung der Mineralölsteuer wurde die Senkung der Rentenversicherungsbeiträge zunächst um 0,8 Prozentpunkte querfinanziert. Eine stärkere Belastung des Faktors „Energieverbrauch" sollte folglich die Entlastung des Faktors „Arbeit" bewirken. Allerdings stiegen die Beitragssätze in den Folgejahren (insbesondere seit 2007) deutlich und konnten erst seit 2012 wieder gesenkt werden.

Mit der Neuregelung von 2006 und der Einführung des EnergieStG wurde die europäische Energiesteuer-Richtlinie (Richtlinie 2003/96/EG des Rates vom 27. Oktober 2003 zur Restrukturierung der gemeinschaftlichen Rahmenvorschriften zur Besteuerung von Energieerzeugnissen und elektrischem Strom) in deutsches Recht umgesetzt, wodurch zahlreiche systematische Vereinfachungen gegenüber dem MinöStG erreicht wurden. Eingeführt wurden u.a. die vollständige Steuerentlastung des Energieeinsatzes zur Stromerzeugung (sog. Input-Steuerbegünstigung) in Anlagen (auch Kraft-Wärme-Kopplung) ab 2 MW Nennleistung. Darüber hinaus wurde die Kohlebesteuerung eingeführt und die Erdgassteuer neu geregelt, vor allem dadurch, dass die Letztverteiler – im EnergieStG bezeichnet als „Lieferer" (z.B. Stadtwerke) – Steuerschuldner werden.

Gasöle, Heizöle, Erdgas und Flüssiggas werden steuerlich begünstigt, wenn sie zum Verheizen oder als Kraftstoff zum Antrieb von Gasturbinen und Verbrennungsmotoren in bestimmten begünstigten Anlagen eingesetzt werden. Zu diesen begünstigten Anlagen zählen insbesondere ortsfeste Stromerzeugungsanlagen (einschließlich KWK-Anlagen, deren mechanische Energie nur der Stromerzeugung dient). Gasöle mit einem Schwefelgehalt von mehr als 50 mg/kg (nicht schwefelarme Gasöle) unterliegen jedoch seit dem 1. Januar 2009 einem erhöhten Steuersatz.

Die über das EnergieStG geregelte Förderung von Biokraftstoffen läuft sukzessive bis Ende 2015 aus, so dass es bei den Regelungen des Biokraftstoffquotengesetzes verbleibt. Eine Vielzahl bestimmter industrieller Prozesse, die über den Heizerlass zum MinöStG steuerfrei waren und durch die neue Definition des Verheizens zum 1. August 2006 in die Steuerpflicht gelangten, werden seit der Neuregelung von der Energiesteuer auf Antrag vollständig entlastet (§ 51 EnergieStG). Die Steuerentlastung im EnergieStG für thermische Abfall- und Abluftbehandlung wurde unabhängig von der Zugehörigkeit des Unternehmens zum produzierenden Gewerbe gestaltet (wichtig für kommunale oder als eigenständige Gesellschaft geführte Abfallverbrennungsanlagen). Daneben erhalten Unternehmen des produzierenden Gewerbes, zu denen gem. § 2 Nr. 3 StromStG nach wie vor auch die Energie- und Wasserversorgungsunternehmen zählen, eine „zweistufige" Entlastung nach § 54 EnergieStG in Höhe von 25% und über den sog. Spitzenausgleich nach § 55 EnergieStG in Höhe von weiteren bis zu 90% der Steuerbelastung. Der Spitzenausgleich setzt allerdings seit 1. Januar 2013 den Betrieb eines Energieeffizienzsystems voraus.

Das StromStG besteuert die Stromentnahme aus dem Versorgungsnetz. Der allgemeine Steuersatz beträgt 20,50 Euro/MWh. Steuerschuldner ist in der Regel der Versorger, d.h. derjenige, der Strom leistet (bzw. der Eigenerzeuger bei einer Eigenerzeugung des Stroms).

Zentrale Norm für die umweltrechtliche Steuerung des Erzeugungsbereichs durch das StromStG ist § 9 StromStG, der im Jahr 2019 neu gefasst werden soll. Er bestimmt in Abs. 1 drei Möglichkeiten der Stromsteuerbefreiung. Von der Steuer ist Strom befreit, der aus Erneuerbaren Energien erzeugt wurde („grüner Strom") und aus einem ausschließlich mit Erneuerbaren Energien gespeisten Netz bzw. einer entsprechenden Leitung („grünes Netz") bzw. zukünftig durch den Betreiber am Ort der Erzeugung zum Selbstverbrauch – entnommen wird. Begünstigt wird damit die Stromquelle selbst, d.h. die Anlage zur Erzeugung von „Ökostrom". Unter Strom aus Erneuerbaren Energien fasst das StromStG den Strom, der ausschließlich aus Wasserkraft, Windkraft, Sonnenenergie, Erdwärme, Deponiegas, Klärgas oder aus Biomasse erzeugt wird, ausgenommen Strom aus Wasserkraftwerken mit einer installierten Generatorleistung von über 10 MW (§ 2 Nr. 7 StromStG).

Zudem ist von der Stromsteuer der Strom befreit, der zur Stromerzeugung entnommen wird. Nach § 12 StromStV trifft dies jedenfalls für Strom in technischen Neben- und Hilfsanlagen sowie für die Stromentnahme in Pumpspeicherkraftwerken zu. Allerdings hat der Bundesfinanzhof (BFH) bereits festgestellt, dass diese Regelung keineswegs abschließend ist.

Die dritte Möglichkeit der Stromsteuerbefreiung begünstigt die dezentrale Stromerzeugung in Anlagen mit einer elektrischen Nennleistung bis zu 2 MW. Dabei unterscheidet das Gesetz zwei Fallgruppen: Eine erste Fallgruppe begünstigt Anlagenbetreiber, die als Eigenerzeuger den Strom im räumlichen Zusammenhang zur Anlage zum Selbstverbrauch entnehmen. Die zweite Fallgruppe begünstigt Anlagenbetreiber, die den Strom an Letztverbraucher leisten, wenn die Letztverbraucher den Strom im räumlichen Zusammenhang zur Anlage entnehmen (bspw. Contracting). Zukünftig soll die Befreiung nur noch für Strom, der aus erneuerbaren Energieträgern erzeugt wurde, oder Strom aus hocheffizienten KWK-Anlagen gelten.

§ 9 Abs. 3 StromStG a.F., der einen ermäßigten Steuersatz von 12,30 Euro/MWh für die Entnahme von Strom durch ein Unternehmen des produzierenden Gewerbes oder der Land- und Forstwirtschaft für betriebliche Zwecke vorsah, ist durch das Haushaltsbegleitgesetz 2011 aufgehoben worden. Stattdessen wurde zum 1. Januar 2011 mit § 9b StromStG für diese Unternehmen die Möglichkeit eingeführt, eine Steuerentlastung von 5,13 Euro/MWh zu beantragen. Um das sog. Nutzenergie-Contracting einzuschränken, setzt die neue Regelung zusätzlich voraus, dass die erzeugte Nutzenergie (Licht, Wärme, Kälte, Druckluft, mechanische Energie) durch ein Unternehmen des produzierenden Gewerbes oder der Land- und Forstwirtschaft genutzt wird. Weitere Möglichkeiten der Steuerentlastung regeln die §§ 9a und 10 StromStG für bestimmte stromintensive Prozesse und Verfahren (§ 9a StromStG) und für den sog. Spitzenausgleich (§ 10 StromStG). Die Regelung des § 9a StromStG entlastet das Unternehmen vollständig von der Stromsteuer. § 10 StromStG ermöglicht eine Entlastung um bis zu 90%, wobei seit dem 1. Januar 2011 im Falle der Erzeugung von Nutzenergie diese ebenfalls durch ein Unternehmen des produzierenden Gewerbes genutzt werden muss.

Mit dem Gesetz zur Änderung des Energiesteuer- und des Stromsteuergesetzes vom 1. März 2011 wurden weitere Steuererleichterungen eingeführt, u. a. für die landseitige Stromversorgung von Wasserfahrzeugen für die Schifffahrt (§ 9 Abs. 3 StromStG).

Mit dem Gesetz zur Änderung des Energiesteuer- und des Stromsteuergesetzes sowie zur Änderung des Luftverkehrsteuergesetzes vom 5. Dezember 2012 wurden rückwirkend zum 1. April 2012 die Input-Steuerbegünstigungen für Energieerzeugnisse, die zur Stromerzeugung bzw. in einer KWK-Anlage verwendet werden (§§ 53, 53a und 53b EnergieStG), an die beihilfenrechtlichen Vorgaben der Europäischen Kommission angepasst. Bei KWK-Anlagen bis zu 2 MW wird die vollständige Entlastung nun zusätzlich daran geknüpft, dass sie hocheffizient und nicht abgeschrieben sind. Ebenfalls wegen beihilfenrechtlicher Verpflichtungen wurden durch das Änderungsgesetz die Regelungen zum Spitzenausgleich (§ 10 StromStG und § 55 EnergieStG) neu gefasst. Seit dem 1. Januar 2013 ist für die Entlastung Voraussetzung, dass das antragstellende Unternehmen ein Energieeffizienzsystem einführt bzw. zertifiziert hat. Detaillierte Vorgaben hierzu regelt die Verordnung über Systeme zur Verbesserung der Energieeffizienz im Zusammenhang mit der Entlastung von der Energie- und Stromsteuer in Sonderfällen (Spitzenausgleich-Effizienzsystemverordnung – SpaEfV) vom 31. Juli 2013, zuletzt geändert durch Verordnung vom 31. Oktober 2014. Zudem wird erstmalig 2015 die Einhaltung der Ziele aus der Energieeffizienzvereinbarung zwischen der Bundesregierung und der deutschen Wirtschaft vom 1. August 2012 überprüft. Die festgelegten Ziele wurden bereits im ersten Jahr um mehr als das Dreifache übertroffen.

Im Rahmen der Neuregelung der Vorgaben für die Zulässigkeit von staatlichen Beihilfen in den Jahren 2013/2014 hat die Europäische Kommission auch bestimmte Veröffentlichungs-, Informations- und Transparenzpflichten aufgenommen, welche durch die Mitgliedstaaten ab dem 1. Juli 2016 umsetzen waren. Da viele energie- und stromsteuerliche Begünstigungen als staatliche Beihilfen anzusehen sind, wurde eine neue Verordnung zur Umsetzung unionsrechtlicher Veröffentlichungs-, Informations- und Transparenzpflichten im Energiesteuer- und im Stromsteuergesetz (EnSTransV) **(Nr. 52)** erlassen. Die EnSTransV enthält Regelung dazu, unter welchen Voraussetzungen und nach welchem Verfahren Steuerbegünstigte Anzeigen bzw. Erklärungen abzugeben haben und in welcher Form diese Daten sodann veröffentlicht werden.

Durch das Änderungsgesetz vom 27. August 2017 wurde eine Vielzahl verschiedener, insbesondere auch verfahrensrechtlicher bzw. administrativer Vorgaben angepasst und teilweise verschärft. Betroffen waren u. a. die (Aufzeichnungs- und Dokumentations-)Pflichten des Versorgers und Lieferers, aber auch die Bestimmungen zum Anlagenbetreiber bzw. Verwender von Energieerzeugnissen.

8. Handel mit Treibhausgasemissionen

Eine zentrale gemeinsame europäische Maßnahme zur Umsetzung der zunächst mit dem Kyoto-Abkommen eingegangenen Klimaschutzverpflichtungen ist der Aufbau des europäischen Emissionshandelssystems für Unternehmen. Diese zentrale Bedeutung behält er auch nach dem Übereinkommen von Paris, das von den Vereinten Nationen am 12. Dezember 2015 verabschiedet und von der Europäischen Union und ihren Mitgliedstaaten am 22. April 2016 unterzeichnet wurde. Dieses Übereinkommen erlaubt es den Vertragsparteien weiterhin, den auf seiner Grundlage eingegangenen Verpflichtungen zum Klimaschutz auch mit Handelsinstrumenten nachzukommen. Grundlage für das europäische Emissionshandelssystem ist die europäische Richtlinie 2003/87/EG über das europäische Handelssystem mit Treibhausgas-Emissionsberechtigungen (Emissionshandelsrichtlinie – EmissH-RL). Das europaweite Handelssystem ist zum 1. Januar 2005 gestartet und ist in Handelsperioden unterteilt. Während der ersten Handelsperiode von 2005 bis 2007 sollte der Emissionshandel, beschränkt auf das Treibhausgas CO_2, in den Mitgliedstaaten „erprobt" werden. Die zweite Handelsperiode von 2008 bis 2012 deckt sich zeitlich mit dem Verpflichtungszeitraum des Kyoto-Protokolls und war durch eine entsprechend strengere Budgetierung der CO_2-Emissionen gekennzeichnet. Mit der Richtlinie 2009/29/EG vom 23. April 2009 und mit der Richtlinie 2018/410/EU vom 14. März 2018 ist die EmissH-RL jeweils zur dritten (2013 bis 2020) und vierten (2021 bis 2030) Handelsperiode grundlegend überarbeitet worden.

Die Einführung des Emissionshandels in Deutschland hat die deutsche Umweltpolitik und das deutsche Umweltrecht um ein neues Instrument erweitert. Über den traditionellen ordnungsrechtlichen Ansatz hinaus steht mit dem Emissionshandel nun ein ökonomisch orientierter Ansatz zur Verminderung der Treibhausgasemissionen zur Verfügung. Anlagenbetreiber sollen durch eine flexible und dennoch ökologisch effektive Handhabung der gesetzlichen Verpflichtungen einen Anreiz erhalten, ihre Emissionen zu vermindern. Die Festlegung einer jährlichen Höchstmenge an CO_2-Ausstoß für alle dem Emissionshandel unterliegenden Anlagen dient der Begrenzung der Emissionen. Zuteilungsregelungen bestimmen, in welcher Höhe der einzelne Anlagenbetreiber eine staatliche Zuteilung kostenloser Emissionsberechtigungen erhält. Für die von der Anlage emittierten Treibhausgase besteht die Verpflichtung, eine entsprechende Anzahl von Emissionsberechtigungen abzugeben. Der Anlagenbetreiber muss sodann entscheiden, ob er durch die Einführung moderner Techniken oder durch einen Brennstoffwechsel seine CO_2-Emissionen senken und überschüssige Berechtigungen verkaufen will. Stattdessen kann er aber auch eine negative Abweichung seiner Zuteilung von seinem Bedarf durch den Erwerb zusätzlicher Berechtigungen ausgleichen. Die Tonne CO_2 erhält durch dieses System einen Wert, den der (Handels-)Markt bestimmt. In der Folge werden Emissionsminderungsmaßnahmen – so die Idee – dort durchgeführt, wo sie am kostengünstigsten sind. Unternehmen, die nicht in ausreichender Zahl Emissionsberechtigungen abgeben, müssen mit empfindlichen Sanktionen rechnen.

Die Umsetzung der Emissionshandelsrichtlinie erfolgte in Deutschland durch das Treibhausgas-Emissionshandelsgesetz (TEHG) vom 15. Juli 2004 und dessen novellierte Fassung vom 21. Juli 2011 **(Nr. 55)**, zuletzt geändert durch Gesetz vom 18. Januar 2019. Dieses bestimmt u. a. den Kreis der emissionshandelspflichtigen Anlagen und deren grundlegende Pflichten, vor allem die Pflicht zur

Berichterstattung über Emissionen und zur Abgabe von Emissionsberechtigungen. Zudem sind die Behördenzuständigkeiten geregelt. Zentrale Behörde für die Administration des Emissionshandels ist hiernach die Deutsche Emissionshandelsstelle (DEHSt) beim UBA.

In der ersten und zweiten Handelsperiode wurde das Minderungsziel und die Verteilung der Zertifikate über Nationale Allokationspläne (NAP) festgelegt. Für die zweite Handelsperiode wurde der NAP II vom Deutschen Bundestag im Zuteilungsgesetz 2012 (ZuG 2012) vom 7. August 2007, zuletzt geändert durch Gesetz vom 18. Juli 2016, welches am 11. August 2007 in Kraft getreten war, verankert. Konkretisierungen zum ZuG 2012 wurden von der Bundesregierung in der Zuteilungsverordnung 2012 (ZuV 2012) vom 13. August 2007, zuletzt geändert durch Gesetz vom 21. Juli 2011, welche am 18. August 2007 in Kraft getreten war, vorgenommen.

Seit der dritten Handelsperiode 2013 bis 2020 gibt es erstmals eine EU-weit festgelegte Menge CO_2, die durch alle dem Emissionshandel unterliegende Anlagen maximal emittiert werden darf. Diese auf die Mitte des Zeitraums von 2008 bis 2012 berechnete Gesamtmenge unterliegt noch bis Ende 2020 einer Kürzung von jährlich 1,74% dieser Menge. Mit Blick auf das Ziel der EU, die Treibhausgasemissionen in den emissionshandelspflichtigen Sektoren bis 2030 um 43% im Vergleich zu 2005 zu reduzieren, steigt dieser lineare Kürzungsfaktor nach Maßgabe der Richtlinie 2018/410/EU auf jährlich 2,2% an. Zur Steuerung des Preisniveaus der auf dem Markt befindlichen CO_2-Zertifikate ist eine Marktstabilitätsreserve eingeführt worden, die seit dem 1. Januar 2019 bei Erreichen bestimmter Schwellenwerte – je nach Marktsituation – entweder Überschüsse aus dem Markt aufnehmen oder Defizite ausgleichen soll.

Darüber hinaus werden – anders als in den ersten beiden Handelsperioden – die wesentlichen Vorgaben für die Zuteilung der Emissionsberechtigungen bereits auf europäischer Ebene geregelt, die Gestaltungsspielräume auf der Ebene der Mitgliedstaaten sind entsprechend eingeschränkt. Dies wird sich für die kommenden Handelsperioden voraussichtlich weiter verschärfen. Die konkreten Zuteilungsregeln für die kostenlose Ausgabe von Zertifikaten ergeben sich bisher aus dem Beschluss 2011/278/EU der Europäischen Kommission vom 27. April 2011, den die Bundesregierung durch die Zuteilungsverordnung 2020 (ZuV 2020) **(Nr. 57)** vom 26. September 2011, zuletzt geändert durch Gesetz vom 13. Juli 2017, in deutsches Recht transformiert hat. Für die vierte Handelsperiode tritt an die Stelle des Beschlusses und der nationalen Umsetzung eine unmittelbar geltende Zuteilungsverordnung, die EU-Zuteilungsverordnung (EU) 2019/331 vom 19. Dezember 2018. Kernpunkt der einheitlichen europäischen Zuteilungsregeln ist die deutliche Absenkung der kostenlosen Zuteilung an die Anlagenbetreiber. Seit dem Jahr 2013 müssen Anlagenbetreiber die für die Stromerzeugung benötigten Emissionsberechtigungen in regelmäßig stattfindenden Auktionen vollständig ersteigern. Für die Wärme-erzeugung und die Tätigkeiten anderer Sektoren gibt es übergangsweise eine kostenlose Zuteilung, die auf produktbezogenen Benchmarks beruht. Diese orientieren sich jeweils an den 10 % effizientesten Anlagen der Branche in Europa. 2013 wurden noch 80 % der Emissionsberechtigungen kostenlos zugeteilt, 2020 werden es noch 30 % sein. Ab 2026 wird diese kostenlose Zuteilung aber, außer für den Sektor Fernwärme, schrittweise auf null abgesenkt. Ausnahmen von der Absenkung sind nur vorgesehen für die rund 170 Sektoren und Subsektoren der energieintensiven Industrie, die von einer Abwanderung aus dem europäischen Emissionshandelssystem bedroht sind. Dieser Ansatz wird im Grundsatz auch in der Handelsperiode 2021 bis 2030 beibehalten, jedoch wurden mit der Richtlinie 2018/410/EU die Kriterien für die Abwanderungsbedrohung strenger gefasst, so dass die Anzahl der als abwanderungsbedroht geltenden Sektoren und Teilsektoren auf etwa 60 für die vierte Handelsperiode gesunken ist.

Im Hinblick auf die zusätzlichen Möglichkeiten für Unternehmen, neben dem Handel untereinander, Emissionsgutschriften durch den Einsatz „Flexibler Mechanismen" des Kyoto-Protokolls aus Projekten mit Entwicklungsländern im „Clean Development Mechanism" (CDM) sowie Projekten mit anderen Industrieländern durch „Joint Implementation" (JI) zu erwerben, ergeben sich seit Beginn der dritten Handelsperiode erhebliche Änderungen. Zuvor schaffte das Projekt-Mechanismen-Gesetz (ProMechG) **(Nr. 56)** vom 22. September 2005, zuletzt geändert durch Gesetz vom 29. März 2017, die erforderlichen nationalen Grundlagen zur Erzeugung von Gutschriften für Emissionsminderungen, die durch Projekte im Rahmen von JI und CDM erzielt wurden. Betreiber einer dem Emissionshandel unterliegenden Anlage konnten ihre Verpflichtung zur Abgabe von Berechtigungen teilweise auch durch Abgabe von Emissionsgutschriften aus derartigen Projekten erfüllen. Damit wurden die Vorgaben der europäischen Richtlinie 2004/101/EG umgesetzt, die die Verknüpfung der projektbasierten Mechanismen des Kyoto-Protokolls mit dem Emissionshandel vorsieht. Seit 2013 können Gutschriften aus den genannten Klimaschutzprojekten, sog. Zertifizierte Emissionsreduktionen (CERs) und Emissionsreduktionseinheiten (ERUs) aber nicht mehr zur Erfüllung der jährlichen Abgabepflicht eingesetzt werden. Es besteht lediglich die Möglichkeit eines eingeschränkten Umtauschs in EU-Emissionsberechtigungen bei der DEHSt.

Schließlich nimmt seit 2012 der Flugverkehr am europäischen Emissionshandel teil. Die Einbeziehung von Flügen von und nach Ländern außerhalb der europäischen Union ist allerdings auf heftigen Widerstand von Drittstaaten und außereuropäischen Fluggesellschaften und Verbänden gestoßen. Durch den Beschluss Nr. 377/2013/EU des Europäischen Parlaments und des Rates vom 24. April 2013 wurden deshalb vorläufig bis einschließlich 2016 die Pflichten für diese Flüge zum Teil vom Vollzug ausgesetzt, um zunächst eine Einigung auf internationaler Ebene zu ermöglichen. Die internationale Zivilluftfahrtorganisation hat hierzu am 6. Oktober 2016 einen entsprechenden Beschluss über einen eigenen Emissionsminderungsmechanismus gefasst. Die Freistellung der Flüge mit Drittstaatenbezug vom europäischen Emissionshandel wurde im Nachgang zunächst bis 2020 und dann bis Ende 2023 verlängert. Seit 2013 sind weitere Branchen und Treibhausgase in das Handelssystem einbezogen. Am 25. Juli 2009 war aufgrund der Verordnungsermächtigung des § 27 Abs. 2 TEHG die Verordnung über die Erhebung von Daten zur Einbeziehung des Luftverkehrs sowie weiterer Tätigkeiten in den Emissionshandel (Datenerhebungsverordnung 2020 – DEV 2020) **(Nr. 58)** vom 22. Juli 2009 in Kraft getreten, zuletzt geändert durch Verordnung vom 31. August 2015. Die DEV 2020 setzt die Berichtspflichten um, die sich für Luftfahrzeugbetreiber aus den Art. 14, 15, 3d Abs. 3 und Art. 3e Abs. 1 EmissH-RL sowie für die Betreiber von Anlagen, die ab 2013 neu in den Emissionshandel einbezogen werden, aus Art. 9a Abs. 2 EmissH-RL ergeben. Die Verordnung über die Versteigerung von Emissionsberechtigungen nach dem Zuteilungsgesetz 2012 (Emissionshandels-Versteigerungsverordnung 2012 – EHVV 2012), die am 23. Juli 2009 in Kraft getreten ist (zuletzt geändert durch Verordnung vom 31. August 2015), legte die zuständige Stelle sowie die Regeln für die Durchführung des Versteigerungsverfahrens von Emissionsberechtigungen fest. Die Regelungen für die Versteigerung von Emissionsberechtigungen sind seit Beginn der dritten Handelsperiode durch die europäische Verordnung (EU) Nr. 1031/2010 vom 12. November 2010, zuletzt geändert durch die delegierte Verordnung (EU) 2019/7 vom 30. Oktober 2018, harmonisiert worden. Die Art. 31 ff. der EU-Verordnung eröffnen den Mitgliedstaaten aber die Möglichkeit, anstelle eines europaweit einheitlichen Systems eigene Plattformen mit der Auktionierung der Zertifikate zu beauftragen. Von dieser Möglichkeit macht die Bundesrepublik Deutschland Gebrauch. Die ordnungsgemäße Abwicklung wird durch eine europaweit einheitliche Auktionsaufsicht sichergestellt. Die Erlöse aus der Versteigerung fließen, soweit sie nicht zur Finanzierung der Deutschen Emissionshandelsstelle (DEHSt) benötigt werden, in das Sondervermögen zur Finanzierung einer nachhaltigen Energie- und Klimapolitik, das mit dem Gesetz zur Errichtung eines Sondervermögens „Energie- und Klimafonds" (EKFG) vom 8. Dezember 2010 eingerichtet wurde. Mit dem Sondervermögen sollen Maßnahmen in den Bereichen Forschung in Erneuerbaren Energien, Entwicklung von Energiespeicher- und Netztechnologien, Energieeffizienz, energetische Gebäudesanierung sowie Förderung des nationalen und internationalen Klima- und Umweltschutzes finanziert werden.

Hinsichtlich der Führung von Emissionshandelskonten für die Verwaltung, Verbuchung und Übertragung von Emissionsberechtigungen ergaben sich ab der dritten Handelsperiode zudem weitere Neuerungen: Die Doppelstruktur aus nationalen Emissionshandelsregistern und gemeinschaftsweitem Register mit Transaktionsprotokoll (CITL = Community Independent Transaction Log) ist gem. Art. 4 der Verordnung (EU) Nr. 389/2013 der Kommission vom 2. Mai 2013 (EU-Registerverordnung) durch ein einheitliches europaweites Register mit Transaktionsprotokoll (EUTL – European Transaction Log) abgelöst worden. Diese Verordnung wird wiederum in der vierten Handelsperiode durch eine neue Registerverordnung, der delegierten Verordnung (EU) 2019/1122 vom 12. März 2019, zuletzt geändert durch die delegierte Verordnung (EU) 2019/1124 vom 13. März 2019, ersetzt.

Des Weiteren sind im Kohlendioxid-Speicherungsgesetz (KSpG) vom 17. August 2012, zuletzt geändert durch Gesetz vom 13. Mai 2019, die Voraussetzungen geregelt, unter denen das Verpressen und dauerhafte Speichern von CO_2 in unterirdischen Gesteinsschichten erprobt werden darf (sog. Carbon Capture and Storage – CCS). Den Ländern wird darin die Möglichkeit eingeräumt, Gebiete zu bestimmen, in denen entsprechende Projekte unzulässig sind. Auf europäischer Ebene hat sich unterdessen kein Unternehmen mehr um die von der Europäischen Kommission für CCS-Demonstrationsprojekte bereitgestellten Fördermittel beworben. Es wird deshalb bis auf Weiteres nicht mit einer Umsetzung größerer CCS-Projekte gerechnet. Die Verordnung zur Durchführung des Treibhausgas-Emissionshandelsgesetzes in der Handelsperiode 2013–2020 (Emissionshandelsverordnung 2020 – EHV 2020) **(Nr. 59)** vom 20. August 2013, zuletzt geändert durch Gesetz vom 26. Juni 2018, trifft schließlich ergänzende Bestimmungen auf Grundlage der Ermächtigung in § 28 TEHG. Diese betreffen besondere Anforderungen im Zusammenhang mit der Emissionsberichterstattung, dem Umtausch von Emissionsgutschriften und die Zertifizierung von Prüfstellen. Für die vierte Handelsperiode wurde die Emissionshandelsverordnung 2030 (EHV 2030) **(Nr. 60)** vom 29. April 2019 beschlossen, die u. a. zusätzliche Detailregelungen zur Emissionsberichterstattung, zur Versteigerung, zur Datenerhebung bei der Beantragung kostenloser Emissionsberechtigungen, zu den Anforderungen an Prüfstellen sowie die Voraussetzungen für Erleichterungen für Kleinemittenten enthält.

9. Energieeinsparung

Die am 25. Oktober 2012 erlassene Richtlinie 2012/27/EU über Energieeffizienz, zur Änderung der Richtlinien 2009/125/EG und 2010/30/EU und zur Aufhebung der Richtlinien 2004/8/EG und 2006/32/EG (EEffizRL 2012) ist am 4. Dezember 2012 in Kraft getreten. Sie dient dem europäischen Ziel, den Primärenergieverbrauch der Mitgliedstaaten bis zum Jahr 2020 um 20% und bis zum Jahr 2050 um 50% gegenüber den Projektionen von 2007 zu reduzieren. Zu diesem Zweck schafft die Richtlinie nunmehr einen gemeinsamen Rahmen für Effizienzmaßnahmen sowohl für den Primärenergieverbrauch als auch teilweise für den Endenergieverbrauch und löst die bisherige Richtlinie 2004/8/EG zur Kraft-Wärme-Kopplung und die Richtlinie 2006/32/EG über Endenergieeffizienz und Energiedienstleistungen ab. Mit der Richtlinie 2018/2002/EU vom 11. Dezember 2018 sind erhebliche Änderungen in Kraft getreten.

Zentrale Maßnahmen sind dabei die Festlegung indikativer, nicht verbindlicher nationaler Energieeffizienzziele durch die Mitgliedstaaten sowie die Einführung von Maßnahmen zur gesteigerten Effizienz bei der Primär- und Endenergienutzung. Neben den Anforderungen zur Förderung hocheffizienter KWK (Art. 14 EEffizRL 2012) sieht die Richtlinie im Bereich der Primärenergieeinsparung noch Maßnahmen zur Steigerung der Energieeffizienz in Übertragungs- und Verteilungsnetzen der Strom- und Gasversorgung vor (Art. 15 EEffizRL 2012). Zur Endenergieeinsparung stellt die Richtlinie Anforderungen an den öffentlichen Sektor: Dieser ist grundsätzlich zum einen zur Beschaffung hocheffizienter Produkte, Dienstleistungen und Gebäuden und zum anderen zur Renovierung eines 3%igen Anteils des öffentlichen Gebäudebestands pro Jahr zu verpflichten (Art. 5 EEffizRL 2012). Darüber hinaus soll die Effizienz des Endenergieverbrauchs auch in den privaten Haushalten und Unternehmen gefördert werden. So sollen die Mitgliedstaaten Energieeffizienzverpflichtungssysteme einführen (Art. 7 EEffizRL 2012), die Verfügbarkeit von Energieaudits und Energiemanagementsysteme fördern und sicherstellen, dass die Endkunden mit Zählern und Informationen zum eigenen Verbrauch sowie zu möglichen Energieeffizienzmaßnahmen versorgt werden. Die Umsetzung der Richtlinie in nationales Recht ist mittelweile fast abgeschlossen. So wurde bspw. in Umsetzung von Art. 14 EEffizRL 2012 die KWK-Kosten-Nutzen-Vergleich-Verordnung (KNV-V) vom 28. April 2015, zuletzt geändert durch Gesetz vom 21. Dezember 2015, erlassen.

Der Gesetzgeber hat eine Reihe weiterer staatlicher Programme zur Energieeinsparung etabliert, die einen wichtigen Baustein der Klimaschutzpolitik darstellen. Zur staatlichen Förderung des Energiesparens stehen verschiedene Instrumente zur Auswahl. Mit der Umsetzung des Klimaschutzplans 2030 werden viele der Programme und Richtlinien aktuell neu strukturiert oder ins Leben gerufen.

Das Energiedienstleistungsgesetz (EDL-G) **(Nr. 62)** vom 4. November 2010, zuletzt geändert mit Gesetz vom 17. Februar 2016, knüpft an die Energienutzung durch den Endkunden an, um die Potenziale der Energieeinsparung zu nutzen. Ziel ist es u. a., dass Energieunternehmen ihre Kunden mindestens einmal jährlich über die Anbieter von Energiedienstleistungen, Energieaudits (Verfahren zur Bestimmung des Energieverbrauchs, des Einsparpotenzials und geeigneter Einsparmaßnahmen) oder Energieeffizienzmaßnahmen zu informieren haben. Außerdem besteht in § 8 Abs. 1 EDL-G die Verpflichtung zur Durchführung von Energieaudits. Diese musste zum ersten Mal bis zum 5. Dezember 2015 erfüllt werden; Energieaudits müssen seitdem wenigstens alle vier Jahre erfolgen. 2019 stand für die meisten Unternehmen das Wiederholungsaudit an. Der Gesetzgeber hat das EDL-G Ende Juni 2019 hinsichtlich der Energieauditpflicht angepasst (neue Freistellung und Meldepflichten). Die entsprechenden Regelungen waren zum Zeitpunkt der vorliegenden Bearbeitung noch nicht im Bundesgesetzblatt verkündet. Es ist davon auszugehen, dass die Verkündung bis zum Erscheinen dieses Buches erfolgt.

Das Energieeinsparungsgesetz (EnEG) wurde am 22. Juli 1976, zuletzt geändert durch Gesetz vom 4. Juli 2013, als Reaktion auf die Energiekrise der 1970er Jahre erlassen und bildet die Grundlage für die Wärmeschutz-, Heizungsanlagen- und Heizkostenverordnung. In den Jahren 2005 und 2009 wurde das Gesetz novelliert und ist im Jahr 2013 überarbeitet worden. Das EnEG stellt Anforderungen an den Wärmeschutz, die heizungs- und raumlufttechnische Anlagen sowie an den Betrieb heizungs- und raumlufttechnischer Anlagen. Das EnEG schreibt vor, dass nur Investitionen verlangt werden dürfen, die sich durch eingesparte Energiekosten amortisieren.

Die Bundesregierung hat am 16. November 2001 eine entsprechende Rechtsverordnung, die Energieeinsparverordnung (EnEV) **(Nr. 63)**, erlassen, die erstmalig am 1. Februar 2002 in Kraft getreten ist; diese wurde 2007 und 2009 novelliert (zuletzt geändert durch Verordnung vom 24. Oktober 2015) und wurde zusammen mit dem EnEG neu überarbeitet. Die EnEV ersetzte damit die Wärmeschutzverordnung (WärmeschutzV) und die Heizungsanlagenverordnung (HeizAnLV), d.h. zum ersten Mal wurden die Anforderungen für den Energieverbrauch eines Gebäudes in einem Regelwerk zusammengefasst. Die Verordnung stellt deshalb einen Beitrag zur Rechtsvereinfachung in Deutschland dar. Gebäude werden in ihrer Gesamtheit energetisch bewertet, neue bauliche Anforderungen und Nachweise sind gefragt. Auf diese Weise sollen intelligentere Lösungen zur Reduzierung des Energiebedarfs von Gebäuden möglich werden. Der Spielraum der EnEV wird durch die Verordnungsermächtigung, das EnEG, begrenzt. Von Bedeutung ist vor allem die Grenze der wirtschaftlichen Vertretbarkeit der in der Verordnung zu stellenden Anforderungen, die gem. § 5 EnEG nur dann gegeben ist, wenn die erforderlichen Aufwendungen innerhalb der üblichen Nutzungsdauer durch eintretende Einsparungen erwirtschaftet werden können.

Die Bundesregierung plant eine Zusammenführung des Energieeinspargesetzes mit der Energieeinsparverordnung und dem Erneuerbare-Energien-Wärmegesetz (Gesetz zur Zusammenführung von Energieeinspargesetz und -verordnung (EnEG/EnEV) mit dem Erneuerbare-Energien-Wärmegesetz (EEWärmeG)).

Das Energieverbrauchskennzeichnungsgesetz (EnVKG) vom 10. Mai 2012, zuletzt geändert durch Gesetz vom 10. Dezember 2015, welches das bisherige Gesetz vom 1. Juli 1997 (BGBl. I S. 1632) ersetzt, dient ebenfalls der Minderung von CO_2-Emissionen und ist gleichzeitig ein weiterer Baustein, den internationalen Verpflichtungen der Europäischen Union und ihrer Mitgliedstaaten zum Klimaschutz nachzukommen. Die Neufassung des EnVKG war erforderlich, weil die bisherigen Regelungen zur Umsetzung zweier bereits ergangener europäischer Richtlinien und mehrerer in naher Zukunft zu erwartender Rechtsakte der Gemeinschaft in nationales Recht nicht ausreichend waren.

Ferner regelt das Gesetz über die umweltgerechte Gestaltung energieverbrauchsrelevanter Produkte (Energieverbrauchsrelevante-Produkte-Gesetz – EVPG) vom 27. Februar 2008, zuletzt geändert durch Verordnung vom 31. August 2015, das Inverkehrbringen, die Inbetriebnahme und das Ausstellen energieverbrauchsrelevanter Produkte sowie von Bauteilen und Baugruppen, die zum Einbau in energieverbrauchsrelevanten Produkten bestimmt sind.

10. Elektromobilität

Am 12. Juni 2015 ist das Gesetz zur Bevorrechtigung der Verwendung elektrisch betriebener Fahrzeuge (Elektromobilitätsgesetz – EmoG) **(Nr. 53)** vom 5. Juni 2015 in Kraft getreten. Als Bestandteil des Regierungsprogramms „Elektromobilität" soll das EmoG zur Umsetzung der Verkehrswende beitragen und zugleich die steuerrechtlichen Anreizmechanismen für Elektromobilität flankieren. Das EmoG schafft die Grundlage für Kommunen, elektrisch betriebenen Fahrzeugen im öffentlichen Verkehr Sonderrechte (z. B. Park-, Halte- und Zufahrtsprivilegierungen) einzuräumen und damit die Verbreitung elektrisch betriebener Fahrzeuge in ihren Verkehrsräumen gezielt durch verkehrsrechtliche Sonderrechte zu steuern und zu fördern. Die Privilegierung dieser Fahrzeuge soll dem Klimaschutz, der Luftreinhaltung und der Minderung der Lärmimmissionen sowie der Verminderung der Abhängigkeit von fossilen Treibstoffen dienen. Das EmoG verfolgt insoweit keine ordnungsrechtlichen Ziele. In § 2 Nr. 1 definiert das EmoG den Begriff des elektrisch betriebenen Fahrzeugs. Danach sind elektrisch betriebene Fahrzeuge reine Batterieelektrofahrzeuge, von außen aufladbare (Plug-In)-Hybridelektrofahrzeuge oder Brennstoffzellenfahrzeuge. Im Unterschied zu den reinen Batterie- und Brennstoffzellenfahrzeugen macht das EmoG die Bevorrechtigung von elektrischen Fahrzeugen, die über einen zusätzlichen Verbrennungsmotor verfügen (Hybridfahrzeuge), von der Einhaltung spezifischer Umweltanforderungen in Form von Kohlendioxidgrenzwerten und elektrischen Mindestreichweiten abhängig. Diese sehen gem. § 3 Abs. 2 EmoG einen maximalen Ausstoß von 50 g CO_2 pro gefahrenen Kilometer (§ 3 Abs. 2 Nr. 1 EmoG) oder eine rein elektrische Mindestreichweite von 40 km (§ 3 Abs. 2 Nr. 2 EmoG) vor. Daneben determiniert § 3 Abs. 4 EmoG den wesentlichen Umfang der Bevorrechtigungen, die bei der Verwendung elektrisch betriebener Fahrzeuge eingeräumt werden können. Hiernach können insbesondere privilegierte Park- und Halteregelungen (§ 3 Abs. 4 Nr. 1, Nr. 4 EmoG), die Nutzung von Busspuren (§ 3 Abs. 4 Nr. 2 EmoG) oder die Aufhebungen von Zufahrtsverboten (§ 3 Abs. 4 Nr. 3 EmoG) festgelegt werden. Von den verkehrsrechtlichen Sonderregelungen profitieren nach § 4 Abs. 1 EmoG nur diejenigen Fahrzeuge, die über ein entsprechendes „Kennzeichen für elektrisch betriebene Fahrzeuge" nach § 9a FZV verfügen. Die zu erwartende Marktdurchdringung elektrisch betriebener Fahrzeuge wird mittelfristig die Aufrechterhaltung gesonderter Bevorrechtigungen im Straßenverkehr weitgehend entbehrlich machen. Entsprechend sieht § 8 Abs. 2 EmoG vor, dass das Gesetz mit Ablauf des 31. Dezember 2026 außer Kraft tritt.

Mit der Ladesäulenverordnung (LSV) **(Nr. 54)** vom 9. März 2016, zuletzt geändert durch Verordnung vom 1. Juni 2017, soll der Ausbau der Ladeinfrastruktur in Deutschland beschleunigt werden. Sie setzt die Anforderungen an

Ladeinfrastruktur aus der Richtlinie 2014/94/EU über den Aufbau der Infrastruktur für alternative Kraftstoffe vom 22. Oktober 2014 in nationales Recht um. Die LSV regelt die technischen Mindestanforderungen an den sicheren und interoperablen Betrieb von öffentlich zugänglichen Ladepunkten für Elektromobile. Mit der Änderungsverordnung vom 1. Juni 2017 wurden die Anforderungen aus Art. 4 Abs. 9 der Richtlinie 2014/94/EU umgesetzt, wonach an öffentlich zugänglichen Ladepunkten das punktuelle Aufladen von Elektromobilen möglich sein muss, ohne dass ein auf Dauer angelegter Vertrag geschlossen werden muss. Nach § 4 LSV können Betreiber das Laden ohne Authentifizierung und ohne Gegenleistung oder gegen Barzahlung anbieten. Alternativ können Betreiber eine Zahlung mittels eines gängigen kartenbasierten Zahlungssystems bzw. Zahlungsverfahrens in unmittelbarer Nähe zum Ladepunkt oder mittels eines gängigen webbasierten Systems ermöglichen. Von den Anforderungen der LSV ausgenommen sind nach § 7 LSV Ladepunkte mit einer Ladeleistung von höchstens 3,7 kW.

Mit der Verordnung zur Berechnung der Offshore-Netzumlage und zu Anpassungen im Regulierungsrecht vom 14. März 2019 wurde in § 19 Abs. 2 Niederspannungsanschlussverordnung (NAV) **(Nr. 32)** eine Mitteilungspflicht für Ladeeinrichtungen in Niederspannung aufgenommen. Danach sind dem Netzbetreiber alle Ladeeinrichtungen vor ihrer Inbetriebnahme zu melden. Soweit Ladeeinrichtungen für Elektrofahrzeuge mit Summenbemessungsleistungen von über 12 kVA je elektrischer Anlage angeschlossen werden sollen, bedarf es darüber hinaus einer vorherigen Zustimmung des Netzbetreibers. Sind keine hinreichenden Netzkapazitäten vorhanden oder liegen andere Hinderungsgründe vor, darf der Netzbetreiber die Zustimmung zwar (zunächst) verweigern. Er muss aber gleichzeitig mögliche Abhilfemaßnahmen darlegen, etwa einen Netzausbau oder eine Steuerung der Ladeeinrichtungen.

Chronologie der Entwicklung der deutschen Energiewirtschaft

1844	Erste elektrische Kraftanlage in Birmingham
1879	Erfindung der Glühbirne (Edison)
1882	Erstes öffentliches amerikanisches Elektrokraftwerk
1885/86	Edison-Gesellschaft erhält Konzession für Bau und Betrieb eines Elektrizitätswerks in Berlin
1885–1889	Gründung erster staatlicher und privater EVU
1898	Rheinisch-Westfälische-Elektrizitätswerke AG (RWE)
1898	Vereinigung der Elektrizitätswerke (VdEW) bestehend aus 16 EVU
1900	Gesetz betreffend die Bestrafung der Entziehung elektrischer Energie v. 9.4.1900
1900	Deutschland: 652 EVU existieren
1919	Gesetz betreffend „Sozialisierung der Elektrizitätswirtschaft" v. 31.12.1919
1921	Gründung der Bayernwerk AG am 5.4.1921
1922	Verordnung über die schiedsgerichtliche Erhöhung von Preisen bei Lieferung von elektrischer Arbeit, Gas und Leitungswasser i. d. F. v. 16.6.1922
1924	Gründung der Aktiengesellschaft Sächsische Werke
1927	Gründung der Preußischen Elektrizitäts AG (PreußenElektra) durch Gesetz v. 24.10.1927
1928	AG zur Förderung der deutschen Elektrizitätswirtschaft
1929	Gründung der Interessengemeinschaft kommunaler Elektrizitätswerke (IKE)
1934	Verordnung über Mitteilungspflicht in der Energiewirtschaft v. 30.7.1934
1935	Deutsche Gemeindeordnung (DGO) v. 30.1.1935
1935	Gesetz zur Förderung der Energiewirtschaft (EnWG) v. 13.12.1935
1947	Gründung der Vereinigung Industrieller Kraftwirtschaft (VIK)
1949	Gründung der Deutschen Verbundgesellschaft (DVG) Gründung des Verbandes kommunaler Unternehmen (VkU)
1950	Gründung der Vereinigung deutscher Elektrizitätswerke (VDEW) als Nachfolgerin der VdEW
1950/1951	Sozialisierung des traditionell kommunalen Strom- und Gasvermögens in der DDR
1957	Gesetz gegen Wettbewerbsbeschränkungen (GWB) v. 27.7. 1957
1959	Bundestarifordnung Gas (BTOGas) v. 10.2.1959 (aufgehoben 1998)
1960	Atomgesetz (AtG) v. 23.12.1959
1971	Bundestarifordnung Elektrizität (BTOElt) v. 26.11.1971 (aufgehoben 2005)
1975	Energiesicherungsgesetz (EnSG) v. 20.12.1974

1976	Energieeinsparungsgesetz (EnEG) v. 22.7.1976
1979	Verordnungen über die Allgemeinen Bedingungen für die Elektrizitätsversorgung von Tarifkunden (AVBEltV) sowie für die Gasversorgung von Tarifkunden (AVBGasV) v. 21.6.1979 (beide aufgehoben 2006)
1990	4. GWB-Novelle (Einführung des besonderen Energiekartellrechts und 20-Jahreslaufzeitregelung) v. 29.4.1980
	Verordnung über Allgemeine Bedingungen für die Versorgung mit Fernwärme (AVBFernwärmeV) v. 20.6.1980
1990	5. GWB-Novelle (u. a. Fristenüberlappung) v. 20.2.1990
	EU-Transitrichtlinie 90/547/EWG v. 29.10.1990 (aufgehoben 2004)
	EU-Preistransparenzrichtlinie 90/377/EWG v. 29.6.1990
	Abschluss des sog. Stromvertrages am 22.8.1990 (Kapitalmehrheit an den Regionalversorgern in der DDR wird den Verbundunternehmen übertragen)
1990	Stromeinspeisungsgesetz (StrEG) v. 7.12.1990 (2000 ersetzt durch EEG 2000)
1991	Mineralölsteuergesetz (MinöStG) v. 21.12.1992 (aufgehoben 2006, neu geregelt 2006 durch EnergieStG)
	Konzessionsabgabenverordnung (KAV) v. 9.1.1992
	Klage gegen den Stromvertrag und sog. Verständigungslösung vor dem BVerfG v. 22.12.1992
1997	EU-Elektrizitätsbinnenmarktrichtlinie (EltRL 1996) 96/92/EG v. 19.12.1996 (2003 ersetzt durch EltRL 2003)
1998	Gesetz zur Neuregelung des Energiewirtschaftsrechts (EnergieNeuRG) v. 24.4.1998
	– Gesetz über die Elektrizitäts- und Gasversorgung (EnWG 1998)
	– Neuregelung des StrEG
	– Änderungen des GWB
	Verbändevereinbarung Strom I v. 22.5.1998
	EU-Gasbinnenmarktrichtlinie (GasRL 1998) 98/30/EG v. 22.6.1998 (2003 ersetzt durch GasRL 2003)
1999	6. GWB-Novelle v. 26.8.1998
	Gesetz zum Einstieg in die ökologische Steuerreform („Ökosteuergesetz" – ÖkoStG) v. 24.3.1999
	– Einführung Stromsteuergesetz (StromStG) v. 24.3.1999
	– Änderung MinöStG
	EU-Gruppenfreistellungsverordnung vertikale Verträge (Vertikal-GVO) Nr. 2790/1999 v. 22.12.1999
	Verbändevereinbarung Strom II v. 13.12.1999
2000	Gesetz für den Vorrang Erneuerbarer Energien (EEG 2000) v. 29.3.2000 (2004 ersetzt durch EEG 2004)
	Gesetz zum Schutz der Stromerzeugung aus Kraft-Wärme-Kopplung (KWKG 2000) v. 12.5.2000 (2002 ersetzt durch KWKG 2002)
	Verbändevereinbarung Gas v. 4.7.2000
2001	Biomasseverordnung (BiomasseV) v. 21.6.2001
	Verbändevereinbarung Gas, 1. Nachtrag v. 15.3.2001
	Verbändevereinbarung Gas, 2. Nachtrag v. 21.9.2001

EU-Erneuerbare-Energien-Richtlinie (EE-RL 2001) 2001/77/EG (2009 ersetzt durch EE-RL 2009)
2002 Verbändevereinbarung Strom II Plus v. 13.12.2001
Energieverbrauchskennzeichnungsgesetz (EnVKG) v. 30.1.2002
Gesetz für die Erhaltung, die Modernisierung und den Ausbau der Kraft-Wärme-Kopplung (KWKG 2002) v. 19.3.2002
Verbändevereinbarung Gas II v. 3.5.2002
Gesetz zur Änderung des Mineralölsteuergesetzes und anderer Gesetze v. 23.7.2002
– Änderungen u. a.: MinöStG, KWG, WpHG, EEG
Gesetz zur Fortentwicklung der ökologischen Steuerreform v. 23.12.2002
– Änderungen MinöStG, StromStG, StromStV
2003 Erstes Gesetz zur Änderung des Gesetzes zur Neuregelung des Energiewirtschaftsrechts (EnWG 2003) v. 20.5.2003
EU-Elektrizitätsbinnenmarktrichtlinie (EltRL 2003) 2003/54/EG v. 26.6.2003 (2009 ersetzt durch EltRL 2009)
EU-Gasbinnenmarktrichtlinie (GasRL 2003) 2003/55/EG v. 26.6.2003 (2009 ersetzt durch GasRL 2009)
EU-Stromhandelszugangsverordnung (StromhandelZVO 2003) Nr. 1228/2003 v. 26.6.2003 (2009 ersetzt durch StromhandelZVO 2009)
EU-Emissionshandelsrichtlinie (EmissH-RL) 2003/87/EG v. 13.10.2003
EU-Energiesteuerrichtlinie (EnergieStRL) 2003/96/EG v. 27.10.2003)
2004 Gesetz zur Neuregelung des Rechts der Erneuerbaren Energien im Strombereich (EEG 2004) v. 21.7.2004 (2009 ersetzt durch EEG 2009)
Treibhausgas-Emissionshandelsgesetz (TEHG) v. 8.7.2004 (Neufassung 2011)
Zuteilungsgesetz 2007 (ZuG 2007) v. 26.8.2004 (2007 ersetzt durch ZuG 2012)
Zuteilungsverordnung 2007 (ZuV 2007) v. 31.8.2004 (2007 ersetzt durch ZuV 2012)
Emissionshandelskostenverordnung 2007 (EHKostV 2007) v. 31.8.2004
2005 Zweites Gesetz zur Neuregelung des Energiewirtschaftsrechts (EnWG 2005) v. 7.7.2005
Bundesnetzagenturgesetz (BNetzAG) v. 7.7.2005
7. GWB-Novelle v. 7.7.2005
Verordnung über den Zugang zu den Elektrizitätsversorgungsnetzen (StromNZV) v. 25.7.2005
Verordnung über die Entgelte für den Zugang zu den Elektrizitätsversorgungsnetzen (StromNEV) v. 25.7.2005
Verordnung über den Zugang zu den Gasversorgungsnetzen (GasNZV) v. 25.7.2005 (Neufassung 2010)
Verordnung über die Entgelte für den Zugang zu den Gasversorgungsnetzen (GasNEV) v. 25.7.2005
Projekt-Mechanismen-Gesetz (ProMechG) v. 22.9.2005

EU-Erdgaszugangsverordnung (ErdgasZVO 2005) Nr. 1775/2005 v. 28.9.2005 (ersetzt durch ErdgasZVO 2009)
2006 EU-Infrastrukturrichtlinie (InfraRL) 2005/89/EG v. 18.1.2006
Energiewirtschaftskostenverordnung (EnWGKostV) v. 14.3.2006
EU-Energieeffizienzrichtlinie (EEffizRL) 2006/32/EG v. 5.4.2006 (ersetzt durch EEffizRL 2012)
Energiesteuergesetz (EnergieStG) v. 15.7.2006
Stromgrundversorgungsverordnung (StromGVV) v. 26.10.2006
Gasgrundversorgungsverordnung (GasGVV) v. 26.10.2006
Niederspannungsanschlussverordnung (NAV) v. 1.11.2006
Niederdruckanschlussverordnung (NDAV) v. 1.11.2006
2007 Kraftwerks-Netzanschlussverordnung (KraftNAV) v. 26.6.2007
Energieeinsparverordnung (EnEV) v. 24.7.2007
Zuteilungsgesetz 2012 (ZuG 2012) v. 7.8.2007
Zuteilungsverordnung 2012 (ZuV 2012) v. 13.8.2007
Anreizregulierungsverordnung (ARegV) v. 29.10.2007
2008 Energieverbrauchsrelevante-Produkte-Gesetz (EVPG) v. 27.2.2008
Erneuerbare-Energien-Wärmegesetz (EEWärmeG) v. 7.8.2008
Messzugangsverordnung (MessZV) v. 17.10.2008
Erneuerbare-Energien-Gesetz (EEG 2009) v. 25.10.2008
Gesetz zur Förderung der Kraft-Wärme-Kopplung (KWKG 2009) v. 25.10.2008
2009 EU-Erneuerbare-Energien-Richtlinie (EERL 2009) 2009/28/EG v. 23.4.2009(2018 ersetzt durch EERL 2018)
Systemdienstleistungsverordnung (SDLWindV) v. 3.7.2009
EU-Elektrizitätsbinnenmarktrichtlinie (EltRL 2009) 2009/72/EG v. 13.7.2009 (2019 ersetzt durch EltRL 2019)
EU-Gasbinnenmarktrichtlinie (GasRL 2009) 2009/73/EG v. 13.7.2009
EU-Verordnung zur Gründung einer ACER (ACERVO) Nr. 713/2009 v. 13.7.2009 (2019 ersetzt durch ACERVO 2019)
EU-Stromhandelszugangsverordnung (StromhandelZVO 2009) Nr. 714/2009 v. 13.7.2009 (2019 ersetzt durch StromhandelZVO 2019)
EU-Erdgaszugangsverordnung (ErdgasZVO 2009) Nr. 715/2009 v. 13.7.2009
Ausgleichsmechanismus-Verordnung (AusglMechV) v. 17.7.2009
Emissionshandels-Versteigerungsverordnung (EHVV 2012) v. 17.7.2009
Datenerhebungsverordnung (DEV 2020) v. 22.7.2009
Biomassestrom-Nachhaltigkeitsverordnung (BioSt-NachV) v. 23.7.2009
Energieleitungsausbaugesetz (EnLAG) v. 21.8.2009
2010 Ausgleichsmechanismus-Ausführungsverordnung (AusglMechAV) v. 22.2.2010
EU-Gruppenfreistellungsverordnung vertikale Verträge (Vertikal-GVO 2010) Nr. 330/2010 v. 20.4.2010
Energiedienstleistungsgesetz (EDL-G) v. 4.11.2010
Gesetz zur Errichtung eines Sondervermögens „Energie- und Klimafonds" (EKFG) v. 8.12.2010

2011 Gashochdruckleitungsverordnung (GasHDrLtgV) v. 18.5.2011
Treibhausgas-Emissionshandelsgesetz (TEHG 2011) v. 21.7.2011
Gesetz zur Neuregelung energiewirtschaftlicher Vorschriften v. 26.7.2011
– Änderung EnWG (EnWG 2011)
– Änderungen BNetzAG, GWB, KWKG, WpHG, StromNEV
Gesetz zur Neuregelung des Rechtsrahmens für die Förderung der Stromerzeugung aus erneuerbaren Energien v. 28.7.2011
– Änderung EEG (EEG 2012)
– Änderungen AusglMechV, AusglMechAV, SDLWindV, BiomasseV, BioSt-NachV, EEWärmeG, EnWG, StromNEV, StromNZV, KWKG
Gesetz über Maßnahmen zur Beschleunigung des Netzausbaus Elektrizitätsnetze v. 28.7.2011
– Erstverkündung Netzausbaubeschleunigungsgesetz Übertragungsnetz (NABEG)
– Änderungen u.a. EnWG, StromNEV, ARegV
Verordnung zur Änderung der Energiesteuer- und der Stromsteuer-Durchführungsverordnung v. 20.9.2011
– Änderungen EnergieStV, StromStV
Herkunftsnachweisverordnung (HkNV) v. 28.11.2011
Gesetz zur Novellierung des Finanzanlagenvermittler- und Vermögensanlagenrechts v. 6.12.2011
– Änderung u.a. TEHG und KWG
Zweites Gesetz zur Neuregelung energiewirtschaftlicher Vorschriften v. 22.12.2011
– Änderungen EnWG, ARegV

2012 Neufassung des Erdölbevorratungsgesetzes, zur Änderung Mineralöldatengesetzes und zur Änderung des Energiewirtschaftsgesetzes v. 16.1.2012
– Neufassung ErdölBevG
– Änderungen MinÖlDatG, EnWG
Gesetz zur Neuordnung des Kreislaufwirtschafts- und Abfallrechts v. 24.2.2012
– Erstverkündung KrWG
– Änderungen u.a. BImSchG, EnergieStV, AtG, WHG, BiomasseV, 4. BImSchV, UVPG
– Aufhebung KrW-/AbfG
Verordnung zur Änderung der Anreizregulierungsverordnung v. 14.3.2012
Verordnung zur Änderung von Verordnungen auf dem Gebiet des Energiewirtschaftsrechts v. 30.4.2012
– Änderungen StromGVV, GasGVV, StromNZV, GasNZV, MessZV
Gesetz zur Änderung des Kraft-Wärme-Kopplungsgesetzes v. 12.7.2012
Verordnung zum Erlass der Systemstabilitätsverordnung und zur Änderung der Anreizregulierungsverordnung v. 20.7.2012
– Erstverkündung SysStabV
– Änderung ARegV

Gesetz zur Änderung des Rechtsrahmens für Strom aus solarer Strahlungsenergie und zu weiteren Änderungen im Recht der erneuerbaren Energien v. 17.8.2012
– Änderungen EEG, AusglMechV, AusglMechAV
Kohlendioxid-Speicherungsgesetz (KSpG) v. 17.8.2012
Herkunftsnachweis-Durchführungsverordnung (HkNDV) v. 15.10.2012
EU-Energieeffizienzrichtlinie (EEffizRL 2012) 2012/27/EU v. 25.10.2012 (2018 ersetzt durch EEffizRL 2018)
Managementprämienverordnung (MaPrV) v. 2.11.2012
Gesetz zur Einrichtung einer Markttransparenzstelle für den Großhandel mit Strom und Gas (MTS-Gesetz) v. 5.12.2012
– Änderungen GWB, EnWG
Gesetz zur Änderung des Energiesteuergesetz und des Stromsteuergesetz sowie zur Änderung des Luftverkehrssteuergesetz v. 5.12.2012
– Änderungen u. a. EnergieStG, StromStG
Zweites Gesetz zur Neuregelung energiewirtschaftlicher Vorschriften v. 20.12.2012
– Änderungen EnWG, EnStatG, NABEG, EEG 2012, UVPG, ARegV
Verordnung über Vereinbarungen zu abschaltbaren Lasten (AbLaV) v. 28.12.2012

2013 Zweite Verordnung zur Änderung der Ausgleichsmechanismus-Ausführungsverordnung v. 19.2.2013
– Änderung AusglMechAV
Gesetz zur Änderung des Energiewirtschaftsgesetzes v. 21.2.2013
Verordnung über Gebühren und Auslagen des Bundesamtes für Wirtschaft und Ausfuhrkontrolle im Zusammenhang mit der Begrenzung der EEG-Umlage (Besondere-Ausgleichsregelung-Gebührenverordnung – BAGebV) v. 5.3.2013
Gesetz zur Verbesserung der Öffentlichkeitsbeteiligung und Vereinheitlichung von Planfeststellungsverfahren (PlVereinhG) v. 31.5.2013
– Änderungen u. a. EnWG, GasHDrLtgV, EVPG
8. GWB-Novelle v. 26.6.2013
– Änderungen u. a. GWB, EnWG
Reservekraftwerksverordnung (ResKV) v. 27.6.2013
Erstes Gesetz zur Änderung des Treibhausgas-Emissionshandelsgesetzes v. 15.7.2013
– Änderung TEHG
Zweites Gesetz über Maßnahmen zur Beschleunigung des Netzausbaus Elektrizitätsnetze v. 23.7.2013
– Erstverkündung Bundesbedarfsplangesetz (BBPlG)
– Änderungen u. a. EnWG, EnLAG
Standortauswahlgesetz (StandAG) v. 23.7.2013
Zweite Verordnung zur Änderung der Energiesteuer- und der Stromsteuer-Durchführungsverordnung v. 24.7.2013
– Änderungen EnergieStV, StromStV
Gesetz zur Neuregelung des Messwesens v. 25.7.2013
– Erstverkündung Mess- und Eichgesetz (MessEG)

– Änderungen u. a. StromNZV, GasNZV, MessZV, StromGVV, GasGVV, AVBFernwärmeV

Spitzenausgleich-Effizienzsystemverordnung (SpaEfV) v. 31.7.2013

Gesetz zur Strukturreform des Gebührenrechts des Bundes v. 7.8.2013

– Änderungen u. a. EnWG, GWB, KWKG, TEHG, ProMechG, ZuG 2012

Verordnung zur Änderung von Verordnungen auf dem Gebiet des Energiewirtschaftsrechts v. 14.8.2013

– Änderungen StromNZV, StromNEV, GasNEV, ARegV

Emissionshandelsverordnung 2020 (EHV 2020) v. 20.8.2013

Zweite Verordnung zur Änderung der Energieeinsparverordnung v. 18.11.2013

Verordnung zur Änderung der Emissionshandelsverordnung 2020 v. 10.12.2013

2014 Gesetz zur Einführung einer Länderöffnungsklausel zur Vorgabe von Mindestabständen zwischen Windenergieanlagen und zulässigen Nutzungen v. 15.7.2014

– Änderung BauGB

Gesetz zur Anpassung steuerlicher Regelungen an die Rechtsprechung des Bundesverfassungsgerichts v. 18.7.2014

– Änderungen u. a. EnergieStG

Gesetz zur grundlegenden Reform des Erneuerbare-Energien-Gesetzes und zur Reform weiterer Bestimmungen des Energiewirtschaftsrechts v. 21.7.2014

– Neufassung EEG

– Änderungen EnWG, ProMechG, UKlaG, GasNZV, GWB, StromNEV, StromNZV, ARegV, SysStabV, BBPlG, BiomasseV, KWKG, SDLWindV, EEWärmeG, AusglMechV, BioSt-NachV, AusglMechAV, HkNV, HkNDV

Gesetz zur Bekämpfung von Zahlungsverzug im Geschäftsverkehr und zur Änderung des Erneuerbaren-Energien-Gesetzes v. 22.7.2014

– Änderungen u. a. BGB, UKlaG, EGBGB, EEG

Anlagenregisterverordnung (AnlRegV) v. 1.8.2014

Erste Verordnung zur Änderung der Besondere-Ausgleichsregelung-Gebührenverordnung v. 1.8.2014

Verordnung zur transparenten Ausweisung staatlich gesetzter oder regulierter Preisbestandteile in der Strom- und Gasgrundversorgung v. 22.10.2014

– Änderungen StromGVV, GasGVV

Verordnung zur Änderung der Spitzenausgleich-Effizienzsystemverordnung v. 31.10.2014

Zwölftes Gesetz zur Änderung des Bundes-Immissionsschutzgesetzes v. 20.11.2014

– Änderungen BImSchG, Biokraft-NachV, BioSt-NachV

Verordnung zur Neuregelung des gesetzlichen Messwesens und zur Anpassung an europäische Rechtsprechung v. 11.12.2014

	– Erstverkündung MessEV
	– Änderungen u. a. NDAV, AVBWasserV
	Zweite Verordnung zur Änderung der Energiewirtschaftskostenverordnung v. 19.12.2014
	Gesetz zur Änderung des Erneuerbare-Energien-Gesetzes v. 22.12.2014
	Gesetz zur Änderung von Gesetzen über Sondervermögen des Bundes v. 22.12.2014
	– Änderung u. a. EKFG
2015	Dritte Verordnung zur Änderung der Ausgleichsmechanismus-Ausführungsverordnung v. 27.1.2015
	Verordnung zur Einführung von Ausschreibungen der finanziellen Förderung für Freiflächenanlagen sowie zur Änderung weiterer Verordnungen zur Förderung der erneuerbaren Energien v. 6.2.2015
	– Erstverkündung Freiflächenausschreibungsverordnung (FFAV) und Freiflächenausschreibungsgebührenverordnung (FFAGebV)
	– Änderungen SDLWindV, AnlRegV
	Verordnung zur Weiterentwicklung des bundesweiten Ausgleichmechanismus nach dem Erneuerbaren-Energien-Gesetz und zur Änderung anderer Verordnungen v. 17.2.2015
	– Änderungen AusglMechV, AusglMechAV, AnlRegV
	Gesetz zu der Entscheidung der Konferenz von Doha vom 8. Dezember 2012 zur Änderung des Protokolls von Kyoto vom 11. Dezember 1997 zum Rahmenübereinkommen der Vereinten Nationen über Klimaänderungen (Doha-Änderung des Protokolls von Kyoto) v. 6.3.2015
	Verordnung zur Änderung der Systemstabilitätsverordnung v. 9.3.2015
	– Änderungen SysStabV, ARegV
	Gebührenverordnung zum Mess- und Eichwesen (MessEGebV) v. 24.3.2015
	Gesetz zur Teilumsetzung der Energieeffizienzrichtlinie und zur Verschiebung des Außerkrafttretens des § 47g Absatz 2 des Gesetzes gegen Wettbewerbsbeschränkungen v. 15.4.2015
	– Änderungen EDL-G, MTS-Gesetz, GWB
	Verordnung zur Umsetzung von Artikel 14 der Richtlinie zur Energieeffizienz und zur Änderung weiterer umweltrechtlicher Vorschriften (KWK-Kosten-Nutzen-Vergleich-Verordnung – KNV-V) v. 28.4.2015
	Elektromobilitätsgesetz (EmoG) v. 5.6.2015
	Zweites Gesetz zur Änderung des Erneuerbare-Energien-Gesetz v. 29.6.2015
	Gesetz zur Erhöhung der Sicherheit informationstechnischer Systeme (IT-Sicherheitsgesetz) v. 17.7.2015
	– Änderungen BSI-Gesetz, AtG, EnWG, TKG, TMG
	Gesetz zur Entlastung insbesondere der mittelständischen Wirtschaft von Bürokratie (Bürokratieentlastungsgesetz) v. 28.7.2015
	– Änderungen u. a. EnWG, GasNZV, GasNEV

Zehnte Zuständigkeitsanpassungsverordnung v. 31.8.2015
– Änderungen u.a. ARegV, AtG, EEWärmeG, EnEV, EnLAG, EnWG, GasHDrLtgV, GasNZV, HkNDV, StromStG, EnergieStG, NABEG, StromNEV
Dritte Verordnung zur Änderung der Energiewirtschaftskostenverordnung v. 22.7.2015
Vierzehntes Gesetz zur Änderung des Atomgesetzes v. 20.11.2015
Erstes Gesetz zur Änderung des Energieverbrauchskennzeichnungsgesetzes und zur Änderung weiterer Bestimmungen des Energiewirtschaftsgesetzes v. 10.12.2015
– Änderungen EnVKG, EnWG
Vierte Verordnung zur Änderung der Energiewirtschaftskostenverordnung v. 18.12.2015
Verordnung zur Änderung der Verordnung über Vereinbarungen zu abschaltbaren Lasten v. 18.12.2015
Gesetz zur Neuregelung des Kraft-Wärme-Kopplungsgesetzes v. 21.12.2015
– Änderungen u.a. EnWG, StromNEV, StromGVV, ARegV, AbLaV, EnLAG, HkNDV, EEG 2014, ZuG 2007, DEV 2012
Gesetz zur Änderung von Bestimmungen des Rechts des Energieleitungsbaus v. 21.12.2015
– Änderungen u.a. EnWG, ARegV, EnLAG, NABEG, BBPlG

2016 Besondere-Ausgleichsregelung-Durchschnittsstrompreis-Verordnung (DSPV) v. 17.2.2016
Gesetz zur Umsetzung der Richtlinie über alternative Streitbeteiligung in Verbraucherangelegenheiten und zur Durchführung der Verordnung über Online-Streitbeilegung in Verbraucherangelegenheiten v. 19.2.2016
– Änderungen u.a. EnWG, StromGVV, GasGVV
Ladesäulenverordnung (LSV) v. 9.3.2016
Verordnung zur Modernisierung des Vergaberechts (Vergaberechtsmodernisierungsverordnung – VergRModVO) v. 12.4.2016
– Erstverkündung Sektorenverordnung (SektVO) und Konzessionsvergabeverordnung (KonzVgV)
Erstes Gesetz zur Änderung des Mess- und Eichgesetzes v. 11.4.2016
BSI-Kritisverordnung (BSI-KritisV) v. 22.4.2016
Verordnung zur Umsetzung unionsrechtlicher Transparenzpflichten im Energiesteuer- und im Stromsteuergesetz sowie zur Änderung weiterer Verordnungen v. 4.5.2016
– Erstverkündung Energiesteuer- und Stromsteuer-Transparenzverordnung (EnSTransV)
– Änderungen EnergieStV, StromStV
Zweite Verordnung zur Änderung der Verordnung über Vereinbarungen zu abschaltbaren Lasten v. 16.6.2016
Verordnung zur grenzüberschreitenden Ausschreibung der Förderung für Strom aus erneuerbaren Energien sowie zur Ände-

rung weiterer Verordnungen zur Förderung der erneuerbaren Energien v. 11.7.2016
– Erstverkündung Grenzüberschreitende-Erneuerbare-Energien-Verordnung (GEEV)
– Änderungen AnlRegV, FFAGebV

Gesetz zur Weiterentwicklung des Strommarktes (Strommarktgesetz) v. 26.7.2016
– Änderungen u.a. EnWG, StromNEV, StromNZV, ARegV, AnlRegV, BBPlG
– Umbenennung ResKV in Netzreserveverordnung (NetzResV)

Verordnung über Vereinbarungen zu abschaltbaren Lasten (AbLaV) v. 16.8.2016

Gesetz zur Digitalisierung der Energiewende v. 29.8.2016
– Erstverkündung Messstellenbetriebsgesetz (MsbG)
– Aufhebung MessZV
– Änderungen u.a. EnWG, StromNEV, StromNZV, NAV, NDAV, StromGVV, GasGVV, ARegV, GasNZV, EEG, KWKG

Zweite Verordnung zur Änderung der Anreizregulierung v. 14.9.2016
– Änderungen ARegV, GasNEV, StromNEV, SysStabV

Erste Verordnung zur Änderung der Verordnung zu abschaltbaren Lasten v. 10.10.2016

Gesetz zur Einführung von Ausschreibungen für Strom aus erneuerbaren Energien und zu weiteren Änderungen des Rechts der erneuerbaren Energien v. 13.10.2016
– Änderungen u.a. EEG 2017, EnWG, NABEG, BiomasseV, KWKG, SDLWindV, BioSt-NachV, HkNV, HkNDV, AnlRegV, GEEV
– Erstverkündungen Windenergie-auf-See-Gesetz (WindSeeG), Seeanlagengesetz (SeeAnlG)
– Umbenennung AusglMechV in Erneuerbare-Energien-Verordnung (EEV)

Gesetz zur steuerlichen Förderung von Elektromobilität im Straßenverkehr v. 7.11.2016

Berichtigung des Gesetzes zur Neuordnung der Organisationsstruktur im Bereich der Endlagerung v. 15.12.2016

Fünfte Verordnung zur Änderung der Energiewirtschaftskostenverordnung v. 16.12.2016

Gesetz zur Änderung der Vorschriften zur Vergabe von Wegenutzungsrechten zur leitungsgebundenen Energieversorgung v. 27.1.2017
– Änderungen u.a. EnWG

Gesetz zur Änderung der Bestimmungen zur Stromerzeugung aus Kraft-Wärme-Kopplung und zur Eigenversorgung v. 22.12.2016
– Änderungen u.a. KWKG, EEG 2017, EnWG, NetzResV, StromNEV, AbLaV, EEV, WindSeeG
– Umbenennung AusglMechAV in Erneuerbare-Energien-Ausführungsverordnung (EEAV)

2017 Verordnung zur Änderung der Erneuerbare-Energien-Ausführungsverordnung v. 20.2.2017
– Änderung EEAV
Energiestatistikgesetz (EnStatG) v. 6.3.2017
Verordnung über die Registrierung energiewirtschaftlicher Daten v. 10.4.2017
– Erstverkündung Marktstammdatenregisterverordnung (MaStRV)
– Außerkrafttreten AnlRegV zum 1.9.2017
Elektrotechnische-Eigenschaften-Nachweis-Verordnung (NELEV) v. 12.6.2017
Erste Verordnung zur Änderung der Ladesäulenverordnung v. 1.6.2017
Verordnung zur Schaffung eines rechtlichen Rahmens zur Sammlung von Erfahrungen im Förderprogramm „Schaufenster intelligente Energie – Digitale Agenda für die Energiewende" (SINTEG-V) v. 14.6.2017
2. Finanzmarktnovellierungsgesetz (2. FiMaNoG) v. 23.6.2017
– Änderungen u. a. TEHG
Erste Verordnung zur Änderung der BSI-Kritisverordnung v. 21.6.2017
Gesetz zur Einbeziehung von Polymerisationsanlagen in den Anwendungsbereich des Emissionshandels v. 13.7.2017
– Änderungen u. a. TEHG, ZuV 2020
Gesetz zur Modernisierung der Netzentgeltstruktur (Netzentgeltmodernisierungsgesetz) v. 17.7.2017
– Änderungen u. a. EnWG, BNetzAG, EEG 2017, StromNEV, ARegV
Gesetz zur Förderung von Mieterstrom und zur Änderung weiterer Vorschriften des EEG v. 17.7.2017
– Änderungen EEG 2017, EnWG, KWKG 2016, WindSeeG; MaStRV
Gesetz zur Einführung eines Wettbewerbsregisters und zur Änderung des Gesetzes gegen Wettbewerbsbeschränkungen v. 18.7.2017
– Erstverkündung Wettbewerbsregistergesetz (WRegG)
– Änderungen u. a. GWB
eIDAS-Durchführungsgesetz v. 18.7.2017
– Änderungen u. a. TEHG, SektVO, KonzVgV
Gesetz zur Modernisierung des Rechts der Umweltverträglichkeitsprüfung v. 20.7.2017
– Änderungen u. a. EnWG, NABEG, UVPG, StandAG, Wind SeeG
Verordnung zur Änderung der Grenzüberschreitende-Erneuerbare-Energien-Verordnung und zur Änderung weiterer Verordnungen zur Förderung der erneuerbaren Energien v. 10.8.2017
– Erstverkündung Grenzüberschreitende-Erneuerbare-Energien-Verordnung (GEEV)
– Änderungen u. a. EEV, EEAV
Erste Verordnung zur Änderung der Gasnetzzugangsverordnung v. 11.8.2017

Verordnung zu Ausschreibungen für KWK-Anlagen und innovative KWK-Systeme, zu den gemeinsamen Ausschreibungen für Windenergieanlagen an Land und Solaranlagen sowie zur Änderung weiterer Verordnungen v. 17.8.2017
– Erstverkündung KWK-Ausschreibungsverordnung (KWK-AusV) und Verordnung zu den gemeinsamen Ausschreibungen (GemAV)

Zweites Gesetz zur Änderung des Energiesteuer- und des Stromsteuergesetzes v. 4.9.2017
– Änderungen u. a. EnergieStG, StromStG

Verordnung zur Änderung der Stromnetzzugangsverordnung v. 19.12.2017
– Änderungen StromNZV

2018 Dritte Verordnung zur Änderung der Energiesteuer- und der Stromsteuer-Durchführungsverordnung v. 2.1.2018
– Änderungen u. a. EnergieStV, StromStV, EnSTransV

Verordnung zur schrittweisen Einführung bundeseinheitlicher Übertragungsnetzentgelte v. 20.6.2018
– Änderungen StromNEV und ARegV

Drittes Gesetz zur Änderung des Erneuerbare-Energien-Gesetzes v. 21.6.2018
– Änderungen EEG

Verordnung zur Anpassung des Energiesteuergesetzes und der Energiesteuer-Durchführungsverordnung an die Kombinierte Nomenklatur 2018 v. 26.6.2018
– Änderungen EnergieStG, EnergieStV

Gesetz zur Änderung des Tiergesundheitsgesetzes, des Bundesjagdgesetzes und des Erneuerbare-Energien-Gesetzes v. 14.11.2018
– Änderungen u. a. EEG

Verordnung zur Änderung der Marktstammdatenregisterverordnung v. 15.11.2018
– Änderungen MaStrV

Erneuerbare-Energien-Richtlinie (EERL 2018) 2018/2001/EU v. 11.12.2018

EU-Energieeffizienzrichtlinie (EEffizRL 2018) 2018/2002/EU v. 11.12.2018

Governance-Verordnung (GovVO) 2018/1999/EU v. 11.12.2018
– Änderungen u. a. GasRL 2009, ErdGasZVO 2009, EEffizRL 2012

Gesetz zur Änderung des Erneuerbare-Energien-Gesetzes, des Kraft-Wärme-Kopplungsgesetzes, des Energiewirtschaftsgesetzes und weiterer energierechtlicher Vorschriften v. 17.12.2018
– Änderungen EEG, KWKG, EnWG, UmwRG, StromNEV, NAV, NDAV, EEV, GemAV, KWKAusV, WindSeeG, SeeAnlG, NEMoG

2019 Gesetz zur Anpassung der Rechtsgrundlagen für die Fortentwicklung des Europäischen Emissionshandels v. 18.1.2019
– Änderungen u. a. TEHG

Kapazitätsreserveverordnung (KapResV) v. 28.1.2019

Verordnung zur Berechnung der Offshore-Netzumlage und zu Anpassungen im Regulierungsrecht v. 14.3.2019
– Änderungen u. a. StromNEV, ARegV, NAV, StromGVV
RL 2019/692/EU zur Änderung der RL 2009/73/EG über gemeinsame Vorschriften für den Erdgasbinnenmarkt v. 17.4.2019
– Änderungen GasRL 2009
Emissionshandelsverordnung 2030 (EHV 2030) v. 29.4.2019
Gesetz zur Beschleunigung des Energieleitungsausbaus v. 13.5.2019
– Änderungen u. a. EnWG, EnLAG, NABEG, BBPlG, EEG, KWKG, MsbG, StromNEV, StromNZV, KSpG, EEV, NetzResV, EEAV, GEEV, KWK-AusV, WindSeeG, UVPG, ARegV, GasHDrLtgV
Verordnung zur Gründung einer Agentur der Europäischen Union für die Zusammenarbeit der Energieregulierungsbehörden (ACERVO 2019) 2019/942/EU v. 5.6.2019
Verordnung über den Elektrizitätsbinnenmarkt (StromhandelZVO 2019) 2019/943/EU v. 5.6.2019
EU-Elektrizitätsbinnenmarktrichtlinie (EltRL 2019) 2019/944/EU v. 5.6.2019
Verordnung zur Verbesserung der Rahmenbedingungen für den Aufbau der LNG-Infrastruktur in Deutschland v. 13.6.2019
– Änderungen GasNZV, ARegV
Gesetz zur Neuregelung von Stromsteuerbefreiungen sowie zur Änderung energiesteuerrechtlicher Vorschriften v. 22.6.2019
– Änderungen StromStG, EnergieStG, StromStV, EnergieStV, EnSTransV
Zweite Verordnung zur Änderung der Spitzenausgleich-Effizienzsystemverordnung v. 2.10.2019

weiterführende Literatur:

Altrock/Oschmann/ Vollprecht:	„Erneuerbare-Energien-Gesetz“, Kommentar, 5. Aufl., München im Erscheinen
Danner/Theobald:	„Energierecht“, Loseblatt-Kommentar in 6 Bänden, München (Stand: 102. EL/2020)
Franke/Theobald:	„Energierecht im Wandel“, München 2019
Schneider/Theobald:	„Recht der Energiewirtschaft“, 5. Aufl., München im Erscheinen
Theobald/Theobald:	„Grundzüge des Energiewirtschaftsrechts“, 3. Aufl., München 2013
Zenke/Ellwanger:	„Handel mit Energiederivaten“, München 2003
Zenke/Schäfer:	„Energiehandel in Europa“, 4. Aufl., München 2017

Periodika:

EnWZ, Zeitschrift für das gesamte Recht der Energiewirtschaft, (www.enwz-beck.de)

Chronologie

IR, InfrastrukturRecht, Monatsschrift für Energie, Verkehr, Abfall, Wasser (www.IR.beck.de)

Schriftenreihe „Energie- und Infrastrukturrecht" hrsg. von Theobald/Britz/Held (bis Band 21), Theobald/Kühling/Held (ab Band 22), München seit 2002 (mittlerweile in 26 Bänden)

1. Gesetz über die Elektrizitäts- und Gasversorgung (Energiewirtschaftsgesetz – EnWG) [1] [2)3)]

Vom 7. Juli 2005
(BGBl. I S. 1970, ber. S. 3621)

FNA 752-6

zuletzt geänd. durch Art. 1 G zur Beschleunigung des Energieleitungsausbaus v. 13.5.2019 (BGBl. I S. 706)

Inhaltsübersicht

---

[1] **Amtl. Anm.:** Dieses Gesetz dient der Umsetzung der Richtlinie 2003/54/EG des Europäischen Parlaments und des Rates vom 26. Juni 2003 über gemeinsame Vorschriften für den Elektrizitätsbinnenmarkt und zur Aufhebung der Richtlinie 96/92/EG (ABl. EU Nr. L 176 S. 37), der Richtlinie 2003/55/EG des Europäischen Parlaments und des Rates vom 26. Juni 2003 über gemeinsame Vorschriften für den Erdgasbinnenmarkt und zur Aufhebung der Richtlinie 98/30/EG (ABl. EU Nr. L 176 S. 57), der Richtlinie 2004/67/EG des Rates vom 26. April 2004 über Maßnahmen zur Gewährleistung der sicheren Erdgasversorgung (ABl. EU Nr. L 127 S. 92) und der Richtlinie 2006/32/EG des Europäischen Parlaments und des Rates vom 5. April 2006 über Endenergieeffizienz und Energiedienstleistungen und zur Aufhebung der Richtlinie 93/76/EWG des Rates (ABl. EU Nr. L 114 S. 64).

[2] Verkündet als Art. 1 Zweites G zur Neuregelung des Energiewirtschaftsrechts v. 7.7.2005 (BGBl. I S. 1970); Inkrafttreten gem. Art. 5 Abs. 1 dieses G am 13.7.2005.

[3] Die Änderungen durch G v. 13.10.2016 (BGBl. I S. 2258) treten teilweise erst **mWv 1.1.2026** in Kraft und sind insoweit im Text noch nicht berücksichtigt.

Teil 1. Allgemeine Vorschriften

§ 1 Zweck und Ziele des Gesetzes. (1) Zweck des Gesetzes ist eine möglichst sichere, preisgünstige, verbraucherfreundliche, effiziente und umweltverträgliche leitungsgebundene Versorgung der Allgemeinheit mit Elektrizität und Gas, die zunehmend auf erneuerbaren Energien beruht.

(2) Die Regulierung der Elektrizitäts- und Gasversorgungsnetze dient den Zielen der Sicherstellung eines wirksamen und unverfälschten Wettbewerbs bei der Versorgung mit Elektrizität und Gas und der Sicherung eines langfristig angelegten leistungsfähigen und zuverlässigen Betriebs von Energieversorgungsnetzen.

(3) Zweck dieses Gesetzes ist ferner die Umsetzung und Durchführung des Europäischen Gemeinschaftsrechts auf dem Gebiet der leitungsgebundenen Energieversorgung.

(4) Um den Zweck des Absatzes 1 auf dem Gebiet der leitungsgebundenen Versorgung der Allgemeinheit mit Elektrizität zu erreichen, verfolgt dieses Gesetz insbesondere die Ziele,

1. die freie Preisbildung für Elektrizität durch wettbewerbliche Marktmechanismen zu stärken,
2. den Ausgleich von Angebot und Nachfrage nach Elektrizität an den Strommärkten jederzeit zu ermöglichen,
3. dass Erzeugungsanlagen, Anlagen zur Speicherung elektrischer Energie und Lasten insbesondere möglichst umweltverträglich, netzverträglich, effizient und flexibel in dem Umfang eingesetzt werden, der erforderlich ist, um die Sicherheit und Zuverlässigkeit des Elektrizitätsversorgungssystems zu gewährleisten, und
4. den Elektrizitätsbinnenmarkt zu stärken sowie die Zusammenarbeit insbesondere mit den an das Gebiet der Bundesrepublik Deutschland angrenzenden Staaten sowie mit dem Königreich Norwegen und dem Königreich Schweden zu intensivieren.

§ 1a Grundsätze des Strommarktes. (1) [1] Der Preis für Elektrizität bildet sich nach wettbewerblichen Grundsätzen frei am Markt. [2] Die Höhe der Preise für Elektrizität am Großhandelsmarkt wird regulatorisch nicht beschränkt.

(2) [1] Das Bilanzkreis- und Ausgleichsenergiesystem hat eine zentrale Bedeutung für die Gewährleistung der Elektrizitätsversorgungssicherheit. [2] Daher sollen die Bilanzkreistreue der Bilanzkreisverantwortlichen und eine ordnungsgemäße Bewirtschaftung der Bilanzkreise sichergestellt werden.

(3) [1] Es soll insbesondere auf eine Flexibilisierung von Angebot und Nachfrage hingewirkt werden. [2] Ein Wettbewerb zwischen effizienten und flexiblen Erzeugungsanlagen, Anlagen zur Speicherung elektrischer Energie und Lasten, eine effiziente Kopplung des Wärme- und des Verkehrssektors mit dem Elektrizitätssektor sowie die Integration der Ladeinfrastruktur für Elektromobile in das Elektrizitätsversorgungssystem sollen die Kosten der Energieversorgung verringern, die Transformation zu einem umweltverträglichen, zuverlässigen und bezahlbaren Energieversorgungssystem ermöglichen und die Versorgungssicherheit gewährleisten.

(4) Elektrizitätsversorgungsnetze sollen bedarfsgerecht unter Berücksichtigung des Ausbaus der Stromerzeugung aus erneuerbaren Energien nach § 4 des Erneuerbare-Energien-Gesetzes[1)], der Versorgungssicherheit sowie volkswirtschaftlicher Effizienz ausgebaut werden.

(5) Die Transparenz am Strommarkt soll erhöht werden.

(6) [1] Als Beitrag zur Verwirklichung des Elektrizitätsbinnenmarktes sollen eine stärkere Einbindung des Strommarktes in die europäischen Strommärkte und eine stärkere Angleichung der Rahmenbedingungen in den europäischen Strommärkten, insbesondere mit den an das Gebiet der Bundesrepublik Deutschland angrenzenden Staaten sowie dem Königreich Norwegen und dem Königreich Schweden, angestrebt werden. [2] Es sollen die notwendigen Verbindungsleitungen ausgebaut, die Marktkopplung und der grenzüberschreitende Stromhandel gestärkt sowie die Regelenergiemärkte und die vortägigen und untertägigen Spotmärkte stärker integriert werden.

§ 2 Aufgaben der Energieversorgungsunternehmen. (1) Energieversorgungsunternehmen sind im Rahmen der Vorschriften dieses Gesetzes zu einer Versorgung im Sinne des § 1 verpflichtet.

(2) Die Verpflichtungen nach dem Erneuerbare-Energien-Gesetz[1)] und nach dem Kraft-Wärme-Kopplungsgesetz[2)] bleiben vorbehaltlich des § 13, auch in Verbindung mit § 14, unberührt.

§ 3 Begriffsbestimmungen. Im Sinne dieses Gesetzes bedeutet

1. Ausgleichsleistungen
 Dienstleistungen zur Bereitstellung von Energie, die zur Deckung von Verlusten und für den Ausgleich von Differenzen zwischen Ein- und Ausspeisung benötigt wird, zu denen insbesondere auch Regelenergie gehört,

---

[1)] Nr. **37**.
[2)] Nr. **45**.

1a. Ausspeisekapazität
im Gasbereich das maximale Volumen pro Stunde in Normkubikmeter, das an einem Ausspeisepunkt aus einem Netz oder Teilnetz insgesamt ausgespeist und gebucht werden kann,

1b. Ausspeisepunkt
ein Punkt, an dem Gas aus einem Netz oder Teilnetz eines Netzbetreibers entnommen werden kann,

2. Betreiber von Elektrizitätsversorgungsnetzen
natürliche oder juristische Personen oder rechtlich unselbständige Organisationseinheiten eines Energieversorgungsunternehmens, die Betreiber von Übertragungs- oder Elektrizitätsverteilernetzen sind,

3. Betreiber von Elektrizitätsverteilernetzen
natürliche oder juristische Personen oder rechtlich unselbständige Organisationseinheiten eines Energieversorgungsunternehmens, die die Aufgabe der Verteilung von Elektrizität wahrnehmen und verantwortlich sind für den Betrieb, die Wartung sowie erforderlichenfalls den Ausbau des Verteilernetzes in einem bestimmten Gebiet und gegebenenfalls der Verbindungsleitungen zu anderen Netzen,

4. Betreiber von Energieversorgungsnetzen
Betreiber von Elektrizitätsversorgungsnetzen oder Gasversorgungsnetzen,

5. Betreiber von Fernleitungsnetzen
Betreiber von Netzen, die Grenz- oder Marktgebietsübergangspunkte aufweisen, die insbesondere die Einbindung großer europäischer Importleitungen in das deutsche Fernleitungsnetz gewährleisten, oder natürliche oder juristische Personen oder rechtlich unselbstständige Organisationseinheiten eines Energieversorgungsunternehmens, die die Aufgabe der Fernleitung von Erdgas wahrnehmen und verantwortlich sind für den Betrieb, die Wartung sowie erforderlichenfalls den Ausbau eines Netzes,
   a) das der Anbindung der inländischen Produktion oder von LNG-Anlagen an das deutsche Fernleitungsnetz dient, sofern es sich hierbei nicht um ein vorgelagertes Rohrleitungsnetz im Sinne von Nummer 39 handelt, oder
   b) das an Grenz- oder Marktgebietsübergangspunkten Buchungspunkte oder -zonen aufweist, für die Transportkunden Kapazitäten buchen können,

6. Betreiber von Gasversorgungsnetzen
natürliche oder juristische Personen oder rechtlich unselbständige Organisationseinheiten eines Energieversorgungsunternehmens, die Gasversorgungsnetze betreiben,

7. Betreiber von Gasverteilernetzen
natürliche oder juristische Personen oder rechtlich unselbständige Organisationseinheiten eines Energieversorgungsunternehmens, die die Aufgabe der Verteilung von Gas wahrnehmen und verantwortlich sind für den Betrieb, die Wartung sowie erforderlichenfalls den Ausbau des Verteilernetzes in einem bestimmten Gebiet und gegebenenfalls der Verbindungsleitungen zu anderen Netzen,

8. Betreiber von LNG-Anlagen
natürliche oder juristische Personen oder rechtlich unselbständige Organisationseinheiten eines Energieversorgungsunternehmens, die die Aufgabe der Verflüssigung von Erdgas oder der Einfuhr, Entladung und Wiederverdampfung von verflüssigtem Erdgas wahrnehmen und für den Betrieb einer LNG-Anlage verantwortlich sind,
9. Betreiber von Speicheranlagen
natürliche oder juristische Personen oder rechtlich unselbständige Organisationseinheiten eines Energieversorgungsunternehmens, die die Aufgabe der Speicherung von Erdgas wahrnehmen und für den Betrieb einer Speicheranlage verantwortlich sind,
10. Betreiber von Übertragungsnetzen
natürliche oder juristische Personen oder rechtlich unselbständige Organisationseinheiten eines Energieversorgungsunternehmens, die die Aufgabe der Übertragung von Elektrizität wahrnehmen und die verantwortlich sind für den Betrieb, die Wartung sowie erforderlichenfalls den Ausbau des Übertragungsnetzes in einem bestimmten Gebiet und gegebenenfalls der Verbindungsleitungen zu anderen Netzen,
10a. Bilanzkreis
im Elektrizitätsbereich innerhalb einer Regelzone die Zusammenfassung von Einspeise- und Entnahmestellen, die dem Zweck dient, Abweichungen zwischen Einspeisungen und Entnahmen durch ihre Durchmischung zu minimieren und die Abwicklung von Handelstransaktionen zu ermöglichen,
10b. Bilanzzone
im Gasbereich der Teil eines oder mehrerer Netze, in dem Ein- und Ausspeisepunkte einem bestimmten Bilanzkreis zugeordnet werden können,
10c. Biogas
Biomethan, Gas aus Biomasse, Deponiegas, Klärgas und Grubengas sowie Wasserstoff, der durch Wasserelektrolyse erzeugt worden ist, und synthetisch erzeugtes Methan, wenn der zur Elektrolyse eingesetzte Strom und das zur Methanisierung eingesetzte Kohlendioxid oder Kohlenmonoxid jeweils nachweislich weit überwiegend aus erneuerbaren Energiequellen im Sinne der Richtlinie 2009/28/EG (ABl. L 140 vom 5.6.2009, S. 16) stammen,
11. dezentrale Erzeugungsanlage
eine an das Verteilernetz angeschlossene verbrauchs- und lastnahe Erzeugungsanlage,
12. Direktleitung
eine Leitung, die einen einzelnen Produktionsstandort mit einem einzelnen Kunden verbindet, oder eine Leitung, die einen Elektrizitätserzeuger und ein Elektrizitätsversorgungsunternehmen zum Zwecke der direkten Versorgung mit ihrer eigenen Betriebsstätte, Tochterunternehmen oder Kunden verbindet, oder eine zusätzlich zum Verbundnetz errichtete Gasleitung zur Versorgung einzelner Kunden,

13. Eigenanlagen
Anlagen zur Erzeugung von Elektrizität zur Deckung des Eigenbedarfs, die nicht von Energieversorgungsunternehmen betrieben werden,

13a. Einspeisekapazität
im Gasbereich das maximale Volumen pro Stunde in Normkubikmeter, das an einem Einspeisepunkt in ein Netz oder Teilnetz eines Netzbetreibers insgesamt eingespeist werden kann,

13b. Einspeisepunkt
ein Punkt, an dem Gas an einen Netzbetreiber in dessen Netz oder Teilnetz übergeben werden kann, einschließlich der Übergabe aus Speichern, Gasproduktionsanlagen, Hubs oder Misch- und Konversionsanlagen,

14. Energie
Elektrizität und Gas, soweit sie zur leitungsgebundenen Energieversorgung verwendet werden,

15. Energieanlagen
Anlagen zur Erzeugung, Speicherung, Fortleitung oder Abgabe von Energie, soweit sie nicht lediglich der Übertragung von Signalen dienen, dies schließt die Verteileranlagen der Letztverbraucher sowie bei der Gasversorgung auch die letzte Absperreinrichtung vor der Verbrauchsanlage ein,

15a. Energiederivat
ein in Abschnitt C Nummer 5, 6 oder 7 des Anhangs I der Richtlinie 2004/39/EG des Europäischen Parlaments und des Rates vom 21. April 2004 über Märkte für Finanzinstrumente, zur Änderung der Richtlinien 85/611/EWG und 93/6/EWG des Rates und der Richtlinie 2000/12/EG des Europäischen Parlaments und des Rates und zur Aufhebung der Richtlinie 93/22/EWG des Rates (ABl. L 145 vom 30.4.2001, S. 1, ABl. L 45 vom 16.2.2005, S. 18) in der jeweils geltenden Fassung genanntes Finanzinstrument, sofern dieses Instrument auf Elektrizität oder Gas bezogen ist,

15b. Energieeffizienzmaßnahmen
Maßnahmen zur Verbesserung des Verhältnisses zwischen Energieaufwand und damit erzieltem Ergebnis im Bereich von Energieumwandlung, Energietransport und Energienutzung,

16. Energieversorgungsnetze
Elektrizitätsversorgungsnetze und Gasversorgungsnetze über eine oder mehrere Spannungsebenen oder Druckstufen mit Ausnahme von Kundenanlagen im Sinne der Nummern 24a und 24b,

17. Energieversorgungsnetze der allgemeinen Versorgung
Energieversorgungsnetze, die der Verteilung von Energie an Dritte dienen und von ihrer Dimensionierung nicht von vornherein nur auf die Versorgung bestimmter, schon bei der Netzerrichtung feststehender oder bestimmbarer Letztverbraucher ausgelegt sind, sondern grundsätzlich für die Versorgung jedes Letztverbrauchers offen stehen,

18. Energieversorgungsunternehmen
natürliche oder juristische Personen, die Energie an andere liefern, ein Energieversorgungsnetz betreiben oder an einem Energieversorgungsnetz

als Eigentümer Verfügungsbefugnis besitzen; der Betrieb einer Kundenanlage oder einer Kundenanlage zur betrieblichen Eigenversorgung macht den Betreiber nicht zum Energieversorgungsunternehmen,

18a. Energieversorgungsvertrag
ein Vertrag über die Lieferung von Elektrizität oder Gas, mit Ausnahme von Energiederivaten,

18b. erneuerbare Energien
Energien im Sinne des § 3 Nummer 21 des Erneuerbare-Energien-Gesetzes[1]),

18c. Erzeugungsanlage
Anlage zur Erzeugung von elektrischer Energie,

18d. europäische Strommärkte
die Strommärkte der Mitgliedstaaten der Europäischen Union sowie der Schweizerischen Eidgenossenschaft und des Königreichs Norwegen,

19. Fernleitung
der Transport von Erdgas durch ein Hochdruckfernleitungsnetz, mit Ausnahme von vorgelagerten Rohrleitungsnetzen, um die Versorgung von Kunden zu ermöglichen, jedoch nicht die Versorgung der Kunden selbst,

19a. Gas
Erdgas, Biogas, Flüssiggas im Rahmen der §§ 4 und 49 sowie, wenn sie in ein Gasversorgungsnetz eingespeist werden, Wasserstoff, der durch Wasserelektrolyse erzeugt worden ist, und synthetisch erzeugtes Methan, das durch wasserelektrolytisch erzeugten Wasserstoff und anschließende Methanisierung hergestellt worden ist,

19b. Gaslieferant
natürliche und juristische Personen, deren Geschäftstätigkeit ganz oder teilweise auf den Vertrieb von Gas zum Zwecke der Belieferung von Letztverbrauchern ausgerichtet ist,

20. Gasversorgungsnetze
alle Fernleitungsnetze, Gasverteilernetze, LNG-Anlagen oder Speicheranlagen, die für den Zugang zur Fernleitung, zur Verteilung und zu LNG-Anlagen erforderlich sind und die einem oder mehreren Energieversorgungsunternehmen gehören oder von ihm oder von ihnen betrieben werden, einschließlich Netzpufferung und seiner Anlagen, die zu Hilfsdiensten genutzt werden, und der Anlagen verbundener Unternehmen, ausgenommen sind solche Netzteile oder Teile von Einrichtungen, die für örtliche Produktionstätigkeiten verwendet werden,

21. Großhändler
natürliche oder juristische Personen mit Ausnahme von Betreibern von Übertragungs-, Fernleitungs- sowie Elektrizitäts- und Gasverteilernetzen, die Energie zum Zwecke des Weiterverkaufs innerhalb oder außerhalb des Netzes, in dem sie ansässig sind, kaufen,

21a. H-Gasversorgungsnetz
ein Gasversorgungsnetz zur Versorgung von Kunden mit H-Gas,

---

1) Nr. **37**.

22. Haushaltskunden
Letztverbraucher, die Energie überwiegend für den Eigenverbrauch im Haushalt oder für den einen Jahresverbrauch von 10 000 Kilowattstunden nicht übersteigenden Eigenverbrauch für berufliche, landwirtschaftliche oder gewerbliche Zwecke kaufen,

23. Hilfsdienste
sämtliche zum Betrieb eines Übertragungs- oder Elektrizitätsverteilernetzes erforderlichen Dienste oder sämtliche für den Zugang zu und den Betrieb von Fernleitungs- oder Gasverteilernetzen oder LNG-Anlagen oder Speicheranlagen erforderlichen Dienste, einschließlich Lastausgleichs- und Mischungsanlagen, jedoch mit Ausnahme von Anlagen, die ausschließlich Betreibern von Fernleitungsnetzen für die Wahrnehmung ihrer Aufgaben vorbehalten sind,

24. Kunden
Großhändler, Letztverbraucher und Unternehmen, die Energie kaufen,

24a. Kundenanlagen
Energieanlagen zur Abgabe von Energie,
a) die sich auf einem räumlich zusammengehörenden Gebiet befinden,
b) mit einem Energieversorgungsnetz oder mit einer Erzeugungsanlage verbunden sind,
c) für die Sicherstellung eines wirksamen und unverfälschten Wettbewerbs bei der Versorgung mit Elektrizität und Gas unbedeutend sind und
d) jedermann zum Zwecke der Belieferung der angeschlossenen Letztverbraucher im Wege der Durchleitung unabhängig von der Wahl des Energielieferanten diskriminierungsfrei und unentgeltlich zur Verfügung gestellt werden,

24b. Kundenanlagen zur betrieblichen Eigenversorgung
Energieanlagen zur Abgabe von Energie,
a) die sich auf einem räumlich zusammengehörenden Betriebsgebiet befinden,
b) mit einem Energieversorgungsnetz oder mit einer Erzeugungsanlage verbunden sind,
c) fast ausschließlich dem betriebsnotwendigen Transport von Energie innerhalb des eigenen Unternehmens oder zu verbundenen Unternehmen oder fast ausschließlich dem der Bestimmung des Betriebs geschuldeten Abtransport in ein Energieversorgungsnetz dienen und
d) jedermann zum Zwecke der Belieferung der an sie angeschlossenen Letztverbraucher im Wege der Durchleitung unabhängig von der Wahl des Energielieferanten diskriminierungsfrei und unentgeltlich zur Verfügung gestellt werden,

24c. L-Gasversorgungsnetz
ein Gasversorgungsnetz zur Versorgung von Kunden mit L-Gas,

24d. landseitige Stromversorgung
die mittels einer Standardschnittstelle von Land aus erbrachte Stromversorgung von Seeschiffen oder Binnenschiffen am Liegeplatz,

25. Letztverbraucher
Natürliche oder juristische Personen, die Energie für den eigenen Verbrauch kaufen; auch der Strombezug der Ladepunkte für Elektromobile steht dem Letztverbrauch im Sinne dieses Gesetzes und den auf Grund dieses Gesetzes erlassenen Verordnungen gleich,
26. LNG-Anlage
eine Kopfstation zur Verflüssigung von Erdgas oder zur Einfuhr, Entladung und Wiederverdampfung von verflüssigtem Erdgas; darin eingeschlossen sind Hilfsdienste und die vorübergehende Speicherung, die für die Wiederverdampfung und die anschließende Einspeisung in das Fernleitungsnetz erforderlich sind, jedoch nicht die zu Speicherzwecken genutzten Teile von LNG-Kopfstationen,
26a. Messstellenbetreiber
ein Netzbetreiber oder ein Dritter, der die Aufgabe des Messstellenbetriebs wahrnimmt,
26b. Messstellenbetrieb
der Einbau, der Betrieb und die Wartung von Messeinrichtungen,
26c. Messung
die Ab- und Auslesung der Messeinrichtung sowie die Weitergabe der Daten an die Berechtigten,
27. Netzbetreiber
Netz- oder Anlagenbetreiber im Sinne der Nummern 2 bis 7 und 10,
28. Netznutzer
natürliche oder juristische Personen, die Energie in ein Elektrizitäts- oder Gasversorgungsnetz einspeisen oder daraus beziehen,
29. Netzpufferung
die Speicherung von Gas durch Verdichtung in Fernleitungs- und Verteilernetzen, ausgenommen sind Einrichtungen, die Betreibern von Fernleitungsnetzen bei der Wahrnehmung ihrer Aufgaben vorbehalten sind,
29a. neue Infrastruktur
eine Infrastruktur, die nach dem 12. Juli 2005 in Betrieb genommen worden ist,
29b. oberste Unternehmensleitung
Vorstand, Geschäftsführung oder ein Gesellschaftsorgan mit vergleichbaren Aufgaben und Befugnissen,
29c. örtliches Verteilernetz
ein Netz, das überwiegend der Belieferung von Letztverbrauchern über örtliche Leitungen, unabhängig von der Druckstufe oder dem Durchmesser der Leitungen, dient; für die Abgrenzung der örtlichen Verteilernetze von den vorgelagerten Netzebenen wird auf das Konzessionsgebiet abgestellt, in dem ein Netz der allgemeinen Versorgung im Sinne des § 18 Abs. 1 und des § 46 Abs. 2 betrieben wird einschließlich von Leitungen, die ein örtliches Verteilernetz mit einem benachbarten örtlichen Verteilernetz verbinden,
30. Regelzone
im Bereich der Elektrizitätsversorgung das Netzgebiet, für dessen Primärregelung, Sekundärregelung und Minutenreserve ein Betreiber von Über-

tragungsnetzen im Rahmen der Union für die Koordinierung des Transports elektrischer Energie (UCTE) verantwortlich ist,

31. Speicheranlage
eine einem Gasversorgungsunternehmen gehörende oder von ihm betriebene Anlage zur Speicherung von Gas, einschließlich des zu Speicherzwecken genutzten Teils von LNG-Anlagen, jedoch mit Ausnahme des Teils, der für eine Gewinnungstätigkeit genutzt wird, ausgenommen sind auch Einrichtungen, die ausschließlich Betreibern von Leitungsnetzen bei der Wahrnehmung ihrer Aufgaben vorbehalten sind,

31a. Teilnetz
im Gasbereich ein Teil des Transportgebiets eines oder mehrerer Netzbetreiber, in dem ein Transportkunde gebuchte Kapazitäten an Ein- und Ausspeisepunkten flexibel nutzen kann,

31b. Transportkunde
im Gasbereich Großhändler, Gaslieferanten einschließlich der Handelsabteilung eines vertikal integrierten Unternehmens und Letztverbraucher,

31c. Transportnetzbetreiber
jeder Betreiber eines Übertragungs- oder Fernleitungsnetzes,

31d. Transportnetz
jedes Übertragungs- oder Fernleitungsnetz,

32. Übertragung
der Transport von Elektrizität über ein Höchstspannungs- und Hochspannungsverbundnetz einschließlich grenzüberschreitender Verbindungsleitungen zum Zwecke der Belieferung von Letztverbrauchern oder Verteilern, jedoch nicht die Belieferung der Kunden selbst,

33. Umweltverträglichkeit
dass die Energieversorgung den Erfordernissen eines nachhaltigen, insbesondere rationellen und sparsamen Umgangs mit Energie genügt, eine schonende und dauerhafte Nutzung von Ressourcen gewährleistet ist und die Umwelt möglichst wenig belastet wird, der Nutzung von Kraft-Wärme-Kopplung und erneuerbaren Energien kommt dabei besondere Bedeutung zu,

33a. Unternehmensleitung
die oberste Unternehmensleitung sowie Personen, die mit Leitungsaufgaben für den Transportnetzbetreiber betraut sind und auf Grund eines Übertragungsaktes, dessen Eintragung im Handelsregister oder einem vergleichbaren Register eines Mitgliedstaates der Europäischen Union gesetzlich vorgesehen ist, berechtigt sind, den Transportnetzbetreiber gerichtlich und außergerichtlich zu vertreten,

34. Verbindungsleitungen
Anlagen, die zur Verbundschaltung von Elektrizitätsnetzen dienen, oder eine Fernleitung, die eine Grenze zwischen Mitgliedstaaten quert oder überspannt und einzig dem Zweck dient, die nationalen Fernleitungsnetze dieser Mitgliedstaaten zu verbinden,

35. Verbundnetz
eine Anzahl von Übertragungs- und Elektrizitätsverteilernetzen, die durch eine oder mehrere Verbindungsleitungen miteinander verbunden sind,

oder eine Anzahl von Gasversorgungsnetzen, die miteinander verbunden sind,

36. Versorgung
die Erzeugung oder Gewinnung von Energie zur Belieferung von Kunden, der Vertrieb von Energie an Kunden und der Betrieb eines Energieversorgungsnetzes,

37. Verteilung
der Transport von Elektrizität mit hoher, mittlerer oder niederer Spannung über Elektrizitätsverteilernetze oder der Transport von Gas über örtliche oder regionale Leitungsnetze, um die Versorgung von Kunden zu ermöglichen, jedoch nicht die Belieferung der Kunden selbst; der Verteilung von Gas dienen auch solche Netze, die über Grenzkopplungspunkte verfügen, über die ausschließlich ein anderes, nachgelagertes Netz aufgespeist wird,

38. vertikal integriertes Energieversorgungsunternehmen
ein in der Europäischen Union im Elektrizitäts- oder Gasbereich tätiges Unternehmen oder eine Gruppe von Elektrizitäts- oder Gasunternehmen, die im Sinne des Artikels 3 Absatz 2 der Verordnung (EG) Nr. 139/2004 des Rates vom 20. Januar 2004 über die Kontrolle von Unternehmenszusammenschlüssen (ABl. L 24 vom 29.1.2004, S. 1) miteinander verbunden sind, wobei das betreffende Unternehmen oder die betreffende Gruppe in der Europäischen Union im Elektrizitätsbereich mindestens eine der Funktionen Übertragung oder Verteilung und mindestens eine der Funktionen Erzeugung oder Vertrieb von Elektrizität oder im Erdgasbereich mindestens eine der Funktionen Fernleitung, Verteilung, Betrieb einer LNG-Anlage oder Speicherung und gleichzeitig eine der Funktionen Gewinnung oder Vertrieb von Erdgas wahrnimmt,

38a. volatile Erzeugung
Erzeugung von Strom aus Windenergieanlagen und aus solarer Strahlungsenergie,

39. vorgelagertes Rohrleitungsnetz
Rohrleitungen oder ein Netz von Rohrleitungen, deren Betrieb oder Bau Teil eines Öl- oder Gasgewinnungsvorhabens ist oder die dazu verwendet werden, Erdgas von einer oder mehreren solcher Anlagen zu einer Aufbereitungsanlage, zu einem Terminal oder zu einem an der Küste gelegenen Endanlandeterminal zu leiten, mit Ausnahme solcher Netzteile oder Teile von Einrichtungen, die für örtliche Produktionstätigkeiten verwendet werden,

40. Winterhalbjahr
der Zeitraum vom 1. Oktober eines Jahres bis zum 31. März des Folgejahres.

§ 3a Verhältnis zum Eisenbahnrecht. Dieses Gesetz gilt auch für die Versorgung von Eisenbahnen mit leitungsgebundener Energie, insbesondere Fahrstrom, soweit im Eisenbahnrecht nichts anderes geregelt ist.

§ 4 Genehmigung des Netzbetriebs. (1) [1]Die Aufnahme des Betriebs eines Energieversorgungsnetzes bedarf der Genehmigung durch die nach Landesrecht zuständige Behörde. [2]Über die Erteilung der Genehmigung entscheidet die nach Landesrecht zuständige Behörde innerhalb von sechs Monaten nach Vorliegen vollständiger Antragsunterlagen.

(2) [1] Die Genehmigung nach Absatz 1 darf nur versagt werden, wenn der Antragsteller nicht die personelle, technische und wirtschaftliche Leistungsfähigkeit und Zuverlässigkeit besitzt, um den Netzbetrieb entsprechend den Vorschriften dieses Gesetzes auf Dauer zu gewährleisten. [2] Unter den gleichen Voraussetzungen kann auch der Betrieb einer in Absatz 1 genannten Anlage untersagt werden, für dessen Aufnahme keine Genehmigung erforderlich war.

(3) Im Falle der Gesamtrechtsnachfolge oder der Rechtsnachfolge nach dem Umwandlungsgesetz oder in sonstigen Fällen der rechtlichen Entflechtung des Netzbetriebs nach § 7 oder den §§ 8 bis 10 geht die Genehmigung auf den Rechtsnachfolger über.

(4) Die nach Landesrecht zuständige Behörde kann bei einem Verstoß gegen Absatz 1 den Netzbetrieb untersagen oder den Netzbetreiber durch andere geeignete Maßnahmen vorläufig verpflichten, ein Verhalten abzustellen, das einen Versagungsgrund im Sinne des Absatzes 2 darstellen würde.

(5) Das Verfahren nach Absatz 1 kann über eine einheitliche Stelle abgewickelt werden.

§ 4a Zertifizierung und Benennung des Betreibers eines Transportnetzes. (1) [1] Der Betrieb eines Transportnetzes bedarf der Zertifizierung durch die Regulierungsbehörde. [2] Das Zertifizierungsverfahren wird auf Antrag des Transportnetzbetreibers oder des Transportnetzeigentümers, auf begründeten Antrag der Europäischen Kommission oder von Amts wegen eingeleitet. [3] Transportnetzbetreiber oder Transportnetzeigentümer haben den Antrag auf Zertifizierung bis spätestens 3. März 2012 zu stellen.

(2) [1] Transportnetzbetreiber haben dem Antrag alle zur Prüfung des Antrags erforderlichen Unterlagen beizufügen. [2] Die Unterlagen sind der Regulierungsbehörde auf Anforderung auch elektronisch zur Verfügung zu stellen.

(3) Die Regulierungsbehörde erteilt die Zertifizierung des Transportnetzbetreibers, wenn der Transportnetzbetreiber nachweist, dass er entsprechend den Vorgaben der §§ 8 oder 9 oder der §§ 10 bis 10e organisiert ist.

(4) Die Zertifizierung kann mit Nebenbestimmungen verbunden werden, soweit dies erforderlich ist, um zu gewährleisten, dass die Vorgaben der §§ 8 oder 9 oder der §§ 10 bis 10e erfüllt werden.

(5) [1] Die Regulierungsbehörde erstellt innerhalb eines Zeitraums von vier Monaten ab Einleitung des Zertifizierungsverfahrens einen Entscheidungsentwurf und übersendet diesen unverzüglich der Europäischen Kommission zur Abgabe einer Stellungnahme. [2] Die Regulierungsbehörde hat der Europäischen Kommission mit der Übersendung des Entscheidungsentwurfs nach Satz 1 alle Antragsunterlagen nach Absatz 2 zur Verfügung zu stellen.

(6) [1] Die Regulierungsbehörde hat binnen zwei Monaten nach Zugang der Stellungnahme der Europäischen Kommission oder nach Ablauf der Frist des Artikels 3 Absatz 1 der Verordnung (EG) Nr. 714/2009 des Europäischen Parlaments und des Rates vom 13. Juli 2009 über die Netzzugangsbedingungen für den grenzüberschreitenden Stromhandel und zur Aufhebung der Verordnung (EG) Nr. 1228/2003 (ABl. L 211 vom 14.8.2009, S. 15) oder des Arti-

kels 3 Absatz 1 der Verordnung (EG) Nr. 715/2009[1] des Europäischen Parlaments und des Rates vom 13. Juli 2009 über die Bedingungen für den Zugang zu den Erdgasfernleitungsnetzen und zur Aufhebung der Verordnung (EG) Nr. 1775/2005 (ABl. L 211 vom 14.8.2009, S. 36, L 229 vom 1.9.2009, S. 29), ohne dass der Regulierungsbehörde eine Stellungnahme der Europäischen Kommission zugegangen ist, eine Entscheidung zu treffen. [2] Hat die Europäische Kommission eine Stellungnahme übermittelt, berücksichtigt die Regulierungsbehörde diese so weit wie möglich in ihrer Entscheidung. [3] Die Entscheidung wird zusammen mit der Stellungnahme der Europäischen Kommission im Amtsblatt der Bundesnetzagentur in nicht personenbezogener Form bekannt gegeben. [4] Trifft die Regulierungsbehörde innerhalb der Frist nach Satz 1 keine Entscheidung, gilt der betreffende Transportnetzbetreiber bis zu einer Entscheidung der Regulierungsbehörde als zertifiziert.

(7) [1] Mit der Bekanntgabe der Zertifizierung im Amtsblatt der Bundesnetzagentur ist der Antragsteller als Transportnetzbetreiber benannt. [2] Die Regulierungsbehörde teilt der Europäischen Kommission die Benennung mit. [3] Die Benennung eines Unabhängigen Systembetreibers im Sinne des § 9 erfordert die Zustimmung der Europäischen Kommission.

(8) Artikel 3 der Verordnung (EG) Nr. 714/2009 und Artikel 3 der Verordnung (EG) Nr. 715/2009[1] bleiben unberührt.

§ 4b Zertifizierung in Bezug auf Drittstaaten. (1) [1] Beantragt ein Transportnetzbetreiber oder ein Transportnetzeigentümer, der von einer oder mehreren Personen aus einem oder mehreren Staaten, die nicht der Europäischen Union oder dem Europäischen Wirtschaftsraum angehören (Drittstaaten), allein oder gemeinsam kontrolliert wird, die Zertifizierung, teilt die Regulierungsbehörde dies der Europäischen Kommission mit. [2] Transportnetzbetreiber oder Transportnetzeigentümer haben den Antrag auf Zertifizierung bis spätestens 3. März 2013 bei der Regulierungsbehörde zu stellen.

(2) [1] Wird ein Transportnetzbetreiber oder ein Transportnetzeigentümer von einer oder mehreren Personen aus einem oder mehreren Drittstaaten allein oder gemeinsam kontrolliert, ist die Zertifizierung nur zu erteilen, wenn der Transportnetzbetreiber oder der Transportnetzeigentümer den Anforderungen der §§ 8 oder 9 oder der §§ 10 bis 10e genügt und das Bundesministerium für Wirtschaft und Energie feststellt, dass die Erteilung der Zertifizierung die Sicherheit der Elektrizitäts- oder Gasversorgung der Bundesrepublik Deutschland und der Europäischen Union nicht gefährdet. [2] Der Antragsteller hat mit der Antragstellung nach Absatz 1 zusätzlich beim Bundesministerium für Wirtschaft und Energie die zur Beurteilung der Auswirkungen auf die Versorgungssicherheit erforderlichen Unterlagen einzureichen.

(3) [1] Das Bundesministerium für Wirtschaft und Energie übermittelt der Regulierungsbehörde binnen drei Monaten nach Eingang der vollständigen erforderlichen Unterlagen nach Absatz 2 Satz 2 seine Bewertung, ob die Erteilung der Zertifizierung die Sicherheit der Elektrizitäts- oder Gasversorgung der Bundesrepublik Deutschland und der Europäischen Union gefährdet. [2] Bei seiner Bewertung der Auswirkungen auf die Versorgungssicherheit berücksichtigt das Bundesministerium für Wirtschaft und Energie

[1] Nr. 9.

1. die Rechte und Pflichten der Europäischen Union gegenüber diesem Drittstaat, die aus dem Völkerrecht, auch aus einem Abkommen mit einem oder mehreren Drittstaaten, dem die Union als Vertragpartei angehört und in dem Fragen der Energieversorgungssicherheit behandelt werden, erwachsen;
2. die Rechte und Pflichten der Bundesrepublik Deutschland gegenüber diesem Drittstaat, die aus einem mit diesem Drittstaat geschlossenen Abkommen erwachsen, soweit sie mit dem Unionsrecht in Einklang stehen, und
3. andere besondere Umstände des Einzelfalls und des betreffenden Drittstaats.

(4) Vor einer Entscheidung der Regulierungsbehörde über die Zertifizierung des Betriebs eines Transportnetzes bitten Regulierungsbehörde und Bundesministerium für Wirtschaft und Energie die Europäische Kommission um Stellungnahme, ob der Transportnetzbetreiber oder der Transportnetzeigentümer den Anforderungen der §§ 8 oder 9 oder der §§ 10 bis 10e genügt und eine Gefährdung der Energieversorgungssicherheit der Europäischen Union auf Grund der Zertifizierung ausgeschlossen ist.

(5) [1] Die Regulierungsbehörde hat innerhalb von zwei Monaten, nachdem die Europäische Kommission ihre Stellungnahme vorgelegt hat oder nachdem die Frist des Artikels 11 Absatz 6 der Richtlinie 2009/72/EG des Europäischen Parlaments und des Rates vom 13. Juli 2009 über gemeinsame Vorschriften für den Elektrizitätsbinnenmarkt und zur Aufhebung der Richtlinie 2009/54/EG (ABl. L 211 vom 14.8.2008, S. 94) oder des Artikels 11 Absatz 6 der Richtlinie 2009/73/EG[1)] des Europäischen Parlaments und des Rates vom 13. Juli 2009 über gemeinsame Vorschriften für den Erdgasbinnenmarkt und zur Aufhebung der Richtlinie 2003/55/EG (ABl. L 211 vom 14.8.2009, S. 55) abgelaufen ist, ohne dass die Europäische Kommission eine Stellungnahme vorgelegt hat, über den Antrag auf Zertifizierung zu entscheiden. [2] Die Regulierungsbehörde hat in ihrer Entscheidung der Stellungnahme der Europäischen Kommission so weit wie möglich Rechnung zu tragen. [3] Die Bewertung des Bundesministeriums für Wirtschaft und Energie ist Bestandteil der Entscheidung der Regulierungsbehörde.

(6) Die Regulierungsbehörde hat der Europäischen Kommission unverzüglich die Entscheidung zusammen mit allen die Entscheidung betreffenden wichtigen Informationen mitzuteilen.

(7) [1] Die Regulierungsbehörde hat ihre Entscheidung zusammen mit der Stellungnahme der Europäischen Kommission im Amtsblatt der Bundesnetzagentur in nicht personenbezogener Form zu veröffentlichen. [2] Weicht die Entscheidung von der Stellungnahme der Europäischen Kommission ab, ist mit der Entscheidung die Begründung für diese Entscheidung mitzuteilen und zu veröffentlichen.

§ 4c Pflichten der Transportnetzbetreiber. [1] Die Transportnetzbetreiber haben die Regulierungsbehörde unverzüglich über alle geplanten Transaktionen und Maßnahmen sowie sonstige Umstände zu unterrichten, die eine Neubewertung der Zertifizierungsvoraussetzungen nach den §§ 4a und 4b erforderlich machen können. [2] Sie haben die Regulierungsbehörde insbesondere über Umstände zu unterrichten, in deren Folge eine oder mehrere Personen

---

1) Nr. 5.

aus einem oder mehreren Drittstaaten allein oder gemeinsam die Kontrolle über den Transportnetzbetreiber erhalten. [3] Die Regulierungsbehörde hat das Bundesministerium für Wirtschaft und Energie und die Europäische Kommission unverzüglich über Umstände nach Satz 2 zu informieren. [4] Das Bundesministerium für Wirtschaft und Energie kann bei Vorliegen von Umständen nach Satz 2 seine Bewertung nach § 4b Absatz 1 widerrufen.

§ 4d Widerruf der Zertifizierung nach § 4a, nachträgliche Versehung mit Auflagen. [1] Die Regulierungsbehörde kann eine Zertifizierung nach § 4a oder § 4b widerrufen oder erweitern oder eine Zertifizierung nachträglich mit Auflagen versehen sowie Auflagen ändern oder ergänzen, soweit auf Grund geänderter tatsächlicher Umstände eine Neubewertung der Zertifizierungsvoraussetzungen erforderlich wird. [2] Die Regulierungsbehörde kann eine Zertifizierung auch nachträglich mit Auflagen versehen sowie Auflagen ändern oder ergänzen. [3] Insbesondere kann sie dem Transportnetzbetreiber Maßnahmen aufgeben, die erforderlich sind, um zu gewährleisten, dass der Transportnetzbetreiber die Anforderungen der §§ 8 bis 10e erfüllt. [4] § 65 bleibt unberührt.

§ 5 Anzeige der Energiebelieferung. [1] Energieversorgungsunternehmen, die Haushaltskunden mit Energie beliefern, müssen die Aufnahme und Beendigung der Tätigkeit sowie Änderungen ihrer Firma bei der Regulierungsbehörde unverzüglich anzeigen; ausgenommen ist die Belieferung von Haushaltskunden ausschließlich innerhalb einer Kundenanlage oder eines geschlossenen Verteilernetzes sowie über nicht auf Dauer angelegte Leitungen. [2] Eine Liste der angezeigten Unternehmen wird von der Regulierungsbehörde laufend auf ihrer Internetseite veröffentlicht; veröffentlicht werden die Firma und die Adresse des Sitzes der angezeigten Unternehmen. [3] Mit der Anzeige der Aufnahme der Tätigkeit ist das Vorliegen der personellen, technischen und wirtschaftlichen Leistungsfähigkeit sowie der Zuverlässigkeit der Geschäftsleitung darzulegen. [4] Die Regulierungsbehörde kann die Ausübung der Tätigkeit jederzeit ganz oder teilweise untersagen, wenn die personelle, technische oder wirtschaftliche Leistungsfähigkeit oder Zuverlässigkeit nicht gewährleistet ist. [5] Die Sätze 3 und 4 gelten nicht für Energieversorgungsunternehmen mit Sitz in einem anderen Mitgliedstaat der Europäischen Union, wenn das Energieversorgungsunternehmen von der zuständigen Behörde des Herkunftsmitgliedstaats ordnungsgemäß zugelassen worden ist.

§ 5a Speicherungspflichten, Veröffentlichung von Daten. (1) [1] Energieversorgungsunternehmen, die Energie an Kunden verkaufen, haben die hierfür erforderlichen Daten über sämtliche mit Großhandelskunden und Transportnetzbetreibern sowie im Gasbereich mit Betreibern von Speicheranlagen und LNG-Anlagen im Rahmen von Energieversorgungsverträgen und Energiederivaten getätigte Transaktionen für die Dauer von fünf Jahren zu speichern und sie auf Verlangen der Regulierungsbehörde, dem Bundeskartellamt, den Landeskartellbehörden sowie der Europäischen Kommission zu übermitteln, soweit dies für deren jeweilige Aufgabenerfüllung erforderlich ist. [2] Daten im Sinne des Satzes 1 sind genaue Angaben zu den Merkmalen der Transaktionen wie Laufzeit-, Liefer- und Abrechnungsbestimmungen, Menge, Datum und Uhrzeit der Ausführung, Transaktionspreise und Angaben zur Identifizierung des betreffenden Vertragspartners sowie entsprechende Angaben zu sämtlichen offenen Positionen und nicht abgerechneten Energieversorgungsverträgen und Energiederivaten.

(2) [1]Die Regulierungsbehörde kann Informationen nach Absatz 1 in nicht personenbezogener Form veröffentlichen, wenn damit keine wirtschaftlich sensiblen Daten über einzelne Marktakteure oder einzelne Transaktionen preisgegeben werden. [2]Satz 1 gilt nicht für Informationen über Energiederivate. [3]Die Regulierungsbehörde stellt vor der Veröffentlichung das Einvernehmen mit dem Bundeskartellamt her.

(3) Soweit sich aus dem

1. Wertpapierhandelsgesetz,
2. den Artikeln 72 bis 76 der Delegierten Verordnung (EU) 2017/565 der Kommission vom 25. April 2016 zur Ergänzung der Richtlinie 2014/65/EU des Europäischen Parlaments und des Rates in Bezug auf die organisatorischen Anforderungen an Wertpapierfirmen und die Bedingungen für die Ausübung ihrer Tätigkeit sowie in Bezug auf die Definition bestimmter Begriffe für die Zwecke der genannten Richtlinie (ABl. L 87 vom 31.3.2017, S. 1), in der jeweils geltenden Fassung, oder
3. handels- oder steuerrechtlichen Bestimmungen Pflichten zur Aufbewahrung ergeben, die mit den Pflichten nach Absatz 1 vergleichbar sind, ist das Energieversorgungsunternehmen insoweit von den Pflichten zur Aufbewahrung gemäß Absatz 1 befreit.

§ 5b Anzeige von Verdachtsfällen, Verschwiegenheitspflichten.

(1) [1]Personen, die beruflich Transaktionen mit Energiegroßhandelsprodukten arrangieren, dürfen ausschließlich Personen, die auf Grund ihres Berufs einer gesetzlichen Verschwiegenheitspflicht unterliegen, und staatliche Stellen von einer Anzeige gemäß Artikel 15 Satz 1 der Verordnung (EU) Nr. 1227/2011 des Europäischen Parlaments und des Rates vom 25. Oktober 2011 über die Integrität und Transparenz des Energiegroßhandelsmarkts (ABl. L 326 vom 8.12.2011, S. 1) oder von einer daraufhin eingeleiteten Untersuchung oder einem daraufhin eingeleiteten Ermittlungsverfahren in Kenntnis setzen. [2]Die Bundesnetzagentur kann Inhalt und Ausgestaltung der Vorkehrungsmaßnahmen und Verfahren nach Artikel 15 Satz 2 der Verordnung (EU) Nr. 1227/2011 durch Festlegung nach § 29 Absatz 1 näher bestimmen. [3]Für die zur Auskunft nach Artikel 15 Satz 1 verpflichtete Person gilt § 55 der Strafprozessordnung entsprechend.

(2) Ergreift die Bundesnetzagentur Maßnahmen wegen eines möglichen Verstoßes gegen ein Verbot nach Artikel 3 oder Artikel 5 der Verordnung (EU) Nr. 1227/2011, so dürfen die Adressaten dieser Maßnahmen ausschließlich Personen, die auf Grund ihres Berufs einer gesetzlichen Verschwiegenheitspflicht unterliegen, und staatliche Stellen von diesen Maßnahmen oder von einem daraufhin eingeleiteten Ermittlungsverfahren in Kenntnis setzen.

Teil 2. Entflechtung

Abschnitt 1. Gemeinsame Vorschriften für Verteilernetzbetreiber und Transportnetzbetreiber

§ 6 Anwendungsbereich und Ziel der Entflechtung. (1) [1] Vertikal integrierte Energieversorgungsunternehmen und rechtlich selbstständige Betreiber von Elektrizitäts- und Gasversorgungsnetzen, die im Sinne des § 3 Nummer 38 mit einem vertikal integrierten Energieversorgungsunternehmen verbunden sind, sind zur Gewährleistung von Transparenz sowie diskriminierungsfreier Ausgestaltung und Abwicklung des Netzbetriebs verpflichtet. [2] Um dieses Ziel zu erreichen, müssen sie die Unabhängigkeit der Netzbetreiber von anderen Tätigkeitsbereichen der Energieversorgung nach den §§ 6a bis 10e sicherstellen. [3] Die §§ 9 bis 10e sind nur auf solche Transportnetze anwendbar, die am 3. September 2009 im Eigentum eines vertikal integrierten Unternehmens standen.

(2) [1] Die in engem wirtschaftlichem Zusammenhang mit der rechtlichen und operationellen Entflechtung eines Verteilnetzes, eines Transportnetzes oder eines Betreibers von Speicheranlagen nach § 7 Absatz 1 und §§ 7a bis 10e übertragenen Wirtschaftsgüter gelten als Teilbetrieb im Sinne der §§ 15, 16, 18, 20 und 24 des Umwandlungssteuergesetzes. [2] Satz 1 gilt nur für diejenigen Wirtschaftsgüter, die unmittelbar auf Grund des Organisationsakts der Entflechtung übertragen werden. [3] Für die Anwendung des § 15 Absatz 1 Satz 1 des Umwandlungssteuergesetzes gilt auch das Vermögen als zu einem Teilbetrieb gehörend, das der übertragenden Körperschaft im Rahmen des Organisationsakts der Entflechtung verbleibt. [4] § 15 Absatz 2 und § 22 des Umwandlungssteuergesetzes, § 34 Absatz 7a des Körperschaftsteuergesetzes sowie § 6 Absatz 3 Satz 2 und Absatz 5 Satz 4 bis 6 sowie § 16 Absatz 3 Satz 3 und 4 des Einkommensteuergesetzes sind auf Maßnahmen nach Satz 1 nicht anzuwenden, sofern diese Maßnahme von Transportnetzbetreibern im Sinne des § 3 Nummer 31c oder Betreibern von Speicheranlagen bis zum 3. März 2012 ergriffen worden sind. [5] Satz 4 gilt bezüglich des § 22 des Umwandlungssteuergesetzes und der in § 34 Absatz 7a des Körperschaftsteuergesetzes genannten Fälle nur für solche mit der siebenjährigen Sperrfrist behafteten Anteile, die zu Beginn der rechtlichen oder operationellen Entflechtung bereits bestanden haben und deren Veräußerung unmittelbar auf Grund des Organisationsakts der Entflechtung erforderlich ist. [6] Für den Erwerber der Anteile gilt Satz 4 nicht und dieser tritt bezüglich der im Zeitpunkt der Veräußerung der Anteile noch laufenden Sperrfrist unter *Besitzzeitanrechung*[1] in die Rechtsstellung des Veräußerers ein. [7] Bei der Prüfung der Frage, ob die Voraussetzungen für die Anwendung der Sätze 1 und 2 vorliegen, leistet die Regulierungsbehörde den Finanzbehörden Amtshilfe (§ 111 der Abgabenordnung).

(3) [1] Erwerbsvorgänge im Sinne des § 1 des Grunderwerbsteuergesetzes, die sich für Verteilernetzbetreiber, Transportnetzbetreiber oder Betreiber von Speicheranlagen aus der rechtlichen oder operationellen Entflechtung nach § 7 Absatz 1 und den §§ 7a bis 10e ergeben, sind von der Grunderwerbsteuer befreit. [2] Absatz 2 Satz 4 und 7 gelten entsprechend.

---

[1] Richtig wohl: „Besitzzeitanrechnung".

(4) Die Absätze 2 und 3 gelten nicht für diejenigen Unternehmen, die eine rechtliche Entflechtung auf freiwilliger Grundlage vornehmen.

§ 6a Verwendung von Informationen. (1) Unbeschadet gesetzlicher Verpflichtungen zur Offenbarung von Informationen haben vertikal integrierte Energieversorgungsunternehmen, Transportnetzeigentümer, Netzbetreiber, Speicheranlagenbetreiber sowie Betreiber von LNG-Anlagen sicherzustellen, dass die Vertraulichkeit wirtschaftlich sensibler Informationen, von denen sie in Ausübung ihrer Geschäftstätigkeit als Transportnetzeigentümer, Netzbetreiber, Speicheranlagenbetreiber sowie Betreiber von LNG-Anlagen Kenntnis erlangen, gewahrt wird.

(2) [1] Legen das vertikal integrierte Energieversorgungsunternehmen, Transportnetzeigentümer, Netzbetreiber, ein Speicheranlagenbetreiber oder ein Betreiber von LNG-Anlagen über die eigenen Tätigkeiten Informationen offen, die wirtschaftliche Vorteile bringen können, so stellen sie sicher, dass dies in nicht diskriminierender Weise erfolgt. [2] Sie stellen insbesondere sicher, dass wirtschaftlich sensible Informationen gegenüber anderen Teilen des Unternehmens vertraulich behandelt werden.

§ 6b Rechnungslegung und Buchführung. (1) [1] Vertikal integrierte Energieversorgungsunternehmen im Sinne des § 3 Nummer 38, einschließlich rechtlich selbständiger Unternehmen, die zu einer Gruppe verbundener Elektrizitäts- oder Gasunternehmen gehören und mittelbar oder unmittelbar energiespezifische Dienstleistungen erbringen, und rechtlich selbständige Netzbetreiber sowie Betreiber von Speicheranlagen haben ungeachtet ihrer Eigentumsverhältnisse und ihrer Rechtsform einen Jahresabschluss und Lagebericht nach den für Kapitalgesellschaften geltenden Vorschriften des Ersten, Dritten und Vierten Unterabschnitts des Zweiten Abschnitts des Dritten Buchs des Handelsgesetzbuchs aufzustellen, prüfen zu lassen und offenzulegen; § 264 Absatz 3 und § 264b des Handelsgesetzbuchs sind insoweit nicht anzuwenden. [2] Handelt es sich bei dem Unternehmen nach Satz 1 um eine Personenhandelsgesellschaft oder das Unternehmen eines Einzelkaufmanns, dürfen das sonstige Vermögen der Gesellschafter oder des Einzelkaufmanns (Privatvermögen) nicht in die Bilanz und die auf das Privatvermögen entfallenden Aufwendungen und Erträge nicht in die Gewinn- und Verlustrechnung aufgenommen werden.

(2) [1] Im Anhang zum Jahresabschluss sind die Geschäfte größeren Umfangs mit verbundenen oder assoziierten Unternehmen im Sinne von § 271 Absatz 2 oder § 311 des Handelsgesetzbuchs gesondert auszuweisen. [2] Hierbei sind insbesondere Leistung und Gegenleistung anzugeben.

(3) [1] Unternehmen nach Absatz 1 Satz 1 haben zur Vermeidung von Diskriminierung und Quersubventionierung in ihrer internen Rechnungslegung jeweils getrennte Konten für jede ihrer Tätigkeiten in den nachfolgend aufgeführten Bereichen so zu führen, wie dies erforderlich wäre, wenn diese Tätigkeiten von rechtlich selbstständigen Unternehmen ausgeführt würden:

1. Elektrizitätsübertragung;
2. Elektrizitätsverteilung;
3. Gasfernleitung;
4. Gasverteilung;
5. Gasspeicherung;

6. Betrieb von LNG-Anlagen.

[2] Tätigkeit im Sinne dieser Bestimmung ist auch jede wirtschaftliche Nutzung eines Eigentumsrechts an Elektrizitäts- oder Gasversorgungsnetzen, Gasspeichern oder LNG-Anlagen. [3] Für die anderen Tätigkeiten innerhalb des Elektrizitätssektors und innerhalb des Gassektors sind Konten zu führen, die innerhalb des jeweiligen Sektors zusammengefasst werden können. [4] Für Tätigkeiten außerhalb des Elektrizitäts- und Gassektors sind ebenfalls eigene Konten zu führen, die zusammengefasst werden können. [5] Soweit eine direkte Zuordnung zu den einzelnen Tätigkeiten nicht möglich ist oder mit unvertretbarem Aufwand verbunden wäre, hat die Zuordnung durch Schlüsselung zu den Konten, die sachgerecht und für Dritte nachvollziehbar sein muss, zu erfolgen. [6] Mit der Erstellung des Jahresabschlusses ist für jeden der genannten Tätigkeitsbereiche jeweils eine den in Absatz 1 Satz 1 genannten Vorschriften entsprechende Bilanz und Gewinn- und Verlustrechnung (Tätigkeitsabschluss) aufzustellen und dem Abschlussprüfer zur Prüfung vorzulegen. [7] Dabei sind in der Rechnungslegung die Regeln, einschließlich der Abschreibungsmethoden, anzugeben, nach denen die Gegenstände des Aktiv- und Passivvermögens sowie die Aufwendungen und Erträge den gemäß Satz 1 bis 4 geführten Konten zugeordnet worden sind.

(4) [1] Die gesetzlichen Vertreter haben den Tätigkeitsabschluss unverzüglich, jedoch spätestens vor Ablauf des zwölften Monats des dem Abschlussstichtag nachfolgenden Geschäftsjahres, gemeinsam mit dem nach Absatz 1 Satz 1 in Verbindung mit § 325 des Handelsgesetzbuchs offenzulegenden Jahresabschluss beim Betreiber des Bundesanzeigers elektronisch einzureichen. [2] Er ist unverzüglich im Bundesanzeiger bekannt machen zu lassen. [3] § 326 des Handelsgesetzbuchs ist insoweit nicht anzuwenden.

(5) [1] Die Prüfung des Jahresabschlusses gemäß Absatz 1 umfasst auch die Einhaltung der Pflichten zur Rechnungslegung nach Absatz 3. [2] Dabei ist neben dem Vorhandensein getrennter Konten auch zu prüfen, ob die Wertansätze und die Zuordnung der Konten sachgerecht und nachvollziehbar erfolgt sind und der Grundsatz der Stetigkeit beachtet worden ist. [3] Im Bestätigungsvermerk zum *Jahresabschuss*[1)] ist anzugeben, ob die Vorgaben nach Absatz 3 eingehalten worden sind.

(6) [1] Unbeschadet der besonderen Pflichten des Prüfers nach Absatz 5 kann die Regulierungsbehörde zusätzliche Bestimmungen gegenüber dem Unternehmen nach Absatz 1 Satz 1 durch Festlegung nach § 29 Absatz 1 treffen, die vom Prüfer im Rahmen der Jahresabschlussprüfung über die nach Absatz 1 anwendbaren Prüfungsvoraussetzungen hinaus zu berücksichtigen sind. [2] Sie kann insbesondere zusätzliche Schwerpunkte für die Prüfungen festlegen. [3] Eine solche Festlegung muss spätestens sechs Monate vor dem Bilanzstichtag des jeweiligen Kalenderjahres ergehen.

(7) [1] Der Auftraggeber der Prüfung des Jahresabschlusses hat der Regulierungsbehörde unverzüglich nach Feststellung des Jahresabschlusses eine Ausfertigung des Berichts über die Prüfung des Jahresabschlusses nach § 321 des Handelsgesetzbuchs (Prüfungsbericht) einschließlich erstatteter Teilberichte zu übersenden. [2] Der Prüfungsbericht ist fest mit dem geprüften Jahresabschluss,

---

1) Richtig wohl: „Jahresabschluss".

dem Lagebericht und den erforderlichen Tätigkeitsabschlüssen zu verbinden. [3]Der Bestätigungsvermerk oder der Vermerk über die Versagung sind im Prüfungsbericht wiederzugeben. [4]Der Lagebericht muss auf die Tätigkeiten nach Absatz 3 Satz 1 eingehen. [5]Geschäftsberichte zu den in Absatz 3 Satz 1 und 2 aufgeführten Tätigkeitsbereichen sind von den Unternehmen auf ihrer Internetseite zu veröffentlichen. [6]Tätigkeitsabschlüsse zu den Tätigkeitsbereichen, die nicht in Absatz 3 Satz 1 aufgeführt sind, hat die Regulierungsbehörde als Geschäftsgeheimnisse zu behandeln. [7]Prüfberichte von solchen Unternehmen nach Absatz 1 Satz 1, die mittelbar oder unmittelbar energiespezifische Dienstleistungen erbringen, sind der Regulierungsbehörde zu übersenden, die für das regulierte Unternehmen nach § 54 Absatz 1 zuständig ist.

(8) [1]Unternehmen, die nur deshalb als vertikal integriertes Energieversorgungsunternehmen im Sinne des § 3 Nummer 38 einzuordnen sind, weil sie auch Betreiber eines geschlossenen Verteilernetzes sind, und ihre Abschlussprüfer sind von den Verpflichtungen nach den Absätzen 4 und 7 ausgenommen. [2]Die Befugnisse der Regulierungsbehörde insbesondere nach § 110 Absatz 4 bleiben unberührt.

§ 6c Ordnungsgeldvorschriften. (1) [1]Die Ordnungsgeldvorschriften der §§ 335 bis 335b des Handelsgesetzbuchs sind auch auf die Verletzung von Pflichten nach § 6b Absatz 1 Satz 1, Absatz 4 des vertretungsberechtigten Organs des Energieversorgungsunternehmens sowie auf das Energieversorgungsunternehmen selbst entsprechend anzuwenden, und zwar auch dann, wenn es sich bei diesem nicht um eine Kapitalgesellschaft oder eine Gesellschaft im Sinne des § 264a des Handelsgesetzbuchs handelt. [2]Offenlegung im Sinne des § 325 Absatz 1 Satz 1 des Handelsgesetzbuchs ist die Einreichung und Bekanntmachung des Jahresabschlusses einschließlich des Tätigkeitsabschlusses gemäß § 6b Absatz 1 Satz 1, Absatz 4 dieses Gesetzes. [3]§ 329 des Handelsgesetzbuchs ist entsprechend anzuwenden.

(2) Die nach § 54 Absatz 1 zuständige Regulierungsbehörde übermittelt dem Betreiber des Bundesanzeigers einmal pro Kalenderjahr Name und Anschrift der ihr bekannt werdenden Energieversorgungsunternehmen.

§ 6d Betrieb eines Kombinationsnetzbetreibers. Der gemeinsame Betrieb eines Transport- sowie eines Verteilernetzes durch denselben Netzbetreiber ist zulässig, soweit dieser Netzbetreiber die Bestimmungen der §§ 8 oder 9 oder §§ 10 bis 10e einhält.

Abschnitt 2. Entflechtung von Verteilernetzbetreibern und Betreibern von Speicheranlagen

§ 7 Rechtliche Entflechtung von Verteilernetzbetreibern. (1) Vertikal integrierte Energieversorgungsunternehmen haben sicherzustellen, dass Verteilernetzbetreiber, die mit ihnen im Sinne von § 3 Nummer 38 verbunden sind, hinsichtlich ihrer Rechtsform unabhängig von anderen Tätigkeitsbereichen der Energieversorgung sind.

(2) [1]Vertikal integrierte Energieversorgungsunternehmen, an deren Elektrizitätsverteilernetz weniger als 100 000 Kunden unmittelbar oder mittelbar angeschlossen sind, sind hinsichtlich der Betreiber von Elektrizitätsverteilernetzen, die mit ihnen im Sinne von § 3 Nummer 38 verbunden sind, von den

Verpflichtungen nach Absatz 1 ausgenommen. [2] Satz 1 gilt für Gasverteilernetze entsprechend.

§ 7a Operationelle Entflechtung von Verteilernetzbetreibern. (1) Unternehmen nach § 6 Absatz 1 Satz 1 haben die Unabhängigkeit ihrer im Sinne von § 3 Nummer 38 verbundenen Verteilernetzbetreiber hinsichtlich der Organisation, der Entscheidungsgewalt und der Ausübung des Netzgeschäfts nach Maßgabe der folgenden Absätze sicherzustellen.

(2) Für Personen, die für den Verteilernetzbetreiber tätig sind, gelten zur Gewährleistung eines diskriminierungsfreien Netzbetriebs folgende Vorgaben:

1. Personen, die mit Leitungsaufgaben für den Verteilernetzbetreiber betraut sind oder die Befugnis zu Letztentscheidungen besitzen, die für die Gewährleistung eines diskriminierungsfreien Netzbetriebs wesentlich sind, müssen für die Ausübung dieser Tätigkeiten einer betrieblichen Einrichtung des Verteilernetzbetreibers angehören und dürfen keine Angehörigen von betrieblichen Einrichtungen des vertikal integrierten Energieversorgungsunternehmens sein, die direkt oder indirekt für den laufenden Betrieb in den Bereichen der Gewinnung, Erzeugung oder des Vertriebs von Energie an Kunden zuständig sind.
2. Personen, die in anderen Teilen des vertikal integrierten Energieversorgungsunternehmens sonstige Tätigkeiten des Netzbetriebs ausüben, sind insoweit den fachlichen Weisungen der Leitung des Verteilernetzbetreibers zu unterstellen.

(3) Unternehmen nach § 6 Absatz 1 Satz 1 haben geeignete Maßnahmen zu treffen, um die berufliche Handlungsunabhängigkeit der Personen zu gewährleisten, die mit Leitungsaufgaben des Verteilernetzbetreibers betraut sind.

(4) [1] Vertikal integrierte Energieversorgungsunternehmen haben zu gewährleisten, dass die Verteilernetzbetreiber tatsächliche Entscheidungsbefugnisse in Bezug auf die für den Betrieb, die Wartung und den Ausbau des Netzes erforderlichen Vermögenswerte des vertikal integrierten Energieversorgungsunternehmens besitzen und diese im Rahmen der Bestimmungen dieses Gesetzes unabhängig von der Leitung und den anderen betrieblichen Einrichtungen des vertikal integriertenEnergieversorgungsunternehmens ausüben können. [2] Das vertikal integrierte Energieversorgungsunternehmen hat sicherzustellen, dass der Verteilernetzbetreiber über die erforderliche Ausstattung in materieller, personeller, technischer und finanzieller Hinsicht verfügt, um tatsächliche Entscheidungsbefugnisse nach Satz 1 effektiv ausüben zu können. [3] Zur Wahrnehmung der wirtschaftlichen Befugnisse der Leitung des vertikal integrierten Energieversorgungsunternehmens und seiner Aufsichtsrechte über die Geschäftsführung des Verteilernetzbetreibers im Hinblick auf dessen Rentabilität ist die Nutzung gesellschaftsrechtlicher Instrumente der Einflussnahme und Kontrolle, unter anderem der Weisung, der Festlegung allgemeiner Verschuldungsobergrenzen und der Genehmigung jährlicher Finanzpläne oder gleichwertiger Instrumente, insoweit zulässig, als dies zur Wahrnehmung der berechtigten Interessen des vertikal integrierten Energieversorgungsunternehmens erforderlich ist. [4] Dabei ist die Einhaltung der §§ 11 bis 16a sicherzustellen. [5] Weisungen zum laufenden Netzbetrieb sind nicht erlaubt; ebenfalls unzulässig sind Weisungen im Hinblick auf einzelne Entscheidungen zu baulichen Maßnahmen an Energieanlagen, solange sich diese Entscheidungen im Rah-

men eines vom vertikal integrierten Energieversorgungsunternehmen genehmigten Finanzplans oder gleichwertigen Instruments halten.

(5) [1]Vertikal integrierte Energieversorgungsunternehmen sind verpflichtet, für die mit Tätigkeiten des Netzbetriebs befassten Mitarbeiter ein Programm mit verbindlichen Maßnahmen zur diskriminierungsfreien Ausübung des Netzgeschäfts (Gleichbehandlungsprogramm) festzulegen, den Mitarbeitern dieses Unternehmens und der Regulierungsbehörde bekannt zu machen und dessen Einhaltung durch eine natürliche oder juristische Person (Gleichbehandlungsbeauftragter) zu überwachen. [2]Pflichten der Mitarbeiter und mögliche Sanktionen sind festzulegen. [3]Der Gleichbehandlungsbeauftragte legt der Regulierungsbehörde jährlich spätestens zum 31. März einen Bericht über die nach Satz 1 getroffenen Maßnahmen des vergangenen Kalenderjahres vor und veröffentlicht ihn in nicht personenbezogener Form. [4]Der Gleichbehandlungsbeauftragte des Verteilernetzbetreibers ist in seiner Aufgabenwahrnehmung vollkommen unabhängig. [5]Er hat Zugang zu allen Informationen, über die der Verteilernetzbetreiber und etwaige verbundene Unternehmen verfügen, soweit dies zu Erfüllung seiner Aufgaben erforderlich ist.

(6) Verteilernetzbetreiber, die Teil eines vertikal integrierten Energieversorgungsunternehmens sind, haben in ihrem Kommunikationsverhalten und ihrer Markenpolitik zu gewährleisten, dass eine Verwechslung zwischen Verteilernetzbetreiber und den Vertriebsaktivitäten des vertikal integrierten Energieversorgungsunternehmens ausgeschlossen ist.

(7) [1]Vertikal integrierte Energieversorgungsunternehmen, an deren Elektrizitätsverteilernetz weniger als 100 000 Kunden unmittelbar oder mittelbar angeschlossen sind, sind hinsichtlich der Betreiber von Elektrizitätsverteilernetzen, die mit ihnen im Sinne von § 3 Nummer 38 verbunden sind, von den Verpflichtungen nach Absatz 1 bis 6 ausgenommen. [2]Satz 1 gilt entsprechend für Gasverteilernetze.

§ 7b Entflechtung von Speicheranlagenbetreibern und Transportnetzeigentümern. Auf Transportnetzeigentümer, soweit ein Unabhängiger Systembetreiber im Sinne des § 9 benannt wurde, und auf Betreiber von Speicheranlagen, die Teil eines vertikal integrierten Energieversorgungsunternehmens sind und zu denen der Zugang technisch und wirtschaftlich erforderlich ist für einen effizienten Netzzugang im Hinblick auf die Belieferung von Kunden, sind § 7 Absatz 1 und § 7a Absatz 1 bis 5 entsprechend anwendbar.

Abschnitt 3. Besondere Entflechtungsvorgaben für Transportnetzbetreiber

§ 8 Eigentumsrechtliche Entflechtung. (1) Vertikal integrierte Energieversorgungsunternehmen haben sich nach Maßgabe der folgenden Absätze zu entflechten, soweit sie nicht von einer der in § 9 oder den §§ 10 bis 10e enthaltenen Möglichkeiten Gebrauch machen.

(2) [1]Der Transportnetzbetreiber hat unmittelbar oder vermittelt durch Beteiligungen Eigentümer des Transportnetzes zu sein. [2]Personen, die unmittelbar oder mittelbar die Kontrolle über ein Unternehmen ausüben, das eine der Funktionen Gewinnung, Erzeugung oder Vertrieb von Energie an Kunden wahrnimmt, sind nicht berechtigt, unmittelbar oder mittelbar Kontrolle über einen Betreiber eines Transportnetzes oder ein Transportnetz oder Rechte an

einem Betreiber eines Transportnetzes oder einem Transportnetz auszuüben. [3]Personen, die unmittelbar oder mittelbar die Kontrolle über einen Transportnetzbetreiber oder ein Transportnetz ausüben, sind nicht berechtigt, unmittelbar oder mittelbar Kontrolle über ein Unternehmen, das eine der Funktionen Gewinnung, Erzeugung oder Vertrieb von Energie an Kunden wahrnimmt, oder Rechte an einem solchen Unternehmen auszuüben. [4]Personen, die unmittelbar oder mittelbar die Kontrolle über ein Unternehmen ausüben, das eine der Funktionen Gewinnung, Erzeugung oder Vertrieb von Energie an Kunden wahrnimmt, oder Rechte an einem solchen Unternehmen ausüben, sind nicht berechtigt, Mitglieder des Aufsichtsrates oder der zur gesetzlichen Vertretung berufenen Organe eines Betreibers von Transportnetzen zu bestellen. [5]Personen, die Mitglied des Aufsichtsrates oder der zur gesetzlichen Vertretung berufenen Organe eines Unternehmens sind, das eine Funktion der Gewinnung, Erzeugung oder Vertrieb von Energie an Kunden wahrnimmt, sind nicht berechtigt, Mitglied des Aufsichtsrates oder der zur gesetzlichen Vertretung berufenen Organe des Transportnetzbetreibers zu sein. [6]Rechte im Sinne von Satz 2 bis 4 sind insbesondere:

1. die Befugnis zur Ausübung von Stimmrechten, soweit dadurch wesentliche Minderheitsrechte vermittelt werden, insbesondere in den in § 179 Absatz 2 des Aktiengesetzes, § 182 Absatz 1 des Aktiengesetzes sowie § 193 Absatz 1 des Aktiengesetzes geregelten oder vergleichbaren Bereichen,
2. die Befugnis, Mitglieder des Aufsichtsrates oder der zur gesetzlichen Vertretung berufenen Organe zu bestellen,
3. das Halten einer Mehrheitsbeteiligung.

[7]Die Verpflichtung nach Satz 1 gilt als erfüllt, wenn zwei oder mehr Unternehmen, die Eigentümer von Transportnetzen sind, ein Gemeinschaftsunternehmen gründen, das in zwei oder mehr Mitgliedstaaten als Betreiber für die betreffenden Transportnetze tätig ist. [8]Ein anderes Unternehmen darf nur dann Teil des Gemeinschaftsunternehmens sein, wenn es nach den Vorschriften dieses Abschnitts entflochten und zertifiziert wurde. [9]Transportnetzbetreiber haben zu gewährleisten, dass sie über die finanziellen, materiellen, technischen und personellen Mittel verfügen, die erforderlich sind, um die Aufgaben nach Teil 3 Abschnitt 1 bis 3 wahrzunehmen.

(3) Im unmittelbaren Zusammenhang mit einem Entflechtungsvorgang nach Absatz 1 dürfen weder wirtschaftlich sensible Informationen nach § 6a, über die ein Transportnetzbetreiber verfügt, der Teil eines vertikal integrierten Unternehmens war, an Unternehmen übermittelt werden, die eine der Funktionen Gewinnung, Erzeugung oder Vertrieb von Energie an Kunden wahrnehmen, noch ein Personalübergang vom Transportnetzbetreiber zu diesen Unternehmen stattfinden.

§ 9 Unabhängiger Systembetreiber. (1) [1]Stand ein Transportnetz am 3. September 2009 im Eigentum eines vertikal integrierten Unternehmens, kann ein Unabhängiger Systembetreiber nach Maßgabe dieser Vorschrift benannt werden. [2]Unternehmen, die einen Antrag auf Zertifizierung des Betriebs eines Unabhängigen Systembetreibers stellen, haben die Unabhängigkeit des Transportnetzbetreibers nach Maßgabe der Absätze 2 bis 6 sicherzustellen.

(2) [1]Auf Unabhängige Systembetreiber findet § 8 Absatz 2 Satz 2 bis 5 entsprechend Anwendung. [2]Er hat über die materiellen, finanziellen, tech-

nischen und personellen Mittel zu verfügen, die erforderlich sind, um die Aufgaben des Transportnetzbetreibers nach Teil 3 Abschnitt 1 bis 3 wahrzunehmen. [3] Der Unabhängige Systembetreiber ist verpflichtet, den von der Regulierungsbehörde überwachten zehnjährigen Netzentwicklungsplan nach den §§ 12a bis 12f oder § 15a umzusetzen. [4] Der Unabhängige Systembetreiber hat in der Lage zu sein, den Verpflichtungen, die sich aus der Verordnung (EG) Nr. 714/2009 oder der Verordnung (EG) Nr. 715/2009[1)] ergeben, auch hinsichtlich der Zusammenarbeit der Übertragungs- oder Fernleitungsnetzbetreiber auf europäischer und regionaler Ebene, nachkommen zu können.

(3) [1] Der Unabhängige Systembetreiber hat den Netzzugang für Dritte diskriminierungsfrei zu gewähren und auszugestalten. [2] Er hat insbesondere Netzentgelte zu erheben, Engpasserlöse einzunehmen, das Transportnetz zu betreiben, zu warten und auszubauen, sowie im Wege einer Investitionsplanung die langfristige Fähigkeit des Transportnetzes zur Befriedigung einer angemessenen Nachfrage zu gewährleisten. [3] Der Unabhängige Systembetreiber hat im Elektrizitätsbereich neben den Aufgaben nach Satz 1 und 2 auch die Rechte und Pflichten, insbesondere Zahlungen, im Rahmen des Ausgleichsmechanismus zwischen Übertragungsnetzbetreibern nach Artikel 13 der Verordnung (EG) Nr. 714/2009 wahrzunehmen. [4] Der Unabhängige Systembetreiber trägt die Verantwortung für Planung, einschließlich der Durchführung der erforderlichen Genehmigungsverfahren, Bau und Betrieb der Infrastruktur. [5] Der Transportnetzeigentümer ist nicht nach Satz 1 bis 4 verpflichtet.

(4) [1] Der Eigentümer des Transportnetzes und das vertikal integrierte Energieversorgungsunternehmen haben im erforderlichen Umfang mit dem Unabhängigen Systembetreiber zusammenzuarbeiten und ihn bei der Wahrnehmung seiner Aufgaben, insbesondere durch Zurverfügungstellung der dafür erforderlichen Informationen, zu unterstützen. [2] Sie haben die vom Unabhängigen Systembetreiber beschlossenen und im Netzentwicklungsplan nach den §§ 12a bis 12f oder § 15a für die folgenden drei Jahre ausgewiesenen Investitionen zu finanzieren oder ihre Zustimmung zur Finanzierung durch Dritte, einschließlich des Unabhängigen Systembetreibers, zu erteilen. [3] Die Finanzierungsvereinbarungen sind von der Regulierungsbehörde zu genehmigen. [4] Der Eigentümer des Transportnetzes und das vertikal integrierte Energieversorgungsunternehmen haben die notwendigen Sicherheitsleistungen, die zur Erleichterung der Finanzierung eines notwendigen Netzausbaus erforderlich sind, zur Verfügung zu stellen, es sei denn, der Eigentümer des Transportnetzes oder das vertikal integrierte Energieversorgungsunternehmen haben der Finanzierung durch einen Dritten, einschließlich dem Unabhängigen Systembetreiber, zugestimmt. [5] Der Eigentümer des Transportnetzes hat zu gewährleisten, dass er dauerhaft in der Lage ist, seinen Verpflichtungen nach Satz 1 bis 3 nachzukommen.

(5) Der Eigentümer des Transportnetzes und das vertikal integrierte Energieversorgungsunternehmen haben den Unabhängigen Systembetreiber von jeglicher Haftung für Sach-, Personen- und Vermögensschäden freizustellen, die durch das vom Unabhängigen Systembetreiber betriebenen Transportnetz verursacht werden, es sei denn, die Haftungsrisiken betreffen die Wahrnehmung der Aufgaben nach Absatz 3 durch den Unabhängigen Systembetreiber.

[1)] Nr. 9.

(6) Betreibt der Unabhängige Systembetreiber die Transportnetze mehrerer Eigentümer von Transportnetzen, sind die Voraussetzungen der Absätze 1 bis 5 im Verhältnis zwischen dem Unabhängigen Systembetreiber und dem jeweiligen Eigentümer von Transportnetzen oder dem jeweiligen vertikal integrierten Unternehmen jeweils zu erfüllen.

§ 10 Unabhängiger Transportnetzbetreiber. (1) [1]Vertikal integrierte Energieversorgungsunternehmen können einen Unabhängigen Transportnetzbetreiber nach Maßgabe dieser Bestimmung sowie der §§ 10a bis 10e einrichten, wenn das Transportnetz am 3. September 2009 im Eigentum eines vertikal integrierten Energieversorgungsunternehmens stand. [2]Der Unabhängige Transportnetzbetreiber hat neben den Aufgaben nach Teil 3 Abschnitt 1 bis 3 mindestens für folgende Bereiche verantwortlich zu sein:
1. die Vertretung des Unabhängigen Transportnetzbetreibers gegenüber Dritten und der Regulierungsbehörde,
2. die Vertretung des Unabhängigen Transportnetzbetreibers innerhalb des Europäischen Verbunds der Übertragungs- oder Fernleitungsnetzbetreiber,
3. die Erhebung aller transportnetzbezogenen Entgelte, einschließlich der Netzentgelte, sowie gegebenenfalls anfallender Entgelte für Hilfsdienste, insbesondere für Gasaufbereitung und die Beschaffung oder Bereitstellung von Ausgleichs- oder Verlustenergie,
4. die Einrichtung und den Unterhalt solcher Einrichtungen, die üblicherweise für mehrere Teile des vertikal integrierten Unternehmens tätig wären, insbesondere eine eigene Rechtsabteilung und eigene Buchhaltung sowie die Betreuung der beim Unabhängigen Transportnetzbetreiber vorhandenen Informationstechnologie-Infrastruktur,
5. die Gründung von geeigneten Gemeinschaftsunternehmen, auch mit anderen Transportnetzbetreibern, mit Energiebörsen und anderen relevanten Akteuren, mit dem Ziel die Entwicklung von regionalen Strom- oder Gasmärkten zu fördern, die Versorgungssicherheit zu gewährleisten oder den Prozess der Liberalisierung der Energiemärkte zu erleichtern.

(2) [1]Vertikal integrierte Energieversorgungsunternehmen haben die Unabhängigkeit ihrer im Sinne von § 3 Nummer 38 verbundenen Unabhängigen Transportnetzbetreiber hinsichtlich der Organisation, der Entscheidungsgewalt und der Ausübung des Transportnetzgeschäfts nach Maßgabe der §§ 10a bis 10e zu gewährleisten. [2]Vertikal integrierte Energieversorgungsunternehmen haben den Unabhängigen Transportnetzbetreiber in einer der nach Artikel 1 der Richtlinie 2009/101/EG des Europäischen Parlaments und des Rates vom 16. September 2009 zur Koordinierung der Schutzbestimmungen, die in den Mitgliedstaaten Gesellschaften im Sinne des Artikels 48 Absatz 2 des Vertrags im Interesse der Gesellschafter sowie Dritter vorgeschrieben sind, um diese Bestimmungen gleichwertig zu gestalten (ABl. L 258 vom 1.10.2009, S. 11) zulässigen Rechtsformen zu organisieren.

§ 10a Vermögenswerte, Anlagen, Personalausstattung, Unternehmensidentität des Unabhängigen Transportnetzbetreibers. (1) [1]Unabhängige Transportnetzbetreiber müssen über die finanziellen, technischen, materiellen und personellen Mittel verfügen, die zur Erfüllung der Pflichten aus diesem Gesetz und für den Transportnetzbetrieb erforderlich sind. [2]Unabhängige Transportnetzbetreiber haben, unmittelbar oder vermittelt durch Beteiligungen, Eigentümer an allen für den Transportnetzbetrieb erforderlichen Vermögenswerten, einschließlich des Transportnetzes, zu sein.

(2) [1] Personal, das für den Betrieb des Transportnetzes erforderlich ist, darf nicht in anderen Gesellschaften des vertikal integrierten Energieversorgungsunternehmens oder deren Tochtergesellschaften angestellt sein. [2] Arbeitnehmerüberlassungen des Unabhängigen Transportnetzbetreibers an das vertikal integrierte Energieversorgungsunternehmen sowie des vertikal integrierten Energieversorgungsunternehmens an den Unabhängigen Transportnetzbetreiber sind unzulässig.

(3) [1] Das vertikal integrierte Energieversorgungsunternehmen oder eines seiner Tochterunternehmen hat die Erbringung von Dienstleistungen durch eigene oder in seinem Auftrag handelnde Personen für den Unabhängigen Transportnetzbetreiber zu unterlassen. [2] Die Erbringung von Dienstleistungen für das vertikal integrierte Energieversorgungsunternehmen durch den Unabhängigen Transportnetzbetreiber ist nur zulässig, soweit

1. die Dienstleistungen grundsätzlich für alle Nutzer des Transportnetzes diskriminierungsfrei zugänglich sind und der Wettbewerb in den Bereichen Erzeugung, Gewinnung und Lieferung weder eingeschränkt, verzerrt oder unterbunden wird;
2. die vertraglichen Bedingungen für die Erbringung der Dienstleistung durch den Unabhängigen Transportnetzbetreiber für das vertikal integrierte Energieversorgungsunternehmen der Regulierungsbehörde vorgelegt und von dieser geprüft wurden und
3. die Dienstleistungen weder die Abrechnung erbrachter Dienstleistungen gegenüber dem Kunden für das vertikal integrierte Unternehmen im Bereich der Funktionen Erzeugung, Gewinnung, Verteilung, Lieferung von Elektrizität oder Erdgas oder Speicherung von Erdgas noch andere Dienstleistungen umfasst, deren Wahrnehmung durch den Unabhängigen Transportnetzbetreiber geeignet ist, Wettbewerber des vertikal integrierten Unternehmens zu diskriminieren.

[3] Die Befugnisse der Regulierungsbehörde nach § 65 bleiben unberührt.

(4) Der Unabhängige Transportnetzbetreiber hat sicherzustellen, dass hinsichtlich seiner Firma, seiner Kommunikation mit Dritten sowie seiner Markenpolitik und Geschäftsräume eine Verwechslung mit dem vertikal integrierten Energieversorgungsunternehmen oder einem seiner Tochterunternehmen ausgeschlossen ist.

(5) [1] Unabhängige Transportnetzbetreiber müssen die gemeinsame Nutzung von Anwendungssystemen der Informationstechnologie mit dem vertikal integrierten Energieversorgungsunternehmen unterlassen, soweit diese Anwendungen der Informationstechnologie auf die unternehmerischen Besonderheiten des Unabhängigen Transportnetzbetreibers oder des vertikal integrierten Energieversorgungsunternehmens angepasst wurden. [2] Unabhängige Transportnetzbetreiber haben die gemeinsame Nutzung von Infrastruktur der Informationstechnologie mit anderen Teilen des vertikal integrierten Energieversorgungsunternehmens zu unterlassen, es sei denn, die Infrastruktur

1. befindet sich außerhalb der Geschäftsräume des Unabhängigen Transportnetzbetreibers und des vertikal integrierten Unternehmens und

2. wird von Dritten zur Verfügung gestellt und betrieben.

[3] Unabhängige Transportnetzbetreiber und vertikal integrierte Energieversorgungsunternehmen haben sicherzustellen, dass sie in Bezug auf Anwendungssysteme der Informationstechnologie und Infrastruktur der Informationstechnologie, die sich in Geschäfts- oder Büroräumen des Unabhängigen Transportnetzbetreibers oder des vertikal integrierten Energieversorgungsunternehmens befindet, nicht mit denselben Beratern oder externen Auftragnehmern zusammenarbeiten.

(6) Unabhängiger Transportnetzbetreiber und andere Teile des vertikal integrierten Energieversorgungsunternehmens haben die gemeinsame Nutzung von Büro- und Geschäftsräumen, einschließlich der gemeinsamen Nutzung von Zugangskontrollsystemen, zu unterlassen.

(7) [1] Der Unabhängige Transportnetzbetreiber hat die Rechnungslegung von anderen Abschlussprüfern als denen prüfen zu lassen, die die Rechnungsprüfung beim vertikal integrierten Energieversorgungsunternehmen oder einem seiner Teile durchführen. [2] Der Abschlussprüfer des vertikal integrierten Energieversorgungsunternehmens kann Einsicht in Teile der Bücher des Unabhängigen Transportnetzbetreibers nehmen, soweit dies zur Erteilung des Konzernbestätigungsvermerks im Rahmen der Vollkonsolidierung des vertikal integrierten Energieversorgungsunternehmens erforderlich ist. [3] Der Abschlussprüfer ist verpflichtet, aus der Einsicht in die Bücher des Unabhängigen Transportnetzbetreibers gewonnene Erkenntnisse und wirtschaftlich sensible Informationen vertraulich zu behandeln und sie insbesondere nicht dem vertikal integrierten Energieversorgungsunternehmen mitzuteilen.

§ 10b Rechte und Pflichten im vertikal integrierten Unternehmen.

(1) [1] Vertikal integrierte Energieversorgungsunternehmen müssen gewährleisten, dass Unabhängige Transportnetzbetreiber wirksame Entscheidungsbefugnisse in Bezug auf die für den Betrieb, die Wartung und den Ausbau des Netzes erforderlichen Vermögenswerte des vertikal integrierten Energieversorgungsunternehmens besitzen und diese im Rahmen der Bestimmungen dieses Gesetzes unabhängig von der Leitung und den anderen betrieblichen Einrichtungen des vertikal integrierten Energieversorgungsunternehmens ausüben können. [2] Unabhängige Transportnetzbetreiber müssen insbesondere die Befugnis haben, sich zusätzliche Finanzmittel auf dem Kapitalmarkt durch Aufnahme von Darlehen oder durch eine Kapitalerhöhung zu beschaffen. [3] Satz 1 und 2 gelten unbeschadet der Entscheidungen des Aufsichtsrates nach § 10d.

(2) [1] Struktur und Satzung des Unabhängigen Transportnetzbetreibers haben die Unabhängigkeit des Transportnetzbetreibers vom vertikal integrierten Unternehmen im Sinne der §§ 10 bis 10e sicherzustellen. [2] Vertikal integrierte Energieversorgungsunternehmen haben jegliche unmittelbare oder mittelbare Einflussnahme auf das laufende Geschäft des Unabhängigen Transportnetzbetreibers oder den Netzbetrieb zu unterlassen; sie unterlassen ebenfalls jede unmittelbare oder mittelbare Einflussnahme auf notwendige Tätigkeiten zur Erstellung des zehnjährigen Netzentwicklungsplans nach den §§ 12a bis 12f oder § 15a durch den Unabhängigen Transportnetzbetreiber.

(3) [1] Tochterunternehmen des vertikal integrierten Unternehmens, die die Funktionen Erzeugung, Gewinnung oder Vertrieb von Energie an Kunden

wahrnehmen, dürfen weder direkt noch indirekt Anteile am Transportnetzbetreiber halten. [2]Der Transportnetzbetreiber darf weder direkt oder indirekt Anteile an Tochterunternehmen des vertikal integrierten Unternehmens, die die Funktionen Erzeugung, Gewinnung oder Vertrieb von Energie an Kunden wahrnehmen, halten noch Dividenden oder andere finanzielle Zuwendungen von diesen Tochterunternehmen erhalten.

(4) Der Unabhängige Transportnetzbetreiber hat zu gewährleisten, dass er jederzeit über die notwendigen Mittel für die Errichtung, den Betrieb und den Erhalt eines sicheren, leistungsfähigen und effizienten Transportnetzes verfügt.

(5) [1]Das vertikal integrierte Energieversorgungsunternehmen und der Unabhängige Transportnetzbetreiber haben bei zwischen ihnen bestehenden kommerziellen und finanziellen Beziehungen, einschließlich der Gewährung von Krediten an das vertikal integrierte Energieversorgungsunternehmen durch den Unabhängigen Transportnetzbetreiber, marktübliche Bedingungen einzuhalten. [2]Der Transportnetzbetreiber hat alle kommerziellen oder finanziellen Vereinbarungen mit dem vertikal integrierten Energieversorgungsunternehmen der Regulierungsbehörde in der Zertifizierung zur Genehmigung vorzulegen. [3]Die Befugnisse der Behörde zur Überprüfung der Pflichten aus Teil 3 Abschnitt 3 bleiben unberührt. [4]Der Unabhängige Transportnetzbetreiber hat diese kommerziellen und finanziellen Beziehungen mit dem vertikal integrierten Energieversorgungsunternehmen umfassend zu dokumentieren und die Dokumentation der Regulierungsbehörde auf Verlangen zur Verfügung zu stellen.

(6) Die organschaftliche Haftung der Mitglieder von Organen des vertikal integrierten Unternehmens für Vorgänge in Bereichen, auf die diese Mitglieder nach diesem Gesetz keinen Einfluss ausüben durften und tatsächlich keinen Einfluss ausgeübt haben, ist ausgeschlossen.

§ 10c Unabhängigkeit des Personals und der Unternehmensleitung des Unabhängigen Transportnetzbetreibers. (1) [1]Der Unabhängige Transportnetzbetreiber hat der Regulierungsbehörde die Namen der Personen, die vom Aufsichtsrat als oberste Unternehmensleitung des Transportnetzbetreibers ernannt oder bestätigt werden, sowie die Regelungen hinsichtlich der Funktion, für die diese Personen vorgesehen sind, die Laufzeit der Verträge mit diesen Personen, die jeweiligen Vertragsbedingungen sowie eine eventuelle Beendigung der Verträge mit diesen Personen unverzüglich mitzuteilen. [2]Im Falle einer Vertragsbeendigung hat der Unabhängige Transportnetzbetreiber der Regulierungsbehörde die Gründe, aus denen die Vertragsbeendigung vorgesehen ist, vor der Entscheidung mitzuteilen. [3]Entscheidungen und Regelungen nach Satz 1 werden erst verbindlich, wenn die Regulierungsbehörde innerhalb von drei Wochen nach Zugang der Mitteilung des Unabhängigen Transportnetzbetreibers keine Einwände gegen die Entscheidung erhebt. [4]Die Regulierungsbehörde kann ihre Einwände gegen die Entscheidung nur darauf stützen, dass Zweifel bestehen an:

1. der beruflichen Unabhängigkeit einer ernannten Person der obersten Unternehmensleitung oder
2. der Berechtigung einer vorzeitigen Vertragsbeendigung.

(2) [1]Die Mehrheit der Angehörigen der Unternehmensleitung des Transportnetzbetreibers darf in den letzten drei Jahren vor einer Ernennung nicht bei

einem Unternehmen des vertikal integrierten Unternehmens, das im Elektrizitätsbereich eine der Funktionen Erzeugung, Verteilung, Lieferung oder Kauf von Elektrizität und im Erdgasbereich eine der Funktionen Gewinnung, Verteilung, Lieferung, Kauf, Betrieb einer LNG-Anlage oder Speicherung von Erdgas wahrnimmt oder kommerzielle, technische oder wartungsbezogene Aufgaben im Zusammenhang mit diesen Funktionen erfüllt, oder einem Mehrheitsanteilseigner dieser Unternehmen angestellt gewesen sein oder Interessen- oder Geschäftsbeziehungen zu einem dieser Unternehmen unterhalten haben. [2]Die verbleibenden Angehörigen der Unternehmensleitung des Unabhängigen Transportnetzbetreibers dürfen in den letzten sechs Monaten vor einer Ernennung keine Aufgaben der Unternehmensleitung oder mit der Aufgabe beim Unabhängigen Transportnetzbetreiber vergleichbaren Aufgabe bei einem Unternehmen des vertikal integrierten Unternehmens, das im Elektrizitätsbereich eine der Funktionen Erzeugung, Verteilung, Lieferung oder Kauf von Elektrizität und im Erdgasbereich eine der Funktionen Gewinnung, Verteilung, Lieferung, Kauf oder Speicherung von Erdgas wahrnimmt oder kommerzielle, technische oder wartungsbezogene Aufgaben im Zusammenhang mit diesen Funktionen erfüllt, oder einem Mehrheitsanteilseigner dieser Unternehmen wahrgenommen haben. [3]Die Sätze 1 und 2 finden auf Ernennungen, die vor dem 3. März 2012 wirksam geworden sind, keine Anwendung.

(3) [1]Der Unabhängige Transportnetzbetreiber hat sicherzustellen, dass seine Unternehmensleitung und seine Beschäftigten weder beim vertikal integrierten Energieversorgungsunternehmen oder einem seiner Teile, außer dem Unabhängigen Transportnetzbetreiber, angestellt sind noch Interessen- oder Geschäftsbeziehungen zum vertikal integrierten Energieversorgungsunternehmen oder einem dieser Teile unterhalten. [2]Satz 1 umfasst nicht die zu marktüblichen Bedingungen erfolgende Belieferung von Energie für den privaten Verbrauch.

(4) [1]Der Unabhängige Transportnetzbetreiber und das vertikal integrierte Energieversorgungsunternehmen haben zu gewährleisten, dass Personen der Unternehmensleitung und die übrigen Beschäftigten des Unabhängigen Transportnetzbetreibers nach dem 3. März 2012 keine Anteile des vertikal integrierten Energieversorgungsunternehmens oder eines seiner Unternehmensteile erwerben, es sei denn, es handelt sich um Anteile des Unabhängigen Transportnetzbetreibers. [2]Personen der Unternehmensleitung haben Anteile des vertikal integrierten Energieversorgungsunternehmens oder eines seiner Unternehmensteile, die vor dem 3. März 2012 erworben wurden, bis zum 31. März 2016 zu veräußern. [3]Der Unabhängige Transportnetzbetreiber hat zu gewährleisten, dass die Vergütung von Personen, die der Unternehmensleitung angehören, nicht vom wirtschaftlichen Erfolg, insbesondere dem Betriebsergebnis, des vertikal integrierten Energieversorgungsunternehmens oder eines seiner Tochterunternehmen, mit Ausnahme des Unabhängigen Transportnetzbetreibers, abhängig ist.

(5) Personen der Unternehmensleitung des Unabhängigen Transportnetzbetreibers dürfen nach Beendigung des Vertragsverhältnisses zum Unabhängigen Transportnetzbetreiber für vier Jahre nicht bei anderen Unternehmen des vertikal integrierten Unternehmens, die im Elektrizitätsbereich eine der Funktionen Erzeugung, Verteilung, Lieferung oder Kauf von Elektrizität und im Erdgasbereich eine der Funktionen Gewinnung, Verteilung, Lieferung, Kauf oder Speicherung von Erdgas wahrnehmen oder kommerzielle, technische oder

wartungsbezogene Aufgaben im Zusammenhang mit diesen Funktionen erfüllen, oder bei Mehrheitsanteilseignern dieser Unternehmen des vertikal integrierten Energieversorgungsunternehmens angestellt sein oder Interessens- oder Geschäftsbeziehungen zu diesen Unternehmen oder deren Mehrheitsanteilseignern unterhalten, es sei denn, das Vertragsverhältnis zum Unabhängigen Transportnetzbetreiber wurde vor dem 3. März 2012 beendet.

(6) Absatz 2 Satz 1 sowie Absatz 3 und 5 gelten für Personen, die der obersten Unternehmensleitung unmittelbar unterstellt und für Betrieb, Wartung oder Entwicklung des Netzes verantwortlich sind, entsprechend.

§ 10d Aufsichtsrat des Unabhängigen Transportnetzbetreibers.

(1) Der Unabhängige Transportnetzbetreiber hat über einen Aufsichtsrat nach Abschnitt 2 des Teils 4 des Aktiengesetzes zu verfügen.

(2) [1] Entscheidungen, die Ernennungen, Bestätigungen, Beschäftigungsbedingungen für Personen der Unternehmensleitung des Unabhängigen Transportnetzbetreibers, einschließlich Vergütung und Vertragsbeendigung, betreffen, werden vom Aufsichtsrat getroffen. [2] Der Aufsichtsrat entscheidet, abweichend von § 119 des Aktiengesetzes, auch über die Genehmigung der jährlichen und langfristigen Finanzpläne des Unabhängigen Transportnetzbetreibers, über die Höhe der Verschuldung des Unabhängigen Transportnetzbetreibers sowie die Höhe der an die Anteilseigner des Unabhängigen Transportnetzbetreibers auszuzahlenden Dividenden. [3] Entscheidungen, die die laufenden Geschäfte des Transportnetzbetreibers, insbesondere den Netzbetrieb sowie die Aufstellung des zehnjährigen Netzentwicklungsplans nach den §§ 12a bis 12f oder nach § 15a betreffen, sind ausschließlich von der Unternehmensleitung des Unabhängigen Transportnetzbetreibers zu treffen.

(3) [1] § 10c Absatz 1 bis 5 gilt für die Hälfte der Mitglieder des Aufsichtrats des Unabhängigen Transportnetzbetreibers abzüglich einem Mitglied entsprechend. [2] § 10c Absatz 1 Satz 1 und 2 sowie Satz 4 Nummer 2 gilt für die übrigen Mitglieder des Aufsichtsrates des Unabhängigen Transportnetzbetreibers entsprechend.

§ 10e Gleichbehandlungsprogramm und Gleichbehandlungsbeauftragter des Unabhängigen Transportnetzbetreibers. (1) [1] Unabhängige Transportnetzbetreiber haben ein Programm mit verbindlichen Maßnahmen zur diskriminierungsfreien Ausübung des Betriebs des Transportnetzes festzulegen (Gleichbehandlungsprogramm), den Mitarbeitern bekannt zu machen und der Regulierungsbehörde zur Genehmigung vorzulegen. [2] Im Programm sind Pflichten der Mitarbeiter und mögliche Sanktionen festzulegen.

(2) [1] Unbeschadet der Befugnisse der Regulierungsbehörde wird die Einhaltung des Programms fortlaufend durch eine natürliche oder juristische Person (Gleichbehandlungsbeauftragter des Unabhängigen Transportnetzbetreibers) überwacht. [2] Der Gleichbehandlungsbeauftragte des Unabhängigen Transportnetzbetreibers wird vom nach § 10d gebildeten Aufsichtsrat des unabhängigen Transportnetzbetreibers ernannt. [3] § 10c Absatz 1 bis 5 gilt für den Gleichbehandlungsbeauftragten des Unabhängigen Transportnetzbetreibers entsprechend, § 10c Absatz 2 Satz 1 und 2 gilt nicht entsprechend, wenn der Unabhängige Transportnetzbetreiber eine natürliche Person zum Gleichbehandlungsbeauftragten des Unabhängigen Transportnetzbetreibers bestellt hat.

[4]Der Gleichbehandlungsbeauftragte des Unabhängigen Transportnetzbetreibers ist der Leitung des Unabhängigen Transportnetzbetreibers unmittelbar zu unterstellen und in dieser Funktion weisungsfrei. [5]Er darf wegen der Erfüllung seiner Aufgaben nicht benachteiligt werden. [6]Der Unabhängige Transportnetzbetreiber hat dem Gleichbehandlungsbeauftragten des Unabhängigen Transportnetzbetreibers die zur Erfüllung seiner Aufgaben notwendigen Mittel zur Verfügung zu stellen. [7]Der Gleichbehandlungsbeauftragte des Unabhängigen Transportnetzbetreibers kann vom Unabhängigen Transportnetzbetreiber Zugang zu allen für die Erfüllung seiner Aufgaben erforderlichen Daten sowie, ohne Vorankündigung, zu den Geschäftsräumen des Unabhängigen Transportnetzbetreibers verlangen; der Unabhängige Transportnetzbetreiber hat diesem Verlangen des Gleichbehandlungsbeauftragten des Unabhängigen Transportnetzbetreibers zu entsprechen.

(3) [1]Der Aufsichtsrat des Unabhängigen Transportnetzbetreibers hat die Ernennung des Gleichbehandlungsbeauftragten des Unabhängigen Transportnetzbetreibers der Regulierungsbehörde unverzüglich mitzuteilen. [2]Die Ernennung nach Absatz 2 Satz 2 wird erst nach Zustimmung der Regulierungsbehörde wirksam. [3]Die Zustimmung zur Ernennung ist von der Regulierungsbehörde, außer im Falle fehlender Unabhängigkeit oder fehlender fachlicher Eignung der vom Unabhängigen Transportnetzbetreiber zur Ernennung vorgeschlagenen Person, zu erteilen. [4]Die Auftragsbedingungen oder Beschäftigungsbedingungen des Gleichbehandlungsbeauftragten des Unabhängigen Transportnetzbetreibers, einschließlich der Dauer seiner Bestellung, sind von der Regulierungsbehörde zu genehmigen.

(4) [1]Der Gleichbehandlungsbeauftragte des Unabhängigen Transportnetzbetreibers hat der Regulierungsbehörde regelmäßig Bericht zu erstatten. [2]Er erstellt einmal jährlich einen Bericht, in dem die Maßnahmen zur Durchführung des Gleichbehandlungsprogramms dargelegt werden, und legt ihn der Regulierungsbehörde spätestens zum 30. September eines Jahres vor. [3]Er unterrichtet die Regulierungsbehörde fortlaufend über erhebliche Verstöße bei der Durchführung des Gleichbehandlungsprogramms sowie über die finanziellen und kommerziellen Beziehungen, insbesondere deren Änderungen, zwischen dem vertikal integrierten Energieversorgungsunternehmen und dem Unabhängigen Transportnetzbetreiber. [4]Er berichtet dem Aufsichtsrat des Unabhängigen Transportnetzbetreibers und gibt der obersten Unternehmensleitung Empfehlungen zum Gleichbehandlungsprogramm und seiner Durchführung.

(5) [1]Der Gleichbehandlungsbeauftragte des Unabhängigen Transportnetzbetreibers hat der Regulierungsbehörde alle Entscheidungen zum Investitionsplan oder zu Einzelinvestitionen im Transportnetz spätestens dann zu übermitteln, wenn die Unternehmensleitung des Transportnetzbetreibers diese Entscheidungen dem Aufsichtsrat zuleitet. [2]Der Gleichbehandlungsbeauftragte des Unabhängigen Transportnetzbetreibers hat die Regulierungsbehörde unverzüglich zu informieren, wenn das vertikal integrierte Unternehmen in der Gesellschafter- oder Hauptversammlung des Transportnetzbetreibers durch das Abstimmungsverhalten der von ihm ernannten Mitglieder einen Beschluss herbeigeführt oder die Annahme eines Beschlusses verhindert und auf Grund dessen Netzinvestitionen, die nach dem zehnjährigen Netzentwicklungsplan in

den folgenden drei Jahren durchgeführt werden sollten, verhindert oder hinausgezögert werden.

(6) [1] Der Gleichbehandlungsbeauftragte des Unabhängigen Transportnetzbetreibers ist berechtigt, an allen Sitzungen der Unternehmensleitung, des Aufsichtsrats oder der Gesellschafter- oder Hauptversammlung teilzunehmen. [2] In den Sitzungen des Aufsichtsrats ist dem Gleichbehandlungsbeauftragten des Unabhängigen Transportnetzbetreibers ein eigenes Rederecht einzuräumen. [3] Der Gleichbehandlungsbeauftragte des Unabhängigen Transportnetzbetreibers hat an allen Sitzungen des Aufsichtsrates teilzunehmen, die folgende Fragen behandeln:

1. Netzzugangsbedingungen nach Maßgabe der Verordnung (EG) Nr. 714/2009 (ABl. L 211 vom 14.8.2009, S. 15) und der Verordnung (EG) Nr. 715/2009[1)] (ABl. L 211 vom 14.8.2009, S. 36), insbesondere soweit die Beratungen Fragen zu Netzentgelten, Leistungen im Zusammenhang mit dem Zugang Dritter, der Kapazitätsvergabe und dem Engpassmanagement, Transparenz, Ausgleich von Energieverlusten und Sekundärmärkte betreffen,
2. Vorhaben für den Betrieb, die Wartung und den Ausbau des Transportnetzes, insbesondere hinsichtlich der notwendigen Investitionen für den Netzanschluss und Netzverbund, in neue Transportverbindungen, für die Kapazitätsausweitung und die Verstärkung vorhandener Kapazitäten oder
3. den Verkauf oder Erwerb von Energie, die für den Betrieb des Transportnetzes erforderlich ist.

(7) [1] Nach vorheriger Zustimmung der Regulierungsbehörde kann der Aufsichtsrat den Gleichbehandlungsbeauftragten des Unabhängigen Transportnetzbetreibers abberufen. [2] Die Abberufung hat aus Gründen mangelnder Unabhängigkeit oder mangelnder fachlicher Eignung auf Verlangen der Regulierungsbehörde zu erfolgen.

Teil 3. Regulierung des Netzbetriebs

Abschnitt 1. Aufgaben der Netzbetreiber

§ 11 Betrieb von Energieversorgungsnetzen. (1) [1] Betreiber von Energieversorgungsnetzen sind verpflichtet, ein sicheres, zuverlässiges und leistungsfähiges Energieversorgungsnetz diskriminierungsfrei zu betreiben, zu warten und bedarfsgerecht zu optimieren, zu verstärken und auszubauen, soweit es wirtschaftlich zumutbar ist. [2] Sie haben insbesondere die Aufgaben nach den §§ 12 bis 16a zu erfüllen. ***[Satz 3 ab 1.10.2021:]*** *[3] Sie nehmen diese Aufgaben für ihr Energieversorgungsnetz in eigener Verantwortung wahr.* ***[Satz 4 ab 1.10.2021:]*** *[4] Sie kooperieren und unterstützen sich bei der Wahrnehmung dieser Aufgaben; dies ist insbesondere für Maßnahmen anzuwenden, die sich auf das Netz eines anderen Betreibers von Energieversorgungsnetzen auswirken können.* *[bis 30.9.2021: 3] [ab 1.10.2021: 5]* ***[bis 30.9.2021:*** Die Verpflichtung gilt auch***] [ab 1.10.2021:*** *Die Verpflichtungen sind auch anzuwenden***]*** im Rahmen der Wahrnehmung der wirtschaftlichen Befugnisse der Leitung des vertikal integrierten Energieversorgungsunternehmens und seiner Aufsichtsrechte nach § 7a Absatz 4 Satz 3. *[bis 30.9.2021: 4] [ab 1.10.2021: 6]*

[1)] Nr. 9.

Der Ausbau eines L-Gasversorgungsnetzes ist nicht bedarfsgerecht im Sinne von Satz 1, wenn er auf Grund von Netzanschlüssen erfolgen muss, zu deren Einräumung der Betreiber des L-Gasversorgungsnetzes nicht nach den §§ 17 und 18 verpflichtet war.

(1a) [1] Der Betrieb eines sicheren Energieversorgungsnetzes umfasst insbesondere auch einen angemessenen Schutz gegen Bedrohungen für Telekommunikations- und elektronische Datenverarbeitungssysteme, die für einen sicheren Netzbetrieb notwendig sind. [2] Die Regulierungsbehörde erstellt hierzu im Benehmen mit dem Bundesamt für Sicherheit in der Informationstechnik einen Katalog von Sicherheitsanforderungen und veröffentlicht diesen. [3] Der Katalog der Sicherheitsanforderungen enthält auch Regelungen zur regelmäßigen Überprüfung der Erfüllung der Sicherheitsanforderungen. [4] Ein angemessener Schutz des Betriebs eines Energieversorgungsnetzes liegt vor, wenn dieser Katalog der Sicherheitsanforderungen eingehalten und dies vom Betreiber dokumentiert worden ist. [5] Die Einhaltung kann von der Regulierungsbehörde überprüft werden. [6] Zu diesem Zwecke kann die Regulierungsbehörde nähere Bestimmungen zu Format, Inhalt und Gestaltung der Dokumentation nach Satz 4 treffen.

(1b) [1] Betreiber von Energieanlagen, die durch Inkrafttreten der Rechtsverordnung gemäß § 10 Absatz 1 des BSI-Gesetzes vom 14. August 2009 (BGBl. I S. 2821), das zuletzt durch Artikel 8 des Gesetzes vom 17. Juli 2015 (BGBl. I S. 1324) geändert worden ist, in der jeweils geltenden Fassung als Kritische Infrastruktur bestimmt wurden und an ein Energieversorgungsnetz angeschlossen sind, haben innerhalb einer von der Regulierungsbehörde festzulegenden Frist einen angemessenen Schutz gegen Bedrohungen für Telekommunikations- und elektronische Datenverarbeitungssysteme zu gewährleisten, die für einen sicheren Anlagenbetrieb notwendig sind. [2] Die Regulierungsbehörde erstellt hierzu im Benehmen mit dem Bundesamt für Sicherheit in der Informationstechnik einen Katalog von Sicherheitsanforderungen, in den auch die Bestimmung der Frist nach Satz 1 aufzunehmen ist, und veröffentlicht diesen. [3] Für Telekommunikations- und elektronische Datenverarbeitungssysteme von Anlagen nach § 7 Absatz 1 des Atomgesetzes haben Vorgaben auf Grund des Atomgesetzes Vorrang. [4] Die für die nukleare Sicherheit zuständigen Genehmigungs- und Aufsichtsbehörden des Bundes und der Länder sind bei der Erarbeitung des Katalogs von Sicherheitsanforderungen zu beteiligen. [5] Der Katalog von Sicherheitsanforderungen enthält auch Regelungen zur regelmäßigen Überprüfung der Erfüllung der Sicherheitsanforderungen. [6] Ein angemessener Schutz des Betriebs von Energieanlagen im Sinne von Satz 1 liegt vor, wenn dieser Katalog eingehalten und dies vom Betreiber dokumentiert worden ist. [7] Die Einhaltung kann von der Bundesnetzagentur überprüft werden. [8] Zu diesem Zwecke kann die Regulierungsbehörde nähere Bestimmungen zu Format, Inhalt und Gestaltung der Dokumentation nach Satz 6 treffen.

(1c) [1] Betreiber von Energieversorgungsnetzen und von solchen Energieanlagen, die durch Inkrafttreten der Rechtsverordnung gemäß § 10 Absatz 1 des BSI-Gesetzes als Kritische Infrastruktur bestimmt wurden, haben

1. Störungen der Verfügbarkeit, Integrität, Authentizität und Vertraulichkeit ihrer informationstechnischen Systeme, Komponenten oder Prozesse, die zu einem Ausfall oder einer erheblichen Beeinträchtigung der Funktionsfähigkeit des Energieversorgungsnetzes oder der betreffenden Energieanlage geführt haben,

2. erhebliche Störungen der Verfügbarkeit, Integrität, Authentizität und Vertraulichkeit ihrer informationstechnischen Systeme, Komponenten oder Prozesse, die zu einem Ausfall oder einer erheblichen Beeinträchtigung der Funktionsfähigkeit des Energieversorgungsnetzes oder der betreffenden Energieanlage führen können,

über die Kontaktstelle unverzüglich an das Bundesamt für Sicherheit in der Informationstechnik zu melden.

[2] Die Meldung muss Angaben zu der Störung, zu möglichen grenzübergreifenden Auswirkungen sowie zu den technischen Rahmenbedingungen, insbesondere der vermuteten oder tatsächlichen Ursache und der betroffenen Informationstechnik, enthalten. [3] Die Nennung des Betreibers ist nur dann erforderlich, wenn die Störung tatsächlich zu einem Ausfall oder einer Beeinträchtigung der Funktionsfähigkeit der Kritischen Infrastruktur geführt hat. [4] Das Bundesamt für Sicherheit in der Informationstechnik hat die Meldungen unverzüglich an die Bundesnetzagentur weiterzuleiten. [5] Das Bundesamt für Sicherheit in der Informationstechnik und die Bundesnetzagentur haben sicherzustellen, dass die unbefugte Offenbarung der ihnen nach Satz 1 zur Kenntnis gelangten Angaben ausgeschlossen wird. [6] Zugang zu den Akten des Bundesamtes für Sicherheit in der Informationstechnik sowie zu den Akten der Bundesnetzagentur in Angelegenheiten nach § 11 Absatz 1a bis Absatz 1c wird nicht gewährt. [7] § 29 des Verwaltungsverfahrensgesetzes bleibt unberührt. [8] § 8e Absatz 1 des BSI-Gesetzes ist entsprechend anzuwenden.

(2) [1] Für einen bedarfsgerechten, wirtschaftlich zumutbaren Ausbau der Elektrizitätsversorgungsnetze nach Absatz 1 Satz 1 können Betreiber von Elektrizitätsversorgungsnetzen den Berechnungen für ihre Netzplanung die Annahme zugrunde legen, dass die prognostizierte jährliche Stromerzeugung je unmittelbar an ihr Netz angeschlossener Anlage zur Erzeugung von elektrischer Energie aus Windenergie an Land oder solarer Strahlungsenergie um bis zu 3 Prozent reduziert werden darf (Spitzenkappung). [2] Betreiber von Elektrizitätsversorgungsnetzen, die für ihre Netzplanung eine Spitzenkappung zugrunde gelegt haben, müssen dies

1. auf ihrer Internetseite veröffentlichen,
2. dem Betreiber des vorgelagerten Elektrizitätsversorgungsnetzes, dem Betreiber des Übertragungsnetzes, der Bundesnetzagentur sowie der zuständigen Landesregulierungsbehörde unverzüglich mitteilen und
3. im Rahmen der Netzplanung für einen sachkundigen Dritten nachvollziehbar dokumentieren.

[3] Die Dokumentation nach Satz 2 Nummer 3 muss der Bundesnetzagentur, der zuständigen Landesregulierungsbehörde, dem Betreiber des vorgelagerten Elektrizitätsversorgungsnetzes, dem Betreiber des Übertragungsnetzes, einem Einspeisewilligen sowie einem an das Netz angeschlossenen Anlagenbetreiber auf Verlangen unverzüglich vorgelegt werden. [4] Die §§ 13 und 14 und ***[bis 30.9. 2021:*** die §§ 11, 14 und 15 des Erneuerbare-Energien-Gesetzes[1]***]*** ***[ab 1.10. 2021:*** *§ 11 des Erneuerbare-Energien-Gesetzes]* bleiben unberührt. [5] Ein Betreiber des Elektrizitätsversorgungsnetzes, der ***[bis 30.9.2021:*** nach § 15 Absatz 2 Satz 1 des Erneuerbare-Energien-Gesetzes[1]***]*** Kosten für die Reduzierung der Ein-

[1] Nr. 37.

speisung von mehr als 3 Prozent der jährlichen Stromerzeugung einer Anlage zur Erzeugung von Strom aus erneuerbaren Energien, Grubengas oder Kraft-Wärme-Kopplung bei der Ermittlung seiner Netzentgelte in Ansatz bringt, muss der Bundesnetzagentur sowie der zuständigen Landesregulierungsbehörde den Umfang der und die Ursachen für die Reduzierung der Einspeisung mitteilen und im Fall einer Spitzenkappung die Dokumentation nach Satz 2 Nummer 3 vorlegen.

(3) [1] Betreiber von Übertragungsnetzen können besondere netztechnische Betriebsmittel vorhalten, um die Sicherheit und Zuverlässigkeit des Elektrizitätsversorgungssystems bei einem tatsächlichen örtlichen Ausfall eines oder mehrerer Betriebsmittel im Übertragungsnetz wieder herzustellen. [2] Mit dem Betrieb besonderer netztechnischer Betriebsmittel sind Dritte zu beauftragen. [3] Entsprechendes gilt bei der Errichtung von Anlagen zur Erzeugung elektrischer Energie und der Bereitstellung abschaltbarer Lasten. [4] Aufträge nach den Sätzen 2 und 3 werden im Wettbewerb und im Wege transparenter Verfahren vergeben. [5] Dabei sind

1. die Grundsätze der Wirtschaftlichkeit und der Verhältnismäßigkeit zu wahren und
2. alle Teilnehmer des Verfahrens gleich zu behandeln.

[6] Der Teil 4 des Gesetzes gegen Wettbewerbsbeschränkungen bleibt unberührt. [7] Die Leistung oder die Arbeit besonderer netztechnischer Betriebsmittel darf weder ganz noch teilweise auf den Strommärkten veräußert werden. [8] Die Betreiber von Übertragungsnetzen legen der Bundesnetzagentur rechtzeitig vor einer geplanten Beschaffung besonderer netztechnischer Betriebsmittel vor:

1. Analysen, aus denen sich die Erforderlichkeit besonderer netztechnischer Betriebsmittel unter Berücksichtigung bestehender Energieanlagen ergibt, sowie
2. ein Beschaffungskonzept, welches das Vergabeverfahren nach den Sätzen 2 bis 5 beschreibt.

(4) [1] In Rechtsverordnungen über die Regelung von Vertrags- und sonstigen Rechtsverhältnissen können auch Regelungen zur Haftung der Betreiber von Energieversorgungsnetzen aus Vertrag und unerlaubter Handlung für Sach- und Vermögensschäden, die ein Kunde durch Unterbrechung der Energieversorgung oder durch Unregelmäßigkeiten in der Energieversorgung erleidet, getroffen werden. [2] Dabei kann die Haftung auf vorsätzliche oder grob fahrlässige Verursachung beschränkt und der Höhe nach begrenzt werden. [3] Soweit es zur Vermeidung unzumutbarer wirtschaftlicher Risiken des Netzbetriebs im Zusammenhang mit Verpflichtungen nach § 13 Absatz 2, § 13b Absatz 5 und § 13f Absatz 1, auch in Verbindung mit § 14, und § 16 Absatz 2 und 2a, auch in Verbindung mit § 16a, erforderlich ist, kann die Haftung darüber hinaus vollständig ausgeschlossen werden.

§ 12 Aufgaben der Betreiber von Elektrizitätsversorgungsnetzen, Verordnungsermächtigung. (1) [1] Betreiber von Übertragungsnetzen haben die Energieübertragung durch das Netz unter Berücksichtigung des Austauschs mit anderen Verbundnetzen zu regeln und mit der Bereitstellung und dem Betrieb ihrer Übertragungsnetze im nationalen und internationalen Verbund zu einem sicheren und zuverlässigen Elektrizitätsversorgungssystem in ihrer Regelzone und damit zu einer sicheren Energieversorgung beizutragen. [2]Betreiber von Übertragungsnetzen können vereinbaren, die Regelverantwortung für ihre Netze auf einen Betreiber von Übertragungsnetzen zu übertragen. [3]Mit der Übertragung der Regelverantwortung erhält der verantwortliche Netzbetreiber die Befugnisse der §§ 13 bis 13b. [4]Die Übertragung der Regelverantwortung ist der Regulierungsbehörde spätestens sechs Monate vorher anzuzeigen. [5]Die Regulierungsbehörde kann zur Verringerung des Aufwandes für Regelenergie und zur Förderung von einheitlichen Bedingungen bei der Gewährung des Netzzugangs durch Festlegung nach § 29 Absatz 1 die Betreiber von Übertragungsnetzen verpflichten, eine einheitliche Regelzone zu bilden.

(2) Betreiber von Übertragungsnetzen haben Betreibern eines anderen Netzes, mit dem die eigenen Übertragungsnetze technisch verbunden sind, die notwendigen Informationen bereitzustellen, um den sicheren und effizienten Betrieb, den koordinierten Ausbau und den Verbund sicherzustellen.

(3) [1]Betreiber von Übertragungsnetzen haben dauerhaft die Fähigkeit des Netzes sicherzustellen, die Nachfrage nach Übertragung von Elektrizität zu befriedigen und insbesondere durch entsprechende Übertragungskapazität und Zuverlässigkeit des Netzes zur Versorgungssicherheit beizutragen. [2]Dafür sollen sie im Rahmen des technisch Möglichen auch geeignete technische Anlagen etwa zur Bereitstellung von Blind- und Kurzschlussleistung nutzen, die keine Anlagen zur Erzeugung elektrischer Energie sind.

(3a) Um die technische Sicherheit und die Systemstabilität zu gewährleisten, wird das Bundesministerium für Wirtschaft und Energie ermächtigt, durch Rechtsverordnung technische Anforderungen an Anlagen zur Erzeugung elektrischer Energie, insbesondere an Anlagen nach dem Erneuerbare-Energien-Gesetz[1)] und dem Kraft-Wärme-Kopplungsgesetz[2)], vorzugeben sowie Netzbetreiber und Anlagenbetreiber zu verpflichten, Anlagen, die bereits vor dem 1. Januar 2012 in Betrieb genommen worden sind, entsprechend nachzurüsten sowie anlagenbezogene Daten, die zur Durchführung und Kontrolle des Nachrüstungsprozesses erforderlich sind, bereitzustellen und auszuwerten und Regelungen zur Kostentragung zu treffen.

(3b) [1]Betreiber von Übertragungsnetzen berichten der Regulierungsbehörde auf deren Anforderung über die Sicherheit, Zuverlässigkeit und Leistungsfähigkeit ihres Energieversorgungsnetzes im Sinne von § 11 sowie über die Sicherheit und Zuverlässigkeit des Elektrizitätsversorgungssystems im Sinne von Absatz 1 Satz 1 und Absatz 3. [2]Bei einer Anforderung nach Satz 1 bestimmt die Regulierungsbehörde,

1. zu welchem Zeitpunkt und für welchen Zeitraum berichtet werden soll,
2. ob die Betreiber von Übertragungsnetzen einzeln oder gemeinsam berichten sollen,
3. ob und in welchem Umfang Betreiber von Verteilernetzen an der Erstellung des Berichts zu beteiligen sind,
4. zu welchen Themen berichtet werden soll und
5. ob und zu welchen Themen die Betreiber von Übertragungsnetzen Maßnahmen einschließlich Alternativen vorschlagen sollen, die sie zur Erfüllung

---

1) Nr. **37**.
2) Nr. **45**.

ihrer Aufgaben künftig für erforderlich halten; dies kann auch Vorsorgemaßnahmen und Pilotprojekte umfassen.

(3c) [1] Betreiber von Verteilernetzen berichten der Regulierungsbehörde auf deren Anforderung über die Sicherheit, Zuverlässigkeit und Leistungsfähigkeit ihres Energieversorgungsnetzes im Sinne von § 11. [2] Absatz 3b Satz 2 ist entsprechend anzuwenden.

(4) [1] Die folgenden natürlichen oder juristischen Personen müssen den Betreibern von Elektrizitätsversorgungsnetzen auf deren Verlangen unverzüglich die Informationen einschließlich etwaiger Betriebs- und Geschäftsgeheimnisse bereitstellen, die notwendig sind, damit die Elektrizitätsversorgungsnetze sicher und zuverlässig betrieben, gewartet und ausgebaut werden können:

1. die Betreiber von Erzeugungsanlagen,
2. die Betreiber von Anlagen zur Speicherung von elektrischer Energie,
3. die Betreiber von Elektrizitätsverteilernetzen,
4. die Betreiber von Gasversorgungsnetzen,
5. industrielle und gewerbliche Letztverbraucher,
6. Anbieter von Lastmanagement und
7. Großhändler oder Lieferanten von Elektrizität.

[2] Zu den bereitzustellenden Informationen zählen insbesondere Stammdaten, Planungsdaten und Echtzeitdaten.

(5) [1] Die Betreiber von Elektrizitätsversorgungsnetzen müssen

1. sicherstellen, dass die Betriebs- und Geschäftsgeheimnisse, die ihnen nach Absatz 4 Satz 1 zur Kenntnis gelangen, ausschließlich so zu den dort genannten Zwecken genutzt werden, dass deren unbefugte Offenbarung ausgeschlossen ist,
2. die nach Absatz 4 erhaltenen Informationen in anonymisierter Form an das Bundesministerium für Wirtschaft und Energie jeweils auf dessen Verlangen für die Zwecke des Monitorings nach § 51 übermitteln,
3. neben den nach Nummer 2 zu übermittelnden Informationen an das Bundesministerium für Wirtschaft und Energie jeweils auf dessen Verlangen weitere verfügbare und für die Zwecke des Monitorings nach § 51 erforderliche Informationen und Analysen übermitteln, insbesondere verfügbare Informationen und eine gemeinsam von den Betreibern von Übertragungsnetzen in einer von dem Bundesministerium für Wirtschaft und Energie zu bestimmenden Form zu erstellende Analyse zu den grenzüberschreitenden Verbindungsleitungen sowie zu Angebot und Nachfrage auf den europäischen Strommärkten und zu der Höhe und der Entwicklung der Gesamtlast in den Elektrizitätsversorgungsnetzen in den vergangenen zehn Jahren im Gebiet der Bundesrepublik Deutschland,
4. der Regulierungsbehörde jeweils auf deren Verlangen in einer von ihr zu bestimmenden Frist und Form für die Zwecke des Berichts nach § 63 Absatz 3a Informationen und Analysen zu der Mindesterzeugung insbesondere aus thermisch betriebenen Erzeugungsanlagen und aus Anlagen zur Speicherung von elektrischer Energie sowie Informationen und geeignete Analysen zur Entwicklung der Mindesterzeugung übermitteln und

5. der Regulierungsbehörde jeweils jährlich auf deren Verlangen in einer von ihr zu bestimmenden Frist und Form für die Zwecke des Monitorings nach § 51a die Unternehmen und Vereinigungen von Unternehmen nennen, die einen Stromverbrauch von mehr als 20 Gigawattstunden jährlich haben.

[2] Das Bundesministerium für Wirtschaft und Energie veröffentlicht die Informationen und Analysen nach Satz 1 Nummer 2 und 3 nach Übermittlung durch die Betreiber von Elektrizitätsversorgungsnetzen in geeigneter aggregierter Form unter Wahrung der Betriebs- und Geschäftsgeheimnisse gemeinsam mit dem Bericht zum Stand und zur Entwicklung der Versorgungssicherheit im Bereich der Versorgung mit Elektrizität nach § 63 Absatz 2 Satz 1 Nummer 2.

(6) Die Regulierungsbehörde wird ermächtigt, nach § 29 Absatz 1 Festlegungen zu treffen zur näheren Bestimmung des Kreises der nach Absatz 4 Satz 1 Verpflichteten, zum Inhalt und zur Methodik, zu den Details der Datenweitergabe und zum Datenformat der Bereitstellung an die Betreiber von Elektrizitätsversorgungsnetzen.

(7) Die Regulierungsbehörde, das Bundesministerium für Wirtschaft und Energie sowie die Betreiber von Elektrizitätsversorgungsnetzen sollen anstelle der Abfrage nach den Absätzen 4 und 5 das Marktstammdatenregister nach § 111e nutzen, sobald und soweit ihnen das Marktstammdatenregister den Zugriff auf Daten im Sinne der Absätze 4 und 5 eröffnet.

§ 12a Szenariorahmen für die Netzentwicklungsplanung. (1) [1] Die Betreiber von Übertragungsnetzen mit Regelzonenverantwortung erarbeiten alle zwei Jahre einen gemeinsamen Szenariorahmen, der Grundlage für die Erarbeitung des Netzentwicklungsplans nach § 12b und des Offshore-Netzentwicklungsplans nach § 17b ist. [2] Der Szenariorahmen umfasst mindestens drei Entwicklungspfade (Szenarien), die für die mindestens nächsten zehn und höchstens 15 Jahre die Bandbreite wahrscheinlicher Entwicklungen im Rahmen der mittel- und langfristigen energiepolitischen Ziele der Bundesregierung abdecken. [3] Eines der Szenarien muss die wahrscheinliche Entwicklung für die mindestens nächsten 15 und höchstens zwanzig Jahre darstellen. [4] Für den Szenariorahmen legen die Betreiber von Übertragungsnetzen mit Regelzonenverantwortung angemessene Annahmen für die jeweiligen Szenarien zu Erzeugung, Versorgung, Verbrauch von Strom sowie dessen Austausch mit anderen Ländern sowie zur Spitzenkappung nach § 11 Absatz 2 zu Grunde und berücksichtigen geplante Investitionsvorhaben der europäischen Netzinfrastruktur.

(2) [1] Die Betreiber von Übertragungsnetzen mit Regelzonenverantwortung legen der Regulierungsbehörde den Entwurf des Szenariorahmens spätestens bis zum 10. Januar eines jeden geraden Kalenderjahres, beginnend mit dem Jahr 2016, vor. [2] Die Regulierungsbehörde macht den Entwurf des Szenariorahmens auf ihrer Internsetseite öffentlich bekannt und gibt der Öffentlichkeit, einschließlich tatsächlicher und potenzieller Netznutzer, den nachgelagerten Netzbetreibern, sowie den Trägern öffentlicher Belange Gelegenheit zur Äußerung.

(3) [1] Die Regulierungsbehörde genehmigt den Szenariorahmen unter Berücksichtigung der Ergebnisse der Öffentlichkeitsbeteiligung. [2] Die Regulierungsbehörde kann durch Festlegung nach § 29 Absatz 1 nähere Bestimmungen zu Inhalt und Verfahren der Erstellung des Szenariorahmens, insbesondere zum Betrachtungszeitraum nach Absatz 1 Satz 2 und 3, treffen.

§ 12b Erstellung des Netzentwicklungsplans durch die Betreiber von Übertragungsnetzen. (1) [1]Die Betreiber von Übertragungsnetzen mit Regelzonenverantwortung legen der Regulierungsbehörde auf der Grundlage des Szenariorahmens einen gemeinsamen nationalen Netzentwicklungsplan zur Bestätigung vor. [2]Der gemeinsame nationale Netzentwicklungsplan muss alle wirksamen Maßnahmen zur bedarfsgerechten Optimierung, Verstärkung und zum Ausbau des Netzes enthalten, die spätestens zum Ende des Betrachtungszeitraums im Sinne des § 12a Absatz 1 Satz 2 für einen sicheren und zuverlässigen Netzbetrieb erforderlich sind. [3]Die Betreiber von Übertragungsnetzen mit Regelzonenverantwortung müssen im Rahmen der Erstellung des Netzentwicklungsplans die Regelungen zur Spitzenkappung nach § 11 Absatz 2 bei der Netzplanung anwenden. [4]Der Netzentwicklungsplan enthält darüber hinaus folgende Angaben:

1. alle Netzausbaumaßnahmen, die in den nächsten drei Jahren ab Feststellung des Netzentwicklungsplans durch die Regulierungsbehörde für einen sicheren und zuverlässigen Netzbetrieb erforderlich sind,
2. einen Zeitplan für alle Netzausbaumaßnahmen sowie
3. a) Netzausbaumaßnahmen als Pilotprojekte für eine verlustarme Übertragung hoher Leistungen über große Entfernungen,
   b) den Einsatz von Hochtemperaturleiterseilen als Pilotprojekt mit einer Bewertung ihrer technischen Durchführbarkeit und Wirtschaftlichkeit sowie
   c) das Ergebnis der Prüfung des Einsatzes von neuen Technologien als Pilotprojekte einschließlich einer Bewertung der technischen Durchführbarkeit und Wirtschaftlichkeit,
4. den Stand der Umsetzung des vorhergehenden Netzentwicklungsplans und im Falle von Verzögerungen, die dafür maßgeblichen Gründe der Verzögerungen,
5. Angaben zur zu verwendenden Übertragungstechnologie,
6. Darlegung der in Betracht kommenden anderweitigen Planungsmöglichkeiten von Netzausbaumaßnahmen,
7. beginnend mit der Vorlage des ersten Entwurfs des Netzentwicklungsplans im Jahr 2018 alle wirksamen Maßnahmen zur bedarfsgerechten Optimierung, Verstärkung und zum Ausbau der Offshore-Anbindungsleitungen in der ausschließlichen Wirtschaftszone und im Küstenmeer einschließlich der Netzanknüpfungspunkte an Land, die bis zum Ende des Betrachtungszeitraums nach § 12a Absatz 1 Satz 2 für einen schrittweisen, bedarfsgerechten und wirtschaftlichen Ausbau sowie einen sicheren und zuverlässigen Betrieb der Offshore-Anbindungsleitungen sowie zum Weitertransport des auf See erzeugten Stroms oder für eine Anbindung von Testfeldern im Sinne des § 3 Nummer 9 des Windenergie-auf-See-Gesetzes[1)] (Testfeld-Anbindungsleitungen) erforderlich sind; für die Maßnahmen nach dieser Nummer werden Angaben zum geplanten Zeitpunkt der Fertigstellung vorgesehen; hierbei müssen die Festlegungen des zuletzt bekannt gemachten Flächenentwicklungsplans nach den §§ 4 bis 8 des Windenergie-auf-See-Gesetzes[1)] zu Grunde gelegt werden.

[1)] Nr. 47.

[5] Die Betreiber von Übertragungsnetzen mit Regelzonenverantwortung nutzen bei der Erarbeitung des Netzentwicklungsplans eine geeignete und für einen sachkundigen Dritten nachvollziehbare Modellierung des deutschen Übertragungsnetzes. [6] Der Netzentwicklungsplan berücksichtigt den gemeinschaftsweiten Netzentwicklungsplan nach Artikel 8 Absatz 3b der Verordnung (EG) Nr. 714/2009 und vorhandene Offshore-Netzpläne.

(2) [1] Der Netzentwicklungsplan umfasst alle Maßnahmen, die nach den Szenarien des Szenariorahmens erforderlich sind, um die Anforderungen nach Absatz 1 Satz 2 zu erfüllen. [2] Dabei ist dem Erfordernis eines sicheren und zuverlässigen Netzbetriebs in besonderer Weise Rechnung zu tragen.

(3) [1] Die Betreiber von Übertragungsnetzen mit Regelzonenverantwortung veröffentlichen den Entwurf des Netzentwicklungsplans vor Vorlage bei der Regulierungsbehörde auf ihren Internetseiten und geben der Öffentlichkeit, einschließlich tatsächlicher oder potenzieller Netznutzer, den nachgelagerten Netzbetreibern sowie den Trägern öffentlicher Belange und den Energieaufsichtsbehörden der Länder Gelegenheit zur Äußerung. [2] Dafür stellen sie den Entwurf des Netzentwicklungsplans und alle weiteren erforderlichen Informationen im Internet zur Verfügung. [3] Die Betreiber von Übertragungsnetzen mit Regelzonenverantwortung sollen den Entwurf des Netzentwicklungsplans spätestens bis zum 10. Dezember eines jeden geraden Kalenderjahres, beginnend mit dem Jahr 2016, veröffentlichen. [4] Die Betreiber von Elektrizitätsversorgungsnetzen sind verpflichtet, mit den Betreibern von Übertragungsnetzen mit Regelzonenverantwortung in dem Umfang zusammenzuarbeiten, der erforderlich ist, um eine sachgerechte Erstellung des Netzentwicklungsplans zu gewährleisten; sie sind insbesondere verpflichtet, den Betreibern von Übertragungsnetzen mit Regelzonenverantwortung für die Erstellung des Netzentwicklungsplans notwendige Informationen auf Anforderung unverzüglich zur Verfügung zu stellen.

(4) Dem Netzentwicklungsplan ist eine zusammenfassende Erklärung beizufügen über die Art und Weise, wie die Ergebnisse der Beteiligungen nach § 12a Absatz 2 Satz 2 und § 12b Absatz 3 Satz 1 in dem Netzentwicklungsplan berücksichtigt wurden und aus welchen Gründen der Netzentwicklungsplan nach Abwägung mit den geprüften, in Betracht kommenden anderweitigen Planungsmöglichkeiten gewählt wurde.

(5) Die Betreiber von Übertragungsnetzen mit Regelzonenverantwortung legen den konsultierten und überarbeiteten Entwurf des Netzentwicklungsplans der Regulierungsbehörde unverzüglich nach Fertigstellung, jedoch spätestens zehn Monate nach Genehmigung des Szenariorahmens gemäß § 12a Absatz 3 Satz 1, vor.

§ 12c Prüfung und Bestätigung des Netzentwicklungsplans durch die Regulierungsbehörde. (1) [1] Die Regulierungsbehörde prüft die Übereinstimmung des Netzentwicklungsplans mit den Anforderungen gemäß § 12b Absatz 1, 2 und 4. [2] Sie kann Änderungen des Entwurfs des Netzentwicklungsplans durch die Betreiber von Übertragungsnetzen mit Regelzonenverantwortung verlangen. [3] Die Betreiber von Übertragungsnetzen mit Regelzonenverantwortung stellen der Regulierungsbehörde auf Verlangen die für ihre Prüfungen erforderlichen Informationen zur Verfügung. [4] Bestehen Zweifel, ob der Netzentwicklungsplan mit dem gemeinschaftsweit geltenden Netzentwicklungsplan in Einklang steht, konsultiert die Regulierungsbehörde die Agentur für die Zusammenarbeit der Energieregulierungsbehörden.

(2) [1] Zur Vorbereitung eines Bedarfsplans nach § 12e erstellt die Regulierungsbehörde frühzeitig während des Verfahrens zur Erstellung des Netzentwicklungsplans nach § 12b und des Offshore-Netzentwicklungsplans nach § 17b einen Umweltbericht, der den Anforderungen des § 40 des Gesetzes über die Umweltverträglichkeitsprüfung entsprechen muss. [2] Der Umweltbericht nach Satz 1 bezieht den Umweltbericht zum Bundesfachplan Offshore nach § 17a Absatz 3 ein und kann auf zusätzliche oder andere als im Umweltbericht zum Bundesfachplan Offshore nach § 17a Absatz 3 enthaltene erhebliche Umweltauswirkungen beschränkt werden. [3] Die Betreiber von Übertragungsnetzen mit Regelzonenverantwortung stellen der Regulierungsbehörde die hierzu erforderlichen Informationen zur Verfügung.

(3) [1] Nach Abschluss der Prüfung nach Absatz 1 beteiligt die Regulierungsbehörde unverzüglich die Behörden, deren Aufgabenbereich berührt wird, und die Öffentlichkeit. [2] Maßgeblich sind die Bestimmungen des Gesetzes über die Umweltverträglichkeitsprüfung, soweit sich aus den nachfolgenden Vorschriften nicht etwas anderes ergibt. [3] Gegenstand der Beteiligung ist der Entwurf des Netzentwicklungsplans und in den Fällen des § 12e zugleich der Umweltbericht. [4] Die Unterlagen für die Strategische Umweltprüfung sowie der Entwurf des Netzentwicklungsplans sind für eine Frist von sechs Wochen am Sitz der Regulierungsbehörde auszulegen und darüber hinaus auf ihrer Internetseite öffentlich bekannt zu machen. [5] Die betroffene Öffentlichkeit kann sich zum Entwurf des Netzentwicklungsplans und zum Umweltbericht bis einen Monat nach Ende der Auslegung äußern.

(4) [1] Die Regulierungsbehörde soll den Netzentwicklungsplan unter Berücksichtigung des Ergebnisses der Behörden- und Öffentlichkeitsbeteiligung mit Wirkung für die Betreiber von Übertragungsnetzen spätestens bis zum 31. Dezember eines jeden ungeraden Kalenderjahres, beginnend mit dem Jahr 2017, bestätigen. [2] Die Bestätigung ist nicht selbstständig durch Dritte anfechtbar.

(5) Die Betreiber von Übertragungsnetzen mit Regelzonenverantwortung sind verpflichtet, den entsprechend Absatz 1 Satz 2 geänderten Netzentwicklungsplan der Regulierungsbehörde unverzüglich vorzulegen.

(6) [1] Bei Fortschreibung des Netzentwicklungsplans kann sich die Beteiligung der Öffentlichkeit, einschließlich tatsächlicher und potenzieller Netznutzer, der nachgelagerten Netzbetreiber sowie der Träger öffentlicher Belange nach § 12a Absatz 2, § 12b Absatz 3 und § 12c Absatz 3 auf Änderungen gegenüber dem zuletzt genehmigten Szenariorahmen oder dem zuletzt bestätigten Netzentwicklungsplan beschränken. [2] Ein vollständiges Verfahren nach den §§ 12a bis 12c Absatz 1 bis 5 muss mindestens alle vier Jahre sowie in den Fällen des § 12e Absatz 1 Satz 3 durchgeführt werden.

(7) Die Regulierungsbehörde kann durch Festlegung nach § 29 Absatz 1 nähere Bestimmungen zu Inhalt und Verfahren der Erstellung des Netzentwicklungsplans sowie zur Ausgestaltung des nach Absatz 3, § 12a Absatz 2 und § 12b Absatz 3 durchzuführenden Verfahrens zur Beteiligung der Öffentlichkeit treffen.

(8) [1] Die Regulierungsbehörde kann bestimmen, wer für die Durchführung einer im Netzentwicklungsplan enthaltenen Maßnahme als Vorhabenträger

verantwortlich ist. [2]Hierbei berücksichtigt die Regulierungsbehörde ausschließlich Belange, die im öffentlichen Interesse eine möglichst zügige, effiziente und umweltschonende Durchführung der Maßnahmen erwarten lassen; insbesondere berücksichtigt die Regulierungsbehörde, ob

1. ein Vorhabenträger bereits für ein Vorhaben nach dem Energieleitungsausbaugesetz[1)] oder dem Bundesbedarfsplangesetz[2)] verantwortlich ist und die bestätigte Maßnahme mit diesem Vorhaben gemeinsam realisiert werden soll oder
2. durch die Durchführung einer Maßnahme durch einen Vorhabenträger oder durch eine gemeinsame Durchführung der Maßnahme durch mehrere Vorhabenträger diese Ziele besser erreicht werden können.

§ 12d Umsetzungsbericht der Übertragungsnetzbetreiber und Monitoring durch die Regulierungsbehörde. (1) [1]Die Betreiber von Übertragungsnetzen mit Regelzonenverantwortung legen der Regulierungsbehörde jeweils spätestens bis zum 30. September eines jeden geraden Kalenderjahres, beginnend mit dem Jahr 2018, einen gemeinsamen Umsetzungsbericht vor, den diese prüft. [2]Der Umsetzungsbericht muss folgende Angaben enthalten:

1. Angaben zum Stand der Umsetzung des zuletzt bestätigten Netzentwicklungsplans,
2. im Fall von Verzögerungen der Umsetzung die dafür maßgeblichen Gründe,
3. Angaben zu den Risiken, die Verzögerungen hervorrufen können, und Vorschläge für Maßnahmen, um diese Risiken zu verringern, und
4. Angaben zu Möglichkeiten, um die Umsetzung zu beschleunigen, und Vorschläge für Maßnahmen, um diese Möglichkeiten zu nutzen.

[3]Die Regulierungsbehörde veröffentlicht den Umsetzungsbericht und gibt allen tatsächlichen und potenziellen Netznutzern Gelegenheit zur Äußerung.

(2) [1]Die Regulierungsbehörde führt fortlaufend ein Monitoring über die Planung und den Stand der Umsetzung der Maßnahmen zur Optimierung, zur Verstärkung und zum Ausbau des Übertragungsnetzes durch und informiert hierüber regelmäßig die Öffentlichkeit. [2]Die Betreiber von Übertragungsnetzen und die Behörden stellen der Regulierungsbehörde die für das Monitoring notwendigen Informationen in geeigneter Form zur Verfügung.

§ 12e Bundesbedarfsplan. (1) [1]Die Regulierungsbehörde übermittelt den Netzentwicklungsplan und den Offshore-Netzentwicklungsplan mindestens alle vier Jahre der Bundesregierung als Entwurf für einen Bundesbedarfsplan. [2]Die Bundesregierung legt den Entwurf des Bundesbedarfsplans mindestens alle vier Jahre dem Bundesgesetzgeber vor. [3]Die Regulierungsbehörde hat auch bei wesentlichen Änderungen des Netzentwicklungsplans gemäß Satz 1 zu verfahren.

(2) [1]Die Regulierungsbehörde kennzeichnet in ihrem Entwurf für einen Bundesbedarfsplan die länderübergreifenden und grenzüberschreitenden Höchstspannungsleitungen sowie die Anbindungsleitungen von den Offshore-Windpark-Umspannwerken zu den Netzverknüpfungspunkten an Land. [2]Dem

---

[1)] Nr. **15**.
[2)] Nr. **17**.

Entwurf ist eine Begründung beizufügen. [3]Die Vorhaben des Bundesbedarfsplans entsprechen den Zielsetzungen des § 1 dieses Gesetzes.

(3) *(aufgehoben)*

(4) [1]Mit Erlass des Bundesbedarfsplans durch den Bundesgesetzgeber wird für die darin enthaltenen Vorhaben die energiewirtschaftliche Notwendigkeit und der vordringliche Bedarf festgestellt. [2]Die Feststellungen sind für die Betreiber von Übertragungsnetzen sowie für die Planfeststellung und die Plangenehmigung nach den §§ 43 bis 43d und §§ 18 bis 24 des Netzausbaubeschleunigungsgesetzes Übertragungsnetz[1)] verbindlich.

(5) [1]Für die Änderung von Bundesbedarfsplänen gilt § 37 Satz 1 des Gesetzes über die Umweltverträglichkeitsprüfung. [2]Soweit danach keine Pflicht zur Durchführung einer Strategischen Umweltprüfung besteht, findet § 12c Absatz 2 keine Anwendung.

§ 12f Herausgabe von Daten. (1) Die Regulierungsbehörde stellt dem Bundesministerium für Wirtschaft und Energie sowie dem Umweltbundesamt Daten, die für digitale Netzberechnungen erforderlich sind, insbesondere Einspeise- und Lastdaten sowie Impedanzen und Kapazitäten von Leitungen und Transformatoren, einschließlich unternehmensbezogener Daten und Betriebs- und Geschäftsgeheimnisse zur Verfügung, soweit dies zur Erfüllung ihrer jeweiligen Aufgaben erforderlich ist.

(2) [1]Die Regulierungsbehörde gibt auf Antrag insbesondere netzknotenpunktscharfe Einspeise- und Lastdaten sowie Informationen zu Impedanzen und Kapazitäten von Leitungen und Transformatoren an Dritte heraus, die die Fachkunde zur Überprüfung der Netzplanung und ein berechtigtes Interesse gegenüber der Regulierungsbehörde nachweisen sowie die vertrauliche Behandlung der Informationen zusichern oder die Berechtigung zum Umgang mit Verschlusssachen mit einem Geheimhaltungsgrad nach § 12g Absatz 4 in Verbindung mit § 4 des Sicherheitsüberprüfungsgesetzes haben. [2]Die Daten sind in einem standardisierten, elektronisch verarbeitbaren Format zur Verfügung zu stellen. [3]Daten, die Betriebs- und Geschäftsgeheimnisse darstellen, dürfen von der Regulierungsbehörde nicht herausgegeben werden. [4]In diesem Fall hat die Regulierungsbehörde typisierte und anonymisierte Datensätze an den Antragsteller herauszugeben.

§ 12g Schutz europäisch kritischer Anlagen, Verordnungsermächtigung. (1) [1]Zum Schutz des Übertragungsnetzes bestimmt die Regulierungsbehörde alle zwei Jahre diejenigen Anlagen oder Teile von Anlagen des Übertragungsnetzes, deren Störung oder Zerstörung erhebliche Auswirkungen in mindestens zwei Mitgliedstaaten der Europäischen Union haben kann (europäisch kritische Anlage). [2]Die Bestimmung erfolgt durch Festlegung nach dem Verfahren des § 29. [3]Zur Vorbereitung der Festlegung haben die Betreiber von Übertragungsnetzen der Regulierungsbehörde einen Bericht vorzulegen, in dem Anlagen ihres Netzes, deren Störung oder Zerstörung erhebliche Auswirkungen in mindestens zwei Mitgliedstaaten haben kann, vorgeschlagen werden und dies begründet wird. [4]Der Bericht kann auch von allen Betreibern gemeinsam erstellt und vorgelegt werden.

[1)] Nr. **16**.

(2) Betreiber von Übertragungsnetzen haben zum Schutz ihrer gemäß Absatz 1 Satz 1 bestimmten Anlagen Sicherheitspläne zu erstellen sowie Sicherheitsbeauftragte zu bestimmen und der Regulierungsbehörde nachzuweisen.

(3) Die Bundesregierung wird ermächtigt, durch Rechtsverordnung[1)] ohne Zustimmung des Bundesrates Einzelheiten zu dem Verfahren der Festlegung und zum Bericht gemäß Absatz 1 sowie zu den Sicherheitsplänen und Sicherheitsbeauftragten nach Absatz 2 zu regeln.

(4) Die für die Festlegung gemäß Absatz 1 Satz 2 erforderlichen Informationen, der Bericht der Betreiber nach Absatz 1 Satz 3 sowie die Sicherheitspläne nach Absatz 2 sind als Verschlusssache mit dem geeigneten Geheimhaltungsgrad im Sinne von § 4 des Sicherheitsüberprüfungsgesetzes einzustufen.

§ 13 Systemverantwortung der Betreiber von Übertragungsnetzen.

(1) *[ab 1.10.2021: 1]* Sofern die Sicherheit oder Zuverlässigkeit des Elektrizitätsversorgungssystems in der jeweiligen Regelzone gefährdet oder gestört ist, sind die Betreiber der Übertragungsnetze berechtigt und verpflichtet, die Gefährdung oder Störung zu beseitigen durch

1. netzbezogene Maßnahmen, insbesondere durch Netzschaltungen,
2. marktbezogene Maßnahmen, insbesondere durch den Einsatz von Regelenergie, ***[ab 1.10.2021:*** *Maßnahmen nach § 13a Absatz 1,**]*** vertraglich vereinbarte abschaltbare und zuschaltbare Lasten, Information über Engpässe und das Management von Engpässen sowie
3. zusätzliche Reserven, insbesondere die Netzreserve nach § 13d und die Kapazitätsreserve nach § 13e.

[Satz 2 ab 1.10.2021:] *2 Bei strom- und spannungsbedingten Anpassungen der Wirkleistungserzeugung oder des Wirkleistungsbezugs sind abweichend von Satz 1 von mehreren geeigneten Maßnahmen nach Satz 1 Nummer 2 und 3 die Maßnahmen auszuwählen, die voraussichtlich insgesamt die geringsten Kosten verursachen.* ***[Satz 3 ab 1.10.2021:]*** *3 Maßnahmen gegenüber Anlagen zur Erzeugung oder Speicherung von elektrischer Energie mit einer Nennleistung unter 100 Kilowatt, die durch einen Netzbetreiber jederzeit fernsteuerbar sind, dürfen die Betreiber von Übertragungsnetzen unabhängig von den Kosten nachrangig ergreifen.*

[Abs. 1a ab 1.10.2021:]

(1a) 1 Im Rahmen der Auswahlentscheidung nach Absatz 1 Satz 2 sind die Verpflichtungen nach § 11 Absatz 1 und 3 des Erneuerbare-Energien-Gesetzes[2)] einzuhalten, indem für Maßnahmen zur Reduzierung der Wirkleistungserzeugung von Anlagen nach § 3 Nummer 1 des Erneuerbare-Energien-Gesetzes[2)] kalkulatorische Kosten anzusetzen sind, die anhand eines für alle Anlagen nach § 3 Nummer 1 des Erneuerbare-Energien-Gesetzes[2)] einheitlichen kalkulatorischen Preises zu bestimmen sind. 2 Der einheitliche kalkulatorische Preis ist so zu bestimmen, dass die Reduzierung der Wirkleistungserzeugung der Anlagen nach § 3 Nummer 1 des Erneuerbare-Energien-Gesetzes[2)] nur erfolgt, wenn dadurch in der Regel ein Vielfaches an Reduzierung von nicht vorrangberechtigter Erzeugung ersetzt werden kann (Mindestfaktor). 3 Der Mindestfaktor nach Satz 2 beträgt mindestens fünf und höchstens fünfzehn; Näheres bestimmt die Bundesnetzagentur nach § 13j Absatz 5 Nummer 2.

[1)] Siehe die VO zum Schutz von Übertragungsnetzen v. 6.1.2012 (BGBl. I S. 69), geänd. durch VO v. 31.8.2015 (BGBl. I S. 1474).

[2)] Nr. **37**.

[Abs. 1b ab 1.10.2021:]

(1b) Im Rahmen der Auswahlentscheidung nach Absatz 1 Satz 2 sind die Verpflichtungen nach § 3 Absatz 1 und 2 des Kraft-Wärme-Kopplungsgesetzes[1] *einzuhalten, indem für Maßnahmen zur Reduzierung der Wirkleistungserzeugung von Anlagen im Sinne von § 3 Absatz 1 des Kraft-Wärme-Kopplungsgesetzes*[1] *in Bezug auf die Erzeugung von KWK-Strom nach § 3 Absatz 1 Satz 1 Nummer 2 des Kraft-Wärme-Kopplungsgesetzes*[1]

1. *die tatsächlichen Kosten anzusetzen sind, soweit für den KWK-Strom eine Zuschlagszahlung nach § 8a des Kraft-Wärme-Kopplungsgesetzes*[1] *oder finanzielle Förderung nach § 8b des Kraft-Wärme-Kopplungsgesetzes*[1] *in Anspruch genommen werden oder eine vertragliche Vereinbarung nach Absatz 6a anzuwenden ist, und*
2. *kalkulatorische Kosten in entsprechender Anwendung von Absatz 1a anzusetzen sind, wenn kein Fall nach Nummer 1 vorliegt und die kalkulatorischen Kosten die tatsächlichen Kosten übersteigen, wobei der Mindestfaktor mindestens das Fünffache und höchstens das Fünfzehnfache beträgt.*

[Abs. 1c ab 1.10.2021:]

(1c) [1] Im Rahmen der Auswahlentscheidung nach Absatz 1 Satz 2 sind bei Maßnahmen zur Erhöhung der Erzeugungsleistung von Anlagen der Netzreserve nach § 13d kalkulatorische Kosten anzusetzen, die anhand eines für alle Anlagen einheitlichen kalkulatorischen Preises zu bestimmen sind. [2] Übersteigen die tatsächlichen Kosten die kalkulatorischen Kosten, sind die tatsächlichen Kosten anzusetzen. [3] Der einheitliche kalkulatorische Preis ist so zu bestimmen, dass ein Einsatz der Anlagen der Netzreserve in der Regel nachrangig zu dem Einsatz von Anlagen mit nicht vorrangberechtigter Einspeisung erfolgt und in der Regel nicht zu einer höheren Reduzierung der Wirkleistungserzeugung der Anlagen nach § 3 Nummer 1 des Erneuerbare-Energien-Gesetzes[2] *führt als bei einer Auswahlentscheidung nach den tatsächlichen Kosten. [4] Der einheitliche kalkulatorische Preis entspricht mindestens dem höchsten tatsächlichen Preis, der für die Erhöhung der Erzeugungsleistung von Anlagen mit nicht vorrangberechtigter Einspeisung, die nicht zur Netzreserve zählen, regelmäßig aufgewendet wird.*

(2) [1] Lässt sich eine Gefährdung oder Störung der Sicherheit oder Zuverlässigkeit des Elektrizitätsversorgungssystems durch Maßnahmen nach Absatz 1 nicht oder nicht rechtzeitig beseitigen, so sind die Betreiber der Übertragungsnetze im Rahmen der Zusammenarbeit nach § 12 Absatz 1 berechtigt und verpflichtet, sämtliche ***[bis 30.9.2021:*** Stromeinspeisungen, Stromtransite und Stromabnahmen***]*** ***[ab 1.10.2021:** Stromerzeugung, Stromtransite und Strombezüge**]*** in ihren Regelzonen den Erfordernissen eines sicheren und zuverlässigen Betriebs des Übertragungsnetzes anzupassen oder diese Anpassung zu verlangen. [2] Bei einer erforderlichen Anpassung von ***[bis 30.9.2021:*** Stromeinspeisungen und Stromabnahmen***]*** ***[ab 1.10.2021:** Stromerzeugung und Strombezügen**]*** sind insbesondere die betroffenen Betreiber von Elektrizitätsverteilernetzen und Stromhändler – soweit möglich – vorab zu informieren.

[Abs. 3 bis 30.9.2021:]

(3) [1] Bei Maßnahmen nach den Absätzen 1 und 2 sind die Verpflichtungen nach § 11 Absatz 1 des Erneuerbare-Energien-Gesetzes[2] und nach § 3 Absatz 1 und 2 des Kraft-Wärme-Kopplungsgesetzes[1] einzuhalten und Auswirkungen auf die Sicherheit und Zuverlässigkeit des Gasversorgungssystems auf Grundlage

---

[1] Nr. **45**.
[2] Nr. **37**.

der von den Betreibern der Gasversorgungsnetze nach § 12 Absatz 4 Satz 1 bereitzustellenden Informationen angemessen zu berücksichtigen. [2] Bei Maßnahmen nach Absatz 1 Nummer 2 ist der Einsatz vertraglicher Vereinbarungen zur Einspeisung von nach Satz 1 vorrangberechtigter Elektrizität nach Ausschöpfung der vertraglichen Vereinbarungen zur Reduzierung der Einspeisung von nicht vorrangberechtigter Elektrizität zulässig, soweit die Bestimmungen des Erneuerbare-Energien-Gesetzes[1)] oder des Kraft-Wärme-Kopplungsgesetzes[2)] ein Abweichen von den genannten Verpflichtungen auf Grund vertraglicher Vereinbarungen ausnahmsweise eröffnen. [3] Beruht die Gefährdung oder Störung auf einer Überlastung der Netzkapazität, so sind im Rahmen von Maßnahmen nach Absatz 2 die speziellen Anforderungen nach den §§ 14 und 15 des Erneuerbare-Energien-Gesetzes[1)] einzuhalten. [4] Soweit die Einhaltung der in diesem Absatz genannten Verpflichtungen die Beseitigung einer Gefährdung oder Störung verhindern würde, kann ausnahmsweise von ihnen abgewichen werden. [5] Ein solcher Ausnahmefall liegt insbesondere vor, soweit die Betreiber von Übertragungsnetzen zur Gewährleistung der Sicherheit und Zuverlässigkeit des Elektrizitätsversorgungssystems auf die Mindesteinspeisung aus bestimmten Anlagen angewiesen sind und keine technisch gleich wirksamen anderen Maßnahmen verfügbar machen können (netztechnisch erforderliches Minimum). [6] Ausnahmen nach den Sätzen 4 und 5 sind der Regulierungsbehörde unverzüglich anzuzeigen und die besonderen Gründe nachzuweisen.

[Abs. 3 ab 1.10.2021:]

(3) [1] Soweit die Einhaltung der in den Absätzen 1 und 2 genannten Verpflichtungen die Beseitigung einer Gefährdung oder Störung verhindern würde, kann ausnahmsweise von ihnen abgewichen werden. [2] Ein solcher Ausnahmefall liegt insbesondere vor, soweit die Betreiber von Übertragungsnetzen zur Gewährleistung der Sicherheit und Zuverlässigkeit des Elektrizitätsversorgungssystems auf die Mindesteinspeisung aus bestimmten Anlagen angewiesen sind und keine technisch gleich wirksame andere Maßnahme verfügbar ist (netztechnisch erforderliches Minimum). [3] Bei Maßnahmen nach den Absätzen 1 und 2 sind die Auswirkungen auf die Sicherheit und Zuverlässigkeit des Gasversorgungssystems auf Grundlage der von den Betreibern der Gasversorgungsnetze nach § 12 Absatz 4 Satz 1 bereitzustellenden Informationen angemessen zu berücksichtigen.

(4) Eine Gefährdung der Sicherheit oder Zuverlässigkeit des Elektrizitätsversorgungssystems in der jeweiligen Regelzone liegt vor, wenn örtliche Ausfälle des Übertragungsnetzes oder kurzfristige Netzengpässe zu besorgen sind oder zu besorgen ist, dass die Haltung von Frequenz, Spannung oder Stabilität durch die Betreiber von Übertragungsnetzen nicht im erforderlichen Maße gewährleistet werden kann.

(5) [1] Im Falle einer Anpassung nach Absatz 2 Satz 1 ruhen bis zur Beseitigung der Gefährdung oder Störung alle hiervon jeweils betroffenen Leistungspflichten. [2] Satz 1 führt grundsätzlich nicht zu einer Aussetzung der Abrechnung der Bilanzkreise durch den Betreiber eines Übertragungsnetzes. [3] Soweit bei Vorliegen der Voraussetzungen nach Absatz 2 Maßnahmen getroffen werden, ist insoweit die Haftung für Vermögensschäden ausgeschlossen. [4] Im Übrigen bleibt § 11 Absatz 3 unberührt. [5] Die Sätze 3 und 4 sind für Entscheidungen des

---

1) Nr. **37**.
2) Nr. **45**.

Betreibers von Übertragungsnetzen im Rahmen von § 13b Absatz 5, § 13f Absatz 1 und § 16 Absatz 2a entsprechend anzuwenden.

(6) [1] Die Beschaffung von Ab- oder Zuschaltleistung über vertraglich vereinbarte ab- oder zuschaltbare Lasten nach Absatz 1 ***[ab 1.10.2021:** Satz 1]* Nummer 2 erfolgt durch die Betreiber von Übertragungsnetzen in einem diskriminierungsfreien und transparenten Ausschreibungsverfahren, bei dem die Anforderungen, die die Anbieter von Ab- oder Zuschaltleistung für die Teilnahme erfüllen müssen, soweit dies technisch möglich ist, zu vereinheitlichen sind. [2] Die Betreiber von Übertragungsnetzen haben für die Ausschreibung von Ab- oder Zuschaltleistung aus ab- oder zuschaltbaren Lasten eine gemeinsame Internetplattform einzurichten. [3] Die Einrichtung der Plattform nach Satz 2 ist der Regulierungsbehörde anzuzeigen. [4] Die Betreiber von Übertragungsnetzen sind unter Beachtung ihrer jeweiligen Systemverantwortung verpflichtet, zur Senkung des Aufwandes für Ab- und Zuschaltleistung unter Berücksichtigung der Netzbedingungen zusammenzuarbeiten.

(6a) [1] Die Betreiber von Übertragungsnetzen können mit Betreibern von KWK-Anlagen vertragliche Vereinbarungen zur Reduzierung der Wirkleistungseinspeisung aus der KWK-Anlage und gleichzeitigen Lieferung von elektrischer Energie für die Aufrechterhaltung der Wärmeversorgung nach Absatz 1 ***[ab 1.10.2021:** Satz 1]* Nummer 2 ***[bis 30.9.2021:*** und Absatz 3 Satz 2*]* ***[ab 1.10.2021:** und § 3 Absatz 3 des Kraft-Wärme-Kopplungsgesetzes[1])]* schließen, wenn die KWK-Anlage

1. technisch unter Berücksichtigung ihrer Größe und Lage im Netz geeignet ist, zur Beseitigung von Gefährdungen oder Störungen der Sicherheit oder Zuverlässigkeit des Elektrizitätsversorgungssystems aufgrund von Netzengpässen im Höchstspannungsnetz effizient beizutragen,
2. sich im Zeitpunkt des Vertragsabschlusses in einem Netzausbaugebiet nach § 36c Absatz 1 des Erneuerbare-Energien-Gesetzes[2]) befindet,
3. vor dem 1. Januar 2017 in Betrieb genommen worden ist und
4. eine installierte elektrische Leistung von mehr als 500 Kilowatt hat.

[2] In der vertraglichen Vereinbarung nach Satz 1 ist zu regeln, dass

1. die Reduzierung der Wirkleistungseinspeisung und die Lieferung von elektrischer Energie zum Zweck der Aufrechterhaltung der Wärmeversorgung abweichend von ***[bis 30.9.2021:*** § 3 Absatz 2 des Kraft-Wärme-Kopplungsgesetzes*]* ***[ab 1.10.2021:** § 3 Absatz 1 und 2 des Kraft-Wärme-Kopplungsgesetzes]* ***[bis 30.9.2021:*** und den §§ 14 und 15 des Erneuerbare-Energien-Gesetzes[2]) eine Maßnahme nach Absatz 1 Nummer 2 ist, die gegenüber den übrigen Maßnahmen nach Absatz 1 Nummer 2 nachrangig*]* ***[ab 1.10.2021:** und als Maßnahme nach Absatz 1 Nummer 2]* durchzuführen ist,
2. für die Reduzierung der Wirkleistungseinspeisung vom Betreiber des Übertragungsnetzes eine angemessene Vergütung zu zahlen ist und die Kosten für die Lieferung der elektrischen Energie zu erstatten sind; § 13a Absatz 2 bis 4 ist entsprechend anzuwenden, und
3. die erforderlichen Kosten für die Investition für die elektrische Wärmeerzeugung vom Betreiber des Übertragungsnetzes einmalig erstattet werden.

---

[1]) Nr. **45**.
[2]) Nr. **37**.

[3] Die Betreiber der Übertragungsnetze müssen sich bei der Auswahl der KWK-Anlagen, mit denen vertragliche Vereinbarungen nach den Sätzen 1 und 2 geschlossen werden, auf die KWK-Anlagen beschränken, die kostengünstig und effizient zur Beseitigung von Netzengpässen beitragen können. [4] Die vertragliche Vereinbarung muss mindestens für fünf Jahre abgeschlossen werden und ist mindestens vier Wochen vor dem Abschluss der Bundesnetzagentur und spätestens vier Wochen nach dem Abschluss den anderen Betreibern von Übertragungsnetzen zu übermitteln. [5] Sie dürfen nur von Übertragungsnetzbetreibern aufgrund von Engpässen im Übertragungsnetz abgeschlossen werden, § 14 Absatz 1 Satz 1 findet insoweit keine Anwendung. [6] Die installierte elektrische Leistung von Wärmeerzeugern, die aufgrund einer vertraglichen Vereinbarung mit den KWK-Anlagen nach den Sätzen 1 und 2 installiert wird, darf 2 Gigawatt nicht überschreiten. [7] Sofern die installierte elektrische Leistung von Wärmeerzeugern, die aufgrund von vertraglichen Vereinbarungen mit den KWK-Anlagen nach den Sätzen 1 und 2 installiert wird, 2 Gigawatt im Netzausbaugebiet nicht erreicht, wird die Bundesregierung unmittelbar einen Vorschlag für eine Rechtsverordnung nach § 13i Absatz 1 und 2 vorlegen, damit auch andere Technologien als zuschaltbare Lasten zum Einsatz kommen können, sofern diese geeignet sind, zur Beseitigung von Gefährdungen oder Störungen der Sicherheit oder Zuverlässigkeit des Elektrizitätsversorgungssystems aufgrund von Netzengpässen im Höchstspannungsnetz effizient beizutragen.

(7) [1] Über die Gründe von durchgeführten Anpassungen und Maßnahmen sind die hiervon unmittelbar Betroffenen und die Regulierungsbehörde unverzüglich zu informieren. [2] Auf Verlangen sind die vorgetragenen Gründe zu belegen.

(8) Reichen die Maßnahmen nach Absatz 2 nach Feststellung eines Betreibers von Übertragungsnetzen nicht aus, um eine Versorgungsstörung für lebenswichtigen Bedarf im Sinne des § 1 des Energiesicherungsgesetzes[1] abzuwenden, muss der Betreiber von Übertragungsnetzen unverzüglich die Regulierungsbehörde unterrichten.

(9) [1] Zur Vermeidung schwerwiegender Versorgungsstörungen müssen die Betreiber von Übertragungsnetzen alle zwei Jahre eine Schwachstellenanalyse erarbeiten und auf dieser Grundlage notwendige Maßnahmen treffen. [2] Das Personal in den Steuerstellen ist entsprechend zu unterweisen. [3] Über das Ergebnis der Schwachstellenanalyse und die notwendigen Maßnahmen hat der Betreiber eines Übertragungsnetzes alle zwei Jahre jeweils zum 31. August der Regulierungsbehörde zu berichten.

(10) [1] Die Betreiber von Übertragungsnetzen erstellen jährlich gemeinsam für die nächsten fünf Jahre eine Prognose des Umfangs von Maßnahmen nach den Absätzen 1 und 2, die aufgrund von Netzengpässen notwendig sind, und übermitteln diese jedes Jahr spätestens zum 1. Juli an die Bundesnetzagentur. [2] Die zugrunde liegenden Annahmen, Parameter und Szenarien für die Prognose nach Satz 1 sind der im jeweiligen Jahr erstellten Systemanalyse und den in dem jeweiligen Jahr oder einem Vorjahr erstellten ergänzenden Analysen nach § 3 Absatz 2 der Netzreserveverordnung[2] zu entnehmen. [3] Die Prognose

---

[1] Nr. **10**.
[2] Nr. **20**.

nach Satz 1 enthält eine Schätzung der Kosten. [4]Die Bundesnetzagentur veröffentlicht die Prognose nach Satz 1.

§ 13a *[bis 30.9.2021:* **Anpassungen von Einspeisungen und ihre Vergütung***] [ab 1.10.2021: Erzeugungsanpassung und ihr bilanzieller und finanzieller Ausgleich]*. ***[Abs. 1 bis 30.9.2021:]***

(1) [1]Für die Durchführung von Maßnahmen nach § 13 Absatz 1 Nummer 2 oder Nummer 3 sind Betreiber von Anlagen zur Erzeugung oder Speicherung von elektrischer Energie mit einer Nennleistung ab 10 Megawatt verpflichtet, auf Anforderung durch die Betreiber von Übertragungsnetzen und erforderlichenfalls in Abstimmung mit dem Betreiber desjenigen Netzes, in das die Anlage eingebunden ist, gegen eine angemessene Vergütung die Wirkleistungs- oder Blindleistungseinspeisung oder den Wirkleistungsbezug anzupassen. [2]Eine Anpassung umfasst auch die Anforderung einer Einspeisung oder eines Bezugs aus Anlagen, die

1. derzeit nicht einspeisen oder beziehen und erforderlichenfalls erst betriebsbereit gemacht werden müssen oder
2. zur Erfüllung der Anforderung einer Einspeisung oder eines Bezugs eine geplante Revision verschieben müssen.

[Abs. 1 ab 1.10.2021:]

(1) [1]Betreiber von Anlagen zur Erzeugung oder Speicherung von elektrischer Energie mit einer Nennleistung ab 100 Kilowatt sowie von Anlagen zur Erzeugung oder Speicherung von elektrischer Energie, die durch einen Netzbetreiber jederzeit fernsteuerbar sind, sind verpflichtet, auf Aufforderung durch Betreiber von Übertragungsnetzen die Wirkleistungs- oder Blindleistungserzeugung oder den Wirkleistungsbezug anzupassen oder die Anpassung zu dulden. [2]Eine Anpassung umfasst auch die Aufforderung einer Einspeisung oder eines Bezugs aus Anlagen, die

1. *derzeit keine elektrische Energie erzeugen oder beziehen und erforderlichenfalls erst betriebsbereit gemacht werden müssen oder*
2. *zur Erfüllung der Anforderungen einer Erzeugung oder eines Bezugs eine geplante Revision verschieben müssen.*

[Abs. 1a ab 1.10.2021:]

(1a) [1]Der Bilanzkreisverantwortliche der betroffenen Einspeise- oder Entnahmestelle hat einen Anspruch auf einen bilanziellen Ausgleich der Maßnahme gegen den Übertragungsnetzbetreiber, der den Betreiber der Anlage nach Absatz 1 zur Anpassung aufgefordert oder die Anpassung durchgeführt hat. [2]Der Übertragungsnetzbetreiber hat einen Anspruch gegen den Bilanzkreisverantwortlichen auf Abnahme des bilanziellen Ausgleichs. [3]Ist der Strom nach § 59 des Erneuerbare-Energien-Gesetzes[1)] zu vermarkten, erfolgt der bilanzielle Ausgleich abweichend von Satz 1 mit dem Bilanzkreis, über den der Übertragungsnetzbetreiber die Vermarktung durchführt. [4]Der Übertragungsnetzbetreiber muss den Bilanzkreisverantwortlichen unverzüglich über den geplanten Zeitpunkt, den Umfang und die Dauer der Anpassung unterrichten. [5]Der Übertragungsnetzbetreiber muss den Bilanzkreisverantwortlichen und den Betreiber der Anlage nach Absatz 1 unverzüglich über die tatsächlichen Zeitpunkte, den jeweiligen Umfang, die Dauer und die Gründe der Anpassung unterrichten.

---

1) Nr. **37**.

[Abs. 2 bis 30.9.2021:]

(2) [1] Die Vergütung für eine nach Absatz 1 Satz 1 angeforderte Anpassung ist angemessen, wenn sie den Betreiber der Anlage wirtschaftlich weder besser noch schlechter stellt, als er ohne die Maßnahme stünde. [2] Eine angemessene Vergütung nach Absatz 1 Satz 1 umfasst folgende Bestandteile, wenn und soweit diese durch die jeweilige Anpassung der Wirkleistungs- oder Blindleistungseinspeisung oder des Wirkleistungsbezugs auf Anforderung des Betreibers eines Übertragungsnetzes verursacht worden sind:

1. die notwendigen Auslagen für die tatsächlichen Anpassungen der Einspeisung (Erzeugungsauslagen) oder des Bezugs,
2. den Werteverbrauch der Anlage für die tatsächlichen Anpassungen der Einspeisung oder des Bezugs (anteiligen Werteverbrauch),
3. die nachgewiesenen entgangenen Erlösmöglichkeiten, wenn und soweit diese die Summe der nach den Nummern 1 und 2 zu erstattenden Kosten übersteigen, und
4. die notwendigen Auslagen für die Herstellung der Betriebsbereitschaft nach Absatz 1 Satz 2 Nummer 1 oder die Verschiebung einer geplanten Revision nach Absatz 1 Satz 2 Nummer 2.

[3] Ersparte Aufwendungen erstattet der Anlagenbetreiber an den zuständigen Betreiber eines Übertragungsnetzes.

[Abs. 2 ab 1.10.2021:]

(2) [1] Eine nach Absatz 1 Satz 1 vorgenommene Anpassung ist zwischen dem Betreiber des Übertragungsnetzes und dem Betreiber der Anlage zur Erzeugung oder Speicherung von elektrischer Energie angemessen finanziell auszugleichen. [2] Der finanzielle Ausgleich ist angemessen, wenn er den Betreiber der Anlage unter Anrechnung des bilanziellen Ausgleichs nach Absatz 1a wirtschaftlich weder besser noch schlechter stellt, als er ohne die Maßnahme stünde. [3] Ein angemessener finanzieller Ausgleich nach Satz 1 umfasst folgende Bestandteile, wenn und soweit diese durch die jeweilige Anpassung der Wirkleistungs- oder Blindleistungserzeugung oder des Wirkleistungsbezugs auf Anforderung des Betreibers eines Übertragungsnetzes verursacht worden sind:

1. *die notwendigen Auslagen für die tatsächlichen Anpassungen der Erzeugung (Erzeugungsauslagen) oder des Bezugs,*
2. *den Werteverbrauch der Anlage für die tatsächlichen Anpassungen der Erzeugung oder des Bezugs (anteiligen Werteverbrauch),*
3. *die nachgewiesenen entgangenen Erlösmöglichkeiten, wenn und soweit diese die Summe der nach den Nummern 1 und 2 zu erstattenden Kosten übersteigen,*
4. *die notwendigen Auslagen für die Herstellung der Betriebsbereitschaft nach Absatz 1 Satz 2 Nummer 1 oder die Verschiebung einer geplanten Revision nach Absatz 1 Satz 2 Nummer 2 und*
5. *im Fall der Reduzierung der Wirkleistungserzeugung aus Anlagen nach § 3 Nummer 1 des Erneuerbare-Energien-Gesetzes[1] oder von KWK-Strom im Sinne des § 3 Absatz 1 des Kraft-Wärme-Kopplungsgesetzes[2] 95 Prozent der entgangenen Einnahmen zuzüglich der zusätzlichen Aufwendungen.*

---

[1] Nr. **37**.
[2] Nr. **45**.

[4] Ersparte Aufwendungen erstattet der Anlagenbetreiber an den zuständigen Betreiber eines Übertragungsnetzes. [5] Übersteigen die entgangenen Einnahmen eines Anlagenbetreibers nach Satz 3 Nummer 5 in einem Jahr 1 Prozent seiner Einnahmen dieses Jahres, ist er ab diesem Zeitpunkt zu 100 Prozent zu entschädigen. [6] Abweichend von Satz 2 ist der bilanzielle Ausgleich nach Absatz 1a nicht anzurechnen, wenn der Strom nach § 59 des Erneuerbare-Energien-Gesetzes[1)] zu vermarkten ist.

(3) Grundlage für die Bestimmung des anteiligen Werteverbrauchs nach Absatz 2 Satz 2 Nummer 2 sind die handelsrechtlichen Restwerte und handelsrechtlichen Restnutzungsdauern in Jahren; für die Bestimmung des anteiligen Werteverbrauchs für die Anlage oder Anlagenteile ist als Schlüssel das Verhältnis aus den anrechenbaren Betriebsstunden im Rahmen von Maßnahmen nach Absatz 1 Satz 1 und den für die Anlage bei der Investitionsentscheidung betriebswirtschaftlich geplanten Betriebsstunden zugrunde zu legen.

(4) Weitergehende Kosten, die dem Anlagenbetreiber auch ohne die Anforderung nach Absatz 1 Satz 1 entstehen, insbesondere Betriebsbereitschaftsauslagen und eine Verzinsung des gebundenen Kapitals, werden nicht erstattet.

[Abs. 5 bis 30.9.2021:]

(5) Die Absätze 2 bis 4 sind ab dem 1. Januar 2013 anzuwenden, wobei sie in dem Zeitraum vom 1. Januar 2013 bis zum 30. April 2015 nur anzuwenden sind, wenn und soweit die Betreiber von Erzeugungsanlagen dadurch nicht schlechter stehen, als sie durch die tatsächlich von den Betreibern von Übertragungsnetzen in diesem Zeitraum gezahlte jeweilige Vergütung stünden.

[Abs. 5 ab 1.10.2021:]

(5) [1] Maßnahmen nach Absatz 1 erfolgen in Abstimmung mit dem Betreiber desjenigen Netzes, in das die Anlage eingebunden ist, und allen zwischengelagerten Netzbetreibern, durch die das Anschlussnetz mit dem Netz des anfordernden Netzbetreibers verbunden ist, sowie allen vorgelagerten Netzbetreibern, die durch die Maßnahme betroffen sind. [2] Trifft ein nachgelagerter Netzbetreiber in seinem Netz Maßnahmen nach Absatz 1 und konkurrieren diese Maßnahmen mit Maßnahmen des vorgelagerten Netzbetreibers nach Absatz 1, so sollen insoweit die Maßnahmen des nachgelagerten Netzbetreibers in der Regel Vorrang haben. [3] Der Betreiber eines Übertragungsnetzes, in dessen Netz die Ursache für eine Maßnahme nach Absatz 1 liegt, muss dem Netzbetreiber, der die Maßnahme ausführt oder nach § 14 Absatz 1c Satz 1 zu ihr auffordert, die Kosten für den bilanziellen und finanziellen Ausgleich nach Abzug entstandener Erlöse ersetzen, soweit kein Anspruch nach § 14 Absatz 1c Satz 2 besteht.

§ 13b Stilllegungen von Anlagen. (1) [1] Betreiber von Anlagen zur Erzeugung oder Speicherung elektrischer Energie mit einer Nennleistung ab 10 Megawatt sind verpflichtet, vorläufige oder endgültige Stilllegungen ihrer Anlage oder von Teilkapazitäten ihrer Anlage dem systemverantwortlichen Betreiber des Übertragungsnetzes und der Bundesnetzagentur möglichst frühzeitig, mindestens aber zwölf Monate vorher anzuzeigen; dabei ist anzugeben, ob und inwieweit die Stilllegung aus rechtlichen, technischen oder betriebswirtschaftlichen Gründen erfolgen soll. [2] Vorläufige und endgültige Stilllegungen ohne vorherige Anzeige und vor Ablauf der Frist nach Satz 1 sind verboten, wenn ein Weiterbetrieb technisch und rechtlich möglich ist. [3] Eine Stilllegung von

---

1) Nr. 37.

Anlagen vor Ablauf der Frist nach den Sätzen 1 und 2 ist zulässig, wenn der Betreiber eines Übertragungsnetzes hierdurch keine Gefährdung oder Störung der Sicherheit oder Zuverlässigkeit des Elektrizitätsversorgungssystems erwartet und er dem Anlagenbetreiber dies nach Absatz 2 Satz 1 mitgeteilt hat.

(2) [1] Der systemverantwortliche Betreiber des Übertragungsnetzes prüft nach Eingang der Anzeige einer Stilllegung nach Absatz 1 Satz 1 unverzüglich, ob die Anlage systemrelevant ist, und teilt dem Betreiber der Anlage und der Bundesnetzagentur das Ergebnis seiner Prüfung unverzüglich schriftlich oder elektronisch mit. [2] Eine Anlage ist systemrelevant, wenn ihre Stilllegung mit hinreichender Wahrscheinlichkeit zu einer nicht unerheblichen Gefährdung oder Störung der Sicherheit oder Zuverlässigkeit des Elektrizitätsversorgungssystems führen würde und diese Gefährdung oder Störung nicht durch andere angemessene Maßnahmen beseitigt werden kann. [3] Die Begründung der Notwendigkeit der Ausweisung einer systemrelevanten Anlage im Fall einer geplanten vorläufigen oder endgültigen Stilllegung soll sich aus der Systemanalyse der Betreiber von Übertragungsnetzen oder dem Bericht der Bundesnetzagentur nach § 3 der Netzreserveverordnung[1)] ergeben. [4] Die Begründung kann sich auf die Liste systemrelevanter Gaskraftwerke nach § 13f Absatz 1 stützen.

(3) [1] Mit Ausnahme von Revisionen und technisch bedingten Störungen sind vorläufige Stilllegungen Maßnahmen, die bewirken, dass die Anlage nicht mehr anfahrbereit gehalten wird, aber innerhalb eines Jahres nach Anforderung durch den Betreiber eines Übertragungsnetzes nach Absatz 4 Satz 3 wieder betriebsbereit gemacht werden kann, um eine geforderte Anpassung ihrer Einspeisung nach § 13a Absatz 1 umzusetzen. [2] Endgültige Stilllegungen sind Maßnahmen, die den Betrieb der Anlage endgültig ausschließen oder bewirken, dass eine Anpassung der Einspeisung nicht mehr innerhalb eines Jahres nach einer Anforderung nach Absatz 4 erfolgen kann, da die Anlage nicht mehr innerhalb dieses Zeitraums betriebsbereit gemacht werden kann.

(4) [1] Vorläufige Stilllegungen von Anlagen, die nach Absatz 1 Satz 1 zur vorläufigen Stilllegung angezeigt wurden, sind auch nach Ablauf der in der Anzeige genannten Frist nach Absatz 1 Satz 1 verboten, solange und soweit der systemverantwortliche Betreiber des Übertragungsnetzes die Anlage nach Absatz 2 Satz 2 als systemrelevant ausweist. [2] Die Ausweisung erfolgt für eine Dauer von 24 Monaten; zeigt der Betreiber einer Anlage für den Zeitraum nach Ablauf der 24 Monate die geplante vorläufige Stilllegung nach § 13b Absatz 1 Satz 1 erneut an und wird das Fortbestehen der Systemrelevanz der Anlage durch eine Prüfung des regelzonenverantwortlichen Betreibers eines Übertragungsnetzes festgestellt, erfolgt jede erneute Ausweisung der Anlage als systemrelevant jeweils für einen Zeitraum von bis zu 24 Monaten. [3] Der Betreiber einer Anlage, deren vorläufige Stilllegung nach Satz 1 verboten ist, muss die Betriebsbereitschaft der Anlage für Anpassungen der Einspeisung nach § 13a Absatz 1 weiter vorhalten oder wiederherstellen. [4] Der Betreiber einer vorläufig stillgelegten Anlage, die nach Absatz 2 Satz 2 systemrelevant ist, muss für die Durchführung von Maßnahmen nach § 13 Absatz 1 Nummer 2 und 3 und § 13a Absatz 1 auf Anforderung durch den Betreiber des Übertragungsnetzes und erforderlichenfalls in Abstimmung mit dem Betreiber desjenigen Netzes, in das die Anlage eingebunden ist, die Anlage betriebsbereit machen.

[1)] Nr. **20**.

(5) [1] Endgültige Stilllegungen von Anlagen zur Erzeugung oder Speicherung elektrischer Energie mit einer Nennleistung ab 50 Megawatt sind auch nach Ablauf der in der Anzeige genannten Frist nach Absatz 1 Satz 1 verboten, solange und soweit

1. der systemverantwortliche Betreiber des Übertragungsnetzes die Anlage als systemrelevant ausweist,
2. die Ausweisung durch die Bundesnetzagentur genehmigt worden ist und
3. ein Weiterbetrieb technisch und rechtlich möglich ist.

[2] Der Betreiber des Übertragungsnetzes hat den Antrag auf Genehmigung der Ausweisung nach Prüfung der Anzeige einer Stilllegung unverzüglich bei der Bundesnetzagentur zu stellen und zu begründen. [3] Er hat dem Anlagenbetreiber unverzüglich eine Kopie von Antrag und Begründung zu übermitteln. [4] Die Bundesnetzagentur hat den Antrag zu genehmigen, wenn die Anlage systemrelevant nach Absatz 2 Satz 2 ist. [5] Die Genehmigung kann unter Bedingungen erteilt und mit Auflagen verbunden werden. [6] Hat die Bundesnetzagentur über den Antrag nicht innerhalb einer Frist von drei Monaten nach Vorliegen der vollständigen Unterlagen entschieden, gilt die Genehmigung als erteilt, es sei denn,

1. der Antragsteller hat einer Verlängerung der Frist zugestimmt oder
2. die Bundesnetzagentur kann wegen unrichtiger Angaben oder wegen einer nicht rechtzeitig erteilten Auskunft keine Entscheidung treffen und sie hat dies den Betroffenen vor Ablauf der Frist unter Angabe der Gründe mitgeteilt.

[7] Die Vorschriften des Verwaltungsverfahrensgesetzes über die Genehmigungsfiktion sind entsprechend anzuwenden. [8] Die Ausweisung erfolgt in dem Umfang und für den Zeitraum, der erforderlich ist, um die Gefährdung oder Störung abzuwenden. [9] Sie soll eine Dauer von 24 Monaten nicht überschreiten, es sei denn, die Systemrelevanz der Anlage wird durch eine Systemanalyse des regelzonenverantwortlichen Betreibers eines Übertragungsnetzes für einen längeren Zeitraum nachgewiesen und von der Bundesnetzagentur bestätigt. [10] Der Betreiber des Übertragungsnetzes hat dem Betreiber der Anlage die Ausweisung mit der Begründung unverzüglich nach Genehmigung durch die Bundesnetzagentur mitzuteilen. [11] Der Betreiber einer Anlage, deren endgültige Stilllegung nach Satz 1 verboten ist, muss die Anlage zumindest in einem Zustand erhalten, der eine Anforderung zur weiteren Vorhaltung oder Wiederherstellung der Betriebsbereitschaft nach Absatz 4 ermöglicht, sowie auf Anforderung des Betreibers eines Übertragungsnetzes die Betriebsbereitschaft der Anlage für Anpassungen der Einspeisung weiter vorhalten oder wiederherstellen, soweit dies nicht technisch oder rechtlich ausgeschlossen ist.

(6) Die Absätze 1 bis 5 gelten nicht für die stillzulegenden Anlagen nach § 13g.

§ 13c Vergütung bei geplanten Stilllegungen von Anlagen. (1) [1] Fordert der Betreiber eines Übertragungsnetzes den Betreiber einer Anlage, die andernfalls auf Grund einer vorläufigen Stilllegung im erforderlichen Zeitraum nicht anfahrbereit wäre, nach § 13b Absatz 4 dazu auf, die Betriebsbereitschaft der Anlage für Anpassungen der Einspeisung weiter vorzuhalten oder wiederherzustellen, kann der Betreiber als angemessene Vergütung geltend machen:

1. die für die Vorhaltung und die Herstellung der Betriebsbereitschaft notwendigen Auslagen (Betriebsbereitschaftsauslagen); im Rahmen der Betriebsbereitschaftsauslagen
   a) werden die einmaligen Kosten für die Herstellung der Betriebsbereitschaft der Anlage berücksichtigt; Kosten in diesem Sinn sind auch die Kosten erforderlicher immissionsschutzrechtlicher Prüfungen sowie die Kosten der Reparatur außergewöhnlicher Schäden, und
   b) wird ein Leistungspreis für die Bereithaltung der betreffenden Anlage gewährt; hierbei werden die Kosten berücksichtigt, die dem Betreiber zusätzlich und fortlaufend auf Grund der Vorhaltung der Anlage für die Netzreserve nach § 13d entstehen; der Leistungspreis kann als pauschalierter Betrag (Euro je Megawatt) zu Vertragsbeginn auf Grundlage von jeweils ermittelten Erfahrungswerten der Anlage festgelegt werden; die Bundesnetzagentur kann die der Anlage zurechenbaren Gemeinkosten eines Betreibers bis zu einer Höhe von 5 Prozent der übrigen Kosten dieser Nummer pauschal anerkennen; der Nachweis höherer Gemeinkosten durch den Betreiber ist möglich;
2. die Erzeugungsauslagen und
3. den anteiligen Werteverbrauch.

[2] Betriebsbereitschaftsauslagen nach Satz 1 Nummer 1 sind zu erstatten, wenn und soweit diese ab dem Zeitpunkt der Ausweisung der Systemrelevanz der Anlage durch den Betreiber eines Übertragungsnetzes anfallen und der Vorhaltung und dem Einsatz als Netzreserve im Sinne von § 13d Absatz 1 Satz 1 zu dienen bestimmt sind. [3] Grundlage für die Bestimmung des anteiligen Werteverbrauchs nach Satz 1 Nummer 3 sind die handelsrechtlichen Restwerte und handelsrechtlichen Restnutzungsdauern in Jahren; für die Bestimmung des anteiligen Werteverbrauchs für die Anlage oder Anlagenteile ist als Schlüssel das Verhältnis aus den anrechenbaren Betriebsstunden im Rahmen von Maßnahmen nach § 13a Absatz 1 Satz 2 und den für die Anlage bei der Investitionsentscheidung betriebswirtschaftlich geplanten Betriebsstunden zugrunde zu legen. [4] Im Rahmen der Erzeugungsauslagen wird ein Arbeitspreis in Form der notwendigen Auslagen für eine Einspeisung der Anlage gewährt.

(2) [1] Nimmt der Betreiber der Anlage im Sinn von § 13b Absatz 4 Satz 1 den Betreiber des Übertragungsnetzes auf Zahlung der Betriebsbereitschaftsauslagen nach Absatz 1 Satz 1 Nummer 1 in Anspruch, darf ab diesem Zeitpunkt die Anlage für die Dauer der Ausweisung der Anlage als systemrelevant durch den Betreiber eines Übertragungsnetzes ausschließlich nach Maßgabe der von den Betreibern von Übertragungsnetzen angeforderten Systemsicherheitsmaßnahmen betrieben werden. [2] Wird die Anlage nach Ablauf der Dauer der Ausweisung als systemrelevant wieder eigenständig an den Strommärkten eingesetzt, ist der Restwert der investiven Vorteile, die der Betreiber der Anlage erhalten hat, zu erstatten. [3] Maßgeblich ist der Restwert zu dem Zeitpunkt, ab dem die Anlage wieder eigenständig an den Strommärkten eingesetzt wird.

(3) [1] Der Betreiber einer Anlage, deren endgültige Stilllegung nach § 13b Absatz 5 Satz 1 verboten ist, kann als angemessene Vergütung für die Verpflichtung nach § 13b Absatz 5 Satz 11 von dem jeweiligen Betreiber eines Übertragungsnetzes geltend machen:

1. die Kosten für erforderliche Erhaltungsmaßnahmen nach § 13b Absatz 5 Satz 11 (Erhaltungsauslagen),
2. die Betriebsbereitschaftsauslagen im Sinn von Absatz 1 Satz 1 Nummer 1 und Satz 2,
3. Erzeugungsauslagen im Sinne von Absatz 1 Satz 1 Nummer 2 und Satz 4 und
4. Opportunitätskosten in Form einer angemessenen Verzinsung für bestehende Anlagen, wenn und soweit eine verlängerte Kapitalbindung in Form von Grundstücken und weiterverwertbaren technischen Anlagen oder Anlagenteilen auf Grund der Verpflichtung für die Netzreserve besteht.

2 Erhaltungs- und Betriebsbereitschaftsauslagen nach Satz 1 Nummer 1 und 2 sind zu erstatten, wenn und soweit diese ab dem Zeitpunkt der Ausweisung der Systemrelevanz durch den Betreiber eines Übertragungsnetzes nach § 13b Absatz 5 anfallen und der Vorhaltung und dem Einsatz als Netzreserve zu dienen bestimmt sind. 3 Der Werteverbrauch der weiterverwertbaren technischen Anlagen oder der Anlagenteile ist nur erstattungsfähig, wenn und soweit die technischen Anlagen in der Netzreserve tatsächlich eingesetzt werden; für die Bestimmung des anteiligen Werteverbrauchs ist Absatz 1 Satz 3 anzuwenden. 4 Weitergehende Kosten, insbesondere Kosten, die auch im Fall einer endgültigen Stilllegung angefallen wären, sind nicht erstattungsfähig.

(4) 1 Nimmt der Betreiber der Anlage, deren endgültige Stilllegung nach § 13b Absatz 5 Satz 1 verboten ist, den Betreiber des Übertragungsnetzes auf Zahlung der Erhaltungsauslagen oder der Betriebsbereitschaftsauslagen nach Absatz 3 Satz 1 Nummer 1 und 2 sowie Satz 2 in Anspruch, darf die Anlage bis zu ihrer endgültigen Stilllegung ausschließlich nach Maßgabe der von den Betreibern von Übertragungsnetzen angeforderten Systemsicherheitsmaßnahmen betrieben werden. 2 Wird die Anlage endgültig stillgelegt, so ist der Restwert der investiven Vorteile bei wiederverwertbaren Anlagenteilen, die der Betreiber der Anlage im Rahmen der Erhaltungsauslagen nach Absatz 3 Satz 1 Nummer 1 und der Betriebsbereitschaftsauslagen im Sinne von Absatz 1 Satz 1 Nummer 1 erhalten hat, zu erstatten. 3 Maßgeblich ist der Restwert zu dem Zeitpunkt, ab dem die Anlage nicht mehr als Netzreserve vorgehalten wird. 4 Der Umfang der Vergütung nach Absatz 3 wird in den jeweiligen Verträgen zwischen den Betreibern der Anlagen und den Betreibern der Übertragungsnetze auf Grundlage der Kostenstruktur der jeweiligen Anlage nach Abstimmung mit der Bundesnetzagentur festgelegt.

(5) Die durch die Absätze 1 bis 4 entstehenden Kosten der Betreiber von Übertragungsnetzen werden durch Festlegung der Bundesnetzagentur zu einer freiwilligen Selbstverpflichtung der Betreiber von Übertragungsnetzen nach § 11 Absatz 2 Satz 4 und § 32 Absatz 1 Nummer 4 der Anreizregulierungsverordnung[1)] in der jeweils geltenden Fassung als verfahrensregulierte Kosten nach Maßgabe der hierfür geltenden Vorgaben anerkannt.

(6) Die Absätze 1 bis 5 gelten nicht für die stillzulegenden Anlagen nach § 13g.

§ 13d Netzreserve. (1) 1 Die Betreiber von Übertragungsnetzen halten nach § 13b Absatz 4 und 5 sowie nach Maßgabe der Netzreserveverordnung Anlagen

---

1) Nr. **28**.

zum Zweck der Gewährleistung der Sicherheit und Zuverlässigkeit des Elektrizitätsversorgungssystems insbesondere für die Bewirtschaftung von Netzengpässen und für die Spannungshaltung und zur Sicherstellung eines möglichen Versorgungswiederaufbaus vor (Netzreserve). [2] Die Netzreserve wird gebildet aus

1. Anlagen, die derzeit nicht betriebsbereit sind und auf Grund ihrer Systemrelevanz auf Anforderung der Betreiber von Übertragungsnetzen wieder betriebsbereit gemacht werden müssen,
2. systemrelevanten Anlagen, für die die Betreiber eine vorläufige oder endgültige Stilllegung nach § 13b Absatz 1 Satz 1 angezeigt haben, und
3. geeigneten Anlagen im europäischen Ausland.

(2) [1] Betreiber von bestehenden Anlagen, die als Netzreserve zur Gewährleistung der Sicherheit und Zuverlässigkeit des Elektrizitätsversorgungssystems verpflichtet worden sind, können unter den Voraussetzungen des § 13e und den Regelungen der Rechtsverordnung nach § 13h auch an dem Verfahren der Beschaffung der Kapazitätsreserve teilnehmen. [2] Sind bestehende Anlagen der Netzreserve im Rahmen des Beschaffungsverfahrens erfolgreich, erhalten sie ihre Vergütung ausschließlich nach den Bestimmungen zur Kapazitätsreserve. [3] Sie müssen weiterhin auf Anweisung der Betreiber von Übertragungsnetzen ihre Einspeisung nach § 13a Absatz 1 sowie § 7 der Netzreserveverordnung[1)] anpassen.

(3) [1] Unbeschadet der gesetzlichen Verpflichtungen erfolgen die Bildung der Netzreserve und der Einsatz der Anlagen der Netzreserve auf Grundlage des Abschlusses von Verträgen zwischen Betreibern von Übertragungsnetzen und Anlagenbetreibern in Abstimmung mit der Bundesnetzagentur nach Maßgabe der Bestimmungen der Netzreserveverordnung. [2] Erzeugungsanlagen im Ausland können nach den Vorgaben der Rechtsverordnung nach § 13i Absatz 3 vertraglich gebunden werden.

§ 13e Kapazitätsreserve. (1) [1] Die Betreiber von Übertragungsnetzen halten Reserveleistung vor, um im Fall einer Gefährdung oder Störung der Sicherheit oder Zuverlässigkeit des Elektrizitätsversorgungssystems Leistungsbilanzdefizite infolge des nicht vollständigen Ausgleichs von Angebot und Nachfrage an den Strommärkten im deutschen Netzregelverbund auszugleichen (Kapazitätsreserve). [2] Die Kapazitätsreserve wird ab dem Winterhalbjahr 2020/2021 außerhalb der Strommärkte gebildet. [3] Die Anlagen der Kapazitätsreserve speisen ausschließlich auf Anforderung der Betreiber von Übertragungsnetzen ein. [4] Für die Kapazitätsreserve steht die Reduktion des Wirkleistungsbezugs der Einspeisung von Wirkleistung gleich.

(2) [1] Die Bildung der Kapazitätsreserve erfolgt im Rahmen eines wettbewerblichen Ausschreibungsverfahrens oder eines diesem hinsichtlich Transparenz und Nichtdiskriminierung gleichwertigen wettbewerblichen Verfahrens (Beschaffungsverfahren). [2] Die Betreiber der Übertragungsnetze führen das Beschaffungsverfahren ab dem Jahr 2019 in regelmäßigen Abständen durch. [3] In der Kapazitätsreserve werden Anlagen mit folgender Reserveleistung gebunden:

[1)] Nr. **20**.

1. für die Leistungserbringung ab dem Winterhalbjahr 2020/2021 eine Reserveleistung von 2 Gigawatt,
2. für die Leistungserbringung ab dem Winterhalbjahr 2022/2023 eine Reserveleistung in Höhe von 2 Gigawatt vorbehaltlich einer Anpassung nach Absatz 5.

[4] Anlagen können wiederholt an dem Beschaffungsverfahren teilnehmen und in der Kapazitätsreserve gebunden werden.

(3) [1] Die Betreiber der Anlagen der Kapazitätsreserve erhalten eine jährliche Vergütung, deren Höhe im Rahmen des Beschaffungsverfahrens nach Absatz 2 ermittelt wird. [2] Die Vergütung umfasst alle Kosten, soweit sie nicht aufgrund einer Verordnung nach § 13h gesondert erstattet werden, einschließlich der Kosten für

1. die Vorhaltung der Anlage, die auch die Kosten für den Stromverbrauch der Anlage selbst, für auf Grund anderer gesetzlicher Vorschriften notwendige Anfahrvorgänge sowie für die Instandhaltung der Anlage und Nachbesserungen umfassen, sowie
2. den Werteverbrauch durch den Einsatz der Anlage.

[3] Die Betreiber von Übertragungsnetzen dürfen die ihnen auf Grund der Durchführung der Rechtsverordnung nach § 13h entstehenden Kosten nach Abzug der entstehenden Erlöse über die Netzentgelte geltend machen. [4] Die Kosten nach Satz 3 gelten als dauerhaft nicht beeinflussbare Kostenanteile nach § 11 Absatz 2 Satz 1 der Anreizregulierungsverordnung[1)]. [5] Die Betreiber von Übertragungsnetzen müssen den unterschiedlichen Umfang der nach Satz 3 bei jedem Betreiber eines Übertragungsnetzes verbleibenden Kosten nach Maßgabe der von ihnen oder anderen Netzbetreibern im Bereich ihres Übertragungsnetzes an Letztverbraucher gelieferten Strommengen über eine finanzielle Verrechnung untereinander ausgleichen. [6] Betreiber von Übertragungsnetzen, die bezogen auf die an Letztverbraucher gelieferten Strommengen im Bereich ihres Netzes höhere Zahlungen zu leisten hatten, als es dem Durchschnitt aller Letztverbraucher entspricht, haben einen finanziellen Anspruch auf Belastungsausgleich, bis alle Betreiber von Übertragungsnetzen eine Belastung tragen, die dem Durchschnitt aller Betreiber von Übertragungsnetzen entspricht.

(4) [1] Die Betreiber von Anlagen, die in der Kapazitätsreserve gebunden sind,

1. dürfen die Leistung oder Arbeit dieser Anlagen weder ganz noch teilweise auf den Strommärkten veräußern (Vermarktungsverbot) und
2. müssen diese Anlagen endgültig stilllegen, sobald die Anlagen nicht mehr in der Kapazitätsreserve gebunden sind (Rückkehrverbot), wobei Absatz 2 Satz 4 sowie die Regelungen zur Stilllegung von Erzeugungsanlagen nach den §§ 13b und 13c sowie zur Netzreserve nach § 13d unberührt bleiben; Betreiber von Lasten müssen diese nicht endgültig stilllegen, dürfen aber mit den Lasten endgültig nicht mehr an den Ausschreibungen auf Grund einer Verordnung nach § 13i Absatz 1 und 2 teilnehmen.

[2] Das Vermarktungsverbot und das Rückkehrverbot gelten auch für Rechtsnachfolger des Betreibers sowie im Fall einer Veräußerung der Anlage für deren Erwerber sowie für die Betreiber von Übertragungsnetzen.

---

1) Nr. **28**.

(5) [1] Das Bundesministerium für Wirtschaft und Energie überprüft den Umfang der Kapazitätsreserve bis zum 31. Oktober 2018 und dann mindestens alle zwei Jahre auf Basis des Berichts zum Monitoring der Versorgungssicherheit nach § 63 Absatz 2 Satz 1 Nummer 2 und entscheidet, ob eine Anpassung des Umfangs erforderlich ist. [2] Die Entscheidung ist zu begründen und zu veröffentlichen. [3] Eine eventuell erforderliche Anpassung des Umfangs der Kapazitätsreserve erfolgt durch oder auf Grund der Rechtsverordnung nach § 13h oder durch Festlegung der Bundesnetzagentur nach § 13j Absatz 4. [4] Eine Entscheidung, durch die die gebundene Reserveleistung 5 Prozent der durchschnittlichen Jahreshöchstlast im Gebiet der Bundesrepublik Deutschland übersteigen würde, darf nur durch Rechtsverordnung nach § 13h ergehen; diese Rechtsverordnung bedarf der Zustimmung des Bundestages. [5] Der zugrunde zu legende Wert der durchschnittlichen Jahreshöchstlast errechnet sich als Durchschnittswert aus der für das Gebiet der Bundesrepublik Deutschland für das Jahr, in dem die Erhöhung erstmals stattfinden soll, sowie das Folgejahr prognostizierten Jahreshöchstlast. [6] Die Prognosen sind aus dem jährlichen Bericht der Bundesnetzagentur nach § 3 Absatz 1 der Netzreserveverordnung[1)] zu entnehmen. [7] Der Jahreshöchstlastwert umfasst auch Netzverluste.

§ 13f Systemrelevante Gaskraftwerke. (1) [1] Betreiber von Übertragungsnetzen können eine Anlage zur Erzeugung von elektrischer Energie aus Gas mit einer Nennleistung ab 50 Megawatt ganz oder teilweise als systemrelevantes Gaskraftwerk ausweisen, soweit eine Einschränkung der Gasversorgung dieser Anlage mit hinreichender Wahrscheinlichkeit zu einer nicht unerheblichen Gefährdung oder Störung der Sicherheit oder Zuverlässigkeit des Elektrizitätsversorgungssystems führt. [2] Die Ausweisung erfolgt in dem Umfang und für den Zeitraum, der erforderlich ist, um die Gefährdung oder Störung abzuwenden. [3] Sie soll eine Dauer von 24 Monaten nicht überschreiten, es sei denn, die Systemrelevanz der Anlage wird durch eine Systemanalyse des regelzonenverantwortlichen Betreibers eines Übertragungsnetzes für einen längeren Zeitraum nachgewiesen und von der Bundesnetzagentur bestätigt. [4] Die Ausweisung bedarf der Genehmigung der Bundesnetzagentur. [5] Der Betreiber des Übertragungsnetzes hat den Antrag auf Genehmigung unverzüglich nach der Ausweisung bei der Bundesnetzagentur zu stellen und zu begründen. [6] Er hat dem Anlagenbetreiber unverzüglich eine Kopie von Antrag und Begründung zu übermitteln. [7] Die Bundesnetzagentur hat den Antrag zu genehmigen, wenn die Anlage systemrelevant im Sinne der Sätze 1 und 2 ist. [8] § 13b Absatz 5 Satz 5 bis 7 ist entsprechend anzuwenden. [9] Der Betreiber des Übertragungsnetzes hat die Ausweisung eines systemrelevanten Gaskraftwerks nach Genehmigung durch die Bundesnetzagentur unverzüglich dem Betreiber der Anlage, den betroffenen Betreibern von Gasversorgungsnetzen sowie dem Betreiber des Elektrizitätsversorgungsnetzes, an das die Anlage angeschlossen ist, mitzuteilen und zu begründen. [10] Die Betreiber von Übertragungsnetzen haben eine Liste mit den systemrelevanten Kraftwerken aufzustellen, diese Liste, falls erforderlich, zu aktualisieren und der Bundesnetzagentur unverzüglich vorzulegen.

(2) [1] Soweit die Ausweisung einer Anlage genehmigt worden ist, sind Betreiber der Erzeugungsanlagen verpflichtet, soweit technisch und rechtlich möglich sowie wirtschaftlich zumutbar, eine Absicherung der Leistung im erforderli-

---

[1)] Nr. **20**.

chen Umfang durch Inanspruchnahme der vorhandenen Möglichkeiten für einen Brennstoffwechsel vorzunehmen. [2]Fallen bei dem Betreiber der Erzeugungsanlage in diesem Zusammenhang Mehrkosten für einen Brennstoffwechsel an, sind diese durch den jeweiligen Betreiber eines Übertragungsnetzes zu erstatten. [3]Soweit ein Brennstoffwechsel nicht möglich ist, ist dies gegenüber der Bundesnetzagentur zu begründen und kurzfristig dazulegen, mit welchen anderen Optimierungs- oder Ausbaumaßnahmen der Kapazitätsbedarf befriedigt werden kann. [4]Die durch den Brennstoffwechsel oder andere Optimierungs- oder Ausbaumaßnahmen entstehenden Kosten des Betreibers von Übertragungsnetzen werden durch Festlegung der Bundesnetzagentur zu einer freiwilligen Selbstverpflichtung der Betreiber von Übertragungsnetzen nach § 11 Absatz 2 Satz 4 und § 32 Absatz 1 Nummer 4 der Anreizregulierungsverordnung[1)] in ihrer jeweils geltenden Fassung als verfahrensregulierte Kosten nach Maßgabe der hierfür geltenden Vorgaben anerkannt.

§ 13g Stilllegung von Braunkohlekraftwerken. (1) [1]Als Beitrag zur Erreichung der nationalen und europäischen Klimaschutzziele müssen die folgenden Erzeugungsanlagen bis zu dem genannten Kalendertag vorläufig stillgelegt werden (stillzulegende Anlagen), um die Kohlendioxidemissionen im Bereich der Elektrizitätsversorgung zu verringern:

1. bis zum 1. Oktober 2016: Kraftwerk Buschhaus,
2. bis zum 1. Oktober 2017:
   a) Block P des Kraftwerks Frimmersdorf und
   b) Block Q des Kraftwerks Frimmersdorf,
3. bis zum 1. Oktober 2018:
   a) Block E des Kraftwerks Niederaußem,
   b) Block F des Kraftwerks Niederaußem und
   c) Block F des Kraftwerks Jänschwalde,
4. bis zum 1. Oktober 2019:
   a) Block C des Kraftwerks Neurath und
   b) Block E des Kraftwerks Jänschwalde.

[2]Die stillzulegenden Anlagen dürfen jeweils ab dem in Satz 1 genannten Kalendertag für vier Jahre nicht endgültig stillgelegt werden. [3]Nach Ablauf der vier Jahre müssen sie endgültig stillgelegt werden.

(2) [1]Die stillzulegenden Anlagen stehen jeweils ab dem in Absatz 1 Satz 1 genannten Kalendertag bis zu ihrer endgültigen Stilllegung ausschließlich für Anforderungen der Betreiber von Übertragungsnetzen nach Maßgabe des § 1 Absatz 6 der Elektrizitätssicherungsverordnung zur Verfügung (Sicherheitsbereitschaft). [2]Dabei dürfen die Betreiber von Übertragungsnetzen die stillzulegenden Anlagen nur entsprechend den zeitlichen Vorgaben nach Absatz 3 Satz 1 anfordern.

(3) [1]Während der Sicherheitsbereitschaft müssen die Betreiber der stillzulegenden Anlagen jederzeit sicherstellen, dass die stillzulegenden Anlagen die folgenden Voraussetzungen erfüllen:

---

1) Nr. 28.

1. die stillzulegenden Anlagen müssen bei einer Vorwarnung durch den zuständigen Betreiber eines Übertragungsnetzes innerhalb von 240 Stunden betriebsbereit sein und
2. die stillzulegenden Anlagen müssen nach Herstellung ihrer Betriebsbereitschaft ab Anforderung durch den zuständigen Betreiber eines Übertragungsnetzes innerhalb von 11 Stunden auf Mindestteilleistung und innerhalb von weiteren 13 Stunden auf Nettonennleistung angefahren werden können.

[2] Die Betreiber der stillzulegenden Anlagen müssen dem zuständigen Betreiber eines Übertragungsnetzes vor Beginn der Sicherheitsbereitschaft nachweisen, dass ihre stillzulegenden Anlagen die Voraussetzungen nach Satz 1 Nummer 2 erfüllen.

(4) [1] Während der Sicherheitsbereitschaft darf in den stillzulegenden Anlagen Strom nur im Fall eines Einsatzes nach Absatz 2 Satz 1 oder im Fall eines mit dem zuständigen Betreiber eines Übertragungsnetzes abgestimmten Probestarts erzeugt werden. [2] Die Betreiber von Übertragungsnetzen müssen die aus den stillzulegenden Anlagen eingespeisten Strommengen in ihren Bilanzkreisen führen, dürfen die Strommengen aber nicht auf den Strommärkten veräußern. [3] Die Betreiber von Übertragungsnetzen informieren die Marktteilnehmer unverzüglich und auf geeignete Art und Weise über die Vorwarnung und die Anforderung zur Einspeisung einer stillzulegenden Anlage.

(5) [1] Die Betreiber der stillzulegenden Anlagen erhalten für die Sicherheitsbereitschaft und die Stilllegung einer Anlage eine Vergütung nach Maßgabe des Absatzes 7 Satz 1 bis 4 in Höhe der Erlöse, die sie mit der stillzulegenden Anlage in den Strommärkten während der Sicherheitsbereitschaft erzielt hätten, abzüglich der kurzfristig variablen Erzeugungskosten. [2] Die Höhe der Vergütung für jede stillzulegende Anlage ergibt sich aus der Formel in der Anlage zu diesem Gesetz. [3] Wenn eine stillzulegende Anlage bei einer Vorwarnung durch den Betreiber eines Übertragungsnetzes nicht innerhalb von 288 Stunden ab der Vorwarnung nach Absatz 3 Satz 1 Nummer 1 betriebsbereit ist oder nicht innerhalb der Anfahrzeiten nach Absatz 3 Satz 1 Nummer 2 die angeforderte Leistung im Bereich der üblichen Schwankungen einspeist, verringert sich die Vergütung für die stillzulegende Anlage

1. auf null ab dem 13. Tag, wenn und solange die Voraussetzungen aus arbeitsschutz- oder immissionsschutzrechtlichen Gründen nicht erfüllt werden, oder
2. um jeweils 10 Prozent in einem Jahr der Sicherheitsbereitschaft, wenn die Voraussetzungen aus anderen Gründen nicht erfüllt werden.

[4] Wenn eine stillzulegende Anlage die Voraussetzungen der Sicherheitsbereitschaft vorübergehend nicht erfüllen kann, verringert sich die Vergütung ebenfalls ab dem 13. Tag solange auf null, bis die Voraussetzungen wieder erfüllt werden können. [5] Dies gilt nicht für mit dem Betreiber eines Übertragungsnetzes abgestimmte Wartungs- und Instandsetzungsarbeiten. [6] Unbeschadet der Sätze 1 bis 5 werden den Betreibern der stillzulegenden Anlagen nach Maßgabe des Absatzes 7 Satz 5 die im Fall einer Vorwarnung oder der Anforderung zur Einspeisung durch den Betreiber eines Übertragungsnetzes oder im Fall eines Probestarts entstehenden Erzeugungsauslagen erstattet.

(6) [1] Eine stillzulegende Anlage kann abweichend von Absatz 1 Satz 2 mit Ablauf des ersten Jahres der Sicherheitsbereitschaft endgültig stillgelegt werden,

wenn der Betreiber das dem zuständigen Betreiber eines Übertragungsnetzes spätestens ein halbes Jahr vorher anzeigt. [2] Der Betreiber der vorzeitig endgültig stillgelegten Anlage erhält nach der vorzeitigen endgültigen Stilllegung nur noch eine einmalige Abschlussvergütung nach Maßgabe des Absatzes 7 Satz 1, 2 und 6. [3] Diese Abschlussvergütung wird pauschal festgesetzt und entspricht der Vergütung, die dem Betreiber für die stillzulegende Anlage im ersten Jahr der Sicherheitsbereitschaft erstattet wurde. [4] Unbeschadet des Satzes 1 kann eine stillzulegende Anlage auf Antrag des Betreibers und nach Genehmigung durch die Bundesnetzagentur jederzeit endgültig stillgelegt werden, wenn sie die Voraussetzungen der Sicherheitsbereitschaft dauerhaft nicht oder nur unter unverhältnismäßigem Aufwand erfüllen kann; in diesem Fall entfällt mit Wirkung ab der endgültigen Stilllegung der Vergütungsanspruch nach Absatz 5 für diese stillzulegende Anlage; die Sätze 2 und 3 finden in diesem Fall keine Anwendung.

(7) [1] Die Höhe der Vergütung nach Absatz 5 oder 6 wird durch die Bundesnetzagentur festgesetzt. [2] Der Betreiber einer stillzulegenden Anlage hat gegen den zuständigen Betreiber eines Übertragungsnetzes einen Vergütungsanspruch in der von der Bundesnetzagentur festgesetzten Höhe. [3] Die Vergütung nach Absatz 5 Satz 1 und 2 wird jährlich im Voraus gezahlt, zahlbar monatlich in zwölf gleichen Abschlägen. [4] Die endgültige Abrechnung eines Bereitschaftsjahres erfolgt – soweit erforderlich – spätestens zum 1. Januar des folgenden Kalenderjahres. [5] Die Erzeugungsauslagen nach Absatz 5 Satz 6 werden von den Betreibern der Übertragungsnetze nach Ablauf eines Bereitschaftsjahres spätestens zum 1. Januar des folgenden Kalenderjahres gesondert erstattet. [6] Die Vergütung nach Absatz 6 wird nach Ablauf des ersten Bereitschaftsjahres spätestens zum 1. Januar des folgenden Kalenderjahres abgerechnet. [7] Die Betreiber von Übertragungsnetzen rechnen Bilanzkreisunterspeisungen und Bilanzkreisüberspeisungen für die Fahrplanviertelstunden, in denen eine Anforderung zur Einspeisung erfolgt ist, im Rahmen der Ausgleichsenergieabrechnung nach § 8 Absatz 2 der Stromnetzzugangsverordnung[1)] ab. [8] Die Betreiber von Übertragungsnetzen dürfen die ihnen nach den Absätzen 5 und 6 entstehenden Kosten nach Abzug der entstehenden Erlöse über die Netzentgelte geltend machen. [9] Die Kosten mit Ausnahme der Erzeugungsauslagen nach Absatz 5 Satz 6 gelten als dauerhaft nicht beeinflussbare Kostenanteile nach § 11 Absatz 2 Satz 1 der Anreizregulierungsverordnung[2)]. [10] Im Übrigen ist § 13e Absatz 3 Satz 5 und 6 entsprechend anzuwenden.

(8) [1] Das Bundesministerium für Wirtschaft und Energie überprüft im Einvernehmen mit dem Bundesministerium für Umwelt, Naturschutz, Bau und Reaktorsicherheit bis zum 30. Juni 2018, in welchem Umfang Kohlendioxidemissionen durch die Stilllegung der stillzulegenden Anlagen zusätzlich eingespart werden. [2] Sofern bei der Überprüfung zum 30. Juni 2018 absehbar ist, dass durch die Stilllegung der stillzulegenden Anlagen nicht 12,5 Millionen Tonnen Kohlendioxidemissionen ab dem Jahr 2020 zusätzlich eingespart werden, legt jeder Betreiber von stillzulegenden Anlagen bis zum 31. Dezember 2018 in Abstimmung mit dem Bundesministerium für Wirtschaft und Energie einen Vorschlag vor, mit welchen geeigneten zusätzlichen Maßnahmen er beginnend ab dem Jahr 2019 jährlich zusätzliche Kohlendioxidemissionen einsparen wird.

---

1) Nr. 23.
2) Nr. 28.

[3]Die zusätzlichen Maßnahmen aller Betreiber von stillzulegenden Anlagen müssen insgesamt dazu führen, dass dadurch zusammen mit der Stilllegung der stillzulegenden Anlagen 12,5 Millionen Tonnen Kohlendioxid im Jahr 2020 zusätzlich eingespart werden, wobei die Betreiber gemeinsam zusätzlich zu den Einsparungen durch die Stilllegung der stillzulegenden Anlagen nicht mehr als insgesamt 1,5 Millionen Tonnen Kohlendioxid einsparen müssen. [4]Sofern keine Einigung zu den zusätzlichen Maßnahmen erreicht wird, kann die Bundesregierung nach Anhörung der Betreiber durch Rechtsverordnung nach § 13i Absatz 5 weitere Maßnahmen zur Kohlendioxideinsparung in der Braunkohlewirtschaft erlassen.

§ 13h Verordnungsermächtigung zur Kapazitätsreserve. (1) Zur näheren Bestimmung der Kapazitätsreserve nach § 13e wird das Bundesministerium für Wirtschaft und Energie ermächtigt, durch Rechtsverordnung, die nicht der Zustimmung des Bundesrates bedarf, insbesondere Regelungen vorzusehen

1. zur Konkretisierung der Anlagen, aus denen Reserveleistung für die Kapazitätsreserve gebunden werden kann,
2. zu der Menge an Reserveleistung, die in der Kapazitätsreserve gebunden wird, und zu den Zeitpunkten der Leistungserbringung, abweichend von § 13e Absatz 2 Satz 3 und bis zur Grenze nach § 13e Absatz 5 Satz 4,
3. zur Anpassung des Umfangs der Kapazitätsreserve in Ergänzung zu den Anforderungen in § 13e Absatz 5,
4. zum Verhältnis der Kapazitätsreserve zu netz- und marktbezogenen Maßnahmen nach § 13 sowie zu den Anlagen der Netzreserve im Sinne des § 13d Absatz 1,
5. zu der Aktivierung und dem Abruf (Einsatz) der Anlagen, insbesondere um zu gewährleisten, dass die Anlagen der Kapazitätsreserve elektrische Energie ausschließlich auf Anforderung der Betreiber von Übertragungsnetzen einspeisen und die Betreiber der Anlagen die Reserveleistung nicht an den Strommärkten veräußern,
6. zu Art, Zeitpunkt, Zeitraum sowie Häufigkeit, Form und Inhalt des Beschaffungsverfahrens, insbesondere
   a) zu der jeweils zu beschaffenden Reserveleistung,
   b) zur zeitlichen Staffelung der zu beschaffenden Reserveleistung in Teilmengen,
   c) zu den Vorlaufzeiten und zu den Zeitpunkten der tatsächlichen Bereitstellung der Reserveleistung, die nach bestehenden oder neu zu errichtenden Kapazitätsreserveanlagen differenziert werden können,
   d) zur Preisbildung für die Bereitstellung und die Verfügbarkeit der Reserveleistung, einschließlich der Festlegung von Mindest- und Höchstpreisen,
   e) zum Ablauf des Beschaffungsverfahrens,
   f) zur Nachbeschaffung von Reserveleistung, insbesondere wenn die insgesamt zu beschaffende Reserveleistung voraussichtlich nicht erreicht wird, ein Vertrag während der Verpflichtung zur Vorhaltung der Reserveleistung beendet wird oder die Funktionsprüfung trotz Nachbesserungsmöglichkeit nicht erfolgreich ist,

7. zu den Anforderungen für die Teilnahme an dem Beschaffungsverfahren und für die Anlagen, insbesondere
   a) Mindestanforderungen an die Eignung der Teilnehmer,
   b) Anforderungen an die Lage, Größe und die Eignung der Anlagen oder Teilkapazitäten der Anlage, um die Sicherheit und Zuverlässigkeit des Elektrizitätsversorgungssystems im Fall von Leistungsbilanzdefiziten zu gewährleisten,
   c) Anforderungen zur Netz- oder Systemintegration der Anlagen der Kapazitätsreserve,
   d) Anforderungen an das Vorliegen von Genehmigungen bei Anlagen,
   e) Anforderungen an die Anlagen zur Einhaltung des Rückkehrverbotes sowie zu Art, Form, Inhalt und Höhe von Sicherheiten, die von allen Teilnehmern des Beschaffungsverfahrens oder im Fall der Zuschlagserteilung zu leisten sind, um eine Inbetriebnahme sowie die Vorhaltung und den Einsatz der Anlage der Kapazitätsreserve sicherzustellen und zu gewährleisten, dass die Anlagen der Kapazitätsreserve bis zu ihrer endgültigen Stilllegung auch im Fall einer Veräußerung der Anlage nur außerhalb der Strommärkte eingesetzt werden, sowie Anforderungen an die entsprechenden Regelungen zur teilweisen oder vollständigen Rückgewährung dieser Sicherheiten,
   f) festzulegen, wie Teilnehmer an dem Beschaffungsverfahren die Einhaltung der Anforderungen nach den Buchstaben a bis e nachweisen müssen,
8. zu Form, Inhalt und Zeitpunkt der Zuschlagserteilung bei einem Beschaffungsverfahren und zu den Kriterien für die Zuschlagserteilung,
9. zur Berücksichtigung der durch die Kapazitätsreserve entstehenden Kosten der Betreiber von Übertragungsnetzen und zu den Anforderungen an einen Kostenausgleichsmechanismus zwischen den Betreibern der Übertragungsnetze,
10. zu der durch einen Zuschlag vergebenen Vergütung einschließlich der Vergütungsbestandteile, insbesondere zu regeln, dass die Vergütung für die Vorhaltung der Reserveleistung als Leistungspreis in Euro pro Megawatt zu zahlen ist,
11. zu den Kosten, die den Betreibern von Anlagen der Kapazitätsreserve gesondert zu erstatten sind, zur Abgrenzung zwischen erstattungsfähigen Kostenpositionen, nicht erstattungsfähigen Kostenpositionen und Vergütungsbestandteilen sowie zur Abgeltung der Kosten durch einen pauschalen Vergütungssatz,
12. zum Verfahren der Abrechnung der Kosten für die Vorhaltung und den Einsatz der Anlagen der Kapazitätsreserve durch die Betreiber der Übertragungsnetze,
13. zum Verfahren der Anpassung bestehender Verträge bei der Erteilung eines Zuschlags für Anlagen, die nach § 13a Absatz 1, § 13b oder § 13d sowie der Netzreserveverordnung[1] als Netzreserve verpflichtet und an das Netz angeschlossen sind,

---

[1] Nr. **20**.

14. zur Dauer der vertraglichen Verpflichtung bei bestehenden und neu zu errichtenden Anlagen der Kapazitätsreserve,
15. zu der Art, den Kriterien, den Bedingungen, dem Umfang und der Reihenfolge des Einsatzes der Anlagen der Kapazitätsreserve, einschließlich des Einsatzes geeigneter Anlagen der Kapazitätsreserve für die Netzreserve, durch die Betreiber der Übertragungsnetze,
16. zur Sicherstellung, dass die Anlagen der Kapazitätsreserve den Betreibern der Übertragungsnetze im Bedarfsfall für den Einsatz zur Verfügung stehen, sowie zur Vermeidung von Wettbewerbsverzerrungen auf den Strommärkten, einschließlich der Untersagung des Betriebs der Anlage,
17. zu den Anforderungen, die bei Anlagen der Kapazitätsreserve sicherstellen sollen, dass die Anlagen von den Betreibern der Übertragungsnetze im Bedarfsfall eingesetzt werden können, insbesondere für den Fall, dass eine Anlage nicht oder verspätet aktiviert worden ist oder nicht in einem ausreichenden Umfang einspeist, und zu den Anforderungen, die bei neu zu errichtenden Anlagen die Inbetriebnahme sicherstellen sollen, insbesondere für den Fall, dass eine Anlage nicht oder verspätet in Betrieb genommen worden ist,
    a) zu einem Verfahren für Probeabrufe, für einen Funktionstest der Anlagen und für Nachbesserungen in angemessener Frist, um die Betriebsbereitschaft und rechtzeitige Aktivierbarkeit der Anlagen zu gewährleisten, insbesondere
        aa) die Möglichkeit vorzusehen, einen Vertrag mit einem Betreiber einer Anlage bei Vorliegen wichtiger Gründe zu beenden,
        bb) Regelungen zur nachträglichen Beschaffung von Anlagen der Kapazitätsreserve vorzusehen und
        cc) eine Pflicht zu einer Geldzahlung oder zur Reduzierung der Vergütung vorzusehen und deren Höhe und die Voraussetzungen für die Zahlungspflicht zu regeln,
    b) zum Vorgehen bei erfolglosen Probeabrufen, Funktionstests oder Einsätzen, insbesondere
        aa) bei der unterlassenen oder verspäteten Aktivierung einer Anlage oder bei der unterlassenen Inbetriebnahme einer neu errichteten Anlage eine Pflicht zu einer Geldzahlung vorzusehen und deren Höhe und die Voraussetzungen für die Zahlungspflicht zu regeln,
        bb) Kriterien für einen Ausschluss von Bietern bei künftigen Beschaffungen der Kapazitätsreserve zu regeln und
        cc) die Möglichkeit vorzusehen, die im Rahmen des Beschaffungsverfahrens zu zahlende Vergütung nach Ablauf einer angemessenen Frist nicht mehr zu zahlen oder zu verringern und danach die Reserveleistung erneut zu vergeben, oder die Dauer oder Höhe der Vergütung nach Ablauf einer angemessenen Frist zu verringern,
18. zu der Art, der Form und dem Inhalt der Veröffentlichungen der Bekanntmachung von Beschaffungsverfahren, der abgegebenen Gebote und den Ergebnissen der Beschaffungsverfahren,

19. zu den Informationen, die zur Durchführung der Nummern 1 bis 14 zu übermitteln sind, und zum Schutz der in diesem Zusammenhang übermittelten Betriebs- und Geschäftsgeheimnisse,
20. zur Bestimmung, wie der nach § 13e Absatz 5 Satz 5 bis 7 zugrunde zu legende Wert der durchschnittlichen Jahreshöchstlast berechnet wird und worauf er sich bezieht,
21. welche Daten übermittelt werden müssen und wer als Datenverantwortlicher zur Übermittlung verpflichtet ist,
22. zur Gewährleistung von Datensicherheit und Datenschutz; dies umfasst insbesondere Regelungen zum Schutz personenbezogener Daten im Zusammenhang mit den nach Nummer 18 zu übermittelnden Daten einschließlich Aufklärungs-, Auskunfts- und Löschungspflichten,
23. zu Art und Form der Veröffentlichung und Zustellung von Entscheidungen der Bundesnetzagentur im Anwendungsbereich der Rechtsverordnung nach diesem Absatz, insbesondere eine öffentliche Bekanntmachung vorzusehen.

(2) Das Bundesministerium für Wirtschaft und Energie wird ermächtigt, durch Rechtsverordnung, die nicht der Zustimmung des Bundesrates bedarf, die Bundesnetzagentur zu ermächtigen, im Anwendungsbereich der Kapazitätsreserve zur näheren Bestimmung der Regelungen nach Absatz 1 Nummer 1 bis 20 Festlegungen nach § 29 Absatz 1 zu treffen.

§ 13i Weitere Verordnungsermächtigungen. (1) [1]Die Bundesregierung kann zur Verwirklichung einer effizienten Beschaffung und zur Verwirklichung einheitlicher Anforderungen im Sinne von § 13 Absatz 6 Satz 1 in einer Rechtsverordnung ohne Zustimmung des Bundesrates und mit Zustimmung des Bundestages Regeln für ein sich wiederholendes oder für einen bestimmten Zeitraum geltendes Ausschreibungsverfahren zur Beschaffung von Ab- und Zuschaltleistung vorsehen. [2]Die Zustimmung des Bundestages gilt mit Ablauf der sechsten Sitzungswoche nach Zuleitung des Verordnungsentwurfs der Bundesregierung an den Bundestag als erteilt. [3]In der Rechtsverordnung können insbesondere Regelungen getroffen werden

1. zu technischen Anforderungen an Ab- oder Zuschaltleistung aus ab- oder zuschaltbaren Lasten,
2. zu Anforderungen an eine Rahmenvereinbarung, die zur Teilnahme an einem Ausschreibungsverfahren berechtigt,
3. zum Verfahren der Angebotserstellung und der Zuschlagserteilung,
4. zum Abruf der Ab- oder Zuschaltleistung und
5. für einen rückwirkenden Wegfall der Vergütung für ab- oder zuschaltbare Lasten bei vorsätzlicher oder grob fahrlässiger Verletzung der Pflichten nach dieser Rechtsverordnung.

[4]Daneben können in der Rechtsverordnung den Anbietern von Ab- oder Zuschaltleistung aus ab- oder zuschaltbaren Lasten Meldepflichten bezüglich der Verfügbarkeit der Ab- oder Zuschaltleistung gegenüber den Betreibern von Übertragungsnetzen auferlegt werden. [5]Zudem können zivilrechtliche Regelungen für den Fall einer vorsätzlichen oder grob fahrlässigen Verletzung der Pflichten nach dieser Rechtsverordnung vorgesehen werden.

(2) [1] Die Bundesregierung kann die Betreiber von Übertragungsnetzen durch Rechtsverordnung mit Zustimmung des Bundestages verpflichten, Ausschreibungen nach § 13 Absatz 6 Satz 1 für wirtschaftlich und technisch sinnvolle Angebote wiederholend oder für einen bestimmten Zeitraum durchzuführen und auf Grund der Ausschreibungen eingegangene Angebote zum Erwerb von Ab- oder Zuschaltleistung aus ab- oder zuschaltbaren Lasten bis zu einer Gesamtab- oder Zuschaltleistung von jeweils 3 000 Megawatt anzunehmen; die Rechtsverordnung bedarf nicht der Zustimmung des Bundesrates. [2] Die Zustimmung des Bundestages gilt mit Ablauf der sechsten Sitzungswoche nach Zuleitung des Verordnungsentwurfs der Bundesregierung an den Bundestag als erteilt. [3] Als wirtschaftlich sinnvoll gelten Angebote zum Erwerb der Lasten, für die eine Vergütung zu zahlen ist, die die Kosten für die Versorgungsunterbrechungen nicht übersteigt, zu denen es ohne die Nutzung der zu- oder abschaltbaren Lasten kommen könnte. [4] Als technisch sinnvoll gelten Angebote über ab- und zuschaltbare Lasten, durch die Ab- und Zuschaltungen für eine Mindestleistung von 5 Megawatt innerhalb von maximal 15 Minuten herbeigeführt werden können und die geeignet sind, zur Sicherheit und Zuverlässigkeit des Elektrizitätsversorgungssystems in der jeweiligen Regelzone beizutragen. [5] In der Rechtsverordnung können auch näher geregelt werden

1. die technischen Anforderungen an Ab- oder Zuschaltleistung aus ab- oder zuschaltbaren Lasten,
2. die Anforderungen an die Verträge über den Erwerb von Ab- und Zuschaltleistung aus ab- und zuschaltbaren Lasten,
3. Rechte und Pflichten der Vertragsparteien,
4. die Kriterien für wirtschaftliche und technisch sinnvolle Angebote im Sinn der Sätze 3 und 4,
5. Regelungen zur näheren Ausgestaltung von Berichtspflichten der Bundesnetzagentur gegenüber dem Bundesministerium für Wirtschaft und Energie über die Anwendung der Verordnung und
6. die Ausgestaltung und Höhe der Vergütung.

[6] Zahlungen und Aufwendungen der Betreiber von Übertragungsnetzen, die im Zusammenhang mit der Ausschreibung und dem Erwerb von Ab- oder Zuschaltleistung aus ab- oder zuschaltbaren Lasten stehen, gleichen die Betreiber von Übertragungsnetzen über eine finanzielle Verrechnung monatlich untereinander aus, ein Belastungsausgleich erfolgt dabei entsprechend den §§ 26, 28 und 30 des Kraft-Wärme-Kopplungsgesetzes[1)] in der jeweils geltenden Fassung; Näheres zum Belastungsausgleich und zu seiner Abwicklung regelt die Rechtsverordnung nach Satz 1. [7] In der Rechtsverordnung nach Satz 1 können dabei auch Bestimmungen vorgesehen werden, dass die Bundesnetzagentur durch Festlegung nach § 29 Absatz 1 Entscheidungen trifft über

1. Einzelheiten der Ermittlung und Verrechnung der Zahlungen und zur Erhebung der Umlage nach Satz 6,
2. die Änderung der vorgegebenen Gesamtabschaltleistung,
3. die geographische Beschränkung von Ausschreibungen und
4. die Veröffentlichung von Daten zur Schaffung von Markttransparenz.

---

1) Nr. **45**.

(3) Die Bundesregierung wird ermächtigt, durch Rechtsverordnungen, die nicht der Zustimmung des Bundesrates bedürfen,

1. Bestimmungen zu treffen
   a) zur näheren Bestimmung des Adressatenkreises nach § 13a Absatz 1 und § 13b Absatz 4 und 5,
   b) zur näheren Bestimmung der Kriterien einer systemrelevanten Anlage nach § 13b Absatz 2 Satz 2,
   c) zu den Kriterien vorläufiger und endgültiger Stilllegungen und zu dem Umgang mit geplanten Stilllegungen von Erzeugungsanlagen nach den §§ 13b und 13c,
   d) zu den Verpflichtungen der Betreiber von Anlagen zur Erzeugung oder Speicherung elektrischer Energie im Sinne von § 13a Absatz 1 und § 13b Absatz 4 und 5,
   e) zu der Vergütung bei geplanten Stilllegungen von Anlagen, abweichend von § 13c, und den Kriterien einer angemessenen Vergütung bei geplanten Stilllegungen von Erzeugungsanlagen nach § 13c ***[bis 30.9.2021:*** sowie***] [ab 1.10.2021: ,]***
   f) zum Einsatz von Anlagen in dem Vierjahreszeitraum nach § 13c Absatz 2 ***[bis 30.9.2021: ,] [ab 1.10.2021: sowie]***

   [Buchst. g ab 1.10.2021:]
   g) *zur Berechnung des finanziellen Ausgleichs nach § 13a Absatz 2 Satz 3 Nummer 5,*
2. Regelungen vorzusehen für ein transparentes Verfahren zur Bildung und zur Beschaffung einer Netzreserve aus Anlagen nach § 13d Absatz 1 zum Zwecke der Gewährleistung der Sicherheit und Zuverlässigkeit des Elektrizitätsversorgungssystems, zu den Kriterien einer angemessenen Vergütung, zu den Anforderungen an diese Anlagen sowie zu dem Einsatz der Anlagen in der Netzreserve; hierbei können für die Einbeziehung neu zu errichtender Anlagen auch regionale Kernanteile und Ausschreibungsverfahren vorgesehen werden,
3. Regelungen zu vertraglichen Vereinbarungen nach § 13 Absatz 6a vorzusehen, insbesondere Übertragungsnetzbetreiber in dem Netzausbaugebiet nach § 36c des Erneuerbare-Energien-Gesetzes[1] zum Abschluss von vertraglichen Vereinbarungen in einem bestimmten Umfang zu verpflichten und Regelungen für die Auswahl der geeigneten KWK-Anlagen festzulegen.

(4) In Rechtsverordnungen nach Absatz 3 können der Bundesnetzagentur Kompetenzen übertragen werden im Zusammenhang mit der Festlegung des erforderlichen Bedarfs an Netzreserve sowie zum Verfahren und zu möglichen Präqualifikationsbedingungen für den in Absatz 3 Nummer 2 genannten Beschaffungsprozess.

(5) [1] Die Bundesregierung wird ermächtigt, durch Rechtsverordnung, die nicht der Zustimmung des Bundesrates bedarf, Regelungen zur weiteren Einsparung von bis zu 1,5 Millionen Tonnen Kohlendioxid zusätzlich im Jahr 2020 in der Braunkohlewirtschaft nach Maßgabe des § 13g Absatz 8 vorzusehen, wenn und soweit das zur Erreichung der angestrebten Kohlendioxideinsparung

---

[1] Nr. **37**.

in der Braunkohlewirtschaft von 12,5 Millionen Tonnen zusätzlich im Jahr 2020 erforderlich ist. [2] Durch die Regelungen der Verordnung muss sichergestellt werden, dass die zusätzliche Einsparung von 12,5 Millionen Tonnen Kohlendioxid im Jahr 2020 so weit wie möglich erreicht wird, die Betreiber gemeinsam aber insgesamt nicht mehr als 1,5 Millionen Tonnen Kohlendioxid zusätzlich im Jahr 2020 einsparen müssen.

§ 13j Festlegungskompetenzen. (1) [1] Die Regulierungsbehörde wird ermächtigt, nach § 29 Absatz 1 Festlegungen zu treffen zur näheren Bestimmung des Adressatenkreises nach § 13a Absatz 1 Satz 1, zu erforderlichen technischen Anforderungen, die gegenüber den Betreibern betroffener Anlagen aufzustellen sind, zu Methodik und Datenformat der Anforderung durch den Betreiber von Übertragungsnetzen. [2] Zur Bestimmung ***[bis 30.9.2021:*** der angemessenen Vergütung nach § 13a Absatz 1 und 2***]*** ***[ab 1.10.2021:*** *des finanziellen Ausgleichs nach § 13a Absatz 2****]*** kann die Regulierungsbehörde weitere Vorgaben im Wege einer Festlegung nach § 29 Absatz 1 machen, insbesondere

1. dass sich die Art und Höhe ***[bis 30.9.2021:*** der Vergütung***]*** ***[ab 1.10.2021:*** *des finanziellen Ausgleichs****]*** danach unterscheiden, ob es sich um eine Wirk- oder Blindleistungseinspeisung oder einen Wirkleistungsbezug oder um eine leistungserhöhende oder leistungsreduzierende Maßnahme handelt,
2. zu einer vereinfachten Bestimmung der notwendigen Auslagen für die tatsächlichen Anpassungen der Einspeisung (Erzeugungsauslagen) oder des Bezugs nach § 13a Absatz 2 Satz 2 Nummer 1; ***[bis 30.9.2021:*** die Vergütung nach § 13a Absatz 2 Satz 2 Nummer 1***]*** ***[ab 1.10.2021:*** *der finanzielle Ausgleich nach § 13a Absatz 2 Satz 3 Nummer 1****]*** kann ganz oder teilweise als Pauschale für vergleichbare Kraftwerkstypen ausgestaltet werden, wobei ***[bis 30.9.2021:*** die pauschale Vergütung***]*** ***[ab 1.10.2021:*** *der pauschale finanzielle Ausgleich****]*** die individuell zuzurechnenden Kosten im Einzelfall nicht abdecken muss; für die Typisierung sind geeignete technische Kriterien heranzuziehen; die Regulierungsbehörde kann vorsehen, dass in Einzelfällen, in denen ***[bis 30.9.2021:*** die pauschale Vergütung***]*** ***[ab 1.10.2021:*** *der pauschale finanzielle Ausgleich****]*** eine unbillige Härte darstellen würde und ein Anlagenbetreiber individuell höhere zurechenbare Auslagen nachweist, die über die pauschale Vergütung hinausgehenden Kosten erstattet werden können,
3. zu der Ermittlung der anrechenbaren Betriebsstunden nach § 13a Absatz 3,
4. zu der Ermittlung und zu dem Nachweis der entgangenen Erlösmöglichkeiten nach ***[bis 30.9.2021:*** § 13a Absatz 2 Satz 2 Nummer 3***][ab 1.10.2021:*** *§ 13a Absatz 2 Satz 3 Nummer 3****]***, wobei zwischen Erzeugungsanlagen und Anlagen zur Speicherung elektrischer Energie unterschieden werden kann,
5. zu der Bemessung der ersparten Erzeugungsaufwendungen nach ***[bis 30.9.2021:*** § 13a Absatz 2 Satz 3***][ab 1.10.2021:*** *§ 13a Absatz 2 Satz 4****]*** und
6. zu einer vereinfachten Bestimmung der zum Zeitpunkt der Investitionsentscheidung betriebswirtschaftlich geplanten Betriebsstunden nach § 13a Absatz 3; die betriebswirtschaftlich geplanten Betriebsstunden können als Pauschale für vergleichbare Kraftwerkstypen ausgestaltet werden; dabei sind die üblichen Betriebsstunden eines vergleichbaren Kraftwerkstyps zum Zeitpunkt der Investitionsentscheidung zugrunde zu legen.

[3]Die Regulierungsbehörde erhebt bei den Betreibern von Anlagen zur Erzeugung oder Speicherung elektrischer Energie die für die Festlegungen nach Satz 2 und für die Prüfung der angemessenen Vergütung notwendigen Daten einschließlich etwaiger Betriebs- und Geschäftsgeheimnisse. [4]Die Betreiber sind insoweit zur Auskunft verpflichtet. [5]Die Regulierungsbehörde kann Festlegungen nach § 29 Absatz 1 zu dem Umfang, Zeitpunkt und der Form der zu erhebenden und mitzuteilenden Daten, insbesondere zu den zulässigen Datenträgern und Übertragungswegen, treffen.

(2) Die Bundesnetzagentur kann durch Festlegung nach § 29 Absatz 1 nähere Bestimmungen treffen,

1. in welchem Umfang, in welcher Form und innerhalb welcher Frist die Netzbetreiber Maßnahmen nach § 13 Absatz 1 und 2, deren Gründe und die zugrunde liegenden vertraglichen Regelungen der Bundesnetzagentur mitteilen und auf einer gemeinsamen Internetplattform veröffentlichen müssen,

[Nr. 1a ab 1.10.2021:]

1a. *in welchen Verfahren, Fristen und welcher Form die Unterrichtung nach § 13a Absatz 1a Satz 4 und 5 vorzunehmen ist,*
2. zu den Kriterien für die nach ***[bis 30.9.2021:*** § 13 Absatz 3 Satz 4***]*** ***[ab 1.10.2021:*** *§ 13 Absatz 3 Satz 1****]*** geltenden Ausnahmefälle,
3. zur näheren Ausgestaltung und Abgrenzung der Gründe für Stilllegungen nach § 13b Absatz 1 Satz 1 zweiter Halbsatz,
4. zur Ermittlung der anrechenbaren Betriebsstunden nach § 13c Absatz 1 Satz 3 und Absatz 3 Satz 3 zweiter Halbsatz,
5. zu den Kriterien eines systemrelevanten Gaskraftwerks nach § 13f Absatz 1,
6. zur Form der Ausweisung von systemrelevanten Gaskraftwerken nach § 13f Absatz 1 und zur nachträglichen Anpassung an neuere Erkenntnisse,
7. zur Begründung und Nachweisführung nach § 13f,
8. zur angemessenen Erstattung von Mehrkosten nach § 13f Absatz 2 Satz 2, die auch nach pauschalierten Maßgaben erfolgen kann, und
9. zur näheren Bestimmung der Verpflichteten nach § 13f Absatz 2.

(3) [1]Solange und soweit der Verordnungsgeber nach § 13i Absatz 3 keine abweichenden Regelungen getroffen hat, wird die Regulierungsbehörde ermächtigt, nach § 29 Absatz 1 Festlegungen zu den in § 13i Absatz 3 Nummer 1 genannten Punkten zu treffen. [2]Die Regulierungsbehörde wird darüber hinaus ermächtigt, nach § 29 Absatz 1 Festlegungen zu treffen

1. zu erforderlichen technischen und zeitlichen Anforderungen, die gegenüber den nach § 13a Absatz 1 und § 13b Absatz 1, 4 und 5 betroffenen Betreibern von Erzeugungsanlagen aufzustellen sind,
2. zur Methodik und zum Datenformat der Anforderung durch Betreiber von Übertragungsnetzen,
3. zur Form der Ausweisung nach § 13b Absatz 2 und Absatz 5 Satz 1 sowie zur nachträglichen Anpassung an neuere Erkenntnisse und
4. zur Begründung und Nachweisführung nach den §§ 13b und 13c.

(4) Die Bundesnetzagentur kann den Umfang der Kapazitätsreserve nach Maßgabe der Rechtsverordnung nach § 13h durch Festlegung nach § 29 Ab-

satz 1 anpassen, wenn eine Entscheidung nach § 13e Absatz 5 dies vorsieht oder eine Entscheidung der Europäischen Kommission über die beihilferechtliche Genehmigung der Kapazitätsreserve einen geringeren Umfang vorsieht.

(5) Die Bundesnetzagentur kann durch Festlegungen nach § 29 Absatz 1 insbesondere unter Berücksichtigung der Ziele des § 1 frühestens mit Wirkung zum 1. Oktober 2021 nähere Bestimmungen treffen zu

1. einem abweichenden kalkulatorischen Mindestpreis nach § 13 Absatz 1c Satz 4 in der auf Grund des Artikels 1 Nummer 9 des Gesetzes vom 13. Mai 2019 (BGBl. I S. 706) ab dem 1. Oktober 2021 geltenden Fassung,
2. der Bestimmung der kalkulatorischen Kosten und kalkulatorischen Preise nach § 13 Absatz 1a bis 1c in der auf Grund des Artikels 1 Nummer 9 des Gesetzes vom 13. Mai 2019 (BGBl. I S. 706) ab dem 1. Oktober 2021 geltenden Fassung, einschließlich Vorgaben zur Veröffentlichung durch die Netzbetreiber, und
3. dem bilanziellen Ausgleich nach § 13a Absatz 1a in der auf Grund des Artikels 1 Nummer 10 des Gesetzes vom 13. Mai 2019 (BGBl. I S. 706) ab dem 1. Oktober 2021 geltenden Fassung.

(6) [1]Die Bundesnetzagentur erlässt durch Festlegungen nach § 29 Absatz 1 insbesondere unter Berücksichtigung der Ziele des § 1 frühestens mit Wirkung zum 1. Oktober 2021 nähere Bestimmungen zu

1. dem Mindestfaktor nach § 13 Absatz 1a in der auf Grund des Artikels 1 Nummer 9 des Gesetzes vom 13. Mai 2019 (BGBl. I S. 706) ab dem 1. Oktober 2021 geltenden Fassung, wobei dieser nicht weniger als das Fünffache und nicht mehr als das Fünfzehnfache betragen darf, und
2. dem Mindestfaktor nach § 13 Absatz 1b Nummer 2 in der auf Grund des Artikels 1 Nummer 9 des Gesetzes vom 13. Mai 2019 (BGBl. I S. 706) ab dem 1. Oktober 2021 geltenden Fassung, wobei dieser nicht weniger als das Fünffache und nicht mehr als das Fünfzehnfache betragen darf.

[2]Die Festlegung der Mindestfaktoren nach Satz 1 erfolgt im Einvernehmen mit dem Umweltbundesamt. [3]Die erstmalige Festlegung der Mindestfaktoren soll bis zum 1. Dezember 2020 erfolgen.

§ 13k *(aufgehoben)*

§ 14 Aufgaben der Betreiber von Elektrizitätsverteilernetzen. (1) [1]Die §§ 12, 13 bis 13c und die auf Grundlage des § 13i Absatz 3 erlassenen Rechtsverordnungen gelten für Betreiber von Elektrizitätsverteilernetzen im Rahmen ihrer Verteilungsaufgaben entsprechend, soweit sie für die Sicherheit und Zuverlässigkeit der Elektrizitätsversorgung in ihrem Netz verantwortlich sind. [2]§ 13 Absatz 9 ist mit der Maßgabe anzuwenden, dass die Betreiber von Elektrizitätsverteilernetzen nur auf Anforderung der Regulierungsbehörde die Schwachstellenanalyse zu erstellen und über das Ergebnis zu berichten haben.

(1a) [1]Betreiber von Elektrizitätsverteilernetzen haben auf Verlangen der Regulierungsbehörde innerhalb von zwei Monaten einen Bericht über den Netzzustand und die Netzausbauplanung zu erstellen und ihr diesen vorzulegen. [2]Der Bericht zur Netzausbauplanung hat auch konkrete Maßnahmen zur Optimierung, zur Verstärkung und zum Ausbau des Netzes und den geplanten Beginn und das geplante Ende der Maßnahmen zu enthalten. [3]Auf Verlangen der Regulierungsbehörde ist ihr innerhalb von zwei Monaten ein Bericht entsprechend den Sätzen 1 und 2 auch über bestimmte Teile des Elektrizitätsverteilernetzes vorzulegen. [4]Betreiber von Elektrizitätsverteilernetzen einschließlich vertikal integrierter Energieversorgungsunternehmen, an deren Elektrizitätsverteilernetz weniger als 10 000 Kunden unmittelbar oder mittelbar angeschlossen sind, sind von den Verpflichtungen der Sätze 1 bis 3 ausgenommen. [5]Die Regulierungsbehörde kann durch Festlegung nach § 29 Absatz 1 zum Inhalt des Berichts nähere Bestimmungen treffen.

(1b) [1]Betreiber von Hochspannungsnetzen mit einer Nennspannung von 110 Kilovolt haben jährlich Netzkarten mit den Engpassregionen ihres Hochspannungsnetzes und ihre Planungsgrundlagen zur Entwicklung von Ein- und Ausspeisungen in den nächsten zehn Jahren in einem Bericht auf ihrer Internetseite zu veröffentlichen und der Regulierungsbehörde zu übermitteln. [2]Der Bericht hat ebenfalls Angaben hinsichtlich aller in den nächsten fünf Jahren konkret geplanten sowie der für weitere fünf Jahre vorgesehenen Maßnahmen in der 110-Kilovolt-Ebene zur bedarfsgerechten Optimierung, Verstärkung und zum Ausbau ihres Netzes zu enthalten. [3]Maßnahmen gelten insbesondere als konkret geplant, wenn die für die Maßnahme notwendigen öffentlich-rechtlichen Planungs- oder Genehmigungsverfahren eingeleitet wurden oder vom Betreiber bereits Investitionsentscheidungen bezüglich der Ausbaumaßnahmen getroffen wurden oder der Betreiber von einer tatsächlichen Realisierung innerhalb der kommenden fünf Jahre ausgeht. [4]Die Darstellung der Maßnahmen nach Satz 2 muss so ausgestaltet sein, dass ein sachkundiger Dritter erkennen kann, welche Veränderungen der Kapazitäten für Leitungstrassen und Umspannwerke mit den geplanten Maßnahmen einhergehen, welche Alternativen der Netzbetreiber geprüft hat und welche Kosten voraussichtlich entstehen. [5]Die Regulierungsbehörde kann durch Festlegung nach § 29 Absatz 1 weitere Bestimmungen zu Inhalt, Format sowie Zeitpunkt der Veröffentlichung treffen.

[Abs. 1c bis 30.9.2021:]

(1c) Die Betreiber von Elektrizitätsverteilernetzen sind verpflichtet, Maßnahmen des Betreibers von Übertragungsnetzen oder Maßnahmen eines nach Absatz 1 Satz 1 verantwortlichen Betreibers von Elektrizitätsverteilernetzen, in dessen Netz sie unmittelbar oder mittelbar technisch eingebunden sind, nach dessen Vorgaben und den dadurch begründeten Vorgaben eines vorgelagerten Betreibers von Elektrizitätsverteilernetzen durch eigene Maßnahmen zu unterstützen, soweit diese erforderlich sind, um Gefährdungen und Störungen in den Elektrizitätsversorgungsnetzen mit geringstmöglichen Eingriffen in die Versorgung zu vermeiden; dabei gelten die §§ 12 und 13 bis 13c entsprechend.

[Abs. 1c ab 1.10.2021:]

(1c) [1]Die Betreiber von Elektrizitätsverteilernetzen sind verpflichtet, auf Aufforderung eines Betreibers von Übertragungsnetzen oder eines nach Absatz 1 Satz 1 verantwortlichen Betreibers von Elektrizitätsverteilernetzen, in dessen Netz sie unmittelbar oder mittelbar technisch eingebunden sind, nach dessen Vorgaben und den dadurch begründeten Vorgaben eines Betreibers von vorgelagerten Elektrizitätsverteilernetzen in ihrem Elektrizitätsverteilernetz eigene Maßnahmen nach § 13 Absatz 1 und 2 auszuführen; dabei sind die §§ 12 und 13 bis 13c entsprechend anzuwenden. [2]Soweit auf Grund der Aufforderung nach Satz 1 strom- und spannungsbedingte Anpassungen der Wirkleistungserzeugung oder des Wirkleistungsbezugs nach § 13a Absatz 1 durchgeführt werden, hat der Betreiber des Elektrizitätsverteilernetzes einen Anspruch gegen

den ihn auffordernden Netzbetreiber auf bilanziellen und finanziellen Ersatz entsprechend den Vorgaben nach Satz 1. [3] Der ihn auffordernde Netzbetreiber hat einen Anspruch auf Abnahme des bilanziellen Ersatzes.

(2) [1] Bei der Planung des Verteilernetzausbaus haben Betreiber von Elektrizitätsverteilernetzen die Möglichkeiten von Energieeffizienz- und Nachfragesteuerungsmaßnahmen und dezentralen Erzeugungsanlagen zu berücksichtigen. [2] Die Bundesregierung wird ermächtigt, durch Rechtsverordnung ohne Zustimmung des Bundesrates allgemeine Grundsätze für die Berücksichtigung der in Satz 1 genannten Belange bei Planungen festzulegen.

§ 14a Steuerbare Verbrauchseinrichtungen in Niederspannung; Verordnungsermächtigung. [1] Betreiber von Elektrizitätsverteilernetzen haben denjenigen Lieferanten und Letztverbrauchern im Bereich der Niederspannung, mit denen sie Netznutzungsverträge abgeschlossen haben, ein reduziertes Netzentgelt zu berechnen, wenn mit ihnen im Gegenzug die netzdienliche Steuerung von steuerbaren Verbrauchseinrichtungen, die über einen separaten Zählpunkt verfügen, vereinbart wird. [2] Als steuerbare Verbrauchseinrichtung im Sinne von Satz 1 gelten auch Elektromobile. [3] Die Bundesregierung wird ermächtigt, durch Rechtsverordnung mit Zustimmung des Bundesrates die Verpflichtung nach den Sätzen 1 und 2 näher zu konkretisieren, insbesondere einen Rahmen für die Reduzierung von Netzentgelten und die vertragliche Ausgestaltung vorzusehen sowie Steuerungshandlungen zu benennen, die dem Netzbetreiber vorbehalten sind, und Steuerungshandlungen zu benennen, die Dritten, insbesondere dem Lieferanten, vorbehalten sind. [4] Sie hat hierbei die weiteren Anforderungen des Messstellenbetriebsgesetzes[1)] an die Ausgestaltung der kommunikativen Einbindung der steuerbaren Verbrauchseinrichtungen zu beachten.

§ 14b Steuerung von vertraglichen Abschaltvereinbarungen, Verordnungsermächtigung. [1] Soweit und solange es der Vermeidung von Engpässen im vorgelagerten Netz dient, können Betreiber von Gasverteilernetzen an Ausspeisepunkten von Letztverbrauchern, mit denen eine vertragliche Abschaltvereinbarung zum Zweck der Netzentlastung vereinbart ist, ein reduziertes Netzentgelt berechnen. [2] Das reduzierte Netzentgelt muss die Wahrscheinlichkeit der Abschaltung angemessen widerspiegeln. [3] Die Betreiber von Gasverteilernetzen haben sicherzustellen, dass die Möglichkeit von Abschaltvereinbarungen zwischen Netzbetreiber und Letztverbraucher allen Letztverbrauchern diskriminierungsfrei angeboten wird. [4] Die grundsätzliche Pflicht der Betreiber von Gasverteilernetzen, vorrangig nicht unterbrechbare Verträge anzubieten und hierfür feste Bestellleistungen nachzufragen, bleibt hiervon unberührt. [5] Die Bundesregierung wird ermächtigt, durch Rechtsverordnung, die nicht der Zustimmung des Bundesrates bedarf, zur näheren Konkretisierung der Verpflichtung für Betreiber von Gasverteilernetzen und zur Regelung näherer Vorgaben für die vertragliche Gestaltung der Abschaltvereinbarung Bestimmungen zu treffen

1. über Kriterien, für Kapazitätsengpässe in Netzen, die eine Anpassung der Gasausspeisungen zur sicheren und zuverlässigen Gasversorgung durch Anwendung der Abschaltvereinbarung erforderlich macht,

---

[1)] Nr. **27**.

2. über Kriterien für eine Unterversorgung der Netze, die eine Anpassung der Gasausspeisungen zur sicheren und zuverlässigen Gasversorgung durch Anwendung der Abschaltvereinbarung erforderlich macht und
3. für die Bemessung des reduzierten Netzentgelts.

§ 15 Aufgaben der Betreiber von Fernleitungsnetzen. (1) Betreiber von Fernleitungsnetzen haben den Gastransport durch ihr Netz unter Berücksichtigung der Verbindungen mit anderen Netzen zu regeln und mit der Bereitstellung und dem Betrieb ihrer Fernleitungsnetze im nationalen und internationalen Verbund zu einem sicheren und zuverlässigen Gasversorgungssystem in ihrem Netz und damit zu einer sicheren Energieversorgung beizutragen.

(2) [1] Um zu gewährleisten, dass der Transport und die Speicherung von Erdgas in einer mit dem sicheren und effizienten Betrieb des Verbundnetzes zu vereinbarenden Weise erfolgen kann, haben Betreiber von Fernleitungsnetzen, Speicher- oder LNG-Anlagen jedem anderen Betreiber eines Gasversorgungsnetzes, mit dem die eigenen Fernleitungsnetze oder Anlagen technisch verbunden sind, die notwendigen Informationen bereitzustellen. [2] Betreiber von Übertragungsnetzen sind verpflichtet, Betreibern von Fernleitungsnetzen unverzüglich die Informationen einschließlich etwaiger Betriebs- und Geschäftsgeheimnisse bereitzustellen, die notwendig sind, damit die Fernleitungsnetze sicher und zuverlässig betrieben, gewartet und ausgebaut werden können. [3] Die Betreiber von Fernleitungsnetzen haben sicherzustellen, ihnen nach Satz 2 zur Kenntnis gelangte Betriebs- und Geschäftsgeheimnisse ausschließlich so zu den dort genannten Zwecken zu nutzen, dass deren unbefugte Offenbarung ausgeschlossen ist.

(3) Betreiber von Fernleitungsnetzen haben dauerhaft die Fähigkeit ihrer Netze sicherzustellen, die Nachfrage nach Transportdienstleistungen für Gas zu befriedigen und insbesondere durch entsprechende Transportkapazität und Zuverlässigkeit der Netze zur Versorgungssicherheit beizutragen.

§ 15a Netzentwicklungsplan der Fernleitungsnetzbetreiber. (1) [1] Die Betreiber von Fernleitungsnetzen haben in jedem geraden Kalenderjahr einen gemeinsamen nationalen Netzentwicklungsplan zu erstellen und der Regulierungsbehörde unverzüglich vorzulegen, erstmals zum 1. April 2016. [2] Dieser muss alle wirksamen Maßnahmen zur bedarfsgerechten Optimierung, Verstärkung und zum bedarfsgerechten Ausbau des Netzes und zur Gewährleistung der Versorgungssicherheit enthalten, die in den nächsten zehn Jahren netztechnisch für einen sicheren und zuverlässigen Netzbetrieb erforderlich sind. [3] Insbesondere ist in den Netzentwicklungsplan aufzunehmen, welche Netzausbaumaßnahmen in den nächsten drei Jahren durchgeführt werden müssen, und ein Zeitplan für die Durchführung aller Netzausbaumaßnahmen. [4] Bei der Erarbeitung des Netzentwicklungsplans legen die Betreiber von Fernleitungsnetzen angemessene Annahmen über die Entwicklung der Gewinnung, der Versorgung, des Verbrauchs von Gas und seinem Austausch mit anderen Ländern zugrunde und berücksichtigen geplante Investitionsvorhaben in die regionale und gemeinschaftsweite Netzinfrastruktur sowie in Bezug auf Speicheranlagen und LNG-Wiederverdampfungsanlagen sowie die Auswirkungen denkbarer Störungen der Versorgung (Szenariorahmen). [5] Der Netzentwicklungsplan berücksichtigt den gemeinschaftsweiten Netzentwicklungsplan nach Artikel 8

Absatz 3b der Verordnung (EG) Nr. 715/2009[1]. [6]Die Betreiber von Fernleitungsnetzen veröffentlichen den Szenariorahmen und geben der Öffentlichkeit und den nachgelagerten Netzbetreibern Gelegenheit zur Äußerung, sie legen den Entwurf des Szenariorahmens der Regulierungsbehörde vor. [7]Die Regulierungsbehörde bestätigt den Szenariorahmen unter Berücksichtigung der Ergebnisse der Öffentlichkeitsbeteiligung.

(2) [1]Betreiber von Fernleitungsnetzen haben der Öffentlichkeit und den nachgelagerten Netzbetreibern vor der Vorlage des Entwurfs des Netzentwicklungsplans bei der Regulierungsbehörde Gelegenheit zur Äußerung zu geben. [2]Hierzu stellen die Betreiber von Fernleitungsnetzen die erforderlichen Informationen auf ihrer Internetseite zur Verfügung. [3]Betreiber von Fernleitungsnetzen nutzen bei der Erarbeitung des Netzentwicklungsplans eine geeignete und allgemein nachvollziehbare Modellierung der deutschen Fernleitungsnetze. [4]Dem Netzentwicklungsplan ist eine zusammenfassende Erklärung beizufügen über die Art und Weise, wie die Ergebnisse der Öffentlichkeitsbeteiligung in dem Netzentwicklungsplan berücksichtigt wurden und aus welchen Gründen der Netzentwicklungsplan nach Abwägung mit den geprüften, in Betracht kommenden anderweitigen Planungsmöglichkeiten gewählt wurde. [5]Der aktuelle Netzentwicklungsplan muss den Stand der Umsetzung des vorhergehenden Netzentwicklungsplans enthalten. [6]Haben sich Maßnahmen verzögert, sind die Gründe der Verzögerung anzugeben.

(3) [1]Die Regulierungsbehörde hört zum Entwurf des Netzentwicklungsplans alle tatsächlichen und potenziellen Netznutzer an und veröffentlicht das Ergebnis. [2]Personen und Unternehmen, die den Status potenzieller Netznutzer beanspruchen, müssen diesen Anspruch darlegen. [3]Die Regulierungsbehörde ist befugt, von den Betreibern von Fernleitungsnetzen sämtliche Daten zu erheben, zu verarbeiten und zu nutzen, die zur Prüfung erforderlich sind, ob der Netzentwicklungsplan den Anforderungen nach Absatz 1 Satz 2 und 5 sowie nach Absatz 2 entspricht. [4]Bestehen Zweifel, ob der Netzentwicklungsplan mit dem gemeinschaftsweit geltenden Netzentwicklungsplan in Einklang steht, konsultiert die Regulierungsbehörde die Agentur für die Zusammenarbeit der Energieregulierungsbehörden. [5]Die Regulierungsbehörde kann innerhalb von drei Monaten nach Veröffentlichung des Konsultationsergebnisses von den Betreibern von Fernleitungsnetzen Änderungen des Netzentwicklungsplans verlangen, diese sind von den Betreibern von Fernleitungsnetzen innerhalb von drei Monaten umzusetzen. [6]Die Regulierungsbehörde kann bestimmen, welcher Betreiber von Fernleitungsnetzen für die Durchführung einer Maßnahme aus dem Netzentwicklungsplan verantwortlich ist. [7]Verlangt die Regulierungsbehörde keine Änderungen innerhalb der Frist nach Satz 3 und 4, ist der Netzentwicklungsplan für die Betreiber von Fernleitungsnetzen verbindlich.

(4) Betreiber von Gasverteilernetzen sind verpflichtet, mit den Betreibern von Fernleitungsnetzen in dem Umfang zusammenzuarbeiten, der erforderlich ist, um eine sachgerechte Erstellung der Netzentwicklungspläne zu gewährleisten; sie sind insbesondere verpflichtet, den Betreibern von Fernleitungsnetzen für die Erstellung des Netzentwicklungsplans erforderliche Informationen unverzüglich zur Verfügung zu stellen.

---

[1] Nr. **9**.

(5) Die Regulierungsbehörde kann durch Festlegung nach § 29 Absatz 1 zu Inhalt und Verfahren des Netzentwicklungsplans sowie zur Ausgestaltung der von den Fernleitungsnetzbetreibern durchzuführenden Konsultationsverfahren nähere Bestimmungen treffen.

(6) [1] Nach der erstmaligen Durchführung des Verfahrens nach Absatz 1 und 2 kann sich die Öffentlichkeitsbeteiligung auf Änderungen gegenüber dem zuletzt bestätigten Szenariorahmen oder dem zuletzt veröffentlichten Netzentwicklungsplan beschränken. [2] Ein vollständiges Verfahren muss mindestens alle vier Jahre durchgeführt werden.

§ 15b Umsetzungsbericht der Fernleitungsnetzbetreiber. [1] Betreiber von Fernleitungsnetzen legen der Regulierungsbehörde in jedem ungeraden Kalenderjahr, erstmals zum 1. April 2017, einen gemeinsamen Umsetzungsbericht vor, den diese prüft. [2] Dieser Bericht muss Angaben zum Stand der Umsetzung des zuletzt veröffentlichten Netzentwicklungsplans und im Falle von Verzögerungen der Umsetzung die dafür maßgeblichen Gründe enthalten. [3] Die Regulierungsbehörde veröffentlicht den Umsetzungsbericht und gibt allen tatsächlichen und potenziellen Netznutzern Gelegenheit zur Äußerung.

§ 16 Systemverantwortung der Betreiber von Fernleitungsnetzen.

(1) Sofern die Sicherheit oder Zuverlässigkeit des Gasversorgungssystems in dem jeweiligen Netz gefährdet oder gestört ist, sind Betreiber von Fernleitungsnetzen berechtigt und verpflichtet, die Gefährdung oder Störung durch

1. netzbezogene Maßnahmen und
2. marktbezogene Maßnahmen, wie insbesondere den Einsatz von Ausgleichsleistungen, vertragliche Regelungen über eine Abschaltung und den Einsatz von Speichern,

zu beseitigen.

(2) [1] Lässt sich eine Gefährdung oder Störung durch Maßnahmen nach Absatz 1 nicht oder nicht rechtzeitig beseitigen, so sind Betreiber von Fernleitungsnetzen im Rahmen der Zusammenarbeit nach § 15 Abs. 1 berechtigt und verpflichtet, sämtliche Gaseinspeisungen, Gastransporte und Gasausspeisungen in ihren Netzen den Erfordernissen eines sicheren und zuverlässigen Betriebs der Netze anzupassen oder diese Anpassung zu verlangen. [2] Bei einer erforderlichen Anpassung von Gaseinspeisungen und Gasausspeisungen sind die betroffenen Betreiber von anderen Fernleitungs- und Gasverteilernetzen und Gashändler soweit möglich vorab zu informieren.

(2a) [1] Bei Maßnahmen nach den Absätzen 1 und 2 sind Auswirkungen auf die Sicherheit und Zuverlässigkeit des Elektrizitätsversorgungssystems auf Grundlage der von den Betreibern von Übertragungsnetzen nach § 15 Absatz 2 bereitzustellenden Informationen angemessen zu berücksichtigen. [2] Der Gasbezug einer Anlage, die als systemrelevantes Gaskraftwerk nach § 13f ausgewiesen ist, darf durch eine Maßnahme nach Absatz 1 nicht eingeschränkt werden, soweit der Betreiber des betroffenen Übertragungsnetzes die weitere Gasversorgung der Anlage gegenüber dem Betreiber des Fernleitungsnetzes anweist. [3] Der Gasbezug einer solchen Anlage darf durch eine Maßnahme nach Absatz 2 nur nachrangig eingeschränkt werden, soweit der Betreiber des betroffenen Übertragungsnetzes die weitere Gasversorgung der Anlage gegenüber dem Betreiber des Fernleitungsnetzes anweist. [4] Eine Anweisung der nachrangigen

Einschränkbarkeit systemrelevanter Gaskraftwerke nach Satz 3 ist nur zulässig, wenn der Betreiber des betroffenen Übertragungsnetzes zuvor alle verfügbaren netz- und marktbezogenen Maßnahmen nach § 13 Absatz 1 ausgeschöpft hat und eine Abwägung der Folgen weiterer Anpassungen von Stromeinspeisungen und Stromabnahmen im Rahmen von Maßnahmen nach § 13 Absatz 2 mit den Folgen weiterer Anpassungen von Gaseinspeisungen und Gasausspeisungen im Rahmen von Maßnahmen nach Absatz 2 eine entsprechende Anweisung angemessen erscheinen lassen.

(3) [1] Im Falle einer Anpassung nach Absatz 2 ruhen bis zur Beseitigung der Gefährdung oder Störung alle hiervon jeweils betroffenen Leistungspflichten. [2] Satz 1 führt nicht zu einer Aussetzung der Abrechnung der Bilanzkreise durch den Marktgebietsverantwortlichen. [3] Soweit bei Vorliegen der Voraussetzungen nach den Absätzen 2 und 2a Maßnahmen getroffen werden, ist insoweit die Haftung für Vermögensschäden ausgeschlossen. [4] Im Übrigen bleibt § 11 Absatz 3 unberührt.

(4) [1] Über die Gründe von durchgeführten Anpassungen und Maßnahmen sind die hiervon unmittelbar Betroffenen und die Regulierungsbehörde unverzüglich zu informieren. [2] Auf Verlangen sind die vorgetragenen Gründe zu belegen.

(5) [1] Zur Vermeidung schwerwiegender Versorgungsstörungen haben Betreiber von Fernleitungsnetzen jährlich eine Schwachstellenanalyse zu erarbeiten und auf dieser Grundlage notwendige Maßnahmen zu treffen. [2] Über das Ergebnis der Schwachstellenanalyse und die Maßnahmen hat der Betreiber von Fernleitungsnetzen der Regulierungsbehörde auf Anforderung zu berichten.

§ 16a Aufgaben der Betreiber von Gasverteilernetzen. [1] Die §§ 15 und 16 Abs. 1 bis 4 gelten für Betreiber von Gasverteilernetzen im Rahmen ihrer Verteilungsaufgaben entsprechend, soweit sie für die Sicherheit und Zuverlässigkeit der Gasversorgung in ihrem Netz verantwortlich sind. [2] § 16 Abs. 5 ist mit der Maßgabe anzuwenden, dass die Betreiber von Gasverteilernetzen nur auf Anforderung der Regulierungsbehörde eine Schwachstellenanalyse zu erstellen und über das Ergebnis zu berichten haben.

Abschnitt 2. Netzanschluss

§ 17 Netzanschluss, Verordnungsermächtigung. (1) [1] Betreiber von Energieversorgungsnetzen haben Letztverbraucher, gleich- oder nachgelagerte Elektrizitäts- und Gasversorgungsnetze sowie -leitungen, Ladepunkte für Elektromobile, Erzeugungs- und Speicheranlagen sowie Anlagen zur Speicherung elektrischer Energie zu technischen und wirtschaftlichen Bedingungen an ihr Netz anzuschließen, die angemessen, diskriminierungsfrei, transparent und nicht ungünstiger sind, als sie von den Betreibern der Energieversorgungsnetze in vergleichbaren Fällen für Leistungen innerhalb ihres Unternehmens oder gegenüber verbundenen oder assoziierten Unternehmen angewendet werden. [2] Diese Pflicht besteht nicht für Betreiber eines L-Gasversorgungsnetzes hinsichtlich eines Anschlusses an das L-Gasversorgungsnetz, es sei denn, die beantragende Partei weist nach, dass ihr der Anschluss an ein H-Gasversorgungsnetz aus wirtschaftlichen oder technischen Gründen unmöglich oder unzumutbar ist. [3] Hat die beantragende Partei diesen Nachweis erbracht, bleibt der Betreiber des L-Gasversorgungsnetzes berechtigt, den Anschluss an das L-Gasversorgungsnetz unter den Voraussetzungen von Absatz 2 zu verweigern. [4]Die Sätze 2 und 3 sind nicht anzuwenden, wenn der Anschluss bis zum 21. Dezember 2018 beantragt wurde.

(2) [1]Betreiber von Energieversorgungsnetzen können einen Netzanschluss nach Absatz 1 Satz 1 verweigern, soweit sie nachweisen, dass ihnen die Gewährung des Netzanschlusses aus betriebsbedingten oder sonstigen wirtschaftlichen oder technischen Gründen unter Berücksichtigung des Zwecks des § 1 nicht möglich oder nicht zumutbar ist. [2]Die Ablehnung ist in Textform zu begründen. [3]Auf Verlangen der beantragenden Partei muss die Begründung im Falle eines Kapazitätsmangels auch aussagekräftige Informationen darüber enthalten, welche Maßnahmen und damit verbundene Kosten zum Ausbau des Netzes im Einzelnen erforderlich wären, um den Netzanschluss durchzuführen; die Begründung kann nachgefordert werden. [4]Für die Begründung nach Satz 3 kann ein Entgelt, das die Hälfte der entstandenen Kosten nicht überschreiten darf, verlangt werden, sofern auf die Entstehung von Kosten zuvor hingewiesen worden ist.

(3) [1]Die Bundesregierung wird ermächtigt, durch Rechtsverordnung[1)] mit Zustimmung des Bundesrates

1. Vorschriften über die technischen und wirtschaftlichen Bedingungen für einen Netzanschluss nach Absatz 1 Satz 1 oder Methoden für die Bestimmung dieser Bedingungen zu erlassen und
2. zu regeln, in welchen Fällen und unter welchen Voraussetzungen die Regulierungsbehörde diese Bedingungen oder Methoden festlegen oder auf Antrag des Netzbetreibers genehmigen kann.

[2]Insbesondere können durch Rechtsverordnungen nach Satz 1 unter angemessener Berücksichtigung der Interessen der Betreiber von Energieversorgungsnetzen und der Anschlussnehmer

1. die Bestimmungen der Verträge einheitlich festgesetzt werden,
2. Regelungen über den Vertragsabschluss, den Gegenstand und die Beendigung der Verträge getroffen werden und
3. festgelegt sowie näher bestimmt werden, in welchem Umfang und zu welchen Bedingungen ein Netzanschluss nach Absatz 2 zumutbar ist; dabei kann auch das Interesse der Allgemeinheit an einer möglichst kostengünstigen Struktur der Energieversorgungsnetze berücksichtigt werden.

§ 17a Bundesfachplan Offshore des Bundesamtes für Seeschifffahrt und Hydrographie. (1) [1]Das Bundesamt für Seeschifffahrt und Hydrographie erstellt in jedem geraden Kalenderjahr, beginnend mit dem Jahr 2016, im Einvernehmen mit der Bundesnetzagentur und in Abstimmung mit dem Bundesamt für Naturschutz und den Küstenländern einen Offshore-Netzplan für die ausschließliche Wirtschaftszone der Bundesrepublik Deutschland (Bundesfachplan Offshore). [2]Der Bundesfachplan Offshore enthält Festlegungen zu:

[1)] Siehe die Kraftwerks-NetzanschlussVO (KraftNAV) (Nr. **19**) und die GasnetzzugangsVO (GasNZV) (Nr. **25**).

1. Windenergieanlagen auf See im Sinne des § 3 Nummer 49 des Erneuerbare-Energien-Gesetzes[1)], die in räumlichem Zusammenhang stehen und für Sammelanbindungen geeignet sind,
2. Trassen oder Trassenkorridoren für Anbindungsleitungen für Windenergieanlagen auf See,
3. den Orten, an denen die Anbindungsleitungen die Grenze zwischen der ausschließlichen Wirtschaftszone und dem Küstenmeer überschreiten,
4. Standorten von Konverterplattformen oder Umspannanlagen,
5. Trassen oder Trassenkorridoren für grenzüberschreitende Stromleitungen,
6. Trassen oder Trassenkorridoren zu oder für mögliche Verbindungen der in den Nummern 1, 2, 4 und 5 genannten Anlagen und Trassen oder Trassenkorridore untereinander,
7. standardisierten Technikvorgaben und Planungsgrundsätzen.

[3] Das Bundesamt für Seeschifffahrt und Hydrographie prüft bei der Erstellung des Bundesfachplans Offshore, ob einer Festlegung nach Satz 2 überwiegende öffentliche oder private Belange entgegenstehen. [4] Es prüft insbesondere

1. die Übereinstimmung mit den Erfordernissen der Raumordnung im Sinne von § 3 Absatz 1 Nummer 1 des Raumordnungsgesetzes vom 22. Dezember 2008 (BGBl. I S. 2986), das zuletzt durch Artikel 9 des Gesetzes vom 31. Juli 2009 (BGBl. I S. 2585) geändert worden ist,
2. die Abstimmung mit anderen raumbedeutsamen Planungen und Maßnahmen im Sinne von § 3 Absatz 1 Nummer 6 des Raumordnungsgesetzes und
3. etwaige ernsthaft in Betracht kommende Alternativen von Trassen, Trassenkorridoren oder Standorten.

(2) [1] Soweit nicht die Voraussetzungen für eine Ausnahme von der Verpflichtung zur Durchführung einer strategischen Umweltprüfung nach § 37 des Gesetzes über die Umweltverträglichkeitsprüfung vorliegen, führt das Bundesamt für Seeschifffahrt und Hydrographie unverzüglich nach Einleitung des Verfahrens nach Absatz 1 einen Anhörungstermin durch. [2] In dem Anhörungstermin sollen Gegenstand und Umfang der in Absatz 1 Satz 2 genannten Festlegungen erörtert werden. [3] Insbesondere soll erörtert werden, in welchem Umfang und Detaillierungsgrad Angaben in den Umweltbericht nach § 40 des Gesetzes über die Umweltverträglichkeitsprüfung aufzunehmen sind. [4] Der Anhörungstermin ist zugleich die Besprechung im Sinne des § 39 Absatz 4 Satz 2 des Gesetzes über die Umweltverträglichkeitsprüfung. [5] § 7 Absatz 2 des Netzausbaubeschleunigungsgesetzes Übertragungsnetz[2)] gilt für den Anhörungstermin entsprechend mit der Maßgabe, dass der jeweiligen Ladung geeignete Vorbereitungsunterlagen beizufügen sind und Ladung sowie Übersendung dieser Vorbereitungsunterlagen auch elektronisch erfolgen können. [6] Das Bundesamt für Seeschifffahrt und Hydrographie legt auf Grund der Ergebnisse des Anhörungstermins einen Untersuchungsrahmen für den Bundesfachplan Offshore nach pflichtgemäßem Ermessen fest.

(3) [1] Soweit nicht die Voraussetzungen für eine Ausnahme von der Verpflichtung zur Durchführung einer strategischen Umweltprüfung nach § 37 des

---
[1)] Nr. **37**.
[2)] Nr. **16**.

Gesetzes über die Umweltverträglichkeitsprüfung vorliegen, erstellt das Bundesamt für Seeschifffahrt und Hydrographie frühzeitig während des Verfahrens zur Erstellung des Bundesfachplans Offshore einen Umweltbericht, der den Anforderungen des § 40 des Gesetzes über die Umweltverträglichkeitsprüfung entsprechen muss. [2]Die Betreiber von Übertragungsnetzen und von Windenergieanlagen auf See stellen dem Bundesamt für Seeschifffahrt und Hydrographie die hierzu erforderlichen Informationen zur Verfügung.

(4) [1]Das Bundesamt für Seeschifffahrt und Hydrographie beteiligt die Behörden, deren Aufgabenbereich berührt ist, und die Öffentlichkeit zu dem Entwurf des Bundesfachplans Offshore und des Umweltberichts nach den Bestimmungen des Gesetzes über die Umweltverträglichkeitsprüfung. [2]Bei Fortschreibung kann sich die Beteiligung der Öffentlichkeit sowie der Träger öffentlicher Belange auf Änderungen des Bundesfachplans Offshore gegenüber dem zuletzt öffentlich bekannt gemachten Bundesfachplan Offshore beschränken; ein vollständiges Verfahren nach Satz 1 muss mindestens alle vier Jahre durchgeführt werden. [3]Im Übrigen ist § 12c Absatz 3 entsprechend anzuwenden.

(5) [1]Der Bundesfachplan Offshore entfaltet keine Außenwirkungen und ist nicht selbständig durch Dritte anfechtbar. [2]Er ist für die Planfeststellungs- und Genehmigungsverfahren nach den Bestimmungen der Seeanlagenverordnung vom 23. Januar 1997 (BGBl. I S. 57) in der jeweils geltenden Fassung verbindlich.

(6) Die Bundesnetzagentur kann nach Aufnahme einer Leitung in den Bundesnetzplan nach § 17 des Netzausbaubeschleunigungsgesetzes Übertragungsnetz[1)] den nach § 17d Absatz 1 anbindungsverpflichteten Übertragungsnetzbetreiber durch Bescheid auffordern, innerhalb einer zu bestimmenden angemessenen Frist den erforderlichen Antrag auf Planfeststellung oder Plangenehmigung der Leitung nach den Bestimmungen der Seeanlagenverordnung zu stellen.

(7) Ab dem 31. Dezember 2017 erstellt das Bundesamt für Seeschifffahrt und Hydrographie keinen Bundesfachplan Offshore mehr.

§ 17b Offshore-Netzentwicklungsplan. (1) [1]Die Betreiber von Übertragungsnetzen legen der Regulierungsbehörde auf der Grundlage des Szenariorahmens nach § 12a einen gemeinsamen Offshore-Netzentwicklungsplan für die ausschließliche Wirtschaftszone der Bundesrepublik Deutschland und das Küstenmeer bis einschließlich der Netzanknüpfungspunkte an Land zusammen mit dem nationalen Netzentwicklungsplan nach § 12b zur Bestätigung vor. [2]Der gemeinsame nationale Offshore-Netzentwicklungsplan muss unter Berücksichtigung der Festlegungen des jeweils aktuellen Bundesfachplans Offshore im Sinne des § 17a mit einer zeitlichen Staffelung alle wirksamen Maßnahmen zur bedarfsgerechten Optimierung, Verstärkung und zum Ausbau der Offshore-Anbindungsleitungen enthalten, die spätestens zum Ende des Betrachtungszeitraums im Sinne des § 12a Absatz 1 Satz 2 für einen schrittweisen, bedarfsgerechten und wirtschaftlichen Ausbau sowie einen sicheren und zuverlässigen Betrieb der Offshore-Anbindungsleitungen erforderlich sind. [3]Dabei

[1)] Nr. **16**.

sind insbesondere die in § 4 Nummer 2 des Erneuerbare-Energien-Gesetzes[1] sowie die in § 1 des Windenergie-auf-See-Gesetzes[2] geregelten Ziele für einen stetigen und kosteneffizienten Ausbau der Windenergie auf See zugrunde zu legen und die Verteilung des Zubaus nach § 27 Absatz 4 des Windenergie-auf-See-Gesetzes[2] zu berücksichtigen.

(2) [1] Der Offshore-Netzentwickungsplan enthält für alle Maßnahmen nach Absatz 1 Satz 2 Angaben zum geplanten Zeitpunkt der Fertigstellung und sieht verbindliche Termine für den Beginn der Umsetzung vor. [2] Dabei legen die Betreiber von Übertragungsnetzen die im Szenariorahmen nach § 12a von der Regulierungsbehörde genehmigten Erzeugungskapazitäten zugrunde und berücksichtigen die zu erwartenden Planungs-, Zulassungs- und Errichtungszeiten sowie die am Markt verfügbaren Errichtungskapazitäten. [3] Kriterien für die zeitliche Abfolge der Umsetzung können insbesondere der Realisierungsfortschritt der anzubindenden Windenergieanlagen auf See, die effiziente Nutzung der zu errichtenden Anbindungskapazität, die räumliche Nähe zur Küste sowie die geplante Inbetriebnahme der Netzanknüpfungspunkte sein. [4] Bei der Aufstellung des Offshore-Netzentwicklungsplans berücksichtigen die Betreiber von Übertragungsnetzen weitgehend technische Standardisierungen unter Beibehaltung des technischen Fortschritts. [5] Dem Offshore-Netzentwicklungsplan sind Angaben zum Stand der Umsetzung des vorhergehenden Offshore-Netzentwicklungsplans und im Falle von Verzögerungen die dafür maßgeblichen Gründe der Verzögerung beizufügen. [6] Der Entwurf des Offshore-Netzentwicklungsplans muss im Einklang stehen mit dem Entwurf des Netzentwicklungsplans nach § 12b und hat den gemeinschaftsweiten Netzentwicklungsplan nach Artikel 8 Absatz 3b der Verordnung (EG) Nr. 714/2009 zu berücksichtigen.

(3) Der Offshore-Netzentwicklungsplan enthält Festlegungen, in welchem Umfang die Anbindung von bestehenden Projekten im Sinn des § 26 Absatz 2 des Windenergie-auf-See-Gesetzes[2] ausnahmsweise über einen anderen im Bundesfachplan Offshore nach § 17a festgelegten Cluster gemäß § 17d Absatz 3 erfolgen kann.

(4) § 12b Absatz 3 bis 5 ist entsprechend anzuwenden.

(5) Ab dem 1. Januar 2018 legen die Betreiber von Übertragungsnetzen keinen Offshore-Netzentwicklungsplan mehr vor.

§ 17c Prüfung und Bestätigung des Offshore-Netzentwicklungsplans durch die Regulierungsbehörde sowie Offshore-Umsetzungsbericht der Übertragungsnetzbetreiber. (1) [1] Die Regulierungsbehörde prüft in Abstimmung mit dem Bundesamt für Seeschifffahrt und Hydrographie die Übereinstimmung des Offshore-Netzentwicklungsplans mit den Anforderungen nach § 17b. [2] Im Übrigen ist § 12c entsprechend anzuwenden. [3] Die Bestätigung des Offshore-Netzentwicklungsplans erfolgt für Maßnahmen nach § 17b Absatz 1 Satz 2, deren geplanter Zeitpunkt der Fertigstellung nach dem Jahr 2025 liegt, unter dem Vorbehalt der entsprechenden Festlegung der jeweiligen Offshore-Anbindungsleitung im Flächenentwicklungsplan nach § 5 des Windenergie-auf-See-Gesetzes[2].

---

[1] Nr. **37**.
[2] Nr. **47**.

(2) Die Regulierungsbehörde kann in Abstimmung mit dem Bundesamt für Seeschifffahrt und Hydrographie eine bereits erfolgte Bestätigung des Offshore-Netzentwicklungsplans nach Bekanntmachung der Zuschläge nach § 34 des Windenergie-auf-See-Gesetzes[1)] aus dem Gebotstermin vom 1. April 2018 ändern, soweit der anbindungsverpflichtete Übertragungsnetzbetreiber die betreffende Offshore-Anbindungsleitung noch nicht beauftragt hat und die Änderung für eine geordnete und effiziente Nutzung und Auslastung der Offshore-Anbindungsleitung erforderlich ist.

(3) [1] Die Betreiber von Übertragungsnetzen legen der Regulierungsbehörde jeweils spätestens bis zum 30. September eines jeden geraden Kalenderjahres, beginnend mit dem Jahr 2018, einen gemeinsamen Offshore-Umsetzungsbericht vor, den diese in Abstimmung mit dem Bundesamt für Seeschifffahrt und Hydrographie prüft. [2] Dieser Bericht muss Angaben zum Stand der Umsetzung des zuletzt bestätigten Offshore-Netzentwicklungsplans und im Falle von Verzögerungen der Umsetzung die dafür maßgeblichen Gründe enthalten. [3] Die Regulierungsbehörde veröffentlicht den Umsetzungsbericht und gibt allen tatsächlichen und potenziellen Netznutzern Gelegenheit zur Äußerung. [4] Ab dem Jahr 2020 ist kein Offshore-Umsetzungsbericht mehr von den Übertragungsnetzbetreibern vorzulegen.

§ 17d Umsetzung der Netzentwicklungspläne und des Flächenentwicklungsplans. (1) [1] Betreiber von Übertragungsnetzen, in deren Regelzone die Netzanbindung von Windenergieanlagen auf See erfolgen soll (anbindungsverpflichteter Übertragungsnetzbetreiber), haben die Offshore-Anbindungsleitungen entsprechend den Vorgaben des Offshore-Netzentwicklungsplans und ab dem 1. Januar 2019 entsprechend den Vorgaben des Netzentwicklungsplans und des Flächenentwicklungsplans gemäß § 5 des Windenergie-auf-See-Gesetzes[1)] zu errichten und zu betreiben. [2] Sie haben mit der Umsetzung der Netzanbindungen von Windenergieanlagen auf See entsprechend den Vorgaben des Offshore-Netzentwicklungsplans und ab dem 1. Januar 2019 entsprechend den Vorgaben des Netzentwicklungsplans und des Flächenentwicklungsplans gemäß § 5 des Windenergie-auf-See-Gesetzes[1)] zu beginnen und die Errichtung der Netzanbindungen von Windenergieanlagen auf See zügig voranzutreiben. [3] Eine Offshore-Anbindungsleitung nach Satz 1 ist ab dem Zeitpunkt der Fertigstellung ein Teil des Energieversorgungsnetzes.

(2) [1] Der anbindungsverpflichtete Übertragungsnetzbetreiber beauftragt die Offshore-Anbindungsleitung so rechtzeitig, dass die Fertigstellungstermine in den im Offshore-Netzentwicklungsplan oder ab dem 1. Januar 2019 im Flächenentwicklungsplan dafür festgelegten Kalenderjahren liegen. [2] In jedem Fall beauftragt er die Offshore-Anbindungsleitung nicht, bevor die Eignung einer durch sie anzubindenden Fläche zur Nutzung von Windenergie auf See gemäß § 12 des Windenergie-auf-See-Gesetzes[1)] festgestellt wurde. [3] In diesem Fall beauftragt er die Offshore-Anbindungsleitung unverzüglich nach der Eignungsfeststellung. [4] Der anbindungsverpflichtete Übertragungsnetzbetreiber hat nach Auftragsvergabe die Daten der voraussichtlichen Fertigstellungstermine der Offshore-Anbindungsleitung der Regulierungsbehörde bekannt zu machen und auf seiner Internetseite zu veröffentlichen. [5] Nach Bekanntmachung der voraussichtlichen Fertigstellungstermine nach Satz 4 hat der anbindungsver-

---

1) Nr. **47**.

pflichtete Übertragungsnetzbetreiber mit den Betreibern der Windenergieanlage auf See, die gemäß der §§ 23 oder 34 des Windenergie-auf-See-Gesetzes[1)] einen Zuschlag erhalten haben oder denen nach Maßgabe einer Festlegung nach § 70 Absatz 2 Satz 4 Nummer 2 des Windenergie-auf-See-Gesetzes[1)] Kapazität auf einer Testfeld-Anbindungsleitung zugewiesen wurde, jeweils einen Realisierungsfahrplan abzustimmen, der die zeitliche Abfolge für die einzelnen Schritte zur Errichtung der Windenergieanlage auf See und zur Herstellung des Netzanschlusses enthält. [6]Dabei sind die Fristen zur Realisierung der Windenergieanlage auf See gemäß § 59 des Windenergie-auf-See-Gesetzes[1)] zu berücksichtigen. [7]Der anbindungsverpflichtete Übertragungsnetzbetreiber und der Betreiber der Windenergieanlage auf See haben sich regelmäßig über den Fortschritt bei der Errichtung der Windenergieanlage auf See und der Herstellung des Netzanschlusses zu unterrichten; mögliche Verzögerungen oder Abweichungen vom Realisierungsfahrplan nach Satz 5 sind unverzüglich mitzuteilen. [8]Die bekannt gemachten voraussichtlichen Fertigstellungstermine können nur mit Zustimmung der Regulierungsbehörde im Benehmen mit dem Bundesamt für Seeschifffahrt und Hydrographie geändert werden; die Regulierungsbehörde trifft die Entscheidung nach pflichtgemäßem Ermessen und unter Berücksichtigung der Interessen der Beteiligten und der volkswirtschaftlichen Kosten. [9]30 Monate vor Eintritt der voraussichtlichen Fertigstellung werden die bekannt gemachten Fertigstellungstermine jeweils verbindlich. [10]Die Sätze 2, 3 und 6 sind nicht auf Testfeld-Anbindungsleitungen anzuwenden.

(3) [1]Betreiber von Windenergieanlagen auf See mit einem Zuschlag nach den §§ 23 oder 34 des Windenergie-auf-See-Gesetzes[1)] erhalten ausschließlich eine Kapazität auf der Offshore-Anbindungsleitung, die zur Anbindung des entsprechenden Clusters im Bundesfachplan Offshore nach § 17a oder der entsprechenden Fläche im Flächenentwicklungsplan nach § 5 des Windenergie-auf-See-Gesetzes[1)] vorgesehen ist. [2]Ausnahmsweise kann eine Anbindung über einen anderen im Bundesfachplan Offshore nach § 17a festgelegten Cluster erfolgen, sofern dies im Bundesfachplan Offshore und im Offshore-Netzentwicklungsplan ausdrücklich vorgesehen ist und dies für eine geordnete und effiziente Nutzung und Auslastung der Offshore-Anbindungsleitungen erforderlich ist.

(4) [1]Die Regulierungsbehörde kann im Benehmen mit dem Bundesamt für Seeschifffahrt und Hydrographie dem Betreiber einer Windenergieanlage auf See, der über zugewiesene Netzanbindungskapazität verfügt, die Netzanbindungskapazität entziehen und ihm Netzanbindungskapazität auf einer anderen Offshore-Anbindungsleitung zuweisen (Kapazitätsverlagerung), soweit dies einer geordneten und effizienten Nutzung und Auslastung von Offshore-Anbindungsleitungen dient und soweit dem die Bestimmungen des Bundesfachplans Offshore und ab dem 1. Januar 2019 des Netzentwicklungsplans und des Flächenentwicklungsplans gemäß § 5 des Windenergie-auf-See-Gesetzes[1)] nicht entgegenstehen. [2]Vor der Entscheidung sind der betroffene Betreiber einer Windenergieanlage auf See und der betroffene anbindungsverpflichtete Übertragungsnetzbetreiber zu hören.

(5) [1]Die zugewiesene Netzanbindungskapazität besteht, soweit und solange ein Planfeststellungsbeschluss oder eine Plangenehmigung für die Windenergie-

---

1) Nr. **47**.

anlagen auf See wirksam ist. ²Wird ein Zuschlag nach den §§ 23 oder 34 des Windenergie-auf-See-Gesetzes[1)] unwirksam, entfällt die zugewiesene Netzanbindungskapazität auf der entsprechenden Offshore-Anbindungsleitung, die zur Anbindung der Fläche vorgesehen ist. ³Die Regulierungsbehörde teilt dem anbindungsverpflichteten Übertragungsnetzbetreiber unverzüglich die Unwirksamkeit eines Zuschlags mit und ergreift im Benehmen mit dem Bundesamt für Seeschifffahrt und Hydrographie angemessene Maßnahmen für eine geordnete und effiziente Nutzung und Auslastung der betroffenen Offshore-Anbindungsleitung. ⁴Vor der Entscheidung ist der betroffene anbindungsverpflichtete Übertragungsnetzbetreiber zu hören.

(6) *(aufgehoben)*

(7) ¹Die Regulierungsbehörde kann durch Festlegung nach § 29 Absatz 1 nähere Bestimmungen treffen

1. zu Inhalt und Verfahren der Erstellung des Offshore-Netzentwicklungsplans nach § 17b; dies schließt die Festlegung weiterer Kriterien zur Bestimmung der zeitlichen Abfolge der Umsetzung ein,
2. zur Umsetzung des Offshore-Netzentwicklungsplans und ab dem 1. Januar 2019 zur Umsetzung des Netzentwicklungsplans und des Flächenentwicklungsplans gemäß § 5 des Windenergie-auf-See-Gesetzes[1)], zu den erforderlichen Schritten, die die Betreiber von Übertragungsnetzen zur Erfüllung ihrer Pflichten nach Absatz 1 zu unternehmen haben, und deren zeitlicher Abfolge; dies schließt Festlegungen zur Ausschreibung und Vergabe von Anbindungsleitungen, zur Vereinbarung von Realisierungsfahrplänen nach Absatz 2 Satz 5, zur Information der Betreiber der anzubindenden Windenergieanlagen auf See und zu einem Umsetzungszeitplan ein, und
3. zum Verfahren zur Kapazitätsverlagerung nach Absatz 4 und im Fall der Unwirksamkeit des Zuschlags nach Absatz 5; dies schließt Festlegungen zur Art und Ausgestaltung der Verfahren sowie zu möglichen Sicherheitsleistungen oder Garantien ein.

²Festlegungen nach Nummer 3 erfolgen im Einvernehmen mit dem Bundesamt für Seeschifffahrt und Hydrographie.

(8) § 65 Absatz 2a ist entsprechend anzuwenden, wenn der anbindungsverpflichtete Übertragungsnetzbetreiber eine Leitung, die nach dem Offshore-Netzentwicklungsplan oder ab dem 1. Januar 2019 entsprechend den Vorgaben des Netzentwicklungsplans und des Flächenentwicklungsplans gemäß § 5 des Windenergie-auf-See-Gesetzes[1)] gemäß Absatz 1 errichtet werden muss, nicht entsprechend diesen Vorgaben errichtet.

§ 17e Entschädigung bei Störungen oder Verzögerung der Anbindung von Offshore-Anlagen. (1) ¹Ist die Einspeisung aus einer betriebsbereiten Windenergieanlage auf See länger als zehn aufeinander folgende Tage wegen einer Störung der Netzanbindung nicht möglich, so kann der Betreiber der Windenergieanlage auf See von dem nach § 17d Absatz 1 anbindungsverpflichteten Übertragungsnetzbetreiber ab dem elften Tag der Störung unabhängig davon, ob der anbindungsverpflichtete Übertragungsnetzbetreiber die Störung zu vertreten hat, für entstandene Vermögensschäden eine Entschädi-

[1)] Nr. **47**.

gung in Höhe von 90 Prozent des nach § 19 des Erneuerbare-Energien-Gesetzes[1] in Verbindung mit § 47 des Erneuerbare-Energien-Gesetzes[1] im Fall der Direktvermarktung bestehenden Zahlungsanspruchs abzüglich 0,4 Cent pro Kilowattstunde verlangen. [2]Bei der Ermittlung der Höhe der Entschädigung nach Satz 1 ist für jeden Tag der Störung, für den der Betreiber der Windenergieanlage auf See eine Entschädigung erhält, die durchschnittliche Einspeisung einer vergleichbaren Anlage in dem entsprechenden Zeitraum der Störung zugrunde zu legen. [3]Soweit Störungen der Netzanbindung an mehr als 18 Tagen im Kalenderjahr auftreten, besteht der Anspruch abweichend von Satz 1 unmittelbar ab dem 19. Tag im Kalenderjahr, an dem die Einspeisung auf Grund der Störung der Netzanbindung nicht möglich ist. [4]Soweit der anbindungsverpflichtete Übertragungsnetzbetreiber eine Störung der Netzanbindung vorsätzlich herbeigeführt hat, kann der Betreiber der Windenergieanlage auf See von dem anbindungsverpflichteten Übertragungsnetzbetreiber abweichend von Satz 1 ab dem ersten Tag der Störung die Erfüllung des vollständigen, nach § 19 des Erneuerbare-Energien-Gesetzes[1] in Verbindung mit § 47 des Erneuerbare-Energien-Gesetzes[1] im Fall der Direktvermarktung bestehenden Zahlungsanspruchs abzüglich 0,4 Cent pro Kilowattstunde verlangen. [5]Darüber hinaus ist eine Inanspruchnahme des anbindungsverpflichteten Übertragungsnetzbetreibers für Vermögensschäden auf Grund einer gestörten Netzanbindung ausgeschlossen. [6]Der Anspruch nach Satz 1 entfällt, soweit der Betreiber der Windenergieanlage auf See die Störung zu vertreten hat.

(2) [1]Ist die Einspeisung aus einer betriebsbereiten Windenergieanlage auf See nicht möglich, weil die Netzanbindung nicht zu dem verbindlichen Fertigstellungstermin nach § 17d Absatz 2 Satz 9 fertiggestellt ist, so kann der Betreiber der Windenergieanlage auf See ab dem Zeitpunkt der Herstellung der Betriebsbereitschaft der Windenergieanlage auf See, frühestens jedoch ab dem elften Tag nach dem verbindlichen Fertigstellungstermin, eine Entschädigung entsprechend Absatz 1 Satz 1 und 2 verlangen. [2]Soweit der anbindungsverpflichtete Übertragungsnetzbetreiber die nicht rechtzeitige Fertigstellung der Netzanbindung vorsätzlich herbeigeführt hat, kann der Betreiber der Windenergieanlage auf See von dem anbindungsverpflichteten Übertragungsnetzbetreiber abweichend von Satz 1 ab dem ersten Tag nach dem verbindlichen Fertigstellungstermin die Erfüllung des vollständigen, nach § 19 des Erneuerbare-Energien-Gesetzes[1] in Verbindung mit § 47 des Erneuerbare-Energien-Gesetzes[1] im Fall der Direktvermarktung bestehenden Zahlungsanspruchs abzüglich 0,4 Cent pro Kilowattstunde verlangen. [3]Darüber hinaus ist eine Inanspruchnahme des anbindungsverpflichteten Übertragungsnetzbetreibers für Vermögensschäden auf Grund einer nicht rechtzeitig fertiggestellten Netzanbindung ausgeschlossen. [4]Für den Anspruch auf Entschädigung nach diesem Absatz ist von einer Betriebsbereitschaft der Windenergieanlage auf See im Sinne von Satz 1 auch auszugehen, wenn das Fundament der Windenergieanlage auf See und die für die Windenergieanlage auf See vorgesehene Umspannanlage zur Umwandlung der durch eine Windenergieanlage auf See erzeugten Elektrizität auf eine höhere Spannungsebene errichtet sind und von der Herstellung der tatsächlichen Betriebsbereitschaft zur Schadensminderung abgesehen wurde. [5]Der Betreiber der Windenergieanlage auf See hat sämtliche Zahlungen nach Satz 1 zuzüglich Zinsen zurückzugewähren, soweit die Wind-

---

[1] Nr. **37**.

energieanlage auf See nicht innerhalb einer angemessenen, von der Regulierungsbehörde festzusetzenden Frist nach Fertigstellung der Netzanbindung die technische Betriebsbereitschaft tatsächlich hergestellt hat; die §§ 286, 288 und 289 Satz 1 des Bürgerlichen Gesetzbuchs sind entsprechend anwendbar. [6] Dem verbindlichen Fertigstellungstermin nach § 17d Absatz 2 Satz 9 steht der Fertigstellungstermin aus der unbedingten Netzanbindungszusage gleich, wenn die unbedingte Netzanbindungszusage dem Betreiber der Windenergieanlage auf See bis zum 29. August 2012 erteilt wurde oder dem Betreiber der Windenergieanlage auf See zunächst eine bedingte Netzanbindungszusage erteilt wurde und er bis zum 1. September 2012 die Kriterien für eine unbedingte Netzanbindungszusage nachgewiesen hat. [7] Erhält der Betreiber einer Windenergieanlage auf See erst ab einem Zeitpunkt nach dem verbindlichen Fertigstellungstermin einen Zuschlag nach § 23 oder § 34 des Windenergie-auf-See-Gesetzes[1)], so ist dieser Absatz mit der Maßgabe anzuwenden, dass der Zeitpunkt, ab dem nach § 24 Absatz 1 Nummer 2 oder § 37 Absatz 1 Nummer 1 des Windenergie-auf-See-Gesetzes[1)] der Anspruch auf die Marktprämie nach § 19 des Erneuerbare-Energien-Gesetzes[2)] frühestens beginnt, dem verbindlichen Fertigstellungstermin gleichsteht.

(3) [1] Ist die Einspeisung aus einer betriebsbereiten Windenergieanlage auf See an mehr als zehn Tagen im Kalenderjahr wegen betriebsbedingten Wartungsarbeiten an der Netzanbindung nicht möglich, so kann der Betreiber der Windenergieanlage auf See ab dem elften Tag im Kalenderjahr, an dem die Netzanbindung auf Grund der betriebsbedingten Wartungsarbeiten nicht verfügbar ist, eine Entschädigung entsprechend Absatz 1 Satz 1 in Anspruch nehmen. [2] Bei der Berechnung der Tage nach Satz 1 werden die vollen Stunden, in denen die Wartungsarbeiten vorgenommen werden, zusammengerechnet.

(3a) Die Absätze 1 bis 3 sind für Windenergieanlagen auf See, die in einer Ausschreibung nach Teil 3 des Windenergie-auf-See-Gesetzes[1)] bezuschlagt wurden, mit der Maßgabe anzuwenden, dass die Entschädigung 90 Prozent des nach dem Windenergie-auf-See-Gesetz[1)] jeweils einschlägigen anzulegenden Werts, mindestens aber 90 Prozent des Monatsmarktwerts im Sinne der Anlage 1 Nummer 2.2.3 des Erneuerbare-Energien-Gesetzes[2)] beträgt.

(4) Die Entschädigungszahlungen nach den Absätzen 1 bis 3a einschließlich der Kosten für eine Zwischenfinanzierung sind bei der Ermittlung der Kosten des Netzbetriebs zur Netzentgeltbestimmung nicht zu berücksichtigen.

(5) Auf Vermögensschäden auf Grund einer nicht rechtzeitig fertiggestellten oder gestörten Netzanbindung im Sinne des Absatzes 1 oder des Absatzes 2 ist § 32 Absatz 3 und 4 nicht anzuwenden.

(6) Der Betreiber der Windenergieanlage auf See hat dem anbindungsverpflichteten Übertragungsnetzbetreiber mit dem Tag, zu dem die Entschädigungspflicht des anbindungsverpflichteten Übertragungsnetzbetreibers nach Absatz 1 oder Absatz 2 dem Grunde nach beginnt, mitzuteilen, ob er die Entschädigung nach den Absätzen 1 bis 2 begehrt oder ob die Berücksichtigung der im Sinne des Absatzes 1 oder des Absatzes 2 verzögerten oder gestörten

---

1) Nr. **47**.
2) Nr. **37**.

Einspeisung nach § 50 Absatz 4 Satz 1 des Erneuerbare-Energien-Gesetzes[1] erfolgen soll.

§ 17f Belastungsausgleich. (1) [1] Die Betreiber von Übertragungsnetzen sind verpflichtet, den unterschiedlichen Umfang ihrer Kosten für Entschädigungszahlungen nach § 17e, einschließlich der Kosten für eine Zwischenfinanzierung sowie für Maßnahmen aus einem der Bundesnetzagentur vorgelegten Schadensminderungskonzept nach Absatz 3 Satz 2 und 3 und abzüglich anlässlich des Schadensereignisses nach § 17e erhaltener Vertragsstrafen, Versicherungsleistungen oder sonstiger Leistungen Dritter, nach Maßgabe der von ihnen oder anderen Netzbetreibern im Bereich ihres Übertragungsnetzes an Letztverbraucher gelieferten Strommengen über eine finanzielle Verrechnung untereinander auszugleichen. [2] Gleiches gilt für die Kosten nach § 17d Absatz 1 und nach den §§ 17a und 17b sowie für die Kosten des § 12b Absatz 1 Satz 3 Nummer 7 sowie des Flächenentwicklungsplans nach § 5 des Windenergie-auf-See-Gesetzes[2]. [3] Die Kosten nach den Sätzen 1 und 2 können als Aufschlag auf die Netzentgelte anteilig auf Letztverbraucher umgelegt werden. [4] Die §§ 26, 28 und 30 des Kraft-Wärme-Kopplungsgesetzes[3] sind entsprechend anzuwenden, soweit sich aus den Absätzen 2 bis 6 oder einer Rechtsverordnung nach § 17j nichts anderes ergibt.

(2) [1] Soweit der anbindungsverpflichtete Übertragungsnetzbetreiber die Störung der Netzanbindung im Sinne von § 17e Absatz 1 oder die nicht rechtzeitige Fertigstellung der Anbindungsleitung im Sinne von § 17e Absatz 2 vorsätzlich verursacht hat, ist der anbindungsverpflichtete Übertragungsnetzbetreiber nicht berechtigt, einen Belastungsausgleich nach Absatz 1 Satz 1 zu verlangen. [2] Soweit der anbindungsverpflichtete Übertragungsnetzbetreiber die Störung der Netzanbindung im Sinne von § 17e Absatz 1 oder die nicht rechtzeitige Fertigstellung der Anbindungsleitung im Sinne von § 17e Absatz 2 fahrlässig verursacht hat, trägt dieser an den nach Absatz 1 Satz 1 auszugleichenden Kosten einen Eigenanteil, der nicht dem Belastungsausgleich nach Absatz 1 Satz 1 unterliegt und der bei der Ermittlung der Netzentgelte nicht zu berücksichtigen ist,

1. in Höhe von 20 Prozent für den Teil der nach Absatz 1 Satz 1 auszugleichenden Kosten bis zu einer Höhe von 200 Millionen Euro im Kalenderjahr,
2. darüber hinaus in Höhe von 15 Prozent für den Teil der nach Absatz 1 Satz 1 auszugleichenden Kosten, die 200 Millionen Euro übersteigen, bis zu einer Höhe von 400 Millionen Euro im Kalenderjahr,
3. darüber hinaus in Höhe von 10 Prozent für den Teil der nach Absatz 1 Satz 1 auszugleichenden Kosten, die 400 Millionen Euro übersteigen, bis zu einer Höhe von 600 Millionen Euro im Kalenderjahr,
4. darüber hinaus in Höhe von 5 Prozent für den Teil der nach Absatz 1 Satz 1 auszugleichenden Kosten, die 600 Millionen Euro übersteigen, bis zu einer Höhe von 1 000 Millionen Euro im Kalenderjahr.

[3] Bei fahrlässig, jedoch nicht grob fahrlässig verursachten Schäden ist der Eigenanteil des anbindungsverpflichteten Übertragungsnetzbetreibers nach Satz 2 auf

---

[1] Nr. **37**.
[2] Nr. **47**.
[3] Nr. **45**.

17,5 Millionen Euro je Schadensereignis begrenzt. [4] Soweit der Betreiber einer Windenergieanlage auf See einen Schaden auf Grund der nicht rechtzeitigen Herstellung oder der Störung der Netzanbindung erleidet, wird vermutet, dass zumindest grobe Fahrlässigkeit des anbindungsverpflichteten Übertragungsnetzbetreibers vorliegt.

(3) [1] Der anbindungsverpflichtete Übertragungsnetzbetreiber hat alle möglichen und zumutbaren Maßnahmen zu ergreifen, um einen Schadenseintritt zu verhindern, den eingetretenen Schaden unverzüglich zu beseitigen und weitere Schäden abzuwenden oder zu mindern. [2] Der anbindungsverpflichtete Übertragungsnetzbetreiber hat bei Schadenseintritt unverzüglich der Bundesnetzagentur ein Konzept mit den geplanten Schadensminderungsmaßnahmen nach Satz 1 vorzulegen und dieses bis zur vollständigen Beseitigung des eingetretenen Schadens regelmäßig zu aktualisieren. [3] Die Bundesnetzagentur kann bis zur vollständigen Beseitigung des eingetretenen Schadens Änderungen am Schadensminderungskonzept nach Satz 2 verlangen. [4] Der anbindungsverpflichtete Übertragungsnetzbetreiber kann einen Belastungsausgleich nach Absatz 1 Satz 1 nur verlangen, soweit er nachweist, dass er alle möglichen und zumutbaren Schadensminderungsmaßnahmen nach Satz 1 ergriffen hat. [5] Der anbindungsverpflichtete Übertragungsnetzbetreiber hat den Schadenseintritt, das der Bundesnetzagentur vorgelegte Schadensminderungskonzept nach Satz 2 und die ergriffenen Schadensminderungsmaßnahmen zu dokumentieren und darüber auf seiner Internetseite zu informieren.

(4) Die finanzielle Verrechnung nach Absatz 1 Satz 1 und 2 erfolgt anhand der zu erwartenden Kosten für das folgende Kalenderjahr und des Saldos der Einnahmen und Ausgaben des vorangegangenen Kalenderjahres.

(5) [1] Netzbetreiber sind berechtigt, die Kosten für geleistete Entschädigungszahlungen, soweit diese dem Belastungsausgleich unterliegen und nicht erstattet worden sind, für Ausgleichszahlungen sowie für die Kosten nach § 17d Absatz 1, den §§ 17a und 17b sowie für die Kosten nach § 12b Absatz 1 Satz 3 Nummer 7 und des Flächenentwicklungsplans nach § 5 des Windenergie-auf-See-Gesetzes[1)] als Aufschlag auf die Netzentgelte gegenüber Letztverbrauchern geltend zu machen. [2] Für den Aufschlag nach Satz 1 sind die §§ 26a bis 28 und 30 des Kraft-Wärme-Kopplungsgesetzes[2)] entsprechend anzuwenden. [3] Sind Letztverbraucher Unternehmen des Produzierenden Gewerbes, deren Stromkosten im vorangegangenen Kalenderjahr 4 Prozent des Umsatzes überstiegen, darf sich das Netzentgelt durch die Umlage für über 1 000 000 Kilowattstunden hinausgehende Lieferungen höchstens um die Hälfte des Betrages nach Satz 2 erhöhen. [4] Für das Jahr 2013 wird der für die Wälzung des Belastungsausgleichs erforderliche Aufschlag auf die Netzentgelte für Letztverbraucher auf die zulässigen Höchstwerte nach den Sätzen 2 und 3 festgelegt.

(6) Für Entschädigungszahlungen nach § 17e, die wegen einer Überschreitung der zulässigen Höchstwerte nach Absatz 5 bei der Berechnung des Aufschlags auf die Netzentgelte in einem Kalenderjahr nicht in Ansatz gebracht werden können, findet keine finanzielle Verrechnung zwischen den Betreibern von Übertragungsnetzen nach Absatz 1 Satz 1 statt; der betroffene anbindungsverpflichtete Übertragungsnetzbetreiber kann diese Kosten einschließlich der

---

[1)] Nr. **47**.
[2)] Nr. **45**.

Kosten für eine Zwischenfinanzierung bei dem Belastungsausgleich in den folgenden Kalenderjahren geltend machen.

(7) Die Übertragungsnetzbetreiber sind verpflichtet, die für den Belastungsausgleich erforderlichen Aufschläge auf die Netzentgelte sowie die für die Berechnung maßgeblichen Daten spätestens zum 15. Oktober eines Jahres für das Folgejahr im Internet zu veröffentlichen.

§ 17g Haftung für Sachschäden an Windenergieanlagen auf See.

[1] Die Haftung des anbindungsverpflichteten Übertragungsnetzbetreibers gegenüber Betreibern von Windenergieanlagen auf See für nicht vorsätzlich verursachte Sachschäden ist je Schadensereignis insgesamt begrenzt auf 100 Millionen Euro. [2] Übersteigt die Summe der Einzelschäden bei einem Schadensereignis die Höchstgrenze nach Satz 1, so wird der Schadensersatz in dem Verhältnis gekürzt, in dem die Summe aller Schadensersatzansprüche zur Höchstgrenze steht.

§ 17h Abschluss von Versicherungen. [1] Anbindungsverpflichtete Übertragungsnetzbetreiber sollen Versicherungen zur Deckung von Vermögens- und Sachschäden, die beim Betreiber von Offshore-Anlagen auf Grund einer nicht rechtzeitig fertiggestellten oder gestörten Anbindung der Offshore-Anlage an das Übertragungsnetz des anbindungsverpflichteten Übertragungsnetzbetreibers entstehen, abschließen. [2] Der Abschluss einer Versicherung nach Satz 1 ist der Regulierungsbehörde nachzuweisen.

§ 17i Evaluierung. [1] Das Bundesministerium für Wirtschaft und Energie überprüft im Einvernehmen mit dem Bundesministerium der Justiz und für Verbraucherschutz bis zum 31. Dezember 2015 die praktische Anwendung und die Angemessenheit der §§ 17e bis 17h. [2] Die Evaluierung umfasst insbesondere die erfolgten Entschädigungszahlungen an Betreiber von Windenergieanlagen auf See, den Eigenanteil der anbindungsverpflichteten Übertragungsnetzbetreiber an Entschädigungszahlungen, die Maßnahmen und Anreize zur Minderung eventueller Schäden und zur Kostenkontrolle, das Verfahren zum Belastungsausgleich, die Höhe des Aufschlags auf die Netzentgelte für Letztverbraucher für Strombezüge aus dem Netz der allgemeinen Versorgung und den Abschluss von Versicherungen.

§ 17j Verordnungsermächtigung. [1] Das Bundesministerium für Wirtschaft und Energie wird ermächtigt, im Einvernehmen mit dem Bundesministerium der Justiz und für Verbraucherschutz, durch Rechtsverordnung ohne Zustimmung des Bundesrates die nähere Ausgestaltung der Methode des Belastungsausgleichs nach § 17f sowie der Wälzung der dem Belastungsausgleich unterliegenden Kosten auf Letztverbraucher und ihre Durchführung sowie die Haftung des anbindungsverpflichteten Übertragungsnetzbetreibers und Vorgaben an Versicherungen nach § 17h zu regeln. [2] Durch Rechtsverordnung nach Satz 1 können insbesondere Regelungen getroffen werden

1. zur Ermittlung der Höhe der Ausgleichsbeträge; dies schließt Regelungen ein
   a) zu Kriterien für eine Prognose der zu erwartenden Kosten für das folgende Kalenderjahr,

b) zu dem Ausgleich des Saldos aus tatsächlichen und prognostizierten Kosten,
c) zur Verwaltung der Ausgleichsbeträge durch die Übertragungsnetzbetreiber sowie
d) zur Übermittlung der erforderlichen Daten;
2. zur Schaffung und Verwaltung einer Liquiditätsreserve durch die Übertragungsnetzbetreiber;
3. zur Wälzung der dem Belastungsausgleich nach § 17f unterliegenden Kosten der Übertragungsnetzbetreiber auf Letztverbraucher; dies schließt Regelungen zu Höchstgrenzen der für den Belastungsausgleich erforderlichen Aufschläge auf die Netzentgelte der Letztverbraucher ein;
4. zur Verteilung der Kostenbelastung zwischen Netzbetreibern; dies schließt insbesondere Regelungen zur Zwischenfinanzierung und zur Verteilung derjenigen Kosten ein, die im laufenden Kalenderjahr auf Grund einer Überschreitung der Prognose oder einer zulässigen Höchstgrenze nicht berücksichtigt werden können;
5. zu näheren Anforderungen an Schadensminderungsmaßnahmen einschließlich Regelungen zur Zumutbarkeit dieser Maßnahmen und zur Tragung der aus ihnen resultierenden Kosten;
6. zu Veröffentlichungspflichten der anbindungsverpflichteten Übertragungsnetzbetreiber hinsichtlich eingetretener Schäden nach § 17e Absatz 1 und 2, der durchgeführten Schadensminderungsmaßnahmen und der dem Belastungsausgleich unterliegenden Entschädigungszahlungen;
7. zu Anforderungen an die Versicherungen nach § 17h hinsichtlich Mindestversicherungssumme und Umfang des notwendigen Versicherungsschutzes.

§ 18 Allgemeine Anschlusspflicht. (1) [1] Abweichend von § 17 haben Betreiber von Energieversorgungsnetzen für Gemeindegebiete, in denen sie Energieversorgungsnetze der allgemeinen Versorgung von Letztverbrauchern betreiben, allgemeine Bedingungen für den Netzanschluss von Letztverbrauchern in Niederspannung oder Niederdruck und für die Anschlussnutzung durch Letztverbraucher zu veröffentlichen sowie zu diesen Bedingungen jedermann an ihr Energieversorgungsnetz anzuschließen und die Nutzung des Anschlusses zur Entnahme von Energie zu gestatten. [2] Diese Pflichten bestehen nicht, wenn
1. der Anschluss oder die Anschlussnutzung für den Betreiber des Energieversorgungsnetzes aus wirtschaftlichen Gründen nicht zumutbar ist oder
2. ab dem 21. Dezember 2018 der Anschluss an ein L-Gasversorgungsnetz beantragt wird und der Betreiber des L-Gasversorgungsnetzes nachweist, dass der beantragenden Partei auch der Anschluss an ein H-Gasversorgungsnetz technisch möglich und wirtschaftlich zumutbar ist.

[3] In der Regel sind die Kosten für die Herstellung eines Anschlusses an ein H-Gasversorgungsnetz wirtschaftlich zumutbar im Sinne von Satz 2 Nummer 2, wenn sie die Kosten für die Herstellung eines Anschlusses an ein L-Gasversorgungsnetz nicht wesentlich übersteigen. [4] Satz 2 Nummer 2 und Satz 3 sind nicht anzuwenden, wenn der technische Umstellungstermin gemäß § 19a Absatz 1 Satz 5 im Gebiet des beantragten Anschlusses bereits zu veröffentlichen

ist und der Gesamtbedarf an L-Gas in dem betreffenden L-Gasversorgungsnetz durch den Anschluss nur unwesentlich erhöht wird.

(2) [1]Wer zur Deckung des Eigenbedarfs eine Anlage zur Erzeugung von Elektrizität auch in Verbindung mit einer Anlage zur Speicherung elektrischer Energie betreibt oder sich von einem Dritten an das Energieversorgungsnetz anschließen lässt, kann sich nicht auf die allgemeine Anschlusspflicht nach Absatz 1 Satz 1 berufen. [2]Er kann aber einen Netzanschluss unter den Voraussetzungen des § 17 verlangen. [3]Satz 1 gilt nicht für die Deckung des Eigenbedarfs von Letztverbrauchern aus Anlagen der Kraft-Wärme-Kopplung bis 150 Kilowatt elektrischer Leistung und aus erneuerbaren Energien.

(3) [1]Die Bundesregierung kann durch Rechtsverordnung mit Zustimmung des Bundesrates die Allgemeinen Bedingungen für den Netzanschluss und dessen Nutzung bei den an das Niederspannungs- oder Niederdrucknetz angeschlossenen Letztverbrauchern angemessen festsetzen und hierbei unter Berücksichtigung der Interessen der Betreiber von Energieversorgungsnetzen und der Anschlussnehmer

1. die Bestimmungen über die Herstellung und Vorhaltung des Netzanschlusses sowie die Voraussetzungen der Anschlussnutzung einheitlich festsetzen,
2. Regelungen über den Vertragsabschluss und die Begründung des Rechtsverhältnisses der Anschlussnutzung, den Übergang des Netzanschlussvertrages im Falle des Überganges des Eigentums an der angeschlossenen Kundenanlage, den Gegenstand und die Beendigung der Verträge oder der Rechtsverhältnisse der Anschlussnutzung treffen und
3. die Rechte und Pflichten der Beteiligten einheitlich festlegen.

[2]Das Interesse des Anschlussnehmers an kostengünstigen Lösungen ist dabei besonders zu berücksichtigen. [3]Die Sätze 1 und 2 gelten entsprechend für Bedingungen öffentlich-rechtlich gestalteter Versorgungsverhältnisse mit Ausnahme der Regelung des Verwaltungsverfahrens.

§ 19 Technische Vorschriften. (1) Betreiber von Elektrizitätsversorgungsnetzen sind verpflichtet, unter Berücksichtigung der nach § 17 festgelegten Bedingungen und der allgemeinen technischen Mindestanforderungen nach Absatz 4 für den Netzanschluss von Erzeugungsanlagen, Anlagen zur Speicherung elektrischer Energie, Elektrizitätsverteilernetzen, Anlagen direkt angeschlossener Kunden, Verbindungsleitungen und Direktleitungen technische Mindestanforderungen an deren Auslegung und deren Betrieb festzulegen und im Internet zu veröffentlichen.

(2) [1]Betreiber von Gasversorgungsnetzen sind verpflichtet, unter Berücksichtigung der nach § 17 festgelegten Bedingungen für den Netzanschluss von LNG-Anlagen, dezentralen Erzeugungsanlagen und Speicheranlagen, von anderen Fernleitungs- oder Gasverteilernetzen und von Direktleitungen technische Mindestanforderungen an die Auslegung und den Betrieb festzulegen und im Internet zu veröffentlichen. [2]Betreiber von Gasversorgungsnetzen, an deren Gasversorgungsnetz mehr als 100 000 Kunden unmittelbar oder mittelbar angeschlossen sind oder deren Netz über das Gebiet eines Landes hinausreicht, haben die technischen Mindestanforderungen rechtzeitig mit den Verbänden der Netznutzer zu konsultieren.

(3) [1]Die technischen Mindestanforderungen nach den Absätzen 1 und 2 müssen die Interoperabilität der Netze sicherstellen sowie sachlich gerechtfertigt und nichtdiskriminierend sein. [2]Die Interoperabilität umfasst insbesondere die technischen Anschlussbedingungen und die Bedingungen für netzverträgliche Gasbeschaffenheiten unter Einschluss von Gas aus Biomasse oder anderen Gasarten, soweit sie technisch und ohne Beeinträchtigung der Sicherheit in das Gasversorgungsnetz eingespeist oder durch dieses Netz transportiert werden können. [3]Für die Gewährleistung der technischen Sicherheit gilt § 49 Absatz 2 bis 4.

(4) [1]Die Betreiber von Elektrizitätsversorgungsnetzen erstellen gemeinsam allgemeine technische Mindestanforderungen. [2]Der Verband der Elektrotechnik Elektronik Informationstechnik e.V. wird als beauftragte Stelle bestimmt, um die allgemeinen technischen Mindestanforderungen zu verabschieden

1. nach Artikel 7 Absatz 1 der Verordnung (EU) 2016/631 der Kommission vom 14. April 2016 zur Festlegung eines Netzkodex mit Netzanschlussbestimmungen für Stromerzeuger (ABl. L 112 vom 27.4.2016, S. 1),
2. nach Artikel 6 Absatz 1 der Verordnung (EU) 2016/1388 der Kommission vom 17. August 2016 zur Festlegung eines Netzkodex für den Lastanschluss (ABl. L 223 vom 18.8.2016, S. 10) und
3. nach Artikel 5 Absatz 1 der Verordnung (EU) 2016/1447 der Kommission vom 26. August 2016 zur Festlegung eines Netzkodex mit Netzanschlussbestimmungen für Hochspannungs-Gleichstrom-Übertragungssysteme und nichtsynchrone Stromerzeugungsanlagen mit Gleichstromanbindung (ABl. L 241 vom 8.9.2016, S. 1).

(5) [1]Die Mindestanforderungen nach den Absätzen 1, 2 und 4 sind der Regulierungsbehörde und dem Bundesministerium für Wirtschaft und Energie vor deren Verabschiedung mitzuteilen. [2]Das Bundesministerium für Wirtschaft und Energie unterrichtet die Europäische Kommission nach Artikel 4 und Artikel 5 der Richtlinie (EU) 2015/1535 des Europäischen Parlaments und des Rates vom 9. September 2015 über ein Informationsverfahren auf dem Gebiet der technischen Vorschriften und der Vorschriften für die Dienste der Informationsgesellschaft (ABl. L 241 vom 17.9.2015, S. 1). [3]Die Verabschiedung der Mindestanforderungen darf nicht vor Ablauf der jeweils maßgeblichen Fristen nach Artikel 6 dieser Richtlinie erfolgen.

§ 19a Umstellung der Gasqualität; Verordnungsermächtigung.

(1) [1]Stellt der Betreiber eines Gasversorgungsnetzes die in seinem Netz einzuhaltende Gasqualität auf Grund eines von einem oder mehreren Fernleitungsnetzbetreibern veranlassten und netztechnisch erforderlichen Umstellungsprozesses dauerhaft von L-Gas auf H-Gas um, hat er die notwendigen technischen Anpassungen der Netzanschlüsse, Kundenanlagen und Verbrauchsgeräte auf eigene Kosten vorzunehmen. [2]Diese Kosten werden bis einschließlich 31. Dezember 2016 auf alle Gasversorgungsnetze innerhalb des Marktgebiets umgelegt, in dem das Gasversorgungsnetz liegt. [3]Ab dem 1. Januar 2017 sind diese Kosten bundesweit auf alle Gasversorgungsnetze unabhängig vom Marktgebiet umzulegen. [4]Die näheren Modalitäten der Berechnung sind der Kooperationsvereinbarung nach § 20 Absatz 1b und § 8 Absatz 6 der Gasnetz-

zugangsverordnung[1] vorbehalten. [5]Betreiber von Gasversorgungsnetzen haben den jeweiligen technischen Umstellungstermin zwei Jahre vorher auf ihrer Internetseite zu veröffentlichen und die betroffenen Anschlussnehmer entsprechend schriftlich zu informieren; hierbei ist jeweils auch auf den Kostenerstattungsanspruch nach Absatz 3 hinzuweisen.

(2) [1]Der Netzbetreiber teilt der zuständigen Regulierungsbehörde jährlich bis zum 31. August mit, welche notwendigen Kosten ihm im vorherigen Kalenderjahr durch die Umstellung entstanden sind und welche notwendigen Kosten ihm im folgenden Kalenderjahr planmäßig entstehen werden. [2]Die Regulierungsbehörde kann Entscheidungen durch Festlegung nach § 29 Absatz 1 darüber treffen, in welchem Umfang technische Anpassungen der Netzanschlüsse, Kundenanlagen und Verbrauchsgeräte notwendig im Sinne des Absatzes 1 Satz 1 sind. [3]Daneben ist die Regulierungsbehörde befugt, gegenüber einem Netzbetreiber festzustellen, dass bestimmte Kosten nicht notwendig waren. [4]Der Netzbetreiber hat den erforderlichen Nachweis über die Notwendigkeit zu führen. [5]Kosten, deren fehlende Notwendigkeit die Regulierungsbehörde festgestellt hat, dürfen nicht umgelegt werden.

(3) [1]Installiert der Eigentümer einer Kundenanlage oder eines Verbrauchsgeräts mit ordnungsgemäßem Verwendungsnachweis auf Grund des Umstellungsprozesses nach Absatz 1 ein Neugerät, welches im Rahmen der Umstellung nicht mehr angepasst werden muss, so hat der Eigentümer gegenüber dem Netzbetreiber, an dessen Netz die Kundenanlage oder das Verbrauchsgerät angeschlossen ist, einen Kostenerstattungsanspruch. [2]Dieser Erstattungsanspruch entsteht nur dann, wenn die Installation nach dem Zeitpunkt der Veröffentlichung gemäß Absatz 1 Satz 5 und vor der Anpassung des Verbrauchsgeräts auf die neue Gasqualität im jeweiligen Netzgebiet erfolgt. [3]Der Erstattungsanspruch beträgt 100 Euro für jedes Neugerät. [4]Der Eigentümer hat gegenüber dem Netzbetreiber die ordnungsgemäße Verwendung des Altgeräts und die Anschaffung des Neugeräts nachzuweisen. [5]Absatz 1 Satz 3 und Absatz 2 sind entsprechend anzuwenden. [6]Das Bundesministerium für Wirtschaft und Energie wird ermächtigt, im Einvernehmen mit dem Bundesministerium der Justiz und für Verbraucherschutz durch Rechtsverordnung das Nähere zu darüber hinausgehenden Kostenerstattungsansprüchen für technisch nicht anpassbare Kundenanlagen oder Verbrauchsgeräte zu regeln. [7]Das Bundesministerium für Wirtschaft und Energie kann die Ermächtigung nach Satz 6 durch Rechtsverordnung unter Sicherstellung der Einvernehmensregelung auf die Bundesnetzagentur übertragen. [8]Die Pflichten nach § 10 Absatz 1 in Verbindung mit Absatz 4 der Energieeinsparverordnung[2] vom 24. Juli 2007 (BGBl. I S. 1519), die zuletzt durch Artikel 3 der Verordnung vom 24. Oktober 2015 (BGBl. I S. 1789) geändert worden ist, bleiben unberührt.

(4) [1]Anschlussnehmer oder -nutzer haben dem Beauftragten oder Mitarbeiter des Netzbetreibers den Zutritt zu ihrem Grundstück und zu ihren Räumen zu gestatten, soweit dies für die nach Absatz 1 durchzuführenden Handlungen erforderlich ist. [2]Die Anschlussnehmer und -nutzer sind vom Netzbetreiber vorab zu benachrichtigen. [3]Die Benachrichtigung kann durch schriftliche Mitteilung an die jeweiligen Anschlussnehmer oder -nutzer oder durch Aushang am oder im jeweiligen Haus erfolgen. [4]Sie muss mindestens drei Wochen vor

---

[1] Nr. **25**.
[2] Nr. **63**.

dem Betretungstermin erfolgen; mindestens ein kostenfreier Ersatztermin ist anzubieten. [5]Der Beauftragte oder Mitarbeiter des Netzbetreibers muss sich entsprechend ausweisen. [6]Die Anschlussnehmer und -nutzer haben dafür Sorge zu tragen, dass die Netzanschlüsse, Kundenanlagen und Verbrauchsgeräte während der durchzuführenden Handlungen zugänglich sind. [7]Soweit und solange Netzanschlüsse, Kundenanlagen oder Verbrauchsgeräte zum Zeitpunkt der Umstellung aus Gründen, die der Anschlussnehmer oder -nutzer zu vertreten hat, nicht angepasst werden können, ist der Betreiber des Gasversorgungsnetzes berechtigt, den Netzanschluss und die Anschlussnutzung zu verweigern. [8]Hinsichtlich der Aufhebung der Unterbrechung des Anschlusses und der Anschlussnutzung ist § 24 Absatz 5 der Niederdruckanschlussverordnung[1)] entsprechend anzuwenden. [9]Das Grundrecht der Unverletzlichkeit der Wohnung (Artikel 13 des Grundgesetzes) wird durch Satz 1 eingeschränkt.

Abschnitt 3. Netzzugang

§ 20[2)] Zugang zu den Energieversorgungsnetzen. (1) [1]Betreiber von Energieversorgungsnetzen haben jedermann nach sachlich gerechtfertigten Kriterien diskriminierungsfrei Netzzugang zu gewähren sowie die Bedingungen, einschließlich möglichst bundesweit einheitlicher Musterverträge, Konzessionsabgaben und unmittelbar nach deren Ermittlung, aber spätestens zum 15. Oktober eines Jahres für das Folgejahr Entgelte für diesen Netzzugang im Internet zu veröffentlichen. [2]Sind die Entgelte für den Netzzugang bis zum 15. Oktober eines Jahres nicht ermittelt, veröffentlichen die Betreiber von Energieversorgungsnetzen die Höhe der Entgelte, die sich voraussichtlich auf Basis der für das Folgejahr geltenden Erlösobergrenze ergeben wird. [3]Sie haben in dem Umfang zusammenzuarbeiten, der erforderlich ist, um einen effizienten Netzzugang zu gewährleisten. [4]Sie haben ferner den Netznutzern die für einen effizienten Netzzugang erforderlichen Informationen zur Verfügung zu stellen. [5]Die Netzzugangsregelung soll massengeschäftstauglich sein.

(1a) [1]Zur Ausgestaltung des Rechts auf Zugang zu Elektrizitätsversorgungsnetzen nach Absatz 1 haben Letztverbraucher von Elektrizität oder Lieferanten Verträge mit denjenigen Energieversorgungsunternehmen abzuschließen, aus deren Netzen die Entnahme und in deren Netze die Einspeisung von Elektrizität erfolgen soll (Netznutzungsvertrag). [2]Werden die Netznutzungsverträge von Lieferanten abgeschlossen, so brauchen sie sich nicht auf bestimmte Entnahmestellen zu beziehen (Lieferantenrahmenvertrag). [3]Netznutzungsvertrag oder Lieferantenrahmenvertrag vermitteln den Zugang zum gesamten Elektrizitätsversorgungsnetz. [4]Alle Betreiber von Elektrizitätsversorgungsnetzen sind verpflichtet, in dem Ausmaß zusammenzuarbeiten, das erforderlich ist, damit durch den Betreiber von Elektrizitätsversorgungsnetzen, der den Netznutzungs- oder Lieferantenrahmenvertrag abgeschlossen hat, der Zugang zum gesamten Elektrizitätsversorgungsnetz gewährleistet werden kann. [5]Der Netzzugang durch die Letztverbraucher und Lieferanten setzt voraus, dass über einen Bilanzkreis, der in ein vertraglich begründetes Bilanzkreissystem nach Maßgabe einer Rechtsverordnung über den Zugang zu Elektrizitätsversor-

---

1) Nr. **34**.
2) Siehe zu § 20 Abs. 1b die Überleitungsregelung des § 118.

gungsnetzen einbezogen ist, ein Ausgleich zwischen Einspeisung und Entnahme stattfindet.

(1b) [1] Zur Ausgestaltung des Zugangs zu den Gasversorgungsnetzen müssen Betreiber von Gasversorgungsnetzen Einspeise- und Ausspeisekapazitäten anbieten, die den Netzzugang ohne Festlegung eines transaktionsabhängigen Transportpfades ermöglichen und unabhängig voneinander nutzbar und handelbar sind. [2] Zur Abwicklung des Zugangs zu den Gasversorgungsnetzen ist ein Vertrag mit dem Netzbetreiber, in dessen Netz eine Einspeisung von Gas erfolgen soll, über Einspeisekapazitäten erforderlich (Einspeisevertrag). [3] Zusätzlich muss ein Vertrag mit dem Netzbetreiber, aus dessen Netz die Entnahme von Gas erfolgen soll, über Ausspeisekapazitäten abgeschlossen werden (Ausspeisevertrag). [4] Wird der Ausspeisevertrag von einem Lieferanten mit einem Betreiber eines Verteilernetzes abgeschlossen, braucht er sich nicht auf bestimmte Entnahmestellen zu beziehen. [5] Alle Betreiber von Gasversorgungsnetzen sind verpflichtet, untereinander in dem Ausmaß verbindlich zusammenzuarbeiten, das erforderlich ist, damit der Transportkunde zur Abwicklung eines Transports auch über mehrere, durch Netzkopplungspunkte miteinander verbundene Netze nur einen Einspeise- und einen Ausspeisevertrag abschließen muss, es sei denn, diese Zusammenarbeit ist technisch nicht möglich oder wirtschaftlich nicht zumutbar. [6] Sie sind zu dem in Satz 5 genannten Zweck verpflichtet, bei der Berechnung und dem Angebot von Kapazitäten, der Erbringung von Systemdienstleistungen und der Kosten- oder Entgeltwälzung eng zusammenzuarbeiten. [7] Sie haben gemeinsame Vertragsstandards für den Netzzugang zu entwickeln und unter Berücksichtigung von technischen Einschränkungen und wirtschaftlicher Zumutbarkeit alle Kooperationsmöglichkeiten mit anderen Netzbetreibern auszuschöpfen, mit dem Ziel, die Zahl der Netze oder Teilnetze sowie der Bilanzzonen möglichst gering zu halten. [8] Betreiber von über Netzkopplungspunkte verbundenen Netzen haben bei der Berechnung und Ausweisung von technischen Kapazitäten mit dem Ziel zusammenzuarbeiten, in möglichst hohem Umfang aufeinander abgestimmte Kapazitäten in den miteinander verbundenen Netzen ausweisen zu können. [9] Bei einem Wechsel des Lieferanten kann der neue Lieferant vom bisherigen Lieferanten die Übertragung der für die Versorgung des Kunden erforderlichen, vom bisherigen Lieferanten gebuchten Ein- und Ausspeisekapazitäten verlangen, wenn ihm die Versorgung des Kunden entsprechend der von ihm eingegangenen Lieferverpflichtung ansonsten nicht möglich ist und er dies gegenüber dem bisherigen Lieferanten begründet. [10] Betreiber von Fernleitungsnetzen sind verpflichtet, die Rechte an gebuchten Kapazitäten so auszugestalten, dass sie den Transportkunden berechtigen, Gas an jedem Einspeisepunkt für die Ausspeisung an jedem Ausspeisepunkt ihres Netzes oder, bei dauerhaften Engpässen, eines Teilnetzes bereitzustellen (entry-exit System). [11] Betreiber eines örtlichen Verteilernetzes haben den Netzzugang nach Maßgabe einer Rechtsverordnung nach § 24 über den Zugang zu Gasversorgungsnetzen durch Übernahme des Gases an Einspeisepunkten ihrer Netze für alle angeschlossenen Ausspeisepunkte zu gewähren.

(1c) Verträge nach den Absätzen 1a und 1b dürfen das Recht zum Wechsel des Messstellenbetreibers nach den Vorschriften des Messstellenbetriebsgesetzes[1)] weder behindern noch erschweren.

[1)] Nr. **27**.

(1d) [1] Der Betreiber des Energieversorgungsnetzes, an das eine Kundenanlage oder eine Kundenanlage zur betrieblichen Eigenversorgung angeschlossen ist, hat den Zählpunkt zur Erfassung der durch die Kundenanlage aus dem Netz der allgemeinen Versorgung entnommenen und in das Netz der allgemeinen Versorgung eingespeisten Strommenge (Summenzähler) sowie alle Zählpunkte bereitzustellen, die für die Gewährung des Netzzugangs für Unterzähler innerhalb der Kundenanlage im Wege der Durchleitung (bilanzierungsrelevante Unterzähler) erforderlich sind. [2] Bei der Belieferung der Letztverbraucher durch Dritte findet im erforderlichen Umfang eine Verrechnung der Zählwerte über Unterzähler statt. [3] Bei nicht an ein Smart-Meter-Gateway angebundenen Unterzählern ist eine Verrechnung von Leistungswerten, die durch standardisierte Lastprofile nach § 12 Absatz 1 der Stromnetzzugangsverordnung[1)] ermittelt werden, mit am Summenzähler erhobenen 15-minütigen Leistungswerten des Summenzählers aus einer registrierenden Lastgangmessung zulässig, soweit energiewirtschaftliche oder mess- und eichrechtliche Belange nicht entgegenstehen.

(2) [1] Betreiber von Energieversorgungsnetzen können den Zugang nach Absatz 1 verweigern, soweit sie nachweisen, dass ihnen die Gewährung des Netzzugangs aus betriebsbedingten oder sonstigen Gründen unter Berücksichtigung des Zwecks des § 1 nicht möglich oder nicht zumutbar ist. [2] Die Ablehnung ist in Textform zu begründen und der Regulierungsbehörde unverzüglich mitzuteilen. [3] Auf Verlangen der beantragenden Partei muss die Begründung im Falle eines Kapazitätsmangels auch aussagekräftige Informationen darüber enthalten, welche Maßnahmen und damit verbundene Kosten zum Ausbau des Netzes erforderlich wären, um den Netzzugang zu ermöglichen; die Begründung kann nachgefordert werden. [4] Für die Begründung nach Satz 3 kann ein Entgelt, das die Hälfte der entstandenen Kosten nicht überschreiten darf, verlangt werden, sofern auf die Entstehung von Kosten zuvor hingewiesen worden ist.

§ 20a Lieferantenwechsel. (1) Bei einem Lieferantenwechsel hat der neue Lieferant dem Letztverbraucher unverzüglich in Textform zu bestätigen, ob und zu welchem Termin er eine vom Letztverbraucher gewünschte Belieferung aufnehmen kann.

(2) [1] Das Verfahren für den Wechsel des Lieferanten darf drei Wochen, gerechnet ab dem Zeitpunkt des Zugangs der Anmeldung zur Netznutzung durch den neuen Lieferanten bei dem Netzbetreiber, an dessen Netz die Entnahmestelle angeschlossen ist, nicht überschreiten. [2] Der Netzbetreiber ist verpflichtet, den Zeitpunkt des Zugangs zu dokumentieren. [3] Eine von Satz 1 abweichende längere Verfahrensdauer ist nur zulässig, soweit die Anmeldung zur Netznutzung sich auf einen weiter in der Zukunft liegenden Liefertermin bezieht.

(3) Der Lieferantenwechsel darf für den Letztverbraucher mit keinen zusätzlichen Kosten verbunden sein.

(4) [1] Erfolgt der Lieferantenwechsel nicht innerhalb der in Absatz 2 vorgesehenen Frist, so kann der Letztverbraucher von dem Lieferanten oder dem Netzbetreiber, der die Verzögerung zu vertreten hat, Schadensersatz nach den §§ 249 ff. des Bürgerlichen Gesetzbuchs verlangen. [2] Der Lieferant oder der

---

1) Nr. **23**.

Netzbetreiber trägt die Beweislast, dass er die Verzögerung nicht zu vertreten hat.

§ 21 Bedingungen und Entgelte für den Netzzugang. (1) Die Bedingungen und Entgelte für den Netzzugang müssen angemessen, diskriminierungsfrei, transparent und dürfen nicht ungünstiger sein, als sie von den Betreibern der Energieversorgungsnetze in vergleichbaren Fällen für Leistungen innerhalb ihres Unternehmens oder gegenüber verbundenen oder assoziierten Unternehmen angewendet und tatsächlich oder kalkulatorisch in Rechnung gestellt werden.

(2) [1]Die Entgelte werden auf der Grundlage der Kosten einer Betriebsführung, die denen eines effizienten und strukturell vergleichbaren Netzbetreibers entsprechen müssen, unter Berücksichtigung von Anreizen für eine effiziente Leistungserbringung und einer angemessenen, wettbewerbsfähigen und risikoangepassten Verzinsung des eingesetzten Kapitals gebildet, soweit in einer Rechtsverordnung nach § 24 nicht eine Abweichung von der kostenorientierten Entgeltbildung bestimmt ist. [2]Soweit die Entgelte kostenorientiert gebildet werden, dürfen Kosten und Kostenbestandteile, die sich ihrem Umfang nach im Wettbewerb nicht einstellen würden, nicht berücksichtigt werden.

(3) [1]Um zu gewährleisten, dass sich die Entgelte für den Netzzugang an den Kosten einer Betriebsführung nach Absatz 2 orientieren, kann die Regulierungsbehörde in regelmäßigen zeitlichen Abständen einen Vergleich der Entgelte für den Netzzugang, der Erlöse oder der Kosten der Betreiber von Energieversorgungsnetzen durchführen (Vergleichsverfahren). [2]Soweit eine kostenorientierte Entgeltbildung erfolgt und die Entgelte genehmigt sind, findet nur ein Vergleich der Kosten statt.

(4) [1]Die Ergebnisse des Vergleichsverfahrens sind bei der kostenorientierten Entgeltbildung nach Absatz 2 zu berücksichtigen. [2]Ergibt ein Vergleich, dass die Entgelte, Erlöse oder Kosten einzelner Betreiber von Energieversorgungsnetzen für das Netz insgesamt oder für einzelne Netz- oder Umspannebenen die durchschnittlichen Entgelte, Erlöse oder Kosten vergleichbarer Betreiber von Energieversorgungsnetzen überschreiten, wird vermutet, dass sie einer Betriebsführung nach Absatz 2 nicht entsprechen.

§ 21a Regulierungsvorgaben für Anreize für eine effiziente Leistungserbringung. (1) Soweit eine kostenorientierte Entgeltbildung im Sinne des § 21 Abs. 2 Satz 1 erfolgt, können nach Maßgabe einer Rechtsverordnung nach Absatz 6 Satz 1 Nr. 1 Netzzugangsentgelte der Betreiber von Energieversorgungsnetzen abweichend von der Entgeltbildung nach § 21 Abs. 2 bis 4 auch durch eine Methode bestimmt werden, die Anreize für eine effiziente Leistungserbringung setzt (Anreizregulierung).

(2) [1]Die Anreizregulierung beinhaltet die Vorgabe von Obergrenzen, die in der Regel für die Höhe der Netzzugangsentgelte oder die Gesamterlöse aus Netzzugangsentgelten gebildet werden, für eine Regulierungsperiode unter Berücksichtigung von Effizienzvorgaben. [2]Die Obergrenzen und Effizienzvorgaben sind auf einzelne Netzbetreiber oder auf Gruppen von Netzbetreibern sowie entweder auf das gesamte Elektrizitäts- oder Gasversorgungsnetz, auf Teile des Netzes oder auf die einzelnen Netz- und Umspannebenen bezogen. [3]Dabei sind Obergrenzen mindestens für den Beginn und das Ende der Re-

gulierungsperiode vorzusehen. [4]Vorgaben für Gruppen von Netzbetreibern setzen voraus, dass die Netzbetreiber objektiv strukturell vergleichbar sind.

(3) [1]Die Regulierungsperiode darf zwei Jahre nicht unterschreiten und fünf Jahre nicht überschreiten. [2]Die Vorgaben können eine zeitliche Staffelung der Entwicklung der Obergrenzen innerhalb einer Regulierungsperiode vorsehen. [3]Die Vorgaben bleiben für eine Regulierungsperiode unverändert, sofern nicht Änderungen staatlich veranlasster Mehrbelastungen auf Grund von Abgaben oder der Abnahme- und Vergütungspflichten nach dem Erneuerbare-Energien-Gesetz[1)] und dem Kraft-Wärme-Kopplungsgesetz[2)] oder anderer, nicht vom Netzbetreiber zu vertretender, Umstände eintreten. [4]Falls Obergrenzen für Netzzugangsentgelte gesetzt werden, sind bei den Vorgaben die Auswirkungen jährlich schwankender Verbrauchsmengen auf die Gesamterlöse der Netzbetreiber (Mengeneffekte) zu berücksichtigen.

(4) [1]Bei der Ermittlung von Obergrenzen sind die durch den jeweiligen Netzbetreiber beeinflussbaren Kostenanteile und die von ihm nicht beeinflussbaren Kostenanteile zu unterscheiden. [2]Der nicht beeinflussbare Kostenanteil an dem Gesamtentgelt wird nach § 21 Abs. 2 ermittelt; hierzu zählen insbesondere Kostenanteile, die auf nicht zurechenbaren strukturellen Unterschieden der Versorgungsgebiete, auf gesetzlichen Abnahme- und Vergütungspflichten, Konzessionsabgaben und Betriebssteuern beruhen. [3]Ferner gelten Mehrkosten für die Errichtung, den Betrieb oder die Änderung eines Erdkabels, das nach § 43 Absatz 1 Satz 1 Nummer 2 und Absatz 2 Satz 1 Nummer 2 planfestgestellt worden ist, gegenüber einer Freileitung bei der Ermittlung von Obergrenzen nach Satz 1 als nicht beeinflussbare Kostenanteile. [4]Soweit sich Vorgaben auf Gruppen von Netzbetreibern beziehen, gelten die Netzbetreiber als strukturell vergleichbar, die unter Berücksichtigung struktureller Unterschiede einer Gruppe zugeordnet worden sind. [5]Der beeinflussbare Kostenanteil wird nach § 21 Abs. 2 bis 4 zu Beginn einer Regulierungsperiode ermittelt. [6]Effizienzvorgaben sind nur auf den beeinflussbaren Kostenanteil zu beziehen. [7]Die Vorgaben für die Entwicklung oder Festlegung der Obergrenze innerhalb einer Regulierungsperiode müssen den Ausgleich der allgemeinen Geldentwertung unter Berücksichtigung eines generellen sektoralen Produktivitätsfaktors vorsehen.

(5) [1]Die Effizienzvorgaben für eine Regulierungsperiode werden durch Bestimmung unternehmensindividueller oder gruppenspezifischer Effizienzziele auf Grundlage eines Effizienzvergleichs unter Berücksichtigung insbesondere der bestehenden Effizienz des jeweiligen Netzbetriebs, objektiver struktureller Unterschiede, der inflationsbereinigten Produktivitätsentwicklung, der Versorgungsqualität und auf diese bezogener Qualitätsvorgaben sowie gesetzlicher Regelungen bestimmt. [2]Qualitätsvorgaben werden auf der Grundlage einer Bewertung von Zuverlässigkeitskenngrößen oder Netzleistungsfähigkeitskenngrößen ermittelt, bei der auch Strukturunterschiede zu berücksichtigen sind. [3]Bei einem Verstoß gegen Qualitätsvorgaben können auch die Obergrenzen zur Bestimmung der Netzzugangsentgelte für ein Energieversorgungsunternehmen gesenkt werden. [4]Die Effizienzvorgaben müssen so gestaltet und über die Regulierungsperiode verteilt sein, dass der betroffene Netzbetreiber oder die

---

[1)] Nr. **37**.
[2)] Nr. **45**.

betroffene Gruppe von Netzbetreibern die Vorgaben unter Nutzung der ihm oder ihnen möglichen und zumutbaren Maßnahmen erreichen und übertreffen kann. [5]Die Methode zur Ermittlung von Effizienzvorgaben muss so gestaltet sein, dass eine geringfügige Änderung einzelner Parameter der zugrunde gelegten Methode nicht zu einer, insbesondere im Vergleich zur Bedeutung, überproportionalen Änderung der Vorgaben führt.

(6) [1]Die Bundesregierung wird ermächtigt, durch Rechtsverordnung[1)] mit Zustimmung des Bundesrates

1. zu bestimmen, ob und ab welchem Zeitpunkt Netzzugangsentgelte im Wege einer Anreizregulierung bestimmt werden,
2. die nähere Ausgestaltung der Methode einer Anreizregulierung nach den Absätzen 1 bis 5 und ihrer Durchführung zu regeln sowie
3. zu regeln, in welchen Fällen und unter welchen Voraussetzungen die Regulierungsbehörde im Rahmen der Durchführung der Methoden Festlegungen treffen und Maßnahmen des Netzbetreibers genehmigen kann.

[2]Insbesondere können durch Rechtsverordnung nach Satz 1

1. Regelungen zur Festlegung der für eine Gruppenbildung relevanten Strukturkriterien und über deren Bedeutung für die Ausgestaltung von Effizienzvorgaben getroffen werden,
2. Anforderungen an eine Gruppenbildung einschließlich der dabei zu berücksichtigenden objektiven strukturellen Umstände gestellt werden, wobei für Betreiber von Übertragungsnetzen gesonderte Vorgaben vorzusehen sind,
3. Mindest- und Höchstgrenzen für Effizienz- und Qualitätsvorgaben vorgesehen und Regelungen für den Fall einer Unter- oder Überschreitung sowie Regelungen für die Ausgestaltung dieser Vorgaben einschließlich des Entwicklungspfades getroffen werden,
4. Regelungen getroffen werden, unter welchen Voraussetzungen die Obergrenze innerhalb einer Regulierungsperiode auf Antrag des betroffenen Netzbetreibers von der Regulierungsbehörde abweichend vom Entwicklungspfad angepasst werden kann,
5. Regelungen zum Verfahren bei der Berücksichtigung der Inflationsrate unter Einbeziehung der Besonderheiten der Einstandspreisentwicklung und des Produktivitätsfortschritts in der Netzwirtschaft getroffen werden,
6. nähere Anforderungen an die Zuverlässigkeit einer Methode zur Ermittlung von Effizienzvorgaben gestellt werden,
7. Regelungen getroffen werden, welche Kostenanteile dauerhaft oder vorübergehend als nicht beeinflussbare Kostenanteile gelten,
8. Regelungen getroffen werden, die eine Begünstigung von Investitionen vorsehen, die unter Berücksichtigung des Zwecks des § 1 zur Verbesserung der Versorgungssicherheit dienen,
9. Regelungen für die Bestimmung von Zuverlässigkeitskenngrößen für den Netzbetrieb unter Berücksichtigung der Informationen nach § 51 und deren Auswirkungen auf die Regulierungsvorgaben getroffen werden, wo-

---

1) Siehe die AnreizregulierungsVO (Nr. **28**).

bei auch Senkungen der Obergrenzen zur Bestimmung der Netzzugangsentgelte vorgesehen werden können, und

10. Regelungen zur Erhebung der für die Durchführung einer Anreizregulierung erforderlichen Daten durch die Regulierungsbehörde getroffen werden.

(7) In der Rechtsverordnung nach Absatz 6 Satz 1 sind nähere Regelungen für die Berechnung der Mehrkosten von Erdkabeln nach Absatz 4 Satz 3 zu treffen.

§§ 21b–21i *(aufgehoben)*

§ 22 Beschaffung der Energie zur Erbringung von Ausgleichsleistungen. (1) [1]Betreiber von Energieversorgungsnetzen haben die Energie, die sie zur Deckung von Verlusten und für den Ausgleich von Differenzen zwischen Ein- und Ausspeisung benötigen, nach transparenten, auch in Bezug auf verbundene oder assoziierte Unternehmen nichtdiskriminierenden und marktorientierten Verfahren zu beschaffen. [2]Dem Ziel einer möglichst preisgünstigen Energieversorgung ist bei der Ausgestaltung der Verfahren, zum Beispiel durch die Nutzung untertäglicher Beschaffung, besonderes Gewicht beizumessen, sofern hierdurch nicht die Verpflichtungen nach den §§ 13, 16 und 16a gefährdet werden.

(2) [1]Bei der Beschaffung von Regelenergie durch die Betreiber von Übertragungsnetzen ist ein diskriminierungsfreies und transparentes Ausschreibungsverfahren anzuwenden, bei dem die Anforderungen, die die Anbieter von Regelenergie für die Teilnahme erfüllen müssen, soweit dies technisch möglich ist, von den Betreibern von Übertragungsnetzen zu vereinheitlichen sind. [2]Die Betreiber von Übertragungsnetzen haben für die Ausschreibung von Regelenergie eine gemeinsame Internetplattform einzurichten. [3]Die Einrichtung der Plattform nach Satz 2 ist der Regulierungsbehörde anzuzeigen. [4]Die Betreiber von Übertragungsnetzen sind unter Beachtung ihrer jeweiligen Systemverantwortung verpflichtet, zur Senkung des Aufwandes für Regelenergie unter Berücksichtigung der Netzbedingungen zusammenzuarbeiten. [5]Die Regulierungsbehörde kann zur Verwirklichung einer effizienten Beschaffung und der in § 1 Absatz 1 genannten Zwecke durch Festlegung nach § 29 Absatz 1 abweichend von Satz 1 auch andere transparente, diskriminierungsfreie und marktorientierte Verfahren zur Beschaffung von Regelenergie vorsehen.

§ 23 Erbringung von Ausgleichsleistungen. [1]Sofern den Betreibern von Energieversorgungsnetzen der Ausgleich des Energieversorgungsnetzes obliegt, müssen die von ihnen zu diesem Zweck festgelegten Regelungen einschließlich der von den Netznutzern für Energieungleichgewichte zu zahlenden Entgelte sachlich gerechtfertigt, transparent, nichtdiskriminierend und dürfen nicht ungünstiger sein, als sie von den Betreibern der Energieversorgungsnetze in vergleichbaren Fällen für Leistungen innerhalb ihres Unternehmens oder gegenüber verbundenen oder assoziierten Unternehmen angewendet und tatsächlich oder kalkulatorisch in Rechnung gestellt werden. [2]Die Entgelte sind auf der Grundlage einer Betriebsführung nach § 21 Abs. 2 kostenorientiert festzulegen und zusammen mit den übrigen Regelungen im Internet zu veröffentlichen.

§ 23a Genehmigung der Entgelte für den Netzzugang. (1) Soweit eine kostenorientierte Entgeltbildung im Sinne des § 21 Abs. 2 Satz 1 erfolgt, bedürfen Entgelte für den Netzzugang nach § 21 einer Genehmigung, es sei denn, dass in einer Rechtsverordnung nach § 21a Abs. 6 die Bestimmung der Entgelte für den Netzzugang im Wege einer Anreizregulierung durch Festlegung oder Genehmigung angeordnet worden ist.

(2) [1] Die Genehmigung ist zu erteilen, soweit die Entgelte den Anforderungen dieses Gesetzes und den auf Grund des § 24 erlassenen Rechtsverordnungen entsprechen. [2] Die genehmigten Entgelte sind Höchstpreise und dürfen nur überschritten werden, soweit die Überschreitung ausschließlich auf Grund der Weitergabe nach Erteilung der Genehmigung erhöhter Kostenwälzungssätze einer vorgelagerten Netz- oder Umspannstufe erfolgt; eine Überschreitung ist der Regulierungsbehörde unverzüglich anzuzeigen.

(3) [1] Die Genehmigung ist mindestens sechs Monate vor dem Zeitpunkt schriftlich oder elektronisch zu beantragen, an dem die Entgelte wirksam werden sollen. [2] Dem Antrag sind die für eine Prüfung erforderlichen Unterlagen beizufügen; auf Verlangen der Regulierungsbehörde haben die Antragsteller Unterlagen auch elektronisch zu übermitteln. [3] Die Regulierungsbehörde kann ein Muster und ein einheitliches Format für die elektronische Übermittlung vorgeben. [4] Die Unterlagen müssen folgende Angaben enthalten:

1. eine Gegenüberstellung der bisherigen Entgelte sowie der beantragten Entgelte und ihrer jeweiligen Kalkulation,
2. die Angaben, die nach Maßgabe der Vorschriften über die Strukturklassen und den Bericht über die Ermittlung der Netzentgelte nach einer Rechtsverordnung über die Entgelte für den Zugang zu den Energieversorgungsnetzen nach § 24 erforderlich sind, und
3. die Begründung für die Änderung der Entgelte unter Berücksichtigung der Regelungen nach § 21 und einer Rechtsverordnung über die Entgelte für den Zugang zu den Energieversorgungsnetzen nach § 24.

[5] Die Regulierungsbehörde hat dem Antragsteller den Eingang des Antrags zu bestätigen. [6] Sie kann die Vorlage weiterer Angaben oder Unterlagen verlangen, soweit dies zur Prüfung der Voraussetzungen nach Absatz 2 erforderlich ist; Satz 5 gilt für nachgereichte Angaben und Unterlagen entsprechend. [7] Das Bundesministerium für Wirtschaft und Energie wird ermächtigt, durch Rechtsverordnung mit Zustimmung des Bundesrates das Verfahren und die Anforderungen an die nach Satz 4 vorzulegenden Unterlagen näher auszugestalten.

(4) [1] Die Genehmigung ist zu befristen und mit einem Vorbehalt des Widerrufs zu versehen; sie kann unter Bedingungen erteilt und mit Auflagen verbunden werden. [2] Trifft die Regulierungsbehörde innerhalb von sechs Monaten nach Vorliegen der vollständigen Unterlagen nach Absatz 3 keine Entscheidung, so gilt das beantragte Entgelt als unter dem Vorbehalt des Widerrufs für einen Zeitraum von einem Jahr genehmigt. [3] Satz 2 gilt nicht, wenn

1. das beantragende Unternehmen einer Verlängerung der Frist nach Satz 2 zugestimmt hat oder
2. die Regulierungsbehörde wegen unrichtiger Angaben oder wegen einer nicht rechtzeitig erteilten Auskunft nicht entscheiden kann und dies dem Antragsteller vor Ablauf der Frist unter Angabe der Gründe mitgeteilt hat.

(5) [1]Ist vor Ablauf der Befristung oder vor dem Wirksamwerden eines Widerrufs nach Absatz 4 Satz 1 oder 2 eine neue Genehmigung beantragt worden, so können bis zur Entscheidung über den Antrag die bis dahin genehmigten Entgelte beibehalten werden. [2]Ist eine neue Entscheidung nicht rechtzeitig beantragt, kann die Regulierungsbehörde unter Berücksichtigung der §§ 21 und 30 sowie der auf Grund des § 24 erlassenen Rechtsverordnungen ein Entgelt als Höchstpreis vorläufig festsetzen.

§ 24 Regelungen zu den Netzzugangsbedingungen, Entgelten für den Netzzugang sowie zur Erbringung und Beschaffung von Ausgleichsleistungen; Verordnungsermächtigung. [1]Die Bundesregierung wird ermächtigt, durch Rechtsverordnung[1)] mit Zustimmung des Bundesrates

1. die Bedingungen für den Netzzugang einschließlich der Beschaffung und Erbringung von Ausgleichsleistungen oder Methoden zur Bestimmung dieser Bedingungen sowie Methoden zur Bestimmung der Entgelte für den Netzzugang gemäß den §§ 20 bis 23 festzulegen, wobei die Entgelte für den Zugang zu Übertragungsnetzen teilweise oder vollständig auch bundesweit einheitlich festgelegt werden können,
2. zu regeln, in welchen Fällen und unter welchen Voraussetzungen die Regulierungsbehörde diese Bedingungen oder Methoden festlegen oder auf Antrag des Netzbetreibers genehmigen kann,
3. zu regeln, in welchen Sonderfällen der Netznutzung und unter welchen Voraussetzungen die Regulierungsbehörde im Einzelfall individuelle Entgelte für den Netzzugang genehmigen oder untersagen kann und wie Erstattungspflichten der Transportnetzbetreiber für entgangene Erlöse von Betreibern nachgelagerter Verteilernetze, die aus individuellen Netzentgelten für die Netznutzung folgen, ausgestaltet werden können und wie die daraus den Transportnetzbetreibern entstehenden Kosten als Aufschlag auf die Netzentgelte anteilig auf die Letztverbraucher umgelegt werden können, sowie
4. zu regeln, in welchen Fällen die Regulierungsbehörde von ihren Befugnissen nach § 65 Gebrauch zu machen hat.

[2]Insbesondere können durch Rechtsverordnungen nach Satz 1

1. die Betreiber von Energieversorgungsnetzen verpflichtet werden, zur Schaffung möglichst einheitlicher Bedingungen bei der Gewährung des Netzzugangs in näher zu bestimmender Weise, insbesondere unter gleichberechtigtem Einbezug der Netznutzer, zusammenzuarbeiten,
2. die Rechte und Pflichten der Beteiligten, insbesondere die Zusammenarbeit und Pflichten der Betreiber von Energieversorgungsnetzen, einschließlich des Austauschs der erforderlichen Daten und der für den Netzzugang erforderlichen Informationen, einheitlich festgelegt werden,

2a. die Rechte der Verbraucher bei der Abwicklung eines Anbieterwechsels festgelegt werden,

3. die Art sowie die Ausgestaltung des Netzzugangs und der Beschaffung und Erbringung von Ausgleichsleistungen einschließlich der hierfür erforderlichen Verträge und Rechtsverhältnisse und des Ausschreibungsverfahrens

---

[1)] Siehe die StromnetzzugangsVO (Nr. **23**), die StromnetzentgeltVO (Nr. **24**), die GasnetzzugangsVO (Nr. **25**), die GasnetzentgeltVO (Nr. **26**) und die AnreizregulierungsVO (Nr. **28**).

auch unter Abweichung von § 22 Absatz 2 Satz 2 festgelegt werden, die Bestimmungen der Verträge und die Ausgestaltung der Rechtsverhältnisse einheitlich festgelegt werden sowie Regelungen über das Zustandekommen, den Inhalt und die Beendigung der Verträge und Rechtsverhältnisse getroffen werden, wobei insbesondere auch Vorgaben für die Verträge und Rechtsverhältnisse zwischen Letztverbrauchern, Lieferanten und beteiligten Bilanzkreisverantwortlichen bei der Erbringung von Regelleistung gemacht werden können,

3a. im Rahmen der Ausgestaltung des Netzzugangs zu den Gasversorgungsnetzen für Anlagen zur Erzeugung von Biogas im Rahmen des Auswahlverfahrens bei drohenden Kapazitätsengpässen sowie beim Zugang zu örtlichen Verteilernetzen Vorrang gewährt werden,

3b. die Regulierungsbehörde befugt werden, die Zusammenfassung von Teilnetzen, soweit dies technisch möglich und wirtschaftlich zumutbar ist, anzuordnen,

4. Regelungen zur Ermittlung der Entgelte für den Netzzugang getroffen werden, wobei
   a) vorgesehen werden kann, dass insbesondere Kosten des Netzbetriebs, die zuordenbar durch die Integration von dezentralen Anlagen zur Erzeugung aus erneuerbaren Energiequellen verursacht werden, bundesweit umgelegt werden können,
   b) vorzusehen ist, dass die Grundlage für die Ermittlung der Entgelte für den Zugang zu den Übertragungsnetzen zwar getrennt für jeden Übertragungsnetzbetreiber kostenorientiert nach § 21a ermittelt wird, aber die Höhe der Entgelte für den Zugang zu den Übertragungsnetzen ab dem 1. Januar 2019 teilweise und ab dem 1. Januar 2023 vollständig bundesweit einheitlich festgelegt wird und Mehr- oder Mindererlöse, die den Übertragungsnetzbetreibern dadurch entstehen, durch eine finanzielle Verrechnung zwischen ihnen ausgeglichen oder bundesweit umgelegt werden sowie der bundeseinheitliche Mechanismus hierfür näher ausgestaltet wird,
   c) die Methode zur Bestimmung der Entgelte so zu gestalten ist, dass eine Betriebsführung nach § 21 Absatz 2 gesichert ist und die für die Betriebs- und Versorgungssicherheit sowie die Funktionsfähigkeit der Netze notwendigen Investitionen in die Netze gewährleistet sind und Anreize zu netzentlastender Energieeinspeisung und netzentlastendem Energieverbrauch gesetzt werden, und
   d) vorgesehen werden kann, inwieweit Kosten, die auf Grundlage einer Vereinbarung eines Betreibers von Übertragungsnetzen mit Dritten entstehen, bei der Bestimmung der Netzkosten zu berücksichtigen sind,

4a. Regelungen zur Steigerung der Kosteneffizienz von Maßnahmen für Netz- und Systemsicherheit nach § 13 vorgesehen werden,

5. bei einer Regelung nach Satz 1 Nummer 3 vorsehen, dass ein Belastungsausgleich entsprechend den §§ 26, 28 und 30 des Kraft-Wärme-Kopplungsgesetzes[1] vom 21. Dezember 2015 (BGBl. I S. 2498), das durch Artikel 14 des Gesetzes vom 29. August 2016 (BGBl. I S. 2034) geändert worden ist,

[1] Nr. **45**.

erfolgen kann, wobei dieser Belastungsausgleich mit der Maßgabe erfolgen kann, dass sich das Netzentgelt für selbstverbrauchte Strombezüge, die über 1 Gigawattstunde hinausgehen, an dieser Abnahmestelle höchstens um 0,05 Cent je Kilowattstunde und für Unternehmen des produzierenden Gewerbes, deren Stromkosten für selbstverbrauchten Strom im vorangegangenen Geschäftsjahr 4 Prozent des Umsatzes im Sinne von § 277 Absatz 1 des Handelsgesetzbuchs übersteigen, für die über 1 Gigawattstunde hinausgehenden selbstverbrauchten Strombezüge um höchstens 0,025 Cent je Kilowattstunde erhöhen,

6. Regelungen darüber getroffen werden, welche netzbezogenen und sonst für ihre Kalkulation erforderlichen Daten die Betreiber von Energieversorgungsnetzen erheben und über welchen Zeitraum sie diese aufbewahren müssen,
7. Regelungen für die Durchführung eines Vergleichsverfahrens nach § 21 Abs. 3 einschließlich der Erhebung der hierfür erforderlichen Daten getroffen werden.

[3] Im Falle des Satzes 2 Nr. 1 und 2 ist das Interesse an der Ermöglichung eines effizienten und diskriminierungsfreien Netzzugangs im Rahmen eines möglichst transaktionsunabhängigen Modells unter Beachtung der jeweiligen Besonderheiten der Elektrizitäts- und Gaswirtschaft besonders zu berücksichtigen; die Zusammenarbeit soll dem Ziel des § 1 Abs. 2 dienen. [4] Regelungen nach Satz 2 Nr. 3 können auch weitere Anforderungen an die Zusammenarbeit der Betreiber von Übertragungsnetzen bei der Beschaffung von Regelenergie und zur Verringerung des Aufwandes für Regelenergie sowie in Abweichung von § 22 Absatz 2 Satz 1 Bedingungen und Methoden für andere effiziente, transparente, diskriminierungsfreie und marktorientierte Verfahren zur Beschaffung von Regelenergie vorsehen. [5] Regelungen nach Satz 2 Nr. 4 können nach Maßgabe des § 120 vorsehen, dass Entgelte nicht nur auf der Grundlage von Ausspeisungen, sondern ergänzend auch auf der Grundlage von Einspeisungen von Energie berechnet und in Rechnung gestellt werden, wobei bei Einspeisungen von Elektrizität aus dezentralen Erzeugungsanlagen auch eine Erstattung eingesparter Entgelte für den Netzzugang in den vorgelagerten Netzebenen vorgesehen werden kann.

§ 24a Schrittweise Angleichung der Übertragungsnetzentgelte. Eine Rechtsverordnung nach § 24 Satz 2 Nummer 4 Buchstabe b zur schrittweisen bundesweit einheitlichen Festlegung der Netzentgelte der Übertragungsnetzbetreiber kann insbesondere

1. vorsehen, dass für einen schrittweise steigenden Anteil der Übertragungsnetzkosten ein bundeseinheitlicher Netzentgeltanteil bestimmt wird oder ein schrittweise größer werdender prozentualer Aufschlag oder Abschlag auf die Netzentgelte der Übertragungsnetzbetreiber erfolgt, bis ein bundeseinheitliches Übertragungsnetzentgelt erreicht ist,
2. Entlastungsregelungen für die stromkostenintensive Industrie vorsehen, sofern die Voraussetzung des § 118 Absatz 24 nicht eingetreten ist.

§ 25 Ausnahmen vom Zugang zu den Gasversorgungsnetzen im Zusammenhang mit unbedingten Zahlungsverpflichtungen. [1] Die Gewährung des Zugangs zu den Gasversorgungsnetzen ist im Sinne des § 20 Abs. 2

insbesondere dann nicht zumutbar, wenn einem Gasversorgungsunternehmen wegen seiner im Rahmen von Gaslieferverträgen eingegangenen unbedingten Zahlungsverpflichtungen ernsthafte wirtschaftliche und finanzielle Schwierigkeiten entstehen würden. [2] Auf Antrag des betroffenen Gasversorgungsunternehmens entscheidet die Regulierungsbehörde, ob die vom Antragsteller nachzuweisenden Voraussetzungen des Satzes 1 vorliegen. [3] Die Prüfung richtet sich nach Artikel 48 der Richtlinie 2009/73/EG[1)] (ABl. L 211 vom 14.8.2009, S. 94). [4] Das Bundesministerium für Wirtschaft und Energie wird ermächtigt, durch Rechtsverordnung[2)], die nicht der Zustimmung des Bundesrates bedarf, die bei der Prüfung nach Artikel 48 der Richtlinie 2009/73/EG[1)] anzuwendenden Verfahrensregeln festzulegen. [5] In der Rechtsverordnung nach Satz 4 kann vorgesehen werden, dass eine Entscheidung der Regulierungsbehörde, auch abweichend von den Vorschriften dieses Gesetzes, ergehen kann, soweit dies in einer Entscheidung der Kommission der Europäischen Gemeinschaften vorgesehen ist.

§ 26 Zugang zu den vorgelagerten Rohrleitungsnetzen und zu Speicheranlagen im Bereich der leitungsgebundenen Versorgung mit Erdgas. Der Zugang zu den vorgelagerten Rohrleitungsnetzen und zu Speicheranlagen erfolgt abweichend von den §§ 20 bis 24 auf vertraglicher Grundlage nach Maßgabe der §§ 27 und 28.

§ 27 Zugang zu den vorgelagerten Rohrleitungsnetzen. [1] Betreiber von vorgelagerten Rohrleitungsnetzen haben anderen Unternehmen das vorgelagerte Rohrleitungsnetz für Durchleitungen zu Bedingungen zur Verfügung zu stellen, die angemessen und nicht ungünstiger sind, als sie von ihnen in vergleichbaren Fällen für Leistungen innerhalb ihres Unternehmens oder gegenüber verbundenen oder assoziierten Unternehmen tatsächlich oder kalkulatorisch in Rechnung gestellt werden. [2] Dies gilt nicht, soweit der Betreiber nachweist, dass ihm die Durchleitung aus betriebsbedingten oder sonstigen Gründen unter Berücksichtigung des Zwecks des § 1 nicht möglich oder nicht zumutbar ist. [3] Die Ablehnung ist in Textform zu begründen. [4] Die Verweigerung des Netzzugangs nach Satz 2 ist nur zulässig, wenn einer der in Artikel 20 Abs. 2 Satz 3 Buchstabe a bis d der Richtlinie 2003/55/EG genannten Gründe vorliegt. [5] Das Bundesministerium für Wirtschaft und Energie wird ermächtigt, durch Rechtsverordnung mit Zustimmung des Bundesrates die Bedingungen des Zugangs zu den vorgelagerten Rohrleitungsnetzen und die Methoden zur Berechnung der Entgelte für den Zugang zu den vorgelagerten Rohrleitungsnetzen unter Berücksichtigung des Zwecks des § 1 festzulegen.

§ 28 Zugang zu Speicheranlagen. (1) [1] Betreiber von Speicheranlagen haben anderen Unternehmen den Zugang zu ihren Speicheranlagen und Hilfsdiensten zu angemessenen und diskriminierungsfreien technischen und wirtschaftlichen Bedingungen zu gewähren, sofern der Zugang für einen effizienten Netzzugang im Hinblick auf die Belieferung der Kunden technisch oder wirtschaftlich erforderlich ist. [2] Der Zugang zu einer Speicheranlage gilt als technisch oder wirtschaftlich erforderlich für einen effizienten Netzzugang im

---

1) Nr. **5**.
2) Siehe die GasnetzzugangsVO (Nr. **25**).

Hinblick auf die Belieferung von Kunden, wenn es sich bei der Speicheranlage um einen Untergrundspeicher, mit Ausnahme von unterirdischen Röhrenspeichern, handelt. [3]Der Zugang ist im Wege des verhandelten Zugangs zu gewähren.

(2) [1]Betreiber von Speicheranlagen können den Zugang nach Absatz 1 verweigern, soweit sie nachweisen, dass ihnen der Zugang aus betriebsbedingten oder sonstigen Gründen unter Berücksichtigung des Zwecks des § 1 nicht möglich oder nicht zumutbar ist. [2]Die Ablehnung ist in Textform zu begründen.

(3) [1]Betreiber von Speicheranlagen sind verpflichtet, den Standort der Speicheranlage, Informationen über verfügbare Kapazitäten, darüber, zu welchen Speicheranlagen verhandelter Zugang zu gewähren ist, sowie ihre wesentlichen Geschäftsbedingungen für den Speicherzugang im Internet zu veröffentlichen. [2]Dies betrifft insbesondere die verfahrensmäßige Behandlung von Speicherzugangsanfragen, die Beschaffenheit des zu speichernden Gases, die nominale Arbeitsgaskapazität, die Ein- und Ausspeicherungsperiode, soweit für ein Angebot der Betreiber von Speicheranlagen erforderlich, sowie die technisch minimal erforderlichen Volumen für die Ein- und Ausspeicherung. [3]Die Betreiber von Speicheranlagen konsultieren bei der Ausarbeitung der wesentlichen Geschäftsbedingungen die Speichernutzer.

(4) Das Bundesministerium für Wirtschaft und Energie wird ermächtigt, durch Rechtsverordnung mit Zustimmung des Bundesrates die technischen und wirtschaftlichen Bedingungen sowie die inhaltliche Gestaltung der Verträge über den Zugang zu den Speicheranlagen zu regeln.

§ 28a Neue Infrastrukturen. (1) Verbindungsleitungen zwischen Deutschland und anderen Staaten oder LNG- und Speicheranlagen können von der Anwendung der §§ 8 bis 10e sowie §§ 20 bis 28 befristet ausgenommen werden, wenn

1. durch die Investition der Wettbewerb bei der Gasversorgung und die Versorgungssicherheit verbessert werden,
2. es sich um größere neue Infrastrukturanlagen im Sinne des Artikel 36 Absatz 1 der Richtlinie 2009/73/EG[1)] handelt, bei denen insbesondere das mit der Investition verbundene Risiko so hoch ist, dass die Investition ohne eine Ausnahmegenehmigung nicht getätigt würde,
3. die Infrastruktur Eigentum einer natürlichen oder juristischen Person ist, die entsprechend der §§ 8 bis 10e von den Netzbetreibern getrennt ist, in deren Netzen die Infrastruktur geschaffen wird,
4. von den Nutzern dieser Infrastruktur Entgelte erhoben werden und
5. die Ausnahme sich nicht nachteilig auf den Wettbewerb oder das effektive Funktionieren des Erdgasbinnenmarktes oder das effiziente Funktionieren des regulierten Netzes auswirkt, an das die Infrastruktur angeschlossen ist.

(2) Absatz 1 gilt auch für Kapazitätsaufstockungen bei vorhandenen Infrastrukturen, die insbesondere hinsichtlich ihres Investitionsvolumens und des zusätzlichen Kapazitätsvolumens bei objektiver Betrachtung wesentlich sind,

---

[1)] Nr. 5.

und für Änderungen dieser Infrastrukturen, die die Erschließung neuer Gasversorgungsquellen ermöglichen.

(3) [1] Auf Antrag des betroffenen Gasversorgungsunternehmens entscheidet die Regulierungsbehörde, ob die vom Antragsteller nachzuweisenden Voraussetzungen nach Absatz 1 oder 2 vorliegen. [2] Die Prüfung und das Verfahren richten sich nach Artikel 36 Absatz 6 bis 9 der Richtlinie 2009/73/EG[1)]. [3] Soweit nach Artikel 36 Absatz 4 und 5 der Richtlinie 2009/73/EG[1)] eine Beteiligung der Agentur für die Zusammenarbeit der Energieregulierungsbehörden vorgesehen ist, leitet die Regulierungsbehörde dieses Verfahren ein. [4] Die Regulierungsbehörde hat eine Entscheidung über einen Antrag nach Satz 1 nach Maßgabe einer endgültigen Entscheidung der Kommission nach Artikel 36 Absatz 9 der Richtlinie 2009/73/EG[1)] zu ändern oder aufzuheben; die §§ 48 und 49 des Verwaltungsverfahrensgesetzes bleiben unberührt.

(4) Die Entscheidungen werden von der Regulierungsbehörde auf ihrer Internetseite veröffentlicht.

Abschnitt 4. Befugnisse der Regulierungsbehörde, Sanktionen

§ 29 Verfahren zur Festlegung und Genehmigung. (1) Die Regulierungsbehörde trifft Entscheidungen in den in diesem Gesetz benannten Fällen und über die Bedingungen und Methoden für den Netzanschluss oder den Netzzugang nach den in § 17 Abs. 3, § 21a Abs. 6 und § 24 genannten Rechtsverordnungen durch Festlegung gegenüber einem Netzbetreiber, einer Gruppe von oder allen Netzbetreibern oder den sonstigen in der jeweiligen Vorschrift Verpflichteten oder durch Genehmigung gegenüber dem Antragsteller.

(2) [1] Die Regulierungsbehörde ist befugt, die nach Absatz 1 von ihr festgelegten oder genehmigten Bedingungen und Methoden nachträglich zu ändern, soweit dies erforderlich ist, um sicherzustellen, dass sie weiterhin den Voraussetzungen für eine Festlegung oder Genehmigung genügen. [2] Die §§ 48 und 49 des Verwaltungsverfahrensgesetzes bleiben unberührt.

(3) [1] Die Bundesregierung kann das Verfahren zur Festlegung oder Genehmigung nach Absatz 1 sowie das Verfahren zur Änderung der Bedingungen und Methoden nach Absatz 2 durch Rechtsverordnung[2)] mit Zustimmung des Bundesrates näher ausgestalten. [2] Dabei kann insbesondere vorgesehen werden, dass Entscheidungen der Regulierungsbehörde im Einvernehmen mit dem Bundeskartellamt ergehen.

§ 30 Missbräuchliches Verhalten eines Netzbetreibers. (1) [1] Betreibern von Energieversorgungsnetzen ist ein Missbrauch ihrer Marktstellung verboten. [2] Ein Missbrauch liegt insbesondere vor, wenn ein Betreiber von Energieversorgungsnetzen

1. Bestimmungen der Abschnitte 2 und 3 oder der auf Grund dieser Bestimmungen erlassenen Rechtsverordnungen nicht einhält,

---

[1)] Nr. **5**.

[2)] Siehe die StromnetzzugangsVO (Nr. **23**), die StromnetzentgeltVO (Nr. **24**), die GasnetzzugangsVO (Nr. **25**), die GasnetzentgeltVO (Nr. **26**) und die AnreizregulierungsVO (Nr. **28**).

2. andere Unternehmen unmittelbar oder mittelbar unbillig behindert oder deren Wettbewerbsmöglichkeiten ohne sachlich gerechtfertigten Grund erheblich beeinträchtigt,
3. andere Unternehmen gegenüber gleichartigen Unternehmen ohne sachlich gerechtfertigten Grund unmittelbar oder mittelbar unterschiedlich behandelt,
4. sich selbst oder mit ihm nach § 3 Nr. 38 verbundenen Unternehmen den Zugang zu seinen intern genutzten oder am Markt angebotenen Waren und Leistungen zu günstigeren Bedingungen oder Entgelten ermöglicht, als er sie anderen Unternehmen bei der Nutzung der Waren und Leistungen oder mit diesen in Zusammenhang stehenden Waren oder gewerbliche Leistungen einräumt, sofern der Betreiber des Energieversorgungsnetzes nicht nachweist, dass die Einräumung ungünstigerer Bedingungen sachlich gerechtfertigt ist,
5. ohne sachlich gerechtfertigten Grund Entgelte oder sonstige Geschäftsbedingungen für den Netzzugang fordert, die von denjenigen abweichen, die sich bei wirksamem Wettbewerb mit hoher Wahrscheinlichkeit ergeben würden; hierbei sind insbesondere die Verhaltensweisen von Unternehmen auf vergleichbaren Märkten und die Ergebnisse von Vergleichsverfahren nach § 21 zu berücksichtigen; Entgelte, die die Obergrenzen einer dem betroffenen Unternehmen erteilten Genehmigung nach § 23a nicht überschreiten, und im Falle der Durchführung einer Anreizregulierung nach § 21a Entgelte, die für das betroffene Unternehmen für eine Regulierungsperiode vorgegebene Obergrenzen nicht überschreiten, gelten als sachlich gerechtfertigt oder
6. ungünstigere Entgelte oder sonstige Geschäftsbedingungen fordert, als er sie selbst auf vergleichbaren Märkten von gleichartigen Abnehmern fordert, es sei denn, dass der Unterschied sachlich gerechtfertigt ist.

[3] Satz 2 Nr. 5 gilt auch für die Netze, in denen nach einer Rechtsverordnung nach § 24 Satz 2 Nr. 5 vom Grundsatz der Kostenorientierung abgewichen wird. [4] Besondere Rechtsvorschriften über den Missbrauch der Marktstellung in solchen Netzen bleiben unberührt.

(2) [1] Die Regulierungsbehörde kann einen Betreiber von Energieversorgungsnetzen, der seine Stellung missbräuchlich ausnutzt, verpflichten, eine Zuwiderhandlung gegen Absatz 1 abzustellen. [2] Sie kann den Unternehmen alle Maßnahmen aufgeben, die erforderlich sind, um die Zuwiderhandlung wirksam abzustellen. [3] Sie kann insbesondere

1. Änderungen verlangen, soweit die gebildeten Entgelte oder deren Anwendung sowie die Anwendung der Bedingungen für den Anschluss an das Netz und die Gewährung des Netzzugangs von der genehmigten oder festgelegten Methode oder den hierfür bestehenden gesetzlichen Vorgaben abweichen, oder
2. in Fällen rechtswidrig verweigerten Netzanschlusses oder Netzzugangs den Netzanschluss oder Netzzugang anordnen.

§ 31 Besondere Missbrauchsverfahren der Regulierungsbehörde.

(1) [1] Personen und Personenvereinigungen, deren Interessen durch das Verhalten eines Betreibers von Energieversorgungsnetzen erheblich berührt werden, können bei der Regulierungsbehörde einen Antrag auf Überprüfung

dieses Verhaltens stellen. [2]Diese hat zu prüfen, inwieweit das Verhalten des Betreibers von Energieversorgungsnetzen mit den Vorgaben in den Bestimmungen der Abschnitte 2 und 3 oder der auf dieser Grundlage erlassenen Rechtsverordnungen sowie den nach § 29 Abs. 1 festgelegten oder genehmigten Bedingungen und Methoden übereinstimmt. [3]Soweit das Verhalten des Betreibers von Energieversorgungsnetzen nach § 23a genehmigt ist, hat die Regulierungsbehörde darüber hinaus zu prüfen, ob die Voraussetzungen für eine Aufhebung der Genehmigung vorliegen. [4]Interessen der Verbraucherzentralen und anderer Verbraucherverbände, die mit öffentlichen Mitteln gefördert werden, werden im Sinne des Satzes 1 auch dann erheblich berührt, wenn sich die Entscheidung auf eine Vielzahl von Verbrauchern auswirkt und dadurch die Interessen der Verbraucher insgesamt erheblich berührt werden.

(2) [1]Ein Antrag nach Absatz 1 bedarf neben dem Namen, der Anschrift und der Unterschrift des Antragstellers folgender Angaben:

1. Firma und Sitz des betroffenen Netzbetreibers,
2. das Verhalten des betroffenen Netzbetreibers, das überprüft werden soll,
3. die im Einzelnen anzuführenden Gründe, weshalb ernsthafte Zweifel an der Rechtmäßigkeit des Verhaltens des Netzbetreibers bestehen und
4. die im Einzelnen anzuführenden Gründe, weshalb der Antragsteller durch das Verhalten des Netzbetreibers betroffen ist.

[2]Sofern ein Antrag nicht die Voraussetzungen des Satzes 1 erfüllt, weist die Regulierungsbehörde den Antrag als unzulässig ab.

(3) [1]Die Regulierungsbehörde entscheidet innerhalb einer Frist von zwei Monaten nach Eingang des vollständigen Antrags. [2]Diese Frist kann um zwei Monate verlängert werden, wenn die Regulierungsbehörde zusätzliche Informationen anfordert. [3]Mit Zustimmung des Antragstellers ist eine weitere Verlängerung dieser Frist möglich. [4]Betrifft ein Antrag nach Satz 1 die Entgelte für den Anschluss größerer neuer Erzeugungsanlagen oder Anlagen zur Speicherung elektrischer Energie sowie Speicheranlagen, so kann die Regulierungsbehörde die Fristen nach den Sätzen 1 und 2 verlängern.

(4) [1]Soweit ein Verfahren nicht mit einer den Beteiligten zugestellten Entscheidung nach § 73 Abs. 1 abgeschlossen wird, ist seine Beendigung den Beteiligten schriftlich oder elektronisch mitzuteilen. [2]Die Regulierungsbehörde kann die Kosten einer Beweiserhebung den Beteiligten nach billigem Ermessen auferlegen.

§ 32 Unterlassungsanspruch, Schadensersatzpflicht. (1) [1]Wer gegen eine Vorschrift der Abschnitte 2 und 3, eine auf Grund der Vorschriften dieser Abschnitte erlassene Rechtsverordnung oder eine auf Grundlage dieser Vorschriften ergangene Entscheidung der Regulierungsbehörde verstößt, ist dem Betroffenen zur Beseitigung einer Beeinträchtigung und bei Wiederholungsgefahr zur Unterlassung verpflichtet. [2]Der Anspruch besteht bereits dann, wenn eine Zuwiderhandlung droht. [3]Die Vorschriften der Abschnitte 2 und 3 dienen auch dann dem Schutz anderer Marktbeteiligter, wenn sich der Verstoß nicht gezielt gegen diese richtet. [4]Ein Anspruch ist nicht deswegen ausgeschlossen, weil der andere Marktbeteiligte an dem Verstoß mitgewirkt hat.

(2) Die Ansprüche aus Absatz 1 können auch von rechtsfähigen Verbänden zur Förderung gewerblicher oder selbständiger beruflicher Interessen geltend

gemacht werden, soweit ihnen eine erhebliche Zahl von Unternehmen angehört, die Waren oder Dienstleistungen gleicher oder verwandter Art auf demselben Markt vertreiben, soweit sie insbesondere nach ihrer personellen, sachlichen und finanziellen Ausstattung imstande sind, ihre satzungsmäßigen Aufgaben der Verfolgung gewerblicher oder selbständiger beruflicher Interessen tatsächlich wahrzunehmen und soweit die Zuwiderhandlung die Interessen ihrer Mitglieder berührt.

(3) [1] Wer einen Verstoß nach Absatz 1 vorsätzlich oder fahrlässig begeht, ist zum Ersatz des daraus entstehenden Schadens verpflichtet. [2] Geldschulden nach Satz 1 hat das Unternehmen ab Eintritt des Schadens zu verzinsen. [3] Die §§ 288 und 289 Satz 1 des Bürgerlichen Gesetzbuchs finden entsprechende Anwendung.

(4) [1] Wird wegen eines Verstoßes gegen eine Vorschrift der Abschnitte 2 und 3 Schadensersatz begehrt, ist das Gericht insoweit an die Feststellung des Verstoßes gebunden, wie sie in einer bestandskräftigen Entscheidung der Regulierungsbehörde getroffen wurde. [2] Das Gleiche gilt für entsprechende Feststellungen in rechtskräftigen Gerichtsentscheidungen, die infolge der Anfechtung von Entscheidungen nach Satz 1 ergangen sind.

(5) [1] Die Verjährung eines Schadensersatzanspruchs nach Absatz 3 wird gehemmt, wenn die Regulierungsbehörde wegen eines Verstoßes im Sinne des Absatzes 1 ein Verfahren einleitet. [2] § 204 Abs. 2 des Bürgerlichen Gesetzbuchs gilt entsprechend.

§ 33 Vorteilsabschöpfung durch die Regulierungsbehörde. (1) Hat ein Unternehmen vorsätzlich oder fahrlässig gegen eine Vorschrift der Abschnitte 2 und 3, eine auf Grund der Vorschriften dieser Abschnitte erlassene Rechtsverordnung oder eine auf Grundlage dieser Vorschriften ergangene Entscheidung der Regulierungsbehörde verstoßen und dadurch einen wirtschaftlichen Vorteil erlangt, kann die Regulierungsbehörde die Abschöpfung des wirtschaftlichen Vorteils anordnen und dem Unternehmen die Zahlung des entsprechenden Geldbetrags auferlegen.

(2) [1] Absatz 1 gilt nicht, sofern der wirtschaftliche Vorteil durch Schadensersatzleistungen oder durch die Verhängung der Geldbuße oder die Anordnung der Einziehung von Taterträgen abgeschöpft ist. [2] Soweit das Unternehmen Leistungen nach Satz 1 erst nach der Vorteilsabschöpfung erbringt, ist der abgeführte Geldbetrag in Höhe der nachgewiesenen Zahlungen an das Unternehmen zurückzuerstatten.

(3) [1] Wäre die Durchführung der Vorteilsabschöpfung eine unbillige Härte, soll die Anordnung auf einen angemessenen Geldbetrag beschränkt werden oder ganz unterbleiben. [2] Sie soll auch unterbleiben, wenn der wirtschaftliche Vorteil gering ist.

(4) [1] Die Höhe des wirtschaftlichen Vorteils kann geschätzt werden. [2] Der abzuführende Geldbetrag ist zahlenmäßig zu bestimmen.

(5) Die Vorteilsabschöpfung kann nur innerhalb einer Frist von bis zu fünf Jahren seit Beendigung der Zuwiderhandlung und längstens für einen Zeitraum von fünf Jahren angeordnet werden.

(6) Die Absätze 1 bis 5 gelten entsprechend für Verstöße gegen die Artikel 3 und 5 der Verordnung (EU) Nr. 1227/2011 oder gegen eine auf Grundlage dieser Vorschriften ergangene Entscheidung der Bundesnetzagentur.

§ 34 (aufgehoben)

§ 35 Monitoring und ergänzende Informationen. (1) Die Regulierungsbehörde führt zur Wahrnehmung ihrer Aufgaben nach diesem Gesetz, insbesondere zur Herstellung von Markttransparenz, ein Monitoring durch über

1. die Regeln für das Management und die Zuweisung von Verbindungskapazitäten; dies erfolgt in Abstimmung mit der Regulierungsbehörde oder den Regulierungsbehörden der Mitgliedstaaten, mit denen ein Verbund besteht;
2. die Mechanismen zur Behebung von Kapazitätsengpässen im nationalen Elektrizitäts- und Gasversorgungsnetz und bei den Verbindungsleitungen;
3. die Zeit, die von Betreibern von Übertragungs-, Fernleitungs- und Verteilernetzen für die Herstellung von Anschlüssen und Reparaturen benötigt wird;
4. die Veröffentlichung angemessener Informationen über Verbindungsleitungen, Netznutzung und Kapazitätszuweisung für interessierte Parteien durch die Betreiber von Übertragungs-, Fernleitungs- und Verteilernetzen unter Berücksichtigung der Notwendigkeit, nicht statistisch aufbereitete Einzeldaten als Geschäftsgeheimnisse zu behandeln;
5. die technische Zusammenarbeit zwischen Betreibern von Übertragungsnetzen innerhalb und außerhalb der Europäischen Gemeinschaft;
6. die Bedingungen und Tarife für den Anschluss neuer Elektrizitätserzeuger unter besonderer Berücksichtigung der Kosten und der Vorteile der verschiedenen Technologien zur Elektrizitätserzeugung aus erneuerbaren Energien, der dezentralen Erzeugung und der Kraft-Wärme-Kopplung;
7. die Bedingungen für den Zugang zu Speicheranlagen nach den §§ 26 und 28, und insbesondere über Veränderungen der Situation auf dem Speichermarkt, mit dem Ziel, dem Bundesministerium für Wirtschaft und Energie eine Überprüfung der Regelungen im Hinblick auf den Zugang zu Speicheranlagen zu ermöglichen, sowie die Netzzugangsbedingungen für Anlagen zur Erzeugung von Biogas und die Zahl der Biogas in das Erdgasnetz einspeisenden Anlagen, die eingespeiste Biogasmenge in Kilowattstunden und die nach § 20b der Gasnetzentgeltverordnung[1] bundesweit umgelegten Kosten;
8. den Umfang, in dem die Betreiber von Übertragungs-, Fernleitungs- und Verteilernetzen ihren Aufgaben nach den §§ 11 bis 16a nachkommen;
9. die Erfüllung der Verpflichtungen nach § 42;
10. Preise für Haushaltskunden, einschließlich von Vorauszahlungssystemen, Lieferanten- und Produktwechsel, Unterbrechung der Versorgung gemäß § 19 der Stromgrundversorgungsverordnung oder der Gasgrundversorgungsverordnung, Beschwerden von Haushaltskunden, die Wirksamkeit und die Durchsetzung von Maßnahmen zum Verbraucherschutz im Bereich Elektrizität oder Gas, Wartungsdienste am Hausanschluss oder an Messeinrichtungen sowie die Dienstleistungsqualität der Netze;
11. den Bestand und die geplanten Stilllegungen von Erzeugungskapazitäten, die Möglichkeit und die vorhandenen Kapazitäten für einen Brennstoff-

[1] Nr. **26**.

wechsel zur Absicherung der Leistung der Erzeugungskapazitäten, die Investitionen in die Erzeugungskapazitäten mit Blick auf die Versorgungssicherheit sowie den Bestand, die bereitgestellte Leistung, die gelieferte Strommenge sowie den voraussichtlichen Zeitpunkt der Außerbetriebnahme von Speichern mit einer Nennleistung von mehr als 10 Megawatt;

12. den Grad der Transparenz, auch der Großhandelspreise, sowie den Grad und die Wirksamkeit der Marktöffnung und den Umfang des Wettbewerbs auf Großhandels- und Endkundenebene sowie an Elektrizitäts- und Erdgasbörsen, soweit diese Aufgabe nicht durch Gesetz einer anderen Stelle übertragen wurde,
13. die Entwicklung der Ausschreibungen abschaltbarer Lasten durch die Betreiber von Übertragungsnetzen nach § 13 Absatz 6 Satz 1, insbesondere soweit die Bundesregierung mit Zustimmung des Bundestages eine entsprechende Rechtsverordnung nach § 13i Absatz 1 und 2 erlassen hat.

(1a) Die Regulierungsbehörde kann für die Erstellung des Berichts nach § 63 Absatz 3a sowie zur Überwachung von Verpflichtungen nach § 13, insbesondere ob eine Abweichung nach § 13 Absatz 3 vorliegt, von den Betreibern von Erzeugungsanlagen und von Anlagen zur Speicherung elektrischer Energie ergänzende Informationen erheben, insbesondere

1. Betriebskenndaten der Anlagen sowie
2. Daten zur Bereitstellung von elektrischer Leistung auf Grund sonstiger Verdienstmöglichkeiten.

(2) Zur Durchführung des Monitoring und zur Erhebung der ergänzenden Informationen gelten die Befugnisse nach § 69 entsprechend.

Teil 4. Energielieferung an Letztverbraucher

§ 36 Grundversorgungspflicht. (1) [1]Energieversorgungsunternehmen haben für Netzgebiete, in denen sie die Grundversorgung von Haushaltskunden durchführen, Allgemeine Bedingungen und Allgemeine Preise für die Versorgung in Niederspannung oder Niederdruck öffentlich bekannt zu geben und im Internet zu veröffentlichen und zu diesen Bedingungen und Preisen jeden Haushaltskunden zu versorgen. [2]Die Pflicht zur Grundversorgung besteht nicht, wenn die Versorgung für das Energieversorgungsunternehmen aus wirtschaftlichen Gründen nicht zumutbar ist.

(2) [1]Grundversorger nach Absatz 1 ist jeweils das Energieversorgungsunternehmen, das die meisten Haushaltskunden in einem Netzgebiet der allgemeinen Versorgung beliefert. [2]Betreiber von Energieversorgungsnetzen der allgemeinen Versorgung nach § 18 Abs. 1 sind verpflichtet, alle drei Jahre jeweils zum 1. Juli, erstmals zum 1. Juli 2006, nach Maßgabe des Satzes 1 den Grundversorger für die nächsten drei Kalenderjahre festzustellen sowie dies bis zum 30. September des Jahres im Internet zu veröffentlichen und der nach Landesrecht zuständigen Behörde schriftlich mitzuteilen. [3]Die nach Landesrecht zuständige Behörde kann die zur Sicherstellung einer ordnungsgemäßen Durchführung des Verfahrens nach den Sätzen 1 und 2 erforderlichen Maßnahmen treffen. [4]Über Einwände gegen das Ergebnis der Feststellungen nach Satz 2, die bis zum 31. Oktober des jeweiligen Jahres bei der nach Landesrecht zuständigen

Behörde einzulegen sind, entscheidet diese nach Maßgabe der Sätze 1 und 2. 5 Stellt der Grundversorger nach Satz 1 seine Geschäftstätigkeit ein, so gelten die Sätze 2 und 3 entsprechend.

(3) Im Falle eines Wechsels des Grundversorgers infolge einer Feststellung nach Absatz 2 gelten die von Haushaltskunden mit dem bisherigen Grundversorger auf der Grundlage des Absatzes 1 geschlossenen Energielieferverträge zu den im Zeitpunkt des Wechsels geltenden Bedingungen und Preisen fort.

(4) Die Absätze 1 bis 3 gelten nicht für geschlossene Verteilernetze.

§ 37 Ausnahmen von der Grundversorgungspflicht. (1) 1 Wer zur Deckung des Eigenbedarfs eine Anlage zur Erzeugung von Energie betreibt oder sich von einem Dritten versorgen lässt, hat keinen Anspruch auf eine Grundversorgung zu dem Allgemeinen Preis nach § 36 Absatz 1 Satz 1. 2 Er kann aber eine Grundversorgung durch eine Zusatz- und Reserveversorgung in dem Umfang und zu den Bedingungen verlangen, die für den Grundversorger wirtschaftlich zumutbar sind. 3 Satz 1 gilt nicht für Eigenanlagen, die ausschließlich der Sicherstellung des Energiebedarfs bei Aussetzen der öffentlichen Energieversorgung dienen, wenn sie außerhalb ihrer eigentlichen Bestimmung nicht mehr als 15 Stunden monatlich zur Erprobung betrieben werden.

(2) 1 Reserveversorgung ist für den Grundversorger im Sinne des Absatzes 1 Satz 2 nur zumutbar, wenn sie den laufend durch Eigenanlagen gedeckten Bedarf für den gesamten Haushalt umfasst und ein fester, von der jeweils gebrauchten Energiemenge unabhängiger angemessener Leistungspreis mindestens für die Dauer eines Jahres bezahlt wird. 2 Hierbei ist von der Möglichkeit gleichzeitiger Inbetriebnahme sämtlicher an das Leitungsnetz im Grundversorgungsgebiet nach § 36 Absatz 1 Satz 1 angeschlossener Reserveanschlüsse auszugehen und der normale, im gesamten Niederspannungs- oder Niederdruckleitungsnetz des Grundversorgungsgebietes vorhandene Ausgleich der Einzelbelastungen zugrunde zu legen.

(3) 1 Das Bundesministerium für Wirtschaft und Energie kann durch Rechtsverordnung mit Zustimmung des Bundesrates regeln, in welchem Umfang und zu welchen Bedingungen eine Grundversorgung nach Absatz 1 Satz 2 wirtschaftlich zumutbar ist. 2 Dabei sind die Interessen der Energieversorgungsunternehmen und der Haushaltskunden unter Beachtung des Zwecks des § 1 angemessen zu berücksichtigen.

§ 38 Ersatzversorgung mit Energie. (1) 1 Sofern Letztverbraucher über das Energieversorgungsnetz der allgemeinen Versorgung in Niederspannung oder Niederdruck Energie beziehen, ohne dass dieser Bezug einer Lieferung oder einem bestimmten Liefervertrag zugeordnet werden kann, gilt die Energie als von dem Unternehmen geliefert, das nach § 36 Abs. 1 berechtigt und verpflichtet ist. 2 Die Bestimmungen dieses Teils gelten für dieses Rechtsverhältnis mit der Maßgabe, dass der Grundversorger berechtigt ist, für diese Energielieferung gesonderte Allgemeine Preise zu veröffentlichen und für die Energielieferung in Rechnung zu stellen. 3 Für Haushaltskunden dürfen die Preise die nach § 36 Abs. 1 Satz 1 nicht übersteigen.

(2) 1 Das Rechtsverhältnis nach Absatz 1 endet, wenn die Energielieferung auf der Grundlage eines Energieliefervertrages des Kunden erfolgt, spätestens aber drei Monate nach Beginn der Ersatzenergieversorgung. 2 Das Energiever-

sorgungsunternehmen kann den Energieverbrauch, der auf die nach Absatz 1 bezogenen Energiemengen entfällt, auf Grund einer rechnerischen Abgrenzung schätzen und den ermittelten anteiligen Verbrauch in Rechnung stellen.

§ 39 Allgemeine Preise und Versorgungsbedingungen. (1) [1]Das Bundesministerium für Wirtschaft und Energie kann im Einvernehmen mit dem Bundesministerium *für*[1)] Justiz und für Verbraucherschutz durch Rechtsverordnung mit Zustimmung des Bundesrates die Gestaltung der Allgemeinen Preise nach § 36 Abs. 1 und § 38 Abs. 1 des Grundversorgers unter Berücksichtigung des § 1 Abs. 1 regeln. [2]Es kann dabei Bestimmungen über Inhalt und Aufbau der Allgemeinen Preise treffen sowie die tariflichen Rechte und Pflichten der Elektrizitätsversorgungsunternehmen und ihrer Kunden regeln.

(2) [1]Das Bundesministerium für Wirtschaft und Energie kann im Einvernehmen mit dem Bundesministerium *für*[1)] Justiz und für Verbraucherschutz durch Rechtsverordnung mit Zustimmung des Bundesrates die allgemeinen Bedingungen für die Belieferung von Haushaltskunden in Niederspannung oder Niederdruck mit Energie im Rahmen der Grund- oder Ersatzversorgung angemessen gestalten und dabei die Bestimmungen der Verträge einheitlich festsetzen und Regelungen über den Vertragsabschluss, den Gegenstand und die Beendigung der Verträge treffen sowie Rechte und Pflichten der Vertragspartner festlegen. [2]Hierbei sind die beiderseitigen Interessen angemessen zu berücksichtigen. [3]Die Sätze 1 und 2 gelten entsprechend für Bedingungen öffentlich-rechtlich gestalteter Versorgungsverhältnisse mit Ausnahme der Regelung des Verwaltungsverfahrens.

§ 40 Strom- und Gasrechnungen, Tarife. (1) [1]Rechnungen für Energielieferungen an Letztverbraucher müssen einfach und verständlich sein. [2]Die für Forderungen maßgeblichen Berechnungsfaktoren sind vollständig und in allgemein verständlicher Form auszuweisen.

(2) [1]Lieferanten sind verpflichtet, in ihren Rechnungen für Energielieferungen an Letztverbraucher

1. ihren Namen, ihre ladungsfähige Anschrift und das zuständige Registergericht sowie Angaben, die eine schnelle elektronische Kontaktaufnahme ermöglichen, einschließlich der Adresse der elektronischen Post,
2. die Vertragsdauer, die geltenden Preise, den nächstmöglichen Kündigungstermin und die Kündigungsfrist,
3. den zuständigen Messstellenbetreiber sowie die für die Belieferung maßgebliche Zählpunktbezeichnung und die Codenummer des Netzbetreibers,
4. den ermittelten Verbrauch im Abrechnungszeitraum und bei Haushaltskunden Anfangszählerstand und den Endzählerstand des abgerechneten Zeitraums,
5. den Verbrauch des vergleichbaren Vorjahreszeitraums,
6. bei Haushaltskunden unter Verwendung von Grafiken darzustellen, wie sich der eigene Jahresverbrauch zu dem Jahresverbrauch von Vergleichskundengruppen verhält,

---

[1)] Richtig wohl: „der".

7. die Belastungen aus der Konzessionsabgabe und aus den Netzentgelten für Letztverbraucher und gegebenenfalls darin enthaltene Entgelte für den Messstellenbetrieb und die Messung beim jeweiligen Letztverbraucher sowie
8. Informationen über die Rechte der Haushaltskunden im Hinblick auf Streitbeilegungsverfahren, die ihnen im Streitfall zur Verfügung stehen, einschließlich der für Verbraucherbeschwerden nach § 111b einzurichtenden Schlichtungsstelle und deren Anschrift sowie die Kontaktdaten des Verbraucherservice der Bundesnetzagentur für den Bereich Elektrizität und Gas

gesondert auszuweisen. [2] Wenn der Lieferant den Letztverbraucher im Vorjahreszeitraum nicht beliefert hat, ist der vormalige Lieferant verpflichtet, den Verbrauch des vergleichbaren Vorjahreszeitraums dem neuen Lieferanten mitzuteilen. [3] Soweit der Lieferant aus Gründen, die er nicht zu vertreten hat, den Verbrauch nicht ermitteln kann, ist der geschätzte Verbrauch anzugeben.

(3) [1] Lieferanten sind verpflichtet, den Energieverbrauch nach ihrer Wahl monatlich oder in anderen Zeitabschnitten, die jedoch zwölf Monate nicht wesentlich überschreiten dürfen, abzurechnen. [2] Lieferanten sind verpflichtet, Letztverbrauchern eine monatliche, vierteljährliche oder halbjährliche Abrechnung anzubieten. [3] Letztverbraucher, deren Verbrauchswerte über ein intelligentes Messsystem im Sinne des Messstellenbetriebsgesetzes[1)] ausgelesen werden, ist eine monatliche Verbrauchsinformation, die auch die Kosten widerspiegelt, kostenfrei bereitzustellen.

(4) Lieferanten müssen sicherstellen, dass der Letztverbraucher die Abrechnung nach Absatz 3 spätestens sechs Wochen nach Beendigung des abzurechnenden Zeitraums und die Abschlussrechnung spätestens sechs Wochen nach Beendigung des Lieferverhältnisses erhält.

(5) [1] Lieferanten haben, soweit technisch machbar und wirtschaftlich zumutbar, für Letztverbraucher von Elektrizität einen Tarif anzubieten, der einen Anreiz zu Energieeinsparung oder Steuerung des Energieverbrauchs setzt. [2] Tarife im Sinne von Satz 1 sind insbesondere lastvariable oder tageszeitabhängige Tarife. [3] Lieferanten haben daneben für Haushaltskunden stets mindestens einen Tarif anzubieten, für den die Datenaufzeichnung und -übermittlung auf die Mitteilung der innerhalb eines bestimmten Zeitraums verbrauchten Gesamtstrommenge begrenzt bleibt.

(6) Lieferanten haben für Letztverbraucher die für Forderungen maßgeblichen Berechnungsfaktoren in Rechnungen unter Verwendung standardisierter Begriffe und Definitionen auszuweisen.

(7) Die Bundesnetzagentur kann für Rechnungen für Energielieferungen an Letztverbraucher Entscheidungen über den Mindestinhalt nach den Absätzen 1 bis 5 sowie Näheres zum standardisierten Format nach Absatz 6 durch Festlegung nach § 29 Absatz 1 gegenüber den Lieferanten treffen.

§ 41 Energielieferverträge mit Haushaltskunden, Verordnungsermächtigung. (1) [1] Verträge über die Belieferung von Haushaltskunden mit Energie außerhalb der Grundversorgung müssen einfach und verständlich sein. [2] Die Verträge müssen insbesondere Bestimmungen enthalten über

---

1) Nr. 27.

1. die Vertragsdauer, die Preisanpassung, Kündigungstermine und Kündigungsfristen sowie das Rücktrittsrecht des Kunden,
2. zu erbringende Leistungen einschließlich angebotener Wartungsdienste,
3. die Zahlungsweise,
4. Haftungs- und Entschädigungsregelungen bei Nichteinhaltung vertraglich vereinbarter Leistungen,
5. den unentgeltlichen und zügigen Lieferantenwechsel,
6. die Art und Weise, wie aktuelle Informationen über die geltenden Tarife und Wartungsentgelte erhältlich sind,
7. Informationen über die Rechte der Haushaltskunden im Hinblick auf Streitbeilegungsverfahren, die ihnen im Streitfall zur Verfügung stehen, einschließlich der für Verbraucherbeschwerden nach § 111b einzurichtenden Schlichtungsstelle mit deren Anschrift und Webseite, über die Verpflichtung des Lieferanten zur Teilnahme am Schlichtungsverfahren sowie über die Kontaktdaten des Verbraucherservice der Bundesnetzagentur für den Bereich Elektrizität und Gas.

[3] Die Informationspflichten gemäß Artikel 246 §§ 1 und 2 des Einführungsgesetzes zum Bürgerlichen Gesetzbuche bleiben unberührt.

(2) [1] Dem Haushaltskunden sind vor Vertragsschluss verschiedene Zahlungsmöglichkeiten anzubieten. [2] Wird eine Vorauszahlung vereinbart, muss sich diese nach dem Verbrauch des vorhergehenden Abrechnungszeitraums oder dem durchschnittlichen Verbrauch vergleichbarer Kunden richten. [3] Macht der Kunde glaubhaft, dass sein Verbrauch erheblich geringer ist, so ist dies angemessen zu berücksichtigen. [4] Eine Vorauszahlung wird nicht vor Beginn der Lieferung fällig.

(3) [1] Lieferanten haben Letztverbraucher rechtzeitig, in jedem Fall jedoch vor Ablauf der normalen Abrechnungsperiode und auf transparente und verständliche Weise über eine beabsichtigte Änderung der Vertragsbedingungen und über ihre Rücktrittsrechte zu unterrichten. [2] Ändert der Lieferant die Vertragsbedingungen einseitig, kann der Letztverbraucher den Vertrag ohne Einhaltung einer Kündigungsfrist kündigen.

(4) Energieversorgungsunternehmen sind verpflichtet, in oder als Anlage zu ihren Rechnungen an Haushaltskunden und in an diese gerichtetem Werbematerial sowie auf ihrer Website allgemeine Informationen zu den Bestimmungen nach Absatz 1 Satz 2 anzugeben.

(5) [1] Das Bundesministerium für Wirtschaft und Energie kann im Einvernehmen mit dem Bundesministerium *für*[1] Justiz und für Verbraucherschutz durch Rechtsverordnung mit Zustimmung des Bundesrates nähere Regelungen für die Belieferung von Haushaltskunden mit Energie außerhalb der Grundversorgung treffen, die Bestimmungen der Verträge einheitlich festsetzen und insbesondere Regelungen über den Vertragsabschluss, den Gegenstand und die Beendigung der Verträge treffen sowie Rechte und Pflichten der Vertragspartner festlegen. [2] Hierbei sind die beiderseitigen Interessen angemessen zu

[1] Richtig wohl: „der".

berücksichtigen. [3] Die jeweils in Anhang I der Richtlinie 2009/72/EG und der Richtlinie 2009/73/EG[1)] vorgesehenen Maßnahmen sind zu beachten.

§ 42 Stromkennzeichnung, Transparenz der Stromrechnungen, Verordnungsermächtigung. (1) Elektrizitätsversorgungsunternehmen sind verpflichtet, in oder als Anlage zu ihren Rechnungen an Letztverbraucher und in an diese gerichtetem Werbematerial sowie auf ihrer Website für den Verkauf von Elektrizität anzugeben:

1. den Anteil der einzelnen Energieträger (Kernkraft, Kohle, Erdgas und sonstige fossile Energieträger, erneuerbare Energien, finanziert aus der EEG-Umlage, Mieterstrom, finanziert aus der EEG-Umlage, sonstige erneuerbare Energien) an dem Gesamtenergieträgermix, den der Lieferant im letzten oder vorletzten Jahr verwendet hat; spätestens ab 1. November eines Jahres sind jeweils die Werte des vorangegangenen Kalenderjahres anzugeben;
2. Informationen über die Umweltauswirkungen zumindest in Bezug auf Kohlendioxidemissionen (CO_2-Emissionen) und radioaktiven Abfall, die auf den in Nummer 1 genannten Gesamtenergieträgermix zur Stromerzeugung zurückzuführen sind.

(2) Die Informationen zu Energieträgermix und Umweltauswirkungen sind mit den entsprechenden Durchschnittswerten der Stromerzeugung in Deutschland zu ergänzen und verbraucherfreundlich und in angemessener Größe in grafisch visualisierter Form darzustellen.

(3) [1] Sofern ein Elektrizitätsversorgungsunternehmen im Rahmen des Verkaufs an Letztverbraucher eine Produktdifferenzierung mit unterschiedlichem Energieträgermix vornimmt, gelten für diese Produkte sowie für den verbleibenden Energieträgermix die Absätze 1 und 2 entsprechend. [2] Die Verpflichtungen nach den Absätzen 1 und 2 bleiben davon unberührt.

(4) [1] Bei Strommengen, die nicht eindeutig erzeugungsseitig einem der in Absatz 1 Nummer 1 genannten Energieträger zugeordnet werden können, ist der ENTSO-E-Energieträgermix für Deutschland unter Abzug der nach Absatz 5 Nummer 1 und 2 auszuweisenden Anteile an Strom aus erneuerbaren Energien zu Grunde zu legen. [2] Soweit mit angemessenem Aufwand möglich, ist der ENTSO-E-Mix vor seiner Anwendung so weit zu bereinigen, dass auch sonstige Doppelzählungen von Strommengen vermieden werden. [3] Zudem ist die Zusammensetzung des nach Satz 1 und 2 berechneten Energieträgermixes aufgeschlüsselt nach den in Absatz 1 Nummer 1 genannten Kategorien zu benennen.

(5) [1] Eine Verwendung von Strom aus erneuerbaren Energien zum Zweck der Stromkennzeichnung nach Absatz 1 Nummer 1 und Absatz 3 liegt nur vor, wenn das Elektrizitätsversorgungsunternehmen

1. Herkunftsnachweise für Strom aus erneuerbaren Energien verwendet, die durch die zuständige Behörde nach § 79 Absatz 4 des Erneuerbare-Energien-Gesetzes[2)] entwertet wurden,
2. Strom, der aus der EEG-Umlage finanziert wird, unter Beachtung der Vorschriften des Erneuerbare-Energien-Gesetzes[2)] ausweist oder

---

[1)] Nr. **5**.
[2)] Nr. **37**.

3. Strom aus erneuerbaren Energien als Anteil des nach Absatz 4 berechneten Energieträgermixes nach Maßgabe des Absatz 4 ausweist.

[2] Elektrizitätsversorgungsunternehmen sind berechtigt, für den Anteil von Strom aus erneuerbaren Energien, finanziert aus der EEG-Umlage, unter Beachtung der Vorschriften des Erneuerbare-Energien-Gesetzes[1)] in der Stromkennzeichnung auszuweisen, in welchem Umfang dieser Stromanteil in regionalem Zusammenhang zum Stromverbrauch erzeugt worden ist, wenn Regionalnachweise durch die zuständige Behörde nach § 79a Absatz 4 des Erneuerbare-Energien-Gesetzes[1)] entwertet wurden.

(6) Erzeuger und Vorlieferanten von Strom haben im Rahmen ihrer Lieferbeziehungen den nach Absatz 1 Verpflichteten auf Anforderung die Daten so zur Verfügung zu stellen, dass diese ihren Informationspflichten genügen können.

(7) [1] Elektrizitätsversorgungsunternehmen sind verpflichtet, einmal jährlich zur Überprüfung der Richtigkeit der Stromkennzeichnung die nach den Absätzen 1 bis 4 gegenüber den Letztverbrauchern anzugebenden Daten sowie die der Stromkennzeichnung zugrunde liegenden Strommengen der Bundesnetzagentur zu melden. [2] Die Bundesnetzagentur übermittelt die Daten, soweit sie den Anteil an erneuerbaren Energien betreffen, an das Umweltbundesamt. [3] Die Bundesnetzagentur kann Vorgaben zum Format, Umfang und Meldezeitpunkt machen. [4] Stellt sie Formularvorlagen bereit, sind die Daten in dieser Form elektronisch zu übermitteln.

(8) [1] Die Bundesregierung wird ermächtigt, durch Rechtsverordnung, die nicht der Zustimmung des Bundesrates bedarf, Vorgaben zur Darstellung der Informationen nach den Absätzen 1 bis 4, insbesondere für eine bundesweit vergleichbare Darstellung, und zur Bestimmung des Energieträgermixes für Strom, der nicht eindeutig erzeugungsseitig zugeordnet werden kann, abweichend von Absatz 4 sowie die Methoden zur Erhebung und Weitergabe von Daten zur Bereitstellung der Informationen nach den Absätzen 1 bis 4 festzulegen. [2] Solange eine Rechtsverordnung nicht erlassen wurde, ist die Bundesnetzagentur berechtigt, die Vorgaben nach Satz 1 durch Festlegung nach § 29 Absatz 1 zu bestimmen.

§ 42a Mieterstromverträge. (1) Für die Belieferung von Letztverbrauchern mit Mieterstrom im Sinn von § 21 Absatz 3 des Erneuerbare-Energien-Gesetzes[1)] sind vorbehaltlich der Absätze 2 bis 4 die Vorschriften dieses Gesetzes anzuwenden.

(2) [1] Ein Vertrag über die Belieferung von Letztverbrauchern mit Mieterstrom (Mieterstromvertrag) darf nicht Bestandteil eines Vertrags über die Miete von Wohnräumen sein. [2] Bei einem Verstoß gegen dieses Verbot ist der Mieterstromvertrag nichtig. [3] Die §§ 814 und 817 Satz 2 des Bürgerlichen Gesetzbuchs sind nicht anzuwenden. [4] Sofern der Mieter dem Vermieter Wertersatz für den gelieferten Strom zu leisten hat, beträgt der Wert höchstens 75 Prozent des in dem jeweiligen Netzgebiet geltenden Grundversorgungstarifs, auf Basis des Grund- und Arbeitspreises, und nicht mehr als der im Mieterstromvertrag vereinbarte Preis. [5] Satz 1 gilt nicht

---

[1)] Nr. **37**.

1. für Mietverhältnisse nach § 549 Absatz 2 Nummer 1 und 2 des Bürgerlichen Gesetzbuchs in der am 1. Juni 2015 gültigen Fassung,
2. für Mietverhältnisse, auf die die Ausnahmen des § 11 Absatz 1 Nummer 2 der Heizkostenverordnung[1)] in der Fassung der Bekanntmachung vom 5. Oktober 2009 (BGBl. I S. 3250) Anwendung finden.

[6] Der Mieterstromvertrag muss die umfassende Versorgung des Letztverbrauchers mit Strom auch für die Zeiten vorsehen, in denen kein Mieterstrom geliefert werden kann. [7] Bei einer Beendigung des Vertrags über die Miete von Wohnräumen endet der Mieterstromvertrag, ohne dass es einer ausdrücklichen Kündigung bedarf, mit der Rückgabe der Wohnung.

(3) [1] Bei einem Mieterstromvertrag ist eine die andere Vertragspartei länger als ein Jahr bindende Laufzeit des Vertrags unwirksam. [2] Die stillschweigende Verlängerung des Vertragsverhältnisses um mehr als ein Jahr oder eine längere Kündigungsfrist als drei Monate vor Ablauf der zunächst vorgesehenen oder stillschweigend verlängerten Vertragsdauer sind unwirksam. [3] Eine Bestimmung, durch die das Kündigungsrecht während der Dauer des Mietverhältnisses ausgeschlossen oder beschränkt wird, ist unwirksam.

(4) [1] Der für den Mieterstrom und den zusätzlichen Strombezug nach Absatz 2 Satz 6 zu zahlende Preis darf 90 Prozent des in dem jeweiligen Netzgebiet geltenden Grundversorgungstarifs, auf Basis des Grund- und Arbeitspreises, nicht übersteigen. [2] Wird der Höchstpreis nach Satz 1 überschritten, erfolgt eine Herabsetzung auf den Preis, der diesem Höchstpreis entspricht.

Teil 5. Planfeststellung, Wegenutzung

§ 43 Erfordernis der Planfeststellung. (1) [1] Die Errichtung und der Betrieb sowie die Änderung von folgenden Anlagen bedürfen der Planfeststellung durch die nach Landesrecht zuständige Behörde:
1. Hochspannungsfreileitungen, ausgenommen Bahnstromfernleitungen, mit einer Nennspannung von 110 Kilovolt oder mehr,
2. Hochspannungsleitungen, die zur Netzanbindung von Windenergieanlagen auf See im Sinne des § 3 Nummer 49 des Erneuerbare-Energien-Gesetzes[2)] im Küstenmeer als Seekabel und landeinwärts als Freileitung oder Erdkabel bis zu dem technisch und wirtschaftlich günstigsten Verknüpfungspunkt des nächsten Übertragungs- oder Verteilernetzes verlegt werden sollen,
3. grenzüberschreitende Gleichstrom-Hochspannungsleitungen, die nicht unter Nummer 2 fallen und die im Küstenmeer als Seekabel verlegt werden sollen, sowie deren Fortführung landeinwärts als Freileitung oder Erdkabel bis zu dem technisch und wirtschaftlich günstigsten Verknüpfungspunkt des nächsten Übertragungs- oder Verteilernetzes,
4. Hochspannungsleitungen nach § 2 Absatz 5 und 6 des Bundesbedarfsplangesetzes[3)],

---

[1)] Nr. **64**.
[2)] Nr. **37**.
[3)] Nr. **17**.

5. Gasversorgungsleitungen mit einem Durchmesser von mehr als 300 Millimetern und
6. Anbindungsleitungen von LNG-Anlagen an das Fernleitungsnetz mit einem Durchmesser von mehr als 300 Millimetern.

[2]Leitungen nach § 2 Absatz 1 des Netzausbaubeschleunigungsgesetzes Übertragungsnetz[1)] bleiben unberührt.

(2) [1]Auf Antrag des Trägers des Vorhabens können durch Planfeststellung durch die nach Landesrecht zuständige Behörde zugelassen werden:
1. die für den Betrieb von Energieleitungen notwendigen Anlagen, insbesondere Konverterstationen, Phasenschieber, Verdichterstationen, Umspannanlagen und Netzverknüpfungspunkte, soweit sie in das Planfeststellungsverfahren für die Energieleitung integriert werden; dabei ist eine nachträgliche Integration in die Entscheidung zur Planfeststellung durch Planergänzungsverfahren möglich, solange die Entscheidung zur Planfeststellung gilt,
2. die Errichtung und der Betrieb sowie die Änderung eines Erdkabels für Hochspannungsleitungen mit einer Nennspannung von 110 Kilovolt im Küstenbereich von Nord- und Ostsee, die in einem 20 Kilometer breiten Korridor, der längs der Küstenlinie landeinwärts verläuft, verlegt werden sollen; Küstenlinie ist die in der Seegrenzkarte Nummer 2920 „Deutsche Nordseeküste und angrenzende Gewässer", Ausgabe 1994, XII, und in der Seegrenzkarte Nummer 2921 „Deutsche Ostseeküste und angrenzende Gewässer", Ausgabe 1994, XII, des Bundesamtes für Seeschifffahrt und Hydrographie jeweils im Maßstab 1 : 375 000 dargestellte Küstenlinie,[2)]
3. die Errichtung und der Betrieb sowie die Änderung eines Erdkabels mit einer Nennspannung von 110 Kilovolt oder mehr zur Anbindung von Kraftwerken oder Pumpspeicherkraftwerken an das Elektrizitätsversorgungsnetz,
4. die Errichtung und der Betrieb sowie die Änderung eines sonstigen Erdkabels für Hochspannungsleitungen mit einer Nennspannung von 110 Kilovolt oder weniger, ausgenommen Bahnstromfernleitungen,
5. die Errichtung und der Betrieb sowie die Änderung einer Freileitung mit einer Nennspannung von unter 110 Kilovolt oder einer Bahnstromfernleitung, sofern diese Leitungen mit einer Leitung nach Absatz 1 Satz 1 Nummer 1, 2 oder 3 auf einem Mehrfachgestänge geführt werden und in das Planfeststellungsverfahren für diese Leitung integriert werden; Gleiches gilt für Erdkabel mit einer Nennspannung von unter 110 Kilovolt, sofern diese im räumlichen und zeitlichen Zusammenhang mit der Baumaßnahme eines Erdkabels nach Absatz 1 Satz 1 Nummer 2 bis 4 oder nach den Nummern 2 bis 4 mit verlegt werden,
6. Leerrohre, die im räumlichen und zeitlichen Zusammenhang mit der Baumaßnahme eines Erdkabels nach Absatz 1 Satz 1 Nummer 2 bis 4 oder nach den Nummern 2 bis 4 mit verlegt werden,
7. die Errichtung und der Betrieb sowie die Änderung von Energiekopplungsanlagen und

---

1) Nr. **16**.

2) **Amtlicher Hinweis:** Zu beziehen beim Bundesamt für Seeschifffahrt und Hydrographie, Bernhard-Nocht-Straße 78, 20359 Hamburg und in der Deutschen Nationalbibliothek archivmäßig gesichert niedergelegt.

8. die Errichtung und der Betrieb sowie die Änderung von Großspeicheranlagen mit einer Nennleistung ab 50 Megawatt, soweit sie nicht § 126 des Bundesberggesetzes unterfallen.

[2]Satz 1 ist für Erdkabel auch bei Abschnittsbildung anzuwenden, wenn die Erdverkabelung in unmittelbarem Zusammenhang mit dem beantragten Abschnitt einer Freileitung steht.

(3) Bei der Planfeststellung sind die von dem Vorhaben berührten öffentlichen und privaten Belange im Rahmen der Abwägung zu berücksichtigen.

(4) Für das Planfeststellungsverfahren sind die §§ 72 bis 78 des Verwaltungsverfahrensgesetzes nach Maßgabe dieses Gesetzes anzuwenden.

(5) Die Maßgaben sind entsprechend anzuwenden, soweit das Verfahren landesrechtlich durch ein Verwaltungsverfahrensgesetz geregelt ist.

§ 43a Anhörungsverfahren. Für das Anhörungsverfahren gilt § 73 des Verwaltungsverfahrensgesetzes mit folgenden Maßgaben:

1. Der Plan ist gemäß § 73 Absatz 2 des Verwaltungsverfahrensgesetzes innerhalb von zwei Wochen nach Zugang auszulegen.
2. Die Einwendungen und Stellungnahmen sind dem Vorhabenträger und den von ihm Beauftragten zur Verfügung zu stellen, um eine Erwiderung zu ermöglichen; datenschutzrechtliche Bestimmungen sind zu beachten; auf Verlangen des Einwenders sollen dessen Name und Anschrift unkenntlich gemacht werden, wenn diese zur ordnungsgemäßen Durchführung des Verfahrens nicht erforderlich sind; auf diese Möglichkeit ist in der öffentlichen Bekanntmachung hinzuweisen.
3. [1]Ein Erörterungstermin findet nicht statt, wenn
   a) Einwendungen gegen das Vorhaben nicht oder nicht rechtzeitig erhoben worden sind,
   b) die rechtzeitig erhobenen Einwendungen zurückgenommen worden sind,
   c) ausschließlich Einwendungen erhoben worden sind, die auf privatrechtlichen Titeln beruhen, oder
   d) alle Einwender auf einen Erörterungstermin verzichten.

   [2]Findet keine Erörterung statt, so hat die Anhörungsbehörde ihre Stellungnahme innerhalb von sechs Wochen nach Ablauf der Einwendungsfrist abzugeben und sie der Planfeststellungsbehörde zusammen mit den sonstigen in § 73 Absatz 9 des Verwaltungsverfahrensgesetzes aufgeführten Unterlagen zuzuleiten.
4. Soll ein ausgelegter Plan geändert werden, so kann im Regelfall von der Erörterung im Sinne des § 73 Absatz 6 des Verwaltungsverfahrensgesetzes und des § 18 Absatz 1 Satz 4 des Gesetzes über die Umweltverträglichkeitsprüfung abgesehen werden.

§ 43b Planfeststellungsbeschluss, Plangenehmigung. Für Planfeststellungsbeschluss und Plangenehmigung gelten die §§ 73 und 74 des Verwaltungsverfahrensgesetzes mit folgenden Maßgaben:

1. Bei Planfeststellungen für Vorhaben im Sinne des § 43 Absatz 1 Satz 1 wird

a) für ein bis zum 31. Dezember 2010 beantragtes Vorhaben für die Errichtung und den Betrieb sowie die Änderung von Hochspannungsfreileitungen oder Gasversorgungsleitungen, das der im Hinblick auf die Gewährleistung der Versorgungssicherheit dringlichen Verhinderung oder Beseitigung längerfristiger Übertragungs-, Transport- oder Verteilungsengpässe dient,

b) für ein Vorhaben, das in der Anlage zum Energieleitungsausbaugesetz[1] vom 21. August 2009 (BGBl. I S. 2870) in der jeweils geltenden Fassung aufgeführt ist,

die Öffentlichkeit einschließlich der Vereinigungen im Sinne von § 73 Absatz 4 Satz 5 des Verwaltungsverfahrensgesetzes ausschließlich entsprechend § 18 Absatz 2 des Gesetzes über die Umweltverträglichkeitsprüfung mit der Maßgabe einbezogen, dass die Gelegenheit zur Äußerung einschließlich Einwendungen und Stellungnahmen innerhalb eines Monats nach der Einreichung des vollständigen Plans für eine Frist von sechs Wochen zu gewähren ist.

2. Verfahren zur Planfeststellung oder Plangenehmigung bei Vorhaben, deren Auswirkungen über das Gebiet eines Landes hinausgehen, sind zwischen den zuständigen Behörden der beteiligten Länder abzustimmen.

§ 43c Rechtswirkungen der Planfeststellung und Plangenehmigung.

Für die Rechtswirkungen der Planfeststellung und Plangenehmigung gilt § 75 des Verwaltungsverfahrensgesetzes mit folgenden Maßgaben:

1. Wird mit der Durchführung des Plans nicht innerhalb von zehn Jahren nach Eintritt der Unanfechtbarkeit begonnen, so tritt er außer Kraft, es sei denn, er wird vorher auf Antrag des Trägers des Vorhabens von der Planfeststellungsbehörde um höchstens fünf Jahre verlängert.
2. Vor der Entscheidung nach Nummer 1 ist eine auf den Antrag begrenzte Anhörung nach den für die Planfeststellung oder für die Plangenehmigung vorgeschriebenen Verfahren durchzuführen.
3. Für die Zustellung und Auslegung sowie die Anfechtung der Entscheidung über die Verlängerung sind die Bestimmungen über den Planfeststellungsbeschluss entsprechend anzuwenden.

§ 43d Planänderung vor Fertigstellung des Vorhabens. [1]Für die Planergänzung und das ergänzende Verfahren im Sinne des § 75 Abs. 1a Satz 2 des Verwaltungsverfahrensgesetzes und für die Planänderung vor Fertigstellung des Vorhabens gilt § 76 des Verwaltungsverfahrensgesetzes mit der Maßgabe, dass im Falle des § 76 Abs. 1 des Verwaltungsverfahrensgesetzes von einer Erörterung im Sinne des § 73 Abs. 6 des Verwaltungsverfahrensgesetzes und des § 18 Absatz 1 Satz 4 des Gesetzes über die Umweltverträglichkeitsprüfung abgesehen werden kann. [2]Im Übrigen gelten für das neue Verfahren die Vorschriften dieses Gesetzes.

§ 43e Rechtsbehelfe. (1) [1]Die Anfechtungsklage gegen einen Planfeststellungsbeschluss oder eine Plangenehmigung hat keine aufschiebende Wirkung.

---

[1] Nr. **15**.

[2]Der Antrag auf Anordnung der aufschiebenden Wirkung der Anfechtungsklage gegen einen Planfeststellungsbeschluss oder eine Plangenehmigung nach § 80 Abs. 5 Satz 1 der Verwaltungsgerichtsordnung kann nur innerhalb eines Monats nach der Zustellung des Planfeststellungsbeschlusses oder der Plangenehmigung gestellt und begründet werden. [3]Darauf ist in der Rechtsbehelfsbelehrung hinzuweisen. [4]§ 58 der Verwaltungsgerichtsordnung gilt entsprechend.

(2) [1]Treten später Tatsachen ein, die die Anordnung der aufschiebenden Wirkung rechtfertigen, so kann der durch den Planfeststellungsbeschluss oder die Plangenehmigung Beschwerte einen hierauf gestützten Antrag nach § 80 Abs. 5 Satz 1 der Verwaltungsgerichtsordnung innerhalb einer Frist von einem Monat stellen und begründen. [2]Die Frist beginnt mit dem Zeitpunkt, in dem der Beschwerte von den Tatsachen Kenntnis erlangt.

(3) [1]Der Kläger hat innerhalb einer Frist von sechs Wochen die zur Begründung seiner Klage dienenden Tatsachen und Beweismittel anzugeben. [2]§ 87b Abs. 3 der Verwaltungsgerichtsordnung gilt entsprechend.

§ 43f Änderungen im Anzeigeverfahren. (1) [1]Unwesentliche Änderungen oder Erweiterungen können anstelle des Planfeststellungsverfahrens durch ein Anzeigeverfahren zugelassen werden. [2]Eine Änderung oder Erweiterung ist nur dann unwesentlich, wenn

1. nach dem Gesetz über die Umweltverträglichkeitsprüfung oder nach Absatz 2 hierfür keine Umweltverträglichkeitsprüfung durchzuführen ist,
2. andere öffentliche Belange nicht berührt sind oder die erforderlichen behördlichen Entscheidungen vorliegen und sie dem Plan nicht entgegenstehen und
3. Rechte anderer nicht beeinträchtigt werden oder mit den vom Plan Betroffenen entsprechende Vereinbarungen getroffen werden.

(2) [1]Abweichend von den Vorschriften des Gesetzes über die Umweltverträglichkeitsprüfung ist eine Umweltverträglichkeitsprüfung für die Änderung oder Erweiterung nicht durchzuführen bei

1. Änderungen des Betriebskonzepts,
2. Umbeseilungen oder
3. Zubeseilungen.

[2]Satz 1 ist nur anzuwenden, wenn die nach Landesrecht zuständige Behörde feststellt, dass die Vorgaben der §§ 3, 3a und 4 der Verordnung über elektromagnetische Felder eingehalten sind. [3]Satz 1 Nummer 2 und 3 ist ferner jeweils nur anzuwenden, sofern einzeln oder im Zusammenwirken mit anderen Vorhaben eine erhebliche Beeinträchtigung eines Natura 2000-Gebiets oder eines bedeutenden Brut- oder Rastgebiets geschützter Vogelarten nicht zu erwarten ist. [4]Satz 1 Nummer 3 ist bei Höchstspannungsfreileitungen mit einer Nennspannung von 220 Kilovolt oder mehr ferner nur anzuwenden, wenn die Zubeseilung eine Länge von höchstens 15 Kilometern hat.

(3) Abweichend von Absatz 1 Satz 2 Nummer 2 kann eine Änderung oder Erweiterung auch dann im Anzeigeverfahren zugelassen werden, wenn die nach Landesrecht zuständige Behörde im Einvernehmen mit der zuständigen Immissionsschutzbehörde feststellt, dass die Vorgaben nach den §§ 3, 3a und 4

der Verordnung über elektromagnetische Felder eingehalten sind, und wenn weitere öffentliche Belange nicht berührt sind oder die hierfür erforderlichen behördlichen Entscheidungen vorliegen und sie dem Plan nicht entgegenstehen.

(4) [1]Der Vorhabenträger zeigt gegenüber der nach Landesrecht zuständigen Behörde die von ihm geplante Maßnahme an. [2]Der Anzeige sind in ausreichender Weise Erläuterungen beizufügen, aus denen sich ergibt, dass die geplante Änderung oder Erweiterung den Voraussetzungen der Absätze 1 bis 3 genügt. [3]Insbesondere bedarf es einer Darstellung zu den zu erwartenden Umweltauswirkungen. [4]Die nach Landesrecht zuständige Behörde entscheidet innerhalb eines Monats, ob anstelle des Anzeigeverfahrens ein Plangenehmigungs- oder Planfeststellungsverfahren durchzuführen ist oder die Maßnahme von einem förmlichen Verfahren freigestellt ist. [5]Prüfgegenstand ist nur die jeweils angezeigte Änderung oder Erweiterung; im Falle des Absatzes 2 Satz 1 Nummer 1 bedarf es keiner Prüfung der dinglichen Rechte anderer. [6]Die Entscheidung ist dem Vorhabenträger bekannt zu machen.

(5) Für die Zwecke dieses Paragrafen sind die Begriffsbestimmungen des § 3 Nummer 1 des Netzausbaubeschleunigungsgesetzes Übertragungsnetz[1)] entsprechend anzuwenden.

§ 43g Projektmanager. [1]Die nach Landesrecht zuständige Behörde kann einen Dritten, der als Verwaltungshelfer beschäftigt werden kann, mit der Vorbereitung und Durchführung von Verfahrensschritten wie

1. der Erstellung von Verfahrensleitplänen unter Bestimmung von Verfahrensabschnitten und Zwischenterminen,
2. der Fristenkontrolle,
3. der Koordinierung von erforderlichen Sachverständigengutachten,
4. dem Qualitätsmanagement der Anträge und Unterlagen der Vorhabenträger,
5. der Koordinierung der Enteignungs- und Entschädigungsverfahren nach den §§ 45 und 45a,
6. dem Entwurf eines Anhörungsberichtes,
7. der ersten Auswertung der eingereichten Stellungnahmen,
8. der organisatorischen Vorbereitung eines Erörterungstermins und
9. der Leitung des Erörterungstermins

auf Vorschlag oder mit Zustimmung des Trägers des Vorhabens und auf dessen Kosten beauftragen. [2]Die Entscheidung über den Planfeststellungsantrag liegt allein bei der zuständigen Behörde.

§ 43h Ausbau des Hochspannungsnetzes. [1]Hochspannungsleitungen auf neuen Trassen mit einer Nennspannung von 110 Kilovolt oder weniger sind als Erdkabel auszuführen, soweit die Gesamtkosten für Errichtung und Betrieb des Erdkabels die Gesamtkosten der technisch vergleichbaren Freileitung den Faktor 2,75 nicht überschreiten und naturschutzfachliche Belange nicht entgegenstehen; die für die Zulassung des Vorhabens zuständige Behörde kann auf Antrag des Vorhabenträgers die Errichtung als Freileitung zulassen, wenn

---

[1)] Nr. **16**.

öffentliche Interessen nicht entgegenstehen. [2]Soll der Neubau einer Hochspannungsleitung weit überwiegend in oder unmittelbar neben einer Bestandstrasse durchgeführt werden, handelt es sich nicht um eine neue Trasse im Sinne des Satzes 1.

§ 43i Überwachung. (1) [1]Die für die Zulassung des Vorhabens zuständige Behörde hat durch geeignete Überwachungsmaßnahmen sicherzustellen, dass das Vorhaben im Einklang mit den umweltbezogenen Bestimmungen des Planfeststellungsbeschlusses oder der Plangenehmigung durchgeführt wird; dies gilt insbesondere für Bestimmungen zu umweltbezogenen Merkmalen des Vorhabens, dem Standort des Vorhabens, für Maßnahmen, mit denen erhebliche nachteilige Umweltauswirkungen ausgeschlossen, vermindert oder ausgeglichen werden sollen, für bodenschonende Maßnahmen sowie für Ersatzmaßnahmen bei Eingriffen in Natur und Landschaft. [2]Die Überwachung nach diesem Absatz kann dem Vorhabenträger aufgegeben werden. [3]Bereits bestehende Überwachungsmechanismen, Daten und Informationsquellen können für die Überwachungsmaßnahmen genutzt werden.

(2) Die für die Zulassung des Vorhabens zuständige Behörde kann die erforderlichen Maßnahmen treffen, um sicherzustellen, dass das Vorhaben im Einklang mit den umweltbezogenen Bestimmungen des Planfeststellungsbeschlusses oder der Plangenehmigung durchgeführt wird.

(3) § 28 des Gesetzes über die Umweltverträglichkeitsprüfung ist nicht anzuwenden.

§ 43j Leerrohre für Hochspannungsleitungen. [1]Bei Vorhaben im Sinne von § 43 Absatz 1 Satz 1 Nummer 2 bis 4 oder Absatz 2 Satz 1 Nummer 2 bis 4 können Leerrohre nach § 43 Absatz 2 Satz 1 Nummer 6 in ein Planfeststellungsverfahren einbezogen werden, wenn

1. die Leerrohre im räumlichen und zeitlichen Zusammenhang mit der Baumaßnahme eines Erdkabels verlegt werden und
2. die zuständige Behörde anhand der Umstände des Einzelfalls davon ausgehen kann, dass die Leerrohre innerhalb von 15 Jahren nach der Planfeststellung zur Durchführung einer Stromleitung im Sinne von § 43 Absatz 1 Satz 1 Nummer 2 bis 4 oder Absatz 2 Satz 1 Nummer 2 bis 4 genutzt werden.

[2]Gegenstand des Planfeststellungsverfahrens und des Planfeststellungsbeschlusses sind die Verlegung der Leerrohre, die spätere Durchführung der Stromleitung und deren anschließender Betrieb. [3]Für die Nutzung der Leerrohre zur Durchführung einer Stromleitung und zu deren anschließendem Betrieb bedarf es keines weiteren Genehmigungsverfahrens, wenn mit der Durchführung der Stromleitung innerhalb der Frist des § 43c Nummer 1 begonnen wird und sich die im Planfeststellungsverfahren zugrunde gelegten Merkmale des Vorhabens nicht geändert haben. [4]Die Einbeziehung von Leerrohren nach Satz 1 kann auf einzelne Abschnitte des betroffenen Vorhabens beschränkt werden.

§ 43k Zurverfügungstellung von Geodaten. [1]Soweit für die Planfeststellung, die Plangenehmigung oder das Anzeigeverfahren Geodaten, die bei einer Behörde oder einem Dritten zur Erfüllung öffentlicher Aufgaben vorhanden sind, benötigt werden, sind diese Daten auf Verlangen dem Vorhabenträger, den von ihm Beauftragten oder den zuständigen Planfeststellungsbehörden der

Länder für die Zwecke der Planfeststellung, der Plangenehmigung oder des Anzeigeverfahrens zur Verfügung zu stellen. [2]Der Betreiber von Einheiten Kritischer Infrastrukturen im Sinne von § 2 Absatz 5 der Verordnung zur Bestimmung Kritischer Infrastrukturen nach dem BSI-Gesetz kann die Herausgabe von Geodaten verweigern, wenn diese Daten besonders schutzbedürftig sind. [3]Der Betreiber kann in diesem Fall die Geodaten über ein geeignetes Verfahren zur Verfügung stellen, wenn ihm die Datenhoheit über seine Geodaten garantiert wird. [4]Die §§ 8 und 9 des Umweltinformationsgesetzes und entsprechende Regelungen des Landesrechts bleiben unberührt.

§ 44 Vorarbeiten. (1) [1]Eigentümer und sonstige Nutzungsberechtigte haben zur Vorbereitung der Planung und der Baudurchführung eines Vorhabens oder von Unterhaltungsmaßnahmen notwendige Vermessungen, Boden- und Grundwasseruntersuchungen einschließlich der vorübergehenden Anbringung von Markierungszeichen, bauvorbereitende Maßnahmen zur bodenschonenden Bauausführung, Kampfmitteluntersuchungen und archäologische Voruntersuchungen sowie sonstige Vorarbeiten durch den Träger des Vorhabens oder von ihm Beauftragte zu dulden. [2]Weigert sich der Verpflichtete, Maßnahmen nach Satz 1 zu dulden, so kann die nach Landesrecht zuständige Behörde auf Antrag des Trägers des Vorhabens gegenüber dem Eigentümer und sonstigen Nutzungsberechtigten die Duldung dieser Maßnahmen anordnen.

(2) Die Absicht, solche Arbeiten auszuführen, ist dem Eigentümer oder sonstigen Nutzungsberechtigten mindestens zwei Wochen vor dem vorgesehenen Zeitpunkt unmittelbar oder durch ortsübliche Bekanntmachung in den Gemeinden, in denen die Vorarbeiten durchzuführen sind, durch den Träger des Vorhabens bekannt zu geben.

(3) [1]Entstehen durch eine Maßnahme nach Absatz 1 einem Eigentümer oder sonstigen Nutzungsberechtigten unmittelbare Vermögensnachteile, so hat der Träger des Vorhabens eine angemessene Entschädigung in Geld zu leisten. [2]Kommt eine Einigung über die Geldentschädigung nicht zustande, so setzt die nach Landesrecht zuständige Behörde auf Antrag des Trägers des Vorhabens oder des Berechtigten die Entschädigung fest. [3]Vor der Entscheidung sind die Beteiligten zu hören.

§ 44a Veränderungssperre, Vorkaufsrecht. (1) [1]Vom Beginn der Auslegung der Pläne im Planfeststellungsverfahren oder von dem Zeitpunkt an, zu dem den Betroffenen Gelegenheit gegeben wird, den Plan einzusehen, dürfen auf den vom Plan betroffenen Flächen bis zu ihrer Inanspruchnahme wesentlich wertsteigernde oder die geplante Baumaßnahmen erheblich erschwerende Veränderungen nicht vorgenommen werden (Veränderungssperre). [2]Veränderungen, die in rechtlich zulässiger Weise vorher begonnen worden sind, Unterhaltungsarbeiten und die Fortführung einer bisher ausgeübten Nutzung werden davon nicht berührt. [3]Unzulässige Veränderungen bleiben bei Anordnungen nach § 74 Abs. 2 Satz 2 des Verwaltungsverfahrensgesetzes und im Entschädigungsverfahren unberücksichtigt.

(2) [1]Dauert die Veränderungssperre über vier Jahre, im Falle von Hochspannungsfreileitungen über fünf Jahre, können die Eigentümer für die dadurch entstandenen Vermögensnachteile Entschädigung verlangen. [2]Sie können ferner die Vereinbarung einer beschränkt persönlichen Dienstbarkeit für die vom

Plan betroffenen Flächen verlangen, wenn es ihnen mit Rücksicht auf die Veränderungssperre wirtschaftlich nicht zuzumuten ist, die Grundstücke in der bisherigen oder einer anderen zulässigen Art zu benutzen. [3] Kommt keine Vereinbarung nach Satz 2 zustande, so können die Eigentümer die entsprechende Beschränkung des Eigentums an den Flächen verlangen. [4] Im Übrigen gilt § 45.

(3) In den Fällen des Absatzes 1 Satz 1 steht dem Träger des Vorhabens an den betroffenen Flächen ein Vorkaufsrecht zu.

§ 44b Vorzeitige Besitzeinweisung. (1) [1] Ist der sofortige Beginn von Bauarbeiten geboten und weigert sich der Eigentümer oder Besitzer, den Besitz eines für den Bau, die Änderung oder Betriebsänderung von Hochspannungsfreileitungen, Erdkabeln oder Gasversorgungsleitungen im Sinne des § 43 benötigten Grundstücks durch Vereinbarung unter Vorbehalt aller Entschädigungsansprüche zu überlassen, so hat die Enteignungsbehörde den Träger des Vorhabens auf Antrag nach Feststellung des Plans oder Erteilung der Plangenehmigung in den Besitz einzuweisen. [2] Der Planfeststellungsbeschluss oder die Plangenehmigung müssen vollziehbar sein. [3] Weiterer Voraussetzungen bedarf es nicht.

(1a) [1] Der Träger des Vorhabens kann verlangen, dass nach Abschluss des Anhörungsverfahrens gemäß § 43a eine vorzeitige Besitzeinweisung durchgeführt wird. [2] In diesem Fall ist der nach dem Verfahrensstand zu erwartende Planfeststellungsbeschluss dem vorzeitigen Besitzeinweisungsverfahren zugrunde zu legen. [3] Der Besitzeinweisungsbeschluss ist mit der aufschiebenden Bedingung zu erlassen, dass sein Ergebnis durch den Planfeststellungsbeschluss bestätigt wird. [4] Anderenfalls ist das vorzeitige Besitzeinweisungsverfahren auf der Grundlage des ergangenen Planfeststellungsbeschlusses zu ergänzen.

(2) [1] Die Enteignungsbehörde hat spätestens sechs Wochen nach Eingang des Antrags auf Besitzeinweisung mit den Beteiligten mündlich zu verhandeln. [2] Hierzu sind der Antragsteller und die Betroffenen zu laden. [3] Dabei ist den Betroffenen der Antrag auf Besitzeinweisung mitzuteilen. [4] Die Ladungsfrist beträgt drei Wochen. [5] Mit der Ladung sind die Betroffenen aufzufordern, etwaige Einwendungen gegen den Antrag vor der mündlichen Verhandlung bei der Enteignungsbehörde einzureichen. [6] Die Betroffenen sind außerdem darauf hinzuweisen, dass auch bei Nichterscheinen über den Antrag auf Besitzeinweisung und andere im Verfahren zu erledigende Anträge entschieden werden kann.

(3) [1] Soweit der Zustand des Grundstücks von Bedeutung ist, hat die Enteignungsbehörde diesen bis zum Beginn der mündlichen Verhandlung in einer Niederschrift festzustellen oder durch einen Sachverständigen ermitteln zu lassen. [2] Den Beteiligten ist eine Abschrift der Niederschrift oder des Ermittlungsergebnisses zu übersenden.

(4) [1] Der Beschluss über die Besitzeinweisung ist dem Antragsteller und den Betroffenen spätestens zwei Wochen nach der mündlichen Verhandlung zuzustellen. [2] Die Besitzeinweisung wird in dem von der Enteignungsbehörde bezeichneten Zeitpunkt wirksam. [3] Dieser Zeitpunkt soll auf höchstens zwei Wochen nach Zustellung der Anordnung über die vorzeitige Besitzeinweisung an den unmittelbaren Besitzer festgesetzt werden. [4] Durch die Besitzeinweisung wird dem Besitzer der Besitz entzogen und der Träger des Vorhabens Besitzer.

[5] Der Träger des Vorhabens darf auf dem Grundstück das im Antrag auf Besitzeinweisung bezeichnete Bauvorhaben durchführen und die dafür erforderlichen Maßnahmen treffen.

(5) [1] Der Träger des Vorhabens hat für die durch die vorzeitige Besitzeinweisung entstehenden Vermögensnachteile Entschädigung zu leisten, soweit die Nachteile nicht durch die Verzinsung der Geldentschädigung für die Entziehung oder Beschränkung des Eigentums oder eines anderen Rechts ausgeglichen werden. [2] Art und Höhe der Entschädigung sind von der Enteignungsbehörde in einem Beschluss festzusetzen.

(6) [1] Wird der festgestellte Plan oder die Plangenehmigung aufgehoben, so sind auch die vorzeitige Besitzeinweisung aufzuheben und der vorherige Besitzer wieder in den Besitz einzuweisen. [2] Der Träger des Vorhabens hat für alle durch die Besitzeinweisung entstandenen besonderen Nachteile Entschädigung zu leisten.

(7) [1] Ein Rechtsbehelf gegen eine vorzeitige Besitzeinweisung hat keine aufschiebende Wirkung. [2] Der Antrag auf Anordnung der aufschiebenden Wirkung nach § 80 Abs. 5 Satz 1 der Verwaltungsgerichtsordnung kann nur innerhalb eines Monats nach der Zustellung des Besitzeinweisungsbeschlusses gestellt und begründet werden.

§ 44c Zulassung des vorzeitigen Baubeginns. (1) [1] In einem Planfeststellungs- oder Plangenehmigungsverfahren kann die für die Feststellung des Plans oder für die Erteilung der Plangenehmigung zuständige Behörde vorläufig zulassen, dass bereits vor Feststellung des Plans oder der Erteilung der Plangenehmigung in Teilen mit der Errichtung oder Änderung eines Vorhabens im Sinne des § 43 Satz 1 Nummer 1 oder 3 bis 5 einschließlich der Vorarbeiten begonnen wird, wenn

1. unter Berücksichtigung der Stellungnahmen der Träger öffentlicher Belange einschließlich der Gebietskörperschaften mit einer Entscheidung im Planfeststellungs- oder Plangenehmigungsverfahren zugunsten des Vorhabenträgers gerechnet werden kann,
2. der Vorhabenträger ein berechtigtes oder ein öffentliches Interesse an der Zulassung des vorzeitigen Baubeginns darlegt,
3. der Vorhabenträger nur Maßnahmen durchführt, die reversibel sind,
4. der Vorhabenträger über die für die Maßnahmen notwendigen privaten Rechte verfügt und
5. der Vorhabenträger sich verpflichtet,
   a) alle Schäden zu ersetzen, die bis zur Entscheidung im Planfeststellungs- oder Plangenehmigungsverfahren durch die Maßnahmen verursacht worden sind, und
   b) sofern kein Planfeststellungsbeschluss oder keine Plangenehmigung erfolgt, den früheren Zustand wiederherzustellen.

[2] Ausnahmsweise können irreversible Maßnahmen zugelassen werden, wenn sie nur wirtschaftliche Schäden verursachen und für diese Schäden eine Entschädigung in Geld geleistet wird. [3] Die Zulassung des vorzeitigen Baubeginns erfolgt auf Antrag des Vorhabenträgers und unter dem Vorbehalt des Widerrufs. [4] § 44 bleibt unberührt.

(2) [1] Die für die Feststellung des Plans oder für die Erteilung der Plangenehmigung zuständige Behörde kann die Leistung einer Sicherheit verlangen, soweit dies erforderlich ist, um die Erfüllung der Verpflichtungen des Vorhabenträgers nach Absatz 1 Satz 1 Nummer 5 sowie Absatz 1 Satz 2 zu sichern. [2] Soweit die zugelassenen Maßnahmen durch die Planfeststellung oder Plangenehmigung für unzulässig erklärt sind, ordnet die Behörde gegenüber dem Träger des Vorhabens an, den früheren Zustand wiederherzustellen. [3] Dies gilt auch, wenn der Antrag auf Planfeststellung oder Plangenehmigung zurückgenommen wurde.

(3) Die Entscheidung über die Zulassung des vorzeitigen Baubeginns ist den anliegenden Gemeinden und den Beteiligten zuzustellen.

(4) Widerspruch und Anfechtungsklage gegen die Zulassung des vorzeitigen Baubeginns haben keine aufschiebende Wirkung.

§ 45 Enteignung. (1) Die Entziehung oder die Beschränkung von Grundeigentum oder von Rechten am Grundeigentum im Wege der Enteignung ist zulässig, soweit sie zur Durchführung

1. eines Vorhabens nach § 43 oder § 43b Nr. 1, für das der Plan festgestellt oder genehmigt ist, oder
2. eines sonstigen Vorhabens zum Zwecke der Energieversorgung

erforderlich ist.

(2) [1] Einer weiteren Feststellung der Zulässigkeit der Enteignung bedarf es in den Fällen des Absatzes 1 Nummer 1 nicht; der festgestellte oder genehmigte Plan ist dem Enteignungsverfahren zugrunde zu legen und für die Enteignungsbehörde bindend. [2] Hat sich ein Beteiligter mit der Übertragung oder Beschränkung des Eigentums oder eines anderen Rechtes schriftlich einverstanden erklärt, kann das Entschädigungsverfahren unmittelbar durchgeführt werden. [3] Die Zulässigkeit der Enteignung in den Fällen des Absatzes 1 Nr. 2 stellt die nach Landesrecht zuständige Behörde fest.

(3) Das Enteignungsverfahren wird durch Landesrecht geregelt.

§ 45a Entschädigungsverfahren. Soweit der Vorhabenträger auf Grund eines Planfeststellungsbeschlusses oder einer Plangenehmigung verpflichtet ist, eine Entschädigung in Geld zu leisten, und über die Höhe der Entschädigung keine Einigung zwischen dem Betroffenen und dem Träger des Vorhabens zustande kommt, entscheidet auf Antrag eines der Beteiligten die nach Landesrecht zuständige Behörde; für das Verfahren und den Rechtsweg gelten die Enteignungsgesetze der Länder entsprechend.

§ 45b Parallelführung von Planfeststellungs- und Enteignungsverfahren. [1] Der Träger des Vorhabens kann verlangen, dass nach Abschluss der Anhörung ein vorzeitiges Enteignungsverfahren durchgeführt wird. [2] Dabei ist der nach dem Verfahrensstand zu erwartende Planfeststellungsbeschluss dem Enteignungsverfahren zugrunde zu legen. [3] Der Enteignungsbeschluss ist mit der aufschiebenden Bedingung zu erlassen, dass sein Ergebnis durch den Planfeststellungsbeschluss bestätigt wird. [4] Anderenfalls ist das Enteignungsverfahren auf der Grundlage des ergangenen Planfeststellungsbeschlusses zu ergänzen.

§ 46 Wegenutzungsverträge. (1) [1] Gemeinden haben ihre öffentlichen Verkehrswege für die Verlegung und den Betrieb von Leitungen, einschließlich Fernwirkleitungen zur Netzsteuerung und Zubehör, zur unmittelbaren Versorgung von Letztverbrauchern im Gemeindegebiet diskriminierungsfrei durch Vertrag zur Verfügung zu stellen. [2] Unbeschadet ihrer Verpflichtungen nach Satz 1 können die Gemeinden den Abschluss von Verträgen ablehnen, solange das Energieversorgungsunternehmen die Zahlung von Konzessionsabgaben in Höhe der Höchstsätze nach § 48 Absatz 2 verweigert und eine Einigung über die Höhe der Konzessionsabgaben noch nicht erzielt ist.

(2) [1] Verträge von Energieversorgungsunternehmen mit Gemeinden über die Nutzung öffentlicher Verkehrswege für die Verlegung und den Betrieb von Leitungen, die zu einem Energieversorgungsnetz der allgemeinen Versorgung im Gemeindegebiet gehören, dürfen höchstens für eine Laufzeit von 20 Jahren abgeschlossen werden. [2] Werden solche Verträge nach ihrem Ablauf nicht verlängert, so ist der bisher Nutzungsberechtigte verpflichtet, seine für den Betrieb der Netze der allgemeinen Versorgung im Gemeindegebiet notwendigen Verteilungsanlagen dem neuen Energieversorgungsunternehmen gegen Zahlung einer wirtschaftlich angemessenen Vergütung zu übereignen. [3] Das neue Energieversorgungsunternehmen kann statt der Übereignung verlangen, dass ihm der Besitz hieran eingeräumt wird. [4] Für die wirtschaftlich angemessene Vergütung ist der sich nach den zu erzielenden Erlösen bemessende objektivierte Ertragswert des Energieversorgungsnetzes maßgeblich. [5] Die Möglichkeit zur Einigung auf eine anderweitig basierte Vergütung bleibt unberührt.

(3) [1] Die Gemeinden machen spätestens zwei Jahre vor Ablauf von Verträgen nach Absatz 2 das Vertragsende und einen ausdrücklichen Hinweis auf die nach § 46a von der Gemeinde in geeigneter Form zu veröffentlichenden Daten sowie den Ort der Veröffentlichung durch Veröffentlichung im Bundesanzeiger bekannt. [2] Wenn im Gemeindegebiet mehr als 100 000 Kunden unmittelbar oder mittelbar an das Versorgungsnetz angeschlossen sind, hat die Bekanntmachung zusätzlich im Amtsblatt der Europäischen Union zu erfolgen. [3] Beabsichtigen Gemeinden eine Verlängerung von Verträgen nach Absatz 2 vor Ablauf der Vertragslaufzeit, so sind die bestehenden Verträge zu beenden und die vorzeitige Beendigung sowie das Vertragsende nach Maßgabe der Sätze 1 und 2 öffentlich bekannt zu geben.

(4) [1] Die Gemeinde ist bei der Auswahl des Unternehmens den Zielen des § 1 Absatz 1 verpflichtet. [2] Unter Wahrung netzwirtschaftlicher Anforderungen, insbesondere der Versorgungssicherheit und der Kosteneffizienz, können auch Angelegenheiten der örtlichen Gemeinschaft berücksichtigt werden. [3] Bei der Gewichtung der einzelnen Auswahlkriterien ist die Gemeinde berechtigt, den Anforderungen des jeweiligen Netzgebietes Rechnung zu tragen. [4] Die Gemeinde hat jedem Unternehmen, das innerhalb einer von der Gemeinde in der Bekanntmachung nach Absatz 3 Satz 1 oder 3 gesetzten Frist von mindestens drei Kalendermonaten ein Interesse an der Nutzung der öffentlichen Verkehrswege bekundet, die Auswahlkriterien und deren Gewichtung in Textform mitzuteilen.

(5) [1] Die Gemeinde hat die Unternehmen, deren Angebote nicht angenommen werden sollen, über die Gründe der vorgesehenen Ablehnung ihres Angebots und über den frühesten Zeitpunkt des beabsichtigten Vertragsschlusses in Textform zu informieren. [2] Die Gemeinde macht bei Neuabschluss oder

Verlängerung von Verträgen nach Absatz 2 ihre Entscheidung unter Angabe der maßgeblichen Gründe öffentlich bekannt.

(6) Die Absätze 2 bis 5 finden für Eigenbetriebe der Gemeinden entsprechende Anwendung.

(7) Die Aufgaben und Zuständigkeiten der Kartellbehörden nach dem Gesetz gegen Wettbewerbsbeschränkungen bleiben unberührt.

§ 46a Auskunftsanspruch der Gemeinde. [1]Der bisherige Nutzungsberechtigte ist verpflichtet, der Gemeinde spätestens ein Jahr vor Bekanntmachung der Gemeinde nach § 46 Absatz 3 diejenigen Informationen über die technische und wirtschaftliche Situation des Netzes zur Verfügung zu stellen, die für eine Bewertung des Netzes im Rahmen einer Bewerbung um den Abschluss eines Vertrages nach § 46 Absatz 2 Satz 1 erforderlich sind. [2]Zu den Informationen über die wirtschaftliche Situation des Netzes gehören insbesondere

1. die im Zeitpunkt der Errichtung der Verteilungsanlagen jeweils erstmalig aktivierten Anschaffungs- und Herstellungskosten gemäß § 255 des Handelsgesetzbuchs,
2. das Jahr der Aktivierung der Verteilungsanlagen,
3. die jeweils in Anwendung gebrachten betriebsgewöhnlichen Nutzungsdauern und
4. die jeweiligen kalkulatorischen Restwerte und Nutzungsdauern laut den betreffenden Bescheiden der jeweiligen Regulierungsbehörde.

[3]Die Bundesnetzagentur kann im Einvernehmen mit dem Bundeskartellamt Entscheidungen über den Umfang und das Format der zur Verfügung zu stellenden Daten durch Festlegung gegenüber den Energieversorgungsunternehmen treffen.

§ 47 Rügeobliegenheit, Präklusion. (1) [1]Jedes beteiligte Unternehmen kann eine Rechtsverletzung durch Nichtbeachtung der Grundsätze eines transparenten und diskriminierungsfreien Verfahrens nach § 46 Absatz 1 bis 4 nur geltend machen, soweit es diese nach Maßgabe von Absatz 2 gerügt hat. [2]Die Rüge ist in Textform gegenüber der Gemeinde zu erklären und zu begründen.

(2) [1]Rechtsverletzungen, die aufgrund einer Bekanntmachung nach § 46 Absatz 3 erkennbar sind, sind innerhalb der Frist aus § 46 Absatz 4 Satz 4 zu rügen. [2]Rechtsverletzungen, die aus der Mitteilung nach § 46 Absatz 4 Satz 4 erkennbar sind, sind innerhalb von 15 Kalendertagen ab deren Zugang zu rügen. [3]Rechtsverletzungen im Rahmen der Auswahlentscheidung, die aus der Information nach § 46 Absatz 5 Satz 1 erkennbar sind, sind innerhalb von 30 Kalendertagen ab deren Zugang zu rügen. [4]Erfolgt eine Akteneinsicht nach Absatz 3, beginnt die Frist nach Satz 3 für den Antragsteller erneut ab dem ersten Tag, an dem die Gemeinde die Akten zur Einsichtnahme bereitgestellt hat.

(3) [1]Zur Vorbereitung einer Rüge nach Absatz 2 Satz 3 hat die Gemeinde jedem beteiligten Unternehmen auf Antrag Einsicht in die Akten zu gewähren und auf dessen Kosten Ausfertigungen, Auszüge oder Abschriften zu erteilen. [2]Der Antrag auf Akteneinsicht ist in Textform innerhalb einer Woche ab Zugang der Information nach § 46 Absatz 5 Satz 1 zu stellen. [3]Die Gemeinde

hat die Einsicht in die Unterlagen zu versagen, soweit dies zur Wahrung von Betriebs- oder Geschäftsgeheimnissen geboten ist.

(4) Hilft die Gemeinde der Rüge nicht ab, so hat sie das rügende Unternehmen hierüber in Textform zu informieren und ihre Entscheidung zu begründen.

(5) [1]Beteiligte Unternehmen können gerügte Rechtsverletzungen, denen die Gemeinde nicht abhilft, nur innerhalb von 15 Kalendertagen ab Zugang der Information nach Absatz 4 vor den ordentlichen Gerichten geltend machen. [2]Es gelten die Vorschriften der Zivilprozessordnung über das Verfahren auf Erlass einer einstweiligen Verfügung. [3]Ein Verfügungsgrund braucht nicht glaubhaft gemacht zu werden.

(6) Ein Vertrag nach § 46 Absatz 2 darf erst nach Ablauf der Fristen aus Absatz 2 Satz 3 und Absatz 5 Satz 1 geschlossen werden.

§ 48 Konzessionsabgaben. (1) [1]Konzessionsabgaben sind Entgelte, die Energieversorgungsunternehmen für die Einräumung des Rechts zur Benutzung öffentlicher Verkehrswege für die Verlegung und den Betrieb von Leitungen, die der unmittelbaren Versorgung von Letztverbrauchern im Gemeindegebiet mit Energie dienen, entrichten. [2]Eine Versorgung von Letztverbrauchern im Sinne dieser Vorschrift liegt auch vor, wenn ein Weiterverteiler über öffentliche Verkehrswege mit Elektrizität oder Gas beliefert wird, der diese Energien ohne Benutzung solcher Verkehrswege an Letztverbraucher weiterleitet.

(2) [1]Die Bundesregierung kann durch Rechtsverordnung[1)] mit Zustimmung des Bundesrates die Zulässigkeit und Bemessung der Konzessionsabgaben regeln. [2]Es kann dabei jeweils für Elektrizität oder Gas, für verschiedene Kundengruppen und Verwendungszwecke und gestaffelt nach der Einwohnerzahl der Gemeinden unterschiedliche Höchstsätze in Cent je gelieferter Kilowattstunde festsetzen.

(3) Konzessionsabgaben sind in der vertraglich vereinbarten Höhe von dem Energieversorgungsunternehmen zu zahlen, dem das Wegerecht nach § 46 Abs. 1 eingeräumt wurde.

(4) [1]Die Pflicht zur Zahlung der vertraglich vereinbarten Konzessionsabgaben besteht auch nach Ablauf des Wegenutzungsvertrages bis zur Übertragung der Verteilungsanlagen auf einen neuen Vertragspartner nach § 46 Absatz 2 fort. [2]Satz 1 gilt nicht, wenn die Gemeinde es unterlassen hat, ein Verfahren nach § 46 Absatz 3 bis 5 durchzuführen.

Teil 6. Sicherheit und Zuverlässigkeit der Energieversorgung

§ 49 Anforderungen an Energieanlagen. (1) [1]Energieanlagen sind so zu errichten und zu betreiben, dass die technische Sicherheit gewährleistet ist. [2]Dabei sind vorbehaltlich sonstiger Rechtsvorschriften die allgemein anerkannten Regeln der Technik zu beachten.

(2) [1]Die Einhaltung der allgemein anerkannten Regeln der Technik wird vermutet, wenn bei Anlagen zur Erzeugung, Fortleitung und Abgabe von

---

[1)] Siehe die Konzessionsabgabenverordnung (Nr. **3**).

1. Elektrizität die technischen Regeln des Verbandes der Elektrotechnik Elektronik Informationstechnik e.V.,
2. Gas die technischen Regeln der Deutschen Vereinigung des Gas- und Wasserfaches e.V.

eingehalten worden sind. [2]Die Bundesnetzagentur kann zu Grundsätzen und Verfahren der Einführung technischer Sicherheitsregeln, insbesondere zum zeitlichen Ablauf, im Verfahren nach § 29 Absatz 1 nähere Bestimmungen treffen, soweit die technischen Sicherheitsregeln den Betrieb von Energieversorgungsnetzen betreffen. [3]Dabei hat die Bundesnetzagentur die Grundsätze des DIN Deutsches Institut für Normung e.V. zu berücksichtigen.

(2a) Unbeschadet sonstiger Anforderungen nach Absatz 1 müssen bei der Errichtung oder Erneuerung von Anlagen zur landseitigen Stromversorgung für den Seeverkehr die technischen Spezifikationen der Norm IEC/ISO/IEEE 80005-1, Edition 1.0, Juli 2012,[1)] eingehalten werden, soweit sie auf die landseitige Stromversorgung anwendbar sind.

(3) [1]Bei Anlagen oder Bestandteilen von Anlagen, die nach den in einem anderen Mitgliedstaat der Europäischen Union oder in einem anderen Vertragsstaat des Abkommens über den Europäischen Wirtschaftsraum geltenden Regelungen oder Anforderungen rechtmäßig hergestellt und in den Verkehr gebracht wurden und die gleiche Sicherheit gewährleisten, ist davon auszugehen, dass die Anforderungen nach Absatz 1 an die Beschaffenheit der Anlagen erfüllt sind. [2]In begründeten Einzelfällen ist auf Verlangen der nach Landesrecht zuständigen Behörde nachzuweisen, dass die Anforderungen nach Satz 1 erfüllt sind.

(4) [1]Das Bundesministerium für Wirtschaft und Energie wird ermächtigt, zur Gewährleistung der technischen Sicherheit, der technischen und betrieblichen Flexibilität von Energieanlagen sowie der Interoperabilität von Ladepunkten für Elektromobile durch Rechtsverordnung mit Zustimmung des Bundesrates

1. Anforderungen an die technische Sicherheit dieser Anlagen, ihre Errichtung und ihren Betrieb festzulegen;
2. das Verwaltungsverfahren zur Sicherstellung der Anforderungen nach Nummer 1 zu regeln, insbesondere zu bestimmen,
   a) dass und wo die Errichtung solcher Anlagen, ihre Inbetriebnahme, die Vornahme von Änderungen oder Erweiterungen und sonstige die Anlagen betreffenden Umstände angezeigt werden müssen,
   b) dass der Anzeige nach Buchstabe a bestimmte Nachweise beigefügt werden müssen und
   c) dass mit der Errichtung und dem Betrieb der Anlagen erst nach Ablauf bestimmter Prüffristen begonnen werden darf;
3. Prüfungen vor Errichtung und Inbetriebnahme und Überprüfungen der Anlagen vorzusehen und festzulegen, dass diese Prüfungen und Überprüfungen durch behördlich anerkannte Sachverständige zu erfolgen haben;[2)]

---

1) **Amtlicher Hinweis:** Die Norm ist bei der Beuth Verlag GmbH, Berlin, zu beziehen.

2) Siehe die Elektrotechnische-Eigenschaften-Nachweis-VO v. 12.6.2017 (BGBl. I S. 1651).

4. behördliche Anordnungsbefugnisse festzulegen, insbesondere die Befugnis, den Bau und den Betrieb von Energieanlagen zu untersagen, wenn das Vorhaben nicht den in der Rechtsverordnung geregelten Anforderungen entspricht;
5. zu bestimmen, welche Auskünfte die zuständige Behörde vom Betreiber der Energieanlage gemäß Absatz 6 Satz 1 verlangen kann;
6. die Einzelheiten des Verfahrens zur Anerkennung von Sachverständigen, die bei der Prüfung der Energieanlagen tätig werden, sowie der Anzeige der vorübergehenden Tätigkeit von Sachverständigen aus anderen Mitgliedstaaten der Europäischen Union oder eines Vertragsstaates des Abkommens über den Europäischen Wirtschaftsraum zu bestimmen;
7. Anforderungen sowie Meldepflichten festzulegen, die Sachverständige nach Nummer 6 und die Stellen, denen sie angehören, erfüllen müssen, insbesondere zur Gewährleistung ihrer fachlichen Qualifikation, Unabhängigkeit und Zuverlässigkeit;
8. Anforderungen an die technische und betriebliche Flexibilität neuer Anlagen zur Erzeugung von Energie zu treffen.

[2] Die Regelungen des Erneuerbare-Energien-Gesetzes [1)] und des Kraft-Wärme-Kopplungsgesetzes[2)] bleiben davon unberührt.

(4a) [1] Das Bundesministerium für Wirtschaft und Energie wird ermächtigt, durch Rechtsverordnung mit Zustimmung des Bundesrates einen Ausschuss zur Beratung in Fragen der technischen Sicherheit von Gasversorgungsnetzen und Gas-Direktleitungen einschließlich der dem Leitungsbetrieb dienenden Anlagen einzusetzen. [2] Diesem Ausschuss kann insbesondere die Aufgabe übertragen werden, vorzuschlagen, welches Anforderungsprofil Sachverständige, die die technische Sicherheit dieser Energieanlagen prüfen, erfüllen müssen, um den in einer Verordnung nach Absatz 4 festgelegten Anforderungen zu genügen. [3] Das Bundesministerium für Wirtschaft und Energie kann das Anforderungsprofil im Bundesanzeiger veröffentlichen. [4] In den Ausschuss sind sachverständige Personen zu berufen, insbesondere aus dem Kreis

1. der Sachverständigen, die bei der Prüfung der Energieanlagen tätig werden,
2. der Stellen, denen Sachverständige nach Nummer 1 angehören,
3. der zuständigen Behörden und
4. der Betreiber von Energieanlagen.

(5) Die nach Landesrecht zuständige Behörde kann im Einzelfall die zur Sicherstellung der Anforderungen an die technische Sicherheit von Energieanlagen erforderlichen Maßnahmen treffen.

(6) [1] Die Betreiber von Energieanlagen haben auf Verlangen der nach Landesrecht zuständigen Behörde Auskünfte über technische und wirtschaftliche Verhältnisse zu geben, die zur Wahrnehmung der Aufgaben nach Absatz 5 erforderlich sind. [2] Der Auskunftspflichtige kann die Auskunft auf solche Fragen verweigern, deren Beantwortung ihn selbst oder einen der in § 383 Abs. 1 Nr. 1 bis 3 der Zivilprozessordnung bezeichneten Angehörigen der Gefahr strafrecht-

---

1) Nr. **37**.
2) Nr. **45**.

licher Verfolgung oder eines Verfahrens nach dem Gesetz über Ordnungswidrigkeiten aussetzen würde.

(7) Die von der nach Landesrecht zuständigen Behörde mit der Aufsicht beauftragten Personen sind berechtigt, Betriebsgrundstücke, Geschäftsräume und Einrichtungen der Betreiber von Energieanlagen zu betreten, dort Prüfungen vorzunehmen sowie die geschäftlichen und betrieblichen Unterlagen der Betreiber von Energieanlagen einzusehen, soweit dies zur Wahrnehmung der Aufgaben nach Absatz 5 erforderlich ist.

§ 50 Vorratshaltung zur Sicherung der Energieversorgung. Das Bundesministerium für Wirtschaft und Energie wird ermächtigt, zur Sicherung der Energieversorgung durch Rechtsverordnung mit Zustimmung des Bundesrates

1. Vorschriften zu erlassen über die Verpflichtung von Energieversorgungsunternehmen sowie solcher Eigenerzeuger von Elektrizität, deren Kraftwerke eine elektrische Nennleistung von mindestens 100 Megawatt aufweisen, für ihre Anlagen zur Erzeugung von
   a) Elektrizität ständig diejenigen Mengen an Mineralöl, Kohle oder sonstigen fossilen Brennstoffen,
   b) Gas aus Flüssiggas ständig diejenigen Mengen an Flüssiggas

   als Vorrat zu halten, die erforderlich sind, um 30 Tage ihre Abgabeverpflichtungen an Elektrizität oder Gas erfüllen oder ihren eigenen Bedarf an Elektrizität decken zu können,
2. Vorschriften zu erlassen über die Freistellung von einer solchen Vorratspflicht und die zeitlich begrenzte Freigabe von Vorratsmengen, soweit dies erforderlich ist, um betriebliche Schwierigkeiten zu vermeiden oder die Brennstoffversorgung aufrechtzuerhalten,
3. den für die Berechnung der Vorratsmengen maßgeblichen Zeitraum zu verlängern, soweit dies erforderlich ist, um die Vorratspflicht an Rechtsakte der Europäischen Gemeinschaften über Mindestvorräte fossiler Brennstoffe anzupassen.

§ 51 Monitoring der Versorgungssicherheit. (1) [1]Das Bundesministerium für Wirtschaft und Energie führt fortlaufend ein Monitoring der Versorgungssicherheit nach den Absätzen 2 bis 4 durch. [2]Hierbei hat es die Befugnisse nach den §§ 12a, 12b, 14 Absatz 1a und 1b sowie nach den §§ 68, 69 und 71. [3]Die §§ 73, 75 bis 89 und 106 bis 108 sind entsprechend anzuwenden. [4]Bei der Durchführung des Monitorings nach den Absätzen 3 und 4 berücksichtigt das Bundesministerium für Wirtschaft und Energie die nach § 12 Absatz 4 und 5 übermittelten Informationen.

(2) Das Monitoring nach Absatz 1 betrifft im Bereich der Versorgung mit Erdgas insbesondere

1. das heutige und künftige Verhältnis zwischen Angebot und Nachfrage auf dem deutschen Markt und auf dem internationalen Markt,
2. bestehende sowie in der Planung und im Bau befindliche Produktionskapazitäten und Transportleitungen,
3. die erwartete Nachfrageentwicklung,
4. die Qualität und den Umfang der Netzwartung,

5. eine Analyse von Netzstörungen und von Maßnahmen der Netzbetreiber zur kurz- und längerfristigen Gewährleistung der Sicherheit und Zuverlässigkeit des Gasversorgungssystems,
6. Maßnahmen zur Bedienung von Nachfragespitzen und zur Bewältigung von Ausfällen eines oder mehrerer Versorger sowie
7. das verfügbare Angebot auch unter Berücksichtigung der Bevorratungskapazität und des Anteils von Einfuhrverträgen mit einer Lieferzeit von mehr als zehn Jahren (langfristiger Erdgasliefervertrag) sowie deren Restlaufzeit.

(3) [1]Das Monitoring nach Absatz 1 betrifft im Bereich der Versorgung mit Elektrizität insbesondere
1. das heutige und künftige Verhältnis zwischen Angebot und Nachfrage auf den europäischen Strommärkten mit Auswirkungen auf das Gebiet der Bundesrepublik Deutschland als Teil des Elektrizitätsbinnenmarktes,
2. bestehende sowie in der Planung und im Bau befindliche Erzeugungskapazitäten unter Berücksichtigung von Erzeugungskapazitäten für die Netzreserve nach § 13d sowie die Kapazitätsreserve nach § 13e,
3. bestehende Verbindungsleitungen und Anlagen zur Speicherung von elektrischer Energie sowie in der Planung oder im Bau befindliche Vorhaben einschließlich der in den Anlagen zum Energieleitungsausbaugesetz und zum Bundesbedarfsplangesetz genannten Vorhaben,
4. die erwartete Nachfrageentwicklung,
5. die Qualität und den Umfang der Netzwartung,
6. eine Analyse von Netzstörungen und von Maßnahmen der Betreiber von Elektrizitätsversorgungsnetzen zur kurz- und längerfristigen Gewährleistung der Sicherheit und Zuverlässigkeit des Elektrizitätsversorgungssystems einschließlich des Einsatzes von Erzeugungskapazität im Rahmen der Netzreserve nach § 13d sowie der Kapazitätsreserve nach § 13e und
7. Maßnahmen zur Bedienung von Nachfragespitzen und zur Bewältigung von Ausfällen eines oder mehrerer Versorger.

[2]Bei dem Monitoring sind auch grenzüberschreitende Ausgleichseffekte bei erneuerbaren Energien, Lasten und Kraftwerksausfällen sowie der heutige und künftige Beitrag von Lastmanagement und von Netzersatzanlagen zur Versorgungssicherheit sowie Anpassungsprozesse an den Strommärkten auf Basis von Preissignalen zu analysieren und zu berücksichtigen. [3]Zudem sollen mögliche Hemmnisse für die Nutzung von Lastmanagement und von Netzersatzanlagen dargestellt werden.

(4) [1]Das Monitoring nach Absatz 3 umfasst die Messung und die Bewertung der Versorgungssicherheit. [2]Das Monitoring erfolgt auf Basis von
1. Indikatoren, die zur Messung der Versorgungssicherheit an den europäischen Strommärkten mit Auswirkungen auf das Gebiet der Bundesrepublik Deutschland als Teil des Elektrizitätsbinnenmarktes geeignet sind, sowie
2. Schwellenwerten, bei deren Überschreiten oder Unterschreiten eine Prüfung und bei Bedarf eine Umsetzung angemessener Maßnahmen zur Gewährleistung der Versorgungssicherheit erfolgt.

[3]Bei der Messung der Versorgungssicherheit nach Satz 1 sollen wahrscheinlichkeitsbasierte Analysen vorgenommen werden. [4]Das Bundesministerium für

Wirtschaft und Energie wirkt auf eine Abstimmung mit den an das Gebiet der Bundesrepublik Deutschland angrenzenden Mitgliedstaaten der Europäischen Union sowie mit der Schweizerischen Eidgenossenschaft, mit dem Königreich Norwegen und dem Königreich Schweden im Hinblick auf eine gemeinsame Methodik und ein gemeinsames Verständnis zur Messung und Bewertung der Versorgungssicherheit nach Satz 1 sowie auf einen gemeinsamen Versorgungssicherheitsbericht nach § 63 Absatz 2 Satz 1 Nummer 2 hin.

(5) [1] Bei dem Monitoring nach den Absätzen 3 und 4 werden die Regulierungsbehörde sowie die Betreiber von Übertragungsnetzen regelmäßig bei allen wesentlichen Verfahrensschritten einbezogen. [2] Die Regulierungsbehörde übermittelt auf Verlangen dem Bundesministerium für Wirtschaft und Energie die bei ihr verfügbaren und zur Beobachtung und Bewertung der Versorgungssicherheit notwendigen Daten. [3] Das Bundesministerium für Wirtschaft und Energie darf diese Daten einschließlich der unternehmensbezogenen Daten an beauftragte Dritte zu Zwecken der Aus- und Bewertung übermitteln, sofern die vertrauliche Behandlung der Daten gewährleistet ist.

§ 51a Monitoring des Lastmanagements. (1) [1] Die Regulierungsbehörde kann zur Durchführung des Monitorings nach § 51 ein Monitoring des Beitrags von Lastmanagement zur Versorgungssicherheit durchführen. [2] Dazu kann die Regulierungsbehörde von Unternehmen und Vereinigungen von Unternehmen, die einen jährlichen Stromverbrauch von mehr als 50 Gigawattstunden haben, Informationen verlangen, die erforderlich sein können, um den heutigen und künftigen Beitrag von Lastmanagement im Adressatenkreis für die Versorgungssicherheit an den Strommärkten zu analysieren. [3] Auf Verlangen des Bundesministeriums für Wirtschaft und Energie muss die Regulierungsbehörde die Informationen einholen und diesem in angemessener Frist sowie in geeigneter Form zur Verfügung stellen.

(2) Die Regulierungsbehörde soll das Marktstammdatenregister nach § 111e nutzen, sobald und soweit darin Daten im Sinne des Absatzes 1 gespeichert sind.

§ 52 Meldepflichten bei Versorgungsstörungen. [1] Betreiber von Energieversorgungsnetzen haben der Bundesnetzagentur bis zum 30. April eines Jahres über alle in ihrem Netz im letzten Kalenderjahr aufgetretenen Versorgungsunterbrechungen einen Bericht vorzulegen. [2] Dieser Bericht hat mindestens folgende Angaben für jede Versorgungsunterbrechung zu enthalten:

1. den Zeitpunkt und die Dauer der Versorgungsunterbrechung,
2. das Ausmaß der Versorgungsunterbrechung und
3. die Ursache der Versorgungsunterbrechung.

[3] In dem Bericht hat der Netzbetreiber die auf Grund des Störungsgeschehens ergriffenen Maßnahmen zur Vermeidung künftiger Versorgungsstörungen darzulegen. [4] Darüber hinaus ist in dem Bericht die durchschnittliche Versorgungsunterbrechung in Minuten je angeschlossenem Letztverbraucher für das letzte Kalenderjahr anzugeben. [5] Die Bundesnetzagentur kann Vorgaben zur formellen Gestaltung des Berichts machen sowie Ergänzungen und Erläuterungen des Berichts verlangen, soweit dies zur Prüfung der Versorgungszuverlässigkeit des Netzbetreibers erforderlich ist. [6] Sofortige Meldepflichten für Störungen mit überregionalen Auswirkungen richten sich nach § 13 Absatz 8.

§ 53 Ausschreibung neuer Erzeugungskapazitäten im Elektrizitätsbereich. Sofern die Versorgungssicherheit im Sinne des § 1 durch vorhandene Erzeugungskapazitäten oder getroffene Energieeffizienz- und Nachfragesteuerungsmaßnahmen allein nicht gewährleistet ist, kann die Bundesregierung durch Rechtsverordnung mit Zustimmung des Bundesrates ein Ausschreibungsverfahren oder ein diesem hinsichtlich Transparenz und Nichtdiskriminierung gleichwertiges Verfahren auf der Grundlage von Kriterien für neue Kapazitäten oder Energieeffizienz- und Nachfragesteuerungsmaßnahmen vorsehen, die das Bundesministerium für Wirtschaft und Energie im Bundesanzeiger veröffentlicht.

§ 53a Sicherstellung der Versorgung von Haushaltskunden mit Erdgas. [1] Gasversorgungsunternehmen, die Haushaltskunden oder Betreiber von gasbetriebenen Fernwärmeanlagen beliefern, haben zu gewährleisten, dass

1. die von ihnen direkt belieferten Haushaltskunden und
2. Fernwärmeanlagen, soweit sie Wärme an Haushaltskunden liefern, an ein Erdgasverteilernetz oder ein Fernleitungsnetz angeschlossen sind und keinen Brennstoffwechsel vornehmen können,

mindestens in den in Artikel 6 Absatz 1 der Verordnung (EU) 2017/1938 des Europäischen Parlaments und des Rates vom 25. Oktober 2017 über Maßnahmen zur Gewährleistung der sicheren Gasversorgung und zur Aufhebung der Verordnung (EU) Nr. 994/2010 genannten Fällen versorgt werden. [2] Darüber hinaus haben Gasversorgungsunternehmen im Falle einer teilweisen Unterbrechung der Versorgung mit Erdgas oder im Falle außergewöhnlich hoher Gasnachfrage Haushaltskunden sowie Fernwärmeanlagen im Sinne des Satzes 1 Nummer 2 mit Erdgas zu versorgen, solange die Versorgung aus wirtschaftlichen Gründen zumutbar ist. [3] Zur Gewährleistung einer sicheren Versorgung von Haushaltskunden mit Erdgas kann insbesondere auf marktbasierte Maßnahmen zurückgegriffen werden.

§ 53b *(aufgehoben)*

Teil 7. Behörden

Abschnitt 1. Allgemeine Vorschriften

§ 54 Allgemeine Zuständigkeit. (1) Die Aufgaben der Regulierungsbehörde nehmen die Bundesnetzagentur für Elektrizität, Gas, Telekommunikation, Post und Eisenbahnen (Bundesnetzagentur) und nach Maßgabe des Absatzes 2 die Landesregulierungsbehörden wahr.

(2) [1] Den Landesregulierungsbehörden[1)] obliegt

1. die Genehmigung der Entgelte für den Netzzugang nach § 23a,
2. die Genehmigung oder Festlegung im Rahmen der Bestimmung der Entgelte für den Netzzugang im Wege einer Anreizregulierung nach § 21a,

---

1) Siehe hierzu ua das G zur Einrichtung einer Regulierungskammer Rheinland-Pfalz v. 8.10.2013 (GVBl. S. 355) und das Energiewirtschaftsgesetz-Verwaltungsabkommen BRD/SH v. 11.8.2015.

3. die Genehmigung oder Untersagung individueller Entgelte für den Netzzugang, soweit diese in einer nach § 24 Satz 1 Nr. 3 erlassenen Rechtsverordnung vorgesehen sind,
4. die Überwachung der Vorschriften zur Entflechtung nach § 6 Abs. 1 in Verbindung mit den §§ 6a bis 7a,
5. die Überwachung der Vorschriften zur Systemverantwortung der Betreiber von Energieversorgungsnetzen nach ***[bis 30.9.2021:*** den §§ 14 bis 16a***]*** ***[ab 1.10.2021:*** *§ 14 Absatz 1a, 1b und 2 sowie den §§ 14a bis 16a* ***]***,
6. die Überwachung der Vorschriften zum Netzanschluss nach den §§ 17 und 18 mit Ausnahme der Vorschriften zur Festlegung oder Genehmigung der technischen und wirtschaftlichen Bedingungen für einen Netzanschluss oder die Methoden für die Bestimmung dieser Bedingungen durch die Regulierungsbehörde, soweit derartige Vorschriften in einer nach § 17 Abs. 3 Satz 1 Nr. 2 erlassenen Rechtsverordnung vorgesehen sind,
7. die Überwachung der technischen Vorschriften nach § 19,
8. die Missbrauchsaufsicht nach den §§ 30 und 31 sowie die Vorteilsabschöpfung nach § 33,
9. die Entscheidung über das Vorliegen der Voraussetzungen nach § 110 Absatz 2 und 4 und
10. die Festlegung und Feststellung der notwendigen technischen Anpassungen und Kosten im Rahmen der Umstellung der Gasqualität nach § 19a Absatz 2,

soweit Energieversorgungsunternehmen betroffen sind, an deren Elektrizitäts- oder Gasverteilernetz jeweils weniger als 100 000 Kunden unmittelbar oder mittelbar angeschlossen sind. [2]Satz 1 gilt nicht, wenn ein Elektrizitäts- oder Gasverteilernetz über das Gebiet eines Landes hinausreicht. [3]Satz 1 Nummer 6, 7 und 8 gilt nicht, soweit die Erfüllung der Aufgaben mit dem Anschluss von Biogasanlagen im Zusammenhang steht. [4]Für die Feststellung der Zahl der angeschlossenen Kunden sind die Verhältnisse am 13. Juli 2005 für das Jahr 2005 und das Jahr 2006 und danach diejenigen am 31. Dezember eines Jahres jeweils für die Dauer des folgenden Jahres maßgeblich. [5]Begonnene behördliche oder gerichtliche Verfahren werden von der Behörde beendet, die zu Beginn des behördlichen Verfahrens zuständig war.

(3) [1]Weist eine Vorschrift dieses Gesetzes eine Zuständigkeit nicht einer bestimmten Behörde zu, so nimmt die Bundesnetzagentur die in diesem Gesetz der Behörde übertragenen Aufgaben und Befugnisse wahr. [2]Ist zur Wahrung gleichwertiger wirtschaftlicher Verhältnisse im Bundesgebiet eine bundeseinheitliche Festlegung nach § 29 Absatz 1 erforderlich, so nimmt die Bundesnetzagentur die in diesem Gesetz oder auf Grund dieses Gesetzes vorgesehenen Festlegungsbefugnisse wahr. [3]Sie ist insbesondere zuständig für die bundesweit einheitliche Festlegung

1. von Preisindizes nach den Verordnungen nach § 24,
2. von Eigenkapitalzinssätzen nach den Verordnungen nach § 24,
3. von Vorgaben zur Erhebung von Vergleichsparametern zur Ermittlung der Effizienzwerte nach den Verordnungen nach § 21a Absatz 6 und
4. des generellen sektoralen Produktivitätsfaktors nach den Verordnungen nach § 21a Absatz 6.

[4] Beabsichtigt die Bundesnetzagentur bundeseinheitliche Festlegungen im Sinne des Satzes 2 zu treffen, die nicht die in Satz 3 genannten Bereiche betreffen, hat sie vor einer Festlegung den Länderausschuss bei der Bundesnetzagentur mit dem geplanten Inhalt der angestrebten Festlegung zu befassen. [5] Die Bundesnetzagentur berücksichtigt die mehrheitliche Auffassung des Länderausschusses bei der Bundesnetzagentur bei ihrer Festlegung so weit wie möglich.

§ 54a Zuständigkeiten gemäß der Verordnung (EU) Nr. 2017/1938, Verordnungsermächtigung. (1) [1] Das Bundesministerium für Wirtschaft und Energie ist zuständige Behörde für die Durchführung der in der Verordnung (EU) 2017/1938 festgelegten Maßnahmen. [2] Die §§ 3, 4 und 16 des Energiesicherungsgesetzes 1975[1] vom 20. Dezember 1974 (BGBl. I S. 3681), das zuletzt durch Artikel 164 der Verordnung vom 31. Oktober 2006 (BGBl. I S. 2407) geändert worden ist, und die §§ 5, 8 und 21 des Wirtschaftssicherstellungsgesetzes in der Fassung der Bekanntmachung vom 3. Oktober 1968 (BGBl. I S. 1069), das zuletzt durch Artikel 134 der Verordnung vom 31. Oktober 2006 (BGBl. I S. 2407) geändert worden ist, bleiben hiervon unberührt.

(2) [1] Folgende in der Verordnung (EU) 2017/1938 bestimmte Aufgaben werden auf die Bundesnetzagentur übertragen:

1. die Durchführung der Risikobewertung gemäß Artikel 7,
2. folgende Aufgaben betreffend den Ausbau bidirektionaler Lastflüsse: die Aufgaben im Rahmen des Verfahrens gemäß Anhang III, die Überwachung der Erfüllung der Verpflichtung nach Artikel 5 Absatz 4, Aufgaben gemäß Artikel 5 Absatz 8 sowie
3. die in Artikel 5 Absatz 1 und 8 Unterabsatz 1 genannten Aufgaben.

[2] Die Bundesnetzagentur nimmt diese Aufgaben unter der Aufsicht des Bundesministeriums für Wirtschaft und Energie wahr. [3] Die Zuständigkeit des Bundesministeriums für Wirtschaft und Energie gemäß Absatz 1 für Regelungen im Hinblick auf die in Artikel 5 Absatz 1 bis 3 und Artikel 6 in Verbindung mit Artikel 2 Nummer 5 der Verordnung (EU) 2017/1938 genannten Standards bleibt hiervon unberührt.

(3) [1] Die Bestimmung der wesentlichen Elemente, die im Rahmen der Risikobewertung zu berücksichtigen und zu untersuchen sind, einschließlich der Szenarien, die gemäß Artikel 7 Absatz 4 Buchstabe c der Verordnung (EU) 2017/1938 zu analysieren sind, bedarf der Zustimmung des Bundesministeriums für Wirtschaft und Energie. [2] Die Bundesnetzagentur kann durch Festlegung gemäß § 29 Einzelheiten zu Inhalt und Verfahren der Übermittlung von Informationen gemäß Artikel 7 Absatz 6, zum Verfahren gemäß Anhang III sowie zur Kostenaufteilung gemäß Artikel 5 Absatz 7 der Verordnung (EU) 2017/1938 regeln.

(4) Das Bundesministerium für Wirtschaft und Energie wird ermächtigt, durch Rechtsverordnung, die nicht der Zustimmung des Bundesrates bedarf:

1. zum Zwecke der Durchführung der Verordnung (EU) 2017/1938 weitere Aufgaben an die Bundesnetzagentur zu übertragen,
2. Verfahren und Zuständigkeiten von Bundesbehörden bezüglich der Übermittlung von Daten gemäß Artikel 14 der Verordnung (EU) 2017/1938

[1] Nr. **10**.

festzulegen sowie zu bestimmen, welchen Erdgasunternehmen die dort genannten Informationspflichten obliegen,
3. Verfahren und Inhalt der Berichtspflichten gemäß Artikel 10 Absatz 1 Buchstabe k der Verordnung (EU) 2017/1938 festzulegen sowie
4. weitere Berichts- und Meldepflichten zu regeln, die zur Bewertung der Gasversorgungssicherheitslage erforderlich sind.

§ 55 Bundesnetzagentur, Landesregulierungsbehörde und nach Landesrecht zuständige Behörde. (1) [1] Für Entscheidungen der Regulierungsbehörde nach diesem Gesetz gelten hinsichtlich des behördlichen und gerichtlichen Verfahrens die Vorschriften des Teiles 8, soweit in diesem Gesetz nichts anderes bestimmt ist. [2] Leitet die Bundesnetzagentur ein Verfahren ein, führt sie Ermittlungen durch oder schließt sie ein Verfahren ab, so benachrichtigt sie gleichzeitig die Landesregulierungsbehörden, in deren Gebiet die betroffenen Unternehmen ihren Sitz haben.

(2) Leitet die nach Landesrecht zuständige Behörde ein Verfahren nach § 4 oder § 36 Abs. 2 ein, führt sie nach diesen Bestimmungen Ermittlungen durch oder schließt sie ein Verfahren ab, so benachrichtigt sie unverzüglich die Bundesnetzagentur, sofern deren Aufgabenbereich berührt ist.

§ 56 Tätigwerden der Bundesnetzagentur beim Vollzug des europäischen Rechts. (1) [1] Die Bundesnetzagentur nimmt die Aufgaben wahr, die den Regulierungsbehörden der Mitgliedstaaten mit folgenden Rechtsakten übertragen sind:
1. Verordnung (EG) Nr. 714/2009 und den auf Grundlage des Artikels 6 oder Artikels 18 dieser Verordnung erlassenen Verordnungen der Europäischen Kommission,
2. Verordnung (EG) Nr. 715/2009[1)] und den auf Grundlage des Artikels 6 oder Artikels 23 dieser Verordnung erlassenen Verordnungen der Europäischen Kommission,
3. Verordnung (EU) 2017/1938,
4. Verordnung (EU) Nr. 1227/2011 und
5. Verordnung (EU) Nr. 347/2013.

[2] Zur Erfüllung dieser Aufgaben hat die Bundesnetzagentur die Befugnisse, die ihr auf Grund der in Satz 1 genannten Verordnungen und bei der Anwendung dieses Gesetzes zustehen. [3] Es sind die Verfahrensvorschriften dieses Gesetzes anzuwenden.

(2) [1] Die Bundesnetzagentur nimmt die Aufgaben wahr, die den Mitgliedstaaten mit der Verordnung (EU) 2015/1222 der Europäischen Kommission übertragen worden sind. [2] Absatz 1 Satz 2 und 3 ist entsprechend anzuwenden.

§ 57 Zusammenarbeit mit Regulierungsbehörden anderer Mitgliedstaaten, der Agentur für die Zusammenarbeit der Energieregulierungsbehörden und der Europäischen Kommission. (1) Die Bundesnetzagentur arbeitet zum Zwecke der Anwendung energierechtlicher Vorschriften mit den

---

1) Nr. 9.

Regulierungsbehörden anderer Mitgliedstaaten, der Agentur für die Zusammenarbeit der Energieregulierungsbehörden und der Europäischen Kommission zusammen.

(2) [1] Bei der Wahrnehmung der Aufgaben nach diesem Gesetz oder den auf Grund dieses Gesetzes erlassenen Verordnungen kann die Bundesnetzagentur Sachverhalte und Entscheidungen von Regulierungsbehörden anderer Mitgliedstaaten berücksichtigen, soweit diese Auswirkungen im Geltungsbereich dieses Gesetzes haben können. [2] Die Bundesnetzagentur kann auf Antrag eines Netzbetreibers und mit Zustimmung der betroffenen Regulierungsbehörden anderer Mitgliedstaaten von der Regulierung von Anlagen oder Teilen eines grenzüberschreitenden Energieversorgungsnetzes absehen, soweit dieses Energieversorgungsnetz zu einem weit überwiegenden Teil außerhalb des Geltungsbereichs dieses Gesetzes liegt und die Anlage oder der im Geltungsbereich dieses Gesetzes liegende Teil des Energieversorgungsnetzes keine hinreichende Bedeutung für die Energieversorgung im Inland hat. [3] Satz 2 gilt nur, soweit die Anlage oder der im Geltungsbereich dieses Gesetzes liegende Teil der Regulierung durch eine Regulierungsbehörde eines anderen Mitgliedstaates unterliegt und dies zu keiner wesentlichen Schlechterstellung der Betroffenen führt. [4] Ebenso kann die Bundesnetzagentur auf Antrag eines Netzbetreibers und mit Zustimmung der betroffenen Regulierungsbehörden anderer Mitgliedstaaten die Vorschriften dieses Gesetzes auf Anlagen oder Teile eines grenzüberschreitenden Energieversorgungsnetzes, die außerhalb des Geltungsbereichs dieses Gesetzes liegen und eine weit überwiegende Bedeutung für die Energieversorgung im Inland haben, anwenden, soweit die betroffenen Regulierungsbehörden anderer Mitgliedstaaten von einer Regulierung absehen und dies zu keiner wesentlichen Schlechterstellung der Betroffenen führt.

(3) Um die Zusammenarbeit bei der Regulierungstätigkeit zu verstärken, kann die Bundesnetzagentur mit Zustimmung des Bundesministeriums für Wirtschaft und Energie allgemeine Kooperationsvereinbarungen mit Regulierungsbehörden anderer Mitgliedstaaten schließen.

(4) [1] Die Bundesnetzagentur kann im Rahmen der Zusammenarbeit nach Absatz 1 den Regulierungsbehörden anderer Mitgliedstaaten, der Agentur für die Zusammenarbeit der Energieregulierungsbehörden und der Europäischen Kommission die für die Aufgabenerfüllung dieser Behörden aus dem Recht der Europäischen Union erforderlichen Informationen übermitteln, soweit dies erforderlich ist, damit diese Behörden ihre Aufgaben aus dem Recht der Europäischen Union erfüllen können. [2] Bei der Übermittlung von Informationen nach Satz 1 kennzeichnet die Bundesnetzagentur vertrauliche Informationen.

(5) [1] Soweit die Bundesnetzagentur im Rahmen der Zusammenarbeit nach Absatz 1 Informationen von den Regulierungsbehörden anderer Mitgliedstaaten, der Agentur für die Zusammenarbeit der Energieregulierungsbehörden oder der Europäischen Kommission erhält, stellt sie eine vertrauliche Behandlung aller als vertraulich gekennzeichneten Informationen sicher. [2] Die Bundesnetzagentur ist dabei an dasselbe Maß an Vertraulichkeit gebunden wie die übermittelnde Behörde oder die Behörde, welche die Informationen erhoben hat. [3] Die Regelungen über die Rechtshilfe in Strafsachen sowie Amts- und Rechtshilfeabkommen bleiben unberührt.

§ 57a Überprüfungsverfahren. (1) Die Bundesnetzagentur kann die Agentur für die Zusammenarbeit der Energieregulierungsbehörden um eine Stellungnahme dazu ersuchen, ob eine von einer anderen nationalen Regulierungsbehörde getroffene Entscheidung im Einklang mit der Richtlinie 2009/72/EG, der Richtlinie 2009/73/EG[1], der Verordnung (EG) Nr. 714/2009, der Verordnung (EG) Nr. 715/2009[2] oder den nach diesen Vorschriften erlassenen Leitlinien steht.

(2) Die Bundesnetzagentur kann der Europäischen Kommission jede Entscheidung einer Regulierungsbehörde eines anderen Mitgliedstaates mit Belang für den grenzüberschreitenden Handel innerhalb von zwei Monaten ab dem Tag, an dem die fragliche Entscheidung ergangen ist, zur Prüfung vorlegen, wenn sie der Auffassung ist, dass die Entscheidung der anderen Regulierungsbehörde nicht mit den gemäß der Richtlinie 2009/72/EG, der Richtlinie 2009/73/EG[1], der Verordnung (EG) Nr. 714/2009 oder der Verordnung (EG) Nr. 715/2009[2] erlassenen Leitlinien in Einklang steht.

(3) [1] Die Bundesnetzagentur ist befugt, jede eigene Entscheidung nachträglich zu ändern, soweit dies erforderlich ist, um einer Stellungnahme der Agentur für die Zusammenarbeit der Energieregulierungsbehörden nach Artikel 39 Absatz 2 der Richtlinie 2009/72/EG oder Artikel 43 Absatz 2 der Richtlinie 2009/73/EG[1] oder Artikel 7 Absatz 4 der Verordnung (EG) Nr. 713/2009 zu genügen. [2] Die §§ 48 und 49 des Verwaltungsverfahrensgesetzes bleiben unberührt.

(4) Die Bundesnetzagentur ist befugt, jede eigene Entscheidung auf das Verlangen der Europäischen Kommission nach Artikel 39 Absatz 6 Buchstabe b der Richtlinie 2009/72/EG oder Artikel 43 Absatz 6 Buchstabe b der Richtlinie 2009/73/EG[1] nachträglich zu ändern oder aufzuheben.

(5) Die Regelungen über die Rechtshilfe in Strafsachen sowie Amts- und Rechtshilfeabkommen bleiben unberührt.

§ 58 Zusammenarbeit mit den Kartellbehörden. (1) [1] In den Fällen des § 65 in Verbindung mit den §§ 6 bis 6b, 7 bis 7b und 9 bis 10e, des § 25 Satz 2, des § 28a Abs. 3 Satz 1, des § 56 in Verbindung mit Artikel 17 Absatz 1 Buchstabe a der Verordnung (EG) Nr. 714/2009 und von Entscheidungen, die nach einer Rechtsverordnung nach § 24 Satz 1 Nr. 2 in Verbindung mit Satz 2 Nr. 5 vorgesehen sind, entscheidet die Bundesnetzagentur im Einvernehmen mit dem Bundeskartellamt, wobei jedoch hinsichtlich der Entscheidung nach § 65 in Verbindung mit den §§ 6 bis 6a, 7 bis 7b und 9 bis 10e das Einvernehmen nur bezüglich der Bestimmung des Verpflichteten und hinsichtlich der Entscheidung nach § 28a Abs. 3 Satz 1 das Einvernehmen nur bezüglich des Vorliegens der Voraussetzungen des § 28a Abs. 1 Nr. 1 erforderlich ist. [2] Trifft die Bundesnetzagentur Entscheidungen nach den Bestimmungen des Teiles 3, gibt sie dem Bundeskartellamt und der Landesregulierungsbehörde, in deren Bundesland der Sitz des betroffenen Netzbetreibers belegen ist, rechtzeitig vor Abschluss des Verfahrens Gelegenheit zur Stellungnahme.

(2) Führt die nach dem Gesetz gegen Wettbewerbsbeschränkungen zuständige Kartellbehörde im Bereich der leitungsgebundenen Versorgung mit Elek-

---

[1] Nr. **5**.
[2] Nr. **9**.

trizität und Gas Verfahren nach den §§ 19, 20 und 29 des Gesetzes gegen Wettbewerbsbeschränkungen[1], Artikel 102 des Vertrages über die Arbeitsweise der Europäischen Union[2] oder nach § 40 Abs. 2 des Gesetzes gegen Wettbewerbsbeschränkungen durch, gibt sie der Bundesnetzagentur rechtzeitig vor Abschluss des Verfahrens Gelegenheit zur Stellungnahme.

(2a) Absatz 2 gilt entsprechend, wenn die Bundesanstalt für Finanzdienstleistungsaufsicht ein Verfahren im Bereich der leitungsgebundenen Versorgung mit Elektrizität oder Gas einleitet.

(2b) Die Bundesnetzagentur arbeitet mit der Europäischen Kommission bei der Durchführung von wettbewerblichen Untersuchungen durch die Europäische Kommission im Bereich der leitungsgebundenen Versorgung mit Elektrizität und Gas zusammen.

(3) Bundesnetzagentur und Bundeskartellamt wirken auf eine einheitliche und den Zusammenhang mit dem Gesetz gegen Wettbewerbsbeschränkungen wahrende Auslegung dieses Gesetzes hin.

(4) [1] Die Regulierungsbehörden und die Kartellbehörden können unabhängig von der jeweils gewählten Verfahrensart untereinander Informationen einschließlich personenbezogener Daten und Betriebs- und Geschäftsgeheimnisse austauschen, soweit dies zur Erfüllung ihrer jeweiligen Aufgaben erforderlich ist, sowie diese in ihren Verfahren verwerten. [2] Beweisverwertungsverbote bleiben unberührt.

§ 58a Zusammenarbeit zur Durchführung der Verordnung (EU) Nr. 1227/2011. (1) Zur Durchführung der Verordnung (EU) Nr. 1227/2011 arbeitet die Bundesnetzagentur mit der Bundesanstalt für Finanzdienstleistungsaufsicht, mit dem Bundeskartellamt sowie mit den Börsenaufsichtsbehörden und den Handelsüberwachungsstellen zusammen.

(2) [1] Die Bundesnetzagentur und die dort eingerichtete Markttransparenzstelle, die Bundesanstalt für Finanzdienstleistungsaufsicht, das Bundeskartellamt, die Börsenaufsichtsbehörden und die Handelsüberwachungsstellen haben einander unabhängig von der jeweils gewählten Verfahrensart solche Informationen, Beobachtungen und Feststellungen einschließlich personenbezogener Daten sowie Betriebs- und Geschäftsgeheimnisse mitzuteilen, die für die Erfüllung ihrer jeweiligen Aufgaben erforderlich sind. [2] Sie können diese Informationen, Beobachtungen und Feststellungen in ihren Verfahren verwerten. [3] Beweisverwertungsverbote bleiben unberührt.

(3) Ein Anspruch auf Zugang zu den in Absatz 2 und in Artikel 17 der Verordnung (EU) Nr. 1227/2011 genannten amtlichen Informationen besteht über den in Artikel 17 Absatz 3 der Verordnung (EU) Nr. 1227/2011 bezeichneten Fall hinaus nicht.

(4) [1] Die Bundesnetzagentur kann zur Durchführung der Verordnung (EU) Nr. 1227/2011 durch Festlegungen nach § 29 Absatz 1 nähere Bestimmungen treffen, insbesondere zur Verpflichtung zur Veröffentlichung von Informationen nach Artikel 4 der Verordnung (EU) Nr. 1227/2011, zur Registrierung der Marktteilnehmer nach Artikel 9 Absatz 4 und 5 und zur Datenmeldung nach Artikel 8 Absatz 1 oder Absatz 5 der Verordnung (EU) Nr. 1227/2011,

---

[1] Nr. **12**.
[2] Nr. **13**.

soweit nicht die Europäische Kommission entgegenstehende Vorschriften nach Artikel 8 Absatz 2 oder Absatz 6 der Verordnung (EU) Nr. 1227/2011 erlassen hat. [2] Festlegungen, die nähere Bestimmungen zu den Datenmeldepflichten nach Artikel 8 der Verordnung (EU) Nr. 1227/2011 treffen, erfolgen mit Zustimmung der Markttransparenzstelle.

§ 58b Beteiligung der Bundesnetzagentur und Mitteilungen in Strafsachen. (1) [1] Die Staatsanwaltschaft informiert die Bundesnetzagentur über die Einleitung eines Ermittlungsverfahrens, welches Straftaten nach § 95a oder § 95b betrifft. [2] Werden im Ermittlungsverfahren Sachverständige benötigt, können fachkundige Mitarbeiter der Bundesnetzagentur herangezogen werden. [3] Erwägt die Staatsanwaltschaft, das Verfahren einzustellen, so hat sie die Bundesnetzagentur zu hören.

(2) Das Gericht teilt der Bundesnetzagentur in einem Verfahren, welches Straftaten nach § 95a oder § 95b betrifft, den Termin zur Hauptverhandlung mit.

(3) Der Bundesnetzagentur ist auf Antrag Akteneinsicht zu gewähren, es sei denn, schutzwürdige Interessen des Betroffenen stehen dem entgegen oder der Untersuchungserfolg der Ermittlungen wird dadurch gefährdet.

(4) [1] In Strafverfahren, die Straftaten nach § 95a oder § 95b zum Gegenstand haben, ist der Bundesnetzagentur im Fall der Erhebung der öffentlichen Klage Folgendes zu übermitteln:

1. die Anklageschrift oder eine an ihre Stelle tretende Antragsschrift,
2. der Antrag auf Erlass eines Strafbefehls und
3. die das Verfahren abschließende Entscheidung mit Begründung; ist gegen die Entscheidung ein Rechtsmittel eingelegt worden, ist sie unter Hinweis darauf zu übermitteln.

[2] In Verfahren wegen leichtfertig begangener Straftaten wird die Bundesnetzagentur über die in den Nummern 1 und 2 bestimmten Übermittlungen nur dann informiert, wenn aus der Sicht der übermittelnden Stelle unverzüglich Entscheidungen oder andere Maßnahmen der Bundesnetzagentur geboten sind.

Abschnitt 2. Bundesbehörden

§ 59 Organisation. (1) [1] Die Entscheidungen der Bundesnetzagentur nach diesem Gesetz werden von den Beschlusskammern getroffen. [2] Satz 1 gilt nicht für

1. die Erstellung und Überprüfung von Katalogen von Sicherheitsanforderungen nach § 11 Absatz 1a und 1b,
2. die Aufgaben nach § 11 Absatz 2,

2a. die Anforderung der Berichte und die Überwachung der Berichtspflichten nach § 12 Absatz 3b und 3c,

3. die Datenerhebung zur Erfüllung von Berichtspflichten einschließlich der Anforderung von Angaben nach § 12 Absatz 5 Satz 1 Nummer 4,
4. die Aufgaben nach den §§ 12a bis 12f,

4a. die Überwachung der Vorgaben nach § 13 Absatz 3 Satz 4 und 5,

5. Entscheidungen nach § 13b Absatz 5, § 13e Absatz 5, § 13f Absatz 1, § 13g Absatz 6, auf Grund einer Verordnung nach § 13h Absatz 1 Nummer 1 bis 8, 10 und 11 sowie 12 bis 23, Festlegungen auf Grund § 13h Absatz 2 zur näheren Bestimmung der Regelungen nach § 13h Absatz 1 Nummer 1 bis 8, 10 und 11 sowie 12 bis 20,
6. Entscheidungen, die auf Grund von Verordnungen nach § 13i Absatz 3 Nummer 1 Buchstabe a, b, c, f sowie Nummer 2 und Absatz 4 getroffen werden, mit Ausnahme der Kriterien einer angemessenen Vergütung,
7. Festlegungen nach § 13j Absatz 2 Nummer 3, 5 bis 7 und 9, Absatz 3 Satz 1 in Verbindung mit § 13i Absatz 3 Nummer 1 Buchstabe a, b, c und f, § 13j Absatz 3 Satz 2 hinsichtlich des § 13b sowie nach ***[bis 30.9.2021:*** § 13j Absatz 4 und 5***]*** ***[ab 1.10.2021:*** *§ 13j Absatz 4, 5 Nummer 1 und 2 und Absatz 6****]***,
8. die Vorgaben zu den Berichten nach § 14 Absatz 1a Satz 5 und Absatz 1b Satz 2,
9. die Aufgaben nach den §§ 15a, 15b,
10. die Aufgaben nach den §§ 17a bis 17c,
11. die Durchführung des Vergleichsverfahrens nach § 21 Absatz 3,
12. Datenerhebungen zur Wahrnehmung der Aufgaben nach § 54a Absatz 2, Entscheidungen im Zusammenhang mit dem Ausbau bidirektionaler Gasflüsse nach § 54a Absatz 2 in Verbindung mit Artikel 5 Absatz 4 und 8 Unterabsatz 1 sowie Anhang III der Verordnung (EU) 2017/1938 sowie Festlegungen gemäß § 54a Absatz 3 Satz 2 mit Ausnahme von Festlegungen zur Kostenaufteilung,
13. Entscheidungen im Zusammenhang mit der Überwachung der Energiegroßhandelsmärkte nach § 56 Absatz 1 Satz 1 Nummer 4 in Verbindung mit der Verordnung (EU) Nr. 1227/2011 sowie Festlegungen gemäß § 5b Absatz 1 Satz 2 und § 58a Absatz 4,
14. Entscheidungen hinsichtlich der Überprüfung bestehender Gebotszonenkonfigurationen auf der Grundlage von Artikel 32 der Verordnung (EU) 2015/1222,
15. Entscheidungen zur Durchsetzung der Verpflichtungen für Datenlieferanten nach Artikel 4 Absatz 6 der Verordnung (EU) Nr. 543/2013,
16. die Erhebung von Gebühren nach § 91,
17. Vollstreckungsmaßnahmen nach § 94,
18. die Aufgaben und Festlegungen im Zusammenhang mit der nationalen Informationsplattform nach § 111d und
19. die Aufgaben im Zusammenhang mit dem Marktstammdatenregister nach den §§ 111e und 111f.

[3]Die Beschlusskammern werden nach Bestimmung des Bundesministeriums für Wirtschaft und Energie gebildet.

(2) [1]Die Beschlusskammern entscheiden in der Besetzung mit einem oder einer Vorsitzenden und zwei Beisitzenden. [2]Vorsitzende und Beisitzende müssen Beamte sein und die Befähigung zum Richteramt oder für eine Laufbahn des höheren Dienstes haben.

(3) Die Mitglieder der Beschlusskammern dürfen weder ein Unternehmen der Energiewirtschaft innehaben oder leiten noch dürfen sie Mitglied des Vorstandes oder Aufsichtsrates eines Unternehmens der Energiewirtschaft sein oder einer Regierung oder einer gesetzgebenden Körperschaft des Bundes oder eines Landes angehören.

§ 60 Aufgaben des Beirates. [1]Der Beirat nach § 5 des Gesetzes über die Bundesnetzagentur für Elektrizität, Gas, Telekommunikation, Post und Eisenbahnen[1)] hat die Aufgabe, die Bundesnetzagentur bei der Erstellung der Berichte nach § 63 Absatz 3 zu beraten. [2]Er ist gegenüber der Bundesnetzagentur berechtigt, Auskünfte und Stellungnahmen einzuholen. [3]Die Bundesnetzagentur ist insoweit auskunftspflichtig.

§ 60a Aufgaben des Länderausschusses. (1) Der Länderausschuss nach § 8 des Gesetzes über die Bundesnetzagentur für Elektrizität, Gas, Telekommunikation, Post und Eisenbahnen[1)] (Länderausschuss) dient der Abstimmung zwischen der Bundesnetzagentur und den Landesregulierungsbehörden mit dem Ziel der Sicherstellung eines bundeseinheitlichen Vollzugs.

(2) [1]Vor dem Erlass von Allgemeinverfügungen, insbesondere von Festlegungen nach § 29 Abs. 1, und Verwaltungsvorschriften, Leitfäden und vergleichbaren informellen Regelungen durch die Bundesnetzagentur nach den Teilen 2 und 3 ist dem Länderausschuss Gelegenheit zur Stellungnahme zu geben. [2]In dringlichen Fällen können Allgemeinverfügungen erlassen werden, ohne dass dem Länderausschuss Gelegenheit zur Stellungnahme gegeben worden ist; in solchen Fällen ist der Länderausschuss nachträglich zu unterrichten.

(3) [1]Der Länderausschuss ist berechtigt, im Zusammenhang mit dem Erlass von Allgemeinverfügungen im Sinne des Absatzes 2 Auskünfte und Stellungnahmen von der Bundesnetzagentur einzuholen. [2]Die Bundesnetzagentur ist insoweit auskunftspflichtig.

(4) [1]Der Bericht der Bundesnetzagentur nach § 112a Abs. 1 zur Einführung einer Anreizregulierung ist im Benehmen mit dem Länderausschuss zu erstellen. [2]Der Länderausschuss ist zu diesem Zwecke durch die Bundesnetzagentur regelmäßig über Stand und Fortgang der Arbeiten zu unterrichten. [3]Absatz 3 gilt entsprechend.

§ 61 Veröffentlichung allgemeiner Weisungen des Bundesministeriums für Wirtschaft und Energie. Soweit das Bundesministerium für Wirtschaft und Energie der Bundesnetzagentur allgemeine Weisungen für den Erlass oder die Unterlassung von Verfügungen nach diesem Gesetz erteilt, sind diese Weisungen mit Begründung im Bundesanzeiger zu veröffentlichen.

§ 62 Gutachten der Monopolkommission. (1) [1]Die Monopolkommission erstellt alle zwei Jahre ein Gutachten, in dem sie den Stand und die absehbare Entwicklung des Wettbewerbs und die Frage beurteilt, ob funktionsfähiger Wettbewerb auf den Märkten der leitungsgebundenen Versorgung mit Elektrizität und Gas in der Bundesrepublik Deutschland besteht, die Anwendung der Vorschriften dieses Gesetzes über die Regulierung und Wettbewerbsaufsicht würdigt und zu sonstigen aktuellen wettbewerbspolitischen Fragen der lei-

---

[1)] Nr. 2.

tungsgebundenen Versorgung mit Elektrizität und Gas Stellung nimmt. [2]Das Gutachten soll in dem Jahr abgeschlossen sein, in dem kein Hauptgutachten nach § 44 des Gesetzes gegen Wettbewerbsbeschränkungen[1)] vorgelegt wird. [3]Die Monopolkommission kann Einsicht nehmen in die bei der Bundesnetzagentur geführten Akten einschließlich der Betriebs- und Geschäftsgeheimnisse, soweit dies zur ordnungsgemäßen Erfüllung ihrer Aufgaben erforderlich ist. [4]Für den vertraulichen Umgang mit den Akten gilt § 46 Absatz 3 des Gesetzes gegen Wettbewerbsbeschränkungen[1)] entsprechend.

(2) [1]Die Monopolkommission leitet ihre Gutachten der Bundesregierung zu. [2]Die Bundesregierung legt Gutachten nach Absatz 1 Satz 1 den gesetzgebenden Körperschaften unverzüglich vor und nimmt zu ihnen in angemessener Frist Stellung. [3]Die Gutachten werden von der Monopolkommission veröffentlicht. [4]Bei Gutachten nach Absatz 1 Satz 1 erfolgt dies zu dem Zeitpunkt, zu dem sie von der Bundesregierung der gesetzgebenden Körperschaft vorgelegt werden.

§ 63 Berichterstattung. (1) [1]Die Bundesregierung berichtet dem Bundestag jährlich über den Netzausbau, den Kraftwerksbestand sowie Energieeffizienz und die sich daraus ergebenden Herausforderungen und legt erforderliche Handlungsempfehlungen vor (Monitoringbericht). [2]Bei der Erstellung des Berichts nach Satz 1 hat das Bundesministerium für Wirtschaft und Energie die Befugnisse nach den §§ 12a, 12b, 14 Absatz 1a und 1b, den §§ 68, 69 und 71.

(2) [1]Das Bundesministerium für Wirtschaft und Energie veröffentlicht bis zum 31. Juli 2018 und dann mindestens alle zwei Jahre jeweils die folgenden Berichte:

1. einen Bericht zum Stand und zur Entwicklung der Versorgungssicherheit im Bereich der Versorgung mit Erdgas sowie
2. einen Bericht zum Stand und zur Entwicklung der Versorgungssicherheit im Bereich der Versorgung mit Elektrizität.

[2]In die Berichte nach Satz 1 sind auch die Erkenntnisse aus dem Monitoring der Versorgungssicherheit nach § 51 sowie getroffene oder geplante Maßnahmen aufzunehmen. [3]In den Berichten nach Satz 1 stellt das Bundesministerium für Wirtschaft und Energie jeweils auch dar, inwieweit Importe zur Sicherstellung der Versorgungssicherheit in Deutschland beitragen. [4]Das Bundesministerium für Wirtschaft und Energie übermittelt die Berichte nach Satz 1 jeweils unverzüglich an die Europäische Kommission.

(2a) [1]Das Bundesministerium für Wirtschaft und Energie veröffentlicht jeweils bis zum 31. Juli 2017 und 31. Dezember 2018 sowie für die Dauer des Fortbestehens der Maßnahmen nach den §§ 13a bis 13d sowie 13f, 13i und 13j sowie § 16 Absatz 2a mindestens alle zwei Jahre jeweils einen Bericht über die Wirksamkeit und Notwendigkeit dieser Maßnahmen einschließlich der dafür entstehenden Kosten. [2]Ab dem Jahr 2020 umfasst der Bericht auch auf Grundlage der Überprüfungen nach § 13e Absatz 5 die Wirksamkeit und Notwendigkeit von Maßnahmen nach § 13e oder der Rechtsverordnung nach § 13h einschließlich der für die Maßnahmen entstehenden Kosten. [3]Das Bundesministerium für Wirtschaft und Energie evaluiert in dem zum 31. Dezember

---

[1)] Nr. **12**.

2022 zu veröffentlichenden Bericht auch, ob eine Fortgeltung der Regelungen nach Satz 1 und der Netzreserveverordnung über den 31. Dezember 2023 hinaus zur Gewährleistung der Sicherheit oder Zuverlässigkeit des Elektrizitätsversorgungssystems weiterhin notwendig ist.

(3) [1]Die Bundesnetzagentur veröffentlicht jährlich einen Bericht über ihre Tätigkeit sowie im Einvernehmen mit dem Bundeskartellamt, soweit wettbewerbliche Aspekte betroffen sind, über das Ergebnis ihrer Monitoring-Tätigkeit und legt ihn der Europäischen Kommission und der Europäischen Agentur für die Zusammenarbeit der Energieregulierungsbehörden vor. [2]In den Bericht ist der vom Bundeskartellamt im Einvernehmen mit der Bundesnetzagentur, soweit Aspekte der Regulierung der Leitungsnetze betroffen sind, erstellte Bericht über das Ergebnis seiner Monitoring-Tätigkeit nach § 48 Absatz 3 in Verbindung mit § 53 Absatz 3 Satz 1 des Gesetzes gegen Wettbewerbsbeschränkungen[1)] aufzunehmen (Monitoringbericht Elektrizitäts- und Gasmarkt). [3]In den Bericht sind allgemeine Weisungen des Bundesministeriums für Wirtschaft und Energie nach § 61 aufzunehmen.

(3a) [1]Die Regulierungsbehörde veröffentlicht bis zum 31. März 2017, bis zum 30. Juni 2019 und dann mindestens alle zwei Jahre auf Grundlage der Informationen und Analysen nach § 12 Absatz 5 Satz 1 Nummer 4 und nach § 35 Absatz 1a jeweils einen Bericht über die Mindesterzeugung, über die Faktoren, die die Mindesterzeugung in den letzten zwei Jahren maßgeblich beeinflusst haben, sowie über den Umfang, in dem die Einspeisung aus erneuerbaren Energien durch diese Mindesterzeugung beeinflusst worden ist (Bericht über die Mindesterzeugung). [2]In den Bericht nach Satz 1 ist auch die zukünftige Entwicklung der Mindesterzeugung aufzunehmen.

(4) [1]Die Bundesnetzagentur kann in ihrem Amtsblatt oder auf ihrer Internetseite jegliche Information veröffentlichen, die für Haushaltskunden Bedeutung haben kann, auch wenn dies die Nennung von Unternehmensnamen beinhaltet. [2]Sonstige Rechtsvorschriften, namentlich zum Schutz personenbezogener Daten und zum Presserecht, bleiben unberührt.

(5) Das Statistische Bundesamt unterrichtet die Europäische Kommission alle drei Monate über in den vorangegangenen drei Monaten getätigte Elektrizitätseinfuhren in Form physikalisch geflossener Energiemengen aus Ländern außerhalb der Europäischen Union.

§ 64 Wissenschaftliche Beratung. (1) [1]Die Bundesnetzagentur kann zur Vorbereitung ihrer Entscheidungen oder zur Begutachtung von Fragen der Regulierung wissenschaftliche Kommissionen einsetzen. [2]Ihre Mitglieder müssen auf dem Gebiet der leitungsgebundenen Energieversorgung über besondere volkswirtschaftliche, betriebswirtschaftliche, verbraucherpolitische, technische oder rechtliche Erfahrungen und über ausgewiesene wissenschaftliche Kenntnisse verfügen.

(2) [1]Die Bundesnetzagentur darf sich bei der Erfüllung ihrer Aufgaben fortlaufend wissenschaftlicher Unterstützung bedienen. [2]Diese betrifft insbesondere

---

[1)] Nr. **12**.

1. die regelmäßige Begutachtung der volkswirtschaftlichen, betriebswirtschaftlichen, technischen und rechtlichen Entwicklung auf dem Gebiet der leitungsgebundenen Energieversorgung,
2. die Aufbereitung und Weiterentwicklung der Grundlagen für die Gestaltung der Regulierung des Netzbetriebs, die Regeln über den Netzanschluss und -zugang sowie den Kunden- und Verbraucherschutz.

§ 64a Zusammenarbeit zwischen den Regulierungsbehörden.

(1) [1] Die Bundesnetzagentur und die Landesregulierungsbehörden unterstützen sich gegenseitig bei der Wahrnehmung der ihnen nach § 54 obliegenden Aufgaben. [2] Dies gilt insbesondere für den Austausch der für die Wahrnehmung der Aufgaben nach Satz 1 notwendigen Informationen.

(2) [1] Die Landesregulierungsbehörden unterstützen die Bundesnetzagentur bei der Wahrnehmung der dieser nach den §§ 35, 60, 63 und 64 obliegenden Aufgaben; soweit hierbei Aufgaben der Landesregulierungsbehörden berührt sind, gibt die Bundesnetzagentur den Landesregulierungsbehörden auf geeignete Weise Gelegenheit zur Mitwirkung. [2] Dies kann auch über den Länderausschuss nach § 60a erfolgen.

Teil 8. Verfahren und Rechtsschutz bei überlangen Gerichtsverfahren

Abschnitt 1. Behördliches Verfahren

§ 65 Aufsichtsmaßnahmen. (1) [1] Die Regulierungsbehörde kann Unternehmen oder Vereinigungen von Unternehmen verpflichten, ein Verhalten abzustellen, das den Bestimmungen dieses Gesetzes sowie den auf Grund dieses Gesetzes ergangenen Rechtsvorschriften entgegensteht. [2] Sie kann hierzu alle erforderlichen Abhilfemaßnahmen verhaltensorientierter oder struktureller Art vorschreiben, die gegenüber der festgestellten Zuwiderhandlung verhältnismäßig und für eine wirksame Abstellung der Zuwiderhandlung erforderlich sind. [3] Abhilfemaßnahmen struktureller Art können nur in Ermangelung einer verhaltensorientierten Abhilfemaßnahme von gleicher Wirksamkeit festgelegt werden oder wenn letztere im Vergleich zu Abhilfemaßnahmen struktureller Art mit einer größeren Belastung für die beteiligten Unternehmen verbunden wäre.

(2) Kommt ein Unternehmen oder eine Vereinigung von Unternehmen seinen Verpflichtungen nach diesem Gesetz oder den auf Grund dieses Gesetzes erlassenen Rechtsverordnungen nicht nach, so kann die Regulierungsbehörde die Maßnahmen zur Einhaltung der Verpflichtungen anordnen.

(2a) [1] Hat ein Betreiber von Transportnetzen aus anderen als zwingenden, von ihm nicht zu beeinflussenden Gründen eine Investition, die nach dem Netzentwicklungsplan nach § 12c Absatz 4 Satz 1 und 3 oder § 15a in den folgenden drei Jahren nach Eintritt der Verbindlichkeit nach § 12c Absatz 4 Satz 1 oder § 15a Absatz 3 Satz 8 durchgeführt werden musste, nicht durchgeführt, fordert die Regulierungsbehörde ihn mit Fristsetzung zur Durchführung der betreffenden Investition auf, sofern die Investition unter Zugrundelegung des jüngsten Netzentwicklungsplans noch relevant ist. [2] Die Regulierungsbehörde kann nach Ablauf der Frist nach Satz 1 ein Ausschreibungsverfahren zur Durchführung der betreffenden Investition durchführen. [3]Die Regulierungsbehörde kann durch Festlegung nach § 29 Absatz 1 zum Ausschreibungsverfahren nähere Bestimmungen treffen.

(3) Soweit ein berechtigtes Interesse besteht, kann die Regulierungsbehörde auch eine Zuwiderhandlung feststellen, nachdem diese beendet ist.

(4) § 30 Abs. 2 bleibt unberührt.

(5) Die Absätze 1 und 2 sowie die §§ 68, 69 und 71 sind entsprechend anzuwenden auf die Überwachung von Bestimmungen dieses Gesetzes und von auf Grund dieser Bestimmungen ergangenen Rechtsvorschriften durch die nach Landesrecht zuständige Behörde, soweit diese für die Überwachung der Einhaltung dieser Vorschriften zuständig ist und dieses Gesetz im Einzelfall nicht speziellere Vorschriften über Aufsichtsmaßnahmen enthält.

(6) Die Bundesnetzagentur kann gegenüber Personen, die gegen Vorschriften der Verordnung (EU) Nr. 1227/2011 verstoßen, sämtliche Maßnahmen nach den Absätzen 1 bis 3 ergreifen, soweit sie zur Durchsetzung der Vorschriften der Verordnung (EU) Nr. 1227/2011 erforderlich sind.

§ 66 Einleitung des Verfahrens, Beteiligte. (1) Die Regulierungsbehörde leitet ein Verfahren von Amts wegen oder auf Antrag ein.

(2) An dem Verfahren vor der Regulierungsbehörde sind beteiligt,

1. wer die Einleitung eines Verfahrens beantragt hat,
2. natürliche und juristische Personen, gegen die sich das Verfahren richtet,
3. Personen und Personenvereinigungen, deren Interessen durch die Entscheidung erheblich berührt werden und die die Regulierungsbehörde auf ihren Antrag zu dem Verfahren beigeladen hat, wobei Interessen der Verbraucherzentralen und anderer Verbraucherverbände, die mit öffentlichen Mitteln gefördert werden, auch dann erheblich berührt werden, wenn sich die Entscheidung auf eine Vielzahl von Verbrauchern auswirkt und dadurch die Interessen der Verbraucher insgesamt erheblich berührt werden.

(3) An Verfahren vor den nach Landesrecht zuständigen Behörden ist auch die Regulierungsbehörde beteiligt.

§ 66a Vorabentscheidung über Zuständigkeit. (1) [1]Macht ein Beteiligter die örtliche oder sachliche Unzuständigkeit der Regulierungsbehörde geltend, so kann die Regulierungsbehörde über die Zuständigkeit vorab entscheiden. [2]Die Verfügung kann selbständig mit der Beschwerde angefochten werden.

(2) Hat ein Beteiligter die örtliche oder sachliche Unzuständigkeit der Regulierungsbehörde nicht geltend gemacht, so kann eine Beschwerde nicht darauf gestützt werden, dass die Regulierungsbehörde ihre Zuständigkeit zu Unrecht angenommen hat.

§ 67 Anhörung, mündliche Verhandlung. (1) Die Regulierungsbehörde hat den Beteiligten Gelegenheit zur Stellungnahme zu geben.

(2) Vertretern der von dem Verfahren berührten Wirtschaftskreise kann die Regulierungsbehörde in geeigneten Fällen Gelegenheit zur Stellungnahme geben.

(3) [1]Auf Antrag eines Beteiligten oder von Amts wegen kann die Regulierungsbehörde eine öffentliche mündliche Verhandlung durchführen. [2]Für die Verhandlung oder für einen Teil davon ist die Öffentlichkeit auszuschließen, wenn sie eine Gefährdung der öffentlichen Ordnung, insbesondere der Sicherheit des Staates, oder die Gefährdung eines wichtigen Betriebs- oder Geschäftsgeheimnisses besorgen lässt.

(4) Die §§ 45 und 46 des Verwaltungsverfahrensgesetzes sind anzuwenden.

§ 68 Ermittlungen. (1) Die Regulierungsbehörde kann alle Ermittlungen führen und alle Beweise erheben, die erforderlich sind.

(2) [1]Für den Beweis durch Augenschein, Zeugen und Sachverständige sind § 372 Abs. 1, §§ 376, 377, 378, 380 bis 387, 390, 395 bis 397, 398 Abs. 1, §§ 401, 402, 404, 404a, 406 bis 409, 411 bis 414 der Zivilprozessordnung sinngemäß anzuwenden; Haft darf nicht verhängt werden. [2]Für die Entscheidung über die Beschwerde ist das Oberlandesgericht zuständig.

(3) [1]Über die Zeugenaussage soll eine Niederschrift aufgenommen werden, die von dem ermittelnden Mitglied der Regulierungsbehörde und, wenn ein Urkundsbeamter zugezogen ist, auch von diesem zu unterschreiben ist. [2]Die Niederschrift soll Ort und Tag der Verhandlung sowie die Namen der Mitwirkenden und Beteiligten ersehen lassen.

(4) [1]Die Niederschrift ist dem Zeugen zur Genehmigung vorzulesen oder zur eigenen Durchsicht vorzulegen. [2]Die erteilte Genehmigung ist zu vermerken und von dem Zeugen zu unterschreiben. [3]Unterbleibt die Unterschrift, so ist der Grund hierfür anzugeben.

(5) Bei der Vernehmung von Sachverständigen sind die Bestimmungen der Absätze 3 und 4 anzuwenden.

(6) [1]Die Regulierungsbehörde kann das Amtsgericht um die Beeidigung von Zeugen ersuchen, wenn sie die Beeidigung zur Herbeiführung einer wahrheitsgemäßen Aussage für notwendig erachtet. [2]Über die Beeidigung entscheidet das Gericht.

(7) Die Bundesnetzagentur darf personenbezogene Daten, die ihr zur Durchführung der Verordnung (EU) Nr. 1227/2011 mitgeteilt werden, nur speichern, verändern und nutzen, soweit dies zur Erfüllung der in ihrer Zuständigkeit liegenden Aufgaben und für die Zwecke der Zusammenarbeit nach Artikel 7 Absatz 2 und Artikel 16 der Verordnung (EU) Nr. 1227/2011 erforderlich ist.

(8) Die Bundesnetzagentur kann zur Erfüllung ihrer Aufgaben auch Wirtschaftsprüfer oder Sachverständige als Verwaltungshelfer bei Ermittlungen oder Überprüfungen einsetzen.

§ 68a Zusammenarbeit mit der Staatsanwaltschaft. [1]Die Bundesnetzagentur hat Tatsachen, die den Verdacht einer Straftat nach § 95a oder § 95b begründen, der zuständigen Staatsanwaltschaft unverzüglich anzuzeigen. [2]Sie kann die personenbezogenen Daten der Betroffenen, gegen die sich der Verdacht richtet oder die als Zeugen in Betracht kommen, der Staatsanwaltschaft übermitteln, soweit dies für Zwecke der Strafverfolgung erforderlich ist. [3]Die Staatsanwaltschaft entscheidet über die Vornahme der erforderlichen Ermittlungsmaßnahmen, insbesondere über Durchsuchungen, nach den Vorschriften der Strafprozessordnung. [4]Die Befugnisse der Bundesnetzagentur nach § 56 Absatz 1 Satz 2 und § 69 Absatz 3 und 11 bleiben hiervon unberührt, soweit

1. sie für die Durchführung von Verwaltungsmaßnahmen oder die Zusammenarbeit nach Artikel 7 Absatz 2 und Artikel 16 der Verordnung (EU) Nr. 1227/2011 erforderlich sind und
2. eine Gefährdung des Untersuchungszwecks von Ermittlungen der Strafverfolgungsbehörden oder der für Strafsachen zuständigen Gerichte nicht zu erwarten ist.

§ 69 Auskunftsverlangen, Betretungsrecht. (1) [1]Soweit es zur Erfüllung der in diesem Gesetz der Regulierungsbehörde übertragenen Aufgaben erforderlich ist, kann die Regulierungsbehörde bis zur Bestandskraft ihrer Entscheidung

1. von Unternehmen und Vereinigungen von Unternehmen Auskunft über ihre technischen und wirtschaftlichen Verhältnisse sowie die Herausgabe von Unterlagen verlangen; dies umfasst auch allgemeine Marktstudien, die der Regulierungsbehörde bei der Erfüllung der ihr übertragenen Aufgaben, insbesondere bei der Einschätzung oder Analyse der Wettbewerbsbedingungen oder der Marktlage, dienen und sich im Besitz des Unternehmens oder der Vereinigung von Unternehmen befinden;
2. von Unternehmen und Vereinigungen von Unternehmen Auskunft über die wirtschaftlichen Verhältnisse von mit ihnen nach Artikel 3 Abs. 2 der Verordnung (EG) Nr. 139/2004 verbundenen Unternehmen sowie die Herausgabe von Unterlagen dieser Unternehmen verlangen, soweit sie die Informationen zur Verfügung haben oder soweit sie auf Grund bestehender rechtlicher Verbindungen zur Beschaffung der verlangten Informationen über die verbundenen Unternehmen in der Lage sind;
3. bei Unternehmen und Vereinigungen von Unternehmen innerhalb der üblichen Geschäftszeiten die geschäftlichen Unterlagen einsehen und prüfen.

[2]Gegenüber Wirtschafts- und Berufsvereinigungen der Energiewirtschaft gilt Satz 1 Nr. 1 und 3 entsprechend hinsichtlich ihrer Tätigkeit, Satzung und Beschlüsse sowie Anzahl und Namen der Mitglieder, für die die Beschlüsse bestimmt sind.

(2) Die Inhaber der Unternehmen oder die diese vertretenden Personen, bei juristischen Personen, Gesellschaften und nichtrechtsfähigen Vereinen die nach Gesetz oder Satzung zur Vertretung berufenen Personen, sind verpflichtet, die verlangten Unterlagen herauszugeben, die verlangten Auskünfte zu erteilen, die geschäftlichen Unterlagen zur Einsichtnahme vorzulegen und die Prüfung dieser geschäftlichen Unterlagen sowie das Betreten von Geschäftsräumen und -grundstücken während der üblichen Geschäftszeiten zu dulden.

(3) [1]Personen, die von der Regulierungsbehörde mit der Vornahme von Prüfungen beauftragt sind, dürfen Betriebsgrundstücke, Büro- und Geschäftsräume und Einrichtungen der Unternehmen und Vereinigungen von Unternehmen während der üblichen Geschäftszeiten betreten. [2]Das Betreten ist außerhalb dieser Zeit oder wenn die Geschäftsräume sich in einer Wohnung befinden ohne Einverständnis nur insoweit zulässig und zu dulden, wie dies zur Verhütung von dringenden Gefahren für die öffentliche Sicherheit und Ordnung erforderlich ist und wie bei der auskunftspflichtigen Person Anhaltspunkte

für einen Verstoß gegen Artikel 3 oder 5 der Verordnung (EU) Nr. 1227/2011 vorliegen. [3]Das Grundrecht des Artikels 13 des Grundgesetzes wird insoweit eingeschränkt.

(4) [1]Durchsuchungen können nur auf Anordnung des Amtsgerichts, in dessen Bezirk die Durchsuchung erfolgen soll, vorgenommen werden. [2]Durchsuchungen sind zulässig, wenn zu vermuten ist, dass sich in den betreffenden Räumen Unterlagen befinden, die die Regulierungsbehörde nach Absatz 1 einsehen, prüfen oder herausverlangen darf. [3]Auf die Anfechtung dieser Anordnung finden die §§ 306 bis 310 und 311a der Strafprozessordnung entsprechende Anwendung. [4]Bei Gefahr im Verzuge können die in Absatz 3 bezeichneten Personen während der Geschäftszeit die erforderlichen Durchsuchungen ohne richterliche Anordnung vornehmen. [5]An Ort und Stelle ist eine Niederschrift über die Durchsuchung und ihr wesentliches Ergebnis aufzunehmen, aus der sich, falls keine richterliche Anordnung ergangen ist, auch die Tatsachen ergeben, die zur Annahme einer Gefahr im Verzuge geführt haben. [6]Das Grundrecht der Unverletzlichkeit der Wohnung (Artikel 13 Abs. 1 des Grundgesetzes) wird insoweit eingeschränkt.

(5) [1]Gegenstände oder geschäftliche Unterlagen können im erforderlichen Umfang in Verwahrung genommen werden oder, wenn sie nicht freiwillig herausgegeben werden, beschlagnahmt werden. [2]Dem von der Durchsuchung Betroffenen ist nach deren Beendigung auf Verlangen ein Verzeichnis der in Verwahrung oder Beschlag genommenen Gegenstände, falls dies nicht der Fall ist, eine Bescheinigung hierüber zu geben.

(6) [1]Zur Auskunft Verpflichtete können die Auskunft auf solche Fragen verweigern, deren Beantwortung sie selbst oder in § 383 Abs. 1 Nr. 1 bis 3 der Zivilprozessordnung bezeichnete Angehörige der Gefahr strafrechtlicher Verfolgung oder eines Verfahrens nach dem Gesetz über Ordnungswidrigkeiten aussetzen würde. [2]Die durch Auskünfte oder Maßnahmen nach Absatz 1 erlangten Kenntnisse und Unterlagen dürfen für ein Besteuerungsverfahren oder ein Bußgeldverfahren wegen einer Steuerordnungswidrigkeit oder einer Devisenzuwiderhandlung sowie für ein Verfahren wegen einer Steuerstraftat oder einer Devisenstraftat nicht verwendet werden; die §§ 93, 97, 105 Abs. 1, § 111 Abs. 5 in Verbindung mit § 105 Abs. 1 sowie § 116 Abs. 1 der Abgabenordnung sind insoweit nicht anzuwenden. [3]Satz 2 gilt nicht für Verfahren wegen einer Steuerstraftat sowie eines damit zusammenhängenden Besteuerungsverfahrens, wenn an deren Durchführung ein zwingendes öffentliches Interesse besteht, oder bei vorsätzlich falschen Angaben der Auskunftspflichtigen oder der für sie tätigen Personen.

(7) [1]Die Bundesnetzagentur fordert die Auskünfte nach Absatz 1 Nr. 1 durch Beschluss, die Landesregulierungsbehörde fordert sie durch schriftliche Einzelverfügung an. [2]Darin sind die Rechtsgrundlage, der Gegenstand und der Zweck des Auskunftsverlangens anzugeben und eine angemessene Frist zur Erteilung der Auskunft zu bestimmen.

(8) [1]Die Bundesnetzagentur ordnet die Prüfung nach Absatz 1 Satz 1 Nr. 3 durch Beschluss mit Zustimmung des Präsidenten oder der Präsidentin, die Landesregulierungsbehörde durch schriftliche Einzelverfügung an. [2]In der Anordnung sind Zeitpunkt, Rechtsgrundlage, Gegenstand und Zweck der Prüfung anzugeben.

(9) Soweit Prüfungen einen Verstoß gegen Anordnungen oder Entscheidungen der Regulierungsbehörde ergeben haben, hat das Unternehmen der Regulierungsbehörde die Kosten für diese Prüfungen zu erstatten.

(10) [1] Lassen Umstände vermuten, dass der Wettbewerb im Anwendungsbereich dieses Gesetzes beeinträchtigt oder verfälscht ist, kann die Regulierungsbehörde die Untersuchung eines bestimmten Wirtschaftszweiges oder einer bestimmten Art von Vereinbarungen oder Verhalten durchführen. [2] Im Rahmen dieser Untersuchung kann die Regulierungsbehörde von den betreffenden Unternehmen die Auskünfte verlangen, die zur Durchsetzung dieses Gesetzes und der Verordnung (EG) Nr. 1228/2003 erforderlich sind und die dazu erforderlichen Ermittlungen durchführen. [3] Die Absätze 1 bis 9 sowie die §§ 68 und 71 sowie 72 bis 74 gelten entsprechend.

(11) [1] Die Bundesnetzagentur kann von allen natürlichen und juristischen Personen Auskünfte und die Herausgabe von Unterlagen verlangen sowie Personen laden und vernehmen, soweit Anhaltspunkte dafür vorliegen, dass dies für die Überwachung der Einhaltung der Artikel 3 und 5 der Verordnung (EU) Nr. 1227/2011 erforderlich ist. [2] Sie kann insbesondere die Angabe von Bestandsveränderungen in Energiegroßhandelsprodukten sowie Auskünfte über die Identität weiterer Personen, insbesondere der Auftraggeber und der aus Geschäften berechtigten oder verpflichteten Personen, verlangen. [3] Die Absätze 1 bis 9 sowie die §§ 68 und 71 sowie 72 bis 74 sind anzuwenden. [4] Gesetzliche Auskunfts- oder Aussageverweigerungsrechte sowie gesetzliche Verschwiegenheitspflichten bleiben unberührt.

§ 70 Beschlagnahme. (1) [1] Die Regulierungsbehörde kann Gegenstände, die als Beweismittel für die Ermittlung von Bedeutung sein können, beschlagnahmen. [2] Die Beschlagnahme ist dem davon Betroffenen unverzüglich bekannt zu geben.

(2) Die Regulierungsbehörde hat binnen drei Tagen um die richterliche Bestätigung des Amtsgerichts, in dessen Bezirk die Beschlagnahme vorgenommen ist, nachzusuchen, wenn bei der Beschlagnahme weder der davon Betroffene noch ein erwachsener Angehöriger anwesend war oder wenn der Betroffene und im Falle seiner Abwesenheit ein erwachsener Angehöriger des Betroffenen gegen die Beschlagnahme ausdrücklich Widerspruch erhoben hat.

(3) [1] Der Betroffene kann gegen die Beschlagnahme jederzeit um die richterliche Entscheidung nachsuchen. [2] Hierüber ist er zu belehren. [3] Über den Antrag entscheidet das nach Absatz 2 zuständige Gericht.

(4) [1] Gegen die richterliche Entscheidung ist die Beschwerde zulässig. [2] Die §§ 306 bis 310 und 311a der Strafprozessordnung gelten entsprechend.

§ 71 Betriebs- oder Geschäftsgeheimnisse. [1] Zur Sicherung ihrer Rechte nach § 30 des Verwaltungsverfahrensgesetzes haben alle, die nach diesem Gesetz zur Vorlage von Informationen verpflichtet sind, unverzüglich nach der Vorlage diejenigen Teile zu kennzeichnen, die Betriebs- oder Geschäftsgeheimnisse enthalten. [2] In diesem Fall müssen sie zusätzlich eine Fassung vorlegen, die aus ihrer Sicht ohne Preisgabe von Betriebs- oder Geschäftsgeheimnissen eingesehen werden kann. [3] Erfolgt dies nicht, kann die Regulierungsbehörde von ihrer Zustimmung zur Einsicht ausgehen, es sei denn, ihr sind besondere Umstände bekannt, die eine solche Vermutung nicht rechtfertigen. [4] Hält die

Regulierungsbehörde die Kennzeichnung der Unterlagen als Betriebs- oder Geschäftsgeheimnisse für unberechtigt, so muss sie vor der Entscheidung über die Gewährung von Einsichtnahme an Dritte die vorlegenden Personen hören.

§ 71a Netzentgelte vorgelagerter Netzebenen. Soweit Entgelte für die Nutzung vorgelagerter Netzebenen im Netzentgelt des Verteilernetzbetreibers enthalten sind, sind diese von den Landesregulierungsbehörden zugrunde zu legen, soweit nicht etwas anderes durch eine sofort vollziehbare oder bestandskräftige Entscheidung der Bundesnetzagentur oder ein rechtskräftiges Urteil festgestellt worden ist.

§ 72 Vorläufige Anordnungen. Die Regulierungsbehörde kann bis zur endgültigen Entscheidung vorläufige Anordnungen treffen.

§ 73 Verfahrensabschluss, Begründung der Entscheidung, Zustellung.

(1) [1] Entscheidungen der Regulierungsbehörde sind zu begründen und mit einer Belehrung über das zulässige Rechtsmittel den Beteiligten nach den Vorschriften des Verwaltungszustellungsgesetzes zuzustellen. [2] § 5 Abs. 4 des Verwaltungszustellungsgesetzes und § 178 Abs. 1 Nr. 2 der Zivilprozessordnung sind entsprechend anzuwenden auf Unternehmen und Vereinigungen von Unternehmen. [3] Entscheidungen, die gegenüber einem Unternehmen mit Sitz im Ausland ergehen, stellt die Regulierungsbehörde der Person zu, die das Unternehmen der Regulierungsbehörde als im Inland zustellungsbevollmächtigt benannt hat. [4] Hat das Unternehmen keine zustellungsbevollmächtigte Person im Inland benannt, so stellt die Regulierungsbehörde die Entscheidungen durch Bekanntmachung im Bundesanzeiger zu.

(1a) [1] Werden Entscheidungen der Regulierungsbehörde durch Festlegung nach § 29 Absatz 1 oder durch Änderungsbeschluss nach § 29 Absatz 2 gegenüber allen oder einer Gruppe von Netzbetreibern oder von sonstigen Verpflichteten einer Vorschrift getroffen, kann die Zustellung nach Absatz 1 Satz 1 durch öffentliche Bekanntmachung ersetzt werden. [2] Die öffentliche Bekanntmachung wird dadurch bewirkt, dass der verfügende Teil der Festlegung oder des Änderungsbeschlusses, die Rechtsbehelfsbelehrung und ein Hinweis auf die Veröffentlichung der vollständigen Entscheidung auf der Internetseite der Regulierungsbehörde im Amtsblatt der Regulierungsbehörde bekannt gemacht werden. [3] Die Festlegung oder der Änderungsbeschluss gilt mit dem Tag als zugestellt, an dem seit dem Tag der Bekanntmachung im Amtsblatt der Regulierungsbehörde zwei Wochen verstrichen sind; hierauf ist in der Bekanntmachung hinzuweisen. [4] § 41 Absatz 4 Satz 4 des Verwaltungsverfahrensgesetzes gilt entsprechend. [5] Für Entscheidungen der Regulierungsbehörde in Auskunftsverlangen gegenüber einer Gruppe von Unternehmen gelten die Sätze 1 bis 5 entsprechend, soweit den Entscheidungen ein einheitlicher Auskunftszweck zugrunde liegt.

(2) Soweit ein Verfahren nicht mit einer Entscheidung abgeschlossen wird, die den Beteiligten nach Absatz 1 zugestellt wird, ist seine Beendigung den Beteiligten mitzuteilen.

(3) Die Regulierungsbehörde kann die Kosten einer Beweiserhebung den Beteiligten nach billigem Ermessen auferlegen.

§ 74 Veröffentlichung von Verfahrenseinleitungen und Entscheidungen. [1] Die Einleitung von Verfahren nach § 29 Abs. 1 und 2 und Entscheidungen der Regulierungsbehörde auf der Grundlage des Teiles 3 sind auf der Internetseite und im Amtsblatt der Regulierungsbehörde zu veröffentlichen. [2] Im Übrigen können Entscheidungen von der Regulierungsbehörde veröffentlicht werden.

Abschnitt 2. Beschwerde

§ 75 Zulässigkeit, Zuständigkeit. (1) [1] Gegen Entscheidungen der Regulierungsbehörde ist die Beschwerde zulässig. [2] Sie kann auch auf neue Tatsachen und Beweismittel gestützt werden.

(2) Die Beschwerde steht den am Verfahren vor der Regulierungsbehörde Beteiligten zu.

(3) [1] Die Beschwerde ist auch gegen die Unterlassung einer beantragten Entscheidung der Regulierungsbehörde zulässig, auf deren Erlass der Antragsteller einen Rechtsanspruch geltend macht. [2] Als Unterlassung gilt es auch, wenn die Regulierungsbehörde den Antrag auf Erlass der Entscheidung ohne zureichenden Grund in angemessener Frist nicht beschieden hat. [3] Die Unterlassung ist dann einer Ablehnung gleich zu achten.

(4) [1] Über die Beschwerde entscheidet ausschließlich das für den Sitz der Regulierungsbehörde zuständige Oberlandesgericht, in den Fällen des § 51 ausschließlich das für den Sitz der Bundesnetzagentur zuständige Oberlandesgericht, und zwar auch dann, wenn sich die Beschwerde gegen eine Verfügung des Bundesministeriums für Wirtschaft und Energie richtet. [2] § 36 der Zivilprozessordnung gilt entsprechend.

§ 76 Aufschiebende Wirkung. (1) Die Beschwerde hat keine aufschiebende Wirkung, soweit durch die angefochtene Entscheidung nicht eine Entscheidung zur Durchsetzung der Verpflichtungen nach den §§ 7 bis 7b und 8 bis 10d getroffen wird.

(2) [1] Wird eine Entscheidung, durch die eine vorläufige Anordnung nach § 72 getroffen wurde, angefochten, so kann das Beschwerdegericht anordnen, dass die angefochtene Entscheidung ganz oder teilweise erst nach Abschluss des Beschwerdeverfahrens oder nach Leistung einer Sicherheit in Kraft tritt. [2] Die Anordnung kann jederzeit aufgehoben oder geändert werden.

(3) [1] § 72 gilt entsprechend für das Verfahren vor dem Beschwerdegericht. [2] Dies gilt nicht für die Fälle des § 77.

§ 77 Anordnung der sofortigen Vollziehung und der aufschiebenden Wirkung. (1) Die Regulierungsbehörde kann in den Fällen des § 76 Abs. 1 die sofortige Vollziehung der Entscheidung anordnen, wenn dies im öffentlichen Interesse oder im überwiegenden Interesse eines Beteiligten geboten ist.

(2) Die Anordnung nach Absatz 1 kann bereits vor der Einreichung der Beschwerde getroffen werden.

(3) [1] Auf Antrag kann das Beschwerdegericht die aufschiebende Wirkung ganz oder teilweise wiederherstellen, wenn

1. die Voraussetzungen für die Anordnung nach Absatz 1 nicht vorgelegen haben oder nicht mehr vorliegen oder

2. ernstliche Zweifel an der Rechtmäßigkeit der angefochtenen Verfügung bestehen oder
3. die Vollziehung für den Betroffenen eine unbillige, nicht durch überwiegende öffentliche Interessen gebotene Härte zur Folge hätte.

[2] In den Fällen, in denen die Beschwerde keine aufschiebende Wirkung hat, kann die Regulierungsbehörde die Vollziehung aussetzen. [3] Die Aussetzung soll erfolgen, wenn die Voraussetzungen des Satzes 1 Nr. 3 vorliegen. [4] Das Beschwerdegericht kann auf Antrag die aufschiebende Wirkung ganz oder teilweise anordnen, wenn die Voraussetzungen des Satzes 1 Nr. 2 oder 3 vorliegen.

(4) [1] Der Antrag nach Absatz 3 Satz 1 oder 4 ist schon vor Einreichung der Beschwerde zulässig. [2] Die Tatsachen, auf die der Antrag gestützt wird, sind vom Antragsteller glaubhaft zu machen. [3] Ist die Entscheidung der Regulierungsbehörde schon vollzogen, kann das Gericht auch die Aufhebung der Vollziehung anordnen. [4] Die Wiederherstellung und die Anordnung der aufschiebenden Wirkung können von der Leistung einer Sicherheit oder von anderen Auflagen abhängig gemacht werden. [5] Sie können auch befristet werden.

(5) Entscheidungen nach Absatz 3 Satz 1 und Beschlüsse über Anträge nach Absatz 3 Satz 4 können jederzeit geändert oder aufgehoben werden.

§ 78 Frist und Form. (1) [1] Die Beschwerde ist binnen einer Frist von einem Monat bei der Regulierungsbehörde schriftlich einzureichen. [2] Die Frist beginnt mit der Zustellung der Entscheidung der Regulierungsbehörde. [3] Es genügt, wenn die Beschwerde innerhalb der Frist bei dem Beschwerdegericht eingeht.

(2) Ergeht auf einen Antrag keine Entscheidung, so ist die Beschwerde an keine Frist gebunden.

(3) [1] Die Beschwerde ist zu begründen. [2] Die Frist für die Beschwerdebegründung beträgt einen Monat; sie beginnt mit der Einlegung der Beschwerde und kann auf Antrag von dem oder der Vorsitzenden des Beschwerdegerichts verlängert werden.

(4) Die Beschwerdebegründung muss enthalten
1. die Erklärung, inwieweit die Entscheidung angefochten und ihre Abänderung oder Aufhebung beantragt wird,
2. die Angabe der Tatsachen und Beweismittel, auf die sich die Beschwerde stützt.

(5) Die Beschwerdeschrift und die Beschwerdebegründung müssen durch einen Rechtsanwalt unterzeichnet sein; dies gilt nicht für Beschwerden der Regulierungsbehörde.

§ 79 Beteiligte am Beschwerdeverfahren. (1) An dem Verfahren vor dem Beschwerdegericht sind beteiligt
1. der Beschwerdeführer,
2. die Regulierungsbehörde,

3. Personen und Personenvereinigungen, deren Interessen durch die Entscheidung erheblich berührt werden und die die Regulierungsbehörde auf ihren Antrag zu dem Verfahren beigeladen hat.

(2) Richtet sich die Beschwerde gegen eine Entscheidung einer nach Landesrecht zuständigen Behörde, ist auch die Regulierungsbehörde an dem Verfahren beteiligt.

§ 80 Anwaltszwang. [1] Vor dem Beschwerdegericht müssen die Beteiligten sich durch einen Rechtsanwalt als Bevollmächtigten vertreten lassen. [2] Die Regulierungsbehörde kann sich durch ein Mitglied der Behörde vertreten lassen.

§ 81 Mündliche Verhandlung. (1) Das Beschwerdegericht entscheidet über die Beschwerde auf Grund mündlicher Verhandlung; mit Einverständnis der Beteiligten kann ohne mündliche Verhandlung entschieden werden.

(2) Sind die Beteiligten in dem Verhandlungstermin trotz rechtzeitiger Benachrichtigung nicht erschienen oder gehörig vertreten, so kann gleichwohl in der Sache verhandelt und entschieden werden.

§ 82 Untersuchungsgrundsatz. (1) Das Beschwerdegericht erforscht den Sachverhalt von Amts wegen.

(2) Der oder die Vorsitzende hat darauf hinzuwirken, dass Formfehler beseitigt, unklare Anträge erläutert, sachdienliche Anträge gestellt, ungenügende tatsächliche Angaben ergänzt, ferner alle für die Feststellung und Beurteilung des Sachverhalts wesentlichen Erklärungen abgegeben werden.

(3) [1] Das Beschwerdegericht kann den Beteiligten aufgeben, sich innerhalb einer zu bestimmenden Frist über aufklärungsbedürftige Punkte zu äußern, Beweismittel zu bezeichnen und in ihren Händen befindliche Urkunden sowie andere Beweismittel vorzulegen. [2] Bei Versäumung der Frist kann nach Lage der Sache ohne Berücksichtigung der nicht beigebrachten Unterlagen entschieden werden.

(4) [1] Wird die Anforderung nach § 69 Abs. 7 oder die Anordnung nach § 69 Abs. 8 mit der Beschwerde angefochten, hat die Regulierungsbehörde die tatsächlichen Anhaltspunkte glaubhaft zu machen. [2] § 294 Abs. 1 der Zivilprozessordnung findet Anwendung.

§ 83 Beschwerdeentscheidung. (1) [1] Das Beschwerdegericht entscheidet durch Beschluss nach seiner freien, aus dem Gesamtergebnis des Verfahrens gewonnenen Überzeugung. [2] Der Beschluss darf nur auf Tatsachen und Beweismittel gestützt werden, zu denen die Beteiligten sich äußern konnten. [3] Das Beschwerdegericht kann hiervon abweichen, soweit Beigeladenen aus wichtigen Gründen, insbesondere zur Wahrung von Betriebs- oder Geschäftsgeheimnissen, Akteneinsicht nicht gewährt und der Akteninhalt aus diesen Gründen auch nicht vorgetragen worden ist. [4] Dies gilt nicht für solche Beigeladene, die an dem streitigen Rechtsverhältnis derart beteiligt sind, dass die Entscheidung auch ihnen gegenüber nur einheitlich ergehen kann.

(2) [1] Hält das Beschwerdegericht die Entscheidung der Regulierungsbehörde für unzulässig oder unbegründet, so hebt es sie auf. [2] Hat sich die Entscheidung

vorher durch Zurücknahme oder auf andere Weise erledigt, so spricht das Beschwerdegericht auf Antrag aus, dass die Entscheidung der Regulierungsbehörde unzulässig oder unbegründet gewesen ist, wenn der Beschwerdeführer ein berechtigtes Interesse an dieser Feststellung hat.

(3) Hat sich eine Entscheidung nach den §§ 29 bis 31 wegen nachträglicher Änderung der tatsächlichen Verhältnisse oder auf andere Weise erledigt, so spricht das Beschwerdegericht auf Antrag aus, ob, in welchem Umfang und bis zu welchem Zeitpunkt die Entscheidung begründet gewesen ist.

(4) Hält das Beschwerdegericht die Ablehnung oder Unterlassung der Entscheidung für unzulässig oder unbegründet, so spricht es die Verpflichtung der Regulierungsbehörde aus, die beantragte Entscheidung vorzunehmen.

(5) Die Entscheidung ist auch dann unzulässig oder unbegründet, wenn die Regulierungsbehörde von ihrem Ermessen fehlsamen Gebrauch gemacht hat, insbesondere wenn sie die gesetzlichen Grenzen des Ermessens überschritten oder durch die Ermessensentscheidung Sinn und Zweck dieses Gesetzes verletzt hat.

(6) Der Beschluss ist zu begründen und mit einer Rechtsmittelbelehrung den Beteiligten zuzustellen.

§ 83a Abhilfe bei Verletzung des Anspruchs auf rechtliches Gehör.

(1) [1] Auf die Rüge eines durch eine gerichtliche Entscheidung beschwerten Beteiligten ist das Verfahren fortzuführen, wenn

1. ein Rechtsmittel oder ein anderer Rechtsbehelf gegen die Entscheidung nicht gegeben ist und
2. das Gericht den Anspruch dieses Beteiligten auf rechtliches Gehör in entscheidungserheblicher Weise verletzt hat.

[2] Gegen eine der Entscheidung vorausgehende Entscheidung findet die Rüge nicht statt.

(2) [1] Die Rüge ist innerhalb von zwei Wochen nach Kenntnis von der Verletzung des rechtlichen Gehörs zu erheben; der Zeitpunkt der Kenntniserlangung ist glaubhaft zu machen. [2] Nach Ablauf eines Jahres seit Bekanntgabe der angegriffenen Entscheidung kann die Rüge nicht mehr erhoben werden. [3] Formlos mitgeteilte Entscheidungen gelten mit dem dritten Tage nach Aufgabe zur Post als bekannt gegeben. [4] Die Rüge ist schriftlich oder zur Niederschrift des Urkundsbeamten der Geschäftsstelle bei dem Gericht zu erheben, dessen Entscheidung angegriffen wird. [5] Die Rüge muss die angegriffene Entscheidung bezeichnen und das Vorliegen der in Absatz 1 Satz 1 Nr. 2 genannten Voraussetzungen darlegen.

(3) Den übrigen Beteiligten ist, soweit erforderlich, Gelegenheit zur Stellungnahme zu geben.

(4) [1] Ist die Rüge nicht statthaft oder nicht in der gesetzlichen Form oder Frist erhoben, so ist sie als unzulässig zu verwerfen. [2] Ist die Rüge unbegründet, weist das Gericht sie zurück. [3] Die Entscheidung ergeht durch unanfechtbaren Beschluss. [4] Der Beschluss soll kurz begründet werden.

(5) [1] Ist die Rüge begründet, so hilft ihr das Gericht ab, indem es das Verfahren fortführt, soweit dies aufgrund der Rüge geboten ist. [2] Das Verfahren wird in die Lage zurückversetzt, in der es sich vor dem Schluss der mündlichen

Verhandlung befand. [3] Im schriftlichen Verfahren tritt an die Stelle des Schlusses der mündlichen Verhandlung der Zeitpunkt, bis zu dem Schriftsätze eingereicht werden können. [4] Für den Ausspruch des Gerichts ist § 343 der Zivilprozessordnung anzuwenden.

(6) § 149 Abs. 1 Satz 2 der Verwaltungsgerichtsordnung ist entsprechend anzuwenden.

§ 84 Akteneinsicht. (1) [1] Die in § 79 Abs. 1 Nr. 1 und 2 und Abs. 2 bezeichneten Beteiligten können die Akten des Gerichts einsehen und sich durch die Geschäftsstelle auf ihre Kosten Ausfertigungen, Auszüge und Abschriften erteilen lassen. [2] § 299 Abs. 3 der Zivilprozessordnung gilt entsprechend.

(2) [1] Einsicht in Vorakten, Beiakten, Gutachten und Auskünfte sind nur mit Zustimmung der Stellen zulässig, denen die Akten gehören oder die die Äußerung eingeholt haben. [2] Die Regulierungsbehörde hat die Zustimmung zur Einsicht in ihre Unterlagen zu versagen, soweit dies aus wichtigen Gründen, insbesondere zur Wahrung von Betriebs- oder Geschäftsgeheimnissen, geboten ist. [3] Wird die Einsicht abgelehnt oder ist sie unzulässig, dürfen diese Unterlagen der Entscheidung nur insoweit zugrunde gelegt werden, als ihr Inhalt vorgetragen worden ist. [4] Das Beschwerdegericht kann die Offenlegung von Tatsachen oder Beweismitteln, deren Geheimhaltung aus wichtigen Gründen, insbesondere zur Wahrung von Betriebs- oder Geschäftsgeheimnissen, verlangt wird, nach Anhörung des von der Offenlegung Betroffenen durch Beschluss anordnen, soweit es für die Entscheidung auf diese Tatsachen oder Beweismittel ankommt, andere Möglichkeiten der Sachaufklärung nicht bestehen und nach Abwägung aller Umstände des Einzelfalles die Bedeutung der Sache das Interesse des Betroffenen an der Geheimhaltung überwiegt. [5] Der Beschluss ist zu begründen. [6] In dem Verfahren nach Satz 4 muss sich der Betroffene nicht anwaltlich vertreten lassen.

(3) Den in § 79 Abs. 1 Nr. 3 bezeichneten Beteiligten kann das Beschwerdegericht nach Anhörung des Verfügungsberechtigten Akteneinsicht in gleichem Umfang gewähren.

§ 85 Geltung von Vorschriften des Gerichtsverfassungsgesetzes und der Zivilprozessordnung. Für Verfahren vor dem Beschwerdegericht gelten, soweit nicht anderes bestimmt ist, entsprechend

1. die Vorschriften der §§ 169 bis 201 des Gerichtsverfassungsgesetzes über Öffentlichkeit, Sitzungspolizei, Gerichtssprache, Beratung und Abstimmung sowie über den Rechtsschutz bei überlangen Gerichtsverfahren;
2. die Vorschriften der Zivilprozessordnung über Ausschließung und Ablehnung eines Richters, über Prozessbevollmächtigte und Beistände, über die Zustellung von Amts wegen, über Ladungen, Termine und Fristen, über die Anordnung des persönlichen Erscheinens der Parteien, über die Verbindung mehrerer Prozesse, über die Erledigung des Zeugen- und Sachverständigenbeweises sowie über die sonstigen Arten des Beweisverfahrens, über die Wiedereinsetzung in den vorigen Stand gegen die Versäumung einer Frist sowie über den elektronischen Rechtsverkehr.

Abschnitt 3. Rechtsbeschwerde

§ 86 Rechtsbeschwerdegründe. (1) Gegen die in der Hauptsache erlassenen Beschlüsse der Oberlandesgerichte findet die Rechtsbeschwerde an den Bundesgerichtshof statt, wenn das Oberlandesgericht die Rechtsbeschwerde zugelassen hat.

(2) Die Rechtsbeschwerde ist zuzulassen, wenn
1. eine Rechtsfrage von grundsätzlicher Bedeutung zu entscheiden ist oder
2. die Fortbildung des Rechts oder die Sicherung einer einheitlichen Rechtsprechung eine Entscheidung des Bundesgerichtshofs erfordert.

(3) [1]Über die Zulassung oder Nichtzulassung der Rechtsbeschwerde ist in der Entscheidung des Oberlandesgerichts zu befinden. [2]Die Nichtzulassung ist zu begründen.

(4) Einer Zulassung zur Einlegung der Rechtsbeschwerde gegen Entscheidungen des Beschwerdegerichts bedarf es nicht, wenn einer der folgenden Mängel des Verfahrens vorliegt und gerügt wird:
1. wenn das beschließende Gericht nicht vorschriftsmäßig besetzt war,
2. wenn bei der Entscheidung ein Richter mitgewirkt hat, der von der Ausübung des Richteramtes kraft Gesetzes ausgeschlossen oder wegen Besorgnis der Befangenheit mit Erfolg abgelehnt war,
3. wenn einem Beteiligten das rechtliche Gehör versagt war,
4. wenn ein Beteiligter im Verfahren nicht nach Vorschrift des Gesetzes vertreten war, sofern er nicht der Führung des Verfahrens ausdrücklich oder stillschweigend zugestimmt hat,
5. wenn die Entscheidung auf Grund einer mündlichen Verhandlung ergangen ist, bei der die Vorschriften über die Öffentlichkeit des Verfahrens verletzt worden sind, oder
6. wenn die Entscheidung nicht mit Gründen versehen ist.

§ 87 Nichtzulassungsbeschwerde. (1) Die Nichtzulassung der Rechtsbeschwerde kann selbständig durch Nichtzulassungsbeschwerde angefochten werden.

(2) [1]Über die Nichtzulassungsbeschwerde entscheidet der Bundesgerichtshof durch Beschluss, der zu begründen ist. [2]Der Beschluss kann ohne mündliche Verhandlung ergehen.

(3) [1]Die Nichtzulassungsbeschwerde ist binnen einer Frist von einem Monat schriftlich bei dem Oberlandesgericht einzulegen. [2]Die Frist beginnt mit der Zustellung der angefochtenen Entscheidung.

(4) [1]Für die Nichtzulassungsbeschwerde gelten die §§ 77, 78 Abs. 3, 4 Nr. 1 und Abs. 5, §§ 79, 80, 84 und 85 Nr. 2 dieses Gesetzes sowie die §§ 192 bis 201 des Gerichtsverfassungsgesetzes über die Beratung und Abstimmung sowie über den Rechtsschutz bei überlangen Gerichtsverfahren entsprechend. [2]Für den Erlass einstweiliger Anordnungen ist das Beschwerdegericht zuständig.

(5) [1]Wird die Rechtsbeschwerde nicht zugelassen, so wird die Entscheidung des Oberlandesgerichts mit der Zustellung des Beschlusses des Bundesgerichtshofs rechtskräftig. [2]Wird die Rechtsbeschwerde zugelassen, so beginnt mit der

Zustellung des Beschlusses des Bundesgerichtshofs der Lauf der Beschwerdefrist.

§ 88 Beschwerdeberechtigte, Form und Frist. (1) Die Rechtsbeschwerde steht der Regulierungsbehörde sowie den am Beschwerdeverfahren Beteiligten zu.

(2) Die Rechtsbeschwerde kann nur darauf gestützt werden, dass die Entscheidung auf einer Verletzung des Rechts beruht; die §§ 546, 547 der Zivilprozessordnung gelten entsprechend.

(3) [1] Die Rechtsbeschwerde ist binnen einer Frist von einem Monat schriftlich bei dem Oberlandesgericht einzulegen. [2] Die Frist beginnt mit der Zustellung der angefochtenen Entscheidung.

(4) Der Bundesgerichtshof ist an die in der angefochtenen Entscheidung getroffenen tatsächlichen Feststellungen gebunden, außer wenn in Bezug auf diese Feststellungen zulässige und begründete Rechtsbeschwerdegründe vorgebracht sind.

(5) [1] Für die Rechtsbeschwerde gelten im Übrigen die §§ 76, 78 Abs. 3, 4 Nr. 1 und Abs. 5, §§ 79 bis 81 sowie §§ 83 bis 85 entsprechend. [2] Für den Erlass einstweiliger Anordnungen ist das Beschwerdegericht zuständig.

Abschnitt 4. Gemeinsame Bestimmungen

§ 89 Beteiligtenfähigkeit. Fähig, am Verfahren vor der Regulierungsbehörde, am Beschwerdeverfahren und am Rechtsbeschwerdeverfahren beteiligt zu sein, sind außer natürlichen und juristischen Personen auch nichtrechtsfähige Personenvereinigungen.

§ 90 Kostentragung und -festsetzung. [1] Im Beschwerdeverfahren und im Rechtsbeschwerdeverfahren kann das Gericht anordnen, dass die Kosten, die zur zweckentsprechenden Erledigung der Angelegenheit notwendig waren, von einem Beteiligten ganz oder teilweise zu erstatten sind, wenn dies der Billigkeit entspricht. [2] Hat ein Beteiligter Kosten durch ein unbegründetes Rechtsmittel oder durch grobes Verschulden veranlasst, so sind ihm die Kosten aufzuerlegen. [3] Im Übrigen gelten die Vorschriften der Zivilprozessordnung über das Kostenfestsetzungsverfahren und die Zwangsvollstreckung aus Kostenfestsetzungsbeschlüssen entsprechend.

§ 90a *(aufgehoben)*

§ 91 Gebührenpflichtige Handlungen. (1) [1] Die Regulierungsbehörde erhebt Kosten (Gebühren und Auslagen) für folgende gebührenpflichtige Leistungen:

1. Zertifizierungen nach § 4a Absatz 1;
2. Untersagungen nach § 5 Satz 4;
3. Amtshandlungen auf Grund von § 33 Absatz 1 und § 36 Absatz 2 Satz 3;
4. Amtshandlungen auf Grund der §§ 12a, 12c, 12d, 15a, 15b, 17c, 17d, 19a Absatz 2, 21a, 23a, 28a Absatz 3, der §§ 29, 30 Absatz 2, § 57 Absatz 2 Satz 2 und 4 sowie der §§ 65 und 110 Absatz 2 und 4;

5. Amtshandlungen auf Grund des § 31 Absatz 2 und 3;
6. Amtshandlungen auf Grund einer Rechtsverordnung nach § 12g Absatz 3 und § 24 Satz 1 Nummer 3;
7. Amtshandlungen auf Grund des Messstellenbetriebsgesetzes[1)], die das Verfahren zur Übertragung der Grundzuständigkeit für den Messstellenbetrieb betreffen;
8. Amtshandlungen auf Grund des § 56;
9. Erteilung von beglaubigten Abschriften aus den Akten der Regulierungsbehörde und die Herausgabe von Daten nach § 12f Absatz 2;
10. Registrierung der Marktteilnehmer nach Artikel 9 Absatz 1 der Verordnung (EU) Nr. 1227/2011.

[2] Daneben werden als Auslagen die Kosten für weitere Ausfertigungen, Kopien und Auszüge sowie die in entsprechender Anwendung des Justizvergütungs- und -entschädigungsgesetzes zu zahlenden Beträge erhoben. [3] Für Entscheidungen, die durch öffentliche Bekanntmachung nach § 73 Absatz 1a zugestellt werden, werden keine Gebühren erhoben. [4] Abweichend von Satz 3 kann eine Gebühr erhoben werden, wenn die Entscheidung zu einem überwiegenden Anteil an einen bestimmten Adressatenkreis gerichtet ist und die Regulierungsbehörde diesem die Entscheidung oder einen schriftlichen Hinweis auf die öffentliche Bekanntmachung förmlich zustellt.

(2) [1] Gebühren und Auslagen werden auch erhoben, wenn ein Antrag auf Vornahme einer in Absatz 1 bezeichneten Amtshandlung abgelehnt wird. [2] Wird ein Antrag zurückgenommen oder im Falle des Absatzes 1 Satz 1 Nummer 5 beiderseitig für erledigt erklärt, bevor darüber entschieden ist, so ist die Hälfte der Gebühr zu entrichten.

(2a) Tritt nach Einleitung eines Missbrauchsverfahrens nach § 30 Absatz 2 dadurch Erledigung ein, dass die Zuwiderhandlung abgestellt wird, bevor eine Verfügung der Regulierungsbehörde ergangen ist, so ist die Hälfte der Gebühr zu entrichten.

(3) [1] Die Gebührensätze sind so zu bemessen, dass die mit den Amtshandlungen verbundenen Kosten gedeckt sind. [2] Darüber hinaus kann der wirtschaftliche Wert, den der Gegenstand der gebührenpflichtigen Handlung hat, berücksichtigt werden. [3] Ist der Betrag nach Satz 1 im Einzelfall außergewöhnlich hoch, kann die Gebühr aus Gründen der Billigkeit ermäßigt werden.

(4) Zur Abgeltung mehrfacher gleichartiger Amtshandlungen können Pauschalgebührensätze, die den geringen Umfang des Verwaltungsaufwandes berücksichtigen, vorgesehen werden.

(5) Gebühren dürfen nicht erhoben werden
1. für mündliche und schriftliche Auskünfte und Anregungen;
2. wenn sie bei richtiger Behandlung der Sache nicht entstanden wären.

(6) [1] Kostenschuldner ist
1. *(aufgehoben)*
2. in den Fällen des Absatzes 1 Satz 1 Nummer 1 bis 4, 6 bis 8, wer durch einen Antrag die Tätigkeit der Regulierungsbehörde veranlasst hat, oder

---
[1)] Nr. **27**.

derjenige, gegen den eine Verfügung der Regulierungsbehörde ergangen ist;

2a. in den Fällen des Absatzes 1 Satz 1 Nummer 5 der Antragsteller, wenn der Antrag abgelehnt wird, oder der Netzbetreiber, gegen den eine Verfügung nach § 31 Absatz 3 ergangen ist; wird der Antrag teilweise abgelehnt, sind die Kosten verhältnismäßig zu teilen; einem Beteiligten können die Kosten ganz auferlegt werden, wenn der andere Beteiligte nur zu einem geringen Teil unterlegen ist; erklären die Beteiligten übereinstimmend die Sache für erledigt, tragen sie die Kosten zu gleichen Teilen;

3. in den Fällen des Absatzes 1 Satz 1 Nummer 9, wer die Herstellung der Abschriften oder die Herausgabe von Daten nach § 12f Absatz 2 veranlasst hat;

4. in den Fällen des Absatzes 1 Satz 4 derjenige, dem die Regulierungsbehörde die Entscheidung oder einen schriftlichen Hinweis auf die öffentliche Bekanntmachung förmlich zugestellt hat;

5. in den Fällen des Absatzes 2a der Betreiber von Energieversorgungsnetzen, gegen den ein Missbrauchsverfahren nach § 30 Absatz 2 bereits eingeleitet war.

2 Kostenschuldner ist auch, wer die Zahlung der Kosten durch eine vor der Regulierungsbehörde abgegebene oder ihr mitgeteilte Erklärung übernommen hat oder wer für die Kostenschuld eines anderen kraft Gesetzes haftet. 3 Mehrere Kostenschuldner haften als Gesamtschuldner.

(7) 1 Eine Festsetzung von Kosten ist bis zum Ablauf des vierten Kalenderjahres nach Entstehung der Schuld zulässig (Festsetzungsverjährung). 2 Wird vor Ablauf der Frist ein Antrag auf Aufhebung oder Änderung der Festsetzung gestellt, ist die Festsetzungsfrist so lange gehemmt, bis über den Antrag unanfechtbar entschieden wurde. 3 Der Anspruch auf Zahlung von Kosten verjährt mit Ablauf des fünften Kalenderjahres nach der Festsetzung (Zahlungsverjährung). 4 Im Übrigen gilt § 20 des Verwaltungskostengesetzes in der bis zum 14. August 2013 geltenden Fassung.

(8) 1 Das Bundesministerium für Wirtschaft und Energie wird ermächtigt, im Einvernehmen mit dem Bundesministerium der Finanzen durch Rechtsverordnung[1)] mit Zustimmung des Bundesrates die Gebührensätze und die Erhebung der Gebühren vom Gebührenschuldner in Durchführung der Vorschriften der Absätze 1 bis 6 sowie die Erstattung der Auslagen für die in § 73 Abs. 1 Satz 4 und § 74 Satz 1 bezeichneten Bekanntmachungen und Veröffentlichungen zu regeln, soweit es die Bundesnetzagentur betrifft. 2 Hierbei kann geregelt werden, auf welche Weise der wirtschaftliche Wert des Gegenstandes der jeweiligen Amtshandlung zu ermitteln ist. 3 Des Weiteren können in der Verordnung auch Vorschriften über die Kostenbefreiung von juristischen Personen des öffentlichen Rechts, über die Verjährung sowie über die Kostenerhebung vorgesehen werden.

(8a) Für die Amtshandlungen der Landesregulierungsbehörden werden die Bestimmungen nach Absatz 8 durch Landesrecht getroffen.

---

1) Siehe die EnergiewirtschaftskostenVO (EnWGKostV) v. 14.3.2006 (BGBl. I S. 540), zuletzt geänd. durch VO v. 1.10.2018 (BGBl. I S. 1570).

(9) Das Bundesministerium für Wirtschaft und Energie wird ermächtigt, durch Rechtsverordnung mit Zustimmung des Bundesrates das Nähere über die Erstattung der durch das Verfahren vor der Regulierungsbehörde entstehenden Kosten nach den Grundsätzen des § 90 zu bestimmen.

(10) Für Leistungen der Regulierungsbehörde in Bundeszuständigkeit gilt im Übrigen das Verwaltungskostengesetz in der bis zum 14. August 2013 geltenden Fassung.

§ 92 *(aufgehoben)*

§ 93 Mitteilung der Bundesnetzagentur. [1]Die Bundesnetzagentur veröffentlicht einen jährlichen Überblick über ihre Verwaltungskosten und die insgesamt eingenommenen Abgaben. [2]Soweit erforderlich, werden Gebühren- und Beitragssätze in den Verordnungen nach § 91 Abs. 8 und § 92 Abs. 3 für die Zukunft angepasst.

Abschnitt 5. Sanktionen, Bußgeldverfahren

§ 94 Zwangsgeld. [1]Die Regulierungsbehörde kann ihre Anordnungen nach den für die Vollstreckung von Verwaltungsmaßnahmen geltenden Vorschriften durchsetzen. [2]Die Höhe des Zwangsgeldes beträgt mindestens 1 000 Euro und höchstens zehn Millionen Euro.

§ 95 Bußgeldvorschriften. (1) Ordnungswidrig handelt, wer vorsätzlich oder fahrlässig

1. ohne Genehmigung nach § 4 Abs. 1 ein Energieversorgungsnetz betreibt,
1a. ohne eine Zertifizierung nach § 4a Absatz 1 Satz 1 ein Transportnetz betreibt,
1b. entgegen § 4c Satz 1 oder Satz 2 die Regulierungsbehörde nicht, nicht richtig, nicht vollständig oder nicht rechtzeitig unterrichtet,
1c., 1d. *(aufgehoben)*
2. entgegen § 5 Satz 1 eine Anzeige nicht, nicht richtig, nicht vollständig oder nicht rechtzeitig erstattet,
2a. entgegen § 11 Absatz 1a oder 1b den Katalog von Sicherheitsanforderungen nicht, nicht richtig, nicht vollständig oder nicht rechtzeitig einhält,
2b. entgegen § 11 Absatz 1c eine Meldung nicht, nicht richtig, nicht vollständig oder nicht rechtzeitig vornimmt,
3. einer vollziehbaren Anordnung nach
   a) § 5 Satz 4, § 12c Absatz 1 Satz 2, § 15a Absatz 3 Satz 5, § 65 Abs. 1 oder 2 oder § 69 Absatz 7 Satz 1, Absatz 8 Satz 1 oder Absatz 11 Satz 1 oder Satz 2 oder
   b) § 30 Abs. 2 zuwiderhandelt,

3a. entgegen § 5a Absatz 1 Satz 1 *dort genannten*[1] Daten nicht, nicht richtig, nicht vollständig oder nicht rechtzeitig übermittelt,
3b. entgegen § 12b Absatz 5, § 12c Absatz 5 oder § 15a Absatz 1 Satz 1 einen Entwurf oder einen Netzentwicklungsplan nicht oder nicht rechtzeitig vorlegt,
3c. entgegen § 12g Absatz 1 Satz 3 in Verbindung mit einer Rechtsverordnung nach Absatz 3 einen Bericht nicht, nicht richtig, nicht vollständig oder nicht rechtzeitig vorlegt,
3d. entgegen § 12g Absatz 2 in Verbindung mit einer Rechtsverordnung nach Absatz 3 einen Sicherheitsplan nicht, nicht richtig, nicht vollständig oder nicht rechtzeitig erstellt oder einen Sicherheitsbeauftragten nicht oder nicht rechtzeitig bestimmt,
3e. entgegen § 13b Absatz 1 Satz 1 erster Halbsatz eine Anzeige nicht, nicht richtig oder nicht rechtzeitig erstattet,
3f. entgegen § 13b Absatz 1 Satz 2 oder Absatz 5 Satz 1 eine dort genannte Anlage stillegt,
3g. entgegen § 13e Absatz 4 Satz 1 Nummer 1 Erzeugungsleistung oder Erzeugungsarbeit veräußert,
3h. entgegen § 13e Absatz 4 Satz 1 Nummer 2 oder § 13g Absatz 1 Satz 1 oder 3 eine dort genannte Anlage nicht oder nicht rechtzeitig stilllegt,
3i. entgegen § 13g Absatz 4Satz 1 Strom erzeugt,
4. entgegen § 30 Abs. 1 Satz 1 eine Marktstellung missbraucht oder
5. einer Rechtsverordnung nach
   a) § 17 Abs. 3 Satz 1 Nr. 1, § 24 Satz 1 Nr. 1 oder § 27 Satz 5, soweit die Rechtsverordnung Verpflichtungen zur Mitteilung, Geheimhaltung, Mitwirkung oder Veröffentlichung enthält,
   b) § 17 Abs. 3 Satz 1 Nr. 2, § 21a Abs. 6 Satz 1 Nr. 3, § 24 Satz 1 Nr. 2 oder 3 oder § 29 Abs. 3,
   c) § 49 Abs. 4 oder § 50,
   d) § 111f Nummer 1 bis 3, 5 bis 7, 10 oder Nummer 14 Buchstabe b oder
   e) § 111f Nummer 8 Buchstabe a oder Buchstabe b, Nummer 9 oder Nummer 13

   oder einer vollziehbaren Anordnung auf Grund einer solchen Rechtsverordnung zuwiderhandelt, soweit die Rechtsverordnung für einen bestimmten Tatbestand auf diese Bußgeldvorschrift verweist.

(1a) Ordnungswidrig handelt, wer vorsätzlich oder leichtfertig
1. entgegen § 5b Absatz 1 Satz 1 oder Absatz 2 eine andere Person in Kenntnis setzt oder
2. entgegen § 12 Absatz 5 Satz 1 Nummer 2 oder Nummer 3 eine dort genannte Information nicht, nicht richtig, nicht vollständig oder nicht rechtzeitig übermittelt.

---
[1] Wortlaut amtlich.

(1b) Ordnungswidrig handelt, wer entgegen Artikel 5 in Verbindung mit Artikel 2 Nummer 2 Buchstabe a der Verordnung (EU) Nr. 1227/2011 des Europäischen Parlaments und des Rates vom 25. Oktober 2011 über die Integrität und Transparenz des Energiegroßhandelsmarkts (ABl. L 326 vom 8.12.2011, S. 1) eine Marktmanipulation auf einem Energiegroßhandelsmarkt vornimmt.

(1c) Ordnungswidrig handelt, wer gegen die Verordnung (EU) Nr. 1227/2011 verstößt, indem er vorsätzlich oder leichtfertig

1. als Person nach Artikel 3 Absatz 2 Buchstabe e
   a) entgegen Artikel 3 Absatz 1 Buchstabe b eine Insiderinformation an Dritte weitergibt oder
   b) entgegen Artikel 3 Absatz 1 Buchstabe c einer anderen Person empfiehlt oder sie dazu verleitet, ein Energiegroßhandelsprodukt zu erwerben oder zu veräußern,
2. entgegen Artikel 4 Absatz 1 Satz 1 eine Insiderinformation nicht, nicht richtig, nicht vollständig oder nicht unverzüglich nach Kenntniserlangung bekannt gibt,
3. entgegen Artikel 4 Absatz 2 Satz 2 eine Insiderinformation nicht, nicht richtig, nicht vollständig oder nicht rechtzeitig übermittelt,
4. entgegen Artikel 4 Absatz 3 Satz 1 die Bekanntgabe einer Insiderinformation nicht sicherstellt,
5. entgegen Artikel 4 Absatz 3 Satz 2 nicht dafür sorgt, dass eine Insiderinformation bekannt gegeben wird,
6. entgegen Artikel 5 in Verbindung mit Artikel 2 Nummer 2 Buchstabe b Satz 1 eine Marktmanipulation auf einem Energiegroßhandelsmarkt vornimmt,
7. entgegen Artikel 8 Absatz 1 Satz 1 in Verbindung mit einer Verordnung nach Artikel 8 Absatz 2 Satz 1 eine dort genannte Aufzeichnung nicht, nicht richtig, nicht vollständig oder nicht rechtzeitig übermittelt,
8. entgegen Artikel 8 Absatz 5 Satz 1 in Verbindung mit einer Verordnung nach Artikel 8 Absatz 6 Satz 1 eine dort genannte Information nicht, nicht richtig, nicht vollständig oder nicht rechtzeitig übermittelt oder
9. entgegen Artikel 15 Absatz 1 die Bundesnetzagentur als nationale Regulierungsbehörde nicht, nicht richtig, nicht vollständig oder nicht rechtzeitig informiert.

(1d) Ordnungswidrig handelt, wer gegen die Verordnung (EU) Nr. 1227/2011 verstößt, indem er vorsätzlich oder fahrlässig

1. entgegen Artikel 9 Absatz 1 Satz 1 sich nicht oder nicht rechtzeitig bei der Bundesnetzagentur registrieren lässt oder
2. entgegen Artikel 9 Absatz 1 Satz 2 sich bei mehr als einer nationalen Regulierungsbehörde registrieren lässt.

(2) [1] Die Ordnungswidrigkeit kann in den Fällen des Absatzes 1 Nummer 3f bis 3i mit einer Geldbuße bis zu fünf Millionen Euro, in den Fällen des Absatzes 1 Nummer 1a, Nr. 3 Buchstabe b, Nr. 4 und 5 Buchstabe b, der Absätze 1b und 1c Nummer 2 und 6 mit einer Geldbuße bis zu einer Million Euro, über diesen Betrag hinaus bis zur dreifachen Höhe des durch die Zu-

widerhandlung erlangten Mehrerlöses, in den Fällen des Absatzes 1 Nummer 5 Buchstabe e mit einer Geldbuße bis zu dreihunderttausend Euro, in den Fällen des Absatzes 1 Nummer 5 Buchstabe d mit einer Geldbuße bis zu fünfzigtausend Euro, in den Fällen des Absatzes 1 Nr. 5 Buchstabe a sowie des Absatzes 1a Nummer 2 und des Absatzes 1c Nummer 7 und 8 mit einer Geldbuße bis zu zehntausend Euro und in den übrigen Fällen mit einer Geldbuße bis zu hunderttausend Euro geahndet werden. [2]Die Höhe des Mehrerlöses kann geschätzt werden. [3]Gegenüber einem Transportnetzbetreiber oder gegenüber einem vertikal integrierten Energieversorgungsunternehmen und jedem seiner Unternehmensteile kann über Satz 1 hinaus in Fällen des Absatzes 1 Nummer 3 Buchstabe b eine höhere Geldbuße verhängt werden; diese darf 10 Prozent des Gesamtumsatzes, den der Transportnetzbetreiber oder das vertikal integrierte Energieversorgungsunternehmen einschließlich seiner Unternehmensteile im der Behördenentscheidung vorausgegangenen Geschäftsjahr weltweit erzielt hat, nicht übersteigen. [4]Die Höhe des Gesamtumsatzes kann geschätzt werden. [5]Ein durch die Zuwiderhandlung erlangter Mehrerlös bleibt unberücksichtigt.

(3) Die Regulierungsbehörde kann allgemeine Verwaltungsgrundsätze über die Ausübung ihres Ermessens bei der Bemessung der Geldbuße festlegen.

(4) [1]Die Verjährung der Verfolgung von Ordnungswidrigkeiten nach Absatz 1 richtet sich nach den Vorschriften des Gesetzes über Ordnungswidrigkeiten. [2]Die Verfolgung der Ordnungswidrigkeiten nach Absatz 1 Nummer 3 Buchstabe b und Nummer 4 und 5 verjährt in fünf Jahren.

(5) Verwaltungsbehörde im Sinne des § 36 Absatz 1 Nummer 1 des Gesetzes über Ordnungswidrigkeiten ist in den Fällen des Absatzes 1 Nummer 2b das Bundesamt für Sicherheit in der Informationstechnik, im Übrigen die nach § 54 zuständige Behörde.

§ 95a Strafvorschriften. (1) Mit Freiheitsstrafe bis zu fünf Jahren oder mit Geldstrafe wird bestraft, wer eine in § 95 Absatz 1b oder Absatz 1c Nummer 6 bezeichnete vorsätzliche Handlung begeht und dadurch auf den Preis eines Energiegroßhandelsprodukts einwirkt.

(2) Ebenso wird bestraft, wer gegen die Verordnung (EU) Nr. 1227/2011 des Europäischen Parlaments und des Rates vom 25. Oktober 2011 über die Integrität und Transparenz des Energiegroßhandelsmarkts (ABl. L 326 vom 8.12.2011, S. 1) verstößt, indem er

1. entgegen Artikel 3 Absatz 1 Buchstabe a eine Insiderinformation nutzt oder
2. als Person nach Artikel 3 Absatz 2 Buchstabe a, b, c oder Buchstabe d oder Absatz 5
   a) entgegen Artikel 3 Absatz 1 Buchstabe b eine Insiderinformation an Dritte weitergibt oder
   b) entgegen Artikel 3 Absatz 1 Buchstabe c einer anderen Person empfiehlt oder sie dazu verleitet, ein Energiegroßhandelsprodukt zu erwerben oder zu veräußern.

(3) In den Fällen des Absatzes 2 ist der Versuch strafbar.

(4) Handelt der Täter in den Fällen des Absatzes 2 Nummer 1 leichtfertig, so ist die Strafe Freiheitsstrafe bis zu einem Jahr oder Geldstrafe.

§ 95b Strafvorschriften. Mit Freiheitsstrafe bis zu einem Jahr oder mit Geldstrafe wird bestraft, wer

1. entgegen § 12 Absatz 5 Satz 1 Nummer 1 nicht sicherstellt, dass ein Betriebs- und Geschäftsgeheimnis ausschließlich in der dort genannten Weise genutzt wird, oder
2. eine in § 95 Absatz 1b oder Absatz 1c Nummer 2 oder Nummer 6 bezeichnete vorsätzliche Handlung beharrlich wiederholt.

§ 96 Zuständigkeit für Verfahren wegen der Festsetzung einer Geldbuße gegen eine juristische Person oder Personenvereinigung. [1]Die Regulierungsbehörde ist für Verfahren wegen der Festsetzung einer Geldbuße gegen eine juristische Person oder Personenvereinigung (§ 30 des Gesetzes über Ordnungswidrigkeiten) in Fällen ausschließlich zuständig, denen

1. eine Straftat, die auch den Tatbestand des § 95 Abs. 1 Nr. 4 verwirklicht, oder
2. eine vorsätzliche oder fahrlässige Ordnungswidrigkeit nach § 130 des Gesetzes über Ordnungswidrigkeiten, bei der eine mit Strafe bedrohte Pflichtverletzung auch den Tatbestand des § 95 Abs. 1 Nr. 4 verwirklicht,

zugrunde liegt. [2]Dies gilt nicht, wenn die Behörde das § 30 des Gesetzes über Ordnungswidrigkeiten betreffende Verfahren an die Staatsanwaltschaft abgibt.

§ 97 Zuständigkeiten im gerichtlichen Bußgeldverfahren. [1]Sofern die Regulierungsbehörde als Verwaltungsbehörde des Vorverfahrens tätig war, erfolgt die Vollstreckung der Geldbuße und des Geldbetrages, dessen Einziehung nach § 29a des Gesetzes über Ordnungswidrigkeiten angeordnet wurde, durch die Regulierungsbehörde als Vollstreckungsbehörde auf Grund einer von dem Urkundsbeamten der Geschäftsstelle des Gerichts zu erteilenden, mit der Bescheinigung der Vollstreckbarkeit versehenen beglaubigten Abschrift der Urteilsformel entsprechend den Vorschriften über die Vollstreckung von Bußgeldbescheiden. [2]Die Geldbußen und die Geldbeträge, deren Einziehung nach § 29a des Gesetzes über Ordnungswidrigkeiten angeordnet wurde, fließen der Bundeskasse zu, die auch die der Staatskasse auferlegten Kosten trägt.

§ 98 Zuständigkeit des Oberlandesgerichts im gerichtlichen Verfahren. (1) [1]Im gerichtlichen Verfahren wegen einer Ordnungswidrigkeit nach § 95 entscheidet das Oberlandesgericht, in dessen Bezirk die zuständige Regulierungsbehörde ihren Sitz hat; es entscheidet auch über einen Antrag auf gerichtliche Entscheidung (§ 62 des Gesetzes über Ordnungswidrigkeiten) in den Fällen des § 52 Abs. 2 Satz 3 und des § 69 Abs. 1 Satz 2 des Gesetzes über Ordnungswidrigkeiten. [2]§ 140 Abs. 1 Nr. 1 der Strafprozessordnung in Verbindung mit § 46 Abs. 1 des Gesetzes über Ordnungswidrigkeiten findet keine Anwendung.

(2) Das Oberlandesgericht entscheidet in der Besetzung von drei Mitgliedern mit Einschluss des vorsitzenden Mitglieds.

§ 99 Rechtsbeschwerde zum Bundesgerichtshof. [1]Über die Rechtsbeschwerde (§ 79 des Gesetzes über Ordnungswidrigkeiten) entscheidet der Bundesgerichtshof. [2]Hebt er die angefochtene Entscheidung auf, ohne in der

Sache selbst zu entscheiden, so verweist er die Sache an das Oberlandesgericht, dessen Entscheidung aufgehoben wird, zurück.

§ 100 Wiederaufnahmeverfahren gegen Bußgeldbescheid. Im Wiederaufnahmeverfahren gegen den Bußgeldbescheid der Regulierungsbehörde (§ 85 Abs. 4 des Gesetzes über Ordnungswidrigkeiten) entscheidet das nach § 98 zuständige Gericht.

§ 101 Gerichtliche Entscheidungen bei der Vollstreckung. Die bei der Vollstreckung notwendig werdenden gerichtlichen Entscheidungen (§ 104 des Gesetzes über Ordnungswidrigkeiten) werden von dem nach § 98 zuständigen Gericht erlassen.

Abschnitt 6. Bürgerliche Rechtsstreitigkeiten

§ 102 Ausschließliche Zuständigkeit der Landgerichte. (1) [1]Für bürgerliche Rechtsstreitigkeiten, die sich aus diesem Gesetz ergeben, sind ohne Rücksicht auf den Wert des Streitgegenstandes die Landgerichte ausschließlich zuständig. [2]Satz 1 gilt auch, wenn die Entscheidung eines Rechtsstreits ganz oder teilweise von einer Entscheidung abhängt, die nach diesem Gesetz zu treffen ist.

(2) Die Rechtsstreitigkeiten sind Handelssachen im Sinne der §§ 93 bis 114 des Gerichtsverfassungsgesetzes.

§ 103 Zuständigkeit eines Landgerichts für mehrere Gerichtsbezirke.

(1) [1]Die Landesregierungen werden ermächtigt, durch Rechtsverordnung bürgerliche Rechtsstreitigkeiten, für die nach § 102 ausschließlich die Landgerichte zuständig sind, einem Landgericht für die Bezirke mehrerer Landgerichte zuzuweisen, wenn eine solche Zusammenfassung der Rechtspflege, insbesondere der Sicherung einer einheitlichen Rechtsprechung, dienlich ist. [2]Die Landesregierungen können die Ermächtigung auf die Landesjustizverwaltungen übertragen.

(2) Durch Staatsverträge zwischen Ländern kann die Zuständigkeit eines Landgerichts für einzelne Bezirke oder das gesamte Gebiet mehrerer Länder begründet werden.

(3) Die Parteien können sich vor den nach den Absätzen 1 und 2 bestimmten Gerichten auch anwaltlich durch Personen vertreten lassen, die bei dem Gericht zugelassen sind, vor das der Rechtsstreit ohne die Regelung nach den Absätzen 1 und 2 gehören würde.

§ 104 Benachrichtigung und Beteiligung der Regulierungsbehörde.

(1) [1]Das Gericht hat die Regulierungsbehörde über alle Rechtsstreitigkeiten nach § 102 Abs. 1 zu unterrichten. [2]Das Gericht hat der Regulierungsbehörde auf Verlangen Abschriften von allen Schriftsätzen, Protokollen, Verfügungen und Entscheidungen zu übersenden.

(2) [1]Der Präsident oder die Präsidentin der Regulierungsbehörde kann, wenn er oder sie es zur Wahrung des öffentlichen Interesses als angemessen erachtet, aus den Mitgliedern der Regulierungsbehörde eine Vertretung bestellen, die befugt ist, dem Gericht schriftliche Erklärungen abzugeben, auf Tatsa-

chen und Beweismittel hinzuweisen, den Terminen beizuwohnen, in ihnen Ausführungen zu machen und Fragen an Parteien, Zeugen und Sachverständige zu richten. [2]Schriftliche Erklärungen der vertretenden Personen sind den Parteien von dem Gericht mitzuteilen.

§ 105 Streitwertanpassung. (1) [1]Macht in einer Rechtsstreitigkeit, in der ein Anspruch nach dem § 32 geltend gemacht wird, eine Partei glaubhaft, dass die Belastung mit den Prozesskosten nach dem vollen Streitwert ihre wirtschaftliche Lage erheblich gefährden würde, so kann das Gericht auf ihren Antrag anordnen, dass die Verpflichtung dieser Partei zur Zahlung von Gerichtskosten sich nach einem ihrer Wirtschaftslage angepassten Teil des Streitwerts bemisst. [2]Das Gericht kann die Anordnung davon abhängig machen, dass die Partei glaubhaft macht, dass die von ihr zu tragenden Kosten des Rechtsstreits weder unmittelbar noch mittelbar von einem Dritten übernommen werden. [3]Die Anordnung hat zur Folge, dass die begünstigte Partei die Gebühren ihres Rechtsanwalts ebenfalls nur nach diesem Teil des Streitwerts zu entrichten hat. [4]Soweit ihr Kosten des Rechtsstreits auferlegt werden oder soweit sie diese übernimmt, hat sie die von dem Gegner entrichteten Gerichtsgebühren und die Gebühren seines Rechtsanwalts nur nach dem Teil des Streitwerts zu erstatten. [5]Soweit die außergerichtlichen Kosten dem Gegner auferlegt oder von ihm übernommen werden, kann der Rechtsanwalt der begünstigten Partei seine Gebühren von dem Gegner nach dem für diesen geltenden Streitwert beitreiben.

(2) [1]Der Antrag nach Absatz 1 kann vor der Geschäftsstelle des Gerichts zur Niederschrift erklärt werden. [2]Er ist vor der Verhandlung zur Hauptsache anzubringen. [3]Danach ist er nur zulässig, wenn der angenommene oder festgesetzte Streitwert später durch das Gericht heraufgesetzt wird. [4]Vor der Entscheidung über den Antrag ist der Gegner zu hören.

Abschnitt 7. Gemeinsame Bestimmungen für das gerichtliche Verfahren

§ 106 Zuständiger Senat beim Oberlandesgericht. (1) Die nach § 91 des Gesetzes gegen Wettbewerbsbeschränkungen bei den Oberlandesgerichten gebildeten Kartellsenate entscheiden über die nach diesem Gesetz den Oberlandesgerichten zugewiesenen Rechtssachen sowie in den Fällen des § 102 über die Berufung gegen Endurteile und die Beschwerde gegen sonstige Entscheidungen in bürgerlichen Rechtsstreitigkeiten.

(2) Die §§ 92 und 93 des Gesetzes gegen Wettbewerbsbeschränkungen gelten entsprechend.

§ 107 Zuständiger Senat beim Bundesgerichtshof. (1) Der nach § 94 des Gesetzes gegen Wettbewerbsbeschränkungen beim Bundesgerichtshof gebildete Kartellsenat entscheidet über folgende Rechtsmittel:

1. in Verwaltungssachen über die Rechtsbeschwerde gegen Entscheidungen der Oberlandesgerichte (§§ 86 und 88) und über die Nichtzulassungsbeschwerde (§ 87);
2. in Bußgeldverfahren über die Rechtsbeschwerde gegen Entscheidungen der Oberlandesgerichte (§ 99);

3. in bürgerlichen Rechtsstreitigkeiten, die sich aus diesem Gesetz ergeben,
   a) über die Revision einschließlich der Nichtzulassungsbeschwerde gegen Endurteile der Oberlandesgerichte,
   b) über die Sprungrevision gegen Endurteile der Landgerichte,
   c) über die Rechtsbeschwerde gegen Beschlüsse der Oberlandesgerichte in den Fällen des § 574 Abs. 1 der Zivilprozessordnung.

(2) § 94 Abs. 2 des Gesetzes gegen Wettbewerbsbeschränkungen gilt entsprechend.

§ 108 Ausschließliche Zuständigkeit. Die Zuständigkeit der nach diesem Gesetz zur Entscheidung berufenen Gerichte ist ausschließlich.

Teil 9. Sonstige Vorschriften

§ 109 Unternehmen der öffentlichen Hand, Geltungsbereich. (1) Dieses Gesetz findet auch Anwendung auf Unternehmen, die ganz oder teilweise im Eigentum der öffentlichen Hand stehen oder die von ihr verwaltet oder betrieben werden.

(2) Dieses Gesetz findet Anwendung auf alle Verhaltensweisen, die sich im Geltungsbereich dieses Gesetzes auswirken, auch wenn sie außerhalb des Geltungsbereichs dieses Gesetzes veranlasst werden.

§ 110 Geschlossene Verteilernetze. (1) § 14 Absatz 1b, die §§ 14a, 18, 19, 21a, 22 Absatz 1, die §§ 23a und 32 Absatz 2, die §§ 33, 35 und 52 finden auf den Betrieb eines geschlossenen Verteilernetzes keine Anwendung.

(2) [1] Die Regulierungsbehörde stuft ein Energieversorgungsnetz, mit dem Energie zum Zwecke der Ermöglichung der Versorgung von Kunden in einem geografisch begrenzten Industrie- oder Gewerbegebiet oder einem Gebiet verteilt wird, in dem Leistungen gemeinsam genutzt werden, als geschlossenes Verteilernetz ein, wenn

1. die Tätigkeiten oder Produktionsverfahren der Anschlussnutzer dieses Netzes aus konkreten technischen oder sicherheitstechnischen Gründen verknüpft sind oder
2. mit dem Netz in erster Linie Energie an den Netzeigentümer oder -betreiber oder an mit diesen verbundene Unternehmen verteilt wird; maßgeblich ist der Durchschnitt der letzten drei Kalenderjahre; gesicherte Erkenntnisse über künftige Anteile sind zu berücksichtigen.

[2] Die Einstufung erfolgt nur, wenn keine Letztverbraucher, die Energie für den Eigenverbrauch im Haushalt kaufen, über das Netz versorgt werden oder nur eine geringe Zahl von solchen Letztverbrauchern, wenn diese ein Beschäftigungsverhältnis oder eine vergleichbare Beziehung zum Eigentümer oder Betreiber des Netzes unterhalten.

(3) [1] Die Einstufung erfolgt auf Antrag des Netzbetreibers. [2] Der Antrag muss folgende Angaben enthalten:

1. Firma und Sitz des Netzbetreibers und des Netzeigentümers,
2. Angaben nach § 27 Absatz 2 der Stromnetzentgeltverordnung[1)] oder § 27 Absatz 2 der Gasnetzentgeltverordnung[2)],
3. Anzahl der versorgten Haushaltskunden,
4. vorgelagertes Netz einschließlich der Spannung oder des Drucks, mit der oder dem das Verteilernetz angeschlossen ist,
5. weitere Verteilernetze, die der Netzbetreiber betreibt.

[3] Das Verteilernetz gilt ab vollständiger Antragstellung bis zur Entscheidung der Regulierungsbehörde als geschlossenes Verteilernetz.

(4) [1] Jeder Netznutzer eines geschlossenen Verteilernetzes kann eine Überprüfung der Entgelte durch die Regulierungsbehörde verlangen; § 31 findet insoweit keine Anwendung. [2] Es wird vermutet, dass die Bestimmung der Netznutzungsentgelte den rechtlichen Vorgaben entspricht, wenn der Betreiber des geschlossenen Verteilernetzes kein höheres Entgelt fordert als der Betreiber des vorgelagerten Energieversorgungsnetzes für die Nutzung des an das geschlossene Verteilernetz angrenzenden Energieversorgungsnetzes der allgemeinen Versorgung auf gleicher Netz- oder Umspannebene; grenzen mehrere Energieversorgungsnetze der allgemeinen Versorgung auf gleicher Netz- oder Umspannebene an, ist das niedrigste Entgelt maßgeblich. [3] § 31 Absatz 1, 2 und 4 sowie § 32 Absatz 1 und 3 bis 5 finden entsprechend Anwendung.

§ 111 Verhältnis zum Gesetz gegen Wettbewerbsbeschränkungen.

(1) [1] Die §§ 19, 20 und 29 des Gesetzes gegen Wettbewerbsbeschränkungen[3)] sind nicht anzuwenden, soweit durch dieses Gesetz oder auf Grund dieses Gesetzes erlassener Rechtsverordnungen ausdrücklich abschließende Regelungen getroffen werden. [2] Die Aufgaben und Zuständigkeiten der Kartellbehörden bleiben unberührt.

(2) Die Bestimmungen des Teiles 3 und die auf Grundlage dieser Bestimmungen erlassenen Rechtsverordnungen sind abschließende Regelungen im Sinne des Absatzes 1 Satz 1.

(3) In Verfahren der Kartellbehörden nach den §§ 19, 20 und 29 des Gesetzes gegen Wettbewerbsbeschränkungen[3)], die Preise von Energieversorgungsunternehmen für die Belieferung von Letztverbrauchern betreffen, deren tatsächlicher oder kalkulatorischer Bestandteil Netzzugangsentgelte im Sinne des § 20 Abs. 1 sind, sind die von Betreibern von Energieversorgungsnetzen nach § 20 Abs. 1 veröffentlichten Netzzugangsentgelte als rechtmäßig zugrunde zu legen, soweit nicht ein anderes durch eine sofort vollziehbare oder bestandskräftige Entscheidung der Regulierungsbehörde oder ein rechtskräftiges Urteil festgestellt worden ist.

§ 111a Verbraucherbeschwerden. [1] Energieversorgungsunternehmen, Messstellenbetreiber und Messdienstleister (Unternehmen) sind verpflichtet, Beanstandungen von Verbrauchern im Sinne des § 13 des Bürgerlichen Gesetzesbuchs (Verbraucher) insbesondere zum Vertragsabschluss oder zur Qualität

---

1) Nr. **24**.
2) Nr. **26**.
3) Nr. **12**.

von Leistungen des Unternehmens (Verbraucherbeschwerden), die den Anschluss an das Versorgungsnetz, die Belieferung mit Energie sowie die Messung der Energie betreffen, innerhalb einer Frist von vier Wochen ab Zugang beim Unternehmen zu beantworten. [2] Wird der Verbraucherbeschwerde durch das Unternehmen nicht abgeholfen, hat das Unternehmen die Gründe in Textform darzulegen und auf das Schlichtungsverfahren nach § 111b unter Angabe der Anschrift und der Webseite der Schlichtungsstelle hinzuweisen. [3] Das Unternehmen hat zugleich anzugeben, dass es zur Teilnahme am Schlichtungsverfahren verpflichtet ist. [4] Das Unternehmen hat auf seiner Webseite auf das Schlichtungsverfahren nach § 111b, die Anschrift und die Webseite der Schlichtungsstelle sowie seine Pflicht zur Teilnahme am Schlichtungsverfahren hinzuweisen. [5] Das mit der Beanstandung befasste Unternehmen hat andere Unternehmen, die an der Belieferung des beanstandenden Verbrauchers bezüglich des Anschlusses an das Versorgungsnetz, der Belieferung mit Energie oder der Messung der Energie beteiligt sind, über den Inhalt der Beschwerde zu informieren, wenn diese Unternehmen der Verbraucherbeschwerde abhelfen können.

§ 111b Schlichtungsstelle, Verordnungsermächtigung. (1) [1] Zur Beilegung von Streitigkeiten zwischen Unternehmen und Verbrauchern über den Anschluss an das Versorgungsnetz, die Belieferung mit Energie sowie die Messung der Energie kann die anerkannte oder beauftragte Schlichtungsstelle angerufen werden. [2] Sofern ein Verbraucher eine Schlichtung bei der Schlichtungsstelle beantragt, ist das Unternehmen verpflichtet, an dem Schlichtungsverfahren teilzunehmen. [3] Der Antrag des Verbrauchers auf Einleitung des Schlichtungsverfahrens ist erst zulässig, wenn das Unternehmen im Verfahren nach § 111a der Verbraucherbeschwerde nicht abgeholfen hat. [4] Die Schlichtungsstelle kann andere Unternehmen, die an der Belieferung des den Antrag nach Satz 2 stellenden Verbrauchers bezüglich des Anschlusses an das Versorgungsnetz, der Belieferung mit Energie oder der Messung der Energie beteiligt sind, als Beteiligte im Schlichtungsverfahren hinzuziehen. [5] Das Recht der Beteiligten, die Gerichte anzurufen oder ein anderes Verfahren nach diesem Gesetz zu beantragen, bleibt unberührt.

(2) Sofern wegen eines Anspruchs, der durch das Schlichtungsverfahren betroffen ist, ein Mahnverfahren eingeleitet wurde, soll der das Mahnverfahren betreibende Beteiligte auf Veranlassung der Schlichtungsstelle das Ruhen des Mahnverfahrens bewirken.

(3) [1] Das Bundesministerium für Wirtschaft und Energie kann im Einvernehmen mit dem Bundesministerium der Justiz und für Verbraucherschutz eine privatrechtlich organisierte Einrichtung als zentrale Schlichtungsstelle zur außergerichtlichen Beilegung von Streitigkeiten nach Absatz 1 anerkennen. [2] Die Anerkennung ist im Bundesanzeiger bekannt zu machen und der Zentralen Anlaufstelle für Verbraucherschlichtung nach § 32 Absatz 2 und 5 des Verbraucherstreitbeilegungsgesetzes vom 19. Februar 2016 (BGBl. I S. 254) mitzuteilen.

(4) Eine privatrechtlich organisierte Einrichtung kann nach Absatz 3 Satz 1 als Schlichtungsstelle anerkannt werden, wenn sie die Voraussetzungen für eine Anerkennung als Verbraucherschlichtungsstelle nach dem Verbraucherstreitbei-

legungsgesetz erfüllt, soweit das Energiewirtschaftsgesetz keine abweichenden Regelungen trifft.

(5) [1] Die anerkannte Schlichtungsstelle hat dem Bundesministerium für Wirtschaft und Energie und dem Bundesministerium der Justiz und für Verbraucherschutz jährlich über ihre Organisations- und Finanzstruktur zu berichten. [2] § 34 des Verbraucherstreitbeilegungsgesetzes bleibt unberührt.

(6) [1] Die anerkannte Schlichtungsstelle kann für ein Schlichtungsverfahren von den nach Absatz 1 Satz 2 und 4 beteiligten Unternehmen ein Entgelt erheben. [2] Die Höhe des Entgelts nach Satz 1 muss im Verhältnis zum Aufwand der anerkannten Schlichtungsstelle angemessen sein und den ordnungsgemäßen Geschäftsbetrieb sicherstellen. [3] Bei offensichtlich missbräuchlichen Anträgen nach Absatz 1 Satz 2 kann auch von dem Verbraucher ein Entgelt verlangt werden, welches 30 Euro nicht überschreiten darf. [4] Einwände gegen Rechnungen berechtigen gegenüber der anerkannten Schlichtungsstelle zum Zahlungsaufschub oder zur Zahlungsverweigerung nur, soweit die ernsthafte Möglichkeit eines offensichtlichen Fehlers besteht. [5] Für Streitigkeiten über Schlichtungsentgelte ist örtlich ausschließlich das Gericht zuständig, in dessen Bezirk die anerkannte Schlichtungsstelle ihren Sitz hat.

(7) [1] Solange keine privatrechtlich organisierte Einrichtung als Schlichtungsstelle nach Absatz 4 anerkannt worden ist, hat das Bundesministerium für Wirtschaft und Energie die Aufgaben der Schlichtungsstelle durch Rechtsverordnung im Einvernehmen mit dem Bundesministerium der Justiz und für Verbraucherschutz ohne Zustimmung des Bundesrates einer Bundesoberbehörde oder Bundesanstalt (beauftragte Schlichtungsstelle) zuzuweisen und deren Verfahren sowie die Erhebung von Gebühren und Auslagen zu regeln. [2] Soweit dieses Gesetz keine abweichenden Regelungen trifft, muss die beauftragte Schlichtungsstelle die Anforderungen nach dem Verbraucherstreitbeilegungsgesetz erfüllen.

(8) [1] Die anerkannte und die beauftragte Schlichtungsstelle sind Verbraucherschlichtungsstellen nach dem Verbraucherstreitbeilegungsgesetz. [2] Das Verbraucherstreitbeilegungsgesetz ist anzuwenden, soweit das Energiewirtschaftsgesetz keine abweichenden Regelungen trifft. [3] Die Schlichtungsstellen sollen regelmäßig Schlichtungsvorschläge von allgemeinem Interesse für den Verbraucher auf ihrer Webseite veröffentlichen.

(9) Die Befugnisse der Regulierungsbehörden auf der Grundlage dieses Gesetzes sowie der Kartellbehörden auf Grundlage des Gesetzes gegen Wettbewerbsbeschränkungen bleiben unberührt.

§ 111c Zusammentreffen von Schlichtungsverfahren und Missbrauchs- oder Aufsichtsverfahren. (1) [1] Erhält die Schlichtungsstelle Kenntnis davon, dass gegen den Betreiber eines Energieversorgungsnetzes im Zusammenhang mit dem Sachverhalt, der einem Antrag auf Durchführung eines Schlichtungsverfahrens nach § 111b zugrunde liegt, ein Missbrauchsverfahren nach § 30 Absatz 2 oder ein besonderes Missbrauchsverfahren nach § 31 oder gegen ein Unternehmen (§ 111a Satz 1) ein Aufsichtsverfahren nach § 65 eingeleitet worden ist, ist das Schlichtungsverfahren auszusetzen. [2] Die Schlichtungsstelle teilt den Parteien mit, dass sich die Dauer des Schlichtungsverfahrens wegen besonderer Schwierigkeit der Streitigkeit verlängert.

(2) Das nach Absatz 1 ausgesetzte Schlichtungsverfahren ist mit Abschluss des Missbrauchsverfahrens oder Aufsichtsverfahrens unverzüglich fortzusetzen.

(3) [1] Die Schlichtungsstelle und die Regulierungsbehörden können nach Maßgabe des Bundesdatenschutzgesetzes untereinander Informationen einschließlich personenbezogener Daten über anhängige Schlichtungs- und Missbrauchsverfahren austauschen, soweit dies zur Erfüllung ihrer jeweiligen Aufgaben erforderlich ist. [2] Es ist sicherzustellen, dass die Vertraulichkeit wirtschaftlich sensibler Daten im Sinne des § 6a gewahrt wird.

Teil 9a. Transparenz

§ 111d Einrichtung einer nationalen Informationsplattform. (1) [1] Die Bundesnetzagentur errichtet und betreibt spätestens ab dem 1. Juli 2017 eine elektronische Plattform, um der Öffentlichkeit jederzeit die aktuellen Informationen insbesondere zu der Erzeugung von Elektrizität, der Last, der Menge der Im- und Exporte von Elektrizität, der Verfügbarkeit von Netzen und von Energieerzeugungsanlagen sowie zu Kapazitäten und der Verfügbarkeit von grenzüberschreitenden Verbindungsleitungen zur Verfügung zu stellen (nationale Informationsplattform). [2] Zu dem Zweck nach Satz 1 veröffentlicht sie auf der nationalen Informationsplattform in einer für die Gebotszone der Bundesrepublik Deutschland aggregierten Form insbesondere die Daten, die

1. von den Betreibern von Übertragungsnetzen nach Artikel 4 Absatz 1 in Verbindung mit den Artikeln 6 bis 17 der Verordnung (EU) Nr. 543/2013 der Kommission vom 14. Juni 2013 über die Übermittlung und die Veröffentlichung von Daten in Strommärkten und zur Änderung des Anhangs I der Verordnung (EG) Nr. 714/2009 des Europäischen Parlaments und des Rates (ABl. L 163 vom 15.6.2013, S. 1; Transparenzverordnung) an den Europäischen Verbund der Übertragungsnetzbetreiber (ENTSO-Strom) übermittelt und von ENTSO-Strom veröffentlicht werden oder
2. von Primäreigentümern im Sinne von Artikel 2 Nummer 23 nach Artikel 4 Absatz 2 der Transparenzverordnung an ENTSO-Strom übermittelt und von ENTSO-Strom veröffentlicht werden.

[3] Die Bundesnetzagentur kann über die Daten nach Satz 2 hinaus zusätzliche ihr vorliegende Daten veröffentlichen, um die Transparenz im Strommarkt zu erhöhen.

(2) [1] Die Bundesnetzagentur kann die Übermittlung der Daten nach Absatz 1 Satz 2 von den Betreibern von Übertragungsnetzen sowie den Primäreigentümern im Sinne von Absatz 1 Satz 2 verlangen. [2] In diesem Fall müssen die Betreiber von Übertragungsnetzen sowie die Primäreigentümer auf Verlangen der Bundesnetzagentur dieser die Daten nach Absatz 1 Satz 2 über eine zum automatisierten Datenaustausch eingerichtete Schnittstelle innerhalb der von der Bundesnetzagentur gesetzten Frist zur Verfügung stellen. [3] Die Möglichkeit der Betreiber von Übertragungsnetzen, Informationen zu Anlagen und deren Standorten nach Artikel 10 Absatz 4 und nach Artikel 11 Absatz 4 Satz 2 der Transparenzverordnung nicht anzugeben, bleibt hiervon unberührt. [4] Die Bundesnetzagentur darf die ihr nach Satz 1 zur Kenntnis gelangten Daten, die Betriebs- und Geschäftsgeheimnisse enthalten, nur in anonymisierter Form veröffentlichen. [5] Die Bundesnetzagentur darf Daten, die geeignet sind, die

Sicherheit oder Zuverlässigkeit des Elektrizitätsversorgungssystems oder die Sicherheit und Ordnung zu gefährden, oder die europäische kritische Anlagen betreffen, nur im Einvernehmen mit den Betreibern der Übertragungsnetze veröffentlichen; Absatz 4 Satz 1 bleibt hiervon unberührt.

(3) [1] Die Bundesnetzagentur soll die in Absatz 1 Satz 2 und 3 genannten Daten in einer für die Gebotszone der Bundesrepublik Deutschland aggregierten Form und in deutscher Sprache unter Berücksichtigung der in der Transparenzverordnung festgelegten Zeitpunkte veröffentlichen, soweit dies jeweils technisch möglich ist. [2] Die Art der Veröffentlichung der Daten soll in einer für die Öffentlichkeit verständlichen Darstellung und in leicht zugänglichen Formaten erfolgen, um die Öffentlichkeit besser in die Lage zu versetzen, die Informationen des Strommarktes und die Wirkungszusammenhänge nachvollziehen zu können. [3] Die Daten müssen frei zugänglich sein und von den Nutzern gespeichert werden können.

(4) Die Bundesnetzagentur wird ermächtigt, wenn die nach den Nummern 1 und 3 zu übermittelnden Daten für den Zweck der nationalen Informationsplattform erforderlich sind und soweit diese Daten bei den Betreibern der Elektrizitätsversorgungsnetze vorliegen, Festlegungen nach § 29 Absatz 1 zu treffen insbesondere

1. zur Übermittlung von Daten und zu der Form der Übermittlung durch die Betreiber von Elektrizitätsversorgungsnetzen,
2. zu den Zeitpunkten der Übermittlung der Daten unter Berücksichtigung der in der Transparenzverordnung festgelegten Zeitpunkte sowie
3. zur Übermittlung von Daten zu Erzeugungseinheiten mit einer installierten Erzeugungskapazität zwischen 10 Megawatt und 100 Megawatt.

§ 111e Marktstammdatenregister. (1) [1] Die Bundesnetzagentur errichtet und betreibt ein elektronisches Verzeichnis mit energiewirtschaftlichen Daten (Marktstammdatenregister). [2] Das Marktstammdatenregister dient dazu,

1. die Verfügbarkeit und Qualität der energiewirtschaftlichen Daten zur Unterstützung des Zwecks und der Ziele nach § 1 für die im Energieversorgungssystem handelnden Personen sowie für die zuständigen Behörden zur Wahrnehmung ihrer gesetzlichen Aufgaben zu verbessern,
2. den Aufwand zur Erfüllung energierechtlicher Meldepflichten zu verringern und
3. die Transformation des Energieversorgungssystems gegenüber der Öffentlichkeit transparent darzustellen.

(2) Das Marktstammdatenregister umfasst folgende Daten über die Unternehmen und Anlagen der Elektrizitäts- und Gaswirtschaft:

1. in der Elektrizitätswirtschaft insbesondere Daten über
   a) Anlagen zur Erzeugung und Speicherung von elektrischer Energie sowie deren Betreiber,
   b) Betreiber von Elektrizitätsversorgungsnetzen und
   c) Bilanzkreisverantwortliche und
2. in der Gaswirtschaft insbesondere Daten über
   a) Gasproduktionsanlagen und Speicheranlagen sowie deren Betreiber,

b) Betreiber von Gasversorgungsnetzen,
c) Marktgebietsverantwortliche und
d) Bilanzkreisverantwortliche.

(3) Die Bundesnetzagentur muss bei der Errichtung und bei dem Betrieb des Marktstammdatenregisters europarechtliche und nationale Regelungen hinsichtlich der Vertraulichkeit, des Datenschutzes und der Datensicherheit beachten sowie die erforderlichen technischen und organisatorischen Maßnahmen zur Sicherstellung von Datenschutz und Datensicherheit unter Beachtung von § 9 des Bundesdatenschutzgesetzes, der Anlage zu § 9 Satz 1 des Bundesdatenschutzgesetzes sowie unter Berücksichtigung der einschlägigen Standards und Empfehlungen des Bundesamtes für Sicherheit in der Informationstechnik ergreifen.

(4) [1] Die Bundesnetzagentur muss in einem nach der Rechtsverordnung nach § 111f Nummer 8 Buchstabe c zu bestimmenden Umfang Behörden den Zugang zum Marktstammdatenregister eröffnen, soweit diese Behörden die gespeicherten Daten zur Erfüllung ihrer jeweiligen Aufgaben benötigen. [2] Daten, die im Marktstammdatenregister erfasst sind, sollen von Organisationseinheiten in Behörden, die für die Überwachung und den Vollzug energierechtlicher Bestimmungen zuständig sind oder Daten zu energiestatistischen Zwecken benötigen, nicht erneut erhoben werden, soweit

1. die organisatorischen und technischen Voraussetzungen für den Zugriff auf das Marktstammdatenregister gewährleistet sind,
2. nicht zur Umsetzung europäischen Rechts eine eigenständige Datenerhebung erforderlich ist und
3. die jeweils benötigten Daten nach Maßgabe der Rechtsverordnung nach § 111f vollständig und richtig an das Marktstammdatenregister übermittelt worden sind.

(5) Die Bundesnetzagentur nimmt ihre Aufgaben und Befugnisse nach den Absätzen 1 bis 4 sowie nach der Rechtsverordnung nach § 111f nur im öffentlichen Interesse wahr.

(6) [1] Die Bundesnetzagentur kann vor dem Inkrafttreten einer Rechtsverordnung nach § 111f Netzbetreiber verpflichten, bei ihnen vorhandene Daten nach § 111f Nummer 6 über bereits in Betrieb genommene Anlagen und deren Betreiber zur späteren Speicherung im Markstammdatenregister zu übermitteln. [2] Die Bundesnetzagentur darf hierbei ein bestimmtes Datenformat vorgeben; zur Sicherstellung von Datenschutz und Datensicherheit kann die Bundesnetzagentur ein etabliertes und dem Schutzbedarf angemessenes Verschlüsselungsverfahren bestimmen.

§ 111f Verordnungsermächtigung zum Marktstammdatenregister.

Zur näheren Ausgestaltung des Marktstammdatenregisters wird das Bundesministerium für Wirtschaft und Energie ermächtigt, durch Rechtsverordnung ohne Zustimmung des Bundesrates zu regeln:

1. zur Umsetzung des § 111e Absatz 2 die registrierungspflichtigen Personen und die zu erfassenden Energieanlagen,

2. welche weiteren Personen registriert und welche weiteren Anlagen zur Erreichung der Zwecke nach § 111e Absatz 1 erfasst werden müssen oder können; dies sind insbesondere:
   a) Personen:
      aa) Betreiber von geschlossenen Verteilernetzen,
      bb) Direktvermarktungsunternehmer nach § 5 Nummer 10 des Erneuerbare-Energien-Gesetzes[1)],
      cc) Strom- und Gaslieferanten, die Letztverbraucher beliefern,
      dd) Messstellenbetreiber,
      ee) Marktteilnehmer nach Artikel 2 Nummer 7 der Verordnung (EU) Nr. 1227/2011 des Europäischen Parlaments und des Rates über die Integrität und Transparenz des Energiegroßhandelsmarkts,
      ff) Betreiber von organisierten Marktplätzen nach Artikel 2 Nummer 4 der Durchführungsverordnung (EU) Nr. 1348/2014 der Kommission vom 17. Dezember 2014 über die Datenmeldung gemäß Artikel 8 Absatz 2 und 6 der Verordnung (EU) Nr. 1227/2011 des Europäischen Parlaments und des Rates über die Integrität und Transparenz des Energiegroßhandelsmarkts (ABl. L 363 vom 18.12.2014, S. 121),
   b) Anlagen, wobei auch ihre Betreiber zur Registrierung verpflichtet werden können:
      aa) energiewirtschaftlich relevante Energieverbrauchsanlagen,
      bb) Netzersatzanlagen,
      cc) Ladepunkte für Elektromobile,
3. die Erfassung öffentlich-rechtlicher Zulassungen für Anlagen und die Registrierung ihrer Inhaber,
4. die Registrierung von Behörden, die energiewirtschaftliche Daten zur Erfüllung ihrer jeweiligen Aufgaben benötigen,
5. die Voraussetzungen und den Umfang einer freiwilligen Registrierung von Personen, die nicht nach den Nummern 1 bis 3 hierzu verpflichtet sind,
6. welche Daten übermittelt werden müssen und wer als Datenverantwortlicher zur Übermittlung verpflichtet ist, wobei mindestens folgende Daten zu übermitteln sind, soweit diese nicht bereits der Bundesnetzagentur vorliegen; in diesen Fällen kann eine Speicherung der Daten im Marktstammdatenregister ohne Übermittlung des Datenverantwortlichen geregelt werden:
   a) der Name des Datenverantwortlichen, seine Anschrift, seine Telefonnummer und seine E-Mail-Adresse,
   b) der Standort der Anlage,
   c) die genutzten Energieträger,
   d) die installierte Leistung der Anlage,
   e) technische Eigenschaften der Anlage,
   f) Daten zum Energieversorgungsnetz, an das die Anlage angeschlossen ist,
7. das Verfahren der Datenübermittlung einschließlich

---

1) Nr. **37**.

a) Anforderungen an die Art, die Formate und den Umfang der zu übermittelnden Daten,

b) der anzuwendenden Fristen und Übergangfristen,

c) Regelungen zur Übernahme der Datenverantwortung in Fällen, in denen nach Nummer 6 zweiter Halbsatz die Daten ohne vorherige Übermittlung des Datenverantwortlichen im Marktstammdatenregister gespeichert werden,

7a. die Überprüfung der im Marktstammdatenregister gespeicherten Daten einschließlich der hierzu erforderlichen Mitwirkungspflichten von Personen nach Nummer 1 und 2,

8. die Nutzung des Marktstammdatenregisters einschließlich der Möglichkeit zum automatisierten Abruf von Daten durch

a) die zur Registrierung verpflichteten Personen einschließlich ihrer Rechte, bestimmte Daten einzusehen und diese zu bestimmten Zwecken zu nutzen,

b) freiwillig registrierte Personen,

c) Behörden einschließlich

aa) ihrer Befugnis, bestimmte Daten einzusehen und zum Abgleich mit eigenen Registern und Datensätzen oder sonst zur Erfüllung ihrer Aufgaben zu nutzen,

bb) der Regelung, welche Behörden in den Anwendungsbereich des § 111e Absatz 4 fallen, sowie bei Behörden nach § 111e Absatz 4 Satz 2 die Rechte der Dateninhaber, die Übermittlung von Daten an diese Behörden zu verweigern, wenn die Voraussetzungen des § 111e Absatz 4 Satz 2 erfüllt sind; hierfür sind angemessene Übergangsfristen vorzusehen, die es den betroffenen Behörden erlauben, ihrerseits die organisatorischen und technischen Maßnahmen zur Anpassung eigener Prozesse, Register und Datenbanken zu ergreifen,

9. die Art und den Umfang der Veröffentlichung der im Marktstammdatenregister gespeicherten Daten unter Beachtung datenschutzrechtlicher Anforderungen, der Anforderungen an die Sicherheit und Zuverlässigkeit des Energieversorgungssystems sowie unter Wahrung von Betriebs- und Geschäftsgeheimnissen,

10. die Pflichten der Datenverantwortlichen, die im Marktstammdatenregister gespeicherten Daten bei Änderungen zu aktualisieren,

11. die Rechtsfolgen in Fällen der Nichteinhaltung von Verpflichtungen auf Grund einer Rechtsverordnung nach den Nummern 1, 2, 3, 6 und 7; dies umfasst insbesondere Regelungen, wonach die Inanspruchnahme einzelner oder sämtlicher der folgenden Förderungen und Begünstigungen die Datenübermittlung an das Marktstammdatenregister voraussetzt, wenn und soweit die betreffenden Bestimmungen dies zulassen, wobei angemessene Übergangsfristen vorzusehen sind:

a) die finanzielle Förderung nach § 19 des Erneuerbare-Energien-Gesetzes[1)],

---

[1)] Nr. **37**.

b) die Zahlung des Zuschlags nach § 7 des Kraft-Wärme-Kopplungsgesetzes[1],
c) die Zahlung vermiedener Netznutzungsentgelte nach § 18 der Stromnetzentgeltverordnung[2],
d) Begünstigungen
aa) nach § 60 Absatz 3, den §§ 61, 104 Absatz 3 des Erneuerbare-Energien-Gesetzes[3],
bb) nach § 26 Absatz 2 des Kraft-Wärme-Kopplungsgesetzes[1],
cc) nach § 19 Absatz 2 und 3 der Stromnetzentgeltverordnung[2],
dd) nach den §§ 20 und 20a der Gasnetzentgeltverordnung[4] und nach § 35 der Gasnetzzugangsverordnung[5],
ee) nach den §§ 3, 3a, 44, 46, 47, 53a und 53b des Energiesteuergesetzes[6] sowie
ff) nach § 9 des Stromsteuergesetzes[7],

12. nähere Vorgaben zu den Folgen fehlerhafter Eintragungen einschließlich Regelungen über Aufgaben und Befugnisse der Bundesnetzagentur zur Sicherung der Datenqualität,
13. nähere Vorgaben zur Gewährleistung von Datensicherheit und Datenschutz; dies umfasst insbesondere Regelungen zum Schutz personenbezogener Daten im Zusammenhang mit den nach Nummer 6 zu übermittelnden Daten einschließlich Aufklärungs-, Auskunfts- und Löschungspflichten,
14. die Ermächtigung der Bundesnetzagentur, durch Festlegung nach § 29 Absatz 1 unter Beachtung der Zwecke des § 111e Absatz 1 sowie der Anforderungen des Datenschutzes zu regeln:
a) Definitionen der registrierungspflichtigen Personen sowie der zu übermittelnden Daten,
b) weitere zu übermittelnde Daten, einschließlich der hierzu Verpflichteten,
c) dass abweichend von einer Rechtsverordnung nach Nummer 3 oder einer Festlegung nach Buchstabe a bestimmte Daten nicht mehr zu übermitteln sind oder bestimmte Personen, Einrichtungen oder öffentlich-rechtliche Zulassungen nicht mehr registriert werden müssen, soweit diese nicht länger zur Erreichung der Ziele nach § 111e Absatz 1 Satz 2 erforderlich sind; hiervon ausgenommen sind die nach Nummer 6 zweiter Halbsatz mindestens zu übermittelnden Daten.

---

[1] Nr. 45.
[2] Nr. 24.
[3] Nr. 37.
[4] Nr. 26.
[5] Nr. 25.
[6] Nr. 50.
[7] Nr. 48.

Teil 10. Evaluierung, Schlussvorschriften

§ 112 Evaluierungsbericht. [1] Die Bundesregierung hat den gesetzgebenden Körperschaften bis zum 1. Juli 2007 einen Bericht über die Erfahrungen und Ergebnisse mit der Regulierung vorzulegen (Evaluierungsbericht). [2] Sofern sich aus dem Bericht die Notwendigkeit von gesetzgeberischen Maßnahmen ergibt, soll die Bundesregierung einen Vorschlag machen. [3] Der Bericht soll insbesondere

1. Vorschläge für Methoden der Netzregulierung enthalten, die Anreize zur Steigerung der Effizienz des Netzbetriebs setzen,
2. Auswirkungen der Regelungen dieses Gesetzes auf die Umweltverträglichkeit der Energieversorgung darlegen,
3. Auswirkungen der Netzregulierung sowie der Regelungen nach Teil 4 auf die Letztverbraucher untersuchen,
4. eine Prüfung beinhalten, ob für die Planung des Verteilernetzausbaus die Aufnahme einer Ermächtigung zum Erlass einer Rechtsverordnung notwendig wird um sicherzustellen, dass nachfragesteuernde und effizienzsteigernde Maßnahmen angemessen beachtet werden,
5. die Bedingungen der Beschaffung und des Einsatzes von Ausgleichsenergie darstellen sowie gegebenenfalls Vorschläge zur Verbesserung des Beschaffungsverfahrens, insbesondere der gemeinsamen regelzonenübergreifenden Ausschreibung, und zu einer möglichen Zusammenarbeit der Betreiber von Übertragungsnetzen zur weiteren Verringerung des Aufwandes für Regelenergie machen,
6. die Möglichkeit der Einführung eines einheitlichen Marktgebiets bei Gasversorgungsnetzen erörtern und Vorschläge zur Entwicklung eines netzübergreifenden Regelzonenmodells bei Elektrizitätsversorgungsnetzen prüfen sowie
7. den Wettbewerb bei Gasspeichern und die Netzzugangsbedingungen für Anlagen zur Erzeugung von Biogas prüfen.

§ 112a Bericht der Bundesnetzagentur zur Einführung einer Anreizregulierung. (1) [1] Die Bundesnetzagentur hat der Bundesregierung bis zum 1. Juli 2006 einen Bericht zur Einführung der Anreizregulierung nach § 21a vorzulegen. [2] Dieser Bericht hat ein Konzept zur Durchführung einer Anreizregulierung zu enthalten, das im Rahmen der gesetzlichen Vorgaben umsetzbar ist. [3] Zur Vorbereitung und zur Erstellung des Berichts stehen der Bundesnetzagentur die Ermittlungsbefugnisse nach diesem Gesetz zu.

(2) [1] Die Bundesnetzagentur soll den Bericht unter Beteiligung der Länder, der Wissenschaft und der betroffenen Wirtschaftskreise erstellen sowie die internationalen Erfahrungen mit Anreizregulierungssystemen berücksichtigen. [2] Sie gibt den betroffenen Wirtschaftskreisen nach der Erstellung eines Berichtsentwurfs Gelegenheit zur Stellungnahme; sie veröffentlicht die erhaltenen Stellungnahmen im Internet. [3] Unterlagen der betroffenen Wirtschaftskreise zur Entwicklung einer Methodik der Anreizregulierung sowie der Stellungnahme nach Satz 2 sind von den Regelungen nach § 69 Abs. 1 Satz 1 Nr. 1 und 3 sowie Satz 2 ausgenommen.

(3) [1] Die Bundesnetzagentur hat der Bundesregierung zwei Jahre nach der erstmaligen Bestimmung von Netzzugangsentgelten im Wege einer Anreizregulierung nach § 21a einen Bericht über die Erfahrungen damit vorzulegen. [2] Die Bundesregierung hat den Bericht binnen dreier Monate an den Deutschen Bundestag weiterzuleiten; sie kann ihm eine Stellungnahme hinzufügen.

§ 113 Laufende Wegenutzungsverträge. Laufende Wegenutzungsverträge, einschließlich der vereinbarten Konzessionsabgaben, bleiben unbeschadet ihrer Änderung durch die §§ 36, 46 und 48 im Übrigen unberührt.

§ 114 Wirksamwerden der Entflechtungsbestimmungen. [1] Auf Rechnungslegung und interne Buchführung findet § 10 erstmals zu Beginn des jeweils ersten vollständigen Geschäftsjahres nach Inkrafttreten dieses Gesetzes Anwendung. [2] Bis dahin sind die §§ 9 und 9a des Energiewirtschaftsgesetzes vom 24. April 1998 (BGBl. I S. 730), das zuletzt durch Artikel 1 des Gesetzes vom 20. Mai 2003 (BGBl. I S. 686) geändert worden ist, weiter anzuwenden.

§ 115 Bestehende Verträge. (1) [1] Bestehende Verträge über den Netzanschluss an und den Netzzugang zu den Energieversorgungsnetzen mit einer Laufzeit bis zum Ablauf von sechs Monaten nach Inkrafttreten dieses Gesetzes bleiben unberührt. [2] Verträge mit einer längeren Laufzeit sind spätestens sechs Monate nach Inkrafttreten einer zu diesem Gesetz nach den §§ 17, 18 oder 24 erlassenen Rechtsverordnung an die jeweils entsprechenden Vorschriften dieses Gesetzes und die jeweilige Rechtsverordnung nach Maßgabe dieser Rechtsverordnung anzupassen, soweit eine Vertragspartei dies verlangt. [3] § 19 Absatz 1 in Verbindung mit Absatz 2 Nummer 1 des Gesetzes gegen Wettbewerbsbeschränkungen[1)] findet nach Maßgabe des § 111 Anwendung.

(1a) Abweichend von Absatz 1 Satz 2 sind die dort genannten Verträge hinsichtlich der Entgelte, soweit diese nach § 23a zu genehmigen sind, unabhängig von einem Verlangen einer Vertragspartei anzupassen.

(2) [1] Bestehende Verträge über die Belieferung von Letztverbrauchern mit Energie im Rahmen der bis zum Inkrafttreten dieses Gesetzes bestehenden allgemeinen Versorgungspflicht mit einer Laufzeit bis zum Ablauf von sechs Monaten nach Inkrafttreten dieses Gesetzes bleiben unberührt. [2] Bis dahin gelten die Voraussetzungen des § 310 Abs. 2 des Bürgerlichen Gesetzbuchs[2)] als erfüllt, sofern die bestehenden Verträge im Zeitpunkt des Inkrafttretens dieses Gesetzes diese Voraussetzungen erfüllt haben. [3] Verträge mit einer längeren Laufzeit sind spätestens sechs Monate nach Inkrafttreten einer zu diesem Gesetz nach § 39 oder § 41 erlassenen Rechtsverordnung an die jeweils entsprechenden Vorschriften dieses Gesetzes und die jeweilige Rechtsverordnung nach Maßgabe dieser Rechtsverordnung anzupassen.

(3) [1] Bestehende Verträge über die Belieferung von Haushaltskunden mit Energie außerhalb der bis zum Inkrafttreten dieses Gesetzes bestehenden allgemeinen Versorgungspflicht mit einer Restlaufzeit von zwölf Monaten nach Inkrafttreten dieses Gesetzes bleiben unberührt. [2] Bis dahin gelten die Voraussetzungen des § 310 Abs. 2 des Bürgerlichen Gesetzbuchs[2)] als erfüllt, sofern die bestehenden Verträge im Zeitpunkt des Inkrafttretens dieses Gesetzes diese

---

[1)] Nr. **12**.
[2)] Nr. **30**.

Voraussetzungen erfüllt haben. [3] Verträge mit einer längeren Laufzeit sind spätestens zwölf Monate nach Inkrafttreten einer zu diesem Gesetz nach § 39 oder § 41 erlassenen Rechtsverordnung an die entsprechenden Vorschriften dieses Gesetzes und die jeweilige Rechtsverordnung nach Maßgabe dieser Rechtsverordnung anzupassen. [4] Sonstige bestehende Lieferverträge bleiben im Übrigen unberührt.

§ 116 Bisherige Tarifkundenverträge. [1] Unbeschadet des § 115 sind die §§ 10 und 11 des Energiewirtschaftsgesetzes vom 24. April 1998 (BGBl. I S. 730), das zuletzt durch Artikel 126 der Verordnung vom 25. November 2003 (BGBl. I S. 2304) geändert worden ist, sowie die Verordnung über Allgemeine Bedingungen für die Elektrizitätsversorgung von Tarifkunden vom 21. Juni 1979 (BGBl. I S. 684), zuletzt geändert durch Artikel 17 des Gesetzes vom 9. Dezember 2004 (BGBl. I S. 3214), und die Verordnung über Allgemeine Bedingungen für die Gasversorgung von Tarifkunden vom 21. Juni 1979 (BGBl. I S. 676), zuletzt geändert durch Artikel 18 des Gesetzes vom 9. Dezember 2004 (BGBl. I S. 3214), auf bestehende Tarifkundenverträge, die nicht mit Haushaltskunden im Sinne dieses Gesetzes abgeschlossen worden sind, bis zur Beendigung der bestehenden Verträge weiter anzuwenden. [2] Bei Änderungen dieser Verträge und bei deren Neuabschluss gelten die Bestimmungen dieses Gesetzes sowie der auf Grund dieses Gesetzes erlassenen Rechtsverordnungen.

§ 117 Konzessionsabgaben für die Wasserversorgung. Für die Belieferung von Letztverbrauchern im Rahmen der öffentlichen Wasserversorgung gilt § 48 entsprechend.

§ 117a Regelung bei Stromeinspeisung in geringem Umfang. [1] Betreiber

1. von Anlagen im Sinne des § 3 Nummer 1 des Erneuerbare-Energien-Gesetzes[1)] mit einer elektrischen Leistung von bis zu 500 Kilowatt oder
2. von Anlagen im Sinne des § 2 Nummer 14 des Kraft-Wärme-Kopplungsgesetzes[2)] mit einer elektrischen Leistung von bis zu 500 Kilowatt,

die nur deswegen als Energieversorgungsunternehmen gelten, weil sie Elektrizität nach den Vorschriften des Erneuerbare-Energien-Gesetzes[1)] oder des Kraft-Wärme-Kopplungsgesetzes[2)] in ein Netz einspeisen oder im Sinne des § 3 Nummer 16 direkt vermarkten, sind hinsichtlich dieser Anlagen von den Bestimmungen des § 10 Abs. 1 ausgenommen. [2] Mehrere Anlagen zur Erzeugung von Strom aus solarer Strahlungsenergie gelten unabhängig von den Eigentumsverhältnissen und ausschließlich zum Zweck der Ermittlung der elektrischen Leistung im Sinne des Satzes 1 Nummer 1 als eine Anlage, wenn sie sich auf demselben Grundstück oder sonst in unmittelbarer räumlicher Nähe befinden und innerhalb von zwölf aufeinanderfolgenden Kalendermonaten in Betrieb genommen worden sind. [3] Satz 1 gilt nicht, wenn der Betreiber ein vertikal integriertes Unternehmen ist oder im Sinne des § 3 Nr. 38 mit einem solchen verbunden ist. [4] Bilanzierungs-, Prüfungs- und Veröffentlichungspflichten aus sonstigen Vorschriften bleiben unberührt. [5] Mehrere Anlagen im Sinne des Satzes 1 Nr. 1 und 2, die unmittelbar an einem Standort miteinander

---

1) Nr. **37**.
2) Nr. **45**.

verbunden sind, gelten als eine Anlage, wobei die jeweilige elektrische Leistung zusammenzurechnen ist.

§ 117b Verwaltungsvorschriften. Die Bundesregierung erlässt mit Zustimmung des Bundesrates allgemeine Verwaltungsvorschriften über die Durchführung der Verfahren nach den §§ 43 bis 43d sowie 43f und 43g, insbesondere über

1. die Vorbereitung des Verfahrens,
2. den behördlichen Dialog mit dem Vorhabenträger und der Öffentlichkeit,
3. die Festlegung des Prüfungsrahmens,
4. den Inhalt und die Form der Planunterlagen,
5. die Einfachheit, Zweckmäßigkeit und Zügigkeit der Verfahrensabläufe und der vorzunehmenden Prüfungen,
6. die Durchführung des Anhörungsverfahrens,
7. die Einbeziehung der Umweltverträglichkeitsprüfung in das Verfahren,
8. die Beteiligung anderer Behörden und
9. die Bekanntgabe der Entscheidung.

§ 118 Übergangsregelungen. (1) Die Bundesregierung soll unverzüglich nach Vorlage des Berichts nach § 112a Abs. 1 zur Einführung der Anreizregulierung den Entwurf einer Rechtsverordnung nach § 21a Abs. 6 vorlegen.

(2) § 6 Absatz 2 bis 4 ist mit Wirkung vom 13. Juli 2009 anzuwenden.

(3) [1] Vor dem 17. Dezember 2006 beantragte Planfeststellungsverfahren oder Plangenehmigungsverfahren werden nach den Vorschriften dieses Gesetzes in der ab dem 17. Dezember 2006 geltenden Fassung zu Ende geführt. [2] § 43c gilt auch für Planfeststellungsbeschlüsse und Plangenehmigungen, die vor dem 17. Dezember 2006 erlassen worden sind, soweit der Plan noch nicht außer Kraft getreten ist.

(4) [1] Vor dem 26. August 2009 beantragte Planfeststellungsverfahren und Plangenehmigungsverfahren jeweils für Hochspannungsleitungen mit einer Nennspannung von 220 Kilovolt oder mehr werden nach den bis dahin geltenden Vorschriften zu Ende geführt. [2] Sie werden nur dann als Planfeststellungsverfahren oder Plangenehmigungsverfahren in der ab dem 26. August 2009 geltenden Fassung dieses Gesetzes fortgeführt, wenn der Träger des Vorhabens dies beantragt. [3] Vor dem 26. August 2009 beantragte Planfeststellungsverfahren und Plangenehmigungsverfahren jeweils für Hochspannungsleitungen mit einer Nennspannung von unter 220 Kilovolt werden nach den Vorschriften dieses Gesetzes in der ab 26. August 2009 geltenden Fassung zu Ende geführt

(5) [1] Vor dem 26. August 2009 beantragte Einzelgenehmigungen für Vorhaben, die ab dem 26. August 2009 der Planfeststellung oder Plangenehmigung nach § 43 Satz 1 Nr. 3 oder Satz 3 in der am 26. August 2009 geltenden Fassung unterliegen, werden nach den bis dahin geltenden Vorschriften zu Ende geführt. [2] Die Durchführung eines Planfeststellungsverfahrens oder Plangenehmigungsverfahrens nach § 43 Satz 1 Nr. 3 oder Satz 3 in der am 26. August 2009 geltenden Fassung dieses Gesetzes erfolgt nur dann, wenn der Träger des Vorhabens dies beantragt.

(6) [1] Nach dem 31. Dezember 2008 neu errichtete Anlagen zur Speicherung elektrischer Energie, die ab 4. August 2011,[1)] innerhalb von 15 Jahren in Betrieb genommen werden, sind für einen Zeitraum von 20 Jahren ab Inbetriebnahme hinsichtlich des Bezugs der zu speichernden elektrischen Energie von den Entgelten für den Netzzugang freigestellt. [2] Pumpspeicherkraftwerke, deren elektrische Pump- oder Turbinenleistung nachweislich um mindestens 7,5 Prozent oder deren speicherbare Energiemenge nachweislich um mindestens 5 Prozent nach dem 4. August 2011 erhöht wurden, sind für einen Zeitraum von zehn Jahren ab Inbetriebnahme hinsichtlich des Bezugs der zu speichernden elektrischen Energie von den Entgelten für den Netzzugang freigestellt. [3] Die Freistellung nach Satz 1 wird nur gewährt, wenn die elektrische Energie zur Speicherung in einem elektrischen, chemischen, mechanischen oder physikalischen Stromspeicher aus einem Transport- oder Verteilernetz entnommen und die zur Ausspeisung zurückgewonnene elektrische Energie zeitlich verzögert wieder in dasselbe Netz eingespeist wird. [4] Die Freistellung nach Satz 2 setzt voraus, dass auf Grund vorliegender oder prognostizierter Verbrauchsdaten oder auf Grund technischer oder vertraglicher Gegebenheiten offensichtlich ist, dass der Höchstlastbeitrag der Anlage vorhersehbar erheblich von der zeitgleichen Jahreshöchstlast aller Entnahmen aus dieser Netz- oder Umspannebene abweicht. [5] Sie erfolgt durch Genehmigung in entsprechender Anwendung der verfahrensrechtlichen Vorgaben nach § 19 Absatz 2 Satz 3 bis 5 und 8 bis 10 der Stromnetzentgeltverordnung[2)]. [6] Als Inbetriebnahme gilt der erstmalige Bezug von elektrischer Energie für den Probebetrieb, bei bestehenden Pumpspeicherkraftwerken der erstmalige Bezug nach Abschluss der Maßnahme zur Erhöhung der elektrischen Pump- oder Turbinenleistung und der speicherbaren Energiemenge. [7] Auf Anlagen, in denen durch Wasserelektrolyse Wasserstoff erzeugt oder in denen Gas oder Biogas durch wasserelektrolytisch erzeugten Wasserstoff und anschließende Methanisierung hergestellt worden ist, sind die Sätze 1, 3 und 6 anzuwenden, soweit der erzeugte Wasserstoff oder das erzeugte Gas zur Stromerzeugung eingesetzt werden. [8] Diese Anlagen sind zudem von den Einspeiseentgelten in das Gasnetz, an das sie angeschlossen sind, befreit.

(7) [1] Ausnahmen nach § 28a, die vor dem 4. August 2011 erteilt werden, gelten bis zum Ende des genehmigten Ausnahmezeitraums auch für die §§ 8 bis 10e sowie, im Umfang der bestehenden Ausnahmegenehmigung, für die §§ 20 bis 28 als erteilt. [2] Satz 1 gilt für erteilte Ausnahmen nach Artikel 7 der Verordnung (EG) Nr. 1228/2003 entsprechend, soweit sie vor dem 4. August 2011 erteilt wurden.

(8) § 91 ist auf Kostenschulden, die vor dem 4. August 2011 entstanden sind, in der bis zum 3. August 2011 geltenden Fassung anzuwenden.

(9) [1] § 24 Satz 1 Nummer 3 und Satz 2 Nummer 5 jeweils in der Fassung vom 30. Juli 2016 treten mit Wirkung zum 1. Januar 2012 in Kraft. [2] Bis zum 31. Dezember 2015 ist anstelle der §§ 26, 28 und 30 des Kraft-Wärme-Kopplungsgesetzes[3)] § 9 des Kraft-Wärme-Kopplungsgesetzes[3)] in der am 31. Dezember 2015 geltenden Fassung entsprechend anzuwenden mit der Maßgabe, dass die Belastungsgrenzen in dessen Absatz 7 Satz 2 und 3 erst ab einem Jahres-

---

[1)] Zeichensetzung amtlich.
[2)] Nr. **24**.
[3)] Nr. **45**.

verbrauch von mindestens 1 000 000 Kilowattstunden und nur auf Strombezüge oberhalb von 1 000 000 Kilowattstunden anzuwenden sind. [3] § 19 Absatz 2 Satz 6 und 7 der Stromnetzentgeltverordnung[1)] in der Fassung des Gesetzes vom 26. Juli 2011 (BGBl. I S. 1554), § 19 Absatz 2 Satz 12 bis 15 in der Fassung der Verordnung vom 14. August 2013 (BGBl. I S. 3250) und § 19 Absatz 2 Satz 13 bis 16 in der Fassung des Gesetzes vom 21. Dezember 2015 (BGBl. I S. 2498) gelten als Regelungen im Sinne des § 24 in der Fassung der Sätze 1 und 2.

(10) Die §§ 20a, 40 Absatz 2 Satz 1 Nummer 6 und 8, § 40 Absatz 3 Satz 2 sowie § 40 Absatz 4 und 6 finden erst sechs Monate nach Inkrafttreten dieses Gesetzes Anwendung.

(11) [1] Vor dem 5. August 2011 beantragte Planfeststellungsverfahren oder Plangenehmigungsverfahren für Hochspannungsleitungen mit einer Nennspannung von 110 Kilovolt werden nach den bisher geltenden Vorschriften zu Ende geführt. [2] Sie werden nur dann als Planfeststellungsverfahren oder Plangenehmigungsverfahren in der ab 5. August 2011 geltenden Fassung dieses Gesetzes fortgeführt, wenn der Träger des Vorhabens dies beantragt.

(12) Auf Windenergieanlagen auf See, die bis zum 29. August 2012 eine unbedingte oder eine bedingte Netzanbindungszusage erhalten haben und im Falle der bedingten Netzanbindungszusage spätestens zum 1. September 2012 die Voraussetzungen für eine unbedingte Netzanbindungszusage nachgewiesen haben, ist § 17 Absatz 2a und 2b in der bis zum 28. Dezember 2012 geltenden Fassung anzuwenden.

(13) [1] § 17d Absatz 6 Satz 3 in der bis zum 31. Dezember 2016 geltenden Fassung ist nicht auf einen Betreiber von Windenergieanlagen auf See nach Absatz 12 anzuwenden, der bis zum Ablauf des 1. Juli 2015 der Regulierungsbehörde den Nachweis über eine bestehende Finanzierung erbringt, der bis zum Ablauf des 1. Juli 2016 mit der Errichtung der Windenergieanlage auf See begonnen hat und die technische Betriebsbereitschaft der Windenergieanlagen auf See bis zum Ablauf des 1. Januar 2019 hergestellt hat. [2] Für den Nachweis der bestehenden Finanzierung gilt § 17d Absatz 6 Satz 4 in der bis zum 31. Dezember 2016 geltenden Fassung entsprechend.

(14) Vor dem 1. Januar 2018 kann die Regulierungsbehörde im Benehmen mit dem Bundesamt für Seeschifffahrt und Hydrographie abweichend von § 17d Absatz 3 Satz 2 in der bis zum 31. Dezember 2016 geltenden Fassung unter Berücksichtigung sämtlicher bestehender unbedingter Netzanbindungszusagen höchstens 7,7 Gigawatt Anschlusskapazität zuweisen.

(15) Für § 6c in der durch das Gesetz zur Änderung des Handelsgesetzbuchs vom 4. Oktober 2013 (BGBl. I S. 3746) geänderten Fassung gilt Artikel 70 Absatz 3 des Einführungsgesetzes zum Handelsgesetzbuch entsprechend.

(16) [1] Das Verfahren zur Erstellung und Bestätigung des Offshore-Netzentwicklungsplans für das Zieljahr 2025 nach den §§ 17b und 17c wird nach den bis zum 31. Dezember 2015 geltenden Vorschriften fortgeführt. [2] Das Verfahren zur Erstellung und Bestätigung des Netzentwicklungsplans für das Zieljahr 2025 nach den §§ 12b und 12c wird nicht fortgeführt. [3] Das mit der Vorlage des Szenariorahmens am 10. Januar 2016 begonnene Verfahren zur Erstellung und Bestätigung des Netzentwicklungsplans sowie des Offshore-Netzentwicklungs-

---

[1)] Nr. **24**.

plans nach den §§ 12b, 12c, 17b und 17c wird nach den seit dem 1. Januar 2016 geltenden Vorschriften durchgeführt.

(17) Das Verfahren zur Erstellung des Netzentwicklungsplans der Fernleitungsnetzbetreiber für das Jahr 2015 nach § 15a wird nach den bis zum 1. Januar 2016 geltenden Vorschriften durchgeführt.

(18) [1] Folgende Maßnahmen dürfen erst nach beihilferechtlicher Genehmigung durch die Europäische Kommission und nach Maßgabe und für die Dauer der Genehmigung ergriffen werden:

1. die Vergütung bei geplanten Stilllegungen von Anlagen nach den §§ 13b bis 13d in der Fassung des Strommarktgesetzes vom 30. Juli 2016 und
2. die Bindung von Anlagen nach § 13e.

[2] Das Bundesministerium für Wirtschaft und Energie macht den Tag der Bekanntgabe der beihilferechtlichen Genehmigung jeweils im Bundesanzeiger bekannt.

(19) [1] Abweichend von § 17d kann die Regulierungsbehörde im Benehmen mit dem Bundesamt für Seeschifffahrt und Hydrographie bis zum 31. Dezember 2016 Betreibern von Pilotwindenergieanlagen auf See nach § 3 Nummer 6 des Windenergie-auf-See-Gesetzes[1)] auf Antrag Anschlusskapazität bis zu höchstens 50 Megawatt auf einer bestehenden oder beauftragten Offshore-Anbindungsleitung zuweisen, soweit entsprechende Kapazitäten auf Offshore-Anbindungsleitungen zur Verfügung stehen und der jeweilige Betreiber von Pilotwindenergieanlagen auf See ein hinreichendes Konzept zur Anbindung der Pilotwindenergieanlagen auf See an ein Umspannwerk auf See für den Netzanschluss mit seinem Antrag vorlegt. [2] Mit dem Antrag nach Satz 1 müssen geeignete Unterlagen nach § 68 Satz 2 des Windenergie-auf-See-Gesetzes[1)] eingereicht werden. [3] Die Zuweisung der Kapazität erfolgt unter der Bedingung, dass

1. die Regulierungsbehörde im Benehmen mit dem Bundesamt für Seeschifffahrt und Hydrographie spätestens bis zum 30. Juni 2017 feststellt, dass es sich um eine Pilotwindenergieanlage handelt, und
2. der Betreiber der Pilotwindenergieanlage spätestens bis zum Ablauf von 18 Monaten nach der Kapazitätszuweisung eine Zulassung zur Errichtung dieser Anlagen der Regulierungsbehörde vorlegt.

[4] Die Regulierungsbehörde kann die Zuweisung mit Nebenbestimmungen nach § 36 des Verwaltungsverfahrensgesetzes versehen. [5] Die Regulierungsbehörde entscheidet über die Anträge in der Reihenfolge ihres Eingangs; später gestellte Anträge von anderen Betreibern von Pilotwindenergieanlagen auf See auf Zuweisung derselben Anbindungskapazität sind mit der Zuweisung nach Satz 1 abzulehnen. [6] Eine Zuweisung von Anschlusskapazität, die dazu führen würde, dass die in Absatz 14 genannte Anschlusskapazität überschritten würde, ist unzulässig.

(20) [1] Der Offshore-Netzentwicklungsplan für das Zieljahr 2025 enthält alle Maßnahmen, die erforderlich sind, um einen hinreichenden Wettbewerb unter den bestehenden Projekten im Rahmen der Ausschreibung nach § 26 des Windenergie-auf-See-Gesetzes[1)] zu gewährleisten. [2] Der Offshore-Netzent-

---

[1)] Nr. **47**.

wicklungsplan für das Zieljahr 2025 soll für die Ostsee die zur Erreichung der in § 27 Absatz 3 und 4 des Windenergie-auf-See-Gesetzes[1)] festgelegten Menge erforderlichen Maßnahmen mit einer geplanten Fertigstellung ab dem Jahr 2021 vorsehen, jedoch eine Übertragungskapazität von 750 Megawatt insgesamt nicht überschreiten. [3] Der Offshore-Netzentwicklungsplan für das Zieljahr 2025 soll für die Nordsee die zur Erreichung der Verteilung nach § 27 Absatz 4 des Windenergie-auf-See-Gesetzes[1)] erforderlichen Maßnahmen mit einer geplanten Fertigstellung ab dem Jahr 2022 vorsehen.

(21) Für Windenergieanlagen auf See, die eine unbedingte Netzanbindungszusage nach Absatz 12 oder eine Kapazitätszuweisung nach § 17d Absatz 3 Satz 1 in der am 31. Dezember 2016 geltenden Fassung erhalten haben, sind die §§ 17d und 17e in der am 31. Dezember 2016 geltenden Fassung anzuwenden.

(22) [1] § 13 Absatz 6a ist nach dem 31. Dezember 2023 nicht mehr anzuwenden. [2] Zuvor nach § 13 Absatz 6a geschlossene Verträge laufen bis zum Ende der vereinbarten Vertragslaufzeit weiter.

(23) § 47 ist auf Verfahren zur Vergabe von Wegenutzungsrechten zur leitungsgebundenen Energieversorgung, in denen am 3. Februar 2017 von der Gemeinde bereits Auswahlkriterien samt Gewichtung im Sinne des § 46 Absatz 4 Satz 4 bekannt gegeben wurden, mit der Maßgabe anwendbar, dass die in § 47 Absatz 2 Satz 1 bis 3 genannten Fristen mit Zugang einer Aufforderung zur Rüge beim jeweiligen Unternehmen beginnen.

(24) § 17f Absatz 5 Satz 2 darf erst nach der beihilferechtlichen Genehmigung durch die Europäische Kommission und für die Dauer der Genehmigung angewendet werden.

(25) [1] Stromerzeugungsanlagen im Sinne der Verordnung (EU) 2016/631 sind als bestehend anzusehen, sofern sie bis zum 30. Juni 2020 in Betrieb genommen wurden und für sie vor dem 27. April 2019

1. eine Baugenehmigung oder eine Genehmigung nach dem Bundes-Immissionsschutzgesetz erteilt wurde oder
2. der Anschluss an das Netz begehrt wurde und eine Baugenehmigung oder eine Genehmigung nach dem Bundes-Immissionsschutzgesetz nicht erforderlich ist.

[2] Der Betreiber der Anlage kann auf die Einstufung als Bestandsanlage verzichten. [3] Der Verzicht ist schriftlich gegenüber dem Netzbetreiber zu erklären.

[Abs. 25a ab 1.10.2021:]

(25a) [1] Auf Maßnahmen nach § 13 Absatz 1, die vor dem 1. Oktober 2021 durchgeführt worden sind, ist § 13a in der bis zum 30. September 2021 geltenden Fassung anzuwenden. [2] Für Anlagen nach § 3 Nummer 1 des Erneuerbare-Energien-Gesetzes[2)], die nach dem am 31. Dezember 2011 geltenden Inbetriebnahmebegriff nach dem Erneuerbare-Energien-Gesetz[2)] vor dem 1. Januar 2012 in Betrieb genommen worden sind, und für KWK-Anlagen, die vor dem 1. Januar 2012 in Betrieb genommen worden sind, ist § 13a Absatz 2 Satz 3 Nummer 5 mit der Maßgabe anzuwenden, dass für die Bestimmung des angemessenen finanziellen Ausgleichs 100 Prozent der entgangenen Einnahmen anzusetzen sind.

[1)] Nr. **47**.
[2)] Nr. **37**.

(26) Bis zum 31. Dezember 2023 ist in dem Netzentwicklungsplan nach § 12b höchstens eine Testfeld-Anbindungsleitung mit einer Anschlusskapazität von höchstens 300 Megawatt erforderlich.

§ 118a *(aufgehoben)*

§ 118b *(aufgehoben)*

§ 119 Verordnungsermächtigung für das Forschungs- und Entwicklungsprogramm „Schaufenster intelligente Energie – Digitale Agenda für die Energiewende". (1) [1] Die Bundesregierung wird ermächtigt, durch Rechtsverordnung[1)] ohne Zustimmung des Bundesrates für Teilnehmer an dem von der Bundesregierung geförderten Forschungs- und Entwicklungsprogramm „Schaufenster intelligente Energie – Digitale Agenda für die Energiewende" Regelungen zu treffen, die von den in Absatz 2 Nummer 1 bis 3 genannten Vorschriften abweichen oder Zahlungen im Rahmen dieser Vorschriften erstatten. [2] Die Regelungen dürfen in folgenden Fällen getroffen werden:

1. im Fall von Maßnahmen zur Gewährleistung der Sicherheit oder Zuverlässigkeit des Elektrizitätsversorgungssystems nach ***[bis 30.9.2021:*** § 13 Absatz 1 und 2, § 14 Absatz 1 Satz 1 dieses Gesetzes und § 14 des Erneuerbare-Energien-Gesetzes[2)]***] [ab 1.10.2021:*** *§ 13 Absatz 1 bis 2 und § 14 Absatz 1]*,
2. im Fall von Maßnahmen, die netzbezogene oder marktbezogene Maßnahmen des Netzbetreibers nach ***[bis 30.9.2021:*** § 13 Absatz 1 und 2 und § 14 Absatz 1 Satz 1 dieses Gesetzes und § 14 des Erneuerbare-Energien-Gesetzes[2)]***] [ab 1.10.2021:*** *§ 13 Absatz 1 bis 2 und § 14 Absatz 1]* vermeiden, oder
3. in Bezug auf Zeiträume, in denen der Wert der Stundenkontrakte für die Preiszone Deutschland am Spotmarkt der Strombörse im Sinn des § 3 Nummer 43a des Erneuerbare-Energien-Gesetzes[2)] in der Auktion des Vortages oder des laufenden Tages null oder negativ ist.

[Abs. 1a ab 1.10.2021:]

(1a) Die Bundesregierung wird ermächtigt, durch Rechtsverordnung ohne Zustimmung des Bundesrates in den in Absatz 1 genannten Fällen und unter den in den Absätzen 3 bis 5 genannten Voraussetzungen zu regeln, dass

1. bei Netzengpässen im Rahmen von § 13 Absatz 1 die Einspeiseleistung nicht durch die Reduzierung der Erzeugungsleistung der Anlage, sondern durch die Nutzung von Strom in einer zuschaltbaren Last reduziert werden kann, sofern die eingesetzte Last den Strombezug nicht nur zeitlich verschiebt und die entsprechende entlastende physikalische Wirkung für das Stromnetz gewahrt ist, oder
2. von der Berechnung der Entschädigung nach § 13a Absatz 2 Satz 3 Nummer 5 abgewichen werden kann.

(2) In der Rechtsverordnung können von den in den Nummern 1 bis 3 genannten Vorschriften abweichende Regelungen oder Regelungen zur Erstattung von Zahlungen im Rahmen dieser Verordnung getroffen werden

---

[1)] Siehe die SINTEG-Verordnung v. 14.6.2017 (BGBl. I S. 1653), geänd. durch G v. 13.5.2019 (BGBl. I S. 706).
[2)] Nr. **37**.

1. zur Erstattung von Netznutzungsentgelten oder einer abweichenden Ermittlung der Netznutzungsentgelte durch den Netzbetreiber bei einem Letztverbraucher, soweit es um die Anwendung von § 17 Absatz 2 sowie von § 19 Absatz 2 Satz 1 und 2 der Stromnetzentgeltverordnung[1] geht,
2. für Anlagen zur Stromspeicherung oder zur Umwandlung elektrischer Energie in einen anderen Energieträger eine Befreiung von der Pflicht zur Zahlung oder eine Erstattung
   a) der Netzentgelte nach § 17 Absatz 1 und § 19 Absatz 2 Satz 15 und Absatz 4 der Stromnetzentgeltverordnung[1],
   b) eines Aufschlags auf Netzentgelte nach § 17f Absatz 5 Satz 1 und
   c) der Umlage nach § 18 Absatz 1 Satz 2 der Verordnung zu abschaltbaren Lasten[2]

   vorzusehen,
3. zur Beschaffung von ab- und zuschaltbaren Lasten auch ohne Einrichtung einer gemeinsamen Internetplattform aller Verteilernetzbetreiber nach § 14 Absatz 1 Satz 1 in Verbindung mit § 13 Absatz 6.

(3) Regelungen nach Absatz 2 dürfen nur getroffen werden, wenn
1. sie zur Sammlung von Erfahrungen und Lerneffekten im Sinn der Ziele des Förderprogramms nach Absatz 4 beitragen,
2. sichergestellt wird, dass bei Anwendung dieser abweichenden Regelungen
   a) resultierende finanzielle Veränderungen auf den Ausgleich von wirtschaftlichen Nachteilen der Teilnehmer nach Absatz 1 beschränkt werden, die bei der Anwendung des Rechts ohne diese abweichende Regelung entstanden wären,
   b) beim Ausgleich von wirtschaftlichen Vor- und Nachteilen gegebenenfalls entstandene wirtschaftliche Vorteile und daraus folgende Gewinne an den Netzbetreiber zur Minderung seines Netzentgelts abgeführt werden, an dessen Netz die jeweilige Anlage angeschlossen ist, und
3. diese Regelungen auf die Teilnehmer an dem Förderprogramm beschränkt sind und spätestens am 30. Juni 2022 auslaufen.

(4) Die Ziele des Förderprogramms im Sinn des Absatzes 3 Nummer 1 sind
1. ein effizienter und sicherer Netzbetrieb bei hohen Anteilen erneuerbarer Energien,
2. die Hebung von Effizienz- und Flexibilitätspotenzialen markt- und netzseitig,
3. ein effizientes und sicheres Zusammenspiel aller Akteure im intelligenten Energienetz,
4. die effizientere Nutzung der vorhandenen Netzstruktur sowie
5. die Verringerung von Netzausbaubedarf auf der Verteilnetzebene.

(5) In der Rechtsverordnung darf die Bundesregierung die Anzeige, Überwachung und Kontrolle der Befreiungen oder Erstattungen aufgrund von abweichenden Regelungen im Rahmen des Forschungs- und Entwicklungs-

---

[1] Nr **24**.
[2] Nr **18**.

programms „Schaufenster intelligente Energie – Digitale Agenda für die Energiewende" sowie die mit Absatz 3 Nummer 2 verbundenen Aufgaben der Bundesnetzagentur oder Netzbetreibern übertragen.

§ 120 Schrittweiser Abbau der Entgelte für dezentrale Einspeisung; Übergangsregelung. (1) Bei Einspeisungen von Elektrizität aus dezentralen Erzeugungsanlagen darf in einer Rechtsverordnung nach § 24 Satz 5 keine Erstattung eingesparter Entgelte für den Netzzugang vorgesehen werden

1. für Erzeugungsanlagen, die ab dem 1. Januar 2023 in Betrieb genommen worden sind,
2. für Anlagen mit volatiler Erzeugung, die ab dem 1. Januar 2018 in Betrieb genommen worden sind.

(2) [1] Wird eine Erzeugungsanlage nach dem für sie maßgeblichen in Absatz 1 genannten Zeitpunkt an eine Netz- oder Umspannebene angeschlossen, die ihrer bisherigen Anschlussebene nachgelagert ist, erhält sie keine Entgelte für dezentrale Einspeisung mehr. [2] Eine Erzeugungsanlage, die am 31. Dezember 2016 allein an die Höchstspannungsebene angeschlossen war, erhält ab dem 22. Juli 2017 auch dann keine Entgelte für dezentrale Einspeisung, wenn sie nach dem 31. Dezember 2016 an eine nachgelagerte Netz- oder Umspannebene angeschlossen worden ist oder wird.

(3) [1] Für Anlagen mit volatiler Erzeugung dürfen ab dem 1. Januar 2020 keine Entgelte für dezentrale Erzeugung mehr gezahlt werden. [2] Die Rechtsverordnung nach § 24 kann vorsehen, dass die Höhe der Entgelte für dezentrale Einspeisungen aus solchen Anlagen bis dahin stufenweise abgesenkt wird und dies näher ausgestalten. [3] Die Absenkung kann, ausgehend von dem sich unter Beachtung der Absätze 4 und 5 ergebenden Wert, in prozentualen Schritten oder anteilig erfolgen.

(4) [1] Bei der Ermittlung der Entgelte für dezentrale Einspeisungen, die für den Zeitraum ab dem 1. Januar 2018 gezahlt werden, sind als Obergrenze diejenigen Netzentgelte der vorgelagerten Netz- oder Umspannebene zugrunde zu legen, die für diese Netz- oder Umspannebene am 31. Dezember 2016 anzuwenden waren. [2] Satz 1 ist auch für Erzeugungsanlagen anzuwenden, die nach dem 31. Dezember 2016 in Betrieb genommen worden sind oder werden.

(5) [1] Bei der Ermittlung der Obergrenzen nach Absatz 4 sind ab dem 1. Januar 2018 von den Erlösobergrenzen der jeweiligen Übertragungsnetzbetreiber, so wie sie den jeweiligen Netzentgelten für das Kalenderjahr 2016 zugrunde lagen, die Kostenbestandteile nach § 17d Absatz 7 dieses Gesetzes und § 2 Absatz 5 des Energieleitungsausbaugesetzes[1)] in Abzug zu bringen, die in die Netzentgelte eingeflossen sind. [2] Für die Zwecke der Berechnungsgrundlage zur Ermittlung der Entgelte für dezentrale Einspeisungen sind die Netzentgelte für das Kalenderjahr 2016 auf dieser Grundlage neu zu berechnen. [3] Die Übertragungsnetzbetreiber sind verpflichtet, diese fiktiven Netzentgelte gemeinsam mit der Veröffentlichung ihrer Netzentgelte nach § 20 Absatz 1 Satz 1 und 2 auf ihrer Internetseite zu veröffentlichen und als Berechnungsgrundlage für die Ermittlung der Entgelte für dezentrale Einspeisung zu kennzeichnen.

[1)] Nr. **15**.

(6) Für die Höhe der Obergrenze, die bei der Ermittlung der Entgelte für dezentrale Einspeisung nach Absatz 4 zugrunde zu legen ist, sind die Netzentgelte des Netzbetreibers maßgebend, an dessen Netz der Anlagenbetreiber am 31. Dezember 2016 angeschlossen war.

(7) [1] Die für den jeweiligen Verteilernetzbetreiber nach Absatz 4 geltenden Obergrenzen sind je Netz- und Umspannebene den nach Absatz 5 ermittelten Obergrenzen der Übertragungsnetzbetreiber entsprechend anzupassen und unter Berücksichtigung dieser Absenkungen ebenfalls neu zu ermitteln. [2] Nachgelagerte Verteilernetzbetreiber berücksichtigen dabei ebenfalls die Obergrenzen nach Satz 1 eines vorgelagerten Verteilernetzbetreibers. [3] Die Netzbetreiber sind verpflichtet, ihre jeweiligen nach Satz 1 ermittelten Netzentgelte je Netz- und Umspannebene gemeinsam mit ihren Netzentgelten nach § 20 Absatz 1 Satz 1 und 2 auf ihrer Internetseite zu veröffentlichen und als Berechnungsgrundlage für die Ermittlung der Entgelte für dezentrale Einspeisungen zu kennzeichnen und für die Kalkulation der vermiedenen gewälzten Kosten heranzuziehen.

(8) [1] In einer Rechtsverordnung nach § 24 Satz 5 kann die Ermittlung der Entgelte für dezentrale Einspeisung nach den Absätzen 1 bis 7 und 9 näher geregelt werden. [2] Insbesondere können in der Rechtsverordnung die Ergebnisse der fiktiven Ermittlung nach Absatz 5 für Übertragungsnetzbetreiber festgelegt werden. [3] Dabei können kaufmännisch gerundete Prozentangaben festgelegt werden.

Anlage
(zu § 13g)

Berechnung der Vergütung

1. Die Entschädigung der Betreiber von stillzulegenden Anlagen nach § 13g wird nach folgender Formel festgesetzt:

$$V_{it} = \left[P_t + RD_i + RE_i + O_i + W_i - \left(RHB_i + \frac{C_i}{E_i} * EUA_t\right)\right] * E_i + \left(H_{it} + FSB_{it} - FHIST_i\right)$$

2. Ergibt sich bei der Berechnung der Summe aus H_{it} + FSB_{it} − $FHIST_i$ ein Wert kleiner null, wird der Wert der Summe mit null festgesetzt.
3. Im Sinne dieser Anlage ist oder sind:

V_{it}	die Vergütung, die ein Betreiber für eine stillzulegende Anlage i in einem Jahr t der Sicherheitsbereitschaft erhält, in Euro,
P_t	der rechnerisch ermittelte jahresdurchschnittliche Preis aller verfügbaren Handelstage im Zeitraum vom 1. Oktober 2014 bis zum 30. September 2015 für die beiden für das jeweilige Jahr der Sicherheitsbereitschaft t relevanten Phelix-Base-Futures am Terminmarkt der Energiebörse European Energy Exchange AG in Leipzig für die jeweilige Preiszone in Euro je Megawattstunde; der Preis für die Lieferung im ersten für das jeweilige Sicherheitsbereitschaftsjahr relevanten Kalenderjahr geht dabei zu einem Viertel und der Preis für die Lieferung im darauffolgenden Kalenderjahr zu drei Vierteln in die Berechnung ein; soweit an der Energiebörse noch kein Preis des Futures für ein relevantes Lieferjahr ermittelt wurde, wird der Preis für das letzte verfügbare relevante Lieferjahr in Ansatz gebracht,

RD_i die für eine stillzulegende Anlage i von dem Betreiber nachgewiesenen Erlöse für Anpassungen der Einspeisung nach § 13a als jährlicher Durchschnitt der Jahre 2012 bis 2014 in Euro je Megawattstunde,

RE_i die für eine stillzulegende Anlage i von dem Betreiber nachgewiesenen Regelenergieerlöse als jährlicher Durchschnitt der Jahre 2012 bis 2014 in Euro je Megawattstunde,

O_i die für eine stillzulegende Anlage i von dem Betreiber nachgewiesenen Optimierungsmehrerlöse in den Jahren 2012 bis 2014 gegenüber dem jahresdurchschnittlichen Spotmarktpreis als jährlicher Durchschnitt der Jahre 2012 bis 2014 in Euro je Megawattstunde,

W_i die für eine stillzulegende Anlage i von dem Betreiber nachgewiesenen Wärmelieferungserlöse als jährlicher Durchschnitt der Jahre 2012 bis 2014 in Euro je Megawattstunde,

RHB_i die für eine stillzulegende Anlage i von dem Betreiber nachgewiesenen kurzfristig variablen Betriebskosten für Brennstoffe, Logistik sowie sonstige Roh-, Hilfs- und Betriebsstoffe zur Erzeugung einer Megawattstunde Strom als jährlicher Durchschnitt der Jahre 2012 bis 2014 in Euro je Megawattstunde; bei konzernintern bezogenen Lieferungen und Leistungen bleiben etwaige Margen außer Betracht (Zwischenergebniseliminierung); wenn Kraftwerksbetrieb und Tagebaubetrieb bei verschiedenen Gesellschaften liegen, sind für Brennstoffe und Logistik die variablen Förder- und Logistikkosten der Tagebaugesellschaften zu berücksichtigen; im Falle eines Eigentümerwechsels in den Jahren 2012 oder 2013 kann der Betreiber auf die Daten aus dem Jahr 2014 abstellen, wobei konzerninterne Eigentümerwechsel nicht berücksichtigt werden; bei den variablen Logistikkosten kann ausnahmsweise auf die Belieferung mit Braunkohle aus dem nächstgelegenen Tagebau abgestellt werden, sofern die Belieferung in dem maßgeblichen Zeitraum zu mehr als 60 Prozent aus diesem Tagebau erfolgte; bei den variablen Brennstoffkosten kann bei einer Mischbelieferung aus verschiedenen Tagebauen ein Tagebau unberücksichtigt bleiben, wenn dieser Tagebau im maßgeblichen Zeitraum zu mehr als 90 Prozent ausgekohlt war,

C_i die für eine stillzulegende Anlage i von dem Betreiber nachgewiesenen Kohlendioxidemissionen als jährlicher Durchschnitt der Jahre 2012 bis 2014 in Tonnen Kohlendioxid; im Falle eines Eigentümerwechsels in den Jahren 2012 oder 2013 kann der Betreiber auf die Daten aus dem Jahr 2014 abstellen, wobei konzerninterne Eigentümerwechsel nicht berücksichtigt werden,

E_i die für eine stillzulegende Anlage i von dem Betreiber nachgewiesene an das Netz der allgemeinen Versorgung und in Eigenversorgungsnetze abgegebene Strommenge der stillzulegenden Anlage (Netto-Stromerzeugung) als jährlicher Durchschnitt der Jahre 2012 bis 2014 in Megawattstunden; im Falle eines Eigentümerwechsels in den Jahren 2012 oder 2013 kann der Betreiber auf die Daten aus dem Jahr 2014 abstellen, wobei konzerninterne Eigentümerwechsel nicht berücksichtigt werden,

EUA_t der rechnerisch ermittelte jahresdurchschnittliche Preis aller verfügbaren Handelstage im Zeitraum vom 1. Oktober 2014 bis zum 30. September 2015 für die beiden für das jeweilige Jahr der Sicherheitsbereitschaft t relevanten Jahresfutures für Emissionsberechtigungen (EUA) am Terminmarkt der Energiebörse European Energy Exchange AG in Leipzig für die jeweilige Preiszone in Euro je Tonne Kohlendioxid; der Preis für die Lieferung im ersten für das jeweilige Sicherheitsbereitschaftsjahr relevanten Kalenderjahr geht dabei zu einem Viertel und der Preis für die Lieferung im darauffolgenden Kalenderjahr zu drei Vierteln in die Berechnung ein; soweit an der Energiebörse noch kein Preis des Jahresfutures für ein relevantes Lieferjahr ermittelt wurde, wird der Preis für das letzte verfügbare relevante Lieferjahr in Ansatz gebracht,

H_{it} die für eine stillzulegende Anlage i in einem Jahr t der Sicherheitsbereitschaft von dem Betreiber nachgewiesenen Kosten zur Herstellung der Sicherheitsbereitschaft mit Blick auf die Stilllegung in Euro; in der Sicherheitsbereitschaft werden auch nachgewiesene Kosten zur Herstellung der Sicherheitsbereitschaft berücksichtigt, die vor Beginn der Sicherheitsbereitschaft entstanden sind,

FSB_{it} die für eine stillzulegende Anlage i in einem Jahr t der Sicherheitsbereitschaft von dem Betreiber nachgewiesenen fixen Betriebskosten während der Sicherheitsbereitschaft in Euro; in der Sicherheitsbereitschaft werden auch nachgewiesene fixe Betriebskosten der

Sicherheitsbereitschaft berücksichtigt, die vor Beginn der Sicherheitsbereitschaft entstanden sind,

$FHIST_i$ die für eine stillzulegende Anlage i von dem Betreiber nachgewiesenen fixen Betriebskosten ohne Tagebau und Logistik als jährlicher Durchschnitt der Jahre 2012 bis 2014 in Euro; im Falle eines Eigentümerwechsels in den Jahren 2012 oder 2013 kann der Betreiber auf die Daten aus dem Jahr 2014 abstellen, wobei konzerninterne Eigentümerwechsel nicht berücksichtigt werden,

i die jeweilige stillzulegende Anlage und

t das jeweilige Jahr der Sicherheitsbereitschaft, das sich jeweils auf den Zeitraum vom 1. Oktober bis 30. September erstreckt.

2. Gesetz über die Bundesnetzagentur für Elektrizität, Gas, Telekommunikation, Post und Eisenbahnen[1)]

Vom 7. Juli 2005
(BGBl. I S. 1970, 2009)

FNA 200-6

zuletzt geänd. durch Art. 2 NetzentgeltmodernisierungsG v. 17.7.2017 (BGBl. I S. 2503)

§ 1 Rechtsform, Name. [1]Die auf der Grundlage des Zehnten Teils des Telekommunikationsgesetzes vom 25. Juli 1996 (BGBl. I S. 1120), das zuletzt durch Artikel 4 Abs. 73 des Gesetzes vom 5. Mai 2004 (BGBl. I S. 718) geändert worden ist, errichtete „Regulierungsbehörde für Telekommunikation und Post" wird in „Bundesnetzagentur für Elektrizität, Gas, Telekommunikation, Post und Eisenbahnen" (Bundesnetzagentur) umbenannt. [2]Sie ist eine selbständige Bundesoberbehörde im Geschäftsbereich des Bundesministeriums für Wirtschaft und Energie mit Sitz in Bonn.

§ 2 Tätigkeiten, Aufgabendurchführung. (1) Die Bundesnetzagentur ist auf den Gebieten

1. des Rechts der leitungsgebundenen Versorgung mit Elektrizität und Gas, einschließlich des Rechts der erneuerbaren Energien im Strombereich,
2. des Telekommunikationsrechts,
3. des Postrechts sowie
4. des Rechts des Zuganges zur Eisenbahninfrastruktur nach Maßgabe des Bundeseisenbahnverkehrsverwaltungsgesetzes

tätig.

(2) Die Bundesnetzagentur nimmt im Rahmen der ihr nach Absatz 1 zugewiesenen Tätigkeiten die Verwaltungsaufgaben des Bundes wahr, die ihr durch Gesetz oder auf Grund eines Gesetzes zugewiesen sind.

(3) Die Bundesnetzagentur muss über eine personelle und sachliche Ausstattung verfügen, die der Bedeutung des Eisenbahnsektors in Deutschland entspricht.

§ 3 Organe. (1) [1]Die Bundesnetzagentur wird von einem Präsidenten oder einer Präsidentin geleitet. [2]Der Präsident oder die Präsidentin vertritt die Bundesnetzagentur gerichtlich und außergerichtlich und regelt die Verteilung und den Gang ihrer Geschäfte durch eine Geschäftsordnung; diese bedarf der Bestätigung durch das Bundesministerium für Wirtschaft und Energie im Benehmen mit dem Bundesministerium für Verkehr und digitale Infrastruktur. [3]Bestimmungen in anderen Rechtsvorschriften über die Bildung von Beschlusskammern bleiben unberührt.

(2) Der Präsident oder die Präsidentin hat als ständige Vertretung zwei Vizepräsidenten oder Vizepräsidentinnen.

[1)] Verkündet als Art. 2 Zweites G zur Neuregelung des Energiewirtschaftsrechts v. 7.7.2005 (BGBl. I S. 1970); Inkrafttreten gem. Art. 5 dieses G am 13.7.2005.

(3) [1] Der Präsident oder die Präsidentin und die zwei Vizepräsidenten oder Vizepräsidentinnen werden jeweils auf Vorschlag des Beirates von der Bundesregierung benannt. [2] Der Beirat hat zur Vorbereitung seines Vorschlages die Stellungnahme des Eisenbahninfrastrukturbeirates einzuholen. [3] Erfolgt trotz Aufforderung der Bundesregierung innerhalb von vier Wochen kein Vorschlag des Beirates, erlischt das Vorschlagsrecht. [4] Findet ein Vorschlag des Beirates nicht die Zustimmung der Bundesregierung, kann der Beirat innerhalb von vier Wochen erneut einen Vorschlag unterbreiten. [5] Das Letztentscheidungsrecht der Bundesregierung bleibt von diesem Verfahren unberührt.

(4) Die Ernennung des Präsidenten oder der Präsidentin und der zwei Vizepräsidenten oder Vizepräsidentinnen erfolgt durch den Bundespräsidenten oder die Bundespräsidentin.

§ 4 Öffentlich-rechtliche Amtsverhältnisse. (1) Der Präsident oder die Präsidentin der Bundesnetzagentur steht in einem öffentlich-rechtlichen Amtsverhältnis zum Bund, das auf fünf Jahre befristet ist; eine einmalige Verlängerung ist zulässig.

(2) [1] Der Präsident oder die Präsidentin leistet vor dem Bundesminister für Wirtschaft und Energie folgenden Eid:
„Ich schwöre, das Grundgesetz für die Bundesrepublik Deutschland und alle in der Bundesrepublik Deutschland geltenden Gesetze zu wahren und meine Amtspflichten gewissenhaft zu erfüllen, so wahr mir Gott helfe.“ [2] Der Eid kann auch ohne religiöse Beteuerung geleistet werden.

(3) [1] Der Präsident oder die Präsidentin darf neben seinem oder ihrem Amt kein anderes besoldetes Amt, kein Gewerbe und keinen Beruf ausüben und weder der Leitung eines auf Erwerb gerichteten Unternehmens noch einer Regierung oder einer gesetzgebenden Körperschaft des Bundes oder eines Landes angehören. [2] Er oder sie darf nicht gegen Entgelt außergerichtliche Gutachten abgeben. [3] Für die Zugehörigkeit zu einem Aufsichtsrat, Verwaltungsrat oder Beirat eines auf Erwerb gerichteten Unternehmens ist die Einwilligung des Bundesministeriums für Wirtschaft und Energie erforderlich; dieses entscheidet, inwieweit eine Vergütung abzuführen ist. [4] In Firmen, die Dienstleistungen im Sinne des Artikels 87f des Grundgesetzes erbringen, ist seine oder ihre Zugehörigkeit zu den genannten Gremien untersagt. [5] Der Präsident oder die Präsidentin hat dem Bundesministerium für Wirtschaft und Energie über Geschenke Mitteilung zu machen, die er oder sie in Bezug auf das Amt erhält. [6] Entsprechendes gilt für andere Vorteile, die ihm oder ihr in Bezug auf das Amt gewährt werden. [7] Das Bundesministerium für Wirtschaft und Energie entscheidet über die Verwendung der Geschenke und den Ausgleich der Vorteile.

(4) [1] Die Rechtsverhältnisse des Präsidenten oder der Präsidentin, insbesondere Gehalt, Ruhegehalt, Hinterbliebenenbezüge und Haftung, werden durch einen Vertrag geregelt, den das Bundesministerium für Wirtschaft und Energie im Benehmen mit dem Bundesministerium für Verkehr und digitale Infrastruktur mit dem Präsidenten oder der Präsidentin schließt. [2] Der Vertrag bedarf der Zustimmung der Bundesregierung.

(5) [1] Der Präsident oder die Präsidentin ist auf sein oder ihr Verlangen zu entlassen. [2] Auf Antrag des Bundesministeriums für Wirtschaft und Energie, das zuvor den Beirat der Bundesnetzagentur zu hören hat, kann der Präsident oder

die Präsidentin durch Beschluss der Bundesregierung aus wichtigem Grund entlassen werden. [3]Ein wichtiger Grund liegt vor, wenn der Präsident oder die Präsidentin nicht mehr die Voraussetzungen für die Ausübung des Amtes erfüllt, insbesondere wenn er oder sie sich eines erheblichen Fehlverhaltens schuldig gemacht hat. [4]Vor dem Antrag ist ihm oder ihr Gelegenheit zur Stellungnahme zu geben. [5]Über die Beendigung des Amtsverhältnisses erhält der Präsident oder die Präsidentin eine von dem Bundespräsidenten oder der Bundespräsidentin zu vollziehende Urkunde. [6]Im Falle der Entlassung aus wichtigem Grund erhält der Präsident oder die Präsidentin zusätzlich von der Bundesregierung eine Begründung der Entlassung in Schriftform. [7]Die Entlassung auf Verlangen wird mit dem Tag der Aushändigung der Urkunde wirksam, wenn in ihr nicht ausdrücklich ein späterer Tag bestimmt ist. [8]Die Entlassung aus wichtigem Grund wird mit dem Vollzug des Beschlusses der Bundesregierung wirksam, wenn sie sie nicht ausdrücklich für einen späteren Tag beschließt. [9]Der Entlassungsbeschluss der Bundesregierung ist zum Zeitpunkt des Wirksamwerdens der Entlassung zu veröffentlichen. [10]Sofern der Präsident oder die Präsidentin dies verlangt, ist auch die Begründung der Bundesregierung zu der Entlassung zu veröffentlichen.

(6) [1]Wird ein Bundesbeamter oder eine Bundesbeamtin zum Präsidenten oder zur Präsidentin ernannt, scheidet er oder sie mit Beginn des Amtsverhältnisses aus dem bisherigen Amt aus. [2]Für die Dauer des Amtsverhältnisses ruhen die in dem Beamtenverhältnis begründeten Rechte und Pflichten mit Ausnahme der Pflicht zur Amtsverschwiegenheit und des Verbots der Annahme von Belohnungen oder Geschenken. [3]Bei unfallverletzten Beamten oder Beamtinnen bleiben die gesetzlichen Ansprüche auf das Heilverfahren und einen Unfallausgleich unberührt.

(7) [1]Endet das Amtsverhältnis nach Absatz 1 und wird der oder die Betroffene nicht anschließend in ein anderes Amtsverhältnis bei der Bundesnetzagentur berufen, tritt ein Beamter oder eine Beamtin, wenn ihm oder ihr nicht innerhalb von drei Monaten unter den Voraussetzungen des § 28 Abs. 2 des Bundesbeamtengesetzes oder vergleichbarer landesgesetzlicher Regelungen ein anderes Amt übertragen wird, mit Ablauf dieser Frist aus seinem oder ihrem Dienstverhältnis als Beamter oder Beamtin in den einstweiligen Ruhestand, sofern er oder sie zu diesem Zeitpunkt noch nicht die gesetzliche Altersgrenze erreicht hat. [2]Er oder sie erhält ein Ruhegehalt, das er oder sie in seinem oder ihrem früheren Amt unter Hinzurechnung der Zeit des öffentlich-rechtlichen Amtsverhältnisses erdient hätte. [3]Eine vertragliche Versorgungsregelung nach Absatz 4 bleibt unberührt. [4]Die Zeit im Amtsverhältnis ist auch ruhegehaltfähig, wenn dem Beamten oder der Beamtin nach Satz 1 ein anderes Amt im Beamtenverhältnis übertragen wird. [5]Die Absätze 6 und 7 gelten für Richter oder Richterinnen und für Berufssoldaten oder Berufssoldatinnen entsprechend.

(8) Die Absätze 1 bis 7 gelten entsprechend für die beiden Vizepräsidenten oder Vizepräsidentinnen mit der Maßgabe, dass die Benennung eines Vizepräsidenten oder einer Vizepräsidentin in der Regel nach Ablauf der halben Amtszeit des anderen Vizepräsidenten oder der anderen Vizepräsidentin erfolgen sollte.

§ 5 Beirat. (1) [1]Die Bundesnetzagentur hat einen Beirat, der aus jeweils 16 Mitgliedern des Deutschen Bundestages und 16 Vertretern oder Vertreterinnen des Bundesrates besteht; die Vertreter oder Vertreterinnen des Bundesrates müssen Mitglied einer Landesregierung sein oder diese politisch vertreten. [2]Die Mitglieder des Beirates und die stellvertretenden Mitglieder werden jeweils auf Vorschlag des Deutschen Bundestages und des Bundesrates von der Bundesregierung berufen.

(2) [1]Die vom Deutschen Bundestag vorgeschlagenen Mitglieder werden für die Dauer der Wahlperiode des Deutschen Bundestages in den Beirat berufen. [2]Sie bleiben nach Beendigung der Wahlperiode des Deutschen Bundestages noch so lange im Amt, bis die neuen Mitglieder berufen worden sind. [3]Die vom Bundesrat vorgeschlagenen Vertreter oder Vertreterinnen werden bis zur Berufung einer neuen Person berufen. [4]Sie werden abberufen, wenn der Bundesrat an ihrer Stelle eine andere Person vorschlägt.

(3) [1]Die Mitglieder können gegenüber dem Bundesministerium für Wirtschaft und Energie auf ihre Mitgliedschaft verzichten. [2]Die Erklärung bedarf der Schriftform. [3]Die vom Deutschen Bundestag vorgeschlagenen Mitglieder verlieren darüber hinaus ihre Mitgliedschaft mit dem Wegfall der Voraussetzungen ihrer Berufung.

(4) [1]Scheidet ein Mitglied aus, so ist unverzüglich an seiner Stelle ein neues Mitglied zu berufen. [2]Bis zur Berufung eines neuen Mitgliedes und bei einer vorübergehenden Verhinderung des Mitgliedes nimmt das berufene stellvertretende Mitglied die Aufgaben des Mitgliedes wahr.

(5) Die Absätze 1 bis 4 gelten für die stellvertretenden Mitglieder entsprechend.

§ 6 Geschäftsordnung, Vorsitz, Sitzungen des Beirates. (1) Der Beirat gibt sich eine Geschäftsordnung, die der Genehmigung des Bundesministeriums für Wirtschaft und Energie im Benehmen mit dem Bundesministerium für Verkehr und digitale Infrastruktur bedarf.

(2) [1]Der Beirat wählt nach Maßgabe seiner Geschäftsordnung aus seiner Mitte ein vorsitzendes und ein stellvertretendes vorsitzendes Mitglied. [2]Gewählt ist, wer die Mehrheit der Stimmen erreicht. [3]Wird im ersten Wahlgang die erforderliche Mehrheit nicht erreicht, entscheidet im zweiten Wahlgang die Mehrheit der abgegebenen Stimmen. [4]Bei Stimmengleichheit im zweiten Wahlgang entscheidet das Los.

(3) [1]Der Beirat ist beschlussfähig, wenn mehr als die Hälfte der jeweils auf Vorschlag des Deutschen Bundestages und des Bundesrates berufenen Mitglieder anwesend ist; § 5 Abs. 4 Satz 2 ist zu beachten. [2]Die Beschlüsse werden mit einfacher Mehrheit gefasst. [3]Bei Stimmengleichheit ist ein Antrag abgelehnt.

(4) [1]Hält der oder die Vorsitzende die mündliche Beratung einer Vorlage für entbehrlich, so kann die Zustimmung oder die Stellungnahme (Beschluss) der Mitglieder im Wege der schriftlichen Umfrage eingeholt werden. [2]Für das Zustandekommen des Beschlusses gilt Absatz 3 entsprechend. [3]Die Umfrage soll so frühzeitig erfolgen, dass auf Antrag eines Mitgliedes oder der Bundesnetzagentur die Angelegenheit noch rechtzeitig in einer Sitzung beraten werden kann.

(5) [1]Der Beirat soll mindestens einmal im Vierteljahr zu einer Sitzung zusammentreten. [2]Sitzungen sind anzuberaumen, wenn die Bundesnetzagentur

oder mindestens drei Mitglieder die Einberufung schriftlich beantragen. [3]Der oder die Vorsitzende des Beirates kann jederzeit eine Sitzung anberaumen.

(6) Die ordentlichen Sitzungen sind nicht öffentlich.

(7) [1]Der Präsident oder die Präsidentin der Bundesnetzagentur und seine oder ihre Beauftragten können an den Sitzungen teilnehmen. [2]Sie müssen jederzeit gehört werden. [3]Der Beirat kann die Anwesenheit des Präsidenten oder der Präsidentin der Bundesnetzagentur, im Verhinderungsfall einer stellvertretenden Person verlangen.

(8) Die Mitglieder oder die sie vertretenden Personen erhalten Ersatz von Reisekosten und ein angemessenes Sitzungsgeld, das das Bundesministerium für Wirtschaft und Energie im Benehmen mit dem Bundesministerium für Verkehr und digitale Infrastruktur festsetzt.

§ 7 Aufgaben des Beirates. Der Beirat hat die ihm durch Gesetz oder auf Grund eines Gesetzes zugewiesenen Aufgaben.

§ 8 Länderausschuss. [1]Bei der Bundesnetzagentur wird ein Länderausschuss gebildet, der sich aus Vertretern der für die Wahrnehmung der Aufgaben nach § 54 des Energiewirtschaftsgesetzes[1)] zuständigen Landesregulierungsbehörden zusammensetzt. [2]Jede Landesregulierungsbehörde kann jeweils einen Vertreter in den Länderausschuss entsenden.

§ 9 Geschäftsordnung, Vorsitz, Sitzungen des Länderausschusses.

(1) Der Länderausschuss gibt sich eine Geschäftsordnung.

(2) [1]Der Länderausschuss wählt nach Maßgabe seiner Geschäftsordnung aus seiner Mitte ein vorsitzendes und ein stellvertretendes vorsitzendes Mitglied. [2]Gewählt ist, wer die Mehrheit der Stimmen erreicht. [3]Wird im ersten Wahlgang die erforderliche Mehrheit nicht erreicht, entscheidet im zweiten Wahlgang die Mehrheit der abgegebenen Stimmen. [4]Bei Stimmengleichheit im zweiten Wahlgang entscheidet das Los.

(3) [1]Der Länderausschuss ist beschlussfähig, wenn mehr als die Hälfte seiner Mitglieder anwesend ist. [2]Die Beschlüsse werden mit einfacher Mehrheit gefasst. [3]Bei Stimmengleichheit ist ein Antrag abgelehnt.

(4) [1]Hält der oder die Vorsitzende die mündliche Beratung einer Vorlage für entbehrlich, so kann die Zustimmung oder die Stellungnahme (Beschluss) der Mitglieder im Wege der schriftlichen Umfrage eingeholt werden. [2]Für das Zustandekommen des Beschlusses gilt Absatz 3 entsprechend. [3]Die Umfrage soll so frühzeitig erfolgen, dass auf Antrag eines Mitgliedes oder der Bundesnetzagentur die Angelegenheit noch rechtzeitig in einer Sitzung beraten werden kann.

(5) [1]Der Länderausschuss soll mindestens einmal im halben Jahr zu einer Sitzung zusammentreten. [2]Sitzungen sind anzuberaumen, wenn die Bundesnetzagentur oder mindestens drei Mitglieder die Einberufung schriftlich beantragen. [3]Der oder die Vorsitzende des Länderausschusses kann jederzeit eine Sitzung anberaumen.

(6) Die ordentlichen Sitzungen sind nicht öffentlich.

[1)] Nr. 1.

(7) [1]Der Präsident oder die Präsidentin der Bundesnetzagentur und seine oder ihre Beauftragten können an den Sitzungen teilnehmen. [2]Sie müssen jederzeit gehört werden. [3]Der Länderausschuss kann die Anwesenheit des Präsidenten oder der Präsidentin der Bundesnetzagentur, im Verhinderungsfall einer stellvertretenden Person verlangen.

§ 10 Aufgaben des Länderausschusses. Der Länderausschuss hat die ihm durch Gesetz oder auf Grund eines Gesetzes zugewiesenen Aufgaben.

§ 11 Übergangsvorschrift. Die Aufgaben des Beirates werden bis zu seiner Bildung nach § 5 durch den Beirat nach § 118 des Telekommunikationsgesetzes vom 22. Juni 2004 (BGBl. I S. 1190), das zuletzt durch Artikel 6 Nr. 8 des Gesetzes vom 14. März 2005 (BGBl. I S. 721) geändert worden ist, wahrgenommen.

3. Verordnung über Konzessionsabgaben für Strom und Gas (Konzessionsabgabenverordnung – KAV)

Vom 9. Januar 1992

(BGBl. I S. 12, ber. S. 407)

FNA 752-1-12

zuletzt geänd. durch Art. 3 Abs. 4 VO zum Erlass von Regelungen des Netzanschlusses von Letztverbrauchern in Niederspannung und Niederdruck v. 1.11.2006 (BGBl. I S. 2477)

Auf Grund des § 7 Abs. 1 und des § 12 des Energiewirtschaftsgesetzes[1)] in der im Bundesgesetzblatt III, Gliederungsnummer 752-1, veröffentlichten bereinigten Fassung in Verbindung mit Artikel 129 Abs. 1 des Grundgesetzes verordnet der Bundesminister für Wirtschaft:

§ 1 Anwendungsbereich. (1) Diese Verordnung regelt Zulässigkeit und Bemessung der Zahlung von Konzessionsabgaben der Energieversorgungsunternehmen im Sinne des § 3 Nr. 18 des Energiewirtschaftsgesetzes[1)] an Gemeinden und Landkreise (§ 7).

(2) Konzessionsabgaben sind Entgelte für die Einräumung des Rechts zur Benutzung öffentlicher Verkehrswege für die Verlegung und den Betrieb von Leitungen, die der unmittelbaren Versorgung von Letztverbrauchern im Gemeindegebiet mit Strom und Gas dienen.

(3) Tarifkunden im Sinne dieser Verordnung sind Kunden, die auf Grundlage von Verträgen nach den §§ 36 und 38 sowie § 115 Abs. 2 und § 116 des Energiewirtschaftsgesetzes[1)] beliefert werden; Preise und Tarife nach diesen Bestimmungen sind Tarife im Sinne dieser Verordnung.

(4) Sondervertragskunden im Sinne dieser Verordnung sind Kunden, die nicht Tarifkunden sind.

§ 2 Bemessung und zulässige Höhe der Konzessionsabgaben. (1) Konzessionsabgaben dürfen nur in Centbeträge je gelieferter Kilowattstunde vereinbart werden.

(2) [1]Bei der Belieferung von Tarifkunden dürfen folgende Höchstbeträge je Kilowattstunde nicht überschritten werden:

1. a)	bei Strom, der im Rahmen eines Schwachlasttarifs nach § 9 der Bundestarifordnung Elektrizität oder der dem Schwachlasttarif entsprechenden Zone eines zeitvariablen Tarifs (Schwachlaststrom) geliefert wird,		0,61 Cent,
b)	bei Strom, der nicht als Schwachlaststrom geliefert wird, in Gemeinden		
	bis	25 000 Einwohner	1,32 Cent,
	bis	100 000 Einwohner	1,59 Cent,

[1)] Nr. 1.

	bis	500 000 Einwohner	1,99 Cent,
	über	500 000 Einwohner	2,39 Cent,

2. a) bei Gas ausschließlich für Kochen und Warmwasser in Gemeinden

bis	25 000 Einwohner	0,51 Cent,
bis	100 000 Einwohner	0,61 Cent,
bis	500 000 Einwohner	0,77 Cent,
über	500 000 Einwohner	0,93 Cent,

b) bei sonstigen Tariflieferungen in Gemeinden

bis	25 000 Einwohner	0,22 Cent,
bis	100 000 Einwohner	0,27 Cent,
bis	500 000 Einwohner	0,33 Cent,
über	500 000 Einwohner	0,40 Cent.

[2] Maßgeblich ist die jeweils vom statistischen Landesamt amtlich fortgeschriebene Einwohnerzahl.

(3) Bei der Belieferung von Sondervertragskunden dürfen folgende Höchstbeträge je Kilowattstunde nicht überschritten werden:

1. bei Strom 0,11 Cent,
2. bei Gas 0,03 Cent.

(4) [1] Bei Strom dürfen Konzessionsabgaben für Lieferungen an Sondervertragskunden nicht vereinbart oder gezahlt werden, deren Durchschnittspreis im Kalenderjahr je Kilowattstunde unter dem Durchschnittserlös je Kilowattstunde aus der Lieferung von Strom an alle Sondervertragskunden liegt.[1)] [2] Maßgeblich ist der in der amtlichen Statistik des Bundes jeweils für das vorletzte Kalenderjahr veröffentlichte Wert ohne Umsatzsteuer. [3] Versorgungsunternehmen und Gemeinde können höhere Grenzpreise vereinbaren. [4] Der Grenzpreisvergleich wird für die Liefermenge eines jeden Lieferanten an der jeweiligen Betriebsstätte oder Abnahmestelle unter Einschluß des Netznutzungsentgelts durchgeführt.

(5) [1] Bei Gas dürfen Konzessionsabgaben für Lieferungen an Sondervertragskunden nicht vereinbart oder gezahlt werden,

1. die pro Jahr und Abnahmefall 5 Millionen Kilowattstunden übersteigen oder
2. deren Durchschnittspreis im Kalenderjahr unter 1,50 Cent je Kilowattstunde liegt, wobei dieser Preis im Verhältnis der Durchschnittserlöse des Versorgungsunternehmens aus der Belieferung von Sondervertragskunden im Jahr 1989 und im jeweiligen Kalenderjahr zu verändern ist. Für nach dem 1. Januar 1992 abgeschlossene Verträge ist der Durchschnittserlös je Kilowattstunde aus den Lieferungen von Gas an alle Letztverbraucher zugrunde zu legen und entsprechend zu verändern; maßgeblich ist der in der amtlichen

---

[1)] Die Grenzpreise betragen für die Jahre: 2006: 8,02 ct/kWh, 2007: 8,60 ct/kWh, 2008: 9,10 ct/kWh, 2009: 10,54 ct/kWh, 2010: 10,66 ct/kWh, 2011: 11,57 ct/kWh, 2012: 11,89 ct/kWh, 2013: 12,84 ct/kWh, 2014: 13,27 ct/kWh, 2015: 12,69 ct/kWh, 2016: 12,47 ct/kWh, 2017: 12,50 ct/kWh (abrufbar über Genesis-Online-Datenbank des DESTATIS/Statistischen Bundesamtes).

Statistik des Bundes für das Jahr des Vertragsabschlusses veröffentlichte Wert ohne Umsatzsteuer.[1)]

[2] Versorgungsunternehmen und Gemeinde können niedrigere Grenzmengen oder höhere Grenzpreise vereinbaren.

(6) [1] Liefern Dritte im Wege der Durchleitung Strom oder Gas an Letztverbraucher, so können im Verhältnis zwischen Netzbetreiber und Gemeinde für diese Lieferungen Konzessionsabgaben bis zu der Höhe vereinbart oder gezahlt werden, wie sie der Netzbetreiber in vergleichbaren Fällen für Lieferungen seines Unternehmens oder durch verbundene oder assoziierte Unternehmen in diesem Konzessionsgebiet zu zahlen hat. [2] Diese Konzessionsabgaben können dem Durchleitungsentgelt hinzugerechnet werden. [3] Macht der Dritte geltend, auf seine Lieferungen entfielen niedrigere Konzessionsabgaben als im Durchleitungsentgelt zugrunde gelegt, so kann er den Nachweis auch durch das Testat eines Wirtschaftsprüfers oder vereidigten Buchprüfers gegenüber dem Netzbetreiber erbringen.

(7) [1] Unbeschadet des § 1 Abs. 3 und 4 gelten Stromlieferungen aus dem Niederspannungsnetz (bis 1 Kilovolt) konzessionsabgabenrechtlich als Lieferungen an Tarifkunden, es sei denn, die gemessene Leistung des Kunden überschreitet in mindestens zwei Monaten des Abrechnungsjahres 30 Kilowatt und der Jahresverbrauch beträgt mehr als 30 000 Kilowattstunden. [2] Dabei ist auf die Belieferung der einzelnen Betriebsstätte oder Abnahmestelle abzustellen. [3] Bei der Ermittlung des Jahresverbrauchs werden Stromlieferungen nach §§ 7 und 9 der Bundestarifordnung Elektrizität sowie Stromlieferungen im Rahmen von Sonderabkommen für Lieferungen in lastschwachen Zeiten nicht berücksichtigt; für diese Lieferungen gelten § 2 Abs. 2 Nr. 1a und Abs. 3. [4] Netzbetreiber und Gemeinde können niedrigere Leistungswerte und Jahresverbrauchsmengen vereinbaren.

(8) [1] Wird ein Weiterverteiler über öffentliche Verkehrswege mit Strom und Gas beliefert, der diese Energien ohne Benutzung solcher Verkehrswege an Letztverbraucher weiterleitet, so können für dessen Belieferung Konzessionsabgaben bis zu der Höhe vereinbart oder gezahlt werden, in der dies auch ohne seine Einschaltung zulässig wäre. [2] Absatz 6 Satz 2 und 3 gelten entsprechend.

§ 3 Andere Leistungen als Konzessionsabgaben. (1) [1] Neben oder anstelle von Konzessionsabgaben dürfen Versorgungsunternehmen und Gemeinde für einfache oder ausschließliche Wegerechte nur die folgenden Leistungen vereinbaren oder gewähren:

1. Preisnachlässe für den in Niederspannung oder in Niederdruck abgerechneten Eigenverbrauch der Gemeinde bis zu 10 vom Hundert des Rechnungsbetrages für den Netzzugang, sofern diese Preisnachlässe in der Rechnung offen ausgewiesen werden,
2. Vergütung notwendiger Kosten, die bei Bau- und Unterhaltungsmaßnahmen an öffentlichen Verkehrswegen der Gemeinden durch Versorgungsleitungen entstehen, die in oder über diesen Verkehrswegen verlegt sind,

[1)] Dieser Durchschnittspreis betrug in den Jahren: 2006: 5,18 ct/kWh, 2007: 5,20 ct/kWh, 2008: 5,69 ct/kWh, 2009: 5,65 ct/kWh, 2010: 4,92 ct/kWh, 2011: 5,19 ct/kWh, 2012: 5,40 ct/kWh, 2013: 5,52 ct/kWh, 2014: 5,62 ct/kWh, 2015: 5,49 ct/kWh, 2016: 5,19 ct/kWh, 2017: 4,96 ct/kWh (abrufbar über Genesis-Online-Datenbank des DESTATIS/Statistischen Bundesamtes).

3. Verwaltungskostenbeiträge der Versorgungsunternehmen für Leistungen, die die Gemeinde auf Verlangen oder im Einvernehmen mit dem Versorgungsunternehmen zu seinem Vorteil erbringt.

[2] Für die Benutzung anderer als gemeindlicher öffentlicher Verkehrswege sowie für die Belieferung von Verteilerunternehmen und deren Eigenverbrauch dürfen ausschließlich die in Satz 1 Nr. 2 und 3 genannten Leistungen vereinbart oder gewährt werden.

(2) Nicht vereinbart oder gewährt werden dürfen insbesondere

1. sonstige Finanz- und Sachleistungen, die unentgeltlich oder zu einem Vorzugspreis gewährt werden; Leistungen der Versorgungsunternehmen bei der Aufstellung kommunaler oder regionaler Energiekonzepte oder für Maßnahmen, die dem rationellen und sparsamen sowie ressourcenschonenden Umgang mit der vertraglich vereinbarten Energieart dienen, bleiben unberührt, soweit sie nicht im Zusammenhang mit dem Abschluß oder der Verlängerung von Konzessionsverträgen stehen,
2. Verpflichtungen zur Übertragung von Versorgungseinrichtungen ohne wirtschaftlich angemessenes Entgelt.

§ 4 Tarifgestaltung. (1) [1] Konzessionsabgaben sind in den Entgelten für den Netzzugang und allgemeinen Tarifen auszuweisen. [2] Gelten die Entgelte für den Netzzugang und allgemeinen Tarifpreise für mehrere Gemeinden, genügt die Angabe der für sie maßgeblichen Höchstbeträge sowie der Hinweis auf den Vorrang von Vereinbarungen, daß keine oder niedrigere Konzessionsabgaben zu zahlen sind.

(2) Soweit bei Versorgungsgebieten mit mehreren Gemeinden das Versorgungsunternehmen und eine Gemeinde vereinbaren, daß für die Belieferung von Stromtarifabnehmern keine Konzessionsabgaben oder niedrigere als die nach den §§ 2 und 8 zulässigen Beträge gezahlt werden, sind die Entgelte für den Netzzugang und die allgemeinen Tarife in dieser Gemeinde entsprechend herabzusetzen.

(3) Bei Strom gelten die Verpflichtungen nach den Absätzen 1 und 2 erst von dem Zeitpunkt an, zu dem eine nach dem 1. Januar 1992 erteilte Tarifgenehmigung wirksam wird.

§ 5 Abschlagszahlungen, Vorauszahlungen. (1) [1] Abschlagszahlungen auf Konzessionsabgaben sind nur für abgelaufene Zeitabschnitte zulässig. [2] Eine Verzinsung findet außer im Fall des Verzuges nicht statt.

(2) Vorauszahlungen dürfen nicht geleistet werden.

§ 6 Aufsichtsrechte und -maßnahmen. (1) Die zuständige Behörde kann von Versorgungsunternehmen und Gemeinden die Auskünfte und Belege verlangen, die zur Überwachung der Einhaltung dieser Verordnung erforderlich sind.

(2) §§ 65 und 69 Energiewirtschaftsgesetz[1)] findet entsprechende Anwendung.

[1)] Nr. 1.

§ 7 Landkreise. [1] Landkreise können mit Versorgungsunternehmen Konzessionsabgaben vereinbaren, soweit die Landkreise aufgrund von Absprachen mit den Gemeinden die Rechte nach § 1 Abs. 2 zur Verfügung stellen können. [2] In diesen Fällen sowie für laufende Verträge zwischen Landkreisen und Versorgungsunternehmen finden die Vorschriften dieser Verordnung entsprechend Anwendung. [3] Für die Bestimmung der Höchstbeträge nach § 2 Abs. 2 sind die Einwohnerzahlen der jeweiligen Gemeinde des Landkreises maßgebend. [4] Diese Höchstbeträge sind auch einzuhalten, soweit Konzessionsabgaben sowohl mit Landkreisen als auch mit Gemeinden vereinbart sind.

§ 8 Übergangsvorschrift. (1) [1] Soweit Konzessionsabgaben bereits für Lieferungen im Jahre 1991 vereinbart und gezahlt worden sind, sind diese Zahlungen spätestens zum 1. Januar 1993 auf Centbeträge je Kilowattstunde umzustellen. [2] Dabei ist, getrennt für Strom und Gas sowie für Tarif- und Sonderabnehmer, zu ermitteln, wie vielen Cents pro Kilowattstunde die zwischen Versorgungsunternehmen und Gemeinde vereinbarte Konzessionsabgabe 1990 entsprochen hätte. [3] Dieser Betrag ist, beginnend 1993, jährlich je Kilowattstunde wie folgt zu kürzen, bis die Höchstbeträge nach § 2 erreicht sind:

1. bei Strom für Lieferungen an Tarifabnehmer um 0,07 Cent, an Sonderabnehmer um 0,01 Cent,
2. bei Gas für Lieferungen an Tarifabnehmer um 0,03 Cent.

(2) Für die Lieferung von Stadtgas dürfen in den Bundesländern Brandenburg, Mecklenburg-Vorpommern, Sachsen, Sachsen-Anhalt und Thüringen vor dem 1. Januar 1999 keine Konzessionsabgaben vereinbart oder gezahlt werden.

§ 9 Inkrafttreten. [1] Diese Verordnung tritt am 1. Januar 1992 in Kraft. [2] Gleichzeitig treten die Anordnung über die Zulässigkeit von Konzessionsabgaben der Unternehmen und Betriebe zur Versorgung mit Elektrizität, Gas und Wasser an Gemeinden und Gemeindeverbände (KAE) vom 4. März 1941 (RAnz. Nr. 57 und Nr. 120) in der Fassung vom 7. März 1975 (BAnz. Nr. 49), die Ausführungsanordnung zur Konzessionsabgabenanordnung (A/KAE) vom 27. Februar 1943 (RAnz. Nr. 75) und die Durchführungsbestimmungen zur Konzessionsabgabenanordnung und zu ihrer Ausführungsanordnung (D/KAE) vom 27. Februar 1943 (RAnz. Nr. 75) für Strom und Gas außer Kraft.

Der Bundesrat hat zugestimmt.

4. Richtlinie (EU) 2019/944 des Europäischen Parlaments und des Rates vom 5. Juni 2019 mit gemeinsamen Vorschriften für den Elektrizitätsbinnenmarkt und zur Änderung der Richtlinie 2012/27/EU[1)]

(Neufassung)

(Text von Bedeutung für den EWR)

(ABl. L 158 S. 125)

Celex-Nr. 3 2019 L 0944

DAS EUROPÄISCHE PARLAMENT UND DER RAT DER EUROPÄISCHEN UNION –

gestützt auf den Vertrag über die Arbeitsweise der Europäischen Union, insbesondere auf Artikel 194 Absatz 2, auf Vorschlag der Europäischen Kommission,

nach Zuleitung des Entwurfs des Gesetzgebungsakts an die nationalen Parlamente, nach Stellungnahme des Europäischen Wirtschafts- und Sozialausschusses[2)],

nach Stellungnahme des Ausschusses der Regionen[3)], gemäß dem ordentlichen Gesetzgebungsverfahren[4)],

in Erwägung nachstehender Gründe:

(1) Die Richtlinie 2009/72/EG des Europäischen Parlaments und des Rates[5)] ist erheblich zu ändern. Aus Gründen der Klarheit empfiehlt es sich, die genannte Richtlinie neu zu fassen.

(2) Der Elektrizitätsbinnenmarkt, der seit 1999 in der Union schrittweise geschaffen wird, soll allen privaten und gewerblichen Endkunden in der Union durch die Gestaltung wettbewerbsgeprägter länderübergreifender Elektrizitätsmärkte eine echte Wahl ermöglichen, den Unternehmen neue Geschäftschancen eröffnen, wettbewerbsfähige Preise, effiziente Investitionssignale und höhere Dienstleistungsanforderungen bewirken und zu mehr Versorgungssicherheit und Nachhaltigkeit beitragen.

(3) Die Richtlinien 2003/54/EG und 2009/72/EG des Europäischen Parlaments und des Rates[6)] waren ein wichtiger Beitrag zur Schaffung des Elektrizitätsbinnenmarktes. Das Energiesystem der Union durchlebt allerdings zurzeit tiefgreifende Veränderungen. Mit dem gemeinsamen Ziel der Dekarbonisierung des Energiesystems ergeben sich für die Marktteilnehmer neue Chancen und Herausforderungen. Gleichzeitig entstehen durch technologische Entwicklungen neue Formen der Beteiligung der Verbraucher und der länderübergreifenden Zusammenarbeit. Es besteht die Notwendigkeit, die Marktvorschriften der Union den neuen Marktgegebenheiten anzupassen.

(4) Die Mitteilung der Kommission vom 25. Februar 2015 mit dem Titel „Eine Rahmenstrategie für eine krisenfeste Energieunion mit einer zukunftsorientierten Klimaschutzstrategie" eröffnet eine

---

[1)] Zur Geltung siehe Art. 73.

[2)] **Amtl. Anm.:** ABl. C 288 vom 31.8.2017, S. 91.

[3)] **Amtl. Anm.:** ABl. C 342 vom 12.10.2017, S. 79.

[4)] **Amtl. Anm.:** Standpunkt des Europäischen Parlaments vom 26. März 2019 (noch nicht im Amtsblatt veröffentlicht) und Beschluss des Rates vom 22. Mai 2019.

[5)] **Amtl. Anm.:** Richtlinie 2009/72/EG des Europäischen Parlaments und des Rates vom 13. Juli 2009 über gemeinsame Vorschriften für den Elektrizitätsbinnenmarkt und zur Aufhebung der Richtlinie 2003/54/EG (ABl. L 211 vom 14.8.2009, S. 55).

[6)] **Amtl. Anm.:** Richtlinie 2003/54/EG des Europäischen Parlaments und des Rates vom 26. Juni 2003 über gemeinsame Vorschriften für den Elektrizitätsbinnenmarkt und zur Aufhebung der Richtlinie 96/92/EG (ABl. L 176 vom 15.7.2003, S. 37), aufgehoben und ersetzt mit Wirkung vom 2. März 2011 durch Richtlinie 2009/72/EG des Europäischen Parlaments und des Rates vom 13. Juli 2009 über gemeinsame Vorschriften für den Elektrizitätsbinnenmarkt und zur Aufhebung der Richtlinie 2003/54/EG (ABl. L 211 vom 14.8.2009, S. 55).

Vision für eine Energieunion, in deren Mittelpunkt die Bürgerinnen und Bürger stehen, die Verantwortung für die Energiewende übernehmen, neue Technologien zur Senkung ihrer Energiekosten nutzen und aktiv am Markt teilnehmen, und in der gefährdete Kunden geschützt werden.

(5) In der Mitteilung der Kommission vom 15. Juli 2015 mit dem Titel „Verbesserte Möglichkeiten für Energieverbraucher" werden die Vorstellungen der Kommission von einem Endkundenmarkt dargelegt, der den Bedürfnissen der Energieverbraucher unter anderem durch die bessere Verknüpfung von Großhandels- und Endkundenmärkten besser gerecht wird. Mittels neuer Technologien sollen neue und innovative Energiedienstleistungsunternehmen alle Verbraucher in die Lage versetzen, sich umfassend an der Energiewende zu beteiligen und ihren Verbrauch so zu steuern, dass energieeffiziente Lösungen erzielt werden, durch die sie Geld sparen und die insgesamt dazu beitragen, den Energieverbrauch zu senken.

(6) In der Mitteilung der Kommission vom 15. Juli 2015 mit dem Titel „Einleitung des Prozesses der öffentlichen Konsultation zur Umgestaltung des Energiemarktes" betonte die Kommission, dass die Abkehr von der Stromerzeugung in großen zentralen Erzeugungsanlagen hin zur dezentralen Stromerzeugung aus erneuerbaren Quellen und hin zu dekarbonisierten Märkten eine Anpassung der geltenden Vorschriften für den Stromhandel sowie Änderungen der Aufgaben bisheriger Marktteilnehmer erfordert. Ferner wurde in der Mitteilung als dringend geboten erachtet, die Elektrizitätsmärkte flexibler zu gestalten und alle Akteure – darunter die Erzeuger von erneuerbarer Energie, neue Energiedienstleistungsunternehmen, Energiespeicherbetreiber und Lastmanager – vollständig einzubinden. Ebenso dringend muss die Union in die Vernetzung auf Unionsebene investieren, damit Elektrizität über Hochspannungsnetze übertragen werden kann.

(7) Damit ein Elektrizitätsbinnenmarkt geschaffen werden kann, sollten die Mitgliedstaaten die Integration ihrer nationalen Märkte und die Zusammenarbeit zwischen den Netzbetreibern auf Unionsebene und auf regionaler Ebene fördern, und die isolierten Netze der in der Union nach wie vor bestehenden sogenannten Strominseln einbinden.

(8) Zusätzlich zur der Bewältigung neuer Herausforderungen dient diese Richtlinie dazu, die nach wie vor bestehenden Hindernisse für die Vollendung des Elektrizitätsbinnenmarkts zu beseitigen. Durch die Anpassung des Rechtsrahmens soll die derzeitige Fragmentierung der nationalen Märkte, die häufig noch immer durch ein hohes Maß an regulatorischen Eingriffen gekennzeichnet sind, überwunden werden. Eingriffe dieser Art haben zu Hindernissen für die Versorgung von Elektrizität zu gleichen Bedingungen sowie im Vergleich zu Lösungen, die auf länderübergreifender Zusammenarbeit und marktwirtschaftlichen Grundsätzen beruhen, zu höheren Kosten geführt.

(9) Die Ziele der Union im Bereich der erneuerbaren Energie würden am effizientesten dadurch erreichen werden, dass ein Marktumfeld geschaffen wird, in dem sich Flexibilität und Innovation lohnen. Ein gut funktionierender Elektrizitätsmarkt ist die entscheidende Voraussetzung dafür, dass sich erneuerbare Energie auf dem Markt durchsetzt.

(10) Die Verbraucher sind von zentraler Bedeutung, um die notwendige Flexibilität zur Anpassung des Elektrizitätsnetzes an die variable und dezentrale Erzeugung von erneuerbarer Elektrizität zu erreichen. Technologische Fortschritte bei der Netzverwaltung und der Erzeugung von erneuerbarer Elektrizität haben den Verbrauchern viele Möglichkeiten eröffnet. Ein gesunder Wettbewerb auf den Endkundenmärkten ist eine grundlegende Voraussetzung für die marktorientierte Einführung neuer, innovativer Dienstleistungen, bei denen den sich wandelnden Bedürfnissen und Fähigkeiten der Verbraucher bei gleichzeitiger Erhöhung der Systemflexibilität Rechnung getragen wird. Da den Verbrauchern kaum Echtzeitinformationen oder Fast-Echtzeit-Informationen über ihren Energieverbrauch vorliegen, können sie weder aktiv am Energiemarkt teilnehmen noch tatkräftig an der Energiewende mitwirken. Indem die Verbraucher die Möglichkeit erhalten, sich stärker und mit dem entsprechenden Rüstzeug auf neue Art und Weise am Energiemarkt zu beteiligen, ist es beabsichtigt, dass die Bürgerinnen und Bürger in der Union vom Elektrizitätsbinnenmarkt profitieren und dass die Unionsziele im Bereich erneuerbarer Energie erreicht werden.

(11) Die Freiheiten, die der Vertrag über die Arbeitsweise der Europäischen Union (AEUV) den Bürgern der Union garantiert, unter anderem der freie Warenverkehr, die Niederlassungsfreiheit und der freie Dienstleistungsverkehr, sind nur in einem vollständig geöffneten Markt erreichbar, auf dem alle Verbraucher ihre Versorger frei wählen und alle Versorger ihre Kunden frei beliefern können.

(12) Für die Mitgliedstaaten ist es die oberste Priorität, fairen Wettbewerb und den freien Marktzugang für die einzelnen Versorger zu fördern, damit die Verbraucher die Vorzüge eines liberalisierten

Elektrizitätsbinnenmarkts im vollen Umfang nutzen können. In kleinen Stromnetzen in Randlage und nicht mit anderen Mitgliedstaaten verbundenen Netzen, bei denen mit den Strompreisen nicht die richtigen Investitionsanreize gesetzt werden, kann es jedoch weiterhin passieren, dass der Markt versagt, weshalb spezielle Lösungen erforderlich sind, um eine Versorgung auf angemessenem Niveau sicherzustellen.

(13) Um den Wettbewerb zu fördern und die Stromversorgung zu den wettbewerbsfähigsten Preisen zu sichern, sollten die Mitgliedstaaten und die Regulierungsbehörden den länderübergreifenden Zugang sowohl für neue Stromversorger, die Energie aus unterschiedlichen Quellen erzeugen, als auch für neue Anbieter in den Bereichen Erzeugung, Energiespeicherung und Laststeuerung (demand response) begünstigen.

(14) Die Mitgliedstaaten sollten sicherstellen, dass im Elektrizitätsbinnenmarkt der Marktzutritt, das Funktionieren des Marktes und der Marktaustritt nicht unnötig behindert werden. Zugleich sollte klargestellt werden, dass diese Verpflichtung die Zuständigkeiten, die die Mitgliedstaaten gegenüber Drittländern behalten, nicht berührt. Diese Klarstellung sollte nicht so ausgelegt werden, dass ein Mitgliedstaat in die Lage versetzt wird, die ausschließliche Zuständigkeit der Union auszuüben. Außerdem sollte klargestellt werden, dass Marktteilnehmer aus Drittländern, die auf dem Binnenmarkt tätig sind, genau wie alle übrigen Marktteilnehmer die geltenden Rechtsvorschriften der Union und der Mitgliedstaaten einzuhalten haben.

(15) Die Marktvorschriften ermöglichen den Markteintritt und -austritt von Erzeugern und Versorgern auf der Grundlage der von ihnen durchgeführten Bewertung der wirtschaftlichen und finanziellen Tragfähigkeit ihrer Tätigkeit. Dieser Grundsatz ist nicht mit der Möglichkeit der Mitgliedstaaten unvereinbar, den im Elektrizitätssektor tätigen Unternehmen gemäß den Verträgen, insbesondere Artikel 106 AEUV[1], und gemäß den Bestimmungen dieser Richtlinie und der Verordnung (EU) 2019/943[2] des Europäischen Parlaments und des Rates[3] im allgemeinen wirtschaftlichen Interesse gemeinwirtschaftliche Verpflichtungen aufzuerlegen.

(16) Der Europäische Rat vom 23. und 24. Oktober 2014 wies in seinen Schlussfolgerungen darauf hin, dass die Kommission mit Unterstützung der Mitgliedstaaten rasch Maßnahmen zu ergreifen hat, damit das 10 %- Mindestziel für den aktuellen Stromverbund schnellstmöglich erreicht wird, und zwar bis spätestens 2020, zumindest für diejenigen Mitgliedstaaten, die das Mindestniveau der Integration in den Energiebinnenmarkt noch nicht erreicht haben, nämlich die baltischen Staaten, Portugal und Spanien, und für die Mitgliedstaaten, die deren wichtigsten Zugangspunkt zum Energiebinnenmarkt bilden. Ferner stellte er fest, dass die Kommission dem Europäischen Rat regelmäßig Bericht erstatten soll, damit bis 2030 ein Verbundziel von 15 % erreicht wird.

(17) Ein ausreichender physischer Verbund mit Nachbarländern ist wichtig, damit die Mitgliedstaaten und Nachbarländer von den positiven Auswirkungen des Binnenmarkts profitieren können – wie in der Mitteilung der Kommission vom 23. November 2017 mit dem Titel „Mitteilung über die Stärkung der europäischen Energienetze" dargelegt, sowie in den integrierten nationalen Energie- und Klimaplänen der Mitgliedstaaten im Rahmen der Verordnung (EU) 2018/1999[4] des Europäischen Parlaments und des Rates[5] berücksichtigt.

(18) Die Elektrizitätsmärkte unterscheiden sich von anderen Märkten wie Erdgasmärkten, beispielsweise weil auf ihnen eine Ware gehandelt wird, die sich derzeit nicht leicht speichern lässt und in vielen verschiedenen Erzeugungsanlagen, auch durch verteilte Erzeugung, erzeugt wird. Diesem Sachverhalt wurde durch verschiedene Regulierungsansätze für Verbindungsleitungen in der Elektrizitäts- bzw. Erdgaswirtschaft Rechnung getragen. Die Integration der Elektrizitätsmärkte

---

[1] Nr. **13**.

[2] Nr. 8.

[3] **Amtl. Anm.:** Verordnung (EU) 2019/943 [Nr. **8**] des Europäischen Parlaments und des Rates vom 5. Juni 2019 über den Elektrizitätsbinnenmarkt (siehe Seite 54 dieses Amtsblatts [Red. Anm.: ABl. L 158 vom 14.6.2019]).

[4] Nr. 6.

[5] **Amtl. Anm.:** Verordnung (EU) 2018/1999 [Nr. **6**] des Europäischen Parlaments und des Rates vom 11. Dezember 2018 über das Governance-System für die Energieunion und für den Klimaschutz, zur Änderung der Verordnungen (EG) Nr. 663/2009 und (EG) Nr. 715/2009 [Nr. **9**] des Europäischen Parlaments und des Rates, der Richtlinien 94/22/EG, 98/70/EG, 2009/31/EG, 2009/73/EG [Nr. **5**], 2010/31/EU, 2012/27/EU [Nr. **61**] und 2013/30/EU des Europäischen Parlaments und des Rates, der Richtlinien 2009/119/EG und (EU) 2015/652 des Rates und zur Aufhebung der Verordnung (EU) Nr. 525/2013 des Europäischen Parlaments und des Rates (ABl. L 328 vom 21.12. 2018, S. 1).

erfordert ein hohes Maß an Zusammenarbeit zwischen den Netzbetreibern, Marktteilnehmern und Regulierungsbehörden, insbesondere wenn Elektrizität im Rahmen der Marktkopplung gehandelt wird.

(19) Auch die Sicherstellung gemeinsamer Regeln für einen echten Elektrizitätsbinnenmarkt und eine umfassende, allgemein zugängliche Energieversorgung sollten zu den zentralen Zielen dieser Richtlinie gehören. Unverzerrte Marktpreise würden in diesem Zusammenhang einen Anreiz für den Aufbau länderübergreifender Verbindungsleitungen und für Investitionen in neue Elektrizitätserzeugung bieten und dabei langfristig zu einer Konvergenz der Preise führen.

(20) Mit den Marktpreisen sollten die richtigen Impulse für den Ausbau des Netzes und für Investitionen in neue Stromerzeugungsanlagen gesetzt werden.

(21) Es gibt verschiedene Arten der Marktorganisation für den Energiebinnenmarkt. Die Maßnahmen, die die Mitgliedstaaten gemäß dieser Richtlinie treffen könnten, um gleiche Ausgangsbedingungen zu gewährleisten, sollten auf zwingenden Gründen des Allgemeininteresses beruhen. Die Kommission sollte zur Frage der Vereinbarkeit dieser Maßnahmen mit dem AEUV und dem sonstigen Unionsrecht gehört werden.

(22) Die Mitgliedstaaten sollten bei der Auferlegung gemeinwirtschaftlicher Verpflichtungen für die Elektrizitätsunternehmen zur Verfolgung von Zielen von allgemeinem wirtschaftlichem Interesse auch künftig über einen breiten Ermessensspielraum verfügen. Die Mitgliedstaaten sollten dafür Sorge tragen, dass Haushaltskunden und, soweit die Mitgliedstaaten es für angezeigt halten, Kleinunternehmen das Recht auf Versorgung mit Elektrizität einer bestimmten Qualität zu leicht vergleichbaren, transparenten und wettbewerbsfähigen Preisen haben. Gleichwohl sind gemeinwirtschaftliche Verpflichtungen in Form der Festsetzung der Stromversorgungspreise eine grundsätzlich wettbewerbsverzerrende Maßnahme, die oft zu einer Kumulierung von Defiziten bei den Stromtarifen, eingeschränkten Wahlmöglichkeiten für die Verbraucher, weniger Anreizen für Investitionen in Energieeinsparungen und Energieeffizienz, geringerer Dienstleistungsqualität, einem geringeren Maß an Einbeziehung und Zufriedenheit der Verbraucher, einer Einschränkung des Wettbewerbs und einem geringeren Umfang an innovativen Produkten und Dienstleistungen auf dem Markt führt. Die Mitgliedstaaten sollten daher andere politische Instrumente und insbesondere gezielte sozialpolitische Maßnahmen anwenden, um den Bürgerinnen und Bürgern eine Stromversorgung zu erschwinglichen Preisen zu sichern. Öffentliche Eingriffe in die Preisbildung für die Stromversorgung sollten nur als gemeinwirtschaftliche Verpflichtungen und unter den in dieser Richtlinie angegebenen besonderen Voraussetzungen vorgenommen werden. Der Preiswettbewerb wie auch der Wettbewerb im außerpreislichen Bereich zwischen den vorhandenen Versorgern würden durch einen vollständig liberalisierten, gut funktionierenden Endkundenelektrizitätsmarkt gefördert, und es würden Anreize für neue Markteintritte geschaffen, sodass die Wahlmöglichkeiten für die Verbraucher und die Verbraucherzufriedenheit zunähmen.

(23) Gemeinwirtschaftliche Verpflichtungen in Form der Festsetzung der Stromversorgungspreise sollten, ohne den Grundsatz der offenen Märkte zu umgehen, unter klar bestimmten Umständen auferlegt werden, auf einen klar bestimmten Kreis von Begünstigten Anwendung finden und sollte befristet sein. Solche Umstände könnten beispielsweise vorliegen, wenn die Versorgung erheblich eingeschränkt ist und wesentlich höhere Strompreise als üblich verursacht, oder im Fall eines Marktversagens, wenn sich Eingriffe der Regulierungsbehörden und Wettbewerbsbehörden als unwirksam erwiesen haben. Das würde Haushalte und insbesondere schutzbedürftige Kunden, die üblicherweise einen höheren Teil ihres verfügbaren Einkommens für Energieabrechnungen aufwenden als Verbraucher mit hohem Einkommen, unverhältnismäßig belasten. Um die wettbewerbsverzerrende Wirkung gemeinwirtschaftlicher Verpflichtungen auf die Preisfestsetzung in der Stromversorgung zu mindern, sollten die Mitgliedstaaten, die derartige Eingriffe vornehmen, zusätzliche Maßnahmen – einschließlich Maßnahmen zur Vermeidung von Verzerrungen der Festsetzung von Großhandelspreisen – einführen. Die Mitgliedstaaten sollten dafür sorgen, dass alle Begünstigten regulierter Preise auf Wunsch auch die verfügbaren Angebote auf dem Wettbewerbsmarkt uneingeschränkt in Anspruch nehmen können. Zu diesem Zweck müssen diese Begünstigten mit intelligenten Messsystemen ausgestattet werden und Zugang zu Verträgen mit dynamischen Stromtarifen haben. Darüber hinaus sollten sie unmittelbar und regelmäßig über die auf dem Wettbewerbsmarkt verfügbaren Angebote und Einsparmöglichkeiten – insbesondere über Verträge mit dynamischen Stromtarifen – unterrichtet und sollten dabei unterstützt werden, sich auf marktgestützte Angebote einzulassen und aus ihnen Nutzen zu ziehen.

(24) Das Recht von Begünstigten regulierter Preise, ohne Mehrkosten individuelle intelligente Zähler zu erhalten, sollte die Mitgliedstaaten, in welchen keine Infrastruktur für intelligente Zähler

vorhanden ist, weil die Kosten-Nutzen-Analyse zur Einführung intelligenter Messsysteme negativ war, nicht daran hindern, die Funktionen intelligenter Messsysteme zu verändern.

(25) Öffentliche Eingriffe in die Festsetzung der Stromversorgungspreise sollten nicht zu einer direkten Quersubventionierung zwischen verschiedenen Kundenkategorien führen. Nach diesem Grundsatz dürfen Preissysteme nicht ausdrücklich vorsehen, dass bestimmte Kundenkategorien die Kosten von Preiseingriffen, die andere Kundenkategorien betreffen, tragen. Beispielsweise sollten Preissysteme, in denen Kosten von Versorgern oder anderen Betreibern diskriminierungsfrei getragen werden, nicht als direkte Quersubventionierung gelten.

(26) Damit die Qualität gemeinwirtschaftlicher Leistungen in der Union auch künftig hohen Anforderungen genügt, sollten die Mitgliedstaaten die Kommission regelmäßig über alle Maßnahmen unterrichten, die sie zur Verwirklichung der Ziele dieser Richtlinie getroffen haben. Die Kommission sollte regelmäßig Berichte veröffentlichen, in denen die Maßnahmen der Mitgliedstaaten zur Erreichung gemeinwirtschaftlicher Ziele untersucht und in ihrer Wirksamkeit verglichen werden, um Empfehlungen für Maßnahmen auszusprechen, die auf einzelstaatlicher Ebene zur Wahrung eines hohen Standards gemeinwirtschaftlicher Leistungen zu ergreifen sind.

(27) Die Mitgliedstaaten sollten einen Versorger letzter Instanz benennen dürfen. Hierbei könnte es sich um die Verkaufsabteilung eines vertikal integrierten Unternehmens handeln, die auch die Tätigkeit der Verteilung ausübt, sofern die Entflechtungsanforderungen gemäß dieser Richtlinie erfüllt sind.

(28) Die von den Mitgliedstaaten zur Verwirklichung der Ziele des sozialen und wirtschaftlichen Zusammenhalts ergriffenen Maßnahmen können insbesondere die Schaffung geeigneter wirtschaftlicher Anreize, nötigenfalls unter Einsatz jeglicher auf nationaler Ebene oder Unionsebene vorhandenen Instrumente, umfassen. Zu diesen Instrumenten können auch Haftungsregelungen zur Absicherung der erforderlichen Investitionen zählen.

(29) Soweit die von den Mitgliedstaaten zur Erfüllung gemeinwirtschaftlicher Verpflichtungen getroffenen Maßnahmen staatliche Beihilfen nach Artikel 107 Absatz 1 AEUV[1] darstellen, sind sie der Kommission gemäß dessen Artikel 108 Absatz 3 AEUV[1] mitzuteilen.

(30) Das branchenübergreifende Recht bietet eine solide Grundlage für den Verbraucherschutz bei einer großen Bandbreite bestehender Energiedienstleistungen, und wird sich wahrscheinlich weiterentwickeln. Bestimmte grundlegende vertragliche Rechte der Kunden sollten jedoch eindeutig definiert werden.

(31) Die Verbraucher sollten klar und unmissverständlich über ihre Rechte gegenüber der Energiewirtschaft informiert werden. Die Kommission hat nach Absprache mit den relevanten Interessenträgern, einschließlich der Mitgliedstaaten, Regulierungsbehörden, Verbraucherorganisationen und Elektrizitätsunternehmen, eine Checkliste für Energieverbraucher erstellt, die praktische Informationen für die Verbraucher über ihre Rechte enthält. Diese Checkliste sollte auf dem neuesten Stand gehalten, allen Verbrauchern zur Verfügung gestellt und öffentlich zugänglich gemacht werden.

(32) Mehrere Faktoren erschweren den Verbrauchern den Zugang, das Verständnis und die Nutzung der verschiedenen, ihnen zur Verfügung stehenden Quellen von Marktinformationen. Daraus ergibt sich, dass die Angebote vergleichbarer gestaltet und die Hindernisse für einen Versorgerwechsel auf ein Mindestmaß reduziert werden sollten, ohne die Wahlmöglichkeiten für die Verbraucher übermäßig einzuschränken.

(33) Nach einem Wechsel des Versorgers werden kleineren Kunden nach wie vor eine Vielzahl von Gebühren direkt oder indirekt in Rechnung gestellt. Solche Gebühren erschweren es, das beste Produkt oder die beste Dienstleistung zu erkennen und schmälern den sich aus einem Versorgerwechsel ergebenden unmittelbaren finanziellen Vorteil. Wenngleich die Wahlmöglichkeiten der Verbraucher durch eine Aufhebung dieser Gebühren möglicherweise insofern eingeschränkt werden könnten, als auf die Vergütung von Kundentreue ausgelegte Produkte vom Markt verschwinden, dürften weitere Gebührenbeschränkungen dem Wohl und der Einbeziehung der Verbraucher sowie dem Marktwettbewerb zugutekommen.

(34) kürzeren Wechselfristen dürften die Verbraucher dazu ermutigen, sich nach besseren Energieangeboten umzusehen und den Versorger zu wechseln. Mit der zunehmenden Verbreitung der Informationstechnologie sollte es bis zum Jahr 2026 im Normalfall möglich sein, den technischen Wechselvorgang zur Registrierung eines neuen Versorgers an der Messstelle beim Marktbetreiber werktags binnen 24 Stunden abzuschließen. Ungeachtet anderer Schritte im Rahmen des Wech-

[1] Nr. **13**.

selvorgangs, die abzuschließen sind, bevor der technische Wechselvorgang eingeleitet wird, würden durch die Gewährleistung, dass der technische Wechselvorgang bis zu diesem Zeitpunkt binnen 24 Stunden stattfinden kann, die Wechselfristen verkürzt und würde dazu beigetragen, die Einbeziehung der Verbraucher und den Wettbewerb im Endkundengeschäft zu erhöhen. Die Gesamtdauer des Wechselvorgangs sollte jedenfalls drei Wochen ab dem Antrag des Verbrauchers übersteigen.

(35) Unabhängige Vergleichsinstrumente, z.B. Websites, sind wirksame Mittel, mit denen kleinere Kunden die Vorteile der verschiedenen am Markt verfügbaren Energieangebote beurteilen können. Solche Instrumente verringern den Suchaufwand, da Kunden die Informationen nicht mehr von den einzelnen Versorgern und Dienstleistern zusammengetragen werden müssen. Diese Instrumente können sowohl dem Bedarf an klaren und knappen als auch an vollständigen und umfassenden Informationen gerecht werden. Sie sollten darauf abzielen, ein möglichst breites Angebotsspektrum zu erfassen und den Markt so umfassend wie möglich abzudecken, damit die Kunden einen repräsentativen Überblick erhalten. Von entscheidender Bedeutung ist, dass kleinere Kunden Zugang zu mindestens einem Vergleichsinstrument haben und dass die über solche Instrumente bereitgestellten Informationen vertrauenswürdig, unparteiisch und transparent sind. Zu diesem Zweck könnten die Mitgliedstaaten ein Vergleichsinstrument vorsehen, das von einer nationalen Behörde oder einem Privatunternehmen betrieben wird.

(36) Ein besserer Verbraucherschutz ist gewährleistet, wenn für alle Verbraucher ein Zugang zu wirksamen unabhängigen außergerichtlichen Streitbeilegungsverfahren besteht, beispielsweise zu einem Bürgerbeauftragten für Energieangelegenheiten, einer Verbraucherschutzeinrichtung oder einer Regulierungsbehörde. Die Mitgliedstaaten sollten Verfahren zur schnellen und wirksamen Behandlung von Beschwerden einrichten.

(37) Alle Verbraucher sollten unmittelbar am Markt teilnehmen können, insbesondere indem sie ihren Verbrauch den Marktsignalen anpassen und im Gegenzug in den Genuss von niedrigeren Strompreisen oder von Anreizzahlungen kommen. Die Vorzüge einer solchen aktiven Teilnahme dürften im Laufe der Zeit zunehmen, wenn das Bewusstsein von sonst passiven Verbrauchern über ihre Möglichkeiten als aktive Kunden gefördert wird und Informationen über die Möglichkeiten der aktiven Teilnahme zugänglicher und besser bekannt werden. Die Verbraucher sollten die Möglichkeit haben, sich an allen Formen der Laststeuerung zu beteiligen. Sie sollten deshalb die Möglichkeit haben, Nutzen aus einer flächendeckenden Einführung intelligenter Messsysteme zu ziehen, und falls solch eine Einführung negativ bewertet wurde, sich für intelligente Messsysteme und Verträge mit dynamischen Stromtarifen zu entscheiden. Dadurch sollen sie in die Lage versetzt werden, ihren Verbrauch den Echtzeit-Preissignalen, die den Wert und die Kosten von Elektrizität oder deren Transport in unterschiedlichen Zeiträumen aufzeigen, anzupassen, während die Mitgliedstaaten für eine angemessene Exposition der Verbraucher gegenüber dem Großhandelspreisrisiko sorgen sollten. Die Verbraucher sollten über die Vorzüge und potentiellen Preisrisiken von Verträgen mit dynamischen Stromtarifen unterrichtet werden. Die Mitgliedstaaten sollten auch sicherstellen, dass diejenigen Verbraucher, die sich nicht aktiv am Markt beteiligen wollen, keine Nachteile erfahren. Vielmehr sollten ihnen fundierte Entscheidungen über die ihnen zur Verfügung stehenden Möglichkeiten in einer Weise erleichtert werden, die den Bedingungen des inländischen Marktes am besten gerecht wird.

(38) Um den Nutzen und die Wirksamkeit dynamischer Stromtarife zu maximieren, sollten die Mitgliedstaaten das Potential dafür prüfen, den Anteil der Festpreisbestandteile an den Stromabrechnungen dynamischer zu gestalten oder zu verringern, und sollten angemessene Maßnahmen ergreifen, soweit solches Potenzial besteht.

(39) Alle Kundengruppen (Industrie, Gewerbe und Haushalte) sollten Zugang zu den Elektrizitätsmärkten haben und ihre flexible Kapazität und ihre selbst erzeugte Elektrizität vermarkten können. Die Kunden sollten die Vorteile, die mit der großräumigen Aggregierung von Erzeugung und Versorgung verbunden sind, in vollem Umfang nutzen und vom länderübergreifenden Wettbewerb profitieren können. Voraussichtlich übernehmen im Bereich der Aggregierung tätige Marktteilnehmer eine wichtige Aufgabe als Vermittler zwischen den Kundengruppen und dem Markt. Den Mitgliedstaaten sollte es freistehen, unter Einhaltung der in dieser Richtlinie festgelegten allgemeinen Grundsätze das geeignete Umsetzungsmodell und Leitungskonzept für die unabhängige Aggregierung zu wählen. Ein solches Modell oder Konzept könnte die Wahl von marktgestützten oder regulatorischen Grundsätzen einschließen, die Lösungen bieten, mit denen diese Richtlinie befolgt wird, wie beispielsweise Modelle zur Abrechnung von Bilanzkreisabweichungen bzw. zur Einführung von Bilanzkreiskorrekturen. Das gewählte Modell sollte transparente und faire Regeln enthalten, damit unabhängige Aggregatoren ihre Aufgabe als Vermittler übernehmen können und sichergestellt wird, dass der Endkunde angemessenen Nutzen aus ihren

Tätigkeiten ziehen kann. Die Produkte sollten auf allen Elektrizitätsmärkten, einschließlich Märkten für Systemdienstleistungen und Kapazitäten, definiert werden, um die Teilnahme an der Laststeuerung zu fördern.

(40) In der Mitteilung der Kommission vom 20. Juli 2016 mit dem Titel „Eine europäische Strategie für emissionsarme Mobilität" wird betont, dass der Verkehrssektor dekarbonisiert werden muss und seine Emissionen vor allem in städtischen Gebieten reduziert werden müssen, und es wird hervorgehoben, dass die Elektromobilität einen wichtigen Beitrag zur Verwirklichung dieser Ziele leisten kann. Überdies ist der Ausbau der Elektromobilität ein wichtiger Bestandteil der Energiewende. Mit den Marktvorschriften in dieser Richtlinie sollte deshalb zur Schaffung günstiger Bedingungen für alle Arten von Elektrofahrzeugen beigetragen werden. Insbesondere sollte mit diesen Vorschriften der wirksame Ausbau von öffentlich zugänglichen und privaten Ladepunkten für Elektrofahrzeuge und die effiziente Einbindung der Fahrzeugaufladung in das System sichergestellt werden.

(41) Die Laststeuerung ist ein Dreh- und Angelpunkt für das intelligente Laden von Elektrofahrzeugen und mithin für deren effiziente Einbindung in das Stromnetz, was wiederum für den Vorgang der Dekarbonisierung des Verkehrs von entscheidender Bedeutung ist.

(42) Verbraucher sollten in der Lage sein, selbst erzeugte Elektrizität zu verbrauchen, zu speichern und zu vermarkten sowie an allen Elektrizitätsmärkten teilzunehmen und so dem System Flexibilität zu bieten, etwa durch Speicherung von Energie, beispielsweise Speicherung unter Einsatz von Elektrofahrzeugen), durch Laststeuerungs- oder durch Energieeffizienzprogramme. Diese Aktivitäten werden in Zukunft durch neue technische Entwicklungen erleichtert. Allerdings bestehen nach wie vor rechtliche und kommerzielle Hindernisse, wie unverhältnismäßig hohe Gebühren für selbst verbrauchten Strom, die Verpflichtung, selbst erzeugte Elektrizität in das Energiesystem einzuspeisen, und bürokratische Erschwernisse, etwa dass Selbsterzeuger bei der Vermarktung ihrer Elektrizität die für Versorger geltenden Anforderungen erfüllen müssen. Derartige Hemmnisse, mit denen die Verbraucher davon abgehalten werden, Elektrizität selbst zu erzeugen und selbst zu verbrauchen, zu speichern oder zu vermarkten, sollten beseitigt werden, wobei sichergestellt sein sollte, dass sich solche Verbraucher angemessen an den Systemkosten beteiligen. Die Mitgliedstaaten sollten in der Lage sein in ihrem nationalen Recht unterschiedliche Bestimmungen zu Steuern und Abgaben für einzelne und gemeinsam handelnde aktive Kunden sowie für Haushalte und andere Endkunden vorzusehen.

(43) Dank der Technologien zur dezentralen Energieerzeugung und der Stärkung der Verbraucher ist Bürgerenergie zu einem wirksamen und kosteneffizienten Instrument geworden, um den Bedürfnissen und Erwartungen der Bürger an Energiequellen, Dienstleistungen und lokale Beteiligung zu entsprechen. Die Bürgerenergie bietet allen Verbrauchern eine umfassende Möglichkeit, unmittelbar daran mitzuwirken, Energie zu erzeugen, zu verbrauchen oder gemeinsam zu nutzen. Gemeinschaftsinitiativen im Energiebereich dienen in erster Linie dazu, ihren Mitgliedern oder Anteilseignern bezahlbare Energie einer bestimmten Art, z.B. erneuerbare Energie, bereitzustellen, und sind in geringerem Maße als traditionelle Energieunternehmen auf die Gewinnerzielung ausgerichtet. Durch die direkte Einbindung der Verbraucher stellen solche Bürgerenergiegemeinschaften ihr Potenzial unter Beweis, die Verbreitung neuer Technologien und Verbrauchsmuster, einschließlich intelligenter Verteilernetze und Laststeuerung, in integrierter Weise zu fördern. Mithilfe der Bürgerenergie kann auch die Energieeffizienz auf der Ebene der Privathaushalte verbessert und zur Bekämpfung der Energiearmut durch geringeren Energieverbrauch und niedrigere Versorgungstarife beigetragen werden. Die Bürgerenergie eröffnet bestimmten Gruppen von Privatkunden auch den Zugang zum Elektrizitätsmarkt, der ihnen andernfalls versperrt bliebe. Erfolgreiche Initiativen dieser Art erzielen einen wirtschaftlichen, sozialen und ökologischen Mehrwert für das Gemeinwesen, der über die Vorteile der bloßen Bereitstellung von Energiedienstleistungen hinausgeht. Mit dieser Richtlinie sollen bestimmte Kategorien von Bürgerenergieinitiativen auf Unionsebene als „Bürgerenergiegemeinschaft" anerkannt werden, um ihnen einen förderlichen Rahmen, eine faire Behandlung, gleiche Wettbewerbsbedingungen und einen klar definierten Katalog von Rechten und Pflichten zu bieten. Privatverbraucher sollten sich freiwillig an Gemeinschaftsinitiativen im Energiebereich beteiligen und diese auch wieder verlassen können, ohne den Zugang zu dem von der Gemeinschaft betriebenen Netz zu verlieren oder ihre Rechte als Verbraucher einzubüßen. Der Zugang zu dem Netz einer Bürgerenergiegemeinschaft sollte zu fairen und kostenorientierten Bedingungen gewährt werden.

(44) Die Mitgliedschaft in einer Bürgerenergiegemeinschaft sollte zwar allen Arten von Rechtspersonen offenstehen. Aber die Entscheidungsbefugnisse in einer Bürgerenergiegemeinschaft sollten auf diejenigen Mitglieder oder Anteilseigner beschränkt sein, die nicht in großem Umfang kommerziellen Tätigkeiten nachgehen und für die die Energiewirtschaft nicht der primäre

Bereich der Geschäftstätigkeit ist. Bürgerenergiegemeinschaften im Sinne der Richtlinie sind als Kategorie der Zusammenarbeit von Bürgern oder ortsansässigen Akteuren definiert, die Anerkennung und Schutz nach dem Unionsrecht genießen sollten. Die Bestimmungen zur Bürgerenergiegemeinschaft stehen der Existenz anderer Bürgerinitiativen, etwa auf der Grundlage privatrechtlicher Vereinbarungen, nicht entgegen. Daher sollte es den Mitgliedstaaten möglich sein, jede beliebige Rechtsform für Bürgerenergiegemeinschaften – etwa einen Verein, eine Genossenschaft, eine Partnerschaft, eine Organisation ohne Erwerbszweck oder ein kleines oder mittleres Unternehmen – zu wählen, solange die jeweilige Gemeinschaft im eigenen Namen handelt und Rechte ausüben und Pflichten unterworfen werden kann.

(45) Die Bestimmungen dieser Richtlinie über Bürgerenergiegemeinschaften enthalten einen Katalog der geltenden Rechte und Pflichten, die aus anderen, bereits bestehenden Rechten und Pflichten – etwa die Vertragsfreiheit, das Recht auf Versorgerwechsel, Verantwortung der Verteilernetzbetreiber, Regeln über Netzentgelte und Systemausgleichsverpflichtungen – abgeleitet werden können.

(46) Bürgerenergiegemeinschaften stellen aufgrund ihrer Mitgliederstruktur, ihrer Lenkungsanforderungen und ihrer Zweckbestimmung eine neue Art von Rechtsperson dar. Es sollte Bürgerenergiegemeinschaften gestattet sein, unter gleichen Wettbewerbsbedingungen, frei von Wettbewerbsverzerrungen und mit den gleichen Rechten und Pflichten wie andere Elektrizitätsunternehmen diskriminierungsfrei und verhältnismäßig auf dem Markt tätig zu sein. Diese Rechte und Pflichten sollten je nach der übernommenen Rolle – etwa der Rolle des Endkunden, des Erzeugers, des Versorgers oder des Verteilernetzbetreibers – gelten. Bürgerenergiegemeinschaften sollten keinen regulatorischen Beschränkungen unterliegen, wenn sie bestehende oder künftige Informations- und Kommunikations-Technologien anwenden, damit ihre Mitglieder oder Anteilseigner Elektrizität aus Erzeugungsanlagen in der Bürgerenergiegemeinschaft nach Marktgrundsätzen gemeinsam nutzen können, indem sie beispielsweise die Energiekomponente von Mitgliedern oder Anteilseignern mit der innerhalb der Gemeinschaft verfügbaren Erzeugung ausgleichen – auch wenn dieser Ausgleich über das öffentliche Netz erfolgt –, sofern beide Messstellen zu der Gemeinschaft gehören. Die gemeinsame Stromnutzung ermöglicht es den Mitgliedern oder den Anteilseignern, mit Elektrizität aus Erzeugungsanlagen in der Gemeinschaft versorgt zu werden, die sich nicht in ihrer unmittelbaren räumlichen Nähe oder hinter einer gemeinsamen Messstelle befinden. Wird Elektrizität gemeinsam genutzt, so sollte das die Erhebung von Netzentgelten, Umlagen, Steuern und Abgaben im Zusammenhang mit Stromflüssen unberührt lassen. Die gemeinsame Stromnutzung sollte gemäß den Verpflichtungen und den ordnungsgemäßen Fristen für Regelarbeit, Verbrauchsmessung und -abrechnung erleichtert werden. Die Bestimmungen dieser Richtlinie über Bürgerenergiegemeinschaften lassen die Befugnis der Mitgliedstaaten, eigene Maßnahmen für den Energiesektor zu Netzentgelten oder zur Finanzierung und Kostenteilung zu konzipieren und umzusetzen, unberührt, sofern diese Maßnahmen diskriminierungsfrei und nicht rechtswidrig sind.

(47) Diese Richtlinie ermöglicht es den Mitgliedstaaten Bürgerenergiegemeinschaften zu gestatten, Verteilernetzbetreiber – entweder nach der allgemeinen Regelung oder als „Betreiber geschlossener Verteilernetze" – zu werden. Sobald eine Bürgerenergiegemeinschaft den Status eines Verteilernetzbetreibers erhält, sollte sie wie ein Verteilernetzbetreiber behandelt werden und den gleichen Verpflichtungen unterliegen. In den Bestimmungen dieser Richtlinie über Bürgerenergiegemeinschaften werden lediglich die Aspekte des Verteilernetzbetriebs präzisiert, die voraussichtlich für Bürgerenergiegemeinschaften relevant werden, während andere Aspekte des Verteilernetzbetriebs gemäß den Vorschriften über Verteilernetzbetreiber geregelt werden.

(48) Elektrizitätsabrechnungen sind wichtige Instrumente zur Information der Endkunden. Neben der Bereitstellung der Daten zum Energieverbrauch und den Kosten können sie auch noch andere Informationen enthalten, die den Verbrauchern helfen, ihren aktuellen Vertrag mit anderen Angeboten zu vergleichen. Die Abrechnungen sind aber häufig Anlass für Kundenbeschwerden und damit ein Faktor, der anhaltend geringer Verbraucherzufriedenheit und mangelndem Engagement im Bereich Elektrizität Vorschub leistet. Deshalb ist es notwendig, die Energieabrechnungen transparenter und verständlicher zu gestalten und sicherzustellen, dass in den Abrechnungen und Abrechnungsinformationen eine begrenzte Anzahl wesentlicher Einzelangaben deutlich hervorgehoben wird, die notwendig sind, um es den Verbrauchern zu ermöglichen, ihren Energieverbrauch zu regulieren, Angebote miteinander zu vergleichen und den Versorger zu wechseln. Andere Einzelangaben sollten den Endkunden in oder mit ihren Abrechnungen zur Verfügung gestellt werden, oder es sollte in den Abrechnungen darauf verwiesen werden. Derartige Angaben sollten in der Abrechnung oder einem der Abrechnung beigefügten gesonderten Dokument aufgeführt werden; oder die Abrechnung sollte einen Verweis enthalten, über den die

Endkunden die Informationen auf einer Website, über eine mobile Anwendung oder durch andere Mittel leicht finden können.

(49) Die durch intelligente Messsysteme erleichterte regelmäßige Bereitstellung genauer Abrechnungsinformationen, die auf dem tatsächlichen Stromverbrauch beruhen, ist wichtig, um den Kunden zu helfen, ihren Stromverbrauch und ihre Kosten unter Kontrolle zu halten. Die Kunden, insbesondere Privatkunden, sollten jedoch Zugang zu flexiblen Regelungen für die tatsächliche Bezahlung ihrer Rechnungen erhalten. So könnten beispielsweise Kunden, die nur quartalsweise zahlen, häufig Abrechnungsinformationen bereitgestellt werden, oder es könnte Produkte geben, bei denen der Kundeunabhängig vom tatsächlichen Verbrauch monatlich den gleichen Betrag zahlt.

(50) Zur Verbesserung der Kohärenz sollten die Bestimmungen der Richtlinie 2012/27/EU[1] des Europäischen Parlaments und des Rates[2] über die Abrechnung aktualisiert, gestrafft und in die vorliegende Richtlinie aufgenommen werden.

(51) Die Mitgliedstaaten sollten – beispielsweise durch Einführung intelligenter Netze, die so gestaltet werden sollten, dass dezentrale Energieerzeugung und Energieeffizienz gefördert werden – die Modernisierung der Verteilernetze unterstützen.

(52) Zur Förderung des Engagements der Verbraucher sind geeignete Anreize und Technologien wie intelligente Messsysteme erforderlich. Durch intelligente Messsysteme wird die Position der Verbraucher gestärkt, da diese Systeme ihnen die Möglichkeit geben, fast in Echtzeit präzise Rückmeldungen über ihren Verbrauch bzw. ihre Energieerzeugung zu bekommen und ihn bzw. sie besser zu steuern, sich an Programmen zur Laststeuerung und anderen Diensten zu beteiligen und davon zu profitieren sowie die Höhe ihrer Stromrechnung zu senken. Darüber hinaus verschaffen intelligente Messsysteme den Verteilernetzbetreibern einen besseren Überblick über ihre Netze, sodass sie ihre Betriebs- und Instandhaltungskosten verringern und die daraus resultierenden Einsparungen in Form niedrigerer Verteilernetzentgelte an die Verbraucher weitergeben können.

(53) Entscheidungen auf nationaler Ebene über die Einführung intelligenter Messsysteme sollten nach wirtschaftlichen Erwägungen erfolgen können. Bei diesen wirtschaftlichen Erwägungen sollten die langfristigen Vorteile der Einführung intelligenter Messsysteme für die Verbraucher und die gesamte Wertschöpfungskette berücksichtigt werden, auch für ein besseres Netzmanagement, genauere Planung und die Erkennung von Netzverlusten. Sollten diese Erwägungen zu dem Schluss führen, dass die Einführung solcher Messsysteme nur für Verbraucher mit einem bestimmten Mindeststromverbrauch kosteneffizient ist, so sollten die Mitgliedstaaten diese Tatsache bei der Einführung intelligenter Messsysteme berücksichtigen können. Als Reaktion auf wesentliche Änderungen der zugrunde liegenden Annahmen sollten diese Erwägungen regelmäßig, in Anbetracht der rasch voranschreitenden technischen Entwicklungen jedoch mindestens alle vier Jahre überprüft werden.

(54) Die Mitgliedstaaten, die intelligente Messsysteme nicht systematisch einführen, sollten den Verbrauchern die Möglichkeit geben, auf Verlangen und zu fairen und angemessenen Bedingungen intelligente Zähler zu installieren, und sollten ihnen alle relevanten Informationen dazu liefern. Verbraucher ohne intelligente Zähler sollten Anspruch auf Zähler haben, die die Mindestanforderungen erfüllen, die zur Bereitstellung der in dieser Richtlinie geforderten Abrechnungsinformationen notwendig sind.

(55) Um die aktive Teilnahme der Verbraucher an den Energiemärkten voranzubringen, sollten die von den Mitgliedstaaten in ihrem Hoheitsgebiet einzuführenden intelligenten Messsysteme interoperabel und sollten in der Lage sein, die erforderlichen Daten für Energiemanagementsysteme für Verbraucher zu liefern. Zu diesem Zweck sollten die Mitgliedstaaten der Anwendung der verfügbaren einschlägigen Normen, einschließlich jener, die die Interoperabilität auf Datenmodell- und Anwendungsebene ermöglichen, bewährten Verfahren und der Bedeutung der Entwicklung des Datenaustauschs, künftigen und innovativen Energiedienstleistungen, der Einführung intelligenter Netze und dem Ausbau des Elektrizitätsbinnenmarkts, gebührend Rechnung tragen. Überdies sollten die von den Mitgliedstaaten in ihrem Hoheitsgebiet eingeführten intelligenten Messsysteme einem Versorgerwechsel nicht im Wege stehen und mit zweckdienli-

---

[1] Nr. **61**.

[2] **Amtl. Anm.:** Richtlinie 2012/27/EU [Nr. **61**] des Europäischen Parlaments und des Rates vom 25. Oktober 2012 zur Energieeffizienz, zur Änderung der Richtlinien 2009/125/EG und 2010/30/EU und zur Aufhebung der Richtlinien 2004/8/EG und 2006/32/EG (ABl. L 315 vom 14.11.2012, S. 1).

chen Funktionen ausgestattet werden, die es den Verbrauchern ermöglichen, fast in Echtzeit auf ihre Verbrauchsdaten zuzugreifen, ihren Energieverbrauch zu differenzieren und, soweit die entsprechende Infrastruktur es zulässt, ihre flexible Kapazität dem Netz und den Elektrizitätsunternehmen zur Verfügung zu stellen, dafür vergütet zu werden und bei ihrer Stromrechnung Einsparungen zu erzielen.

(56) Ein zentraler Aspekt in der Versorgung der Kunden ist die Gewährung des Zugangs zu objektiven und transparenten Verbrauchsdaten. Deshalb sollten die Verbraucher Zugang zu ihren Verbrauchsdaten und den Preisen und den mit ihrem Verbrauch verbundenen Dienstleistungskosten haben, sodass sie die Wettbewerber auffordern können, Angebote auf der Grundlage dieser Informationen zu unterbreiten. Auch sollten die Verbraucher Anspruch darauf haben, in angemessener Form über ihren Energieverbrauch informiert zu werden. Durch Vorauszahlungen sollten die Nutzer nicht unangemessen benachteiligt werden, und die unterschiedlichen Zahlungssysteme sollten diskriminierungsfrei sein. Wenn die Verbraucher ausreichend häufig über die Energiekosten informiert werden, würden Anreize für Energieeinsparungen geschaffen werden, da die Kunden auf diese Weise eine direkte Rückmeldung über die Auswirkungen von Investitionen in die Energieeffizienz wie auch von Verhaltensänderungen erhalten würden. In dieser Hinsicht wird die vollständige Umsetzung der Richtlinie 2012/27/EU[1)] den Verbrauchern helfen, ihre Energiekosten zu senken.

(57) Nach der Einführung intelligenter Messsysteme wurden in den Mitgliedstaaten verschiedene Modelle für die Datenverwaltung entwickelt oder befinden sich in der Entwicklung. Unabhängig vom Datenverwaltungsmodell ist es wichtig, dass die Mitgliedstaaten transparente Regeln schaffen, nach denen unter diskriminierungsfreien Bedingungen auf die Daten zugegriffen werden kann, und dass sie ein Höchstmaß an Cybersicherheit und Datenschutz sowie die Unparteilichkeit der datenverarbeitenden Stellen gewährleisten.

(58) Die Mitgliedstaaten sollten die erforderlichen Maßnahmen zum Schutz benachteiligter und von Energiearmut betroffener Kunden auf dem Elektrizitätsbinnenmarkt treffen. Die Maßnahmen können nach den jeweiligen Gegebenheiten in den entsprechenden Mitgliedstaaten unterschiedlich sein und sozial- oder energiepolitische Maßnahmen für die Begleichung von Stromrechnungen, für Investitionen in die Energieeffizienz von Wohngebäuden oder den Verbraucherschutz, z.B. Schutz vor Stromsperren, umfassen. Wird die Grundversorgung auch kleinen Unternehmen angeboten, so können die Maßnahmen zur Bereitstellung der Grundversorgung unterschiedlich ausfallen, je nachdem, ob diese Maßnahmen für Haushaltskunden oder kleine Unternehmen gedacht sind.

(59) Energiedienstleistungen sind für das Wohlergehen der Bürgerinnen und Bürger in der Union von grundlegender Bedeutung. Eine angemessene Energieversorgung für Heizung, Kühlung und Beleuchtung sowie den Betrieb von Haushaltsgeräten ist entscheidend für einen angemessenen Lebensstandard und die Gesundheit der Bürgerinnen und Bürger der Union. Der Zugang zu diesen Energiedienstleistungen stärkt den sozialen Zusammenhalt und erlaubt es den Bürgerinnen und Bürgern der Union ihre Möglichkeiten voll auszuschöpfen. Die von Energiearmut betroffenen Haushalte sind – bedingt durch die Kombination aus niedrigem Einkommen, hohen Energiekosten und geringer Energieeffizienz ihrer Häuser – nicht in der Lage, diese Energiedienstleistungen zu bezahlen. Die Mitgliedstaaten sollten geeignete Informationen erfassen, um zu verfolgen, wie viele Haushalte von Energiearmut betroffen sind. Dank genauer Messungen sollte es den Mitgliedstaaten möglich sein, die von Energiearmut betroffenen Haushalte zu bestimmen und so gezielte Hilfe zu leisten. Die Kommission sollte die Durchführung der Bestimmungen dieser Richtlinie über die Energiearmut tatkräftig unterstützen, indem sie den Austausch bewährter Verfahren zwischen den Mitgliedstaaten fördert.

(60) Mitgliedstaaten, die von Energiearmut betroffen sind, sollten deshalb, falls das noch nicht geschehen ist, nationale Aktionspläne oder einen anderen geeigneten Rahmen zur Bekämpfung von Energiearmut schaffen, mit dem Ziel, die Zahl der von Energiearmut betroffenen Kunden zu verringern. Niedrige Einkommen, hohe Energiekosten und geringe Energieeffizienz der Häuser sind wichtige Faktoren bei der Bestimmung von Kriterien zur Messung von Energiearmut. Die Mitgliedstaaten sollten in jedem Fall eine ausreichende Versorgung für schutzbedürftige und von Energiearmut betroffene Kunden gewährleisten. Dazu könnte auf ein umfassendes Gesamtkonzept, beispielsweise im Rahmen der Energie- und Sozialpolitik, zurückgegriffen werden, und es könnten sozialpolitische Maßnahmen oder Maßnahmen zur Verbesserung der Energieeffizienz von Wohngebäuden getroffen werden. Mit dieser Richtlinie sollten politische Maßnahmen auf

---

[1)] Nr. **61**.

nationaler Ebene vorangebracht werden, durch die schutzbedürftige und von Energiearmut betroffene Kunden begünstigt werden.

(61) Die Verteilernetzbetreiber müssen neue Formen der Stromerzeugung, insbesondere Anlagen, die Strom aus erneuerbaren Quellen erzeugen, sowie neue Lasten wie jene, die aus Wärmepumpen und Elektrofahrzeugen resultieren, kosteneffizient integrieren. Zu diesem Zweck sollten die Verteilernetzbetreiber die Möglichkeit und Anreize erhalten, auf der Grundlage von Marktverfahren die Dienste dezentraler Energieressourcen wie Laststeuerung und Energiespeicherung in Anspruch zu nehmen, um ihre Netze effizient zu betreiben und keinen kostspieligen Netzausbau vorzunehmen. Die Mitgliedstaaten sollten geeignete Maßnahmen wie nationale Netzkodizes und Marktvorschriften umsetzen und den Verteilernetzbetreibern mittels Netzentgelten, die der Flexibilität oder der Verbesserung der Energieeffizienz im Netz nicht im Wege stehen, Anreize bieten. Die Mitgliedstaaten sollten außerdem Netzentwicklungspläne für die Verteilernetze aufstellen, um die Einbindung von Anlagen, die Strom aus erneuerbaren Quellen erzeugen, zu unterstützen, den Ausbau von Energiespeicheranlagen und die Elektrifizierung des Verkehrs zu fördern und den Netznutzern geeignete Informationen über erwartete Netzerweiterungen oder -modernisierungen bereitzustellen, da in den meisten Mitgliedstaaten derzeit keine entsprechenden Verfahren bestehen.

(62) Netzbetreiber sollten nicht Eigentümer von Energiespeicheranlagen sein bzw. diese Anlagen nicht errichten, verwalten oder betreiben. Nach dem neuen Elektrizitätsmarktkonzept sollten Speicherdienste marktgestützt und wettbewerblich gehalten sein. Daher sollte eine Quersubventionierung zwischen der Energiespeicherung und der regulierten Funktion der Verteilung oder der Übertragung vermieden werden. Diese Beschränkung des Eigentums an Energiespeicheranlagen dient dazu, Wettbewerbsverzerrungen vorzubeugen, das Risiko der Diskriminierung abzuwenden, allen Marktteilnehmern fairen Zugang zu Energiespeicherdiensten zu gewähren und über den Betrieb der Verteiler- oder Übertragungsnetze hinaus die wirksame und effiziente Nutzung von Energiespeicheranlagen zu fördern. Diese Anforderung sollte im Einklang mit den nach der Charta der Grundrechte der Europäischen Union (die „Charta") gewährten Rechten und Grundsätzen – insbesondere der unternehmerischen Freiheit und dem Eigentumsrecht, die in Artikel 16 bzw. 17 der Charta garantiert sind – ausgelegt und angewendet werden.

(63) Handelt es sich bei Energiespeicheranlagen um vollständig integrierte Netzkomponenten, die nicht dem Regelenergie- oder Engpassmanagement dienen, so sollten für diese Anlagen vorbehaltlich der Genehmigung der Regulierungsbehörde nicht dieselben strengen Beschränkungen des Eigentums an, oder der Errichtung, der Verwaltung und des Betriebs dieser Anlagen wie für Netzbetreiber gelten. Zu den derart vollständig integrierten Netzkomponenten können Kondensatoren oder Schwungräder zählen, die in erheblichem Maße der Sicherheit und Zuverlässigkeit des Netzes dienen bzw. dazu beitragen können, die Synchronisierung unterschiedlicher Teile des Systems zu ermöglichen.

(64) Das Ziel des Fortschritts hin zu einem vollständig dekarbonisierten und gänzlich emissionsfreien Elektrizitätssektor macht auch Fortschritte bei der jahreszeitenabhängigen Energiespeicherung erforderlich. Eine solche Energiespeicherung wäre ein Instrument für den Elektrizitätsnetzbetrieb, das kurzfristige und jahreszeitliche Anpassungen zulassen würde, sodass Schwankungen bei der Erzeugung von Elektrizität aus erneuerbaren Quellen und die damit verbundenen Unwägbarkeiten bewältigt werden können.

(65) Voraussetzung für den nachgelagerten Zugang zu den Endkunden ist ein diskriminierungsfreier Zugang zum Verteilernetz. Mit Blick auf die Schaffung gleicher Bedingungen auf der Ebene der Endkunden sollten die Aktivitäten der Verteilernetzbetreiber überwacht werden, damit sie ihre vertikale Integration nicht dazu ausnutzen, ihre Wettbewerbsposition auf dem Markt, insbesondere bei Haushaltskunden und kleinen gewerblichen Kunden, zu stärken.

(66) Wo im Interesse der optimalen Effizienz integrierter Versorgung ein geschlossenes Verteilernetz betrieben wird, das besondere Betriebsnormen erfordert, oder wenn ein geschlossenes Verteilernetz in erster Linie für die Zwecke des Netzeigentümers betrieben wird, sollte die Möglichkeit bestehen, den Verteilernetzbetreiber von Verpflichtungen zu befreien, die bei ihm – aufgrund der besonderen Art der Beziehung zwischen dem Verteilernetzbetreiber und den Netzbenutzern – unnötigen Verwaltungsaufwand verursachen würden. Bei Industrie- oder Gewerbegebieten oder Gebieten, in denen Leistungen gemeinsam genutzt werden, beispielsweise Bahnhofsgebäuden, Flughäfen, Krankenhäusern, großen Campingplätzen mit integrierten Anlagen und Standorten der Chemieindustrie, können aufgrund der besonderen Art der Betriebsabläufe geschlossene Verteilernetze bestehen.

(67) Ohne die wirksame Trennung des Netzbetriebs von der Erzeugung und Versorgung (im Folgenden „wirksame Entflechtung") besteht zwangsläufig die Gefahr der Diskriminierung nicht nur im Netzbetrieb, sondern auch bei der Schaffung von Anreizen für vertikal integrierte Unternehmen, ausreichend in ihre Netze zu investieren.

(68) Nur durch Beseitigung der für vertikal integrierte Unternehmen bestehenden Anreize, Wettbewerber bei Netzzugang und Investitionen zu diskriminieren, kann eine wirksame Entflechtung gewährleistet werden. Eine eigentumsrechtliche Entflechtung, die darin besteht, dass der Netzeigentümer als Netzbetreiber benannt wird, und unabhängig von Versorgungs- und Erzeugungsinteressen ist, ist zweifellos ein wirksamer und stabiler Weg, um den inhärenten Interessenkonflikt zu lösen und die Versorgungssicherheit zu gewährleisten. Daher bezeichnete das Europäische Parlament in seiner Entschließung vom 10. Juli 2007 zu den Aussichten für den Erdgas- und den Elektrizitätsbinnenmarkt eine eigentumsrechtliche Entflechtung der Übertragungs- und Übertragungsnetze als das wirksamste Instrument, um in diskriminierungsfreier Weise Investitionen in die Infrastruktur, einen fairen Netzzugang für neue Versorger und Markttransparenz zu fördern. Im Rahmen der eigentumsrechtlichen Entflechtung sollten die Mitgliedstaaten daher dazu verpflichtet werden, zu gewährleisten, dass nicht ein und dieselbe Person bzw. ein und dieselben Personen die Kontrolle über ein Erzeugungs- oder Versorgungsunternehmen ausübt bzw. ausüben sowie gleichzeitig die Kontrolle über oder Rechte an einem Übertragungsnetzbetreiber oder einem Übertragungsnetz ausüben kann bzw. können. Umgekehrt sollte, sofern die Kontrolle über einen Übertragungsnetzbetreiber oder ein Übertragungsnetz ausgeübt wird, die Möglichkeit ausgeschlossen sein, die Kontrolle über ein Erzeugungs- oder Versorgungsunternehmen oder Rechte an einem Erzeugungs- oder Versorgungsunternehmen auszuüben. Im Rahmen dieser Beschränkungen sollte ein Erzeugungs- oder Versorgungsunternehmen einen Minderheitsanteil an einem Übertragungsnetzbetreiber oder Übertragungsnetz halten dürfen.

(69) Durch Entflechtungssysteme sollten die Interessenkonflikte zwischen Erzeugern, Versorgern und Übertragungsnetzbetreibern wirksam gelöst werden, um Anreize für die notwendigen Investitionen zu schaffen und Markteinsteigern durch einen transparenten und wirksamen Rechtsrahmen den Zugang zu sichern, und zugleich sollten den Regulierungsbehörden keine zu schwerfälligen Regulierungsvorschriften auferlegt werden.

(70) Da die eigentumsrechtliche Entflechtung in einigen Fällen die Umstrukturierung von Unternehmen voraussetzt, sollte den Mitgliedstaaten, die sich für eine eigentumsrechtliche Entflechtung entscheiden, für die Umsetzung dieser Bestimmungen der Richtlinie mehr Zeit eingeräumt werden. Wegen der vertikalen Verbindungen zwischen Elektrizitäts- und Erdgaswirtschaft sollten die Entflechtungsvorschriften für beide Wirtschaftszweige gelten.

(71) Im Rahmen der eigentumsrechtlichen Entflechtung sollte, um die vollständige Unabhängigkeit des Netzbetriebs von Versorgungs- und Erzeugungsinteressen zu gewährleisten und den Austausch vertraulicher Informationen zu verhindern, ein und dieselbe Person nicht gleichzeitig Mitglied des Leitungsgremiums eines Übertragungsnetzbetreibers oder eines Übertragungsnetzes und eines Unternehmens sein, das eine der Funktionen Erzeugung oder Versorgung wahrnimmt. Aus demselben Grund sollte es nicht zulässig sein, dass ein und dieselbe Person Mitglieder des Leitungsgremiums eines Übertragungsnetzbetreibers oder eines Übertragungsnetzes bestellt und die Kontrolle über ein Erzeugungs- oder Versorgungsunternehmen oder Rechte daran ausübt.

(72) Die Einrichtung eines Netzbetreibers oder eines Übertragungsnetzbetreibers, der unabhängig von Versorgungs- und Erzeugungsinteressen ist, sollte es vertikal integrierten Unternehmen ermöglichen, Eigentümer der Vermögenswerte des Netzes zu bleiben und gleichzeitig eine wirksame Trennung der Interessen sicherzustellen, sofern dieser unabhängige Netzbetreiber oder dieser unabhängige Übertragungsnetzbetreiber sämtliche Funktionen eines Netzbetreibers wahrnimmt und sofern eine detaillierte Regulierung und umfassende Regulierungskontrollmechanismen sichergestellt sind.

(73) War das Unternehmen, das Eigentümer eines Übertragungsnetzes ist, am 3. September 2009 Teil eines vertikal integrierten Unternehmens, so sollten die Mitgliedstaaten die Möglichkeit haben, zwischen einer eigentumsrechtlichen Entflechtung und der Einrichtung eines Netzbetreibers oder eines Übertragungsnetzbetreibers, der unabhängig von Versorgungs- und Erzeugungsinteressen ist, zu wählen.

(74) Damit die Interessen der Anteilseigner vertikal integrierter Unternehmen in vollem Umfang gewahrt bleiben, sollten die Mitgliedstaaten zwischen einer eigentumsrechtlichen Entflechtung durch direkte Veräußerung und einer eigentumsrechtlichen Entflechtung durch Aufteilung der Anteile des integrierten Unternehmens in Anteile eines Netzunternehmens und Anteile eines

verbleibenden Stromversorgungs- und Stromerzeugungsunternehmens wählen können, sofern die mit der eigentumsrechtlichen Entflechtung verbundenen Anforderungen erfüllt werden.

(75) Dabei sollte die uneingeschränkte Wirksamkeit der Lösung in Form des unabhängigen Netzbetreibers oder des unabhängigen Übertragungsnetzbetreibers durch besondere zusätzliche Vorschriften sichergestellt werden. Die Vorschriften für unabhängige Übertragungsnetzbetreiber bieten einen geeigneten Regelungsrahmen, der für einen gerechten Wettbewerb, hinreichende Investitionen, den Zugang neuer Marktteilnehmer und die Integration der Elektrizitätsmärkte sorgt. Eine wirksame Entflechtung mittels Vorschriften für unabhängige Übertragungsnetzbetreiber sollte sich auf den Pfeiler der Maßnahmen zur Organisation und Verwaltung der Übertragungsnetzbetreiber und den Pfeiler der Maßnahmen im Bereich der Investitionen, des Netzanschlusses zusätzlicher Erzeugungskapazitäten und der Integration der Märkte durch regionale Zusammenarbeit stützen. Die Unabhängigkeit der Übertragungsnetzbetreiber sollte ferner unter anderem durch bestimmte „Karenzzeiten" sichergestellt werden, in denen in dem vertikal integrierten Unternehmen keine Leitungsfunktion ausgeübt oder keine sonstige wichtige Funktion wahrgenommen wird, die Zugang zu den gleichen Informationen wie eine leitende Position eröffnet.

(76) Die Mitgliedstaaten haben das Recht, sich für eine vollständige eigentumsrechtliche Entflechtung in ihren Hoheitsgebieten zu entscheiden. Hat ein Mitgliedstaat dieses Recht ausgeübt, so ist ein Unternehmen nicht berechtigt, einen unabhängigen Netzbetreiber oder einen unabhängigen Übertragungsnetzbetreiber zu errichten. Außerdem kann ein Unternehmen, das eine der Funktionen Erzeugung oder Versorgung wahrnimmt, nicht direkt oder indirekt die Kontrolle über einen Übertragungsnetzbetreiber aus einem Mitgliedstaat, der sich für die vollständige eigentumsrechtliche Entflechtung entschieden hat, oder Rechte an einem solchen Übertragungsnetzbetreiber ausüben.

(77) Bei der wirksamen Entflechtung sollte dem Grundsatz der unterschiedslosen Behandlung des öffentlichen Sektors und der Privatwirtschaft Rechnung getragen werden. Hierzu sollte nicht dieselbe Person die Möglichkeit haben, allein oder zusammen mit anderen Personen unter Verletzung der eigentumsrechtlichen Entflechtung oder der Möglichkeit der Benennung eines unabhängigen Netzbetreibers die Kontrolle oder Rechte in Bezug auf die Zusammensetzung, das Abstimmungsverhalten oder die Beschlussfassung der Organe sowohl der Übertragungsnetzbetreiber oder Übertragungsnetze als auch der Organe der Erzeugungs- oder Versorgungsunternehmen auszuüben. Hinsichtlich der eigentumsrechtlichen Entflechtung und der Unabhängigkeit des Netzbetreibers sollte es, sofern der jeweilige Mitgliedstaat nachweisen kann, dass die einschlägigen Anforderungen erfüllt worden sind, zulässig sein, dass zwei voneinander getrennte öffentliche Einrichtungen die Kontrolle über die Erzeugungs- und Versorgungsaktivitäten einerseits und die Übertragungsaktivitäten andererseits ausüben.

(78) Der Grundsatz der tatsächlichen Trennung der Netzaktivitäten von den Versorgungs- und Erzeugungsaktivitäten sollte in der gesamten Union sowohl für Unternehmen aus der EU als auch für Unternehmen außerhalb der EU gelten. Damit die Netzaktivitäten und die Versorgungs- und Erzeugungsaktivitäten in der gesamten Union unabhängig voneinander bleiben, sollten die Regulierungsbehörden die Befugnis erhalten, Übertragungsnetzbetreibern, die die Entflechtungsvorschriften nicht erfüllen, die Zertifizierung zu verweigern. Damit diese Vorschriften unionsweit kohärent Anwendung finden, sollten die Regulierungsbehörden bei Entscheidungen über die Zertifizierung den Stellungnahmen der Kommission so weit wie möglich Rechnung tragen. Damit zudem die Einhaltung der internationalen Verpflichtungen der Union sichergestellt ist sowie die Solidarität und die Energiesicherheit in der Union gewahrt werden, sollte die Kommission befugt sein, eine Stellungnahme zur Zertifizierung eines Übertragungsnetzeigentümers oder -betreibers abzugeben, der von einer oder mehreren Personen aus einem oder mehreren Drittländern kontrolliert wird.

(79) Die Genehmigungsverfahren sollten nicht zu einem Verwaltungsaufwand führen, der in keinem Verhältnis zur Größe und zur möglichen Bedeutung der Erzeuger steht. Unangemessen lange Genehmigungsverfahren können ein Zugangshindernis für neue Marktteilnehmer sein.

(80) Damit der Elektrizitätsbinnenmarkt ordnungsgemäß funktionieren kann, müssen die Regulierungsbehörden Entscheidungen in allen relevanten Regulierungsangelegenheiten treffen können und völlig unabhängig von anderen öffentlichen oder privaten Interessen sein. Das steht weder gerichtlichen Überprüfungen noch der parlamentarischen Kontrolle nach dem Verfassungsrecht der Mitgliedstaaten entgegen. Außerdem sollte durch die Zustimmung des nationalen Gesetzgebers zum Haushalt der Regulierungsbehörden die Haushaltsautonomie nicht beeinträchtigt werden. Die Bestimmungen bezüglich der Autonomie bei der Ausführung des der Regulierungs-

behörde zugewiesenen Haushalts sollten gemäß dem Rechtsrahmen der einzelstaatlichen Haushaltsvorschriften und -regeln angewandt werden. Die Mitgliedstaaten tragen durch ein geeignetes Rotationsverfahren zur Unabhängigkeit der Regulierungsbehörde von jeder Einflussnahme aus Politik oder Wirtschaft bei, sollten aber die Möglichkeit haben, der Verfügbarkeit personeller Ressourcen und der Größe des Gremiums gebührend Rechnung zu tragen.

(81) Die Regulierungsbehörden sollten die Möglichkeit haben, die Tarife oder die Tarifberechnungsmethoden auf der Grundlage eines Vorschlags des Übertragungsnetzbetreibers oder des Verteilernetzbetreibers bzw. der Verteilernetzbetreiber oder auf der Grundlage eines zwischen diesen Betreibern und den Netzbenutzern abgestimmten Vorschlags festzusetzen oder zu genehmigen. Dabei sollten die Regulierungsbehörden sicherstellen, dass die Tarife für die Übertragung und Verteilung diskriminierungsfrei und kostenorientiert sind und die langfristig durch verteilte Erzeugung und Nachfragesteuerung vermiedenen Netzgrenzkosten berücksichtigen.

(82) Die Regulierungsbehörden sollten einzelne Übertragungs- und Verteilernetztarife oder eine Methode, oder beides festsetzen oder genehmigen. In beiden Fällen sollte die Unabhängigkeit der Regulierungsbehörden bei der Festlegung der Netztarife gemäß Artikel 57 Absatz 4 Buchstabe b Ziffer ii gewahrt werden.

(83) Die Regulierungsbehörden sollten sicherstellen, dass die Verteilungs- und Übertragungsnetzbetreiber geeignete Maßnahmen zur Erhöhung der Widerstandsfähigkeit und Flexibilität ihrer Netze treffen. Hierzu sollten sie die Leistung der Betreiber anhand von Indikatoren überwachen, etwa der Fähigkeit der Verteilungs- und der Übertragungsnetzbetreiber zum Betrieb von Leitungen mit dynamischer Leitungslast, der Entwicklung fernüberwachter und in Echtzeit gesteuerter Umspannwerke, der Verringerung von Netzverlusten und der Häufigkeit und Dauer von Stromunterbrechungen.

(84) Die Regulierungsbehörden sollten befugt sein, Entscheidungen zu erlassen, die für die Elektrizitätsunternehmen bindend sind, und wirksame, verhältnismäßige und abschreckende Sanktionen gegen Elektrizitätsunternehmen, die ihren Verpflichtungen nicht nachkommen, entweder selbst zu verhängen oder die Verhängung solcher Sanktionen gegen solche Unternehmen einem zuständigen Gericht vorzuschlagen. Zu diesem Zweck sollten die Regulierungsbehörden in der Lage sein, alle einschlägigen Informationen von Elektrizitätsunternehmen anzufordern, angemessene und ausreichende Untersuchungen durchzuführen und Streitigkeiten zu schlichten. Auch sollte den Regulierungsbehörden die Befugnis übertragen werden, unabhängig von der Anwendung der Wettbewerbsregeln über geeignete Maßnahmen zu entscheiden, mit denen durch Förderung des wirksamen Wettbewerbs als Voraussetzung für einen ordnungsgemäß funktionierenden Energiebinnenmarkt Vorteile für die Kunden herbeigeführt werden.

(85) Die Regulierungsbehörden sollten sich bei der Wahrnehmung ihrer Aufgaben abstimmen, damit sichergestellt wird, dass das Europäischen Netz der Übertragungsnetzbetreiber (ENTSO (Strom) – European Network of Transmission System Operators for Electricity), die Europäische Organisation für Verteilernetzbetreiber (EU-VNBO – European Entity for Distribution System Operators) und die regionalen Koordinierungszentren ihren Verpflichtungen aus dem Regelungsrahmen des Elektrizitätsbinnenmarkts nachkommen und den Beschlüssen der mit der Verordnung (EU) 2019/942[1] des Europäischen Parlaments und des Rates[2] eingerichteten Agentur für die Zusammenarbeit der Energieregulierungsbehörden (ACER) Folge leisten. Aufgrund der Erweiterung der operativen Zuständigkeiten des ENTSO (Strom), der EU-VNBO und der regionalen Koordinierungszentren muss die Aufsicht über Stellen, die auf Unionsebene oder auf regionaler Ebene tätig sind, verbessert werden. Die Regulierungsbehörden sollten einander konsultieren und ihre aufsichtliche Tätigkeit untereinander abstimmen, um gemeinsam Situationen aufzugreifen, in denen das ENTSO (Strom), die EU-VNBO oder die regionalen Koordinierungszentren ihren jeweiligen Verpflichtungen nicht nachkommen.

(86) Die Regulierungsbehörden sollten auch die Möglichkeit erhalten, dazu beizutragen, hohe Anforderungen an die Gewährleistung der Grundversorgung und die Erfüllung gemeinwirtschaftlicher Verpflichtungen in Übereinstimmung mit den Erfordernissen der Marktöffnung, den Schutz benachteiligter Kunden und die volle Wirksamkeit der zum Schutz der Kunden ergriffenen Maßnahmen, sicherzustellen. Diese Vorschriften sollten weder die Befugnisse der Kommission

---

[1] Nr. 7.

[2] **Amtl. Anm.:** Verordnung (EU) 2019/942 [Nr. **7**] des Europäischen Parlaments und des Rates vom 5. Juni 2019 zur Gründung einer Agentur der Europäischen Union für die Zusammenarbeit der Energieregulierungsbehörden (siehe Seite 22 dieses Amtsblatts [Red. Anm.: ABl. L 158 vom 14.6. 2019]).

bezüglich der Anwendung der Wettbewerbsregeln, einschließlich der Prüfung von Unternehmenszusammenschlüssen von unionsweiter Bedeutung, noch die Binnenmarktregeln, etwa die Vorschriften zum freien Kapitalverkehr, berühren. Die unabhängige Stelle, bei der eine von einer Entscheidung einer Regulierungsbehörde betroffene Partei Rechtsbehelfe einlegen kann, kann ein Gericht oder eine andere gerichtliche Stelle sein, die ermächtigt ist, gerichtliche Überprüfungen durchzuführen.

(87) Durch diese Richtlinie und die Richtlinie 2009/73/EG[1] des Europäischen Parlaments und des Rates[2] wird den Mitgliedstaaten nicht die Möglichkeit genommen, ihre nationale Energiepolitik festzulegen und auszugestalten. Folglich könnte es – je nach der nationalen Verfassung – in die Zuständigkeit eines Mitgliedstaates fallen, den politischen Rahmen festzulegen, innerhalb dessen die Regulierungsbehörden handeln müssen, beispielsweise bei der Versorgungssicherheit. Jedoch soll mit den vom Mitgliedstaat herausgegebenen energiepolitischen Leitlinien nicht in die Unabhängigkeit oder Autonomie der Regulierungsbehörden eingegriffen werden.

(88) Gemäß der Verordnung (EU) 2019/943[3] kann die Kommission Leitlinien oder Netzkodizes erlassen, um das erforderliche Maß an Harmonisierung zu bewirken. Solche Leitlinien und Netzkodizes, bei denen es sich um bindende Durchführungsmaßnahmen handelt, sind – und im Hinblick auf bestimmte Bestimmungen der Richtlinie – ein sinnvolles Instrument, das im Bedarfsfall schnell angepasst werden kann.

(89) Die Mitgliedstaaten und die Vertragsparteien des Vertrags zur Gründung der Energiegemeinschaft[4] sollten in allen die Entwicklung einer integrierten Stromhandelsregion betreffenden Fragen eng zusammenarbeiten und keine Maßnahmen ergreifen, durch die die weitere Integration der Elektrizitätsmärkte oder die Versorgungssicherheit der Mitgliedstaaten und der Vertragsparteien gefährdet wird.

(90) Diese Richtlinie steht im Zusammenhang mit der Verordnung (EU) 2019/943[3], in der die wichtigsten Grundsätze des neu gestalteten Elektrizitätsmarkts festgelegt werden, gemäß denen eine bessere Vergütung für Flexibilität und geeignete Preissignale vorgesehen sind sowie die Entwicklung funktionierender integrierter Kurzfristmärkte sichergestellt werden soll. Darüber hinaus enthält die Verordnung (EU) 2019/943[3] neue Vorschriften für verschiedene andere Bereiche, u.a. Kapazitätsmechanismen und die Zusammenarbeit zwischen den Übertragungsnetzbetreibern.

(91) Die vorliegende Richtlinie steht im Einklang mit den Grundrechten und Grundsätzen, die insbesondere mit der Grundrechtecharta anerkannt wurden. Daher sollte diese Richtlinie im Einklang mit diesen Rechten und Grundsätzen ausgelegt und angewendet werden, insbesondere mit dem in Artikel 8 der Grundrechtecharta garantierten Recht auf den Schutz personenbezogener Daten. Es ist von wesentlicher Bedeutung, dass jede Verarbeitung personenbezogener Daten im Rahmen dieser Richtlinie unter Beachtung der Verordnung (EU) 2016/679 des Europäischen Parlaments und des Rates[5] erfolgt.

(92) Um das Mindestmaß an Harmonisierung zu erreichen, das erforderlich ist, um das Ziel dieser Richtlinie zu erreichen, sollte der Kommission die Befugnis übertragen werden, gemäß Artikel 290 AEUV Rechtsakte zu erlassen, in denen Vorschriften dafür aufgestellt werden, inwieweit die Regulierungsbehörden zur Zusammenarbeit untereinander und mit ACER verpflichtet sind, und in denen die Einzelheiten des Verfahrens zur Einhaltung der Netzkodizes und Leitlinien festgelegt werden. Es ist von besonderer Bedeutung, dass die Kommission im Zuge ihrer Vorbereitungsarbeit angemessene Konsultationen, auch auf der Ebene von Sachverständigen, durchführt, die mit den Grundsätzen in Einklang stehen, die in der Interinstitutionellen Vereinbarung vom 13. April 2016 über bessere Rechtsetzung[6] niedergelegt wurden. Um insbesondere für eine gleichberechtigte Beteiligung an der Vorbereitung delegierter Rechtsakte zu sorgen, erhalten das

---

[1] Nr. **5**.

[2] **Amtl. Anm.:** Richtlinie 2009/73/EG [Nr. **5**] des Europäischen Parlaments und des Rates vom 13. Juli 2009 über gemeinsame Vorschriften für den Erdgasbinnenmarkt und zur Aufhebung der Richtlinie 2003/55/EG (ABl. L 211 vom 14.8.2009, S. 94).

[3] Nr. **8**.

[4] **Amtl. Anm.:** ABl. L 198 vom 20.7.2006, S. 18.

[5] **Amtl. Anm.:** Verordnung (EU) 2016/679 des Europäischen Parlaments und des Rates vom 27. April 2016 zum Schutz natürlicher Personen bei der Verarbeitung personenbezogener Daten, zum freien Datenverkehr und zur Aufhebung der Richtlinie 95/46/EG (Datenschutz-Grundverordnung) (ABl. L 119 vom 4.5.2016, S. 1).

[6] **Amtl. Anm.:** ABl. L 123 vom 12.5.2016, S. 1.

Europäische Parlament und der Rat alle Dokumente zur gleichen Zeit wie die Sachverständigen der Mitgliedstaaten, und ihre Sachverständigen haben systematisch Zugang zu den Sitzungen der Sachverständigengruppen der Kommission, die mit der Vorbereitung der delegierten Rechtsakte befasst sind.

(93) Zur Gewährleistung einheitlicher Bedingungen für die Durchführung dieser Richtlinie sollten der Kommission Durchführungsbefugnisse zur Festlegung der Anforderungen an die Interoperabilität der Energiedienstleistungen und diskriminierungsfreier, transparenter Verfahren für den Zugang zu Mess- und Verbrauchsdaten sowie zu den für den Kunden für einen Versorgerwechsel, die Laststeuerung und andere Dienstleistungen erforderlichen Daten, übertragen werden. Diese Befugnisse sollten gemäß der Verordnung (EU) Nr. 182/2011 des Europäischen Parlaments und des Rates[1] ausgeübt werden.

(94) Findet eine Ausnahmeregelung gemäß Artikel 66 Absätze 3, 4 oder 5 Anwendung, so sollte diese Ausnahmeregelung auch für sämtliche Bestimmungen dieser Richtlinie gelten, die den Bestimmungen, für die eine Ausnahmeregelung gewährt wurde, untergeordnet sind bzw. die die vorherige Anwendung der Bestimmungen, für die eine Ausnahmeregelung gewährt wurde, erfordern.

(95) Die Bestimmungen der Richtlinie 2012/27/EU[2] über die Strommärkte, beispielsweise Bestimmungen über die Messung und Abrechnung von Strom, die Laststeuerung, den vorrangigen Einsatz und den Netzzugang für hocheffiziente Kraft-Wärme-Kopplung, werden durch die Bestimmungen der vorliegenden Richtlinie und der Verordnung (EU) 2019/943[3] aktualisiert. Die Richtlinie 2012/27/EU[2] sollte daher entsprechend geändert werden.

(96) Da das Ziel dieser Richtlinie, nämlich die Schaffung eines voll funktionierenden Elektrizitätsbinnenmarktes, von den Mitgliedstaaten nicht ausreichend verwirklicht werden kann, sondern wegen des Umfangs und der Auswirkungen dieser Richtlinie besser auf Unionsebene zu verwirklichen ist, kann die Union im Einklang mit dem in Artikel 5 des Vertrags über die Europäische Union niedergelegten Subsidiaritätsprinzip tätig werden. Entsprechend dem in demselben Artikel genannten Grundsatz der Verhältnismäßigkeit geht diese Richtlinie nicht über das für die Erreichung dieses Ziels erforderliche Maß hinaus.

(97) Gemäß der Gemeinsamen Politischen Erklärung vom 28. September 2011 der Mitgliedstaaten und der Kommission zu erläuternden Dokumenten[4] haben sich die Mitgliedstaaten verpflichtet, in begründeten Fällen zusätzlich zur Mitteilung ihrer Umsetzungsmaßnahmen ein oder mehrere Dokumente zu übermitteln, in denen der Zusammenhang zwischen den Bestandteilen einer Richtlinie und den entsprechenden Teilen nationaler Umsetzungsinstrumente erläutert wird. Bei dieser Richtlinie hält der Gesetzgeber die Übermittlung derartiger Dokumente für gerechtfertigt.

(98) Die Verpflichtung zur Umsetzung dieser Richtlinie in nationales Recht sollte nur jene Bestimmungen betreffen, die im Vergleich zu der Richtlinie 2009/72/EG inhaltlich geändert wurden. Die Verpflichtung zur Umsetzung der inhaltlich unveränderten Bestimmungen ergibt sich aus der Richtlinie 2009/72/EG.

(99) Die vorliegende Richtlinie sollte die Verpflichtungen der Mitgliedstaaten zur Umsetzung der Richtlinie 2009/72/EG in nationales Recht und zum Zeitpunkt ihres Geltungsbeginns innerhalb der in Anhang III genannten Fristen unberührt lassen –

HABEN FOLGENDE RICHTLINIE ERLASSEN:

Kapitel I. Gegenstand und Begriffsbestimmungen

Art. 1 Gegenstand. *[1]* Mit dieser Richtlinie werden gemeinsame Vorschriften für die Elektrizitätserzeugung, -übertragung, -verteilung und -versorgung,

---

[1] **Amtl. Anm.**: Verordnung (EU) Nr. 182/2011 des Europäischen Parlaments und des Rates vom 16. Februar 2011 zur Festlegung der allgemeinen Regeln und Grundsätze, nach denen die Mitgliedstaaten die Wahrnehmung der Durchführungsbefugnisse durch die Kommission kontrollieren (ABl. L 55 vom 28.2.2011, S. 13).

[2] Nr. **61**.

[3] Nr. **8**.

[4] **Amtl. Anm.:** ABl. C 369 vom 17.12.2011, S. 14.

die Energiespeicherung sowie Vorschriften im Bereich des Verbraucherschutzes erlassen, um für die Schaffung wirklich integrierter, wettbewerbsgeprägter, verbraucherorientierter, fairer und transparenter Elektrizitätsmärkte in der Union zu sorgen.

[2] [1] Diese Richtlinie dient dazu, unter Nutzung der Vorteile eines integrierten Marktes für die Verbraucher erschwingliche und transparente Energiepreise und -kosten, ein hohes Maß an Versorgungssicherheit und einen reibungslosen Übergang zu einem nachhaltigen Energiesystem mit geringen CO_2-Emissionen sicherzustellen. [2] Sie enthält grundsätzliche Bestimmungen über die Organisation und Funktionsweise des Elektrizitätssektors der Union, insbesondere Vorschriften zur Stärkung und zum Schutz der Verbraucher, über den freien Zugang zum integrierten Markt, über den Zugang Dritter zur Übertragungs- und Verteilungsinfrastruktur, Entflechtungsanforderungen sowie Vorschriften über die Unabhängigkeit der Regulierungsbehörden in den Mitgliedstaaten.

[3] Mit dieser Richtlinie werden zudem Methoden der Zusammenarbeit zwischen den Mitgliedstaaten, Regulierungsbehörden und Übertragungsnetzbetreibern festgelegt, um einen vollkommen vernetzten Elektrizitätsbinnenmarkt zu schaffen, auf dem die Einspeisung von Elektrizität aus erneuerbaren Quellen, der freie Wettbewerb und die Versorgungssicherheit gefördert werden.

Art. 2 Begriffsbestimmungen. Für die Zwecke dieser Richtlinie bezeichnet der Ausdruck

1. „Kunde" einen Großhändler bzw. Endkunden, der Elektrizität kauft;
2. „Großhändler" eine natürliche oder juristische Person, die Elektrizität zum Zwecke des Weiterverkaufs innerhalb oder außerhalb des Netzes, in dem die Person ansässig ist, kauft;
3. „Endkunde" einen Kunden, der Elektrizität für den Eigenverbrauch kauft;
4. „Haushaltskunde" einen Kunden, der Elektrizität für den Eigenverbrauch im Haushalt kauft, ausgenommen gewerbliche und berufliche Tätigkeiten;
5. „gewerblicher Kunde" eine natürliche oder juristische Person, die Elektrizität für andere Zwecke als den Verbrauch im eigenen Haushalt kauft; hierzu zählen auch Erzeuger, Industriekunden, kleine und mittlere Unternehmen, Betriebe und Großhändler;
6. „Kleinstunternehmen" ein Unternehmen, das weniger als zehn Personen beschäftigt und dessen Jahresumsatz bzw. -bilanzsumme 2 Mio. EUR nicht überschreitet;
7. „Kleinunternehmen" ein Unternehmen, das weniger als 50 Personen beschäftigt und dessen Jahresumsatz bzw. -bilanzsumme 10 Mio. EUR nicht überschreitet;
8. „aktiver Kunde" einen Endkunden oder eine Gruppe gemeinsam handelnder Endkunden, der bzw. die an Ort und Stelle innerhalb definierter Grenzen oder – sofern ein Mitgliedstaat es gestattet – an einem anderen Ort erzeugte Elektrizität verbraucht oder speichert oder eigenerzeugte Elektrizität verkauft oder an Flexibilitäts- oder Energieeffizienzprogrammen teilnimmt, sofern es sich dabei nicht um seine bzw. ihre gewerbliche oder berufliche Haupttätigkeit handelt;

9. „Elektrizitätsmärkte" Elektrizitätsmärkte, einschließlich außerbörslicher Märkte und Strombörsen, Märkte für den Handel mit Energie, Kapazität, Regelreserve und Systemdienstleistungen für alle Zeitspannen, darunter auch Terminmärkte, Day-Ahead- und Intraday-Märkte;
10. „Marktteilnehmer" einen Marktteilnehmer im Sinne von Artikel 2 Nummer 25 der Verordnung (EU) 2019/943[1)].
11. „Bürgerenergiegemeinschaft" eine Rechtsperson,
   a) der auf freiwilliger und offener Mitgliedschaft beruht und von Mitgliedern oder Anteilseignern, bei denen es sich um natürliche Personen, Gebietskörperschaften, einschließlich Gemeinden, oder Kleinunternehmen handelt, tatsächlich kontrolliert wird;
   b) deren Hauptzweck nicht in der Erwirtschaftung finanzieller Gewinne besteht, sondern darin, ihren Mitgliedern oder Anteilseignern oder den lokalen Gebieten, in denen sie tätig ist, Umwelt-, Wirtschafts- oder soziale Gemeinschaftsvorteile zu bieten; und
   c) die in den Bereichen Erzeugung, einschließlich aus erneuerbaren Quellen, Verteilung, Versorgung, Verbrauch, Aggregierung, Energiespeicherung, Energieeffizienzdienstleistungen oder Ladedienstleistungen für Elektrofahrzeuge tätig sein oder andere Energiedienstleistungen für seine Mitglieder oder Anteilseigner erbringen kann;
12. „Versorgung" den Verkauf, einschließlich des Weiterverkaufs, von Elektrizität an Kunden;
13. „Elektrizitätsversorgungsvertrag" einen Vertrag über die Versorgung mit Elektrizität, mit Ausnahme von Elektrizitätsderivaten;
14. „Elektrizitätsderivat" ein in Abschnitt C Nummern 5, 6 oder 7 des Anhangs I der Richtlinie 2014/65/EU des Europäischen Parlaments und des Rates[2)] genanntes Finanzinstrument, sofern dieses Instrument Elektrizität betrifft;
15. „Vertrag mit dynamischen Stromtarifen" einen Stromliefervertrag zwischen einem Versorger und einem Endkunden, der die Preisschwankungen auf den Spotmärkten, einschließlich der Day-Ahead- und Intraday-Märkte, in Intervallen widerspiegelt, die mindestens den Abrechnungsintervallen des jeweiligen Marktes entsprechen;
16. „Kündigungsgebühren" eine Abgabe oder Strafzahlung, die Versorger oder im Bereich der Aggregierung tätige Marktteilnehmer ihren Kunden für den Rücktritt von einem Elektrizitätsliefervertrag oder Elektrizitätsdienstleistungsvertrag auferlegen;
17. „Gebühren bei einem Anbieterwechsel" eine Gebühr oder Strafzahlung, einschließlich Kündigungsgebühren, die Versorger oder im Bereich der Aggregierung tätige Marktteilnehmer oder Netzbetreiber ihren Kunden direkt oder indirekt für einen Wechsel des Versorgers oder des im Bereich der Aggregierung tätigen Marktteilnehmers auferlegen;

[1)] Nr. **8**.

[2)] **Amtl. Anm.:** Richtlinie 2014/65/EU des Europäischen Parlaments und des Rates vom 15. Mai 2014 über Märkte für Finanzinstrumente sowie zur Änderung der Richtlinien 2002/92/EG und 2011/61/EU (ABl. L 173 vom 12.6.2014, S. 349).

18. „Aggregierung" eine von einer natürlichen oder juristischen Person ausgeübte Tätigkeit, bei der mehrere Kundenlasten oder erzeugte Elektrizität zum Kauf, Verkauf oder zur Versteigerung auf einem Elektrizitätsmarkt gebündelt werden bzw. wird;
19. „unabhängiger Aggregator" einen Marktteilnehmer, der im Bereich der Aggregierung tätig und nicht mit dem Versorger des Kunden verbunden ist;
20. „Laststeuerung" eine Abweichung der Endkunden-Elektrizitätslast von ihren üblichen oder aktuellen Stromverbrauchsmustern als Reaktion auf Marktsignale, etwa zeitabhängige Strompreise oder Anreizzahlungen, oder als Reaktion auf das angenommene Angebot eines Endkunden, eine Nachfrageverringerung oder -erhöhung zu einem bestimmten Preis auf einem organisierten Elektrizitätsmarkt im Sinne von Artikel 2 Ziffer 4 der Durchführungsverordnung (EU) Nr. 1348/2014 der Kommission[1] zu verkaufen, allein oder durch;
21. „Abrechnungsinformationen" Informationen, die in Abrechnungen für Endkunden enthalten sind, mit Ausnahme von Zahlungsaufforderungen;
22. „konventioneller Zähler" einen analogen oder elektronischen Zähler, der Daten nicht übermitteln und empfangen kann;
23. „intelligentes Messsystem" ein elektronisches System, das in der Lage ist, die in das Netz eingespeiste oder die daraus verbrauchte Elektrizität zu messen, das mehr Informationen als ein konventioneller Zähler liefert und mittels elektronischer Kommunikation Daten zu Informations-, Kontroll- und Steuerungszwecken übertragen und empfangen kann;
24. „Interoperabilität" im Zusammenhang mit intelligenten Messsystemen die Fähigkeit von zwei oder mehr Energie- oder Kommunikationsnetzen, Systemen, Geräten, Anwendungen oder Komponenten, zu interagieren, Informationen auszutauschen und zu verwenden, um vorgeschriebene Funktionen auszuführen;
25. „Bilanzkreisabrechnungszeitintervall" ein Bilanzkreisabrechnungszeitintervall im Sinne von Artikel 2 Nummer 15 der Verordnung (EU) 2019/943[2];
26. „Fast-Echtzeit" im Zusammenhang mit intelligenten Messsystemen eine kurze Zeitspanne, in der Regel Sekunden oder maximal das auf dem nationalen Markt geltende Bilanzkreisabrechnungszeitintervall;
27. „beste verfügbare Techniken" im Zusammenhang mit Datenschutz und -sicherheit auf dem Gebiet intelligenter Messsysteme die effizientesten, fortschrittlichen und praktisch geeigneten Techniken, die in der Regel als Grundlage für die Einhaltung des Datenschutzrechts und der Regelungen im Bereich der Sicherheit der Union dienen;
28. „Verteilung" den Transport von Elektrizität mit Hoch-, Mittel- oder Niederspannung über Verteilernetze zur Belieferung von Kunden, jedoch mit Ausnahme der Versorgung;

---

[1] **Amtl. Anm.:** Durchführungsverordnung (EU) Nr. 1348/2014 der Kommission vom 17. Dezember 2014 über die Datenmeldung gemäß Artikel 8 Absätze 2 und 6 der Verordnung (EU) Nr. 1227/2011 des Europäischen Parlaments und des Rates über die Integrität und Transparenz des Energiegroßhandelsmarkts (ABl. L 363 vom 18.12.2014, S. 121).

[2] Nr. **8**

29. „Verteilernetzbetreiber" eine natürliche oder juristische Person, die verantwortlich ist für den Betrieb, die Wartung sowie erforderlichenfalls den Ausbau des Verteilernetzes in einem bestimmten Gebiet und, sofern vorhanden, der Verbindungsleitungen zu anderen Netzen sowie für die Sicherstellung der langfristigen Fähigkeit des Netzes, eine angemessene Nachfrage nach Verteilung von Elektrizität zu decken;
30. „Energieeffizienz" das Verhältnis zwischen dem Ertrag an Leistung, Dienstleistungen, Waren oder Energie und dem Energieeinsatz;
31. „Energie aus erneuerbaren Quellen" oder „erneuerbare Energie" Energie aus erneuerbaren, nichtfossilen Energiequellen, insbesondere Wind, Sonne (Solarthermie und Fotovoltaik) und geothermische Energie, Umgebungsenergie, Gezeiten-, Wellen- und sonstige Meeresenergie, Wasserkraft sowie Energie aus Biomasse, Deponiegas, Klärgas und Biogas;
32. „verteilte Erzeugung" an das Verteilernetz angeschlossene Erzeugungsanlagen;
33. „Ladepunkt" eine Schnittstelle, an der zur selben Zeit nur ein Elektrofahrzeug aufgeladen oder der Akku nur eines Elektrofahrzeugs ausgetauscht werden kann;
34. „Übertragung" den Transport von Elektrizität über ein Höchstspannungs- und Hochspannungsverbundnetz zur Belieferung von Endkunden oder Verteilern, jedoch mit Ausnahme der Versorgung;
35. „Übertragungsnetzbetreiber" eine natürliche oder juristische Person, die verantwortlich ist für den Betrieb, die Wartung sowie erforderlichenfalls den Ausbau des Übertragungsnetzes in einem bestimmten Gebiet und, sofern vorhanden, der Verbindungsleitungen zu anderen Netzen sowie für die Sicherstellung der langfristigen Fähigkeit des Netzes, eine angemessene Nachfrage nach Übertragung von Elektrizität zu decken;
36. „Netznutzer" eine natürliche oder juristische Person, die Elektrizität in ein Übertragungs- oder Verteilernetz einspeist oder daraus versorgt wird;
37. „Erzeugung" die Produktion von Elektrizität;
38. „Erzeuger" eine natürliche oder juristische Person, die Elektrizität erzeugt;
39. „Verbindungsleitung" eine Anlage, die der Verbundschaltung von Elektrizitätsnetzen dient;
40. „Verbundnetz" eine Anzahl von Übertragungs- und Verteilernetzen, die durch eine oder mehrere Verbindungsleitungen miteinander verbunden sind;
41. „Direktleitung" entweder eine Leitung, die einen einzelnen Produktionsstandort mit einem einzelnen Kunden verbindet, oder eine Leitung, die einen Erzeuger und einen Versorger zur direkten Versorgung mit ihrer eigenen Betriebsstätte, ihren Tochterunternehmen und ihren Kunden verbindet;
42. „kleines, isoliertes Netz" ein Netz mit einem Verbrauch von weniger als 3 000 GWh im Jahr 1996, bei dem weniger als 5 % seines Jahresverbrauchs durch einen Verbund mit anderen Netzen bezogen wird;
43. „kleines Verbundnetz" ein Netz mit einem Verbrauch von weniger als 3 000 GWh im Jahr 1996, bei dem mehr als 5 % des Jahresverbrauchs durch einen Verbund mit anderen Netzen bezogen werden;

44. „Engpass“ einen Engpass im Sinne von Artikel 2 Nummer 4 der Verordnung (EU) 2019/943[1];
45. „Systemausgleich“ einen Systemausgleich im Sinne von Artikel 2 Nummer 10 der Verordnung (EU) 2019/943[1];
46. „Regelarbeit“ Regelarbeit im Sinne von Artikel 2 Nummer 11 der Verordnung (EU) 2019/943[1];
47. „Bilanzkreisverantwortlicher“ einen Bilanzkreisverantwortlichen im Sinne von Artikel 2 Nummer 14 der Verordnung (EU) 2019/943[1];
48. „Systemdienstleistung“ eine zum Betrieb eines Übertragungs- oder Verteilernetzes erforderliche Dienstleistung, einschließlich Regelreserve und nicht frequenzgebundener Systemdienstleistungen, jedoch ohne Engpassmanagement;
49. „nicht frequenzgebundene Systemdienstleistung“ eine von Übertragungs- oder Verteilernetzbetreibern genutzte Dienstleistung für statische Spannungsregelung, die Einspeisung von dynamischem Blindstrom, Trägheit der lokalen Netzstabilität, Kurzschlussstrom, Schwarzstartfähigkeit und Inselbetriebsfähigkeit;
50. „regionales Koordinierungszentrum“ ein nach Artikel 35 der Verordnung (EU) 2019/943[1] eingerichtetes regionales Koordinierungszentrum;
51. „vollständig integrierte Netzkomponenten“ Netzkomponenten, die in das Übertragungs- oder Verteilernetz integriert sind, einschließlich Energiespeicheranlagen, und die ausschließlich der Aufrechterhaltung des sicheren und zuverlässigen Betriebs des Übertragungs- oder Verteilernetzes und nicht dem Systemausgleich- oder Engpassmanagement dienen;
52. „integriertes Elektrizitätsunternehmen“ ein vertikal integriertes Unternehmen oder ein horizontal integriertes Unternehmen;
53. „vertikal integriertes Unternehmen“ ein Elektrizitätsunternehmen oder eine Gruppe von Elektrizitätsunternehmen, in der dieselbe Person berechtigt ist bzw. dieselben Personen berechtigt sind, direkt oder indirekt die Kontrolle auszuüben, wobei dieses Unternehmen bzw. diese Gruppe von Unternehmen mindestens eine der Funktionen Übertragung oder Verteilung und mindestens eine der Funktionen Erzeugung von oder Versorgung wahrnimmt;
54. „horizontal integriertes Unternehmen“ ein Elektrizitätsunternehmen, das mindestens eine der Funktionen der Erzeugung, Übertragung, Verteilung von oder Versorgung wahrnimmt und darüber hinaus eine weitere Tätigkeit außerhalb des Elektrizitätsbereichs ausübt;
55. „verbundenes Unternehmen“ verbundene Unternehmen im Sinne von Artikel 2 Nummer 12 der Richtlinie 2013/34/EU des Europäischen Parlaments und des Rates[2] und Unternehmen, die denselben Anteilseignern gehören;

---

[1] Nr. 8.

[2] **Amtl. Anm.:** Richtlinie 2013/34/EU des Europäischen Parlaments und des Rates vom 26. Juni 2013 über den Jahresabschluss, den konsolidierten Abschluss und damit verbundene Berichte von Unternehmen bestimmter Rechtsformen und zur Änderung der Richtlinie 2006/43/EG des Europäischen Parlaments und des Rates und zur Aufhebung der Richtlinien 78/660/EWG und 83/349/EWG des Rates (ABl. L 182 vom 29.6.2013, S. 19).

56. „Kontrolle“ Rechte, Verträge oder andere Mittel, die einzeln oder zusammen unter Berücksichtigung aller tatsächlichen oder rechtlichen Umstände die Möglichkeit gewähren, einen bestimmenden Einfluss auf die Tätigkeit eines Unternehmens auszuüben, insbesondere durch
   a) Eigentum oder Nutzungsrechte an der Gesamtheit oder an Teilen des Vermögens des Unternehmens,
   b) Rechte oder Verträge, mit denen ein bestimmender Einfluss auf die Zusammensetzung, die Beratungen oder Beschlüsse der Organe des Unternehmens gewährt wird;
57. „Elektrizitätsunternehmen“ eine natürliche oder juristische Person, die mindestens eine der Funktionen Erzeugung, Übertragung, Verteilung, Aggregierung, Laststeuerung, Energiespeicherung, Lieferung oder Kauf von Elektrizität wahrnimmt und die kommerzielle, technische oder wartungsbezogene Aufgaben im Zusammenhang mit diesen Funktionen erfüllt, mit Ausnahme der Endkunden;
58. „Sicherheit“ sowohl die Sicherheit der Elektrizitätsversorgung und -bereitstellung als auch die Betriebssicherheit;
59. „Energiespeicherung“ im Elektrizitätsnetz die Verschiebung der endgültigen Nutzung elektrischer Energie auf einen späteren Zeitpunkt als den ihrer Erzeugung oder die Umwandlung elektrischer Energie in eine speicherbare Energieform, die Speicherung solcher Energie und ihre anschließende Rückumwandlung in elektrische Energie oder Nutzung als ein anderer Energieträger;
60. „Energiespeicheranlage“ im Elektrizitätsnetz eine Anlage, in der Energiespeicherung erfolgt.

Kapitel II. Allgemeine Vorschriften für die Organisation des Elektrizitätssektors

Art. 3 Wettbewerbsfähiger, verbraucherorientierter, flexibler und diskriminierungsfreier Elektrizitätsmarkt. (1) Die Mitgliedstaaten stellen sicher, dass durch ihr nationales Recht der länderübergreifende Stromhandel, die Beteiligung der Verbraucher, auch durch Laststeuerung, sowie Investitionen insbesondere in die variable und flexible Energieerzeugung, die Energiespeicherung oder den Ausbau der Elektromobilität oder in neue Verbindungsleitungen zwischen den Mitgliedstaaten nicht unnötig behindert werden und dass in den Strompreisen das tatsächliche Angebot und die tatsächliche Nachfrage zum Ausdruck kommen.

(2) Bei der Errichtung neuer Verbindungsleitungen berücksichtigen die Mitgliedstaaten die Ziele für den Stromverbund nach Artikel 4 Buchstabe d Nummer 1 der Verordnung (EU) 2018/1999[1].

(3) Die Mitgliedstaaten stellen sicher, dass unbeschadet der Zuständigkeiten, die sie gegenüber Drittländern behalten, der Marktzutritt, das Funktionieren

[1] Nr. **6**.

des Marktes und der Marktaustritt im Elektrizitätsbinnenmarkt nicht unnötig behindert werden.

(4) Die Mitgliedstaaten stellen gleiche Wettbewerbsbedingungen sicher, indem sie Elektrizitätsunternehmen transparente, verhältnismäßige und diskriminierungsfreie Vorschriften und Gebühren auferlegen und indem sie sie in transparenter, verhältnismäßiger und diskriminierungsfreier Weise behandeln, insbesondere bei der Bilanzkreisverantwortung, dem Zugang zu Großhandelsmärkten, dem Zugang zu Daten, dem Anbieterwechsel und der Abrechnung sowie erforderlichenfalls bei der Lizenzerteilung.

(5) Die Mitgliedstaaten stellen sicher, dass Marktteilnehmer aus Drittländern, die auf dem Elektrizitätsbinnenmarkt tätig sind, die geltenden Rechtsvorschriften der Union und des nationalen Rechts einhalten, einschließlich derjenigen, die Umweltschutz und Sicherheit betreffen.

Art. 4 Freie Versorgerwahl. Die Mitgliedstaaten stellen sicher, dass alle Kunden die Freiheit haben, Elektrizität vom Versorger ihrer Wahl zu beziehen und mehr als einen Elektrizitätsliefervertrag zur selben Zeit zu haben, sofern die erforderlichen Anschlusspunkte und Messstellen vorhanden sind.

Art. 5 Marktgestützte Lieferpreise. (1) [1] Den Versorgern steht es frei, den Preis, zu dem sie ihre Kunden mit Elektrizität beliefern, zu bestimmen. [2] Die Mitgliedstaaten ergreifen geeignete Maßnahmen, um für wirksamen Wettbewerb zwischen den Versorgern zu sorgen.

(2) Die Mitgliedstaaten sorgen durch sozialpolitische Maßnahmen oder auf andere Weise als durch Eingriffe in die Festsetzung der Stromversorgungspreise für den Schutz der von Energiearmut betroffenen und der schutzbedürftigen Haushaltskunden im Sinne der Artikel 28 und 29.

(3) [1] Abweichend von den Absätzen 1 und 2 dürfen die Mitgliedstaaten in die Festsetzung der Stromversorgungspreise für von Energiearmut betroffene oder schutzbedürftige Haushaltskunden eingreifen. [2] Staatliche Eingriffe dieser Art unterliegen den Bedingungen der Absätze 4 und 5.

(4) Für staatliche Eingriffe in die Festsetzung der Stromversorgungspreise gelten folgende Bedingungen:

a) Sie müssen einem allgemeinen wirtschaftlichen Interesse dienen und dürfen nicht über das hinausgehen, was zur Verfolgung dieses allgemeinen wirtschaftlichen Interesses erforderlich ist;
b) sie müssen klar festgelegt, transparent, diskriminierungsfrei und überprüfbar sein;
c) mit ihnen muss der gleichberechtigte Zugang von Elektrizitätsunternehmen in der Union zu den Kunden sichergestellt werden
d) sie müssen zeitlich begrenzt und für ihre Begünstigten verhältnismäßig sein;
e) sie dürfen nicht in diskriminierender Weise zu Zusatzkosten der Marktteilnehmer führen.

(5) Ein Mitgliedstaat, der gemäß Absatz 3 dieses Artikels in die Festsetzung der Stromversorgungspreise eingreift, muss unabhängig davon, ob eine erhebliche Anzahl seiner Haushalte von Energiearmut betroffen ist, die Artikel 3

Absatz 3 Buchstabe d und Artikel 24 der Verordnung (EU) 2018/1999[1)] einhalten.

(6) Die Mitgliedstaaten dürfen in die Festsetzung der Stromversorgungspreise für Haushaltskunden und Kleinstunternehmen, die nicht von den Eingriffen gemäß Absatz 3 profitieren, eingreifen, damit ein Übergangszeitraum geschaffen wird, bis zwischen den Versorgern ein wirksamer Wettbewerb für Versorgungsverträge hergestellt ist und uneingeschränkt wirksame marktgestützte Strompreise gemäß Absatz 1 gelten.

(7) Staatliche Eingriffe gemäß Absatz 6 müssen den in Absatz 4 festgelegten Kriterien entsprechen und unterliegen folgenden Bedingungen:

a) Sie müssen mit einer Reihe von Maßnahmen einhergehen, um einen wirksame Wettbewerb herbeizuführen, und eine Methode zur Bewertung des Fortschritts bei diesen Maßnahmen umfassen;

b) sie müssen nach Methoden vorgenommen werden, bei denen die diskriminierungsfreie Behandlung der Versorger sichergestellt ist;

c) sie müssen zu einem Preis festgelegt werden, der über den Kosten liegt und so hoch ist, dass ein wirksamer Preiswettbewerb stattfinden kann;

d) sie müssen so gestaltet sein, dass sie möglichst keine nachteiligen Auswirkungen auf den Stromgroßhandelsmarkt zeitigen;

e) es muss sichergestellt sein, dass alle Begünstigten solcher staatlichen Eingriffe die Möglichkeit haben, wettbewerbliche Marktangebote zu wählen, dass sie mindestens vierteljährlich unmittelbar über die Verfügbarkeit von Angeboten und Einsparmöglichkeiten auf dem Wettbewerbsmarkt, insbesondere über Verträge mit dynamischen Stromtarifen, informiert werden und dass ihnen Hilfe für den Wechsel zu einem marktgestützten Angebot bereitgestellt wird;

f) es muss sichergestellt sein, dass gemäß den Artikeln 19 und 21 alle Begünstigten solcher staatlichen Eingriffe einen Anspruch darauf haben, dass ihnen intelligente Messsysteme ohne Mehrkosten eingebaut und dieser Einbau angeboten wird und dass sie unmittelbar über die Möglichkeit des Einbaus intelligenter Messsysteme informiert werden und die erforderliche Hilfe erhalten;

g) sie dürfen nicht zu einer direkten Quersubventionierung zwischen Kunden, die zu Preisen des freien Marktes beliefert werden, und Kunden, die zu regulierten Lieferpreisen beliefert werden, führen.

(8) [1] Die Mitgliedstaaten teilen der Kommission die gemäß Absatz 3 und 6 ergriffenen Maßnahmen innerhalb eines Monats nach ihrer Annahme mit und dürfen sie sofort anwenden. [2] Der Mitteilung wird eine Erläuterung beigefügt, warum andere Instrumente nicht ausreichten, um das verfolgte Ziel zu verwirklichen, wie die Anforderungen der Absätze 4 und 7 erfüllt werden und wie sich die mitgeteilten Maßnahmen auf den Wettbewerb auswirken. [3] In der Mitteilung wird der Kreis der Begünstigten, die Dauer der Maßnahmen und die Anzahl der von den Maßnahmen betroffenen Haushaltskunden beschrieben und erläutert, wie die regulierten Preise festgesetzt wurden.

(9) [1] Bis zum 1. Januar 2022 und bis zum 1. Januar 2025 übermitteln die Mitgliedstaaten der Kommission Berichte über die Umsetzung dieses Artikels

---

1) Nr. **6**.

und die Notwendigkeit und Verhältnismäßigkeit der öffentlichen Eingriffe nach diesem Artikel sowie eine Bewertung der Fortschritte bei der Herbeiführung eines wirksamen Wettbewerbs zwischen den Versorgern und beim Übergang zu marktgestützten Preisen. [2]Die Mitgliedstaaten, die gemäß Absatz 6 regulierte Preise festsetzen, legen einen Bericht über die Einhaltung der Bedingungen des Absatzes 7 vor, einschließlich der Einhaltung durch die Versorger, die solche Eingriffe anwenden müssen, sowie über die Auswirkungen der regulierten Preise auf die Finanzlage dieser Versorger.

(10) [1]Bis zum 31. Dezember 2025 überprüft die Kommission die Umsetzung dieses Artikels zur Herbeiführung marktgestützter Strompreise für die Kunden und legt dem Europäischen Parlament und dem Rat einen Bericht darüber vor, dem erforderlichenfalls ein Legislativvorschlag unmittelbar beigefügt oder zu einem späteren Zeitpunkt hinzugefügt wird. [2]Der Legislativvorschlag kann ein Enddatum für regulierte Preise enthalten.

Art. 6[1)] Zugang Dritter. (1) [1]Die Mitgliedstaaten stellen sicher, dass ein System für den Zugang Dritter zu den Übertragungs- und Verteilernetzen auf der Grundlage veröffentlichter Tarife eingeführt wird; die Zugangsregelung gilt für alle Kunden und wird nach objektiven Kriterien und ohne Diskriminierung zwischen den Netzbenutzern angewandt. [2]Die Mitgliedstaaten stellen sicher, dass diese Tarife oder die Methoden zu ihrer Berechnung vor deren Inkrafttreten gemäß Artikel 59 genehmigt werden und dass die Tarife und – soweit nur die Methoden einer Genehmigung unterliegen – die Methoden vor ihrem Inkrafttreten veröffentlicht werden.

(2) [1]Der Übertragungs- oder Verteilernetzbetreiber kann den Netzzugang verweigern, wenn er nicht über die nötige Kapazität verfügt. [2]Die Verweigerung ist hinreichend schlüssig zu begründen, insbesondere unter Berücksichtigung des Artikels 9, und auf objektive und technisch und wirtschaftlich begründete Kriterien zu stützen. [3]Die Mitgliedstaaten oder – wenn von den Mitgliedstaaten vorgesehen – ihre Regulierungsbehörden gewährleisten, dass diese Kriterien einheitlich Anwendung finden und die Netzbenutzer, denen der Netzzugang verweigert wurde, ein Streitbeilegungsverfahren in Anspruch nehmen können. [4]Die nationalen Regulierungsbehörden stellen zudem nötigenfalls sicher, dass der Übertragungs- bzw. Verteilernetzbetreiber bei Verweigerung des Netzzugangs aussagekräftige Informationen darüber gibt, welche Maßnahmen zur Verstärkung des Netzes erforderlich wären. [5]Diese Informationen werden in allen Fällen bereitgestellt, in denen der Zugang zu Ladepunkten verweigert wurde. [6]Der um solche Informationen ersuchenden Partei kann eine angemessene Gebühr in Rechnung gestellt werden, in denen die Kosten der Bereitstellung dieser Informationen zum Ausdruck kommen.

(3) Dieser Artikel gilt für Bürgerenergiegemeinschaften, die Verteilernetze betreiben.

Art. 7[2)] Direktleitungen. (1) Die Mitgliedstaaten treffen die erforderlichen Maßnahmen, damit

---

[1)] Art. 6 Abs. 1 gilt ab dem 1.1.2021, vgl. Art. 73.
[2)] Art. 7 Abs. 2–5 gelten ab dem 1.1.2021, vgl. Art. 73.

a) alle Erzeuger und Elektrizitätsversorgungsunternehmen Versorger, die in ihrem Hoheitsgebiet ansässig sind, ihre eigenen Betriebsstätten, Tochterunternehmen und Kunden über eine Direktleitung versorgen können, ohne dass ihnen unverhältnismäßige Verwaltungsverfahren oder Kosten auferlegt werden,

b) alle Kunden in ihrem Hoheitsgebiet einzeln oder gemeinsam von Erzeugern und Elektrizitätsversorgungsunternehmen Versorgern über eine Direktleitung versorgt werden können.

(2) [1] Die Mitgliedstaaten legen die Kriterien für die Erteilung von Genehmigungen für den Bau von Direktleitungen in ihrem Hoheitsgebiet fest. [2] Diese Kriterien müssen objektiv und diskriminierungsfrei sein.

(3) Die Möglichkeit der Elektrizitätsversorgung über eine Direktleitung gemäß Absatz 1 des vorliegenden Artikels berührt nicht die Möglichkeit, Elektrizitätslieferverträge gemäß Artikel 6 zu schließen.

(4) Die Mitgliedstaaten können Genehmigungen zur Errichtung einer Direktleitung entweder von der Verweigerung des Netzzugangs auf der Grundlage – soweit anwendbar – des Artikels 6 oder von der Einleitung eines Streitbeilegungsverfahrens gemäß Artikel 60 abhängig machen.

(5) [1] Die Mitgliedstaaten können die Genehmigung zur Errichtung einer Direktleitung verweigern, wenn die Erteilung einer solchen Genehmigung die Anwendung der Bestimmungen des Artikels 9 über gemeinwirtschaftliche Verpflichtungen behindern würde. [2] Die Verweigerung ist hinreichend schlüssig zu begründen.

Art. 8[1)] Genehmigungsverfahren für neue Kapazitäten. (1) Für die Schaffung neuer Erzeugungskapazitäten beschließen die Mitgliedstaaten ein Genehmigungsverfahren, das nach objektiven, transparenten und diskriminierungsfreien Kriterien anzuwenden ist.

(2) [1] Die Mitgliedstaaten legen die Kriterien für die Erteilung von Genehmigungen zur Schaffung von Erzeugungskapazitäten in ihrem Hoheitsgebiet fest. [2] Bei der Festlegung geeigneter Kriterien tragen die Mitgliedstaaten folgenden Aspekten Rechnung:

a) Sicherheit und Sicherung der elektrischen Systeme, Anlagen und zugehörigen Ausrüstungen,

b) Schutz der Gesundheit der Bevölkerung und der öffentlichen Sicherheit,

c) Umweltschutz,

d) Flächennutzung und Standortwahl,

e) Gebrauch von öffentlichem Grund und Boden,

f) Energieeffizienz,

g) Art der Primärenergieträger,

h) spezifische Merkmale des Antragstellers, etwa die technische, wirtschaftliche und finanzielle Leistungsfähigkeit,

i) Einhaltung der nach Artikel 9 getroffenen Maßnahmen,

[1)] Art. 8 Abs. 1, 2 Buchst. a–i und k, Abs. 3 und 4 gelten ab dem 1.1.2021, vgl. Art. 73.

j) Beitrag der Erzeugungskapazitäten zum Erreichen des in Artikel 3 Absatz 1 der Richtlinie (EU) 2018/2001[1] des Europäischen Parlaments und des Rates[2] genannten Unionsziels, bis 2030 mindestens 32 % des Bruttoendenergieverbrauchs der Union durch Energie aus erneuerbaren Quellen zu decken,

k) Beitrag von Erzeugungskapazitäten zur Verringerung der Emissionen, und

l) Alternativen zur Schaffung neuer Erzeugungskapazitäten, beispielsweise Laststeuerung und Energiespeicherung.

(3) *[1]* Die Mitgliedstaaten stellen sicher, dass für die kleine dezentrale und/oder die verteilte Erzeugung besondere, vereinfachte und gestraffte Genehmigungsverfahren vorhanden sind, die der begrenzten Größe und den möglichen Auswirkungen dieser Erzeugung Rechnung tragen.

[2] [1] Die Mitgliedstaaten können für dieses konkrete Genehmigungsverfahren Leitlinien festlegen. [2] Die Regulierungsbehörden oder sonstige zuständige nationale Behörden einschließlich der für die Planung zuständigen Stellen überprüfen diese Leitlinien und können Änderungen empfehlen.

[3] Sofern die Mitgliedstaaten gesonderte Genehmigungsverfahren für die Flächennutzung eingeführt haben, die für neue Großprojekte im Bereich Infrastruktur bei Erzeugungskapazitäten gelten, wenden die Mitgliedstaaten diese Verfahren erforderlichenfalls auch auf die Schaffung neuer Erzeugungskapazitäten an, wobei die Verfahren diskriminierungsfrei und in einem angemessenen zeitlichen Rahmen Anwendung finden müssen.

(4) [1] Die Genehmigungsverfahren und die Kriterien werden öffentlich bekannt gemacht. [2] Die Gründe für die Verweigerung einer Genehmigung sind dem Antragsteller mitzuteilen. [3] Diese Gründe müssen objektiv, diskriminierungsfrei, stichhaltig und hinreichend belegt sein. [4] Dem Antragsteller müssen Rechtsmittel zur Verfügung gestellt werden.

Art. 9[3] Gemeinwirtschaftliche Verpflichtungen. (1) Unbeschadet des Absatzes 2 gewährleisten die Mitgliedstaaten entsprechend ihrem institutionellen Aufbau und unter Beachtung des Subsidiaritätsprinzips, dass Elektrizitätsunternehmen nach den in dieser Richtlinie festgelegten Grundsätzen und mit dem Ziel der Errichtung eines wettbewerbsbestimmten, sicheren und unter ökologischen Aspekten nachhaltigen Elektrizitätsmarkts betrieben werden und dass diese Unternehmen in ihren Rechte und Pflichten nicht diskriminiert werden.

(2) [1] Die Mitgliedstaaten können unter uneingeschränkter Beachtung der einschlägigen Bestimmungen des AEUV, insbesondere des Artikels 106, den im Elektrizitätssektor tätigen Unternehmen im allgemeinen wirtschaftlichen Interesse gemeinwirtschaftliche Verpflichtungen auferlegen, die sich auf Sicherheit, einschließlich Versorgungssicherheit, Regelmäßigkeit, Qualität und Preis der Versorgung sowie Umweltschutz, einschließlich Energieeffizienz, Energie aus erneuerbaren Quellen und Klimaschutz, beziehen können. [2] Solche Verpflich-

---

[1] Nr. **36**.

[2] **Amtl. Anm.:** Richtlinie (EU) 2018/2001 [Nr. **36**] des Europäischen Parlaments und des Rates vom 11. Dezember 2018 zur Förderung der Nutzung von Energie aus erneuerbaren Quellen (ABl. L 328 vom 21.12.2018, S. 82).

[3] Art. 9 Abs. 1 und 3–5 gelten ab dem 1.1.2021, vgl. Art. 73.

tungen müssen klar festgelegt, transparent, diskriminierungsfrei und überprüfbar sein und dazu dienen, den gleichberechtigten Zugang von Elektrizitätsunternehmen der Union zu den nationalen Verbrauchern sicherzustellen. [3] Gemeinwirtschaftliche Verpflichtungen, die die Festsetzung der Stromversorgungspreise betreffen, müssen den Anforderungen des Artikels 5 der vorliegenden Richtlinie entsprechen.

(3) Wenn ein Mitgliedstaat für die Erfüllung der Verpflichtungen nach Absatz 2 dieses Artikels oder für die Bereitstellung der Grundversorgung gemäß Artikel 27 einen finanziellen Ausgleich, andere Arten von Gegenleistungen oder Alleinrechte gewährt, so muss das auf diskriminierungsfreie, transparente Weise geschehen.

(4) [1] Bei der Umsetzung dieser Richtlinie unterrichten die Mitgliedstaaten die Kommission über alle Maßnahmen, die sie zur Gewährleistung der Grundversorgung und Erfüllung gemeinwirtschaftlicher Verpflichtungen, einschließlich des Verbraucher- und des Umweltschutzes, getroffen haben, und deren mögliche Auswirkungen auf den nationalen und internationalen Wettbewerb, und zwar unabhängig davon, ob für diese Maßnahmen eine Ausnahme von dieser Richtlinie erforderlich ist. [2] Sie unterrichten anschließend die Kommission alle zwei Jahre über Änderungen der Maßnahmen, und zwar unabhängig davon, ob für diese Maßnahmen eine Ausnahme von dieser Richtlinie erforderlich ist.

(5) [1] Die Mitgliedstaaten können beschließen, die Artikel 6, 7 und 8 dieser Richtlinie nicht anzuwenden, soweit durch ihre Anwendung die Erfüllung der den Elektrizitätsunternehmen übertragenen gemeinwirtschaftlichen Verpflichtungen de jure oder de facto verhindert würde und soweit die Entwicklung des Handelsverkehrs nicht in einem Ausmaß beeinträchtigt wird, das den Interessen der Union zuwiderläuft. [2] Im Interesse der Union liegt unter anderem der Wettbewerb um Kunden gemäß Artikel 106 AEUV[1] und gemäß dieser Richtlinie.

Kapitel III. Stärkung und Schutz der Verbraucher

Art. 10[2] Grundlegende vertragliche Rechte. (1) [1] Die Mitgliedstaaten stellen sicher, dass alle Endkunden das Recht haben, von einem Versorger – sofern dieser zustimmt – mit Elektrizität versorgt zu werden, unabhängig davon, in welchem Mitgliedstaat er als Versorger zugelassen ist, sofern der Versorger die geltenden Regeln in den Bereichen Handel und Systemausgleich einhält. [2] In diesem Zusammenhang ergreifen die Mitgliedstaaten alle notwendigen Maßnahmen, damit durch die Verwaltungsverfahren keine Versorger diskriminiert werden, die bereits in einem anderen Mitgliedstaat zugelassen sind.

---

[1] Nr. **13**.
[2] Art. 10 Abs. 2–10 gelten ab dem 1.1.2021, vgl. Art. 73.

(2) Unbeschadet der Verbraucherschutzvorschriften der Union, insbesondere der Richtlinie 2011/83/EU des Europäischen Parlaments und des Rates[1] und der Richtlinie 93/13/EWG des Rates[2], stellen die Mitgliedstaaten sicher, dass Endkunden die in den Absätzen 3 bis 12 des vorliegenden Artikels festgelegten Rechte eingeräumt werden.

(3) *[1]* Endkunden haben Anspruch auf einen Vertrag mit ihrem Versorger, in dem Folgendes festgelegt ist:

a) Name und Anschrift des Versorgers;
b) zu erbringende Leistungen und angebotene Qualitätsstufen sowie Zeitpunkt für den Erstanschluss;
c) Art der angebotenen Wartungsdienste;
d) Art und Weise, wie aktuelle Informationen über alle geltenden Tarife, Wartungsentgelte und gebündelte Produkte oder Leistungen erhältlich sind;
e) Vertragsdauer, Bedingungen für eine Verlängerung und Beendigung des Vertrags und der Leistungen, einschließlich Produkte oder Leistungen, die mit diesen Leistungen gebündelt sind, und der Frage der Zulässigkeit einer kostenfreien Beendigung des Vertrags;
f) Entschädigungs- und Erstattungsregelungen für den Fall, dass die vertraglich vereinbarte Leistungsqualität nicht eingehalten wird, wozu auch ungenaue oder verspätete Abrechnungen zählen;
g) Vorgehen zur Einleitung von außergerichtlichen Streitbeilegungsverfahren gemäß Artikel 26;
h) Bereitstellung eindeutiger Informationen zu den Verbraucherrechten, auch zur Behandlung von Beschwerden und einschließlich aller in diesem Absatz angeführten Informationen, im Rahmen der Abrechnung oder auf der Website des Elektrizitätsunternehmens.

[2] [1] Die Bedingungen müssen fair und im Voraus gut bekannt sein. [2] Diese Informationen werden in jedem Fall vor Abschluss oder Bestätigung des Vertrags bereitgestellt. [3] Auch bei Abschluss des Vertrags durch Vermittler müssen die in diesem Absatz genannten Informationen vor Vertragsabschluss bereitgestellt werden.

[3] Den Endkunden ist eine knappe, leicht verständliche und klar gekennzeichnete Zusammenfassung der wichtigsten Vertragsbedingungen zur Verfügung zu stellen.

(4) [1] Die Kunden müssen rechtzeitig über eine beabsichtigte Änderung der Vertragsbedingungen und dabei über ihr Recht, den Vertrag zu beenden, unterrichtet werden. [2] Die Versorger unterrichten ihre Kunden direkt und auf transparente und verständliche Weise über jede Änderung des Lieferpreises und deren Anlass, Voraussetzungen und Umfang, zu einem angemessenen Zeitpunkt, spätestens jedoch zwei Wochen, im Fall von Haushaltskunden einen

---

[1] **Amtl. Anm.:** Richtlinie 2011/83/EU des Europäischen Parlaments und des Rates vom 25. Oktober 2011 über die Rechte der Verbraucher, zur Abänderung der Richtlinie 93/13/EWG des Rates und der Richtlinie 1999/44/EG des Europäischen Parlaments und des Rates sowie zur Aufhebung der Richtlinie 85/577/EWG des Rates und der Richtlinie 97/7/EG des Europäischen Parlaments und des Rates (ABl. L 304 vom 22.11.2011, S. 64).

[2] **Amtl. Anm.:** Richtlinie 93/13/EWG des Rates vom 5. April 1993 über missbräuchliche Klauseln in (ABl. L 95 vom 21.4.1993, S. 29).

Monat, vor Eintritt der Änderung. [3]Die Mitgliedstaaten stellen sicher, dass es den Endkunden freisteht, den Vertrag zu beenden, wenn sie die neuen Vertragsbedingungen oder Änderungen des Lieferpreises nicht akzeptieren, die ihnen ihr Versorger mitgeteilt hat.

(5) Die Versorger müssen den Endkunden transparente Informationen über geltende Preise und Tarife sowie über die Standardbedingungen für den Zugang zu Stromdienstleistungen und deren Inanspruchnahme geben.

(6) [1]Den Endkunden ist von den Versorgern ein breites Spektrum an Zahlungsmöglichkeiten anzubieten. [2]Diese Modalitäten dürfen nicht unangemessen einzelne Kunden diskriminieren. [3]Etwaige Unterschiede bei den Zahlungsarten oder Vorauszahlungssystemen müssen objektiv, diskriminierungsfrei und verhältnismäßig sein und dürfen gemäß Artikel 62 der Richtlinie (EU) 2015/2366 des Europäischen Parlaments und des Rates[1)] die unmittelbaren Kosten, die dem Zahlungsempfänger für die Nutzung der jeweiligen Zahlungsart oder eines Vorauszahlungssystems entstehen, nicht übersteigen.

(7) Nach Maßgabe von Absatz 6 darf Haushaltskunden mit Zugang zu Vorauszahlungssystemen durch diese Vorauszahlungssysteme kein Nachteil entstehen.

(8) [1]Die Endkunden müssen von den Versorgern Angebote mit fairen und transparenten allgemeinen Vertragsbedingungen erhalten, welche klar und unmissverständlich abgefasst sein müssen und keine außervertraglichen Hindernisse, wie eine übermäßige Zahl an Vertragsunterlagen, enthalten dürfen, durch die die Kunden an der Ausübung ihrer Rechte gehindert werden. [2]Die Kunden müssen vor unfairen oder irreführenden Verkaufsmethoden geschützt sein.

(9) [1]Die Endkunden haben Anspruch auf eine gute Qualität der Dienstleistungserbringung und Behandlung ihrer Beschwerden durch ihren Versorger. [2]Die Versorger müssen Beschwerden auf einfache, faire und zügige Weise behandeln.

(10) Die Endkunden müssen beim Zugang zur Grundversorgung gemäß den von den Mitgliedstaaten nach Artikel 27 erlassenen Bestimmungen über ihre Rechte auf Grundversorgung informiert werden.

(11) [1]Haushaltskunden müssen von den Versorgern angemessen und rechtzeitig vor dem geplanten Termin einer Stromsperre über alternative Maßnahmen informiert werden. [2]Bei diesen alternativen Maßnahmen, kann es sich um Hilfsangebote zur Abwendung einer Stromsperre, Vorauszahlungssysteme, Energieaudits, Energieberatungsdienste, alternative Zahlungspläne, Schuldnerberatung oder einen Aufschub der Stromsperre handeln, und sie dürfen Kunden, denen eine Stromsperre droht, keine Mehrkosten verursachen.

(12) Die Endkunden müssen von den Versorgern spätestens sechs Wochen nach einem Wechsel des Versorgers eine Abschlussrechnung erhalten.

Art. 11 Anspruch auf Verträge mit dynamischen Stromtarifen.

(1) [1]Die Mitgliedstaaten stellen sicher, dass die Versorger gemäß dem nationalen Regelungsrahmen Verträge mit dynamischen Stromtarifen anbieten

---

[1)] **Amtl. Anm.:** Richtlinie (EU) 2015/2366 des Europäischen Parlaments und des Rates vom 25. November 2015 über Zahlungsdienste im Binnenmarkt, zur Änderung der Richtlinien 2002/65/EG, 2009/110/EG und 2013/36/EU und der Verordnung (EU) Nr. 1093/2010 sowie zur Aufhebung der Richtlinie 2007/64/EG (ABl. L 337 vom 23.12.2015, S. 35).

können. [2] Die Mitgliedstaaten stellen sicher, dass Endkunden, die einen intelligenten Zähler installieren lassen, von mindestens einem Versorger sowie von jedem Versorger mit über 200 000 Endkunden verlangen können, einen Vertrag mit dynamischen Stromtarifen abzuschließen.

(2) [1] Die Mitgliedstaaten stellen sicher, dass die Endkunden von den Versorgern vollständig über die Chancen, Kosten und Risiken von Verträgen mit dynamischen Stromtarifen informiert werden, und dass die Versorger verpflichtet sind, den Endkunden dementsprechende Informationen, auch über den erforderlichen Einbau eines geeigneten Stromzählers, zu liefern. [2] Die Regulierungsbehörden überwachen die Marktentwicklungen und bewerten die möglichen Risiken neuer Produkte und Dienstleistungen und befassen sich mit missbräuchlichen Praktiken.

(3) Vor jedem Wechsel zu einem Vertrag mit dynamischem Elektrizitätstarif müssen Versorger die Zustimmung des Endkunden einholen.

(4) Die Mitgliedstaaten oder ihre Regulierungsbehörden überwachen über einen Zeitraum von mindestens zehn Jahren, sobald Verträge mit dynamischen Stromtarifen verfügbar sind, die wichtigsten damit verbundenen Entwicklungen, darunter das Marktangebot und die Auswirkungen auf die Kosten der Verbraucher und im Besonderen auf die Preisvolatilität, und erstatten darüber jährlich Bericht.

Art. 12 Recht auf Wechsel und Bestimmungen über Wechselgebühren. (1) [1] Ein Wechsel des Versorgers oder des im Bereich der Aggregierung tätigen Marktteilnehmers erfolgt binnen kürzestmöglicher Zeit. [2] Die Mitgliedstaaten stellen sicher, dass Kunden, die Versorger oder im Bereich der Aggregierung tätige Marktteilnehmer wechseln möchten, einen Anspruch auf den Wechsel unter Einhaltung der Vertragsbedingungen innerhalb von höchstens drei Wochen nach dem Tag der Antragstellung haben. [3] Spätestens ab 2026 darf der technische Vorgang des Versorgerwechsels nicht mehr länger als 24 Stunden dauern und muss an jedem Werktag möglich sein.

(2) Die Mitgliedstaaten stellen sicher, dass zumindest den Haushaltskunden und Kleinunternehmen keine Wechselgebühren in Rechnung gestellt werden.

(3) [1] Abweichend von Absatz 2 können die Mitgliedstaaten zulassen, dass Versorger oder im Bereich der Aggregierung tätige Marktteilnehmer den Kunden, die einen befristeten Elektrizitätsliefervertrag mit festem Tarif freiwillig vorzeitig kündigen, Kündigungsgebühren berechnen, sofern diese Gebühren in einem Vertrag vorgesehen sind, den der Kunde freiwillig geschlossen hat, und der Kunde vor Vertragsabschluss unmissverständlich über diese Gebühren informiert worden ist. [2] Die Gebühren müssen verhältnismäßig sein und dürfen nicht höher sein als der dem Versorger oder dem im Bereich der Aggregierung tätigen Marktteilnehmer infolge der Vertragskündigung unmittelbar entstehende wirtschaftliche Verlust, einschließlich der Kosten etwaiger gebündelter Investitionen oder Dienstleistungen, die dem Endkunden im Rahmen des Vertrags bereits erbracht wurden. [3] Die Beweislast dafür, dass dem Versorger oder dem im Bereich der Aggregierung tätigen Marktteilnehmer ein unmittelbarer wirtschaftlicher Verlust entstanden ist, liegt beim Versorger oder dem im Bereich der Aggregierung tätigen Marktteilnehmer, und die Zulässigkeit von Kündigungsgebühren wird von der Regulierungsbehörde oder einer anderen zuständigen nationalen Behörde überwacht.

(4) Die Mitgliedstaaten stellen sicher, dass das Recht auf Wechsel des Versorgers oder des im Bereich der Aggregierung tätigen Marktteilnehmers allen Kunden ohne Diskriminierung bei den Kosten, dem Aufwand und der Dauer gewährt wird.

(5) [1] Haushaltskunden sind berechtigt, sich an kollektiven Versorgerwechselsystemen/-modellen zu beteiligen. [2] Die Mitgliedstaaten beseitigen sämtliche regulatorischen oder verwaltungsrechtlichen Hindernisse, die dem kollektiven Versorgerwechsel im Wege stehen, und sorgen gleichzeitig für einen Rahmen, der Kunden optimalen Schutz vor unlauteren Praktiken bietet.

Art. 13 Aggregierungsvertrag. (1) Die Mitgliedstaaten stellen sicher, dass es allen Kunden freisteht, Stromdienstleistungen einschließlich Aggregierung aber außer Versorgung unabhängig von ihrem Elektrizitätsversorgungsvertrag von einem Elektrizitätsunternehmen ihrer Wahl zu erwerben oder diesem zu verkaufen.

(2) *[1]* Die Mitgliedstaaten sorgen dafür, dass Endkunden, die einen Aggregierungsvertrag schließen möchten, einen Anspruch darauf haben, auch ohne die Zustimmung ihrer Elektrizitätsunternehmen.

[2] Die Mitgliedstaaten stellen sicher, dass die an der Aggregierung beteiligten Marktteilnehmer die Kunden vollständig über die Bedingungen der Verträge, die sie ihnen anbieten, informieren.

(3) Die Mitgliedstaaten sorgen dafür, dass alle Endkunden das Recht haben, auf Verlangen mindestens einmal in jedem Abrechnungszeitraum kostenfrei sämtliche sie betreffenden Laststeuerungsdaten oder Daten über die gelieferte und verkaufte Elektrizität zu erhalten.

(4) [1] Die Mitgliedstaaten stellen sicher, dass die in den Absätzen 2 und 3 genannten Rechte allen Endkunden ohne Diskriminierung bei Kosten, Aufwand und Dauer gewährt werden. [2] Insbesondere stellen die Mitgliedstaaten sicher, dass den Kunden von ihrem Versorger keine diskriminierenden technischen und administrativen Anforderungen, Verfahren oder Entgelte auferlegt werden, abhängig davon, ob diese einen Vertrag mit einem an der Aggregierung beteiligten Marktteilnehmer geschlossen haben.

Art. 14 Vergleichsinstrumente. (1) *[1]* [1] Die Mitgliedstaaten stellen sicher, dass mindestens Haushaltskunden und Kleinstunternehmen mit einem voraussichtlichen Jahresverbrauch von weniger als 100 000 kWh unentgeltlich Zugang zu mindestens einem Instrument für den Vergleich von Angeboten verschiedener Versorger, einschließlich Angeboten für Verträge mit dynamischen Stromtarifen, erhalten. [2] Die Kunden sind in oder zusammen mit den Rechnungen oder auf andere Art und Weise über die Verfügbarkeit dieser Instrumente zu unterrichten. [3] Die Instrumente müssen mindestens die folgenden Voraussetzungen erfüllen:

a) Sie sind unabhängig von den Marktteilnehmern und stellen die Gleichbehandlung aller Elektrizitätsunternehmen bei den Suchergebnissen sicher;
b) ihre Inhaber und die natürliche oder juristische Person, die das Instrument betreibt und kontrolliert, sowie Informationen darüber, wie die Instrumente finanziert werden, werden eindeutig offengelegt;
c) sie enthalten klare und objektive Kriterien, auf die sich der Vergleich stützt, einschließlich der Dienstleistungen, und diese Kriterien werden offengelegt;

d) sie sind klar und eindeutig formuliert;

e) es werden korrekte und aktuelle Informationen bereitgestellt, wobei der Zeitpunkt der letzten Aktualisierung angegeben wird;

f) sie sind für Menschen mit Behinderungen barrierefrei zugänglich, indem sie wahrnehmbar, steuerbar, verständlich und robust gestaltet werden;

g) sie sehen ein wirksames Verfahren für die Meldung unzutreffender Angaben zu veröffentlichten Angeboten vor;

h) der Vergleich wird so durchgeführt, dass die angeforderten personenbezogenen Daten auf die Daten beschränkt sind, die für den Vergleich zwingend erforderlich sind.

[2] [1] Die Mitgliedstaaten stellen sicher, dass mindestens ein Instrument den Gesamtmarkt abdeckt. [2] Im Fall einer Marktabdeckung durch mehrere Instrumente zeigen diese Instrumente eine möglichst vollständige Palette an Stromangeboten, die einen wesentlichen Teil des Marktes abdeckt, und in Fällen, in denen die Instrumente keine vollständige Marktabdeckung bieten, eine eindeutige Erklärung dazu, die vor den Ergebnissen angezeigt wird.

(2) Die in Absatz 1 genannten Instrumente können von einer beliebigen Einrichtung, einschließlich privaten Unternehmen und öffentlichen Verwaltungen oder Stellen, betrieben werden.

(3) [1] Die Mitgliedstaaten benennen eine zuständige Behörde, die dafür verantwortlich ist, an Vergleichsinstrumente, die die in Absatz 1 aufgeführten Voraussetzungen erfüllen, mit einem Vertrauenszeichen zu vergeben, und sicherstellt, dass mit einem Vertrauenszeichen versehene Vergleichsinstrumente die in Absatz 1 aufgeführten Voraussetzungen fortlaufend erfüllen. [2] Diese Behörde ist von allen Marktteilnehmern und Betreibern von Vergleichsinstrumenten unabhängig.

(4) Die Mitgliedstaaten können vorschreiben, dass die in Absatz 1 genannten Vergleichsinstrumente Vergleichskriterien für die Art der von den Versorgern angebotenen Dienstleistungen enthalten.

(5) Für jedes Instrument, mit dem die Angebote von Marktteilnehmern miteinander verglichen werden, kann auf freiwilliger und diskriminierungsfreier Grundlage ein Vertrauenszeichen im Sinne dieses Artikels beantragt werden.

(6) Abweichend von den Absätzen 3 und 5 können die Mitgliedstaaten beschließen, die Vergabe von Vertrauenszeichen an Vergleichsinstrumente nicht vorzusehen, wenn eine Behörde oder öffentliche Stelle ein Vergleichsinstrument zur Verfügung stellt, das die in Absatz 1 festgelegten Voraussetzungen erfüllt.

Art. 15 Aktive Kunden. (1) Die Mitgliedstaaten gewährleisten, dass Endkunden das Recht haben, als aktive Kunden zu handeln, ohne unverhältnismäßigen oder diskriminierenden technischen Anforderungen, administrativen Anforderungen, Verfahren, Umlagen und Abgaben sowie nicht-kostenorientierten Netzentgelten unterworfen zu werden.

(2) Die Mitgliedstaaten gewährleisten, dass aktive Kunden

a) das Recht haben, entweder direkt oder über Aggregatoren tätig zu sein;

b) das Recht haben, selbst erzeugte Elektrizität zu verkaufen, auch mittels Verträgen über den Bezug von Strom;
c) das Recht haben, an Flexibilitäts- und Energieeffizienzprogrammen teilzunehmen;
d) das Recht haben, einen Dritten mit dem Management der für ihre Tätigkeiten erforderlichen Anlagen zu betrauen, einschließlich Einrichtung, Betrieb, Datenverarbeitung und Wartung, wobei der Dritte nicht als aktiver Kunde gilt;
e) kostenorientierten, transparenten und diskriminierungsfreien Netzentgelten gemäß Artikel 59 Absatz 9 der vorliegenden Richtlinie und Artikel 18 der Verordnung (EU) 2019/943[1)] unterworfen sind, bei denen die in das Netz eingespeiste Elektrizität und die aus dem Netz bezogene Elektrizität getrennt ausgewiesen werden, damit sichergestellt ist, dass sie in geeigneter und ausgewogener Weise zu den Gesamtsystemkosten beitragen;
f) für die von ihnen im Stromnetz verursachten Ungleichgewichte finanziell verantwortlich sind; in dieser Hinsicht sind sie Bilanzkreisverantwortliche, oder sie delegieren die Bilanzkreisverantwortung gemäß Artikel 5 der Verordnung (EU) 2019/943[1)].

(3) [1] Die Mitgliedstaaten dürfen in ihrem nationalen Recht unterschiedliche Bestimmungen für einzeln und gemeinsam handelnde aktive Kunden vorsehen, sofern alle im vorliegenden Artikel vorgesehenen Rechte und Pflichten für alle aktiven Kunden gelten. [2] Eine unterschiedliche Behandlung gemeinsam handelnder aktiver Kunden muss verhältnismäßig und hinreichend begründet sein.

(4) [1] Mitgliedstaaten, in denen Regelungen bestehen, nach denen die in das Netz eingespeiste Elektrizität und die aus dem Netz bezogene Elektrizität nicht getrennt ausgewiesen werden, gewähren nach dem 31. Dezember 2023 keine neuen Rechte nach diesen Regelungen. [2] Jedenfalls müssen Kunden, für die bestehende Regelungen gelten, jederzeit die Möglichkeit haben, sich für eine neue Regelung zu entscheiden, wonach die in das Netz eingespeiste und die aus dem Netz bezogene Elektrizität als Grundlage für die Berechnung der Netzentgelte getrennt ausgewiesen werden.

(5) Die Mitgliedstaaten sorgen dafür, dass aktive Kunden, in deren Eigentum sich eine Speicheranlage befindet,
a) das Recht haben, innerhalb eines angemessenen Zeitraums nach der Beantragung einen Netzanschluss zu erhalten, wenn alle notwendigen Voraussetzungen wie die Bilanzkreisverantwortung und geeignete Messsysteme erfüllt sind,
b) für gespeicherte Elektrizität, die an Ort und Stelleverbleibt, oder, wenn sie für Netzbetreiber Flexibilitätsdienstleistungen erbringen, keiner doppelten Entgeltpflicht und damit auch keiner doppelten Netzentgeltpflicht unterworfen sind,
c) keinen unverhältnismäßigen Genehmigungsanforderungen oder -gebühren unterworfen sind,
d) befugt sind, mehrere Dienstleistungen gleichzeitig zu erbringen, sofern das technisch durchführbar ist.

[1)] Nr. 8.

Art. 16 Bürgerenergiegemeinschaften. (1) Die Mitgliedstaaten sehen einen Regulierungsrahmen für Bürgerenergiegemeinschaften vor, mit dem sichergestellt wird, dass

a) die Teilnahme an einer Bürgerenergiegemeinschaft offen und freiwillig ist;

b) Mitglieder oder Anteilseigner einer Bürgerenergiegemeinschaft berechtigt sind, diese Gemeinschaft wieder zu verlassen; in solchen Fällen findet Artikel 12 Anwendung;

c) Mitglieder oder Anteilseigner einer Bürgerenergiegemeinschaft ihre Rechte und Pflichten als Haushaltskunden oder aktive Kunden nicht verlieren;

d) der jeweilige Verteilernetzbetreiber – vorbehaltlich einer nach der Bewertung durch die Regulierungsbehörde fairen Vergütung – mit Bürgerenergiegemeinschaften zusammenarbeitet, um Stromübertragungen innerhalb von Bürgerenergiegemeinschaften zu erleichtern;

e) für Bürgerenergiegemeinschaften diskriminierungsfreien, fairen, verhältnismäßigen und transparenten Verfahren, Abgaben und Umlagen unterworfen sind, auch für Registrierung und Genehmigungsverfahren, und ihnen transparente, diskriminierungsfreie und kostenorientierte Netzentgelte gemäß Artikel 18 der Verordnung (EU) 2019/943[1)] berechnet werden, damit sichergestellt ist, dass sie in geeigneter und ausgewogener Art und Weise zu den Gesamtsystemkosten beitragen.

(2) Die Mitgliedstaaten können im Regelungsrahmen für Bürgerenergiegemeinschaften vorschreiben, dass Bürgerenergiegemeinschaften

a) für die länderübergreifende Teilnahme offen sind,

b) das Recht haben, Eigentümer von Verteilernetzen zu sein, solche einzurichten, zu kaufen oder zu mieten und vorbehaltlich der Bedingungen des Absatzes 4 des vorliegenden Artikels eigenständig zu betreiben,

c) den Ausnahmen des Artikels 38 Absatz 2 unterliegen.

(3) *[1]* Die Mitgliedstaaten gewährleisten, dass Bürgerenergiegemeinschaften

a) in der Lage sind, entweder direkt oder über Aggregatoren diskriminierungsfreien Zugang zu allen Elektrizitätsmärkten zu erhalten;

b) bei ihren Tätigkeiten, Rechten und Pflichten als Endkunden, Erzeuger, Versorger, Verteilernetzbetreiber oder als Aggregatoren tätige Marktteilnehmer diskriminierungsfrei und verhältnismäßig behandelt werden;

c) für die von ihnen im Stromnetz verursachten Ungleichgewichte finanziell verantwortlich sind; in dieser Hinsicht sind sie Bilanzkreisverantwortliche, oder sie delegieren die Bilanzkreisverantwortung gemäß Artikel 5 der Verordnung (EU) 2019/943[1)];

d) bei dem Verbrauch selbst erzeugter Elektrizität wie aktive Kunden gemäß Artikel 15 Absatz 2 Buchstabe e behandelt werden;

e) das Recht haben, innerhalb der Bürgerenergiegemeinschaft Elektrizität gemeinsam zu nutzen, die mit Erzeugungsanlagen im Eigentum der Gemeinschaft erzeugt wird, und zwar vorbehaltlich anderer Anforderungen dieses Artikels und unter Wahrung der Rechte und Pflichten der Mitglieder der Gemeinschaft als Endkunden.

[1)] Nr. 8.

[2] Wird für die Zwecke des Unterabsatzes 1 Buchstabe e Elektrizität gemeinsam genutzt, so erfolgt das unbeschadet der geltenden Netzentgelte und sonstiger einschlägiger Umlagen, Gebühren, Abgaben und Steuern, gemäß einer von der zuständigen nationalen Behörde ausgearbeiteten, transparenten Kosten-Nutzen-Analyse der dezentralen Energieressourcen.

(4) [1] Die Mitgliedstaaten können beschließen, Bürgerenergiegemeinschaften das Recht zu erteilen, in ihrem Tätigkeitsgebiet Verteilernetze zu betreiben, und die Verfahren dafür festlegen, unbeschadet des Kapitels IV oder anderer Vorschriften und Regelungen, die für Verteilernetzbetreiber gelten. [2] Wird dieses Recht erteilt, so stellen die Mitgliedstaaten sicher, dass Bürgerenergiegemeinschaften

a) das Recht haben, mit dem jeweiligen Verteilernetzbetreiber oder Übertragungsnetzbetreiber, an den ihr Netz angeschlossen ist, eine Vereinbarung über den Betrieb ihres Netzes zu schließen;
b) an den Anschlusspunkten ihres Netzes an das Verteilernetz außerhalb der Bürgerenergiegemeinschaft angemessene Netzentgelte berechnet werden, und dass in diesen Netzentgelten die in das Verteilernetz eingespeiste Elektrizität und die aus dem Verteilernetz außerhalb der Bürgerenergiegemeinschaft bezogene Elektrizität gemäß Artikel 59 Absatz 7 getrennt ausgewiesen werden;
c) Kunden, die an das Verteilernetz angeschlossen bleiben, nicht diskriminieren oder schädigen.

Art. 17 Laststeuerung durch Aggregierung. (1) [1] Die Mitgliedstaaten gestatten und fördern die Beteiligung an der Laststeuerung durch Aggregierung. [2] Die Mitgliedstaaten gestatten Endkunden – auch denjenigen, die Laststeuerung durch Aggregierung bereitstellen – neben Erzeugern an allen Elektrizitätsmärkten ohne Diskriminierung teilzunehmen.

(2) Die Mitgliedstaaten stellen sicher, dass die Übertragungs- und Verteilernetzbetreiber bei der Erbringung von Systemdienstleistungen Marktteilnehmer, die im Bereich der Aggregierung zur Laststeuerung tätig sind, auf der Grundlage ihrer technischen Fähigkeiten neben Erzeugern diskriminierungsfrei behandeln.

(3) Die Mitgliedstaaten sorgen dafür, dass ihr einschlägiger Regelungsrahmen mindestens die folgenden Elemente enthält:

a) Das Recht eines jeden Marktteilnehmers, der im Bereich der Aggregierung tätig ist, einschließlich unabhängiger Aggregatoren, ohne Zustimmung anderer Marktteilnehmer Zutritt zu Elektrizitätsmärkten zu haben.
b) Diskriminierungsfreie und transparente Regeln, in denen die Aufgaben und Zuständigkeiten aller Elektrizitätsunternehmen und Kunden klar festgelegt sind.
c) Diskriminierungsfreie und transparente Regeln und Verfahren für den Datenaustausch zwischen im Bereich der Aggregierung tätigen Marktteilnehmern und anderen Elektrizitätsunternehmen, mit denen der leichte Zugang zu Daten unter einheitlichen und diskriminierungsfreien Bedingungen sichergestellt und zugleich der umfassende Schutz wirtschaftlich sensibler Informationen und der personenbezogenen Daten der Kunden gewahrt wird.

d) Eine Verpflichtung der im Bereich der Aggregierung tätigen Marktteilnehmer, für die von ihnen im Stromnetz verursachten Ungleichgewichte die finanzielle Verantwortung zu übernehmen; in dieser Hinsicht sind sie Bilanzkreisverantwortliche, oder sie delegieren die Bilanzkreisverantwortung gemäß Artikel 5 der Verordnung (EU) 2019/943[1)].

e) Bestimmungen wonach Endkunden, die einen Vertrag mit unabhängigen Aggregatoren geschlossen haben, von ihren Versorgern keine unangemessenen Zahlungen, Sanktionen oder sonstigen unangemessenen vertraglichen Beschränkungen auferlegt werden.

f) Einen Mechanismus für die Beilegung von Streitigkeiten zwischen im Bereich der Aggregierung tätigen Marktteilnehmern und anderen Marktteilnehmern, mit der die Verantwortung für Bilanzkreisabweichungen.

(4) [1] Die Mitgliedstaaten können Elektrizitätsunternehmen oder teilnehmenden Endkunden vorschreiben, anderen Marktteilnehmern oder deren Bilanzkreisverantwortlichen einen finanziellen Ausgleich zu zahlen, wenn diese unmittelbar von der Aktivierung der Laststeuerung betroffen sind. [2] Durch einen derartigen finanziellen Ausgleich dürfen weder Hindernisse für den Marktzutritt von im Bereich der Aggregierung tätigen Marktteilnehmern noch Flexibilitätshindernisse errichtet werden. [3] Ein solcher finanzieller Ausgleich ist strikt auf die Deckung der Folgekosten begrenzt, die den Versorgern teilnehmender Kunden oder ihren Bilanzkreisverantwortlichen während der Aktivierung der Laststeuerung entstehen. [4] Die Methode zur Berechnung des Ausgleichs kann den Vorteilen Rechnung tragen, die anderen Marktteilnehmern durch die unabhängigen Aggregatoren entstehen, und in diesem Fall können Aggregatoren oder teilnehmende Kundenverpflichtet werden, zu dieser Ausgleichszahlung beizutragen, aber nur wenn und soweit, als die Vorteile aller Versorger, Kunden und ihrer Bilanzkreisverantwortlichen die entstandenen unmittelbaren Kosten nicht übersteigen. [5] Die Berechnungsmethode bedarf der Genehmigung durch die Regulierungsbehörde oder einer anderen zuständigen nationalen Behörde.

(5) [1] Die Mitgliedstaaten stellen sicher, dass die Regulierungsbehörden oder, falls in ihren nationalen Rechtssystemen so vorgesehen, die Übertragungs- und Verteilernetzbetreiber in enger Zusammenarbeit mit den Marktteilnehmern und Endkunden auf der Grundlage der technischen Merkmale dieser Märkte und der Laststeuerungsmöglichkeiten die technischen Anforderungen für die Teilnahme der Laststeuerung an allen Elektrizitätsmärkten festlegen. [2] In diesen Anforderungen wird auch der Anteil aggregierter Lasten geregelt.

Art. 18 Abrechnungen und Abrechnungsinformationen. (1) [1] Die Mitgliedstaaten stellen sicher, dass die Abrechnungen und Abrechnungsinformationen zutreffend, leicht verständlich, eindeutig, prägnant und benutzerfreundlich sind und in einer Art und Weise dargestellt werden, die den Endkunden den Vergleich erleichtert. [2] Die Endkunden erhalten auf Antrag eine klare und verständliche Erläuterung, wie ihre Abrechnung zustande gekommen ist, insbesondere dann, wenn nicht der tatsächliche Verbrauch abgerechnet wird.

[1)] Nr. 8.

(2) Die Mitgliedstaaten stellen sicher, dass die Endkunden alle ihre Abrechnungen und Abrechnungsinformationen kostenfrei erhalten.

(3) Die Mitgliedstaaten stellen sicher, dass den Endkunden die Möglichkeit elektronischer Abrechnungen und Abrechnungsinformationen sowie flexible Regelungen für die tatsächliche Begleichung von Rechnungen angeboten werden.

(4) Sieht der Vertrag eine zukünftige Änderung des Produkts oder Preises oder einen Nachlass vor, so sollte das auf der Abrechnung zusammen mit dem Datum angegeben werden, an dem die Änderung wirksam wird.

(5) Die Mitgliedstaaten konsultieren Verbraucherorganisationen, wenn sie Änderungen der Anforderungen an den Inhalt der Abrechnungen erwägen.

(6) Die Mitgliedstaaten stellen sicher, dass die Abrechnungen und Abrechnungsinformationen den Mindestanforderungen des Anhangs I genügen.

Art. 19 Intelligente Messsysteme. (1) Um die Energieeffizienz zu fördern und die Endkunden zu stärken, empfehlen die Mitgliedstaaten oder – wenn das von einem Mitgliedstaat vorgesehen ist – die Regulierungsbehörden nachdrücklich, dass die Elektrizitätsunternehmen und die anderen Marktteilnehmer den Stromverbrauch optimieren, unter anderem indem sie Energiemanagementdienstleistungen anbieten, neuartige Preismodelle entwickeln und unter Wahrung der geltenden Datenschutzvorschriften der Union intelligente Messsysteme einführen, die insbesondere mit Energiemanagementsystemen für Verbraucher und intelligenten Netzen interoperabel sind.

(2) [1] Die Mitgliedstaaten stellen sicher, dass in ihren Hoheitsgebieten intelligente Messsysteme eingeführt werden, durch die die aktive Beteiligung der Kunden am Elektrizitätsmarkt unterstützt wird. [2] Diese Einführung kann einer Kosten-Nutzen-Analyse unterliegen, die gemäß den in Anhang II genannten Grundsätzen erfolgt.

(3) [1] Die Mitgliedstaaten, die sich für die Einführung intelligenter Messsysteme entscheiden, erlassen und veröffentlichen die funktionalen und technischen Mindestanforderungen des Artikels 20 und des Anhangs II an intelligente Messsysteme, die in ihren Hoheitsgebieten eingeführt werden sollen. [2] Die Mitgliedstaaten stellen sicher, dass diese intelligenten Messsysteme interoperabel sowie in der Lage sind, Ausgabewerte für Energiemanagementsysteme für Verbraucher zu liefern. [3] In diesem Zusammenhang tragen die Mitgliedstaaten der Anwendung der verfügbaren einschlägigen Normen, einschließlich jener, die die Interoperabilität ermöglichen, bewährter Verfahren sowie der Bedeutung, die der Einführung intelligenter Netze und dem Ausbau des Elektrizitätsbinnenmarkts zukommt, gebührend Rechnung.

(4) [1] Die Mitgliedstaaten, die die Einführung intelligenter Messsysteme vorantreiben, stellen sicher, dass die Endkunden unter Berücksichtigung der langfristigen Vorteile für die gesamte Versorgungskette in transparenter und diskriminierungsfreier Weise an den mit der Einführung verbundenen Kosten beteiligt werden. [2] Die Mitgliedstaaten oder – wenn von einem Mitgliedstaat vorgesehen – die benannten zuständigen Behörden überwachen diese Einführung in ihren Hoheitsgebieten regelmäßig, um die Weitergabe von Vorteilen an die Verbraucher zu verfolgen.

(5) [1] Wurde die Einführung intelligenter Messsysteme im Rahmen der in Absatz 2 genannten Kosten-Nutzen-Analyse negativ beurteilt, so stellen die

Mitgliedstaaten sicher, dass diese Analyse mindestens alle vier Jahre oder häufiger überarbeitet wird, um wesentlichen Änderungen der zugrunde liegenden Annahmen und der technologischen und marktwirtschaftlichen Entwicklungen Rechnung zu tragen. [2]Die Mitgliedstaaten teilen der Kommission die Ergebnisse ihrer aktualisierten Kosten-Nutzen-Analyse mit, sobald diese vorliegt.

(6) *[1]* [1]Die Bestimmungen dieser Richtlinie zu intelligenten Messsysteme gelten für künftig eingebaute Anlagen und für Anlagen, die ältere intelligente Zähler ersetzen. [2]Intelligente Messsysteme, die bereits installiert sind oder bei denen der „Beginn der Arbeiten" vor dem 4. Juli 2019 liegt, dürfen für die Zeit ihrer Lebensdauer in Betrieb bleiben, im Fall intelligenter Messsysteme, die die Anforderungen des Artikels 20 und des Anhangs II nicht erfüllen, jedoch nicht nach dem 5. Juli 2031.

[2] [1]Für die Zwecke des vorliegenden Absatzes bedeutet „Beginn der Arbeiten" entweder der Beginn der Bauarbeiten für die Investition oder die erste verbindliche Bestellung von Ausrüstung oder eine andere Verpflichtung, die die Investition unumkehrbar macht, wobei der früheste Zeitpunkt maßgebend ist. [2]Der Kauf von Grundstücken oder Vorarbeiten wie die Einholung von Genehmigungen und die Erstellung vorläufiger Durchführbarkeitsstudien gelten nicht als Beginn der Arbeiten. [3]Bei Übernahmen ist der „Beginn der Arbeiten" der Zeitpunkt des Erwerbs der unmittelbar mit der erworbenen Betriebsstätte verbundenen Vermögenswerte.

Art. 20 Funktionen intelligenter Messsysteme. *[1]* Wird die Einführung intelligenter Messsysteme im Rahmen der in Artikel 19 Absatz 2 genannten Kosten-Nutzen-Analyse positiv bewertet oder werden intelligente Messsysteme nach dem 4. Juli 2019 systematisch eingeführt, so beachten die Mitgliedstaaten bei deren Einführung europäische Normen, Anhang II und die folgenden Anforderungen:

a) [1]Die intelligenten Messsysteme messen den tatsächlichen Energieverbrauch genau und sind in der Lage, den Endkunden Informationen über die tatsächlichen Nutzungszeiten zu liefern. [2]Validierte historische Verbrauchsdaten aus der Vergangenheit werden den Endkunden auf Verlangen leicht und sicher zugänglich und gut erkennbar ohne Zusatzkosten bereitgestellt. [3]Nicht validierte Fast-Echtzeit-Verbrauchsdaten werden den Endkunden über eine standardisierte Schnittstelle oder über Fernzugriff leicht und sicher ohne Zusatzkosten zugänglich gemacht, um automatisierte Energieeffizienzprogramme, die Laststeuerung und andere Dienste zu unterstützen.

b) Die Sicherheit der intelligenten Messsysteme und der Datenkommunikation wird gemäß den einschlägigen Rechtsvorschriften der Union im Bereich der Sicherheit unter gebührender Berücksichtigung der besten verfügbaren Techniken für die Sicherstellung eines Höchstmaßes an Cybersicherheit und unter gleichzeitiger Berücksichtigung der Kosten und des Grundsatzes der Verhältnismäßigkeit gewährleistet.

c) Der Schutz der Privatsphäre und der Daten der Endkunden erfolgt gemäß den einschlägigen Vorschriften der Union über den Datenschutz und den Schutz der Privatsphäre.

d) Die Betreiber von Messsystemen stellen sicher, dass die Zähler aktiver Kunden, die Elektrizität in das System einspeisen, die vom Standort des aktiven Kunden in das Netz eingespeiste Elektrizität berücksichtigen.

e) Falls die Endkunden es wünschen, werden ihnen oder in ihrem Auftrag handelnden Dritten Messdaten über ihre Stromeinspeisung in das Netz und ihren Stromverbrauch gemäß den nach Artikel 24 erlassenen Durchführungsrechtsakten über eine standardisierte Kommunikationsschnittstelle oder über Fernzugriff in einem leicht verständlichen Format zur Verfügung gestellt, das es ihnen ermöglicht, Angebote unter gleichen Voraussetzungen zu vergleichen.

f) Die Endkunden werden vor dem oder zum Zeitpunkt der Installation intelligenter Messsysteme angemessen beraten und informiert, insbesondere über das volle Potenzial dieser Zähler für die Handhabung der Zählerablesung und die Überwachung des Energieverbrauchs sowie über die Erhebung und Verarbeitung personenbezogener Daten gemäß den anwendbaren Datenschutzvorschriften der Union.

g) Intelligente Messsysteme ermöglichen, dass Messung und Abrechnung bei den Endkunden mit einer Zeitauflösung vorgenommen werden können, die dem auf dem nationalen Markt geltenden Bilanzkreisabrechnungszeitintervall entspricht.

[2] Für die Zwecke von Buchstabe e muss es Endkunden, gemäß ihrem Recht auf Datenübertragbarkeit nach den Datenschutzvorschriften der Union, möglich sein ihre Messdaten ohne zusätzliche Kosten zu finden oder einem Dritten zu übermitteln.

Art. 21 Anspruch auf ein intelligentes Messsystem. (1) Wurde die Einführung intelligenter Messsysteme im Rahmen der in Artikel 19 Absatz 2 genannten Kosten-Nutzen-Analyse negativ bewertet und nicht systematisch eingeführt, so stellen die Mitgliedstaaten sicher, dass jeder Endkunde auf Anfrage und auf eigene Kosten zu fairen, angemessenen und kosteneffizienten Bedingungen Anspruch auf die Installation oder Aufrüstung zu einem intelligenten Messsystem hat, das

a) sofern technisch praktikabel, mit den in Artikel 20 genannten Funktionen ausgestattet ist oder über bestimmte Mindestfunktionen verfügt, die von den Mitgliedstaaten auf nationaler Ebene und gemäß Anhang II festzulegen und zu veröffentlichen sind;

b) interoperabel und in der Lage ist, die gewünschte Vernetzung der Messinfrastruktur mit Energiemanagementsystemen für Verbraucher fast in Echtzeit herzustellen.

(2) Beantragt ein Kunde gemäß Absatz 1 ein intelligentes Messsystem, so muss der Mitgliedstaat oder – wenn von einem Mitgliedstaat vorgesehen – die benannte zuständige Behörde

a) sicherstellen, dass das Angebot an den Endkunden, der die Installation eines intelligenten Messsystems beantragt, explizite Hinweise und klare Beschreibungen zu folgenden Aspekten enthält:

   i) Funktionen und Interoperabilität, die vom intelligenten Messsystem unterstützt werden können, und praktikable Dienste sowie Vorteile, die durch das Vorhandensein des intelligenten Messsystems zum jeweiligen Zeitpunkt realistischerweise erzielt werden können,

   ii) alle damit verbundenen, vom Endkunden zu tragenden Kosten,

b) sicherstellen, dass das Messsystem innerhalb eines angemessenen Zeitraums, spätestens vier Monate nach Antrag des Kunden installiert wird,

c) die damit verbundenen Kosten regelmäßig – mindestens alle zwei Jahre – überprüfen und öffentlich zugänglich machen und die von technischen Entwicklungen und möglichen Aufrüstungen der Messsysteme abhängige Entwicklung dieser Kosten verfolgen.

Art. 22 Konventionelle Zähler. (1) Sind die Endkunden nicht mit intelligenten Messsystemen ausgestattet, so stellen die Mitgliedstaaten sicher, dass den Endkunden individuelle konventionelle Zähler zur Verfügung gestellt werden, die ihren tatsächlichen Verbrauch genau messen.

(2) Die Mitgliedstaaten stellen sicher, dass die Endkunden in der Lage sind, ihre konventionellen Zähler entweder direkt oder indirekt über eine Online-Schnittstelle oder eine andere geeignete Schnittstelle auf einfache Weise abzulesen.

Art. 23 Datenverwaltung. (1) [1] Bei der Aufstellung der Regeln für die Verwaltung und den Austausch von Daten gibt der Mitgliedstaat oder – wenn von einem Mitgliedstaat vorgesehen – die benannte zuständige Behörde genau die Vorschriften an, die für den Zugang berechtigter Parteien zu den Daten der Endkunden gemäß diesem Artikel und dem geltenden Rechtsrahmen der Union gelten. [2] Für die Zwecke dieser Richtlinie sind unter Daten Mess- und Verbrauchsdaten sowie die für einen Versorgerwechsel des Kunden, die Laststeuerung und andere Dienste erforderlichen Daten zu verstehen.

(2) *[1]* Die Mitgliedstaaten organisieren die Datenverwaltung, um einen effizienten und sicheren Datenzugang und -austausch sowie Datenschutz und -sicherheit zu gewährleisten.

[2] [1] Unabhängig von dem in den einzelnen Mitgliedstaaten angewandten Datenverwaltungsmodell gewährt bzw. gewähren die für die Datenverwaltung zuständigen Stellen den berechtigten Parteien gemäß Absatz 1 Zugang zu den Daten des Endkunden. [2] Die angeforderten Daten werden den berechtigten Parteien auf diskriminierungsfreie Weise und gleichzeitig zur Verfügung gestellt. [3] Der Zugang zu den Daten muss einfach sein, und die einschlägigen Verfahren zur Erlangung dieses Zugangs sind öffentlich zugänglich zu machen.

(3) *[1]* Die Vorschriften über den Zugang zu Daten und der Datenspeicherung im Rahmen dieser Richtlinie entsprechen dem einschlägigen Unionsrecht.

[2] Die Verarbeitung personenbezogener Daten im Rahmen dieser Richtlinie erfolgt gemäß der Verordnung (EU) 2016/679.

(4) *[1]* Die Mitgliedstaaten oder – wenn von einem Mitgliedstaat vorgesehen – die benannten zuständigen Behörden genehmigen und zertifizieren oder, einschlägig, beaufsichtigen die für die Datenverwaltung zuständigen Stellen, um dafür zu sorgen, dass diese Stellen den Anforderungen dieser Richtlinie entsprechen.

[2] Unbeschadet der Aufgaben des Datenschutzbeauftragten gemäß der Verordnung (EU) 2016/679 können die Mitgliedstaaten beschließen, von den für die Datenverwaltung zuständigen Stellen die Ernennung von Gleichbehandlungsbeauftragten zu verlangen, die die Durchführung der Maßnahmen dieser

Stellen zur Sicherstellung eines diskriminierungsfreien Zugangs zu Daten und die Einhaltung der Anforderungen dieser Richtlinie überwachen.

[3] Die Mitgliedstaaten können in Artikel 35 Absatz 2 Buchstabe d dieser Richtlinie genannte Gleichbehandlungsbeauftragte oder -stellen benennen, um den Verpflichtungen dieses Absatzes nachzukommen.

(5) *[1]* Den Endkunden dürfen weder für den Zugang zu ihren Daten noch für Anträge auf Bereitstellung ihrer Daten zusätzliche Kosten in Rechnung gestellt werden.

[2] Die Mitgliedstaaten sind für die Festlegung der entsprechenden Gebühren des Datenzugangs der berechtigten Parteien zuständig.

[3] Die Mitgliedstaaten oder – wenn von einem Mitgliedstaat vorgesehen – die benannten zuständigen Behörden stellen sicher, dass alle Gebühren, die von Datendienstleistungen erbringenden, regulierten Unternehmen erhoben werden, angemessen und ordnungsgemäß begründet sind.

Art. 24 Interoperabilitätsanforderungen und Verfahren für den Zugang zu Daten. (1) Die Mitgliedstaaten erleichtern die vollständige Interoperabilität der Energiedienstleistungen in der Union, damit der Wettbewerb auf dem Endkundenmarkt gefördert wird und den berechtigten Parteien keine übermäßigen Verwaltungskosten entstehen.

(2) [1] Die Kommission legt im Wege von Durchführungsrechtsakten Interoperabilitätsanforderungen und diskriminierungsfreie und transparente Verfahren für den Zugang zu den in Artikel 23 Absatz 1 genannten Daten fest. [2] Diese Durchführungsrechtsakte werden gemäß dem in Artikel 68 Absatz 2 genannten Beratungsverfahren erlassen.

(3) [1] Die Mitgliedstaaten stellen sicher, dass Elektrizitätsunternehmen die in Absatz 2 genannten Interoperabilitätsanforderungen und Verfahren für den Zugang zu Daten anwenden. [2] Diese Anforderungen und Verfahren beruhen auf der gängigen nationalen Praxis.

Art. 25[1)] Zentrale Anlaufstellen. [1] Die Mitgliedstaaten stellen sicher, dass zentrale Anlaufstellen eingerichtet werden, über die die Kunden alle notwendigen Informationen über ihre Rechte, das geltende Recht und die Streitbeilegungsverfahren, die ihnen im Streitfall zur Verfügung stehen, erhalten. [2] Diese zentralen Anlaufstellen können in allgemeine Verbraucherinformationsstellen eingegliedert sein.

Art. 26 Recht auf außergerichtliche Streitbeilegung. (1) [1] Die Mitgliedstaaten gewährleisten, dass die Endkunden über eine unabhängige Einrichtung wie einen Bürgerbeauftragen für Energie, einen Verbraucherverband oder eine nationale Regulierungsbehörde Zugang zu einfachen, fairen, transparenten, unabhängigen, wirksamen und effizienten Mechanismen für die außergerichtliche Beilegung von Streitigkeiten haben, die sich aus den in dieser Richtlinie festgelegten Rechten und Pflichten ergeben. [2] Handelt es sich bei dem Endkunden um einen Verbraucher im Sinne der Richtlinie 2013/11/EU des

---

1) Art. 25 gilt ab dem 1.1.2021, vgl. Art. 73.

Europäischen Parlaments und des Rates[1], so müssen solche Mechanismen der außergerichtlichen Streitbeilegung den in der Richtlinie 2013/11/EU festgelegten Qualitätsanforderungen entsprechen und für berechtigte Fälle Erstattungs- und Entschädigungssysteme vorsehen.

(2) Die Mitgliedstaaten stellen erforderlichenfalls sicher, dass die Stellen für die außergerichtliche Streitbeilegung zusammenarbeiten, um einfache, faire, transparente, unabhängige, wirksame und effiziente außergerichtliche Streitbeilegungsverfahren für alle Streitigkeiten anzubieten, die Produkte und Dienstleistungen betreffen, die an unter diese Richtlinie fallende Produkte und Dienstleistungen gebunden sind oder im Paket damit angeboten bzw. erbracht werden.

(3) Die Mitwirkung von Elektrizitätsunternehmen an Mechanismen für die außergerichtliche Beilegung von Streitigkeiten für Haushaltskunden ist verbindlich, es sei denn, der jeweilige Mitgliedstaat weist gegenüber der Kommission nach, dass andere Mechanismen gleichermaßen wirksam sind.

Art. 27[2] **Grundversorgung.** (1) [1]Die Mitgliedstaaten gewährleisten, dass alle Haushaltskunden und, soweit die Mitgliedstaaten es für angezeigt halten, Kleinunternehmen in ihrem Hoheitsgebiet über eine Grundversorgung verfügen, d.h. das Recht auf Versorgung mit Elektrizität einer bestimmten Qualität zu wettbewerbsfähigen, leicht und eindeutig vergleichbaren, transparenten und diskriminierungsfreien Preisen haben. [2]Zur Gewährleistung der Bereitstellung der Grundversorgung können die Mitgliedstaaten einen Versorger letzter Instanz benennen. [3]Die Mitgliedstaaten erlegen Verteilernetzbetreibern die Verpflichtung auf, Kunden nach Modalitäten, zu Bedingungen und zu Tarifen an ihr Netz anzuschließen, die nach dem Verfahren des Artikels 59 Absatz 7 festgelegt worden sind. [4]Diese Richtlinie hindert die Mitgliedstaaten nicht daran, die Marktposition der Haushaltskunden und kleineren und mittelgroßen Kunden, die nicht Haushaltskunden sind, zu stärken, indem sie die Möglichkeiten des freiwilligen Zusammenschlusses zur Vertretung dieser Kundengruppe fördern.

(2) Absatz 1 wird in transparenter und diskriminierungsfreier Weise umgesetzt, wobei die freie Wahl des Versorgers gemäß Artikel 4 nicht behindert werden darf.

Art. 28 Schutzbedürftige Kunden. (1) [1]Die Mitgliedstaaten ergreifen geeignete Maßnahmen zum Schutz der Kunden und tragen insbesondere dafür Sorge, dass für schutzbedürftige Kunden ein angemessener Schutz besteht. [2]In diesem Zusammenhang definiert jeder Mitgliedstaat den Begriff „schutzbedürftiger Kunde", der auf Energiearmut abstellen und auf das Verbot, solche Kunden in schwierigen Zeiten von der Energieversorgung auszuschließen, hinweisen kann. [3]Für die Definition des Begriffs „schutzbedürftiger Kunde" können die Höhe des Einkommens, der Anteil der Energieausgaben am verfügbaren Einkommen, die Energieeffizienz von Wohnungen, die kritische

---

[1] **Amtl. Anm.:** Richtlinie 2013/11/EU des Europäischen Parlaments und des Rates vom 21. Mai 2013 über die alternative Beilegung verbraucherrechtlicher Streitigkeiten und zur Änderung der Verordnung (EG) Nr. 2006/2004 und der Richtlinie 2009/22/EG (Richtlinie über alternative Streitbeilegung in Verbraucherangelegenheiten) (ABl. L 165 vom 18.6.2013, S. 63).

[2] Art. 27 gilt ab dem 1.1.2021, vgl. Art. 73.

Abhängigkeit von elektrischen Geräten für gesundheitliche Zwecke, das Alter und weitere Kriterien herangezogen werden. [4]Die Mitgliedstaaten stellen sicher, dass die Rechte und Verpflichtungen im Zusammenhang mit schutzbedürftigen Kunden gewährt bzw. eingehalten werden. [5]Insbesondere treffen sie Vorkehrungen, um Endkunden in abgelegenen Gebieten zu schützen. [6]Die Mitgliedstaaten gewährleisten einen hohen Verbraucherschutz, insbesondere bei der Transparenz der Vertragsbedingungen, allgemeinen Informationen und Streitbeilegungsverfahren.

(2) [1]Die Mitgliedstaaten ergreifen geeignete Maßnahmen, beispielsweise Leistungen im Rahmen der Systeme der sozialen Sicherheit zu gewähren, um die notwendige Versorgung für schutzbedürftige Kunden zu gewährleisten, oder Zuschüsse für Verbesserungen der Energieeffizienz zu gewähren sowie Energiearmut, sofern sie gemäß Artikel 3 Absatz 3 Buchstabe d der Verordnung (EU) 2018/1999[1)] festgestellt wurde, auch im breiteren Kontext der Armut, zu bekämpfen. [2]Durch diese Maßnahmen dürfen die in Artikel 4 geforderte wirksame Öffnung des Marktes oder das Funktionieren des Marktes nicht beeinträchtigt werden, und die Kommission ist gegebenenfalls gemäß Artikel 9 Absatz 4 von ihnen in Kenntnis zu setzen. [3]Die entsprechenden Mitteilungen können auch Maßnahmen innerhalb des allgemeinen Systems der sozialen Sicherheit enthalten.

Art. 29 Energiearmut. *[1]* Bei der Einschätzung gemäß Artikel 3 Absatz 3 Buchstabe d der Verordnung (EU) 2018/1999[1)], wie viele Haushalte von Energiearmut betroffen sind, definieren die Mitgliedstaaten eine Reihe von Kriterien und veröffentlichen diese Kriterien, zu denen auch ein niedriges Einkommen, ein hoher Anteil der Energieausgaben am verfügbaren Einkommen und schlechte Energieeffizienz zählen können.

[2] Die Kommission stellt in diesem Zusammenhang und im Zusammenhang mit Artikel 5 Absatz 5 Leitlinien zur Definition des Begriffs „erhebliche Anzahl von von Energiearmut betroffenen Haushalten" bereit und geht dabei davon aus, dass jeder Anteil der Haushalte, die von Energiearmut betroffen sind, als bedeutend angesehen werden kann.

Kapitel IV. Betrieb des Verteilernetzes

Art. 30[2)] Benennung von Verteilernetzbetreibern. Die Mitgliedstaaten oder von diesen dazu aufgeforderte Unternehmen, die Eigentümer von Verteilernetzen oder die für diese verantwortlich sind, benennen für einen Zeitraum, den die Mitgliedstaaten unter Effizienzerwägungen und unter Berücksichtigung der wirtschaftlichen Verhältnisse festlegen, einen oder mehrere Verteilernetzbetreiber.

Art. 31 Aufgaben der Verteilernetzbetreiber. (1) Der Verteilernetzbetreiber ist dafür verantwortlich, auf lange Sicht die Fähigkeit des Netzes sicherzustellen, eine angemessene Nachfrage nach Verteilung von Elektrizität zu befriedigen und in seinem Gebiet unter wirtschaftlichen Bedingungen ein

---

[1)] Nr. **6**.
[2)] Art. 30 gilt ab dem 1.1.2021, vgl. Art. 73.

sicheres, zuverlässiges und effizientes Elektrizitätsverteilernetz unter gebührender Beachtung des Umweltschutzes und der Energieeffizienz zu betreiben, zu warten und auszubauen.

(2) Der Verteilernetzbetreiber darf auf keinen Fall Netzbenutzer oder Kategorien von Netzbenutzern – insbesondere zum Vorteil der mit ihm verbundenen Unternehmen –diskriminieren.

(3) Der Verteilernetzbetreiber stellt den Netzbenutzern die Informationen bereit, die sie für den effizienten Netzzugang und die effiziente Nutzung des Netzes benötigen.

(4) Ein Mitgliedstaat kann dem Verteilernetzbetreiber zur Auflage machen, gemäß Artikel 12 der Verordnung (EU) 2019/943[1)] bei der Inanspruchnahme von Erzeugungsanlagen solchen den Vorrang zu geben, in denen erneuerbare Quellen eingesetzt werden oder die nach dem Prinzip der hocheffizienten Kraft-Wärme-Kopplung betrieben werden.

(5) Soweit er diese Funktion hat, handelt jeder Verteilernetzbetreiber als neutraler Marktvermittler bei der Beschaffung der Energie, die er zur Deckung von Energieverlusten in seinem Netz verwendet, gemäß transparenten, diskriminierungsfreien und marktgestützten Verfahren.

(6) [1] Ist ein Verteilernetzbetreiber für die Beschaffung von Produkten und Leistungen zuständig, die für den leistungsfähigen, zuverlässigen und sicheren Betrieb des Verteilernetzes erforderlich sind, so müssen die vom Verteilernetzbetreiber zu diesem Zweck erlassenen Vorschriften objektiv, transparent und diskriminierungsfrei sein und in Abstimmung mit Übertragungsnetzbetreibern und anderen relevanten Marktteilnehmern ausgearbeitet werden. [2] Die Bedingungen für die Bereitstellung dieser Produkte und Leistungen für die Verteilernetzbetreiber, einschließlich etwaiger Regelungen und Tarife, werden gemäß Artikel 59 Absatz 7 diskriminierungsfrei und kostenorientiert festgelegt, und sie werden veröffentlicht.

(7) [1] Bei der Erfüllung der in Absatz 6 angeführten Aufgaben beschafft der Verteilernetzbetreiber die für sein Netz benötigten nicht frequenzgebundenen Systemdienstleistungen gemäß transparenten, diskriminierungsfreien und marktgestützten Verfahren, es sei denn, die Regulierungsbehörde ist zu der Einschätzung gelangt, dass die marktgestützte Beschaffung nicht frequenzgebundener Systemdienstleistungen wirtschaftlich nicht effizient ist, und hat eine Ausnahme gewährt. [2] Die Verpflichtung zur Beschaffung nicht frequenzgebundener Systemdienstleistungen gilt nicht für vollständig integrierte Netzkomponenten.

(8) Bei der Beschaffung der in Absatz 6 angeführten Produkte und Leistungen muss die wirksame Beteiligung aller qualifizierten Marktteilnehmer – einschließlich der Marktteilnehmer, die Energie aus erneuerbaren Quellen anbieten und derer, die im Bereich Laststeuerung tätig sind, Betreiber von Energiespeicheranlagen sowie von Marktteilnehmern, die in der Aggregierung tätig sind – sichergestellt sein, insbesondere indem von den Regulierungsbehörden und den Verteilernetzbetreibern verlangt wird, in enger Zusammenarbeit mit allen Marktteilnehmern, sowie Übertragungsnetzbetreibern, die technischen Anforderungen für die Teilnahme an diesen Märkten auf der

---

[1)] Nr. 8.

Grundlage der technischen Merkmale dieser Märkte und der Fähigkeiten aller Marktteilnehmer zu definieren.

(9) [1] Verteilernetzbetreiber kooperieren mit Übertragungsnetzbetreibern bei der wirksamen Beteiligung von Marktteilnehmern, die an ihr Netz angeschlossen sind, an dem Endkunden-, dem Großhandels- und dem Regelenergiemarkt. [2] Die Erbringung von Regelenergiedienstleistungen mithilfe von Ressourcen innerhalb des Verteilernetzes wird mit dem jeweiligen Übertragungsnetzbetreiber gemäß Artikel 57 der Verordnung (EU) 2019/943[1)] und Artikel 182 der Verordnung (EU) 2017/1485 der Kommission[2)] vereinbart.

(10) [1] Die Mitgliedstaaten oder ihre benannten zuständigen Behörden können es Verteilernetzbetreibern gestatten, andere Tätigkeiten als jene auszuüben, die in dieser Richtlinie und in der Verordnung (EU) 2019/943[1)] festgelegt sind, sofern diese Tätigkeiten notwendig sind, damit die Verteilernetzbetreiber ihre Verpflichtungen gemäß dieser Richtlinie oder der Verordnung (EU) 2019/943[1)] erfüllen können, sofern die Regulierungsbehörde geprüft hat, dass eine derartige Ausnahmeregelung notwendig ist. [2] Dieser Absatz gilt unbeschadet des Rechts des Verteilernetzbetreibers, Eigentümer von anderen Netzen als Stromnetzen zu sein und diese Netze auszubauen, zu verwalten oder zu betreiben, soweit der Mitgliedstaat oder die benannte zuständige Behörde ihm dieses Recht erteilt hat.

Art. 32 Anreize für die Nutzung von Flexibilität in Verteilernetzen.

(1) [1] Die Mitgliedstaaten schaffen den erforderlichen Regelungsrahmen, durch den die Verteilernetzbetreiber in die Lage versetzt werden und Anreize erhalten, Flexibilitätsleistungen einschließlich Engpassmanagement in ihrem Bereich zu beschaffen, um die Effizienz bei Betrieb und Ausbau des Verteilernetzes zu verbessern. [2] Durch die Regelungsrahmen wird insbesondere sichergestellt, dass die Verteilernetzbetreiber solche Leistungen von Anbietern verteilter Erzeugung, Laststeuerung oder Energiespeicherung in Anspruch nehmen und die Einführung von Maßnahmen zur Energieeffizienz fördern, wenn sich durch diese Dienstleistungen die Notwendigkeit einer Nachrüstung oder eines Kapazitätsersatzes kosteneffizient verringert und der effiziente und sichere Betrieb der Verteilernetze unterstützt wird. [3] Die Verteilernetzbetreiber beschaffen diese Leistungen gemäß transparenten, diskriminierungsfreien und marktgestützten Verfahren, es sei denn, die Regulierungsbehörden haben festgelegt, dass die Beschaffung dieser Leistungen wirtschaftlich nicht effizient ist oder dass eine solche Beschaffung zu schwerwiegenden Marktverzerrungen oder zu stärkeren Engpässen führen würde.

(2) [1] Die Regulierungsbehörde – oder die Verteilernetzbetreiber, vorbehaltlich der Genehmigung durch die Regulierungsbehörde – legen in einem transparenten und partizipatorischen Verfahren, an dem alle relevanten Netznutzer und der Übertragungsnetzbetreiber teilnehmen, die Spezifikationen für die beschafften Flexibilitätsleistungen und gegebenenfalls mindestens auf der Ebene der Mitgliedstaaten vereinheitlichte Marktprodukte für diese Leistungen fest. [2] Durch die Spezifikationen wird die wirksame und diskriminierungsfreie Beteiligung aller Marktteilnehmer sichergestellt, einschließlich Marktteilnehmern,

---

1) Nr. 8.

2) **Amtl. Anm.**: Verordnung (EU) 2017/1485 der Kommission vom 2. August 2017 zur Festlegung einer Leitlinie für den Übertragungsnetzbetrieb (ABl. L 220 vom 25.8.2017, S. 1).

die Energie aus erneuerbaren Quellen anbieten oder im Bereich Laststeuerung tätig sind, Betreibern von Energiespeicheranlagen oder Unternehmen, die in der Aggregierung tätig sind. [3]Die Verteilernetzbetreiber tauschen alle erforderlichen Informationen mit den Übertragungsnetzbetreibern aus und stimmen sich mit ihnen ab, damit die Ressourcen optimal genutzt werden, die Netze sicher und effizient betrieben werden und die Marktentwicklung gefördert wird. [4]Die Verteilernetzbetreiber werden für die Beschaffung solcher Leistungen angemessen vergütet, damit sie zumindest die damit verbundenen angemessenen Kosten decken können, einschließlich der Ausgaben für die erforderlichen Informations- und Kommunikationstechnologien sowie der Infrastrukturkosten.

(3) [1]Der Ausbau eines Verteilernetzes beruht auf einem transparenten Netzentwicklungsplan, den der Verteilernetzbetreiber mindestens alle zwei Jahre veröffentlicht und der Regulierungsbehörde vorlegt. [2]Der Netzentwicklungsplan sorgt für Transparenz bei den erforderlichen mittel- und langfristigen Flexibilitätsleistungen und enthält die in den nächsten fünf bis zehn Jahren geplanten Investitionen, mit besonderem Augenmerk auf die wesentliche Verteilerinfrastruktur, die erforderlich ist, um neue Erzeugungskapazitäten und neue Lasten, einschließlich Ladepunkten für Elektrofahrzeuge, anzuschließen. [3]Der Netzentwicklungsplan thematisiert zudem die Nutzung von Laststeuerung, Energieeffizienz, Energiespeicheranlagen und anderen Ressourcen, auf die der Verteilernetzbetreiber als Alternative zum Netzausbau zurückgreift.

(4) [1]Der Verteilernetzbetreiber konsultiert alle relevanten Netznutzer und die relevanten Übertragungsnetzbetreiber zu dem Netzentwicklungsplan. [2]Der Verteilernetzbetreiber veröffentlicht die Ergebnisse des Konsultationsverfahrens zusammen mit dem Netzentwicklungsplan und legt die Ergebnisse des Konsultationsverfahrens und den Netzentwicklungsplan der Regulierungsbehörde vor. [3]Die Regulierungsbehörde kann Änderungen des Plans verlangen.

(5) Die Mitgliedstaaten können beschließen, die in Absatz 3 festgelegte Verpflichtung nicht auf integrierte Elektrizitätsunternehmen anzuwenden, die weniger als 100 000 angeschlossene Kunden oder kleine, isolierte Netze beliefern.

Art. 33 Einbindung der Elektromobilität in das Stromnetz. (1) [1]Unbeschadet der Richtlinie 2014/94/EU des Europäischen Parlaments und des Rates[1)] bieten die Mitgliedstaaten den erforderlichen Regulierungsrahmen, um den Anschluss öffentlich zugänglicher und privater Ladepunkte an das Verteilernetz zu erleichtern. [2]Die Mitgliedstaaten stellen sicher, dass die Verteilernetzbetreiber auf diskriminierungsfreie Weise mit den Unternehmen zusammenarbeiten, die Eigentümer von Ladepunkten für Elektrofahrzeuge sind bzw. solche Ladepunkte entwickeln, betreiben oder verwalten, auch in Bezug auf den Anschluss an das Netz.

(2) Verteilernetzbetreibern ist es nicht gestattet, Eigentümer von Ladepunkten für Elektrofahrzeuge zu sein oder diese Ladepunkte zu entwickeln, zu verwalten oder zu betreiben, mit Ausnahme der Fälle, in denen Verteilernetz-

---

[1)] **Amtl. Anm.:** Richtlinie 2014/94/EU des Europäischen Parlaments und des Rates vom 22. Oktober 2014 über den Aufbau der Infrastruktur für alternative Kraftstoffe (ABl. L 307 vom 28.10.2014, S. 1).

betreiber Eigentümer ausschließlich für den Eigengebrauch bestimmter privater Ladepunkte sind.

(3) *[1]* Abweichend von Absatz 2 können die Mitgliedstaaten den Verteilernetzbetreibern gestatten, Eigentümer von Ladepunkten für Elektrofahrzeuge zu sein bzw. diese Ladepunkte zu entwickeln, zu verwalten oder zu betreiben, sofern alle folgenden Bedingungen erfüllt sind:

a) Anderen Parteien wurde nach einem offenen, transparenten und diskriminierungsfreien Ausschreibungsverfahren, das der Überprüfung und Genehmigung durch die Regulierungsbehörde bedarf, nicht das Recht gewährt, Eigentümer von Ladepunkten für Elektrofahrzeuge zu sein oder diese Ladepunkte zu entwickeln, zu verwalten oder zu betreiben, oder sie konnten diese Leistungen nicht zu angemessenen Kosten und nicht rechtzeitig erbringen.
b) Die Regulierungsbehörde hat eine Ex-ante-Überprüfung der Bedingungen des Ausschreibungsverfahrens gemäß Buchstabe a vorgenommen und ihre Genehmigung erteilt.
c) Der Verteilernetzbetreiber betreibt die Ladepunkte gemäß Artikel 6 auf der Grundlage des Zugangs Dritter und enthält sich jeder Diskriminierung von Netznutzern oder Kategorien von Netznutzern, insbesondere zum Vorteil der mit ihm verbundenen Unternehmen.

[2] Die Regulierungsbehörden können Leitlinien oder Auftragsvergabeklauseln ausarbeiten, um den Verteilernetzbetreibern dabei zu helfen, für ein faires Ausschreibungsverfahren zu sorgen.

(4) [1] Wenn die Mitgliedstaaten die in Absatz 3 genannten Bedingungen erfüllt haben, führen sie oder ihre benannten zuständigen Behörden in regelmäßigen Abständen oder mindestens alle fünf Jahre eine öffentliche Konsultation durch, um das mögliche Interesse anderer Beteiligter an Eigentum, Entwicklung, Betrieb oder Verwaltung von Ladepunkten für Elektrofahrzeuge erneut zu prüfen. [2] Deutet die öffentliche Konsultation darauf hin, dass Dritte in der Lage sind, Eigentümer solcher Ladepunkte zu sein oder diese Ladepunkte zu entwickeln, zu betreiben oder zu verwalten, so stellen die Mitgliedstaaten sicher, dass die darauf gerichteten Tätigkeiten der Verteilernetzbetreiber vorbehaltlich des erfolgreichen Abschlusses eines Ausschreibungsverfahrens gemäß Absatz 3 Buchstabe a schrittweise eingestellt werden. [3] Als Teil der Bedingungen für dieses Verfahren können die Regulierungsbehörden es den Verteilernetzbetreibern gestatten, sich den Restwert ihrer Investitionen in die Ladeinfrastruktur wieder erstatten zu lassen.

Art. 34 Aufgaben der Verteilernetzbetreiber bei der Datenverwaltung.
[1] Die Mitgliedstaaten stellen sicher, dass alle berechtigten Parteien gemäß den einschlägigen Datenschutzvorschriften zu eindeutigen und gleichen Bedingungen diskriminierungsfrei Zugang zu Daten haben. [2] In den Mitgliedstaaten, in denen intelligente Messsysteme gemäß Artikel 19 eingeführt wurden und Verteilernetzbetreiber in die Datenverwaltung einbezogen sind, müssen die in Artikel 35 Absatz 2 Buchstabe d genannten Gleichbehandlungsprogramme spezifische Maßnahmen enthalten, damit die berechtigten Parteien gemäß Artikel 23 diskriminierungsfrei Zugang zu Daten haben. [3] Unterliegen Verteilernetzbetreiber nicht den Bestimmungen des Artikels 35 Absätze 1, 2 oder 3, so ergreifen die Mitgliedstaaten die erforderlichen Maßnahmen, damit vertikal

integrierte Unternehmen für die Ausführung ihrer Versorgungstätigkeiten keinen privilegierten Zugang zu Daten haben.

Art. 35[1)] Entflechtung von Verteilernetzbetreibern. (1) [1] Gehört der Verteilernetzbetreiber zu einem vertikal integrierten Unternehmen, so muss er zumindest in seiner Rechtsform, Organisation und Entscheidungsgewalt unabhängig von den übrigen Tätigkeitsbereichen sein, die nicht mit der Verteilung zusammenhängen. [2] Diese Bestimmungen begründen keine Verpflichtung, das Eigentum an Vermögenswerten des Verteilernetzbetreibers von dem vertikal integrierten Unternehmen zu trennen.

(2) [1] Gehört der Verteilernetzbetreiber zu einem vertikal integrierten Unternehmen, so muss er zusätzlich zu den Anforderungen des Absatzes 1 in seiner Organisation und Entscheidungsgewalt unabhängig von den übrigen Tätigkeitsbereichen sein, die nicht mit der Verteilung zusammenhängen. [2] Hierzu gelten die folgenden Mindestkriterien:

a) Die für die Leitung des Verteilernetzbetreibers zuständigen Personen dürfen nicht betrieblichen Einrichtungen des integrierten Elektrizitätsunternehmens angehören, die direkt oder indirekt für den laufenden Betrieb in den Bereichen Elektrizitätserzeugung, -übertragung und -versorgung zuständig sind.

b) Es sind geeignete Maßnahmen zu treffen, damit die berufsbedingten Interessen der für die Leitung des Verteilernetzbetreibers zuständigen Personen so berücksichtigt werden, dass ihre Handlungsunabhängigkeit sichergestellt ist.

c) [1] Der Verteilernetzbetreiber hat über Vermögenswerte, die für den Betrieb, die Wartung oder den Ausbau des Netzes erforderlich sind, tatsächliche Entscheidungsbefugnisse, die von dem integrierten Elektrizitätsunternehmen unabhängig sind. [2] Um diese Aufgaben erfüllen zu können, muss der Verteilernetzbetreiber über die erforderlichen Ressourcen, einschließlich personeller, technischer, materieller und finanzieller Ressourcen, verfügen. [3] Das sollte geeigneten Koordinierungsmechanismen nicht entgegenstehen, mit denen sichergestellt wird, dass die wirtschaftlichen Befugnisse des Mutterunternehmens und seine Aufsichtsrechte über das Management im Zusammenhang mit der – mit Artikel 59 Absatz 7 indirekt geregelten – Rentabilität eines Tochterunternehmens geschützt werden. [4] Das ermöglicht es dem Mutterunternehmen insbesondere, den jährlichen Finanzplan oder ein gleichwertiges Instrument des Verteilernetzbetreibers zu genehmigen und allgemeine Grenzwerte für die Verschuldung seines Tochterunternehmens festzulegen. [5] Hierdurch ist es dem Mutterunternehmen jedoch nicht gestattet, Weisungen zum laufenden Betrieb oder einzelnen Entscheidungen über den Bau oder die Modernisierung von Verteilerleitungen zu erteilen, die über den Rahmen des genehmigten Finanzplans oder eines gleichwertigen Instruments nicht hinausgehen.

d) [1] Der Verteilernetzbetreiber stellt ein Gleichbehandlungsprogramm auf, aus dem hervorgeht, welche Maßnahmen zur Unterbindung diskriminierenden Verhaltens getroffen werden, und er stellt sicher, dass die Einhaltung dieses Programms angemessen überwacht wird. [2] In dem Programm ist festgelegt, welche besonderen Pflichten die Mitarbeiter haben, damit dieses Ziel ver-

---

[1)] Art. 35 gilt ab dem 1.1.2021, vgl. Art. 73.

wirklicht wird. [3] Die für die Beobachtung des Gleichbehandlungsprogramms zuständige Person oder Stelle – der Gleichbehandlungsbeauftragte des Verteilernetzbetreibers – legt der in Artikel 57 Absatz 1 genannten Regulierungsbehörde jährlich einen Bericht über die getroffenen Maßnahmen vor, der veröffentlicht wird. [4] Der Gleichbehandlungsbeauftragte des Verteilernetzbetreibers ist völlig unabhängig und hat Zugang zu allen Informationen, über die der Verteilernetzbetreiber und etwaige verbundene Unternehmen verfügen und die der Gleichbehandlungsbeauftragte benötigt, um seine Aufgabe zu erfüllen.

(3) [1] Ist der Verteilernetzbetreiber Teil eines vertikal integrierten Unternehmens, so stellen die Mitgliedstaaten sicher, dass die Tätigkeiten des Verteilernetzbetreibers von den Regulierungsbehörden oder sonstigen zuständigen Stellen überwacht werden, damit er die vertikale Integrierung nicht zur Verzerrung des Wettbewerbs ausnutzen kann. [2] Insbesondere müssen vertikal integrierte Verteilernetzbetreiber in ihren Kommunikationsaktivitäten und ihrer Markenpolitik dafür Sorge tragen, dass eine Verwechslung der Sonderidentität der Versorgungssparte des vertikal integrierten Unternehmens ausgeschlossen ist.

(4) Die Mitgliedstaaten können beschließen, die Absätze 1, 2 und 3 nicht auf integrierte Elektrizitätsunternehmen anzuwenden, die weniger als 100 000 angeschlossene Kunden oder kleine, isolierte Netze beliefern.

Art. 36 Eigentum von Verteilernetzbetreibern an Energiespeicheranlagen. (1) Verteilernetzbetreibern wird es nicht gestattet, Eigentümer von Energiespeicheranlagen zu sein oder diese Anlagen zu errichten, zu verwalten oder zu betreiben.

(2) *[1]* Abweichend von Absatz 1 können die Mitgliedstaaten den Verteilernetzbetreibern gestatten, Eigentümer von Energiespeicheranlagen zu sein oder diese Anlagen, wenn sie vollständig integrierte Netzkomponenten darstellen, zu errichten, zu verwalten oder zu betreiben, wenn die Regulierungsbehörde ihre Genehmigung erteilt hat, oder wenn alle folgenden Bedingungen erfüllt sind:

a) Anderen Parteien wurde nach Durchführung eines offenen, transparenten und diskriminierungsfreien Ausschreibungsverfahrens, das der Überprüfung und Genehmigung durch die Regulierungsbehörde bedarf, nicht das Recht gewährt, Eigentümer solcher Anlagen zu sein oder diese Anlagen zu errichten, zu verwalten oder zu betreiben, oder sie konnten diese Leistungen weder zu angemessenen Kosten noch rechtzeitig erbringen.
b) Solche Anlagen sind notwendig, damit Verteilernetzbetreiber ihre Verpflichtungen im Rahmen dieser Richtlinie zur Aufrechterhaltung eines leistungsfähigen, zuverlässigen und sicheren Betriebs der Verteilernetze erfüllen können, und die Anlagen werden nicht verwendet, um Elektrizität auf Strommärkten zu kaufen oder zu verkaufen.
c) Die Regulierungsbehörde hat geprüft, ob eine solche Ausnahme notwendig ist, eine Bewertung des Ausschreibungsverfahrens einschließlich seiner Bedingungen vorgenommen und ihre Genehmigung erteilt.

[2] Die Regulierungsbehörden können Leitlinien oder Auftragsvergabeklauseln ausarbeiten, um den Verteilernetzbetreibern dabei zu helfen, für ein faires Ausschreibungsverfahren zu sorgen.

(3) [1]Die Regulierungsbehörden führen in regelmäßigen Abständen oder mindestens alle fünf Jahre eine öffentliche Konsultation zu den vorhandenen Energiespeicheranlagen durch, um zu prüfen, ob ein Potential für und Interesse an Investitionen in solche Anlagen besteht. [2]Deutet die öffentliche Konsultation – gemäß der Bewertung durch die Regulierungsbehörde – darauf hin, dass Dritte in kosteneffizienter Weise in der Lage sind, Eigentümer solcher Anlagen zu sein bzw. solche Anlagen zu errichten, zu betreiben oder zu verwalten, so stellen die Regulierungsbehörden sicher, dass die darauf gerichteten Tätigkeiten der Verteilernetzbetreiber binnen 18 Monaten schrittweise eingestellt werden. [3]Als Teil der Bedingungen dieses Verfahrens können die Regulierungsbehörden es den Verteilernetzbetreibern gestatten, einen angemessenen Ausgleich zu erhalten, insbesondere sich den Restwert ihrer Investitionen in Energiespeicheranlagen erstatten zu lassen.

(4) Absatz 3 gilt nicht für vollständig integrierte Netzkomponenten und nicht für den üblichen Abschreibungszeitraum für neue Batteriespeicheranlagen, bei denen die endgültige Investitionsentscheidung vor dem 4. Juli 2019 getroffen wurde, und soweit solche Batteriespeicheranlagen

a) spätestens zwei Jahre danach an das Netz angeschlossen wurden,
b) in das Verteilernetz integriert sind,
c) nur zur reaktiven unmittelbaren Wiederherstellung der Netzsicherheit im Fall von Netzfehlern verwendet werden, wenn die Wiederherstellungsmaßnahme unmittelbar beginnt und endet, sobald das Problem durch reguläre Redispatchmaßnahmen behoben werden kann, und
d) nicht verwendet werden, um Elektrizität auf Elektrizitätsmärkten – einschließlich des Regelleistungsmarkts – zu kaufen oder zu verkaufen.

Art. 37[1)] Vertraulichkeitsanforderungen für Verteilernetzbetreiber. Unbeschadet des Artikels 55 oder sonstiger gesetzlicher Voraussetzungen zur Offenlegung von Informationen wahrt der Verteilernetzbetreiber die Vertraulichkeit wirtschaftlich sensibler Informationen, von denen er bei der Ausübung seiner Geschäftstätigkeit Kenntnis erlangt, und verhindert, dass Informationen über seine eigenen Tätigkeiten, die wirtschaftliche Vorteile bringen können, in diskriminierender Weise offengelegt werden.

Art. 38[2)] Geschlossene Verteilernetze. (1) Die Mitgliedstaaten können veranlassen, dass die Regulierungsbehörden oder sonstigen zuständigen Behörden ein Netz, mit dem in einem geografisch begrenzten Industrie- oder Gewerbegebiet oder Gebiet, in dem Leistungen gemeinsam genutzt werden, Elektrizität verteilt wird, wobei – unbeschadet des Absatzes 4 – keine Haushaltskunden versorgt werden, als geschlossenes Netz einstufen, wenn

a) die Tätigkeiten oder Produktionsverfahren der Benutzer dieses Netzes aus konkreten technischen oder sicherheitstechnischen Gründen verknüpft sind oder
b) mit dem Netz in erster Linie Elektrizität an den Netzeigentümer oder -betreiber oder an mit diesen verbundene Unternehmen verteilt wird.

---

1) Art. 37 gilt ab dem 1.1.2021, vgl. Art. 73.
2) Art. 38 Abs. 1, 3 und 4 gelten ab dem 1.1.2021, vgl. Art. 73.

(2) [1] Für die Zwecke dieser Richtlinie gelten geschlossene Verteilernetze als Verteilernetze. [2] Die Mitgliedstaaten können veranlassen, dass der Betreiber eines geschlossenen Verteilernetzes von den Regulierungsbehörden von den folgenden Verpflichtungen freigestellt wird:

a) von der nach Artikel 31 Absätze 5 und 7 geltenden Verpflichtung, Energie zur Deckung von Energieverlusten und nicht frequenzgebundenen Systemdienstleistungen im Netz gemäß transparenten, diskriminierungsfreien und marktgestützten Verfahren zu beschaffen;
b) von der nach Artikel 6 Absatz 1 geltenden Verpflichtung, Tarife oder die Methode zu ihrer Berechnung vor deren Inkrafttreten gemäß Artikel 59 Absatz 1 genehmigen zu lassen;
c) von der nach Artikel 32 Absatz 1 geltenden Verpflichtung, Flexibilitätsleistungen zu beschaffen, und von der nach Artikel 32 Absatz 3 geltenden Verpflichtung, das Netz des Betreibers auf der Grundlage von Netzentwicklungsplänen auszubauen;
d) von der nach Artikel 33 Absatz 2 geltenden Verpflichtung, weder Eigentümer von Ladepunkten für Elektrofahrzeuge zu sein noch diese Ladepunkte zu errichten, zu verwalten oder zu betreiben; und
e) von der nach Artikel 36 Absatz 1 geltenden Verpflichtung, weder Eigentümer von Energiespeicheranlagen zu sein noch diese Anlagen zu errichten, zu verwalten oder zu betreiben.

(3) Wird eine Befreiung nach Absatz 2 gewährt, so werden die geltenden Tarife oder die Methoden zu ihrer Berechnung auf Verlangen eines Benutzers des geschlossenen Verteilernetzes gemäß Artikel 59 Absatz 1 überprüft und genehmigt.

(4) Die gelegentliche Nutzung des Verteilernetzes durch eine geringe Anzahl von Haushalten, deren Personen ein Beschäftigungsverhältnis oder vergleichbare Beziehungen zum Eigentümer des Verteilernetzes unterhalten und die sich in dem durch ein geschlossenes Verteilernetz versorgten Gebiet befinden, steht der Gewährung der Freistellung gemäß Absatz 2 nicht entgegen.

Art. 39[1)] Kombinationsnetzbetreiber. Artikel 35 Absatz 1 steht dem gemeinsamen Betrieb des Übertragungs- und Verteilernetzes durch einen Netzbetreiber nicht entgegen, sofern dieser Netzbetreiber Artikel 43 Absatz 1, die Artikel 44 und 45 oder die Bestimmungen des Kapitels VI Abschnitt 3 einhält oder in den Anwendungsbereich des Artikels 66 Absatz 3 fällt.

Kapitel V. Allgemeine Vorschriften für Übertragungsnetzbetreiber

Art. 40 Aufgaben der Übertragungsnetzbetreiber. (1) Jeder Übertragungsnetzbetreiber ist für Folgendes zuständig:

a) in enger Zusammenarbeit mit benachbarten Übertragungsnetzbetreibern und Verteilernetzbetreibern auf lange Sicht die Fähigkeit des Netzes sicherzustellen, eine angemessene Nachfrage nach Übertragung von Elektrizität zu befriedigen sowie unter wirtschaftlichen Bedingungen und unter gebüh-

---

[1)] Art. 39 gilt ab dem 1.1.2021, vgl. Art. 73.

render Beachtung des Umweltschutzes ein sicheres, zuverlässiges und leistungsfähiges Übertragungsnetz zu betreiben, zu warten und auszubauen;

b) sicherzustellen, dass die zur Erfüllung seiner Verpflichtungen erforderlichen Mittel vorhanden sind;

c) durch entsprechende Übertragungskapazität und Zuverlässigkeit des Netzes zur Versorgungssicherheit beizutragen;

d) die Übertragung von Elektrizität durch das Netz unter Berücksichtigung des Austauschs mit anderen Verbundnetzen zu regeln. Zu diesem Zweck ist es Sache des Übertragungsnetzbetreibers, ein sicheres, zuverlässiges und effizientes Elektrizitätsnetz zu unterhalten und in diesem Zusammenhang die Bereitstellung aller notwendigen Systemdienstleistungen – einschließlich jener, die durch Laststeuerung und durch Energiespeicheranlagen geleistet werden – sicherzustellen, sofern diese Bereitstellung unabhängig von anderen Übertragungsnetzen ist, mit denen das Netz einen Verbund bildet;

e) dem Betreiber anderer Netze, mit denen sein eigenes Netz verbunden ist, ausreichende Informationen bereitzustellen, um den sicheren und effizienten Betrieb, den koordinierten Ausbau und die Interoperabilität des Verbundnetzes sicherzustellen;

f) die Gleichbehandlung von Netzbenutzern oder Kategorien von Netzbenutzern – insbesondere zum Vorteil der mit ihm verbundenen Unternehmen – zu gewährleisten;

g) den Netzbenutzern die Informationen zur Verfügung zu stellen, die sie für einen effizienten Netzzugang benötigen;

h) unter der Aufsicht der Regulierungsbehörden Engpasserlöse und Zahlungen im Rahmen des Ausgleichsmechanismus zwischen Übertragungsnetzbetreibern gemäß Artikel 49 der Verordnung (EU) 2019/943[1)] einzunehmen, Dritten Zugang zu gewähren und deren Zugang zu regeln sowie begründete Erklärungen abzugeben, wenn er den Zugang verweigert; bei der Ausübung ihrer im Rahmen dieses Artikels festgelegten Aufgaben haben die Übertragungsnetzbetreiber in erster Linie die Marktintegration zu erleichtern;

i) Systemdienstleistungen zu beschaffen, um die Betriebssicherheit zu wahren;

j) eine Rahmenregelung für die Zusammenarbeit und die Koordinierung der regionalen Koordinierungszentren zu erlassen;

k) sich an der Erstellung der europäischen und nationalen Abschätzungen Leistungsbilanz der Angemessenheit der Ressourcen gemäß Kapitel IV der Verordnung (EU) 2019/943[1)] zu beteiligen;

l) die Digitalisierung der Übertragungsnetze;

m) die Datenverwaltung, einschließlich der Entwicklung von Datenverwaltungssystemen, Cybersicherheit und den Datenschutz, vorbehaltlich der geltenden Vorschriften und unbeschadet der Zuständigkeit anderer Behörden.

(2) *[1]* [1] Die Mitgliedstaaten können vorsehen, dass eine oder mehrere der in Absatz 1 des vorliegenden Artikels aufgeführten Zuständigkeiten einem Übertragungsnetzbetreiber zugewiesen werden, der nicht Eigentümer des Übertra-

---

[1)] Nr. 8.

gungsnetzes ist, auf das die jeweiligen Zuständigkeiten anwendbar wären. [2] Der Übertragungsnetzbetreiber, dem die Aufgaben zugewiesen werden, ist als eigentumsrechtlich entflochtener, unabhängiger Netzbetreiber oder unabhängiger Übertragungsnetzbetreiber zu zertifizieren und hat die Anforderungen gemäß Artikel 43 zu erfüllen, muss jedoch nicht Eigentümer des Übertragungsnetzes sein, für das er zuständig ist.

[2] [1] Der Übertragungsnetzbetreiber, der Eigentümer des Übertragungsnetzes ist, hat die Anforderungen gemäß Kapitel VI zu erfüllen und ist gemäß Artikel 43 zu zertifizieren. [2] Das berührt nicht die Möglichkeit von Übertragungsnetzbetreibern, die als eigentumsrechtlich entflochtener, unabhängiger Netzbetreiber oder unabhängiger Übertragungsnetzbetreiber zertifiziert sind, von sich aus und unter ihrer Aufsicht bestimmte Aufgaben anderen Übertragungsnetzbetreibern zu übertragen, die als eigentumsrechtlich entflochtener, unabhängiger Netzbetreiber oder unabhängiger Übertragungsnetzbetreiber zertifiziert sind, sofern diese Aufgabenübertragung die Rechte auf die wirksame und unabhängige Entscheidungsfindung des delegierenden Übertragungsnetzbetreibers nicht beeinträchtigt.

(3) Bei der Wahrnehmung der in Absatz 1 angeführten Aufgaben berücksichtigt der Übertragungsnetzbetreiber die von den regionalen Koordinierungszentren herausgegebenen Empfehlungen.

(4) *[1]* Bei der Wahrnehmung der Aufgabe gemäß Absatz 1 Buchstabe i beschaffen die Übertragungsnetzbetreiber Regelreserve auf folgender Grundlage:

a) Es gelten transparente, diskriminierungsfreie und marktgestützte Verfahren;
b) Die Beteiligung aller qualifizierten Elektrizitätsunternehmen und Marktteilnehmer, einschließlich Marktteilnehmern, die Energie aus erneuerbaren Quellen anbieten oder im Bereich Laststeuerung tätig sind, Betreibern von Energiespeicheranlagen oder Unternehmen, die in der Aggregierung tätig sind, ist sichergestellt.

[2] Zu dem Zweck des Unterabsatzes 1 Buchstabe b legen die Regulierungsbehörden und Übertragungsnetzbetreiber in enger Zusammenarbeit mit allen Marktteilnehmern die technischen Anforderungen für die Teilnahme an diesen Märkten auf der Grundlage der technischen Merkmale dieser Märkte fest.

(5) [1] Absatz 4 gilt für die Erbringung nicht frequenzbezogener Systemdienstleistungen durch Übertragungsnetzbetreiber, es sei denn, die Regulierungsbehörde hat geprüft, dass die marktgestützte Erbringung nicht frequenzgebundener Systemdienstleistungen wirtschaftlich nicht effizient ist, und hat eine Ausnahme gewährt. [2] Durch den Regelungsrahmen wird insbesondere sichergestellt, dass die Übertragungsnetzbetreiber in der Lage sind solche Leistungen von Anbietern dezentraler Erzeugung, Laststeuerung oder Energiespeicherung in Anspruch zu nehmen, und Maßnahmen zur Energieeffizienz gefördert werden, wenn sich durch diese Dienstleistungen die Notwendigkeit einer Nachrüstung oder eines Kapazitätsersatzes kosteneffizient verringert und der effiziente und sichere Betrieb der Übertragungsnetze unterstützt wird.

(6) [1] Die Übertragungsnetzbetreiber – vorbehaltlich der Genehmigung durch die Regulierungsbehörde – bzw. die Regulierungsbehörde selbst legen in einem transparenten und partizipatorischen Verfahren, an dem alle relevanten Netznutzer und der Verteilernetzbetreiber teilnehmen, die Spezifikationen für

die beschafften nicht frequenzgebundenen Systemdienstleistungen und erforderlichenfalls mindestens auf der Ebene der Mitgliedstaaten vereinheitlichte Marktprodukte für diese Dienste fest. [2] Durch die Spezifikationen wird die wirksame und diskriminierungsfreie Beteiligung aller Marktteilnehmer sichergestellt, einschließlich Marktteilnehmern, die Energie aus erneuerbaren Quellen anbieten oder im Bereich Laststeuerung tätig sind, Betreibern von Energiespeicheranlagen oder Unternehmen, die in der Aggregierung tätig sind. [3] Die Übertragungsnetzbetreiber tauschen alle erforderlichen Informationen mit den Verteilernetzbetreibern aus und stimmen sich mit ihnen ab, damit die Ressourcen optimal genutzt werden, die Netze sicher und effizient betrieben werden und die Marktentwicklung erleichtert wird. [4] Die Übertragungsnetzbetreiber werden für die Beschaffung solcher Dienste angemessen vergütet, damit sie zumindest die damit verbundenen angemessenen Kosten decken können, einschließlich der Ausgaben für die erforderlichen Informations- und Kommunikationstechnologien sowie der Infrastrukturkosten.

(7) Die in Absatz 5 genannte Verpflichtung zur Beschaffung nicht frequenzgebundener Systemdienstleistungen gilt nicht für vollständig integrierte Netzkomponenten.

(8) [1] Die Mitgliedstaaten oder ihre benannten zuständigen Behörden können es Übertragungsnetzbetreibern gestatten, andere Tätigkeiten als jene auszuüben, die in dieser Richtlinie und in der Verordnung (EU) 2019/943[1)] festgelegt sind, sofern diese Tätigkeiten notwendig sind, damit die Übertragungsnetzbetreiber ihre Verpflichtungen gemäß dieser Richtlinie oder der Verordnung (EU) 2019/943[1)] erfüllen können, und sofern die Regulierungsbehörde geprüft hat, dass eine derartige Ausnahmeregelung notwendig ist. [2] Dieser Absatz gilt unbeschadet des Rechts von Übertragungsnetzbetreibern, Eigentümer von anderen Netzen als Stromnetzen zu sein oder diese Netze zu verwalten oder zu betreiben, soweit ihnen der Mitgliedstaat oder die benannte zuständige Behörde ein solches Recht gewährt hat.

Art. 41[2)] Vertraulichkeits- und Transparenzanforderungen für Betreiber und Eigentümer von Übertragungsnetzen. (1) [1] Unbeschadet des Artikels 55 und sonstiger rechtlicher Verpflichtungen zur Offenlegung von Informationen wahrt jeder Betreiber eines Übertragungsnetzes und jeder Eigentümer eines Übertragungsnetzes die Vertraulichkeit wirtschaftlich sensibler Informationen, von denen er bei der Ausübung seiner Geschäftstätigkeit Kenntnis erlangt, und verhindert, dass Informationen über seine eigenen Tätigkeiten, die wirtschaftliche Vorteile bringen können, in diskriminierender Weise offengelegt werden. [2] Insbesondere gibt er keine wirtschaftlich sensiblen Informationen an andere Teile des Unternehmens weiter, es sei denn, solch eine Offenlegung ist für die Durchführung einer Transaktion erforderlich. [3] Damit die Regeln zur Informationsentflechtung vollständig eingehalten werden, stellen die Mitgliedstaaten ferner sicher, dass der Eigentümer des Übertragungsnetzes und die übrigen Teile des Unternehmens – abgesehen von Einrichtungen rein administrativer Natur oder von IT-Diensten – keine gemeinsamen Einrichtungen, z.B. gemeinsame Rechtsabteilungen, in Anspruch nehmen.

[1)] Nr. 8.
[2)] Art. 41 gilt ab dem 1.1.2021, vgl. Art. 73.

(2) Übertragungsnetzbetreiber dürfen wirtschaftlich sensible Informationen, die sie von Dritten im Zusammenhang mit der Gewährung des Netzzugangs oder bei Verhandlungen hierüber erhalten, beim Verkauf oder Erwerb von Elektrizität durch verbundene Unternehmen nicht missbräuchlich verwenden.

(3) [1] Die für einen wirksamen Wettbewerb und das tatsächliche Funktionieren des Marktes erforderlichen Informationen werden veröffentlicht. [2] Die Wahrung der Vertraulichkeit wirtschaftlich sensibler Informationen bleibt von dieser Verpflichtung unberührt.

Art. 42 Entscheidungsbefugnisse im Zusammenhang mit dem Anschluss neuer Erzeugungsanlagen und Energiespeicheranlagen an das Übertragungsnetz. (1) [1] Der Übertragungsnetzbetreiber entwickelt und veröffentlicht transparente und effiziente Verfahren für den diskriminierungsfreien Anschluss neuer Erzeugungsanlagen und Energiespeicheranlagen an das Übertragungsnetz. [2] Diese Verfahren bedürfen der Genehmigung durch die Regulierungsbehörden.

(2) *[1]* [1] Der Übertragungsnetzbetreiber hat nicht das Recht, den Anschluss einer neuen Erzeugungsanlage oder einer Energiespeicheranlage unter Berufung auf mögliche künftige Einschränkungen der verfügbaren Netzkapazitäten, z.B. Engpässe in entlegenen Teilen des Übertragungsnetzes, abzulehnen. [2] Der Übertragungsnetzbetreiber stellt die erforderlichen Unterlagen zur Verfügung.

[2] [1] Der erste Unterabsatz lässt die Möglichkeit für Übertragungsnetzbetreiber, die garantierte Anschlusskapazität zu begrenzen oder den Anschluss vorbehaltlich betrieblicher Beschränkungen anzubieten, um die Wirtschaftlichkeit neuer Erzeugungsanlagen oder Energiespeicheranlagen sicherzustellen, unberührt, sofern diese Beschränkungen von der Regulierungsbehörde genehmigt wurden. [2] Die Regulierungsbehörde stellt sicher, dass alle Beschränkungen der garantierten Anschlusskapazität oder betriebliche Beschränkungen auf der Grundlage transparenter und diskriminierungsfreier Verfahren eingeführt werden und mit ihnen keine unzulässigen Hindernisse für den Markteintritt geschaffen werden. [3] Trägt die Erzeugungsanlage oder die Energiespeicheranlage die Kosten der Sicherstellung des unbeschränkten Anschlusses, so gelten keine Beschränkungen.

(3) Der Übertragungsnetzbetreiber hat nicht das Recht, die Einrichtung eines neuen Anschlusspunktes mit der Begründung abzulehnen, dass hierdurch zusätzliche Kosten als Folge der notwendigen Kapazitätserhöhung für die in unmittelbarer Nähe des Anschlusspunktes befindlichen Netzteile entstünden.

Kapitel VI. Entflechtung der Übertragungsnetzbetreiber

Abschnitt 1. Eigentumsrechtliche Entflechtung

Art. 43[1)] Eigentumsrechtliche Entflechtung der Übertragungsnetze und der Übertragungsnetzbetreiber. (1) Die Mitgliedstaaten gewährleisten, dass

---

1) Art. 43 gilt ab dem 1.1.2021, vgl. Art. 73.

a) jedes Unternehmen, das Eigentümer eines Übertragungsnetzes ist, als Übertragungsnetzbetreiber agiert,

b) nicht dieselbe(n) Person(en) weder berechtigt ist (sind),

i) direkt oder indirekt die Kontrolle über ein Unternehmen auszuüben, das eine der Funktionen Erzeugung oder Versorgung wahrnimmt, und direkt oder indirekt die Kontrolle über einen Übertragungsnetzbetreiber oder ein Übertragungsnetz auszuüben oder Rechte an einem Übertragungsnetzbetreiber oder einem Übertragungsnetz auszuüben, noch

ii) direkt oder indirekt die Kontrolle über einen Übertragungsnetzbetreiber oder ein Übertragungsnetz auszuüben und direkt oder indirekt die Kontrolle über ein Unternehmen auszuüben, das eine der Funktionen Erzeugung oder Versorgung wahrnimmt, oder Rechte an einem solchen Unternehmen auszuüben,

c) nicht dieselbe(n) Person(en) weder berechtigt ist (sind), Mitglieder des Aufsichtsrates, des Verwaltungsrates oder der zur gesetzlichen Vertretung berufenen Organe eines Übertragungsnetzbetreibers oder eines Übertragungsnetzes zu bestellen und direkt oder indirekt die Kontrolle über ein Unternehmen auszuüben, das eine der Funktionen Erzeugung oder Versorgung wahrnimmt, noch Rechte an einem solchen Unternehmen auszuüben, und

d) nicht eine Person berechtigt ist, Mitglied des Aufsichtsrates, des Verwaltungsrates oder der zur gesetzlichen Vertretung berufenen Organe sowohl eines Unternehmens, das eine der Funktionen Erzeugung oder Versorgung wahrnimmt, als auch eines Übertragungsnetzbetreibers oder eines Übertragungsnetzes zu sein.

(2) Die in Absatz 1 Buchstaben b und c genannten Rechte schließen insbesondere Folgendes ein:

a) die Befugnis zur Ausübung von Stimmrechten,

b) die Befugnis, Mitglieder des Aufsichtsrates, des Verwaltungsrates oder der zur gesetzlichen Vertretung berufenen Organe zu bestellen oder

c) das Halten einer Mehrheitsbeteiligung.

(3) Für die Zwecke des Absatzes 1 Buchstabe b schließt der Begriff „Unternehmen, das eine der Funktionen Erzeugung oder Versorgung wahrnimmt" auch ein „Unternehmen, das eine der Funktionen Gewinnung und Versorgung wahrnimmt" im Sinne der Richtlinie 2009/73/EG[1)] und schließen die Begriffe „Übertragungsnetzbetreiber" und „Übertragungsnetz" auch „Fernleitungsnetzbetreiber" und „Fernleitungsnetz" im Sinne derselben Richtlinie ein.

(4) [1] Die Verpflichtung des Absatzes 1 Buchstabe a gilt als erfüllt, wenn zwei oder mehr Unternehmen, die Eigentümer von Übertragungsnetzen sind, ein Gemeinschaftsunternehmen gründen, das in zwei oder mehr Mitgliedstaaten als Übertragungsnetzbetreiber für die betroffenen Übertragungsnetze tätig ist. [2] Kein anderes Unternehmen darf Teil des Gemeinschaftsunternehmens sein, es sei denn, es wurde gemäß Artikel 44 als unabhängiger Netzbetreiber oder als unabhängiger Übertragungsnetzbetreiber für die Zwecke des Abschnitts 3 zugelassen.

[1)] Nr. **5**.

(5) Handelt es sich bei der in Absatz 1 Buchstaben b, c und d genannten Person um den Mitgliedstaat oder eine andere öffentlich-rechtliche Stelle, so gelten zwei voneinander getrennte öffentlich-rechtliche Stellen, die einerseits die Kontrolle über einen Übertragungsnetzbetreiber oder über ein Übertragungsnetz und andererseits über ein Unternehmen, das eine der Funktionen Erzeugung oder Versorgung wahrnimmt, ausüben, nicht als ein und dieselbe Person bzw. dieselben Personen.

(6) Die Mitgliedstaaten stellen sicher, dass weder die in Artikel 41 genannten wirtschaftlich sensiblen Informationen, über die ein Übertragungsnetzbetreiber verfügt, der Teil eines vertikal integrierten Unternehmens war, weitergegeben werden noch dessen Personal an Unternehmen, die eine der Funktionen Erzeugung oder Versorgung wahrnehmen, transferiert wird.

(7) *[1]* In den Fällen, in denen das Übertragungsnetz am 3. September 2009 einem vertikal integrierten Unternehmen gehörte, kann ein Mitgliedstaat entscheiden, Absatz 1 nicht anzuwenden.

[2] In diesem Fall muss der betroffene Mitgliedstaat entweder

a) einen unabhängigen Netzbetreiber gemäß Artikel 44 benennen oder

b) Abschnitt 3 einhalten.

(8) In den Fällen, in denen das Übertragungsnetz am 3. September 2009 einem vertikal integrierten Unternehmen gehörte und Regelungen bestanden, mit denen eine wirksamere Unabhängigkeit des Übertragungsnetzbetreibers als nach Abschnitt 3 sichergestellt wird, kann ein Mitgliedstaat entscheiden, Absatz 1 nicht anzuwenden.

(9) Bevor ein Unternehmen als Übertragungsnetzbetreiber nach Absatz 8 des vorliegenden Artikels zugelassen und benannt wird, ist es nach den Verfahren des Artikels 52 Absätze 4, 5 und 6 der vorliegenden Richtlinie und des Artikels 51 der Verordnung (EU) 2019/943[1)] zu zertifizieren, wobei die Kommission überprüft, ob mit den bestehenden Regelungen eindeutig eine wirksamere Unabhängigkeit des Übertragungsnetzbetreibers als nach Abschnitt 3 dieses Kapitels sichergestellt wird.

(10) Vertikal integrierte Unternehmen, die Eigentümer eines Übertragungsnetzes sind, können in keinem Fall daran gehindert werden, Schritte zur Einhaltung des Absatzes 1 zu unternehmen.

(11) Unternehmen, die eine der Funktionen Erzeugung oder Versorgung wahrnehmen, können in einem Mitgliedstaat, der Absatz 1 anwendet, unter keinen Umständen direkt oder indirekt die Kontrolle über einen entflochtenen Übertragungsnetzbetreiber übernehmen oder Rechte an diesem Übertragungsnetzbetreiber ausüben.

Abschnitt 2. Unabhängige Netzbetreiber

Art. 44[2)] Unabhängige Netzbetreiber. (1) [1] In den Fällen, in denen das Übertragungsnetz am 3. September 2009 einem vertikal integrierten Unternehmen gehörte, können die Mitgliedstaaten entscheiden, Artikel 43 Absatz 1 nicht anzuwenden, und auf Vorschlag des Eigentümers des Übertragungsnetzes

[1)] Nr. 8.
[2)] Art. 44 gilt ab dem 1.1.2021, vgl. Art. 73.

einen unabhängigen Netzbetreiber benennen. [2]Die Benennung bedarf der Zustimmung der Kommission.

(2) Ein Mitgliedstaat kann einen unabhängigen Netzbetreiber nur unter folgenden Bedingungen zulassen und benennen:

a) Der Bewerber hat den Nachweis erbracht, dass er den Anforderungen des Artikels 43 Absatz 1 Buchstaben b, c und d genügt.

b) Der Bewerber hat den Nachweis erbracht, dass er über die erforderlichen finanziellen, technischen, personellen und materiellen Ressourcen verfügt, um die Aufgaben gemäß Artikel 40 wahrzunehmen.

c) Der Bewerber hat sich verpflichtet, einen von der Regulierungsbehörde überwachten zehnjährigen Netzentwicklungsplan umzusetzen.

d) [1]Der Eigentümer des Übertragungsnetzes hat den Nachweis erbracht, dass er in der Lage ist, seinen Verpflichtungen gemäß Absatz 5 nachzukommen. [2]Zu diesem Zweck legt er sämtliche mit dem Bewerberunternehmen und etwaigen anderen relevanten Rechtspersonen getroffene vertragliche Vereinbarungen im Entwurf vor.

e) Der Bewerber hat den Nachweis erbracht, dass er in der Lage ist, seinen Verpflichtungen gemäß der Verordnung (EU) 2019/943[1)], auch bezüglich der Zusammenarbeit der Übertragungsnetzbetreiber auf europäischer und regionaler Ebene, nachzukommen.

(3) [1]Unternehmen, denen von der nationalen Regulierungsbehörde bescheinigt wurde, dass sie den Anforderungen des Artikels 53 und Absatz 2 dieses Artikels genügen, werden von den Mitgliedstaaten zugelassen und als Übertragungsnetzbetreiber benannt. [2]Es gilt das Zertifizierungsverfahren des Artikels 52 dieser Richtlinie und des Artikels 51 der Verordnung (EU) 2019/943[1)] oder des Artikels 53 der vorliegenden Richtlinie.

(4) [1]Jeder unabhängige Netzbetreiber ist für die Gewährung und Regelung des Zugangs Dritter verantwortlich, einschließlich der Erhebung von Zugangsentgelten sowie der Einnahme von Engpasserlösen und Zahlungen im Rahmen des Ausgleichsmechanismus zwischen Übertragungsnetzbetreibern gemäß Artikel 49 der Verordnung (EU) 2019/943[1)], für Betrieb, Wartung und Ausbau des Übertragungsnetzes sowie für die Gewährleistung der langfristigen Fähigkeit des Netzes, im Wege einer Investitionsplanung eine angemessene Nachfrage zu befriedigen. [2]Beim Ausbau des Übertragungsnetzes ist der unabhängige Netzbetreiber für Planung (einschließlich Genehmigungsverfahren), Bau und Inbetriebnahme der neuen Infrastruktur verantwortlich. [3]Hierzu handelt der unabhängige Netzbetreiber als Übertragungsnetzbetreiber gemäß den Bestimmungen dieses Abschnitts. [4]Der Übertragungsnetzeigentümer darf weder für die Gewährung und Regelung des Zugangs Dritter noch für die Investitionsplanung verantwortlich sein.

(5) Wurde ein unabhängiger Netzbetreiber benannt, so ist der Eigentümer des Übertragungsnetzes zu Folgendem verpflichtet:

a) Er arbeitet im erforderlichen Maße mit dem unabhängigen Netzbetreiber zusammen und unterstützt ihn bei der Wahrnehmung seiner Aufgaben,

---

[1)] Nr. **8**.

indem er insbesondere alle sachdienlichen Informationen zur Verfügung stellt.

b) [1] Er finanziert die vom unabhängigen Netzbetreiber beschlossenen und von der Regulierungsbehörde genehmigten Investitionen oder erteilt seine Zustimmung zur Finanzierung durch eine andere interessierte Partei, einschließlich des unabhängigen Netzbetreibers. [2] Die einschlägigen Finanzierungsvereinbarungen unterliegen der Genehmigung durch die Regulierungsbehörde. [3] Vor ihrer Genehmigung konsultiert die Regulierungsbehörde den Eigentümer des Übertragungsnetzes und die anderen interessierten Parteien.

c) Er sichert die Haftungsrisiken im Zusammenhang mit den Netzvermögenswerten ab, mit Ausnahme derjenigen Haftungsrisiken, die die Aufgaben des unabhängigen Netzbetreibers betreffen.

d) Er stellt die Garantien, die zur Erleichterung der Finanzierung eines etwaigen Netzausbaus erforderlich sind, mit Ausnahme derjenigen Investitionen, bei denen er gemäß Buchstabe b einer Finanzierung durch eine interessierte Partei, einschließlich des unabhängigen Netzbetreibers, zugestimmt hat.

(6) In enger Zusammenarbeit mit der Regulierungsbehörde wird die zuständige nationale Wettbewerbsbehörde mit sämtlichen maßgeblichen Befugnissen ausgestattet, aufgrund deren sie wirksam überwachen kann, ob der Übertragungsnetzeigentümer seinen Verpflichtungen gemäß Absatz 5 nachkommt.

Art. 45[1)] Entflechtung der Übertragungsnetzeigentümer. (1) Wurde ein unabhängiger Netzbetreiber benannt, so müssen Übertragungsnetzeigentümer, die Teil eines vertikal integrierten Unternehmens sind, zumindest in ihrer Rechtsform, Organisation und Entscheidungsgewalt unabhängig von den übrigen Tätigkeiten sein, die nicht mit der Übertragung zusammenhängen.

(2) Um die Unabhängigkeit eines Übertragungsnetzeigentümers gemäß Absatz 1 sicherzustellen, sind die folgenden Mindestkriterien anzuwenden:

a) In einem integrierten Elektrizitätsunternehmen dürfen die für die Leitung des Übertragungsnetzeigentümers zuständigen Personen nicht betrieblichen Einrichtungen des integrierten Elektrizitätsunternehmens angehören, die direkt oder indirekt für den laufenden Betrieb in den Bereichen Elektrizitätserzeugung, -verteilung und -versorgung zuständig sind.

b) Es sind geeignete Maßnahmen zu treffen, damit die berufsbedingten Interessen der für die Leitung des Übertragungsnetzeigentümers zuständigen Personen so berücksichtigt werden, dass ihre Handlungsunabhängigkeit sichergestellt ist, und

c) der Übertragungsnetzeigentümer stellt ein Gleichbehandlungsprogramm auf, aus dem hervorgeht, welche Maßnahmen zur Unterbindung diskriminierenden Verhaltens getroffen werden, und er stellt sicher, dass die Einhaltung dieses Programms angemessen überwacht wird. In dem Gleichbehandlungsprogramm ist festgelegt, welche besonderen Pflichten die Mitarbeiter im Hinblick auf die Verwirklichung dieser Ziele haben. Die für die Beobachtung des Gleichbehandlungsprogramms zuständige Person oder Stelle legt

1) Art. 45 gilt ab dem 1.1.2021, vgl. Art. 73.

der Regulierungsbehörde jährlich einen Bericht über die getroffenen Maßnahmen vor, der veröffentlicht wird.

Abschnitt 3. Unabhängiger Übertragungsnetzbetreiber

Art. 46[1)] Vermögenswerte, Anlagen, Personal und Unternehmensidentität. (1) Die Übertragungsnetzbetreiber müssen über alle personellen, technischen, materiellen und finanziellen Ressourcen verfügen, die zur Erfüllung ihrer Pflichten im Rahmen dieser Richtlinie und für die Geschäftstätigkeit der Elektrizitätsübertragung erforderlich sind; hierfür gilt insbesondere Folgendes:

a) Vermögenswerte, die für die Geschäftstätigkeit der Elektrizitätsübertragung erforderlich sind, einschließlich des Übertragungsnetzes, müssen Eigentum des Übertragungsnetzbetreibers sein.

b) Das Personal, das für die Geschäftstätigkeit der Elektrizitätsübertragung erforderlich ist, so auch für die Erfüllung aller Aufgaben des Unternehmens, muss beim Übertragungsnetzbetreiber angestellt sein.

c) [1] Leasing von Personal und Erbringung von Dienstleistungen für bzw. durch andere Teile des vertikal integrierten Unternehmens sind untersagt. [2] Der Übertragungsnetzbetreiber darf jedoch für das vertikal integrierte Unternehmen Dienstleistungen erbringen, sofern dabei

   i) die Netzbenutzer unterschiedslos behandelt werden, die Dienstleistungen allen Netzbenutzern unter den gleichen Vertragsbedingungen zugänglich sind und der Wettbewerb bei Erzeugung und Lieferung nicht eingeschränkt, verzerrt oder unterbunden wird und

   ii) die dafür geltenden Vertragsbedingungen von der Regulierungsbehörde genehmigt werden.

d) Unbeschadet der Entscheidungen des Aufsichtsorgans nach Artikel 49 sind dem Übertragungsnetzbetreiber angemessene finanzielle Ressourcen für künftige Investitionsprojekte bzw. für den Ersatz vorhandener Vermögenswerte nach entsprechender Anforderung durch den Übertragungsnetzbetreiber rechtzeitig vom vertikal integrierten Unternehmen bereitzustellen.

(2) Die Geschäftstätigkeit der Elektrizitätsübertragung umfasst neben den in Artikel 40 aufgeführten Aufgaben mindestens die folgenden Tätigkeiten:

a) Vertretung des Übertragungsnetzbetreibers und Funktion des Ansprechpartners für Dritte und für die Regulierungsbehörden

b) Vertretung des Übertragungsnetzbetreibers im ENTSO (Strom)

c) Gewährung und Regelung des Zugangs Dritter nach dem Grundsatz der unterschiedslosen Behandlung von Netzbenutzern bzw. Kategorien von Netzbenutzern

d) Erhebung aller übertragungsnetzbezogenen Gebühren, einschließlich Zugangsentgelten, Energie für Verluste und Entgelten für Systemdienstleistungen

---

1) Art. 46 Abs. 1, 2 Buchst. a–c, e–h und Abs. 3–6 gelten ab dem 1.1.2021, vgl. Art. 73.

e) Betrieb, Wartung und Ausbau eines sicheren, effizienten und wirtschaftlichen Übertragungsnetzes
f) Investitionsplanung zur Gewährleistung der langfristigen Fähigkeit des Netzes, eine angemessene Nachfrage zu decken, und der Versorgungssicherheit
g) Gründung geeigneter Gemeinschaftsunternehmen, auch mit einem oder mehreren Übertragungsnetzbetreibern, von Strombörsen und anderen relevanten Akteuren, mit dem Ziel, die Schaffung von Regionalmärkten zu fördern oder den Prozess der Liberalisierung zu erleichtern
h) alle unternehmensspezifischen Einrichtungen und Leistungen, unter anderem Rechtsabteilung, Buchhaltung und IT-Dienste

(3) Für Übertragungsnetzbetreiber gelten die in Anhang I der Richtlinie (EU) 2017/1132 des Europäischen Parlaments und des Rates[1] genannten Rechtsformen.

(4) Übertragungsnetzbetreiber müssen bei ihrer Unternehmensidentität, ihrer Kommunikation, ihrer Markenpolitik und ihren Geschäftsräumen dafür Sorge tragen, dass eine Verwechslung bei der Sonderidentität des vertikal integrierten Unternehmens oder eines Teils davon ausgeschlossen ist.

(5) Übertragungsnetzbetreiber unterlassen die gemeinsame Nutzung von IT-Systemen oder -Ausrüstung, Liegenschaften und Zugangskontrollsystemen mit jedem Unternehmensteil vertikal integrierter Unternehmen und stellen sicher, dass sie nicht mit denselben Beratern und externen Auftragnehmern für IT-Systeme oder -Ausrüstung und Zugangskontrollsysteme zusammenarbeiten.

(6) Die Rechnungslegung von Übertragungsnetzbetreibern ist von anderen Wirtschaftsprüfern als denen, die die Rechnungsprüfung beim vertikal integrierten Unternehmen oder bei dessen Unternehmensteilen vornehmen, zu prüfen.

Art. 47[2] Unabhängigkeit des Übertragungsnetzbetreibers. (1) Unbeschadet der Entscheidungen des Aufsichtsorgans nach Artikel 49 muss der Übertragungsnetzbetreiber
a) über Vermögenswerte oder Ressourcen, die für den Betrieb, die Wartung und den Ausbau des Übertragungsnetzes erforderlich sind, wirksame Entscheidungsbefugnisse haben, die er unabhängig von dem vertikal integrierten Unternehmen ausübt, und
b) die Befugnis haben, Geld auf dem Kapitalmarkt durch Aufnahme von Darlehen oder eine Kapitalerhöhung zu beschaffen.

(2) Der Übertragungsnetzbetreiber stellt sicher, dass er jederzeit über die Mittel verfügt, die er benötigt, um das Übertragungsgeschäft ordnungsgemäß und effizient zu führen und um ein leistungsfähiges, sicheres und wirtschaftliches Übertragungsnetz aufzubauen und aufrechtzuerhalten.

(3) [1] Tochterunternehmen des vertikal integrierten Unternehmens, die die Funktionen Erzeugung oder Versorgung wahrnehmen, dürfen weder direkt noch indirekt Anteile am Unternehmen des Übertragungsnetzbetreibers hal-

---

[1] **Amtl. Anm.:** Richtlinie (EU) 2017/1132 des Europäischen Parlaments und des Rates vom 14. Juni 2017 über bestimmte Aspekte des Gesellschaftsrechts (ABl. L 169 vom 30.6.2017, S. 46).
[2] Art. 47 gilt ab dem 1.1.2021, vgl. Art. 73.

ten. ²Der Übertragungsnetzbetreiber darf weder direkt noch indirekt Anteile an Tochterunternehmen des vertikal integrierten Unternehmens, die die Funktionen Erzeugung oder Versorgung wahrnehmen, halten und darf keine Dividenden oder andere finanzielle Zuwendungen von diesen Tochterunternehmen erhalten.

(4) ¹Durch die gesamte Verwaltungsstruktur und die Unternehmenssatzung des Übertragungsnetzbetreibers muss seine tatsächliche Unabhängigkeit gemäß diesem Abschnitt gewährleistet sein. ²Das vertikal integrierte Unternehmen darf das Wettbewerbsverhalten des Übertragungsnetzbetreibers bei dessen laufenden Geschäften und der Netzverwaltung oder bei den notwendigen Tätigkeiten zur Aufstellung des zehnjährigen Netzentwicklungsplans gemäß Artikel 51 weder direkt noch indirekt beeinflussen.

(5) Die Übertragungsnetzbetreiber gewährleisten bei der Wahrnehmung ihrer Aufgaben nach Artikel 40 und Artikel 46 Absatz 2 der vorliegenden Richtlinie und bei der Einhaltung der Verpflichtungen gemäß den Artikeln 16, 18, 19 und 50 der Verordnung (EU) 2019/943[1], dass sie weder Personen noch Körperschaften diskriminieren und dass sie den Wettbewerb bei der Erzeugung und Lieferung weder einschränken noch verzerren oder unterbinden.

(6) ¹Bei den gewerblichen und finanziellen Beziehungen zwischen dem vertikal integrierten Unternehmen und dem Übertragungsnetzbetreiber, einschließlich der Gewährung von Krediten durch den Übertragungsnetzbetreiber an das vertikal integrierte Unternehmen, sind die marktüblichen Bedingungen einzuhalten. ²Der Übertragungsnetzbetreiber führt ausführliche Aufzeichnungen über diese gewerblichen und finanziellen Beziehungen und stellt sie der Regulierungsbehörde auf Verlangen zur Verfügung.

(7) Der Übertragungsnetzbetreiber legt der Regulierungsbehörde sämtliche kommerziellen und finanziellen Vereinbarungen mit dem vertikal integrierten Unternehmen zur Genehmigung vor.

(8) Der Übertragungsnetzbetreiber meldet der Regulierungsbehörde die Finanzmittel gemäß Artikel 46 Absatz 1 Buchstabe d, die ihm für künftige Investitionsprojekte bzw. für den Ersatz vorhandener Vermögenswerte und Ressourcen zur Verfügung stehen.

(9) Das vertikal integrierte Unternehmen unterlässt jede Handlung, durch die die Erfüllung der Verpflichtungen des Übertragungsnetzbetreibers nach diesem Kapitel behindert oder gefährdet würde, und verlangt vom Übertragungsnetzbetreiber nicht, bei der Erfüllung dieser Verpflichtungen die Zustimmung des vertikal integrierten Unternehmens einzuholen.

(10) ¹Unternehmen, denen von der Regulierungsbehörde bescheinigt wurde, dass sie den Anforderungen gemäß diesem Kapitel genügen, werden von dem jeweiligen Mitgliedstaat zugelassen und als Übertragungsnetzbetreiber benannt. ²Es gilt das Zertifizierungsverfahren des Artikels 52 dieser Richtlinie und des Artikels 51 der Verordnung (EU) 2019/943[1] oder des Artikels 53 dieser Richtlinie.

Art. 48[2] Unabhängigkeit des Personals und der Unternehmensleitung des Übertragungsnetzbetreibers. (1) Entscheidungen, die Ernennungen,

---

[1] Nr. 8.
[2] Art. 48 gilt ab dem 1.1.2021, vgl. Art. 73.

Wiederernennungen, Beschäftigungsbedingungen einschließlich Vergütung und Vertragsbeendigung für Personen der Unternehmensleitung bzw. Mitglieder der Verwaltungsorgane des Übertragungsnetzbetreibers betreffen, werden von dem gemäß Artikel 49 ernannten Aufsichtsorgan des Übertragungsnetzbetreibers getroffen.

(2) *[1]* [1]Die Namen der Personen, die vom Aufsichtsorgan als Personen der obersten Unternehmensleitung bzw. als Mitglieder der Verwaltungsorgane des Übertragungsnetzbetreibers ernannt oder wiederernannt werden, die Regelungen über Funktion, Laufzeit und Beendigung der Anstellung dieser Personen und die Gründe für vorgeschlagene Entscheidungen zur Vertragsbeendigung sind der Regulierungsbehörde mitzuteilen. [2]Die in Absatz 1 genannten Regelungen und Entscheidungen werden erst verbindlich, wenn die Regulierungsbehörde innerhalb von drei Wochen nach der Mitteilung keine Einwände erhebt.

[2] Die Regulierungsbehörde kann Einwände gegen die in Absatz 1 genannten Entscheidungen erheben,

a) wenn Zweifel an der beruflichen Unabhängigkeit einer ernannten Person der Unternehmensleitung bzw. eines ernannten Mitglieds der Verwaltungsorgane bestehen oder

b) wenn Zweifel an der Berechtigung einer vorzeitigen Vertragsbeendigung bestehen.

(3) Es dürfen in den letzten drei Jahren vor der Ernennung von Führungskräften bzw. Mitgliedern der Verwaltungsorgane des Übertragungsnetzbetreibers, die diesem Absatz unterliegen, bei dem vertikal integrierten Unternehmen, einem seiner Unternehmensteile oder bei anderen Mehrheitsanteilseignern als dem Übertragungsnetzbetreiber weder direkt noch indirekt berufliche Positionen bekleidet oder berufliche Aufgaben wahrgenommen noch Interessens- oder Geschäftsbeziehungen zu ihnen unterhalten werden.

(4) Die Personen der Unternehmensleitung bzw. Mitglieder der Verwaltungsorgane und die Beschäftigten des Übertragungsnetzbetreibers dürfen bei anderen Unternehmensteilen des vertikal integrierten Unternehmens oder bei deren Mehrheitsanteilseignern weder direkt noch indirekt berufliche Positionen bekleiden oder berufliche Aufgaben wahrnehmen oder Interessens- oder Geschäftsbeziehungen zu ihnen unterhalten.

(5) [1]Die Personen der Unternehmensleitung bzw. Mitglieder der Verwaltungsorgane und die Beschäftigten des Übertragungsnetzbetreibers dürfen weder direkt noch indirekt Beteiligungen an Unternehmensteilen des vertikal integrierten Unternehmens halten noch finanzielle Zuwendungen von diesen erhalten; ausgenommen hiervon sind Beteiligungen am und Zuwendungen vom Übertragungsnetzbetreiber. [2]Ihre Vergütung darf nicht an die Tätigkeiten oder Betriebsergebnisse des vertikal integrierten Unternehmens, soweit sie nicht den Übertragungsnetzbetreiber betreffen, gebunden sein.

(6) Im Fall von Beschwerden von Personen der Unternehmensleitung bzw. Mitgliedern der Verwaltungsorgane des Übertragungsnetzbetreibers gegen eine vorzeitige Vertragsbeendigung ist die wirksame Einlegung von Rechtsmitteln bei der Regulierungsbehörde zu gewährleisten.

(7) Nach Beendigung des Vertragsverhältnisses zum Übertragungsnetzbetreiber dürfen Personen der Unternehmensleitung bzw. Mitglieder der Verwal-

tungsorgane für mindestens vier Jahre bei anderen Unternehmensteilen des vertikal integrierten Unternehmens als dem Übertragungsnetzbetreiber oder bei deren Mehrheitsanteilseignern keine beruflichen Positionen bekleiden oder berufliche Aufgaben wahrnehmen oder Interessens- oder Geschäftsbeziehungen zu ihnen unterhalten.

(8) *[1]* Absatz 3 gilt für die Mehrheit der Angehörigen der Unternehmensleitung bzw. Mitglieder der Verwaltungsorgane des Übertragungsnetzbetreibers.

[2] Die Angehörigen der Unternehmensleitung bzw. Mitglieder der Verwaltungsorgane des Übertragungsnetzbetreibers, für die Absatz 3 nicht gilt, dürfen in den letzten sechs Monaten vor ihrer Ernennung bei dem vertikal integrierten Unternehmen keine Führungstätigkeit oder andere einschlägige Tätigkeit ausgeübt haben.

[3] Unterabsatz 1 dieses Absatzes und Absätze 4 bis 7 finden Anwendung auf alle Personen, die der obersten Unternehmensleitung angehören, sowie auf die ihnen unmittelbar unterstellten Personen, die mit dem Betrieb, der Wartung oder dem Ausbau des Netzes befasst sind.

Art. 49[1)] Aufsichtsorgan. (1) [1] Der Übertragungsnetzbetreiber verfügt über ein Aufsichtsorgan, dessen Aufgabe es ist, Entscheidungen, die von erheblichem Einfluss auf den Wert der Vermögenswerte der Anteilseigner beim Übertragungsnetzbetreiber sind, insbesondere Entscheidungen im Zusammenhang mit der Genehmigung der jährlichen und der langfristigen Finanzpläne, der Höhe der Verschuldung des Übertragungsnetzbetreibers und der Höhe der an die Anteilseigner auszuzahlenden Dividenden, zu treffen. [2] Das Aufsichtsorgan hat keine Entscheidungsbefugnis bei den laufenden Geschäften des Übertragungsnetzbetreibers und der Netzverwaltung und bei den notwendigen Tätigkeiten zur Aufstellung des zehnjährigen Netzentwicklungsplans gemäß Artikel 51.

(2) Das Aufsichtsorgan besteht aus Vertretern des vertikal integrierten Unternehmens, Vertretern von dritten Anteilseignern und, sofern das einschlägige nationale Recht das vorsieht, Vertretern anderer Interessengruppen, z.B. der Beschäftigten des Übertragungsnetzbetreibers.

(3) *[1]* Artikel 48 Absatz 2 Unterabsatz 1 sowie Artikel 48 Absätze 3 bis 7 finden auf zumindest die Hälfte der Mitglieder des Aufsichtsorgans abzüglich eines Mitglieds Anwendung.

[2] Artikel 48 Absatz 2 Unterabsatz 2 Buchstabe b findet auf alle Mitglieder des Aufsichtsorgans Anwendung.

Art. 50[2)] Gleichbehandlungsprogramm und Gleichbehandlungsbeauftragter. (1) [1] Die Mitgliedstaaten stellen sicher, dass die Übertragungsnetzbetreiber ein Gleichbehandlungsprogramm aufstellen und durchführen, in dem die Maßnahmen zur Unterbindung diskriminierenden Verhaltens aufgeführt sind, und dass die Einhaltung des Programms angemessen überwacht wird. [2] In dem Gleichbehandlungsprogramm ist festgelegt, welche besonderen Pflichten die Mitarbeiter im Hinblick auf die Verwirklichung dieser Ziele haben. [3] Das Programm bedarf der Genehmigung durch die Regulierungsbehörde. [4] Die

---

1) Art. 49 gilt ab dem 1.1.2021, vgl. Art. 73.
2) Art. 50 gilt ab dem 1.1.2021, vgl. Art. 73.

Einhaltung des Programms wird unbeschadet der Befugnisse der Regulierungsbehörde von einem Gleichbehandlungsbeauftragten unabhängig überwacht.

(2) [1] Der Gleichbehandlungsbeauftragte wird vom Aufsichtsorgan ernannt und unterliegt der Bestätigung durch die Regulierungsbehörde. [2] Die Regulierungsbehörde kann der Ernennung des Gleichbehandlungsbeauftragten ihre Bestätigung nur aus Gründen mangelnder Unabhängigkeit oder mangelnder fachlicher Eignung verweigern. [3] Der Gleichbehandlungsbeauftragte kann eine natürliche oder juristische Person sein. [4] Artikel 48 Absätze 2 bis 8 findet auf den Gleichbehandlungsbeauftragten Anwendung.

(3) Die Aufgaben des Gleichbehandlungsbeauftragten sind:

a) fortlaufende Überwachung der Durchführung des Gleichbehandlungsprogramms

b) Ausarbeitung eines Jahresberichts, in dem die Maßnahmen zur Durchführung des Gleichbehandlungsprogramms dargelegt werden, und dessen Übermittlung an die Regulierungsbehörde

c) Berichterstattung an das Aufsichtsorgan und Abgabe von Empfehlungen zum Gleichbehandlungsprogramm und seiner Durchführung

d) Unterrichtung der Regulierungsbehörde über erhebliche Verstöße bei der Durchführung des Gleichbehandlungsprogramms

e) Berichterstattung an die Regulierungsbehörde über gewerbliche und finanzielle Beziehungen zwischen dem vertikal integrierten Unternehmen und dem Übertragungsnetzbetreiber

(4) [1] Der Gleichbehandlungsbeauftragte übermittelt die vorgeschlagenen Entscheidungen zum Investitionsplan oder zu Einzelinvestitionen im Netz an die Regulierungsbehörde. [2] Das erfolgt spätestens dann, wenn die Unternehmensleitung bzw. das zuständige Verwaltungsorgan des Übertragungsnetzbetreibers diese Unterlagen dem Aufsichtsorgan zuleiten.

(5) Hat das vertikal integrierte Unternehmen in der Hauptversammlung oder durch ein Votum der von ihm ernannten Mitglieder des Aufsichtsorgans die Annahme eines Beschlusses verhindert, wodurch Netzinvestitionen, die nach dem zehnjährigen Netzentwicklungsplan in den folgenden drei Jahren durchgeführt werden sollten, unterbunden oder hinausgezögert werden, so meldet der Gleichbehandlungsbeauftragte das der Regulierungsbehörde, die dann gemäß Artikel 51 tätig wird.

(6) [1] Die Regelungen zum Mandat und zu den Beschäftigungsbedingungen des Gleichbehandlungsbeauftragten, einschließlich der Dauer seines Mandats, bedürfen der Genehmigung durch die Regulierungsbehörde. [2] Durch diese Regelungen muss sichergestellt werden, dass der Gleichbehandlungsbeauftragte unabhängig ist und dass die zur Erfüllung seiner Aufgaben erforderlichen Ressourcen zur Verfügung stehen. [3] Der Gleichbehandlungsbeauftragte darf während der Laufzeit seines Mandats bei Unternehmensteilen des vertikal integrierten Unternehmens oder deren Mehrheitsanteilseignern weder direkt noch indirekt berufliche Positionen bekleiden oder berufliche Aufgaben wahrnehmen oder Interessensbeziehungen zu ihnen unterhalten.

(7) Der Gleichbehandlungsbeauftragte erstattet der Regulierungsbehörde regelmäßig mündlich oder schriftlich Bericht und ist befugt, dem Aufsichtsorgan des Übertragungsnetzbetreibers regelmäßig mündlich oder schriftlich Bericht zu erstatten.

(8) [1] Der Gleichbehandlungsbeauftragte ist berechtigt, an allen Sitzungen der Unternehmensleitung oder der Verwaltungsorgane des Übertragungsnetzbetreibers sowie des Aufsichtsorgans und der Hauptversammlung teilzunehmen. [2] Der Gleichbehandlungsbeauftragte nimmt an allen Sitzungen teil, in denen folgende Fragen behandelt werden:

a) Netzzugangsbedingungen nach Maßgabe der Verordnung (EU) 2019/943[1)], insbesondere Tarife, Leistungen im Zusammenhang mit dem Zugang Dritter, Kapazitätsvergabe und Engpassmanagement, Transparenz, Systemdienstleistungen und Sekundärmärkte,
b) Projekte für den Betrieb, die Wartung und den Ausbau des Übertragungsnetzes, einschließlich der Investitionen für den Netzanschluss und -verbund,
c) Verkauf oder Erwerb von Elektrizität für den Betrieb des Übertragungsnetzes.

(9) Der Gleichbehandlungsbeauftragte überwacht die Einhaltung des Artikels 41 durch den Übertragungsnetzbetreiber.

(10) Der Gleichbehandlungsbeauftragte hat Zugang zu allen einschlägigen Daten und zu den Geschäftsräumen des Übertragungsnetzbetreibers sowie zu allen Informationen, die er zur Erfüllung seiner Aufgaben benötigt.

(11) Der Gleichbehandlungsbeauftragte erhält ohne Vorankündigung Zugang zu den Geschäftsräumen des Übertragungsnetzbetreibers.

(12) [1] Nach vorheriger Zustimmung der Regulierungsbehörde kann das Aufsichtsorgan den Gleichbehandlungsbeauftragten abberufen. [2] Die Abberufung erfolgt auf Verlangen der Regulierungsbehörde aus Gründen mangelnder Unabhängigkeit oder mangelnder fachlicher Eignung.

Art. 51 Netzausbau und Befugnis zum Erlass von Investitionsentscheidungen. (1) [1] Die Übertragungsnetzbetreiber legen der Regulierungsbehörde mindestens alle zwei Jahre nach Konsultation aller einschlägigen Interessenträger einen zehnjährigen Netzentwicklungsplan vor, der sich auf die derzeitige Lage und die Prognosen im Bereich von Angebot und Nachfrage stützt. [2] Dieser Netzentwicklungsplan enthält wirksame Maßnahmen zur Aufrechterhaltung der Angemessenheit des Netzes und zur Gewährleistung der Versorgungssicherheit. [3] Der Übertragungsnetzbetreiber veröffentlicht den zehnjährigen Netzentwicklungsplan auf seiner Website.

(2) Zweck des zehnjährigen Netzentwicklungsplans ist es insbesondere,

a) den Marktteilnehmern Angaben darüber zu liefern, welche wichtige Übertragungsinfrastruktur in den nächsten zehn Jahren errichtet oder ausgebaut werden muss,
b) alle bereits beschlossenen Investitionen aufzulisten und die neuen Investitionen zu bestimmen, die in den nächsten drei Jahren durchgeführt werden müssen, und
c) einen Zeitplan für alle Investitionsprojekte vorzugeben.

(3) Bei der Ausarbeitung des zehnjährigen Netzentwicklungsplans trägt der Übertragungsnetzbetreiber neben dem erwarteten Verbrauch, dem erwarteten Handel mit anderen Ländern und den Investitionsplänen für unionsweite und

---

[1)] Nr. 8.

regionale Netze, dem Potenzial der Nutzung von Laststeuerungs- und Energiespeicheranlagen oder anderen Ressourcen als Alternative zum Netzausbau vollständig Rechnung.

(4) [1] Die Regulierungsbehörde führt offene und transparente Konsultationen zum zehnjährigen Netzentwicklungsplan mit allen tatsächlichen und potenziellen Netzbenutzern durch. [2] Personen und Unternehmen, die den Status potenzieller Netzbenutzer beanspruchen, können dazu verpflichtet werden, diesen Anspruch zu belegen. [3] Die Regulierungsbehörde veröffentlicht das Ergebnis der Konsultationen und weist dabei insbesondere auf etwaigen Investitionsbedarf hin.

(5) *[1]* [1] Die Regulierungsbehörde prüft, ob der zehnjährige Netzentwicklungsplan den gesamten im Zuge der Konsultationen ermittelten Investitionsbedarf erfasst und ob die Kohärenz mit dem unionsweit geltenden, nicht bindenden zehnjährigen Netzentwicklungsplan (im Folgenden „unionsweiter Netzentwicklungsplan") gemäß Artikel 30 Absatz 1 Buchstabe b der Verordnung (EU) 2019/943[1)] gewahrt ist. [2] Bestehen Zweifel an der Kohärenz mit dem unionsweiten Netzentwicklungsplan, so konsultiert die Regulierungsbehörde ACER. [3] Die Regulierungsbehörde kann vom Übertragungsnetzbetreiber die Änderung seines zehnjährigen Netzentwicklungsplans verlangen.

[2] Die zuständigen nationalen Behörden prüfen die Kohärenz des zehnjährigen Netzentwicklungsplans mit den gemäß der Verordnung (EU) 2018/1999[2)] vorgelegten nationalen Energie- und Klimaplänen.

(6) Die Regulierungsbehörde überwacht und evaluiert die Durchführung des zehnjährigen Netzentwicklungsplans.

(7) Hat der Übertragungsnetzbetreiber aus anderen als zwingenden Gründen, auf die er keinen Einfluss hat, eine Investition, die nach dem zehnjährigen Netzentwicklungsplan in den folgenden drei Jahren durchgeführt werden musste, nicht durchgeführt, so stellen die Mitgliedstaaten sicher, dass die Regulierungsbehörde verpflichtet ist, mindestens eine der folgenden Maßnahmen zu ergreifen, um die Durchführung dieser Investition sicherzustellen, sofern die Investition unter Zugrundelegung des jüngsten zehnjährigen Netzentwicklungsplans noch relevant ist:

a) Sie fordert den Übertragungsnetzbetreiber zur Durchführung der betreffenden Investition auf,
b) sie leitet ein Ausschreibungsverfahren zur Durchführung der betreffenden Investition ein, das allen Investoren offensteht, oder
c) sie verpflichtet den Übertragungsnetzbetreiber, einer Kapitalerhöhung im Hinblick auf die Finanzierung der notwendigen Investitionen zuzustimmen und unabhängigen Investoren eine Kapitalbeteiligung zu ermöglichen.

(8) *[1]* Macht die Regulierungsbehörde von ihren Befugnissen gemäß Absatz 7 Buchstabe b Gebrauch, so kann sie den Übertragungsnetzbetreiber dazu verpflichten, eine oder mehrere der folgenden Maßnahmen zu akzeptieren:

a) Finanzierung durch Dritte
b) Errichtung durch Dritte

---

1) Nr. **8**.
2) Nr. **6**.

c) Errichtung der jeweiligen neuen Anlagen durch ihn selbst

d) Betrieb der jeweiligen neuen Anlagen durch ihn selbst

[2] Der Übertragungsnetzbetreiber stellt den Investoren alle erforderlichen Unterlagen für die Durchführung der Investition zur Verfügung, stellt den Anschluss der neuen Anlagen an das Übertragungsnetz her und unternimmt alles, um die Durchführung des Investitionsprojekts zu erleichtern.

[3] Die einschlägigen Finanzierungsvereinbarungen bedürfen der Genehmigung durch die Regulierungsbehörde.

(9) Macht die Regulierungsbehörde von ihren Befugnissen gemäß Absatz 7 Gebrauch, so werden die Kosten der darauf bezogenen Investitionen durch die einschlägigen Tarifregelungen gedeckt.

Abschnitt 4. Benennung und Zertifizierung von Übertragungsnetzbetreibern

Art. 52[1)] Benennung und Zertifizierung von Übertragungsnetzbetreibern. (1) Bevor ein Unternehmen als Übertragungsnetzbetreiber zugelassen und benannt wird, muss es gemäß den in den Absätzen 4, 5 und 6 des vorliegenden Artikels und in Artikel 51 der Verordnung (EU) 2019/943[2)] genannten Verfahren zertifiziert werden.

(2) [1] Unternehmen, denen von der Regulierungsbehörde gemäß dem unten beschriebenen Zertifizierungsverfahren bescheinigt wurde, dass sie den Anforderungen des Artikels 43 genügen, werden von den Mitgliedstaaten zugelassen und als Übertragungsnetzbetreiber benannt. [2] Die Benennung der Übertragungsnetzbetreiber wird der Kommission mitgeteilt und im *Amtsblatt der Europäischen Union* veröffentlicht.

(3) Die Übertragungsnetzbetreiber unterrichten die Regulierungsbehörde über alle geplanten Transaktionen, die eine Neubewertung erforderlich machen können, bei der festzustellen ist, ob sie die Anforderungen des Artikels 43 erfüllen.

(4) [1] Die Regulierungsbehörden überwachen, ob die Übertragungsnetzbetreiber die Anforderungen des Artikels 43 ununterbrochen einhalten. [2] Um die Einhaltung der Anforderungen sicherzustellen, leiten sie in folgenden Fällen ein Zertifizierungsverfahren ein:

a) bei Erhalt einer Mitteilung eines Übertragungsnetzbetreibers gemäß Absatz 3,

b) aus eigener Initiative, wenn sie Kenntnis von einer geplanten Änderung bezüglich der Rechte an oder der Einflussnahme auf Übertragungsnetzeigentümer oder Übertragungsnetzbetreiber erlangen und diese Änderung zu einem Verstoß gegen Artikel 43 führen kann oder wenn sie Grund zu der Annahme haben, dass es bereits zu einem derartigen Verstoß gekommen ist, oder

c) wenn die Kommission einen entsprechend begründeten Antrag stellt.

---

1) Art. 52 gilt ab dem 1.1.2021, vgl. Art. 73.

2) Nr. **8**.

(5) [1] Die Regulierungsbehörden entscheiden innerhalb eines Zeitraums von vier Monaten ab dem Tag der Mitteilung des Übertragungsnetzbetreibers oder ab Antragstellung durch die Kommission über die Zertifizierung eines Übertragungsnetzbetreibers. [2] Nach Ablauf dieser Frist gilt die Zertifizierung als erteilt. [3] Die ausdrückliche oder stillschweigende Entscheidung der Regulierungsbehörde wird erst nach Abschluss des in Absatz 6 beschriebenen Verfahrens wirksam.

(6) [1] Die ausdrückliche oder stillschweigende Entscheidung über die Zertifizierung eines Übertragungsnetzbetreibers wird der Kommission zusammen mit allen die Entscheidung betreffenden relevanten Informationen unverzüglich von der Regulierungsbehörde übermittelt. [2] Die Kommission handelt nach dem Verfahren des Artikels 51 der Verordnung (EU) 2019/943[1)].

(7) Die Regulierungsbehörden und die Kommission können Übertragungsnetzbetreiber und Unternehmen, die eine der Funktionen Erzeugung oder Versorgung wahrnehmen, um Bereitstellung sämtlicher für die Erfüllung ihrer Aufgaben gemäß diesem Artikel relevanten Informationen ersuchen.

(8) Die Regulierungsbehörden und die Kommission behandeln wirtschaftlich sensible Informationen vertraulich.

Art. 53[2)] Zertifizierung im Verhältnis zu Drittländern. (1) *[1]* Beantragt ein Übertragungsnetzeigentümer oder -betreiber, der von einer oder mehreren Personen aus einem oder mehreren Drittländern kontrolliert wird, eine Zertifizierung, so teilt die Regulierungsbehörde das der Kommission mit.

[2] Die Regulierungsbehörde teilt der Kommission ferner unverzüglich alle Umstände mit, die dazu führen würden, dass eine oder mehrere Personen aus einem oder mehreren Drittländern die Kontrolle über ein Übertragungsnetz oder einen Übertragungsnetzbetreiber erlangen.

(2) Der Übertragungsnetzbetreiber teilt der Regulierungsbehörde alle Umstände mit, die dazu führen würden, dass eine oder mehrere Personen aus einem oder mehreren Drittländern die Kontrolle über das Übertragungsnetz oder den Übertragungsnetzbetreiber erlangen.

(3) [1] Die Regulierungsbehörde nimmt innerhalb von vier Monaten ab dem Tag der Mitteilung des Übertragungsnetzbetreibers einen Entwurf einer Entscheidung über die Zertifizierung des Übertragungsnetzbetreibers an. [2] Sie verweigert die Zertifizierung, wenn nicht

a) nachgewiesen wird, dass die betroffene Rechtsperson den Anforderungen des Artikels 43 genügt und

b) gegenüber der Regulierungsbehörde oder einer anderen vom Mitgliedstaat benannten zuständigen nationalen Behörde nachgewiesen wird, dass die Erteilung der Zertifizierung die Sicherheit der Energieversorgung des Mitgliedstaats und der Union nicht gefährdet. Bei der Prüfung dieser Frage berücksichtigt die Regulierungsbehörde oder die entsprechend benannte andere zuständige nationale Behörde

   i) die Rechte und Pflichten der Union gegenüber diesen Drittländern, die aus dem Völkerrecht – auch aus einem Abkommen mit einem oder

---

1) Nr. **8**.

2) Art. 53 gilt ab dem 1.1.2021, vgl. Art. 73.

mehreren Drittländern, dem die Union als Vertragspartei angehört und in dem Fragen der Energieversorgungssicherheit behandelt werden – erwachsen,

ii) die Rechte und Pflichten des Mitgliedstaats gegenüber diesem Drittland, die aus den mit diesem geschlossenen Abkommen erwachsen, soweit sie mit dem Unionsrecht in Einklang stehen, und

iii) andere spezielle Gegebenheiten des Einzelfalls und des betroffenen Drittlands.

(4) Die Regulierungsbehörde teilt der Kommission unverzüglich die Entscheidung zusammen mit allen die Entscheidung betreffenden relevanten Informationen mit.

(5) Die Mitgliedstaaten schreiben vor, dass die Regulierungsbehörde bzw. die benannte zuständige Behörde gemäß Absatz 3 Buchstabe b vor der Annahme einer Entscheidung der Regulierungsbehörde über die Zertifizierung die Stellungnahme der Kommission zu der Frage einholt, ob

a) die betroffene Rechtsperson den Anforderungen des Artikels 43 genügt und

b) eine Gefährdung der Energieversorgungssicherheit der Union durch die Erteilung der Zertifizierung ausgeschlossen ist.

(6) *[1]* [1]Die Kommission prüft den Antrag nach Absatz 5 unmittelbar nach seinem Eingang. [2]Innerhalb eines Zeitraums von zwei Monaten nach Eingang des Antrags übermittelt sie der Regulierungsbehörde – oder, wenn der Antrag von der benannten zuständigen Behörde gestellt wurde, dieser Behörde – ihre Stellungnahme.

[2] [1]Zur Ausarbeitung der Stellungnahme kann die Kommission die Standpunkte der ACER, des betroffenen Mitgliedstaats sowie interessierter Kreise einholen. [2]In diesem Fall verlängert sich die Zweimonatsfrist um weitere zwei Monate.

[3] Legt die Kommission innerhalb des in den Unterabsätzen 1 und 2 genannten Zeitraums keine Stellungnahme vor, so wird davon ausgegangen, dass sie keine Einwände gegen die Entscheidung der Regulierungsbehörde erhebt.

(7) Bei der Bewertung der Frage, ob die Kontrolle durch eine oder mehrere Personen aus einem oder mehreren Drittländern die Energieversorgungssicherheit in der Union gefährdet, berücksichtigt die Kommission Folgendes:

a) die besonderen Gegebenheiten des Einzelfalls und des betroffenen Drittlands bzw. der betroffenen Drittländer sowie

b) die Rechte und Pflichten der Union gegenüber diesem Drittland bzw. diesen Drittländern, die aus dem Völkerrecht – auch aus einem Abkommen mit einem oder mehreren Drittländern, dem die Union als Vertragspartei angehört und durch das Fragen der Versorgungssicherheit geregelt werden – erwachsen.

(8) [1]Die Regulierungsbehörde erlässt ihre endgültige Entscheidung über die Zertifizierung innerhalb von zwei Monaten nach Ablauf der in Absatz 6 genannten Frist. [2]Die Regulierungsbehörde trägt in ihrer endgültigen Entscheidung der Stellungnahme der Kommission so weit wie möglich Rechnung. [3]Die Mitgliedstaaten haben in jedem Fall das Recht, die Zertifizierung ab-

zulehnen, wenn die Erteilung der Zertifizierung die Sicherheit der Energieversorgung des jeweiligen Mitgliedstaats oder die eines anderen Mitgliedstaats gefährdet. [4] Hat der Mitgliedstaat eine andere zuständige nationale Behörde zur Vornahme der Bewertung nach Absatz 3 Buchstabe b benannt, so kann er vorschreiben, dass die Regulierungsbehörde ihre endgültige Entscheidung in Einklang mit der Bewertung dieser zuständigen nationalen Behörde erlassen muss. [5] Die endgültige Entscheidung der Regulierungsbehörde wird zusammen mit der Stellungnahme der Kommission veröffentlicht. [6] Weicht die endgültige Entscheidung von der Stellungnahme der Kommission ab, so muss der betroffene Mitgliedstaat zusammen mit dieser Entscheidung die Begründung für diese Entscheidung mitteilen und veröffentlichen.

(9) Dieser Artikel berührt in keiner Weise das Recht der Mitgliedstaaten, gemäß dem Unionsrecht nationale rechtliche Kontrollen zum Schutz legitimer Interessen der öffentlichen Sicherheit durchzuführen.

(10) Dieser Artikel gilt mit Ausnahme von Absatz 3 Buchstabe a auch für die Mitgliedstaaten, für die nach Artikel 66 eine Ausnahmeregelung gilt.

Art. 54 Eigentum von Übertragungsnetzbetreibern an Energiespeicheranlagen. (1) Übertragungsnetzbetreiber dürfen nicht Eigentümer von Energiespeicheranlagen sein oder diese Anlagen errichten, verwalten oder betreiben.

(2) *[1]* Abweichend von Absatz 1 können die Mitgliedstaaten es den Übertragungsnetzbetreibern gestatten, Eigentümer von Energiespeicheranlagen zu sein bzw. diese Anlagen zu errichten, zu verwalten oder zu betreiben, sofern es sich bei diesen Anlagen um vollständig integrierte Netzkomponenten handelt und die Regulierungsbehörde ihre Genehmigung erteilt hat, oder sofern alle folgenden Bedingungen erfüllt sind:

a) Anderen Parteien, die ein offenes, transparentes und diskriminierungsfreies Ausschreibungsverfahren durchlaufen haben, das der Überprüfung und Genehmigung durch die Regulierungsbehörde bedarf wurde nicht das Recht gewährt, Eigentümer solcher Anlagen zu sein bzw. diese Anlagen zu errichten, zu verwalten oder zu betreiben, oder sie konnten diese Leistungen nicht zu angemessenen Kosten und nicht rechtzeitig erbringen;
b) Solche Anlagen oder nicht frequenzbezogene Systemdienstleistungen sind notwendig, damit Übertragungsnetzbetreiber ihre Verpflichtungen im Rahmen dieser Richtlinie zur Aufrechterhaltung eines leistungsfähigen, zuverlässigen und sicheren Betriebs der Übertragungsnetze erfüllen, und solche Anlagen und Dienste werden nicht verwendet, um Elektrizität auf Strommärkten zu kaufen oder zu verkaufen.
c) Die Regulierungsbehörde hat geprüft, ob eine solche Ausnahme notwendig ist, eine Ex-ante-Überprüfung der Anwendbarkeit eines Ausschreibungsverfahrens einschließlich der Bedingungen vorgenommen und ihre Genehmigung erteilt.

[2] Die Regulierungsbehörden können Leitlinien oder Auftragsvergabeklauseln ausarbeiten, um den Übertragungsnetzbetreibern dabei zu helfen, für ein faires Ausschreibungsverfahren zu sorgen.

(3) Der Beschluss, eine Ausnahme zu gewähren, wird der Kommission und ACER zusammen mit den entsprechenden Informationen über den Antrag und die Gründe für die Gewährung der Ausnahme mitgeteilt.

(4) [1] Die Regulierungsbehörden führen in regelmäßigen Abständen oder mindestens alle fünf Jahre eine öffentliche Konsultation zu den vorhandenen Energiespeicheranlagen durch, um das mögliche Interesse Dritter und die mögliche Verfügbarkeit an Investitionen in solche Anlagen zu prüfen. [2] Deutet die öffentliche Konsultation gemäß der Bewertung durch die Regulierungsbehörde darauf hin, dass Dritte in kosteneffizienter Weise in der Lage sind, Eigentümer solcher Anlagen zu sein oder solche Anlagen zu errichten, zu betreiben oder zu verwalten, so stellen die Regulierungsbehörden sicher, dass die darauf bezogenen Tätigkeiten der Übertragungsnetzbetreiber binnen 18 Monaten schrittweise eingestellt werden. [3] Als Teil der Bedingungen für dieses Verfahren können die Regulierungsbehörden es den Übertragungsnetzbetreibern gestatten, einen angemessenen Ausgleich zu erhalten, insbesondere um den Restwert ihrer Investitionen in Energiespeicheranlagen zu decken.

(5) Absatz 4 gilt nicht für vollständig integrierte Netzkomponenten und nicht während des üblichen Abschreibungszeitraum für neue Batteriespeicheranlagen, bei denen die endgültige Investitionsentscheidung bis 2024 erfolgt, sofern solche Batteriespeicheranlagen

a) spätestens zwei Jahre danach an das Netz angeschlossen sind,

b) in das Übertragungsnetz integriert sind,

c) ausschließlich zur reaktiven unmittelbaren Wiederherstellung der Netzsicherheit im Fall von Ausfällen im Netz verwendet werden, wenn die Wiederherstellungsmaßnahme unmittelbar beginnt und endet, sobald das Problem durch reguläre Redispatchmaßnahmen behoben werden kann, und

d) nicht verwendet werden, um Elektrizität auf Strommärkten – einschließlich des Regelleistungsmarkts – zu kaufen oder zu verkaufen.

Abschnitt 5. Entflechtung und Transparenz der Rechnungslegung

Art. 55[1)] Recht auf Einsichtnahme in die Rechnungslegung. (1) Die Mitgliedstaaten oder jede von ihnen benannte zuständige Behörde, einschließlich der in Artikel 57 genannten Regulierungsbehörden, haben, soweit das zur Wahrnehmung ihrer Aufgaben erforderlich ist, das Recht auf Einsichtnahme in die in Artikel 56 genannte Rechnungslegung der Elektrizitätsunternehmen.

(2) [1] Die Mitgliedstaaten und die von ihnen benannten zuständigen Behörden, einschließlich der Regulierungsbehörden, wahren die Vertraulichkeit wirtschaftlich sensibler Informationen. [2] Die Mitgliedstaaten können die Offenlegung derartiger Informationen vorsehen, wenn das zur Wahrnehmung der Aufgaben der zuständigen Behörden erforderlich ist.

Art. 56[2)] Entflechtung der Rechnungslegung. (1) Die Mitgliedstaaten treffen die erforderlichen Maßnahmen, damit die Rechnungslegung der Elektrizitätsunternehmen gemäß den Absätzen 2 und 3 erfolgt.

---

1) Art. 55 gilt ab dem 1.1.2021, vgl. Art. 73.

2) Art. 56 gilt ab dem 1.1.2021, vgl. Art. 73.

(2) *[1]* Ungeachtet ihrer Eigentumsverhältnisse oder ihrer Rechtsform erstellen und veröffentlichen die Elektrizitätsunternehmen ihre Jahresabschlüsse und lassen diese überprüfen, und zwar gemäß den nationalen Rechtsvorschriften über die Jahresabschlüsse von Gesellschaften, die im Rahmen der Richtlinie 2013/34/EU erlassen worden sind.

[2] Unternehmen, die zur Veröffentlichung ihrer Jahresabschlüsse gesetzlich nicht verpflichtet sind, halten in ihrer Hauptverwaltung eine Ausfertigung des Jahresabschlusses zur öffentlichen Einsichtnahme bereit.

(3) [1] Zur Verhinderung von Diskriminierung, Quersubventionen und Wettbewerbsverzerrungen führen Elektrizitätsunternehmen in ihrer internen Rechnungslegung jeweils getrennte Konten für ihre Übertragungs- und Verteilungstätigkeiten in derselben Weise, wie sie das tun müssten, wenn die jeweiligen Tätigkeiten von separaten Unternehmen ausgeführt würden. [2] Sie führen auch Konten für andere, nicht mit den Bereichen Übertragung und Verteilung zusammenhängende elektrizitätswirtschaftliche Tätigkeiten, wobei diese Konten konsolidiert sein können. [3] Einnahmen aus dem Eigentum am Übertragungs- oder Verteilernetz weisen sie in den Konten gesondert aus. [4] Für ihre Aktivitäten außerhalb des Elektrizitätsbereichs führen sie erforderlichenfalls konsolidierte Konten. [5] Diese interne Rechnungslegung schließt für jede Tätigkeit eine Bilanz sowie eine Gewinn- und Verlustrechnung ein.

(4) Bei der Überprüfung gemäß Absatz 2 wird insbesondere untersucht, ob die Verpflichtung zur Verhinderung von Diskriminierung und Quersubventionierung gemäß Absatz 3 eingehalten wird.

Kapitel VII. Regulierungsbehörden

Art. 57 Benennung und Unabhängigkeit der Regulierungsbehörden.

(1) Jeder Mitgliedstaat benennt auf nationaler Ebene eine einzige Regulierungsbehörde.

(2) Absatz 1 lässt die Benennung anderer Regulierungsbehörden auf regionaler Ebene in einigen Mitgliedstaaten unberührt, sofern es für die Vertretung und als Ansprechpartner auf Unionsebene innerhalb des Regulierungsrates der ACER gemäß Artikel 21 Absatz 1 der Verordnung (EU) 2019/942[1)] nur einen einzigen ranghohen Vertreter gibt.

(3) [1] Abweichend von Absatz 1 kann ein Mitgliedstaat Regulierungsbehörden für kleine Netze in einer geografisch eigenständigen Region benennen, deren Verbrauch im Jahr 2008 weniger als 3 % des gesamten Verbrauchs des Mitgliedstaats, zu dem sie gehört, betragen hat. [2] Diese Ausnahmeregelung lässt die Benennung eines einzigen ranghohen Vertreters für die Vertretung und als Ansprechpartner auf Unionsebene innerhalb des Regulierungsrates der ACER gemäß Artikel 21 Absatz 1 der Verordnung (EU) 2019/942[1)] unberührt.

(4) [1] Die Mitgliedstaaten gewährleisten die Unabhängigkeit der Regulierungsbehörde und stellen sicher, dass diese ihre Befugnisse unparteiisch und transparent ausübt. [2] Hierzu stellen die Mitgliedstaaten sicher, dass die Regulierungsbehörde bei der Wahrnehmung der ihr durch diese Richtlinie und zugehörige Rechtsvorschriften übertragenen Regulierungsaufgaben

---

[1)] Nr. 7.

a) rechtlich getrennt und funktional unabhängig von anderen öffentlichen und privaten Einrichtungen ist
b) und sicherstellt, dass ihr Personal und ihr Management
   i) unabhängig von Marktinteressen handelt und
   ii) bei der Wahrnehmung der Regulierungsaufgaben keine direkten Weisungen von Regierungsstellen oder anderen öffentlichen oder privaten Einrichtungen einholt oder entgegennimmt. Eine etwaige enge Zusammenarbeit mit anderen zuständigen nationalen Behörden oder allgemeine politische Leitlinien der Regierung, die nicht mit den Regulierungsaufgaben und -befugnissen gemäß Artikel 59 im Zusammenhang stehen, bleiben hiervon unberührt.

(5) *[1]* Zur Wahrung der Unabhängigkeit der Regulierungsbehörde stellen die Mitgliedstaaten insbesondere sicher,
a) dass die Regulierungsbehörde unabhängig von allen politischen Stellen selbständige Entscheidungen treffen kann,
b) dass die Regulierungsbehörde mit allen personellen und finanziellen Ressourcen ausgestattet wird, die sie benötigt, um ihre Aufgaben und Befugnisse wirksam und effizient wahrzunehmen,
c) dass der Regulierungsbehörde jedes Jahr separate Haushaltsmittel zugewiesen werden, und dass sie den ihr zugewiesenen Haushalt eigenverantwortlich ausführen kann,
d) dass die Mitglieder des Leitungsgremiums der Regulierungsbehörde oder, falls kein solches Gremium vorhanden ist, die Mitglieder des leitenden Managements der Regulierungsbehörde für eine Amtszeit von fünf bis sieben Jahren ernannt werden, die einmal verlängert werden kann,
e) dass die Mitglieder des Leitungsgremiums der Regulierungsbehörde oder, falls kein solches Gremium vorhanden ist, die Mitglieder des leitenden Managements der Regulierungsbehörde auf der Grundlage objektiver, transparenter und veröffentlichter Kriterien im Rahmen eines unabhängigen und unparteiischen Verfahrens ernannt werden, mit dem sichergestellt wird, dass die Bewerber über die erforderlichen Qualifikationen und Erfahrungen für die jeweilige Position in der Regulierungsbehörde verfügt,
f) dass für die Mitglieder des Leitungsgremiums der Regulierungsbehörde oder, falls kein solches Gremium vorhanden ist, für die Mitglieder des leitenden Managements der Regulierungsbehörde in der Regulierungsbehörde Vorschriften über Interessenkonflikte bestehen und Vertraulichkeitspflichten auch nach Beendigung ihres Mandats gelten,
g) dass die Mitglieder des Leitungsgremiums der Regulierungsbehörde oder, falls kein solches Gremium vorhanden ist, die Mitglieder des leitenden Managements der Regulierungsbehörde nur auf der Grundlage transparenter, vorher aufgestellter, Kriterien, entlassen werden können.

[2] [1] In Hinblick auf Unterabsatz 1 Buchstabe d, stellen die Mitgliedstaaten sicher, dass für das Leitungsgremium oder das leitende Management ein geeignetes Rotationsverfahren besteht. [2] Die Mitglieder des Leitungsgremiums der Regulierungsbehörde oder, falls kein solches Gremium vorhanden ist, die Mitglieder des leitenden Managements können während ihrer Amtszeit nur dann des Amtes enthoben werden, wenn sie nicht mehr die in diesem Artikel

genannten Bedingungen erfüllen oder wenn sie sich eines Fehlverhaltens nach nationalem Recht schuldig gemacht haben.

(6) Die Mitgliedstaaten können die Ex-post-Kontrolle des Jahresabschlusses der Regulierungsbehörde durch einen unabhängigen Prüfer vorsehen.

(7) Bis zum 5. Juli 2022 und danach alle vier Jahre legt die Kommission dem Europäischen Parlament und dem Rat einen Bericht über die Einhaltung des in diesem Artikel festgelegten Grundsatzes der Unabhängigkeit durch die nationalen Behörden vor.

Art. 58 Allgemeine Ziele der Regulierungsbehörde. Bei der Wahrnehmung der in dieser Richtlinie genannten Regulierungsaufgaben trifft die Regulierungsbehörde alle angemessenen Maßnahmen zur Verwirklichung folgender Ziele im Rahmen ihrer Aufgaben und Befugnisse gemäß Artikel 59, erforderlichenfalls in engem Einvernehmen mit anderen einschlägigen nationalen Behörden, einschließlich der Wettbewerbsbehörden und der Behörden – einschließlich Regulierungsbehörden – der Nachbarmitgliedstaaten und gegebenenfalls benachbarten Drittländer, und unbeschadet deren Zuständigkeit:

a) Förderung – in enger Zusammenarbeit mit den Regulierungsbehörden der Mitgliedstaaten, der Kommission und ACER – eines wettbewerbsbestimmten, flexiblen, sicheren und ökologisch nachhaltigen Elektrizitätsbinnenmarktes in der Union und tatsächliche Öffnung des Marktes für alle Kunden und Versorger in der Union, sowie Gewährleistung geeigneter Bedingungen, damit Elektrizitätsnetze unter Berücksichtigung der langfristigen Ziele wirkungsvoll und zuverlässig betrieben werden,
b) Entwicklung wettbewerbsbestimmter und gut funktionierender länderübergreifender Regionalmärkte in der Union zur Verwirklichung des unter Buchstabe a genannten Ziels,
c) Aufhebung der bestehenden Beschränkungen des Elektrizitätshandels zwischen den Mitgliedstaaten, einschließlich des Aufbaus geeigneter länderübergreifender Übertragungskapazitäten im Hinblick auf die Befriedigung der Nachfrage und die Förderung der Integration der nationalen Märkte zur Erleichterung der Elektrizitätsflüsse innerhalb der Union,
d) Beiträge zur möglichst kosteneffizienten Verwirklichung der Entwicklung sicherer, zuverlässiger, effizienter und diskriminierungsfreier Systeme, die verbraucherorientiert sind, und Förderung der Angemessenheit der Systeme und, gemäß den allgemeinen Zielen der Energiepolitik, der Energieeffizienz, sowie der Einbindung von Elektrizität aus erneuerbaren Quellen und verteilter Erzeugung sowohl in Übertragungs- als auch in Verteilernetze und Erleichterung ihres Betriebs in Bezug auf andere Gas- oder Wärmenetze,
e) Erleichterung des Anschlusses neuer Erzeugungsanlagen und Energiespeicheranlagen an das Netz, insbesondere durch Beseitigung von Hindernissen, durch die der Zugang neuer Marktteilnehmer und die Einspeisung von Elektrizität aus erneuerbaren Quellen verhindert werden könnte,
f) Sicherstellung, dass für Netzbetreiber und Netznutzer kurzfristig wie langfristig angemessene Anreize bestehen, für Effizienzsteigerungen, insbesondere Energieeffizienz, bei der Netzleistung zu sorgen und die Marktintegration zu fördern,

g) Maßnahmen, die bewirken, dass die Kunden Vorteile aus dem effizienten Funktionieren des nationalen Marktes ziehen, Förderung eines effektiven Wettbewerbs und Beiträge zur Wahrung eines hohen Maßes an Verbraucherschutz in enger Zusammenarbeit mit den einschlägigen für Verbraucherschutz zuständigen Behörden,

h) Beiträge zur Verwirklichung hoher Standards bei der Gewährleistung der Grundversorgung und der Erfüllung gemeinwirtschaftlicher Verpflichtungen im Bereich der Stromversorgung, zum Schutz benachteiligter Kunden und im Interesse der Kompatibilität der beim Versorgerwechsel von Kunden erforderlichen Datenaustauschverfahren.

Art. 59 Aufgaben und Befugnisse der Regulierungsbehörden. (1) Die Regulierungsbehörde hat folgende Aufgaben:

a) Sie ist dafür zuständig, anhand transparenter Kriterien die Übertragungs- oder Verteilungstarife oder die entsprechenden Methoden oder beides festzulegen oder zu genehmigen.

b) Sie stellt sicher, dass Übertragungs- und Verteilernetzbetreiber und, soweit vorhanden, auch Netzeigentümer sowie Elektrizitätsunternehmen und andere Marktteilnehmer ihren aus dieser Richtlinie, der Verordnung (EU) 2019/943[1)], den nach den Artikeln 59, 60 und 61 der Verordnung (EU) 2019/943[1)] verabschiedeten Netzkodizes und Leitlinien und anderem einschlägigen Recht der Union erwachsenden Verpflichtungen, auch bei länderübergreifenden Aspekten, nachkommen, sowie Entscheidungen der ACER Folge leisten.

c) Sie stellt in enger Abstimmung den anderen Regulierungsbehörden sicher, dass das ENTSO (Strom) und die EU-VNBO ihren aus dieser Richtlinie, der Verordnung (EU) 2019/943[1)], den nach den Artikeln 59, 60 und 61 der Verordnung (EU) 2019/943[1)] verabschiedeten Netzkodizes und Leitlinien und anderem einschlägigen Recht der Union erwachsenden Verpflichtungen, auch bei länderübergreifenden Aspekten, nachkommen, sowie Entscheidungen der ACER Folge leisten, und sie stellen gemeinsam fest, ob das ENTSO (Strom) und die EU-VNBO ihren jeweiligen Verpflichtungen nicht nachgekommen sind; konnten die Regulierungsbehörden binnen vier Monaten nach Beginn der Konsultationen zum Zweck der gemeinsamen Feststellung eines Verstoßes keine Einigung erzielen, so wird die ACER mit der Angelegenheit befasst und trifft einen Beschluss gemäß Artikel 6 Absatz 10 der Verordnung (EU) 2019/942[2)].

d) Sie erteilt die Genehmigung für Produkte und Beschaffungsverfahren für nicht frequenzgebundene Systemdienstleistungen.

e) Sie setzt die nach den Artikeln 59, 60 und 61 der Verordnung (EU) 2019/943[1)] verabschiedeten Netzkodizes und Leitlinien mithilfe nationaler Maßnahmen oder, soweit erforderlich, koordinierter regionaler oder unionsweiter Maßnahmen um.

f) Sie arbeitet mit der Regulierungsbehörde bzw. den Behörden der betroffenen Mitgliedstaaten und mit der ACER in länderübergreifenden Angele-

---

1) Nr. 8.
2) Nr. 7.

genheiten zusammen, insbesondere durch die Beteiligung an der Arbeit des Regulierungsrates der ACER gemäß Artikel 21 der Verordnung (EU) 2019/942[1)].

g) Sie kommt allen einschlägigen rechtsverbindlichen Entscheidungen der ACER und Beschlüssen der Kommission nach und führt sie durch.

h) Sie stellt sicher, dass die Übertragungsnetzbetreiber Verbindungskapazitäten gemäß Artikel 16 der Verordnung (EU) 2019/943[2)] in größtmöglichem Umfang zur Verfügung stellen.

i) Sie erstattet den maßgeblichen Behörden der Mitgliedstaaten, der ACER und der Kommission jährlich Bericht über ihre Tätigkeit und die Erfüllung ihrer Aufgaben, einschließlich einer Darlegung der für jede einzelne der in diesem Artikel genannten Aufgaben getroffenen Maßnahmen und den erzielten Ergebnissen.

j) Sie stellt sicher, dass eine Quersubventionierung zwischen den Übertragungs-, Verteilungs- und Versorgungstätigkeiten oder anderen Tätigkeiten inner- oder außerhalb des Elektrizitätsbereichs verhindert wird.

k) Sie überwacht die Investitionspläne der Übertragungsnetzbetreiber und legt mit ihrem Jahresbericht eine Beurteilung dieser Investitionspläne unter dem Gesichtspunkt ihrer Übereinstimmung mit dem unionsweiten Netzentwicklungsplan vor; diese Beurteilung kann Empfehlungen zur Änderung der Investitionspläne enthalten.

l) Sie überwacht und bewertet anhand einer begrenzten Anzahl von Indikatoren die Leistung der Übertragungs- und der Verteilernetzbetreiber bei dem Ausbau eines intelligenten Netzes, das Energieeffizienz und die Einbindung von Energie aus erneuerbaren Quellen fördert, und veröffentlicht alle zwei Jahre einen nationalen Bericht, einschließlich Empfehlungen für Verbesserungen.

m) Sie legt für die Dienstleistungs- und Versorgungsqualität geltende Normen und Anforderungen fest oder genehmigt sie oder leistet hierzu gemeinsam mit anderen zuständigen Behörden einen Beitrag, und sie überprüft die bisherige Wirkung der Regeln für die Sicherheit und Zuverlässigkeit des Netzes.

n) Sie beobachtet den Grad der Transparenz, auch der Großhandelspreise, und stellt sicher, dass die Elektrizitätsunternehmen die Transparenzanforderungen erfüllen.

o) Sie beobachtet den Grad und die Wirksamkeit der Marktöffnung und den Umfang des Wettbewerbs auf Großhandels- und Endkundenebene, einschließlich Strombörsen, Preise für Haushaltskunden, einschließlich Vorauszahlungssystemen, die Auswirkungen dynamischer Elektrizitätspreisverträge und der Verwendung intelligenter Messsysteme, Versorgerwechselraten, Abschaltraten, Durchführung von Wartungsdiensten und dafür erhobene Gebühren, die Beziehungen zwischen Haushalts- und Großhandelspreisen, die Entwicklung der Netztarife und -abgaben und Beschwerden von Haushaltskunden sowie etwaige Wettbewerbsverzerrungen oder -beschränkungen, sie

---

1) Nr. 7.
2) Nr. 8.

stellt relevante Informationen bereit und legt den jeweils zuständigen Wettbewerbsbehörden einschlägige Fälle vor.

p) Sie beobachtet etwaige restriktive Vertragspraktiken einschließlich Exklusivitätsbestimmungen, die Kunden daran hindern können, gleichzeitig mit mehreren Versorgern Verträge zu schließen, oder ihre Möglichkeiten dazu beschränken und setzen die nationalen Wettbewerbsbehörden erforderlichenfalls von solchen Praktiken in Kenntnis.

q) Sie verfolgt, wie viel Zeit die Übertragungs- und Verteilernetzbetreiber für die Herstellung von Anschlüssen und für Reparaturen benötigen.

r) Sie trägt zusammen mit anderen einschlägigen Behörden dazu bei, dass Maßnahmen zum Verbraucherschutz wirksam sind und durchgesetzt werden.

s) Sie veröffentlicht mindestens einmal jährlich Empfehlungen zur Übereinstimmung der Versorgungstarife mit Artikel 5 und leitet sie erforderlichenfalls an die Wettbewerbsbehörden weiter.

t) Sie gewährleistet den diskriminierungsfreien Zugang zu den Verbrauchsdaten der Kunden, die Bereitstellung – bei fakultativer Verwendung – eines leicht verständlichen einheitlichen Formats auf nationaler Ebene für die Erfassung der Verbrauchsdaten und den unverzüglichen Zugang für alle Kunden zu diesen Daten gemäß den Artikeln 23 und 24.

u) Sie überwacht die Umsetzung der Vorschriften über die Aufgaben und Zuständigkeiten der Übertragungsnetzbetreiber, Verteilernetzbetreiber, Versorgungsunternehmen, Kunden und anderer Marktteilnehmer nach Maßgabe der Verordnung (EU) 2019/943[1].

v) Sie überwacht die Investitionen in die Erzeugungs- und Speicherkapazitäten mit Blick auf die Versorgungssicherheit.

w) Sie überwacht die technische Zusammenarbeit zwischen Übertragungsnetzbetreibern der Union und den Übertragungsnetzbetreibern von Drittländern.

x) Sie trägt zur Kompatibilität der Datenaustauschverfahren für die wichtigsten Marktprozesse auf regionaler Ebene bei.

y) Sie überwacht die Verfügbarkeit von Vergleichsinstrumenten, die die Voraussetzungen gemäß Artikel 14 erfüllen.

z) Sie überwacht die Beseitigung ungerechtfertigter Hindernisse und Einschränkungen bei der Weiterentwicklung des Verbrauchs von selbst erzeugter Elektrizität und von Bürgerenergiegemeinschaften.

(2) *[1]* [1] Ist das in einem Mitgliedstaat vorgesehen, so können die Überwachungsaufgaben gemäß Absatz 1 von anderen Behörden als der Regulierungsbehörde durchgeführt werden. [2] In diesem Fall müssen die Informationen, die aus der Überwachung hervorgehen, der Regulierungsbehörde so schnell wie möglich zur Verfügung gestellt werden.

[2] Bei der Wahrnehmung von Aufgaben gemäß Absatz 1 konsultiert die Regulierungsbehörde erforderlichenfalls – unter Wahrung ihrer Unabhängigkeit und unbeschadet ihrer eigenen spezifischen Zuständigkeit und im Einklang mit den Grundsätzen der besseren Regulierung – die Übertragungsnetzbetrei-

---

[1] Nr. 8.

ber und arbeitet erforderlichenfalls eng mit anderen zuständigen nationalen Behörden zusammen.

[3] Genehmigungen, die von einer Regulierungsbehörde oder der ACER nach dieser Richtlinie erteilt werden, berühren weder die hinreichend begründete künftige Ausübung ihrer Befugnisse nach diesem Artikel durch die Regulierungsbehörde noch etwaige Sanktionen, die von anderen zuständigen Behörden oder der Kommission verhängt werden.

(3) [1]Die Mitgliedstaaten stellen sicher, dass die Regulierungsbehörden mit den erforderlichen Befugnissen ausgestattet werden, aufgrund deren sie die in diesem Artikel genannten Aufgaben effizient und schnell erfüllen können. [2]Hierzu muss die Regulierungsbehörde unter anderem über folgende Befugnisse verfügen:

a) Erlass von Entscheidungen, die für Elektrizitätsunternehmen bindend sind;

b) Durchführung von Untersuchungen zum Funktionieren der Erdgasmärkte und Entscheidung über und Verhängung von notwendigen und verhältnismäßigen Maßnahmen zur Förderung eines wirksamen Wettbewerbs und zur Wahrung des ordnungsgemäßen Funktionierens des Marktes; die Regulierungsbehörde erhält erforderlichenfalls auch die Befugnis zur Zusammenarbeit mit der nationalen Wettbewerbsbehörde und den Finanzmarktregulierungsbehörden oder der Kommission bei der Durchführung einer wettbewerbsrechtlichen Untersuchung;

c) Einforderung der für die Wahrnehmung ihrer Aufgaben maßgeblichen Informationen bei den Elektrizitätsunternehmen einschließlich Begründungen für Verweigerungen des Zugangs Dritter und sonstiger Informationen über Maßnahmen zur Stabilisierung der Netze;

d) Verhängung wirksamer, verhältnismäßiger und abschreckender Sanktionen gegen Elektrizitätsunternehmen, die ihren aus dieser Richtlinie, der Verordnung (EU) 2019/943[1)] oder allen einschlägigen rechtsverbindlichen Entscheidungen der Regulierungsbehörde oder der ACER erwachsenden Verpflichtungen nicht nachkommen, oder Vorschlag der Verhängung solcher Sanktionen bei einem zuständigen Gericht, derartige Sanktionen zu verhängen; hierzu zählt auch die Befugnis, bei Missachtung der jeweiligen Verpflichtungen gemäß dieser Richtlinie gegen den Übertragungsnetzbetreiber bzw. das vertikal integrierte Unternehmen Sanktionen in Höhe von bis zu 10 % des Jahresumsatzes des Übertragungsnetzbetreibers bzw. des vertikal integrierten Unternehmens zu verhängen oder vorzuschlagen;

e) ausreichende Untersuchungsrechte und entsprechende Anweisungsbefugnisse zur Streitbeilegung gemäß Artikel 60 Absätze 2 und 3.

(4) Die Regulierungsbehörde des Mitgliedstaats, in dem das ENTSO (Strom) oder die EU-VNBO ihren Sitz haben, ist befugt, wirksame, verhältnismäßige und abschreckende Sanktionen gegen jene Stellen zu verhängen, die ihren aus dieser Richtlinie, der Verordnung (EU) 2019/943[1)] oder allen einschlägigen rechtsverbindlichen Entscheidungen der Regulierungsbehörde oder der ACER erwachsenden Verpflichtungen nicht nachkommen, oder vorzuschlagen, dass ein zuständiges Gericht derartige Sanktionen verhängt.

[1)] Nr. **8**.

(5) Wurde gemäß Artikel 44 ein unabhängiger Netzbetreiber benannt, so hat die Regulierungsbehörde zusätzlich zu den ihr gemäß den Absätzen 1 und 3 des vorliegenden Artikels übertragenen Aufgaben folgende Pflichten:

a) Sie überwacht, ob der Eigentümer des Übertragungsnetzes und der unabhängige Netzbetreiber ihren aus diesem Artikel erwachsenden Verpflichtungen nachkommen, und verhängt gemäß Absatz 3 Buchstabe d Sanktionen für den Fall, dass den Verpflichtungen nicht nachgekommen wird.

b) Sie überwacht die Beziehungen und die Kommunikation zwischen dem unabhängigen Netzbetreiber und dem Eigentümer des Übertragungsnetzes, damit der unabhängige Netzbetreiber seinen Verpflichtungen nachkommt, und genehmigt insbesondere Verträge und fungiert im Fall von Beschwerden einer Partei gemäß Artikel 60 Absatz 2 als Streitbeilegungsinstanz zwischen dem unabhängigen Netzbetreiber und dem Eigentümer des Übertragungsnetzes.

c) Unbeschadet des Verfahrens gemäß Artikel 44 Absatz 2 Buchstabe c genehmigt sie die vom unabhängigen Netzbetreiber mindestens alle zwei Jahre einzureichende Investitionsplanung für den ersten zehnjährigen Netzentwicklungsplan sowie den von ihm vorzulegenden mehrjährigen Netzentwicklungsplan.

d) Sie stellt sicher, dass die von unabhängigen Netzbetreibern erhobenen Netzzugangstarife ein Entgelt für den bzw. die Netzeigentümer enthalten, das eine angemessene Vergütung der Netzvermögenswerte und neuer Investitionen in das Netz ist, sofern diese wirtschaftlich und effizient getätigt werden.

e) Sie hat die Befugnis, in den Räumlichkeiten des Eigentümers des Übertragungsnetzes und des unabhängigen Netzbetreibers Kontrollen – auch ohne Ankündigung – durchzuführen.

f) Sie überwacht die Verwendung der von dem unabhängigen Netzbetreiber gemäß Artikel 19 Absatz 2 der Verordnung (EU) 2019/943[1] eingenommenen Engpasserlöse.

(6) Zusätzlich zu den Aufgaben und Befugnissen, die ihr gemäß den Absätzen 1 und 3 des vorliegenden Artikels übertragen werden, werden der Regulierungsbehörde für den Fall, dass ein Übertragungsnetzbetreiber gemäß Kapitel VI Abschnitt 3 benannt wurde, folgende Aufgaben und Befugnisse übertragen:

a) Verhängung von Sanktionen gemäß Absatz 3 Buchstabe d wegen diskriminierenden Verhaltens zugunsten des vertikal integrierten Unternehmens;

b) Überprüfung des Schriftverkehrs zwischen dem Übertragungsnetzbetreiber und dem vertikal integrierten Unternehmen, damit der Übertragungsnetzbetreiber seinen Verpflichtungen nachkommt;

c) Streitbeilegung zwischen dem vertikal integrierten Unternehmen und dem Übertragungsnetzbetreiber bei Beschwerden gemäß Artikel 60 Absatz 2;

d) fortlaufende Überwachung der geschäftlichen und finanziellen Beziehungen, einschließlich Darlehen, zwischen dem vertikal integrierten Unternehmen und dem Übertragungsnetzbetreiber;

---

[1] Nr. 8.

e) Genehmigung sämtlicher geschäftlichen und finanziellen Vereinbarungen zwischen dem vertikal integrierten Unternehmen und dem Übertragungsnetzbetreiber, sofern sie marktüblichen Bedingungen entsprechen;

f) Anforderung einer Begründung beim vertikal integrierten Unternehmen im Fall einer Meldung des Gleichbehandlungsbeauftragten nach Artikel 50 Absatz 4. Eine solche Begründung muss insbesondere den Nachweis enthalten, dass kein diskriminierendes Verhalten zugunsten des vertikal integrierten Unternehmens vorgelegen hat;

g) Durchführung von – auch unangekündigten – Kontrollen in den Geschäftsräumen des vertikal integrierten Unternehmens und des Übertragungsnetzbetreibers;

h) Übertragung aller oder bestimmter Aufgaben des Übertragungsnetzbetreibers an einen gemäß Artikel 44 benannten unabhängigen Netzbetreiber, falls der Übertragungsnetzbetreiber fortwährend gegen seine Verpflichtungen aus der Richtlinie verstößt, insbesondere im Fall wiederholten diskriminierenden Verhaltens zugunsten des vertikal integrierten Unternehmens.

(7) Den Regulierungsbehörden obliegt es, außer wenn die ACER aufgrund ihrer Koordinierungsaufgaben nach Artikel 5 Absatz 2 der Verordnung (EU) 2019/942[1] für die Festlegung und Genehmigung der Bedingungen oder Methoden für die Durchführung von Netzkodizes und Leitlinien gemäß Kapitel VII der Verordnung (EU) 2019/943[2] zuständig ist, zumindest die nationalen Methoden zur Berechnung oder Festlegung folgender Bedingungen mit ausreichendem Vorlauf vor deren Inkrafttreten festzulegen oder zu genehmigen:

a) die Bedingungen für den Anschluss an und den Zugang zu den nationalen Netzen, einschließlich der Tarife für die Übertragung und die Verteilung oder ihrer Methoden; diese Tarife oder Methoden sind so zu gestalten, dass die notwendigen Investitionen in die Netze auf eine Art und Weise vorgenommen werden können, dass die Lebensfähigkeit der Netze gewährleistet ist;

b) die Bedingungen für die Erbringung von Systemdienstleistungen, die möglichst wirtschaftlich sind und den Netzbenutzern geeignete Anreize bieten, die Einspeisung und Abnahme von Gas auszugleichen; dabei werden die Systemdienstleistungen auf faire und diskriminierungsfreie Weise erbracht und stützen sich auf objektive Kriterien;

c) die Bedingungen für den Zugang zu länderübergreifender Infrastruktur einschließlich der Verfahren der Kapazitätszuweisung und des Engpassmanagements.

(8) Die in Absatz 7 genannten Methoden oder die Bedingungen werden veröffentlicht.

(9) Um die Transparenz auf dem Markt zu erhöhen und sämtlichen interessierten Parteien alle erforderlichen Informationen sowie die in Artikel 60 Absatz 3 genannten Entscheidungen oder Vorschläge für Entscheidungen über Übertragungs- und Verteilungstarife zu übermitteln, veröffentlichen die Regu-

---

[1] Nr. **7**.
[2] Nr. **8**.

lierungsbehörden die ausführliche Beschreibung der Methode und die zugrunde liegenden Kosten, die für die Berechnung der jeweiligen Netztarife verwendet wurden, unter Wahrung der Vertraulichkeit wirtschaftlich sensibler Informationen.

(10) [1]Die Regulierungsbehörden überwachen das Engpassmanagement in den nationalen Elektrizitätsnetzen – einschließlich der Verbindungsleitungen – und die Durchsetzung der Regeln für das Engpassmanagement. [2]Hierzu legen die Übertragungsnetzbetreiber oder Marktteilnehmer den Regulierungsbehörden ihre Regeln für das Engpassmanagement einschließlich der Kapazitätszuweisung vor. [3]Die Regulierungsbehörden können Änderungen dieser Regeln verlangen.

Art. 60[1)] Entscheidungen und Beschwerden. (1) [1]Die Regulierungsbehörden sind befugt, erforderlichenfalls von den Übertragungsnetz- und Verteilernetzbetreibern zu verlangen, die in Artikel 59 der vorliegenden Richtlinie genannten Vertragsbedingungen, einschließlich der Tarife oder Methoden, zu ändern, damit sie gemäß Artikel 18 der Verordnung (EU) 2019/943[2)] angemessen sind und diskriminierungsfrei angewendet werden. [2]Verzögert sich die Festlegung von Übertragungs- und Verteilungstarifen, so sind die Regulierungsbehörden befugt, vorläufig geltende Übertragungs- und Verteilungstarife oder die entsprechenden Methoden festzulegen oder zu genehmigen und über geeignete Ausgleichsmaßnahmen zu entscheiden, falls die endgültigen Übertragungs- und Verteilungstarife oder Methoden von diesen vorläufigen Tarifen oder Methoden abweichen.

(2) [1]Jeder Betroffene, der eine Beschwerde gegen einen Übertragungs- oder Verteilernetzbetreiber im Zusammenhang mit dessen Verpflichtungen im Rahmen dieser Richtlinie hat, kann damit die Regulierungsbehörde befassen, die als Streitbeilegungsstelle innerhalb von zwei Monaten ab Eingang der Beschwerde eine Entscheidung trifft. [2]Diese Frist kann um weitere zwei Monate verlängert werden, wenn die Regulierungsbehörde zusätzliche Informationen anfordert. [3]Mit Zustimmung des Beschwerdeführers ist eine weitere Verlängerung dieser Frist möglich. [4]Die Entscheidung der Regulierungsbehörde ist verbindlich, bis sie aufgrund eines Rechtsbehelfs aufgehoben wird.

(3) [1]Jeder Betroffene, der gegen eine gemäß Artikel 59 getroffene Entscheidung über die Methoden oder, soweit die Regulierungsbehörde eine Anhörungspflicht hat, gegen die vorgeschlagenen Tarife bzw. Methoden beschwerdeberechtigt ist, kann binnen zwei Monaten oder innerhalb einer von den Mitgliedstaaten festgelegten kürzeren Frist nach Veröffentlichung der Entscheidung bzw. des Vorschlags für eine Entscheidung Beschwerde im Hinblick auf die Überprüfung der Entscheidung einlegen. [2]Eine Beschwerde hat keine aufschiebende Wirkung.

(4) [1]Die Mitgliedstaaten schaffen geeignete und wirksame Mechanismen für die Regulierung, die Kontrolle und die Sicherstellung von Transparenz, um den Missbrauch einer marktbeherrschenden Stellung zum Nachteil insbesondere der Verbraucher sowie Verdrängungspraktiken zu verhindern. [2]Diese Mechanismen tragen den Bestimmungen des AEUV, insbesondere Artikel 102, Rechnung.

[1)] Art. 60 gilt ab dem 1.1.2021, vgl. Art. 73.
[2)] Nr. **8**.

(5) Die Mitgliedstaaten gewährleisten, dass bei Verstößen gegen die in dieser Richtlinie vorgesehenen Geheimhaltungsvorschriften geeignete Maßnahmen, einschließlich der nach nationalem Recht vorgesehenen Verwaltungs- oder Strafverfahren, gegen die verantwortlichen natürlichen oder juristischen Personen ergriffen werden.

(6) Beschwerden nach den Absätzen 2 und 3 lassen die nach dem Unionsrecht bzw. den nationalen Rechtsvorschriften möglichen Rechtsbehelfe unberührt.

(7) [1]Die von den Regulierungsbehörden getroffenen Entscheidungen sind umfassend zu begründen, damit sie gerichtlich überprüft werden können. [2]Die Entscheidungen sind der Öffentlichkeit unter Wahrung der Vertraulichkeit wirtschaftlich sensibler Informationen zugänglich zu machen.

(8) Die Mitgliedstaaten gewährleisten, dass auf nationaler Ebene geeignete Verfahren bestehen, die einer betroffenen Partei das Recht einräumen, gegen eine Entscheidung einer Regulierungsbehörde bei einer von den beteiligten Parteien und Regierungen unabhängigen Stelle Beschwerde einzulegen.

Art. 61 Regionale Zusammenarbeit zwischen den Regulierungsbehörden bei länderübergreifenden Aspekten. (1) [1]Die Regulierungsbehörden konsultieren einander, insbesondere im Rahmen der ACER, arbeiten eng zusammen und übermitteln einander und der ACER sämtliche für die Erfüllung ihrer Aufgaben gemäß dieser Richtlinie erforderlichen Informationen. [2]Bei dem Informationsaustausch ist die einholende Behörde an den gleichen Grad an Vertraulichkeit gebunden wie die auskunftserteilende Behörde.

(2) Die Regulierungsbehörden arbeiten zumindest auf regionaler Ebene zusammen, um

a) netztechnische Regelungen zu fördern, die ein optimales Netzmanagement ermöglichen, gemeinsame Strombörsen zu fördern und länderübergreifende Kapazitäten zu vergeben und – unter anderem durch neue Verbindungen – ein angemessenes Maß an Verbindungskapazitäten innerhalb der Region und zwischen den Regionen zu ermöglichen, damit sich ein tatsächlicher Wettbewerb und eine bessere Versorgungssicherheit entwickeln können, ohne dass es zu einer Diskriminierung von Versorgern in einzelnen Mitgliedstaaten kommt,
b) die gemeinsame Aufsicht über Unternehmen, die Aufgaben auf regionaler Ebene ausführen, zu koordinieren,
c) in Zusammenarbeit mit anderen beteiligten Behörden die gemeinsame Aufsicht über nationale, regionale und europaweite Abschätzungen der Angemessenheit zu koordinieren,
d) die Aufstellung aller Netzkodizes und Leitlinien für die betroffenen Übertragungsnetzbetreiber und andere Marktteilnehmer zu koordinieren und
e) die Ausarbeitung von Regeln für das Engpassmanagement zu koordinieren.

(3) Die Regulierungsbehörden sind berechtigt, untereinander Kooperationsvereinbarungen zu schließen, um die Zusammenarbeit bei der Regulierungstätigkeit zu intensivieren.

(4) Die in Absatz 2 genannten Maßnahmen werden erforderlichenfalls in engem Benehmen mit anderen einschlägigen nationalen Behörden und unbeschadet deren eigener Zuständigkeit durchgeführt.

(5) Die Kommission ist befugt, gemäß Artikel 67 delegierte Rechtsakte zu erlassen mit denen diese Richtlinie um Leitlinien ergänzt wird, in denen festgelegt ist, in welchem Umfang die Regulierungsbehörden untereinander und mit der ACER zusammenarbeiten dürfen.

Art. 62 Aufgaben und Befugnisse der Regulierungsbehörden gegenüber den regionalen Koordinierungszentren. (1) Die regionalen Regulierungsbehörden der Netzbetriebsregion, in der ein regionales Koordinierungszentrum eingerichtet wurde, haben die Aufgabe, in enger Abstimmung untereinander

a) den Vorschlag zur Einrichtung regionaler Koordinationszentren gemäß Artikel 35 Absatz 1 der Verordnung (EU) 2019/943[1] zu billigen;
b) die Ausgaben zu genehmigen, deren Kosten im Zusammenhang mit den Tätigkeiten der regionalen Koordinationszentren von den Übertragungsnetzbetreibern getragen und bei der Entgeltberechnung berücksichtigt werden, soweit sie vernünftig und angemessen sind;
c) das Verfahren zur kooperativen Entscheidungsfindung zu genehmigen;
d) sicherstellen, dass die regionalen Koordinierungszentren über alle personellen, technischen, materiellen und finanziellen Ressourcen verfügen, die zur Erfüllung ihrer Pflichten im Rahmen dieser Richtlinie und zur unabhängigen und unparteiischen Wahrnehmung ihrer Aufgaben erforderlich sind;
e) gemeinsam mit anderen Regulierungsbehörden einer Netzbetriebsregion etwaige zusätzliche Aufgaben und zusätzliche Befugnisse, die den regionalen Koordinierungszentren von den Mitgliedstaaten der Netzbetriebsregion zu übertragen sind, vorzuschlagen;
f) sicherzustellen, dass die Verpflichtungen im Rahmen dieser Richtlinie und anderen einschlägigen Rechts der Union erfüllt werden, insbesondere bei länderübergreifenden Aspekten, und zusammenzuarbeiten um gemeinsam festzustellen, ob die regionalen Koordinationszentren ihren jeweiligen Verpflichtungen eventuell nicht nachgekommen sind; konnten die Regulierungsbehörden binnen vier Monaten nach Beginn der Konsultationen keine Einigung erzielen, so wird ACER mit der Angelegenheit befasst und trifft einen Beschluss gemäß Artikel 6 Absatz 10 der Verordnung (EU) 2019/942[2];
g) die Leistung der Netzkoordination zu überwachen und der Agentur gemäß Artikel 46 der Verordnung (EU) 2019/943[1] jährlich darüber Bericht zu erstatten.

(2) [1]Die Mitgliedstaaten stellen sicher, dass die Regulierungsbehörden mit den erforderlichen Befugnissen ausgestattet werden, damit sie die in Absatz 1 genannten Aufgaben effizient und zügig erfüllen können. [2]Hierzu müssen die Regulierungsbehörden zumindest über folgende Befugnisse verfügen:

a) Anforderung von Informationen aus den regionalen Koordinierungszentren,

---

[1] Nr. 8
[2] Nr. 7

b) Durchführung von Inspektionen in den Räumlichkeiten der regionalen Koordinierungszentren, auch ohne Ankündigung,

c) Erlass von gemeinsamen verbindlichen Entscheidungen zu regionalen Koordinierungszentren.

(3) Die Regulierungsbehörde des Mitgliedstaats, in dem das regionale Koordinierungszentrum seinen Sitz hat, ist befugt, wirksame, verhältnismäßige und abschreckende Sanktionen gegen das regionale Koordinierungszentrum zu verhängen, wenn es seinen aus dieser Richtlinie, der Verordnung (EU) 2019/943[1] oder allen einschlägigen rechtsverbindlichen Entscheidungen der Regulierungsbehörde oder der ACER erwachsenden Verpflichtungen nicht nachkommt, oder vorzuschlagen, dass ein zuständiges Gericht derartige Sanktionen verhängt.

Art. 63 Einhaltung der Netzkodizes und Leitlinien. (1) Jede Regulierungsbehörde und die Kommission können die ACER um eine Stellungnahme dazu ersuchen, ob eine von einer Regulierungsbehörde getroffene Entscheidung mit den gemäß dieser Richtlinie oder Kapitel VII der Verordnung (EU) 2019/943[1] erlassenen Netzkodizes und Leitlinien vereinbar ist.

(2) Die ACER unterbreitet der antragstellenden Regulierungsbehörde bzw. der Kommission sowie der Regulierungsbehörde, die die fragliche Entscheidung getroffen hat, innerhalb von drei Monaten nach Eingang des Ersuchens ihre Stellungnahme.

(3) Kommt die Regulierungsbehörde, die die Entscheidung getroffen hat, der Stellungnahme der ACER nicht innerhalb von vier Monaten nach Eingang der Stellungnahme nach, so setzt die ACER die Kommission davon in Kenntnis.

(4) Jede Regulierungsbehörde, die der Auffassung ist, dass eine von einer anderen Regulierungsbehörde getroffene Entscheidung von Belang für den länderübergreifenden Handel nicht mit den gemäß dieser Richtlinie oder Kapitel VII der Verordnung (EU) 2019/943[1] erlassenen Netzkodizes und Leitlinien vereinbar ist, kann die Kommission innerhalb von zwei Monaten ab dem Tag, an dem die fragliche Entscheidung ergangen ist, davon in Kenntnis setzen.

(5) [1] Gelangt die Kommission innerhalb von zwei Monaten, nachdem sie gemäß Absatz 3 von der ACER oder gemäß Absatz 4 von einer Regulierungsbehörde informiert wurde, oder innerhalb von drei Monaten nach dem Tag, an dem die Entscheidung getroffen wurde, von sich aus zu der Einschätzung, dass die Entscheidung einer Regulierungsbehörde erhebliche Zweifel an ihrer Vereinbarkeit mit den gemäß dieser Richtlinie oder Kapitel VII der Verordnung (EU) 2019/943[1] erlassenen Netzkodizes und Leitlinien begründet, so kann die Kommission die weitere Prüfung des Falls beschließen. [2] In einem solchen Fall lädt sie die betroffene Regulierungsbehörde und die betroffenen Parteien zu dem Verfahren vor der Regulierungsbehörde, damit sie Stellung nehmen können.

(6) Hat die Kommission beschlossen, den Fall weiter zu prüfen, so erlässt sie innerhalb von vier Monaten nach dem Tag, an dem dieser Beschluss gefasst wurde, einen endgültigen Beschluss,

---

[1] Nr. 8.

a) keine Einwände gegen die Entscheidung der Regulierungsbehörde zu erheben, oder
b) von der betroffenen Regulierungsbehörde den Widerruf ihrer Entscheidung zu verlangen, weil den Netzkodizes und Leitlinien nicht nachgekommen wurde.

(7) Beschließt die Kommission nicht innerhalb der in den Absätzen 5 bzw. 6 genannten Fristen, den Fall weiter zu prüfen oder einen endgültigen Beschluss zu erlassen, so wird davon ausgegangen, dass sie keine Einwände gegen die Entscheidung der Regulierungsbehörde erhebt.

(8) Die Regulierungsbehörde kommt dem Beschluss der Kommission über den Widerruf der Entscheidung der Regulierungsbehörde innerhalb von zwei Monaten nach und setzt die Kommission davon in Kenntnis.

(9) Die Kommission ist befugt, gemäß Artikel 67 delegierte Rechtsakte zu erlassen, um diese Richtlinie um Leitlinien zu ergänzen, in denen die Einzelheiten des Verfahrens für die Anwendung dieses Artikels festgelegt werden.

Art. 64[1] Aufbewahrungspflichten. (1) Die Mitgliedstaaten verlangen von den Versorgern, dass sie die relevanten Daten über sämtliche mit Großhandelskunden und Übertragungsnetzbetreibern getätigten Transaktionen mit Elektrizitätsversorgungsverträgen und Elektrizitätsderivaten für die Dauer von mindestens fünf Jahren aufbewahren und den nationalen Behörden einschließlich der Regulierungsbehörde, den nationalen Wettbewerbsbehörden und der Kommission zur Erfüllung ihrer Aufgaben bei Bedarf zur Verfügung stellen.

(2) Die Daten enthalten genaue Angaben zu den Merkmalen der relevanten Transaktionen, wie Laufzeit-, Liefer- und Abrechnungsbestimmungen, Menge, Datum und Uhrzeit der Ausführung, Transaktionspreise und Mittel zur Identifizierung des jeweiligen Großhandelskunden sowie bestimmte Angaben zu sämtlichen nicht abgerechneten Elektrizitätsversorgungsverträgen und Elektrizitätsderivaten.

(3) [1] Die Regulierungsbehörde kann beschließen, bestimmte dieser Informationen den Marktteilnehmern zugänglich zu machen, vorausgesetzt, es werden keine wirtschaftlich sensiblen Daten über einzelne Marktakteure oder einzelne Transaktionen preisgegeben. [2] Dieser Absatz gilt nicht für Informationen über Finanzinstrumente, die unter die Richtlinie 2014/65/EU fallen.

(4) Dieser Artikel begründet für Stellen, die unter die Richtlinie 2014/65/EU fallen, keine zusätzlichen Verpflichtungen gegenüber den in Absatz 1 genannten Behörden.

(5) Falls die in Absatz 1 genannten Behörden Zugang zu Daten haben müssen, die von Unternehmen aufbewahrt werden, die unter die Richtlinie 2014/65/EU fallen, übermitteln die nach jener Richtlinie zuständigen Behörden ihnen die erforderlichen Daten.

---

[1] Art. 64 gilt ab dem 1.1.2021, vgl. Art. 73.

Kapitel VIII. Schlussbestimmungen

Art. 65[1)] Gleiche Ausgangsbedingungen. (1) Maßnahmen, die die Mitgliedstaaten gemäß dieser Richtlinie treffen können, um für gleiche Ausgangsbedingungen zu sorgen, müssen mit dem AEUV, insbesondere Artikel 36, und dem Unionsrecht vereinbar sein.

(2) [1] Die in Absatz 1 genannten Maßnahmen müssen verhältnismäßig, diskriminierungsfrei und transparent sein. [2] Diese Maßnahmen können erst wirksam werden, nachdem sie der Kommission mitgeteilt und von ihr gebilligt worden sind.

(3) [1] Die Kommission wird innerhalb von zwei Monaten nach Eingang der Mitteilung gemäß Absatz 2 tätig. [2] Diese Frist beginnt am Tag nach dem Eingang der vollständigen Informationen. [3] Wird die Kommission nicht innerhalb dieser Frist von zwei Monaten tätig, so wird davon ausgegangen, dass sie keine Einwände gegen die mitgeteilten Maßnahmen erhebt.

Art. 66 Ausnahmeregelungen. (1) *[1]* Die Mitgliedstaaten, die nachweisen können, dass sich für den Betrieb ihrer kleinen Verbundnetze und kleinen, isolierten Netze erhebliche Probleme ergeben, können Ausnahmeregelungen zu den einschlägigen Bestimmungen der Artikel 7 und 8, sowie der Kapitel IV, V und VI beantragen.

[2] Kleine, isolierte Netze und Frankreich, für die Zwecke von Korsika, können ebenfalls eine Ausnahme von den Artikeln 4, 5 und 6 beantragen.

[3] Vor einem entsprechenden Beschluss unterrichtet die Kommission die Mitgliedstaaten unter Wahrung der Vertraulichkeit über solche Anträge.

(2) *[1]* Die von der Kommission nach Absatz 1 gewährten Ausnahmen sind zeitlich befristet und unterliegen Bedingungen, die auf verstärkten Wettbewerb mit, und eine stärkere Integration in den Binnenmarkt abzielen und mit denen sichergestellt wird, dass der Übergang zur Erzeugung von erneuerbarer Energie und zu mehr Flexibilität, Speicherung, Elektromobilität und Laststeuerung nicht behindert wird.

[2] Für Gebiete in äußerster Randlage im Sinne des Artikels 349 AEUV, die nicht an die Elektrizitätsmärkte der Union angebunden werden können, ist die Ausnahmeregelung nicht zeitlich befristet und unterliegt Bedingungen, mit denen sichergestellt werden soll, dass die Ausnahmeregelung dem Übergang zur Erzeugung erneuerbarer Energie nicht im Wege steht.

[3] Beschlüsse zur Gewährung von Ausnahmen werden im *Amtsblatt der Europäischen Union* veröffentlicht.

(3) *[1]* [1] Artikel 43 gilt nicht für Zypern, Luxemburg und Malta. [2] Ferner gelten die Artikel 6 und 35 nicht für Malta und die Artikel 44, 45, 46, 47, 48, 49, 50 und 52 nicht für Zypern.

[2] Für die Zwecke von Artikel 43 Absatz 1 Buchstabe b schließt der Begriff „Unternehmen, das eine der Funktionen Erzeugung oder Versorgung wahrnimmt" keine Endkunden ein, die eine der Funktionen Stromerzeugung bzw. -versorgung entweder direkt oder über ein Unternehmen wahrnehmen, über

---

1) Art. 65 gilt ab dem 1.1.2021, vgl. Art. 73.

das sie entweder einzeln oder gemeinsam die Kontrolle ausüben, sofern die Endkunden einschließlich der Anteile der in den kontrollierten Unternehmen erzeugten Elektrizität im Jahresdurchschnitt Stromnettoverbraucher sind und der wirtschaftliche Wert der Elektrizität, die sie an Dritte verkaufen, gemessen an ihren anderen Geschäftstätigkeiten unbedeutend ist.

(4) Artikel 5 gilt bis zum 1. Januar 2025 oder bis zu einem späteren Datum, das in einem gemäß Absatz 1 dieses Artikels erlassenen Beschluss festgelegt wird, nicht für Zypern und Korsika.

(5) [1]Artikel 4 gilt bis 5. Juli 2027 nicht für Malta. [2]Dieser Zeitraum kann um einen weiteren zusätzlichen Zeitraum von höchstens acht Jahren verlängert werden. [3]Die Verlängerung um einen weiteren zusätzlichen Zeitraum erfolgt mittels eines Beschlusses nach Maßgabe von Absatz 1.

Art. 67 Ausübung der Befugnisübertragung. (1) Die Befugnis zum Erlass delegierter Rechtsakte wird der Kommission unter den in diesem Artikel festgelegten Bedingungen übertragen.

(2) Die Befugnis zum Erlass delegierter Rechtsakte gemäß den Artikeln 61 Absatz 5 und 63 Absatz 9 wird der Kommission auf unbestimmte Zeit ab dem 4. Juli 2019 übertragen.

(3) [1]Die Befugnisübertragung gemäß den Artikeln 61 Absatz 5 und 63 Absatz 9 kann vom Europäischen Parlament oder vom Rat jederzeit widerrufen werden. [2]Der Beschluss über den Widerruf beendet die Übertragung der in diesem Beschluss angegebenen Befugnis. [3]Er wird am Tag nach seiner Veröffentlichung im *Amtsblatt der Europäischen Union* oder zu einem im Beschluss über den Widerruf angegebenen späteren Zeitpunkt wirksam. [4]Die Gültigkeit von delegierten Rechtsakten, die bereits in Kraft sind, wird von dem Beschluss über den Widerruf nicht berührt.

(4) Vor dem Erlass eines delegierten Rechtsakts konsultiert die Kommission die von den einzelnen Mitgliedstaaten benannten Sachverständigen, im Einklang mit den in der Interinstitutionellen Vereinbarung vom 13. April 2016 über bessere Rechtsetzung enthaltenen Grundsätzen.

(5) Sobald die Kommission einen delegierten Rechtsakt erlässt, übermittelt sie ihn gleichzeitig dem Europäischen Parlament und dem Rat.

(6) [1]Ein delegierter Rechtsakt, der gemäß den Artikeln 61 Absatz 5 und 63 Absatz 9 erlassen wurde, tritt nur in Kraft, wenn weder das Europäische Parlament noch der Rat innerhalb von zwei Monaten nach Übermittlung dieses Rechtsakts an das Europäische Parlament und den Rat Einwände erhoben haben oder wenn vor Ablauf dieser Frist das Europäische Parlament und der Rat beide der Kommission mitgeteilt haben, dass sie keine Einwände erheben werden. [2]Auf Initiative des Europäischen Parlaments oder des Rates wird diese Frist um zwei Monate verlängert.

Art. 68 Ausschussverfahren. (1) [1]Die Kommission wird von einem Ausschuss unterstützt. [2]Dieser Ausschuss ist ein Ausschuss im Sinne der Verordnung (EU) Nr. 182/2011.

(2) Wird auf diesen Absatz Bezug genommen, so gilt Artikel 4 der Verordnung (EU) Nr. 182/2011.

Art. 69 Überwachung, Überprüfung und Berichterstattung durch die Kommission. (1) Die Kommission überwacht und überprüft die Anwendung dieser Richtlinie und legt dem Europäischen Parlament und dem Rat einen Fortschrittsbericht als Anhang des Berichts über die Lage der Energieunion gemäß Artikel 35 der Verordnung (EU) 2018/1999[1] vor.

(2) *[1]* [1] Bis zum 31. Dezember 2025 überprüft die Kommission die Umsetzung dieser Richtlinie und legt dem Europäischen Parlament und dem Rat einen Bericht vor. [2] Erforderlichenfalls legt die Kommission gemeinsam mit dem Bericht oder zu einem späteren Zeitpunkt einen Legislativvorschlag vor.

[2] In dem Bericht der Kommission wird insbesondere bewertet, ob die Kunden, vor allem schutzbedürftige oder von Energiearmut betroffene Kunden, durch diese Richtlinie angemessen geschützt werden.

Art. 70 Änderung der Richtlinie 2012/27/EU. *(hier nicht wiedergegeben)*

Art. 71 Umsetzung. (1) *[1]* [1] Die Mitgliedstaaten setzen die Rechts- und Verwaltungsvorschriften in Kraft, die erforderlich sind, um den Artikeln 2 bis 5, Artikel 6 Absätze 2 und 3, Artikel 7 Absatz 1, Artikel 8 Absatz 2 Buchstaben j und l, Artikel 9 Absatz 2, Artikel 10 Absätze 2 bis 12, Artikel 11 bis 24, 26, 28 und 29, 31 bis 34 und 36, Artikel 38 Absatz 2, Artikel 40 und 42, Artikel 46 Absatz 2 Buchstabe d, Artikel 51, 54, 57 bis 59, 61 bis 63 und Artikel 70 Nummern 1 bis 3, 5b und 6 und den Anhängen I und II spätestens am 31. Dezember 2020 nachzukommen. [2] Sie teilen der Kommission unverzüglich den Wortlaut dieser Vorschriften mit.

[2] Die Mitgliedstaaten setzen jedoch die Rechts- und Verwaltungsvorschriften in Kraft, die erforderlich sind, um

a) Artikel 70 Nummer 5 Buchstabe a bis zum 31. Dezember 2019,

b) Artikel 70 Nummer 4 bis zum 25. Oktober 2020

nachzukommen.

[3] [1] Bei Erlass dieser Vorschriften nehmen die Mitgliedstaaten in den Vorschriften selbst oder durch einen Hinweis bei der amtlichen Veröffentlichung auf die vorliegende Richtlinie Bezug. [2] In diese Vorschriften fügen sie die Erklärung ein, dass Bezugnahmen in den geltenden Rechts- und Verwaltungsvorschriften auf die durch die vorliegende Richtlinie aufgehobene Richtlinie als Bezugnahmen auf die vorliegende Richtlinie gelten. [3] Die Mitgliedstaaten regeln die Einzelheiten dieser Bezugnahme und die Formulierung dieser Erklärung.

(2) Die Mitgliedstaaten teilen der Kommission den Wortlaut der wichtigsten nationalen Rechtsvorschriften mit, die sie auf dem unter diese Richtlinie fallenden Gebiet erlassen.

Art. 72 Aufhebung von Rechtsvorschriften. *[1]* Die Richtlinie 2009/72/EG wird unbeschadet der Verpflichtungen der Mitgliedstaaten hinsichtlich der Frist für die Umsetzung in nationales Recht und des Zeitpunkts der Anwendung der Richtlinie gemäß Anhang III mit Wirkung vom 1. Januar 2021 aufgehoben.

---

[1] Nr. **6**.

[2] Bezugnahmen auf die aufgehobene Richtlinie gelten als Bezugnahmen auf die vorliegende Richtlinie und sind gemäß der Entsprechungstabelle in Anhang IV zu lesen.

Art. 73 Inkrafttreten. *[1]* Diese Richtlinie tritt am zwanzigsten Tag nach ihrer Veröffentlichung[1)] im *Amtsblatt der Europäischen Union* in Kraft.

[2] Artikel 6 Absatz 1, Artikel 7 Absätze 2 bis 5, Artikel 8 Absatz 1, Artikel 8 Absatz 2 Buchstaben a bis i und k, Artikel 8 Absätze 3 und 4, Artikel 9 Absätze 1, 3, 4 und 5, Artikel 10 Absätze 2 bis 10, die Artikel 25, 27, 30, 35 und 37, Artikel 38 Absätze 1, 3 und 4, die Artikel 39, 41, 43, 44 und 45, Artikel 46 Absatz 1, Artikel 46 Absatz 2 Buchstaben a, b, c und e bis h, Artikel 46 Absätze 3 bis 6, die Artikel 47 bis 50, 52, 53, 55, 56, 60, 64 und 65 gelten ab dem 1. Januar 2021.

[3] Artikel 70 Nummern 1 bis 4, Nummer 5 Buchstabe b und Nummer 6 gelten ab dem 1. Januar 2021.

[4] Artikel 70 Nummer 5 Buchstabe a gilt ab dem 1. Januar 2020.

[5] Artikel 70 Nummer 4 gilt ab dem 26. Oktober 2020.

Art. 74 Adressaten. Diese Richtlinie ist an die Mitgliedstaaten gerichtet.

Anhang I. Mindestanforderungen an Abrechnungen und Abrechnungsinformationen

1. In der Abrechnung und den Abrechnungsinformationen enthaltene Mindestinformationen

1.1. In den Abrechnungen sind den Endkunden folgende wichtige Informationen deutlich erkennbar und klar von den anderen Teilen der Abrechnung getrennt bereitzustellen:

a) der zu zahlende Betrag und, falls möglich, eine Aufschlüsselung desselben, gemeinsam mit einer eindeutigen Erklärung, dass alle Energiequellen auch von Anreizen profitieren können, die nicht durch die in der Aufschlüsselung des Betrags angegebenen Abgaben finanziert wurden;

b) das Datum der Fälligkeit der Zahlung.

1.2. In den Abrechnungen und Abrechnungsinformationen sind Endkunden folgende wichtige Informationen deutlich erkennbar und klar von den anderen Teilen der Abrechnung getrennt bereitzustellen:

a) der Stromverbrauch im jeweiligen Abrechnungszeitraum,

b) Name und Kontaktangaben des Versorgers, einschließlich einer Kunden-Hotline und einer E-Mail-Adresse,

c) Tarifbezeichnung,

d) gegebenenfalls das Ablaufdatum des Vertrags,

e) Hinweise zur Verfügbarkeit und den Vorteilen des Versorgerwechsels,

f) Nummer des Endkundenanschlusses oder eindeutige Kennnummer der Lieferstelle des Endkunden,

g) Hinweise zu den Rechten der Endkunden im Zusammenhang mit außergerichtlichen Streitbeilegungsverfahren, einschließlich der Kontaktangaben der für die Streitbeilegung gemäß Artikel 26 zuständigen Stelle,

h) die in Artikel 25 genannte zentrale Anlaufstelle,

i) ein Link oder Verweis auf Preisvergleichsinstrumente nach Artikel 14.

---

1) Veröffentlicht am 14.6.2019.

1.3. Sofern Abrechnungen auf dem tatsächlichen Verbrauch oder der Fernablesung durch den Betreiber beruhen, sind den Endkunden in oder mit den Abrechnungen und periodischen Übersichten folgende Informationen zur Verfügung zu stellen bzw. darin auszuweisen:

a) Vergleiche des aktuellen Stromverbrauchs des Endkunden mit dem Verbrauch des Endkunden im gleichen Zeitraum des Vorjahres in grafischer Form,

b) Kontaktinformationen – darunter Internetadressen – von Verbraucherorganisationen, Energieagenturen oder ähnlichen Einrichtungen, bei denen Informationen über angebotene Maßnahmen zur Verbesserung der Energieeffizienz für energiebetriebene Geräte eingeholt werden können,

c) Vergleich mit einem normierten oder durch Vergleichstests ermittelten Durchschnittsendkunden derselben Nutzerkategorie,

2. Abrechnungshäufigkeit und Bereitstellung von Abrechnungsinformationen

a) Die Abrechnungen auf der Grundlage des tatsächlichen Verbrauchs werden mindestens einmal jährlich erstellt.

b) Hat der Endkunde keinen Zähler, der eine Fernablesung durch den Betreiber ermöglicht, oder hat der Endkunde von sich aus beschlossen, die Fernablesung gemäß dem nationalen Recht zu deaktivieren, so werden dem Endkunden genaue Abrechnungsinformationen, die auf dem tatsächlichen Verbrauch beruhen, mindestens alle sechs Monate oder auf Verlangen oder wenn der Endkunde sich für die elektronische Abrechnungsübermittlung entschieden hat, einmal alle drei Monate zur Verfügung gestellt.

c) Hat der Endkunde keinen Zähler, der eine Fernablesung durch den Betreiber ermöglicht, oder hat der Endkunde von sich aus beschlossen, die Fernablesung gemäß dem nationalen Recht zu deaktivieren, so können die Verpflichtungen nach den Buchstaben a und b mittels eines Systems der regelmäßigen Selbstablesung durch den Endkunden, der die von ihrem Zähler abgelesenen Werte dem Betreiber übermittelt, erfüllt werden; nur wenn der Endkunde für einen bestimmten Abrechnungszeitraum keine Zählerablesewerte mitgeteilt hat, dürfen die Abrechnung oder die Abrechnungsinformationen auf einer Verbrauchsschätzung oder einem Pauschaltarif beruhen.

d) Hat der Endkunde einen Zähler, der eine Fernablesung durch den Betreiber ermöglicht, so werden mindestens einmal im Monat genaue Abrechnungsinformationen auf der Grundlage des tatsächlichen Verbrauchs zur Verfügung gestellt; solche Informationen können auch über das Internet zur Verfügung gestellt und können so oft aktualisiert werden, wie es die eingesetzten Messgeräte und -systeme zulassen.

3. Aufschlüsselung des Endkundenpreises

Der Kundenpreis ergibt sich aus der Summe folgender drei Komponenten: der Komponente Energie und Versorgung, der Netzkomponente (Übertragung und Verteilung) sowie der aus Steuern, Abgaben, Gebühren und Entgelten bestehenden Komponente.

Wird der Endkundenpreis in der Abrechnung aufgeschlüsselt, so sind in der gesamten Union die gemeinsamen Definitionen der drei Komponenten gemäß der Verordnung (EU) 2016/1952 des Europäischen Parlaments und des Rates[1] in der Aufschlüsselung zu verwenden.

4. Zugriff auf ergänzende Informationen über die Verbrauchshistorie

Die Mitgliedstaaten schreiben vor, dass auf Verlangen des Endkunden ergänzende Informationen über die Verbrauchshistorie, soweit verfügbar, einem vom Endkunden benannten Versorger oder Dienstleister zur Verfügung gestellt werden.

Endkunden, die Zähler haben, die eine Fernablesung durch den Betreiber ermöglichen, müssen einfachen Zugriff auf ergänzende Informationen haben, mit denen sie ihre Verbrauchshistorie detailliert selbst kontrollieren können.

Die ergänzenden Informationen über die Verbrauchshistorie müssen Folgendes enthalten:

---

[1] **Amtl. Anm.:** Verordnung (EU) 2016/1952 des Europäischen Parlaments und des Rates vom 26. Oktober 2016 über europäische Erdgas- und Strompreisstatistik und zur Aufhebung der Richtlinie 2008/92/EG (ABl. L 311 vom 17.11.2016, S. 1).

a) kumulierte Daten mindestens für die drei vorangegangenen Jahre oder für den Zeitraum seit Beginn des Elektrizitätsliefervertrags, falls dieser kürzer ist. Die Daten müssen den Intervallen entsprechen, für die Zwischenabrechnungsinformationen erstellt wurden;

b) detaillierte tages-, wochen-, monats- und jahresbezogene Daten zu den Nutzungszeiten; diese Daten werden den Endkunden unverzüglich über das Internet oder die Zählerschnittstelle für mindestens die vorangegangenen 24 Monate oder für den Zeitraum seit Beginn des Elektrizitätsliefervertrags, falls dieser kürzer ist, zur Verfügung gestellt.

5. Kennzeichnung der Energiequellen

Die Versorger müssen in den Abrechnungen den Anteil der einzelnen Energiequellen an der vom Endkunden entsprechend dem Elektrizitätsliefervertrag erworbenen Elektrizität angeben (Kennzeichnung auf Produktebene).

Folgende Informationen sind den Endkunden In oder mit den Abrechnungen und Abrechnungsinformationen zur Verfügung zu stellen oder darin auszuweisen:

a) der Anteil der einzelnen Energiequellen am Gesamtenergieträgermix, den der Versorger im vorangegangenen Jahr (auf nationaler Ebene, insbesondere in dem Mitgliedstaat des Abschlusses des Elektrizitätsvertrags, sowie auf Ebene des Versorgers, wenn dieser in mehreren Mitgliedstaaten tätig ist) verwendet hat, und zwar verständlich und in eindeutig vergleichbarer Weise;

b) Informationen über die Umweltauswirkungen, zumindest über CO_2-Emissionen und radioaktiven Abfall aus der durch den Gesamtenergieträgermix des Versorgers im vorangegangenen Jahr erzeugten Elektrizität.

Was Unterabsatz 2 Buchstabe a anbelangt, können bei Elektrizitätsmengen, die über eine Strombörse bezogen oder von einem Unternehmen mit Sitz außerhalb der Union eingeführt werden, die von der Strombörse oder von dem betreffenden Unternehmen für das Vorjahr vorgelegten Gesamtzahlen zugrunde gelegt werden.

Für die Kennzeichnung von Elektrizität aus hocheffizienter Kraft-Wärme-Kopplung können gemäß Artikel 14 Absatz 10 der Richtlinie 2012/27/EU ausgestellte Herkunftsnachweise verwendet werden. Für die Kennzeichnung von Elektrizität aus erneuerbaren Quellen werden außer in den in Artikel 19 Absatz 8 Buchstaben a und b der Richtlinie (EU) 2018/2001 genannten Fällen Herkunftsnachweise verwendet.

Die nationale Regulierungsbehörde oder eine andere zuständige nationale Behörde ergreift die notwendigen Maßnahmen, damit die Informationen, die von den Versorgern gemäß dieser Nummer an ihre Endkunden weitergegeben werden, verlässlich sind und so zur Verfügung gestellt werden, dass sie auf nationaler Ebene eindeutig vergleichbar sind.

Anhang II. Intelligente Messsysteme

1. Die Mitgliedstaaten stellen sicher, dass in ihren Hoheitsgebieten intelligente Messsysteme eingeführt werden, die einer wirtschaftlichen Bewertung unterliegen können, bei der alle langfristigen Kosten und Vorteile für den Markt und die einzelnen Kunden geprüft werden sowie untersucht wird, welche intelligenten Messsysteme wirtschaftlich vertretbar und kosteneffizient sind und in welchem zeitlichen Rahmen die Einführung praktisch möglich ist.

2. Diese Bewertung erfolgt unter Berücksichtigung der Methode für die Kosten-Nutzen-Analyse und der Mindestfunktionen intelligenter Messsysteme, die in der Empfehlung 2012/148/EU der Kommission[1] festgelegt sind, sowie der besten verfügbaren Techniken, um ein Höchstmaß an Cybersicherheit und Datenschutz zu gewährleisten.

3. Anhand dieser Bewertung erstellen die Mitgliedstaaten bzw. – soweit die Mitgliedstaaten das vorsehen – erstellt die benannte zuständige Behörde einen Zeitplan mit einem Planungsziel von bis zu zehn Jahren für die Einführung der intelligenten Messsysteme. Wird die Einführung intelligenter Messsysteme positiv bewertet, so werden mindestens 80 % der Endkunden innerhalb von sieben Jahren ab der positiven Bewertung oder, im Fall der Mitgliedstaaten, die vor dem 4. Juli 2019 mit

---

[1] **Amtl. Anm.:** Empfehlung der Kommission 2012/148/EU vom 9. März 2012 zu Vorbereitungen für die Einführung intelligenter Messsysteme (ABl. L 73 vom 13.3.2012, S. 9).

der systematischen Einführung intelligenter Messsysteme begonnen haben, bis 2024 mit intelligenten Messsystemen ausgestattet.

Anhang III. Fristen für die Umsetzung in Nationales Recht und Geltungsbeginn (gemäß Artikel 72)

Richtlinie	Umsetzungsfrist	Geltungsbeginn
Richtlinie 2009/72/EG des Europäischen Parlaments und des Rates (ABl. L 211 vom 14.8.2009, S. 55)	3. März 2011	3. September 2009

Anhang IV. Entsprechungstabelle

Richtlinie 2009/72/EG	Vorliegende Richtlinie
Artikel 1	Artikel 1
Artikel 2	Artikel 2
–	Artikel 3
Artikel 33 und Artikel 41	Artikel 4
–	Artikel 5
Artikel 32	Artikel 6
Artikel 34	Artikel 7
Artikel 7	Artikel 8
Artikel 8	–
Artikel 3 Absatz 1	Artikel 9 Absatz 1
Artikel 3 Absatz 2	Artikel 9 Absatz 2
Artikel 3 Absatz 6	Artikel 9 Absatz 3
Artikel 3 Absatz 15	Artikel 9 Absatz 4
Artikel 3 Absatz 14	Artikel 9 Absatz 5
Artikel 3 Absatz 16	
Artikel 3 Absatz 4	Artikel 10 Absatz 1
Anhang I Nummer 1 Buchstabe a	Artikel 10 Absatz 3 und 3
Anhang I Nummer 1 Buchstabe b	Artikel 10 Absatz 4
I Nummer 1 Buchstabe c	Artikel 10 Absatz 5
I Nummer 1 Buchstabe d	Artikel 10 Absatz 6 und 8
–	Artikel 10 Absatz 7
I Nummer 1 Buchstabe f	Artikel 10 Absatz 9
I Nummer 1 Buchstabe g	Artikel 10 Absatz 10
Artikel 3 Absatz 7	Artikel 10 Absatz 11
I Nummer 1 Buchstabe j	Artikel 10 Absatz 12
Artikel 3 Absatz 10	–
Artikel 4	–
Artikel 5	–
Artikel 6	–
–	Artikel 11
Artikel 3 Absatz (5) Buchstabe (a) *and*[1] Anhang I Nummer 1 Buchstabe (e)	Artikel 12

[1] Richtig wohl: „und".

Richtlinie 2009/72/EG	Vorliegende Richtlinie
–	Artikel 13
–	Artikel 14
–	Artikel 15
–	Artikel 16
–	Artikel 17
–	Artikel 18
Artikel 3 Absatz 11	Artikel 19 Absatz 1
–	Artikel 19 Absatz 2 bis 6
–	Artikel 20
–	Artikel 21
–	Artikel 22
–	Artikel 23
–	Artikel 24
Artikel 3 Absatz 12	Artikel 25
Artikel 3 Absatz 13	Artikel 26
Artikel 3 Absatz 3	Artikel 27
Artikel 3 Absatz 7	Artikel 28 Absatz 1
Artikel 3 Absatz 8	Artikel 28 Absatz 2
–	Artikel 29
Artikel 24	Artikel 30
Artikel 25	Artikel 31
–	Artikel 32
–	Artikel 33
–	Artikel 34
Artikel 26	Artikel 35
–	Artikel 36
Artikel 27	Artikel 37
Artikel 28	Artikel 38
Artikel 29	Artikel 39
Artikel 12	Artikel 40 Absatz 1
–	Artikel 40 Absatz 2 bis 8
Artikel 16	Artikel 41
Artikel 23	Artikel 42
Artikel 9	Artikel 43
Artikel 13	Artikel 44
Artikel 14	Artikel 45
Artikel 17	Artikel 46
Artikel 18	Artikel 47
Artikel 19	Artikel 48
Artikel 20	Artikel 49
Artikel 21	Artikel 50
Artikel 22	Artikel 51
Artikel 10	Artikel 52
Artikel 11	Artikel 53
–	Artikel 54
Artikel 30	Artikel 55

Richtlinie 2009/72/EG	Vorliegende Richtlinie
Artikel 31	Artikel 56
Artikel 35	Artikel 57
Artikel 36	Artikel 58
Artikel 37 Absatz 1	Artikel 59 Absatz 1
Artikel 37 Absatz 2	Artikel 59 Absatz 2
Artikel 37 Absatz 4	Artikel 59 Absatz 3
–	Artikel 59 Absatz 4
Artikel 37 Absatz 3	Artikel 59 Absatz 5
Artikel 37 Absatz 5	Artikel 59 Absatz 6
Artikel 37 Absatz 6	Artikel 59 Absatz 7
Artikel 37 Absatz 8	–
Artikel 37 Absatz 7	Artikel 59 Absatz 8
–	Artikel 59 Absatz 9
Artikel 37 Absatz 9	Artikel 59 Absatz 10
Artikel 37 Absatz 10	Artikel 60 Absatz 1
Artikel 37 Absatz 11	Artikel 60 Absatz 2
Artikel 37 Absatz 12	Artikel 60 Absatz 3
Artikel 37 Absatz 13	Artikel 60 Absatz 4
Artikel 37 Absatz 14	Artikel 60 Absatz 5
Artikel 37 Absatz 15	Artikel 60 Absatz 6
Artikel 37 Absatz 16	Artikel 60 Absatz 7
Artikel 37 Absatz 17	Artikel 60 Absatz 8
Artikel 38	Artikel 61
–	Artikel 62
Artikel 39	Artikel 63
Artikel 40	Artikel 64
Artikel 42	–
Artikel 43	Artikel 65
Artikel 44	Artikel 66
Artikel 45	–
–	Artikel 67
Artikel 46	Artikel 68
Artikel 47	Artikel 69
–	Artikel 70
Artikel 49	Artikel 71
Artikel 48	Artikel 72
Artikel 50	Artikel 73
Artikel 51	Artikel 74
–	Anhang I Nummer 1 bis 4
Artikel 3 Absatz 9	Anhang I Nummer 5
Anhang I Nummer 2	Anhang II
–	Anhang III
–	Anhang IV

5. Richtlinie 2009/73/EG des Europäischen Parlaments und des Rates vom 13. Juli 2009 über gemeinsame Vorschriften für den Erdgasbinnenmarkt und zur Aufhebung der Richtlinie 2003/55/EG

(Text von Bedeutung für den EWR)

(ABl. L 211 S. 94)

Celex-Nr. 3 2009 L 0073

zuletzt geänd. durch Art. 1 ÄndRL (EU) 2019/692 v. 17.4.2019 (ABl. L 117 S. 1)

DAS EUROPÄISCHE PARLAMENT UND DER RAT DER EUROPÄISCHEN UNION –

gestützt auf den Vertrag zur Gründung der Europäischen Gemeinschaft, insbesondere auf Artikel 47 Absatz 2 und die Artikel 55 und 95,

auf Vorschlag der Kommission,

nach Stellungnahme des Europäischen Wirtschafts- und Sozialausschusses[1)],

nach Stellungnahme des Ausschusses der Regionen[2)],

gemäß dem Verfahren des Artikels 251 des Vertrags[3)],

in Erwägung nachstehender Gründe:

(1) Der Erdgasbinnenmarkt, der seit 1999 in der Gemeinschaft schrittweise geschaffen wird, soll allen privaten und gewerblichen Verbrauchern in der Europäischen Union eine echte Wahl ermöglichen, neue Geschäftschancen für die Unternehmen eröffnen sowie den grenzüberschreitenden Handel fördern und auf diese Weise Effizienzgewinne, wettbewerbsfähige Preise und höhere Dienstleistungsstandards bewirken und zu mehr Versorgungssicherheit und Nachhaltigkeit beitragen.

(2) Die Richtlinie 2003/55/EG des Europäischen Parlaments und des Rates vom 26. Juni 2003 über gemeinsame Vorschriften für den Erdgasbinnenmarkt[4)] war ein wichtiger Beitrag zur Schaffung des Erdgasbinnenmarktes.

(3) Die Freiheiten, die der Vertrag den Bürgern der Union garantiert unter anderem der freie Warenverkehr, die Niederlassungsfreiheit und der freie Dienstleistungsverkehr, sind nur in einem vollständig geöffneten Markt erreichbar, der allen Verbrauchern die freie Wahl ihrer Lieferanten und allen Anbietern die freie Belieferung ihrer Kunden gestattet.

(4) Derzeit gibt es jedoch Hindernisse für den Verkauf von Erdgas in der Gemeinschaft zu gleichen Bedingungen und ohne Diskriminierung oder Benachteiligung. Insbesondere gibt es noch nicht in allen Mitgliedstaaten einen nichtdiskriminierenden Netzzugang und eine gleichermaßen wirksame Regulierungsaufsicht.

(5) In der Mitteilung der Kommission vom 10. Januar 2007 mit dem Titel „Eine Energiepolitik für Europa“ wurde dargelegt, wie wichtig es ist, den Erdgasbinnenmarkt zu vollenden und für alle in der Gemeinschaft niedergelassenen Erdgasunternehmen gleiche Bedingungen zu schaffen. Die Mitteilungen der Kommission vom 10. Januar 2007 mit den Titeln „Aussichten für den Erdgas- und den Elektrizitätsbinnenmarkt“ und „Untersuchung der europäischen Gas- und Elektrizitätssektoren gemäß Artikel 17 der Verordnung (EG) Nr. 1/2003 (Abschlussbericht)“ haben deutlich gemacht, dass der durch die derzeit bestehenden Vorschriften und Maßnahmen vorgegebene

---

[1)] **Amtl. Anm.:** ABl. C 211 vom 19.8.2008, S. 23.

[2)] **Amtl. Anm.:** ABl. C 172 vom 5.7.2008, S. 55.

[3)] **Amtl. Anm.:** Stellungnahme des Europäischen Parlaments vom 9. Juli 2008 (noch nicht im Amtsblatt veröffentlicht), Gemeinsamer Standpunkt des Rates vom 9. Januar 2009 (ABl. C 70 E vom 24.3.2009, S. 37) und Standpunkt des Europäischen Parlaments vom 22. April 2009 (noch nicht im Amtsblatt veröffentlicht). Beschluss des Rates vom 25. Juni 2009.

[4)] **Amtl. Anm.:** ABl. L 176 vom 15.7.2003, S. 57.

Rahmen nicht ausreicht, um das Ziel eines gut funktionierenden Binnenmarktes zu verwirklichen.

(6) Ohne eine wirksame Trennung des Netzbetriebs von der Gewinnung und Versorgung („wirksame Entflechtung“) besteht die Gefahr einer Diskriminierung nicht nur in der Ausübung des Netzgeschäfts, sondern auch in Bezug auf die Schaffung von Anreizen für vertikal integrierte Unternehmen, ausreichend in ihre Netze zu investieren.

(7) Die Vorschriften für eine rechtliche und funktionale Entflechtung gemäß der Richtlinie 2003/55/EG haben jedoch nicht zu einer tatsächlichen Entflechtung der Fernleitungsnetzbetreiber geführt. Daher hat der Europäische Rat die Kommission auf seiner Tagung vom 8. und 9. März 2007 aufgefordert, Legislativvorschläge für die „wirksame Trennung der Versorgung und Erzeugung vom Betrieb der Netze“ auszuarbeiten.

(8) Nur durch die Beseitigung der für vertikal integrierte Unternehmen bestehenden Anreize, Wettbewerber in Bezug auf den Netzzugang und auf Investitionen zu diskriminieren, kann eine wirksame Entflechtung gewährleistet werden. Eine eigentumsrechtliche Entflechtung, die darin besteht, dass der Netzeigentümer als Netzbetreiber benannt wird und von Versorgungs- und Erzeugungsinteressen unabhängig ist, ist zweifellos ein einfacher und stabiler Weg, um den inhärenten Interessenkonflikt zu lösen und die Versorgungssicherheit zu gewährleisten. Daher bezeichnete auch das Europäische Parlament in seiner Entschließung vom 10. Juli 2007 zu den Aussichten für den Erdgas- und den Elektrizitätsbinnenmarkt[1)] eine eigentumsrechtliche Entflechtung der Übertragungs- und Fernleitungsnetze als das wirksamste Instrument, um nichtdiskriminierend Investitionen in die Infrastrukturen, einen fairen Netzzugang für neue Anbieter und die Transparenz des Marktes zu fördern. Im Rahmen der eigentumsrechtlichen Entflechtung sollten die Mitgliedstaaten daher dazu verpflichtet werden, zu gewährleisten, dass nicht ein und dieselbe(n) Person(en) die Kontrolle über ein Erzeugungs- bzw. Gewinnungs- oder Versorgungsunternehmen ausüben kann (können) und gleichzeitig die Kontrolle über oder Rechte an einem Fernleitungsnetzbetreiber oder einem Fernleitungsnetz ausübt (ausüben). Umgekehrt sollte die Kontrolle über ein Fernleitungsnetz oder einen Fernleitungsnetzbetreiber die Möglichkeit ausschließen, die Kontrolle über ein Gewinnungs- oder Versorgungsunternehmen oder Rechte an einem Gewinnungs- oder Versorgungsunternehmen auszuüben. Im Rahmen dieser Beschränkungen sollte ein Gewinnungs- oder Versorgungsunternehmen einen Minderheitsanteil an einem Fernleitungsnetzbetreiber oder Fernleitungsnetz halten dürfen.

(9) Jedes Entflechtungssystem sollte die Interessenkonflikte zwischen Erzeugern, Lieferanten und Fernleitungsnetzbetreibern wirksam lösen, um Anreize für die notwendigen Investitionen zu schaffen und den Zugang von Markteinsteigern durch einen transparenten und wirksamen Rechtsrahmen zu gewährleisten, und den nationalen Regulierungsbehörden keine zu schwerfälligen Regulierungsvorschriften auferlegen.

(10) Die Definition des Begriffs „Kontrolle“ wurde aus der Verordnung (EG) Nr. 139/2004 des Rates vom 20. Januar 2004 über die Kontrolle von Unternehmenszusammenschlüssen („EG-Fusionskontrollverordnung“)[2)] übernommen.

(11) Da die eigentumsrechtliche Entflechtung in einigen Fällen die Umstrukturierung von Unternehmen voraussetzt, sollte den Mitgliedstaaten, die sich für eine eigentumsrechtliche Entflechtung entscheiden, für die Umsetzung dieser Bestimmungen der Richtlinie mehr Zeit eingeräumt werden. Wegen der vertikalen Verbindungen zwischen dem Elektrizitätssektor und dem Erdgassektor sollten die Entflechtungsvorschriften für beide Sektoren gelten.

(12) Im Rahmen der eigentumsrechtlichen Entflechtung sollte, um die vollständige Unabhängigkeit des Netzbetriebs von Versorgungs- und Gewinnungsinteressen zu gewährleisten und den Austausch vertraulicher Informationen zu verhindern, ein und dieselbe Person nicht gleichzeitig Mitglied des Leitungsgremiums eines Fernleitungsnetzbetreibers oder eines Fernleitungsnetzes und eines Unternehmens sein, das eine der beiden Funktionen der Gewinnung oder der Versorgung wahrnimmt. Aus demselben Grund sollte es nicht gestattet sein, dass ein und dieselbe Person Mitglieder des Leitungsgremiums eines Fernleitungsnetzbetreibers oder eines Fernleitungsnetzes bestellt und die Kontrolle über ein Gewinnungs- oder Versorgungsunternehmen oder Rechte daran ausübt.

(13) Die Einrichtung eines Netzbetreibers (ISO) oder eines Fernleitungsnetzbetreibers (ITO), der unabhängig von Versorgungs- und Gewinnungsinteressen ist, sollte es vertikal integrierten Unter-

---

[1)] **Amtl. Anm.:** ABl. C 175 E vom 10.7.2008, S. 206.
[2)] **Amtl. Anm.:** ABl. L 24 vom 29.1.2004, S. 1.

nehmen ermöglichen, Eigentümer der Vermögenswerte des Netzes zu bleiben und gleichzeitig eine wirksame Trennung der Interessen sicherzustellen, sofern der unabhängige Netzbetreiber oder der unabhängige Fernleitungsnetzbetreiber sämtliche Funktionen eines Netzbetreibers wahrnimmt und sofern eine detaillierte Regulierung und umfassende Regulierungskontrollmechanismen gewährleistet sind.

(14) Ist das Unternehmen, das Eigentümer eines Fernleitungsnetzes ist, am 3. September 2009 Teil eines vertikal integrierten Unternehmens, sollten die Mitgliedstaaten daher die Möglichkeit haben, zwischen einer eigentumsrechtlichen Entflechtung und der Einrichtung eines Netzbetreibers- oder eines Fernleitungsnetzbetreibern, der unabhängig von Versorgungs- und Gewinnungsinteressen ist, zu wählen.

(15) Damit die Interessen der Anteilseigner von vertikal integrierten Unternehmen in vollem Umfang gewahrt bleiben, sollten die Mitgliedstaaten wählen können zwischen einer eigentumsrechtlichen Entflechtung durch direkte Veräußerung und einer eigentumsrechtlichen Entflechtung durch Aufteilung der Anteile des integrierten Unternehmens in Anteile des Netzunternehmens und Anteile des verbleibenden Gasversorgungs- und Gasgewinnungsunternehmens, sofern die sich aus der eigentumsrechtlichen Entflechtung ergebenden Anforderungen erfüllt werden.

(16) Dabei sollte die Effektivität der Lösung in Form des unabhängigen Netzbetreibers oder des unabhängigen Fernleitungsnetzbetreibers durch besondere zusätzliche Vorschriften sichergestellt werden. Die Vorschriften für den unabhängigen Fernleitungsnetzbetreiber bieten einen geeigneten Regelungsrahmen, der für einen gerechten Wettbewerb, hinreichende Investitionen, den Zugang neuer Marktteilnehmer und die Integration der Erdgasmärkte sorgt. Eine wirksame Entflechtung mittels der Vorschriften für die unabhängigen Fernleitungsnetzbetreiber sollte sich auf den Pfeiler der Maßnahmen zur Organisation und Verwaltung der Fernleitungsnetzbetreiber und den Pfeiler der Maßnahmen im Bereich der Investitionen, des Netzanschlusses zusätzlicher Erzeugungskapazitäten und der Integration der Märkte durch regionale Zusammenarbeit stützen. Die Unabhängigkeit des Fernleitungsnetzbetreibers sollte unter anderem auch durch bestimmte „Karenzzeiten" sichergestellt werden, in denen in dem vertikal integrierten Unternehmen keine Leitungsfunktion ausgeübt wird oder keine sonstige wichtige Funktion wahrgenommen wird, die Zugang zu den gleichen Informationen wie eine leitende Position eröffnen. Das Modell der tatsächlichen Entflechtung unabhängiger Fernleitungsnetzbetreiber entspricht den Vorgaben, die der Europäische Rat auf seiner Tagung vom 8. und 9. März 2007 festgelegt hat.

(17) Damit mehr Wettbewerb auf dem Erdgasbinnenmarkt entsteht, sollten große Nichthaushaltskunden ihre Gasversorger wählen und sich zur Deckung ihres Gasbedarfs von mehreren Gasversorgern beliefern lassen können. Die Kunden sollten vor vertraglichen Exklusivitätsklauseln geschützt werden, die bewirken, dass Angebote von Mitbewerbern oder ergänzende Angebote ausgeschlossen werden.

(18) Ein Mitgliedstaat hat das Recht, sich für eine vollständige eigentumsrechtliche Entflechtung in seinem Hoheitsgebiet zu entscheiden. Hat ein Mitgliedstaat dieses Recht ausgeübt, so ist ein Unternehmen nicht berechtigt, einen unabhängigen Netzbetreiber oder einen unabhängigen Fernleitungsnetzbetreiber zu errichten. Außerdem sollte es einem Unternehmen, das eine der Funktionen der Gewinnung oder der Versorgung wahrnimmt, nicht gestattet sein, direkt oder indirekt die Kontrolle über einen Fernleitungsnetzbetreiber aus einem Mitgliedstaat, der sich für die vollständige eigentumsrechtliche Entflechtung entschieden hat, oder Rechte an einem solchen Fernleitungsnetzbetreiber auszuüben.

(19) Gemäß der vorliegenden Richtlinie gibt es verschiedene Arten der Marktorganisation für den Erdgasbinnenmarkt. Die Maßnahmen, die die Mitgliedstaaten gemäß dieser Richtlinie treffen könnten, um gleiche Ausgangsbedingungen zu gewährleisten, sollten auf zwingenden Gründen des Allgemeininteresses beruhen. Die Kommission sollte zur Frage der Vereinbarkeit der Maßnahmen mit dem Vertrag und dem Gemeinschaftsrecht gehört werden.

(20) Bei der Entflechtung sollte dem Grundsatz der Nichtdiskriminierung zwischen öffentlichem und privatem Sektor Rechnung getragen werden. Daher sollte nicht ein und dieselbe Person die Möglichkeit haben, allein oder zusammen mit anderen Personen unter Verletzung der Regeln der eigentumsrechtlichen Entflechtung oder der Lösung des unabhängigen Netzbetreibers die Kontrolle oder Rechte in Bezug auf die Zusammensetzung, das Abstimmungsverhalten oder die Beschlussfassung der Organe sowohl der Fernleitungsnetzbetreiber oder Fernleitungsnetze als auch der Gewinnungs- oder Versorgungsunternehmen auszuüben. Hinsichtlich der eigentumsrechtlichen Entflechtung und der Unabhängigkeit des Netzbetreibers sollte es, sofern der betreffende Mitgliedstaat nachweisen kann, dass diese Anforderung erfüllt ist, zulässig sein, dass zwei

voneinander getrennte öffentliche Einrichtungen die Kontrolle über die Gewinnungs- und Versorgungsaktivitäten einerseits und die Fernleitungsaktivitäten andererseits ausüben.

(21) Der Grundsatz der tatsächlichen Trennung der Netzaktivitäten von den Versorgungs- und Gewinnungsaktivitäten sollte in der gesamten Gemeinschaft sowohl für Gemeinschaftsunternehmen als auch für Nichtgemeinschaftsunternehmen gelten. Um sicherzustellen, dass die Netzaktivitäten und die Versorgungs- und Gewinnungsaktivitäten in der gesamten Gemeinschaft unabhängig voneinander sind, sollten die Regulierungsbehörden die Befugnis erhalten, Fernleitungsnetzbetreibern, die die Entflechtungsvorschriften nicht erfüllen, die Zertifizierung zu verweigern. Um eine kohärente, gemeinschaftsweite Anwendung der Entflechtungsvorschriften sicherzustellen, sollten die Regulierungsbehörden bei Entscheidungen über die Zertifizierung der Stellungnahme der Kommission so weit wie möglich Rechnung tragen. Um ferner die Einhaltung der internationalen Verpflichtungen der Gemeinschaft sowie die Solidarität und Energieversorgungssicherheit in der Gemeinschaft zu gewährleisten, sollte die Kommission die Befugnis haben, eine Stellungnahme zur Zertifizierung in Bezug auf einen Fernleitungsnetzeigentümer oder -betreiber, der von einer oder mehreren Personen aus einem oder mehreren Drittländern kontrolliert wird, abzugeben.

(22) Die Sicherheit der Energieversorgung ist ein Kernelement der öffentlichen Sicherheit und daher bereits von Natur aus direkt verbunden mit dem effizienten Funktionieren des Erdgasbinnenmarktes und der Integration der isolierten Gasmärkte der Mitgliedstaaten. Die Versorgung der Bürger der Union mit Erdgas kann nur über Netze erfolgen. Funktionsfähige offene Erdgasmärkte und im Besonderen die Netze und andere mit der Erdgasversorgung verbundene Anlagen sind von wesentlicher Bedeutung für die öffentliche Sicherheit, die Wettbewerbsfähigkeit der Wirtschaft und das Wohl der Bürger der Union. Personen aus Drittländern sollte es daher nur dann gestattet sein, die Kontrolle über ein Fernleitungsnetz oder einen Fernleitungsnetzbetreiber auszuüben, wenn sie die innerhalb der Gemeinschaft geltenden Anforderungen einer tatsächlichen Trennung erfüllen. Unbeschadet der internationalen Verpflichtungen der Gemeinschaft ist die Gemeinschaft der Ansicht, dass der Erdgas-Fernleitungsnetzsektor für die Gemeinschaft von großer Bedeutung ist und daher zusätzliche Schutzmaßnahmen hinsichtlich der Aufrechterhaltung der Energieversorgungssicherheit in der Gemeinschaft erforderlich sind, um eine Bedrohung der öffentlichen Ordnung und der öffentlichen Sicherheit in der Gemeinschaft und des Wohlergehens der Bürger der Union zu vermeiden. Die Energieversorgungssicherheit in der Gemeinschaft erfordert insbesondere eine Bewertung der Unabhängigkeit des Netzbetriebs, des Grades der Abhängigkeit der Gemeinschaft und einzelner Mitgliedstaaten von Energielieferungen aus Drittländern und der Frage, wie inländischer und ausländischer Energiehandel sowie inländische und ausländische Energieinvestitionen in einem bestimmten Drittland behandelt werden. Die Versorgungssicherheit sollte daher unter Berücksichtigung der besonderen Umstände jedes Einzelfalls sowie der aus dem Völkerrecht – insbesondere aus den internationalen Abkommen zwischen der Gemeinschaft und dem betreffenden Drittland – erwachsenden Rechte und Pflichten bewertet werden. Soweit angezeigt, wird die Kommission aufgefordert, Empfehlungen zur Aushandlung einschlägiger Abkommen mit Drittländern vorzulegen, in denen die Sicherheit der Energieversorgung der Gemeinschaft behandelt wird, oder zur Aufnahme der erforderlichen Aspekte in andere Verhandlungen mit diesen Drittländern.

(23) Es sollten weitere Maßnahmen ergriffen werden, um sicherzustellen, dass die Tarife für den Zugang zu Fernleitungen transparent und nichtdiskriminierend sind. Diese Tarife sollten auf alle Benutzer in nichtdiskriminierender Weise angewandt werden. Werden Speicheranlagen, Netzpufferung oder Hilfsdienste in einem bestimmten Gebiet auf einem ausreichend wettbewerbsoffenen Markt betrieben, so könnte der Zugang nach transparenten, nichtdiskriminierenden und marktorientierten Verfahren zugelassen werden.

(24) Es ist erforderlich, die Unabhängigkeit der Speicheranlagenbetreiber zu gewährleisten, damit der Zugang Dritter zu Speicheranlagen verbessert wird, die technisch und/oder wirtschaftlich notwendig sind, um einen effizienten Zugang zum System für die Versorgung der Verbraucher zu ermöglichen. Daher ist es zweckdienlich, dass Speicheranlagen von eigenständigen Rechtspersonen betrieben werden, die tatsächliche Entscheidungsbefugnisse in Bezug auf die für Betrieb, Wartung und Ausbau der Speicheranlagen notwendigen Vermögenswerte besitzen. Auch ist es erforderlich, die Transparenz in Bezug auf die Dritten angebotenen Speicherkapazitäten zu verbessern, indem die Mitgliedstaaten verpflichtet werden, einen nichtdiskriminierenden, klaren Rahmen zu definieren und zu veröffentlichen, der ein geeignetes Regulierungssystem für Speicheranlagen festlegt. Diese Verpflichtung sollte keine neue Entscheidung über Zugangsregelungen erforderlich machen, sondern die Transparenz der Zugangsregelungen für Speicheranlagen verbessern. Bestimmungen über die Vertraulichkeit wirtschaftlich sensibler Informationen sind be-

sonders wichtig, wenn strategische Daten betroffen sind oder wenn eine Speicheranlage nur einen einzigen Nutzer hat.

(25) Ein nichtdiskriminierender Zugang zum Verteilernetz ist Voraussetzung für den nachgelagerten Zugang zu den Endkunden. In Bezug auf den Netzzugang Dritter und Investitionen stellt sich die Diskriminierungsproblematik dagegen weniger auf der Ebene der Verteilung als vielmehr auf der Ebene der Fernleitung, wo Engpässe und der Einfluss von Gewinnungsinteressen im Allgemeinen ausgeprägter sind als auf der Verteilerebene. Überdies wurde die rechtliche und funktionale Entflechtung der Verteilernetzbetreiber gemäß der Richtlinie 2003/55/EG erst am 1. Juli 2007 verpflichtend und ihre Auswirkungen auf den Gasbinnenmarkt müssen erst noch bewertet werden. Die geltenden Vorschriften für die rechtliche und funktionale Entflechtung können zu einer wirksamen Entflechtung führen, wenn sie klarer formuliert, ordnungsgemäß umgesetzt und genauestens überwacht werden. Zur Schaffung gleicher Bedingungen auf der Ebene der Endkunden sollten die Aktivitäten der Verteilernetzbetreiber daher überwacht werden, um zu verhindern, dass diese ihre vertikale Integration dazu nutzen, ihre Wettbewerbsposition auf dem Markt, insbesondere bei Haushalts- und kleinen Nichthaushaltskunden, zu stärken.

(26) Die Mitgliedstaaten sollten konkrete Maßnahmen zur umfassenderen Nutzung von Biogas und Gas aus Biomasse ergreifen und deren Erzeugern gleichberechtigten Zugang zum Gasnetz gewährleisten, sofern ein solcher Zugang mit den geltenden technischen Vorschriften und Sicherheitsstandards dauerhaft vereinbar ist.

(27) Damit kleine Verteilernetzbetreiber finanziell und administrativ nicht unverhältnismäßig stark belastet werden, sollten die Mitgliedstaaten die Möglichkeit haben, die betroffenen Unternehmen erforderlichenfalls von den Vorschriften für die rechtliche Entflechtung der Verteilung auszunehmen.

(28) Wo im Interesse der optimalen Effizienz integrierter Energieversorgung ein geschlossenes Verteilernetz betrieben wird und besondere Betriebsnormen erforderlich sind oder ein geschlossenes Verteilernetz in erster Linie für die Zwecke des Netzeigentümers betrieben wird, sollte die Möglichkeit bestehen, den Verteilernetzbetreiber von Verpflichtungen zu befreien, die bei ihm – aufgrund der besonderen Art der Beziehung zwischen dem Verteilernetzbetreiber und den Netzbenutzern – einen unnötigen Verwaltungsaufwand verursachen würden. Bei Industrie- oder Gewerbegebieten oder Gebieten, in denen Leistungen gemeinsam genutzt werden, wie Bahnhofsgebäuden, Flughäfen, Krankenhäusern, großen Campingplätzen mit integrierten Anlagen oder Standorten der Chemieindustrie können aufgrund der besonderen Art der Betriebsabläufe geschlossene Verteilernetze bestehen.

(29) Die Richtlinie 2003/55/EG verpflichtet die Mitgliedstaaten zur Einrichtung von Regulierungsbehörden mit spezifischen Zuständigkeiten. Die Erfahrung zeigt allerdings, dass die Effektivität der Regulierung vielfach aufgrund mangelnder Unabhängigkeit der Regulierungsbehörden von der Regierung sowie unzureichender Befugnisse und Ermessensfreiheit eingeschränkt wird. Daher forderte der Europäische Rat die Kommission auf seiner Tagung vom 8. und 9. März 2007 auf, Legislativvorschläge auszuarbeiten, die eine weitere Harmonisierung der Befugnisse und eine Stärkung der Unabhängigkeit der nationalen Regulierungsstellen für den Energiebereich vorsehen. Diese nationalen Regulierungsbehörden sollten sowohl den Elektrizitäts- als auch den Gassektor abdecken können.

(30) Damit der Erdgasbinnenmarkt ordnungsgemäß funktionieren kann, müssen die Energieregulierungsbehörden Entscheidungen in allen relevanten Regulierungsangelegenheiten treffen können und völlig unabhängig von anderen öffentlichen oder privaten Interessen sein. Dies steht weder einer gerichtlichen Überprüfung, noch einer parlamentarischen Kontrolle nach dem Verfassungsrecht der Mitgliedstaaten entgegen. Außerdem sollte die Zustimmung des nationalen Gesetzgebers zum Haushaltsplan der Regulierungsbehörde die Haushaltsautonomie nicht beeinträchtigen. Die Bestimmungen bezüglich der Autonomie bei der Ausführung des der Regulierungsbehörde zugewiesenen Haushalts sollten in den Rechtsrahmen der einzelstaatlichen Haushaltsvorschriften und -regeln aufgenommen werden. Die Bestimmungen über die Autonomie bei der Durchführung des der Regulierungsbehörde zugewiesenen Haushalts sollten in den Rechtsrahmen der einzelstaatlichen Haushaltsvorschriften und -regeln aufgenommen werden. Die Mitgliedstaaten tragen zur Unabhängigkeit der nationalen Regulierungsbehörde von jeglicher Einflussnahme aus Politik oder Wirtschaft durch ein geeignetes Rotationsverfahren bei, sollten aber die Möglichkeit haben, der Verfügbarkeit personeller Ressourcen und der Größe des Gremiums gebührend Rechnung zu tragen.

(31) Zur Sicherstellung eines effektiven Marktzugangs für alle Marktteilnehmer, einschließlich neuer Marktteilnehmer, bedarf es nichtdiskriminierender und kostenorientierter Ausgleichsmechanis-

men. Dies sollte durch den Aufbau transparenter Marktmechanismen für die Lieferung und den Bezug von Erdgas zur Deckung des Ausgleichsbedarfs realisiert werden. Die nationalen Regulierungsbehörden sollten aktiv darauf hinwirken, dass die Tarife für Ausgleichsleistungen nichtdiskriminierend und kostenorientiert sind. Gleichzeitig sollten geeignete Anreize gegeben werden, um die Einspeisung und Abnahme von Gas auszugleichen und das System nicht zu gefährden.

(32) Die nationalen Regulierungsbehörden sollten die Möglichkeit haben, die Tarife oder die Tarifberechnungsmethoden auf der Grundlage eines Vorschlags des Fernleitungsnetzbetreibers, des oder der Verteilernetzbetreiber oder des Betreibers einer Flüssiggas-(LNG)-Anlage oder auf der Grundlage eines zwischen diesen Betreibern und den Netzbenutzern abgestimmten Vorschlags festzusetzen oder zu genehmigen. Dabei sollten die nationalen Regulierungsbehörden sicherstellen, dass die Tarife für die Fernleitung und Verteilung nichtdiskriminierend und kostenorientiert sind und die langfristig durch Nachfragesteuerung vermiedenen Netzgrenzkosten berücksichtigen.

(33) Die Energieregulierungsbehörden sollten über die Befugnis verfügen, Entscheidungen zu erlassen, die für die Erdgasunternehmen bindend sind, und wirksame, verhältnismäßige und abschreckende Sanktionen gegen Gasunternehmen, die ihren Verpflichtungen nicht nachkommen, entweder selbst zu verhängen, oder einem zuständigen Gericht die Verhängung solcher Sanktionen gegen diese vorzuschlagen. Auch sollte den Energieregulierungsbehörden die Befugnis zuerkannt werden, unabhängig von der Anwendung der Wettbewerbsregeln über geeignete Maßnahmen zur Förderung eines wirksamen Wettbewerbs als Voraussetzung für einen ordnungsgemäß funktionierenden Erdgasbinnenmarkt zu entscheiden, um Vorteile für die Kunden herbeizuführen. Die Einrichtung von Programmen zur Freigabe von Gaskapazitäten ist eine der möglichen Maßnahmen zur Förderung eines wirksamen Wettbewerbs und zur Gewährleistung des ordnungsgemäßen Funktionierens des Marktes. Die Energieregulierungsbehörden sollten ferner über die Befugnis verfügen, dazu beizutragen, hohe Standards bei der Erfüllung gemeinwirtschaftlicher Verpflichtungen in Übereinstimmung mit den Erfordernissen der Marktöffnung, den Schutz benachteiligter Kunden und die volle Wirksamkeit der zum Schutz der Kunden ergriffenen Maßnahmen zu gewährleisten. Diese Vorschriften sollten weder die Befugnisse der Kommission bezüglich der Anwendung der Wettbewerbsregeln, einschließlich der Prüfung von Unternehmenszusammenschlüssen, die eine gemeinschaftliche Dimension aufweisen, noch die Binnenmarktregeln, etwa der Vorschriften zum freien Kapitalverkehr, berühren. Die unabhängige Stelle, bei der eine von einer Entscheidung einer nationalen Regulierungsbehörde betroffene Partei Rechtsbehelfe einlegen kann, kann ein Gericht oder eine andere gerichtliche Stelle sein, die ermächtigt ist, eine gerichtliche Überprüfung durchzuführen.

(34) Bei einer Harmonisierung der Befugnisse der nationalen Regulierungsbehörden sollte auch die Möglichkeit vorgesehen sein, Erdgasunternehmen Anreize zu bieten sowie wirksame, verhältnismäßige und abschreckende Sanktionen gegen sie zu verhängen oder einem zuständigen Gericht die Verhängung solcher Sanktionen vorzuschlagen. Darüber hinaus sollten die Regulierungsbehörden befugt sein, alle relevanten Daten von Erdgasunternehmen anzufordern, angemessene und ausreichende Untersuchungen vorzunehmen und Streitigkeiten zu schlichten.

(35) Investitionen in neue Großinfrastrukturen sollten stark gefördert werden, wobei es gleichzeitig das ordnungsgemäße Funktionieren des Erdgasbinnenmarktes sicherzustellen gilt. Zur Verstärkung der positiven Auswirkungen von Infrastrukturvorhaben, für die eine Ausnahme gilt, auf Wettbewerb und Versorgungssicherheit sollten in der Projektplanungsphase das Marktinteresse geprüft und Regeln für das Engpassmanagement festgelegt werden. Erstreckt sich eine Infrastruktur über das Gebiet mehr als eines Mitgliedstaats, so sollte die mit der Verordnung (EG) Nr. 713/2009 des Europäischen Parlaments und des Rates vom 13. Juli 2009 zur Gründung einer Agentur für die Zusammenarbeit der Energieregulierungsbehörden[1] errichtete Agentur für die Zusammenarbeit der Energieregulierungsbehörden („Agentur") als letztes Mittel den Antrag auf Gewährung einer Ausnahme bearbeiten, damit den grenzübergreifenden Implikationen besser Rechnung getragen werden kann und die administrative Abwicklung erleichtert wird. Wegen des besonderen Risikoprofils solcher Großinfrastrukturvorhaben, für die eine Ausnahme gilt, sollte es möglich sein, Unternehmen, die Versorgungs- und Gewinnungsinteressen haben, vorübergehend für die betreffenden Vorhaben teilweise Ausnahmen von den Entflechtungsvorschriften zu gewähren. Die Möglichkeit einer vorübergehenden Ausnahme sollte, insbesondere aus Gründen der Versorgungssicherheit, für neue Rohrleitungen in der Gemeinschaft gelten, über die Gas aus Drittländern in die Gemeinschaft befördert wird. Die gemäß der Richtlinie 2003/55/EG

---

[1] **Amtl. Anm.:** Siehe Seite 1 dieses Amtsblatts [**red. Anm.:** ABl. L 211].

gewährten Ausnahmen gelten bis zu dem Ablaufdatum weiter, das in der Entscheidung über die Gewährung einer Ausnahme festgelegt wurde.

(36) Dem Erdgasbinnenmarkt mangelt es an Liquidität und Transparenz, was eine effiziente Ressourcenallokation, Risikoabsicherung und neue Markteintritte behindert. Das Vertrauen in den Markt und in seine Liquidität und die Zahl der Marktteilnehmer müssen zunehmen, weshalb die Regulierungsaufsicht über Unternehmen, die in der Gasversorgung tätig sind, ausgebaut werden muss. Anforderungen dieser Art sollten die bestehenden Rechtsvorschriften der Gemeinschaft auf dem Gebiet der Finanzmärkte nicht berühren und sie sollten mit diesen vereinbar sein. Die Energieregulierungsbehörden und die Finanzmarktregulierungsbehörden müssen kooperieren, um einen Überblick über die betreffenden Märkte zu bekommen.

(37) Erdgas wird überwiegend und in zunehmendem Maße aus Drittstaaten in die Gemeinschaft importiert. Im Gemeinschaftsrecht sollte den Besonderheiten des Erdgasmarkts, beispielsweise bestimmten strukturellen Verkrustungen aufgrund der Konzentration der Versorger, langfristiger Lieferverträge oder der mangelnden Liquidität nachgelagerter Strukturen, Rechnung getragen werden. Deshalb ist mehr Transparenz erforderlich, und zwar auch bei der Preisbildung.

(38) Bevor die Kommission Leitlinien zur Präzisierung der Aufbewahrungsanforderungen erlässt, sollten die Agentur und der durch den Beschluss der Kommission 2009/77/EG[1] eingerichtete Ausschuss der europäischen Wertpapierregulierungsbehörden (CESR) den Inhalt der Leitlinien gemeinsam prüfen und die Kommission dazu beraten. Die Agentur und der Ausschuss der europäischen Wertpapierregulierungsbehörden sollten ferner zusammenarbeiten, um weiter zu untersuchen, ob Transaktionen mit Gasversorgungsverträgen und Gasderivaten Gegenstand von vor- und/oder nachbörslichen Transparenzanforderungen sein sollten und, wenn ja, welchen Inhalt diese Anforderungen haben sollten, und um diesbezüglich beratend tätig zu sein.

(39) Die Mitgliedstaaten oder, sofern ein Mitgliedstaat dies vorsieht, die Regulierungsbehörde sollten die Ausarbeitung unterbrechbarer Lieferverträge fördern.

(40) Im Interesse der Versorgungssicherheit sollte das Gleichgewicht zwischen Angebot und Nachfrage in den einzelnen Mitgliedstaaten beobachtet und anschließend ein Gesamtbericht über die Versorgungssicherheit in der Gemeinschaft angefertigt werden, in dem die zwischen verschiedenen Gebieten bestehende Verbindungskapazität berücksichtigt wird. Die Beobachtung sollte so frühzeitig erfolgen, dass die geeigneten Maßnahmen getroffen werden können, wenn die Versorgungssicherheit gefährdet sein sollte. Der Aufbau und der Erhalt der erforderlichen Netzinfrastruktur einschließlich der Verbundmöglichkeiten sollten zu einer stabilen Erdgasversorgung beitragen.

(41) Die Mitgliedstaaten sollten unter Berücksichtigung der erforderlichen Qualitätsanforderungen sicherstellen, dass Biogas, Gas aus Biomasse und andere Gasarten einen nichtdiskriminierenden Zugang zum Gasnetz erhalten, vorausgesetzt, dieser Zugang ist dauerhaft mit den einschlägigen technischen Vorschriften und Sicherheitsnormen vereinbar. Diese Vorschriften und Normen sollten gewährleisten, dass es technisch machbar ist, diese Gase sicher in das Erdgasnetz einzuspeisen und durch dieses Netz zu transportieren, und sollten sich auch auf die chemischen Eigenschaften dieser Gase erstrecken.

(42) Ein großer Teil der Gasversorgung der Mitgliedstaaten wird nach wie vor durch langfristige Verträge gesichert werden, weshalb diese als Möglichkeit für die Gasversorgungsunternehmen erhalten bleiben sollten, sofern sie die Ziele dieser Richtlinie nicht unterlaufen und mit dem Vertrag, einschließlich der darin festgelegten Wettbewerbsregeln, vereinbar sind. Die langfristigen Verträge müssen deshalb bei der Planung der Versorgungs- und Transportkapazitäten von Erdgasunternehmen berücksichtigt werden.

(43) Damit gewährleistet ist, dass die Qualität gemeinwirtschaftlicher Leistungen in der Gemeinschaft weiterhin hohen Standards entspricht, sollten die Mitgliedstaaten die Kommission regelmäßig über alle zur Erreichung der Ziele dieser Richtlinie getroffenen Maßnahmen unterrichten. Die Kommission sollte regelmäßig einen Bericht veröffentlichen, in dem die Maßnahmen der Mitgliedstaaten zur Erreichung gemeinwirtschaftlicher Ziele untersucht und in ihrer Wirksamkeit verglichen werden, um Empfehlungen für Maßnahmen auszusprechen, die auf einzelstaatlicher Ebene zur Gewährleistung einer hohen Qualität der gemeinwirtschaftlichen Leistungen zu ergreifen sind. Die Mitgliedstaaten sollten gewährleisten, dass die Kunden, wenn sie an das Gasnetz angeschlossen werden, über ihr Recht auf Versorgung mit Erdgas einer bestimmten Qualität zu angemessenen Preisen unterrichtet werden. Die von den Mitgliedstaaten zum Schutz

[1] **Amtl. Anm.:** ABl. L 25 vom 29.1.2009, S. 18.

der Endkunden ergriffenen Maßnahmen können unterschiedlich ausfallen, je nachdem, ob sie für Haushaltskunden oder kleine und mittlere Unternehmen gedacht sind.

(44) Die Erfüllung gemeinwirtschaftlicher Verpflichtungen ist eine grundlegende Anforderung dieser Richtlinie, und es ist wichtig, dass in dieser Richtlinie von allen Mitgliedstaaten einzuhaltende gemeinsame Mindestnormen festgelegt werden, die den Zielen des Verbraucherschutzes, der Versorgungssicherheit, des Umweltschutzes und einer gleichwertigen Wettbewerbsintensität in allen Mitgliedstaaten Rechnung tragen. Gemeinwirtschaftliche Verpflichtungen müssen unter Berücksichtigung der einzelstaatlichen Gegebenheiten aus nationaler Sicht ausgelegt werden können, wobei das Gemeinschaftsrecht einzuhalten ist.

(45) Die von den Mitgliedstaaten zur Erreichung der Ziele des sozialen und wirtschaftlichen Zusammenhalts ergriffenen Maßnahmen können insbesondere die Schaffung geeigneter wirtschaftlicher Anreize, gegebenenfalls unter Einsatz aller auf nationaler Ebene oder Gemeinschaftsebene vorhandenen Instrumente, umfassen. Zu diesen Instrumenten können auch Haftungsregelungen zur Absicherung der erforderlichen Investitionen zählen.

(46) Soweit die von den Mitgliedstaaten zur Erfüllung gemeinwirtschaftlicher Verpflichtungen getroffenen Maßnahmen staatliche Beihilfen nach Artikel 87 Absatz 1 des Vertrags darstellen, sind sie der Kommission gemäß Artikel 88 Absatz 3 des Vertrags mitzuteilen.

(47) Die gemeinwirtschaftlichen Verpflichtungen und die sich daraus ergebenden gemeinsamen Mindeststandards müssen weiter gestärkt werden, damit sichergestellt werden kann, dass die Vorteile des Wettbewerbs und gerechter Preise allen Verbrauchern, und insbesondere schutzbedürftigen Verbrauchern, zugute kommen. Die gemeinwirtschaftlichen Verpflichtungen sollten auf nationaler Ebene, unter Berücksichtigung der nationalen Bedingungen, festgelegt werden; das Gemeinschaftsrecht sollte jedoch von den Mitgliedstaaten beachtet werden. Die Bürger der Union und, soweit die Mitgliedstaaten dies für angezeigt halten, die Kleinunternehmen sollten sich gerade hinsichtlich der Versorgungssicherheit und der Angemessenheit der Tarifsätze darauf verlassen können, dass die gemeinwirtschaftlichen Verpflichtungen erfüllt werden. Ein zentraler Aspekt in der Versorgung der Verbraucher ist der Zugang zu objektiven und transparenten Verbrauchsdaten. Deshalb sollten die Verbraucher Zugang zu ihren Verbrauchsdaten und den damit verbundenen Preisen und Dienstleistungskosten haben, so dass sie die Wettbewerber auffordern können, ein Angebot auf der Grundlage dieser Daten zu unterbreiten. Auch sollten die Verbraucher Anspruch darauf haben, in angemessener Form über ihren Energieverbrauch informiert zu werden. Vorauszahlungen sollten sich nach dem wahrscheinlichen Erdgasverbrauch richten, und die unterschiedlichen Zahlungssysteme sollten nichtdiskriminierend sein. Sofern die Verbraucher ausreichend häufig über die Energiekosten informiert werden, schafft dies Anreize für Energieeinsparungen, da die Kunden auf diese Weise eine direkte Rückmeldung über die Auswirkungen der Investitionen in die Energieeffizienz und der Verhaltensänderungen erhalten.

(48) Im Mittelpunkt dieser Richtlinie sollten die Belange der Verbraucher stehen, und die Gewährleistung der Dienstleistungsqualität sollte zentraler Bestandteil der Aufgaben von Erdgasunternehmen sein. Die bestehenden Verbraucherrechte müssen gestärkt und abgesichert werden und sollten auch auf mehr Transparenz ausgerichtet sein. Durch den Verbraucherschutz sollte sichergestellt werden, dass allen Kunden im größeren Kontext der Gemeinschaft die Vorzüge eines Wettbewerbsmarktes zugute kommen. Die Rechte der Verbraucher sollten von den Mitgliedstaaten oder, sofern ein Mitgliedstaat dies vorgesehen hat, von den Regulierungsbehörden durchgesetzt werden.

(49) Die Verbraucher sollten klar und verständlich über ihre Rechte gegenüber dem Energiesektor informiert werden. Die Kommission sollte nach Absprache mit den relevanten Interessenträgern, einschließlich der Mitgliedstaaten, der nationalen Regulierungsbehörden, der Verbraucherorganisationen und der Erdgasunternehmen, eine verständliche, benutzerfreundliche Checkliste für Energieverbraucher erstellen, die praktische Informationen für die Verbraucher über ihre Rechte enthält. Diese Checkliste für Energieverbraucher sollte allen Verbrauchern zur Verfügung gestellt und öffentlich zugänglich gemacht werden.

(50) Die Energiearmut wird in der Gemeinschaft zu einem immer größeren Problem. Mitgliedstaaten, die davon betroffen sind, sollten deshalb, falls dies noch nicht geschehen ist, nationale Aktionspläne oder einen anderen geeigneten Rahmen zur Bekämpfung der Energiearmut schaffen, die zum Ziel haben, die Zahl der darunter leidenden Menschen zu verringern. Die Mitgliedstaaten sollten in jedem Fall eine ausreichende Energieversorgung für schutzbedürftige Kunden gewährleisten. Dazu könnte auf ein umfassendes Gesamtkonzept, beispielsweise im Rahmen der Sozialpolitik, zurückgegriffen werden, und es könnten sozialpolitische Maßnahmen oder Maßnahmen zur Verbesserung der Energieeffizienz von Wohngebäuden getroffen werden. Zuallermindest

sollte mit dieser Richtlinie die Möglichkeit dafür geschaffen werden, dass schutzbedürftige Kunden durch politische Maßnahmen auf nationaler Ebene begünstigt werden.

(51) Ein besserer Verbraucherschutz ist gewährleistet, wenn für alle Verbraucher ein Zugang zu wirksamen Streitbeilegungsverfahren besteht. Die Mitgliedstaaten sollten Verfahren zur schnellen und wirksamen Behandlung von Beschwerden einrichten.

(52) Die Einführung intelligenter Messsysteme sollte nach wirtschaftlichen Erwägungen erfolgen können. Führen diese Erwägungen zu dem Schluss, dass die Einführung solcher Messsysteme nur im Fall von Verbrauchern mit einem bestimmten Mindestverbrauch an Erdgas wirtschaftlich vernünftig und kostengünstig ist, sollten die Mitgliedstaaten die Möglichkeit haben, dies bei der Einführung intelligenter Messsysteme zu berücksichtigen.

(53) Mit den Marktpreisen sollten die richtigen Impulse für den Ausbau des Netzes gesetzt werden.

(54) Für die Mitgliedstaaten sollte es oberste Priorität haben, den fairen Wettbewerb und einen freien Marktzugang für die einzelnen Versorger zu fördern, damit die Verbraucher die Vorzüge eines liberalisierten Erdgasbinnenmarkts im vollen Umfang nutzen können.

(55) Zur Erhöhung der Versorgungssicherheit und im Geiste der Solidarität zwischen den Mitgliedstaaten, insbesondere im Fall einer Energieversorgungskrise, ist es wichtig, im Geiste der Solidarität einen Rahmen für eine regionale Kooperation zu schaffen. Bei dieser Kooperation kann, falls die Mitgliedstaaten dies beschließen, in allererster Linie auf marktbasierte Mechanismen zurückgegriffen werden, mit dem Ziel, die regionale und bilaterale Solidarität zu fördern. Durch die Kooperation mit dem Ziel, die regionale und bilaterale Solidarität zu fördern sollte den Marktteilnehmern kein unverhältnismäßig hoher Verwaltungsaufwand auferlegt werden, und sie sollten nicht diskriminiert werden.

(56) Zur Schaffung des Erdgasbinnenmarktes sollten die Mitgliedstaaten die Integration ihrer nationalen Märkte und die Zusammenarbeit der Netzbetreiber auf Gemeinschafts- und regionaler Ebene fördern, die auch die nach wie vor in der Gemeinschaft bestehenden, isolierte „Erdgasinseln" bildenden Netze umfasst.

(57) Eines der Hauptziele dieser Richtlinie sollte der Aufbau eines wirklichen Erdgasbinnenmarktes durch ein in der ganzen Gemeinschaft verbundenes Netz sein, und demnach sollten Regulierungsangelegenheiten, die grenzüberschreitende Verbindungsleitungen oder regionale Märkte betreffen, eine der Hauptaufgaben der Regulierungsbehörden sein, die sie gegebenenfalls in enger Zusammenarbeit mit der zuständigen Agentur wahrnehmen.

(58) Auch die Sicherstellung gemeinsamer Regeln für einen wirklichen Binnenmarkt und eine umfassende Gasversorgung sollten zu den zentralen Zielen dieser Richtlinie gehören. Unverzerrte Marktpreise bieten in diesem Zusammenhang einen Anreiz für den Aufbau grenzüberschreitender Verbindungsleitungen, und sie werden langfristig konvergierende Preise bewirken.

(59) Die Regulierungsbehörden sollten dem Markt Informationen zur Verfügung stellen, auch um es der Kommission zu ermöglichen, ihre Funktion der Beobachtung und Überwachung des Gasbinnenmarktes und seiner kurz-, mittel- und langfristigen Entwicklung – einschließlich solcher Aspekte wie Angebot und Nachfrage, Fernleitungs- und Verteilungsinfrastrukturen, Dienstleistungsqualität, grenzüberschreitender Handel, Engpassmanagement, Investitionen, Großhandels- und Verbraucherpreise, Marktliquidität, ökologische Verbesserungen und Effizienzsteigerungen – wahrzunehmen. Die nationalen Regulierungsbehörden sollten den Wettbewerbsbehörden und der Kommission melden, in welchen Mitgliedstaaten die Preise den Wettbewerb und das ordnungsgemäße Funktionieren des Marktes beeinträchtigen.

(60) Da das Ziel dieser Richtlinie, nämlich die Schaffung eines voll funktionierenden Erdgasbinnenmarktes, auf Ebene der Mitgliedstaaten nicht ausreichend verwirklicht werden kann und daher besser auf Gemeinschaftsebene zu verwirklichen ist, kann die Gemeinschaft im Einklang mit dem in Artikel 5 des Vertrags niedergelegten Subsidiaritätsprinzip tätig werden. Entsprechend dem in demselben Artikel genannten Grundsatz der Verhältnismäßigkeit geht diese Richtlinie nicht über das für die Erreichung dieses Ziels erforderliche Maß hinaus.

(61) Gemäß der Verordnung (EG) Nr. 715/2009[1] des Europäischen Parlaments und des Rates vom 13. Juli 2009 über die Bedingungen für den Zugang zu den Erdgasfernleitungsnetzen[2] kann die Kommission Leitlinien erlassen, um das erforderliche Maß an Harmonisierung zu bewirken. Solche Leitlinien, bei denen es sich um bindende Durchführungsmaßnahmen handelt, sind, auch

---

[1] Nr. **9**.

[2] **Amtl. Anm.:** Siehe Seite 36 dieses Amtsblatts [**red. Anm.:** ABl. L 211].

im Hinblick auf bestimmte Bestimmungen der Richtlinie, ein nützliches Instrument, das im Bedarfsfall rasch angepasst werden kann.

(62) Die zur Durchführung dieser Richtlinie erforderlichen Maßnahmen sollten gemäß dem Beschluss 1999/468/EG des Rates vom 28. Juni 1999 zur Festlegung der Modalitäten für die Ausübung der der Kommission[1)] übertragenen Durchführungsbefugnisse erlassen werden.

(63) Insbesondere sollte die Kommission die Befugnis erhalten, die Leitlinien zu erlassen, die notwendig sind, um das zur Verwirklichung des Ziels dieser Richtlinie erforderliche Mindestmaß an Harmonisierung zu gewährleisten. Da es sich hierbei um Maßnahmen von allgemeiner Tragweite handelt, die eine Änderung nicht wesentlicher Bestimmungen dieser Richtlinie durch Ergänzung um neue nicht wesentliche Bestimmungen bewirken, sind diese Maßnahmen nach dem Regelungsverfahren mit Kontrolle des Artikels 5a des Beschlusses 1999/468/EG zu erlassen.

(64) Nach Nummer 34 der Interinstitutionellen Vereinbarung über bessere Rechtsetzung[2)] sind die Mitgliedstaaten aufgefordert, für ihre eigenen Zwecke und im Interesse der Gemeinschaft eigene Tabellen aufzustellen, aus denen im Rahmen des Möglichen die Entsprechungen zwischen dieser Richtlinie und den Umsetzungsmaßnahmen zu entnehmen sind, und diese zu veröffentlichen.

(65) Wegen des Umfangs der durch den vorliegenden Rechtsakt an der Richtlinie 2003/55/EG vorgenommenen Änderungen sollten die betreffenden Bestimmungen aus Gründen der Klarheit und der Vereinfachung in einem einzigen Text in einer neuen Richtlinie neu gefasst werden.

(66) Die vorliegende Richtlinie respektiert die grundlegenden Rechte und beachtet die insbesondere in der Charta der Grundrechte der Europäischen Union verankerten Grundsätze –

HABEN FOLGENDE RICHTLINIE ERLASSEN:

Kapitel I. Gegenstand, Anwendungsbereich und Begriffsbestimmungen

Art. 1 Gegenstand und Anwendungsbereich. (1) [1]Mit dieser Richtlinie werden gemeinsame Vorschriften für die Fernleitung, die Verteilung, die Lieferung und die Speicherung von Erdgas erlassen. [2]Die Richtlinie regelt die Organisation und Funktionsweise des Erdgassektors, den Marktzugang, die Kriterien und Verfahren für die Erteilung von Fernleitungs-, Verteilungs-, Liefer- und Speichergenehmigungen für Erdgas sowie den Betrieb der Netze.

(2) Die mit dieser Richtlinie erlassenen Vorschriften für Erdgas, einschließlich verflüssigtem Erdgas (LNG), gelten auch in nichtdiskriminierender Weise für Biogas und Gas aus Biomasse oder anderen Gasarten, soweit es technisch und ohne Beeinträchtigung der Sicherheit möglich ist, diese Gase in das Erdgasnetz einzuspeisen und durch dieses Netz zu transportieren.

Art. 2 Begriffsbestimmungen. Im Sinne dieser Richtlinie bezeichnet der Ausdruck

1. „Erdgasunternehmen" eine natürliche oder juristische Person, die mindestens eine der Funktionen Gewinnung, Fernleitung, Verteilung, Lieferung, Kauf oder Speicherung von Erdgas, einschließlich verflüssigtem Erdgas, wahrnimmt und die kommerzielle, technische und/oder wartungsbezogene Aufgaben im Zusammenhang mit diesen Funktionen erfüllt, mit Ausnahme der Endkunden;
2. „vorgelagertes Rohrleitungsnetz" Rohrleitungen oder ein Netz von Rohrleitungen, deren Betrieb und/oder Bau Teil eines Öl- oder Gasgewin-

---

[1)] **Amtl. Anm.:** ABl. L 184 vom 17.7.1999, S. 23.
[2)] **Amtl. Anm.:** ABl. C 321 vom 31.12.2003, S. 1.

nungsvorhabens ist oder die dazu verwendet werden, Erdgas von einer oder mehreren solcher Anlagen zu einer Aufbereitungsanlage, zu einem Terminal oder zu einem an der Küste gelegenen Endanlandeterminal zu leiten;

3. „Fernleitung" den Transport von Erdgas durch ein hauptsächlich Hochdruckfernleitungen umfassendes Netz, mit Ausnahme von vorgelagerten Rohrleitungsnetzen und des in erster Linie im Zusammenhang mit der lokalen Erdgasverteilung benutzten Teils von Hochdruckfernleitungen, zum Zweck der Belieferung von Kunden, jedoch mit Ausnahme der Versorgung;
4. „Fernleitungsnetzbetreiber" eine natürliche oder juristische Person, die die Funktion der Fernleitung wahrnimmt und verantwortlich ist für den Betrieb, die Wartung sowie erforderlichenfalls den Ausbau des Fernleitungsnetzes in einem bestimmten Gebiet und gegebenenfalls der Verbindungsleitungen zu anderen Netzen sowie für die Sicherstellung der langfristigen Fähigkeit des Netzes, eine angemessene Nachfrage nach Transport von Gas zu befriedigen;
5. „Verteilung" den Transport von Erdgas über örtliche oder regionale Leitungsnetze zum Zweck der Belieferung von Kunden, jedoch mit Ausnahme der Versorgung;
6. „Verteilernetzbetreiber" eine natürliche oder juristische Person, die die Funktion der Verteilung wahrnimmt und verantwortlich ist für den Betrieb, die Wartung sowie erforderlichenfalls den Ausbau des Verteilernetzes in einem bestimmten Gebiet und gegebenenfalls der Verbindungsleitungen zu anderen Netzen sowie für die Sicherstellung der langfristigen Fähigkeit des Netzes, eine angemessene Nachfrage nach Verteilung von Gas zu befriedigen;
7. „Versorgung" (bzw. „Lieferung") den Verkauf einschließlich des Weiterverkaufs von Erdgas, einschließlich verflüssigtem Erdgas, an Kunden;
8. „Versorgungsunternehmen" eine natürliche oder juristische Person, die die Funktion der Versorgung wahrnimmt;
9. „Speicheranlage" eine einem Erdgasunternehmen gehörende und/oder von ihm betriebene Anlage zur Speicherung von Erdgas, einschließlich des zu Speicherzwecken genutzten Teils von LNG-Anlagen, jedoch mit Ausnahme des Teils, der für eine Gewinnungstätigkeit genutzt wird; ausgenommen sind auch Einrichtungen, die ausschließlich Fernleitungsnetzbetreibern bei der Wahrnehmung ihrer Funktionen vorbehalten sind;
10. „Betreiber einer Speicheranlage" eine natürliche oder juristische Person, die die Funktion der Speicherung wahrnimmt und für den Betrieb einer Speicheranlage verantwortlich ist;
11. „LNG-Anlage" eine Kopfstation zur Verflüssigung von Erdgas oder zur Einfuhr, Entladung und Wiederverdampfung von verflüssigtem Erdgas; darin eingeschlossen sind Hilfsdienste und die vorübergehende Speicherung, die für die Wiederverdampfung und die anschließende Einspeisung in das Fernleitungsnetz erforderlich sind, jedoch nicht die zu Speicherzwecken genutzten Teile von LNG-Kopfstationen;
12. „Betreiber einer LNG-Anlage" eine natürliche oder juristische Person, die die Funktion der Verflüssigung von Erdgas oder der Einfuhr, Entladung und

Wiederverdampfung von verflüssigtem Erdgas wahrnimmt und für den Betrieb einer LNG-Anlage verantwortlich ist;

13. „Netz“ alle Fernleitungsnetze, Verteilernetze, LNG-Anlagen und/oder Speicheranlagen, die einem Erdgasunternehmen gehören und/oder von ihm betrieben werden, einschließlich Netzpufferung und seiner Anlagen, die zu Hilfsdiensten genutzt werden, und der Anlagen verbundener Unternehmen, die für den Zugang zur Fernleitung, zur Verteilung und zu LNG-Anlagen erforderlich sind;
14. „Hilfsdienste“ sämtliche für den Zugang zu und den Betrieb von Fernleitungsnetzen, Verteilernetzen, LNG-Anlagen und/oder Speicheranlagen erforderlichen Dienste und Einrichtungen, einschließlich Lastausgleichs-, Mischungs- und Inertgaseinblasanlagen, jedoch mit Ausnahme von Anlagen, die ausschließlich Fernleitungsnetzbetreibern für die Wahrnehmung ihrer Aufgaben vorbehalten sind;
15. „Netzpufferung“ die Speicherung von Gas durch Verdichtung in Erdgasfernleitungs- und Erdgasverteilernetzen; ausgenommen sind Einrichtungen, die Fernleitungsnetzbetreibern bei der Wahrnehmung ihrer Funktionen vorbehalten sind;
16. „Verbundnetz“ eine Anzahl von Netzen, die miteinander verbunden sind;
17. „Verbindungsleitung“ eine Fernleitung, die eine Grenze zwischen Mitgliedstaaten quert oder überspannt und dem Zweck dient, die nationalen Fernleitungsnetze dieser Mitgliedstaaten zu verbinden, oder eine Fernleitung zwischen einem Mitgliedstaat und einem Drittland bis zum Hoheitsgebiet der Mitgliedstaaten oder dem Küstenmeer dieses Mitgliedstaats;
18. „Direktleitung“ eine zusätzlich zum Verbundnetz errichtete Erdgasleitung;
19. „integriertes Erdgasunternehmen“ ein vertikal oder horizontal integriertes Unternehmen;
20. „vertikal integriertes Unternehmen“ ein Erdgasunternehmen oder eine Gruppe von Unternehmen, in der ein und dieselbe(n) Person(en) berechtigt ist (sind), direkt oder indirekt Kontrolle auszuüben, wobei das betreffende Unternehmen bzw. die betreffende Gruppe von Unternehmen mindestens eine der Funktionen Fernleitung, Verteilung, LNG oder Speicherung und mindestens eine der Funktionen Gewinnung oder Lieferung von Erdgas wahrnimmt;
21. „horizontal integriertes Unternehmen“ ein Unternehmen, das mindestens eine der Funktionen Gewinnung, Fernleitung, Verteilung, Lieferung oder Speicherung von Erdgas wahrnimmt und das außerdem eine weitere Tätigkeit außerhalb des Gasbereichs ausübt;
22. „verbundenes Unternehmen“ ein verbundenes Unternehmen im Sinne von Artikel 41 der Siebenten Richtlinie 83/349/EWG des Rates vom 13. Juni 1983 aufgrund von Artikel 44 Absatz 2 Buchstabe g[1] des Vertrags über den konsolidierten Abschluss[2], und/oder ein assoziiertes Unternehmen im Sin-

[1] **Amtl. Anm.:** Der Titel der Richtlinie 83/349/EWG wurde angepasst, um der gemäß Artikel 12 des Vertrags von Amsterdam vorgenommenen Umnummerierung des Vertrags zur Gründung der Europäischen Gemeinschaft Rechnung zu tragen; die ursprüngliche Bezugnahme betraf Artikel 54 Absatz 3 Buchstabe g.

[2] **Amtl. Anm.:** ABl. L 193 vom 18.7.1983, S. 1.

ne von Artikel 33 Absatz 1 jener Richtlinie und/oder Unternehmen, die denselben Aktionären gehören;

23. „Netzbenutzer" eine natürliche oder juristische Person, die in das Netz einspeist oder daraus versorgt wird;
24. „Kunde" einen Erdgasgroßhändler, -endkunde oder -unternehmen, der Erdgas kauft;
25. „Haushaltskunde" einen Kunden, der Erdgas für den Eigenverbrauch im Haushalt kauft;
26. „Nichthaushaltskunde" einen Kunden, der Erdgas für andere Zwecke als den Eigenverbrauch im Haushalt kauft;
27. „Endkunde" einen Kunden, der Erdgas für den Eigenbedarf kauft;
28. „zugelassener Kunde" einen Kunden, dem es gemäß Artikel 37 frei steht, Gas von einem Lieferanten seiner Wahl zu kaufen;
29. „Großhändler" eine natürliche und juristische Person mit Ausnahme von Fernleitungs- und Verteilernetzbetreibern, die Erdgas zum Zweck des Weiterverkaufs innerhalb oder außerhalb des Netzes, in dem sie ansässig ist, kauft;
30. „langfristige Planung" die langfristige Planung der Versorgungs- und Transportkapazität von Erdgasunternehmen zur Deckung der Erdgasnachfrage des Netzes, zur Diversifizierung der Versorgungsquellen und zur Sicherung der Versorgung der Kunden;
31. „entstehender Markt" einen Mitgliedstaat, in dem die erste kommerzielle Lieferung aufgrund seines ersten langfristigen Erdgasliefervertrags nicht mehr als zehn Jahre zurückliegt;
32. „Sicherheit" sowohl die Sicherheit der Versorgung mit Erdgas als auch die Betriebssicherheit;
33. „neue Infrastruktur" eine Infrastruktur, die bis 4. August 2003 nicht fertig gestellt worden ist;
34. „Gasversorgungsvertrag" einen Vertrag über die Lieferung von Erdgas, mit Ausnahme von Gasderivaten;
35. „Gasderivat" ein in Abschnitt C Nummern 5, 6 oder 7 des Anhangs I der Richtlinie 2004/39/EG des Europäischen Parlaments und des Rates vom 21. April 2004 über Märkte für Finanzinstrumente genanntes Finanzinstrument[1]), sofern dieses Instrument Erdgas betrifft;
36. „Kontrolle" Rechte, Verträge oder andere Mittel, die einzeln oder zusammen unter Berücksichtigung aller tatsächlichen oder rechtlichen Umstände die Möglichkeit gewähren, einen bestimmenden Einfluss auf die Tätigkeit eines Unternehmens auszuüben, insbesondere durch
    a) Eigentums- oder Nutzungsrechte an der Gesamtheit oder an Teilen des Vermögens des Unternehmens;
    b) Rechte oder Verträge, die einen bestimmenden Einfluss auf die Zusammensetzung, die Beratungen oder Beschlüsse der Organe des Unternehmens gewähren.

---

[1]) **Amtl. Anm.:** ABl. L 145 vom 30.4.2004, S. 1.

Kapitel II. Allgemeine Vorschriften für die Organisation des Sektors

Art. 3 Gemeinwirtschaftliche Verpflichtungen und Schutz der Kunden. (1) Die Mitgliedstaaten gewährleisten entsprechend ihrem institutionellen Aufbau und unter Beachtung des Subsidiaritätsprinzips, dass Erdgasunternehmen unbeschadet des Absatzes 2 nach den in dieser Richtlinie festgelegten Grundsätzen und im Hinblick auf die Errichtung eines wettbewerbsbestimmten, sicheren und unter ökologischen Aspekten nachhaltigen Erdgasmarkts betrieben werden und dass diese Unternehmen hinsichtlich der Rechte und Pflichten nicht diskriminiert werden.

(2) [1] Die Mitgliedstaaten können unter uneingeschränkter Beachtung der einschlägigen Bestimmungen des Vertrags, insbesondere des Artikels 86, den im Gassektor tätigen Unternehmen im allgemeinen wirtschaftlichen Interesse Verpflichtungen auferlegen, die sich auf Sicherheit, einschließlich Versorgungssicherheit, Regelmäßigkeit, Qualität und Preis der Versorgung sowie Umweltschutz, einschließlich Energieeffizienz, Energie aus erneuerbaren Quellen und Klimaschutz, beziehen können. [2] Solche Verpflichtungen müssen klar festgelegt, transparent, nichtdiskriminierend und überprüfbar sein und den gleichberechtigten Zugang von Erdgasunternehmen der Gemeinschaft zu den nationalen Verbrauchern sicherstellen. [3] In Bezug auf die Versorgungssicherheit, die Energieeffizienz/Nachfragesteuerung sowie zur Erreichung der Umweltziele und der Ziele für die Energie aus erneuerbaren Quellen im Sinne dieses Absatzes können die Mitgliedstaaten eine langfristige Planung vorsehen, wobei die Möglichkeit zu berücksichtigen ist, dass Dritte Zugang zum Netz erhalten wollen.

(3) [1] Die Mitgliedstaaten ergreifen geeignete Maßnahmen zum Schutz der Endkunden und tragen insbesondere dafür Sorge, dass für schutzbedürftige Kunden ein angemessener Schutz besteht. [2] In diesem Zusammenhang definiert jeder Mitgliedstaat ein Konzept des „schutzbedürftigen Kunden", das sich auf Energiearmut sowie unter anderem auf das Verbot beziehen kann, solche Kunden in schwierigen Zeiten von der Versorgung auszuschließen. [3] Die Mitgliedstaaten stellen sicher, dass die Rechte und Verpflichtungen im Zusammenhang mit schutzbedürftigen Kunden eingehalten werden. [4] Insbesondere treffen sie geeignete Maßnahmen zum Schutz von Endkunden in abgelegenen Gebieten, die an das Erdgasnetz angeschlossen sind. [5] Sie können für an das Erdgasnetz angeschlossene Kunden einen Versorger letzter Instanz benennen. [6] Sie gewährleisten einen hohen Verbraucherschutz, insbesondere in Bezug auf die Transparenz der Vertragsbedingungen, allgemeine Informationen und Streitbeilegungsverfahren. [7] Die Mitgliedstaaten stellen sicher, dass zugelassene Kunden tatsächlich problemlos zu einem neuen Lieferanten wechseln können. [8] Zumindest im Fall der Haushaltskunden schließen solche Maßnahmen die in Anhang I aufgeführten Maßnahmen ein.

(4) [1] Die Mitgliedstaaten ergreifen geeignete Maßnahmen, beispielsweise in Form von nationalen energiepolitischen Aktionsplänen oder Leistungen der Systeme der sozialen Sicherheit, um die notwendige Gasversorgung für schutzbedürftige Kunden oder die Förderung von Verbesserungen der Energieeffizienz zu gewährleisten, damit die Energiearmut, soweit sie festgestellt wurde, bekämpft wird, auch im Zusammenhang mit der Armut insgesamt. [2] Die Maß-

nahmen dürfen die in Artikel 37 vorgesehene Öffnung des Marktes und dessen Funktionieren nicht beeinträchtigen und sind der Kommission erforderlichenfalls gemäß Absatz 11 dieses Artikels mitzuteilen. [3]Diese Mitteilung betrifft nicht Maßnahmen innerhalb des allgemeinen Systems der sozialen Sicherheit.

(5) [1]Die Mitgliedstaaten stellen sicher, dass alle an das Gasnetz angeschlossenen Kunden das Recht haben, von einem Lieferanten – sofern dieser zustimmt – mit Erdgas versorgt zu werden, unabhängig davon, in welchem Mitgliedstaat er als Lieferant registriert ist, sofern der Lieferant die geltenden Regeln im Bereich Handel und Ausgleich einhält, und vorbehaltlich der Anforderungen in Bezug auf die Versorgungssicherheit. [2]In diesem Zusammenhang ergreifen die Mitgliedstaaten alle notwendigen Maßnahmen, damit die Verwaltungsverfahren kein Hindernis für Versorgungsunternehmen bilden, die bereits in einem anderen Mitgliedstaat als Lieferant registriert sind.

(6) *[1]* Die Mitgliedstaaten sorgen dafür, dass

a) in den Fällen, in denen Kunden unter Einhaltung der Vertragsbedingungen beabsichtigen, den Lieferanten zu wechseln, die betreffenden Betreiber diesen Wechsel innerhalb von drei Wochen vornehmen, und

b) die Kunden das Recht haben, sämtliche sie betreffenden Verbrauchsdaten zu erhalten.

[2] Die Mitgliedstaaten stellen sicher, dass die in Unterabsatz 1 Buchstaben a und b genannten Rechte Kunden ohne Diskriminierung bezüglich der Kosten, des Aufwands und der Dauer gewährt werden.

(7) [1]Die Mitgliedstaaten ergreifen geeignete Maßnahmen zur Erreichung der Ziele des sozialen und wirtschaftlichen Zusammenhalts sowie des Umweltschutzes, wozu auch Maßnahmen zur Bekämpfung von Klimaveränderungen gehören können, und der Versorgungssicherheit. [2]Diese Maßnahmen können insbesondere die Schaffung geeigneter wirtschaftlicher Anreize für den Aufbau und den Erhalt der erforderlichen Netzinfrastruktur einschließlich der Verbindungsleitungskapazitäten gegebenenfalls unter Einsatz aller auf einzelstaatlicher Ebene oder auf Gemeinschaftsebene vorhandenen Instrumente umfassen.

(8) Um die Energieeffizienz zu fördern, empfehlen die Mitgliedstaaten oder, wenn ein Mitgliedstaat dies vorsieht, die Regulierungsbehörden nachdrücklich, dass die Erdgasunternehmen den Erdgasverbrauch optimieren, indem sie beispielsweise Energiemanagementdienstleistungen anbieten, neuartige Preismodelle entwickeln oder gegebenenfalls intelligente Messsysteme oder intelligente Netze einführen.

(9) *[1]* [1]Die Mitgliedstaaten stellen sicher, dass zentrale Anlaufstellen eingerichtet werden, über die die Verbraucher alle notwendigen Informationen über ihre Rechte, das geltende Recht und Streitbeilegungsverfahren, die ihnen im Streitfall zur Verfügung stehen, erhalten. [2]Diese Anlaufstellen können in allgemeinen Verbraucherinformationsstellen angesiedelt sein.

[2] Die Mitgliedstaaten sorgen dafür, dass ein unabhängiger Mechanismus, beispielsweise ein unabhängiger Bürgerbeauftragter oder eine Verbraucherschutzeinrichtung für den Energiesektor eingerichtet wird, um Beschwerden wirksam zu behandeln und gütliche Einigungen herbeizuführen.

(10) [1]Die Mitgliedstaaten können beschließen, Artikel 4 nicht auf die Verteilung anzuwenden, soweit eine Anwendung die Erfüllung der den Erdgasunternehmen im allgemeinen wirtschaftlichen Interesse auferlegten Verpflich-

tungen de jure oder de facto verhindern würde, und soweit die Entwicklung des Handelsverkehrs nicht in einem Ausmaß beeinträchtigt wird, das den Interessen der Gemeinschaft zuwiderläuft. 2 Im Interesse der Gemeinschaft liegt insbesondere der Wettbewerb um zugelassene Kunden in Übereinstimmung mit dieser Richtlinie und mit Artikel 86 des Vertrags.

(11) 1 Bei der Umsetzung dieser Richtlinie unterrichten die Mitgliedstaaten die Kommission über alle Maßnahmen, die sie zur Erfüllung gemeinwirtschaftlicher Verpflichtungen einschließlich des Verbraucher- und des Umweltschutzes getroffen haben, und über deren mögliche Auswirkungen auf den nationalen und internationalen Wettbewerb, und zwar unabhängig davon, ob für diese Maßnahmen eine Ausnahme von dieser Richtlinie erforderlich ist oder nicht. 2 Sie unterrichten die Kommission anschließend alle zwei Jahre über Änderungen der Maßnahmen, unabhängig davon, ob für diese Maßnahmen eine Ausnahme von dieser Richtlinie erforderlich ist oder nicht.

(12) 1 Die Kommission erstellt in Absprache mit den relevanten Interessenträgern, einschließlich Mitgliedstaaten, nationale Regulierungsbehörden, Verbraucherorganisationen und Erdgasunternehmen, eine verständliche und kurz gefasste Checkliste mit praktischen Informationen in Bezug auf die Rechte der Energieverbraucher. 2 Die Mitgliedstaaten sorgen dafür, dass die Erdgasversorger oder Verteilernetzbetreiber in Zusammenarbeit mit der Regulierungsbehörde die erforderlichen Maßnahmen treffen, um den Verbrauchern eine Kopie der Checkliste zukommen zu lassen, und gewährleisten, dass diese öffentlich zugänglich ist.

Art. 4 Genehmigungsverfahren. (1) 1 In Fällen, in denen eine Genehmigung (z.B. eine Lizenz, Erlaubnis, Konzession, Zustimmung oder Zulassung) für den Bau oder den Betrieb von Erdgasanlagen erforderlich ist, erteilen die Mitgliedstaaten oder eine von ihnen benannte zuständige Behörde nach den Absätzen 2 bis 4 Genehmigungen zum Bau und/oder Betrieb derartiger Anlagen, Leitungen und dazugehöriger Einrichtungen in ihrem Hoheitsgebiet. 2 Die Mitgliedstaaten oder eine von ihnen benannte zuständige Behörde können auf derselben Grundlage ferner Genehmigungen für die Lieferung von Erdgas, auch an Großhändler, erteilen.

(2) 1 Mitgliedstaaten, die über ein Genehmigungssystem verfügen, legen objektive und nichtdiskriminierende Kriterien fest, die ein Unternehmen erfüllen muss, das eine Genehmigung für den Bau und/oder den Betrieb von Erdgasanlagen oder eine Genehmigung für die Versorgung mit Erdgas beantragt. 2 Die nichtdiskriminierenden Kriterien und Verfahren für die Erteilung von Genehmigungen werden veröffentlicht. 3 Die Mitgliedstaaten stellen sicher, dass im Rahmen der Genehmigungsverfahren für Anlagen, Rohrleitungen und die zugehörige Ausrüstung gegebenenfalls die Bedeutung des betreffenden Vorhabens für den Erdgasbinnenmarkt berücksichtigt wird.

(3) 1 Die Mitgliedstaaten gewährleisten, dass die Gründe für die Verweigerung einer Genehmigung objektiv und nichtdiskriminierend sind und dem Antragsteller bekannt gegeben werden. 2 Die Begründung der Verweigerung wird der Kommission zur Unterrichtung mitgeteilt. 3 Die Mitgliedstaaten führen ein Verfahren ein, das dem Antragsteller die Möglichkeit gibt, gegen eine Verweigerung Rechtsmittel einzulegen.

(4) Bei der Erschließung neu in die Versorgung einbezogener Gebiete und allgemein im Interesse eines effizienten Betriebs können die Mitgliedstaaten es unbeschadet des Artikels 38 ablehnen, eine weitere Genehmigung für den Bau und den Betrieb von Verteilerleitungsnetzen in einem bestimmten Gebiet zu erteilen, wenn in diesem Gebiet bereits solche Leitungsnetze gebaut wurden oder in Planung sind und die bestehenden oder geplanten Kapazitäten nicht ausgelastet sind.

Art. 5 *(aufgehoben)*

Art. 6 Regionale Solidarität. (1) Zur Gewährleistung der Versorgungssicherheit auf dem Erdgasbinnenmarkt arbeiten die Mitgliedstaaten mit dem Ziel zusammen, die regionale und bilaterale Solidarität zu fördern.

(2) [1]Diese Zusammenarbeit betrifft Situationen, die kurzfristig zu einer gravierenden Unterbrechung der Versorgung eines Mitgliedstaats führen oder führen können. [2]Die Zusammenarbeit umfasst unter anderem folgende Aspekte:

a) Koordinierung nationaler Notfallmaßnahmen im Sinne von Artikel 8 der Richtlinie 2004/67/EG des Rates vom 26. April 2004 über Maßnahmen zur Gewährleistung der sicheren Erdgasversorgung[1)];

b) Ermittlung und – soweit erforderlich – Auf- oder Ausbau von Strom- und Erdgasverbindungsleitungen; und

c) Bedingungen und praktische Modalitäten einer gegenseitigen Unterstützung.

(3) Die Kommission und die anderen Mitgliedstaaten werden regelmäßig über diese Zusammenarbeit unterrichtet.

(4) [1]Die Kommission kann Leitlinien für die regionale Kooperation im Geiste der Solidarität erlassen. [2]Diese Maßnahmen zur Änderung nicht wesentlicher Bestimmungen dieser Richtlinie durch Ergänzung werden nach dem in Artikel 51 Absatz 3 genannten Regelungsverfahren mit Kontrolle erlassen.

Art. 7 Förderung der regionalen Zusammenarbeit. (1) [1]Die Mitgliedstaaten und die Regulierungsbehörden arbeiten zusammen, um als ersten Schritt hin zur Schaffung eines vollständig liberalisierten Binnenmarktes ihre nationalen Märkte zumindest auf einer oder mehreren regionalen Ebenen zu integrieren. [2]Die Mitgliedstaaten oder, wenn die Mitgliedstaaten dies so vorgesehen haben, die Regulierungsbehörden fördern und vereinfachen insbesondere die Zusammenarbeit der Fernleitungsnetzbetreiber auf regionaler Ebene, auch in grenzüberschreitenden Angelegenheiten, um einen Wettbewerbsbinnenmarkt für Erdgas zu schaffen, fördern die Kohärenz ihrer Rechtsvorschriften, des Regulierungsrahmens und des technischen Rahmens und ermöglichen die Einbindung der isolierten Netze, zu denen die in der Gemeinschaft nach wie vor bestehenden „Erdgasinseln" gehören. [3]Die geografischen Gebiete, auf die sich diese regionale Zusammenarbeit erstreckt, umfassen die gemäß Artikel 12 Absatz 3 der Verordnung (EG) Nr. 715/2009[2)] festgelegten geogra-

---

[1)] **Amtl. Anm.:** ABl. L 127 vom 29.4.2004, S. 92.
[2)] Nr. **9**.

fischen Gebiete. [4]Diese Zusammenarbeit kann sich zusätzlich auf andere geografische Gebiete erstrecken.

(2) [1]Die Agentur arbeitet mit nationalen Regulierungsbehörden und Fernleitungsnetzbetreibern zusammen, um die Kompatibilität der regional geltenden Regulierungsrahmen und damit die Schaffung eines Wettbewerbsbinnenmarkts zu gewährleisten. [2]Ist die Agentur der Auffassung, dass verbindliche Regeln für eine derartige Zusammenarbeit erforderlich sind, spricht sie geeignete Empfehlungen aus.

(3) Die Mitgliedstaaten gewährleisten im Zuge der Umsetzung dieser Richtlinie, dass die Fernleitungsnetzbetreiber für Zwecke der Kapazitätszuweisung und der Überprüfung der Netzsicherheit auf regionaler Ebene über ein oder mehrere integrierte Systeme verfügen, die sich auf zwei oder mehr Mitgliedstaaten erstrecken.

(4) [1]Wirken vertikal integrierte Fernleitungsnetzbetreiber an einem zur Umsetzung der Zusammenarbeit errichteten gemeinsamen Unternehmen mit, so stellt dieses gemeinsame Unternehmen ein Gleichbehandlungsprogramm auf und führt es durch; darin sind die Maßnahmen aufgeführt, mit denen sichergestellt wird, dass diskriminierende und wettbewerbswidrige Verhaltensweisen ausgeschlossen werden. [2]In dem Gleichbehandlungsprogramm ist festgelegt, welche besonderen Pflichten die Mitarbeiter im Hinblick auf die Erreichung des Ziels der Vermeidung diskriminierenden und wettbewerbswidrigen Verhaltens haben. [3]Das Programm bedarf der Genehmigung durch die Agentur. [4]Die Einhaltung des Programms wird durch die Gleichbehandlungsbeauftragten der vertikal integrierten Fernleitungsnetzbetreiber unabhängig kontrolliert.

Art. 8 Technische Vorschriften. [1]Die Mitgliedstaaten oder, wenn die Mitgliedstaaten dies so vorgesehen haben, die Regulierungsbehörden gewährleisten, dass Kriterien für die technische Betriebssicherheit festgelegt und für den Netzanschluss von LNG-Anlagen, Speicheranlagen, sonstigen Fernleitungs- oder Verteilersystemen sowie Direktleitungen technische Vorschriften mit Mindestanforderungen an die Auslegung und den Betrieb ausgearbeitet und veröffentlicht werden. [2]Diese technischen Vorschriften müssen die Interoperabilität der Netze sicherstellen sowie objektiv und nichtdiskriminierend sein. [3]Die Agentur kann gegebenenfalls geeignete Empfehlungen abgeben, wie diese Vorschriften kompatibel gestaltet werden können. [4]Diese Vorschriften werden der Kommission gemäß Artikel 8 der Richtlinie 98/34/EG des Europäischen Parlaments und des Rates vom 22. Juni 1998 über ein Informationsverfahren auf dem Gebiet der Normen und technischen Vorschriften und der Vorschriften für die Dienste der Informationsgesellschaft[1)] mitgeteilt.

Kapitel III. Fernleitung, Speicherung und LNG

Art. 9 Entflechtung der Fernleitungsnetze und der Fernleitungsnetzbetreiber. (1) Die Mitgliedstaaten gewährleisten, dass ab dem 3. März 2012

a) jedes Unternehmen, das Eigentümer eines Fernleitungsnetzes ist, als Fernleitungsnetzbetreiber agiert;

[1)] **Amtl. Anm.:** ABl. L 204 vom 21.7.1998, S. 37.

b) nicht ein und dieselbe(n) Person(en) berechtigt ist (sind),
   i) direkt oder indirekt die Kontrolle über ein Unternehmen auszuüben, das eine der Funktionen der Gewinnung oder der Versorgung wahrnimmt, und direkt oder indirekt die Kontrolle über einen Fernleitungsnetzbetreiber oder ein Fernleitungsnetz auszuüben oder Rechte an einem Fernleitungsnetzbetreiber oder einem Fernleitungsnetz auszuüben oder
   ii) direkt oder indirekt die Kontrolle über einen Fernleitungsnetzbetreiber oder ein Fernleitungsnetz auszuüben und direkt oder indirekt die Kontrolle über ein Unternehmen auszuüben, das eine der Funktionen Gewinnung oder Versorgung wahrnimmt, oder Rechte an einem Unternehmen, das eine dieser Funktionen wahrnimmt, auszuüben;
c) nicht ein und dieselbe(n) Person(en) berechtigt ist (sind), Mitglieder des Aufsichtsrates, des Verwaltungsrates oder der zur gesetzlichen Vertretung berufenen Organe eines Fernleitungsnetzbetreibers oder eines Fernleitungsnetzes zu bestellen und direkt oder indirekt die Kontrolle über ein Unternehmen auszuüben, das eine der Funktionen Gewinnung oder Versorgung wahrnimmt, oder Rechte an einem Unternehmen, das eine dieser Funktionen wahrnimmt, auszuüben, und
d) nicht ein und dieselbe(n) Person(en) berechtigt ist (sind), Mitglied des Aufsichtsrates, des Verwaltungsrates oder der zur gesetzlichen Vertretung berufenen Organe sowohl eines Unternehmens, das eine der Funktionen Gewinnung oder Versorgung wahrnimmt, als auch eines Fernleitungsnetzbetreibers oder eines Fernleitungsnetzes zu sein.

(2) Die in Absatz 1 Buchstaben b und c genannten Rechte schließen insbesondere Folgendes ein:
a) die Befugnis zur Ausübung von Stimmrechten oder
b) die Befugnis, Mitglieder des Aufsichtsrates, des Verwaltungsrates oder der zur gesetzlichen Vertretung berufenen Organe zu bestellen, oder
c) das Halten einer Mehrheitsbeteiligung.

(3) Für die Zwecke des Absatzes 1 Buchstabe b schließt der Begriff „Unternehmen, das eine der Funktionen Gewinnung oder Versorgung wahrnimmt" auch ein „Unternehmen, das eine der Funktionen Erzeugung und Versorgung wahrnimmt" im Sinne der Richtlinie 2009/72/EG des Europäischen Parlaments und des Rates vom 13. Juli 2009 über gemeinsame Vorschriften für den Elektrizitätsbinnenmarkt[1] ein und schließen die Begriffe „Fernleitungsnetzbetreiber" und „Fernleitungsnetz" auch „Übertragungsnetzbetreiber" und „Übertragungsnetz" im Sinne der genannten Richtlinie ein.

(4) Die Mitgliedstaaten können bis zum 3. März 2013 Ausnahmen von den Bestimmungen des Absatzes 1 Buchstaben b und c zulassen, sofern die Fernleitungsnetzbetreiber nicht Teil eines vertikal integrierten Unternehmens sind.

(5) [1]Die Verpflichtung des Absatzes 1 Buchstabe a des vorliegenden Artikels gilt als erfüllt, wenn zwei oder mehr Unternehmen, die Eigentümer von Fernleitungsnetzen sind, ein Gemeinschaftsunternehmen gründen, das in zwei oder mehr Mitgliedstaaten als Fernleitungsnetzbetreiber für die betreffenden Fernleitungsnetze tätig ist. [2]Kein anderes Unternehmen darf Teil des Gemein-

---

[1] **Amtl. Anm.:** Siehe Seite 55 dieses Amtsblatts [**red. Anm.:** ABl. L 211].

schaftsunternehmens sein, es sei denn, es wurde gemäß Artikel 14 als unabhängiger Netzbetreiber oder als ein unabhängiger Fernleitungsnetzbetreiber für die Zwecke des Kapitels IV zugelassen.

(6) Für die Umsetzung dieses Artikels gilt Folgendes: Handelt es sich bei der in Absatz 1 Buchstaben b, c und d genannten Person um den Mitgliedstaat oder eine andere öffentliche Stelle, so gelten zwei von einander getrennte öffentlichrechtliche Stellen, die einerseits die Kontrolle über einen Fernleitungsnetzbetreiber oder über ein Fernleitungsnetz und andererseits über ein Unternehmen, das eine der Funktionen Gewinnung oder Versorgung wahrnimmt, ausüben, nicht als ein und dieselbe(n) Person(en).

(7) Die Mitgliedstaaten stellen sicher, dass weder die in Artikel 16 genannten wirtschaftlich sensiblen Informationen, über die ein Fernleitungsnetzbetreiber verfügt, der Teil eines vertikal integrierten Unternehmens war, noch sein Personal an Unternehmen weitergegeben werden, die eine der Funktionen der Gewinnung oder der Versorgung wahrnehmen.

(8) *[1]* [1] In den Fällen, in denen das Fernleitungsnetz am 3. September 2009 einem vertikal integrierten Unternehmen gehörte, kann ein Mitgliedstaat beschließen, Absatz 1 nicht anzuwenden. [2] In Bezug auf den Abschnitt des Fernleitungsnetzes, der einen Mitgliedstaat mit einem Drittland zwischen der Grenze dieses Mitgliedstaats und dem ersten Kopplungspunkt mit dem Netz dieses Mitgliedstaats verbindet, kann in den Fällen, in denen das Fernleitungsnetz am 23. Mai 2019 einem vertikal integrierten Unternehmen gehört, ein Mitgliedstaat beschließen, Absatz 1 nicht anzuwenden.

[2] In diesem Fall muss der betreffende Mitgliedstaat entweder

a) einen unabhängigen Netzbetreiber gemäß Artikel 14 benennen oder

b) die Bestimmungen des Kapitels IV einhalten.

(9) *[1]* In den Fällen, in denen das Fernleitungsnetz am 3. September 2009 einem vertikal integrierten Unternehmen gehörte und Regelungen bestanden, die eine wirksamere Unabhängigkeit des Fernleitungsnetzbetreibers gewährleisten als die Bestimmungen des Kapitels IV, kann ein Mitgliedstaat beschließen, Absatz 1 des vorliegenden Artikels nicht anzuwenden:[1)]

[2] In Bezug auf den Abschnitt des Fernleitungsnetzes, der einen Mitgliedstaat mit einem Drittland verbindet, zwischen der Grenze dieses Mitgliedstaats und dem ersten Kopplungspunkt mit dem Netz dieses Mitgliedstaats in den Fällen, in denen das Fernleitungsnetz am 23. Mai 2019 einem vertikal integrierten Unternehmen gehört und sofern Regelungen bestehen, die eine wirksamere Unabhängigkeit des Fernleitungsnetzbetreibers gewährleisten als die Bestimmungen des Kapitels IV, kann dieser Mitgliedstaat beschließen, Absatz 1 des vorliegenden Artikels nicht anzuwenden.

(10) Bevor ein Unternehmen als Fernleitungsnetzbetreiber nach Absatz 9 des vorliegenden Artikels zugelassen und benannt wird, ist es nach den Verfahren des Artikels 10 Absätze 4, 5 und 6 der vorliegenden Richtlinie und des Artikels 3 der Verordnung (EG) Nr. 715/2009[2)] zu zertifizieren, wobei die Kommission überprüft, ob die bestehenden Regelungen eindeutig eine wirk-

---

[1)] Satzzeichen amtlich.

[2)] Nr. **9**.

samere Unabhängigkeit des Fernleitungsnetzbetreibers gewährleisten als die Bestimmungen des Kapitels IV.

(11) Vertikal integrierte Unternehmen, die ein Fernleitungsnetz besitzen, können in keinem Fall daran gehindert werden, Schritte zur Einhaltung des Absatzes 1 zu unternehmen.

(12) Unternehmen, die eine der Funktionen der Gewinnung oder der Versorgung wahrnehmen, können in einem Mitgliedstaat, der Absatz 1 anwendet, unter keinen Umständen direkt oder indirekt die Kontrolle über einen entflochtenen Fernleitungsnetzbetreiber übernehmen oder Rechte an diesem Fernleitungsnetzbetreiber ausüben.

Art. 10 Benennung und Zertifizierung von Fernleitungsnetzbetreibern. (1) Bevor ein Unternehmen als Fernleitungsnetzbetreiber zugelassen und benannt wird, muss es gemäß den in den Absätzen 4, 5 und 6 des vorliegenden Artikels und in Artikel 3 der Verordnung (EG) Nr. 715/2009[1)] genannten Verfahren zertifiziert werden.

(2) [1] Unternehmen, die Eigentümer eines Fernleitungsnetzes sind und denen von der nationalen Regulierungsbehörde gemäß dem unten beschriebenen Zertifizierungsverfahren bescheinigt wurde, dass sie den Anforderungen des Artikels 9 genügen, werden von den Mitgliedstaaten zugelassen und als Fernleitungsnetzbetreiber benannt. [2] Die Benennung der Fernleitungsnetzbetreiber wird der Kommission mitgeteilt und im *Amtsblatt der Europäischen Union* veröffentlicht.

(3) Die Fernleitungsnetzbetreiber unterrichten die Regulierungsbehörde über alle geplanten Transaktionen, die eine Neubewertung erforderlich machen können, bei der festzustellen ist, ob sie die Anforderungen des Artikels 9 erfüllen.

(4) [1] Die Regulierungsbehörden beobachten die ständige Einhaltung des Artikels 9. [2] Um die Einhaltung der Anforderungen sicherzustellen, leiten sie ein Zertifizierungsverfahren ein

a) bei Erhalt einer Mitteilung eines Fernleitungsnetzbetreibers gemäß Absatz 3;
b) aus eigener Initiative, wenn sie Kenntnis von einer geplanten Änderung bezüglich der Rechte an oder der Einflussnahme auf Fernleitungsnetzeigentümer oder Fernleitungsnetzbetreiber erlangen und diese Änderung zu einem Verstoß gegen Artikel 9 führen kann oder wenn sie Grund zu der Annahme haben, dass es bereits zu einem derartigen Verstoß gekommen ist, oder
c) wenn die Kommission einen entsprechend begründeten Antrag stellt.

(5) [1] Die Regulierungsbehörden entscheiden innerhalb eines Zeitraums von vier Monaten ab dem Tag der Mitteilung des Fernleitungsnetzbetreibers oder ab Antragstellung durch die Kommission über die Zertifizierung eines Fernleitungsnetzbetreibers. [2] Nach Ablauf dieser Frist gilt die Zertifizierung als erteilt. [3] Die ausdrückliche oder stillschweigende Entscheidung der Regulierungsbehörde wird erst nach Abschluss des in Absatz 6 beschriebenen Verfahrens wirksam.

[1)] Nr. **9**.

(6) [1] Die ausdrückliche oder stillschweigende Entscheidung über die Zertifizierung eines Fernleitungsnetzbetreibers wird der Kommission zusammen mit allen die Entscheidung betreffenden relevanten Informationen unverzüglich von der Regulierungsbehörde übermittelt. [2] Die Kommission handelt nach dem Verfahren des Artikels 3 der Verordnung (EG) Nr. 715/2009[1)].

(7) Die Regulierungsbehörden und die Kommission können Fernleitungsnetzbetreiber und Unternehmen, die eine der Funktionen Gewinnung oder Versorgung wahrnehmen, um Bereitstellung sämtlicher für die Erfüllung ihrer Aufgaben gemäß diesem Artikel relevanten Informationen ersuchen.

(8) Die Regulierungsbehörden und die Kommission behandeln wirtschaftlich sensible Informationen vertraulich.

Art. 11 Zertifizierung in Bezug auf Drittländer. (1) *[1]* Beantragt ein Fernleitungsnetzeigentümer oder -betreiber, der von einer oder mehreren Personen aus einem oder mehreren Drittländern kontrolliert wird, eine Zertifizierung, so teilt die Regulierungsbehörde dies der Kommission mit.

[2] Die Regulierungsbehörde teilt der Kommission ferner unverzüglich alle Umstände mit, die dazu führen würden, dass eine oder mehrere Personen aus einem oder mehreren Drittländern die Kontrolle über ein Fernleitungsnetz oder einen Fernleitungsnetzbetreiber erhalten.

(2) Der Fernleitungsnetzbetreiber teilt der Regulierungsbehörde alle Umstände mit, die dazu führen würden, dass eine oder mehrere Personen aus einem oder mehreren Drittländern die Kontrolle über das Fernleitungsnetz oder den Fernleitungsnetzbetreiber erhalten.

(3) [1] Die Regulierungsbehörde nimmt innerhalb von vier Monaten ab dem Tag der Mitteilung des Fernleitungsnetzbetreibers einen Entwurf einer Entscheidung über die Zertifizierung eines Fernleitungsnetzbetreibers an. [2] Sie verweigert die Zertifizierung, wenn nicht

a) nachgewiesen wird, dass die betreffende Rechtsperson den Anforderungen von Artikel 9 genügt, und

b) der Regulierungsbehörde oder einer anderen vom Mitgliedstaat benannten zuständigen Behörde nachgewiesen wird, dass die Erteilung der Zertifizierung die Sicherheit der Energieversorgung des Mitgliedstaats und der Gemeinschaft nicht gefährdet. Bei der Prüfung dieser Frage berücksichtigt die Regulierungsbehörde oder die entsprechend benannte andere zuständige Behörde

   i) die Rechte und Pflichten der Gemeinschaft gegenüber diesem Drittland, die aus dem Völkerrecht – auch aus einem Abkommen mit einem oder mehreren Drittländern, dem die Gemeinschaft als Vertragspartei angehört und in dem Fragen der Energieversorgungssicherheit behandelt werden – erwachsen;

   ii) die Rechte und Pflichten des Mitgliedstaats gegenüber diesem Drittland, die aus den mit diesem geschlossenen Abkommen erwachsen, soweit sie mit dem Gemeinschaftsrecht in Einklang stehen, und

   iii) andere spezielle Gegebenheiten des Einzelfalls und des betreffenden Drittlands.

---

1) Nr. **9**.

(4) Die Regulierungsbehörde teilt der Kommission unverzüglich die Entscheidung zusammen mit allen die Entscheidung betreffenden relevanten Informationen mit.

(5) Die Mitgliedstaaten schreiben vor, dass die Regulierungsbehörde und/ oder die benannte zuständige Behörde gemäß Absatz 3 Buchstabe b vor der Annahme einer Entscheidung der Regulierungsbehörde über die Zertifizierung die Stellungnahme der Kommission zu der Frage einholt, ob

a) die betreffende Rechtsperson den Anforderungen von Artikel 9 genügt und

b) eine Gefährdung der Energieversorgungssicherheit der Gemeinschaft durch die Erteilung der Zertifizierung ausgeschlossen ist.

(6) *[1]* [1] Die Kommission prüft den Antrag nach Absatz 5 unmittelbar nach seinem Eingang. [2] Innerhalb eines Zeitraums von zwei Monaten nach Eingang des Antrags übermittelt sie der nationalen Regulierungsbehörde – oder, wenn der Antrag von der benannten zuständigen Behörde gestellt wurde, dieser Behörde – ihre Stellungnahme.

[2] [1] Zur Ausarbeitung der Stellungnahme kann die Kommission die Standpunkte der Agentur, des betroffenen Mitgliedstaats sowie interessierter Kreise einholen. [2] In diesem Fall verlängert sich die Zweimonatsfrist um zwei Monate.

[3] Legt die Kommission innerhalb des in den Unterabsätzen 1 und 2 genannten Zeitraums keine Stellungnahme vor, so wird davon ausgegangen, dass sie keine Einwände gegen die Entscheidung der Regulierungsbehörde erhebt.

(7) Bei der Bewertung der Frage, ob die Kontrolle durch eine oder mehrere Personen aus einem oder mehreren Drittländern die Energieversorgungssicherheit in der Gemeinschaft nicht gefährden werden, berücksichtigt die Kommission Folgendes:

a) die besonderen Gegebenheiten des Einzelfalls und des/der betreffenden Drittlands/Drittländer sowie

b) die Rechte und Pflichten der Gemeinschaft gegenüber diesem/n Drittland/ Drittländern, die aus dem Völkerrecht – auch aus einem Abkommen mit einem oder mehreren Drittländern, dem die Gemeinschaft als Vertragspartei angehört und durch das Fragen der Versorgungssicherheit geregelt werden – erwachsen.

(8) [1] Die nationale Regulierungsbehörde erlässt ihre endgültige Entscheidung über die Zertifizierung innerhalb von zwei Monaten nach Ablauf der in Absatz 6 genannten Frist. [2] Die nationale Regulierungsbehörde trägt in ihrer endgültigen Entscheidung der Stellungnahme der Kommission so weit wie möglich Rechnung. [3] Die Mitgliedstaaten haben in jedem Fall das Recht, die Zertifizierung abzulehnen, wenn die Erteilung der Zertifizierung die Sicherheit der Energieversorgung des jeweiligen Mitgliedstaats oder die eines anderen Mitgliedstaats gefährdet. [4] Hat der Mitgliedstaat eine andere zuständige Behörde für die Bewertung nach Absatz 3 Buchstabe b benannt, so kann er vorschreiben, dass die nationale Regulierungsbehörde ihre endgültige Entscheidung in Einklang mit der Bewertung dieser zuständigen Behörde erlassen muss. [5] Die endgültige Entscheidung der Regulierungsbehörde wird zusammen mit der Stellungnahme der Kommission veröffentlicht. [6] Weicht die endgültige Entscheidung von der Stellungnahme der Kommission ab, so muss der betreffende Mitgliedstaat zusammen mit dieser Entscheidung die Begründung für diese Entscheidung mitteilen und veröffentlichen.

(9) Dieser Artikel berührt in keiner Weise das Recht der Mitgliedstaaten, in Einklang mit dem Gemeinschaftsrecht nationale rechtliche Kontrollen zum Schutz legitimer Interessen der öffentlichen Sicherheit durchzuführen.

(10) [1] Die Kommission kann Leitlinien erlassen, in denen die Einzelheiten des Verfahrens für die Anwendung dieses Artikels festgelegt werden. [2] Diese Maßnahmen zur Änderung nicht wesentlicher Bestimmungen dieser Richtlinie durch Ergänzung werden nach dem in Artikel 51 Absatz 3 genannten Regelungsverfahren mit Kontrolle erlassen.

(11) Dieser Artikel gilt mit Ausnahme von Absatz 3 Buchstabe a auch für die Mitgliedstaaten, für die nach Artikel 49 eine Ausnahmeregelung gilt.

Art. 12 Benennung der Betreiber von Speicheranlagen und LNG-Anlagen. Die Mitgliedstaaten oder von diesen dazu aufgeforderte Erdgasunternehmen, die Eigentümer von Speicheranlagen oder LNG-Anlagen sind, benennen für einen Zeitraum, den die Mitgliedstaaten unter Effizienzerwägungen und unter Berücksichtigung des wirtschaftlichen Gleichgewichts festlegen, einen oder mehrere Betreiber von Speicheranlagen oder LNG.

Art. 13 Aufgaben der Fernleitungs-, der Speicherungs- und/oder LNG-Anlagenbetreiber. (1) Jeder Betreiber von Fernleitungsnetzen, Speicheranlagen und/oder LNG-Anlagen ist verantwortlich,

a) zur Gewährleistung eines offenen Marktes unter wirtschaftlichen Bedingungen und unter gebührender Beachtung des Umweltschutzes sichere, zuverlässige und leistungsfähige Fernleitungsnetze, Speicheranlagen und/oder LNG-Anlagen zu betreiben, zu warten und auszubauen, wobei gewährleistet wird, dass die zur Erfüllung der Dienstleistungsverpflichtungen erforderlichen Mittel vorhanden sind;

b) sich jeglicher Diskriminierung von Netzbenutzern oder Kategorien von Netzbenutzern, insbesondere zugunsten der mit ihm verbundenen Unternehmen, zu enthalten;

c) anderen Fernleitungsnetzbetreibern, Speicheranlagenbetreibern oder LNG-Anlagenbetreibern und/oder einem Verteilernetzbetreiber ausreichende Informationen bereitzustellen, damit der Transport und die Speicherung von Erdgas so erfolgen kann, dass der sichere und effiziente Betrieb des Verbundnetzes sichergestellt ist und

d) den Netzbenutzern die Informationen zur Verfügung zu stellen, die sie für einen effizienten Netzzugang benötigen.

(2) Jeder Fernleitungsnetzbetreiber baut ausreichende grenzüberschreitende Kapazitäten für die Integration der europäischen Fernleitungsinfrastruktur auf, um die gesamte wirtschaftlich sinnvolle und technisch zu bewältigende Kapazitätsnachfrage zu befriedigen, wobei der Erdgasversorgungssicherheit Rechnung getragen wird.

(3) [1] Die von den Fernleitungsnetzbetreibern festgelegten Ausgleichsregelungen für das Gasfernleitungsnetz müssen objektiv, transparent und nichtdiskriminierend sein, einschließlich der Regelungen über die von den Netzbenutzern für Energieungleichgewichte zu zahlenden Entgelte. [2] Die Bedingungen für die Erbringung dieser Leistungen durch die Fernleitungsnetzbetreiber einschließlich Regelungen und Tarife werden gemäß einem mit Artikel 41 Absatz 6 zu

vereinbarenden Verfahren in nichtdiskriminierender Weise und kostenorientiert festgelegt und veröffentlicht.

(4) Die Mitgliedstaaten oder, wenn die Mitgliedstaaten dies vorgesehen haben, die Regulierungsbehörden können den Fernleitungsnetzbetreibern zur Auflage machen, bei der Wartung und dem Ausbau des Fernleitungsnetzes einschließlich der Verbindungskapazitäten bestimmte Mindestnormen einzuhalten.

(5) Die Fernleitungsnetzbetreiber beschaffen sich die Energie, die sie zur Wahrnehmung ihrer Aufgaben verwenden, nach transparenten, nichtdiskriminierenden und marktorientierten Verfahren.

Art. 14 Unabhängige Netzbetreiber (ISO) (1) *[1]* In den Fällen, in denen das Fernleitungsnetz am 3. September 2009 einem vertikal integrierten Unternehmen gehörte, kann ein Mitgliedstaat beschließen, Artikel 9 Absatz 1 nicht anzuwenden, und auf Vorschlag des Eigentümers des Fernleitungsnetzes einen unabhängigen Netzbetreiber zu benennen.

[2] In Bezug auf den Abschnitt des Fernleitungsnetzes, der einen Mitgliedstaat mit einem Drittland verbindet, zwischen der Grenze dieses Mitgliedstaats und dem ersten Kopplungspunkt mit dem Netz dieses Mitgliedstaats kann ein Mitgliedstaat in den Fällen, in denen das Fernleitungsnetz am 23. Mai 2019 einem vertikal integrierten Unternehmen gehört, beschließen, Artikel 9 Absatz 1 *des vorliegenden Artikels*[1] nicht anzuwenden und auf Vorschlag des Eigentümers des Übertragungsnetzes einen unabhängigen Netzbetreiber zu benennen.

[3] Die Benennung eines unabhängigen Netzbetreibers bedarf der Zustimmung der Kommission.

(2) Ein Mitgliedstaat kann einen unabhängigen Netzbetreiber nur unter folgenden Bedingungen zulassen und benennen:

a) Der Bewerber hat den Nachweis erbracht, dass er den Anforderungen des Artikels 9 Absatz 1 Buchstaben b, c und d genügt.

b) Der Bewerber hat den Nachweis erbracht, dass er über die erforderlichen finanziellen, technischen und personellen Ressourcen verfügt, um die Aufgaben gemäß Artikel 13 wahrzunehmen.

c) Der Bewerber hat sich verpflichtet, einen von der Regulierungsbehörde beobachteten zehnjährigen Netzentwicklungsplan umzusetzen.

d) Der Eigentümer des Fernleitungsnetzes hat den Nachweis erbracht, dass er in der Lage ist, seinen Verpflichtungen gemäß Absatz 5 nachzukommen. Zu diesem Zweck legt er sämtliche mit dem Bewerberunternehmen und etwaigen anderen relevanten Rechtspersonen getroffene vertraglichen Vereinbarungen im Entwurf vor.

e) Der Bewerber hat den Nachweis erbracht, dass er in der Lage ist, seinen Verpflichtungen gemäß der Verordnung (EG) Nr. 715/2009[2], auch bezüglich der Zusammenarbeit der Fernleitungsnetzbetreiber auf europäischer und regionaler Ebene, nachzukommen.

---

[1] Richtig wohl: „der vorliegenden Richtlinie".

[2] Nr. **9**.

(3) [1] Unternehmen, denen von der nationalen Regulierungsbehörde bescheinigt wurde, dass sie den Anforderungen des Artikels 11 und Absatz 2 dieses Artikels genügen, werden von den Mitgliedstaaten zugelassen und als Fernleitungsnetzbetreiber benannt. [2] Es gilt das Zertifizierungsverfahren des Artikels 10 der vorliegenden Richtlinie und des Artikels 3 der Verordnung (EG) Nr. 715/2009[1)] oder des Artikels 11 der vorliegenden Richtlinie.

(4) [1] Jeder unabhängige Netzbetreiber ist verantwortlich für die Gewährung und Regelung des Zugangs Dritter, einschließlich der Erhebung von Zugangsentgelten sowie der Einnahme von Engpasserlösen, für Betrieb, Wartung und Ausbau des Fernleitungsnetzes sowie für die Gewährleistung der langfristigen Fähigkeit des Netzes, im Wege einer Investitionsplanung eine angemessene Nachfrage zu befriedigen. [2] Beim Ausbau des Fernleitungsnetzes ist der unabhängige Netzbetreiber für Planung (einschließlich Genehmigungsverfahren), Bau und Inbetriebnahme der neuen Infrastruktur verantwortlich. [3] Hierzu handelt der unabhängige Netzbetreiber als Fernleitungsnetzbetreiber im Einklang mit den Bestimmungen dieses Kapitels. [4] Fernleitungsnetzbetreiber dürfen weder für die Gewährung und Regelung des Zugangs Dritter noch für die Investitionsplanung verantwortlich sein.

(5) Wurde ein unabhängiger Netzbetreiber benannt, ist der Eigentümer des Fernleitungsnetzes zu Folgendem verpflichtet:

a) Er arbeitet im erforderlichen Maße mit dem unabhängigen Fernleitungsnetzbetreiber zusammen und unterstützt ihn bei der Wahrnehmung seiner Aufgaben, indem er insbesondere alle relevanten Informationen liefert.
b) Er finanziert die vom unabhängigen Netzbetreiber beschlossenen und von der Regulierungsbehörde genehmigten Investitionen oder erteilt seine Zustimmung zur Finanzierung durch eine andere interessierte Partei, einschließlich des unabhängigen Netzbetreibers. Die einschlägigen Finanzierungsvereinbarungen unterliegen der Genehmigung durch die Regulierungsbehörde. Vor ihrer Genehmigung konsultiert die Regulierungsbehörde den Eigentümer des Fernleitungsnetzes sowie die anderen interessierten Parteien.
c) Er sichert die Haftungsrisiken im Zusammenhang mit den Netzvermögenswerten ab; hiervon ausgenommen sind diejenigen Haftungsrisiken, die die Aufgaben des unabhängigen Netzbetreibers betreffen, und
d) Er stellt die Garantien, die zur Erleichterung der Finanzierung eines etwaigen Netzausbaus erforderlich sind, mit Ausnahme derjenigen Investitionen, bei denen er gemäß Absatz b einer Finanzierung durch eine interessierte Partei, einschließlich des unabhängigen Netzbetreibers, zugestimmt hat.

(6) In enger Zusammenarbeit mit der Regulierungsbehörde wird die zuständige nationale Wettbewerbsbehörde mit sämtlichen maßgeblichen Befugnissen ausgestattet, die es ihr ermöglichen, wirksam zu beobachten, ob der Fernleitungsnetzeigentümer seinen Verpflichtungen gemäß Absatz 5 nachkommt.

Art. 15 Entflechtung der Fernleitungsnetzeigentümer und Speicheranlagenbetreiber. (1) *[1]* Fernleitungsnetzeigentümer – falls ein unabhängiger Netzbetreiber benannt wurde – und Speicheranlagenbetreiber, die Teil eines

---

1) Nr. 9.

vertikal integrierten Unternehmens sind, müssen zumindest hinsichtlich ihrer Rechtsform, Organisation und Entscheidungsgewalt unabhängig von den übrigen Tätigkeiten sein, die nicht mit der Fernleitung, Verteilung und Speicherung zusammenhängen.

[2] Dieser Artikel gilt nur für Speicheranlagen, die technisch und/oder wirtschaftlich erforderlich sind, um einen effizienten Zugang zum System für die Versorgung der Kunden gemäß Artikel 33 zu gewährleisten.

(2) Um die Unabhängigkeit des Fernleitungsnetzeigentümers und des Speicheranlagenbetreibers gemäß Absatz 1 sicherzustellen, sind die folgenden Mindestkriterien anzuwenden:

a) Die für die Leitung des Fernleitungsnetzeigentümers und des Speicheranlagenbetreibers zuständigen Personen dürfen nicht betrieblichen Einrichtungen des integrierten Erdgasunternehmens angehören, die direkt oder indirekt für den laufenden Betrieb in den Bereichen Erdgasgewinnung, -verteilung und -versorgung zuständig sind.

b) Es sind geeignete Maßnahmen zu treffen, damit die berufsbedingten Interessen der für die Leitung des Fernleitungsnetzeigentümers und des Speicheranlagenbetreibers zuständigen Personen so berücksichtigt werden, dass ihre Handlungsunabhängigkeit gewährleistet ist.

c) Der Speicheranlagenbetreiber hat in Bezug auf Vermögenswerte, die für Betrieb, Wartung oder Ausbau der Speicheranlagen erforderlich sind, tatsächliche Entscheidungsbefugnisse, die er unabhängig von dem integrierten Gasunternehmen ausübt. Dies darf geeigneten Koordinierungsmechanismen nicht entgegenstehen, mit denen sichergestellt wird, dass die wirtschaftlichen Befugnisse des Mutterunternehmens und seine Aufsichtsrechte über das Management im Hinblick auf die – gemäß Artikel 41 Absatz 6 indirekt geregelte – Rentabilität eines Tochterunternehmens geschützt werden. Dies ermöglicht es dem Mutterunternehmen insbesondere, den jährlichen Finanzplan oder ein gleichwertiges Instrument des Speicheranlagenbetreibers zu genehmigen und generelle Grenzen für die Verschuldung seines Tochterunternehmens festzulegen. Dies erlaubt es dem Mutterunternehmen nicht, Weisungen bezüglich des laufenden Betriebs oder einzelner Entscheidungen über den Bau oder die Modernisierung von Speicheranlagen zu erteilen, die über den Rahmen des genehmigten Finanzplans oder eines gleichwertigen Instruments nicht hinausgehen.

d) Der Fernleitungsnetzeigentümer und der Speicheranlagenbetreiber stellen ein Gleichbehandlungsprogramm auf, aus dem hervorgeht, welche Maßnahmen zum Ausschluss diskriminierenden Verhaltens getroffen werden, und gewährleisten die ausreichende Beobachtung der Einhaltung dieses Programms. In dem Gleichbehandlungsprogramm ist festgelegt, welche besonderen Pflichten die Mitarbeiter im Hinblick auf die Erreichung dieser Ziele haben.Die für die Beobachtung des Gleichbehandlungsprogramms zuständige Person oder Stelle legt der Regulierungsbehörde jährlich einen Bericht über die getroffenen Maßnahmen vor, der veröffentlicht wird.

(3) [1]Die Kommission kann Leitlinien erlassen, um sicherzustellen, dass der Fernleitungsnetzeigentümer und der Speicheranlagenbetreiber den Bestimmungen des Absatzes 2 dieses Artikels in vollem Umfang und wirksam nachkommen. [2]Diese Maßnahmen zur Änderung nicht wesentlicher Bestimmun-

gen dieser Richtlinie durch Ergänzung werden nach dem in Artikel 51 Absatz 3 genannten Regelungsverfahren mit Kontrolle erlassen.

Art. 16 Vertraulichkeitsanforderungen für Betreiber und Eigentümer von Fernleitungsnetzen. (1) [1]Unbeschadet des Artikels 30 und sonstiger rechtlicher Verpflichtungen zur Offenlegung von Informationen wahrt jeder Betreiber eines Fernleitungsnetzes, einer Speicheranlage und/oder einer LNG-Anlage und jeder Eigentümer eines Fernleitungsnetzes die Vertraulichkeit wirtschaftlich sensibler Informationen, von denen er bei der Ausübung seiner Geschäftstätigkeit Kenntnis erlangt, und verhindert, dass Informationen über seine eigenen Tätigkeiten, die wirtschaftliche Vorteile bringen können, in diskriminierender Weise offen gelegt werden. [2]Insbesondere gibt er keine wirtschaftlich sensiblen Informationen an andere Teile des Unternehmens weiter, es sei denn, dies ist für die Durchführung einer Transaktion erforderlich. [3]Zur Gewährleistung der vollständigen Einhaltung der Regeln zur Informationsentflechtung stellen die Mitgliedstaaten sicher, dass der Eigentümer des Fernleitungsnetzes – wenn es sich um einen Kombinationsnetzbetreiber handelt, auch der Verteilernetzbetreiber – und die übrigen Teile des Unternehmens – abgesehen von Einrichtungen rein administrativer Natur oder von IT-Diensten – keine gemeinsamen Einrichtungen wie z.B. gemeinsame Rechtsabteilungen in Anspruch nehmen.

(2) Betreiber von Fernleitungsnetzen, Speicheranlagen und/oder LNG-Anlagen dürfen wirtschaftlich sensible Informationen, die sie von Dritten im Zusammenhang mit der Gewährung des Netzzugangs oder bei Verhandlungen hierüber erhalten, beim Verkauf oder Erwerb von Erdgas durch verbundene Unternehmen nicht missbrauchen.

(3) [1]Die für einen wirksamen Wettbewerb und das tatsächliche Funktionieren des Marktes erforderlichen Informationen werden veröffentlicht. [2]Der Schutz wirtschaftlich sensibler Daten bleibt von dieser Verpflichtung unberührt.

Kapitel IV. Unabhängiger Fernleitungsnetzbetreiber (ITO)

Art. 17 Vermögenswerte, Anlagen, Personal und Unternehmensidentität. (1) Die Fernleitungsnetzbetreiber müssen über alle personellen, technischen, materiellen und finanziellen Ressourcen verfügen, die zur Erfüllung ihrer Pflichten im Rahmen dieser Richtlinie und für die Geschäftstätigkeit der Gasfernleitung erforderlich sind; hierfür gilt insbesondere Folgendes:

a) Vermögenswerte, die für die Geschäftstätigkeit der Gasfernleitung erforderlich sind, einschließlich des Fernleitungsnetzes, müssen Eigentum des Fernleitungsnetzbetreibers sein.

b) Das Personal, das für die Geschäftstätigkeit der Gasfernleitung erforderlich ist, so auch für die Erfüllung aller Aufgaben des Unternehmens, muss beim Fernleitungsnetzbetreiber angestellt sein.

c) Personalleasing und Erbringung von Dienstleistungen für bzw. durch andere Teile des vertikal integrierten Unternehmens sind untersagt. Ein Fernleitungsnetzbetreiber darf jedoch für das vertikal integrierte Unternehmen Dienstleistungen erbringen, sofern dabei

i) nicht zwischen Nutzern diskriminiert wird, die Dienstleistungen allen Nutzern unter den gleichen Vertragsbedingungen zugänglich sind und der Wettbewerb bei der Gewinnung und Lieferung nicht eingeschränkt, verzerrt oder unterbunden wird und

ii) die dafür geltenden Vertragsbedingungen von der Regulierungsbehörde genehmigt werden.

d) Unbeschadet der Entscheidungen des Aufsichtsorgans nach Artikel 20 sind dem Fernleitungsnetzbetreiber angemessene finanzielle Ressourcen für künftige Investitionsprojekte und/oder für den Ersatz vorhandener Vermögenswerte nach entsprechender Anforderung durch den Fernleitungsnetzbetreiber rechtzeitig vom vertikal integrierten Unternehmen bereitzustellen.

(2) Die Geschäftstätigkeit der Gasfernleitung beinhaltet neben den in Artikel 13 aufgeführten Aufgaben mindestens die folgenden Tätigkeiten:

a) die Vertretung des Fernleitungsnetzbetreibers und die Funktion des Ansprechpartners für Dritte und für die Regulierungsbehörden;

b) die Vertretung des Fernleitungsnetzbetreibers innerhalb des Europäischen Verbunds der Fernleitungsnetzbetreiber („ENTSO (Gas)“);

c) die Gewährung und Regelung des Zugangs Dritter nach dem Grundsatz der Nichtdiskriminierung zwischen Netzbenutzern oder Kategorien von Netzbenutzern;

d) die Erhebung aller Fernleitungsnetzbezogenen Gebühren, einschließlich Zugangsentgelten, Ausgleichsentgelten für Hilfsdienste wie z.B. Gasaufbereitung, Erwerb von Leistungen (Ausgleichskosten, Energieverbrauch für Verluste);

e) den Betrieb, die Wartung und den Ausbau eines sicheren, effizienten und wirtschaftlichen Fernleitungsnetzes;

f) die Investitionsplanung zur Gewährleistung der langfristigen Fähigkeit des Netzes, eine angemessene Nachfrage zu decken, und der Versorgungssicherheit;

g) die Gründung geeigneter Gemeinschaftsunternehmen, auch mit einem oder mehreren Fernleitungsnetzbetreibern, Gasbörsen und anderen relevanten Akteuren, mit dem Ziel, die Schaffung von Regionalmärkten zu fördern oder den Prozess der Liberalisierung zu erleichtern, und

h) alle unternehmensspezifischen Einrichtungen und Leistungen, unter anderem Rechtsabteilung, Buchhaltung und IT-Dienste.

(3) Für Fernleitungsnetzbetreiber gelten die in Artikel 1 der Richtlinie 68/151/EWG des Rates[1] genannten Rechtsformen.

(4) Fernleitungsnetzbetreiber müssen in Bezug auf ihre Unternehmensidentität, ihre Kommunikation, ihre Markenpolitik sowie ihre Geschäftsräume dafür Sorge tragen, dass eine Verwechslung mit der eigenen Identität des vertikal integrierten Unternehmens oder irgendeines Teils davon ausgeschlossen ist.

---

[1] **Amtl. Anm.:** Erste Richtlinie 68/151/EWG des Rates vom 9. März 1968 zur Koordinierung der Schutzbestimmungen, die in den Mitgliedstaaten den Gesellschaften im Sinne des Artikels 58 Absatz 2 des Vertrags im Interesse der Gesellschafter sowie Dritter vorgeschrieben sind, um diese Bestimmungen gleichwertig zu gestalten (ABl. L 65 vom 14.3.1968, S. 8).

(5) Fernleitungsnetzbetreiber unterlassen die gemeinsame Nutzung von IT-Systemen oder -Ausrüstung, Liegenschaften und Zugangskontrollsystemen mit jeglichem Unternehmensteil vertikal integrierter Unternehmen und gewährleisten, dass sie in Bezug auf IT-Systeme oder -Ausrüstung und Zugangskontrollsysteme nicht mit denselben Beratern und externen Auftragnehmern zusammenarbeiten.

(6) Die Rechnungslegung von Fernleitungsnetzbetreibern ist von anderen Wirtschaftsprüfern als denen, die die Rechnungsprüfung beim vertikal integrierten Unternehmen oder bei dessen Unternehmensteilen vornehmen, zu prüfen.

Art. 18 Unabhängigkeit des Fernleitungsnetzbetreibers. (1) Unbeschadet der Entscheidungen des Aufsichtsorgans nach Artikel 20 muss der Fernleitungsnetzbetreiber

a) in Bezug auf Vermögenswerte oder Ressourcen, die für den Betrieb, die Wartung und den Ausbau des Fernleitungsnetzes erforderlich sind, wirksame Entscheidungsbefugnisse haben, die er unabhängig von dem vertikal integrierten Unternehmen ausübt, und
b) die Befugnis haben, Geld auf dem Kapitalmarkt insbesondere durch Aufnahme von Darlehen oder Kapitalerhöhung zu beschaffen.

(2) Der Fernleitungsnetzbetreiber stellt sicher, dass er jederzeit über die Mittel verfügt, die er benötigt, um das Fernleitungsgeschäft ordnungsgemäß und effizient zu führen und um ein leistungsfähiges, sicheres und wirtschaftliches Fernleitungsnetz aufzubauen und aufrechtzuerhalten.

(3) [1] Tochterunternehmen des vertikal integrierten Unternehmens, die die Funktionen Gewinnung oder Versorgung wahrnehmen, dürfen weder direkt noch indirekt Anteile am Unternehmen des Fernleitungsnetzbetreibers halten. [2] Der Fernleitungsnetzbetreiber darf weder direkt noch indirekt Anteile an Tochterunternehmen des vertikal integrierten Unternehmens, die die Funktionen Gewinnung oder Versorgung wahrnehmen, halten und darf keine Dividenden oder andere finanzielle Zuwendungen von diesen Tochterunternehmen erhalten.

(4) [1] Die gesamte Verwaltungsstruktur und die Unternehmenssatzung des Fernleitungsnetzbetreibers gewährleisten seine tatsächliche Unabhängigkeit gemäß diesem Kapitel. [2] Das vertikal integrierte Unternehmen darf das Wettbewerbsverhalten des Fernleitungsnetzbetreibers in Bezug auf dessen laufende Geschäfte und die Netzverwaltung oder in Bezug auf die notwendigen Tätigkeiten zur Aufstellung des zehnjährigen Netzentwicklungsplans gemäß Artikel 22 weder direkt noch indirekt beeinflussen.

(5) Fernleitungsnetzbetreiber gewährleisten bei der Wahrnehmung ihrer Aufgaben nach Artikel 13 und Artikel 17 Absatz 2 der vorliegenden Richtlinie und bei der Einhaltung von Artikel 13 Absatz 1, Artikel 14 Absatz 1 Buchstabe a, Artikel 16 Absätze 2, 3 und 5, Artikel 18 Absatz 6 und Artikel 21 Absatz 1 der Verordnung (EG) Nr. 715/2009[1)], dass sie weder Personen noch Körperschaften diskriminieren und dass sie den Wettbewerb bei der Gewinnung und Lieferung nicht einschränken, verzerren oder unterbinden.

---

1) Nr. **9**.

(6) [1] Für die kommerziellen und finanziellen Beziehungen zwischen dem vertikal integrierten Unternehmen und dem Fernleitungsnetzbetreiber, einschließlich der Gewährung von Krediten durch den Fernleitungsnetzbetreiber an das vertikal integrierte Unternehmen, sind die marktüblichen Bedingungen einzuhalten. [2] Der Fernleitungsnetzbetreiber führt ausführliche Aufzeichnungen über diese kommerziellen und finanziellen Beziehungen und stellt sie der Regulierungsbehörde auf Verlangen zur Verfügung.

(7) Der Fernleitungsnetzbetreiber legt der Regulierungsbehörde sämtliche kommerziellen und finanziellen Vereinbarungen mit dem vertikal integrierten Unternehmen zur Genehmigung vor.

(8) Der Fernleitungsnetzbetreiber meldet der Regulierungsbehörde die Finanzmittel gemäß Artikel 17 Absatz 1 Buchstabe d, die ihm für künftige Investitionsprojekte und/oder für den Ersatz vorhandener Vermögenswerte und Ressourcen zur Verfügung stehen.

(9) Das vertikal integrierte Unternehmen unterlässt jede Handlung, die die Erfüllung der Verpflichtungen des Fernleitungsnetzbetreibers nach diesem Kapitel behindern oder gefährden würde, und verlangt vom Fernleitungsnetzbetreiber nicht, bei der Erfüllung dieser Verpflichtungen die Zustimmung des vertikal integrierten Unternehmens einzuholen.

(10) [1] Unternehmen, denen von der Regulierungsbehörde bescheinigt wurde, dass sie den Anforderungen dieses Kapitels genügen, werden von den betreffenden Mitgliedstaaten zugelassen und als Fernleitungsnetzbetreiber benannt. [2] Es gilt das Zertifizierungsverfahren des Artikels 10 der vorliegenden Richtlinie und des Artikels 3 der Verordnung (EG) Nr. 715/2009[1)] oder des Artikels 11 der vorliegenden Richtlinie.

Art. 19 Unabhängigkeit des Personals und der Unternehmensleitung des Fernleitungsnetzbetreibers. (1) Entscheidungen, die Ernennungen, Wiederernennungen, Beschäftigungsbedingungen einschließlich Vergütung und Vertragsbeendigung für Personen der Unternehmensleitung und/oder Mitglieder der Verwaltungsorgane des Fernleitungsnetzbetreibers betreffen, werden von dem gemäß Artikel 20 ernannten Aufsichtsorgan des Fernleitungsnetzbetreibers getroffen.

(2) *[1]* [1] Die Namen und die Regelungen in Bezug auf Funktion, Vertragslaufzeit und -beendigung für Personen, die vom Aufsichtsorgan als Personen der obersten Unternehmensleitung und/oder Mitglieder der Verwaltungsorgane des Fernleitungsnetzbetreibers ernannt oder wiederernannt werden, und die Gründe für vorgeschlagene Entscheidungen zur Vertragsbeendigung sind der Regulierungsbehörde mitzuteilen. [2] Die in Absatz 1 genannten Regelungen und Entscheidungen werden erst verbindlich, wenn die Regulierungsbehörde innerhalb von drei Wochen nach der Mitteilung keine Einwände erhebt.

[2] Die Regulierungsbehörde kann Einwände gegen die in Absatz 1 genannte Entscheidung erheben,

a) wenn Zweifel an der beruflichen Unabhängigkeit einer ernannten Person der Unternehmensleitung und/oder eines ernannten Mitglieds der Verwaltungsorgane bestehen oder

---

[1)] Nr. 9.

b) wenn Zweifel an der Berechtigung einer vorzeitigen Vertragsbeendigung bestehen.

(3) Es dürfen in den letzten drei Jahren vor einer Ernennung von Personen der Unternehmensleitung und/oder Mitglieder der Verwaltungsorgane des Fernleitungsnetzbetreibers, die diesem Absatz unterliegen, bei dem vertikal integrierten Unternehmen, einem seiner Unternehmensteile oder bei anderen Mehrheitsanteilseignern als dem Fernleitungsnetzbetreiber weder direkt noch indirekt berufliche Positionen bekleidet oder berufliche Aufgaben wahrgenommen noch Interessens- oder Geschäftsbeziehungen zu ihnen unterhalten werden.

(4) Die Personen der Unternehmensleitung und/oder Mitglieder der Verwaltungsorgane und die Beschäftigten des Fernleitungsnetzbetreibers dürfen bei anderen Unternehmensteilen des vertikal integrierten Unternehmens oder bei deren Mehrheitsanteilseignern weder direkt noch indirekt berufliche Positionen bekleiden oder berufliche Aufgaben wahrnehmen oder Interessens- oder Geschäftsbeziehungen zu ihnen unterhalten.

(5) [1] Die Personen der Unternehmensleitung und/oder Mitglieder der Verwaltungsorgane und die Beschäftigten des Fernleitungsnetzbetreibers dürfen – mit Ausnahme des Fernleitungsnetzbetreibers – weder direkt noch indirekt Beteiligungen an Unternehmensteilen des vertikal integrierten Unternehmens halten noch finanzielle Zuwendungen von diesen erhalten. [2] Ihre Vergütung darf nicht an die Tätigkeiten oder Betriebsergebnisse des vertikal integrierten Unternehmens, soweit sie nicht den Fernleitungsnetzbetreiber betreffen, gebunden sein.

(6) Im Falle von Beschwerden von Personen der Unternehmensleitung und/ oder Mitgliedern der Verwaltungsorgane des Fernleitungsnetzbetreibers gegen vorzeitige Vertragsbeendigung ist die effektive Einlegung von Rechtsmitteln bei der Regulierungsbehörde zu gewährleisten.

(7) Nach Beendigung des Vertragsverhältnisses zum Fernleitungsnetzbetreiber dürfen Personen der Unternehmensleitung und/oder Mitgliedern der Verwaltungsorgane für mindestens vier Jahre bei anderen Unternehmensteilen des vertikal integrierten Unternehmens als dem Fernleitungsnetzbetreiber oder bei deren Mehrheitsanteilseignern keine beruflichen Positionen bekleiden oder berufliche Aufgaben wahrnehmen oder Interessens- oder Geschäftsbeziehungen zu ihnen unterhalten.

(8) *[1]* Absatz 3 gilt für die Mehrheit der Angehörigen der Unternehmensleitung und/oder Mitglieder der Verwaltungsorgane des Fernleitungsnetzbetreibers.

[2] Die Angehörigen der Unternehmensleitung und/oder Mitglieder der Verwaltungsorgane des Fernleitungsnetzbetreibers, für die Absatz 3 nicht gilt, dürfen in den letzten sechs Monaten vor ihrer Ernennung bei dem vertikal integrierten Unternehmen keine Führungstätigkeit oder andere einschlägige Tätigkeit ausgeübt haben.

[3] Unterabsatz 1 sowie die Absätze 4 bis 7 finden Anwendung auf alle Personen, die der obersten Unternehmensleitung angehören, sowie auf die ihnen unmittelbar unterstellten Personen, die mit dem Betrieb, der Wartung oder der Entwicklung des Netzes befasst sind.

Art. 20 Aufsichtsorgan. (1) [1] Der Fernleitungsnetzbetreiber verfügt über ein Aufsichtsorgan, dessen Aufgabe es ist, Entscheidungen, die von erheblichem Einfluss auf den Wert der Vermögenswerte der Anteilseigner beim Fernleitungsnetzbetreiber sind, insbesondere Entscheidungen im Zusammenhang mit der Genehmigung der jährlichen und der langfristigen Finanzpläne, der Höhe der Verschuldung des Fernleitungsnetzbetreibers und der Höhe der an die Anteilseigner auszuzahlenden Dividenden, zu treffen. [2] Das Aufsichtsorgan hat keine Entscheidungsbefugnis in Bezug auf die laufenden Geschäfte des Fernleitungsnetzbetreibers und die Netzverwaltung und in Bezug auf die notwendigen Tätigkeiten zur Aufstellung des zehnjährigen Netzentwicklungsplans gemäß Artikel 22.

(2) Das Aufsichtsorgan besteht aus Vertretern des vertikal integrierten Unternehmens, Vertretern von dritten Anteilseignern und, sofern die einschlägigen Rechtsvorschriften eines Mitgliedstaats dies vorsehen, Vertretern anderer Interessengruppen wie z.B. der Beschäftigten des Fernleitungsnetzbetreibers.

(3) *[1]* Artikel 19 Absatz 2 Unterabsatz 1 sowie Artikel 19 Absätze 3 bis 7 finden auf zumindest die Hälfte der Mitglieder des Aufsichtsorgans abzüglich ein Mitglied Anwendung.

[2] Artikel 19 Absatz 2 Unterabsatz 2 Buchstabe b findet auf alle Mitglieder des Aufsichtsorgans Anwendung.

Art. 21 Gleichbehandlungsprogramm und Gleichbehandlungsbeauftragter. (1) [1] Die Mitgliedstaaten stellen sicher, dass die Fernleitungsnetzbetreiber ein Gleichbehandlungsprogramm aufstellen und durchführen, in dem die Maßnahmen aufgeführt sind, mit denen sichergestellt wird, dass diskriminierende Verhaltensweisen ausgeschlossen werden und die Einhaltung des Programms angemessen überwacht wird. [2] In dem Gleichbehandlungsprogramm ist festgelegt, welche besonderen Pflichten die Mitarbeiter im Hinblick auf die Erreichung dieser Ziele haben. [3] Das Programm bedarf der Genehmigung durch die Regulierungsbehörde. [4] Die Einhaltung des Programms wird unbeschadet der Befugnisse der nationalen Regulierungsbehörde von einem Gleichbehandlungsbeauftragten unabhängig kontrolliert.

(2) [1] Der Gleichbehandlungsbeauftragte wird vom Aufsichtsorgan ernannt, vorbehaltlich der Bestätigung durch die Regulierungsbehörde. [2] Die Regulierungsbehörde kann der Ernennung des Gleichbehandlungsbeauftragten ihre Bestätigung nur aus Gründen mangelnder Unabhängigkeit oder mangelnder fachlicher Eignung verweigern. [3] Der Gleichbehandlungsbeauftragte kann eine natürliche oder juristische Person sein. [4] Artikel 19 Absätze 2 bis 8 findet auf den Gleichbehandlungsbeauftragten Anwendung.

(3) Die Aufgaben des Gleichbehandlungsbeauftragten sind:

a) fortlaufende Kontrolle der Durchführung des Gleichbehandlungsprogramms;
b) Erarbeitung eines Jahresberichts, in dem die Maßnahmen zur Durchführung des Gleichbehandlungsprogramms dargelegt werden, und dessen Übermittlung an die Regulierungsbehörde;
c) Berichterstattung an das Aufsichtsorgan und Abgabe von Empfehlungen zum Gleichbehandlungsprogramm und seiner Durchführung;
d) Unterrichtung der Regulierungsbehörde über erhebliche Verstöße bei der Durchführung des Gleichbehandlungsprogramms, und

e) Berichterstattung an die Regulierungsbehörde über kommerzielle und finanzielle Beziehungen zwischen dem vertikal integrierten Unternehmen und dem Fernleitungsnetzbetreiber.

(4) [1] Der Gleichbehandlungsbeauftragte übermittelt die vorgeschlagenen Entscheidungen zum Investitionsplan oder zu Einzelinvestitionen im Netz an die Regulierungsbehörde. [2] Dies erfolgt spätestens dann, wenn die Unternehmensleitung und/oder das zuständige Verwaltungsorgan des Fernleitungsnetzbetreibers diese Unterlagen dem Aufsichtsorgan zuleitet.

(5) Hat das vertikal integrierte Unternehmen in der Hauptversammlung oder durch ein Votum der von ihm ernannten Mitglieder des Aufsichtsorgans die Annahme eines Beschlusses verhindert, wodurch Netzinvestitionen, die nach dem zehnjährigen Netzentwicklungsplan in den folgenden drei Jahren durchgeführt werden sollten, unterbunden oder hinausgezögert werden, so meldet der Gleichbehandlungsbeauftragte dies der Regulierungsbehörde, die dann gemäß Artikel 22 tätig wird.

(6) [1] Die Regelungen zum Mandat und zu den Beschäftigungsbedingungen des Gleichbehandlungsbeauftragten, einschließlich der Dauer seines Mandats, bedürfen der Genehmigung durch die Regulierungsbehörde. [2] Diese Regelungen müssen die Unabhängigkeit des Gleichbehandlungsbeauftragten gewährleisten und entsprechend sicherstellen, dass ihm die zur Erfüllung seiner Aufgaben erforderlichen Ressourcen zur Verfügung stehen. [3] Der Gleichbehandlungsbeauftragte darf während der Laufzeit seines Mandats bei Unternehmensteilen des vertikal integrierten Unternehmens oder deren Mehrheitsanteilseignern weder direkt noch indirekt berufliche Positionen bekleiden oder berufliche Aufgaben wahrnehmen oder Interessensbeziehungen zu ihnen unterhalten.

(7) Der Gleichbehandlungsbeauftragte erstattet der Regulierungsbehörde regelmäßig mündlich oder schriftlich Bericht und ist befugt, dem Aufsichtsorgan des Fernleitungsnetzbetreibers regelmäßig mündlich oder schriftlich Bericht zu erstatten.

(8) [1] Der Gleichbehandlungsbeauftragte ist berechtigt, an allen Sitzungen der Unternehmensleitung oder der Verwaltungsorgane des Fernleitungsnetzbetreibers sowie des Aufsichtsorgans und der Hauptversammlung teilzunehmen. [2] Der Gleichbehandlungsbeauftragte nimmt an allen Sitzungen teil, in denen folgende Fragen behandelt werden:

a) Netzzugangsbedingungen nach Maßgabe der Verordnung (EG) Nr. 715/2009[1)], insbesondere Tarife, Leistungen im Zusammenhang mit dem Zugang Dritter, Kapazitätszuweisung und Engpassmanagement, Transparenz, Ausgleich und Sekundärmärkte;

b) Projekte für den Betrieb, die Wartung und den Ausbau des Fernleitungsnetzes, einschließlich der Investitionen in neue Transportverbindungen, in die Kapazitätsausweitung und in die Optimierung der vorhandenen Kapazität;

c) Verkauf oder Erwerb von Energie für den Betrieb des Fernleitungsnetzes.

[1)] Nr. **9**.

(9) Der Gleichbehandlungsbeauftragte kontrolliert die Einhaltung des Artikels 16 durch den Fernleitungsnetzbetreiber.

(10) Der Gleichbehandlungsbeauftragte hat Zugang zu allen einschlägigen Daten und zu den Geschäftsräumen des Fernleitungsnetzbetreibers sowie zu allen Informationen, die er zur Erfüllung seiner Aufgaben benötigt.

(11) [1] Nach vorheriger Zustimmung der Regulierungsbehörde kann das Aufsichtsorgan den Gleichbehandlungsbeauftragten abberufen. [2] Die Abberufung erfolgt auf Verlangen der Regulierungsbehörde aus Gründen mangelnder Unabhängigkeit oder mangelnder fachlicher Eignung.

(12) Der Gleichbehandlungsbeauftragte erhält ohne Vorankündigung Zugang zu den Geschäftsräumen des Fernleitungsnetzbetreibers.

Art. 22 Netzausbau und Befugnis zum Erlass von Investitionsentscheidungen. (1) [1] Die Fernleitungsnetzbetreiber legen der Regulierungsbehörde jedes Jahr nach Konsultation aller einschlägigen Interessenträger einen zehnjährigen Netzentwicklungsplan vor, der sich auf die derzeitige Lage und die Prognosen im Bereich von Angebot und Nachfrage stützt. [2] Der Netzentwicklungsplan enthält wirksame Maßnahmen zur Gewährleistung der Angemessenheit des Netzes und der Versorgungssicherheit.

(2) Zweck des zehnjährigen Netzentwicklungsplans ist es insbesondere,

a) den Marktteilnehmern Angaben darüber zu liefern, welche wichtigen Übertragungsinfrastrukturen in den nächsten zehn Jahren errichtet oder ausgebaut werden müssen;

b) alle bereits beschlossenen Investitionen aufzulisten und die neuen Investitionen zu bestimmen, die in den nächsten zehn Jahren durchgeführt werden müssen, und

c) einen Zeitplan für alle Investitionsprojekte vorzugeben.

(3) Bei der Erarbeitung des zehnjährigen Netzentwicklungsplans legt der Fernleitungsnetzbetreiber angemessene Annahmen über die Entwicklung der Gewinnung, der Versorgung, des Verbrauchs und des Gasaustauschs mit anderen Ländern unter Berücksichtigung der Investitionspläne für regionale und gemeinschaftsweite Netze sowie der Investitionspläne für Speicheranlagen und LNG-Wiederverdampfungsanlagen zugrunde.

(4) [1] Die Regulierungsbehörde führt offene und transparente Konsultationen zum zehnjährigen Netzentwicklungsplan mit allen tatsächlichen und potenziellen Netzbenutzern durch. [2] Personen und Unternehmen, die den Status potenzieller Netzbenutzer beanspruchen, müssen diesen Anspruch belegen. [3] Die Regulierungsbehörde veröffentlicht das Ergebnis der Konsultationen und verweist dabei insbesondere auf etwaigen Investitionsbedarf.

(5) [1] Die Regulierungsbehörde prüft, ob der zehnjährige Netzentwicklungsplan den gesamten im Zuge der Konsultationen ermittelten Investitionsbedarf erfasst und ob die Kohärenz mit dem gemeinschaftsweit geltenden nicht bindenden zehnjährigen Netzentwicklungsplan („gemeinschaftsweiter Netzentwicklungsplan") gemäß Artikel 8 Absatz 3 Buchstabe b der Verordnung (EG) Nr. 715/2009[1] gewahrt ist. [2] Bestehen Zweifel an der Kohärenz mit dem gemeinschaftsweit geltenden nicht bindenden zehnjährigen Netzentwicklungs-

[1] Nr. 9.

plan, so konsultiert die Regulierungsbehörde die Agentur. [3]Die Regulierungsbehörde kann vom Fernleitungsnetzbetreiber die Änderung seines zehnjährigen Netzentwicklungsplans verlangen.

(6) Die Regulierungsbehörde überwacht und evaluiert die Durchführung des zehnjährigen Netzentwicklungsplans.

(7) *[1]* Hat der Fernleitungsnetzbetreiber aus Gründen, die keine zwingenden, von ihm nicht zu beeinflussenden Gründe darstellen, eine Investition, die nach dem zehnjährigen Netzentwicklungsplan in den folgenden drei Jahren durchgeführt werden musste, nicht durchgeführt, so stellen die Mitgliedstaaten sicher, dass die Regulierungsbehörde verpflichtet ist, mindestens eine der folgenden Maßnahmen zu ergreifen, um die Durchführung der betreffenden Investition zu gewährleisten, sofern die Investition unter Zugrundelegung des jüngsten zehnjährigen Netzentwicklungsplans noch relevant ist:

a) Sie fordert den Fernleitungsnetzbetreiber zur Durchführung der betreffenden Investition auf, oder
b) sie leitet ein Ausschreibungsverfahren zur Durchführung der betreffenden Investition ein, das allen Investoren offen steht, oder
c) sie verpflichtet den Fernleitungsnetzbetreiber, einer Kapitalaufstockung im Hinblick auf die Finanzierung der notwendigen Investitionen zuzustimmen und unabhängigen Investoren eine Kapitalbeteiligung zu ermöglichen.

[2] Macht die Regulierungsbehörde von ihren Befugnissen gemäß Unterabsatz 1 Buchstabe b Gebrauch, so kann sie den Fernleitungsnetzbetreiber dazu verpflichten, eine oder mehrere der folgenden Maßnahmen zu akzeptieren:

a) Finanzierung durch Dritte;
b) Errichtung durch Dritte;
c) Errichtung der betreffenden neuen Anlagen durch diesen selbst;
d) Betrieb der betreffenden neuen Anlagen durch diesen selbst.

[3] Der Fernleitungsnetzbetreiber stellt den Investoren alle erforderlichen Unterlagen für die Durchführung der Investition zur Verfügung, stellt den Anschluss der neuen Anlagen an das Fernleitungsnetz her und unternimmt alles, um die Durchführung des Investitionsprojekts zu erleichtern.

[4] Die einschlägigen Finanzierungsvereinbarungen bedürfen der Genehmigung durch die Regulierungsbehörde.

(8) Macht die Regulierungsbehörde von ihren Befugnissen gemäß Absatz 7 Unterabsatz 1 Gebrauch, so werden die Kosten der betreffenden Investitionen durch die einschlägigen Tarifregelungen gedeckt.

Art. 23 Entscheidungsbefugnisse bezüglich des Anschlusses von Speicheranlagen, LNG-Wiederverdampfungsanlagen und Industriekunden an das Fernleitungsnetz. (1) [1]Die Fernleitungsnetzbetreiber sind verpflichtet, transparente und effiziente Verfahren und Tarife für den nichtdiskriminierenden Anschluss von Speicheranlagen, LNG-Wiederverdampfungsanlagen und Industriekunden an das Fernleitungsnetz festzulegen und zu veröffentlichen. [2]Die Verfahren bedürfen der Genehmigung durch die Regulierungsbehörden.

(2) [1]Die Fernleitungsnetzbetreiber haben nicht das Recht, den Anschluss von neuen Speicheranlagen, LNG-Wiederverdampfungsanlagen und Industrie-

kunden unter Berufung auf mögliche künftige Einschränkungen der verfügbaren Netzkapazitäten oder auf zusätzliche Kosten im Zusammenhang mit der notwendigen Kapazitätsaufstockung abzulehnen. [2]Der Fernleitungsnetzbetreiber gewährleistet für den neuen Anschluss eine ausreichende Einspeise- und Ausspeisekapazität.

Kapitel V. Verteilung und Versorgung

Art. 24 Benennung von Verteilernetzbetreibern. Die Mitgliedstaaten oder von diesen dazu aufgeforderte Unternehmen, die Eigentümer von Verteilernetzen sind oder die für sie verantwortlich sind, benennen für einen Zeitraum, den die Mitgliedstaaten unter Effizienzerwägungen und unter Berücksichtigung des wirtschaftlichen Gleichgewichts festlegen, einen oder mehrere Verteilernetzbetreiber und gewährleisten, dass diese Betreiber die Artikel 25, 26 und 27 einhalten.

Art. 25 Aufgaben der Verteilernetzbetreiber. (1) Jeder Verteilernetzbetreiber trägt die Verantwortung dafür, auf lange Sicht die Fähigkeit des Netzes sicherzustellen, eine angemessene Nachfrage nach Verteilung von Erdgas zu befriedigen sowie unter wirtschaftlichen Bedingungen und unter gebührender Beachtung des Umweltschutzes und der Energieeffizienz in seinem Gebiet ein sicheres, zuverlässiges und leistungsfähiges Netz zu betreiben, zu warten und auszubauen.

(2) Der Verteilernetzbetreiber hat sich jeglicher Diskriminierung von Netzbenutzern oder Kategorien von Netzbenutzern, insbesondere zugunsten der mit ihm verbundenen Unternehmen, zu enthalten.

(3) Jeder Verteilernetzbetreiber hat jedem anderen Betreiber eines Verteilernetzes, eines Fernleitungsnetzes, einer LNG-Anlage und/oder einer Speicheranlage ausreichende Informationen zu liefern, um zu gewährleisten, dass der Transport und die Speicherung von Erdgas in einer mit dem sicheren und effizienten Betrieb des Verbundnetzes zu vereinbarenden Weise erfolgt.

(4) Der Verteilernetzbetreiber stellt den Netzbenutzern die Informationen bereit, die sie für einen effizienten Netzzugang einschließlich der Nutzung des Netzes benötigen.

(5) [1]Sofern einem Verteilernetzbetreiber der Ausgleich des Erdgasverteilernetzes obliegt, müssen die von ihm zu diesem Zweck festgelegten Regelungen objektiv, transparent und nichtdiskriminierend sein, einschließlich der Regelungen über die von den Netzbenutzern für Energieungleichgewichte zu zahlenden Entgelte. [2]Die Bedingungen für die Erbringung dieser Leistungen durch die Netzbetreiber einschließlich Regelungen und Tarife werden gemäß einem mit Artikel 41 Absatz 6 zu vereinbarenden Verfahren in nichtdiskriminierender Weise und kostenorientiert festgelegt und veröffentlicht.

Art. 26 Entflechtung von Verteilernetzbetreibern. (1) [1]Gehört der Verteilernetzbetreiber zu einem vertikal integrierten Unternehmen, so muss er zumindest hinsichtlich seiner Rechtsform, Organisation und Entscheidungsgewalt unabhängig von den übrigen Tätigkeitsbereichen sein, die nicht mit der Verteilung zusammenhängen. [2]Diese Bestimmungen begründen keine Verpflichtung, eine Trennung in Bezug auf das Eigentum des vertikal integrierten Unternehmens an Vermögenswerten des Verteilernetzes vorzunehmen.

(2) [1] Gehört der Verteilernetzbetreiber zu einem vertikal integrierten Unternehmen, so muss er zusätzlich zu den Anforderungen des Absatzes 1 hinsichtlich seiner Organisation und Entscheidungsgewalt unabhängig von den übrigen Tätigkeitsbereichen sein, die nicht mit der Verteilung zusammenhängen. [2] Um dies zu erreichen, sind die folgenden Mindestkriterien anzuwenden:

a) In einem integrierten Erdgasunternehmen dürfen die für die Leitung des Verteilernetzbetreibers zuständigen Personen nicht betrieblichen Einrichtungen des integrierten Erdgasunternehmens angehören, die direkt oder indirekt für den laufenden Betrieb in den Bereichen Erdgasgewinnung, -übertragung und -versorgung zuständig sind.

b) Es sind geeignete Maßnahmen zu treffen, damit die berufsbedingten Interessen der für die Leitung des Verteilernetzbetreibers zuständigen Personen so berücksichtigt werden, dass ihre Handlungsunabhängigkeit gewährleistet ist.

c) Der Verteilernetzbetreiber hat in Bezug auf Vermögenswerte, die für den Betrieb, die Wartung oder den Ausbau des Netzes erforderlich sind, tatsächliche Entscheidungsbefugnisse, die er unabhängig von dem integrierten Erdgasunternehmen ausübt. Um diese Aufgaben erfüllen zu können, muss der Verteilernetzbetreiber über die erforderlichen Ressourcen, einschließlich personeller, technischer, materieller und finanzieller Ressourcen, verfügen. Dies sollte geeigneten Koordinierungsmechanismen nicht entgegenstehen, mit denen sichergestellt wird, dass die wirtschaftlichen Befugnisse des Mutterunternehmens und seine Aufsichtsrechte über das Management im Hinblick auf die – gemäß Artikel 41 Absatz 6 indirekt geregelte – Rentabilität eines Tochterunternehmens geschützt werden. Dies ermöglicht es dem Mutterunternehmen insbesondere, den jährlichen Finanzplan oder ein gleichwertiges Instrument des Verteilernetzbetreibers zu genehmigen und generelle Grenzen für die Verschuldung seines Tochterunternehmens festzulegen. Dies erlaubt es dem Mutterunternehmen nicht, Weisungen bezüglich des laufenden Betriebs oder einzelner Entscheidungen über den Bau oder die Modernisierung von Verteilerleitungen zu erteilen, die über den Rahmen des genehmigten Finanzplans oder eines gleichwertigen Instruments nicht hinausgehen, und

d) der Verteilernetzbetreiber stellt ein Gleichbehandlungsprogramm auf, aus dem hervorgehen muss, welche Maßnahmen zum Ausschluss diskriminierenden Verhaltens getroffen werden, und gewährleistet die ausreichende Beobachtung der Einhaltung dieses Programms. In dem Gleichbehandlungsprogramm ist festgelegt, welche besonderen Pflichten die Mitarbeiter im Hinblick auf die Erreichung dieses Ziels haben. Die für die Beobachtung des Gleichbehandlungsprogramms zuständige Person oder Stelle, der Gleichbehandlungsbeauftragte des Verteilernetzbetreibers, legt der in Artikel 39 Absatz 1 genannten Regulierungsbehörde jährlich einen Bericht über die getroffenen Maßnahmen vor, der veröffentlicht wird. Der Gleichbehandlungsbeauftragte des Verteilernetzbetreibers ist völlig unabhängig und hat Zugang zu allen Informationen, über die der Verteilernetzbetreiber und etwaige verbundene Unternehmen verfügen und die der Gleichbehandlungsbeauftragte benötigt, um seine Aufgabe zu erfüllen.

(3) [1] Ist der Verteilernetzbetreiber Teil eines vertikal integrierten Unternehmens, stellen die Mitgliedstaaten sicher, dass die Tätigkeiten des Verteilernetzbetreibers von den Regulierungsbehörden oder sonstigen zuständigen Stellen beobachtet werden, so dass er diesen Umstand nicht zur Verzerrung des Wettbewerbs nutzen kann. [2] Insbesondere müssen vertikal integrierte Verteilernetzbetreiber in ihren Kommunikations- und Branding-Aktivitäten dafür Sorge tragen, dass eine Verwechslung in Bezug auf die eigene Identität der Versorgungssparte des vertikal integrierten Unternehmens ausgeschlossen ist.

(4) Die Mitgliedstaaten können beschließen, die Absätze 1, 2 und 3 nicht auf integrierte Erdgasunternehmen anzuwenden, die weniger als 100 000 angeschlossene Kunden beliefern.

Art. 27 Vertraulichkeitspflichten von Verteilernetzbetreibern. (1) Unbeschadet des Artikels 30 oder sonstiger gesetzlicher Verpflichtungen zur Offenlegung von Informationen wahrt der Verteilernetzbetreiber die Vertraulichkeit wirtschaftlich sensibler Informationen, von denen er bei der Ausübung seiner Geschäftstätigkeit Kenntnis erlangt, und verhindert, dass Informationen über seine eigenen Tätigkeiten, die wirtschaftliche Vorteile bringen können, in diskriminierender Weise offen gelegt werden.

(2) Verteilernetzbetreiber dürfen wirtschaftlich sensible Informationen, die sie von Dritten im Zusammenhang mit der Gewährung eines Netzzugangs oder mit Verhandlungen hierüber erhalten, beim Verkauf oder Erwerb von Erdgas durch verbundene Unternehmen nicht missbrauchen.

Art. 28 Geschlossene Verteilernetze. (1) Die Mitgliedstaaten können veranlassen, dass ein Netz, über das in einem begrenzten Industrie- oder Gewerbegebiet oder einem Gebiet, in dem Leistungen gemeinsam genutzt werden, Erdgas verteilt wird, wobei – unbeschadet des Absatzes 4 – keine Haushaltskunden versorgt werden, von den nationalen Regulierungsbehörden oder sonstigen zuständigen Behörden als geschlossenes Netz eingestuft wird, wenn

a) die Tätigkeiten oder Produktionsverfahren der Benutzer dieses Netzes aus konkreten technischen oder sicherheitstechnischen Gründen verknüpft sind, oder

b) Erdgas über das Netz in erster Linie an den Netzeigentümer oder -betreiber oder an von dem Netzeigentümer oder -betreiber abhängige Unternehmen verteilt wird.

(2) Die Mitgliedstaaten können veranlassen, dass die nationalen Regulierungsbehörden den Betreiber eines geschlossenen Verteilernetzes von der Verpflichtung gemäß Artikel 32 Absatz 1 freistellen, wonach Tarife oder die Methoden zu ihrer Berechnung vor dem Inkrafttreten der Tarife gemäß Artikel 41 genehmigt werden.

(3) Wenn eine Freistellung nach Absatz 2 gewährt wird, werden die geltenden Tarife oder die Methoden zu ihrer Berechnung auf Verlangen eines Benutzers des geschlossenen Verteilernetzes gemäß Artikel 41 überprüft und genehmigt.

(4) Die gelegentliche Nutzung des Verteilernetzes durch eine geringe Anzahl von Haushalten, deren Personen ein Beschäftigungsverhältnis oder vergleichbare Beziehungen zum Eigentümer des Verteilernetzes unterhalten und die sich

in dem durch ein geschlossenes Verteilernetz versorgten Gebiet befinden, steht der Gewährung der Freistellung nach Absatz 2 nicht entgegen.

Art. 29 Kombinationsnetzbetreiber. Artikel 26 Absatz 1 steht dem gleichzeitigen Betrieb eines Fernleitungsnetzes, einer LNG-Anlage, einer Speicheranlage und eines Verteilernetzes durch einen Betreiber nicht entgegen, sofern dieser Betreiber Artikel 9 Absatz 1 oder die Artikel 14 und 15 oder die Vorschriften des Kapitels IV, einhält oder in den Anwendungsbereich des Artikels 49 Absatz 6 fällt.

Kapitel VI. Entflechtung und Transparenz der Rechnungslegung

Art. 30 Recht auf Einsichtnahme in die Rechnungslegung. (1) Die Mitgliedstaaten oder jede von ihnen benannte zuständige Behörde, einschließlich der in Artikel 39 Absatz 1 genannten Regulierungsbehörden und der in Artikel 34 Absatz 3 genannten Stellen zur Beilegung von Streitigkeiten, haben, soweit dies zur Wahrnehmung ihrer Aufgaben erforderlich ist, das Recht auf Einsichtnahme in die in Artikel 31 genannte Rechnungslegung der Erdgasunternehmen.

(2) [1] Die Mitgliedstaaten und die von ihnen benannten zuständigen Behörden, einschließlich der in Artikel 39 Absatz 1 genannten Regulierungsbehörden und der Stellen zur Beilegung von Streitigkeiten, wahren die Vertraulichkeit wirtschaftlich sensibler Informationen. [2] Die Mitgliedstaaten können die Offenlegung derartiger Informationen vorsehen, wenn dies zur Wahrnehmung der Aufgaben der zuständigen Behörden erforderlich ist.

Art. 31 Entflechtung der Rechnungslegung. (1) [1] Die Mitgliedstaaten treffen die erforderlichen Maßnahmen, um sicherzustellen, dass die Rechnungslegung der Erdgasunternehmen gemäß den Absätzen 2 bis 5 des vorliegenden Artikels erfolgt. [2] Erdgasunternehmen, die aufgrund von Artikel 49 Absätze 2 und 4 von dieser Bestimmung ausgenommen sind, haben zumindest ihre interne Rechnungslegung in Übereinstimmung mit diesem Artikel zu führen.

(2) *[1]* Ungeachtet ihrer Eigentumsverhältnisse oder ihrer Rechtsform erstellen und veröffentlichen die Erdgasunternehmen ihre Jahresabschlüsse und lassen diese überprüfen, und zwar gemäß den nationalen Rechtsvorschriften über die Jahresabschlüsse von Gesellschaften, die im Rahmen der Vierten Richtlinie 78/660/EWG des Rates vom 25. Juli 1978 aufgrund von Artikel 44 Absatz 2 Buchstabe g[1)] des Vertrags über den Jahresabschluss von Gesellschaften bestimmter Rechtsformen[2)] erlassen worden sind.

[2] Unternehmen, die zur Veröffentlichung ihrer Jahresabschlüsse gesetzlich nicht verpflichtet sind, halten in ihrer Hauptverwaltung eine Ausfertigung ihres Jahresabschlusses für die Öffentlichkeit zur Verfügung.

[1)] **Amtl. Anm.:** Der Titel der Richtlinie 78/660/EWG wurde angepasst, um der gemäß Artikel 12 des Vertrags von Amsterdam vorgenommenen Umnummerierung des Vertrags zur Gründung der Europäischen Gemeinschaft Rechnung zu tragen; die ursprüngliche Bezugnahme betraf Artikel 54 Absatz 3 Buchstabe g.

[2)] **Amtl. Anm.:** ABl. L 222 vom 14.8.1978, S. 11.

(3) [1] Zur Vermeidung von Diskriminierungen, Quersubventionen und Wettbewerbsverzerrungen führen Erdgasunternehmen in ihrer internen Rechnungslegung getrennte Konten für jede ihrer Tätigkeiten in den Bereichen Fernleitung, Verteilung, LNG und Speicherung in derselben Weise, wie sie dies tun müssten, wenn die betreffenden Tätigkeiten von separaten Unternehmen ausgeführt würden. [2] Sie führen auch Konten für andere, nicht mit den Bereichen Fernleitung, Verteilung, LNG und Speicherung zusammenhängende Tätigkeiten im Erdgasbereich, wobei diese Konten konsolidiert sein können. [3] Bis zum 1. Juli 2007 führen sie getrennte Konten für die Versorgung zugelassener Kunden bzw. nicht zugelassener Kunden. [4] Einnahmen aus dem Eigentum am Fernleitungs- oder Verteilernetz weisen sie in den Konten gesondert aus. [5] Gegebenenfalls führen sie konsolidierte Konten für ihre anderen Tätigkeiten außerhalb des Erdgasbereichs. [6] Die interne Rechnungslegung schließt für jede Tätigkeit eine Bilanz sowie eine Gewinn- und Verlustrechnung ein.

(4) Bei der Überprüfung gemäß Absatz 2 wird insbesondere untersucht, ob die Verpflichtung zur Vermeidung von Diskriminierung und Quersubventionen gemäß Absatz 3 eingehalten wird.

(5) [1] Unbeschadet der innerstaatlich anwendbaren Vorschriften für die Rechnungslegung geben die Unternehmen in der internen Rechnungslegung die Regeln, einschließlich der Abschreibungsregeln, an, nach denen die Gegenstände des Aktiv- und Passivvermögens sowie die ausgewiesenen Aufwendungen und Erträge den gemäß Absatz 3 separat geführten Konten zugewiesen werden. [2] Änderungen dieser internen Regeln sind nur in Ausnahmefällen zulässig. [3] Diese Änderungen müssen erwähnt und ordnungsgemäß begründet werden.

(6) Im Anhang zum Jahresabschluss sind die Geschäfte größeren Umfangs, die mit verbundenen Unternehmen getätigt worden sind, gesondert aufzuführen.

Kapitel VII. Organisation des Netzzugangs

Art. 32 Zugang Dritter. (1) [1] Die Mitgliedstaaten gewährleisten die Einführung eines System für den Zugang Dritter zum Fernleitungs- und Verteilernetz und zu den LNG-Anlagen auf der Grundlage veröffentlichter Tarife; die Zugangsregelung gilt für alle zugelassenen Kunden, einschließlich Versorgungsunternehmen, und wird nach objektiven Kriterien und ohne Diskriminierung von Netzbenutzern angewandt. [2] Die Mitgliedstaaten stellen sicher, dass diese Tarife oder die Methoden zu ihrer Berechnung gemäß Artikel 41 von einer in Artikel 39 Absatz 1 genannten Regulierungsbehörde vor deren Inkrafttreten genehmigt werden und dass die Tarife und – soweit nur die Methoden einer Genehmigung unterliegen – die Methoden vor ihrem Inkrafttreten veröffentlicht werden.

(2) Die Betreiber der Fernleitungsnetze erhalten zur Wahrnehmung ihrer Aufgaben, auch im Zusammenhang mit der grenzüberschreitenden Fernleitung, gegebenenfalls Zugang zu den Fernleitungsnetzen anderer Betreiber.

(3) Die Bestimmungen dieser Richtlinie stehen dem Abschluss von langfristigen Verträgen nicht entgegen, sofern diese mit den Wettbewerbsregeln der Gemeinschaft im Einklang stehen.

Art. 33 Zugang zu Speicheranlagen. (1) *[1]* [1] Für den Zugang zu Speicheranlagen und Netzpufferung, der für einen effizienten Netzzugang im Hinblick auf die Versorgung der Kunden technisch und/oder wirtschaftlich erforderlich ist, sowie für den Zugang zu Hilfsdiensten können die Mitgliedstaaten eines der in den Absätzen 3 und 4 vorgesehenen Verfahren oder beide Verfahren wählen. [2] Diese Verfahren werden nach objektiven, transparenten und nichtdiskriminierenden Kriterien angewandt.

[2] [1] Die Mitgliedstaaten oder, wenn die Mitgliedstaaten dies vorgesehen haben, die Regulierungsbehörden definieren und veröffentlichen Kriterien, anhand deren beurteilt werden kann, welche Regelung auf den Zugang zu Speicheranlagen und Netzpufferung angewandt wird. [2] Sie machen öffentlich bekannt, welche Speicheranlagen oder welche Teile der Speicheranlagen und welche Netzpufferungen nach den verschiedenen in den Absätzen 3 und 4 genannten Verfahren angeboten werden, oder verpflichten die Speicheranlagen- und Fernleitungsnetzbetreiber, die entsprechenden Informationen öffentlich bekannt zu machen.

[3] Die Verpflichtung in Unterabsatz 2 Satz 2 gilt unbeschadet des den Mitgliedstaaten im ersten Unterabsatz gewährten Rechts auf Wahl des Verfahrens.

(2) Absatz 1 gilt bei LNG-Anlagen nicht für Hilfsdienste und die vorübergehende Speicherung, die für die Wiederverdampfung und die anschließende Einspeisung in das Fernleitungsnetz erforderlich sind.

(3) *[1]* [1] Beim Zugang auf Vertragsbasis treffen die Mitgliedstaaten oder, wenn die Mitgliedstaaten dies vorsehen, die Regulierungsbehörden die erforderlichen Maßnahmen, damit die Erdgasunternehmen und die zugelassenen Kunden, die sich innerhalb oder außerhalb des Verbundnetzgebiets befinden, einen Zugang zu Speicheranlagen und Netzpufferung aushandeln können, wenn dieser Zugang für einen effizienten Netzzugang sowie für den Zugang zu anderen Hilfsdiensten technisch und/oder wirtschaftlich erforderlich ist. [2] Die Parteien sind verpflichtet, den Zugang zu Speicheranlagen, Netzpufferung und anderen Hilfsdiensten nach dem Grundsatz von Treu und Glauben auszuhandeln.

[2] [1] Die Verträge über den Zugang zu Speicheranlagen, Netzpufferung und anderen Hilfsdiensten werden mit dem Betreiber der betreffenden Speicheranlage oder den betreffenden Erdgasunternehmen ausgehandelt. [2] Die Mitgliedstaaten oder, wenn die Mitgliedstaaten dies vorsehen, die Regulierungsbehörden verlangen von den Betreibern der Speicheranlagen und den Erdgasunternehmen, bis zum 1. Januar 2005 und in der Folge einmal jährlich ihre wesentlichen Geschäftsbedingungen für die Nutzung von Speicheranlagen, Netzpufferung und anderen Hilfsdiensten zu veröffentlichen.

[3] Bei der Ausarbeitung dieser in Unterabsatz 2 genannten Geschäftsbedingungen konsultieren die Betreiber der Speicheranlagen und die Erdgasunternehmen die Netzbenutzer.

(4) [1] Im Fall eines geregelten Netzzugangs treffen die Mitgliedstaaten oder, wenn die Mitgliedstaaten dies vorsehen, die Regulierungsbehörden die erforderlichen Maßnahmen, damit die Erdgasunternehmen und die zugelassenen Kunden, die sich innerhalb oder außerhalb des Verbundnetzgebiets befinden, ein Recht auf Zugang zu Speicheranlagen, Netzpufferung und anderen Hilfsdiensten auf der Grundlage veröffentlichter Tarife und/oder sonstiger Bedingungen und Verpflichtungen für die Nutzung dieser Speicheranlagen und Netzpufferung haben, wenn dieser Zugang für einen effizienten Netzzugang

sowie für den Zugang zu anderen Hilfsdiensten technisch und/oder wirtschaftlich erforderlich ist. [2]Die Mitgliedstaaten oder, wenn die Mitgliedstaaten dies vorsehen, die Regulierungsbehörden konsultieren die Netzbenutzer bei der Ausarbeitung dieser Tarife oder der entsprechenden Methoden. [3]Dieses Recht auf Zugang kann den zugelassenen Kunden dadurch gewährt werden, dass es ihnen ermöglicht wird, Versorgungsverträge mit anderen konkurrierenden Erdgasunternehmen als dem Eigentümer und/oder Betreiber des Netzes oder einem verbundenen Unternehmen zu schließen.

Art. 34 Zugang zu den vorgelagerten Rohrleitungsnetzen. (1) [1]Die Mitgliedstaaten treffen die erforderlichen Maßnahmen, um sicherzustellen, dass die Erdgas-Unternehmen und die zugelassenen Kunden ungeachtet ihres Standorts bzw. Wohnsitzes im Einklang mit diesem Artikel Zugang erhalten können zu den vorgelagerten Rohrleitungsnetzen, einschließlich der Einrichtungen, die die mit einem derartigen Zugang verbundenen technischen Dienstleistungen erbringen, jedoch mit Ausnahme der Netz- und Einrichtungsteile, die für örtliche Gewinnungstätigkeiten auf einem Gasfeld benutzt werden. [2]Diese Maßnahmen werden der Kommission gemäß Artikel 54 mitgeteilt.

(2) [1]Der Mitgliedstaat legt entsprechend den einschlägigen Rechtsinstrumenten fest, in welcher Weise der Zugang gemäß Absatz 1 zu ermöglichen ist. [2]Die Mitgliedstaaten legen dabei folgende Ziele zugrunde: offener Zugang zu gerechten Bedingungen, Schaffung eines wettbewerbsbestimmten Erdgasmarkts und Vermeidung des Missbrauchs einer marktbeherrschenden Stellung, wobei einer gesicherten und regelmäßigen Versorgung, den bestehenden Kapazitäten und den Kapazitäten, die nach vernünftigem Ermessen verfügbar gemacht werden können, sowie dem Umweltschutz Rechnung getragen wird. [3]Folgendes kann berücksichtigt werden:

a) die Notwendigkeit, den Zugang zu verweigern, wenn technische Spezifikationen nicht unter zumutbaren Bedingungen miteinander in Einklang zu bringen sind;
b) die Notwendigkeit der Vermeidung von nicht auf zumutbare Art und Weise zu überwindenden Schwierigkeiten, die die Effizienz der laufenden und der künftigen Kohlenwasserstoffgewinnung, auch bei Feldern mit geringer wirtschaftlicher Rentabilität, beeinträchtigen könnten;
c) die Notwendigkeit der Anerkennung gebührend belegter und angemessener Erfordernisse, die der Eigentümer oder Betreiber des vorgelagerten Rohrleitungsnetzes für Erdgastransport und -aufbereitung geltend macht, und der Wahrung der Interessen aller anderen möglicherweise betroffenen Benutzer des vorgelagerten Rohrleitungsnetzes oder der einschlägigen Aufbereitungs- oder Umschlagseinrichtungen; und
d) die Notwendigkeit der Anwendung der einzelstaatlichen Rechtsvorschriften und Verwaltungsverfahren zur Erteilung von Genehmigungen für Gewinnungstätigkeiten oder vorgelagerte Entwicklungstätigkeiten in Übereinstimmung mit dem Gemeinschaftsrecht.

(3) Die Mitgliedstaaten gewährleisten eine Streitbeilegungsregelung – zu der auch eine von den Parteien unabhängige Stelle gehört, die zu allen einschlägigen Informationen Zugang hat –, mit der Streitigkeiten im Zusammenhang mit dem Zugang zu vorgelagerten Rohrleitungsnetzen zügig beigelegt werden können, wobei den in Absatz 2 genannten Kriterien und der Zahl der Parteien,

die möglicherweise an der Verhandlung über den Zugang zu derartigen Netzen beteiligt sind, Rechnung zu tragen ist.

(4) [1] Bei grenzüberschreitenden Streitigkeiten gilt die Streitbeilegungsregelung des Mitgliedstaats, der für das vorgelagerte Rohrleitungsnetz, das den Zugang verweigert, zuständig ist. [2] Sind bei grenzübergreifenden Streitigkeiten mehrere Mitgliedstaaten für das betreffende Netz zuständig, so konsultieren die betreffenden Mitgliedstaaten einander, um zu gewährleisten, dass die Bestimmungen der vorliegenden Richtlinie einheitlich angewandt werden. [3] Beginnt das vorgelagerte Rohrleitungsnetz in einem Drittland und ist es mit mindestens einem Mitgliedstaat gekoppelt, so konsultieren die betreffenden Mitgliedstaaten einander, und der Mitgliedstaat, in dem der erste Einspeisepunkt in das Netz der Mitgliedstaaten gelegen ist, konsultiert das betreffende Drittland, in dem das vorgelagerte Rohrleitungsnetz beginnt, um hinsichtlich des betreffenden Netzes dafür zu sorgen, dass die vorliegende Richtlinie im Hoheitsgebiet der Mitgliedstaaten einheitlich angewandt wird.

Art. 35 Verweigerung des Zugangs. (1) [1] Erdgasunternehmen können den Netzzugang verweigern, wenn sie nicht über die nötige Kapazität verfügen oder der Netzzugang sie daran hindern würde, die ihnen auferlegten gemeinwirtschaftlichen Verpflichtungen gemäß Artikel 3 Absatz 2 zu erfüllen, oder wenn in Bezug auf die in Artikel 47 festgelegten Kriterien und Verfahren und die von dem Mitgliedstaat gemäß Artikel 48 Absatz 1 gewählte Alternative aufgrund von Verträgen mit unbedingter Zahlungsverpflichtung ernsthafte wirtschaftliche und finanzielle Schwierigkeiten bestehen. [2] Die Verweigerung ist ordnungsgemäß zu begründen.

(2) [1] Die Mitgliedstaaten können die erforderlichen Maßnahmen ergreifen, um zu gewährleisten, dass Erdgasunternehmen, die den Netzzugang aufgrund unzureichender Kapazität oder eines mangelnden Netzverbunds verweigern, für den erforderlichen Ausbau Sorge tragen, soweit dies wirtschaftlich vertretbar ist oder wenn ein potenzieller Kunde bereit ist, hierfür zu zahlen. [2] Wenden die Mitgliedstaaten Artikel 4 Absatz 4 an, so ergreifen sie diese Maßnahmen.

Art. 36 Neue Infrastruktur. (1) Große neue Erdgasinfrastrukturen, d.h. Verbindungsleitungen, LNG- und Speicheranlagen, können auf Antrag für einen bestimmten Zeitraum von den Bestimmungen der Artikel 9, 32, 33 und 34 sowie des Artikels 41 Absätze 6, 8 und 10 unter folgenden Voraussetzungen ausgenommen werden:

a) durch die Investition werden der Wettbewerb bei der Gasversorgung und die Versorgungssicherheit verbessert;
b) das mit der Investition verbundene Risiko ist so hoch, dass die Investition ohne eine Ausnahmegenehmigung nicht getätigt würde;
c) die Infrastruktur muss Eigentum einer natürlichen oder juristischen Person sein, die zumindest der Rechtsform nach von den Netzbetreibern getrennt ist, in deren Netzen die Infrastruktur geschaffen wird;
d) von den Nutzern dieser Infrastruktur werden Gebühren erhoben; und
e) die Ausnahme darf sich nicht nachteilig auf den Wettbewerb auf den jeweiligen Märkten, die wahrscheinlich von der Investition betroffen sein werden, auf das effiziente Funktionieren des Erdgasbinnenmarktes, auf das effiziente

Funktionieren der betroffenen regulierten Netze oder auf die Erdgasversorgungssicherheit der Union auswirken.

(2) Absatz 1 gilt auch für erhebliche Kapazitätsaufstockungen bei vorhandenen Infrastrukturen und für Änderungen dieser Infrastrukturen, die die Erschließung neuer Gasversorgungsquellen ermöglichen.

(3) *[1]* Die in Kapitel VIII genannte Regulierungsbehörde kann von Fall zu Fall über Ausnahmen nach den Absätzen 1 und 2 befinden.

[2] Bevor die Entscheidung über die Ausnahme getroffen wird, konsultiert die nationale Regulierungsbehörde oder gegebenenfalls eine andere zuständige Behörde dieses Mitgliedstaats

a) die nationalen Regulierungsbehörden der Mitgliedstaaten, deren Märkte wahrscheinlich von der neuen Infrastruktur betroffen sein werden, und
b) die zuständigen Behörden der Drittländer, wenn die betreffende Infrastruktur unter der Hoheitsgewalt eines Mitgliedstaats mit dem Netz der Union gekoppelt ist und in einem Drittland (oder mehreren Drittländern) beginnt oder endet.

[3] Reagieren die konsultierten Behörden dieser Drittländer innerhalb eines angemessenen Zeitraums oder einer gesetzten Frist von höchstens drei Monaten nicht auf die Konsultation, so kann die betreffende nationale Regulierungsbehörde die nötige Entscheidung treffen.

(4) *[1]* Erstreckt sich die betreffende Infrastruktur über das Hoheitsgebiet von mehr als einem Mitgliedstaat, kann die Agentur den Regulierungsbehörden der betroffenen Mitgliedstaaten innerhalb von zwei Monaten ab dem Tag, an dem die letzte dieser Regulierungsbehörden den Antrag auf eine Ausnahme erhalten hat, eine Stellungnahme übermitteln, die die Grundlage für die Entscheidung der Regulierungsbehörden sein könnte.

[2] [1] Haben alle betroffenen Regulierungsbehörden innerhalb von sechs Monaten ab dem Tag, an dem die letzte Regulierungsbehörde den Antrag auf eine Ausnahme erhalten hat, eine Einigung über diesen erzielt, so informieren sie die Agentur über ihre Entscheidung. [2] Ist die betreffende Infrastruktur eine Fernleitung zwischen einem Mitgliedstaat und einem Drittland, so kann die nationale Regulierungsbehörde oder gegebenenfalls eine andere zuständige Behörde des Mitgliedstaats, in dem der erste Kopplungspunkt mit dem Netz der Mitgliedstaaten gelegen ist, bevor die Entscheidung über die Ausnahme getroffen wird, die zuständige Behörde des betroffenen Drittlandes konsultieren, um hinsichtlich der betreffenden Infrastruktur dafür zu sorgen, dass diese Richtlinie im Hoheitsgebiet, und gegebenenfalls im Küstenmeer dieses Mitgliedstaats einheitlich angewandt wird. [3] Reagieren die konsultierten Behörden dieser Drittländer nicht innerhalb eines angemessenen Zeitraums oder einer gesetzten Frist von höchstens drei Monaten auf die Konsultation, so kann die betreffende nationale Regulierungsbehörde die nötige Entscheidung treffen.

[3] Die der Regulierungsbehörde des betroffenen Mitgliedstaats durch diesen Artikel übertragenen Aufgaben werden von der Agentur wahrgenommen,

a) wenn alle betreffenden nationalen Regulierungsbehörden innerhalb eines Zeitraums von sechs Monaten ab dem Tag, an dem die letzte dieser Regulierungsbehörden den Antrag auf eine Ausnahme erhalten hat, keine Einigung erzielen konnten, oder

b) wenn ein gemeinsames Ersuchen der betreffenden nationalen Regulierungsbehörden vorliegt.

[4] Alle betreffenden Regulierungsbehörden können in einem gemeinsamen Ersuchen beantragen, dass die unter Unterabsatz 3 Buchstabe a genannte Frist um bis zu drei Monate verlängert wird.

(5) Vor ihrer Entscheidung erfolgt eine Anhörung der zuständigen Regulierungsbehörden und der Antragsteller durch die Agentur.

(6) *[1]* Eine Ausnahme kann sich auf die gesamte Kapazität der neuen Infrastruktur oder der vorhandenen Infrastruktur, deren Kapazität erheblich vergrößert wurde, oder bestimmte Teile der Infrastruktur erstrecken.

[2] [1]Bei der Entscheidung über die Gewährung einer Ausnahme wird in jedem Einzelfall der Notwendigkeit Rechnung getragen, Bedingungen für die Dauer der Ausnahme und den nichtdiskriminierenden Zugang zu der neuen Infrastruktur aufzuerlegen. [2]Bei der Entscheidung über diese Bedingungen werden insbesondere die neu zu schaffende Kapazität oder die Änderung der bestehenden Kapazität, der Zeithorizont des Vorhabens und die einzelstaatlichen Gegebenheiten berücksichtigt.

[3] [1]Vor der Gewährung einer Ausnahme entscheidet die Regulierungsbehörde über die Regeln und Mechanismen für das Kapazitätsmanagement und die Kapazitätszuweisung. [2]Nach diesen Regeln werden alle potenziellen Nutzer der Infrastruktur dazu aufgefordert, ihr Interesse an der Kontrahierung von Kapazität zu bekunden, bevor Kapazität für die neue Infrastruktur, auch für den Eigenbedarf, vergeben wird. [3]Die Regulierungsbehörde macht zur Auflage, in den Regeln für das Engpassmanagement vorzusehen, dass ungenutzte Kapazitäten auf dem Markt anzubieten sind und dass Nutzer der Infrastruktur das Recht haben, ihre kontrahierten Kapazitäten auf dem Sekundärmarkt zu handeln. [4]Bei ihrer Bewertung der in Absatz 1 Buchstaben a, b und e genannten Kriterien berücksichtigt die Regulierungsbehörde die Ergebnisse des Verfahrens für die Kapazitätszuweisung.

[4] Die Entscheidung zur Gewährung einer Ausnahme – einschließlich der in Unterabsatz 2 des vorliegenden Absatzes genannten Bedingungen – ist ordnungsgemäß zu begründen und zu veröffentlichen.

(7) [1]Unbeschadet des Absatzes 3 können die Mitgliedstaaten jedoch vorsehen, dass die Regulierungsbehörde bzw. die Agentur ihre Stellungnahme zu dem Antrag auf Gewährung einer Ausnahme der zuständigen Stelle des Mitgliedstaats zur förmlichen Entscheidung vorzulegen hat. [2]Diese Stellungnahme wird zusammen mit der Entscheidung veröffentlicht.

(8) [1]Die Regulierungsbehörde übermittelt der Kommission eine Kopie aller Anträge auf Gewährung einer Ausnahme unverzüglich nach ihrem Eingang. [2]Die zuständige Behörde teilt der Kommission unverzüglich die Entscheidung zusammen mit allen für die Entscheidung bedeutsamen Informationen mit. [3]Diese Informationen können der Kommission in einer Zusammenfassung übermittelt werden, die der Kommission eine fundierte Entscheidung ermöglicht. [4]Die Informationen enthalten insbesondere Folgendes:

a) eine ausführliche Begründung der durch die Regulierungsbehörde oder den Mitgliedstaat gewährten oder abgelehnten Ausnahme unter genauem Verweis auf Absatz 1 und den oder die Buchstaben jenes Absatzes, der der

Entscheidung zugrunde liegt, einschließlich finanzieller Informationen, die die Notwendigkeit der Ausnahme rechtfertigen;

b) eine Untersuchung bezüglich der Auswirkungen der Gewährung der Ausnahme auf den Wettbewerb und das effektive Funktionieren des Erdgasbinnenmarkts;

c) eine Begründung der Geltungsdauer der Ausnahme sowie des Anteils an der Gesamtkapazität der Gasinfrastruktur, für die die Ausnahme gewährt wird;

d) sofern sich die Ausnahme auf eine Verbindungsleitung bezieht, das Ergebnis der Konsultation der betroffenen Regulierungsbehörden; und

e) Angaben dazu, welchen Beitrag die Infrastruktur zur Diversifizierung der Gasversorgung leistet.

(9) *[1]* [1] Die Kommission kann innerhalb eines Zeitraums von zwei Monaten ab dem Tag nach dem Eingang einer Meldung beschließen, von der Regulierungsbehörde die Änderung oder den Widerruf der Entscheidung über die Gewährung der Ausnahme zu verlangen. [2] Die Zweimonatsfrist kann um weitere zwei Monate verlängert werden, wenn die Kommission zusätzliche Informationen anfordert. [3] Diese weitere Frist beginnt am Tag nach dem Eingang der vollständigen Informationen. [4] Auch die erste Zweimonatsfrist kann mit Zustimmung der Kommission und der Regulierungsbehörde verlängert werden.

[2] Wenn die angeforderten Informationen nicht innerhalb der in der Aufforderung festgesetzten Frist vorgelegt werden, gilt die Mitteilung als widerrufen, es sei denn, diese Frist wurde mit Zustimmung der Kommission und der Regulierungsbehörde vor ihrem Ablauf verlängert oder die Regulierungsbehörde hat die Kommission vor Ablauf der festgesetzten Frist in einer ordnungsgemäß begründeten Erklärung darüber unterrichtet, dass sie die Mitteilung als vollständig betrachtet.

[3] Die Regulierungsbehörde kommt dem Beschluss der Kommission zur Änderung oder zum Widerruf der Entscheidung über die Gewährung einer Ausnahme innerhalb von einem Monat nach und setzt die Kommission davon in Kenntnis.

[4] Die Kommission behandelt wirtschaftlich sensible Informationen vertraulich.

[5] Die durch die Kommission erfolgte Genehmigung einer Entscheidung zur Gewährung einer Ausnahme wird zwei Jahre nach ihrer Erteilung unwirksam, wenn mit dem Bau der Infrastruktur noch nicht begonnen wurde, und wird fünf Jahre nach ihrer Erteilung unwirksam, wenn die Infrastruktur nicht in Betrieb genommen wurde, es sei denn, die Kommission entscheidet, dass die Verzögerung auf Umstände zurückzuführen ist, auf die die Person, der die Ausnahme gewährt wurde, keinen Einfluss hat.

(10) [1] Die Kommission kann Leitlinien für die Anwendung der in Absatz 1 dieses Artikels genannten Bedingungen und für die Festlegung des zur Anwendung der Absätze 3, 5, 7 und 8 dieses Artikels einzuhaltenden Verfahrens erlassen. [2] Diese Maßnahmen zur Änderung nicht wesentlicher Bestimmungen dieser Richtlinie durch Ergänzung werden nach dem in Artikel 51 Absatz 3 genannten Regelungsverfahren mit Kontrolle erlassen.

Art. 37 Marktöffnung und Gegenseitigkeit. (1) Die Mitgliedstaaten stellen sicher, dass folgende Kunden zugelassene Kunden sind:

a) bis zum 1. Juli 2004 alle zugelassenen Kunden entsprechend Artikel 18 der Richtlinie 98/30/EG des Europäischen Parlaments und des Rates vom 22. Juni 1998 betreffend gemeinsame Vorschriften für den Erdgasbinnenmarkt[1)]. Die Mitgliedstaaten veröffentlichen bis zum 31. Januar jedes Jahres die Kriterien für die Definition dieser zugelassenen Kunden;

b) ab dem 1. Juli 2004 alle Nichthaushaltskunden;

c) ab dem 1. Juli 2007 alle Kunden.

(2) Ungleichgewichte bei der Öffnung der Gasmärkte werden wie folgt vermieden:

a) Lieferverträge mit einem zugelassenen Kunden aus dem Netz eines anderen Mitgliedstaats dürfen nicht untersagt werden, wenn der Kunde in beiden betreffenden Netzen als zugelassener Kunde betrachtet wird, und

b) werden Geschäfte nach Buchstabe a mit der Begründung abgelehnt, dass der Kunde nur in einem der beiden Netze als zugelassener Kunde gilt, so kann die Kommission auf Antrag eines der Mitgliedstaaten, in denen sich die beiden Netze befinden, unter Berücksichtigung der Marktlage und des gemeinsamen Interesses der ablehnenden Partei auferlegen, die gewünschten Lieferungen auszuführen.

Art. 38 Direktleitungen. (1) Die Mitgliedstaaten treffen die erforderlichen Maßnahmen, damit

a) in ihrem Hoheitsgebiet ansässige Erdgasunternehmen die zugelassenen Kunden über eine Direktleitung versorgen können, und

b) jeder zugelassene Kunde in ihrem Hoheitsgebiet von Erdgasunternehmen über eine Direktleitung versorgt werden kann.

(2) [1] In Fällen, in denen eine Genehmigung (z.B. eine Lizenz, Erlaubnis, Konzession, Zustimmung oder Zulassung) für den Bau oder den Betrieb von Direktleitungen erforderlich ist, legen die Mitgliedstaaten oder eine von ihnen benannte zuständige Behörde die Kriterien für die Genehmigung des Baus oder des Betriebs einer Direktleitung in ihrem Hoheitsgebiet fest. [2] Diese Kriterien müssen objektiv, transparent und nichtdiskriminierend sein.

(3) Die Mitgliedstaaten können die Genehmigung zur Errichtung einer Direktleitung entweder von der Verweigerung des Netzzugangs auf der Grundlage des Artikels 35 oder von der Einleitung eines Streitbeilegungsverfahrens gemäß Artikel 41 abhängig machen.

Kapitel VIII. Nationale Regulierungsbehörden

Art. 39 Benennung und Unabhängigkeit der Regulierungsbehörden. (1) Jeder Mitgliedstaat benennt auf nationaler Ebene eine einzige nationale Regulierungsbehörde.

[1)] **Amtl. Anm.:** ABl. L 204 vom 21.7.1998, S. 1.

(2) Absatz 1 des vorliegenden Artikels lässt die Benennung anderer Regulierungsbehörden auf regionaler Ebene in den Mitgliedstaaten unberührt, sofern es für Vertretungszwecke und als Ansprechpartner auf Gemeinschaftsebene innerhalb des Regulierungsrates der Agentur gemäß Artikel 14 Absatz 1 der Verordnung (EG) Nr. 713/2009 einen einzigen ranghohen Vertreter gibt.

(3) [1] Abweichend von Absatz 1 des vorliegenden Artikels kann ein Mitgliedstaat Regulierungsbehörden für kleine Netze in einer geografisch eigenständigen Region benennen, deren Verbrauch im Jahr 2008 weniger als 3 % des gesamten Verbrauchs des Mitgliedstaats, zu dem sie gehört, betragen hat. [2] Diese Ausnahmeregelung lässt die Benennung eines einzigen ranghohen Vertreters für Vertretungszwecke und als Ansprechpartner auf Gemeinschaftsebene innerhalb des Regulierungsrates der Agentur für die Zusammenarbeit der Energieregulierungsbehörden gemäß Artikel 14 Absatz 1 der Verordnung (EG) Nr. 713/2009 unberührt.

(4) [1] Die Mitgliedstaaten gewährleisten die Unabhängigkeit der Regulierungsbehörde und sorgen dafür, dass diese ihre Befugnisse unparteiisch und transparent ausübt. [2] Hierzu stellen die Mitgliedstaaten sicher, dass die Regulierungsbehörde bei der Wahrnehmung der ihr durch diese Richtlinie und zugehörige Rechtsvorschriften übertragenen Regulierungsaufgaben

a) rechtlich getrennt und funktional unabhängig von anderen öffentlichen und privaten Einrichtungen ist,
b) und sicherstellt, dass ihr Personal und ihr Management
   i) unabhängig von Marktinteressen handelt und
   ii) bei der Wahrnehmung der Regulierungsaufgaben keine direkten Weisungen von Regierungsstellen oder anderen öffentlichen oder privaten Einrichtungen einholt oder entgegennimmt. Eine etwaige enge Zusammenarbeit mit anderen zuständigen nationalen Behörden oder allgemeine politische Leitlinien der Regierung, die nicht mit den Regulierungsaufgaben und -befugnissen nach Artikel 41 zusammenhängen, bleiben hiervon unberührt.

(5) *[1]* Zur Wahrung der Unabhängigkeit der Regulierungsbehörde stellen die Mitgliedstaaten insbesondere sicher,

a) dass die Regulierungsbehörde unabhängig von allen politischen Stellen selbständige Entscheidungen treffen kann und ihr jedes Jahr separate Haushaltsmittel zugewiesen werden, damit sie den zugewiesenen Haushalt eigenverantwortlich ausführen kann und über eine für die Wahrnehmung ihrer Aufgaben angemessene personelle und finanzielle Ressourcenausstattung verfügt; und
b) dass die Mitglieder des Leitungsgremiums der Regulierungsbehörde oder, falls kein solches Gremium vorhanden ist, die Mitglieder des leitenden Managements der Regulierungsbehörde für eine Amtszeit von fünf bis sieben Jahren ernannt werden, die einmal verlängert werden kann.

[2] [1] Was Buchstabe b Unterabsatz 1 betrifft, stellen die Mitgliedstaaten sicher, dass für das Leitungsgremium oder das leitende Management ein geeignetes Rotationsverfahren besteht. [2] Die Mitglieder des Leitungsgremiums der Regulierungsbehörde oder, falls kein solches vorhanden ist, die Mitglieder des leitenden Managements können während ihrer Amtszeit nur dann des Amtes enthoben werden, wenn sie nicht mehr die in diesem Artikel genannten

Bedingungen erfüllen oder wenn sie sich eines Fehlverhaltens nach einzelstaatlichem Recht schuldig gemacht haben.

Art. 40 Allgemeine Ziele der Regulierungsbehörde. Bei der Wahrnehmung der in dieser Richtlinie genannten Regulierungsaufgaben trifft die Regulierungsbehörde alle zweckdienlichen Maßnahmen zur Erreichung folgender Ziele im Rahmen ihrer Aufgaben und Befugnisse gemäß Artikel 41, gegebenenfalls in engem Benehmen mit anderen relevanten nationalen Behörden einschließlich der Wettbewerbsbehörden und unbeschadet deren Zuständigkeiten:

a) Förderung – in enger Zusammenarbeit mit der Agentur, den Regulierungsbehörden der Mitgliedstaaten und der Kommission – eines wettbewerbsbestimmten, sicheren und ökologisch nachhaltigen Erdgasbinnenmarktes in der Gemeinschaft und effektive Öffnung des Marktes für alle Lieferanten und Kunden in der Gemeinschaft; sowie Sicherstellung geeigneter Bedingungen dafür, dass Gasnetze unter Berücksichtigung der langfristigen Ziele wirkungsvoll und zuverlässig betrieben werden;

b) Entwicklung wettbewerbsbestimmter und gut funktionierender Regionalmärkte in der Gemeinschaft zur Verwirklichung des unter Buchstabe a genannten Ziels;

c) Aufhebung der bestehenden Beschränkungen des Erdgashandels zwischen den Mitgliedstaaten, einschließlich des Aufbaus geeigneter grenzüberschreitender Fernleitungskapazitäten im Hinblick auf die Befriedigung der Nachfrage und die Förderung der Integration der nationalen Märkte zur Erleichterung der Erdgasflüsse innerhalb der Gemeinschaft;

d) Beiträge zur möglichst kostengünstigen Verwirklichung der angestrebten Entwicklung verbraucherorientierter, sicherer, zuverlässiger und effizienter nichtdiskriminierender Systeme, Förderung der Angemessenheit der Systeme und, in Einklang mit den allgemeinen Zielen der Energiepolitik, der Energieeffizienz sowie der Einbindung von Gas aus erneuerbaren Energieträgern und dezentraler Erzeugung in großem und kleinem Maßstab sowohl in Fernleitungs- als auch in Verteilernetze;

e) Erleichterung der Aufnahme neuer Gewinnungsanlagen in das Netz, insbesondere durch Beseitigung von Hindernissen, die den Zugang neuer Marktteilnehmer und die Einspeisung von Gas aus erneuerbaren Energiequellen verhindern könnten;

f) Schaffung der entsprechenden Voraussetzungen, damit für Netzbetreiber und Netznutzer kurzfristig wie langfristig angemessene Anreize bestehen, Effizienzsteigerungen bei der Netzleistung zu gewährleisten und die Marktintegration zu fördern;

g) Gewährleistung von Vorteilen für die Kunden durch ein effizientes Funktionieren des nationalen Marktes, Förderung eines effektiven Wettbewerbs und Beiträge zur Sicherstellung des Verbraucherschutzes;

h) Beiträge zur Verwirklichung hoher Standards bei der Erfüllung gemeinwirtschaftlicher Verpflichtungen im Bereich Erdgas, zum Schutz benachteiligter Kunden und im Interesse der Kompatibilität der beim Anbieterwechsel von Kunden erforderlichen Datenaustauschverfahren.

Art. 41 Aufgaben und Befugnisse der Regulierungsbehörde. (1) Die Regulierungsbehörde hat folgende Aufgaben:

a) Sie ist dafür verantwortlich, anhand transparenter Kriterien die Fernleitungs- oder Verteilungstarife bzw. die entsprechenden Methoden festzulegen oder zu genehmigen.

b) Sie gewährleistet, dass Fernleitungs- und Verteilernetzbetreiber – gegebenenfalls auch Netzeigentümer – sowie Erdgasunternehmen ihren aus dieser Richtlinie und anderen einschlägigen gemeinschaftlichen Rechtsvorschriften erwachsenden Verpflichtungen nachkommen, auch in Bezug auf Fragen grenzüberschreitender Natur.

c) Sie arbeitet mit der Regulierungsbehörde bzw. den Behörden der betroffenen Mitgliedstaaten und mit der Agentur in grenzüberschreitenden Angelegenheiten zusammen. Bei Fragen der Infrastruktur, die in ein Drittland hinein- oder aus einem Drittland herausführt, kann die Regulierungsbehörde des Mitgliedstaats, in dem der erste Kopplungspunkt mit dem Netz der Mitgliedstaaten gelegen ist, mit den zuständigen Behörden des jeweiligen Drittlandes zusammenarbeiten, nachdem sie die Regulierungsbehörden der anderen betroffenen Mitgliedstaaten konsultiert hat, um hinsichtlich der betreffenden Infrastruktur für eine einheitliche Anwendung dieser Richtlinie im Hoheitsgebiet der Mitgliedstaaten zu sorgen.

d) Sie kommen allen einschlägigen rechtsverbindlichen Entscheidungen der Agentur und der Kommission nach und führen sie durch.

e) Sie erstattet den zuständigen Behörden der Mitgliedstaaten, der Agentur und der Kommission jährlich Bericht über ihre Tätigkeit und die Erfüllung ihrer Aufgaben. In diesen Berichten ist für jede einzelne der in diesem Artikel genannten Aufgaben darzulegen, welche Maßnahmen getroffen und welche Ergebnisse erzielt wurden.

f) Sie sorgt dafür, dass Quersubventionen zwischen den Fernleitungs-, Verteilungs-, Speicher-, LNG- und Versorgungstätigkeiten verhindert werden.

g) Sie überwacht die Investitionspläne der Fernleitungsnetzbetreiber und legt mit ihrem Jahresbericht eine Beurteilung dieser Investitionspläne unter dem Gesichtspunkt ihrer Kohärenz mit dem gemeinschaftsweiten Netzentwicklungsplan gemäß Artikel 8 Absatz 3 Buchstabe b der Verordnung (EG) Nr. 715/2009[1] vor, wobei diese Beurteilung Empfehlungen zur Änderung dieser Investitionspläne enthalten kann.

h) Sie überwacht die Einhaltung der Anforderungen und überprüft die bisherige Qualität in Bezug auf die Sicherheit und Zuverlässigkeit des Netzes, legt für die Dienstleistungs- und Versorgungsqualität geltende Normen und Anforderungen fest oder genehmigt sie oder leistet hierzu gemeinsam mit anderen zuständigen Behörden einen Beitrag.

i) Sie überwacht den Grad der Transparenz – auch im Fall der Großhandelspreise – und gewährleistet, dass die Erdgasunternehmen die Transparenzanforderungen erfüllen.

j) Sie überwacht den Grad und die Wirksamkeit der Marktöffnung und den Umfang des Wettbewerbs auf Großhandels- und Endkundenebene, einschließlich Erdgasbörsen, Preise für Haushaltskunden (einschließlich Voraus-

---

[1] Nr. 9.

zahlungssysteme), Versorgerwechselraten, Abschaltraten, Gebühren für Wartungsdienste, Durchführung von Wartungsdiensten und Beschwerden von Haushaltskunden, sowie etwaige Wettbewerbsverzerrungen oder -beschränkungen, sie stellt relevante Informationen bereit und bringt einschlägige Fälle vor die zuständigen Wettbewerbsbehörden.

k) Sie überwacht etwaige restriktive Vertragspraktiken einschließlich Exklusivitätsbestimmungen, die große Nichthaushaltskunden daran hindern können, gleichzeitig mit mehreren Anbietern Verträge zu schließen, oder ihre Möglichkeiten dazu beschränken, und setzt gegebenenfalls die nationalen Wettbewerbsbehörden von solchen Praktiken in Kenntnis.

l) Sie erkennt die Vertragsfreiheit in Bezug auf unterbrechbare Lieferverträge und langfristige Verträge an, sofern diese mit dem geltenden Gemeinschaftsrecht vereinbar sind und mit der Politik der Gemeinschaft in Einklang stehen.

m) Sie verfolgt, wie viel Zeit die Fernleitungs- und Verteilernetzbetreiber für die Herstellung von Anschlüssen und für Reparaturen benötigen.

n) Sie überwacht und überprüft die Bedingungen für den Zugang zu Speicheranlagen, Netzpufferung und anderen Hilfsdiensten gemäß Artikel 33. Wird die Regelung für den Zugang zu Speicheranlagen gemäß Artikel 33 Absatz 3 festgelegt, ist die Überprüfung der Tarife nicht Bestandteil dieser Aufgabe.

o) Sie trägt zusammen mit anderen einschlägigen Behörden dazu bei, dass Maßnahmen zum Verbraucherschutz, einschließlich der in Anhang I festgelegten Maßnahmen, wirksam sind und durchgesetzt werden.

p) Sie veröffentlicht mindestens einmal jährlich Empfehlungen dafür, wie die Versorgungstarife Artikel 3 genügen sollen, und leitet sie gegebenenfalls an die Wettbewerbsbehörden weiter.

q) Sie gewährleistet den Zugang zu den Verbrauchsdaten der Kunden, die Bereitstellung – bei fakultativer Verwendung – eines leicht verständlichen einheitlichen Formats auf nationaler Ebene für die Erfassung der Verbrauchsdaten und den unverzüglichen Zugang für alle Verbraucher zu diesen Daten gemäß Anhang I Buchstabe h.

r) Sie überwacht die Umsetzung der Vorschriften betreffend die Aufgaben und Verantwortlichkeiten der Fernleitungsnetzbetreiber, Verteilernetzbetreiber, Versorgungsunternehmen und Kunden sowie anderer Marktteilnehmer gemäß der Verordnung (EG) Nr. 715/2009[1)].

s) Sie überwacht die korrekte Anwendung der Kriterien, anhand deren beurteilt wird, ob eine Speicheranlage unter Artikel 33 Absatz 3 oder Artikel 32 Absatz 4 fällt, und

t) sie überwacht die Durchführung der Schutzmaßnahmen gemäß Artikel 46.

u) Sie trägt zur Kompatibilität der Datenaustauschverfahren für die wichtigsten Marktprozesse auf regionaler Ebene bei.

(2) *[1]* [1] Ist dies in einem Mitgliedstaat vorgesehen, so können die Beobachtungsaufgaben gemäß Absatz 1 von anderen Behörden als der Regulierungsbehörde durchgeführt werden. [2] In diesem Fall müssen die Informationen, die

---

1) Nr. **9**.

aus der Beobachtung hervorgehen, der Regulierungsbehörde so schnell wie möglich zur Verfügung gestellt werden.

[2] Bei der Wahrnehmung der Aufgaben gemäß Absatz 1 konsultiert die Regulierungsbehörde gegebenenfalls – unter Wahrung ihrer Unabhängigkeit und unbeschadet ihrer eigenen spezifischen Zuständigkeiten und im Einklang mit den Grundsätzen der besseren Rechtsetzung – die Fernleitungsnetzbetreiber und arbeiten gegebenenfalls eng mit anderen zuständigen nationalen Behörden zusammen.

[3] Genehmigungen, die durch eine Regulierungsbehörde oder durch die Agentur nach dieser Richtlinie erteilt werden, berühren nicht die gebührend begründete künftige Ausübung ihrer Befugnisse nach diesem Artikel durch die Regulierungsbehörde oder etwaige Sanktionen, die von anderen zuständigen Behörden oder der Kommission verhängt werden.

(3) Wurde gemäß Artikel 14 ein unabhängiger Netzbetreiber benannt, so hat die Regulierungsbehörde zusätzlich zu den ihr gemäß Absatz 1 des vorliegenden Artikels übertragenen Aufgaben folgende Pflichten:

a) Sie beobachtet, ob der Eigentümer des Fernleitungsnetzes und der unabhängige Netzbetreiber ihren aus diesem Artikel erwachsenden Verpflichtungen nachkommen, und verhängt gemäß Absatz 4 Buchstabe d Sanktionen für den Fall, dass den Verpflichtungen nicht nachgekommen wird.

b) Sie beobachtet die Beziehungen und die Kommunikation zwischen dem unabhängigen Netzbetreiber und dem Eigentümer des Fernleitungsnetzes, um sicherzustellen, dass der unabhängige Netzbetreiber seinen Verpflichtungen nachkommt, und genehmigt insbesondere Verträge und fungiert im Falle von Beschwerden einer Partei gemäß Absatz 11 als Streitbeilegungsinstanz zwischen dem unabhängigen Netzbetreiber und dem Eigentümer des Fernleitungsnetzes.

c) Unbeschadet des Verfahrens gemäß Artikel 14 Absatz 2 Buchstabe c genehmigt sie die vom unabhängigen Netzbetreiber jährlich vorzulegende Investitionsplanung für den ersten zehnjährigen Netzentwicklungsplan sowie den von ihm vorzulegenden mehrjährigen Netzentwicklungsplan.

d) Sie gewährleistet, dass die von unabhängigen Netzbetreibern erhobenen Netzzugangstarife ein Entgelt für den bzw. die Netzeigentümer enthalten, das für die Nutzung der Netzvermögenswerte und mit Blick auf etwaige neue Investitionen in das Netz angemessen ist, sofern diese wirtschaftlich und effizient getätigt werden, und

e) sie verfügt über die Befugnis, in den Räumlichkeiten des Eigentümers des Fernleitungsnetzes und des unabhängigen Netzbetreibers auch ohne Ankündigung Kontrollen durchzuführen.

(4) [1] Die Mitgliedstaaten stellen sicher, dass die Regulierungsbehörden mit den erforderlichen Befugnissen ausgestattet werden, die es ihnen ermöglichen, die in den Absätzen 1, 3 und 6 genannten Aufgaben effizient und rasch zu erfüllen. [2] Hierzu muss die Regulierungsbehörde unter anderem über folgende Befugnisse verfügen:

a) Erlass von Entscheidungen, die für Gasunternehmen bindend sind;

b) Durchführung von Untersuchungen zum Funktionieren der Erdgasmärkte und Entscheidung über und Verhängung von notwendigen und verhältnismäßigen Maßnahmen zur Förderung eines wirksamen Wettbewerbs und zur

Gewährleistung des ordnungsgemäßen Funktionierens des Marktes. Die Regulierungsbehörde erhält gegebenenfalls auch die Befugnis zur Zusammenarbeit mit der nationalen Wettbewerbsbehörde und Finanzmarktregulierungsbehörden oder der Kommission bei der Durchführung einer wettbewerbsrechtlichen Untersuchung;

c) Anforderung der für die Wahrnehmung ihrer Aufgaben maßgeblichen Informationen bei den Erdgasunternehmen, einschließlich Begründungen für Verweigerungen des Zugangs Dritter und sonstiger Informationen über Maßnahmen zur Stabilisierung der Netze;

d) Verhängung wirksamer, verhältnismäßiger und abschreckender Sanktionen gegen Erdgasunternehmen, die ihren aus dieser Richtlinie oder allen einschlägigen rechtsverbindlichen Entscheidungen der Regulierungsbehörde oder der Agentur erwachsenden Verpflichtungen nicht nachkommen, oder Vorschlag an ein zuständiges Gericht, derartige Sanktionen zu verhängen. Dies schließt die Befugnis ein, bei Nichteinhaltung der jeweiligen Verpflichtungen gemäß dieser Richtlinie gegen den Fernleitungsnetzbetreiber bzw. das vertikal integrierte Unternehmen Sanktionen in Höhe von bis zu 10 % des Jahresumsatzes des Fernleitungsnetzbetreibers bzw. des vertikal integrierten Unternehmens zu verhängen oder vorzuschlagen, und

e) ausreichende Untersuchungsrechte und entsprechende Anweisungsbefugnisse mit Blick auf die Streitbeilegung gemäß den Absätzen 11 und 12.

(5) Zusätzlich zu den Aufgaben und Befugnissen, die ihr gemäß den Absätzen 1 und 4 des vorliegenden Artikels übertragen wurden, werden der Regulierungsbehörde für den Fall, dass ein Fernleitungsnetzbetreiber gemäß Kapitel IV benannt wurde, folgende Aufgaben und Befugnisse übertragen:

a) Verhängung von Sanktionen gemäß Absatz 4 Buchstabe d wegen diskriminierenden Verhaltens zugunsten des vertikal integrierten Unternehmens;

b) Überprüfung des Schriftverkehrs zwischen dem Fernleitungsnetzbetreiber und dem vertikal integrierten Unternehmen, um sicherzustellen, dass der Fernleitungsnetzbetreiber seinen Verpflichtungen nachkommt;

c) als Streitbeilegungsstelle für Streitigkeiten zwischen dem vertikal integrierten Unternehmen und dem Fernleitungsnetzbetreiber bei Beschwerden gemäß Absatz 11 zu fungieren;

d) fortlaufende Kontrolle der geschäftlichen und finanziellen Beziehungen, einschließlich Darlehen, zwischen dem vertikal integrierten Unternehmen und dem Fernleitungsnetzbetreiber;

e) Genehmigung sämtlicher geschäftlichen und finanziellen Vereinbarungen zwischen dem vertikal integrierten Unternehmen und dem Fernleitungsnetzbetreiber, sofern sie marktüblichen Bedingungen entsprechen;

f) Anforderung einer Begründung beim vertikal integrierten Unternehmen im Falle einer Meldung des Gleichbehandlungsbeauftragten nach Artikel 21 Absatz 4. Die Begründung muss insbesondere den Nachweis enthalten, dass kein diskriminierendes Verhalten zugunsten des vertikal integrierten Unternehmens vorgelegen hat;

g) Durchführung von – auch unangekündigten – Kontrollen in den Geschäftsräumen des vertikal integrierten Unternehmens und des Fernleitungsnetzbetreibers, und

h) Übertragung aller oder bestimmter Aufgaben des Fernleitungsnetzbetreibers an einen gemäß Artikel 14 benannten unabhängigen Netzbetreiber, falls der Fernleitungsnetzbetreiber fortwährend gegen seine Verpflichtungen aus der Richtlinie verstößt, insbesondere im Falle eines wiederholten diskriminierenden Verhaltens zugunsten des vertikal integrierten Unternehmens.

(6) Den Regulierungsbehörden obliegt es, zumindest die Methoden zur Berechnung oder Festlegung folgender Bedingungen mit ausreichendem Vorlauf vor deren Inkrafttreten festzulegen oder zu genehmigen:

a) Anschluss und Zugang zu den nationalen Netzen, einschließlich Fernleitungs- und Verteilungstarife, und Bedingungen und Tarife für den Zugang zu LNG-Anlagen. Diese Tarife oder Methoden sind so zu gestalten, dass die notwendigen Investitionen in die Netze und LNG-Anlagen so vorgenommen werden können, dass die Lebensfähigkeit der Netze und LNG-Anlagen gewährleistet ist;
b) die Bedingungen für die Erbringung von Ausgleichsleistungen, die möglichst wirtschaftlich sind und den Netzbenutzern geeignete Anreize bieten, die Einspeisung und Abnahme von Gas auszugleichen. Die Ausgleichsleistungen werden auf faire und nichtdiskriminierende Weise erbracht und stützen sich auf objektive Kriterien, und
c) die Bedingungen für den Zugang zu grenzübergreifenden Infrastrukturen einschließlich der Verfahren für Kapazitätsvergabe und Engpassmanagement.

(7) Die in Absatz 6 genannten Methoden oder die Bedingungen werden veröffentlicht.

(8) Bei der Festsetzung oder Genehmigung der Tarife oder Methoden und der Ausgleichsleistungen stellt die Regulierungsbehörde sicher, dass für die Fernleitungs- und Verteilerbetreiber angemessene Anreize geschaffen werden, sowohl kurzfristig als auch langfristig die Effizienz zu steigern, die Marktintegration und die Versorgungssicherheit zu fördern und entsprechende Forschungsarbeiten zu unterstützen.

(9) [1] Die Regulierungsbehörden beobachten das Engpassmanagement in den nationalen Erdgasfernleitungsnetzen einschließlich der Verbindungsleitungen und die Durchsetzung der Regeln für das Engpassmanagement. [2] Hierzu legen die Übertragungsnetzbetreiber oder Marktteilnehmer den nationalen Regulierungsbehörden ihre Regeln für das Engpassmanagement sowie für die Kapazitätsvergabe vor. [3] Die nationalen Regulierungsbehörden können Änderungen dieser Regeln verlangen.

(10) [1] Die Regulierungsbehörden sind befugt, falls erforderlich von Betreibern von Fernleitungsnetzen, Speicheranlagen, LNG-Anlagen und Verteilernetzen zu verlangen, die in diesem Artikel genannten Bedingungen, einschließlich der Tarife, zu ändern, um sicherzustellen, dass sie angemessen sind und nichtdiskriminierend angewendet werden. [2] Wird die Regelung für den Zugang zu Speicheranlagen gemäß Artikel 33 Absatz 3 festgelegt, so ist die Überprüfung der Tarife nicht Bestandteil dieser Aufgabe. [3] Verzögert sich die Festlegung von Übertragungs- und Verteilungstarifen, sind die Regulierungsbehörden befugt, vorläufig geltende Übertragungs- und Verteilungstarife oder die entsprechenden Methoden festzulegen oder zu genehmigen und über geeignete Ausgleichsmaßnahmen zu entscheiden, falls die endgültigen Übertragungs-

und Verteilungstarife oder Methoden von diesen vorläufigen Tarifen oder Methoden abweichen.

(11) [1]Jeder Betroffene, der in Bezug auf die von einem Betreiber im Rahmen dieser Richtlinie eingegangenen Verpflichtungen eine Beschwerde gegen einen Fernleitungs- oder Verteilernetzbetreiber oder den Betreiber einer Speicher- oder LNG-Anlage hat, kann damit die Regulierungsbehörde befassen, die als Streitbeilegungsstelle innerhalb eines Zeitraums von zwei Monaten nach Eingang der Beschwerde eine Entscheidung trifft. [2]Diese Frist kann um zwei Monate verlängert werden, wenn die Regulierungsbehörde zusätzliche Informationen anfordert. [3]Mit Zustimmung des Beschwerdeführers ist eine weitere Verlängerung dieser Frist möglich. [4]Die Entscheidung der Regulierungsbehörde ist verbindlich, bis sie gegebenenfalls aufgrund eines Rechtsbehelfs aufgehoben wird.

(12) [1]Jeder Betroffene, der hinsichtlich einer gemäß diesem Artikel getroffenen Entscheidung über die Methoden oder, soweit die Regulierungsbehörde eine Anhörungspflicht hat, hinsichtlich der vorgeschlagenen Tarife bzw. Methoden beschwerdeberechtigt ist, kann längstens binnen zwei Monaten bzw. innerhalb einer von den Mitgliedstaaten festgelegten kürzeren Frist nach Veröffentlichung der Entscheidung bzw. des Vorschlags für eine Entscheidung eine Beschwerde im Hinblick auf die Überprüfung der Entscheidung einlegen. [2]Eine Beschwerde hat keine aufschiebende Wirkung.

(13) [1]Die Mitgliedstaaten schaffen geeignete und wirksame Mechanismen für die Regulierung, die Kontrolle und die Sicherstellung der Transparenz, um den Missbrauch einer marktbeherrschenden Stellung zum Nachteil insbesondere der Verbraucher sowie Verdrängungspraktiken zu verhindern. [2]Diese Mechanismen tragen den Bestimmungen des Vertrags, insbesondere Artikel 82, Rechnung.

(14) Die Mitgliedstaaten gewährleisten, dass bei Verstößen gegen die in dieser Richtlinie vorgesehenen Geheimhaltungsvorschriften geeignete Maßnahmen, einschließlich der nach nationalem Recht vorgesehenen Verwaltungs- oder Strafverfahren, gegen die verantwortlichen natürlichen oder juristischen Personen ergriffen werden.

(15) Beschwerden nach den Absätzen 11 und 12 lassen die nach dem Gemeinschaftsrecht und/oder dem nationalen Recht möglichen Rechtsbehelfe unberührt.

(16) [1]Die von den Regulierungsbehörden getroffenen Entscheidungen sind im Hinblick auf die gerichtliche Überprüfung in vollem Umfang zu begründen. [2]Die Entscheidung ist der Öffentlichkeit unter Wahrung der Vertraulichkeit wirtschaftlich sensibler Informationen zugänglich zu machen.

(17) Die Mitgliedstaaten stellen sicher, dass auf nationaler Ebene geeignete Mechanismen bestehen, in deren Rahmen eine von einer Entscheidung der Regulierungsbehörde betroffene Partei das Recht hat, bei einer von den beteiligen Parteien und Regierungen unabhängigen Stelle Beschwerde einzulegen.

Art. 42 Regulierungssystem für grenzüberschreitende Aspekte.

(1) [1]Die Regulierungsbehörden konsultieren einander und arbeiten eng zusammen, und sie übermitteln einander und der Agentur sämtliche für die Erfüllung ihrer Aufgaben gemäß dieser Richtlinie erforderlichen Informationen. [2]Hinsichtlich des Informationsaustauschs ist die einholende Behörde an

den gleichen Grad an Vertraulichkeit gebunden wie die Auskunft erteilende Behörde.

(2) Die Regulierungsbehörden arbeiten zumindest auf regionaler Ebene zusammen,

a) um netztechnische Regelungen zu fördern, die ein optimales Netzmanagement ermöglichen, gemeinsame Strombörsen zu fördern und grenzüberschreitende Kapazitäten zuzuweisen und – u.a. durch neue Verbindungen – ein angemessenes Maß an Verbindungskapazitäten innerhalb der Region und zwischen den Regionen zu ermöglichen, damit sich ein effektiver Wettbewerb und eine bessere Versorgungssicherheit entwickeln können, ohne dass es zu einer Diskriminierung von Versorgungsunternehmen in einzelnen Mitgliedstaaten kommt,

b) um die Aufstellung aller Netzkodizes für die betroffenen Fernleitungsnetzbetreiber und andere Marktteilnehmer zu koordinieren, und

c) um die Ausarbeitung von Regeln für das Engpassmanagement zu koordinieren.

(3) Die nationalen Regulierungsbehörden sind berechtigt, untereinander Kooperationsvereinbarungen zu schließen, um die Zusammenarbeit bei der Regulierungstätigkeit zu verstärken.

(4) Die in Absatz 2 genannten Maßnahmen werden gegebenenfalls in engem Benehmen mit anderen einschlägigen nationalen Behörden und unbeschadet deren eigenen Zuständigkeiten durchgeführt.

(5) [1]Die Kommission kann Leitlinien erlassen, in denen festgelegt ist, in welchem Umfang die Regulierungsbehörden untereinander und mit der Agentur zusammenarbeiten. [2]Diese Maßnahmen zur Änderung nicht wesentlicher Bestimmungen dieser Richtlinie durch Ergänzung werden nach dem in Artikel 51 Absatz 3 genannten Regelungsverfahren mit Kontrolle erlassen.

(6) Die Regulierungsbehörden oder gegebenenfalls andere zuständige Behörden können die zuständigen Behörden von Drittländern hinsichtlich des Betriebs von Gasinfrastruktur in Drittländer und aus Drittländern konsultieren und mit ihnen zusammenarbeiten, um hinsichtlich der betreffenden Infrastruktur dafür zu sorgen, dass diese Richtlinie im Hoheitsgebiet und im Küstenmeer eines Mitgliedstaats einheitlich angewandt wird.

Art. 43 Einhaltung der Leitlinien. (1) Jede Regulierungsbehörde wie auch die Kommission können die Agentur um eine Stellungnahme dazu ersuchen, ob eine von einer Regulierungsbehörde getroffene Entscheidung im Einklang mit den gemäß dieser Richtlinie oder der Verordnung (EG) Nr. 715/2009[1)].

(2) Die Agentur unterbreitet der anfragenden Regulierungsbehörde bzw. der Kommission sowie der Regulierungsbehörde, die die fragliche Entscheidung getroffen hat, innerhalb von drei Monaten nach dem Eingang des Ersuchens ihre Stellungnahme.

(3) Kommt die Regulierungsbehörde, die die Entscheidung getroffen hat, der Stellungnahme der Agentur nicht innerhalb von vier Monaten nach dem Eingang der Stellungnahme nach, so unterrichtet die Agentur die Kommission entsprechend.

[1)] Nr. **9**.

(4) Jede Regulierungsbehörde, die der Auffassung ist, dass eine von einer anderen Regulierungsbehörde getroffene Entscheidung von Belang für den grenzüberschreitenden Handel nicht im Einklang mit den gemäß dieser Richtlinie oder der Verordnung (EG) Nr. 715/2009[1)] erlassenen Leitlinien steht, kann die Kommission innerhalb von zwei Monaten ab dem Tag, an dem die fragliche Entscheidung ergangen ist, davon in Kenntnis setzen.

(5) [1] Gelangt die Kommission innerhalb von zwei Monaten, nachdem sie gemäß Absatz 3 von der Agentur oder gemäß Absatz 4 von einer Regulierungsbehörde informiert wurde, oder innerhalb von drei Monaten nach dem Tag, an dem die Entscheidung getroffen wurde, von sich aus zu der Einschätzung, dass die Entscheidung einer Regulierungsbehörde ernsthafte Zweifel hinsichtlich ihrer Vereinbarkeit mit den gemäß dieser Richtlinie oder der Verordnung (EG) Nr. 715/2009[1)] erlassenen Leitlinien begründet, kann die Kommission die weitere Prüfung des Falls beschließen. [2] In einem solchen Fall lädt sie die betreffende Regulierungsbehörde und die betroffenen Parteien zu dem Verfahren vor der Regulierungsbehörde, damit sie Stellung nehmen können.

(6) Beschließt die Kommission, den Fall weiter zu prüfen, so erlässt sie innerhalb von vier Monaten nach dem Tag, an dem dieser Beschluss gefasst wurde, die endgültige Entscheidung,

a) keine Einwände gegen die Entscheidung der Regulierungsbehörde zu erheben oder
b) von der betreffenden Regulierungsbehörde einen Widerruf ihrer Entscheidung zu verlangen, weil die Leitlinien nicht eingehalten wurden.

(7) Beschließt die Kommission nicht innerhalb der in den Absätzen 5 und 6 genannten Fristen, den Fall weiter zu prüfen oder eine endgültige Entscheidung zu erlassen, wird davon ausgegangen, dass sie keine Einwände gegen die Entscheidung der Regulierungsbehörde erhebt.

(8) Die Regulierungsbehörde kommt der Entscheidung der Kommission über den Widerruf der Entscheidung der Regulierungsbehörde innerhalb von zwei Monaten nach und setzt die Kommission davon in Kenntnis.

(9) [1] Die Kommission kann Leitlinien zur Festlegung der Modalitäten des Verfahrens erlassen, das von den Regulierungsbehörden, der Agentur und der Kommission bei der Prüfung der Vereinbarkeit von Entscheidungen der Regulierungsbehörden mit den in diesem Artikel genannten Leitlinien anzuwenden ist. [2] Diese Maßnahmen zur Änderung nicht wesentlicher Bestimmung dieser Richtlinie durch Ergänzung werden nach dem in Artikel 51 Absatz 3 genannten Regelungsverfahren mit Kontrolle erlassen.

Art. 44 Aufbewahrungspflichten. (1) Die Mitgliedstaaten verlangen von den Versorgungsunternehmen, dass sie die relevanten Daten über sämtliche mit Großhandelskunden und Fernleitungsnetzbetreibern sowie mit Betreibern von Speicheranlagen und LNG-Anlagen im Rahmen von Gasversorgungsverträgen und Gasderivaten getätigten Transaktionen für die Dauer von mindestens fünf Jahren aufbewahren und den nationalen Behörden einschließlich der Regulierungsbehörde, der nationalen Wettbewerbsbehörden und der Kommission zur Erfüllung ihrer Aufgaben bei Bedarf zur Verfügung stellen.

[1)] Nr. 9.

(2) Die Daten enthalten genaue Angaben zu den Merkmalen der relevanten Transaktionen wie Laufzeit-, Liefer- und Abrechnungsbestimmungen, Menge, Datum und Uhrzeit der Ausführung, Transaktionspreise und Formen der Identifizierung des betreffenden Großhandelskunden sowie bestimmte Angaben zu sämtlichen offenen Positionen in nicht abgerechneten Gasversorgungsverträgen und Gasderivaten.

(3) [1] Die Regulierungsbehörde kann beschließen, bestimmte dieser Informationen den Marktteilnehmern zugänglich zu machen, vorausgesetzt, es werden keine wirtschaftlich sensiblen Daten über einzelne Marktakteure oder einzelne Transaktionen preisgegeben. [2] Dieser Absatz gilt nicht für Informationen über Finanzinstrumente, die unter die Richtlinie 2004/39/EG fallen.

(4) [1] Zur Gewährleistung der einheitlichen Anwendung dieses Artikels kann die Kommission Leitlinien erlassen, in denen die Methoden und Regelungen der Datenaufbewahrung sowie Form und Inhalt der aufzubewahrenden Daten festgelegt werden. [2] Diese Maßnahmen zur Änderung nicht wesentlicher Bestimmungen dieser Richtlinie durch Ergänzung werden nach dem in Artikel 51 Absatz 3 genannten Regelungsverfahren mit Kontrolle erlassen.

(5) Für mit Großhandelskunden und Fernleitungsnetzbetreibern sowie Betreibern von Speicheranlagen und LNG-Anlagen getätigte Transaktionen mit Gasderivaten von Versorgungsunternehmen gilt dieser Artikel nur, sobald die Kommission die Leitlinien gemäß Absatz 4 erlassen hat.

(6) Die Bestimmungen dieses Artikels begründen für Rechtspersonen, die unter die Richtlinie 2004/39/EG fallen, keine zusätzlichen Verpflichtungen gegenüber den in Absatz 1 genannten Behörden.

(7) Müssen die in Absatz 1 genannten Behörden Zugang zu Daten haben, die von Unternehmen aufbewahrt werden, die unter die Richtlinie 2004/39/EG fallen, übermitteln die nach jener Richtlinie zuständigen Behörden ihnen die erforderlichen Daten.

Kapitel IX. Endkundenmärkte

Art. 45 Endkundenmärkte. *[1]* Um das Entstehen gut funktionierender und transparenter Endkundenmärkte in der Gemeinschaft zu erleichtern, stellen die Mitgliedstaaten sicher, dass die Aufgaben und Zuständigkeiten der Fernleitungsnetzbetreiber, Verteilernetzbetreiber, Versorgungsunternehmen und Kunden sowie gegebenenfalls anderer Marktteilnehmer hinsichtlich der vertraglichen Vereinbarungen, der Verpflichtungen gegenüber den Kunden, der Regeln für Datenaustausch und Abrechnung, des Eigentums an den Daten und der Zuständigkeit für die Verbrauchserfassung festgelegt werden.

[2] Diese Regeln, die zu veröffentlichen sind, werden so konzipiert, dass sie den Zugang der Kunden und Versorger zu den Netzen erleichtern, und unterliegen der Nachprüfbarkeit durch die Regulierungsbehörden oder andere zuständige einzelstaatliche Behörden.

Kapitel X. Schlussbestimmungen

Art. 46 Schutzmaßnahmen. (1) Treten plötzliche Marktkrisen im Energiesektor auf oder ist die Sicherheit von Personen, Geräten oder Anlagen oder die Unversehrtheit des Netzes gefährdet, so kann ein Mitgliedstaat vorübergehend die notwendigen Schutzmaßnahmen treffen.

(2) Diese Maßnahmen dürfen nur die geringstmöglichen Störungen im Funktionieren des Binnenmarktes hervorrufen und nicht über das zur Behebung der plötzlich aufgetretenen Schwierigkeiten unbedingt erforderliche Maß hinausgehen.

(3) Der betreffende Mitgliedstaat teilt diese Maßnahmen unverzüglich den anderen Mitgliedstaaten und der Kommission mit; diese kann beschließen, dass der betreffende Mitgliedstaat diese Maßnahmen zu ändern oder aufzuheben hat, soweit sie den Wettbewerb verzerren und den Handel in einem Umfang beeinträchtigen, der dem gemeinsamen Interesse zuwiderläuft.

Art. 47 Gleiche Ausgangsbedingungen. (1) Maßnahmen, die die Mitgliedstaaten gemäß dieser Richtlinie treffen können, um gleiche Ausgangsbedingungen zu gewährleisten, müssen mit dem Vertrag, insbesondere Artikel 30, und den Rechtsvorschriften der Gemeinschaft vereinbar sein.

(2) [1] Die in Absatz 1 genannten Maßnahmen müssen verhältnismäßig, nichtdiskriminierend und transparent sein. [2] Diese Maßnahmen können erst angewendet werden, nachdem sie der Kommission mitgeteilt und von ihr gebilligt wurden.

(3) [1] Die Kommission wird innerhalb von zwei Monaten nach Eingang der Mitteilung gemäß Absatz 2 tätig. [2] Diese Frist beginnt am Tag nach dem Eingang der vollständigen Informationen. [3] Wird die Kommission nicht innerhalb dieser Frist von zwei Monaten tätig, so wird davon ausgegangen, dass sie keine Einwände gegen die mitgeteilten Maßnahmen hat.

Art. 48 Ausnahmen im Zusammenhang mit unbedingten Zahlungsverpflichtungen. (1) *[1]* [1] Entstehen einem Erdgasunternehmen aufgrund eines oder mehrerer Gaslieferverträge mit unbedingter Zahlungsverpflichtung ernsthafte wirtschaftliche und finanzielle Schwierigkeiten oder werden solche Schwierigkeiten befürchtet, so kann es bei dem betreffenden Mitgliedstaat oder der benannten zuständigen Behörde eine befristete Ausnahme von Artikel 32 beantragen. [2] Die Anträge sind in jedem einzelnen Fall je nach Wahl des Mitgliedstaats entweder vor oder nach der Verweigerung des Netzzugangs zu stellen. [3] Die Mitgliedstaaten können es dem Erdgasunternehmen auch freistellen, ob es einen Antrag vor oder nach der Verweigerung des Netzzugangs stellen möchte. [4] Hat ein Erdgasunternehmen den Zugang verweigert, ist der Antrag unverzüglich zu stellen. [5] Den Anträgen sind alle sachdienlichen Angaben über die Art und den Umfang des Problems und die von dem Erdgasunternehmen zu dessen Lösung unternommenen Anstrengungen beizufügen.

[2] Stehen nach vernünftigem Ermessen keine Alternativlösungen zur Verfügung, so kann der Mitgliedstaat oder die benannte zuständige Behörde unter Beachtung des Absatzes 3 eine Ausnahme gewähren.

(2) *[1]* [1]Der Mitgliedstaat oder die benannte zuständige Behörde übermittelt der Kommission unverzüglich ihre Entscheidung über die Gewährung einer Ausnahme zusammen mit allen einschlägigen Informationen zu der betreffenden Ausnahme. [2]Diese Informationen können der Kommission in einer Zusammenfassung übermittelt werden, anhand deren die Kommission eine fundierte Entscheidung treffen kann. [3]Die Kommission kann binnen acht Wochen nach Eingang der Mitteilung verlangen, dass der betreffende Mitgliedstaat bzw. die betreffende benannte zuständige Behörde die Entscheidung über die Gewährung einer Ausnahme ändert oder widerruft.

[2] Kommt der betreffende Mitgliedstaat bzw. die betreffende benannte zuständige Behörde der Aufforderung nicht binnen vier Wochen nach, so wird nach dem in Artikel 51 Absatz 2 genannten Beratungsverfahren umgehend eine endgültige Entscheidung getroffen.

[3] Die Kommission behandelt wirtschaftlich sensible Informationen vertraulich.

(3) *[1]* Der Mitgliedstaat oder die benannte zuständige Behörde und die Kommission berücksichtigen bei der Entscheidung über die Ausnahmen nach Absatz 1 insbesondere folgende Kriterien:

a) das Ziel der Vollendung eines wettbewerbsbestimmten Gasmarktes;
b) die Notwendigkeit, gemeinwirtschaftliche Verpflichtungen zu erfüllen und die Versorgungssicherheit zu gewährleisten;
c) die Stellung des Erdgasunternehmens auf dem Gasmarkt und die tatsächliche Wettbewerbslage auf diesem Markt;
d) die Schwere der aufgetretenen wirtschaftlichen und finanziellen Schwierigkeiten von Erdgasunternehmen und Fernleitungsunternehmen bzw. zugelassenen Kunden;
e) den Zeitpunkt der Unterzeichnung sowie die Bedingungen des betreffenden Vertrags oder der betreffenden Verträge und inwieweit diese Marktänderungen berücksichtigen;
f) die zur Lösung des Problems unternommenen Anstrengungen;
g) inwieweit das Unternehmen beim Eingehen der betreffenden unbedingten Zahlungsverpflichtungen unter Berücksichtigung dieser Richtlinie vernünftigerweise mit dem wahrscheinlichen Auftreten von ernsten Schwierigkeiten hätte rechnen können;
h) das Ausmaß, in dem das Netz mit anderen Netzen verbunden ist, sowie den Grad an Interoperabilität dieser Netze, und
i) die Auswirkungen, die die Genehmigung einer Ausnahme für die korrekte Anwendung dieser Richtlinie in Bezug auf das einwandfreie Funktionieren des Erdgasbinnenmarktes haben würde.

[2] [1]Eine Entscheidung über einen Ausnahmeantrag in Bezug auf Verträge mit unbedingter Zahlungsverpflichtung, die vor dem 4. August 2003 geschlossen worden sind, sollte nicht zu einer Lage führen, in der es unmöglich ist, wirtschaftlich tragfähige Absatzalternativen zu finden. [2]Auf jeden Fall wird davon ausgegangen, dass keine ernsthaften Schwierigkeiten vorliegen, wenn die Erdgasverkäufe nicht unter die in Gaslieferverträgen mit unbedingter Zahlungsverpflichtung vereinbarte garantierte Mindestabnahmemenge sinken oder so-

fern der betreffende Gasliefervertrag mit unbedingter Zahlungsverpflichtung angepasst werden oder das Erdgasunternehmen Absatzalternativen finden kann.

(4) [1] Erdgasunternehmen, die keine Ausnahmegenehmigung nach Absatz 1 des vorliegenden Artikels erhalten haben, dürfen den Netzzugang wegen im Rahmen eines Gasliefervertrags eingegangener unbedingter Zahlungsverpflichtungen nicht bzw. nicht länger verweigern. [2] Die Mitgliedstaaten stellen sicher, dass alle einschlägigen Bestimmungen der Artikel 32 bis 44, eingehalten werden.

(5) [1] Die im Rahmen der obigen Bestimmungen genehmigten Ausnahmen müssen ordnungsgemäß begründet werden. [2] Die Kommission veröffentlicht die Entscheidung im *Amtsblatt der Europäischen Union.*

(6) Die Kommission legt bis zum 4. August 2008 einen Bericht über die bei der Anwendung dieses Artikels gemachten Erfahrungen vor, damit das Europäische Parlament und der Rat zu gegebener Zeit prüfen können, ob dieser Artikel angepasst werden muss.

Art. 48a Technische Vereinbarungen über den Betrieb von Fernleitungen. [1] Diese Richtlinie berührt nicht die Freiheit der Fernleitungsnetzbetreiber oder anderer Wirtschaftsakteure, technische Vereinbarungen über Fragen zum Betrieb von Fernleitungen zwischen einem Mitgliedstaat und einem Drittland aufrechtzuerhalten oder zu schließen, solange diese Vereinbarungen mit dem Unionsrecht und einschlägigen Entscheidungen der nationalen Regierungsbehörden der betreffenden Mitgliedstaaten vereinbar sind. [2] Diese Vereinbarungen werden den Regulierungsbehörden der betroffenen Mitgliedstaaten notifiziert.

Art. 49 Entstehende und isolierte Märkte. (1) *[1]* [1] Mitgliedstaaten, die nicht direkt an das Verbundnetz eines anderen Mitgliedstaats angeschlossen sind und nur einen externen Hauptlieferanten haben, können von den Artikeln 4, 9, 37 und/oder 38 abweichen. [2] Als Hauptlieferant gilt ein Versorgungsunternehmen mit einem Marktanteil von mehr als 75 %. [3] Eine Ausnahme endet automatisch, sobald mindestens eine der in diesem Unterabsatz genannten Bedingungen nicht mehr gegeben ist. [4] Alle derartigen Ausnahmen sind der Kommission mitzuteilen.

[2] [1] Zypern kann von den Artikeln 4, 9, 37 und/oder 38 abweichen. [2] Diese Ausnahme endet, sobald Zypern nicht mehr als isolierter Markt anzusehen ist.

[3] [1] Die Artikel 4, 9, 37 und/oder 38 gelten für Estland, Lettland und/oder Finnland erst ab dem Zeitpunkt, zu dem einer dieser Mitgliedstaaten direkt an das Verbundnetz eines anderen Mitgliedstaats mit Ausnahme von Estland, Lettland, Litauen und Finnland angeschlossen ist. [2] Ausnahmen gemäß Unterabsatz 1 dieses Absatzes bleiben von diesem Unterabsatz unberührt.

(2) *[1]* [1] Ein als entstehender Markt eingestufter Mitgliedstaat, der durch die Anwendung dieser Richtlinie in erhebliche Schwierigkeiten geriete, kann von Artikel 4, Artikel 9, Artikel 13 Absätze 1 und 3, Artikel 14, Artikel 24, Artikel 25 Absatz 5, Artikel 26, Artikel 31, Artikel 32, Artikel 37 Absatz 1 und/oder Artikel 38 abweichen. [2] Diese Ausnahme endet automatisch, sobald der betreffende Mitgliedstaat nicht mehr als entstehender Markt anzusehen ist. [3] Alle derartigen Ausnahmen sind der Kommission mitzuteilen.

[2] [1]Zypern kann von den Artikeln 4 und 9, Artikel 13 Absätze 1 und 3, den Artikeln 14 und 24, Artikel 25 Absatz 5, den Artikeln 26, 31 und 32, Artikel 37 Absatz 1 und/oder Artikel 38 abweichen. [2]Diese Ausnahme endet, sobald Zypern nicht mehr als entstehender Markt anzusehen ist.

(3) [1]Zu dem Zeitpunkt, zu dem die in Absatz 2 Unterabsatz 1 genannte Ausnahme endet, muss die Definition der zugelassenen Kunden eine Marktöffnung bewirken, die sich auf mindestens 33 % des jährlichen Gesamterdgasverbrauchs auf dem innerstaatlichen Erdgasmarkt erstreckt. [2]Zwei Jahre nach diesem Zeitpunkt gilt Artikel 37 Absatz 1 Buchstabe b und drei Jahre nach diesem Zeitpunkt gilt Artikel 37 Absatz 1 Buchstabe c. [3]Bis zum Beginn der Anwendung des Artikels 37 Absatz 1 Buchstabe b können die in Absatz 2 des vorliegenden Artikels genannten Mitgliedstaaten beschließen, Artikel 32 nicht anzuwenden, soweit es sich um Hilfsdienste und die vorübergehende Speicherung für die Wiederverdampfung und die anschließende Einspeisung in das Fernleitungsnetz handelt.

(4) Falls die Anwendung dieser Richtlinie in einem begrenzten Gebiet eines Mitgliedstaats, insbesondere hinsichtlich des Ausbaus der Fernleitungsinfrastruktur und größerer Verteilungsinfrastrukturen, erhebliche Schwierigkeiten verursachen würde, kann der Mitgliedstaat zur Förderung von Investitionen bei der Kommission für Entwicklungen in diesem Gebiet eine befristete Ausnahme von den Artikeln 4 und 9, Artikel 13 Absätze 1 und 3, den Artikeln 14 und 24, Artikel 25 Absatz 5, den Artikeln 26, 31 und 32, sowie von Artikel 37 Absatz 1 und/oder Artikel 38 beantragen.

(5) *[1]* Die Kommission kann die in Absatz 4 genannte Ausnahme unter Berücksichtigung insbesondere der nachstehenden Kriterien genehmigen:
- Bedarf an Infrastrukturinvestitionen, die in einem wettbewerbsbestimmten Marktumfeld nicht rentabel wären;
- Umfang der erforderlichen Investitionen und Amortisationsaussichten;
- Größe und Entwicklungsstand des Gasnetzes in dem betreffenden Gebiet;
- Aussichten für den betreffenden Gasmarkt;
- geografische Größe und Merkmale des betreffenden Gebiets oder der betreffenden Region sowie sozioökonomische und demografische Faktoren.

[2] [1]Im Falle einer Gasinfrastruktur, bei der es sich nicht um eine Verteilerinfrastruktur handelt, darf eine Ausnahme nur genehmigt werden, wenn in diesem Gebiet noch keine Gasinfrastruktur errichtet worden ist oder die Errichtung einer derartigen Infrastruktur weniger als zehn Jahre zurückliegt. [2]Die befristete Ausnahme darf nicht für einen Zeitraum von mehr als zehn Jahren ab der ersten Versorgung mit Gas in dem betreffenden Gebiet gewährt werden.

[3] Im Falle einer Verteilerinfrastruktur kann eine Ausnahme für einen Zeitraum von höchstens 20 Jahren ab dem Zeitpunkt genehmigt werden, zu dem in dem betreffenden Gebiet erstmalig Gas über die genannte Infrastruktur geliefert wurde.

(6) Artikel 9 gilt nicht für Zypern, Luxemburg und/oder Malta.

(7) [1]Vor einer Entscheidung nach Absatz 5 unterrichtet die Kommission die Mitgliedstaaten unter Wahrung der Vertraulichkeit über die gemäß Absatz 4 gestellten Anträge. [2]Diese Entscheidung sowie die Ausnahmen nach den Absätzen 1 und 2 werden im *Amtsblatt der Europäischen Union* veröffentlicht.

(8) Griechenland darf hinsichtlich Aufbau und Alleinnutzung von Verteilernetzen in bestimmten geografischen Gebieten von den Artikeln 4, 24, 25, 26, 32, 37 und/oder 38 dieser Richtlinie in Bezug auf die geografischen Gebiete und Zeiträume abweichen, die in den von Griechenland vor dem 15. März 2002 gemäß der Richtlinie 98/30/EG ausgestellten Genehmigungen angegeben sind.

Art. 49a Abweichungen in Bezug auf Fernleitungen aus Drittländern und in Drittländer. (1) *[1]* Für Gasfernleitungen zwischen einem Mitgliedstaat und einem Drittland, die vor dem 23. Mai 2019 fertiggestellt wurden, kann der Mitgliedstaat, in dem der erste Kopplungspunkt einer solchen Fernleitung mit dem Netz eines Mitgliedstaats gelegen ist, beschließen, in Bezug auf die Abschnitte einer solchen in seinem Hoheitsgebiet und Küstenmeer befindlichen Gasfernleitung aus objektiven Gründen, wie etwa, um eine Amortisierung der getätigten Investitionen zu ermöglichen oder aus Gründen der Versorgungssicherheit, von den Artikeln 9, 10, 11 und 32 und von Artikel 41 Absätze 6, 8 und 10 abzuweichen, sofern die Abweichung den Wettbewerb auf dem Erdgasbinnenmarkt in der Union, dessen effektives Funktionieren oder die Versorgungssicherheit in der Union nicht beeinträchtigen würde.

[2] Die Ausnahmeregelung ist zeitlich begrenzt auf bis zu 20 Jahre auf der Grundlage einer objektiven Begründung, kann – falls gerechtfertigt – verlängert werden und kann an Bedingungen geknüpft sein, die zur Einhaltung der oben genannten Bedingungen beitragen.

[3] Solch eine Abweichung gilt nicht für Fernleitungen zwischen einem Mitgliedstaat und einem Drittland, das im Rahmen einer mit der Union geschlossenen Vereinbarung zur Umsetzung dieser Richtlinie verpflichtet ist und diese Richtlinie wirksam umgesetzt hat.

(2) *[1]* Befindet sich die betreffende Fernleitung im Hoheitsgebiet von mehr als einem Mitgliedstaat, so entscheidet der Mitgliedstaat, in dessen Hoheitsgebiet der erste Kopplungspunkt mit dem Netz der Mitgliedstaaten gelegen ist, nach Konsultation aller betroffenen Mitgliedstaaten über die Gewährung einer Ausnahmeregelung für diese Gasfernleitung.

[2] Auf Ersuchen der betroffenen Mitgliedstaaten kann die Kommission beschließen, als Beobachterin an den Konsultationen zwischen dem Mitgliedstaat, in dessen Hoheitsgebiet der erste Kopplungspunkt gelegen ist, und dem Drittland teilzunehmen, die die einheitliche Anwendung dieser Richtlinie im Hoheitsgebiet und im Küstenmeer des Mitgliedstaats, in dem der erste Kopplungspunkt gelegen ist, betreffen, wozu auch die Gewährung von Ausnahmeregelungen für diese Fernleitungen gehört.

(3) [1] Entscheidungen gemäß den Absätzen 1 und 2 werden bis zum 24. Mai 2020 getroffen. [2] Die Mitgliedstaaten übermitteln der Kommission diese Entscheidungen und veröffentlichen sie.

Art. 49b Ermächtigungsverfahren. (1) Unbeschadet anderer Verpflichtungen nach dem Unionsrecht und der Verteilung der Zuständigkeiten zwischen der Union und den Mitgliedstaaten können bestehende Abkommen zwischen einem Mitgliedstaat und einem Drittland über den Betrieb einer Fernleitung oder eines vorgelagerten Rohrleitungsnetzes aufrechterhalten werden, bis eine weitere Übereinkunft zwischen der Union und demselben Drittland in Kraft tritt oder bis das Verfahren gemäß den Absätzen 2 bis 15 des vorliegenden Artikels gilt.

(2) *[1]* Unbeschadet der Verteilung der Zuständigkeiten zwischen der Union und den Mitgliedstaaten muss ein Mitgliedstaat, der beabsichtigt, Verhandlungen mit einem Drittland aufzunehmen, um ein Abkommen über den Betrieb einer Fernleitung mit einem Drittland in Bezug auf Angelegenheiten, die ganz oder teilweise in den Geltungsbereich der vorliegenden Richtlinie fallen, zu ändern, zu erweitern, anzupassen, zu verlängern oder zu schließen, die Kommission schriftlich von seiner Absicht unterrichten.

[2] Eine solche Unterrichtung umfasst die sachdienlichen Unterlagen und Angaben über die Bestimmungen, die in den Verhandlungen zu behandeln oder neu zu verhandeln sind, die Ziele der Verhandlungen und alle sonstigen einschlägigen Informationen und wird der Kommission mindestens fünf Monate vor der beabsichtigten Aufnahme der Verhandlungen übermittelt.

(3) Auf eine Unterrichtung nach Absatz 2 hin erteilt die Kommission dem Mitgliedstaat die Genehmigung zur Aufnahme förmlicher Verhandlungen mit einem Drittland für den Teil, der möglicherweise gemeinsame Vorschriften der Union beeinträchtigen könnte, es sei denn, sie ist der Ansicht, solche Verhandlungen

a) würden gegen das Unionsrecht verstoßen, soweit es sich nicht um Unvereinbarkeiten handelt, die sich aus der Verteilung der Zuständigkeiten zwischen der Union und den Mitgliedstaaten ergeben;
b) würden das Funktionieren des Erdgasbinnenmarktes, den Wettbewerb oder die Versorgungssicherheit in einem Mitgliedstaat oder in der Union beeinträchtigen;
c) würden die Ziele laufender Verhandlungen über zwischenstaatliche Abkommen der Union mit einem Drittland untergraben;
d) wären diskriminierend.

(4) Bei der Prüfung nach Absatz 3 berücksichtigt die Kommission, ob das beabsichtigte Abkommen eine Fernleitung oder eine vorgelagerte Rohrleitung betrifft, die zur Diversifizierung der Erdgasversorgung und der Erdgaslieferanten durch neue Erdgasquellen beiträgt.

(5) [1] Binnen 90 Tagen nach Eingang der Unterrichtung nach Absatz 2 erlässt die Kommission einen Beschluss zur Genehmigung oder zur Ablehnung der Genehmigung an einen Mitgliedstaat zur Aufnahme von Vertragsverhandlungen zur Änderung, Erweiterung, Anpassung, Verlängerung oder zum Abschluss eines Abkommens mit einem Drittland. [2] Werden für einen Beschluss zusätzliche Informationen benötigt, so beginnt die Frist von 90 Tagen ab dem Tag des Eingangs der zusätzlichen Informationen.

(6) Nimmt die Kommission einen Beschluss zur Ablehnung der Genehmigung an einen Mitgliedstaat zur Aufnahme von Vertragsverhandlungen zur Änderung, Erweiterung, Anpassung, Verlängerung oder zum Abschluss eines Abkommens mit einem Drittland an, so unterrichtet sie den betreffenden Mitgliedstaat entsprechend und teilt die Gründe dafür mit.

(7) Beschlüsse zur Genehmigung oder zur Ablehnung der Genehmigung an einen Mitgliedstaat zur Aufnahme von Vertragsverhandlungen zur Änderung, Erweiterung, Anpassung, Verlängerung oder zum Abschluss eines Abkommens

mit einem Drittland werden im Wege von Durchführungsrechtsakten nach dem in Artikel 51 Absatz 2 genannten Verfahren erlassen.

(8) Die Kommission kann Leitlinien ausgeben und die Aufnahme bestimmter Klauseln in das beabsichtigte Abkommen fordern, um dessen Vereinbarkeit mit dem Unionsrecht im Einklang mit dem Beschluss (EU) 2017/684 des Europäischen Parlaments und des Rates[1)] sicherzustellen.

(9) Die Kommission wird im Verlauf der verschiedenen Verhandlungsphasen über die Fortschritte und Ergebnisse der Verhandlungen zur Änderung, Erweiterung, Anpassung, Verlängerung oder zum Abschluss eines Abkommens informiert und kann gemäß dem Beschluss (EU) 2017/684 ersuchen, an solchen Verhandlungen zwischen dem Mitgliedstaat und dem Drittland teilnehmen.

(10) Die Kommission unterrichtet das Europäische Parlament und den Rat über die nach Absatz 5 erlassenen Beschlüsse.

(11) Vor der Unterzeichnung eines Abkommens mit einem Drittland notifiziert der betreffende Mitgliedstaat der Kommission das Verhandlungsergebnis und übermittelt ihr den Wortlaut des ausgehandelten Abkommens.

(12) [1] Nach der Notifizierung gemäß Absatz 11 prüft die Kommission das ausgehandelte Abkommen nach Maßgabe der Anforderungen nach Absatz 3. [2] Stellt die Kommission fest, dass das aus den Verhandlungen hervorgegangene Abkommen die Anforderungen nach Absatz 3 einhält, so erteilt sie dem Mitgliedstaat die Genehmigung, dieses Abkommen zu unterzeichnen und zu schließen.

(13) [1] Die Kommission nimmt innerhalb von 90 Tagen nach Eingang der Notifizierung nach Absatz 11 einen Beschluss an, mit dem dem Mitgliedstaat die Genehmigung zur Unterzeichnung und zum Abschluss des Abkommens mit einem Drittland erteilt wird, oder einen Beschluss, mit der die Genehmigung an den Mitgliedstaat zur Unterzeichnung und zum Abschluss des Abkommens mit einem Drittland abgelehnt wird. [2] Werden für die Annahme eines Beschlusses zusätzliche Informationen benötigt, so beginnt die Frist von 90 Tagen ab dem Tag des Eingangs der zusätzlichen Informationen.

(14) Nimmt die Kommission einen Beschluss nach Absatz 13 an, mit dem einem Mitgliedstaat die Genehmigung zur Unterzeichnung und zum Abschluss des Abkommens mit einem Drittstaat erteilt wird, so notifiziert der betreffende Mitgliedstaat der Kommission den Abschluss und das Inkrafttreten des Abkommens sowie sämtliche nachfolgenden Änderungen des Status dieses Abkommens.

(15) Nimmt die Kommission einen Beschluss nach Absatz 13 an, mit dem einem Mitgliedstaat die Genehmigung zur Unterzeichnung und zum Abschluss eines Abkommens mit einem Drittstaat abgelehnt wird, so unterrichtet sie den betreffenden Mitgliedstaat entsprechend und teilt die Gründe dafür mit.

Art. 50 Überprüfungsverfahren. *[1]* Falls die Kommission in dem Bericht nach Artikel 52 Absatz 6 feststellt, dass aufgrund der effektiven Verwirklichung des Netzzugangs in einem Mitgliedstaat, die in jeder Hinsicht einen tatsäch-

---

[1)] **Amtl. Anm.:** Beschluss (EU) 2017/684 des Europäischen Parlaments und des Rates vom 5. April 2017 zur Einrichtung eines Mechanismus für den Informationsaustausch über zwischenstaatliche Abkommen und nicht verbindliche Instrumente zwischen Mitgliedstaaten und Drittländern im Energiebereich und zur Aufhebung des Beschlusses Nr. 994/2012/EU (ABl. L 99 vom 12.4.2017, S. 1).

lichen, nichtdiskriminierenden und ungehinderten Netzzugang bewirkt, bestimmte in dieser Richtlinie vorgesehene Vorschriften für Unternehmen (einschließlich der Vorschriften für die rechtliche Entflechtung von Verteilernetzbetreibern) nicht in einem ausgewogenen Verhältnis zum verfolgten Ziel stehen, kann der betreffende Mitgliedstaat bei der Kommission einen Antrag auf Freistellung von der Einhaltung der betreffenden Vorschrift einreichen.

[2] Der Mitgliedstaat übermittelt den Antrag unverzüglich der Kommission zusammen mit allen relevanten Angaben, die für den Nachweis erforderlich sind, dass die in dem Bericht getroffene Feststellung, wonach ein tatsächlicher Netzzugang sichergestellt ist, auch weiterhin zutreffen wird.

[3] [1] Innerhalb von drei Monaten nach Erhalt einer Mitteilung nimmt die Kommission zu dem Antrag des betreffenden Mitgliedstaats Stellung und legt dem Europäischen Parlament und dem Rat gegebenenfalls Vorschläge zur Änderung der betreffenden Bestimmungen der Richtlinie vor. [2] Die Kommission kann in den Vorschlägen zur Änderung der Richtlinie vorschlagen, den betreffenden Mitgliedstaat von spezifischen Anforderungen auszunehmen, sofern dieser Mitgliedstaat erforderlichenfalls Maßnahmen durchführt, die in gleicher Weise wirksam sind.

Art. 51 Ausschuss. (1) Die Kommission wird von einem Ausschuss unterstützt.

(2) Wird auf diesen Absatz Bezug genommen, so gelten die Artikel 3 und 7 des Beschlusses 1999/468/EG unter Beachtung von dessen Artikel 8.

(3) Wird auf diesen Absatz Bezug genommen, so gelten Artikel 5a Absätze 1 bis 4 und Artikel 7 des Beschlusses 1999/468/EG unter Beachtung von dessen Artikel 8.

Art. 52 Berichterstattung. Die Kommission überwacht und überprüft die Anwendung dieser Richtlinie und legt dem Europäischen Parlament und dem Rat als Anhang des Berichts über die Lage der Energieunion gemäß Artikel 35 der Verordnung (EU) 2018/1999 des Europäischen Parlaments und des Rates[1)] einen Gesamtbericht über die erzielten Fortschritte vor.

Art. 53 Aufhebung von Rechtsvorschriften. [1] Die Richtlinie 2003/55/EG wird zum 3. März 2011 aufgehoben; die Verpflichtungen der Mitgliedstaaten hinsichtlich der Fristen für ihre Umsetzung und Anwendung werden davon nicht berührt. [2] Verweisungen auf die aufgehobene Richtlinie gelten als Verweisungen auf die vorliegende Richtlinie und sind nach Maßgabe der Entsprechungstabelle in Anhang II zu lesen.

Art. 54 Umsetzung. (1) *[1]* [1] Die Mitgliedstaaten setzen die Rechts- und Verwaltungsvorschriften in Kraft, die erforderlich sind, um dieser Richtlinie

---

[1)] **Amtl. Anm.:** Verordnung (EU) 2018/1999 des Europäischen Parlaments und des Rates vom 11. Dezember 2018 über das Governance-System für die Energieunion und für den Klimaschutz, zur Änderung der Verordnungen (EG) Nr. 663/2009 und (EG) Nr. 715/2009 des Europäischen Parlaments und des Rates, der Richtlinien 94/22/EG, 98/70/EG, 2009/31/EG, 2009/73,/EG, 2010/31/EU, 2012/27/EU und 2013/30/EU des Europäischen Parlaments und des Rates, der Richtlinien 2009/119/EG und (EU) 2015/652 des Rates und zur Aufhebung der Verordnung (EU) Nr. 525/2013 des Europäischen Parlaments und des Rates (ABl. L 328 vom 21.12.2018, S. 1).

spätestens am 3. März 2011 nachzukommen. ²Sie setzen die Kommission unverzüglich davon in Kenntnis.

[2] Sie wenden diese Vorschriften ab 3. März 2011 an, mit Ausnahme von Artikel 11, den sie ab 3. März 2013 anwenden.

[3] ¹Wenn die Mitgliedstaaten diese Vorschriften erlassen, nehmen sie in den Vorschriften selbst oder durch einen Hinweis bei der amtlichen Veröffentlichung auf diese Richtlinie Bezug. ²Die Mitgliedstaaten regeln die Einzelheiten der Bezugnahme.

(2) Die Mitgliedstaaten teilen der Kommission den Wortlaut der wichtigsten innerstaatlichen Rechtsvorschriften mit, die sie auf dem unter diese Richtlinie fallenden Gebiet erlassen.

Art. 55 Inkrafttreten. Diese Richtlinie tritt am zwanzigsten Tag nach ihrer Veröffentlichung[1)] im *Amtsblatt der Europäischen Union* in Kraft.

Art. 56 Adressaten. Diese Richtlinie ist an die Mitgliedstaaten gerichtet.

Anhang I. Maßnahmen zum Schutz der Kunden

(1) Unbeschadet der Verbraucherschutzvorschriften der Gemeinschaft, insbesondere der Richtlinie 97/7/EG des Europäischen Parlaments und des Rates vom 20. Mai 1997 über den Verbraucherschutz bei Vertragsabschlüssen im Fernabsatz[2)] und der Richtlinie 93/13/EG des Rates vom 5. April 1993 über missbräuchliche Klauseln in Verbraucherverträgen[3)], soll mit den in Artikel 3 genannten Maßnahmen sichergestellt werden, dass die Kunden

a) Anspruch auf einen Vertrag mit ihren Anbietern von Gasdienstleistungen haben, in dem Folgendes festgelegt ist:
   - Name und Anschrift des Anbieters,
   - erbrachte Leistungen und angebotene Leistungs-Qualitätsstufen sowie Zeitbedarf für den Erstanschluss,
   - die Art der angebotenen Wartungsdienste,
   - Art und Weise, wie aktuelle Informationen über alle geltenden Tarife und Wartungsentgelte erhältlich sind,
   - Vertragsdauer, Bedingungen für eine Verlängerung und Beendigung der Leistungen und des Vertragsverhältnisses sowie Zulässigkeit eines kostenfreien Rücktritts vom Vertrag,
   - etwaige Entschädigungs- und Erstattungsregelungen bei Nichteinhaltung der vertraglich vereinbarten Leistungsqualität einschließlich fehlerhafter und verspäteter Rechnungserstellung,
   - Vorgehen zur Einleitung von Streitbeilegungsverfahren gemäß Buchstabe f und
   - Informationen über Verbraucherrechte, einschließlich der Behandlung von Beschwerden und der in diesem Buchstaben genannten Informationen, auf der Website des Rechnungs- und Erdgasunternehmen.

   Die Bedingungen müssen gerecht und im Voraus bekannt sein. Diese Informationen sollten in jedem Fall vor Abschluss oder Bestätigung des Vertrags übermittelt werden. Auch bei Abschluss des Vertrags durch Vermittler müssen die in diesem Buchstaben genannten Informationen vor Vertragsabschluss bereitgestellt werden;

b) rechtzeitig über eine beabsichtigte Änderung der Vertragsbedingungen und dabei über ihr Rücktrittsrecht unterrichtet werden. Die Dienstleister teilen ihren Kunden direkt und in transparenter und verständlicher Weise jede Gebührenerhöhung mit angemessener Frist mit, auf jeden Fall jedoch vor Ablauf der normalen Abrechnungsperiode, die auf die Gebührenerhöhung

---

1) Veröffentlicht am 14.8.2009.
2) **Amtl. Anm.:** ABl. L 144 vom 4.6.1997, S. 19.
3) **Amtl. Anm.:** ABl. L 95 vom 21.4.1993, S. 29.

folgt. Die Mitgliedstaaten stellen sicher, dass es den Kunden freisteht, den Vertrag zu lösen, wenn sie die neuen Bedingungen nicht akzeptieren, die ihnen ihr Gasdienstleister mitgeteilt hat;

c) transparente Informationen über geltende Preise und Tarife sowie über die Standardbedingungen für den Zugang zu Gasdienstleistungen und deren Inanspruchnahme erhalten;

d) über ein breites Spektrum an Zahlungsmodalitäten verfügen können, durch die sie nicht unangemessen benachteiligt werden. Die Vorauszahlungssysteme sind fair und spiegeln den wahrscheinlichen Verbrauch angemessen wider. Die Unterschiede in den Vertragsbedingungen spiegeln die Kosten wider, die dem Lieferanten durch die unterschiedlichen Zahlungssysteme entstehen. Die allgemeinen Vertragsbedingungen müssen fair und transparent sein. Sie müssen klar und verständlich abgefasst sein und dürfen keine außervertraglichen Hindernisse enthalten, durch die die Kunden an der Ausübung ihrer Rechte gehindert werden, zum Beispiel eine übermäßige Zahl an Vertragsunterlagen. Die Kunden müssen gegen unfaire oder irreführende Verkaufsmethoden geschützt sein;

e) den Lieferanten ohne Berechnung von Gebühren wechseln können;

f) transparente, einfache und kostengünstige Verfahren zur Behandlung ihrer Beschwerden in Anspruch nehmen können. Insbesondere haben alle Kunden Anspruch auf eine gute Qualität der Dienstleistung und die Behandlung ihrer Beschwerden durch ihren Gasversorger. Diese Verfahren zur außergerichtlichen Einigung müssen eine gerechte und zügige Beilegung von Streitfällen, vorzugsweise innerhalb von drei Monaten ermöglichen und für berechtigte Fälle ein Erstattungs- und/oder Entschädigungssystem vorsehen. Sie sollten, soweit möglich, den in der Empfehlung 98/257/EG der Kommission vom 30. März 1998 betreffend die Grundsätze für Einrichtungen, die für die außergerichtliche Beilegung von Verbraucherrechtsstreitigkeiten[1] zuständig sind, dargelegten Grundsätzen entsprechen;

g) soweit sie an das Gasnetz angeschlossen sind, über ihre gemäß dem einschlägigen einzelstaatlichen Recht bestehenden Rechte auf Versorgung mit Erdgas einer bestimmten Qualität zu angemessenen Preisen informiert werden;

h) Zugang zu ihren Verbrauchsdaten haben und durch ausdrückliche Zustimmung und gebührenfrei einem beliebigen registrierten Lieferanten Zugang zu ihren Messdaten gewähren können. Die für die Datenverwaltung zuständige Stelle ist verpflichtet, diese Daten an das betreffende Unternehmen weiterzugeben. Die Mitgliedstaaten legen ein Format für die Erfassung der Daten fest sowie ein Verfahren, um Versorgern und Kunden Zugang zu den Daten zu verschaffen; den Kunden dürfen dafür keine zusätzlichen Kosten in Rechnung gestellt werden;

i) häufig genug in angemessener Form über ihren tatsächlichen Gasverbrauch und ihre Gaskosten informiert werden, um ihren eigenen Gasverbrauch regulieren zu können. Die Angaben werden in einem ausreichenden Zeitrahmen erteilt, der der Kapazität der Messvorrichtungen des Kunden Rechnung trägt. Die Kostenwirksamkeit dieser Maßnahmen wird gebührend berücksichtigt. Den Kunden dürfen dafür keine zusätzlichen Kosten in Rechnung gestellt werden;

j) spätestens sechs Wochen nach einem Wechsel des Erdgasversorgers eine Abschlussrechnung erhalten.

(2) Die Mitgliedstaaten sorgen dafür, dass intelligente Messsysteme eingeführt werden, durch die die aktive Beteiligung der Kunden am Gasversorgungsmarkt unterstützt wird. Die Einführung dieser Messsysteme kann einer wirtschaftlichen Bewertung unterliegen, bei der alle langfristigen Kosten und Vorteile für den Markt und die einzelnen Kunden geprüft werden sowie untersucht wird, welche Art des intelligenten Messens wirtschaftlich vertretbar und kostengünstig ist und in welchem zeitlichen Rahmen die Einführung praktisch möglich ist.
Diese Bewertung erfolgt bis 3. September 2012.
Anhand dieser Bewertung erstellen die Mitgliedstaaten oder die von ihnen benannten zuständigen Behörden einen Zeitplan für die Einführung intelligenter Messsysteme.
Die Mitgliedstaaten oder die von ihnen benannten zuständigen Behörden sorgen für die Interoperabilität der Messsysteme, die in ihrem Hoheitsgebiet eingesetzt werden sollen, und tragen der Anwendung geeigneter Normen und bewährter Verfahren sowie der großen Bedeutung, die dem Ausbau des Erdgasbinnenmarkts zukommt, gebührend Rechnung.

[1] **Amtl. Anm.:** ABl. L 115 vom 17.4.1998, S. 31.

Anhang II. Entsprechungstabelle

Richtlinie 2003/55/EG	Vorliegende Richtlinie
Artikel 1	Artikel 1
Artikel 2	Artikel 2
Artikel 3	Artikel 3
Artikel 4	Artikel 4
Artikel 5	Artikel 5
–	Artikel 6
–	Artikel 7
Artikel 6	Artikel 8
Artikel 9	Artikel 9
Artikel 7	Artikel 10
–	Artikel 11
Artikel 7	Artikel 12
Artikel 8	Artikel 13
–	Artikel 14
–	Artikel 15
Artikel 10	Artikel 16
–	Artikel 17
–	Artikel 18
–	Artikel 19
–	Artikel 20
–	Artikel 21
–	Artikel 22
–	Artikel 23
Artikel 11	Artikel 24
Artikel 12	Artikel 25
Artikel 13	Artikel 26
Artikel 14	Artikel 27
Artikel 15	Artikel 29
Artikel 16	Artikel 30
Artikel 17	Artikel 31
Artikel 18	Artikel 32
Artikel 19	Artikel 33
Artikel 20	Artikel 34
Artikel 21	Artikel 35
Artikel 22	Artikel 36

Richtlinie 2003/55/EG	Vorliegende Richtlinie
Artikel 23	Artikel 37
Artikel 24	Artikel 38
Artikel 25 Absatz 1 (Sätze 1 und 2)	Artikel 39
–	Artikel 40
Artikel 25 (Rest)	Artikel 41
–	Artikel 42
–	Artikel 43
–	Artikel 44
–	Artikel 45
Artikel 26	Artikel 46
–	Artikel 47
Artikel 27	Artikel 48
Artikel 28	Artikel 49
Artikel 29	Artikel 50
Artikel 30	Artikel 51
Artikel 31	Artikel 52
Artikel 32	Artikel 53
Artikel 33	Artikel 54
Artikel 34	Artikel 55
Artikel 35	Artikel 56
Anhang A	Anhang I

6. Verordnung (EU) 2018/1999 des Europäischen Parlaments und des Rates vom 11. Dezember 2018 über das Governance-System für die Energieunion und für den Klimaschutz, zur Änderung der Verordnungen (EG) Nr. 663/2009 und (EG) Nr. 715/2009 des Europäischen Parlaments und des Rates, der Richtlinien 94/22/EG, 98/70/EG, 2009/31/EG, 2009/73/EG, 2010/31/EU, 2012/27/EU und 2013/30/EU des Europäischen Parlaments und des Rates, der Richtlinien 2009/119/EG und (EU) 2015/652 des Rates und zur Aufhebung der Verordnung (EU) Nr. 525/2013 des Europäischen Parlaments und des Rates

(Text von Bedeutung für den EWR)

(ABl. L 328 S. 1)

Celex-Nr. 3 2018 R 1999

– Auszug –

DAS EUROPÄISCHE PARLAMENT UND DER RAT DER EUROPÄISCHEN UNION –

gestützt auf den Vertrag über die Arbeitsweise der Europäischen Union, insbesondere auf Artikel 192 Absatz 1 und Artikel 194 Absatz 2,

auf Vorschlag der Europäischen Kommission,

nach Zuleitung des Entwurfs des Gesetzgebungsakts an die nationalen Parlamente,

nach Stellungnahme des Europäischen Wirtschafts- und Sozialausschusses[1)],

nach Stellungnahme des Ausschusses der Regionen[2)],

gemäß dem ordentlichen Gesetzgebungsverfahren[3)],

in Erwägung nachstehender Gründe:

(1) Mit dieser Verordnung wird die erforderliche Rechtsgrundlage für ein zuverlässiges, inkludierendes, kosteneffizientes, transparentes und berechenbares Governance-System für die Energieunion und für den Klimaschutz (im Folgenden: „Governance-Mechanismus") geschaffen, mit dem die bis 2030 und langfristig angestrebten Ziele und Zielvorgaben der Energieunion im Einklang mit dem Übereinkommen von Paris 2015 im Anschluss an die 21. Konferenz der Vertragsparteien des Rahmenübereinkommens der Vereinten Nationen über Klimaänderungen („Übereinkommen von Paris") durch ehrgeizige komplementäre und kohärente Maßnahmen der Union und ihrer Mitgliedstaaten – unter Begrenzung des Verwaltungsaufwands – erreicht wird.

(2) Die Energieunion sollte fünf Dimensionen abdecken: Sicherheit der Energieversorgung, Energiebinnenmarkt, Energieeffizienz, Dekarbonisierung sowie Forschung, Innovation und Wettbewerbsfähigkeit.

(3) Ziel einer krisenfesten, auf einer ehrgeizigen Klimapolitik beruhenden Energieunion ist es, die Verbraucher der Union, einschließlich Haushalte und Unternehmen mit sicherer, nachhaltiger,

---

[1)] **Amtl. Anm.:** ABl. C 246 vom 28.7.2017, S. 34.

[2)] **Amtl. Anm.:** ABl. C 342 vom 12.10.2017, S. 111.

[3)] **Amtl. Anm.:** Standpunkt des Europäischen Parlaments vom 13. November 2018 (noch nicht im Amtsblatt veröffentlicht) und Beschluss des Rates vom 4. Dezember 2018.

wettbewerbsfähiger und erschwinglicher Energie zu versorgen sowie Forschung und Innovation durch die Mobilisierung von Investitionen zu fördern; dies erfordert eine grundlegende Umstellung des Energiesystems der EU. Diese Umstellung ist auch eng damit verbunden, dass es die Umwelt zu erhalten, zu schützen und zu verbessern gilt und dass die umsichtige und rationelle Verwendung der natürlichen Ressourcen gefördert werden muss, insbesondere durch die Förderung von Energieeffizienz und Energieeinsparungen und die Entwicklung neuer und erneuerbarer Energieformen. Dieses Ziel kann nur durch koordinierte legislative und nichtlegislative Maßnahmen auf Unionsebene sowie auf nationaler, regionaler und lokaler Ebene erreicht werden.

(4) Durch eine voll funktionsfähige und krisenfeste Energieunion würde die Union zu einer führenden Region für Innovation, Investitionen, Wachstum sowie die soziale und wirtschaftliche Entwicklung, und damit zudem zu einem guten Beispiel dafür, wie ambitionierte Ziele in Bezug auf die Eindämmung des Klimawandels mit Maßnahmen zur Förderung von Innovation, Investitionen und Wachstum verflochten sind.

(5) Parallel zu dieser Verordnung hat die Kommission eine Reihe sektorspezifischer energiepolitischer Initiativen, insbesondere für erneuerbare Energie, Energieeffizienz, darunter die Gesamtenergieeffizienz von Gebäuden, und Marktgestaltung, ausgearbeitet und verabschiedet. Diese Initiativen bilden ein Paket, dessen übergreifende Themen das energy efficiency first-Prinzip, die weltweite Führungsrolle der Union auf dem Gebiet der erneuerbaren Energie und ein faires Angebot für die Verbraucher sind, wozu auch Maßnahmen gegen Energiearmut und die Förderung des fairen Wettbewerbs auf dem Binnenmarkt gehören.

(6) In den Schlussfolgerungen vom 23. und 24. Oktober 2014 billigte der Europäische Rat einen Rahmen für die Klima- und Energiepolitik der Union bis 2030, mit dem vier Hauptziele auf Unionsebene verfolgt werden: die Reduktion der Treibhausgasemissionen der gesamten Wirtschaft um mindestens 40 %, das indikative Ziel einer Steigerung der Energieeffizienz um mindestens 27 %, das 2020 mit Blick auf eine Steigerung um 30 % überprüft werden soll, ein Anteil der aus erneuerbaren Quellen erzeugten Energie am Gesamt-Energieverbrauch der Union von mindestens 27 % und ein Stromverbundgrad von mindestens 15 %. Die Schlussfolgerungen erklärten das Ziel für Energie aus erneuerbaren Quellen auf Unionsebene für verbindlich; es soll durch die Beiträge der Mitgliedstaaten erreicht werden, die sich daran orientieren, dass dieses Unionsziel gemeinsam verwirklicht werden muss. Durch eine Neufassung der Richtlinie 2009/28/EG des Europäischen Parlaments und des Rates[1)] wurde als neues, verbindliches Ziel für die Union eingeführt, 2030 einen Anteil von mindestens 32 % Energie aus erneuerbaren Quellen zu erreichen, einschließlich einer Überprüfungsklausel im Hinblick auf die Steigerung des Ziels auf Unionsebene bis 2023. Durch Änderungen der Richtlinie 2012/27/EU[2)] des Europäischen Parlaments und des Rates[3)] wurde das Ziel auf Unionsebene für die Verbesserung der Energieeffizienz bis 2030 auf mindestens 32,5 % festgelegt, einschließlich einer Überprüfungsklausel zur Steigerung der Ziele auf Unionsebene.

(7) Das verbindliche Ziel, die Treibhausgasemissionen der gesamten Wirtschaft in der Union bis 2030 (im Vergleich zu 1990) um mindestens 40 % zu reduzieren, wurde anlässlich der Tagung des Rates (Umwelt) am 6. März 2015 förmlich als „beabsichtigter nationaler Beitrag" der Union und ihrer Mitgliedstaaten zum Übereinkommen von Paris genehmigt. Am 5. Oktober 2016[4)] ratifizierte die Union das Übereinkommen von Paris, das am 4. November 2016 in Kraft trat. Es tritt an die

---

[1)] **Amtl. Anm.:** Richtlinie 2009/28/EG des Europäischen Parlaments und des Rates vom 23. April 2009 zur Förderung der Nutzung von Energie aus erneuerbaren Quellen und zur Änderung und anschließenden Aufhebung der Richtlinien 2001/77/EG und 2003/30/EG (ABl. L 140 vom 5.6.2009, S. 16).

[2)] Nr. **61**.

[3)] **Amtl. Anm.:** Richtlinie 2012/27/EU [Nr. **61**] des Europäischen Parlaments und des Rates vom 25. Oktober 2012 zur Energieeffizienz, zur Änderung der Richtlinien 2009/125/EG und 2010/30/EU und zur Aufhebung der Richtlinien 2004/8/EG und 2006/32/EG (ABl. L 315 vom 14.11.2012, S. 1).

[4)] **Amtl. Anm.:** Beschluss (EU) 2016/1841 des Rates vom 5. Oktober 2016 über den Abschluss des im Rahmen des Rahmenübereinkommens der Vereinten Nationen über Klimaänderungen geschlossenen Übereinkommens von Paris im Namen der Europäischen Union (ABl. L 282 vom 19.10.2016, S. 1).

Stelle der Regelung, die im Rahmen des Kyoto-Protokolls von 1997 getroffen und von der Union mit der Entscheidung 2002/358/EG des Rates[1] ratifiziert wurde und die nicht über das Jahr 2020 hinaus fortgeführt wird. Das System der Union für die Überwachung der Emissionen von Treibhausgasen und ihres Abbaus und für die Berichterstattung darüber sollte entsprechend aktualisiert werden.

(8) Mit dem Übereinkommen von Paris wurde eine deutlich ambitioniertere Zielsetzung für die Eindämmung des Klimawandels festgelegt und ein langfristiges Ziel vorgegeben, das mit den Bestrebungen im Einklang steht, den weltweiten durchschnittlichen Temperaturanstieg deutlich unter 2 °C über dem vorindustriellen Niveau zu halten und die Bemühungen um die Begrenzung des Temperaturanstiegs auf 1,5 °C über dem vorindustriellen Niveau fortzusetzen.

(9) In dem Bestreben, die Temperaturziele des Übereinkommens von Paris zu erreichen, sollte sich die Union darum bemühen, sobald wie möglich ein Gleichgewicht zwischen anthropogenen Treibhausgasemissionen aus Quellen und dem Abbau dieser Emissionen durch Senken und danach, soweit angemessen, negative Emissionen zu erreichen.

(10) Für das Klima sind die im Laufe der Zeit kumulierten anthropogenen Gesamtemissionen für die Gesamtkonzentration von Treibhausgasen in der Atmosphäre maßgeblich. Die Kommission sollte verschiedene Szenarien prüfen, wie die Union zu den langfristigen Zielen beitragen kann, unter anderem ein Szenario dazu, wie bis 2050 in der Union Netto-Null-Treibhausgasemissionen und danach negative Emissionen erreicht werden, und wie sich diese Szenarien auf das verbleibende Budget der CO_2-Emissionen weltweit und in der Union auswirken. Die Kommission sollte eine Analyse erstellen zum Zweck einer langfristigen Unionsstrategie zum Beitrag der Union zu den Verpflichtungen des Übereinkommens von Paris, den weltweiten durchschnittlichen Temperaturanstieg deutlich unter 2 °C über dem vorindustriellen Niveau zu halten und die Bemühungen um die Begrenzung des Temperaturanstiegs auf 1,5 °C über dem vorindustriellen Niveau fortzusetzen, einschließlich verschiedener Szenarien, unter anderem eines Szenarios dazu, wie bis 2050 in der Union Netto-Null-Treibhausgasemissionen und danach negative Emissionen erreicht werden, und deren Auswirkungen auf das Budget der CO_2-Emissionen weltweit und in der Union.

(11) Auch wenn sich die Union bei der Verringerung der Treibhausgasemissionen bis 2030 ehrgeizige Ziele gesetzt hat, ist die Bedrohung durch den Klimawandel doch ein weltweites Problem. Die Union und ihre Mitgliedstaaten sollten deshalb mit ihren internationalen Partnern zusammenarbeiten, damit alle Parteien im Einklang mit den langfristigen Zielen des Übereinkommens von Paris in diesem Zusammenhang ein hohes Maß an Ambition zeigen.

(12) In seinen Schlussfolgerungen vom 23. und 24. Oktober 2014 kam der Europäische Rat ferner überein, dass ein zuverlässiger und transparenter Governance-Mechanismus ohne unnötigen Verwaltungsaufwand und mit ausreichender Flexibilität für die Mitgliedstaaten zu entwickeln sei, das dazu beiträgt, dass die Union ihre energiepolitischen Ziele erreicht, wobei die Freiheit der Mitgliedstaaten zur Festlegung ihres Energiemixes uneingeschränkt zu achten sei. Der Rat betonte, dass sich ein solcher Governance-Mechanismus auf die vorhandenen Bausteine wie die nationalen Klimaprogramme und die nationalen Pläne für erneuerbare Energie und Energieeffizienz stützen sollte und darin gesonderte Planungs- und Berichterstattungsbereiche gestrafft und zusammengeführt werden sollten. Er beschloss ferner, die Rolle und die Rechte der Verbraucher zu stärken sowie die Transparenz und Erwartungssicherheit für Investoren unter anderem durch eine systematische Überwachung der Schlüsselindikatoren für ein erschwingliches, wettbewerbsfähiges, sicheres und nachhaltiges Energiesystem zu erhöhen, die Koordinierung der nationalen Klima- und Energiepolitik zu erleichtern und die regionale Zusammenarbeit zwischen den Mitgliedstaaten zu fördern.

(13) Die Kommission hält in ihrer Mitteilung vom 25. Februar 2015 zu einer Rahmenstrategie für eine krisenfeste Energieunion mit einer zukunftsorientierten Klimaschutzstrategie fest, dass die Energieunion eines integrierten Governance-Mechanismus bedarf, damit alle energiebezogenen Maßnahmen auf Unionsebene sowie auf nationaler, regionaler und lokaler Ebene auch zur Erreichung der Ziele der Energieunion beitragen; hiermit wurde der Geltungsbereich der Governance über den Rahmen für die Klima- und Energiepolitik bis 2030 hinaus auf alle fünf Dimensionen der Energieunion ausgeweitet.

---

[1] **Amtl. Anm.:** Entscheidung 2002/358/EG des Rates vom 25. April 2002 über die Genehmigung des Protokolls von Kyoto zum Rahmenübereinkommen der Vereinten Nationen über Klimaänderungen im Namen der Europäischen Gemeinschaft sowie die gemeinsame Erfüllung der daraus erwachsenden Verpflichtungen (ABl. L 130 vom 15.5.2002, S. 1).

(14) In dem Bericht zur Lage der Energieunion vom 18. November 2015 gab die Kommission ferner an, dass integrierte nationale Energie- und Klimapläne, die auf alle fünf Dimensionen der Energieunion eingehen, unverzichtbare Instrumente für eine stärker strategisch ausgerichtete Energie- und Klimaplanung sind. Als Teil des Lageberichts waren die Leitlinien der Kommission für die Mitgliedstaaten zu integrierten nationalen Energie- und Klimaplänen die Grundlage für den Beginn der Entwicklung nationaler Pläne für den Zeitraum 2021 bis 2030 und die Festlegung der Grundpfeiler des Governance-Mechanismus. In der Mitteilung wurde ferner festgelegt, dass dieses Governance-System rechtlich festgeschrieben werden solle.

(15) Der Rat stellte in seinen Schlussfolgerungen vom 26. November 2015 zum Governance-System der Energieunion fest, dass das Governance-System der Energieunion ein zentrales Instrument für den effizienten und wirksamen Aufbau der Energieunion und die Verwirklichung ihrer Ziele sein wird. Er hob hervor, dass sich der Governance-Mechanismus auf die Grundsätze der Integration der strategischen Planung und Berichterstattung über die Durchführung der Energie- und Klimapolitik und der Koordinierung zwischen den für die Klima- und Energiepolitik auf Unionsebene und auf regionaler und nationaler Ebene verantwortlichen Akteuren stützen sollte. Ferner wies er darauf hin, dass der Governance-Mechanismus sicherstellen sollte, dass die für 2030 vereinbarten energie- und klimapolitischen Ziele erreicht werden und dass es den kollektiven Fortschritt der Union im Hinblick auf die Verwirklichung der politischen Ziele in allen fünf Dimensionen der Energieunion überwachen sollte.

(16) In seiner Entschließung vom 15. Dezember 2015 über das Thema „Wege zu einer europäischen Energieunion" forderte das Europäische Parlament, der Governance-Mechanismus der Energieunion müsse ambitioniert, zuverlässig, transparent und demokratisch konzipiert sein, dürfe das Europäische Parlament in keiner Weise ausschließen und müsse dafür sorgen, dass die auf Klimaschutz und Energie bezogenen Ziele für 2030 erreicht werden.

(17) Der Europäische Rat hat mehrmals betont, dass dringend Maßnahmen ergriffen werden müssen, um ein Mindestziel von 10 % für den Stromverbund zu erreichen. Er beschloss in seinen Schlussfolgerungen vom 23. und 24. Oktober 2014, dass die Kommission mit Unterstützung der Mitgliedstaaten vordringliche Maßnahmen zu ergreifen habe, damit das 10 %-Mindestziel für den Stromverbund vordringlich erreicht wird, und zwar spätestens 2020 zumindest für diejenigen Mitgliedstaaten, die noch kein Mindestniveau der Integration in den Energiebinnenmarkt erreicht haben. Die Kommission bewertet in ihrer Mitteilung vom 23. November 2017 zur Stärkung der Energienetze in Europa die Fortschritte auf dem Weg zur Erreichung des Stromverbundziels von 10 % und zeigt darin Möglichkeiten zur Verwirklichung des Verbundziels von 15 % für 2030 auf.

(18) Daher sollte der Governance-Mechanismus vor allem zur Erreichung der Ziele der Energieunion, insbesondere der Ziele des Rahmens für die Klima- und Energiepolitik bis 2030, beitragen, und zwar auf den Gebieten Treibhausgasemissionsreduktionen, Energie aus erneuerbaren Quellen und Energieeffizienz. Diese Ziele und Vorgaben ergeben sich aus der Energiepolitik der Union und daraus, dass es die Umwelt zu erhalten, zu schützen und zu verbessern gilt und die umsichtige und rationelle Verwendung natürlicher Ressourcen gefördert werden muss, wie es in den EU-Verträgen vorgesehen ist. Keines dieser untrennbar miteinander verbundenen Ziele kann als den anderen Zielen nachgeordnet betrachtet werden. Diese Verordnung steht somit im Zusammenhang mit den sektorspezifischen Rechtsvorschriften zur Umsetzung der energie- und klimapolitischen Ziele für 2030. Die Mitgliedstaaten benötigen zwar eine gewisse Flexibilität, die Maßnahmen wählen zu können, die ihrem nationalen Energiemix und ihren Präferenzen am ehesten entsprechen, diese Flexibilität sollte jedoch eine weitergehende Marktintegration, verstärkten Wettbewerb, die Verwirklichung der Klima- und Energieziele und eine allmähliche Umstellung auf eine nachhaltige CO_2-emissionsarme Wirtschaft ermöglichen.

(19) Ein sozial akzeptabler und gerechter Übergang zu einer nachhaltigen CO_2-emissionsarmen Wirtschaft erfordert ein neues Investitionsverhalten sowohl hinsichtlich öffentlicher als auch privater Investitionen und Anreize in sämtlichen Politikbereichen, wobei die Bürger und Regionen zu berücksichtigen sind, für die der Übergang zu einer CO_2-emissionsarmen Wirtschaft negative Folgen haben könnte. Treibhausgasemissionsreduktionen setzen voraus, dass Effizienz und Innovation in der Wirtschaft der Union gesteigert werden, und dadurch sollten insbesondere auch Dauerarbeitsplätze – auch in Hochtechnologiebranchen – geschaffen sowie eine Verbesserung der Luftqualität und der Gesundheit der Bevölkerung bewirkt werden.

(20) Angesichts der im Übereinkommen von Paris eingegangenen internationalen Verpflichtungen sollten die Mitgliedstaaten über Maßnahmen berichten, die sie ergriffen haben, um Energiesubventionen insbesondere für fossile Brennstoffe schrittweise abzuschaffen. Bei der Berichterstat-

tung ist es den Mitgliedstaaten freigestellt, sich auf bestehende, international verwendete Definitionen von Subventionen für fossile Brennstoffe zu stützen.

(21) Da Treibhausgase und Luftschadstoffe im Wesentlichen denselben Quellen entstammen, können Maßnahmen zur Verringerung der Treibhausgasemissionen gleichzeitig zur Verbesserung der Gesundheit der Bevölkerung und der Luftqualität – insbesondere in städtischen Gebieten – beitragen, was die kurzfristigen Kosten der Verringerung der Treibhausgasemissionen ausgleichen könnte. Da die im Rahmen der Richtlinie (EU) 2016/2284 des Europäischen Parlaments und des Rates[1] übermittelten Daten eine wichtige Grundlage für die Erstellung des Treibhausgasinventars und der nationalen Pläne darstellen, ist zu berücksichtigen, dass die Daten, die im Rahmen der Richtlinie (EU) 2016/2284 und für das Treibhausgasinventar ermittelt und gemeldet werden, übereinstimmen müssen.

(22) Die Erfahrung mit der Durchführung der Verordnung (EU) Nr. 525/2013 des Europäischen Parlaments und des Rates[2] hat gezeigt, dass Synergieeffekte mit der Berichterstattung im Rahmen anderer Gesetzgebungsakte genutzt werden müssen und die Kohärenz mit dieser Berichterstattung gegeben sein muss, insbesondere im Hinblick auf die Richtlinie 2003/87/EG des Europäischen Parlaments und des Rates[3], die Verordnung (EG) Nr. 166/2006 des Europäischen Parlaments und des Rates[4], die Verordnung (EG) Nr. 1099/2008 des Europäischen Parlaments und des Rates[5] und die Verordnung (EG) Nr. 517/2014 des Europäischen Parlaments und des Rates[6]. Damit die Qualität der Emissionsmeldungen sichergestellt ist, müssen einheitliche Daten für Treibhausgasemissionen übermittelt werden.

(23) Im Einklang mit dem starken Engagement der Kommission für eine bessere Rechtsetzung und im Einklang mit einer Politik zur Förderung von Forschung, Innovation und Investitionen dürften sich durch den Governance-Mechanismus der Energieunion der Verwaltungsaufwand und die Komplexität für die Mitgliedstaaten, die einschlägigen Interessenträger, die Kommission und die anderen Organe der Union bedeutend verringern. Es dürfte auch zur Kohärenz und Angemessenheit der Politiken und Maßnahmen auf Unionsebene und auf der Ebene der Mitgliedstaaten im Hinblick auf die Umstellung des Energiesystems auf eine nachhaltige CO_2-emissionsarme Wirtschaft beitragen.

(24) Die Verwirklichung der Ziele und Vorgaben der Energieunion sollte durch eine Kombination aus Initiativen der Union und kohärenten nationalen Maßnahmen, die in integrierten nationalen Energie- und Klimaplänen festgelegt sind, sichergestellt werden. In den sektorspezifischen Rechtsvorschriften der Union in den Bereichen Energie und Klima sind Planungsvorschriften niedergelegt, die zur Förderung des Wandels in den Mitgliedstaaten von Nutzen waren. Da sie zu unterschiedlichen Zeitpunkten eingeführt wurden, kam es zu Überschneidungen, und Synergieeffekte und Wechselwirkungen zwischen den Politikbereichen wurden nicht ausreichend berücksichtigt, wodurch die Kosteneffizienz beeinträchtigt wurde. Die derzeit getrennten Planungs-,

---

[1] **Amtl. Anm.:** Richtlinie (EU) 2016/2284 des Europäischen Parlaments und des Rates vom 14. Dezember 2016 über die Reduktion der nationalen Emissionen bestimmter Luftschadstoffe, zur Änderung der Richtlinie 2003/35/EG und zur Aufhebung der Richtlinie 2001/81/EG (ABl. L 344 vom 17.12.2016, S. 1).

[2] **Amtl. Anm.:** Verordnung (EU) Nr. 525/2013 des Europäischen Parlaments und des Rates vom 21. Mai 2013 über ein System für die Überwachung von Treibhausgasemissionen sowie für die Berichterstattung über diese Emissionen und über andere klimaschutzrelevante Informationen auf Ebene der Mitgliedstaaten und der Union und zur Aufhebung der Entscheidung Nr. 280/2004/EG (ABl. L 165 vom 18.6.2013, S. 13).

[3] **Amtl. Anm.:** Richtlinie 2003/87/EG des Europäischen Parlaments und des Rates vom 13. Oktober 2003 über ein System für den Handel mit Treibhausgasemissionszertifikaten in der Gemeinschaft und zur Änderung der Richtlinie 96/61/EG des Rates (ABl. L 275 vom 25.10.2003, S. 32).

[4] **Amtl. Anm.:** Verordnung (EG) Nr. 166/2006 des Europäischen Parlaments und des Rates vom 18. Januar 2006 über die Schaffung eines Europäischen Schadstofffreisetzungs- und -verbringungsregisters und zur Änderung der Richtlinien 91/689/EWG und 96/61/EG des Rates (ABl. L 33 vom 4.2.2006, S. 1).

[5] **Amtl. Anm.:** Verordnung (EG) Nr. 1099/2008 des Europäischen Parlaments und des Rates vom 22. Oktober 2008 über die Energiestatistik (ABl. L 304 vom 14.11.2008, S. 1).

[6] **Amtl. Anm.:** Verordnung (EU) Nr. 517/2014 des Europäischen Parlaments und des Rates vom 16. April 2014 über fluorierte Treibhausgase und zur Aufhebung der Verordnung (EG) Nr. 842/2006 (ABl. L 150 vom 20.5.2014, S. 195).

Berichterstattungs- und Überwachungsmaßnahmen in den Bereichen Klima und Energie sollten daher so weit wie möglich zusammengeführt und integriert werden.

(25) Die integrierten nationalen Energie- und Klimapläne sollten jeweils für zehn Jahre gelten und einen Überblick über die aktuelle Situation des jeweiligen Energiesystems und der Politik geben. Sie sollten nationale Ziele für jede der fünf Dimensionen der Energieunion sowie die Politiken und Maßnahmen zur Verwirklichung dieser Ziele enthalten und sich auf Analysen stützen. Bei den integrierten nationalen Energie- und Klimaplänen für den ersten Zeitraum 2021 bis 2030 sollte sich das Augenmerk besonders auf die Zielvorgaben für Treibhausgasemissionsreduktionen, erneuerbare Energie, Energieeffizienz und den Stromverbund für 2030 richten. Die Mitgliedstaaten sollten sich darum bemühen, dass die integrierten nationalen Energie- und Klimapläne den Zielen für nachhaltige Entwicklung der Vereinten Nationen entsprechen und einen Beitrag dazu leisten. Für ihre integrierten nationalen Energie- und Klimapläne können die Mitgliedstaaten auf bestehenden nationalen Strategien oder Plänen aufbauen. Für den ersten Entwurf und den endgültigen integrierten nationalen Energie- und Klimaplan gilt eine andere Frist als für die nachfolgenden Pläne, damit die Mitgliedstaaten nach der Annahme dieser Verordnung genügend Vorbereitungszeit für ihre ersten Pläne haben. Gleichwohl sind die Mitgliedstaaten gehalten, den ersten Entwurf ihrer integrierten nationalen Energie- und Klimapläne so früh wie möglich im Jahr 2018 vorzulegen, damit ordnungsgemäße Vorbereitungen getroffen werden können, insbesondere für den unterstützenden Dialog, der 2018 gemäß dem Beschluss 1/CP.21 der Konferenz der Vertragsparteien des Rahmenübereinkommens der Vereinten Nationen über Klimaänderungen (UNFCCC) stattfinden soll.

(26) In ihren nationalen integrierten Energie- und Klimaplänen sollten die Mitgliedstaaten einschätzen, wie viele Haushalte von Energiearmut betroffen sind, und dabei den zur Wahrung des im jeweiligen nationalen Zusammenhang grundlegenden Lebensstandards erforderlichen Energiedienstleistungen für einen Haushalt, den sozialpolitischen Maßnahmen und anderen einschlägigen Politikbereichen sowie den Orientierungshilfen der Kommission zu relevanten Indikatoren (etwa zur geografischen Verteilung), die sich auf einen gemeinsamen Ansatz zu Energiearmut stützen, Rechnung tragen. Gelangt ein Mitgliedstaat zu der Überzeugung, dass in seinem Hoheitsgebiet eine erhebliche Anzahl von Haushalten von Energiearmut betroffen ist, so sollte er ein nationales Richtziel der Verringerung der Energiearmut in seinen Plan aufnehmen.

(27) Es sollte eine verbindliche Vorlage für die integrierten nationalen Energie- und Klimapläne festgelegt werden, damit alle nationalen Pläne umfassende Informationen enthalten, und der Vergleich und die Aggregation der Daten erleichtert werden; gleichzeitig sollten die Mitgliedstaaten ausreichende Flexibilität erhalten, um die Einzelheiten der nationalen Pläne entsprechend ihren nationalen Präferenzen und Besonderheiten festlegen zu können.

(28) Die Umsetzung von Politiken und Maßnahmen in den Bereichen Energie und Klima hat Auswirkungen auf die Umwelt. Daher sollten die Mitgliedstaaten sicherstellen, dass die Öffentlichkeit frühzeitig und wirksam Gelegenheit zur Mitwirkung bei der Erstellung der integrierten nationalen Energie- und Klimapläne erhält und zu diesen Plänen konsultiert wird, und zwar nach Maßgabe der – sofern anwendbaren – Bestimmungen der Richtlinie 2001/42/EG des Europäischen Parlaments und des Rates[1] und des Übereinkommens der Wirtschaftskommission der Vereinten Nationen für Europa (UNECE) über den Zugang zu Informationen, die Öffentlichkeitsbeteiligung an Entscheidungsverfahren und den Zugang zu Gerichten in Umweltangelegenheiten vom 25. Juni 1998 („Übereinkommen von Aarhus"). Außerdem sollten die Mitgliedstaaten dafür sorgen, dass die Sozialpartner an der Ausarbeitung der integrierten nationalen Energie- und Klimapläne beteiligt werden, und sie sollten eine Begrenzung des Verwaltungsaufwands bei der Erfüllung ihrer Pflichten zur Konsultation der Öffentlichkeit anstreben.

(29) Bei der Durchführung von Konsultationen der Öffentlichkeit und gemäß dem Übereinkommen von Aarhus sollten die Mitgliedstaaten anstreben, dass eine gleichmäßige/ausgewogene Beteiligung erfolgt, dass die Öffentlichkeit durch öffentliche Bekanntmachungen und mit anderen geeigneten Mitteln – etwa über elektronische Medien – informiert wird, dass der Öffentlichkeit alle relevanten Dokumente zugänglich sind und dass praktische Vorkehrungen im Zusammenhang mit der Beteiligung der Öffentlichkeit getroffen werden.

(30) Jeder Mitgliedstaat sollte einen ständigen energiepolitischen Dialog auf mehreren Ebenen einrichten, bei dem lokale Gebietskörperschaften, Organisationen der Zivilgesellschaft, die Wirtschaft,

---

[1] **Amtl. Anm.:** Richtlinie 2001/42/EG des Europäischen Parlaments und des Rates vom 27. Juni 2001 über die Prüfung der Umweltauswirkungen bestimmter Pläne und Programme (ABl. L 197 vom 21.7.2001, S. 30).

Investoren und sonstige einschlägige Interessenträger zusammenkommen, um die unterschiedlichen Optionen zu erörtern, die in der Energie- und Klimapolitik ins Auge gefasst werden. Im Rahmen dieses Dialogs sollten der integrierte nationale Energie- und Klimaplan des Mitgliedstaats und seine Langfrist-Strategie erörtert werden können. Der Dialog kann über jede beliebige nationale Struktur geführt werden, wie etwa Websites, Plattformen für die Konsultation der Öffentlichkeit oder andere Instrumente der interaktiven Kommunikation.

(31) Die regionale Zusammenarbeit ist von zentraler Bedeutung für die möglichst kostengünstige, konkrete Verwirklichung der Ziele der Energieunion. Die Kommission sollte eine solche Zusammenarbeit zwischen den Mitgliedstaaten fördern. Die Mitgliedstaaten sollten die Gelegenheit erhalten, zu den integrierten nationalen Energie- und Klimaplänen der anderen Mitgliedstaaten Stellung zu nehmen, bevor diese Pläne abgeschlossen sind, damit keine Inkohärenzen entstehen, die Pläne sich nicht etwa negativ auf andere Mitgliedstaaten auswirken und die gemeinsamen Ziele durch die Bemühungen aller erreicht werden. Die regionale Zusammenarbeit bei der Ausarbeitung und Fertigstellung der integrierten nationalen Energie- und Klimapläne und ihrer anschließenden Umsetzung ist von entscheidender Bedeutung, um die Wirksamkeit und Effizienz der Maßnahmen zu verbessern und Marktintegration und Energieversorgungssicherheit voranzubringen.

(32) Wenn die Mitgliedstaaten im Rahmen dieser Verordnung zusammenarbeiten, sollten sie bestehende regionale Kooperationsforen berücksichtigen, wie etwa den Verbundplan für den baltischen Energiemarkt (BEMIP), die Erdgas-Verbindungsleitungen in Mittel- und Südosteuropa (CESEC), den regionalen Energiemarkt Mittel- und Westeuropa (CWREM), die Offshore-Netz-Initiative der Nordseeländer (NSCOGI), das Pentalaterale Energieforum, die Verbindungsleitungen in Südwesteuropa und die Partnerschaft Europa-Mittelmeer. Die Mitgliedstaaten sind aufgerufen, eine Zusammenarbeit mit den Vertragsparteien der Energiegemeinschaft, mit den Mitgliedern des Europäischen Wirtschaftsraums, die nicht Mitgliedstaaten der EU sind, und, falls sie es für sachgerecht halten, mit anderen einschlägigen Drittstaaten in Erwägung zu ziehen. Außerdem kann die Kommission gemäß dieser Verordnung zur Förderung von Marktintegration und kosteneffizienten Politiken, einer wirksamen Zusammenarbeit, Partnerschaften und Konsultationen weitere Möglichkeiten zur regionalen Zusammenarbeit ermitteln, bei denen eine oder mehrere der fünf Dimensionen der Energieunion abgedeckt ist und die einen langfristigen Ausblick auf der Grundlage der gegebenen Marktbedingungen bieten.

(33) Die Kommission kann Gespräche mit einschlägigen Drittstaaten aufnehmen, um die Möglichkeit zu prüfen, die Anwendung der Bestimmungen nach dieser Verordnung auf sie auszuweiten, insbesondere derjenigen, die sich auf die regionale Zusammenarbeit beziehen.

(34) Die integrierten nationalen Energie- und Klimapläne sollten im Hinblick auf die Transparenz und Vorhersagbarkeit der nationalen Politiken und Maßnahmen stabil sein, damit Investitionssicherheit gegeben ist. Sie sollten jedoch einmal während ihrer zehnjährigen Geltungsdauer aktualisiert werden, um den Mitgliedstaaten die Möglichkeit zu geben, sie an erheblich veränderte Umstände anzupassen. Die Mitgliedstaaten sollten die Pläne für den Zeitraum 2021 bis 2030 bis zum 30. Juni 2024 aktualisieren. Ziele, Vorgaben und Beiträge sollten nur geändert werden, um insgesamt ehrgeizigere Ziele festzulegen, insbesondere bei den energie- und klimapolitischen Vorgaben für 2030. Im Rahmen der Aktualisierung sollten sich die Mitgliedstaaten bemühen, etwaige negative Auswirkungen auf die Umwelt, die im Rahmen der integrierten Berichterstattung zutage getreten sind, einzudämmen.

(35) Stabile Langfrist-Strategien sind von entscheidender Bedeutung, wenn auf die Umstellung der Wirtschaft, neue Arbeitsplätze, Wachstum und die Verwirklichung allgemeiner Ziele für eine nachhaltige Entwicklung sowie – auf faire und kosteneffiziente Weise – auf das vom Übereinkommen von Paris angestrebte langfristige Ziel hingearbeitet werden soll. Ferner sind die Vertragsparteien des Übereinkommens von Paris aufgefordert, bis 2020 ihre langfristige, bis zur Jahrhundertmitte reichende Strategien zur Reduktion der Treibhausgasemissionen offenzulegen. In diesem Zusammenhang ersuchte der Europäische Rat die Kommission am 22. März 2018, bis zum ersten Quartal 2019 einen Vorschlag für eine Strategie zur langfristigen Reduktion der Treibhausgasemissionen der Union nach Maßgabe des Übereinkommens von Paris vorzulegen und dabei die integrierten nationalen Energie- und Klimapläne zu berücksichtigen.

(36) Die Mitgliedstaaten sollten Langfrist-Strategien mit einer Perspektive von mindestens 30 Jahren als Beitrag zur Erfüllung der Verpflichtungen der Mitgliedstaaten entsprechend dem UNFCCC und dem Übereinkommen von Paris im Kontext des Ziels des Übereinkommens von Paris, den Anstieg der durchschnittlichen Erdtemperatur deutlich unter 2 °C zu halten, entwickeln und die Bemühungen zur Begrenzung des Temperaturanstiegs auf 1,5 °C gegenüber dem vorindustriellen

Niveau, zur Erreichung einer langfristigen Reduktion der Treibhausgasemissionen und zum verstärkten Abbau dieser Gase durch Senken in allen Sektoren im Einklang mit dem Ziel der Union fortführen. Die Mitgliedstaaten sollten ihre Strategien offen und transparent ausarbeiten und sicherstellen, dass die Öffentlichkeit konkret an der Erstellung dieser Strategien mitwirken kann. Die integrierten nationalen Energie- und Klimapläne der Mitgliedstaaten und die langfristigen Strategien sollten aufeinander abgestimmt werden.

(37) Der Sektor Landnutzung, Landnutzungsänderung und Forstwirtschaft (LULUCF) ist dem Klimawandel in hohem Maße ausgesetzt und durch ihn stark gefährdet. Gleichzeitig birgt dieser Wirtschaftszweig jedoch auch ein enormes Potenzial, für langfristige Klimaschutzvorteile zu sorgen und erheblich zur Verwirklichung der langfristigen Klimaschutzziele der Union und der internationalen Gemeinschaft beizutragen. Er kann auf unterschiedliche Weise zum Klimaschutz beitragen, insbesondere durch eine Verringerung der Emissionen, die Erhaltung und Verbesserung von Senken und Kohlenstoffbeständen und die Bereitstellung von Biomaterialien, durch die fossile oder CO_2-intensive Materialien ersetzt werden. Entscheidend sind Langfrist-Strategien, die nachhaltigen Investitionen zugrunde liegen, durch die die wirksame Bindung von Kohlenstoff gesteigert werden soll, eine nachhaltige Ressourcenbewirtschaftung sowie die langfristige Stabilität und Anpassungsfähigkeit der Kohlenstoffspeicher.

(38) Beim weiteren Ausbau des Stromverbunds ist es wichtig, nach Maßgabe der Verordnung (EU) Nr. 347/2013 des Europäischen Parlaments und des Rates[1)] eine vollständige Kosten-Nutzen-Analyse mit allen technischen, sozioökonomischen und ökologischen Auswirkungen dieses Verbunds durchzuführen und die positiven externen Effekte eines Stromverbunds, etwa die Integration erneuerbarer Energie, die Versorgungssicherheit und den verstärkten Wettbewerb auf dem Binnenmarkt, zu berücksichtigen.

(39) Wie für die Planung werden in den sektorspezifischen Rechtsvorschriften der Union in den Bereichen Energie und Klima auch für die Berichterstattung Vorschriften festgelegt, die – in Ergänzung zu Marktreformen – zum großen Teil zur Förderung des Wandels in den Mitgliedstaaten von Nutzen waren; da diese Vorschriften jedoch zu unterschiedlichen Zeitpunkten eingeführt wurden, kam es zu Überschneidungen und Kostenineffizienz, und zudem wurden Synergieeffekte und Wechselwirkungen zwischen Politikbereichen wie Verringerung der Treibhausgasemissionen, erneuerbare Energie, Energieeffizienz und Marktintegration nicht ausreichend berücksichtigt. Um ein angemessenes Gleichgewicht zwischen dem Erfordernis einer ordnungsgemäßen Überwachung der Umsetzung der integrierten nationalen Energie- und Klimapläne und dem Erfordernis der Verringerung des Verwaltungsaufwands zu erreichen, sollten die Mitgliedstaaten zweijährliche Fortschrittsberichte über die Umsetzung der Pläne und andere Entwicklungen im Energiesystem erstellen. Einige Berichte, insbesondere im Rahmen der Meldepflichten des UNFCCC und des Unionsrechts im Klimabereich, müssten jedoch noch jährlich vorgelegt werden.

(40) Die integrierten nationalen energie- und klimabezogenen Fortschrittsberichte der Mitgliedstaaten sollten die Elemente enthalten, die in der Vorlage für die integrierten nationalen Energie- und Klimapläne enthalten sind. Eine Vorlage für die integrierten nationalen energie- und klimabezogenen Fortschrittsberichte sollte aufgrund des fachlichen Charakters der Berichte und der Tatsache, dass die ersten Fortschrittsberichte erst 2023 einzureichen sind, in späteren Durchführungsrechtsakten im Einzelnen festgelegt werden. Die Fortschrittsberichte sollten derart abgefasst werden, dass Transparenz gegenüber der Union, den anderen Mitgliedstaaten, den regionalen und lokalen Behörden, den Marktteilnehmern (einschließlich Verbrauchern) sowie allen anderen einschlägigen Interessenträgern und der Öffentlichkeit sichergestellt ist. Sie sollten alle fünf Dimensionen der Energieunion umfassen, und im ersten Berichtszeitraum sollte der Schwerpunkt auf den Bereichen des Rahmens für die Klima- und Energiepolitik bis 2030 liegen.

(41) Nach dem UNFCCC sind die Union und ihre Mitgliedstaaten verpflichtet, nationale Inventare zu erstellen, in regelmäßigen Abständen zu aktualisieren, zu veröffentlichen und der Konferenz der Vertragsparteien zur Verfügung zu stellen, in denen die anthropogenen Emissionen aller Treibhausgase aus Quellen und der Abbau dieser Gase durch Senken aufgeführt ist, wobei von der Konferenz der Vertragsparteien vereinbarte, vergleichbare Methoden anzuwenden sind. Diese Treibhausgasinventare sind von entscheidender Bedeutung für die Verfolgung der Fortschritte bei

---

[1)] **Amtl. Anm.:** Verordnung (EU) Nr. 347/2013 des Europäischen Parlaments und des Rates vom 17. April 2013 zu Leitlinien für die transeuropäische Energieinfrastruktur und zur Aufhebung der Entscheidung Nr. 1364/2006/EG und zur Änderung der Verordnungen (EG) Nr. 713/2009, (EG) Nr. 714/2009 und (EG) Nr. 715/2009 [Nr. **9**] (ABl. L 115 vom 25.4.2013, S. 39).

der Durchführung der „Dimension Dekarbonisierung" und für die Bewertung der Einhaltung der Rechtsvorschriften im Klimabereich, insbesondere der Verordnung (EU) 2018/842 des Europäischen Parlaments und des Rates[1)] und der Verordnung (EU) 2018/841 des Europäischen Parlaments und des Rates[2)].

(42) Der Beschluss 1/CP.16 der Konferenz der Vertragsparteien des UNFCCC sieht die Einführung nationaler Regelungen zur Schätzung der anthropogenen Emissionen aller Treibhausgase aus Quellen und des Abbaus dieser Gase durch Senken vor. Diese Verordnung sollte die Festlegung solcher nationalen Regelungen ermöglichen.

(43) Die Erfahrung mit der Durchführung der Verordnung (EU) Nr. 525/2013 hat gezeigt, dass Transparenz, Genauigkeit, Kohärenz, Vollständigkeit und Vergleichbarkeit der Informationen wichtig sind. Aufbauend auf diesen Erfahrungen sollte mit dieser Verordnung sichergestellt werden, dass die Mitgliedstaaten verlässliche und stimmige Daten und Annahmen bei allen fünf Dimensionen verwenden und umfassende Informationen über die Annahmen, Parameter und Methoden für die endgültigen Szenarien und Projektionen veröffentlichen, wobei statistische Beschränkungen, sensible Geschäftsdaten und die Einhaltung der Datenschutzvorschriften zu berücksichtigen sind, und sie sollten über ihre Politiken, Maßnahmen und Projektionen, die zentrale Bestandteile der Fortschrittsberichte sind, Bericht erstatten. Die in diesen Berichten enthaltenen Angaben sollten für den Nachweis der fristgerechten Erfüllung der Verpflichtungen aus der Verordnung (EU) 2018/842 von wesentlicher Bedeutung sein. Die Anwendung und die fortlaufende Verbesserung der Systeme auf Ebene der Union und der Mitgliedstaaten dürften, zusammen mit besseren Berichterstattungsleitlinien, beträchtlich dazu beitragen, dass die für die Verfolgung der Fortschritte bei der Dekarbonisierung erforderlichen Informationen fortlaufend erweitert werden.

(44) Durch diese Verordnung sollte ferner sichergestellt werden, dass die Mitgliedstaaten über die Anpassung an den Klimawandel sowie über die finanzielle und technologische Unterstützung und die Unterstützung beim Kapazitätsaufbau für Entwicklungsländer Bericht erstatten, wodurch die Umsetzung der Verpflichtungen der Union im Rahmen des UNFCCC und des Übereinkommens von Paris erleichtert wird. Informationen über nationale Anpassungs- und Unterstützungsmaßnahmen sind außerdem für die integrierten nationalen Energie- und Klimapläne wichtig, insbesondere für die Anpassung an die negativen Auswirkungen des Klimawandels, die im Zusammenhang mit der Sicherheit der Energieversorgung der Union stehen (z.B. Informationen über die Verfügbarkeit von Kühlwasser für Kraftwerke und von Biomasse für die Energiegewinnung, Informationen über Unterstützungsmaßnahmen, die für die externe Dimension der Energieunion relevant sind).

(45) Im Übereinkommen von Paris wird bekräftigt, dass die Vertragsparteien beim Vorgehen gegen Klimaänderungen ihre jeweiligen Verpflichtungen im Hinblick auf die Menschenrechte sowie die Gleichstellung der Geschlechter achten, fördern und berücksichtigen sollen. Die Mitgliedstaaten sollten daher die Aspekte der Menschenrechte und der Gleichstellung der Geschlechter angemessen in ihre integrierten nationalen Energie- und Klimapläne und ihre langfristigen Strategien einbeziehen. Im Wege ihrer zweijährlichen Fortschrittsberichte sollten sie Informationen darüber vorlegen, wie die Umsetzung ihrer integrierten nationalen Energie- und Klimapläne zur Förderung der Menschenrechte und der Gleichstellung der Geschlechter beiträgt.

(46) Um den Verwaltungsaufwand für die Mitgliedstaaten und die Kommission zu beschränken, sollte die Kommission zur Erleichterung der Kommunikation und zur Förderung der Zusammenarbeit eine Online-Plattform (E-Plattform) einrichten und den Zugang der Öffentlichkeit zu Informationen erleichtern. Dies dürfte die fristgerechte Vorlage der Berichte sowie die transparentere Gestaltung der nationalen Berichterstattung erleichtern. Die E-Plattform sollte auf bestehenden Berichterstattungsverfahren, Datenbanken und elektronischen Werkzeugen aufbauen sowie diese

---

[1)] **Amtl. Anm.:** Verordnung (EU) 2018/842 des Europäischen Parlaments und des Rates vom 30. Mai 2018 zur Festlegung verbindlicher nationaler Jahresziele für die Reduzierung der Treibhausgasemissionen im Zeitraum 2021 bis 2030 als Beitrag zu Klimaschutzmaßnahmen zwecks Erfüllung der Verpflichtungen aus dem Übereinkommen von Paris sowie zur Änderung der Verordnung (EU) Nr. 525/2013 (ABl. L 156 vom 19.6.2018, S. 26).

[2)] **Amtl. Anm.:** Verordnung (EU) 2018/841 des Europäischen Parlaments und des Rates vom 30. Mai 2018 über die Einbeziehung der Emissionen und des Abbaus von Treibhausgasen aus Landnutzung, Landnutzungsänderungen und Forstwirtschaft (LULUCF) in den Rahmen für die Klima- und Energiepolitik bis 2030 und zur Änderung der Verordnung (EU) Nr. 525/2013 und des Beschlusses Nr. 529/2013/EU (ABl. L 156 vom 19.6.2018, S. 1).

nutzen und ergänzen (z.B. diejenigen der Europäischen Umweltagentur, von Eurostat, der Gemeinsamen Forschungsstelle; das gilt auch für die Erfahrungen mit dem System für das Umweltmanagement und die Umweltbetriebsprüfung der Union).

(47) Die Kommission sollte dafür sorgen, dass die endgültigen integrierten nationalen Energie- und Klimapläne online veröffentlicht werden. Sobald die entsprechende E-Plattform einsatzfähig ist, sollte die Kommission die endgültigen integrierten nationalen Energie- und Klimapläne sowie ihre Aktualisierungen, die langfristigen Strategien und andere einschlägige, von den Mitgliedstaaten im Rahmen der Berichterstattung zur Verfügung gestellte Informationen über diese Plattform bereitstellen und veröffentlichen. Bis die E-Plattform einsatzfähig ist, erleichtert die Kommission den Online-Zugang zu den endgültigen integrierten nationalen Energie- und Klimaplänen über ihre eigenen Websites.

(48) Daten und Statistiken, die der Kommission im Rahmen der nationalen Pläne und Berichte zu übermitteln sind, jedoch bereits im Rahmen der Verordnung (EG) Nr. 223/2009 des Europäischen Parlaments und des Rates[1] in der gleichen Form wie gemäß den Planungs- und Berichterstattungsbestimmungen der vorliegenden Verordnung über Eurostat zur Verfügung gestellt wurden (und für die dieselben Werte noch über die Kommission (Eurostat) erhältlich sind), sollten der Kommission nicht erneut übermittelt werden. Die in den integrierten nationalen Energie- und Klimaplänen übermittelten Daten und Projektionen sollten sich, falls vorhanden und angesichts des Zeitplans sachdienlich, auf die Eurostat-Daten und die Berichterstattungsmethoden für europäische Statistiken gemäß der Verordnung (EG) Nr. 223/2009 stützen und mit diesen übereinstimmen.

(49) Im Hinblick auf die kollektive Verwirklichung der Ziele der Strategie für die Energieunion, insbesondere die Schaffung einer voll funktionsfähigen und krisenfesten Energieunion, ist es entscheidend, dass die Kommission die Entwürfe integrierter nationaler Energie- und Klimapläne, die integrierten nationalen Energie- und Klimapläne sowie – anhand der Fortschrittsberichte – ihre Umsetzung bewertet. Für den ersten Zehnjahreszeitraum gilt dies insbesondere für die energie- und klimapolitischen Vorgaben der Union für 2030 und die nationalen Beiträge zu diesen Zielen. Diese Bewertungen sollten regelmäßig alle zwei Jahre (nur im Bedarfsfall jährlich) durchgeführt und im Bericht der Kommission zur Lage der Energieunion konsolidiert werden.

(50) Unter gebührender Achtung des Initiativrechts der Kommission, des ordentlichen Gesetzgebungsverfahrens und des institutionellen Gleichgewichts sollten sich das Europäische Parlament und der Rat jährlich mit den von der Energieunion bei sämtlichen Dimensionen der Energie- und Klimapolitiken erzielten Fortschritten befassen.

(51) Die Kommission sollte die Gesamtwirkung der Politiken und Maßnahmen der integrierten nationalen Energie- und Klimapläne zur Umsetzung der klima- und energiepolitischen Maßnahmen der Union bewerten und insbesondere prüfen, ob zusätzliche Politiken und Maßnahmen der Union notwendig sind, um im Einklang mit den Verpflichtungen nach dem Übereinkommen von Paris die Treibhausgasemissionen der Union stärker zu reduzieren bzw. diese Gase stärker durch Senken abzubauen.

(52) Der Luftverkehr wirkt sich durch die Freisetzung von CO_2, aber auch durch andere Emissionen (z.B. Stickoxidemissionen) und Phänomene (z.B. Verstärkung der Zirruswolkenbildung) auf das Weltklima aus. Da die Wissenschaft diese Auswirkungen rasch immer besser versteht, ist in der Verordnung (EU) Nr. 525/2013 bereits eine Neubewertung der Nicht-CO_2-Auswirkungen des Luftverkehrs auf das Weltklima vorgesehen. Die in diesem Zusammenhang verwendete Modellierung sollte an den wissenschaftlichen Fortschritt angepasst werden. Die Kommission sollte auf der Grundlage ihrer Bewertung dieser Auswirkungen bis zum 1. Januar 2020 eine aktualisierte Analyse der Nicht-CO_2-Auswirkungen des Luftverkehrs vorlegen und ihr erforderlichenfalls einen Vorschlag dazu beifügen, wie am besten gegen diese Auswirkungen vorzugehen ist.

(53) In Übereinstimmung mit den derzeit geltenden Leitlinien des UNFCCC für die Berichterstattung über Treibhausgase beruht die Berechnung von Methanemissionen und die Berichterstat-

---

[1] **Amtl. Anm.:** Verordnung (EG) Nr. 223/2009 des Europäischen Parlaments und des Rates vom 11. März 2009 über europäische Statistiken und zur Aufhebung der Verordnung (EG, Euratom) Nr. 1101/2008 des Europäischen Parlaments und des Rates über die Übermittlung von unter die Geheimhaltungspflicht fallenden Informationen an das Statistische Amt der Europäischen Gemeinschaften, der Verordnung (EG) Nr. 322/97 des Rates über die Gemeinschaftsstatistiken und des Beschlusses 89/382/EWG, Euratom des Rates zur Einsetzung eines Ausschusses für das Statistische Programm der Europäischen Gemeinschaften (ABl. L 87 vom 31.3.2009, S. 164).

tung darüber auf Treibhauspotenzialen für einen Zeitraum von einhundert Jahren. Da Methan ein hohes Treibhauspotenzial aufweist und seine Verweildauer in der Atmosphäre relativ kurz ist, was mit starken kurz- und mittelfristigen Auswirkungen auf das Klima einhergeht, sollte die Kommission analysieren, welche Folgen die Umsetzung von Politiken und Maßnahmen hat, die der Verminderung der kurz- und mittelfristigen Auswirkungen von Methanemissionen auf die Treibhausgasemissionen der Union dienen. Die Kommission sollte Optionen für Politiken prüfen, um für Methanemissionen umgehend eine Lösung zu finden, und einen strategischen Plan der Union für Methan als integralen Bestandteil der langfristigen Strategie der Union vorlegen.

(54) Um die Übereinstimmung zwischen den Politiken der Mitgliedstaaten und der Union und den Zielen der Energieunion zu wahren, sollte ein ständiger Dialog zwischen der Kommission und den Mitgliedstaaten sowie erforderlichenfalls zwischen den Mitgliedstaaten stattfinden. Die Kommission sollte, wenn sie es für zweckmäßig erachtet, den Mitgliedstaaten Empfehlungen aussprechen, u.a. zum Ambitionsniveau der Entwürfe der integrierten nationalen Energie- und Klimapläne, zur anschließenden Umsetzung der Politiken und Maßnahmen der übermittelten integrierten nationalen Energie- und Klimapläne und zu anderen für die Verwirklichung der Energieunion relevanten nationalen Politiken und Maßnahmen. Zwar sind Empfehlungen nach Artikel 288 des Vertrags über die Arbeitsweise der Europäischen Union (AEUV) nicht verbindlich, aber die Mitgliedstaaten sollten solchen Empfehlungen gleichwohl gebührend Rechnung tragen und in den späteren Fortschrittsberichten erläutern, wie sie hierbei vorgegangen sind. Im Hinblick auf erneuerbare Energie ist die Bewertung durch die Kommission auf die objektiven Kriterien zu stützen. Eine etwaige Empfehlung der Kommission in Bezug auf den Entwurf eines nationalen Plans eines Mitgliedstaats sollte so rasch wie möglich abgegeben werden; dabei sollte die Kommission zum einen bestimmte quantifizierte geplante Beiträge aller Mitgliedstaaten addieren, um das Ambitionsniveau auf Unionsebene zu bewerten, und zum anderen sollte den betreffenden Mitgliedstaaten genügend Zeit eingeräumt werden, damit sie den Empfehlungen der Kommission gebührend Rechnung tragen können, bevor sie ihren nationalen Plan fertigstellen, und keine Verzögerung beim nationalen Plan eines Mitgliedstaats droht.

(55) Der kosteneffiziente Einsatz erneuerbarer Energie ist eines der wichtigsten objektiven Kriterien für die Bewertung der Beiträge der Mitgliedstaaten. Die Kostenstruktur des Einsatzes erneuerbarer Energie ist komplex, und es bestehen beträchtliche Unterschiede zwischen den Mitgliedstaaten. Sie umfasst nicht nur die Kosten von Förderregelungen, sondern u.a. auch die Kosten der Netzanbindung von Anlagen, die Netzstabilitätsreserve, die Gewährleistung der Netzsicherheit und Kosten der Einhaltung umweltspezifischer Einschränkungen. Bei einem Vergleich der Mitgliedstaaten anhand dieses Kriteriums sollten daher alle mit dem Einsatz zusammenhängenden Kosten, unabhängig davon, ob sie von den Mitgliedstaaten, Endverbrauchern oder Projektträgern getragen werden, Berücksichtigung finden. Die Empfehlungen der Kommission in Bezug auf die Ambitionen der Mitgliedstaaten im Bereich der erneuerbaren Energie sollten auf einer Formel beruhen, die in dieser Verordnung festgelegt ist und sich auf objektive Kriterien gründet. So sollten bei der Bewertung der Ambitionen der Mitgliedstaaten im Bereich der erneuerbaren Energie die entsprechenden Anstrengungen der Mitgliedstaaten aufgezeigt werden, gleichzeitig aber die relevanten Gegebenheiten berücksichtigt werden, die sich auf den Ausbau der Nutzung erneuerbarer Energie auswirken. In die Bewertung sollten Daten aus unabhängigen quantitativen oder qualitativen Datenquellen einfließen.

(56) Sollten die Ambitionen der integrierten nationalen Energie- und Klimapläne oder ihrer Aktualisierungen nicht hoch genug angesetzt sein, sodass die Ziele der Energieunion gemeinsam nicht erreicht werden können (für den ersten Zeitraum gilt das insbesondere für die Vorgaben für erneuerbare Energie und Energieeffizienz für 2030), so sollte die Kommission auf Unionsebene Maßnahmen ergreifen, damit diese Ziele und Vorgaben gemeinsam erreicht werden (sodass etwaige Lücken zwischen den Zielen und dem Ambitionsniveau der Pläne geschlossen werden). Sollten die Fortschritte der Union in Richtung dieser Ziele und Vorgaben nicht zu deren Verwirklichung ausreichen, so sollte die Kommission zusätzlich zu den Empfehlungen Maßnahmen vorschlagen und auf Unionsebene von ihren Befugnissen Gebrauch machen, oder die Mitgliedstaaten sollten weitere Maßnahmen treffen, um die Verwirklichung der Ziele und Vorgaben sicherzustellen (sodass etwaige Lücken zwischen Zielen und ihrer Verwirklichung geschlossen werden). Ferner sollten bei diesen Maßnahmen die frühzeitigen Anstrengungen berücksichtigt werden, die Mitgliedstaaten zur Verwirklichung des Ziels für erneuerbare Energie bis 2030 unternehmen, indem sie bis oder vor 2020 einen Anteil von Energie aus erneuerbaren Quellen erreichen, der über ihrer verbindlichen nationalen Vorgabe liegt, oder indem sie frühzeitige Fortschritte in Richtung ihrer verbindlichen nationalen Ziele für 2020 erzielen oder bei der Verwirklichung ihres Beitrags zum verbindlichen Ziel der Union, bis 2030 einen Anteil von

mindestens 32 % Energie aus erneuerbaren Quellen zu erreichen. Im Bereich der erneuerbaren Energie kann es sich dabei auch um freiwillige Finanzbeiträge der Mitgliedstaaten zugunsten eines von der Kommission verwalteten Finanzierungsmechanismus der Union für erneuerbare Energie handeln, die zur Unterstützung der kosteneffizientesten Projekte für erneuerbare Energie in der gesamten Union verwendet werden und damit den Mitgliedstaaten die Möglichkeit bieten, zu den niedrigsten möglichen Kosten zur Verwirklichung des Ziels der Union beizutragen. Die nationalen Ziele der Mitgliedstaaten für erneuerbare Energie bis 2020 sollten als Ausgangswerte für die Anteile der Energie aus erneuerbaren Quellen ab 2021 gelten und während des gesamten Zeitraums beibehalten werden. Im Bereich der Energieeffizienz kann durch zusätzliche Maßnahmen insbesondere die Steigerung der Energieeffizienz von Produkten, Gebäuden und Verkehrsmitteln angestrebt werden.

(57) Die nationalen Vorgaben der Mitgliedstaaten für erneuerbare Energie bis 2020 gemäß Anhang I der Richtlinie (EU) 2018/2001[1)] des Europäischen Parlaments und des Rates[2)] sollten als Ausgangspunkt ihres indikativen nationalen Zielpfads für den Zeitraum 2021-2030 gelten, es sei denn, ein Mitgliedstaat beschließt freiwillig, einen höheren Ausgangspunkt festzulegen. Darüber hinaus sollten sie für diesen Zeitraum einen verbindlichen Ausgangswert darstellen, der auch Teil der Richtlinie (EU) 2018/2001[1)] ist. Demnach sollte in diesem Zeitraum der Anteil der Energie aus erneuerbaren Quellen am Bruttoendenergieverbrauch der einzelnen Mitgliedstaaten nicht geringer als ihr Anteil am Ausgangswert sein.

(58) Behält ein Mitgliedstaat seinen Ausgangswert, gemessen über einen Zeitraum von einem Jahr, nicht bei, so sollte er innerhalb eines Jahres zusätzliche Maßnahmen treffen, um diese Lücke in seinem Ausgangsszenario zu schließen. Hat ein Mitgliedstaat bereits solche erforderlichen Maßnahmen ergriffen und die Lücke pflichtgemäß geschlossen, so sollte davon ausgegangen werden, dass er die verbindlichen Anforderungen seines Basisszenarios von dem Zeitpunkt an erfüllt, zu dem die entsprechende Lücke aufgetreten ist, und zwar sowohl gemäß dieser Verordnung als auch gemäß der Richtlinie (EU) 2018/2001[1)].

(59) Damit eine angemessene Überwachung durchgeführt werden kann, die Mitgliedstaaten und die Kommission frühzeitig Abhilfemaßnahmen ergreifen können und keine „Trittbrettfahrer" auftreten, sollten die indikativen Zielpfade aller Mitgliedstaaten (und damit auch der indikative Zielpfad der Union) bis 2022, 2025 und 2027 wenigstens bestimmte Mindestprozentsätze des für 2030 vorgesehenen Gesamtanstiegs des Anteils der Energie aus erneuerbaren Quellen gemäß dieser Verordnung erreichen. Die Erreichung dieser „Referenzwerte" bis 2022, 2025 und 2027 wird von der Kommission unter anderem anhand der von den Mitgliedstaaten vorzulegenden integrierten nationalen energie- und klimabezogenen Fortschrittsberichte der Mitgliedstaaten bewertet. Mitgliedstaaten, die unterhalb ihrer Referenzwerte liegen, sollten in ihrem nächsten Fortschrittsbericht erläutern, wie sie die Lücke zu schließen gedenken. Werden die indikativen Referenzwerte der Union nicht erreicht, so sollten die Mitgliedstaaten, die ihre Referenzwerte nicht erreicht haben, diese Lücke schließen, indem sie zusätzliche Maßnahmen ergreifen.

(60) Die Union und die Mitgliedstaaten sollten sich bemühen, stets aktuelle Informationen über ihre Emissionen von Treibhausgasen und deren Abbau vorzulegen. Diese Verordnung sollte es ermöglichen, derartige Schätzungen in kürzestmöglicher Zeit unter Verwendung statistischer und anderer Informationen vorzunehmen, zu denen gegebenenfalls weltraumgestützte Daten gehören, die im Rahmen des mit der Verordnung (EU) Nr. 377/2014 des Europäischen Parlaments und des Rates[3)] eingerichteten Copernicus-Programms und von anderen Satellitensystemen bereitgestellt werden.

(61) Im Rahmen der Verordnung (EU) 2018/842 sollte auch künftig der jährliche Verpflichtungszyklus der Entscheidung Nr. 406/2009/EG des Europäischen Parlaments und des Rates[4)] gelten.

[1)] Nr. **36**.

[2)] **Amtl. Anm.:** Richtlinie (EU) 2018/2001 [Nr. **36**] des Europäischen Parlaments und des Rates vom 11. Dezember 2018 zur Förderung der Nutzung von Energie aus erneuerbaren Quellen (siehe Seite 82 dieses Amtsblatts *[Red. Anm.: ABl. L 328 vom 21.12.2018]*).

[3)] **Amtl. Anm.:** Verordnung (EU) Nr. 377/2014 des Europäischen Parlaments und des Rates vom 3. April 2014 zur Einrichtung des Programms Copernicus und zur Aufhebung der Verordnung (EU) Nr. 911/2010 (ABl. L 122 vom 24.4.2014, S. 44).

[4)] **Amtl. Anm.:** Entscheidung Nr. 406/2009/EG des Europäischen Parlaments und des Rates vom 23. April 2009 über die Anstrengungen der Mitgliedstaaten zur Reduktion ihrer Treibhausgasemissionen mit Blick auf die Erfüllung der Verpflichtungen der Gemeinschaft zur Reduktion der Treibhausgasemissionen bis 2020 (ABl. L 140 vom 5.6.2009, S. 136).

Diese Herangehensweise erfordert eine umfassende Überprüfung der Treibhausgasinventare der Mitgliedstaaten, um die Einhaltung zu beurteilen und erforderlichenfalls Korrekturmaßnahmen ergreifen zu können. Auf Unionsebene wird ein Verfahren zur Überprüfung der von den Mitgliedstaaten vorgelegten Treibhausgasinventare benötigt, damit die Einhaltung der Verordnung (EU) 2018/842 auf glaubwürdige, kohärente und transparente Weise zeitnah beurteilt werden kann.

(62) Die Mitgliedstaaten und die Kommission sollten in allen Fragen der Umsetzung der Energieunion unter enger Einbeziehung des Europäischen Parlaments in Fragen im Zusammenhang mit der vorliegenden Verordnung eng zusammenarbeiten. Die Kommission sollte, wenn sie es für zweckmäßig erachtet, die Mitgliedstaaten bei der Umsetzung dieser Verordnung unterstützen, insbesondere bei der Erstellung der integrierten nationalen Energie- und Klimapläne und dem damit verbundenen Kapazitätsaufbau, auch indem sie interne Ressourcen aus internen Kapazitäten für die Erstellung von Modellen mobilisiert und erforderlichenfalls externe Sachverständige hinzuzieht.

(63) Die Mitgliedstaaten sollten dafür sorgen, dass bei ihren integrierten nationalen Energie- und Klimaplänen die jüngsten länderspezifischen Empfehlungen im Rahmen des Europäischen Semesters berücksichtigt werden.

(64) Die Mitgliedstaaten sollten das „efficiency first-Prinzip" anwenden, wonach sie im Vorfeld von Entscheidungen über Planung, Politiken und Investitionen im Energiebereich prüfen müssen, ob durch kosteneffiziente, technisch, wirtschaftlich und ökologisch tragfähige Maßnahmen im Bereich der Energieeffizienz die beabsichtigten Maßnahmen für Planung, Politiken und Investitionen ganz oder zum Teil ersetzt werden könnten, ohne die Erreichung der Ziele der entsprechenden Entscheidungen zu gefährden. Dazu gehört vor allem die Behandlung von Energieeffizienz als wesentliches Element und eine der wichtigsten Erwägungen bei künftigen Investitionsentscheidungen im Bereich der Energieinfrastruktur in der Union. Zu solchen kosteneffizienten Alternativen gehören Maßnahmen für eine effizientere Energienachfrage und Energieversorgung, insbesondere durch kosteneffiziente Einsparungen beim Energieendverbrauch, Initiativen für eine Laststeuerung und eine effizientere Umwandlung, Übertragung und Verteilung von Energie. Die Mitgliedstaaten sollten sich um die Verbreitung dieses Grundsatzes bei regionalen und lokalen Gebietskörperschaften sowie in der Privatwirtschaft bemühen.

(65) Die Europäische Umweltagentur sollte die Kommission erforderlichenfalls und im Einklang mit ihrem Jahresarbeitsprogramm bei der Bewertung, Beobachtung und Berichterstattung unterstützen.

(66) Der Kommission sollte die Befugnis übertragen werden, gemäß Artikel 290 AEUV Rechtsakte zu erlassen, um den allgemeinen Rahmen für die integrierten nationalen Energie- und Klimapläne (Vorlage) zu ändern, um die Vorlage an Änderungen des energie- und klimapolitischen Rahmens der Union anzupassen, die sich unmittelbar und konkret für die Beiträge der Union im Rahmen des UNFCCC und des Übereinkommens von Paris ergeben, Veränderungen der Treibhauspotenziale und der international vereinbarten Inventarleitlinien zu berücksichtigen, grundlegende Anforderungen an das Inventarsystem der Union festzulegen und Register einzurichten. Es ist von besonderer Bedeutung, dass die Kommission im Zuge ihrer Vorbereitungsarbeit angemessene Konsultationen, auch auf der Ebene von Sachverständigen, durchführt, die mit den Grundsätzen im Einklang stehen, die in der Interinstitutionellen Vereinbarung vom 13. April 2016 über bessere Rechtsetzung[1)] niedergelegt wurden. Um insbesondere für eine gleichberechtigte Beteiligung an der Ausarbeitung delegierter Rechtsakte zu sorgen, erhalten das Europäische Parlament und der Rat alle Dokumente zur gleichen Zeit wie die Sachverständigen der Mitgliedstaaten, und ihre Sachverständigen haben systematisch Zugang zu den Sitzungen der Sachverständigengruppen der Kommission, die mit der Vorbereitung der delegierten Rechtsakte befasst sind. Dabei sind erforderlichenfalls auch Beschlüsse im Rahmen des UNFCCC und des Übereinkommens von Paris zu berücksichtigen.

(67) Zur Gewährleistung einheitlicher Bedingungen für die Durchführung dieser Verordnung, insbesondere im Hinblick auf integrierte nationale energie- und klimabezogene Fortschrittsberichte, integrierte Berichterstattung über nationale Anpassungsmaßnahmen, über die finanzielle und technologische Unterstützung für Entwicklungsländer und über Versteigerungserlöse, Jahresberichte über geschätzte Treibhausgasinventare, Treibhausgasinventare sowie verbuchte Emissionen und verbuchten Abbau von Treibhausgasen, den Finanzierungsmechanismus der Union für erneuerbare Energie, die nationalen Inventarsysteme, die Überprüfung der Inventare, das Unions-

[1)] **Amtl. Anm.:** ABl. L 123 vom 12.5.2016, S. 1.

system und die nationalen Systeme für Politiken und Maßnahmen sowie Projektionen, und die Berichterstattung über Treibhausgaspolitiken, -maßnahmen und -projektionen sollten der Kommission Durchführungsbefugnisse übertragen werden. Diese Befugnisse sollten gemäß der Verordnung (EU) Nr. 182/2011[1] ausgeübt werden.

(68) Um ihre Durchführungsbefugnisse nach dieser Verordnung auszuüben, sollte die Kommission bei der Wahrnehmung ihrer Aufgaben im Rahmen dieser Verordnung durch einen Ausschuss für Klimaänderung unterstützt werden, durch den der nach Artikel 8 der Entscheidung Nr. 93/389/EWG, Artikel 9 der Entscheidung Nr. 280/2004/EG und Artikel 26 der Verordnung (EU) Nr. 525/2013 eingesetzte Ausschuss für Klimaänderung wiedereingesetzt wird, sowie durch einen Ausschuss für die Energieunion. Damit die Politikkohärenz gewahrt wird und möglichst große Synergieeffekte zwischen den Sektoren erzielt werden, sollten im Rahmen der Durchführung dieser Verordnung sowohl Klima- als auch Energiesachverständige zu den Sitzungen der beiden Ausschüsse eingeladen werden.

(69) Die Kommission sollte die Durchführung dieser Verordnung im Jahr 2024 und danach alle fünf Jahre überprüfen und erforderlichenfalls Änderungsvorschläge vorlegen, um ihre ordnungsgemäße Durchführung und die Verwirklichung ihrer Ziele sicherzustellen. Bei diesen Überprüfungen sollten Entwicklungen berücksichtigt werden, und die Ergebnisse der globalen Bilanz im Rahmen des Übereinkommens von Paris sollten die Grundlage der Überprüfungen bilden.

(70) Mit dieser Verordnung sollten bestimmte Planungs-, Berichterstattungs- und Überwachungspflichten, die derzeit in sektorspezifischen Gesetzgebungsakten der Union in den Bereichen Energie und Klima enthalten sind, zusammengeführt, geändert, ersetzt oder aufgehoben werden, um so die wichtigsten Bereiche der Planung, Berichterstattung und Überwachung zu straffen und zusammenzuführen. Die folgenden Gesetzgebungsakte sollten daher entsprechend geändert werden:

– Richtlinie 94/22/EG des Europäischen Parlaments und des Rates[2],

– Richtlinie 98/70/EG des Europäischen Parlaments und des Rates[3],

– Richtlinie 2009/31/EG des Europäischen Parlaments und des Rates[4],

– Verordnung (EG) Nr. 663/2009 des Europäischen Parlaments und des Rates[5],

– Verordnung (EG) Nr. 715/2009[6] des Europäischen Parlaments und des Rates[7],

– Richtlinie 2009/73/EG[8] des Europäischen Parlaments und des Rates[9],

---

[1] **Amtl. Anm.:** Verordnung (EU) Nr. 182/2011 des Europäischen Parlaments und des Rates vom 16. Februar 2011 zur Festlegung der allgemeinen Regeln und Grundsätze, nach denen die Mitgliedstaaten die Wahrnehmung der Durchführungsbefugnisse durch die Kommission kontrollieren (ABl. L 55 vom 28.2.2011, S. 13).

[2] **Amtl. Anm.:** Richtlinie 94/22/EG des Europäischen Parlaments und des Rates vom 30. Mai 1994 über die Erteilung und Nutzung von Genehmigungen zur Prospektion, Exploration und Gewinnung von Kohlenwasserstoffen (ABl. L 164 vom 30.6.1994, S. 3).

[3] **Amtl. Anm.:** Richtlinie 98/70/EG des Europäischen Parlaments und des Rates vom 13. Oktober 1998 über die Qualität von Otto- und Dieselkraftstoffen und zur Änderung der Richtlinie 93/12/EWG des Rates (ABl. L 350 vom 28.12.1998, S. 58).

[4] **Amtl. Anm.:** Richtlinie 2009/31/EG des Europäischen Parlaments und des Rates vom 23. April 2009 über die geologische Speicherung von Kohlendioxid und zur Änderung der Richtlinie 85/337/EWG des Rates sowie der Richtlinien 2000/60/EG, 2001/80/EG, 2004/35/EG, 2006/12/EG und 2008/1/EG des Europäischen Parlaments und des Rates sowie der Verordnung (EG) Nr. 1013/2006 (ABl. L 140 vom 5.6.2009, S. 114).

[5] **Amtl. Anm.:** Verordnung (EG) Nr. 663/2009 des Europäischen Parlaments und des Rates vom 13. Juli 2009 über ein Programm zur Konjunkturbelebung durch eine finanzielle Unterstützung der Gemeinschaft zugunsten von Vorhaben im Energiebereich (ABl. L 200 vom 31.7.2009, S. 31).

[6] Nr. **9**.

[7] **Amtl. Anm.:** Verordnung (EG) Nr. 715/2009 [Nr. **9**] des Europäischen Parlaments und des Rates vom 13. Juli 2009 über die Bedingungen für den Zugang zu den Erdgasfernleitungsnetzen und zur Aufhebung der Verordnung (EG) Nr. 1775/2005 (ABl. L 211 vom 14.8.2009, S. 36).

[8] Nr. **5**.

[9] **Amtl. Anm.:** Richtlinie 2009/73/EG [Nr. **5**] des Europäischen Parlaments und des Rates vom 13. Juli 2009 über gemeinsame Vorschriften für den Erdgasbinnenmarkt und zur Aufhebung der Richtlinie 2003/55/EG (ABl. L 211 vom 14.8.2009, S. 94).

– Richtlinie 2009/119/EG des Rates[1)],

– Richtlinie 2010/31/EU des Europäischen Parlaments und des Rates[2)],

– Richtlinie 2012/27/EU[3)],

– Richtlinie 2013/30/EU des Europäischen Parlaments und des Rates[4)],

– Richtlinie (EU) 2015/652 des Rates[5)].

(71) Aus Gründen der Kohärenz und der Rechtssicherheit sollten die Bestimmungen dieser Verordnung der Anwendung der Ausnahmen nach dem sektorspezifischen Unionsrecht im Bereich Elektrizität und Risikovorsorge im Stromsektor nicht entgegenstehen.

(72) Die Bestimmungen der Verordnung (EU) Nr. 525/2013 sollten vollständig in diese Verordnung eingehen. Daher sollte die Verordnung (EU) Nr. 525/2013 mit Wirkung vom 1. Januar 2021 aufgehoben werden. Damit jedoch die Entscheidung Nr. 406/2009/EG auch künftig im Rahmen der Verordnung (EU) Nr. 525/2013 umgesetzt werden kann und bestimmte Aspekte im Zusammenhang mit der Umsetzung des Kyoto-Protokolls weiter gesetzlich verankert sind, sollten bestimmte Vorschriften auch nach diesem Datum gültig bleiben.

(73) Da die Ziele dieser Verordnung von den Mitgliedstaaten allein nicht ausreichend verwirklicht werden können, sondern vielmehr wegen des Umfangs und der Wirkung der vorgeschlagenen Maßnahmen auf Unionsebene besser zu verwirklichen sind, kann die Union im Einklang mit dem in Artikel 5 des Vertrags über die Europäische Union verankerten Subsidiaritätsprinzip tätig werden. Entsprechend dem in demselben Artikel genannten Grundsatz der Verhältnismäßigkeit geht diese Verordnung nicht über das für die Verwirklichung dieser Ziele erforderliche Maß hinaus –

HABEN FOLGENDE VERORDNUNG ERLASSEN:

Kapitel 1. Allgemeine Bestimmungen

Art. 1 Gegenstand und Geltungsbereich. (1) *[1]* Mit dieser Verordnung wird ein Governance-Mechanismus eingerichtet

a) zur Umsetzung von Politiken und Maßnahmen, um die Ziele und Vorgaben der Energieunion und – im ersten Zehnjahreszeitraum 2021-2030 – insbesondere die energie- und klimapolitischen Vorgaben der Union für 2030 zu erreichen und die langfristigen Verpflichtungen der Union im Bereich Treibhausgasemissionen im Einklang mit dem Übereinkommen von Paris zu erfüllen,

b) zur Anregung der Zusammenarbeit zwischen den Mitgliedstaaten, erforderlichenfalls auch auf regionaler Ebene, um die Ziele und Vorgaben der Energieunion zu erreichen,

c) zur Gewährleistung der rechtzeitigen Verfügbarkeit, Transparenz, Genauigkeit, Kohärenz, Vergleichbarkeit und Vollständigkeit der Berichterstattung

---

1) **Amtl. Anm.:** Richtlinie 2009/119/EG des Rates vom 14. September 2009 zur Verpflichtung der Mitgliedstaaten, Mindestvorräte an Erdöl und/oder Erdölerzeugnissen zu halten (ABl. L 265 vom 9.10.2009, S. 9).

2) **Amtl. Anm.:** Richtlinie 2010/31/EU des Europäischen Parlaments und des Rates vom 19. Mai 2010 über die Gesamtenergieeffizienz von Gebäuden (ABl. L 153 vom 18.6.2010, S. 13).

3) Nr. **61**.

4) **Amtl. Anm.:** Richtlinie 2013/30/EU des Europäischen Parlaments und des Rates vom 12. Juni 2013 über die Sicherheit von Offshore-Erdöl- und -Erdgasaktivitäten und zur Änderung der Richtlinie 2004/35/EG (ABl. L 178 vom 28.6.2013, S. 66).

5) **Amtl. Anm.:** Richtlinie (EU) 2015/652 des Rates vom 20. April 2015 zur Festlegung von Berechnungsverfahren und Berichterstattungspflichten gemäß der Richtlinie 98/70/EG des Europäischen Parlaments und des Rates über die Qualität von Otto- und Dieselkraftstoffen (ABl. L 107 vom 25.4.2015, S. 26).

der Union und ihrer Mitgliedstaaten an das Sekretariat des UNFCCC und des Übereinkommens von Paris und

d) als Beitrag zu mehr Rechtssicherheit und zu mehr Sicherheit für Investoren und zur vollen Ausschöpfung der Möglichkeiten für die Wirtschaftsentwicklung, die Schaffung von Anreizen für Investitionen, die Schaffung von Arbeitsplätzen und den sozialen Zusammenhalt.

[2] [1]Der Governance-Mechanismus stützt sich auf Langfrist-Strategien, integrierte nationale Energie- und Klimapläne mit einer Laufzeit von jeweils zehn Jahren (erster Planungszeitraum 2021-2030), entsprechende integrierte nationale energie- und klimabezogene Fortschrittsberichte der Mitgliedstaaten und integrierte Überwachungsmodalitäten der Kommission. [2]Im Rahmen des Governance-Mechanismus erhält die Öffentlichkeit konkrete Möglichkeiten zur Mitwirkung an der Ausarbeitung der nationalen Pläne und langfristigen Strategien. [3]Der Governance-Mechanismus *stützt umfasst*[1)] einen strukturierten, transparenten und iterativen Prozess zwischen Kommission und Mitgliedstaaten zum Zwecke der Fertigstellung der integrierten nationalen Energie- und Klimapläne und ihrer anschließenden Durchführung, auch im Hinblick auf die regionale Zusammenarbeit, und entsprechende Maßnahmen der Kommission.

(2) Diese Verordnung betrifft die fünf Dimensionen der Energieunion, die eng miteinander verbunden sind und sich gegenseitig verstärken:

a) Sicherheit der Energieversorgung,
b) Energiebinnenmarkt,
c) Energieeffizienz,
d) Dekarbonisierung sowie
e) Forschung, Innovation und Wettbewerbsfähigkeit.

Art. 2 Begriffsbestimmungen. Es gelten folgende Begriffsbestimmungen:

1. „Politiken und Maßnahmen" bezeichnet alle Instrumente, die zur Verwirklichung der Ziele der integrierten nationalen Energie- und Klimapläne und/oder zur Erfüllung der Verpflichtungen gemäß Artikel 4 Absatz 2 Buchstaben a und b des UNFCCC beitragen und Instrumente einschließen können, deren Hauptziel nicht darin besteht, Treibhausgasemissionen zu begrenzen oder zu reduzieren oder das Energiesystem umzugestalten;
2. „derzeitige Politiken und Maßnahmen" bezeichnet durchgeführte Politiken und Maßnahmen und verabschiedete Politiken und Maßnahmen;
3. „durchgeführte Politiken und Maßnahmen" bezeichnet Politiken und Maßnahmen, die zum Zeitpunkt der Einreichung des integrierten nationalen Energie- und Klimaplans oder des integrierten nationalen energie- und klimabezogenen Fortschrittsberichts mindestens eines der folgenden Kriterien erfüllen: unmittelbar geltende Rechtsvorschriften der Union oder nationale Rechtsvorschriften sind in Kraft, eine oder mehrere freiwillige Vereinbarungen wurden geschlossen, Finanzmittel wurden zugewiesen, Humanressourcen wurden mobilisiert;
4. „verabschiedete Politiken und Maßnahmen" bezeichnet Politiken und Maßnahmen, zu denen zum Zeitpunkt der Einreichung des integrierten

[1)] Wortlaut amtlich.

nationalen Energie- und Klimaplans oder des integrierten nationalen energie- und klimabezogenen Fortschrittsberichts ein offizieller Regierungsbeschluss vorliegt und eine eindeutige Selbstverpflichtung besteht, sie durchzuführen;

5. „geplante Politiken und Maßnahmen" bezeichnet Optionen, die erörtert werden und bei denen eine realistische Chance besteht, dass sie nach dem Zeitpunkt der Einreichung des integrierten nationalen Energie- und Klimaplans oder des integrierten nationalen energie- und klimabezogenen Fortschrittsberichts verabschiedet und durchgeführt werden;
6. „System für Politiken und Maßnahmen sowie Projektionen" bezeichnet ein System institutioneller, rechtlicher und verfahrenstechnischer Regelungen zur Berichterstattung über Politiken und Maßnahmen sowie Projektionen zu anthropogenen Emissionen von Treibhausgasen aus Quellen und des Abbaus dieser Gase durch Senken und Projektionen zum Energiesystem, u.a. gemäß Artikel 39;
7. „Projektionen" bezeichnet Projektionen anthropogener Emissionen von Treibhausgasen aus Quellen und des Abbaus dieser Gase durch Senken oder von Entwicklungen des Energiesystems, die mindestens quantitative Schätzungen für eine Reihe von vier Jahren mit den Endziffern 0 bzw. 5 enthalten, die unmittelbar auf das Berichtsjahr folgen;
8. „Projektionen ohne Maßnahmen" bezeichnet Projektionen anthropogener Emissionen von Treibhausgasen aus Quellen und des Abbaus dieser Gase durch Senken, bei denen die Auswirkungen der Politiken und Maßnahmen nicht berücksichtigt werden, die nach dem Jahr, das als Ausgangsjahr für die Prognose gewählt wurde, geplant, verabschiedet oder durchgeführt werden;
9. „Projektionen mit Maßnahmen" bezeichnet Projektionen anthropogener Emissionen von Treibhausgasen aus Quellen und des Abbaus dieser Gase durch Senken, bei denen die Auswirkungen – in Form von Treibhausgasemissionsreduktionen oder von Entwicklungen des Energiesystems – von Politiken und Maßnahmen, die verabschiedet und durchgeführt wurden, berücksichtigt werden;
10. „Projektionen mit zusätzlichen Maßnahmen" bezeichnet Projektionen anthropogener Emissionen von Treibhausgasen aus Quellen und des Abbaus dieser Gase durch Senken oder für Entwicklungen des Energiesystems, bei denen die Auswirkungen – in Form von Treibhausgasemissionsreduktionen – von Politiken und Maßnahmen, die zur Eindämmung des Klimawandels oder zur Verwirklichung von energiepolitischen Zielen verabschiedet und durchgeführt wurden, sowie die Auswirkungen der zu diesem Zweck geplanten Politiken und Maßnahmen berücksichtigt werden;
11. „die energie- und klimapolitischen Vorgaben der Union für 2030" bezeichnet die unionsweit verbindliche Vorgabe, bis 2030 die internen Treibhausgasemissionen der gesamten Wirtschaft um mindestens 40 % gegenüber 1990 zu senken, die unionsweit verbindliche Vorgabe, 2030 in der Union mindestens 32 % der verbrauchten Energie aus erneuerbaren Quellen zu erzeugen, die unionsweiten übergeordneten Vorgaben, die Energieeffizienz bis 2030 um mindestens 32,5 % zu verbessern, und die Vorgabe, bis 2030 einen Stromverbund von 15 % zu erreichen, oder jede spätere diesbezügliche Vorgabe, die vom Europäischen Rat bzw. vom Europäischen Parlament und vom Rat für das Jahr 2030 vereinbart wird;

12. „nationales Inventarsystem" bezeichnet ein System institutioneller, rechtlicher und verfahrenstechnischer Regelungen innerhalb eines Mitgliedstaats zur Schätzung der anthropogenen Emissionen von Treibhausgasen aus Quellen und des Abbaus dieser Gase durch Senken sowie zur Meldung und Archivierung von Inventarinformationen;
13. „Indikator" bezeichnet einen Mengen- oder Qualitätsfaktor oder eine Mengen- oder Qualitätsvariable, der bzw. die die Bewertung der Fortschritte bei der Durchführung erleichtert;
14. „Schlüsselindikator" bezeichnet die von der Kommission vorgeschlagenen Indikatoren für die Fortschritte bei den fünf Dimensionen der Energieunion;
15. „technische Berichtigungen" bezeichnet die Anpassungen der Schätzungen im nationalen Treibhausgasinventar, die im Rahmen der Überprüfung gemäß Artikel 38 vorgenommen werden, wenn die übermittelten Inventardaten unvollständig oder in einer Weise zusammengestellt sind, die einschlägigen internationalen bzw. Unions-Vorschriften oder -Leitlinien zuwiderläuft, und die die anfänglich übermittelten Schätzungen ersetzen sollen;
16. „Qualitätssicherung" bezeichnet ein Plansystem von Überprüfungsverfahren, mit dem sichergestellt werden soll, dass die Datenqualitätsziele erreicht werden und dass zur Förderung der Wirksamkeit des Qualitätskontrollprogramms und zur Unterstützung der Mitgliedstaaten die bestmöglichen Schätzungen und Informationen gemeldet werden;
17. „Qualitätskontrolle" bezeichnet ein System technischer Routinevorgänge zur Messung und Kontrolle der Qualität der erfassten Informationen und Schätzungen zum Zwecke der Sicherung der Integrität, Richtigkeit und Vollständigkeit der Daten, der Feststellung und Behebung von Fehlern und Datenlücken, der Dokumentierung und Archivierung von Daten und anderem verwendetem Material und der Aufzeichnung aller Qualitätssicherungstätigkeiten;
18. „energy efficiency first-Prinzip" bezeichnet die größtmögliche Berücksichtigung alternativer kosteneffizienter Energieeffizienzmaßnahmen für eine effizientere Energienachfrage und Energieversorgung, insbesondere durch kosteneffiziente Einsparungen beim Energieendverbrauch, Initiativen für eine Laststeuerung und eine effizientere Umwandlung, Übertragung und Verteilung von Energie bei allen Entscheidungen über Planung sowie Politiken und Investitionen im Energiebereich, und gleichzeitig die Ziele dieser Entscheidungen zu erreichen;
19. „SET-Plan" bezeichnet den Strategieplan für Energietechnologie gemäß der Mitteilung der Kommission vom 15. September 2015 mit dem Titel „Beschleunigung des Umbaus des europäischen Energiesystems durch einen integrierten Strategieplan für Energietechnologie (SET-Plan)";
20. „frühzeitige Anstrengungen" bezeichnet
    a) im Zusammenhang mit der Bewertung einer möglichen Lücke zwischen der Vorgabe der Union für Energie aus erneuerbaren Quellen für 2030 und der kollektiven Beiträge der Mitgliedstaaten die Tatsache, dass ein Mitgliedstaat einen Anteil von Energie aus erneuerbaren Quellen erreicht hat, der sein verbindliches nationales Ziel bis 2020 entsprechend

der Festlegung in Anhang I der Richtlinie (EU) 2018/2001[1] übersteigt, oder dass ein Mitgliedstaat frühzeitig Fortschritte bei der Erreichung seines verbindlichen nationalen Ziels für 2020 erzielt hat;

b) im Zusammenhang mit den auf der Bewertung beruhenden Empfehlungen der Kommission gemäß Artikel 29 Absatz 1 Buchstabe b zu Energie aus erneuerbaren Quellen die frühzeitige Verwirklichung des Beitrags eines Mitgliedstaats zur verbindlichen Vorgabe der Union, 2030 einen Anteil von mindestens 32 % Energie aus erneuerbaren Quellen zu erreichen, gemessen an seinen nationalen Referenzwerten für erneuerbare Energie;

21. „regionale Zusammenarbeit" bezeichnet eine Zusammenarbeit zwischen zwei oder mehr Mitgliedstaaten, die bei einer oder mehreren der fünf Dimensionen der Energieunion eine Partnerschaft eingegangen sind;
22. „Energie aus erneuerbaren Quellen" oder „erneuerbare Energie" bezeichnet Energie aus erneuerbaren Quellen oder erneuerbare Energie im Sinne des Artikels 2 Nummer 1 der Richtlinie (EU) 2018/2001[1];
23. „Bruttoendenergieverbrauch" bezeichnet den Bruttoendenergieverbrauch im Sinne des Artikels 2 Nummer 4 der Richtlinie (EU) 2018/2001[1];
24. „Förderregelung" bezeichnet eine Förderregelung im Sinne des Artikels 2 Nummer 5 der Richtlinie (EU) 2018/2001[1];
25. „Repowering" bezeichnet Repowering im Sinne des Artikels 2 Nummer 10 der Richtlinie (EU) 2018/2001[1];
26. „Erneuerbare-Energie-Gemeinschaft" eine erneuerbare-Energie-Gemeinschaft im Sinne des Artikels 2 Nummer 16 der Richtlinie (EU) 2018/2001[1];
27. „Fernwärme" oder „Fernkälte" bezeichnet Fernwärme oder Fernkälte im Sinne des Artikels 2 Nummer 19 der Richtlinie (EU) 2018/2001[1];
28. „Abfall" bezeichnet Abfall im Sinne des Artikels 2 Nummer 23 der Richtlinie (EU) 2018/2001[1];
29. „Biomasse" bezeichnet Biomasse im Sinne des Artikels 2 Nummer 24 der Richtlinie (EU) 2018/2001[1];
30. „landwirtschaftliche Biomasse" bezeichnet landwirtschaftliche Biomasse im Sinne des Artikels 2 Nummer 25 der Richtlinie (EU) 2018/2001[1];
31. „fortwirtschaftliche[2] Biomasse" bezeichnet fortwirtschaftliche[2] Biomasse im Sinne des Artikels 2 Nummer 26 der Richtlinie (EU) 2018/2001[1];
32. „Biomasse-Brennstoffe" bezeichnet Biomasse-Brennstoffe im Sinne des Artikels 2 Nummer 27 der Richtlinie (EU) 2018/2001[1];
33. „Biogas" bezeichnet Biogas im Sinne des Artikels 2 Nummer 28 der Richtlinie (EU) 2018/2001[1];
34. „flüssige Biobrennstoffe" bezeichnet flüssige Biobrennstoffe im Sinne des Artikels 2 Nummer 32 der Richtlinie (EU) 2018/2001[1];
35. „Biobrennstoffe" bezeichnet Biobrennstoffe im Sinne des Artikels 2 Nummer 33 der Richtlinie (EU) 2018/2001[1];

[1] Nr. **36**.
[2] Richtig wohl: „forstwirtschaftliche".

36. „fortschrittliche Biobrennstoffe" bezeichnet fortschrittliche Biobrennstoffe im Sinne des Artikels 2 Nummer 34 der Richtlinie (EU) 2018/2001[1];
37. „wiederverwertete kohlenstoffhaltige Brennstoffe" bezeichnet wiederverwertete kohlenstoffhaltige Brennstoffe im Sinne des Artikels 2 Nummer 35 der Richtlinie (EU) 2018/2001[1];
38. „Kulturpflanzen mit hohem Stärkegehalt" bezeichnet Kulturpflanzen mit hohem Stärkegehalt im Sinne des Artikels 2 Nummer 39 der Richtlinie (EU) 2018/2001[1];
39. „Nahrungs- und Futtermittelpflanzen" bezeichnet Nahrungs- und Futtermittelpflanzen im Sinne des Artikels 2 Nummer 40 der Richtlinie (EU) 2018/2001[1];
40. „lignozellulosehaltiges Material" bezeichnet lignozellulosehaltiges Material im Sinne des Artikels 2 Nummer 41 der Richtlinie (EU) 2018/2001[1];
41. „Reststoff" bezeichnet Reststoff im Sinne des Artikels 2 Nummer 43 der Richtlinie (EU) 2018/2001[1];
42. „Primärenergieverbrauch" bezeichnet den Primärenergieverbrauch im Sinne des Artikels 2 Nummer 2 der Richtlinie 2012/27/EU[2];
43. „Endenergieverbrauch" bezeichnet den Endenergieverbrauch im Sinne des Artikels 2 Nummer 3 der Richtlinie 2012/27/EU[2];
44. „Energieeffizienz" bezeichnet die Energieeffizienz im Sinne des Artikels 2 Nummer 4 der Richtlinie 2012/27/EU[2];
45. „Energieeinsparungen" bezeichnet Energieeinsparungen im Sinne des Artikels 2 Nummer 5 der Richtlinie 2012/27/EU[2];
46. „Energieeffizienzsteigerung" bezeichnet eine Energieeffizienzsteigerung im Sinne des Artikels 2 Nummer 6 der Richtlinie 2012/27/EU[2];
47. „Energiedienstleistung" bezeichnet eine Energiedienstleistung im Sinne des Artikels 2 Nummer 7 der Richtlinie 2012/27/EU[2];
48. „Gesamtnutzfläche" bezeichnet die Gesamtnutzfläche im Sinne des Artikels 2 Nummer 10 der Richtlinie 2012/27/EU[2];
49. „Energiemanagementsystem" bezeichnet das Energiemanagementsystem im Sinne des Artikels 2 Nummer 11 der Richtlinie 2012/27/EU[2];
50. „verpflichtete Partei" bezeichnet eine verpflichtete Partei im Sinne des Artikels 2 Nummer 14 der Richtlinie 2012/27/EU[2];
51. „durchführende Behörde" bezeichnet eine durchführende Behörde im Sinne des Artikels 2 Nummer 17 der Richtlinie 2012/27/EU[2];
52. „Einzelmaßnahme" bezeichnet eine Einzelmaßnahme im Sinne des Artikels 2 Nummer 19 der Richtlinie 2012/27/EU[2];
53. „Energieverteiler" bezeichnet einen Energieverteiler im Sinne des Artikels 2 Nummer 20 der Richtlinie 2012/27/EU[2];
54. „Verteilernetzbetreiber" bezeichnet einen Verteilernetzbetreiber im Sinne des Artikels 2 Nummer 6 der Richtlinie 2009/72/EG und des Artikels 2 Nummer 6 der Richtlinie 2009/73/EG[3];

---

[1] Nr. **36**.
[2] Nr. **61**.
[3] Nr. **5**.

55. „Energieeinzelhandelsunternehmen" bezeichnet ein Energieeinzelhandelsunternehmen im Sinne des Artikels 2 Nummer 22 der Richtlinie 2012/27/EU[1)];
56. „Energiedienstleister" bezeichnet einen Energiedienstleister im Sinne des Artikels 2 Nummer 24 der Richtlinie 2012/27/EU[1)];
57. „Energieleistungsvertrag" bezeichnet einen Energieleistungsvertrag im Sinne des Artikels 2 Nummer 27 der Richtlinie 2012/27/EU[1)];
58. „Kraft-Wärme-Kopplung" (KWK) bezeichnet Kraft-Wärme-Kopplung im Sinne des Artikels 2 Nummer 30 der Richtlinie 2012/27/EU[1)];
59. „Gebäude" bezeichnet ein Gebäude im Sinne des Artikels 2 Nummer 1 der Richtlinie 2010/31/EU;
60. „Niedrigstenergiegebäude" bezeichnet ein Niedrigstenergiegebäude im Sinne des Artikels 2 Nummer 2 der Richtlinie 2010/31/EU;
61. „Wärmepumpe" bezeichnet eine Wärmepumpe im Sinne des Artikels 2 Nummer 18 der Richtlinie 2010/31/EU;
62. „Fossiler Brennstoff" bezeichnet nicht-erneuerbare kohlenstoffhaltige Energiequellen, wie feste Brennstoffe, Erdgas und Erdöl.

Kapitel 2. Integrierte nationale Energie- und Klimapläne

Art. 3 Integrierte nationale Energie- und Klimapläne. (1) [1]Jeder Mitgliedstaat übermittelt der Kommission bis zum 31. Dezember 2019 und anschließend bis zum 1. Januar 2029 und danach alle zehn Jahre einen integrierten nationalen Energie- und Klimaplan. [2]Die Pläne enthalten die in Absatz 2 und in Anhang I genannten Elemente. [3]Der erste Plan bezieht sich auf den Zeitraum 2021 bis 2030 unter Berücksichtigung der längerfristigen Perspektive. [4]Die nachfolgenden Pläne beziehen sich auf den Zehnjahreszeitraum, der unmittelbar an das Ende des unter den vorigen Plan fallenden Zeitraums anschließt.

(2) Die integrierten nationalen Energie- und Klimapläne umfassen die folgenden Hauptabschnitte:

a) einen Überblick über das Verfahren, nach dem der integrierte nationale Energie- und Klimaplan aufgestellt wurde, in Form einer Zusammenfassung und einer Beschreibung der öffentlichen Konsultation und Einbeziehung von Interessenträgern, einschließlich der Ergebnisse sowie der regionalen Zusammenarbeit mit anderen Mitgliedstaaten bei der Planaufstellung, wie in den Artikeln 10, 11 und 12 und in Anhang I Teil 1 Abschnitt A Ziffer 1 dieser Verordnung festgelegt;
b) eine Beschreibung der nationalen Ziele, Vorgaben und Beiträge im Zusammenhang mit den Dimensionen der Energieunion gemäß Artikel 4 und Anhang I;
c) eine Beschreibung der geplanten Politiken und Maßnahmen im Zusammenhang mit den entsprechenden Zielen, Vorgaben und Beiträgen gemäß Buchstabe b sowie einen allgemeinen Überblick über die Investitionen, die

---

1) Nr. **61**.

erforderlich sind, um die entsprechenden Ziele, Vorgaben und Beiträge zu verwirklichen;

d) eine Beschreibung der aktuellen Situation der fünf Dimensionen der Energieunion, auch im Hinblick auf das Energiesystem und die Emissionen bzw. den Abbau von Treibhausgasen, sowie Projektionen für die unter Buchstabe b genannten Ziele mit den derzeitigen Politiken und Maßnahmen;

e) gegebenenfalls eine Beschreibung der rechtlichen und sonstigen Barrieren und Hindernisse für die Verwirklichung der Ziele, Vorgaben oder Beiträge im Zusammenhang mit erneuerbaren Energien und Energieeffizienz;

f) eine Folgenabschätzung zu den zum Erreichen der Ziele gemäß Buchstabe b geplanten Politiken und Maßnahmen, einschließlich ihrer Kohärenz mit den langfristigen Zielen der Reduktion der Treibhausgasemissionen im Rahmen des Übereinkommens von Paris und mit den langfristigen Strategien gemäß Artikel 15;

g) eine allgemeine Bewertung der Auswirkungen der geplanten Politiken und Maßnahmen auf die Wettbewerbsfähigkeit im Zusammenhang mit den fünf Dimensionen der Energieunion;

h) einen gemäß den Anforderungen und der Struktur in Anhang III der vorliegenden Verordnung erstellten Anhang, der die Methoden und Maßnahmen des Mitgliedstaats zur Erfüllung der Energieeinsparungsverpflichtung gemäß Artikel 7 und Anhang V der Richtlinie 2012/27/EU[1] enthält.

(3) Für ihre integrierten nationalen Energie- und Klimapläne müssen die Mitgliedstaaten

a) den Verwaltungsaufwand und die Kosten für alle einschlägigen Interessenträger begrenzen;

b) den Querverbindungen zwischen den fünf Dimensionen der Energieunion Rechnung tragen, insbesondere dem Grundsatz „Energieeffizienz an erster Stelle";

c) über alle fünf Dimensionen hinweg verlässliche und kohärente Daten und Annahmen verwenden, soweit einschlägig;

d) einschätzen, wie viele Haushalte von Energiearmut betroffen sind, und dabei den Energiedienstleistungen für einen Haushalt, die zur Wahrung des im jeweiligen nationalen Zusammenhang grundlegenden Lebensstandards erforderlich sind, den sozialpolitischen Maßnahmen und anderen einschlägigen Politikbereichen sowie den Orientierungshilfen der Kommission zu relevanten Indikatoren zu Energiearmut Rechnung tragen.

Gelangt ein Mitgliedstaat gemäß Unterabsatz 1 Buchstabe d auf der Grundlage seiner Bewertung überprüfbarer Daten zu der Erkenntnis, dass in seinem Hoheitsgebiet eine erhebliche Anzahl von Haushalten von Energiearmut betroffen ist, so nimmt er ein nationales Richtziel für die Verringerung der Energiearmut in seinen Plan auf. Die betroffenen Mitgliedstaaten beschreiben in ihren integrierten Energie- und Klimaplänen die Politiken und Maßnahmen gegen Energiearmut, soweit einschlägig, einschließlich sozialpolitischer Maßnahmen und anderer nationaler Programme.

---

[1] Nr. **61**.

(4) Jeder Mitgliedstaat macht seinen integrierten nationalen Energie- und Klimaplan, der der Kommission gemäß diesem Artikel vorgelegt wird, öffentlich zugänglich.

(5) Der Kommission wird die Befugnis übertragen, gemäß Artikel 43 delegierte Rechtsakte zur Änderung von Anhang I Teil 1 Abschnitt A Nummern 2.1.1 und 3.1.1 und Abschnitt B Nummern 4.1 und 4.2.1 sowie Teil 2 Nummer 3 zu erlassen, um daran Anpassungen an Änderungen des energie- und klimapolitischen Rahmens der Union vorzunehmen, die sich unmittelbar und konkret für die Beiträge der Union im Rahmen des UNFCCC und des Übereinkommens von Paris ergeben.

Art. 4 Nationale Ziele, Vorgaben und Beiträge für die fünf Dimensionen der Energieunion. Jeder Mitgliedstaat erläutert in seinem integrierten nationalen Energie- und Klimaplan die folgenden, in Anhang I Abschnitt A Nummer 2 angeführten wesentlichen Ziele, Vorgaben und Beiträge:

a) Dimension „Dekarbonisierung“:

1. im Zusammenhang mit Emissionen von Treibhausgasen und den Abbau dieser Gase sowie mit dem Ziel, zur Verwirklichung der Vorgabe für die unionsweite Verringerung der Treibhausgasemissionen der gesamten Wirtschaft beizutragen:
   i) das verbindliche nationale Ziel des Mitgliedstaats für die Treibhausgasemissionen und die verbindlich festgelegten jährlichen nationalen Obergrenzen gemäß der Verordnung (EU) 2018/842;
   ii) die Verpflichtungen des Mitgliedstaats gemäß der Verordnung (EU) 2018/841;
   iii) etwaige weitere Ziele und Vorgaben, einschließlich sektorspezifischer Vorgaben und Anpassungsziele, um die Ziele und Vorgaben der Energieunion zu erreichen und die langfristigen Verpflichtungen der Union im Bereich Treibhausgasemissionen im Einklang mit dem Übereinkommen von Paris zu erfüllen;
2. im Zusammenhang mit erneuerbaren Energien:
   zur Verwirklichung der verbindlichen Vorgabe für die Union gemäß Artikel 3 der Richtlinie (EU) 2018/2001[1] 2030 einen Anteil von mindestens 32 % Energie aus erneuerbaren Quellen zu erreichen, einen Beitrag zu dieser Vorgabe in Form des vom Mitgliedstaat 2030 zu erreichenden Anteils an Energie aus erneuerbaren Quellen am Bruttoendenergieverbrauch mit einem indikativen Zielpfad für diesen Beitrag von 2021 an. Bis 2022 ist auf dem indikativen Zielpfad ein Referenzwert von mindestens 18 % der Gesamterhöhung des Anteils der Energie aus erneuerbaren Quellen zwischen dem verbindlichen nationalen Ziel dieses Mitgliedstaats für 2020 und aus seinem Beitrag zu der Vorgabe für 2030 zu erreichen. Bis 2025 ist auf dem indikativen Zielpfad ein Referenzwert von mindestens 43 % der Gesamterhöhung des Anteils der Energie aus erneuerbaren Quellen zwischen dem verbindlichen nationalen Ziel dieses Mitgliedstaats für 2020 und aus seinem Beitrag zu der Vorgabe für 2030 zu erreichen. Bis 2027 ist auf dem indikativen Zielpfad ein Referenzwert von mindestens 65 % der Gesamterhöhung des Anteils der Energie aus erneuerbaren

[1] Nr. **36**.

Quellen zwischen dem verbindlichen nationalen Ziel dieses Mitgliedstaats für 2020 und aus seinem Beitrag zu der Vorgabe für 2030 zu erreichen.
Bis 2030 ist auf dem indikativen Zielpfad mindestens der geplante Beitrag des Mitgliedstaats zu erreichen. Erwartet ein Mitgliedstaat, dass er seine verbindliche nationale Vorgabe für 2020 übertrifft, so kann sein indikativer Zielpfad auf dem Niveau beginnen, das voraussichtlich erreicht wird. Die indikativen Zielpfade der Mitgliedstaaten summieren sich in den Jahren 2022, 2025 und 2027 zu den Referenzwerten der Union sowie zum verbindlichen Ziel der Union von einem Anteil von 2030 mindestens 32 % der Energie aus erneuerbaren Quellen. Jedem Mitgliedstaat steht es frei, unabhängig von seinem Beitrag zur Unionsvorgabe und seinem indikativen Zielpfad für die Zwecke dieser Verordnung im Rahmen seiner nationalen Politik ehrgeizigere Ziele vorzugeben.

b) Dimension „Energieeffizienz":

1. den indikativen nationalen Energieeffizienzbeitrag zur Verwirklichung der Energieeffizienzvorgaben der Union von mindestens 32,5 % bis 2030 gemäß Artikel 1 Absatz 1 und Artikel 3 Absatz 5 der Richtlinie 2012/27/EU[1], der sich entweder auf den Primärenergie- oder den Endenergieverbrauch oder auf die Primärenergie- oder Endenergieeinsparungen oder auf die Energieintensität bezieht.
Die Mitgliedstaaten drücken ihren Beitrag als absoluten Wert des Primärenergieverbrauchs und des Endenergieverbrauchs im Jahr 2020 und als absoluten Wert des Primärenergieverbrauchs und des Endenergieverbrauchs im Jahr 2030 mit einem indikativen Zielpfad für diesen Beitrag von 2021 an aus. Sie erläutern die zugrunde liegende Methode und die verwendeten Umrechnungsfaktoren;
2. die gemäß Artikel 7 Absatz 1 Buchstabe b der Richtlinie 2012/27/EU[1] in Bezug auf Energieeinsparungsverpflichtungen im Zeitraum 2021-2030 zu erreichenden kumulierten Energieeinsparungen beim Energieendverbrauch;
3. die Richtwerte der langfristigen Strategie für die Renovierung des nationalen Bestands an öffentlichen und privaten Wohn- und Nichtwohngebäuden, den Fahrplan mit innerstaatlich festgelegten messbaren Fortschrittsindikatoren, eine nachweisgestützte Schätzung der erwarteten Energieeinsparungen und weiter reichenden Vorteile und die Beiträge zu den Energieeffizienzvorgaben der Union im Sinne der Richtlinie 2012/27/EU[1] gemäß Artikel 2a der Richtlinie 2010/31/EU;
4. die gemäß Artikel 5 der Richtlinie 2012/27/EU[1] über den Vorbildcharakter der Gebäude öffentlicher Einrichtungen im Zeitraum 2021-2030 zu renovierende Gesamtfläche oder gleichwertige jährlich zu erzielende Energieeinsparungen;

c) Dimension „Sicherheit der Energieversorgung":

1. nationale Ziele für
   – die stärkere Diversifizierung der Energiequellen und -versorgung in Drittstaaten, mit denen bezweckt werden kann, die Abhängigkeit von Energieeinfuhren zu verringern,

---

[1] Nr. **61**.

– die Erhöhung der Flexibilität des nationalen Energiesystems und
– die Bewältigung von Einschränkungen bzw. Unterbrechungen der Lieferung eines Energieträgers, mit der bezweckt wird, dass sich die Widerstandsfähigkeit der regionalen und nationalen Energiesysteme verbessert, mit einem Zeitplan für die voraussichtliche Verwirklichung der Ziele;

d) Dimension „Energiebinnenmarkt":

1. das Maß der Verbundfähigkeit der Stromnetze, das der Mitgliedstaat bis 2030 unter Berücksichtigung der Stromverbundvorgabe von mindestens 15 % bis 2030 anstrebt, und zwar mit einer Strategie, bei der dieses Maß von 2021 an in enger Zusammenarbeit mit den betroffenen Mitgliedstaaten unter Berücksichtigung der Verbundvorgabe von 10 % bis 2020 anhand der Indikatoren für die gebotene Dringlichkeit von Maßnahmen auf der Grundlage der Differenz bei den Großhandelspreisen sowie der nominalen Übertragungskapazität der Verbindungsleitungen im Hinblick auf deren Spitzenlast und auf die installierte Erzeugungskapazität aus erneuerbaren Energien gemäß Anhang I Teil 1 Abschnitt A Nummer 2.4.1 festgelegt wird. Neue Verbindungsleitungen werden einer sozioökonomischen und umweltbezogenen Kosten-Nutzen-Analyse unterzogen und werden nur dann gebaut, wenn der mögliche Nutzen die Kosten übersteigt;
2. zentrale Vorhaben für die Stromübertragungs- und Gasfernleitungsinfrastruktur sowie etwaige Modernisierungsvorhaben, die für die Verwirklichung der Ziele und Vorgaben im Rahmen der fünf Dimensionen der Energieunion notwendig sind;
3. nationale Ziele für andere Aspekte des Energiebinnenmarkts, etwa Erhöhung der Systemflexibilität, insbesondere durch Politiken und Maßnahmen im Zusammenhang mit der marktgestützten Preisbildung unter Einhaltung des anwendbaren Rechts; Marktintegration und -kopplung zur Steigerung der handelbaren Kapazität bestehender Verbindungsleitungen, intelligente Netze, Aggregation, Laststeuerung, Speicherung, dezentrale Erzeugung, Mechanismen für die Einsatzplanung, Redispatch und Einspeisebeschränkung von Erzeugungsanlagen, sowie Preissignale in Echtzeit, mit einem Zeitplan für die Verwirklichung der Ziele, und andere nationale Ziele im Zusammenhang mit dem Energiebinnenmarkt gemäß Anhang I Teil 1 Abschnitt A Nummer 2.4.3;

e) Dimension „Forschung, Innovation und Wettbewerbsfähigkeit":

1. nationale Ziele und Finanzierungsvorgaben für öffentliche und, soweit vorhanden, private Forschung und Innovation im Zusammenhang mit der Energieunion, gegebenenfalls mit einem Zeitrahmen, innerhalb dessen die Ziele verwirklicht werden sollten, in denen die Prioritäten der Strategie für die Energieunion und, falls anwendbar, des SET-Plans zum Ausdruck kommen. Bei der Festlegung seiner Ziele, Vorgaben und Beiträge können die Mitgliedstaaten auf bestehenden nationalen Strategien oder Plänen aufbauen, die mit dem Unionsrecht vereinbar sind;
2. soweit vorhanden, nationale Ziele für 2050 im Zusammenhang mit der Förderung von Technologien für saubere Energie.

Art. 5 Verfahren zur Festlegung des Beitrags der Mitgliedstaaten auf dem Gebiet der erneuerbaren Energie. (1) *[1]* Jeder Mitgliedstaat berücksichtigt bei seinem Beitrag für den Anteil der Energie aus erneuerbaren Quellen am Bruttoendenergieverbrauch im Jahr 2030 und im letzten Jahr des Gültigkeitszeitraums der aufeinanderfolgenden nationalen Pläne gemäß Artikel 4 Buchstabe a Ziffer 2

a) die in der Richtlinie (EU) 2018/2001[1] vorgesehenen Maßnahmen,
b) die Maßnahmen zur Erreichung der Energieeffizienzziele gemäß der Richtlinie 2012/27/EU[2],
c) etwaige sonstige bestehende Maßnahmen zur Förderung erneuerbarer Energie in dem Mitgliedstaat und, falls zutreffend, auf Unionsebene,
d) die verbindliche nationale Vorgabe für 2020 für die Energie aus erneuerbaren Quellen an seinem Bruttoendenergieverbrauch gemäß Anhang I der Richtlinie (EU) 2018/2001[1],
e) alle relevanten Gegebenheiten, die den Einsatz erneuerbarer Energie beeinflussen, etwa
   i) die gleichmäßige Verteilung ihres Einsatzes in der Union,
   ii) die Wirtschaftsbedingungen und das Wirtschaftspotenzial, einschließlich des BIP pro-Kopf-,
   iii) das Potenzial für den kosteneffizienten Einsatz erneuerbarer Energie,
   iv) geografische, umweltbezogene und natürliche Einschränkungen, darunter auch die von Gebieten und Regionen außerhalb eines Stromverbunds,
   v) den Grad des Stromverbunds zwischen Mitgliedstaaten,
   vi) andere relevante Gegebenheiten, vor allem frühzeitige Anstrengungen.

[2] Zu Unterabsatz 1 Buchstabe e gibt jeder Mitgliedstaat in seinem integrierten nationalen Energie- und Klimaplan an, welche relevanten Gegebenheiten, die den Einsatz erneuerbarer Energie beeinflussen, er berücksichtigt hat.

(2) Die Mitgliedstaaten sorgen gemeinsam dafür, dass sich ihre Beiträge zusammengenommen bis 2030 auf einen Anteil an Energie aus erneuerbaren Quellen am Bruttoendenergieverbrauch auf Unionsebene von mindestens 32 % belaufen.

Art. 6 Verfahren zur Festlegung des Beitrags der Mitgliedstaaten auf dem Gebiet der Energieeffizienz. (1) *[1]* Jeder Mitgliedstaat berücksichtigt bei seinem indikativen nationalen Beitrag zur Energieeffizienz im Jahr 2030 und im letzten Jahr des Gültigkeitszeitraums der aufeinanderfolgenden nationalen Pläne gemäß Artikel 4 Buchstabe b Absatz 1, dass der Energieverbrauch der Union im Jahr 2020 gemäß Artikel 3 der Richtlinie 2012/27/EU[2] nicht mehr als 1 483 Mio. t RÖE Primärenergie oder nicht mehr als 1 086 Mio. t RÖE Endenergie, und im Jahr 2030 der Energieverbrauch der Union nicht mehr als 1 273 Mio. t RÖE Primärenergie oder nicht mehr als 956 Mio. t RÖE Endenergie betragen darf.

[2] Darüber hinaus berücksichtigt jeder Mitgliedstaat

---

[1] Nr. **36**.
[2] Nr. **61**.

a) die in der Richtlinie 2012/27/EU[1] vorgesehenen Maßnahmen,
b) sonstige Maßnahmen zur Förderung der Energieeffizienz in dem jeweiligen Mitgliedstaat und auf Unionsebene.

(2) *[1]* Jeder Mitgliedstaat kann bei *ihren*[2] Beiträgen gemäß Absatz 1 nationale Gegebenheiten berücksichtigen, die den Primär- und Endenergieverbrauch beeinflussen, etwa
a) das verbleibende Potenzial für kosteneffiziente Energieeinsparungen,
b) die Entwicklung des und Prognosen für das Bruttoinlandsprodukt,
c) Veränderungen der Energieeinfuhren und -ausfuhren,
d) Änderungen beim Energiemix und die Weiterentwicklung der CO_2-Abscheidung und -Speicherung und
e) frühzeitig getroffene Maßnahmen.

[2] Zu Unterabsatz 1 gibt jeder Mitgliedstaat in seinen jeweiligen integrierten nationalen Energie- und Klimaplänen an, welche einschlägigen Gegebenheiten, die den Primär- und Endenergieverbrauch beeinflussen, er gegebenenfalls berücksichtigt hat.

Art. 7 Nationale Politiken und Maßnahmen für die fünf Dimensionen der Energieunion. *[1]* Die Mitgliedstaaten beschreiben in ihren integrierten nationalen Energie- und Klimaplänen gemäß Anhang I die wichtigsten derzeitigen und geplanten Politiken und Maßnahmen zur Verwirklichung insbesondere der im nationalen Plan festgelegten Ziele, einschließlich etwaiger Maßnahmen, mit denen eine regionale Zusammenarbeit und eine angemessene Finanzierung auf nationaler und regionaler Ebene eingerichtet/geregelt wird, darunter die Mobilisierung von Programmen und Instrumenten der Union.

[2] Die Mitgliedstaaten legen einen allgemeinen Überblick über die Investitionen vor, die erforderlich sind, um die im nationalen Plan festgelegten Ziele, Vorgaben und Beiträge zu verwirklichen, und eine allgemeine Einschätzung der Quellen für diese Investitionen.

Art. 8 Analysegrundlage der integrierten nationalen Energie- und Klimapläne. (1) [1]Die Mitgliedstaaten beschreiben gemäß der in Anhang I vorgegebenen Gliederung und Form die derzeitige Lage jeder der fünf Dimensionen der Energieunion, einschließlich des Energiesystems und der Emissionen von Treibhausgasen und des Abbaus dieser Gase zum Zeitpunkt der Einreichung des integrierten nationalen Energie- und Klimaplans oder auf Grundlage der jüngsten verfügbaren Informationen. [2]Darüber hinaus beschreiben und erläutern die Mitgliedstaaten die Projektionen für jede der fünf Dimensionen der Energieunion mindestens für die Laufzeit des Plans, die sich voraussichtlich aus den derzeitigen Politiken und Maßnahmen ergeben. [3]Die Mitgliedstaaten sind bestrebt, zusätzliche längerfristige Perspektiven für die fünf Dimensionen über die Laufzeit des integrierten nationalen Energie- und Klimaplans hinaus zu beschreiben, wenn das sinnvoll und möglich ist.

---

[1] Nr. **61**.
[2] Richtig wohl: „seinen".

(2) Die Mitgliedstaaten beschreiben in ihrem integrierten nationalen Energie- und Klimaplan die Einschätzung der folgenden Sachverhalte auf nationaler und – soweit vorhanden – regionaler Ebene:

a) die Auswirkungen der geplanten Politiken und Maßnahmen oder Maßnahmengruppen während der Laufzeit des Plans und in einem Zeitraum von zehn Jahren nach dem letzten von dem Plan erfassten Jahr auf die Entwicklung des Energiesystems und die Emissionen von Treibhausgasen und ihren Abbau, und stellen diese Auswirkungen den Projektionen auf der Grundlage der derzeitigen Politiken und Maßnahmen oder Maßnahmengruppen gemäß Absatz 1 gegenüber;

b) die Auswirkungen der in Artikel 7 genannten und in Anhang I näher erläuterten geplanten Politiken und Maßnahmen oder Maßnahmengruppen im ersten Zehnjahreszeitraum bis mindestens 2030 auf Volkswirtschaft und, soweit möglich, auf Gesundheit, Umwelt, Kompetenzen und soziale Verhältnisse und stellen diese Auswirkungen den Projektionen auf der Grundlage der derzeitigen Politiken und Maßnahmen oder Maßnahmengruppen gemäß Absatz 1 des vorliegenden Artikels gegenüber. Die Methode für die Einschätzung dieser Auswirkungen ist zu veröffentlichen;

c) die Wechselbeziehungen zwischen den derzeitigen Politiken und Maßnahmen oder Maßnahmengruppen und den geplanten Politiken und Maßnahmen oder Maßnahmengruppen innerhalb einer politischen Dimension sowie zwischen den derzeitigen Politiken und Maßnahmen oder Maßnahmengruppen und den geplanten Politiken und Maßnahmen oder Maßnahmengruppen mehrerer Dimensionen im ersten Zehnjahreszeitraum bis mindestens 2030. Die Projektionen für Versorgungssicherheit, Infrastruktur und Marktintegration sind an robuste Energieeffizienzszenarien zu knüpfen;

d) die Art und Weise, wie mit den bestehenden Politiken und Maßnahmen und den geplanten Politiken und Maßnahmen Anreize für Investitionen gesetzt werden sollen, die für deren Umsetzung benötigt werden.

(3) Die Mitgliedstaaten veröffentlichen umfassende Informationen über die Annahmen, Parameter und Methoden für die endgültigen Szenarien und Projektionen, wobei statistische Beschränkungen, sensible Geschäftsdaten und die Einhaltung der Datenschutzvorschriften zu berücksichtigen sind.

Art. 9 Entwürfe integrierter nationaler Energie- und Klimapläne.

(1) Bis zum 31. Dezember 2018 und anschließend bis zum 1. Januar 2028 und danach alle zehn Jahre erstellt jeder Mitgliedstaat einen Entwurf des integrierten nationalen Energie- und Klimaplans gemäß Artikel 3 Absatz 1 und Anhang I und legt ihn der Kommission vor.

(2) [1] Die Kommission bewertet die Entwürfe der integrierten nationalen Energie- und Klimapläne und kann spätestens sechs Monate vor Ablauf der Frist für die Vorlage dieser integrierten nationalen Energie- und Klimapläne den Mitgliedstaaten länderspezifische Empfehlungen aussprechen. [2] Die Empfehlungen können insbesondere Folgendes betreffen:

a) das Ambitionsniveau der Ziele, Vorgaben und Beiträge für die gemeinsame Verwirklichung der Ziele der Energieunion, insbesondere der Vorgaben der Union für erneuerbare Energie und Energieeffizienz für 2030 sowie das Maß der Verbundfähigkeit der Stromnetze, das der Mitgliedstaat bis 2030 gemäß

Artikel 4 Buchstabe d anstrebt, wobei den relevanten Gegebenheiten, die von dem jeweiligen Mitgliedstaat in dem Entwurf des integrierten nationalen Energie- und Klimaplans angegeben werden und die den Einsatz von Energie aus erneuerbaren Quellen und den Energieverbrauch beeinflussen, und den Indikatoren für die gebotene Dringlichkeit für die Verbundfähigkeit, die in Anhang I Teil 1 Abschnitt A Nummer 2.4.1 festgelegt sind, gebührend Rechnung zu tragen ist;

b) die Politiken und Maßnahmen mit Bezug zu den Zielen auf der Ebene des Mitgliedstaats und der Union sowie sonstige Politiken und Maßnahmen von potenziell grenzüberschreitender Bedeutung;

c) etwaige zusätzliche Politiken und Maßnahmen, die in den integrierten nationalen Energie- und Klimaplänen erforderlich sein könnten;

d) die Wechselbeziehungen zwischen den und Kohärenz der derzeitigen und geplanten Politiken und Maßnahmen im integrierten nationalen Energie- und Klimaplan innerhalb einer Dimension und zwischen verschiedenen Dimensionen der Energieunion.

(3) [1] Jeder Mitgliedstaat trägt in seinem nationalen integrierten Energie- und Klimaplan etwaigen Empfehlungen der Kommission gebührend Rechnung. [2] Greift der betroffene Mitgliedstaat eine Empfehlung oder einen wesentlichen Teil davon nicht auf, so gibt er seine Gründe dafür an und veröffentlicht sie.

(4) Im Zusammenhang mit der Konsultation der Öffentlichkeit gemäß Artikel 10 veröffentlicht jeder Mitgliedstaat die Entwürfe seiner integrierten nationalen Energie- und Klimapläne.

Art. 10 Konsultation der Öffentlichkeit. *[1]* [1] Unbeschadet anderer Anforderungen nach Unionsrecht stellt jeder Mitgliedstaat sicher, dass der Öffentlichkeit frühzeitig und wirksam Gelegenheit geboten wird, an der Ausarbeitung der Entwürfe für die integrierten nationalen Energie- und Klimapläne – bei den Plänen für den Zeitraum 2021-2030 an der Ausarbeitung der endgültigen Pläne ausreichend lange vor ihrer Annahme – sowie der langfristigen Strategien gemäß Artikel 15 mitzuwirken. [2] Jeder Mitgliedstaat fügt bei der Übermittlung solcher Dokumente an die Kommission eine Zusammenfassung der Stellungnahmen oder vorläufigen Stellungnahmen der Öffentlichkeit bei. [3] Soweit die Richtlinie 2001/42/EG anwendbar ist, gelten mit der Durchführung der Konsultationen zu dem Entwurf gemäß jener Richtlinie die Verpflichtungen zur Konsultation der Öffentlichkeit gemäß der vorliegenden Verordnung als erfüllt.

[2] [1] Jeder Mitgliedstaat stellt sicher, dass die Öffentlichkeit unterrichtet wird. [2] Jeder Mitgliedstaat legt angemessene Fristen fest, damit genügend Zeit für die Unterrichtung der Öffentlichkeit, für ihre Beteiligung und die Gelegenheit zur Äußerung ihrer Ansichten zur Verfügung steht.

[3] Bei der Umsetzung dieses Artikels begrenzt jeder Mitgliedstaat den Verwaltungsaufwand.

Art. 11 Dialog über klima- und energiepolitische Fragen auf mehreren Ebenen. [1] Jeder Mitgliedstaat richtet gemäß seinen jeweiligen nationalen Vorschriften einen Dialog über klima- und energiepolitische Fragen auf mehreren Ebenen ein, in den sich lokale Gebietskörperschaften, Organisationen der Zivilgesellschaft, die Wirtschaft, Investoren, andere bedeutende Interessenträger und die Allgemeinheit aktiv einbringen können und in dem sie die verschiedenen, auch langfristigen Szenarien, die in der Energie- und Klimapolitik ins Auge gefasst werden, erörtern und die Fortschritte überprüfen können, es sei denn, der Mitgliedstaat hat bereits eine Struktur, die dem gleichen Zweck dient. [2] Im Rahmen dieses Dialogs können die integrierten nationalen Energie- und Klimapläne erörtert werden.

Art. 12 Regionale Zusammenarbeit. (1) Die Mitgliedstaaten arbeiten unter Berücksichtigung aller bestehenden und potenziellen Formen der regionalen Zusammenarbeit zusammen, um die Ziele, Vorgaben und Beiträge ihres integrierten nationalen Energie- und Klimaplans zu verwirklichen.

(2) [1] Ausreichend lange bevor jeder Mitgliedstaat der Kommission gemäß Artikel 9 Absatz 1 den Entwurf seines integrierten nationalen Energie- und Klimaplans vorlegt – bei den Plänen für den Zeitraum 2021-2030 während der Ausarbeitung des endgültigen Plans ausreichend lange vor seiner Annahme –, ermittelt er Möglichkeiten für die regionale Zusammenarbeit und konsultiert die benachbarten Mitgliedstaaten, auch in Foren der regionalen Zusammenarbeit. [2] Wenn ein Mitgliedstaat, der den Plan verfasst, es für angemessen erachtet, kann er andere Mitgliedstaaten oder Drittstaaten, die Interesse bekundet haben, gegebenenfalls konsultieren. [3] Inselmitgliedstaaten ohne Energieverbindungsleitungen zu anderen Mitgliedstaaten führen diese Konsultationen mit den benachbarten Mitgliedstaaten, mit denen sie eine Seegrenze haben. [4] Den konsultierten Mitgliedstaaten sollte ein angemessener Zeitraum eingeräumt werden, in dem sie reagieren können. [5] Jeder Mitgliedstaat erläutert in dem Entwurf seines integrierten nationalen Energie- und Klimaplans – bei den Plänen für den Zeitraum 2021-2030 in ihrem endgültigen nationalen Energie- und Klimaplan – mindestens die vorläufigen Ergebnisse dieser regionalen Konsultationen, wobei anzugeben ist, wie die Anmerkungen der konsultierten Mitgliedstaaten und Drittstaaten gegebenenfalls berücksichtigt wurden.

(3) [1] Die Mitgliedstaaten können Teile ihrer integrierten nationalen Energie- und Klimapläne und Fortschrittsberichte freiwillig gemeinsam ausarbeiten, auch in Foren der regionalen Zusammenarbeit. [2] In diesem Fall werden durch das Ergebnis die entsprechenden Teile ihrer integrierten nationalen Energie- und Klimapläne und Fortschrittsberichte ersetzt. [3] Auf Ersuchen von zwei oder mehr Mitgliedstaaten unterstützt die Kommission dieses Vorhaben.

(4) [1] Um die Marktintegration und kosteneffiziente Politiken und Maßnahmen zu fördern, legen die Mitgliedstaaten im Zeitraum zwischen dem Ablauf der Frist für die Vorlage des Entwurfs ihrer integrierten nationalen Energie- und Klimapläne und dem Ablauf der Frist für die Vorlage ihrer endgültigen Pläne die entsprechenden Teile des Entwurfs ihrer integrierten nationalen Energie- und Klimapläne in den einschlägigen Foren der regionalen Zusammenarbeit mit Blick auf ihre Fertigstellung vor. [2] Erforderlichenfalls erleichtert die Kommission die Zusammenarbeit und Konsultation der Mitgliedstaaten, und sie kann, wenn sie Möglichkeiten einer weiteren regionalen Zusammenarbeit sieht, den Mitgliedstaaten Orientierungshilfe bieten, um einen wirksamen Prozess der Zusammenarbeit und Konsultation zu fördern.

(5) Die Mitgliedstaaten tragen den Anmerkungen anderer Mitgliedstaaten gemäß den Absätzen 2 und 3 in ihrem endgültigen integrierten nationalen

Energie- und Klimaplan Rechnung und erläutern in diesen beiden Plänen, wie diesen Anmerkungen Rechnung getragen wurde.

(6) Bei der Durchführung der einschlägigen Politiken und Maßnahmen der integrierten nationalen Energie- und Klimapläne setzen die Mitgliedstaaten für die Zwecke des Absatzes 1 ihre Zusammenarbeit auf regionaler Ebene und in etwaigen Foren der regionalen Zusammenarbeit fort.

(7) Die Mitgliedstaaten können darüber hinaus die Zusammenarbeit mit den Vertragsparteien der Energiegemeinschaft und mit den Mitgliedern des Europäischen Wirtschaftsraums, die nicht Mitgliedstaaten der EU sind, in Erwägung ziehen.

(8) Soweit die Richtlinie 2001/42/EG anwendbar ist, gelten mit den grenzüberschreitenden Konsultationen über den Entwurf gemäß Artikel 7 jener Richtlinie auch die Verpflichtungen zur regionalen Zusammenarbeit gemäß der vorliegenden Verordnung als erfüllt, sofern die Anforderungen des vorliegenden Artikels erfüllt sind.

Art. 13 Bewertung der integrierten nationalen Energie- und Klimapläne. Die Kommission bewertet auf der Grundlage der gemäß den Artikeln 3 und 14 übermittelten integrierten nationalen Energie- und Klimapläne und ihren aktualisierten Fassungen insbesondere, ob

a) die Ziele, Vorgaben und Beiträge ausreichen, um gemeinsam die Ziele der Energieunion und – im ersten Zehnjahreszeitraum – insbesondere die Vorgaben für den klima- und energiepolitischen Rahmen der Union bis 2030 zu erreichen;

b) die Pläne den Anforderungen der Artikel 3 bis 12 entsprechen und die Mitgliedstaaten die gemäß Artikel 34 ausgesprochenen Empfehlungen der Kommission gebührend berücksichtigt haben.

Art. 14 Aktualisierung der integrierten nationalen Energie- und Klimapläne. (1) Bis zum 30. Juni 2023 und anschließend bis zum 1. Januar 2033 und danach alle zehn Jahre legt jeder Mitgliedstaat der Kommission den Entwurf der aktualisierten Fassung des in Artikel 3 genannten zuletzt vorgelegten integrierten nationalen Energie- und Klimaplans vor oder nennt der Kommission die Gründe, warum der Plan nicht aktualisiert werden muss.

(2) Bis zum 30. Juni 2024 und anschließend bis zum 1. Januar 2034 und danach alle zehn Jahre legt jeder Mitgliedstaat der Kommission eine aktualisierte Fassung des zuletzt vorgelegten integrierten nationalen Energie- und Klimaplans vor, es sei denn, er hat gemäß Absatz 1 die Gründe genannt, warum der Plan nicht aktualisiert werden muss.

(3) [1] Bei der Aktualisierung gemäß Absatz 2 ändert jeder Mitgliedstaat sein nationales Ziel, seine nationale Vorgabe oder seinen nationalen Beitrag zu einer der quantifizierten Vorgaben, einem der quantifizierten Ziele oder einem der quantifizierten Beiträge der Union gemäß Artikel 4 Buchstabe a Ziffer 1, um einem höheren Ambitionsniveau als im zuletzt übermittelten integrierten nationalen Energie- und Klimaplan Ausdruck zu verleihen. [2] Bei der Aktualisierung gemäß Absatz 2 ändert jeder Mitgliedstaat sein nationales Ziel, seine nationale Vorgabe oder seinen nationalen Beitrag zu einem der quantifizierten Ziele, einer der quantifizierten Vorgaben oder einem der quantifizierten Beiträge der Union gemäß Artikel 4 Buchstabe a Ziffer 2 und Buchstabe b nur, um

einem gleichen oder höheren Ambitionsniveau als im zuletzt übermittelten integrierten nationalen Energie- und Klimaplan Ausdruck zu verleihen.

(4) Die Mitgliedstaaten bemühen sich, in ihren aktualisierten integrierten nationalen Energie- und Klimaplänen etwaige negative Auswirkungen auf die Umwelt einzudämmen, die im Rahmen der integrierten Berichterstattung gemäß den Artikeln 17 bis 25 zutage treten.

(5) Bei den Aktualisierungen gemäß Absatz 2 berücksichtigen die Mitgliedstaaten die jüngsten länderspezifischen Empfehlungen im Rahmen des Europäischen Semesters und die Pflichten, die sich aus dem Übereinkommen von Paris ergeben.

(6) Die Verfahren gemäß Artikel 9 Absatz 2, Artikel 10 und Artikel 12 gelten auch für die Ausarbeitung und Bewertung der aktualisierten Fassung der integrierten nationalen Energie- und Klimapläne.

(7) Dieser Artikel berührt nicht das Recht der Mitgliedstaaten, jederzeit Änderungen und Anpassungen an den nationalen Politiken vorzunehmen, die in ihren integrierten nationalen Energie- und Klimaplänen festgelegt oder aufgeführt sind, sofern diese Änderungen und Anpassungen in den integrierten nationalen energie- und klimabezogenen Fortschrittsbericht aufgenommen werden.

Kapitel 3. Langfrist-Strategien

Art. 15 Langfrist-Strategien. (1) [1] Bis zum 1. Januar 2020 und anschließend bis zum 1. Januar 2029 und danach alle zehn Jahre erstellt jeder Mitgliedstaat seine jeweilige Langfrist-Strategie mit einer Perspektive von mindestens 30 Jahren und übermittelt sie der Kommission. [2] Die Mitgliedstaaten sollten diese Strategien erforderlichenfalls alle fünf Jahre aktualisieren.

(2) [1] In dem Bestreben, die übergeordneten Klimaziele des Absatzes 3 zu erreichen, nimmt die Kommission bis zum 1. April 2019 einen Vorschlag für eine Langfrist-Strategie der Union zur Reduktion der Treibhausgasemissionen an, die im Einklang mit dem Übereinkommen von Paris steht, wobei sie die Entwürfe der integrierten nationalen Energie- und Klimapläne der Mitgliedstaaten berücksichtigt. [2] Die Langfrist-Strategie nach diesem Absatz umfasst eine Analyse, die sich zumindest auf Folgendes bezieht:

a) verschiedene Szenarien für den Beitrag der Union zu den Zielen des Absatzes 3, unter anderem ein Szenario für die Erreichung von Netto-Null-Treibhausgasemissionen in der Union bis 2050 und negativer Emissionen nach diesem Zeitpunkt;
b) die Auswirkungen der in Buchstabe a genannten Szenarien auf das verbleibende Budget der CO_2-Emissionen weltweit und in der Union, um die Grundlage für eine Diskussion über Kosteneffizienz, Wirksamkeit und Fairness bei der Reduktion der Treibhausgasemissionen zu legen.

(3) Die langfristigen Strategien der Mitgliedstaaten und der Union dienen als Beitrag zu

a) der Erfüllung der Verpflichtungen, die der Union und den Mitgliedstaaten aus dem UNFCCC und dem Übereinkommen von Paris erwachsen, um die anthropogenen Emissionen von Treibhausgasen zu verringern und den Abbau dieser Gase durch Senken zu verbessern sowie die stärkere Einbindung von Kohlenstoff zu fördern;

b) der Verwirklichung des Ziels des Übereinkommens von Paris, den Anstieg der durchschnittlichen Erdtemperatur deutlich unter 2 °C über dem vorindustriellen Niveau zu halten und Anstrengungen zu unternehmen, um den Temperaturanstieg auf 1,5 °C über dem vorindustriellen Niveau zu begrenzen;

c) der Erzielung von langfristigen Reduktionen von Treibhausgasemissionen sowie eines verstärkten Abbaus dieser Gase durch Senken in allen Sektoren im Einklang mit dem Ziel der Union, im Kontext der laut Zwischenstaatlichem Ausschuss für Klimaänderungen (Intergovernmental Panel for Climate Change, IPCC) erforderlichen Reduktionen die Treibhausgasemissionen der Union kosteneffizient zu verringern und zur Verwirklichung der Ziele des Übereinkommens von Paris den Abbau dieser Gase durch Senken zu verbessern, um sobald wie möglich ein Gleichgewicht zwischen anthropogenen Emissionen aus Quellen und dem Abbau von Treibhausgasen durch Senken in der Union und danach, falls möglich, negative Emissionen zu erreichen;

d) einem in hohem Maße energieeffizienten und auf erneuerbaren Energien beruhenden Energiesystem in der Union.

(4) [1] Die langfristigen Strategien der Mitgliedstaaten sollten die in Anhang IV genannten Elemente enthalten. [2] Darüber hinaus umfassen die langfristigen Strategien der Mitgliedstaaten und der Union Folgendes:

a) Reduktion der Emissionen von Treibhausgasen und Steigerung des Abbaus dieser Gase durch Senken insgesamt;

b) Reduktion von Emissionen und Steigerung des Abbaus von Treibhausgasen in einzelnen Sektoren wie Stromerzeugung, Industrie, Verkehr, Wärme- und Kälteerzeugung und Gebäude (Wohngebäude und Gebäude für den tertiären Sektor), Landwirtschaft, Abfallwirtschaft und Landnutzung, Landnutzungsänderung und Forstwirtschaft (LULUCF);

c) erwartete Fortschritte beim Übergang zu einer Wirtschaft mit niedrigen Treibhausgasemissionen mit Angaben zur Treibhausgasintensität und zur CO_2-Intensität des Bruttoinlandsprodukts, mit einschlägigen Schätzungen langfristiger Investitionen und mit Angaben zu Strategien für Forschung, Entwicklung und Innovation in diesem Zusammenhang;

d) soweit möglich, erwartete sozioökonomische Auswirkungen der Dekarbonisierungsmaßnahmen, unter anderem auch Aspekte im Zusammenhang mit der makroökonomischen und sozialen Entwicklung, den Gefahren und dem Nutzen für die Gesundheit sowie dem Umweltschutz;

e) Verbindungen zu anderen langfristigen nationalen Zielen, Plänen und weiteren Politiken, Maßnahmen und Investitionen.

(5) Der Kommission wird die Befugnis übertragen, gemäß Artikel 43 delegierte Rechtsakte zur Änderung von Anhang IV zu erlassen, um ihn an die Entwicklungen bei der langfristigen Strategie der Union oder bei dem Rahmen für die Klima- und Energiepolitik der Union anzupassen, die einen direkten und konkreten Bezug zu den einschlägigen Beschlüssen aufweisen, die im Rahmen des UNFCCC und insbesondere des Übereinkommens von Paris gefasst werden.

(6) Die integrierten nationalen Energie- und Klimapläne werden auf die im vorliegenden Artikel genannten langfristigen Strategien abgestimmt.

(7) [1] Die Mitgliedstaaten und die Kommission unterrichten die Öffentlichkeit über ihre jeweiligen langfristigen Strategien und etwaige Aktualisierungen dieser Strategien und veröffentlichen sie umgehend, unter anderem über die in Artikel 28 genannte E-Plattform. [2] Die Mitgliedstaaten und die Kommission veröffentlichen einschlägige Daten der endgültigen Ergebnisse, wobei sensible Geschäftsdaten zu schützen und die Einhaltung der Datenschutzvorschriften zu berücksichtigen sind.

(8) Die Kommission unterstützt die Mitgliedstaaten bei der Ausarbeitung von deren langfristigen Strategien, indem sie ihnen Informationen über den Stand des zugrunde liegenden wissenschaftlichen Fachwissens bereitstellt und indem sie Möglichkeiten für den Austausch von Fachwissen und bewährten Verfahren bietet, erforderlichenfalls mit Leitlinien für die Mitgliedstaaten bei der Gestaltung und Umsetzung ihrer Strategien.

(9) Die Kommission prüft, ob sich die langfristigen nationalen Strategien für die gemeinsame Verwirklichung der in Artikel 1 genannten Ziele und Vorgaben der Energieunion eignen, und stellt Informationen zu einer etwaigen verbleibenden kollektiven Lücke bereit.

Art. 16 Strategischer Plan für Methan. [1] Da Methan ein hohes Treibhauspotenzial aufweist und seine Verweildauer in der Atmosphäre relativ kurz ist, analysiert die Kommission, welche Folgen die Umsetzung von Politiken und Maßnahmen hat, die der Verminderung der kurz- und mittelfristigen Auswirkungen von Methanemissionen auf die Treibhausgasemissionen der Union dienen. [2] Unter entsprechender Berücksichtigung der Ziele der Kreislaufwirtschaft prüft die Kommission Politikoptionen, um für Methanemissionen umgehend eine Lösung zu finden, und legt einen strategischen Plan der Union für Methan als integralen Bestandteil der langfristigen Strategie der Union gemäß Artikel 15 vor.

Kapitel 4. Berichterstattung

Abschnitt 1. Zweijährliche Fortschrittsberichte und entsprechende Folgemaßnahmen

Art. 17 Integrierte nationale energie- und klimabezogene Fortschrittsberichte. (1) Unbeschadet des Artikels 26 berichtet jeder Mitgliedstaat bis zum 15. März 2023 und danach alle zwei Jahre der Kommission über den Stand der Durchführung seiner integrierten nationalen Energie- und Klimapläne, indem er einen integrierten nationalen energie- und klimabezogenen Fortschrittsbericht übermittelt, in dem auf alle fünf Dimensionen der Energieunion eingegangen wird.

(2) *[1]* Der integrierte nationale energie- und klimabezogene Fortschrittsbericht enthält Folgendes:

a) Informationen über die Fortschritte, die bei der Verwirklichung der Ziele, Vorgaben und Beiträge des integrierten nationalen Energie- und Klimaplans sowie bei der Finanzierung und Umsetzung der zu ihrer Verwirklichung erforderlichen Politiken und Maßnahmen erzielt wurden, einschließlich einer Übersicht über die tatsächlichen Investitionen im Vergleich zu den ursprünglichen Annahmen hinsichtlich Investitionen;

b) etwaige Informationen zu den Fortschritten bei der Einrichtung des in Artikel 11 genannten Dialogs;

c) die Informationen gemäß den Artikeln 20 bis 25 und etwaige aktualisierte Informationen zu den Politiken und Maßnahmen gemäß diesen Artikeln;

d) Informationen über die Anpassung gemäß Artikel 4 Buchstabe a Ziffer 1;

e) soweit möglich eine Quantifizierung der Auswirkungen der Politiken und Maßnahmen im integrierten nationalen Energie- und Klimaplan auf die Luftqualität und auf Emissionen von Luftschadstoffen;

[2] Die Union und die Mitgliedstaaten legen dem UNFCCC-Sekretariat gemäß dem Beschluss 2/CP.17 der Konferenz der Vertragsparteien des UNFCCC Zweijahresberichte und gemäß Artikel 12 des UNFCCC nationale Mitteilungen vor.

(3) Der integrierte nationale energie- und klimabezogene Fortschrittsbericht enthält die Informationen, die in den Jahresberichten nach Artikel 26 Absatz 3 enthalten sind, und die Informationen über Politiken und Maßnahmen sowie Projektionen anthropogener Emissionen von Treibhausgasen aus Quellen und des Abbaus dieser Gase durch Senken, die in den Berichten nach Artikel 18 enthalten sind.

(4) *[1]* Die Kommission erlässt mit Unterstützung des in Artikel 44 Absatz 1 Buchstabe b genannten Ausschusses für die Energieunion Durchführungsrechtsakte, um Struktur, Format, technische Einzelheiten und das Verfahren für die Vorlage der Informationen gemäß den Absätzen 1 und 2 festzulegen.

[2] Diese Durchführungsrechtsakte werden gemäß dem in Artikel 44 Absatz 6 genannten Prüfverfahren erlassen.

(5) Die Häufigkeit, in der die Informationen und Aktualisierungen gemäß Absatz 2 Buchstabe c übermittelt werden, und ihr Umfang müssen gegenüber dem Erfordernis, Investoren hinreichende Sicherheit zu bieten, abgewogen werden.

(6) *[1]* [1] Hat die Kommission gemäß Artikel 32 Absatz 1 oder Absatz 2 Empfehlungen ausgesprochen, so nimmt der betroffene Mitgliedstaat in seinen integrierten nationalen energie- und klimabezogenen Fortschrittsbericht Informationen über die Politiken und Maßnahmen auf, die verabschiedet wurden oder verabschiedet und durchgeführt werden sollen, um diese Empfehlungen aufzugreifen. [2] Falls vorhanden, enthalten diese Informationen einen genauen Zeitplan für die Umsetzung.

[2] Beschließt der betroffene Mitgliedstaat, eine Empfehlung oder einen wesentlichen Teil davon nicht aufzugreifen, so gibt er seine Gründe dafür an.

(7) Die Mitgliedstaaten machen die Berichte, die der Kommission gemäß diesem Artikel vorgelegt werden, öffentlich zugänglich.

Art. 18 Integrierte Berichterstattung über die Treibhausgaspolitiken und -maßnahmen sowie über Projektionen. (1) Bis zum 15. März 2021 und danach alle zwei Jahre übermitteln die Mitgliedstaaten der Kommission Informationen zu

a) ihren nationalen Politiken und Maßnahmen oder Maßnahmengruppen gemäß Anhang VI und

b) ihren nationalen Projektionen anthropogener Emissionen von Treibhausgasen aus Quellen und des Abbaus dieser Gase durch Senken, aufgeschlüsselt nach den in Anhang V Teil 2 aufgeführten Gasen oder Gruppen von Gasen (teilhalogenierte Fluorkohlenwasserstoffe und perfluorierte Kohlenwasserstoffe). Die nationalen Projektionen tragen etwaigen auf Unionsebene festgelegten Politiken und Maßnahmen Rechnung und umfassen die Informationen nach Anhang VII.

(2) [1]Die Mitgliedstaaten melden die jeweils aktuellsten vorliegenden Projektionen. [2]Hat ein Mitgliedstaat bis zum 15. März jedes zweiten Jahres keine vollständige Prognose übermittelt und hat die Kommission festgestellt, dass die Lücken in den Schätzungen, die sie anhand ihrer Qualitätssicherungs- oder Qualitätskontrollverfahren ermittelt hat, von dem betroffenen Mitgliedstaat nicht geschlossen werden können, so kann die Kommission nach Konsultation mit dem betroffenen Mitgliedstaat die Schätzungen vornehmen, die für die Erstellung von Projektionen für die Union erforderlich sind.

(3) Die Mitgliedstaaten teilen der Kommission wesentliche Änderungen der nach Absatz 1 im ersten Jahr des Berichterstattungszeitraums übermittelten Informationen bis zum 15. März des Jahres mit, das auf den vorangegangenen Bericht folgt.

(4) [1]Die Mitgliedstaaten machen ihre nationalen Projektionen gemäß Absatz 1 und jede einschlägige Bewertung der Kosten und Auswirkungen der nationalen Politiken und Maßnahmen zur Umsetzung der Unionspolitiken zur Eindämmung von Treibhausgasemissionen zusammen mit den jeweils zugrunde liegenden technischen Berichten in elektronischer Form öffentlich zugänglich. [2]Diese Projektionen und Bewertungen sollten Beschreibungen der angewendeten Modelle und methodischen Ansätze sowie Definitionen und zugrunde liegende Annahmen umfassen.

Art. 19 Integrierte Berichterstattung über nationale Anpassungsmaßnahmen, über die finanzielle und technologische Unterstützung für Entwicklungsländer und über Versteigerungserlöse. (1) Bis zum 15. März 2021 und danach alle zwei Jahre übermitteln die Mitgliedstaaten – gemäß den im Rahmen des UNFCCC und des Übereinkommens von Paris vereinbarten Berichterstattungsanforderungen – der Kommission Informationen über ihre nationalen Anpassungspläne und -strategien, in denen die durchgeführten und geplanten Maßnahmen zur Erleichterung der Anpassung an den Klimawandel umrissen werden und die die in Anhang VIII Teil 1 aufgeführten Angaben enthalten.

(2) Bis zum 31. Juli 2021 und danach jährlich („Jahr X") übermitteln die Mitgliedstaaten der Kommission Informationen über die Verwendung der von den Mitgliedstaaten erzielten Einkünfte aus der Versteigerung von Zertifikaten gemäß Artikel 10 Absatz 1 und Artikel 3d Absatz 1 oder 2 der Richtlinie 2003/87/EG, die die in Anhang VIII Teil 3 aufgeführten Angaben enthalten.

(3) Bis zum 30. September 2021 und danach jährlich („Jahr X") übermitteln die Mitgliedstaaten – gemäß den im Rahmen des UNFCCC und des Übereinkommens von Paris vereinbarten jeweiligen Berichterstattungsanforderun-

gen – der Kommission Informationen über die Unterstützung für Entwicklungsländer, die die in Anhang VIII Teil 2 aufgeführten Angaben enthalten.

(4) Die Mitgliedstaaten machen die Berichte, die der Kommission gemäß diesem Artikel vorgelegt werden, mit Ausnahme der in Anhang VIII Teil 2 Buchstabe b genannten Angaben öffentlich zugänglich.

(5) *[1]* Die Kommission erlässt mit Unterstützung des in Artikel 44 Absatz 1 Buchstabe a genannten Ausschusses für Klimaänderung Durchführungsrechtsakte, um Struktur, Format und das Verfahren für die Vorlage der Berichte der Mitgliedstaaten mit den Informationen gemäß diesem Artikel festzulegen.

[2] Diese Durchführungsrechtsakte werden gemäß dem in Artikel 44 Absatz 6 genannten Prüfverfahren erlassen.

Art. 20 Integrierte Berichterstattung über erneuerbare Energie. Die Mitgliedstaaten nehmen in die integrierten nationalen energie- und klimabezogenen Fortschrittsberichte Informationen auf, und zwar

a) über die Verwirklichung der folgenden Zielpfade und Ziele:

1. indikativer nationaler Zielpfad für den Gesamtanteil der aus erneuerbaren Quellen erzeugten Energie am Bruttoendenergieverbrauch im Zeitraum 2021-2030;
2. geschätzte Zielpfade für den sektorspezifischen Anteil der aus erneuerbaren Quellen erzeugten Energie am Bruttoendenergieverbrauch im Zeitraum 2021-2030 in den Sektoren Strom, Wärme- und Kälteversorgung sowie Verkehr;
3. geschätzte Zielpfade nach Technologien für erneuerbare Energie, um jeweils auf dem Gebiet der erneuerbaren Energie den Gesamtzielpfad und die sektorspezifischen Zielpfade im Zeitraum 2021-2030 zu erreichen, unter Angabe des voraussichtlichen gesamten Bruttoendenergieverbrauchs je Technologie und Sektor in Mio. t RÖE und der geplanten installierten Gesamtleistung pro Technologie und Sektor in MW;
4. Zielpfade für die Bioenergienachfrage, aufgeschlüsselt nach Wärme, Strom und Verkehr, und für das Biomasseangebot, aufgeschlüsselt nach Ausgangserzeugnis und Ursprung (differenziert nach inländischer Erzeugung und Einfuhren). Bei forstwirtschaftlicher Biomasse eine Bewertung ihrer Quelle und ihrer Auswirkung auf LULUCF-Senken;
5. falls zutreffend, andere nationale Zielpfade und Ziele, einschließlich derjenigen, die langfristig und auf einzelne Bereiche ausgerichtet sind (etwa Anteil von aus Biomasse gewonnenem Strom ohne Wärmeerzeugung, Anteil der erneuerbaren Energie an der Fernwärmeerzeugung, Nutzung erneuerbarer Energie in Gebäuden, Erzeugung von erneuerbarer Energie durch Städte, Erneuerbare-Energien-Gemeinschaften und Eigenverbraucher von Energie aus erneuerbaren Quellen, aus bei der Abwasseraufbereitung anfallendem Klärschlamm gewonnene Energie);

b) über die Durchführung der folgenden Politiken und Maßnahmen:

1. durchgeführte, verabschiedete und geplante Politiken und Maßnahmen zur Verwirklichung des in Artikel 4 Buchstabe a Ziffer 2 genannten nationalen Beitrags zu der verbindlichen Vorgabe für die Union für erneuerbare Energie für 2030 unter Angabe von sektor- und technologiespezifischen Maßnahmen, wobei speziell auf die Durchführung der in

den Artikeln 23 bis 28 der Richtlinie (EU) 2018/2001[1] vorgesehenen Maßnahmen einzugehen ist;

2. soweit verfügbar, spezifische Maßnahmen der regionalen Zusammenarbeit;
3. unbeschadet der Artikel 107 und 108 AEUV[2] spezifische Maßnahmen zur finanziellen Unterstützung – einschließlich Unterstützung durch die Union und Nutzung von Unionsmitteln – der Förderung der Nutzung von Energie aus erneuerbaren Quellen in den Sektoren Strom, Wärme- und Kälteerzeugung und Verkehr;
4. falls zutreffend, die Bewertung der Fördermaßnahmen für Strom aus erneuerbaren Quellen, die die Mitgliedstaaten gemäß Artikel 6 Absatz 4 der Richtlinie (EU) 2018/2001[1] vornehmen müssen;
5. spezifische Maßnahmen zur Erfüllung der Anforderungen der Artikel 15 bis 18 der Richtlinie (EU) 2018/2001[1];
6. falls zutreffend, spezifische Maßnahmen, um den Bedarf an konventioneller must-run Kapazität, die eine Abregelung von Energie aus erneuerbaren Quellen bewirken kann, einzuschätzen, transparent zu machen und zu verringern;
7. eine Zusammenfassung der Politiken und Maßnahmen im Sinne des Rahmens, den die Mitgliedstaaten nach Artikel 21 Absatz 6 und Artikel 22 Absatz 5 der Richtlinie (EU) 2018/2001[1] umsetzen müssen, um die Entwicklung des Eigenverbrauchs von Energie aus erneuerbaren Quellen und von Erneuerbare-Energien-Gemeinschaften zu fördern und zu erleichtern;
8. Maßnahmen zur Förderung der Nutzung von Energie aus Biomasse, insbesondere zur Mobilisierung neuer Biomasseressourcen unter Berücksichtigung der Verfügbarkeit von Biomasse, einschließlich nachhaltiger Biomasse, und Maßnahmen für die Nachhaltigkeit der erzeugten und genutzten Biomasse;
9. bestehende Maßnahmen zur Steigerung des Anteils der erneuerbaren Energie in den Sektoren Wärme- und Kälteerzeugung sowie Verkehr;
10. Politiken und Maßnahmen zur Förderung des Abschlusses von Strombezugsverträgen;

c) gemäß Anhang IX Teil 1.

Art. 21 Integrierte Berichterstattung über Energieeffizienz. Die Mitgliedstaaten nehmen in die integrierten nationalen energie- und klimabezogenen Fortschrittsberichte Informationen auf, und zwar

a) über die Verwirklichung der folgenden nationalen Zielpfade, Ziele und Vorgaben:
   1. indikativer Zielpfad für den jährlichen Primär- und Endenergieverbrauch im Zeitraum 2021-2030 als nationaler Energiesparbeitrag zur Verwirklichung der unionsweiten Vorgabe für 2030 und die ihm zugrunde liegende Methode;

---

[1] Nr. **36**.
[2] Nr. **13**.

2. die Richtwerte der langfristigen Strategie für die Renovierung des nationalen Bestands an öffentlichen und privaten Wohn- und Nichtwohngebäuden und Beiträge zu den Energieeffizienzzielen der Union im Sinne der Richtlinie 2012/27/EU[1] gemäß Artikel 2a der Richtlinie 2010/31/EU;
3. etwaige Aktualisierung der anderen nationalen Gesamtziele des nationalen Plans;

b) über die Durchführung der folgenden Politiken und Maßnahmen:
1. durchgeführte, verabschiedete und geplante Politiken, Maßnahmen und Programme zur Verwirklichung des indikativen nationalen Beitrags zur Energieeffizienz bis 2030 sowie von anderen in Artikel 6 genannten Zielen, einschließlich geplanter Maßnahmen und Instrumente (auch Finanzinstrumente) zur Förderung der Gesamtenergieeffizienz von Gebäuden, Maßnahmen zur Erschließung der Energieeffizienzpotenziale der Gas- und Elektrizitätsinfrastruktur und andere Maßnahmen zur Förderung der Energieeffizienz;
2. etwaige marktgestützte Instrumente, die Anreize für Energieeffizienzsteigerungen bieten, u.a. Energiesteuern, -abgaben und -zulagen;
3. nationales Energieeffizienzverpflichtungssystem und alternative Maßnahmen gemäß Artikel 7a und Artikel 7b der Richtlinie 2012/27/EU[1] und gemäß Anhang III dieser Verordnung;
4. langfristige Renovierungsstrategien gemäß Artikel 2a der Richtlinie 2010/31/EU;
5. Politiken und Maßnahmen zur Förderung von Energiedienstleistungen im öffentlichen Sektor und Maßnahmen zur Beseitigung von rechtlichen und sonstigen Hindernissen, die die Nutzung von Energieleistungsverträgen und anderen Energieeffizienz-Dienstleistungsmodellen erschweren;
6. etwaige regionale Zusammenarbeit auf dem Gebiet der Energieeffizienz;
7. unbeschadet der Artikel 107 und 108 AEUV[2] etwaige Finanzierungsmaßnahmen – einschließlich Unterstützung durch die Union und Nutzung von Unionsmitteln – auf dem Gebiet der Energieeffizienz auf nationaler Ebene;

c) gemäß Anhang IX Teil 2.

Art. 22 Integrierte Berichterstattung über die Sicherheit der Energieversorgung. Die Mitgliedstaaten nehmen in die integrierten nationalen energie- und klimabezogenen Fortschrittsberichte Informationen auf, und zwar über die Umsetzung

a) der nationalen Ziele für die Diversifizierung der Energiequellen und der Energieversorgung;

b) der etwaigen nationalen Ziele für die Verringerung der Abhängigkeit von Energieeinfuhren aus Drittstaaten;

---

[1] Nr. **61**.
[2] Nr. **13**.

c) der nationalen Ziele für die Entwicklung der Fähigkeit zur Bewältigung von Einschränkungen bzw. Unterbrechungen der Lieferungen eines Energieträgers, einschließlich Gas und Strom;

d) der nationalen Ziele für die Erhöhung der Flexibilität des nationalen Energiesystems, insbesondere durch die Erschließung heimischer/inländischer Energiequellen, Laststeuerung und Energiespeicherung;

e) durchgeführter, verabschiedeter und geplanter Politiken und Maßnahmen zur Verwirklichung der unter den Buchstaben a bis d genannten Ziele;

f) der regionalen Zusammenarbeit bei der Verwirklichung der unter den Buchstaben a bis d genannten Ziele und Politiken;

g) etwaiger Finanzierungsmaßnahmen – einschließlich Unterstützung durch die Union und Nutzung von Unionsmitteln – auf diesem Gebiet auf nationaler Ebene, unbeschadet der Artikel 107 und 108 AEUV[1].

Art. 23 Integrierte Berichterstattung über den Energiebinnenmarkt. (1) Die Mitgliedstaaten nehmen in ihre integrierten nationalen energie- und klimabezogenen Fortschrittsberichte Informationen zur Umsetzung der folgenden Ziele und Maßnahmen auf:

a) Maß der Verbundfähigkeit der Stromnetze, das der Mitgliedstaat unter Berücksichtigung des Stromverbundziels für 2030 von mindestens 15 % und der Indikatoren gemäß Anhang I Teil 1 Abschnitt A Nummer 2.4.1 bis 2030 anstrebt, sowie Maßnahmen zur Umsetzung der Strategie für die Erreichung dieses Maßes, einschließlich Maßnahmen, die die Erteilung von Genehmigungen betreffen;

b) zentrale Vorhaben im Bereich der Stromübertragungs- und Gasfernleitungsinfrastruktur, die für die Verwirklichung der Ziele und Vorgaben im Rahmen der fünf Dimensionen der Energieunion notwendig sind;

c) etwaige wichtige geplante Infrastrukturprojekte, die keine Vorhaben von gemeinsamem Interesse sind, einschließlich Infrastrukturprojekten, an denen Drittstaaten beteiligt sind, und – sofern möglich – einer allgemeinen Bewertung ihrer Vereinbarkeit mit den Zielen und Vorgaben der Energieunion und ihren Beiträgen hierzu;

d) nationale Ziele für andere Aspekte des Energiebinnenmarkts wie Verbesserung der Systemflexibilität, Marktintegration und -kopplung, deren Ziel darin besteht, die Handelskapazität bestehender Verbindungsleitungen, intelligente Netze, Aggregation, Laststeuerung, Speicherung, dezentrale Erzeugung, Mechanismen für Einsatzplanung, Redispatch und Einspeisebeschränkung von Erzeugungsanlagen sowie Preissignale in Echtzeit zu fördern;

e) etwaige nationale Ziele und Maßnahmen für die diskriminierungsfreie Einbeziehung von Energie aus erneuerbaren Quellen, Laststeuerung und Speicherung, z.B. mittels Aggregation, in allen Energiemärkten;

f) etwaige nationale Ziele und Maßnahmen, mit denen sichergestellt wird, dass die Verbraucher am Energiesystem und am Nutzen aus der Eigenerzeugung und aus neuen Technologien – z.B. intelligenten Stromzählern – teilhaben;

g) Maßnahmen zur Sicherstellung der Angemessenheit des Elektrizitätssystems;

---

[1] Nr. **13**.

h) durchgeführte, verabschiedete und geplante Politiken und Maßnahmen zur Verwirklichung der unter den Buchstaben a bis g genannten Ziele;

i) regionale Zusammenarbeit bei der Umsetzung der unter den Buchstaben a bis h genannten Ziele und Politiken;

j) unbeschadet der Artikel 107 und 108 AEUV[1)] etwaige Finanzierungsmaßnahmen auf nationaler Ebene – einschließlich Unterstützung durch die Union und Nutzung von Unionsmitteln – auf dem Gebiet des Energiebinnenmarkts, beispielsweise für das Stromverbundziel;

k) Maßnahmen zur Verbesserung der Flexibilität des Energiesystems im Hinblick auf die Erzeugung von Energie aus erneuerbaren Quellen, einschließlich der Einführung von Intraday-Marktkopplung und Mehrländer-Ausgleichsmärkten.

(2) Die Angaben der Mitgliedstaaten gemäß Absatz 1 stimmen mit dem Bericht der nationalen Regulierungsbehörden gemäß Artikel 37 Absatz 1 Buchstabe e der Richtlinie 2009/73/EG[2)] und Artikel 41 Absatz 1 Buchstabe e der Richtlinie 2009/73/EG[2)] überein und basieren gegebenenfalls darauf.

Art. 24 Integrierte Berichterstattung über Energiearmut. *[1]* Findet Artikel 3 Absatz 3 Buchstabe d Unterabsatz 2 Anwendung, so gibt der betroffene Mitgliedstaat in seinem integrierten nationalen energie- und klimabezogenen Fortschrittsbericht Folgendes an:

a) Informationen über Fortschritte bei der Umsetzung des indikativen nationalen Ziels, die Zahl der von Energiearmut betroffenen Haushalte zu verringern und

b) quantitative Angaben zur Zahl der von Energiearmut betroffenen Haushalte sowie – sofern verfügbar – Angaben zu Politiken und Maßnahmen gegen Energiearmut.

[2] Die Kommission leitet die von den Mitgliedstaaten gemäß diesem Artikel übermittelten Daten an die Europäische Beobachtungsstelle für Energiearmut weiter.

Art. 25 Integrierte Berichterstattung über Forschung, Innovation und Wettbewerbsfähigkeit. Die Mitgliedstaaten nehmen in ihre integrierten nationalen energie- und klimabezogenen Fortschrittsberichte Informationen zur Umsetzung der folgenden Ziele und Maßnahmen auf:

a) soweit vorhanden nationale Ziele und Politiken, mit denen die Ziele und Politiken des SET-Plans auf den nationalen Kontext übertragen werden;

b) nationale Ziele für die öffentlichen und, soweit vorhanden, private Gesamtausgaben für Forschung und Innovation im Zusammenhang mit Technologien für saubere Energie sowie für Technologiekosten und Leistungsentwicklung;

c) falls angemessen nationale Ziele mit langfristigen Vorgaben bis 2050 für den Einsatz von Technologien zur Dekarbonisierung energie- und CO_2-intensi-

---

1) Nr. **13**.
2) Nr. **5**.

ver Industriesektoren und, falls angemessen, Vorgaben für die zugehörige Infrastruktur für Transport, Nutzung und Speicherung von CO_2;

d) nationale Ziele für die schrittweise Abschaffung von Energiesubventionen, insbesondere für fossile Energieträger;

e) durchgeführte, verabschiedete und geplante Politiken und Maßnahmen zur Verwirklichung der unter den Buchstaben b und c genannten Ziele;

f) Zusammenarbeit mit anderen Mitgliedstaaten bei der Verwirklichung der Ziele und Politiken nach den Buchstaben b bis d, einschließlich der Koordinierung von Politiken und Maßnahmen im Zusammenhang mit dem SET-Plan, wie die Abstimmung von Forschungsprogrammen und gemeinsamen Programmen;

g) etwaige Finanzierungsmaßnahmen – einschließlich Unterstützung durch die Union und Nutzung von Unionsmitteln – auf diesem Gebiet auf nationaler Ebene.

Abschnitt 2. Jahresbericht

Art. 26 Jahresbericht. (1) Bis zum 15. März 2021 und danach jährlich („Jahr X“) melden die Mitgliedstaaten der Kommission

a) die Informationen im Sinne des Artikels 6 Absatz 2 der Richtlinie 2009/119/EG;

b) die Informationen im Sinne von Anhang IX Nummer 3 der Richtlinie 2013/30/EU, gemäß Artikel 25 der genannten Richtlinie.

(2) *[1]* Bis zum 31. Juli 2021 und danach jährlich („Jahr X“) übermitteln die Mitgliedstaaten der Kommission ihre vorläufigen Treibhausgasinventare für das Jahr X-1.

[2] [1] Für die Zwecke dieses Absatzes erstellt die Kommission jährlich auf der Grundlage der vorläufigen Treibhausgasinventare der Mitgliedstaaten oder, falls ein Mitgliedstaat sein vorläufiges Treibhausgasinventar bis zu diesem Zeitpunkt nicht übermittelt hat, auf der Grundlage ihrer eigenen Schätzungen ein vorläufiges Treibhausgasinventar für die Union. [2] Die Kommission macht diese Informationen jährlich bis zum 30. September öffentlich zugänglich.

(3) [1] Ab 2023 ermitteln die Mitgliedstaaten die endgültigen Daten ihrer Treibhausgasinventare bis zum 15. März jedes Jahres (X) und die vorläufigen Daten bis zum 15. Januar jedes Jahres und melden sie unter Einbeziehung der in Anhang V aufgeführten Treibhausgase und Inventarinformationen der Kommission. [2] Der Bericht über die endgültigen Treibhausgasinventardaten enthält auch einen vollständigen, aktuellen nationalen Inventarbericht. [3] Innerhalb von drei Monaten nach Eingang der Berichte stellt die Kommission die in Anhang V Teil 1 Buchstabe n angeführten Informationen dem in Artikel 44 Absatz 1 Buchstabe a genannten Ausschuss für Klimaänderung zur Verfügung.

(4) [1] Die Mitgliedstaaten übermitteln dem UNFCCC-Sekretariat jährlich bis zum 15. April nationale Inventare, die die Informationen enthalten, die der Kommission gemäß Absatz 3 zu den endgültigen Treibhausgasinventardaten übermittelt wurden. [2] Die Kommission erstellt jährlich in Zusammenarbeit mit den Mitgliedstaaten ein Treibhausgasinventar der Union sowie einen Treib-

hausgasinventarbericht der Union und übermittelt dem UNFCCC-Sekretariat diese Unterlagen jährlich bis zum 15. April.

(5) Die Mitgliedstaaten melden der Kommission bis zum 15. Januar 2027 die vorläufigen und bis zum 15. März 2032 die endgültigen nationalen Inventardaten, die sie für die Zwecke der Compliance-Berichte gemäß Artikel 14 der Verordnung (EU) 2018/841 im Hinblick auf ihre LULUCF-Konten zusammengestellt haben.

(6) Der Kommission wird die Befugnis übertragen, gemäß Artikel 43 delegierte Rechtsakte zu erlassen, um

a) Anhang V Teil 2 durch Aufnahme oder Streichung von Stoffen in der Liste der Treibhausgase im Einklang mit den von den Gremien des UNFCCC oder des Übereinkommens von Paris angenommenen einschlägigen Beschlüssen zu ändern;

b) diese Verordnung zu ergänzen, indem sie im Einklang mit den von den Gremien des UNFCCC oder des Übereinkommens von Paris angenommenen einschlägigen Beschlüssen Werte für Treibhauspotenziale festlegt und in den Inventarleitlinien veröffentlicht.

(7) *[1]* Die Kommission erlässt mit Unterstützung des in Artikel 44 Absatz 1 Buchstabe a genannten Ausschusses für Klimaänderung Durchführungsrechtsakte, um gemäß den Artikeln 5 und 14 der Verordnung (EU) 2018/841 Struktur, technische Einzelheiten, Format und Verfahren für die Übermittlung der vorläufigen Treibhausgasinventare nach Absatz 2 des vorliegenden Artikels, der Treibhausgasinventare gemäß Absatz 3 des vorliegenden Artikels sowie der verbuchten Emissionen und des verbuchten Abbaus von Treibhausgasen durch die Mitgliedstaaten festzulegen.

[2] [1] Beim Vorschlag solcher Durchführungsrechtsakte trägt die Kommission den Zeitplänen des UNFCCC oder des Übereinkommens von Paris für die Überwachung und Berichterstattung dieser Informationen und den von den Gremien des UNFCCC oder des Übereinkommens von Paris angenommenen einschlägigen Beschlüssen Rechnung, damit die Union ihren Berichterstattungspflichten als Vertragspartei des UNFCCC und des Übereinkommens von Paris nachkommt. [2] In diesen Durchführungsrechtsakten werden auch die Fristen für die Zusammenarbeit und Koordinierung zwischen der Kommission und den Mitgliedstaaten in Bezug auf die Erstellung des Treibhausgasinventarberichts der Union festgehalten.

[3] Diese Durchführungsrechtsakte werden gemäß dem in Artikel 44 Absatz 6 genannten Prüfverfahren erlassen.

Art. 27 Berichterstattung über die Vorgaben für 2020. Jeder Mitgliedstaat erstattet der Kommission bis zum 30. April 2022 Bericht über seine Umsetzung der nationalen Energieeffizienzvorgaben für 2020 gemäß Artikel 3 Absatz 1 der Richtlinie 2012/27/EU[1)], indem er die in Anhang IX Teil 2 der vorliegenden Verordnung aufgeführten Informationen übermittelt, und über die in Anhang I der Richtlinie 2009/28/EG in der am 31. Dezember 2020 geltenden Fassung festgelegten nationalen Gesamtziele für den Anteil der Ener-

---

[1)] Nr. **61**.

gie aus erneuerbaren Quellen im Jahr 2020, und übermittelt dabei folgende Informationen:

a) die sektorspezifischen Anteile (Strom, Wärme- und Kälteerzeugung sowie Verkehr) und die Gesamtanteile an Energie aus erneuerbaren Quellen im Jahr 2020;

b) die zur Verwirklichung der nationalen Ziele für den Anteil an Energie aus erneuerbaren Quellen für das Jahr 2020 getroffenen Maßnahmen, auch Maßnahmen im Zusammenhang mit Förderregelungen, Herkunftsnachweisen und der Vereinfachung von Verwaltungsverfahren;

c) den Anteil von Energie aus Biobrennstoffen und flüssigen Biobrennstoffen, die aus Getreide und sonstigen Kulturpflanzen mit hohem Stärkegehalt, Zuckerpflanzen und Ölpflanzen hergestellt werden, am Energieverbrauch im Verkehr;

d) den Anteil von Energie aus Biobrennstoffen und Biogas für den Transport, die aus Ausgangsstoffen und anderen Brennstoffen hergestellt werden, die in Anhang IX Teil A der Richtlinie 2009/28/EG in der am 31. Dezember 2020 geltenden Fassung aufgeführt sind, am Energieverbrauch im Verkehr.

Abschnitt 3. Plattform für die Berichterstattung

Art. 28 E-Plattform. (1) Die Kommission richtet eine Online-Plattform (E-Plattform) ein, um die Kommunikation zwischen der Kommission und den Mitgliedstaaten zu vereinfachen, die Zusammenarbeit der Mitgliedstaaten zu fördern und der Öffentlichkeit den Zugang zu Informationen zu erleichtern.

(2) Sobald die E-Plattform einsatzfähig ist, legen die Mitgliedstaaten der Kommission die in diesem Kapitel genannten Berichte über die E-Plattform vor.

(3) [1]Die E-Plattform muss spätestens am 1. Januar 2020 einsatzfähig sein. [2]Die Kommission nutzt die Online-Plattform, um der Öffentlichkeit den Zugang zu den in diesem Kapitel genannten Berichten, der endgültigen Fassung der integrierten nationalen Energie- und Klimapläne, deren Aktualisierungen und den in Artikel 15 genannten langfristigen Strategien zu erleichtern, wobei sensiblen Geschäftsdaten und der Einhaltung der Datenschutzvorschriften Rechnung getragen wird.

Kapitel 5. Zusammenfassende Bewertung der Fortschritte und politische Maßnahmen, mit denen die Vorgaben der Union erreicht werden sollen – Überwachung durch die Kommission

Art. 29 Fortschrittsbewertung. (1) Bis zum 31. Oktober 2021 und danach alle zwei Jahre bewertet die Kommission, insbesondere auf der Grundlage der integrierten nationalen energie- und klimabezogenen Fortschrittsberichte, anderer gemäß dieser Verordnung übermittelter Informationen, der Indikatoren und der europäischen Statistiken und Daten, soweit verfügbar,

a) die Fortschritte auf Unionsebene bei der Verwirklichung der Ziele der Energieunion, für den ersten Zehnjahreszeitraum einschließlich der energie- und klimapolitischen Vorgaben der Union für 2030 für den ersten Zehnjahreszeitraum, um insbesondere bei den Zielen der Union für 2030 auf den Gebieten Energie aus erneuerbaren Quellen und Energieeffizienz jede Lücke zu vermeiden;

b) die Fortschritte der einzelnen Mitgliedstaaten bei der Verwirklichung ihrer Ziele, Vorgaben und Beiträge sowie bei der Durchführung der Politiken und Maßnahmen ihres integrierten nationalen Energie- und Klimaplans;

c) gestützt auf die Emissionsdaten, die die Mitgliedstaaten gemäß Artikel 26 mitteilen, die Gesamtauswirkungen der Luftfahrt auf das Weltklima – einschließlich Nicht-CO_2-Emissionen und -Auswirkungen – und verbessert diese Bewertung erforderlichenfalls durch Heranziehung von wissenschaftlichen Erkenntnissen bzw. von Luftverkehrsdaten;

d) die Gesamtauswirkungen der Politiken und Maßnahmen im Rahmen der integrierten nationalen Energie- und Klimapläne auf das Funktionieren der klima- und energiepolitischen Maßnahmen der Union;

e) die Gesamtauswirkungen der Politiken und Maßnahmen im Rahmen der integrierten nationalen Energie- und Klimapläne auf das Funktionieren des Emissionshandelssystems der Europäischen Union (EU-EHS) und auf das Gleichgewicht zwischen Angebot und Nachfrage bei Zertifikaten auf dem europäischen CO_2-Markt.

(2) Im Bereich der erneuerbaren Energie bewertet die Kommission im Rahmen ihrer Bewertung gemäß Absatz 1 die Fortschritte beim Anteil der aus erneuerbaren Quellen erzeugten Energie am Bruttoendenergieverbrauch der Union auf der Grundlage eines indikativen Zielpfads der Union, der bei 20 % im Jahr 2020 beginnt und 2022 den Referenzwert von mindestens 18 %, 2025 von mindestens 43 % und 2027 von mindestens 65 % des Gesamtanstiegs beim Anteil der erneuerbaren Energie zwischen dem Ziel der Union für erneuerbare Energie für 2020 und dem Ziel der Union für erneuerbare Energie für 2030 erreicht und das Ziel der Union, 2030 einen Anteil von mindestens 32 % erneuerbare Energie, erreicht.

(3) *[1]* Im Bereich der Energieeffizienz bewertet die Kommission im Rahmen ihrer Bewertung gemäß Absatz 1 die Fortschritte bei dem gemeinsam zu erreichenden maximalen Energieverbrauch auf Unionsebene von 1 273 Mio. t RÖE Primärenergie und von 956 Mio. t RÖE Endenergie im Jahr 2030 gemäß Artikel 3 Absatz 5 der Richtlinie 2012/27/EU[1)].

[2] Bei dieser Bewertung führt die Kommission die folgenden Schritte aus:

a) Sie prüft, ob das Zwischenziel der Union von nicht mehr als 1 483 Mio. t RÖE an Primärenergie und nicht mehr als 1 086 Mio. t RÖE an Endenergie im Jahr 2020 erreicht ist.

b) Sie bewertet unter Berücksichtigung der Bewertung der Informationen der Mitgliedstaaten in ihren integrierten nationalen energie- und klimabezogenen Fortschrittsberichten, ob aus den Fortschritten der Mitgliedstaaten geschlossen werden kann, dass die Union als Ganze auf Kurs zu dem in Unterabsatz 1 genannten Energieverbrauchsniveau 2030 ist.

---

1) Nr. **61**.

c) Sie zieht die Ergebnisse von Modellrechnungen für zukünftige Entwicklungen beim Energieverbrauch auf Unionsebene und auf nationaler Ebene und ergänzende Analysen heran.

d) Sie trägt den von den Mitgliedstaaten in ihren integrierten nationalen Energie- und Klimaplänen angegebenen relevanten Gegebenheiten gemäß Artikel 6 Absatz 2 gebührend Rechnung, die den Primär- und Endenergieverbrauch beeinflussen.

(4) Im Bereich des Energiebinnenmarkts bewertet die Kommission als Teil der Bewertung gemäß Absatz 1 die Fortschritte auf dem Weg zu dem Maß der Strom-Verbundfähigkeit, das der Mitgliedstaat für 2030 anstrebt.

(5) Bis zum 31. Oktober 2021 und danach jedes Jahr bewertet die Kommission insbesondere auf der Grundlage der gemäß dieser Verordnung gemeldeten Informationen, ob die Union und ihre Mitgliedstaaten hinreichende Fortschritte bei der Verwirklichung der folgenden Voraussetzungen erzielt haben:

a) der Verpflichtungen gemäß Artikel 4 des UNFCCC und Artikel 3 des Übereinkommens von Paris, wie sie in Beschlüssen der Konferenz der Vertragsparteien des UNFCCC oder der als Tagung der Vertragsparteien des Übereinkommens von Paris dienenden Konferenz der Vertragsparteien des UNFCCC genauer festgelegt sind;

b) der Verpflichtungen gemäß Artikel 4 der Verordnung (EU) 2018/842 und Artikel 4 der Verordnung (EU) 2018/841;

c) der Ziele des integrierten nationalen Energie- und Klimaplans zur Verwirklichung der Ziele der Energieunion und – im ersten Zehnjahreszeitraum – zur Verwirklichung der energie- und klimapolitischen Vorgaben für 2030.

(6) Die Kommission sollte in ihrer Bewertung die jüngsten länderspezifischen Empfehlungen im Rahmen des Europäischen Semesters berücksichtigen.

(7) Die Kommission erstattet über die Bewertung nach diesem Artikel im Rahmen des Berichts über die Lage der Energieunion gemäß Artikel 35 Bericht.

Art. 30 Abweichungen von den übergeordneten Zielen der Energieunion und den Vorgaben der Verordnung (EU) 2018/842. (1) Auf der Grundlage der Bewertung gemäß Artikel 29 spricht die Kommission einem Mitgliedstaat Empfehlungen gemäß Artikel 34 aus, wenn die politischen Entwicklungen in diesem Mitgliedstaat Unvereinbarkeiten mit den übergeordneten Zielen der Energieunion erkennen lassen.

(2) Mitgliedstaaten, die die Flexibilitätsregelung gemäß Artikel 7 der Verordnung (EU) 2018/842 in Anspruch nehmen möchten, nehmen – sobald diese Informationen vorliegen – den Umfang der beabsichtigten Verwendung und die Politiken und Maßnahmen, die sie zu ergreifen gedenken, um die Anforderungen nach Artikel 4 der Verordnung (EU) 2018/841 für den Zeitraum von 2021 bis 2030 zu erfüllen, in den integrierten nationalen Energie- und Klimaplan auf.

Art. 31 Maßnahmen bei unzureichendem Ambitionsniveau der integrierten nationalen Energie- und Klimapläne. (1) Kommt die Kommission aufgrund ihrer Bewertung der Entwürfe der integrierten nationalen Energie- und Klimapläne gemäß Artikel 9 oder ihrer Bewertung der Entwürfe der aktualisierten endgültigen Pläne gemäß Artikel 14 und im Rahmen des iterativen Prozesses zu dem Schluss, dass die Ziele, Vorgaben und Beiträge der Mitgliedstaaten für die gemeinsame Erreichung der Ziele der Energieunion nicht ausreichend sind – für den ersten Zehnjahreszeitraum gilt das insbesondere für die verbindliche Vorgabe der Union für erneuerbare Energie für 2030 und das Energieeffizienzziel der Union für 2030 –, so muss sie – was die Vorgabe der Union für erneuerbare Energie betrifft – und kann – was die übrigen Ziele der Energieunion betrifft – den Mitgliedstaaten Empfehlungen aussprechen, deren Beiträge sie für unzureichend hält, um so deren Ambitionsniveau zu steigern und sicherzustellen, dass die gemeinsamen Anstrengungen hinreichend ambitioniert sind.

(2) *[1]* Tut sich eine Lücke zwischen der Vorgabe der Union für 2030 und den gemeinsamen Beiträgen der Mitgliedstaaten im Bereich der erneuerbaren Energie auf, so legt die Kommission ihrer Bewertung die Formel nach Anhang II zugrunde, die auf den objektiven Kriterien gemäß Artikel 5 Absatz 1 Unterabsatz 1 Buchstabe e Ziffern i bis v beruht, wobei sie den relevanten Gegebenheiten, die den Einsatz von Energie aus erneuerbaren Quellen beeinflussen, wie von den Mitgliedstaaten gemäß Artikel 5 Absatz 1 Unterabsatz 2 angegeben, gebührend Rechnung trägt.

[2] Tut sich eine Lücke zwischen der Vorgabe der Union für 2030 und der Summe der nationalen Beiträge im Bereich der Energieeffizienz auf, so bewertet die Kommission insbesondere die relevanten Gegebenheiten gemäß Artikel 6 Absatz 2, die von den Mitgliedstaaten in ihren integrierten nationalen Energie- und Klimaplänen bereitgestellten Informationen, die Ergebnisse von Modellrechnungen in Bezug auf künftige Entwicklungen beim Energieverbrauch und bei Bedarf andere zusätzliche Analysen.

[3] Unbeschadet der sonstigen Bestimmungen dieses Artikels und allein zum Zwecke der Bewertung, ob sich zwischen der Vorgabe der Union für 2030 und den gemeinsamen Beiträgen der Mitgliedstaaten eine Lücke auftut, trifft die Kommission in ihrer Bewertung eine Annahme in Bezug auf den nationalen Beitrag derjenigen Mitgliedstaaten, die keine Entwürfe ihrer integrierten nationalen Energie- und Klimapläne gemäß Artikel 9 Absatz 1 *nicht*[1] vorgelegt haben.

[4] [1] Bei ihrer Annahme im Bereich der erneuerbaren Energie berücksichtigt die Kommission die verbindliche nationale Vorgabe des Mitgliedstaats für 2020 gemäß Anhang I der Richtlinie (EU) 2018/2001[2], die Ergebnisse von Modellrechnungen zur Entwicklung erneuerbarer Energie und die Ergebnisse der Formel gemäß Anhang II der vorliegenden Verordnung. [2] Im Bereich der Energieeffizienz berücksichtigt sie die Modellrechnungen in Bezug auf künftige Entwicklungen beim Energieverbrauch und bei Bedarf andere zusätzliche Analysen.

[5] Bei der Bewertung der Beiträge zu erneuerbaren Energien auf der Grundlage der Formel gemäß Anhang II berücksichtigt die Kommission mögliche negative Auswirkungen auf die Versorgungssicherheit und Netzstabilität

---

1) Wortlaut amtlich.
2) Nr. **36**.

in kleinen oder isolierten Energiesystemen oder in Mitgliedstaaten bzw. Systemen, in denen aufgrund der Änderung des Synchrongebiets erhebliche Schwierigkeiten auftreten können.

[6] Bei der Bewertung der Beiträge zur Energieeffizienz berücksichtigt die Kommission die möglichen Auswirkungen auf den Betrieb der Elektrizitätssysteme und die Netzstabilität in Mitgliedstaaten, in denen aufgrund der Änderung des Synchrongebiets erhebliche Schwierigkeiten auftreten können.

(3) [1] Kommt die Kommission aufgrund ihrer Bewertung der integrierten nationalen Energie- und Klimapläne und ihrer Aktualisierungen gemäß Artikel 14 zu dem Schluss, dass die Ziele, Vorgaben und Beiträge der integrierten nationalen Energie- und Klimapläne oder ihrer Aktualisierungen nicht ausreichend sind, um die Ziele der Energieunion gemeinsam zu erreichen (für den ersten Zehnjahreszeitraum gilt das insbesondere für die Ziele für erneuerbare Energie und Energieeffizienz für 2030), so schlägt sie Maßnahmen auf Unionsebene vor und übt ihre Befugnisse auf Unionsebene aus, damit diese Ziele und Vorgaben gemeinsam erreicht werden. [2] Im Bereich der erneuerbaren Energie wird bei diesen Maßnahmen das Ambitionsniveau der in den integrierten nationalen Energie- und Klimaplänen und ihren Aktualisierungen vorgesehenen Beiträge der Mitgliedstaaten zur Unionsvorgabe für 2030 berücksichtigt.

Art. 32 Vorgehen bei unzureichenden Fortschritten bei der Erreichung der energie- und klimapolitischen Ziele und Vorgaben der Union. (1) *[1]* Kommt die Kommission aufgrund ihrer Bewertung gemäß Artikel 29 Absatz 1 Buchstabe b zu dem Schluss, dass ein Mitgliedstaat bei seinen Zielen, Vorgaben und Beiträgen, seinen Referenzwerten für Energie aus erneuerbaren Quellen oder bei der Durchführung der Politiken und Maßnahmen seines integrierten nationalen Klima- und Energieplans unzureichende Fortschritte erzielt hat, so spricht sie diesem Mitgliedstaat Empfehlungen gemäß Artikel 34 aus.

[2] [1] Die Kommission berücksichtigt in ihren Empfehlungen im Bereich der erneuerbaren Energie die von den Mitgliedstaaten angegebenen relevanten Gegebenheiten gemäß Artikel 5 Absatz 1 Unterabsatz 2. [2] Die Kommission berücksichtigt ferner Projekte auf dem Gebiet der erneuerbaren Energie, für die eine endgültige Investitionsentscheidung getroffen worden ist, sofern diese Projekte im Zeitraum 2021-2030 anlaufen und einen erheblichen Einfluss auf den nationalen Beitrag des Mitgliedstaats haben.

[3] Die Kommission berücksichtigt in ihren Empfehlungen im Bereich der Energieeffizienz in gebührender Weise die objektiven Kriterien nach Artikel 6 Absatz 1 Buchstaben a und b und die von den Mitgliedstaaten angegebenen relevanten nationalen Gegebenheiten gemäß Artikel 6 Absatz 2.

(2) *[1]* Kommt die Kommission aufgrund ihrer zusammenfassenden Bewertung der integrierten nationalen energie- und klimabezogenen Fortschrittsberichte gemäß Artikel 29 Absatz 1 Buchstabe a und etwaiger Belege aus anderen Informationsquellen zu dem Schluss, dass die Union Gefahr läuft, ihre Ziele für die Energieunion (und für den ersten Zehnjahreszeitraum insbesondere die Unionsvorgaben des klima- und energiepolitischen Rahmens bis 2030) nicht zu erreichen, so kann sie allen Mitgliedstaaten gemäß Artikel 34 Empfehlungen aussprechen, um ein solches Risiko zu verringern.

[2] [1] Im Bereich der erneuerbaren Energie bewertet die Kommission, ob die in Absatz 3 vorgesehenen nationalen Maßnahmen ausreichend sind, damit die Vorgabe der Union für erneuerbare Energie erreicht werden. [2] Reichen die nationalen Maßnahmen nicht aus, so schlägt die Kommission zusätzlich zu den Empfehlungen erforderlichenfalls Maßnahmen auf Unionsebene vor und übt erforderlichenfalls ihre Befugnisse auf Unionsebene aus, damit insbesondere die Vorgabe der Union für erneuerbare Energie für 2030 erreicht wird.

[3] Im Bereich der Energieeffizienz schlägt die Kommission zusätzlich zu diesen Empfehlungen erforderlichenfalls Maßnahmen auf Unionsebene vor und übt erforderlichenfalls ihre Befugnisse auf Unionsebene aus, damit insbesondere die Vorgabe der Union für Energieeffizienz für 2030 erreicht wird.

[4] Im Bereich der Energieeffizienz können diese zusätzlichen Maßnahmen insbesondere in den folgenden Bereichen zur Verbesserung der Energieeffizienz herangezogen werden:

a) bei Produkten gemäß der Richtlinie 2009/125/EG des Europäischen Parlaments und des Rates[1)] und der *Richtlinie*[2)] (EU) 2017/1369 des Europäischen Parlaments und des Rates[3)],

b) bei Gebäuden gemäß der Richtlinie 2010/31/EU und der Richtlinie 2012/27/EU[4)] und

c) im Verkehr.

(3) *[1]* Kommt die Kommission im Bereich der erneuerbaren Energie aufgrund ihrer Bewertung gemäß Artikel 29 Absätze 1 und 2 zu dem Schluss, dass mindestens einer der in Artikel 29 Absatz 2 genannten Referenzwerte des indikativen Zielpfads der Union 2022, 2025 und 2027 nicht erreicht wurde, so stellen die Mitgliedstaaten, die 2022, 2025 und 2027 mindestens einen ihrer nationalen Referenzwerte nach Artikel 4 Buchstabe a Ziffer 2 unterschritten haben, sicher, dass innerhalb eines Jahres nach dem Eingang der Bewertung der Kommission zusätzliche Maßnahmen getroffen werden, um die Lücke zu ihrem nationalen Referenzwert zu schließen, etwa

a) nationale Maßnahmen zur Steigerung des Einsatzes von Energie aus erneuerbaren Quellen;

b) die Anpassung des in Artikel 23 Absatz 1 der Richtlinie (EU) 2018/2001[5)] festgelegten Anteils von Energie aus erneuerbaren Quellen in der Wärme- und Kälteerzeugung;

c) die Anpassung des in Artikel 25 Absatz 1 der Richtlinie (EU) 2018/2001[5)] festgelegten Anteils von Energie aus erneuerbaren Quellen im Verkehr;

d) die Leistung einer freiwilligen Zahlung an den Finanzierungsmechanismus der Union für erneuerbare Energie gemäß Artikel 33, der zu Projekten auf

---

[1)] **Amtl. Anm.:** Richtlinie 2009/125/EG des Europäischen Parlaments und des Rates vom 21. Oktober 2009 zur Schaffung eines Rahmens für die Festlegung von Anforderungen an die umweltgerechte Gestaltung energieverbrauchsrelevanter Produkte (ABl. L 285 vom 31.10.2009, S. 10).

[2)] Richtig wohl: „Verordnung".

[3)] **Amtl. Anm.:** Verordnung (EU) 2017/1369 des Europäischen Parlaments und des Rates vom 4. Juli 2017 zur Festlegung eines Rahmens für die Energieverbrauchskennzeichnung und zur Aufhebung der Richtlinie 2010/30/EU (ABl. L 198 vom 28.7.2017, S. 1).

[4)] Nr. **61**.

[5)] Nr. **36**.

dem Gebiet der erneuerbaren Energie beiträgt und direkt oder indirekt von der Kommission verwaltet wird;

e) die Anwendung von Mechanismen für die Zusammenarbeit gemäß der Richtlinie (EU) 2018/2001[1].

[2] [1]Solche Maßnahmen tragen den in Absatz 1 Unterabsatz 2 dargelegten Erwägungen der Kommission Rechnung. [2]Die betroffenen Mitgliedstaaten beziehen diese Maßnahmen als Teil des integrierten nationalen energie- und klimabezogenen Fortschrittsberichts gemäß Artikel 17 ein.

(4) *[1]* [1]Ab dem 1. Januar 2021 darf der Anteil an Energie aus erneuerbaren Quellen am Bruttoendenergieverbrauch der einzelnen Mitgliedstaaten nicht geringer sein als der Ausgangswert, der dem verbindlichen nationalen Gesamtziel für den Anteil von Energie aus erneuerbaren Quellen im Jahr 2020 gemäß Artikel 3 Absatz 4 der Richtlinie (EU) 2018/2001[1] entspricht. [2]Unterschreitet ein Mitgliedstaat seinen Ausgangswert, gemessen über einen Zeitraum von einem Jahr, so trifft dieser Mitgliedstaat innerhalb eines Jahres zusätzliche Maßnahmen im Sinne von Absatz 3 *Buchstaben*[2] Unterabsatz 1 Buchstaben a bis e, die ausreichen, um die Lücke innerhalb eines Jahres zu schließen.

[2] Für Mitgliedstaaten, die die Verpflichtung zum Schließen der Lücke bis zum Ausgangswert erfüllen, gelten die in Unterabsatz 1 Satz 1 des vorliegenden Absatzes und in Artikel 3 Absatz 4 der Richtlinie (EU) 2018/2001[1] niedergelegten Verpflichtungen für den gesamten Zeitraum, in dem die Lücke aufgetreten ist, als erfüllt.

[3] Die Mitgliedstaaten können für die Zwecke von Absatz 3 Unterabsatz 1 Buchstabe d ihre Einnahmen aus den jährlichen Emissionszertifikaten im Rahmen der Richtlinie 2003/87/EG verwenden.

(5) Fällt in einem Mitgliedstaat der Anteil der Energie aus erneuerbaren Quellen 2022, 2025 und 2027 unter mindestens einen der nationalen Referenzwerte nach Artikel 4 Buchstabe a Ziffer 2, so nimmt der Mitgliedstaat in den nächsten integrierten Bericht an die Kommission gemäß Artikel 17 eine Erklärung auf, wie er die Lücke zu seinem nationalen Referenzwert zu schließen gedenkt.

(6) Kommt die Kommission im Bereich der Energieeffizienz aufgrund ihrer gemäß Artikel 29 Absätze 1 und 3 bis 2022, 2025 und 2027 vorgenommenen Bewertung unbeschadet weiterer Maßnahmen auf Unionsebene gemäß Absatz 2 Unterabsatz 3 des vorliegenden Artikels zu dem Schluss, dass die Fortschritte nicht ausreichen, um die in Artikel 29 Absatz 3 Unterabsatz 1 genannten Energieeffizienzvorgaben der Union zu erreichen, so schlägt sie auf Unionsebene zusätzlich zu den in der Richtlinie 2010/31/EU und der Richtlinie 2012/27/EU[3] vorgesehenen Maßnahmen weitere Maßnahmen vor und übt ihre Befugnisse auf Unionsebene aus, damit die Energieeffizienzvorgaben der Union für 2030 erreicht werden.

(7) Jeder gemäß Absatz 3 betroffene Mitgliedstaat legt die zusätzlichen Maßnahmen, die er umgesetzt, beschlossen und geplant hat, in seinem nächsten Fortschrittsbericht gemäß Artikel 17 ausführlich dar.

---

[1] Nr. **36**.

[2] Wortlaut amtlich.

[3] Nr. **61**.

(8) Kommt die Kommission im Bereich der Energieverbundnetze aufgrund ihrer Bewertung gemäß Artikel 29 Absätze 1 und 4 im Jahr 2025 zu dem Schluss, dass die Fortschritte nicht ausreichen, so arbeitet sie bis 2026 mit den betroffenen Mitgliedstaaten zusammen, um sich mit den aufgetretenen Problemen zu befassen.

Art. 33 Finanzierungsmechanismus der Union für erneuerbare Energie. (1) [1] Bis zum 1. Januar 2021 richtet die Kommission den in Artikel 32 Absatz 3 Buchstabe d genannten Finanzierungsmechanismus der Union für erneuerbare Energie ein, um im Wege von Ausschreibungen Förderung für neue Projekte auf dem Gebiet der erneuerbaren Energie in der Union zu vergeben, damit Lücken zum indikativen Zielpfad der Union geschlossen werden. [2] Die Förderung kann unter anderem in Form einer Prämie gewährt werden, die zusätzlich zu den Marktpreisen gezahlt wird, und sie wird Projekten gewährt, bei denen ein Gebot zu den niedrigsten Kosten oder für die niedrigste Prämie eingereicht wird.

(2) [1] Unbeschadet des Absatzes 1 trägt der Finanzierungsmechanismus zu dem Rahmen gemäß Artikel 3 Absatz 4 der Richtlinie (EU) 2018/2001[1)] bei, wobei das Ziel darin besteht, unabhängig von einer Lücke zum indikativen Zielpfad der Union den Einsatz von Energie aus erneuerbaren Quellen unionsweit zu unterstützen. [2] Zu diesem Zweck gilt:

a) Die in Artikel 32 genannten Zahlungen der Mitgliedstaaten können durch zusätzliche Quellen wie Unionsfonds, Beiträge der Privatwirtschaft oder zusätzliche Zahlungen der Mitgliedstaaten ergänzt werden, damit zur Erreichung der Unionsvorgabe beigetragen wird.

b) Der Finanzierungsmechanismus kann unter anderem Förderung in Form von zinsgünstigen Darlehen, Zuschüssen oder einer Mischung aus beidem bieten und unter anderem der Förderung gemeinsamer Projekte der Mitgliedstaaten gemäß Artikel 9 der Richtlinie (EU) 2018/2001[1)] und der Beteiligung der Mitgliedstaaten an gemeinsamen Projekten mit Drittländern gemäß Artikel 11 der genannten Richtlinie dienen.

(3) Die Mitgliedstaaten haben auch künftig das Recht, zu entscheiden, ob und – wenn ja, unter welchen Bedingungen – sie es für zulässig erklären, dass auf ihrem Hoheitsgebiet gelegene Anlagen Förderung aus dem Finanzierungsmechanismus erhalten.

(4) *[1]* Die Kommission erlässt mit Unterstützung des in Artikel 44 Absatz 1 Buchstabe b genannten Ausschusses für die Energieunion Durchführungsrechtsakte, um die notwendigen Bestimmungen für die Einrichtung und die Funktionsweise des Finanzierungsmechanismus festzulegen, und zwar insbesondere

a) die Methode zur Berechnung der Höchstgrenze für die Prämie bei jeder Ausschreibung,

b) die anzuwendende Ausgestaltung der Ausschreibung, einschließlich Lieferbedingungen und entsprechende Strafzahlungen,

---

[1)] Nr. **36**.

c) die Methode zur Berechnung der Zahlungen der Mitgliedstaaten und der sich daraus ergebenden statistischen Vorteile für die beitragenden Mitgliedstaaten,

d) die Mindestanforderungen für die Beteiligung der Mitgliedstaaten, wobei dem Umstand Rechnung getragen wird, dass sowohl die Kontinuität des Mechanismus durch die ausreichende Dauer der Beitragsleistung der Mitgliedstaaten als auch die größtmögliche Flexibilität für die Beteiligung der Mitgliedstaaten sichergestellt werden muss,

e) Bestimmungen, mit denen die Teilnahme bzw. Genehmigung der durchführenden Mitgliedstaaten sichergestellt wird, und erforderlichenfalls Bestimmungen über zusätzlich anfallende Systemkosten.

[2] Diese Durchführungsrechtsakte werden gemäß dem in Artikel 44 Absatz 6 genannten Prüfverfahren erlassen.

(5) [1] Alljährlich wird Energie aus erneuerbaren Quellen, die in Anlagen erzeugt wird, die durch den Finanzierungsmechanismus finanziert werden, statistisch den teilnehmenden Mitgliedstaaten entsprechend ihren jeweiligen Zahlungen zugerechnet. [2] Im Rahmen dieses Finanzierungsmechanismus geförderte Projekte, die aus anderen Quellen als Zahlungen der Mitgliedstaaten finanziert werden, werden nicht den nationalen Beiträgen der Mitgliedstaaten zugerechnet, sondern der verbindlichen Vorgabe der Union gemäß Artikel 3 Absatz 1 der Richtlinie (EU) 2018/2001[1)].

Art. 34 Empfehlungen der Kommission an die Mitgliedstaaten.

(1) [1] Die Kommission spricht gegenüber den Mitgliedstaaten erforderlichenfalls Empfehlungen aus, um die Verwirklichung der Ziele der Energieunion sicherzustellen. [2] Die Kommission macht derlei Empfehlungen umgehend öffentlich zugänglich.

(2) Wird in dieser Verordnung auf diesen Artikel Bezug genommen, so gilt Folgendes:

a) Der betroffene Mitgliedstaat trägt der Empfehlung im Geiste der Solidarität zwischen den Mitgliedstaaten untereinander sowie zwischen der Union und den Mitgliedstaaten gebührend Rechnung.

b) Der Mitgliedstaat erläutert in seinem integrierten nationalen energie- und klimabezogenen Fortschrittsbericht des Jahres, das auf das Jahr folgt, in dem die Empfehlung ausgesprochen wurde, in welcher Weise er der Empfehlung gebührend Rechnung getragen hat. Beschließt der betroffene Mitgliedstaat, eine Empfehlung oder einen wesentlichen Bestandteil davon nicht aufzugreifen, so muss er das begründen.

c) Durch die Empfehlungen sollten die jüngsten länderspezifischen Empfehlungen im Rahmen des Europäischen Semesters ergänzt werden.

Art. 35 Bericht über die Lage der Energieunion. (1) Bis zum 31. Oktober jedes Jahres erstattet die Kommission dem Europäischen Parlament und dem Rat Bericht über die Lage der Energieunion.

[1)] Nr. **36**.

(2) Der Bericht über die Lage der Energieunion enthält unter anderem Folgendes:

a) die Bewertung gemäß Artikel 29;

b) etwaige Empfehlungen gemäß Artikel 34;

c) den Bericht über das Funktionieren des CO_2-Marktes gemäß Artikel 10 Absatz 5 der Richtlinie 2003/87/EG, einschließlich Angaben zur Anwendung der genannten Richtlinie gemäß ihrem Artikel 21 Absatz 2;

d) ab 2023 alle zwei Jahre einen Bericht über die Nachhaltigkeit der Union im Bereich Bioenergie mit den in Anhang X vorgesehenen Einzelheiten;

e) alle zwei Jahre einen Bericht über freiwillige Systeme, zu denen die Kommission gemäß Artikel 30 Absatz 4 der Richtlinie (EU) 2018/2001[1)] einen Beschluss erlassen hat, mit den in Anhang XI dieser Verordnung vorgesehenen Einzelheiten;

f) einen Gesamtbericht über die Anwendung der Richtlinie 2009/72/EG;

g) einen Gesamtbericht über die Anwendung der Richtlinie 2009/73/EG[2)] gemäß Artikel 52 der genannten Richtlinie;

h) einen Gesamtbericht über die Fortschritte bei Energieeffizienzverpflichtungssystemen und alternativen politischen Maßnahmen gemäß Artikel 7a und 7b der Richtlinie 2012/27/EU[3)];

i) alle zwei Jahre einen Gesamtbericht über die Fortschritte bei der Renovierung des nationalen Bestands an öffentlichen und privaten Wohn- und Nichtwohngebäuden gemäß den Fahrplänen der langfristigen Renovierungsstrategien, die jeder Mitgliedstaat gemäß Artikel 2a der Richtlinie 2010/31/EU festlegt;

j) alle vier Jahre einen Gesamtbericht über die Fortschritte der Mitgliedstaaten bei der Erhöhung der Zahl der Niedrigstenergiegebäude gemäß Artikel 9 Absatz 5 der Richtlinie 2010/31/EU;

k) einen Gesamtbericht über die Fortschritte der Mitgliedstaaten bei der Schaffung eines umfassenden, funktionierenden Energiemarktes;

l) Angaben zur tatsächlichen Kraftstoffqualität in den einzelnen Mitgliedstaaten und zur geografischen Verbreitung von Brennstoffen mit einem maximalen Schwefelgehalt von 10 mg/kg, um ein Gesamtbild der gemäß Richtlinie 98/70/EG gemeldeten Daten zur Kraftstoffqualität in den verschiedenen Mitgliedstaaten zu vermitteln;

m) einen Fortschrittsbericht über die Wettbewerbsfähigkeit;

n) Angaben zu den Fortschritten der Mitgliedstaaten bei der allmählichen Abschaffung von Energiesubventionen, insbesondere für fossile Energieträger;

o) weitere wichtige Aspekte der Umsetzung der Energieunion, einschließlich öffentlicher und privater Unterstützung;

p) bis zum 31. Oktober 2019 und anschließend alle vier Jahre eine Bewertung der Durchführung der Richtlinie 2009/31/EG.

[1)] Nr. **36**.
[2)] Nr. **5**.
[3)] Nr. **61**.

Art. 36 Überwachung des Governance-Mechanismus. [1] Im Rahmen des Berichts über die Lage der Energieunion gemäß Artikel 35 unterrichtet die Kommission das Europäische Parlament und den Rat über die Umsetzung der integrierten nationalen Energie- und Klimapläne. [2] Das Europäische Parlament und der Rat befassen sich jährlich mit den von der Energieunion erzielten Fortschritten zu sämtlichen Dimensionen der Energie- und Klimapolitik.

Kapitel 6. Unionssystem und nationale Systeme für Emissionen von Treibhausgasen und den Abbau dieser Gase durch Senken

Art. 37 Inventarsystem der Union und nationale Inventarsysteme.

(1) Bis zum 1. Januar 2021 erstellen und führen die Mitgliedstaaten nationale Inventarsysteme, um die anthropogenen Emissionen der in Anhang V Teil 2 aufgeführten Treibhausgase aus Quellen und den Abbau dieser Gase durch Senken zu schätzen, und bemühen sich kontinuierlich, diese Inventare zu verbessern und die rechtzeitige Verfügbarkeit, Transparenz, Genauigkeit, Kohärenz, Vergleichbarkeit und Vollständigkeit ihrer Treibhausgasinventare sicherzustellen.

(2) Die Mitgliedstaaten stellen sicher, dass ihre zuständigen Inventarbehörden Zugang zu den in Anhang XII der vorliegenden Verordnung genannten Informationen haben, von Berichterstattungssystemen gemäß Artikel 20 der Verordnung (EU) Nr. 517/2014 Gebrauch machen, um in den nationalen Treibhausgasinventaren bessere Schätzwerte für fluorierte Gase zu erhalten, und in der Lage sind, die jährlichen Kohärenzkontrollen nach Anhang V Teil 1 Buchstaben i und j der vorliegenden Verordnung durchzuführen.

(3) [1] Es wird ein Inventarsystem der Union zur Sicherstellung der Aktualität, Transparenz, Genauigkeit, Kohärenz, Vergleichbarkeit und Vollständigkeit der nationalen Inventare im Hinblick auf das Treibhausgasinventar der Union errichtet. [2] Die Kommission verwaltet und pflegt das System, indem sie u.a. Qualitätssicherungs- und Qualitätskontrollprogramme aufstellt, Qualitätsziele vorgibt, einen Plan für die Sicherung und Kontrolle der Inventarqualität aufstellt sowie Verfahren für die Vervollständigung der Emissionsschätzungen zur Erstellung des Unionsinventars gemäß Absatz 5 und die Überprüfungen gemäß Artikel 38 einführt, und bemüht sich kontinuierlich, das System zu verbessern.

(4) [1] Die Kommission unterzieht die von den Mitgliedstaaten gemäß Artikel 26 Absatz 3 zu übermittelnden vorläufigen Daten des Treibhausgasinventars einer ersten Kontrolle auf Genauigkeit. [2] Sie leitet die Ergebnisse dieser Kontrolle innerhalb von sechs Wochen nach Ablauf der Übermittlungsfrist an die Mitgliedstaaten weiter. [3] Die Mitgliedstaaten nehmen zu etwaigen relevanten Fragen, die bei dieser Erstkontrolle aufgeworfen wurden, bis zum 15. März Stellung und übermitteln ihre Kommentare zusammen mit dem endgültigen Inventar für das Jahr X-2.

(5) [1] Hat ein Mitgliedstaat die für die Erstellung des Inventars der Union erforderlichen Inventardaten bis zum 15. März nicht übermittelt, so kann die Kommission Schätzungen vornehmen, um die von diesem Mitgliedstaat bereits übermittelten Daten nach Konsultation dieses Mitgliedstaats und in enger Zusammenarbeit mit diesem Mitgliedstaat zu vervollständigen. [2] Die Kommis-

sion wendet zu diesem Zweck die Leitlinien für die Erstellung der nationalen Treibhausgasinventare an.

(6) *[1]* Die Kommission erlässt mit Unterstützung des in Artikel 44 Absatz 1 Buchstabe a genannten Ausschusses für Klimaänderung Durchführungsrechtsakte, um die Vorschriften bezüglich Struktur, Format und Verfahren für die Vorlage der Informationen über die nationalen Inventarsysteme und Anforderungen an die Errichtung, die Führung und das Funktionieren der nationalen Inventarsysteme festzulegen.

[2] Bei der Ausarbeitung dieser Durchführungsrechtsakte trägt die Kommission den von den Gremien des UNFCCC oder des Übereinkommens von Paris angenommenen einschlägigen Beschlüssen Rechnung.

[3] Diese Durchführungsrechtsakte werden gemäß dem in Artikel 44 Absatz 6 genannten Prüfverfahren erlassen.

(7) [1] Die Kommission erlässt gemäß Artikel 43 delegierte Rechtsakte, um diese Verordnung zu ergänzen, indem sie Regeln für die Anforderungen an die Einrichtung, den Betrieb und das Funktionieren des Inventarsystems der Union festlegt. [2] Bei der Ausarbeitung dieser delegierten Rechtsakte trägt die Kommission den von den Gremien des UNFCCC oder des Übereinkommens von Paris angenommenen einschlägigen Beschlüssen Rechnung.

Art. 38 Überprüfung der Inventare. (1) [1] 2027 und 2032 unterzieht die Kommission die von den Mitgliedstaaten gemäß Artikel 26 Absatz 4 der vorliegenden Verordnung übermittelten Daten aus den nationalen Inventaren einer umfassenden Überprüfung, um Treibhausgasemissionsreduktionen oder -begrenzungen der Mitgliedstaaten gemäß den Artikeln 4, 9 und 10 der Verordnung (EU) 2018/842, die Reduktion von Treibhausgasemissionen und die Steigerung des Abbaus dieser Gase durch Senken gemäß den Artikeln 4 und 14 der Verordnung (EU) 2018/841 sowie etwaige andere unionsrechtlich festgeschriebene Emissionsreduktions- oder -begrenzungsziele zu überwachen. [2] Die Mitgliedstaaten werden in vollem Umfang in diesen Prozess einbezogen.

(2) Die umfassende Überprüfung nach Absatz 1 enthält

a) Kontrollen zur Überprüfung der Transparenz, der Genauigkeit, der Kohärenz, der Vergleichbarkeit und der Vollständigkeit der übermittelten Informationen,
b) Kontrollen zur Aufdeckung von Fällen, in denen Inventardaten in einer Weise erhoben wurden, die den UNFCCC-Leitdokumenten oder den Unionsvorschriften zuwiderläuft,
c) Kontrollen zur Aufdeckung von Fällen, in denen die LULUCF-Verbuchung in einer Weise durchgeführt wird, die den UNFCCC-Leitdokumenten oder den Unionsvorschriften zuwiderläuft, und
d) etwaige Berechnungen der sich daraus ergebenden notwendigen technischen Korrekturen nach Konsultation der Mitgliedstaaten.

(3) *[1]* Die Kommission erlässt mit Unterstützung des in Artikel 44 Absatz 1 Buchstabe a genannten Ausschusses für Klimaänderung Durchführungsrechtsakte, um den Zeitplan und das Verfahren für die umfassende Überprüfung, einschließlich der Aufgaben gemäß Absatz 2, festzulegen und um sicherzustellen, dass die Mitgliedstaaten hinsichtlich der Ergebnisse der Prüfungen angemessen gehört werden.

[2] Diese Durchführungsrechtsakte werden gemäß dem in Artikel 44 Absatz 6 genannten Prüfverfahren erlassen.

(4) Die Kommission bestimmt im Wege eines Durchführungsrechtsakts die Gesamtsumme der Emissionen für das betreffende Jahr, die sich aus den für jeden Mitgliedstaat mit Abschluss der Prüfung vorliegenden korrigierten Inventardaten ergibt, aufgeschlüsselt nach den unter Artikel 9 der Verordnung (EU) 2018/842 fallenden Emissionsdaten und den in Anhang V Teil 1 Buchstabe c der vorliegenden Verordnung genannten Emissionsdaten, und bestimmt außerdem die Gesamtsumme der unter Artikel 4 der Verordnung (EU) 2018/841 fallenden Emissionen und des Abbaus.

(5) Die Daten für jeden Mitgliedstaat, die vier Monate nach dem Tag der Veröffentlichung eines Durchführungsrechtsaktes gemäß Absatz 4 in den Registern gemäß Artikel 15 der Verordnung (EU) 2018/841 eingetragen sind, werden für die Kontrolle auf Übereinstimmung mit Artikel 4 der Verordnung (EU) 2018/841 herangezogen, einschließlich Änderungen dieser Daten, die sich daraus ergeben, dass der jeweilige Mitgliedstaat die Flexibilitätsregelung gemäß Artikel 11 der Verordnung (EU) 2018/841 in Anspruch nimmt.

(6) [1] Die Daten für jeden Mitgliedstaat, die zwei Monate nach dem Tag der in Absatz 5 genannten Kontrolle auf Übereinstimmung mit der Verordnung (EU) 2018/841 in den Registern gemäß Artikel 12 der Verordnung (EU) 2018/842 eingetragen sind, werden für die Übereinstimmungskontrolle gemäß Artikel 9 der Verordnung (EU) 2018/842 für die Jahre 2021 und 2026 herangezogen. [2] Die Übereinstimmungskontrolle gemäß Artikel 9 der Verordnung (EU) 2018/842 für jedes der Jahre 2022-2025 und 2027-2030 wird einen Monat nach dem Zeitpunkt der Übereinstimmungskontrolle für das Vorjahr durchgeführt. [3] Bei dieser Kontrolle werden Änderungen dieser Daten einbezogen, die sich daraus ergeben, dass der betreffende Mitgliedstaat die Flexibilitätsregelungen gemäß den Artikeln 5, 6 und 7 der Verordnung (EU) 2018/842 in Anspruch nimmt.

Art. 39 Unionssystem und nationale Systeme für Politiken und Maßnahmen sowie Projektionen. (1) [1] Bis zum 1. Januar 2021 betreiben die Mitgliedstaaten und die Kommission nationale Systeme und ein Unionssystem für die Berichterstattung über Politiken und Maßnahmen sowie für die Berichterstattung über Projektionen anthropogener Emissionen von Treibhausgasen aus Quellen und des Abbaus dieser Gase durch Senken und bemühen sich kontinuierlich um ihre Verbesserung. [2] Diese Systeme umfassen die relevanten institutionellen, rechtlichen und verfahrenstechnischen Regelungen innerhalb eines Mitgliedstaats und innerhalb der Union für die Bewertung von Politiken und die Erstellung von Projektionen anthropogener Emissionen von Treibhausgasen aus Quellen und des Abbaus dieser Gase durch Senken.

(2) Die Mitgliedstaaten und die Kommission bemühen sich um die Aktualität, Transparenz, Genauigkeit, Kohärenz, Vergleichbarkeit und Vollständigkeit der Informationen, die zu den Politiken und Maßnahmen sowie Projektionen anthropogener Emissionen von Treibhausgasen aus Quellen und des Abbaus dieser Gase durch Senken gemäß Artikel 18 übermittelt werden, einschließlich der Informationen über die Verwendung und Anwendung von Daten, Methoden und Modellen und die Durchführung von Qualitätssicherungs- und Qualitätskontrollmaßnahmen und Sensitivitätsanalysen.

(3) *[1]* Die Kommission erlässt mit Unterstützung des in Artikel 44 Absatz 1 Buchstabe a genannten Ausschusses für Klimaänderung Durchführungsrechtsakte bezüglich Struktur, Format und Verfahren für die Vorlage von Informationen für nationale Systeme und das Unionssystem über Politiken und Maßnahmen sowie Projektionen nach den Absätzen 1 und 2 dieses Artikels und nach Artikel 18.

[2] Bei der Ausarbeitung solcher Durchführungsrechtsakte trägt die Kommission den von den Gremien des UNFCCC oder des Übereinkommens von Paris angenommenen einschlägigen Beschlüssen, einschließlich international vereinbarter Berichterstattungsvorschriften, sowie den Zeitplänen für die Überwachung dieser Informationen und die Berichterstattung darüber Rechnung.

[3] Diese Durchführungsrechtsakte werden gemäß dem in Artikel 44 Absatz 6 genannten Prüfverfahren erlassen.

Art. 40[1] Einrichtung und Führung von Registern. (1) Die Union und die Mitgliedstaaten errichten und führen Register, in denen der national festgelegte Beitrag gemäß Artikel 4 Absatz 13 des Übereinkommens von Paris und die international übertragenen Minderungsergebnisse gemäß Artikel 6 dieses Übereinkommens akkurat verbucht werden.

(2) Die Union und die Mitgliedstaaten können ihre Register gemeinsam mit einem oder mehreren anderen Mitgliedstaaten in einem konsolidierten System führen.

(3) Die Daten in den Registern gemäß Absatz 1 werden dem gemäß Artikel 20 der Richtlinie 2003/87/EG benannten Zentralverwalter zur Verfügung gestellt.

(4) Die Kommission erlässt gemäß Artikel 43 delegierte Rechtsakte, um diese Verordnung zu ergänzen, indem sie die in Absatz 1 genannten Register einrichtet, und um mittels des Unionsregisters und der Register der Mitgliedstaaten die notwendige fachliche Umsetzung der einschlägigen Beschlüsse der Gremien des UNFCCC oder des Übereinkommens von Paris gemäß Absatz 1 sicherzustellen.

Kapitel 7. Zusammenarbeit und Unterstützung

Art. 41 Zusammenarbeit zwischen den Mitgliedstaaten und der Union. (1) Im Zusammenhang mit den Verpflichtungen aus dieser Verordnung pflegen die Mitgliedstaaten eine umfassende Zusammenarbeit und Abstimmung untereinander und mit der Union, insbesondere in Bezug auf

a) das Verfahren für die Erstellung, Annahme, Mitteilung und Bewertung der integrierten nationalen Energie- und Klimapläne gemäß den Artikeln 9 bis 13,
b) das Verfahren für die Erstellung, Annahme, Mitteilung und Bewertung der integrierten nationalen energie- und klimabezogenen Fortschrittsberichte gemäß Artikel 17 und der Jahresberichte gemäß Artikel 26,

[1] Art. 40 gilt ab dem **1.1.2021**, vgl. Art. 59 UAbs. 2.

c) das Verfahren im Zusammenhang mit den Empfehlungen der Kommission und dem Aufgreifen dieser Empfehlungen gemäß Artikel 9 Absätze 2 und 3, Artikel 17 Absatz 6, Artikel 30 Absatz 1, Artikel 31 Absatz 1 und Artikel 32 Absätze 1 und 2,

d) die Erstellung des Treibhausgasinventars der Union und die Ausarbeitung des Treibhausgasinventarberichts der Union gemäß Artikel 26 Absatz 4,

e) die Ausarbeitung der nationalen Mitteilung der Union gemäß Artikel 12 des UNFCCC und des Zweijahresberichts der Union gemäß dem Beschluss 2/CP.17 oder anderen einschlägigen Beschlüssen, die von den Gremien des UNFCCC in der Folge angenommen werden,

f) die Überprüfungs- und Übereinstimmungsverfahren im Rahmen des UNFCCC und des Übereinkommens von Paris (im Einklang mit etwaigen Beschlüssen im Rahmen des UNFCCC) sowie das Verfahren der Union für die Überprüfung der Treibhausgasinventare der Mitgliedstaaten gemäß Artikel 38,

g) etwaige Anpassungen infolge des in Artikel 38 genannten Überprüfungsprozesses oder andere Änderungen der Inventare oder der Inventarberichte, die dem UNFCCC-Sekretariat übermittelt wurden oder zu übermitteln sind,

h) die Erstellung des geschätzten Treibhausgasinventars der Union gemäß Artikel 26 Absatz 2.

(2) Die Kommission kann im Zusammenhang mit den Verpflichtungen aus dieser Verordnung den Mitgliedstaaten auf deren Wunsch fachliche Unterstützung leisten.

Art. 42 Aufgaben der Europäischen Umweltagentur. [1]Die Europäische Umweltagentur unterstützt die Kommission bei ihrer Arbeit in Bezug auf die Dimensionen „Dekarbonisierung“ und „Energieeffizienz“ zur Durchführung der Artikel 15 bis 21, 26, 28, 29, 35, 37, 38, 39 und 41 entsprechend ihrem jährlichen Arbeitsprogramm. [2]Dies betrifft die dazu bei Bedarf angeforderte Unterstützung für

a) die Zusammenstellung der Informationen der Mitgliedstaaten über Politiken und Maßnahmen sowie Projektionen,

b) die Durchführung der Qualitätssicherungs- und Qualitätskontrollverfahren in Bezug auf die Informationen der Mitgliedstaaten über Projektionen sowie Politiken und Maßnahmen,

c) die Schätzung von Prognosedaten, die von den Mitgliedstaaten nicht mitgeteilt wurden, oder die Ergänzung der der Kommission vorliegenden Daten,

d) die Zusammenstellung von Daten, soweit vorhanden aus europäischen Statistiken, und sachdienlich angesichts des Zeitplans, sofern dies für den Bericht der Kommission an das Europäische Parlament und den Rat über die Lage der Energieunion erforderlich ist,

e) die Verbreitung der im Rahmen dieser Verordnung erhobenen Informationen, einschließlich Pflege und Aktualisierung einer Datenbank über die Klimaschutz-Politiken und -maßnahmen der Mitgliedstaaten und der Europäischen Plattform für Klimaanpassung, deren Gegenstand die Auswirkungen des Klimawandels sowie die Anfälligkeit für und die Anpassung an den Klimawandel sind,

f) die Durchführung der Qualitätssicherungs- und Qualitätskontrollverfahren bei der Vorbereitung des Treibhausgasinventars der Union,

g) die Erstellung des Treibhausgasinventars der Union und die Ausarbeitung des Treibhausgasinventarberichts der Union,

h) die Schätzung von Daten, die in den nationalen Treibhausgasinventaren nicht gemeldet wurden,

i) die Durchführung der Überprüfung gemäß Artikel 38,

j) die Zusammenstellung des geschätzten Treibhausgasinventars der Union.

Kapitel 8. Schlussbestimmungen

Art. 43 Ausübung der Befugnisübertragung. (1) Die Befugnis zum Erlass delegierter Rechtsakte wird der Kommission unter den in diesem Artikel festgelegten Bedingungen übertragen.

(2) [1]Die Befugnis zum Erlass delegierter Rechtsakte gemäß Artikel 3 Absatz 5, Artikel 15 Absatz 5, Artikel 26 Absatz 6, Artikel 37 Absatz 7 und Artikel 40 Absatz 4 wird der Kommission für einen Zeitraum von fünf Jahren ab dem 24. Dezember 2018 übertragen. [2]Die Kommission erstellt spätestens neun Monate vor Ablauf des Zeitraums von fünf Jahren einen Bericht über die Befugnisübertragung. [3]Die Befugnisübertragung verlängert sich stillschweigend um Zeiträume gleicher Länge, es sei denn, das Europäische Parlament oder der Rat widersprechen einer solchen Verlängerung spätestens drei Monate vor Ablauf des jeweiligen Zeitraums.

(3) [1]Die Befugnisübertragung gemäß Artikel 3 Absatz 5, Artikel 15 Absatz 5, Artikel 26 Absatz 6, Artikel 37 Absatz 7 und Artikel 40 Absatz 4 kann vom Europäischen Parlament oder vom Rat jederzeit widerrufen werden. [2]Der Beschluss über den Widerruf beendet die Übertragung der in diesem Beschluss genannten Befugnis. [3]Er wird am Tag nach seiner Veröffentlichung im *Amtsblatt der Europäischen Union* oder zu einem im Beschluss über den Widerruf angegebenen späteren Zeitpunkt wirksam. [4]Die Gültigkeit von delegierten Rechtsakten, die bereits in Kraft sind, wird von dem Beschluss über den Widerruf nicht berührt.

(4) Vor dem Erlass eines delegierten Rechtsakts konsultiert die Kommission die von den einzelnen Mitgliedstaaten benannten Sachverständigen, im Einklang mit den in der Interinstitutionellen Vereinbarung vom 13. April 2016 über bessere Rechtsetzung enthaltenen Grundsätzen.

(5) Sobald die Kommission einen delegierten Rechtsakt erlässt, übermittelt sie ihn gleichzeitig dem Europäischen Parlament und dem Rat.

(6) [1]Ein delegierter Rechtsakt, der gemäß Artikel 3 Absatz 5, Artikel 15 Absatz 5, Artikel 26 Absatz 6, Artikel 37 Absatz 7 und Artikel 40 Absatz 4 erlassen wurde, tritt nur in Kraft, wenn weder das Europäische Parlament noch der Rat innerhalb einer Frist von zwei Monaten nach Übermittlung dieses Rechtsakts an das Europäische Parlament und den Rat Einwände erhoben haben oder wenn vor Ablauf dieser Frist das Europäische Parlament und der

Rat beide der Kommission mitgeteilt haben, dass sie keine Einwände erheben werden. [2] Auf Initiative des Europäischen Parlaments oder des Rates wird diese Frist um zwei Monate verlängert.

Art. 44 Ausschussverfahren. (1) Die Kommission wird unterstützt von

a) einem Ausschuss für Klimaänderung, und zwar im Zusammenhang mit der Umsetzung der in Artikel 19 Absatz 5, Artikel 26 Absatz 7, Artikel 37 Absatz 6, Artikel 38 Absatz 3 und Artikel 39 Absatz 3 genannten Aspekte, und

b) einen Ausschuss für die Energieunion, und zwar im Zusammenhang mit der Umsetzung der in Artikel 17 Absatz 4 und Artikel 33 Absatz 4 genannten Aspekte.

(2) Diese Ausschüsse sind Ausschüsse im Sinne der Verordnung (EU) Nr. 182/2011.

(3) Der Ausschuss für Klimaänderung gemäß Absatz 1 Buchstabe a ersetzt den mit Artikel 26 der Verordnung (EU) Nr. 525/2013 eingerichteten Ausschuss.

(4) Befasst sich einer der in Absatz 1 genannten Ausschüsse mit horizontalen Fragen und gemeinsamen Maßnahmen, so teilt er dies dem anderen in Absatz 1 genannten Ausschuss mit, damit die Politiken kohärent bleiben und maximale Synergieeffekte zwischen den Bereichen geschaffen werden.

(5) [1] Jeder Mitgliedstaat benennt seine(n) Vertreter im Ausschuss für Klimaänderung und im Ausschuss für die Energieunion. [2] Die Vertreter jedes Ausschusses werden zu den Sitzungen der anderen Ausschüsse geladen.

(6) Wird auf diesen Artikel Bezug genommen, so gilt Artikel 5 der Verordnung (EU) Nr. 182/2011.

Art. 45 Überprüfung. [1] Die Kommission berichtet dem Europäischen Parlament und dem Rat innerhalb von sechs Monaten nach jeder weltweiten Bestandsaufnahme gemäß Artikel 14 des Übereinkommens von Paris über die Durchführung dieser Verordnung, ihren Beitrag zur Governance der Energieunion, ihren Beitrag zu den langfristigen Zielen des Übereinkommens von Paris, Fortschritte zur Erreichung der klima- und energiepolitischen Ziele für 2030, zusätzliche Zielvorgaben der Energieunion und die Konformität der Planungs-, Berichterstattungs- und Überwachungsbestimmungen der vorliegenden Verordnung mit anderen Rechtsakten der Union oder Beschlüssen im Rahmen des UNFCCC und des Übereinkommens von Paris. [2] Den Berichten der Kommission können erforderlichenfalls Gesetzgebungsvorschläge beigefügt werden.

Art. 46–56 *(nicht wiedergegebene Änderungsanweisungen)*

Art. 57 Aufhebung. [1] Die Verordnung (EU) Nr. 525/2013 wird vorbehaltlich der Übergangsbestimmungen in Artikel 58 der vorliegenden Verordnung und mit Ausnahme von Artikel 26 Absatz 1 der Verordnung (EU) Nr. 525/2013, der mit Wirkung vom 24. Dezember 2018 aufgehoben wird, mit Wirkung vom 1. Januar 2021 aufgehoben. [2] Verweise auf die aufgehobene

Verordnung gelten als Verweise auf die vorliegende Verordnung nach Maßgabe der Entsprechungstabelle in Anhang XIII.

Art. 58 Übergangsbestimmungen. *[1]* Abweichend von Artikel 57 der vorliegenden Verordnung finden Artikel 7 und Artikel 17 Absatz 1 Buchstaben a und d der Verordnung (EU) Nr. 525/2013 weiterhin Anwendung auf die Berichte mit den nach diesen Artikeln für die Jahre 2018, 2019 und 2020 verlangten Daten.

[2] Artikel 11 Absatz 3 der Verordnung (EU) Nr. 525/2013 findet weiterhin Anwendung für den zweiten Verpflichtungszeitraum des Kyoto-Protokolls.

[3] Artikel 19 der Verordnung (EU) Nr. 525/2013 findet weiterhin Anwendung auf die Überprüfungen der Treibhausgasinventardaten für die Jahre 2018, 2019 und 2020.

[4] Artikel 22 der Verordnung (EU) Nr. 525/2013 findet weiterhin Anwendung auf die Vorlage des nach diesem Artikel verlangten Berichts.

[5] Aus Gründen der Kohärenz und der Rechtssicherheit stehen die Bestimmungen dieser Verordnung der Anwendung der Ausnahmen nach den sektorspezifischen Rechtsvorschriften der Union im Bereich Elektrizität und Risikovorsorge im Stromsektor nicht entgegen.

Art. 59 Inkrafttreten. *[1]* Diese Verordnung tritt am dritten Tag nach ihrer Veröffentlichung[1] im *Amtsblatt der Europäischen Union* in Kraft.

[2] Artikel 40, Artikel 53 Absätze 2, 3 und 4, Artikel 54 Absatz 3 Buchstabe a, Artikel 54 Absatz 4 und Artikel 55 gelten ab dem 1. Januar 2021.

Diese Verordnung ist in allen ihren Teilen verbindlich und gilt unmittelbar in jedem Mitgliedstaat.

Anhang I–XIII. *(hier nicht wiedergegeben)*

[1] Veröffentlicht am 21.12.2018.

7. Verordnung (EU) 2019/942 des Europäischen Parlaments und des Rates vom 5. Juni 2019 zur Gründung einer Agentur der Europäischen Union für die Zusammenarbeit der Energieregulierungsbehörden

(Neufassung)

(Text von Bedeutung für den EWR)

(ABl. L 158 S. 22)

Celex-Nr. 3 2019 R 0942

DAS EUROPÄISCHE PARLAMENT UND DER RAT DER EUROPÄISCHEN UNION –

gestützt auf den Vertrag über die Arbeitsweise der Europäischen Union, insbesondere auf Artikel 194 Absatz 2,

auf Vorschlag der Europäischen Kommission,

nach Zuleitung des Entwurfs des Gesetzgebungsakts an die nationalen Parlamente,

nach Stellungnahme des Europäischen Wirtschafts- und Sozialausschusses[1)],

nach Stellungnahme des Ausschusses der Regionen[2)],

gemäß dem ordentlichen Gesetzgebungsverfahren[3)],

in Erwägung nachstehender Gründe:

(1) Die Verordnung (EG) Nr. 713/2009 des Europäischen Parlaments und des Rates[4)], mit der die Agentur für die Zusammenarbeit der Energieregulierungsbehörden (ACER – Agency for the Cooperation of Energy Regulators) eingerichtet wurde, ist in wesentlichen Punkten geändert worden[5)]. Aus Gründen der Klarheit empfiehlt es sich, im Rahmen der anstehenden Änderungen die genannte Verordnung neu zu fassen.

(2) Durch die Errichtung von ACER wurde die Koordinierung zwischen den Regulierungsbehörden in grenzüberschreitenden Fragen deutlich verbessert. Seit ihrer Errichtung hat ACER wichtige neue Aufgaben erhalten, die die Überwachung der Großhandelsmärkte im Rahmen der Verordnung (EU) Nr. 1227/2011 des Europäischen Parlaments und des Rates[6)] sowie die Bereiche der grenzüberschreitenden Energieinfrastrukturen gemäß der Verordnung (EU) Nr. 347/2013 des Europäischen Parlaments und des Rates[7)] und der sicheren Gasversorgung nach der Verordnung (EU) 2017/1938 des Europäischen Parlaments und des Rates[8)] betreffen.

[1)] **Amtl. Anm.:** ABl. C 288 vom 31.8.2017, S. 91.

[2)] **Amtl. Anm.:** ABl. C 342 vom 12.10.2017, S. 79.

[3)] **Amtl. Anm.:** Standpunkt des Europäischen Parlaments vom 26. März 2019 (noch nicht im Amtsblatt veröffentlicht) und Beschluss des Rates vom 22. Mai 2019.

[4)] **Amtl. Anm.:** Verordnung (EG) Nr. 713/2009 des Europäischen Parlaments und des Rates vom 13. Juli 2009 zur Gründung einer Agentur für die Zusammenarbeit der Energieregulierungsbehörden (ABl. L 211 vom 14.8.2009, S. 1).

[5)] **Amtl. Anm.:** Siehe Anhang I.

[6)] **Amtl. Anm.:** Verordnung (EU) Nr. 1227/2011 des Europäischen Parlaments und des Rates vom 25. Oktober 2011 über die Integrität und Transparenz des Energiegroßhandelsmarkts (ABl. L 326 vom 8.12.2011, S. 1).

[7)] **Amtl. Anm.:** Verordnung (EU) Nr. 347/2013 des Europäischen Parlaments und des Rates vom 17. April 2013 zu Leitlinien für die transeuropäische Energieinfrastruktur und zur Aufhebung der Entscheidung Nr. 1364/2006/EG und zur Änderung der Verordnungen (EG) Nr. 713/2009, (EG) Nr. 714/2009 und (EG) Nr. 715/2009 (ABl. L 115 vom 25.4.2013, S. 39).

[8)] **Amtl. Anm.:** Verordnung (EU) 2017/1938 des Europäischen Parlaments und des Rates vom 25. Oktober 2017 über Maßnahmen zur Gewährleistung der sicheren Gasversorgung und zur Aufhebung der Verordnung (EU) Nr. 994/2010 (ABl. L 280 vom 28.10.2017, S. 1).

(3) Es wird erwartet, dass der Bedarf, nationale Regulierungsmaßnahmen aufeinander zu koordinieren, in den kommenden Jahren weiter steigen wird. Das Energiesystem der Union durchläuft gerade die tiefgreifendsten Veränderungen seit Jahrzehnten. Eine größere Marktintegration und der Wandel hin zu einer variableren Stromerzeugung erfordern verstärkte Anstrengungen zur Koordinierung der nationalen energiepolitischen Maßnahmen mit denen der Nachbarstaaten und zur Nutzung der Möglichkeiten des grenzüberschreitenden Stromhandels.

(4) Die Erfahrungen mit der Umsetzung des Binnenmarktes haben gezeigt, dass unkoordinierte nationale Maßnahmen schwerwiegende Probleme für den Markt verursachen können, insbesondere in eng miteinander verbundenen Gebieten, in denen Entscheidungen der Mitgliedstaaten häufig konkrete Auswirkungen auf ihre Nachbarn haben. Die Mitgliedstaaten, insbesondere ihre unabhängigen Regulierungsbehörden müssen bei regulatorischen Maßnahmen mit grenzüberschreitender Wirkung zusammenarbeiten, damit sich der Elektrizitätsbinnenmarkt positiv auf das Wohl der Verbraucher, die Versorgungssicherheit und die Dekarbonisierung auswirken kann.

(5) Fragmentierte nationale staatliche Eingriffe in die Energiemärkte gefährden zunehmend das reibungslose Funktionieren der grenzüberschreitenden Strommärkte. ACER sollte daher eine Rolle bei der Entwicklung einer koordinierten Abschätzung der Angemessenheit der Ressourcen auf europäischer Ebene, in enger Zusammenarbeit mit dem Europäischen Verbund der Übertragungsnetzbetreiber (Strom) (ENTSO (Strom)) zukommen, um die Probleme zu vermeiden, die sich aus fragmentierten nationalen Bewertungen ergeben, bei denen unterschiedliche unkoordinierte Methoden zugrunde gelegt werden und die Situation der Nachbarländer nicht ausreichend berücksichtigt wird. ACER sollte auch die von ENTSO (Strom) entwickelten technischen Parameter für eine effiziente Einbeziehung grenzüberschreitender Kapazitäten und andere technische Merkmale von Kapazitätsmechanismen überwachen.

(6) Trotz erheblicher Fortschritte bei der Integration und Vernetzung des Elektrizitätsbinnenmarktes sind einige Mitgliedstaaten oder Regionen noch isoliert oder nicht ausreichend verbunden; insbesondere trifft dies auf Mitgliedstaaten, die Inseln sind, und Mitgliedstaaten in Randlage der Union zu. Bei ihrer Arbeit sollte ACER der besonderen Situation dieser Mitgliedstaaten oder Regionen angemessen Rechnung tragen.

(7) Zur Gewährleistung der Stromversorgungssicherheit ist ein koordinierter Ansatz erforderlich, um auf unerwartete Versorgungskrisen vorbereitet zu sein. Daher sollte ACER auf Risikovorsorge ausgerichtete nationale Maßnahmen gemäß der Verordnung (EU) 2019/941 des Europäischen Parlaments und des Rates[1)] koordinieren.

(8) Aufgrund der engen Verknüpfung innerhalb des Stromnetzes der Union und der zunehmenden Notwendigkeit der Koordinierung mit den Nachbarländern, um die Netzstabilität aufrechterhalten und große Mengen an erneuerbarer Energie einspeisen zu können, werden regionale Koordinierungszentren eine wichtige Rolle bei der Koordinierung der Übertragungsnetzbetreiber spielen. ACER sollte, sofern erforderlich, eine regulatorische Aufsicht über die regionalen Koordinierungszentren gewährleisten.

(9) Da ein Großteil der neuen Stromerzeugungskapazität auf lokaler Ebene angeschlossen sein wird, sollen die Verteilernetzbetreiber eine wichtige Rolle dabei spielen, das Stromsystem der Union flexibel und effizient zu gestalten.

(10) Die Mitgliedstaaten sollten zum Erreichen der Ziele der Energiepolitik der Union eng zusammenarbeiten und die Hemmnisse für den grenzüberschreitenden Austausch von Elektrizität und Erdgas aus dem Weg räumen. ACER wurde eingerichtet, um die Regulierungslücke auf Unionsebene zu füllen und zu einem wirksamen Funktionieren des Elektrizitäts- und Erdgasbinnenmarkts beizutragen. ACER versetzt die nationalen Regulierungsbehörden in die Lage, ihre Zusammenarbeit auf Unionsebene zu verstärken und auf der Grundlage der Gegenseitigkeit an der Ausübung unionsbezogener Aufgaben teilzunehmen.

---

1) **Amtl. Anm.:** Verordnung (EU) 2019/941 des Europäischen Parlaments und des Rates vom 5. Juni 2019 über die Risikovorsorge im Elektrizitätssektor und zur Aufhebung der Richtlinie 2005/89/EG (siehe Seite 1 dieses Amtsblatts).

(11) ACER sollte gewährleisten, dass die Regulierungsaufgaben, die gemäß der Richtlinie (EU) 2019/944 [1] des Europäischen Parlaments und des Rates [2] und der Richtlinie 2009/73/EG [3] des Europäischen Parlaments und des Rates [4] von den nationalen Regulierungsbehörden wahrgenommen werden, gut koordiniert und – soweit erforderlich – auf Unionsebene ergänzt werden. Daher besteht die Notwendigkeit, die Unabhängigkeit von ACER von öffentlichen wie auch privaten Elektrizitäts- und Gaserzeugern, Übertragungs-/Fernleitungsnetzbetreibern und Verteilernetzbetreibern sowie den Verbrauchern sicherzustellen und dafür zu sorgen, dass ACER im Einklang mit dem Unionsrecht handelt, über die erforderlichen technischen Kapazitäten und Regulierungskapazitäten verfügt sowie transparent, unter demokratischer Kontrolle, einschließlich durch die Rechenschaftspflicht gegenüber dem Europäischen Parlament, und effizient arbeitet.

(12) ACER sollte die regionale Zusammenarbeit zwischen den Übertragungs-/Fernleitungsnetzbetreibern im Elektrizitäts- und im Gassektor sowie die Ausführung der Aufgaben von ENTSO (Strom) sowie des Europäischen Verbunds der Fernleitungsnetzbetreiber (ENTSO (Gas)) beobachten. Zudem sollte ACER auch die Erfüllung der Aufgaben anderer Stellen beobachten, deren Funktionsweisen reguliert und von unionsweiter Dimension sind, wie zum Beispiel Energiebörsen. Die Beteiligung von ACER ist unabdingbar für die Gewährleistung von Effizienz und Transparenz bei der Zusammenarbeit zwischen Übertragungs-/Fernleitungsnetzbetreibern, und bei der Arbeit anderer Stellen mit unionsweiten Funktionen, zum Nutzen des Elektrizitäts- und des Erdgasbinnenmarkts.

(13) Die Regulierungsbehörden sollten sich bei der Wahrnehmung ihrer Aufgaben untereinander abstimmen, damit sichergestellt wird, dass ENTSO (Strom), die Europäische Organisation der Verteilernetzbetreiber (im Folgenden „EU-VNBO“) und die regionalen Koordinierungszentren ihren Verpflichtungen aus dem Regelungsrahmen des Energiebinnenmarkts nachkommen und den Entscheidungen von ACER Folge leisten. Aufgrund der Erweiterung der operativen Zuständigkeiten von ENTSO (Strom), der EU-VNBO und der regionalen Koordinierungszentren muss die Aufsicht über diese Einrichtungen, die auf regionaler Ebene oder auf Unionsebene tätig sind, verbessert werden. Durch das in dieser Verordnung festgelegte Verfahren wird sichergestellt, dass ACER die Regulierungsbehörden bei der Wahrnehmung dieser Funktionen im Einklang mit der Richtlinie (EU) 2019/944 unterstützt.

(14) Um sicherzustellen, dass ACER über die für sie zur Wahrnehmung ihrer Aufgaben notwendigen Informationen verfügt, sollte sie solche Informationen von den nationalen Regulierungsbehörden, von ENTSO (Strom), von ENTSO (Gas), den regionalen Koordinierungszentren, der EU-VNBO, den Übertragungs-/Fernleitungsnetzbetreibern und den nominierten Strommarktbetreibern anfordern und erhalten können.

(15) ACER sollte in Zusammenarbeit mit der Kommission, den Mitgliedstaaten und den maßgeblichen nationalen Behörden den Elektrizitäts- und den Erdgasbinnenmarkt beobachten und das Europäische Parlament, die Kommission und die nationalen Behörden gegebenenfalls über ihre Feststellungen informieren. Die Beobachtungsfunktion von ACER sollte nicht zusätzlich zur Beobachtung durch die Kommission oder die nationalen Behörden, insbesondere die nationalen Wettbewerbsbehörden, erfolgen, noch sollte sie diese behindern.

(16) ACER bietet einen integrierten Rahmen für die Beteiligung und Zusammenarbeit der Regulierungsbehörden. Dieser Rahmen erleichtert die einheitliche Anwendung der Rechtsvorschriften zum Elektrizitäts- und zum Erdgasbinnenmarkt in der ganzen Union. In Fällen, in denen mehr als ein Mitgliedstaat betroffen ist, hat ACER die Befugnis erhalten, Einzelfallentscheidungen zu treffen. Diese Befugnis sollte sich unter genau festgelegten Bedingungen auf technische und Regulierungsfragen erstrecken, die eine regionale Koordinierung erfordern, insbesondere im Hinblick auf die Umsetzung der Netzkodizes und Leitlinien, die Zusammenarbeit zwischen den regionalen Koordinierungszentren, die zur wirksamen Überwachung der Integrität und Transparenz des Energiegroßhandelsmarkts erforderlichen Regulierungsentscheidungen, die Entschei-

---

[1] Nr. **4**.

[2] **Amtl. Anm.:** Richtlinie (EU) 2019/944 [Nr. **4**] des Europäischen Parlaments und des Rates vom 5. Juni 2019 mit gemeinsamen Vorschriften für den Elektrizitätsbinnenmarkt und zur Änderung der Richtlinie 2012/27/EU (siehe Seite 125 dieses Amtsblatts).

[3] Nr. **5**.

[4] **Amtl. Anm.:** Richtlinie 2009/73/EG [Nr. **5**] des Europäischen Parlaments und des Rates vom 13. Juli 2009 über gemeinsame Vorschriften für den Erdgasbinnenmarkt und zur Aufhebung der Richtlinie 2003/55/EG (ABl. L 211 vom 14.8.2009, S. 94).

dungen in Bezug auf Elektrizitäts- und Erdgasinfrastrukturen, die mindestens zwei Mitgliedstaaten verbinden oder verbinden könnten, sowie als letztes Mittel auf Ausnahmen von den Binnenmarktvorschriften für neue Elektrizitäts-Verbindungsleitungen und für neue Erdgasinfrastrukturen, die in mehr als einem Mitgliedstaat gelegen sind.

(17) Überarbeitung von Netzkodizes und Leitlinien umfasst die Änderungen, die notwendig sind, um der Entwicklung des Marktes Rechnung zu tragen, ohne dabei diese Netzkodizes und Leitlinien substanziell zu ändern oder neue Zuständigkeiten von ACER zu schaffen.

(18) ACER kommt bei der Ausarbeitung der nicht bindenden Rahmenleitlinien eine bedeutende Rolle zu. Die Netzkodizes sollten diesen Rahmenleitlinien entsprechen. ACER sollte entsprechend ihrer Zweckbestimmung ferner an der Prüfung und Änderung der Entwürfe für Netzkodizes beteiligt werden, um zu gewährleisten, dass die Netzkodizes den Rahmenleitlinien entsprechen und für das erforderliche Maß an Harmonisierung sorgen, bevor sie diese der Kommission zur Annahme vorlegt.

(19) Mit der Annahme einer Reihe von Netzkodizes und Leitlinien, die eine schrittweise Umsetzung und eine weitere Präzisierung der gemeinsamen regionalen und EU-weiten Vorschriften vorsehen, wurde die Rolle von ACER hinsichtlich der Beobachtung der und des Beitragens zur Umsetzung der Netzkodizes und Leitlinien gestärkt. Die wirksame Beobachtung von Netzkodizes und Leitlinien ist eine der Hauptaufgaben von ACER und von entscheidender Bedeutung für die Umsetzung der Binnenmarktvorschriften.

(20) Bei der Umsetzung von Netzkodizes und Leitlinien hat sich gezeigt, dass es sinnvoll wäre, die Verfahren für die regulatorische Genehmigung regionaler oder unionsweiter, im Rahmen der Netzkodizes und Leitlinien entwickelter, Modalitäten und Bedingungen oder Methoden zu straffen, indem solche Modalitäten und Bedingungen oder Methoden direkt an ACER übermittelt werden, sodass die im Regulierungsrat vertretenen Regulierungsbehörden über sie entscheiden können.

(21) Da die schrittweise Harmonisierung der Energiemärkte der Union regelmäßig auch die Suche nach regionalen, als Zwischenschritt dienenden, Lösungen umfasst und viele Modalitäten und Bedingungen und Methoden von einer begrenzten Anzahl an Regulierungsbehörden für eine spezifische Region genehmigt werden müssen, ist es angemessen, der regionalen Dimension des Binnenmarktes in dieser Verordnung Rechnung zu tragen und für ein geeignetes Governance-System zu sorgen. Entscheidungen über Vorschläge für gemeinsame regionale Modalitäten und Bedingungen oder Methoden sollten daher von den für die betroffene Region zuständigen Regulierungsbehörden getroffen werden, sofern diese Entscheidungen keine konkreten Auswirkungen auf den Energiebinnenmarkt haben.

(22) Da ACER einen Überblick über die Regulierungsbehörden hat, sollte sie auch eine Beratungsfunktion gegenüber der Kommission, anderen Organen der Union und Regulierungsbehörden in Fragen im Zusammenhang mit den Zwecken, für die sie eingerichtet wurde, wahrnehmen. Sie sollte ferner verpflichtet sein, die Kommission zu unterrichten, wenn sie feststellt, dass die Zusammenarbeit zwischen Übertragungs-/Fernleitungsnetzbetreibern nicht die erforderlichen Ergebnisse liefert oder dass eine Regulierungsbehörde, deren Entscheidung gegen die Netzkodizes und Leitlinien verstößt, die Stellungnahme, Empfehlung oder Entscheidung von ACER nicht angemessen umsetzt hat.

(23) Ferner sollte ACER die Möglichkeit haben, Empfehlungen auszusprechen, um die Regulierungsbehörden und Marktteilnehmer beim Austausch geeigneter Praktiken zu unterstützen.

(24) ENTSO (Strom), ENTSO (Gas), die EU-VNBO, die Übertragungs-/Fernleitungsnetzbetreiber, die regionalen Koordinierungszentren und die nominierten Strommarktbetreiber sollten den gemäß dieser Verordnung an sie gerichteten Stellungnahmen und Empfehlungen von ACER umfassend berücksichtigen.

(25) ACER sollte gegebenenfalls die Betroffenen konsultieren und ihnen eine angemessene Möglichkeit geben, zu den vorgeschlagenen Maßnahmen, wie Netzkodizes und -regeln, Stellung zu nehmen.

(26) ACER sollte zur Anwendung der Leitlinien für die transeuropäischen Energienetze gemäß der Verordnung (EU) Nr. 347/2013 beitragen, namentlich im Zusammenhang mit der Vorlage ihrer Stellungnahme zu den nicht bindenden unionsweiten zehnjährigen Netzentwicklungsplänen (im Folgenden „unionsweite Netzentwicklungspläne").

(27) ACER sollte zu den Bemühungen zur Verbesserung der Energieversorgungssicherheit beitragen.

(28) Die Tätigkeiten von ACER sollten mit den Zielen und Zielvorgaben der Energieunion übereinstimmen, die die in Artikel 1 der Verordnung (EU) 2018/1999 des[1] Europäischen Parlaments und des Rates[2] aufgeführten fünf eng miteinander verzahnte und sich gegenseitig verstärkende Dimensionen hat, einschließlich der Dekarbonisierung.

(29) Gemäß dem Subsidiaritätsprinzip sollte ACER nur unter genau festgelegten Umständen, zu Fragen, die sich streng auf die Zwecke, für die sie geschaffen wurde, beziehen, Einzelfallentscheidungen treffen.

(30) Um dafür zu sorgen, dass der Rahmen von ACER effizient und mit dem anderer dezentraler Agenturen kohärent ist, sollten die für ACER geltenden Bestimmungen an das zwischen Europäischem Parlament, dem Rat der EU und der Europäischen Kommission vereinbarte gemeinsame Konzept zu den dezentralen Agenturen[3] (im Folgenden „Gemeinsames Konzept") angeglichen werden. Soweit erforderlich sollte die Struktur von ACER jedoch an die spezifischen Bedürfnisse der Regulierung im Energiebereich angepasst sein. Insbesondere muss der spezifischen Rolle der Regulierungsbehörden in vollem Umfang Rechnung getragen und ihre Unabhängigkeit sichergestellt werden.

(31) Um diese Verordnung voll und ganz mit dem Gemeinsamen Konzept in Einklang zu bringen, können zusätzliche Änderungen an ihr für die Zukunft ins Auge gefasst werden. Aufgrund des aktuellen Regulierungsbedarfs im Energiebereich sind jedoch Abweichungen vom Gemeinsamen Konzept erforderlich. Die Kommission sollte eine Bewertung durchführen, um die Leistung von ACER im Verhältnis zu den Zielen, dem Mandat und den Aufgaben von ACER zu beurteilen, und die Kommission sollte nach dieser Bewertung in der Lage sein, Änderungen dieser Verordnung vorzuschlagen.

(32) Der Verwaltungsrat sollte die notwendigen Befugnisse zur Aufstellung des Haushaltsplans, zur Kontrolle seiner Ausführung, zur Erstellung der Geschäftsordnung, zum Erlass der Finanzregelung und zur Ernennung eines Direktors erhalten. Für die Ersetzung der vom Rat ernannten Mitglieder des Verwaltungsrates sollte ein Rotationssystem verwendet werden, damit langfristig eine ausgewogene Beteiligung der Mitgliedstaaten gewährleistet ist. Der Verwaltungsrat sollte unabhängig und in objektiver Weise im Allgemeininteresse handeln und sollte keine politischen Weisungen einholen oder befolgen.

(33) ACER sollte über die erforderlichen Befugnisse verfügen, um ihre Regulierungsaufgaben effizient, transparent, auf tragfähige Gründe gestützt und vor allem unabhängig zu erfüllen. Die Unabhängigkeit von ACER gegenüber den Elektrizitäts- und Gaserzeugern sowie den Übertragungs-/Fernleitungsnetzbetreibern und den Verteilernetzbetreibern sowie gegenüber sonstigen Privat- und Unternehmensinteressen ist nicht nur ein zentrales Prinzip einer guten Verwaltungspraxis, sondern auch die grundlegende Voraussetzung für die Gewährleistung des Marktvertrauens. Unbeschadet dessen, dass seine Mitglieder im Namen ihrer jeweiligen nationalen Behörde handeln, sollte der Regulierungsrat daher unabhängig von Marktinteressen handeln, Interessenkonflikte vermeiden und weder Weisungen von Regierungen der Mitgliedstaaten, Organen der Union oder anderen öffentlichen oder privaten Stellen oder Personen einholen oder befolgen noch Empfehlungen von ihnen annehmen. Gleichzeitig sollten die Entscheidungen des Regulierungsrats im Einklang mit dem Unionsrecht auf den Gebieten der Energie, wie dem Energiebinnenmarkt, der Umwelt und dem Wettbewerb stehen. Der Regulierungsrat sollte den Organen der Union über seine Stellungnahmen, Empfehlungen und Entscheidungen Bericht erstatten.

(34) In Bezug auf die Entscheidungsbefugnisse von ACER sollten die Betroffenen im Interesse eines reibungslosen Verfahrensablaufs das Recht erhalten, einen Beschwerdeausschuss anzurufen, der Teil von ACER sein sollte, aber von der Verwaltungs- und Regulierungsstruktur von ACER unabhängig sein sollte. Um das reibungslose Funktionieren und die vollständige Unabhängigkeit

---

[1] Nr. **6**.

[2] **Amtl. Anm.:** Verordnung (EU) 2018/1999 [Nr. **6**] des Europäischen Parlaments und des Rates vom 11. Dezember 2018 über das Governance-System für die Energieunion und für den Klimaschutz, zur Änderung der Verordnungen (EG) Nr. 663/2009 und (EG) Nr. 715/2009 des Europäischen Parlaments und des Rates, der Richtlinien 94/22/EG, 98/70/EG, 2009/31/EG, 2009/73/EG, 2010/31/EU, 2012/27/EU und 2013/30/EU des Europäischen Parlaments und des Rates, der Richtlinien 2009/119/EG und (EU) 2015/652 des Rates und zur Aufhebung der Verordnung (EU) Nr. 525/2013 des Europäischen Parlaments und des Rates (ABl. L 328 vom 21.12.2018, S. 1).

[3] **Amtl. Anm.:** Gemeinsame Erklärung des Europäischen Parlaments, des Rates der EU und der Europäischen Kommission zu den dezentralen Agenturen vom 19.7.2012.

des Beschwerdeausschusses sicherzustellen, sollte er im Haushaltplan von ACER über eine separate Haushaltslinie verfügen. Im Interesse der Kontinuität sollte der Beschwerdeausschuss bei einer Ernennung von Mitgliedern bzw. der Verlängerung ihres Mandats auch teilweise neu besetzt werden können. Die Entscheidungen des Beschwerdeausschusses können vor dem Gerichtshof der Europäischen Union (im Folgenden „Gerichtshof") angefochten werden.

(35) ACER sollte ihre Entscheidungsbefugnisse im Einklang mit den Grundsätzen einer fairen, transparenten und angemessenen Entscheidungsfindung ausüben. Die Verfahrensvorschriften von ACER sollten in ihrer Geschäftsordnung festgelegt werden.

(36) Der Direktor sollte dafür zuständig sein, Dokumente mit Stellungnahmen, Empfehlungen und Entscheidungen auszuarbeiten und anzunehmen. Vor der Annahme von bestimmten Stellungnahmen, Empfehlungen und Entscheidungen sollte gemäß Artikel 22 Absatz 5 Buchstabe a und Artikel 24 Absatz 2 die befürwortende Stellungnahme des Regulierungsrates erforderlich sein. Der Regulierungsrat sollte in der Lage sein zu den Textvorschlägen des Direktors Stellungnahmen und gegebenenfalls Anmerkungen und Änderungen vorzulegen, denen der Direktor Rechnung tragen sollte. Wenn der Direktor von den durch den Regulierungsrat vorgelegten Anmerkungen und Änderungen abweicht oder diese zurückweist, sollte er eine hinreichende schriftliche Begründung bereitstellen, um einen konstruktiven Dialog zu ermöglichen. Sollte der Regulierungsrat für einen erneut vorgelegten Text keine befürwortende Stellungnahme abgeben, sollte der Direktor die Möglichkeit haben, den Text entsprechend den durch den Regulierungsrat vorgeschlagenen Änderungen und Anmerkungen weiter zu überarbeiten, um dessen befürwortende Stellungnahme zu erhalten. Der Direktor sollte, wenn er mit den vom Regulierungsrat vorgelegten Änderungen nicht einverstanden ist, die Möglichkeit haben, die vorgelegten Entwürfe von Stellungnahmen, Empfehlungen und Entscheidungen zurückzuziehen und nach in Artikel 22 Absatz 5 Buchstabe a und Artikel 24 Absatz 2 genannten bestimmten Verfahren einen neuen Text vorzulegen. Der Direktor sollte die Möglichkeit haben, in jeder Phase des Verfahrens die befürwortende Stellungnahme des Regulierungsrats zu einem neuen oder überarbeiteten Textentwurf einzuholen.

(37) ACER sollte für die Wahrnehmung ihrer Aufgaben mit angemessenen Mitteln ausgestattet werden. ACER sollte in erster Linie aus dem Gesamthaushaltsplan der Europäischen Union finanziert werden. Gebühren verbessern die Finanzierung von ACER und sollten ihre Kosten in Hinblick auf Dienstleistungen decken, die Marktteilnehmern oder in ihrem Auftrag handelnden Stellen erbracht werden, um sie in die Lage zu versetzen, Daten gemäß Artikel 8 der Verordnung (EU) Nr. 1227/2011 effizient, wirksam und sicher zu melden. Die derzeit von den Regulierungsbehörden für die Zusammenarbeit auf Unionsebene bereitgestellten Ressourcen sollten weiterhin für ACER zur Verfügung stehen. Das Haushaltsverfahren der Union sollte insoweit gelten, als Zuschüsse aus dem Gesamthaushaltsplan der Union betroffen sind. Die Rechnungsprüfung sollte gemäß Artikel 107 der Delegierten Verordnung (EU) Nr. 1271/2013 der Kommission[1] von einem unabhängigen externen Rechnungsprüfer durchgeführt werden.

(38) Der Haushalt von ACER sollte von der Haushaltsbehörde kontinuierlich mit Blick auf die Arbeitsbelastung und Leistung von ACER sowie auf die Ziele von ACER der Verwirklichung eines Energiebinnenmarkts und des Beitrags zur Energieversorgungssicherheit zugunsten der Verbraucher in der Union bewertet werden. Die Haushaltsbehörde sollte Sorge dafür tragen, dass die höchsten Effizienznormen erfüllt werden.

(39) Das Übersetzungszentrum für die Einrichtungen der Europäischen Union (im Folgenden „Übersetzungszentrum") sollte die Übersetzung für die Agenturen der Union bereitstellen. Falls ACER besondere Schwierigkeiten in Verbindung mit den Dienstleistungen des Übersetzungszentrums hat, sollte es ihr möglich sein, sich auf den in Verordnung (EG) Nr. 2965/94 des Rates[2] festgelegten Rückgriffmechanismus zu berufen, der letztendlich dazu führen könnte, dass über das Übersetzungszentrum ein Rückgriff auf andere Dienstleister erfolgt.

(40) Das Personal von ACER sollte hohen fachlichen Anforderungen genügen. Insbesondere sollte ACER von der Kompetenz und Erfahrung der von den Regulierungsbehörden, der Kommission

---

[1] **Amtl. Anm.:** Delegierte Verordnung (EU) Nr. 1271/2013 der Kommission vom 30. September 2013 über die Rahmenfinanzregelung für Einrichtungen gemäß Artikel 208 der Verordnung (EU, Euratom) Nr. 966/2012 des Europäischen Parlaments und des Rates (ABl. L 328 vom 7.12.2013, S. 42).

[2] **Amtl. Anm.:** Verordnung (EG) Nr. 2965/94 des Rates vom 28. November 1994 zur Errichtung eines Übersetzungszentrums für die Einrichtungen der Europäischen Union (ABl. L 314 vom 7.12. 1994, S. 1).

und den Mitgliedstaaten abgestellten Mitarbeiter profitieren. Für das Personal von ACER sollten das Statut der Beamten der Europäischen Gemeinschaften (im Folgenden „Statut") und die Beschäftigungsbedingungen für die sonstigen Bediensteten der Europäischen Gemeinschaften (im Folgenden „Beschäftigungsbedingungen"), festgelegt durch die Verordnung (EWG, Euratom, EGKS) Nr. 259/68 des Rates[1)], sowie die von den Organen der Union einvernehmlich erlassenen Regelungen für die Anwendung dieser Bestimmungen gelten. Der Verwaltungsrat sollte im Einvernehmen mit der Kommission geeignete Durchführungsbestimmungen erlassen.

(41) Der Direktor und der Regulierungsrat sollten die Möglichkeit haben, bei der in dieser Verordnung festgelegten Regulierungstätigkeit von Arbeitsgruppen unterstützt zu werden.

(42) ACER sollte die allgemeinen Regeln über den Zugang der Öffentlichkeit zu Dokumenten im Besitz der Unionseinrichtungen anwenden. Der Verwaltungsrat sollte die praktischen Maßnahmen zum Schutz wirtschaftlich sensibler Daten sowie personenbezogener Daten festlegen.

(43) Durch die Zusammenarbeit der Regulierungsbehörden im Rahmen von ACER liegt es auf der Hand, dass Mehrheitsentscheidungen eine entscheidende Voraussetzung dafür sind, Fortschritte bei Fragen in Bezug auf den Energiebinnenmarkt zu erzielen, die erhebliche wirtschaftliche Auswirkungen in mehreren Mitgliedstaaten haben. Die Regulierungsbehörden sollten daher im Regulierungsrat weiterhin mit Zweidrittelmehrheit abstimmen. ACER sollte gegebenenfalls dem Europäischen Parlament, dem Rat und der Kommission gegenüber rechenschaftspflichtig sein.

(44) Länder, die nicht der Union angehören, sollten sich an den Arbeiten von ACER im Einklang mit den entsprechenden von der Union zu schließenden Vereinbarungen beteiligen können.

(45) Da die Ziele dieser Verordnung, nämlich die Zusammenarbeit der Regulierungsbehörden auf Unionsebene und ihre Teilnahme an der Ausübung unionsbezogener Aufgaben, von den Mitgliedstaaten nicht ausreichend verwirklicht werden können, sondern vielmehr auf Unionsebene besser zu verwirklichen sind, kann die Union im Einklang mit dem in Artikel 5 des Vertrags über die Europäische Union (EUV) verankerten Subsidiaritätsprinzip tätig werden. Entsprechend dem in demselben Artikel genannten Grundsatz der Verhältnismäßigkeit geht diese Verordnung nicht über das für die Verwirklichung dieser Ziele erforderliche Maß hinaus.

(46) Nach Maßgabe des Beschlusses 2009/913/EU[2)] hat ACER ihren Sitz in Ljubljana. Der Sitz von ACER ist das Zentrum der Tätigkeiten und der satzungsgemäßen Aufgaben von ACER.

(47) Der Sitzmitgliedstaat von ACER sollte gemäß dieser Verordnung die bestmöglichen Voraussetzungen für das reibungslose und effiziente Funktionieren von ACER gewährleisten, einschließlich eines mehrsprachigen und europäisch ausgerichteten schulischen Angebots und geeigneter Verkehrsverbindungen. Das Sitzabkommen zwischen der Regierung der Republik Slowenien und von ACER, das diese Anforderungen zusammen mit seinen Durchführungsvorschriften umfasst, wurde am 26. November 2010 geschlossen und ist am 10. Januar 2011 in Kraft getreten –

HABEN FOLGENDE VERORDNUNG ERLASSEN:

Kapitel I. Ziele und Aufgaben

Art. 1 Gründung und Ziele. (1) Es wird eine Agentur der Europäischen Union für die Zusammenarbeit der Energieregulierungsbehörden gegründet (ACER).

[1)] **Amtl. Anm.:** Verordnung (EWG, Euratom, EGKS) Nr. 259/68 des Rates vom 29. Februar 1968 zur Festlegung des Statuts der Beamten der Europäischen Gemeinschaften und der Beschäftigungsbedingungen für die sonstigen Bediensteten dieser Gemeinschaften sowie zur Einführung von Sondermaßnahmen, die vorübergehend auf die Beamten der Kommission anwendbar sind (ABl. L 56 vom 4.3.1968, S. 1).

[2)] **Amtl. Anm.:** Im gegenseitigen Einvernehmen gefasster Beschluss der Vertreter der Regierungen der Mitgliedstaaten vom 7. Dezember 2009 über den Sitz der Agentur für die Zusammenarbeit der Energieregulierungsbehörden (ABl. L 322 vom 9.12.2009, S. 39).

(2) [1] Zweck von ACER ist, die in Artikel 57 der Richtlinie (EU) 2019/944 [1)] und Artikel 39 der Richtlinie 2009/73/EG[2)] genannten Regulierungsbehörden dabei zu unterstützen, die in den Mitgliedstaaten wahrgenommenen Regulierungsaufgaben auf Unionsebene zu erfüllen und – soweit erforderlich – die Maßnahmen dieser Behörden zu koordinieren und gemäß Artikel 6 Absatz 10 dieser Verordnung in Meinungsverschiedenheiten zwischen ihnen zu vermitteln und diese beizulegen. [2] Ferner leistet ACER einen Beitrag zur Festlegung gemeinsamer Regulierungs- und Aufsichtsverfahren von hoher Qualität, mit denen zu einer konsequenten, effizienten und wirksamen Anwendung des Unionsrechts beigetragen wird, damit die Klimaschutz- und Energieziele der EU erreicht werden.

(3) [1] Bei der Wahrnehmung ihrer Aufgaben handelt ACER unabhängig, objektiv und im Interesse der Union. [2] ACER trifft unabhängig von Privat- und Unternehmensinteressen selbständige Entscheidungen.

Art. 2 Tätigkeiten von ACER. ACER

a) gibt Stellungnahmen und Empfehlungen ab, die an die Übertragungs-/Fernleitungsnetzbetreiber, ENTSO (Strom), ENTSO (Gas), die EU-VNBO, die regionalen Koordinierungszentren und die nominierten Strommarktbetreiber gerichtet sind;
b) gibt Stellungnahmen und Empfehlungen ab, die an die Regulierungsbehörden gerichtet sind;
c) gibt Stellungnahmen und Empfehlungen ab, die an das Europäische Parlament, den Rat oder die Kommission gerichtet sind;
d) trifft Einzelfallentscheidungen betreffend die Bereitstellung von Informationen gemäß Artikel 3 Absatz 2, Artikel 7 Absatz 2 Buchstabe b und Artikel 8 Buchstabe c; betreffend die Genehmigung der Methoden, Modalitäten und Bedingungen gemäß Artikel 4 Absatz 4, Artikel 5 Absatz 2, 3 und 4; betreffend die Überprüfung der Gebotszonen nach Maßgabe von Artikel 5 Absatz 7; betreffend technische Fragen nach Maßgabe von Artikel 6 Absatz 1; betreffend die Schlichtung zwischen Regulierungsbehörden gemäß Artikel 6 Absatz 10; im Zusammenhang mit regionalen Koordinierungszentren nach Maßgabe von Artikel 7 Absatz 2 Buchstabe a; betreffend die Genehmigung und Änderung der Methoden und Berechnungen und technischen Spezifikationen nach Maßgabe von Artikel 9 Absatz 1; betreffend die Genehmigung und Änderung der Methoden nach Maßgabe von Artikel 9 Absatz 3; betreffend Ausnahmen nach Maßgabe von Artikel 10; betreffend Infrastruktur nach Maßgabe von Artikel 11 Buchstabe d; und betreffend Angelegenheiten im Zusammenhang mit der Integrität und Transparenz des Großhandelsmarkts gemäß Artikel 12;
e) legt der Kommission nicht bindende Rahmenleitlinien gemäß Artikel 59 der Verordnung (EU) 2019/943 des[3)] Europäischen Parlaments und des Rates [4)]

[1)] Nr. **4**.
[2)] Nr. **5**.
[3)] Nr. **8**.
[4)] **Amtl. Anm.:** Verordnung (EU) 2019/943 [Nr. **8**] des Europäischen Parlaments und des Rates vom 5. Juni 2019 über den Elektrizitätsbinnenmarkt (siehe Seite 54 dieses Amtsblatts).

und Artikel 6 der Verordnung (EG) Nr. 715/2009[1] des Europäischen Parlaments und des Rates[2] vor.

Art. 3 Allgemeine Aufgaben. (1) ACER kann auf Verlangen des Europäischen Parlaments, des Rates oder der Kommission oder von sich aus Stellungnahmen oder Empfehlungen zu allen Fragen im Zusammenhang mit den Aufgaben, für die sie eingerichtet wurde, an das Europäische Parlament, den Rat und die Kommission richten.

(2) *[1]* Auf Antrag von ACER stellen die Regulierungsbehörden, ENTSO (Strom), ENTSO (Gas), die regionalen Koordinierungszentren, die EU-VNBO, die Übertragungs-/Fernleitungsnetzbetreiber und die nominierten Strommarktbetreiber ACER die Informationen bereit, die zum Zweck der Wahrnehmung der Aufgaben von ACER gemäß dieser Verordnung notwendig sind, es sei denn, ACER hat diese Informationen bereits beantragt und erhalten.

[2] [1] ACER hat die Befugnis, Entscheidungen zu dem Zweck von Informationsanträgen gemäß Unterabsatz 1 zu treffen. [2] In ihren Entscheidungen legt ACER den Zweck ihres Antrags dar, verweist auf die Rechtsgrundlage, gemäß der die Informationen angefordert werden, und gibt die Frist an, innerhalb der die Informationen bereitgestellt werden müssen. [3] Diese Frist muss gegenüber dem Antrag verhältnismäßig sein.

[3] [1] ACER verwendet gemäß dieser Verordnung erhaltene vertrauliche Informationen nur für den Zweck der Ausführung der Aufgaben, die ihr in dieser Verordnung zugewiesen wurden. [2] ACER sorgt für einen angemessenen Datenschutz hinsichtlich der Informationen gemäß Artikel 41.

Art. 4 Aufgaben von ACER im Zusammenhang mit der Zusammenarbeit zwischen Übertragungs-/Fernleitungsnetzbetreibern und Verteilernetzbetreibern. (1) ACER unterbreitet der Kommission eine Stellungnahme zum Entwurf der Satzung, zur Liste der Mitglieder und zum Entwurf der Geschäftsordnung von ENTSO (Strom) gemäß Artikel 29 Absatz 2 der Verordnung (EU) 2019/943[3] und zum Entwurf der Satzung, zur Liste der Mitglieder und zum Entwurf der Geschäftsordnung von ENTSO (Gas) gemäß Artikel 5 Absatz 2 der Verordnung (EG) Nr. 715/2009[1] sowie zum Entwurf der Satzung, zur Liste der Mitglieder und zum Entwurf der Geschäftsordnung der EU-VNBO gemäß Artikel 53 Absatz 3 der Verordnung (EU) 2019/943[3].

(2) ACER beobachtet die Ausführung der Aufgaben von ENTSO (Strom) gemäß Artikel 32 der Verordnung (EU) 2019/943[3] und von ENTSO (Gas) gemäß Artikel 9 der Verordnung (EG) Nr. 715/2009[1] sowie der EU-VNBO gemäß Artikel 55 der Verordnung (EU) 2019/943[3].

(3) ACER kann folgende Stellungnahmen unterbreiten:

---

[1] Nr. **9**.

[2] **Amtl. Anm.:** Verordnung (EG) Nr. 715/2009 [Nr. **9**] des Europäischen Parlaments und des Rates vom 13. Juli 2009 über die Bedingungen für den Zugang zu den Erdgasfernleitungsnetzen und zur Aufhebung der Verordnung (EG) Nr. 1775/2005 (ABl. L 211 vom 14.8.2009, S. 36).

[3] Nr. **8**.

a) gemäß Artikel 30 Absatz 1 Buchstabe a der Verordnung (EU) 2019/943[1] ENTSO (Strom) und gemäß Artikel 8 Absatz 2 der Verordnung (EG) Nr. 715/2009[2] ENTSO (Gas) zum Entwurf der Netzkodizes;

b) gemäß Artikel 32 Absatz 2 Unterabsatz 1 der Verordnung (EU) 2019/943[1] ENTSO (Strom) und gemäß Artikel 9 Absatz 2 Unterabsatz 1 der Verordnung (EG) Nr. 715/2009[2] ENTSO (Gas) zum Entwurf des Jahresarbeitsprogramms, zum Entwurf des unionsweiten Netzentwicklungsplans und zu anderen einschlägigen Dokumenten gemäß Artikel 30 Absatz 1 der Verordnung (EU) 2019/943[1] und Artikel 8 Absatz 3 der Verordnung (EG) Nr. 715/2009[2] unter Berücksichtigung der Ziele der Nichtdiskriminierung, des wirksamen Wettbewerbs und des effizienten und sicheren Funktionierens des Elektrizitäts- und des Erdgasbinnenmarkts;

c) gemäß Artikel 55 Absatz 2 der Verordnung (EU) 2019/943[1] der EU-VNBO zum Entwurf des Jahresarbeitsprogramms und zu anderen einschlägigen Dokumenten unter Berücksichtigung der Ziele der Nichtdiskriminierung, des wirksamen Wettbewerbs und des effizienten und sicheren Funktionierens des Elektrizitätsbinnenmarkts.

(4) ACER genehmigt, gegebenenfalls nach der Anforderung von Aktualisierungen der von den Übertragungsnetzbetreibern übermittelten Entwürfe, die Methode zur Verwendung der Einnahmen aus Engpasserlösen gemäß Artikel 19 Absatz 4 der Verordnung (EU) 2019/943[1].

(5) ACER richtet, gestützt auf tatsächliche Umstände, eine ordnungsgemäß begründete Stellungnahme sowie Empfehlungen an ENTSO (Strom), ENTSO (Gas), das Europäische Parlament, den Rat und die Kommission, wenn sie der Auffassung ist, dass der Entwurf des Jahresarbeitsprogramms oder des unionsweiten Netzentwicklungsplans, die ihr gemäß Artikel 32 Absatz 2 Unterabsatz 2 der Verordnung (EU) 2019/943[1] und Artikel 9 Absatz 2 Unterabsatz 2 der Verordnung (EG) Nr. 715/2009[2] vorgelegt werden, keinen ausreichenden Beitrag zur Nichtdiskriminierung, zu einem wirksamen Wettbewerb und dem effizienten Funktionieren des Marktes oder einem ausreichenden Maß an grenzüberschreitenden Verbindungsleitungen, die Dritten offen stehen, leisten oder nicht mit den einschlägigen Bestimmungen der Verordnung (EU) 2019/943[1] und der Richtlinie (EU) 2019/944[3] oder der Verordnung (EG) Nr. 715/2009[2] und der Richtlinie 2009/73/EG[4] im Einklang stehen.

(6) *[1]* Die maßgeblichen Regulierungsbehörden koordinieren sich, um gemeinsam festzustellen, ob die EU-VNBO, ENTSO (Strom) oder die regionalen Koordinierungszentren ihre Verpflichtungen im Rahmen des Unionsrechts EU-VNBO nicht eingehalten haben, und ergreifen gemäß Artikel 59 Absatz 1 Buchstabe c und Artikel 62 Absatz 1 Buchstabe f der Richtlinie (EU) 2019/944[3] geeignete Maßnahmen.

[2] ACER gibt auf Verlangen einer oder mehrerer Regulierungsbehörden oder von sich aus eine begründete Stellungnahme sowie eine Empfehlung an ENTSO (Strom), die EU-VNBO oder die regionalen Koordinierungszentren bezüglich der Einhaltung ihrer Verpflichtungen ab.

---

[1] Nr. **8**.
[2] Nr. **9**.
[3] Nr. **4**.
[4] Nr. **5**.

(7) [1]Wenn eine begründete Stellungnahme von ACER einen Fall feststellt, in dem ENTSO (Strom), die EU-VNBO oder ein regionales Koordinierungszentrum ihre jeweiligen Verpflichtungen möglicherweise nicht einhält, einigen sich die betroffenen Regulierungsbehörden einstimmig auf koordinierte Entscheidungen zur Festlegung, ob die maßgeblichen Verpflichtungen eingehalten wurden, und bestimmen gegebenenfalls die von ENTSO (Strom), der EU-VNBO oder dem regionalen Koordinierungszentrum zu ergreifenden Maßnahmen, um diese Nichteinhaltung zu beheben. [2]Wenn die Regulierungsbehörden sich nicht innerhalb von vier Monaten nach Erhalt der begründeten Stellungnahme von ACER, einstimmig auf solche koordinierten Entscheidungen einigen, wird die Angelegenheit gemäß Artikel 6 Absatz 10 an ACER zur Entscheidung weitergeleitet.

(8) Wenn eine nach Maßgabe von Absatz 6 oder 7 dieses Artikels festgestellte Nichteinhaltung durch ENTSO (Strom), die EU-VNBO oder ein regionales Koordinierungszentrum nicht innerhalb von drei Monaten behoben wurde, oder wenn die Regulierungsbehörde in dem Mitgliedstaat, in dem die Organisation ihren Sitz hat, keine Maßnahmen zur Sicherstellung der Einhaltung ergriffen hat, so gibt ACER eine Empfehlung an die Regulierungsbehörde ab, Maßnahmen gemäß Artikel 59 Absatz 1 Buchstabe c und Artikel 62 Absatz 1 Buchstabe f der Richtlinie (EU) 2019/944[1)] zu ergreifen, um zu gewährleisten, dass ENTSO (Strom), die EU-VNBO oder das regionale Koordinierungszentrum ihre Verpflichtungen einhalten, und unterrichtet die Kommission.

Art. 5 Aufgaben von ACER im Zusammenhang mit der Entwicklung und Umsetzung von Netzkodizes und Leitlinien. (1) [1]Gemäß Artikel 59 der Verordnung (EU) 2019/943[2)] und Artikel 6 der Verordnung (EG) Nr. 715/2009[3)] wirkt ACER bei der Entwicklung von Netzkodizes und nach Maßgabe von Artikel 61 Absatz 6 der Verordnung (EU) 2019/943[2)] bei der Entwicklung von Leitlinien mit. [2]ACER

a) legt der Kommission nicht bindende Rahmenleitlinien vor, wenn sie gemäß Artikel 59 Absatz 4 der Verordnung (EU) 2019/943[2)] oder Artikel 6 Absatz 2 der Verordnung (EG) Nr. 715/2009[3)] dazu aufgefordert wird. ACER überarbeitet die Rahmenleitlinien und legt sie erneut der Kommission vor, wenn sie gemäß Artikel 59 Absatz 7 der Verordnung (EU) 2019/943[2)] oder Artikel 6 Absatz 4 der Verordnung (EG) Nr. 715/2009[3)] dazu aufgefordert wird;

b) richtet gemäß Artikel 6 Absatz 7 der Verordnung (EG) Nr. 715/2009[3)] eine begründete Stellungnahme zu dem Netzkodex an ENTSO (Gas);

c) überarbeitet den Netzkodex gemäß Artikel 59 Absatz 11 der Verordnung (EU) 2019/943[2)] und Artikel 6 Absatz 9 der Verordnung (EG) Nr. 715/2009[3)]. ACER trägt in ihrer Überarbeitung den Auffassungen der Akteure Rechnung, die an der von ENTSO (Strom), von ENTSO (Gas) oder von der EU-VNBO geleiteten Ausarbeitung dieses überarbeiteten Netzkodex beteiligt waren, und führt zu der bei der Kommission einzureichenden Fassung eine förmliche Konsultation der maßgeblichen Interessenträger durch. Zu diesem Zweck kann ACER gegebenenfalls den nach den Netzko-

---

1) Nr. 4.
2) Nr. 8.
3) Nr. 9.

dizes eingesetzten Ausschuss heranziehen. ACER berichtet der Kommission über das Ergebnis der Konsultationen. Anschließend legt ACER gemäß Artikel 59 Absatz 11 der Verordnung (EU) 2019/943[1] und Artikel 6 Absatz 9 der Verordnung (EG) Nr. 715/2009[2] der Kommission den überarbeiteten Netzkodex vor. Waren ENTSO (Strom), ENTSO (Gas) oder die EU-VNBO nicht in der Lage, einen Netzkodex auszuarbeiten, so arbeitet ACER den Entwurf eines Netzkodex aus und legt ihn der Kommission vor, wenn sie gemäß Artikel 59 Absatz 12 der Verordnung (EU) 2019/943[1] oder Artikel 6 Absatz 10 der Verordnung (EG) Nr. 715/2009[2] dazu aufgefordert wird;

d) richtet gemäß Artikel 32 Absatz 1 der Verordnung (EU) 2019/943[1] oder Artikel 9 Absatz 1 der Verordnung (EG) Nr. 715/2009[2] eine ordnungsgemäß begründete Stellungnahme an die Kommission, wenn ENTSO (Strom), ENTSO (Gas) oder der EU-VNBO einen gemäß Artikel 30 Absatz 1 Buchstabe a der Verordnung (EU) 2019/943[1] oder Artikel 8 Absatz 2 der Verordnung (EG) Nr. 715/2009[2] ausgearbeiteten Netzkodex oder einen Netzkodex, der nach Artikel 59 Absätze 3 bis 12 der Verordnung (EU) 2019/943[1] und Artikel 6 Absätze 1 bis 10 der Verordnung (EG) Nr. 715/2009[2] erstellt wurde, aber nicht von der Kommission nach Artikel 59 Absatz 13 der Verordnung (EU) 2019/943[1] und nach Artikel 6 Absatz 11 der Verordnung (EG) Nr. 715/2009[2] angenommen wurde, nicht umgesetzt hat;

e) beobachtet und analysiert die Umsetzung der von der Kommission gemäß Artikel 59 der Verordnung (EU) 2019/943[1] und Artikel 6 der Verordnung (EG) Nr. 715/2009[2] erlassenen Netzkodizes und der gemäß Artikel 61 der Verordnung (EU) 2019/943[1] erlassenen Leitlinien, und ihre Auswirkungen auf die Harmonisierung der geltenden Regeln zur Förderung der Marktintegration sowie auf Nichtdiskriminierung, wirksamen Wettbewerb und das effiziente Funktionieren des Marktes und erstattet der Kommission Bericht.

(2) Wenn einer der folgenden Rechtsakte die Erarbeitung von Vorschlägen für gemeinsame Modalitäten und Bedingungen oder Methoden für die Umsetzung von Netzkodizes und Leitlinien vorsieht, die eine Genehmigung aller Regulierungsbehörden erfordern, werden diese Vorschläge für gemeinsame Modalitäten und Bedingungen oder Methoden ACER zur Überarbeitung und Genehmigung vorgelegt:

a) ein im Wege des ordentlichen Gesetzgebungsverfahrens erlassener Gesetzgebungsakt der Union,

b) Netzkodizes und Leitlinien, die vor dem 4. Juli 2019 erlassen wurden, und spätere Überarbeitungen dieser Netzkodizes und Leitlinien, oder

c) Netzkodizes und Leitlinien, die als Durchführungsrechtsakte gemäß Artikel 5 der Verordnung (EU) Nr. 182/2011 des Europäischen Parlaments und des Rates[3] erlassen wurden.

---

[1] Nr. **8**.

[2] Nr. **9**.

[3] **Amtl. Anm.:** Verordnung (EU) Nr. 182/2011 des Europäischen Parlaments und des Rates vom 16. Februar 2011 zur Festlegung der allgemeinen Regeln und Grundsätze, nach denen die Mitgliedstaaten die Wahrnehmung der Durchführungsbefugnisse durch die Kommission kontrollieren (ABl. L 55 vom 28.2.2011, S. 13).

(3) *[1]* [1]Wenn einer der folgenden Rechtsakte die Erarbeitung von Vorschlägen für gemeinsame Modalitäten und Bedingungen oder Methoden für die Umsetzung von Netzkodizes und Leitlinien vorsieht, die die Genehmigung aller Regulierungsbehörden der betroffenen Region erfordern, einigen sich diese Regulierungsbehörden einstimmig auf die gemeinsamen Modalitäten und Bedingungen oder Methoden, die von jeder dieser Regulierungsbehörde genehmigt werden:

a) ein im Wege des ordentlichen Gesetzgebungsverfahrens erlassener Gesetzgebungsakt der Union,
b) Netzkodizes und Leitlinien, die vor dem 4. Juli 2019 erlassen wurden, und spätere Überarbeitungen dieser Netzkodizes und Leitlinien, oder
c) Netzkodizes und Leitlinien, die als Durchführungsrechtsakte gemäß Artikel 5 der Verordnung (EU) Nr. 182/2011 erlassen wurden.

[2] [1]Die in Unterabsatz 1 genannten Vorschläge werden ACER innerhalb einer Woche nach ihrer Vorlage bei diesen Regulierungsbehörden mitgeteilt. [2]Die Regulierungsbehörden können den Vorschlag ACER zur Genehmigung gemäß Artikel 6 Absatz 10 Unterabsatz 2 Buchstabe b vorlegen und müssen dies gemäß Artikel 6 Absatz 10 Unterabsatz 2 Buchstabe a tun, wenn keine einstimmige Einigung nach Maßgabe von Unterabsatz 1 erreicht werden kann.

[3] [1]Der Direktor oder der Regulierungsrat, auf eigene Initiative oder auf Vorschlag eines oder mehrerer seiner Mitglieder, kann die Regulierungsbehörden der betroffenen Region auffordern, den Vorschlag ACER zur Genehmigung vorzulegen. [2]Eine solche Aufforderung ist auf die Fälle begrenzt, in denen sich ein auf regionaler Ebene vereinbarter Vorschlag spürbar auf den Energiebinnenmarkt oder auf die Versorgungssicherheit über die Region hinaus auswirken würde.

(4) Unbeschadet der Absätze 2 und 3 ist ACER befugt, eine Entscheidung gemäß Artikel 6 Absatz 10 zu fassen, wenn sich die zuständigen Regulierungsbehörden nicht über die Modalitäten und Bedingungen oder Methoden für die Umsetzung neuer, nach dem 4. Juli 2019 als delegierte Rechtsakte angenommener Netzkodizes und Leitlinien einigen können, wenn diese Modalitäten und Bedingungen oder Methoden die Genehmigung aller Regulierungsbehörden oder aller Regulierungsbehörden der betroffenen Region erfordern.

(5) [1]Die Kommission legt dem Europäischen Parlament und dem Rat bis zum 31. Oktober 2023 und danach alle drei Jahre einen Bericht über die Beteiligung von ACER an der Ausarbeitung und Annahme der Modalitäten und Bedingungen oder Methoden für die Umsetzung von Netzkodizes und Leitlinien vor, die nach dem 4. Juli 2019 als delegierte Rechtsakte angenommen wurden. [2]Gegebenenfalls wird dem Bericht ein Legislativvorschlag beigefügt, um die erforderlichen Befugnisse auf ACER zu übertragen oder zu ändern.

(6) [1]Vor der Genehmigung werden die in den Absätzen 2 und 3 genannten Modalitäten und Bedingungen oder Methoden gegebenenfalls von den Regulierungsbehörden oder – sofern sie dafür zuständig ist – von ACER nach Konsultation mit ENTSO (Strom), ENTSO (Gas) oder der EU-VNBO überarbeitet, um sicherzustellen, dass sie mit dem Zweck des Netzkodex oder der Leitlinie im Einklang stehen und zur Marktintegration, zur Nichtdiskriminierung, zum wirksamen Wettbewerb und zum ordnungsgemäßen Funktionieren

des Marktes beitragen. [2]ACER trifft eine Entscheidung über die Genehmigung innerhalb des Zeitraums, der in den einschlägigen Netzkodizes und Leitlinien angegeben ist. [3]Dieser Zeitraum beginnt an dem Tag nach dem Tag, an dem der Vorschlag an ACER weitergeleitet wurde.

(7) ACER nimmt ihre Aufgaben im Zusammenhang mit der Überprüfung der Gebotszonen gemäß Artikel 14 Absatz 5 der Verordnung (EU) 2019/943[1)] wahr.

(8) ACER beobachtet die regionale Zusammenarbeit der Übertragungs-/Fernleitungsnetzbetreiber gemäß Artikel 34 der Verordnung (EU) 2019/943 und Artikel 12 der Verordnung (EG) Nr. 715/2009[2)] und berücksichtigt das Ergebnis dieser Zusammenarbeit bei der Ausarbeitung ihrer Stellungnahmen, Empfehlungen und Entscheidungen.

Art. 6 Aufgaben von ACER im Zusammenhang mit den Regulierungsbehörden. (1) ACER trifft Einzelfallentscheidungen in technischen Fragen, soweit dies in der Verordnung (EU) 2019/943[1)], der Verordnung (EG) Nr. 715/2009[2)], der Richtlinie (EU) 2019/944[3)] oder der Richtlinie 2009/73/EG[4)] vorgesehen ist.

(2) ACER kann nach Maßgabe ihres Arbeitsprogramms auf Verlangen der Kommission oder auf eigene Initiative Empfehlungen aussprechen, um Regulierungsbehörden und Marktteilnehmer beim Austausch geeigneter Praktiken zu unterstützen.

(3) Bis zum 5. Juli 2022 und danach alle vier Jahre legt die Kommission dem Europäischen Parlament und dem Rat gemäß Artikel 57 Absatz 7 der Richtlinie (EU) 2019/944[3)] einen Bericht über die Unabhängigkeit der Regulierungsbehörden vor.

(4) [1]ACER schafft einen Rahmen für die Zusammenarbeit der Regulierungsbehörden, um für eine effiziente Entscheidungsfindung bei Sachverhalten mit grenzüberschreitender Bedeutung zu sorgen. [2]Sie fördert die Zusammenarbeit zwischen den Regulierungsbehörden und zwischen den Regulierungsbehörden auf regionaler und auf Unionsebene und berücksichtigt das Ergebnis dieser Zusammenarbeit bei der Ausarbeitung ihrer Stellungnahmen, Empfehlungen und Entscheidungen. [3]Ist ACER der Auffassung, dass verbindliche Regeln für eine derartige Zusammenarbeit erforderlich sind, so richtet sie entsprechende Empfehlungen an die Kommission.

(5) ACER gibt auf Antrag einer oder mehrerer Regulierungsbehörden oder der Kommission eine faktenbasierte Stellungnahme zu der Frage ab, ob eine von einer Regulierungsbehörde getroffene Entscheidung den gemäß der Verordnung (EU) 2019/943[1)], der Verordnung (EG) Nr. 715/2009[2)], der Richtlinie (EU) 2019/944[3)] oder der Richtlinie 2009/73/EG[4)] festgelegten Netzkodizes und Leitlinien oder anderen einschlägigen Bestimmungen dieser Richtlinien oder Verordnungen entspricht.

(6) Kommt eine Regulierungsbehörde der gemäß Absatz 5 vorgelegten Stellungnahme von ACER nicht innerhalb von vier Monaten nach dem Datum

---

[1)] Nr. 8.
[2)] Nr. 9.
[3)] Nr. 4.
[4)] Nr. 5.

des Eingangs der Stellungnahme nach, so unterrichtet ACER die Kommission und den betreffenden Mitgliedstaat entsprechend.

(7) [1] Bereitet einer Regulierungsbehörde die Anwendung der in der Verordnung (EU) 2019/943[1)], der Verordnung (EG) Nr. 715/2009[2)], der Richtlinie (EU) 2019/944[3)] oder der Richtlinie 2009/73/EG[4)] genannten Netzkodizes und Leitlinien in einem bestimmten Fall Schwierigkeiten, so kann sie bei ACER die Abgabe einer Stellungnahme beantragen. [2] ACER gibt ihre Stellungnahme nach Konsultation der Kommission innerhalb von drei Monaten nach dem Tag des Eingangs eines solchen Antrags ab.

(8) Auf Anfrage einer Regulierungsbehörde kann ACER dieser Regulierungsbehörde operative Unterstützung bei Untersuchungen gemäß der Verordnung (EU) Nr. 1227/2011 leisten.

(9) ACER legt der maßgeblichen Regulierungsbehörde und der Kommission nach Maßgabe von Artikel 16 Absatz 3 der Verordnung (EU) 2019/943[1)] Stellungnahmen vor.

(10) *[1]* [1] ACER ist befugt, Einzelfallentscheidungen zu Regulierungsfragen zu treffen, die sich auf den grenzüberschreitenden Handel oder die grenzüberschreitende Systemsicherheit auswirken und die eine gemeinsame Entscheidung von mindestens zwei Regulierungsbehörden erfordern, sofern den Regulierungsbehörden eine solche Befugnis nach einem der folgenden Rechtsakte übertragen wurde:

a) einem Gesetzgebungsakt der Union, der im Wege des ordentlichen Gesetzgebungsverfahrens erlassen wurde,
b) den Netzkodizes und Leitlinien, die vor dem 4. Juli 2019 erlassen wurden, und spätere Überarbeitungen dieser Netzkodizes und Leitlinien, oder
c) den Netzkodizes und Leitlinien, die als Durchführungsrechtsakte gemäß Artikel 5 der Verordnung (EU) Nr. 182/2011 erlassen wurden.

[2] [1] In den folgenden Situationen ist ACER befugt, die in Unterabsatz 1 genannten Einzelfallentscheidungen zu treffen:

a) wenn die zuständigen Regulierungsbehörden innerhalb von sechs Monaten ab dem Tag, an dem die letzte dieser Regulierungsbehörden mit der Angelegenheit befasst wurde, oder innerhalb von vier Monaten in Fällen nach Artikel 4 Absatz 7 dieser Verordnung oder nach Artikel 59 Absatz 1 Buchstabe c oder Artikel 62 Absatz 1 Buchstabe f der Richtlinie (EU) 2019/944[3)] keine Einigung erzielen konnten, oder
b) auf gemeinsamen Antrag der zuständigen Regulierungsbehörden.

[3] [1] Die zuständigen Regulierungsbehörden können gemeinsam beantragen, dass die unter Unterabsatz 2 Buchstabe a dieses Absatzes genannte Frist um bis zu sechs Monate verlängert wird, es sei denn, es handelt sich um Fälle nach Artikel 4 Absatz 7 dieser Verordnung oder nach Artikel 59 Absatz 1 Buchstabe c oder Artikel 62 Absatz 1 Buchstabe f der Richtlinie (EU) 2019/944[3)].

[4] [1] Wenn die Befugnis zur Entscheidung bei grenzüberschreitenden Fragen gemäß Unterabsatz 1 im Rahmen neuer Netzkodizes oder Leitlinien, die nach

---

[1)] Nr. **8**.
[2)] Nr. **9**.
[3)] Nr. **4**.
[4)] Nr. **5**.

dem 4. Juli 2019 als delegierte Rechtsakte angenommen wurden, an die Regulierungsbehörden übertragen wurde, ist ACER nur auf freiwilliger Basis nach Maßgabe von Unterabsatz 2 Buchstabe b dieses Absatzes zuständig, wenn mindestens 60 % der zuständigen Regulierungsbehörden dies beantragen. 2 Falls nur zwei Regulierungsbehörden beteiligt sind, kann eine der beiden Regulierungsbehörden den Fall an ACER verweisen.

[5] 1 Die Kommission legt dem Europäischen Parlament und dem Rat bis zum 31. Oktober 2023 und danach alle drei Jahre einen Bericht über die mögliche Notwendigkeit vor, die Beteiligung von ACER bei der Beilegung von Fällen von Meinungsunterschieden zwischen Regulierungsbehörden weiter zu stärken, wenn es um gemeinsame Entscheidungen bei Fragen geht, für die diesen Regulierungsbehörden nach dem 4. Juli 2019 im Wege eines delegierten Rechtsakts die Befugnis übertragen wurde. 2 Gegebenenfalls wird dem Bericht ein Legislativvorschlag beigefügt, um solche Befugnisse zu ändern oder auf ACER zu übertragen.

(11) Bei der Vorbereitung ihrer Entscheidung gemäß Absatz 10 konsultiert ACER die Regulierungsbehörden und betroffene Übertragungs-/Fernleitungsnetzbetreiber, und sie wird über die Vorschläge und Bemerkungen aller betroffenen Übertragungs-/Fernleitungsnetzbetreiber informiert.

(12) Wird ACER nach Absatz 10 mit einem Fall befasst, so

a) trifft ACER eine Entscheidung innerhalb von sechs Monaten ab dem Datum der Befassung oder innerhalb von vier Monaten danach in Fällen nach Maßgabe von Artikel 4 Absatz 7 dieser Verordnung oder nach Maßgabe von Artikel 59 Absatz 1 Buchstabe c oder Artikel 62 Absatz 1 Buchstabe f der Richtlinie (EU) 2019/944[1)] und

b) kann sie falls erforderlich eine Zwischenentscheidung erlassen, damit die Versorgungssicherheit oder die Betriebssicherheit sichergestellt ist.

(13) Schließen die in Absatz 10 genannten Regulierungsangelegenheiten Ausnahmen im Sinne von Artikel 63 der Verordnung (EU) 2019/943[2)], oder Artikel 36 der Richtlinie 2009/73/EG[3)] ein, so werden die in dieser Verordnung festgelegten Fristen nicht mit den in jenen Vorschriften genannten Fristen kumuliert.

Art. 7 Aufgaben von ACER im Zusammenhang mit regionalen Koordinierungszentren. (1) ACER wird in enger Zusammenarbeit mit den Regulierungsbehörden und ENTSO (Strom) sowie unter Berücksichtigung der in Artikel 46 Absatz 3 der Verordnung (EU) 2019/943[2)] vorgesehenen Berichte die Leistung der regionalen Koordinierungszentren beobachten und analysieren.

(2) Um die in Absatz 1 genannten Aufgaben effizient und zügig ausführen zu können, wird ACER insbesondere

a) über die Festlegung von Netzbetriebsregionen gemäß Artikel 36 Absatz 3 und 4 entscheiden und Genehmigungen gemäß Artikel 37 Absatz 2 der Verordnung (EU) 2019/943[2)] erteilen;

---

1) Nr. **4**.
2) Nr. **8**.
3) Nr. **5**.

b) sofern erforderlich gemäß Artikel 46 der Verordnung (EU) 2019/943[1] Informationen von regionalen Koordinierungszentren anfordern;
c) Stellungnahmen und Empfehlungen abgeben, die an das Europäische Parlament, den Rat und die Kommission gerichtet sind;
d) Stellungnahmen und Empfehlungen abgeben, die an die regionalen Koordinierungszentren gerichtet sind.

Art. 8 Aufgaben von ACER im Zusammenhang mit nominierten Strommarktbetreibern. Um sicherzustellen, dass die nominierten Strommarktbetreiber ihren Aufgaben gemäß der Verordnung (EU) 2019/943[1] und der Verordnung (EU) 2015/1222 der Kommission[2] nachkommen, wird ACER
a) die Fortschritte der nominierten Strommarktbetreiber bei der Festlegung der Aufgaben im Rahmen der Verordnung (EU) 2015/1222 beobachten,
b) der Kommission gemäß Artikel 7 Absatz 5 der Verordnung (EU) 2015/1222 Empfehlungen unterbreiten,
c) sofern erforderlich Informationen von den nominierten Strommarktbetreibern anfordern.

Art. 9 Aufgaben von ACER im Zusammenhang mit der Angemessenheit der Stromerzeugung und der Risikovorsorge. (1) Gegebenenfalls genehmigt und ändert ACER
a) die Vorschläge für Methoden und Berechnungen im Zusammenhang mit der Abschätzung der Angemessenheit der Ressourcen auf europäischer Ebene gemäß Artikel 23 Absätze 3, 4, 6 und 7 der Verordnung (EU) 2019/943[1],
b) die Vorschläge zu technischen Spezifikationen für die grenzüberschreitende Teilnahme an Kapazitätsmechanismen gemäß Artikel 26 Absatz 11 der Verordnung (EU) 2019/943[1].

(2) ACER gibt nach Maßgabe von Artikel 24 Absatz 3 der Verordnung (EU) 2019/941 eine Stellungnahme darüber ab, ob die Unterschiede zwischen der Abschätzung der Angemessenheit der Ressourcen auf nationaler und auf europäischer Ebene gerechtfertigt sind.

(3) Gegebenenfalls genehmigt und ändert ACER die Methoden
a) zur Ermittlung von Szenarien für Stromversorgungskrisen auf regionaler Ebene gemäß Artikel 5 der Verordnung (EU) 2019/941,
b) zur kurzfristigen und saisonalen Abschätzung der Angemessenheit gemäß Artikel 8 der Verordnung (EU) 2019/941.

(4) Mit Blick auf die Sicherheit der Erdgasversorgung ist ACER in der Koordinierungsgruppe „Erdgas" gemäß Artikel 4 der Verordnung (EU) 2017/1938 vertreten und nimmt ihre Verpflichtungen im Zusammenhang mit den nach Anhang III der Verordnung (EU) 2017/1938 festgelegten permanenten bidirektionalen Kapazitäten von Verbindungsleitungen für Gas wahr.

---

[1] Nr. 8.
[2] **Amtl. Anm.:** Verordnung (EU) 2015/1222 der Kommission vom 24. Juli 2015 zur Festlegung einer Leitlinie für die Kapazitätsvergabe und das Engpassmanagement (ABl. L 197 vom 25.7.2015, S. 24).

Art. 10 Aufgaben von ACER im Zusammenhang mit Ausnahmen. [1] ACER entscheidet über Ausnahmen gemäß Artikel 63 Absatz 5 der Verordnung (EU) 2019/943[1)]. [2] Darüber hinaus entscheidet sie über Ausnahmen gemäß Artikel 36 Absatz 4 der Richtlinie 2009/73/EG[2)], wenn sich die betreffende Infrastruktur im Hoheitsgebiet von mehr als einem Mitgliedstaat befindet.

Art. 11 Aufgaben von ACER im Zusammenhang mit der Infrastruktur. In Bezug auf die transeuropäische Energieinfrastruktur wird ACER in enger Zusammenarbeit mit den Regulierungsbehörden und ENTSO (Strom) und ENTSO (Gas)

a) beobachten, wie die Durchführung der Projekte zur Schaffung neuer Verbindungsleitungskapazitäten voranschreitet;
b) die Umsetzung der unionsweiten Netzentwicklungspläne beobachten. Stellt ACER Widersprüche zwischen diesen Plänen und deren Durchführung fest, so erforscht sie die Gründe dieser Widersprüche und gibt den betreffenden Übertragungs-/Fernleitungsnetzbetreibern, Regulierungsbehörden bzw. anderen zuständigen Einrichtungen Empfehlungen zur Durchführung der Investitionen im Einklang mit den unionsweiten Netzentwicklungsplänen;
c) den in den Artikeln 5, 11 und 13 der Verordnung (EU) Nr. 347/2013 festgelegten Verpflichtungen nachkommen;
d) Entscheidungen über Investitionsanträge gemäß Artikel 12 Absatz 6 der Verordnung (EU) Nr. 347/2013 treffen.

Art. 12 Aufgaben von ACER im Zusammenhang mit der Integrität und Transparenz des Großhandelsmarkts. Um die Integrität und Transparenz des Großhandelsmarkts wirksam zu überwachen, wird ACER in enger Zusammenarbeit mit den Regulierungsbehörden und anderen nationalen Behörden

a) gemäß den Artikeln 7 bis 12 der Verordnung (EU) Nr. 1227/2011 Großhandelsmärkte überwachen, Daten erheben und austauschen und ein europäisches Register von Marktteilnehmern einrichten;
b) der Kommission gemäß Artikel 7 der Verordnung (EU) Nr. 1227/2011 Empfehlungen unterbreiten;
c) Untersuchungen gemäß Artikel 16 Absatz 4 der Verordnung (EU) Nr. 1227/2011 koordinieren.

Art. 13 Beauftragung von ACER mit neuen Aufgaben. ACER kann unter Voraussetzungen, die von der Kommission in nach Maßgabe von Artikel 59 der Verordnung (EU) 2019/943[1)] angenommenen Netzkodizes und in nach Maßgabe von Artikel 61 der genannten Verordnung oder Artikel 23 der Verordnung (EG) Nr. 715/2009[3)] angenommenen Leitlinien klar festgelegt werden, und zu Fragen im Zusammenhang mit den Zwecken, für die sie

---

[1)] Nr. **8**.
[2)] Nr. **5**.
[3)] Nr. **9**.

geschaffen wurde, mit zusätzlichen Aufgaben, die keine Entscheidungsbefugnisse umfassen, betraut werden.

Art. 14 Konsultationen, Transparenz und Verfahrensgarantien.

(1) Bei der Wahrnehmung ihrer Aufgaben, insbesondere bei der Ausarbeitung der Rahmenleitlinien gemäß Artikel 59 der Verordnung (EU) 2019/943[1)] oder Artikel 6 der Verordnung (EG) Nr. 715/2009[2)] sowie bei der Vorlage von Vorschlägen von Änderungen der Netzkodizes gemäß Artikel 60 der Verordnung (EU) 2019/943[1)] oder Artikel 7 der Verordnung (EG) Nr. 715/2009[2)], konsultiert ACER ausführlich und frühzeitig sowie auf offene und transparente Art und Weise die Marktteilnehmer, die Übertragungs-/Fernleitungsnetzbetreiber, die Verbraucher, die Endnutzer und gegebenenfalls die Wettbewerbsbehörden, und zwar unbeschadet ihrer jeweiligen Zuständigkeit, insbesondere wenn ihre Aufgaben die Übertragungs-/Fernleitungsnetzbetreiber betreffen.

(2) *[1]* ACER stellt sicher, dass die Öffentlichkeit sowie sämtliche interessierten Parteien objektive, zuverlässige und leicht zugängliche Informationen, insbesondere über die Ergebnisse der Arbeit von ACER, erhalten, sofern dies angezeigt ist.

[2] Alle Dokumente und Protokolle von Konsultationssitzungen, die im Rahmen der Ausarbeitung der Rahmenleitlinien gemäß Artikel 59 der Verordnung (EU) 2019/943[1)] oder Artikel 6 der Verordnung (EG) Nr. 715/2009[2)] oder im Rahmen der in Absatz 1 genannten Änderung von Netzkodizes durchgeführt werden, werden veröffentlicht.

(3) Vor der Annahme der Rahmenleitlinien oder vor der Unterbreitung von Vorschlägen zur Änderung von Netzkodizes gemäß Absatz 1 gibt ACER an, wie den bei den Konsultationen gewonnenen Beobachtungen Rechnung getragen wurde, und gibt eine Begründung ab, wenn diese Beobachtungen nicht berücksichtigt wurden.

(4) ACER veröffentlicht auf ihrer Internetseite mindestens die Tagesordnung, die Hintergrund-Dokumente sowie gegebenenfalls die Protokolle der Sitzungen des Verwaltungsrates, des Regulierungsrates und des Beschwerdeausschusses.

(5) [1] ACER erlässt und veröffentlicht gemäß dem in Artikel 19 Absatz 1 Buchstabe t festgelegten Verfahren eine geeignete und verhältnismäßige Geschäftsordnung. [2] Diese Geschäftsordnung muss Bestimmungen enthalten, mit denen ein transparentes und angemessenes Entscheidungsfindungsverfahren sichergestellt wird, bei dem die auf der Rechtsstaatlichkeit beruhenden grundlegenden Verfahrensrechte – insbesondere der Anspruch auf rechtliches Gehör – garantiert sind, sowie Bestimmungen über die Akteneinsicht und die in den Absätzen 6, 7 und 8 spezifizierten Standards.

(6) Bevor ACER eine in dieser Verordnung vorgesehene Einzelfallentscheidung trifft, teilt sie allen betroffenen Parteien ihre Absicht mit, diese Entscheidung zu treffen, und setzt eine Frist fest, innerhalb welcher die betroffenen Parteien zu der Angelegenheit Stellung nehmen können, mit der der Dringlichkeit, der Komplexität und den möglichen Folgen der Angelegenheit in vollem Umfang Rechnung getragen wird.

[1)] Nr. **8**.
[2)] Nr. **9**.

(7) In den Einzelfallentscheidungen von ACER sind die Gründe angegeben, auf die sie sich stützen, damit in der Sache Beschwerde erhoben werden kann.

(8) Die von Einzelfallentscheidungen betroffenen Parteien werden über die im Rahmen dieser Verordnung zur Verfügung stehenden Rechtsbehelfe belehrt.

Art. 15 Beobachtung des Elektrizitäts- und Erdgassektors und entsprechende Berichterstattung. (1) ACER beobachtet in enger Zusammenarbeit mit der Kommission, den Mitgliedstaaten und den maßgeblichen nationalen Behörden einschließlich der Regulierungsbehörden und unbeschadet der Zuständigkeiten der Wettbewerbsbehörden die Großhandelsmärkte und Endkundenmärkte für Strom und Erdgas, insbesondere die Endkundenpreise von Strom und Erdgas, die Einhaltung der in der Richtlinie (EU) 2019/944[1] und der Richtlinie 2009/73/EG[2] festgelegten Verbraucherrechte, die Auswirkungen der Marktentwicklungen auf Haushaltskunden, den Zugang zu den Netzen, einschließlich des Zugangs für den Strom aus erneuerbaren Energiequellen, den Fortschritt bei den Verbindungsleitungen, mögliche Hemmnisse für den grenzüberschreitenden Handel, regulatorische Hindernisse für neue und kleinere Marktteilnehmer, darunter Bürgerenergiegemeinschaften, staatliche Eingriffe, wie die in Artikel 10 Absatz 4 der Verordnung (EU) 2019/943[3] vorgesehenen, die Preise daran hindern, die tatsächliche Knappheit widerzuspiegeln, die Maßnahmen der Mitgliedstaaten im Bereich der Stromversorgungssicherheit basierend auf den Ergebnissen der in Artikel 23 derselben Verordnung genannten Abschätzung der Angemessenheit der Ressourcen auf europäische Ebene, insbesondere der in Artikel 17 der Verordnung (EU) 2019/941 genannten nachträglichen Analyse.

(2) [1] ACER veröffentlicht jährlich einen Bericht über die Ergebnisse ihrer Beobachtung gemäß Absatz 1. [2] In diesem Bericht legt sie auch die Hemmnisse für die Vollendung des Elektrizitäts- und des Erdgasbinnenmarktes dar.

(3) Bei der Veröffentlichung dieses Jahresberichts kann ACER dem Europäischen Parlament und der Kommission eine Stellungnahme zu möglichen Maßnahmen zum Abbau der in Absatz 2 genannten Hemmnisse vorlegen.

(4) ACER gibt einen Bericht über bewährte Verfahren zu Übertragungs- und Verteilernetzentgelten gemäß Artikel 18 Absatz 9 der Verordnung (EU) 2019/943[3] heraus.

Kapitel II. Organisation von ACER

Art. 16 Rechtsstellung. (1) ACER ist eine Einrichtung der Union mit eigener Rechtspersönlichkeit.

(2) [1] ACER verfügt in allen Mitgliedstaaten über die weitestreichende Rechtsfähigkeit, die juristischen Personen nach dem jeweiligen nationalen Recht zuerkannt wird. [2] Sie kann insbesondere bewegliches und unbewegliches Vermögen erwerben und veräußern und ist vor Gericht parteifähig.

---

[1] Nr. **4**.
[2] Nr. **5**.
[3] Nr. **8**.

(3) ACER wird von ihrem Direktor vertreten.

(4) Sitz von ACER ist Ljubljana, Slowenien.

Art. 17 Verwaltungs- und Leitungsstruktur. ACER besteht aus

a) einem Verwaltungsrat, der die in Artikel 19 vorgesehenen Aufgaben wahrnimmt,

b) einem Regulierungsrat, der die in Artikel 22 vorgesehenen Aufgaben wahrnimmt,

c) einem Direktor, der die in Artikel 24 vorgesehenen Aufgaben wahrnimmt und

d) einem Beschwerdeausschuss, der die in Artikel 28 vorgesehenen Aufgaben wahrnimmt.

Art. 18 Zusammensetzung des Verwaltungsrates. (1) [1] Der Verwaltungsrat besteht aus neun Mitgliedern. [2] Jedes Mitglied hat einen Stellvertreter. [3] Zwei Mitglieder und ihre Stellvertreter werden von der Kommission, zwei Mitglieder und ihre Stellvertreter werden vom Europäischen Parlament und fünf Mitglieder und ihre Stellvertreter werden vom Rat ernannt. [4] Kein Mitglied des Europäischen Parlaments darf gleichzeitig Mitglied des Verwaltungsrates sein. [5] Ein Mitglied des Verwaltungsrates kann nicht zugleich Mitglied des Regulierungsrates sein.

(2) [1] Die Amtszeit der Mitglieder des Verwaltungsrates sowie ihrer Stellvertreter beträgt vier Jahre und kann einmal verlängert werden. [2] Für die Hälfte der Mitglieder des Verwaltungsrates und ihre Stellvertreter beträgt die erste Amtszeit sechs Jahre.

(3) [1] Der Verwaltungsrat wählt mit einer Zweidrittelmehrheit aus dem Kreis seiner Mitglieder einen Vorsitzenden und einen stellvertretenden Vorsitzenden. [2] Der stellvertretende Vorsitzende vertritt automatisch den Vorsitzenden, wenn dieser seine Aufgaben nicht wahrnehmen kann. [3] Die Amtszeit des Vorsitzenden und des stellvertretenden Vorsitzenden beträgt zwei Jahre und kann einmal verlängert werden. [4] Die Amtszeit des Vorsitzenden und des stellvertretenden Vorsitzenden endet, sobald sie dem Verwaltungsrat nicht mehr als Mitglieder angehören.

(4) [1] Der Vorsitzende beruft die Sitzungen des Verwaltungsrates ein. [2] Der Vorsitzende des Regulierungsrates oder der designierte Vertreter aus dem Regulierungsrat und der Direktor nehmen, sofern der Verwaltungsrat bezüglich des Direktors nicht anders entscheidet, ohne Stimmrecht an den Beratungen teil. [3] Der Verwaltungsrat tritt mindestens zweimal jährlich zu einer ordentlichen Sitzung zusammen. [4] Darüber hinaus tritt er auf Initiative seines Vorsitzenden, auf Wunsch der Kommission oder auf Antrag von mindestens einem Drittel seiner Mitglieder zusammen. [5] Der Verwaltungsrat kann Personen, deren Auffassung möglicherweise relevant ist, als Beobachter zu seinen Sitzungen einladen. [6] Die Mitglieder des Verwaltungsrates können vorbehaltlich seiner Geschäftsordnung von Beratern oder Sachverständigen unterstützt werden. [7] Die Sekretariatsgeschäfte des Verwaltungsrates werden von ACER wahrgenommen.

(5) [1] Die Beschlüsse des Verwaltungsrates werden, soweit in dieser Verordnung nicht anders geregelt, mit einer Zweidrittelmehrheit der anwesenden

Mitglieder angenommen. [2]Jedes Mitglied des Verwaltungsrates bzw. sein Stellvertreter hat eine Stimme.

(6) Die Geschäftsordnung legt Folgendes im Einzelnen fest:

a) die Abstimmungsregeln, insbesondere die Bedingungen, unter denen ein Mitglied im Namen eines anderen Mitglieds abstimmen kann, sowie gegebenenfalls die Bestimmungen über das Quorum und

b) die Regelungen über das Rotationssystem für die Ersetzung der vom Rat ernannten Mitglieder des Verwaltungsrates, damit langfristig eine ausgewogene Beteiligung der Mitgliedstaaten gewährleistet ist.

(7) [1]Die Mitglieder des Verwaltungsrates verpflichten sich unbeschadet der Rolle der von der Kommission ernannten Mitglieder, im Interesse der Union in ihrer Gesamtheit unabhängig und objektiv zu handeln und keine Weisungen von Organen, Einrichtungen oder sonstigen Stellen der Union, von Regierungen von Mitgliedstaaten oder von sonstigen öffentlichen oder privaten Einrichtungen einzuholen oder zu befolgen. [2]Hierzu gibt jedes Mitglied eine schriftliche Verpflichtungserklärung sowie eine schriftliche Interessenerklärung ab, aus der entweder hervorgeht, dass keinerlei Interessen bestehen, die als seine Unabhängigkeit beeinträchtigend angesehen werden könnten, oder dass unmittelbare oder mittelbare Interessen vorhanden sind, die als seine Unabhängigkeit beeinträchtigend angesehen werden könnten. [3]ACER macht diese Erklärungen jedes Jahr öffentlich bekannt.

Art. 19 Aufgaben des Verwaltungsrates. (1) Der Verwaltungsrat

a) ernennt nach Konsultation des Regulierungsrates und nach dessen befürwortender Stellungnahme gemäß Artikel 22 Absatz 5 Buchstabe c den Direktor gemäß Artikel 23 Absatz 2 und kann gegebenenfalls seine Amtszeit verlängern oder ihn seines Amtes entheben;

b) ernennt förmlich die gemäß Artikel 21 Absatz 1 ernannten Mitglieder des Regulierungsrates;

c) ernennt förmlich die Mitglieder des Beschwerdeausschusses gemäß Artikel 25 Absatz 2;

d) gewährleistet, dass ACER ihren Auftrag erfüllt und die ihr zugewiesenen Aufgaben im Einklang mit dieser Verordnung wahrnimmt;

e) verabschiedet mit einer Zweidrittelmehrheit seiner Mitglieder das in Artikel 20 Absatz 1 genannte Programmplanungsdokument und ändert es gegebenenfalls gemäß Artikel 20 Absatz 3 ab;

f) nimmt den jährlichen Haushaltsplan von ACER an und übt seine sonstigen Haushaltsbefugnisse in Übereinstimmung mit den Artikeln 31 bis 35 aus;

g) beschließt, nachdem er die Zustimmung der Kommission eingeholt hat, über die Annahme von Legaten, Schenkungen oder Zuschüssen aus anderen Quellen der Union oder etwaigen freiwillig geleisteten Beiträgen der Mitgliedstaaten oder der Regulierungsbehörden. Der Verwaltungsrat geht in seiner Stellungnahme gemäß Artikel 35 Absatz 4 ausdrücklich auf die in diesem Absatz genannten Finanzierungsquellen ein;

h) übt nach Konsultation des Regulierungsrats die Disziplinargewalt über den Direktor aus. Übt des Weiteren im Einklang mit Absatz 2 in Bezug auf das Personal von ACER die Befugnisse aus, die der Anstellungsbehörde im

Statut und der zum Abschluss von Dienstverträgen ermächtigten Behörde in den Beschäftigungsbedingungen übertragen werden;

i) legt die Durchführungsbestimmungen von ACER zum Statut und die Beschäftigungsbedingungen im Einklang mit Artikel 110 des Statuts gemäß Artikel 39 Absatz 2 fest;

j) erlässt gemäß Artikel 41 die praktischen Maßnahmen zum Recht auf Zugang zu den Dokumenten von ACER;

k) nimmt auf der Grundlage des Entwurfs des Jahresberichts gemäß Artikel 24 Absatz 1 Buchstabe i den Jahresbericht über die Tätigkeiten von ACER an, veröffentlicht diesen und legt ihn bis zum 1. Juli eines jeden Jahres dem Europäischen Parlament, dem Rat, der Kommission und dem Rechnungshof vor; dieser Jahresbericht über die Tätigkeiten von ACER enthält einen separaten, vom Regulierungsrat genehmigten Teil über die Regulierungstätigkeit von ACER im Berichtsjahr;

l) gibt sich eine Geschäftsordnung und veröffentlicht diese;

m) erlässt gemäß Artikel 36 die für ACER geltende Finanzregelung;

n) beschließt eine Betrugsbekämpfungsstrategie, die in einem angemessenen Verhältnis zu dem Betrugsrisiko steht und die Kosten und die Nutzen der durchzuführenden Maßnahmen berücksichtigt;

o) beschließt Bestimmungen zur Vermeidung und Bewältigung von Interessenkonflikten seiner Mitglieder sowie der Mitglieder des Beschwerdeausschusses;

p) beschließt und aktualisiert regelmäßig die in Artikel 41 genannten Kommunikations- und Verbreitungspläne;

q) ernennt einen Rechnungsführer, der dem Statut der Beamten oder den Beschäftigungsbedingungen unterliegt und in der Wahrnehmung seiner Aufgaben völlig unabhängig ist;

r) ergreift geeignete Folgemaßnahmen zu den Ergebnissen und Empfehlungen von Berichten über interne oder externe Prüfungen und von internen oder externen Evaluierungen sowie von Untersuchungen des Europäischen Amtes für Betrugsbekämpfung (OLAF);

s) genehmigt den Abschluss von Arbeitsvereinbarungen gemäß Artikel 43;

t) verabschiedet und veröffentlicht auf der Grundlage eines Vorschlags des Direktors gemäß Artikel 24 Absatz 1 Buchstabe b und nach Konsultation des Regulierungsrates und dessen befürwortender Stellungnahme gemäß Artikel 22 Absatz 5 Buchstabe f die in Artikel 14 Absatz 5 genannte Geschäftsordnung.

(2) [1] Der Verwaltungsrat erlässt gemäß Artikel 110 des Statuts der Beamten einen Beschluss auf der Grundlage von Artikel 2 Absatz 1 des Statuts der Beamten und Artikel 6 der Beschäftigungsbedingungen, mit dem er dem Direktor die maßgeblichen Befugnisse der Anstellungsbehörde überträgt und die Bedingungen festlegt, unter denen die Befugnisübertragung ausgesetzt werden kann. [2] Der Direktor kann diese Befugnisse weiter übertragen.

(3) [1] Bei Vorliegen außergewöhnlicher Umstände kann der Verwaltungsrat die Übertragung von Befugnissen der Anstellungsbehörde auf den Direktor sowie die von diesem weiterübertragenen Befugnisse durch einen Beschluss vorübergehend aussetzen und die Befugnisse selbst ausüben oder sie einem

seiner Mitglieder oder einem anderen Bediensteten als dem Direktor übertragen. [2] Die außergewöhnlichen Umstände sind, unbeschadet der uneingeschränkten Unabhängigkeit des Direktors in Hinblick auf seine Aufgaben nach Maßgabe von Artikel 24 Absatz 1 Buchstabe c, streng auf Verwaltungs-, Haushalts- und Leitungsangelegenheiten beschränkt.

Art. 20 Jährliche und mehrjährige Programmplanung. (1) *[1]* Der Direktor erstellt jedes Jahr einen Entwurf des Programmplanungsdokuments mit der jährlichen und der Mehrjahresprogrammplanung und legt den Entwurf des Programmplanungsdokuments dem Verwaltungsrat und dem Regulierungsrat vor.

[2] Nach einer befürwortenden Stellungnahme des Regulierungsrates verabschiedet der Verwaltungsrat den Entwurf des Programmplanungsdokuments und legt den Entwurf des Programmplanungsdokuments spätestens bis zum 31. Januar dem Europäischen Parlament, dem Rat und der Kommission vor.

[3] Der Entwurf des Programmplanungsdokuments steht im Einklang mit dem gemäß Artikel 33 Absätze 1, 2 und 3 erstellten vorläufigen Entwurf des Voranschlags.

[4] [1] Der Verwaltungsrat verabschiedet das Programmplanungsdokument unter Berücksichtigung der Stellungnahme der Kommission, nach Eingang der befürwortenden Stellungnahme des Regulierungsrates und nachdem der Direktor es dem Europäischen Parlament vorgelegt hat. [2] Der Verwaltungsrat übermittelt das Programmplanungsdokument bis zum 31. Dezember dem Europäischen Parlament, dem Rat und der Kommission.

[5] Das Programmplanungsdokument wird unbeschadet des jährlichen Haushaltsverfahrens festgelegt und veröffentlicht.

[6] Das Programmplanungsdokument wird nach der endgültigen Feststellung des Gesamthaushaltsplans endgültig und ist, falls notwendig, entsprechend anzupassen.

(2) [1] Die jährliche Programmplanung im Programmplanungsdokument umfasst die detaillierten Ziele und die erwarteten Ergebnisse sowie die Leistungsindikatoren. [2] Es enthält zudem eine Beschreibung der zu finanzierenden Maßnahmen sowie Angaben zur Höhe der für die einzelnen Maßnahmen vorgesehenen finanziellen und personellen Ressourcen – einschließlich eines Verweises auf die Arbeitsgruppen von ACER, die beauftragt wurden, zur Erstellung der betreffenden Dokumente beizutragen – gemäß den Grundsätzen der maßnahmenbezogenen Budgetierung und des maßnahmenbezogenen Managements. [3] Die jährliche Programmplanung steht mit der mehrjährigen Programmplanung nach Absatz 4 in Einklang. [4] Darin ist klar anzugeben, welche Aufgaben im Vergleich zum vorangegangenen Haushaltsjahr hinzugefügt, verändert oder gestrichen wurden.

(3) *[1]* Der Verwaltungsrat ändert das verabschiedete Programmplanungsdokument, wenn ACER eine neue Aufgabe übertragen wird.

[2] [1] Wesentliche Änderungen am Programmplanungsdokument werden nach dem Verfahren für die Verabschiedung des ursprünglichen Programmplanungsdokuments beschlossen. [2] Der Verwaltungsrat kann die Befugnis zur Vornahme nicht wesentlicher Änderungen am Programmplanungsdokument dem Direktor übertragen.

(4) *[1]* [1]Die mehrjährige Programmplanung im Programmplanungsdokument enthält die strategische Gesamtplanung mit Zielen, erwarteten Ergebnissen und Leistungsindikatoren. [2]Es umfasst auch die Ressourcenplanung, einschließlich der Mehrjahreshaushalts- und -personalplanung.

[2] [1]Die Ressourcenplanung wird jährlich aktualisiert. [2]Die strategische Programmplanung wird bei Bedarf aktualisiert, insbesondere um dem Ergebnis der in Artikel 45 genannten Bewertung Rechnung zu tragen.

Art. 21 Zusammensetzung des Regulierungsrates. (1) *[1]* Der Regulierungsrat setzt sich zusammen aus

a) ranghohen Vertretern der Regulierungsbehörden gemäß Artikel 57 Absatz 1 der Richtlinie (EU) 2019/944[1)] und Artikel 39 Absatz 1 der Richtlinie 2009/73/EG[2)] und einem Stellvertreter pro Mitgliedstaat, die aus den derzeitigen Führungskräften dieser Behörden ausgewählt und jeweils von den Regulierungsbehörden ernannt werden,

b) und einem nicht stimmberechtigten Vertreter der Kommission.

[2] Pro Mitgliedstaat wird nur ein Vertreter der Regulierungsbehörde im Regulierungsrat zugelassen.

(2) [1]Der Regulierungsrat wählt aus dem Kreis seiner Mitglieder einen Vorsitzenden und einen stellvertretenden Vorsitzenden. [2]Der stellvertretende Vorsitzende vertritt den Vorsitzenden, wenn dieser seine Pflichten nicht wahrnehmen kann. [3]Die Amtszeit des Vorsitzenden und des stellvertretenden Vorsitzenden beträgt zweieinhalb Jahre und kann verlängert werden. [4]Die Amtszeit des Vorsitzenden und des stellvertretenden Vorsitzenden endet jedoch, sobald sie dem Regulierungsrat nicht mehr als Mitglieder angehören.

Art. 22 Aufgaben des Regulierungsrates. (1) Der Regulierungsrat beschließt mit einer Zweidrittelmehrheit der anwesenden Mitglieder, wobei jedes Mitglied eine Stimme hat.

(2) [1]Der Regulierungsrat erlässt und veröffentlicht seine Geschäftsordnung, die die Abstimmungsmodalitäten im Einzelnen festlegt, insbesondere die Bedingungen, unter denen ein Mitglied im Namen eines anderen Mitglieds abstimmen kann, sowie gegebenenfalls die Bestimmungen über das Quorum. [2]Die Geschäftsordnung kann spezifische Arbeitsmethoden zur Erörterung von Fragen im Rahmen regionaler Initiativen für Zusammenarbeit vorsehen.

(3) Bei der Wahrnehmung der ihm durch diese Verordnung übertragenen Regulierungsaufgaben und unbeschadet dessen, dass seine Mitglieder im Namen ihrer jeweiligen Regulierungsbehörde handeln, handelt der Regulierungsrat unabhängig und holt keine Weisungen von der Regierung eines Mitgliedstaats, von der Kommission oder von einer anderen öffentlichen oder privaten Stelle ein noch befolgt er solche.

(4) Die Sekretariatsgeschäfte des Regulierungsrates werden von ACER wahrgenommen.

(5) Der Regulierungsrat

[1)] Nr. 4.
[2)] Nr. 5.

a) unterbreitet Stellungnahmen und gegebenenfalls Anmerkungen zu und Änderungen an den Texten der Vorschlagsentwürfe des Direktors von Stellungnahmen, Empfehlungen und Entscheidungen gemäß Artikel 3 Absatz 1, Artikel 4 bis 8, Artikel 9 Absätze 1 und 3, Artikel 10, Artikel 11 Buchstabe c, Artikel 13, Artikel 15 Absatz 4 und den Artikeln 30 und 43, deren Annahme in Erwägung gezogen wird;

b) leitet innerhalb seines Zuständigkeitsbereichs den Direktor bei der Wahrnehmung seiner Aufgaben an, mit Ausnahme der Tätigkeiten von ACER nach der Verordnung (EU) Nr. 1227/2011, und leitet die Arbeitsgruppen von ACER, die gemäß Artikel 30 eingesetzt wurden, an;

c) unterbreitet dem Verwaltungsrat eine Stellungnahme zu dem Bewerber, der gemäß Artikel 19 Absatz 1 Buchstabe a und Artikel 23 Absatz 2 zum Direktor ernannt werden soll;

d) genehmigt nach Artikel 20 Absatz 1 das Programmplanungsdokument;

e) genehmigt den die Regulierungstätigkeit betreffenden separaten Teil des Jahresberichts gemäß Artikel 19 Absatz 1 Buchstabe k und Artikel 24 Absatz 1 Buchstabe i;

f) unterbreitet dem Verwaltungsrat eine Stellungnahme zur Geschäftsordnung gemäß Artikel 14 Absatz 5 und Artikel 30 Absatz 3;

g) unterbreitet dem Verwaltungsrat eine Stellungnahme zu den in Artikel 41 vorgesehenen Kommunikations- und Verbreitungsplänen;

h) unterbreitet dem Verwaltungsrat eine Stellungnahme zu den Verfahrensvorschriften für die Beziehungen zu Drittländern oder internationalen Organisationen gemäß Artikel 43;

(6) [1]Das Europäische Parlament wird über den Entwurf der Tagesordnung für bevorstehende Sitzungen des Regulierungsrates spätestens zwei Wochen zuvor in Kenntnis gesetzt. [2]Der Entwurf des Protokolls wird dem Europäischen Parlament innerhalb von zwei Wochen nach diesen Sitzungen übermittelt. [3]Das Europäische Parlament kann den Vorsitzenden des Regulierungsrats oder den stellvertretenden Vorsitzenden unter uneingeschränkter Achtung seiner Unabhängigkeit dazu einladen, vor dem zuständigen Ausschuss des Europäischen Parlaments eine Erklärung abzugeben und Fragen der Mitglieder des Ausschusses zu beantworten.

Art. 23 Direktor. (1) [1]ACER wird von ihrem Direktor geleitet, der sein Amt im Einklang mit der Anleitung gemäß Artikel 22 Absatz 5 Buchstabe b und – sofern in dieser Verordnung vorgesehen – den Stellungnahmen des Regulierungsrates ausübt. [2]Unbeschadet der jeweiligen Befugnisse des Verwaltungsrates und des Regulierungsrates in Bezug auf die Aufgaben des Direktors holt der Direktor weder Weisungen von Regierungen, von Organen der Union oder von anderen öffentlichen oder privaten Stellen oder Personen ein noch befolgt er solche. [3]Der Direktor ist gegenüber dem Verwaltungsrat im Hinblick auf Verwaltungs-, Haushalts- und Leitungsangelegenheiten rechenschaftspflichtig, bleibt jedoch in Hinblick auf seine Aufgaben nach Artikel 24 Absatz 1 Buchstabe c völlig unabhängig. [4]Der Direktor kann als Beobachter an den Sitzungen des Regulierungsrates teilnehmen.

(2) [1]Der Direktor wird vom Verwaltungsrat nach einer befürwortenden Stellungnahme des Regulierungsrates aus einer Liste von mindestens drei Be-

werbern ernannt, die von der Kommission im Anschluss an ein offenes und transparentes Auswahlverfahren vorgeschlagen werden; Kriterien sind die erworbenen Verdienste sowie Qualifikation und Erfahrung von Relevanz für den Energiesektor. [2] Vor der Ernennung äußert sich der vom Verwaltungsrat ausgewählte Bewerber vor dem zuständigen Ausschuss des Europäischen Parlaments und beantwortet Fragen der Mitglieder des Ausschusses. [3] Beim Abschluss des Vertrags mit dem Direktor wird ACER durch den Vorsitzenden des Verwaltungsrats vertreten.

(3) [1] Die Amtszeit des Direktors beträgt fünf Jahre. [2] In den letzten neun Monaten vor Ablauf dieses Zeitraums nimmt die Kommission eine Bewertung vor. [3] In dieser Beurteilung bewertet die Kommission insbesondere

a) die Leistung des Direktors

b) und die Aufgaben und Erfordernisse von ACER in den folgenden Jahren.

(4) [1] Der Verwaltungsrat kann auf Vorschlag der Kommission nach Konsultation des Regulierungsrats und unter umfassender Berücksichtigung der Bewertung und Stellungnahme des Regulierungsrates, und nur, wenn dies auf Grundlage der Aufgaben und Erfordernisse von ACER zu rechtfertigen ist, die Amtszeit des Direktors einmalig um höchstens fünf Jahre verlängern. [2] Ein Direktor, dessen Amtszeit verlängert wurde, darf am Ende des verlängerten Zeitraums nicht an einem anderen Auswahlverfahren für dieselbe Stelle teilnehmen.

(5) [1] Der Verwaltungsrat unterrichtet das Europäische Parlament über seine Absicht, die Amtszeit des Direktors zu verlängern. [2] Innerhalb eines Monats vor der Verlängerung seiner Amtszeit kann der Direktor aufgefordert werden, sich vor dem zuständigen Ausschuss des Europäischen Parlaments zu äußern und Fragen der Mitglieder dieses Ausschusses zu beantworten.

(6) Wird die Amtszeit nicht verlängert, so bleibt der Direktor bis zur Ernennung seines Nachfolgers im Amt.

(7) [1] Der Direktor kann seines Amtes nur aufgrund eines Beschlusses des Verwaltungsrates nach einer befürwortenden Stellungnahme des Regulierungsrates enthoben werden. [2] Für die Beschlussfassung ist eine Mehrheit von zwei Dritteln der Mitglieder des Verwaltungsrates erforderlich.

(8) [1] Das Europäische Parlament und der Rat können den Direktor auffordern, einen Bericht über die Wahrnehmung seiner Aufgaben vorzulegen. [2] Das Europäische Parlament kann den Direktor auch auffordern, eine Erklärung vor dem zuständigen Ausschuss des Europäischen Parlaments abzugeben und Fragen der Mitglieder des Ausschusses zu beantworten.

Art. 24 Aufgaben des Direktors. (1) *[1]* [1] Der Direktor

a) ist der gesetzliche Vertreter von ACER und mit ihrer täglichen Verwaltung beauftragt;

b) bereitet die Arbeiten des Verwaltungsrates vor, nimmt an den Arbeiten des Verwaltungsrates teil, besitzt jedoch kein Stimmrecht, und ist für die Umsetzung der Beschlüsse des Verwaltungsrates verantwortlich;

c) entwirft, konsultiert bezüglich, nimmt an und veröffentlicht Stellungnahmen, Empfehlungen und Entscheidungen;

d) ist für die Durchführung des Jahresarbeitsprogramms von ACER verantwortlich, wobei der Regulierungsrat eine Beratungs- und Lenkungsfunktion übernimmt und der Verwaltungsrat die administrative Kontrolle ausübt;
e) trifft die erforderlichen Maßnahmen, insbesondere im Hinblick auf den Erlass interner Verwaltungsanweisungen und die Veröffentlichung von Mitteilungen, um die ordnungsgemäße Arbeitsweise von ACER gemäß dieser Verordnung zu gewährleisten;
f) erstellt jedes Jahr den Entwurf des Arbeitsprogramms von ACER für das darauf folgende Jahr und unterbreitet diesen nach seiner Annahme durch den Verwaltungsrat bis zum 31. Januar eines jeden Jahres dem Regulierungsrat, dem Europäischen Parlament und der Kommission;
g) ist dafür verantwortlich, das Programmplanungsdokument umzusetzen und dem Verwaltungsrat über seine Umsetzung Bericht zu erstatten;
h) erstellt einen vorläufigen Entwurf des Voranschlags von ACER gemäß Artikel 33 Absatz 1 und führt den Haushaltsplan von ACER im Einklang mit den Artikeln 34 und 35 aus;
i) erstellt jedes Jahr den Entwurf des Jahresberichts, der einen separaten Teil über die Regulierungstätigkeiten von ACER und einen Teil über finanzielle und administrative Angelegenheiten enthält, und unterbreitet diesen dem Verwaltungsrat;
j) arbeitet einen Aktionsplan aus, der den Schlussfolgerungen der internen oder externen Prüfberichte und Bewertungen sowie den Untersuchungen des OLAF Rechnung trägt, und erstattet der Kommission zweimal jährlich und dem Verwaltungsrat regelmäßig über die Fortschritte Bericht;
k) entscheidet darüber, ob es erforderlich ist, einen oder mehrere Bedienstete in einen oder mehrere Mitgliedstaaten zu entsenden, damit ACER ihre Aufgaben in effizienter und wirksamer Weise wahrnehmen kann.

[2] [1] Für die Zwecke von Unterabsatz 1 Buchstabe k, bevor die Einrichtung einer Außenstelle beschlossen wird, holt der Direktor die Stellungnahme der betroffenen Mitgliedstaaten, einschließlich des Mitgliedstaats, in dem ACER ihren Sitz hat, sowie die Zustimmung der Kommission und des Verwaltungsrats ein. [2] In dem Beschluss, der sich auf eine angemessene Kosten-Nutzen-Analyse stützt, wird der Umfang der in dieser Außenstelle durchzuführenden Tätigkeiten so festgelegt, dass unnötige Kosten und eine Überschneidung der Verwaltungsfunktionen mit denen von ACER vermieden werden.

(2) *[1]* Für die Zwecke von Absatz 1 Buchstabe c dieses Artikels werden die Stellungnahmen, Empfehlungen und Entscheidungen gemäß Artikel 3 Absatz 1, den Artikeln 4 bis 8, Artikel 9 Absätze 1 und 3, Artikel 10, Artikel 11 Buchstabe c, Artikel 13, Artikel 15 Absatz 4 sowie den Artikeln 30 und 43 nur nach einer befürwortenden Stellungnahme des Regulierungsrates angenommen.

[2] Bevor Entwürfe von Stellungnahmen, Empfehlungen oder Entscheidungen dem Regulierungsrat zur Abstimmung vorgelegt werden, übermittelt der Direktor Vorschläge für die Entwürfe von Stellungnahmen, Empfehlungen oder Entscheidungen rechtzeitig der maßgeblichen Arbeitsgruppe zur Konsultation.

[3] [1] Der Direktor

a) berücksichtigt die Bemerkungen und Änderungsvorschläge des Regulierungsrates und übermittelt den Entwurf einer Stellungnahme, einer Empfehlung oder einer Entscheidung in seiner überarbeiteten Fassung erneut dem Regulierungsrat, damit dieser eine befürwortende Stellungnahme abgibt;

b) kann die vorgelegten Entwürfe von Stellungnahmen, Empfehlungen oder Entscheidungen zurückziehen, wenn der Direktor den vom Regulierungsrat vorgelegten Änderungen nicht zustimmt, und muss in diesem Fall eine hinreichend begründete schriftliche Erklärung vorlegen;

[4] [1] In dem Fall, dass er Entwürfe von Stellungnahmen, Empfehlungen und Entscheidungen zurückzieht, kann der Direktor gemäß dem in Artikel 22 Absatz 5 Buchstabe a und in Unterabsatz 2 dieses Absatzes vorgesehenen Verfahren neue Entwürfe von Stellungnahmen, Empfehlungen und Entscheidungen vorlegen. [2] Weicht der Direktor von den durch den Regulierungsrat vorgelegten Anmerkungen und Änderungen ab oder weist diese zurück, muss er für die Zwecke von Unterabsatz 3 Buchstabe a dieses Absatzes auch eine hinreichend begründete schriftliche Erklärung vorlegen.

[5] Sollte der Regulierungsrat für den erneut vorgelegten Text der Entwürfe von Stellungnahmen, Empfehlungen oder Entscheidungen keine befürwortende Stellungnahme abgeben, weil seinen Anmerkungen und Änderungen in dem erneut vorgelegten Text der Entwürfe von Stellungnahmen, Empfehlungen oder Entscheidungen nicht ausreichend Rechnung getragen wurde, kann der Direktor den Text der Entwürfe von Stellungnahmen, Empfehlungen oder Entscheidungen entsprechend den vom Regulierungsrat vorgeschlagenen Änderungen und Anmerkungen weiter überarbeiten, um dessen befürwortende Stellungnahme zu erhalten, ohne die maßgebliche Arbeitsgruppe erneut konsultieren oder eine zusätzliche schriftliche Begründung vorlegen zu müssen;

Art. 25 Einrichtung und Zusammensetzung des Beschwerdeausschusses. (1) ACER richtet einen Beschwerdeausschuss ein.

(2) *[1]* [1] Der Beschwerdeausschuss setzt sich aus sechs Mitgliedern und sechs stellvertretenden Mitgliedern zusammen, die aus dem Kreis der derzeitigen oder früheren leitenden Mitarbeiter der Regulierungsbehörden, Wettbewerbsbehörden oder anderer Einrichtungen der Union oder nationaler Einrichtungen mit einschlägiger Erfahrung im Energiesektor ausgewählt werden. [2] Der Beschwerdeausschuss ernennt seinen Vorsitzenden.

[2] Die Mitglieder des Beschwerdeausschusses werden auf Vorschlag der Kommission im Anschluss an einen öffentlichen Aufruf zur Interessenbekundung und nach Konsultation des Regulierungsrates vom Verwaltungsrat förmlich ernannt.

(3) *[1]* [1] Der Beschwerdeausschuss gibt sich eine Geschäftsordnung und veröffentlicht diese. [2] In dieser Geschäftsordnung werden die Bestimmungen für die Organisation und die Funktionsweise des Beschwerdeausschusses und die gemäß Artikel 28 auf Beschwerden vor dem Ausschuss anwendbaren Regeln im Einzelnen festgelegt. [3] Der Beschwerdeausschuss setzt die Kommission über den Entwurf seiner Geschäftsordnung und erhebliche Änderungen der Bestimmungen in Kenntnis. [4] Die Kommission kann innerhalb von drei Monaten ab dem Tag des Eingangs der Benachrichtigung eine Stellungnahme dazu abgeben.

[2] Der Haushaltsplan von ACER umfasst eine separate Haushaltslinie für die Finanzierung der Geschäftsstelle des Beschwerdeausschusses.

(4) [1] Die Beschlüsse des Beschwerdeausschusses werden mit einer Mehrheit von mindestens vier von sechs Mitgliedern gefasst. [2] Der Beschwerdeausschuss wird bei Bedarf einberufen.

Art. 26 Mitglieder des Beschwerdeausschusses. (1) [1] Die Amtszeit der Mitglieder des Beschwerdeausschusses beträgt fünf Jahre. [2] Sie kann einmalig verlängert werden.

(2) [1] Die Mitglieder des Beschwerdeausschusses sind in ihrer Beschlussfassung unabhängig. [2] Sie sind an keinerlei Weisungen gebunden. [3] Sie dürfen keine anderen Aufgaben innerhalb von ACER, in deren Verwaltungsrat, deren Regulierungsrat oder in einer Arbeitsgruppe von ACER wahrnehmen. [4] Ein Mitglied des Beschwerdeausschusses kann während der Laufzeit seines Mandats nur dann seines Amtes enthoben werden, wenn es sich eines schweren Fehlverhaltens schuldig gemacht hat und wenn der Verwaltungsrat nach Konsultation des Regulierungsrates einen entsprechenden Beschluss gefasst hat.

Art. 27 Ausschluss und Ablehnung von Mitgliedern des Beschwerdeausschusses. (1) Die Mitglieder des Beschwerdeausschusses dürfen nicht an einem Beschwerdeverfahren mitwirken, wenn dieses Verfahren ihre persönlichen Interessen berührt, wenn sie vorher als Vertreter eines Verfahrensbeteiligten tätig gewesen sind oder wenn sie an der Entscheidung mitgewirkt haben, gegen die Beschwerde eingelegt wurde.

(2) [1] Ist ein Mitglied des Beschwerdeausschusses aus einem der in Absatz 1 genannten Gründe oder aus einem sonstigen Grund der Ansicht, dass ein anderes Mitglied nicht an einem Beschwerdeverfahren mitwirken sollte, so teilt es dies dem Beschwerdeausschuss mit. [2] Jeder am Beschwerdeverfahren Beteiligte kann die Mitwirkung eines Mitglieds des Beschwerdeausschusses aus einem der in Absatz 1 genannten Gründe oder wegen des Verdachts der Befangenheit ablehnen. [3] Eine solche Ablehnung ist unzulässig, wenn sie auf die Staatsangehörigkeit eines Mitglieds gestützt wird oder wenn der am Beschwerdeverfahren Beteiligte eine andere Verfahrenshandlung als die Ablehnung der Zusammensetzung des Beschwerdeausschusses vorgenommen hat, obwohl er einen Ablehnungsgrund kannte.

(3) [1] Der Beschwerdeausschuss entscheidet über das Vorgehen in den in den Absätzen 1 und 2 genannten Fällen ohne Mitwirkung des betroffenen Mitglieds. [2] Das betroffene Mitglied wird bei dieser Entscheidung durch seinen Stellvertreter im Beschwerdeausschuss ersetzt. [3] Wenn sich der Stellvertreter in einer ähnlichen Situation befindet wie das Mitglied, benennt der Vorsitzende eine Person aus dem Kreis der verfügbaren Stellvertreter.

(4) [1] Die Mitglieder des Beschwerdeausschusses verpflichten sich, unabhängig und im öffentlichen Interesse zu handeln. [2] Zu diesem Zweck geben sie eine schriftliche Verpflichtungserklärung sowie eine schriftliche Interessenerklärung ab, aus der entweder hervorgeht, dass keinerlei Interessen bestehen, die als ihre Unabhängigkeit beeinträchtigend angesehen werden könnten, oder dass unmittelbare oder mittelbare Interessen vorhanden sind, die als ihre Unabhängigkeit beeinträchtigend angesehen werden könnten. [3] Diese Erklärungen werden jedes Jahr öffentlich bekannt gemacht.

Art. 28 Anfechtung von Entscheidungen. (1) Jede natürliche oder juristische Person einschließlich der Regulierungsbehörden kann gegen eine Entscheidung gemäß Artikel 2 Buchstabe d, die an sie gerichtet ist, sowie gegen eine Entscheidung, die an eine andere Person gerichtet ist, sie aber unmittelbar und individuell betrifft, Beschwerde einlegen.

(2) [1]Die Beschwerde, einschließlich der Beschwerdebegründung, ist innerhalb von zwei Monaten ab Bekanntgabe der Entscheidung an die betreffende Person oder, sofern eine solche Bekanntgabe nicht erfolgt ist, innerhalb von zwei Monaten ab dem Tag, an dem ACER ihre Entscheidung bekannt gegeben hat, schriftlich bei ACER einzulegen. [2]Der Beschwerdeausschuss entscheidet über Beschwerden innerhalb von vier Monaten nach deren Einreichung.

(3) [1]Eine Beschwerde nach Absatz 1 hat keine aufschiebende Wirkung. [2]Der Beschwerdeausschuss kann jedoch, wenn die Umstände dies nach seiner Auffassung erfordern, den Vollzug der angefochtenen Entscheidung aussetzen.

(4) [1]Ist die Beschwerde zulässig, so prüft der Beschwerdeausschuss, ob sie begründet ist. [2]Er fordert die am Beschwerdeverfahren Beteiligten so oft wie erforderlich auf, innerhalb bestimmter Fristen eine Stellungnahme zu seinen Bescheiden oder zu den Schriftsätzen der anderen am Beschwerdeverfahren Beteiligten einzureichen. [3]Die am Beschwerdeverfahren Beteiligten haben das Recht, eine mündliche Erklärung abzugeben.

(5) [1]Der Beschwerdeausschuss bestätigt entweder die Entscheidung oder verweist die Angelegenheit an die zuständige Stelle von ACER zurück. [2]Diese ist an die Entscheidung des Beschwerdeausschusses gebunden.

(6) ACER veröffentlicht die Entscheidungen des Beschwerdeausschusses.

Art. 29 Klage beim Gerichtshof. [1]Klagen auf Aufhebung einer Entscheidung, die von ACER im Einklang mit dieser Verordnung getroffen wurde, und Klagen wegen Untätigkeit innerhalb der festgelegten Fristen können erst dann beim Gerichtshof eingereicht werden, wenn das Beschwerdeverfahren gemäß Artikel 28 erschöpft ist. [2]ACER ergreift alle erforderlichen Maßnahmen, um dem Urteil des Gerichtshofs nachzukommen.

Art. 30 Arbeitsgruppen. (1) *[1]* Der Verwaltungsrat setzt auf der Grundlage eines gemeinsamen Vorschlags des Direktors und des Regulierungsrates in begründeten Fällen und insbesondere, um den Direktor und den Regulierungsrat bei ihren Tätigkeiten zu unterstützen und für den Zweck der Erstellung Stellungnahmen, Empfehlungen und Entscheidungen gemäß Artikel 3 Absatz 1, den Artikeln 4 bis 8, Artikel 9 Absätze 1 und 3, Artikel 10, Artikel 11 Buchstabe c, Artikel 13, Artikel 15 Absatz 4 und den Artikeln 30 und 43 Arbeitsgruppen ein oder löst sie auf.

[2] Die Einsetzung und die Auflösung einer Arbeitsgruppe setzen eine befürwortende Stellungnahme des Regulierungsrates voraus.

(2) [1]Die Arbeitsgruppen setzen sich aus Experten aus dem Personal von ACER und der Regulierungsbehörden zusammen. [2]Experten der Kommission können als Beobachter an den Arbeitsgruppen teilnehmen. [3]ACER ist nicht für die Kosten der Mitarbeit von Experten aus dem Personal der Regulierungsbehörden in den Arbeitsgruppen von ACER verantwortlich. [4]Die Arbeitsgruppen berücksichtigen die Standpunkte der Experten von anderen maßgeblichen nationalen Behörden, sofern diese Behörden zuständig sind.

(3) Der Verwaltungsrat nimmt die interne Geschäftsordnung für die Funktionsweise der Arbeitsgruppen an und veröffentlicht diese auf der Grundlage eines Vorschlags des Direktors, nach einer Konsultation des Regulierungsrates und dessen befürwortender Stellungnahme.

(4) Die Arbeitsgruppen von ACER üben die Tätigkeiten aus, die ihnen laut dem gemäß Artikel 20 angenommene Programmplanungsdokument übertragen wurden, und ebenso alle Tätigkeiten, mit denen sie der Regulierungsrat und der Direktor beauftragt.

Kapitel III. Aufstellung und Gliederung des Haushaltsplans

Art. 31 Gliederung des Haushaltsplans. (1) Unbeschadet anderer Ressourcen bestehen die Einnahmen von ACER aus

a) einem Beitrag der Union,

b) von ACER gemäß Artikel 32 erhobenen Gebühren,

c) etwaigen freiwillig geleisteten Beiträgen der Mitgliedstaaten oder der Regulierungsbehörden gemäß Artikel 19 Absatz 1 Buchstabe g

d) und Legaten, Schenkungen oder Zuschüssen gemäß Artikel 19 Absatz 1 Buchstabe g.

(2) Die Ausgaben von ACER umfassen die Ausgaben für Personal-, Verwaltungs-, Infrastruktur- und Betriebsaufwendungen.

(3) Die Einnahmen und Ausgaben von ACER müssen ausgeglichen sein.

(4) Für jedes Haushaltsjahr – wobei ein Haushaltsjahr einem Kalenderjahr entspricht – sind sämtliche Einnahmen und Ausgaben von ACER zu veranschlagen und in den Haushaltsplan einzustellen.

(5) Die Einnahmen, die ACER erzielt, dürfen ihre Neutralität, Unabhängigkeit und Objektivität nicht beeinträchtigen.

Art. 32 Gebühren. (1) Für folgende Tätigkeiten sind Gebühren an ACER zu entrichten:

a) Beantragung einer Ausnahmeentscheidung nach Maßgabe von Artikel 10 dieser Verordnung und Entscheidungen zur grenzüberschreitenden Kostenaufteilung, die ACER nach Artikel 12 der Verordnung (EU) Nr. 347/2013 trifft,

b) Erhebung, Bearbeitung, Verarbeitung und Analyse von Informationen, die Marktteilnehmer oder in ihrem Namen meldende Stellen gemäß Artikel 8 der Verordnung (EU) Nr. 1227/2011 übermittelt haben.

(2) *[1]* [1] Die Höhe der Gebühren nach Absatz 1 und die Art und Weise, wie sie zu zahlen sind, werden von der Kommission nach Durchführung einer öffentlichen Konsultation und nach Anhörung des Verwaltungsrates und des Regulierungsrates festgesetzt. [2] Die Gebühren müssen zu den Kosten der maßgeblichen kostenwirksam erbrachten Dienste in einem angemessenen Verhältnis stehen und ausreichen, um diese Kosten zu decken. [3] Die Höhe dieser Gebühren wird so bemessen, dass sichergestellt wird, dass sie nicht diskriminierend sind und eine ungebührliche finanzielle oder administrative Belastung der

Marktteilnehmer oder der in ihrem Auftrag handelnden Stellen vermieden wird.

[2] Die Kommission überprüft die Höhe dieser Gebühren regelmäßig auf der Grundlage einer Bewertung und nimmt erforderlichenfalls eine Anpassung der Höhe dieser Gebühren und der Art und Weise, wie sie zu zahlen sind, vor.

Art. 33 Aufstellung des Haushaltsplans. (1) Der Direktor erstellt alljährlich einen vorläufigen Entwurf des Voranschlags mit den Betriebsaufwendungen sowie dem Arbeitsprogramm für das folgende Haushaltsjahr und legt diesen vorläufigen Entwurf des Voranschlags zusammen mit einem vorläufigen Stellenplan dem Verwaltungsrat vor.

(2) Der vorläufige Entwurf des Voranschlags basiert auf den im Programmplanungsdokument gemäß Artikel 20 Absatz 1 niedergelegten Zielen und beabsichtigten Ergebnissen und trägt den finanziellen Ressourcen, die für die Verwirklichung dieser Ziele und beabsichtigten Ergebnisse benötigt werden, Rechnung.

(3) Auf der Grundlage des vom Direktor erstellten vorläufigen Entwurfs des Voranschlags nimmt der Verwaltungsrat jährlich den vorläufigen Entwurf des Voranschlags der Einnahmen und Ausgaben von ACER für das folgende Haushaltsjahr an.

(4) [1] Der vorläufige Entwurf des Voranschlags, der auch einen Entwurf des Stellenplans umfasst, wird der Kommission bis zum 31. Januar eines jeden Jahres vom Verwaltungsrat zugeleitet. [2] Vor Annahme des Voranschlags wird der vom Direktor erstellte Entwurf dem Regulierungsrat übermittelt, der dazu eine begründete Stellungnahme abgeben kann.

(5) Die Kommission übermittelt den in Absatz 3 genannten Voranschlag zusammen mit dem Entwurf des Gesamthaushaltsplans der Union dem Europäischen Parlament und dem Rat.

(6) Auf der Grundlage des Entwurfs des Voranschlags stellt die Kommission die mit Blick auf den Stellenplan für erforderlich erachteten Mittel und den Betrag des aus dem Gesamthaushaltsplan der Union gemäß den Artikeln 313 bis 316 des Vertrags über die Arbeitsweise der Europäischen Union (AEUV) zu zahlenden Zuschusses in den Entwurf des Gesamthaushaltsplans der Union ein.

(7) In seiner Funktion als Haushaltsbehörde nimmt der Rat den Stellenplan von ACER an.

(8) [1] Der Haushaltsplan von ACER wird vom Verwaltungsrat angenommen. [2] Er wird endgültig, wenn der Gesamthaushaltsplan der Union endgültig angenommen ist. [3] Gegebenenfalls wird er entsprechend angepasst.

(9) Alle Änderungen am Haushaltsplan einschließlich des Stellenplans unterliegen demselben Verfahren.

(10) Bis zum 5. Juli 2020 beurteilt die Kommission, ob ACER über ausreichende Finanzmittel und ausreichend Personal verfügt, um ihrer Aufgabe nach dieser Verordnung gerecht zu werden, an der Verwirklichung eines Energiebinnenmarktes mitzuwirken und zum Wohle der Verbraucher in der Union zur Energieversorgungssicherheit beizutragen.

(11) [1] Der Verwaltungsrat unterrichtet die Haushaltsbehörde unverzüglich über alle von ihm geplanten Vorhaben, die erhebliche finanzielle Auswirkungen auf die Finanzierung des Haushaltsplans von ACER haben könnten, was ins-

besondere für Immobilienvorhaben gilt. [2]Der Verwaltungsrat informiert auch die Kommission über seine Vorhaben. [3]Beabsichtigt ein Teil der Haushaltsbehörde, eine Stellungnahme abzugeben, so teilt er dies ACER innerhalb von zwei Wochen ab Erhalt der Information über das Vorhaben mit. [4]Bleibt eine Antwort aus, so kann ACER das geplante Vorhaben weiterführen.

Art. 34 Ausführung und Kontrolle des Haushaltsplans. (1) Der Direktor führt als Anweisungsbefugter den Haushaltsplan von ACER aus.

(2) [1]Nach Abschluss eines jeden Haushaltsjahres legt der Rechnungsführer von ACER dem Rechnungsführer der Kommission und dem Rechnungshof bis zum 1. März den vorläufigen Jahresabschluss und den Bericht über die Haushaltsführung und das Finanzmanagement für das abgeschlossene Haushaltsjahr vor. [2]Der Rechnungsführer von ACER legt den Bericht über die Haushaltsführung und das Finanzmanagement außerdem bis zum 31. März des folgenden Jahres dem Europäischen Parlament und dem Rat vor. [3]Der Rechnungsführer der Kommission konsolidiert anschließend den vorläufigen Jahresabschluss der Organe und dezentralisierten Einrichtungen gemäß Artikel 245 der Verordnung (EU, Euratom) 2018/1046 des Europäischen Parlaments und des Rates[1)] („Haushaltsordnung").

Art. 35 Rechnungslegung und Entlastung. (1) Der Rechnungsführer von ACER übermittelt dem Rechnungsführer der Kommission und dem Rechnungshof die vorläufigen Jahresabschlüsse für das Haushaltsjahr („Jahr N") bis zum 1. März des folgenden Haushaltsjahrs („Jahr N + 1").

(2) *[1]* Spätestens zum 31. März des Jahres N + 1 übermittelt ACER dem Europäischen Parlament, dem Rat, der Kommission und dem Rechnungshof einen Bericht über die Haushaltsführung und das Finanzmanagement für das Jahr N.

[2] [1]Bis zum 31. März des Jahres N + 1 übermittelt der Rechnungsführer der Kommission dem Rechnungshof den vorläufigen Jahresabschluss von ACER. [2]Die Kommission legt auch den Bericht über die Haushaltsführung und das Finanzmanagement für das Haushaltsjahr dem Europäischen Parlament und dem Rat vor.

(3) [1]Nach Übermittlung der Anmerkungen des Rechnungshofs zu den vorläufigen Rechnungen von ACER für das Jahr N gemäß Artikel 246 der Haushaltsordnung erstellt der Rechnungsführer in eigener Verantwortung den endgültigen Jahresabschluss von ACER für dieses Jahr. [2]Der Direktor legt diesen dem Verwaltungsrat zur Stellungnahme vor.

(4) Der Verwaltungsrat gibt eine Stellungnahme zum endgültigen Jahresabschluss von ACER für das Jahr N ab.

(5) Der Rechnungsführer von ACER übermittelt den endgültigen Jahresabschluss für das Jahr N zusammen mit der Stellungnahme des Verwaltungsrates

---

[1)] **Amtl. Anm.:** Verordnung (EU, Euratom) 2018/1046 des Europäischen Parlaments und des Rates vom 18. Juli 2018 über die Haushaltsordnung für den Gesamthaushaltsplan der Union, zur Änderung der Verordnungen (EU) Nr. 1296/2013, (EU) Nr. 1301/2013, (EU) Nr. 1303/2013, (EU) Nr. 1304/2013, (EU) Nr. 1309/2013, (EU) Nr. 1316/2013, (EU) Nr. 223/2014, (EU) Nr. 283/2014 und des Beschlusses Nr. 541/2014/EU sowie zur Aufhebung der Verordnung (EU, Euratom) Nr. 966/2012 (ABl. L 193 vom 30.7.2018, S. 1).

bis zum 1. Juli des Jahres N + 1 dem Europäischen Parlament, dem Rat, der Kommission und dem Rechnungshof.

(6) Der endgültige Jahresabschluss wird bis zum 15. November des Jahres N + 1 im *Amtsblatt der Europäischen Union* veröffentlicht.

(7) [1] Der Direktor übermittelt dem Rechnungshof bis zum 30. September des Jahres N + 1 eine Antwort auf seine Bemerkungen. [2] Dem Verwaltungsrat und der Kommission übermittelt der Direktor eine Kopie der Antwort.

(8) Der Direktor unterbreitet dem Europäischen Parlament auf dessen Anfrage gemäß Artikel 109 Absatz 3 der Delegierten Verordnung (EU) Nr. 1271/2013 alle Informationen, die für die ordnungsgemäße Durchführung des Entlastungsverfahrens für das Jahr N erforderlich sind.

(9) Auf Empfehlung des Rates, der mit qualifizierter Mehrheit beschließt, erteilt das Europäische Parlament dem Direktor vor dem 15. Mai des Jahres N + 2 Entlastung für die Ausführung des Haushaltsplans für das Haushaltsjahr N.

Art. 36 Finanzregelung. [1] Der Verwaltungsrat erlässt nach Anhörung der Kommission die für ACER geltende Finanzregelung. [2] Diese Regelung darf von der Delegierten Verordnung (EU) Nr. 1271/2013 dann abweichen, wenn die besonderen Erfordernisse der Arbeitsweise von ACER dies verlangen und sofern die Kommission zuvor ihre Zustimmung erteilt hat.

Art. 37 Betrugsbekämpfung. (1) Zur Erleichterung der Bekämpfung von Betrug, Korruption und sonstigen rechtswidrigen Handlungen nach der Verordnung (EU, Euratom) Nr. 883/2013 des Europäischen Parlaments und des Rates[1)] tritt ACER der Interinstitutionellen Vereinbarung vom 25. Mai 1999 über interne Untersuchungen des Europäischen Amtes für Betrugsbekämpfung (OLAF)[2)] bei und verabschiedet nach dem Muster in der Anlage zu der Vereinbarung geeignete Bestimmungen, die für sämtliche Mitarbeiter von ACER gelten.

(2) Der Rechnungshof ist befugt, bei allen Finanzhilfeempfängern, Auftragnehmern und Unterauftragnehmern, die von ACER Unionsmittel erhalten haben, vor Ort und anhand von Unterlagen Rechnungsprüfungen vorzunehmen.

(3) Das OLAF kann gemäß den Vorschriften und Verfahren der Verordnung (EU, Euratom) Nr. 883/2013 und der Verordnung (Euratom, EG) Nr. 2185/96[3)] des Rates Untersuchungen einschließlich Kontrollen und Überprüfungen vor Ort durchführen, um festzustellen, ob im Zusammenhang mit von ACER gewährten Finanzhilfen oder Verträgen ein Betrugs- oder Korruptionsdelikt

---

[1)] **Amtl. Anm.:** Verordnung (EU, Euratom) Nr. 883/2013 des Europäischen Parlaments und des Rates vom 11. September 2013 über die Untersuchungen des Europäischen Amtes für Betrugsbekämpfung (OLAF) und zur Aufhebung der Verordnung (EG) Nr. 1073/1999 des Europäischen Parlaments und des Rates und der Verordnung (Euratom) Nr. 1074/1999 des Rates (ABl. L 248 vom 18.9.2013, S. 1.).

[2)] **Amtl. Anm.:** ABl. L 136 vom 31.5.1999, S. 15.

[3)] **Amtl. Anm.:** Verordnung (Euratom, EG) Nr. 2185/96 des Rates vom 11. November 1996 betreffend die Kontrollen und Überprüfungen vor Ort durch die Kommission zum Schutz der finanziellen Interessen der Europäischen Gemeinschaften vor Betrug und anderen Unregelmäßigkeiten (ABl. L 292 vom 15.11.1996, S. 2).

oder eine sonstige rechtswidrige Handlung zum Nachteil der finanziellen Interessen der Union vorliegt.

(4) Unbeschadet der Absätze 1, 2 und 3 müssen Kooperationsabkommen mit Drittländern und internationalen Organisationen, Verträge, Finanzhilfevereinbarungen und Finanzhilfebeschlüsse von ACER Bestimmungen enthalten, die den Europäischen Rechnungshof und das OLAF ausdrücklich ermächtigen, die in diesem Artikel genannten Rechnungsprüfungen und Untersuchungen im Rahmen ihrer jeweiligen Zuständigkeiten vorzunehmen.

Kapitel IV. Allgemeine Bestimmungen und Schlussbestimmungen

Art. 38 Vorrechte und Befreiungen und Sitzabkommen. (1) Auf ACER und ihr Personal findet das dem EUV und dem AEUV beigefügte Protokoll Nr. 7 über die Vorrechte und Befreiungen der Europäischen Union Anwendung.

(2) [1] Die notwendigen Regelungen über die Unterbringung von ACER im Sitzmitgliedstaat und die von diesem Mitgliedstaat zu erbringenden Leistungen sowie die besonderen Vorschriften, die im Sitzmitgliedstaat für den Direktor, die Mitglieder des Verwaltungsrats, das Personal von ACER und dessen Familienangehörige gelten, werden in einem Abkommen festgelegt, das zwischen ACER und dem Sitzmitgliedstaat geschlossen wird. [2] Dieses Abkommen wird nach Zustimmung des Verwaltungsrates geschlossen.

Art. 39 Personal. (1) Für das Personal von ACER, einschließlich ihres Direktors, gelten das Statut und die Beschäftigungsbedingungen sowie die von den Organen der Union einvernehmlich erlassenen Regelungen für die Anwendung des Statuts und der Beschäftigungsbedingungen.

(2) Der Verwaltungsrat beschließt im Einvernehmen mit der Kommission und im Einklang mit Artikel 110 des Statuts geeignete Durchführungsbestimmungen.

(3) In Bezug auf ihr Personal übt ACER die Befugnisse aus, die der Anstellungsbehörde durch das Statut und der vertragsschließenden Behörde durch die Beschäftigungsbedingungen übertragen wurden.

(4) Der Verwaltungsrat kann Vorschriften erlassen, nach denen nationale Sachverständige aus den Mitgliedstaaten als Beschäftigte von ACER abgeordnet werden können.

Art. 40 Haftung von ACER. (1) *[1]* Die vertragliche Haftung von ACER bestimmt sich nach dem Recht, das auf den betreffenden Vertrag anzuwenden ist.

[2] Für Entscheidungen aufgrund einer Schiedsklausel in einem von ACER geschlossenen Vertrag ist der Gerichtshof zuständig.

(2) Im Bereich der außervertraglichen Haftung ersetzt ACER den durch sie oder ihre Bediensteten in Ausübung ihrer Amtstätigkeit verursachten Schaden nach den allgemeinen Rechtsgrundsätzen, die den Rechtsordnungen der Mitgliedstaaten gemeinsam sind.

(3) Der Gerichtshof ist für Streitfälle über die Entschädigung für die in Absatz 2 genannten Schäden zuständig.

(4) Für die persönliche finanzielle und disziplinarische Haftung des Personals von ACER gegenüber ACER gelten die einschlägigen Vorschriften für das Personal von ACER.

Art. 41 Transparenz und Kommunikation. (1) Für die Dokumente von ACER gilt die Verordnung (EG) Nr. 1049/2001 des Europäischen Parlaments und des Rates[1)].

(2) Der Verwaltungsrat erlässt praktische Maßnahmen zur Anwendung der Verordnung (EG) Nr. 1049/2001.

(3) Gegen die Entscheidungen von ACER gemäß Artikel 8 der Verordnung (EG) Nr. 1049/2001 kann beim Bürgerbeauftragten Beschwerde eingelegt oder nach Maßgabe von Artikel 228 bzw. Artikel 263 des AEUV beim Gerichtshof Klage erhoben werden.

(4) [1]Die Verarbeitung personenbezogener Daten durch ACER unterliegt der Verordnung (EU) 2018/1725 des Europäischen Parlaments und des Rates[2)]. [2]Der Verwaltungsrat trifft Maßnahmen für die Anwendung der Verordnung (EU) 2018/1725 durch ACER, einschließlich Maßnahmen für die Bestellung eines Datenschutzbeauftragten von ACER. [3]Diese Maßnahmen werden nach Konsultation des Europäischen Datenschutzbeauftragten festgelegt.

(5) [1]ACER kann von sich aus Kommunikationstätigkeiten in ihren Zuständigkeitsbereichen durchführen. [2]Die Zuweisung von Mitteln für Kommunikationstätigkeiten darf sich nicht nachteilig auf die wirksame Erfüllung der in den Artikeln 3 bis 13 genannten Aufgaben auswirken. [3]Die Kommunikationstätigkeiten müssen mit den maßgeblichen vom Verwaltungsrat angenommenen Kommunikations- und Verbreitungsplänen im Einklang stehen.

Art. 42 Schutz von Verschlusssachen und nicht als Verschlusssache eingestuften sensiblen Informationen. (1) ACER erlässt eigene Sicherheitsvorschriften, die den in den Beschlüssen (EU, Euratom) 2015/443[3)] und (EU, Euratom) 2015/444[4)] der Kommission festgelegten Sicherheitsvorschriften der Kommission zum Schutz von EU-Verschlusssachen und nicht als Verschlusssache eingestuften sensiblen Informationen gleichwertig sind, einschließlich Bestimmungen über den Austausch, die Verarbeitung und die Speicherung solcher Informationen.

(2) [1]ACER kann auch beschließen, die in Absatz 1 genannten Beschlüsse der Kommission entsprechend anzuwenden. [2]Die Sicherheitsvorschriften von

---

[1)] **Amtl. Anm.:** Verordnung (EG) Nr. 1049/2001 des Europäischen Parlaments und des Rates vom 30. Mai 2001 über den Zugang der Öffentlichkeit zu Dokumenten des Europäischen Parlaments, des Rates und der Kommission (ABl. L 145 vom 31.5.2001, S. 43).

[2)] **Amtl. Anm.:** Verordnung (EU) 2018/1725 des Europäischen Parlaments und des Rates vom 23. Oktober 2018 zum Schutz natürlicher Personen bei der Verarbeitung personenbezogener Daten durch die Organe, Einrichtungen und sonstigen Stellen der Union, zum freien Datenverkehr und zur Aufhebung der Verordnung (EG) Nr. 45/2001 und des Beschlusses Nr. 1247/2002/EG (ABl. L 295 vom 21.11.2018, S. 39).

[3)] **Amtl. Anm.:** Beschluss (EU, Euratom) 2015/443 der Kommission vom 13. März 2015 über Sicherheit in der Kommission (ABl. L 72 vom 17.3.2015, S. 41).

[4)] **Amtl. Anm.:** Beschluss (EU, Euratom) 2015/444 der Kommission vom 13. März 2015 über die Sicherheitsvorschriften für den Schutz von EU-Verschlusssachen (ABl. L 72 vom 17.3.2015, S. 53).

ACER umfassen unter anderem Bestimmungen über den Austausch, die Verarbeitung und die Speicherung von EU-Verschlusssachen und nicht als Verschlusssache eingestuften sensiblen Informationen.

Art. 43 Kooperationsabkommen. (1) An ACER können sich auch Drittländer beteiligen, die mit der Union Abkommen geschlossen haben und die die einschlägigen Vorschriften des Unionsrechts im Bereich Energie – einschließlich insbesondere der Vorschriften über unabhängige Regulierungsbehörden, Zugang Dritter zur Infrastruktur und Entflechtung, Energiehandel und Netzbetrieb sowie Einbeziehung und Schutz der Verbraucher – sowie die einschlägigen Vorschriften in den Bereichen Umwelt und Wettbewerb übernommen haben und anwenden.

(2) [1] Vorbehaltlich des Abschlusses eines Abkommens zu diesem Zweck zwischen der Union und Drittländern gemäß Absatz 1 kann ACER ihre Aufgaben nach den Artikeln 3 bis 13 auch in Bezug auf Drittländer ausüben, vorausgesetzt, dass diese Länder die einschlägigen Vorschriften gemäß Absatz 1 übernommen haben und anwenden und ACER beauftragt haben, die Tätigkeiten ihrer Regulierungsbehörden mit den Tätigkeiten der Regulierungsbehörden der Mitgliedstaaten zu koordinieren. [2] Nur in solchen Fällen betreffen die Verweise auf Fragen grenzüberschreitenden Charakters Grenzen zwischen der Union und Drittländern und nicht die Grenzen zwischen zwei Mitgliedstaaten.

(3) Die in Absatz 1 genannten Abkommen sehen Regelungen vor, die Modalitäten festlegen, insbesondere was Art, Umfang und Verfahrensaspekte der Beteiligung dieser Länder an der Arbeit von ACER anbelangt, einschließlich Bestimmungen betreffend Finanzbeiträge und Personal.

(4) [1] Der Verwaltungsrat erlässt nach Erhalt einer befürwortenden Stellungnahme des Regulierungsrates Verfahrensregeln für die in Absatz 1 genannten Beziehungen zu Drittländern. [2] Die Kommission stellt durch den Abschluss einer entsprechenden Arbeitsvereinbarung mit dem Direktor von ACER sicher, dass ACER im Rahmen ihres Mandats und des bestehenden institutionellen Rahmens handelt.

Art. 44 Sprachenregelung. (1) Für ACER gelten die Bestimmungen der Verordnung Nr. 1 des Rates[1)].

(2) Der Verwaltungsrat entscheidet über die interne Sprachenregelung von ACER.

(3) Die für die Arbeit von ACER erforderlichen Übersetzungsdienste werden vom Übersetzungszentrum für die Einrichtungen der Europäischen Union erbracht.

Art. 45 Bewertung. (1) [1] Bis zum 5. Juli 2024 und danach alle fünf Jahre nimmt die Kommission mit Unterstützung eines unabhängigen externen Experten eine Bewertung vor, in deren Rahmen die Leistung von ACER im Verhältnis zu ihren Zielen, ihrem Mandat und ihren Aufgaben beurteilt wird. [2] Im Rahmen der Bewertung wird insbesondere geprüft, ob das Mandat von

---

[1)] **Amtl. Anm.:** Verordnung Nr. 1 des Rates vom 15. April 1958 zur Regelung der Sprachenfrage für die Europäische Wirtschaftsgemeinschaft (ABl. 17 vom 6.10.1958, S. 385).

ACER möglicherweise geändert werden muss und welche finanziellen Auswirkungen eine solche Änderung hätte.

(2) Kommt die Kommission zu dem Schluss, dass Ziele, Mandat und Aufgaben von ACER deren Fortbestehen nicht länger rechtfertigen, kann sie nach angemessener Konsultation der Interessenträger und des Regulierungsrates eine entsprechende Änderung oder die Aufhebung dieser Verordnung vorschlagen.

(3) [1] Die Kommission übermittelt die Ergebnisse der in Absatz 1 genannten Bewertung zusammen mit ihren Schlussfolgerungen dem Europäischen Parlament, dem Rat und dem Regulierungsrat von ACER. [2] Die Ergebnisse der Bewertung sollten veröffentlicht werden.

(4) *[1]* [1] Die Kommission legt dem Europäischen Parlament und dem Rat bis zum 31. Oktober 2025 und danach mindestens alle fünf Jahre eine Bewertung dieser Verordnung und insbesondere der Aufgaben von ACER im Hinblick auf Einzelfallentscheidungen vor. [2] In diesen Bericht sollten gegebenenfalls die Ergebnisse der in Artikel 69 Absatz 1 der Verordnung (EU) 2019/943[1)] vorgesehenen Bewertung einfließen.

[2] Die Kommission fügt dieser Bewertung gegebenenfalls einen Legislativvorschlag bei.

Art. 46 Aufhebung. *[1]* Die Verordnung (EG) Nr. 713/2009 wird aufgehoben.

[2] Bezugnahmen auf die aufgehobene Verordnung gelten als Bezugnahmen auf die vorliegende Verordnung und sind nach Maßgabe der Entsprechungstabelle in Anhang II zu lesen.

Art. 47 Inkrafttreten. Diese Verordnung tritt am zwanzigsten Tag nach ihrer Veröffentlichung[2)] im *Amtsblatt der Europäischen Union* in Kraft.

Diese Verordnung ist in allen ihren Teilen verbindlich und gilt unmittelbar in jedem Mitgliedstaat.

Anhang I. Aufgehobene Verordnung mit ihrer Änderung

Verordnung (EG) Nr. 713/2009 des Europäischen Parlaments und des Rates vom 13. Juli 2009 zur Gründung einer Agentur für die Zusammenarbeit der Energieregulierungsbehörden (ABl. L 211 vom 14.8.2009, S. 1).	
Verordnung (EU) Nr. 347/2013des Europäischen Parlaments und des Rates vom 17. April 2013 zu Leitlinien für die transeuropäische Energieinfrastruktur und zur Aufhebung der Entscheidung Nr. 1364/2006/EG und zur Änderung der Verordnungen (EG) Nr. 713/2009, (EG) Nr. 714/2009 und (EG) Nr. 715/2009[3)] (ABl. L 115 vom 25.4.2013, S. 39).	Nur hinsichtlich der in Artikel 20 der Verordnung (EU) Nr. 347/2013 enthaltenen Verweisungen auf Artikel 22 Absatz 1 der Verordnung (EU) Nr. 713/2009.

[1)] Nr. **8**.
[2)] Veröffentlicht am 14.6.2019.
[3)] Nr. **9**.

Anhang II. Entsprechungstabelle

Verordnung (EG) Nr. 713/2009	Diese Verordnung
Artikel 1	Artikel 1
Artikel 4	Artikel 2
Artikel 5	Artikel 3
Artikel 6 Absätze 1 bis 3 und Absatz 4 Unterabsatz 1	Artikel 4
Artikel 6 Absatz 4 Unterabsätze 2 bis 5 und Absätze 5, 6 und 9	Artikel 5
Artikel 7 und 8	Artikel 6
–	Artikel 7
–	Artikel 8
–	Artikel 9
Artikel 9 Absatz 1 und Absatz 2 Unterabsatz 1	Artikel 10
Artikel 6 Absätze 7 und 8	Artikel 11
–	Artikel 12
Artikel 9 Absatz 2 Unterabsatz 2	Artikel 13
Artikel 10	Artikel 14
Artikel 11	Artikel 15
Artikel 2	Artikel 16
Artikel 3	Artikel 17
Artikel 12	Artikel 18
Artikel 13	Artikel 19
–	Artikel 20
Artikel 14 Absätze 1 und 2	Artikel 21
Artikel 14 Absätze 3 bis 6	Artikel 22 Absätze 1 bis 4
Artikel 15	Artikel 22 Absätze 5 und 6
Artikel 16	Artikel 23
Artikel 17	Artikel 24
Artikel 18 Absätze 1 und 2	Artikel 25 Absätze 1, 2 und 4
Artikel 19 Absatz 6	Artikel 25 Absatz 3
Artikel 18 Absatz 3	Artikel 26
Artikel 18 Absätze 4 bis 7	Artikel 27
Artikel 19 Absätze 1 bis 5 und 7	Artikel 28
Artikel 20	–
–	Artikel 29
–	Artikel 30
Artikel 21	Artikel 31
Artikel 22	Artikel 32
Artikel 23	Artikel 33
Artikel 24 Absätze 1 und 2	Artikel 34
Artikel 24 Absatz 3 fortfolgende	Artikel 35
Artikel 25	Artikel 36
–	Artikel 37
Artikel 27	Artikel 38
Artikel 28	Artikel 39
Artikel 29	Artikel 40

Verordnung (EG) Nr. 713/2009	Diese Verordnung
Artikel 30	Artikel 41 Absätze 1 bis 3
–	Artikel 42
Artikel 31	Artikel 43
Artikel 33	Artikel 44
Artikel 34	Artikel 45
–	Artikel 46
Artikel 35	Artikel 47

8. Verordnung (EU) 2019/943 des Europäischen Parlaments und des Rates vom 5. Juni 2019 über den Elektrizitätsbinnenmarkt

(Neufassung)

(Text von Bedeutung für den EWR)

(ABl. L 158 S. 54)

Celex-Nr. 3 2019 R 0943

DAS EUROPÄISCHE PARLAMENT UND DER RAT DER EUROPÄISCHEN UNION –

gestützt auf den Vertrag über die Arbeitsweise der Europäischen Union („AEUV"), insbesondere auf Artikel 194 Absatz 2,

auf Vorschlag der Europäischen Kommission,

nach Zuleitung des Entwurfs des Gesetzgebungsakts an die nationalen Parlamente,

nach Stellungnahme des Europäischen Wirtschafts- und Sozialausschusses[1)],

nach Stellungnahme des Ausschusses der Regionen[2)],

gemäß dem ordentlichen Gesetzgebungsverfahren[3)],

in Erwägung nachstehender Gründe:

(1) Die Verordnung (EG) Nr. 714/2009 des Europäischen Parlaments und des Rates[4)] wurde mehrfach und erheblich geändert. Aus Gründen der Klarheit empfiehlt es sich, im Rahmen der anstehenden Änderungen die genannte Verordnung neu zu fassen.

(2) Ziel der Energieunion ist es, die Endkunden – Haushalte und Unternehmen – mit sicherer, gesicherter, nachhaltiger, wettbewerbsfähiger und erschwinglicher Energie zu versorgen. In der Vergangenheit wurde das Stromsystem von vertikal integrierten, häufig staatlichen Monopolen mit großen, zentralen, Kernkraftwerken oder mit fossilen Brennstoffen betriebenen Kraftwerken dominiert. Der Elektrizitätsbinnenmarkt, der seit 1999 schrittweise geschaffen wird, soll allen Verbrauchern in der Union eine echte Wahl ermöglichen, neue Geschäftschancen für die Unternehmen eröffnen sowie den grenzüberschreitenden Handel fördern und auf diese Weise Effizienzgewinne, wettbewerbsfähige Preise und eine höhere Dienstleistungsqualität bewirken und zu mehr Versorgungssicherheit und Nachhaltigkeit beitragen. Durch den Elektrizitätsbinnenmarkt haben der Wettbewerb, insbesondere auf der Großhandelsebene, und der zonenübergreifende Handel zugenommen. Der Elektrizitätsbinnenmarkt bleibt das Fundament eines effizienten Energiemarkts.

(3) Im Energiesystem der Union vollziehen sich gerade die tiefgreifendsten Veränderungen seit Jahrzehnten, und diese Veränderungen betreffen insbesondere den Elektrizitätsmarkt. Mit dem gemeinsamen Ziel der Dekarbonisierung des Energiesystems ergeben sich für die Marktteilnehmer neue Chancen und Herausforderungen. Gleichzeitig entstehen durch technologische Entwicklungen neue Formen der Beteiligung der Verbraucher und der grenzüberschreitenden Zusammenarbeit.

(4) Dieser Verordnung legt Vorschriften fest, mit denen das Funktionieren des Elektrizitätsbinnenmarkts sichergestellt werden soll, und sieht Anforderungen in Bezug auf den Ausbau der Nutzung erneuerbarer Energieträger und die Umweltpolitik vor, insbesondere spezielle Regelungen für

---

1) **Amtl. Anm.:** ABl. C 288 vom 31.8.2017, S. 91.

2) **Amtl. Anm.:** ABl. C 342 vom 12.10.2017, S. 79.

3) **Amtl. Anm.:** Standpunkt des Europäischen Parlaments vom 26. März 2019 (noch nicht im Amtsblatt veröffentlicht) und Beschluss des Rates vom 22. Mai 2019.

4) **Amtl. Anm.:** Verordnung (EG) Nr. 714/2009 des Europäischen Parlaments und des Rates vom 13. Juli 2009 über die Netzzugangsbedingungen für den grenzüberschreitenden Stromhandel und zur Aufhebung der Verordnung (EG) Nr. 1228/2003 (ABl. L 211 vom 14.8.2009, S. 15).

bestimmte Arten von Gesamteinrichtungen zur Stromerzeugung aus erneuerbaren Quellen, in Bezug auf Bilanzkreisverantwortung, Dispatch und Redispatch sowie einen Schwellenwert für die CO_2-Emissionen von neuen Erzeugungskapazitäten, wenn solche Kapazitäten zeitlich begrenzten Maßnahmen zur Gewährleistung der erforderlichen Angemessenheit der Ressourcen, d.h. einem Kapazitätsmechanismus, unterliegen.

(5) Für Elektrizität aus erneuerbaren Quellen, die in kleinen Gesamteinrichtungen zur Stromerzeugung erzeugt wird, sollte ein vorrangiger Dispatch vorgesehen werden, entweder durch eine besondere Prioritätsreihenfolge in der Dispatch-Methode oder durch rechtliche oder regulatorische Anforderungen an die Marktteilnehmer, diese Elektrizität auf dem Markt bereitzustellen. Ein vorrangiger Dispatch, der unter denselben wirtschaftlichen Bedingungen in den Netzbetriebsdiensten vorgesehen wurde, sollte als mit dieser Verordnung vereinbar gelten. In jedem Fall sollte der vorrangige Dispatch als vereinbar damit angesehen werden, dass Gesamteinrichtungen zur Stromerzeugung, die erneuerbare Energiequellen nutzten, am Strommarkt teilnehmen.

(6) Staatliche Maßnahmen, die häufig nicht ausreichend koordiniert sind, haben zu zunehmenden Verzerrungen im Stromgroßhandelsmarkt geführt, die sich negativ auf die Investitionen und den grenzüberschreitenden Handel auswirken.

(7) In der Vergangenheit waren Stromkunden rein passive Kunden, die Elektrizität häufig zu regulierten Preisen ohne unmittelbaren Marktbezug erwarben. In der Zukunft muss es den Kunden ermöglicht werden, in vollem Umfang und gleichberechtigt mit anderen Marktteilnehmern am Markt teilzunehmen und es muss ihnen ermöglicht werden, ihren Energieverbrauch zu steuern. Zur Einbindung des wachsenden Anteils erneuerbarer Energie in das künftige Stromsystem sollten alle verfügbaren Flexibilitätsquellen, insbesondere Laststeuerungslösungen und Energiespeicherung, sowie die Digitalisierung durch die Integration innovativer Technologien in das Stromsystem genutzt werden. Um eine wirksame Dekarbonisierung zu den niedrigst möglichen Kosten zu erreichen, muss das künftige Stromsystem außerdem die Energieeffizienz fördern. Durch die Vollendung des Energiebinnenmarkts im Zuge der tatsächlichen Integration von erneuerbare Energie können langfristig Investitionen angeregt und kann dazu beigetragen werden, die Ziele der Energieunion und des Rahmens für die Klima- und Energiepolitik bis 2030, wie in der Kommissionsmitteilung vom 22. Januar 2014 mit dem Titel „Ein Rahmen für die Klima- und Energiepolitik im Zeitraum 2020-2030" festgelegt, und in den Schlussfolgerungen des Europäischen Rat vom 23. und 24. Oktober 2014 gebilligt, zu erreichen.

(8) Eine größere Marktintegration und der Wandel zu einem System der Stromerzeugung mit größeren Schwankungen machen es erforderlich, die Anstrengungen zur Koordinierung der nationalen energiepolitischen Maßnahmen mit denen der Nachbarstaaten und zur Nutzung der Möglichkeiten des grenzüberschreitenden Stromhandels zu verstärken.

(9) Dank der Weiterentwicklung der Regelungsrahmen kann Elektrizität nunmehr in der gesamten Union gehandelt werden. Diese Entwicklung wurde durch die Verabschiedung mehrerer Netzkodizes und Leitlinien für die Integration der Strommärkte gefördert. Diese Netzkodizes und Leitlinien enthalten Bestimmungen zu Marktvorschriften, zum Netzbetrieb und zum Netzanschluss. Zur Wahrung vollständiger Transparenz und zur Erhöhung der Rechtssicherheit sollten auch die wichtigsten Grundsätze für das Funktionieren des Marktes und die Kapazitätsvergabe für die Regelenergie-, Intraday-, Day-Ahead- und Terminmarktzeitspannen nach dem ordentlichen Gesetzgebungsverfahren verabschiedet und in einem einzigen Rechtsakt der Union zusammengeführt werden.

(10) Artikel 13 der Verordnung (EU) 2017/2195 der Kommission[1] legt ein Verfahren fest, wonach Übertragungsnetzbetreiber ihre Aufgaben ganz oder teilweise einem Dritten übertragen können. Die übertragenden Übertragungsnetzbetreiber sollten jedoch dafür verantwortlich bleiben, die Einhaltung dieser Verordnung sicherzustellen. Darüber hinaus sollten die Mitgliedstaaten einem Dritten Aufgaben und Pflichten zuweisen können. Eine solche Zuweisung sollte sich jedoch auf Aufgaben und Verpflichtungen beschränken, wie beispielsweise die Abrechnung von Bilanzkreisabweichungen, die auf nationaler Ebene erfüllt werden. Die Beschränkungen für eine solche Zuweisung sollten nicht zu unnötigen Änderungen an bestehenden nationalen Regelungen führen. Die Übertragungsnetzbetreiber sollten jedoch für die Aufgaben, mit denen sie nach

[1] **Amtl. Anm.:** Verordnung (EU) 2017/2195 der Kommission vom 23. November 2017 zur Festlegung einer Leitlinie über den Systemausgleich im Elektrizitätsversorgungssystem (ABl. L 312 vom 28.11.2017, S. 6).

Artikel 40 der Richtlinie (EU) 2019/944[1] des Europäischen Parlaments und des Rates[2] betraut sind, verantwortlich bleiben.

(11) Im Hinblick auf die Regelreservemärkte setzt eine effiziente und den Wettbewerb nicht verzerrende Preisbildung bei der Beschaffung von Regelleistung und Regelarbeit voraus, dass die Festsetzung der Regelarbeitspreise nicht durch Regelleistungsverträge erfolgt. Dies gilt unbeschadet der Dispatch-Systeme, in denen ein integriertes Fahrplanerstellungsverfahren gemäß der Verordnung (EU) 2017/2195 Anwendung findet

(12) Nach Artikel 18, 30 und 32 der Verordnung (EU) 2017/2195 bieten die Preisberechnungsmethoden sowohl für Standardprodukte als auch für spezifische Produkte für Regelarbeit den Marktteilnehmern positive Anreize dafür, im jeweiligen Geltungsbereich des Ausgleichsenergiepreises den eigenen Bilanzkreis aufrechtzuerhalten oder zur Wiederherstellung des Systemgleichgewichts beizutragen, um Ungleichgewichte im System zu verringern und die Kosten für die Gesellschaft zu senken. Solche Preisbildungsansätze sollten vorbehaltlich der Betriebssicherheitsgrenzwerte auf die wirtschaftlich effiziente Nutzung der Laststeuerung und anderer Regelreserveressourcen abzielen.

(13) Durch die Integration der Regelarbeitsmärkte sollte ein effizient funktionierender Intraday-Markt unterstützt werden, damit die Marktteilnehmer die Möglichkeit haben, ihre eigene Leistungsbilanz so echtzeitnah wie möglich – entsprechend den in Artikel 24 der Verordnung (EU) 2017/2195 definierten Zeitpunkten der Schließung des Regelarbeitsmarkts – auszugleichen. Nur die nach Abschluss des Intraday-Markts noch bestehenden Bilanzkreisabweichungen sollten von den Übertragungsnetzbetreibern über den Regelreservemarkt ausgeglichen werden. In Artikel 53 der Verordnung (EU) 2017/2195 ist auch vorgesehen, dass die Bilanzkreisabrechnungszeitintervalle innerhalb der Union harmonisiert und auf 15 Minuten festgelegt werden. Durch diese Harmonisierung sollte der Intraday-Handel erleichtert und die Entwicklung mehrerer Handelsprodukte mit denselben Lieferzeiträumen unterstützt werden.

(14) Damit die Übertragungsnetzbetreiber Regelleistung auf effiziente, wirtschaftliche und marktbasierte Weise beschaffen und nutzen können, müssen die Märkte stärker integriert werden. Dazu sind in Titel IV der Verordnung (EU) 2017/2195 drei Methoden vorgesehen, mit denen die Übertragungsnetzbetreiber anhand einer Kosten-Nutzen-Analyse grenzüberschreitende Übertragungskapazität für den Austausch von Regelleistung oder die Reserventeilung zuweisen können: das ko-optimierte Zuweisungsverfahren, das marktbasierte Zuweisungsverfahren und die Zuweisung auf der Grundlage einer Wirtschaftlichkeitsanalyse. Das ko-optimierte Zuweisungsverfahren wird für den Day-Ahead-Zeitbereich angewandt. Dahingegen könnte das marktbasierte Zuweisungsverfahren angewandt werden, wenn die Regelleistung höchstens eine Woche vor der Bereitstellung kontrahiert wird, und die Zuweisung auf der Grundlage einer Wirtschaftlichkeitsanalyse könnte angewendet werden, wenn die Regelleistung mehr als eine Woche vor der Bereitstellung kontrahiert wird, sofern die zugewiesenen Volumina begrenzt sind und eine jährliche Prüfung erfolgt. Sobald die maßgeblichen Regulierungsbehörden eine Methode für das Zuweisungsverfahren grenzüberschreitender Übertragungskapazität genehmigt haben, könnten zwei oder mehr Übertragungsnetzbetreiber diese Methode bereits vorab anwenden, um es ihnen zu ermöglichen, Erfahrungen zu sammeln und die reibungslose Einführung dieser Methode durch weitere Übertragungsnetzbetreiber vorzubereiten. Im Interesse der Marktintegration sollte die Anwendung solcher Methoden jedoch von allen Übertragungsnetzbetreibern harmonisiert werden.

(15) In Titel V der Verordnung (EU) 2017/2195 wurde festgelegt, dass durch die Abrechnung von Bilanzkreisabweichungen vor allem zu gewährleisten ist, dass die Bilanzkreisverantwortlichen effizient den eigenen Bilanzkreis aufrechterhalten oder zur Wiederherstellung des Systemgleichgewichts beitragen, und Anreize für Marktteilnehmer geschaffen werden, die das Systemgleichgewicht aufrechterhalten oder zu seiner Wiederherstellung beitragen. Damit die Regelreservemärkte und das Energiesystem insgesamt dem zunehmenden Anteil der fluktuierenden erneuerbaren Energie gerecht werden können, sollten die Ausgleichsenergiepreise dem Echtzeitwert der Energie entsprechen. Alle Marktteilnehmer sollten finanziell für die von ihnen im System verursachten Bilanzkreisabweichungen verantwortlich sein, die der Differenz zwischen dem zugewiesenen Volumen und der Endposition auf dem Markt entsprechen. Im Fall von Laststeuerungs-

[1] Nr. **4**.

[2] **Amtl. Anm.:** Richtlinie (EU) 2019/944 [Nr. **4**] des Europäischen Parlaments und des Rates vom vom 5. Juni 2019 mit gemeinsamen Vorschriften für den Elektrizitätsbinnenmarkt und zur Änderung der Richtlinie 2012/27/EU [Nr. **61**] (siehe Seite 125 dieses Amtsblatts [Red. Anm.: ABl. L 158 vom 14.6.2019]).

aggregatoren besteht das zugewiesene Volumen aus dem Energievolumen, das aus der Last der teilnehmenden Kunden physikalisch aktiviert wird und auf einer definierten Methode für die Messung und die Baseline basiert.

(16) In der Verordnung (EU) 2015/1222 der Kommission[1] werden detaillierte Leitlinien für die Vergabe zonenübergreifender Kapazität und für das Engpassmanagement auf dem Day-Ahead-Markt und dem Intraday-Markt festgelegt; dies schließt Anforderungen an die Ausarbeitung gemeinsamer Methoden zur Ermittlung der gleichzeitig zwischen Gebotszonen zur Verfügung stehenden Kapazitätsmengen, Kriterien für die Bewertung der Effizienz und ein Überprüfungsverfahren für die Abgrenzung der Gebotszonen ein. Die Artikel 32 und 34 der Verordnung (EU) 2015/1222 enthalten Bestimmungen für die Überprüfung von Gebotszonenkonfigurationen, die Artikel 41 und 54 der genannten Verordnung harmonisierte Höchst- und Mindestclearingpreise für die Day-Ahead- und Intraday-Zeitbereiche, Artikel 59 der genannten Verordnung Vorschriften für den Zeitpunkt der Schließung des zonenübergreifenden Intraday-Marktes und Artikel 74 der genannten Verordnung Vorschriften für die Kostenteilungsmethode für Redispatch und Countertrading.

(17) In der Verordnung (EU) 2016/1719 der Kommission[2] werden detaillierte Bestimmungen für die Vergabe zonenübergreifender Kapazität auf den Märkten für langfristige Kapazität, für die Ausarbeitung einer gemeinsamen Methode zur Ermittlung langfristiger zonenübergreifender Kapazität, für die Einrichtung einer zentralen Vergabeplattform auf europäischer Ebene, auf der langfristige Übertragungsrechte angeboten werden, und für die Möglichkeit der Rückgabe langfristiger Übertragungsrechte für eine spätere Vergabe langfristiger Kapazität oder der Übertragung langfristiger Übertragungsrechte zwischen Marktteilnehmern festgelegt. Artikel 30 der Verordnung (EU) 2016/1719 enthält Bestimmungen für Terminabsicherungsprodukte.

(18) In der Verordnung (EU) 2016/631 der Kommission[3] werden Vorschriften für den Anschluss von Gesamteinrichtungen zur Stromerzeugung an das Stromverbundnetz festgelegt, insbesondere im Hinblick auf synchrone Stromerzeugungsanlagen, nichtsynchrone Stromerzeugungsanlagen sowie nichtsynchrone Offshore-Stromerzeugungsanlagen. Diese Vorschriften tragen somit dazu bei, faire Wettbewerbsbedingungen im Elektrizitätsbinnenmarkt, die Systemsicherheit und die Integration von Elektrizität aus erneuerbaren Quellen sicherzustellen und den unionsweiten Stromhandel zu erleichtern. Die Artikel 66 und 67 der Verordnung (EU) 2016/631 enthalten Bestimmungen über aufkommende Technologien zur Stromerzeugung.

(19) Gebotszonen, die der Verteilung von Angebot und Nachfrage Rechnung tragen, sind ein Eckpfeiler des marktbasierten Stromhandels und eine Voraussetzung dafür, dass das Potenzial der Kapazitätsvergabemethoden, einschließlich dem lastflussgestützten Ansatz, in vollem Umfang ausgeschöpft wird. Gebotszonen sollten daher so festgelegt werden, dass durch sie die Marktliquidität, ein effizientes Engpassmanagement und ein insgesamt effizienter Markt sichergestellt werden. Wird die Überprüfung einer bestehenden Gebotszonenkonfiguration von einer einzelnen Regulierungsbehörde oder einem einzelnen Übertragungsnetzbetreiber mit Zustimmung der zuständigen Regulierungsbehörde für die Gebotszonen in der Regelzone des Übertragungsnetzbetreibers eingeleitet, so sollte der Übertragungsnetzbetreiber der maßgeblichen Regelzone bzw. die zuständige Regulierungsbehörde der einzige Übertragungsnetzbetreiber bzw. die einzige Regulierungsbehörde sein, die an der Überprüfung teilnehmen, sofern sich die Gebotszonenkonfiguration unerheblich auf die Regelzonen der benachbarten Übertragungsnetzbetreiber einschließlich der Verbindungsleitungen auswirkt und die Überprüfung der Gebotszonenkonfiguration erforderlich ist, um die Effizienz zu steigern, möglichst umfassende grenzüberschreitende Handelsmöglichkeiten zu bieten oder die Betriebssicherheit zu wahren. Der maßgebliche Übertragungsnetzbetreiber und die zuständige Regulierungsbehörde sollten die benachbarten Übertragungsnetzbetreiber in vorher abgestimmter Weise über die Überprüfung unterrichten, und die Ergebnisse der Überprüfung sollten veröffentlicht werden. Die Überprüfung regionaler Gebotszonen sollte aufgrund des technischen Berichts über Engpässe gemäß Artikel 14 dieser Verordnung oder

---

1) **Amtl. Anm.:** Verordnung (EU) 2015/1222 der Kommission vom 24. Juli 2015 zur Festlegung einer Leitlinie für die Kapazitätsvergabe und das Engpassmanagement (ABl. L 197 vom 25.7.2015, S. 24).

2) **Amtl. Anm.:** Verordnung (EU) 2016/1719 der Kommission vom 26. September 2016 zur Festlegung einer Leitlinie für die Vergabe langfristiger Kapazität (ABl. L 259 vom 27.9.2016, S. 42).

3) **Amtl. Anm.:** Verordnung (EU) 2016/631 der Kommission vom 14. April 2016 zur Festlegung eines Netzkodex mit Netzanschlussbestimmungen für Stromerzeuger (ABl. L 112 vom 27.4.2016, S. 1).

gemäß den bereits vorhandenen, in der Verordnung (EU) 2015/1222 festgelegten Verfahren eingeleitet werden können.

(20) Nehmen regionale Koordinierungszentren Kapazitätsberechnungen vor, so sollten sie die Kapazität maximieren und dabei kostenlose Entlastungsmaßnahmen in Betracht ziehen und die Betriebssicherheitsgrenzwerte einhalten, die für die Übertragungsnetzbetreiber der Kapazitätsberechnungsregion gelten. Führt die Berechnung nicht dazu, dass die Kapazität die in dieser Verordnung festgelegten Mindestkapazitäten erreicht oder übersteigt, so sollten die regionalen Koordinierungszentren sämtliche verfügbaren kostspieligen Entlastungsmaßnahmen in Betracht ziehen, um die Kapazität – unter Einhaltung der für die Übertragungsnetzbetreiber der Kapazitätsberechnungsregion geltenden Betriebssicherheitsgrenzwerte – bis zu den Mindestkapazitäten zu erhöhen, was auch das Redispatch-Potenzial in und zwischen den Kapazitätsberechnungsregionen – unter Einhaltung der für die Übertragungsnetzbetreiber der Kapazitätsberechnungsregion geltenden Betriebssicherheitsgrenzwerte – umfasst. Die Übertragungsnetzbetreiber sollten in Bezug auf alle Aspekte der Kapazitätsberechnung gemäß dieser Verordnung präzise und transparent Bericht erstatten und dafür sorgen, dass alle an die regionalen Koordinierungszentren übermittelten Informationen korrekt und zweckdienlich sind.

(21) Bei der Kapazitätsberechnung sollten die regionalen Koordinierungszentren die zonenübergreifenden Kapazitäten anhand von Daten der Übertragungsnetzbetreiber berechnen, die die Betriebssicherheitsgrenzwerte in den jeweiligen Regelzonen der Übertragungsnetzbetreiber einhalten. Die Übertragungsnetzbetreiber sollten beschließen können, von der koordinierten Kapazitätsberechnung abzuweichen, sofern deren Umsetzung bewirken würde, dass die Betriebssicherheitsgrenzwerte der Netzelemente in ihrer Regelzone nicht eingehalten werden. Diese Abweichungen sollten sorgfältig beobachtet und auf transparente Weise gemeldet werden, damit nicht missbräuchlich auf sie zurückgegriffen wird und das Volumen der den Marktteilnehmern bereitzustellenden Verbindungskapazität nicht beschränkt wird, um Engpässe in einer Gebotszone zu beheben. Ist ein Aktionsplan vorhanden, so sollte er Abweichungen Rechnung tragen und das Angehen ihrer Ursachen vorsehen.

(22) Zu den wichtigsten Marktgrundsätzen sollte gehören, dass die Strompreise durch Angebot und Nachfrage bestimmt werden. Diese Preise sollten erkennen lassen, wenn Elektrizität benötigt wird, und so marktbasierte Anreize für Investitionen in Flexibilitätsquellen wie flexible Erzeugung, Verbindungsleitungen, Laststeuerung und Energiespeicherung bieten.

(23) Da die Dekarbonisierung der Elektrizitätswirtschaft mit einem großen Marktanteil von Energie aus erneuerbaren Quellen eines der Ziele der Energieunion ist, ist es von entscheidender Bedeutung, dass im Markt bestehende Hindernisse für den grenzüberschreitenden Handel beseitigt und Investitionen in die unterstützende Infrastruktur, beispielsweise in flexiblere Erzeugung, Verbindungsleitungen, Laststeuerung und Energiespeicherung, gefördert werden. Damit dieser Übergang zu einer variablen und dezentralen Erzeugung unterstützt und sichergestellt wird, dass die Grundsätze des Energiemarktes die Grundlage für die künftigen Elektrizitätsmärkte der Union bilden, ist es von wesentlicher Bedeutung, die Kurzfristmärkte und Knappheitspreise erneut in den Mittelpunkt zu rücken.

(24) Kurzfristmärkte verbessern Liquidität und Wettbewerb, weil sie mehr Ressourcen, insbesondere jenen Ressourcen, die flexibler sind, die uneingeschränkte Marktteilnahme ermöglichen. Wirksame Knappheitspreise bewegen die Marktteilnehmer dazu, auf Marktsignale zu reagieren und dann verfügbar zu sein, wenn sie vom Markt am meisten benötigt werden, und stellen sicher, dass die Marktteilnehmer ihre Kosten auf dem Großhandelsmarkt decken können. Daher müssen administrative und implizite Preisobergrenzen unbedingt beseitigt werden, damit Knappheitspreise ermöglicht werden. Bei vollständiger Einbindung in die Marktstruktur tragen Kurzfristmärkte und Knappheitspreise dazu bei, andere marktverzerrende Maßnahmen zur Wahrung der Versorgungssicherheit wie Kapazitätsmechanismen zu beseitigen. Gleichzeitig sollte durch Knappheitspreise ohne Preisobergrenzen auf dem Großhandelsmarkt nicht die Möglichkeit beeinträchtigt werden, den Endkunden, insbesondere Haushaltskunden, kleinen und mittleren Unternehmen (KMU) und industriellen Kunden, zuverlässige und stabile Preise zu bieten.

(25) Unbeschadet der Artikel 107, 108 und 109 des Vertrags über die Arbeitsweise der Europäischen Union (AEUV)[1] gilt, dass Freistellungen von den Marktgrundsätzen, beispielsweise Bilanzkreisverantwortung, marktbasierter Dispatch oder Redispatch, dazu führen, dass weniger Flexibilität signalisiert und die Entwicklung von Lösungen wie Energiespeicherung, Laststeuerung oder Aggregierung behindert wird. Obwohl Freistellungen weiterhin notwendig sind, um einen

[1] Nr. **13**.

unnötigen Verwaltungsaufwand für bestimmte Marktteilnehmer, insbesondere Haushaltskunden und KMU, zu vermeiden, stehen weit gefasste Freistellungen für ganze Technologiebereiche nicht im Einklang mit dem Ziel, effiziente marktbasierte Dekarbonisierungsprozesse einzuführen und sollten daher durch gezieltere Maßnahmen ersetzt werden.

(26) Eine Voraussetzung für funktionierenden Wettbewerb im Elektrizitätsbinnenmarkt sind diskriminierungsfreie, transparente und angemessene Entgelte für die Netznutzung einschließlich der Verbindungsleitungen im Übertragungsnetz.

(27) Unkoordinierte Einschränkungen der Verbindungskapazitäten schränken den Stromhandel zwischen den Mitgliedstaaten immer stärker ein und sind zu einem erheblichen Hindernis für den Aufbau eines funktionierenden Elektrizitätsbinnenmarkts geworden. Unter Einhaltung der Sicherheitsnormen für einen sicheren Netzbetrieb, einschließlich der Einhaltung der Sicherheitsnorm für Ausfallvarianten (N-1), sollte die maximale Kapazität der Verbindungsleitungen und der kritischen Netzelemente zur Verfügung gestellt werden. Für die Festlegung des Kapazitätsniveaus in einem Verbundnetz gelten allerdings einige Einschränkungen. Es müssen eindeutige Mindestwerte für die verfügbare Kapazität für den zonenübergreifenden Handel festgelegt werden, um die Auswirkungen von Ringflüssen und internen Engpässen auf den zonenübergreifenden Handel zu verringern und um den Marktteilnehmern einen vorhersehbaren Kapazitätswert zu geben. Wird der lastflussgestützte Ansatz angewandt, so sollte diese Mindestkapazität den Mindestanteil der die Betriebssicherheitsgrenzwerte einhaltenden Kapazität eines zonenübergreifenden oder internen kritischen Netzelements festlegen, der unter Berücksichtigung von Ausfallvarianten als Input für die koordinierte Kapazitätsberechnung gemäß Verordnung (EU) 2015/1222 heranzuziehen ist. Die gesamte restliche Kapazität kann für Zuverlässigkeitsmargen, Ringflüsse und interne Stromflüsse verwendet werden. Ferner sollten im Fall vorhersehbarer Probleme, die bei der Wahrung der Netzsicherheit auftreten können, für eine begrenzte Übergangszeit Freistellungen möglich sein. Solche Freistellungen sollten mit Methoden und Projekten für eine langfristige Lösung einhergehen.

(28) Die Übertragungskapazität, auf die nach dem Ansatz der Nettoübertragungskapazität die Mindestkapazität von 70 % anzuwenden ist, stellt die größtmögliche Übertragung von Wirkleistung dar, die die Betriebssicherheitsgrenzwerte einhält und Ausfallvarianten berücksichtigt. Die koordinierte Berechnung dieser Kapazität entspricht nicht bloß der Summe der Kapazitäten der Verbindungsleitungen und trägt auch dem Umstand Rechnung, dass sich Stromflüsse ungleichmäßig zwischen einzelnen Komponenten verteilen. Diese Kapazität berücksichtigt nicht Zuverlässigkeitsmargen, Ringflüsse oder interne Stromflüsse, welchen durch die verbleibenden 30 % Rechnung getragen wird.

(29) Unterschiedliche Sicherheits-, Betriebs- und Planungsnormen der Übertragungsnetzbetreiber in den Mitgliedstaaten sollten keinesfalls zu Wettbewerbsverzerrungen führen. Darüber hinaus sollten verfügbare Übertragungskapazitäten und die Sicherheits-, Planungs- und Betriebsnormen, die sich auf die verfügbaren Übertragungskapazitäten auswirken, für die Marktteilnehmer transparent sein.

(30) Für die effiziente Steuerung notwendiger Investitionen muss von Preisen außerdem signalisiert werden, wo Elektrizität am dringendsten benötigt wird. Um in einem zonalen Stromsystem korrekte standortbezogene Preissignale zu erhalten, muss die Festlegung der Gebotszonen auf kohärente, objektive und zuverlässige Weise in einem transparenten Verfahren erfolgen. Die Gebotszonen sollten strukturellen Engpässen Rechnung tragen, damit beim Betrieb und bei der Planung des Stromsystems der Union für Effizienz gesorgt wird und wirksame Preissignale für neue Erzeugungskapazitäten, Laststeuerung und die Übertragungsinfrastruktur gesetzt werden. Vor allem sollte die zonenübergreifende Kapazität nicht verringert werden, um interne Engpässe zu beheben.

(31) Um den voneinander abweichenden Grundsätzen der Optimierung der Gebotszonen ohne Gefährdung der liquiden Märkte und Netzinvestitionen Rechnung zu tragen, sollten zwei Möglichkeiten zum Angehen von Engpässen vorgesehen werden. Die Mitgliedstaaten sollten zwischen einer Rekonfiguration der Gebotszonen und Maßnahmen wie Netzverstärkung und Netzoptimierung wählen können. Ausgangspunkt für eine solche Entscheidung sollte die Ermittlung langfristiger struktureller Engpässe durch einen oder mehrere Übertragungsnetzbetreiber eines Mitgliedstaats, durch einen Bericht des Europäischen Netzes der Übertragungsnetzbetreiber (Strom) (ENTSO (Strom) – European Network of Transmission System Operators for Electricity) über Engpässe oder durch die Überprüfung der Gebotszonen sein. Die Mitgliedstaaten sollten zunächst versuchen, gemeinsam zu ermitteln, wie sich Engpässe am besten angehen lassen. Im Zuge dessen könnten sie multinationale oder nationale Aktionspläne zum Angehen von Engpäs-

sen verabschieden. Für Mitgliedstaaten, die einen Aktionsplan mit Maßnahmen zum Angehen von Engpässen annehmen, sollte ein Übergangszeitraum in Form einer linearen Verlaufskurve für die Öffnung von Verbindungsleitungen gelten. In der Endphase der Durchführung eines solchen Aktionsplans sollten die Mitgliedstaaten wählen können, ob sie sich für eine Rekonfiguration der Gebotszone bzw. Gebotszonen entscheiden oder ob sie mit Blick auf verbleibende Engpässe Entlastungsmaßnahmen ergreifen, deren Kosten sie tragen. In letzterem Fall sollten die Gebotszonen nicht gegen den Willen des Mitgliedstaats rekonfiguriert werden, solange die Mindestkapazität erreicht wird. Die für die koordinierte Kapazitätsberechnung zugrunde zu legende Mindestkapazität sollte ein Prozentsatz der Kapazität eines kritischen Netzelements sein, das im Rahmen des Auswahlverfahrens nach der Verordnung (EU) 2015/1222 festgelegt wurde, nach, oder, im Fall eines lastflussgestützten Ansatzes, bei Einhaltung der Betriebssicherheitsgrenzwerte in Ausfallvarianten. Als letztes Mittel sollte die Kommission einen Beschluss über die Gebotszonenkonfiguration erlassen können, wobei die Gebotszonenkonfiguration nur in denjenigen Mitgliedstaaten geändert werden sollte, die sich für die Aufteilung der Gebotszone entschieden oder die Mindestkapazität nicht erreicht haben.

(32) Für die effiziente Dekarbonisierung des Stromsystems mittels Marktintegration ist es erforderlich, die Hindernisse für den grenzüberschreitenden Handel systematisch zu beseitigen, um die Zersplitterung des Marktes zu überwinden und die Voraussetzungen dafür zu schaffen, dass die Vorteile der integrierten Elektrizitätsmärkte und des Wettbewerbs den Energieverbrauchern in der Union in vollem Umfang zugutekommen.

(33) In dieser Verordnung sollten die Grundsätze der Tarifierung und Kapazitätsvergabe festgelegt und sollte gleichzeitig der Erlass von Leitlinien vorgesehen werden, in denen die einschlägigen Grundsätze und Methoden näher ausgeführt werden, damit sie rasch an veränderte Gegebenheiten angepasst werden können.

(34) Die Bewältigung von Engpässen sollte den Übertragungsnetzbetreibern und Marktteilnehmern die richtigen wirtschaftlichen Signale geben und auf Marktmechanismen beruhen.

(35) In einem offenen, von Wettbewerb geprägten Markt sollten Übertragungsnetzbetreiber für die Kosten, die durch grenzüberschreitende Stromflüsse in ihren Netzen entstehen, von den Betreibern der Übertragungsnetze, aus denen die grenzüberschreitenden Stromflüsse stammen, und der Netze, in denen diese Stromflüsse enden, einen Ausgleich erhalten.

(36) Die zum Ausgleich zwischen den Übertragungsnetzbetreibern geleisteten Zahlungen und verbuchten Einnahmen sollten bei der Festsetzung der nationalen Netztarife berücksichtigt werden.

(37) Der für den Zugang zu einem jenseits der Grenze bestehenden System tatsächlich zu zahlende Betrag kann je nach den beteiligten Übertragungsnetzbetreibern und infolge der unterschiedlich gestalteten Tarifierungssysteme der Mitgliedstaaten erheblich variieren. Eine gewisse Harmonisierung ist daher zur Verhinderung von Handelsverzerrungen erforderlich.

(38) Die Verwendung von Einnahmen aus dem Engpassmanagement sollte nach bestimmten Regeln erfolgen, es sei denn, die spezifische Art der betroffenen Verbindungsleitung rechtfertigt eine Ausnahme von diesen Regeln.

(39) Um für alle Marktteilnehmer gleiche Wettbewerbsbedingungen zu schaffen, sollten die Netztarife so angewandt werden, dass sie an die Verteilerebene angeschlossene Erzeugungsanlagen gegenüber den an die Übertragungsebene angeschlossenen Erzeugungsanlagen weder bevorzugen noch benachteiligen. Netztarife sollten zu keiner Benachteiligung der Energiespeicherung führen und keine Negativanreize für die Teilnahme an der Laststeuerung schaffen oder die Verbesserung der Energieeffizienz behindern.

(40) Die mit der Verordnung (EU) 2019/942[1)] des Europäischen Parlaments und des Rates[2)] eingerichtete Agentur der Europäischen Union für die Zusammenarbeit der Energieregulierungsbehörden (ACER – Agency for the Cooperation of Energy Regulators) sollte dort, wo eine verbindliche Harmonisierung als nicht adäquat angesehen wird, einen Bericht über bewährte Verfahren zu Tarifmethoden erstellen, um die Transparenz zu erhöhen und die Vergleichbarkeit der Tarifgestaltung zu verbessern.

[1)] Nr. 7.

[2)] **Amtl. Anm.:** Verordnung (EU) 2019/942 [Nr. **7**] des Europäischen Parlaments und des Rates vom 5. Juni 2019 zur Gründung einer Agentur der Europäischen Union für die Zusammenarbeit der Energieregulierungsbehörden (siehe Seite 22 dieses Amtsblatts [red. Anm.: ABl. L 158 vom 14.6. 2019]).

(41) Die Anwendung von Engpasserlösen sollte überdacht werden und dazu beitragen, dass die Verfügbarkeit garantiert und die Verbindungskapazität aufrechterhalten oder ausgebaut werden kann, damit noch besser für optimale Investitionen in das transeuropäische Netz Sorge getragen und das Problem angegangen wird, dass tragfähige Projekte für Verbindungsleitungen aufgrund mangelnder Prioritätensetzung auf nationaler Ebene nicht realisiert werden können.

(42) Damit das Elektrizitätsübertragungsnetz optimal verwaltet wird und der grenzüberschreitende Stromhandel und die grenzüberschreitende Stromversorgung in der Union ermöglicht werden, sollte ENTSO (Strom) gegründet werden. Die Aufgaben von ENTSO (Strom) sollten im Einklang mit den Wettbewerbsvorschriften der Union ausgeführt werden, die für die Entscheidungen von ENTSO (Strom) weiter gelten. Die Aufgaben von ENTSO (Strom) sollten genau definiert werden, und seine Arbeitsmethode sollte so konzipiert sein, dass Effizienz und Transparenz sichergestellt sind. Die von ENTSO (Strom) ausgearbeiteten Netzkodizes sollten die für rein inländische Angelegenheiten erforderlichen nationalen Netzkodizes nicht ersetzen. Da durch einen Ansatz, der auf die regionale Ebene abstellt, wirksamere Fortschritte erzielt werden können, sollten die Übertragungsnetzbetreiber in der Gesamtstruktur, die der Zusammenarbeit dient, regionale Strukturen schaffen und gleichzeitig sicherstellen, dass die auf regionaler Ebene erzielten Ergebnisse mit den auf Unionsebene festgelegten Netzkodizes und nicht verbindlichen zehnjährigen Netzentwicklungsplänen vereinbar sind. Die Mitgliedstaaten sollten die Zusammenarbeit fördern und die Wirksamkeit des Netzes auf regionaler Ebene beobachten. Die Zusammenarbeit auf regionaler Ebene sollte mit den Fortschritten bei der Schaffung eines wettbewerbsgeprägten und effizienten Elektrizitätsbinnenmarkts vereinbar sein.

(43) ENTSO (Strom) sollte eine fundierte mittel- bis langfristige Abschätzung der Angemessenheit der Ressourcen auf europäischer Ebene durchführen, um eine objektive Grundlage für die Beurteilung von Bedenken bezüglich der Angemessenheit zu schaffen. Die Beurteilung von Bedenken bezüglich der Angemessenheit der Ressourcen, die durch Kapazitätsmechanismen angegangen wird, sollte auf der Grundlage der Abschätzung der Angemessenheit der Ressourcen auf europäischer Ebene erfolgen. Diese Abschätzung kann durch nationale Abschätzungen ergänzt werden.

(44) Die Methode für die langfristige Abschätzung der Angemessenheit der Ressourcen (vom Zehnjahreszeitbereich bis zum Year-Ahead-Zeitbereich) gemäß dieser Verordnung dient einem anderen Zweck als die saisonalen Abschätzungen der Angemessenheit (sechs Monate im Voraus) nach Artikel 9 der Verordnung (EU) 2019/941 des Europäischen Parlaments und des Rates[1]. Die mittel- bis langfristigen Abschätzungen dienen im Wesentlichen dazu, Bedenken bezüglich der Angemessenheit und den Bedarf an Kapazitätsmechanismen zu ermitteln, während anhand saisonaler Abschätzungen der Angemessenheit kurzfristige Gefahren aufgezeigt werden, die in den folgenden sechs Monaten auftreten könnten und wahrscheinlich zu einer erheblichen Verschlechterung der Stromversorgung führen. Darüber hinaus führen die regionalen Koordinierungszentren über den Übertragungsnetzbetrieb auch Abschätzungen der Angemessenheit der Ressourcen auf regionaler Ebene durch. Bei diesen Abschätzungen der Angemessenheit handelt es sich um sehr kurzfristige Week-Ahead- bis Day-Ahead-Abschätzungen im Zusammenhang mit dem Netzbetrieb.

(45) Vor der Einführung von Kapazitätsmechanismen sollten die Mitgliedstaaten die regulatorischen Verzerrungen, die zu den jeweiligen Bedenken bezüglich der Angemessenheit der Ressourcen beitragen, bewerten. Mitgliedstaaten sollten dazu verpflichtet werden, Maßnahmen zur Beseitigung der festgestellten Verzerrungen zu ergreifen und einen Zeitplan für ihre Umsetzung zu erlassen. Kapazitätsmechanismen sollten nur eingeführt werden, um Probleme in Bezug auf die Angemessenheit anzugehen die nicht durch die Beseitigung solcher Verzerrungen gelöst werden können.

(46) Mitgliedstaaten, die Kapazitätsmechanismen einführen wollen, sollten auf der Grundlage eines transparenten und nachprüfbaren Verfahrens Ziele bezüglich der Angemessenheit der Ressourcen festlegen. Die Mitgliedstaaten sollten die Möglichkeit haben, das gewünschte Maß an Versorgungssicherheit selbst festzulegen.

(47) Gemäß Artikel 108 AEUV[2] ist ausschließlich die Kommission dafür zuständig, zu überprüfen, ob etwaige von den Mitgliedstaaten vorgesehene staatliche Beihilferegelungen mit dem Binnen-

---

[1] **Amtl. Anm.:** Verordnung (EU) 2019/941 des Europäischen Parlaments und des Rates vom 5. Juni 2019 über die Risikovorsorge im Elektrizitätssektor und zur Aufhebung der Richtlinie 2005/89/EG (siehe Seite 1 dieses Amtsblatts [Anm. d. Red.: ABl. L 158 vom 14.6.2019]).

[2] Nr. **13**.

markt vereinbar sind. Diese Überprüfung erfolgt auf der Grundlage von Artikel 107 Absatz 3 AEUV[1)] und entspricht den einschlägigen Bestimmungen und Leitlinien, die die Kommission für diese Zwecke erlassen kann. Diese im AEUV vorgesehene ausschließliche Zuständigkeit der Kommission bleibt von den Bestimmungen dieser Verordnung unberührt.

(48) Bereits bestehende Kapazitätsmechanismen sollten im Lichte dieser Verordnung überprüft werden.

(49) Zur Erleichterung der wirksamen grenzüberschreitenden Beteiligung an Kapazitätsmechanismen sollten in dieser Verordnung ausführliche Vorschriften festgelegt werden. Übertragungsnetzbetreiber sollten die grenzüberschreitende Beteiligung interessierter Erzeuger an Kapazitätsmechanismen in anderen Mitgliedstaaten erleichtern. Daher sollten sie berechnen, bis zu welchen Kapazitäten eine grenzüberschreitende Beteiligung möglich wäre, die Beteiligung ermöglichen und die Verfügbarkeiten prüfen. Die Regulierungsbehörden sollten die für die grenzüberschreitende Beteiligung geltenden Vorschriften in den Mitgliedstaaten durchsetzen.

(50) Kapazitätsmechanismen sollten, bei gleichzeitiger Vermeidung einer Überkompensation, die Versorgungssicherheit gewährleisten. In dieser Hinsicht sollten Kapazitätsmechanismen, die keine strategischen Reserven sind, so ausgestaltet werden, dass der Preis für die Verfügbarkeit automatisch gegen Null geht, wenn davon auszugehen ist, dass der Kapazitätsbedarf mit der Kapazität gedeckt werden kann, die in Abwesenheit eines Kapazitätsmechanismus auf dem Energiemarkt rentabel wäre.

(51) Zur Unterstützung von Mitgliedstaaten und Regionen, die aufgrund der Energiewende vor sozialen, industriellen und wirtschaftlichen Herausforderungen stehen, hat die Kommission eine Initiative für Regionen ins Leben gerufen, die in hohem Maße von Kohle und einer CO_2-intensiven Wirtschaft abhängig sind. In diesem Zusammenhang sollte die Kommission die Mitgliedstaaten unterstützen, soweit verfügbar einschließlich durch gezielte Finanzhilfen, um den „gerechten Übergang" in diesen Regionen zu ermöglichen.

(52) In Anbetracht der Unterschiede zwischen nationalen Energiesysteme und der technischen Beschränkungen der bestehenden Stromsysteme lassen sich Fortschritte bei der Marktintegration häufig am besten auf regionaler Ebene erzielen. Die regionale Zusammenarbeit zwischen Übertragungsnetzbetreibern sollte daher gestärkt werden. Für eine effiziente Zusammenarbeit sollte mit einem neuen Regulierungsrahmen für eine stärkere regionale Steuerung und Regulierungsaufsicht gesorgt werden, wozu auch die Stärkung der Entscheidungsbefugnis von ACER in Bezug auf grenzüberschreitende Fragen gehört. Auch in Krisensituationen könnte die engere Zusammenarbeit der Mitgliedstaaten erforderlich sein, um die Versorgungssicherheit zu erhöhen und Marktverzerrungen zu begrenzen.

(53) Die Koordinierung zwischen den Übertragungsnetzbetreibern auf regionaler Ebene wurde mit der obligatorischen Beteiligung der Übertragungsnetzbetreiber an den regionalen Sicherheitskoordinatoren formell geregelt. Die regionale Koordinierung der Übertragungsnetzbetreiber sollte durch einen mit der Einrichtung regionaler Koordinierungszentren verbesserten institutionellen Rahmen ausgebaut werden. Bei der Einrichtung regionaler Koordinierungszentren sollte den bestehenden oder geplanten regionalen Koordinierungsinitiativen Rechnung getragen und der immer stärker integrierte Betrieb der Stromsysteme in der gesamten Union unterstützt werden, damit ihre effiziente und sichere Funktionsweise sichergestellt ist. Daher muss sichergestellt werden, dass die Koordinierung der Übertragungsnetzbetreiber unionsweit durch regionale Koordinationszentren erfolgt. Werden die Übertragungsnetzbetreiber einer bestimmten Region nicht von einem bestehenden oder geplanten regionalen Koordinierungszentrum koordiniert, so sollten die Übertragungsnetzbetreiber dieser Region ein regionales Koordinierungszentrum einrichten oder benennen.

(54) Der geografische Zuständigkeitsbereich der regionalen Koordinierungszentren sollte es ihnen ermöglichen, einen wirksamen Beitrag zur überregionalen Koordinierung der Tätigkeiten der Übertragungsnetzbetreiber zu leisten, und sollte mehr Systemsicherheit und Markteffizienz herbeiführen. Die regionalen Koordinierungszentren sollten über die nötige Flexibilität verfügen, um ihre Aufgaben in der Region so wahrnehmen zu können, wie es am ehesten dem Wesen der ihnen im einzelnen übertragenen Aufgaben entspricht.

(55) Die regionalen Koordinierungszentren sollten Aufgaben ausüben, deren Regionalisierung im Vergleich zur Ausführung der Aufgaben auf nationaler Ebene einen zusätzlichen Nutzen bringt. Zu den Aufgaben der regionalen Koordinierungszentren sollten auch die der regionalen Sicher-

---

[1)] Nr. **13**.

heitskoordinatoren gemäß der Verordnung (EU) 2017/1485 der Kommission[1] sowie zusätzliche Aufgaben im Zusammenhang mit dem Netzbetrieb, dem Marktbetrieb und der Risikovorsorge gehören. Der Echtzeitbetrieb des Stromsystems sollte dagegen nicht zu den Aufgaben der regionalen Koordinierungszentren gehören.

(56) Durch die Ausübung ihrer Aufgaben sollten die regionalen Koordinierungszentren zur Verwirklichung der in der EU-Klima- und Energiepolitik festgesetzten Ziele für 2030 und 2050 beitragen.

(57) Die regionalen Koordinierungszentren sollten in dem jeweiligen Gebiet in erster Linie im Interesse des Netz- und des Marktbetriebs tätig werden. Somit sollten den regionalen Koordinierungszentren für bestimmte Aufgaben die Befugnisse übertragen werden, die zur Koordinierung der von den Übertragungsnetzbetreibern der jeweiligen Netzbetriebsregion zu treffenden Maßnahmen erforderlich sind; bei den verbleibenden Aufgaben sollten sie eine stärker auf die Beratung ausgerichtete Funktion ausüben.

(58) Die personellen, technischen, materiellen und finanziellen Ressourcen der regionalen Koordinierungszentren sollten auf das für die Erfüllung ihrer Aufgaben unbedingt notwendige Maß beschränkt sein.

(59) ENTSO (Strom) sollte dafür sorgen, dass die Maßnahmen der regionalen Koordinierungszentren über die Gebietsgrenzen hinweg koordiniert werden.

(60) Um die Effizienz der Stromverteilernetze in der Union zu steigern und die enge Zusammenarbeit mit den Übertragungsnetzbetreibern und ENTSO (Strom) sicherzustellen, sollte eine Organisation der Verteilernetzbetreiber in der Union (im Folgenden „EU-VNBO") eingerichtet werden. Die Aufgaben der EU-VNBO sollten genau festgelegt werden, und ihre Arbeitsmethode sollte so konzipiert sein, dass Effizienz und Transparenz sowie die Repräsentativität der EU-VNBO für die Verteilernetzbetreiber der Union sichergestellt sind. Die EU-VNBO sollte bei der Ausarbeitung und Umsetzung der Netzkodizes erforderlichenfalls eng mit ENTSO (Strom) zusammenarbeiten und Leitlinien unter anderem zur Integration der dezentralen Erzeugung und Energiespeicherung in die Verteilernetze oder zu anderen mit dem Management der Verteilernetze zusammenhängenden Bereichen erarbeiten. Die EU-VNBO sollte auch den Eigenheiten von Verteilersystemen Rechnung tragen, die nachgelagert mit Stromsystemen auf Inseln verbunden sind, die nicht über Verbindungsleitungen an andere Stromsysteme angebunden sind.

(61) Es ist eine stärkere Zusammenarbeit und Koordinierung zwischen den Übertragungsnetzbetreibern erforderlich, um Netzkodizes für die Bereitstellung und die Handhabung des konkreten und transparenten Zugangs zu den Übertragungsnetzen über Grenzen hinweg zu schaffen und eine abgestimmte, ausreichend zukunftsorientierte Planung und solide technische Entwicklung des Übertragungsnetzes in der Union, einschließlich der Schaffung von Verbindungskapazitäten, unter gebührender Berücksichtigung von Umweltschutzaspekten sicherzustellen. Diese Netzkodizes sollten im Einklang sein mit den nicht bindenden Rahmenleitlinien, die von ACER ausgearbeitet wurden. ACER sollte bei der auf tatsächliche Umstände gestützten Prüfung der Entwürfe von Netzkodizes – einschließlich der Frage, ob die Netzkodizes den Rahmenleitlinien entsprechen – mitwirken und diese Netzkodizes der Kommission zur Annahme empfehlen können. ACER sollte geplante Änderungen der Netzkodizes bewerten und diese Änderungen der Kommission zur Annahme empfehlen können. Die Übertragungsnetzbetreiber sollten ihre Netze nach diesen Netzkodizes betreiben.

(62) Wie die Erfahrungen bei der Entwicklung und Verabschiedung von Netzkodizes gezeigt haben, ist es sinnvoll, die Entwicklungsverfahren zu straffen, indem klargestellt wird, dass ACER das Recht hat, die Entwürfe der Elektrizitätsnetzkodizes zu überarbeiten, bevor sie der Kommission vorgelegt werden.

(63) Für das reibungslose Funktionieren des Elektrizitätsbinnenmarkts sollten Verfahren vorgesehen werden, nach denen die Kommission Entscheidungen und Leitlinien unter anderem für die Tarifierung und Kapazitätsvergabe erlassen kann und mit denen gleichzeitig die Beteiligung der Regulierungsbehörden an diesem Verfahren sichergestellt wird, was auch durch ihren Verband auf Unionsebene erfolgen kann. Den Regulierungsbehörden kommt, zusammen mit anderen maßgeblichen Behörden der Mitgliedstaaten, im Hinblick auf ihren Beitrag zum reibungslosen Funktionieren des Elektrizitätsbinnenmarkts eine wichtige Aufgabe zu.

---

[1] **Amtl. Anm.:** Verordnung (EU) 2017/1485 der Kommission vom 2. August 2017 zur Festlegung einer Leitlinie für den Übertragungsnetzbetrieb (ABl. L 220 vom 25.8.2017, S. 1).

(64) Alle Marktteilnehmer haben ein Interesse an der Arbeit, die ENTSO (Strom) leisten soll. Es bedarf daher wirksamer Konsultationen, und vorhandene Einrichtungen, die zur Erleichterung und zur Straffung des Konsultationsprozesses geschaffen wurden, z.B. über die Regulierungsbehörden oder ACER, sollten eine wichtige Funktion übernehmen.

(65) Damit im gesamten Elektrizitätsübertragungsnetz in der Union mehr Transparenz herrscht, sollte ENTSO (Strom) einen nicht bindenden unionsweiten zehnjährigen Netzentwicklungsplan erstellen, veröffentlichen und regelmäßig aktualisieren. In diesem Netzentwicklungsplan sollten realisierbare Elektrizitätsübertragungsnetze und die für den Handel und die Versorgungssicherheit notwendigen regionalen Verbindungsleitungen verzeichnet sein.

(66) Investitionen in neue Großinfrastrukturen sollten stark gefördert werden, wobei es das ordnungsgemäße Funktionieren des Elektrizitätsbinnenmarkts sicherzustellen gilt. Zur Förderung der positiven Wirkung von Gleichstromverbindungsleitungen, für die Ausnahmen gelten, auf den Wettbewerb und die Versorgungssicherheit sollte das Marktinteresse in der Projektplanungsphase geprüft werden und sollten Regeln für das Engpassmanagement erlassen werden. Befinden sich die Gleichstromverbindungsleitungen in den Hoheitsgebieten mehr als eines Mitgliedstaats, so sollte ACER in letzter Instanz den Antrag auf Gewährung einer Ausnahme bearbeiten, damit seine grenzüberschreitenden Auswirkungen besser berücksichtigt werden und er von der Verwaltung einfacher bearbeitet werden kann. Wegen des außergewöhnlichen Risikoprofils solcher Großinfrastrukturvorhaben, für die eine Ausnahme gilt, sollten Unternehmen, die Versorgungs- und Erzeugungsinteressen haben, vorübergehend von der vollständigen Anwendung der Entflechtungsvorschriften freigestellt werden können, soweit es um diese Vorhaben geht. Die Ausnahmen gemäß der Verordnung (EG) Nr. 1228/2003 des Europäischen Parlaments und des Rates[1] gelten bis zu dem in der entsprechenden Entscheidung vorgesehenen Ablaufdatum weiter. Offshore-Strominfrastruktur mit Doppelfunktion (sogenannte Offshore-Hybrideinrichtungen), bei denen die Übertragung von Offshore-Windenergie an Land mit Verbindungsleitungen kombiniert wird, sollten ebenfalls ausgenommen werden können, z.B. nach den Vorschriften, die für neue Gleichstromverbindungsleitungen gelten. Bei Bedarf sollte der Regulierungsrahmen den Besonderheiten dieser Einrichtungen gebührend Rechnung tragen, damit Hindernisse für die Verwirklichung von mit Blick auf die Gesellschaft kosteneffizienten Offshore-Hybrideinrichtungen beseitigt werden können.

(67) Zur Stärkung des Vertrauens in den Markt müssen die Marktteilnehmer sicher sein, dass missbräuchliches Verhalten mit wirksamen, verhältnismäßigen und abschreckenden Sanktionen geahndet werden kann. Die zuständigen Behörden sollten die Befugnis erhalten, Fälle von behauptetem Marktmissbrauch wirksam zu untersuchen. Hierzu ist es erforderlich, dass die zuständigen Behörden Zugang zu Daten haben, die Aufschluss über betriebliche Entscheidungen der Versorger geben. Auf dem Elektrizitätsmarkt werden viele wichtige Entscheidungen von den Erzeugern getroffen, die die Informationen zu diesen Entscheidungen den zuständigen Behörden in leicht zugänglicher Form für einen bestimmten Zeitraum zur Verfügung halten sollten. Außerdem sollten die zuständigen Behörden regelmäßig beobachten, ob die Übertragungsnetzbetreiber die Regeln einhalten. Kleine Erzeuger, denen es tatsächlich unmöglich ist, Marktverzerrungen herbeizuführen, sollten von dieser Verpflichtung ausgenommen werden.

(68) Die Mitgliedstaaten und die zuständigen Behörden sollten dazu verpflichtet sein, der Kommission maßgebliche Informationen bereitzustellen. Diese Informationen sollten von der Kommission vertraulich behandelt werden. Soweit erforderlich, sollte die Kommission die Möglichkeit haben, maßgebliche Informationen unmittelbar von den betroffenen Unternehmen anzufordern, sofern die zuständigen Behörden informiert sind.

(69) Die Mitgliedstaaten sollten festlegen, welche Sanktionen bei einem Verstoß gegen diese Verordnung zu verhängen sind, und für ihre Durchsetzung sorgen. Die Sanktionen sollten wirksam, verhältnismäßig und abschreckend sein.

(70) Die Mitgliedstaaten, die Vertragsparteien der Energiegemeinschaft und weitere Drittländer, die diese Verordnung anwenden oder die Teil des Synchrongebiet Kontinentaleuropa sind, sollten in allen Angelegenheiten zur Entwicklung einer integrierten Stromhandelsregion eng zusammenarbeiten und keine Maßnahmen ergreifen, durch die die weitere Integration der Strommärkte oder die Versorgungssicherheit der Mitgliedstaaten und der Vertragsparteien gefährdet wird.

---

[1] **Amtl. Anm.:** Verordnung (EG) Nr. 1228/2003 des Europäischen Parlaments und des Rates vom 26. Juni 2003 über die Netzzugangsbedingungen für den grenzüberschreitenden Stromhandel (ABl. L 176 vom 15.7.2003, S. 1).

(71) Zum Zeitpunkt der Annahme der Verordnung (EG) Nr. 714/2009 gab es auf Unionsebene nur wenige Vorschriften für den Elektrizitätsbinnenmarkt. Der Unionsbinnenmarkt ist seither aufgrund des grundlegenden Wandels, der sich insbesondere angesichts des Einsatzes der Erzeugung fluktuierender erneuerbarer Elektrizität auf den Märkten vollzieht, viel komplexer geworden. Die Netzkodizes und die Leitlinien sind daher umfangreich und umfassend geworden, und beinhalten sowohl technische als auch allgemeine Aspekte.

(72) Um das für das reibungslose Funktionieren des Marktes erforderliche Mindestmaß an Harmonisierung sicherzustellen, sollte der Kommission die Befugnis übertragen werden, gemäß Artikel 290 AEUV Rechtsakte zu nicht wesentlichen Bestandteilen bestimmter spezifischer Bereiche, die für die Marktintegration besonders wichtig sind, zu erlassen. Zu diesen Rechtsakten sollten jene zu der Annahme und Änderung bestimmter Netzkodizes und Leitlinien, soweit sie diese Verordnung ergänzen, der regionalen Zusammenarbeit der Übertragungsnetzbetreiber und Regulierungsbehörden, den Ausgleichszahlungen zwischen den Übertragungsnetzbetreibern und der Anwendung von Ausnahmebestimmungen für neue Verbindungsleitungen gehören. Es ist von besonderer Bedeutung, dass die Kommission im Zuge ihrer Vorbereitungsarbeit angemessene Konsultationen, auch auf der Ebene von Sachverständigen, durchführt, die mit den Grundsätzen in Einklang stehen, die in der Interinstitutionellen Vereinbarung vom 13. April 2016 über bessere Rechtsetzung[1] niedergelegt wurden. Um insbesondere für eine gleichberechtigte Beteiligung an der Vorbereitung delegierter Rechtsakte zu sorgen, erhalten das Europäische Parlament und der Rat alle Dokumente zur gleichen Zeit wie die Sachverständigen der Mitgliedstaaten, und ihre Sachverständigen haben systematisch Zugang zu den Sitzungen der Sachverständigengruppen der Kommission, die mit der Vorbereitung der delegierten Rechtsakte befasst sind.

(73) Zur Gewährleistung einheitlicher Bedingungen für die Durchführung der vorliegenden Verordnung sollten der Kommission Durchführungsbefugnisse gemäß Artikel 291 AEUV übertragen werden. Diese Befugnisse sollten im Einklang mit der Verordnung (EU) Nr. 182/2011 des Europäischen Parlaments und des Rates[2] ausgeübt werden. Für den Erlass dieser Durchführungsrechtsakte sollte das Prüfverfahren angewendet werden.

(74) Da das Ziel der Verordnung, nämlich die Schaffung eines harmonisierten Rahmens für den grenzüberschreitenden Stromhandel, von den Mitgliedstaaten nicht ausreichend verwirklicht werden kann, sondern vielmehr wegen ihres Umfangs und ihrer Wirkungen auf Unionsebene besser zu verwirklichen ist, kann die Union im Einklang mit dem in Artikel 5 des Vertrags über die Europäische Union verankerten Subsidiaritätsprinzip tätig werden. Entsprechend dem in demselben Artikel genannten Grundsatz der Verhältnismäßigkeit geht diese Verordnung nicht über das für die Verwirklichung dieses Ziels erforderliche Maß hinaus.

(75) Aus Gründen der Kohärenz und der Rechtssicherheit sollte keine Bestimmung dieser Verordnung der Anwendung der Freistellungen nach Artikel 66 der Richtlinie (EU) 2019/944[3] entgegenstehen –

HABEN FOLGENDE VERORDNUNG ERLASSEN:

Kapitel I. Gegenstand, Anwendungsbereich und Begriffsbestimmungen

Art. 1 Gegenstand und Anwendungsbereich. Ziel dieser Verordnung ist

a) die Festlegung der Grundlagen für eine effiziente Verwirklichung der Ziele der Energieunion und insbesondere des Rahmens für die Klima- und Energiepolitik bis 2030 durch das Aussenden von Marktsignalen für größere Effizienz und einen höheren Anteil erneuerbarer Energiequellen sowie für

---

[1] **Amtl. Anm.:** ABl. L 123 vom 12.5.2016, S. 1.

[2] **Amtl. Anm.:** Verordnung (EU) Nr. 182/2011 des Europäischen Parlaments und des Rates vom 16. Februar 2011 zur Festlegung der allgemeinen Regeln und Grundsätze, nach denen die Mitgliedstaaten die Wahrnehmung der Durchführungsbefugnisse durch die Kommission kontrollieren (ABl. L 55 vom 28.2.2011, S. 13).

[3] Nr. **4**.

Versorgungssicherheit, Flexibilität, Nachhaltigkeit, Dekarbonisierung und Innovation;

b) die Festlegung von Grundsätzen für gut funktionierende, integrierte Elektrizitätsmärkte, die allen Ressourcenanbieter und Stromkunden diskriminierungsfreien Marktzugang ermöglichen, die Position der Verbraucher stärken, Wettbewerbsfähigkeit auf dem Weltmarkt, Laststeuerung, Energiespeicherung und Energieeffizienz sicherstellen und die Aggregierung von dezentralem Angebot und dezentraler Nachfrage erleichtern und die Marktintegration und die Integration verschiedener Sektoren sowie eine marktbasierte Vergütung für Elektrizität aus erneuerbaren Quellen ermöglichen;

c) die Festlegung gerechter Regeln für den grenzüberschreitenden Stromhandel und somit eine Verbesserung des Wettbewerbs auf dem Elektrizitätsbinnenmarkt unter Berücksichtigung der besonderen Merkmale nationaler und regionaler Märkte, einschließlich der Schaffung eines Ausgleichsmechanismus für grenzüberschreitende Stromflüsse, der Festlegung harmonisierter Grundsätze für die Entgelte für die grenzüberschreitende Übertragung und der Vergabe der auf den Verbindungsleitungen zwischen nationalen Übertragungsnetzen verfügbaren Kapazitäten;

d) die Erleichterung der Herausbildung eines gut funktionierenden und transparenten Großhandelsmarkts, der zu einem hohen Maß an Stromversorgungssicherheit beiträgt und die Bereitstellung von Mechanismen zur Harmonisierung der Regeln für den grenzüberschreitenden Stromhandel.

Art. 2 Begriffsbestimmungen. Es gelten die folgenden Begriffsbestimmungen:

1. „Verbindungsleitung" bezeichnet eine Übertragungsleitung, die eine Grenze zwischen Mitgliedstaaten überquert oder überspannt und die nationalen Übertragungsnetze der Mitgliedstaaten verbindet;
2. „Regulierungsbehörde" bezeichnet die nach Maßgabe von Artikel 57 Absatz 1 der Richtlinie (EU) 2019/944[1] von jedem Mitgliedstaat benannte Regulierungsbehörde;
3. „grenzüberschreitender Stromfluss" bezeichnet das physikalische Durchströmen einer Menge elektrischer Energie durch ein Übertragungsnetz eines Mitgliedstaats aufgrund der Auswirkungen der Tätigkeit von Erzeugern oder Kunden oder beiden außerhalb dieses Mitgliedstaats auf dessen Übertragungsnetz;
4. „Engpass" bezeichnet eine Situation, in der nicht allen Ersuchen von Marktteilnehmern auf Handel zwischen Netzbereichen nachgekommen werden kann, weil sie erhebliche Auswirkungen auf die physikalischen Stromflüsse in Netzelementen hätten, die diese Stromflüsse nicht bewältigen können;
5. „neue Verbindungsleitung" bezeichnet eine Verbindungsleitung, die nicht bis zum 4. August 2003 fertiggestellt war;
6. „struktureller Engpass" bezeichnet einen Engpass im Übertragungsnetz, der eindeutig festgestellt werden kann, vorhersehbar ist, geografisch über länge-

[1] Nr. 4.

re Zeit stabil bleibt und unter normalen Bedingungen des Stromsystems häufig wiederauftritt;

7. „Marktbetreiber" bezeichnet eine Funktionseinheit, die eine Dienstleistung erbringt, mit der die Ankaufs- und Verkaufsangebote für Elektrizität aufeinander abgestimmt werden;
8. „nominierter Strommarktbetreiber" oder „NEMO" bezeichnet einen Marktbetreiber, der von der zuständigen Behörde für die Ausübung von Aufgaben im Zusammenhang mit der einheitlichen Day-Ahead-Marktkopplung oder der einheitlichen Intraday-Marktkopplung benannt wurde;
9. „Wert der Zahlungsbereitschaft für die Beibehaltung der Stromversorgung" bezeichnet eine Schätzung des Strompreises in EUR/MWh, den die Kunden höchstens zu zahlen bereit sind, um einen Ausfall der Stromversorgung abzuwenden;
10. „Systemausgleich" bezeichnet alle Handlungen und Verfahren über alle Zeiträume hinweg, mit denen die Übertragungsnetzbetreiber kontinuierlich dafür sorgen, dass die Netzfrequenz in einem vorbestimmten Stabilitätsbereich bleibt und die Menge der für die erforderliche Qualität benötigten Reserven eingehalten wird;
11. „Regelarbeit" bezeichnet die von den Übertragungsnetzbetreibern für den Systemausgleich eingesetzte Energie;
12. „Regelreserveanbieter" bezeichnet einen Marktteilnehmer, der Regelarbeit und/oder Regelleistung für Übertragungsnetzbetreiber bereitstellt;
13. „Regelleistung" bezeichnet das Volumen der Kapazität, zu dessen Bereithaltung sich ein Regelenergiedienstleister verpflichtet hat und in Bezug auf das er sich verpflichtet hat, während der Vertragslaufzeit Gebote für ein entsprechendes Regelenergievolumen an den Übertragungsnetzbetreiber abzugeben;
14. „Bilanzkreisverantwortlicher" bezeichnet einen Marktteilnehmer oder dessen von ihm gewählten Vertreter, der für dessen Bilanzkreisabweichungen im Strommarkt verantwortlich ist;
15. „Bilanzkreisabrechnungszeitintervall" bezeichnet den Zeitraum, für den die Bilanzkreisabweichung der Bilanzkreisverantwortlichen berechnet wird;
16. „Ausgleichsenergiepreis" bezeichnet den positiven, negativen oder null betragenden Preis in einem Bilanzkreisabrechnungszeitintervall für eine Bilanzkreisabweichung in jeder Richtung;
17. „Geltungsbereich des Ausgleichsenergiepreises" bezeichnet das Gebiet, für das ein Ausgleichsenergiepreis berechnet wird;
18. „Präqualifikationsverfahren" bezeichnet das Verfahren zur Überprüfung, ob ein Regelenergiedienstleister die Anforderungen der Übertragungsnetzbetreiber erfüllt;
19. „Reservekapazität" bezeichnet die Menge der Frequenzhaltungsreserven, Frequenzwiederherstellungsreserven oder Ersatzreserven, die dem Übertragungsnetzbetreiber zur Verfügung stehen müssen;
20. „vorrangiger Dispatch" bezeichnet im Zusammenhang mit dem Self-Dispatch-Modell den Einsatz von Kraftwerken auf der Grundlage anderer Kriterien als der wirtschaftlichen Reihung der Gebote, und, im Zusammenhang mit dem zentralen Dispatch-Modell, den Einsatz von Kraftwerken

auf der Grundlage anderer Kriterien als der wirtschaftlichen Reihung der Gebote und der Netzbeschränkungen, wobei dem Einsatz bestimmter Erzeugungstechnologien Vorrang eingeräumt wird;

21. „Kapazitätsberechnungsregion" bezeichnet das geografische Gebiet, in dem die koordinierte Kapazitätsberechnung vorgenommen wird;
22. „Kapazitätsmechanismus" bezeichnet eine vorübergehende Maßnahme zur Erreichung des notwendigen Maßes an Angemessenheit der Ressourcen, in deren Rahmen Ressourcen für ihre Verfügbarkeit vergütet werden, mit Ausnahme von Systemdienstleistungen betreffenden Maßnahmen oder Engpassmanagement;
23. „hocheffiziente Kraft-Wärme-Kopplung" bezeichnet die Kraft-Wärme-Kopplung, die den Kriterien in Anhang II der Richtlinie 2012/27/EU[1] des Europäischen Parlaments und des Rates[2] entspricht;
24. „Demonstrationsvorhaben" bezeichnet ein Vorhaben, das eine in der Union völlig neuen Technologie („first of its kind") demonstriert, die eine wesentliche, weit über den Stand der Technik hinausgehende Innovation darstellt;
25. „Marktteilnehmer" bezeichnet eine natürliche oder juristische Person, die Elektrizität kauft, verkauft oder erzeugt, sich mit Aggregierung beschäftigt oder Leistungen im Bereich der Laststeuerung oder der Speicherung betreibt, was die Erteilung von Handelsaufträgen in einem oder mehreren Elektrizitätsmärkten einschließlich der Regelarbeitsmärkte umfasst;
26. „Redispatch" bezeichnet eine Maßnahme, einschließlich einer Einschränkung, die von einem oder mehreren Übertragungs- oder Verteilernetzbetreibern durch die Veränderung des Erzeugungs- oder des Lastmusters oder von beidem aktiviert wird, um die physikalischen Lastflüsse im Stromsystem zu ändern und physikalische Engpässe zu mindern oder anderweitig für Systemsicherheit zu sorgen;
27. „Countertrading" bezeichnet einen zonenübergreifenden Austausch zwischen zwei Gebotszonen, der von den Netzbetreibern zur Minderung physikalischer Engpässe initiiert wird;
28. „Gesamteinrichtung zur Stromerzeugung" bezeichnet eine Einrichtung, die Primärenergie in elektrische Energie umwandelt und eine oder mehrere mit einem Netz verbundene Stromerzeugungsanlagen umfasst;
29. „zentrales Dispatch-Modell" bezeichnet ein Fahrplanerstellungs- und Dispatch-Modell, bei dem die Erzeugungs- und Verbrauchsfahrpläne sowie die Einsatzplanung für Gesamteinrichtungen zur Stromerzeugung und Verbrauchsanlagen – was regelbare Anlagen betrifft – von einem Übertragungsnetzbetreiber im Rahmen des integrierten Fahrplanerstellungsverfahrens bestimmt werden;
30. „Self-Dispatch-Modell" bezeichnet ein Fahrplanerstellungs- und Dispatch-Modell, bei dem die Erzeugungs- und Verbrauchsfahrpläne sowie die Einsatzplanung für Gesamteinrichtungen zur Stromerzeugung und Verbrauchs-

---

[1] Nr. **61**.

[2] **Amtl. Anm.:** Richtlinie 2012/27/EU [Nr. **61**] des Europäischen Parlaments und des Rates vom 25. Oktober 2012 zur Energieeffizienz, zur Änderung der Richtlinien 2009/125/EG und 2010/30/EU und zur Aufhebung der Richtlinien 2004/8/EG und 2006/32/EG (ABl. L 315 vom 14.11.2012, S. 1).

anlagen von den Scheduling Agenten dieser Einrichtungen bestimmt werden;

31. „Standard-Regelreserveprodukt" bezeichnet ein von allen Übertragungsnetzbetreibern für den Austausch von Regelreserve definiertes harmonisiertes Regelreserveprodukt;
32. „spezifisches Regelreserveprodukt" bezeichnet ein Regelreserveprodukt, bei dem es sich nicht um ein Standard-Regelreserveprodukt handelt;
33. „delegierter Betreiber" bezeichnet eine Einrichtung, der spezifische Aufgaben und Pflichten, mit denen nach Maßgabe dieser Verordnung oder anderer Rechtsakte der Union ein Übertragungsnetzbetreiber oder ein nominierter Strommarktbetreiber betraut wurde, von diesem Übertragungsnetzbetreiber oder NEMO übertragen oder von einem Mitgliedstaat oder einer Regulierungsbehörde zugewiesen wurden;
34. „Kunde" bezeichnet einen Kunden im Sinne von Artikel 2 Nummer 1 der Richtlinie (EU) 2019/944[1)];
35. „Endkunde" bezeichnet einen Endkunden im Sinne von Artikel 2 Nummer 3 der Richtlinie (EU) 2019/944[1)];
36. „Großhändler" bezeichnet einen Großhändler im Sinne von Artikel 2 Nummer 2 der Richtlinie (EU) 2019/944[1)];
37. „Haushaltskunde" bezeichnet einen Haushaltskunden im Sinne von Artikel 2 Nummer 4 der Richtlinie (EU) 2019/944[1)];
38. „Kleinunternehmen" bezeichnet ein Kleinunternehmen im Sinne von Artikel 2 Nummer 7 der Richtlinie (EU) 2019/944[1)];
39. „aktiver Kunde" bezeichnet einen aktiven Kunden im Sinne von Artikel 2 Nummer 8 der Richtlinie (EU) 2019/944[1)];
40. „Elektrizitätsmärkte" bezeichnet Elektrizitätsmärkte im Sinne von Artikel 2 Nummer 9 der Richtlinie (EU) 2019/944[1)];
41. „Versorgung" bezeichnet Versorgung im Sinne von Artikel 2 Nummer 12 der Richtlinie (EU) 2019/944[1)];
42. „Elektrizitätsversorgungsvertrag" bezeichnet einen Elektrizitätsversorgungsvertrag im Sinne von Artikel 2 Nummer 13 der Richtlinie (EU) 2019/944[1)];
43. „Aggregierung" bezeichnet Aggregierung im Sinne von Artikel 2 Nummer 18 der Richtlinie (EU) 2019/944[1)];
44. „Laststeuerung" bezeichnet Laststeuerung im Sinne von Artikel 2 Nummer 20 der Richtlinie (EU) 2019/944[1)].;
45. „intelligentes Messsystem" bezeichnet ein intelligentes Verbrauchserfassungssystem im Sinne von Artikel 2 Nummer 23 der Richtlinie (EU) 2019/944[1)];
46. „Interoperabilität" bezeichnet Interoperabilität im Sinne von Artikel 24 Nummer 2 der Richtlinie (EU) 2019/944[1)];
47. „Verteilung" bezeichnet Verteilung im Sinne von Artikel 2 Nummer 28 der Richtlinie (EU) 2019/944[1)];

[1)] Nr. **4**.

48. „Verteilernetzbetreiber" bezeichnet einen Verteilernetzbetreiber im Sinne von Artikel 2 Nummer 29 der Richtlinie (EU) 2019/944[1];
49. „Energieeffizienz" bezeichnet Energieeffizienz im Sinne von Artikel 2 Nummer 30 der Richtlinie (EU) 2019/944[1];
50. „Energie aus erneuerbaren Quellen" oder „erneuerbare Energie" bezeichnet Energie aus erneuerbaren Quellen im Sinne von Artikel 2 Nummer 31 der Richtlinie (EU) 2019/944[1];
51. „verteilte Erzeugung" bezeichnet verteilte Erzeugung im Sinne von Artikel 2 Nummer 32 der Richtlinie (EU) 2019/944[1];
52. „Übertragung" bezeichnet Übertragung im Sinne von Artikel 2 Nummer 34 der Richtlinie (EU) 2019/944[1];
53. „Übertragungsnetzbetreiber" bezeichnet einen Übertragungsnetzbetreiber im Sinne von Artikel 2 Nummer 35 der Richtlinie (EU) 2019/944[1];
54. „Netzbenutzer" bezeichnet einen Netzbenutzer im Sinne von Artikel 2 Nummer 36 der Richtlinie (EU) 2019/944[1];
55. „Erzeugung" bezeichnet Erzeugung im Sinne von Artikel 2 Nummer 37 der Richtlinie (EU) 2019/944[1];
56. „Erzeuger" bezeichnet einen Erzeuger im Sinne von Artikel 2 Nummer 38 der Richtlinie (EU) 2019/944[1];
57. „Verbundnetz" bezeichnet ein Verbundnetz im Sinne von Artikel 2 Nummer 40 der Richtlinie (EU) 2019/944[1];
58. „kleines, isoliertes Netz" bezeichnet ein kleines, isoliertes Netz im Sinne von Artikel 2 Nummer 42 der Richtlinie (EU) 2019/944[1];
59. „kleines Verbundnetz" bezeichnet ein kleines Verbundnetz im Sinne von Artikel 2 Nummer 43 der Richtlinie (EU) 2019/944[1];
60. „Systemdienstleistung" bezeichnet eine Systemdienstleistung im Sinne von Artikel 2 Nummer 48 der Richtlinie (EU) 2019/944[1];
61. „nicht frequenzgebundene Systemdienstleistung" bezeichnet eine nicht frequenzgebundene Systemdienstleistung im Sinne von Artikel 2 Nummer 49 der Richtlinie (EU) 2019/944[1];
62. „Energiespeicherung" bezeichnet Energiespeicherung im Sinne von Artikel 2 Nummer 59 der Richtlinie (EU) 2019/944[1];
63. „regionales Koordinierungszentrum" bezeichnet ein regionales Koordinierungszentrum im Sinne des Artikel 35 dieser Verordnung;
64. „Energiegroßhandelsmarkt" bezeichnet einen Energiegroßhandelsmarkt im Sinne von Artikel 2 Nummer 6 der Verordnung (EU) Nr. 1227/2011 des Europäischen Parlaments und des Rates[2];
65. „Gebotszone" bezeichnet das größte geografische Gebiet, in dem Marktteilnehmer ohne Kapazitätsvergabe Energie austauschen können;
66. „Kapazitätsvergabe" bezeichnet die Zuweisung zonenübergreifender Kapazität;

---

[1] Nr. **4**.

[2] **Amtl. Anm.:** Verordnung (EU) Nr. 1227/2011 des Europäischen Parlaments und des Rates vom 25. Oktober 2011 über die Integrität und Transparenz des Energiegroßhandelsmarkts (ABl. L 326 vom 8.12.2011, S. 1).

67. „Regelzone" bezeichnet einen von einem einzigen Übertragungsnetzbetreiber betriebenen zusammenhängenden Teil des Verbundnetzes und umfasst angeschlossene physikalische Lasten und/oder gegebenenfalls Erzeugungseinheiten;
68. „koordinierte Nettoübertragungskapazität" bezeichnet eine Kapazitätsberechnungsmethode, die auf dem Grundsatz beruht, dass ein maximaler Austausch von Energie zwischen angrenzenden Gebotszonen ex ante geprüft und festgelegt wird;
69. „kritisches Netzelement" bezeichnet ein Netzelement entweder innerhalb einer Gebotszone oder zwischen Gebotszonen, das bei der Kapazitätsberechnung berücksichtigt wird und die Strommenge, die ausgetauscht werden kann, begrenzt;
70. „zonenübergreifende Kapazität" bezeichnet die Fähigkeit des Verbundnetzes, einen Energietransfer zwischen den Gebotszonen zu ermöglichen;
71. „Erzeugungseinheit" bezeichnet eine einzelne Stromerzeugungseinheit, die zu einer Produktionseinheit gehört.

Kapitel II. Allgemeine Vorschriften für den Elektrizitätsmarkt

Art. 3 Grundsätze für den Betrieb der Elektrizitätsmärkte. Die Mitgliedstaaten, die Regulierungsbehörden, die Übertragungsnetzbetreiber, die Verteilernetzbetreiber, die Marktbetreiber und die delegierten Betreiber sorgen dafür, dass die Elektrizitätsmärkte nach den folgenden Grundsätzen betrieben werden:

a) Preise werden auf der Grundlage von Angebot und Nachfrage gebildet.
b) Die Marktvorschriften begünstigen die freie Preisbildung und vermeiden Maßnahmen, mit denen eine Preisbildung auf der Grundlage von Angebot und Nachfrage verhindert wird.
c) Die Marktvorschriften erleichtern die Heranbildung flexiblerer Erzeugung, nachhaltiger Erzeugung mit geringen CO_2-Emissionen und flexiblerer Nachfrage.
d) Den Kunden wird es ermöglicht, von den Marktchancen und dem erhöhten Wettbewerb auf den Endkundenmärkten zu profitieren, und sie werden in die Lage versetzt, als Marktteilnehmer am Energiemarkt und der Energiewende mitzuwirken.
e) Die Marktbeteiligung von Endkunden und Kleinunternehmen wird, in Einklang mit dem Wettbewerbsrecht der Union, durch die Aggregierung der Erzeugung mehrerer Gesamteinrichtungen zur Stromerzeugung oder der Last mehrerer Laststeuerungsanlagen ermöglicht, um auf dem Elektrizitätsmarkt Elektrizität gemeinsam anzubieten und die Anlagen im Stromsystem gemeinsam zu betreiben.
f) Die Marktvorschriften ermöglichen die Dekarbonisierung des Stromsystems und somit der Wirtschaft, einschließlich durch die Integration von Elektrizität aus erneuerbaren Quellen und die Schaffung von Anreizen für Energieeffizienz.

g) Die Marktvorschriften bieten geeignete Investitionsanreize, damit Erzeugung, insbesondere langfristige Investitionen in ein dekarbonisiertes und nachhaltiges Stromsystem, Energiespeicherung, Energieeffizienz und Laststeuerung den Erfordernissen des Marktes Rechnung tragen, ermöglichen lauteren Wettbewerb und gewährleisten damit Versorgungssicherheit.

h) Hindernisse für grenzüberschreitende Stromflüsse zwischen Gebotszonen oder Mitgliedstaaten und grenzüberschreitende Transaktionen auf den Elektrizitätsmärkten und die mit ihnen verbundenen Dienstleistungsmärkte sind schrittweise zu beseitigen.

i) Die Marktvorschriften ermöglichen die regionale Zusammenarbeit dort, wo diese sinnvoll ist.

j) Die sichere und nachhaltige Erzeugung sowie Energiespeicherung und Laststeuerung nehmen gemäß den Anforderungen des Unionsrechts gleichberechtigt am Markt teil.

k) Alle Erzeuger sind direkt oder indirekt für den Verkauf der von ihnen erzeugten Elektrizität verantwortlich.

l) Die Marktvorschriften ermöglichen die Entwicklung von Demonstrationsvorhaben zu nachhaltigen und sicheren Energiequellen, -technologien oder -systemen mit geringen CO_2-Emissionen, die verwirklicht und zum Wohle der Gesellschaft genutzt werden.

m) Die Marktvorschriften ermöglichen den Dispatch von Erzeugungsanlagen, Energiespeicherung und Laststeuerung.

n) Die Marktvorschriften ermöglichen den Markteintritt und -austritt von Stromerzeugungs-, Energiespeicherungs- und Stromversorgungsunternehmen auf der Grundlage der von ihnen durchgeführten Bewertung der wirtschaftlichen und finanziellen Tragfähigkeit ihrer Tätigkeit.

o) Damit sich die Marktteilnehmer marktbasiert gegen Preisschwankungsrisiken wappnen können und Unsicherheiten hinsichtlich künftiger Investitionsrenditen abgeschwächt werden, dürfen langfristige Absicherungsmöglichkeiten auf transparente Weise an den Börsen gehandelt und langfristige Lieferverträge außerbörslich ausgehandelt werden, wobei das Wettbewerbsrecht der Union einzuhalten ist.

p) Die Marktvorschriften erleichtern den unionsweiten Handel mit Produkten und bei Änderungen des Regelungsrahmens muss den Auswirkungen auf sowohl kurzfristige als auch langfristige Terminmärkte und -produkte Rechnung getragen werden.

q) Marktteilnehmer haben Anspruch darauf, Zugang zu Übertragungs- und Verteilungsnetzen auf der Grundlage objektiver, transparenter und diskriminierungsfreier Bedingungen zu erlangen.

Art. 4 Gerechter Übergang. *[1]* [1]Die Kommission unterstützt mit allen zur Verfügung stehenden Mitteln Mitgliedstaaten, die eine nationale Strategie zur schrittweise vorgenommenen Verringerung der vorhandenen Kapazitäten für die Erzeugung von Energie aus Kohle und anderen festen fossilen Brennstoffen sowie des Abbaus dieser Brennstoffe einführen, um den „gerechten Übergang" in vom Strukturwandel betroffenen Regionen zu ermöglichen. [2]Die Kommis-

…nterstützt die Mitgliedstaaten dabei, die sozialen und wirtschaftlichen …irkungen der Umstellung auf saubere Energie anzugehen.

[2] Die Kommission arbeitet eng und partnerschaftlich mit den Interessenträgern in Regionen, die in hohem Maße von Kohle und einer CO_2-intensiven Wirtschaft abhängig sind, zusammen, erleichtert den Zugang zu verfügbaren Mitteln und Programmen sowie deren Nutzung, und fördert den Austausch über bewährte Verfahren, wozu auch Gespräche über Fahrpläne für die Industrie und über den Umschulungsbedarf zählen.

Art. 5 Bilanzkreisverantwortung. (1) [1] Alle Marktteilnehmer sind für die von ihnen im System verursachten Bilanzkreisabweichungen verantwortlich (im Folgenden „Bilanzkreisverantwortung"). [2] Zu diesem Zweck sind die Marktteilnehmer entweder Bilanzkreisverantwortliche, oder sie übertragen ihre Verantwortung mit einem Vertrag an einen Bilanzkreisverantwortlichen ihrer Wahl. [3] Jeder Bilanzkreisverantwortliche trägt die finanzielle Verantwortung für seine Bilanzkreisabweichungen und bemüht sich, den eigenen Bilanzkreis auszugleichen oder dazu beizutragen, das Stromsystem auszugleichen.

(2) *[1]* Die Mitgliedstaaten können Freistellungen von der Bilanzkreisverantwortung vorsehen, jedoch ausschließlich für:

a) Demonstrationsvorhaben für innovative Technologien, vorbehaltlich der Genehmigung durch die Regulierungsbehörde, sofern diese Freistellungen auf den Zeitraum und den Umfang begrenzt sind, die zur Verwirklichung der Demonstrationszwecke erforderlich sind.

b) Gesamteinrichtungen zur Stromerzeugung, in denen erneuerbare Energiequellen genutzt werden und die eine installierte Stromerzeugungskapazität von weniger als 400 kW haben.

c) Anlagen, die mit Genehmigung der Kommission nach den Unionsvorschriften über staatliche Beihilfen gemäß den Artikeln 107, 108 und 109 AEUV[1)] gefördert werden und vor dem 4. Juli 2019 in Betrieb genommen wurden.

[2] Unbeschadet der Artikel 107 und 108 AEUV[1)] können die Mitgliedstaaten Marktteilnehmern, die vollständig oder teilweise von der Bilanzkreisverantwortung ausgenommen sind, Anreize bieten, damit diese die vollständige Bilanzkreisverantwortung übernehmen.

(3) Sieht ein Mitgliedstaat eine Freistellung nach Absatz 2 vor, stellt er sicher, dass ein anderer Marktteilnehmer die finanzielle Verantwortung für Bilanzkreisabweichungen übernimmt.

(4) Was ab dem 1. Januar 2026 in Betrieb genommene Gesamteinrichtungen zur Stromerzeugung anbelangt, so gilt Absatz 2 Buchstabe b nur für Erzeugungseinrichtungen, in denen erneuerbare Energiequellen genutzt werden, die eine installierte Stromerzeugungskapazität von weniger als 200 kW haben.

Art. 6 Regelreservemarkt. (1) Die Regelreservemärkte einschließlich der Präqualifikationsverfahren werden so organisiert, dass

a) jedwede Diskriminierung einzelner Marktteilnehmer unter Berücksichtigung der unterschiedlichen technischen Bedürfnisse des Stromsystems und

---

[1)] Nr. **13**.

der unterschiedlichen technischen Fähigkeiten von Stromerzeugungsquellen, Energiespeicherung und Laststeuerung verhindert wird,

b) die transparente und technologieneutrale Definition der Dienstleistungen und ihre transparente, marktbasierte Beschaffung sichergestellt wird,

c) allen Marktteilnehmern, auch denjenigen, die aus Elektrizität aus fluktuierender erneuerbaren Energiequellen sowie Laststeuerung und Speicherung anbieten, entweder einzeln oder durch Aggregierung diskriminierungsfreier Zugang gewährt wird,

d) sie dem Umstand Rechnung tragen, dass immer größere Anteile fluktuierender Erzeugung, höhere Nachfrageflexibilität und die Entwicklung neuer Technologien bewältigt werden müssen.

(2) [1] Der Regelarbeitspreis darf nicht vorab in einem Vertrag über die Bereitstellung von Regelleistung festgelegt werden. [2] Die Beschaffungsverfahren sind transparent gemäß Artikel 40 Absatz 4 der Richtlinie (EU) 2019/944[1)] und wahren zugleich die Vertraulichkeit von Geschäftsinformationen.

(3) Regelreservemärkte sorgen für Betriebssicherheit und ermöglichen gleichzeitig die maximale Nutzung und effiziente Zuweisung zonenübergreifender Kapazität für alle Zeitbereiche gemäß Artikel 17.

(4) *[1]* Die Abrechnung von Regelarbeit beruht bei Standard-Regelreserveprodukten und spezifischen Regelreserveprodukten auf dem Grenzpreisverfahren, es sei denn, alle Regulierungsbehörden genehmigen eine alternative Preisberechnungsmethode auf der Grundlage eines gemeinsamen Vorschlags aller Übertragungsnetzbetreiber nach Vorlage einer Analyse, aus der hervorgeht, dass diese alternative Preisberechnungsmethode effizienter ist.

[2] Die Marktteilnehmer dürfen Gebote möglichst echtzeitnah abgeben, und der Zeitpunkt der Schließung des Regelarbeitsmarkts darf nicht vor dem Zeitpunkt der Schließung des zonenübergreifenden Intraday-Marktes liegen.

[3] Übertragungsnetzbetreiber, die ein zentrales Dispatch-Modell anwenden, dürfen weitere Regeln in Einklang mit der gemäß Artikel 6 Absatz 11 der Verordnung (EG) Nr. 714/2009 angenommenen Leitlinie über den Systemausgleich im Elektrizitätsversorgungssystem einführen.

(5) Bilanzkreisabweichungen werden zu einem Preis abgerechnet, der dem Echtzeitwert der Energie Rechnung trägt.

(6) Jeder Geltungsbereich des Ausgleichsenergiepreises entspricht einer Gebotszone, außer in einem zentralen Dispatch-Modell, in dem der Geltungsbereich des Ausgleichsenergiepreises Teil einer Gebotszone sein kann.

(7) Die Dimensionierung der Reservekapazität wird von den Übertragungsnetzbetreibern vorgenommen und auf regionaler Ebene erleichtert.

(8) *[1]* [1] Die Beschaffung der Regelleistung wird von den Übertragungsnetzbetreibern vorgenommen und darf auf regionaler Ebene erleichtert werden. [2] Die Reservierung grenzüberschreitender Kapazität zu diesem Zweck kann begrenzt werden. [3] Gemäß Artikel 40 Absatz 4 der Richtlinie (EU) 2019/944[1)] erfolgt die Beschaffung der Regelleistung marktbasiert und ist so organisiert, dass es zu keiner Diskriminierung zwischen den einzeln oder durch Aggregierung am Präqualifikationsverfahren teilnehmenden Marktteilnehmern kommt.

[1)] Nr. **4**.

[2] [1] Bei der Beschaffung von Regelleistung wird ein Primärmarkt zugrunde gelegt, sofern und soweit die Regulierungsbehörde nicht eine Freistellung vorsieht, um aufgrund mangelnden Wettbewerbs auf dem Markt für Regelreserve andere Formen der marktbasierten Beschaffung zuzulassen. [2] Freistellungen von der Verpflichtung, die Nutzung der Primärmärkte der Beschaffung von Regelleistung zugrunde zu legen, werden alle drei Jahre überprüft.

(9) *[1]* [1] Regelleistung für die Aufwärts- und Abwärtsregelung wird getrennt beschafft, es sei denn, die Regulierungsbehörde genehmigt eine Freistellung von diesem Grundsatz, wenn eine vom Übertragungsnetzbetreiber durchgeführte Beurteilung nachweist, dass sich durch ein solches Vorgehen die wirtschaftliche Effizienz steigern ließe. [2] Der Abschluss eines Regelleistungsvertrags darf nicht mehr als einen Tag vor der Bereitstellung der Regelleistung erfolgen, und die Vertragslaufzeit darf höchstens einen Tag betragen, sofern und soweit die Regulierungsbehörde nicht frühere Vertragsabschlüsse oder längere Vertragszeiträume zur Wahrung der Versorgungssicherheit oder zur Verbesserung der wirtschaftlichen Effizienz genehmigt hat.

[2] [1] Wenn eine Freistellung gewährt wird, darf für zumindest 40 % der Standard-Regelreserveprodukte und mindestens 30 % aller Produkte, die für die Regelleistung verwendet werden, der Regelleistungsvertrag nicht mehr als einen Tag vor der Bereitstellung der Regelleistung abgeschlossen werden, und die Vertragslaufzeit darf nicht mehr als einen Tag betragen. [2] Der Vertrag über den verbleibenden Regelleistungsanteil darf höchstens einen Monat vor der Bereitstellung der Regelleistung geschlossen werden, und die Vertragslaufzeit darf höchstens einen Monat betragen.

(10) [1] Auf Antrag des Übertragungsnetzbetreibers kann die Regulierungsbehörde beschließen, die in Absatz 9 genannte Vertragslaufzeit für den verbleibenden Regelleistungsanteil auf höchstens zwölf Monate zu verlängern, sofern eine derartige Entscheidung zeitlich begrenzt ist und der Vorteil der Kostensenkung für Endkunden den Nachteil der Beeinträchtigung des Marktes überwiegt. [2] Dieser Antrag enthält

a) den bestimmten Zeitraum, in dem die Ausnahme gelten soll,
b) das bestimmte Volumen der Regelleistung, für das die Ausnahme gelten soll,
c) eine Analyse der Auswirkung der Ausnahme auf die Beteiligung von Regelreserveressourcen und
d) den Nachweis, dass sich durch eine derartige Ausnahme die Kosten für die Endkunden senken ließen.

(11) Ungeachtet Absatz 10 dürfen die Vertragslaufzeiten ab dem 1. Januar 2026 nicht mehr als sechs Monate betragen.

(12) Bis zum 1. Januar 2028 erstatten die Regulierungsbehörden ACER und der Kommission Bericht über den Anteil der Gesamtkapazität, der durch Verträge mit einer Laufzeit oder einem Beschaffungszeitraum von mehr als einem Tag abgedeckt wird.

(13) Die Übertragungsnetzbetreiber oder ihre delegierten Betreiber veröffentlichen so nah an der Echtzeit wie möglich, jedoch mit nicht mehr als 30 Minuten nach Lieferung Verzögerung, den aktuellen Systemausgleich in ihren Fahrplangebieten, die geschätzten Ausgleichsenergiepreise und die geschätzten Regelarbeitspreise.

(14) *[1]* Die Übertragungsnetzbetreiber können für den Fall, dass Standard-Regelreserveprodukte für die Wahrung der Betriebssicherheit nicht ausreichen oder einige Regelreserveressourcen nicht über Standard-Regelreserveprodukte am Regelreservemarkt teilnehmen können, Freistellungen von den Absätzen 2 und 4 für spezifische Regelreserveprodukte, die örtlich aktiviert und nicht mit anderen Übertragungsnetzbetreibern ausgetauscht werden, vorschlagen und diese Freistellungen können von den Regulierungsbehörden genehmigt werden.

[2] Die Vorschläge für Freistellungen enthalten eine Beschreibung der Maßnahmen, die vorgeschlagen werden, um die Verwendung spezifischer Produkte auf ein Mindestmaß, welches von der wirtschaftlichen Effizienz abhängig ist, zu beschränken, einen Nachweis, dass die spezifischen Produkte keine erheblichen Effizienzmängel oder Verzerrungen auf dem Regelreservemarkt entweder innerhalb oder außerhalb des Fahrplangebiets verursachen, und etwaige Regeln und Informationen in Bezug auf das Verfahren für die Umwandlung von Regelarbeitsgeboten für spezifische Regelreserveprodukte in Regelarbeitsgebote für Standard-Regelreserveprodukte.

Art. 7 Day-Ahead- und Intraday-Märkte. (1) [1] Die Übertragungsnetzbetreiber und NEMO organisieren gemeinsam die Verwaltung der integrierten Day-Ahead- und Intraday-Märkte gemäß der Verordnung (EU) 2015/1222. [2] Die Übertragungsnetzbetreiber und NEMO arbeiten auf Unionsebene oder, sofern angemessener, auf regionaler Ebene zusammen, um für höchstmögliche Effizienz und Wirksamkeit des Day-Ahead- und Intraday-Stromhandels zu sorgen. [3] Die Pflicht zur Zusammenarbeit besteht unbeschadet der Anwendung des Wettbewerbsrechts der Union. [4] Bei der Erfüllung ihrer Aufgaben im Zusammenhang mit dem Stromhandel unterliegen die Übertragungsnetzbetreiber und NEMO der Regulierungsaufsicht gemäß Artikel 59 der Richtlinie (EU) 2019/944[1)] durch die Regulierungsbehörden und gemäß den Artikeln 4 und 8 der Verordnung (EU) 2019/942[2)] durch ACER.

(2) Die Day-Ahead- und Intraday-Märkte müssen

a) so organisiert sein, dass es zu keiner Diskriminierung kommt,
b) es ermöglichen, dass alle Marktteilnehmer Bilanzkreisabweichungen weitestgehend selbst bewältigen,
c) allen Marktteilnehmern möglichst viele Gelegenheiten bieten, weitestgehend echtzeitnah und über alle Gebotszonen hinweg am zonenübergreifenden Handel teilzunehmen,
d) den grundlegenden Marktbedingungen, einschließlich des Echtzeitwerts der Energie, entsprechende Preise bieten, auf die die Marktteilnehmer bei der Vereinbarung längerfristiger Absicherungsprodukte zurückgreifen können,
e) die Betriebssicherheit gewährleisten und gleichzeitig die maximale Nutzung von Übertragungskapazität ermöglichen,
f) bei Wahrung der Vertraulichkeit von Geschäftsinformationen transparent sein und sicherstellen, dass beim Handel die Anonymität gewahrt bleibt,

---

1) Nr. **4**.
2) Nr. **7**.

g) eine Unterscheidung zwischen Transaktionen innerhalb einer Gebotszone und Transaktionen zwischen Gebotszonen ausschließen und

h) so organisiert sein, dass sie allen Marktteilnehmern einzeln oder durch Aggregierung zugänglich sind.

Art. 8 Handel an den Day-Ahead- und Intraday-Märkten. (1) Die NEMO lassen zu, dass die Marktteilnehmer Energie möglichst echtzeitnah, zumindest jedoch bis zu dem Zeitpunkt der Schließung des zonenübergreifenden Intraday-Marktes, handeln.

(2) Die NEMO bieten den Marktteilnehmern die Möglichkeit, Energie an den Day-Ahead- und Intraday-Märkten in zeitlichen Intervallen zu handeln, die mindestens so kurz sind wie das Bilanzkreisabrechnungszeitintervall.

(3) Die NEMO stellen für den Handel in den Day-Ahead- und Intraday-Märkten Produkte zur Verfügung, die mit Mindestgebotsgrößen von 500 kW oder weniger klein genug sind, um die wirksame Beteiligung der Laststeuerung, der Energiespeicherung und kleiner Anlagen zur Stromerzeugung aus erneuerbaren Energiequellen – auch durch direkte Teilnahme der Kunden – zu ermöglichen.

(4) *[1]* [1] Bis zum 1. Januar 2021 beträgt das Bilanzkreisabrechnungszeitintervall in allen Fahrplangebieten 15 Minuten, sofern die Regulierungsbehörden keine Freistellung oder Ausnahme gewährt haben. [2] Freistellungen dürfen nur bis zum 31. Dezember 2024 gewährt werden.

[2] Wurde von allen nationalen Regulierungsbehörden eines Synchrongebiets eine Ausnahme gewährt, so beträgt das Bilanzkreisabweichungszeitintervall ab dem 1. Januar 2025 nicht mehr als 30 Minuten.

Art. 9 Terminmärkte. (1) Gemäß der Verordnung (EU) 2016/1719 vergeben die Übertragungsnetzbetreiber langfristige Übertragungsrechte oder treffen gleichwertige Maßnahmen, damit die Marktteilnehmer, einschließlich der Eigentümer von Gesamteinrichtungen zur Stromerzeugung, in denen erneuerbare Energiequellen genutzt werden, Preisrisiken über die Gebotszonengrenzen hinweg absichern können, es sei denn, eine von den zuständigen Regulierungsbehörden durchgeführte Bewertung des Terminmarkts an den Gebotszonengrenzen ergibt, dass ausreichende Absicherungsmöglichkeiten in den betroffenen Gebotszonen vorhanden sind.

(2) Langfristige Übertragungsrechte werden transparent, marktbasiert und diskriminierungsfrei über eine zentrale Vergabeplattform zugewiesen.

(3) [1] Vorbehaltlich der Einhaltung des Wettbewerbsrechts der Union steht es den Marktbetreibern frei, Terminabsicherungsprodukte – einschließlich langfristiger Terminabsicherungsprodukte – zu entwickeln, um den Marktteilnehmern, einschließlich der Eigentümer von Gesamteinrichtungen zur Stromerzeugung, in denen erneuerbare Energiequellen genutzt werden, angemessene Möglichkeiten zur Absicherung finanzieller Risiken gegen Preisschwankungen zu bieten. [2] Die Mitgliedstaaten dürfen nicht vorsehen, dass solche Sicherungstätigkeiten auf Transaktionen innerhalb eines Mitgliedstaats oder einer Gebotszone beschränkt sind.

Art. 10 Technische Gebotsgrenzen. (1) [1] Für den Großhandelsstrompreis gibt es weder eine Obergrenze noch eine Untergrenze. [2] Diese Bestimmung gilt unter anderem für Gebote und Clearings in allen Zeitbereichen sowie für Regelarbeit und Ausgleichsenergiepreise, unbeschadet der technischen Preisgrenzen, die im für den Austausch von Regelarbeit maßgeblichen Zeitbereich und in den Day-Ahead- und Intraday-Zeitbereichen gemäß Absatz 2 festgelegt werden können.

(2) [1] NEMO dürfen harmonisierte Mindest- und Höchstclearingpreise für die Day-Ahead- und Intraday-Zeitbereiche festlegen. [2] Diese Unter- und Obergrenzen müssen ausreichend hoch sein, damit der Handel nicht unnötig beeinträchtigt wird, sie müssen für den Binnenmarkt harmonisiert werden, und bei ihrer Festlegung wird der höchste Wert der Zahlungsbereitschaft für die Beibehaltung der Stromversorgung berücksichtigt. [3] Die NEMO schaffen einen transparenten Mechanismus, mit dem rechtzeitig eine automatische Anpassung der technischen Gebotsgrenzen für den Fall sichergestellt wird, dass die festgelegten Grenzwerte voraussichtlich erreicht werden. [4] Die angepassten Obergrenzen gelten so lange, bis weitere Erhöhungen im Rahmen dieses Mechanismus erforderlich sind.

(3) Die Übertragungsnetzbetreiber unterlassen alle Maßnahmen, deren Ziel es ist, die Großhandelspreise zu ändern.

(4) Die Regulierungsbehörden oder, wenn ein Mitgliedstaat eine andere Behörde zu diesem Zweck benannt hat, die dementsprechend benannten zuständigen Behörden, ermitteln in ihrem Hoheitsgebiet die Strategien und Maßnahmen, die indirekt zur Beschränkung der Preisbildung im Großhandel beitragen könnten, darunter beschränkende Gebote im Zusammenhang mit der Aktivierung von Regelarbeit, Kapazitätsmechanismen, Maßnahmen der Übertragungsnetzbetreiber, sowie Maßnahmen zur Anfechtung von Marktergebnissen, oder Maßnahmen zur Verhinderung des Missbrauchs einer marktbeherrschenden Stellung oder ineffizient festgelegter Gebotszonen.

(5) [1] Hat eine Regulierungsbehörde oder eine andere benannte zuständige Behörde festgestellt, dass eine Strategie oder eine Maßnahme dazu dienen könnte, die Preisbildung im Großhandel zu beschränken, so trifft sie alle geeigneten Maßnahmen zur Unterbindung dieser Strategie oder Maßnahme oder, falls dies nicht möglich ist, zur Eindämmung ihrer Auswirkungen auf das Bietverhalten. [2] Die Mitgliedstaaten erstatten der Kommission bis zum 5. Januar 2020 ausführlich Bericht über die Maßnahmen und Aktionen, die sie ergriffen haben oder zu ergreifen beabsichtigen.

Art. 11 Wert der Zahlungsbereitschaft für die Beibehaltung der Stromversorgung. (1) [1] Bis zum 5. Juli 2020, sofern dies zur Festlegung eines Zuverlässigkeitsstandards nach Artikel 25 erforderlich ist, nehmen die Regulierungsbehörden oder, wenn ein Mitgliedstaat eine andere Behörde zu diesem Zweck benannt hat, die dementsprechend benannten zuständigen Behörden, für ihr Hoheitsgebiet eine einzige Schätzung des Wertes der Zahlungsbereitschaft für die Beibehaltung der Stromversorgung vor. [2] Diese Schätzung wird veröffentlicht. [3] Verfügen die Mitgliedstaaten in ihrem Hoheitsgebiet über mehrere Gebotszonen, so können die Regulierungsbehörden oder andere benannte zuständige Behörden für die einzelnen Gebotszonen unterschiedliche Schätzungen vornehmen. [4] Umfasst eine Gebotszone Hoheitsgebiete mehr als eines Mitgliedstaats, so legen die betroffenen Regulierungsbehörden oder anderen benannten zuständigen Behörden für diese Gebotszone einen einzigen Wert der Zahlungsbereitschaft für die Beibehaltung der Stromversorgung fest. [5] Bei der Vornahme der einzigen Schätzung des Wertes der Zahlungsbereitschaft für die Beibehaltung der Stromversorgung wenden die Regulierungsbehörden oder andere benannte zuständige Behörden die gemäß Artikel 23 Absatz 6 ausgearbeitete Methode an.

(2) Regulierungsbehörden oder andere benannte zuständige Behörden aktualisieren ihre Schätzung des Wertes der Zahlungsbereitschaft für die Beibehaltung der Stromversorgung mindestens alle fünf Jahre oder – wenn sie eine erhebliche Änderung feststellen – zu einem früheren Zeitpunkt.

Art. 12 Dispatch von Erzeugungsanlagen und Laststeuerung. (1) Der Dispatch von Gesamteinrichtungen zur Stromerzeugung und die Laststeuerung müssen diskriminierungsfrei, transparent und, sofern in Absatz 2 bis 6 nichts anderes bestimmt ist, marktbasiert erfolgen.

(2) Unbeschadet der Artikel 107, 108 und 109 AEUV[1)] stellen die Mitgliedstaaten sicher, dass die Netzbetreiber beim Dispatch von Stromerzeugungseinrichtungen – soweit der sichere Betrieb des nationalen Stromsystems es zulässt – auf der Grundlage transparenter und diskriminierungsfreier Kriterien Erzeugungseinrichtungen Vorrang gewähren, in denen erneuerbare Energiequellen genutzt werden und sofern diese Gesamteinrichtungen zur Stromerzeugung entweder

a) Gesamteinrichtungen zur Stromerzeugung sind, in denen erneuerbare Energiequellen genutzt werden und die eine installierte Stromerzeugungskapazität von weniger als 400 kW haben, oder
b) Demonstrationsvorhaben für innovative Technologien sind, vorbehaltlich der Genehmigung durch die Regulierungsbehörde, sofern dieser Vorrang auf den Zeitraum und den Umfang begrenzt ist, der zur Verwirklichung der Demonstrationszwecke erforderlich ist.

(3) *[1]* Ein Mitgliedstaat kann beschließen, der vorrangige Dispatch gemäß Absatz 2 Buchstabe a nicht auf Gesamteinrichtungen zur Stromerzeugung anzuwenden, die mindestens sechs Monate nach diesem Beschluss in Betrieb genommen werden, oder eine niedrigere Mindestkapazität als in Absatz 2 Buchstabe a festzulegen, sofern die folgenden Bedingungen erfüllt sind:

a) Er verfügt über gut funktionierenden Intraday-, und andere Großhandels- und Regelreservemärkte, die allen Marktteilnehmern gemäß dieser Verordnung uneingeschränkt zugänglich sind.
b) Die Vorschriften über Redispatch und das Engpassmanagement sind für alle Marktteilnehmer transparent.
c) Der nationale Beitrag des Mitgliedstaats zu dem verbindlichen Gesamtziel der Union für den Anteil von Energie aus erneuerbaren Quellen nach Artikel 3 Absatz 2 der Richtlinie (EU) 2018/2001[2)] des Europäischen Parlaments und des Rates[3)] und Artikel 4 Buchstabe a Nummer 2 der Ver-

---

[1)] Nr. **13**.
[2)] Nr. **36**.
[3)] **Amtl. Anm.:** Richtlinie (EU) 2018/2001 [Nr. **36**] des Europäischen Parlaments und des Rates vom 11. Dezember 2018 zur Förderung der Nutzung von Energie aus erneuerbaren Quellen (ABl. L 328 vom 21.12.2018, S. 82).

ordnung (EU) 2018/1999 des[1)] Europäischen Parlaments und des Rates[2)] ist mindestens gleich dem Ergebnis der Formel in Anhang II der Verordnung (EU) 2018/1999[1)], und der Anteil an Energie aus erneuerbaren Quellen in dem jeweiligen Mitgliedstaat liegt nicht unter seinen Referenzwerten nach Artikel 4 Buchstabe a Nummer 2 der Verordnung (EU) 2018/1999[1)], oder – alternativ – der Anteil der Energie aus erneuerbaren Quellen am Bruttoendelektrizitätsverbrauch des jeweiligen Mitgliedstaats beträgt mindestens 50 %.

d) Der Mitgliedstaat hat die geplante Freistellung der Kommission mitgeteilt und dabei im Einzelnen dargelegt, wie die Bedingungen der Buchstaben a, b und c erfüllt werden.

e) Der Mitgliedstaat hat die geplante Freistellung mit einer ausführlichen Begründung für ihre Gewährung veröffentlicht und dabei erforderlichenfalls der Wahrung vertraulicher Geschäftsinformationen gebührend Rechnung getragen.

[2] Bei jeder Freistellung dürfen ungeachtet etwaiger freiwilliger Vereinbarungen zwischen einem Mitgliedstaat und einer Erzeugungseinrichtung keine rückwirkenden Änderungen mit Wirkung für Erzeugungseinrichtungen, denen bereits ein vorrangiger Dispatch eingeräumt wurde, vorgenommen werden.

[3] Unbeschadet der Artikel 107, 108 und 109 AEUV[3)] können die Mitgliedstaaten im Fall von Anlagen, die für den vorrangigen Dispatch infrage kommen, Anreize vorsehen, es freiwillig aufzugeben.

(4) Unbeschadet der Artikel 107, 108 und 109AEUV[3)] können Mitgliedstaaten ein vorrangiger Dispatch für Elektrizität vorsehen, die in Gesamteinrichtungen zur Stromerzeugung mit hocheffizienter Kraft-Wärme-Kopplung und einer installierten Stromerzeugungskapazität von weniger als 400 kW erzeugt wird.

(5) Was ab dem 1. Januar 2026 in Betrieb genommene Gesamteinrichtungen zur Stromerzeugung anbelangt, so gilt Absatz 2 Buchstabe a nur für Gesamteinrichtungen zur Stromerzeugung, in denen erneuerbare Energiequellen genutzt werden und die eine installierte Stromerzeugungskapazität von weniger als 200 kW haben.

(6) [1]Unbeschadet der vor dem 4. Juli 2019 geschlossenen Verträge wird Gesamteinrichtungen zur Stromerzeugung, in denen erneuerbare Energiequellen oder hocheffiziente Kraft-Wärme-Kopplung genutzt werden, und die vor dem 4. Juli 2019 in Betrieb genommen wurden und für die bei ihrer Inbetriebnahme gemäß Artikel 15 Absatz 5 der Richtlinie 2012/27/EU[4)] oder Artikel 16

[1)] Nr. **6**.

[2)] **Amtl. Anm.:** Verordnung (EU) 2018/1999 des Europäischen Parlaments und des Rates vom 11. Dezember 2018 über das Governance-System für die Energieunion und für den Klimaschutz, zur Änderung der Verordnungen (EG) Nr. 663/2009 und (EG) Nr. 715/2009 [Nr. **9**] des Europäischen Parlaments und des Rates, der Richtlinien 94/22/EG, 98/70/EG, 2009/31/EG, 2009/73/EG [Nr. **5**], 2010/31/EU, 2012/27/EU [Nr. **61**] und 2013/30/EU des Europäischen Parlaments und des Rates, der Richtlinien 2009/119/EG und (EU) 2015/652 des Rates und zur Aufhebung der Verordnung (EU) Nr. 525/2013 des Europäischen Parlaments und des Rates (ABl. L 328 vom 21.12.2018, S. 1).

[3)] Nr. **13**.

[4)] Nr. **61**.

Absatz 2 der Richtlinie 2009/28/EG des Europäischen Parlaments und des Rates[1)] ein vorrangiger Dispatch vorgesehen war, auch künftig ein vorrangiger Dispatch eingeräumt. [2]Ab dem Zeitpunkt, zu dem eine Gesamteinrichtung zur Stromerzeugung erheblich verändert wird, was zumindest dann angenommen wird, wenn ein neuer Netzanschlussvertrag erforderlich ist oder die Erzeugungskapazität der Gesamteinrichtung zur Stromerzeugung erhöht wird, gilt für solche Gesamteinrichtungen zur Stromerzeugung kein vorrangiger Dispatch mehr.

(7) Der vorrangige Dispatch darf den sicheren Betrieb des Stromsystems nicht gefährden, darf nicht als Rechtfertigung für Einschränkungen der zonenübergreifenden Kapazitäten über das nach Artikel 16 vorgesehene Maß hinaus dienen und erfolgt auf der Grundlage transparenter und diskriminierungsfreier Kriterien.

Art. 13 Redispatch. (1) [1]Der Redispatch der Erzeugung und der Redispatch der Laststeuerung erfolgt auf der Grundlage objektiver, transparenter und diskriminierungsfreier Kriterien. [2]Es muss allen Erzeugungstechnologien und allen Arten der Energiespeicherung und Laststeuerung, einschließlich solchen mit Standort in anderen Mitgliedstaaten, offenstehen, sofern dies technisch machbar ist.

(2) [1]Die für einen Redispatch in Frage kommenden Ressourcen werden unter Nutzung marktbasierter Mechanismen aus den Erzeugungsanlagen, Energiespeicherung oder Laststeuerung ausgewählt und finanziell vergütet. [2]Der Regelarbeitspreis wird nicht durch Regelarbeitsgebote bestimmt, die zu Redispatch-Zwecken genutzt werden.

(3) Der nicht marktbasierte Redispatch der Erzeugung, der Energiespeicherung und der Laststeuerung darf nur zum Einsatz kommen, wenn

a) keine marktbasierte Alternative verfügbar ist,

b) alle verfügbaren marktbasierten Ressourcen eingesetzt wurden,

c) die Zahl der verfügbaren Stromerzeugungs-, Energiespeicherungs- oder Laststeuerungsanlagen in dem Gebiet, in dem sich für die Erbringung der Dienstleistung geeignete Anlagen befinden, zu gering ist, um einen wirksamen Wettbewerb sicherzustellen, oder

d) durch die aktuelle Netzsituation derart regelmäßig und vorhersehbar Engpässe verursacht werden, dass ein marktbasierter Redispatch ein regelmäßiges strategisches Bietverhalten herbeiführen würde, was die interne Engpasslage weiter verschlechtern würde, und der betroffene Mitgliedstaat hat entweder einen Aktionsplan zum Angehen dieses Engpasses erlassen, oder er stellt sicher, dass die verfügbare Mindestkapazität für zonenübergreifenden Handel Artikel 16 Absatz 8 entspricht.

(4) *[1]* Die Übertragungs- und Verteilernetzbetreiber legen der zuständigen Regulierungsbehörde zumindest jährlich einen Bericht vor, und zwar über

---

[1)] **Amtl. Anm.:** Richtlinie 2009/28/EG des Europäischen Parlaments und des Rates vom 23. April 2009 zur Förderung der Nutzung von Energie aus erneuerbaren Quellen und zur Änderung und anschließenden Aufhebung der Richtlinien 2001/77/EG und 2003/30/EG (ABl. L 140 vom 5.6. 2009, S. 16).

a) den Entwicklungsstand und die Wirksamkeit der marktbasierten Redispatch-Mechanismen für Stromerzeugungs-, Energiespeicherungs- und Laststeuerungsanlagen,
b) die Gründe, das Volumen in MWh und die Art der Erzeugungsquelle, die einem Redispatch unterliegen,
c) die Maßnahmen – einschließlich Investitionen in die Digitalisierung der Netzinfrastruktur und in Dienstleistungen zur Erhöhung der Flexibilität –, dank deren der abwärts gerichtete Redispatch von Erzeugungseinrichtungen, in denen erneuerbare Energiequellen oder hocheffiziente Kraft-Wärme-Kopplung genutzt werden, künftig seltener erforderlich ist.

[2] Die Regulierungsbehörden leiten den Bericht an ACER weiter und veröffentlichen eine Zusammenfassung der in Unterabsatz 1 Buchstabe a, b und c genannten Daten, der sie nötigenfalls Verbesserungsvorschläge beifügen.

(5) Vorbehaltlich der zur Wahrung der Zuverlässigkeit und der Sicherheit des Netzes zu erfüllenden Anforderungen und auf der Grundlage transparenter und diskriminierungsfreier Kriterien, die von den Regulierungsbehörden festgelegt werden, müssen die Übertragungs- und Verteilernetzbetreiber
a) gewährleisten, dass die Übertragungs- und Verteilernetze in der Lage sind, die aus erneuerbaren Energiequellen oder mittels hocheffizienter Kraft-Wärme-Kopplung erzeugte Elektrizität mit möglichst geringem Redispatch zu übertragen; dabei darf Redispatch bei der Netzplanung jedoch weiterhin in begrenztem Umfang Berücksichtigung finden, wenn die Übertragungs- und Verteilernetzbetreiber transparent nachweisen können, dass dies wirtschaftlich effizienter ist, und wenn dies 5 % der jährlich erzeugten Elektrizität in Anlagen, in denen erneuerbare Energiequellen genutzt werden und die direkt an das jeweilige Netz angeschlossen sind, nicht überschreitet, sofern ein Mitgliedstaat, in dem Elektrizität aus Gesamteinrichtungen zur Stromerzeugung, in denen erneuerbare Energiequellen oder hocheffiziente Kraft-Wärme-Kopplung genutzt werden, einen Anteil von mindestens 50 % am jährlichen Bruttoendstromverbrauch ausmacht, nichts anderes bestimmt;
b) angemessene netz- und marktbezogene betriebliche Maßnahmen ergreifen, um der abwärts gerichtete Redispatch von Elektrizität aus erneuerbaren Energiequellen oder hocheffizienter Kraft-Wärme-Kopplung zu minimieren;
c) sicherstellen, dass ihre Netze flexibel genug sind, damit sie sie betreiben können.

(6) Bei nicht marktbasiertem abwärts gerichtetem Redispatch gelten folgende Grundsätze:
a) Bei Gesamteinrichtungen zur Stromerzeugung, in denen erneuerbare Energiequellen genutzt werden, darf abwärts gerichteter Redispatch nur dann angewandt werden, wenn es keine Alternative gibt oder wenn andere Lösungen zu erheblich unverhältnismäßig hohen Kosten führen oder die Netzsicherheit erheblich gefährden würden.
b) Auf Elektrizität, die mittels hocheffizienter Kraft-Wärme-Kopplung erzeugt wurde, darf abwärts gerichteter Redispatch nur dann angewandt werden, wenn es abgesehen von abwärts gerichtetem Redispatch bei Gesamteinrichtungen zur Stromerzeugung, in denen erneuerbare Energiequellen genutzt

werden, keine Alternative gibt oder, wenn andere Lösungen zu unverhältnismäßig hohen Kosten führen oder die Netzsicherheit erheblich gefährden würden.

c) Nicht in das Übertragungs- oder Verteilernetz eingespeiste, selbst erzeugte Elektrizität aus Erzeugungseinrichtungen, in denen erneuerbare Energiequellen oder hocheffiziente Kraft-Wärme-Kopplung genutzt werden, darf nicht Gegenstand von abwärts gerichtetem Redispatch sein, es sei denn, es gäbe keine andere Möglichkeit zur Lösung von Netzsicherheitsproblemen.

d) Abwärts gerichteter Redispatch gemäß den Buchstaben a, b und c ist hinreichend und auf transparente Weise zu begründen. Die Begründung ist in den Bericht gemäß Absatz 3 aufzunehmen.

(7) [1] Bei der Anwendung des nicht marktbasierten Redispatch hat der Betreiber der Erzeugungs-, Energiespeicherungs- oder Laststeuerungsanlage, mit der der Redispatch erfolgt ist, Anspruch auf einen finanziellen Ausgleich durch den Netzbetreiber, der den Redispatch angefordert hat, außer wenn der Erzeuger einen Netzanschlussvertrag akzeptiert hat, der keine Garantie für eine verbindliche Lieferung von Energie enthält. [2] Ein solcher finanzieller Ausgleich erfolgt mindestens in Höhe des höheren der folgenden Beträge oder einer Kombination beider Beträge, wenn die Anwendung nur des höheren einen ungerechtfertigt niedrigen bzw. hohen finanziellen Ausgleich zur Folge hätte:

a) Betrag der zusätzlichen Betriebskosten, die durch den Redispatch entstehen, beispielsweise zusätzliche Brennstoffkosten im Fall von aufwärts gerichtetem Redispatch oder zusätzliche Wärmebereitstellung im Fall von abwärts gerichtetem Redispatch von Gesamteinrichtungen zur Stromerzeugung mit hocheffizienter Kraft-Wärme-Kopplung;

b) Nettoeinnahmen aus dem Verkauf von Elektrizität auf dem Day-Ahead-Markt, die die Stromerzeugungs-, Energiespeicherungs- oder Laststeuerungsanlage ohne die Aufforderung zum Redispatch erzielt hätte. Erhält die Stromerzeugungs-, Energiespeicherungs- oder Laststeuerungsanlage eine finanzielle Unterstützung auf der Grundlage der erzeugten oder verbrauchten Strommenge, so gilt die finanzielle Unterstützung, die ohne die Aufforderung zum Redispatch erteilt worden wäre, als Teil der Nettoeinnahmen.

Kapitel III. Netzzugang und Engpassmanagement

Abschnitt 1. Kapazitätsvergabe

Art. 14[1)] Überprüfung von Gebotszonen. (1) [1] Die Mitgliedstaaten ergreifen alle zum Angehen von Engpässen geeigneten Maßnahmen. [2] Den Gebotszonengrenzen müssen langfristige, strukturelle Engpässe in den Übertragungsnetzen zugrunde liegen. [3] Die Gebotszonen dürfen keine derartigen strukturellen Engpässe aufweisen, es sei denn, diese haben keine Auswirkungen auf benachbarte Gebotszonen, oder – als vorübergehende Ausnahme – ihre Auswirkungen auf benachbarte Gebotszonen werden durch Entlastungsmaßnahmen gemindert, und diese strukturellen Engpässe bewirken keine Verringerung der zonenübergreifenden Handelskapazität entsprechend der Anforderungen

1) Zum Geltungsbeginn vgl. Art. 71 Abs. 2 UAbs. 2.

von Artikel 16. [4]Die Gebotszonen in der Union müssen so gestaltet sein, dass größtmögliche wirtschaftliche Effizienz sichergestellt ist und sich gemäß Artikel 16 möglichst viele Möglichkeiten zum zonenübergreifenden Handel ergeben, während gleichzeitig die Versorgungssicherheit erhalten bleibt.

(2) [1]Alle drei Jahre erstellt ENTSO (Strom) einen Bericht über strukturelle Engpässe und andere erhebliche physikalische Engpässe zwischen und in Gebotszonen, auch über den Ort des Auftretens und die Häufigkeit solcher Engpässe im Einklang mit der auf der Grundlage des Artikels 18 der Verordnung (EG) Nr. 714/2009 angenommenen Leitlinie für die Kapazitätsvergabe und das Engpassmanagement. [2]Dieser Bericht enthält eine Bewertung, ob die zonenübergreifende Handelskapazität die lineare Verlaufskurve gemäß Artikel 15 oder die Mindestkapazität gemäß Artikel 16 der vorliegenden Verordnung erreicht hat.

(3) [1]Damit die Gebotszonen optimal konfiguriert sind, wird eine Überprüfung der Gebotszonen durchgeführt. [2]Bei dieser Überprüfung werden alle strukturellen Engpässe ermittelt, und sie umfasst eine koordinierte Analyse der einzelnen Gebotszonenkonfigurationen unter Einbeziehung der betroffenen Interessenträger aller maßgeblichen Mitgliedstaaten gemäß der auf der Grundlage des Artikels 18 der Verordnung (EG) Nr. 714/2009 angenommenen Leitlinie für die Kapazitätsvergabe und das Engpassmanagement durchgeführt wird. [3]Die aktuellen Gebotszonen werden anhand dessen bewertet, ob mit ihnen ein verlässliches Marktumfeld geschaffen werden kann, auch für flexible Erzeugungs- und Lastkapazitäten, was von entscheidender Bedeutung dafür ist, Netzengpässe zu verhindern, Elektrizitätsangebot und -nachfrage im Gleichgewicht zu halten und die langfristige Sicherheit von Investitionen in die Netzinfrastruktur sicherzustellen.

(4) Für die Zwecke dieses Artikels und des Artikels 15 dieser Verordnung sind die maßgeblichen Mitgliedstaaten, Übertragungsnetzbetreiber oder Regulierungsbehörden diejenigen Mitgliedstaaten, Übertragungsnetzbetreiber oder Regulierungsbehörden, die sich an der Überprüfung der Gebotszonenkonfiguration beteiligen, sowie jene, die sich gemäß der auf der Grundlage des Artikels 18 Absatz 5 der Verordnung (EG) Nr. 714/2009 angenommenen Leitlinie für die Kapazitätsvergabe und das Engpassmanagement in derselben Kapazitätsberechnungsregion befinden.

(5) [1]Bis zum 5. Oktober 2019 übermitteln alle maßgeblichen Übertragungsnetzbetreiber einen Vorschlag für die Methoden und Annahmen, die im Hinblick auf das Verfahren zur Überprüfung der Gebotszonen genutzt werden sollen, und für die in Betracht zu ziehenden alternativen Gebotszonenkonfigurationen, der den maßgeblichen Regulierungsbehörden zur Genehmigung vorgelegt wird. [2]Die maßgeblichen Regulierungsbehörden fassen binnen drei Monaten nach Vorlage des Vorschlags einen einstimmigen Beschluss zu dem Vorschlag. [3]Sind die Regulierungsbehörden nicht in der Lage, innerhalb dieser Frist einstimmig über den Vorschlag zu beschließen, so entscheidet ACER binnen drei weiteren Monaten über die Methoden und Annahmen und über die in Betracht zu ziehenden alternativen Gebotszonenkonfigurationen. [4]Den Methoden müssen strukturelle Engpässe zugrunde liegen, die in den folgenden drei Jahren voraussichtlich nicht überwunden werden, wobei spürbare Fortschritte bei Projekten zur Infrastrukturentwicklung, die in den folgenden drei Jahren voraussichtlich verwirklicht werden, gebührend zu berücksichtigen sind.

(6) [1] Auf der Grundlage der gemäß Absatz 5 beschlossenen Methoden und Annahmen legen die an der Überprüfung der Gebotszonen beteiligten Übertragungsnetzbetreiber den maßgeblichen Mitgliedstaaten oder ihren benannten zuständigen Behörden bis spätestens zwölf Monate nach Genehmigung der Methoden und Annahmen gemäß Absatz 5 einen gemeinsamen Vorschlag zur Änderung oder Aufrechterhaltung der Gebotszonenkonfiguration vor. [2] Andere Mitgliedstaaten, Vertragsparteien der Energiegemeinschaft oder Drittländer, die sich ein synchrones Gebiet mit einem maßgeblichen Mitgliedstaat teilen, können Stellungnahmen abgeben.

(7) [1] Werden in dem Bericht nach Absatz 2 dieses Artikels oder in der Überprüfung der Gebotszonen nach diesem Artikel oder von einem oder mehreren Übertragungsnetzbetreibern in ihrer jeweiligen Regelzone in einem von der zuständigen Regulierungsbehörde angenommenen Bericht strukturelle Engpässe festgestellt, so beschließt der Mitgliedstaat mit festgestellten strukturellen Engpässen in Zusammenarbeit mit seinen Übertragungsnetzbetreibern binnen sechs Monaten nach Erhalt des Berichts, entweder nationale oder multinationale Aktionspläne gemäß Artikel 15 festzulegen oder seine Gebotszonenkonfiguration zu überprüfen und anzupassen. [2] Diese Beschlüsse sind der Kommission und ACER umgehend zu übermitteln.

(8) [1] In Bezug auf jene Mitgliedstaaten, die sich für eine Änderung der Gebotszonenkonfiguration gemäß Absatz 7 entschieden haben, fassen die maßgeblichen Mitgliedstaaten binnen sechs Monaten nach der Mitteilung gemäß Absatz 7 einen einstimmigen Beschluss. [2] Andere Mitgliedstaaten können diesen Mitgliedstaaten Stellungnahmen übermitteln, wobei die maßgeblichen Mitgliedstaaten diese Stellungnahmen bei ihrer Beschlussfassung berücksichtigen sollten. [3] Der Beschluss ist zu begründen und der Kommission und ACER zu übermitteln. [4] Fassen die maßgeblichen Mitgliedstaaten innerhalb dieser sechs Monate keinen einstimmigen Beschluss, so teilen sie dies der Kommission umgehend mit. [5] Als letztes Mittel erlässt die Kommission nach Konsultation von ACER binnen sechs Monaten nach Erhalt dieser Mitteilung einen Beschluss, ob die Gebotszonenkonfiguration in und zwischen jenen Mitgliedstaaten geändert oder beibehalten werden sollte.

(9) Die Mitgliedstaaten und die Kommission konsultieren die maßgeblichen Interessenträger, bevor sie einen Beschluss nach diesem Artikel fassen.

(10) [1] Jeder nach diesem Artikel gefasste Beschluss enthält Angaben zum Zeitpunkt der Anwendung einer Änderung. [2] Bei diesem Anwendungszeitpunkt ist sowohl der Dringlichkeit der Anwendung als auch praktischen Erwägungen wie dem Stromterminhandel Rechnung zu tragen. [3] In dem Beschluss können geeignete Übergangsmaßnahmen festgelegt werden.

(11) Werden auf der Grundlage der gemäß Artikel 18 der Verordnung (EG) Nr. 714/2009 angenommenen Leitlinie für die Kapazitätsvergabe und das Engpassmanagement weitere Gebotszonenüberprüfungen eingeleitet, so ist das Verfahren des vorliegenden Artikels anzuwenden.

Art. 15[1)] Aktionspläne. (1) [1] Im Anschluss an die Fassung eines Beschlusses nach Artikel 14 Absatz 7 erarbeitet der Mitgliedstaat mit festgestellten strukturellen Engpässen in Zusammenarbeit mit seiner Regulierungsbehörde einen

---

[1)] Zum Geltungsbeginn vgl. Art. 71 Abs. 2 UAbs. 2.

Aktionsplan. 2 Dieser Aktionsplan enthält einen konkreten Zeitplan für das Ergreifen von Maßnahmen zur Verringerung der strukturellen Engpässe, die binnen höchstens vier Jahren nach Fassung des Beschlusses gemäß Artikel 14 Absatz 7 festgestellt wurden.

(2) *[1]* 1 Unabhängig von den konkreten Fortschritten im Zusammenhang mit dem Aktionsplan sorgen die Mitgliedstaaten dafür, dass unbeschadet der Freistellungen gemäß Artikel 16 Absatz 9 oder Abweichungen nach Artikel 16 Absatz 3 die Kapazität für den grenzüberschreitenden Handel jedes Jahr erhöht wird, bis die Mindestkapazität gemäß Artikel 16 Absatz 8 erreicht wird. 2 Diese Mindestkapazität ist bis zum 31. Dezember 2025 zu erreichen.

[2] 1 Für diese jährliche Erhöhung wird eine lineare Verlaufskurve zugrunde gelegt. 2 Den Ausgangspunkt dieser Verlaufskurve bildet entweder die im Jahr vor der Annahme des Aktionsplans zugewiesene Kapazität an dieser Grenze oder auf einem kritischen Netzelement oder der Durchschnitt der letzten drei Jahre vor der Annahme des Aktionsplans, je nachdem, welcher Wert höher ist. 3 Die Mitgliedstaaten stellen, während sie ihre Aktionspläne umsetzen – auch unter Rückgriff auf Entlastungsmaßnahmen in der Kapazitätsberechnungsregion – sicher, dass die gemäß Artikel 16 Absatz 8 für den zonenübergreifenden Handel zur Verfügung gestellte Kapazität mindestens gleich den Werten der linearen Verlaufskurve ist.

(3) Die Kosten der notwendigen Entlastungsmaßnahmen zur Einhaltung der linearen Verlaufskurve gemäß Absatz 2 oder zur Bereitstellung von zonenübergreifender Kapazität an den Grenzen oder auf kritischen Netzelementen, auf die sich der Aktionsplan bezieht, werden von dem Mitgliedstaat oder den Mitgliedstaaten getragen, die den Aktionsplan umsetzen.

(4) 1 Jedes Jahr während der Umsetzung des Aktionsplans und binnen sechs Monaten nach seinem Ablauf bewerten die maßgeblichen Übertragungsnetzbetreiber für die vorangehenden 12 Monate, ob die verfügbare grenzüberschreitende Kapazität die lineare Verlaufskurve erreicht hat, oder, ab dem 1. Januar 2026, ob die in Artikel 16 Absatz 8 festgelegte Mindestkapazität erreicht wurde. 2 Sie übermitteln ACER und den maßgeblichen nationalen Regulierungsbehörden ihre Bewertungen. 3 Vor der Ausarbeitung des Berichts übermittelt jeder Übertragungsnetzbetreiber seine Beiträge zu dem Bericht mit allen maßgeblichen Daten seiner Regulierungsbehörde zur Genehmigung.

(5) *[1]* 1 In Bezug auf jene Mitgliedstaaten, in deren Fall aus der in Absatz 4 genannten Bewertung hervorgeht, dass ein Übertragungsnetzbetreiber die lineare Verlaufskurve nicht erreicht hat, fassen die maßgeblichen Mitgliedstaaten binnen sechs Monaten nach Erhalt des in Absatz 4 genannten Berichts einen einstimmigen Beschluss, ob die Gebotszonenkonfiguration innerhalb und zwischen jenen Mitgliedstaaten geändert oder beibehalten wird. 2 Dabei berücksichtigen die maßgeblichen Mitgliedstaaten die Stellungnahmen anderer Mitgliedstaaten. 3 Der Beschluss des maßgeblichen Mitgliedstaats ist zu begründen und der Kommission und ACER zu übermitteln.

[2] 1 Fassen die maßgeblichen Mitgliedstaaten keinen einstimmigen Beschluss innerhalb der zulässigen Frist, so teilen sie dies der Kommission umgehend mit. 2 Als letztes Mittel erlässt die Kommission nach Konsultation von ACER und der maßgeblichen Interessenträger binnen sechs Monaten nach Erhalt dieser Mitteilung einen Beschluss, ob die Gebotszonenkonfiguration in und zwischen jenen Mitgliedstaaten geändert oder beibehalten werden sollte.

(6) Sechs Monate vor Ablauf des Aktionsplans entscheidet der Mitgliedstaat mit festgestellten strukturellen Engpässen, ob er seine verbleibenden Engpässe angeht indem er seine Gebotszone ändert oder ob er die verbleibenden internen Engpässe mit Entlastungsmaßnahmen, deren Kosten er selbst trägt, angeht.

(7) *[1]* Wurde ein struktureller Engpass gemäß Artikel 14 Absatz 7 festgestellt, jedoch binnen sechs Monaten kein Aktionsplan festgelegt, so bewerten die maßgeblichen Übertragungsnetzbetreiber binnen zwölf Monaten nach Feststellung eines solchen strukturellen Engpasses, ob die verfügbare grenzüberschreitende Kapazität die in Artikel 16 Absatz 8 festgelegten Mindestkapazitäten in den vorangehenden 12 Monaten erreicht hat, und sie erstatten den maßgeblichen Regulierungsbehörden und ACER hierüber Bericht.

[2] [1] Vor der Ausarbeitung des Berichts übermittelt jeder Übertragungsnetzbetreiber seiner Regulierungsbehörde seinen Beitrag zu dem Bericht mit allen maßgeblichen Daten zur Genehmigung. [2] Zeigt die Bewertung, dass ein Übertragungsnetzbetreiber die Mindestkapazität nicht erreicht hat, erfolgt die Beschlussfassung nach Absatz 5 dieses Artikels.

Art. 16[1)] Allgemeine Grundsätze für die Kapazitätsvergabe und das Engpassmanagement. (1) [1] Netzengpässen wird mit diskriminierungsfreien marktbasierten Lösungen begegnet, von denen wirksame wirtschaftliche Signale an die Marktteilnehmer und beteiligten Übertragungsnetzbetreiber ausgehen. [2] Netzengpässe werden mit nicht transaktionsbezogenen Methoden bewältigt, d.h. mit Methoden, bei denen nicht zwischen den Verträgen einzelner Marktteilnehmer unterschieden wird. [3] Ergreift der Übertragungsnetzbetreiber betriebliche Maßnahmen, um sein Übertragungsnetz im Normalzustand zu halten, so muss er die Auswirkungen dieser Maßnahmen auf die benachbarten Regelzonen berücksichtigen und diese Maßnahmen gemäß der Verordnung (EU) 2015/1222 mit anderen betroffenen Übertragungsnetzbetreibern koordinieren.

(2) [1] Transaktionen dürfen nur in Notfällen eingeschränkt werden, insbesondere wenn der Übertragungsnetzbetreiber schnell handeln muss und ein Redispatch oder Countertrading nicht möglich ist. [2] Jedes diesbezügliche Verfahren muss diskriminierungsfrei angewendet werden. [3] Abgesehen von Fällen höherer Gewalt werden Marktteilnehmer, denen Kapazitäten zugewiesen wurden, für jede solche Einschränkung entschädigt.

(3) *[1]* Gemäß Artikel 37 Absatz 1 Buchstabe a und Artikel 42 Absatz 1 führen die regionalen Koordinierungszentren eine koordinierte Kapazitätsberechnung im Einklang mit den Absätzen 4 und 8 dieses Artikels durch.

[2] [1] Regionale Koordinierungszentren berechnen die zonenübergreifenden Kapazitäten unter Einhaltung der Betriebssicherheitsgrenzwerte anhand der Daten der Übertragungsnetzbetreiber einschließlich der Daten über die technische Verfügbarkeit von Entlastungsmaßnahmen, ohne den Lastabwurf miteinzubeziehen. [2] Gelangen die regionalen Koordinierungszentren zu dem Schluss, dass diese verfügbaren Entlastungsmaßnahmen in der Kapazitätsberechnungsregion oder zwischen Kapazitätsberechnungsregionen nicht ausreichen, um unter Einhaltung der Betriebssicherheitsgrenzwerte die lineare Verlaufskurve gemäß Artikel 15 Absatz 2 oder die Mindestkapazitäten gemäß Artikel 16

1) Zum Geltungsbeginn vgl. Art. 71 Abs. 2 UAbs. 2.

Absatz 8 zu erreichen, so können sie als letztes Mittel koordinierte Maßnahmen festlegen, um die zonenübergreifenden Kapazitäten entsprechend zu verringern. [3]Die Übertragungsnetzbetreiber dürfen von koordinierten Maßnahmen zur koordinierten Kapazitätsberechnung und zur koordinierten Sicherheitsanalyse nur gemäß Artikel 42 Absatz 2 abweichen.

[3] [1]Die regionalen Koordinierungszentren berichten, ab drei Monaten nachdem sie ihren Betrieb nach Artikel 35 Absatz 2 dieser Verordnung aufgenommen haben, und alle drei Monate danach, den maßgeblichen Regulierungsbehörden und ACER über Verringerungen der Kapazität und Abweichungen von koordinierten Maßnahmen gemäß Unterabsatz 2, bewerten die Fälle und unterbreiten erforderlichenfalls Empfehlungen dazu, wie diese Abweichungen in Zukunft vermieden werden können. [2]Gelangt ACER zu dem Schluss, dass die Voraussetzungen für eine Abweichung gemäß diesem Absatz nicht erfüllt sind und diese Abweichung von struktureller Art ist, so übermittelt sie den maßgeblichen Regulierungsbehörden und der Kommission eine entsprechende Stellungnahme. [3]Die zuständigen Regulierungsbehörden ergreifen gemäß Artikel 59 oder 62 der Richtlinie (EU) 2019/944[1)] geeignete Maßnahmen gegen Übertragungsnetzbetreiber oder regionale Koordinierungszentren, wenn die Voraussetzungen für eine Abweichung nach diesem Absatz nicht erfüllt waren.

[4] Abweichungen struktureller Art sind in einem Aktionsplan nach Artikel 14 Absatz 7 oder mittels einer Aktualisierung eines vorhandenen Aktionsplans anzugehen.

(4) [1]Den Marktteilnehmern wird die unter Einhaltung der Sicherheitsnormen für den sicheren Netzbetrieb maximale Kapazität der Verbindungsleitungen und der Übertragungsnetze, die durch die grenzüberschreitenden Kapazitäten beeinflusst werden, zur Verfügung gestellt. [2]Countertrading und Redispatch, einschließlich grenzüberschreitendem Redispatch, werden zur Maximierung der verfügbaren Kapazitäten genutzt, um die Mindestkapazität nach Absatz 8 zu erreichen. [3]Um eine solche Maximierung zu ermöglichen wird ein koordiniertes und diskriminierungsfreies Verfahren für grenzüberschreitende Entlastungsmaßnahmen angewandt, nachdem die Methode zur Kostenteilung bei Redispatch und Countertrading umgesetzt wurde.

(5) [1]Die Kapazitätsvergabe erfolgt durch explizite Kapazitätsauktionen oder durch implizite Auktionen für sowohl Kapazität als auch Energie. [2]Beide Methoden können für ein und dieselbe Verbindungsleitung gleichzeitig bestehen. [3]Für den Intraday-Handel wird ein fortlaufendes Handelssystem verwendet, das durch Auktionen ergänzt werden kann.

(6) [1]Im Fall von Engpässen erhalten die höchsten impliziten oder expliziten gültigen Gebote für Netzkapazität, die den höchsten Wert für die knappe Übertragungskapazität in einem bestimmten Zeitbereich bieten, den Zuschlag. [2]Außer bei neuen Verbindungsleitungen, für die eine Ausnahme nach Artikel 7 der Verordnung (EG) Nr. 1228/2003, nach Artikel 17 der Verordnung (EG) Nr. 714/2009 oder nach Artikel 63 der vorliegenden Verordnung gilt, dürfen bei den Kapazitätsvergabemethoden keine Mindestpreise festgesetzt werden.

(7) [1]Die Kapazität ist auf sekundärer Basis frei handelbar, sofern der Übertragungsnetzbetreiber ausreichend rechtzeitig unterrichtet wird. [2]Lehnt ein

---

[1)] Nr. **4**.

Übertragungsnetzbetreiber den Sekundärhandel (Sekundärtransaktionen) ab, so muss er dies allen Marktteilnehmern in deutlicher und transparenter Form mitteilen und erklären sowie der Regulierungsbehörde melden.

(8) *[1]* 1 Die Übertragungsnetzbetreiber dürfen die den Marktteilnehmern zur Verfügung zu stellende Verbindungskapazität nicht beschränken, um einen Engpass in ihrer eigenen Gebotszone zu beheben oder um Stromflüsse zu bewältigen, die aufgrund von Transaktionen innerhalb der Gebotszonen entstanden sind. 2 Unbeschadet der Anwendung von Freistellungen gemäß Absatz 3 und 9 dieses Artikels und der Anwendung von Artikel 15 Absatz 2 gelten die Bestimmungen dieses Absatzes als erfüllt, wenn die folgenden Mindestwerte der verfügbaren Kapazität für den zonenübergreifenden Handel erreicht sind:

a) Bei Grenzen, bei denen ein Ansatz der koordinierten Nettoübertragungskapazität angewandt wird, beträgt der Mindestwert 70 % der Übertragungskapazität, welche die Betriebssicherheitsgrenzwerte einhält und wegen der Ausfallvarianten einen Abzug vornimmt, die gemäß der auf der Grundlage des Artikels 18 Absatz 5 der Verordnung (EG) Nr. 714/2009 angenommenen Leitlinie für die Kapazitätsvergabe und das Engpassmanagement ermittelt wurden.

b) Bei Grenzen, an denen ein lastflussgestützter Ansatz angewandt wird, ist die Mindestkapazität eine bei der Kapazitätsberechnung gesetzte Grenze, die für durch zonenübergreifenden Austausch ausgelöste Lastflüsse verfügbar ist. Die Grenze beträgt 70 % der Kapazität der internen und zonenübergreifenden kritischen Netzelemente, die die Betriebssicherheitsgrenzwerte einhält, wobei Ausfallvarianten zu berücksichtigen sind, die gemäß der auf der Grundlage des Artikels 18 Absatz 5 der Verordnung (EG) Nr. 714/2009 angenommenen Leitlinie für die Kapazitätsvergabe und das Engpassmanagement festgelegt wurden.

[2] Die Gesamtmenge von 30 % kann auf jedem kritischen Netzelement für Zuverlässigkeitsmargen, Ringflüsse und interne Stromflüsse verwendet werden.

(9) *[1]* 1 Auf Antrag von Übertragungsnetzbetreibern einer Kapazitätsberechnungsregion können die maßgeblichen Regulierungsbehörden – sofern dies zur Aufrechterhaltung der Betriebssicherheit erforderlich ist – aus vorhersehbaren Gründen eine Freistellung von Absatz 8 gewähren. 2 Eine solche Freistellung, die nicht die Einschränkung von bereits nach Absatz 2 zugewiesenen Kapazitäten betreffen darf, wird für nicht länger als ein Jahr auf einmal, oder, soweit der Umfang der Freistellung nach dem ersten Jahr bedeutend abnimmt, für höchstens zwei Jahre erteilt. 3 Der Umfang solchen Freistellungen darf nicht über das für die Aufrechterhaltung der betrieblichen Sicherheit erforderliche Maß hinausgehen und solche Freistellungen dürfen nicht zur Diskriminierung zwischen dem internen und dem zonenübergreifenden Austausch führen.

[2] 1 Vor der Gewährung einer Freistellung konsultiert die maßgebliche Regulierungsbehörde die Regulierungsbehörden der anderen Mitgliedstaaten, die zu der betroffenen Kapazitätsberechnungsregion gehören. 2 Ist eine der Regulierungsbehörden mit der vorgeschlagenen Freistellung nicht einverstanden, so entscheidet gemäß Artikel 6 Absatz 10 Buchstabe a der Verordnung (EU) 2019/942[1] ACER über ihre Erteilung. 3 Die Gründe für die Freistellung werden veröffentlicht.

---

[1] Nr. **7**.

[3] [1]Wird eine Freistellung gewährt, so erarbeiten und veröffentlichen die maßgeblichen Übertragungsnetzbetreiber eine Methode und Projekte für eine langfristige Lösung des Problems, gegen das mit der Freistellung vorgegangen werden soll. [2]Die Freistellung endet mit Ablauf der Frist für die Freistellung oder sobald die Lösung angewendet wird, je nachdem, welcher Zeitpunkt der frühere ist.

(10) [1]Die Marktteilnehmer teilen den betroffenen Übertragungsnetzbetreibern rechtzeitig vor dem maßgeblichen Betriebszeitraum mit, ob sie die zugewiesene Kapazität zu nutzen gedenken. [2]Zugewiesene Kapazitäten, die nicht in Anspruch genommen werden, werden nach einem offenen, transparenten und diskriminierungsfreien Verfahren wieder dem Markt zur Verfügung gestellt.

(11) [1]Die Übertragungsnetzbetreiber saldieren, soweit technisch möglich, die auf der überlasteten Verbindungsleitung in gegenläufiger Richtung beanspruchten Kapazitäten, um diese Leitung bis zu ihrer maximalen Kapazität zu nutzen. [2]Unter vollständiger Berücksichtigung der Netzsicherheit dürfen Transaktionen, die mit einer Entlastung verbunden sind, nicht abgelehnt werden.

(12) [1]Die finanziellen Folgen, die sich daraus ergeben, dass die mit der Kapazitätsvergabe verbundenen Verpflichtungen nicht eingehalten werden, werden den Übertragungsnetzbetreibern oder NEMO angelastet, die dafür verantwortlich sind. [2]Nutzen Marktteilnehmer die Kapazität, zu deren Nutzung sie sich verpflichtet haben, nicht, oder handeln sie diese Kapazität im Fall einer durch eine explizite Auktion erworbenen Kapazität nicht auf sekundärer Basis oder geben sie die Kapazität nicht rechtzeitig zurück, so verlieren diese Marktteilnehmer ihren Anspruch auf diese Kapazität und zahlen ein kostenorientiertes Entgelt. [3]Die kostenorientierten Entgelte für die nicht erfolgte Nutzung von Kapazität müssen gerechtfertigt und angemessen sein. [4]Kommt ein Übertragungsnetzbetreiber seiner Verpflichtung, solide Übertragungskapazität bereitzustellen, nicht nach, so muss er den Marktteilnehmer für den Verlust von Kapazitätsrechten entschädigen. [5]Folgeverluste werden dabei nicht berücksichtigt. [6]Die zentralen Konzepte und Methoden zur Bestimmung der Haftungsansprüche aus der nicht erfolgten Einhaltung von Verpflichtungen sind, was die finanziellen Konsequenzen betrifft, im Voraus festzulegen und von der maßgeblichen Regulierungsbehörde zu überprüfen.

(13) *[1]* Bei der Zuordnung von Kosten von Entlastungsmaßnahmen auf die Übertragungsnetzbetreiber analysieren die Regulierungsbehörden, inwieweit die Stromflüsse aufgrund von Transaktionen innerhalb von Gebotszonen zu dem zwischen zwei Gebotszonen beobachteten Engpass beitragen, und sie ordnen die Kosten auf der Grundlage des jeweiligen Beitrags zum Engpass auf die Übertragungsnetzbetreiber der Gebotszonen, in denen diese Stromflüsse entstehen, zu, außer bei Kosten, die durch Stromflüsse bedingt sind, die aufgrund von Transaktionen innerhalb von Gebotszonen entstehen und unterhalb des Niveaus liegen, der ohne strukturelle Engpässe in einer Gebotszone wahrscheinlich ist.

[2] Dieses Niveau wird von allen Übertragungsnetzbetreibern in einer Kapazitätsberechnungsregion für jede einzelne Gebotszonengrenze gemeinsam analysiert und festgelegt und unterliegt der Genehmigung aller Regulierungsbehörden in der Kapazitätsberechnungsregion.

Art. 17 Zuweisung zonenübergreifender Kapazität für alle Zeitbereiche. (1) [1]Die Übertragungsnetzbetreiber berechnen die verfügbare zonenübergreifende Kapazität zumindest nach dem jeweiligen Zeitpunkt der Schließung des zonenübergreifenden Day-Ahead-Marktes und des zonenübergreifenden Intraday-Marktes neu. [2]Bei der folgenden Zuweisung zonenübergreifender Kapazität vergeben die Übertragungsnetzbetreiber neben der verfügbaren zonenübergreifenden Kapazität auch eventuell verbliebene, zuvor nicht zugewiesene Kapazität sowie zonenübergreifende Kapazität aus früheren Zuweisungen, die von Inhabern von Rechten zur physischen Übertragung freigegeben wurde.

(2) [1]Die Übertragungsnetzbetreiber schlagen eine angemessene Struktur für die Zuweisung zonenübergreifender Kapazität für alle Zeitbereiche, einschließlich derjenigen für die Day-Ahead-, Intraday- und Regelarbeitsmärkte, vor. [2]Diese Vergabestruktur wird von den maßgeblichen Regulierungsbehörden überprüft. [3]Bei der Ausarbeitung ihrer Vorschläge berücksichtigen die Übertragungsnetzbetreiber

a) die Eigenheiten der Märkte,

b) die Betriebsbedingungen des Stromsystems, z.B. die Auswirkungen der Saldierung verbindlich angemeldeter Zeitpläne,

c) den Grad der Harmonisierung der verschiedenen Zeitbereichen zugewiesenen Prozentsätze und die Zeitbereiche, die für die verschiedenen bestehenden Mechanismen für die Zuweisung zonenübergreifender Kapazität festgelegt wurden.

(3) Ist nach dem Zeitpunkt der Schließung des zonenübergreifenden Intraday-Marktes noch zonenübergreifende Kapazität vorhanden, so nutzen die Übertragungsnetzbetreiber die zonenübergreifende Kapazität für den Austausch von Regelarbeit oder zur Durchführung des Verfahrens für das gegenseitige Anrechnen beim Abruf von Sekundärregelenergie (Imbalance Netting).

(4) Wird zonenübergreifende Kapazität für den Austausch von Regelleistung oder die Reserventeilung gemäß Artikel 6 Absatz 8 dieser Verordnung zugewiesen, so wenden die Übertragungsnetzbetreiber die in der gemäß Artikel 6 Absatz 11 der Verordnung (EG) Nr. 714/2009 angenommenen Leitlinie über den Systemausgleich im Elektrizitätsversorgungssystem ausgearbeiteten Methoden an.

(5) Die Übertragungsnetzbetreiber dürfen die gemäß der Verordnung (EU) 2015/1222 berechnete Zuverlässigkeitsmarge aufgrund des Austauschs von Regelleistung oder der Reserventeilung nicht erhöhen.

Abschnitt 2. Netzentgelte und Engpasserlöse

Art. 18 Entgelte für den Netzzugang, die Nutzung und den Ausbau der Netze. (1) *[1]* [1]Die Entgelte, die die Netzbetreiber für den Zugang zu den Netzen erheben, einschließlich Entgelte für den Anschluss an die Netze, Entgelte für die Nutzung der Netze und etwaige Entgelte für den damit verbundenen Ausbau der Netze, müssen kostenorientiert und transparent sein, der Notwendigkeit der Netzsicherheit und der Flexibilität Rechnung tragen und die tatsächlichen Kosten insofern zum Ausdruck bringen, als sie denen eines effizienten und strukturell vergleichbaren Netzbetreibers entsprechen und unterschiedslos angewandt werden. [2]Die Entgelte dürfen keine damit nicht zusammenhängenden Kosten zur Unterstützung damit nicht zusammenhängender politischer Ziele umfassen.

[2] [1]Unbeschadet des Artikels 15 Absätze 1 und 6 und der Kriterien in Anhang XI der Richtlinie 2012/27/EU[1)] muss die Methode zur Bestimmung der Netzentgelte in neutraler Weise langfristig durch Preissignale für Kunden und Erzeuger zur Gesamteffizienz des Netzes beitragen und insbesondere so angewandt werden, dass durch sie die an die Verteilerebene angeschlossenen Erzeugungsanlagen gegenüber den an die Übertragungsebene angeschlossenen Erzeugungsanlagen weder bevorzugt noch benachteiligt werden. [2]Die Netzentgelte dürfen Energiespeicherung oder -aggregierung weder bevorteilen noch benachteiligen und auch keine Negativanreize für Eigenerzeugung, Eigenverbrauch oder die Teilnahme an der Laststeuerung setzen. [3]Diese Entgelte dürfen unbeschadet des Absatzes 3 dieses Artikels nicht entfernungsabhängig sein.

(2) Die Tarifmethoden spiegeln die Fixkosten der Übertragungs- und Verteilernetzbetreiber wider und setzen sowohl kurzfristig als auch langfristig angemessene Anreize für Übertragungs- und Verteilernetzbetreiber, um die Effizienz einschließlich der Energieeffizienz zu steigern, die Marktintegration und die Versorgungssicherheit zu fördern, effiziente Investitionen zu unterstützen, die damit verbundenen Forschungstätigkeiten zu unterstützen, und Innovationen im Interesse der Verbraucher in Bereichen wie Digitalisierung, Flexibilitätsdienste und Verbindungsleitungen zu erleichtern.

(3) Von der Höhe der gegenüber den Erzeugern oder Endkunden, oder beiden erhobenen Tarife gehen erforderlichenfalls standortbezogene Preissignale auf Unionsebene aus, und diese Tarife tragen dem Umfang der verursachten Netzverluste und Engpässe und den Kosten von Investitionen in die Infrastruktur Rechnung.

(4) Bei der Festsetzung der Netzzugangsentgelte ist Folgendes zu berücksichtigen:

a) die im Rahmen des Ausgleichsmechanismus zwischen Übertragungsnetzbetreibern geleisteten Zahlungen und verbuchten Einnahmen,

b) die tatsächlich geleisteten und eingegangenen Zahlungen sowie die auf der Grundlage vergangener Zeiträume geschätzten voraussichtlichen Zahlungen für künftige Zeiträume.

(5) Die Festsetzung der Netzzugangsentgelte gilt unbeschadet etwaiger Entgelte aufgrund des in Artikel 16 genannten Engpassmanagements.

(6) Für einzelne Transaktionen für den zonenübergreifenden Stromhandel wird kein besonderes Netzentgelt verlangt.

(7) [1]Die Verteilungstarife müssen kostenorientiert sein, wobei die Nutzung des Verteilernetzes durch die Netznutzer einschließlich der aktiven Kunden zu berücksichtigen ist. [2]Verteilungstarife können auf die Netzanschlusskapazität bezogene Elemente enthalten und können sich anhand der Verbrauchs- oder Erzeugungsprofile der Netznutzer unterscheiden. [3]In den Mitgliedstaaten, die bereits intelligente Messsysteme verwenden, ziehen die Regulierungsbehörden gemäß Artikel 59 der Richtlinie (EU) 2019/944[2)] bei der Festlegung oder

---

[1)] Nr. **61**.
[2)] Nr. **4**.

Genehmigung von Übertragungs- oder Verteilungstarifen oder der entsprechenden Methoden zeitlich abgestufte Netztarife in Erwägung und führen diese erforderlichenfalls ein, um die Nutzung des Netzes auf eine für die Endkunden transparente, kosteneffiziente und vorhersehbare Weise zum Ausdruck zu bringen.

(8) [1]Die Verteilungstarifmethoden müssen den Verteilernetzbetreibern Anreize für den effizientesten Betrieb und Ausbau ihrer Netze bieten, unter anderem mittels der Beschaffung von Dienstleistungen. [2]Zu diesem Zweck erkennen die Regulierungsbehörden maßgebliche Kosten an und berücksichtigen sie in den Verteilungstarifen; außerdem können sie Leistungsziele einführen, um den Verteilernetzbetreibern Anreize zur Steigerung der Effizienz in ihren Netzen zu bieten, auch durch Energieeffizienz, Flexibilität, den Ausbau intelligenter Netze und die Einführung intelligenter Messsysteme.

(9) *[1]* [1]Bis zum 5. Oktober 2019 legt ACER zur Minderung des Risikos der Marktfragmentierung einen Bericht über bewährte Verfahren in Bezug auf Übertragungs- und Verteilungstarifmethoden vor und trägt dabei nationalen Besonderheiten Rechnung. [2]Dieser Bericht über bewährte Verfahren umfasst mindestens

a) das Verhältnis der gegenüber den Erzeugern und den Endkunden erhobenen Tarife,
b) die durch die Tarife zu deckenden Kosten,
c) zeitlich abgestufte Netztarife,
d) standortbezogene Preissignale,
e) das Verhältnis zwischen den Übertragungs- und Verteilungstarifen,
f) Methoden zur Wahrung der Transparenz bei der Festsetzung und Struktur der Tarife,
g) die Gruppen der Netznutzer, die Tarifen unterliegen, einschließlich der etwaigen Merkmale dieser Gruppen, Formen des Verbrauchs, und alle Tarifbefreiungen,
h) Verluste in Hoch-, Mittel- und Niederspannungsnetzen.

[2] ACER aktualisiert ihren Bericht zu bewährten Verfahren mindestens alle zwei Jahre.

(10) Bei der Festlegung oder Genehmigung von Übertragungs- oder Verteilungstarifen oder der entsprechenden Methoden gemäß Artikel 59 Buchstabe a der Richtlinie (EU) 2019/944[1)] tragen die Regulierungsbehörden dem Bericht über bewährte Verfahren gebührend Rechnung.

Art. 19 Engpasserlöse. (1) [1]Außer bei neuen Verbindungsleitungen, für die eine Ausnahmeregelung nach Artikel 63 der vorliegenden Verordnung, nach Artikel 17 der Verordnung (EG) Nr. 714/2009 oder nach Artikel 7 der Verordnung (EG) Nr. 1228/2003 in Anspruch genommen werden darf, dürfen mit Engpassmanagementverfahren, die für einen vorher festgelegten Zeitbereich gelten, Erlöse nur aus Engpässen erzielt werden, die in Bezug auf diesen Zeitbereich entstehen. [2]Das Verfahren für die Aufteilung dieser Erlöse wird von den Regulierungsbehörden überprüft und darf weder die Vergabe zugunsten

---

1) Nr. 4.

einer Kapazität oder Energie nachfragenden Partei verzerren noch einen Negativanreiz für die Verringerung von Engpässen darstellen.

(2) Die folgenden Zielsetzungen haben in Hinblick auf die Zuteilung von Einnahmen aus der Vergabe von zonenübergreifender Kapazität Vorrang:

a) Sicherstellung der tatsächlichen Verfügbarkeit der vergebenen Kapazität, einschließlich Stabilitätskompensation,

b) Erhaltung oder Ausbau von zonenübergreifenden Kapazitäten durch Optimierung des Einsatzes vorhandener Verbindungsleitungen, erforderlichenfalls durch koordinierte Entlastungsmaßnahmen, oder Deckung von Kosten von Investitionen in die Netze, die für die Verringerung von Engpässen bei Verbindungsleitungen maßgeblich sind.

(3) [1] Wurden die in Absatz 2 genannten vorrangigen Ziele angemessen erfüllt, so können die Einnahmen als Erlöse verwendet werden, die von den Regulierungsbehörden bei der Genehmigung der Methode zur Berechnung oder Festlegung oder Berechnung und Festlegung der Netzentgelte zu berücksichtigen sind. [2] Die übrigen Einnahmen sind auf ein gesondertes internes Konto zu übertragen, bis sie für die in Absatz 2 genannten Zwecke verwendet werden können.

(4) *[1]* [1] Die Verwendung der Einnahmen gemäß Absatz 2 Buchstaben a oder b erfolgt nach einer von den Übertragungsnetzbetreibern nach Konsultation der nationalen Regulierungsbehörden und der maßgeblichen Interessenträger vorgeschlagenen und von ACER genehmigten Methode. [2] Die Übertragungsnetzbetreiber legen ACER die vorgeschlagene Methode bis zum 5. Juli 2020 vor, und ACER entscheidet binnen sechs Monaten nach Eingang der vorgeschlagenen Methode darüber.

[2] [1] ACER kann die Übertragungsnetzbetreiber auffordern, die in Unterabsatz 1 genannte Methode zu ändern oder zu aktualisieren. [2] ACER entscheidet über die geänderte oder aktualisierte Methode spätestens sechs Monate nach ihrer Vorlage.

[3] Die Methode muss mindestens die Bedingungen enthalten, unter denen die Einnahmen für die in Absatz 2 genannten Zwecke verwendet werden können, sowie Angaben dazu, unter welchen Voraussetzungen und für wie lange die Einnahmen zur künftigen Verwendung für diese Zwecke auf ein gesondertes internes Konto übertragen werden können.

(5) *[1]* [1] Die Übertragungsnetzbetreiber legen im Voraus genau fest, wie sie Engpasserlöse zu verwenden gedenken, und sie erstatten den Regulierungsbehörden über die tatsächliche Verwendung dieser Erlöse Bericht. [2] Bis zum 1. März jeden Jahres setzen die nationalen Regulierungsbehörden ACER in Kenntnis und veröffentlichen einen Bericht, in dem

a) die Erlöse für den am 31. Dezember des vorangegangenen Jahres endenden Zwölfmonatszeitraum aufgeführt werden;

b) dargelegt wird, wie diese Erlöse gemäß Absatz 2 verwendet wurden, darunter Angaben zu den einzelnen Projekten, für die die Erlöse verwendet wurden, und zu dem auf ein gesondertes Konto übertragenen Betrag;

c) der bei der Berechnung der Netztarife verwendeten Betrag angeführt wird; und

d) der Nachweis erbracht wird, dass die Verwendung im Einklang mit dieser Verordnung und der nach den Absätzen 3 und 4 ausgearbeiteten Methode erfolgt ist.

[2] Wird ein Teil der Engpasserlöse zur Berechnung der Netztarife verwendet, so wird im Bericht dargelegt, wie die Übertragungsnetzbetreiber die etwaigen vorrangigen Ziele gemäß Absatz 2 erreicht haben.

Kapitel IV. Angemessenheit der Ressourcen

Art. 20 Angemessenheit der Ressourcen im Elektrizitätsbinnenmarkt.

(1) [1] Die Mitgliedstaaten beobachten die Angemessenheit der Ressourcen in ihrem Hoheitsgebiet auf der Grundlage der Abschätzung der Angemessenheit der Ressourcen auf europäischer Ebene nach Artikel 23. [2] Ergänzend zu der Abschätzung der Angemessenheit der Ressourcen auf europäischer Ebene können die Mitgliedstaaten eine Abschätzung der Angemessenheit der Ressourcen auf nationaler Ebene nach Artikel 24 durchführen.

(2) Ergeben sich bei der Abschätzung der Angemessenheit der Ressourcen auf europäischer Ebene nach Artikel 23 oder auf nationaler Ebene nach Artikel 24 Bedenken bezüglich der Angemessenheit der Ressourcen, so ermittelt der betroffene Mitgliedstaat alle regulatorischen Verzerrungen oder Fälle von Marktversagen, die zum Entstehen der Bedenken beigetragen oder diese Bedenken verursacht haben.

(3) [1] Die Mitgliedstaaten, in denen Bedenken bezüglich der Angemessenheit der Ressourcen festgestellt wurden, entwickeln und veröffentlichen im Rahmen des beihilferechtlichen Genehmigungsverfahrens einen Umsetzungsplan mit einem Zeitplan für die Verabschiedung von Maßnahmen zur Beseitigung ermittelter regulatorischer Verzerrungen oder von Fällen von Marktversagen. [2] Um Bedenken bezüglich der Angemessenheit der Ressourcen anzugehen, müssen die Mitgliedstaaten insbesondere den in Artikel 3 genannten Grundsätzen Rechnung tragen und Folgendes in Betracht ziehen:

a) die Beseitigung regulatorischer Verzerrungen,

b) die Aufhebung von Preisobergrenzen gemäß Artikel 10,

c) die Einführung einer Funktion für die Knappheitspreisbildung bei Regelarbeit im Sinne von Artikel 44 Absatz 3 der Verordnung (EU) 2017/2195,

d) die Erhöhung der Verbundkapazität und der Kapazität des internen Netzes im Hinblick darauf, zumindest die in Artikel 4 Buchstabe d Ziffer 1 der Verordnung (EU) 2018/1999[1)] genannte Verbundvorgabe zu erreichen,

e) die Ermöglichung von Eigenerzeugung, Energiespeicherung, Laststeuerungsmaßnahmen und Energieeffizienz durch den Erlass von Maßnahmen zur Beseitigung ermittelter regulatorischer Hindernisse,

f) die Sicherstellung der kosteneffizienten und marktbasierten Beschaffung von Regelreserve und Systemdienstleistungen,

---

[1)] Nr. **6**

g) die Abschaffung regulierter Preise, sofern nach Artikel 5 der Richtlinie (EU) 2019/944[1] vorgeschrieben.

(4) Die betroffenen Mitgliedstaaten legen der Kommission den Umsetzungsplan zur Überprüfung vor.

(5) Die Kommission gibt binnen vier Monaten nach Erhalt des Umsetzungsplans eine Stellungnahme ab, ob die Maßnahmen ausreichen, um die nach Absatz 2 festgestellten regulatorischen Verzerrungen oder Fälle von Marktversagen zu beseitigen, und sie kann die jeweiligen Mitgliedstaaten auffordern, den Umsetzungsplan entsprechend zu ändern.

(6) Die betroffenen Mitgliedstaaten beobachten die Anwendung des Umsetzungsplans und veröffentlichen die Ergebnisse der Beobachtung in einem jährlichen Bericht, den sie der Kommission übermitteln.

(7) Die Kommission gibt eine Stellungnahme dazu ab, ob die Umsetzungspläne in ausreichendem Maße umgesetzt und die Bedenken bezüglich der Angemessenheit ausgeräumt wurden.

(8) Die Mitgliedstaaten befolgen den Umsetzungsplan auch nach der Ausräumung der festgestellten Bedenken bezüglich der Angemessenheit der Ressourcen.

Art. 21 Allgemeine Grundsätze für Kapazitätsmechanismen. (1) Zur Ausräumung der verbleibenden Bedenken bezüglich der Angemessenheit der Ressourcen können die Mitgliedstaaten als letztes Mittel während der Umsetzung der in Artikel 20 Absatz 3 dieser Verordnung genannten Maßnahmen gemäß Artikel 107, 108 und 109 AEUV[2] Kapazitätsmechanismen einführen.

(2) Vor der Einführung von Kapazitätsmechanismen führen die betroffenen Mitgliedstaaten eine umfassende Studie zu den möglichen Auswirkungen dieser Mechanismen auf die benachbarten Mitgliedstaaten durch, indem sie mindestens ihre benachbarten Mitgliedstaaten mit direkter Netzverbindung und die Interessenträger dieser Mitgliedstaaten konsultieren.

(3) [1] Die Mitgliedstaaten beurteilen, ob die Bedenken bezüglich der Angemessenheit der Ressourcen mit einem Kapazitätsmechanismus in Form einer strategischen Reserve angegangen werden können. [2] Ist das nicht der Fall, so können die Mitgliedstaaten eine andere Art von Kapazitätsmechanismus einsetzen.

(4) Die Mitgliedstaaten dürfen keine Kapazitätsmechanismen einführen, wenn bei der Abschätzung der Angemessenheit der Ressourcen sowohl auf europäischer als auch auf nationaler Ebene bzw. – in Ermangelung einer Abschätzung auf nationaler Ebene – bei der Abschätzung auf europäischer Ebene keine Bedenken bezüglich der Angemessenheit der Ressourcen ermittelt wurden.

(5) Die Mitgliedstaaten dürfen Kapazitätsmechanismen nur dann einführen, wenn die Kommission eine Stellungnahme gemäß Artikel 20 Absatz 5 zu dem in Artikel 20 Absatz 3 genannten Umsetzungsplan abgegeben hat.

---

[1] Nr. **4**.
[2] Nr. **13**.

(6) Wendet ein Mitgliedstaat einen Kapazitätsmechanismus an, so überprüft er diesen Kapazitätsmechanismus und gewährleistet, dass keine neuen Verträge nach diesem Mechanismus geschlossen werden, wenn bei der Abschätzung der Angemessenheit der Ressourcen sowohl auf europäischer als auch auf nationaler Ebene oder – in Ermangelung einer Abschätzung auf nationaler Ebene – bei der Abschätzung auf europäischer Ebene keine Bedenken bezüglich der Angemessenheit ermittelt wurden oder wenn die Kommission keine Stellungnahme gemäß Artikel 20 Absatz 5 zu dem in Artikel 20 Absatz 3 genannten Umsetzungsplan abgegeben hat.

(7) Bei der Gestaltung von Kapazitätsmechanismen nehmen die Mitgliedstaaten eine Bestimmung auf, die die effiziente administrative Abschaffung des Kapazitätsmechanismus vorsieht, wenn in drei aufeinanderfolgenden Jahren keine neuen Verträge gemäß Absatz 6 geschlossen werden.

(8) [1] Kapazitätsmechanismen sind zeitlich begrenzt. [2] Sie werden von der Kommission für einen Zeitraum von höchstens zehn Jahren genehmigt. [3] Auf der Grundlage des Umsetzungsplans gemäß Artikel 20 werden sie abgeschafft oder wird die gebundene Kapazität reduziert. [4] Die Mitgliedstaaten wenden den Umsetzungsplan auch nach Einführung des Kapazitätsmechanismus weiter an.

Art. 22 Gestaltungsgrundsätze für Kapazitätsmechanismen. (1) Die Kapazitätsmechanismen

a) müssen befristet sein,
b) dürfen keine unnötigen Marktverzerrungen herbeiführen und den zonenübergreifenden Handel nicht beschränken,
c) dürfen nicht über das hinausgehen, was zum Angehen der in Artikel 20 genannten Bedenken bezüglich der Angemessenheit erforderlich ist,
d) müssen die Kapazitätsanbieter in einem transparenten, diskriminierungsfreien und wettbewerblichen Verfahren auswählen
e) müssen Anreize für Kapazitätsanbieter bieten, damit die Kapazitätsanbieter in Zeiten voraussichtlich hoher Systembelastung zur Verfügung stehen,
f) müssen vorsehen, dass die Vergütung nach einem wettbewerblichen Verfahren bestimmt wird,
g) müssen die technischen Voraussetzungen für die Beteiligung von Kapazitätsanbietern im Vorfeld des Auswahlverfahrens vorsehen,
h) müssen allen Ressourcen, die die erforderliche technische Leistung erbringen können, offenstehen, einschließlich Energiespeicherung und Laststeuerung,
i) müssen vorsehen, dass Kapazitätsanbietern, die bei hoher Systembelastung nicht zur Verfügung stehen, angemessene Sanktionen auferlegt werden.

(2) *[1]* Für Gestaltungsgrundsätze für strategische Reserven gilt Folgendes:

a) Wird ein Kapazitätsmechanismus als strategische Reserve gestaltet, so kommt es nur zum Dispatch der darin enthaltenen Ressourcen, wenn die Übertragungsnetzbetreiber voraussichtlich ihre Regelreserveressourcen ausschöpfen, um Angebot und Nachfrage ins Gleichgewicht zu bringen.
b) Während Bilanzkreisabrechnungszeitintervallen, in denen es zum Dispatch der Ressourcen der strategischen Reserve gekommen ist, werden Bilanz-

kreisabweichungen auf dem Markt mindestens zu dem Wert der Zahlungsbereitschaft für die Beibehaltung der Stromversorgung oder zu einem Wert oberhalb der in Artikel 10 Absatz 1 genannten technischen Preisgrenze für den Intraday-Handel ausgeglichen, je nachdem, welcher Wert höher ist.

c) Der Output der strategischen Reserve nach dem Dispatch wird den Bilanzkreisverantwortlichen über den Mechanismus zur Abrechnung von Bilanzkreisabweichungen zugerechnet.

d) Die an der strategischen Reserve teilnehmenden Ressourcen werden nicht von den Stromgroßhandelsmärkten oder den Regelreservemärkten vergütet.

e) Die Ressourcen in der strategischen Reserve werden zumindest für die Dauer der Vertragslaufzeit außerhalb des Marktes vorgehalten.

[2] [1]Die in Unterabsatz 1 Buchstabe a genannte Vorschrift gilt unbeschadet der Aktivierung von Ressourcen vor dem tatsächlichen Dispatch, um den Zwängen im Bereich der Rampenbeschränkung und den betrieblichen Anforderungen der Ressourcen Rechnung zu tragen. [2]Der Output der strategischen Reserve während der Aktivierung darf weder über Großhandelsmärkte Bilanzkreisen zugerechnet werden noch eine Änderung der entsprechenden Ungleichgewichte bewirken.

(3) Zusätzlich zu den Anforderungen nach Absatz 1 gilt, dass Kapazitätsmechanismen abgesehen von strategischen Reserven

a) so gestaltet sind, dass sichergestellt wird, dass der für die Verfügbarkeit von Erzeugungskapazität gezahlte Preis automatisch gegen Null geht, wenn davon auszugehen ist, dass der Kapazitätsbedarf mit der bereitgestellten Kapazität gedeckt werden kann,

b) vorsehen, dass den beteiligten Ressourcen nur ihre Verfügbarkeit vergütet wird und dass Entscheidungen des Kapazitätsanbieters über die Erzeugung durch die Vergütung nicht beeinflusst werden,

c) vorsehen, dass die Kapazitätsverpflichtungen zwischen den berechtigten Kapazitätsanbietern übertragbar sind.

(4) *[1]* Für Kapazitätsmechanismen gelten folgende Anforderungen in Bezug auf CO_2-Emissionsgrenzwerte:

a) Spätestens ab dem 4. Juli 2019 dürfen für eine Erzeugungskapazität, die die kommerzielle Erzeugung an oder nach diesem Tag aufgenommen hat, und die Emissionen von mehr als 550 g CO_2 aus fossilen Brennstoffen je kWh Elektrizität ausstößt, im Rahmen eines Kapazitätsmechanismus weder Zahlungen getätigt werden noch dürfen ihr gegenüber Verpflichtungen für künftige Zahlungen eingegangen werden.

b) Spätestens ab dem 1. Juli 2025 dürfen für eine Erzeugungskapazität, die vor dem 4. Juli 2019 die kommerziellen Erzeugung aufgenommen hat, und die Emissionen von mehr als 550 g CO_2 aus fossilen Brennstoffen je kWh Elektrizität und mehr als 350 kg CO_2 aus fossilen Brennstoffen im Jahresdurchschnitt je installierte Kilowatt Leistung elektrisch (kWe) ausstößt, im Rahmen eines Kapazitätsmechanismus weder Zahlungen getätigt werden noch dürfen ihr gegenüber Verpflichtungen für künftige Zahlungen eingegangen werden.

[2] Der in Unterabsatz 1 Buchstabe a und b genannte Emissionsgrenzwert von 550 g CO_2 aus fossilen Brennstoffen je kWh Elektrizität und der Grenz-

wert von 350 kg CO_2 aus fossilen Brennstoffen im Jahresdurchschnitt je installierte Kilowatt Leistung elektrisch (kWe) wird auf der Grundlage der konstruktionsbedingten Effizienz der Erzeugungseinheit im Sinne der Nettoeffizienz bei Nennkapazität unter einschlägigen, von der internationalen Organisation für Normung herausgegebenen, Normen berechnet.

[3] Bis zum 5. Januar 2020 veröffentlicht ACER eine Stellungnahme mit technischen Leitlinien zur Berechnung der in Unterabsatz 1 genannten Werte.

(5) Mitgliedstaaten, die am 4. Juli 2019 Kapazitätsmechanismen anwenden, müssen ihre Mechanismen so anpassen, dass sie Kapitel IV entsprechen, unbeschadet der Verpflichtungen oder Verträge, die vor dem 31. Dezember 2019 eingegangen oder geschlossen wurden.

Art. 23 Abschätzung der Angemessenheit der Ressourcen auf europäischer Ebene. (1) [1]Bei der Abschätzung der Angemessenheit der Ressourcen auf europäischer Ebene werden Bedenken bezüglich der Angemessenheit der Ressourcen festgestellt, indem die Gesamtangemessenheit des Stromsystems zur Deckung des bestehenden und zu erwartenden Strombedarfs auf Unionsebene, auf Ebene der Mitgliedstaaten und gegebenenfalls auf Ebene der Gebotszonen beurteilt wird. [2]Die Abschätzung der Angemessenheit der Ressourcen auf europäischer Ebene deckt, ab dem Zeitpunkt der Beurteilung, jedes Jahr eines Zehnjahreszeitraums ab.

(2) Die Abschätzung der Angemessenheit der Ressourcen auf europäischer Ebene erfolgt durch ENTSO (Strom).

(3) Bis zum 5. Januar 2020 legt ENTSO (Strom) der nach Artikel 1 des Beschlusses der Kommission vom 15. November 2012[1)] zusammengesetzten Koordinierungsgruppe „Strom" und ACER den Entwurf einer Methode für die Abschätzung der Angemessenheit der Ressourcen auf europäischer Ebene vor, die sich auf die in Absatz 5 dieser Verordnung genannten Grundsätze stützt.

(4) [1]Die Übertragungsnetzbetreiber stellen ENTSO (Strom) die Daten zu Verfügung, die es für die Abschätzung der Angemessenheit der Ressourcen auf europäischer Ebene benötigt. [2]ENTSO (Strom) nimmt die Abschätzung der Angemessenheit der Ressourcen auf europäischer Ebene jedes Jahr vor. [3]Erzeuger und andere Marktteilnehmer stellen den Übertragungsnetzbetreibern Daten über die voraussichtliche Nutzung der Ressourcen für die Erzeugung zur Verfügung und berücksichtigen dabei die Verfügbarkeit von Primärressourcen und angemessene Szenarien für die voraussichtliche Nachfrage und das voraussichtliche Angebot.

(5) Die Abschätzung der Angemessenheit der Ressourcen auf europäischer Ebene erfolgt anhand einer transparenten Methode, die gewährleistet, dass die Abschätzung

a) auf jeder Ebene der Gebotszonen durchgeführt wird und mindestens alle Mitgliedstaaten umfasst,

b) auf angemessenen zentralen Referenzszenarien für das voraussichtliche Angebot und die voraussichtliche Nachfrage beruht, einschließlich einer wirtschaftlichen Beurteilung der Wahrscheinlichkeit für die Abschaltung, die

---

[1)] **Amtl. Anm.:** Beschluss der Kommission vom 15. November 2012 zur Einsetzung der Koordinierungsgruppe „Strom" (ABl. C 353 vom 17.11.2012, S. 2).

vorübergehende Stilllegung und den Neubau von Erzeugungsanlagen und der Maßnahmen zur Erreichung der Energieeffizienzziele und der Stromverbundziele, sowie angemessenen Sensivitäten bezüglich extremen Wetterereignissen, hydrologischen Gegebenheiten, den Großhandelspreisen und den Entwicklungen des CO_2-Preises,

c) getrennte Szenarien enthält, in denen die unterschiedliche Wahrscheinlichkeit des Eintritts der Bedenken bezüglich der Angemessenheit der Ressourcen, die mit den einzelnen Arten von Kapazitätsmechanismen angegangen werden sollen, zum Ausdruck kommt,

d) die Beiträge aller Ressourcen, einschließlich der bestehenden und künftigen Möglichkeiten der Erzeugung, Energiespeicherung, branchenbezogener Integration und Laststeuerung, sowie Ein- und Ausfuhrmöglichkeiten und ihren Beitrag zu einem flexiblen Systembetrieb angemessen berücksichtigt,

e) die wahrscheinlichen Auswirkungen der in Artikel 20 Absatz 3 genannten Maßnahmen antizipiert,

f) Varianten ohne bestehende oder geplante Kapazitätsmechanismen und gegebenenfalls mit solchen Mechanismen enthält,

g) auf einem Marktmodell beruht, bei dem erforderlichenfalls der lastflussgestützte Ansatz verwendet wird,

h) Wahrscheinlichkeitsberechnungen anwendet,

i) ein einziges Modellierungsinstrument anwendet,

j) mindestens die nachstehenden Indikatoren gemäß Artikel 25 beinhaltet:
– „erwartete Energieunterdeckung"
– „Lastunterdeckungserwartung";

k) die Quellen möglicher Bedenken bezüglich der Angemessenheit der Ressourcen ermittelt, insbesondere, ob es sich dabei um eine Netzbeschränkung, Ressourcenbeschränkung oder um beides handelt,

l) den tatsächlichen Netzausbau berücksichtigt,

m) sicherstellt, dass die nationalen Eigenheiten der Erzeugung, Nachfrageflexibilität und Energiespeicherung sowie die Verfügbarkeit von Primärressourcen und der Vernetzungsgrad gebührend berücksichtigt werden.

(6) *[1]* Bis zum 5. Januar 2020 unterbreitet ENTSO (Strom) ACER den Entwurf einer Methode zur Berechnung

a) des Wertes der Zahlungsbereitschaft für die Beibehaltung der Stromversorgung,

b) der Kosten des günstigsten Marktzutritts für die Erzeugung oder Laststeuerung und

c) des Zuverlässigkeitsstandards gemäß Artikel 25.

[2] Die Methode beruht auf transparenten, objektiven und nachprüfbaren Kriterien.

(7) Die in den Absätzen 3 und 6 genannten Vorschläge für den Entwurf einer Methode, die Szenarien, die Sensivitäten und die Annahmen, auf denen sie beruhen, sowie die Ergebnisse der Abschätzung der Angemessenheit der Ressourcen auf europäischer Ebene nach Absatz 4 werden nach dem in Artikel 27 festgelegten Verfahren vorab einer Konsultation mit den Mitgliedstaaten, der

Koordinierungsgruppe „Strom" und den maßgeblichen Interessenträgern unterzogen und ACER zur Genehmigung vorgelegt.

Art. 24 Abschätzungen der Angemessenheit der Ressourcen auf nationaler Ebene. (1) *[1]* Die Abschätzungen der Angemessenheit der Ressourcen auf nationaler Ebene haben einen regionalen Umfang und beruhen auf der in Artikel 23 genannten Methode, insbesondere in Artikel 23 Absatz 5 Buchstaben b bis m.

[2] Die Abschätzungen der Angemessenheit der Ressourcen auf nationaler Ebene beinhalten die zentralen Referenzszenarien im Sinne von Artikel 23 Absatz 5 Buchstabe b.

[3] [1] Bei Abschätzungen der Angemessenheit der Ressourcen auf nationaler Ebene können zusätzliche Sensivitäten abgesehen von den in Artikel 23 Absatz 5 Buchstabe b genannten Sensivitäten berücksichtigt werden. [2] In solchen Fällen können bei Abschätzungen der Angemessenheit der Ressourcen auf nationaler Ebene

a) Annahmen getroffen werden, bei denen den Besonderheiten von Stromangebot und -nachfrage auf nationaler Ebene Rechnung getragen wird,

b) Instrumente und kohärente aktuelle Daten verwendet werden, die diejenigen, die ENTSO (Strom) bei der Abschätzung der Angemessenheit der Ressourcen auf europäischer Ebene verwendet, ergänzen.

[4] Zudem verwendet die Abschätzung der Angemessenheit der Ressourcen auf nationaler Ebene, bei der Bewertung des Beitrags von in einem anderen Mitgliedstaat ansässigen Kapazitätsanbietern zur Versorgungssicherheit in den von der Abschätzung erfassten Gebotszonen, die Methode gemäß Artikel 26 Absatz 11 Buchstabe a.

(2) Die Abschätzungen der Angemessenheit der Ressourcen auf nationaler Ebene sowie die etwaige Abschätzung der Angemessenheit der Ressourcen auf europäischer Ebene und die Stellungnahme von ACER gemäß Absatz 3 werden veröffentlicht.

(3) *[1]* [1] Ergeben sich bei der Abschätzung der Angemessenheit der Ressourcen auf nationaler Ebene Bedenken bezüglich der Angemessenheit für eine Gebotszone die sich bei der Abschätzung der Angemessenheit der Ressourcen auf europäischer Ebene nicht ergeben haben, so beinhaltet die Abschätzung der Angemessenheit der Ressourcen auf nationaler Ebene eine Begründung der Unterschiede zwischen den beiden Abschätzungen der Angemessenheit der Ressourcen, die Einzelheiten zu den verwendeten Sensivitäten und den zugrunde liegenden Annahmen umfasst. [2] Die Mitgliedstaaten veröffentlichen diese Einschätzung und übermitteln ihn ACER.

[2] ACER gibt binnen zwei Monaten nach Erhalt des Berichts eine Stellungnahme dazu ob, ob die Unterschiede zwischen der Abschätzung der Angemessenheit der Ressourcen auf nationaler und auf europäischer Ebene gerechtfertigt sind.

[3] [1] Die Stelle, die für die Abschätzung der Angemessenheit der Ressourcen auf nationaler Ebene verantwortlich ist, trägt der Stellungnahme von ACER gebührend Rechnung und ändert erforderlichenfalls ihre endgültige Abschätzung. [2] Falls sie beschließt, der Stellungnahme von ACER nicht in vollem Umfang Rechnung zu tragen, veröffentlicht die Stelle, die für die Abschätzung

der Angemessenheit der Ressourcen auf nationaler Ebene verantwortlich ist, einen Bericht mit einer detaillierten Begründung.

Art. 25 Zuverlässigkeitsstandard. (1) [1]Bei der Anwendung von Kapazitätsmechanismen müssen die Mitgliedstaaten über einen Zuverlässigkeitsstandard verfügen. [2]Aus einem Zuverlässigkeitsstandard geht in transparenter Weise das notwendige Maß an Versorgungssicherheit des Mitgliedstaats hervor. [3]Im Fall grenzüberschreitender Gebotszonen werden diese Zuverlässigkeitsstandards von den maßgeblichen Behörden gemeinsam festgelegt.

(2) [1]Auf Vorschlag der Regulierungsbehörde wird der Zuverlässigkeitsstandard von dem Mitgliedstaat oder einer vom Mitgliedstaat benannten zuständigen Behörde festgelegt. [2]Der Zuverlässigkeitsstandard beruht auf der Methode, die nach Artikel 23 Absatz 6 festgelegt wird.

(3) Der Zuverlässigkeitsstandard wird mindestens anhand des Wertes der Zahlungsbereitschaft für die Beibehaltung der Stromversorgung und der Kosten des günstigsten Markteintritts für einen bestimmten Zeitraum berechnet und als „erwartete Energieunterdeckung" und „Lastunterdeckungserwartung" ausgedrückt.

(4) Bei der Anwendung von Kapazitätsmechanismen werden die Parameter zur Bestimmung der Höhe der im Rahmen des Kapazitätsmechanismus beschafften Kapazität auf der Grundlage eines Vorschlags der Regulierungsbehörden von dem Mitgliedstaat oder einer von den Mitgliedstaaten benannten zuständigen Behörde genehmigt.

Art. 26 Grenzüberschreitende Beteiligung an Kapazitätsmechanismen. (1) Kapazitätsmechanismen, die keine strategischen Reserven sind, und – soweit technisch machbar – strategische Reserven sind vorbehaltlich der Bestimmungen dieses Artikels offen für die direkte grenzüberschreitende Beteiligung von in einem anderen Mitgliedstaat ansässigen Kapazitätsanbietern.

(2) *[1]* [1]Die Mitgliedstaaten sorgen dafür, dass ausländische Kapazitäten, die die gleiche technische Leistung erbringen können wie inländische Kapazitäten, die Möglichkeit haben, am gleichen Wettbewerbsverfahren teilzunehmen wie die inländischen Kapazitäten. [2]Bei Kapazitätsmechanismen, die am 4. Juli 2019 betrieben werden, können die Mitgliedstaaten eine direkte Teilnahme von Verbindungsleitungen am gleichen Wettbewerbsverfahren als ausländische Kapazität für einen Zeitraum von höchstens vier Jahren nach dem 4. Juli 2019 oder zwei Jahren nach dem Tag der Genehmigung der in Absatz 11 genannten Methoden gestatten, je nachdem, welcher Zeitpunkt der frühere ist.

[2] Die Mitgliedstaaten können vorschreiben, dass sich die ausländische Kapazität in einem Mitgliedstaat mit direkter Netzverbindung zu dem den Mechanismus anwendenden Mitgliedstaat befindet.

(3) Die Mitgliedstaaten dürfen die in ihrem Hoheitsgebiet befindlichen Kapazitäten nicht an der Teilnahme an den Kapazitätsmechanismen anderer Mitgliedstaaten hindern.

(4) [1]Die grenzüberschreitende Beteiligung an Kapazitätsmechanismen darf zu keiner Änderung oder anderweitigen Auswirkungen auf die zonenübergreifenden Fahrpläne und Stromflüsse zwischen den Mitgliedstaaten führen. [2]Diese Fahrpläne und Stromflüsse werden allein durch das Ergebnis der Kapazitätsvergabe nach Artikel 16 bestimmt.

(5) *[1]* Die Kapazitätsanbieter können sich an mehr als einem Kapazitätsmechanismus beteiligen.

[2] Beteiligen sich Kapazitätsanbieter an mehr als einem Kapazitätsmechanismus für denselben Lieferzeitraum, so nehmen sie bis zu dem Umfang an den Kapazitätsmechanismen teil, der voraussichtlichen Verfügbarkeit von Verbindungsleitungen sowie der Wahrscheinlichkeit entspricht, dass in dem System, in dem der Mechanismus angewendet wird, und in dem System, in dem sich die ausländische Kapazität befindet, gleichzeitig hohe Belastungen zu verzeichnen sind, und zwar im Einklang mit der Methode gemäß Absatz 11 Buchstabe a.

(6) *[1]* Die Kapazitätsanbieter sind zu einer Nichtverfügbarkeitszahlung verpflichtet, wenn ihre Kapazität nicht zur Verfügung steht.

[2] Beteiligen sich Kapazitätsanbieter an mehr als einem Kapazitätsmechanismus für denselben Lieferzeitraum, so sind sie zu mehreren Nichtverfügbarkeitszahlungen verpflichtet, wenn sie nicht in der Lage sind, mehrere Verpflichtungen zu erfüllen.

(7) *[1]* [1]Im Hinblick auf die Abgabe einer Empfehlung an die Übertragungsnetzbetreiber berechnen die gemäß Artikel 35 eingerichteten regionalen Koordinierungszentren jährlich die maximale Eintrittskapazität, die für die Beteiligung ausländischer Kapazitäten an Kapazitätsmechanismen zur Verfügung steht. [2]Bei dieser Berechnung wird die voraussichtliche Verfügbarkeit von Verbindungsleitungen sowie der Wahrscheinlichkeit, dass in dem System, in dem der Mechanismus angewendet wird und in dem System, in dem sich die ausländische Kapazität befindet, gleichzeitig hohe Belastungen zu verzeichnen sind, berücksichtigt. [3]Eine solche Berechnung ist für jede Gebotszonengrenze erforderlich.

[2] Die Übertragungsnetzbetreiber legen jährlich auf der Grundlage der Empfehlung des regionalen Koordinierungszentrums die maximale Eintrittskapazität fest, die für die Beteiligung ausländischer Kapazitäten zur Verfügung steht.

(8) Die Mitgliedstaaten stellen sicher, dass die in Absatz 6 genannte Eintrittskapazität den berechtigten Kapazitätsanbietern auf transparente, diskriminierungsfreie und marktbasierte Weise zugewiesen wird.

(9) [1]Bestehen Kapazitätsmechanismen, die die grenzüberschreitende Beteiligung in zwei benachbarten Mitgliedstaaten erlauben, so werden die sich aus der in Absatz 8 genannten Zuweisung ergebenden Einnahmen den betroffenen Übertragungsnetzbetreibern zugewiesen und gemäß der Methode in Absatz 11 Buchstabe b dieses Artikels oder nach einer von beiden maßgeblichen Regulierungsbehörden genehmigten gemeinsamen Methode zwischen ihnen aufgeteilt. [2]Wendet der benachbarte Mitgliedstaat keinen Kapazitätsmechanismus an oder wendet er einen Kapazitätsmechanismus an, der für die grenzüberschreitende Beteiligung nicht offen ist, so wird die Aufteilung der Einnahmen von der zuständigen nationalen Behörde des Mitgliedstaats genehmigt, in dem der Kapazitätsmechanismus durchgeführt wird, nachdem sie die Stellungnahme der Regulierungsbehörden der benachbarten Mitgliedstaaten eingeholt hat. [3]Die Übertragungsnetzbetreiber verwenden diese Einnahmen für die in Artikel 19 Absatz 2 genannten Zwecke.

(10) *[1]* Der Übertragungsnetzbetreiber des Gebiets, in dem sich die ausländische Kapazität befindet, muss

a) feststellen, ob die interessierten Kapazitätsanbieter die technische Leistung erbringen können, die für den Kapazitätsmechanismus, an dem sie sich beteiligen möchten, erforderlich ist, und die Kapazitätsanbieter als berechtigte Kapazitätsanbieter im zu diesem Zweck erstellten Register eintragen,
b) Verfügbarkeitsprüfungen durchführen,
c) dem Übertragungsnetzbetreiber in dem Mitgliedstaat, der den Kapazitätsmechanismus anwendet, die Informationen übermitteln, die er nach Buchstabe a und b dieses Unterabsatzes und dem zweiten Unterabsatz erhalten hat.

[2] Der maßgebliche Kapazitätsanbieter unterrichtet den Übertragungsnetzbetreiber unverzüglich über seine Beteiligung an einem ausländischen Kapazitätsmechanismus.

(11) *[1]* Bis zum 5. Juli 2020 unterbreitet ENTSO (Strom) ACER
a) eine Methode zur Berechnung der maximalen Eintrittskapazität für die grenzüberschreitende Beteiligung nach Absatz 7,
b) eine Methode für die Aufteilung der Einnahmen nach Absatz 9,
c) gemeinsame Vorschriften für die Durchführung der Verfügbarkeitsprüfungen nach Absatz 10 Buchstabe b,
d) gemeinsame Vorschriften für die Festlegung der Fälligkeit einer Nichtverfügbarkeitszahlung,
e) die Modalitäten für das Führen des Registers nach Absatz 10 Buchstabe a,
f) gemeinsame Vorschriften für die Ermittlung der zur Teilnahme am Kapazitätsmechanismus berechtigten Kapazität nach Absatz 10 Buchstabe a.

[2] Der Vorschlag wird nach dem in Artikel 27 festgelegten Verfahren vorab einer Konsultation unterzogen und ACER zur Genehmigung vorgelegt.

(12) Die betroffenen Regulierungsbehörden prüfen, ob die Kapazitäten nach der in Absatz 11 Buchstabe a genannten Methode berechnet wurden.

(13) [1] Die Regulierungsbehörden stellen sicher, dass die grenzüberschreitende Beteiligung an Kapazitätsmechanismen auf wirksame und diskriminierungsfreie Weise erfolgt. [2] Sie treffen insbesondere geeignete administrative Vorkehrungen für die grenzüberschreitende Vollstreckung von Nichtverfügbarkeitszahlungen.

(14) [1] Die gemäß Absatz 8 zugewiesenen Kapazitäten sind zwischen den berechtigten Kapazitätsanbietern übertragbar. [2] Die berechtigten Kapazitätsanbieter benachrichtigen bei jeder Übertragung das in Absatz 10 Buchstabe a genannte Register.

(15) [1] Das in Absatz 10 Buchstabe a genannte Register wird bis zum 5. Juli 2021 durch ENTSO (Strom) eingerichtet und geführt. [2] Das Register steht allen berechtigten Kapazitätsanbietern, den Systemen, in denen die Mechanismen angewandt werden, und ihren Übertragungsnetzbetreibern offen.

Art. 27 Genehmigungsverfahren. (1) Wird auf diesen Artikel Bezug genommen, so ist das in den Absätzen 2, 3 und 4 festgelegte Verfahren zur Genehmigung eines Vorschlags von ENTSO (Strom) anzuwenden.

(2) [1] Vor der Unterbreitung des Vorschlags konsultiert ENTSO (Strom) alle maßgeblichen Interessenträger, einschließlich Regulierungsbehörden und an-

dere nationale Behörden. [2]Es trägt den Ergebnissen der Konsultation in seinem Vorschlag gebührend Rechnung.

(3) [1]ACER genehmigt oder ändert den in Absatz 1 genannten Vorschlag binnen drei Monaten nach seinem Eingang. [2]Im Fall von Änderungen konsultiert ACER vor der Genehmigung des geänderten Vorschlags von ENTSO (Strom). [3]Der angenommene Vorschlag wird innerhalb von drei Monaten nach dem Eingang der einschlägigen Unterlagen auf der Website von ACER veröffentlicht.

(4) [1]ACER kann jederzeit Änderungen des genehmigten Vorschlags verlangen. [2]ENTSO (Strom) muss ACER binnen sechs Monaten nach dem Datum des Eingangs des Antrags auf Änderung einen Entwurf der vorgeschlagenen Änderungen vorlegen. [3]Binnen drei Monaten ab dem Datum des Eingangs des Entwurfs ändert oder genehmigt ACER die Änderungen und veröffentlicht sie auf ihrer Website.

Kapitel V. Betrieb des Übertragungsnetzes

Art. 28 Europäisches Netz der Übertragungsnetzbetreiber (Strom)

(1) Die Übertragungsnetzbetreiber arbeiten auf Unionsebene im Rahmen von ENTSO (Strom) zusammen, um die Vollendung und das Funktionieren des Elektrizitätsbinnenmarkts und des zonenübergreifenden Handels zu fördern und die optimale Verwaltung, den koordinierten Betrieb und die sachgerechte technische Weiterentwicklung des europäischen Stromübertragungsnetzes sicherzustellen.

(2) [1]Bei der Wahrnehmung seiner Aufgaben auf der Grundlage des Unionsrechts handelt ENTSO (Strom) im Hinblick auf die Errichtung eines gut funktionierenden und integrierten Elektrizitätsbinnenmarkts und trägt zu einer effizienten und nachhaltigen Verwirklichung der im Rahmen für die Klima- und Energiepolitik im Zeitraum 2020 bis 2030 festgelegten Ziele bei, indem er insbesondere die effiziente Integration von Elektrizität aus erneuerbaren Energiequellen und die Steigerung der Energieeffizienz unterstützt, gleichzeitig jedoch die Systemsicherheit aufrechterhält. [2]ENTSO (Strom) verfügt über eine für die Wahrnehmung seiner Aufgaben angemessene Ausstattung mit personellen und finanziellen Ressourcen.

Art. 29 ENTSO (Strom) (1) Die Übertragungsnetzbetreiber legen der Kommission und ACER die Entwürfe für Abänderungen der Satzung, der Liste der Mitglieder oder der Geschäftsordnung von ENTSO (Strom) vor.

(2) Binnen zwei Monaten ab dem Eingang der Entwürfe für Abänderungen der Satzung, der Mitgliederliste und der Geschäftsordnung übermittelt ACER der Kommission nach Anhörung der Organisationen, die alle Interessenträger – insbesondere die Netzbenutzer einschließlich der Kunden – vertreten, eine Stellungnahme zu diesen Entwürfen für Abänderungen der Satzung, der Mitgliederliste oder der Geschäftsordnung.

(3) Unter Berücksichtigung der in Absatz 2 vorgesehenen Stellungnahme von ACER und binnen drei Monaten nach dem Tag des Eingangs dieser Stellungnahme gibt die Kommission eine Stellungnahme zu den Entwürfen für Abänderungen der Satzung, der Mitgliederliste oder der Geschäftsordnung ab.

(4) Binnen drei Monaten nach dem Eingang der befürwortenden Stellungnahme der Kommission verabschieden und veröffentlichen die Übertragungsnetzbetreiber die geänderte Satzung oder Geschäftsordnung.

(5) [1] Im Fall von Änderungen oder auf begründeten Antrag der Kommission oder von ACER sind die in Absatz 1 genannten Unterlagen der Kommission und ACER vorzulegen. [2] ACER und die Kommission nehmen gemäß den Absätzen 2, 3 und 4 Stellung.

Art. 30 Aufgaben von ENTSO (Strom) (1) ENTSO (Strom) muss

a) in den in Artikel 59 Absätze 1 und 2 benannten Bereichen Netzkodizes ausarbeiten, damit die in Artikel 28 genannten Ziele erreicht werden;

b) alle zwei Jahre einen nicht bindenden unionsweiten zehnjährigen Netzentwicklungsplan („unionsweiter Netzentwicklungsplan") annehmen und veröffentlichen;

c) Vorschläge im Zusammenhang mit der Abschätzung der Angemessenheit der Ressourcen auf europäischer Ebene gemäß Artikel 23 und Vorschläge für die technischen Spezifikationen für die grenzüberschreitende Beteiligung an Kapazitätsmechanismen gemäß Artikel 26 Absatz 11 vorbereiten und verabschieden;

d) Empfehlungen zur Koordinierung der technischen Zusammenarbeit zwischen der Union und den Übertragungsnetzbetreibern in Drittländern verabschieden;

e) einen Rahmen für die Zusammenarbeit und die Koordinierung zwischen den regionalen Koordinierungszentren beschließen;

f) einen Vorschlag zur Festlegung der Netzbetriebsregionen im Einklang mit Artikel 36 annehmen;

g) mit den Verteilernetzbetreibern und der EU-VNBO zusammenarbeiten;

h) die Digitalisierung der Übertragungsnetze einschließlich der Einführung intelligenter Netze, einer effizienten Datenerfassung in Echtzeit und intelligenter Messsysteme fördern;

i) gemeinsame Instrumente zum Netzbetrieb für die Koordinierung des Netzbetriebs im Normalbetrieb und in Notfällen, einschließlich eines gemeinsamen Systems zur Einstufung von Störfällen, sowie Forschungspläne, einschließlich ihrer Umsetzung im Rahmen eines effizienten Forschungsprogramms, verabschieden; im Zusammenhang mit diesen Instrumenten wird unter anderem Folgendes angegeben bzw. festgelegt:

   i) Informationen, die für die Verbesserung der operativen Koordinierung hilfreich sind, einschließlich entsprechender Day-Ahead-, Intraday- und Echtzeitinformationen, sowie die optimale Häufigkeit der Erfassung und Weitergabe dieser Informationen;

   ii) welche Technologieplattform für den Informationsaustausch in Echtzeit zu verwenden ist und, falls erforderlich, welche Technologieplattformen für die Erfassung, Verarbeitung und Übermittlung der sonstigen Informationen gemäß Ziffer i sowie für die Umsetzung der Verfahren zu verwenden sind, mit denen die operative Koordinierung der Übertragungsnetzbetreiber im Hinblick auf die Möglichkeit ausgeweitet werden kann, dass diese Koordinierung künftig unionsweit erfolgt;

iii) wie Übertragungsnetzbetreiber anderen Übertragungsnetzbetreibern oder anderen Einrichtungen, die formell beauftragt wurden, sie bei der operativen Koordinierung zu unterstützen, und ACER betriebsbezogene Informationen zur Verfügung stellen und

iv) dass die Übertragungsnetzbetreiber eine Kontaktstelle bestimmen, die Anfragen anderer Übertragungsnetzbetreiber oder anderer gemäß Ziffer iii formell beauftragter Einrichtungen oder ACER nach solchen Informationen zu beantworten hat;

j) ein Jahresarbeitsprogramm annehmen;

k) zur Festlegung von Interoperabilitätsanforderungen und zu diskriminierungsfreien und transparenten Verfahren für den Zugang zu Daten gemäß Artikel 24 der Richtlinie (EU) 2019/944[1)] beitragen;

l) einen Jahresbericht annehmen;

m) gemäß Artikel 9 Absatz 2 der Verordnung (EU) 2019/941 saisonale Abschätzungen zur Angemessenheit durchführen und annehmen;

n) die Cybersicherheit und den Datenschutz in Zusammenarbeit mit den maßgeblichen Behörden und regulierten Unternehmen fördern;

o) bei der Wahrnehmung seiner Aufgaben die Entwicklung der Laststeuerung berücksichtigen.

(2) ENTSO (Strom) meldet ACER Mängel, die im Zusammenhang mit der Einrichtung und der Arbeit der regionalen Koordinierungszentren festgestellt wurden.

(3) ENTSO (Strom) veröffentlicht die Protokolle seiner Generalversammlung sowie der Sitzungen seines Verwaltungsrats und seiner Ausschüsse und informiert die Öffentlichkeit regelmäßig über seine Beschlussfassung und Tätigkeiten.

(4) Das in Absatz 1 Buchstabe j genannte Jahresarbeitsprogramm enthält eine Auflistung und eine Beschreibung der auszuarbeitenden Netzkodizes, einen Plan für die Koordinierung des Netzbetriebs sowie Forschungs- und Entwicklungstätigkeiten, die in dem jeweiligen Jahr zu erfolgen haben, und einen vorläufigen Zeitplan.

(5) [1]ENTSO (Strom) stellt alle Informationen zur Verfügung, die ACER benötigt, um ihre Aufgaben gemäß Artikel 32 Absatz 1 zu erfüllen. [2]Um ENTSO (Strom) in die Lage zu versetzen dieser Anforderung zu entsprechen, stellen die Übertragungsnetzbetreiber alle benötigten Informationen zur Verfügung.

(6) Auf Antrag der Kommission übermittelt ENTSO (Strom) der Kommission seine Stellungnahme zu dem Erlass von Leitlinien nach Artikel 61.

Art. 31 Konsultationen. (1) [1]ENTSO (Strom) führt im Rahmen der Ausarbeitung der gemäß Artikel 30 Absatz 1 anzunehmenden Vorschläge ein ausführliches Konsultationsverfahren durch. [2]Das Konsultationsverfahren ist so strukturiert, dass die Kommentare der Interessenträger, einschließlich aller maßgeblichen Interessenträger, insbesondere der Organisationen, die solche Interessenträger vertreten, vor der endgültigen Annahme auf offene und trans-

1) Nr. 4

parente Weise gemäß der in Artikel 29 genannten Geschäftsordnung eingearbeitet werden können. [3] Bei den Konsultationen werden die Regulierungsbehörden und andere nationale Behörden, Versorgungs- und Erzeugungsunternehmen, Netznutzer, einschließlich der Kunden, Verteilernetzbetreiber sowie die maßgeblichen Branchenverbände, technischen Gremien und Foren der Interessenträger einbezogen. [4] Dabei wird das Ziel verfolgt, während des Entscheidungsprozesses die Standpunkte und Vorschläge aller maßgeblichen Kreise einzuholen.

(2) Alle Unterlagen und Sitzungsprotokolle zu den in Absatz 1 genannten Konsultationen werden der Öffentlichkeit zugänglich gemacht.

(3) [1] Vor der Verabschiedung der Vorschläge nach Artikel 30 Absatz 1 teilt ENTSO (Strom) mit, wie die im Rahmen der Konsultationen erhaltenen Stellungnahmen berücksichtigt wurden. [2] Wurden Stellungnahmen nicht berücksichtigt, so gibt ENTSO (Strom) eine Begründung ab.

Art. 32 Beobachtung durch ACER. (1) *[1]* ACER beobachtet die Durchführung der in Artikel 30 Absätze 1, 2 und 3 genannten Aufgaben von ENTSO (Strom) und erstattet der Kommission Bericht.

[2] [1] ACER beobachtet die Umsetzung der Netzkodizes, die gemäß Artikel 59 ausgearbeitet wurden, durch ENTSO (Strom). [2] Falls ENTSO (Strom) solche Netzkodizes nicht umgesetzt hat, fordert ACER ENTSO (Strom) auf, eine ordnungsgemäß begründete Erklärung vorzulegen, warum die Umsetzung nicht erfolgt ist. [3] ACER informiert die Kommission über diese Erklärung und legt ihre Stellungnahme dazu vor.

[3] ACER beobachtet und analysiert die Umsetzung der von der Kommission nach Artikel 58 Absatz 1 erlassenen Netzkodizes und Leitlinien sowie deren Auswirkungen auf die Harmonisierung der geltenden Regeln zur Förderung der Marktintegration und auf die unterschiedslose Behandlung, den wirksamen Wettbewerb und das effiziente Funktionieren des Marktes, und sie erstattet der Kommission hierüber Bericht.

(2) *[1]* ENTSO (Strom) unterbreitet ACER den Entwurf des unionsweiten Netzentwicklungsplans und den Entwurf des Jahresarbeitsprogramms einschließlich der Informationen zum Konsultationsverfahren sowie die anderen in Artikel 30 Absatz 1 genannten Unterlagen zur Stellungnahme.

[2] Binnen zwei Monaten ab dem Tag des Eingangs der Unterlagen gibt ACER eine ordnungsgemäß mit Gründen versehene Stellungnahme ab und richtet Empfehlungen an ENTSO (Strom) und an die Kommission, falls ihres Erachtens der Entwurf des Jahresarbeitsprogramms oder der Entwurf des unionsweiten Netzentwicklungsplans, die von ENTSO (Strom) vorgelegt wurden, nicht zur unterschiedslosen Behandlung, zum wirksamen Wettbewerb, zum effizienten Funktionieren des Marktes oder zu einem ausreichenden Maß an grenzüberschreitenden Verbindungsleitungen, zu denen Dritte Zugang haben, beiträgt.

Art. 33 Kosten. [1] Die Kosten im Zusammenhang mit den in den Artikeln 28 bis 32 und 58 bis 61 dieser Verordnung und in Artikel 11 der Verordnung (EU)

Nr. 347/2013 des Europäischen Parlaments und des Rates[1)] genannten Tätigkeiten von ENTSO (Strom) werden von den Übertragungsnetzbetreibern getragen und bei der Entgeltberechnung berücksichtigt. [2]Die Regulierungsbehörden genehmigen diese Kosten nur dann, wenn sie angemessen und sachbezogen sind.

Art. 34 Regionale Zusammenarbeit der Übertragungsnetzbetreiber.

(1) [1]Die Übertragungsnetzbetreiber etablieren innerhalb von ENTSO (Strom) eine regionale Zusammenarbeit, um zu den in Artikel 30 Absätze 1, 2 und 3 genannten Tätigkeiten beizutragen. [2]Sie veröffentlichen insbesondere alle zwei Jahre einen regionalen Investitionsplan und können auf der Grundlage dieses regionalen Investitionsplans Investitionsentscheidungen treffen. [3]ENTSO (Strom) fördert die Zusammenarbeit zwischen den Übertragungsnetzbetreibern auf regionaler Ebene und stellt dabei in den noch nicht auf Unionsebene harmonisierten Bereichen die Interoperabilität, Kommunikation und Beobachtung der regionalen Fortschritte sicher.

(2) Die Übertragungsnetzbetreiber fördern netztechnische Vereinbarungen, damit die optimale Netzverwaltung sichergestellt ist, sie fördern die Weiterentwicklung von Energiebörsen, die koordinierte Vergabe grenzüberschreitender Kapazitäten durch diskriminierungsfreie marktbasierte Lösungen, wobei sie die spezifischen Vorteile von impliziten Auktionen für die kurzfristige Vergabe gebührend berücksichtigen, und sie fördern die Einbeziehung von Mechanismen für den Ausgleich und für die Reserveleistung.

(3) *[1]* [1]Zur Verwirklichung der in den Absätzen 1 und 2 genannten Ziele kann das geografische Gebiet, auf das sich die einzelnen Strukturen der regionalen Zusammenarbeit erstrecken, von der Kommission festgelegt werden, wobei bestehenden Strukturen der regionalen Zusammenarbeit Rechnung getragen wird. [2]Jeder Mitgliedstaat kann die Zusammenarbeit in mehr als einem geografischen Gebiet fördern.

[2] [1]Die Kommission ist gemäß Artikel 68 befugt, delegierte Rechtsakte zur Ergänzung der vorliegenden Verordnung durch Festlegung des geografischen Gebiets zu erlassen, auf das sich die einzelnen Strukturen der regionalen Zusammenarbeit erstrecken. [2]Zu diesem Zweck konsultiert die Kommission die Regulierungsbehörden, ACER und ENTSO (Strom).

[3] Die delegierten Rechtsakte nach diesem Absatz gelten unbeschadet des Artikels 36.

Art. 35[2)] Einrichtung und Aufgaben der regionalen Koordinierungszentren. (1) *[1]* Bis zum 5. Juli 2020 legen alle Übertragungsnetzbetreiber einer Netzbetriebsregion den betroffenen Regulierungsbehörden einen Vorschlag für die Einrichtung regionaler Koordinierungszentren gemäß den in diesem Kapitel festgelegten Kriterien vor.

[1)] **Amtl. Anm.:** Verordnung (EU) Nr. 347/2013 des Europäischen Parlaments und des Rates vom 17. April 2013 zu Leitlinien für die transeuropäische Energieinfrastruktur und zur Aufhebung der Entscheidung Nr. 1364/2006/EG und zur Änderung der Verordnungen (EG) Nr. 713/2009, (EG) Nr. 714/2009 und (EG) Nr. 715/2009 [Nr. **9**] (ABl. L 115 vom 25.4.2013, S. 39).

[2)] Zum Geltungsbeginn vgl. Art. 71 Abs. 2 UAbs. 2.

[2] Die Regulierungsbehörden der Netzbetriebsregion überprüfen und billigen den Vorschlag.

[3] Der Vorschlag umfasst zumindest Folgendes:

a) den Mitgliedstaat, in dem das regionale Koordinierungszentrum seinen voraussichtlichen Sitz haben wird, und die teilnehmenden Übertragungsnetzbetreiber,

b) die organisatorischen, finanziellen und betrieblichen Regelungen, mit denen ein effizienter, sicherer und zuverlässiger Betrieb des Verbundübertragungsnetzes sichergestellt wird,

c) einen Umsetzungsplan für die Inbetriebnahme der regionalen Koordinierungszentren,

d) die Satzung und die Geschäftsordnung der regionalen Koordinierungszentren,

e) eine Beschreibung der Verfahren für die Zusammenarbeit gemäß Artikel 38,

f) eine Beschreibung der Regelungen bezüglich der Haftung der regionalen Koordinierungszentren gemäß Artikel 47,

g) wenn zwei regionale Koordinierungszentren gemäß Artikel 36 Absatz 2 auf Rotationsbasis unterhalten werden, eine Beschreibung der Vorkehrungen, mit denen für klare Zuständigkeiten für diese regionalen Koordinierungszentren und Verfahren bei der Wahrnehmung ihrer Aufgaben gesorgt wird.

(2) Nachdem die Regulierungsbehörden den Vorschlag gemäß Absatz 1 genehmigt haben, ersetzen die regionalen Koordinierungszentren die regionalen Sicherheitskoordinatoren, die gemäß der auf der Grundlage von Artikel 18 Absatz 5 der Verordnung (EG) Nr. 714/2009 angenommenen Leitlinie für den Netzbetrieb eingerichtet wurden, und nehmen bis zum 1. Juli 2022 ihre Tätigkeit auf.

(3) Für regionale Koordinierungszentren gelten die in Anhang II der Richtlinie (EU) 2017/1132 des Europäischen Parlaments und des Rates[1)] genannten Rechtsformen.

(4) Bei der Wahrnehmung ihrer Aufgaben auf der Grundlage des Unionsrechts handeln die regionalen Koordinierungszentren unabhängig von einzelnen nationalen Interessen oder den Interessen der Übertragungsnetzbetreiber.

(5) [1]Die regionalen Koordinierungszentren ergänzen die Funktion der Übertragungsnetzbetreiber, indem sie Aufgaben von regionaler Bedeutung wahrnehmen, die ihnen gemäß Artikel 37 zugewiesen werden. [2]Die Übertragungsnetzbetreiber sind für die Übertragung von Elektrizität durch das Netz und für ein sicheres, zuverlässiges und effizientes Stromsystem im Einklang mit Artikel 40 Absatz 1 Buchstabe d der Richtlinie (EU) 2019/944[2)] verantwortlich.

Art. 36[3)] Geografischer Zuständigkeitsbereich der regionalen Koordinierungszentren. (1) [1]ENTSO (Strom) legt ACER bis zum 5. Januar 2020 einen Vorschlag vor, in dem angegeben ist, welche Übertragungsnetzbetreiber,

---

[1)] **Amtl. Anm.:** Richtlinie (EU) 2017/1132 des Europäischen Parlaments und des Rates vom 14. Juni 2017 über bestimmte Aspekte des Gesellschaftsrechts (ABl. L 169 vom 30.6.2017, S. 46).

[2)] Nr. **4**.

[3)] Zum Geltungsbeginn vgl. Art. 71 Abs. 2 UAbs. 2.

Gebotszonen, Gebotszonengrenzen, Kapazitätsberechnungsregionen und Nichtverfügbarkeitskoordinierungsregionen von den einzelnen Netzbetriebsregionen erfasst werden. [2] In dem Vorschlag wird die Netztopologie berücksichtigt, einschließlich des Grades der Vernetzung und der gegenseitigen Abhängigkeit der Stromsysteme in Bezug auf Stromflüsse und die Größe der Region, die mindestens eine Kapazitätsberechnungsregion umfasst.

(2) [1] Die Übertragungsnetzbetreiber einer Netzbetriebsregion beteiligen sich an dem in dieser Region eingerichteten regionalen Koordinierungszentrum. [2] Ist die Regelzone eines Übertragungsnetzbetreibers ausnahmsweise Teil verschiedener Synchrongebiete, so kann der Übertragungsnetzbetreiber an zwei regionalen Koordinierungszentren teilnehmen. [3] Für die Gebotszonengrenzen zu Netzbetriebsregionen wird in dem Vorschlag gemäß Absatz 1 festgelegt, wie die Koordinierung zwischen den regionalen Koordinierungszentren für diese Grenzen zu erfolgen hat. [4] Falls sich die Tätigkeiten zweier regionaler Koordinierungszentren in einer Netzbetriebsregion im Synchrongebiet Kontinentaleuropa überschneiden, beschließen die Übertragungsnetzbetreiber dieser Netzbetriebsregion, dass entweder ein einziges regionales Koordinierungszentrum in dieser Region benannt wird oder dass die beiden regionalen Koordinierungszentren einige oder alle Aufgaben von regionaler Bedeutung in der gesamten Netzbetriebsregion im Rotationsverfahren wahrnehmen und andere Aufgaben von einem einzigen benannten regionalen Koordinierungszentrum wahrgenommen werden.

(3) [1] Binnen drei Monaten nach Eingang des Vorschlags zur Festlegung der Netzbetriebsregionen gemäß Absatz 1 nimmt ACER diesen entweder an oder schlägt Änderungen vor. [2] Im letzteren Fall konsultiert ACER vor Annahme der Änderungen von ENTSO (Strom). [3] Der angenommene Vorschlag wird auf der Website von ACER veröffentlicht.

(4) [1] Die maßgeblichen Übertragungsnetzbetreiber können ACER einen Vorschlag zur Änderung der gemäß Absatz 1 festgelegten Netzbetriebsregionen vorlegen. [2] Das Verfahren in Absatz 3 findet Anwendung.

Art. 37 Aufgaben der regionalen Koordinierungszentren. (1) *[1]* Jedes regionale Koordinierungszentrum nimmt mindestens alle folgenden Aufgaben von regionaler Bedeutung in der gesamten Netzbetriebsregion wahr, in der es eingerichtet wurde:

a) Durchführung der koordinierten Kapazitätsberechnung im Einklang mit den Methoden, die gemäß der auf der Grundlage des Artikels 18 Absatz 5 der Verordnung (EG) Nr. 714/2009 angenommenen Leitlinie für die Kapazitätsvergabe und das Engpassmanagement ausgearbeitet wurden,

b) Durchführung der koordinierten Sicherheitsanalyse im Einklang mit den Methoden, die gemäß der auf der Grundlage des Artikels 18 Absatz 5 der Verordnung (EG) Nr. 714/2009 angenommenen Leitlinie für den Netzbetrieb entwickelt wurden,

c) Schaffung gemeinsamer Netzmodelle im Einklang mit den Methoden und Verfahren, die gemäß der auf der Grundlage des Artikels 18 Absatz 5 der Verordnung (EG) Nr. 714/2009 angenommenen Leitlinie für den Netzbetrieb ausgearbeitet wurden,

d) Unterstützung der Bewertung der Kohärenz der Schutz- und Netzwiederaufbaupläne der Übertragungsnetzbetreiber im Einklang mit dem Verfahren gemäß dem auf Grundlage des Artikels 6 Absatz 11 der Verordnung (EG) Nr. 714/2009 angenommenen Netzkodex über den Notzustand und den Netzwiederaufbau des Übertragungsnetzes,

e) Erstellung regionaler Prognosen zur Angemessenheit des Stromsystems für den Week-Ahead- bis mindestens zum Day-Ahead-Zeitbereich und Vorbereitung von Maßnahmen zur Risikominderung im Einklang mit der Methode gemäß Artikel 8 der Verordnung (EU) 2019/941 und den Verfahren, die in der auf der Grundlage des Artikels 18 Absatz 5 der Verordnung (EG) Nr. 714/2009 angenommenen Leitlinie für den Netzbetrieb dargelegt sind,

f) Koordinierung der Nichtverfügbarkeitsplanung auf regionaler Ebene im Einklang mit den Verfahren und Methoden, die in der auf der Grundlage des Artikels 18 Absatz 5 der Verordnung (EG) Nr. 714/2009 angenommenen Leitlinie für den Netzbetrieb dargelegt sind,

g) Ausbildung und Zertifizierung des Personals, das für die regionalen Koordinierungszentren arbeitet,

h) Unterstützung der Koordinierung und Optimierung des regionalen Netzwiederaufbaus entsprechend den Anfragen von Übertragungsnetzbetreibern,

i) Durchführung der nachträglichen Betriebs- und Störungsanalyse und entsprechende Berichterstattung,

j) Bestimmung der Höhe der Reservekapazität in der Region,

k) Erleichterung der regionalen Beschaffung von Regelleistung,

l) auf Antrag der Übertragungsnetzbetreiber Unterstützung der Übertragungsnetzbetreiber bei der Optimierung der Abrechnungen zwischen Übertragungsnetzbetreibern,

m) Durchführung der Aufgaben im Zusammenhang mit der Ermittlung regionaler Elektrizitätskrisenszenarien, sofern und soweit sie den regionalen Koordinierungszentren gemäß Artikel 6 Absatz 1 der Verordnung (EU) 2019/941 übertragen wurden,

n) Durchführung der Aufgaben im Zusammenhang mit den saisonalen Abschätzungen zur Angemessenheit der Stromerzeugung, sofern und soweit sie den regionalen Koordinierungszentren gemäß Artikel 9 Absatz 2 der Verordnung (EU) 2019/941 übertragen wurden,

o) Berechnung des Werts der maximalen Eintrittskapazität, die für die Beteiligung ausländischer Kapazitäten an Kapazitätsmechanismen zur Verfügung steht, zum Zweck der Abgabe einer Empfehlung nach Artikel 26 Absatz 7,

p) Durchführung der Aufgaben in Verbindung mit der Unterstützung der Übertragungsnetzbetreiber bei der Ermittlung des Bedarfs an neuen Übertragungskapazitäten, an Modernisierung bestehender Übertragungskapazität oder an Alternativen, die den gemäß der Verordnung (EU) Nr. 347/2013 eingerichteten regionalen Gruppen vorgelegt und in den zehnjährigen Netzentwicklungsplan gemäß Artikel 51 der Richtlinie (EU) 2019/944[1] aufgenommen werden.

---

[1] Nr. **4**.

[2] Die in Unterabsatz 1 genannten Aufgaben werden in Anhang I ausführlicher erläutert.

(2) [1] Auf Vorschlag der Kommission oder eines Mitgliedstaats gibt der gemäß Artikel 68 der Richtlinie (EU) 2019/944[1)] eingerichtete Ausschuss eine Stellungnahme dazu ab, ob den regionalen Koordinierungszentren neue Beratungsaufgaben zugewiesen werden sollen. [2] Gibt der Ausschuss eine befürwortende Stellungnahme zur Zuweisung neuer Beratungsaufgaben ab, so nehmen die regionalen Koordinierungszentren diese Aufgaben auf der Grundlage eines von ENTSO (Strom) ausgearbeiteten und von ACER nach dem Verfahren des Artikel 27 genehmigten Vorschlags wahr.

(3) Die Übertragungsnetzbetreiber stellen ihren regionalen Koordinierungszentren die Informationen zur Verfügung, die diese zur Erfüllung ihrer Aufgaben benötigen.

(4) Die regionalen Koordinierungszentren stellen den Übertragungsnetzbetreibern ihrer Netzbetriebsregion alle Informationen zur Verfügung, die zur Umsetzung der von den regionalen Koordinierungszentren abgegebene koordinierten Maßnahmen und Empfehlungen erforderlich sind.

(5) [1] Für die Aufgaben gemäß diesem Artikel, die nicht bereits in den einschlägigen Netzkodizes oder Leitlinien behandelt werden, erarbeitet ENTSO (Strom) im Einklang mit dem in Artikel 27 festgelegten Verfahren einen Vorschlag. [2] Die regionalen Koordinierungszentren nehmen diese Aufgaben auf der Grundlage eines von ACER gebilligten Vorschlags wahr.

Art. 38 Zusammenarbeit innerhalb und zwischen den regionalen Koordinierungszentren. [1] Die Verwaltung der Koordinierung innerhalb und zwischen den regionalen Koordinierungszentren im laufenden Betrieb erfolgt mittels Verfahren der Zusammenarbeit zwischen den Übertragungsnetzbetreibern in der Region, einschließlich Regelungen für die Abstimmung zwischen den regionalen Koordinierungszentren, sofern dies zweckdienlich ist. [2] Das Verfahren der Zusammenarbeit beruht auf

a) Arbeitsregelungen zur Abdeckung von Planungs- und Betriebsaspekten, die für die Aufgaben gemäß Artikel 37 von Belang sind,
b) einem Verfahren, das vorsieht, wie die Vorschläge der regionalen Koordinierungszentren gemeinsam mit den Übertragungsnetzbetreibern der Netzbetriebsregion und den maßgeblichen Interessenträgern und anderen regionalen Koordinierungszentren bei der Ausübung der betrieblichen Pflichten und Aufgaben gemäß Artikel 40 effizient und umfassend analysiert und geprüft werden,
c) einem Verfahren für die Verabschiedung koordinierter Maßnahmen und Empfehlungen gemäß Artikel 42.

Art. 39 Arbeitsregelungen. (1) [1] Die regionalen Koordinierungszentren erstellen wirksame, umfassende, transparente und konsensfördernde Arbeitsregelungen zur Abdeckung von Planungs- und Betriebsaspekten im Zusammenhang mit den wahrzunehmenden Aufgaben, wobei den in Anhang I aufgeführten Besonderheiten und Anforderungen dieser Aufgaben Rechnung zu tragen

---

[1)] Nr. 4.

ist. [2] Zudem erarbeiten die regionalen Koordinierungszentren ein Verfahren für die Überarbeitung dieser Arbeitsregelungen.

(2) Die regionalen Koordinierungszentren sorgen dafür, dass die in Absatz 1 genannten Arbeitsregelungen Vorschriften für die Unterrichtung der betroffenen Parteien enthalten.

Art. 40 Konsultationsverfahren. (1) [1] Die regionalen Koordinierungszentren erarbeiten ein geeignetes Verfahren, mit dem bei der Ausübung ihrer täglichen betrieblichen Pflichten und Aufgaben eine angemessene und regelmäßige Konsultation der Übertragungsnetzbetreiber der Netzbetriebsregion, anderer regionaler Koordinierungszentren und der maßgeblichen Interessenträger sichergestellt wird. [2] Damit Regulierungsfragen behandelt werden können, sind bei Bedarf die Regulierungsbehörden zu beteiligen.

(2) [1] Die regionalen Koordinierungszentren konsultieren die Mitgliedstaaten der Netzbetriebsregion und, sofern vorhanden, ihre regionalen Foren zu politisch relevanten Fragen mit Ausnahme der laufenden Tätigkeiten der regionalen Koordinierungszentren und der Durchführung ihrer Aufgaben. [2] Die regionalen Koordinierungszentren tragen den Empfehlungen der Mitgliedstaaten und ihrer etwaigen regionalen Foren gebührend Rechnung.

Art. 41 Transparenz. (1) Die regionalen Koordinierungszentren erarbeiten ein Verfahren für die Einbeziehung der Interessenträger und organisieren regelmäßige Sitzungen mit ihnen, um Fragen im Zusammenhang mit dem effizienten, sicheren und zuverlässigen Betrieb des Verbundnetzes zu erörtern, Mängel zu ermitteln und Verbesserungen vorzuschlagen.

(2) [1] ENTSO (Strom) und die regionalen Koordinierungszentren sind in voller Transparenz gegenüber den Interessenträgern und der Öffentlichkeit tätig. [2] Sie veröffentlichen alle maßgeblichen Unterlagen auf ihren jeweiligen Websites.

Art. 42 Annahme und Überarbeitung von koordinierten Maßnahmen und Empfehlungen. (1) Die Übertragungsnetzbetreiber einer Netzbetriebsregion erarbeiten ein Verfahren für die Annahme und Überarbeitung von koordinierten Maßnahmen und Empfehlungen, die die regionalen Koordinierungszentren im Einklang mit den Kriterien gemäß den Absätzen 2, 3 und 4 abgegeben haben.

(2) *[1]* [1] Die regionalen Koordinierungszentren geben an die Übertragungsnetzbetreiber gerichtete koordinierte Maßnahmen im Zusammenhang mit den in Artikel 37 Absatz 1 Buchstaben a und b genannten Aufgaben ab. [2] Die Übertragungsnetzbetreiber setzen die koordinierten Maßnahmen um, außer in Fällen, in denen die Umsetzung der koordinierten Maßnahmen zu einer Verletzung der Betriebssicherheitsgrenzwerte führen würde, die jeder Übertragungsnetzbetreiber gemäß der auf der Grundlage des Artikels 18 Absatz 5 der Verordnung (EG) Nr. 714/2009 angenommenen Leitlinie für den Netzbetrieb festlegt.

[2] [1] Beschließt ein Übertragungsnetzbetreiber, eine koordinierte Maßnahme aus den in diesem Absatz genannten Gründen nicht durchzuführen, so muss er dem regionalen Koordinierungszentrum und den Übertragungsnetzbetreibern der Netzbetriebsregion unverzüglich die genauen Gründe dafür auf transparen-

te Weise darlegen. [2] In diesen Fällen bewertet das regionale Koordinierungszentrum die Auswirkungen dieses Beschlusses auf die anderen Übertragungsnetzbetreiber der Netzbetriebsregion und kann vorbehaltlich des Verfahrens nach Absatz 1 eine Reihe anderer koordinierter Maßnahmen vorschlagen.

(3) *[1]* Die regionalen Koordinierungszentren geben an die Übertragungsnetzbetreiber gerichtete Empfehlungen zu den in Artikel 37 Absatz 1 Buchstabe c bis p aufgeführten oder gemäß Artikel 37 Absatz 2 zugewiesenen Aufgaben ab.

[2] Beschließt ein Übertragungsnetzbetreiber, von der in Absatz 1 genannten Empfehlung abzuweichen, so muss er den regionalen Koordinierungszentren und den anderen Übertragungsnetzbetreibern der Netzbetriebsregion die Gründe für seinen Beschluss ohne ungebührliche Verzögerung darlegen.

(4) [1] Die Überarbeitung von koordinierten Maßnahmen oder einer Empfehlung wird auf Antrag eines oder mehrerer Übertragungsnetzbetreiber der Netzbetriebsregion eingeleitet. [2] Nach der Überarbeitung der koordinierten Maßnahme oder der Empfehlung bestätigen oder ändern die regionalen Koordinierungszentren die Maßnahme.

(5) Wird eine koordinierte Maßnahme gemäß Absatz 4 dieses Artikels überarbeitet, so führt der Antrag auf Überarbeitung nicht zur Aussetzung der koordinierten Maßnahme, außer in den Fällen, in denen ihre Durchführung zu einer Verletzung der Betriebssicherheitsgrenzwerte führen würde, die jeder einzelne Übertragungsnetzbetreiber gemäß der auf der Grundlage des Artikels 18 Absatz 5 der Verordnung (EG) Nr. 714/2009 angenommenen Leitlinie für den Netzbetrieb festlegt.

(6) Auf Vorschlag eines Mitgliedstaats oder der Kommission und nach Konsultation des gemäß Artikel 68 der Richtlinie (EU) 2019/944[1)] eingesetzten Ausschusses können die Mitgliedstaaten einer Netzbetriebsregion gemeinsam beschließen, ihrem regionalen Koordinierungszentrum die Befugnis zur Abgabe koordinierter Maßnahmen für eine oder mehrere der in Artikel 37 Absatz 1 Buchstabe c bis p dieser Verordnung genannten Aufgaben zu übertragen.

Art. 43 Verwaltungsrat der regionalen Koordinierungszentren.

(1) Die regionalen Koordinierungszentren richten jeweils einen Verwaltungsrat ein, um Maßnahmen im Zusammenhang mit ihrer Leitung zu verabschieden und ihre Arbeit zu beobachten.

(2) Dem Verwaltungsrat gehören Mitglieder an, die alle Übertragungsnetzbetreiber der Netzbetriebsregion vertreten, die sich an den maßgeblichen regionalen Koordinierungszentren beteiligen.

(3) Der Verwaltungsrat ist zuständig für

a) die Ausarbeitung und Billigung der Satzung und der Geschäftsordnung der regionalen Koordinierungszentren,

b) die Entscheidung über die Organisationsstruktur und ihre Umsetzung,

c) die Aufstellung und Billigung des jährlichen Haushaltsplans,

d) die Ausarbeitung und Billigung der Verfahren der Zusammenarbeit gemäß Artikel 38.

---

1) Nr. 4.

(4) Der Verwaltungsrat ist nicht für die laufenden Tätigkeiten der regionalen Koordinierungszentren und die Erfüllung ihrer Aufgaben zuständig.

Art. 44 Organisationsstruktur. (1) *[1]* Die Übertragungsnetzbetreiber einer Netzbetriebsregion richten eine Organisationsstruktur der regionalen Koordinierungszentren ein, auf deren Grundlage die regionalen Koordinationszentren ihre Aufgaben zuverlässig erfüllen können.

[2] In der Organisationsstruktur sind festzulegen:

a) die Befugnisse, Pflichten und Zuständigkeiten des Personals;

b) die Beziehungen und Unterstellungsverhältnisse zwischen den verschiedenen Teilen und Verfahren der Organisation.

(2) Die regionalen Koordinierungszentren können Regionalbüros einrichten, um Besonderheiten unterhalb der regionalen Ebene Rechnung zu tragen, oder – falls nachweislich unbedingt erforderlich – regionale Reservekoordinierungszentren einrichten, damit ihre Aufgaben effizient und zuverlässig erfüllt werden.

Art. 45 Ausstattung und Personal. Die regionalen Koordinierungszentren müssen über alle personellen, technischen, materiellen und finanziellen Ressourcen verfügen, die zur Erfüllung ihrer Pflichten im Rahmen dieser Verordnung und zur unabhängigen und unparteiischen Wahrnehmung ihrer Aufgaben erforderlich sind.

Art. 46 Beobachtung und Berichterstattung. (1) Die regionalen Koordinierungszentren richten ein Verfahren ein, mit dem fortlaufend mindestens Folgendes beobachtet wird:

a) ihre betriebliche Leistung;

b) die abgegebenen koordinierten Maßnahmen und Empfehlungen, der Grad der Umsetzung der koordinierten Maßnahmen und der Empfehlungen durch die Übertragungsnetzbetreiber und die erzielten Ergebnisse;

c) die Wirksamkeit und Effizienz aller Aufgaben, für die sie zuständig sind, und – falls vorgesehen – die Rotation der Aufgaben.

(2) Die regionalen Koordinierungszentren legen ihre Kosten auf transparente Weise dar und melden sie ACER und den Regulierungsbehörden der Netzbetriebsregion.

(3) Die regionalen Koordinierungszentren legen ENTSO (Strom), ACER, den Regulierungsbehörden der Netzbetriebsregion und der Koordinierungsgruppe „Strom“ einen Jahresbericht mit dem Ergebnis der Beobachtung gemäß Absatz 1 und Informationen über ihre Leistungen vor.

(4) [1] Die regionalen Koordinierungszentren melden ENTSO (Strom), den Regulierungsbehörden der Netzbetriebsregion, ACER und den für die Verhütung und Bewältigung von Krisensituationen zuständigen Behörden der Mitgliedstaaten die von ihnen im Beobachtungsverfahren nach Absatz 1 festgestellten Mängel. [2] Aufgrund dieses Berichts können die maßgeblichen Regulierungsbehörden der jeweiligen Netzbetriebsregion den regionalen Koordinierungszentren Maßnahmen zum Angehen der Mängel vorschlagen.

(5) Unbeschadet der notwendigen Wahrung der Sicherheit und der Vertraulichkeit von Geschäftsinformationen veröffentlichen die regionalen Koordinierungszentren die Berichte gemäß den Absätzen 3 und 4.

Art. 47 Haftung. [1] In den Vorschlägen für die Einsetzung regionaler Koordinierungszentren gemäß Artikel 35 nehmen die Übertragungsnetzbetreiber in der Netzbetriebsregion die notwendigen Vorkehrungen zur Deckung der Haftung im Zusammenhang mit der Ausübung der Aufgaben der regionalen Koordinierungszentren auf. [2] Die zur Deckung der Haftung verwendete Methode muss dem Rechtsstatus der regionalen Koordinierungszentren und der Höhe der verfügbaren gewerblichen Versicherungsdeckung Rechnung tragen.

Art. 48 Zehnjähriger Netzentwicklungsplan. (1) *[1]* Der in Artikel 30 Absatz 1 Buchstabe b genannte unionsweite Netzentwicklungsplan enthält die Modellierung des integrierten Netzes, die Entwicklung von Szenarien und eine Bewertung der Belastbarkeit des Systems.

[2] Der unionsweite Netzentwicklungsplan erfüllt insbesondere folgende Anforderungen:

a) Er beruht auf den nationalen Investitionsplänen – unter Berücksichtigung der in Artikel 34 Absatz 1 dieser Verordnung genannten regionalen Investitionspläne – und auf den etwaigen unionsbezogenen Aspekten der Netzplanung gemäß der Verordnung (EU) Nr. 347/2013; er ist Gegenstand einer Kosten-Nutzen-Analyse nach der Methode gemäß Artikel 11 der genannten Verordnung.

b) Hinsichtlich der grenzüberschreitenden Verbindungsleitungen beruht er auch auf den angemessenen Bedürfnissen verschiedener Netznutzer und schließt langfristige Verpflichtungen von Investoren nach den Artikeln 44 und 51 der Richtlinie (EU) 2019/944[1] ein.

c) In ihm werden Investitionslücken aufgezeigt, insbesondere in Bezug auf grenzüberschreitende Kapazitäten.

[3] Hinsichtlich Unterabsatz 1 Buchstabe c kann dem unionsweiten Netzentwicklungsplan eine Analyse der Hemmnisse für die Erhöhung der grenzüberschreitenden Netzkapazitäten infolge unterschiedlicher Genehmigungsverfahren oder -methoden beigefügt werden.

(2) [1] ACER legt eine Stellungnahme zu den nationalen zehnjährigen Netzentwicklungsplänen vor, in dem sie deren Vereinbarkeit mit dem unionsweiten Netzentwicklungsplan begutachtet. [2] Stellt ACER Unvereinbarkeiten zwischen einem nationalen zehnjährigen Netzentwicklungsplan und einem unionsweiten Netzentwicklungsplan fest, so empfiehlt sie die Änderung des nationalen zehnjährigen Netzentwicklungsplans bzw. des unionsweiten Netzentwicklungsplans. [3] Falls ein solcher nationaler zehnjähriger Netzentwicklungsplan gemäß Artikel 51 der Richtlinie (EU) 2019/944[1] ausgearbeitet wird, empfiehlt ACER der betroffenen Regulierungsbehörde die Änderung des nationalen Zehnjahresnetzentwicklungsplans nach Maßgabe von Artikel 51 Absatz 7 der genannten Richtlinie und unterrichtet die Kommission darüber.

---

[1] Nr. 4.

Art. 49 Ausgleichsmechanismus zwischen Übertragungsnetzbetreibern. (1) Übertragungsnetzbetreiber erhalten einen Ausgleich für die Kosten, die durch grenzüberschreitende Stromflüsse über ihre Netze entstehen.

(2) Den in Absatz 1 genannten Ausgleich leisten die Betreiber der nationalen Übertragungsnetze, aus denen die grenzüberschreitenden Stromflüsse stammen, und der Netze, in denen diese Stromflüsse enden.

(3) *[1]* [1] Die Ausgleichszahlungen werden regelmäßig für einen bestimmten vergangenen Zeitraum geleistet. [2] Die Zahlungen werden, wenn nötig, nachträglich den tatsächlich entstandenen Kosten angepasst.

[2] Der erste Zeitraum, für den Ausgleichszahlungen zu leisten sind, wird in den Leitlinien nach Artikel 61 festgesetzt.

(4) Die Kommission erlässt nach Artikel 68 delegierte Rechtsakte zur Ergänzung dieser Verordnung durch die Festlegung der Höhe der zu leistenden Ausgleichszahlungen.

(5) Die Größe der durchgeleiteten grenzüberschreitenden Stromflüsse und die Größe der grenzüberschreitenden Stromflüsse, bei denen festgestellt wurde, dass sie aus nationalen Übertragungsnetzen stammen oder dort enden, werden auf der Grundlage der in einem bestimmten Zeitraum tatsächlich gemessenen materiellen Leistungsflüsse bestimmt.

(6) [1] Die infolge der Durchleitung grenzüberschreitender Stromflüsse entstandenen Kosten werden auf der Grundlage der zu erwartenden langfristigen durchschnittlichen Inkrementalkosten ermittelt, wobei Verluste, Investitionen in neue Infrastrukturen und ein angemessener Teil der Kosten der vorhandenen Infrastruktur zu berücksichtigen sind, soweit diese Infrastruktur zur Übertragung grenzüberschreitender Stromflüsse genutzt wird, wobei insbesondere zu berücksichtigen ist, dass die Versorgungssicherheit zu gewährleisten ist. [2] Bei der Ermittlung der entstandenen Kosten werden anerkannte Standardkostenberechnungsverfahren verwendet. [3] Nutzen, der in einem Netz infolge der Durchleitung grenzüberschreitender Stromflüsse entsteht, ist zur Verringerung des erhaltenen Ausgleichs zu berücksichtigen.

(7) [1] Gehören Übertragungsnetze von zwei oder mehr Mitgliedstaaten ganz oder teilweise als Teil zu einem einzigen Regelblock, so wird ausschließlich für die Zwecke des Ausgleichsmechanismus zwischen Übertragungsnetzbetreibern der Regelblock in seiner Gesamtheit als Teil des Übertragungsnetzes eines der betroffenen Mitgliedstaaten angesehen, damit Stromflüsse innerhalb von Regelblöcken nicht als grenzüberschreitende Stromflüsse gemäß Artikel 2 Absatz 2 Buchstabe b angesehen werden und keine Ausgleichszahlungen gemäß Absatz 1 auslösen. [2] Die Regulierungsbehörden der betroffenen Mitgliedstaaten können beschließen, als Teil welches betroffenen Mitgliedstaats der Regelblock in seiner Gesamtheit angesehen wird.

Art. 50 Bereitstellung von Informationen. (1) Die Übertragungsnetzbetreiber richten Verfahren für die Koordinierung und den Informationsaustausch ein, um die Netzsicherheit im Rahmen des Engpassmanagements zu gewährleisten.

(2) [1] Die von den Übertragungsnetzbetreibern verwendeten Sicherheits-, Betriebs- und Planungsnormen werden öffentlich bekannt gemacht. [2] Zu den veröffentlichten Informationen gehört ein allgemeines Modell für die Berechnung der Gesamtübertragungskapazität und der Sicherheitsmarge, das auf den

elektrischen und physikalischen Netzmerkmalen beruht. [3]Derartige Modelle müssen durch die Regulierungsbehörden genehmigt werden.

(3) [1]Die Übertragungsnetzbetreiber veröffentlichen die für jeden Tag geschätzte verfügbare Übertragungskapazität unter Angabe etwaiger bereits reservierter Kapazitäten. [2]Diese Veröffentlichungen erfolgen zu bestimmten Zeitpunkten vor dem Übertragungstag und umfassen auf jeden Fall Schätzungen für die nächste Woche und den nächsten Monat sowie quantitative Angaben darüber, wie verlässlich die verfügbare Kapazität voraussichtlich bereitgestellt werden kann.

(4) [1]Die Übertragungsnetzbetreiber veröffentlichen maßgeblichen Daten über die aggregierte Prognose und über die tatsächliche Nachfrage, über die Verfügbarkeit und die tatsächliche Nutzung der Erzeugungskapazität und der Lasteinheiten, über die Verfügbarkeit und die Nutzung des Netzes und der Verbindungsleitungen und über die Regelleistung, die Reservekapazität und die verfügbare Flexibilität. [2]In Bezug auf die Verfügbarkeit und die tatsächliche Verwendung kleiner Stromerzeugungs- und Lasteinheiten können aggregierte Schätzwerte verwendet werden.

(5) Die betroffenen Marktteilnehmer stellen den Übertragungsnetzbetreibern die maßgeblichen Daten zur Verfügung.

(6) [1]Erzeugungsunternehmen, die Eigentümer oder Betreiber von Erzeugungsanlagen sind, von denen zumindest eine über eine installierte Kapazität von mindestens 250 MW verfügt, oder die ein Portfolio von Erzeugungsanlagen mit einer Kapazität von mindestens 400 MW haben, halten für die Regulierungsbehörde, die nationale Wettbewerbsbehörde und die Kommission fünf Jahre lang für jede Anlage alle Stundendaten zur Verfügung, die zur Überprüfung aller betrieblichen Einsatzentscheidungen und des Bietverhaltens an Strombörsen, bei Auktionen für die Verbindungskapazität, auf den Reserveleistungsmärkten und auf den außerbörslichen Märkten erforderlich sind. [2]Zu den pro Anlage und pro Stunde zu speichernden Daten gehören unter anderem Daten über die zum Zeitpunkt des Gebots und der Erzeugung verfügbare Erzeugungskapazität und die gebundenen Reservekapazitäten, einschließlich Daten über die Vergabe dieser gebundenen Reservekapazitäten pro Anlage.

(7) [1]Die Übertragungsnetzbetreiber tauschen regelmäßig einen Satz ausreichend genauer Netz- und Lastflussdaten aus, um jedem Übertragungsnetzbetreiber in seinem maßgeblichen Gebiet die Berechnung von Lastflüssen zu ermöglichen. [2]Der gleiche Datensatz ist den Regulierungsbehörden, der Kommission und den Mitgliedstaaten auf Anfrage zur Verfügung zu stellen. [3]Die Regulierungsbehörden, die Mitgliedstaaten und die Kommission behandeln diesen Datensatz vertraulich und stellen sicher, dass auch alle Berater, der in ihrem Auftrag auf der Grundlage dieser Daten Analysen durchführen, diesen Datensatz vertraulich behandeln.

Art. 51 Zertifizierung von Übertragungsnetzbetreibern. (1) *[1]* [1]Die Kommission prüft die Mitteilung über die Zertifizierung eines Übertragungsnetzbetreibers nach Artikel 52 Absatz 6 der Richtlinie (EU) 2019/944[1)] unmittelbar nach ihrem Eingang. [2]Die Kommission übermittelt der maßgeblichen Regulierungsbehörde binnen zwei Monaten ab dem Eingang der Mit-

---

[1)] Nr. 4.

teilung ihre Stellungnahme bezüglich der Vereinbarkeit mit Artikel 43 und entweder Artikel 52 Absatz 2 oder Artikel 53 der Richtlinie (EU) 2019/944[1)].

[2] [1] Für die Ausarbeitung der in Unterabsatz 1 genannten Stellungnahme kann die Kommission eine Stellungnahme von ACER zur Entscheidung der Regulierungsbehörde beantragen. [2] In diesem Fall wird die in Unterabsatz 1 genannte Zweimonatsfrist um weitere zwei Monate verlängert.

[3] Legt die Kommission innerhalb der in den Unterabsätzen 1 und 2 genannten Fristen keine Stellungnahme vor, so wird davon ausgegangen, dass sie keine Einwände gegen die Entscheidung der Regulierungsbehörde erhebt.

(2) [1] Binnen zwei Monaten nach Eingang einer Stellungnahme der Kommission trifft die Regulierungsbehörde ihre endgültige Entscheidung bezüglich der Zertifizierung des Übertragungsnetzbetreibers, wobei sie die Stellungnahme der Kommission so weit wie möglich berücksichtigt. [2] Die Entscheidung der Regulierungsbehörde wird zusammen mit der Stellungnahme der Kommission veröffentlicht.

(3) Die Regulierungsbehörden oder die Kommission können zu jedem Zeitpunkt des Verfahrens von einem Übertragungsnetzbetreiber oder Unternehmen, der bzw. das eine der Funktionen Erzeugung oder Versorgung wahrnimmt, die Vorlage sämtlicher für die Erfüllung ihrer Aufgaben gemäß diesem Artikel maßgeblichen Informationen verlangen.

(4) Die Regulierungsbehörden und die Kommission wahren die Vertraulichkeit von Geschäftsinformationen.

(5) [1] Hat die Kommission eine Meldung über die Zertifizierung eines Übertragungsnetzbetreibers gemäß Artikel 43 Absatz 9 der Richtlinie (EU) 2019/944[1)] erhalten, so trifft sie eine Entscheidung zu der Zertifizierung. [2] Die Regulierungsbehörde kommt der Entscheidung der Kommission nach.

Kapitel VI. Verteilernetzbetrieb

Art. 52 Europäische Organisation der Verteilernetzbetreiber.

(1) *[1]* [1] Die Verteilernetzbetreiber arbeiten auf Unionsebene im Rahmen der EU-VNBO zusammen, um die Vollendung und das Funktionieren des Elektrizitätsbinnenmarkts sowie die optimale Verwaltung und den koordinierten Betrieb der Verteiler- und Übertragungsnetze zu fördern. [2] Die Verteilernetzbetreiber, die in der EU-VNBO mitarbeiten möchten, haben das Recht, eingetragene Mitglieder dieser Organisation zu werden.

[2] Eingetragene Mitglieder können selbst in der EU-VNBO mitarbeiten oder sich von dem vom Mitgliedstaat benannten nationalen Verband oder einem unionsweit tätigen Verband vertreten lassen.

(2) [1] Verteilernetzbetreiber dürfen sich zu einer EU-VNBO zusammenschließen. [2] Die EU-VNBO übernimmt die in Artikel 55 vorgesehenen Aufgaben und Verfahren. [3] Als Sachverständigenorganisation, die im gemeinsamen Interesse der Union arbeitet, vertritt sie keine Partikularinteressen und versucht auch nicht, den Entscheidungsprozess zu beeinflussen, um sich für besondere Interessen einzusetzen.

---

1) Nr. 4.

(3) Die Mitglieder der EU-VNBO müssen sich eintragen lassen und einen fairen und angemessenen Mitgliedsbeitrag bezahlen, der die Anzahl der an den betreffenden Verteilernetzbetreiber angeschlossenen Kunden widerspiegelt.

Art. 53 Gründung der EU-VNBO. (1) Die EU-VNBO besteht mindestens aus einer Generalversammlung, einem Verwaltungsrat, einer Strategieberatungsgruppe, Sachverständigengruppen und einem Generalsekretär.

(2) *[1]* Bis zum 5. Juli 2020 legen die Verteilernetzbetreiber der Kommission und ACER den Entwurf der Satzung gemäß Artikel 54, einschließlich eines Verhaltenskodex, die Liste der eingetragenen Mitglieder und den Entwurf der Geschäftsordnung – einschließlich der Verfahrensregeln für die Konsultation von ENTSO (Strom) und anderer Interessenträger sowie der Finanzierungsvorschriften – der zu gründenden EU-VNBO vor.

[2] Im Entwurf der Geschäftsordnung der EU-VNBO muss eine ausgewogene Vertretung aller teilnehmenden Verteilernetzbetreiber sichergestellt sein.

(3) Binnen zwei Monaten nach Eingang des Entwurfs der Satzung, der Mitgliederliste und des Entwurfs der Geschäftsordnung übermittelt ACER der Kommission nach der Anhörung der Organisationen, die alle Interessenträger – insbesondere die Verteilernetzbenutzer – vertreten, ihre Stellungnahme.

(4) Binnen drei Monaten nach Eingang der Stellungnahme von ACER gibt die Kommission unter Berücksichtigung der in Absatz 3 vorgesehenen Stellungnahme von ACER eine Stellungnahme zum Entwurf der Satzung, zur Mitgliederliste und zum Entwurf der Geschäftsordnung ab.

(5) Binnen drei Monaten nach dem Eingang der positiven Stellungnahme der Kommission gründen die Verteilernetzbetreiber die EU-VNBO und verabschieden und veröffentlichen deren Satzung und Geschäftsordnung.

(6) [1] Im Fall von Änderungen oder auf begründeten Antrag einer der beiden sind die in Absatz 2 genannten Unterlagen der Kommission und ACER vorzulegen. [2] ACER und die Kommission nehmen nach dem in den Absätzen 2, 3 und 4 festgelegten Verfahren Stellung.

(7) [1] Die Kosten im Zusammenhang mit den Tätigkeiten der EU-VNBO werden von den als Mitglieder eingetragenen Verteilernetzbetreibern getragen und bei der Entgeltberechnung berücksichtigt. [2] Die Regulierungsbehörden stimmen diesen Kosten nur dann zu, wenn sie angemessen und verhältnismäßig sind.

Art. 54 Wesentliche Vorschriften und Verfahren für die EU-VNBO.

(1) In der gemäß Artikel 53 verabschiedeten Satzung der EU-VNBO werden folgende Grundsätze verankert:

a) Die Mitarbeit in der EU-VNBO ist auf eingetragene Mitglieder beschränkt, wobei die Mitglieder Befugnisse untereinander delegieren können.

b) Strategische Entscheidungen zu den Tätigkeiten der EU-VNBO und politische Leitlinien für den Verwaltungsrat werden von der Generalversammlung verabschiedet.

c) Beschlüsse der Generalversammlung gelten als angenommen,

  i) wobei jedes Mitglied über eine Anzahl von Stimmen verfügt, die der jeweiligen Kundenzahl entspricht,

ii) wenn 65 % der auf die Mitglieder der Generalversammlung entfallenden Stimmen abgegeben sind, und

iii) der Beschluss durch eine Mehrheit von mindestens 55 % der Mitglieder der Generalversammlung erlassen wird.

d) Beschlüsse der Generalversammlung gelten als abgelehnt,

i) wobei jedes Mitglied über eine Anzahl von Stimmen verfügt, die der jeweiligen Kundenzahl entspricht,

ii) wenn 35 % der auf die Mitglieder der Generalversammlung entfallenden Stimmen abgegeben sind, und

iii) der Beschluss von mindestens 25 % der Mitglieder der Generalversammlung abgelehnt wird.

e) Der Verwaltungsrat wird von der Generalversammlung für eine Amtszeit von höchstens vier Jahren gewählt.

f) Der Verwaltungsrat benennt aus dem Kreise seiner Mitglieder den Präsidenten und die drei Vizepräsidenten.

g) Die Zusammenarbeit zwischen Verteilernetzbetreibern und Übertragungsnetzbetreibern gemäß Artikel 56 und 57 wird vom Verwaltungsrat geleitet.

h) Beschlüsse des Verwaltungsrats werden mit einer absoluten Mehrheit angenommen.

i) Auf Vorschlag des Verwaltungsrats ernennt die Generalversammlung aus dem Kreise ihrer Mitglieder den Generalsekretär für eine Amtszeit von vier Jahren, die einmal verlängert werden kann.

j) Auf Vorschlag des Verwaltungsrats setzt die Generalversammlung Sachverständigengruppen ein, die aus höchstens 30 Mitgliedern bestehen und die zu einem Drittel Nichtmitglieder der EU-VNBO sein können; darüber hinaus wird eine Ländersachverständigengruppe eingesetzt, die aus genau einem Vertreter der Verteilernetzbetreiber je Mitgliedstaat besteht.

(2) [1] Mit den von der EU-VNBO verabschiedeten Verfahren wird sichergestellt, dass ihre Mitglieder fair und angemessen behandelt werden, und in den Verfahren kommt die vielfältige geografische und wirtschaftliche Struktur ihrer Mitgliederschaft zum Ausdruck. [2] Insbesondere sehen die Verfahren vor, dass

a) der Verwaltungsrat aus seinem Präsidenten und 27 Mitgliedervertretern besteht, von denen

i) Neun Vertreter die Vertreter von Mitgliedern mit mehr als 1 Million Netznutzern,

ii) Neun Vertreter die Vertreter von Mitgliedern mit mehr als 100 000 und weniger als 1 Million Netznutzern und

iii) Neun Vertreter die Vertreter von Mitgliedern mit weniger als 100 000 Netznutzern sind;

b) die Vertreter bestehender VNB-Verbände als Beobachter an den Sitzungen des Verwaltungsrats teilnehmen können;

c) dem Verwaltungsrat höchstens drei Vertreter von Mitgliedern aus demselben Mitgliedstaat oder demselben Konzern angehören dürfen;

d) jeder Vizepräsident des Verwaltungsrats aus dem Kreise der Vertreter der Mitglieder jeder der unter Buchstabe a beschriebenen Kategorien benannt wird;
e) die Vertreter der Mitglieder aus ein und demselben Mitgliedstaat oder ein und demselben Konzern nicht die Mehrheit der Teilnehmer einer Sachverständigengruppe bilden dürfen;
f) der Verwaltungsrat eine Strategieberatungsgruppe einsetzt, die ihm und den Sachverständigengruppen gegenüber Stellungnahmen abgibt und aus Vertretern der europäischen VNB-Verbände sowie aus Vertretern derjenigen Mitgliedstaaten, die im Verwaltungsrat nicht vertreten sind, besteht.

Art. 55 Aufgaben der EU-VNBO. (1) Die EU-VNBO hat folgende Aufgaben:
a) Förderung des Betriebs und der Planung von Verteilernetzen in Abstimmung mit dem Betrieb und der Planung von Übertragungsnetzen;
b) Erleichterung der Integration erneuerbarer Energiequellen, dezentraler Energieerzeugung und anderer in das Verteilernetz eingebundener Ressourcen wie Energiespeicherung;
c) Erleichterung der lastseitigen Flexibilität und Laststeuerung sowie des Zugangs der Nutzer von Verteilernetzen zu Märkten;
d) Beitrag zur Digitalisierung der Verteilernetze einschließlich der Einführung intelligenter Netze und intelligenter Messsysteme;
e) Unterstützung des Ausbaus der Datenverwaltung, der Cybersicherheit und des Datenschutzes in Zusammenarbeit mit den maßgeblichen Behörden und regulierten Unternehmen;
f) Beteiligung an der Ausarbeitung von Netzkodizes, die für den Betrieb und die Planung der Verteilernetze sowie für den koordinierten Betrieb der Übertragungs- und Verteilernetze maßgeblich sind, gemäß Artikel 59.

(2) Die EU-VNBO muss außerdem
a) in Zusammenarbeit mit ENTSO (Strom) die Durchführung der gemäß dieser Verordnung erlassenen Netzkodizes und Leitlinien beobachten, die für den Betrieb und die Planung der Verteilernetze sowie für den koordinierten Betrieb der Übertragungs- und Verteilernetze maßgeblich sind;
b) mit ENTSO (Strom) zusammenarbeiten und bewährte Verfahren für den koordinierten Betrieb und die koordinierte Planung von Übertragungs- und Verteilernetzen übernehmen, zu denen beispielsweise der Datenaustausch zwischen den Betreibern und die Koordinierung von dezentralen Energieressourcen gehören;
c) an der Ermittlung bewährter Verfahren für die in Absatz 1 aufgeführten Bereiche sowie für die Einführung von Verbesserungen der Energieeffizienz im Verteilernetz arbeiten;
d) ein Jahresarbeitsprogramm und einen Jahresbericht verabschieden;
e) ihre Tätigkeit gemäß dem Wettbewerbsrecht ausüben und Neutralität wahren.

Art. 56 Konsultationen im Verfahren für die Ausarbeitung von Netzkodizes. (1) [1] Während sie sich an der Ausarbeitung neuer Netzkodizes nach Artikel 59 beteiligt, konsultiert die EU-VNBO gemäß der in Artikel 53 genannten Verfahrensordnung für Konsultationen umfassend, frühzeitig und auf offene und transparente Weise alle maßgeblichen Interessenträger, insbesondere Organisationen, die solche Interessenträger vertreten. [2] Bei den Konsultationen werden die nationalen Regulierungsbehörden und andere nationale Behörden, Versorgungs- und Erzeugungsunternehmen, Netznutzer einschließlich der Kunden, technische Gremien und Foren der Interessenträger einbezogen. [3] Dabei wird das Ziel verfolgt, während des Entscheidungsprozesses die Standpunkte und Vorschläge aller maßgeblichen Kreise einzuholen.

(2) Alle Unterlagen und Sitzungsprotokolle zu den in Absatz 1 genannten Konsultationen werden der Öffentlichkeit zugänglich gemacht.

(3) [1] Die EU-VNBO berücksichtigt die bei den Konsultationen dargelegten Standpunkte. [2] Vor der Annahme von Vorschlägen für die in Artikel 59 genannten Netzkodizes teilt die EU-VNBO mit, wie die im Rahmen der Konsultationen erhaltenen Stellungnahmen berücksichtigt wurden. [3] Wurden Stellungnahmen nicht berücksichtigt, so gibt ENTSO (Strom) eine Begründung ab.

Art. 57 Zusammenarbeit zwischen Verteilernetzbetreibern und Übertragungsnetzbetreibern. (1) [1] Die Verteilernetzbetreiber und die Übertragungsnetzbetreiber arbeiten bei der Planung und dem Betrieb ihrer Netze zusammen. [2] Insbesondere tauschen die Übertragungs- und Verteilernetzbetreiber alle Informationen und Daten aus, die die Ergebnisse von Erzeugungsanlagen und Laststeuerung, den täglichen Betrieb ihrer Netze sowie die langfristige Planung von Investitionen in die Netze betreffen und die erforderlich sind, um den kostenwirksamen, sicheren und zuverlässigen Ausbau und Betrieb ihrer Netze zu gewährleisten.

(2) Die Übertragungs- und Verteilernetzbetreiber arbeiten zusammen, um koordiniert auf Ressourcen wie dezentrale Erzeugung, Energiespeicherung oder Laststeuerung zugreifen zu können, die in bestimmten Bedarfsfällen sowohl den Verteilernetzbetreibern als auch den Übertragungsnetzbetreibern zugutekommen können.

Kapitel VII. Netzkodizes und Leitlinien

Art. 58 Verabschiedung von Netzkodizes und Leitlinien. (1) [1] Die Kommission kann im Rahmen ihrer Befugnisse gemäß den Artikeln 59, 60 und 61 Durchführungsrechtsakte oder delegierte Rechtsakte erlassen. [2] Solche Rechtsakte können entweder gemäß dem in Artikel 59 festgelegten Verfahren als Netzkodizes auf der Grundlage von Textvorschlägen, die von ENTSO (Strom) oder – sofern dies in der Prioritätenliste nach Artikel 59 Absatz 3 entsprechend festgelegt wurde – der EU-VNBO erforderlichenfalls in Zusammenarbeit mit ENTSO (Strom) und ACER ausgearbeitet wurden, oder als Leitlinien gemäß dem Verfahren nach Artikel 61 erlassen werden.

(2) Die Netzkodizes und Leitlinien

a) müssen das zur Verwirklichung der Ziele dieser Verordnung erforderliche Mindestmaß an Harmonisierung herbeiführen,

b) müssen etwaigen regionalen Besonderheiten Rechnung tragen,
c) dürfen nicht über das für die Erreichung der Ziele von Buchstabe a erforderliche Maß hinausgehen und
d) dürfen nicht das Recht der Mitgliedstaaten berühren, für Angelegenheiten, die nicht den zonenübergreifenden Handel betreffen, nationale Netzkodizes aufzustellen.

Art. 59 Festlegung der Netzkodizes. (1) *[1]* Die Kommission ist befugt, Durchführungsrechtsakte zu erlassen, um zur Gewährleistung einheitlicher Bedingungen für die Durchführung dieser Verordnung Netzkodizes für die folgenden Bereiche festzulegen:

a) Regeln für Netzsicherheit und -zuverlässigkeit einschließlich der Regeln für technische Übertragungsreservekapazitäten zur Sicherstellung der Netzbetriebssicherheit sowie Regeln für die Interoperabilität zur Umsetzung von Artikel 34 bis 47 und Artikels 57 dieser Verordnung und Artikel 40 der Richtlinie (EU) 2019/944[1], darunter Regeln für Netzzustände, Entlastungsmaßnahmen und Betriebssicherheitsgrenzwerte, Spannungsregelung und Blindleistungsmanagement, Kurzschlussstrommanagement, Leistungsflussmanagement, Ausfallvariantenrechnung und -management, Schutzeinrichtungen und -maßnahmen, Datenaustausch, Konformität, Aus- und Weiterbildung, Betriebsplanung und Betriebssicherheitsanalyse, regionale Koordinierung der Betriebssicherheit, Nichtverfügbarkeitskoordinierung, Verfügbarkeitspläne für maßgebliche Anlagen, Leistungsbilanzanalyse, Systemdienstleistungen, Fahrplanerstellung und Betriebsplanungsdatenumgebungen (Operational Planning Data Environments, OPDE);
b) Regeln für Kapazitätsvergabe und Engpassmanagement zur Umsetzung von Artikel 6 der Richtlinie (EU) 2019/944[1] und Artikel 7 bis 10, 13 bis 17 und 35 bis 37 dieser Verordnung, darunter Regeln für Methoden und Verfahren zur Berechnung der Day-Ahead-, Intraday- und langfristigen Kapazität, Netzmodelle, Gebotszonenkonfiguration, Redispatch und Countertrading, Handelsalgorithmen, Day-Ahead- und Intraday-Marktkopplung, Verbindlichkeit der vergebenen zonenübergreifenden Kapazität, Verteilung der Engpasserlöse, Risikoabsicherung bei zonenübergreifender Übertragung, Nominierungsverfahren sowie Deckung der Kosten der Kapazitätsvergabe und des Engpassmanagements;
c) Regeln für den Handel in Bezug auf die technische und operative Bereitstellung der Netzzugangsdienste und den Ausgleich zwischen Netzen zur Umsetzung der Artikel 5, 6 und 17, einschließlich netzbezogener Regeln für die Reserveleistung, darunter Regeln für die Aufgaben und Zuständigkeiten, Plattformen für den Austausch von Regelarbeit, Zeitpunkte der Marktschließung, Anforderungen an Standard-Regelreserveprodukten und spezifische Regelreserveprodukte, Beschaffung von Regelreserve, Zuweisung grenzüberschreitender Übertragungskapazität für den Austausch von Regelreserve oder die Reserventeilung, Abrechnung von Regelarbeit, Abrechnung des Energieaustauschs zwischen Netzbetreibern, Abrechnung von Bilanzkreisabweichungen und Abrechnung von Regelleistung, Regeln für die Leis-

[1] Nr. **4**.

tungsfrequenzregelung, qualitätsbestimmende Frequenzparameter und Frequenzqualitätszielparameter, Frequenzhaltungsreserven, Frequenzwiederherstellungsreserven, Ersatzreserven, den Reservenaustausch und die Reserventeilung, grenzüberschreitende Aktivierung von Reserven, Zeitregelungsverfahren sowie die Transparenz der Informationen;

d) Regeln für die diskriminierungsfreie, transparente Erbringung nicht frequenzbezogener Systemdienstleistungen zur Umsetzung der Artikel 36, 40 und 54 der Richtlinie (EU) 2019/944[1)] darunter statische Spannungsregelung, Schwungmasse, dynamische Blindstromstützung, Schwungmasse für die Netzstabilität, Kurzschlussstrom, Schwarzstartfähigkeit und Fähigkeit zum Inselbetrieb;

e) Regeln für die Laststeuerung, einschließlich Aggregierung, Energiespeicherung und Lasteinschränkung zur Umsetzung der Artikel 17, 31, 32, 36, 40 und 54 der Richtlinie (EU) 2019/944[1)] sowie von Artikel 57 dieser Verordnung.

[2] Diese Durchführungsrechtsakte werden nach dem in Artikel 67 Absatz 2 vorgesehenen Prüfverfahren erlassen.

(2) Die Kommission ist gemäß Artikel 68 befugt, delegierte Rechtsakte zur Ergänzung dieser Verordnung durch Festlegung von Netzkodizes für die folgenden Bereiche zu erlassen:

a) Regeln für den Netzanschluss, einschließlich Regeln für den Anschluss von Verbrauchsanlagen mit Übertragungsnetzanschluss, Verteilernetzanlagen und Verteilernetzen mit Übertragungsnetzanschluss, Anschluss von Verbrauchseinheiten, die zur Erbringung von Laststeuerung genutzt werden, Netzanschlussbestimmungen für Stromerzeuger, Netzanschlussbestimmungen für Hochspannungsgleichstromübertragungssysteme (HGÜ-Systeme), Bestimmungen für nichtsynchrone Stromerzeugungsanlagen mit Gleichstromanbindung und erzeugungsseitige HGÜ-Stromrichterstationen sowie Betriebserlaubnisverfahren für den Netzanschluss;

b) Regeln für den Datenaustausch, die Abrechnung und die Transparenz, insbesondere in Bezug auf Transferkapazitäten für maßgebliche Zeithorizonte, Schätzungen und tatsächliche Werte für die Zuweisung und Nutzung von Übertragungskapazitäten, die Prognose und die tatsächliche Nachfrage von Anlagen und deren Aggregation, einschließlich der Nichtverfügbarkeit von Anlagen, die prognostizierte und die tatsächliche Erzeugung von Erzeugungseinheiten und deren Aggregation, einschließlich der Nichtverfügbarkeit von Einheiten, die Verfügbarkeit und Nutzung von Netzen, Maßnahmen des Engpassmanagements und Regelarbeitsmarktdaten; die Regeln sollten die Art und Weise, wie die Informationen veröffentlicht werden, den Zeitpunkt der Veröffentlichung und die für die Bearbeitung verantwortlichen Stellen umfassen;

c) Regeln für den Netzzugang Dritter;

d) operative Notzustand- und Wiederaufbauverfahren bei Notfällen, einschließlich Systemschutzplänen, Netzwiederaufbauplänen, Marktinteraktionen, Informationsaustausch und Kommunikation sowie Instrumenten und Anlagen;

[1)] Nr. **4**.

e) branchenspezifische Regeln für die Cybersicherheitsaspekte grenzüberschreitender Stromflüsse, einschließlich Regeln für gemeinsame Mindestanforderungen, Planung, Beobachtung, Berichterstattung und Krisenbewältigung.

(3) *[1]* Die Kommission stellt nach Anhörung von ACER, von ENTSO (Strom), der EU-VNBO und der anderen maßgeblichen Interessenträger alle drei Jahre eine Prioritätenliste auf, in der die in den Absätzen 1 und 2 genannten Bereiche aufgeführt werden, die in die Ausarbeitung der Netzkodizes einbezogen werden.

[2] Wenn der Gegenstand des Netzkodex unmittelbar mit dem Betrieb des Verteilernetzes zusammenhängt und für das Übertragungsnetz nicht unbedingt maßgeblich ist, kann die Kommission verlangen, dass die EU-VNBO in Zusammenarbeit mit ENTSO (Strom) einen Redaktionsausschuss einberuft und ACER einen Vorschlag für einen Netzkodex vorlegt.

(4) [1] Die Kommission beantragt bei ACER, ihr innerhalb einer angemessenen Frist von höchstens sechs Monaten nach Eingang des Antrags der Kommission eine nicht bindende Rahmenleitlinie (im Folgenden „Rahmenleitlinie“) vorzulegen, die präzise und objektive Grundsätze für die Entwicklung von Netzkodizes für die in der Prioritätenliste aufgeführten Bereiche enthält. [2] Der Antrag der Kommission kann Bedingungen enthalten, die in der Rahmenleitlinie zu berücksichtigen sind. [3] Jede Rahmenleitlinie muss zur Marktintegration, zur unterschiedslosen Behandlung, zu einem echten Wettbewerb und zum effizienten Funktionieren des Marktes beitragen. [4] Auf einen mit Gründen versehenen Antrag von ACER hin kann die Kommission die Frist zur Vorlage der Leitlinien verlängern.

(5) ACER führt über einen Zeitraum von mindestens zwei Monaten eine offene und transparente förmliche Anhörung von ENTSO (Strom), der EU-VNBO und anderer maßgeblicher Interessenträger zu der Rahmenleitlinie durch.

(6) ACER legt der Kommission eine nicht bindende Rahmenleitlinie vor, wenn sie gemäß Absatz 4 dazu aufgefordert wird.

(7) Trägt die Rahmenleitlinie nach Auffassung der Kommission nicht zur Marktintegration, zur unterschiedslosen Behandlung, zu einem echten Wettbewerb und zum effizienten Funktionieren des Marktes bei, so kann sie ACER auffordern, die Rahmenleitlinie innerhalb einer angemessenen Frist zu überarbeiten und erneut der Kommission vorzulegen.

(8) Legt ACER nicht innerhalb der von der Kommission nach Absatz 4 oder Absatz 7 gesetzten Frist eine Rahmenleitlinie erstmals oder erneut vor, so arbeitet die Kommission diese Rahmenleitlinie aus.

(9) Die Kommission fordert ENTSO (Strom) oder – sofern dies in der Prioritätenliste nach Absatz 3 entsprechend festgelegt wurde – die EU-VNBO in Zusammenarbeit mit ENTSO (Strom) auf, ACER innerhalb einer angemessenen Frist von höchstens zwölf Monaten nach Eingang der Aufforderung der Kommission einen Vorschlag für einen Netzkodex vorzulegen, der der einschlägigen Rahmenleitlinie entspricht.

(10) [1] ENTSO (Strom) oder – sofern dies in der Prioritätenliste nach Absatz 3 entsprechend festgelegt wurde – die EU-VNBO in Zusammenarbeit mit ENTSO (Strom) beruft einen Redaktionsausschuss ein, der ENTSO (Strom) bzw.

die EU-VNBO im Verfahren der Ausarbeitung des Netzkodex unterstützt. [2]Der Redaktionsausschuss besteht aus Vertretern von ACER, von ENTSO (Strom), der EU-VNBO (soweit angebracht) und der NEMO (soweit angebracht) sowie einer begrenzten Zahl der wichtigsten betroffenen Interessenträger. [3]ENTSO (Strom) oder – sofern dies in der Prioritätenliste nach Absatz 3 entsprechend festgelegt wurde – die EU-VNBO in Zusammenarbeit mit ENTSO (Strom) arbeitet auf Aufforderung durch die Kommission gemäß Absatz 9 Vorschläge für Netzkodizes für die in den Absätzen 1 und 2 des vorliegenden Artikels genannten Bereiche aus.

(11) [1]ACER überarbeitet den vorgeschlagenen Netzkodex und sorgt dafür, dass der anzunehmende Netzkodex der einschlägigen Rahmenleitlinie entspricht und zur Marktintegration, zur unterschiedslosen Behandlung, zu einem echten Wettbewerb und zum effizienten Funktionieren des Marktes beiträgt, und legt den überarbeiteten Netzkodex binnen sechs Monaten nach dem Eingang des Vorschlags der Kommission vor. [2]ACER trägt in dem der Kommission vorgelegten Vorschlag den Ansichten aller Akteure Rechnung, die an der von ENTSO (Strom) oder der EU-VNBO geleiteten Ausarbeitung des Vorschlags beteiligt waren, und führt zu der bei der Kommission einzureichenden Fassung eine Konsultation der maßgeblichen Interessenträger durch.

(12) [1]Ist ENTSO (Strom) oder die EU-VNBO außerstande, innerhalb der von der Kommission nach Absatz 9 gesetzten Frist einen Netzkodex auszuarbeiten, so kann die Kommission ACER auffordern, auf der Grundlage der einschlägigen Rahmenleitlinie den Entwurf eines Netzkodex auszuarbeiten. [2]ACER kann, während sie diesen Entwurf ausarbeitet, eine weitere Anhörung einleiten. [3]ACER legt den nach diesem Absatz ausgearbeiteten Entwurf eines Netzkodex der Kommission vor und kann ihr dessen Annahme empfehlen.

(13) Die Kommission kann von sich aus, wenn ENTSO (Strom) oder die EU-VNBO keinen Netzkodex ausgearbeitet hat oder ACER keinen Entwurf eines Netzkodex gemäß Absatz 12 ausgearbeitet hat, oder auf Vorschlag von ACER gemäß Absatz 11 einen oder mehrere Netzkodizes für die in den Absätzen 1 und 2 aufgeführten Bereiche erlassen.

(14) Plant die Kommission, von sich aus einen Netzkodex zu erlassen, so konsultiert sie ACER, ENTSO (Strom) und alle maßgeblichen Interessenträger innerhalb eines Zeitraums von mindestens zwei Monaten zu dem Entwurf eines Netzkodex.

(15) [1]Dieser Artikel berührt nicht das Recht der Kommission, die Leitlinien gemäß Artikel 61 zu erlassen und zu ändern. [2]Davon unberührt bleibt auch die Möglichkeit von ENTSO (Strom), in den in den Absätzen 1 und 2 genannten Bereichen nicht bindende Leitlinien auszuarbeiten, sofern diese Leitlinien nicht die Bereiche betreffen, für die die Kommission eine Aufforderung an ENTSO (Strom) gerichtet hat. [3]Diese Leitlinien werden ACER von ENTSO (Strom) zur Stellungnahme zugeleitet; ENTSO (Strom) trägt dieser Stellungnahme gebührend Rechnung.

Art. 60 Änderung von Netzkodizes. (1) [1]Die Kommission ist befugt die Netzkodizes in den in Artikel 59 Absätze 1 und 2 genannten Bereichen nach dem jeweils einschlägigen Verfahren dieses Artikels zu ändern. [2]Änderungen können gemäß den Absätzen 2 bis 3 des vorliegenden Artikels auch von ACER vorgeschlagen werden.

(2) [1] Entwürfe zur Änderung eines gemäß Artikel 59 angenommenen Netzkodex können ACER von Personen vorgeschlagen werden, die wahrscheinlich ein Interesse an diesem Netzkodex haben, wozu unter anderem ENTSO (Strom), die EU-VNBO, die Regulierungsbehörden, Verteilernetz- und Übertragungsnetzbetreiber, Netznutzer und Verbraucher zählen. [2] Auch ACER kann von sich aus Änderungen vorschlagen.

(3) [1] ACER kann der Kommission mit Gründen versehene Änderungsvorschläge unterbreiten, wobei sie erläutert, inwieweit die Vorschläge mit den Zielen der Netzkodizes nach Artikel 59 Absatz 3 dieser Verordnung übereinstimmen. [2] Sofern sie einen Änderungsvorschlag für zulässig erachtet oder Änderungen von ihr selbst vorgeschlagen werden, konsultiert ACER alle Interessenträger in Übereinstimmung mit Artikel 14 der Verordnung (EU) 2019/942[1)].

Art. 61 Leitlinien. (1) Die Kommission ist befugt, in den in diesem Artikel aufgeführten Bereichen verbindliche Leitlinien zu verabschieden.

(2) [1] Die Kommission ist befugt, Leitlinien in den Bereichen zu erlassen, in denen solche Rechtsakte auch nach dem Verfahren zur Festlegung von Netzkodizes gemäß Artikel 59 Absätze 1 und 2 entwickelt werden könnten. [2] Diese Leitlinien werden, je nach der maßgeblichen Befugnisübertragung nach dieser Verordnung, in Form von delegierten Rechtsakten oder Durchführungsrechtsakten erlassen.

(3) [1] Die Kommission ist befugt, gemäß Artikel 68 delegierte Rechtsakte zur Ergänzung dieser Verordnung durch Leitlinien für den Ausgleichsmechanismus zwischen Übertragungsnetzbetreibern zu erlassen. [2] In diesen Leitlinien wird entsprechend den in den Artikeln 18 und 49 niedergelegten Grundsätzen Folgendes geregelt:

a) Einzelheiten des Verfahrens zur Ermittlung der zu Ausgleichszahlungen für grenzüberschreitende Stromflüsse verpflichteten Übertragungsnetzbetreiber, einschließlich der Aufteilung zwischen den Betreibern von nationalen Übertragungsnetzen, aus denen grenzüberschreitende Stromflüsse stammen, und von Netzen, in denen diese Stromflüsse enden, gemäß Artikel 49 Absatz 2;
b) Einzelheiten des einzuhaltenden Zahlungsverfahrens einschließlich der Festlegung des ersten Zeitraums, für den Ausgleichszahlungen zu leisten sind, gemäß Artikel 49 Absatz 3 Unterabsatz 2;
c) Einzelheiten der Methoden für die Bestimmung der durchgeleiteten grenzüberschreitenden Stromflüsse, für die nach Artikel 49 Ausgleichszahlungen zu leisten sind, sowohl hinsichtlich der Mengen als auch der Art der Stromflüsse, und für die nach Artikel 49 Absatz 5 durchzuführende Feststellung der Größe dieser Stromflüsse, die aus Übertragungsnetzen einzelner Mitgliedstaaten stammen bzw. dort enden;
d) Einzelheiten der Methode für die Ermittlung des Nutzens und der Kosten, die infolge der Durchleitung grenzüberschreitender Stromflüsse entstanden sind, gemäß Artikel 49 Absatz 6;
e) Einzelheiten der Behandlung von Stromflüssen, die aus Ländern außerhalb des Europäischen Wirtschaftsraums stammen oder in diesen Ländern enden,

---

1) Nr. 7.

im Rahmen des Ausgleichsmechanismus zwischen Übertragungsnetzbetreibern;

f) Beteiligung nationaler, durch Gleichstromleitungen miteinander verbundener Netze gemäß Artikel 49.

(4) *[1]* [1] Erforderlichenfalls kann die Kommission Durchführungsrechtsakte erlassen, mit denen Leitlinien festgelegt werden, die das zur Verwirklichung der Ziele dieser Verordnung erforderliche Mindestmaß an Harmonisierung bewirken. [2] Diese Leitlinien regeln überdies Folgendes:

a) Einzelheiten der Regeln für den Stromhandel zur Umsetzung von Artikel 6 der Richtlinie (EU) 2019/944[1)] und der Artikel 5 bis 10, 13 bis 17, 35, 36 und 37 der vorliegenden Verordnung;

b) Einzelheiten der Regeln für Investitionsanreize für Verbindungsleitungskapazitäten einschließlich ortsabhängiger Preissignale zur Umsetzung von Artikel 19.

[2] Diese Durchführungsrechtsakte werden gemäß dem in Artikel 67 Absatz 2 genannten Prüfverfahren erlassen.

(5) *[1]* [1] Die Kommission kann im Rahmen von Durchführungsrechtsakten Leitlinien für die operative Koordinierung der Übertragungsnetzbetreiber auf Unionsebene erlassen. [2] Diese Leitlinien sind mit den Netzkodizes gemäß Artikel 59 vereinbar und beruhen auf diesen Netzkodizes und den angenommenen Spezifikationen gemäß Artikel 30 Absatz 1 Buchstabe i. [3] Beim Erlass dieser Leitlinien trägt die Kommission den regional und national unterschiedlichen operativen Anforderungen Rechnung.

[2] Diese Durchführungsrechtsakte werden nach dem in Artikel 67 Absatz 2 genannten Prüfverfahren erlassen.

(6) Bei Erlass oder Änderung von Leitlinien konsultiert die Kommission ACER, ENTSO (Strom), die EU-VNBO und erforderlichenfalls weitere Interessenträger.

Art. 62[2)] Recht der Mitgliedstaaten, detailliertere Maßnahmen vorzusehen. Diese Verordnung lässt das Recht der Mitgliedstaaten unberührt, Maßnahmen beizubehalten oder einzuführen, die detailliertere Bestimmungen als diese Verordnung, die Leitlinien nach Artikel 61 oder die Netzkodizes nach Artikel 59 enthalten, sofern diese Maßnahmen mit dem Unionsrecht vereinbar sind.

Kapitel VIII. Schlussbestimmungen

Art. 63 Neue Verbindungsleitungen. (1) Neue Gleichstromverbindungsleitungen können unter folgenden Voraussetzungen auf Antrag für eine begrenzte Dauer von Artikels 19 Absätze 2 und 3 dieser Verordnung und der Artikel 6, 43, Artikel 59 Absatz 7 und Artikel 60 Absatz 1 der Richtlinie (EU) 2019/944[1)] ausgenommen werden:

---

1) Nr. 4.
2) Zum Geltungsbeginn vgl. Art. 71 Abs. 2 UAbs. 2.

a) Durch die Investition wird der Wettbewerb in der Stromversorgung verbessert.

b) Das mit der Investition verbundene Risiko ist so hoch, dass die Investition ohne die Gewährung einer Ausnahme nicht getätigt würde.

c) Die Verbindungsleitung muss Eigentum einer natürlichen oder juristischen Person sein, die zumindest der Rechtsform nach von den Netzbetreibern getrennt ist, in deren Netzen die entsprechende Verbindungsleitung gebaut wird.

d) Von den Nutzern dieser Verbindungsleitung werden Entgelte verlangt.

e) Seit der Teilmarktöffnung gemäß Artikel 19 der Richtlinie 96/92/EG des Europäischen Parlaments und des Rates[1)] dürfen keine Anteile der Kapital- oder Betriebskosten der Verbindungsleitung über irgendeine Komponente der Entgelte für die Nutzung der Übertragungs- oder Verteilernetze, die durch diese Verbindungsleitung miteinander verbunden werden, gedeckt worden sein.

f) Die Ausnahme darf sich nicht nachteilig auf den Wettbewerb oder das echte Funktionieren des Elektrizitätsbinnenmarkts oder das effiziente Funktionieren des regulierten Netzes auswirken, an das die Verbindungsleitung angeschlossen ist.

(2) Absatz 1 gilt in Ausnahmefällen auch für Wechselstromverbindungsleitungen, sofern die Kosten und die Risiken dieser Investition im Vergleich zu den Kosten und Risiken, die normalerweise bei einer Verbindung zweier benachbarter nationaler Übertragungsnetze durch eine Wechselstromverbindungsleitung auftreten, besonders hoch sind.

(3) Absatz 1 gilt auch für erhebliche Kapazitätserhöhungen bei vorhandenen Verbindungsleitungen.

(4) *[1]* [1] Die Entscheidung über die Gewährung von Ausnahmen nach den Absätzen 1, 2 und 3 wird in jedem Einzelfall von den Regulierungsbehörden der betroffenen Mitgliedstaaten getroffen. [2] Eine Ausnahme kann sich auf die Gesamtkapazität oder nur einen Teil der Kapazität der neuen Verbindungsleitung oder der vorhandenen Verbindungsleitung mit erheblich erhöhter Kapazität erstrecken.

[2] [1] Binnen zwei Monaten ab Erhalt des Antrags auf eine Ausnahme durch die letzte betroffene Regulierungsbehörde kann ACER diesen Regulierungsbehörden eine Stellungnahme übermitteln. [2] Die Regulierungsbehörden können ihre Entscheidung auf Grundlage dieser Stellungnahme fällen.

[3] [1] Bei der Entscheidung über die Gewährung einer Ausnahme wird von den Regulierungsbehörden in jedem Einzelfall der Notwendigkeit Rechnung getragen, Bedingungen für die Dauer der Ausnahme und die diskriminierungsfreie Gewährung des Zugangs zu der Verbindungsleitung aufzuerlegen. [2] Bei der Entscheidung über diese Bedingungen werden von den Regulierungsbehörden insbesondere die neu zu schaffende Kapazität oder die Änderung der bestehenden Kapazität, der Zeitrahmen des Vorhabens und die nationalen Gegebenheiten berücksichtigt.

[1)] **Amtl. Anm.:** Richtlinie 96/92/EG des Europäischen Parlaments und des Rates vom 19. Dezember 1996 betreffend gemeinsame Vorschriften für den Elektrizitätsbinnenmarkt (ABl. L 27 vom 30.1. 1997, S. 20).

[4] [1] Vor der Gewährung einer Ausnahme entscheiden die Regulierungsbehörden der betroffenen Mitgliedstaaten über die Regeln und Mechanismen für das Kapazitätsmanagement und die Kapazitätsvergabe. [2] Die Regeln für das Engpassmanagement müssen die Verpflichtung einschließen, ungenutzte Kapazitäten auf dem Markt anzubieten, und die Nutzer der Infrastruktur müssen das Recht erhalten, ihre kontrahierten Kapazitäten auf dem Sekundärmarkt zu handeln. [3] Bei der Bewertung der in Absatz 1 Buchstaben a, b und f genannten Kriterien werden die Ergebnisse des Kapazitätsvergabeverfahrens berücksichtigt.

[5] Haben alle betroffenen Regulierungsbehörden binnen sechs Monaten nach Eingang des Antrags eine Einigung über die Entscheidung zur Gewährung einer Ausnahme erzielt, unterrichten sie ACER über diese Entscheidung.

[6] Die Entscheidung zur Gewährung einer Ausnahme – einschließlich der in Unterabsatz 3 genannten Bedingungen – ist ordnungsgemäß zu begründen und zu veröffentlichen.

(5) *[1]* Die in Absatz 4 genannten Entscheidungen werden von ACER getroffen,

a) wenn alle betroffenen nationalen Regulierungsbehörden binnen sechs Monaten ab dem Tag, an dem die letzte dieser Regulierungsbehörden mit dem Antrag auf eine Ausnahme befasst wurde, keine Einigung erzielen konnten oder

b) wenn ein gemeinsamer Antrag der betroffenen nationalen Regulierungsbehörden vorliegt.

[2] Vor ihrer Entscheidung konsultiert ACER die betroffenen Regulierungsbehörden und die Antragsteller.

(6) [1] Ungeachtet der Absätze 4 und 5 können die Mitgliedstaaten jedoch vorsehen, dass die Regulierungsbehörde bzw. ACER ihre Stellungnahme zu dem Antrag auf Gewährung einer Ausnahme der maßgeblichen Stelle des Mitgliedstaats zur förmlichen Entscheidung vorlegt. [2] Diese Stellungnahme wird zusammen mit der Entscheidung veröffentlicht.

(7) [1] Eine Abschrift aller Anträge auf Ausnahme wird von den Regulierungsbehörden unverzüglich nach ihrem Eingang ACER und der Kommission zur Unterrichtung übermittelt. [2] Die Entscheidung wird zusammen mit allen für die Entscheidung maßgeblichen Informationen von den betroffenen Regulierungsbehörden oder ACER („meldende Stellen“) der Kommission gemeldet. [3] Diese Informationen können der Kommission in Form einer Zusammenfassung übermittelt werden, die der Kommission eine fundierte Entscheidung ermöglicht. [4] Die Informationen müssen insbesondere Folgendes enthalten:

a) eine ausführliche Angabe der Gründe, aus denen die Ausnahme gewährt oder abgelehnt wurde, einschließlich der finanziellen Informationen, auf deren Grundlage die Notwendigkeit der Ausnahme gerechtfertigt ist;

b) eine Untersuchung bezüglich der Auswirkungen der Gewährung der Ausnahme auf den Wettbewerb und das tatsächliche Funktionieren des Elektrizitätsbinnenmarkts;

c) eine Begründung der Geltungsdauer der Ausnahme sowie des Anteils an der Gesamtkapazität der jeweiligen Verbindungsleitung, für die die Ausnahme gewährt wird, und

d) das Ergebnis der Konsultation der betroffenen Regulierungsbehörden.

(8) *[1]* [1]Die Kommission kann innerhalb eines Zeitraums von 50 Arbeitstagen ab dem Tag nach dem Eingang einer Meldung gemäß Absatz 7 beschließen, von den meldenden Stellen die Änderung oder den Widerruf der Entscheidung über die Gewährung der Ausnahme zu verlangen. [2]Die Frist von 50 Arbeitstagen kann um weitere 50 Arbeitstage verlängert werden, wenn die Kommission zusätzliche Informationen anfordert. [3]Diese weitere Frist beginnt am Tag nach dem Eingang der vollständigen Informationen. [4]Die ursprüngliche Frist kann ferner mit Zustimmung sowohl der Kommission als auch der meldenden Stellen verlängert werden.

[2] Wenn die angeforderten Informationen nicht innerhalb der in der Aufforderung der Kommission festgesetzten Frist vorgelegt werden, gilt die Meldung als widerrufen, es sei denn, diese Frist wird mit Zustimmung sowohl der Kommission als auch der meldenden Stellen vor ihrem Ablauf verlängert, oder die meldenden Stellen unterrichten die Kommission vor Ablauf der festgesetzten Frist in einer ordnungsgemäß mit Gründen versehenen Erklärung davon, dass sie die Meldung als vollständig betrachten.

[3] Die meldenden Stellen kommen einem Beschluss der Kommission zur Änderung oder zum Widerruf der Entscheidung über die Gewährung einer Ausnahme innerhalb eines Monats nach Erhalt nach und setzen die Kommission davon in Kenntnis.

[4] Die Kommission wahrt die Vertraulichkeit von Geschäftsinformationen.

[5] Die von der Kommission erteilte Genehmigung einer Entscheidung zur Gewährung einer Ausnahme wird zwei Jahre nach ihrer Erteilung unwirksam, wenn mit dem Bau der Verbindungsleitung zu diesem Zeitpunkt noch nicht begonnen worden ist, und sie wird fünf Jahre nach ihrer Erteilung unwirksam, wenn die Verbindungsleitung zu diesem Zeitpunkt nicht in Betrieb genommen worden ist, es sei denn, die Kommission entscheidet auf der Grundlage eines mit Gründen versehenen Antrags der meldenden Stellen, dass eine Verzögerung auf schwerwiegende administrative Hindernisse zurückzuführen ist, auf die die Person, der die Ausnahme gewährt wurde, keinen Einfluss hat.

(9) [1]Beschließen die Regulierungsbehörden der betroffenen Mitgliedstaaten, eine Entscheidung über eine Ausnahme zu ändern, so übermitteln sie diese Entscheidung zusammen mit allen für die Entscheidung maßgeblichen Informationen unverzüglich der Kommission. [2]Unter Berücksichtigung der Besonderheiten der bestehenden Ausnahme gelten die Absätze 1 bis 8 für diese Entscheidung über die Änderung einer Entscheidung über eine Ausnahme.

(10) Die Kommission kann auf Antrag oder von Amts wegen das Verfahren über einen Antrag auf Gewährung einer Ausnahme wieder aufnehmen,

a) wenn sich – unter gebührender Berücksichtigung der berechtigten Erwartungen der Parteien und des mit der ursprünglichen Entscheidung zur Gewährung einer Ausnahme erzielten wirtschaftlichen Gleichgewichts – die tatsächlichen Verhältnisse in einem für die Entscheidung wichtigen Punkt geändert haben,

b) wenn die beteiligten Unternehmen ihre Verpflichtungen nicht einhalten oder

c) wenn die Entscheidung auf unvollständigen, unrichtigen oder irreführenden Angaben der Parteien beruht.

(11) Die Kommission ist befugt, gemäß Artikel 68 delegierte Rechtsakte zur Ergänzung dieser Verordnung durch Verabschiedung von Leitlinien für die Anwendung der Bedingungen gemäß Absatz 1 und für die Festlegung des zur Anwendung der Absätze 4 und 7 bis 10 einzuhaltenden Verfahrens zu erlassen.

Art. 64 Freistellungen. (1) *[1]* Die Mitgliedstaaten können Freistellungen von den einschlägigen Bestimmungen der Artikel 3 und 6, des Artikels 7 Absatz 1, des Artikels 8 Absätze 1 und 4, der Artikel 9, 10 und 11, 14 bis 17, Artikel 19 bis 27, Artikel 35 bis 47 und Artikels 51 beantragen, und zwar in folgenden Fällen:

a) Der jeweilige Mitgliedstaat kann nachweisen, dass beim Betrieb kleiner isolierter sowie verbundener Netze erhebliche Probleme auftreten;

b) Es geht um Ausnahmen für Gebiete in äußerster Randlage im Sinne des Artikels 349 AEUV, die aus offensichtlichen physikalischen Gründen nicht an den Energiemarkt der Union angebunden werden können.

[2] In dem in Unterabsatz 1 Buchstabe a genannten Fall ist die Freistellung befristet und an Bedingungen geknüpft, die einen verstärkten Wettbewerb und eine stärkere Integration in den Elektrizitätsbinnenmarkt zum Ziel haben.

[3] In dem in Unterabsatz 1 Buchstabe b genannten Fall ist die Freistellung nicht befristet.

[4] Die Kommission unterrichtet vor einer entsprechenden Entscheidung die Mitgliedstaaten unter Wahrung der Vertraulichkeit von Geschäftsinformationen über diese Anträge.

[5] [1] Eine nach diesem Artikel gewährte Freistellung hat zum Ziel sicherzustellen, dass der Übergang zur Erzeugung von Energie aus erneuerbaren Quellen durch die Ausnahme ebenso wenig behindert wird wie der Übergang zu mehr Flexibilität, Energiespeicherung, Elektromobilität und *Laststeuerung.*[1)]

[6] Bei der Gewährung einer Freistellung bringt die Kommission in ihrer Entscheidung zum Ausdruck, inwiefern in der Freistellung die Anwendung der Netzkodizes und der Leitlinien berücksichtigt werden muss.

(2) *[1]* Die Artikel 3, 5 und 6, Artikel 7 Absatz 1 und Absatz 2 Buchstaben c und g, die Artikel 8 bis 17, Artikel 18 Absätze 5 und 6, Artikel 19 und 20, Artikel 21 Absätze 1, 2 und 4 bis 8, Artikel 22 Absatz 1 Buchstabe c, Artikel 22 Absatz 2 Buchstaben b und c, Artikel 22 Absatz 2 Unterabsatz 2, Artikel 23 bis 27, Artikel 34 Absätze 1, 2 und 3, Artikel 35 bis 47, Artikel 48 Absatz 2, Artikel 49 und 51 gelten nicht für Zypern, bis sein Übertragungsnetz über Verbindungsleitungen an Übertragungsnetze anderer Mitgliedstaaten angeschlossen ist.

[2] [1] Ist Zyperns Übertragungsnetz am 1. Januar 2026 immer noch nicht über Verbindungsleitungen an Übertragungsnetze anderer Mitgliedstaaten angeschlossen, so bewertet Zypern, ob eine Freistellung von diesen Bestimmungen weiter notwendig ist, und kann bei der Kommission eine Verlängerung der Freistellung beantragen. [2] Die Kommission bewertet, ob die Gefahr besteht,

---

[1)] Amtlicher Wortlaut an dieser Stelle: „Laststeuerung. Geschäftsinformationen"

dass die Anwendung der einschlägigen Bestimmungen erhebliche Probleme für den Betrieb des Stromsystems in Zypern verursacht, oder ob sich ihre Anwendung in Zypern voraussichtlich vorteilhaft auf das Funktionieren des Marktes auswirkt. [3] Auf der Grundlage dieser Bewertung erlässt die Kommission einen begründeten Beschluss über eine vollständige oder teilweise Verlängerung der Freistellung. [4] Der Beschluss wird im *Amtsblatt der Europäischen Union* veröffentlicht.

(3) Diese Verordnung berührt nicht die Anwendung der Freistellungen gemäß Artikel 66 der Richtlinie (EU) 2019/944[1)].

(4) In Bezug auf die Verwirklichung des Verbundziels für 2030 gemäß der Verordnung (EU) 2018/1999[2)] wird die Stromverbindung zwischen Malta und Italien gebührend berücksichtigt.

Art. 65 Übermittlung von Informationen und Vertraulichkeit.

(1) *[1]* Die Mitgliedstaaten und die Regulierungsbehörden übermitteln der Kommission auf Anforderung alle für die Zwecke der Durchsetzung der Verordnung erforderlichen Informationen.

[2] Unter Berücksichtigung der Komplexität der angeforderten Informationen und der Dringlichkeit, setzt die Kommission eine angemessene Frist für die Übermittlung der Informationen.

(2) *[1]* Wenn der betroffene Mitgliedstaat oder die betroffene Regulierungsbehörde die in Absatz 1 genannten Informationen nicht innerhalb der Frist gemäß Absatz 1 übermittelt, kann die Kommission alle Informationen, die für die Zwecke der Durchsetzung der Verordnung erforderlich sind, unmittelbar von den jeweiligen Unternehmen anfordern.

[2] Fordert die Kommission von einem Unternehmen Informationen an, so übermittelt sie den Regulierungsbehörden des Mitgliedstaats, in dessen Hoheitsgebiet sich der Sitz des Unternehmens befindet, gleichzeitig eine Abschrift dieser Anforderung.

(3) In ihrer Anforderung nach Absatz 1 gibt die Kommission die Rechtsgrundlage, die Frist für die Übermittlung der Informationen, den Zweck der Anforderung sowie die in Artikel 66 Absatz 2 für den Fall der Erteilung unrichtiger, unvollständiger oder irreführender Auskünfte vorgesehenen Sanktionen an.

(4) [1] Die Inhaber der Unternehmen oder ihre Vertreter und bei juristischen Personen die nach Gesetz oder Satzung zu ihrer Vertretung bevollmächtigten natürlichen Personen erteilen die verlangten Auskünfte. [2] Wenn ordnungsgemäß bevollmächtigte Rechtsanwälte die Auskünfte im Auftrag ihres Mandanten erteilen, haftet der Mandant in vollem Umfang, falls die erteilten Auskünfte unvollständig, unrichtig oder irreführend sind.

(5) *[1]* [1] Wird eine von einem Unternehmen verlangte Auskunft innerhalb einer von der Kommission gesetzten Frist nicht oder nicht vollständig erteilt, so kann die Kommission die Information durch Entscheidung anfordern. [2] In dieser Entscheidung werden die angeforderten Informationen bezeichnet und eine angemessene Frist für ihre Übermittlung bestimmt. [3] Sie enthält einen

---

[1)] Nr. **4**.
[2)] Nr. **6**.

Hinweis auf die in Artikel 66 Absatz 2 vorgesehenen Sanktionen. [4] Sie enthält ferner einen Hinweis auf das Recht, vor dem Gerichtshof der Europäischen Union gegen die Entscheidung Klage zu erheben.

[2] Die Kommission übermittelt den Regulierungsbehörden des Mitgliedstaats, in dessen Hoheitsgebiet die Person ihren Wohnsitz oder das Unternehmen seinen Sitz hat, gleichzeitig eine Abschrift ihrer Entscheidung.

(6) *[1]* Die in den Absätzen 1 und 2 genannten Informationen werden nur für die Zwecke der Durchsetzung der Verordnung verwendet.

[2] Die Kommission darf die Informationen, die ihrem Wesen nach unter das Geschäftsgeheimnis fallen und die sie im Rahmen dieser Verordnung erhalten hat, nicht offenlegen.

Art. 66 Sanktionen. (1) [1] Die Mitgliedstaaten legen unbeschadet des Absatzes 2 dieses Artikels fest, welche Sanktionen bei einem Verstoß gegen diese Verordnung, die nach Artikel 59 verabschiedeten Netzkodizes und die nach Artikel 61 verabschiedeten Leitlinien zu verhängen sind, und treffen alle zur Durchsetzung dieser Sanktionen erforderlichen Maßnahmen. [2] Die vorgesehenen Sanktionen müssen wirksam, verhältnismäßig und abschreckend sein. [3] Mitgliedstaaten setzten die Kommission unverzüglich über diese Vorschriften und Maßnahmen, und anschließende Änderungen derselben in Kenntnis.

(2) [1] Die Kommission kann Unternehmen durch Entscheidung Geldbußen bis zu einem Höchstbetrag von 1 % des im vorausgegangenen Geschäftsjahr erzielten Gesamtumsatzes auferlegen, wenn sie vorsätzlich oder fahrlässig bei der Erteilung einer nach Artikel 65 Absatz 3 verlangten Auskunft unrichtige, unvollständige oder irreführende Angaben machen oder die Angaben nicht innerhalb der in einer Entscheidung nach Artikel 65 Absatz 5 Unterabsatz 1 gesetzten Frist machen. [2] Bei der Festsetzung der Höhe der Geldbuße berücksichtigt die Kommission die Schwere der Nichteinhaltung der Anforderungen des Absatzes 1 dieses Artikels.

(3) Sanktionen nach Absatz 1 und sämtliche Entscheidungen nach Absatz 2 sind nicht strafrechtlicher Art.

Art. 67 Ausschussverfahren. (1) [1] Die Kommission wird von dem durch Artikel 68 der Richtlinie (EU) 2019/944[1)] eingesetzten Ausschuss unterstützt. [2] Dieser Ausschuss ist ein Ausschuss im Sinne der Verordnung (EU) Nr. 182/2011.

(2) Wird auf diesen Absatz Bezug genommen, so gilt Artikel 5 der Verordnung (EU) Nr. 182/2011.

Art. 68 Ausübung der Befugnisübertragung. (1) Die Befugnis zum Erlass delegierter Rechtsakte wird der Kommission unter den in diesem Artikel festgelegten Bedingungen übertragen.

(2) [1] Die Befugnis zum Erlass delegierter Rechtsakte gemäß Artikel 34 Absatz 3, Artikel 49 Absatz 4, Artikel 59 Absatz 2, Artikel 61 Absatz 2 und Artikel 63 Absatz 11 wird der Kommission bis zum 31. Dezember 2028 übertragen. [2] Die Kommission erstellt spätestens neun Monate vor Ablauf dieses Zeitraums und, falls zutreffend, vor Ablauf der folgenden Zeiträume einen

---

1) Nr. 4.

Bericht über die Befugnisübertragung. [3] Die Befugnisübertragung verlängert sich stillschweigend um Zeiträume von jeweils acht Jahren, es sei denn, das Europäische Parlament oder der Rat widersprechen einer solchen Verlängerung spätestens drei Monate vor Ablauf des jeweiligen Zeitraums.

(3) [1] Die Befugnisübertragung gemäß Artikel 34 Absatz 3, Artikel 49 Absatz 4, Artikel 59 Absatz 2, Artikel 61 Absatz 2 und Artikel 63 Absatz 11 kann vom Europäischen Parlament oder vom Rat jederzeit widerrufen werden. [2] Der Beschluss über den Widerruf beendet die Übertragung der in diesem Beschluss angegebenen Befugnis. [3] Er wird am Tag nach seiner Veröffentlichung im *Amtsblatt der Europäischen Union* oder zu einem im Beschluss über den Widerruf angegebenen späteren Zeitpunkt wirksam. [4] Die Gültigkeit von delegierten Rechtsakten, die bereits in Kraft sind, wird von dem Beschluss über den Widerruf nicht berührt.

(4) Vor dem Erlass eines delegierten Rechtsakts konsultiert die Kommission die von den einzelnen Mitgliedstaaten benannten Sachverständigen im Einklang mit den in der Interinstitutionellen Vereinbarung über bessere Rechtsetzung vom 13. April 2016 enthaltenen Grundsätzen.

(5) Sobald die Kommission einen delegierten Rechtsakt erlässt, übermittelt sie ihn gleichzeitig dem Europäischen Parlament und dem Rat.

(6) [1] Ein delegierter Rechtsakt, der gemäß Artikel 34 Absatz 3, Artikel 49 Absatz 4, Artikel 59 Absatz 2, Artikel 61 Absatz 2 und Artikel 63 Absatz 11 erlassen wurde, tritt nur in Kraft, wenn weder das Europäische Parlament noch der Rat innerhalb einer Frist von zwei Monaten nach Übermittlung dieses Rechtsakts an das Europäische Parlament und den Rat Einwände erhoben haben oder wenn vor Ablauf dieser Frist das Europäische Parlament und der Rat beide der Kommission mitgeteilt haben, dass sie keine Einwände erheben werden. [2] Auf Initiative des Europäischen Parlaments oder des Rates wird diese Frist um zwei Monate verlängert.

Art. 69 Überprüfung und Berichte der Kommission. (1) *[1]* Bis zum 1. Juli 2025 überprüft die Kommission die geltenden Netzkodizes und Leitlinien, um zu bewerten, welche der darin enthaltenen Bestimmungen auf angemessene Weise in Rechtsakte der Union über den Elektrizitätsbinnenmarkt aufgenommen werden könnten und wie, die Befugnisübertragungen für Netzkodizes und Leitlinien gemäß den Artikeln 59 und 61 überarbeitetet werden könnten.

[2] Die Kommission übermittelt dem Europäischen Parlament und dem Rat bis zum selben Tag einen ausführlichen Bericht über ihre Bewertung.

[3] Auf der Grundlage dieser Bewertung legt die Kommission gegebenenfalls bis zum 31. Dezember 2026 Legislativvorschläge vor.

(2) Bis zum 31. Dezember 2030 prüft die Kommission diese Verordnung und legt dem Europäischen Parlament und dem Rat aufgrund dieser Überprüfung einen Bericht, gegebenenfalls unter Beifügung von Legislativvorschlägen, vor.

Art. 70 Aufhebung. [1] Die Verordnung (EG) Nr. 714/2009 wird aufgehoben. [2] Bezugnahmen auf die aufgehobene Verordnung gelten als Bezugnahmen auf die vorliegende Verordnung und sind nach Maßgabe der Entsprechungstabelle in Anhang II zu lesen.

Art. 71 Inkrafttreten. (1) Diese Verordnung tritt am zwanzigsten Tag nach ihrer Veröffentlichung[1] im *Amtsblatt der Europäischen Union* in Kraft.

(2) *[1]* Sie gilt ab dem 1. Januar 2020.

[2] [1] Ungeachtet Unterabsatz 1 gelten Artikel 14, 15, 35, 36 und 62 ab dem Tag, an dem diese Verordnung in Kraft tritt. [2] Für den Zweck der Umsetzung von Artikel 14 Absatz 7 und Artikel 15 Absatz 2 gilt Artikel 16 auch ab diesem Tag.

Diese Verordnung ist in allen ihren Teilen verbindlich und gilt unmittelbar in jedem Mitgliedstaat.

Anhang I. Aufgaben der regionalen Koordinierungszentren

1. Koordinierte Kapazitätsberechnung

1.1. Die regionalen Koordinierungszentren führen die koordinierten Berechnungen der zonenübergreifenden Kapazitäten durch.

1.2 Die koordinierte Kapazitätsberechnung erfolgt für den Day-Ahead- und den Intraday-Zeitbereich.

1.3 Die koordinierte Kapazitätsberechnung erfolgt auf der Grundlage der Methoden, die gemäß der auf der Grundlage des Artikels 18 Absatz 5 der Verordnung (EG) Nr. 714/2009 angenommenen Leitlinie für die Kapazitätsvergabe und das Engpassmanagement ausgearbeitet wurden.

1.4 Die koordinierte Kapazitätsberechnung erfolgt auf der Grundlage eines gemeinsamen Netzmodells im Einklang mit Nummer 3.

1.5 Mit der koordinierten Kapazitätsberechnung wird ein effizientes Engpassmanagement gemäß den in dieser Verordnung festgelegten Grundsätzen für das Engpassmanagement sichergestellt.

2. Koordinierte Sicherheitsanalyse

2.1. Zur Wahrung des sicheren Netzbetriebs führen die regionalen Koordinierungszentren eine koordinierte Sicherheitsanalyse durch.

2.2. Die Sicherheitsanalyse erfolgt für alle Betriebsplanungszeitbereiche zwischen dem Year-Ahead- und dem Intraday-Zeitbereich auf der Grundlage der gemeinsamen Netzmodelle.

2.3 Die koordinierte Sicherheitsanalyse wird im Einklang mit den Methoden, die gemäß der auf der Grundlage des Artikels 18 Absatz 5 der Verordnung (EG) Nr. 714/2009 angenommenen Leitlinie für den Netzbetrieb ausgearbeitet wurden, vorgenommen.

2.4. Die regionalen Koordinierungszentren stellen die Ergebnisse der koordinierten Sicherheitsanalyse mindestens den Übertragungsnetzbetreibern der Netzbetriebsregion zur Verfügung.

2.5. Ermittelt ein regionales Koordinierungszentrum bei der koordinierten Sicherheitsanalyse eine mögliche Einschränkung, so legt es Entlastungsmaßnahmen zur Optimierung der Effektivität und wirtschaftlichen Effizienz fest.

3. Schaffung gemeinsamer Netzmodelle

3.1. Die regionalen Koordinierungszentren führen effiziente Verfahren für die Schaffung eines gemeinsamen Netzmodells für jeden Betriebsplanungszeitbereich zwischen dem Year-Ahead- und dem Intraday-Zeitbereich ein.

3.2. Die Übertragungsnetzbetreiber beauftragen ein regionales Koordinierungszentrum, ein unionsweites gemeinsames Netzmodell auszuarbeiten.

3.3. Die gemeinsamen Netzmodelle werden auf der Grundlage der Methoden ausgearbeitet, die gemäß der auf der Grundlage des Artikels 18 Absatz 5 der Verordnung (EG) Nr. 714/2009

[1] Veröffentlicht am 14.6.2019.

angenommenen Leitlinie für den Netzbetrieb und der Leitlinie für die Kapazitätsvergabe und das Engpassmanagement ausgearbeitet wurden.

3.4. Die gemeinsamen Netzmodelle müssen maßgebliche Daten für die effiziente Betriebsplanung und Kapazitätsberechnung in allen Betriebsplanungszeitbereichen zwischen dem Year-Ahead- und dem Intraday-Zeitbereich enthalten.

3.5. Die gemeinsamen Netzmodelle werden allen regionalen Koordinierungszentren, den Übertragungsnetzbetreibern, ENTSO (Strom) und auf Anfrage ACER zur Verfügung gestellt.

4. Unterstützung der Bewertung der Kohärenz der Schutz- und Netzwiederaufbaupläne der Übertragungsnetzbetreiber

4.1. Die regionalen Koordinierungszentren unterstützen die Übertragungsnetzbetreiber der Netzbetriebsregion bei der Durchführung der Bewertung der Kohärenz der Schutz- und Netzwiederaufbaupläne der Übertragungsnetzbetreiber gemäß den Verfahren des Netzkodex über den Notzustand und den Netzwiederaufbau des Übertragungsnetzes, der auf der Grundlage des Artikels 6 Absatz 11 der Verordnung (EG) Nr. 714/2009 angenommen wurde.

4.2. Alle Übertragungsnetzbetreiber vereinbaren einen Schwellenwert, oberhalb dessen die Auswirkungen der von einem oder mehreren Übertragungsnetzbetreibern im Notzustand, Blackout-Zustand oder Netzwiederaufbau-Zustand getroffenen Maßnahmen für andere synchron oder asynchron verbundene Übertragungsnetzbetreiber als signifikant anzusehen sind.

4.3. Die regionalen Koordinierungszentren helfen den Übertragungsnetzbetreibern, indem sie

(a) potenzielle Unvereinbarkeiten ermitteln,

(b) Entlastungsmaßnahmen vorschlagen.

4.4. Die Übertragungsnetzbetreiber bewerten und berücksichtigen die vorgeschlagenen Entlastungsmaßnahmen.

5. Unterstützung der Koordinierung und Optimierung des regionalen Netzwiederaufbaus

5.1. Die maßgeblichen regionalen Koordinierungszentren unterstützen die als Frequenzkoordinatoren eingesetzten Übertragungsnetzbetreiber und die Synchronisationskoordinatoren gemäß dem Netzkodex über den Notzustand und den Netzwiederaufbau des Übertragungsnetzes, der auf der Grundlage des Artikels 6 Absatz 11 der Verordnung (EG) Nr. 714/2009 angenommen wurde, im Hinblick auf die Steigerung der Effizienz und Effektivität des Netzwiederaufbaus. Die Übertragungsnetzbetreiber der Netzbetriebsregion bestimmen, welche Aufgaben dem regionalen Koordinierungszentrum bei der Unterstützung der Koordinierung und der Optimierung des regionalen Netzwiederaufbaus zukommen.

5.2. Die Übertragungsnetzbetreiber können die regionalen Koordinierungszentren um Unterstützung ersuchen, wenn sich ihr Netz im Blackout-Zustand oder Netzwiederaufbau-Zustand befindet.

5.3. Die regionalen Koordinierungszentren werden mit Systemen zur echtzeitnahen Überwachung und Datenerfassung ausgestattet, wobei der zu beobachtende Bereich durch den gemäß Nummer 4.1 festgelegten Schwellenwert bestimmt wird.

6. Nachträgliche Betriebs- und Störungsanalyse und entsprechende Berichterstattung

6.1. Die regionalen Koordinierungszentren untersuchen jeden Störfall oberhalb des Schwellenwerts gemäß Nummer 4.1 und erstellen einen entsprechenden Bericht. Auf Anfrage können die Regulierungsbehörden der Netzbetriebsregion und ACER an der Untersuchung beteiligt werden. Der Bericht enthält Empfehlungen, um ähnliche Störfälle in Zukunft zu verhindern.

6.2. Dieser Bericht wird veröffentlicht. ACER kann Empfehlungen abgeben, um ähnliche Störfälle in Zukunft zu verhindern.

7. Bestimmung der Höhe der Reservekapazität in der Region

7.1. Die regionalen Koordinierungszentren berechnen die erforderliche Reservekapazität für die Netzbetriebsregion. Für die Ermittlung der erforderlichen Reservekapazität gilt:

a) Sie dient dem allgemeinen Ziel der möglichst kosteneffizienten Wahrung der Betriebssicherheit.

b) Sie erfolgt im Day-Ahead- oder Intraday-Zeitbereich, oder beide.

c) Es wird die Höhe der insgesamt erforderlichen Reservekapazität für die Netzbetriebsregion berechnet.

d) Es wird die für jede Reservekapazitätsart die mindestens erforderliche Reservekapazität bestimmt.

e) Mögliche Substitutionen verschiedener Reservekapazitätsarten werden berücksichtigt, um die Beschaffungskosten möglichst gering zu halten.

f) Es werden etwaige Bedingungen für die geografische Verteilung der erforderlichen Reservekapazität festgelegt.

8. Erleichterung der regionalen Beschaffung von Regelleistung

8.1. Die regionalen Koordinierungszentren unterstützen die Übertragungsnetzbetreiber der Netzbetriebsregion bei der Ermittlung der Höhe der zu beschaffenden Regelleistung. Für die Ermittlung der Höhe der Regelleistung gilt:

a) Sie erfolgt im Day-Ahead- oder Intraday-Zeitbereich oder in beiden.

b) Mögliche Substitutionen verschiedener Reservekapazitätsarten werden berücksichtigt, um die Beschaffungskosten möglichst gering zu halten.

c) Es wird die Menge der erforderlichen Reservekapazität berücksichtigt, die voraussichtlich aus Regelarbeitsgeboten bereitgestellt wird, die nicht auf der Grundlage eines Vertrags für Regelleistung abgegeben wurden.

8.2. Die regionalen Koordinierungszentren unterstützen die Übertragungsnetzbetreiber der Netzbetriebsregion bei der Beschaffung der nach Nummer 8.1 ermittelten erforderlichen Regelleistung. Für die Beschaffung der Regelleistung gilt:

a) Sie erfolgt im Day-Ahead- oder Intraday-Zeitbereich, oder beide.

b) Mögliche Substitutionen verschiedener Reservekapazitätsarten werden berücksichtigt, um die Beschaffungskosten möglichst gering zu halten.

9. Bewertung der regionalen Leistungsbilanz des Systems für den Week-Ahead- bis mindestens zum Day-Ahead-Zeitbereich und Vorbereitung von Maßnahmen zur Risikominderung

9.1. Die regionalen Koordinierungszentren nehmen gemäß der Verordnung (EU) 2017/1485 der Kommission festgelegten Verfahren und anhand der gemäß Artikel 8 der Verordnung (EU) 2019/941 ausgearbeiteten Methode Bewertungen der regionalen Leistungsbilanz für den Week-Ahead bis mindestens zum Day-Ahead-Zeitbereich vor.

9.2. Die regionalen Koordinierungszentren legen bei den Bewertungen der kurzfristigen regionalen Leistungsbilanz die Informationen zugrunde, die ihnen durch die Übertragungsnetzbetreiber der Region zur Verfügung gestellt werden, um Situationen zu ermitteln, in denen in einer Regelzone oder auf regionaler Ebene voraussichtlich ein Leistungsbilanzmangel eintritt. Die regionalen Koordinierungszentren berücksichtigen den möglichen zonenübergreifenden Austausch und die Betriebssicherheitsgrenzwerte in allen maßgeblichen Betriebsplanungszeitbereichen.

9.3. Bei der Bewertung der regionalen Leistungsbilanz des Netzes arbeitet jedes regionale Koordinierungszentrum mit den anderen regionalen Koordinierungszentren auf koordinierte Weise zusammen, um

a) die zugrunde liegenden Annahmen und Prognosen zu überprüfen,

b) mögliche Situationen zu ermitteln, in denen ein überregionaler Leistungsbilanzmangel besteht.

9.4. Die einzelnen regionalen Koordinierungszentren übermitteln den Übertragungsnetzbetreibern der Netzbetriebsregion und den anderen regionalen Koordinierungszentren die Ergebnisse der Bewertungen der regionalen Leistungsbilanz zusammen mit ihren Vorschlägen für Maßnahmen zur Verringerung der Gefahren eines Leistungsbilanzmangels.

10. Regionale Koordinierung der Nichtverfügbarkeitsplanung

10.1. Im Rahmen der Nichtverfügbarkeitskoordinierung beobachten die regionalen Koordinierungszentren den Verfügbarkeitsstatus der maßgeblichen Anlagen und koordinieren deren Verfügbarkeitspläne auf regionaler Ebene im Einklang mit den Verfahren, die in der auf der Grundlage des Artikels 18 Absatz 5 der Verordnung (EG) Nr. 714/2009 angenommenen

Leitlinie für den Netzbetrieb dargelegt sind, um die Betriebssicherheit des Übertragungsnetzes zu wahren und gleichzeitig die Kapazität der Verbindungsleitungen bzw. der Übertragungsnetze, die sich auf zonenübergreifenden Stromflüsse auswirken, zu maximieren.

10.2. Jedes regionale Koordinierungszentrum führt eine Liste der maßgeblichen Netzelemente, Stromerzeugungsanlagen und Verbrauchsanlagen der Netzbetriebsregion und stellt sie in der OPDE von ENTSO (Strom) zur Verfügung.

10.3. Die regionalen Koordinierungszentren führen im Rahmen der Nichtverfügbarkeitskoordinierung in der Netzbetriebsregion die folgenden Tätigkeiten aus:

a) Bewertung der Vereinbarkeit bei der Nichtverfügbarkeitsplanung anhand der Year-Ahead-Verfügbarkeitspläne der Übertragungsnetzbetreiber;

b) Erstellung einer Liste der ermittelten Unvereinbarkeiten bei der Planung und der zu ihrer Beseitigung vorgeschlagenen Lösungen für die Übertragungsnetzbetreiber der Netzbetriebsregion.

11. Optimierung der Ausgleichsmechanismen zwischen den Übertragungsnetzbetreibern

11.1. Die Übertragungsnetzbetreiber der Netzbetriebsregion können gemeinsam entscheiden, sich vom regionalen Koordinierungszentrum bei der Verwaltung der Finanzflüsse im Zusammenhang mit Abrechnungen zwischen Übertragungsnetzbetreibern, an denen mehr als zwei Übertragungsnetzbetreiber beteiligt sind, unterstützen zu lassen; Beispiele hierfür sind Kosten für Redispatch, Engpasserlöse, unbeabsichtigte Abweichungen oder Kosten für die Beschaffung von Reserven.

12. Ausbildung und Zertifizierung des für die regionalen Koordinierungszentren tätigen Personals

12.1. Die regionalen Koordinierungszentren erstellen Aus- und Weiterbildungs- sowie Zertifizierungsprogramme mit Schwerpunkt auf dem regionalen Netzbetrieb für ihre Mitarbeiter und führen diese durch.

12.2. In den Aus- und Weiterbildungsprogrammen werden alle maßgeblichen Komponenten des Netzbetriebs, bei denen das regionale Koordinierungszentrum Aufgaben wahrnimmt, einschließlich regionaler Krisenszenarien, behandelt.

13. Ermittlung regionaler Szenarien für Stromversorgungskrisen

13.1. Wenn ENTSO (Strom) diese Aufgabe auf die regionalen Koordinierungszentren überträgt, müssen diese anhand der in Artikel 6 Absatz 1 der Verordnung (EU) 2019/941 festgelegten Kriterien regionale Elektrizitätskrisenszenarien ermitteln.

Die Ermittlung regionaler Krisenszenarien erfolgt nach der Methode gemäß Artikel 5 der Verordnung (EU) 2019/941.

13.2. Die regionalen Koordinierungszentren unterstützen die zuständigen Behörden jeder Netzbetriebsregion auf deren Antrag bei der Vorbereitung und Durchführung der zweijährlichen Krisensimulation gemäß Artikel 12 Absatz 3 der Verordnung (EU) 2019/941.

14. Ermittlung des Bedarfs an neuen Übertragungskapazitäten, an Modernisierung bestehender Übertragungskapazität oder ihrer Alternativen

14.1. Die regionalen Koordinierungszentren unterstützen die Übertragungsnetzbetreiber bei der Ermittlung des Bedarfs an neuen Übertragungskapazitäten, an Modernisierung bestehender Übertragungskapazitäten oder an Alternativen, die den gemäß der Verordnung (EU) Nr. 347/2013 eingerichteten regionalen Gruppen vorgelegt und in den zehnjährigen Netzentwicklungsplan im Sinne von Artikel 51 der Richtlinie (EU) 2019/944[1] aufgenommen werden.

15. Berechnung der maximalen Eintrittskapazität, die für die Beteiligung ausländischer Kapazitäten an Kapazitätsmechanismen zur Verfügung steht

15.1. Die regionalen Koordinierungszentren unterstützen die Übertragungsnetzbetreiber bei der Berechnung der maximalen Eintrittskapazität, die für die Beteiligung ausländischer Kapazitäten an Kapazitätsmechanismen zur Verfügung steht, wobei sie die voraussichtliche Verfügbarkeit von Verbindungsleitungen sowie die Wahrscheinlichkeit, dass in dem System, in dem der Mechanismus angewendet wird, und in dem System, in dem sich die ausländische Kapazität befindet, gleichzeitig hohe Belastungen zu verzeichnen sind, berücksichtigen.

---

[1] Nr. **4**.

15.2. Die Berechnung erfolgt nach der Methode gemäß Artikel 26 Absatz 11 Buchstabe a dieser Verordnung.

15.3. Die regionalen Koordinierungszentren stellen eine Berechnung für jede Gebotszonengrenze der Netzbetriebsregion bereit.

16. Erstellung saisonaler Abschätzungen der Angemessenheit

16.1. Wenn ENTSO (Strom) diese Aufgabe gemäß Artikel 9 der Verordnung (EU) 2019/941 den regionalen Koordinierungszentren überträgt, erstellen diese Zentren die regionalen saisonalen Abschätzungen der Angemessenheit.

16.2. Die regionalen Abschätzungen der Angemessenheit werden anhand der gemäß Artikel 8 der Verordnung (EU) 2019/941 ausgearbeiteten Methode erstellt.

Anhang II. Aufgehobene Verordnung mit Liste ihrer Änderungen

Verordnung (EU) Nr. 347/2013 des Europäischen Parlaments und des Rates vom 17. April 2013 zu Leitlinien für die transeuropäische Energieinfrastruktur und zur Aufhebung der Entscheidung Nr. 1364/2006/EG und zur Änderung der Verordnungen (EG) Nr. 713/2009, (EG) Nr. 714/2009 und (EG) Nr. 715/2009[1] (ABl. L 115 vom 25.4.2013, S. 39)	Artikel 8 Absatz 3 Buchstabe a Artikel 8 Absatz 10 Buchstabe a Artikel 11 Artikel 18 Absatz 4a Artikel 23 Absatz 3
Verordnung (EU) Nr. 543/2013 der Kommission vom 14. Juni 2013 über die Übermittlung und die Veröffentlichung von Daten in Strommärkten und zur Änderung des Anhangs I der Verordnung (EG) Nr. 714/2009 des Europäischen Parlaments und des Rates (ABl. L 163 vom 15.6. 2013, S. 1)	Nummer 5.5 bis 5.9 von Anhang I

Anhang III. Entsprechungstabelle

Verordnung (EG) Nr. 714/2009	Vorliegende Verordnung
–	Artikel 1 Buchstabe a
–	Artikel 1 Buchstabe b
Artikel 1 Buchstabe a	Artikel 1 Buchstabe c
Artikel 1 Buchstabe b	Artikel 1 Buchstabe d
Artikel 2 Absatz 1	Artikel 2 Nummer 1
Artikel 2 Absatz 2 Buchstabe a	Artikel 2 Nummer 2
Artikel 2 Absatz 2 Buchstabe b	Artikel 2 Nummer 3
Artikel 2 Absatz 2 Buchstabe c	Artikel 2 Nummer 4
Artikel 2 Absatz 2 Buchstabe d	–
Artikel 2 Absatz 2 Buchstabe e	–
Artikel 2 Absatz 2 Buchstabe f	–
Artikel 2 Absatz 2 Buchstabe g	Artikel 2 Nummer 5
–	Artikel 2 Nummer 6 bis 71
–	Artikel 3
–	Artikel 4
–	Artikel 5
–	Artikel 6
–	Artikel 7

[1] Nr. **9**.

Verordnung (EG) Nr. 714/2009	Vorliegende Verordnung
–	Artikel 8
–	Artikel 9
–	Artikel 10
–	Artikel 11
–	Artikel 12
–	Artikel 13
–	Artikel 14
–	Artikel 15
Artikel 16 Absätze 1 bis 3	Artikel 16 Absätze 1 bis 4
–	Artikel 16 Absätze 5 bis 8
Artikel 16 Absätze 4 bis 5	Artikel 16 Absätze 9 bis 11
–	Artikel 16 Absatz 12 und 13
–	Artikel 17
Artikel 14 Absatz 1	Artikel 18 Absatz 1
–	Artikel 18 Absatz 2
Artikel 14 Absätze 2 bis 5	Artikel 18 Absätze 3 bis 6
–	Artikel 18 Absätze 7 bis 11
–	Artikel 19 Absatz 1
Artikel 16 Absatz 6	Artikel 19 Absatz 2 und 3
–	Artikel 19 Absätze 4 und 5
–	Artikel 20
–	Artikel 21
–	Artikel 22
Artikel 8 Absatz 4	Artikel 23 Absatz 1
–	Artikel 23 Absätze 2 bis 7
–	Artikel 25
–	Artikel 26
–	Artikel 27
Artikel 4	Artikel 28 Absatz 1
–	Artikel 28 Absatz 2
Artikel 5	Artikel 29 Absätze 1 bis 4
–	Artikel 29 Absatz 5
Artikel 8 Absatz 2 (Satz 1)	Artikel 30 Absatz 1 Buchstabe a
Artikel 8 Absatz 3 Buchstabe b	Artikel 30 Absatz 1 Buchstabe b
–	Artikel 30 Absatz 1 Buchstabe c
Artikel 8 Absatz 3 Buchstabe c	Artikel 30 Absatz 1 Buchstabe d
–	Artikel 30 Absatz 1 Buchstaben e und f
	Artikel 30 Absatz 1 Buchstaben g und h
Artikel 8 Absatz 3 Buchstabe a	Artikel 30 Absatz 1 Buchstabe i
Artikel 8 Absatz 3 Buchstabe d	Artikel 30 Absatz 1 Buchstabe j
	Artikel 30 Absatz 1 Buchstabe k
Artikel 8 Absatz 3 Buchstabe e	Artikel 30 Absatz 1 Buchstabe l
	Artikel 30 Absatz 1 Buchstabe m bis o
–	Artikel 30 Absätze 2 und 3
Artikel 8 Absatz 5	Artikel 30 Absatz 4
Artikel 8 Absatz 9	Artikel 30 Absatz 5

Verordnung (EG) Nr. 714/2009	Vorliegende Verordnung
Artikel 10	Artikel 31
Artikel 9	Artikel 32
Artikel 11	Artikel 33
Artikel 12	Artikel 34
–	Artikel 35
–	Artikel 36
–	Artikel 37
–	Artikel 38
–	Artikel 39
–	Artikel 40
	Artikel 41
–	Artikel 42
–	Artikel 43
–	Artikel 44
–	Artikel 45
–	Artikel 46
–	Artikel 47
Artikel 8 Absatz 10	Artikel 48
Artikel 13	Artikel 49
Artikel 2 Absatz 2 (letzter Unterabsatz)	Artikel 49 Absatz 7
Artikel 15	Artikel 50 Absätze 1 bis 6
Anhang I Nummer 5.10	Artikel 50 Absatz 7
Artikel 3	Artikel 51
–	Artikel 52
–	Artikel 53
	Artikel 54
–	Artikel 55
–	Artikel 56
–	Artikel 57
–	Artikel 58
Artikel 8 Absatz 6	Artikel 59 Absatz 1 Buchstaben a, b und c
–	Artikel 59 Absatz 1 Buchstaben d und e
	Artikel 59 Absatz 2
Artikel 6 Absatz 1	Artikel 59 Absatz 3
Artikel 6 Absatz 2	Artikel 59 Absatz 4
Artikel 6 Absatz 3	Artikel 59 Absatz 5
–	Artikel 59 Absatz 6
Artikel 6 Absatz 4	Artikel 59 Absatz 7
Artikel 6 Absatz 5	Artikel 59 Absatz 8
Artikel 6 Absatz 6	Artikel 59 Absatz 9
Artikel 8 Absatz 1	Artikel 59 Absatz 10
Artikel 6 Absatz 7	–
Artikel 6 Absatz 8	–
Artikel 6 Absatz 11	Artikel 59 Absatz 11 und 12
Artikel 6 Absätze 9 bis 12	Artikel 59 Absätze 13 und 14
Artikel 8 Absatz 2	Artikel 59 Absatz 15

Verordnung (EG) Nr. 714/2009	Vorliegende Verordnung
–	Artikel 60 Absatz 1
Artikel 7 Absatz 1	Artikel 60 Absatz 2
Artikel 7 Absatz 2	Artikel 60 Absatz 3
Artikel 7 Absatz 3	–
Artikel 7 Absatz 4	–
–	Artikel 61 Absatz 1
–	Artikel 61 Absatz 2
Artikel 18 Absatz 1	Artikel 61 Absatz 3
Artikel 18 Absatz 2	–
Artikel 18 Absatz 3	Artikel 61 Absatz 4
Artikel 18 Absatz 4	–
Artikel 18 Absatz 4a	Artikel 61 Absatz 5
Artikel 18 Absatz 5	Artikel 61 Absatz 5 und 6
Artikel 19	–
Artikel 21	Artikel 62
Artikel 17	Artikel 63
–	Artikel 64
Artikel 20	Artikel 65
Artikel 22	Artikel 66
Artikel 23	Artikel 67
Artikel 24	–
–	Artikel 68
–	Artikel 69
Artikel 25	Artikel 70
Artikel 26	Artikel 71

9. Verordnung (EG) Nr. 715/2009 des Europäischen Parlaments und des Rates vom 13. Juli 2009 über die Bedingungen für den Zugang zu den Erdgasfernleitungsnetzen und zur Aufhebung der Verordnung (EG) Nr. 1775/2005

(ABl. L 211 S. 36, ber. L 229 S. 29 und L 309 S. 87)

Celex-Nr. 3 2009 L 0715

zuletzt geänd. durch Art. 50 ÄndVO (EU) 2018/1999 v. 11.12.2018 (ABl. L 328 S. 1)

DAS EUROPÄISCHE PARLAMENT UND DER RAT DER EUROPÄISCHEN UNION –

gestützt auf den Vertrag zur Gründung der Europäischen Gemeinschaft, insbesondere auf Artikel 95,

auf Vorschlag der Kommission,

nach Stellungnahme des Europäischen Wirtschafts- und Sozialausschusses[1],

nach Stellungnahme des Ausschusses der Regionen[2],

gemäß dem Verfahren des Artikels 251 des Vertrags[3],

in Erwägung nachstehender Gründe:

(1) Der Erdgasbinnenmarkt, der seit 1999 schrittweise geschaffen wird, soll allen privaten und gewerblichen Verbrauchern in der Gemeinschaft eine echte Wahl ermöglichen, neue Geschäftschancen für die Unternehmen eröffnen sowie den grenzüberschreitenden Handel fördern und auf diese Weise Effizienzgewinne, wettbewerbsfähige Preise und höhere Dienstleistungsstandards bewirken und zu mehr Versorgungssicherheit und Nachhaltigkeit beitragen.

(2) Die Richtlinie 2003/55/EG des Europäischen Parlaments und des Rates vom 26. Juni 2003 über gemeinsame Vorschriften für den Erdgasbinnenmarkt[4] und die Verordnung (EG) Nr. 1775/2005 des Europäischen Parlaments und des Rates vom 28. September 2005 über die Bedingungen für den Zugang zu den Erdgasfernleitungsnetzen[5] waren ein wichtiger Beitrag zur Schaffung des Erdgasbinnenmarkts.

(3) Die Erfahrung mit der Umsetzung und Beobachtung des ersten Pakets von Leitlinien für die gute Praxis, das 2002 vom Europäischen Erdgasregulierungsforum (Madrider Forum) angenommen wurde, zeigt, dass diese rechtlich durchsetzbar sein müssen, damit die vollständige Umsetzung der in den Leitlinien festgelegten Regeln in allen Mitgliedstaaten gewährleistet ist und damit in der Praxis eine Mindestgarantie für gleiche Marktzugangsbedingungen gegeben ist.

(4) Ein zweites Paket gemeinsamer Regeln mit dem Titel „Zweite Leitlinien für die gute Praxis" wurde auf der Tagung des Madrider Forums vom 24. und 25. September 2003 angenommen; das Ziel der vorliegenden Verordnung ist, auf der Grundlage jener Leitlinien Grundprinzipien und Regeln für den Netzzugang und für Dienstleistungen für den Zugang Dritter, für das Engpassmanagement, die Transparenz, den Ausgleich von Mengenabweichungen und den Handel mit Kapazitätsrechten festzulegen.

(5) Die Richtlinie 2009/73/EG[6] des Europäischen Parlaments und des Rates vom 13. Juli 2009 über gemeinsame Vorschriften für den Erdgasbinnenmarkt[7] gestattet den gleichzeitigen Betrieb eines Fernleitungsnetzes und eines Verteilernetzes durch ein und denselben Betreiber. Die in dieser

---

[1] **Amtl. Anm.:** ABl. C 211 vom 19.8.2008, S. 23.

[2] **Amtl. Anm.:** ABl. C 172 vom 5.7.2008, S. 55.

[3] **Amtl. Anm.:** Stellungnahme des Europäischen Parlaments vom 9. Juli 2008 (noch nicht im Amtsblatt veröffentlicht), Gemeinsamer Standpunkt des Rates vom 9. Januar 2009 (ABl. C 75 E vom 31.3.2009, S. 38) und Standpunkt des Europäischen Parlaments vom 22. April 2009 (noch nicht im Amtsblatt veröffentlicht). Beschluss des Rates vom 25. Juni 2009.

[4] **Amtl. Anm.:** ABl. L 176 vom 15.7.2003, S. 57.

[5] **Amtl. Anm.:** ABl. L 289 vom 3.11.2005, S. 1.

[6] Nr. **5**.

[7] **Amtl. Anm.:** Siehe Seite 94 dieses Amtsblatts. [**Red. Anm.:** ABl. Nr. L 211]

Verordnung festgelegten Regeln machen somit keine Neuorganisation der nationalen Fernleitungs- und Verteilernetze erforderlich, die den einschlägigen Bestimmungen jener Richtlinie entsprechen.

(6) Hochdruckfernleitungen, die lokale Verteiler an das Erdgasnetz anschließen und nicht in erster Linie im Zusammenhang mit der lokalen Erdgasverteilung benutzt werden, fallen in den Anwendungsbereich dieser Verordnung.

(7) Die Kriterien für die Festlegung der Tarife für den Netzzugang müssen angegeben werden, um sicherzustellen, dass sie dem Grundsatz der Nichtdiskriminierung und den Erfordernissen eines gut funktionierenden Binnenmarktes vollständig entsprechen, die erforderliche Netzintegrität in vollem Umfang berücksichtigen und die Ist-Kosten widerspiegeln, soweit diese Kosten denen eines effizienten und strukturell vergleichbaren Netzbetreibers entsprechen, transparent sind und gleichzeitig eine angemessene Kapitalrendite umfassen, sowie gegebenenfalls die Tarifvergleiche der Regulierungsbehörden berücksichtigen.

(8) Bei der Berechnung der Tarife für den Netzzugang müssen die Ist-Kosten, soweit diese Kosten denen eines effizienten und strukturell vergleichbaren Netzbetreibers entsprechen und transparent sind, sowie die Notwendigkeit, angemessene Kapitalrenditen und Anreize für den Bau neuer Infrastrukturen zu bieten, einschließlich einer besonderen Regulierung neuer Investitionen gemäß der Richtlinie 2009/73/EG[1] berücksichtigt werden. In dieser Hinsicht und insbesondere, wenn ein tatsächlicher Leitungswettbewerb zwischen verschiedenen Fernleitungen gegeben ist, sind Tarifvergleiche durch die Regulierungsbehörden als relevante Methode zu berücksichtigen.

(9) Die Verwendung von marktorientierten Verfahren, wie etwa Versteigerungen, zur Festlegung von Tarifen muss mit den Bestimmungen der Richtlinie 2009/73/EG[1] vereinbar sein.

(10) Ein gemeinsamer Mindestbestand an Dienstleistungen für den Zugang Dritter ist nötig, damit in der Praxis in der gesamten Gemeinschaft ein gemeinsamer Mindeststandard für den Netzzugang gegeben und sichergestellt ist, dass die Dienstleistungen für den Zugang Dritter in ausreichendem Umfang kompatibel sind, und damit die aus einem gut funktionierenden Erdgasbinnenmarkt resultierenden Nutzeffekte ausgeschöpft werden können.

(11) Derzeit gibt es jedoch Hindernisse für den Verkauf von Erdgas in der Gemeinschaft zu gleichen Bedingungen und ohne Diskriminierung oder Benachteiligung. Insbesondere gibt es noch nicht in allen Mitgliedstaaten einen nichtdiskriminierenden Netzzugang und eine gleichermaßen wirksame Regulierungsaufsicht, und es bestehen immer noch isolierte Märkte.

(12) Zur Vollendung des Erdgasbinnenmarkts sollte für ausreichende grenzüberschreitende Gasfernleitungskapazitäten gesorgt und die Marktintegration gefördert werden.

(13) In der Mitteilung der Kommission vom 10. Januar 2007 mit dem Titel „Eine Energiepolitik für Europa" wurde dargelegt, wie wichtig es ist, den Erdgasbinnenmarkt zu vollenden und für alle Erdgasunternehmen in der Gemeinschaft gleiche Bedingungen zu schaffen. Die Mitteilung der Kommission an das Europäische Parlament und den Rat mit dem Titel „Aussichten für den Erdgas- und den Elektrizitätsbinnenmarkt" und die Mitteilung der Kommission mit dem Titel „Untersuchung der europäischen Gas- und Elektrizitätssektoren gemäß Artikel 17 der Verordnung (EG) Nr. 1/2003 (Abschlussbericht)" haben deutlich gemacht, dass die derzeitigen Vorschriften und Maßnahmen weder den notwendigen Rahmen bieten noch die Schaffung von Verbindungskapazitäten gewährleisten, die erforderlich sind, um das Ziel eines gut funktionierenden, effizienten und offenen Binnenmarktes zu verwirklichen.

(14) Über eine gründliche Umsetzung des bestehenden Regulierungsrahmens hinaus sollte der in der Verordnung (EG) Nr. 1775/2005 festgelegte Regulierungsrahmen für den Erdgasbinnenmarkt im Einklang mit diesen Mitteilungen angepasst werden.

(15) Es ist insbesondere eine stärkere Zusammenarbeit und Koordinierung zwischen den Fernleitungsnetzbetreibern erforderlich, um Netzkodizes für die Bereitstellung und die Handhabung des konkreten und transparenten Zugangs zu den Fernleitungsnetzen über die Grenzen hinweg zu schaffen und eine abgestimmte, ausreichend zukunftsorientierte Planung und solide technische Entwicklung des Fernleitungsnetzes in der Gemeinschaft, einschließlich der Schaffung von Verbindungskapazitäten, unter gebührender Berücksichtigung der Umwelt sicherzustellen. Die Netzkodizes sollten den von der durch die Verordnung (EG) Nr. 713/2009 des Europäischen Parlaments und des Rates vom 13. Juli 2009 zur Gründung einer Agentur für die Zusammenarbeit der Energieregulierungsbehörden[2] eingerichteten Agentur für die Zusammenarbeit der Energie-

---

[1] Nr. **5**.

[2] **Amtl. Anm.:** Siehe Seite 1 dieses Amtsblatts. [**Red. Anm.:** ABl. Nr. L 211]

regulierungsbehörden („Agentur") entwickelten Rahmenleitlinien, die ihrem Wesen nach nicht bindend sind (Rahmenleitlinien), folgen. Die Agentur sollte bei der auf tatsächliche Umstände gestützten Prüfung der Entwürfe von Netzkodizes – einschließlich der Frage, ob die Netzkodizes den Rahmenleitlinien entsprechen – mitwirken und diese der Kommission zur Annahme empfehlen können. Die Agentur sollte ferner geplante Änderungen der Netzkodizes begutachten und diese der Kommission zur Annahme empfehlen können. Die Fernleitungsnetzbetreiber sollten ihre Netze nach diesen Netzkodizes betreiben.

(16) Um die optimale Verwaltung des Erdgasfernleitungsnetzes in der Gemeinschaft zu gewährleisten, sollte ein Europäischer Verbund der Fernleitungsnetzbetreiber für Gas („ENTSO (Gas)") gegründet werden. Die Aufgaben des ENTSO (Gas) sollten unter Einhaltung der Wettbewerbsvorschriften der Gemeinschaft durchgeführt werden, die für die Entscheidungen des ENTSO (Gas) weiter gelten. Die Aufgaben des ENTSO (Gas) sollten genau definiert werden, und seine Arbeitsmethode sollte so konzipiert sein, dass sie Effizienz, Transparenz und die repräsentative Natur des ENTSO (Gas) gewährleistet. Die vom ENTSO (Gas) ausgearbeiteten Netzkodizes sollen die für rein inländische Angelegenheiten erforderlichen nationalen Netzkodizes nicht ersetzen. Da durch einen Ansatz, der auf die regionale Ebene abstellt, wirksamere Fortschritte erzielt werden können, sollten die Fernleitungsnetzbetreiber innerhalb der Gesamtstruktur, die der Zusammenarbeit dient, regionale Strukturen schaffen und gleichzeitig sicherstellen, dass die auf regionaler Ebene erzielten Ergebnisse mit den auf Gemeinschaftsebene festgelegten Netzkodizes und nicht bindenden zehnjährigen Netzentwicklungsplänen vereinbar sind. Die Zusammenarbeit innerhalb solcher regionalen Strukturen setzt die effektive Trennung der Netztätigkeiten von den Erzeugungs- und Versorgungstätigkeiten voraus. Fehlt eine solche Trennung, so kann es bei der regionalen Zusammenarbeit zwischen den Übertragungsnetzbetreibern zu wettbewerbswidrigem Verhalten kommen. Die Mitgliedstaaten sollten auf regionaler Ebene die Zusammenarbeit fördern und die Effektivität des Netzes beobachten. Die Zusammenarbeit auf regionaler Ebene sollte mit den Fortschritten bei der Schaffung eines wettbewerbsbestimmten und effizienten Erdgasbinnenmarkts vereinbar sein.

(17) Alle Marktteilnehmer haben ein Interesse an der Arbeit, die vom ENTSO (Gas) erwartet wird. Effektive Konsultationen sind daher unerlässlich und vorhandene Einrichtungen, die zur Erleichterung und zur Straffung des Konsultationsprozesses geschaffen wurden, z.B. die Europäische Gesellschaft zur Vereinfachung/Harmonisierung des Gashandels, nationale Regulierungsbehörden oder die Agentur, sollten eine wichtige Rolle spielen.

(18) Um größere Transparenz beim Aufbau des Erdgasfernleitungsnetzes in der Gemeinschaft zu gewährleisten, sollte der ENTSO (Gas) einen nicht bindenden gemeinschaftsweiten zehnjährigen Netzentwicklungsplan („gemeinschaftsweiter Netzentwicklungsplan") erstellen, veröffentlichen und regelmäßig aktualisieren. Praktikable Erdgasfernleitungsnetze und erforderliche regionale Netzverbindungen, die aus wirtschaftlicher Sicht oder im Hinblick auf die Versorgungssicherheit relevant sind, sollten in diesem Netzentwicklungsplan enthalten sein.

(19) Für die Verbesserung des Wettbewerbs durch liquide Großhandelsgasmärkte ist von entscheidender Bedeutung, dass Gas unabhängig davon, wo es sich im Netz befindet, gehandelt werden kann. Dies lässt sich nur dadurch erreichen, dass den Netznutzern die Möglichkeit eingeräumt wird, Ein- und Ausspeisekapazitäten unabhängig voneinander zu buchen, was zur Folge hat, dass der Gastransport durch Zonen erfolgt, statt Vertragswegen zu folgen. Bereits auf dem 6. Madrider Forum am 30./31. Oktober 2002 haben die meisten Interessengruppen ihre Präferenz für Einspeise-/Ausspeisesysteme zur Förderung des Wettbewerbs geäußert. Die Tarife sollten nicht von der Transportroute abhängig sein. Der für einen oder mehrere Einspeisepunkte festgelegte Tarif sollte daher nicht mit dem für einen oder mehrere Ausspeisepunkte festgelegten Tarif verknüpft sein und umgekehrt.

(20) Im Kontext des nichtdiskriminierenden Netzzugangs für Fernleitungsnetzbetreiber ist unter harmonisierten Transportverträgen nicht zu verstehen, dass die Bedingungen in den Transportverträgen eines bestimmten Fernleitungsnetzbetreibers eines Mitgliedstaats mit den Bedingungen in den Transportverträgen eines anderen Fernleitungsnetzbetreibers dieses oder eines anderen Mitgliedstaats identisch sein müssen, es sei denn, dass Mindestanforderungen festgelegt sind, denen alle Transportverträge genügen müssen.

(21) In den Gasnetzen bestehen erhebliche vertraglich bedingte Engpässe. Die Grundsätze des Engpassmanagements und der Kapazitätszuweisung bei neuen oder neu verhandelten Verträgen beruhen daher auf der Freigabe ungenutzter Kapazitäten, wobei es den Netznutzern ermöglicht wird, kontrahierte Kapazität zu verpachten oder weiter zu verkaufen, und auf der Verpflichtung der Fernleitungsnetzbetreiber, dem Markt ungenutzte Kapazität zumindest für den folgenden

Gastag (auf „Day-ahead"-Basis) und als unterbrechbare Kapazität anzubieten. Angesichts des hohen Anteils von Altverträgen und der Notwendigkeit, gleiche Wettbewerbsbedingungen für die Nutzer neuer Kapazitäten und für die Nutzer vorhandener Kapazitäten zu schaffen, sollten jene Grundsätze auf die gesamte kontrahierte Kapazität, auch auf Altverträge, Anwendung finden.

(22) Wenngleich physische Netzengpässe in der Gemeinschaft derzeit selten ein Problem sind, könnten sie in der Zukunft zu einem solchen werden. Daher müssen Grundprinzipien dafür festgelegt werden, wie in solchen Fällen die Kapazitäten auf überlasteten Netzen zugewiesen werden.

(23) Die Marktbeobachtung, die die nationalen Regulierungsbehörden und die Kommission in den letzten Jahren durchgeführt haben, hat gezeigt, dass die derzeit geltenden Transparenzanforderungen und Regeln für den Infrastrukturzugang nicht ausreichen, um einen echten, gut funktionierenden, offenen und effizienten Erdgasbinnenmarkt sicherzustellen.

(24) Damit alle Marktteilnehmer die gesamte Angebots- und Nachfragesituation bewerten und die Gründe für Änderungen des Großhandelspreises nachvollziehen können, ist ein gleicher Zugang zu Informationen über den physischen Zustand und die Effizienz des Netzes erforderlich. Dieser umfasst genauere Informationen über Angebot und Nachfrage, Netzkapazität, Lastflüsse und Wartungsarbeiten, Ausgleich von Mengenabweichungen und Verfügbarkeit und Zugang zu Speicheranlagen. Die Bedeutung dieser Informationen für das Funktionieren des Marktes setzt voraus, dass die aus Gründen der Vertraulichkeit für die Veröffentlichung bestehenden Einschränkungen abgeschwächt werden.

(25) Die Vertraulichkeitserfordernisse für wirtschaftlich sensible Informationen sind jedoch besonders wichtig, wenn geschäftsstrategische Daten des Unternehmens betroffen sind, wenn es nur einen Nutzer einer Speicheranlage gibt oder wenn Daten zu Ausspeisepunkten innerhalb eines Netzes oder Teilnetzes betroffen sind, die nicht mit einem anderen Fernleitungs- oder Verteilernetz, sondern mit einem einzigen Industriekunden verbunden sind, so dass durch die Veröffentlichung dieser Daten vertrauliche Informationen über den Produktionsprozess dieses Kunden offenbart würden.

(26) Zur Stärkung des Vertrauens in den Markt müssen die Marktteilnehmer sicher sein, dass missbräuchliches Verhalten mit wirksamen, verhältnismäßigen und abschreckenden Sanktionen belegt werden kann. Die zuständigen Behörden sollten die Befugnis erhalten, Fälle von behauptetem Marktmissbrauch wirksam zu untersuchen. Hierzu ist es erforderlich, dass die zuständigen Behörden Zugang zu Daten haben, die Aufschluss über betriebliche Entscheidungen der Versorgungsunternehmen geben. Auf dem Gasmarkt werden alle diese Entscheidungen den Netzbetreibern in Form von Kapazitätsreservierungen, Kapazitätsnominierungen und erfolgten Lastflüssen mitgeteilt. Die Netzbetreiber sollten solche Informationen den zuständigen Behörden in leicht zugänglicher Weise eine bestimmte Zeit lang zur Verfügung halten. Die zuständigen Behörden sollten zudem die Einhaltung der Regeln durch die Fernleitungsnetzbetreiber regelmäßig beobachten.

(27) Der Zugang zu Gasspeicheranlagen und zu Anlagen für verflüssigtes Erdgas („LNG-Anlagen") ist in einigen Mitgliedstaaten unzureichend, weshalb die Umsetzung der geltenden Regelungen verbessert werden muss. Die Gruppe der europäischen Regulierungsbehörden für Elektrizität und Erdgas kam nach ihrer Marktbeobachtung zu dem Schluss, dass die freiwilligen Leitlinien für die gute Praxis in Bezug auf den Zugang Dritter für Betreiber von Speicheranlagen, die von allen Interessengruppen im Rahmen des Madrider Forums vereinbart wurden, unzureichend angewandt werden und daher verbindlich gemacht werden müssen.

(28) Von den Fernleitungsnetzbetreibern betriebene, nichtdiskriminierende und transparente Ausgleichssysteme für Erdgas sind wichtige Mechanismen, insbesondere für neue Marktteilnehmer, die möglicherweise größere Schwierigkeiten als bereits in einem relevanten Markt etablierte Unternehmen haben, ihr gesamtes Verkaufsportfolio auszugleichen. Daher müssen Regeln festgelegt werden, die gewährleisten, dass die Fernleitungsnetzbetreiber solche Mechanismen in einer Weise handhaben, die mit nichtdiskriminierenden, transparenten und effektiven Netzzugangsbedingungen vereinbar sind.

(29) Der Handel mit primären Kapazitätsrechten spielt bei der Entwicklung eines wettbewerbsoffenen Marktes und für die Entstehung von Liquidität eine wichtige Rolle. Diese Verordnung sollte daher Grundregeln hierfür festlegen.

(30) Die nationalen Regulierungsbehörden sollten die Einhaltung dieser Verordnung und der gemäß dieser Verordnung erlassenen Leitlinien gewährleisten.

(31) In den Leitlinien im Anhang dieser Verordnung sind spezielle, ausführliche Umsetzungsregeln festgelegt, die auf den Zweiten Leitlinien für die gute Praxis beruhen. Diese Regeln werden im

Laufe der Zeit unter Berücksichtigung der Besonderheiten der nationalen Erdgasnetze gegebenenfalls weiterzuentwickeln sein.

(32) Wenn die Kommission Änderungen der Leitlinien im Anhang dieser Verordnung vorschlägt, sollte sie sicherstellen, dass alle von diesen Leitlinien betroffenen und durch Fachverbände vertretenen einschlägigen Kreise und die Mitgliedstaaten zuvor im Rahmen des Madrider Forums angehört werden.

(33) Die Mitgliedstaaten und die zuständigen nationalen Behörden sollten dazu verpflichtet sein, der Kommission einschlägige Informationen zur Verfügung zu stellen. Informationen dieser Art sollten von der Kommission vertraulich behandelt werden.

(34) Diese Verordnung und die gemäß dieser Verordnung erlassenen Leitlinien berühren nicht die Anwendung der Wettbewerbsvorschriften der Gemeinschaft.

(35) Die zur Durchführung dieser Verordnung erforderlichen Maßnahmen sollten gemäß dem Beschluss 1999/468/EG des Rates vom 28. Juni 1999 zur Festlegung der Modalitäten für die Ausübung der der Kommission übertragenen Durchführungsbefugnisse[1] erlassen werden.

(36) Insbesondere sollte die Kommission die Befugnis erhalten, Leitlinien festzulegen oder zu erlassen, die notwendig sind, um das zur Verwirklichung des Ziels dieser Verordnung erforderliche Mindestmaß an Harmonisierung zu gewährleisten. Da es sich hierbei um Maßnahmen von allgemeiner Tragweite handelt, die eine Änderung nicht wesentlicher Bestimmungen dieser Verordnung durch Hinzufügung neuer nicht wesentlicher Bestimmungen bewirken, sind diese Maßnahmen nach dem Regelungsverfahren mit Kontrolle gemäß Artikel 5a des Beschlusses 1999/468/EG zu erlassen.

(37) Da das Ziel dieser Verordnung, nämlich die Festlegung gerechter Regeln für die Bedingungen für den Zugang zu Erdgasfernleitungsnetzen, Speicheranlagen und LNG-Anlagen auf Ebene der Mitgliedstaaten nicht ausreichend verwirklicht werden kann und daher besser auf Gemeinschaftsebene zu verwirklichen ist, kann die Gemeinschaft im Einklang mit dem in Artikel 5 des Vertrags niedergelegten Subsidiaritätsprinzip tätig werden. Entsprechend dem in demselben Artikel genannten Grundsatz der Verhältnismäßigkeit geht diese Verordnung nicht über das zur Erreichung dieses Ziels erforderliche Maß hinaus.

(38) Wegen des Umfangs der durch den vorliegenden Rechtsakt an der Verordnung (EG) Nr. 1775/2005 vorgenommenen Änderungen sollten die betreffenden Bestimmungen aus Gründen der Klarheit und der Vereinfachung in einem einzigen Text in einer neuen Verordnung neu gefasst werden –

HABEN FOLGENDE VERORDNUNG ERLASSEN:

Art. 1 Gegenstand und Anwendungsbereich. *[1]* Ziel dieser Verordnung ist

a) die Festlegung nichtdiskriminierender Regeln für die Bedingungen für den Zugang zu Erdgasfernleitungsnetzen unter Berücksichtigung der besonderen Merkmale nationaler und regionaler Märkte, um das reibungslose Funktionieren des Erdgasbinnenmarkts sicherzustellen;

b) die Festlegung nichtdiskriminierender Regeln für die Bedingungen für den Zugang zu LNG-Anlagen und Speicheranlagen unter Berücksichtigung der besonderen Merkmale der nationalen und regionalen Märkte und

c) die Förderung des Entstehens eines reibungslos funktionierenden und transparenten Großhandelsmarkts mit einem hohen Grad an Gasversorgungssicherheit und die Schaffung von Mechanismen zur Harmonisierung der Regeln über den Netzzugang für den grenzüberschreitenden Gashandel.

[2] Das in Unterabsatz 1 genannte Ziel umfasst die Festlegung von harmonisierten Grundsätzen für die Tarife oder für die bei ihrer Berechnung zugrunde gelegten Methoden, für den Zugang zum Netz, jedoch nicht zu Speicheranlagen, die Einrichtung von Dienstleistungen für den Zugang Dritter und

---

[1] **Amtl. Anm.:** ABl. L 184 vom 17.7.1999, S. 23.

harmonisierte Grundsätze für die Kapazitätszuweisung und das Engpassmanagement, die Festlegung der Transparenzanforderungen, Regeln für den Ausgleich von Mengenabweichungen und Ausgleichsentgelte sowie die Erleichterung des Kapazitätshandels.

[3] Diese Verordnung gilt mit Ausnahme des Artikels 19 Absatz 4 nur für Speicheranlagen, die unter Artikel 33 Absatz 3 oder Absatz 4 der Richtlinie 2009/73/EG[1)] fallen.

[4] [1] Die Mitgliedstaaten können in Einklang mit der Richtlinie 2009/73/EG[1)] eine Rechtspersönlichkeit oder Stelle einrichten, die eine oder mehrere der normalerweise dem Fernleitungsnetzbetreiber zugewiesenen Funktionen übernimmt, der die Anforderungen dieser Verordnung zu erfüllen hat. [2] Diese Rechtspersönlichkeit oder Stelle unterliegt der Zertifizierung gemäß Artikel 3 dieser Verordnung sowie der Benennung gemäß Artikel 10 der Richtlinie 2009/73/EG[1)].

Art. 2 Begriffsbestimmungen. (1) Im Sinne dieser Verordnung bezeichnet der Ausdruck

1. „Fernleitung" den Transport von Erdgas durch ein hauptsächlich Hochdruckfernleitungen umfassendes Netz, mit Ausnahme von vorgelagerten Rohrleitungsnetzen und des in erster Linie im Zusammenhang mit der lokalen Erdgasverteilung benutzten Teils von Hochdruckfernleitungen, zum Zweck der Belieferung von Kunden, jedoch mit Ausnahme der Versorgung;
2. „Transportvertrag" einen Vertrag, den der Fernleitungsnetzbetreiber mit einem Netznutzer im Hinblick auf die Durchführung der Fernleitung geschlossen hat;
3. „Kapazität" den maximalen Lastfluss, der in Norm-Kubikmetern pro Zeiteinheit oder in Energieeinheiten pro Zeiteinheit ausgedrückt wird, auf den der Netznutzer gemäß den Bestimmungen des Transportvertrags Anspruch hat;
4. „nicht genutzte Kapazität" eine verbindliche Kapazität, die ein Netznutzer im Rahmen eines Transportvertrags zwar erworben, aber zum Zeitpunkt des vertraglich festgelegten Fristablaufs nicht nominiert hat;
5. „Engpassmanagement" das Management des Kapazitätsportfolios des Fernleitungsnetzbetreibers zur optimalen und maximalen Nutzung der technischen Kapazität und zur rechtzeitigen Feststellung künftiger Engpass- und Sättigungsstellen;
6. „Sekundärmarkt" den Markt für die auf andere Weise als auf dem Primärmarkt gehandelte Kapazität;
7. „Nominierung" die vorherige Meldung des tatsächlichen Lastflusses, den der Netznutzer in das Netz ein- oder aus diesem ausspeisen will, an den Fernleitungsnetzbetreiber;
8. „Renominierung" die nachträgliche Meldung einer korrigierten Nominierung;
9. „Netzintegrität" jedwede auf ein Fernleitungsnetz, einschließlich der erforderlichen Fernleitungsanlagen, bezogene Situation, in der Erdgasdruck und

---

[1)] Nr. **5**.

Erdgasqualität innerhalb der von dem Fernleitungsnetzbetreiber festgelegten Mindest- und Höchstgrenzen bleiben, so dass der Erdgasferntransport technisch gewährleistet ist;

10. „Ausgleichsperiode" den Zeitraum, innerhalb dessen jeder Netznutzer die Entnahme einer in Energieeinheiten ausgedrückten Erdgasmenge durch die Einspeisung der gleichen Erdgasmenge in das Fernleitungsnetz gemäß dem Transportvertrag oder dem Netzcode ausgleichen muss;
11. „Netznutzer" einen Kunden oder einen potenziellen Kunden eines Fernleitungsnetzbetreibers und Fernleitungsnetzbetreiber selbst, sofern diese ihre Funktionen im Zusammenhang mit der Fernleitung wahrnehmen müssen;
12. „unterbrechbare Dienstleistungen" Dienstleistungen, die der Fernleitungsnetzbetreiber in Bezug auf unterbrechbare Kapazität anbietet;
13. „unterbrechbare Kapazität" die Erdgasfernleitungskapazität, die von dem Fernleitungsnetzbetreiber gemäß den im Transportvertrag festgelegten Bedingungen unterbrochen werden kann;
14. „langfristige Dienstleistungen" Dienstleistungen, die der Fernleitungsnetzbetreiber für eine Dauer von einem Jahr oder mehr anbietet;
15. „kurzfristige Dienstleistungen" Dienstleistungen, die der Fernleitungsnetzbetreiber für eine Dauer von weniger als einem Jahr anbietet;
16. „verbindliche Kapazität" Erdgasfernleitungskapazität, die von dem Fernleitungsnetzbetreiber vertraglich als nicht unterbrechbare Kapazität zugesichert wurde;
17. „verbindliche Dienstleistungen" Dienstleistungen, die der Fernleitungsnetzbetreiber in Bezug auf verbindliche Kapazität anbietet;
18. „technische Kapazität" die verbindliche Höchstkapazität, die der Fernleitungsnetzbetreiber den Netznutzern unter Berücksichtigung der Netzintegrität und der betrieblichen Anforderungen des Fernleitungsnetzes anbieten kann;
19. „kontrahierte Kapazität" die Kapazität, die der Fernleitungsnetzbetreiber einem Netznutzer durch einen Transportvertrag zugewiesen hat;
20. „verfügbare Kapazität" den Teil der technischen Kapazität, die nicht zugewiesen wurde und dem Netz aktuell noch zur Verfügung steht;
21. „vertraglich bedingter Engpass" eine Situation, in der das Ausmaß der Nachfrage nach verbindlicher Kapazität die technische Kapazität übersteigt;
22. „Primärmarkt" den Markt für die vom Fernleitungsnetzbetreiber direkt gehandelte Kapazität;
23. „physischer Engpass" eine Situation, in der das Ausmaß der Nachfrage nach tatsächlichen Lieferungen die technische Kapazität zu einem bestimmten Zeitpunkt übersteigt;
24. „Kapazität einer LNG-Anlage" die Kapazität einer LNG-Kopfstation zur Verflüssigung von Erdgas oder zur Einfuhr, Entladung, vorübergehenden Speicherung und Wiederverdampfung von verflüssigtem Erdgas und entsprechende Hilfsdienste;
25. „Volumen" die Gasmenge, zu deren Speicherung der Nutzer einer Speicheranlage berechtigt ist;

26. „Ausspeicherleistung" die Rate, mit der der Speichernutzer zur Ausspeisung von Gas aus der Speicheranlage berechtigt ist;
27. „Einspeicherleistung" die Rate, mit der der Speichernutzer zur Einspeisung von Gas in die Speicheranlage berechtigt ist;
28. „Speicherkapazität" eine beliebige Kombination von Volumen, Einspeicherleistung und Ausspeicherleistung.

(2) *[1]* Unbeschadet der Begriffsbestimmungen des Absatzes 1 dieses Artikels gelten auch die Begriffsbestimmungen des Artikels 2 der Richtlinie 2009/73/EG[1)], die für die Anwendung dieser Verordnung relevant sind, mit Ausnahme der Bestimmung des Begriffs „Fernleitung" in Nummer 3 jenes Artikels.

[2] Die die Fernleitung betreffenden Begriffsbestimmungen in Absatz 1 Nummern 3 bis 23 gelten analog für Speicheranlagen und LNG-Anlagen.

Art. 3 Zertifizierung von Fernleitungsnetzbetreibern. (1) *[1]* [1]Wenn die Kommission die Mitteilung über die Zertifizierung eines Fernleitungsnetzbetreibers nach Artikel 10 Absatz 6 der Richtlinie 2009/73/EG[1)] erhalten hat, prüft sie diese Mitteilung unmittelbar nach ihrem Eingang. [2]Die Kommission übermittelt der zuständigen nationalen Regulierungsbehörde innerhalb von zwei Monaten nach dem Tag des Eingangs der Mitteilung ihre Stellungnahme bezüglich der Vereinbarkeit mit Artikel 10 Absatz 2 oder Artikel 11 sowie mit Artikel 9 der Richtlinie 2009/73/EG[1)].

[2] [1]Für die Erarbeitung der in Unterabsatz 1 genannten Stellungnahme kann die Kommission die Stellungnahme der Agentur zur Entscheidung der nationalen Regulierungsbehörde beantragen. [2]In diesem Fall wird die in Unterabsatz 1 genannte Zweimonatsfrist um weitere zwei Monate verlängert.

[3] Legt die Kommission innerhalb der in den Unterabsätzen 1 und 2 genannten Fristen keine Stellungnahme vor, so wird davon ausgegangen, dass sie keine Einwände gegen die Entscheidung der Regulierungsbehörde erhebt.

(2) [1]Innerhalb von zwei Monaten nach Eingang der Stellungnahme der Kommission trifft die Regulierungsbehörde ihre endgültige Entscheidung bezüglich der Zertifizierung des Fernleitungsnetzbetreibers, wobei sie die Stellungnahme der Kommission so weit wie möglich berücksichtigt. [2]Die Entscheidung wird zusammen mit der Stellungnahme der Kommission veröffentlicht.

(3) Die Regulierungsbehörden und/oder die Kommission können zu jedem Zeitpunkt des Verfahrens von Fernleitungsnetzbetreibern und/oder Unternehmen, die eine der Funktionen Gewinnung oder Versorgung wahrnehmen, die Vorlage sämtlicher für die Erfüllung ihrer Aufgaben gemäß diesem Artikel relevanten Informationen verlangen.

(4) Die Regulierungsbehörden und die Kommission behandeln wirtschaftlich sensible Informationen vertraulich.

(5) [1]Die Kommission kann Leitlinien erlassen, in denen die Einzelheiten des Verfahrens für die Anwendung der Absätze 1 bis 2 des vorliegenden Artikels festgelegt werden. [2]Diese Maßnahme, durch die nicht wesentliche Bestimmungen dieser Verordnung durch ihre Ergänzung geändert werden sollen, wird

---

[1)] Nr. **5**.

nach dem Regelungsverfahren mit Kontrolle gemäß Artikel 28 Absatz 2 erlassen.

(6) [1] Wenn die Kommission eine Meldung über die Zertifizierung eines Fernleitungsnetzbetreibers gemäß Artikel 9 Absatz 10 der Richtlinie 2009/73/EG[1)] erhalten hat, trifft sie eine Entscheidung nach diesem Absatz. [2] Die Regulierungsbehörde kommt der Entscheidung der Kommission nach.

Art. 4 Europäisches Netz der Fernleitungsnetzbetreiber (Gas) Alle Fernleitungsnetzbetreiber arbeiten auf Gemeinschaftsebene im Rahmen des ENTSO (Gas) zusammen, um die Vollendung und das Funktionieren des Erdgasbinnenmarkts sowie den grenzüberschreitenden Handel zu fördern und die optimale Verwaltung, den koordinierten Betrieb und die sachgerechte technische Weiterentwicklung des Erdgasfernleitungsnetzes zu gewährleisten.

Art. 5 Gründung des ENTSO (Gas) (1) Spätestens bis zum 3. März 2011 legen die Gasfernleitungsnetzbetreiber der Kommission und der Agentur den Entwurf der Satzung, eine Liste der Mitglieder und den Entwurf der Geschäftsordnung – einschließlich der Verfahrensregeln für die Konsultation anderer Akteure – des zu gründenden ENTSO (Gas) vor.

(2) Binnen zwei Monaten ab dem Tag des Eingangs der Unterlagen übermittelt die Agentur nach einer förmlichen Konsultation der alle Akteure, insbesondere die Netznutzer und Kunden, vertretenden Organisationen der Kommission eine Stellungnahme zum Entwurf der Satzung, zur Mitgliederliste und zum Entwurf der Geschäftsordnung.

(3) Binnen drei Monaten nach dem Tag des Eingangs der Stellungnahme der Agentur gibt die Kommission eine Stellungnahme zum Entwurf der Satzung, zur Mitgliederliste und zum Entwurf der Geschäftsordnung ab, wobei sie die Stellungnahme der Agentur gemäß Absatz 2 berücksichtigt.

(4) Binnen drei Monaten ab dem Tag des Eingangs der Stellungnahme der Kommission gründen die Fernleitungsnetzbetreiber den ENTSO (Gas) und verabschieden und veröffentlichen dessen Satzung und Geschäftsordnung.

Art. 6 Festlegung der Netzkodizes. (1) Die Kommission stellt nach Konsultation der Agentur, des ENTSO (Gas) und der anderen betroffenen Akteure eine jährliche Prioritätenliste auf, in der die in Artikel 8 Absatz 6 genannten Bereiche aufgeführt werden; die Liste ist in die Entwicklung der Netzkodizes einzubeziehen.

(2) [1] Die Kommission beantragt bei der Agentur, ihr innerhalb einer angemessenen Frist von höchstens sechs Monaten eine nicht bindende Rahmenleitlinie („Rahmenleitlinie“) vorzulegen, die entsprechend Artikel 8 Absatz 7 präzise und objektive Grundsätze für die Ausarbeitung von Netzkodizes für die in der Prioritätenliste aufgeführten Bereiche enthält. [2] Jede Rahmenleitlinie muss zur Nichtdiskriminierung, zu einem echten Wettbewerb und zum effizienten Funktionieren des Marktes beitragen. [3] Auf einen mit Gründen versehenen Antrag der Agentur hin kann die Kommission diese Frist verlängern.

[1)] Nr. 5.

(3) Die Agentur führt über einen Zeitraum von mindestens zwei Monaten eine offene und transparente förmliche Konsultation des ENTSO (Gas) und anderer betroffener Akteure zu der Rahmenleitlinie durch.

(4) Trägt die Rahmenleitlinie nach Auffassung der Kommission nicht zur Nichtdiskriminierung, zu einem echten Wettbewerb und zum effizienten Funktionieren des Marktes bei, so kann sie die Agentur auffordern, die Rahmenleitlinie innerhalb einer angemessenen Frist zu überarbeiten und erneut der Kommission vorzulegen.

(5) Legt die Agentur nicht innerhalb der von der Kommission nach Absatz 2 bzw. Absatz 4 gesetzten Frist eine Rahmenleitlinie erstmalig oder erneut vor, so arbeitet die Kommission die betreffende Rahmenleitlinie aus.

(6) Die Kommission fordert den ENTSO (Gas) auf, der Agentur innerhalb einer angemessenen Frist von höchstens 12 Monaten einen Netzkodex vorzulegen, der der einschlägigen Rahmenleitlinie entspricht.

(7) Die Agentur übermittelt dem ENTSO (Gas) innerhalb von drei Monaten nach Eingang des Netzkodex eine mit Gründen versehene Stellungnahme zu dem Netzkodex; innerhalb dieses Zeitraums kann die Agentur eine förmliche Konsultation der betroffenen Akteure durchführen.

(8) Der ENTSO (Gas) kann den Netzkodex unter Berücksichtigung der Stellungnahme der Agentur ändern und erneut der Agentur vorlegen.

(9) [1] Sobald sich die Agentur davon überzeugt hat, dass der Netzkodex den einschlägigen Rahmenleitlinien entspricht, legt sie den Netzkodex der Kommission vor und kann ihr dessen Annahme innerhalb einer angemessenen Frist empfehlen. [2] Nimmt die Kommission diesen Netzkodex nicht an, so gibt sie die Gründe dafür an.

(10) [1] Arbeitet der ENTSO (Gas) nicht innerhalb der von der Kommission nach Absatz 6 gesetzten Frist einen Netzkodex aus, so kann die Kommission die Agentur auffordern, auf der Grundlage der einschlägigen Rahmenleitlinie den Entwurf eines Netzkodex auszuarbeiten. [2] Die Agentur kann, während sie diesen Entwurf ausarbeitet, eine weitere Konsultation einleiten. [3] Die Agentur legt den nach diesem Absatz ausgearbeiteten Entwurf eines Netzkodex der Kommission vor und kann ihr dessen Erlass empfehlen.

(11) *[1]* Die Kommission kann von sich aus, wenn der ENTSO (Gas) oder die Agentur keinen Netzkodex gemäß Absatz 10 des vorliegenden Artikels ausgearbeitet hat, oder auf Empfehlung der Agentur gemäß Absatz 9 des vorliegenden Artikels einen oder mehrere Netzkodizes für die in Artikel 8 Absatz 6 aufgeführten Bereiche erlassen.

[2] [1] Plant die Kommission, von sich aus einen Kodex zu erlassen, so konsultiert sie die Agentur, den ENTSO (Gas) und alle einschlägigen Akteure innerhalb eines Zeitraums von mindestens zwei Monaten zu dem Entwurf eines Kodex. [2] Diese Maßnahmen zur Änderung nicht wesentlicher Bestimmungen dieser Verordnung durch Ergänzung werden nach dem in Artikel 28 Absatz 2 genannten Regelungsverfahren mit Kontrolle erlassen.

(12) Dieser Artikel berührt nicht das Recht der Kommission, die Leitlinien gemäß Artikel 23 zu erlassen und zu ändern.

Art. 7 Änderung von Netzkodizes. (1) [1] Entwürfe zur Änderung eines gemäß Artikel 6 angenommenen Netzkodex können der Agentur von Personen vorgeschlagen werden, die ein Interesse an diesem Netzkodex haben können, unter anderem den ENTSO (Gas), Fernleitungsnetzbetreiber, Netznutzer und Verbraucher. [2] Auch die Agentur kann von sich aus Änderungen vorschlagen.

(2) [1] Die Agentur konsultiert alle Interessengruppen gemäß Artikel 10 der Verordnung (EG) Nr. 713/2009. [2] Im Anschluss an dieses Verfahren kann die Agentur der Kommission mit Gründen versehene Änderungsvorschläge unterbreiten, wobei zu erläutern ist, inwieweit die Vorschläge mit den Zielen der Netzkodizes nach Artikel 6 Absatz 2 der vorliegenden Verordnung übereinstimmen.

(3) [1] Die Kommission kann Änderungen der nach Artikel 6 angenommenen Netzkodizes vornehmen, wobei sie den Vorschlägen der Agentur Rechnung trägt. [2] Diese Maßnahmen zur Änderung nicht wesentlicher Bestimmungen dieser Verordnung durch Ergänzung werden nach dem in Artikel 28 Absatz 2 genannten Regelungsverfahren mit Kontrolle erlassen.

(4) [1] Die Prüfung der vorgeschlagenen Änderungen nach dem Verfahren des Artikels 28 Absatz 2 beschränkt sich auf die Aspekte, die mit der vorgeschlagenen Änderung im Zusammenhang stehen. [2] Diese vorgeschlagenen Änderungen erfolgen unbeschadet anderer Änderungen, die die Kommission gegebenenfalls vorschlägt.

Art. 8 Aufgaben des ENTSO (Gas) (1) Der ENTSO (Gas) arbeitet auf Aufforderung durch die Kommission gemäß Artikel 6 Absatz 6 Netzkodizes für die in Absatz 6 des vorliegenden Artikels genannten Bereiche aus.

(2) [1] Der ENTSO (Gas) kann für die in Absatz 6 genannten Bereiche Netzkodizes ausarbeiten, um die in Artikel 4 genannten Ziele zu erreichen, soweit diese Netzkodizes nicht die Bereiche betreffen, für die die Kommission eine Aufforderung an das Netz gerichtet hat. [2] Diese Netzkodizes werden der Agentur zur Stellungnahme zugeleitet. [3] Die Stellungnahme wird durch den ENTSO (Gas) gebührend berücksichtigt.

(3) Der ENTSO verabschiedet Folgendes:

a) gemeinsame netztechnische Instrumente zur Sicherstellung der Koordinierung des Netzbetriebs unter normalen Bedingungen und im Notfall, einschließlich eines gemeinsamen Systems zur Einstufung von Störfällen, und Forschungspläne;

b) alle zwei Jahre einen nicht bindenden gemeinschaftsweiten zehnjährigen Netzentwicklungsplan („gemeinschaftsweiter Netzentwicklungsplan"); dieser enthält eine Europäische Prognose zur Angemessenheit des Angebots;

c) Empfehlungen zur Koordinierung der technischen Zusammenarbeit zwischen Fernleitungsnetzbetreibern in der Gemeinschaft und in Drittstaaten;

d) ein Jahresarbeitsprogramm;

e) einen Jahresbericht;

f) jährliche Sommer- und Winterversorgungsprognosen.

(4) [1] Die Europäische Prognose zur Angemessenheit des Angebots gemäß Absatz 3 Buchstabe b erstreckt sich auf die Gesamtangemessenheit des Gasnetzes zur Deckung des bestehenden und des für den nächsten Fünfjahreszeitraum sowie des für den Zeitraum zwischen 5 und 10 Jahren nach dem Berichtsdatum

zu erwartenden Bedarfs. [2]Diese Europäische Prognose zur Angemessenheit des Angebots beruht auf den von den einzelnen Fernleitungsnetzbetreibern aufgestellten Prognosen für die Angemessenheit der jeweiligen nationalen Gasversorgung.

(5) Das in Absatz 3 Buchstabe d genannte Jahresarbeitsprogramm enthält eine Auflistung und eine Beschreibung der auszuarbeitenden Netzkodizes, einen Plan für die Koordinierung des Netzbetriebs und für Forschungs- und Entwicklungstätigkeiten, die in dem jeweiligen Jahr zu erfolgen haben, und einen vorläufigen Zeitplan.

(6) Die Netzkodizes gemäß den Absätzen 1 und 2 erstrecken sich auf die folgenden Bereiche, wobei gegebenenfalls regionale besondere Merkmale zu berücksichtigen sind:

a) Regeln für Netzsicherheit und -zuverlässigkeit;
b) Regeln für Netzanschluss;
c) Regeln für den Zugang Dritter;
d) Regeln für Datenaustausch und Abrechnung;
e) Regeln für die Interoperabilität;
f) betriebliche Verfahren bei Notfällen;
g) Regeln für Kapazitätszuweisung und Engpassmanagement;
h) Regeln für den Handel in Bezug auf die technische und operative Bereitstellung der Netzzugangsdienste und den Austausch von Ausgleichsgas zwischen Netzen;
i) Transparenzregeln;
j) Regeln für den Ausgleich von Mengenabweichungen, einschließlich netzbezogener Regeln für Nominierungsverfahren, Regeln für Ausgleichsentgelte und Regeln für den netztechnischen Ausgleich von Mengenabweichungen zwischen den Netzen der Fernleitungsnetzbetreiber;
k) Regeln für harmonisierte Fernleitungsentgeltstrukturen;
l) Energieeffizienz bei Gasnetzen.

(7) Die Netzkodizes gelten für grenzüberschreitende Netzangelegenheiten und Angelegenheiten der Marktintegration und berühren nicht das Recht der Mitgliedstaaten, nationale Netzkodizes aufzustellen, die den grenzüberschreitenden Handel nicht betreffen.

(8) [1]Der ENTSO (Gas) beobachtet und analysiert die Umsetzung der Kodizes und der von der Kommission nach Artikel 6 Absatz 11 angenommenen Leitlinien und deren Wirkung auf die Harmonisierung der geltenden Regeln zur Förderung der Marktintegration. [2]Der ENTSO (Gas) meldet seine Erkenntnisse der Agentur und nimmt die Ergebnisse der Analyse in den in Absatz 3 Buchstabe e des vorliegenden Artikels genannten Jahresbericht auf.

(9) Der ENTSO (Gas) stellt alle Informationen zur Verfügung, die die Agentur benötigt, um ihre Aufgaben gemäß Artikel 9 Absatz 1 zu erfüllen.

(10) *[1]* [1]Der ENTSO (Gas) verabschiedet alle zwei Jahre einen gemeinschaftsweiten Netzentwicklungsplan nach Absatz 3 Buchstabe b und veröffentlicht diesen. [2]Der gemeinschaftsweite Netzentwicklungsplan beinhaltet die Modellierung des integrierten Netzes, die Entwicklung von Szenarien, eine

Europäische Prognose zur Angemessenheit des Angebots und eine Bewertung der Belastbarkeit des Netzes.

[2] Der gemeinschaftsweite Netzentwicklungsplan muss insbesondere

a) auf den nationalen Investitionsplänen unter Berücksichtigung der in Artikel 12 Absatz 1 genannten regionalen Investitionspläne und gegebenenfalls der unionsbezogenen Aspekte der Netzplanung gemäß der Verordnung (EU) Nr. 347/2013 des Europäischen Parlaments und des Rates vom 17. April 2013 zu Leitlinien für die transeuropäische Energieinfrastruktur[1] aufbauen; er ist Gegenstand einer Kosten-Nutzen-Analyse nach der Methode gemäß Artikel 11 der genannten Verordnung.

b) hinsichtlich der grenzüberschreitenden Verbindungsleitungen auch auf den angemessenen Bedürfnissen verschiedener Netznutzer beruhen und langfristige Verpflichtungen von Investoren gemäß den Artikeln 14 und 22 der Richtlinie 2009/73/EG[2] einschließen und

c) Investitionslücken – insbesondere in Bezug auf grenzüberschreitende Kapazitäten – aufzeigen.

[3] Hinsichtlich Unterabsatz 2 Buchstabe c kann dem gemeinschaftsweiten Netzentwicklungsplan als Anlage eine Übersicht über die Hemmnisse, die den Ausbau der grenzüberschreitenden Kapazitäten des Netzes aufgrund unterschiedlicher Genehmigungsverfahren oder einer unterschiedlichen Genehmigungspraxis erschweren, beigefügt werden.

(11) [1] Die Agentur überprüft die nationalen zehnjährigen Netzentwicklungspläne unter dem Gesichtspunkt ihrer Kohärenz mit dem gemeinschaftsweiten Netzentwicklungsplan. [2] Stellt sie Widersprüche zwischen einem nationalen zehnjährigen Netzentwicklungsplan und dem gemeinschaftsweiten zehnjährigen Netzentwicklungsplan fest, empfiehlt sie je nach Sachlage eine Änderung des nationalen zehnjährigen Netzentwicklungsplans oder des gemeinschaftsweiten Netzentwicklungsplans. [3] Wird ein solcher nationaler zehnjähriger Netzentwicklungsplan gemäß Artikel 22 der Richtlinie 2009/73/EG[2] ausgearbeitet, empfiehlt die Agentur der zuständigen nationalen Regulierungsbehörde, den nationalen zehnjährigen Netzentwicklungsplan gemäß Artikel 22 Absatz 7 der genannten Richtlinie zu ändern und setzt die Kommission hiervon in Kenntnis.

(12) Auf Antrag der Kommission übermittelt der ENTSO (Gas) der Kommission seine Stellungnahme zu dem Erlass von Leitlinien nach Artikel 23.

Art. 9 Beobachtung durch die Agentur. (1) *[1]* Die Agentur beobachtet die Durchführung der in Artikel 8 Absätze 1, 2 und 3 genannten Aufgaben des ENTSO (Gas) und erstattet der Kommission Bericht.

[2] [1] Die Agentur beobachtet die Umsetzung folgender Netzkodizes durch den ENTSO (Gas): der Netzkodizes, die gemäß Artikel 8 Absatz 2 entwickelt wurden, und der Netzkodizes, die gemäß Artikel 6 Absätze 1 bis 10 festgelegt, aber von der Kommission nicht gemäß Artikel 6 Absatz 11 angenommen wurden. [2] Falls der ENTSO (Gas) keinen solchen Netzkodex umgesetzt hat, fordert die Agentur den ENTSO (Gas) auf, eine ordnungsgemäß begründete

---

[1] **Amtl. Anm.:** ABl L 115 vom 25.4.2013, S. 39.
[2] Nr. **5**.

Erklärung vorzulegen, warum es dies nicht getan hat. [3]Die Agentur setzt die Kommission von dieser Erklärung in Kenntnis und gibt eine Stellungnahme dazu ab.

[3] Die Agentur beobachtet und analysiert die Umsetzung der Netzkodizes und der von der Kommission nach Artikel 6 Absatz 11 erlassenen Leitlinien und ihre Auswirkungen auf die Harmonisierung der geltenden Regeln zur Förderung der Marktintegration sowie auf Nichtdiskriminierung, echten Wettbewerb und effizientes Funktionieren des Marktes und erstattet der Kommission Bericht.

(2) *[1]* Der ENTSO (Gas) unterbreitet der Agentur den Entwurf des gemeinschaftsweiten Netzentwicklungsplans, den Entwurf des Jahresarbeitsprogramms einschließlich der Informationen zum Konsultationsverfahren und der anderen in Artikel 8 Absatz 3 genannten Dokumente zur Stellungnahme.

[2] Innerhalb von zwei Monaten ab dem Tag des Eingangs der Unterlagen gibt die Agentur eine ordnungsgemäß begründete Stellungnahme ab und richtet Empfehlungen an den ENTSO (Gas) und an die Kommission, falls ihres Erachtens der Entwurf des Jahresarbeitsprogramms oder der Entwurf des gemeinschaftsweiten Netzentwicklungsplans, die vom ENTSO (Gas) vorgelegt wurden, nicht zur Nichtdiskriminierung, zum echten Wettbewerb, zum effizienten Funktionieren des Marktes oder zu einem ausreichenden Maß an grenzüberschreitenden Verbindungsleitungen, die Dritten offen stehen, beiträgt.

Art. 10 Konsultationen. (1) [1]Der ENTSO (Gas) konsultiert im Rahmen der Ausarbeitung der Netzkodizes, des Entwurfs des gemeinschaftsweiten Netzentwicklungsplans und des Jahresarbeitsprogramms nach Artikel 8 Absätze 1, 2 und 3 umfassend, frühzeitig und auf offene und transparente Weise alle einschlägigen Marktteilnehmer, insbesondere die Organisationen, die alle Akteure vertreten gemäß der in Artikel 5 Absatz 1 genannten Geschäftsordnung. [2]Bei den Konsultationen werden die nationalen Regulierungsbehörden und andere nationale Behörden, Versorgungs- und Gewinnungsunternehmen, Netznutzer einschließlich der Kunden, Verteilernetzbetreiber sowie die relevanten (Branchen-)Verbände, technischen Gremien und Foren der Interessengruppen einbezogen. [3]Dabei verfolgt sie das Ziel, die Standpunkte und Vorschläge aller für den Entscheidungsprozess relevanten Kreise einzuholen.

(2) Alle Unterlagen und Sitzungsprotokolle zu den in Absatz 1 genannten Aspekten werden veröffentlicht.

(3) [1]Vor der Verabschiedung des Jahresarbeitsprogramms sowie der in Artikel 8 Absätze 1, 2 und 3 genannten Netzkodizes teilt dem ENTSO (Gas) mit, welche Stellungnahmen im Rahmen der Konsultation eingegangen sind und berücksichtigt wurden. [2]Wurden Stellungnahmen nicht berücksichtigt, so gibt der ENTSO (Gas) eine Begründung ab.

Art. 11 Kosten. [1]Die Kosten im Zusammenhang mit den in den Artikeln 4 bis 12 dieser Verordnung und in Artikel 11 der Verordnung (EU) Nr. 347/2013 genannten Tätigkeiten des ENTSO (Gas) werden von den Fernleitungsnetzbetreibern getragen und bei der Tarifberechnung berücksichtigt. [2]Die Regulierungsbehörden genehmigen diese Kosten nur dann, wenn sie angemessen und sachbezogen sind.

Art. 12 Regionale Zusammenarbeit der Fernleitungsnetzbetreiber. (1) [1] Die Fernleitungsnetzbetreiber etablieren innerhalb des ENTSO (Gas) eine regionale Zusammenarbeit, um zu den in Artikel 8 Absätzen 1, 2 und 3 genannten Aufgaben beizutragen. [2] Sie veröffentlichen insbesondere alle zwei Jahre einen regionalen Investitionsplan und können auf der Grundlage des regionalen Investitionsplans Investitionsentscheidungen treffen.

(2) Die Fernleitungsnetzbetreiber fördern netztechnische Vereinbarungen, um ein optimales Netzmanagement zu gewährleisten, und fördern die Entwicklung von Energiebörsen, die koordinierte grenzüberschreitende Kapazitätszuweisung durch nichtdiskriminierende marktorientierte Lösungen, wobei sie die spezifischen Vorteile von impliziten Auktionen für kurzfristige Zuweisungen gebührend berücksichtigen, und die Einbeziehung von Mechanismen für den Ausgleich von Mengenabweichungen.

(3) *[1]* [1] Um die in den Absätzen 1 und 2 genannten Ziele zu erreichen, kann das geografische Gebiet, auf das sich die einzelnen Strukturen der regionalen Zusammenarbeit erstrecken, von der Kommission festgelegt werden, wobei bestehenden Strukturen der regionalen Zusammenarbeit Rechnung getragen wird. [2] Jeder Mitgliedstaat kann die Zusammenarbeit in mehr als einem geografischen Gebiet fördern. [3] Die Maßnahme nach Satz 1 zur Änderung nicht wesentlicher Bestimmungen dieser Verordnung durch Ergänzung wird nach dem in Artikel 28 Absatz 2 genannten Regelungsverfahren mit Kontrolle erlassen.

[2] Hierzu konsultiert die Kommission die Agentur und den ENTSO (Gas).

Art. 13 Tarife für den Netzzugang. (1) *[1]* [1] Die von den Regulierungsbehörden gemäß Artikel 41 Absatz 6 der Richtlinie 2009/73/EG[1)] genehmigten Tarife oder Methoden zu ihrer Berechnung, die die Fernleitungsnetzbetreiber anwenden, sowie die gemäß Artikel 32 Absatz 1 der genannten Richtlinie veröffentlichten Tarife müssen transparent sein, der Notwendigkeit der Netzintegrität und deren Verbesserung Rechnung tragen, die Ist-Kosten widerspiegeln, soweit diese Kosten denen eines effizienten und strukturell vergleichbaren Netzbetreibers entsprechen, transparent sind und gleichzeitig eine angemessene Kapitalrendite umfassen, sowie gegebenenfalls die Tarifvergleiche der Regulierungsbehörden berücksichtigen. [2] Die Tarife oder die Methoden zu ihrer Berechnung müssen auf nichtdiskriminierende Weise angewandt werden.

[2] Die Mitgliedstaaten können beschließen, dass die Tarife auch mittels marktorientierter Verfahren wie Versteigerungen festgelegt werden können, vorausgesetzt, dass diese Verfahren und die damit verbundenen Einkünfte von der Regulierungsbehörde genehmigt werden.

[3] Die Tarife oder die Methoden zu ihrer Berechnung müssen den effizienten Gashandel und Wettbewerb erleichtern, während sie gleichzeitig Quersubventionen zwischen den Netznutzern vermeiden und Anreize für Investitionen und zur Aufrechterhaltung oder Herstellung der Interoperabilität der Fernleitungsnetze bieten.

[4] [1] Die Tarife für die Netznutzer müssen nichtdiskriminierend sein und werden pro Einspeisepunkt in das Fernleitungsnetz oder pro Ausspeisepunkt aus dem Fernleitungsnetz getrennt voneinander festgelegt. [2] Kostenaufteilungs-

---

1) Nr. **5**.

mechanismen und Ratenfestlegungsmethoden bezüglich der Ein- und Ausspeisepunkte werden von den nationalen Regulierungsbehörden gebilligt. [3] Ab dem 3. September 2011 stellen die Mitgliedstaaten sicher, dass nach einer Übergangsfrist keine Netzentgelte auf der Grundlage von Vertragspfaden erhoben werden.

(2) [1] Durch die Tarife für den Netzzugang darf weder die Marktliquidität eingeschränkt noch der Handel über die Grenzen verschiedener Fernleitungsnetze hinweg verzerrt werden. [2] Hemmen Unterschiede der Tarifstrukturen oder der Ausgleichsmechanismen den Handel zwischen Fernleitungsnetzen, so arbeiten die Fernleitungsnetzbetreiber unbeschadet des Artikels 41 Absatz 6 der Richtlinie 2009/73/EG[1)] in enger Zusammenarbeit mit den einschlägigen nationalen Behörden aktiv auf die Konvergenz der Tarifstrukturen und der Entgelterhebungsgrundsätze hin, auch im Zusammenhang mit Ausgleichsregelungen.

Art. 14 Fernleitungsnetzbetreiber betreffende Dienstleistungen für den Zugang Dritter. (1) *[1]* Die Fernleitungsnetzbetreiber

a) stellen sicher, dass sie allen Netznutzern Dienstleistungen ohne Diskriminierung anbieten;

b) stellen sowohl verbindliche als auch unterbrechbare Dienstleistungen für den Zugang Dritter bereit. Der Preis der unterbrechbaren Kapazität spiegelt die Wahrscheinlichkeit einer Unterbrechung wider;

c) bieten den Netznutzern sowohl lang- als auch kurzfristige Dienstleistungen an.

[2] Hinsichtlich Unterabsatz 1 Buchstabe a legt ein Fernleitungsnetzbetreiber, der verschiedenen Kunden dieselbe Dienstleistung anbietet, dabei gleichwertige vertragliche Bedingungen zugrunde, indem er entweder harmonisierte Transportverträge oder einen gemeinsamen Netzcode benutzt, die von der zuständigen Behörde nach dem in Artikel 41 der Richtlinie 2009/73/EG[1)] genannten Verfahren genehmigt worden sind.

(2) Transportverträge, die mit unüblichen Anfangsterminen oder mit einer kürzeren Laufzeit als der eines Jahresstandardtransportvertrags unterzeichnet werden, dürfen nicht zu willkürlich höheren oder niedrigeren Tarifen führen, die nicht gemäß den Grundsätzen des Artikels 13 Absatz 1 den Marktwert der Dienstleistung widerspiegeln.

(3) [1] Gegebenenfalls können Dienstleistungen für den Zugang Dritter unter dem Vorbehalt angemessener Garantien der Netznutzer bezüglich ihrer Kreditwürdigkeit erbracht werden. [2] Diese Garantien dürfen keine ungerechtfertigten Marktzugangshemmnisse darstellen und müssen nichtdiskriminierend, transparent und verhältnismäßig sein.

Art. 15 Speicheranlagen und LNG-Anlagen betreffende Dienstleistungen für den Zugang Dritter. (1) Die Betreiber von LNG-Anlagen und von Speicheranlagen

a) stellen sicher, dass sie allen Netznutzern Dienstleistungen, die die Marktnachfrage befriedigen, diskriminierungsfrei anbieten; bieten Betreiber von

---

[1)] Nr. 5.

LNG-Anlagen oder von Speicheranlagen verschiedenen Kunden dieselbe Dienstleistung an, so legen sie dabei gleichwertige vertragliche Bedingungen zugrunde;

b) bieten Dienstleistungen an, die mit der Nutzung der verbundenen Gastransportnetze kompatibel sind, und erleichtern den Zugang durch die Zusammenarbeit mit dem Fernleitungsnetzbetreiber;

c) veröffentlichen innerhalb eines zeitlichen Rahmens, der mit den vertretbaren kommerziellen Erfordernissen der Nutzer der Speicheranlagen und der LNG-Anlagen vereinbar ist, relevante Informationen, insbesondere Daten über die Nutzung und die Verfügbarkeit der Dienstleistungen, wobei diese Veröffentlichung von der nationalen Regulierungsbehörde beobachtet wird.

(2) Die Betreiber von Speicheranlagen

a) stellen sowohl verbindliche als auch unterbrechbare Dienstleistungen für den Zugang Dritter bereit; der Preis der unterbrechbaren Kapazität spiegelt die Wahrscheinlichkeit einer Unterbrechung wider;

b) bieten den Speicheranlagennutzern sowohl lang- als auch kurzfristige Dienstleistungen an und

c) bieten den Speicheranlagennutzern hinsichtlich Speichervolumen, Einspeicherleistung und Ausspeicherleistung sowohl kombinierte als auch einzelne Dienstleistungen an.

(3) Verträge für LNG-Anlagen und Speicheranlagen dürfen nicht zu willkürlich höheren Tarifen führen, wenn sie

a) mit unüblichen Anfangsterminen außerhalb eines Erdgasjahres unterzeichnet werden oder

b) mit einer kürzeren Laufzeit als der eines Standardvertrags für LNG-Anlagen und Speicheranlagen auf Jahresbasis unterzeichnet werden.

(4) [1] Gegebenenfalls können Dienstleistungen für den Zugang Dritter unter dem Vorbehalt angemessener Garantien der Netznutzer bezüglich ihrer Kreditwürdigkeit erbracht werden. [2] Diese Garantien dürfen keine ungerechtfertigten Marktzugangshemmnisse darstellen und müssen nichtdiskriminierend, transparent und verhältnismäßig sein.

(5) Vertragliche Begrenzungen der erforderlichen Mindestkapazität von LNG-Anlagen und Speicheranlagen müssen durch technische Sachzwänge begründet sein und kleineren Speichernutzern den Zugang zu Speicherdienstleistungen ermöglichen.

Art. 16 Fernleitungsnetzbetreiber betreffende Grundsätze der Kapazitätszuweisungsmechanismen und der Verfahren für das Engpassmanagement. (1) Den Marktteilnehmern wird in allen in Artikel 18 Absatz 3 genannten maßgeblichen Punkten die größtmögliche Kapazität zur Verfügung gestellt, wobei auf die Netzintegrität und einen effizienten Netzbetrieb geachtet wird.

(2) Die Fernleitungsnetzbetreiber veröffentlichen nichtdiskriminierende und transparente Kapazitätszuweisungsmechanismen und setzen diese um; diese müssen

a) angemessene ökonomische Signale für die effiziente und maximale Nutzung der technischen Kapazität liefern, Investitionen in neue Infrastruktur erleichtern und den grenzüberschreitenden Erdgashandel erleichtern;

b) kompatibel mit den Marktmechanismen einschließlich Spotmärkten und „Trading Hubs" sein und gleichzeitig flexibel und in der Lage sein, sich einem geänderten Marktumfeld anzupassen, und

c) mit den Netzzugangsregelungen der Mitgliedstaaten kompatibel sein.

(3) *[1]* Die Fernleitungsnetzbetreiber wenden nichtdiskriminierende, transparente Verfahren für das Engpassmanagement an, die den grenzüberschreitenden Erdgashandel ohne Diskriminierung erleichtern, und veröffentlichen diese; die Verfahren beruhen auf folgenden Grundsätzen:

a) Im Falle vertraglich bedingter Engpässe bietet der Fernleitungsnetzbetreiber ungenutzte Kapazität auf dem Primärmarkt zumindest auf „Day-ahead"-Basis (für den folgenden Gastag) und als unterbrechbare Kapazität an, und

b) Netznutzer, die ihre ungenutzte, kontrahierte Kapazität auf dem Sekundärmarkt weiterverkaufen oder verpachten wollen, sind hierzu berechtigt.

[2] Hinsichtlich Unterabsatz 1 Buchstabe b können die Mitgliedstaaten eine Benachrichtigung oder Unterrichtung des Fernleitungsnetzbetreibers durch die Netznutzer verlangen.

(4) Im Falle physischer Engpässe wenden die Fernleitungsnetzbetreiber oder gegebenenfalls die Regulierungsbehörden nichtdiskriminierende, transparente Kapazitätszuweisungsmechanismen an.

(5) [1] Fernleitungsnetzbetreiber bewerten regelmäßig die Marktnachfrage nach neuen Investitionen. [2] Bei der Planung neuer Investitionen bewerten die Fernleitungsnetzbetreiber die Marktnachfrage und berücksichtigen die Versorgungssicherheit.

Art. 17 Speicheranlagen und LNG-Anlagen betreffende Grundsätze der Kapazitätszuweisungsmechanismen und Verfahren für das Engpassmanagement. (1) Den Marktteilnehmern wird die größtmögliche Speicheranlagen- und LNG-Anlagenkapazität zur Verfügung gestellt, wobei auf die Netzintegrität und einen effizienten Netzbetrieb geachtet wird.

(2) Die Betreiber von LNG-Anlagen und von Speicheranlagen veröffentlichen nichtdiskriminierende, transparente Kapazitätszuweisungsmechanismen und setzen diese um; diese müssen

a) angemessene ökonomische Signale für die effiziente und maximale Nutzung der Kapazität geben und Investitionen in neue Infrastruktur erleichtern;

b) die Kompatibilität mit den Marktmechanismen einschließlich Spotmärkten und „Trading Hubs" sicherstellen und gleichzeitig flexibel und in der Lage sein, sich einem geänderten Marktumfeld anzupassen, und

c) mit den angeschlossenen Netzzugangssystemen kompatibel sein.

(3) LNG-Anlagen- und Speicheranlagenverträge enthalten Maßnahmen zur Vermeidung des Hortens von Kapazität, wobei in Fällen vertraglich bedingter Engpässe folgende Grundsätze zu beachten sind:

a) Der Anlagenbetreiber bietet ungenutzte LNG-Anlagenkapazität und ungenutzte Speicherkapazität unverzüglich auf dem Primärmarkt an; im Falle von

Speicheranlagen erfolgt dies zumindest auf „Day-ahead"-Basis (für den folgenden Gastag) und als unterbrechbare Kapazität;

b) LNG-Anlagen- und Speicheranlagennutzer, die ihre ungenutzte kontrahierte Kapazität auf dem Sekundärmarkt weiterverkaufen wollen, sind hierzu berechtigt.

Art. 18 Fernleitungsnetzbetreiber betreffende Transparenzanforderungen. (1) Die Fernleitungsnetzbetreiber veröffentlichen ausführliche Informationen über die von ihnen angebotenen Dienstleistungen und die einschlägigen Bedingungen sowie die technischen Informationen, die die Netznutzer für den tatsächlichen Netzzugang benötigen.

(2) Zur Sicherstellung transparenter, objektiver, nichtdiskriminierender Tarife und zur Erleichterung einer effizienten Nutzung des Erdgasnetzes veröffentlichen die Fernleitungsnetzbetreiber oder die zuständigen nationalen Behörden angemessen und ausreichend detaillierte Informationen über die Tarifbildung, die entsprechenden Methoden und die Tarifstruktur.

(3) Hinsichtlich der angebotenen Dienstleistungen veröffentlicht jeder Fernleitungsnetzbetreiber für alle maßgeblichen Punkte, einschließlich Ein- und Ausspeisepunkte, regelmäßig und kontinuierlich und in einer nutzerfreundlichen, standardisierten Weise numerische Informationen über die technischen, kontrahierten und verfügbaren Kapazitäten.

(4) Die maßgeblichen Punkte eines Fernleitungsnetzes, zu denen Informationen zu veröffentlichen sind, sind von den zuständigen Behörden nach Konsultation der Netznutzer zu genehmigen.

(5) Die Fernleitungsnetzbetreiber machen die durch diese Verordnung vorgeschriebenen Informationen in sinnvoller, quantifizierbar deutlicher und leicht zugänglicher Weise ohne Diskriminierung bekannt.

(6) *[1]* [1] Die Fernleitungsnetzbetreiber veröffentlichen ex ante und ex post Informationen über Angebot und Nachfrage auf der Grundlage von Nominierungen, Prognosen und tatsächlichen Lastflüssen in das und aus dem Netz. [2] Die nationale Regulierungsbehörde stellt sicher, dass alle diese Informationen veröffentlicht werden. [3] Der Detaillierungsgrad der veröffentlichten Informationen spiegelt die dem Fernleitungsnetzbetreiber vorliegenden Informationen wider.

[2] Die Fernleitungsnetzbetreiber veröffentlichen die für den Netzausgleich getroffenen Maßnahmen, die dadurch entstandenen Kosten und erzielten Erlöse.

[3] Die betroffenen Marktteilnehmer stellen den Fernleitungsnetzbetreibern die in diesem Artikel genannten Daten zur Verfügung.

Art. 19 Speicheranlagen und LNG-Anlagen betreffende Transparenzanforderungen. (1) Die Betreiber von LNG-Anlagen und von Speicheranlagen veröffentlichen ausführliche Informationen über die von ihnen angebotenen Dienstleistungen und die einschlägigen Bedingungen sowie die technischen Informationen, die die Nutzer von LNG-Anlagen und von Speicheranlagen für den tatsächlichen Zugang zu den LNG-Anlagen und Speicheranlagen benötigen.

(2) Hinsichtlich der angebotenen Dienstleistungen veröffentlichen die LNG-Anlagen- und Speicheranlagenbetreiber regelmäßig und kontinuierlich und in

einer nutzerfreundlichen, standardisierten Weise numerische Informationen über die kontrahierten und verfügbaren LNG-Anlagen- und Speicheranlagenkapazitäten.

(3) Die LNG-Anlagen- und Speicheranlagenbetreiber machen die durch diese Verordnung vorgeschriebenen Informationen in sinnvoller, quantifizierbar deutlicher und leicht zugänglicher Weise ohne Diskriminierung bekannt.

(4) *[1]* [1] Die LNG-Anlagen- und Speicheranlagenbetreiber veröffentlichen Folgendes: die Gasmengen in den einzelnen LNG-Anlagen oder Speicheranlagen oder Gruppen von Speicheranlagen, falls dies der Art entspricht, in der Anlagennutzern der Zugang angeboten wird, die ein- und ausgespeisten Mengen und die verfügbare Kapazität der LNG-Anlagen und Speicheranlagen, und zwar auch für die Anlagen, die vom Zugang Dritter ausgenommen sind. [2] Die Informationen werden auch dem Fernleitungsnetzbetreiber mitgeteilt, der sie pro Netz oder Teilnetz, die durch die maßgeblichen Punkte bestimmt werden, in zusammengefasster Form veröffentlicht. [3] Die Informationen werden mindestens einmal täglich aktualisiert.

[2] [1] In Fällen, in denen ein Speicheranlagennutzer der einzige Nutzer einer Speicheranlage ist, kann der Speicheranlagennutzer bei der nationalen Regulierungsbehörde einen begründeten Antrag auf vertrauliche Behandlung der in Unterabsatz 1 genannten Daten stellen. [2] Gelangt die nationale Regulierungsbehörde unter Berücksichtigung insbesondere der Notwendigkeit, die legitimen Interessen des Schutzes von Geschäftsgeheimnissen, deren Offenlegung der wirtschaftlichen Gesamtstrategie des Speicheranlagennutzers schaden würde, und das Ziel der Schaffung eines wettbewerbsbestimmten Erdgasbinnenmarktes gegeneinander abzuwägen, zu dem Schluss, dass der Antrag gerechtfertigt ist, kann sie dem Speicheranlagenbetreiber gestatten, die in Unterabsatz 1 genannten Daten für die Dauer von bis zu einem Jahr nicht zu veröffentlichen.

[3] Unterabsatz 2 gilt unbeschadet der in Unterabsatz 1 genannten Pflicht des Fernleitungsnetzbetreibers zur Mitteilung und Veröffentlichung, außer wenn die aggregierten Daten mit den individuellen Speicheranlagendaten, deren Nichtveröffentlichung die nationale Regulierungsbehörde gestattet hat, identisch sind.

(5) Um für transparente, objektive und nichtdiskriminierende Tarife zu sorgen und die effiziente Nutzung der Infrastrukturen zu erleichtern, veröffentlichen die LNG-Anlagenbetreiber und Speicheranlagenbetreiber oder die zuständigen Regulierungsbehörden ausreichend detaillierte Informationen über die Tarifbildung, die Methoden der Tariffestlegung und die Tarifstruktur für Infrastrukturen, für die der regulierte Zugang Dritter vorgesehen ist.

Art. 20 Aufbewahrungspflichten für Netz- und Anlagenbetreiber.

Fernleitungsnetz-, Speicheranlagen- und LNG-Anlagenbetreiber bewahren alle Informationen, auf die in den Artikeln 18 und 19 und in Teil 3 des Anhangs I Bezug genommen wird, für die Dauer von fünf Jahren auf und stellen sie den nationalen Behörden, einschließlich der nationalen Regulierungsbehörde, der nationalen Wettbewerbsbehörde und der Kommission bei Bedarf zur Verfügung.

Art. 21 Ausgleichsregeln und Ausgleichsentgelte. (1) [1]Die Ausgleichsregeln werden auf gerechte, nichtdiskriminierende und transparente Weise konzipiert und beruhen auf objektiven Kriterien. [2]Die Ausgleichsregeln spiegeln die tatsächlichen Netzerfordernisse unter Berücksichtigung der dem Fernleitungsnetzbetreiber zur Verfügung stehenden Ressourcen wider. [3]Die Ausgleichsregeln sind marktorientiert.

(2) *[1]* Damit die Netznutzer rechtzeitig Abhilfemaßnahmen ergreifen können, stellen die Fernleitungsnetzbetreiber ausreichende, rechtzeitige und zuverlässige Online-Informationen über den Ausgleichsstatus der Netznutzer bereit.

[2] Die bereitgestellten Informationen spiegeln den Informationsstand, über den die Fernleitungsnetzbetreiber verfügen, und den Abrechnungszeitraum, für den Ausgleichsentgelte berechnet werden, wider.

[3] Die Bereitstellung von Informationen gemäß diesem Absatz erfolgt unentgeltlich.

(3) *[1]* [1]Die Ausgleichsentgelte sind nach Möglichkeit kostenorientiert und bieten angemessene Anreize für die Netznutzer, ihre Ein- und Ausspeisung von Erdgas auszugleichen. [2]Sie vermeiden Quersubventionen zwischen den Netznutzern und behindern nicht den Markteintritt neuer Marktteilnehmer.

[2] Die Methoden zur Berechnung der Ausgleichsentgelte sowie die endgültigen Tarife werden von den zuständigen Behörden oder gegebenenfalls vom Fernleitungsnetzbetreiber veröffentlicht.

(4) Die Mitgliedstaaten stellen sicher, dass sich die Fernleitungsnetzbetreiber bemühen, die Ausgleichssysteme zu harmonisieren und die Struktur und Staffelung der Ausgleichsentgelte zu vereinfachen, um den Erdgashandel zu erleichtern.

Art. 22 Handel mit Kapazitätsrechten. *[1]* [1]Jeder Fernleitungsnetz-, Speicheranlagen- und LNG-Anlagenbetreiber ergreift angemessene Maßnahmen, damit Kapazitätsrechte frei gehandelt werden können und dieser Handel auf transparente und nichtdiskriminierende Weise erleichtert wird. [2]Jeder dieser Betreiber entwickelt auf dem Primärmarkt harmonisierte Transport-, LNG-Anlagen- und Speicherverträge und entsprechende Verfahren, um den sekundären Kapazitätshandel zu erleichtern, und anerkennt den Transfer primärer Kapazitätsrechte, sofern dieser durch die Netznutzer mitgeteilt wurde.

[2] Die harmonisierten Transport-, LNG-Anlagen- und Speicherverträge und die entsprechenden Verfahren werden den Regulierungsbehörden mitgeteilt.

Art. 23 Leitlinien. (1) *[1]* Gegebenenfalls regeln Leitlinien, die für das zur Erreichung des Ziels dieser Verordnung erforderliche Mindestmaß an Harmonisierung sorgen, Folgendes:

a) Einzelheiten zu den Dienstleistungen für den Zugang Dritter gemäß den Artikeln 14 und 15, einschließlich der Art und Dauer der Dienstleistungen und anderer Anforderungen an diese;
b) Einzelheiten zu den Grundsätzen der Kapazitätszuweisungsmechanismen und der Anwendung von Engpassmanagementverfahren bei vertraglich bedingten Engpässen gemäß den Artikeln 16 und 17;

c) Einzelheiten zur Übermittlung von Informationen, zur Festlegung der technischen Informationen, die die Netznutzer für den tatsächlichen Netzzugang benötigen, und zur Bestimmung aller für die Transparenzanforderungen maßgeblichen Punkte gemäß den Artikeln 18 und 19, einschließlich der für alle maßgeblichen Punkte zu veröffentlichenden Informationen und des Zeitplans für die Veröffentlichung dieser Informationen;

d) Einzelheiten zu den Tarifberechnungsmethoden im Zusammenhang mit dem grenzüberschreitenden Erdgashandel gemäß Artikel 13;

e) Einzelheiten zu den in Artikel 8 Absatz 6 aufgeführten Bereichen.

[2] Hierzu konsultiert die Kommission die Agentur und den ENTSO (Gas).

(2) *[1]* Leitlinien zu den in Absatz 1 Buchstaben a, b und c aufgeführten Punkten sind, was die Fernleitungsnetzbetreiber betrifft, im Anhang enthalten.

[2] [1]Die Kommission kann Leitlinien zu den in Absatz 1 des vorliegenden Artikels aufgeführten Punkten erlassen und die in Absatz 1 Buchstaben a, b,[1)] und c genannten Leitlinien ändern. [2]Diese Maßnahmen zur Änderung nicht wesentlicher Bestimmungen dieser Verordnung, auch durch Ergänzung, werden nach dem in Artikel 28 Absatz 2 genannten Regelungsverfahren mit Kontrolle erlassen.

(3) [1]Die Anwendung und Änderung von Leitlinien, die gemäß dieser Verordnung angenommen wurden, spiegelt die Unterschiede zwischen den nationalen Erdgasnetzen wider und erfordert daher keine einheitlichen detaillierten Bedingungen für den Zugang Dritter auf Gemeinschaftsebene. [2]Es können jedoch Mindestanforderungen festgelegt werden, um nichtdiskriminierende und transparente Netzzugangsbedingungen zu erreichen, die für einen Erdgasbinnenmarkt erforderlich sind und die dann unter Berücksichtigung der Unterschiede zwischen den nationalen Erdgasnetzen entsprechend angewandt werden können.

Art. 24 Regulierungsbehörden. *[1]* Bei der Wahrnehmung ihrer Aufgaben aufgrund dieser Verordnung gewährleisten die Regulierungsbehörden die Einhaltung dieser Verordnung und der gemäß Artikel 23 angenommenen Leitlinien.

[2] Gegebenenfalls arbeiten sie untereinander, mit der Kommission und mit der Agentur gemäß Kapitel VIII der Richtlinie 2009/73/EG[2)] zusammen.

Art. 25 Übermittlung von Informationen. *[1]* Die Mitgliedstaaten und die Regulierungsbehörden übermitteln der Kommission auf Anforderung alle für die Zwecke des Artikels 23 erforderlichen Informationen.

[2] Unter Berücksichtigung der Komplexität der angeforderten Informationen und der Dringlichkeit, mit der sie benötigt werden, setzt die Kommission eine angemessene Frist für die Übermittlung der Informationen.

Art. 26 Recht der Mitgliedstaaten, detailliertere Maßnahmen vorzusehen. Diese Verordnung berührt nicht die Rechte der Mitgliedstaaten, Maß-

---

[1)] Zeichensetzung amtlich.
[2)] Nr. 5.

nahmen beizubehalten oder einzuführen, die detailliertere Bestimmungen als diese Verordnung oder die in Artikel 23 genannten Leitlinien enthalten.

Art. 27 Sanktionen. (1) [1]Die Mitgliedstaaten legen die Regeln für Sanktionen bei Verstößen gegen diese Verordnung fest und treffen die erforderlichen Maßnahmen für deren Anwendung. [2]Die Sanktionen müssen wirksam, verhältnismäßig und abschreckend sein. [3]Die Mitgliedstaaten teilen der Kommission bis zum 1. Juli 2006 die Bestimmungen in Bezug auf die Vorschriften der Verordnung (EG) Nr. 1775/2005 mit und teilen der Kommission unverzüglich spätere Änderungen mit, die diese betreffen. [4]Sie teilen der Kommission die Bestimmungen ohne Bezug auf die Vorschriften der Verordnung (EG) Nr. 1775/2005 bis zum 3. März 2011 mit und teilen der Kommission unverzüglich spätere Änderungen mit, die diese betreffen.

(2) Sanktionen nach Absatz 1 sind nicht strafrechtlicher Art.

Art. 28 Ausschussverfahren. (1) Die Kommission wird von dem durch Artikel 51 der Richtlinie 2009/73/EG[1)] eingesetzten Ausschuss unterstützt.

(2) Wird auf diesen Absatz Bezug genommen, so gelten Artikel 5a Absätze 1 bis 4 und Artikel 7 des Beschlusses 1999/468/EG unter Beachtung von dessen Artikel 8.

Art. 29 *(aufgehoben)*

Art. 30 Ausnahmeregelungen. *[1]* Diese Verordnung gilt nicht für

a) in den Mitgliedstaaten liegende Erdgasfernleitungsnetze für die Dauer der gemäß Artikel 49 der Richtlinie 2009/73/EG[1)] gewährten Ausnahmen;

b) die in Artikel 36 Absätze 1 und 2 der Richtlinie 2009/73/EG[1)] genannten größeren neuen Infrastrukturen, nämlich Verbindungsleitungen, LNG-Anlagen und Speicheranlagen und erhebliche Kapazitätsaufstockungen bei vorhandenen Infrastrukturen und Änderungen dieser Infrastrukturen, die die Erschließung neuer Gasversorgungsquellen ermöglichen, die von den Bestimmungen der Artikel 9, 14, 32, 33, 34 oder Artikel 41 Absätze 6, 8 und 10 der genannten Richtlinie ausgenommen sind, solange sie von den in diesem Absatz genannten Bestimmungen ausgenommen bleiben, mit Ausnahme des Artikels 19 Absatz 4 dieser Verordnung, oder

c) Erdgasfernleitungsnetze, für die Ausnahmen gemäß Artikel 48 der Richtlinie 2009/73/EG[1)] gewährt worden sind.

[2] Hinsichtlich 1 Buchstabe a können Mitgliedstaaten, denen gemäß Artikel 49 der Richtlinie 2009/73/EG[1)] Ausnahmen gewährt wurden, bei der Kommission eine zeitweilige Ausnahmeregelung in Bezug auf die Anwendung dieser Verordnung beantragen, und zwar für einen Zeitraum von bis zu zwei Jahren, beginnend ab dem Zeitpunkt, zu dem die Ausnahme gemäß dem genannten Buchstaben ausläuft.

Art. 31 Aufhebung. [1]Die Verordnung (EG) Nr. 1775/2005 wird zum 3. März 2011 aufgehoben. [2]Verweisungen auf die aufgehobene Verordnung

---

[1)] Nr. **5**.

gelten als Verweisungen auf die vorliegende Verordnung und sind nach Maßgabe der Entsprechungstabelle in Anhang II zu lesen.

Art. 32 Inkrafttreten. *[1]* Diese Verordnung tritt am zwanzigsten Tag nach ihrer Veröffentlichung[1)] im *Amtsblatt der Europäischen Union* in Kraft.

[2] Sie gilt ab dem 3. März 2011.

Diese Verordnung ist in allen ihren Teilen verbindlich und gilt unmittelbar in jedem Mitgliedstaat.

Anhang I. Leitlinien für

1. Fernleitungsnetzbetreiber betreffende Dienstleistungen für den Zugang Dritter

1. Die Fernleitungsnetzbetreiber bieten verbindliche und unterbrechbare Dienstleistungen bis hin zu einer Mindestperiode von einem Tag an.
2. Harmonisierte Transportverträge und gemeinsame Netzkodizes werden so konzipiert, dass der Handel und die Wiederverwendung von Kapazitäten, die von den Netznutzern kontrahiert wurden, erleichtert werden, ohne dass die Kapazitätsfreigabe behindert wird.
3. Die Fernleitungsnetzbetreiber konzipieren Netzkodizes und harmonisierte Verträge im Anschluss an eine angemessene Konsultation der Netznutzer.
4. Die Fernleitungsnetzbetreiber führen standardisierte Verfahren für die Nominierung und Renominierung ein. Sie entwickeln Informationssysteme und elektronische Kommunikationsmittel, um den Netznutzern geeignete Daten bereitzustellen und Transaktionen, wie z.B. Nominierungen, die Kapazitätskontrahierung und die Übertragung von Kapazitätsrechten zwischen Netznutzern, zu vereinfachen.
5. Die Fernleitungsnetzbetreiber harmonisieren formalisierte Anfrageverfahren und Antwortzeiten gemäß der besten Branchenpraxis, um die Antwortzeiten zu minimieren. Sie stellen spätestens ab dem 1. Juli 2006 nach Konsultation der maßgeblichen Netznutzer bildschirmgestützte Online-Kapazitätsbuchungs- und -bestätigungssysteme sowie Nominierungs- und Renominierungsverfahren bereit.
6. Die Fernleitungsnetzbetreiber stellen den Netznutzern keine separaten Gebühren für Informationsanfragen und für Transaktionen in Rechnung, die mit ihren Transportverträgen zusammenhängen und gemäß Standardregeln und -verfahren durchgeführt werden.
7. Informationsanfragen, bei denen außergewöhnliche oder übermäßige Kosten anfallen, etwa für Durchführbarkeitsstudien, können separat in Rechnung gestellt werden, sofern die Aufwendungen ordnungsgemäß nachgewiesen werden können.
8. Die Fernleitungsnetzbetreiber arbeiten mit anderen Fernleitungsnetzbetreibern bei der Koordinierung der Wartung ihrer jeweiligen Netze zusammen, um Unterbrechungen der Fernleitungsdienstleistungen für die Netznutzer und die Fernleitungsnetzbetreiber in anderen Gebieten möglichst gering zu halten und um hinsichtlich der Versorgungssicherheit, einschließlich des Transits, gleiche Nutzeffekte zu gewährleisten.
9. Die Fernleitungsnetzbetreiber veröffentlichen mindestens einmal jährlich bis zu einem vorher festgelegten Termin alle geplanten Wartungszeiträume, die sich auf die aus den Transportverträgen resultierenden Rechte der Netznutzer auswirken könnten, und die entsprechenden betriebsbezogenen Informationen mit einer angemessener Vorlaufzeit. Dazu gehört die zügige und diskriminierungsfreie Veröffentlichung von Änderungen der geplanten Wartungszeiträume und die Bekanntgabe ungeplanter Wartungsarbeiten, sobald der Fernleitungsnetzbetreiber von diesen Kenntnis hat. Während der Wartungszeiträume veröffentlichen die Fernleitungsnetzbetreiber regelmäßig aktualisierte Informationen über die Einzelheiten der Wartungsarbeiten, ihre voraussichtliche Dauer und Auswirkung.
10. Die Fernleitungsnetzbetreiber führen ein Tagesprotokoll über die tatsächlichen Wartungsarbeiten und die eingetretenen Lastflussunterbrechungen, das sie der zuständigen Behörde auf

[1)] Veröffentlicht am 14.8.2009.

Anfrage zur Verfügung stellen. Auf Anfrage werden Informationen auch den von einer Unterbrechung Betroffenen zur Verfügung gestellt.

2. Fernleitungsnetzbetreiber betreffende Grundsätze der Kapazitätszuweisungsmechanismen und Engpassmanagementverfahren und ihre Anwendung bei vertraglich bedingten Engpässen

2.1. Fernleitungsnetzbetreiber betreffende Grundsätze der Kapazitätszuweisungsmechanismen und der Engpassmanagementverfahren

1. Kapazitätszuweisungsmechanismen und Engpassmanagementverfahren erleichtern die Entwicklung des Wettbewerbs und den liquiden Kapazitätshandel und sind mit Marktmechanismen, einschließlich der Spotmärkte und Trading Hubs, vereinbar. Sie sind flexibel und können sich an sich verändernde Marktgegebenheiten anpassen.
2. Diese Mechanismen und Verfahren berücksichtigen die Integrität des jeweiligen Netzes und die Versorgungssicherheit.
3. Diese Mechanismen und Verfahren dürfen weder den Markteintritt neuer Marktteilnehmer behindern noch übermäßige Markteintrittshindernisse schaffen. Sie hindern Marktteilnehmer, einschließlich neuer Marktteilnehmer und Unternehmen mit kleinem Marktanteil, nicht am wirksamen Wettbewerb.
4. Von den Mechanismen und Verfahren gehen geeignete ökonomische Signale im Hinblick auf die effiziente Nutzung technischer Kapazitäten in möglichst großem Umfang aus, und sie erleichtern Investitionen in neue Infrastruktur.
5. Die Netznutzer werden darauf hingewiesen, welche Art von Umständen die Verfügbarkeit kontrahierter Kapazität beeinträchtigen könnte. Die Unterrichtung über Unterbrechungen sollte dem Informationsstand entsprechen, den die Fernleitungsnetzbetreiber haben.
6. Ergeben sich aus Gründen der Netzintegrität Schwierigkeiten bei der Erfüllung vertraglicher Lieferverpflichtungen, so sollten die Fernleitungsnetzbetreiber unverzüglich die Netznutzer unterrichten und eine nichtdiskriminierende Lösung anstreben.
Die Fernleitungsnetzbetreiber konsultieren die Netznutzer zu den Verfahren vor deren Anwendung und vereinbaren die Verfahren mit der Regulierungsbehörde.

2.2. Engpassmanagement bei vertraglichen Engpässen

2.2.1 Allgemeine Bestimmungen

1. Die Bestimmungen in Punkt 2.2 gelten für Kopplungspunkte zwischen angrenzenden Einspeise-/Ausspeisesystemen unabhängig davon, ob diese physisch oder virtuell sind und ob sie zwischen zwei oder mehr Mitgliedstaaten oder innerhalb eines Mitgliedstaats gelegen sind, sofern für den Kopplungspunkt Buchungsverfahren für Nutzer gelten. Sie können vorbehaltlich des Beschlusses der relevanten nationalen Behörde auch für Einspeisepunkte aus Drittländern und für Ausspeisepunkte in Drittländer gelten. Ausspeisepunkte zu Endverbrauchern und Verteilernetzen, Einspeisepunkte von LNG-Terminals und Produktionsanlagen und Ein- und Ausspeisepunkte von und zu Speicheranlagen sind nicht Gegenstand der Bestimmungen des Punktes 2.2.
2. Ausgehend von den von den Fernleitungsnetzbetreibern nach Abschnitt 3 dieses Anhangs veröffentlichten Informationen, die gegebenenfalls von den nationalen Regulierungsbehörden validiert werden, veröffentlicht die Agentur beginnend mit dem Jahr 2015 zum 1. Juni eines jeden Jahres einen Monitoring-Bericht über Engpässe, die im Zusammenhang mit den jeweils im vorhergehenden Jahr verkauften verbindlichen Kapazitätsprodukten aufgetreten sind, wobei sie so weit wie möglich den Kapazitätshandel auf dem Sekundärmarkt und die Verwendung unterbrechbarer Kapazität berücksichtigt.
3. Jede zusätzliche Kapazität, die durch die Anwendung eines der in den Punkten 2.2.2, 2.2.3, 2.2.4 und 2.2.5 vorgesehenen Engpassmanagementverfahren zur Verfügung gestellt wird, muss von dem/den jeweiligen Fernleitungsnetzbetreiber/n im Rahmen des regulären Zuweisungsverfahrens angeboten werden.
4. Die in den Punkten 2.2.2, 2.2.4 und 2.2.5 vorgesehenen Maßnahmen werden ab dem 1. Oktober 2013 umgesetzt. Der Punkt 2.2.3 Nummer 1 bis Nummer 5 gilt ab dem 1. Juli 2016.

2.2.2 Kapazitätssteigerung durch ein Überbuchungs- und Rückkaufsystem

1. Um zusätzliche Kapazität auf verbindlicher Basis anzubieten, schlagen die Fernleitungsnetzbetreiber ein anreizbasiertes Überbuchungs- und Rückkaufsystem vor und setzen dieses nach der Genehmigung durch die nationale Regulierungsbehörde um. Vor der Umsetzung konsultiert die nationale Regulierungsbehörde die nationalen Regulierungsbehörden der angrenzenden Mitgliedstaaten und berücksichtigt deren Stellungnahmen. Zusätzliche Kapazität wird definiert als die verbindliche Kapazität, die zusätzlich zu der auf der Grundlage des Artikels 16 Absatz 1 dieser Verordnung berechneten technischen Kapazität eines Kopplungspunktes angeboten wird.
2. Das Überbuchungs- und Rückkaufsystem bietet den Fernleitungsnetzbetreibern einen Anreiz, zusätzliche Kapazität unter Berücksichtigung der technischen Bedingungen, etwa des Brennwerts, der Temperatur und des erwarteten Verbrauchs des relevanten Einspeise-/Ausspeisesystems sowie der in den angrenzenden Netzen verfügbaren Kapazität, bereitzustellen. Die Fernleitungsnetzbetreiber wenden hinsichtlich der Neuberechnung der technischen oder zusätzlichen Kapazität des Einspeise-/Ausspeisesystems einen dynamischen Ansatz an.
3. Das Überbuchungs- und Rückkaufsystem beruht auf einer Anreizregelung, die sich an den Risiken orientiert, die für die Fernleitungsnetzbetreiber mit dem Anbieten zusätzlicher Kapazität verbunden sind. Das System wird so gestaltet, dass Erlöse aus dem Verkauf zusätzlicher Kapazität und Kosten, die aus dem Rückkaufsystem oder aus Maßnahmen gemäß Absatz 6 resultieren, von den Fernleitungsnetzbetreibern und den Netznutzern geteilt werden. Die nationalen Regulierungsbehörden entscheiden, in welcher Höhe Erlöse und Kosten jeweils vom Fernleitungsnetzbetreiber und vom Netznutzer zu tragen sind.
4. Zum Zweck der Ermittlung der Erlöse der Fernleitungsnetzbetreiber wird davon ausgegangen, dass technische Kapazität, insbesondere zurückgegebene Kapazität sowie gegebenenfalls Kapazität, die infolge der Anwendung von „Use-it-or-lose-it"-Mechanismen für verbindliche „Day-ahead"-Kapazität und für langfristige Kapazität zur Verfügung steht, vor jeder zusätzlichen Kapazität zugewiesen wird.
5. Bei der Festlegung der zusätzlichen Kapazität berücksichtigt der Fernleitungsnetzbetreiber statistische Szenarios für die zu jedem beliebigen Zeitpunkt an einem bestimmten Kopplungspunkt voraussichtlich ungenutzte physische Kapazität. Dabei wird auch ein Risikoprofil für das Anbieten zusätzlicher Kapazität berücksichtigt, das nicht zu einer übermäßigen Rückkaufverpflichtung führt. Im Rahmen des Überbuchungs- und Rückkaufsystems müssen auch die Wahrscheinlichkeit und die Kosten für den Rückkauf von Kapazität auf dem Markt eingeschätzt werden, und auf dieser Basis wird die zur Verfügung zu stellende zusätzliche Kapazitätsmenge bestimmt.
6. Wo dies zur Aufrechterhaltung der Netzintegrität erforderlich ist, wenden die Fernleitungsnetzbetreiber ein marktbasiertes Rückkaufverfahren an, bei dem die Netznutzer Kapazität anbieten können. Die Netznutzer werden über das anzuwendende Rückkaufverfahren informiert. Die Anwendung eines Rückkaufverfahrens lässt geltende Notfallmaßnahmen unberührt.
7. Die Fernleitungsnetzbetreiber prüfen vor der Anwendung eines Rückkaufverfahrens, ob alternative technische und kommerzielle Maßnahmen die Netzintegrität auf eine kosteneffizientere Weise aufrechterhalten können.
8. Zusammen mit seinem Vorschlag für das Überbuchungs- und Rückkaufsystem legt der Fernleitungsnetzbetreiber der nationalen Regulierungsbehörde zur Prüfung des Systems alle relevanten Daten, Schätzungen und Modelle vor. Der Fernleitungsnetzbetreiber erstattet der nationalen Regulierungsbehörde regelmäßig Bericht über das Funktionieren des Systems und übermittelt ihr auf Anfrage alle relevanten Daten. Die nationale Regulierungsbehörde kann vom Fernleitungsnetzbetreiber die Überarbeitung des Systems verlangen.

2.2.3 „Use-it-or-lose-it"-Mechanismus für verbindliche „Day-ahead"-Kapazität

1. Die nationalen Regulierungsbehörden verlangen von den Fernleitungsnetzbetreibern, dass diese für jeden Netznutzer an den Kopplungspunkten in Bezug auf die Änderung der ursprünglichen Nominierung mindestens die in Absatz 3 festgelegten Regeln anwenden, wenn auf der Grundlage des jährlichen Monitoring-Berichts der Agentur gemäß Punkt 2.2.1.2 erwiesen ist, dass an den Kopplungspunkten und im Fall von Versteigerungen zum Reservepreis im Rahmen der Kapazitätszuweisungsverfahren in dem vom Monitoring-

Bericht erfassten Jahr bei Produkten, die entweder in jenem Jahr oder in einem der darauf folgenden zwei Jahre verwendet werden sollten, die Nachfrage größer als das Angebot war, und zwar

a) bei mindestens drei verbindlichen Kapazitätsprodukten mit einer Laufzeit von einem Monat oder

b) bei mindestens zwei verbindlichen Kapazitätsprodukten mit einer Laufzeit von einem Quartal oder

c) bei mindestens einem verbindlichen Kapazitätsprodukt mit einer Laufzeit von einem Jahr oder länger oder

d) wenn kein verbindliches Kapazitätsprodukt mit einer Laufzeit von einem Monat oder länger angeboten wurde.

2. Wenn ausgehend von dem jährlichen Monitoring-Bericht belegt ist, dass eine in Absatz 1 definierte Situation in den folgenden drei Jahren voraussichtlich nicht erneut eintreten wird, da z.B. Kapazität durch den physischen Netzausbau oder aufgrund der Kündigung langfristiger Verträge verfügbar wird, können die zuständigen nationalen Regulierungsbehörden beschließen, den „Use-it-or-lose-it"-Mechanismus für verbindliche „Day-ahead"-Kapazität zu beenden.

3. Eine Renominierung fester Kapazitäten ist bis zu maximal 90 % und bis zu minimal 10 % der kontrahierten Kapazität durch den Netznutzer am Kopplungspunkt zulässig. Übersteigt jedoch die Nominierung 80 % der kontrahierten Kapazität, kann die Hälfte des nichtnominierten Volumens nach oben renominiert werden. Übersteigt die Nominierung nicht 20 % der kontrahierten Kapazität, kann die Hälfte des nominierten Volumens nach unten renominiert werden. Die Anwendung dieses Absatzes lässt geltende Notfallmaßnahmen unberührt.

4. Der ursprüngliche Inhaber der kontrahierten Kapazität kann den Teil seiner kontrahierten verbindlichen Kapazität, für die die Einschränkung gilt, auf unterbrechbarer Basis renominieren.

5. Absatz 3 gilt nicht für Netznutzer – Personen oder Unternehmen sowie Unternehmen, über die sie gemäß Artikel 3 der Verordnung (EG) Nr. 139/2004 Kontrolle ausüben –, die am Kopplungspunkt im vorangegangenen Jahr weniger als 10 % der durchschnittlichen Kapazität gehalten haben.

6. Für Kopplungspunkte, bei denen ein „Use-it-or-lose-it"-Mechanismus für verbindliche „Day-ahead"-Kapazität gemäß Absatz 3 angewendet wird, führt die nationale Regulierungsbehörde eine Bewertung des Zusammenhangs mit dem Überbuchungs- und Rückkaufsystem gemäß Punkt 2.2.2 durch, was dazu führen kann, dass sie beschließt, die Bestimmungen des Punkts 2.2.2 an jenen Kopplungspunkten nicht anzuwenden. Ein solcher Beschluss wird der Agentur und der Kommission unverzüglich mitgeteilt.

7. Eine nationale Regulierungsbehörde kann beschließen, an einem Kopplungspunkt einen „Use-it-or-lose-it"-Mechanismus für verbindliche „Day-ahead"-Kapazität gemäß Absatz 3 einzuführen. Vor dem Erlass ihres Beschlusses konsultiert die nationale Regulierungsbehörde die nationalen Regulierungsbehörden der angrenzenden Mitgliedstaaten. Bei dem Erlass ihres Beschlusses berücksichtigt die nationale Regulierungsbehörde die Stellungnahmen der benachbarten nationalen Regulierungsbehörden.

2.2.4 Rückgabe kontrahierter Kapazität

Die Fernleitungsnetzbetreiber akzeptieren jede Rückgabe verbindlicher Kapazität, die vom Netznutzer an einem Kopplungspunkt kontrahiert wurde, mit Ausnahme von Kapazitätsprodukten mit einer Laufzeit von einem Tag und darunter. Der Netznutzer behält seine Rechte und Pflichten aus dem Kapazitätsvertrag bis zum Zeitpunkt der Neuzuweisung der Kapazität durch den Fernleitungsnetzbetreiber sowie in dem Umfang, in dem die Kapazität vom Fernleitungsnetzbetreiber nicht neu zugewiesen wurde. Es wird davon ausgegangen, dass zurückgegebene Kapazität erst nach der Zuweisung der gesamten verfügbaren Kapazität neu zugewiesen wird. Der Fernleitungsnetzbetreiber teilt dem Netznutzer jede Neuzuweisung der von ihm zurückgegebenen Kapazität unverzüglich mit. Besondere Bedingungen für die Kapazitätsrückgabe, insbesondere für Fälle, in denen mehrere Netznutzer ihre Kapazität zurückgeben, werden von der nationalen Regulierungsbehörde genehmigt.

2.2.5 „Use-it-or-lose-it"-Mechanismus für langfristige Kapazität

1. Die nationalen Regulierungsbehörden verlangen von den Fernleitungsnetzbetreibern die partielle oder vollständige Entziehung der von einem Netznutzer an einem Kopplungspunkt systematisch unzureichend genutzten kontrahierten Kapazität, wenn der Netznutzer seine ungenutzte Kapazität nicht zu realistischen Bedingungen verkauft oder angeboten hat und wenn andere Netznutzer verbindliche Kapazität anfragen. Es wird davon ausgegangen, dass kontrahierte Kapazität insbesondere dann systematisch unzureichend genutzt wird, wenn
   a) der Netznutzer sowohl vom 1. April bis zum 30. September als auch vom 1. Oktober bis zum 31. März im Durchschnitt weniger als 80 % seiner kontrahierten Kapazität mit einer effektiven Vertragslaufzeit von mehr als einem Jahr nutzt und dies nicht zufriedenstellend begründet werden kann, oder wenn
   b) der Netznutzer systematisch fast 100 % seiner kontrahierten Kapazität nominiert und sie dann nach unten renominiert, um die in Punkt 2.2.2 Nummer 3 festgelegten Regeln zu umgehen.
2. Die Anwendung des „Use-it-or-lose-it"-Mechanismus für verbindliche „Day-ahead"-Kapazität wird nicht als Grund betrachtet, der die Verhinderung der Anwendung von Absatz 1 rechtfertigt.
3. Die Entziehung von Kapazität führt dazu, dass der Netznutzer seine kontrahierte Kapazität während eines bestimmten Zeitraums oder während der verbleibenden effektiven Vertragslaufzeit teilweise oder vollständig verliert. Der Netznutzer behält seine Rechte und Pflichten aus dem Kapazitätsvertrag bis zum Zeitpunkt der Neuzuweisung der Kapazität durch den Fernleitungsnetzbetreiber sowie in dem Umfang, in dem die Kapazität vom Fernleitungsnetzbetreiber nicht neu zugewiesen wurde.
4. Die Fernleitungsnetzbetreiber übermitteln den nationalen Regulierungsbehörden regelmäßig alle Daten, die notwendig sind, um zu beobachten, in welchem Umfang kontrahierte Kapazitäten mit einer effektiven Vertragslaufzeit von mehr als einem Jahr oder mit wiederkehrenden Quartalen, die mindestens zwei Jahre abdecken, genutzt werden.

3. Definition der technischen Informationen, die die Netznutzer für den tatsächlichen Netzzugang benötigen, Definition aller für die Transparenzanforderungen maßgeblichen Punkte, einschließlich der für alle maßgeblichen Punkte zu veröffentlichenden Informationen und des Zeitplans für die Veröffentlichung dieser Informationen

3.1. Definition der technischen Informationen, die die Netznutzer für den tatsächlichen Netzzugang benötigen

3.1.1. Form der Veröffentlichung

1. Die Fernleitungsnetzbetreiber stellen alle unter Punkt 3.1.2 und Punkt 3.3 Nummern 1 bis 5 genannten Informationen wie folgt bereit:
   a) auf einer öffentlichen und unentgeltlich zugänglichen Internetseite, für die weder eine Registrierung beim Fernleitungsnetzbetreiber noch eine Anmeldung auf andere Weise erforderlich ist;
   b) regelmäßig/kontinuierlich; die Häufigkeit hängt von den eintretenden Änderungen und von der Dauer der Dienstleistung ab;
   c) in einer nutzerfreundlichen Weise;
   d) in klarer Form sowie auf quantifizierbare, leicht zugängliche Weise und ohne Diskriminierung;
   e) in einem herunterladbaren Format, das – auf der Grundlage einer von der Agentur vorzulegenden Stellungnahme zu einem harmonisierten Format – zwischen den Fernleitungsnetzbetreibern und den nationalen Regulierungsbehörden vereinbart wurde und das quantitative Analysen ermöglicht;
   f) in gleichbleibenden Einheiten, wobei insbesondere kWh (mit einer Verbrennungsreferenztemperatur von 298,15 K) die Einheit für den Energiegehalt und m^3 (bei 273,15 K und 1,01325 bar) die Einheit für das Volumen ist. Der konstante Konversionsfaktor für den Energiegehalt ist anzugeben. Für die Veröffentlichung können auch andere als die vorstehend genannten Einheiten verwendet werden;

g) in der (den) Amtssprache(n) des Mitgliedstaats und auf Englisch.[1)]

h) alle Daten werden ab dem 1. Oktober 2013 auf einer unionsweiten zentralen Plattform zur Verfügung gestellt, die vom Europäischen Verbund der Fernleitungsnetzbetreiber (ENTSO-Gas) kosteneffizient eingerichtet wird.

2. Die Fernleitungsnetzbetreiber teilen Einzelheiten zu tatsächlichen Änderungen der unter Punkt 3.1.2 und Punkt 3.3 Nummern 1 bis 5 genannten Informationen rechtzeitig mit, sobald sie von ihnen Kenntnis haben.

3.1.2. Inhalt der Veröffentlichung

Die Fernleitungsnetzbetreiber veröffentlichen mindestens die folgenden Informationen über ihre Netze und Dienstleistungen:

a) eine ausführliche und umfassende Beschreibung der verschiedenen angebotenen Dienstleistungen und der entsprechenden Entgelte;

b) die verschiedenen Arten von Transportverträgen für diese Dienstleistungen;

c) den Netzkodex und/oder die Standardbedingungen, in denen die Rechte und Pflichten aller Netznutzer beschrieben werden, einschließlich

1. harmonisierter Transportverträge und anderer maßgeblicher Unterlagen;
2. sofern für den Netzzugang relevant: der Angabe der relevanten Gasqualitätsparameter für alle unter Punkt 3.2 dieses Anhangs definierten maßgeblichen Punkte, einschließlich mindestens des Bruttobrennwerts und des Wobbe-Indexes und der Verantwortlichkeit oder der Kosten der Netznutzer für die Konversion des Gases, falls das Gas diesen Angaben nicht entspricht;
3. sofern für den Netzzugang relevant: Informationen über die Druckanforderungen für alle maßgeblichen Punkte;
4. des Verfahrens für den Fall einer Unterbrechung der unterbrechbaren Kapazität, einschließlich gegebenenfalls des Zeitpunkts, des Umfangs und der Rangfolge der einzelnen Unterbrechungen (z.B. anteilsmäßig oder nach dem Prinzip ‚first-come-last-interrupted‘);

d) die harmonisierten Verfahren, die bei der Nutzung des Fernleitungsnetzes angewandt werden, einschließlich der Definition von Schlüsselbegriffen;

e) Bestimmungen über die Verfahren für die Kapazitätszuweisung, das Engpassmanagement, die Verhütung der Kapazitätshortung und für die Wiederverwendung;

f) die Regeln für den Kapazitätshandel auf dem Sekundärmarkt gegenüber dem Fernleitungsnetzbetreiber;

g) Regeln für den Ausgleich von Mengenabweichungen und die Methodik für die Berechnung der Ausgleichsentgelte;

h) gegebenenfalls die Flexibilitäts- und Toleranzwerte, die im Transport und in den anderen Dienstleistungen ohne separates Entgelt enthalten sind, und die darüber hinaus angebotene Flexibilität mit den entsprechenden Entgelten;

i) eine ausführliche Beschreibung des Gasnetzes des Fernleitungsnetzbetreibers und aller unter Punkt 3.2 dieses Anhangs definierten maßgeblichen Kuppelstellen sowie die Namen der Betreiber der verbundenen Systeme oder Anlagen;

j) die Regeln für den Anschluss an das vom Fernleitungsnetzbetreiber betriebene Netz;

k) Informationen über Notfall-Mechanismen, soweit der Fernleitungsnetzbetreiber für diese verantwortlich ist, etwa über Maßnahmen, die zur Trennung von Kundengruppen vom Netz führen können, und über sonstige allgemeine Haftungsregelungen, die für den Fernleitungsnetzbetreiber gelten;

l) die von den Fernleitungsnetzbetreibern für Kuppelstellen vereinbarten und die Interoperabilität des Netzes betreffenden Verfahren, die für den Zugang der Netznutzer zu den betreffenden Fernleitungsnetzen relevant sind, die Verfahren für die Nominierung und das Matching und sonstige Verfahren, die Regelungen für die Allokation der Lastflüsse und den Ausgleich von Mengenabweichungen, einschließlich der verwendeten Methoden, enthalten;

[1)] Zeichensetzung amtlich.

m) die Fernleitungsnetzbetreiber veröffentlichen eine ausführliche und umfassende Beschreibung der Methodik und des Verfahrens, die für die Berechnung der technischen Kapazität verwendet werden, einschließlich Informationen über die zugrunde gelegten Parameter und wichtigsten Annahmen.

3.2. Definition aller für die Transparenzanforderungen maßgeblichen Punkte

1. Zu den maßgeblichen Punkten gehören mindestens
   a) alle Ein- und Ausspeisepunkte eines von einem Fernleitungsnetzbetreiber betriebenen Fernleitungsnetzes mit Ausnahme der Ausspeisepunkte, an denen ein einziger Endkunde verbunden ist, und mit Ausnahme der Einspeisepunkte, die unmittelbar mit der Produktionsanlage eines einzelnen, in der EU ansässigen Produzenten verbunden sind;
   b) alle Ein- und Ausspeisepunkte, die die Bilanzzonen von Fernleitungsnetzbetreibern verbinden;
   c) alle Punkte, die das Netz eines Fernleitungsnetzbetreibers mit einer LNG-Anlage, physischen Erdgashubs, Speicher- und Produktionsanlagen verbinden, es sei denn, diese Produktionsanlagen sind gemäß Buchstabe a ausgenommen;
   d) alle Punkte, die das Netz eines bestimmten Fernleitungsnetzbetreibers mit der Infrastruktur verbinden, die für die Erbringung von Hilfsdiensten gemäß der Definition des Artikels 2 Nummer 14 der Richtlinie 2009/73/EG erforderlich ist.
2. Informationen für einzelne Endkunden und Produktionsanlagen, die nicht unter die Definition der maßgeblichen Punkte unter 3.2 Nummer 1 Buchstabe a fallen, werden in aggregierter Form zumindest pro Bilanzzone veröffentlicht. Für die Anwendung dieses Anhangs werden die aggregierten Informationen, die einzelne Endkunden und Produktionsanlagen betreffen, die gemäß Punkt 3.2 Nummer 1 Buchstabe a von der Definition der maßgeblichen Punkte ausgenommen sind, als ein maßgeblicher Punkt betrachtet.
3. Werden Punkte zwischen zwei oder mehr Fernleitungsnetzbetreibern nur von den betroffenen Netzbetreibern ohne jegliche vertragliche oder operative Beteiligung der Netznutzer verwaltet oder verbinden Punkte ein Fernleitungsnetz mit einem Verteilernetz, ohne dass es an diesen Punkten zu einem vertraglich bedingten Engpass kommt, sind die Fernleitungsnetzbetreiber in Bezug auf diese Punkte von der Verpflichtung ausgenommen, die Anforderungen gemäß Punkt 3.3 dieses Anhangs zu veröffentlichen. Die nationale Regulierungsbehörde kann die Fernleitungsnetzbetreiber verpflichten, die Anforderungen gemäß Punkt 3.3 dieses Anhangs für Gruppen der ausgenommenen Punkte oder für alle diese Punkte zu veröffentlichen. In einem solchen Fall werden die Informationen, sofern sie dem Fernleitungsnetzbetreiber vorliegen, auf einer sinnvollen Ebene in aggregierter Form zumindest pro Bilanzzone veröffentlicht. Für die Anwendung dieses Anhangs werden diese die Punkte betreffenden aggregierten Informationen als ein maßgeblicher Punkt betrachtet.

3.3. Für alle maßgeblichen Punkte zu veröffentlichende Informationen und Zeitplan für die Veröffentlichung dieser Informationen

1 Die Fernleitungsnetzbetreiber veröffentlichen für alle maßgeblichen Punkte die unter den Buchstaben a bis g angegebenen Informationen für alle erbrachten Dienstleistungen und Hilfsdienste (insbesondere Informationen zur Mischung, Beimischung und Konversion). Diese Informationen werden in numerischer Form in stündlichen oder täglichen Perioden veröffentlicht, die der kleinsten Referenzperiode für die Kapazitätsbuchung und (Re-) Nominierung und dem kleinsten Abrechnungszeitraum, für den Ausgleichsentgelte berechnet werden, entsprechen. Weicht die kleinste Referenzperiode von der täglichen Periode ab, werden die unter a bis g angegebenen Informationen auch für die tägliche Periode zur Verfügung gestellt. Diese Informationen und Aktualisierungen werden veröffentlicht, sobald sie dem Netzbetreiber vorliegen („nahezu in Echtzeit'):
   a) die technische Kapazität für Lastflüsse in beide Richtungen;
   b) die gesamte kontrahierte verbindliche und unterbrechbare Kapazität in beide Richtungen;
   c) die Nominierungen und Renominierungen in beide Richtungen;
   d) die verfügbare verbindliche und unterbrechbare Kapazität in beide Richtungen;
   e) die tatsächlichen Lastflüsse;

f) die geplante und tatsächliche Unterbrechung der unterbrechbaren Kapazität;

g) die geplanten und ungeplanten Unterbrechungen verbindlicher Dienstleistungen sowie Informationen zur Wiederaufnahme der verbindlichen Dienstleistungen (u.a. Netzwartungsarbeiten und voraussichtliche Dauer einer wartungsbedingten Unterbrechung). Geplante Unterbrechungen werden mindestens 42 Tage im Voraus veröffentlicht.[1)]

h) das Vorkommen abschlägig beschiedener, rechtsgültiger Anfragen für verbindliche Kapazitätsprodukte mit einer Laufzeit von einem Monat oder länger, einschließlich der Zahl der abschlägig beschiedenen Anfragen und des entsprechenden Kapazitätsvolumens, und

i) im Falle von Versteigerungen Angaben dazu, wo und wann für verbindliche Kapazitätsprodukte mit einer Laufzeit von einem Monat oder länger über dem Reservepreis liegende Markträumungspreise erzielt wurden;

j) Angaben dazu, wo und wann kein verbindliches Kapazitätsprodukt mit einer Laufzeit von einem Monat oder länger im Rahmen eines regulären Zuweisungsverfahrens angeboten wurde;

k) die Gesamtkapazität, die durch die Anwendung der in den Punkten 2.2.2, 2.2.3, 2.2.4 und 2.2.5 festgelegten Engpassmanagementverfahren pro angewendetem Engpassmanagementverfahren zur Verfügung gestellt wurde;

l) die Punkte h bis k gelten ab dem 1. Oktober 2013.

2. Die Informationen unter Punkt 3.3 Nummer 1 Buchstaben a, b und d werden für alle maßgeblichen Punkte mindestens 24 Monate im Voraus veröffentlicht.

3. Die Fernleitungsnetzbetreiber veröffentlichen für alle maßgeblichen Punkte historische Informationen über die Anforderungen von Punkt 3.3 Nummer 1 Buchstaben a bis g auf einer kontinuierlichen Basis für die letzten fünf Jahre.

4. Die Fernleitungsnetzbetreiber veröffentlichen den gemessenen Brennwert oder den Wobbe-Index für alle maßgeblichen Punkte täglich. Vorläufige Zahlen werden spätestens drei Tage nach dem jeweiligen Gastag veröffentlicht. Endgültige Zahlen werden innerhalb von drei Monaten nach Ende des jeweiligen Monats veröffentlicht.

5. Die Fernleitungsnetzbetreiber veröffentlichen für alle maßgeblichen Punkte die verfügbare, die gebuchte und die technische Kapazität auf jährlicher Basis für alle Jahre, in denen die Kapazität kontrahiert ist, plus ein Jahr, und mindestens für die nächsten zehn Jahre. Diese Informationen werden mindestens monatlich aktualisiert oder häufiger, falls neue Informationen vorliegen. Die Veröffentlichung spiegelt den Zeitraum wider, für den die Kapazität dem Markt angeboten wird.

3.4. Zu veröffentlichende Informationen über das Fernleitungsnetz und Zeitplan für die Veröffentlichung dieser Informationen

1. Die Fernleitungsnetzbetreiber stellen sicher, dass die aggregierte Kapazität, die auf dem Sekundärmarkt angeboten und kontrahiert wird (d.h. von einem Netznutzer an einen anderen Netznutzer verkauft wird), täglich veröffentlicht und aktualisiert wird, sofern diese Informationen dem Fernleitungsnetzbetreiber vorliegen. Diese Informationen beinhalten die folgenden Angaben:

a) die Kuppelstelle, an der die Kapazität verkauft wird;

b) die Art der Kapazität, z.B. Einspeisekapazität, Ausspeisekapazität, verbindliche oder unterbrechbare Kapazität;

c) die Menge und Laufzeit der Kapazitätsnutzungsrechte;

d) die Art des Verkaufs, z.B. Nutzungsüberlassung oder Übertragung;

e) die Gesamtzahl der Transaktionen/Nutzungsüberlassungen;

f) alle sonstigen unter Punkt 3.3 genannten Bedingungen, die dem Fernleitungsnetzbetreiber bekannt sind.

Werden solche Informationen von einem Dritten bereitgestellt, sind die Fernleitungsnetzbetreiber von dieser Bestimmung ausgenommen.

---

1) Zeichensetzung amtlich.

2. Die Fernleitungsnetzbetreiber veröffentlichen harmonisierte Bedingungen, zu denen sie Kapazitätstransaktionen (z.B. Nutzungsüberlassungen und Übertragungen) akzeptieren. Diese Bedingungen müssen mindestens Folgendes beinhalten:
   a) eine Beschreibung standardisierter Produkte, die auf dem Sekundärmarkt verkauft werden können;
   b) die Vorlaufzeit für die Durchführung/Annahme/Registrierung von Sekundärmarkttransaktionen. Im Falle von Verspätungen müssen die Gründe dafür veröffentlicht werden;
   c) die Mitteilung des Namens des Verkäufers und des Käufers und der Kapazitätsangaben gemäß Punkt 3.4 Nummer 1 durch den Verkäufer oder den unter Punkt 3.4 Nummer 1 genannten Dritten an den Fernleitungsnetzbetreiber.

   Werden solche Informationen von einem Dritten bereitgestellt, sind die Fernleitungsnetzbetreiber von dieser Bestimmung ausgenommen.
3. Hinsichtlich der Ausgleichsdienstleistungen seines Netzes gibt jeder Fernleitungsnetzbetreiber spätestens einen Monat nach dem Ende der Ausgleichsperiode jedem Netznutzer für jede Ausgleichsperiode dessen spezifische vorläufige Mengenabweichungen und die Kosten pro Netznutzer bekannt. Die endgültigen Daten zu den gemäß standardisierten Lastprofilen belieferten Kunden können bis zu 14 Monate später bereitgestellt werden. Werden solche Informationen von einem Dritten bereitgestellt, sind die Fernleitungsnetzbetreiber von dieser Bestimmung ausgenommen. Bei der Bereitstellung dieser Informationen wird die Vertraulichkeit wirtschaftlich sensibler Informationen gewahrt.
4. Falls Dritten andere Flexibilitätsdienste als Toleranzen angeboten werden, veröffentlichen die Fernleitungsnetzbetreiber täglich auf ‚Day-ahead'-Basis Prognosen über die maximale Flexibilität, die gebuchte Flexibilität und die für den Markt am folgenden Gastag verfügbare Flexibilität. Außerdem veröffentlichen die Fernleitungsnetzbetreiber am Ende eines jeden Gastages Ex-post-Informationen über die aggregierte Inanspruchnahme der einzelnen Flexibilitätsdienste. Ist die nationale Regulierungsbehörde davon überzeugt, dass diese Informationen von den Netznutzern missbraucht werden könnten, kann sie beschließen, den Fernleitungsnetzbetreiber von dieser Verpflichtung auszunehmen.
5. Die Fernleitungsnetzbetreiber veröffentlichen pro Bilanzzone das zu Beginn eines jeden Gastages im Fernleitungsnetz befindliche Gasvolumen und die Prognose für das am Ende eines jeden Gastages im Fernleitungsnetz befindliche Gasvolumen. Das für das Ende des Gastages prognostizierte Gasvolumen wird während des gesamten Gastages stündlich aktualisiert. Werden Ausgleichsentgelte auf stündlicher Basis berechnet, veröffentlicht der Fernleitungsnetzbetreiber das im Fernleitungsnetz befindliche Gasvolumen stündlich. Als Alternative dazu können die Fernleitungsnetzbetreiber pro Bilanzzone den aggregierten Ausgleichsstatus aller Nutzer zu Beginn einer jeden Ausgleichsperiode und den prognostizierten aggregierten Ausgleichsstatus aller Nutzer am Ende eines jeden Gastages veröffentlichen. Ist die nationale Regulierungsbehörde davon überzeugt, dass diese Informationen von den Netznutzern missbraucht werden könnten, kann sie beschließen, den Fernleitungsnetzbetreiber von dieser Verpflichtung auszunehmen.
6. Die Fernleitungsnetzbetreiber stellen nutzerfreundliche Instrumente für die Tarifberechnung bereit.
7. Die Fernleitungsnetzbetreiber bewahren ordnungsgemäße Aufzeichnungen über alle Kapazitätsverträge und alle sonstigen relevanten Informationen im Zusammenhang mit der Berechnung und der Bereitstellung des Zugangs zu verfügbaren Kapazitäten, insbesondere im Zusammenhang mit einzelnen Nominierungen und Unterbrechungen, für eine Dauer von mindestens fünf Jahren auf und stellen sie den maßgeblichen nationalen Behörden bei Bedarf zur Verfügung. Die Fernleitungsnetzbetreiber müssen eine Dokumentation zu allen unter Punkt 3.3 Nummern 4 und 5 genannten relevanten Informationen für eine Dauer von mindestens fünf Jahren aufbewahren und sie der Regulierungsbehörde bei Bedarf zur Verfügung stellen. Beide Parteien wahren das Geschäftsgeheimnis.

Anhang II. Entsprechungstabelle

Verordnung (EG) Nr. 1775/2005	Vorliegende Verordnung
Artikel 1	Artikel 1
Artikel 2	Artikel 2
–	Artikel 3
–	Artikel 4
–	Artikel 5
–	Artikel 6
–	Artikel 7
–	Artikel 8
–	Artikel 9
–	Artikel 10
–	Artikel 11
–	Artikel 12
Artikel 3	Artikel 13
Artikel 4	Artikel 14
–	Artikel 15
Artikel 5	Artikel 16
–	Artikel 17
Artikel 6	Artikel 18
–	Artikel 19
–	Artikel 20
Artikel 7	Artikel 21
Artikel 8	Artikel 22
Artikel 9	Artikel 23
Artikel 10	Artikel 24
Artikel 11	Artikel 25
Artikel 12	Artikel 26
Artikel 13	Artikel 27
Artikel 14	Artikel 28
Artikel 15	Artikel 29
Artikel 16	Artikel 30
–	Artikel 31
Artikel 17	Artikel 32
Anhang	Anhang I

10. Gesetz zur Sicherung der Energieversorgung (Energiesicherungsgesetz 1975)

Vom 20. Dezember 1974

(BGBl. I S. 3681)

FNA 754-3

zuletzt geänd. durch Art. 324 Zehnte ZuständigkeitsanpassungsVO v. 31.8.2015 (BGBl. I S. 1474)

– Auszug –

§ 1 Sicherung der Energieversorgung. (1) [1] Um die Deckung des lebenswichtigen Bedarfs an Energie für den Fall zu sichern, daß die Energieversorgung unmittelbar gefährdet oder gestört und die Gefährdung oder Störung der Energieversorgung durch marktgerechte Maßnahmen nicht, nicht rechtzeitig oder nur mit unverhältnismäßigen Mitteln zu beheben ist, können durch Rechtsverordnung Vorschriften über

1. die Produktion, den Transport, die Lagerung, die Verteilung, die Abgabe, den Bezug, die Verwendung sowie Höchstpreise von Erdöl und Erdölerzeugnissen, von sonstigen festen, flüssigen und gasförmigen Energieträgern, von elektrischer Energie und sonstigen Energien (Gütern),
2. Buchführungs-, Nachweis- und Meldepflichten über die in Nummer 1 genannten wirtschaftlichen Vorgänge, über Mengen und Preise sowie über sonstige Marktverhältnisse bei diesen Gütern und
3. die Herstellung, die Instandhaltung, die Abgabe, die Verbringung und die Verwendung von Produktionsmitteln der gewerblichen Wirtschaft, soweit diese Produktionsmittel der Versorgung mit elektrischer Energie und Erdgas dienen, sowie über Werkleistungen von Unternehmen der gewerblichen Wirtschaft zur Instandhaltung, Instandsetzung, Herstellung und Veränderung von Bauwerken und technischen Anlagen, die der Versorgung mit elektrischer Energie und Erdgas dienen.[1)]

erlassen werden. [2] Als lebenswichtig gilt auch der Bedarf zur Erfüllung öffentlicher Aufgaben und internationaler Verpflichtungen.

(2) Absatz 1 ist auch anzuwenden, soweit die Güter für nichtenergetische Zwecke bestimmt sind.

(3) In Rechtsverordnungen nach Absatz 1 kann insbesondere vorgesehen werden, daß die Abgabe, der Bezug oder die Verwendung der Güter zeitlich, örtlich oder mengenmäßig beschränkt oder nur für bestimmte vordringliche Versorgungszwecke vorgenommen werden darf; die Benutzung von Motorfahrzeugen aller Art kann nach Ort, Zeit, Strecke, Geschwindigkeit und Benutzerkreis sowie Erforderlichkeit der Benutzung eingeschränkt werden.

(4) [1] Die Rechtsverordnungen sind auf das Maß zu beschränken, das zur Behebung der Gefährdung oder Störung der Energieversorgung unbedingt erforderlich ist. [2] Sie sind insbesondere so zu gestalten, daß in die Freiheit des einzelnen und der wirtschaftlichen Betätigung so wenig wie möglich einge-

---

1) Zeichensetzung amtlich.

griffen und die Leistungsfähigkeit der Gesamtwirtschaft möglichst wenig beeinträchtigt wird.

§ 2 Internationale Verpflichtungen. (1) [1] Soweit es zur Erfüllung der Verpflichtungen aus dem Übereinkommen vom 18. November 1974 über ein Internationales Energieprogramm erforderlich ist, können für Erdöl und Erdölerzeugnisse durch Rechtsverordnung Vorschriften über die Beschränkung der Einfuhren, die Verpflichtung zu Ausfuhren und die Abgabe sowie Vorschriften des im § 1 Abs. 3 genannten Inhalts erlassen werden. [2] Rechtsverordnungen nach Satz 1 können erst erlassen werden, wenn das Bundesgesetz in Kraft getreten ist, durch welches die gesetzgebenden Körperschaften nach Artikel 59 Abs. 2 Satz 1 des Grundgesetzes dem genannten Übereinkommen ihre Zustimmung erteilt haben, und wenn die Erfüllung der Verpflichtungen durch marktgerechte Maßnahmen nicht, nicht rechtzeitig oder nur mit unverhältnismäßigen Mitteln zu erreichen ist. [3] § 1 Abs. 4 Satz 2 gilt entsprechend.

(2) Rechtsverordnungen, nach denen Einfuhren von Erdöl und Erdölerzeugnissen aus Mitgliedstaaten der Europäischen Gemeinschaften beschränkt werden können oder zu Ausfuhren und Abgabe in diese Staaten verpflichtet werden kann, können nur erlassen werden, wenn die Bundesrepublik Deutschland hierzu gemeinschaftsrechtlich ermächtigt ist.

(3) Rechtsverordnungen nach § 1 können auch erlassen werden, wenn die Energieversorgung durch die Beschränkung der Einfuhren oder die Verpflichtung zu Ausfuhren von Erdöl und Erdölerzeugnissen gefährdet oder gestört wird.

§ 3 Erlaß von Rechtsverordnungen. (1) [1] Rechtsverordnungen nach den §§ 1 und 2 erläßt die Bundesregierung. [2] Sie kann diese Befugnis durch Rechtsverordnung ohne Zustimmung des Bundesrates auf das Bundesministerium für Wirtschaft und Energie sowie in Bezug auf die leitungsgebundene Versorgung mit Elektrizität und Erdgas auf die Bundesnetzagentur für Elektrizität, Gas, Telekommunikation, Post und Eisenbahnen übertragen, wenn die Energieversorgung im Sinne des § 1 Abs. 1 gefährdet oder gestört ist. [3] Rechtsverordnungen des Bundesministeriums für Wirtschaft und Energie, die der Zollverwaltung Aufgaben übertragen, werden im Einvernehmen mit dem Bundesministerium der Finanzen erlassen.

(2) [1] Rechtsverordnungen, die nach Eintritt einer Gefährdung oder Störung der Energieversorgung im Sinne des § 1 Abs. 1 erlassen werden und deren Geltungsdauer sich auf nicht mehr als sechs Monate erstreckt, bedürfen nicht der Zustimmung des Bundesrates. [2] Ihre Geltungsdauer darf nur mit Zustimmung des Bundesrates verlängert werden.

(3) [1] Werden Rechtsverordnungen nach § 1 erlassen, bevor die Energieversorgung im Sinne des § 1 Abs. 1 oder des § 2 Abs. 3 gefährdet oder gestört ist, so ist ihre Anwendung von der Feststellung der Bundesregierung abhängig zu machen, daß eine solche Gefährdung oder Störung eingetreten ist. [2] Die Feststellung erfolgt durch Rechtsverordnung der Bundesregierung ohne Zustimmung des Bundesrates. [3] Die Bundesregierung kann die Befugnis nach Satz 2 in Bezug auf die leitungsgebundene Versorgung mit Elektrizität und Erdgas durch Rechtsverordnung ohne Zustimmung des Bundesrates auf die Bundesnetzagentur für Elektrizität, Gas, Telekommunikation, Post und Eisenbahnen übertragen. [4] Satz 1 gilt nicht für Rechtsverordnungen über

1. Meldepflichten über getätigte oder beabsichtigte Einfuhren und Ausfuhren sowie über Produktion, Transport, Lagerung und Abgabe,
2. Buchführungs-, Nachweis- und Meldepflichten zur Vorbereitung der Ausführung von Rechtsverordnungen nach § 1 Abs. 3

bei Erdöl, Erdölerzeugnissen elektrischer Energie und Erdgas.

(4) [1] Die Anwendung der Rechtsverordnungen kann, auch solange die Energieversorgung im Sinne des § 1 Abs. 1 und des § 2 Abs. 3 gefährdet oder gestört ist, durch Rechtsverordnung ohne Zustimmung des Bundesrates ausgesetzt und wieder hergestellt werden. [2] Der Lauf der in Absatz 2 Satz 1 festgelegten Frist wird durch eine Aussetzung der Anwendung nicht unterbrochen. [3] Die Rechtsverordnungen nach § 1 sind unverzüglich aufzuheben oder außer Anwendung zu setzen, wenn keine Gefährdung oder Störung der Energieversorgung im Sinne des § 1 Abs. 1 und des § 2 Abs. 3 mehr vorliegt oder wenn Bundestag und Bundesrat dies verlangen.

(5) [1] Rechtsverordnungen nach § 2 Abs. 1 dürfen erst angewendet werden, wenn dies zur Erfüllung der dort genannten Verpflichtungen erforderlich ist. [2] Sie sind unverzüglich aufzuheben oder außer Anwendung zu setzen, wenn die Voraussetzungen des Satzes 1 nicht mehr vorliegen.

§§ 4–18 *(hier nicht wiedergegeben)*

11. Energiestatistikgesetz (EnStatG)

Vom 6. März 2017
(BGBl. I S. 392)

FNA 708-34

Der Bundestag hat das folgende Gesetz beschlossen:

§ 1 Zweck der Erhebungen und Erhebungsbereiche. (1) Die in Absatz 2 genannten statistischen Erhebungen werden als Bundesstatistik durchgeführt als Beitrag zur Darstellung des Energieangebots und der Energieverwendung, insbesondere in Form von Energiebilanzen des Bundes und der Länder, für Zwecke

1. der Gestaltung der energiepolitischen Rahmenbedingungen für eine sichere, wirtschaftliche und umweltverträgliche Energieversorgung,
2. der Erstellung des Berichts der Bundesregierung nach § 63 Absatz 1 Satz 1 des Energiewirtschaftsgesetzes[1] vom 7. Juli 2005 (BGBl. I S. 1970, 3621), das zuletzt durch Artikel 1 des Gesetzes vom 27. Januar 2017 (BGBl. I S. 130) geändert worden ist, in der jeweils geltenden Fassung, und nach § 98 Absatz 1 des Erneuerbare-Energien-Gesetzes[2] vom 21. Juli 2014 (BGBl. I S. 1066), das zuletzt durch Artikel 2 des Gesetzes vom 22. Dezember 2016 (BGBl. I S. 3106) geändert worden ist, in der jeweils geltenden Fassung, sowie für die Energieberichterstattung des Bundes und der Länder,
3. der Erfüllung europa- und völkerrechtlicher Berichtspflichten der Bundesrepublik Deutschland.

(2) Die Statistik umfasst die Erhebungen

1. in der Elektrizitätswirtschaft einschließlich der erneuerbaren Energien (§ 3),
2. in der Gaswirtschaft einschließlich der erneuerbaren Energien (§ 4),
3. in der Wärmewirtschaft einschließlich der erneuerbaren Energien (§ 5),
4. über Kohleeinfuhr und -ausfuhr (§ 6),
5. über Flüssiggas, Klärgas, Klärschlamm, Tiefengeothermie, Biokraftstoffe, Mineralöl und Mineralölerzeugnisse (§ 7) sowie
6. über die Energieverwendung einschließlich der erneuerbaren Energien (§ 8).

§ 2 Begriffsbestimmungen. (1) [1] „Betreiber von Anlagen zur Erzeugung" im Sinne dieses Gesetzes sind natürliche oder juristische Personen oder Personenvereinigungen, die bestimmenden Einfluss auf die Beschaffenheit und den Betrieb der Anlage zur Erzeugung ausüben. [2] Wird die Anlage zur Erzeugung in einem Betrieb oder in einem Unternehmen eingesetzt, ist der Betriebsinhaber oder der Unternehmensinhaber der Betreiber der Anlage zur Erzeugung. [3] Betreiber der Anlage zur Erzeugung können sowohl ihr Eigentümer als auch die auf Grund schuldrechtlicher Verpflichtung zum Betrieb

---

[1] Nr. **1**.
[2] Nr. **37**.

berechtigten natürlichen oder juristischen Personen oder Personenvereinigungen sein.

(2) [1] „Anlagen zur Erzeugung" im Sinne dieses Gesetzes sind Anlagen, die Elektrizität, Gas oder Wärme zur Abgabe an andere oder zur Eigenversorgung erzeugen. [2] Wenn die gleiche erneuerbare Energie in mehreren Erzeugungseinheiten an einem Standort eingesetzt wird, gelten diese Erzeugungseinheiten als eine Anlage. [3] Anlagen im Test- und Probebetrieb sind einzubeziehen.

(3) [1] „Brennstoffe" im Sinne dieses Gesetzes sind feste, flüssige und gasförmige Energieträger. [2] Den Brennstoffen gleichgestellt sind Kernbrennstoffe, Abfälle, Wärme einschließlich Abwärme und die Energie aus der Entspannung komprimierter Gase.

(4) „Erneuerbare Energien" im Sinne dieses Gesetzes sind

1. erneuerbare Energien nach § 3 Nummer 21 des Erneuerbare-Energien-Gesetzes[1)] und
2. Energie aus Klärschlamm und aus Pflanzenölmethylester sowie Energie aus dem biologisch abbaubaren Anteil von Abfällen aus Gewerbe, Handel und Dienstleistungen.

(5) „Nutzbare Speicherkapazität" im Sinne dieses Gesetzes ist die maximal aufnehmbare Energiemenge, abzüglich auftretender Lade-, Speicher- und Entladeverluste.

(6) Im Übrigen gelten die Begriffsbestimmungen

1. des Energiewirtschaftsgesetzes[2)],
2. des Erneuerbare-Energien-Gesetze[1)]s,
3. des Erneuerbare-Energien-Wärmegesetzes[3)] vom 7. August 2008 (BGBl. I S. 1658), das zuletzt durch Artikel 9 des Gesetzes vom 20. Oktober 2015 (BGBl. I S. 1722) geändert worden ist, in der jeweils geltenden Fassung und
4. des Kraft-Wärme-Kopplungsgesetzes[4)] vom 21. Dezember 2015 (BGBl. I S. 2498), das zuletzt durch Artikel 1 des Gesetzes vom 22. Dezember 2016 (BGBl. I S. 3106) geändert worden ist, in der jeweils geltenden Fassung.

§ 3 Erhebungen in der Elektrizitätswirtschaft einschließlich der erneuerbaren Energien. (1) Die Erhebung erfasst, jeweils bezogen auf das Inland, monatlich bei allen Betreibern

1. von denjenigen Anlagen zur Erzeugung von Elektrizität ab einer installierten Nettonennleistung von 1 Megawatt elektrisch, die Brennstoffe oder Wasserkraft als Energieträger einsetzen, soweit sie nicht nach § 7 Satz 1 Nummer 2 oder 3 erfasst werden, Angaben zu folgenden Erhebungsmerkmalen:
   a) die Menge der erzeugten Elektrizität oder erzeugten Elektrizität und Wärme, getrennt nach eingesetzten Energieträgern und Prozessarten,
   b) die Menge der abgegebenen Wärme, getrennt nach Abnehmergruppen,
   c) die Menge des Eigenverbrauchs, jeweils von Elektrizität und Wärme,

---

1) Nr. **37**.
2) Nr. **1**.
3) Nr. **44**.
4) Nr. **45**.

d) die Nettonennleistung der Anlagen zur Erzeugung von Elektrizität oder von Elektrizität und Wärme,

e) die Hocheffizienzeigenschaft der KWK-Anlagen, getrennt nach Prozessarten,

f) die Primärenergieeinsparung der KWK-Anlagen, getrennt nach Prozessarten,

g) die Menge des Vorratsbestands von Brennstoffen zur Erzeugung von Elektrizität oder von Elektrizität und Wärme bei KWK-Anlagen, jeweils getrennt nach Energieträgern und Energiegehalt,

h) die Menge der eingesetzten Brennstoffe zur Erzeugung von Elektrizität oder von Elektrizität und Wärme bei KWK-Anlagen, jeweils getrennt nach Energieträgern und Energiegehalt,

2. von Anlagen zur Speicherung von Elektrizität ab einer installierten Nettonennleistung von 1 Megawatt elektrisch oder ab einer Speicherkapazität von 1 Megawattstunde Angaben zu folgenden Erhebungsmerkmalen:

a) die Menge der ein- und ausgespeicherten Elektrizität, getrennt nach Speichertechnologie, bei Pumpspeicherkraftwerken zusätzlich getrennt nach Erzeugung aus dem Pumpbetrieb und aus natürlichem Zufluss,

b) die installierte elektrische Nettonennleistung, bei Pumpspeicherkraftwerken zusätzlich getrennt nach Erzeugung und Pumpbetrieb,

c) die nutzbare Speicherkapazität,

3. von Elektrizitätsversorgungsnetzen, bezogen auf die von ihnen betriebenen Netze, Angaben zu folgenden Erhebungsmerkmalen:

a) länderweise die Anzahl, die installierte Nettonennleistung der Anlagen zur Erzeugung, die direkt an das von ihnen betriebene Netz angeschlossen sind, sowie die Einspeisung von Elektrizität in physikalischen Mengen, jeweils getrennt nach eingesetzten Energieträgern sowie innerhalb der Energieträger jeweils getrennt nach Anlagen unter und ab einer Nettonennleistung von 1 Megawatt elektrisch,

b) die Ein- und Ausfuhr von Elektrizität in physikalischen Mengen, getrennt nach Staaten,

c) die Menge der Netzverluste,

d) die Menge der entnommenen Elektrizität, getrennt nach Abnehmergruppen.

(2) Die Erhebung erfasst, jeweils bezogen auf das Inland und länderweise, bei allen Energieversorgungsunternehmen einschließlich der Stromhändler, die Letztverbraucher mit Elektrizität beliefern, jährlich für das Vorjahr Angaben zu folgenden Erhebungsmerkmalen:

1. die Menge der abgesetzten Elektrizität, getrennt nach Abnehmergruppen,
2. die Erlöse aus dem Absatz von Elektrizität, getrennt nach Abnehmergruppen,
3. die Erlöse aus dem Absatz von Elektrizität an Sondervertragskunden nach § 2 Absatz 3 Nummer 1 der Konzessionsabgabenverordnung[1].

---

[1] Nr. **3**.

(3) [1] Die Erhebung erfasst, jeweils bezogen auf das Inland, bei allen Betreibern von Elektrizitätsversorgungsnetzen, bezogen auf die von ihnen betriebenen Netze, jährlich für das Vorjahr Angaben zu folgenden Erhebungsmerkmalen:

1. den Sondervertragskunden nach § 2 Absatz 3 Nummer 1 der Konzessionsabgabenverordnung[1)] in Rechnung gestellte Netznutzungsentgelte,
2. die Menge der Netzausspeisungen an Letztverbraucher sowie Netzeinspeisungen von Elektrizität, getrennt nach Energieträgern,
3. die Standorte, die Anzahl und die installierte Nettonennleistung der Anlagen zur Erzeugung, die direkt an das von ihnen betriebene Netz angeschlossen sind.

[2] Die Angaben nach Satz 1 Nummer 1 und 2 sind auch länderweise zu erfassen.

(4) Die Erhebung erfasst, jeweils bezogen auf das Inland und jeweils länderweise, bei allen Betreibern von Elektrizitätsversorgungsnetzen, bezogen auf die von ihnen betriebenen Netze, für KWK-Anlagen unter 1 Megawatt Nettonennleistung jährlich für das Vorjahr Angaben zu folgenden Erhebungsmerkmalen:

1. die Menge der eingespeisten Elektrizität,
2. die Art des eingesetzten Hauptbrennstoffs.

(5) Die Erhebung erfasst, jeweils bezogen auf das Inland, bei allen Betreibern von zur Eigenversorgung bestimmten Anlagen zur Erzeugung von Elektrizität ab einer installierten Nettonennleistung von 1 Megawatt elektrisch einschließlich der KWK-Anlagen, soweit sie nicht nach § 7 Satz 1 Nummer 2 oder 3 erfasst werden, jährlich für das Vorjahr Angaben zu folgenden Erhebungsmerkmalen:

1. die Menge der erzeugten Elektrizität oder der erzeugten Elektrizität und Wärme, getrennt nach eingesetzten Energieträgern und Prozessarten,
2. die Menge des Eigenverbrauchs, jeweils von Elektrizität und Wärme,
3. die Nettonennleistung der Anlagen,
4. die Hocheffizienzeigenschaft der KWK-Anlagen, getrennt nach Prozessarten,
5. die Primärenergieeinsparung der KWK-Anlagen, getrennt nach Prozessarten,
6. die Menge des Vorratsbestands von Brennstoffen zur Erzeugung von Elektrizität oder von Elektrizität und Wärme bei KWK-Anlagen, jeweils getrennt nach Energieträgern und Energiegehalt,
7. die Menge der eingesetzten Brennstoffe zur Erzeugung von Elektrizität oder von Elektrizität und Wärme bei KWK-Anlagen, jeweils getrennt nach Energieträgern und Energiegehalt.

§ 4 Erhebungen in der Gaswirtschaft einschließlich der erneuerbaren Energien. (1) Die Erhebung erfasst, jeweils bezogen auf das Inland, monatlich bei allen Betreibern von Anlagen

1. zur Gewinnung von Erdgas die Menge des gewonnenen Erdgases,

---

1) Nr. 3.

2. zum Transport von Erdgas Angaben über die Ein- und Ausfuhr von Erdgas in physischen Mengen, getrennt nach Nachbarstaaten,
3. zur Speicherung von Erdgas Angaben zu folgenden Erhebungsmerkmalen:
   a) Speichersaldo am Monatsende,
   b) Speicherfüllstände am Monatsende.

(2) Die Erhebung erfasst, jeweils bezogen auf das Inland, monatlich
1. bei allen Betreibern von Anlagen zur Gewinnung von Erdgas Angaben zu folgenden Erhebungsmerkmalen:
   a) die Menge des gewonnenen Erdgases,
   b) die Menge des Eigenverbrauchs,
2. bei allen Betreibern von Anlagen zum Transport von Erdgas oder Biogas durch Fernleitungen Angaben zu folgenden Erhebungsmerkmalen:
   a) die Menge des in das Fernleitungsnetz eingespeisten Erdgases,
   b) die Menge des in das Fernleitungsnetz eingespeisten Biogases,
   c) die Menge des aus dem Fernleitungsnetz ausgespeisten Gases,
   d) die Ein- und Ausfuhr von Erdgas in physischen Mengen, getrennt nach Nachbarstaaten,
   e) die Menge des Eigenverbrauchs,
3. bei allen Betreibern von Anlagen zur Speicherung von Erdgas Angaben zu folgenden Erhebungsmerkmalen:
   a) den Speichersaldo am Monatsende,
   b) die Speicherfüllstände am Monatsende,
   c) die Menge des Eigenverbrauchs.

(3) [1] Die Erhebung erfasst, jeweils bezogen auf das Inland, jährlich für das Vorjahr
1. bei allen Betreibern von Anlagen zur Gewinnung und Erzeugung von Gas Angaben zu folgenden Erhebungsmerkmalen:
   a) die Menge des gewonnenen und erzeugten Gases,
   b) die Menge des abgesetzten Gases, getrennt nach Abnehmergruppen,
   c) die Erlöse aus dem Absatz von Gas, getrennt nach Abnehmergruppen,
   d) die Ein- und Ausfuhr von Erdgas nach Vertragsmengen, getrennt nach Ursprungs- und Bestimmungsstaaten,
   e) die Menge des abgefackelten Gases,
   f) die Menge des Eigenverbrauchs,
   g) die Menge der sonstigen Verluste,
2. bei allen Betreibern von Anlagen zum Transport von Gas durch Fernleitungen Angaben zu folgenden Erhebungsmerkmalen:
   a) die Menge des eingespeisten Gases,
   b) die Ein- und Ausfuhr von Erdgas in physischen Mengen, getrennt nach Nachbarstaaten,
   c) die Menge des Eigenverbrauchs,
   d) die Menge der sonstigen Verluste,

3. bei allen Betreibern von Anlagen zur Speicherung von Gas Angaben zu folgenden Erhebungsmerkmalen:
   a) die Anzahl, die Art, das Arbeitsvolumen und die maximale Ausspeiseleistung der Speicher,
   b) die am Jahresende kumulierte Menge des eingespeisten Gases und die am Jahresende kumulierte Menge des ausgespeisten Gases,
   c) die Menge des Eigenverbrauchs,
   d) die Menge der sonstigen Verluste,
4. bei allen Betreibern von Gasverteilernetzen Angaben zu folgenden Erhebungsmerkmalen:
   a) die Menge des in das Gasverteilernetz eingespeisten Gases,
   b) die Menge des Eigenverbrauchs,
   c) die Menge der sonstigen Verluste,
5. bei allen Gaslieferanten und Großhändlern Angaben zu folgenden Erhebungsmerkmalen:
   a) die Ein- und Ausfuhr von Erdgas nach Vertragsmengen, getrennt nach Ursprungs- und Bestimmungsstaaten,
   b) die Menge des abgesetzten Gases, getrennt nach Abnehmergruppen,
   c) die Erlöse aus dem Absatz von Gas, getrennt nach Abnehmergruppen.

[2] Die Angaben nach Satz 1 Nummer 2 Buchstabe a und Nummer 4 Buchstabe a sind auch nach Gasarten getrennt zu erfassen. [3] Die Angaben nach Satz 1 Nummer 2 Buchstabe c und d und Nummer 4 Buchstabe b und c schließen Erdgasverdichterstationen mit ein. [4] Die Angaben nach Satz 1 Nummer 3 Buchstabe c schließen Kissengas mit ein. [5] Die Angaben nach Satz 1 Nummer 1 Buchstabe b und c, Nummer 2 Buchstabe a, c und d, Nummer 3 Buchstabe b, Nummer 4 Buchstabe a sowie Nummer 5 Buchstabe b und c sind auch länderweise zu erfassen.

§ 5 Erhebungen in der Wärmewirtschaft einschließlich der erneuerbaren Energien. [1] Die Erhebung erfasst, jeweils bezogen auf das Inland, bei allen Betreibern von Heizwerken ab einer installierten Nettonennleistung von 1 Megawatt thermisch und bei allen Betreibern von Anlagen zur netzgebundenen Wärmeversorgung einschließlich wärmegeführter Blockheizkraftwerke, soweit deren Anlagen nicht bereits nach § 3 erfasst werden, sowie bei Dritten, die sich dieser Anlagen zur Verteilung bedienen, jährlich für das Vorjahr Angaben zu folgenden Erhebungsmerkmalen:

1. die Menge der erzeugten Wärme sowie bei wärmegeführten Anlagen die Menge der erzeugten Elektrizität, jeweils getrennt nach eingesetzten Energieträgern,
2. die Menge der bezogenen Wärme, getrennt nach Lieferantengruppen,
3. die Menge der abgegebenen Wärme, getrennt nach Abnehmergruppen,
4. die Menge des Bestands an Energieträgern, getrennt nach Energiegehalt,
5. die Menge der eingesetzten Energieträger zur Erzeugung von Wärme und Elektrizität, jeweils getrennt nach Arten und Energiegehalt,
6. die Menge des Eigenverbrauchs von Wärme und Elektrizität,

7. die installierte thermische Speicherkapazität,
8. die Menge der Netzverluste,
9. die Art und die installierte elektrische Nettonennleistung und thermische Nettonennleistung der Anlagen,
10. bei Wärmenetzen die vorwiegend verwendeten Wärmeträger,
11. die Anzahl der Wärmenetze sowie deren gesamte Trassenlänge,
12. den Umfang des Zu- und Rückbaus von Wärmenetzen,
13. die Menge der eingeführten Wärme und die Menge der ausgeführten Wärme.

[2] Alle Angaben mit Ausnahme der Angaben nach Satz 1 Nummer 7 und 13 sind länderweise zu erfassen.

§ 6 Erhebungen über Kohleeinfuhr und -ausfuhr. Die Erhebung erfasst, jeweils bezogen auf das Inland, bei allen Unternehmen, die Braunkohle, Braunkohleprodukte, Steinkohle, Steinkohlenkoks oder -briketts ein- oder ausführen, monatlich Angaben zu folgenden Erhebungsmerkmalen:
1. die Einfuhr und Ausfuhr von Kohle, jeweils getrennt nach Staaten sowie nach Kohlearten, Energiegehalten und Grenzübergangswerten,
2. die Menge des Bestands, getrennt nach Kohlearten,
3. die abgegebene Menge, jeweils getrennt nach Kohlearten sowie innerhalb der Kohlearten jeweils getrennt nach Abnehmer- und Verbrauchergruppen.

§ 7 Erhebungen über Flüssiggas, Klärgas, Klärschlamm, Tiefengeothermie, Biokraftstoffe, Mineralöl und Mineralölerzeugnisse. [1] Die Erhebungen erfassen, jeweils bezogen auf das Inland, jährlich für das Vorjahr
1. bei allen Unternehmen, die jährlich mindestens 100 Tonnen Flüssiggas an Letztverbraucher oder Wiederverkäufer abgeben, länderweise die abgegebene Menge von Flüssiggas, getrennt nach Abnehmergruppen,
2. bei allen Betreibern von Anlagen, die Klärgas erzeugen oder Klärschlamm zur Erzeugung von Elektrizität und Wärme einsetzen, Angaben zu folgenden Erhebungsmerkmalen:
   a) die Menge des gewonnenen Klärgases und die Menge des gewonnenen Klärschlamms zur Erzeugung von Elektrizität und Wärme, getrennt nach Energiegehalt,
   b) die Menge des genutzten Klärgases, getrennt nach Verwendungsarten,
   c) die Menge des abgegebenen Klärgases, getrennt nach Abnehmergruppen,
   d) die Menge der aus Klärgas und Klärschlamm erzeugten und abgegebenen Elektrizität und Wärme,
   e) die installierte elektrische Nettonennleistung und thermische Nettonennleistung der Anlagen zur Erzeugung von Elektrizität und Wärme,
3. bei allen Betreibern von Anlagen zur Nutzung der Tiefengeothermie Angaben zu folgenden Erhebungsmerkmalen:
   a) die Art und die Leistung der Anlagen,
   b) die Menge der erzeugten Wärme und Elektrizität, getrennt nach Verwendungsarten,

c) die Menge der abgegebenen Wärme und Elektrizität, getrennt nach Abnehmergruppen,

4. bei allen Betreibern von Anlagen zur Erzeugung von Biokraftstoffen Angaben zu folgenden Erhebungsmerkmalen:
   a) die Art und die Leistung der Anlagen,
   b) die Menge der eingesetzten Bioenergieträger, jeweils getrennt nach Art und Herkunft aus dem In- und Ausland,
   c) die Menge der erzeugten Biokraftstoffe, getrennt nach Arten,
   d) die Menge der eingeführten und die Menge der ausgeführten Biokraftstoffe, getrennt nach Arten,
   e) die Menge der abgegebenen Biokraftstoffe, getrennt nach Arten,
5. bei allen Unternehmen, die Mineralöl fördern oder Mineralölerzeugnisse herstellen oder herstellen lassen, Angaben zu folgenden Erhebungsmerkmalen:
   a) die Menge des geförderten Mineralöls,
   b) die eingesetzte Menge von Mineralöl, von zur Verarbeitung bestimmten Mineralölerzeugnissen und von sonstigen Einsatzstoffen in Verarbeitungsanlagen,
   c) die zur Herstellung von Mineralölerzeugnissen eigenverbrauchte Menge an Mineralöl und Mineralölerzeugnissen,
   d) die Menge der hergestellten Mineralölerzeugnisse,
   e) die Bestandsmengen von Mineralöl und Mineralölerzeugnissen,
6. bei allen Unternehmen, die Heizöle oder Flugkraftstoffe an Letztverbraucher abgeben, länderweise die Menge der abgesetzten Mineralölerzeugnisse, getrennt nach Erzeugnissen und Abnehmergruppen.

[2] Soweit den statistischen Ämtern der Länder die Daten nach Satz 1 Nummer 5 aus Erhebungen anderer Behörden zur Verfügung gestellt werden, ist von der Durchführung der Erhebung nach Satz 1 Nummer 5 abzusehen.

§ 8 Erhebungen über die Energieverwendung einschließlich der erneuerbaren Energien. Die Erhebung erfasst, jeweils bezogen auf das Inland, bei den Betrieben des Bergbaus, der Gewinnung von Steinen und Erden sowie des Verarbeitenden Gewerbes, soweit die Betriebe dem Berichtskreis für die Erhebungen nach § 2 des Gesetzes über die Statistik im Produzierenden Gewerbe in der Fassung der Bekanntmachung vom 21. März 2002 (BGBl. I S. 1181), das zuletzt durch Artikel 271 der Verordnung vom 31. August 2015 (BGBl. I S. 1474) geändert worden ist, in der jeweils geltenden Fassung angehören, jährlich für das Vorjahr Angaben zu folgenden Erhebungsmerkmalen:

1. die Menge des Bezugs, des Bestands, des Verbrauchs und der Abgabe von Energieträgern, getrennt nach Art und Energiegehalt,
2. die Menge der Eigenerzeugung und des Verbrauchs von Elektrizität,
3. die Menge der bezogenen Elektrizität und Wärme, getrennt nach Lieferantengruppen und Einfuhr,

4. die Menge der abgegebenen Elektrizität und Wärme, getrennt nach Abnehmergruppen und Ausfuhr,
5. die Menge der energetischen und nichtenergetischen Verwendung der Energieträger.

§ 9 Hilfsmerkmale. [1] Hilfsmerkmale bei der Erhebung sind:
1. Name, Anschrift, Telefonnummer und E-Mail-Adresse des Unternehmens, des Betriebes oder der sonstigen Einrichtung,
2. Name und Kontaktdaten der für Rückfragen zur Verfügung stehenden Personen,
3. Art und Standort der Anlagen.

[2] Bei Betreibern von Elektrizitätsversorgungsnetzen ist der Standort der Anlage kein Hilfsmerkmal, sondern Erhebungsmerkmal nach § 3 Absatz 3 Satz 1 Nummer 3.

§ 10 Auskunftspflicht. (1) [1] Für die Erhebungen besteht Auskunftspflicht. [2] Die Auskunftserteilung zu den Angaben nach § 9 Satz 1 Nummer 2 ist freiwillig.

(2) [1] Auskunftspflichtig sind
1. für die Erhebungen nach § 3 Absatz 1 bis 4:
   a) die Leitungen der Unternehmen, Betriebe oder sonstigen Einrichtungen, die Anlagen zur Erzeugung oder Speicherung betreiben, andere mit Energie versorgen, einen anderen Energieversorger mit Elektrizität beliefern oder ein Netz für die allgemeine Versorgung betreiben,
   b) die Leitungen der Unternehmen, Betriebe oder sonstigen Einrichtungen, die sich der Anlagen zur Übertragung und Verteilung bedienen,
   c) die Leitungen der Unternehmen, Betriebe oder sonstigen Einrichtungen zur thermischen Verwertung von Abfällen,
2. für die Erhebung nach § 3 Absatz 5 die Leitungen der Unternehmen oder Betriebe des Bergbaus, des Verarbeitenden Gewerbes oder der Gewinnung von Steinen und Erden, soweit diese Unternehmen oder Betriebe Anlagen zur Erzeugung für die Eigenversorgung betreiben,
3. für die Erhebung nach § 4 Absatz 1 die Leitungen der Unternehmen, Betriebe oder sonstigen Einrichtungen, die Anlagen zur Gewinnung, zum Transport oder zur Speicherung von Erdgas betreiben,
4. für die Erhebung nach § 4 Absatz 2:
   a) die Leitungen der Unternehmen, Betriebe oder sonstigen Einrichtungen, die Anlagen zur Gewinnung, zum Transport oder zur Speicherung von Erdgas betreiben,
   b) die Leitungen der Unternehmen, die Großhändler sind und Ein- und Ausfuhr betreiben,
5. für die Erhebung nach § 4 Absatz 3:
   a) die Leitungen der Unternehmen, Betriebe oder sonstigen Einrichtungen, die Anlagen zur Gewinnung, zur Erzeugung, zum Transport, zur Spei-

cherung, zum Vertrieb oder zur leitungsgebundenen Verteilung von Gas betreiben,

b) die Leitungen der Unternehmen, Betriebe oder sonstigen Einrichtungen, die sich der Anlagen zur leitungsgebundenen Verteilung von Gas bedienen,

c) die Leitungen der Unternehmen, die Gaslieferant oder Großhändler sind,

6. für die Erhebung nach § 5:

a) die Leitungen der Unternehmen, Betriebe oder sonstigen Einrichtungen, die Heizwerke oder Anlagen zur netzgebundenen Wärmeversorgung einschließlich wärmegeführter Blockheizkraftwerke betreiben,

b) die Leitungen der Unternehmen, Betriebe oder sonstigen Einrichtungen, die sich der Anlagen zur Verteilung bedienen,

7. für die Erhebung nach § 6 die Leitungen der Unternehmen,

8. für die Erhebung nach § 7 Satz 1 Nummer 1 die Leitungen der Unternehmen, die Flüssiggas an Letztverbraucher oder Wiederverkäufer abgeben,

9. für die Erhebungen nach § 7 Satz 1 Nummer 2 bis 4 die Leitungen der Unternehmen, Betriebe oder sonstigen Einrichtungen, die die Anlagen betreiben,

10. für die Erhebungen nach § 7 Satz 1 Nummer 5 die Leitungen der Unternehmen, die Mineralöl fördern oder Mineralölerzeugnisse herstellen oder herstellen lassen,

11. für die Erhebungen nach § 7 Satz 1 Nummer 6 die Leitungen der Unternehmen, die Heizöle oder Flugkraftstoffe an Letztverbraucher abgeben,

12. für die Erhebung nach § 8 die Leitungen der Betriebe und Einrichtungen.

[2] Von der Auskunftspflicht nach Satz 1 Nummer 5 ausgenommen sind Unternehmen, Betriebe oder sonstige Einrichtungen, die Anlagen zur Gewinnung, zum Transport oder zur Speicherung von Biogas betreiben.

§ 11 Durchführung der Erhebung, Übermittlungsfrist. (1) Die Erhebungen nach § 4 Absatz 1 und 2 sowie § 6 werden vom Statistischen Bundesamt durchgeführt.

(2) Die Angaben zu § 4 Absatz 1 sind dem Statistischen Bundesamt spätestens am 27. Tag des dem Berichtsmonat folgenden Monats zu übermitteln.

§ 12 Verordnungsermächtigung. (1) Die Bundesregierung wird ermächtigt, durch Rechtsverordnung mit Zustimmung des Bundesrates für die nach den §§ 3, 4 Absatz 3, den §§ 5, 7 und 8 durchzuführenden Erhebungen

1. die Durchführung einer Erhebung oder die Erhebung einzelner Erhebungsmerkmale auszusetzen, die Periodizität der Erhebungen zu verlängern, Erhebungszeitpunkte zu verschieben sowie den Kreis der Auskunftspflichtigen einzuschränken, wenn die Ergebnisse nicht oder nicht mehr in der ursprünglich vorgesehenen Ausführlichkeit oder Häufigkeit oder zu anderen Zeitpunkten benötigt werden oder wenn tatsächliche Voraussetzungen für eine Erhebung entfallen sind oder sich wesentlich geändert haben,

2. einzelne neue Erhebungsmerkmale einzuführen, soweit dies zur Deckung eines geänderten Bedarfs für Zwecke der Energiepolitik erforderlich ist und soweit durch gleichzeitige Aussetzung anderer Erhebungsmerkmale eine Erweiterung des Erhebungsumfangs vermieden wird; nicht eingeführt werden dürfen Erhebungsmerkmale, die die Höhe von Umsätzen, von Einnahmen oder von Gewinnen, die Bildungs- oder Sozialdaten oder besondere Arten personenbezogener Daten nach § 3 Absatz 9 des Bundesdatenschutzgesetzes betreffen,
3. die Erhebung von Erhebungsmerkmalen anzuordnen, soweit die Erhebung zur Umsetzung oder Durchführung von Rechtsakten der Europäischen Union erforderlich ist.

(2) Die Bundesregierung wird ermächtigt, durch Rechtsverordnung, die nicht der Zustimmung des Bundesrates bedarf, für die Erhebungen nach § 4 Absatz 1 und 2 sowie § 6 einzelne Erhebungsmerkmale auszusetzen oder einzelne neue Erhebungsmerkmale einzuführen, die Periodizität der Erhebungen zu verkürzen oder zu verlängern, die Erhebungszeitpunkte zu verschieben sowie den Kreis der Auskunftspflichtigen einzuschränken, wenn dies in Übereinstimmung mit der Übermittlungsverpflichtung der Bundesrepublik Deutschland nach der Verordnung (EG) Nr. 1099/2008 des Europäischen Parlaments und des Rates vom 22. Oktober 2008 über die Energiestatistik (ABl. L 304 vom 14.11.2008, S. 1, L 41 vom 12.2.2009, S. 34), die zuletzt durch die Verordnung (EU) Nr. 431/2014 (ABl. L 131 vom 1.5.2014, S. 1) geändert worden ist, in der jeweils geltenden Fassung geschieht und die Zuverlässigkeit der Ergebnisse nicht beeinträchtigt.

§ 13 Datenübermittlung. (1) An die fachlich zuständigen obersten Bundes- und Landesbehörden dürfen für die Verwendung gegenüber den gesetzgebenden Körperschaften und für Zwecke der Planung, jedoch nicht für die Regelung von Einzelfällen, vom Statistischen Bundesamt und den statistischen Ämtern der Länder Tabellen mit statistischen Ergebnissen übermittelt werden, auch soweit Tabellenfelder nur einen einzigen Fall ausweisen.

(2) [1] An das Umweltbundesamt dürfen zur Erfüllung europa- und völkerrechtlicher Pflichten der Bundesrepublik Deutschland zur Emissionsberichterstattung, zur Berichterstattung im Rahmen des Fortschrittsberichts nach der Richtlinie 2009/28/EG des Europäischen Parlaments und des Rates vom 23. April 2009 zur Förderung der Nutzung von Energie aus erneuerbaren Quellen und zur Änderung und anschließenden Aufhebung der Richtlinien 2001/77/EG und 2003/30/EG (ABl. L 140 vom 5.6.2009, S. 16, L 216 vom 22.7.2014, S. 5, L 265 vom 5.9.2014, S. 33), die zuletzt durch die Richtlinie (EU) 2015/1513 (ABl. L 239 vom 15.9.2015, S. 1) geändert worden ist, und zur Berichterstattung im Rahmen der Verordnung (EU) Nr. 525/2013 des Europäischen Parlaments und des Rates vom 21. Mai 2013 über ein System für die Überwachung von Treibhausgasemissionen sowie für die Berichterstattung über diese Emissionen und über andere klimaschutzrelevante Informationen auf Ebene der Mitgliedstaaten und der Union und zur Aufhebung der Entscheidung Nr. 280/2004/EG (ABl. L 165 vom 18.6.2013, S. 13), die durch die Verordnung (EU) Nr. 662/2014 (ABl. L 189 vom 27.6.2014, S. 155) geändert worden ist, in der jeweils geltenden Fassung, jedoch nicht für die Regelung von Einzelfällen, vom Statistischen Bundesamt Tabellen mit statistischen Ergeb-

nissen übermittelt werden, auch soweit Tabellenfelder nur einen einzigen Fall ausweisen. [2]Die Tabellen dürfen nur von den für diese Aufgabe zuständigen Organisationseinheiten des Umweltbundesamtes gespeichert und genutzt werden. [3]Diese Organisationseinheiten müssen von den mit Vollzugsaufgaben befassten Organisationseinheiten des Umweltbundesamtes räumlich, organisatorisch und personell getrennt sein.

(3) [1]An die Bundesnetzagentur und das Bundesamt für Wirtschaft und Ausfuhrkontrolle dürfen zur Erfüllung nationaler und internationaler Berichtspflichten sowie europarechtlicher Pflichten zur Verwirklichung des Energiebinnenmarktes, jedoch nicht für die Regelung von Einzelfällen, vom Statistischen Bundesamt Tabellen mit statistischen Ergebnissen übermittelt werden, auch soweit Tabellenfelder nur einen einzigen Fall ausweisen. [2]Die Tabellen dürfen nur von den für diese Aufgabe zuständigen Organisationseinheiten der Bundesnetzagentur und des Bundesamtes für Wirtschaft und Ausfuhrkontrolle gespeichert, verarbeitet und genutzt werden. [3]Diese Organisationseinheiten müssen von den mit Vollzugsaufgaben befassten Organisationseinheiten der Bundesnetzagentur und des Bundesamtes für Wirtschaft und Ausfuhrkontrolle räumlich, organisatorisch und personell getrennt sein.

(4) [1]Die Bundesnetzagentur übermittelt dem Statistischen Bundesamt die Angaben für die Erhebung nach § 4 Absatz 1 Nummer 2, soweit diese Angaben bei ihr vorhanden sind. [2]Insoweit sieht das Statistische Bundesamt von einer Erhebung bei den nach § 10 Absatz 2 Satz 1 Nummer 3 Auskunftspflichtigen ab. [3]Das Statistische Bundesamt darf bei der Bundesnetzagentur im Einzelfall Rückfragen stellen, um Unstimmigkeiten in den übermittelten Angaben zu klären. [4]Die Leitung der Bundesnetzagentur ist insoweit auskunftspflichtig.

(5) Die für die Genehmigung oder Förderung der in den §§ 3 bis 8 genannten Anlagen zuständigen Behörden übermitteln den statistischen Ämtern des Bundes und der Länder zur Berichtskreisfindung auf deren Ersuchen Namen und Anschriften der Betreiber dieser Anlagen.

§ 14 Nutzung von nach energierechtlichen Vorschriften erhobenen Daten. [1]Das Statistische Bundesamt nutzt für die Erstellung der jeweiligen Bundesstatistik folgende Daten, soweit diese Daten für die Erstellung der jeweiligen Bundesstatistik qualitativ geeignet sind:

1. die Daten, die im Marktstammdatenregister nach § 111e des Energiewirtschaftsgesetzes[1)] gespeichert sind, sowie
2. die Daten, die auf Grund von Bestimmungen des Energiewirtschaftsgesetzes[1)], des Erneuerbare-Energien-Gesetzes[2)] oder des Kraft-Wärme-Kopplungsgesetzes[3)] oder der auf Grund dieser Gesetze erlassenen Rechtsverordnungen veröffentlicht worden sind.

[2]Soweit das Statistische Bundesamt die in Satz 1 genannten Daten nutzt, sieht es von einer Erhebung bei den nach § 10 Absatz 2 Auskunftspflichtigen ab.

§ 15 Übergangsregelung. Die Jahreserhebungen für das Berichtsjahr 2017 und die monatlichen Erhebungen für das Jahr 2017 werden nach dem Energie-

---

[1)] Nr. **1**.
[2)] Nr. **37**.
[3)] Nr. **45**.

statistikgesetz vom 26. Juli 2002 (BGBl. I S. 2867), das zuletzt durch Artikel 273 der Verordnung vom 31. August 2015 (BGBl. I S. 1474) geändert worden ist, durchgeführt.

§ 16 Inkrafttreten, Außerkrafttreten. [1]Dieses Gesetz tritt am 10. März 2017 in Kraft. [2]Gleichzeitig tritt das Energiestatistikgesetz vom 26. Juli 2002 (BGBl. I S. 2867), das zuletzt durch Artikel 273 der Verordnung vom 31. August 2015 (BGBl. I S. 1474) geändert worden ist, außer Kraft.

12. Gesetz gegen Wettbewerbsbeschränkungen (GWB)

In der Fassung der Bekanntmachung vom 26. Juni 2013[1)]
(BGBl. I S. 1750, ber. S. 3245)

FNA 703-5

zuletzt geänd. durch Art. 10 G zur Einführung einer zivilprozessualen Musterfeststellungsklage v. 12.7.2018 (BGBl. I S. 1151)

– Auszug –

Teil 1. Wettbewerbsbeschränkungen

Kapitel 1. Wettbewerbsbeschränkende Vereinbarungen, Beschlüsse und abgestimmte Verhaltensweisen

§ 1 Verbot wettbewerbsbeschränkender Vereinbarungen. Vereinbarungen zwischen Unternehmen, Beschlüsse von Unternehmensvereinigungen und aufeinander abgestimmte Verhaltensweisen, die eine Verhinderung, Einschränkung oder Verfälschung des Wettbewerbs bezwecken oder bewirken, sind verboten.

Kapitel 2. Marktbeherrschung, sonstiges wettbewerbsbeschränkendes Verhalten

§ 18 Marktbeherrschung. (1) Ein Unternehmen ist marktbeherrschend, soweit es als Anbieter oder Nachfrager einer bestimmten Art von Waren oder gewerblichen Leistungen auf dem sachlich und räumlich relevanten Markt

1. ohne Wettbewerber ist,
2. keinem wesentlichen Wettbewerb ausgesetzt ist oder
3. eine im Verhältnis zu seinen Wettbewerbern überragende Marktstellung hat.

(2) Der räumlich relevante Markt kann weiter sein als der Geltungsbereich dieses Gesetzes.

(2a) Der Annahme eines Marktes steht nicht entgegen, dass eine Leistung unentgeltlich erbracht wird.

(3) Bei der Bewertung der Marktstellung eines Unternehmens im Verhältnis zu seinen Wettbewerbern ist insbesondere Folgendes zu berücksichtigen:

1. sein Marktanteil,
2. seine Finanzkraft,
3. sein Zugang zu den Beschaffungs- oder Absatzmärkten,
4. Verflechtungen mit anderen Unternehmen,
5. rechtliche oder tatsächliche Schranken für den Marktzutritt anderer Unternehmen,

---

1) Neubekanntmachung des GWB idF der Bek. v. 15.7.2005 (BGBl. I S. 2114, ber. 2009 S. 3850) in der ab 30.6.2013 geltenden Fassung.

6. der tatsächliche oder potenzielle Wettbewerb durch Unternehmen, die innerhalb oder außerhalb des Geltungsbereichs dieses Gesetzes ansässig sind,
7. die Fähigkeit, sein Angebot oder seine Nachfrage auf andere Waren oder gewerbliche Leistungen umzustellen, sowie
8. die Möglichkeit der Marktgegenseite, auf andere Unternehmen auszuweichen.

(3a) Insbesondere bei mehrseitigen Märkten und Netzwerken sind bei der Bewertung der Marktstellung eines Unternehmens auch zu berücksichtigen:
1. direkte und indirekte Netzwerkeffekte,
2. die parallele Nutzung mehrerer Dienste und der Wechselaufwand für die Nutzer,
3. seine Größenvorteile im Zusammenhang mit Netzwerkeffekten,
4. sein Zugang zu wettbewerbsrelevanten Daten,
5. innovationsgetriebener Wettbewerbsdruck.

(4) Es wird vermutet, dass ein Unternehmen marktbeherrschend ist, wenn es einen Marktanteil von mindestens 40 Prozent hat.

(5) Zwei oder mehr Unternehmen sind marktbeherrschend, soweit
1. zwischen ihnen für eine bestimmte Art von Waren oder gewerblichen Leistungen ein wesentlicher Wettbewerb nicht besteht und
2. sie in ihrer Gesamtheit die Voraussetzungen des Absatzes 1 erfüllen.

(6) Eine Gesamtheit von Unternehmen gilt als marktbeherrschend, wenn sie
1. aus drei oder weniger Unternehmen besteht, die zusammen einen Marktanteil von 50 Prozent erreichen, oder
2. aus fünf oder weniger Unternehmen besteht, die zusammen einen Marktanteil von zwei Dritteln erreichen.

(7) Die Vermutung des Absatzes 6 kann widerlegt werden, wenn die Unternehmen nachweisen, dass
1. die Wettbewerbsbedingungen zwischen ihnen wesentlichen Wettbewerb erwarten lassen oder
2. die Gesamtheit der Unternehmen im Verhältnis zu den übrigen Wettbewerbern keine überragende Marktstellung hat.

(8) Das Bundesministerium für Wirtschaft und Energie berichtet den gesetzgebenden Körperschaften nach Ablauf von drei Jahren nach Inkrafttreten der Regelungen in den Absätzen 2a und 3a über die Erfahrungen mit den Vorschriften.

§ 19 Verbotenes Verhalten von marktbeherrschenden Unternehmen.

(1) Die missbräuchliche Ausnutzung einer marktbeherrschenden Stellung durch ein oder mehrere Unternehmen ist verboten.

(2) Ein Missbrauch liegt insbesondere vor, wenn ein marktbeherrschendes Unternehmen als Anbieter oder Nachfrager einer bestimmten Art von Waren oder gewerblichen Leistungen

1. ein anderes Unternehmen unmittelbar oder mittelbar unbillig behindert oder ohne sachlich gerechtfertigten Grund unmittelbar oder mittelbar anders behandelt als gleichartige Unternehmen;
2. Entgelte oder sonstige Geschäftsbedingungen fordert, die von denjenigen abweichen, die sich bei wirksamem Wettbewerb mit hoher Wahrscheinlichkeit ergeben würden; hierbei sind insbesondere die Verhaltensweisen von Unternehmen auf vergleichbaren Märkten mit wirksamem Wettbewerb zu berücksichtigen;
3. ungünstigere Entgelte oder sonstige Geschäftsbedingungen fordert, als sie das marktbeherrschende Unternehmen selbst auf vergleichbaren Märkten von gleichartigen Abnehmern fordert, es sei denn, dass der Unterschied sachlich gerechtfertigt ist;
4. sich weigert, einem anderen Unternehmen gegen angemessenes Entgelt Zugang zu den eigenen Netzen oder anderen Infrastruktureinrichtungen zu gewähren, wenn es dem anderen Unternehmen aus rechtlichen oder tatsächlichen Gründen ohne die Mitbenutzung nicht möglich ist, auf dem vor- oder nachgelagerten Markt als Wettbewerber des marktbeherrschenden Unternehmens tätig zu werden; dies gilt nicht, wenn das marktbeherrschende Unternehmen nachweist, dass die Mitbenutzung aus betriebsbedingten oder sonstigen Gründen nicht möglich oder nicht zumutbar ist;
5. andere Unternehmen dazu auffordert, ihm ohne sachlich gerechtfertigten Grund Vorteile zu gewähren; hierbei ist insbesondere zu berücksichtigen, ob die Aufforderung für das andere Unternehmen nachvollziehbar begründet ist und ob der geforderte Vorteil in einem angemessenen Verhältnis zum Grund der Forderung steht.

(3) [1] Absatz 1 in Verbindung mit Absatz 2 Nummer 1 und Nummer 5 gilt auch für Vereinigungen von miteinander im Wettbewerb stehenden Unternehmen im Sinne der §§ 2, 3 und 28 Absatz 1, § 30 Absatz 2a, 2b und § 31 Absatz 1 Nummer 1, 2 und 4. [2] Absatz 1 in Verbindung mit Absatz 2 Nummer 1 gilt auch für Unternehmen, die Preise nach § 28 Absatz 2 oder § 30 Absatz 1 Satz 1 oder § 31 Absatz 1 Nummer 3 binden.

§ 20 Verbotenes Verhalten von Unternehmen mit relativer oder überlegener Marktmacht. (1) [1] § 19 Absatz 1 in Verbindung mit Absatz 2 Nummer 1 gilt auch für Unternehmen und Vereinigungen von Unternehmen, soweit von ihnen kleine oder mittlere Unternehmen als Anbieter oder Nachfrager einer bestimmten Art von Waren oder gewerblichen Leistungen in der Weise abhängig sind, dass ausreichende und zumutbare Möglichkeiten, auf andere Unternehmen auszuweichen, nicht bestehen (relative Marktmacht). [2] Es wird vermutet, dass ein Anbieter einer bestimmten Art von Waren oder gewerblichen Leistungen von einem Nachfrager abhängig im Sinne des Satzes 1 ist, wenn dieser Nachfrager bei ihm zusätzlich zu den verkehrsüblichen Preisnachlässen oder sonstigen Leistungsentgelten regelmäßig besondere Vergünstigungen erlangt, die gleichartigen Nachfragern nicht gewährt werden.

(2) § 19 Absatz 1 in Verbindung mit Absatz 2 Nummer 5 gilt auch für Unternehmen und Vereinigungen von Unternehmen im Verhältnis zu den von ihnen abhängigen Unternehmen.

(3) [1]Unternehmen mit gegenüber kleinen und mittleren Wettbewerbern überlegener Marktmacht dürfen ihre Marktmacht nicht dazu ausnutzen, solche Wettbewerber unmittelbar oder mittelbar unbillig zu behindern. [2]Eine unbillige Behinderung im Sinne des Satzes 1 liegt insbesondere vor, wenn ein Unternehmen

1. Lebensmittel im Sinne des § 2 Absatz 2 des Lebensmittel- und Futtermittelgesetzbuches unter Einstandspreis oder
2. andere Waren oder gewerbliche Leistungen nicht nur gelegentlich unter Einstandspreis oder
3. von kleinen oder mittleren Unternehmen, mit denen es auf dem nachgelagerten Markt beim Vertrieb von Waren oder gewerblichen Leistungen im Wettbewerb steht, für deren Lieferung einen höheren Preis fordert, als es selbst auf diesem Markt

anbietet, es sei denn, dies ist jeweils sachlich gerechtfertigt. [3]Einstandspreis im Sinne des Satzes 2 ist der zwischen dem Unternehmen mit überlegener Marktmacht und seinem Lieferanten vereinbarte Preis für die Beschaffung der Ware oder Leistung, auf den allgemein gewährte und im Zeitpunkt des Angebots bereits mit hinreichender Sicherheit feststehende Bezugsvergünstigungen anteilig angerechnet werden, soweit nicht für bestimmte Waren oder Leistungen ausdrücklich etwas anderes vereinbart ist. [4]Das Anbieten von Lebensmitteln unter Einstandspreis ist sachlich gerechtfertigt, wenn es geeignet ist, den Verderb oder die drohende Unverkäuflichkeit der Waren beim Händler durch rechtzeitigen Verkauf zu verhindern sowie in vergleichbar schwerwiegenden Fällen. [5]Werden Lebensmittel an gemeinnützige Einrichtungen zur Verwendung im Rahmen ihrer Aufgaben abgegeben, liegt keine unbillige Behinderung vor.

(4) Ergibt sich auf Grund bestimmter Tatsachen nach allgemeiner Erfahrung der Anschein, dass ein Unternehmen seine Marktmacht im Sinne des Absatzes 3 ausgenutzt hat, so obliegt es diesem Unternehmen, den Anschein zu widerlegen und solche anspruchsbegründenden Umstände aus seinem Geschäftsbereich aufzuklären, deren Aufklärung dem betroffenen Wettbewerber oder einem Verband nach § 33 Absatz 4 nicht möglich, dem in Anspruch genommenen Unternehmen aber leicht möglich und zumutbar ist.

(5) Wirtschafts- und Berufsvereinigungen sowie Gütezeichengemeinschaften dürfen die Aufnahme eines Unternehmens nicht ablehnen, wenn die Ablehnung eine sachlich nicht gerechtfertigte ungleiche Behandlung darstellen und zu einer unbilligen Benachteiligung des Unternehmens im Wettbewerb führen würde.

Kapitel 5. Sonderregeln für bestimmte Wirtschaftsbereiche

§ 29 Energiewirtschaft. [1]Einem Unternehmen ist es verboten, als Anbieter von Elektrizität oder leitungsgebundenem Gas (Versorgungsunternehmen) auf einem Markt, auf dem es allein oder zusammen mit anderen Versorgungsunternehmen eine marktbeherrschende Stellung hat, diese Stellung missbräuchlich auszunutzen, indem es

1. Entgelte oder sonstige Geschäftsbedingungen fordert, die ungünstiger sind als diejenigen anderer Versorgungsunternehmen oder von Unternehmen auf vergleichbaren Märkten, es sei denn, das Versorgungsunternehmen weist

nach, dass die Abweichung sachlich gerechtfertigt ist, wobei die Umkehr der Darlegungs- und Beweislast nur in Verfahren vor den Kartellbehörden gilt, oder

2. Entgelte fordert, die die Kosten in unangemessener Weise überschreiten.

[2] Kosten, die sich ihrem Umfang nach im Wettbewerb nicht einstellen würden, dürfen bei der Feststellung eines Missbrauchs im Sinne des Satzes 1 nicht berücksichtigt werden. [3] Die §§ 19 und 20 bleiben unberührt.

Kapitel 9. Markttransparenzstellen für den Großhandel mit Strom und Gas und für Kraftstoffe

Abschnitt 1. Markttransparenzstelle für den Großhandel im Bereich Strom und Gas

§ 47a Einrichtung, Zuständigkeit, Organisation. (1) [1] Zur Sicherstellung einer wettbewerbskonformen Bildung der Großhandelspreise von Elektrizität und Gas wird eine Markttransparenzstelle bei der Bundesnetzagentur für Elektrizität, Gas, Telekommunikation, Post und Eisenbahnen (Bundesnetzagentur) eingerichtet. [2] Sie beobachtet laufend die Vermarktung und den Handel mit Elektrizität und Erdgas auf der Großhandelsstufe.

(2) Die Aufgaben der Markttransparenzstelle nehmen die Bundesnetzagentur und das Bundeskartellamt einvernehmlich wahr.

(3) [1] Die Einzelheiten der einvernehmlichen Zusammenarbeit werden in einer vom Bundesministerium für Wirtschaft und Energie zu genehmigenden Kooperationsvereinbarung zwischen dem Bundeskartellamt und der Bundesnetzagentur näher geregelt. [2] In der Vereinbarung ist insbesondere Folgendes zu regeln:

1. die Besetzung und Geschäftsverteilung sowie
2. eine Koordinierung der Datenerhebung und des Daten- und Informationsaustausches.

(4) Das Bundesministerium für Wirtschaft und Energie wird ermächtigt, durch Rechtsverordnung Vorgaben zur Ausgestaltung der Kooperationsvereinbarung zu erlassen.

(5) [1] Entscheidungen der Markttransparenzstelle trifft die Person, die sie leitet. [2] § 51 Absatz 5 gilt für alle Mitarbeiterinnen und Mitarbeiter der Markttransparenzstelle entsprechend.

§ 47b Aufgaben. (1) [1] Die Markttransparenzstelle beobachtet laufend den gesamten Großhandel mit Elektrizität und Erdgas, unabhängig davon, ob er auf physikalische oder finanzielle Erfüllung gerichtet ist, um Auffälligkeiten bei der Preisbildung aufzudecken, die auf Missbrauch von Marktbeherrschung, Insiderinformationen oder auf Marktmanipulation beruhen können. [2] Die Markttransparenzstelle beobachtet zu diesem Zweck auch die Erzeugung, den Kraftwerkseinsatz und die Vermarktung von Elektrizität und Erdgas durch die Erzeugungsunternehmen sowie die Vermarktung von Elektrizität und Erdgas als Regelenergie. [3] Die Markttransparenzstelle kann Wechselwirkungen zwischen den Großhandelsmärkten für Elektrizität und Erdgas und dem Emissionshandelssystem berücksichtigen.

(2) [1]Die Markttransparenzstelle überwacht als nationale Marktüberwachungsstelle gemäß Artikel 7 Absatz 2 Unterabsatz 2 der Verordnung (EU) Nr. 1227/2011 des Europäischen Parlaments und des Rates vom 25. Oktober 2011 über die Integrität und Transparenz des Energiegroßhandelsmarkts (ABl. L 326 vom 8.12.2011, S. 1) zusammen mit der Bundesnetzagentur den Großhandel mit Elektrizität und Erdgas. [2]Sie arbeitet dabei mit der Agentur für die Zusammenarbeit der Energieregulierungsbehörden nach Artikel 7 Absatz 2 und Artikel 10 der Verordnung (EU) Nr. 1227/2011 zusammen.

(3) [1]Die Markttransparenzstelle erhebt und sammelt die Daten und Informationen, die sie zur Erfüllung ihrer Aufgaben benötigt. [2]Dabei berücksichtigt sie Meldepflichten der Mitteilungsverpflichteten gegenüber den in § 47i genannten Behörden oder Aufsichtsstellen sowie Meldepflichten, die von der Europäischen Kommission nach Artikel 8 Absatz 2 und 6 der Verordnung (EU) Nr. 1227/2011 festzulegen sind. [3]Für die Datenerfassung sind nach Möglichkeit bestehende Quellen und Meldesysteme zu nutzen.

(4) Die Bundesnetzagentur kann die Markttransparenzstelle mit der Erhebung und Auswertung von Daten beauftragen, soweit dies zur Erfüllung ihrer Aufgaben nach der Verordnung (EU) Nr. 1227/2011 erforderlich ist.

(5) [1]Die Markttransparenzstelle gibt vor Erlass von Festlegungen nach § 47g in Verbindung mit der nach § 47f zu erlassenden Rechtsverordnung betroffenen Behörden, Interessenvertretern und Marktteilnehmern vorab Gelegenheit zur Stellungnahme innerhalb einer festgesetzten Frist. [2]Zur Vorbereitung dieser Konsultationen erstellt und ergänzt die Markttransparenzstelle bei Bedarf eine detaillierte Liste aller Daten und Kategorien von Daten, die ihr die in § 47e Absatz 1 genannten Mitteilungspflichtigen auf Grund der §§ 47e und 47g und der nach § 47f zu erlassenden Rechtsverordnung laufend mitzuteilen haben, einschließlich des Zeitpunkts, an dem die Daten zu übermitteln sind, des Datenformats und der einzuhaltenden Übertragungswege sowie möglicher alternativer Meldekanäle. [3]Die Markttransparenzstelle ist nicht an die Stellungnahmen gebunden.

(6) Die Markttransparenzstelle wertet die erhaltenen Daten und Informationen kontinuierlich aus, um insbesondere festzustellen, ob Anhaltspunkte für einen Verstoß gegen die §§ 1, 19, 20 oder 29 dieses Gesetzes, die Artikel 101 oder 102 des Vertrages über die Arbeitsweise der Europäischen Union[1)], das Wertpapierhandelsgesetz, das Börsengesetz oder die Verbote nach den Artikeln 3 und 5 der Verordnung (EU) Nr. 1227/2011 vorliegen.

(7) [1]Gibt es Anhaltspunkte dafür, dass eine natürliche oder juristische Person gegen die in Absatz 6 genannten gesetzlichen Bestimmungen verstößt, muss die Markttransparenzstelle umgehend die zuständigen Behörden informieren und den Vorgang an sie abgeben. [2]Bei Verdacht eines Verstoßes gegen die §§ 1, 19, 20 und 29 dieses Gesetzes oder gegen die Artikel 101 und 102 des Vertrages über die Arbeitsweise der Europäischen Union[1)] informiert die Markttransparenzstelle die zuständige Beschlussabteilung im Bundeskartellamt. [3]Kommt die Prüfzuständigkeit mehrerer Behörden in Betracht, so informiert die Markttransparenzstelle jede dieser Behörden über den Verdachtsfall und über die Benachrichtigung der anderen Behörden. [4]Die Markttransparenzstelle leitet alle

---

[1)] Nr. **13**.

von den Behörden benötigten oder angeforderten Informationen und Daten unverzüglich an diese gemäß § 47i weiter.

(8) Die Absätze 1 bis 3 können auch Anwendung finden auf die Erzeugung und Vermarktung im Ausland und auf Handelsgeschäfte, die im Ausland stattfinden, sofern sie sich auf die Preisbildung von Elektrizität und Erdgas im Geltungsbereich dieses Gesetzes auswirken.

§ 47c Datenverwendung. (1) Die Markttransparenzstelle stellt die nach § 47b Absatz 3 erhaltenen Daten ferner folgenden Stellen zur Verfügung:

1. dem Bundeskartellamt für die Durchführung des Monitorings nach § 48 Absatz 3,
2. der Bundesnetzagentur für die Durchführung des Monitorings nach § 35 des Energiewirtschaftsgesetzes[1],
3. der zuständigen Beschlussabteilung im Bundeskartellamt für Fusionskontrollverfahren nach den §§ 35 bis 41 und für Sektoruntersuchungen nach § 32e sowie
4. der Bundesnetzagentur zur Erfüllung ihrer weiteren Aufgaben nach dem Energiewirtschaftsgesetz[1], insbesondere zur Überwachung von Transparenzverpflichtungen nach den Anhängen der folgenden Verordnungen:
   a) Verordnung (EG) Nr. 714/2009 des Europäischen Parlaments und des Rates vom 13. Juli 2009 über die Netzzugangsbedingungen für den grenzüberschreitenden Stromhandel und zur Aufhebung der Verordnung (EG) Nr. 1228/2003 (ABl. L 211 vom 14.8.2009, S. 15),
   b) Verordnung (EG) Nr. 715/2009[2] des Europäischen Parlaments und des Rates vom 13. Juli 2009 über die Bedingungen für den Zugang zu den Erdgasfernleitungsnetzen und zur Aufhebung der Verordnung (EG) Nr. 1775/2005 (ABl. L 211 vom 14.8.2009, S. 36) und
   c) Verordnung (EU) Nr. 994/2010 des Europäischen Parlaments und des Rates vom 20. Oktober 2010 über Maßnahmen zur Gewährleistung der sicheren Erdgasversorgung und zur Aufhebung der Richtlinie 2004/67/EG des Rates (ABl. L 295 vom 12.11.2010, S. 1).

(2) Die Markttransparenzstelle stellt die Daten ferner dem Bundesministerium für Wirtschaft und Energie und der Bundesnetzagentur zur Erfüllung ihrer Aufgaben nach § 54a des Energiewirtschaftsgesetzes[1] zur Verfügung.

(3) Die Daten können dem Statistischen Bundesamt für dessen Aufgaben nach dem Energiestatistikgesetz[3] und der Monopolkommission für deren Aufgaben nach diesem Gesetz und nach § 62 des Energiewirtschaftsgesetzes[1] zur Verfügung gestellt werden.

(4) [1]Die Markttransparenzstelle darf die Daten in anonymisierter Form ferner Bundesministerien für eigene oder in deren Auftrag durchzuführende wissenschaftliche Studien zur Verfügung stellen, wenn die Daten zur Erreichung dieser Zwecke erforderlich sind. [2]Daten, die Betriebs- und Geschäftsgeheimnisse darstellen, dürfen von der Markttransparenzstelle nur herausgegeben werden, wenn ein Bezug zu einem Unternehmen nicht mehr hergestellt

[1] Nr. 1.
[2] Nr. 9.
[3] Nr. 11.

werden kann. [3]Die Bundesministerien dürfen die nach Satz 1 von der Markttransparenzstelle erhaltenen Daten auch Dritten zur Durchführung wissenschaftlicher Studien im Auftrag zur Verfügung stellen, wenn diese ihnen gegenüber die Fachkunde nachgewiesen und die vertrauliche Behandlung der Daten zugesichert haben.

§ 47d Befugnisse. (1) [1]Zur Erfüllung ihrer Aufgaben hat die Markttransparenzstelle die Befugnisse nach § 59 gegenüber natürlichen und juristischen Personen. [2]Sie kann nach Maßgabe des § 47f Festlegungen gegenüber einzelnen, einer Gruppe oder allen der in § 47e Absatz 1 genannten Personen und Unternehmen in den in § 47g genannten Festlegungsbereichen treffen zur Datenkategorie, zum Zeitpunkt und zur Form der Übermittlung. [3]Die Markttransparenzstelle ist nach Maßgabe des § 47f befugt, die Festlegung bei Bedarf zu ändern, soweit dies zur Erfüllung ihrer Aufgaben erforderlich ist. [4]Sie kann insbesondere vorgeben, dass eine Internetplattform zur Eingabe der angeforderten Auskünfte sowie der Mitteilungen verwendet werden muss. [5]Die Markttransparenzstelle kann nach Maßgabe des § 47f darüber hinaus vorgeben, dass Auskünfte und Daten an einen zur Datenerfassung beauftragten Dritten geliefert werden; Auswertung und Nutzung findet allein bei der Markttransparenzstelle statt. [6]Die §§ 48 und 49 des Verwaltungsverfahrensgesetzes bleiben unberührt. [7]Die §§ 50c, 54, 56, 57, 61 bis 68, 70, 71, 72, 74 bis 77, 82a, 83, 85, 91 und 92 gelten entsprechend. [8]Für Entscheidungen, die die Markttransparenzstelle durch Festlegungen trifft, kann die Zustellung nach § 61 durch eine öffentliche Bekanntgabe im Bundesanzeiger ersetzt werden. [9]Für Auskunftspflichten nach Satz 1 und Mitteilungspflichten nach § 47e gilt § 55 der Strafprozessordnung entsprechend.

(2) [1]Die Markttransparenzstelle hat als nationale Marktüberwachungsstelle im Sinne des Artikels 7 Absatz 2 Unterabsatz 2 der Verordnung (EU) Nr. 1227/2011 zudem die Rechte gemäß Artikel 7 Absatz 2 Unterabsatz 1, Absatz 3 Unterabsatz 2 Satz 2, Artikel 4 Absatz 2 Satz 2, Artikel 8 Absatz 5 Satz 1 und Artikel 16 der Verordnung (EU) Nr. 1227/2011. [2]Absatz 1 gilt entsprechend.

(3) Die Markttransparenzstelle kann bei der Behörde, an die sie einen Verdachtsfall nach § 47b Absatz 7 Satz 1 abgegeben hat, eine Mitteilung über den Abschluss der Untersuchung anfordern.

§ 47e Mitteilungspflichten. (1) Folgende Personen und Unternehmen unterliegen neben den in § 47g genannten Mitteilungspflichtigen der Mitteilungspflicht nach den Absätzen 2 bis 5:

1. Großhändler im Sinne des § 3 Nummer 21 des Energiewirtschaftsgesetzes[1)],
2. Energieversorgungsunternehmen im Sinne des § 3 Nummer 18 des Energiewirtschaftsgesetzes[1)],
3. Betreiber von Energieanlagen im Sinne des § 3 Nummer 15 des Energiewirtschaftsgesetzes[1)], ausgenommen Betreiber von Verteileranlagen der Letztverbraucher oder bei der Gasversorgung Betreiber der letzten Absperrvorrichtungen von Verbrauchsanlagen,

[1)] Nr. **1**.

4. Kunden im Sinne des § 3 Nummer 24 des Energiewirtschaftsgesetzes[1)], ausgenommen Haushaltskunden im Sinne des § 3 Nummer 22 des Energiewirtschaftsgesetzes[1)] und
5. Handelsplattformen.

(2) [1] Die Mitteilungspflichtigen haben der Markttransparenzstelle die nach Maßgabe des § 47f in Verbindung mit § 47g konkretisierten Handels-, Transport-, Kapazitäts-, Erzeugungs- und Verbrauchsdaten aus den Märkten zu übermitteln, auf denen sie tätig sind. [2] Dazu gehören Angaben

1. zu den Transaktionen an den Großhandelsmärkten, an denen mit Elektrizität und Erdgas gehandelt wird, einschließlich der Handelsaufträge, mit genauen Angaben über die erworbenen und veräußerten Energiegroßhandelsprodukte, die vereinbarten Preise und Mengen, die Tage und Uhrzeiten der Ausführung, die Parteien und Begünstigten der Transaktionen,
2. zur Kapazität und Auslastung von Anlagen zur Erzeugung und Speicherung, zum Verbrauch oder zur Übertragung oder Fernleitung von Strom oder Erdgas oder über die Kapazität und Auslastung von Anlagen für verflüssigtes Erdgas (LNG-Anlagen), einschließlich der geplanten oder ungeplanten Nichtverfügbarkeit dieser Anlagen oder eines Minderverbrauchs,
3. im Bereich der Elektrizitätserzeugung, die eine Identifikation einzelner Erzeugungseinheiten ermöglichen,
4. zu Kosten, die im Zusammenhang mit dem Betrieb der meldepflichtigen Erzeugungseinheiten entstehen, insbesondere zu Grenzkosten, Brennstoffkosten, CO_2-Kosten, Opportunitätskosten und Anfahrkosten,
5. zu technischen Informationen, die für den Betrieb der meldepflichtigen Erzeugungsanlagen relevant sind, insbesondere zu Mindeststillstandszeiten, Mindestlaufzeiten und zur Mindestproduktion,
6. zu geplanten Stilllegungen oder Kaltreserven,
7. zu Bezugsrechtsverträgen,
8. zu Investitionsvorhaben sowie
9. zu Importverträgen und zur Regelenergie im Bereich Erdgashandel.

(3) [1] Die Daten sind der Markttransparenzstelle nach Maßgabe der §§ 47f und 47g im Wege der Datenfernübertragung und, soweit angefordert, laufend zu übermitteln. [2] Stellt die Markttransparenzstelle Formularvorlagen bereit, sind die Daten in dieser Form elektronisch zu übermitteln.

(4) Die jeweilige Mitteilungspflicht gilt als erfüllt, wenn

1. Meldepflichtige nach Absatz 1 die zu meldenden oder angeforderten Informationen entsprechend Artikel 8 der Verordnung (EU) Nr. 1227/2011 gemeldet haben und ein zeitnaher Datenzugriff durch die Markttransparenzstelle gesichert ist oder
2. Dritte die zu meldenden oder angeforderten Informationen im Namen eines Meldepflichtigen nach Absatz 1 auch in Verbindung mit § 47f Nummer 3 und 4 übermittelt haben und dies der Markttransparenzstelle mitgeteilt wird oder

---

[1)] Nr. 1.

3. Meldepflichtige nach Absatz 1 auch in Verbindung mit § 47f Nummer 3 und 4 die zu meldenden oder angeforderten Informationen an einen nach § 47d Absatz 1 Satz 5 in Verbindung mit § 47f Nummer 2 beauftragten Dritten übermittelt haben oder
4. Meldepflichtige nach Absatz 1 Nummer 3 in Verbindung mit § 47g Absatz 6 die zu meldenden oder angeforderten Informationen entsprechend den Anforderungen des Erneuerbare-Energien-Gesetzes[1] oder einer auf dieses Gesetz gestützten Rechtsverordnung an den Netzbetreiber gemeldet haben, dies der Markttransparenzstelle mitgeteilt wird und ein zeitnaher Datenzugriff durch die Markttransparenzstelle gesichert ist.

(5) [1] Die Verpflichtungen nach den Absätzen 1 bis 4 gelten für Unternehmen, wenn sie an einer inländischen Börse zur Teilnahme am Handel zugelassen sind oder wenn sich ihre Tätigkeiten im Geltungsbereich dieses Gesetzes auswirken. [2] Übermittelt ein Unternehmen mit Sitz außerhalb des Geltungsbereichs dieses Gesetzes die verlangten Informationen nicht, so kann die Markttransparenzstelle zudem die zuständige Behörde des Sitzstaates ersuchen, geeignete Maßnahmen zur Verbesserung des Zugangs zu diesen Informationen zu treffen.

§ 47f Verordnungsermächtigung. Das Bundesministerium für Wirtschaft und Energie wird ermächtigt, im Wege der Rechtsverordnung, die nicht der Zustimmung des Bundesrates bedarf, im Einvernehmen mit dem Bundesministerium der Finanzen unter Berücksichtigung der Anforderungen von Durchführungsrechtsakten nach Artikel 8 Absatz 2 oder Absatz 6 der Verordnung (EU) Nr. 1227/2011

1. nähere Bestimmungen zu Art, Inhalt und Umfang derjenigen Daten und Informationen, die die Markttransparenzstelle nach § 47d Absatz 1 Satz 2 durch Festlegungen von den zur Mitteilung Verpflichteten anfordern kann, zu erlassen sowie zum Zeitpunkt und zur Form der Übermittlung dieser Daten,
2. nähere Bestimmungen zu Art, Inhalt und Umfang derjenigen Daten und Informationen, die nach § 47d Absatz 1 Satz 5 an beauftragte Dritte geliefert werden sollen, zu erlassen sowie zum Zeitpunkt und zur Form der Übermittlung und zu den Adressaten dieser Daten,
3. vorzusehen, dass folgende Stellen der Markttransparenzstelle laufend Aufzeichnungen der Energiegroßhandelstransaktionen übermitteln:
   a) organisierte Märkte,
   b) Systeme zur Zusammenführung von Kauf- und Verkaufsaufträgen oder Meldesysteme,
   c) Handelsüberwachungsstellen an Börsen, an denen mit Strom und Gas gehandelt wird, sowie
   d) die in § 47i genannten Behörden,
4. vorzusehen, dass eine Börse oder ein geeigneter Dritter die Angaben nach § 47e Absatz 2 in Verbindung mit § 47g auf Kosten der Mitteilungsverpflichteten übermitteln darf oder zu übermitteln hat, und die Einzelheiten hierzu

[1] Nr. **37**.

festzulegen oder die Markttransparenzstelle zu entsprechenden Festlegungen zu ermächtigen,

5. angemessene Bagatellgrenzen für die Meldung von Transaktionen und Daten festzulegen und Übergangsfristen für den Beginn der Mitteilungspflichten vorzusehen sowie
6. eine Registrierungspflicht für die Meldepflichtigen vorzusehen und die Markttransparenzstelle zu ermächtigen, den Meldepflichtigen hierfür ein zu nutzendes Registrierungsportal vorzugeben und die inhaltlichen und technischen Details der Registrierung festzulegen.

§ 47g Festlegungsbereiche. (1) Die Markttransparenzstelle entscheidet nach Maßgabe von § 47d Absatz 1 und § 47e sowie der nach § 47f zu erlassenden Rechtsverordnung durch Festlegungen zu den in den Absätzen 2 bis 12 genannten Bereichen, welche Daten und Kategorien von Daten wie zu übermitteln sind.

[Abs. 2 bis 31.12.2020:]

(2) Die Markttransparenzstelle kann festlegen, dass Betreiber von Stromerzeugungseinheiten und von Anlagen zur Speicherung mit jeweils mehr als 10 Megawatt installierter Erzeugungs- oder Speicherkapazität je Einheit Angaben zu folgenden Daten und Datenkategorien übermitteln:

1. je Stromerzeugungseinheit insbesondere über Name, Standort, Anschlussregelzone, installierte Erzeugungskapazität und Art der Erzeugung,
2. blockscharf je Erzeugungseinheit auf Viertelstundenbasis
   a) Nettoleistung,
   b) am Vortag geplante Erzeugung,
   c) tatsächliche Erzeugung,
   d) Grenzkosten der Erzeugung einschließlich Informationen zu den Kostenbestandteilen, insbesondere Brennstoffkosten, CO_2-Kosten, Opportunitätskosten,
   e) geplante und unplanmäßige Nichtverfügbarkeiten auf Grund technischer Restriktionen,
   f) Nichtverfügbarkeiten auf Grund von Netzrestriktionen,
   g) Vorhaltung und Einspeisung von Regel- und Reserveleistung,
   h) nicht eingesetzte verfügbare Leistung,
3. blockscharf je Erzeugungseinheit
   a) Anfahrkosten (Warm- und Kaltstarts), Mindeststillstandszeiten, Mindestlaufzeiten, Mindestproduktion,
   b) geplante Stilllegungen und Kaltreserven,
4. Bezugsrechtsverträge,
5. Investitionsvorhaben,
6. bei grenzüberschreitenden Handelsgeschäften Volumina, genutzte Handelsplätze oder Handelspartner, jeweils getrennt nach den Ländern, in denen die Handelsgeschäfte stattgefunden haben, und
7. Informationen, die die Markttransparenzstelle dazu in die Lage versetzen, das Angebotsverhalten bei Handelsgeschäften nachzuvollziehen.

[Abs. 2 ab 1.1.2021:]

(2) (aufgehoben)

(3) Die Markttransparenzstelle kann festlegen, dass Betreiber von Erzeugungseinheiten mit mehr als 1 Megawatt und bis zu 10 Megawatt installierter Erzeugungskapazität je Einheit jährlich die Gesamtsumme der installierten Erzeugungskapazität aller Erzeugungseinheiten in der jeweiligen Regelzone, getrennt nach Erzeugungsart, angeben.

(4) Die Markttransparenzstelle kann festlegen, dass Betreiber von Verbrauchseinheiten von Elektrizität Angaben zu den folgenden Daten und Kategorien von Daten übermitteln:

1. der geplante und ungeplante Minderverbrauch bei Verbrauchseinheiten mit mehr als 25 Megawatt maximaler Verbrauchskapazität je Verbrauchseinheit und
2. die Vorhaltung und Einspeisung von Regelenergie.

(5) Die Markttransparenzstelle kann festlegen, dass Betreiber von Übertragungsnetzen im Sinne des § 3 Nummer 10 des Energiewirtschaftsgesetzes[1] Angaben zu den folgenden Daten und Kategorien von Daten übermitteln:

1. die Übertragungskapazität an Grenzkuppelstellen auf stündlicher Basis,
2. die Im- und Exportdaten auf stündlicher Basis,
3. die prognostizierte und die tatsächliche Einspeisung von Anlagen, die nach dem Erneuerbare-Energien-Gesetz[2] vergütet werden, auf stündlicher Basis,
4. die Verkaufsangebote, die im Rahmen der Verordnung zur Weiterentwicklung des bundesweiten Ausgleichsmechanismus getätigt wurden, auf stündlicher Basis und
5. die Angebote und Ergebnisse der Regelenergieauktionen.

(6) Die Markttransparenzstelle kann festlegen, dass Betreiber von Anlagen zur Erzeugung von Strom aus erneuerbaren Energien mit mehr als 10 Megawatt installierter Erzeugungskapazität Angaben zu den folgenden Daten und Kategorien von Daten übermitteln:

1. die erzeugten Mengen nach Anlagentyp und
2. die Wahl der Veräußerungsform im Sinne des § 21b Absatz 1 des Erneuerbare-Energien-Gesetzes und die auf die jeweilige Veräußerungsform entfallenden Mengen.

(7) Die Markttransparenzstelle kann festlegen, dass Handelsplattformen für den Handel mit Strom und Erdgas Angaben zu den folgenden Daten und Kategorien von Daten übermitteln:

1. die Angebote, die auf den Plattformen getätigt wurden,
2. die Handelsergebnisse und
3. die außerbörslichen, nicht standardisierten Handelsgeschäfte, bei denen die Vertragspartner individuell bilaterale Geschäfte aushandeln (OTC-Geschäfte), deren geld- und warenmäßige Besicherung (Clearing) über die Handelsplattform erfolgt.

---

[1] Nr. **1**.
[2] Nr. **37**.

(8) [1] Die Markttransparenzstelle kann festlegen, dass Großhändler im Sinne des § 3 Nummer 21 des Energiewirtschaftsgesetzes, die mit Strom handeln, Angaben zu den in § 47e Absatz 2 Nummer 1 genannten Transaktionen übermitteln, soweit diese Transaktionen nicht von Absatz 7 erfasst sind. [2] Beim Handel mit Strom aus erneuerbaren Energien kann die Markttransparenzstelle auch festlegen, dass Großhändler nach Satz 1 Angaben zur Form der Direktvermarktung im Sinne des § 3 Nummer 16 des Erneuerbare-Energien-Gesetzes sowie zu den danach gehandelten Strommengen übermitteln.

(9) Die Markttransparenzstelle kann festlegen, dass Großhändler im Sinne des § 3 Nummer 21 des Energiewirtschaftsgesetzes, die mit Erdgas handeln, Angaben zu den folgenden Daten und Kategorien von Daten übermitteln:
1. die Grenzübergangsmengen und -preise und einen Abgleich von Import- und Exportmengen,
2. die im Inland geförderten Gasmengen und ihre Erstabsatzpreise,
3. die Importverträge (Grenzübergangsverträge),
4. die Liefermengen getrennt nach Distributionsstufe im Bereich der Verteilung,
5. die getätigten Transaktionen mit Großhandelskunden und Fernleitungsnetzbetreibern sowie mit Betreibern von Speicheranlagen und Anlagen für verflüssigtes Erdgas (LNG-Anlagen) im Rahmen von Gasversorgungsverträgen und Energiederivate nach § 3 Nummer 15a des Energiewirtschaftsgesetzes, die auf Gas bezogen sind, einschließlich Laufzeit, Menge, Datum und Uhrzeit der Ausführung, Laufzeit-, Liefer- und Abrechnungsbestimmungen und Transaktionspreisen,
6. die Angebote und Ergebnisse eigener Erdgasauktionen,
7. die bestehenden Gasbezugs- und Gasliefervertäge und
8. die sonstigen Gashandelsaktivitäten, die als OTC-Geschäfte durchgeführt werden.

(10) Die Markttransparenzstelle kann festlegen, dass Betreiber von Fernleitungsnetzen im Sinne des § 3 Nummer 5 des Energiewirtschaftsgesetzes Angaben zu folgenden Daten und Kategorien von Daten übermitteln:
1. die bestehenden Kapazitätsverträge,
2. die vertraglichen Vereinbarungen mit Dritten über Lastflusszusagen und
3. die Angebote und Ergebnisse von Ausschreibungen über Lastflusszusagen.

(11) Die Markttransparenzstelle kann festlegen, dass Marktgebietsverantwortliche im Sinne des § 2 Nummer 11 der Gasnetzzugangsverordnung[1] Angaben zu folgenden Daten und Kategorien von Daten übermitteln:
1. die bestehenden Regelenergieverträge,
2. die Angebote und Ergebnisse von Regelenergieauktionen und -ausschreibungen,
3. die getätigten Transaktionen an Handelsplattformen und
4. die sonstigen Gashandelsaktivitäten, die als OTC-Geschäfte durchgeführt werden.

---

[1] Nr. **25**.

(12) Die Markttransparenzstelle kann festlegen, dass im Bereich der Regelenergie und von Biogas Angaben über die Beschaffung externer Regelenergie, über Ausschreibungsergebnisse sowie über die Einspeisung und Vermarktung von Biogas übermittelt werden.

§ 47h Berichtspflichten, Veröffentlichungen. (1) Die Markttransparenzstelle unterrichtet das Bundesministerium für Wirtschaft und Energie über die Übermittlung von Informationen nach § 47b Absatz 7 Satz 1.

(2) [1]Die Markttransparenzstelle erstellt alle zwei Jahre einen Bericht über ihre Tätigkeit. [2]Soweit der Großhandel mit Elektrizität und Erdgas betroffen ist, erstellt sie ihn im Einvernehmen mit dem Bundeskartellamt. [3]Geschäftsgeheimnisse, von denen die Markttransparenzstelle bei der Durchführung ihrer Aufgaben Kenntnis erhalten hat, werden aus dem Bericht entfernt. [4]Der Bericht wird auf der Internetseite der Markttransparenzstelle veröffentlicht. [5]Der Bericht kann zeitgleich mit dem Bericht des Bundeskartellamts nach § 53 Absatz 3 erfolgen und mit diesem verbunden werden.

(3) Die Markttransparenzstelle veröffentlicht die nach § 47b Absatz 5 erstellten Listen und deren Entwürfe auf ihrer Internetseite.

(4) [1]Die Markttransparenzstelle kann im Einvernehmen mit dem Bundeskartellamt zur Verbesserung der Transparenz im Großhandel diejenigen Erzeugungs- und Verbrauchsdaten veröffentlichen, die bisher auf der Transparenzplattform der European Energy Exchange AG und der Übertragungsnetzbetreiber veröffentlicht werden, sobald diese Veröffentlichung eingestellt wird. [2]Die nach dem Energiewirtschaftsgesetz[1)] und darauf basierenden Rechtsverordnungen sowie die nach europäischem Recht bestehenden Veröffentlichungspflichten der Marktteilnehmer zur Verbesserung der Transparenz auf den Strom- und Gasmärkten bleiben unberührt.

§ 47i Zusammenarbeit mit anderen Behörden und Aufsichtsstellen.

(1) [1]Das Bundeskartellamt und die Bundesnetzagentur arbeiten bei der Wahrnehmung der Aufgaben der Markttransparenzstelle nach § 47b mit folgenden Stellen zusammen:

1. der Bundesanstalt für Finanzdienstleistungsaufsicht,
2. den Börsenaufsichtsbehörden sowie Handelsüberwachungsstellen derjenigen Börsen, an denen Elektrizität und Gas sowie Energiederivate im Sinne des § 3 Nummer 15a des Energiewirtschaftsgesetzes[1)] gehandelt werden,
3. der Agentur für die Zusammenarbeit der Energieregulierungsbehörden und der Europäischen Kommission, soweit diese Aufgaben nach der Verordnung (EU) Nr. 1227/2011 wahrnehmen, und
4. den Regulierungsbehörden anderer Mitgliedstaaten.

[2]Diese Stellen können unabhängig von der jeweils gewählten Verfahrensart untereinander Informationen einschließlich personenbezogener Daten und Betriebs- und Geschäftsgeheimnisse austauschen, soweit dies zur Erfüllung ihrer jeweiligen Aufgaben erforderlich ist. [3]Sie können diese Informationen in ihren Verfahren verwerten. [4]Beweisverwertungsverbote bleiben unberührt. [5]Die Re-

---

[1)] Nr. 1.

gelungen über die Rechtshilfe in Strafsachen sowie Amts- und Rechtshilfeabkommen bleiben unberührt.

(2) Die Markttransparenzstelle kann mit Zustimmung des Bundesministeriums für Wirtschaft und Energie Kooperationsvereinbarungen mit der Bundesanstalt für Finanzdienstleistungsaufsicht, den Börsenaufsichtsbehörden sowie Handelsüberwachungsstellen derjenigen Börsen, an denen Elektrizität und Gas sowie Energiederivate im Sinne des § 3 Nummer 15a des Energiewirtschaftsgesetzes[1)] gehandelt werden, und der Agentur für die Zusammenarbeit der Energieregulierungsbehörden schließen.

§ 47j Vertrauliche Informationen, operationelle Zuverlässigkeit, Datenschutz. (1) [1] Informationen, die die Markttransparenzstelle bei ihrer Aufgabenerfüllung im gewöhnlichen Geschäftsverkehr erlangt oder erstellt hat, unterliegen der Vertraulichkeit. [2] Die Beschäftigten bei der Markttransparenzstelle sind zur Verschwiegenheit über die vertraulichen Informationen im Sinne des Satzes 1 verpflichtet. [3] Andere Personen, die vertrauliche Informationen erhalten sollen, sind vor der Übermittlung besonders zur Geheimhaltung zu verpflichten, soweit sie nicht Amtsträger oder für den öffentlichen Dienst besonders Verpflichtete sind. [4] § 1 Absatz 2, 3 und 4 Nummer 2 des Verpflichtungsgesetzes gilt entsprechend.

(2) [1] Die Markttransparenzstelle stellt zusammen mit der Bundesnetzagentur die operationelle Zuverlässigkeit der Datenbeobachtung sicher und gewährleistet Vertraulichkeit, Integrität und Schutz der eingehenden Informationen. [2] Die Markttransparenzstelle ist dabei an dasselbe Maß an Vertraulichkeit gebunden wie die übermittelnde Stelle oder die Stelle, welche die Informationen erhoben hat. [3] Die Markttransparenzstelle ergreift alle erforderlichen Maßnahmen, um den Missbrauch der in ihren Systemen verwalteten Informationen und den nicht autorisierten Zugang zu ihnen zu verhindern. [4] Die Markttransparenzstelle ermittelt Quellen betriebstechnischer Risiken und minimiert diese Risiken durch die Entwicklung geeigneter Systeme, Kontrollen und Verfahren.

(3) Für Personen, die Daten nach § 47d Absatz 1 Satz 5 erhalten sollen oder die nach § 47c Absatz 4 Daten erhalten, gilt Absatz 1 entsprechend.

(4) Die Markttransparenzstelle darf personenbezogene Daten, die ihr zur Erfüllung ihrer Aufgaben nach § 47b mitgeteilt werden, nur speichern, verändern und nutzen, soweit dies zur Erfüllung der in ihrer Zuständigkeit liegenden Aufgaben und für die Zwecke der Zusammenarbeit nach Artikel 7 Absatz 2 und Artikel 16 der Verordnung (EU) Nr. 1227/2011 erforderlich ist.

(5) Die Akteneinsicht der von den Entscheidungen der Markttransparenzstelle nach § 47b Absatz 5 und 7, § 47d Absatz 1 und 2, den §§ 47e und 47g sowie nach § 81 Absatz 2 Nummer 2 Buchstabe c und d, Nummer 5a und 6 in eigenen Rechten Betroffenen ist beschränkt auf die Unterlagen, die allein dem Rechtsverhältnis zwischen dem Betroffenen und der Markttransparenzstelle zuzuordnen sind.

Abschnitt 3. Evaluierung

§ 47l Evaluierung der Markttransparenzstellen. [1] Das Bundesministerium für Wirtschaft und Energie berichtet den gesetzgebenden Körperschaften

---

[1)] Nr. 1.

über die Ergebnisse der Arbeit der Markttransparenzstellen und die hieraus gewonnenen Erfahrungen. [2]Die Berichterstattung für den Großhandel mit Strom und Gas erfolgt fünf Jahre nach Beginn der Mitteilungspflichten nach § 47e Absatz 2 bis 5 in Verbindung mit der Rechtsverordnung nach § 47f. [3]Die Berichterstattung für den Kraftstoffbereich erfolgt drei Jahre nach Beginn der Meldepflicht nach § 47k Absatz 2 in Verbindung mit der Rechtsverordnung nach § 47k Absatz 8 und soll insbesondere auf die Preisentwicklung und die Situation der mittelständischen Mineralölwirtschaft eingehen.

Teil 5. Anwendungsbereich der Teile 1 bis 3

§ 185 Unternehmen der öffentlichen Hand, Geltungsbereich. (1) [1]Die Vorschriften des Ersten bis Dritten Teils dieses Gesetzes sind auch auf Unternehmen anzuwenden, die ganz oder teilweise im Eigentum der öffentlichen Hand stehen oder die von ihr verwaltet oder betrieben werden. [2]Die §§ 19, 20 und 31b Absatz 5 sind nicht anzuwenden auf öffentlich-rechtliche Gebühren oder Beiträge. [3]Die Vorschriften des Ersten bis Dritten Teils dieses Gesetzes sind nicht auf die Deutsche Bundesbank und die Kreditanstalt für Wiederaufbau anzuwenden.

(2) Die Vorschriften des Ersten bis Dritten Teils dieses Gesetzes sind auf alle Wettbewerbsbeschränkungen anzuwenden, die sich im Geltungsbereich dieses Gesetzes auswirken, auch wenn sie außerhalb des Geltungsbereichs dieses Gesetzes veranlasst werden.

(3) Die Vorschriften des Energiewirtschaftsgesetzes[1)] stehen der Anwendung der §§ 19, 20 und 29 nicht entgegen, soweit in § 111 des Energiewirtschaftsgesetzes[1)] keine andere Regelung getroffen ist.

Teil 6. Übergangs- und Schlussbestimmungen

§ 186 Übergangsbestimmungen. (1) § 29 ist nach dem 31. Dezember 2022 nicht mehr anzuwenden.

(2) Vergabeverfahren, die vor dem 18. April 2016 begonnen haben, einschließlich der sich an diese anschließenden Nachprüfungsverfahren sowie am 18. April 2016 anhängige Nachprüfungsverfahren werden nach dem Recht zu Ende geführt, das zum Zeitpunkt der Einleitung des Verfahrens galt.

(3) [1]Mit Ausnahme von § 33c Absatz 5 sind die §§ 33a bis 33f nur auf Schadensersatzansprüche anwendbar, die nach dem 26. Dezember 2016 entstanden sind. [2]§ 33h ist auf nach dem 26. Dezember 2016 entstandene Ansprüche nach § 33 Absatz 1 oder § 33a Absatz 1 sowie auf vor dem 27. Dezember 2016 entstandene Unterlassungs-, Beseitigungs- und Schadensersatzansprüche wegen eines Verstoßes gegen eine Vorschrift im Sinne des § 33 Absatz 1 oder gegen eine Verfügung der Kartellbehörde anzuwenden, die am 9. Juni 2017 noch nicht verjährt waren. [3]Der Beginn, die Hemmung, die Ablaufhemmung und der Neubeginn der Verjährung der Ansprüche, die vor dem 27. Dezember 2016 entstanden sind, bestimmen sich jedoch für die Zeit bis zum

1) Nr. 1.

8. Juni 2017 nach den bisher für diese Ansprüche jeweils geltenden Verjährungsvorschriften.

(4) § 33c Absatz 5 und die §§ 33g sowie 89b bis 89e sind nur in Rechtsstreiten anzuwenden, in denen nach dem 26. Dezember 2016 Klage erhoben worden ist.

(5) [1] § 81a findet Anwendung, wenn das Erlöschen der nach § 30 des Gesetzes über Ordnungswidrigkeiten verantwortlichen juristischen Person oder Personenvereinigung oder die Verschiebung von Vermögen nach dem 9. Juni 2017 erfolgt. [2] War die Tat zu diesem Zeitpunkt noch nicht beendet, gehen die Regelungen des § 81 Absatz 3a bis 3e vor.

(6) § 30 Absatz 2b findet nur Anwendung auf Vereinbarungen, die nach dem 9. Juni 2017 und vor dem 31. Dezember 2027 wirksam geworden sind.

13. Vertrag über die Arbeitsweise der Europäischen Union [1) 2)3)]

In der Fassung der Bekanntmachung vom 9. Mai 2008[4)]
(ABl. Nr. C 115 S. 47)

Celex-Nr. 1 1957 E

zuletzt geänd. durch Art. 2 ÄndBeschl. 2012/419/EU v. 11.7.2012 (ABl. L 204 S. 131)

– Auszug –

Erster Teil. Grundsätze

Art. 1 [Regelungsbereich] (1) Dieser Vertrag regelt die Arbeitsweise der Union und legt die Bereiche, die Abgrenzung und die Einzelheiten der Ausübung ihrer Zuständigkeiten fest.

(2) [1] Dieser Vertrag und der Vertrag über die Europäische Union bilden die Verträge, auf die sich die Union gründet. [2] Diese beiden Verträge, die rechtlich gleichrangig sind, werden als „die Verträge" bezeichnet.

Titel I. Arten und Bereiche der Zuständigkeit der Union

Art. 2 [Arten von Zuständigkeiten] (1) Übertragen die Verträge der Union für einen bestimmten Bereich eine ausschließliche Zuständigkeit, so kann nur die Union gesetzgeberisch tätig werden und verbindliche Rechtsakte erlassen; die Mitgliedstaaten dürfen in einem solchen Fall nur tätig werden, wenn sie von der Union hierzu ermächtigt werden, oder um Rechtsakte der Union durchzuführen.

(2) [1] Übertragen die Verträge der Union für einen bestimmten Bereich eine mit den Mitgliedstaaten geteilte Zuständigkeit, so können die Union und die Mitgliedstaaten in diesem Bereich gesetzgeberisch tätig werden und verbindliche Rechtsakte erlassen. [2] Die Mitgliedstaaten nehmen ihre Zuständigkeit wahr, sofern und soweit die Union ihre Zuständigkeit nicht ausgeübt hat. [3] Die Mit-

---

1) Vertragsparteien sind Belgien, Bulgarien, Dänemark, Deutschland, Estland, Finnland, Frankreich, Griechenland, Großbritannien, Irland, Italien, Kroatien, Lettland, Litauen, Luxemburg, Malta, die Niederlande, Österreich, Polen, Portugal, Rumänien, Schweden, Slowakei, Slowenien, Spanien, Tschechien, Ungarn und Zypern.

2) Die Artikelfolge und Verweise/Bezugnahmen auf Vorschriften des EUV sind gemäß Art. 5 des Vertrags von Lissabon iVm den Übereinstimmungstabellen zum EUV bzw. AEUV an die neue Nummerierung angepasst worden.

3) Zu den Assoziationsregelungen und sonstigen Vereinbarungen und Vorschriften, die sich auf den EU-Arbeitsweisevertrag beziehen, vgl. den jährlich zum 31.12. abgeschlossenen Fundstellennachweis B der geltenden völkerrechtlichen Vereinbarungen der Bundesrepublik Deutschland unter dem Datum 25.3.1957.

4) Konsolidierte Fassung des Vertrags zur Gründung der Europäischen Gemeinschaft v. 25.3.1957 (BGBl. II S. 766). Die Bundesrepublik Deutschland hat dem Vertrag von Lissabon mit G. v. 8.10.2008 (BGBl. II S. 1038) zugestimmt; Inkrafttreten am 1.12.2009, siehe Bek. v. 13.11.2009 (BGBl. II S. 1223).

gliedstaaten nehmen ihre Zuständigkeit erneut wahr, sofern und soweit die Union entschieden hat, ihre Zuständigkeit nicht mehr auszuüben.

(3) Die Mitgliedstaaten koordinieren ihre Wirtschafts- und Beschäftigungspolitik im Rahmen von Regelungen nach Maßgabe dieses Vertrags, für deren Festlegung die Union zuständig ist.

(4) Die Union ist nach Maßgabe des Vertrags über die Europäische Union dafür zuständig, eine gemeinsame Außen- und Sicherheitspolitik einschließlich der schrittweisen Festlegung einer gemeinsamen Verteidigungspolitik zu erarbeiten und zu verwirklichen.

(5) *[1]* In bestimmten Bereichen ist die Union nach Maßgabe der Verträge dafür zuständig, Maßnahmen zur Unterstützung, Koordinierung oder Ergänzung der Maßnahmen der Mitgliedstaaten durchzuführen, ohne dass dadurch die Zuständigkeit der Union für diese Bereiche an die Stelle der Zuständigkeit der Mitgliedstaaten tritt.

[2] Die verbindlichen Rechtsakte der Union, die aufgrund der diese Bereiche betreffenden Bestimmungen der Verträge erlassen werden, dürfen keine Harmonisierung der Rechtsvorschriften der Mitgliedstaaten beinhalten.

(6) Der Umfang der Zuständigkeiten der Union und die Einzelheiten ihrer Ausübung ergeben sich aus den Bestimmungen der Verträge zu den einzelnen Bereichen.

Art. 3 [Ausschließliche Zuständigkeiten] (1) Die Union hat ausschließliche Zuständigkeit in folgenden Bereichen:

a) Zollunion,
b) Festlegung der für das Funktionieren des Binnenmarkts erforderlichen Wettbewerbsregeln,
c) Währungspolitik für die Mitgliedstaaten, deren Währung der Euro ist,
d) Erhaltung der biologischen Meeresschätze im Rahmen der gemeinsamen Fischereipolitik,
e) gemeinsame Handelspolitik.

(2) Die Union hat ferner die ausschließliche Zuständigkeit für den Abschluss internationaler Übereinkünfte, wenn der Abschluss einer solchen Übereinkunft in einem Gesetzgebungsakt der Union vorgesehen ist, wenn er notwendig ist, damit sie ihre interne Zuständigkeit ausüben kann, oder soweit er gemeinsame Regeln beeinträchtigen oder deren Tragweite verändern könnte.

Art. 4 [Geteilte Zuständigkeiten] (1) Die Union teilt ihre Zuständigkeit mit den Mitgliedstaaten, wenn ihr die Verträge außerhalb der in den Artikeln 3 und 6 genannten Bereiche eine Zuständigkeit übertragen.

(2) Die von der Union mit den Mitgliedstaaten geteilte Zuständigkeit erstreckt sich auf die folgenden Hauptbereiche:

a) Binnenmarkt,
b) Sozialpolitik hinsichtlich der in diesem Vertrag genannten Aspekte,
c) wirtschaftlicher, sozialer und territorialer Zusammenhalt,
d) Landwirtschaft und Fischerei, ausgenommen die Erhaltung der biologischen Meeresschätze,

e) Umwelt,
f) Verbraucherschutz,
g) Verkehr,
h) transeuropäische Netze,
i) Energie,
j) Raum der Freiheit, der Sicherheit und des Rechts,
k) gemeinsame Sicherheitsanliegen im Bereich der öffentlichen Gesundheit hinsichtlich der in diesem Vertrag genannten Aspekte.

(3) In den Bereichen Forschung, technologische Entwicklung und Raumfahrt erstreckt sich die Zuständigkeit der Union darauf, Maßnahmen zu treffen, insbesondere Programme zu erstellen und durchzuführen, ohne dass die Ausübung dieser Zuständigkeit die Mitgliedstaaten hindert, ihre Zuständigkeit auszuüben.

(4) In den Bereichen Entwicklungszusammenarbeit und humanitäre Hilfe erstreckt sich die Zuständigkeit der Union darauf, Maßnahmen zu treffen und eine gemeinsame Politik zu verfolgen, ohne dass die Ausübung dieser Zuständigkeit die Mitgliedstaaten hindert, ihre Zuständigkeit auszuüben.

Titel II. Allgemein geltende Bestimmungen

Art. 8 [Gleichstellung; Querschnittsklausel] Bei allen ihren Tätigkeiten wirkt die Union darauf hin, Ungleichheiten zu beseitigen und die Gleichstellung von Männern und Frauen zu fördern.

Art. 11 [Umweltschutz; Querschnittsklausel] Die Erfordernisse des Umweltschutzes müssen bei der Festlegung und Durchführung der Unionspolitiken und -maßnahmen insbesondere zur Förderung einer nachhaltigen Entwicklung einbezogen werden.

Art. 14 [Dienste von allgemeinem wirtschaftlichem Interesse] [1] Unbeschadet des Artikels 4 des Vertrags über die Europäische Union und der Artikel 93, 106 und 107 dieses Vertrags und in Anbetracht des Stellenwerts, den Dienste von allgemeinem wirtschaftlichen Interesse innerhalb der gemeinsamen Werte der Union einnehmen, sowie ihrer Bedeutung bei der Förderung des sozialen und territorialen Zusammmenhalts tragen die Union und die Mitgliedstaaten im Rahmen ihrer jeweiligen Befugnisse im Anwendungsbereich der Verträge dafür Sorge, dass die Grundsätze und Bedingungen, insbesondere jene wirtschaftlicher und finanzieller Art, für das Funktionieren dieser Dienste so gestaltet sind, dass diese ihren Aufgaben nachkommen können. [2] Diese Grundsätze und Bedingungen werden vom Europäischen Parlament und vom Rat durch Verordnungen gemäß dem ordentlichen Gesetzgebungsverfahren festgelegt, unbeschadet der Zuständigkeit der Mitgliedstaaten, diese Dienste im Einklang mit den Verträgen zur Verfügung zu stellen, in Auftrag zu geben und zu finanzieren.

Zweiter Teil. Nichtdiskriminierung und Unionsbürgerschaft

Art. 18 [Diskriminierungsverbot] *[1]* Unbeschadet besonderer Bestimmungen der Verträge ist in ihrem Anwendungsbereich jede Diskriminierung aus Gründen der Staatsangehörigkeit verboten.

[2] Das Europäische Parlament und der Rat können gemäß dem ordentlichen Gesetzgebungsverfahren Regelungen für das Verbot solcher Diskriminierungen treffen.

Art. 19 [Antidiskriminierungsmaßnahmen] (1) Unbeschadet der sonstigen Bestimmungen der Verträge kann der Rat im Rahmen der durch die Verträge auf die Union übertragenen Zuständigkeiten gemäß einem besonderen Gesetzgebungsverfahren und nach Zustimmung des Europäischen Parlaments einstimmig geeignete Vorkehrungen treffen, um Diskriminierungen aus Gründen des Geschlechts, der Rasse, der ethnischen Herkunft, der Religion oder der Weltanschauung, einer Behinderung, des Alters oder der sexuellen Ausrichtung zu bekämpfen.

(2) Abweichend von Absatz 1 können das Europäische Parlament und der Rat gemäß dem ordentlichen Gesetzgebungsverfahren die Grundprinzipien für Fördermaßnahmen der Union unter Ausschluss jeglicher Harmonisierung der Rechts- und Verwaltungsvorschriften der Mitgliedstaaten zur Unterstützung der Maßnahmen festlegen, die die Mitgliedstaaten treffen, um zur Verwirklichung der in Absatz 1 genannten Ziele beizutragen.

Dritter Teil. Die internen Politiken und Maßnahmen der Union

Titel I. Der Binnenmarkt

Art. 26 [Verwirklichung des Binnenmarkts] (1) Die Union erlässt die erforderlichen Maßnahmen, um nach Maßgabe der einschlägigen Bestimmungen der Verträge den Binnenmarkt zu verwirklichen beziehungsweise dessen Funktionieren zu gewährleisten.

(2) Der Binnenmarkt umfasst einen Raum ohne Binnengrenzen, in dem der freie Verkehr von Waren, Personen, Dienstleistungen und Kapital gemäß den Bestimmungen der Verträge gewährleistet ist.

(3) Der Rat legt auf Vorschlag der Kommission die Leitlinien und Bedingungen fest, die erforderlich sind, um in allen betroffenen Sektoren einen ausgewogenen Fortschritt zu gewährleisten.

Titel II. Der freie Warenverkehr

Art. 28 [Zollunion] (1) Die Union umfasst eine Zollunion, die sich auf den gesamten Warenaustausch erstreckt; sie umfasst das Verbot, zwischen den Mitgliedstaaten Ein- und Ausfuhrzölle und Abgaben gleicher Wirkung zu erheben, sowie die Einführung eines Gemeinsamen Zolltarifs gegenüber dritten Ländern.

(2) Artikel 30 und Kapitel 3 dieses Titels gelten für die aus den Mitgliedstaaten stammenden Waren sowie für diejenigen Waren aus dritten Ländern, die sich in den Mitgliedstaaten im freien Verkehr befinden.

Art. 29 [Freier Verkehr von Waren aus dritten Ländern] Als im freien Verkehr eines Mitgliedstaats befindlich gelten diejenigen Waren aus dritten Ländern, für die in dem betreffenden Mitgliedstaat die Einfuhrförmlichkeiten erfüllt sowie die vorgeschriebenen Zölle und Abgaben gleicher Wirkung erhoben und nicht ganz oder teilweise rückvergütet worden sind.

Kapitel 3. Verbot von mengenmäßigen Beschränkungen zwischen den Mitgliedstaaten

Art. 34 [Verbot von Einfuhrbeschränkungen] Mengenmäßige Einfuhrbeschränkungen sowie alle Maßnahmen gleicher Wirkung sind zwischen den Mitgliedstaaten verboten.

Art. 35 [Verbot von Ausfuhrbeschränkungen] Mengenmäßige Ausfuhrbeschränkungen sowie alle Maßnahmen gleicher Wirkung sind zwischen den Mitgliedstaaten verboten.

Art. 36 [Ausnahmen] [1] Die Bestimmungen der Artikel 34 und 35 stehen Einfuhr-, Ausfuhr- und Durchfuhrverboten oder -beschränkungen nicht entgegen, die aus Gründen der öffentlichen Sittlichkeit, Ordnung und Sicherheit, zum Schutze der Gesundheit und des Lebens von Menschen, Tieren oder Pflanzen, des nationalen Kulturguts von künstlerischem, geschichtlichem oder archäologischem Wert oder des gewerblichen und kommerziellen Eigentums gerechtfertigt sind. [2] Diese Verbote oder Beschränkungen dürfen jedoch weder ein Mittel zur willkürlichen Diskriminierung noch eine verschleierte Beschränkung des Handels zwischen den Mitgliedstaaten darstellen.

Art. 37 [Staatliche Handelsmonopole] (1) *[1]* Die Mitgliedstaaten formen ihre staatlichen Handelsmonopole derart um, dass jede Diskriminierung in den Versorgungs- und Absatzbedingungen zwischen den Angehörigen der Mitgliedstaaten ausgeschlossen ist.

[2] [1] Dieser Artikel gilt für alle Einrichtungen, durch die ein Mitgliedstaat unmittelbar oder mittelbar die Einfuhr oder die Ausfuhr zwischen den Mitgliedstaaten rechtlich oder tatsächlich kontrolliert, lenkt oder merklich beeinflusst. [2] Er gilt auch für die von einem Staat auf andere Rechtsträger übertragenen Monopole.

(2) Die Mitgliedstaaten unterlassen jede neue Maßnahme, die den in Absatz 1 genannten Grundsätzen widerspricht oder die Tragweite der Artikel über das Verbot von Zöllen und mengenmäßigen Beschränkungen zwischen den Mitgliedstaaten einengt.

(3) Ist mit einem staatlichen Handelsmonopol eine Regelung zur Erleichterung des Absatzes oder der Verwertung landwirtschaftlicher Erzeugnisse verbunden, so sollen bei der Anwendung dieses Artikels gleichwertige Sicherheiten für die Beschäftigung und Lebenshaltung der betreffenden Erzeuger gewährleistet werden.

Titel III. Die Landwirtschaft und die Fischerei

Art. 44 [Ausgleichsabgaben] *[1]* Besteht in einem Mitgliedstaat für ein Erzeugnis eine innerstaatliche Marktordnung oder Regelung gleicher Wirkung und wird dadurch eine gleichartige Erzeugung in einem anderen Mitgliedstaat in ihrer Wettbewerbslage beeinträchtigt, so erheben die Mitgliedstaaten bei der Einfuhr des betreffenden Erzeugnisses aus dem Mitgliedstaat, in dem die genannte Marktordnung oder Regelung besteht, eine Ausgleichsabgabe, es sei denn, dass dieser Mitgliedstaat eine Ausgleichsabgabe bei der Ausfuhr erhebt.

[2] Die Kommission setzt diese Abgaben in der zur Wiederherstellung des Gleichgewichts erforderlichen Höhe fest; sie kann auch andere Maßnahmen genehmigen, deren Bedingungen und Einzelheiten sie festlegt.

Titel IV. Die Freizügigkeit, der freie Dienstleistungs- und Kapitalverkehr

Kapitel 3. Dienstleistungen

Art. 56 [Dienstleistungsfreiheit] *[1]* Die Beschränkungen des freien Dienstleistungsverkehrs innerhalb der Union für Angehörige der Mitgliedstaaten, die in einem anderen Mitgliedstaat als demjenigen des Leistungsempfängers ansässig sind, sind nach Maßgabe der folgenden Bestimmungen verboten.

[2] Das Europäische Parlament und der Rat können gemäß dem ordentlichen Gesetzgebungsverfahren beschließen, dass dieses Kapitel auch auf Erbringer von Dienstleistungen Anwendung findet, welche die Staatsangehörigkeit eines dritten Landes besitzen und innerhalb der Union ansässig sind.

Titel VII. Gemeinsame Regeln betreffend Wettbewerb, Steuerfragen und Angleichung der Rechtsvorschriften

Kapitel 1. Wettbewerbsregeln

Abschnitt 1. Vorschriften für Unternehmen

Art. 101 [Kartellverbot[1]] (1) Mit dem Binnenmarkt unvereinbar und verboten sind alle Vereinbarungen zwischen Unternehmen, Beschlüsse von Unternehmensvereinigungen und aufeinander abgestimmte Verhaltensweisen, welche den Handel zwischen Mitgliedstaaten zu beeinträchtigen geeignet sind und eine Verhinderung, Einschränkung oder Verfälschung des Wettbewerbs innerhalb des Binnenmarkts bezwecken oder bewirken, insbesondere

a) die unmittelbare oder mittelbare Festsetzung der An- oder Verkaufspreise oder sonstiger Geschäftsbedingungen;

b) die Einschränkung oder Kontrolle der Erzeugung, des Absatzes, der technischen Entwicklung oder der Investitionen;

c) die Aufteilung der Märkte oder Versorgungsquellen;

d) die Anwendung unterschiedlicher Bedingungen bei gleichwertigen Leistungen gegenüber Handelspartnern, wodurch diese im Wettbewerb benachteiligt werden;

---

[1] Siehe ua die Leitlinien zur Anwendung von Artikel 101 des Vertrags über die Arbeitsweise der Europäischen Union auf Technologietransfer-Vereinbarungen v. 28.3.2014 (ABl. C 89 S. 3).

e) die an den Abschluss von Verträgen geknüpfte Bedingung, dass die Vertragspartner zusätzliche Leistungen annehmen, die weder sachlich noch nach Handelsbrauch in Beziehung zum Vertragsgegenstand stehen.

(2) Die nach diesem Artikel verbotenen Vereinbarungen oder Beschlüsse sind nichtig.

(3) Die Bestimmungen des Absatzes 1 können für nicht anwendbar erklärt werden auf

– Vereinbarungen oder Gruppen von Vereinbarungen zwischen Unternehmen,
– Beschlüsse oder Gruppen von Beschlüssen von Unternehmensvereinigungen,
– aufeinander abgestimmte Verhaltensweisen oder Gruppen von solchen,

die unter angemessener Beteiligung der Verbraucher an dem entstehenden Gewinn zur Verbesserung der Warenerzeugung oder -verteilung oder zur Förderung des technischen oder wirtschaftlichen Fortschritts beitragen, ohne dass den beteiligten Unternehmen

a) Beschränkungen auferlegt werden, die für die Verwirklichung dieser Ziele nicht unerlässlich sind, oder
b) Möglichkeiten eröffnet werden, für einen wesentlichen Teil der betreffenden Waren den Wettbewerb auszuschalten.

Art. 102 [Missbrauch einer marktbeherrschenden Stellung] *[1]* Mit dem Binnenmarkt unvereinbar und verboten ist die missbräuchliche Ausnutzung einer beherrschenden Stellung auf dem Binnenmarkt oder auf einem wesentlichen Teil desselben durch ein oder mehrere Unternehmen, soweit dies dazu führen kann, den Handel zwischen Mitgliedstaaten zu beeinträchtigen.

[2] Dieser Missbrauch kann insbesondere in Folgendem bestehen:

a) der unmittelbaren oder mittelbaren Erzwingung von unangemessenen Einkaufs- oder Verkaufspreisen oder sonstigen Geschäftsbedingungen;
b) der Einschränkung der Erzeugung, des Absatzes oder der technischen Entwicklung zum Schaden der Verbraucher;
c) der Anwendung unterschiedlicher Bedingungen bei gleichwertigen Leistungen gegenüber Handelspartnern, wodurch diese im Wettbewerb benachteiligt werden;
d) der an den Abschluss von Verträgen geknüpften Bedingung, dass die Vertragspartner zusätzliche Leistungen annehmen, die weder sachlich noch nach Handelsbrauch in Beziehung zum Vertragsgegenstand stehen.

Art. 103 [Erlass von Verordnungen und Richtlinien] (1) Die zweckdienlichen Verordnungen oder Richtlinien zur Verwirklichung der in den Artikeln 101 und 102 niedergelegten Grundsätze werden vom Rat auf Vorschlag der Kommission und nach Anhörung des Europäischen Parlaments beschlossen.

(2) Die in Absatz 1 vorgesehenen Vorschriften bezwecken insbesondere,

a) die Beachtung der in Artikel 101 Absatz 1 und Artikel 102 genannten Verbote durch die Einführung von Geldbußen und Zwangsgeldern zu gewährleisten;

b) die Einzelheiten der Anwendung des Artikels 101 Absatz 3 festzulegen; dabei ist dem Erfordernis einer wirksamen Überwachung bei möglichst einfacher Verwaltungskontrolle Rechnung zu tragen;
c) gegebenenfalls den Anwendungsbereich der Artikel 101 und 102 für die einzelnen Wirtschaftszweige näher zu bestimmen;
d) die Aufgaben der Kommission und des Gerichtshofs der Europäischen Union bei der Anwendung der in diesem Absatz vorgesehenen Vorschriften gegeneinander abzugrenzen;
e) das Verhältnis zwischen den innerstaatlichen Rechtsvorschriften einerseits und den in diesem Abschnitt enthaltenen oder aufgrund dieses Artikels getroffenen Bestimmungen andererseits festzulegen.

Art. 104 [Übergangsbestimmung] Bis zum Inkrafttreten der gemäß Artikel 103 erlassenen Vorschriften entscheiden die Behörden der Mitgliedstaaten im Einklang mit ihren eigenen Rechtsvorschriften und den Bestimmungen der Artikel 101, insbesondere Absatz 3, und 102 über die Zulässigkeit von Vereinbarungen, Beschlüssen und aufeinander abgestimmten Verhaltensweisen sowie über die missbräuchliche Ausnutzung einer beherrschenden Stellung auf dem Binnenmarkt.

Art. 105 [Wettbewerbsaufsicht] (1) [1] Unbeschadet des Artikels 104 achtet die Kommission auf die Verwirklichung der in den Artikeln 101 und 102 niedergelegten Grundsätze. [2] Sie untersucht auf Antrag eines Mitgliedstaats oder von Amts wegen in Verbindung mit den zuständigen Behörden der Mitgliedstaaten, die ihr Amtshilfe zu leisten haben, die Fälle, in denen Zuwiderhandlungen gegen diese Grundsätze vermutet werden. [3] Stellt sie eine Zuwiderhandlung fest, so schlägt sie geeignete Mittel vor, um diese abzustellen.

(2) [1] Wird die Zuwiderhandlung nicht abgestellt, so trifft die Kommission in einem mit Gründen versehenen Beschluss die Feststellung, dass eine derartige Zuwiderhandlung vorliegt. [2] Sie kann den Beschluss veröffentlichen und die Mitgliedstaaten ermächtigen, die erforderlichen Abhilfemaßnahmen zu treffen, deren Bedingungen und Einzelheiten sie festlegt.

(3) Die Kommission kann Verordnungen zu den Gruppen von Vereinbarungen erlassen, zu denen der Rat nach Artikel 103 Absatz 2 Buchstabe b eine Verordnung oder Richtlinie erlassen hat.

Art. 106 [Öffentliche Unternehmen; Dienstleistungen von allgemeinem wirtschaftlichem Interesse] (1) Die Mitgliedstaaten werden in Bezug auf öffentliche Unternehmen und auf Unternehmen, denen sie besondere oder ausschließliche Rechte gewähren, keine den Verträgen und insbesondere den Artikeln 18 und 101 bis 109 widersprechende Maßnahmen treffen oder beibehalten.

(2) [1] Für Unternehmen, die mit Dienstleistungen von allgemeinem wirtschaftlichem Interesse betraut sind oder den Charakter eines Finanzmonopols haben, gelten die Vorschriften der Verträge, insbesondere die Wettbewerbsregeln, soweit die Anwendung dieser Vorschriften nicht die Erfüllung der ihnen übertragenen besonderen Aufgabe rechtlich oder tatsächlich verhindert. [2] Die

Entwicklung des Handelsverkehrs darf nicht in einem Ausmaß beeinträchtigt werden, das dem Interesse der Union zuwiderläuft.

(3) Die Kommission achtet auf die Anwendung dieses Artikels und richtet erforderlichenfalls geeignete Richtlinien oder Beschlüsse an die Mitgliedstaaten.

Abschnitt 2. Staatliche Beihilfen

Art. 107 [Beihilfeverbot; Ausnahmen] (1) Soweit in den Verträgen nicht etwas anderes bestimmt ist, sind staatliche oder aus staatlichen Mitteln gewährte Beihilfen gleich welcher Art, die durch die Begünstigung bestimmter Unternehmen oder Produktionszweige den Wettbewerb verfälschen oder zu verfälschen drohen, mit dem Binnenmarkt unvereinbar, soweit sie den Handel zwischen Mitgliedstaaten beeinträchtigen.

(2) Mit dem Binnenmarkt vereinbar sind:

a) Beihilfen sozialer Art an einzelne Verbraucher, wenn sie ohne Diskriminierung nach der Herkunft der Waren gewährt werden;
b) Beihilfen zur Beseitigung von Schäden, die durch Naturkatastrophen oder sonstige außergewöhnliche Ereignisse entstanden sind;
c) Beihilfen für die Wirtschaft bestimmter, durch die Teilung Deutschlands betroffener Gebiete der Bundesrepublik Deutschland, soweit sie zum Ausgleich der durch die Teilung verursachten wirtschaftlichen Nachteile erforderlich sind. Der Rat kann fünf Jahre nach dem Inkrafttreten des Vertrags von Lissabon auf Vorschlag der Kommission einen Beschluss erlassen, mit dem dieser Buchstabe aufgehoben wird.

(3) Als mit dem Binnenmarkt vereinbar können angesehen werden:

a) Beihilfen zur Förderung der wirtschaftlichen Entwicklung von Gebieten, in denen die Lebenshaltung außergewöhnlich niedrig ist oder eine erhebliche Unterbeschäftigung herrscht, sowie der in Artikel 349 genannten Gebiete unter Berücksichtigung ihrer strukturellen, wirtschaftlichen und sozialen Lage;
b) Beihilfen zur Förderung wichtiger Vorhaben von gemeinsamem europäischem Interesse oder zur Behebung einer beträchtlichen Störung im Wirtschaftsleben eines Mitgliedstaats;
c) Beihilfen zur Förderung der Entwicklung gewisser Wirtschaftszweige oder Wirtschaftsgebiete, soweit sie die Handelsbedingungen nicht in einer Weise verändern, die dem gemeinsamen Interesse zuwiderläuft;
d) Beihilfen zur Förderung der Kultur und der Erhaltung des kulturellen Erbes, soweit sie die Handels- und Wettbewerbsbedingungen in der Union nicht in einem Maß beeinträchtigen, das dem gemeinsamen Interesse zuwiderläuft;
e) sonstige Arten von Beihilfen, die der Rat durch einen Beschluss auf Vorschlag der Kommission bestimmt.

Art. 108 [Beihilfeaufsicht] (1) [1] Die Kommission überprüft fortlaufend in Zusammenarbeit mit den Mitgliedstaaten die in diesen bestehenden Beihilferegelungen. [2] Sie schlägt ihnen die zweckdienlichen Maßnahmen vor, welche die fortschreitende Entwicklung und das Funktionieren des Binnenmarkts erfordern.

(2) *[1]* Stellt die Kommission fest, nachdem sie den Beteiligten eine Frist zur Äußerung gesetzt hat, dass eine von einem Staat oder aus staatlichen Mitteln gewährte Beihilfe mit dem Binnenmarkt nach Artikel 107 unvereinbar ist oder dass sie missbräuchlich angewandt wird, so beschließt sie, dass der betreffende Staat sie binnen einer von ihr bestimmten Frist aufzuheben oder umzugestalten hat.

[2] Kommt der betreffende Staat diesem Beschluss innerhalb der festgesetzten Frist nicht nach, so kann die Kommission oder jeder betroffene Staat in Abweichung von den Artikeln 258 und 259 den Gerichtshof der Europäischen Union unmittelbar anrufen.

[3] [1] Der Rat kann einstimmig auf Antrag eines Mitgliedstaats beschließen, dass eine von diesem Staat gewährte oder geplante Beihilfe in Abweichung von Artikel 107 oder von den nach Artikel 109 erlassenen Verordnungen als mit dem Binnenmarkt vereinbar gilt, wenn außergewöhnliche Umstände einen solchen Beschluss rechtfertigen. [2] Hat die Kommission bezüglich dieser Beihilfe das in Unterabsatz 1 dieses Absatzes vorgesehene Verfahren bereits eingeleitet, so bewirkt der Antrag des betreffenden Staates an den Rat die Aussetzung dieses Verfahrens, bis der Rat sich geäußert hat.

[4] Äußert sich der Rat nicht binnen drei Monaten nach Antragstellung, so beschließt die Kommission.

(3) [1] Die Kommission wird von jeder beabsichtigten Einführung oder Umgestaltung von Beihilfen so rechtzeitig unterrichtet, dass sie sich dazu äußern kann. [2] Ist sie der Auffassung, dass ein derartiges Vorhaben nach Artikel 107 mit dem Binnenmarkt unvereinbar ist, so leitet sie unverzüglich das in Absatz 2 vorgesehene Verfahren ein. [3] Der betreffende Mitgliedstaat darf die beabsichtigte Maßnahme nicht durchführen, bevor die Kommission einen abschließenden Beschluss erlassen hat.

(4) Die Kommission kann Verordnungen zu den Arten von staatlichen Beihilfen erlassen, für die der Rat nach Artikel 109 festgelegt hat, dass sie von dem Verfahren nach Absatz 3 ausgenommen werden können.

Art. 109 [Erlass von Durchführungsverordnungen] Der Rat kann auf Vorschlag der Kommission und nach Anhörung des Europäischen Parlaments alle zweckdienlichen Durchführungsverordnungen zu den Artikeln 107 und 108 erlassen und insbesondere die Bedingungen für die Anwendung des Artikels 108 Absatz 3 sowie diejenigen Arten von Beihilfen festlegen, die von diesem Verfahren ausgenommen sind.

Titel VIII. Die Wirtschafts- und Währungspolitik

Art. 119 [Europäische Wirtschaftsverfassung; Grundsätze] (1) Die Tätigkeit der Mitgliedstaaten und der Union im Sinne des Artikels 3 des Vertrags über die Europäische Union umfasst nach Maßgabe der Verträge die Einführung einer Wirtschaftspolitik, die auf einer engen Koordinierung der Wirtschaftspolitik der Mitgliedstaaten, dem Binnenmarkt und der Festlegung gemeinsamer Ziele beruht und dem Grundsatz einer offenen Marktwirtschaft mit freiem Wettbewerb verpflichtet ist.

(2) Parallel dazu umfasst diese Tätigkeit nach Maßgabe der Verträge und der darin vorgesehenen Verfahren eine einheitliche Währung, den Euro, sowie die

Festlegung und Durchführung einer einheitlichen Geld- sowie Wechselkurspolitik, die beide vorrangig das Ziel der Preisstabilität verfolgen und unbeschadet dieses Zieles die allgemeine Wirtschaftspolitik in der Union unter Beachtung des Grundsatzes einer offenen Marktwirtschaft mit freiem Wettbewerb unterstützen sollen.

(3) Diese Tätigkeit der Mitgliedstaaten und der Union setzt die Einhaltung der folgenden richtungsweisenden Grundsätze voraus: stabile Preise, gesunde öffentliche Finanzen und monetäre Rahmenbedingungen sowie eine tragfähige Zahlungsbilanz.

Titel XVI. Transeuropäische Netze

Art. 170 [Beitrag zum Auf- und Ausbau] (1) Um einen Beitrag zur Verwirklichung der Ziele der Artikel 26 und 174 zu leisten und den Bürgern der Union, den Wirtschaftsbeteiligten sowie den regionalen und lokalen Gebietskörperschaften in vollem Umfang die Vorteile zugute kommen zu lassen, die sich aus der Schaffung eines Raumes ohne Binnengrenzen ergeben, trägt die Union zum Auf- und Ausbau transeuropäischer Netze in den Bereichen der Verkehrs-, Telekommunikations- und Energieinfrastruktur bei.

(2) [1] Die Tätigkeit der Union zielt im Rahmen eines Systems offener und wettbewerbsorientierter Märkte auf die Förderung des Verbunds und der Interoperabilität der einzelstaatlichen Netze sowie des Zugangs zu diesen Netzen ab. [2] Sie trägt insbesondere der Notwendigkeit Rechnung, insulare, eingeschlossene und am Rande gelegene Gebiete mit den zentralen Gebieten der Union zu verbinden.

Art. 171 [Handlungsinstrumente der Union] (1) *[1]* Zur Erreichung der Ziele des Artikels 170 geht die Union wie folgt vor:

- Sie stellt eine Reihe von Leitlinien auf, in denen die Ziele, die Prioritäten und die Grundzüge der im Bereich der transeuropäischen Netze in Betracht gezogenen Aktionen erfasst werden; in diesen Leitlinien werden Vorhaben von gemeinsamem Interesse ausgewiesen;
- sie führt jede Aktion durch, die sich gegebenenfalls als notwendig erweist, um die Interoperabilität der Netze zu gewährleisten, insbesondere im Bereich der Harmonisierung der technischen Normen;
- sie kann von den Mitgliedstaaten unterstützte Vorhaben von gemeinsamem Interesse, die im Rahmen der Leitlinien gemäß dem ersten Gedankenstrich ausgewiesen sind, insbesondere in Form von Durchführbarkeitsstudien, Anleihebürgschaften oder Zinszuschüssen unterstützen; die Union kann auch über den nach Artikel 177 errichteten Kohäsionsfonds zu spezifischen Verkehrsinfrastrukturvorhaben in den Mitgliedstaaten finanziell beitragen.

[2] Die Union berücksichtigt bei ihren Maßnahmen die potentielle wirtschaftliche Lebensfähigkeit der Vorhaben.

(2) [1] Die Mitgliedstaaten koordinieren untereinander in Verbindung mit der Kommission die einzelstaatlichen Politiken, die sich erheblich auf die Verwirklichung der Ziele des Artikels 170 auswirken können. [2] Die Kommission kann in enger Zusammenarbeit mit den Mitgliedstaaten alle Initiativen ergreifen, die dieser Koordinierung förderlich sind.

(3) Die Union kann beschließen, mit dritten Ländern zur Förderung von Vorhaben von gemeinsamem Interesse sowie zur Sicherstellung der Interoperabilität der Netze zusammenzuarbeiten.

Titel XXI. Energie

Art. 194 [Europäische Energiepolitik; Ziele und Maßnahmen]

(1) Die Energiepolitik der Union verfolgt im Geiste der Solidarität zwischen den Mitgliedstaaten im Rahmen der Verwirklichung oder des Funktionierens des Binnenmarkts und unter Berücksichtigung der Notwendigkeit der Erhaltung und Verbesserung der Umwelt folgende Ziele:

a) Sicherstellung des Funktionierens des Energiemarkts;

b) Gewährleistung der Energieversorgungssicherheit in der Union;

c) Förderung der Energieeffizienz und von Energieeinsparungen sowie Entwicklung neuer und erneuerbarer Energiequellen und

d) Förderung der Interkonnektion der Energienetze.

(2) *[1]* [1] Unbeschadet der Anwendung anderer Bestimmungen der Verträge erlassen das Europäische Parlament und der Rat gemäß dem ordentlichen Gesetzgebungsverfahren die Maßnahmen, die erforderlich sind, um die Ziele nach Absatz 1 zu verwirklichen. [2] Der Erlass dieser Maßnahmen erfolgt nach Anhörung des Wirtschafts- und Sozialausschusses und des Ausschusses der Regionen.

[2] Diese Maßnahmen berühren unbeschadet des Artikels 192 Absatz 2 Buchstabe c nicht das Recht eines Mitgliedstaats, die Bedingungen für die Nutzung seiner Energieressourcen, seine Wahl zwischen verschiedenen Energiequellen und die allgemeine Struktur seiner Energieversorgung zu bestimmen.

(3) Abweichend von Absatz 2 erlässt der Rat die darin genannten Maßnahmen gemäß einem besonderen Gesetzgebungsverfahren einstimmig nach Anhörung des Europäischen Parlaments, wenn sie überwiegend steuerlicher Art sind.

14. Verordnung (EU) Nr. 330/2010 der Kommission vom 20. April 2010 über die Anwendung von Artikel 101 Absatz 3 des Vertrags über die Arbeitsweise der Europäischen Union auf Gruppen von vertikalen Vereinbarungen und abgestimmten Verhaltensweisen

(Text von Bedeutung für den EWR)

(ABl. L 102 S. 1)

Celex-Nr. 3 2010 R 0330

DIE EUROPÄISCHE KOMMISSION –

gestützt auf den Vertrag über die Arbeitsweise der Europäischen Union,

gestützt auf die Verordnung Nr. 19/65/EWG des Rates vom 2. März 1965 über die Anwendung von Artikel 85 Absatz 3 des Vertrages auf Gruppen von Vereinbarungen und aufeinander abgestimmten Verhaltensweisen[1], insbesondere auf Artikel 1,

nach Veröffentlichung des Entwurfs dieser Verordnung,

nach Anhörung des Beratenden Ausschusses für Kartell- und Monopolfragen,

in Erwägung nachstehender Gründe:

(1) Nach der Verordnung Nr. 19/65/EWG ist die Kommission ermächtigt, Artikel 101 Absatz 3 des Vertrages über die Arbeitsweise der Europäischen Union[2] durch Verordnung auf Gruppen von vertikalen Vereinbarungen und entsprechenden abgestimmten Verhaltensweisen anzuwenden, die unter Artikel 101 Absatz 1 AEUV fallen.

(2) Verordnung (EG) Nr. 2790/1999 der Kommission vom 22. Dezember 1999 über die Anwendung von Artikel 81 Absatz 3 des Vertrages auf Gruppen von vertikalen Vereinbarungen und aufeinander abgestimmten Verhaltensweisen[3] definiert eine Gruppe von vertikalen Vereinbarungen, die nach Auffassung der Kommission in der Regel die Voraussetzungen des Artikels 101 Absatz 3 AEUV erfüllen. Angesichts der insgesamt positiven Erfahrungen mit der Anwendung der genannten Verordnung, die am 31. Mai 2010 außer Kraft tritt und angesichts der seit ihrem Erlass gesammelten Erfahrungen sollte eine neue Gruppenfreistellungsverordnung erlassen werden.

(3) Die Gruppe von Vereinbarungen, die in der Regel die Voraussetzungen des Artikels 101 Absatz 3 AEUV erfüllen, umfasst vertikale Vereinbarungen über den Bezug oder Verkauf von Waren oder Dienstleistungen, die zwischen nicht miteinander im Wettbewerb stehenden Unternehmen, zwischen bestimmten Wettbewerbern sowie von bestimmten Vereinigungen des Wareneinzelhandels geschlossen werden; diese Gruppe umfasst ferner vertikale Vereinbarungen, die Nebenabreden über die Übertragung oder Nutzung von Rechten des geistigen Eigentums enthalten. Der Begriff „vertikale Vereinbarungen" sollte entsprechende abgestimmte Verhaltensweisen umfassen.

(4) Für die Anwendung von Artikel 101 Absatz 3 AEUV durch Verordnung ist es nicht erforderlich, die vertikalen Vereinbarungen zu definieren, die unter Artikel 101 Absatz 1 AEUV fallen können. Bei der Prüfung einzelner Vereinbarungen nach Artikel 101 Absatz 1 AEUV sind mehrere Faktoren, insbesondere die Marktstruktur auf der Angebots- und Nachfrageseite, zu berücksichtigen.

---

[1] **Amtl. Anm.:** ABl. 36 vom 6.3.1965, S. 533.

[2] **Amtl. Anm.:** Mit Wirkung vom 1. Dezember 2009 ist an die Stelle des Artikels 81 EG-Vertrag der Artikel 101 des Vertrags über die Arbeitsweise der Europäischen Union (AEUV) getreten. Artikel 81 EG-Vertrag und Artikel 101 AEUV sind im Wesentlichen identisch. Im Rahmen dieser Verordnung sind Bezugnahmen auf Artikel 101 AEUV als Bezugnahmen auf Artikel 81 EG-Vertrag zu verstehen, wo dies angebracht ist.

[3] **Amtl. Anm.:** ABl. L 336 vom 29.12.1999, S. 21.

(5) Die durch diese Verordnung bewirkte Gruppenfreistellung sollte nur vertikalen Vereinbarungen zugute kommen, von denen mit hinreichender Sicherheit angenommen werden kann, dass sie die Voraussetzungen des Artikels 101 Absatz 3 AEUV erfüllen.

(6) Bestimmte Arten von vertikalen Vereinbarungen können die wirtschaftliche Effizienz innerhalb einer Produktions- oder Vertriebskette erhöhen, weil sie eine bessere Koordinierung zwischen den beteiligten Unternehmen ermöglichen. Insbesondere können sie dazu beitragen, die Transaktions- und Vertriebskosten der beteiligten Unternehmen zu verringern und deren Umsätze und Investitionen zu optimieren.

(7) Die Wahrscheinlichkeit, dass derartige effizienzsteigernde Auswirkungen stärker ins Gewicht fallen als etwaige von Beschränkungen in vertikalen Vereinbarungen ausgehende wettbewerbswidrige Auswirkungen, hängt von der Marktmacht der an der Vereinbarung beteiligten Unternehmen ab und somit von dem Ausmaß, in dem diese Unternehmen dem Wettbewerb anderer Anbieter von Waren oder Dienstleistungen ausgesetzt sind, die von ihren Kunden aufgrund ihrer Produkteigenschaften, ihrer Preise und ihres Verwendungszwecks als austauschbar oder substituierbar angesehen werden.

(8) Solange der auf jedes an der Vereinbarung beteiligten Unternehmen entfallende Anteil am relevanten Markt jeweils 30 % nicht überschreitet, kann davon ausgegangen werden, dass vertikale Vereinbarungen, die nicht bestimmte Arten schwerwiegender Wettbewerbsbeschränkungen enthalten, im Allgemeinen zu einer Verbesserung der Produktion oder des Vertriebs und zu einer angemessenen Beteiligung der Verbraucher an dem daraus entstehenden Gewinn führen.

(9) Oberhalb dieser Marktanteilsschwelle von 30 % kann nicht davon ausgegangen werden, dass vertikale Vereinbarungen, die unter Artikel 101 Absatz 1 AEUV fallen, immer objektive Vorteile mit sich bringen, die in Art und Umfang ausreichen, um die Nachteile auszugleichen, die sie für den Wettbewerb mit sich bringen. Es kann allerdings auch nicht davon ausgegangen werden, dass diese vertikalen Vereinbarungen entweder unter Artikel 101 Absatz 1 AEUV fallen oder die Voraussetzungen des Artikels 101 Absatz 3 AEUV nicht erfüllen.

(10) Diese Verordnung sollte keine vertikalen Vereinbarungen freistellen, die Beschränkungen enthalten, die wahrscheinlich den Wettbewerb beschränken und den Verbrauchern schaden oder die für die Herbeiführung der effizienzsteigernden Auswirkungen nicht unerlässlich sind; insbesondere vertikale Vereinbarungen, die bestimmte Arten schwerwiegender Wettbewerbsbeschränkungen enthalten, wie die Festsetzung von Mindest- oder Festpreisen für den Weiterverkauf oder bestimmte Arten des Gebietsschutzes, sollten daher ohne Rücksicht auf den Marktanteil der beteiligten Unternehmen von dem mit dieser Verordnung gewährten Rechtsvorteil der Gruppenfreistellung ausgeschlossen werden.

(11) Die Gruppenfreistellung sollte an bestimmte Bedingungen geknüpft werden, die den Zugang zum relevanten Markt gewährleisten und Kollusion auf diesem Markt vorbeugen. Zu diesem Zweck sollte die Freistellung von Wettbewerbsverboten auf Verbote mit einer bestimmten Höchstdauer beschränkt werden. Aus demselben Grund sollten alle unmittelbaren oder mittelbaren Verpflichtungen, die die Mitglieder eines selektiven Vertriebssystems veranlassen, die Marken bestimmter konkurrierender Anbieter nicht zu führen, vom Rechtsvorteil dieser Verordnung ausgeschlossen werden.

(12) Durch die Begrenzung des Marktanteils, den Ausschluss bestimmter vertikaler Vereinbarungen von der Gruppenfreistellung und die nach dieser Verordnung zu erfüllenden Voraussetzungen ist in der Regel sichergestellt, dass Vereinbarungen, auf die die Gruppenfreistellung Anwendung findet, den beteiligten Unternehmen keine Möglichkeiten eröffnen, den Wettbewerb für einen wesentlichen Teil der betreffenden Produkte auszuschalten.

(13) Nach Artikel 29 Absatz 1 der Verordnung (EG) Nr. 1/2003 des Rates vom 16. Dezember 2002 zur Durchführung der in den Artikeln 81 und 82 des Vertrags niedergelegten Wettbewerbsregeln[1] kann die Kommission den Rechtsvorteil der Gruppenfreistellung entziehen, wenn sie in einem bestimmten Fall feststellt, dass eine Vereinbarung, für die die Gruppenfreistellung nach dieser Verordnung gilt, dennoch Wirkungen hat, die mit Artikel 101 Absatz 3 AEUV unvereinbar sind.

(14) Die mitgliedstaatlichen Wettbewerbsbehörden können, nach Artikel 29 Absatz 2 der Verordnung (EG) Nr. 1/2003 den aus dieser Verordnung erwachsenden Rechtsvorteil für das Hoheitsgebiet des betreffenden Mitgliedstaats oder einen Teil dieses Hoheitsgebiets entziehen, wenn in einem bestimmten Fall eine Vereinbarung, für die die Gruppenfreistellung nach dieser Verordnung gilt,

---

[1] **Amtl. Anm.:** ABl. L 1 vom 4.1.2003, S. 1.

dennoch im Hoheitsgebiet des betreffenden Mitgliedstaats oder in einem Teil dieses Hoheitsgebiets, das alle Merkmale eines gesonderten räumlichen Marktes aufweist, Wirkungen hat, die mit Artikel 101 Absatz 3 AEUV unvereinbar sind.

(15) Bei der Entscheidung, ob der aus dieser Verordnung erwachsende Rechtsvorteil nach Artikel 29 der Verordnung (EG) Nr. 1/2003 entzogen werden sollte, sind die wettbewerbsbeschränkenden Wirkungen, die sich daraus ergeben, dass der Zugang zu einem relevanten Markt oder der Wettbewerb auf diesem Markt durch gleichartige Auswirkungen paralleler Netze vertikaler Vereinbarungen erheblich eingeschränkt werden, von besonderer Bedeutung. Derartige kumulative Wirkungen können sich etwa aus selektiven Vertriebssystemen oder aus Wettbewerbsverboten ergeben.

(16) Um die Überwachung paralleler Netze vertikaler Vereinbarungen zu verstärken, die gleichartige wettbewerbsbeschränkende Auswirkungen haben und mehr als 50 % eines Marktes abdecken, kann die Kommission durch Verordnung erklären, dass diese Verordnung auf vertikale Vereinbarungen, die bestimmte auf den betroffenen Markt bezogene Beschränkungen enthalten, keine Anwendung findet, und dadurch die volle Anwendbarkeit von Artikel 101 AEUV auf diese Vereinbarungen wiederherstellen –

HAT FOLGENDE VERORDNUNG ERLASSEN:

Art. 1 Begriffsbestimmungen. (1) Für die Zwecke dieser Verordnung gelten folgende Begriffsbestimmungen:

a) „vertikale Vereinbarung" ist eine Vereinbarung oder abgestimmte Verhaltensweise, die zwischen zwei oder mehr Unternehmen, von denen jedes für die Zwecke der Vereinbarung oder der abgestimmten Verhaltensweise auf einer anderen Ebene der Produktions- oder Vertriebskette tätig ist, geschlossen wird und die die Bedingungen betrifft, zu denen die beteiligten Unternehmen Waren oder Dienstleistungen beziehen, verkaufen oder weiterverkaufen dürfen;

b) „vertikale Beschränkung" ist eine Wettbewerbsbeschränkung in einer vertikalen Vereinbarung, die unter Artikel 101 Absatz 1 AEUV[1] fällt;

c) „Wettbewerber" ist ein tatsächlicher oder potenzieller Wettbewerber; ein „tatsächlicher Wettbewerber" ist ein Unternehmen, das auf demselben relevanten Markt tätig ist; ein „potenzieller Wettbewerber" ist ein Unternehmen, bei dem realistisch und nicht nur hypothetisch davon ausgegangen werden kann, dass es ohne die vertikale Vereinbarung als Reaktion auf einen geringen, aber anhaltenden Anstieg der relativen Preise wahrscheinlich innerhalb kurzer Zeit die zusätzlichen Investitionen tätigen oder sonstigen Umstellungskosten auf sich nehmen würde, die erforderlich wären, um in den relevanten Markt einzutreten;

d) „Wettbewerbsverbot" ist eine unmittelbare oder mittelbare Verpflichtung, die den Abnehmer veranlasst, keine Waren oder Dienstleistungen herzustellen, zu beziehen, zu verkaufen oder weiterzuverkaufen, die mit den Vertragswaren oder -dienstleistungen im Wettbewerb stehen, oder eine unmittelbare oder mittelbare Verpflichtung des Abnehmers, auf dem relevanten Markt mehr als 80 % seines Gesamtbezugs an Vertragswaren oder -dienstleistungen und ihren Substituten, der anhand des Werts des Bezugs oder, falls in der Branche üblich, anhand des bezogenen Volumens im vorangehenden Kalenderjahr berechnet wird, vom Anbieter oder von einem anderen vom Anbieter benannten Unternehmen zu beziehen;

---

[1] Nr. **13**.

e) „selektive Vertriebssysteme" sind Vertriebssysteme, in denen sich der Anbieter verpflichtet, die Vertragswaren oder -dienstleistungen unmittelbar oder mittelbar nur an Händler zu verkaufen, die anhand festgelegter Merkmale ausgewählt werden, und in denen sich diese Händler verpflichten, die betreffenden Waren oder Dienstleistungen nicht an Händler zu verkaufen, die innerhalb des vom Anbieter für den Betrieb dieses Systems festgelegten Gebiets nicht zum Vertrieb zugelassen sind;

f) „Rechte des geistigen Eigentums" umfassen unter anderem gewerbliche Schutzrechte, Know-how, Urheberrechte und verwandte Schutzrechte;

g) „Know-how" ist eine Gesamtheit nicht patentgeschützter praktischer Kenntnisse, die der Anbieter durch Erfahrung und Erprobung gewonnen hat und die geheim, wesentlich und identifiziert sind; in diesem Zusammenhang bedeutet „geheim", dass das Know-how nicht allgemein bekannt oder leicht zugänglich ist; „wesentlich" bedeutet, dass das Know-how für den Abnehmer bei der Verwendung, dem Verkauf oder dem Weiterverkauf der Vertragswaren oder -dienstleistungen bedeutsam und nützlich ist; „identifiziert" bedeutet, dass das Know-how so umfassend beschrieben ist, dass überprüft werden kann, ob es die Merkmale „geheim" und „wesentlich" erfüllt;

h) „Abnehmer" ist auch ein Unternehmen, das auf der Grundlage einer unter Artikel 101 Absatz 1 AEUV[1)] fallenden Vereinbarung Waren oder Dienstleistungen für Rechnung eines anderen Unternehmens verkauft;

i) „Kunde des Abnehmers" ist ein nicht an der Vereinbarung beteiligtes Unternehmen, das die Vertragswaren oder -dienstleistungen von einem an der Vereinbarung beteiligten Abnehmer bezieht.

(2) *[1]* Für die Zwecke dieser Verordnung schließen die Begriffe „Unternehmen", „Anbieter" und „Abnehmer" die jeweils mit diesen verbundenen Unternehmen ein.

[2] „Verbundene Unternehmen" sind:

a) Unternehmen, in denen ein an der Vereinbarung beteiligtes Unternehmen unmittelbar oder mittelbar
   i) die Befugnis hat, mehr als die Hälfte der Stimmrechte auszuüben, oder
   ii) die Befugnis hat, mehr als die Hälfte der Mitglieder des Leitungs- oder Aufsichtsorgans oder der zur gesetzlichen Vertretung berufenen Organe zu bestellen, oder
   iii) das Recht hat, die Geschäfte des Unternehmens zu führen;

b) Unternehmen, die in einem an der Vereinbarung beteiligten Unternehmen unmittelbar oder mittelbar die unter Buchstabe a aufgeführten Rechte oder Befugnisse haben;

c) Unternehmen, in denen ein unter Buchstabe b genanntes Unternehmen unmittelbar oder mittelbar die unter Buchstabe a aufgeführten Rechte oder Befugnisse hat;

d) Unternehmen, in denen ein an der Vereinbarung beteiligtes Unternehmen gemeinsam mit einem oder mehreren der unter den Buchstaben a, b und c genannten Unternehmen oder in denen zwei oder mehr der zuletzt genann-

---

1) Nr. **13**.

ten Unternehmen gemeinsam die unter Buchstabe a aufgeführten Rechte oder Befugnisse haben;

e) Unternehmen, in denen die folgenden Unternehmen gemeinsam die unter Buchstabe a aufgeführten Rechte oder Befugnisse haben:

i) an der Vereinbarung beteiligte Unternehmen oder mit ihnen jeweils verbundene Unternehmen im Sinne der Buchstaben a bis d, oder

ii) eines oder mehrere der an der Vereinbarung beteiligten Unternehmen oder eines oder mehrere der mit ihnen verbundenen Unternehmen im Sinne der Buchstaben a bis d und ein oder mehrere dritte Unternehmen.

Art. 2 Freistellung. (1) *[1]* Nach Artikel 101 Absatz 3 AEUV[1] und nach Maßgabe dieser Verordnung gilt Artikel 101 Absatz 1 AEUV[1] nicht für vertikale Vereinbarungen.

[2] Diese Freistellung gilt, soweit solche Vereinbarungen vertikale Beschränkungen enthalten.

(2) [1] Die Freistellung nach Absatz 1 gilt nur dann für vertikale Vereinbarungen zwischen einer Unternehmensvereinigung und ihren Mitgliedern oder zwischen einer solchen Vereinigung und ihren Anbietern, wenn alle Mitglieder der Vereinigung Wareneinzelhändler sind und wenn keines ihrer Mitglieder zusammen mit seinen verbundenen Unternehmen einen jährlichen Gesamtumsatz von mehr als 50 Mio. EUR erwirtschaftet. [2] Vertikale Vereinbarungen solcher Vereinigungen werden von dieser Verordnung unbeschadet der Anwendbarkeit von Artikel 101 AEUV[1] auf horizontale Vereinbarungen zwischen den Mitgliedern einer solchen Vereinigung sowie auf Beschlüsse der Vereinigung erfasst.

(3) [1] Die Freistellung nach Absatz 1 gilt für vertikale Vereinbarungen, die Bestimmungen enthalten, die die Übertragung von Rechten des geistigen Eigentums auf den Abnehmer oder die Nutzung solcher Rechte durch den Abnehmer betreffen, sofern diese Bestimmungen nicht Hauptgegenstand der Vereinbarung sind und sofern sie sich unmittelbar auf die Nutzung, den Verkauf oder den Weiterverkauf von Waren oder Dienstleistungen durch den Abnehmer oder seine Kunden beziehen. [2] Die Freistellung gilt unter der Voraussetzung, dass diese Bestimmungen für die Vertragswaren oder -dienstleistungen keine Wettbewerbsbeschränkungen enthalten, die denselben Zweck verfolgen wie vertikale Beschränkungen, die durch diese Verordnung nicht freigestellt sind.

(4) [1] Die Freistellung nach Absatz 1 gilt nicht für vertikale Vereinbarungen zwischen Wettbewerbern. [2] Sie findet jedoch Anwendung, wenn Wettbewerber eine nicht gegenseitige vertikale Vereinbarung treffen und

a) der Anbieter zugleich Hersteller und Händler von Waren ist, der Abnehmer dagegen Händler, jedoch kein Wettbewerber auf der Herstellungsebene; oder

b) der Anbieter ein auf mehreren Handelsstufen tätiger Dienstleister ist, der Abnehmer dagegen Waren oder Dienstleistungen auf der Einzelhandelsstufe anbietet und auf der Handelsstufe, auf der er die Vertragsdienstleistungen bezieht, kein Wettbewerber ist.

---

[1] Nr. **13**.

(5) Diese Verordnung gilt nicht für vertikale Vereinbarungen, deren Gegenstand in den Geltungsbereich einer anderen Gruppenfreistellungsverordnung fällt, es sei denn, dies ist in einer solchen Verordnung vorgesehen.

Art. 3 Marktanteilsschwelle. (1) Die Freistellung nach Artikel 2 gilt nur, wenn der Anteil des Anbieters an dem relevanten Markt, auf dem er die Vertragswaren oder -dienstleistungen anbietet, und der Anteil des Abnehmers an dem relevanten Markt, auf dem er die Vertragswaren oder -dienstleistungen bezieht, jeweils nicht mehr als 30 % beträgt.

(2) Bezieht ein Unternehmen im Rahmen einer Mehrparteienvereinbarung die Vertragswaren oder -dienstleistungen von einer Vertragspartei und verkauft es sie anschließend an eine andere Vertragspartei, so gilt die Freistellung nach Artikel 2 nur, wenn es die Voraussetzungen des Absatzes 1 als Abnehmer wie auch als Anbieter erfüllt.

Art. 4 Beschränkungen, die zum Ausschluss des Rechtsvorteils der Gruppenfreistellung führen – Kernbeschränkungen. Die Freistellung nach Artikel 2 gilt nicht für vertikale Vereinbarungen, die unmittelbar oder mittelbar, für sich allein oder in Verbindung mit anderen Umständen unter der Kontrolle der Vertragsparteien Folgendes bezwecken:

a) Die Beschränkung der Möglichkeit des Abnehmers, seinen Verkaufspreis selbst festzusetzen; dies gilt unbeschadet der Möglichkeit des Anbieters, Höchstverkaufspreise festzusetzen oder Preisempfehlungen auszusprechen, sofern sich diese nicht infolge der Ausübung von Druck oder der Gewährung von Anreizen durch eines der beteiligten Unternehmen tatsächlich wie Fest- oder Mindestverkaufspreise auswirken;

b) die Beschränkung des Gebiets oder der Kundengruppe, in das oder an die ein an der Vereinbarung beteiligter Abnehmer, vorbehaltlich einer etwaigen Beschränkung in Bezug auf den Ort seiner Niederlassung, Vertragswaren oder -dienstleistungen verkaufen darf, mit Ausnahme
   i) der Beschränkung des aktiven Verkaufs in Gebiete oder an Kundengruppen, die der Anbieter sich selbst vorbehalten oder ausschließlich einem anderen Abnehmer zugewiesen hat, sofern dadurch der Verkauf durch die Kunden des Abnehmers nicht beschränkt wird,
   ii) der Beschränkung des Verkaufs an Endverbraucher durch Abnehmer, die auf der Großhandelsstufe tätig sind,
   iii) der Beschränkung des Verkaufs an nicht zugelassene Händler durch die Mitglieder eines selektiven Vertriebssystems innerhalb des vom Anbieter für den Betrieb dieses Systems festgelegten Gebiets,
   iv) der Beschränkung der Möglichkeit des Abnehmers, Teile, die zur Weiterverwendung geliefert werden, an Kunden zu verkaufen, die diese Teile für die Herstellung derselben Art von Waren verwenden würden, wie sie der Anbieter herstellt;

c) die Beschränkung des aktiven oder passiven Verkaufs an Endverbraucher durch auf der Einzelhandelsstufe tätige Mitglieder eines selektiven Vertriebssystems; dies gilt unbeschadet der Möglichkeit, Mitgliedern des Systems zu untersagen, Geschäfte von nicht zugelassenen Niederlassungen aus zu betreiben;

d) die Beschränkung von Querlieferungen zwischen Händlern innerhalb eines selektiven Vertriebssystems, auch wenn diese auf verschiedenen Handelsstufen tätig sind;

e) die zwischen einem Anbieter von Teilen und einem Abnehmer, der diese Teile weiterverwendet, vereinbarte Beschränkung der Möglichkeit des Anbieters, die Teile als Ersatzteile an Endverbraucher oder an Reparaturbetriebe oder andere Dienstleister zu verkaufen, die der Abnehmer nicht mit der Reparatur oder Wartung seiner Waren betraut hat.

Art. 5 Nicht freigestellte Beschränkungen. (1) *[1]* Die Freistellung nach Artikel 2 gilt nicht für die folgenden, in vertikalen Vereinbarungen enthaltenen Verpflichtungen:

a) unmittelbare oder mittelbare Wettbewerbsverbote, die für eine unbestimmte Dauer oder für eine Dauer von mehr als fünf Jahren vereinbart werden;

b) unmittelbare oder mittelbare Verpflichtungen, die den Abnehmer veranlassen, Waren oder Dienstleistungen nach Beendigung der Vereinbarung nicht herzustellen, zu beziehen, zu verkaufen oder weiterzuverkaufen;

c) unmittelbare oder mittelbare Verpflichtungen, die die Mitglieder eines selektiven Vertriebsystems veranlassen, Marken bestimmter konkurrierender Anbieter nicht zu verkaufen.

[2] Für die Zwecke des Unterabsatz 1 Buchstabe a gelten Wettbewerbsverbote, deren Dauer sich über den Zeitraum von fünf Jahren hinaus stillschweigend verlängert, als für eine unbestimmte Dauer vereinbart.

(2) Abweichend von Absatz 1 Buchstabe a gilt die Begrenzung auf fünf Jahre nicht, wenn die Vertragswaren oder -dienstleistungen vom Abnehmer in Räumlichkeiten und auf Grundstücken verkauft werden, die im Eigentum des Anbieters stehen oder von diesem von nicht mit dem Abnehmer verbundenen Dritten gemietet oder gepachtet worden sind und das Wettbewerbsverbot nicht über den Zeitraum hinausreicht, in dem der Abnehmer diese Räumlichkeiten und Grundstücke nutzt.

(3) *[1]* In Abweichung von Absatz 1 Buchstabe b gilt die Freistellung nach Artikel 2 für unmittelbare oder mittelbare Verpflichtungen, die den Abnehmer veranlassen, Waren oder Dienstleistungen nach Beendigung der Vereinbarung nicht herzustellen, zu beziehen, zu verkaufen oder weiterzuverkaufen, wenn die folgenden Bedingungen erfüllt sind:

a) die Verpflichtungen beziehen sich auf Waren oder Dienstleistungen, die mit den Vertragswaren oder -dienstleistungen im Wettbewerb stehen;

b) die Verpflichtungen beschränken sich auf Räumlichkeiten und Grundstücke, von denen aus der Abnehmer während der Vertragslaufzeit seine Geschäfte betrieben hat;

c) die Verpflichtungen sind unerlässlich, um dem Abnehmer vom Anbieter übertragenes Know-how zu schützen;

d) die Dauer der Verpflichtungen ist auf höchstens ein Jahr nach Beendigung der Vereinbarung begrenzt.

[2] Absatz 1 Buchstabe b gilt unbeschadet der Möglichkeit, Nutzung und Offenlegung von nicht allgemein zugänglichem Know-how unbefristeten Beschränkungen zu unterwerfen.

Art. 6 Nichtanwendung dieser Verordnung. Nach Artikel 1a der Verordnung Nr. 19/65/EWG kann die Kommission durch Verordnung erklären, dass in Fällen, in denen mehr als 50 % des relevanten Marktes von parallelen Netzen gleichartiger vertikaler Beschränkungen abgedeckt werden, die vorliegende Verordnung auf vertikale Vereinbarungen, die bestimmte Beschränkungen des Wettbewerbs auf diesem Markt enthalten, keine Anwendung findet.

Art. 7 Anwendung der Marktanteilsschwelle. Für die Anwendung der Marktanteilsschwellen im Sinne des Artikels 3 gelten folgende Vorschriften:

a) Der Marktanteil des Anbieters wird anhand des Absatzwerts und der Marktanteil des Abnehmers anhand des Bezugswerts berechnet. Liegen keine Angaben über den Absatz- bzw. Bezugswert vor, so können zur Ermittlung des Marktanteils des betreffenden Unternehmens Schätzungen vorgenommen werden, die auf anderen verlässlichen Marktdaten unter Einschluss der Absatz- und Bezugsmengen beruhen;
b) Die Marktanteile werden anhand der Angaben für das vorangegangene Kalenderjahr ermittelt;
c) Der Marktanteil des Anbieters schließt Waren oder Dienstleistungen ein, die zum Zweck des Verkaufs an vertikal integrierte Händler geliefert werden;
d) Beträgt ein Marktanteil ursprünglich nicht mehr als 30 % und überschreitet er anschließend diese Schwelle, jedoch nicht 35 %, so gilt die Freistellung nach Artikel 2 im Anschluss an das Jahr, in dem die Schwelle von 30 % erstmals überschritten wurde, noch für zwei weitere Kalenderjahre;
e) Beträgt ein Marktanteil ursprünglich nicht mehr als 30 % und überschreitet er anschließend 35 %, so gilt die Freistellung nach Artikel 2 im Anschluss an das Jahr, in dem die Schwelle von 35 % erstmals überschritten wurde, noch für ein weiteres Kalenderjahr;
f) Die unter den Buchstaben d und e genannten Rechtsvorteile dürfen nicht in der Weise miteinander verbunden werden, dass ein Zeitraum von zwei Kalenderjahren überschritten wird;
g) Der Marktanteil der in Artikel 1 Absatz 2 Unterabsatz 2 Buchstabe e genannten Unternehmen wird zu gleichen Teilen jedem Unternehmen zugerechnet, das die in Artikel 1 Absatz 2 Unterabsatz 2 Buchstabe a aufgeführten Rechte oder Befugnisse hat.

Art. 8 Anwendung der Umsatzschwelle. (1) [1] Für die Berechnung des jährlichen Gesamtumsatzes im Sinne des Artikels 2 Absatz 2 sind die Umsätze zu addieren, die das jeweilige an der vertikalen Vereinbarung beteiligte Unternehmen und die mit ihm verbundenen Unternehmen im letzten Geschäftsjahr mit allen Waren und Dienstleistungen ohne Steuern und sonstige Abgaben erzielt haben. [2] Dabei werden Umsätze zwischen dem an der vertikalen Vereinbarung beteiligten Unternehmen und den mit ihm verbundenen Unternehmen oder zwischen den mit ihm verbundenen Unternehmen nicht mitgerechnet.

(2) Die Freistellung nach Artikel 2 bleibt bestehen, wenn der jährliche Gesamtumsatz im Zeitraum von zwei aufeinanderfolgenden Geschäftsjahren die Schwelle um nicht mehr als 10 % überschreitet.

Art. 9 Übergangszeitraum. Das Verbot nach Artikel 101 Absatz 1 AEUV[1] gilt in der Zeit vom 1. Juni 2010 bis zum 31. Mai 2011 nicht für bereits am 31. Mai 2010 in Kraft befindliche Vereinbarungen, die zwar die Freistellungskriterien dieser Verordnung nicht erfüllen, aber am 31. Mai 2010 die Freistellungskriterien der Verordnung (EG) Nr. 2790/1999 erfüllt haben.

Art. 10 Geltungsdauer. *[1]* Diese Verordnung tritt am 1. Juni 2010 in Kraft.

[2] Sie gilt bis zum 31. Mai 2022.

Diese Verordnung ist in allen ihren Teilen verbindlich und gilt unmittelbar in jedem Mitgliedstaat.

[1] Nr. **13**.

15. Gesetz zum Ausbau von Energieleitungen (Energieleitungsausbaugesetz – EnLAG)[1]

Vom 21. August 2009
(BGBl. I S. 2870)

FNA 752-7

zuletzt geänd. durch Art. 4 G zur Beschleunigung des Energieleitungsausbaus v. 13.5.2019 (BGBl. I S. 706)

§ 1 [Vorhaben, Bedarfsplan] (1) Für Vorhaben nach § 43 Absatz 1 Satz 1 des Energiewirtschaftsgesetzes[2] im Bereich der Höchstspannungsnetze mit einer Nennspannung von 380 Kilovolt oder mehr, die der Anpassung, Entwicklung und dem Ausbau der Übertragungsnetze zur Einbindung von Elektrizität aus erneuerbaren Energiequellen, zur Interoperabilität der Elektrizitätsnetze innerhalb der Europäischen Union, zum Anschluss neuer Kraftwerke oder zur Vermeidung struktureller Engpässe im Übertragungsnetz dienen und für die daher ein vordringlicher Bedarf besteht, ist ein Bedarfsplan diesem Gesetz als Anlage beigefügt.

(2) [1] Die in den Bedarfsplan aufgenommenen Vorhaben entsprechen den Zielsetzungen des § 1 des Energiewirtschaftsgesetzes[2]. [2] Für diese Vorhaben stehen damit die energiewirtschaftliche Notwendigkeit und der vordringliche Bedarf fest. [3] Die Realisierung dieser Vorhaben ist aus Gründen eines überragenden öffentlichen Interesses und im Interesse der öffentlichen Sicherheit erforderlich. [4] Diese Feststellungen sind für die Planfeststellung und die Plangenehmigung nach den §§ 43 bis 43d des Energiewirtschaftsgesetzes[2] verbindlich.

(3) [1] Für die in den Bedarfsplan aufgenommenen Vorhaben gilt § 50 Abs. 1 Nr. 6 der Verwaltungsgerichtsordnung. [2] Dies ist auch anzuwenden für auf diese Vorhaben bezogene Zulassungen des vorzeitigen Baubeginns und Anzeigeverfahren.

(4) Zu den Vorhaben gehören auch die für den Betrieb von Energieleitungen notwendigen Anlagen und die notwendigen Änderungen an den Netzverknüpfungspunkten.

(5) Energieleitungen beginnen und enden jeweils an den Netzverknüpfungspunkten, an denen sie mit dem bestehenden Übertragungsnetz verbunden sind.

§ 2 [Erdkabel] (1) [1] Um den Einsatz von Erdkabeln auf der Höchstspannungsebene im Übertragungsnetz als Pilotvorhaben zu testen, können folgende der in der Anlage zu diesem Gesetz genannten Leitungen nach Maßgabe des Absatzes 2 als Erdkabel errichtet und betrieben oder geändert werden:

1. Abschnitt Ganderkesee – St. Hülfe der Leitung Ganderkesee – Wehrendorf,
2. Leitung Dörpen/West – Niederrhein,
3. Leitung Wahle – Mecklar,

---

[1] Verkündet als Art. 1 G zur Beschleunigung des Ausbaus der Höchstspannungsnetze v. 21.8.2009 (BGBl. I S. 2870); Inkrafttreten gem. Art. 7 dieses G am 26.8.2009.

[2] Nr. **1**.

4. Abschnitt Altenfeld – Redwitz der Leitung Lauchstädt – Redwitz,
5. Rheinquerung im Abschnitt Wesel – Utfort der Leitung Niederrhein – Utfort – Osterath,
6. Leitung Wehrendorf – Gütersloh.

[2] Als Erdkabel im Sinne des Satzes 1 gelten alle Erdleitungen einschließlich Kabeltunnel und gasisolierter Rohrleitungen.

(2) [1] Im Falle des Neubaus ist auf Verlangen der für die Zulassung des Vorhabens zuständigen Behörde bei den Vorhaben nach Absatz 1 eine Höchstspannungsleitung auf technisch und wirtschaftlich effizienten Teilabschnitten als Erdkabel zu errichten und zu betreiben oder zu ändern, wenn

1. die Leitung in einem Abstand von weniger als 400 Metern zu Wohngebäuden errichtet werden soll, die im Geltungsbereich eines Bebauungsplans oder im unbeplanten Innenbereich im Sinne des § 34 des Baugesetzbuchs liegen, falls diese Gebiete vorwiegend dem Wohnen dienen,
2. die Leitung in einem Abstand von weniger als 200 Metern zu Wohngebäuden errichtet werden soll, die im Außenbereich im Sinne des § 35 des Baugesetzbuchs liegen,
3. eine Freileitung gegen die Verbote des § 44 Absatz 1auch in Verbindung mit Absatz 5 des Bundesnaturschutzgesetzes verstieße und mit dem Einsatz von Erdkabeln eine zumutbare Alternative im Sinne des § 45 Absatz 7 Satz 2 des Bundesnaturschutzgesetzes gegeben ist,
4. eine Freileitung nach § 34 Absatz 2 des Bundesnaturschutzgesetzes unzulässig wäre und mit dem Einsatz von Erdkabeln eine zumutbare Alternative im Sinne des § 34 Absatz 3 Nummer 2 des Bundesnaturschutzgesetzes gegeben ist oder
5. die Leitung eine Bundeswasserstraße im Sinne von § 1 Absatz 1 Nummer 1 des Bundeswasserstraßengesetzes queren soll, deren zu querende Breite mindestens 300 Meter beträgt; bei der Bemessung der Breite findet § 1 Absatz 4 des Bundeswasserstraßengesetzes keine Anwendung.

[2] Der Einsatz von Erdkabeln ist auch dann zulässig, wenn die Voraussetzungen nach Satz 1 nicht auf der gesamten Länge des jeweiligen technisch und wirtschaftlich effizienten Teilabschnitts vorliegen. [3] Zusätzlich ist auf Verlangen der für die Zulassung des Vorhabens zuständigen Behörde im Falle des Absatzes 1 Nummer 4 im Naturpark Thüringer Wald (Verordnung über den Naturpark Thüringer Wald vom 27. Juni 2001, GVBl. für den Freistaat Thüringen S. 300) bei der Querung des Rennsteigs eine Höchstspannungsleitung auf einem technisch und wirtschaftlich effizienten Teilabschnitt als Erdkabel zu errichten und zu betreiben oder zu ändern. [4] Um den Einsatz von Erdkabeln auf der Höchstspannungsebene im Übertragungsnetz auf einer längeren Strecke als Pilotvorhaben zu testen, kann zusätzlich ein 10 bis 20 Kilometer langer Teilabschnitt des Abschnitts Wahle – Lamspringe der in Absatz 1 Satz 1 Nummer 3 genannten Leitung auf Antrag des Vorhabenträgers als Erdkabel errichtet und betrieben oder geändert werden.

(3) Für die Vorhaben nach Absatz 1 kann ergänzend zu § 43 Absatz 1 Satz 1 Nummer 1 des Energiewirtschaftsgesetzes[1)] ein Planfeststellungsverfahren auch

---

[1)] Nr. **1**.

für die Errichtung und den Betrieb sowie die Änderung eines Erdkabels nach Maßgabe des Teils 5 des Energiewirtschaftsgesetzes durchgeführt werden.

(4) [1] Vor dem 31. Dezember 2015 beantragte Planfeststellungsverfahren werden nach den bis dahin geltenden Vorschriften zu Ende geführt. [2] Sie werden nur dann als Planfeststellungsverfahren in der ab dem 31. Dezember 2015 geltenden Fassung dieses Gesetzes fortgeführt, wenn der Träger des Vorhabens dies beantragt.

(5) [1] Die Übertragungsnetzbetreiber ermitteln die Mehrkosten für die Errichtung, den Betrieb und die Änderung von Erdkabeln im Sinne des Absatzes 1, die in dem Übertragungsnetz des jeweiligen Übertragungsnetzbetreibers in einem Kalenderjahr anfallen. [2] Die Mehrkosten sind pauschal auf der Grundlage von Standardkostenansätzen im Vergleich zu einer Freileitung auf derselben Trasse zu ermitteln. [3] Die nach den Sätzen 1 und 2 ermittelten Mehrkosten aller Übertragungsnetzbetreiber werden addiert, soweit sie einem effizienten Netzbetrieb entsprechen. [4] Die so ermittelten Gesamtkosten für Erdkabel sind anteilig auf alle Übertragungsnetzbetreiber rechnerisch umzulegen. [5] Der Anteil an den Gesamtkosten, der rechnerisch von dem einzelnen Übertragungsnetzbetreiber zu tragen ist, bestimmt sich entsprechend § 28 Absatz 2 und 3 des Kraft-Wärme-Kopplungsgesetzes[1)] vom 21. Dezember 2015 (BGBl. I S. 2498), das durch Artikel 9 des Gesetzes vom 13. Oktober 2016 (BGBl. I S. 2258) geändert worden ist. [6] Soweit die tatsächlichen Mehrkosten eines Übertragungsnetzbetreibers für die Errichtung, den Betrieb und die Änderung von Erdkabeln im Sinne des Absatzes 1 seinen rechnerischen Anteil an den Gesamtkosten übersteigen, ist diese Differenz finanziell auszugleichen. [7] Die Zahlungspflicht trifft die Übertragungsnetzbetreiber, deren tatsächliche Kosten unter dem rechnerisch auf sie entfallenden Anteil an den Gesamtkosten liegen, jedoch nur bis zu der Höhe des auf sie jeweils rechnerisch entfallenden Anteils an den Gesamtkosten. [8] Die Übertragungsnetzbetreiber ermitteln den Saldo zum 30. November eines Kalenderjahres.

§ 3 [Überprüfung des Bedarfsplans] [1] Das Bundesministerium für Wirtschaft und Energie prüft im Einvernehmen mit dem Bundesministerium für Umwelt, Naturschutz, Bau und Reaktorsicherheit sowie dem Bundesministerium für Verkehr und digitale Infrastruktur, ob der Bedarfsplan der Entwicklung der Elektrizitätsversorgung anzupassen ist, und legt dem Deutschen Bundestag hierüber in jedem geraden Kalenderjahr einen Bericht, erstmalig zum 1. Oktober 2016, vor. [2] Dabei sind unter Berücksichtigung der Zielsetzungen nach § 1 des Energiewirtschaftsgesetzes[2)] auch notwendige Optimierungsmaßnahmen zu prüfen. [3] In diesem Bericht sind auch die Erfahrungen mit dem Einsatz von Erdkabeln nach § 2 darzustellen.

---

1) Nr. 45.
2) Nr. 1.

Anlage

Vorhaben nach § 1 Abs. 1, für die ein vordringlicher Bedarf besteht:

Nr.	Vorhaben
1	Neubau Höchstspannungsleitung Kassø (DK) – Hamburg Nord – Dollern, Nennspannung 380 kV
2	Neubau Höchstspannungsleitung Ganderkesee – Wehrendorf, Nennspannung 380 kV
3	Neubau Höchstspannungsleitung Neuenhagen – Bertikow/Vierraden – Krajnik (PL), Nennspannung 380 kV
4	Neubau Höchstspannungsleitung Lauchstädt – Redwitz (als Teil der Verbindung Halle/Saale – Schweinfurt), Nennspannung 380 kV
5	Neubau Höchstspannungsleitung Dörpen/West – Niederrhein, Nennspannung 380 kV
6	Neubau Höchstspannungsleitung Wahle – Mecklar, Nennspannung 380 kV
7	Zubeseilung Höchstspannungsleitung Bergkamen – Gersteinwerk, Nennspannung 380 kV
8	Zubeseilung Höchstspannungsleitung Kriftel – Eschborn, Nennspannung 380 kV
9	Neubau Höchstspannungsleitung Hamburg/Krümmel – Schwerin, Nennspannung 380 kV
10	Umrüstung der Höchstspannungsleitung Redwitz – Grafenrheinfeld von 220 kV auf 380 kV (als Teil der Verbindung Halle/Saale – Schweinfurt)
11	Neubau Höchstspannungsleitung Neuenhagen – Wustermark (als 1. Teil des Berliner Rings), Nennspannung 380 kV
12	Neubau Interkonnektor Eisenhüttenstadt – Baczyna (PL), Nennspannung 380 kV
13	Neubau Höchstspannungsleitung Niederrhein/Wesel – Landesgrenze NL (Richtung Doetinchem), Nennspannung 380 kV
14	Neubau Höchstspannungsleitung Niederrhein – Utfort – Osterath, Nennspannung 380 kV
15	Neubau Höchstspannungsleitung Osterath – Weißenthurm, Nennspannung 380 kV
16	Neubau Höchstspannungsleitung Wehrendorf – Gütersloh, Nennspannung 380 kV
17	Neubau Höchstspannungsleitung Gütersloh – Bechterdissen, Nennspannung 380 kV
18	Neubau Höchstspannungsleitung Lüstringen – Westerkappeln, Nennspannung 380 kV
19	Neubau Höchstspannungsleitung Kruckel – Dauersberg, Nennspannung 380 kV
20	Neubau Höchstspannungsleitung Dauersberg – Hünfelden, Nennspannung 380 kV
21	Neubau Höchstspannungsleitung Marxheim – Kelsterbach, Nennspannung 380 kV
22	*(aufgehoben)*
23	Umrüstung der Höchstspannungsleitung Neckarwestheim – Mühlhausen von Nennspannung 220 kV auf Nennspannung 380 kV
24	*(aufgehoben)*

16. Netzausbaubeschleunigungsgesetz Übertragungsnetz (NABEG)[1)]

Vom 28. Juli 2011

(BGBl. I S. 1690)

FNA 752-8

zuletzt geänd. durch Art. 2 G zur Beschleunigung des Energieleitungsausbaus v. 13.5.2019 (BGBl. I S. 706)

Inhaltsübersicht

---

1) Verkündet als Art. 1 G v. 28.7.2011 (BGBl. I S. 1690); Inkrafttreten gem. Art. 7 dieses G am 5.8. 2011.

Abschnitt 1. Allgemeine Vorschriften

§ 1 Grundsatz. [1]Die Beschleunigung des Ausbaus der länderübergreifenden und grenzüberschreitenden Höchstspannungsleitungen im Sinne des § 12e Absatz 2 Satz 1 des Energiewirtschaftsgesetzes[1)] vom 7. Juli 2005 (BGBl. I S. 1970), der durch Artikel 1 des Gesetzes vom 26. Juli 2011 (BGBl. I S. 1554) eingefügt worden ist, erfolgt nach Maßgabe dieses Gesetzes. [2]Dieses Gesetz schafft die Grundlage für einen rechtssicheren, transparenten, effizienten und umweltverträglichen Ausbau des Übertragungsnetzes sowie dessen Ertüchtigung. [3]Die Realisierung der Stromleitungen, die in den Geltungsbereich dieses Gesetzes fallen, ist aus Gründen eines überragenden öffentlichen Interesses und im Interesse der öffentlichen Sicherheit erforderlich.

§ 2 Anwendungsbereich, Verordnungsermächtigung. (1) Dieses Gesetz gilt nur für die Errichtung oder Änderung von länderübergreifenden oder grenzüberschreitenden Höchstspannungsleitungen und Anbindungsleitungen von den Offshore-Windpark-Umspannwerken zu den Netzverknüpfungspunkten an Land, die in einem Gesetz über den Bundesbedarfsplan nach § 12e Absatz 4 Satz 1 des Energiewirtschaftsgesetzes[1)] als solche gekennzeichnet sind.

(2) Die Bundesregierung wird ermächtigt, in einer Rechtsverordnung mit Zustimmung des Bundesrates für Leitungen nach Absatz 1 festzulegen, dass die Planfeststellungsverfahren nach Abschnitt 3 von der Bundesnetzagentur durchgeführt werden.

(3) [1]Die Vorschriften dieses Gesetzes gelten außerdem für den Neubau von Hochspannungsleitungen mit einer Nennspannung von mindestens 110 Kilovolt sowie für Bahnstromfernleitungen, sofern diese Leitungen zusammen mit einer Höchstspannungsleitung nach Absatz 1 auf einem Mehrfachgestänge geführt werden können und die Planungen so rechtzeitig beantragt werden, dass die Einbeziehung ohne wesentliche Verfahrensverzögerung für die Bundesfachplanung oder Planfeststellung möglich ist. [2]Satz 1 ist entsprechend für Erdkabel und Leerrohre anzuwenden, sofern diese nach § 26 im räumlichen und zeitlichen Zusammenhang mit der Baumaßnahme eines Vorhabens im Sinne von § 2 Absatz 5 und 6 des Bundesbedarfsplangesetzes[2)] mitverlegt werden können.

(4) Dieses Gesetz gilt nicht für Vorhaben, die im Energieleitungsausbaugesetz aufgeführt sind.

[1)] Nr. **1**.
[2)] Nr. **17**.

(5) Das Gesetz ist nicht auf die Leitungsabschnitte, die in den Anwendungsbereich des § 44 Absatz 1 des Windenergie-auf-See-Gesetzes[1] fallen, anzuwenden.

§ 3 Begriffsbestimmungen. Im Sinne dieses Gesetzes ist oder sind:

1. „Änderung oder Erweiterung einer Leitung“ die Änderung oder der Ausbau einer Leitung einschließlich Änderungen des Betriebskonzepts in einer Bestandstrasse, wobei die bestehende Leitung grundsätzlich fortbestehen soll; hierzu zählen auch
   a) die Mitführung von zusätzlichen Seilsystemen auf einer bestehenden Maststruktur einschließlich einer gegebenenfalls hierfür erforderlichen Erhöhung einzelner Masten um bis zu 20 Prozent ohne wesentliche Änderungen des Fundaments (Zubeseilung),
   b) die Ersetzung eines bereits bestehenden Seilsystems durch ein neues leistungsstärkeres Seilsystem einschließlich einer gegebenenfalls hierfür erforderlichen Erhöhung einzelner Masten um bis zu 20 Prozent ohne wesentliche Änderungen des Fundaments (Umbeseilung) und
   c) Maßnahmen, die unter Beibehaltung der Masten lediglich die Auslastung der Leitung anpassen und keine oder allenfalls geringfügige und punktuelle bauliche Änderungen erfordern (Änderung des Betriebskonzepts),
2. „Bestandstrasse“ die Trasse einer bestehenden oder bereits zugelassenen Hoch- oder Höchstspannungsleitung,
3. „Errichtung“ der Neubau einer Leitung einschließlich des Ersatz- und Parallelneubaus,
4. „Ersatzneubau“ die Errichtung einer neuen Leitung in oder unmittelbar neben einer Bestandstrasse, wobei die bestehende Leitung innerhalb von drei Jahren ersetzt wird; die Errichtung erfolgt in der Bestandstrasse, wenn sich bei Freileitungen die Mastfundamente und bei Erdkabeln die Kabel in der Bestandstrasse befinden; die Errichtung erfolgt unmittelbar neben der Bestandstrasse, wenn ein Abstand von 200 Metern zwischen den Trassenachsen nicht überschritten wird,
5. „Parallelneubau“ die Errichtung einer neuen Leitung unmittelbar neben einer Bestandstrasse, wobei die bestehende Leitung fortbestehen soll; die Errichtung erfolgt unmittelbar neben der Bestandstrasse, wenn ein Abstand von 200 Metern zwischen den Trassenachsen nicht überschritten wird,
6. „Trasse“ die von einem Leitungsvorhaben in Anspruch genommene oder in ihrer sonstigen Nutzbarkeit beschränkte Fläche,
7. „Trassenkorridore“ die als Entscheidung der Bundesfachplanung auszuweisenden Gebietsstreifen, innerhalb derer die Trasse einer Stromleitung verläuft und für die die Raumverträglichkeit festgestellt werden soll oder festgestellt ist,
8. „Vereinigungen“ nach § 3 des Umwelt-Rechtsbehelfsgesetzes anerkannte Umweltvereinigungen, die in ihrem satzungsgemäßen Aufgabenbereich berührt sind,

---

[1] Nr. 47.

9. „Vorhabenträger" der für die Durchführung einer Maßnahme im nach § 12c Absatz 4 Satz 1 des Energiewirtschaftsgesetzes[1)] bestätigten Netzentwicklungsplan aufgeführte oder nach § 12c Absatz 8 des Energiewirtschaftsgesetzes[1)] bestimmte verantwortliche Betreiber von Übertragungsnetzen.

§ 3a Zusammenarbeit von Bund und Ländern. (1) Bund und Länder wirken zur Realisierung dieser Stromleitungen konstruktiv zusammen.

(2) Zeichnet sich bei der Aufstellung, Änderung oder Ergänzung eines Raumordnungsplans ab, dass Ziele der Raumordnung die Bundesfachplanung oder die Planfeststellung berühren können, sollen im Raumordnungsplan Festlegungen getroffen werden, die sicherstellen, dass die Bundesfachplanung und die Planfeststellung nicht erschwert werden.

Abschnitt 2. Bundesfachplanung

§ 4 Zweck der Bundesfachplanung. [1] Für die in einem Gesetz über den Bundesbedarfsplan nach § 12e Absatz 4 Satz 1 des Energiewirtschaftsgesetzes[1)] als länderübergreifend oder grenzüberschreitend oder als Anbindungsleitungen von den Offshore-Windpark-Umspannwerken zu den Netzverknüpfungspunkten an Land gekennzeichneten Höchstspannungsleitungen werden durch die Bundesfachplanung Trassenkorridore bestimmt. [2] Diese sind die Grundlage für die nachfolgenden Planfeststellungsverfahren.

§ 5 Inhalt der Bundesfachplanung. (1) [1] Die Bundesnetzagentur bestimmt in der Bundesfachplanung zur Erfüllung der in § 1 Absatz 1 des Energiewirtschaftsgesetzes[1)] genannten Zwecke Trassenkorridore von im Bundesbedarfsplan aufgeführten Höchstspannungsleitungen. [2] Die Bundesnetzagentur prüft, ob der Verwirklichung des Vorhabens in einem Trassenkorridor überwiegende öffentliche oder private Belange entgegenstehen.

(2) [1] Die Bundesnetzagentur prüft insbesondere die Übereinstimmung mit den Erfordernissen der Raumordnung im Sinne von § 3 Absatz 1 Nummer 1 des Raumordnungsgesetzes und die Abstimmung mit anderen raumbedeutsamen Planungen und Maßnahmen im Sinne von § 3 Absatz 1 Nummer 6 des Raumordnungsgesetzes. [2] Die Bindungswirkung der Ziele der Raumordnung gilt nur, wenn die Bundesnetzagentur bei der Aufstellung, Änderung oder Ergänzung des Raumordnungsplans nach § 9 des Raumordnungsgesetzes beteiligt worden ist und sie innerhalb einer Frist von zwei Monaten nach Mitteilung des rechtsverbindlichen Ziels nicht widersprochen hat. [3] Der Widerspruch nach Satz 2 lässt die Bindungswirkung des Ziels der Raumordnung gegenüber der Bundesnetzagentur nicht entstehen, wenn das Ziel der Bundesfachplanung entgegensteht. [4] Macht die Bundesfachplanung nachträglich ein Abweichen von den Zielen der Raumordnung erforderlich, kann die Bundesnetzagentur mit Zustimmung des Bundesministeriums für Wirtschaft und Energie innerhalb angemessener Frist, spätestens aber bis zum Abschluss der Bundesfachplanung, unter der Voraussetzung von Satz 3 nachträglich widersprechen. [5] Muss infolge des nachträglichen Widerspruchs der Raumordnungsplan geändert, ergänzt

[1)] Nr. **1**.

oder aufgehoben werden, hat die Bundesnetzagentur die dadurch entstehenden Kosten zu ersetzen. [6] § 6 des Raumordnungsgesetzes bleibt unberührt.

(3) [1] Städtebauliche Belange sind zu berücksichtigen. [2] Abweichend von § 7 des Baugesetzbuches sind nur § 7 Satz 6 und § 37 Absatz 3 des Baugesetzbuches entsprechend anzuwenden.

(4) [1] Gegenstand der Prüfung sind auch etwaige ernsthaft in Betracht kommende Alternativen von Trassenkorridoren. [2] Bei der Durchführung der Bundesfachplanung für Vorhaben im Sinne von § 2 Absatz 6 des Bundesbedarfsplangesetzes[1)] zählen zu solchen Alternativen auch die Verläufe von Trassenkorridoren, die sich aus der Berücksichtigung von möglichen Teilverkabelungsabschnitten ergeben und insbesondere zu einer Verkürzung des Trassenkorridors insgesamt führen können.

(5) Bei der Durchführung der Bundesfachplanung für ein Vorhaben im Sinne von § 2 Absatz 5 des Bundesbedarfsplangesetzes[1)] prüft die Bundesnetzagentur insbesondere, inwieweit zwischen dem Anfangs- und dem Endpunkt des Vorhabens ein möglichst geradliniger Verlauf eines Trassenkorridors zur späteren Errichtung und zum Betrieb eines Erdkabels erreicht werden kann.

(6) Bei der Durchführung der Bundesfachplanung für Anbindungsleitungen von den Offshore-Windpark-Umspannwerken zu den Netzverknüpfungspunkten an Land ist der Bundesfachplan Offshore gemäß § 17a des Energiewirtschaftsgesetzes[2)] in der jeweils geltenden Fassung und ab dem 1. Januar 2019 der Flächenentwicklungsplan gemäß § 5 des Windenergie-auf-See-Gesetzes[3)] in der jeweils geltenden Fassung von der Bundesnetzagentur zu berücksichtigen.

(7) Für die Bundesfachplanung ist nach den Bestimmungen des Gesetzes über die Umweltverträglichkeitsprüfung eine Strategische Umweltprüfung durchzuführen.

(8) [1] Die Bundesnetzagentur darf die Bundesfachplanung in einzelnen Abschnitten der Trassenkorridore durchführen. [2] Dies gilt auch, wenn der Vorhabenträger keinen entsprechenden Antrag gestellt hat.

§ 5a Verzicht auf Bundesfachplanung. (1) [1] Auf die Durchführung der Bundesfachplanung soll in folgenden Fällen verzichtet werden:

1. bei der Änderung oder Erweiterung einer Leitung,
2. bei einem Ersatzneubau oder
3. bei einem Neubau oder der Verlegung von Leerrohren innerhalb eines Trassenkorridors, der in einem Raumordnungsplan im Sinne von § 3 Absatz 1 Nummer 7 des Raumordnungsgesetzes festgelegt oder im Bundesnetzplan ausgewiesen ist.

[2] Der Verzicht auf die Durchführung der Bundesfachplanung kann auf einzelne Trassenabschnitte beschränkt werden.

(2) [1] Auf die Durchführung der Bundesfachplanung kann bei einem Ersatz- oder Parallelneubau, der weit überwiegend in oder unmittelbar neben einer Bestandstrasse erfolgt, verzichtet werden. [2] Der Verzicht auf die Durchführung

---

1) Nr. 17.
2) Nr. 1.
3) Nr. 47.

der Bundesfachplanung kann auf einzelne Trassenabschnitte beschränkt werden.

(3) [1]Über das Erfordernis der Durchführung der Bundesfachplanung ist innerhalb einer Frist von acht Wochen nach Einreichung der entsprechenden Unterlagen zu entscheiden. [2]Der Vorhabenträger muss darin den Verlauf der Bestandstrasse oder des ausgewiesenen Trassenkorridors angeben und nachweisen, dass die Änderung, die Erweiterung oder der Neubau nach Absatz 1 oder 2 auf Grund der örtlichen Gegebenheiten ohne Durchführung der Bundesfachplanung möglich ist. [3]§ 15 Absatz 3 Satz 2 ist entsprechend anzuwenden.

(4) [1]Wenn ein Vorhaben oder eine Einzelmaßnahme im Bundesbedarfsplangesetz auf Grund seiner besonderen Eilbedürftigkeit entsprechend gekennzeichnet ist, ist auf die Durchführung der Bundesfachplanung zu verzichten. [2]Eine Entscheidung nach Absatz 3 ist in diesem Fall entbehrlich.

(5) Bei einem Verzicht auf die Bundesfachplanung erfolgt die Prüfung der öffentlichen und privaten Belange im Sinne des § 5 im Planfeststellungsverfahren.

§ 5b Zusammentreffen mehrerer Vorhaben in der Bundesfachplanung. (1) [1]In Bundesfachplanungsverfahren kann eine einheitliche Entscheidung über den Trassenkorridor für ein Vorhaben nach § 2 Absatz 1 und für die Errichtung, den Betrieb sowie die Änderung von Hochspannungsfreileitungen mit einer Nennspannung von 110 Kilovolt oder mehr sowie von Bahnstromfernleitungen beantragt werden, sofern diese Leitungen auf einem Mehrfachgestänge geführt werden sollen. [2]Satz 1 ist entsprechend anzuwenden für Erdkabel, sofern diese im räumlichen und zeitlichen Zusammenhang mit der Baumaßnahme eines Erdkabelvorhabens nach § 2 Absatz 1 mitverlegt werden sollen.

(2) Die Bundesnetzagentur informiert die jeweils für die Raumordnung des Vorhabens zuständigen Behörden der Länder über einen Antrag nach Absatz 1 und weist sie darauf hin, dass sie der Durchführung des gemeinsamen Verfahrens widersprechen können.

(3) Sofern die für die Raumordnung des Vorhabens zuständigen Behörden der betroffenen Länder nicht innerhalb von drei Monaten nach der Information nach Absatz 2 der Durchführung des gemeinsamen Verfahrens widersprochen haben, kann eine einheitliche Entscheidung durch die Bundesnetzagentur ergehen.

§ 6 Antrag auf Bundesfachplanung. [1]Die Bundesfachplanung beginnt mit dem Antrag des Vorhabenträgers. [2]Der Antrag ist spätestens 18 Monate nach Aufnahme des Vorhabens in den Bundesbedarfsplan durch den Vorhabenträger zu stellen, wenn das Bundesbedarfsplangesetz keine hiervon abweichende Kennzeichnung enthält. [3]Die Bundesnetzagentur kann auf begründeten Antrag des Vorhabenträgers die Frist höchstens zweimal um jeweils bis zu sechs Monate verlängern. [4]Die für die Raumordnung zuständigen Behörden der Länder, auf deren Gebiet ein Trassenkorridor verlaufen könnte, sind über die Fristverlängerung zu benachrichtigen. [5]Der Antrag kann zunächst auf einzelne angemessene Abschnitte von Trassenkorridoren beschränkt werden. [6]Der Antrag soll Angaben enthalten, die die Festlegung des Untersuchungsrahmens nach § 7 ermöglichen, und hat daher in allgemein verständlicher Form das geplante Vorhaben darzustellen. [7] Der Antrag muss enthalten

1. einen Vorschlag für den beabsichtigten Verlauf des für die Ausbaumaßnahme erforderlichen Trassenkorridors sowie eine Darlegung der in Frage kommenden Alternativen,
2. bei Vorhaben im Sinne von § 2 Absatz 5 des Bundesbedarfsplangesetzes[1)] eine Kennzeichnung von Erdkabel- und Freileitungsabschnitten im Vorschlag und in den infrage kommenden Alternativen sowie die Gründe, aus denen in Teilabschnitten ausnahmsweise eine Freileitung in Betracht kommt,
3. Erläuterungen zur Auswahl zwischen den in Frage kommenden Alternativen unter Berücksichtigung der erkennbaren Umweltauswirkungen und der zu bewältigenden raumordnerischen Konflikte und,
4. soweit ein vereinfachtes Verfahren der Bundesfachplanung nach § 11 für die gesamte Ausbaumaßnahme oder für einzelne Streckenabschnitte durchgeführt werden soll, die Darlegung der dafür erforderlichen Voraussetzungen.

§ 7 Festlegung des Untersuchungsrahmens. (1) [1] Die Bundesnetzagentur führt unverzüglich nach Einreichung des Antrags eine Antragskonferenz durch. [2] In der Antragskonferenz sollen Gegenstand und Umfang der für die Trassenkorridore vorzunehmenden Bundesfachplanung erörtert werden. [3] Insbesondere soll erörtert werden, inwieweit Übereinstimmung der beantragten Trassenkorridore mit den Erfordernissen der Raumordnung der betroffenen Länder besteht oder hergestellt werden kann und in welchem Umfang und Detaillierungsgrad Angaben in den Umweltbericht nach § 40 des Gesetzes über die Umweltverträglichkeitsprüfung aufzunehmen sind. [4] Die Antragskonferenz ist zugleich die Besprechung im Sinne des § 39 Absatz 4 Satz 2 des Gesetzes über die Umweltverträglichkeitsprüfung.

(2) [1] Der Vorhabenträger und die betroffenen Träger öffentlicher Belange, deren Aufgabenbereich berührt ist, insbesondere die für die Landesplanung zuständigen Landesbehörden, sowie die Vereinigungen werden von der Bundesnetzagentur zur Antragskonferenz geladen, die Vereinigungen und die Träger öffentlicher Belange mittels Zusendung des Antrags nach § 6. [2] Ladung und Übersendung des Antrags können elektronisch erfolgen. [3] Die Antragskonferenz ist öffentlich; die Unterrichtung der Öffentlichkeit erfolgt auf der Internetseite der Bundesnetzagentur und über örtliche Tageszeitungen, die in dem Gebiet verbreitet sind, auf das sich der beantragte Trassenkorridor voraussichtlich auswirken wird.

(3) [1] Länder, auf deren Gebiet ein Trassenkorridor voraussichtlich verlaufen wird, können in Abstimmung mit anderen betroffenen Ländern Vorschläge im Sinne von § 6 Satz 7 Nummer 1 machen. [2] Die Vorschläge nach Satz 1 können in einer Antragskonferenz oder schriftlich erörtert werden. [3] Für die schriftliche Erörterung ist § 3 Absatz 3 des Bundesbedarfsplangesetzes[1)] entsprechend anzuwenden. [4] Die Bundesnetzagentur ist an den Antrag des Vorhabenträgers und die Vorschläge der Länder nicht gebunden.

(4) Die Bundesnetzagentur legt auf Grund der Ergebnisse der Antragskonferenz einen Untersuchungsrahmen für die Bundesfachplanung nach pflicht-

---

[1)] Nr. **17**.

gemäßem Ermessen fest und bestimmt den erforderlichen Inhalt der nach § 8 einzureichenden Unterlagen.

(5) Die Festlegungen sollen innerhalb einer Frist von zwei Monaten nach Antragstellung abgeschlossen sein.

(6) Die Rechtsvorschriften über Geheimhaltung und Datenschutz bleiben unberührt.

(7) Eine Antragskonferenz kann unterbleiben, wenn die Voraussetzungen für ein vereinfachtes Verfahren nach § 11 vorliegen.

§ 8 Unterlagen. [1]Der Vorhabenträger legt der Bundesnetzagentur auf Grundlage der Ergebnisse der Antragskonferenz in einer von der Bundesnetzagentur festzusetzenden angemessenen Frist die für die raumordnerische Beurteilung und die Strategische Umweltprüfung der Trassenkorridore erforderlichen Unterlagen vor. [2]§ 44 des Energiewirtschaftsgesetzes[1)] ist mit der Maßgabe entsprechend anzuwenden, dass die Bundesnetzagentur die zuständige Behörde ist. [3]§ 40 Absatz 3 und 4 des Gesetzes über die Umweltverträglichkeitsprüfung ist entsprechend anzuwenden. [4]Soweit Unterlagen Betriebs- oder Geschäftsgeheimnisse enthalten, sind sie zu kennzeichnen. [5]Die Regelungen zum Schutz personenbezogener Daten sind zu beachten. [6]Den Unterlagen ist eine Erläuterung beizufügen, die unter Wahrung der in Satz 5 genannten Aspekte so ausführlich sein muss, dass Dritte abschätzen können, ob und in welchem Umfang sie von den raumbedeutsamen Auswirkungen des Vorhabens betroffen sein können. [7]Die Bundesnetzagentur prüft die Vollständigkeit der Unterlagen. [8]§ 21 Absatz 5 ist entsprechend anzuwenden.

§ 9 Behörden- und Öffentlichkeitsbeteiligung. (1) Spätestens zwei Wochen nach Vorlage der vollständigen Unterlagen beteiligt die Bundesnetzagentur die anderen Behörden nach § 41 des Gesetzes über die Umweltverträglichkeitsprüfung nach Maßgabe der folgenden Absätze.

(2) [1]Die Bundesnetzagentur fordert die Träger öffentlicher Belange innerhalb einer von ihr zu setzenden Frist, die drei Monate nicht überschreiten darf, zur Stellungnahme auf. [2]Die Abgabe der Stellungnahmen kann schriftlich oder elektronisch erfolgen. [3]Nach Ablauf der Frist nach Satz 1 eingehende Stellungnahmen werden nicht mehr berücksichtigt, es sei denn, die vorgebrachten Belange sind für die Rechtmäßigkeit der Bundesfachplanung von Bedeutung.

(3) [1]Spätestens zwei Wochen nach Versand der Bestätigung der Vollständigkeit der Unterlagen führt die Bundesnetzagentur eine Beteiligung der Öffentlichkeit nach § 42 des Gesetzes über die Umweltverträglichkeitsprüfung durch. [2]Die Öffentlichkeitsbeteiligung erfolgt mit der Maßgabe, dass die nach § 42 Absatz 2 des Gesetzes über die Umweltverträglichkeitsprüfung auszulegenden Unterlagen für die Dauer von einem Monat am Sitz der Bundesnetzagentur und an mindestens einem weiteren geeigneten Auslegungsort in für die vom Trassenkorridor Betroffenen zumutbarer Nähe ausgelegt werden. [3]Die Auslegung der Unterlagen nach Satz 1 kann an der Auslegungsstelle auch elektronisch erfolgen; diese elektronische Auslegung kann auf Teile der Unterlagen begrenzt werden. [4]Die Auslegung ist auf der Internetseite der Bundesnetzagentur und in örtlichen Tageszeitungen, die in dem Gebiet verbreitet sind, auf

1) Nr. 1.

das sich das Vorhaben voraussichtlich auswirken wird, bekannt zu machen. [5] Die Bekanntmachung soll spätestens eine Woche vor Beginn der Auslegung erfolgen und muss folgende Angaben enthalten:

1. dem Planungsstand entsprechende Angaben über den Verlauf der Trassenkorridore und den Vorhabenträger,
2. Angaben darüber, wo und wann die Unterlagen zur Einsicht ausgelegt sind, und
3. Hinweise auf die Einwendungsfrist unter Angabe des jeweils ersten und letzten Tages.

[6] Sofern von der Möglichkeit der elektronischen Auslegung Gebrauch gemacht wird, ist in der Bekanntmachung darauf hinzuweisen.

(4) [1] Die Unterlagen sind spätestens mit der Auslegung für die Dauer von einem Monat im Internet zu veröffentlichen. [2] Die Veröffentlichung im Internet ist entsprechend dem Absatz 3 Satz 3 und 4 bekannt zu machen.

(5) Die Rechtsvorschriften über Geheimhaltung und Datenschutz bleiben unberührt.

(6) [1] Jede Person, einschließlich Vereinigungen, kann sich innerhalb von einem Monat nach Ablauf der Veröffentlichungsfrist schriftlich, elektronisch oder zur Niederschrift bei einer Auslegungsstelle nach Absatz 3 Satz 1 und 2 zu den beabsichtigten Trassenkorridoren äußern. [2] Absatz 2 Satz 3 gilt entsprechend. [3] Rechtsansprüche werden durch die Einbeziehung der Öffentlichkeit nicht begründet; die Verfolgung von Rechten im nachfolgenden Zulassungsverfahren bleibt unberührt. [4] Die Einwendungen und Stellungnahmen sind dem Vorhabenträger und den von ihm Beauftragten zur Verfügung zu stellen, um eine Erwiderung zu ermöglichen. [5] Datenschutzrechtliche Bestimmungen sind zu beachten. [6] Auf Verlangen des Einwenders sollen dessen Name und Anschrift unkenntlich gemacht werden, wenn diese zur ordnungsgemäßen Durchführung des Verfahrens nicht erforderlich sind; auf diese Möglichkeit ist in der öffentlichen Bekanntmachung hinzuweisen.

(7) Ein Verfahren nach den Absätzen 1 bis 6 kann unterbleiben, wenn die Voraussetzungen für ein vereinfachtes Verfahren nach § 11 vorliegen.

§ 10 Erörterungstermin. (1) Die Bundesnetzagentur erörtert die rechtzeitig erhobenen Einwendungen und Stellungnahmen mit dem Vorhabenträger, den Trägern öffentlicher Belange und denjenigen, die Einwendungen erhoben oder Stellungnahmen abgegeben haben.

(2) [1] Der Vorhabenträger, die Träger öffentlicher Belange und diejenigen, die Einwendungen erhoben oder Stellungnahmen abgegeben haben, sind von dem Erörterungstermin zu benachrichtigen. [2] Sind außer der Benachrichtigung der Träger öffentlicher Belange und des Vorhabenträgers mehr als 50 Benachrichtigungen vorzunehmen, können diese Benachrichtigungen durch öffentliche Bekanntmachung ersetzt werden. [3] Die öffentliche Bekanntmachung wird dadurch bewirkt, dass der Erörterungstermin auf der Internetseite der Bundesnetzagentur und in örtlichen Tageszeitungen bekannt gemacht wird, die in dem Bereich verbreitet sind, in dem sich das Vorhaben voraussichtlich auswirken wird. [4] Im Übrigen sind für die Erörterung die Vorschriften über die mündliche Verhandlung im förmlichen Verwaltungsverfahren nach § 67 Absatz 1 Satz 3, Absatz 2 Nummer 1 und 4 und Absatz 3 und § 68 des Ver-

waltungsverfahrensgesetzes und die Vorschriften für Massenverfahren nach den §§ 17 bis 19 des Verwaltungsverfahrensgesetzes entsprechend anzuwenden.

(3) Ein Erörterungstermin findet nicht statt, wenn

1. Einwendungen und Stellungnahmen gegen das Vorhaben nicht oder nicht rechtzeitig erhoben worden sind,
2. die rechtzeitig erhobenen Einwendungen und Stellungnahmen zurückgenommen worden sind,
3. ausschließlich Einwendungen erhoben worden sind, die auf privatrechtlichen Titeln beruhen, oder
4. alle Einwender und Stellungnehmer auf einen Erörterungstermin verzichten.

§ 11 Vereinfachtes Verfahren. (1) [1] Die Bundesfachplanung kann in einem vereinfachten Verfahren durchgeführt werden, soweit nach § 37 Satz 1 des Gesetzes über die Umweltverträglichkeitsprüfung eine Strategische Umweltprüfung nicht erforderlich ist und die Ausbaumaßnahme

1. verwirklicht werden kann, wenn der hierfür durch die Bundesfachplanung bestimmte Trassenkorridor nur geringfügig geändert wird, oder
2. kleinräumig außerhalb eines Trassenkorridors verlaufen soll, der in einem Raumordnungsplan im Sinne von § 3 Absatz 1 Nummer 7 des Raumordnungsgesetzes ausgewiesen ist.

[2] Das vereinfachte Verfahren kann auf einzelne Trassenabschnitte beschränkt werden.

(2) In dem vereinfachten Verfahren stellt die Bundesnetzagentur im Benehmen mit den zuständigen Landesbehörden fest, ob die Ausbaumaßnahme raumverträglich ist.

(3) [1] Das vereinfachte Verfahren ist binnen drei Monaten nach Vorliegen der vollständigen Unterlagen bei der Bundesnetzagentur abzuschließen. [2] Hat eine Behörden- und Öffentlichkeitsbeteiligung nach § 9 stattgefunden, beträgt die Frist nach Satz 1 sechs Monate.

§ 12 Abschluss der Bundesfachplanung. (1) Die Bundesfachplanung ist binnen sechs Monaten nach Vorliegen der vollständigen Unterlagen bei der Bundesnetzagentur abzuschließen.

(2) [1] Die Entscheidung der Bundesnetzagentur über die Bundesfachplanung enthält

1. den Verlauf eines raumverträglichen Trassenkorridors, der Teil des Bundesnetzplans wird, sowie die an Landesgrenzen gelegenen Länderübergangspunkte; der Trassenkorridor und die Länderübergangspunkte sind in geeigneter Weise kartografisch auszuweisen;
2. eine Bewertung sowie eine zusammenfassende Erklärung der Umweltauswirkungen gemäß den §§ 43 und 44 des Gesetzes über die Umweltverträglichkeitsprüfung des in den Bundesnetzplan aufzunehmenden Trassenkorridors;

3. bei Vorhaben im Sinne von § 2 Absatz 5 des Bundesbedarfsplangesetzes[1] eine Kennzeichnung, inwieweit sich der Trassenkorridor für die Errichtung und den Betrieb eines Erdkabels eignet, und
4. das Ergebnis der Prüfung von alternativen Trassenkorridoren.

[2] Der Entscheidung ist eine Begründung beizufügen, in der die Raumverträglichkeit im Einzelnen darzustellen ist. [3] Bei Vorhaben im Sinne von § 2 Absatz 5 des Bundesbedarfsplangesetzes[1] sind auch die Gründe anzugeben, aus denen in Teilabschnitten ausnahmsweise eine Freileitung in Betracht kommt. [4] Die Bundesnetzagentur hat, nach Abschluss der Bundesfachplanung den nach den §§ 11 und 12 des Energiewirtschaftsgesetzes[2] verpflichteten Vorhabenträger durch Bescheid aufzufordern, innerhalb einer zu bestimmenden angemessenen Frist den erforderlichen Antrag auf Planfeststellung zu stellen. [5] Die zuständigen obersten Landesbehörden der Länder, auf deren Gebiet ein Trassenkorridor verläuft, sind von der Frist zu benachrichtigen.

(3) Abweichend von Absatz 2 Satz 1 Nummer 1 bis 3 enthält die Entscheidung im Fall des vereinfachten Verfahrens nach § 11 Absatz 1 Satz 1 Nummer 1 den Verlauf der geringfügigen Änderung und im Fall des vereinfachten Verfahrens nach § 11 Absatz 1 Satz 1 Nummer 2 eine Darstellung der kleinräumig außerhalb des Trassenkorridors verlaufenden Abschnitte der Ausbaumaßnahme.

§ 13 Bekanntgabe und Veröffentlichung der Entscheidung. (1) Die Entscheidung nach § 12 Absatz 2 und 3 ist den Beteiligten nach § 9 Absatz 1 schriftlich oder elektronisch zu übermitteln.

(2) [1] Die Entscheidung ist an den Auslegungsorten gemäß § 9 Absatz 3 sechs Wochen zur Einsicht auszulegen und auf der Internetseite der Bundesnetzagentur zu veröffentlichen. [2] Für die Veröffentlichung gilt § 9 Absatz 4 entsprechend. [3] Die Bundesnetzagentur macht die Auslegung und Veröffentlichung nach Satz 1 mindestens eine Woche vorher in örtlichen Tageszeitungen, die in dem Gebiet verbreitet sind, auf das sich die Ausbaumaßnahme voraussichtlich auswirken wird, und auf der Internetseite der Bundesnetzagentur bekannt.

(3) Die Rechtsvorschriften über Geheimhaltung und Datenschutz bleiben unberührt.

§ 14 Einwendungen der Länder. [1] Jedes Land, das von der Entscheidung nach § 12 Absatz 2 und 3 betroffen ist, ist berechtigt, innerhalb einer Frist von einem Monat nach Übermittlung der Entscheidung Einwendungen zu erheben. [2] Die Einwendungen sind zu begründen. [3] Die Bundesnetzagentur hat innerhalb einer Frist von einem Monat nach Eingang der Einwendungen dazu Stellung zu nehmen.

§ 15 Bindungswirkung der Bundesfachplanung. (1) [1] Die Entscheidung nach § 12 ist für die Planfeststellungsverfahren nach §§ 18 ff. verbindlich. [2] Bundesfachplanungen haben grundsätzlich Vorrang vor nachfolgenden Landesplanungen und Bauleitplanungen.

---

[1] Nr. 17.
[2] Nr. 1.

(2) [1] Die Geltungsdauer der Entscheidung nach § 12 Absatz 2 ist auf zehn Jahre befristet. [2] Die Frist kann durch die Bundesnetzagentur um weitere fünf Jahre verlängert werden. [3] Die Fristverlängerung soll erfolgen, wenn sich die für die Beurteilung maßgeblichen rechtlichen und tatsächlichen Verhältnisse nicht verändert haben.

(3) [1] Die Entscheidung nach § 12 hat keine unmittelbare Außenwirkung und ersetzt nicht die Entscheidung über die Zulässigkeit der Ausbaumaßnahme. [2] Sie kann nur im Rahmen des Rechtsbehelfsverfahrens gegen die Zulassungsentscheidung für die jeweilige Ausbaumaßnahme überprüft werden. [3] § 75 Absatz 1a des Verwaltungsverfahrensgesetzes ist entsprechend anzuwenden.

§ 16 Veränderungssperren. (1) [1] Die Bundesnetzagentur kann mit dem Abschluss der Bundesfachplanung oder nachträglich für einzelne Abschnitte der Trassenkorridore Veränderungssperren erlassen, soweit für diese Leitungen ein vordringlicher Bedarf im Sinne des Bundesbedarfs festgestellt wird und wenn anderenfalls die Möglichkeit besteht, dass die Trassierung der darin zu verwirklichenden Leitung erheblich erschwert wird. [2] Die Veränderungssperre bewirkt,

1. dass keine Vorhaben oder baulichen Anlagen verwirklicht werden dürfen, die einer Verwirklichung der jeweiligen Stromleitung entgegenstehen, und
2. dass keine sonstigen erheblichen oder wesentlich wertsteigernden Veränderungen am Grundstück oder an baulichen Anlagen auf dem Grundstück durchgeführt werden dürfen.

[3] Die Veränderungssperre ist auf einen Zeitraum von fünf Jahren zu befristen. [4] Die Bundesnetzagentur kann die Frist um weitere fünf Jahre verlängern, wenn besondere Umstände dies erfordern.

(2) [1] Die Veränderungssperre ist aufzuheben, wenn die auf dem Trassenkorridor vorgesehene Ausbaumaßnahme anderweitig verwirklicht oder endgültig nicht mehr verwirklicht wird. [2] Die Veränderungssperre ist auf Antrag aufzuheben, wenn überwiegende Belange von Betroffenen entgegenstehen.

(3) Die Veränderungssperre ergeht als Allgemeinverfügung.

(4) Die Bundesnetzagentur macht die Veränderungssperre in örtlichen Tageszeitungen, die in dem Gebiet verbreitet sind, auf das sich die Veränderungssperre voraussichtlich auswirken wird, und auf der Internetseite der Bundesnetzagentur bekannt.

(5) Vor Erhebung einer verwaltungsgerichtlichen Klage bedarf es keiner Nachprüfung in einem Vorverfahren. Die Anfechtungsklage gegen eine Veränderungssperre hat keine aufschiebende Wirkung.

(6) § 44a Absatz 2 des Energiewirtschaftsgesetzes[1)] ist entsprechend anzuwenden.

§ 17 Bundesnetzplan. [1] Die durch die Bundesfachplanung bestimmten Trassenkorridore und die für Anbindungsleitungen und grenzüberschreitende Stromleitungen im jeweils aktuellen Bundesfachplan Offshore nach § 17a des Energiewirtschaftsgesetzes[1)] und ab dem 1. Januar 2019 im jeweils aktuellen Flächenentwicklungsplan gemäß § 5 des Windenergie-auf-See-Gesetzes[2)] aus-

---

[1)] Nr. **1**.
[2)] Nr. **47**.

gewiesenen Trassen oder Trassenkorridore werden nachrichtlich in den Bundesnetzplan aufgenommen. [2]Der Bundesnetzplan wird bei der Bundesnetzagentur geführt. [3]Der Bundesnetzplan ist von der Bundesnetzagentur einmal pro Kalenderjahr im Bundesanzeiger zu veröffentlichen.

Abschnitt 3. Planfeststellung

§ 18 Erfordernis einer Planfeststellung. (1) Die Errichtung und der Betrieb sowie die Änderung von Leitungen im Sinne von § 2 Absatz 1 bedürfen der Planfeststellung durch die zuständige Behörde.

(2) [1]Auf Antrag des Vorhabenträgers können die für den Betrieb notwendigen Anlagen, insbesondere Konverterstationen, Phasenschieber, Verdichterstationen, Umspannanlagen und Netzverknüpfungspunkte, in das Planfeststellungsverfahren integriert und durch Planfeststellung zugelassen werden. [2]Dabei ist eine nachträgliche Integration in die Entscheidung zur Planfeststellung durch Planergänzungsverfahren möglich, solange die Entscheidung zur Planfeststellung gilt.

(3) [1]Bei Vorhaben im Sinne von § 2 Absatz 3, 5 und 6 des Bundesbedarfsplangesetzes[1)] ist Absatz 2 auch für Leerrohre anzuwenden, wenn

1. die Leerrohre im räumlichen und zeitlichen Zusammenhang mit der Baumaßnahme eines Erdkabels verlegt werden und
2. die zuständige Behörde anhand der Umstände des Einzelfalls davon ausgehen kann, dass die Leerrohre innerhalb von 15 Jahren nach der Planfeststellung zur Durchführung einer Stromleitung genutzt werden.

[2]Bei Vorhaben, die im Bundesbedarfsplangesetz entsprechend gekennzeichnet sind, stehen die energiewirtschaftliche Notwendigkeit und der vordringliche Bedarf für Leerrohre, die im räumlichen und zeitlichen Zusammenhang mit der Baumaßnahme des gekennzeichneten Vorhabens verlegt werden, fest. [3]Im Fall des Satzes 2 darf sich die Trassenbreite im Vergleich zu den Annahmen im Bundesfachplanungsverfahren nicht wesentlich vergrößern. [4]Dies ist im Planfeststellungsverfahren für die gekennzeichneten Vorhaben zu prüfen. [5]Gegenstand des Planfeststellungsverfahrens und des Planfeststellungsbeschlusses im Fall der Sätze 1 und 2 sind die Verlegung der Leerrohre, die spätere Durchführung der Stromleitung und deren anschließender Betrieb. [6]Für die Nutzung der Leerrohre zur Durchführung einer Stromleitung und zu deren anschließendem Betrieb bedarf es keines weiteren Genehmigungsverfahrens, wenn mit der Durchführung der Stromleitung innerhalb der Frist des § 43c Nummer 1 des Energiewirtschaftsgesetzes[2)] begonnen wird und sich die im Planfeststellungsverfahren zugrunde gelegten Merkmale des Vorhabens nicht geändert haben. [7]Die Einbeziehung von Leerrohren nach Satz 1 kann auf einzelne Abschnitte des betroffenen Vorhabens beschränkt werden.

(4) [1]Bei der Planfeststellung sind die von dem Vorhaben berührten öffentlichen und privaten Belange im Rahmen der Abwägung zu berücksichtigen. [2]Die Bindungswirkung der Ziele der Raumordnung gilt nur, wenn die Bun-

---

[1)] Nr. **17**.
[2)] Nr. **1**.

desnetzagentur bei der Aufstellung, Änderung oder Ergänzung des Raumordnungsplans nach § 9 des Raumordnungsgesetzes beteiligt worden ist und sie innerhalb einer Frist von zwei Monaten nach Mitteilung des rechtsverbindlichen Ziels nicht widersprochen hat. [3]Der Widerspruch nach Satz 2 lässt die Bindungswirkung des Ziels der Raumordnung gegenüber der Bundesnetzagentur nicht entstehen, wenn das Ziel der Planfeststellung entgegensteht. [4]Macht die Planfeststellung nachträglich ein Abweichen von den Zielen der Raumordnung erforderlich, kann die Bundesnetzagentur mit Zustimmung des Bundesministeriums für Wirtschaft und Energie innerhalb angemessener Frist, spätestens aber bis zum Abschluss der Planfeststellung, unter der Voraussetzung von Satz 3 nachträglich widersprechen. [5]Muss infolge des nachträglichen Widerspruchs der Raumordnungsplan geändert, ergänzt oder aufgehoben werden, hat die Bundesnetzagentur die dadurch entstehenden Kosten zu ersetzen. [6]§ 6 des Raumordnungsgesetzes bleibt unberührt. [7]Städtebauliche Belange sind zu berücksichtigen. [8]§ 38 Satz 1 und 3 und § 7 Satz 6 des Baugesetzbuches sind entsprechend anzuwenden.

(5) Sofern dieses Gesetz keine abweichenden Regelungen enthält, sind für das Planfeststellungsverfahren und daran anknüpfende Verfahren die Bestimmungen in Teil 5 des Energiewirtschaftsgesetzes[1)] entsprechend anzuwenden.

§ 19 Antrag auf Planfeststellungsbeschluss. [1]Die Planfeststellung beginnt mit dem Antrag des Vorhabenträgers. [2]Der Antrag kann zunächst auf einzelne angemessene Abschnitte der Trasse beschränkt werden. [3]Der Antrag soll auch Angaben enthalten, die die Festlegung des Untersuchungsrahmens nach § 20 ermöglichen, und hat daher in allgemein verständlicher Form das geplante Vorhaben darzustellen. [4]Der Antrag muss enthalten

1. einen Vorschlag für den beabsichtigten Verlauf der Trasse sowie eine Darlegung zu in Frage kommenden Alternativen,
2. Erläuterungen zur Auswahl zwischen den in Frage kommenden Alternativen unter Berücksichtigung der erkennbaren Umweltauswirkungen,
3. soweit es sich bei der gesamten Ausbaumaßnahme oder für einzelne Streckenabschnitte nur um unwesentliche Änderungen nach § 25 handelt, die Darlegung der dafür erforderlichen Voraussetzungen,
4. sofern bei einem Vorhaben nach dem Antrag auf Bundesfachplanung und vor dem Antrag auf Planfeststellung ein Netzentwicklungsplan nach § 12c des Energiewirtschaftsgesetzes[1)] von der Bundesnetzagentur bestätigt wird, die Darlegung, ob zusätzliche energiewirtschaftlich notwendige Maßnahmen zumindest auf Teilabschnitten innerhalb des Trassenkorridors des Vorhabens mitrealisiert werden können; wenn dies möglich ist, sind dem Antrag auf Planfeststellung die nach § 5a Absatz 3 erforderlichen Unterlagen beizufügen, und
5. soweit Leerrohre beantragt werden, die Darlegung der dafür erforderlichen Voraussetzungen; im Fall des § 18 Absatz 3 Satz 2 müssen die für Leerrohre erforderlichen Voraussetzungen einschließlich der Voraussetzung des § 18 Absatz 3 Satz 3 dargelegt werden.

[1)] Nr. 1.

§ 20 Antragskonferenz, Festlegung des Untersuchungsrahmens.

(1) [1]Die Planfeststellungsbehörde führt unverzüglich nach Einreichung des Antrags eine Antragskonferenz mit dem Vorhabenträger sowie den betroffenen Trägern öffentlicher Belange und Vereinigungen durch. [2]Die Antragskonferenz soll sich auf Gegenstand, Umfang und Methoden der Unterlagen nach § 16 des Gesetzes über die Umweltverträglichkeitsprüfung sowie sonstige für die Planfeststellung erhebliche Fragen erstrecken.

(2) [1]Der Vorhabenträger, Vereinigungen sowie die Träger öffentlicher Belange werden zur Antragskonferenz geladen, die Vereinigungen und Träger öffentlicher Belange mittels Zusendung des Antrags. [2]Ladung und Übersendung des Antrags können elektronisch erfolgen. [3]Die Antragskonferenz ist öffentlich; die Unterrichtung der Öffentlichkeit erfolgt über die Internetseite der Planfeststellungsbehörde und in örtlichen Tageszeitungen, die in dem Gebiet verbreitet sind, auf das sich das Vorhaben voraussichtlich auswirken wird.

(3) [1]Die Planfeststellungsbehörde legt auf Grund der Ergebnisse der Antragskonferenz einen Untersuchungsrahmen für die Planfeststellung fest und bestimmt den erforderlichen Inhalt der nach § 21 einzureichenden Unterlagen. [2]Die Festlegungen sollen innerhalb einer Frist von zwei Monaten nach Antragstellung abgeschlossen sein.

(4) Die Rechtsvorschriften über Geheimhaltung und Datenschutz bleiben unberührt.

(5) Eine Antragskonferenz kann unterbleiben, wenn die Voraussetzungen des § 25 oder des § 24 Absatz 5 vorliegen.

§ 21 Einreichung des Plans und der Unterlagen. (1) Der Vorhabenträger reicht den auf Grundlage der Ergebnisse der Antragskonferenz nach § 20 Absatz 3 bearbeiteten Plan bei der Planfeststellungsbehörde zur Durchführung des Anhörungsverfahrens ein.

(2) Der Plan besteht aus den Zeichnungen und Erläuterungen, die das Vorhaben, seinen Anlass und die von dem Vorhaben betroffenen Grundstücke und Anlagen erkennen lassen.

(3) [1]Die Planfeststellungsbehörde kann vom Vorhabenträger die Vorlage von Gutachten verlangen oder Gutachten einholen. [2]Soweit Unterlagen Betriebs- oder Geschäftsgeheimnisse enthalten, sind sie zu kennzeichnen; die Regelungen des Datenschutzes sind zu beachten.

(4) Für den UVP-Bericht nach § 16 des Gesetzes über die Umweltverträglichkeitsprüfung soll nach Maßgabe der §§ 15 und 39 Absatz 3 des Gesetzes über die Umweltverträglichkeitsprüfung auf die in der Bundesfachplanung eingereichten Unterlagen Bezug genommen werden.

(5) [1]Die Planfeststellungsbehörde hat die eingereichten Unterlagen innerhalb eines Monats nach Eingang auf ihre Vollständigkeit hin zu überprüfen. [2]Die Vollständigkeitsprüfung beinhaltet die Prüfung der formellen Vollständigkeit sowie eine Plausibilitätskontrolle der Unterlagen. [3]Sind die Unterlagen nicht vollständig, hat die Planfeststellungsbehörde den Vorhabenträger unverzüglich aufzufordern, die Unterlagen innerhalb einer angemessenen Frist zu ergänzen. [4]Nach Abschluss der Vollständigkeitsprüfung hat die Planfeststellungsbehörde

dem Vorhabenträger die Vollständigkeit der Unterlagen schriftlich zu bestätigen.

§ 22 Anhörungsverfahren. (1) Innerhalb von zwei Wochen nach Vorlage der vollständigen Unterlagen nach § 21 übermittelt die Planfeststellungsbehörde die Unterlagen schriftlich oder elektronisch an

1. die Träger öffentlicher Belange, die von dem beantragten Vorhaben berührt sind, und
2. die Vereinigungen.

(2) [1]Die Planfeststellungsbehörde fordert die Träger öffentlicher Belange, einschließlich der Raumordnungsbehörden der Länder, die von dem Vorhaben berührt sind, zur Stellungnahme innerhalb einer von ihr zu setzenden Frist auf, die drei Monate nicht überschreiten darf. [2]Die Möglichkeit, Stellungnahmen nach Satz 1 abzugeben, erstreckt sich nicht auf die Gegenstände, welche die Bundesfachplanung betreffen und zu denen bereits in der Bundesfachplanung Stellung genommen werden konnte. [3]Die Stellungnahmen können schriftlich oder elektronisch abgegeben werden. [4]Nach Ablauf der Frist nach Satz 1 eingehende Stellungnahmen werden nicht mehr berücksichtigt, es sei denn, die vorgebrachten Belange sind für die Rechtmäßigkeit der Entscheidung von Bedeutung.

(3) [1]Innerhalb von zwei Wochen nach Versand der Bestätigung der Vollständigkeit der Unterlagen nach § 21 veranlasst die Planfeststellungsbehörde für die Dauer von einem Monat zum Zweck der Öffentlichkeitsbeteiligung die Auslegung der Unterlagen nach § 73 Absatz 2 des Verwaltungsverfahrensgesetzes. [2]Die Auslegung der Unterlagen nach Satz 1 kann an der Auslegungsstelle auch elektronisch erfolgen; diese elektronische Auslegung kann auf Teile der Unterlagen begrenzt werden. [3]Die Auslegung ist auf der Internetseite der Planfeststellungsbehörde und in örtlichen Tageszeitungen, die in dem Gebiet verbreitet sind, auf das sich das Vorhaben voraussichtlich auswirken wird, bekannt zu machen. [4]Die Bekanntmachung soll spätestens eine Woche vor Beginn der Auslegung erfolgen und muss folgende Angaben enthalten:

1. dem Planungsstand entsprechende Angaben über den Verlauf der Trassen und den Vorhabenträger,
2. Angaben darüber, wo und wann die Unterlagen zur Einsicht ausgelegt werden, und
3. Hinweise auf die Einwendungsfrist unter Angabe des jeweils ersten und letzten Tages.

[5]Sofern von der Möglichkeit der elektronischen Auslegung Gebrauch gemacht wird, ist in der Bekanntmachung darauf hinzuweisen.

(4) [1]Der Plan ist spätestens mit der Auslegung für die Dauer von einem Monat im Internet zu veröffentlichen. [2]Die Veröffentlichung ist entsprechend Absatz 3 Satz 2 und 3 bekannt zu machen.

(5) Die Rechtsvorschriften über Geheimhaltung und Datenschutz bleiben unberührt.

(6) [1]Jede Person, deren Belange durch das Vorhaben berührt werden, kann innerhalb von einem Monat nach Ablauf der Auslegungsfrist nach Absatz 3 Satz 1 schriftlich oder elektronisch bei der Planfeststellungsbehörde oder zur

Niederschrift bei einer Auslegungsstelle Einwendungen gegen den Plan erheben. [2]Satz 1 gilt entsprechend für Vereinigungen. [3]Die Einwendungen und Stellungnahmen sind dem Vorhabenträger und den von ihm Beauftragten zur Verfügung zu stellen, um eine Erwiderung zu ermöglichen. [4]Datenschutzrechtliche Bestimmungen sind zu beachten. [5]Auf Verlangen des Einwenders sollen dessen Name und Anschrift unkenntlich gemacht werden, wenn diese zur ordnungsgemäßen Durchführung des Verfahrens nicht erforderlich sind; auf diese Möglichkeit ist in der öffentlichen Bekanntmachung hinzuweisen.

(7) [1]Die Planfeststellungsbehörde führt einen Erörterungstermin durch. [2]Insoweit gelten die Bestimmungen des § 10 entsprechend.

(8) Anhörungsverfahren und Erörterungstermin können unterbleiben, wenn die Voraussetzungen des § 25 oder des § 24 Absatz 5 vorliegen.

§ 23 Umweltverträglichkeitsprüfung. Die Prüfung der Umweltverträglichkeit nach den Bestimmungen des Gesetzes über die Umweltverträglichkeitsprüfung kann auf Grund der in der Bundesfachplanung bereits durchgeführten Strategischen Umweltprüfung auf zusätzliche oder andere erhebliche Umweltauswirkungen der beantragten Stromleitung beschränkt werden.

§ 24 Planfeststellungsbeschluss. (1) Die Planfeststellungsbehörde stellt den Plan fest (Planfeststellungsbeschluss).

(2) [1]Der Planfeststellungsbeschluss wird dem Vorhabenträger, den bekannten Betroffenen sowie denjenigen, über deren Einwendungen entschieden worden ist, zugestellt. [2]Es findet § 74 Absatz 5 des Verwaltungsverfahrensgesetzes Anwendung.

(3) [1]Eine Ausfertigung des Beschlusses ist mit einer Rechtsbehelfsbelehrung am Sitz der Planfeststellungsbehörde sowie an den Auslegungsorten zwei Wochen zur Einsicht auszulegen. [2]Der Ort und die Zeit der Auslegung sind in örtlichen Tageszeitungen, die in dem Gebiet verbreitet sind, auf das sich das Vorhaben voraussichtlich auswirken wird, und auf der Internetseite der Planfeststellungsbehörde bekannt zu machen. [3]Der Planfeststellungsbeschluss ist zeitgleich mit der Auslegung im Internet zu veröffentlichen. [4]Für die Veröffentlichung gilt § 22 Absatz 3 entsprechend.

(4) Die Rechtsvorschriften über Geheimhaltung und Datenschutz bleiben unberührt.

(5) Die Möglichkeit einer Plangenehmigung nach Maßgabe des § 74 Absatz 6 des Verwaltungsverfahrensgesetzes bleibt unberührt.

§ 25 Änderungen im Anzeigeverfahren. (1) [1]Unwesentliche Änderungen oder Erweiterungen können anstelle des Planfeststellungsverfahrens durch ein Anzeigeverfahren zugelassen werden. [2]Eine Änderung oder Erweiterung ist nur dann unwesentlich, wenn

1. nach dem Gesetz über die Umweltverträglichkeitsprüfung oder nach Absatz 2 hierfür keine Umweltverträglichkeitsprüfung durchzuführen ist,
2. andere öffentliche Belange nicht berührt sind oder die erforderlichen behördlichen Entscheidungen vorliegen und sie dem Plan nicht entgegenstehen und

3. Rechte anderer nicht beeinträchtigt werden oder mit den vom Plan Betroffenen entsprechende Vereinbarungen getroffen werden.

(2) [1]Abweichend von den Vorschriften des Gesetzes über die Umweltverträglichkeitsprüfung ist eine Umweltverträglichkeitsprüfung für die Änderung oder Erweiterung nicht durchzuführen bei

1. Änderungen des Betriebskonzepts,
2. Umbeseilungen oder
3. Zubeseilungen.

[2]Satz 1 ist nur anzuwenden, wenn die Planfeststellungsbehörde feststellt, dass die Vorgaben der §§ 3, 3a und 4 der Verordnung über elektromagnetische Felder eingehalten sind. [3]Satz 1 Nummer 2 und 3 ist ferner jeweils nur anzuwenden, sofern einzeln oder im Zusammenwirken mit anderen Vorhaben eine erhebliche Beeinträchtigung eines Natura 2000-Gebiets oder eines bedeutenden Brut- oder Rastgebiets geschützter Vogelarten nicht zu erwarten ist. [4]Satz 1 Nummer 3 ist bei Höchstspannungsfreileitungen mit einer Nennspannung von 220 Kilovolt oder mehr ferner nur anzuwenden, wenn die Zubeseilung eine Länge von höchstens 15 Kilometern hat.

(3) Abweichend von Absatz 1 Satz 2 Nummer 2 kann eine Änderung oder Erweiterung auch dann im Anzeigeverfahren zugelassen werden, wenn die Planfeststellungsbehörde im Einvernehmen mit der nach Landesrecht zuständigen Immissionsschutzbehörde feststellt, dass die Vorgaben nach den §§ 3, 3a und 4 der Verordnung über elektromagnetische Felder eingehalten sind, und wenn weitere öffentliche Belange nicht berührt sind oder die hierfür erforderlichen behördlichen Entscheidungen vorliegen und sie dem Plan nicht entgegenstehen.

(4) [1]Der Vorhabenträger zeigt gegenüber der Planfeststellungsbehörde die von ihm geplante Maßnahme an. [2]Der Anzeige sind in ausreichender Weise Erläuterungen beizufügen, aus denen sich ergibt, dass die geplante Änderung oder Erweiterung den Voraussetzungen der Absätze 1 bis 3 genügt. [3]Insbesondere bedarf es einer Darstellung zu den zu erwartenden Umweltauswirkungen. [4]Die Planfeststellungsbehörde entscheidet innerhalb eines Monats, ob anstelle des Anzeigeverfahrens ein Plangenehmigungs- oder Planfeststellungsverfahren durchzuführen ist oder die Maßnahme von einem förmlichen Verfahren freigestellt ist. [5]Prüfgegenstand ist nur die jeweils angezeigte Änderung oder Erweiterung; im Fall des Absatzes 2 Satz 1 Nummer 1 bedarf es keiner Prüfung der dinglichen Rechte anderer. [6]Die Entscheidung ist dem Vorhabenträger bekannt zu machen.

§ 26 Zusammentreffen mehrerer Vorhaben. [1]In Planfeststellungsverfahren kann eine einheitliche Entscheidung für ein Vorhaben nach § 2 Absatz 1 und für die Errichtung, den Betrieb sowie die Änderung von Hochspannungsleitungen mit einer Nennspannung von 110 Kilovolt oder mehr sowie von Bahnstromfernleitungen beantragt werden, sofern diese Leitungen auf einem Mehrfachgestänge geführt werden. [2]Satz 1 ist entsprechend anzuwenden für Erdkabel, sofern diese im räumlichen und zeitlichen Zusammenhang mit der Baumaßnahme eines Erdkabelvorhabens nach § 2 Absatz 1 mitverlegt werden. [3]§ 78 des Verwaltungsverfahrensgesetzes bleibt unberührt. [4]Die Planfeststellungsverfahren richten sich nach den Vorgaben dieses Gesetzes. [5]Ist danach eine andere Behörde als die Bundesnetzagentur zuständig, wendet diese die Vorgaben des dritten Abschnitts an.

§ 27 Vorzeitige Besitzeinweisung und Enteignungsverfahren. (1) [1]Der Vorhabenträger kann verlangen, dass nach Abschluss des Anhörungsverfahrens gemäß § 22 eine vorzeitige Besitzeinweisung durchgeführt wird. [2]§ 44b des Energiewirtschaftsgesetzes[1)] findet mit der Maßgabe Anwendung, dass der nach dem Verfahrensstand zu erwartende Planfeststellungsbeschluss dem vorzeitigen Besitzeinweisungsverfahren zugrunde zu legen ist. [3]Der Besitzeinweisungsbeschluss ist mit der aufschiebenden Bedingung zu erlassen, dass sein Ergebnis durch den Planfeststellungsbeschluss bestätigt wird. [4]Anderenfalls ist das vorzeitige Besitzeinweisungsverfahren auf der Grundlage des ergangenen Planfeststellungsbeschlusses zu ergänzen.

(2) [1]Der Vorhabenträger kann verlangen, dass nach Abschluss des Anhörungsverfahrens gemäß § 22 ein vorzeitiges Enteignungsverfahren durchgeführt wird. [2]§ 45 des Energiewirtschaftsgesetzes[1)] findet mit der Maßgabe Anwendung, dass der nach dem Verfahrensstand zu erwartende Planfeststellungsbeschluss dem Enteignungsverfahren zugrunde zu legen ist. [3]Der Enteignungsbeschluss ist mit der aufschiebenden Bedingung zu erlassen, dass sein Ergebnis durch den Planfeststellungsbeschluss bestätigt wird. [4]Anderenfalls ist das Enteignungsverfahren auf der Grundlage des ergangenen Planfeststellungsbeschlusses zu ergänzen.

§ 28 Durchführung eines Raumordnungsverfahrens. [1]Abweichend von § 15 Absatz 1 des Raumordnungsgesetzes in Verbindung mit § 1 Satz 2 Nummer 14 der Raumordnungsverordnung findet ein Raumordnungsverfahren für die Errichtung oder die Änderung von Höchstspannungsleitungen, für die im Bundesnetzplan Trassenkorridore oder Trassen ausgewiesen sind, nicht statt. [2]Dies ist auch anzuwenden, wenn nach § 5a auf ein Bundesfachplanungsverfahren verzichtet wurde. [3]Satz 1 ist nicht anzuwenden nach Ablauf der Geltungsdauer nach § 15 Absatz 2.

Abschnitt 4. Gemeinsame Vorschriften

§ 29 Projektmanager. [1]Die zuständige Behörde kann einen Dritten, der als Verwaltungshelfer beschäftigt werden kann, mit der Vorbereitung und Durchführung von Verfahrensschritten wie

1. der Erstellung von Verfahrensleitplänen unter Bestimmung von Verfahrensabschnitten und Zwischenterminen,
2. der Fristenkontrolle,
3. der Koordinierung von erforderlichen Sachverständigengutachten,
4. dem Qualitätsmanagement der Anträge und Unterlagen der Vorhabenträger,
5. der Koordinierung der Enteignungs- und Entschädigungsverfahren nach den §§ 45 und 45a des Energiewirtschaftsgesetzes[1)],
6. dem Entwurf eines Anhörungsberichtes,

[1)] Nr. 1.

7. der ersten Auswertung der eingereichten Stellungnahmen,
8. der organisatorischen Vorbereitung eines Erörterungstermins und
9. der Leitung des Erörterungstermins

auf Vorschlag oder mit Zustimmung des Vorhabenträgers und auf dessen Kosten beauftragen. [2]Die Entscheidung der Bundesfachplanung nach § 12 Absatz 2 und über den Planfeststellungsantrag nach § 24 Absatz 1 liegt allein bei der zuständigen Behörde.

§ 30 Kostenpflichtige Amtshandlungen. (1) [1]Die Bundesnetzagentur erhebt für folgende Amtshandlungen nach diesem Gesetz kostendeckende Gebühren und Auslagen:

1. Feststellung der Raumverträglichkeit im vereinfachten Verfahren nach § 11 Absatz 2,
2. Entscheidungen nach § 12 Absatz 2 Satz 1,
3. Planfeststellungen nach § 24 Absatz 1,
4. Entscheidungen nach § 25 Satz 6,
5. Entscheidungen nach § 5a Absatz 3 Satz 1 und
6. Plangenehmigungen nach § 24 Absatz 5.

[2]Wird ein Antrag auf eine der in Absatz 1 genannten Amtshandlungen nach Beginn der sachlichen Bearbeitung zurückgenommen, ist derjenige Teil der für die gesamte Amtshandlung vorgesehenen Gebühr zu erheben, der dem Fortschritt der Bearbeitung entspricht. [3]Für einen Antrag, der aus anderen Gründen als der Unzuständigkeit der Behörde abgelehnt wird, ist die volle Gebühr zu erheben. [4]Die Gebühr kann ermäßigt werden oder es kann von der Erhebung abgesehen werden, wenn dies der Billigkeit entspricht.

(2) [1]Die Höhe der Gebühr richtet sich nach der Länge der zu planenden Trasse. [2]Bei der Durchführung der Bundesfachplanung ist die geographische Entfernung der durch eine Trasse zu verbindenden Orte (Luftlinie) maßgeblich. [3]Die Gebühr für Amtshandlungen nach Absatz 1 Nummer 2 beträgt 30 000 Euro je angefangenem Kilometer. [4]Für die Durchführung der Planfeststellung richtet sich die Gebühr nach der mittleren Länge des im Rahmen der Bundesfachplanung festgelegten Korridors. [5]Für Amtshandlungen nach Absatz 1 Nummer 3 beträgt die Gebühr 50 000 Euro je angefangenem Kilometer. [6]Bei Entscheidungen nach Absatz 1 Satz 1 Nummer 1, 4 und 6 beträgt die Gebühr jeweils 10 000 Euro je angefangenem Kilometer. [7]Bei Entscheidungen nach Absatz 1 Satz 1 Nummer 5 beträgt die Gebühr 5 000 Euro je angefangenem Kilometer.

(3) [1]Die Gebühren für Amtshandlungen nach Absatz 1 Nummer 2 und 3 werden in mehreren Teilbeträgen erhoben. [2]Von der Gebühr für die Amtshandlung nach Absatz 1 Nummer 2 sind ein Drittel innerhalb eines Monats ab Antragstellung zu entrichten, ein zweites Drittel innerhalb eines Jahres ab Antragstellung und das letzte Drittel mit Abschluss des Verfahrens. [3]Von der Gebühr für die Amtshandlung nach Absatz 1 Nummer 3 sind ein Fünftel innerhalb eines Monats ab Antragstellung, das zweite, dritte und vierte Fünftel jeweils ein halbes Jahr später, spätestens jedoch zugleich mit dem fünften Fünftel bei Abschluss des Verfahrens zu entrichten.

(4) Die Gebühren für Amtshandlungen zuständiger Landesbehörden richten sich nach den Verwaltungskostengesetzen der Länder.

Abschnitt 5. Behörden und Gremien

§ 31 Zuständige Behörde. (1) Die Aufgaben nach diesem Gesetz nehmen die Bundesnetzagentur für Elektrizität, Gas, Telekommunikation, Post und Eisenbahnen (Bundesnetzagentur) und nach Maßgabe des Absatzes 2 die zuständigen Landesbehörden wahr.

(2) Den nach Landesrecht zuständigen Behörden obliegt die Durchführung des Planfeststellungsverfahrens oder des Plangenehmigungsverfahrens nach den Regelungen des Abschnitts 3 für alle Vorhaben im Anwendungsbereich dieses Gesetzes, die nicht durch die Rechtsverordnung nach § 2 Absatz 2 auf die Bundesnetzagentur übertragen worden sind, und die Aufgaben nach § 27.

(3) Die Bundesnetzagentur ist verpflichtet, dem Bundesministerium für Wirtschaft und Energie sowie dem Bundesministerium für Umwelt, Naturschutz und nukleare Sicherheit regelmäßig in nicht personenbezogener Form über den Verfahrensstand zur Bundesfachplanung und zur Planfeststellung zu berichten.

(4) [1] Soweit für die Bundesfachplanung und die Planfeststellung Geodaten, die bei einer Behörde oder einem Dritten zur Erfüllung öffentlicher Aufgaben vorhanden sind, benötigt werden, sind diese Daten auf Verlangen dem Vorhabenträger, den von ihm Beauftragten, der Bundesnetzagentur und den zuständigen Planfeststellungsbehörden der Länder für die Zwecke der Bundesfachplanung und der Planfeststellung zur Verfügung zu stellen. [2] Der Betreiber von Einheiten Kritischer Infrastrukturen im Sinne von § 2 Absatz 5 der Verordnung zur Bestimmung Kritischer Infrastrukturen nach dem BSI-Gesetz kann die Herausgabe von Geodaten verweigern, wenn diese Daten besonders schutzbedürftig sind. [3] Der Betreiber kann in diesem Fall die Geodaten über ein geeignetes Verfahren zur Verfügung stellen, wenn ihm die Datenhoheit über seine Geodaten garantiert wird. [4] Die §§ 8 und 9 des Umweltinformationsgesetzes und entsprechende Regelungen des Landesrechts bleiben unberührt.

§ 32 Bundesfachplanungsbeirat. (1) [1] Bei der Bundesnetzagentur wird ein ständiger Bundesfachplanungsbeirat gebildet. [2] Der Beirat besteht aus Vertretern der Bundesnetzagentur, Vertretern der Länder und Vertretern der Bundesregierung.

(2) [1] Der Bundesfachplanungsbeirat hat die Aufgabe, die Bundesnetzagentur in Grundsatzfragen zur Bundesfachplanung und zur Aufstellung des Bundesnetzplans sowie zu den Grundsätzen der Planfeststellung zu beraten. [2] Er ist gegenüber der Bundesnetzagentur berechtigt, allgemeine Auskünfte und Stellungnahmen einzuholen. [3] Die Bundesnetzagentur und die zuständigen Landesbehörden sind insoweit in nicht personenbezogener Form gegenseitig auskunftspflichtig.

(3) [1] Der Beirat soll regelmäßig zusammentreten. [2] Sitzungen sind anzuberaumen, wenn die Bundesnetzagentur oder mindestens zwei Länder die Einberufung schriftlich oder elektronisch verlangen. [3] Die ordentlichen Sitzungen sind nicht öffentlich.

(4) Der Beirat gibt sich eine Geschäftsordnung.

Abschnitt 6. Sanktions- und Schlussvorschriften

§ 33 Bußgeldvorschriften. (1) Ordnungswidrig handelt, wer vorsätzlich oder leichtfertig

1. entgegen § 8 Satz 1 eine Unterlage nicht richtig oder nicht vollständig vorlegt,
2. ohne festgestellten Plan nach § 18 Absatz 1 oder ohne Plangenehmigung nach § 24 Absatz 5 eine Leitung errichtet, betreibt oder ändert,
3. entgegen § 21 Absatz 1 einen dort genannten Plan nicht richtig einreicht oder
4. ohne Zulassung nach § 25 Satz 6 eine unwesentliche Änderung oder Erweiterung vornimmt.

(2) Die Ordnungswidrigkeit kann mit einer Geldbuße bis zu einhunderttausend Euro geahndet werden.

(3) Verwaltungsbehörden im Sinne des § 36 Absatz 1 Nummer 1 des Gesetzes über Ordnungswidrigkeiten sind die Bundesnetzagentur und die zuständigen Planfeststellungsbehörden der Länder.

§ 34 Zwangsgeld. [1] Die Bundesnetzagentur kann ihre Anordnungen, insbesondere Fristsetzungen zur Antragstellung nach § 6 Satz 2 und § 12 Absatz 2 Satz 4, und gesetzliche Fristen nach diesem Gesetz nach den für die Vollstreckung von Verwaltungsmaßnahmen geltenden Vorschriften durchsetzen. [2] Die Höhe des Zwangsgeldes beträgt mindestens 1 000 Euro und höchstens 10 Millionen Euro.

§ 35 Übergangsvorschriften. [1] Bestehende Entscheidungen über die Bundesfachplanung, Genehmigungen und Planfeststellungsbeschlüsse bleiben unberührt. [2] Der Vorhabenträger kann bei Bundesfachplanungsverfahren, die vor dem 17. Mai 2019 beantragt wurden, bis zum 31. August 2019 einen Antrag auf den Verzicht auf die Bundesfachplanung nach § 5a Absatz 3 stellen. [3] Wird ein solcher Antrag nicht gestellt, wird ein Bundesfachplanungsverfahren durchgeführt, auch wenn ein Fall des § 5a Absatz 1 oder Absatz 2 vorliegt. [4] Wenn in einem Vorhaben bereits die Bundesfachplanung für einen Abschnitt abgeschlossen wurde, ist das Bundesfachplanungsverfahren auch in den anderen Abschnitten zu Ende zu führen. [5] Die Frist nach § 6 Satz 2 beginnt am 17. Mai 2019.

§ 36 Evaluierung. [1] Das Bundesministerium für Wirtschaft und Energie überprüft und evaluiert im Einvernehmen mit dem Bundesministerium für Umwelt, Naturschutz und nukleare Sicherheit und dem Bundesministerium für Verkehr und digitale Infrastruktur im Jahr 2022 die Anwendung dieses Gesetzes. [2] Die Bundesnetzagentur unterstützt das Bundesministerium für Wirtschaft und Energie bei der Überprüfung und Evaluierung. [3] Zur Unterstützung soll das Bundesministerium für Wirtschaft und Energie außerdem wissenschaftliche Gutachten in Auftrag geben.

17. Gesetz über den Bundesbedarfsplan (Bundesbedarfsplangesetz – BBPlG)[1)]

Vom 23. Juli 2013
(BGBl. I S. 2543)

FNA 752-9

zuletzt geänd. durch Art. 3 G zur Beschleunigung des Energieleitungsausbaus v. 13.5.2019 (BGBl. I S. 706)

§ 1 Gegenstand des Bundesbedarfsplans. (1) [1] Für die in der Anlage zu diesem Gesetz aufgeführten Vorhaben, die der Anpassung, Entwicklung und dem Ausbau der Übertragungsnetze zur Einbindung von Elektrizität aus erneuerbaren Energiequellen, zur Interoperabilität der Elektrizitätsnetze innerhalb der Europäischen Union, zum Anschluss neuer Kraftwerke oder zur Vermeidung struktureller Engpässe im Übertragungsnetz dienen, werden die energiewirtschaftliche Notwendigkeit und der vordringliche Bedarf zur Gewährleistung eines sicheren und zuverlässigen Netzbetriebs als Bundesbedarfsplan gemäß § 12e des Energiewirtschaftsgesetzes[2)] festgestellt. [2] Die Realisierung dieser Vorhaben ist aus Gründen eines überragenden öffentlichen Interesses und im Interesse der öffentlichen Sicherheit erforderlich.

(2) [1] Zu den Vorhaben nach Absatz 1 gehören auch die für den Betrieb von Energieleitungen notwendigen Anlagen einschließlich der notwendigen Änderungen an den Netzverknüpfungspunkten. [2] Die Vorhaben beginnen und enden jeweils an den Netzverknüpfungspunkten.

§ 2 Gekennzeichnete Vorhaben. (1) [1] Die im Bundesbedarfsplan mit „A1" gekennzeichneten Vorhaben sind länderübergreifend im Sinne von § 2 Absatz 1 des Netzausbaubeschleunigungsgesetzes Übertragungsnetz[3)]. [2] Die im Bundesbedarfsplan mit „A2" gekennzeichneten Vorhaben sind grenzüberschreitend im Sinne von § 2 Absatz 1 des Netzausbaubeschleunigungsgesetzes Übertragungsnetz[3)].

(2) Die im Bundesbedarfsplan mit „B" gekennzeichneten Vorhaben können als Pilotprojekte für eine verlustarme Übertragung hoher Leistungen über große Entfernungen nach § 12b Absatz 1 Satz 3 Nummer 3 Buchstabe a des Energiewirtschaftsgesetzes[2)] errichtet und betrieben werden.

(3) [1] Die im Bundesbedarfsplan mit „C" gekennzeichneten Vorhaben sind Anbindungsleitungen von den Offshore-Windpark-Umspannwerken zu den Netzverknüpfungspunkten an Land im Sinne von § 2 Absatz 1 des Netzausbaubeschleunigungsgesetzes Übertragungsnetz[3)] (Offshore-Anbindungsleitungen). [2] Sie werden im Küstenmeer als Seekabel und landeinwärts bis zu den im

---

[1)] Verkündet als Art. 1 G v. 23.7.2013 (BGBl. I S. 2543); Inkrafttreten gem. Art. 5 dieses G am 27.7.2013 mit Ausnahme von § 1, der iVm Nr. 33 der Anlage am 8.1.2014 und iVm Nr. 29 der Anlage am 7.3.2014 in Kraft tritt (vgl. Bek. v. 18.2.2014, BGBl. I S. 148 und Bek. v. 17.3.2014, BGBl. I S. 271).

[2)] Nr. **1**.

[3)] Nr. **16**.

Bundesbedarfsplan festgelegten Netzverknüpfungspunkten als Freileitung oder Erdkabel errichtet und betrieben oder geändert.

(4) [1]Die im Bundesbedarfsplan mit „D" gekennzeichneten Vorhaben sind als Pilotprojekte für den Einsatz von Hochtemperaturleiterseilen nach § 12b Absatz 1 Satz 3 Nummer 3 Buchstabe b des Energiewirtschaftsgesetzes zu errichten und zu betreiben oder zu ändern. [2]Die für die Zulassung des Vorhabens zuständige Behörde kann den Einsatz von Hochtemperaturleiterseilen bei Vorhaben des Bundesbedarfsplans, die nicht unter Satz 1 fallen, genehmigen, soweit dies technisch und wirtschaftlich effizient ist.

(5) Die im Bundesbedarfsplan mit „E" gekennzeichneten Vorhaben zur Höchstspannungs-Gleichstrom-Übertragung sind nach Maßgabe des § 3 als Erdkabel zu errichten und zu betreiben oder zu ändern.

(6) Die im Bundesbedarfsplan mit „F" gekennzeichneten Vorhaben zur Höchstspannungs-Drehstrom-Übertragung können als Pilotprojekte nach Maßgabe des § 4 als Erdkabel errichtet und betrieben oder geändert werden.

(7) Bei der Zulassung der im Bundesbedarfsplan mit „G" gekennzeichneten Vorhaben oder Einzelmaßnahmen ist nach § 5a Absatz 4 des Netzausbaubeschleunigungsgesetzes Übertragungsnetz[1)] aufgrund ihrer besonderen Eilbedürftigkeit auf eine Bundesfachplanung zu verzichten.

(8) Bei den im Bundesbedarfsplan mit „H" gekennzeichneten Vorhaben stehen die energiewirtschaftliche Notwendigkeit und der vordringliche Bedarf für Leerrohre fest, die nach Maßgabe des § 18 Absatz 3 des Netzausbaubeschleunigungsgesetzes Übertragungsnetz[1)] zugelassen werden.

§ 3 Erdkabel für Leitungen zur Höchstspannungs-Gleichstrom-Übertragung. (1) Leitungen zur Höchstspannungs-Gleichstrom-Übertragung der im Bundesbedarfsplan mit „E" gekennzeichneten Vorhaben sind nach Maßgabe dieser Vorschrift als Erdkabel zu errichten und zu betreiben oder zu ändern.

(2) [1]Die Leitung kann auf technisch und wirtschaftlich effizienten Teilabschnitten als Freileitung errichtet und betrieben oder geändert werden, soweit

1. ein Erdkabel gegen die Verbote des § 44 Absatz 1 auch in Verbindung mit Absatz 5 des Bundesnaturschutzgesetzes verstieße und mit dem Einsatz einer Freileitung eine zumutbare Alternative im Sinne des § 45 Absatz 7 Satz 2 des Bundesnaturschutzgesetzes gegeben ist,
2. ein Erdkabel nach § 34 Absatz 2 des Bundesnaturschutzgesetzes unzulässig wäre und mit dem Einsatz einer Freileitung eine zumutbare Alternative im Sinne des § 34 Absatz 3 Nummer 2 des Bundesnaturschutzgesetzes gegeben ist, oder
3. die Leitung in oder unmittelbar neben der Trasse einer bestehenden oder bereits zugelassenen Hoch- oder Höchstspannungsfreileitung errichtet und betrieben oder geändert werden soll und der Einsatz einer Freileitung voraussichtlich keine zusätzlichen erheblichen Umweltauswirkungen hat.

[2]Auf Verlangen der für die Bundesfachplanung oder Zulassung des Vorhabens zuständigen Behörde müssen die Leitungen auf Teilabschnitten unter den

1) Nr. **16**.

Voraussetzungen des Satzes 1 als Freileitung errichtet und betrieben oder geändert werden.

(3) [1]Sofern Gebietskörperschaften, auf deren Gebiet ein Trassenkorridor voraussichtlich verlaufen wird, in der Antragskonferenz nach § 7 des Netzausbaubeschleunigungsgesetzes Übertragungsnetz[1)] aufgrund örtlicher Belange die Prüfung des Einsatzes einer Freileitung verlangen, ist vom Träger des Vorhabens zu prüfen, ob die Leitung auf Teilabschnitten in dieser Gebietskörperschaft abweichend von Absatz 2 als Freileitung errichtet und betrieben oder geändert werden kann. [2]Sofern die Prüfung ergibt, dass dies möglich ist, und der Träger des Vorhabens dies bei der Vorlage der erforderlichen Unterlagen nach § 8 des Netzausbaubeschleunigungsgesetzes Übertragungsnetz[1)] vorschlägt, ist die Errichtung und der Betrieb oder die Änderung einer Leitung als Freileitung auf Teilabschnitten innerhalb der betreffenden Gebietskörperschaft abweichend von Absatz 2 zulässig. [3]Auf Verlangen der für die Bundesfachplanung oder Zulassung des Vorhabens zuständigen Behörde müssen die Leitungen auf Teilabschnitten als Freileitung errichtet und betrieben oder geändert werden.

(4) [1]Die Errichtung und der Betrieb oder die Änderung als Freileitung nach Absatz 2 und 3 ist unzulässig, wenn die Leitung

1. in einem Abstand von weniger als 400 Metern zu Wohngebäuden errichtet werden soll, die im Geltungsbereich eines Bebauungsplans oder im unbeplanten Innenbereich im Sinne des § 34 des Baugesetzbuchs liegen, falls diese Gebiete vorwiegend dem Wohnen dienen, oder
2. in einem Abstand von weniger als 200 Metern zu Wohngebäuden errichtet werden soll, die im Außenbereich im Sinne des § 35 des Baugesetzbuchs liegen.

[2]Satz 1 ist weder für die nachträgliche Änderung oder Erweiterung der Leitung noch für den nachträglichen Ersatz- und Parallelneubau anzuwenden.

(5) [1]Als Erdkabel im Sinne dieser Vorschrift gelten alle Erdleitungen einschließlich Kabeltunnel und gasisolierter Rohrleitungen. [2]§ 2 Absatz 5 des Energieleitungsausbaugesetzes[2)] ist entsprechend anzuwenden.

(6) Für Leitungen zur Höchstspannungs-Drehstrom-Übertragung, die der Anbindung von Stromrichteranlagen im Rahmen des im Bundesbedarfsplan mit „E" gekennzeichneten Vorhabens dienen, ist § 4 entsprechend anzuwenden.

§ 4 Erdkabel für Leitungen zur Höchstspannungs-Drehstrom-Übertragung. (1) Um den Einsatz von Erdkabeln im Drehstrom-Übertragungsnetz als Pilotprojekte zu testen, können die im Bundesbedarfsplan mit „F" gekennzeichneten Vorhaben zur Höchstspannungs-Drehstrom-Übertragung nach Maßgabe dieser Vorschrift als Erdkabel errichtet und betrieben oder geändert werden.

(2) [1]Im Falle des Neubaus kann eine Höchstspannungs- Drehstrom-Übertragungsleitung eines Vorhabens nach Absatz 1 auf technisch und wirtschaftlich

---

1) Nr. **16**.
2) Nr. **15**.

effizienten Teilabschnitten als Erdkabel errichtet und betrieben oder geändert werden, wenn

1. die Leitung in einem Abstand von weniger als 400 Metern zu Wohngebäuden errichtet werden soll, die im Geltungsbereich eines Bebauungsplans oder im unbeplanten Innenbereich im Sinne des § 34 des Baugesetzbuchs liegen, falls diese Gebiete vorwiegend dem Wohnen dienen,
2. die Leitung in einem Abstand von weniger als 200 Metern zu Wohngebäuden errichtet werden soll, die im Außenbereich im Sinne des § 35 des Baugesetzbuchs liegen,
3. eine Freileitung gegen die Verbote des § 44 Absatz 1 auch in Verbindung mit Absatz 5 des Bundesnaturschutzgesetzes verstieße und mit dem Einsatz von Erdkabeln eine zumutbare Alternative im Sinne des § 45 Absatz 7 Satz 2 des Bundesnaturschutzgesetzes gegeben ist,
4. eine Freileitung nach § 34 Absatz 2 des Bundesnaturschutzgesetzes unzulässig wäre und mit dem Einsatz von Erdkabeln eine zumutbare Alternative im Sinne des § 34 Absatz 3 Nummer 2 des Bundesnaturschutzgesetzes gegeben ist oder
5. die Leitung eine Bundeswasserstraße im Sinne von § 1 Absatz 1 Nummer 1 des Bundeswasserstraßengesetzes queren soll, deren zu querende Breite mindestens 300 Meter beträgt; bei der Bemessung der Breite ist § 1 Absatz 4 des Bundeswasserstraßengesetzes nicht anzuwenden.

[2] Der Einsatz von Erdkabeln ist auch dann zulässig, wenn die Voraussetzungen nach Satz 1 nicht auf der gesamten Länge der jeweiligen technisch und wirtschaftlich effizienten Teilabschnitte vorliegen. [3] Auf Verlangen der für die Bundesfachplanung oder Zulassung des Vorhabens zuständigen Behörde muss die Leitung auf dem jeweiligen technisch und wirtschaftlich effizienten Teilabschnitt nach Maßgabe dieser Vorschrift als Erdkabel errichtet und betrieben oder geändert werden.

(3) [1] Als Erdkabel im Sinne dieser Vorschrift gelten alle Erdleitungen einschließlich Kabeltunnel und gasisolierter Rohrleitungen. [2] § 2 Absatz 5 des Energieleitungsausbaugesetzes[1)] ist entsprechend anzuwenden.

(4) [1] Vor dem 31. Dezember 2015 beantragte Planfeststellungsverfahren werden nach den bis dahin geltenden Vorschriften zu Ende geführt. [2] Sie werden nur dann als Planfeststellungsverfahren in der ab dem 31. Dezember 2015 geltenden Fassung dieses Gesetzes fortgeführt, wenn der Träger des Vorhabens dies beantragt.

§ 5 Berichtspflicht der Übertragungsnetzbetreiber. (1) [1] Über die in den Vorhaben nach § 2 Absatz 2 bis 8 gewonnenen Erfahrungen legt der jeweils verantwortliche Betreiber des Übertragungsnetzes der Bundesnetzagentur jährlich einen Bericht vor, in dem die technische Durchführbarkeit, Wirtschaftlichkeit und Umweltauswirkungen dieser Vorhaben bewertet werden. [2] Der erste Bericht ist im zweiten Jahr nach der Inbetriebnahme des jeweils ersten Teilabschnitts eines solchen Vorhabens vorzulegen.

---

1) Nr. **15**.

(2) Der Bericht kann mit dem gemeinsamen Netzentwicklungsplan nach § 12b Absatz 1 Satz 1 des Energiewirtschaftsgesetzes[1)] oder dem gemeinsamen Umsetzungsbericht nach § 12d Satz 1 des Energiewirtschaftsgesetzes[1)] verbunden werden.

(3) Auf Verlangen haben die Betreiber von Übertragungsnetzen dem Bundesministerium für Wirtschaft und Energie über den Sachstand bei den Vorhaben nach § 2 Absatz 2 bis 8 und die gewonnenen Erfahrungen mit dem Einsatz von Erdkabeln nach den §§ 3 und 4 zu berichten.

§ 6 Rechtsschutz. [1] Für die in den Bundesbedarfsplan aufgenommenen Vorhaben ist § 50 Absatz 1 Nummer 6 der Verwaltungsgerichtsordnung anzuwenden. [2] Dies ist auch anzuwenden für auf diese Vorhaben bezogene Veränderungssperren, Zulassungen des vorzeitigen Baubeginns und Anzeigeverfahren.

Anlage
(zu § 1 Absatz 1)

Bundesbedarfsplan

Vorhaben, für die die energiewirtschaftliche Notwendigkeit und der vordringliche Bedarf bestehen:

Nr.	Vorhaben	Kennzeichnung
1	Höchstspannungsleitung Emden Ost – Osterath; Gleichstrom	A1, B, E
2	Höchstspannungsleitung Osterath – Philippsburg; Gleichstrom	A1, B
3	Höchstspannungsleitung Brunsbüttel – Großgartach; Gleichstrom	A1, B, E
4	Höchstspannungsleitung Wilster – Bergrheinfeld/West; Gleichstrom	A1, B, E
5	Höchstspannungsleitung Wolmirstedt – Isar; Gleichstrom	A1, B, E, H
6	Höchstspannungsleitung Conneforde – Landkreis Cloppenburg – Merzen; Drehstrom Nennspannung 380 kV	F
7	Höchstspannungsleitung Stade – Sottrum – Grafschaft Hoya – Landesbergen; Drehstrom Nennspannung 380 kV mit den Einzelmaßnahmen – Maßnahme Stade – Sottrum – Maßnahme Sottrum – Grafschaft Hoya – Maßnahme Grafschaft Hoya – Landesbergen	F
8	Höchstspannungsleitung Brunsbüttel – Barlt – Heide – Husum – Klixbüll – Bundesgrenze (DK); Drehstrom Nennspannung 380 kV mit den Einzelmaßnahmen – Maßnahme Barlt – Heide – Maßnahme Brunsbüttel – Barlt – Maßnahme Heide – Husum – Maßnahme Husum – Klixbüll – Maßnahme Klixbüll – Grenze DK	–
9	Höchstspannungsleitung Hamm-Uentrop – Kruckel; Drehstrom Nennspannung 380 kV	–

[1)] Nr. 1.

Nr.	Vorhaben	Kenn- zeichnung
10	Höchstspannungsleitung Wolmirstedt – Helmstedt – Wahle; Drehstrom Nennspannung 380 kV mit den Einzelmaßnahmen – Maßnahme Wolmirstedt – Helmstedt – Wahle – Maßnahme Wolmirstedt – Wahle	A1
11	Höchstspannungsleitung Bertikow – Pasewalk; Drehstrom Nennspannung 380 kV	A1
12	Höchstspannungsleitung Vieselbach – Pumpspeicherwerk Talsperre Schmalwasser (Punkt Sonneborn) – Mecklar; Drehstrom Nennspannung 380 kV	A1
13	Höchstspannungsleitung Pulgar – Vieselbach; Drehstrom Nennspannung 380 kV	A1
14	Höchstspannungsleitung Röhrsdorf – Weida – Remptendorf; Drehstrom Nennspannung 380 kV	A1
15	Höchstspannungsleitung Punkt Metternich – Niederstedem; Drehstrom Nennspannung 380 kV	–
16	(aufgehoben)	
17	Höchstspannungsleitung Mecklar – Grafenrheinfeld; Drehstrom Nennspannung 380 kV	A1
18	Höchstspannungsleitung Redwitz – Mechlenreuth – Etzenricht – Schwandorf; Drehstrom Nennspannung 380 kV	–
19	Höchstspannungsleitung Urberach – Pfungstadt – Weinheim – G380 – Altlußheim – Daxlanden; Drehstrom Nennspannung 380 kV mit den Einzelmaßnahmen – Maßnahme Urberach – Pfungstadt – Weinheim – Maßnahme Weinheim – Daxlanden – Maßnahme Weinheim – G380 – Maßnahme G380 – Altlußheim – Maßnahme Altlußheim – Daxlanden	A1
20	Höchstspannungsleitung Grafenrheinfeld – Kupferzell – Großgartach; Drehstrom Nennspannung 380 kV mit den Einzelmaßnahmen – Maßnahme Grafenrheinfeld – Kupferzell – Maßnahme Großgartach – Kupferzell	A1 G
21	Höchstspannungsleitung Daxlanden – Kuppenheim – Bühl – Eichstetten; Drehstrom Nennspannung 380 kV	D
22	(aufgehoben)	
23	(aufgehoben)	
24	Höchstspannungsleitung Punkt Rommelsbach – Herbertingen; Drehstrom Nennspannung 380 kV	–
25	Höchstspannungsleitung Punkt Wullenstetten – Punkt Niederwangen; Drehstrom Nennspannung 380 kV	A1
26	Höchstspannungsleitung Bärwalde – Schmölln; Drehstrom Nennspannung 380 kV	–
27	Höchstspannungsleitung Abzweig Welsleben – Förderstedt; Drehstrom Nennspannung 380 kV	–

Nr.	Vorhaben	Kenn-zeichnung
28	Höchstspannungsleitung Abzweig Parchim Süd – Neuburg; Drehstrom Nennspannung 380 kV	–
29	Höchstspannungsleitung Anbindung Offshore-Windpark Kriegers Flak (DK) mit Verbindung Offshore-Windpark Kriegers Flak (DK) – Offshore-Windpark Baltic 2 (Combined Grid Solution); Gleichstrom, Drehstrom	B
30	Höchstspannungsleitung Oberzier – Bundesgrenze (BE); Gleichstrom	B, E
31	Höchstspannungsleitung Wilhelmshaven – Conneforde; Drehstrom Nennspannung 380 kV	F
32	Höchstspannungsleitung Bundesgrenze (AT) – Altheim mit Abzweig Matzenhof – Simbach und Abzweig Simhar – Pirach, Bundesgrenze (AT) – Pleinting; Drehstrom Nennspannung 380 kV – Maßnahme Abzweig Simbach – Maßnahme Abzweig Pirach – Maßnahme Bundesgrenze (AT) – Altheim – Maßnahme Bundesgrenze (AT) – Pleinting	–
33	Höchstspannungsleitung Schleswig-Holstein – Südnorwegen (NO) (NORD.LINK); Gleichstrom	B
34	Höchstspannungsleitung Emden Ost – Conneforde; Drehstrom Nennspannung 380 kV	F
35	Höchstspannungsleitung Birkenfeld – Mast 115A; Drehstrom Nennspannung 380 kV	–
36	(aufgehoben)	
37	Höchstspannungsleitung Emden Ost – Halbemond; Drehstrom Nennspannung 380 kV	–
38	Höchstspannungsleitung Dollern – Elsfleth West; Drehstrom Nennspannung 380 kV	–
39	Höchstspannungsleitung Güstrow – Parchim Süd – Perleberg – Stendal West – Wolmirstedt; Drehstrom Nennspannung 380 kV mit den Einzelmaßnahmen – Maßnahme Güstrow – Parchim Süd – Maßnahme Parchim Süd – Perleberg – Maßnahme Perleberg – Stendal West – Wolmirstedt	–
40	Höchstspannungsleitung Punkt Neuravensburg – Bundesgrenze (AT); Drehstrom Nennspannung 380 kV	A2
41	Höchstspannungsleitung Raitersaich – Ludersheim – Sittling – Altheim; Drehstrom Nennspannung 380 kV mit den Einzelmaßnahmen – Maßnahme Raitersaich – Ludersheim – Maßnahme Ludersheim – Sittling – Altheim	–
42	Höchstspannungsleitung Kreis Segeberg – Lübeck – Siems – Göhl; Drehstrom Nennspannung 380 kV mit den Einzelmaßnahmen – Maßnahme Kreis Segeberg – Lübeck – Maßnahme Lübeck – Siems – Maßnahme Lübeck – Göhl	F
43	Höchstspannungsleitung Borken – Mecklar; Drehstrom Nennspannung 380 kV	–

Nr.	Vorhaben	Kenn-zeichnung
44	Höchstspannungsleitung Lauchstädt – Wolkramshausen – Vieselbach; Drehstrom Nennspannung 380 kV	A1
45	Höchstspannungsleitung Borken – Twistetal; Drehstrom Nennspannung 380 kV	–
46	Höchstspannungsleitung Redwitz – Landesgrenze Bayern/Thüringen (Punkt Tschirn); Drehstrom Nennspannung 380 kV	–
47	Höchstspannungsleitung Oberbachern – Ottenhofen; Drehstrom Nennspannung 380 kV	–

Kennzeichnung

A1 = Länderübergreifende Leitung im Sinne von § 2 Absatz 1 Satz 1

A2 = Grenzüberschreitende Leitung im Sinne von § 2 Absatz 1 Satz 2

B = Pilotprojekt für verlustarme Übertragung hoher Leistungen über große Entfernungen im Sinne von § 2 Absatz 2

C = Offshore-Anbindungsleitung im Sinne von § 2 Absatz 3

D = Pilotprojekt für Hochtemperaturleiterseile im Sinne von § 2 Absatz 4

E = Erdkabel für Leitungen zur Höchstspannungs-Gleichstrom-Übertragung im Sinne von § 2 Absatz 5

F = Pilotprojekt für Erdkabel zur Höchstspannungs-Drehstrom-Übertragung im Sinne von § 2 Absatz 6

G = Kennzeichnung für den Verzicht auf die Bundesfachplanung im Sinne von § 2 Absatz 7

H = Kennzeichnung für die Leerrohrmöglichkeit im Sinne von § 2 Absatz 8

18. Verordnung über Vereinbarungen zu abschaltbaren Lasten (Verordnung zu abschaltbaren Lasten – AbLaV)[1]

Vom 16. August 2016
(BGBl. I S. 1984)

FNA 752-6-19

zuletzt geänd. durch Art. 9 G zur Änd. der Bestimmungen zur Stromerzeugung aus Kraft-Wärme-Kopplung und zur Eigenversorgung v. 22.12.2016 (BGBl. I S. 3106)

Aufgrund des § 13i Absatz 1 und 2 des Energiewirtschaftsgesetzes[2] vom 7. Juli 2005 (BGBl. I S. 1970, 3621), der durch Artikel 1 des Gesetzes vom 26. Juli 2016 (BGBl. I S. 1786) eingefügt worden ist, verordnet die Bundesregierung mit Zustimmung des Bundestages:

§ 1 Anwendungsbereich. Diese Verordnung regelt die Pflichten der Betreiber von Übertragungsnetzen zur Durchführung von Ausschreibungen nach § 13 Absatz 6 Satz 1 des Energiewirtschaftsgesetzes[2] und zur Annahme eingegangener Angebote zum Erwerb von Abschaltleistung aus abschaltbaren Lasten.

§ 2 Begriffsbestimmungen. Für diese Verordnung sind die folgenden Begriffsbestimmungen anzuwenden:

1. Abschaltbare Lasten sind eine oder mehrere Verbrauchseinrichtungen,
   a) von denen eine Abschaltleistung herbeigeführt werden kann,
   b) bei denen die Stromabnahme aus einem Elektrizitätsversorgungsnetz erfolgt, das im Normalschaltzustand über nicht mehr als zwei Umspannungen mit der Höchstspannungsebene verbunden ist, und
   c) die im physikalischen Wirkungsbereich eines Höchstspannungsknotens des deutschen Übertragungsnetzes liegen.
2. Abschaltleistung ist die Leistung, um die eine Verbrauchsleistung auf Anforderung der Betreiber von Übertragungsnetzen zuverlässig reduziert werden kann.
3. Anbieter sind Bereitsteller von Abschaltleistung aus abschaltbaren Lasten.
4. Arbeitspreis ist die Vergütung für jede Herbeiführung der Abschaltleistung.
5. Ausschreibungszeitraum ist der in einer Ausschreibung festgelegte Zeitraum, innerhalb dessen Anbieter, die einen Zuschlag erhalten haben, in bestimmten zeitlichen Umfängen Abschaltleistung bereitstellen und herbeiführen können müssen.
6. Leistungspreis ist die Vergütung für die Bereitstellung der Abschaltleistung für den Ausschreibungszeitraum.
7. Mindestleistung ist die Mindestleistung nach § 13i Absatz 2 Satz 4 des Energiewirtschaftsgesetzes[2].

---

[1] Die VO **tritt mit Ablauf des 30.6.2022 außer Kraft** mit Ausnahme von § 18, der **mit Ablauf des 31.12.2023 außer Kraft tritt**; vgl. § 20 Abs. 2.
[2] Nr. **1**.

8. Mindestverfügbarkeit ist die Anzahl der Viertelstunden im Ausschreibungszeitraum, für die die Abschaltleistung mindestens bereitgestellt werden muss.
9. Schnell abschaltbare Lasten sind abschaltbare Lasten, deren Abschaltleistung nachweisbar innerhalb von maximal 15 Minuten ferngesteuert durch den Betreiber des Übertragungsnetzes herbeigeführt werden kann.
10. Sofort abschaltbare Lasten sind abschaltbare Lasten, deren Abschaltleistung nachweisbar unverzögert ferngesteuert durch den Betreiber des Übertragungsnetzes sowie automatisch frequenzgesteuert bei Unterschreiten einer vorgegebenen Netzfrequenz herbeigeführt werden kann.
11. Verbrauchseinrichtung ist eine Anlage zum Verbrauch elektrischer Energie.
12. Konsortium ist die technische Zusammenlegung mehrerer Verbrauchseinrichtungen.

§ 3 Kriterien für wirtschaftlich und technisch sinnvolle Vereinbarungen. (1) Vereinbarungen zwischen Betreibern von Übertragungsnetzen und Anbietern sind bis zur Gesamtabschaltleistung nach § 8 wirtschaftlich sinnvoll im Sinne von § 13i Absatz 2 Satz 3 des Energiewirtschaftsgesetzes[1)], wenn sie die Vergütungsgrundsätze nach § 4 beachten.

(2) Vereinbarungen zwischen Betreibern von Übertragungsnetzen und Anbietern sind technisch sinnvoll im Sinne von § 13i Absatz 2 Satz 4 des Energiewirtschaftsgesetzes[1)], wenn die abschaltbaren Lasten, die Gegenstand der Vereinbarungen sind, den technischen Anforderungen dieser Verordnung genügen.

§ 4 Vergütung abschaltbarer Lasten. (1) Anbieter, die sich in Vereinbarungen mit Betreibern von Übertragungsnetzen zu Leistungen verpflichtet haben, die den Anforderungen dieser Verordnung genügen, erhalten eine Vergütung.

(2) [1]Die Höhe der Vergütung bestimmt sich nach dem Leistungs- und Arbeitspreis des jeweiligen Angebots, das einen Zuschlag erhalten hat. [2]Der Leistungspreis darf jedoch höchstens 500 Euro pro Megawatt Abschaltleistung betragen. [3]Der Arbeitspreis darf höchstens 400 Euro pro Megawattstunde betragen.

(3) [1]Der Anspruch des Anbieters auf Zahlung eines Leistungspreises entsteht bei einer Vereinbarung zu abschaltbaren Lasten unabhängig davon, ob und in welchem Umfang der Betreiber des Übertragungsnetzes die Abschaltleistung abruft. [2]Der Anspruch auf Zahlung des Arbeitspreises entsteht mit der Herbeiführung der Abschaltleistung. [3]Die Ansprüche entstehen gegenüber dem Betreiber des Übertragungsnetzes, mit dem die Vereinbarung zu abschaltbaren Lasten besteht.

(4) [1]Die Abschaltleistung wird während des Abrufs messtechnisch erfasst. [2]Die elektrische Energie, die von den abschaltbaren Lasten durch den Abruf der Abschaltleistung nicht verbraucht wird, wird dem Betreiber von Übertragungsnetzen per Fahrplan geliefert.

[1)] Nr. 1.

§ 5 Technische Anforderungen an abschaltbare Lasten. (1) Ungeachtet weiterer Anforderungen aus dieser Verordnung können Anbieter nur dann ein Vorverfahren nach § 9 durchlaufen und an Ausschreibungsverfahren nach § 8 teilnehmen, wenn

1. die angebotene Abschaltleistung von sofort abschaltbaren Lasten oder schnell abschaltbaren Lasten stammt,
2. die angebotene Abschaltleistung nachweisbar mindestens der Mindestleistung entspricht,
3. der Abruf der Abschaltleistung nachweisbar für die Zeitdauer von mindestens vier Viertelstunden am Stück herbeigeführt und der Abruf der Abschaltleistung auf eine Zeitdauer von höchstens 32 Viertelstunden am Stück begrenzt werden kann,
4. der Abruf der Abschaltleistung nachweisbar für mindestens 16 Viertelstunden im Ausschreibungszeitraum herbeigeführt werden kann,
5. die zeitliche Verfügbarkeit der Abschaltleistung im Ausschreibungszeitraum die Mindestverfügbarkeit nicht unterschreitet, wobei die Mindestverfügbarkeit die Anzahl der Viertelstunden des Ausschreibungszeitraums minus 120 beträgt, und
6. vom Anbieter sichergestellt wird, dass die Einspeiseleistung von Erzeugungseinrichtungen, die direkt zur Versorgung der abschaltbaren Last genutzt werden, infolge des Abrufs der Abschaltleistung nicht verringert wird.

(2) [1] Die Mindestverfügbarkeit nach Absatz 1 Nummer 5 reduziert sich für je vier Viertelstunden, in denen die Abschaltleistung abgerufen wird, um 48 Viertelstunden. [2] Fanden im Ausschreibungszeitraum an fünf verschiedenen Tagen Abrufe der Abschaltleistung statt, so beträgt die Mindestverfügbarkeit im verbleibenden Ausschreibungszeitraum null Viertelstunden.

(3) Ist der Zeitraum nach einem Abruf der Abschaltleistung bis zum Ende des Ausschreibungszeitraums kürzer als die Reduktion der Mindestverfügbarkeit aufgrund dieses Abrufs nach Absatz 2 Satz 1, so verringert sich die Mindestverfügbarkeit nach Absatz 1 Nummer 5 bei einer Teilnahme im unmittelbar folgenden Ausschreibungszeitraum um die Anzahl der Viertelstunden, um die die Reduktion der Mindestverfügbarkeit die Zeitdauer bis zum Ende des Ausschreibungszeitraums übersteigt.

§ 6 Regeln für die Zusammenlegung. (1) [1] Um die technischen Anforderungen nach § 5 zu erfüllen, ist die Bildung eines Konsortiums zulässig. [2] Das Konsortium wird durch einen Anbieter als Konsortialführer vertreten und bei einer Ausschreibung als einzelner Anbieter behandelt.

(2) [1] Alle Verbrauchseinrichtungen eines Konsortiums müssen im physikalischen Wirkungsbereich des gleichen Höchstspannungsknotens des deutschen Übertragungsnetzes liegen. [2] Die Betreiber von Übertragungsnetzen werden ermächtigt, von dieser Anforderung zu Gunsten der Anbieter in transparenter und nichtdiskriminierender Weise abzuweichen.

§ 7 Vermarktung am Regelleistungsmarkt und am vortägigen Spotmarkt. (1) Abweichend von § 5 Absatz 1 Nummer 5 muss die Abschaltleistung nicht für die Zeiträume zur Verfügung gestellt werden, für die eine Vermarktung der abschaltbaren Last erfolgt ist

1. am vortägigen Spotmarkt bei einem Strompreis, der über dem gebotenen Arbeitspreis nach § 4 Absatz 2 liegt und mindestens 200 Euro pro Megawattstunde beträgt, oder
2. an den Märkten für positive Regelleistung oder für Primärregelleistung.

(2) Die Vermarktung nach Absatz 1 steht einem Abruf der Abschaltleistung nach § 10 Absatz 2 Nummer 4, mindestens jedoch einem Abruf mit einer Zeitdauer von vier Viertelstunden, gleich; der Anspruch auf Zahlung des Arbeitspreises entsteht durch die Vermarktung nicht.

§ 8 Ausschreibungsverfahren und Gesamtabschaltleistungen. (1) Die Betreiber von Übertragungsnetzen schreiben gemeinsam einmal wöchentlich für einen Ausschreibungszeitraum jeweils von Montag 0 Uhr bis Sonntag 24 Uhr eine Gesamtabschaltleistung von 750 Megawatt an sofort abschaltbaren Lasten sowie eine Gesamtabschaltleistung von 750 Megawatt an schnell abschaltbaren Lasten aus.

(2) [1] Die Ausschreibungen erfolgen nach einem durch die Betreiber von Übertragungsnetzen im Benehmen mit der Bundesnetzagentur erstellten und veröffentlichten Ausschreibungskalender jeweils frühestens eine Woche vor dem Ausschreibungszeitraum über eine internetbasierte elektronische Ausschreibungsplattform. [2] Die Betreiber von Übertragungsnetzen machen die Internetadresse der Ausschreibungsplattform im Bundesanzeiger bekannt.

(3) Die Betreiber von Übertragungsnetzen sind verpflichtet, der Bundesnetzagentur erstmals zum 1. Juli 2018 und danach mindestens alle 24 Monate einen Bericht vorzulegen, in dem sie ihren Bedarf an sofort abschaltbaren Lasten und schnell abschaltbaren Lasten begründet und quantifiziert abschätzen.

(4) [1] Abweichend von Absatz 1 wird die Bundesnetzagentur ermächtigt, durch Festlegungen nach § 29 Absatz 1 des Energiewirtschaftsgesetzes[1)] entsprechend dem Zweck nach § 1 Absatz 1 des Energiewirtschaftsgesetzes und unter Berücksichtigung der bisherigen Inanspruchnahme abschaltbarer Lasten

1. bis zum 1. Juli 2018 die Gesamtabschaltleistung für sofort abschaltbare Lasten und schnell abschaltbare Lasten auf begründeten Antrag der Betreiber von Übertragungsnetzen zu erhöhen und
2. ab dem 1. Juli 2018 nach Vorlage und unter Berücksichtigung des Berichts der Betreiber von Übertragungsnetzen gemäß Absatz 3
   a) die Gesamtabschaltleistung für sofort abschaltbare Lasten und schnell abschaltbare Lasten festzulegen und
   b) für Teilmengen der Gesamtabschaltleistung für sofort abschaltbare Lasten und schnell abschaltbare Lasten geographisch beschränkte Ausschreibungen vorzugeben.

[2] Die Summe der zugeschlagenen Gesamtabschaltleistungen aus sofort abschaltbaren Lasten und schnell abschaltbaren Lasten darf den Wert nach § 13i Absatz 2 Satz 1 des Energiewirtschaftsgesetzes[1)] nicht überschreiten.

[1)] Nr. **1**.

§ 9 Vorverfahren. (1) Zur Teilnahme am Ausschreibungsverfahren sind nur diejenigen Anbieter berechtigt, die in einem Vorverfahren eine Rahmenvereinbarung nach Absatz 2 abgeschlossen haben.

(2) Die Betreiber von Übertragungsnetzen schließen regelzonenübergreifend einheitliche Rahmenvereinbarungen mit denjenigen Anbietern in ihrer jeweiligen Regelzone ab, die im Vorverfahren nachgewiesen haben, dass
1. die Verbrauchseinrichtungen die allgemeinen Anforderungen dieser Verordnung erfüllen und
2. die speziellen nach Absatz 3 festzulegenden Leistungsanforderungen erfüllt werden.

(3) [1] Die Betreiber von Übertragungsnetzen legen zusätzlich zu den in dieser Verordnung genannten Anforderungen spezielle Leistungsanforderungen an die Einbindung abschaltbarer Lasten in die Netzbetriebsführung fest, die zur Gewährleistung der Sicherheit oder Zuverlässigkeit des Elektrizitätsversorgungssystems erforderlich sind. [2] Diese speziellen Leistungsanforderungen gelten für alle Anbieter gleichermaßen. [3] Festzulegen sind insbesondere:
1. technische Vorgaben für abschaltbare Lasten und ihre kommunikative Anbindung, ihre Fernsteuerbarkeit und ihre Erreichbarkeit,
2. Vorgaben für zu übermittelnde Daten und ihre Formate,
3. Anforderungen an den Nachweis der Mindestverfügbarkeit nach § 5 und an die Meldung der Verfügbarkeit nach § 12,
4. Anforderungen an die Zusammenlegung nach § 6,
5. Anforderungen an den Nachweis zur Erfüllung der Anforderungen der §§ 5 bis 7,
6. Vorgaben für Einschalt- und Abschaltfrequenzen für sofort abschaltbare Lasten, wobei für die bei Unterschreiten einer vorgegebenen Netzfrequenz automatisch frequenzgesteuerte Herbeiführung der Abschaltleistung eine Zeitspanne von mindestens 200 Millisekunden und höchstens 1 Sekunde vorgegeben werden kann,
7. Anforderungen an die Herbeiführung der Abschaltleistung und an den Nachweis zur Herbeiführung der Abschaltleistung,
8. Vorgaben für die Herbeiführung der Abschaltleistung aus dem nachgelagerten Netz und
9. Vorgaben für die Herbeiführung der Abschaltleistung aus Bilanzkreisen, bei denen der Anbieter nicht Bilanzkreisverantwortlicher ist.

§ 10 Angebotserstellung. (1) Anbieter können Angebote für Vereinbarungen zu abschaltbaren Lasten auf eine Ausschreibung der Betreiber von Übertragungsnetzen abgeben, und zwar elektronisch auf der Ausschreibungsplattform am Tag der Ausschreibung bis zu einer Uhrzeit, die die Betreiber von Übertragungsnetzen vorher festgelegt und auf der Ausschreibungsplattform veröffentlicht haben.

(2) Die Angebote müssen folgende Angaben enthalten:
1. die Höhe der Abschaltleistung in Megawatt,
2. einen für den Ausschreibungszeitraum konstanten Leistungspreis und einen konstanten Arbeitspreis unter Berücksichtigung von § 4 Absatz 2,

3. eine Zuordnung der Abschaltleistung zu sofort abschaltbaren Lasten oder schnell abschaltbaren Lasten,
4. die Zeitdauer der möglichen einzelnen Abrufe der Abschaltleistung, wobei eine Mindestdauer von einer Viertelstunde und eine Höchstdauer von 32 Viertelstunden am Stück zulässig ist, sowie die Mindestdauer der insgesamt möglichen Abrufe der Abschaltleistung im Ausschreibungszeitraum, wobei mindestens 16 Viertelstunden anzugeben sind,
5. die im Ausschreibungszeitraum geplanten Zeiträume, in denen die Abschaltleistung nicht zur Verfügung steht, und
6. das Einverständnis der Anbieter,
   a) dass die Betreiber von Übertragungsnetzen Abrufe der Abschaltleistung bis zu vier Viertelstunden am Stück durchführen können, auch wenn nach Nummer 4 als Zeitdauer der möglichen einzelnen Abrufe ein geringerer Zeitraum angegeben wurde, und
   b) ein Restabrufkonto zu führen, das Auskunft über das Zeitvolumen gibt, das für Abrufe der Abschaltleistung im Ausschreibungszeitraum mindestens noch zur Verfügung steht.

(3) [1] Ein Anbieter kann mehrere Angebote abgeben. [2] Die Abschaltleistung jedes einzelnen Angebots
1. muss mindestens der Mindestleistung entsprechen,
2. darf höchstens 200 Megawatt entsprechen,
3. muss ein ganzzahliges Vielfaches von einem Megawatt sein und
4. muss für die Betreiber von Übertragungsnetzen nutzbar sein.

(4) [1] Der Anbieter erklärt mit seinem Angebot, dass die angebotene Abschaltleistung den allgemeinen Anforderungen dieser Verordnung und den speziellen Leistungsanforderungen der Betreiber von Übertragungsnetzen entspricht und sich seit Abschluss des Vorverfahrens keine hierfür relevante Änderung ergeben hat. [2] Für ein vorsätzlich oder grob fahrlässig erstelltes wahrheitswidriges Angebot schließen die Betreiber von Übertragungsnetzen den Anbieter für die Dauer von zwei Jahren vom Angebotsverfahren aus.

§ 11 Zuschlagserteilung. (1) [1] Die Betreiber von Übertragungsnetzen berücksichtigen nur Angebote von Anbietern, die ihre Eignung im Vorverfahren durch Abschluss einer Rahmenvereinbarung nachgewiesen haben und nicht vom Ausschreibungsverfahren ausgeschlossen sind. [2] Die Betreiber von Übertragungsnetzen müssen bis zu den in § 8 bestimmten Gesamtabschaltleistungen Zuschläge für form- und fristgerechte sowie vollständige Angebote nach § 10 erteilen. [3] Darüber hinausgehende Zuschläge sind nur für jeweils ein weiteres Angebot zu erteilen, wenn die in Satz 1 genannten Ausschreibungsmengen ohne diesen weiteren Zuschlag nicht erreicht sind.

(2) [1] Die Zuschläge erfolgen jeweils einzeln für Abschaltleistungen aus sofort abschaltbaren Lasten und schnell abschaltbaren Lasten auf Basis der in den Angeboten enthaltenen Leistungspreise, beginnend mit dem niedrigsten Leistungspreis. [2] Bei gleichem Leistungspreis entscheidet die Höhe des Arbeitspreises, bei gleichem Arbeitspreis die systemtechnische Wirksamkeit und bei gleicher systemtechnischer Wirksamkeit der Zeitpunkt des Angebotseingangs über den Zuschlag.

(3) [1] Mit der Erteilung eines Zuschlags kommt die Vereinbarung zu abschaltbaren Lasten mit dem Betreiber des Übertragungsnetzes zustande, mit dem die Rahmenvereinbarung geschlossen wurde. [2] Die Betreiber von Übertragungsnetzen vergeben eine Identifikationsnummer an die Anbieter.

§ 12 Meldung der Verfügbarkeit. (1) [1] Die Anbieter melden dem Betreiber des Übertragungsnetzes, mit dem die Vereinbarung zu abschaltbaren Lasten besteht, täglich bis 14:30 Uhr verbindlich für den Folgetag die Verfügbarkeit der Abschaltleistung auf Viertelstundenbasis und die Vermarktung nach § 7. [2] Im Fall einer Zusammenlegung erfolgt die Meldung der Verfügbarkeit für die gesamte Abschaltleistung nach den Vorgaben der Betreiber der Übertragungsnetze durch den Konsortialführer oder den benannten Verantwortlichen. [3] Die Unterlassung einer Meldung der Verfügbarkeit entspricht der Meldung einer Nichtverfügbarkeit.

(2) [1] Nach jedem Abruf der Abschaltleistung kann der Anbieter die Verfügbarkeit für den Zeitraum nach diesem Abruf verbindlich anpassen. [2] Sonstige Veränderungen der Verfügbarkeit sind unverzüglich zu melden und zu begründen.

(3) [1] Die Betreiber von Übertragungsnetzen legen die Inhalte der Meldung der Verfügbarkeit fest. [2] Die Meldung muss Folgendes enthalten:

1. die Informationen nach § 10 Absatz 2 und
2. die Identifikationsnummer nach § 11 Absatz 3.

(4) [1] Ist das Restabrufkonto aufgebraucht, darf sich der Anbieter als nicht verfügbar melden und die Nichtverfügbarkeit der Abschaltleistung auch technisch herbeiführen. [2] Hierüber ist der Betreiber von Übertragungsnetzen zu informieren.

§ 13 Abruf der Abschaltleistung. (1) Für den Abruf der Abschaltleistung gilt die Vereinbarung zu abschaltbaren Lasten.

(2) [1] Während der Zeiträume, für die eine Abschaltleistung gemäß § 12 als verfügbar gemeldet wurde, sind jederzeit Abrufe der Abschaltleistung durch die Betreiber von Übertragungsnetzen zulässig. [2] Ungeachtet der angebotenen Zeitdauer der möglichen einzelnen Abrufe muss die Abschaltleistung nicht herbeigeführt werden in Zeiträumen, in denen sie als nicht verfügbar gemeldet wurde. [3] Jeder Abruf der Abschaltleistung gilt unabhängig von seiner tatsächlichen Dauer als Abruf mit der in § 10 Absatz 2 Nummer 4 angegebenen Zeitdauer möglicher Abrufe; hiervon ausgenommen sind Abrufe nach § 10 Absatz 2 Nummer 6 Buchstabe a.

(3) Über die geplante Erhöhung der Verbrauchsleistung nach dem Abruf der Abschaltleistung ist der Betreiber des Übertragungsnetzes, mit dem die Vereinbarung zu abschaltbaren Lasten besteht, zu informieren.

(4) Bei gleicher systemtechnischer Wirksamkeit mehrerer abschaltbarer Lasten erfolgt der Abruf der Abschaltleistung mit dem vergleichsweise geringsten Arbeitspreis.

§ 14 Einfluss der Verfügbarkeit auf die Vergütung. (1) Der Anspruch des Anbieters auf Zahlung eines Leistungspreises besteht bezogen auf den Ausschreibungszeitraum anteilig für

1. die Zeiträume der Verfügbarkeit und des Abrufs der Abschaltleistung,
2. die Zeiträume nach § 7 bei Vermarktung der abschaltbaren Last am vortägigen Spotmarkt und
3. für die Zeiträume, um die sich die Verfügbarkeit nach § 5 Absatz 2 und 3 reduziert.

(2) [1] Unterschreitet die Verfügbarkeit die Mindestverfügbarkeit nach § 5, so entfällt der Anspruch auf Zahlung des Leistungspreises vollständig für den gesamten Ausschreibungszeitraum. [2] Zeiträume, an denen die Abschaltleistung aufgrund einer Vermarktung nach § 7 nicht verfügbar war, werden als verfügbar berücksichtigt.

(3) [1] Im Fall einer vorsätzlichen oder grob fahrlässigen Verletzung der Verfügbarkeit nach § 12 oder der Verpflichtung aus § 15 Absatz 1 entfallen
1. das Recht des Anbieters auf Teilnahme an den Ausschreibungen für die Dauer von zwei Jahren und
2. der Anspruch auf Zahlung eines Leistungspreises rückwirkend zum Beginn des Ausschreibungszeitraums.

[2] Es wird widerleglich vermutet, dass der Anbieter mindestens grob fahrlässig handelt, wenn die Abschaltleistung nicht verfügbar ist, obwohl er sie als verfügbar gemeldet hat.

§ 15 Rechte und Pflichten der Vertragsparteien. (1) Der Anbieter hat dem Betreiber des Übertragungsnetzes zur Überprüfung der verfügbaren Abschaltleistung zum 20. Kalendertag eines Monats für die Zeiträume des Vormonats, für die eine Vereinbarung zu abschaltbaren Lasten bestand, vollständige Lastaufzeichnungen der Verbrauchseinrichtungen mit minutengenauer Auflösung zur Verfügung zu stellen.

(2) Soweit für den Anbieter technisch möglich und wirtschaftlich zumutbar, haben die Betreiber von Übertragungsnetzen das Recht, dass
1. der Anbieter die Abschaltleistung aus schnell abschaltbaren Lasten innerhalb von weniger als 15 Minuten herbeiführt und
2. der Anbieter mit einer angebotenen Zeitdauer möglicher einzelner Abrufe der Abschaltleistung von maximal vier Viertelstunden nach § 10 Absatz 2 Nummer 4 seine Abschaltleistung stattdessen an dem Tag, an dem er den Abruf anbietet, für mindestens jeweils eine Viertelstunde zu beliebigen Zeitpunkten während der gemeldeten Verfügbarkeit bis zur Dauer der angebotenen Zeitdauer herbeiführt; die Abrufe gelten hierbei zusammen als einzelner Abruf mit mindestens der nach § 10 Absatz 2 Nummer 4 angebotenen Zeitdauer.

(3) [1] Ansprüche auf Zahlung des Leistungspreises und auf Zahlung des Arbeitspreises werden 20 Werktage nach dem Ende des Kalendermonats, in dem der Ausschreibungszeitraum liegt, fällig. [2] Bei einem monatsübergreifenden Ausschreibungszeitraum werden diese Ansprüche jeweils anteilig entsprechend der Monatszugehörigkeit der einzelnen Tage fällig.

(4) [1]Individuelle Netzentgelte nach § 19 Absatz 2 Satz 2 der Stromnetzentgeltverordnung[1)] vom 25. Juli 2005 (BGBl. I S. 2225), die zuletzt durch Artikel 3 des Gesetzes vom 26. Juli 2016 (BGBl. I S. 1786) geändert worden ist, dürfen nicht aufgrund von Abrufen der Abschaltleistung nach dieser Verordnung versagt werden; die für die individuellen Netzentgelte maßgebliche Benutzungsstundenzahl und der Stromverbrauch werden durch Abruf der Abschaltleistung nicht reduziert. [2]Der Anbieter hat dem Netzbetreiber, an dessen Netz er angeschlossen ist, die Abrufe der Abschaltleistung nachzuweisen und die notwendigen Informationen zu diesen Abrufen zur Verfügung zu stellen.

(5) Der Anbieter trägt die Kosten

1. der Kommunikationsanbindung, die für den Abruf der Abschaltleistung notwendig ist, und
2. des Frequenzrelais und weiterer erforderlicher technischer Ausrüstung der abschaltbaren Lasten, die zur Erfüllung der Anforderungen des Vorverfahrens nach § 9 erforderlich sind.

(6) [1]Die Betreiber von Übertragungsnetzen haben das Recht, den Abruf der Abschaltleistung während der nach § 12 gemeldeten Verfügbarkeit jederzeit auch mehrfach testweise durchzuführen. [2]Der Anspruch auf Zahlung des Arbeitspreises besteht auch in diesem Fall.

(7) [1]Die Betreiber von Übertragungsnetzen veröffentlichen auf der Ausschreibungsplattform unverzüglich alle Daten, die zur Schaffung von Markttransparenz erforderlich sind, insbesondere

1. die Anzahl und den Umfang der geschlossenen Rahmenvereinbarungen,
2. die Ergebnisse der Auktionen und
3. die Informationen zum erfolgten Abruf der Abschaltleistungen.

[2]Bei der Auswahl der zu veröffentlichenden Daten und ihrer Aggregation in der Darstellung ist die Vertraulichkeit der schutzbedürftigen Daten der einzelnen Anbieter zu gewährleisten. [3]Die Bundesnetzagentur kann durch Festlegungen nach § 29 Absatz 1 des Energiewirtschaftsgesetzes[2)] Näheres regeln.

§ 16 Abschaltbare Lasten in nachgelagerten Netzen. Die Nutzung einer Abschaltleistung ist nur in Abstimmung mit den Betreibern derjenigen nachgelagerten Elektrizitätsverteilernetze zulässig, in die die abschaltbare Last eingebunden ist; § 14 Absatz 1c Satz 1 des Energiewirtschaftsgesetzes[2)] bleibt unberührt.

§ 17 Bericht der Bundesnetzagentur. (1) [1]Zum 1. Juli 2021 berichtet die Bundesnetzagentur dem Bundesministerium für Wirtschaft und Energie über die Anwendung dieser Verordnung. [2]In ihrem schriftlichen Bericht überprüft die Bundesnetzagentur, ob und inwiefern Vereinbarungen von Anbietern mit Betreibern von Übertragungsnetzen nach dieser Rechtsverordnung geeignet und erforderlich waren, um Gefährdungen oder Störungen der Sicherheit und Zuverlässigkeit des Elektrizitätsversorgungssystems zu beseitigen.

(2) [1]Die Betreiber von Übertragungsnetzen haben die Bundesnetzagentur bei der Erfüllung ihrer Berichtspflicht angemessen zu unterstützen. [2]Die Be-

1) Nr. **24**.
2) Nr. **1**.

fugnisse der Regulierungsbehörde nach § 69 des Energiewirtschaftsgesetzes[1] gelten entsprechend.

(3) Das Bundesministerium für Wirtschaft und Energie leitet diesen Bericht der Bundesregierung und dem Bundestag zu.

§ 18 Kostenregelung. (1) [1]Die Betreiber von Übertragungsnetzen sind verpflichtet, ihre Zahlungen und Aufwendungen nach dieser Verordnung über eine finanzielle Verrechnung monatlich untereinander auszugleichen; ein Belastungsausgleich erfolgt entsprechend den §§ 26, 28 und 30 des Kraft-Wärme-Kopplungsgesetzes[2] in der jeweils geltenden Fassung. [2]Die Kosten nach Satz 1 können als Aufschlag auf die Netzentgelte anteilig auf die Letztverbraucher umgelegt werden; die Einführung und die Anpassungen dieses Aufschlags erfolgen jeweils zum 1. Januar eines Kalenderjahres. [3]Zahlungen und Aufwendungen sind verzinst zu berücksichtigen entsprechend § 5 Absatz 2 Satz 3 der Anreizregulierungsverordnung[3] vom 29. Oktober 2007 (BGBl. I S. 2529), die zuletzt durch Artikel 5 des Gesetzes vom 26. Juli 2016 (BGBl. I S. 1786) geändert worden ist. [4]Abweichend von Satz 1 sind Kosten, die für den Abruf der Abschaltleistung zur Sicherstellung des Leistungsgleichgewichts erforderlich sind, wie Kosten des Abrufs von Sekundärregelarbeit und Minutenreservearbeit gemäß § 8 Absatz 2 Satz 2 der Stromnetzzugangsverordnung[4] vom 25. Juli 2005 (BGBl. I S. 2243), die zuletzt durch Artikel 4 des Gesetzes vom 26. Juli 2016 (BGBl. I S. 1786) geändert worden ist, zu behandeln.

(2) Soweit Differenzen zwischen den in den Aufschlägen auf die Netzentgelte nach der Verordnung zu abschaltbaren Lasten vom 28. Dezember 2012 (BGBl. I S. 2998), die zuletzt durch Artikel 1 der Verordnung vom 16. Juni 2016 (BGBl. I S. 1359) geändert worden ist, enthaltenen Planansätzen und den tatsächlichen Zahlungen und Aufwendungen entstanden sind, sind diese mit den Aufschlägen auf die Netzentgelte nach dieser Verordnung zu verrechnen.

(3) [1]Zur Verwirklichung einer effizienten Abwicklung der Maßnahmen nach § 13 Absatz 6 und § 13i Absatz 1 und 2 des Energiewirtschaftsgesetzes[1] kann die Regulierungsbehörde durch Festlegung nach § 29 Absatz 1 des Energiewirtschaftsgesetzes Entscheidungen treffen über die Ermittlung und Verrechnung der Zahlungen und Aufwendungen, die sich aus dieser Verordnung ergeben. [2]Die Umlage nach Absatz 1 kann mit Entgeltbestandteilen durch Festlegung nach § 30 Absatz 2 Nummer 6 der Stromnetzentgeltverordnung[5] zusammen erhoben werden.

§ 19 Übergangsbestimmungen. (1) Bis zu sechs Monate ab Inkrafttreten dieser Verordnung können die Betreiber von Übertragungsnetzen abweichend von den entsprechenden Regelungen der vorliegenden Verordnung die Regelungen der §§ 1 bis 16 der Verordnung zu abschaltbaren Lasten vom 28. Dezember 2012 (BGBl. I S. 2998), die zuletzt durch Artikel 1 der Verordnung vom 16. Juni 2016 (BGBl. I S. 1359) geändert worden ist, auch nach ihrem Außerkrafttreten übergangsweise weiter anwenden.

---

[1] Nr. **1**.
[2] Nr. **45**.
[3] Nr. **28**.
[4] Nr. **23**.
[5] Nr. **24**.

(2) [1] Umfasst die letzte Ausschreibung vor der Umstellung der Ausschreibungen von einem monatlichen auf einen wöchentlichen Ausschreibungszeitraum keinen ganzen Monat, so ist der Ausschreibungszeitraum einmalig auf den tatsächlichen Zeitraum in Tagen zu kürzen. [2] Bei der Berechnung des Wertes für diesen Zeitraum zu Grunde zu legen ist für jeden Tag ein Dreißigstel des Wertes, der in der in Absatz 1 genannten Verordnung festgelegt ist für

1. den Leistungspreis in Euro pro Megawatt Abschaltleistung,
2. die notwendige ganztägige Verfügbarkeit der Abschaltleistung, die einen Anspruch auf Zahlung des Leistungspreises begründet, in Tagen und
3. die Dauer in Stunden, für die die Abschaltleistung im Ausschreibungszeitraum auf Anforderung der Betreiber von Übertragungsnetzen mindestens herbeiführbar sein muss.

[3] Die ermittelten Werte sind auf ganze Zahlen abzurunden.

§ 20 Inkrafttreten, Außerkrafttreten. (1) Diese Verordnung tritt am 1. Oktober 2016 in Kraft.

(2) [1] Diese Verordnung tritt am 1. Juli 2022 außer Kraft. [2] Abweichend hiervon tritt § 18 am 31. Dezember 2023 außer Kraft.

19. Verordnung zur Regelung des Netzanschlusses von Anlagen zur Erzeugung von elektrischer Energie (Kraftwerks-Netzanschlussverordnung – KraftNAV)[1]

Vom 26. Juni 2007
(BGBl. I S. 1187)

FNA 752-6-10

Auf Grund des § 17 Abs. 3 Satz 1 in Verbindung mit Satz 2, des § 24 Satz 1 Nr. 1 in Verbindung mit Satz 2 Nr. 2 und 3 sowie Satz 3 und des § 29 Abs. 3 des Energiewirtschaftsgesetzes[2] vom 7. Juli 2005 (BGBl. I S. 1970) verordnet die Bundesregierung:

Inhaltsübersicht

Teil 1. Allgemeine Vorschriften

§ 1 Anwendungsbereich. (1) Diese Verordnung regelt Bedingungen für den Netzanschluss von Anlagen zur Erzeugung von elektrischer Energie (Erzeugungsanlagen) mit einer Nennleistung ab 100 Megawatt an Elektrizitätsversorgungsnetze mit einer Spannung von mindestens 110 Kilovolt.

(2) [1]Die Regelungen dieser Verordnung sind hinsichtlich der Pflichten der Netzbetreiber abschließend im Sinne des § 111 Abs. 2 Nr. 2 des Energiewirtschaftsgesetzes[2]. [2]Die Vorschriften des Erneuerbare-Energien-Gesetzes[3] sowie des Kraft-Wärme-Kopplungsgesetzes[4] bleiben unberührt.

---

[1] **Amtl. Anm.:** Diese Verordnung dient u.a. der Umsetzung der Richtlinie 2005/89/EG des Europäischen Parlaments und des Rates vom 18. Januar 2006 über Maßnahmen zur Gewährleistung der Sicherheit der Elektrizitätsversorgung und von Infrastrukturinvestitionen (ABl. EU Nr. L 33 S. 22).

[2] Nr. **1**.

[3] Nr. **37**.

[4] Nr. **45**.

§ 2 Begriffsbestimmungen. Im Sinne dieser Verordnung

1. ist Anschlussnehmer derjenige, der als Projektentwicklungsträger, Errichter oder Betreiber die Herstellung des Anschlusses an ein Elektrizitätsversorgungsnetz mit einer Spannung von mindestens 110 Kilovolt für eine Erzeugungsanlage beansprucht,
2. ist Netzanschluss die Herstellung der elektrischen Leitung, die Erzeugungsanlage und Anschlusspunkt verbindet, und ihre Verknüpfung mit dem Anschlusspunkt,
3. sind Netzbetreiber die Betreiber von Elektrizitätsversorgungsnetzen mit einer Spannung von 110 Kilovolt oder darüber,
4. ist Netzschemaplan ein schematischer Netzplan mit allen Stromkreisen, Schaltanlagen, Sammelschienen und Umspannwerken.

§ 3 Verfahren. (1) Der Netzbetreiber hat auf seiner Internetseite folgende Angaben zu veröffentlichen:

1. die für die Prüfung eines Netzanschlussbegehrens und einer Prognose der für eine entsprechende Anschlussnutzung verfügbaren Leitungskapazitäten mindestens erforderlichen Angaben;
2. standardisierte Bedingungen für einen Netzanschlussvertrag;
3. eine laufend aktualisierte, übersichtliche Darstellung des Netzschemaplans sowie der Netzauslastung im gesamten Netz einschließlich der Kennzeichnung tatsächlicher oder zu erwartender Engpässe.

(2) [1] Richtet der Anschlussnehmer ein Netzanschlussbegehren an den Netzbetreiber, so hat dieser unverzüglich, spätestens nach Ablauf von zwei Wochen, dem Anschlussnehmer darzulegen, welche Prüfungen zur Vorbereitung einer Entscheidung über das Netzanschlussbegehren und einer Prognose der für eine entsprechende Anschlussnutzung verfügbaren Leitungskapazitäten notwendig sind und welche Kosten diese Prüfungen verursachen werden. [2] Soweit zusätzliche Angaben erforderlich sind, hat der Netzbetreiber diese vollständig innerhalb von einer Woche von dem Anschlussnehmer anzufordern. [3] Im Fall des Satzes 2 gilt Satz 1 mit der Maßgabe, dass die Darlegung des Netzbetreibers eine Woche nach Eingang der zusätzlichen Angaben erfolgen muss.

(3) [1] Nach Eingang einer Vorschusszahlung des Anschlussnehmers in Höhe von 25 vom Hundert der erwarteten Kosten im Sinne von Absatz 2 ist der Netzbetreiber verpflichtet, umgehend die für eine Anschlusszusage und für eine Prognose der für eine entsprechende Anschlussnutzung verfügbaren Leitungskapazitäten notwendigen Prüfungen, insbesondere zu Anschlusspunkt, Anschlussleitungen sowie Lastflüssen und sonstigen Wirkungen auf das Netz, durchzuführen. [2] Soweit erforderlich, sind Betreiber anderer betroffener Elektrizitätsversorgungsnetze zur Mitwirkung bei der Prüfung verpflichtet. [3] Der Anschlussnehmer kann verlangen, dass der Netzbetreiber auch Prüfungen unter Zugrundelegung von Annahmen des Anschlussnehmers durchführt. [4] Der Anschlussnehmer ist über Verlauf und Ergebnis der Prüfungen angemessen und zeitnah zu unterrichten. [5] Das Ergebnis der Prüfungen ist dem Anschlussnehmer unverzüglich, spätestens drei Monate nach Eingang der Vorschusszahlung mitzuteilen, es sei denn, der Netzbetreiber weist nach, dass zusätzliche Prüfungswünsche des Anschlussnehmers nach Satz 3 oder sonstige außergewöhnli-

che, nicht vom Netzbetreiber zu vertretende Umstände einen erhöhten Zeitbedarf verursacht haben.

(4) Der Anschlussnehmer trägt die Kosten der Prüfungen nach Absatz 3.

§ 4 Anschlusszusage und Netzanschlussvertrag. (1) [1] Der Netzbetreiber hat dem Anschlussnehmer zusammen mit dem Prüfungsergebnis nach § 3 Abs. 3 eine Anschlusszusage zu erteilen, soweit er nicht den Anschluss verweigern darf. [2] Haben Anschlussnehmer für einen Anschlusspunkt mehrere Anschlussbegehren an den Netzbetreiber gerichtet und beeinflussen sich die Anschlussbegehren gegenseitig in der Weise, dass nicht alle begehrten Anschlüsse hergestellt werden können, so ist auf diejenigen Netzanschlussbegehren vorrangig eine Anschlusszusage zu erteilen, die einschließlich der Angaben, die nach § 3 Abs. 1 und 2 notwendig sind, zeitlich früher beim Netzbetreiber eingegangen sind. [3] Die Anschlusszusage beinhaltet die verbindliche Reservierung von Netzanschlussleistung an einem bestimmten Netzanschlusspunkt unbeschadet des Zustandekommens der weiteren erforderlichen vertraglichen Regelungen zu Netzanschluss (Netzanschlussvertrag) und Anschlussnutzung. [4] Die Anschlusszusage wird wirksam, wenn der Anschlussnehmer innerhalb von einem Monat nach Erteilung der Anschlusszusage eine Reservierungsgebühr in Höhe von 1000 Euro pro Megawatt Netzanschlussleistung und die Kosten der Prüfung nach § 3 Abs. 3 zahlt. [5] Die Reservierungsgebühr ist bei Herstellung des Netzanschlusses vom Netzbetreiber auf Kostenersatzforderungen wegen der Herstellung des Netzanschlusses anzurechnen oder sie ist zurückzuzahlen, wenn eine Anrechnung nicht möglich oder der Netzanschluss aus Gründen nicht hergestellt wird, die der Anschlussnehmer nicht zu vertreten hat. [6] Im Fall des Absatzes 3 Satz 1 ist die Reservierungsgebühr entgeltmindernd in der Kalkulation der Netzentgelte durch den Netzbetreiber zu berücksichtigen.

(2) [1] Netzbetreiber und Anschlussnehmer haben mit dem Ziel der zügigen Vorbereitung eines Netzanschlussvertrages zusammenzuarbeiten. [2] Soweit es für die Verwirklichung des in Satz 1 genannten Ziels erforderlich ist, sind Betreiber anderer betroffener Elektrizitätsversorgungsnetze zur Mitwirkung verpflichtet. [3] Die Pflicht nach Satz 1 umfasst insbesondere das Aufstellen eines Plans, in dem Fristen für die Verhandlungen zum Abschluss des Netzanschlussvertrages (Verhandlungsfahrplan) vereinbart werden und der einen Vertragsabschluss in der Regel innerhalb von höchstens zwölf Monaten vorsieht. [4] Der Verhandlungsfahrplan soll sich insbesondere auf die in Absatz 4 genannten Vertragsgegenstände beziehen. [5] Der Anschlussnehmer kann verlangen, dass der Netzbetreiber ihm alle für das Aufstellen des Verhandlungsfahrplans erforderlichen Angaben übermittelt. [6] Kommt eine Einigung über den Verhandlungsfahrplan nicht innerhalb von drei Monaten zustande, so ist der Anschlussnehmer verpflichtet, den Verhandlungsfahrplan unverzüglich einseitig aufzustellen.

(3) [1] Die Reservierung des Netzanschlusspunktes verfällt, wenn

1. der Anschlussnehmer das Zustandekommen des Netzanschlussvertrages in der vereinbarten Frist nach Absatz 2 Satz 3 durch ausschließlich oder überwiegend von ihm zu vertretende Nichteinhaltung des Verhandlungsfahrplans vereitelt oder
2. ein Netzanschlussvertrag drei Monate nach dem im Verhandlungsfahrplan vorgesehenen Zeitpunkt nicht zustande gekommen ist und weder Anschluss-

nehmer noch Netzbetreiber einen Antrag nach § 31 des Energiewirtschaftsgesetzes[1)] bei der Regulierungsbehörde gestellt haben.

[2] Der Netzbetreiber hat im Rahmen des Zumutbaren durch rechtzeitige eigene Vorleistungen zum zügigen Abschluss eines Netzanschlussvertrages beizutragen.

(4) Der Netzanschlussvertrag muss unter Beachtung der Vorschriften des Energiewirtschaftsgesetzes und dieser Verordnung mindestens Regelungen zu folgenden Gegenständen enthalten:

1. Beschreibung von Kraftwerks- und Netzanschlusskonzept,
2. Bereitstellung der Netzanschlussleistung,
3. Veränderungen der Netzanschlussleistung,
4. Eigentumsgrenzen,
5. technische Spezifikation und Dokumentation,
6. Übergabezählung,
7. Zutrittsrechte,
8. Störungen und Unterbrechungen,
9. Anforderungen an den Informationsaustausch,
10. notwendige Anforderungen an das Kraftwerk,
11. Eigenbedarfskonzept,
12. Haftung,
13. Laufzeit und Kündigung,
14. Rechtsnachfolge.

(5) [1] Netzbetreiber und Anschlussnehmer haben zusammen mit dem Netzanschlussvertrag einen Plan zu vereinbaren über Inhalt, zeitliche Abfolge und Verantwortlichkeit von Netzbetreiber oder Anschlussnehmer für die einzelnen Schritte zur Errichtung des Kraftwerkes, zur Herstellung des Netzanschlusses und, soweit erforderlich, Maßnahmen zur Ertüchtigung des Netzanschlusspunktes oder zum Ausbau des Netzes bis zum nächsten Netzknoten (Realisierungsfahrplan). [2] Der Realisierungsfahrplan muss angemessene Folgen bei Nichteinhaltung der wesentlichen, insbesondere zeitlichen Vorgaben, vorsehen. [3] Soweit es veränderte tatsächliche Umstände erfordern, hat jeder der Beteiligten Anspruch auf eine Anpassung des Realisierungsfahrplans.

(6) Richtet ein Anschlussnehmer für einen Anschlusspunkt, für den bereits eine oder mehrere Anschlusszusagen erteilt worden sind, ein Anschlussbegehren an den Netzbetreiber und beeinflussen sich die Anschlussbegehren gegenseitig in der Weise, dass nur die Realisierung der bereits zugesagten Anschlüsse möglich ist, und wird zusammen mit dem Netzanschlussvertrag der Realisierungsfahrplan nicht aufgestellt oder nicht eingehalten und ist dies ausschließlich oder überwiegend vom Anschlussnehmer zu vertreten, so können sich der oder diejenigen Anschlussnehmer, denen bereits eine Anschlusszusage erteilt worden ist, nicht auf einen Vorrang vor dem zeitlich nachfolgenden Anschlussbegehren oder, auch im Verhältnis zum Netzbetreiber, nicht auf das Bestehen eines Netzanschlussvertrages berufen.

[1)] Nr. **1**.

(7) [1] Im Realisierungsfahrplan müssen Zeitpunkte, bis zu denen die wesentlichen Schritte zur Verwirklichung des Netzanschlussvorhabens eingeleitet oder abgeschlossen sein müssen, festgelegt sein. [2] Derartige Schritte können insbesondere sein

1. der Erwerb dinglicher Rechte oder langfristiger schuldrechtlicher Ansprüche, die die Nutzung der für das Netzanschlussvorhaben benötigten Grundstücke ermöglichen,
2. die Beantragung der für das Vorhaben erforderlichen behördlichen Genehmigungen,
3. der Abschluss von Verträgen über die Lieferung der wesentlichen notwendigen Kraftwerkstechnik oder entsprechende vertragliche Optionen,
4. die Freigabe der Netzanschlussarbeiten durch den Anschlussnehmer,
5. der Beginn von Baumaßnahmen.

[3] Der Anschlussnehmer hat den Verhandlungsfahrplan und den Realisierungsfahrplan der Regulierungsbehörde unverzüglich vorzulegen.

§ 5 Informationspflichten des Netzbetreibers. (1) [1] Der Netzbetreiber ist im Rahmen seiner Prüfung nach § 3 Abs. 3 Satz 1 verpflichtet, auf Antrag dem Anschlussnehmer die Netzdaten unverzüglich in geeigneter Weise zur Verfügung zu stellen, die erforderlich sind, um eigene Bewertungen der zukünftigen Netznutzungssituation vorzunehmen. [2] Die erforderlichen Netzdaten umfassen insbesondere

1. eine Dokumentation der durch den Netzbetreiber durchgeführten Lastflussberechnungen in vereinfachter Form, aus denen die zu Grunde gelegten Annahmen zu
   a) den einzelnen Kraftwerken, nach Primärenergieträgern,
   b) der aggregierten Netzbelastung,
   c) den Lastflüssen aus den und in die angrenzenden Regelzonen,
   d) den Kuppelstellen zu ausländischen Netzbetreibern,
   e) den Einspeisungen und Entnahmen und
   f) den Transiten

   für die vom Antragsteller bezeichneten und für das Anschlussbegehren relevanten Netzbereiche hervorgehen, jeweils für das Netz im Ist-Zustand und für den angegebenen Zeitpunkt der Inbetriebnahme der anzuschließenden Erzeugungsanlage; im Fall von Netzengpässen müssen die Ergebnisse zu Häufigkeit, Höhe und Dauer an den jeweiligen Netzengpassstellen dokumentiert werden sowie der erforderliche Netzausbau zur dauerhaften Beseitigung des Netzengpasses;
2. eine Dokumentation des verwendeten Netzmodells anhand eines 1-poligen Ersatzschaltbildes mit den Auslegungsdaten der Netzbetriebsmittel für den Ist-Zustand und den geplanten Netzausbau;
3. eine Dokumentation der durch den Netzbetreiber durchgeführten Lastflussberechnungen für die vom Antragsteller bezeichneten und für das Anschlussbegehren relevanten Netzbereiche, aus denen die Netzbelastungen aller Betriebsmittel im (n-0)-Fall sowie in kritischen (n-1)-Fällen sowie die an-

genommenen Knoteneinspeisungen, Knotenlasten sowie Transite der Lastflussberechnung erkennbar sein müssen;

4. eine Darstellung der zu Grunde gelegten Annahmen zur Entwicklung der Einspeisung durch privilegierte Anlagen mit Einspeisevorrang und aus Erzeugungsanlagen mit einer Gesamtleistung von mehr als 100 Megawatt;
5. den letzten jeweils für die betroffene Regelzone, in der die Anlage angeschlossen werden soll, nach § 12 Abs. 3a Satz 1 und 2 des Energiewirtschaftsgesetzes[1)] erstellten Bericht.

(2) Die Netzdaten müssen in Form und Inhalt geeignet sein, um sachkundigen Dritten als Entscheidungsgrundlage zu dienen.

(3) [1] Die Informationspflicht hinsichtlich der Netzdaten nach Absatz 1 Satz 2 Nr. 2 bis 5 kann in der Weise erfüllt werden, dass diese einem sachverständigen Dritten übergeben werden (Gutachter). [2] Der Gutachter ist im Einvernehmen mit dem Anschlussnehmer zu bestimmen. [3] Der Gutachter führt im Auftrag des Anschlussnehmers die erforderlichen Lastflussberechnungen durch und dokumentiert für diesen die Ergebnisse in geeigneter und nachvollziehbarer Form. [4] Die Kosten des Gutachters trägt der Anschlussnehmer.

(4) Der Gutachter sowie die von ihm im Zusammenhang mit der Erfüllung seiner Aufgaben beauftragten Dritten sind auch nach Beendigung ihrer Tätigkeit verpflichtet, die Verschwiegenheit über die ihnen bekannt gewordenen Netzdaten nach Absatz 1 zu wahren.

§ 6 Netzanschluss. (1) [1] Die Gewährung des Netzanschlusses nach § 17 Abs. 2 des Energiewirtschaftsgesetzes[1)] ist insbesondere dann unzumutbar, wenn der begehrte Netzanschlusspunkt technisch nicht zur Aufnahme des erzeugten Stroms geeignet ist und die Eignung nicht durch dem Netzbetreiber mögliche und zumutbare Maßnahmen zur Ertüchtigung des Netzanschlusspunktes oder zum Ausbau des Netzes bis zum nächsten Netzknoten hergestellt werden kann. [2] Eine fehlende Eignung ist insbesondere dann anzunehmen, wenn trotz zumutbarer Maßnahmen nach Satz 1 der Anschlusspunkt nicht über

1. eine ausreichende Kurzschlussleistung oder
2. einen ausreichenden Abfuhrquerschnitt

verfügt.

(2) Ein Netzanschluss kann nicht mit dem Hinweis darauf verweigert werden, dass in einem mit dem Anschlusspunkt direkt oder indirekt verbundenen Netz Kapazitätsengpässe auftreten oder auftreten werden.

(3) Wird der Anschluss an dem begehrten Anschlusspunkt verweigert, so hat der Netzbetreiber dem Anschlussnehmer gleichzeitig einen anderen Anschlusspunkt vorzuschlagen, der im Rahmen des wirtschaftlich Zumutbaren die geäußerten Absichten des Anschlussnehmers bestmöglich verwirklicht.

(4) Der Anschlussnehmer kann den Netzanschluss von einem fachkundigen Dritten oder dem Netzbetreiber vornehmen lassen.

[1)] Nr. 1.

§ 7 Netzzugang bei Engpässen. (1) Anschlussnehmern steht nach Maßgabe der Absätze 2 und 3 ein Anspruch auf bevorzugten Netzzugang im Fall von Engpässen im deutschen Übertragungsnetz zu.

(2) Berechtigt sind Anschlussnehmer,

1. die bis zum 31. Dezember 2007 ein Netzanschlussbegehren mit vollständigen Angaben nach § 3 Abs. 1 Nr. 1 an den Netzbetreiber gerichtet haben und
2. deren Erzeugungsanlage in der Zeit vom 1. Januar 2007 bis zum 31. Dezember 2012 an das Netz angeschlossen wird oder ausschließlich aufgrund von Umständen, die sie nicht zu vertreten haben, erst zu einem späteren Zeitpunkt an das Netz angeschlossen werden kann.

(3) [1] Der Anspruch auf bevorzugten Netzzugang nach Absatz 1 ist auf zehn Jahre ab dem Datum der ersten Netzeinspeisung, spätestens jedoch ab dem 31. Dezember 2012, befristet. [2] Er hat zum Inhalt, dass abweichend von § 15 Abs. 2 der Stromnetzzugangsverordnung[1)] von dem Netzbetreiber im Fall eines Engpasses die Bereitstellung von Leitungskapazität ohne die Erhebung von zusätzlichen Entgelten verlangt werden kann. [3] Würde durch die Ausübung von Rechten nach Absatz 1 mehr als die Hälfte der verfügbaren Leitungskapazität in Anspruch genommen, so sind die bevorzugten Netzzugangsrechte anteilig zu kürzen.

§ 8 Kostentragung. (1) Der Anschlussnehmer trägt die Kosten für die Verbindung zwischen der Erzeugungsanlage und dem Netzanschlusspunkt.

(2) [1] Vorbehaltlich des Satzes 3 hat der Anschlussnehmer Kosten, die im Zuge einer erforderlichen Ertüchtigung des Netzanschlusspunktes anfallen, insoweit zu tragen, als sie durch ausschließlich vom Anschlussnehmer genutzte Betriebsmittel verursacht sind. [2] Satz 1 gilt für Kosten von Maßnahmen zum Ausbau des Netzes bis zum nächsten Netzknoten im Sinne von § 6 Abs. 1 Satz 1 entsprechend. [3] Anschaffungs- und Herstellungskosten von Betriebsmitteln, die in das Eigentum des Netzbetreibers oder von Dritten übergehen, hat der Anschlussnehmer nicht zu tragen.

(3) Kosten zur Verstärkung des Netzes sowie einen Baukostenzuschuss hat der Anschlussnehmer nicht zu tragen.

Teil 2. Sonstige Bestimmungen

§ 9 Kraftwerksanschluss-Register. [1] Die Netzbetreiber haben ein gemeinsames Register aller Erzeugungsanlagen, die bestehen oder für die ein Netzanschlussbegehren nach § 3 Abs. 2 vorliegt, und eine übersichtliche Darstellung des Netzschemaplans und der Netzauslastung, einschließlich der Kennzeichnung bestehender oder erwarteter Engpässe zu führen. [2] In diesem Register sind auch die Standorte nicht nur vorübergehend stillgelegter oder endgültig aufgegebener Erzeugungsanlagen zu erfassen und jeweils mit einer geeigneten Kennzeichnung zu versehen. [3] Die Daten sind Anschlussnehmern sowie auf Anforderung den Energieaufsichtsbehörden und Regulierungsbehörden in geeigneter Form zur Verfügung zu stellen.

---

1) Nr. **23**.

§ 10 Festlegungen der Regulierungsbehörde. [1] Zur Verwirklichung eines effizienten Anschlusses von Erzeugungsanlagen an das Netz und der in § 1 Abs. 1 des Energiewirtschaftsgesetzes[1)] genannten Zwecke kann die Regulierungsbehörde Entscheidungen durch Festlegung nach § 29 Abs. 1 des Energiewirtschaftsgesetzes[1)] zur näheren Ausgestaltung des zwischen Anschlussnehmern und Netzbetreibern einzuhaltenden Verfahrens im Zuge der Beantragung und Gewährung eines Netzanschlusses treffen. [2] Dies umfasst insbesondere die Ausgestaltung und den Inhalt der gegenseitigen Informationspflichten, Vorleistungspflichten, Fristenregelungen sowie der standardisierten Bedingungen für einen Netzanschlussvertrag nach § 3 Abs. 1 Nr. 2.

Teil 3. Schlussvorschriften

§ 11 Inkrafttreten. Die Verordnung tritt am Tage nach der Verkündung[2)] in Kraft.

[1)] Nr. 1.
[2)] Verkündet am 29.6.2007.

20. Verordnung zur Regelung der Beschaffung und Vorhaltung von Anlagen in der Netzreserve (Netzreserveverordnung – NetzResV)[1]

Vom 27. Juni 2013
(BGBl. I S. 1947)

FNA 752-6-17

zuletzt geänd. durch Art. 15 G zur Beschleunigung des Energieleitungsausbaus v. 13.5.2019 (BGBl. I S. 706)

Auf Grund des § 13b Absatz 1 und 2 des Energiewirtschaftsgesetzes[2], der durch Artikel 1 Nummer 10 des Gesetzes vom 20. Dezember 2012 (BGBl. I S. 2730) eingefügt worden ist, verordnet die Bundesregierung:

§ 1 Anwendungsbereich, Vorrang der Netzreserve, Umgang mit bestehenden Verträgen. (1) [1]Diese Verordnung regelt das Verfahren der Beschaffung der Netzreserve, den Einsatz von Anlagen in der Netzreserve nach § 13d Absatz 1 des Energiewirtschaftsgesetzes[2] sowie Anforderungen an Anlagen in der Netzreserve auf Grundlage von § 13i Absatz 3 Nummer 2 des Energiewirtschaftsgesetzes. [2]Sie präzisiert zudem die Bestimmungen zum Umgang mit geplanten Stilllegungen von Erzeugungsanlagen oder Anlagen zur Speicherung von elektrischer Energie auf Grundlage von § 13a Absatz 1, der §§ 13b bis 13d sowie 13i Absatz 3 Nummer 1 des Energiewirtschaftsgesetzes.

(2) [1]Die Bildung einer Netzreserve erfolgt auf Grundlage des Abschlusses von Verträgen zwischen Übertragungsnetz- und Anlagenbetreibern nach Abstimmung mit der Bundesnetzagentur über die Nutzung bestimmter Anlagen gemäß den Bestimmungen der §§ 2 bis 9 (vertragliches Schuldverhältnis). [2]Der Einsatz der Anlagen der Netzreserve erfolgt dann auf Grundlage der abgeschlossenen Verträge. [3]Die Bildung der Netzreserve nach Satz 1 erfolgt vorrangig zur Nutzung der gesetzlichen Bestimmungen zum Umgang mit geplanten Stilllegungen von Anlagen.

(3) Bestehende Verträge und Optionen, welche von Übertragungsnetzbetreibern in Abstimmung mit der Bundesnetzagentur für die Nutzung von Reservekraftwerken für die Winter 2011/2012 und 2012/2013 abgeschlossen wurden, werden durch die Vorgaben der Verordnung nicht berührt.

§ 2 Zweck der Bildung einer Netzreserve, Systemsicherheit. (1) Zweck der Bildung einer Netzreserve ist die Vorhaltung von Erzeugungskapazitäten zur Gewährleistung der Sicherheit und Zuverlässigkeit des Elektrizitätsversorgungssystems, insbesondere für die Bewirtschaftung von Netzengpässen und für die Spannungshaltung.

(2) [1]Eine Gefährdung der Sicherheit und Zuverlässigkeit des Elektrizitätsversorgungssystems liegt vor, wenn örtliche Ausfälle des Übertragungsnetzes oder kurzfristige Netzengpässe zu besorgen sind oder zu besorgen ist, dass die

---

[1] Die VO ist am 6.7.2013 in Kraft getreten; vgl. § 14 Abs. 1 in der ursprünglichen Fassung.
[2] Nr. **1**.

Haltung von Frequenz, Spannung oder Stabilität durch die Übertragungsnetzbetreiber nicht im erforderlichen Maße gewährleistet werden kann. [2] Maßstab ist der Erhalt der Systemsicherheit im Sinne von Satz 1 unter Berücksichtigung der anerkannten Regeln der Technik für den sicheren Netzbetrieb im Sinne von § 49 des Energiewirtschaftsgesetzes[1)]. [3] Für einen sicheren Netzbetrieb sollen auch systemrelevante Mehrfachfehler angemessen beherrscht werden.

§ 3 Prüfung und Bestätigung des Bedarfs an Erzeugungskapazität für die Netzreserve. (1) [1] Die Bundesnetzagentur prüft bis spätestens zum 30. April eines jeden Jahres den Bedarf an Erzeugungskapazität für die Netzreserve. [2] Ein eventuell bestehender Bedarf wird von ihr bestätigt. [3] Die Bestätigung ist nicht selbstständig durch Dritte anfechtbar. [4] Die Ergebnisse der Prüfung, die Analysen der Übertragungsnetzbetreiber nach Absatz 2, die dieser zu Grunde liegenden Annahmen, Parameter, Szenarien, Methoden sowie die zum 30. April des jeweiligen Jahres für die jeweils folgenden fünf Jahre prognostizierten Einzelwerte der Jahreshöchstlast im Gebiet der Bundesrepublik Deutschland einschließlich der Netzverluste und gegebenenfalls die Bestätigung werden in einem Bericht veröffentlicht.

(2) [1] Grundlage der Prüfung ist eine von den Betreibern von Übertragungsnetzen jährlich gemeinsam erstellte Analyse

1. der verfügbaren gesicherten Erzeugungskapazitäten auch im Hinblick auf deren technische Eignung für die Abwehr von Gefahren für die Sicherheit oder Zuverlässigkeit des Elektrizitätsversorgungssystems einschließlich ihrer Anfahrzeiten und ihrer Laständerungsgeschwindigkeiten,
2. der wahrscheinlichen Entwicklung der verfügbaren gesicherten Erzeugungskapazitäten im Hinblick auf das jeweils folgende Winterhalbjahr sowie mindestens eines der weiteren darauf folgenden vier Betrachtungsjahre (Systemanalyse) und
3. des eventuellen Bedarfs an Netzreserve.

[2] Ein Betrachtungsjahr umfasst jeweils den Zeitraum vom 1. April eines Jahres bis zum 31. März des jeweiligen Folgejahres. [3] Ergänzend erstellen die Betreiber von Übertragungsnetzen im Einvernehmen mit der Bundesnetzagentur bis zum 30. November 2016 eine Analyse des Winterhalbjahres 2021/2022 und des Winterhalbjahres 2022/2023; darüber hinaus kann die Bundesnetzagentur verlangen, dass die Betreiber von Übertragungsnetzen zusätzlich zu der Systemanalyse nach Satz 1 eine Analyse im Hinblick auf ein weiteres Betrachtungsjahr erstellen, das einen Untersuchungszeitraum nach dem in Satz 1 genannten Zeitraum abdeckt (Langfristanalyse). [4] Die Entscheidung über weitere Untersuchungszeiträume nach Satz 3 bedarf der Zustimmung durch die Bundesnetzagentur. [5] Die der Systemanalyse zu Grunde liegenden Annahmen, Parameter, Szenarien und Methoden sind bis spätestens zum 1. Dezember eines jeden Jahres mit der Bundesnetzagentur abzustimmen. [6] Die Systemanalyse ist ihr bis spätestens zum 1. März eines jeden Jahres zu übermitteln.

(3) [1] Maßstab der Analysen der Übertragungsnetzbetreiber und der Prüfung der Bundesnetzagentur ist die Vermeidung einer Gefährdung der Sicherheit und Zuverlässigkeit des Elektrizitätsversorgungssystems im Sinne von § 2 Ab-

---

[1)] Nr. 1.

satz 2 durch Vorhaltung von Erzeugungskapazitäten insbesondere als Redispatchpotential. 2 Bei den Analysen sind insbesondere bestehende Netzengpässe und mögliche Entwicklungen im Hinblick auf den Netzausbau zu berücksichtigen.

§ 4 Verfahren, Möglichkeit zur Interessenbekundung. (1) 1 Im Fall eines von der Bundesnetzagentur nach § 3 bestätigten zusätzlichen Bedarfs an Erzeugungskapazität für die Netzreserve veröffentlicht der jeweils betroffene Übertragungsnetzbetreiber in Übereinstimmung mit der Bestätigung bis spätestens zum 30. April eines jeden Jahres die Anforderungen an die erforderlichen Anlagen einschließlich eventueller Anforderungen an den Standort und die technischen Parameter. 2 Die ergänzende Langfristanalyse bleibt bei dem Verfahren nach Satz 1 unberücksichtigt.

(2) 1 Die Betreiber von Anlagen können bis spätestens zum 15. Mai eines jeden Jahres ihr Interesse am Abschluss eines Vertrages zur Aufnahme ihrer Anlage in die Netzreserve bekunden. 2 Bei gleicher technischer Eignung mehrerer angebotener Anlagen im Hinblick auf die Gewährleistung der Sicherheit und Zuverlässigkeit des Elektrizitätsversorgungssystems berücksichtigt der betroffene Übertragungsnetzbetreiber das preisgünstigste Angebot. 3 Es besteht kein Rechtsanspruch auf Abschluss eines Vertrags.

(3) 1 Die Betreiber von Übertragungsnetzen führen die Verhandlungen mit den Betreibern der Anlagen und schließen bis spätestens zum 15. September Verträge über die Nutzung der Anlagen für die Netzreserve ab, sofern diese Anlagen im folgenden Winterhalbjahr benötigt werden. 2 Verträge über die Nutzung der Anlagen für die Netzreserve, die frühestens im übernächsten Winterhalbjahr benötigt werden, sollen bis spätestens zum 15. Dezember abgeschlossen werden.

§ 5 Verträge mit Betreibern bestehender Anlagen. (1) 1 Der Abschluss von Verträgen mit Betreibern von Anlagen erfolgt durch den Übertragungsnetzbetreiber, in dessen Regelzone die betreffende Anlage angeschlossen ist, nach Abstimmung mit der Bundesnetzagentur. 2 Der Übertragungsnetzbetreiber im Sinne von Satz 1 ist auch berechtigt, Verträge mit den Betreibern geeigneter Anlagen im europäischen Energiebinnenmarkt und der Schweiz abzuschließen. 3 Die Vertragsdauer kann bis zu 24 Monate, in begründeten Fällen auch länger betragen.

(2) Ein Vertrag mit einem Betreiber einer Anlage im Inland darf nur abgeschlossen werden, wenn die Anlage

1. systemrelevant im Sinne von § 13b Absatz 2 Satz 2 des Energiewirtschaftsgesetzes[1] ist;
2. der Betreiber sich verpflichtet, die für die Netzreserve genutzte Anlage nach Ablauf des Vertrages bis zur endgültigen Stilllegung nicht mehr an den Strommärkten einzusetzen;
3. die Anzeigefrist nach § 13b Absatz 1 Satz 1 des Energiewirtschaftsgesetzes[1] zum Beginn des geplanten Einsatzes in der Netzreserve verstrichen ist oder die Anlage bereits vorläufig stillgelegt ist und

[1] Nr. **1**.

4. alle gesetzlichen und genehmigungsrechtlichen Anforderungen an den Betrieb der Anlage für die Vertragsdauer erfüllt sind oder sich die Anlage in einem materiell genehmigungsfähigen Zustand befindet.

(3) Ein Vertrag mit einem Betreiber einer Anlage im europäischen Energiebinnenmarkt und in der Schweiz darf abgeschlossen werden, wenn die betreffende Anlage

1. geeignet ist, zur Lösung der konkreten Systemsicherheitsprobleme in Deutschland beizutragen;
2. die jeweils nach nationalem Recht des betroffenen Staates zuständigen Behörden keine Einwände im Hinblick auf die Gewährleistung der Versorgungssicherheit erheben;
3. die Bindung für den erforderlichen Zeitraum gesichert und
4. bei gleicher technischer Eignung mindestens genauso preisgünstig wie die Nutzung von Erzeugungsanlagen in Deutschland ist.

§ 6 Erstattung von Kosten bestehender Anlagen. (1) [1]Die Kosten, die durch die Nutzung der bestehenden Anlagen nach § 5 in der Netzreserve entstehen, werden dem Betreiber der Anlage durch den jeweiligen Betreiber des Übertragungsnetzes erstattet. [2]Kosten, die auch im Fall einer endgültigen Stilllegung angefallen wären, sind nicht erstattungsfähig. [3]Opportunitätskosten in Form einer angemessenen Verzinsung für bestehende Anlagen nach § 5 Absatz 2 sind nur erstattungsfähig, wenn und soweit eine verlängerte Kapitalbindung in Form von Grundstücken und weiterverwertbaren technischen Anlagen oder Anlagenteilen auf Grund der Verpflichtung für die Netzreserve besteht. [4]Der Werteverbrauch der weiterverwertbaren technischen Anlagen oder der Anlagenteile ist nur erstattungsfähig, wenn und soweit die technischen Anlagen in der Netzreserve tatsächlich eingesetzt werden; für die Bestimmung des anteiligen Werteverbrauchs ist § 13c Absatz 1 Satz 3 des Energiewirtschaftsgesetzes[1)] entsprechend anzuwenden.

(2) [1]Der Umfang der Kostenerstattung nach Absatz 1 wird in den jeweiligen Verträgen auf Grundlage der Kostenstruktur der jeweiligen Anlage nach Abstimmung mit der Bundesnetzagentur festgelegt. [2]Die durch den Vertrag entstehenden Kosten der Betreiber von Übertragungsnetzen werden durch Festlegung der Bundesnetzagentur zu einer freiwilligen Selbstverpflichtung der Betreiber von Übertragungsnetzen nach § 11 Absatz 2 Satz 4 und § 32 Absatz 1 Nummer 4 der Anreizregulierungsverordnung[2)] in der jeweils geltenden Fassung als verfahrensregulierte Kosten nach Maßgabe der hierfür geltenden Vorgaben anerkannt.

(3) Die Kostenregelung nach Absatz 1 Satz 1 umfasst hinsichtlich von Anlagen nach § 5 Absatz 2 weiterhin die folgenden Punkte:

1. im Rahmen der Erzeugungsauslagen wird ein Arbeitspreis in Form der notwendigen Auslagen für eine tatsächliche Einspeisung der Anlage gewährt;
2. im Rahmen der Betriebsbereitschaftsauslagen werden die einmaligen Kosten für die Herstellung der Betriebsbereitschaft der Anlage berücksichtigt; Kos-

[1)] Nr. **1**.
[2)] Nr. **28**.

ten in diesem Sinne sind auch die Kosten erforderlicher immissionsschutzrechtlicher Prüfungen sowie die Kosten der Reparatur außergewöhnlicher Schäden;

3. im Rahmen der Betriebsbereitschaftsauslagen wird zudem ein Leistungspreis für die Bereithaltung der betreffenden Anlage gewährt; hierbei werden die Kosten berücksichtigt, die dem Betreiber zusätzlich und fortlaufend auf Grund der Vorhaltung der Anlage für die Netzreserve entstehen; der Leistungspreis kann als pauschalierter Betrag in Euro je Megawatt zu Vertragsbeginn auf Grundlage von den ermittelten Erfahrungswerten der jeweiligen Anlage festgelegt werden; die Bundesnetzagentur kann die der Anlage zurechenbaren Gemeinkosten eines Betreibers bis zu einer Höhe von 5 Prozent der übrigen Kosten dieser Nummer pauschal anerkennen; der Nachweis höherer Gemeinkosten durch den Betreiber ist möglich.

§ 7 Art des Einsatzes der Netzreserve. (1) Anlagen der Netzreserve dürfen ausschließlich außerhalb der Strommärkte nach Maßgabe der von den Übertragungsnetzbetreibern angeforderten Systemsicherheitsmaßnahmen eingesetzt werden.

(2) ***[bis 30.9.2021: 1]*** Die Betreiber von Übertragungsnetzen setzen die Anlagen der Netzreserve auf Grundlage der ihnen zur Verfügung stehenden Prognosen unter Berücksichtigung der technischen Randbedingungen ein. ***[Satz 2 bis 30.9.2021:]*** ²Der Einsatz erfolgt nachrangig zu geeigneten Maßnahmen nach § 13 Absatz 1 Nummer 1 und 2 sowie § 13a Absatz 1 des Energiewirtschaftsgesetzes[1)], soweit diese Maßnahmen zur Gewährleistung der Systemsicherheit nach § 2 Absatz 2 ausreichend sind.

§ 8 Anzeigepflicht und Stilllegungsverbot bei geplanten Stilllegungen.

(1) Im Hinblick auf die Pflichten der Betreiber von Anlagen zur Anzeige einer Stilllegung nach § 13b Absatz 1 bis 3 des Energiewirtschaftsgesetzes[1)], zur Unterlassung der Stilllegung nach § 13b Absatz 1 Satz 2, Absatz 4 und 5des Energiewirtschaftsgesetzes, zur Bereithaltung der Anlage nach § 13b Absatz 5 Satz 11 und § 13c Absatz 1 und 2 des Energiewirtschaftsgesetzes sowie zur Anpassung der Einspeisung nach § 13a Absatz 1 des Energiewirtschaftsgesetzes gelten Anlagen oder Teilkapazitäten von Anlagen eines Betreibers, bei denen die Summe der Netto-Nennwirkleistungen aller an einem Netzknoten angeschlossenen Anlagen den jeweiligen Schwellenwert überschreitet, als eine Anlage.

(2) *(aufgehoben)*

(3) Anlagen, die vom 1. April bis zum 30. September im Sinne von Absatz 2 vorläufig stillgelegt werden, Anlagen, die ausschließlich oder überwiegend Energie zur Eigenversorgung erzeugen, und Anlagen, die ausschließlich im Saisonbetrieb Energie für gewerbliche Zwecke erzeugen, unterliegen unbeschadet der Pflicht zur Anzeige ihrer Stilllegung nach § 13b Absatz 1 Satz 1 des Energiewirtschaftsgesetzes[1)] nicht dem Stilllegungsverbot nach § 13b Absatz 1 Satz 2 des Energiewirtschaftsgesetzes, wenn die Anzeige vier Wochen vor dem Termin der vorläufigen Stilllegung erfolgt ist.

[1)] Nr. **1**.

(4) [1]Revisionen im Sinne von § 13b Absatz 3 Satz 1 des Energiewirtschaftsgesetzes[1)] gleichgestellt sind Maßnahmen, die der Ertüchtigung der Anlage unabhängig von regelmäßigen Plänen dienen. [2]Eine Ertüchtigung liegt vor, wenn wesentliche Anlagenteile modernisiert oder wieder in Stand gesetzt werden.

§ 9 Verfahren bei geplanter vorläufiger Stilllegung, Art des Einsatzes, Vergütung. (1) *(aufgehoben)*

(2) [1]Wird der Betreiber einer Anlage, die vorläufig stillgelegt werden sollte, nach § 13b Absatz 4 des Energiewirtschaftsgesetzes[1)] zu einer längeren Bereithaltung und dem Einsatz seiner Anlage zur Gewährleistung der Sicherheit und Zuverlässigkeit des Elektrizitätsversorgungssystems verpflichtet, ist im Hinblick auf die Art des Einsatzes § 7 entsprechend anzuwenden. [2]Der Anspruch auf angemessene Vergütung umfasst

1. die Erstattung der Erzeugungsauslagen nach § 13a Absatz 2 des Energiewirtschaftsgesetzes[1)]. Die Erzeugungsauslagen bestimmen sich nach § 6 Absatz 3 Nummer 1;
2. die Erstattung der Betriebsbereitschaftsauslagen nach § 13c Absatz 1 Satz 1 Nummer 1 des Energiewirtschaftsgesetzes[1)]; im Rahmen der Betriebsbereitschaftsauslagen werden die für die Vorhaltung und gegebenenfalls die Herstellung der Betriebsbereitschaft der betreffenden Anlage notwendigen Auslagen erstattet (Grundsatz der Auslagenerstattung); es werden ausschließlich die Auslagen berücksichtigt, die dem Betreiber zusätzlich auf Grund der Bereitstellung der Anlage für von den Betreibern von Übertragungsnetzen angeforderte Systemsicherheitsmaßnahmen entstehen; nicht erstattungsfähig sind Auslagen, die auch im Fall einer vorläufigen Stilllegung oder im Hinblick auf eine spätere Rückkehr an die Strommärkte angefallen wären, sowie Opportunitätskosten;
3. den Werteverbrauch der technischen Anlagen oder Anlagenteile, wenn und soweit die technischen Anlagen in der Netzreserve tatsächlich eingesetzt werden; für die Bestimmung des anteiligen Werteverbrauchs ist § 13c Absatz 1 Satz 3 des Energiewirtschaftsgesetzes[1)] entsprechend anzuwenden.

(3), (4) *(aufgehoben)*

(5) Die durch die Verpflichtung des Anlagenbetreibers nach Absatz 2 und 3 entstehenden Kosten der Übertragungsnetzbetreiber werden durch Festlegung der Bundesnetzagentur zu einer freiwilligen Selbstverpflichtung der Übertragungsnetzbetreiber gemäß § 11 Absatz 2 Satz 4 und § 32 Absatz 1 Nummer 4 der Anreizregulierungsverordnung[2)] vom 29. Oktober 2007 (BGBl. I S. 2529), die zuletzt durch Artikel 7 des Gesetzes vom 20. Dezember 2012 (BGBl. I S. 2730) geändert worden ist, in ihrer jeweils geltenden Fassung als verfahrensregulierte Kosten nach Maßgabe der hierfür geltenden Vorgaben anerkannt.

§ 10 Verfahren bei geplanter endgültiger Stilllegung von Anlagen, Art des Einsatzes, Vergütung. Ist einem Betreiber die endgültige Stilllegung seiner Anlage nach § 13b Absatz 2 und 5 des Energiewirtschaftsgesetzes[1)] verboten, so sind im Hinblick auf die Bemessung der Vergütung der Anlagen-

---

[1)] Nr. 1.
[2)] Nr. 28.

betreiber durch Erzeugungs- und Betriebsbereitschaftsauslagen, Opportunitätskosten und Werteverbrauch sowie für die Anerkennung der hierdurch verursachten Kosten der Betreiber von Übertragungsnetzen § 6 und im Hinblick auf die Art des Einsatzes der Netzreserve § 7 entsprechend anzuwenden.

§§ 11, 12 *(aufgehoben)*

21. Verordnung zur Regelung des Verfahrens der Beschaffung, des Einsatzes und der Abrechnung einer Kapazitätsreserve (Kapazitätsreserveverordnung – KapResV)

Vom 28. Januar 2019

(BGBl. I S. 58)

FNA 752-6-24

Auf Grund des § 13h des Energiewirtschaftsgesetzes[1)] vom 7. Juli 2005 (BGBl. I S. 1970, 3621), dessen Absätze 1 und 2 zuletzt durch Artikel 3 Nummer 7 Buchstabe a und b des Gesetzes vom 17. Dezember 2018 (BGBl. I S. 2549) geändert worden sind, verordnet das Bundesministerium für Wirtschaft und Energie:

Inhaltsübersicht

---

1) Nr. 1.

Teil 1. Allgemeine Bestimmungen

§ 1 Anwendungsbereich. Diese Verordnung regelt die Beschaffung, die Teilnahmevoraussetzungen, den Einsatz und die Abrechnung der Kapazitätsreserve nach § 13e des Energiewirtschaftsgesetzes[1].

§ 2 Begriffsbestimmungen. Im Sinne dieser Verordnung bedeutet

1. Abruf: Anforderung der Übertragungsnetzbetreiber, die Wirkleistungseinspeisung von in der Kapazitätsreserve gebundenen Erzeugungsanlagen, Speichern und von Anlagen nach § 25 Absatz 3 aus dem Betrieb in Teillast auf die jeweils benötigte Einspeiseleistung anzupassen; bei regelbaren Lasten die Anforderung der Übertragungsnetzbetreiber, den Wirkleistungsbezug aus der Bereitschaft um die jeweils benötigte Leistung anzupassen,
2. Aktivierung: Anforderung der Übertragungsnetzbetreiber, Erzeugungsanlagen oder Speicher zu starten und in Mindestteillast zu betreiben; bei regelbaren Lasten die Anforderung der Übertragungsnetzbetreiber, die Anlage in Bereitschaft für einen Abruf zu versetzen,
3. Aktivierungszeit: Zeitraum von der Aktivierung bis zur Einspeisung mit Mindestteillast; bei regelbaren Lasten bis zur Bereitschaft für einen Abruf,
4. Anfahrzeit: Zeitraum von der Anforderung der Übertragungsnetzbetreiber, Erzeugungsanlagen oder einen Speicher zu starten, bis zur Einspeisung der vollständigen Reserveleistung; bei regelbaren Lasten Zeitraum von der

[1] Nr. 1.

Anforderung, den Wirkleistungsbezug anzupassen, bis zur Bereitstellung der vollständigen Reserveleistung,

5. Anlage: Erzeugungsanlage, regelbare Last oder Speicheranlage,
6. Anschluss-Übertragungsnetzbetreiber: Übertragungsnetzbetreiber, in dessen Regelzone eine Anlage an das Stromnetz angeschlossen ist,
7. ausbleibende Markträumung: wenn im börslichen Handel mindestens ein Nachfragegebot mit einem Gebotspreis in Höhe des technischen Preislimits nicht oder nicht vollständig erfüllt wurde,
8. Bieter: der Betreiber einer Anlage, der für die Anlage ein Gebot im Rahmen der Ausschreibung der Kapazitätsreserve abgibt,
9. Einsatz: Aktivierung oder Abruf der Kapazitätsreserve,
10. Erbringungszeitraum: Zeitraum, für den der Betreiber einer Anlage dazu verpflichtet ist, die Reserveleistung mit seiner Anlage vorzuhalten,
11. Erzeugungsanlage: Einheit zur Erzeugung von elektrischer Energie, die über einen Generator und eine direkte schaltungstechnische Zuordnung zwischen den Hauptkomponenten verfügt,
12. Gebotsmenge: Reserveleistung in Megawatt,
13. Gebotstermin: Kalendertag, bis zu dem die Gebote vollständig, in der vorgeschriebenen Form und mit den erforderlichen Angaben den Übertragungsnetzbetreibern zugehen müssen,
14. Gebotswert: jährliche Vergütung für die Gebotsmenge in Euro pro Megawatt,
15. kalter Zustand: bei Erzeugungsanlagen und Speichern der Zustand der Anlage nach einer Stillstandszeit von mehr als 50 Stunden und ohne Betrieb einer Anlagenfeuerung,
16. Kapazitätsreserveanlage: Anlage, die vertraglich gebunden ist und mit der eine bestimmte Reserveleistung vorzuhalten ist,
17. Mindestteillast: minimale Wirkleistungseinspeisung, mit der eine Erzeugungsanlage dauerhaft oder ein Speicher während der Entladung kontinuierlich und zuverlässig betrieben werden kann,
18. Probeabruf: Aktivierung und Abruf einer Kapazitätsreserveanlage auf Veranlassung und ohne Vorankündigung der Übertragungsnetzbetreiber, um die Funktionsfähigkeit der Kapazitätsreserveanlage und die Verfügbarkeit der Reserveleistung zu überprüfen,
19. regelbare Last: Einheit zum Verbrauch elektrischer Energie, von der eine Abschaltleistung in der Form herbeigeführt werden kann, dass der Wirkleistungsbezug zuverlässig um eine bestimmte Leistung reduziert werden kann,
20. Reserveleistung: Wirkleistungseinspeisung einer Erzeugungsanlage oder eines Speichers oder Reduktion des Wirkleistungsbezugs einer regelbaren Last, die den Übertragungsnetzbetreibern am Netzeinspeisepunkt für den Einsatz als Kapazitätsreserve zur Verfügung steht und die technischen Anforderungen nach § 9 erfüllt,
21. Strommärkte: Gesamtheit der Märkte und sonstigen Vertriebswege, über die ein Betreiber die Leistung oder die Arbeit seiner Anlage veräußern kann; dies umfasst insbesondere den vor- und untertägigen börslichen und

außerbörslichen Handel, börsliche und außerbörsliche Termingeschäfte, sonstige Vereinbarungen im außerbörslichen Handel sowie die Märkte für Regelenergie und regelbare Lasten,

22. Teillast: Wirkleistungseinspeisung einer Erzeugungsanlage oder eines Speichers, die über der Mindestteillast und bei Erzeugungsanlagen und Speichern in der Kapazitätsreserve unter der Reserveleistung oder bei Anlagen nach § 25 Absatz 3 unter der Nennleistung liegt,
23. Vorhaltung: Aufrechterhaltung eines Zustandes einer Kapazitätsreserveanlage durch deren Betreiber, der die Wirkleistungseinspeisung oder die Reduktion des Wirkleistungsbezugs entsprechend der vertraglichen Vereinbarungen ermöglicht.

§ 3 Verhältnis zu den Strommärkten, Anschlussverwendung. (1) [1]In der Kapazitätsreserve gebundene Erzeugungsanlagen und Speicher speisen ausschließlich auf Anforderung der Übertragungsnetzbetreiber ein. [2]Die aufgrund gesetzlicher Vorgaben notwendigen Anfahrvorgänge bleiben davon unberührt. [3]Der Betreiber muss geplante Anfahrvorgänge nach Satz 2 dem Anschluss-Übertragungsnetzbetreiber und, wenn die Anlage an ein Verteilernetz angeschlossen ist, dem Verteilernetzbetreiber unverzüglich schriftlich oder elektronisch mitteilen. [4]Die Übertragungsnetzbetreiber können verlangen, dass der Anfahrvorgang zu einem anderen Zeitpunkt stattfindet, soweit dies technisch und rechtlich möglich ist. [5]In der Kapazitätsreserve gebundene regelbare Lasten reduzieren ihren Wirkleistungsbezug vorbehaltlich der zulässigen Nichtverfügbarkeiten nach § 27 ausschließlich auf Anforderung der Übertragungsnetzbetreiber.

(2) [1]Der Betreiber einer Kapazitätsreserveanlage darf die Leistung oder Arbeit seiner in der Reserve gebundenen Anlage weder vollständig noch teilweise auf den Strommärkten veräußern. [2]Im Falle von Erzeugungsanlagen und Speichern ist auch eine Verwendung für den Eigenverbrauch untersagt. [3]Die Teilnahme am Beschaffungsverfahren der Kapazitätsreserve steht nicht einer Veräußerung im Sinne von Satz 1 gleich. [4]Die Sätze 1 und 2 sind auch nach dem Ende des Erbringungszeitraums in der Kapazitätsreserve bis zur endgültigen Stilllegung der Anlage anzuwenden.

(3) Jeder Betreiber regelbarer Lasten muss die elektrische Energie für die Erbringung der Reserveleistung jeweils mindestens sechs Monate vor Erbringung über Termingeschäfte mit physischer Erfüllung beschaffen; die Beschaffung von elektrischer Energie im vortägigen oder untertägigen Handel sowie eine Absicherung mit rein finanziellen Kontrakten sind unzulässig.

(4) Nach Ende des Erbringungszeitraums darf der Betreiber regelbarer Lasten abweichend von Absatz 2 Satz 4 die Leistung oder Arbeit der regelbaren Last weiterhin auf den Strommärkten veräußern; hiervon ausgenommen sind Ausschreibungen aufgrund einer Verordnung nach § 13i Absatz 1 und 2 des Energiewirtschaftsgesetzes[1)].

(5) [1]Für die Vermarktung auf den Märkten für Regelenergie nach § 6 Absatz 1 der Stromnetzzugangsverordnung[2)] kann der Betreiber regelbarer Lasten wählen,

---

[1)] Nr. **1**.
[2)] Nr. **23**.

1. ob er einmalig Reserveleistung für die Kapazitätsreserve bereitstellen will und ab Beendigung seiner Teilnahme ohne Restriktionen an den Märkten für Regelenergie veräußern darf oder
2. ob er für zwei direkt aufeinander folgende Erbringungszeiträume Reserveleistung für die Kapazitätsreserve bereitstellen will und nach Beendigung seiner Teilnahme für den Zeitraum von 12 Monaten nicht an den Märkten für Regelenergie veräußern darf.

[2] Das Wahlrecht ist innerhalb eines Monats ab Unterrichtung durch die Übertragungsnetzbetreiber nach § 18 Absatz 1 auszuüben. [3] Übt der Betreiber der regelbaren Last das Wahlrecht nicht fristgemäß aus, gilt die Variante in Satz 1 Nummer 1 als gewählt. [4] Der Betreiber ist an seine Wahl gebunden.

(6) [1] Baut der Betreiber die Erzeugungsanlage oder den Speicher ab und baut er sie vollständig oder teilweise an einem anderen Standort wieder auf, darf der in dieser Anlage nach dem Wiederaufbau erzeugte Strom nur außerhalb der europäischen Strommärkte nach § 3 Nummer 18d des Energiewirtschaftsgesetzes[1)] vermarktet werden. [2] Satz 1 ist entsprechend für die Verwendung des erzeugten Stroms für den Eigenverbrauch anzuwenden.

(7) Die Absätze 2 bis 6 sind auch auf Rechtsnachfolger des Betreibers sowie im Falle der vollständigen oder teilweisen Veräußerung der Anlage auf deren Erwerber anzuwenden.

§ 4 Anzeige- und Mitteilungspflichten der Betreiber. (1) Der Betreiber einer Anlage muss der zuständigen Genehmigungsbehörde und der Bundesnetzagentur anzeigen, wenn
1. eine Anlage als Kapazitätsreserveanlage genutzt werden soll oder
2. die Nutzung einer als Kapazitätsreserve genutzten Anlage geändert werden soll.

(2) [1] Der Betreiber von einer in der Kapazitätsreserve gebundenen Erzeugungsanlage oder eines in der Kapazitätsreserve gebundenen Speichers muss die geplante Stilllegung einer Anlage möglichst frühzeitig dem systemverantwortlichen Übertragungsnetzbetreiber und der Bundesnetzagentur anzeigen. [2] § 13b des Energiewirtschaftsgesetzes[1)] ist anzuwenden.

(3) Die Absätze 1 und 2 sind entsprechend auf Rechtsnachfolger des Betreibers oder Erwerber der Anlage anzuwenden.

(4) [1] Der Betreiber einer Kapazitätsreserveanlage ist verpflichtet, den Übertragungsnetzbetreibern und, wenn die Anlage an ein Verteilernetz angeschlossen ist, dem Verteilernetzbetreiber auf deren Verlangen unverzüglich die Informationen bereitzustellen, die notwendig sind, damit die Übertragungsnetze sicher und zuverlässig betrieben werden können. [2] § 12 Absatz 4 des Energiewirtschaftsgesetzes[1)] ist entsprechend anzuwenden.

§ 5 Verhältnis zur Regelenergie, zu abschaltbaren Lasten und zur Netzreserve. (1) Die Übertragungsnetzbetreiber dürfen die vorgehaltene Reserveleistung der Kapazitätsreserve nicht anrechnen bei der Bestimmung des

---

[1)] Nr. 1.

Umfangs der zu beschaffenden Primärregelleistung, Sekundärregelleistung und Minutenreserveleistung sowie bei der Beschaffung abschaltbarer Lasten.

(2) Soweit Kapazitätsreserveanlagen auch die Funktion der Netzreserve erfüllen können, berücksichtigen die Übertragungsnetzbetreiber sie beim Umfang der nach den §§ 3 und 4 der Netzreserveverordnung[1)] zu beschaffenden Netzreserve entsprechend.

Teil 2. Beschaffungsverfahren Kapazitätsreserve

§ 6 Grundsätze der Beschaffung, Zuständigkeit. [1] Die Übertragungsnetzbetreiber müssen die Kapazitätsreserve in einem wettbewerblichen, transparenten und diskriminierungsfreien Ausschreibungsverfahren beschaffen. [2] Sie führen die Ausschreibungen gemeinsam durch.

§ 7 Gegenstand der Beschaffung. Gegenstand der Beschaffung ist die nach § 13e Absatz 2 und 5 des Energiewirtschaftsgesetzes[2)] bestimmte Größe der Kapazitätsreserve für den jeweiligen Erbringungszeitraum in Megawatt abzüglich der für diesen Erbringungszeitraum bereits gebundenen Reserveleistung.

§ 8 Ausschreibungs- und Erbringungszeitraum. (1) Gebotstermin ist

1. der 1. Dezember 2019 für den Erbringungszeitraum vom 1. Oktober 2020 bis zum 30. September 2022,
2. ab dem Jahr 2021 und dann alle zwei Jahre jeweils der 1. April für den Erbringungszeitraum, der am 1. Oktober des auf den Gebotstermin folgenden Kalenderjahres beginnt und jeweils zwei Jahre beträgt.

(2) Die Bundesnetzagentur kann durch Festlegung nach § 42 die Fristen und Termine nach Absatz 1 anpassen.

(3) Ein Vertragsjahr beginnt am 1. Oktober eines Jahres und endet am 30. September des folgenden Kalenderjahres.

§ 9 Teilnahmevoraussetzungen. (1) [1] Jede Anlage muss für die Teilnahme am Beschaffungsverfahren folgende Anforderungen erfüllen:

1. Anschluss an ein Elektrizitätsversorgungsnetz im Bundesgebiet, das im Normalschaltzustand über nicht mehr als zwei Umspannungen mit der Höchstspannungsebene verbunden ist,
2. Anfahrzeit von maximal 12 Stunden; wobei Erzeugungsanlagen und Speicher die Anfahrzeit aus dem kalten Zustand erreichen müssen,
3. Anpassung der Wirkleistungseinspeisung oder des Wirkleistungsbezugs ab dem Zeitpunkt des Abrufs um mindestens je 30 Prozent der Reserveleistung innerhalb von 15 Minuten; wobei die Anpassung bei Erzeugungsanlagen und Speichern aus dem Betrieb in Mindestteillast erfolgt,
4. bei regelbaren Lasten eine konstante und vorbehaltlich der Regelung in § 27 eine unterbrechungsfreie Leistungsaufnahme mindestens in Höhe der Gebotsmenge einschließlich der Fähigkeit, diese Leistungsaufnahme anhand

---

[1)] Nr. **20**.
[2)] Nr. **1**.

von Leistungsnachweisen mit mindestens minutengenauer Auflösung nachzuweisen, sowie
5. bei Erzeugungsanlagen und Speichern eine Mindestteillast von maximal 50 Prozent der Gebotsmenge nach § 14 Absatz 4 Nummer 1.

[2] Die Übertragungsnetzbetreiber dürfen in Abstimmung mit der Bundesnetzagentur die Anforderungen nach Satz 1 konkretisieren.

(2) Die Übertragungsnetzbetreiber müssen in Abstimmung mit der Bundesnetzagentur zusätzliche Anforderungen gemeinsam und einheitlich festlegen:
1. für regelbare Lasten Anforderungen an die Lastcharakteristik einschließlich der Anforderungen an die konstante und unterbrechungsfreie Leistungsabnahme sowie der Anforderungen an die Erbringung von Leistungsnachweisen,
2. für regelbare Lasten Anforderungen an die verbindliche Meldung des für den Folgetag insgesamt geplanten Verbrauchs der Anlage; wobei die Meldung vor Handelsschluss des vortägigen Börsenhandels erfolgen muss,
3. informationstechnische und organisatorische Anforderungen, die sich an den Anforderungen für die Erbringung von Minutenreserveleistung nach § 2 Nummer 6 der Stromnetzzugangsverordnung[1)] orientieren,
4. zur erforderlichen Fahrplangenauigkeit für die Aktivierung nach § 25, den Abruf nach § 26, den Funktionstest nach § 28, den Probeabruf nach § 29 sowie Nachbesserungen nach § 30 und
5. Anforderungen an die Fernsteuerbarkeit der Anlage.

(3) [1] Die Teilnahme am Beschaffungsverfahren ist für regelbare Lasten auf solche Anlagen beschränkt, die in den der Bekanntmachung nach § 11 vorausgehenden 36 Monaten keine Vergütung für ihre Flexibilität erhalten haben. [2] Die Vergütung im Sinne von Satz 1 gilt als erhalten, wenn die regelbare Last im Rahmen der Teilnahme an den Märkten für Regelenergie oder an Ausschreibungen aufgrund einer Verordnung nach § 13i Absatz 1 und 2 des Energiewirtschaftsgesetzes[2)] einen Zuschlag erhalten hat. [3] Die Sätze 1 und 2 sind unabhängig davon anzuwenden, ob die regelbare Last die Vergütung individuell oder als Teil eines Konsortiums erhalten hat.

§ 10 Sicherheitsleistung. (1) [1] Jeder Bieter muss bis zum Gebotstermin eine Erstsicherheit leisten. [2] Die Erstsicherheit beträgt 15 Prozent der für ein Vertragsjahr höchstens erzielbaren Vergütung.

(2) Jeder bezuschlagte Bieter muss zusätzlich zu Absatz 1 spätestens am zehnten Werktag nach Bekanntgabe der Zuschlagserteilung eine Zweitsicherheit in Höhe von 20 Prozent der für den gesamten Erbringungszeitraum angebotenen Vergütung, mindestens jedoch 10 Prozent der für den gesamten Erbringungszeitraum höchstens erzielbaren Vergütung, leisten.

(3) Für die Berechnung der höchstens erzielbaren Vergütung nach den Absätzen 1 und 2 ist der für die jeweilige Ausschreibung geltende Höchstwert nach § 12 als Zuschlagswert zugrunde zu legen.

---

1) Nr. **23**.
2) Nr. **1**.

(4) [1]Die Übertragungsnetzbetreiber dürfen Art und Verzinsung der Sicherheitsleistung jeweils vor der Durchführung des Beschaffungsverfahrens in Abstimmung mit der Bundesnetzagentur bestimmen. [2]Treffen sie keine Regelungen, ist die Sicherheitsleistung durch Stellung eines Bürgen zu erbringen. [3]Der Bürge muss eine Person sein, die

1. nach § 32 des Kreditwesengesetzes oder nach dem Recht eines Mitgliedstaates der Europäischen Union eine Erlaubnis hat, Bankgeschäfte zu betreiben oder ohne Erlaubnis das Recht hat, Bankgeschäfte in einem Mitgliedstaat der Europäischen Union zu betreiben oder
2. nach § 8 Absatz 1 des Versicherungsaufsichtsgesetzes oder nach dem Recht eines Mitgliedstaates der Europäischen Union eine Erlaubnis zum Geschäftsbetrieb als Versicherungsunternehmen hat oder ohne Erlaubnis das Recht zum Geschäftsbetrieb als Versicherungsunternehmen in einem Mitgliedstaat der Europäischen Union hat.

§ 11 Bekanntmachung der Beschaffung. (1) Die Übertragungsnetzbetreiber müssen die Beschaffung spätestens drei Monate vor dem Gebotstermin auf einer gemeinsamen Internetplattform bekannt machen.

(2) Die Bekanntmachung muss folgende Angaben enthalten:

1. den Gebotstermin,
2. den Umfang der nach § 7 zu beschaffenden Reserveleistung,
3. die Teilnahmevoraussetzungen und Festlegungen nach § 9 Absatz 1 Satz 2 und Absatz 2, einschließlich eines Hinweises auf die Anforderungen nach § 9 Absatz 1,
4. den Höchstwert nach § 12 Absatz 2,
5. den Erbringungszeitraum,
6. die Art, Form und Verzinsung der Sicherheitsleistung, soweit die Übertragungsnetzbetreiber Bestimmungen nach § 10 Absatz 4 Satz 1 getroffen haben,
7. die Standardbedingungen für alle Kapazitätsreserveanlagen nach § 37 Absatz 1 Nummer 1,
8. die Formatvorgaben für die Gebotsabgabe einschließlich der Angabe, ob das Verfahren postalisch oder elektronisch stattfindet, und
9. die Festlegungen der Bundesnetzagentur nach § 42, soweit sie die Teilnahmevoraussetzungen, die Gebotsabgabe oder das Zuschlagsverfahren betreffen.

§ 12 Höchstwert. (1) [1]In jeder Ausschreibung ist ein Höchstwert vorgegeben. [2]Der Gebotswert darf den Höchstwert nicht überschreiten.

(2) [1]Der Höchstwert beträgt 100 000 Euro pro Megawatt pro Jahr. [2]Hat in den drei vorangegangenen Ausschreibungen der Gebotswert des jeweils letzten zum Zuge gekommenen Gebots den jeweils geltenden Höchstwert jeweils um mehr als 10 Prozent unterschritten, reduziert sich der Höchstwert für die folgende Ausschreibung um 5 Prozent.

(3) Die Bundesnetzagentur kann abweichend von Absatz 2 den Höchstwert für jede Ausschreibung bis spätestens 15 Monate vor dem Gebotstermin durch Festlegung anpassen, höchstens jedoch auf das Zweifache des Höchstwertes

nach Absatz 2, wenn aufgrund vorangegangener Ausschreibungen oder Erbringungszeiträume zu erwarten ist, dass der Höchstwert nicht angemessen ist, um die Reserveleistung zu beschaffen.

§ 13 Fristen, Bindung an Gebote. (1) Jedes Gebot muss den Übertragungsnetzbetreibern spätestens bis zum Gebotstermin zugegangen sein.

(2) [1] Der Widerruf eines Gebotes ist gegenüber den Übertragungsnetzbetreibern bis zum Gebotstermin zulässig; maßgeblich ist der Zugang bei den Übertragungsnetzbetreibern. [2] Der Widerruf bedarf der Textform nach § 126b des Bürgerlichen Gesetzbuchs und muss das Gebot, das widerrufen werden soll, eindeutig bezeichnen.

(3) Jeder Bieter ist an sein fristgerecht abgegebenes und nicht widerrufenes Gebot bis zum Ablauf des dritten auf den Gebotstermin folgenden Kalendermonats gebunden.

§ 14 Gebote. (1) Für jeden Gebotstermin führen die Übertragungsnetzbetreiber ein Ausschreibungsverfahren für die gesamte in diesem Gebotstermin zu beschaffende Reserveleistung durch.

(2) [1] Jeder Bieter muss sein Gebot verdeckt abgeben. [2] Gebote dürfen nicht bedingt, befristet oder mit einer sonstigen Nebenabrede verbunden werden.

(3) [1] Jeder Bieter darf in einer Ausschreibung mehrere Gebote abgeben. [2] Die Gebote dürfen sich nicht auf dieselbe Anlage beziehen.

(4) Jedes Gebot muss zur Durchführung der Ausschreibung die folgenden Angaben enthalten:
1. die Gebotsmenge in Megawatt ohne Nachkommastellen,
2. den Gebotswert mit zwei Nachkommastellen,
3. Name, Anschrift, Telefonnummer und E-Mail-Adresse des Bieters und
4. die Anlage, mit der die Reserveleistung erbracht werden soll.

(5) Handelt es sich bei dem Bieter um eine rechtsfähige Personengesellschaft oder um eine juristische Person, muss jedes Gebot zur Durchführung der Ausschreibung zusätzlich folgende Angaben enthalten:
1. den Sitz,
2. den Namen einer natürlichen Person, die zur Kommunikation mit den Übertragungsnetzbetreibern und zum Abschluss von Rechtsgeschäften nach dieser Verordnung für die rechtsfähige Personengesellschaft oder juristische Person befugt ist,
3. die Handelsregisternummer, wenn die rechtsfähige Personengesellschaft oder juristische Person im Handelsregister eingetragen ist, und
4. für den Fall, dass mindestens 25 Prozent der Stimmrechte oder des Kapitals bei anderen rechtsfähigen Personengesellschaften oder juristischen Personen liegen, den Namen und Sitz dieser rechtsfähigen Personengesellschaften oder juristischen Personen.

(6) [1] Die Gebotsmenge muss jeweils mindestens 5 Megawatt betragen. [2] Sie darf nur aus einer Anlage erbracht werden. [3] Ein Gebot, das sich auf mehrere Anlagen bezieht, ist unzulässig. [4] § 15 bleibt unberührt.

(7) Die Gebotsmenge und der Gebotswert sind einheitlich für den gesamten Erbringungszeitraum anzugeben.

§ 15 Regeln für die Zusammenlegung. (1) [1]Um die Anforderungen nach § 9 zu erfüllen, können Betreiber regelbarer Lasten abweichend von § 14 Absatz 6 Satz 2 und 3 ein Konsortium bilden. [2]Das Konsortium wird durch einen Bevollmächtigten als Konsortialführer vertreten und bei einer Ausschreibung als einzelner Bieter behandelt.

(2) [1]Ein Konsortium darf aus bis zu 20 regelbaren Lasten bestehen. [2]Jede regelbare Last darf bezogen auf das jeweilige Ausschreibungsverfahren nach § 6 nur einem Konsortium angehören. [3]Der Konsortialführer ist gegenüber dem Anschluss-Übertragungsnetzbetreiber für die Durchführung von Aktivierungen, Abrufen und Probeabrufen der in seinem Konsortium gebundenen regelbaren Lasten verantwortlich.

(3) Alle regelbaren Lasten eines Konsortiums müssen innerhalb der gleichen Regelzone des deutschen Übertragungsnetzes liegen.

(4) [1]Jede regelbare Last, die einem Konsortium nach Absatz 1 Satz 1 angehört, muss die Anforderungen nach dieser Verordnung vollumfänglich selbst erfüllen, soweit nicht ausdrücklich die Erfüllung durch das Konsortium oder den Konsortialführer vorgesehen ist. [2]Dies ist insbesondere für das Verhältnis zu den Strommärkten nach § 3 sowie die Meldung nach § 9 Absatz 2 Nummer 2 maßgebend.

§ 16 Beizufügende Nachweise und Erklärungen. Dem Gebot sind in geeigneter Form beizufügen:

1. eine Erklärung des Bieters, dass der Bieter kein Unternehmen in Schwierigkeiten im Sinne der Mitteilung der Kommission über Leitlinien für staatliche Beihilfen zur Rettung und Umstrukturierung nichtfinanzieller Unternehmen in Schwierigkeiten (ABl. C 249 vom 31.7.2014, S. 1; C 324 vom 2.10. 2015, S. 36) ist,
2. Nachweise über das Vorliegen aller für den Betrieb der Anlage erforderlichen Genehmigungen für die Dauer des Erbringungszeitraums,
3. Nachweise über den Anschluss an ein Netz der allgemeinen Versorgung im Bundesgebiet, das im Normalschaltzustand über nicht mehr als zwei Umspannungen mit der Höchstspannungsebene verbunden ist, einschließlich Angaben zum netztechnischen Standort,
4. Angaben zu dem Netzbetreiber, an dessen Netz die Anlage angeschlossen ist, dem Anlagentyp und, soweit die Anlage diese Merkmale aufweist, zu dem verwendeten Brennstoff und der Identifikationsnummer der Anlage bei der Bundesnetzagentur,
5. für eine Anlage, die an ein Verteilernetz angeschlossen ist, eine Bestätigung des jeweiligen Verteilernetzbetreibers, dass dem Transport der bei Aktivierung, Abruf, Funktionstest und Probeabruf der Anlage entstehenden Energiemengen durch das Verteilnetz keine Hindernisse entgegenstehen,
6. eine Erklärung des Bieters, dass die Anlage die Teilnahmevoraussetzungen nach § 9 für die Dauer des Erbringungszeitraums erfüllt,
7. Angaben zu minimaler Anfahrzeit aus dem kalten Zustand, Aktivierungszeit, Fähigkeit zur Blindleistungseinspeisung mit Wirkleistungseinspeisung oder

ohne Wirkleistungseinspeisung, Schwarzstartfähigkeit, Mindestteillast, Leistungsänderungsgeschwindigkeit und Nettowirkungsgrad der jeweiligen Anlage, soweit die Anlage diese technischen Merkmale aufweist und
8. einen Nachweis über die Vertretungsmacht der nach § 14 Absatz 5 Nummer 2 benannten natürlichen Person sowie gegebenenfalls des Konsortialführers nach § 15 Absatz 1 Satz 2.

§ 17 Prüfung und Ausschluss von Geboten und Bietern. (1) Die Übertragungsnetzbetreiber dürfen die Gebote erst nach Ablauf des Gebotstermins öffnen.

(2) Die Übertragungsnetzbetreiber müssen anhand der mit den Geboten abgegebenen Nachweise und Erklärungen prüfen, ob die Gebote zulässig sind.

(3) [1] Die Übertragungsnetzbetreiber müssen unzulässige Gebote ausschließen. [2] Ein Gebot ist unzulässig, wenn
1. die Erstsicherheit nach § 10 Absatz 1 nicht, nicht rechtzeitig oder nicht vollständig geleistet wurde,
2. der Gebotswert den Höchstwert nach § 12 überschreitet,
3. die Anforderungen des § 14 nicht erfüllt sind,
4. im Falle der Zusammenlegung die Anforderungen des § 15 nicht erfüllt sind,
5. die Nachweise oder Erklärungen nach § 16 nicht oder nicht vollständig beigefügt sind,
6. die Formatvorgaben der Übertragungsnetzbetreiber nach § 37 Absatz 1 Nummer 2 nicht erfüllt sind oder
7. die Anforderungen einer Festlegung der Bundesnetzagentur zur Gebotsabgabe nach § 42 Nummer 3 nicht erfüllt sind.

(4) [1] Die Übertragungsnetzbetreiber müssen einen Bieter oder dessen Gebot vom weiteren Verfahren ausschließen, wenn der begründete Verdacht besteht, dass
1. der Bieter vorsätzlich oder grob fahrlässig Gebote unter falschen Angaben oder unter Vorlage falscher Nachweise und Erklärungen nach § 16 in dieser oder einer vorangegangenen Ausschreibung abgegeben hat,
2. eine Anlage des Bieters den Funktionstest nach § 28 Absatz 1 nicht bestehen wird oder
3. der Bieter mit anderen Bietern oder Dritten Absprachen über die Gebotswerte oder die Gebotsmengen der in dieser oder einer vorangegangenen Ausschreibung abgegebenen Gebote oder sonst wettbewerbswidrige Absprachen getroffen hat.

[2] Dritte im Sinne von Satz 1 Nummer 3 sind Betreiber von Anlagen, die die Teilnahmevoraussetzungen für die Kapazitätsreserve erfüllen, jedoch in der Ausschreibung, auf die sich der Verdacht der Absprache bezieht, kein Gebot abgegeben haben.

§ 18 Zuschlag. (1) [1] Die Übertragungsnetzbetreiber sollen den Zuschlag spätestens 75 Tage nach dem jeweiligen Gebotstermin erteilen. [2] Überschreiten die Übertragungsnetzbetreiber die Frist nach Satz 1, müssen sie dies unverzüglich auf der gemeinsamen Internetplattform unter Angabe der zu erwartenden Verzögerung bekannt machen und die Bundesnetzagentur über die Gründe für die Verzögerung unterrichten.

(2) Mit Erteilung des Zuschlags wird zwischen dem Anschluss-Übertragungsnetzbetreiber und dem Bieter, dessen Gebot einen Zuschlag erhalten hat, ein Vertrag zu den im Rahmen der Bekanntmachung veröffentlichten Standardbedingungen (Kapazitätsreservevertrag) unter der aufschiebenden Bedingung geschlossen, dass der Bieter die Zweitsicherheit nach § 10 Absatz 2 fristgerecht und vollständig leistet.

(3) Überschreitet die Summe der Gebotsmengen aller zulässigen Gebote den Umfang der nach § 7 zu beschaffenden Reserveleistung nicht, müssen die Übertragungsnetzbetreiber allen zulässigen Geboten einen Zuschlag erteilen.

(4) Überschreitet die Summe der Gebotsmengen aller zulässigen Gebote den Umfang der nach § 7 zu beschaffenden Reserveleistung, müssen die Übertragungsnetzbetreiber den Zuschlag nach dem Verfahren nach den Absätzen 5 und 6 erteilen.

(5) [1] Die Übertragungsnetzbetreiber erstellen eine Rangfolge der zulässigen Gebote. [2] Der Rang eines Gebots bestimmt sich nach dem jeweiligen Gebotswert, hilfsweise nach der jeweiligen Gebotsmenge, im Falle von Erzeugungsanlagen äußerst hilfsweise nach dem jeweiligen Wirkungsgrad bei Netto-Nennleistung und im Übrigen nach Los. [3] Bei Geboten mit unterschiedlichen Gebotswerten bestimmt sich der Rang nach dem jeweiligen Gebotswert in aufsteigender Reihenfolge, beginnend mit dem Gebot mit dem niedrigsten Gebotswert. [4] Bei Geboten mit gleichem Gebotswert bestimmt sich der Rang nach der jeweiligen Gebotsmenge in aufsteigender Reihenfolge, beginnend mit dem Gebot mit der niedrigsten Gebotsmenge. [5] Sind Gebotswert und Gebotsmenge gleich, entscheidet im Falle der Gleichrangigkeit von Erzeugungsanlagen der höhere Nettowirkungsgrad über den Rang, in allen anderen Fällen entscheidet das Los über den Rang. [6] Sind Gebotswert, Gebotsmenge und Wirkungsgrad von Erzeugungsanlagen gleich, entscheidet das Los über den Rang.

(6) [1] Die Übertragungsnetzbetreiber erteilen den zulässigen Geboten in der Rangfolge nach Absatz 5 Satz 1 einen Zuschlag im Umfang der jeweiligen Gebotsmenge bis die nach § 7 zu beschaffende Reserveleistung durch den Zuschlag zu einem Gebot erreicht oder erstmals überschritten ist (Zuschlagsgrenze). [2] Geboten oberhalb der Zuschlagsgrenze wird kein Zuschlag erteilt. [3] Abweichend von Satz 1 erteilen die Übertragungsnetzbetreiber keinen weiteren Zuschlag, wenn 95 Prozent der zu beschaffenden Reserveleistung erreicht sind und mit einem weiteren Zuschlag die zu beschaffende Reserveleistung um mehr als 5 Prozent überschritten würde.

(7) Die Übertragungsnetzbetreiber müssen Bieter, deren Gebote einen Zuschlag erhalten haben, unverzüglich über den Vertragsschluss unterrichten.

(8) Wird ein Vertrag nicht wirksam, weil der Bieter die Zweitsicherheit nach § 10 Absatz 2 nicht, nicht vollständig oder nicht rechtzeitig geleistet hat, müssen die Übertragungsnetzbetreiber das Verfahren wieder eröffnen und den in der Rangfolge nach Absatz 5 nächsten Geboten einen Zuschlag erteilen, bis die Zuschlagsgrenze erreicht oder überschritten ist.

(9) Unterschreitet die Summe der Gebotsmengen aller wirksam geschlossenen Verträge den Umfang der nach § 7 zu beschaffenden Reserveleistung,

sollen die Übertragungsnetzbetreiber innerhalb eines angemessenen Zeitraums eine Nachbeschaffung nach § 23 durchführen.

§ 19 Vergütung. (1) [1] Die Betreiber der Kapazitätsreserveanlagen erhalten im Erbringungszeitraum eine jährliche Vergütung in Höhe des Produkts aus Zuschlagswert und Gebotsmenge. [2] Zusätzlich erhalten sie im Erbringungszeitraum die nach Absatz 4 zu erstattenden Kosten.

(2) Der Zuschlagswert für alle Kapazitätsreserveanlagen entspricht

1. bei einem Zuschlag nach § 18 Absatz 3 dem Gebotswert desjenigen Gebots, das den höchsten Gebotswert aufweist und
2. bei einem Zuschlag nach § 18 Absatz 4 bis 6 dem Gebotswert desjenigen Gebots, mit dessen Bezuschlagung die Zuschlagsgrenze erreicht oder überschritten wird.

(3) Die jährliche Vergütung umfasst

1. bis zu 16 Einsätze in der Kapazitätsreserve pro Vertragsjahr mit einer Dauer des Abrufs von jeweils bis zu 12 Stunden,
2. den oder die Funktionstests nach § 28,
3. den oder die Probeabrufe nach § 29 und
4. erforderliche Nachbesserungen nach § 30.

(4) Gegen Nachweis gesondert zu erstatten sind

1. zusätzlich anfallende Kosten für die Erfüllung besonderer technischer Anforderungen aus der Netzreserve, für Einsätze in der Netzreserve sowie für Einsätze in der Kapazitätsreserve, die über die nach Absatz 3 Nummer 1 abgegoltene Anzahl von Einsätzen hinausgehen,
2. Kosten, die dafür entstehen, dass auf Anforderung der Übertragungsnetzbetreiber die Schwarzstartfähigkeit einer Anlage hergestellt oder aufrechterhalten wird,
3. Kosten, die dafür entstehen, dass auf Anforderung der Übertragungsnetzbetreiber die Fähigkeit zur Blindleistungseinspeisung ohne Wirkleistungseinspeisung hergestellt oder aufrechterhalten wird, und
4. Kosten für die Ausgleichsenergie, die während Einspeisungen oder Reduktionen des Wirkleistungsbezugs auf Anforderung der Übertragungsnetzbetreiber im Rahmen der Bewirtschaftung des Bilanzkreises nach § 24 Absatz 5 Satz 1 entstehen, soweit sie nicht ausdrücklich vom Anlagenbetreiber zu tragen sind; Erlöse aus dieser Bewirtschaftung sind von den Kosten abzuziehen und im Falle von Überschüssen an die Übertragungsnetzbetreiber zu erstatten.

(5) [1] Gesondert erstattungsfähig nach Absatz 4 Nummer 1 sind insbesondere Kosten für die für Anpassungen der Einspeisung von Wirkleistung oder Blindleistung oder für die Reduktion des Wirkleistungsbezugs benötigten Brennstoffe, Emissionszertifikate und sonstigen Roh-, Hilfs- und Betriebsstoffe, start- oder betriebsstundenabhängige Instandhaltungskosten sowie im Falle regelbarer Lasten Opportunitätskosten. [2] Diese Kosten werden erstattet, wenn und soweit sie aufgrund einer Anforderung *der Übertragungsnetzbetreibers*[1] entstanden sind.

---

[1] Wortlaut amtlich.

[3] § 21 Absatz 2 Satz 2 des Energiewirtschaftsgesetzes[1)] ist entsprechend anzuwenden.

(6) [1] Für die Abgrenzung der start- oder betriebsstundenabhängigen Instandhaltungskosten nach Absatz 4 Nummer 1 gegenüber den Kosten nach Absatz 3 können die Übertragungsnetzbetreiber eine Schlüsselung vorsehen. [2] Als Schlüssel können die Anzahl der Starts und Betriebsstunden der Anlage für die jeweilige Art des Einsatzes im Verhältnis zur Gesamtanzahl der Starts und Betriebsstunden pro Vertragsjahr oder pro Erbringungszeitraum angesetzt werden.

(7) Nicht gesondert erstattungsfähig sind Personalkosten, start- und betriebsstundenunabhängige Instandhaltungskosten, Kosten für die Brennstofflagerungsinfrastruktur sowie Kosten für die Gastransportkapazität.

§ 20 Teilnahme von Anlagen der Netzreserve. (1) [1] Jeder Betreiber einer Anlage, die bereits als Netzreserve verpflichtet ist, kann für diese Anlage Gebote in der Ausschreibung der Kapazitätsreserve abgeben, wenn sie alle technischen und sonstigen Anforderungen nach dieser Verordnung erfüllt. [2] Erhält ein solches Gebot einen Zuschlag, richtet sich die zu zahlende Vergütung ausschließlich nach § 13e Absatz 3 des Energiewirtschaftsgesetzes[1)] und § 19 dieser Verordnung.

(2) [1] Die Verpflichtung nach § 7 der Netzreserveverordnung[2)] die Einspeisung anzupassen, bleibt unberührt. [2] Die Anlage muss für die Netzreserve weiterhin diejenige Leistung dauerhaft zur Verfügung stellen, die sie vor der Teilnahme an der Kapazitätsreserve zur Verfügung gestellt hat.

(3) [1] Im Falle des Absatzes 1 Satz 2 müssen die Übertragungsnetzbetreiber und die Anlagenbetreiber zwischen ihnen bestehende Verträge entsprechend der Vorgaben der Absätze 1 und 2 anpassen. [2] Vereinbarte technische Anforderungen bleiben auf Anforderung der Übertragungsnetzbetreiber erhalten.

§ 21 Rechte und Pflichten aus dem Kapazitätsreservevertrag, Änderung und Übertragung des Vertrages. (1) Der Kapazitätsreservevertrag kann von den Vertragsparteien nicht nachträglich so geändert werden, dass die Reserveleistung durch eine andere als die im Gebot bezeichnete Anlage erbracht werden kann.

(2) [1] Die Rechte und Pflichten aus dem Kapazitätsreservevertrag nach § 18 Absatz 2 sind nur gemeinsam mit der Nutzungsberechtigung an der Anlage, einschließlich des Grundstücks, sowie aller für den Betrieb der Anlage erforderlichen Genehmigungen und Anlagenteile übertragbar. [2] Hierbei muss gewährleistet sein, dass die im Gebot bezeichnete Anlage weiterhin im vertraglich vereinbarten Umfang Reserveleistung für die Kapazitätsreserve zur Verfügung stellt.

§ 22 Kündigung des Vertrages. (1) Der nach § 18 Absatz 2 geschlossene Vertrag kann ausschließlich bei Vorliegen eines Grundes nach Absatz 2 oder bei Vorliegen der Voraussetzungen nach § 314 des Bürgerlichen Gesetzbuchs gekündigt werden.

[1)] Nr. **1**.
[2)] Nr. **20**.

(2) Der Anschluss-Übertragungsnetzbetreiber kann insbesondere den Vertrag kündigen, wenn

1. die Anlage den Funktionstest nicht innerhalb des Zeitraums nach § 28 Absatz 3 Satz 4 besteht,
2. die Nachbesserung nach § 30 nicht oder nicht innerhalb der nach § 30 Absatz 3 Satz 1 vorgesehenen Frist erfolgt,
3. die Kapazitätsreserveanlage vor oder während des Erbringungszeitraums die Eignung zur Vorhaltung der Reserveleistung dauerhaft verliert oder
4. die Voraussetzungen für einen Rücktritt nach § 323 des Bürgerlichen Gesetzbuchs vorliegen.

§ 23 Nachbeschaffung. (1) Die Übertragungsnetzbetreiber sollen die Reserveleistung in Abstimmung mit der Bundesnetzagentur in Verfahren zusätzlich zu den nach § 8 Absatz 1 vorgesehenen Verfahren beschaffen, wenn

1. nach § 13e Absatz 5 des Energiewirtschaftsgesetzes[1)] eine Anpassung der Größe der Kapazitätsreserve erfolgt, die nicht im Verfahren nach § 8 umgesetzt werden kann,
2. dies aufgrund von Vertragsbeendigungen nach § 22 für die Erfüllung der Reservefunktion erforderlich ist oder
3. im Rahmen von Ausschreibungen nach § 8 nicht die gesamte nach § 7 zu beschaffende Reserveleistung gebunden werden konnte.

(2) [1] Für die Nachbeschaffung nach Absatz 1 sind die Vorschriften zum Beschaffungsverfahren entsprechend anzuwenden, wobei die vorgesehenen Fristen angepasst werden können. [2] Der Erbringungszeitraum für die im Wege der Nachbeschaffung gebundene Reserveleistung endet mit dem Beginn des jeweils folgenden Erbringungszeitraums nach § 8 Absatz 1. [3] Die Übertragungsnetzbetreiber führen die Nachbeschaffung nach Absatz 1 Nummer 3 erst nach Ablauf der Frist nach § 10 Absatz 2 durch.

(3) [1] Ist die Nachbeschaffung nach Absatz 1 Nummer 3 nicht erfolgreich, entscheidet die Bundesnetzagentur über geeignete Maßnahmen zur Beschaffung der notwendigen Reserveleistung durch die Übertragungsnetzbetreiber. [2] Sie kann hierzu Analysen von den Übertragungsnetzbetreibern anfordern.

Teil 3. Einsatz der Kapazitätsreserve

§ 24 Grundsätze. (1) [1] Die Übertragungsnetzbetreiber dürfen die Kapazitätsreserve ausschließlich als Systemdienstleistung einsetzen. [2] Die Verbote nach § 3 Absatz 2 Satz 1 und 2 sind entsprechend anzuwenden.

(2) [1] Die Übertragungsnetzbetreiber müssen die Kapazitätsreserve auf Grundlage der ihnen zur Verfügung stehenden Prognosen unter Berücksichtigung der technischen Randbedingungen einsetzen. [2] Der Einsatz erfolgt nachrangig zu anderen geeigneten Maßnahmen nach § 13 Absatz 1 Nummer 1 und 2 des Energiewirtschaftsgesetzes[1)], soweit diese zur Gewährleistung der Sicherheit und Zuverlässigkeit des Elektrizitätsversorgungssystems ausreichend sind.

---

1) Nr. 1.

(3) [1]Die Übertragungsnetzbetreiber informieren die Marktteilnehmer und die Betreiber derjenigen Netze, in die die Kapazitätsreserveanlagen eingebunden sind, unverzüglich und auf geeignete Art und Weise über die Aktivierung und den Abruf der Kapazitätsreserve. [2]Die Information soll insbesondere den Zeitpunkt, die Zeitdauer und den Umfang der Aktivierung und des Abrufs enthalten. [3]Die Übertragungsnetzbetreiber informieren die Betreiber derjenigen Netze, in die die Kapazitätsreserveanlagen eingebunden sind, zudem vor der Durchführung über Funktionstests und Probeabrufe.

(4) Kapazitätsreserveanlagen, die sich an für den Einsatz als Netzreserve geeigneten Standorten befinden, müssen auf Anforderung der Übertragungsnetzbetreiber auch nach § 7 der Netzreserveverordnung[1)] einspeisen.

(5) [1]Der Betreiber der Kapazitätsreserveanlage muss die Anlage in einem separaten Bilanzkreis führen, in dem ausschließlich diese Kapazitätsreserveanlage geführt wird. [2]Die beim Einsatz der Kapazitätsreserveanlagen erzeugten oder durch Lastverzicht zur Verfügung stehenden Strommengen sind ausschließlich in dem jeweiligen Bilanzkreis nach Satz 1 zu führen. [3]Dies ist auch maßgebend für die Strommengen aus

1. Anfahrvorgängen nach § 3 Absatz 1 Satz 2,
2. Funktionstests nach § 28,
3. Probeabrufen und Testfahrten nach § 29 oder
4. Nachbesserungen nach § 30.

§ 25 Aktivierung. (1) [1]Um sicherzustellen, dass die Anlagen zum notwendigen Zeitpunkt die vollständige Reserveleistung einspeisen können, müssen die Übertragungsnetzbetreiber die Kapazitätsreserveanlagen aktivieren, wenn:

1. bei der letzten Auktion des vortägigen Handels an der Strombörse die Markträumung ausbleibt,
2. bei der Eröffnungsauktion des untertägigen Handels an der Strombörse die Markträumung ausbleibt oder
3. im untertägigen, kontinuierlichen Handel an der Strombörse für eine Fahrplanviertelstunde offene Kaufgebote in Höhe des technischen Preislimits eingestellt sind, die nicht innerhalb einer Stunde vollständig erfüllt werden.

[2]Bei der Aktivierung haben die Übertragungsnetzbetreiber jeweils die Anfahrtszeit zu berücksichtigen. [3]Strombörse im Sinne von Satz 1 ist die Strombörse, die im ersten Quartal des vorangegangenen Kalenderjahres das höchste Handelsvolumen für Stundenkontrakte für die Preiszone Deutschland am Spotmarkt aufgewiesen hat. [4]Die Übertragungsnetzbetreiber veröffentlichen die Strombörse im Sinne von Satz 1 auf der gemeinsamen Internetplattform.

(2) [1]Die Übertragungsnetzbetreiber müssen im Regelfall alle Kapazitätsreserveanlagen aktivieren. [2]Sie sind befugt, nur einen Teil der Anlagen zu aktivieren, wenn dies nach ihren Prognosen ausreicht, um eine Gefährdung oder Störung der Sicherheit oder Zuverlässigkeit des Elektrizitätsversorgungssystems zu vermeiden oder zu beseitigen. [3]Sie müssen diese Anlagen anhand technischer Eignung und ökonomischer Kriterien auswählen.

[1)] Nr. **20**.

(3) [1]Um die infolge der Aktivierung der Kapazitätsreserveanlagen eingespeisten Strommengen auszugleichen, sind die Übertragungsnetzbetreiber berechtigt und verpflichtet, von den Betreibern der in den Strommärkten aktiven Anlagen zu verlangen, dass diese in vergleichbarem Umfang die Wirkleistungseinspeisung ihrer Anlagen anpassen. [2]Die Übertragungsnetzbetreiber müssen diese Anlagen anhand ihrer technischen Eignung und anhand ökonomischer Kriterien auswählen. [3]§ 13a Absatz 1 Satz 1 des Energiewirtschaftsgesetzes[1)] ist entsprechend anzuwenden. [4]Die Sätze 1 bis 3 sind für die Strommengen nach § 3 Absatz 1 Satz 2 und den §§ 28 bis 30 entsprechend anzuwenden.

(4) Maßnahmen, die nach § 13 Absatz 2 des Energiewirtschaftsgesetzes[1)] erforderlich sind, bleiben von Absatz 1 unberührt.

§ 26 Abruf. (1) [1]Der Abruf erfolgt nachrangig zu Maßnahmen nach § 13 Absatz 1 Nummer 1 und 2 des Energiewirtschaftsgesetzes[1)]. [2]Der Abruf kann im Verhältnis zur Regelenergie abweichend von Satz 1 erfolgen, wenn dies für einen sicheren und zuverlässigen Betrieb des Übertragungsnetzes erforderlich ist.

(2) [1]Die Abrufdauer beträgt jeweils bis zu 12 Stunden. [2]Zwischen einzelnen Abrufen liegen mindestens sechs Stunden. [3]Der Anlagenbetreiber darf auf den Zeitraum zwischen zwei Abrufen nach Satz 2 verzichten, indem er dies dem Anschluss-Übertragungsnetzbetreiber vorab, spätestens jedoch zum Zeitpunkt des Handelsschlusses des vortägigen Börsenhandels, mitteilt.

(3) Maßnahmen, die nach § 13 Absatz 2 des Energiewirtschaftsgesetzes[1)] erforderlich sind, bleiben von Absatz 1 unberührt.

(4) Der Datenaustausch zum Abruf der Kapazitätsreserveanlage erfolgt entsprechend den Vorgaben des jeweiligen Anschluss-Übertragungsnetzbetreibers.

§ 27 Verfügbarkeit. (1) [1]Die Aktivierung und der Abruf von Kapazitätsreserveanlagen mit der vollständigen Reserveleistung müssen jederzeit während des gesamten Erbringungszeitraums möglich sein, mit Ausnahme der nach den Absätzen 2 oder 3 zulässigen geplanten oder ungeplanten Nichtverfügbarkeiten. [2]Die Anlagen müssen außerhalb des Zeitraums zulässiger Nichtverfügbarkeiten nach Absatz 3 Satz 1 die Anforderungen nach § 9 erfüllen.

(2) [1]Geplante Nichtverfügbarkeiten sind Nichtverfügbarkeiten aufgrund von technisch notwendigen Instandhaltungsmaßnahmen, deren Notwendigkeit der Betreiber dem Anschluss-Übertragungsnetzbetreiber bis zum 31. Juli eines Kalenderjahres für das jeweils folgende Kalenderjahr mitgeteilt hat. [2]Als ungeplant gelten solche Nichtverfügbarkeiten, deren Notwendigkeit erst nach Ablauf der Frist nach Satz 1 entsteht oder die im Falle der Entstehung vor der Frist nach Satz 1 auch bei Einhaltung der im Verkehr erforderlichen Sorgfalt erst nach Ablauf der Frist erkennbar waren. [3]Dies gilt unabhängig davon, ob die Instandhaltungsmaßnahme unverzüglich durchgeführt werden muss oder für einen späteren Zeitpunkt geplant ist. [4]Ungeplante Nichtverfügbarkeiten muss der Betreiber der Kapazitätsreserveanlage dem Anschluss-Übertragungsnetzbetreiber unverzüglich melden, nachdem er Kenntnis hierüber erlangt hat. [5]Der Anschluss-Übertragungsnetzbetreiber kann verlangen, dass die Instandhaltungsmaßnahmen zu einem anderen Zeitpunkt durchgeführt werden, wenn

---

[1)] Nr. 1.

und soweit dies für die Funktionsfähigkeit der Kapazitätsreserve erforderlich sowie technisch und rechtlich möglich ist.

(3) [1] Nichtverfügbarkeiten nach Absatz 2 sind zulässig, wenn und soweit die Kapazitätsreserveanlagen in einem Vertragsjahr insgesamt nicht mehr als drei Monate nicht verfügbar sind und die Nichtverfügbarkeiten rechtzeitig im Sinne von Absatz 2 Satz 1 und 4 mitgeteilt worden sind. [2] Bei zulässigen Nichtverfügbarkeiten besteht der Vergütungsanspruch nach § 19 Absatz 1 auch während der Nichtverfügbarkeit fort. [3] Aktivierungen nach § 25, Abrufe nach § 26 und Probeabrufe nach § 29 sind während zulässiger Nichtverfügbarkeiten untersagt.

§ 28 Funktionstest. (1) [1] Der Anschluss-Übertragungsnetzbetreiber führt für jede Kapazitätsreserveanlage einen Funktionstest durch, um zu überprüfen, ob die Kapazitätsreserveanlagen die Teilnahmevoraussetzungen nach § 9 erfüllen. [2] Der Funktionstest umfasst insbesondere die Aktivierung und für eine Dauer von bis zu 12 Stunden den Abruf mit der vollständigen Reserveleistung. [3] Der Anschluss-Übertragungsnetzbetreiber kann im Rahmen des Funktionstests auch die Angaben des Anlagenbetreibers nach § 16 Nummer 7 überprüfen.

(2) [1] Der Anschluss-Übertragungsnetzbetreiber führt den Funktionstest einer Kapazitätsreserveanlage innerhalb der zwei Monate durch, die dem Beginn des jeweiligen Erbringungszeitraums unmittelbar vorausgehen. [2] Er muss den Zeitpunkt des Funktionstests mit dem Betreiber der Anlage abstimmen.

(3) [1] Erfüllt eine Kapazitätsreserveanlage die Teilnahmevoraussetzungen nach § 9 in einem Funktionstest nach Absatz 1 nicht, kann der Betreiber vom Anschluss-Übertragungsnetzbetreiber die Wiederholung des Funktionstests verlangen. [2] Der Anschluss-Übertragungsnetzbetreiber muss die Wiederholung des Funktionstests unverzüglich nach Verlangen des Betreibers durchführen. [3] Der Funktionstest kann mehrfach wiederholt werden. [4] Der Anspruch des Betreibers auf Wiederholung erlischt sechs Monate nach dem Beginn des Erbringungszeitraums.

§ 29 Probeabrufe, Testfahrten. (1) [1] Der jeweilige Anschluss-Übertragungsnetzbetreiber muss wenigstens einmal und darf höchstens zweimal pro Vertragsjahr Probeabrufe der Kapazitätsreserveanlage mit der vollständigen Reserveleistung für eine Dauer von bis zu 12 Stunden ohne Vorankündigung gegenüber dem Betreiber durchführen. [2] Die Übertragungsnetzbetreiber können für die Durchführung der Probeabrufe weitere Anforderungen bestimmen. [3] Probeabrufe dürfen erst nach einem erfolgreichen Funktionstest nach § 28 durchgeführt werden. [4] War der Funktionstest hinsichtlich einer Teilmenge der Reserveleistung erfolgreich, sind Probeabrufe für diese Teilmenge zulässig.

(2) Die Anzahl der Probeabrufe verringert sich um je einen Probeabruf für jeden Abruf im Rahmen der Kapazitätsreserve; es sei denn, die Anlage hat die angeforderte Leistung nicht, nicht vollständig oder nicht rechtzeitig erbracht.

(3) [1] Betreiber von Kapazitätsreserveanlagen dürfen Testfahrten der Kapazitätsreserveanlage durchführen, wenn und soweit dies aus technischen Gründen erforderlich ist. [2] Die Kosten hierfür, einschließlich der Kosten für Ausgleichsenergie, trägt der Betreiber der Anlage. [3] Der Zeitpunkt der Testfahrt ist vor der geplanten Durchführung mit dem Anschluss-Übertragungsnetzbetreiber abzustimmen und im Falle von im Verteilernetz angeschlossenen Anlagen dem Verteilernetzbetreiber schriftlich oder elektronisch mitzuteilen. [4] Der An-

schluss-Übertragungsnetzbetreiber kann verlangen, dass die Testfahrt zu einem anderen Zeitpunkt durchgeführt wird, wenn und soweit dies für die Funktionsfähigkeit der Kapazitätsreserve erforderlich und technisch möglich ist. [5]Die Dauer einer Testfahrt soll 12 Stunden nicht überschreiten. [6]Testfahrten verringern nicht die Anzahl der Probeabrufe nach Absatz 1.

§ 30 Nachbesserung. (1) Erbringt die Kapazitätsreserveanlage in den Fällen der Aktivierung nach § 25, des Abrufs nach § 26 oder des Probeabrufs nach § 29 Absatz 1 die vertraglich vereinbarte Leistung gar nicht, nicht rechtzeitig oder nicht vollständig, so muss der Betreiber innerhalb angemessener Frist nachbessern.

(2) [1]Der Nachweis der Nachbesserung nach Absatz 1 erfolgt mittels eines Funktionstests entsprechend § 28 Absatz 1. [2]Bis zum Nachweis der Nachbesserung sind weitere Aktivierungen, Abrufe oder Probeabrufe unzulässig. [3]§ 29 Absatz 1 Satz 4 ist entsprechend anzuwenden.

(3) [1]Als angemessene Frist zur Nachbesserung gilt ein Zeitraum von bis zu sechs Monaten ab der Nichtverfügbarkeit nach Absatz 1. [2]Bis zum Nachweis der Nachbesserung erhält der Betreiber keine Vergütung für die betroffene Kapazitätsreserveanlage und der Vergütungsanspruch für diesen Zeitraum entfällt.

Teil 4. Abrechnung

§ 31 Abrechnung zwischen Übertragungsnetzbetreiber und Betreiber der Kapazitätsreserveanlage. (1) [1]Die Vergütung nach § 19 Absatz 1 Satz 1 muss der jeweilige Anschluss-Übertragungsnetzbetreiber monatlich jeweils zum zehnten Werktag anteilig für den vorangegangenen Monat an den Betreiber der Kapazitätsreserveanlage zahlen. [2]Sonnabend, Sonntag und bundesweit einheitliche gesetzliche Feiertage sind keine Werktage im Sinne von Satz 1.

(2) Kosten, die nach § 19 Absatz 4 gesondert zu erstatten sind, erstattet der jeweilige Anschluss-Übertragungsnetzbetreiber dem Betreiber der Kapazitätsreserveanlage, sobald und soweit dieser sie dargelegt und nachgewiesen hat.

§ 32 Abrechnung zwischen Übertragungsnetzbetreiber und Bilanzkreisverantwortlichem. (1) Die Übertragungsnetzbetreiber rechnen Bilanzkreisunterspeisungen und Bilanzkreisüberspeisungen für die Fahrplanviertelstunden, in denen ein Abruf nach § 26 erfolgt ist, im Rahmen der Ausgleichsenergieabrechnung nach § 8 Absatz 2 der Stromnetzzugangsverordnung[1)] ab.

(2) Die Preise für die Ausgleichsenergie, die nach Absatz 1 den Bilanzkreisverantwortlichen für Bilanzkreisunterspeisungen in Rechnung gestellt werden, betragen mindestens das Zweifache des im untertägigen Börsenhandel höchsten zulässigen Gebotspreises, wenn

1. der für die Bilanzkreisabrechnung veröffentlichte Saldo des deutschen Netzregelverbundes für die entsprechende Fahrplanviertelstunde größer als die für die Übertragungsnetzbetreiber zu diesem Zeitpunkt insgesamt verfügbare positive Sekundärregelleistung und positive Minutenreserveleistung war und

---

[1)] Nr. 23.

2. ein Abruf nach § 26 erfolgt ist.

§ 33 Kosten und Erlöse. [1]Die Übertragungsnetzbetreiber bringen die nach § 32 Absatz 2 entstehenden Erlöse, soweit sie die Erlöse übersteigen, die bei einer Ausgleichsenergieabrechnung ohne Vorliegen der Voraussetzungen des § 32 Absatz 2 entstanden wären, und die nach § 39 vereinnahmten Vertragsstrafen sowie nach § 40 endgültig einbehaltenen Sicherheiten von den ihnen bei der Durchführung dieser Verordnung entstehenden Kosten in Abzug. [2]Sie weisen die Kosten, Erlöse und vereinnahmten Vertragsstrafen gegenüber der Bundesnetzagentur gesondert aus.

Teil 5. Vertragsstrafen

§ 34 Zahlungspflichten bei Nichtverfügbarkeit der Anlage. (1) [1]Erfüllt eine Kapazitätsreserveanlage im Rahmen der Funktionstests nach § 28 die Anforderungen nach § 9 bis zum Beginn des Erbringungszeitraums nicht, muss der Betreiber eine Vertragsstrafe in Höhe von 20 Prozent der für den gesamten Erbringungszeitraum vereinbarten Vergütung nach § 19 Absatz 1 Satz 1 an den Anschluss-Übertragungsnetzbetreiber leisten. [2]Satz 1 ist entsprechend anzuwenden, wenn bis zum Beginn des Erbringungszeitraums kein Funktionstest durchgeführt wurde; es sei denn der Anschluss-Übertragungsnetzbetreiber hat die Nichtdurchführung zu vertreten.

(2) [1]Die Vertragsstrafe ist lediglich anteilig zu leisten, wenn die Kapazitätsreserveanlage innerhalb von sechs Monaten nach Beginn des Erbringungszeitraums im Rahmen eines Funktionstests nach § 28 die Anforderungen nach § 9 erfüllt. [2]Die Vertragsstrafe beträgt im Falle des Satzes 1 für den ersten angefangenen Monat ein Sechstel und für jeden weiteren angefangenen Monat ein Zwölftel des nach Absatz 1 vorgesehenen Gesamtbetrages.

(3) In den Fällen der Absätze 1 und 2 erhält der Betreiber bis zum erfolgreichen Funktionstest keine Vergütung und der Vergütungsanspruch für diesen Zeitraum entfällt.

(4) [1]Erbringt die Kapazitätsreserveanlage im Fall der Aktivierung nach § 25, des Abrufs nach § 26 oder der Probeabrufe nach § 29 Absatz 1 die vertraglich vereinbarte Leistung nicht, nicht rechtzeitig oder nicht vollständig, muss der Betreiber für jeden Einzelfall eine Vertragsstrafe in Höhe von 15 Prozent der ihm für ein Vertragsjahr nach § 19 Absatz 1 Satz 1 zustehenden Vergütung an den Anschluss-Übertragungsnetzbetreiber zahlen. [2]Bis zur Nachbesserung nach § 30 erhält der Betreiber keine Vergütung und der Vergütungsanspruch für diesen Zeitraum entfällt.

(5) Erfüllt eine Kapazitätsreserveanlage im Rahmen einer Aktivierung nach § 25, eines Abrufs nach § 26, eines Funktionstests nach § 28 oder eines Probeabrufs nach § 29 die Anforderungen nach § 9 nur mit einer Teilmenge der Reserveleistung, sind die Absätze 1 bis 4 nur für die Teilmenge der Reserveleistung anzuwenden, die die Anforderungen nach § 9 nicht erfüllt hat.

(6) Die Absätze 4 und 5 sind für Verstöße gegen § 27 Absatz 1 entsprechend anzuwenden.

(7) [1]Erfolgt die Nachbesserung nach § 30 so rechtzeitig, dass die vollständige Reserveleistung zum Zeitpunkt des Leistungsbilanzdefizits zur Verfügung steht, muss der Betreiber keine Vertragsstrafe zahlen und der Vergütungsanspruch bleibt bestehen. [2]Im Falle von Probeabrufen nach § 29 muss die vollständige Reserveleistung innerhalb von 12 Stunden ab der erstmaligen Anforderung durch den Übertragungsnetzbetreiber zur Verfügung stehen.

(8) [1]Hat ein Betreiber einer Kapazitätsreserveanlage Absprachen nach § 17 Absatz 4 Satz 1 Nummer 3 getroffen, muss er eine Vertragsstrafe in Höhe von 20 Prozent der für den gesamten Erbringungszeitraum vereinbarten Vergütung an den Anschluss-Übertragungsnetzbetreiber leisten. [2]Daneben sind die allgemeinen Vorschriften des deutschen und europäischen Kartellrechts anzuwenden. [3]Die Übertragungsnetzbetreiber sind verpflichtet, sofern sie von einer wettbewerbsbehindernden Absprache im Sinne von Absatz 1 oder sonstigem kartellrechtwidrigem Verhalten Kenntnis erlangen, unverzüglich die zuständige Kartellbehörde zu unterrichten.

(9) Die Vertragsstrafen nach den Absätzen 4 und 5 sind pro Vertragsjahr der Höhe nach auf die dem Betreiber für ein Vertragsjahr nach § 19 Absatz 1 Satz 1 grundsätzlich zustehende Vergütung begrenzt.

§ 35 Ausschluss bei höherer Gewalt. (1) [1]Betreiber von Kapazitätsreserveanlagen müssen keine Vertragsstrafe zahlen, wenn und soweit die Kapazitätsreserveanlage die vertraglich vereinbarte Leistung aufgrund von höherer Gewalt nicht erbringen kann; der Vergütungsanspruch entfällt für den Zeitraum der Nichtverfügbarkeit. [2]Höhere Gewalt ist ein außergewöhnliches, betriebsfremdes, von außen durch elementare Naturkräfte oder Handlungen dritter Personen herbeigeführtes Ereignis, das nach menschlicher Einsicht und Erfahrung nicht vorhersehbar ist und mit wirtschaftlich erträglichen Mitteln auch durch die äußerste, vernünftigerweise zu erwartende Sorgfalt nicht verhütet oder unschädlich gemacht werden kann. [3]Sie liegt insbesondere vor, wenn die vertraglich vereinbarte Leistung aufgrund folgender Ereignisse nicht erbracht werden kann:

1. Naturkatastrophen wie Erdbeben oder Überschwemmungen,
2. Sabotagehandlungen Dritter, die dem Betreiber der Kapazitätsreserveanlage nicht zuzurechnen sind, oder
3. Terrorismus.

(2) [1]Keine höhere Gewalt im Sinne von Absatz 1 liegt insbesondere dann vor, wenn die Inbetriebnahme oder der Betrieb der Kapazitätsreserveanlage deswegen unmöglich ist, weil sich Risiken des Standorts der Anlage verwirklicht haben. [2]Dies ist insbesondere anzunehmen, wenn

1. endgültig nicht alle für den Betrieb der Anlage in der Kapazitätsreserve erforderlichen Genehmigungen vorliegen,
2. der Anschluss an das Stromnetz oder das Gasnetz nicht vorliegt oder
3. Brennstoffe, Hilfsstoffe oder sonst für den Betrieb der Anlage erforderliche Materialien, insbesondere Ersatzteile, gar nicht oder nicht rechtzeitig beschafft oder nachbeschafft werden können.

(3) Nichtverfügbarkeiten von Kapazitätsreserveanlagen aufgrund von höherer Gewalt im Sinne von Absatz 1 werden nicht auf den Zeitraum nach § 27 Absatz 3 Satz 1 angerechnet.

§ 36 Verstoß gegen grundlegende Pflichten. [1]Im Falle eines Verstoßes gegen § 3 Absatz 2 bis 6 muss der Betreiber einer Kapazitätsreserveanlage eine Vertragsstrafe in Höhe von 100 Prozent der ihm für den gesamten Erbringungszeitraum zustehenden Vergütung an den Anschluss-Übertragungsnetzbetreiber leisten. [2]Die Pflichten des Anlagenbetreibers nach § 3 Absatz 2 bis 6 gelten auch im Falle einer Vertragsstrafe nach Satz 1 uneingeschränkt fort. [3]Verstößt der Anlagenbetreiber nach Zahlung der Vertragsstrafe nach Satz 1 erneut gegen § 3 Absatz 2 bis 6, soll die Bundesnetzagentur nach § 43 den Betrieb der Anlage untersagen.

Teil 6. Aufgaben der Netzbetreiber

§ 37 Vorbereitung und Durchführung der Ausschreibung. (1) Die Übertragungsnetzbetreiber ergreifen unverzüglich in Abstimmung mit der Bundesnetzagentur alle erforderlichen Maßnahmen zur Vorbereitung und Durchführung der Ausschreibung, insbesondere

1. die Erarbeitung von Standardbedingungen für den Vertragsschluss nach § 21, einschließlich Vorgaben zur Abwicklung der gesonderten Erstattung von Kosten nach § 19 Absatz 4 bis 6,
2. die Bestimmung von Formatvorgaben für die Gebote nach § 14, einschließlich Vorgaben zur Erfüllung des § 14 Absatz 2 Satz 1 sowie von sonstigen formalen Vorgaben und
3. die Entscheidung darüber, ob das Ausschreibungsverfahren postalisch oder elektronisch stattfindet, einschließlich der für die Umsetzung notwendigen Arbeiten.

(2) [1]Die Standardbedingungen nach Absatz 1 Nummer 1 bedürfen der Genehmigung durch die Bundesnetzagentur. [2]Die Übertragungsnetzbetreiber müssen den Antrag auf Genehmigung der Standardbedingungen spätestens zwei Monate vor der jeweiligen Bekanntmachung nach § 11 der Bundesnetzagentur stellen. [3]Die Genehmigung gilt als erteilt, wenn die Bundesnetzagentur nicht innerhalb einer Frist von zwei Monaten nach Eingang der vollständigen Antragsunterlagen die Genehmigung versagt. [4]Die Genehmigung ist zu versagen, wenn die Standardbedingungen den Betreiber der Kapazitätsreserveanlage entgegen den Geboten von Treu und Glauben unangemessen benachteiligen. [5]Eine unangemessene Benachteiligung kann sich auch daraus ergeben, dass eine Bestimmung nicht klar und verständlich ist.

(3) [1]Entscheidungen der Bundesnetzagentur nach Absatz 2 sind zuzustellen. [2]§ 73 Absatz 1a des Energiewirtschaftsgesetzes[1)] ist entsprechend anzuwenden.

§ 38 Veröffentlichungs- und Mitteilungspflichten. (1) Die Übertragungsnetzbetreiber veröffentlichen auf einer gemeinsamen Internetplattform innerhalb angemessener Frist

1. die Teilnahmevoraussetzungen und Festlegungen nach § 9 Absatz 2, einschließlich eines Hinweises auf die Anforderungen nach § 9 Absatz 1 und die Standardbedingungen nach § 37 Absatz 1 Nummer 1; wobei die Veröffent-

---

[1)] Nr. **1**.

lichung spätestens einen Monat vor der jeweiligen Bekanntmachung nach § 11 erfolgen soll,

2. die Entscheidung über die Zuschläge und die Höhe des Zuschlagswerts nach § 18; wobei die Veröffentlichung spätestens einen Monat nach Zuschlagserteilung erfolgen soll und folgende Angaben erforderlich sind:
   a) der Gebotstermin der Ausschreibung, für die die Zuschläge erteilt werden, und
   b) die Namen der Bieter, die einen Zuschlag erhalten, einschließlich gegebenenfalls der Identifikationsnummer der Anlage bei der Bundesnetzagentur, der Reserveleistung sowie einer eindeutigen Zuschlagsnummer.

(2) Die Übertragungsnetzbetreiber teilen der Bundesnetzagentur unverzüglich wesentliche Vorgänge oder Änderungen im Zusammenhang mit der Kapazitätsreserve mit, insbesondere

1. die nach Absatz 1 zu veröffentlichenden Informationen,
2. jeden Verstoß von Betreibern von Kapazitätsreserveanlagen gegen § 3; wobei die Mitteilung die betroffene Kapazitätsreserveanlage, den Betreiber und die Norm, gegen die verstoßen wurde, enthalten muss,
3. die Vertragsbeendigungen nach § 22,
4. die Aktivierung nach § 25,
5. den Abruf nach § 26,
6. jede Nichtverfügbarkeit im Fall der §§ 25 bis 29; wobei die Mitteilung die betroffene Kapazitätsreserveanlage, den Betreiber und, sofern den Übertragungsnetzbetreibern bekannt, die Ursache der Nichtverfügbarkeit enthalten muss, und
7. die Vereinnahmung von Vertragsstrafen nach den §§ 34 und 36.

(3) [1] Die Übertragungsnetzbetreiber teilen den Bietern, deren Gebote nach § 17 vom weiteren Verfahren ausgeschlossen worden sind, und den Bietern, die keinen Zuschlag nach § 18 erhalten haben, die Gründe für den Ausschluss oder die Nichtbezuschlagung mit. [2] Die Mitteilung nach Satz 1 hat zu erfolgen, sobald die Übertragungsnetzbetreiber die Zuschläge nach § 18 erteilt und alle bezuschlagten Bieter die Zweitsicherheit nach § 10 Absatz 2 geleistet haben.

§ 39 Durchsetzung von Vertragsstrafen. (1) [1] Der Betreiber einer Kapazitätsreserveanlage muss die nach den §§ 34 und 36 fälligen Geldbeträge an den Anschluss-Übertragungsnetzbetreiber zahlen. [2] Der jeweilige Anschluss-Übertragungsnetzbetreiber muss die Zahlung fälliger Vertragsstrafen durchsetzen.

(2) Wenn der Betreiber die Forderung nicht bis zum Ablauf des zweiten Kalendermonats erfüllt hat, der auf das Datum der Geltendmachung des Anspruchs auf Vertragsstrafe durch den Anschluss-Übertragungsnetzbetreiber folgt, darf sich der Anschluss-Übertragungsnetzbetreiber aus den Sicherheiten befriedigen.

(3) Hat sich der Anschluss-Übertragungsnetzbetreiber aus den Sicherheiten befriedigt, darf er die Vergütung nach § 19 Absatz 1 und 2 so lange zurückbehalten, bis der Betreiber der Kapazitätsreserveanlage erneut Sicherheit dergestalt geleistet hat, dass sie in Art, Form und Umfang der ursprünglich geleisteten Sicherheit entspricht.

(4) Der Anschluss-Übertragungsnetzbetreiber ist berechtigt, vom Betreiber der Kapazitätsreserveanlage Unterlagen und Nachweise über die Einhaltung der Teilnahmevoraussetzungen nach § 9 sowie im Falle regelbarer Lasten über die Einhaltung des § 3 Absatz 3 zu verlangen.

§ 40 Rückgabe der Sicherheiten. (1) Der Anschluss-Übertragungsnetzbetreiber muss die Erstsicherheit nach § 10 Absatz 1 unverzüglich an den Bieter zurückgeben, wenn

1. der Bieter für sein Gebot keinen Zuschlag nach § 18 erhalten hat, mit Ausnahme der Fälle des § 18 Absatz 8 oder
2. die Zweitsicherheit nach § 10 Absatz 2 geleistet wurde.

(2) Der Anschluss-Übertragungsnetzbetreiber muss die Erstsicherheit nach § 10 Absatz 1 endgültig einbehalten, wenn der Bieter die Zweitsicherheit nach § 10 Absatz 2 nicht, nicht rechtzeitig oder nicht vollständig geleistet hat.

(3) [1] Der Anschluss-Übertragungsnetzbetreiber muss die Zweitsicherheit nach § 10 Absatz 2, soweit sie nicht mittels einer Bürgschaft gestellt wurde, unverzüglich an den Bieter zurückgeben, wenn

1. der Funktionstest nach § 28 Absatz 1 erfolgreich war oder
2. der Funktionstest nach § 28 Absatz 3 erfolgreich war und der Bieter die Vertragsstrafe nach § 34 Absatz 1 geleistet hat.

[2] Die Rückgabe ist auf den Betrag zu begrenzen, um den die Zweitsicherheit die mögliche Strafzahlung nach § 34 Absatz 4 Satz 1 überschreitet. [3] Die Zweitsicherheit ist vollständig zurückzugeben, wenn der Vertrag beendet ist und der Anschluss-Übertragungsnetzbetreiber keine Forderungen gegen den Bieter aufgrund des Vertrages oder aufgrund dieser Verordnung hat.

§ 41 Mitwirkungspflicht der Verteilernetzbetreiber. (1) [1] Der Verteilernetzbetreiber, an dessen Netz die Anlage eines Bieters angeschlossen ist, ist verpflichtet eine Bestätigung nach § 16 Nummer 5 auszustellen. [2] Er kann die Ausstellung nur unter Angabe eines oder mehrerer konkreter Gründe ablehnen. [3] Als Gründe für die Ablehnung dürfen nur solche Hindernisse vorgebracht werden, die bis zum Beginn des jeweiligen Erbringungszeitraums voraussichtlich nicht beseitigt werden können. [4] Ein die Ablehnung begründendes Hindernis im Sinne von Satz 3 liegt insbesondere dann vor, wenn das Hindernis nur durch Netzausbau beseitigt werden kann, der über den im Rahmen einer ordnungsgemäß durchgeführten Kapazitätsplanung nach § 11 Absatz 2 des Energiewirtschaftsgesetzes[1)] vorgesehenen Netzausbau hinausgeht.

(2) Entstehen nach Erteilung der Bestätigung nach § 16 Nummer 5 Hindernisse für den Transport der bei Aktivierung, Abruf, Funktionstest und Probeabruf entstehenden Energiemengen durch das Verteilernetz, muss der Verteilernetzbetreiber unverzüglich den Betreiber der Kapazitätsreserveanlage und den Anschluss-Übertragungsnetzbetreiber informieren.

---

1) Nr. **1**.

Teil 7. Aufgaben der Bundesnetzagentur

§ 42 Festlegungen. Die Bundesnetzagentur kann durch Festlegung nach § 29 Absatz 1 des Energiewirtschaftsgesetzes[1)] Entscheidungen treffen

1. zur Änderung der Größe der Kapazitätsreserve nach § 13e Absatz 5 Satz 3 des Energiewirtschaftsgesetzes[1)],
2. zur Durchführung des Beschaffungsverfahrens sowie zum Zeitpunkt, Zeitraum und Häufigkeit der Beschaffung nach § 8 und zur Präzisierung der Teilnahmevoraussetzungen nach § 9,
3. zur Konkretisierung von Art, Form und Inhalt der Gebote nach § 14 sowie zum Verfahren des Ausschlusses von Geboten und Bietern nach § 17,
4. zum Zuschlagsverfahren nach § 18,
5. zur Information der Marktteilnehmer nach § 24 Absatz 3,
6. zu Kriterien für die Auswahl der Anlagen nach § 25 Absatz 3,
7. zu Art und Weise der Überprüfung der Verfügbarkeit der Kapazitätsreserveanlagen nach den §§ 28 und 29 und
8. zur Durchführung der Abrechnung nach den §§ 31 und 33, insbesondere zur Konkretisierung der Kostenbestandteile und zum Nachweis entstandener Kosten.

§ 43 Betriebsuntersagung. Die Bundesnetzagentur kann bei Verstößen gegen § 3 im Benehmen mit der zuständigen Aufsichtsbehörde den Betrieb der Anlage untersagen.

Teil 8. Schlussbestimmungen

§ 44 Auskunftsanspruch. Die Bundesnetzagentur und die Übertragungsnetzbetreiber haben dem Bundesministerium für Wirtschaft und Energie auf sein Verlangen jederzeit Auskunft über sämtliche aufgrund dieser Verordnung gespeicherten und nicht nach § 45 gelöschten Daten in nicht personenbezogener Form zu erteilen, soweit dies für dessen Aufgabenerfüllung nach § 13e des Energiewirtschaftsgesetzes[1)] erforderlich ist.

§ 45 Löschung von Daten. Die aufgrund dieser Verordnung von der Bundesnetzagentur und den Übertragungsnetzbetreibern gespeicherten Daten sind unverzüglich zu löschen, wenn sie für die Erfüllung ihrer Aufgaben nach dieser Verordnung nicht mehr erforderlich sind.

§ 46 Rechtsschutz. (1) [1]Gerichtliche Rechtsbehelfe mit dem Ziel, die Übertragungsnetzbetreiber zur Erteilung eines Zuschlags zu verpflichten, sind statthaft. [2]§ 160 Absatz 3 Satz 1 des Gesetzes gegen Wettbewerbsbeschränkungen ist entsprechend anzuwenden. [3]Die Übertragungsnetzbetreiber müssen dem Rechtsbehelfsführer über den zum jeweiligen Gebotstermin ausgeschriebenen Umfang der Kapazitätsreserve hinaus einen entsprechenden Zuschlag

---

1) Nr. 1.

erteilen, soweit sein Begehren Erfolg hat und sobald die gerichtliche Entscheidung formell rechtskräftig wird.

(2) [1] Die Erteilung eines Zuschlags bleibt wirksam, auch wenn Dritte im Rahmen eines Rechtsschutzverfahrens nach Absatz 1 die Erteilung eines Zuschlags begehren oder aufgrund eines solchen Verfahrens einen Zuschlag erhalten haben. [2] Dies ist auch dann anzuwenden, wenn durch den Zuschlag der zum jeweiligen Gebotstermin ausgeschriebene Umfang der Kapazitätsreserve erreicht oder überschritten wird.

§ 47 Inkrafttreten. Diese Verordnung tritt am Tag nach der Verkündung[1)] in Kraft.

1) Verkündet am 5.2.2019.

22. Verordnung zur Gewährleistung der technischen Sicherheit und Systemstabilität des Elektrizitätsversorgungsnetzes (Systemstabilitätsverordnung – SysStabV)[1)]

Vom 20. Juli 2012

(BGBl. I S. 1635)

FNA 752-6-15

zuletzt geänd. durch Art. 2 Zweite VO zur Änd. der AnreizregulierungsVO v. 14.9.2016 (BGBl. I S. 2147)

Abschnitt 1. Allgemeine Bestimmungen

§ 1 Zweck der Verordnung. Zweck dieser Verordnung ist es, eine Gefährdung der Systemstabilität des Elektrizitätsversorgungsnetzes durch Anlagen zur Erzeugung von Strom aus erneuerbaren Energien, Grubengas und aus Kraft-Wärme-Kopplung bei Über- und Unterfrequenzen zu vermeiden.

§ 2 Sachlicher Anwendungsbereich. (1) Diese Verordnung gilt für die Nachrüstung von Anlagen zur Erzeugung von Strom aus solarer Strahlungsenergie

1. im Niederspannungsnetz mit einer installierten maximalen Leistung
   a) von mehr als 10 Kilowatt, die nach dem 31. August 2005 und vor dem 1. Januar 2012 in Betrieb genommen wurden, sowie
   b) von mehr als 100 Kilowatt, die nach dem 30. April 2001 und vor dem 1. Januar 2012 in Betrieb genommen wurden,
2. im Mittelspannungsnetz mit einer installierten maximalen Leistung von mehr als 30 Kilowatt, die nach dem 30. April 2001 und vor dem 1. Januar 2009 in Betrieb genommen wurden.

(2) [1]Diese Verordnung ist nach Maßgabe von Satz 2 außerdem anzuwenden auf die Nachrüstung von:

1. KWK-Anlagen
   a) mit einer installierten maximalen elektrischen Leistung von mehr als 5 000 Kilowatt,
   b) mit einer installierten maximalen elektrischen Leistung von mehr als 100 Kilowatt bis einschließlich 5 000 Kilowatt, die nach dem 31. Dezember 1999 in Betrieb genommen wurden,
2. Anlagen zur Erzeugung von Strom aus Windenergie mit einer installierten maximalen Leistung von mehr als 450 Kilowatt,
3. Anlagen zur Erzeugung von Strom aus fester Biomasse mit einer installierten maximalen Leistung von mehr als 100 Kilowatt,

---

[1)] Verkündet als Art. 1 VO v. 20.7.2012 (BGBl. S. 1635); Inkrafttreten gem. Art. 3 dieser VO am 26.7.2012.

4. Anlagen zur Erzeugung von Strom aus gasförmiger und flüssiger Biomasse, einschließlich Biomethan und Deponie-, Klär- sowie Grubengas, mit einer installierten maximalen Leistung von mehr als 100 Kilowatt, die nach dem 31. Dezember 1999 in Betrieb genommen wurden,
5. Anlagen zur Erzeugung von Strom aus Wasserkraft mit einer installierten maximalen Leistung von mehr als 100 Kilowatt.

[2] Satz 1 ist anzuwenden für die Nachrüstung von Anlagen
1. im Höchstspannungsnetz, wenn die Anlagen vor dem 1. September 2004 in Betrieb genommen wurden,
2. im Hochspannungsnetz, wenn die Anlagen vor dem 1. September 2004 in Betrieb genommen wurden,
3. im Mittelspannungsnetz, wenn die Anlagen vor dem 1. Januar 2009 in Betrieb genommen wurden, und
4. im Niederspannungsnetz, wenn die Anlagen vor dem 1. Juli 2012 in Betrieb genommen wurden.

§ 3 Begriffsbestimmungen. Im Sinne dieser Verordnung ist
1. „Anlage" eine Anlage im Sinne von § 3 Nummer 1 des Erneuerbare-Energien-Gesetzes vom 25. Oktober 2008 (BGBl. I S. 2074) in der am 31. Dezember 2011 geltenden Fassung und eine KWK-Anlage im Sinne von § 3 Absatz 2 des Kraft-Wärme-Kopplungsgesetzes[1)] vom 19. März 2002 (BGBl. I S.1092) in der am 31. Dezember 2011 geltenden Fassung; § 6 Absatz 3 des Erneuerbare-Energien-Gesetzes vom 25. Oktober 2008 (BGBl. I S. 2074) in der am 20. Dezember 2012 geltenden Fassung ist auf Anlagen im Sinne von § 2 Absatz 1 entsprechend anzuwenden; mehrere unmittelbar miteinander verbundene KWK-Anlagen an einem Standort gelten in Bezug auf die in § 2 Absatz 2 Satz 1 Nummer 1 genannten Leistungsgrenzen als eine KWK-Anlage, soweit sie innerhalb von zwölf aufeinanderfolgenden Kalendermonaten in Dauerbetrieb genommen worden sind,
2. „Betreiber einer Anlage", wer unabhängig vom Eigentum eine Anlage nach § 2 nutzt,
3. „Entkupplungsschutzeinrichtung" eine Einrichtung, die die Anlage bei unzulässigen Spannungs- und Frequenzabweichungen vom Netz trennt,
4. „Inbetriebnahme"
   a) bei KWK-Anlagen: der Zeitpunkt der Zulassung im Sinne des § 6 Absatz 2 Satz 1 des Kraft-Wärme-Kopplungsgesetzes[1)] vom 19. März 2002 (BGBl. I S. 1092), das zuletzt durch Artikel 13 des Gesetzes vom 21. Juli 2014 (BGBl. I S. 1066) geändert worden ist, und
   b) bei sonstigen Anlagen im Sinne von § 2: die Inbetriebnahme einer Anlage gemäß § 3 Nummer 5 des Erneuerbare-Energien-Gesetzes vom 25. Oktober 2008 (BGBl. I S. 2074) in der am 31. Dezember 2011 geltenden Fassung,

[1)] Nr. **45**.

5. „Netzbetreiber" in Abweichung von § 3 Nummer 27 des Energiewirtschaftsgesetzes[1)], wer ein Elektrizitätsverteilernetz oder ein Übertragungsnetz betreibt, an das Anlagen im Sinne von § 2 Absatz 2 unmittelbar angeschlossen sind,
6. „Betreiber von Entkupplungsschutzeinrichtungen", wer unabhängig vom Eigentum eine Entkupplungsschutzeinrichtung betreibt.

Abschnitt 2. Nachrüstung von Anlagen zur Erzeugung von Strom aus solarer Strahlungsenergie

§ 4 Verpflichtung zur Nachrüstung der Wechselrichter von Anlagen zur Erzeugung von Strom aus solarer Strahlungsenergie im Niederspannungsnetz. (1) Die Betreiber von Elektrizitätsverteilernetzen müssen vorbehaltlich der Absätze 2 bis 5 durch entsprechende Nachrüstung dafür sorgen, dass die an ihr Netz angeschlossenen Wechselrichter von Anlagen zur Erzeugung von Strom aus solarer Strahlungsenergie im Niederspannungsnetz nach § 2 Absatz 1 Nummer 1 die Anforderungen der Anwendungsregel VDE-AR-N 4105:2011-08, Abschnitte 5.7.3.3, 5.7.3.4 und 8.3.1 des Verbands der Elektrotechnik Elektronik Informationstechnik e.V. (VDE)[2)] erfüllen.

(2) [1] Für den Fall, dass eine Nachrüstung nach Absatz 1 den Austausch des Wechselrichters erforderlich machen würde, beschränkt sich die Pflicht zur Nachrüstung darauf, dafür zu sorgen, dass bei dem Wechselrichter die Kennlinie „Frequenzabhängige Wirkleistungsreduktion" der Wechselrichter entsprechend der Richtlinie des Bundesverbandes der Energie- und Wasserwirtschaft e.V. „Erzeugungsanlagen am Mittelspannungsnetz", Kapitel 2.5.3 und Bild 2.5.3-1 sowie Kapitel 5.7.1 in der Fassung von Juni 2008[3)] eingestellt ist. [2] Für die Unterfrequenzabschaltung ist ein Wert von 47,5 Hertz einzustellen.

(3) [1] Für den Fall, dass auch die Nachrüstung nach Absatz 2 den Austausch des Wechselrichters erforderlich machen würde, beschränkt sich die Pflicht zur Nachrüstung darauf, dafür zu sorgen, dass die Überfrequenzabschaltung des Wechselrichters wie folgt eingestellt wird:

1. Ist bei dem Wechselrichter eine Frequenzeinstellung mit einer Auflösung von weniger als 0,1 Hertz nicht möglich, muss einer der folgenden Frequenzwerte in Hertz eingestellt werden: 50,30; 50,40; 50,50; 50,60; 50,70; 50,80; 50,90 oder 51,00.
2. Ist bei dem Wechselrichter eine Frequenzeinstellung mit einer Auflösung von weniger als 0,1 Hertz möglich, muss einer der folgenden Frequenzwerte in Hertz eingestellt werden: 50,25; 50,35; 50,45; 50,55; 50,65; 50,75; 50,85 oder 50,95.

[2] Der Frequenzwert ist für jeden Wechselrichter so festzulegen, dass sich eine gleichmäßige Verteilung der Abschaltfrequenzen über die gesamte Leistung des

---

[1)] Nr. 1.

[2)] **Amtl. Anm.:** Zu beziehen bei VDE Verlag GmbH, Berlin (www.vde-verlag.de) und archivmäßig gesichert niedergelegt bei der Deutschen Nationalbibliothek in Leipzig.

[3)] **Amtl. Anm.:** Zu beziehen bei Forum Netztechnik / Netzbetrieb im VDE (FNN), Berlin (http://www.vde.com/de/fnn/dokumente/Seiten/technRichtlinien.aspx) und archivmäßig gesichert niedergelegt bei der Deutschen Nationalbibliothek in Leipzig (http://d-nb.info/993475817).

betroffenen Anlagenbestandes einer Regelzone ergibt. [3] Für die Unterfrequenzabschaltung ist ein Wert von 47,5 Hertz einzustellen. [4] Die Wiederzuschaltung muss bei Erreichen oder Unterschreiten der jeweiligen Abschaltfrequenz erfolgen, das heißt wenn die Einschaltfrequenz der Ausschaltfrequenz entspricht. [5] Um ein wiederholtes Ein- und Ausschalten zu verhindern, muss die Wiedereinschaltung um mindestens 30 Sekunden verzögert erfolgen.

(4) Für den Fall, dass auch die Nachrüstung nach Absatz 3 den Austausch des Wechselrichters erforderlich machen würde, besteht keine Pflicht zur Nachrüstung.

(5) Eine Pflicht zur Nachrüstung besteht auch dann nicht, wenn die Wechselrichter nach den Vorschriften des technischen Hinweises „Rahmenbedingungen für eine Übergangsregelung zur frequenzabhängigen Wirkleistungssteuerung von PV-Anlagen am NS-Netz" in der Fassung von März 2011[1)] angeschlossen wurden.

§ 5 Verpflichtung zur Nachrüstung der Wechselrichter von Anlagen zur Erzeugung von Strom aus solarer Strahlungsenergie im Mittelspannungsnetz. (1) [1] Die Betreiber von Elektrizitätsverteilernetzen müssen vorbehaltlich der Absätze 2 und 3 durch entsprechende Nachrüstung dafür sorgen, dass die an ihr Netz angeschlossenen Wechselrichter von Anlagen zur Erzeugung von Strom aus solarer Strahlungsenergie im Mittelspannungsnetz nach § 2 Absatz 1 Nummer 2 die Anforderungen der technischen Richtlinie des Bundesverbandes der Energie- und Wasserwirtschaft e.V. „Erzeugungsanlagen am Mittelspannungsnetz", Kapitel 2.5.3 und Bild 2.5.3-1 sowie Kapitel 5.7.1 in der Fassung von Juni 2008[2)] erfüllen. [2] Für die Unterfrequenzabschaltung ist ein Wert von 47,5 Hertz einzustellen.

(2) [1] Für den Fall, dass eine Nachrüstung nach Absatz 1 den Austausch des Wechselrichters erforderlich machen würde, beschränkt sich die Pflicht zur Nachrüstung darauf, dafür zu sorgen, dass die Überfrequenzabschaltung des Wechselrichters wie folgt eingestellt wird:

1. Ist bei dem Wechselrichter eine Frequenzeinstellung mit einer Auflösung von weniger als 0,1 Hertz nicht möglich, muss einer der folgenden Frequenzwerte in Hertz eingestellt werden: 51,10; 51,20; 51,30; 51,40 oder 51,50.
2. Ist bei dem Wechselrichter eine Frequenzeinstellung mit einer Auflösung von weniger als 0,1 Hertz möglich, muss einer der folgenden Frequenzwerte in Hertz eingestellt werden: 51,05; 51,15; 51,25; 51,35 oder 51,45.

[2] Der Frequenzwert ist für jeden Wechselrichter so festzulegen, dass sich eine gleichmäßige Verteilung der Abschaltfrequenzen über die gesamte Leistung des betroffenen Anlagenbestandes einer Regelzone ergibt. [3] Für die Unterfrequenzabschaltung ist ein Wert von 47,5 Hertz einzustellen. [4] Die Wiederzuschaltung muss bei Erreichen oder Unterschreiten der jeweiligen Abschaltfrequenz erfol-

---

1) **Amtl. Anm.:** Zu beziehen bei Forum Netztechnik / Netzbetrieb im VDE (FNN), Berlin (http://www.vde.com/de/fnn/dokumente/Seiten/Hinweise.aspx) und archivmäßig gesichert niedergelegt bei der Deutschen Nationalbibliothek in Leipzig.

2) **Amtl. Anm.:** Zu beziehen bei Forum Netztechnik / Netzbetrieb im VDE (FNN), Berlin (http://www.vde.com/de/fnn/dokumente/Seiten/technRichtlinien.aspx) und archivmäßig gesichert niedergelegt bei der Deutschen Nationalbibliothek in Leipzig (http://d-nb.info/993475817).

gen, das heißt wenn die Einschaltfrequenz der Ausschaltfrequenz entspricht. [5]Um ein wiederholtes Ein- und Ausschalten zu verhindern, muss die Wiedereinschaltung um mindestens 30 Sekunden verzögert erfolgen.

(3) Für den Fall, dass auch die Nachrüstung nach Absatz 2 den Austausch des Wechselrichters erforderlich machen würde, besteht keine Pflicht zur Nachrüstung.

§ 6 Informationspflicht der Übertragungsnetzbetreiber. [1]Die Betreiber von Übertragungsnetzen sind verpflichtet, den in ihrem Netzgebiet angeschlossenen Betreibern von Elektrizitätsverteilernetzen die für die Nachrüstung nach den §§ 4 und 5 erforderlichen Daten innerhalb von acht Kalenderwochen nach Inkrafttreten dieser Verordnung zu beschaffen und den in ihrem Netzgebiet angeschlossenen Betreibern von Elektrizitätsverteilernetzen zur Verfügung zu stellen. [2]Die Daten sollen insbesondere darüber Auskunft geben, nach welcher der in den §§ 4 und 5 beschriebenen Varianten der Wechselrichter nachzurüsten und auf welchen Frequenzwert er im Falle der Variante nach § 4 Absatz 3 und § 5 Absatz 2 einzustellen ist.

§ 7 Verpflichtung zur Nachrüstung von Entkupplungsschutzeinrichtungen. Für den Fall, dass zwischen der nach § 2 Absatz 1 betroffenen Anlage und dem Netzanschluss eine zusätzliche übergeordnete Entkupplungsschutzeinrichtung installiert ist, hat der Betreiber von Elektrizitätsverteilernetzen auch diese in der Weise nachzurüsten, dass für die Unterfrequenzabschaltung ein Wert von 47,5 Hertz und für die Überfrequenzabschaltung ein Wert von 51,5 Hertz einzustellen ist.

§ 8 Durchführung der Nachrüstung; Fristen. (1) [1]Die Betreiber von Elektrizitätsverteilernetzen sind verpflichtet, die Nachrüstung nach den §§ 4, 5 und 7 durch eine Elektrofachkraft nach DIN VDE 1000-10 (VDE 1000-10):2009-01[1)], die

1. als Installateurin oder Installateur oder Angestellte oder Angestellter eines Installationsunternehmens, in das Installateurverzeichnis eines Betreibers von Elektrizitätsverteilernetzen eingetragen ist, oder
2. Angestellte oder Angestellter oder Beauftragte oder Beauftragter von Wechselrichterherstellern ist,

(fachkundige Person) durchführen zu lassen. [2]Die Eintragung in das Installateurverzeichnis nach Satz 1 Nummer 1 darf der Netzbetreiber nur von dem Nachweis einer ausreichenden fachlichen Qualifikation für die Durchführung der jeweiligen Arbeiten abhängig machen. [3]Wünsche des Betreibers der Anlage gemäß § 2 Absatz 1 bei der Auswahl der fachkundigen Person sind angemessen zu berücksichtigen, sofern die Anforderungen des Satzes 1 erfüllt werden und sofern der Wunsch innerhalb der von dem Betreiber des Elektrizitätsverteilernetzes nach Absatz 2 gesetzten Frist mitgeteilt wurde. [4]Wird dem Wunsch des Betreibers der Anlage nach Satz 3 entsprochen, sind die durch die Beauftragung der betreffenden fachkundigen Person zusätzlich entstehenden Kosten von dem Betreiber der Anlage zu tragen.

[1)] **Amtl. Anm.:** Zu beziehen bei Beuth Verlag GmbH, Berlin oder bei VDE Verlag GmbH, Berlin und archivmäßig gesichert niedergelegt bei der Deutschen Nationalbibliothek in Leipzig.

(2) Falls zur Vorbereitung der Nachrüstung Informationen des Betreibers der Anlage gemäß § 2 Absatz 1 in Bezug auf den Wechselrichter erforderlich sind, hat der Betreiber des Elektrizitätsverteilernetzes den Betreiber der Anlage schriftlich aufzufordern, diese Informationen innerhalb einer Frist von mindestens vier Kalenderwochen nach Zugang der Aufforderung zu übermitteln.

(3) Der Betreiber des Elektrizitätsverteilernetzes hat dem Betreiber der Anlage einen Zeitpunkt für die Durchführung der Nachrüstung vorzuschlagen und diesen mindestens vier Kalenderwochen im Voraus schriftlich anzukündigen.

(4) Wechselrichter von Anlagen nach § 2 Absatz 1

1. mit einer installierten maximalen Leistung von mehr als 100 Kilowatt sind bis zum 31. August 2013 nachzurüsten,
2. mit einer installierten maximalen Leistung von mehr als 30 Kilowatt sind bis zum 31. Mai 2014 nachzurüsten,
3. mit einer installierten maximalen Leistung von mehr als 10 Kilowatt sind bis zum 31. Dezember 2014 nachzurüsten.

§ 9 Pflichten der Betreiber von Anlagen zur Erzeugung von Strom aus solarer Strahlungsenergie. (1) Betreiber von Anlagen im Sinne von § 2 Absatz 1 sind verpflichtet, die für die Vorbereitung der Nachrüstung erforderlichen Informationen innerhalb der nach § 8 Absatz 2 gesetzten Frist in der angeforderten Form an den Betreiber des Elektrizitätsverteilernetzes zu übermitteln.

(2) Weiterhin sind Betreiber von Anlagen im Sinne von § 2 Absatz 1 verpflichtet, die Nachrüstung des an die Anlage angeschlossenen Wechselrichters durch eine vom Betreiber des Elektrizitätsverteilernetzes beauftragte fachkundige Person zu dem nach § 8 Absatz 3 vorgeschlagenen Zeitpunkt zu ermöglichen oder mindestens eine Kalenderwoche vor diesem Zeitpunkt einen neuen Zeitpunkt zur Durchführung der Nachrüstung vorzuschlagen; der neue Zeitpunkt darf nicht mehr als drei Wochen nach dem vom Betreiber des Elektrizitätsverteilernetzes vorgeschlagenen Zeitpunkt liegen.

§ 10 Kosten. (1) Die Betreiber von Elektrizitätsverteilernetzen sind berechtigt, 50 Prozent der ihnen durch die Nachrüstung nach den §§ 4 bis 9 zusätzlich entstehenden jährlichen Kosten über die Netzentgelte geltend zu machen.

(2) Auf Betreiber von geschlossenen Verteilernetzen ist Absatz 1 entsprechend anzuwenden.

Abschnitt 3. Nachrüstung von Anlagen im Sinne von § 2 Absatz 2

§ 11 Vorbereitung der Nachrüstung. (1) [1]Die Frequenzschutzeinstellungen der gemäß § 2 Absatz 2 betroffenen Anlagen sind von den Betreibern von Übertragungsnetzen festzulegen. [2]Sie sind so festzulegen, dass bei einer Netzfrequenz zwischen 47,50 Hertz und einschließlich 50,20 Hertz keine automatische Trennung der Anlagen vom Stromnetz erfolgt. [3]Die obere Abschaltfrequenz jeder einzelnen betroffenen Anlage muss zwischen einem Wert von über 50,20 Hertz und einschließlich 51,50 Hertz liegen. [4]Sie ist weiterhin so festzulegen, dass sich eine gleichmäßige Verteilung der oberen Abschaltfrequenzen über die gesamte Leistung des betroffenen Anlagenbestandes ergibt.

(2) Die Betreiber von Elektrizitätsverteilernetzen, die nicht Betreiber eines geschlossenen Elektrizitätsverteilernetzes im Sinne von § 110 des Energiewirtschaftsgesetzes[1)] sind, sind verpflichtet, dem Betreiber des jeweiligen Übertragungsnetzes den Namen und die Anschrift der an ihr Netz unmittelbar angeschlossenen Betreiber von geschlossenen Elektrizitätsverteilernetzen bis zum 11. April 2015 mitzuteilen.

(3) Die Betreiber von Übertragungsnetzen haben die nach Absatz 1 festgelegten Werte innerhalb von vier Wochen nach der Übermittlung der Informationen gemäß Absatz 2 an diejenigen Netzbetreiber, an deren Netz Anlagen unmittelbar angeschlossen sind, zu übermitteln.

§ 12 Aufforderung zur Nachrüstung. [1]Netzbetreiber müssen innerhalb von zehn Wochen nach der Übermittlung der Daten durch den Betreiber des Übertragungsnetzes gemäß § 11 Absatz 3 die Betreiber von Anlagen im Sinne von § 2 Absatz 2, deren Anlagen unmittelbar an ihr Netz angeschlossen sind, unter Verweis auf diese Verordnung schriftlich oder elektronisch zur Nachrüstung auffordern (Nachrüstungsaufforderung). [2]Die Nachrüstungsaufforderung hat mindestens Folgendes zu enthalten:

1. die an der Anlage vorzunehmenden Frequenzschutzeinstellungen, die sich aus den nach § 11 Absatz 3 übermittelten Daten ergeben,
2. einen Formularvordruck für die Bestätigung des Zugangs der Nachrüstungsaufforderung und für die Kenntnisnahme der Fristen nach § 18 und möglicher Sanktionen gemäß § 23 dieser Verordnung und § 100 Absatz 4 des Erneuerbare-Energien-Gesetzes[2)] vom 21. Juli 2014 (BGBl. I S. 1066), das zuletzt durch Artikel 4 des Gesetzes vom 22. Juli 2014 (BGBl. I S. 1218) geändert worden ist, (Zugangsbestätigung),
3. einen Formularvordruck für den Nachweis der Nachrüstung (Nachrüstungsbestätigung) sowie
4. einen Formularvordruck für die Geltendmachung und den Nachweis eines Ausnahmefalles gemäß § 15 (Ausnahmebegehren).

[3]Die Formularvordrucke sind von den Netzbetreibern zur Verfügung zu stellen.

§ 13 Pflichten der Betreiber von Anlagen gemäß § 2 Absatz 2. (1) [1]Betreiber von Anlagen gemäß § 2 Absatz 2 müssen dem Netzbetreiber, an dessen Netz ihre Anlage unmittelbar angeschlossen ist, die Zugangsbestätigung gemäß § 12 Satz 2 Nummer 2 innerhalb von sechs Wochen ab Zugang der Nachrüstungsaufforderung gemäß § 12 Satz 1 übersenden. [2]Die Frist nach Satz 1 gilt nicht als Frist im Sinne des § 100 Absatz 4 des Erneuerbare-Energien-Gesetzes[2)].

(2) Betreiber von Anlagen gemäß § 2 Absatz 2 müssen, wenn nicht eine Ausnahme von der Nachrüstungspflicht gemäß § 15 vorliegt, durch Nach-

---

1) Nr. 1.
2) Nr. 37.

rüstung dafür sorgen, dass die Frequenzschutzeinstellungen ihrer Anlage den Vorgaben des Netzbetreibers gemäß § 12 Satz 2 Nummer 1 entsprechen.

(3) [1] Betreiber von Anlagen gemäß § 2 Absatz 2 müssen die Nachrüstung durch eine Fachkraft gemäß DIN VDE 0105-100:2009-10 Abschnitt 3.2.3[1)] innerhalb der Frist des § 18 durchführen lassen. [2] Soweit ein Betreiber die an die Fachkraft gestellten Voraussetzungen erfüllt, kann er die Nachrüstung selbst durchführen. [3] Ein Nachweis der Fachkunde der Fachkraft nach Satz 1 ist der Nachrüstungsbestätigung gemäß § 12 Satz 2 Nummer 3 beizufügen.

(4) Die Nachrüstung muss dem Netzbetreiber, an dessen Netz die Anlage unmittelbar angeschlossen ist, durch Übermittlung der vollständig ausgefüllten und von dem Betreiber der Anlage und der Fachkraft im Sinne von Absatz 3 Satz 1 unterzeichneten Nachrüstungsbestätigung gemäß § 12 Satz 2 Nummer 3 nachgewiesen werden.

(5) Wenn die Frequenzschutzeinstellungen der Anlage bereits den Vorgaben des Netzbetreibers gemäß § 12 Satz 2 Nummer 1 oder den geltenden technischen Richtlinien gemäß § 15 Absatz 1 Nummer 3 entsprechen, beschränkt sich die Verpflichtung darauf, das Erfüllen der Vorgaben durch die Bestätigung einer Fachkraft gemäß Absatz 3 Satz 1 nachzuweisen.

§ 14 Verpflichtung zur Nachrüstung von Entkupplungsschutzeinrichtungen. (1) Für den Fall, dass zwischen Anlagen gemäß § 2 Absatz 2 und dem Netzanschluss eine zusätzliche übergeordnete Entkupplungsschutzeinrichtung mit einem Frequenzschutz installiert ist, muss der Betreiber der Entkupplungsschutzeinrichtung diese innerhalb der Frist gemäß § 18 Absatz 1 in der Weise nachrüsten, dass für die untere Abschaltfrequenz ein Wert von 47,50 Hertz und für die obere Abschaltfrequenz ein Wert von 51,50 Hertz eingestellt wird.

(2) Soweit der Betreiber der Entkupplungsschutzeinrichtung kein Netzbetreiber ist, kann der Netzbetreiber eine schriftliche oder elektronische Bestätigung der Abschaltfrequenzwerte von dem Betreiber der Entkupplungsschutzeinrichtung verlangen.

(3) Die Ausnahmeregelungen der §§ 15 bis 17 sind nicht anwendbar.

§ 15 Ausnahmefälle. (1) [1] Eine eingeschränkte Nachrüstungspflicht besteht für den Fall, dass der Betreiber einer Anlage gemäß § 2 Absatz 2 nachweist, dass eine Nachrüstung gemäß § 13 Absatz 2

1. den Austausch des Antriebsstrangs, des Generators oder der Leistungselektronik gemäß DIN IEC 60050-551:1999 „Internationales Elektrotechnisches Wörterbuch – Teil 551: Leistungselektronik (IEC 60050-551:1998)“[1)] erforderlich machen würde,
2. eine mit den in Nummer 1 aufgeführten Fällen vergleichbare finanzielle Belastung ergeben würde oder
3. nicht zu geringeren Kosten führt, als die Nachrüstung der Frequenzschutzeinstellungen nach den allgemeinen anerkannten Regeln der Technik im Sinne des § 49 des Energiewirtschaftsgesetzes[2)].

[1)] **Amtl. Anm.:** Zu beziehen über den Beuth-Verlag.
[2)] Nr. **1**.

[2] In den Fällen nach Satz 1 Nummer 1 und 2 sind nicht die gemäß § 12 Satz 2 Nummer 1 geforderten Werte einzustellen, sondern die gemäß § 17 Absatz 1 von den Betreibern der Übertragungsnetze vorgegebenen Werte. [3] Ein Fall nach Satz 1 Nummer 3 liegt vor, wenn die Einstellung der Werte den nachfolgenden Anforderungen entspricht:

1. bei Anlagen, die im Niederspannungsnetz angeschlossen sind, die Anforderung der Anwendungsregel VDE-AR-N 4105:2011-08, Abschnitte 5.7.3.3, 5.7.3.4 und 8.3.1 des Verbandes der Elektrotechnik Elektronik Informationstechnik e.V. (VDE)[1)],
2. bei Anlagen, die im Mittelspannungsnetz angeschlossen sind, die Anforderung der Richtlinie des Bundesverbandes der Energie- und Wasserwirtschaft e. V. Erzeugungsanlagen am Mittelspannungsnetz, Kapitel 2.5.3 und Bild 2.5.3-1 sowie Kapitel 5.7.1 in der Fassung von Juni 2008[2)] oder
3. bei Anlagen, die am Hoch- und Höchstspannungsnetz angeschlossen sind, die Anforderung des Leitfadens des Verbandes der Netzbetreiber e. V. EEG-Erzeugungsanlagen am Hoch- und Höchstspannungsnetz, Kapitel 9 in der Fassung von August 2004[3)].

(2) Keine Nachrüstungspflicht besteht, wenn der Betreiber der Anlage nachweist, dass

1. auch die Einstellung anderer als der in § 12 Satz 2 Nummer 1 vorgegebenen Werte die in Absatz 1 Nummer 1 oder Nummer 2 genannten Folgen hätte oder
2. die betreffende Anlage als Notstromaggregat gemäß der VDN-Richtlinie „Notstromaggregate – Richtlinie für Planung, Errichtung und Betrieb von Anlagen mit Notstromaggregaten", 5. Auflage 2004[1)], genutzt wird.

§ 16 Ausnahmebegehren und Nachweis des Ausnahmefalles. (1) [1] Für Ausnahmefälle gemäß § 15 muss der Betreiber der Anlage innerhalb von neun Monaten ab Zugang der Nachrüstungsaufforderung ein ausgefülltes Ausnahmebegehren gemäß § 12 Satz 2 Nummer 4 an den Netzbetreiber, an dessen Netz die Anlage unmittelbar angeschlossen ist, übersenden. [2] Die Frist nach Satz 1 gilt nicht als Frist im Sinne des § 100 Absatz 4 des Erneuerbare-Energien-Gesetzes[4)].

(2) [1] Zusammen mit dem ausgefüllten Ausnahmebegehren ist das Vorliegen des geltend gemachten Ausnahmefalles gemäß § 15 Absatz 1 Satz 1 Nummer 1 oder 2 nachzuweisen. [2] Der Nachweis kann insbesondere durch Informationen des Anlagenherstellers, des Servicedienstleisters oder das Gutachten eines unabhängigen Dienstleisters erbracht werden. [3] Dabei ist mindestens die maximale Wirkleistungsabgabe der Erzeugungseinheit an das Stromnetz für bestimmte

---

[1)] **Amtl. Anm.:** Zu beziehen über den VDE-Verlag und archivmäßig gesichert niedergelegt bei der Deutschen Nationalbibliothek in Leipzig.

[2)] **Amtl. Anm.:** Zu beziehen bei Forum Netztechnik/Netzbetrieb im VDE (FNN), Berlin (http://www.vde.com/de/fnn/dokumente/Seiten/technRichtlinien.aspx) und archivmäßig gesichert niedergelegt bei der Deutschen Nationalbibliothek in Leipzig (http://d-nb.info/993475817).

[3)] **Amtl. Anm.:** Zu beziehen bei Forum Netztechnik/Netzbetrieb im VDE (FNN), Berlin (http://www.vde.com/de/fnn/dokumente/Seiten/technRichtlinien.aspx) und archivmäßig gesichert niedergelegt bei der Deutschen Nationalbibliothek in Leipzig.

[4)] Nr. 37.

Zeitdauern in Abhängigkeit der Netzfrequenz anzugeben. [4]Im Falle des § 15 Absatz 1 Satz 1 Nummer 3 ist durch eine Fachkraft im Sinne des § 13 Absatz 3 Satz 1 zu bestätigen, dass an der Anlage eine Wirkleistungsreduktionskennlinie im Sinne von § 15 Absatz 1 Satz 3 Nummer 1 bis 3 implementiert wird.

(3) [1]Der Netzbetreiber leitet die nach den Absätzen 1 und 2 erhaltenen Unterlagen, nach Prüfung auf ihre Vollständigkeit, unverzüglich zur weiteren Prüfung an den Betreiber des Übertragungsnetzes weiter. [2]Bei Unvollständigkeit der Unterlagen fordert der Netzbetreiber den Betreiber der Anlage schriftlich oder elektronisch auf, die Unterlagen zu ergänzen. [3]Sofern der Betreiber der Anlage die Unterlagen nicht innerhalb einer Frist von vier Wochen ab Zugang des Aufforderungsschreibens ergänzt, wird das Ausnahmebegehren nicht weiter berücksichtigt und es gilt die Verpflichtung zur Nachrüstung gemäß § 13 Absatz 2 bis 5. [4]§ 100 Absatz 4 des Erneuerbare- Energien-Gesetzes[1)] ist nicht anwendbar.

§ 17 Prüfung der Ausnahmebegehren und Mitteilung der Ergebnisse.

(1) Der Betreiber des Übertragungsnetzes entscheidet innerhalb von neun Monaten nach Erhalt der Unterlagen gemäß § 16 Absatz 3 Satz 1, ob einer der Ausnahmefälle gemäß § 15 Absatz 1 Satz 1 oder Absatz 2 gemäß § 16 Absatz 2 nachgewiesen werden konnte und mit welchen Abschaltfrequenzen die betreffende Anlage gegebenenfalls nachzurüsten ist.

(2) Der Betreiber des Übertragungsnetzes teilt dem Netzbetreiber, an dessen Netz die Anlage unmittelbar angeschlossen ist, die Entscheidung nach Absatz 1 unverzüglich schriftlich oder elektronisch mit.

(3) [1]Liegt nach der Entscheidung nach Absatz 1 eine eingeschränkte Nachrüstungspflicht gemäß § 15 Absatz 1 vor, so fordert der Netzbetreiber den Betreiber der Anlage schriftlich oder elektronisch auf, die Werte nach Absatz 1 innerhalb der Frist gemäß § 18 Absatz 1 in Verbindung mit Absatz 2 einzustellen. [2]Der Betreiber der Anlage ist verpflichtet, die Anlage innerhalb dieser Frist mit den nach Absatz 1 festgelegten Werten nachzurüsten.

(4) Liegt nach der Entscheidung nach Absatz 1 eine Ausnahme gemäß § 15 Absatz 2 vor, so bestätigt der Netzbetreiber dem Betreiber der Anlage schriftlich oder elektronisch, dass keine Pflicht zur Nachrüstung der Anlage besteht.

(5) [1]Ist der Nachweis gemäß § 16 Absatz 1 und 2 für das Vorliegen eines Ausnahmefalles nicht erbracht, so ist der Betreiber der Anlage weiterhin zur Nachrüstung gemäß § 13 Absatz 2 bis 5 verpflichtet. [2]Der Netzbetreiber teilt dem Betreiber der Anlage schriftlich oder elektronisch mit, dass der Nachweis für das Vorliegen eines Ausnahmefalles nicht erbracht wurde und fordert ihn erneut zur Nachrüstung gemäß § 13 Absatz 2 bis 5 auf.

§ 18 Frist zur Nachrüstung. (1) Betreiber von Anlagen gemäß § 2 Absatz 2 und Betreiber von Entkupplungsschutzeinrichtungen im Sinne von § 14 Absatz 1 sind verpflichtet, die Nachrüstung ihrer Anlage oder Entkupplungsschutzeinrichtung innerhalb von zwölf Monaten ab Zugang der schriftlichen oder elektronischen Nachrüstungsaufforderung gemäß § 12 nachzuweisen.

(2) Die Frist zur Nachrüstung verlängert sich auf 18 Monate, wenn der Betreiber der Anlage

---

[1)] Nr. **37**.

1. einen Ausnahmefall gemäß § 15 Absatz 1 Satz 1 oder Absatz 2 geltend macht,
2. nachweist, dass der Wartungstermin innerhalb von sechs Monaten nach Ablauf der Frist nach Absatz 1 stattfinden und die Nachrüstung im Rahmen des Wartungstermins vorgenommen wird, oder
3. nachweist, dass die zur Beurteilung der Nachrüstbarkeit seiner Anlage notwendigen Unterlagen nicht innerhalb der in Absatz 1 vorgegebenen Frist beigebracht werden können.

(3) Die Frist ist gehemmt im Zeitraum vom Zugang des vollständigen Ausnahmebegehrens bei dem Netzbetreiber gemäß § 16 Absatz 1 Satz 1 bis zum Zugang der Mitteilung der Entscheidung gemäß § 17 Absatz 1 durch den Netzbetreiber an den Betreiber der Anlage sowie während der Prüffrist der Betreiber von Übertragungsnetzen gemäß § 21 Absatz 3 und der Bundesnetzagentur für Elektrizität, Gas, Telekommunikation, Post und Eisenbahnen (Bundesnetzagentur) gemäß § 21 Absatz 5.

§ 19 Qualitätskontrolle. (1) [1]Die Betreiber von Übertragungsnetzen sind verpflichtet, eine stichprobenweise Kontrolle der Nachrüstung durchzuführen oder durchführen zu lassen. [2]Die Betreiber von Elektrizitätsverteilernetzen sind verpflichtet, den Betreiber des Übertragungsnetzes, an dessen Netz sie angeschlossen sind, bei der Durchführung der Kontrolle zu unterstützen, insbesondere die Stichproben vorzunehmen.

(2) [1]Betreiber von Anlagen gemäß § 2 Absatz 2 sind verpflichtet, dem Netzbetreiber, an dessen Netz sie unmittelbar oder mittelbar angeschlossen sind, zum Zwecke der Prüfung, ob eine Nachrüstung erfolgt ist, vier Wochen nach entsprechender Aufforderung Zugang zu der betreffenden Anlage zu gewähren. [2]Übersendet der Betreiber der Anlage innerhalb dieser Frist ein nach der Nachrüstung angefertigtes Prüfungsprotokoll nach Anhang F Ziffer 3.3 der Technischen Richtlinien für Erzeugungseinheiten und -anlagen Teil 8 „Zertifizierung der Elektrischen Eigenschaften von Erzeugungseinheiten und -anlagen am Mittel-, Hoch- und Höchstspannungsnetz", Revision 06, Stand 01.05. 2013[1)] an den Netzbetreiber, ist er zur Gewährung des Zugangs nach Satz 1 nicht verpflichtet.

§ 20 Information der Bundesnetzagentur. (1) [1]Die Betreiber von Übertragungsnetzen sind verpflichtet, jährlich zum 1. Dezember gemeinsam einen Bericht über den Stand der Nachrüstung nach den §§ 11 bis 19 zu erstellen und der Bundesnetzagentur zu übermitteln. [2]Diese kann im Verfahren nach § 29 Absatz 1 des Energiewirtschaftsgesetzes[2)] Inhalt und Form des Berichts festlegen.

(2) Die Netzbetreiber sind verpflichtet, den Betreibern von Übertragungsnetzen oder den jeweils vorgelagerten Betreibern von Elektrizitätsverteilernetzen die zur Erstellung des Berichts notwendigen Daten quartalsweise ab dem 14. März 2016 zu übermitteln.

[1)] **Amtl. Anm.:** Zu beziehen über die Internetseite des FGW (http://www.wind-fgw.de/Bestellung_TR.html) und archivmäßig gesichert niedergelegt bei der Deutschen Nationalbibliothek in Leipzig.
[2)] Nr. **1**.

§ 21 Anteilige Kostenübernahme. (1) [1]Die Betreiber von Übertragungsnetzen sind verpflichtet, den Betreibern von Anlagen gemäß § 2 Absatz 2 75 Prozent der durch die Verpflichtung zur Nachrüstung entstehenden Kosten zu erstatten, die den Betrag von 7,50 Euro je Kilowatt der installierten Leistung, im Falle von KWK-Anlagen gemäß § 2 Absatz 2 Nummer 1 je Kilowatt der installierten elektrischen Leistung der nachzurüstenden Anlage übersteigen (Eigenanteil der Betreiber einer Anlage), sofern die Voraussetzungen nach Absatz 2 erfüllt sind. [2]Die gemäß Satz 1 zu erstattenden Kosten werden durch die Netzbetreiber an die Betreiber der Anlagen ausgezahlt. [3]Die Betreiber von Elektrizitätsverteilernetzen erhalten in der voraussichtlichen Höhe der Erstattungskosten quartalsweise Abschlagszahlungen von den Betreibern der Übertragungsnetze.

(2) Die Betreiber von Anlagen können die Erstattung der in Absatz 1 Satz 1 bezeichneten Kosten bei den Betreibern von Übertragungsnetzen verlangen, wenn

1. die Kosten durch Vorlage einer Rechnung nachgewiesen werden und
2. entsprechende Kostenvoranschläge der geltend gemachten Kosten, die vor Beauftragung der Maßnahme bei dem jeweiligen Betreiber eines Übertragungsnetzes eingereicht worden sind, nicht gemäß Absatz 3 beanstandet wurden oder die Beanstandung durch die Bundesnetzagentur gemäß Absatz 5 als unbegründet angesehen wurde.

(3) Der Betreiber des Übertragungsnetzes ist berechtigt, einen gemäß Absatz 2 Nummer 2 vorab übersandten Kostenvoranschlag innerhalb von vier Wochen ab Zugang durch eine schriftliche oder elektronische Mitteilung an den Betreiber der Anlage zu beanstanden, wenn

1. die Höhe des Kostenvoranschlags die Kosten für entsprechende Maßnahmen an vergleichbaren Anlagen in der Regelzone im Sinne von § 3 Nummer 30 des Energiewirtschaftsgesetzes des Betreibers des Übertragungsnetzes deutlich übersteigt oder
2. der Kostenvoranschlag aus anderen Gründen nicht nachvollziehbar ist.

(4) Für den Fall, dass der Betreiber des Übertragungsnetzes den Kostenvoranschlag beanstandet, kann der Betreiber der Anlage den Kostenvoranschlag

1. nachbessern und bei dem Betreiber des Übertragungsnetzes erneut einreichen oder
2. zusammen mit der Beanstandung des Betreibers des Übertragungsnetzes an die Bundesnetzagentur zur Entscheidung über die Erstattungsfähigkeit der veranschlagten Kosten übersenden.

(5) [1]Die Bundesnetzagentur prüft den Kostenvoranschlag entsprechend den in Absatz 3 genannten Maßstäben. [2]Sie teilt dem Betreiber der Anlage sowie dem Betreiber des Übertragungsnetzes ihre Entscheidung innerhalb von sechs Wochen nach Erhalt der Unterlagen gemäß Absatz 4 Nummer 2 mit. [3]Für den Fall, dass die Bundesnetzagentur die Beanstandung des Betreibers des Übertragungsnetzes als begründet ansieht, gilt die Voraussetzung des Absatzes 2 Nummer 2 als nicht erfüllt.

§ 22 Kosten der Betreiber von Übertragungsnetzen und der Betreiber von Elektrizitätsverteilernetzen. (1) Die Betreiber von Übertragungsnetzen und die Betreiber von Elektrizitätsverteilernetzen sind berechtigt, die ihnen durch ihre Verpflichtungen nach den §§ 11 bis 21 zusätzlich entstehenden jährlichen Kosten über die Netzentgelte geltend zu machen.

(2) Auf Betreiber von geschlossenen Verteilernetzen ist Absatz 1 entsprechend anzuwenden.

§ 23 Ordnungswidrigkeiten. Ordnungswidrig im Sinne des § 95 Absatz 1 Nummer 5 Buchstabe c des Energiewirtschaftsgesetzes[1] handelt, wer vorsätzlich oder fahrlässig

1. entgegen § 13 Absatz 1 Satz 1 eine Zugangsbestätigung nicht oder nicht rechtzeitig übersendet,
2. entgegen § 13 Absatz 2 nicht dafür sorgt, dass die Frequenzschutzeinstellungen den dort genannten Vorgaben entsprechen,
3. entgegen § 13 Absatz 3 Satz 1 eine Nachrüstung nicht, nicht richtig oder nicht rechtzeitig durchführen lässt,
4. entgegen § 14 Absatz 1 eine Entkupplungsschutzeinrichtung nicht, nicht richtig oder nicht rechtzeitig nachrüstet,
5. entgegen § 18 Absatz 1 einen Nachweis nicht oder nicht rechtzeitig erbringt oder
6. entgegen § 19 Absatz 2 Satz 1 einem Netzbetreiber Zugang zu einer Anlage nicht gewährt.

[1] Nr. 1.

23. Verordnung über den Zugang zu Elektrizitätsversorgungsnetzen (Stromnetzzugangsverordnung – StromNZV)

Vom 25. Juli 2005
(BGBl. I S. 2243)

FNA 752-6-4

zuletzt geänd. durch Art. 14 G zur Beschleunigung des Energieleitungsausbaus v. 13.5.2019 (BGBl. I S. 706)

Auf Grund des § 21b Abs. 3 Satz 1 in Verbindung mit Satz 3, des § 24 Satz 1 Nr. 1 und 2 in Verbindung mit Satz 2 Nr. 1, 2 und 3 sowie Satz 3, Satz 1 Nr. 1 auch in Verbindung mit § 21b Abs. 3 Satz 1 und 3, und des § 29 Abs. 3 des Energiewirtschaftsgesetzes[1] vom 7. Juli 2005 (BGBl. I S. 1970) verordnet die Bundesregierung:

Inhaltsübersicht

---

[1] Nr. 1.

Teil 5. Vertragsbeziehungen

Teil 6. Befugnisse der Regulierungsbehörde

Teil 7. Sonstige Bestimmungen

Teil 1. Allgemeine Bestimmungen

§ 1 Anwendungsbereich [1]Diese Verordnung regelt die Bedingungen für Einspeisungen von elektrischer Energie in Einspeisestellen der Elektrizitätsversorgungsnetze und die damit verbundene zeitgleiche Entnahme von elektrischer Energie an räumlich davon entfernt liegenden Entnahmestellen der Elektrizitätsversorgungsnetze. [2]Die Regelungen der Verordnung sind abschließend im Sinne des § 111 Abs. 2 Nr. 2 des Energiewirtschaftsgesetzes[2].

§ 2 Begriffsbestimmungen. Im Sinne dieser Verordnung bedeutet

1. Fahrplan
   die Angabe, wie viel elektrische Leistung in jeder Zeiteinheit zwischen den Bilanzkreisen ausgetauscht wird oder an einer Einspeise- oder Entnahmestelle eingespeist oder entnommen wird;
2. Jahresmehr- und Jahresmindermengen
   Arbeitsmengendifferenzen zwischen der von Lastprofilkunden eines Lieferanten tatsächlich entnommenen elektrischen Arbeit und der Prognose des Jahresverbrauchs für diese Kunden;
3. Lastgang
   die Gesamtheit aller Leistungsmittelwerte, die über eine ganzzahlige Anzahl von Messperioden gemessen wird;
4. Lastprofil
   eine Zeitreihe, die für jede Abrechnungsperiode einen Leistungsmittelwert festlegt;
5. Lieferant
   ein Unternehmen, dessen Geschäftstätigkeit auf den Vertrieb von Elektrizität gerichtet ist;
6. Minutenreserve
   die Regelleistung, mit deren Einsatz eine ausreichende Sekundärregelreserve innerhalb von 15 Minuten wiederhergestellt werden kann;

---

[1] Angabe zu § 26a redaktionell ergänzt.
[2] Nr. **1**.

7. Netznutzungsvertrag
der in § 20 Abs. 1a des Energiewirtschaftsgesetzes[1] genannte Vertrag;
8. Primärregelung
die im Sekundenbereich automatisch wirkende stabilisierende Wirkleistungsregelung der synchron betriebenen Verbundnetze durch Aktivbeitrag der Kraftwerke bei Frequenzänderungen und Passivbeitrag der von der Frequenz abhängigen Lasten;
9. Regelenergie
diejenige Energie, die zum Ausgleich von Leistungsungleichgewichten in der jeweiligen Regelzone eingesetzt wird;
10. Sekundärregelung
die betriebsbezogene Beeinflussung von zu einem Versorgungssystem gehörigen Einheiten zur Einhaltung des gewollten Energieaustausches der jeweiligen Regelzonen mit den übrigen Verbundnetzen bei gleichzeitiger, integraler Stützung der Frequenz;
10a. Stromgebotszone das größte geografische Gebiet, in dem Marktteilnehmer ohne Kapazitätsvergabe Energie austauschen können;
11. Unterbilanzkreis
ein Bilanzkreis, der nicht für den Ausgleich der Abweichungen gegenüber dem Betreiber von Übertragungsnetzen verantwortlich ist;
12. Verlustenergie
die zum Ausgleich physikalisch bedingter Netzverluste benötigte Energie;
13. Zählerstandsgang
eine Reihe viertelstündlich ermittelter Zählerstände;
14. Zählpunkt
der Netzpunkt, an dem der Energiefluss zähltechnisch erfasst wird.

§ 3 Grundlagen des Netzzugangs. (1) [1]Netznutzungsvertrag oder Lieferantenrahmenvertrag vermitteln den Zugang zum gesamten Elektrizitätsversorgungsnetz. [2]Der Anspruch auf Netznutzung wird begrenzt durch die jeweiligen Kapazitäten der Elektrizitätsversorgungsnetze. [3]Betreiber von Elektrizitätsversorgungsnetzen werden durch Netznutzungs- und Lieferantenrahmenverträge nicht gehindert, Änderungen an der Ausgestaltung ihrer Netze vorzunehmen. [4]Die §§ 14 und 17 bleiben unberührt.

(2) Die Netznutzung durch die Letztverbraucher und Lieferanten setzt voraus, dass der Bilanzkreis in ein nach § 26 vertraglich begründetes Bilanzkreissystem einbezogen ist.

§ 3a Gewährleistung des Netzzugangs in der einheitlichen Stromgebotszone. [1]Die Betreiber von Übertragungsnetzen sind verpflichtet, Handelstransaktionen innerhalb des Gebiets der Bundesrepublik Deutschland ohne Kapazitätsvergabe in der Weise zu ermöglichen, dass das Gebiet der Bundesrepublik Deutschland eine einheitliche Stromgebotszone bildet. [2]Sie dürfen insbesondere nicht einseitig eine Kapazitätsvergabe einführen, die zu einer einseitigen Aufteilung der einheitlichen deutschen Stromgebotszone führen

[1] Nr. 1.

würde. [3] Sobald für einen Betreiber von Übertragungsnetzen erkennbar wird, dass die Erfüllung der Pflicht nach Satz 1 und die Einhaltung des Verbots nach Satz 2 unmöglich zu werden droht, hat er dies der Bundesnetzagentur unverzüglich in Textform anzuzeigen. [4] § 20 Absatz 2 des Energiewirtschaftsgesetzes[1)] bleibt unberührt.

Teil 2. Zugang zu Übertragungsnetzen

Abschnitt 1. Bilanzkreissystem

§ 4 Bilanzkreise. (1) [1] Innerhalb einer Regelzone sind von einem oder mehreren Netznutzern Bilanzkreise zu bilden. [2] Bilanzkreise müssen aus mindestens einer Einspeise- oder einer Entnahmestelle bestehen. [3] Abweichend davon können Bilanzkreise auch für Geschäfte, die nicht die Belieferung von Letztverbrauchern zum Gegenstand haben, gebildet werden. [4] Die Zuordnung eines Bilanzkreises als Unterbilanzkreis zu einem anderen Bilanzkreis ist zulässig. [5] Die Salden eines Bilanzkreises können mit Zustimmung der betroffenen Bilanzkreisverantwortlichen bei der Abrechnung einem anderen Bilanzkreis zugeordnet werden, wobei auch dieser Bilanzkreis die Funktion eines Unterbilanzkreises haben kann.

(2) [1] Für jeden Bilanzkreis ist von den bilanzkreisbildenden Netznutzern gegenüber dem Betreiber des jeweiligen Übertragungsnetzes ein Bilanzkreisverantwortlicher zu benennen. [2] Der Bilanzkreisverantwortliche ist verantwortlich für eine ausgeglichene Bilanz zwischen Einspeisungen und Entnahmen in einem Bilanzkreis in jeder Viertelstunde und übernimmt als Schnittstelle zwischen Netznutzern und Betreibern von Übertragungsnetzen die wirtschaftliche Verantwortung für Abweichungen zwischen Einspeisungen und Entnahmen eines Bilanzkreises.

(3) [1] Jede Einspeise- oder Entnahmestelle ist einem Bilanzkreis zuzuordnen. [2] Ein Netznutzer darf nur einem Bilanzkreis, dessen Bilanzkreisverantwortlicher die Verantwortung nach Absatz 2 Satz 2 trägt, zugeordnet werden.

(4) [1] Die Betreiber von Elektrizitätsversorgungsnetzen sind verpflichtet, dem Bilanzkreisverantwortlichen und anderen Betreibern von Elektrizitätsversorgungsnetzen die zur Abrechnung und Verminderung der Bilanzkreisabweichungen erforderlichen Daten in elektronischer Form unverzüglich zu übermitteln. [2] Bilanzkreisverantwortliche haben die ihnen übermittelten Daten rechtzeitig zu prüfen, insbesondere im Hinblick auf die Verwendung für die Bilanzkreisabrechnung, und Einwände gegen die Vollständigkeit oder Richtigkeit unverzüglich dem zuständigen Betreiber von Elektrizitätsversorgungsnetzen in elektronischer Form mitzuteilen.

§ 5 Grundsätze der Fahrplanabwicklung und untertäglicher Handel.

(1) [1] Die Abwicklung von Lieferungen elektrischer Energie zwischen Bilanzkreisen erfolgt auf Grundlage von Fahrplänen. [2] Betreiber von Übertragungsnetzen sind berechtigt, Bilanzkreisverantwortliche dazu zu verpflichten, ihnen Fahrpläne gemäß den nach § 27 Abs. 1 Nr. 16 von der Regulierungsbehörde festgelegten Regelungen mitzuteilen. [3] Fahrpläne für den Zeitraum des folgen-

---

[1)] Nr. 1.

den Tages bis zum nächsten Werktag sind den Betreibern von Übertragungsnetzen bis spätestens 14.30 Uhr mitzuteilen, sofern die Betreiber von Übertragungsnetzen nicht die Mitteilung zu einem späteren Zeitpunkt zugelassen haben oder die Regulierungsbehörde nach § 27 Abs. 1 Nr. 16 eine abweichende Regelung getroffen hat. [4] Rechtzeitig im Sinne der Absätze 2 bis 4 dem Betreiber von Übertragungsnetzen mitgeteilte Fahrpläne und Fahrplanänderungen sind von diesem der Bilanzierung des jeweiligen Bilanzkreises und der Regelzone zu Grunde zu legen, es sei denn, Netzengpässe wurden nach § 15 Abs. 4 veröffentlicht und begründet. [5] Die Fahrpläne müssen vollständig sein, eine ausgeglichene Bilanz des Bilanzkreises und damit eine ausgeglichene Bilanz der jeweiligen Regelzone ermöglichen.

(2) [1] Fahrpläne innerhalb einer Regelzone und regelzonenübergreifende Fahrpläne können mit einem zeitlichen Vorlauf von mindestens einer Viertelstunde zu jeder Viertelstunde eines Tages geändert werden, soweit die Bundesnetzagentur nicht kürzere Vorlaufzeiten durch Festlegung nach § 27 Absatz 1 Nummer 16 bestimmt hat. [2] Der Betreiber von Übertragungsnetzen hat das Recht, Änderungen von regelzonenübergreifenden Fahrplänen abzulehnen, wenn durch die Anwendung der geänderten Fahrpläne ein Engpass entstehen würde. [3] Die Ablehnung ist zu begründen. [4] Fahrplanänderungen müssen nach Maßgabe der von der Regulierungsbehörde nach § 27 Abs. 1 Nr. 16 erlassenen Regelungen dem Betreiber von Übertragungsnetzen mitgeteilt werden.

(3) [1] Nachträgliche Fahrplanänderungen regelzoneninterner Fahrpläne können bis 16 Uhr des auf den Erfüllungstag folgenden Werktags erfolgen. [2] Der Betreiber von Übertragungsnetzen veröffentlicht hierfür auf seiner Internetseite einen Kalender, dem die Werktage zu entnehmen sind.

(4) [1] Das durch ungeplante Kraftwerksausfälle entstehende Ungleichgewicht zwischen Einspeisungen und Entnahmen ist vom Betreiber von Übertragungsnetzen für vier Viertelstunden einschließlich der Viertelstunde, in der der Ausfall aufgetreten ist, auszugleichen. [2] Für die Zeit nach Ablauf dieser vier Viertelstunden ist der Bilanzkreisverantwortliche zum Ausgleich der ausgefallenen Leistung verpflichtet. [3] Hierzu kann er abweichend von Absatz 2 Satz 1 seine Fahrpläne mit einer Vorlaufzeit von 15 Minuten zum Beginn einer jeden Viertelstunde ändern. [4] Der Betreiber von Übertragungsnetzen kann nach der Fahrplanänderung vom Bilanzkreisverantwortlichen einen Nachweis darüber verlangen, dass ein ungeplanter Kraftwerksausfall vorliegt.

Abschnitt 2. Ausgleichsleistungen

§ 6 Grundsätze der Beschaffung von Regelenergie. (1) Die Betreiber von Übertragungsnetzen sind verpflichtet, die jeweilige Regelenergieart im Rahmen einer gemeinsamen regelzonenübergreifenden anonymisierten Ausschreibung über eine Internetplattform zu beschaffen.

(2) Abweichend von Absatz 1 sind die Betreiber von Übertragungsnetzen zum Zweck der Erfüllung ihrer Verpflichtungen nach § 12 Abs. 1 und 3 sowie § 13 Abs. 1 des Energiewirtschaftsgesetzes[1)] berechtigt, einen technisch notwendigen Anteil an Regelenergie aus Kraftwerken in ihrer Regelzone auszuschreiben, soweit dies zur Gewährleistung der Versorgungssicherheit in ihrer

[1)] Nr. **1**.

jeweiligen Regelzone, insbesondere zur Aufrechterhaltung der Versorgung im Inselbetrieb nach Störungen, erforderlich ist.

(3) [1] Die Primärregelung ist als zusätzliche Einspeisung oder Reduzierung des Bezugs oder Reduzierung der Einspeisung (positive oder negative Primärregelung) auszuschreiben. [2] Die Sekundärregelung, Minutenreserve sowie weitere Regelenergieprodukte sind getrennt nach positivem und negativem Regelenergiebedarf auszuschreiben.

(4) [1] Betreiber von Übertragungsnetzen sind berechtigt, Mindestangebote festzulegen. [2] Die Anbieter sind berechtigt, zeitlich und mengenmäßig Teilleistungen anzubieten. [3] Dabei dürfen die Teilleistungen nicht das jeweilige Mindestangebot unterschreiten. [4] Die Bildung einer Anbietergemeinschaft ist auch zur Erreichung der Mindestangebote zulässig.

(5) [1] Potenzielle Anbieter von Regelenergieprodukten haben den Nachweis zu erbringen, dass sie die zur Gewährleistung der Versorgungssicherheit erforderlichen Anforderungen für die Erbringung der unterschiedlichen Regelenergiearten erfüllen. [2] Nachzuweisen sind insbesondere die notwendigen technischen Fähigkeiten und die ordnungsgemäße Erbringung der Regelleistung unter betrieblichen Bedingungen.

(6) Bei der Anwendung der §§ 6 bis 9 sind nach § 22 Absatz 2 Satz 5 des Energiewirtschaftsgesetzes[1)] getroffene Festlegungen der Bundesnetzagentur zu beachten.

§ 7 Erbringung von Regelenergie. [1] Die Regelenergiearten Primärregelung, Sekundärregelung und Minutenreserve sowie sonstige beschaffte und eingesetzte Regelenergieprodukte sind entsprechend den Ausschreibungsergebnissen auf Grundlage der Angebotskurven beginnend mit dem jeweils günstigsten Angebot von den jeweiligen Betreibern von Übertragungsnetzen einzusetzen. [2] Bei Netzeinschränkungen kann von den Angebotskurven abgewichen werden, wenn die Netzeinschränkungen begründet dargelegt werden können.

§ 8 Abrechnung von Regelenergie. (1) [1] Betreiber von Übertragungsnetzen müssen die Kosten für Primärregelleistung und -arbeit, für die Vorhaltung von Sekundärregelleistung und Minutenreserveleistung sowie weiterer beschaffter und eingesetzter Regelenergieprodukte als eigenständige Systemdienstleistungen den Nutzern der Übertragungsnetze in Rechnung stellen, soweit nicht die Regulierungsbehörde durch Festlegung nach § 27 Absatz 1 Nummer 21a die Kosten für denjenigen Teil der Vorhaltung von Regelenergie aus Sekundärregelleistung und Minutenreserveleistung, der durch das Verhalten der Bilanzkreisverantwortlichen in ihrer Gesamtheit verursacht wird, zur Abrechnung über die Ausgleichsenergie bestimmt. [2] Bei der Ermittlung der Kosten kann eine pauschalisierende Betrachtung zu Grunde gelegt werden. [3] Für jedes Angebot, das zum Zuge kommt, bemisst sich die zu zahlende Vergütung nach dem im jeweiligen Angebot geforderten Preis, soweit nicht die Regulierungsbehörde durch Festlegung nach § 27 Absatz 1 Nummer 3b das Verfahren zur Vergütung der Regelenergie durch ein Einheitspreisverfahren regelt.

[1)] Nr. 1.

(2) [1]Die einzelnen Betreiber von Übertragungsnetzen sind verpflichtet, innerhalb ihrer jeweiligen Regelzone auf 15-Minutenbasis die Mehr- und Mindereinspeisungen aller Bilanzkreise zu saldieren. [2]Sie haben die Kosten und Erlöse für den Abruf von Sekundärregelarbeit und Minutenreservearbeit sowie im Fall einer nach § 27 Absatz 1 Nummer 21a getroffenen Festlegung auch die Kosten für die Vorhaltung von Regelenergie aus Sekundärregelleistung und Minutenreserveleistung im festgelegten Umfang als Ausgleichsenergie den Bilanzkreisverantwortlichen auf Grundlage einer viertelstündlichen Abrechnung in Rechnung zu stellen. [3]Die Preise, die je Viertelstunde ermittelt werden, müssen für Bilanzkreisüberspeisungen und Bilanzkreisunterspeisungen identisch sein. [4]Die Abrechnung des Betreibers von Übertragungsnetzen gegenüber den Bilanzkreisverantwortlichen soll den gesamten Abrechnungszeitraum vollständig umfassen. [5]Die Abrechnung hat spätestens zwei Monate nach dem jeweiligen Abrechnungsmonat zu erfolgen. [6]Die Frist kann auf Antrag des Betreibers von Übertragungsnetzen von der Regulierungsbehörde verlängert werden.

§ 9 Transparenz der Ausschreibung, Beschaffung und Inanspruchnahme von Regelenergie. (1) [1]Betreiber von Übertragungsnetzen sind verpflichtet, die Ausschreibungsergebnisse in einem einheitlichen Format getrennt nach Primärregelung, Sekundärregelung und Minutenreserve sowie der sonstigen Regelenergieprodukte der Regulierungsbehörde auf Anforderung unverzüglich zur Verfügung zu stellen sowie nach Ablauf von zwei Wochen auf ihrer Internetseite in anonymisierter Form zu veröffentlichen und dort für drei Jahre verfügbar zu halten. [2]Hierbei ist insbesondere der Preis des Grenzanbieters zu veröffentlichen.

(2) Die Betreiber von Übertragungsnetzen haben auf ihrer gemeinsamen Internetplattform für jede Ausschreibung eine gemeinsame Angebotskurve zu veröffentlichen.

§ 10 Verlustenergie. (1) [1]Die Betreiber von Elektrizitätsversorgungsnetzen sind verpflichtet, Verlustenergie in einem marktorientierten, transparenten und diskriminierungsfreien Verfahren zu beschaffen. [2]Dabei sind Ausschreibungsverfahren durchzuführen, soweit nicht wesentliche Gründe entgegenstehen. [3]Ein wesentlicher Grund kann insbesondere dann vorliegen, wenn die Kosten der Ausschreibungsverfahren in einem unangemessenen Verhältnis zu deren Nutzen stehen. [4]Von der Verpflichtung nach Satz 2 sind Netzbetreiber ausgenommen, an deren Verteilernetz weniger als 100 000 Kunden unmittelbar oder mittelbar angeschlossen sind.

(2) [1]Die Betreiber von Elektrizitätsversorgungsnetzen sind verpflichtet, einen Bilanzkreis zu führen, der ausschließlich den Ausgleich von Verlustenergie umfasst. [2]Von der Verpflichtung nach Satz 1 sind Netzbetreiber ausgenommen, an deren Verteilernetz weniger als 100 000 Kunden unmittelbar oder mittelbar angeschlossen sind.

§ 11 Bilanzkreis für Energien nach dem Erneuerbare-Energien-Gesetz. [1]Die Betreiber von Elektrizitätsversorgungsnetzen sind verpflichtet, einen Bilanzkreis zu führen, der ausschließlich Energien, die nach dem Erneuerbare-Energien-Gesetz[1)] mit einer Einspeisevergütung vergütet werden, von Einspei-

---

[1)] Nr. **37**.

sern im Netzgebiet zur Durchleitung an den Bilanzkreis für Energien nach dem Erneuerbare-Energien-Gesetz der Betreiber von Übertragungsnetzen aufweist. [2] Von der Verpflichtung nach Satz 1 sind Netzbetreiber ausgenommen, an deren Verteilernetz weniger als 100 000 Kunden unmittelbar oder mittelbar angeschlossen sind.

[§ 11a ab 1.10.2021:]
§ 11a Bilanzkreis für den energetischen und bilanziellen Ausgleich von Systemsicherheitsmaßnahmen. *(1) Betreiber von Elektrizitätsversorgungsnetzen sind verpflichtet, einen gesonderten Bilanzkreis für den energetischen und bilanziellen Ausgleich von Maßnahmen nach § 13 Absatz 1 Satz 2 des Energiewirtschaftsgesetzes[1] und den bilanziellen Ersatz nach § 14 Absatz 1c des Energiewirtschaftsgesetzes zu führen.*

(2) Betreiber von Elektrizitätsversorgungsnetzen sind verpflichtet, den energetischen und bilanziellen Ausgleich von Maßnahmen nach § 13 Absatz 1 Satz 2 des Energiewirtschaftsgesetzes[1] und den bilanziellen Ersatz nach § 14 Absatz 1c des Energiewirtschaftsgesetzes ausschließlich über den Bilanzkreis nach Absatz 1 durchzuführen und den Bilanzkreis ausschließlich zu diesem Zweck einzusetzen.

(3) Soweit der Betreiber eines Elektrizitätsversorgungsnetzes den energetischen Ausgleich nach Absatz 2 mit Hilfe von Handelsgeschäften durchführt, sind diese an einer Strombörse eines nominierten Strommarktbetreibers gemäß Artikel 4 Nummer 1 der Verordnung (EU) 2015/1222 der Kommission vom 24. Juli 2015 zur Festlegung einer Leitlinie für die Kapazitätsvergabe und das Engpassmanagement (ABl. L 197 vom 25.7.2015, S. 24) zu tätigen.

Teil 3. Zugang zu Elektrizitätsverteilernetzen

§ 12 Standardisierte Lastprofile; Zählerstandsgangmessung. (1) Die Betreiber von Elektrizitätsverteilernetzen haben im Niederspannungsnetz für die Abwicklung der Stromlieferung an Letztverbraucher mit einer jährlichen Entnahme von bis zu 100 000 Kilowattstunden vereinfachte Methoden (standardisierte Lastprofile) anzuwenden, soweit nicht nach Maßgabe des Messstellenbetriebsgesetzes[2] eine Übermittlung von Last- oder Zählerstandsgängen erfolgt.

(2) [1] Standardisierte Lastprofile müssen sich am typischen Abnahmeprofil jeweils folgender Gruppen von Letztverbrauchern orientieren:
1. Gewerbe;
2. Haushalte;
3. Landwirtschaft;
4. Bandlastkunden;
5. unterbrechbare Verbrauchseinrichtungen;
6. Heizwärmespeicher.

[2] Die Verbrauchsgrenzen für die Anwendung von standardisierten Lastprofilen sind auf alle Letztverbraucher einer Lastprofilgruppe gleichermaßen anzuwen-

[1] Nr. **1**.
[2] Nr. **27**.

den. [3]Der Netznutzer ist berechtigt, mit dem Betreiber von Elektrizitätsverteilernetzen im Einzelfall eine niedrigere Grenze zu vereinbaren, soweit dem nicht eine Bestimmung des Messstellenbetriebsgesetzes[1)] entgegensteht.

(3) [1]Die Betreiber von Elektrizitätsverteilernetzen sind verpflichtet, einen Differenzbilanzkreis zu führen, der ausschließlich die Abweichungen der Gesamtheit der Letztverbraucher erfasst, die mit standardisierten Lastprofilen bilanziert werden. [2]In dem Differenzbilanzkreis dürfen keine Letztverbraucher bilanziert werden. [3]Die Betreiber von Elektrizitätsversorgungsnetzen sind verpflichtet, die Ergebnisse der Differenzbilanzierung jährlich auf ihrer Internetseite zu veröffentlichen. [4]Von der Verpflichtung nach Satz 1 sind Betreiber von Elektrizitätsverteilernetzen ausgenommen, an deren Verteilernetz weniger als 100 000 Kunden unmittelbar oder mittelbar angeschlossen sind.

(4) Soweit es für die Umsetzung eines variablen Tarifs im Sinne von § 40 Absatz 5 Satz 1 des Energiewirtschaftsgesetzes[2)] erforderlich ist, haben Netzbetreiber Netznutzern eine Bilanzierung und Abrechnung auf Basis von Zählerstandsgängen für diejenigen Einspeise- und Entnahmestellen zu ermöglichen, deren Einspeise- und Entnahmeverhalten mit intelligenten Messsystemen im Sinne des Messstellenbetriebsgesetzes[1)] ermittelt wird.

§ 13 Jahresmehr- und Jahresmindermengen. (1) [1]Die Betreiber von Elektrizitätsverteilernetzen sind verpflichtet, für jeden Lastprofilkunden des Lieferanten eine Prognose über den Jahresverbrauch festzulegen, die in der Regel auf dem Vorjahresverbrauch basiert. [2]Die Prognose ist dem Lieferanten oder Netznutzer mitzuteilen. [3]Dieser kann unplausiblen Prognosen widersprechen und dem Betreiber des Elektrizitätsverteilernetzes eine eigene Prognose unterbreiten. [4]Kommt keine Einigung zustande, legt der Betreiber von Elektrizitätsverteilernetzen die Prognose über den Jahresverbrauch fest. [5]In begründeten Ausnahmefällen kann die Jahresverbrauchsprognose vom Lieferanten und dem Betreiber von Elektrizitätsverteilernetzen gemeinsam auch unterjährig angepasst werden.

(2) Jahresmehr- und Jahresmindermengen zwischen der bei Entnahmestellen mit Standard-Lastprofilen gemessenen oder auf sonstige Weise ermittelten elektrischen Arbeit und der sich aus den prognostizierten Lastprofilen ergebenden elektrischen Arbeit sind als vom Netzbetreiber geliefert oder abgenommen zu behandeln.

(3) [1]Unterschreitet die Summe der in einem Zeitraum ermittelten elektrischen Arbeit die Summe der Arbeit, die den bilanzierten Lastprofilen zu Grunde gelegt wurde (ungewollte Mehrmenge), so vergütet der Netzbetreiber dem Lieferanten oder dem Kunden diese Differenzmenge. [2]Überschreitet die Summe der in einem Zeitraum ermittelten elektrischen Arbeit die Summe der Arbeit, die den bilanzierten Lastprofilen zu Grunde gelegt wurde (ungewollte Mindermenge), stellt der Netzbetreiber die Differenzmenge dem Lieferanten oder dem Kunden in Rechnung. [3]Die Abrechnung der Jahresmehr- und Jahresmindermengen erfolgt nach Ablauf des jeweiligen Abrechnungsjahres zwischen Lieferanten und Netzbetreiber oder zwischen Kunden und Netzbetreiber. [4]Der Betreiber von Elektrizitätsverteilernetzen berechnet für Jahres-

---

1) Nr. 27.
2) Nr. 1.

mehr- und Jahresmindermengen auf Grundlage der monatlichen Marktpreise einen einheitlichen Preis. [5]Dieser Preis ist auf der jeweiligen Internetseite des Betreibers von Elektrizitätsverteilernetzen zu veröffentlichen.

Teil 4. Sonstige Pflichten der Betreiber von Elektrizitätsversorgungsnetzen

§ 14 Lieferantenwechsel. (1) [1]Die Netzbetreiber sind verpflichtet, für die Durchführung des Lieferantenwechsels für Letztverbraucher sowie für die Zuordnung von Einspeiseanlagen zu Händlern und Bilanzkreisen bundesweit einheitliche, massengeschäftstaugliche Verfahren anzuwenden. [2]Für den elektronischen Datenaustausch mit den Netznutzern ist ein einheitliches Datenformat zu verwenden. [3]Die Netzbetreiber sind verpflichtet, die elektronische Übermittlung und Bearbeitung von Kundendaten in massengeschäftstauglicher Weise zu organisieren, sodass die Kundendaten in vollständig automatisierter Weise übermittelt und bearbeitet werden können. [4]Die Verbände der Netznutzer sind an der Entwicklung der Verfahren und Formate für den Datenaustausch angemessen zu beteiligen.

(2) Der bisherige Lieferant ist verpflichtet, unverzüglich

1. dem Netzbetreiber die Abmeldung seines Kunden mitzuteilen und
2. dem neuen Lieferanten in einem einheitlichen Format elektronisch eine Kündigungsbestätigung zu übersenden, soweit der neue Lieferant die Kündigung in Vertretung für den Kunden ausgesprochen hat.

(3) [1]Eine Entnahmestelle ist anhand von nicht mehr als drei mitgeteilten Daten zu identifizieren. [2]Es soll eine der folgenden Datenkombinationen mitgeteilt werden:

1. Zählpunkt oder Zählpunkt-Aggregation und Name oder Firma des Kunden sowie Straße, Postleitzahl und Ort der Entnahmestelle,
2. Zählernummer und Name oder Firma des Kunden sowie Straße, Postleitzahl und Ort der Entnahmestelle oder
3. Name des bisherigen Lieferanten, Kundennummer des bisherigen Lieferanten und Name oder Firma des Kunden sowie Straße, Postleitzahl und Ort der Entnahmestelle.

[3]Wenn der neue Lieferant keine der in Satz 2 aufgeführten Datenkombinationen vollständig dem Betreiber von Elektrizitätsversorgungsnetzen mitteilt, darf der Betreiber von Elektrizitätsversorgungsnetzen die Meldung nur zurückweisen, wenn die Entnahmestelle nicht eindeutig identifizierbar ist. [4]In diesem Fall ist die Meldung für diese Entnahmestelle unwirksam. [5]Änderungen wesentlicher Kundendaten sind wechselseitig unverzüglich mitzuteilen. [6]§ 27 Absatz 1 Nummer 18 bleibt unberührt.

(4) [1]Betreiber von Elektrizitätsversorgungsnetzen dürfen den Lieferantenwechsel nicht von anderen Bedingungen als den in den Absätzen 1 bis 3 genannten abhängig machen. [2]§ 27 Abs. 1 Nr. 17 bleibt unberührt.

§ 15 Engpassmanagement. (1) Betreiber von Übertragungsnetzen haben im Rahmen des wirtschaftlich Zumutbaren das Entstehen von Engpässen in ihren Netzen und an den Kuppelstellen zu benachbarten Netzen mit Hilfe von netzbezogenen und marktbezogenen Maßnahmen zu verhindern, die auch die Zusammenarbeit der Betreiber von Übertragungsnetzen einschließen kann.

(2) Lässt sich die Entstehung eines Engpasses mit Hilfe von Maßnahmen nach Absatz 1 nicht vermeiden, so sind Betreiber von Übertragungsnetzen verpflichtet, die verfügbaren Leitungskapazitäten nach marktorientierten und transparenten Verfahren diskriminierungsfrei zu bewirtschaften.

(3) [1] Die Erlöse, die Netzbetreiber aus der Durchführung der Engpassbewirtschaftung erzielen, sind unverzüglich für Maßnahmen zur Beseitigung von Engpässen zu verwenden, hierfür zurückzustellen oder entgeltmindernd in den Netzentgelten zu berücksichtigen. [2] Die Erlöse, die Netzbetreiber aus der Durchführung der Engpassbewirtschaftung erzielen, sind von den Betreibern von Übertragungsnetzen zu dokumentieren. [3] Die Dokumentation ist der Regulierungsbehörde vorzulegen.

(4) [1] Betreiber von Übertragungsnetzen sind verpflichtet, Engpässe in ihrem Netz unverzüglich und in geeigneter Form, zumindest aber auf ihrer Internetseite, zu veröffentlichen und den betroffenen Bilanzkreisverantwortlichen soweit möglich unverzüglich elektronisch mitzuteilen. [2] Die Veröffentlichung und Mitteilung müssen enthalten:

1. die zur Verfügung stehende Gesamtkapazität,
2. die Übertragungsrichtung, in der der Engpass auftritt, und
3. die prognostizierte Dauer.

(5) Die Absätze 1 bis 4 gelten auch für Betreiber von Elektrizitätsverteilernetzen.

§ 16 Allgemeine Zusammenarbeitspflichten. (1) Betreiber von Elektrizitätsversorgungsnetzen sind verpflichtet, gemeinsam mit den anderen Netzbetreibern einheitliche Bedingungen des Netzzugangs zu schaffen, um die Transaktionskosten des Zugangs zum gesamten Elektrizitätsversorgungsnetz so gering wie möglich zu halten.

(2) Betreiber von Elektrizitätsversorgungsnetzen sind verpflichtet, untereinander die zur effizienten Organisation des Netzzugangs erforderlichen Verträge abzuschließen und die notwendigen Daten unverzüglich auszutauschen.

§ 17 Veröffentlichungspflichten der Betreiber von Elektrizitätsversorgungsnetzen. (1) Betreiber von Übertragungsnetzen sind verpflichtet, folgende netzrelevanten Daten unverzüglich und in geeigneter Weise, zumindest auf ihrer Internetseite, zu veröffentlichen und zwei Jahre verfügbar zu halten:

1. die Summe aller Stromabgaben aus dem Übertragungsnetz über direkt angeschlossene Transformatoren und Leitungen an Elektrizitätsverteilernetze und Letztverbraucher (vertikale Netzlast) stundenscharf in Megawattstunden pro Stunde,
2. die Jahreshöchstlast und den Lastverlauf als viertelstündige Leistungsmessung,
3. die Netzverluste,
4. den viertelstündigen Regelzonensaldo in Megawattstunden pro Viertelstunde sowie die tatsächlich abgerufene Minutenreserve,
5. die grenzüberschreitenden Lastflüsse zusammengefasst je Kuppelstelle inklusive einer Vorschau auf die Kapazitätsvergabe,

6. die marktrelevanten Ausfälle und Planungen für Revisionen der Übertragungsnetze,
7. die Mengen und Preise der Verlustenergie und
8. Daten zur vorgesehenen Einspeisung von Windenergie auf Grundlage der Prognosen, die auch die Betreiber von Übertragungsnetzen verwenden, und zur tatsächlichen Einspeisung anhand der Daten, die die Betreiber von Übertragungsnetzen untereinander verrechnen (in Megawattstunden pro Stunde).

(2) Betreiber von Elektrizitätsverteilernetzen sind verpflichtet, folgende netzrelevanten Daten unverzüglich in geeigneter Weise, zumindest im Internet, zu veröffentlichen:
1. die Jahreshöchstlast und den Lastverlauf als viertelstündige Leistungsmessung,
2. die Netzverluste,
3. die Summenlast der nicht leistungsgemessenen Kunden und die Summenlast der Netzverluste,
4. die Summenlast der Fahrplanprognosen für Lastprofilkunden und die Restlastkurve der Lastprofilkunden bei Anwendung des analytischen Verfahrens,
5. die Höchstentnahmelast und der Bezug aus der vorgelagerten Netzebene,
6. die Summe aller Einspeisungen pro Spannungsebene und im zeitlichen Verlauf und
7. die Mengen und Preise der Verlustenergie.

§ 18 Messung. Die Messung erfolgt nach den Bestimmungen des Messstellenbetriebsgesetzes[1] vom 29. August 2016 (BGBl. I S. 2034) in der jeweils geltenden Fassung.

§§ 18a–22 *(aufgehoben)*

Teil 5. Vertragsbeziehungen

§ 23 Vertragliche Ausgestaltung des Netzzugangs. (1) [1] Der Netzzugangsberechtigte fordert spätestens durch Anmeldung der ersten Kundenentnahmestelle zur Netznutzung ein verbindliches Angebot zum Abschluss eines Lieferantenrahmenvertrages oder Netznutzungsvertrages beim Betreiber eines Elektrizitätsversorgungsnetzes an. [2] Dieser ist verpflichtet, innerhalb einer Frist von sieben Arbeitstagen nach Eingang der Anforderung ein vollständiges und bindendes Angebot abzugeben.

(2) [1] Die Betreiber von Elektrizitätsversorgungsnetzen sind berechtigt, die von ihnen geschlossenen Verträge aus wichtigem Grund fristlos zu kündigen. [2] Sie können in begründeten Fällen vom Netznutzer eine Sicherheitsleistung verlangen.

§ 24 Netznutzungsvertrag. (1) [1] Netznutzer haben einen Anspruch auf Abschluss eines Netznutzungsvertrages. [2] Wird der Netznutzungsvertrag von einem Lieferanten abgeschlossen, so darf der Betreiber von Elektrizitätsversor-

---

[1] Nr. 27.

gungsnetzen den Netzzugang nicht von dem gleichzeitigen Abschluss eines Netznutzungsvertrages zwischen ihm und dem Letztverbraucher abhängig machen.

(2) Der Vertrag muss unter Beachtung der Vorschriften des Energiewirtschaftsgesetzes[1] und dieser Verordnung mindestens Regelungen zu folgenden Gegenständen enthalten:

1. Vertragsgegenstand;
2. Voraussetzungen der Netznutzung;
3. Leistungsmessung, Zählerstandsgangmessung und Lastprofilverfahren;
4. Zuordnung von Einspeise- oder Entnahmestellen zu Bilanzkreisen;
5. Abrechnung;
6. Datenverarbeitung;
7. Haftungsbestimmungen;
8. Voraussetzungen für die Erhebung einer Sicherheitsleistung in begründeten Fällen;
9. Kündigungsrechte.

§ 25 Lieferantenrahmenvertrag. (1) Lieferanten haben gegen die Netzbetreiber einen Anspruch auf Abschluss eines Lieferantenrahmenvertrages über die Abwicklung der Belieferung ihrer Kunden mit elektrischer Energie.

(2) Der Vertrag muss unter Beachtung der Vorschriften des Energiewirtschaftsgesetzes[1] und dieser Verordnung mindestens Regelungen zu folgenden Gegenständen enthalten:

1. Vertragsgegenstand;
2. Regelungen zur Netznutzung;
3. Datenaustausch zwischen Netznutzern und Betreibern von Elektrizitätsversorgungsnetzen;
4. Voraussetzung der Belieferung;
5. An- und Abmeldung eines Kunden zu einem Bilanzkreis;
6. Leistungsmessung oder Lastprofilverfahren;
7. Abrechnung;
8. Ansprechpartner und Erreichbarkeit;
9. Haftungsbestimmungen;
10. Voraussetzungen für die Erhebung einer Sicherheitsleistung in begründeten Fällen;
11. Kündigungsrechte.

§ 25a Haftung bei Störungen der Netznutzung. § 18 der Niederspannungsanschlussverordnung[2] gilt entsprechend.

§ 26 Bilanzkreisvertrag. (1) Zwischen dem Bilanzkreisverantwortlichen und dem Betreiber von Übertragungsnetzen muss ein Vertrag über die Füh-

[1] Nr. 1.
[2] Nr. 32.

rung, Abwicklung und Abrechnung von Bilanzkreisen (Bilanzkreisvertrag) geschlossen werden.

(2) Der Vertrag muss unter Berücksichtigung der Vorschriften des Energiewirtschaftsgesetzes[1] und dieser Verordnung mindestens Regelungen zu folgenden Gegenständen enthalten:

1. Vertragsgegenstand;
2. Rechte, Pflichten und Leistungen des Betreibers von Übertragungsnetzen;
3. Rechte und Pflichten des Bilanzkreisverantwortlichen;
4. Datenaustausch zwischen dem Betreiber von Übertragungsnetzen und dem Bilanzkreisverantwortlichen;
5. Haftungsbestimmungen;
6. Voraussetzungen für die Erhebung einer Sicherheitsleistung in begründeten Fällen;
7. Kündigungsrechte der Vertragsparteien.

§ 26a Erbringung von Regelleistung durch Letztverbraucher.

(1) [1]Lieferanten, Bilanzkreisverantwortliche und Betreiber von Übertragungsnetzen stellen sicher, dass einem Letztverbraucher mit Zählerstandsgangmessung oder viertelstündiger registrierender Lastgangmessung auf sein Verlangen hin die Erbringung von Minutenreserve oder Sekundärregelung über einen anderen Bilanzkreis gegen angemessenes Entgelt ermöglicht wird. [2]Hierzu sind Regelungen über den Austausch der erforderlichen Informationen zwischen den Beteiligten sowie die Bilanzierung der Energiemengen zu treffen. [3]Der Lieferant kann die Erbringung von Minutenreserve und Sekundärregelung über einen anderen Bilanzkreis nach Satz 1 mit ausdrücklicher Zustimmung des Letztverbrauchers vertraglich ausschließen.

(2) Das Entgelt nach Absatz 1 ist angemessen, wenn es den Lieferanten und den Bilanzkreisverantwortlichen, dessen Bilanzkreis der Letztverbraucher zugeordnet ist, wirtschaftlich so stellt, wie sie ohne die Erbringung von Regelleistung durch den Letztverbraucher stünden.

(3) Die Anforderungen nach Absatz 1 gelten bei Neuverträgen ab dem 30. Juli 2016, im Übrigen ab dem 1. Januar 2018.

Teil 6. Befugnisse der Regulierungsbehörde

§ 27 Festlegungen der Regulierungsbehörde. (1) Zur Verwirklichung eines effizienten Netzzugangs und der in § 1 Abs. 1 des Energiewirtschaftsgesetzes[1] genannten Zwecke kann die Regulierungsbehörde unter Beachtung der Anforderungen eines sicheren Netzbetriebs Entscheidungen durch Festlegungen nach § 29 Abs. 1 des Energiewirtschaftsgesetzes treffen

1. zu bilanziellen Abgrenzungsproblemen zwischen Bilanzkreisen im Einzelfall, die im Zusammenhang mit der Bündelung von Regelenergie auftreten;

---

[1] Nr. 1.

2. zu Verfahren zur Ausschreibung von Regelenergie, insbesondere zu Mindestangebotsgrößen, Ausschreibungszeiträumen und Ausschreibungszeitscheiben, zum technisch notwendigen Anteil nach § 6 Abs. 2 und zu einheitlichen Bedingungen, die Anbieter von Regelenergie erfüllen müssen;

3. zum Einsatz von Regelenergie;

3a. zur Bildung einer einheitlichen Regelzone;

3b. zum Verfahren der Vergütung für Angebote von Regelenergieprodukten nach § 8 Absatz 1 Satz 3; dabei kann sie insbesondere festlegen, dass Regelarbeitspreise und Regelleistungspreise in einem Einheitspreisverfahren bestimmt werden;

4. zu Kriterien für missbräuchliche Über- oder Unterspeisung von Bilanzkreisen und deren Abrechnung;

5. zum Bilanzkreis und zu den erforderlichen Verfahren zur Messung und Bilanzierung für Energien nach dem Erneuerbare-Energien-Gesetz[1] und zu den bilanziellen Maßnahmen, die erforderlich sind, um sicherzustellen, dass Energien nach dem Erneuerbare-Energien-Gesetz separiert werden von sonstigen Energiearten;

6. zum Ausschreibungsverfahren für Verlustenergie nach § 10 und zum Verfahren zur Bestimmung der Netzverluste;

7. zu Standardlastprofilen für einzelne Verbrauchsgruppen, Lastprofilen für unterbrechbare Verbrauchseinrichtungen, sonstigen Abwicklungsregelungen für das synthetische Verfahren und zu einheitlichen Anwendungssystemen für das analytische Verfahren;

8. zur Bestimmung des einheitlichen Preises und zum Abrechnungsverfahren nach § 13 Abs. 3;

9. zur Abwicklung der Netznutzung bei Lieferbeginn und Lieferende;

10. zur Bewirtschaftung von Engpässen nach § 15 Abs. 2 und zu deren Veröffentlichung nach § 15 Abs. 4;

11.–14. *(aufgehoben)*

15. zu den Inhalten der Verträge nach den §§ 24 bis 26, sofern nicht ein Standardangebot festgelegt ist;

16. zu Verfahren zur Handhabung und Abwicklung sowie zur Änderung von Fahrplänen nach § 5 durch die Betreiber von Übertragungsnetzen; hierbei kann sie von den Regelungen des § 5 Absatz 1, 2 und 3 abweichen;

17. zur Abwicklung des Lieferantenwechsels;

18. zu den Kriterien für die Identifizierung von Entnahmestellen; hierbei kann sie von § 14 Absatz 3 abweichen;

19. zur Verwaltung und Übermittlung der Stammdaten, die für den massengeschäftstauglichen Netzzugang relevant sind;

20. zu Geschäftsprozessen und zum Datenaustausch für die massengeschäftstaugliche Abwicklung der Zuordnung von Einspeiseanlagen zu Händlern und zu Bilanzkreisen;

---

[1] Nr. **37**.

21. zu Preisbildungsmechanismen für Ausgleichsenergiepreise nach § 8 Absatz 2; dabei kann sie insbesondere von den Grundsätzen der Kostenverrechnung, von der Symmetrie der Ausgleichsenergiepreise für Bilanzkreisunterspeisung und Bilanzkreisüberspeisung sowie von den Fristen für die Bilanzkreisabrechnung abweichen;

21a. zu den Kriterien, nach denen die Ausgleichsenergie nach § 8 Absatz 1 und 2 durch die Betreiber der Übertragungsnetze abzurechnen ist; dabei kann sie insbesondere festlegen, wie derjenige Teil der Vorhaltung von Regelenergie aus Sekundärregelleistung und Minutenreserveleistung, der dem Verhalten der Bilanzkreisverantwortlichen in ihrer Gesamtheit zuzurechnen ist, von den Betreibern der Übertragungsnetze zu bestimmen und im Rahmen der Bilanzkreisabrechnung abzurechnen ist;

22. zu Verfahren und zur Handhabung und Abwicklung der Bilanzierung, Messung und Abrechnung auf Basis von Zählerstandsgängen,

23. zu den Regelungen bei der Erbringung von Regelleistung durch einen Letztverbraucher nach § 26a; dabei kann sie insbesondere Festlegungen treffen

a) zum Austausch der erforderlichen Informationen zwischen den Beteiligten,

b) zur Bilanzierung der Energiemengen,

c) zum angemessenen Entgelt für Lieferanten, wobei sie auch pauschale Entgelte festlegen kann; sie kann insbesondere festlegen, dass das Entgelt angemessen ist, wenn

1. der durch die Erbringung von Regelleistung zum Zeitpunkt der Erbringung durch den Letztverbraucher nicht verbrauchte Strom so abgerechnet wird, als ob er geliefert worden wäre, und

2. der durch die Erbringung von Regelleistung zum Zeitpunkt der Erbringung durch den Letztverbraucher mehr verbrauchte Strom so abgerechnet wird, als ob er nicht geliefert worden wäre, und

3. das Entgelt einen erhöhten administrativen Aufwand des Lieferanten berücksichtigt,

d) zum angemessenen Entgelt für Bilanzkreisverantwortliche, wobei sie insbesondere für den Fall, dass die zum Zeitpunkt der Erbringung von Regelleistung verursachten Bilanzkreisabweichungen dem Bilanzkreisverantwortlichen bilanziell ausgeglichen werden, festlegen kann, dass pauschale Entgelte angemessen sind; sie kann insbesondere festlegen, dass das Entgelt angemessen ist, wenn nur ein erhöhter administrativer Aufwand des Bilanzkreisverantwortlichen berücksichtigt wird,

e) zu zusätzlichen Entgelten für Lieferanten und Bilanzkreisverantwortliche für Abweichungen im Verbrauchsverhalten der Letztverbraucher nach der Regelleistungserbringung, wenn diese Abweichungen durch die Regelleistungserbringung verursacht sind; hierbei kann sie insbesondere festlegen, dass diese Entgelte null sind; resultiert aus der Festlegung zu zusätzlichen Entgelten eine unbillige Härte für den

Lieferanten oder Bilanzkreisverantwortlichen, haben sie ein Sonderkündigungsrecht,

f) zu Übergangsbestimmungen.

(2) Die Regulierungsbehörde soll festlegen, dass Betreiber von Übertragungsnetzen im Zusammenhang mit der Beschaffung und dem Einsatz von Regelenergie weitere Daten veröffentlichen müssen, wenn dadurch die Angebotsbedingungen für Regelenergie durch Erhöhung der Markttransparenz verbessert werden oder die höhere Transparenz geeignet ist, die Vorhaltung oder den Einsatz von Regelenergie zu vermindern.

(3) Die Regulierungsbehörde kann abweichend von § 12 Abs. 1 Satz 1 im Einzelfall abweichende Grenzwerte für standardisierte Lastprofile festlegen, wenn der Betreiber von Elektrizitätsverteilernetzen nachweist, dass bei Beachtung der in § 12 Abs. 1 Satz 1 genannten Grenzwerte ein funktionierender Netzbetrieb technisch nicht zu gewährleisten ist.

(4) Die Regulierungsbehörde kann Entscheidungen nach den Absätzen 1 bis 3 in ihrem Amtsblatt öffentlich bekannt machen.

§ 28 Standardangebote. (1) [1] Zur Verwirklichung eines effizienten Netzzugangs und der in § 1 Abs. 1 des Energiewirtschaftsgesetzes[1)] genannten Zwecke kann die Regulierungsbehörde weitere Festlegungen gegenüber Betreibern von Elektrizitätsversorgungsnetzen zur Vereinheitlichung der Vertragspflichten aus den in den §§ 23 bis 26 genannten Verträgen treffen. [2] Die Regulierungsbehörde kann Betreiber von Elektrizitätsversorgungsnetzen auffordern, ihr innerhalb einer von der Regulierungsbehörde bestimmten, angemessenen Frist einen Vorschlag für ein Standardangebot für Verträge nach den §§ 23 bis 26 vorzulegen. [3] Sie kann in dieser Aufforderung Vorgaben für die Ausgestaltung einzelner Bedingungen machen. [4] Das Standardangebot muss so umfassend sein, dass es von den einzelnen Nachfragern ohne weitere Verhandlungen angenommen werden kann.

(2) Die Regulierungsbehörde prüft die vorgelegten Standardangebote und gibt tatsächlichen oder potenziellen Nachfragern sowie Betreibern von Elektrizitätsversorgungsnetzen in geeigneter Form Gelegenheit zur Stellungnahme.

(3) [1] Sie kann unter Berücksichtigung der Stellungnahmen Änderungen der Standardangebote vornehmen, insbesondere soweit Vorgaben für einzelne Bedingungen nicht umgesetzt worden sind. [2] Sie kann Standardangebote mit einer Mindestlaufzeit versehen.

(4) [1] Die Regulierungsbehörde macht die Festlegungsentscheidungen in ihrem Amtsblatt öffentlich bekannt und veröffentlicht sie im Internet. [2] Im Übrigen gelten die Verfahrensbestimmungen des Energiewirtschaftsgesetzes.

(5) Für Änderungen des Standardangebotes nach § 29 Abs. 2 des Energiewirtschaftsgesetzes[1)] gelten die Absätze 1 bis 4 entsprechend.

[1)] Nr. 1.

Teil 7. Sonstige Bestimmungen

§ 29 Ordnungswidrigkeiten. (1) Ordnungswidrig im Sinne des § 95 Abs. 1 Nr. 5 Buchstabe a des Energiewirtschaftsgesetzes[1] handelt, wer vorsätzlich oder fahrlässig einer vollziehbaren Anordnung nach § 65 Abs. 2 des Energiewirtschaftsgesetzes in Verbindung mit § 17 Abs. 1 oder 2 zuwiderhandelt.

(2) Ordnungswidrig im Sinne des § 95 Abs. 1 Nr. 5 Buchstabe b des Energiewirtschaftsgesetzes[1] handelt, wer vorsätzlich oder fahrlässig einer vollziehbaren Anordnung nach § 27 Abs. 1 Nr. 1, 3, 7, 9, 15, 16, 17 oder 18 oder § 28 Abs. 1 Satz 2 zuwiderhandelt.

§ 30 Übergangsregelungen. (1) § 11 ist erst ab dem 1. Oktober 2005 anzuwenden.

(2) § 6 Abs. 1 ist für Minutenreserve erst ab dem 1. Januar 2006 und für die Primär- und Sekundärregelenergie erst ab dem 1. Juli 2006 anzuwenden.

§ 31 Inkrafttreten. Die Verordnung tritt am Tage nach der Verkündung[2] in Kraft.

---

[1] Nr. **1**.
[2] Verkündet am 28.7.2005.

24. Verordnung über die Entgelte für den Zugang zu Elektrizitätsversorgungsnetzen (Stromnetzentgeltverordnung – StromNEV)

Vom 25. Juli 2005
(BGBl. I S. 2225)

FNA 752-6-3

zuletzt geänd. durch Art. 10 G zur Beschleunigung des Energieleitungsausbaus v. 13.5.2019 (BGBl. I S. 706)

Auf Grund des § 24 Satz 1 Nr. 1 bis 3 in Verbindung mit Satz 2 Nr. 1, 2, 4, 6 und 7 sowie Satz 3 und 5 und des § 29 Abs. 3 des Energiewirtschaftsgesetzes[1] vom 7. Juli 2005 (BGBl. I S. 1970) verordnet die Bundesregierung:

Inhaltsübersicht

---

[1] Nr. **1**.

Teil 1. Allgemeine Bestimmungen

§ 1 Anwendungsbereich. [1] Diese Verordnung regelt die Festlegung der Methode zur Bestimmung der Entgelte für den Zugang zu den Elektrizitätsübertragungs- und Elektrizitätsverteilernetzen (Netzentgelte) einschließlich der Ermittlung der Entgelte für dezentrale Einspeisungen. [2] Diese Verordnung regelt zugleich die Ermittlung der Netzkosten für die Errichtung und den Betrieb von Offshore-Anbindungsleitungen, die nach § 17f Absatz 1 Satz 2 des Energiewirtschaftsgesetzes[1)] umlagefähig sind.

§ 2 Begriffsbestimmungen. Im Sinne dieser Verordnung ist:

1. Abnahmestelle
   die Summe aller räumlich und physikalisch zusammenhängenden elektrischen Einrichtungen eines Letztverbrauchers, die sich auf einem in sich abgeschlossenen Betriebsgelände befinden und über einen oder mehrere Entnahmepunkte mit dem Netz des Netzbetreibers verbunden sind;
2. Absatzstruktur
   die Struktur und Menge der aus einer Netz- oder Umspannebene entnommenen elektrischen Leistung und Arbeit;
3. Benutzungsdauer
   der Quotient aus pro Jahr entnommener oder eingespeister elektrischer Arbeit und der in diesem Jahr höchsten Last der Entnahme oder Einspeisung;

3a. Betreiber von Übertragungsnetzen mit Regelzonenverantwortung
   die Unternehmen 50Hertz Transmission GmbH, Amprion GmbH, TenneT TSO GmbH und TransnetBW GmbH sowie ihre Rechtsnachfolger;

4. Bezugszeitreihe
   die Zeitreihe einer Lastgangzählung in Form einer viertelstündlichen registrierenden Leistungsmessung, durch die die gemessenen Ausspeisungen an einer Entnahmestelle ausgewiesen werden;

---

1) Nr. 1.

5. Einspeisezeitreihe
die Zeitreihe einer Lastgangzählung in Form einer viertelstündlichen registrierenden Lastgangmessung, durch die die gemessenen Einspeisungen an einer Entnahmestelle ausgewiesen werden;
6. Entnahmestelle
der Ort der Entnahme elektrischer Energie aus einer Netz- oder Umspannebene durch Letztverbraucher, Weiterverteiler oder die jeweils nachgelagerte Netz- oder Umspannebene;
7. Jahreshöchstlast
der höchste Leistungswert einer oder mehrerer Entnahmen aus einer Netz- oder Umspannebene oder einer oder mehrerer Einspeisungenim Verlauf eines Jahres;
8. Kalkulationsperiode
das Geschäftsjahr des Betreibers eines Elektrizitätsübertragungs- oder Elektrizitätsverteilernetzes;
9. Lastgangzeitreihe
die Zeitreihe einer Lastgangzählung in Form einer viertelstündlichen registrierenden Leistungsmessung einer Entnahmestelle, bestehend aus den zwei Zeitreihen für beide Energieflussrichtungen (Bezugszeitreihe und Einspeisezeitreihe);
10. Netzebene
die Bereiche von Elektrizitätsversorgungsnetzen, in welchen elektrische Energie in Höchst-, Hoch-, Mittel- oder Niederspannung übertragen oder verteilt wird;
11. Netzknoten
der räumlich eng begrenzte Teil eines Elektrizitätsversorgungsnetzes, der sich auf einem baulich zusammengehörenden Gebiet befindet und aus
a) einem Umspannwerk, einer Umspannanlage, einer Umspannstation, einer Ortsnetzstation oder einer Schaltanlage oder
b) einer sonstigen Übergabestelle bei Vorliegen einer den in Buchstabe a genannten Fällen vergleichbaren galvanischen Verbindung
besteht, mit der eine oder mehrere Entnahmestellen verbunden sind;
12. Umspannebene
die Bereiche von Elektrizitätsversorgungsnetzen, in welchen die Spannung elektrischer Energie von Höchst- zu Hochspannung, Hoch zu Mittelspannung oder Mittel- zu Niederspannung geändert wird;
12a. versorgte Fläche
in Niederspannung die aus der amtlichen Statistik zur Bodenfläche nach Art der tatsächlichen Nutzung der Statistischen Landesämter ermittelbare Fläche sowie in Mittel- und Hochspannung die geografische Fläche des Netzgebietes;
13. zeitgleiche Jahreshöchstlast
die höchste zeitgleiche Summe der Leistungswerte einer Anzahl von Entnahmen aus einer Netz- oder Umspannebene oder einer Anzahl von Einspeisungen in eine Netz- oder Umspannebene im Verlauf eines Jahres.

§ 3 Grundsätze der Entgeltbestimmung. (1) [1]Für die Ermittlung der Netzentgelte sind die Netzkosten nach den §§ 4 bis 11 zusammenzustellen. [2]Die ermittelten Netzkosten sind anschließend nach § 13 vollständig den dort aufgeführten Hauptkostenstellen, welche die Struktur der Elektrizitätsübertragungs- und Elektrizitätsverteilernetze widerspiegeln, zuzuordnen. [3]Danach sind die Hauptkostenstellen im Wege der Kostenwälzung nach § 14 den Kostenträgern zuzuordnen. [4]Unter Verwendung einer Gleichzeitigkeitsfunktion nach § 16 sind die Netzentgelte für jede Netz- und Umspannebene zu bestimmen. [5]Die Ermittlung der Kosten erfolgt auf der Basis der Daten des letzten abgeschlossenen Geschäftsjahres; gesicherte Erkenntnisse über das Planjahr können dabei berücksichtigt werden. [6]Die Ermittlung der Netzentgelte erfolgt nach Maßgabe des § 21. [7]Für einen Netzbetreiber, für den noch keine kalenderjährliche Erlösobergrenze nach § 4 Absatz 1 der Anreizregulierungsverordnung[1)] bestimmt worden ist, erfolgt die Ermittlung der Netzentgelte auf Grundlage der Kosten nach Satz 5. [8]Soweit hinsichtlich der Kostenermittlung keine besonderen Regelungen getroffen werden, sind die Leitsätze für die Preisermittlung auf Grund von Selbstkosten nach der Anlage zur Verordnung PR Nr. 30/53 vom 21. November 1953 (BAnz. Nr. 244 vom 18. Dezember 1953), zuletzt geändert durch Artikel 289 der Verordnung vom 25. November 2003 (BGBl. I S. 2304), heranzuziehen.

(2) Mit der Entrichtung des Netzentgelts wird die Nutzung der Netz- oder Umspannebene des jeweiligen Betreibers des Elektrizitätsversorgungsnetzes, an die der Netznutzer angeschlossen ist, und aller *vorlagerten*[2)] Netz- und Umspannebenen abgegolten.

(3) [1]Mit Wirkung zum 1. Januar 2023 bestimmen die Betreiber von Übertragungsnetzen mit Regelzonenverantwortung jeweils ein bundeseinheitliches Netzentgelt nach Abschnitt 2a für die Netzebene Höchstspannungsnetz und die Umspannebene von Höchst- zu Hochspannung. [2]Hierfür verwenden sie jeweils eine bundeseinheitliche Gleichzeitigkeitsfunktion nach § 16 Absatz 2 Satz 2. [3]Vom 1. Januar 2019 bis zum 31. Dezember 2022 erfolgt die Bestimmung nach Satz 1 nach Maßgabe des § 32a.

§ 3a Ermittlung der umlagefähigen Netzkosten von Offshore-Anbindungsleitungen. (1) [1]Die Ermittlung der nach § 17f Absatz 1 Satz 2 des Energiewirtschaftsgesetzes[3)] umlagefähigen Netzkosten für die Errichtung und den Betrieb von Offshore-Anbindungsleitungen erfolgt nach den §§ 4 bis 10 mit den Maßgaben des Absatzes 2. [2]Die Ermittlung hat getrennt von den sonstigen Netzkosten zu erfolgen, die nicht die Errichtung und den Betrieb von Offshore-Anbindungsleitungen betreffen.

(2) [1]Netzkosten für die Errichtung und den Betrieb von Offshore-Anbindungsleitungen, die nicht oder nicht vollständig in einer separaten Gewinn- und Verlustrechnung im Sinne des § 4 Absatz 2 erfasst sind, hat der Netzbetreiber in vergleichbarer Weise darzulegen und auf Verlangen der Bundesnetzagentur nachzuweisen. [2]Bei der Ermittlung der Netzkosten nach Absatz 1 ist im jeweiligen Kalenderjahr der Eigenkapitalzinssatz zugrunde zu legen, der

---

1) Nr. **28**.
2) Richtig wohl: „vorgelagerten".
3) Nr. **1**.

nach § 7 Absatz 6 und 7 für die jeweilige Regulierungsperiode für alle Netzbetreiber festgelegt worden ist.

(3) Die nach § 17f Absatz 4 des Energiewirtschaftsgesetzes[1] für ein folgendes Kalenderjahr zu erwartenden Kosten sind durch die Übertragungsnetzbetreiber unter Anwendung der Grundsätze des Absatzes 1 nachvollziehbar zu prognostizieren.

(4) Die Ausgaben im Sinne des § 17f Absatz 4 des Energiewirtschaftsgesetzes[1] folgen aus den nach Absatz 1 ermittelten Netzkosten des jeweils vorangegangenen Kalenderjahres.

(5) In die Einnahmen im Sinne des § 17f Absatz 4 des Energiewirtschaftsgesetzes[1] fließen insbesondere die tatsächlichen Erlöse aufgrund der finanziellen Verrechnung zwischen den Übertragungsnetzbetreibern nach § 17f Absatz 1 Satz 2 des Energiewirtschaftsgesetzes sowie aus den vereinnahmten Aufschlägen auf die Netzentgelte für die Netzkosten nach § 17d Absatz 1 und den §§ 17a und 17b des Energiewirtschaftsgesetzes sowie für Kosten nach § 12b Absatz 1 Satz 3 Nummer 7 des Energiewirtschaftsgesetzes und des Flächenentwicklungsplans nach § 5 des Windenergie-auf-See-Gesetzes[2] nach § 17f Absatz 5 Satz 1 und 2 des Energiewirtschaftsgesetzes ein.

(6) [1] Der Übertragungsnetzbetreiber ermittelt bis zum 30. Juni eines jeden Jahres den Saldo zwischen den zulässigen Einnahmen nach Absatz 5 und den tatsächlichen Ausgaben nach Absatz 4. [2] Sofern bilanzielle oder kalkulatorische Netzkosten für die Ermittlung der tatsächlichen Ausgaben nach Absatz 4 in dem Folgejahr noch nicht vorliegen, sind diese Netzkosten in dem Jahr abzugleichen, in dem die für die Ermittlung der tatsächlichen Netzkosten vorliegenden Daten zur Verfügung stehen. [3] Der Saldo einschließlich der Kosten für eine Zwischenfinanzierung wird gemäß § 17f des Energiewirtschaftsgesetzes[1] im Folgejahr oder im Falle des Satzes 2 in einem der Folgejahre über den Belastungsausgleich ausgeglichen.

Teil 2. Methode zur Ermittlung der Netzentgelte

Abschnitt 1. Kostenartenrechnung

§ 4 Grundsätze der Netzkostenermittlung. (1) Bilanzielle und kalkulatorische Kosten des Netzbetriebs sind nur insoweit anzusetzen, als sie den Kosten eines effizienten und strukturell vergleichbaren Netzbetreibers entsprechen.

(2) [1] Ausgehend von den Gewinn- und Verlustrechnungen für die Elektrizitätsübertragung und Elektrizitätsverteilung des letzten abgeschlossenen Geschäftsjahres nach § 6b Absatz 3 des Energiewirtschaftsgesetzes[1] ist zur Bestimmung der Netzkosten eine kalkulatorische Rechnung zu erstellen. [2] Die Netzkosten setzen sich unter Beachtung von Absatz 1 aus den aufwandsgleichen Kosten nach § 5, den kalkulatorischen Abschreibungen nach § 6, der kalkulatorischen Eigenkapitalverzinsung nach § 7 sowie den kalkulatorischen Steuern nach § 8 unter Abzug der kostenmindernden Erlöse und Erträge nach § 9 zusammen. [3] Netzverluste sind nach § 10 zu berücksichtigen.

---

[1] Nr. **1**.
[2] Nr. **47**.

(3) ¹Bis zur erstmaligen Erstellung der jeweiligen Gewinn- und Verlustrechnung nach § 6b Absatz 3 des Energiewirtschaftsgesetzes[1)] ist abweichend von Absatz 2 der Bestimmung der Netzkosten jeweils eine auf die Tätigkeitsbereiche Elektrizitätsübertragung und Elektrizitätsverteilung beschränkte und nach handelsrechtlichen Grundsätzen ermittelte Gewinn- und Verlustrechnung des letzten abgeschlossenen Geschäftsjahres zu Grunde zu legen. ²Soweit Betreiber von Elektrizitätsversorgungsnetzen nicht nach § 6b Absatz 3 des Energiewirtschaftsgesetzes verpflichtet sind, haben diese der Entgeltbildung jeweils eine auf die Tätigkeitsbereiche Elektrizitätsübertragung und Elektrizitätsverteilung beschränkte und nach handelsrechtlichen Grundsätzen ermittelte Gewinn- und Verlustrechnung des letzten abgeschlossenen Geschäftsjahres zu erstellen und zu Grunde zu legen.

(4) ¹Einzelkosten des Netzes sind dem Netz direkt zuzuordnen. ²Kosten des Netzes, die sich nicht oder nur mit unvertretbar hohem Aufwand als Einzelkosten direkt zurechnen lassen, sind als Gemeinkosten über eine verursachungsgerechte Schlüsselung dem Elektrizitätsübertragungs- oder Elektrizitätsverteilernetz zuzuordnen. ³Die zu Grunde gelegten Schlüssel müssen sachgerecht sein und den Grundsatz der Stetigkeit beachten. ⁴Die Schlüssel sind für sachkundige Dritte nachvollziehbar und vollständig zu dokumentieren. ⁵Änderungen eines Schlüssels sind nur zulässig, sofern diese sachlich geboten sind. ⁶Die hierfür maßgeblichen Gründe sind nachvollziehbar und vollständig zu dokumentieren.

(5) ¹Kosten oder Kostenbestandteile, die auf Grund einer Überlassung betriebsnotwendiger Anlagegüter anfallen, können nur in der Höhe als Kosten anerkannt werden, wie sie anfielen, wenn der Betreiber Eigentümer der Anlagen wäre. ²Der Betreiber des Elektrizitätsversorgungsnetzes hat die erforderlichen Nachweise zu führen.

(5a) ¹Erbringen Unternehmen gegenüber einem Betreiber eines Elektrizitätsversorgungsnetzes Dienstleistungen, so sind die diesbezüglichen Kosten oder Kostenbestandteile nach Maßgabe dieses Absatzes bei der Netzkostenermittlung zu berücksichtigen. ²Gehören das die Dienstleistung erbringende Unternehmen und der Betreiber des Elektrizitätsversorgungsnetzes oder ein Gesellschafter des Betreibers des Elektrizitätsversorgungsnetzes zu einer Gruppe miteinander verbundener Elektrizitätsunternehmen, so darf der Betreiber des Elektrizitätsversorgungsnetzes die aus der Erbringung der Dienstleistung entstehenden Kosten oder Kostenbestandteile maximal in der Höhe ansetzen, wie sie bei dem die Dienstleistung erbringenden Unternehmen unter Anwendung der Grundsätze der Entgeltbestimmung im Sinne dieser Verordnung und gegebenenfalls unter Anwendung des § 6 Absatz 2 der Anreizregulierungsverordnung[2)] tatsächlich angefallen sind. ³Beinhalten die nach Satz 2 für die Erbringung von Dienstleistungen angefallenen Kosten oder Kostenbestandteile Vorleistungen von Unternehmen, die ebenfalls zu der Gruppe miteinander verbundener Elektrizitätsunternehmen gehören, der das die Dienstleistung erbringende Unternehmen und der Betreiber des Elektrizitätsversorgungsnetzes oder dessen Gesellschafter angehören, können diese nur maximal in der Höhe einbezogen werden, wie sie jeweils bei dem die Vorleistung erbringenden Unternehmen unter Anwendung der Grundsätze der Entgeltbestimmung im Sinne dieser

---

1) Nr. **1**.
2) Nr. **28**.

Verordnung und gegebenenfalls unter Anwendung des § 6 Absatz 2 der Anreizregulierungsverordnung tatsächlich angefallen sind. [4] Gehören das die Dienstleistung erbringende Unternehmen und der Betreiber des Elektrizitätsversorgungsnetzes oder dessen Gesellschafter nicht zu einer Gruppe miteinander verbundener Elektrizitätsunternehmen, so darf der Betreiber des Elektrizitätsversorgungsnetzes die aus der Erbringung der Dienstleistung entstehenden Kosten oder Kostenbestandteile maximal in der Höhe ansetzen, wie sie anfallen würden, wenn der Betreiber des Elektrizitätsversorgungsnetzes die jeweiligen Leistungen selbst erbringen würde. [5] Der Betreiber des Elektrizitätsversorgungsnetzes hat die erforderlichen Nachweise zu führen.

(6) Soweit außerordentliche Aufwendungen und Erträge die Netzkosten einer Kalkulationsperiode beeinflussen, sind diese der Regulierungsbehörde unverzüglich anzuzeigen.

§ 5 Aufwandsgleiche Kostenpositionen. (1) Aufwandsgleiche Kostenpositionen sind den nach § 6b Absatz 3 des Energiewirtschaftsgesetzes[1)] oder nach § 4 Abs. 3 erstellten Gewinn- und Verlustrechnungen für die Elektrizitätsübertragung und Elektrizitätsverteilung zu entnehmen und nach Maßgabe des § 4 Abs. 1 bei der Bestimmung der Netzkosten zu berücksichtigen.

(2) Fremdkapitalzinsen sind in ihrer tatsächlichen Höhe einzustellen, höchstens jedoch in der Höhe kapitalmarktüblicher Zinsen für vergleichbare Kreditaufnahmen.

(3) Soweit Betreiber von Elektrizitätsverteilernetzen nach § 18 Zahlungen an Betreiber dezentraler Erzeugungsanlagen entrichten, sind die Zahlungen des letzten abgeschlossenen Geschäftsjahres als Kostenposition bei der Bestimmung der Netzkosten nach § 4 zu berücksichtigen.

(4) [1] Soweit Betreiber von Elektrizitätsversorgungsnetzen auf Grundlage einer Vereinbarung mit Städten oder Gemeinden oder Interessenverbänden der Städte und Gemeinden Zahlungen an Städte oder Gemeinden, auf deren Gebiet eine Freileitung auf neuer Trasse errichtet wird, entrichtet[2)], sind die Zahlungen des letzten abgeschlossenen Geschäftsjahres nach Maßgabe des Satzes 2 als Kostenposition bei der Bestimmung der Netzkosten nach § 4 zu berücksichtigen. [2] Eine Berücksichtigung nach Satz 1 ist nur für die Fälle des § 43 Absatz 1 Satz 1 Nummer 1 des Energiewirtschaftsgesetzes[1)] bei tatsächlicher Inbetriebnahme der Leitung und nur bis zu der angegebenen Höhe einmalig möglich:

1. Höchstspannungsfreileitungen ab 380 Kilovolt 40 000 Euro pro Kilometer;
2. Gleichstrom-Hochspannungsfreileitungen ab 300 Kilovolt 40 000 Euro pro Kilometer.

§ 5a Kostenanerkennung von Zahlungen an Grundstückseigentümer und Nutzungsberechtigte. (1) Soweit ein Betreiber von Übertragungsnetzen an den Grundstückseigentümer oder den Nutzungsberechtigten einer land- oder forstwirtschaftlich genutzten Fläche, auf dessen Grundstück nach dem Bundesbedarfsplangesetz oder dem Energieleitungsausbaugesetz eine Freileitung oder ein Erdkabel errichtet wird,

---

[1)] Nr. **1**.

[2)] Richtig wohl: „entrichten".

1. Dienstbarkeitsentschädigungen nach Absatz 2,
2. Zuschläge für eine gütliche Einigung nach Absatz 3 oder
3. Aufwandsentschädigungen nach Absatz 5

entrichtet, sind die Zahlungen als Anschaffungs- und Herstellungskosten der Freileitung oder des Erdkabels bei der Bestimmung der Netzkosten zu berücksichtigen, soweit sie im Jahresabschluss aktiviert sind.

(2) [1] Dienstbarkeitsentschädigungen nach Absatz 1 Nummer 1 können nur berücksichtigt werden, wenn

1. in das Grundbuch eine beschränkte persönliche Dienstbarkeit zugunsten des Betreibers von Übertragungsnetzen eingetragen worden ist oder eine vergleichbare Sicherung vorliegt und
2. sie auf Grund einer nach dem 16. Mai 2019 geschlossenen Vereinbarung des Betreibers von Übertragungsnetzen mit dem Grundstückseigentümer entrichtet worden sind; dies ist auch für Zahlungen auf Grund von Vereinbarungen, die vor diesem Zeitpunkt geschlossen wurden, anzuwenden, soweit eine Öffnungsklausel oder Meistbegünstigungsklausel einen rechtlichen Anspruch begründet.

[2] Sie dürfen nur bis zu der folgenden Höhe berücksichtigt werden:

1. bei Höchstspannungsfreileitungen und Gleichstrom-Hochspannungsfreileitungen bis zu 25 Prozent des Verkehrswertes der in Anspruch genommenen Schutzstreifenfläche und
2. bei Höchstspannungserdkabeln und Gleichstrom-Hochspannungserdkabeln bis zu 35 Prozent des Verkehrswertes der in Anspruch genommenen Schutzstreifenfläche.

(3) [1] Zuschläge für eine gütliche Einigung nach Absatz 1 Nummer 2 können nur berücksichtigt werden, wenn die Voraussetzungen nach Absatz 2 Satz 1 erfüllt sind und der Grundstückseigentümer innerhalb von acht Wochen nach erstmaligem Zugang der schriftlichen Angebotsunterlagen durch den Betreiber von Übertragungsnetzen die Dienstbarkeitsbewilligung notariell beglaubigen lässt. [2] Sie dürfen nur bis zu einer Höhe von 75 Prozent der Dienstbarkeitsentschädigung berücksichtigt werden, wobei sie einen Wert von 0,5 Euro pro Quadratmeter der in Anspruch genommenen Schutzstreifenfläche nicht unterschreiten und einen Wert von 2 Euro pro Quadratmeter der in Anspruch genommenen Schutzstreifenfläche nicht übersteigen dürfen.

(4) [1] Die Aktivierung der Kosten für die Dienstbarkeitsentschädigung und den Zuschlag für eine gütliche Einigung nach den Absätzen 2 und 3 erfolgt zum Zeitpunkt der Zahlung, die spätestens vier Wochen nach Eintragung der Dienstbarkeit in das Grundbuch erfolgen soll, oder bei ratenweiser Entrichtung zum jeweiligen Zeitpunkt der Zahlung. [2] Der Grundstückseigentümer kann wählen, ob eine einmalige Zahlung oder eine Zahlung in drei Raten erfolgt. [3] Bei einer ratenweisen Zahlung werden die erste Rate spätestens vier Wochen nach Eintragung der Dienstbarkeit in das Grundbuch, die zweite Rate zehn Jahre und die dritte Rate 30 Jahre nach der Eintragung in das Grundbuch durch den Betreiber von Übertragungsnetzen an den jeweiligen Grundstückseigentümer entrichtet. [4] Eine Ratenzahlung ist ab einem Betrag von mindestens 10 000 Euro pro Rate möglich.

(5) [1] Aufwandsentschädigungen an Grundstückseigentümer oder an Nutzungsberechtigte nach Absatz 1 Nummer 3 können für die Aufwendungen berücksichtigt werden, die mit dem Abschluss des Vertrags und der Eintragung der beschränkten persönlichen Dienstbarkeit verbunden sind, wenn die Voraussetzungen nach Absatz 2 Satz 1 erfüllt sind. [2] Sie dürfen nur bis zu einer Höhe von 500 Euro pro Eintragung berücksichtigt werden. [3] Bei mehreren Eigentümern und Nutzungsberechtigten ist der Betrag anteilig zu zahlen.

§ 6 Kalkulatorische Abschreibungen. (1) [1] Zur Gewährleistung eines langfristig angelegten leistungsfähigen und zuverlässigen Netzbetriebs ist die Wertminderung der betriebsnotwendigen Anlagegüter nach den Absätzen 2 bis 7 als Kostenposition bei der Ermittlung der Netzkosten in Ansatz zu bringen (kalkulatorische Abschreibungen). [2] Die kalkulatorischen Abschreibungen treten insoweit in der kalkulatorischen Kosten- und Erlösrechnung an die Stelle der entsprechenden bilanziellen Abschreibungen der Gewinn- und Verlustrechnung. [3] Bei der Ermittlung der kalkulatorischen Abschreibungen ist jeweils zu unterscheiden nach Anlagegütern, die vor dem 1. Januar 2006 aktiviert wurden (Altanlage), und Anlagegütern, die ab dem 1. Januar 2006 aktiviert werden (Neuanlage).

(2) [1] Die kalkulatorischen Abschreibungen der Altanlagen sind unter Berücksichtigung der Eigenkapitalquote nach der linearen Abschreibungsmethode zu ermitteln. [2] Für die Ermittlung der kalkulatorischen Abschreibungen

1. des eigenfinanzierten Anteils der Altanlagen ist die Summe aller anlagenspezifisch und ausgehend von dem jeweiligen Tagesneuwert nach Absatz 3 Satz 1 und 2 ermittelten Abschreibungsbeträge aller Altanlagen zu bilden und anschließend mit der Eigenkapitalquote zu multiplizieren;
2. des fremdfinanzierten Anteils der Altanlagen ist die Summe aller anlagenspezifisch und ausgehend von den jeweiligen, im Zeitpunkt ihrer Errichtung erstmalig aktivierten Anschaffungs- und Herstellungskosten (historische Anschaffungs- und Herstellungskosten) ermittelten Abschreibungsbeträge aller Altanlagen zu bilden und anschließend mit der Fremdkapitalquote zu multiplizieren.

[3] Die Eigenkapitalquote ergibt sich rechnerisch als Quotient aus dem betriebsnotwendigen Eigenkapital und den kalkulatorisch ermittelten Restwerten des betriebsnotwendigen Vermögens zu historischen Anschaffungs- und Herstellungskosten. [4] Die anzusetzende Eigenkapitalquote wird kalkulatorisch für die Berechnung der Netzentgelte auf höchstens 40 Prozent begrenzt. [5] Die Fremdkapitalquote ist die Differenz zwischen 100 Prozent und der Eigenkapitalquote.

(3) [1] Der Tagesneuwert ist der unter Berücksichtigung der technischen Entwicklung maßgebliche Anschaffungswert zum jeweiligen Bewertungszeitpunkt. [2] Die Umrechnung der historischen Anschaffungs- und Herstellungskosten der betriebsnotwendigen Anlagegüter auf Tagesneuwerte zum jeweiligen Stichtag erfolgt unter Verwendung von Indexreihen des Statistischen Bundesamtes nach Maßgabe des § 6a. [3] Im Falle der Elektrizitätsversorgungsnetze in Berlin, Brandenburg, Mecklenburg-Vorpommern, Sachsen, Sachsen-Anhalt und Thüringen können für jene Anlagegüter, deren Errichtung zeitlich vor ihrer erstmaligen Bewertung in Deutscher Mark liegt, die Anschaffungs- und Herstellungskosten unter Verwendung zeitnaher üblicher Anschaffungs- und

Herstellungskosten und einer Rückrechnung mittels der anwendbaren Preisindizes ermittelt werden.

(4) Die kalkulatorischen Abschreibungen der Neuanlagen sind ausgehend von den jeweiligen historischen Anschaffungs- und Herstellungskosten nach der linearen Abschreibungsmethode zu ermitteln.

(5) [1] Die kalkulatorischen Abschreibungen sind für jede Anlage jährlich auf Grundlage der jeweiligen betriebsgewöhnlichen Nutzungsdauern nach Anlage 1 vorzunehmen. [2] Die jeweils für eine Anlage in Anwendung gebrachte betriebsgewöhnliche Nutzungsdauer ist für die Restdauer ihrer kalkulatorischen Abschreibung unverändert zu lassen. [3] Die kalkulatorischen Abschreibungen sind jahresbezogen zu ermitteln. [4] Dabei ist jeweils ein Zugang des Anlagegutes zum 1. Januar des Anschaffungsjahres zugrunde zu legen.

(6) [1] Der kalkulatorische Restwert eines Anlageguts beträgt nach Ablauf des ursprünglich angesetzten Abschreibungszeitraums Null. [2] Ein Wiederaufleben kalkulatorischer Restwerte ist unzulässig. [3] Bei Veränderung der ursprünglichen Abschreibungsdauer während der Nutzung ist sicherzustellen, dass keine Erhöhung der Kalkulationsgrundlage erfolgt. [4] In einem solchen Fall bildet der jeweilige Restwert des Wirtschaftsguts zum Zeitpunkt der Abschreibungsdauerumstellung die Grundlage der weiteren Abschreibung. [5] Der neue Abschreibungsbetrag ergibt sich aus der Division des Restwertes durch die Restabschreibungsdauer. [6] Es erfolgt keine Abschreibung unter Null.

(7) Das Verbot von Abschreibungen unter Null gilt ungeachtet der Änderung von Eigentumsverhältnissen oder der Begründung von Schuldverhältnissen.

§ 6a Preisindizes zur Ermittlung der Tagesneuwerte. (1) Bei der Ermittlung der Tagesneuwerte nach § 6 Absatz 3 Satz 2 sind folgende Indexreihen des Statistischen Bundesamtes[1)] heranzuziehen:

1. für die Anlagengruppe der Grundstücksanlagen und Gebäude der Anlage 1 die Indexreihe Gewerbliche Betriebsgebäude, Bauleistungen am Bauwerk, ohne Umsatzsteuer (Statistisches Bundesamt, Fachserie 17, Preisindizes für die Bauwirtschaft);
2. für die Anlagengruppe der Kabel der Anlage 1
   a) die Indexreihe Ortskanäle, Bauleistungen am Bauwerk (Tiefbau), ohne Umsatzsteuer (Statistisches Bundesamt, Fachserie 17, Preisindizes für die Bauwirtschaft) mit einem Anteil von 70 Prozent und
   b) der Index Andere elektrische Leiter für eine Spannung von mehr als 1 000 Volt (Statistisches Bundesamt, Fachserie 17, Index der Erzeugerpreise gewerblicher Produkte) mit einem Anteil von 30 Prozent;
3. für die Anlagengruppe der Freileitungen der Anlage 1
   a) die Indexreihe Ortskanäle, Bauleistungen am Bauwerk (Tiefbau), ohne Umsatzsteuer (Statistisches Bundesamt, Fachserie 17, Preisindizes für die Bauwirtschaft) mit einem Anteil von 50 Prozent,

---

1) **Amtlicher Hinweis:** Zu beziehen beim Statistischen Bundesamt, Gustav-Stresemann-Ring 11, 65189 Wiesbaden; auch zu beziehen über www.destatis.de.

b) der Index Andere elektrische Leiter für eine Spannung von mehr als 1 000 Volt (Statistisches Bundesamt, Fachserie 17, Index der Erzeugerpreise gewerblicher Produkte) mit einem Anteil von 15 Prozent und

c) der Index Türme und Gittermaste, aus Eisen oder Stahl (Statistisches Bundesamt, Fachserie 17, Index der Erzeugerpreise gewerblicher Produkte) mit einem Anteil von 35 Prozent;

4. für die Anlagengruppe der Stationen der Anlage 1

a) die Indexreihe Ortskanäle, Bauleistungen am Bauwerk (Tiefbau), ohne Umsatzsteuer (Statistisches Bundesamt, Fachserie 17, Preisindizes für die Bauwirtschaft) mit einem Anteil von 35 Prozent und

b) der Index für Erzeugerpreise gewerblicher Produkte gesamt (ohne Mineralölerzeugnisse) (Statistisches Bundesamt, Fachserie 17, Index der Erzeugerpreise gewerblicher Produkte) mit einem Anteil von 65 Prozent;

5. für alle übrigen Anlagengruppen, mit Ausnahme der Anlagengruppe I.1. Grundstücke der Anlage 1, die Indexreihe für Erzeugerpreise gewerblicher Produkte gesamt (ohne Mineralölerzeugnisse) (Statistisches Bundesamt, Fachserie 17, Index der Erzeugerpreise gewerblicher Produkte).

(2) [1] Sofern die in Absatz 1 genannten Indexreihen des Statistischen Bundesamtes nicht für den notwendigen Zeitraum der Vergangenheit verfügbar sind, sind der Ermittlung der Tagesneuwerte Ersatzindexreihen zu Grunde zu legen, die mit den in Absatz 1 genannten Indexreihen zu verketten sind. [2] Die Verkettungsfaktoren ergeben sich jeweils aus der Division des am weitesten in der Vergangenheit liegenden Indexwertes der Indexreihe nach Absatz 1 durch den Indexwert der Ersatzindexreihe für dasselbe Beobachtungsjahr. [3] Es sind folgende Ersatzindexreihen heranzuziehen:

1. für die Indexreihe Gewerbliche Betriebsgebäude, Bauleistungen am Bauwerk, ohne Umsatzsteuer

a) für den Zeitraum von 1958 bis 1968 die Indexreihe Gewerbliche Betriebsgebäude, Bauleistungen am Bauwerk, mit Umsatzsteuer (Statistisches Bundesamt, Fachserie 17, Preisindizes für die Bauwirtschaft) und

b) für den Zeitraum vor 1958 die Indexreihe Wiederherstellungswerte für 1913/1914 erstellte Wohngebäude (Statistisches Bundesamt, Fachserie 17, Preisindizes für die Bauwirtschaft);

2. für die Indexreihe Ortskanäle, Bauleistungen am Bauwerk (Tiefbau) ohne Umsatzsteuer

a) für den Zeitraum von 1958 bis 1968 die Indexreihe Ortskanäle, Bauleistungen am Bauwerk (Tiefbau), mit Umsatzsteuer (Statistisches Bundesamt, Fachserie 17, Preisindizes für die Bauwirtschaft) und

b) für den Zeitraum vor 1958 die Indexreihe Wiederherstellungswerte für 1913/1914 erstellte Wohngebäude (Statistisches Bundesamt, Fachserie 17, Preisindizes für die Bauwirtschaft);

3. für die Indexreihe Erzeugerpreise gewerblicher Produkte gesamt (ohne Mineralölerzeugnisse) für den Zeitraum vor 1976 die Indexreihe Erzeugerpreise gewerblicher Produkte gesamt (Statistisches Bundesamt, Fachserie 17, Index der Erzeugerpreise gewerblicher Produkte);

4. für die Indexreihe Andere elektrische Leiter für eine Spannung von mehr als 1 000 Volt für den Zeitraum vor 1995
   a) die Indexreihe Kabel für die Anlagengruppe Kabel (Statistisches Bundesamt, Fachserie 17, Index der Erzeugnisse gewerblicher Produkte) und
   b) für die Anlagengruppe Freileitungen die Indexreihe Isolierte Drähte und Leitungen (Statistisches Bundesamt, Fachserie 17, Index der Erzeugerpreise gewerblicher Produkte);
5. für die Indexreihe Türme und Gittermaste, aus Eisen oder Stahl, für den Zeitraum vor 1976 die Indexreihe Fertigteilbauten überwiegend aus Metall, Konstruktionen aus Stahl und Aluminium (Statistisches Bundesamt, Fachserie 17, Index der Erzeugerpreise gewerblicher Produkte).

(3) [1]Der Tagesneuwert im Basisjahr eines im Jahr t angeschafften Anlagegutes ergibt sich durch die Multiplikation des Indexfaktors des Jahres t mit den historischen Anschaffungs- und Herstellungskosten. [2]Der Indexfaktor des Jahres t ergibt sich aus dem Quotienten des Indexwertes des Basisjahrs und dem Indexwert des Jahres t und ist auf vier Nachkommastellen zu runden.

§ 7 Kalkulatorische Eigenkapitalverzinsung. (1) [1]Die Verzinsung des von Betreibern von Elektrizitätsversorgungsnetzen eingesetzten Eigenkapitals erfolgt im Wege einer kalkulatorischen Eigenkapitalverzinsung auf Grundlage des betriebsnotwendigen Eigenkapitals. [2]Das betriebsnotwendige Eigenkapital ergibt sich aus der Summe der

1. kalkulatorischen Restwerte des Sachanlagevermögens der betriebsnotwendigen Altanlagen bewertet zu historischen Anschaffungs- und Herstellungskosten und multipliziert mit der Fremdkapitalquote nach § 6 Abs. 2,
2. kalkulatorischen Restwerte des Sachanlagevermögens der betriebsnotwendigen Altanlagen bewertet zu Tagesneuwerten und multipliziert mit der Eigenkapitalquote nach § 6 Abs. 2,
3. kalkulatorischen Restwerte des Sachanlagevermögens der betriebsnotwendigen Neuanlagen bewertet zu historischen Anschaffungs- und Herstellungskosten und
4. Bilanzwerte der betriebsnotwendigen Finanzanlagen und Bilanzwerte des betriebsnotwendigen Umlaufvermögens unter Abzug des Steueranteils der Sonderposten mit Rücklageanteil

und unter Abzug des Abzugskapitals und des verzinslichen Fremdkapitals. [3]Grundstücke sind zu Anschaffungskosten anzusetzen. [4]Es ist jeweils der Mittelwert aus Jahresanfangs- und Jahresendbestand anzusetzen. [5]Soweit das nach Satz 2 ermittelte betriebsnotwendige Eigenkapital einen Anteil von 40 Prozent des sich aus der Summe der Werte nach Satz 2 Nr. 1 bis 4 ergebenden betriebsnotwendigen Vermögens übersteigt, ist der übersteigende Anteil dieses Eigenkapitals gemäß Absatz 7 zu verzinsen.

(2) [1]Als Abzugskapital ist das zinslos zur Verfügung stehende Kapital zu behandeln. [2]Es ist jeweils der Mittelwert aus Jahresanfangs- und Jahresendbestand der folgenden Positionen anzusetzen:

1. Rückstellungen;
2. erhaltene Vorauszahlungen und Anzahlungen von Kunden;
3. unverzinsliche Verbindlichkeiten aus Lieferungen und Leistungen;

4. erhaltene Baukostenzuschüsse einschließlich passivierter Leistungen der Anschlussnehmer zur Erstattung von Netzanschlusskosten;
5. sonstige Verbindlichkeiten, soweit die Mittel dem Betreiber von Elektrizitätsversorgungsnetzen zinslos zur Verfügung stehen.

(3) [1] Zur Festlegung der Basis für die Eigenkapitalverzinsung ist das betriebsnotwendige Eigenkapital auf Neu- und Altanlagen aufzuteilen. [2] Der auf die Neuanlagen entfallende Anteil bestimmt sich nach dem Anteil, den der Restwert der Neuanlagen nach Absatz 1 Satz 2 Nr. 3 an der Summe der Restwerte des Sachanlagevermögens nach Absatz 1 Satz 2 Nr. 1 bis 3 hat. [3] Der auf die Altanlagen entfallende Anteil bestimmt sich nach dem Anteil, den die Summe der Restwerte der Altanlagen nach Absatz 1 Satz 2 Nr. 1 und 2 an der Summe der Restwerte des Sachanlagevermögens nach Absatz 1 Satz 2 Nr. 1 bis 3 hat.

(4) [1] Der auf das betriebsnotwendige Eigenkapital, das auf Neuanlagen entfällt, anzuwendende Eigenkapitalzinssatz darf den auf die letzten zehn abgeschlossenen Kalenderjahre bezogenen Durchschnitt der von der Deutschen Bundesbank veröffentlichten Umlaufsrenditen festverzinslicher Wertpapiere inländischer Emittenten zuzüglich eines angemessenen Zuschlags zur Abdeckung netzbetriebsspezifischer unternehmerischer Wagnisse nach Absatz 5 nicht überschreiten. [2] Der auf das betriebsnotwendige Eigenkapital, das auf Altanlagen entfällt, anzuwendende Eigenkapitalzinssatz ist zusätzlich um den auf die letzten zehn abgeschlossenen Kalenderjahre bezogenen Durchschnitt der Preisänderungsrate gemäß dem vom Statistischen Bundesamt veröffentlichten Verbraucherpreisgesamtindex zu ermäßigen.

(5) Die Höhe des Zuschlags zur Abdeckung netzbetriebsspezifischer unternehmerischer Wagnisse ist insbesondere unter Berücksichtigung folgender Umstände zu ermitteln:
1. Verhältnisse auf den nationalen und internationalen Kapitalmärkten und die Bewertung von Betreibern von Elektrizitätsversorgungsnetzen auf diesen Märkten;
2. durchschnittliche Verzinsung des Eigenkapitals von Betreibern von Elektrizitätsversorgungsnetzen auf ausländischen Märkten;
3. beobachtete und quantifizierbare unternehmerische Wagnisse.

(6) [1] Über die Eigenkapitalzinssätze nach § 21 Abs. 2 des Energiewirtschaftsgesetzes[1)] entscheidet die Regulierungsbehörde in Anwendung der Absätze 4 und 5 vor Beginn einer Regulierungsperiode nach § 3 der Anreizregulierungsverordnung[2)], erstmals zum 1. Januar 2009, durch Festlegung nach § 29 Abs. 1 des Energiewirtschaftsgesetzes. [2] Die Festlegung nach Satz 1 erfolgt jeweils für die Dauer einer Regulierungsperiode nach § 3 der Anreizregulierungsverordnung. [3] Bis zur erstmaligen Festlegung durch die Regulierungsbehörde beträgt der Eigenkapitalzinssatz bei Neuanlagen 7,91 Prozent vor Steuern und bei Altanlagen 6,5 Prozent vor Steuern.

(7) [1] Der Zinssatz für den die Eigenkapitalquote übersteigenden Anteil des Eigenkapitals nach Absatz 1 Satz 5 bestimmt sich als Mittelwert des auf die

---

[1)] Nr. **1**.
[2)] Nr. **28**.

letzten zehn abgeschlossenen Kalenderjahre bezogenen Durchschnitts der folgenden von der Deutschen Bundesbank veröffentlichten Umlaufsrenditen:
1. Umlaufsrendite festverzinslicher Wertpapiere inländischer Emittenten – Anleihen der öffentlichen Hand,
2. Umlaufsrendite festverzinslicher Wertpapiere inländischer Emittenten – Anleihen von Unternehmen (Nicht-MFIs) und
3. Umlaufsrendite inländischer Inhaberschuldverschreibungen – Hypothekenpfandbriefe.

[2] Weitere Zuschläge sind unzulässig.

§ 8 Kalkulatorische Steuern. Im Rahmen der Ermittlung der Netzkosten kann die dem Netzbereich sachgerecht zuzuordnende Gewerbesteuer als kalkulatorische Kostenposition in Ansatz gebracht werden.

§ 9 Kostenmindernde Erlöse und Erträge. (1) [1] Sonstige Erlöse und Erträge sind, soweit sie sachlich dem Netzbetrieb zuzurechnen und insbesondere den Positionen
1. aktivierte Eigenleistungen,
2. Zins- und Beteiligungserträge,
3. Netzanschlusskosten,
4. Baukostenzuschüsse oder
5. sonstige Erträge und Erlöse

der netzbezogenen Gewinn- und Verlustrechnung zu entnehmen sind, von den Netzkosten in Abzug zu bringen. [2] Einnahmen nach § 77f des Telekommunikationsgesetzes sind sachlich nicht dem Netzbetrieb zuzurechnen. [3] Die von stromverbrauchenden Anschlussnehmern entrichteten Baukostenzuschüsse sind über eine Dauer von 20 Jahren linear aufzulösen und jährlich netzkostenmindernd anzusetzen.

(2) Baukostenzuschüsse, die im Zusammenhang mit der Errichtung eines Anschlusses für die Einspeisung elektrischer Energie entrichtet wurden, sind anschlussindividuell über die Dauer von 20 Jahren linear aufzulösen.

(3) Einnahmen aus der Zuweisung der auf den Verbindungsleitungen zwischen nationalen Übertragungsnetzen verfügbaren Kapazitäten sowie die Verwendung dieser Einnahmen sind durch den jeweiligen Übertragungsnetzbetreiber schriftlich zu dokumentieren.

§ 10 Behandlung von Netzverlusten. (1) [1] Die Kosten der Beschaffung von Energie zum Ausgleich physikalisch bedingter Netzverluste (Verlustenergie) können bei der Ermittlung der Netzkosten in Ansatz gebracht werden. [2] Die Kostenposition ergibt sich aus den tatsächlichen Kosten der Beschaffung der entsprechenden Verlustenergie im abgelaufenen Kalenderjahr.

(2) Die Höhe der Durchschnittsverluste je Netz- und Umspannebene des Vorjahres sowie die durchschnittlichen Beschaffungskosten der Verlustenergie im Vorjahr in Cent pro Kilowattstunde sind von Betreibern von Elektrizitätsversorgungsnetzen zum 1. April eines Jahres auf ihrer Internetseite zu veröffentlichen.

§ 11 Periodenübergreifende Saldierung. [1] Sofern die Netzentgelte nicht im Wege der Anreizregulierung nach § 21a des Energiewirtschaftsgesetzes[1)] bestimmt werden, sind Betreiber von Elektrizitätsversorgungsnetzen verpflichtet, nach Abschluss einer Kalkulationsperiode die Differenz zwischen

1. den in dieser Kalkulationsperiode aus Netzentgelten erzielten Erlösen und
2. den für diese Kalkulationsperiode nach Abschnitt 1 des Teils 2 zu Grunde gelegten Netzkosten

zu ermitteln. [2] Liegen die Erlöse nach Satz 1 Nr. 1 über den Kosten nach Satz 1 Nr. 2, ist der Differenzbetrag zuzüglich einer Verzinsung des durchschnittlich gebundenen Betrages mit einem angemessenen Zinssatz kostenmindernd in Ansatz zu bringen. [3] Liegen die Erlöse nach Satz 1 Nr. 1 unter den Kosten nach Satz 1 Nr. 2, kann der Differenzbetrag zuzüglich einer Verzinsung des durchschnittlichen Differenzbetrages mit einem angemessenen Zinssatz kostenerhöhend in Ansatz gebracht werden. [4] Eine Saldierung erfolgt jeweils über die drei folgenden Kalkulationsperioden. [5] Der durchschnittlich gebundene Betrag nach Satz 2 ist die Hälfte der Differenz aus den erzielten Erlösen nach Satz 1 Nr. 1 und den zu deckenden Kosten nach Satz 1 Nr. 2. [6] Der durchschnittliche Differenzbetrag nach Satz 3 ist die Hälfte der Differenz aus den zu deckenden Kosten nach Satz 1 Nr. 2 und den erzielten Erlösen nach Satz 1 Nr. 1.

Abschnitt 2. Kostenstellenrechnung

§ 12 Grundsätze der Kostenverteilung. [1] Die nach § 4 ermittelten Netzkosten sind soweit möglich direkt den Hauptkostenstellen nach § 13 zuzuordnen. [2] Soweit eine direkte Zuordnung von Kosten nicht oder nur mit unvertretbar hohem Aufwand möglich ist, sind diese zunächst geeigneten Hilfskostenstellen zuzuordnen. [3] Die Aufteilung dieser Netzkosten auf die Hauptkostenstellen hat verursachungsgerecht über eine angemessene Schlüsselung zu erfolgen. [4] Die gewählten Schlüssel müssen sachgerecht sein und sind für sachkundige Dritte nachvollziehbar und vollständig schriftlich zu dokumentieren. [5] Insbesondere sind die Schlüssel stetig anzuwenden. [6] Änderungen eines Schlüssels sind nur zulässig, sofern diese sachlich geboten sind. [7] Die sachlichen Gründe für diese Änderungen sind in einer für sachkundige Dritte nachvollziehbaren Weise und vollständig schriftlich zu dokumentieren.

§ 13 Kostenstellen. [1] Für die Ermittlung der Netzentgelte haben Betreiber von Elektrizitätsversorgungsnetzen als Maßgrößen der Kostenverursachung Haupt- und Nebenkostenstellen nach Anlage 2 zu bilden. [2] Die Netzkosten nach § 4 sind vollständig auf die Kostenstellen nach Anlage 2 zu verteilen. [3] Die Bildung von Hilfskostenstellen ist zulässig.

§ 14 Kostenwälzung. (1) [1] Die Kosten der Netz- und Umspannebenen werden, beginnend bei der Höchstspannung, jeweils anteilig auf die nachgelagerte Netz- oder Umspannebene verteilt (Kostenwälzung), soweit diese Kosten nicht der Entnahme von Letztverbrauchern und Weiterverteilern aus der jeweiligen Netz- oder Umspannebene zuzuordnen sind. [2] Die Kostenwälzung lässt das Zahlungsausfallrisiko der Netzbetreiber für die jeweils in ihren Netzen anfallenden Kosten unberührt.

---

1) Nr. 1.

(2) [1] Die Kosten werden entsprechend der von der vorgelagerten Netz- oder Umspannebene bezogenen und zeitgleich über alle Übergabepunkte gemessenen höchsten Leistung unter Berücksichtigung des Gleichzeitigkeitsgrades nach § 16 auf die nachgelagerte Netz- oder Umspannebene verteilt. [2] An eine Netz- oder Umspannebene angeschlossene Letztverbraucher und Weiterverteiler sowie die nachgeordnete Netz- oder Umspannebene werden als Netzkunden der jeweiligen Netz- oder Umspannebene angesehen und gleichbehandelt. [3] Führt dies bei Betreibern von Elektrizitätsversorgungsnetzen der allgemeinen Versorgung, die direkt miteinander verbundene Netze der gleichen Netz- oder Umspannebene betreiben, zu einer unbilligen Härte oder sind diese Netze so miteinander vermascht, dass sie nur gemeinsam sicher betrieben werden können, sind in Zusammenarbeit der Netzbetreiber sachgerechte Sonderregelungen zu treffen. [4] Das Vorliegen der Voraussetzungen nach Satz 3 sowie die getroffenen Sonderregelungen sind in dem Bericht nach § 28 darzustellen.

(3) [1] Ausgangspunkt der Zuordnung der Kosten auf die Kostenträger ist die Kostenstellenrechnung nach § 13. [2] Die Kostenträger haben sich an den vorhandenen Netz- und Umspannebenen des Betreibers von Elektrizitätsversorgungsnetzen zu orientieren und sind im Einzelnen nach Anlage 3 zu bilden.

(4) [1] Kostenträger der Kostenstelle Messstellenbetrieb sind die jeweiligen Netz- und Umspannebenen. [2] Soweit sich Kosten dieser Kostenstellen nicht direkt einer Netz- oder Umspannebene zuordnen lassen, sind diese Kosten verursachungsgerecht zuzuordnen.

(5) Für Betreiber von Übertragungsnetzen mit Regelzonenverantwortung sind ergänzend die Regelungen des Abschnitts 2a anzuwenden.

Abschnitt 2a. Bundeseinheitliche Übertragungsnetzentgelte

§ 14a Bildung bundeseinheitlicher Übertragungsnetzentgelte. [1] Mit Wirkung zum 1. Januar 2023 haben die Betreiber von Übertragungsnetzen mit Regelzonenverantwortung bundeseinheitliche Netzentgelte zu bilden. [2] Nicht vereinheitlicht werden die Entgelte für den Messstellenbetrieb und für singulär genutzte Betriebsmittel nach § 19 Absatz 3.

§ 14b Ermittlung der bundeseinheitlichen Übertragungsnetzentgelte.

(1) [1] Grundlage der Ermittlung der bundeseinheitlichen Übertragungsnetzentgelte sind jeweils die nach § 32 Absatz 1 Nummer 1 der Anreizregulierungsverordnung[1)] festgelegten Erlösobergrenzen, die kostenorientiert für jeden Betreiber von Übertragungsnetzen mit Regelzonenverantwortung getrennt ermittelt werden. [2] Von diesen Erlösobergrenzen werden die Anteile, die für die Entgelte für den Messstellenbetrieb und für singulär genutzte Betriebsmittel nach § 19 Absatz 3 anfallen, in Abzug gebracht.

(2) [1] Die Betreiber von Übertragungsnetzen mit Regelzonenverantwortung bilden für die Zwecke der Ermittlung der bundeseinheitlichen Netzentgelte jeweils einen gemeinsamen Kostenträger nach Anlage 3 für die Höchstspannungsebene und für die Umspannebene von Höchst- zu Hochspannung. [2] Ausgangspunkt der Zuordnung auf diese gemeinsamen bundeseinheitlichen Kostenträger ist die Kostenstellenrechnung jedes Betreibers von Übertragungsnet-

---

1) Nr. 28.

zen mit Regelzonenverantwortung. [3]Bei der Zuordnung bleiben die Anteile nach Absatz 1 Satz 2 unberücksichtigt.

(3) Auf Grundlage der Kosten, die auf dem gemeinsamen Kostenträger nach Absatz 2 addiert worden sind, und einer bundeseinheitlichen Gleichzeitigkeitsfunktion nach § 16 Absatz 2 Satz 2 werden die bundeseinheitlichen Übertragungsnetzentgelte für die betroffene Netz- und Umspannebene ermittelt.

§ 14c Ausgleich der Mehr- und Mindereinnahmen auf Grund bundeseinheitlicher Übertragungsnetzentgelte. (1) Die Betreiber von Übertragungsnetzen mit Regelzonenverantwortung haben Mehr- oder Mindereinnahmen, die sich auf Grund des bundeseinheitlichen Übertragungsnetzentgelts gegenüber ihren der Vereinheitlichung zugrunde liegenden Erlösobergrenzen nach § 14b Absatz 1 ergeben, untereinander auszugleichen.

(2) [1]Der Ausgleich nach Absatz 1 erfolgt auf Grundlage der prognostizierten Erlöse nach § 20 Absatz 1 Satz 3 Nummer 1, die sich aus den für das Folgejahr ermittelten bundeseinheitlichen Übertragungsnetzentgelten ergeben. [2]Die Betreiber von Übertragungsnetzen mit Regelzonenverantwortung, die Mehreinnahmen erzielen, haben diese Mehreinnahmen durch Zahlungen in zwölf gleichen Raten bis spätestens zum 15. des jeweiligen Folgemonats anteilig an die Betreiber von Übertragungsnetzen mit Regelzonenverantwortung, die Mindereinnahmen erzielen, auszugleichen.

(3) [1]Durch die Ausgleichszahlungen nach Absatz 2 Satz 2 erlöschen jeweils insoweit die Ansprüche nach Absatz 1. [2]Ein Abgleich auf Grundlage der tatsächlich erzielbaren Erlöse erfolgt nicht. [3]Abweichungen zwischen den nach § 4 der Anreizregulierungsverordnung[1)] zulässigen Erlösen und den erzielbaren Erlösen werden unter Einbeziehung der erhaltenen oder geleisteten Ausgleichszahlungen unternehmensindividuell über das jeweilige Regulierungskonto nach § 5 der Anreizregulierungsverordnung des Betreibers von Übertragungsnetzen mit Regelzonenverantwortung ausgeglichen, bei dem sich eine Abweichung ergibt.

§ 14d Datenaustausch zur Bildung bundeseinheitlicher Übertragungsnetzentgelte. [1]Die Betreiber von Übertragungsnetzen mit Regelzonenverantwortung haben zur Ermittlung der bundeseinheitlichen Übertragungsnetzentgelte nach § 14b rechtzeitig für das jeweilige Folgejahr alle hierfür notwendigen Daten in anonymisierter Form untereinander elektronisch auszutauschen. [2]Die Daten müssen einheitlich ermittelt werden.

Abschnitt 3. Kostenträgerrechnung

§ 15 Grundsätze der Entgeltermittlung. (1) [1]Grundlage des Systems der Entgeltbildung für den Netzzugang ist ein transaktionsunabhängiges Punktmodell. [2]Die nach § 4 ermittelten Netzkosten werden über ein jährliches Netzentgelt gedeckt. [3]Für die Einspeisung elektrischer Energie sind keine Netzentgelte zu entrichten.

(2) [1]Die Kalkulation der Netzentgelte ist so durchzuführen, dass nach dem Ende einer bevorstehenden Kalkulationsperiode die Differenz zwischen den

---

1) Nr. **28**.

aus Netzentgelten tatsächlich erzielten Erlösen und den nach § 4 ermittelten und in der bevorstehenden Kalkulationsperiode zu deckenden Netzkosten möglichst gering ist. [2]Satz 1 ist auch auf die nach § 14b zu ermittelnden bundeseinheitlichen Übertragungsnetzentgelte anzuwenden.

§ 16 Gleichzeitigkeitsgrad. (1) [1]Die Zuteilung der Kosten einer Netz- oder Umspannebene auf die aus dieser Netz- oder Umspannebene entnehmenden Netznutzer hat möglichst verursachungsgerecht zu erfolgen. [2]Zu diesem Zweck werden zunächst für alle Netz- und Umspannebenen die spezifischen Jahreskosten gebildet. [3]Die spezifischen Jahreskosten ergeben sich aus dem Quotienten aus den Jahreskosten einer Netz- oder Umspannebene nach § 14 Abs. 2 und der zeitgleichen Jahreshöchstlast aller Entnahmen aus dieser Netz- oder Umspannebene. [4]Die Betreiber von Übertragungsnetzen mit Regelzonenverantwortung bestimmen zur Bildung des bundeseinheitlichen Übertragungsnetzentgelts die zeitgleichen gemeinsamen Jahreshöchstlasten auf Grundlage der Daten nach § 14d.

(2) [1]Für die verursachungsgerechte Zuteilung der spezifischen Jahreskosten einer Netz- oder Umspannebene auf die Netzkunden dieser Netz- oder Umspannebene wird für alle Netz- und Umspannebenen jeweils eine Gleichzeitigkeitsfunktion nach Anlage 4 ermittelt. [2]Die Betreiber von Übertragungsnetzen mit Regelzonenverantwortung ermitteln für die betroffene Netz- und die Umspannebene jeweils eine bundeseinheitliche Gleichzeitigkeitsfunktion nach Anlage 4.

§ 17 Ermittlung der Netzentgelte. (1) [1]Die von Netznutzern zu entrichtenden Netzentgelte sind ihrer Höhe nach unabhängig von der räumlichen Entfernung zwischen dem Ort der Einspeisung elektrischer Energie und dem Ort der Entnahme. [2]Die Netzentgelte richten sich nach der Anschlussnetzebene der Entnahmestelle, den jeweils vorhandenen Messvorrichtungen an der Entnahmestelle sowie der jeweiligen Benutzungsstundenzahl der Entnahmestelle.

(2) [1]Das Netzentgelt pro Entnahmestelle besteht aus einem Jahresleistungspreis in Euro pro Kilowatt und einem Arbeitspreis in Cent pro Kilowattstunde. [2]Das Jahresleistungsentgelt ist das Produkt aus dem jeweiligen Jahresleistungspreis und der Jahreshöchstleistung in Kilowatt der jeweiligen Entnahme im Abrechnungsjahr. [3]Das Arbeitsentgelt ist das Produkt aus dem jeweiligen Arbeitspreis und der im Abrechnungsjahr jeweils entnommenen elektrischen Arbeit in Kilowattstunden.

(2a) [1]Eine zeitgleiche Zusammenführung mehrerer Entnahmestellen zu einer Entnahmestelle zum Zwecke der Ermittlung des Jahresleistungsentgeltes nach Absatz 2 Satz 2 (Pooling) ist unabhängig von einem entsprechenden Verlangen des jeweiligen Netznutzers durchzuführen, wenn all diese Entnahmestellen

1. durch denselben Netznutzer genutzt werden,
2. mit dem Elektrizitätsversorgungsnetz desselben Netzbetreibers verbunden sind,
3. sich auf der gleichen Netz- oder Umspannebene befinden und

4. entweder Bestandteil desselben Netzknotens sind oder bei Vorliegen einer kundenseitigen galvanischen Verbindung an das Elektrizitätsversorgungsnetz angeschlossen sind.

2 Im Übrigen ist ein Pooling mehrerer Entnahmestellen unzulässig. 3 Das Vorliegen der in Satz 1 genannten Voraussetzungen hat der Netznutzer nachzuweisen. 4 Das Pooling erfolgt

1. im Falle des Satzes 1 Nummer 4 erste Alternative durch eine zeitgleiche und vorzeichengerechte Addition (Saldierung) der Lastgangzeitreihen der Entnahmestellen innerhalb des zeitgleichen Messintervalls der Lastgangzählung oder
2. im Falle des Satzes 1 Nummer 4 zweite Alternative durch eine zeitgleiche Addition der richtungsgleichen Lastgangzeitreihen der einzelnen Entnahmestellen innerhalb des zeitgleichen Messintervalls der Lastgangzählung.

(3) Zur Ermittlung der jeweiligen Netzentgelte einer Netz- oder Umspannebene in Form von Leistungs- und Arbeitspreisen werden die nach § 16 Abs. 1 ermittelten leistungsbezogenen Gesamtjahreskosten mit den Parametern der nach Anlage 4 ermittelten Geradengleichungen des Gleichzeitigkeitsgrades nach § 16 Absatz 2 Satz 1 oder im Fall der bundeseinheitlichen Übertragungsnetzentgelte nach § 16 Absatz 2 Satz 2 multipliziert.

(4) 1 Die abschnittsweise festgelegten Jahresleistungspreise einer Netz- oder Umspannebene eines Betreibers von Elektrizitätsversorgungsnetzen in Euro pro Kilowatt ergeben sich jeweils als Produkt der Gesamtjahreskosten und der jeweiligen Anfangswerte der Geradengleichungen des Gleichzeitigkeitsgrades. 2 Satz 1 ist auch auf die Betreiber von Übertragungsnetzen mit Regelzonenverantwortung bei der Ermittlung der bundeseinheitlichen Übertragungsnetzentgelte anzuwenden.

(5) 1 Die abschnittsweise festgelegten Arbeitspreise einer Netz- oder Umspannebene eines Betreibers von Elektrizitätsversorgungsnetzen in Cent pro Kilowattstunde ergeben sich jeweils als Produkt der Gesamtjahreskosten und der jeweiligen Steigung der Geradengleichungen der Gleichzeitigkeitsfunktion. 2 Satz 1 ist auch auf die Betreiber von Übertragungsnetzen mit Regelzonenverantwortung bei der Ermittlung des bundeseinheitlichen Übertragungsnetzentgelts anzuwenden.

(6) 1 Für Entnahmestellen im Niederspannungsnetz mit einer jährlichen Entnahme von bis zu 100 000 Kilowattstunden ist bei Zählerstandsgangmessung oder einer anderen Form der Arbeitsmessung anstelle des Leistungs- und Arbeitspreises ein Arbeitspreis in Cent pro Kilowattstunde festzulegen. 2 Soweit zusätzlich ein monatlicher Grundpreis in Euro pro Monat festgelegt wird, haben Grundpreis und Arbeitspreis in einem angemessenen Verhältnis zueinander zu stehen. 3 Das sich aus Grundpreis und Arbeitspreis ergebende Entgelt hat in einem angemessenen Verhältnis zu jenem Entgelt zu stehen, das bei einer leistungsgemessenen Entnahme im Niederspannungsnetz auf der Grundlage der Arbeits- und Leistungswerte nach dem Standardlastprofil des Netznutzers entstehen würde. 4 Abweichend von den Sätzen 1 bis 3 sind die Netzentgelte im Falle von im Verteilernetz angeschlossenen Anlagen zur Straßenbeleuchtung auch ohne Vorliegen einer Leistungsmessung mittels Lastgangmessung nach den Vorgaben von Absatz 2 zu ermitteln, wenn eine rechnerisch oder auf Grundlage einer Schätzung erfolgte Ermittlung von Arbeit und Leistung mit

hinreichender Sicherheit zu vergleichbaren zuverlässigen Ergebnissen führt wie eine Leistungsmessung mittels Lastgangmessung.

(7) [1] Soweit es nicht den Messstellenbetrieb für moderne Messeinrichtungen und intelligente Messsysteme nach dem Messstellenbetriebsgesetz[1)] betrifft, ist für jede Entnahmestelle und getrennt nach Netz- und Umspannebenen ab dem 1. Januar 2017 jeweils ein Entgelt für den Messstellenbetrieb, zu dem auch die Messung gehört, festzulegen. [2] Bei der Festlegung des Entgelts sind die nach § 14 Absatz 4 auf die Netz- und Umspannebenen verteilten Kosten jeweils vollständig durch die Summe der pro Entnahmestelle entrichteten Entgelte der jeweiligen Netz- oder Umspannebene zu decken. [3] Gesonderte Abrechnungsentgelte als Bestandteil der Netznutzungsentgelte sind ab dem 1. Januar 2017 nicht mehr festzulegen. [4] Die Entgelte sind jeweils für jede Entnahmestelle einer Netz- oder Umspannebene zu erheben. [5] In der Niederspannung sind davon abweichend jeweils Entgelte für leistungs- und für nicht leistungsgemessene Entnahmestellen festzulegen.

(8) Andere als in dieser Verordnung genannte Entgelte sind nicht zulässig.

§ 18 Entgelt für dezentrale Einspeisung. (1) [1] Betreiber von dezentralen Erzeugungsanlagen, die vor dem 1. Januar 2023 in Betrieb genommen worden sind, erhalten vom Betreiber des Elektrizitätsverteilernetzes, in dessen Netz sie einspeisen, ein Entgelt. [2] Bei Anlagen mit volatiler Erzeugung ist Satz 1 mit der Maßgabe anzuwenden, dass sie nur dann ein Entgelt erhalten, wenn sie vor dem 1. Januar 2018 in Betrieb genommen worden sind. [3] Dieses Entgelt muss den gegenüber den vorgelagerten Netz- oder Umspannebenen durch die jeweilige Einspeisung vermiedenen Netzentgelten entsprechen, die nach Maßgabe des § 120 des Energiewirtschaftsgesetzes[2)] ermittelt werden. [4] Das Entgelt nach Satz 1 wird nicht gewährt, wenn die Stromeinspeisung

1. nach § 19 des Erneuerbare-Energien-Gesetzes[3)] gefördert wird,
2. nach § 6 Absatz 4 Satz 1 des Kraft-Wärme-Kopplungsgesetzes[4)] und § 13 Absatz 5 vergütet wird und in dieser Vergütung vermiedene Netzentgelte enthalten sind oder
3. aus KWK-Anlagen nach § 8a Absatz 1 des Kraft-Wärme-Kopplungsgesetzes gefördert wird.

Netzbetreiber sind den Betreibern dezentraler Erzeugungsanlagen gleichzustellen, sofern sie in ein vorgelagertes Netz einspeisen und dort Netzentgelte in weiter vorgelagerten Netzebenen vermeiden.

(2) [1] Die dem Entgelt für dezentrale Einspeisung zu Grunde liegenden vermiedenen gewälzten Kosten der vorgelagerten Netz- oder Umspannebenen werden für jede Netz- und Umspannebene einzeln ermittelt. [2] Maßgeblich sind die tatsächliche Vermeidungsarbeit in Kilowattstunden, die tatsächliche Vermeidungsleistung in Kilowatt und die Netzentgelte der vorgelagerten Netz- oder Umspannebene nach Maßgabe des § 120 Absatz 2 bis 6 des Energiewirtschaftsgesetzes[2)]. [3] Bei der Ermittlung nach den Sätzen 1 und 2 sind die für die einzelnen Übertragungsnetzbetreiber in Anlage 4a angegebenen Werte zugrun-

1) Nr. 27.
2) Nr. 1.
3) Nr. 37.
4) Nr. 45.

de zu legen. [4] Die Vermeidungsarbeit ist unter Berücksichtigung der Netzverluste der jeweiligen Netz- oder Umspannebene die Differenz zwischen der durch Letztverbraucher, Weiterverteiler und nachgelagerte Netz- oder Umspannebene entnommenen elektrischen Energie in Kilowattstunden und der aus der vorgelagerten Netz- oder Umspannebene entnommenen elektrischen Energie in Kilowattstunden. [5] Die Vermeidungsleistung ist die Differenz zwischen der zeitgleichen Jahreshöchstlast aller Entnahmen aus der Netz- oder Umspannebene und der maximalen Bezugslast dieses Jahres aus der vorgelagerten Netz- oder Umspannebene in Kilowatt.

(3) [1] Die Aufteilung der nach Absatz 2 ermittelten vermiedenen Kosten der jeweils vorgelagerten Netz- oder Umspannebenen auf die einzelnen dezentralen Einspeisungen hat sachgerecht nach individueller Vermeidungsarbeit und Vermeidungsleistung zu erfolgen. [2] Betreiber, die aus dezentralen Erzeugungsanlagen einspeisen, welche keinen überwiegenden Anteil an der Vermeidungsleistung haben, können zwischen einer Berechnung auf Basis ihrer tatsächlichen Vermeidungsleistung und einem alternativen Verfahren, welches ihre Vermeidungsleistung verstetigt, wählen. [3] Bei dezentralen Einspeisungen ohne Lastgangmessung ist grundsätzlich nur die Vermeidungsarbeit zu berücksichtigen.

(4) [1] Betreiber von Elektrizitätsverteilernetzen sind verpflichtet, nach Abschluss einer Kalkulationsperiode die Differenz zwischen den an die Betreiber dezentraler Erzeugungsanlagen in Summe erstatteten Entgelten und den sich nach Absatz 2 rechnerisch ergebenden vermiedenen Kosten der vorgelagerten Netz- oder Umspannebene zu ermitteln. [2] Der Differenzbetrag ist zuzüglich einer angemessenen Verzinsung in der nächsten Kalkulationsperiode in Ansatz zu bringen.

(5) Die vermiedenen Netzentgelte nach Absatz 1, die sich auf Grund der Ermittlung nach den Absätzen 2 und 3 für die jeweilige Erzeugungsanlage ergeben, werden für Anlagen mit volatiler Erzeugung ab dem 1. Januar 2018 schrittweise jährlich, jeweils zum 1. Januar des Jahres, jeweils um einen Betrag von einem Drittel des ursprünglichen Ausgangswertes abgesenkt.

§ 19 Sonderformen der Netznutzung. (1) Für Letztverbraucher mit einer zeitlich begrenzten hohen Leistungsaufnahme, der in der übrigen Zeit eine deutlich geringere oder keine Leistungsaufnahme gegenübersteht, haben Betreiber von Elektrizitätsversorgungsnetzen, an deren Netz der jeweilige Letztverbraucher angeschlossen ist, neben dem Jahresleistungspreissystem eine Abrechnung auf der Grundlage von Monatsleistungspreisen anzubieten.

(2) [1] Ist auf Grund vorliegender oder prognostizierter Verbrauchsdaten oder auf Grund technischer oder vertraglicher Gegebenheiten offensichtlich, dass der Höchstlastbeitrag eines Letztverbrauchers vorhersehbar erheblich von der zeitgleichen Jahreshöchstlast aller Entnahmen aus dieser Netz- oder Umspannebene abweicht, so haben Betreiber von Elektrizitätsversorgungsnetzen diesem Letztverbraucher in Abweichung von § 16 ein individuelles Netzentgelt anzubieten, das dem besonderen Nutzungsverhalten des Netzkunden angemessen Rechnung zu tragen hat und nicht weniger als 20 Prozent des veröffentlichten Netzentgeltes betragen darf. [2] Ein individuelles Netzentgelt ist außerdem auch anzubieten, wenn die Stromabnahme aus dem Netz der allgemeinen Versorgung für den eigenen Verbrauch an einer Abnahmestelle pro Kalenderjahr sowohl die Benutzungsstundenzahl von mindestens 7 000 Stunden im Jahr erreicht als auch der Stromverbrauch an dieser Abnahmestelle pro Kalenderjahr

zehn Gigawattstunden übersteigt. [3]Das individuelle Netzentgelt nach Satz 2 beträgt bei einer Stromabnahme aus dem Netz der allgemeinen Versorgung für den eigenen Verbrauch an einer Abnahmestelle von mehr als zehn Gigawattstunden pro Kalenderjahr nicht weniger als:

1. 20 Prozent des veröffentlichten Netzentgeltes, im Falle einer Benutzungsstundenzahl von mindestens 7 000 Stunden im Jahr;
2. 15 Prozent des veröffentlichten Netzentgeltes, im Falle einer Benutzungsstundenzahl von mindestens 7 500 Stunden im Jahr oder
3. 10 Prozent des veröffentlichten Netzentgeltes, im Falle einer Benutzungsstundenzahl von mindestens 8 000 Stunden im Jahr.

[4]Die Bemessung des nach den Sätzen 2 und 3 gebildeten individuellen Netzentgeltes hat den Beitrag des Letztverbrauchers zu einer Senkung oder zu einer Vermeidung der Erhöhung der Kosten der Netz- oder Umspannebene, an die der Letztverbraucher angeschlossen ist, wider zu spiegeln. [5]Die Vereinbarung individueller Netzentgelte nach den Sätzen 1 bis 4 bedarf der Genehmigung der Regulierungsbehörde. [6]Die Genehmigung ist in der Regel bis zum Ende einer Regulierungsperiode im Sinne des § 3 der Anreizregulierungsverordnung[1)] vom 29. Oktober 2007 (BGBl. I S. 2529), die zuletzt durch Artikel 4 der Verordnung vom 14. August 2013 (BGBl. I S. 3250) geändert worden ist, in der jeweils geltenden Fassung, zu befristen. [7]Hat die Regulierungsbehörde durch Festlegung nach § 29 Absatz 1 des Energiewirtschaftsgesetzes[2)] die Kriterien der sachgerechten Ermittlung individueller Netzentgelte nach den Sätzen 1 bis 4 konkretisiert, genügt eine schriftliche Anzeige der getroffenen Vereinbarung eines individuellen Netzentgeltes gegenüber der Regulierungsbehörde. [8]Ist im Falle von Satz 7 die gegenüber der Regulierungsbehörde angezeigte getroffene Vereinbarung individueller Netzentgelte rechtswidrig, insbesondere da sie nicht die Voraussetzungen der Sätze 1 bis 4 sowie der Festlegung der Regulierungsbehörde nach Satz 7 erfüllt oder im Hinblick auf ihre Rechtsfolgen von den Regelungen der Sätze 1 bis 4 abweicht, so kann die Regulierungsbehörde die angezeigte getroffene Vereinbarung individueller Netzentgelte untersagen. [9]Die Regulierungsbehörde kann den Vertragsparteien alle Maßnahmen aufgeben, die erforderlich sind, um die festgestellten Zuwiderhandlungen wirksam abzustellen. [10]§ 33 des Energiewirtschaftsgesetzes ist anzuwenden. [11]Die Antragstellung für die Erteilung der Genehmigung nach Satz 5 sowie die Anzeigeerstattung nach Satz 7 haben durch den Letztverbraucher zu erfolgen. [12]Der Letztverbraucher hat der Regulierungsbehörde mit dem Antrag oder der Anzeige alle zur Beurteilung der Voraussetzungen der Sätze 1 bis 3 erforderlichen Unterlagen vorzulegen; der Netzbetreiber hat diese dem Letztverbraucher unverzüglich zur Verfügung zu stellen. [13]Die Betreiber von Übertragungsnetzen haben entgangene Erlöse, die aus individuellen Netzentgelten nach den Sätzen 1 und 2 resultieren, nachgelagerten Betreibern von Elektrizitätsverteilnetzen zu erstatten. [14]Sie haben diese Zahlungen sowie eigene entgangene Erlöse aus individuellen Netzentgelten nach den Sätzen 1 und 2 durch Verrechnung untereinander auszugleichen. [15]Die Kosten nach den Sätzen 13 und 14 können als Aufschlag auf die Netzentgelte anteilig auf die

---

[1)] Nr. **28**.
[2)] Nr. **1**.

Letztverbraucher umgelegt werden; die §§ 26, 28 und 30 des Kraft-Wärme-Kopplungsgesetzes[1)] vom 21. Dezember 2015 (BGBl. I S. 2498), das durch Artikel 14 des Gesetzes vom 29. August 2016 (BGBl. I S. 2034) geändert worden ist, sind entsprechend anzuwenden mit der Maßgabe, dass sich das Netzentgelt für selbstverbrauchte Strombezüge, die über 1 Gigawattstunde hinausgehen, an dieser Abnahmestelle höchstens um 0,05 Cent je Kilowattstunde und für Unternehmen des produzierenden Gewerbes, deren Stromkosten für selbstverbrauchten Strom im vorangegangenen Geschäftsjahr 4 Prozent des Umsatzes im Sinne von § 277 Absatz 1 des Handelsgesetzbuches übersteigen, für die über 1 Gigawattstunde hinausgehenden selbstverbrauchten Strombezüge um höchstens 0,025 Cent je Kilowattstunde erhöhen. [16] Die §§ 62a, 62b und 104 Absatz 10 und 11 des Erneuerbare-Energien-Gesetzes[2)] sind im Rahmen der Erhebung des Aufschlags nach Satz 15 entsprechend anzuwenden. [17] Der Umlagemechanismus nach Satz 15 ist erstmalig zum 1. Januar 2012 anzuwenden. [18] Die Vereinbarung eines individuellen Netzentgeltes erfolgt unter dem Vorbehalt, dass die jeweiligen Voraussetzungen nach den Sätzen 1 bis 4 tatsächlich erfüllt werden. [19] Ist dies nicht der Fall, erfolgt die Abrechnung der Netznutzung nach den angesichts der tatsächlich eingetretenen Verhältnisse zulässigen Netzentgelten.

(3) [1] Sofern ein Netznutzer sämtliche in einer Netz- oder Umspannebene oberhalb der Umspannung von Mittel- zu Niederspannung von ihm genutzten Betriebsmittel ausschließlich selbst nutzt, ist zwischen dem Betreiber dieser Netz- oder Umspannebene und dem Netznutzer für diese singulär genutzten Betriebsmittel gesondert ein angemessenes Entgelt festzulegen. [2] Das Entgelt orientiert sich an den individuell zurechenbaren Kosten der singulär genutzten Betriebsmittel dieser Netz- oder Umspannebene unter Beachtung der in § 4 dargelegten Grundsätze. [3] Diese Kosten sind auf Verlangen des Netznutzers durch den Netzbetreiber nachzuweisen. [4] Der Letztverbraucher ist bezüglich seines Entgelts im Übrigen so zu stellen, als sei er direkt an die vorgelagerte Netz- oder Umspannebene angeschlossen.

(4) [1] Betreiber von Elektrizitätsversorgungsnetzen haben Letztverbrauchern, die Strom dem Netz ausschließlich zur Speicherung in einem Stromspeicher entnehmen und den zurückgewonnenen Strom wieder in das Netz einspeisen, ein individuelles Netzentgelt anzubieten. [2] Das Netzentgelt besteht abweichend von § 17 Absatz 2 nur aus einem Jahresleistungspreis in Euro pro Kilowatt, wobei der Netzbetreiber die Gleichzeitigkeitsfunktion des oberen Benutzungsdauerbereichs nach Anlage 4 anwendet und den Jahresleistungspreis auf den Anteil der entnommenen Strommenge reduziert, der nicht wieder in das Netz eingespeist wird. [3] Der Anteil nach Satz 2 ist für jede Anlage in geeigneter Form nachzuweisen. [4] Bei gleichzeitigem netzdienlichen Verhalten nach Absatz 2 Satz 1 darf das individuelle Netzentgelt für Letztverbraucher nach Satz 1 nicht weniger als 20 Prozent des nach Satz 2 ermittelten Jahresleistungspreises betragen.

§ 20 Verprobung. (1) [1] Netzbetreiber haben im Rahmen der Ermittlung der Netzentgelte sicherzustellen, dass ein zur Veröffentlichung anstehendes Entgeltsystem geeignet ist, die nach § 4 ermittelten Kosten zu decken. [2] Satz 1 ist auch

---

[1)] Nr. **45**.
[2)] Nr. **37**.

für die Betreiber von Übertragungsnetzen mit Regelzonenverantwortung in Bezug auf das bundeseinheitliche Übertragungsnetzentgelt nach Maßgabe der §§ 14a bis 14c anzuwenden. [3] Im Einzelnen ist sicherzustellen, dass die Anwendung

1. des Entgeltsystems auf die prognostizierte Absatzstruktur in ihrem Netzgebiet einen prognostizierten Erlös ergibt, welcher der Höhe nach den zu deckenden Kosten entspricht, und
2. der Entgelte für den Messstellenbetrieb auf die jeweiligen Entnahmestellen einen prognostizierten Erlös ergibt, der den zu deckenden Kosten des Messstellenbetriebs nach § 13 entspricht.

(2) [1] Die Verprobungen nach Absatz 1 sind vom Netzbetreiber in einer für sachkundige Dritte nachvollziehbaren Weise schriftlich zu dokumentieren und in den Bericht nach § 28 aufzunehmen. [2] Die Betreiber von Übertragungsnetzen mit Regelzonenverantwortung haben darüber hinaus die Ermittlung der bundeseinheitlichen Übertragungsnetzentgelte zu dokumentieren und in den Bericht nach § 28 aufzunehmen.

§ 21 Netzentgeltbildung bei Anreizregulierung. (1) [1] Soweit die Kosten einer Regulierung nach der Anreizregulierungsverordnung[1)] unterliegen, werden die Entgelte für den Zugang zu den Energieversorgungsnetzen aus den nach § 32 Absatz 1 Nummer 1 der Anreizregulierungsverordnung festgelegten Erlösobergrenzen ermittelt. [2] Dies erfolgt entsprechend den Vorschriften der §§ 12 bis 20.

(2) [1] Der Netzbetreiber ist verpflichtet, bei einer Anpassung der Erlösobergrenze nach § 4 Absatz 3 bis 5 der Anreizregulierungsverordnung[1)] die Netzentgelte anzupassen, soweit sich daraus nach Absatz 1 eine Absenkung der Netzentgelte ergibt. [2] Im Übrigen ist er bei einer Anpassung der Erlösobergrenzen nach § 4 Absatz 3 bis 5 zur Anpassung der Netzentgelte berechtigt.

(3) [1] Die Anpassung der Netzentgelte nach Absatz 2 erfolgt zum 1. Januar eines Kalenderjahres. [2] Vorgelagerte Netzbetreiber haben die Höhe der geplanten Anpassung der Netzentgelte den nachgelagerten Netzbetreibern rechtzeitig vor dem Zeitpunkt nach Satz 1 mitzuteilen.

Teil 3. *(aufgehoben)*

Teil 4. Pflichten der Netzbetreiber

§ 27 Veröffentlichungspflichten. (1) [1] Betreiber von Elektrizitätsversorgungsnetzen sind verpflichtet, die für ihr Netz geltenden Netzentgelte auf ihren Internetseiten zu veröffentlichen und auf Anfrage jedermann unverzüglich in Textform mitzuteilen. [2] Werden individuelle Netzentgelte nach § 19 gebildet, sind diese in die Veröffentlichung der Netzentgelte aufzunehmen und der Regulierungsbehörde unverzüglich anzuzeigen.

---

1) Nr. **28**.

(2) Betreiber von Elektrizitätsversorgungsnetzen haben ferner jeweils zum 1. April eines Jahres folgende Strukturmerkmale ihres Netzes auf ihrer Internetseite zu veröffentlichen:

1. die Stromkreislänge jeweils der Kabel- und Freileitungen in der Niederspannungs-, Mittelspannungs-, Hoch- und Höchstspannungsebene zum 31. Dezember des Vorjahres,
2. die installierte Leistung der Umspannebenen zum 31. Dezember des Vorjahres,
3. die im Vorjahr entnommene Jahresarbeit in Kilowattstunden pro Netz- und Umspannebene,
4. die Anzahl der Entnahmestellen jeweils für alle Netz- und Umspannebenen,
5. die Einwohnerzahl im Netzgebiet von Betreibern von Elektrizitätsversorgungsnetzen der Niederspannungsebene zum 31. Dezember des Vorjahres,
6. die versorgte Fläche zum 31. Dezember des Vorjahres,
7. die geographische Fläche des Netzgebietes zum 31. Dezember des Vorjahres,
8. jeweils zum 31. Dezember des Vorjahres die Anzahl der Entnahmestellen mit einer viertelstündlichen registrierenden Leistungsmessung oder einer Zählerstandsgangmessung und die Anzahl der sonstigen Entnahmestellen sowie
9. den Namen des grundzuständigen Messstellenbetreibers.

(3) Die Betreiber von Übertragungsnetzen mit Regelzonenverantwortung haben ab dem Jahr 2023 auf ihrer gemeinsamen Internetseite nach § 77 Absatz 2 des Erneuerbare-Energien-Gesetzes[1)] das gemeinsame bundeseinheitliche Preisblatt und die diesem Preisblatt zugrunde liegende gemeinsame Jahreshöchstlast zu veröffentlichen.

§ 28 Dokumentation. (1) [1] Betreiber von Elektrizitätsversorgungsnetzen haben einen Bericht über die Ermittlung der Netzentgelte zu erstellen. [2] Der Bericht muss enthalten:

1. eine Darlegung der Kosten- und Erlöslage der abgeschlossenen Kalkulationsperiode,
2. eine vollständige Darstellung der Grundlagen und des Ablaufs der Ermittlung der Netzentgelte nach § 3 sowie sonstiger Aspekte, die aus Sicht des Betreibers von Elektrizitätsversorgungsnetzen für die Netzentgelte von Relevanz sind,
3. die Höhe der von Betreibern von Elektrizitätsversorgungsnetzen entrichteten Konzessionsabgaben jeweils pro Gemeinde und in Summe,
4. einen Anhang und
5. den vollständigen Prüfungsbericht des Wirtschaftsprüfers zum Jahresabschluss nebst allen zugehörigen Ergänzungsbänden.

[3] Die Angaben nach Satz 2 Nr. 1 und 2 müssen einen sachkundigen Dritten in die Lage versetzen, ohne weitere Informationen die Ermittlung der Netzentgelte vollständig nachzuvollziehen. [4] Der Bericht ist zehn Jahre aufzubewahren.

(2) Der zu dem Bericht nach Absatz 1 Satz 2 Nr. 4 zu erstellende Anhang muss enthalten:

[1)] Nr. **37**.

1. die nach § 4 Abs. 4 dokumentierten Schlüssel sowie deren Änderung,
2. die Einnahmen nach § 9 Abs. 3 sowie deren Verwendung,
3. die nach § 11 errechneten Differenzbeträge,
4. die nach § 12 dokumentierten Schlüssel sowie deren Änderung,
5. die Höhe der Entgelte für dezentrale Einspeisung nach § 18,
6. die Absatzstruktur des Netzgebietes nach Anlage 5,
7. den Betriebsabrechnungsbogen des Netzbetriebs,
8. den im Vorjahr an Betreiber dezentraler Erzeugungsanlagen entrichteten Gesamtbetrag und
9. die im Vorjahr nach § 57 Absatz 3 des Erneuerbare-Energien-Gesetzes[1] in Abzug gebrachten Netzentgelte.

§ 29 Mitteilungen gegenüber der Regulierungsbehörde. Die Regulierungsbehörde kann zur Vereinfachung des Verfahrens durch Festlegung nach § 29 Abs. 1 des Energiewirtschaftsgesetzes[2] Entscheidungen treffen zu Umfang, Zeitpunkt und Form der ihr zu übermittelnden Informationen, insbesondere zu den zulässigen Datenträgern und Übertragungswegen.

Teil 5. Sonstige Bestimmungen

§ 30 Festlegungen der Regulierungsbehörde. (1) Zur Verwirklichung eines effizienten Netzzugangs und der in § 1 Abs. 1 des Energiewirtschaftsgesetzes[2] genannten Zwecke kann die Regulierungsbehörde unter Beachtung der Anforderungen eines sicheren Netzbetriebs Entscheidungen durch Festlegung nach § 29 Abs. 1 des Energiewirtschaftsgesetzes[2] treffen über

1. die Schlüsselung der Gemeinkosten nach § 4 Abs. 4,
2. die Aufschlüsselung der Positionen der Gewinn- und Verlustrechnungen nach § 5,
3. eine einheitliche und von sachkundigen Dritten nachvollziehbare Ermittlung der Gleichzeitigkeitsfunktion auch abweichend von § 16,
4. die weitere Unterteilung der Entgelte nach § 17,
5. *(aufgehoben)*
6. zusätzliche Anforderungen an die Struktur und den Inhalt des Berichts nach § 28 und dessen Anhang,
7. die Gewährleistung einer sachgerechten und einheitlichen Ermittlung von Entgelten für Netzreservekapazität und
8. die Höhe der sich aus dem Belastungsausgleich nach den §§ 26, 28 und 30 des Kraft-Wärme-Kopplungsgesetzes[3] vom 21. Dezember 2015 (BGBl. I S. 2498), das durch Artikel 14 des Gesetzes vom 29. August 2016 (BGBl. I S. 2034) geändert worden ist, je Kalenderjahr ergebenden Zuschläge.

---

[1] Nr. **37**.
[2] Nr. **1**.
[3] Nr. **45**.

(2) Die Regulierungsbehörde kann ferner Festlegungen treffen zur Gewährleistung

1. der Zulässigkeit außerordentlicher Aufwendungen und Erträge sowie einer sachgerechten Verteilung dieser außerordentlichen Aufwendungen und Erträge auf mehrere Kalkulationsperioden nach § 4 Abs. 6, falls diese Aufwendungen und Erträge die Kosten der nächsten Kalkulationsperiode spürbar beeinflussen würden,
2. einer sachgerechten Gewichtung der bei der Ermittlung der Tagesneuwerte anzuwendenden Indexreihen, soweit § 6a Mischindizes vorsieht, insbesondere um Produktivitätsfortschritte in den relevanten Wirtschaftsbereichen zu berücksichtigen,
3. einer sachgerechten Ermittlung der kalkulatorischen Steuern nach § 8,
4. der Angemessenheit des Zinssatzes nach den §§ 11 und 18 Abs. 4,
5. der sachlichen Angemessenheit des Verhältnisses von Arbeits- und Grundpreis nach § 17 Abs. 6 in Bezug auf das zulässige Verhältnis beider Preise,
6. sachgerechter Entgelte in Abweichung von § 17 Abs. 8,
7. einer sachgerechten Ermittlung der Entgelte für dezentrale Einspeisung nach § 18 sowie individueller Entgelte nach § 19 Abs. 2 und
8. sachgerechter Anlagengruppen und Abschreibungszeiträume in Abweichung von Anlage 1.

(3) [1] Die Regulierungsbehörde kann für die Prüfung der jährlichen Betriebskosten von Offshore-Anbindungsleitungen, die von den Übertragungsnetzbetreibern geltend gemacht werden, einen Schwellenwert festlegen, bis zu dessen Erreichen kein Kostennachweis erforderlich ist. [2] Wird ein Schwellenwert festgelegt, soll er sich an der Höhe erfahrungsgemäß mindestens zu erwartender Betriebskosten orientieren. [3] Der Schwellenwert kann unter Berücksichtigung des Satzes 2 unternehmensindividuell unterschiedlich hoch sein.

§ 31 Ordnungswidrigkeiten. Ordnungswidrig im Sinne des § 95 Abs. 1 Nr. 5 Buchstabe a des Energiewirtschaftsgesetzes[1)] handelt, wer vorsätzlich oder fahrlässig

1. einer vollziehbaren Anordnung nach § 65 Abs. 2 des Energiewirtschaftsgesetzes[1)] in Verbindung mit § 4 Abs. 4 Satz 4 oder 6, § 9 Abs. 3, § 12 Satz 4 oder 7 oder § 20 Abs. 2 zuwiderhandelt,

2.–4. *(aufgehoben)*

5. einer vollziehbaren Anordnung nach § 65 Abs. 2 des Energiewirtschaftsgesetzes[1)] in Verbindung mit § 27 Abs. 1 Satz 1 oder Abs. 2 zuwiderhandelt oder
6. einer vollziehbaren Anordnung nach § 65 Abs. 2 des Energiewirtschaftsgesetzes[1)] in Verbindung mit § 28 Abs. 1 Satz 1 zuwiderhandelt.

§ 32 Übergangsregelungen. (1) [1] Zur erstmaligen Ermittlung der Netzentgelte sind die kalkulatorischen Restwerte des Sachanlagevermögens für den eigenfinanzierten Anteil auf Tagesneuwertbasis nach § 6 Abs. 3, für den fremdfinanzierten Anteil anschaffungsorientiert zu bestimmen und anlagenscharf zu

---

[1)] Nr. **1**.

dokumentieren. [2]Dabei sind die seit Inbetriebnahme der Sachanlagegüter der kalkulatorischen Abschreibung tatsächlich zu Grunde gelegten Nutzungsdauern heranzuziehen. [3]Soweit vor dem Inkrafttreten dieser Verordnung bei der Stromtarifbildung nach der Bundestarifordnung Elektrizität Kosten des Elektrizitätsversorgungsnetzes zu berücksichtigen waren und von Dritten gefordert wurden, wird vermutet, dass die nach den Verwaltungsvorschriften der Länder zur Darstellung der Kosten- und Erlöslage im Tarifgenehmigungsverfahren jeweils zulässigen Nutzungsdauern der Ermittlung der Kosten zu Grunde gelegt worden sind. [4]Soweit vor dem Inkrafttreten dieser Verordnung keine kostenbasierten Preise im Sinne des Satzes 3 gefordert worden sind, wird vermutet, dass der kalkulatorischen Abschreibung des Sachanlagevermögens die unteren Werte der in Anlage 1 genannten Spannen von Nutzungsdauern zu Grunde gelegt worden sind, es sei denn, der Betreiber des Elektrizitätsversorgungsnetzes weist etwas anderes nach.

(2) Netzbetreiber, die am vereinfachten Verfahren nach § 24 der Anreizregulierungsverordnung[1)] teilnehmen können, den hierzu erforderlichen Antrag rechtzeitig gestellt haben und die für das letzte der Anreizregulierung vorangehende Kalenderjahr keine Erhöhung der Netzentgelte beantragen, müssen in ihrem Genehmigungsantrag für das letzte der Anreizregulierung vorangehende Kalenderjahr keine zusätzlichen oder neuen Unterlagen zu ihrem letzten geprüften Genehmigungsantrag vorlegen.

(3) [1]Wurde ein Letztverbraucher in Bezug auf eine durch ihn genutzte Abnahmestelle noch nicht durch eine Genehmigung einer Regulierungsbehörde auf Grund des § 19 Absatz 2 Satz 2 und 3 der Stromnetzentgeltverordnung vom 25. Juli 2005 (BGBl. I S. 2225) in der zuletzt durch Artikel 4 des Gesetzes vom 28. Juli 2011 (BGBl. I S. 1690) geänderten Fassung, von den Netzentgelten befreit, so ist für diesen Letztverbraucher in Bezug auf eine durch ihn genutzte Abnahmestelle § 19 Absatz 2 Satz 2 und 3 in der ab dem 22. August 2013 geltenden Fassung mit Wirkung ab dem 1. Januar 2012 anzuwenden. [2]Hat eine Regulierungsbehörde einem Letztverbraucher im Hinblick auf eine durch ihn genutzte Abnahmestelle auf Grund von § 19 Absatz 2 Satz 2 und 3 der Stromnetzentgeltverordnung vom 25. Juli 2005 (BGBl. I S. 2225) in der zuletzt durch Artikel 4 des Gesetzes vom 28. Juli 2011 (BGBl. I S. 1690) geänderten Fassung eine Genehmigung der Befreiung von den Netzentgelten erteilt, so wird diese Genehmigung mit Ablauf des 31. Dezember 2013 unwirksam. [3]Die Sätze 1 und 2 sind entsprechend anzuwenden, sofern eine Regulierungsbehörde einem Letztverbraucher im Hinblick auf eine durch ihn genutzte Abnahmestelle auf Grund von § 19 Absatz 2 Satz 2 und 3 der Stromnetzentgeltverordnung vom 25. Juli 2005 (BGBl. I S. 2225) in der zuletzt durch Artikel 4 des Gesetzes vom 28. Juli 2011 (BGBl. I S. 1690) geänderten Fassung eine Genehmigung der Befreiung von den Netzentgelten erteilt hat und diese Genehmigung durch eine rechtskräftige gerichtliche Entscheidung aufgehoben wurde.

(4) Genehmigungen von Vereinbarungen individueller Netzentgelte auf Grund von § 19 Absatz 2 Satz 2 und 3 in der ab dem 22. August 2013 geltenden Fassung werden mit Ablauf des 31. Dezember 2013 unwirksam.

---

1) Nr. 28.

(5) Die Ermittlung der Tagesneuwerte nach § 6 Absatz 3 Satz 2 erfolgt ab dem 1. Januar 2013 unter Anwendung der Indexreihen des Statistischen Bundesamtes gemäß § 6a.

(6) Die Verzinsung des die Eigenkapitalquote im Sinne des § 7 Absatz 1 Satz 5 übersteigenden Anteils des Eigenkapitals erfolgt ab dem 1. Januar 2013 nach § 7 Absatz 7.

(7) Die Regelung des § 17 Absatz 2a betreffend das Pooling mehrerer Entnahmestellen ist ab dem 1. Januar 2014 anzuwenden.

(8) Auf eine Änderung der kalkulatorischen Abschreibungsdauer infolge der Anlage 1 dieser Verordnung in der ab dem 22. März 2019 geltenden Fassung ist § 6 Absatz 6 Satz 3 bis 6 anzuwenden.

(9) Für am 22. März 2019 bestehende Vereinbarungen nach § 19 Absatz 3, die für Betriebsmittel in Niederspannung oder in Umspannung von Mittel- zu Niederspannung abgeschlossen wurden, wird bis zum 31. Dezember 2019 die bis zum 21. März 2019 geltende Regelung angewendet.

§ 32a Übergangsregelung zur schrittweisen Vereinheitlichung der Übertragungsnetzentgelte. (1) [1]Die Regelungen zur Bildung bundeseinheitlicher Übertragungsnetzentgelte nach § 3 Absatz 3, den §§ 14a bis 14d, § 15 Absatz 2 Satz 2, § 16 Absatz 1 Satz 4 und Absatz 2 Satz 2 sowie § 17 Absatz 3, 4 Satz 2 und Absatz 5 Satz 2 sowie § 20 Absatz 1 Satz 2 und Absatz 2 Satz 2 sind in der Übergangszeit für die Bestimmung der Netzentgelte, die in dem Zeitraum vom 1. Januar 2019 bis zum 31. Dezember 2022 gelten, mit der Maßgabe anzuwenden, dass sich die Netzentgelte der Betreiber von Übertragungsnetzen mit Regelzonenverantwortung aus der Addition eines nach Maßgabe des Absatzes 2 bundeseinheitlich sowie eines nach Maßgabe des Absatzes 3 unternehmensindividuell gebildeten Netzentgeltanteils zusammensetzen. [2]Hierfür bilden diese Übertragungsnetzbetreiber nach § 16 Absatz 2 Satz 1 eine unternehmensindividuelle Gleichzeitigkeitsfunktion und nach § 16 Absatz 2 Satz 2 eine bundeseinheitliche Gleichzeitigkeitsfunktion.

(2) [1]Die Vereinheitlichung der Übertragungsnetzentgelte erfolgt in fünf Schritten von jeweils 20 Prozent. [2]Der prozentuale bundeseinheitlich gebildete Anteil, der sich auf die Erlösobergrenzen nach § 14b Absatz 1 der einzelnen Betreiber von Übertragungsnetzen mit Regelzonenverantwortung im jeweiligen Kalenderjahr bezieht, beträgt

1. für das Kalenderjahr 2019 jeweils 20 Prozent,
2. für das Kalenderjahr 2020 jeweils 40 Prozent,
3. für das Kalenderjahr 2021 jeweils 60 Prozent,
4. für das Kalenderjahr 2022 jeweils 80 Prozent.

[3]Die anteiligen Erlösobergrenzen nach Satz 1 der einzelnen Betreiber von Übertragungsnetzen mit Regelzonenverantwortung sind auf den gemeinsamen Kostenträgern nach § 14b Absatz 2 zusammenzuführen. [4]Unter Verwendung der bundeseinheitlichen Gleichzeitigkeitsfunktion nach § 16 Absatz 2 Satz 2 ist für die betroffene Netz- und Umspannebene jeweils der bundeseinheitlich gebildete Netzentgeltanteil zu bestimmen.

(3) [1]Grundlage des unternehmensindividuell gebildeten Anteils nach Absatz 1 Satz 1 ist der jeweils verbleibende Anteil der Erlösobergrenzen nach § 14b Absatz 1, der nicht Grundlage des bundeseinheitlich gebildeten Anteils

ist. [2]Diese Kosten sind den unternehmensindividuellen Kostenträgern nach Anlage 3 zuzuordnen. [3]Unter Verwendung der unternehmensindividuellen Gleichzeitigkeitsfunktion nach § 16 Absatz 2 Satz 1 ist für die Netz- und Umspannebene jeweils der unternehmensindividuell gebildete Netzentgeltanteil zu bestimmen.

(4) [1]Die Höhe des bundeseinheitlich gebildeten Netzentgeltanteils und die Höhe des unternehmensindividuell gebildeten Netzentgeltanteils sind in die Veröffentlichung der Übertragungsnetzentgelte nach § 27 Absatz 1 Satz 1 ergänzend aufzunehmen. [2]Die Darstellung hat wie folgt zu erfolgen: Netzentgelt des Übertragungsnetzbetreibers ist gleich bundeseinheitlicher Anteil nach Absatz 2 Satz 3 zuzüglich unternehmensindividueller Anteil nach Absatz 3 Satz 3.

(5) Der Ausgleich von Mehr- und Mindereinnahmen, die sich aufgrund des bundeseinheitlich gebildeten Netzentgeltanteils ergeben, erfolgt nach dem Mechanismus des § 14c.

§ 32b Übergangsregelung für Kapitalkosten der Offshore-Anbindungsleitungen. Abweichend von § 3a Absatz 1 werden, soweit § 34 Absatz 13 und 14 der Anreizregulierungsverordnung[1)] dies regelt, auf die Ermittlung des Kapitalkostenanteils der Netzkosten von Offshore-Anbindungsleitungen ergänzend die Vorschriften der Anreizregulierungsverordnung in der jeweils geltenden Fassung angewendet, sofern

1. die Offshore-Anbindungsleitungen bis zum 31. Dezember 2019 fertiggestellt und in Betrieb genommen worden sind und
2. ein betroffener Übertragungsnetzbetreiber bis zum 30. April 2019 einheitlich auch für die mit ihm konzernrechtlich verbundenen Unternehmen, die Offshore-Anbindungsleitungen nach Nummer 1 betreiben, schriftlich oder elektronisch gegenüber der Bundesnetzagentur erklärt, dass er für alle betroffenen Offshore-Anbindungsleitungen diese Übergangsregelung in Anspruch nehmen möchte.

§ 33 Inkrafttreten. Die Verordnung tritt am Tage nach der Verkündung[2)] in Kraft.

Anlage 1
(zu § 6 Abs. 5 Satz 1)

Betriebsgewöhnliche Nutzungsdauern

	Anlagengruppen	Spanne (Jahre)
I.	**Allgemeine Anlagen**	
1.	Grundstücke	0
2.	Grundstücksanlagen, Bauten für Transportwesen	25–35
3.	Betriebsgebäude	50–60

1) Nr. **28**.
2) Verkündet am 28.7.2005.

Anlagengruppen		Spanne (Jahre)
4.	Verwaltungsgebäude	60-70
5.	Gleisanlagen, Eisenbahnwagen	23-27
6.	Geschäftsausstattung (ohne EDV, Werkzeuge/Geräte); Vermittlungseinrichtungen	8-10
7.	Werkzeuge/Geräte	14-18
8.	Lagereinrichtung	14-25
9.	EDV-Anlagen	
	– Hardware	4–8
	– Software	3–5
10.	Fahrzeuge	
	– Leichtfahrzeuge	5
	– Schwerfahrzeuge	8
II.	**Erzeugungsanlagen**	
1.	Dampfkraftwerksanlagen	20–25
2.	Kernkraftwerksanlagen	20–25
3.	Wasserkraftwerksanlagen	
	– Staustrecken	50–70
	– Wehranlagen, Einlaufbecken	40–50
	– Bauten für Transportwesen	30–35
	– Maschinen und Generatoren	20–25
	– Kraftwerksnetzanlagen	20–25
	– sonstige Anlagen der Wasserbauten	25–30
4.	Notstromaggregate	13–17
5.	andere Kraftwerksanlagen	20–25
6.	nachträglich eingebaute Umweltschutzanlagen	10–15
III.	**Fortleitungs- und Verteilungsanlagen**	
1.	Netzanlagen für Hochspannungsübertragung	
1.1	Leitungsnetze	
	– Freileitung 110–380 kV	40–50
	– Kabel 220 kV	40–50
	– Kabel 110 kV	40–50
1.2	Stationseinrichtungen und Hilfsanlagen inklusive Trafo und Schalter	35–45
1.3	Schutz-, Mess- und Überspannungsschutzeinrichtungen, Fernsteuer-, Fernmelde-, Fernmess- und Automatikanlagen sowie Rundsteueranlagen einschließlich Kopplungs-, Trafo- und Schaltanlagen	25–30
1.4	Anlagen zur Offshore-Netzanbindung	20
1.5	Sonstiges	20–30
2.	Netzanlagen des Verteilungsbetriebs	
2.1	Mittelspannungsnetz	
	– Kabel	40–45
	– Freileitungen	30–40
2.2	Niederspannungsnetz	
	– Kabel 1 kV	40–45

	Anlagengruppen	Spanne (Jahre)
	– Freileitungen 1 kV	30–40
2.3	Stationen mit elektrischen Einrichtungen:	
	– 380/220/110/30/10 kV–Stationen	25–35
	– Hauptverteilerstationen	25–35
	– Ortsnetzstationen	30–40
	– Kundenstationen	30–40
	– Stationsgebäude	30–50
	– Allgemeine Stationseinrichtungen, Hilfsanlagen	25–30
	– ortsfeste Hebezeuge und Lastenaufzüge einschließlich Laufschienen, Außenbeleuchtung in Umspann- und Schaltanlagen	25–30
	– Schalteinrichtungen	30–35
	– Rundsteuer-, Fernsteuer-, Fernmelde-, Fernmess-, Automatikanlagen, Strom- und Spannungswandler, Netzschutzeinrichtungen	25–30
2.4	Abnehmeranschlüsse	
	– Kabel	35–45
	– Freileitungen	30–35
2.5	Ortsnetz-Transformatoren, Kabelverteilerschränke	30–35
2.6	Zähler, Messeinrichtungen, Uhren, TFR-Empfänger	20–25
2.7	Telefonleitungen	30–40
2.8	fahrbare Stromaggregate	15–25
2.9	moderne Messeinrichtungen	13–18
2.10	Smart-Meter-Gateway	8–13

Anlage 2
(zu § 13)

Haupt- und Nebenkostenstellen

1. Hauptkostenstelle „Systemdienstleistungen"
   1.1 Nebenkostenstelle „Regelenergie": Kosten für Primärregelleistung und -arbeit sowie für die Vorhaltung von Sekundärregelleistung und Minutenreserveleistung;
   1.2 Nebenkostenstelle „Systemführung": Kosten der Betriebsführung der Regelzone (einschließlich Messstellenbetrieb zwischen Betreibern von Elektrizitätsversorgungsnetzen), soweit sie nicht direkt den Bilanzkreisverantwortlichen in Rechnung gestellt werden können.
2. Hauptkostenstelle „Höchstspannungsnetz 380 und 220 Kilovolt"
   2.1 Nebenkostenstelle „Höchstspannungsleitungsnetz": Kosten der Höchstspannungsleitungen;
   2.2 Nebenkostenstelle „Höchstspannungsanlagen": Kosten der Schaltanlagen der Höchstspannung in den Umspannwerken; Kosten der 380/220-Kilovolt-Umspannung; anteilige Berücksichtigung der zu den Schaltanlagen gehörigen Sekundärtechnik, Gebäude und Grundstücke.
3. Hauptkostenstelle „Umspannung 380/110 Kilovolt bzw. 220/110 Kilovolt": Kosten der Umspanner 380/110 Kilovolt bzw. 220/110 Kilovolt einschließlich der ober- und unterspannungsseitigen Transformatorschaltfelder in den Schaltanlagen; anteilige Berücksichtigung der zu den Schaltanlagen gehörigen Sekundärtechnik, Gebäude und Grundstücke.
4. Hauptkostenstelle „Hochspannungsnetz 110 Kilovolt"
   4.1 Nebenkostenstelle „Hochspannungsleitungen": Kosten der Hochspannungsleitungen;
   4.2 Nebenkostenstelle „Hochspannungsanlagen": Kosten der Schaltanlagen der Hochspannung in den Umspannwerken; anteilige Berücksichtigung der zu den Schaltanlagen gehörigen

Sekundärtechnik, Gebäude und Grundstücke; Kosten aus dem Betrieb von Ladestrom-, Erdschlussspulen oder Strombegrenzungsdrosseln.

5. Hauptkostenstelle „Umspannung 110 Kilovolt/Mittelspannung“: Kosten der Umspanner 110 Kilovolt/Mittelspannung einschließlich der Transformatorschaltfelder in den Schaltanlagen; anteilige Berücksichtigung der zu den Schaltanlagen gehörigen Sekundärtechnik, Gebäude und Grundstücke.
6. Hauptkostenstelle „Mittelspannungsnetz“
   6.1 Nebenkostenstelle „Mittelspannungsleitungen“: Kosten der Mittelspannungsleitungen;
   6.2 Nebenkostenstelle „Mittelspannungsanlagen“: Kosten der Schaltanlagen in Schwerpunktstationen der Mittelspannung; anteilige Berücksichtigung der zu den Schaltanlagen gehörigen Sekundärtechnik, Gebäude und Grundstücke; Kosten des Betriebs von Erdschlussspulen; Kosten der Schalt- bzw. Schwerpunktstationen.
7. Hauptkostenstelle „Umspannung Mittel-/Niederspannung“: Kosten der Ortsnetzstationen und - soweit in der Kostensphäre des Betreibers von Elektrizitätsversorgungsnetzen - der Kundenstationen inklusive der Kosten der in den Stationen installierten Mittelspannungs- bzw. Niederspannungsschaltgeräte; Kosten der in Ortsnetzstationen installierten Niederspannungsanlagen.
8. Hauptkostenstelle „Niederspannungsnetz“
   8.1 Nebenkostenstelle „Niederspannungsleitungen“: Kosten der Niederspannungsleitungen ohne Anlagen der Straßenbeleuchtung;
   8.2 Nebenkostenstelle „Anlagen der Straßenbeleuchtung“: Kosten der Anlagen der Straßenbeleuchtung.
9. Hauptkostenstelle „Hausanschlussleitungen und Hausanschlüsse“: Kosten der Erstellung von Hausanschlüssen und Hausanschlussleitungen.
10. Hauptkostenstelle „Messstellenbetrieb“:
    10.1 Nebenkostenstelle „Messstellenbetrieb Höchstspannungsnetz“;
    10.2 Nebenkostenstelle „Messstellenbetrieb Umspannung 380/110 Kilovolt bzw. 220/110 Kilovolt“;
    10.3 Nebenkostenstelle „Messstellenbetrieb Hochspannungsnetz 110 Kilovolt“;
    10.4 Nebenkostenstelle „Messstellenbetrieb Umspannung 110 Kilovolt/Mittelspannung“;
    10.5 Nebenkostenstelle „Messstellenbetrieb Mittelspannung“;
    10.6 Nebenkostenstelle „Messstellenbetrieb Umspannung Mittel-/Niederspannung“;
    10.7 Nebenkostenstelle „Messstellenbetrieb Niederspannung“.

Soweit eine Umspannung von 380 Kilovolt oder 220 Kilovolt auf eine andere nachgelagerte Netzebene als 110 Kilovolt erfolgt, wird dies für die Zwecke dieser Verordnung regulatorisch wie eine Umspannung auf 110 Kilovolt behandelt.

Anlage 3
(zu § 14 Abs. 3)

Kostenträger

1. Die Kosten der Höchstspannungsebene umfassen die Kosten der Hauptkostenstellen „Systemdienstleistungen“ und „Höchstspannungsnetz 380 und 220 Kilovolt“.

1a. Die gemeinsamen Kosten der Höchstspannungsebene der Betreiber von Übertragungsnetzen mit Regelzonenverantwortung ergeben sich aus der Addition ihrer jeweiligen Kosten nach Nummer 1 nach Maßgabe des § 14b Absatz 2.

2. Die Kosten der Umspannung Höchst- zu Hochspannungsebene umfassen die gewälzten anteiligen Kosten der Höchstspannungsebene sowie die Kosten der Hauptkostenstelle „Umspannung 380/110 Kilovolt bzw. 220/110 Kilovolt“.

2a. Die gemeinsamen Kosten der Umspannung Höchst- zu Hochspannungsebene der Betreiber von Übertragungsnetzen mit Regelzonenverantwortung ergeben sich aus der Addition ihrer jeweiligen Kosten nach Nummer 1 nach Maßgabe des § 14b Absatz 2.

3. Die Kosten der Hochspannungsebene umfassen die gewälzten anteiligen Kosten der Umspannung Höchst- zu Hochspannung sowie die Kosten der Hauptkostenstelle „Hochspannungsnetz 110 Kilovolt".
4. Die Kosten der Umspannung Hoch- zu Mittelspannungsebene umfassen die gewälzten anteiligen Kosten der Hochspannungsebene sowie die Kosten der Hauptkostenstelle „Umspannung 110 Kilovolt/Mittelspannung".
5. Die Kosten der Mittelspannungsebene umfassen die gewälzten anteiligen Kosten der Umspannung Hoch- zu Mittelspannungsebene sowie die Kosten der Hauptkostenstelle „Mittelspannungsnetz".
6. Die Kosten der Umspannung Mittel- zu Niederspannungsebene umfassen die gewälzten anteiligen Kosten der Mittelspannungsebene sowie die Kosten der Hauptkostenstelle „Umspannung Mittel-/Niederspannung".
7. Die Kosten der Niederspannungsebene umfassen die gewälzten anteiligen Kosten der Umspannung Mittel- zu Niederspannungsebene sowie die Kosten der Hauptkostenstellen „Niederspannungsnetz" und „Hausanschlussleitungen und Hausanschlüsse" abzüglich der Kosten der Nebenkostenstelle „Anlagen der Straßenbeleuchtung".

Soweit eine Umspannung von 380 Kilovolt oder 220 Kilovolt auf eine andere nachgelagerte Netzebene als 110 Kilovolt erfolgt, wird dies für die Zwecke dieser Verordnung regulatorisch wie eine Umspannung auf 110 Kilovolt behandelt.

Anlage 4
(zu § 16 Abs. 2)

Gleichzeitigkeitsfunktion und -grad

1. Die Gleichzeitigkeitsfunktion ordnet jeder Einzelentnahme [i] exakt einen Gleichzeitigkeitsgrad [g_i], welcher zwischen 0 und 1 liegen muss, zu. Dabei ist die Gleichzeitigkeitsfunktion so zu gestalten, dass der individuelle Gleichzeitigkeitsgrad einer Einzelentnahme mit der Wahrscheinlichkeit, dass diese Einzelentnahme einen hohen Beitrag zur Jahreshöchstlast der Netz- oder Umspannebene leistet, steigt. Solchen Einzelentnahmen, die mit einer hohen Wahrscheinlichkeit einen geringen Beitrag zur Jahreshöchstlast der Netzebene leisten, wird ein niedriger Gleichzeitigkeitsgrad zugeordnet. Damit ist dem Umstand Rechnung getragen, dass die Einzelentnahmen die von einem Betreiber von Elektrizitätsversorgungsnetzen vorzuhaltende Netzkapazität in unterschiedlicher Weise beeinflussen.
2. Der Gleichzeitigkeitsgrad einer Einzelentnahme ist definiert als durchschnittlicher, im Rahmen einer Gruppenkalkulation ermittelter Anteil der Höchstlast dieser Einzelentnahme an der Höchstlast des Netzes. Die Gruppenkalkulation umfasst alle Entnahmestellen der jeweiligen Netz- oder Umspannebene und muss der Bedingung genügen, wonach die zeitgleiche Jahreshöchstleistung aller Entnahmen dieser Netz- oder Umspannebene gleich der Summe aller zeitungleichen Jahreshöchstleistungen der Einzelentnahmen jeweils multipliziert mit dem Gleichzeitigkeitsgrad der Einzelentnahme ist.
3. Zur Bestimmung des Gleichzeitigkeitsgrades einer Entnahme aus einer Netz- oder Umspannebene ist ein abschnittsweise linearer Zusammenhang zwischen dem Gleichzeitigkeitsgrad und der Jahresbenutzungsdauer der Entnahme zu unterstellen. Die Jahresbenutzungsdauer ist der Quotient aus der in einem Abrechnungsjahr aus dem Netz entnommenen Arbeit und der in diesem Abrechnungsjahr in Anspruch genommenen Jahreshöchstleistung. Der abschnittsweise lineare Zusammenhang zwischen dem Gleichzeitigkeitsgrad und der Jahresbenutzungsdauer der Entnahme ist durch jeweils eine Geradengleichung für Jahresbenutzungsdauern unterhalb und oberhalb einer gegebenen Grenze (Knickpunkt) zu beschreiben.
4. Der untere Benutzungsdauerbereich der Gleichzeitigkeitsfunktion liegt zwischen 0 und 2500 Jahresbenutzungsstunden. Der obere Benutzungsdauerbereich beginnt bei 2500 Jahresbenutzungsstunden und endet bei 8760 Jahresbenutzungsstunden. Der Betreiber von Elektrizitätsversorgungsnetzen legt die Koeffizienten der Geradengleichungen für die beiden Benutzungsdauerbereiche auf Basis der Entnahmeverhältnisse in seinem Netz sachgerecht fest. Dabei sind folgende Randbedingungen einzuhalten:
   – der Gleichzeitigkeitsgrad bei einer Jahresbenutzungsdauer von null Stunden beträgt maximal 0,2;

– die beiden Geraden, die den Gleichzeitigkeitsgrad beschreiben, schneiden sich in einem Punkt, der durch die Jahresbenutzungsdauer 2500 Stunden definiert ist;
– der Gleichzeitigkeitsgrad bei einer Jahresbenutzungsdauer von 8760 Stunden beträgt 1.

Satz 4 ist für Betreiber von Übertragungsnetzen mit Regelzonenverantwortung mit der Maßgabe anzuwenden, dass der Gleichzeitigkeitsgrad bei einer Jahresbenutzungsdauer von null Stunden in der Höchstspannung 0,1 und in der Umspannung von Höchst- zu Hochspannung 0,15 beträgt.

Anlage 4a
(zu § 18 Absatz 2)

Referenzpreisblatt für die Netzentgelte von Übertragungsnetzbetreibern zur Ermittlung vermiedener Netzentgelte nach § 18 Absatz 2

Nach § 120 Absatz 4 Satz 1 des Energiewirtschaftsgesetzes[1] sind zur Ermittlung vermiedener Netzentgelte für das Jahr 2018 jeweils die Preisblätter des Jahres 2016 zugrunde zu legen.
Im Jahr 2018 werden auf der Basis der Preisblätter des Jahres 2016 die Kosten nach § 120 Absatz 5 des Energiewirtschaftsgesetzes[1] vollständig herausgerechnet, soweit sie in den Erlösobergrenzen des Jahres 2016 enthalten waren und damit in die Preisblätter des Jahres 2016 eingeflossen sind. Diese Kosten werden ab dem Jahr 2018 nicht mehr bei der Ermittlung der vermiedenen Netzentgelte berücksichtigt.
Daraus ergeben sich die Werte, die als Netzentgelte für die Übertragungsnetze der Berechnung der vermiedenen Netzentgelte im jeweiligen Jahr zugrunde zu legen sind. Sie sind bezogen auf die Netzentgelte für den Strombezug aus dem Höchstspannungsnetz, die in den Preisblättern der Übertragungsnetzbetreiber für einen Bezug von mehr als 2 500 Benutzungsstunden gelten. Ab dem Jahr 2018 bleiben die Werte für die Berechnungsgrundlage konstant. Sie sind die Obergrenzen im Sinne des § 120 Absatz 4 Satz 1 des Energiewirtschaftsgesetzes[1].

Anlage 5
(zu § 28 Abs. 2 Nr. 6)

Absatzstruktur

	< 2500 h/a			> 2500 h/a		
	Summe der zeitungleichen Jahreshöchstleistungen über alle Entnahmen (Letztverbraucher und Weiterverteiler)	Anzahl der Entnahmestellen	Gesamtabgabe an Letztverbraucher und Weiterverteiler	Summe der zeitungleichen Jahreshöchstleistungen über alle Entnahmen (Letztverbraucher und Weiterverteiler)	Anzahl der Entnahmestellen	Gesamtabgabe an Letztverbraucher und Weiterverteiler
Netz- oder Umspannebene	kW		kWh	kW		kWh
HöS						
HöS/HS						
HS						
HS/MS						
MS						

[1] Nr. 1.

	< 2500 h/a			> 2500 h/a		
	Summe der zeitungleichen Jahreshöchstleistungen über alle Entnahmen (Letztverbraucher und Weiterverteiler)	Anzahl der Entnahmestellen	Gesamtabgabe an Letztverbraucher und Weiterverteiler	Summe der zeitungleichen Jahreshöchstleistungen über alle Entnahmen (Letztverbraucher und Weiterverteiler)	Anzahl der Entnahmestellen	Gesamtabgabe an Letztverbraucher und Weiterverteiler
Netz- oder Umspannebene	kW		kWh	kW		kWh
MS/NS						
NS mit LM						
NS ohne LM						
NS (mit und ohne LM)						

	nachgelagerte Netz- bzw. Umspannebenen		Gesamtabgabe und -last	
	Abgabe an eigene nachgelagerte Netz- oder Umspannebene	zeitgleiche Jahreshöchstlast	Gesamtabgabe aus der Netz- oder Umspannebene	zeitgleiche Jahreshöchstlast
Netz- oder Umspannebene	kWh	kW	kWh	kW
HöS				
HöS/HS				
HS				
HS/MS				
MS				
MS/NS				
NS mit LM				
NS ohne LM				
NS (mit und ohne LM)				

eigene Entnahme aus vorgelagertem Netz	zeitgleiche Jahreshöchstlast
kWh	kW

25. Verordnung über den Zugang zu Gasversorgungsnetzen (Gasnetzzugangsverordnung – GasNZV)[1)]

Vom 3. September 2010
(BGBl. I S. 1261)

FNA 752-6-13

zuletzt geänd. durch Art. 1 LNG-Infrastruktur-VO v. 13.6.2019 (BGBl. I S. 786)

Inhaltsübersicht

[1)] Verkündet als Art. 1 VO v. 3.9.2010 (BGBl. I S. 1261); Inkrafttreten gem. Art. 9 Satz 1 dieser VO am 9.9.2010.

Teil 1. Allgemeine Bestimmungen

§ 1 Anwendungsbereich. [1]Diese Verordnung regelt die Bedingungen, zu denen die Netzbetreiber den Netzzugangsberechtigten im Sinne des § 20 Absatz 1 des Energiewirtschaftsgesetzes Zugang zu ihren Leitungsnetzen gewähren, einschließlich der Einspeisung von Biogas sowie den Anschluss von Biogasanlagen an die Leitungsnetze, den Netzanschluss von LNG-Anlagen, die Bedingungen für eine effiziente Kapazitätsausnutzung mit dem Ziel, den Netzzugangsberechtigten diskriminierungsfreien Netzzugang zu gewähren, sowie die Verpflichtungen der Netzbetreiber, zur Erreichung dieses Ziels zusammenzuarbeiten. ²Die Vorschriften dieser Verordnung sind abschließend im Sinne des § 111 Absatz 1 des Energiewirtschaftsgesetzes[1].

§ 2 Begriffsbestimmungen. Für diese Verordnung gelten die folgenden Begriffsbestimmungen:

1. „Allokation" ist die Zuordnung von Gasmengen zu einem Bilanzkreis;
2. „Ausgleichsenergie" ist die Energiemenge, die zum Ausgleich des Saldos aller Ein- und Ausspeisungen in einem Bilanzkreis am Ende der Bilanzierungsperiode rechnerisch benötigt wird;
3. „Ausspeiseleistung" ist die vom Netzbetreiber an einem Ausspeisepunkt für den Transportkunden vorgehaltene maximale Leistung in Kilowattstunde pro Stunde;
4. „Bilanzkreis" ist die Zusammenfassung von Einspeise- und Ausspeisepunkten, die dem Zweck dient, Einspeisemengen und Ausspeisemengen zu saldieren und die Abwicklung von Handelstransaktionen zu ermöglichen;
5. „Bilanzkreisverantwortlicher" ist eine natürliche oder juristische Person, die gegenüber dem Marktgebietsverantwortlichen für die Abwicklung des Bilanzkreises verantwortlich ist;
6. „Buchung" ist das Erwerben von Kapazitätsrechten;
7. „Brennwert „$H_{s,n}$" " ist die nach DIN EN ISO 6976 (Ausgabe: September 2005)[2] bei vollständiger Verbrennung freiwerdende Wärme in Kilowattstunde pro Normkubikmeter oder in Megajoule pro Normkubikmeter;

7a. „Datenformat" ist eine für die elektronische Weiterverarbeitung oder Veröffentlichung geeignete und standardisierte Formatvorgabe für die Datenkommunikation, welche die relevanten Parameter enthält;

8. „Einspeiser von Biogas" ist jede juristische oder natürliche Person, die am Einspeisepunkt im Sinne von § 3 Nummer 13b des Energiewirtschaftsgesetzes[1] Biogas in ein Netz oder Teilnetz eines Netzbetreibers einspeist;
9. „Einspeiseleistung" ist die vom Netzbetreiber an einem Einspeisepunkt für den Transportkunden vorgehaltene maximale Leistung in Kilowattstunde pro Stunde;
10. „Marktgebiet" ist die Zusammenfassung gleichgelagerter und nachgelagerter Netze, in denen Transportkunden gebuchte Kapazitäten frei zuordnen, Gas an Letztverbraucher ausspeisen und in andere Bilanzkreise übertragen können;
11. „Marktgebietsverantwortlicher" ist die von den Fernleitungsnetzbetreibern bestimmte natürliche oder juristische Person, die in einem Marktgebiet Leistungen erbringt, die zur Verwirklichung einer effizienten Abwicklung des Gasnetzzugangs in einem Marktgebiet durch eine Person zu erbringen sind;

11a. „Realisierungsfahrplan" ist ein gemeinsamer Plan von Netzbetreiber und Anschlussnehmer oder Anschlusswilligem über Inhalt, zeitliche Abfolge

---

[1] Nr. 1.

[2] **Amtlicher Hinweis:** Zu beziehen bei Beuth-Verlag GmbH, Berlin; archivmäßig gesichert niedergelegt beim Deutschen Patent- und Markenamt.

und Verantwortlichkeit für die einzelnen Schritte zur Herstellung des Netzanschlusses oder zum Kapazitätsausbau, um die einzelnen Schritte der Beteiligten miteinander zu synchronisieren;

12. „Regelenergie" sind die Gasmengen, die vom Netzbetreiber zur Gewährleistung der Netzstabilität eingesetzt werden;

13. „Technische Kapazität" ist das Maximum an fester Kapazität, das der Netzbetreiber unter Berücksichtigung der Systemintegrität und der Erfordernisse des Netzbetriebs Transportkunden anbieten kann;

13a. „Untertägige Kapazität" ist die Kapazität, die nach dem Ende der Auktionen für Kapazitäten auf Tagesbasis für den jeweiligen Tag angeboten und zugewiesen wird;

14. „Verfügbare Kapazität" ist die Differenz zwischen technischer Kapazität und der Summe der gebuchten Kapazitäten für den jeweiligen Ein- oder Ausspeisepunkt;

15. „Virtueller Handelspunkt" ist ein Punkt im Marktgebiet, an dem Gas zwischen Bilanzkreisen übertragen werden kann, der jedoch keinem physischen Ein- oder Ausspeisepunkt im Marktgebiet entspricht;

16. „Werktage" sind die Tage Montag bis Freitag, mit Ausnahme der bundeseinheitlichen gesetzlichen Feiertage sowie des 24. und des 31. Dezembers.

Teil 2. Vertragliche Ausgestaltung des Netzzugangs

§ 3 Verträge für den Netzzugang. (1) [1] Transportkunden sind nach Maßgabe dieser Verordnung gegenüber dem Ein- oder Ausspeisenetzbetreiber berechtigt und verpflichtet, einen Einspeise- oder Ausspeisevertrag abzuschließen; in diesem sind die Rechte und Pflichten, die den Netzzugang betreffen, einschließlich des zu entrichtenden Entgelts zu regeln. [2] Beabsichtigt ein Transportkunde ausschließlich den Handel mit Gas am Virtuellen Handelspunkt eines Marktgebiets, ist er berechtigt und verpflichtet, wenigstens einen Bilanzkreisvertrag mit dem Marktgebietsverantwortlichen abzuschließen. [3] Bilanzkreisverantwortliche sind gegenüber dem Marktgebietsverantwortlichen eines Marktgebiets berechtigt und verpflichtet, einen Bilanzkreisvertrag abzuschließen.

(2) [1] Marktgebietsverantwortliche haben Bilanzkreisverantwortlichen standardisierte Bilanzkreisverträge anzubieten. [2] Der Bilanzkreisvertrag regelt die Einrichtung eines Bilanzkreises sowie die Erfassung, den Ausgleich und die Abrechnung von Abweichungen zwischen allokierten Gasmengen.

(3) [1] Fernleitungsnetzbetreiber haben Transportkunden standardisierte Ein- und Ausspeiseverträge anzubieten, durch die Kapazitätsrechte des Transportkunden an Ein- und Ausspeisepunkten begründet werden. [2] Der Einspeisevertrag berechtigt den Transportkunden zur Nutzung des Netzes vom Einspeisepunkt bis zum Virtuellen Handelspunkt; der Ausspeisevertrag berechtigt den Transportkunden zur Nutzung des Netzes vom Virtuellen Handelspunkt bis zum Ausspeisepunkt beim Letztverbraucher, zu einem Grenzübergangs- oder

Marktgebietsübergangspunkt oder zu einer Speicheranlage im Sinne des § 3 Nummer 31 des Energiewirtschaftsgesetzes[1)].

(4) [1] Betreiber von örtlichen Gasverteilernetzen haben Transportkunden Ausspeiseverträge in Form von standardisierten Lieferantenrahmenverträgen anzubieten. [2] Der Lieferantenrahmenvertrag berechtigt Transportkunden in einem Marktgebiet zur Nutzung der Netze ab dem Virtuellen Handelspunkt und zur Ausspeisung von Gas an Ausspeisepunkten der örtlichen Gasverteilernetze.

(5) Netzbetreiber und Marktgebietsverantwortliche haben ihren Ein- und Ausspeise- oder Bilanzkreisverträgen allgemeine Geschäftsbedingungen zugrunde zu legen, die die Mindestangaben nach § 4 enthalten.

(6) Netzbetreiber haben die Verträge und Geschäftsbedingungen für die Einspeisung von Biogas so auszugestalten, dass ein transparenter, diskriminierungsfreier und effizienter Netzzugang zu angemessenen Bedingungen ermöglicht wird.

§ 4 Mindestanforderungen an die Allgemeinen Geschäftsbedingungen. (1) [1] Die allgemeinen Geschäftsbedingungen für Ein- oder Ausspeiseverträge müssen Mindestangaben enthalten über:

1. die Nutzung der Ein- oder Ausspeisepunkte;
2. die Abwicklung des Netzzugangs, der Buchung von Kapazitäten und der Nominierung, insbesondere über den Zeitpunkt, bis zu dem eine Nominierung vorgenommen werden muss und inwieweit nachträgliche Änderungen der Nominierungen möglich sind, sowie über ein Nominierungsersatzverfahren;
3. die Gasbeschaffenheit und Drücke des Gases im Netz;
4. die Leistungsmessung oder über ein Standardlastprofilverfahren;
5. den Daten- und Informationsaustausch zwischen Transportkunden und Netzbetreibern sowie Marktgebietsverantwortlichen, die bei elektronischem Datenaustausch auch die dafür zu verwendenden Formate und Verfahren festlegen;
6. die Messung und Ablesung des Gasverbrauchs;
7. mögliche Störungen der Netznutzung und Haftung für Störungen;
8. die Voraussetzungen für die Registrierung als Transportkunde;
9. die Kündigung des Vertrags durch den Netzbetreiber oder den Transportkunden;
10. den Umgang mit Daten, die vom Transportkunden im Rahmen des Vertrags übermittelt wurden;
11. die Abrechnung;
12. die Ansprechpartner beim Netzbetreiber für Fragen zu Ein- und Ausspeiseverträgen und ihre Erreichbarkeit;
13. die Voraussetzungen für die Erhebung einer Sicherheitsleistung in begründeten Fällen;
14. Regelungen betreffend die Freigabe von Kapazitäten nach § 16.

[1)] Nr. 1.

[2] Ein Lieferantenrahmenvertrag nach § 3 Absatz 4 sowie Ausspeiseverträge im örtlichen Verteilernetz müssen Bestimmungen nach Satz 1 Nummer 2 nur insoweit enthalten, als deren Gegenstand die Abwicklung des Netzzugangs ist. [3] Für Messstellen, die von einem Dritten betrieben werden und den Gasverbrauch eines Letztverbrauchers messen, ist Satz 1 Nummer 6 nicht anzuwenden. [4] Wird der Ausspeisevertrag in Form eines Lieferantenrahmenvertrages gemäß § 3 Absatz 4 abgeschlossen, sind Angaben nach Satz 1 Nummer 2 nicht erforderlich.

(2) Die allgemeinen Geschäftsbedingungen für Bilanzkreisverträge müssen Mindestangaben enthalten über:

1. die bei der Bilanzierung anzuwendenden Prozesse;
2. die Abrechnung der Bilanzkreise, insbesondere über die Ermittlung der Zu- und Abschläge nach § 23 Absatz 3, sowie zur Abrechnung von Mehr- und Mindermengen;
3. den Daten- und Informationsaustausch zwischen Netzbetreibern, Marktgebietsverantwortlichen und Bilanzkreisverantwortlichen, die bei elektronischem Datenaustausch auch die dafür vorgesehenen Formate und Verfahren festlegen;
4. die Haftung des Marktgebietsverantwortlichen und des Bilanzkreisverantwortlichen;
5. die Voraussetzungen für die Registrierung als Bilanzkreisverantwortlicher;
6. die Kündigung des Vertrags durch den Marktgebietsverantwortlichen oder den Bilanzkreisverantwortlichen;
7. den Umgang mit Daten, die vom Bilanzkreisverantwortlichen im Rahmen des Vertrags übermittelt wurden;
8. Ansprechpartner beim Marktgebietsverantwortlichen für Fragen zum Bilanzierungsvertrag und ihre Erreichbarkeit;
9. Voraussetzungen für die Erhebung einer Sicherheitsleistung in begründeten Fällen.

§ 5 Haftung bei Störung der Netznutzung. § 18 der Niederdruckanschlussverordnung[1)] gilt für die Haftung bei Störungen der Netznutzung entsprechend.

§ 6 Registrierung. (1) [1] Transportkunden haben sich bei den Netzbetreibern, mit denen sie Verträge gemäß § 3 abschließen wollen, zu registrieren. [2] Dabei kann der Netzbetreiber die Angabe der Anschrift des Transportkunden oder eines Vertreters fordern.

(2) [1] Bilanzkreisverantwortliche haben sich beim Marktgebietsverantwortlichen, in dessen Marktgebiet sie Bilanzkreisverträge abschließen wollen, zu registrieren, es sei denn, sie sind bereits als Transportkunde bei einem Netzbetreiber im jeweiligen Marktgebiet registriert. [2] Der Marktgebietsverantwortliche kann für die Registrierung die Angabe der Anschrift des Bilanzkreisverantwortlichen oder eines Vertreters fordern.

[1)] Nr. **34**.

Teil 3. Abwicklung des Netzzugangs

§ 7 Netzkopplungsvertrag. (1) [1] Netzbetreiber sind verpflichtet, mit Netzbetreibern, mit deren Netzen sie über einen Netzkopplungspunkt verbunden sind, Netzkopplungsverträge abzuschließen. [2] Die Regelungen sind so zu gestalten, dass die Vertraulichkeit wirtschaftlich sensibler Daten oder Informationen gewahrt ist. [3] Netzkopplungsverträge müssen mindestens Regelungen zu Folgendem enthalten:

1. die notwendigen Informationspflichten der Netzbetreiber untereinander zur Abwicklung von Transporten;
2. die technischen Kriterien des Netzkopplungspunkts, insbesondere Druck, Gasbeschaffenheit und technische Leistung des Netzkopplungspunkts;
3. den Datenaustausch zwischen den Netzbetreibern;
4. die Messung und die Bereitstellung der Messergebnisse;
5. die Nominierung oder alternative Verfahren;
6. die Bedingungen für die Einstellung oder Reduzierung der Gasbereitstellung oder Gasübernahme.

(2) [1] Die Netzbetreiber richten untereinander Netzkopplungskonten an ihren Netzkopplungspunkten ein, die gewährleisten, dass für Stationsstillstandszeiten sowie bei Gasflussrichtungswechsel, minimalem Gasfluss oder Messungenauigkeiten die Transportverträge unterbrechungsfrei erfüllt werden. [2] Die Netzkopplungskonten können auch zur Bereitstellung und Entgegennahme von interner Regelenergie genutzt werden. [3] Ein Netzkopplungskonto umfasst zumindest drei Stundenmengen der Stationskapazität.

§ 8 Abwicklung des Netzzugangs. (1) [1] Die Netzbetreiber sind verpflichtet, von Transportkunden bereitgestellte Gasmengen an den vom Transportkunden benannten Einspeisepunkten des Marktgebiets zu übernehmen und an den vom Transportkunden benannten Ausspeisepunkten des Marktgebiets mit demselben Energiegehalt zu übergeben. [2] Die Nämlichkeit des Gases braucht bei der Ausspeisung nicht gewahrt zu bleiben.

(2) [1] Fernleitungsnetzbetreiber haben frei zuordenbare Kapazitäten anzubieten, die es ermöglichen, gebuchte Ein- und Ausspeisekapazitäten ohne Festlegung eines Transportpfads zu nutzen. [2] Transportkunden ist es zu ermöglichen, Ein- und Ausspeisekapazitäten unabhängig voneinander, in unterschiedlicher Höhe und zeitlich voneinander abweichend zu buchen. [3] Die Rechte an gebuchten Kapazitäten (Kapazitätsrechte) berechtigen den Transportkunden, im Rahmen dieser Kapazitätsrechte Gas an jedem gebuchten Einspeisepunkt für die Ausspeisung an jedem gebuchten Ausspeisepunkt des betreffenden Marktgebiets bereitzustellen. [4] § 9 Absatz 3 Satz 2 Nummer 2 und 3 bleibt unberührt.

(3) [1] Nachgelagerte Netzbetreiber bestellen bei den ihrem Netz unmittelbar vorgelagerten Fernleitungsnetzbetreibern feste Ausspeisekapazitäten an den Netzkopplungspunkten (interne Bestellung), um insbesondere die dauerhafte Versorgung von Letztverbrauchern mit Gas im eigenen und in den nachgelagerten Netzen zu gewährleisten. [2] § 9 Absatz 4 und die §§ 11 bis 18 finden auf interne Bestellungen keine Anwendung.

(4) [1]Die kapazitätsbezogene Abwicklung von Transporten zwischen örtlichen Verteilernetzen erfolgt nach der Inanspruchnahme des vorgelagerten örtlichen Verteilernetzes durch das nachgelagerte örtliche Verteilernetz. [2]Der nachgelagerte örtliche Verteilernetzbetreiber hat dem vorgelagerten örtlichen Verteilernetzbetreiber die zur Abwicklung von Transporten erforderliche Vorhalteleistung rechtzeitig anzumelden.

(5) Für Letztverbraucher mit registrierender Lastgangmessung und einem in der Regel nicht planbaren, extrem hohen und extrem schwankenden Gasverbrauch kann der Ausspeisenetzbetreiber technische Ausspeisemeldungen und die Einhaltung technischer Grenzen verlangen, soweit dies für die Systemintegrität des Ausspeisenetzes erforderlich ist und entsprechend vereinbart wurde.

(6) Zur Abwicklung netzübergreifender Transporte haben die Netzbetreiber eine Kooperationsvereinbarung abzuschließen, in der sie die Einzelheiten ihrer Zusammenarbeit regeln, die notwendig sind, um einen transparenten, diskriminierungsfreien, effizienten und massengeschäftstauglichen Netzzugang zu angemessenen Bedingungen zu gewähren.

§ 9 Ermittlung technischer Kapazitäten. (1) [1]Fernleitungsnetzbetreiber sind verpflichtet, die technischen Kapazitäten im Sinne des § 8 Absatz 2 zu ermitteln. [2]Sie ermitteln für alle Einspeisepunkte die Einspeisekapazitäten und für alle Ausspeisepunkte die Ausspeisekapazitäten.

(2) [1]Die erforderlichen Berechnungen von Ein- und Ausspeisekapazitäten in einem Marktgebiet erfolgen auf der Grundlage von Lastflusssimulationen nach dem Stand der Technik, die auch netz- und marktgebietsüberschreitende Lastflüsse berücksichtigen. [2]Die Fernleitungsnetzbetreiber berücksichtigen dabei insbesondere die historische und prognostizierte Auslastung der Kapazitäten sowie die historische und prognostizierte Nachfrage nach Kapazitäten sowie Gegenströmungen auf Basis der wahrscheinlichen und realistischen Lastflüsse. [3]Die Fernleitungsnetzbetreiber und die Betreiber nachgelagerter Netze haben bei der Kapazitätsberechnung und der Durchführung von Lastflusssimulationen mit dem Ziel zusammenzuarbeiten, die technischen Kapazitäten zu maximieren. [4]Hierzu haben sie sich unverzüglich gegenseitig alle erforderlichen Informationen zur Verfügung zu stellen.

(3) [1]Führt die Berechnung der Ein- und Ausspeisekapazitäten nach Absatz 1 und 2 zu dem Ergebnis, dass sie nicht in ausreichendem Maß frei zuordenbar angeboten werden können, haben Fernleitungsnetzbetreiber wirtschaftlich zumutbare Maßnahmen zu prüfen, die das Angebot frei zuordenbarer Kapazitäten erhöhen. [2]Sie haben insbesondere folgende Maßnahmen in der nachstehenden Reihenfolge zu prüfen:

1. vertragliche Vereinbarungen mit Dritten, die bestimmte Lastflüsse zusichern sowie geeignet und erforderlich sind, die Ausweisbarkeit frei zuordenbarer Ein- und Ausspeisekapazitäten zu erhöhen (Lastflusszusagen); der Umfang von Lastflusszusagen ist so gering wie möglich zu halten;
2. das Angebot von Ein- und Ausspeisekapazitäten, die abweichend von § 8 Absatz 2 mit bestimmten Zuordnungsauflagen verknüpft sind; diese Vorgaben sind so gering wie möglich zu halten;
3. den Ausschluss einzelner Ein- und Ausspeisepunkte von der freien Zuordenbarkeit; diese Vorgaben sind so gering wie möglich zu halten.

[3] Dienstleistungen nach Satz 2 sind in diskriminierungsfreien und transparenten Verfahren unter angemessenen Bedingungen zu beschaffen. [4] Ergibt die Prüfung, dass wirtschaftlich zumutbare Maßnahmen nach Satz 2 möglich und geeignet sind, das Angebot frei zuordenbarer Kapazitäten zu erhöhen, sind sie vom Fernleitungsnetzbetreiber in der in Satz 2 genannten Reihenfolge zu ergreifen. [5] Bei der Prüfung wirtschaftlich zumutbarer Maßnahmen zur Erhöhung des Angebots frei zuordenbarer Kapazitäten haben Netzbetreiber mit dem Ziel zusammenzuarbeiten, die Anwendung von Maßnahmen nach Satz 2 möglichst gering zu halten.

(4) [1] Die Regulierungsbehörde genehmigt die Höhe der von den Fernleitungsnetzbetreibern nach Absatz 1 bis 3 ermittelten technischen Kapazität, bevor die Fernleitungsnetzbetreiber Verfahren nach Anhang I Nummer 2.2.2 der Verordnung (EG) Nr. 715/2009[1)] des Europäischen Parlaments und des Rates vom 13. Juli 2009 über die Bedingungen für den Zugang zu den Erdgasfernleitungsnetzen und zur Aufhebung der Verordnung (EG) Nr. 1775/2005 (ABl. L 211 vom 14.8.2009, S. 36), die zuletzt durch den Beschluss (EU) 2015/715 (ABl. L 114 vom 5.5.2015, S. 9) geändert worden ist, einführen. [2] Bei der Genehmigung hat die Regulierungsbehörde insbesondere die in den Vorjahren ermittelte technische Kapazität und, sofern erfolgt, die in den Vorjahren ausgewiesenen zusätzlichen Kapazitäten zu berücksichtigen. [3] Die Fernleitungsnetzbetreiber haben der Regulierungsbehörde alle für eine Überprüfung der Ermittlung der technischen Kapazität erforderlichen Informationen, insbesondere zu den bei der Ermittlung der technischen Kapazität verwendeten Annahmen, zur Verfügung zu stellen und ihr Zugang zu den Kapazitätsberechnungssystemen zu gewähren. [4] Die zur Verfügung gestellten Daten müssen einen sachkundigen Dritten in die Lage versetzen, die Ermittlung der technischen Kapazität ohne weitere Informationen vollständig nachvollziehen zu können.

§ 10 *(aufgehoben)*

§ 11 Kapazitätsprodukte. (1) [1] Fernleitungsnetzbetreiber haben Transportkunden sowohl feste als auch unterbrechbare Kapazitäten anzubieten, und zwar auf Jahres-, Quartals-, Monats- und Tagesbasis sowie untertägiger Basis. [2] Fernleitungsnetzbetreiber haben bei der Ausgestaltung der Kapazitätsprodukte in dem Ausmaß zusammenzuarbeiten, das erforderlich ist, um aufeinander abgestimmte Kapazitätsprodukte in möglichst großem Umfang anzubieten.

(2) [1] Fernleitungsnetzbetreiber haben Einspeisekapazitäten an unterschiedlichen Einspeisepunkten zu Einspeisezonen zusammenzufassen, die es ermöglichen, eine Einspeisung von Gas auf der Basis einer Einspeisekapazitätsbuchung an einem einzigen Einspeisepunkt vorzunehmen, soweit dies strömungsmechanisch möglich ist. [2] Satz 1 ist auf Ausspeisekapazitäten entsprechend anwendbar. [3] Ist insbesondere aus Gründen der Strömungsmechanik ein Angebot nach Satz 1 und 2 nicht möglich, haben die Fernleitungsnetzbetreiber in dem Umfang zusammenzuarbeiten, der erforderlich ist, um ein Angebot nach Satz 1 und 2 zu ermöglichen. [4] Die Verpflichtung nach § 9 Absatz 2 Satz 3 und 4 bleibt unberührt.

---

1) Nr. **9**.

(3) [1]Die Fernleitungsnetzbetreiber haben bis zum 1. November 2019 die Folgen der Einführung untertägiger Kapazitäten nach Absatz 1 zu evaluieren und in einem Bericht der Bundesnetzagentur zu übermitteln. [2]In der Evaluierung sind insbesondere Änderungen im Buchungsverhalten, die Auswirkungen auf das Ausgleichs- und Regelenergiesystem und die aus der Einführung resultierenden Entwicklungen der Höhe der spezifischen Fernleitungsentgelte zu betrachten. [3]Die Analyse muss die Bundesnetzagentur in die Lage versetzen, die Folgen der Bereitstellung untertägiger Kapazitäten überprüfen zu können. [4]Die Bundesnetzagentur gibt den berührten Wirtschaftskreisen Gelegenheit zur Stellungnahme.

§ 12 Kapazitätsbuchungsplattform. (1) [1]Fernleitungsnetzbetreiber haben für die Vergabe von Ein- und Ausspeisekapazitäten eine oder eine begrenzte Anzahl gemeinsamer Kapazitätsbuchungsplattformen einzurichten und zu betreiben oder durch einen vereinbarten Dritten betreiben zu lassen, über die die Kapazitäten nach § 13 vergeben werden (Primärkapazitätsbuchungsplattform). [2]Die Kosten für die Einrichtung und den Betrieb der Kapazitätsbuchungsplattform sind von den beteiligten Netzbetreibern anteilig zu tragen und können auf die Netzentgelte umgelegt werden.

(2) [1]Transportkunden dürfen Ein- und Ausspeisekapazitäten an Dritte weiterveräußern oder diesen zur Nutzung überlassen (Sekundärkapazitäten). [2]Die Weiterveräußerung oder Nutzungsüberlassung erfolgt ausschließlich unter Nutzung der Plattform, über welche die Primärkapazitäten vergeben werden. [3]Die auf die Vermarktung der Sekundärkapazitäten entfallenden Kosten für die Einrichtung und den Betrieb der Plattform nach Absatz 1 sind von den beteiligten Fernleitungsnetzbetreibern anteilig zu tragen und können auf die Netzentgelte umgelegt werden. [4]Die Entgelte für gehandelte Ein- und Ausspeisekapazitäten dürfen die ursprünglich für die entsprechende Primärkapazität an den Fernleitungsnetzbetreiber zu zahlenden Entgelte nicht wesentlich überschreiten.

(3) [1]Auf der Kapazitätsbuchungsplattform sind alle Angebote gleichartiger Kapazitäten und Nachfragen nach gleichartigen Kapazitäten für die Transportkunden transparent zu machen. [2]Die Anonymität des Handelsvorgangs gegenüber Anbietenden, Nachfragenden und Dritten muss gewährleistet sein. [3]Transportkunden müssen nach § 6 registriert sein, um am Handel auf der Kapazitätsbuchungsplattform teilzunehmen.

(4) Die Betreiber der Plattformen nach Absatz 1 haben einen Internetauftritt einzurichten, um Transportkunden eine massengeschäftstaugliche Abwicklung des Erwerbs von Primär- und Sekundärkapazität zu ermöglichen.

§ 13 Zuteilung von Ein- und Ausspeisekapazität. (1) [1]Fernleitungsnetzbetreiber haben feste Ein- und Ausspeisekapazitäten über die Kapazitätsbuchungsplattform in einem transparenten und diskriminierungsfreien Verfahren zu versteigern. [2]Der Zuschlag bei der Kapazitätsversteigerung erfolgt nach dem Markträumungspreis. [3]Werden Kapazitäten in der Versteigerung nicht entsprechend dem Umfang der Anfrage zugeteilt, gilt der Netzzugang in dem Umfang der nicht zugeteilten Kapazität als verweigert. [4]Sofern Kapazitäten mittels einer Auktion auf der Kapazitätsbuchungsplattform vergeben werden, muss das Verfahren für die Auktion den Vorgaben der Verordnung (EU) 2017/459 der Kommission vom 16. März 2017 zur Festlegung eines Netzkodex über

Mechanismen für die Kapazitätszuweisung in Fernleitungsnetzen und zur Aufhebung der Verordnung (EU) Nr. 984/2013 (ABl. L 72 vom 17.3.2017, S. 1) entsprechen.

(2) [1] Inhaber unterbrechbarer Kapazitäten oder Kapazitäten mit unterbrechbaren Anteilen können bei einer Versteigerung von festen Kapazitätsprodukten Gebote abgeben, um ihre Kapazitäten in feste Kapazitätsprodukte oder Kapazitätsprodukte mit geringeren unterbrechbaren Anteilen umzuwandeln. [2] Ist der Inhaber der Kapazitäten bei der Versteigerung nicht erfolgreich, behält er seine ursprünglichen Kapazitäten.

(3) [1] Absatz 1 und 2 werden nicht angewendet auf Ausspeisekapazitäten zur Ausspeisung zu Letztverbrauchern sowie auf Einspeisekapazitäten zur Einspeisung aus Produktions- oder LNG-Anlagen sowie aus Anlagen im Sinne des Teils 6 zur Einspeisung von Biogas in das Fernleitungsnetz. [2] Diese Kapazitäten werden in der zeitlichen Reihenfolge der Anfragen vergeben. [3] Sie können vom angeschlossenen Letztverbraucher oder vom Betreiber von Produktions- oder LNG-Anlagen oder von Anlagen im Sinne des Teils 6 zur Einspeisung von Biogas gebucht werden.

§ 14 *(aufgehoben)*

§ 15 Nominierung und Nominierungsersatzverfahren. (1) [1] Der Transportkunde hat die beabsichtigte Inanspruchnahme von Ein- und Ausspeisekapazitäten nach Stundenmengen in Kilowattstunden pro Stunde beim Fernleitungsnetzbetreiber anzumelden (Nominierung). [2] Ausspeisenominierungen sind nur in den folgenden Fällen notwendig:

1. bei der Ausspeisung aus einer Speicheranlage, soweit der betreffende Ausspeisepunkt nicht nach § 13 Absatz 3 Satz 3 vom Betreiber der Speicheranlage gebucht wurde,
2. bei der Überspeisung in ein anderes Marktgebiet oder einen angrenzenden Staat, sowie
3. bei der Buchung von Transportkapazität an demselben Ausspeisepunkt durch mehrere Transportkunden, sofern dieser Ausspeisepunkt unterschiedlichen Bilanzkreisen zugeordnet ist.

[3] Satz 2 Nummer 3 gilt entsprechend, wenn der Transportkunde denselben Ausspeisepunkt in unterschiedliche Bilanzkreise eingebracht hat.

(2) [1] Transportkunden können einen Dritten mit der Nominierung beauftragen. [2] Dieser nominiert im Namen der ihn beauftragenden Transportkunden beim Fernleitungsnetzbetreiber. [3] Die vertraglichen Verpflichtungen zwischen Transportkunde und Fernleitungsnetzbetreiber bleiben hiervon unberührt.

(3) [1] Fernleitungsnetzbetreiber haben Transportkunden neben dem Standardnominierungsverfahren nach Absatz 1 ein Nominierungsersatzverfahren anzubieten, soweit dies technisch möglich und wirtschaftlich zumutbar ist. [2] Das Angebot muss diskriminierungsfrei sein. [3] Ist dem Fernleitungsnetzbetreiber ein solches Angebot technisch nicht möglich oder wirtschaftlich nicht zumutbar, hat er dies schlüssig zu begründen.

§ 16 Freigabepflicht ungenutzter Kapazitäten. (1) Transportkunden sind bis zum Nominierungszeitpunkt verpflichtet, vollständig oder teilweise ungenutzte feste Kapazitäten unverzüglich als Sekundärkapazitäten auf der in § 12 Absatz 2 vorgesehenen Kapazitätsbuchungsplattform anzubieten oder dem Fernleitungsnetzbetreiber für den Zeitraum und im Umfang der Nichtnutzung zur Verfügung zu stellen.

(2) [1]Soweit der Transportkunde von ihm gebuchte feste Kapazitäten zum Nominierungszeitpunkt nicht oder nicht vollständig nominiert, ist der Fernleitungsnetzbetreiber verpflichtet, diese Kapazitäten in dem nicht in Anspruch genommenen Umfang unter Berücksichtigung bestehender Renominierungsrechte für den Folgetag als feste Kapazitäten anzubieten. [2]Die Verpflichtung des Fernleitungsnetzbetreibers nach § 11 Absatz 1 zum Angebot unterbrechbarer Kapazitäten bleibt unberührt. [3]Der Transportkunde, dessen Kapazitäten durch den Fernleitungsnetzbetreiber nach Satz 1 angeboten wurden, bleibt zur Zahlung der Einspeise- oder Ausspeiseentgelte verpflichtet.

(3) [1]Der Fernleitungsnetzbetreiber hat bei Vorliegen vertraglicher Engpässe die festen gebuchten Kapazitäten mit einer Laufzeit von mindestens einem Jahr in dem Umfang zu entziehen, in dem der Transportkunde seine festen gebuchten Kapazitäten während drei Monaten innerhalb des zurückliegenden Kalenderjahres dauerhaft nicht in Anspruch genommen hat. [2]Einer dieser drei Monate muss der Monat Oktober, November, Dezember, Januar, Februar oder März gewesen sein.

(4) [1]Der Transportkunde kann der Entziehung widersprechen, wenn er

1. nachweist, dass er die Kapazitäten in Übereinstimmung mit § 16 Absatz 1 auf dem Sekundärmarkt angeboten oder dem Fernleitungsnetzbetreiber für den Zeitraum und im Umfang der Nichtnutzung zur Verfügung gestellt hat,
2. unverzüglich schriftlich oder elektronisch schlüssig darlegt, dass er die Kapazitäten in vollem Umfang weiterhin benötigt, um bestehende vertragliche Verpflichtungen, insbesondere aus Gasbezugs- oder Gaslieferverträgen, zu erfüllen, oder
3. unverzüglich schriftlich oder elektronisch schlüssig darlegt, dass er über verschiedene vertragliche Gasbeschaffungsalternativen verfügt, für die Kapazitäten an unterschiedlichen Einspeisepunkten gebucht sind, die von ihm alternativ genutzt werden, und dass er die nicht benötigten Kapazitäten für den Zeitraum der Nichtnutzung im Umfang der Nichtnutzung auf dem Sekundärmarkt oder dem Fernleitungsnetzbetreiber für den Zeitraum und im Umfang der Nichtnutzung zur Verfügung gestellt hat.

[2]Fernleitungsnetzbetreiber haben Informationen nach Satz 1 sowie Absatz 2 und 3 über einen Zeitraum von zwei Jahren aufzubewahren und der Regulierungsbehörde auf Anforderung zur Verfügung zu stellen. [3]Auf Anforderung erbringt der Transportkunde den Nachweis nach Satz 1 Nummer 2 und 3 gegenüber der Regulierungsbehörde durch Vorlage von Kopien der entsprechenden vertraglichen Vereinbarungen. [4]Transportkunden, denen Ein- und Ausspeisekapazität verweigert wurde, sind vom Fernleitungsnetzbetreiber auf Verlangen die Informationen nach Satz 1 unter Wahrung von Betriebs- und Geschäftsgeheimnissen Dritter zur Verfügung zu stellen.

§ 17 Ermittlung des langfristigen Kapazitätsbedarfs. [1]Fernleitungsnetzbetreiber sind verpflichtet, marktgebietsweit im Verfahren der Netzentwicklungsplanung nach § 15a des Energiewirtschaftsgesetzes[1)] den langfristigen Kapazitätsbedarf in einem netzbetreiberübergreifenden, transparenten und diskriminierungsfreien Verfahren zu ermitteln. [2] Dabei berücksichtigen die Fernleitungsnetzbetreiber insbesondere:

1. ihre Erwartungen über die Entwicklung des Verhältnisses von Angebot und Nachfrage,
2. vorliegende Erkenntnisse aus durchgeführten Marktabfragen zum langfristig verbindlich benötigten Kapazitätsbedarf,
3. vorliegende Erkenntnisse aus Lastflusssimulationen nach § 9 Absatz 2 Satz 1,
4. Erkenntnisse über bestehende oder prognostizierte physische Engpässe im Netz,
5. Ergebnisse des Kapazitätsvergabeverfahrens nach § 13 Absatz 1,
6. Erkenntnisse aus Verweigerungen des Netzzugangs nach § 25 Satz 1 und 2 des Energiewirtschaftsgesetzes[1)],
7. Möglichkeiten zur Kapazitätserhöhung durch Zusammenarbeit mit angrenzenden Fernleitungs- oder Verteilernetzbetreibern,
8. vorliegende Erkenntnisse über Kapazitätsbedarf, der sich aus Zusammenlegungen von Marktgebieten nach § 21 ergibt,
9. vorliegende Erkenntnisse aus den gemeinschaftsweiten Netzentwicklungsplänen nach Artikel 8 Absatz 3 Buchstabe b der Verordnung (EG) Nr. 715/2009 des Europäischen Parlaments und des Rates vom 13. Juli 2009 über die Bedingungen für den Zugang zu den Erdgasfernleitungsnetzen und zur Aufhebung der Verordnung (EG) Nr. 1775/2005 (ABl. L 211 vom 14.8.2009, S. 36, L 229 vom 1.9.2009, S. 29), sowie
10. vorliegende sowie abgelehnte Kapazitätsreservierungen nach § 38 sowie Anschlussbegehren nach § 39.

[3] Fernleitungsnetzbetreiber sollen bei der Kapazitätsbedarfsermittlung mit den Betreibern angrenzender ausländischer Fernleitungsnetze zusammenarbeiten und nach Möglichkeit die Verfahren grenzüberschreitend durchführen. [4] Fernleitungsnetzbetreiber sind verpflichtet, den ermittelten Kapazitätsbedarf auf ihrer Internetseite zu veröffentlichen.

§ 18 Reduzierung der Kapazität nach Buchung. [1] Soweit sich die Kapazitäten nach Abschluss des Ein- oder Ausspeisevertrags aus technischen Gründen vermindern, reduzieren sich die gebuchten Kapazitäten anteilig im Verhältnis der von den Transportkunden gebuchten Kapazitäten. [2] Die Gründe sind dem Transportkunden unverzüglich mitzuteilen.

§ 19 Gasbeschaffenheit. (1) Der Transportkunde hat sicherzustellen, dass das zur Einspeisung anstehende Gas den allgemein anerkannten Regeln der Technik im Sinne des § 49 Absatz 2 und 3 des Energiewirtschaftsgesetzes[1)] entspricht und kompatibel im Sinne des Absatzes 2 ist.

(2) Die Kompatibilität des zur Einspeisung anstehenden Gases ist gegeben, wenn der Transportkunde das Gas an dem Einspeisepunkt mit einer Spezifikation entsprechend den zum Zeitpunkt der Einspeisung auf der Internetseite des

---

[1)] Nr. **1**.

Netzbetreibers veröffentlichten Eigenschaften des sich im aufnehmenden Netz befindlichen Gases zur Übergabe anstellt.

(3) [1] Sind ungeachtet der Erfüllung der Kompatibilitätsanforderungen nach Absatz 2 für die Übernahme des Gases in den relevanten Netzteilen Maßnahmen zum Druckausgleich oder zur Umwandlung des Gases zur Anpassung an die jeweiligen Gegebenheiten und Verhältnisse auch aus Gründen der Anwendungstechnik erforderlich, so hat der Netzbetreiber diese zu ergreifen. [2] Der Netzbetreiber trägt die Kosten für Maßnahmen nach Satz 1.

(4) [1] Ist die Kompatibilität im Sinne des Absatz 2 des zur Einspeisung anstehenden Gases nicht gegeben, hat der Netzbetreiber, soweit technisch möglich und zumutbar, dem Transportkunden ein Angebot zur Herstellung der Kompatibilität zu Bedingungen zu unterbreiten, die den Anforderungen nach § 21 Absatz 1 des Energiewirtschaftsgesetzes[1)] entsprechen. [2] Ist dem Netzbetreiber ein solches Angebot unmöglich oder unzumutbar, muss der Netzbetreiber dies begründen.

Teil 4. Kooperation der Netzbetreiber

§ 20 Marktgebiete. (1) [1] Die Fernleitungsnetzbetreiber bilden Marktgebiete. [2] Für jedes gebildete Marktgebiet ist ein Marktgebietsverantwortlicher zu benennen. [3] Der Marktgebietsverantwortliche hat insbesondere folgende Aufgaben:

1. den Betrieb des Virtuellen Handelspunkts eines Marktgebiets;
2. die Bilanzkreisabwicklung, insbesondere Vertragsabwicklung, Datenübermittlung und -veröffentlichung sowie Abrechnung der Bilanzkreise, sowie
3. die Beschaffung und die Steuerung des Einsatzes von Regelenergie.

[4] Fernleitungsnetzbetreiber können die Marktgebietsverantwortlichen mit der Wahrnehmung weiterer Aufgaben des Netzbetriebs beauftragen.

(2) [1] Jeder Ein- und Ausspeisepunkt muss durch die Transportkunden zu jedem Zeitpunkt eindeutig einem Marktgebiet zugeordnet werden können. [2] Dazu haben die Netzbetreiber alle Netzbereiche vor- und nachgelagerter Netzbetreiber einem Marktgebiet zuzuordnen. [3] Die Zuordnung eines Netzbereichs zu mehreren Marktgebieten ist zulässig, soweit dies aus netztechnischen Gründen erforderlich ist.

§ 21 Reduzierung der Anzahl der Marktgebiete. (1) [1] Die Fernleitungsnetzbetreiber, die Marktgebiete nach § 20 bilden, haben mit dem Ziel zusammenzuarbeiten, die Liquidität des Gasmarktes zu erhöhen. [2] Sie haben spätestens ab 1. April 2022 aus den bestehenden zwei Marktgebieten ein gemeinsames Marktgebiet zu bilden.

(2) [1] Die Regulierungsbehörde prüft, ob die Verpflichtungen nach Absatz 1 erfüllt werden. [2] Stellt sie fest, dass dies nicht der Fall ist, hat sie von ihren Befugnissen nach § 65 des Energiewirtschaftsgesetzes[1)] Gebrauch zu machen.

[1)] Nr. 1.

Teil 5. Bilanzierung und Regelenergie

Abschnitt 1. Bilanzierung

§ 22 Grundsätze der Bilanzierung. (1) [1]Abweichungen zwischen Ein- und Ausspeisemengen eines oder mehrerer Transportkunden werden in einem Bilanzkreis ausgeglichen. [2]Der Marktgebietsverantwortliche eines Marktgebiets führt das Bilanzkreissystem. [3]Er hat den Bilanzausgleich für alle Transportkunden diskriminierungsfrei durchzuführen. [4]Transportkunden ordnen jeden von ihnen genutzten Ein- und Ausspeisepunkt eindeutig einem Bilanzkreis zu. [5]Der Virtuelle Handelspunkt des Marktgebiets ist Bestandteil jedes Bilanzkreises des Marktgebiets. [6]Für die Nutzung des Virtuellen Handelspunkts dürfen keine Gebühren erhoben werden.

(2) [1]Für jeden Bilanzkreis ist ein Bilanzkreisverantwortlicher gegenüber dem Marktgebietsverantwortlichen zu benennen. [2]Die Zuordnung eines Bilanzkreises als Unterbilanzkreis zu einem anderen Bilanzkreis ist zulässig. [3]Mehrere Bilanzkreisverantwortliche können ihre Bilanzkreise zum Zwecke der Saldierung und einheitlichen Abrechnung verbinden.

(3) [1]Bilanzkreisverantwortliche haben bei den ihrem Bilanzkreis zugeordneten Ein- und Ausspeisemengen durch geeignete Maßnahmen innerhalb der Bilanzperiode für eine ausgeglichene Bilanz zu sorgen. [2]Der Bilanzkreisverantwortliche trägt gegenüber dem Marktgebietsverantwortlichen die wirtschaftliche Verantwortung für Abweichungen zwischen allokierten Ein- und Ausspeisemengen des Bilanzkreises.

§ 23 Bilanzkreisabrechnung. (1) [1]Die Bilanzierungsperiode ist der Gastag. [2]Der Gastag beginnt um 6.00 Uhr und endet um 6.00 Uhr des folgenden Tages.

(2) [1]Die Marktgebietsverantwortlichen legen der Abrechnung eines Bilanzkreises den Saldo des Bilanzkontos zugrunde, der sich aus den in der Bilanzierungsperiode in den jeweiligen Bilanzkreis allokierten Ein- und Ausspeisemengen in Energieeinheiten ergibt. [2]Dieser Saldo wird um 5 Prozent der an Letztverbraucher ohne Standardlastprofil und ohne Nominierungsersatzverfahren gelieferten Mengen vermindert (Toleranzmenge). [3]Dieser so ermittelte Saldo wird vom Marktgebietsverantwortlichen unverzüglich dem Bilanzkreisverantwortlichen gemeldet und als Ausgleichsenergie abgerechnet. [4]Die Toleranzmenge ist in die übernächste Bilanzierungsperiode zu übertragen und in der Bilanz des Bilanzkreisverantwortlichen auszugleichen. [5]Die Abrechnung nach Satz 1 erfolgt spätestens zwei Monate nach dem jeweiligen Abrechnungsmonat.

(3) [1]Der Marktgebietsverantwortliche kann bei der Ermittlung der Entgelte für die Abrechnung nach Absatz 2 Satz 3 angemessene Zu- und Abschläge auf diese Entgelte erheben, wenn und soweit dies erforderlich und angemessen ist, um die Netzstabilität zu sichern oder eine missbräuchliche Ausnutzung des Bilanzierungssystems zu vermeiden. [2]Die Entgelte sollen den Bilanzkreisverantwortlichen insbesondere angemessene Anreize zur Vermeidung von Bilanzungleichgewichten setzen.

§ 24 Standardlastprofile. (1) Verteilnetzbetreiber wenden für die Allokation der Ausspeisemengen von Letztverbrauchern bis zu einer maximalen stündlichen Ausspeiseleistung von 500 Kilowattstunden pro Stunde und bis zu einer maximalen jährlichen Entnahme von 1,5 Millionen Kilowattstunden vereinfachte Methoden (Standardlastprofile) an.

(2) [1] Die Verteilnetzbetreiber können Lastprofile auch für Letztverbraucher mit höheren maximalen Ausspeiseleistungen oder höheren jährlichen Entnahmen als die in Absatz 1 genannten Grenzwerte festlegen. [2] Darüber hinaus können die Verteilnetzbetreiber abweichend von Absatz 1 auch niedrigere Grenzwerte festlegen, wenn bei Berücksichtigung der in Absatz 1 genannten Grenzwerte ein funktionierender Netzbetrieb technisch nicht zu gewährleisten ist oder die Festlegung niedrigerer Grenzwerte im Einzelfall mit einem Transportkunden vereinbart ist. [3] Höhere oder niedrigere Grenzwerte kann der Verteilnetzbetreiber auch lediglich für einzelne Gruppen von Letztverbrauchern festlegen. [4] Innerhalb einer solchen Lastprofilgruppe sind die Grenzwerte jedoch einheitlich auf alle Letztverbraucher anzuwenden. [5] Legt der Verteilnetzbetreiber höhere oder niedrigere Grenzwerte fest, hat er dies der Regulierungsbehörde unverzüglich anzuzeigen.

(3) [1] Standardlastprofile müssen sich am typischen Abnahmeprofil verschiedener Gruppen von Letztverbrauchern orientieren, insbesondere von:
1. Gewerbebetrieben,
2. Kochgaskunden,
3. Heizgaskunden.

[2] Bei der Entwicklung und Anwendung der Standardlastprofile haben Verteilnetzbetreiber darauf zu achten, dass der Einsatz von Regelenergie möglichst reduziert wird. [3] Die Anwendung eines Standardlastprofils für Kochgaskunden hat ab dem 1. Oktober 2011 zu erfolgen.

(4) [1] Örtliche Verteilnetzbetreiber sind verpflichtet, für jeden Lastprofilkunden des Transportkunden eine Prognose über den Jahresverbrauch festzulegen, die in der Regel auf dem Vorjahresverbrauch basiert. [2] Die Prognose ist dem Transportkunden mitzuteilen. [3] Dieser kann unplausiblen Prognosen widersprechen und dem örtlichen Verteilnetzbetreiber eine eigene Prognose unterbreiten. [4] Kommt keine Einigung zustande, legt der örtliche Verteilnetzbetreiber die Prognose über den Jahresverbrauch fest. [5] In begründeten Ausnahmefällen kann die Jahresverbrauchsprognose vom Transportkunden und dem örtlichen Gasverteilnetzbetreiber gemeinsam auch unterjährig angepasst werden.

§ 25 Mehr- oder Mindermengenabrechnung. (1) [1] Die Mehr- und Mindermengen, die durch Abweichungen zwischen allokierten Mengen und der tatsächlichen Ausspeisung beim Letztverbraucher entstehen, gelten als vom Ausspeisenetzbetreiber bereitgestellt oder entgegengenommen und werden von diesem mit den Transportkunden abgerechnet. [2] Diese Abrechnung erfolgt mindestens jährlich oder am Ende des Vertragszeitraums auf der Basis der in den Bilanzkreis des Transportkunden allokierten Ausspeisungen sowie der gemessenen Werte für die Letztverbraucher.

(2) Nimmt der Ausspeisenetzbetreiber innerhalb des betreffenden Abrechnungszeitraums Mehrmengen entgegen oder liefert der Ausspeisenetzbetreiber innerhalb des betreffenden Abrechnungszeitraums Mindermengen, so hat er dem Transportkunden einen Arbeitspreis zu vergüten oder in Rechnung zu stellen

(3) Der Ausspeisenetzbetreiber rechnet Ausgaben und Einnahmen aus der Mehr- und Mindermengenabrechnung mit dem Marktgebietsverantwortlichen ab, der die Regelenergie bereitstellt.

§ 26 Datenbereitstellung. (1) Netzbetreiber und Marktgebietsverantwortliche haben sich gegenseitig sowie den Transportkunden und den Bilanzkreisverantwortlichen unverzüglich alle Informationen zur Verfügung zu stellen, die zur Vermeidung, zum Ausgleich und zur Abrechnung von Bilanzungleichgewichten erforderlich sind.

(2) [1] Zur Anbahnung und zur Abwicklung der Netznutzung sowie zur Abwicklung der Bilanzierung und der Mehr- und Mindermengenabrechnung werden die Daten zwischen dem Marktgebietsverantwortlichen, dem Netzbetreiber, dem Transportkunden sowie dem Bilanzkreisverantwortlichen elektronisch ausgetauscht. [2] Der Datenaustausch erfolgt in einem bundesweit einheitlichen Format sowie in einheitlichen Prozessen, die eine vollständige Automatisierung des Datenaustauschs ermöglichen. [3] Die Netzbetreiber haben die Transportkunden und Bilanzkreisverantwortlichen an der Entwicklung des Verfahrens und der Datenformate angemessen zu beteiligen.

Abschnitt 2. Regelenergie

§ 27 Einsatz von Regelenergie. (1) [1] Regelenergie wird im Rahmen des technisch Erforderlichen zum Ausgleich von Schwankungen der Netzlast mit dem Ziel eingesetzt, einen technisch sicheren und effizienten Netzbetrieb im Marktgebiet zu gewährleisten. [2] Der Marktgebietsverantwortliche steuert den Einsatz der Regelenergie, die von den Netzbetreibern im Marktgebiet benötigt wird. [3] Schwankungen der Netzlast werden zunächst durch folgende Maßnahmen ausgeglichen (interne Regelenergie):

1. Nutzung der Speicherfähigkeit des Netzes;
2. Einsatz des Teils von Anlagen zur Speicherung von Gas im Sinne des § 3 Nummer 31 des Energiewirtschaftsgesetzes[1)], der ausschließlich Betreibern von Leitungsnetzen bei der Wahrnehmung ihrer Aufgaben vorbehalten ist (netzzugehöriger Speicher) und der der Regulierungsbehörde vom Netzbetreiber angezeigt worden ist;
3. Nutzung der Speicherfähigkeit der an das betroffene Netz angrenzenden Netze sowie netzzugehöriger Speicher in anderen Netzen innerhalb und außerhalb des Marktgebiets.

(2) [1] Können Schwankungen der Netzlast nicht durch Maßnahmen nach Absatz 1 ausgeglichen werden, kommen Dienstleistungen Dritter zum Einsatz, bei denen von Transportkunden oder Speicherbetreibern Gasmengen aus dem Marktgebiet entnommen oder zur Verfügung gestellt werden (externe Regelenergie). [2] Die Marktgebietsverantwortlichen sind verpflichtet, den gegenläufigen Einsatz externer Regelenergie in angrenzenden Marktgebieten im Rahmen des technisch Möglichen und wirtschaftlich Zumutbaren zu vermeiden.

§ 28 Beschaffung externer Regelenergie. (1) [1] Externe Regelenergie wird vom Marktgebietsverantwortlichen für die in seinem Marktgebiet gelegenen

---

1) Nr. **1**.

Netzbetreiber beschafft. [2]Die Marktgebietsverantwortlichen vereinheitlichen die zur Beschaffung externer Regelenergie anzuwendenden Verfahren und Produkte.

(2) [1]Marktgebietsverantwortliche sind berechtigt, bei der Beschaffung von Regelenergie Mindestangebote festzulegen. [2]Die Anbieter externer Regelenergie sind berechtigt, zeitlich, räumlich und mengenmäßig Teilleistungen anzubieten; dabei dürfen die Teilleistungen das jeweilige Mindestangebot nicht unterschreiten. [3]Die Bildung einer Anbietergemeinschaft zur Erreichung der Mindestangebote ist zulässig.

§ 29 Regelenergiekosten und -erlöse; Kosten und Erlöse bei der Erbringung von Ausgleichsleistungen. [1]Der Saldo aus Kosten und Erlösen für die Beschaffung und den Einsatz von externer Regelenergie ist vorrangig mit den Erlösen des Marktgebietsverantwortlichen aus der Bilanzierung zu decken; dies umfasst insbesondere die Entgelte nach § 23 Absatz 3 und die Zahlungen im Rahmen der Mehr- und Mindermengenabrechnung nach § 25 Absatz 3. [2]Reichen die Erlöse im Sinne des Satzes 1 für die Beschaffung und den Einsatz von externer Regelenergie nicht aus, werden die verbleibenden Kosten diskriminierungsfrei auf die Bilanzkreisverantwortlichen im Marktgebiet umgelegt. [3]Erlöse, die nach Deckung der Kosten für externe Regelenergie verbleiben, sind diskriminierungsfrei zugunsten der Bilanzkreisverantwortlichen zu berücksichtigen. [4]Die Marktgebietsverantwortlichen sind berechtigt, von den Bilanzkreisverantwortlichen Abschlagszahlungen zur Deckung der voraussichtlichen Kosten für Regelenergie zu verlangen.

§ 30 *(aufgehoben)*

Teil 6. Biogas

§ 31 Zweck der Regelung. Ziel der Regelungen des Teils 6 ist es, die Einspeisung von Biogas in das Erdgasnetz zu ermöglichen.

§ 32 Begriffsbestimmungen. Für diesen Verordnungsteil gelten die folgenden Begriffsbestimmungen:

1. „Anschlussnehmer" ist jede juristische oder natürliche Person, die als Projektentwicklungsträger, Errichter oder Betreiber einer Anlage, mit der Biogas im Sinne von § 3 Nummer 10c des Energiewirtschaftsgesetzes[1)] auf Erdgasqualität aufbereitet wird, den Netzanschluss dieser Anlage beansprucht;
2. „Netzanschluss" ist die Herstellung der Verbindungsleitung, die die Biogasaufbereitungsanlage mit dem bestehenden Gasversorgungsnetz verbindet, die Verknüpfung mit dem Anschlusspunkt des bestehenden Gasversorgungsnetzes, die Gasdruck-Regel-Messanlage sowie die Einrichtungen zur Druckerhöhung und die eichfähige Messung des einzuspeisenden Biogases;
3. „Anlage" ist die Anlage zur Aufbereitung von Biogas auf Erdgasqualität.

---

1) Nr. **1**.

§ 33 Netzanschlusspflicht. (1) [1]Netzbetreiber haben Anlagen auf Antrag eines Anschlussnehmers vorrangig an die Gasversorgungsnetze anzuschließen. [2]Die Kosten für den Netzanschluss sind vom Netzbetreiber zu 75 Prozent zu tragen. [3]Der Anschlussnehmer trägt die verbleibenden 25 Prozent der Netzanschlusskosten, bei einem Netzanschluss einschließlich Verbindungsleitung mit einer Länge von bis zu einem Kilometer höchstens aber 250 000 Euro. [4]Soweit eine Verbindungsleitung eine Länge von zehn Kilometern überschreitet, hat der Anschlussnehmer die Mehrkosten zu tragen. [5]Der Netzanschluss steht im Eigentum des Netzbetreibers. [6]Kommen innerhalb von zehn Jahren nach dem Netzanschluss weitere Anschlüsse hinzu, so hat der Netzbetreiber die Kosten so aufzuteilen, wie sie bei gleichzeitigem Netzanschluss verursacht worden wären, und Anschlussnehmern einen zu viel gezahlten Betrag zu erstatten.

(2) [1]Der Netzbetreiber hat die Verfügbarkeit des Netzanschlusses dauerhaft, mindestens aber zu 96 Prozent, sicherzustellen und ist für die Wartung und den Betrieb des Netzanschlusses verantwortlich. [2]Er trägt hierfür die Kosten. [3]Soweit es für die Prüfung der technischen Einrichtungen und der Messeinrichtungen erforderlich ist, hat der Netzbetreiber dem Anschlussnehmer oder seinem Beauftragten Zutritt zu den Räumen zu gestatten. [4]Der Anschlussnehmer und der Netzbetreiber können vertraglich weitere Rechte und Pflichten, insbesondere Dienstleistungen, vereinbaren und sich diese gegenseitig vergüten.

(3) *(aufgehoben)*

(4) [1]Richtet ein Anschlussnehmer ein Netzanschlussbegehren an den Netzbetreiber, so hat dieser dem Anschlussnehmer innerhalb von zwei Wochen nach Eingang des Netzanschlussbegehrens darzulegen, welche Prüfungen zur Vorbereitung einer Entscheidung über das Netzanschlussbegehren notwendig sind und welche erforderlichen Kosten diese Prüfungen verursachen werden. [2]Soweit zusätzliche Angaben erforderlich sind, hat der Netzbetreiber diese vollständig innerhalb von einer Woche nach Antragseingang vom Anschlussnehmer anzufordern. [3]In diesem Fall beginnt die in Satz 1 genannte Frist mit dem Eingang der vollständigen zusätzlichen Angaben beim Netzbetreiber.

(5) [1]Nach Eingang einer Vorschusszahlung des Anschlussnehmers in Höhe von 25 Prozent der nach Absatz 4 dargelegten Kosten der Prüfung ist der Netzbetreiber verpflichtet, unverzüglich die für eine Anschlusszusage notwendigen Prüfungen durchzuführen. [2]Soweit erforderlich, sind andere Netzbetreiber zur Mitwirkung bei der Prüfung verpflichtet. [3]Der Anschlussnehmer kann verlangen, dass der Netzbetreiber auch Prüfungen unter Zugrundelegung von Annahmen des Anschlussnehmers durchführt. [4]Das Ergebnis der Prüfungen ist dem Anschlussnehmer unverzüglich, spätestens aber drei Monate nach Eingang der Vorschusszahlung mitzuteilen. [5]Der Anschlussnehmer trägt die notwendigen Kosten der Prüfung.

(6) [1]Der Netzbetreiber ist an ein positives Prüfungsergebnis für die Dauer von drei Monaten gebunden. [2]Die Frist beginnt mit dem Zeitpunkt der Mitteilung nach Absatz 4. [3]Innerhalb dieser Frist muss der Netzbetreiber dem Anschlussnehmer ein verbindliches Vertragsangebot vorlegen. [4]Das Vertragsangebot umfasst die Zusicherung einer bestimmten garantierten Mindesteinspeisekapazität. [5]Die Wirksamkeit des Netzanschlussvertrags steht unter der aufschiebenden Bedingung, dass innerhalb von 18 Monaten mit dem Bau der

Anlage begonnen wird. [6]Zeiträume, in denen der Anschlussnehmer ohne sein Verschulden gehindert ist, mit dem Bau der Anlage zu beginnen, werden nicht eingerechnet.

(7) [1]Nach Abschluss des Netzanschlussvertrags hat der Netzbetreiber in Zusammenarbeit mit dem Anschlussnehmer unverzüglich die Planung des Netzanschlusses durchzuführen. [2]Die hierbei entstehenden Kosten sind Teil der Kosten des Netzanschlusses nach Absatz 1. [3]Der Netzbetreiber stellt den Netzanschluss auf Grundlage der gemeinsamen Planung unverzüglich selbst oder durch einen Dritten her. [4]Zu diesem Zweck vereinbaren Netzbetreiber und Anschlussnehmer zusammen mit dem Netzanschlussvertrag einen Realisierungsfahrplan. [5]Der Realisierungsfahrplan muss angemessene Folgen bei Nichteinhaltung der wesentlichen, insbesondere zeitlichen, Vorgaben vorsehen. [6]Soweit es veränderte tatsächliche Umstände erfordern, hat jeder der Beteiligten einen Anspruch auf Anpassung des Realisierungsfahrplans. [7]Im Realisierungsfahrplan müssen Zeitpunkte festgelegt werden, zu denen wesentliche Schritte zur Verwirklichung des Netzanschlusses abgeschlossen sein müssen. [8]Derartige Schritte können insbesondere sein, es sei denn Netzbetreiber und Anschlussnehmer vereinbaren etwas Abweichendes:

1. der Erwerb dinglicher Rechte oder langfristiger schuldrechtlicher Ansprüche, die die Nutzung der für das Netzanschlussvorhaben benötigten Grundstücke ermöglichen,
2. die Beantragung der für den Netzanschluss erforderlichen behördlichen Genehmigungen,
3. die Freigabe der Netzanschlussarbeiten durch den Anschlussnehmer,
4. das Bestellen der erforderlichen Anschlusstechnik,
5. der Beginn der Baumaßnahmen,
6. die Fertigstellung der Baumaßnahmen sowie
7. der Zeitpunkt der Inbetriebnahme des Netzanschlusses.

[9]Der Netzbetreiber hat den Realisierungsfahrplan unverzüglich der Regulierungsbehörde vorzulegen. [10]Der Netzbetreiber hat dem Anschlussnehmer die Kosten für Planung und Bau offenzulegen. [11]Bei Bau und Betrieb sind die Grundsätze der effizienten Leistungserbringung zu beachten. [12]Wird der im Realisierungsfahrplan vorgesehene Zeitpunkt der Inbetriebnahme der Anlage aus vom Netzbetreiber zu vertretenden Gründen überschritten, erlischt der Anspruch des Netzbetreibers auf den vom Anschlussnehmer nach Absatz 1 zu tragenden Kostenanteil für den Netzanschluss einschließlich einer Verbindungsleitung mit einer Länge von bis zu einem Kilometer; die daraus resultierenden Kosten des Netzbetreibers dürfen nicht auf die Netzentgelte umgelegt werden. [13]Hat der Anschlussnehmer bereits Vorschusszahlungen geleistet, sind diese ihm vom Netzbetreiber zu erstatten.

(8) [1]Lehnt der Netzbetreiber den Antrag auf Anschluss ab, hat er das Vorliegen der Gründe nach § 17 Absatz 2 des Energiewirtschaftsgesetzes[1)] nachzuweisen. [2]Ein Netzanschluss kann nicht unter Hinweis darauf verweigert werden, dass in einem mit dem Anschlusspunkt direkt oder indirekt verbundenen Netz Kapazitätsengpässe vorliegen, soweit die technisch-physikalische Aufnahmefähigkeit des Netzes gegeben ist.

[1)] Nr. **1**.

(9) Wird der Anschluss an dem begehrten Anschlusspunkt verweigert, so hat der Netzbetreiber dem Anschlussnehmer gleichzeitig einen anderen Anschlusspunkt vorzuschlagen, der im Rahmen des wirtschaftlich Zumutbaren die geäußerten Absichten des Anschlussnehmers bestmöglich verwirklicht.

(10) Der Netzbetreiber ist verpflichtet, die erforderlichen Maßnahmen zu ergreifen, um seiner Pflicht nach § 34 Absatz 2 Satz 3 nachzukommen, es sei denn, die Durchführung der Maßnahmen ist wirtschaftlich unzumutbar.

§ 34 Vorrangiger Netzzugang für Transportkunden von Biogas.

(1) [1] Netzbetreiber sind verpflichtet, Einspeiseverträge und Ausspeiseverträge vorrangig mit Transportkunden von Biogas abzuschließen und Biogas vorrangig zu transportieren, soweit diese Gase netzkompatibel im Sinne von § 36 Absatz 1 sind. [2] Der Netzbetreiber meldet unverzüglich die Einspeisemengen in Energieeinheiten, die er vom Transportkunden übernommen hat, an den betreffenden Anschlussnehmer, den Bilanzkreisverantwortlichen sowie an vom Anschlussnehmer benannte Dritte.

(2) [1] Netzbetreiber können die Einspeisung von Biogas verweigern, falls diese technisch unmöglich oder wirtschaftlich unzumutbar ist. [2] Die Einspeisung kann nicht mit dem Hinweis darauf verweigert werden, dass in einem mit dem Anschlusspunkt direkt oder indirekt verbundenen Netz Kapazitätsengpässe vorliegen, soweit die technisch-physikalische Aufnahmefähigkeit des Netzes gegeben ist. [3] Der Netzbetreiber muss alle wirtschaftlich zumutbaren Maßnahmen zur Erhöhung der Kapazität im Netz durchführen, um die ganzjährige Einspeisung zu gewährleisten sowie die Fähigkeit seines Netzes sicherzustellen, die Nachfrage nach Transportkapazitäten für Biogas zu befriedigen. [4] Davon umfasst ist auch die Sicherstellung der ausreichenden Fähigkeit zur Rückspeisung von Biogas in vorgelagerte Netze einschließlich der gegebenenfalls erforderlichen Einrichtungen, zum Beispiel zur Deodorierung und Trocknung des Biogases. [5] § 17 Absatz 2 gilt entsprechend. [6] Der Netzbetreiber hat zu prüfen, inwieweit die Einspeisung von Biogas ohne oder mit verminderter Flüssiggasbeimischung zu gesamtwirtschaftlich günstigen Bedingungen unter Berücksichtigung der zukünftigen Biogaseinspeisung realisiert werden kann.

§ 35 Erweiterter Bilanzausgleich. (1) Marktgebietsverantwortliche innerhalb eines Marktgebiets haben für die Ein- und Ausspeisung von Biogas einen erweiterten Bilanzausgleich anzubieten.

(2) [1] Marktgebietsverantwortliche bieten den erweiterten Bilanzausgleich für Bilanzkreisverträge an, in die der Bilanzkreisverantwortliche ausschließlich Biogasmengen einbringt (besonderer Biogas-Bilanzkreisvertrag). [2] Der Austausch von Gasmengen zwischen Bilanzkreisen nach § 22 sowie eine Verrechnung von Differenzmengen erfolgt zwischen besonderen Biogas-Bilanzkreisverträgen. [3] Eine Übertragung von Mengen in Erdgasbilanzkreise ist möglich, jedoch keine Übertragung von Mengen aus Erdgasbilanzkreisen in Biogas-Bilanzkreise.

(3) [1] Ein besonderer Biogas-Bilanzkreisvertrag beinhaltet neben einem Bilanzausgleich von zwölf Monaten (Bilanzierungszeitraum) einen Flexibilitätsrahmen in Höhe von 25 Prozent. [2] Der Flexibilitätsrahmen bezieht sich auf die kumulierte Abweichung der eingespeisten von der ausgespeisten Menge innerhalb des Bilanzierungszeitraums. [3] Der Marktgebietsverantwortliche und der

Bilanzkreisverantwortliche können abweichend von Satz 1 einen ersten Bilanzierungszeitraum von weniger als zwölf Monaten vereinbaren (Rumpfbilanzierungszeitraum). [4] § 22 Absatz 2 gilt entsprechend; für verbundene Biogas-Bilanzkreise gilt einheitlich der Flexibilitätsrahmen nach Satz 1.

(4) Vor Beginn eines jeden Bilanzierungszeitraums informiert der Bilanzkreisverantwortliche den Marktgebietsverantwortlichen über die voraussichtlichen Ein- und Ausspeisemengen sowie deren zeitlich geplante Verteilung für den Bilanzierungszeitraum.

(5) [1] Der Bilanzkreisverantwortliche hat sicherzustellen, dass die Ein- und Ausspeisemengen innerhalb des Flexibilitätsrahmens verbleiben und am Ende des Bilanzierungszeitraums ausgeglichen sind. [2] Der Bilanzkreisverantwortliche ist nicht an die nach Absatz 4 abgegebene Prognose des zeitlichen Verlaufs der Ein- und Ausspeisemengen gebunden.

(6) [1] Wird der Bilanzkreis für Biogas über einen anschließenden Bilanzierungszeitraum weitergeführt, können positive Endsalden eines vorhergehenden auf den nachfolgenden Bilanzierungszeitraum übertragen werden. [2] Hierbei ist der Flexibilitätsrahmen des besonderen Biogas-Bilanzkreisvertrags einzuhalten.

(7) [1] Nach Ablauf eines Bilanzierungszeitraums sind die einem Bilanzkreis des besonderen Biogas-Bilanzkreises zugeordneten Differenzen zwischen den tatsächlichen Ein- und Ausspeisemengen, die den Flexibilitätsrahmen übersteigen, auszugleichen. [2] Dabei ist ein transparentes, diskriminierungsfreies und an den tatsächlichen effizienten Kosten für die Lieferung von Ausgleichsenergie orientiertes Verfahren anzuwenden. [3] Es dürfen nur die Kosten anteilig in Rechnung gestellt werden, die zum Ausgleich der Differenzmengen erforderlich sind, die nach Saldierung aller bei einem Marktgebietsverantwortlichen geführten Bilanzkreise verbleiben.

(8) [1] Bilanzkreisverantwortliche eines besonderen Biogas-Bilanzkreisvertrags zahlen an den Marktgebietsverantwortlichen ein Entgelt für den erweiterten Bilanzausgleich in Höhe von 0,001 Euro je Kilowattstunde für die Nutzung des tatsächlich in Anspruch genommenen Flexibilitätsrahmens. [2] Die Höhe des pauschalierten Entgelts und die damit verbundene Anreizwirkung werden im Zuge des Monitoring nach § 35 Absatz 1 Nummer 7 des Energiewirtschaftsgesetzes[1)] überprüft.

(9) Die §§ 22, 23 sowie 25 finden keine Anwendung.

§ 36 Qualitätsanforderungen für Biogas. (1) [1] Der Einspeiser von Biogas hat ausschließlich sicherzustellen, dass das Gas am Einspeisepunkt und während der Einspeisung den Voraussetzungen der Arbeitsblätter G 260 und G 262 des Deutschen Vereins des Gas- und Wasserfachs e.V. (Stand 2007)[2)] entspricht. [2] Der Einspeiser trägt hierfür die Kosten. [3] Der Einspeiser muss gegenüber dem Netzbetreiber zum Zeitpunkt des Netzanschlusses durch einen geeigneten, von einer staatlich zugelassenen Stelle erstellten oder bestätigten Nachweis für die individuelle Anlage oder den Anlagentyp belegen, dass bei regelmäßigem Betrieb der Anlage bei der Aufbereitung des Biogases auf Erdgasqualität die

[1)] Nr. 1.

[2)] **Amtlicher Hinweis:** Zu beziehen bei Wirtschafts- und Verlagsgesellschaft Gas und Wasser mit beschränkter Haftung, Bonn, archivmäßig niedergelegt beim Deutschen Verein des Gas- und Wasserfachs e.V.

maximalen Methanemissionen in die Atmosphäre den Wert von 0,5 Prozent bis zum 30. April 2012 nicht übersteigen. [4]Danach darf die maximale Methanemission den Wert von 0,2 Prozent nicht übersteigen. [5]Abweichend von den Anforderungen nach Satz 1 kann das Biogas mit einem höheren Vordruck an den Netzbetreiber übergeben werden.

(2) Abweichend von Absatz 1 trägt der Netzbetreiber die angemessenen Kosten für die notwendige technische Anpassung der Anlage, die dem Einspeiser auf Grund einer Umstellung des Netzes auf eine andere Gasqualität entstehen.

(3) [1]Der Netzbetreiber ist dafür verantwortlich, dass das Gas am Ausspeisepunkt den eichrechtlichen Vorgaben des Arbeitsblattes G 685 des Deutschen Vereins des Gas- und Wasserfachs e.V. (Stand 2007)[1)] entspricht. [2]Der Netzbetreiber trägt hierfür die Kosten.

(4) [1]Der Netzbetreiber ist für die Odorierung und die Messung der Gasbeschaffenheit verantwortlich. [2]Der Netzbetreiber trägt hierfür die Kosten.

§ 37 *(aufgehoben)*

Teil 7. Besondere Regelungen für Betreiber von Speicher-, LNG- und Produktionsanlagen sowie Gaskraftwerken

Abschnitt 1. Kapazitätsreservierung und Kapazitätsausbauanspruch

§ 38 Kapazitätsreservierung für Betreiber von Speicher-, LNG- und Produktionsanlagen sowie Gaskraftwerken. (1) [1]Betreiber von Speicher-, LNG- und Produktionsanlagen sowie Betreiber von Gaskraftwerken, die nach Inkrafttreten dieser Verordnung an ein Fernleitungsnetz angeschlossen werden sollen oder deren Anschlusskapazität an ein Fernleitungsnetz nach einer Erweiterung vergrößert werden soll, können im Rahmen der technischen Kapazität des Netzes, an das sie angeschlossen werden sollen, Ausspeisekapazität im Fernleitungsnetz reservieren, es sei denn, die Reservierung führt unter Berücksichtigung des bereits gebuchten Anteils der technischen Kapazität des betreffenden Fernleitungsnetzes zu einer Überschreitung der vom Fernleitungsnetzbetreiber ausgewiesenen technischen Kapazität. [2]Satz 1 gilt entsprechend für Einspeisepunkte zur Einspeisung von Gas aus Speicher-, LNG- oder Produktionsanlagen in das betreffende Fernleitungsnetz. [3]Reservierte Kapazität kann bereits vor dem Ende des Reservierungszeitraums nach Absatz 3 Satz 7 fest gebucht werden. [4]Die Regelungen der §§ 33 und 34 bleiben unberührt.

(2) Für die Reservierung sind durch den Betreiber von Anlagen nach Absatz 1 folgende Voraussetzungen zu erfüllen und gegenüber dem Fernleitungsnetzbetreiber nachzuweisen:

1. Kurzbeschreibung des Anlagenkonzepts, der Erweiterungsmaßnahmen,
2. Kurzdarstellung des aktuellen Stands des Genehmigungsverfahrens sowie
3. Benennung des Zeitpunkts der ersten Gasabnahme.

[1)] **Amtlicher Hinweis:** Zu beziehen bei Wirtschafts- und Verlagsgesellschaft Gas und Wasser mit beschränkter Haftung, Bonn, archivmäßig niedergelegt beim Deutschen Verein des Gas- und Wasserfachs e.V.

(3) [1]Der Fernleitungsnetzbetreiber ist verpflichtet, dem Betreiber von Anlagen im Sinne des Absatzes 1 innerhalb von zwei Wochen nach Eingang der Anfrage mitzuteilen, welche Unterlagen er für die weitere Prüfung der Anfrage benötigt und welche Kosten mit der Prüfung verbunden sind. [2]Der Betreiber der Anlage teilt dem Fernleitungsnetzbetreiber innerhalb von zwei Wochen nach Eingang des Prüfungsergebnisses mit, ob der Fernleitungsnetzbetreiber die notwendigen Prüfungen durchführen soll. [3]Die Kosten für die Prüfung nach Satz 1 muss der Betreiber der Anlage tragen. [4]Nach Eingang der vollständigen Unterlagen beim Fernleitungsnetzbetreiber hat dieser die Anfrage des Betreibers innerhalb von zwei Monaten zu prüfen und ihm das Ergebnis der Prüfung mitzuteilen. [5]Ergibt die Prüfung, dass eine Reservierung von Kapazität auf Grund von nicht ausreichender technischer Kapazität im Fernleitungsnetz nicht möglich ist, hat der Betreiber einer Anlage im Sinne des Absatzes 1 keinen Anspruch auf Kapazitätsreservierung für den angefragten Ein- oder Ausspeisepunkt. [6]Ist die Reservierung im Rahmen der technischen Kapazität des Fernleitungsnetzes möglich, wird dem Betreiber der Anlage entsprechend seiner Anfrage Kapazität im Netz reserviert. [7]Die Reservierung wird mit Zahlung der Reservierungsgebühr wirksam. [8]Die Kapazitätsreservierung verfällt, wenn der Ausspeisepunkt nicht innerhalb von drei Jahren nach Zugang der Reservierungserklärung beim Fernleitungsnetzbetreiber fest gebucht wurde.

(4) [1]Für die Reservierung zahlt der Betreiber einer Anlage im Sinne des Absatzes 1 eine Reservierungsgebühr an den Fernleitungsnetzbetreiber. [2]Wird die Reservierung für ein Gaskraftwerk im Sinne des Absatzes 1 vorgenommen, beträgt die Reservierungsgebühr 0,50 Euro pro Kilowattstunde pro Stunde pro Jahr. [3]Wird die Reservierung für eine Speicher-, LNG- oder Produktionsanlage im Sinne des Absatzes 1 vorgenommen, beträgt die Reservierungsgebühr 0,40 Euro pro Kilowattstunde pro Stunde pro Jahr. [4]Die vom Betreiber einer Anlage im Sinne des Absatzes 1 zu entrichtende Reservierungsgebühr wird auf das Entgelt angerechnet, das nach der festen Buchung der Kapazitäten an den Fernleitungsnetzbetreiber zu zahlen ist.

(5) Verfällt die Reservierungsgebühr nach Absatz 3, werden Erlöse aus den Reservierungsgebühren auf dem Regulierungskonto nach § 5 der Anreizregulierungsverordnung[1)] verbucht.

§ 39 Kapazitätsausbauanspruch für Betreiber von Gaskraftwerken sowie Speicher-, LNG- und Produktionsanlagen. (1) [1]Betreiber von Speicher-, LNG- oder Produktionsanlagen sowie Gaskraftwerken, deren Reservierungsanfrage nach § 38 wegen fehlender Kapazität im Fernleitungsnetz nicht berücksichtigt werden konnte (Anschlusswillige), haben Anspruch darauf, dass die an der Speicher-, LNG- oder Produktionsanlage oder dem Gaskraftwerk benötigte Ein- oder Ausspeisekapazität im Rahmen des Kapazitätsausbaus, dessen Erforderlichkeit sich auf Grundlage des in dem Verfahren der Netzentwicklungsplanung nach § 15a des Energiewirtschaftsgesetzes[2)] ermittelten Kapazitätsbedarfs ergibt, bereitgestellt wird, es sei denn, die Durchführung des erforderlichen Kapazitätsausbaus ist dem Fernleitungsnetzbetreiber wirtschaftlich nicht zumutbar. [2]Die wirtschaftliche Zumutbarkeit eines Kapazitätsausbaus wird vermutet, wenn die benötigte Ein- oder Ausspeisekapazität nach der

---

[1)] Nr. **28**.
[2)] Nr. **1**.

Verbindlichkeit des Realisierungsfahrplans nach Absatz 2 Satz 3 binnen zwei Monaten oder bei der nächsten Auktion von Jahreskapazitäten, sofern die Kapazität versteigert wird, verbindlich langfristig beim Fernleitungsnetzbetreiber gebucht wird.

(2) [1] Nach Vorlage des Netzentwicklungsplans nach § 15a Absatz 1 Satz 1 des Energiewirtschaftsgesetzes[1)] durch die Fernleitungsnetzbetreiber müssen der Fernleitungsnetzbetreiber und der Anschlusswillige unverzüglich, spätestens aber nach Zahlung der Planungspauschale nach Absatz 3, einen Realisierungsfahrplan erarbeiten, auf dessen Grundlage der Ausbau erfolgen soll. [2] Dieser Realisierungsfahrplan hat auch den geplanten Zeitpunkt des Baubeginns sowie der Fertigstellung der neuen oder erweiterten Speicher-, LNG- oder Produktionsanlage oder des neuen oder erweiterten Gaskraftwerks zu enthalten. [3] Der Realisierungsfahrplan wird mit Unterzeichnung des Fernleitungsnetzbetreibers und des Anschlusswilligen verbindlich, jedoch nicht bevor die darin enthaltenen Ausbaumaßnahmen Gegenstand des verbindlichen Netzentwicklungsplans nach § 15a Absatz 3 Satz 5 und 7 des Energiewirtschaftsgesetzes[1)] sind. [4] Der Fernleitungsnetzbetreiber hat Anspruch auf Anpassung des verbindlichen Realisierungsfahrplans, sofern dies auf Grund von ihm nicht zu vertretender Umstände erforderlich ist. [5] Satz 4 ist für den Anschlusswilligen entsprechend anzuwenden.

(3) [1] Der Anschlusswillige ist zum Zeitpunkt der erstmaligen Aufnahme der für die Kapazitätsbereitstellung erforderlichen Maßnahmen in den verbindlichen Netzentwicklungsplan verpflichtet, sich einmalig an den Planungskosten des Fernleitungsnetzbetreibers mit einer Planungspauschale zu beteiligen. [2] Die Planungspauschale beträgt für neue oder erweiterte Gaskraftwerke 0,50 Euro pro Kilowattstunde pro Stunde und für neue oder erweiterte Speicher-, LNG- oder Produktionsanlagen 0,40 Euro pro Kilowattstunde pro Stunde. [3] Die vom Anschlusswilligen gezahlte Planungspauschale ist vom Fernleitungsnetzbetreiber nach einer verbindlichen langfristigen Buchung der Kapazität mit dem Ein- oder Ausspeisentgelt, das für die Kapazität zu zahlen ist, zu verrechnen. [4] Wird die Kapazität vom Anschlusswilligen nicht verbindlich langfristig gebucht, verfällt die vom Anschlusswilligen gezahlte Planungspauschale, es sei denn, die Kapazität, die für die Anlage benötigt worden wäre, wird verbindlich langfristig von einem Dritten benötigt. [5] In diesem Fall ist der Fernleitungsnetzbetreiber verpflichtet, dem Anschlusswilligen die gezahlte Planungspauschale zu erstatten. [6] Eine Reservierungsgebühr nach § 38 darf vom Fernleitungsnetzbetreiber zusätzlich zur Planungspauschale nicht verlangt werden.

Abschnitt 2. Netzanschluss von LNG-Anlagen

§ 39a Begriffsbestimmungen. Für diesen Verordnungsabschnitt sind die folgenden Begriffsbestimmungen anzuwenden:

1. „Anschlussnehmer" ist jede juristische oder natürliche Person, die als Projektentwicklungsträger, Errichter oder Betreiber einer LNG-Anlage den Netzanschluss dieser Anlage beansprucht;

---

1) Nr. **1**.

2. „Netzanschluss“ ist die Herstellung der Anbindungsleitung, die die LNG-Anlage mit dem bestehenden Fernleitungsnetz verbindet, und deren Verknüpfung mit dem Anschlusspunkt des bestehenden Fernleitungsnetzes;
3. „für den Netzanschluss erforderliche Infrastruktur“ ist die Anbindungsleitung, die die LNG-Anlage mit dem bestehenden Fernleitungsnetz verbindet, der Anschlusspunkt mit dem bestehenden Fernleitungsnetz, die Gasdruck-Regel-Messanlage und die sonstigen zur Anbindung erforderlichen Betriebsmittel.

§ 39b Netzanschlusspflicht. (1) [1] Fernleitungsnetzbetreiber müssen LNG-Anlagen auf Antrag eines Anschlussnehmers an die Fernleitungsnetze anschließen. [2] Anschlussverpflichtet ist der Fernleitungsnetzbetreiber, der den technisch und wirtschaftlich günstigsten Netzanschluss der LNG-Anlage zum Fernleitungsnetz ermöglichen kann.

(2) Der anschlussverpflichtete Fernleitungsnetzbetreiber kann der LNG-Anlage einen anderen als den vom Anschlussnehmer begehrten Anschlusspunkt zuweisen, wenn dieser im Rahmen des wirtschaftlich Zumutbaren die geäußerten Absichten des Anschlussnehmers bestmöglich verwirklicht.

(3) [1] Der anschlussverpflichtete Fernleitungsnetzbetreiber kann einen Netzanschluss nach Maßgabe des § 17 Absatz 2 des Energiewirtschaftsgesetzes[1)] ablehnen. [2] Ein Netzanschluss kann nicht unter Hinweis darauf verweigert werden, dass in einem mit dem Anschlusspunkt direkt oder indirekt verbundenen Netz Kapazitätsengpässe vorliegen, soweit die technisch-physikalische Aufnahmefähigkeit des Netzes gegeben ist.

(4) [1] Die für den Netzanschluss erforderliche Infrastruktur steht im Eigentum des Fernleitungsnetzbetreibers. [2] Sie ist ab dem Zeitpunkt der Errichtung ein Teil des Energieversorgungsnetzes.

§ 39c Weitere Pflichten des Fernleitungsnetzbetreibers. (1) Der anschlussverpflichtete Fernleitungsnetzbetreiber ist für die Wartung und den Betrieb der für den Netzanschluss erforderlichen Infrastruktur verantwortlich.

(2) Der Anschlussnehmer und der Fernleitungsnetzbetreiber können vertraglich weitere Rechte und Pflichten, insbesondere Dienstleistungen, vereinbaren und sich diese gegenseitig vergüten.

(3) Bei Errichtung und Betrieb der für den Netzanschluss erforderlichen Infrastruktur muss der anschlussverpflichtete Fernleitungsnetzbetreiber die Grundsätze der effizienten Leistungserbringung beachten.

§ 39d Vorbereitung des Netzanschlusses. (1) [1] Richtet ein Anschlussnehmer ein schriftliches Netzanschlussbegehren an den Fernleitungsnetzbetreiber, muss dieser dem Anschlussnehmer innerhalb von acht Wochen nach Eingang des Netzanschlussbegehrens darlegen, welche Prüfungen zur Vorbereitung einer Entscheidung über das Netzanschlussbegehren notwendig sind und welche erforderlichen Kosten diese Prüfungen verursachen werden. [2] Soweit zusätzliche Angaben erforderlich sind, muss der Fernleitungsnetzbetreiber diese vollständig unverzüglich, spätestens aber innerhalb von sechs Wochen nach Eingang des

---

[1)] Nr. 1.

Netzanschlussbegehrens vom Anschlussnehmer anfordern; in diesem Fall beginnt die in Satz 1 genannte Frist mit dem Eingang der vollständigen zusätzlichen Angaben beim Fernleitungsnetzbetreiber.

(2) [1] Auf Anforderung des Anschlussnehmers muss der Fernleitungsnetzbetreiber unverzüglich die für eine Anschlusszusage notwendigen Prüfungen durchführen. [2] Soweit erforderlich, sind andere Fernleitungsnetzbetreiber zur Mitwirkung bei der Prüfung verpflichtet. [3] Der Anschlussnehmer kann verlangen, dass der Fernleitungsnetzbetreiber auch Prüfungen unter Zugrundelegung von Annahmen des Anschlussnehmers durchführt. [4] Das Ergebnis der Prüfungen ist dem Anschlussnehmer unverzüglich, spätestens aber sechs Monate nach der Anforderung mitzuteilen.

(3) [1] Der Fernleitungsnetzbetreiber ist an ein positives Prüfungsergebnis für die Dauer von zwölf Monaten gebunden. [2] Die Frist beginnt mit dem Zeitpunkt der Mitteilung nach Absatz 2 Satz 4. [3] Innerhalb dieser Frist muss der Fernleitungsnetzbetreiber dem Anschlussnehmer ein verbindliches Vertragsangebot vorlegen. [4] Das Vertragsangebot umfasst die Zusicherung einer bestimmten garantierten technischen Mindesteinspeisekapazität des Netzanschlusses.

(4) [1] Die Wirksamkeit des Netzanschlussvertrags steht unter der aufschiebenden Bedingung, dass der Anschlussnehmer 10 Prozent der Plankosten für die Errichtung der für den Netzanschluss erforderlichen Infrastruktur an den Fernleitungsnetzbetreiber zahlt. [2] Dieser Kostenanteil ist innerhalb von drei Monaten nach Vorlage des verbindlichen Vertragsangebots zu zahlen.

(5) Ab dem Zeitpunkt der Wirksamkeit des Netzanschlussvertrags hat der Fernleitungsnetzbetreiber in Zusammenarbeit mit dem Anschlussnehmer unverzüglich die Planung des Netzanschlusses durchzuführen.

§ 39e Realisierungsfahrplan. (1) [1] Der Fernleitungsnetzbetreiber führt den Netzanschluss auf Grundlage der gemeinsamen Planung unverzüglich selbst oder durch einen Dritten durch. [2] Zu diesem Zweck vereinbaren Fernleitungsnetzbetreiber und Anschlussnehmer zusammen mit dem Netzanschlussvertrag einen Realisierungsfahrplan. [3] Dieser muss angemessene Folgen bei Nichteinhaltung der wesentlichen, insbesondere zeitlichen Vorgaben vorsehen. [4] Soweit es veränderte tatsächliche Umstände erfordern, hat jeder der Beteiligten einen Anspruch auf Anpassung des Realisierungsfahrplans.

(2) [1] Im Realisierungsfahrplan müssen Zeitpunkte festgelegt werden, zu denen wesentliche Schritte zur Verwirklichung des Netzanschlusses und der LNG-Anlage abgeschlossen sein müssen. [2] Derartige Schritte können insbesondere sein:

1. der Erwerb dinglicher Rechte oder langfristiger schuldrechtlicher Ansprüche, die die Nutzung der für den Netzanschluss benötigten Grundstücke ermöglichen,
2. die Beantragung der für den Netzanschluss und die LNG-Anlage erforderlichen behördlichen Genehmigungen,
3. die Freigabe der Netzanschlussarbeiten durch den Anschlussnehmer,
4. das Bestellen der erforderlichen Anschlusstechnik,
5. der Beginn der Baumaßnahmen,
6. die Fertigstellung der Baumaßnahmen und

7. der Zeitpunkt der Inbetriebnahme.

(3) Der Fernleitungsnetzbetreiber hat den Realisierungsfahrplan unverzüglich der Regulierungsbehörde vorzulegen.

§ 39f Kostenverteilung. (1) [1]Die Kosten für die Errichtung der für den Netzanschluss erforderlichen Infrastruktur einschließlich der Kosten für die Planung des Netzanschlusses nach § 39d Absatz 5 muss der anschlussverpflichtete Fernleitungsnetzbetreiber zu 90 Prozent tragen. [2]Der Anschlussnehmer muss die verbleibenden 10 Prozent der Kosten tragen. [3]Kommen innerhalb von zehn Jahren nach Errichtung der für den Netzanschluss erforderlichen Infrastruktur weitere Anschlüsse hinzu, muss der Fernleitungsnetzbetreiber die Kosten so aufteilen, wie er sie bei gleichzeitigem Netzanschluss verteilt hätte, und zu viel gezahlte Beträge erstatten.

(2) Die Kosten für die Erfüllung der Pflichten nach § 39c Absatz 1 muss der anschlussverpflichtete Fernleitungsnetzbetreiber tragen.

(3) Die Kosten für die Prüfung nach § 39d Absatz 2 muss der Anschlussnehmer tragen.

(4) Soweit der Anschlussnehmer Kosten nach Absatz 1 oder 3 tragen muss, muss der anschlussverpflichtete Fernleitungsnetzbetreiber ihm die jeweiligen Kosten offenlegen.

(5) [1]Der Fernleitungsnetzbetreiber muss nach Errichtung der für den Netzanschluss erforderlichen Infrastruktur eine Schlussabrechnung für die Kosten nach Absatz 1 erstellen und hierbei die geleisteten Zahlungen des Anschlussnehmers nach § 39d Absatz 4 verrechnen. [2]Zu viel oder zu wenig gezahlte Beträge muss er dem Anschlussnehmer erstatten oder in Rechnung stellen.

§ 39g Geltungsdauer und Evaluierung. (1) Die Netzanschlusspflicht nach § 39b gilt nur für Anträge, die vor dem 1. Juni 2024 beim anschlussverpflichteten Fernleitungsnetzbetreiber gestellt werden.

(2) [1]Das Bundesministerium für Wirtschaft und Energie evaluiert bis zum 1. Juni 2023 die Netzanschlusspflicht nach § 39b und ihre Auswirkungen. [2]In dem Bericht stellt das Bundesministerium für Wirtschaft und Energie auch dar, ob eine Fortgeltung der Netzanschlusspflicht nach § 39b über den 1. Juni 2024 hinaus notwendig ist.

Teil 8. Veröffentlichungs- und Informationspflichten

§ 40 Veröffentlichungspflichten. (1) [1]Netzbetreiber sind verpflichtet, auf ihren Internetseiten regelmäßig, beginnend mit dem 1. Oktober 2011, folgende aktualisierte Angaben in einem gängigen Datenformat zu veröffentlichen:

1. im Fernleitungsnetz eine unter Betreibern angrenzender Netze abgestimmte einheitliche Bezeichnung für Netzkopplungspunkte oder Ein- oder Ausspeisezonen, unter denen dort Kapazität gebucht werden kann,
2. im Fernleitungsnetz mindestens einmal jährlich Angaben über Termine von Versteigerungen nach § 13 Absatz 1 Satz 1, mindestens für die nächsten fünf Jahre im Voraus,

3. *(aufgehoben)*
4. im Fernleitungsnetz Angaben über die bei der Lastflusssimulation nach § 9 Absatz 2 verwendete Methode,
5. im Fernleitungsnetz mindestens einmal jährlich eine Dokumentation der nach § 9 Absatz 3 durchgeführten kapazitätserhöhenden Maßnahmen und ihrer jeweiligen Kosten,
6. im Fernleitungsnetz Angaben zu den Erlösen aus der Kapazitätsvergabe nach § 13 Absatz 1,
7. im Verteilnetz die Gasbeschaffenheit bezüglich des Brennwerts „$H_{s,n}$“ sowie am zehnten Werktag des Monats den Abrechnungsbrennwert des Vormonats an allen Ein- und Ausspeisepunkten,
8. im Verteilnetz Regeln für den Anschluss anderer Anlagen und Netze an das vom Netzbetreiber betriebene Netz sowie den Zugang solcher Anlagen und Netze zu dem vom Netzbetreiber betriebenen Netz,
9. im örtlichen Verteilnetz die zur Anwendung kommenden Standardlastprofile,
10. die Zuordenbarkeit jeder Entnahmestelle zu einem oder mehreren Marktgebieten,
11. die „Mindestanforderungen an die Allgemeinen Geschäftsbedingungen“ nach § 4 sowie die Vereinbarung nach § 8 Absatz 6 sowie
12. Ansprechpartner im Unternehmen für Netzzugangsfragen.

[2]Diese Angaben sind bei Änderungen unverzüglich anzupassen, mindestens monatlich oder, falls es die Verfügbarkeit kurzfristiger Dienstleistungen erfordert, täglich. [3]Die Veröffentlichungspflichten der Fernleitungsnetzbetreiber nach Anhang I zur Verordnung (EG) Nr. 715/2009 bleiben unberührt. [4]Die Veröffentlichung der Angaben nach Satz 1 hat in einem gängigen Format zu erfolgen, das eine automatisierte Auslesung der veröffentlichten Daten von der Internetseite des Fernleitungsnetzbetreibers ermöglicht. [5]Die Angaben werden in deutscher Sprache veröffentlicht. [6]Fernleitungsnetzbetreiber veröffentlichen sie auf ihrer Internetseite zusätzlich in englischer Sprache. [7]Örtliche Verteilnetzbetreiber stellen darüber hinaus auf ihrer Internetseite eine Karte bereit, auf der schematisch erkennbar ist, welche Bereiche in einem Gemeindegebiet an das örtliche Gasverteilernetz angeschlossen sind.

(1a) Netzbetreiber müssen für den Netzanschluss nach § 33 und § 39b neben den in § 19 Absatz 2 des Energiewirtschaftsgesetzes[1)] aufgeführten Angaben auf ihrer Internetseite unter Wahrung von Betriebs- und Geschäftsgeheimnissen folgende Angaben machen:

1. die für die Prüfung des Netzanschlussbegehrens mindestens erforderlichen Angaben,
2. standardisierte Bedingungen für den Netzanschluss und
3. eine laufend aktualisierte, übersichtliche Darstellung der Netzauslastung in ihrem gesamten Netz einschließlich der Kennzeichnung tatsächlicher oder zu erwartender Engpässe.

(2) Marktgebietsverantwortliche veröffentlichen auf ihrer Internetseite:

[1)] Nr. **1**.

1. die Methoden, nach denen die Ausgleichs- und Regelenergieentgelte berechnet werden;
2. unverzüglich nach der Bilanzierungsperiode die verwendeten Entgelte für Ausgleichsenergie sowie
3. jeweils am Folgetag des Einsatzes der Regelenergie und mindestens für die zwölf zurückliegenden Monate, Informationen über den Einsatz interner und externer Regelenergie. Bei externer Regelenergie haben die Marktgebietsverantwortlichen zwischen externen Flexibilitäten und externen Gasmengen zu unterscheiden. Sie haben auch anzugeben, welcher Anteil der externen Regelenergie auf Grund lokaler oder räumlich begrenzter Ungleichgewichte eingesetzt wurde.

Teil 9. Wechsel des Gaslieferanten

§ 41 Lieferantenwechsel. (1) [1]Die Netzbetreiber sind verpflichtet, für die Durchführung des Lieferantenwechsels bundesweit einheitliche, massengeschäftstaugliche Verfahren anzuwenden. [2]Für den elektronischen Datenaustausch mit den Transportkunden ist ein einheitliches Datenformat zu verwenden. [3]Die Netzbetreiber sind verpflichtet, die elektronische Übermittlung und Bearbeitung von Kundendaten in massengeschäftstauglicher Weise zu organisieren, so dass deren Übermittlung und Bearbeitung vollständig automatisiert erfolgen können. [4]Die Verbände der Transportkunden sind an der Entwicklung der Verfahren und Formate für den Datenaustausch angemessen zu beteiligen.

(2) Der bisherige Lieferant ist verpflichtet, unverzüglich
1. dem Netzbetreiber die Abmeldung seines Kunden mitzuteilen;
2. dem neuen Lieferanten in einem einheitlichen Format elektronisch eine Kündigungsbestätigung zu übersenden, soweit der neue Lieferant die Kündigung in Vertretung für den Kunden ausgesprochen hat.

(3) [1]Eine Entnahmestelle ist anhand von nicht mehr als drei mitgeteilten Daten zu identifizieren. [2]Es soll eine der folgenden Datenkombinationen mitgeteilt werden:
1. Zählpunkt oder Zählpunkt-Aggregation und Name oder Firma des Kunden sowie Straße, Postleitzahl und Ort der Entnahmestelle,
2. Zählernummer und Name oder Firma des Kunden sowie Straße, Postleitzahl und Ort der Entnahmestelle oder
3. Name des bisherigen Lieferanten, Kundennummer des bisherigen Lieferanten und Name oder Firma des Kunden sowie Straße, Postleitzahl und Ort der Entnahmestelle.

[3]Wenn der neue Lieferant keine der in Satz 2 aufgeführten Datenkombinationen vollständig dem Netzbetreiber mitteilt, darf der Netzbetreiber die Meldung nur zurückweisen, wenn die Entnahmestelle nicht eindeutig identifizierbar ist. [4]In diesem Fall ist die Meldung für diese Entnahmestelle unwirksam. [5]Änderungen wesentlicher Kundendaten sind wechselseitig unverzüglich mitzuteilen. [6]§ 50 Absatz 1 Nummer 15 bleibt unberührt.

(4) [1] Betreiber von Gasversorgungsnetzen dürfen den Lieferantenwechsel nur von Bedingungen abhängig machen, die in den Absätzen 1 bis 3 genannt sind. [2] § 50 Absatz 1 Nummer 14 bleibt unberührt.

§ 42 Rucksackprinzip. [1] Bei einem Wechsel des Lieferanten kann der neue Lieferant vom bisherigen Lieferanten die Übertragung der für die Versorgung des Kunden erforderlichen, vom bisherigen Lieferanten gebuchten Ein- und Ausspeisekapazitäten verlangen, wenn ihm die Versorgung des Kunden entsprechend der von ihm eingegangenen Lieferverpflichtung ansonsten nicht möglich ist und er dies gegenüber dem bisherigen Lieferanten begründet. [2] Als erforderlich gilt die vom Kunden abgenommene Höchstmenge des vorangegangenen Abnahmejahres, soweit eine entsprechende Höchstabnahmemenge auch weiterhin zu vermuten ist.

§ 42a Elektronischer Datenaustausch. [1] Der Datenaustausch zur Anbahnung und Abwicklung der Netznutzung zwischen Betreibern von Gasversorgungsnetzen, Marktgebietsverantwortlichen, Messstellenbetreibern, Messdienstleistern und Netznutzern erfolgt elektronisch. [2] Für den Datenaustausch ist das von der Bundesnetzagentur vorgegebene, bundesweit einheitliche Format zu verwenden. [3] Die Marktbeteiligten stellen sicher, dass für den Datenaustausch einheitliche Prozesse verwendet werden, die eine größtmögliche Automatisierung ermöglichen.

Teil 10. Messung

§ 43 Messung. Die Messung erfolgt nach den Bestimmungen des Messstellenbetriebsgesetzes[1].

§§ 44–48 *(aufgehoben)*

Teil 11. Verweigerung des Netzzugangs nach § 25 des Energiewirtschaftsgesetzes

§ 49 Verfahren zur Verweigerung des Netzzugangs nach § 25 des Energiewirtschaftsgesetzes. (1) [1] Gasversorgungsunternehmen haben den Antrag nach § 25 Satz 2 des Energiewirtschaftsgesetzes[2] bei der Regulierungsbehörde spätestens bis zum Juni eines Jahres zu stellen. [2] Eine spätere Antragstellung ist nur zulässig, wenn der Netzzugangsverweigerungsgrund nach dem in Satz 1 genannten Zeitpunkt entstanden ist. [3] Dem Antrag sind alle für die Prüfung erforderlichen Angaben über die Art und den Umfang der Unzumutbarkeit und die von dem Gasversorgungsunternehmen zu deren Abwendung unternommenen Anstrengungen beizufügen.

(2) [1] Soweit nach Artikel 48 Absatz 2 der Richtlinie 2009/73/EG[3] des Europäischen Parlaments und des Rates vom 13. Juli 2009 über gemeinsame

---

[1] Nr. 27.
[2] Nr. 1.
[3] Nr. 5.

Vorschriften für den Erdgasbinnenmarkt und zur Aufhebung der Richtlinie 2003/55/EG (ABl. L 211 vom 14.8.2009, S. 94) die Beteiligung der Kommission der Europäischen Gemeinschaften (EG-Beteiligungsverfahren) vorgesehen ist, leitet die Regulierungsbehörde dieses Verfahren ein. [2]Die Regulierungsbehörde hat eine Entscheidung über einen Antrag nach Absatz 1 Satz 1 nach Maßgabe einer endgültigen Entscheidung der Kommission nach Artikel 48 Absatz 2 in Verbindung mit Artikel 51 Absatz 2 der Richtlinie 2009/73/EG[1)] zu ändern oder aufzuheben; die §§ 48 und 49 des Verwaltungsverfahrensgesetzes bleiben unberührt.

Teil 12. Befugnisse der Regulierungsbehörde

§ 50 Festlegungen. (1) Zur Verwirklichung eines effizienten Netzzugangs und der in § 1 Absatz 1 des Energiewirtschaftsgesetzes[2)] genannten Zwecke kann die Regulierungsbehörde unter Beachtung der Anforderungen eines sicheren Netzbetriebs Entscheidungen durch Festlegungen nach § 29 Absatz 1 des Energiewirtschaftsgesetzes[2)] treffen:

1. zu den Verträgen nach den §§ 3, 7 und 33 sowie den Geschäftsbedingungen nach § 3 Absatz 6, den §§ 4 und 40 Absatz 1a Nummer 2, sofern nicht ein Standardangebot angewendet wird;
2. zu den Voraussetzungen und Grenzen für technische Ausspeisemeldungen nach § 8 Absatz 5;
3. zu Verfahren und Anforderungen an eine Registrierung des Transportkunden beim Netzbetreiber oder des Bilanzkreisverantwortlichen beim Marktgebietsverantwortlichen nach § 6, insbesondere zu Fristen, die bei der Registrierung einzuhalten sind, soweit dies erforderlich ist, um die Diskriminierungsfreiheit der Registrierung zu gewährleisten;
4. zu Ermittlung und Angebot von Kapazitäten nach § 9, insbesondere zum Verfahren zur Beschaffung von Maßnahmen nach § 9 Absatz 3 Satz 2 Nummer 1 bis 3, sowie zu Kapazitätsprodukten nach § 11;
5. *(aufgehoben)*
6. zu den Kapazitätsbuchungsplattformen nach § 12; sie kann insbesondere festlegen, dass ein Anteil kurzfristiger Kapazitäten in anderer Weise, insbesondere durch implizite Auktionen, zugewiesen werden kann, wenn dies erforderlich ist, um insbesondere durch eine Kopplung der Märkte die Liquidität des Gasmarktes zu erhöhen;
7. zum Verfahren für die Beschaffung, den Einsatz und die Abrechnung von Regelenergie nach Teil 5 Abschnitt 2 dieser Verordnung, insbesondere zu den Mindestangebotsgrößen, Ausschreibungszeiträumen, und den einheitlichen Bedingungen, die Anbieter von Regelenergie erfüllen müssen;
8. zum System und der Beschaffenheit des Netzanschlusses von Anlagen zur Aufbereitung von Biogas an das Gasversorgungsnetz, der Einspeisung von Biogas in das Erdgasnetz, zur Vereinheitlichung von technischen Anforderungen für Anlagen und Netzanschluss, einschließlich Abweichungen von

---

1) Nr. 5.
2) Nr. 1.

den Vorgaben in § 36 Absatz 1, der Arbeitsblätter G 260, G 262 und G 685 des Deutschen Vereins des Gas- und Wasserfachs e.V. (Stand 2007)[1)] sowie des Netzzugangs und der Bilanzierung von Transportkunden von Biogas;

9. zum Bilanzierungssystem nach Teil 5 Abschnitt 1 dieser Verordnung, um berechtigte Bedürfnisse des Marktes angemessen zu berücksichtigen, sowie insbesondere zu einer von § 23 Absatz 2 Satz 2 abweichenden Bemessung der Toleranzmenge, zu den Anforderungen an und den zu verwendenden Datenformaten für den Informationsaustausch im Rahmen der Bilanzierung, zu Inhalten sowie den Fristen im Zusammenhang mit der Datenübermittlung und zu den Methoden, nach denen die Entgelte nach § 23 Absatz 2 Satz 3 gebildet werden; sie hat dabei zu beachten, dass ein Bilanzausgleichssystem einen effizienten Netzzugang ermöglicht und, soweit erforderlich, auch Anreize gegen eine missbräuchliche Nutzung der Bilanzausgleichsdienstleistungen enthalten soll;
10. zu Entgelten und Gebühren für die Nutzung des Virtuellen Handelspunkts in Abweichung von § 22 Absatz 1 Satz 6;
11. zu Anreizen und Pönalen für die Transportkunden, soweit dies zur Durchsetzung der Verpflichtung der Transportkunden zum Angebot von Kapazitäten auf dem Sekundärmarkt oder zum Zurverfügungstellen von Kapazitäten an den Fernleitungsnetzbetreiber nach § 16 Absatz 1 erforderlich ist;
12. zur Vereinheitlichung des Nominierungsverfahrens nach § 15; insbesondere kann sie Festlegungen treffen zum Zeitpunkt, bis zu dem eine Nominierung erfolgen muss, und zum Umfang der Möglichkeiten für nachträgliche Änderungen der Nominierung;
13. *(aufgehoben)*
14. zur Abwicklung des Lieferantenwechsels nach § 41, insbesondere zu den Anforderungen und dem Format des elektronischen Datenaustauschs;
15. zu den Kriterien für die Identifizierung von Entnahmestellen; hierbei kann sie von § 41 Absatz 3 abweichen;
16. zur Verwaltung und Übermittlung der Stammdaten, die für den massengeschäftstauglichen Netzzugang relevant sind;
17. zur Abwicklung der Netznutzung bei Lieferbeginn und Lieferende;
18. zu bundeseinheitlichen Regelungen zum Datenaustausch zwischen den betroffenen Marktbeteiligten, insbesondere zu Fristen und Formaten sowie zu Prozessen, die eine größtmögliche Automatisierung ermöglichen;
19. zu den Voraussetzungen, dem Verfahren und der näheren Ausgestaltung eines Übernominierungsverfahrens für die Zuweisung unterbrechbarer untertägiger Kapazitäten;
20. zur Einrichtung von virtuellen Kopplungspunkten sowie der näheren Ausgestaltung des Netzzugangs an virtuellen Kopplungspunkten.

(2) [1] Die Regulierungsbehörde kann die Ausgestaltung der Versteigerungsverfahren nach § 13 für Kapazitätsrechte festlegen; diese muss diskriminierungsfrei sein. [2] Die Regulierungsbehörde kann insbesondere die Art und Weise der

---

[1)] **Amtlicher Hinweis:** Zu beziehen bei Wirtschafts- und Verlagsgesellschaft Gas und Wasser mit beschränkter Haftung, Bonn, archivmäßig niedergelegt beim Deutschen Verein des Gas- und Wasserfachs e.V.

Bekanntmachung sowie die Zeitpunkte der Versteigerungstermine durch die Fernleitungsnetzbetreiber festlegen; dies umfasst auch die zeitliche Reihenfolge, in der langfristige und kurzfristige Kapazitätsrechte vergeben werden.

(3) [1]Die Regulierungsbehörde kann von Amts wegen Festlegungen treffen, mit denen die prozentuale Aufteilung der technischen Jahreskapazität auf unterschiedliche Kapazitätsprodukte festgelegt wird, soweit dies zur Erreichung der Ziele des § 1 des Energiewirtschaftsgesetzes[1)] erforderlich ist. [2]Sie muss auf Antrag eines Gasversorgungsunternehmens eine abweichende prozentuale Aufteilung der technischen Jahreskapazität eines Ein- oder Ausspeisepunkts oder einer Ein- oder Ausspeisezone festlegen, soweit das Gasversorgungsunternehmen nachweist, dass dies zur Erfüllung von Mindestabnahmeverpflichtungen aus Lieferverträgen erforderlich ist, die am 1. Oktober 2009 bestanden. [3]Der im Rahmen langfristiger Kapazitätsverträge zu vergebende Anteil der technischen Jahreskapazität eines Ein- oder Ausspeisepunkts oder einer Ein- oder Ausspeisezone darf jedoch 65 Prozent der technischen Jahreskapazität eines Ein- oder Ausspeisepunkts oder einer Ein- oder Ausspeisezone nicht unterschreiten. [4]Bei einer Festlegung von Amts wegen muss die Regulierungsbehörde zuvor die Verbände der Netzbetreiber und die Verbände der Transportkunden anhören.

(4) [1]Die Regulierungsbehörde kann zu Standardlastprofilen nach § 24 und deren Anwendung nach Anhörung der Verbände der Netzbetreiber und der Verbände der Transportkunden Festlegungen treffen, insbesondere zur Behandlung der Messeinrichtungen im Sinne des Messstellenbetriebsgesetzes[2)] und zur Behandlung der ausgelesenen Messwerte im Rahmen des Netzzugangs sowie zur Erarbeitung von Lastprofilen für bestimmte Verbrauchergruppen. [2]Sie kann für die Erarbeitung von Lastprofilen für bestimmte Verbrauchergruppen terminliche Vorgaben machen. [3]Dabei sind die Erfahrungen der Marktteilnehmer angemessen zu berücksichtigen.

(5) [1]Die Regulierungsbehörde kann die Netzbetreiber auch verpflichten, über die Angaben in § 40 hinaus weitere Informationen zu veröffentlichen oder an die Regulierungsbehörde zu übermitteln, die für den Wettbewerb im Gashandel oder bei der Belieferung der Kunden erforderlich sind. [2]Die Regulierungsbehörde kann die Netzbetreiber und Transportkunden verpflichten, bei der Erfüllung von Veröffentlichungs- und Datenübermittlungspflichten aus dieser Verordnung oder aus Festlegungsentscheidungen auf der Grundlage dieser Verordnung bestimmte einheitliche Formate einzuhalten.

(6) Die Regulierungsbehörde macht Festlegungsentscheidungen in ihrem Amtsblatt öffentlich bekannt und veröffentlicht sie kostenfrei im Internet in druckbarer Form.

(7) [1]Anstelle einer Festlegungsentscheidung kann die Regulierungsbehörde in den Fällen des Absatzes 1 Satz 1 Nummer 1 die Netzbetreiber auffordern, ihr innerhalb einer bestimmten, angemessenen Frist ein Standardangebot für Geschäftsbedingungen nach § 4 und für die Ausgestaltung der Kapazitätsprodukte nach § 11 vorzulegen, insbesondere in Bezug auf die Möglichkeit zur nachträglichen Änderung der Nominierung sowie auf standardisierte Bedingungen nach § 40 Absatz 1a Nummer 2. [2]Sie kann in dieser Aufforderung

1) Nr. **1**.
2) Nr. **27**.

Vorgaben für die Ausgestaltung einzelner Bedingungen machen, insbesondere in Bezug auf Diskriminierungsfreiheit und Angemessenheit. [3] Sie gibt den Verbänden der Netzbetreiber und den Verbänden der Transportkunden in geeigneter Form Gelegenheit zur Stellungnahme und kann unter Berücksichtigung der Stellungnahmen durch Festlegung Änderungen der Standardangebote vornehmen, insbesondere soweit einzelne Vorgaben nicht umgesetzt worden sind.

(8) [1] Die Regulierungsbehörde kann Netzbetreiber und Marktgebietsverantwortliche verpflichten, innerhalb einer bestimmten, angemessenen Frist ein Standardangebot zu den in Absatz 1 Nummer 9 genannten Teilen des Bilanzierungssystems vorzulegen. [2] Sie kann in dieser Aufforderung Vorgaben für die Ausgestaltung einzelner Bedingungen machen, insbesondere in Bezug auf standardisierte Geschäftsprozesse der Bilanzierung wie für den elektronischen Datenaustausch im Rahmen der Bilanzierung, soweit dies einer effizienten Abwicklung der Bilanzierung dient. [3] Sie gibt den Verbänden der Netzbetreiber und den Verbänden der Transportkunden in geeigneter Form Gelegenheit zur Stellungnahme und kann unter Berücksichtigung der Stellungnahmen durch Festlegung Änderungen der Standardangebote vornehmen, insbesondere soweit einzelne Vorgaben nicht umgesetzt worden sind.

Teil 13. Sonstige Bestimmungen

§ 51 Ordnungswidrigkeiten. (1) Ordnungswidrig im Sinne des § 95 Absatz 1 Nummer 5 Buchstabe a des Energiewirtschaftsgesetzes[1)] handelt, wer vorsätzlich oder fahrlässig

1. entgegen § 9 Absatz 2 Satz 3 oder Absatz 3 Satz 5 nicht zusammenarbeitet,
2. entgegen § 9 Absatz 2 Satz 4 oder § 26 Absatz 1 eine Information nicht oder nicht rechtzeitig zur Verfügung stellt,
3. entgegen § 33 Absatz 2 Satz 1 die Verfügbarkeit des Netzanschlusses nicht sicherstellt,
4. entgegen § 33 Absatz 4 Satz 1 eine dort genannte Angabe nicht, nicht richtig, nicht vollständig oder nicht rechtzeitig darlegt,
5. entgegen § 33 Absatz 4 Satz 2 eine Angabe nicht oder nicht rechtzeitig anfordert,
6. entgegen § 33 Absatz 5 Satz 4 eine Mitteilung nicht, nicht richtig, nicht vollständig oder nicht rechtzeitig macht,
7. entgegen § 33 Absatz 6 Satz 3 ein Vertragsangebot nicht oder nicht rechtzeitig vorlegt,
8. entgegen § 40 Absatz 1 Nummer 2 oder § 40 Absatz 2 Nummer 2 oder Nummer 3 Satz 1 eine Veröffentlichung nicht, nicht richtig, nicht vollständig oder nicht rechtzeitig vornimmt oder
9. einer vollziehbaren Anordnung nach § 50 Absatz 5 zuwiderhandelt.

(2) Ordnungswidrig im Sinne des § 95 Absatz 1 Nummer 5 Buchstabe b des Energiewirtschaftsgesetzes[1)] handelt, wer vorsätzlich oder fahrlässig einer vollziehbaren Anordnung nach § 50 Absatz 1, 2, 3 Satz 1 oder Satz 2, Absatz 4 Satz 1 oder Satz 2, Absatz 7 oder Absatz 8 zuwiderhandelt.

[1)] Nr. **1**.

26. Verordnung über die Entgelte für den Zugang zu Gasversorgungsnetzen (Gasnetzentgeltverordnung – GasNEV)

Vom 25. Juli 2005
(BGBl. I S. 2197)

FNA 752-6-1

zuletzt geänd. durch Art. 118 G zum Abbau verzichtbarer Anordnungen der Schriftform im Verwaltungsrecht des Bundes v. 29.3.2017 (BGBl. I S. 626)

Auf Grund des § 24 Satz 1 Nr. 1, 2 und 4 in Verbindung mit Satz 2 Nr. 1, 2, 4, 5, 6 und 7 sowie Satz 3 und 5 und des § 29 Abs. 3 des Energiewirtschaftsgesetzes[1] vom 7. Juli 2005 (BGBl. I S. 1970) verordnet die Bundesregierung:

Inhaltsübersicht

---

[1] Nr. **1**.
[2] Angaben zu §§ 20a, 20b redaktionell ergänzt.

Teil 1. Allgemeine Bestimmungen

§ 1 Anwendungsbereich. Diese Verordnung regelt die Festlegung der Methode zur Bestimmung der Entgelte für den Zugang zu den Gasfernleitungs- und Gasverteilernetzen (Netzentgelte).

§ 2 Begriffsbestimmungen. [1] Im Sinne dieser Verordnung bedeutet

1. Gaswirtschaftsjahr
   der Zeitraum vom 1. Oktober, 6.00 Uhr, eines Kalenderjahres bis zum 1. Oktober, 6.00 Uhr, des folgenden Kalenderjahres;
2. Kalkulationsperiode
   das Geschäftsjahr des Betreibers eines Gasfernleitungs- oder Gasverteilernetzes;
3. Überregionales Gasfernleitungsnetz
   ein Fernleitungsnetz, in das Gas an der Grenze zur Bundesrepublik Deutschland oder an einem Übergabepunkt aus einer inländischen Produktionsleitung eingespeist wird und das
   a) dem Transport des Gases zu einem Ausspeisepunkt an der Grenze der Bundesrepublik Deutschland dient oder
   b) ausschließlich oder überwiegend dem Import von Erdgas oder dem Transport von im Inland produzierten Erdgas dient und aus dem im Inland ganz oder überwiegend Gas in nachgelagerte Gasverteilernetze eingespeist wird.

[2] Im Übrigen finden die Begriffbestimmungen der Gasnetzzugangsverordnung entsprechende Anwendung.

§ 3 Grundsätze der Entgeltbestimmung. (1) [1] Für die Ermittlung der Netzentgelte sind die Netzkosten nach den §§ 4 bis 10 zusammenzustellen. [2] Die ermittelten Netzkosten sind anschließend nach § 12 vollständig den dort aufgeführten Hauptkostenstellen zuzuordnen. [3]Die Netzentgelte für die Gasfernleitung und Gasverteilung sind nach Maßgabe der §§ 13 bis 18 und 20 zu bestimmen. [4]Die Ermittlung der Kosten und der Netzentgelte erfolgt auf der Basis der Daten des abgelaufenen Geschäftsjahres; gesicherte Erkenntnisse über das Planjahr können dabei berücksichtigt werden. [5]Soweit hinsichtlich der Kostenermittlung keine besonderen Regelungen getroffen werden, sind die Leitsätze für die Preisermittlung auf Grund von Selbstkosten nach der Anlage zur Verordnung PR Nr. 30/53 über die Preise bei öffentlichen Aufträgen vom 21. November 1953 (BAnz Nr. 244), zuletzt geändert durch Artikel 289 der Verordnung vom 25. November 2003 (BGBl. I S. 2304), heranzuziehen.

(2) [1]Betreiber von überregionalen Gasfernleitungsnetzen können die Entgelte für die Nutzung der Fernleitungsnetze abweichend von den §§ 4 bis 18 nach Maßgabe des § 19 bilden, wenn das Fernleitungsnetz zu einem überwiegenden Teil wirksamem bestehenden oder potenziellen Leitungswettbewerb ausgesetzt ist. [2]Voraussetzung für die Feststellung von wirksamem bestehenden oder potenziellen Wettbewerb ist zumindest, dass

1. die überwiegende Zahl der Ausspeisepunkte dieses Netzes in Gebieten liegt, die auch über überregionale Gasfernleitungsnetze Dritter erreicht werden oder unter kaufmännisch sinnvollen Bedingungen erreicht werden können, oder
2. die überwiegende Menge des transportierten Erdgases in Gebieten ausgespeist wird, die auch über überregionale Gasfernleitungsnetze Dritter erreicht werden oder unter kaufmännisch sinnvollen Bedingungen erreicht werden können.

(3) [1]Betreiber von Fernleitungsnetzen, die die Entgelte nach Absatz 2 bilden, haben dies unverzüglich der Regulierungsbehörde schriftlich oder elektronisch anzuzeigen sowie das Vorliegen der in Absatz 2 genannten Voraussetzungen nachzuweisen. [2]Weitere Anzeigen nach Satz 1 sind jeweils zwei Jahre vor Beginn einer Regulierungsperiode nach § 3 der Anreizregulierungsverordnung[1)], erstmals vor Beginn der zweiten Regulierungsperiode bei der Regulierungsbehörde einzureichen. [3]Die Regulierungsbehörde hat zu prüfen, ob die Voraussetzungen nach Absatz 2 Satz 1 und 2 vorliegen. [4]Stellt sie fest, dass dies nicht der Fall ist, hat sie von ihren Befugnissen nach § 65 des Energiewirtschaftsgesetzes[2)] Gebrauch zu machen. [5]Bis zu einer Entscheidung nach Satz 4 können Entgelte in jedem Fall nach Absatz 2 Satz 1 gebildet werden.

Teil 2. Methode zur Ermittlung der Netzentgelte

Abschnitt 1. Kostenartenrechnung

§ 4 Grundsätze der Netzkostenermittlung. (1) Bilanzielle und kalkulatorische Kosten des Netzbetriebs sind nur insoweit anzusetzen, als sie den Kosten eines effizienten und strukturell vergleichbaren Netzbetreibers entsprechen.

(2) [1]Ausgehend von den Gewinn- und Verlustrechnungen für die Gasversorgung des letzten abgeschlossenen Geschäftsjahres nach § 10 Abs. 3 des

[1)] Nr. **28**.
[2)] Nr. **1**.

Energiewirtschaftsgesetzes[1)] ist zur Bestimmung der Netzkosten eine kalkulatorische Rechnung zu erstellen. [2]Die Netzkosten setzen sich unter Beachtung von Absatz 1 aus den aufwandsgleichen Kosten nach § 5, den kalkulatorischen Abschreibungen nach § 6, der kalkulatorischen Eigenkapitalverzinsung nach § 7 sowie den kalkulatorischen Steuern nach § 8 unter Abzug der kostenmindernden Erlöse und Erträge nach § 9 zusammen.

(3) [1]Bis zur erstmaligen Erstellung der jeweiligen Gewinn- und Verlustrechnung nach § 10 Abs. 3 des Energiewirtschaftsgesetzes ist abweichend von Absatz 2 der Bestimmung der Netzkosten jeweils eine auf den Tätigkeitsbereich Gasfernleitung und Gasverteilung beschränkte und nach handelsrechtlichen Grundsätzen ermittelte Gewinn- und Verlustrechnung des letzten abgeschlossenen Geschäftsjahres zu Grunde zu legen. [2]Soweit Betreiber von Gasfernleitungs- oder Gasverteilernetzen nicht unter die Verpflichtungen nach § 10 Abs. 3 des Energiewirtschaftsgesetzes fallen, haben diese jeweils eine auf die Tätigkeitsbereiche Gasfernleitung und Gasverteilung beschränkte und nach handelsrechtlichen Grundsätzen ermittelte Gewinn- und Verlustrechnung des letzten abgeschlossenen Geschäftsjahres zu erstellen und zu Grunde zu legen.

(4) [1]Einzelkosten des Netzes sind dem Netz direkt zuzuordnen. [2]Kosten des Netzes, die sich nicht oder nur mit unvertretbar hohem Aufwand als Einzelkosten direkt zurechnen lassen, sind als Gemeinkosten über eine verursachungsgerechte Schlüsselung dem Gasversorgungsnetz zuzuordnen. [3]Die zu Grunde gelegten Schlüssel müssen sachgerecht sein und den Grundsatz der Stetigkeit beachten. [4]Betreiber eines Gasfernleitungs- oder Gasverteilernetzes haben diese Schlüssel für sachkundige Dritte nachvollziehbar und vollständig zu dokumentieren. [5]Änderungen eines Schlüssels sind nur zulässig, sofern diese sachlich geboten sind. [6]Die hierfür maßgeblichen Gründe sind von Betreibern eines Gasfernleitungs- oder Gasverteilernetzes für sachkundige Dritte nachvollziehbar und vollständig zu dokumentieren.

(5) [1]Betreiber von Gasversorgungsnetzen können Kosten oder Kostenbestandteile, die anfallen auf Grund einer Überlassung betriebsnotwendiger Anlagegüter durch Dritte, nur in der Höhe ansetzen, wie sie anfielen, wenn der Betreiber Eigentümer der Anlagen wäre. [2]Der Betreiber des Gasversorgungsnetzes hat die erforderlichen Nachweise zu führen.

(5a) [1]Erbringen Unternehmen gegenüber einem Betreiber eines Gasversorgungsnetzes Dienstleistungen, so sind die diesbezüglichen Kosten oder Kostenbestandteile nach Maßgabe dieses Absatzes bei der Netzkostenermittlung zu berücksichtigen. [2]Gehören das die Dienstleistung erbringende Unternehmen und der Betreiber des Gasversorgungsnetzes oder ein Gesellschafter des Betreibers des Gasversorgungsnetzes zu einer Gruppe miteinander verbundener Gasunternehmen, so darf der Betreiber des Gasversorgungsnetzes die aus der Erbringung der Dienstleistung entstehenden Kosten oder Kostenbestandteile maximal in der Höhe ansetzen, wie sie bei dem die Dienstleistung erbringenden Unternehmen unter Anwendung der Grundsätze der Entgeltbestimmung im Sinne dieser Verordnung und gegebenenfalls unter Anwendung des § 6 Absatz 2 der Anreizregulierungsverordnung[2)] tatsächlich angefallen sind. [3]Beinhalten die nach Satz 2 für die Erbringung von Dienstleistungen angefallenen

---

[1)] Nr. **1**.
[2)] Nr. **28**.

Kosten oder Kostenbestandteile Vorleistungen von Unternehmen, die ebenfalls zu der Gruppe miteinander verbundener Gasunternehmen gehören, der das die Dienstleistung erbringende Unternehmen und der Betreiber des Gasversorgungsnetzes oder dessen Gesellschafter angehören, können diese nur maximal in der Höhe einbezogen werden, wie sie jeweils bei dem die Vorleistung erbringenden Unternehmen unter Anwendung der Grundsätze der Entgeltbestimmung im Sinne dieser Verordnung und gegebenenfalls unter Anwendung des § 6 Absatz 2 der Anreizregulierungsverordnung[1] tatsächlich angefallen sind. [4] Gehören das die Dienstleistung erbringende Unternehmen und der Betreiber des Gasversorgungsnetzes oder dessen Gesellschafter nicht zu einer Gruppe miteinander verbundener Gasunternehmen, so darf der Betreiber des Gasversorgungsnetzes die aus der Erbringung der Dienstleistung entstehenden Kosten oder Kostenbestandteile maximal in der Höhe ansetzen, wie sie anfallen würden, wenn der Betreiber des Gasversorgungsnetzes die jeweiligen Leistungen selbst erbringen würde. [5] Der Betreiber des Gasversorgungsnetzes hat die erforderlichen Nachweise zu führen.

(6) Sofern Leistungen nach § 9 Absatz 3 Satz 2 Nummer 1 der Gasnetzzugangsverordnung[2] beschafft werden, können Betreiber von Gasversorgungsnetzen die hierdurch verursachten Kosten nach Maßgabe des § 4 Abs. 1 bei der Ermittlung der Netzkosten in Ansatz bringen.

(7) Soweit außerordentliche Aufwendungen und Erträge die Netzkosten einer Kalkulationsperiode beeinflussen, sind diese der Regulierungsbehörde unverzüglich anzuzeigen.

§ 5 Aufwandsgleiche Kostenpositionen. (1) Aufwandsgleiche Kostenpositionen sind den nach § 10 Abs. 3 des Energiewirtschaftsgesetzes[3] erstellten Gewinn- und Verlustrechnungen für die Gasfernleitung und Gasverteilung zu entnehmen und nach Maßgabe des § 4 Abs. 1 bei der Bestimmung der Netzkosten zu berücksichtigen.

(2) Fremdkapitalzinsen sind in ihrer tatsächlichen Höhe einzustellen, höchstens jedoch in der Höhe kapitalmarktüblicher Zinsen für vergleichbare Kreditaufnahmen.

§ 6 Kalkulatorische Abschreibungen. (1) [1] Zur Gewährleistung eines langfristig angelegten leistungsfähigen und zuverlässigen Netzbetriebs ist die Wertminderung der betriebsnotwendigen Anlagegüter nach den Absätzen 2 bis 7 als Kostenposition bei der Ermittlung der Netzkosten in Ansatz zu bringen (kalkulatorische Abschreibungen). [2] Die kalkulatorischen Abschreibungen treten insoweit in der kalkulatorischen Kosten- und Erlösrechnung an die Stelle der entsprechenden bilanziellen Abschreibungen der Gewinn- und Verlustrechnung. [3] Bei der Ermittlung der kalkulatorischen Abschreibungen ist jeweils zu unterscheiden nach Anlagegütern, die vor dem 1. Januar 2006 aktiviert wurden (Altanlage), und Anlagegütern, die ab dem 1. Januar 2006 aktiviert werden (Neuanlage).

---

[1] Nr. 28.
[2] Nr. 25.
[3] Nr. 1.

(2) [1] Die kalkulatorischen Abschreibungen der Altanlagen sind unter Berücksichtigung der Eigenkapitalquote nach der linearen Abschreibungsmethode zu ermitteln. [2] Für die Ermittlung der kalkulatorischen Abschreibungen

1. des eigenfinanzierten Anteils der Altanlagen ist die Summe aller anlagenspezifisch und ausgehend von dem jeweiligen Tagesneuwert nach Absatz 3 Satz 1 und 2 ermittelten Abschreibungsbeträge aller Altanlagen zu bilden und anschließend mit der Eigenkapitalquote zu multiplizieren;
2. des fremdfinanzierten Anteils der Altanlagen ist die Summe aller anlagenspezifisch und ausgehend von den jeweiligen, im Zeitpunkt ihrer Errichtung erstmalig aktivierten Anschaffungs- und Herstellungskosten (historische Anschaffungs- und Herstellungskosten) ermittelten Abschreibungsbeträge aller Altanlagen zu bilden und anschließend mit der Fremdkapitalquote zu multiplizieren.

[3] Die Eigenkapitalquote ergibt sich rechnerisch als Quotient aus dem betriebsnotwendigen Eigenkapital und den kalkulatorisch ermittelten Restwerten des betriebsnotwendigen Vermögens zu historischen Anschaffungs- und Herstellungskosten. [4] Die anzusetzende Eigenkapitalquote wird kalkulatorisch für die Berechnung der Netzentgelte auf höchstens 40 Prozent begrenzt. [5] Die Fremdkapitalquote ist die Differenz zwischen 100 Prozent und der Eigenkapitalquote.

(3) [1] Der Tagesneuwert ist der unter Berücksichtigung der technischen Entwicklung maßgebliche Anschaffungswert zum jeweiligen Bewertungszeitpunkt. [2] Die Umrechnung der historischen Anschaffungs- und Herstellungskosten der betriebsnotwendigen Anlagegüter auf Tagesneuwerte zum jeweiligen Stichtag erfolgt unter Verwendung von Indexreihen des Statistischen Bundesamtes nach Maßgabe des § 6a. [3] Im Falle der Gasversorgungsnetze in Berlin, Brandenburg, Mecklenburg-Vorpommern, Sachsen, Sachsen-Anhalt und Thüringen können für jene Anlagegüter, deren Errichtung zeitlich vor ihrer erstmaligen Bewertung in Deutscher Mark liegt, die Anschaffungs- und Herstellungskosten unter Verwendung zeitnaher üblicher Anschaffungs- und Herstellungskosten und einer Rückrechnung mittels der anwendbaren Preisindizes ermittelt werden.

(4) Die kalkulatorischen Abschreibungen der Neuanlagen sind ausgehend von den jeweiligen historischen Anschaffungs- und Herstellungskosten nach der linearen Abschreibungsmethode zu ermitteln.

(5) [1] Die kalkulatorischen Abschreibungen sind für jede Anlage jährlich auf Grundlage der jeweiligen betriebsgewöhnlichen Nutzungsdauern nach Anlage 1 vorzunehmen. [2] Die jeweils für eine Anlage in Anwendung gebrachte betriebsgewöhnliche Nutzungsdauer ist für die Restdauer ihrer kalkulatorischen Abschreibung unverändert zu lassen. [3] Die kalkulatorischen Abschreibungen sind jahresbezogen zu ermitteln. [4] Dabei ist jeweils ein Zugang des Anlagegutes zum 1. Januar des Anschaffungsjahres zugrunde zu legen.

(6) [1] Der kalkulatorische Restwert eines Anlageguts beträgt nach Ablauf des ursprünglich angesetzten Abschreibungszeitraums Null. [2] Ein Wiederaufleben kalkulatorischer Restwerte ist unzulässig. [3] Bei Veränderung der ursprünglichen Abschreibungsdauer während der Nutzung ist sicherzustellen, dass keine Erhöhung der Kalkulationsgrundlage erfolgt. [4] In einem solchen Fall bildet der jeweilige Restwert des Wirtschaftsguts zum Zeitpunkt der Abschreibungsdauerumstellung die Grundlage der weiteren Abschreibung. [5] Der neue Abschrei-

bungsbetrag ergibt sich aus der Division des Restwertes durch die Restabschreibungsdauer. [6] Es erfolgt keine Abschreibung unter Null.

(7) Das Verbot von Abschreibungen unter Null gilt ungeachtet der Änderung von Eigentumsverhältnissen oder der Begründung von Schuldverhältnissen.

§ 6a Preisindizes zur Ermittlung der Tagesneuwerte. (1) Bei der Ermittlung der Tagesneuwerte nach § 6 Absatz 3 Satz 2 sind folgende Indexreihen des Statistischen Bundesamtes[1)] heranzuziehen:

1. für die Anlagengruppen I.2 Grundstücksanlagen, I.3 Betriebsgebäude, I.4 Verwaltungsgebäude, III.8 Gebäude, Verkehrswege und V.9 Gebäude (Mess-, Regel- und Zähleranlagen) der Anlage 1 die Indexreihe Gewerbliche Betriebsgebäude, Bauleistungen am Bauwerk ohne Umsatzsteuer (Statistisches Bundesamt, Fachserie 17, Preisindizes für die Bauwirtschaft);
2. für die Anlagengruppen Rohrleitungen und Hausanschlussleitungen IV.1.1 Stahlleitungen PE ummantelt, IV.1.2 Stahlleitungen kathodisch geschützt, IV.1.3 Stahlleitungen bitumiert, IV.2 Grauguss (> DN 150), IV.3 Duktiler Guss, IV.4 Polyethylen (PE-HD) und IV.5 Polyvenylchlorid (PVC) der Anlage 1 die Indexreihe Ortskanäle, Bauleistungen am Bauwerk (Tiefbau), ohne Umsatzsteuer (Statistisches Bundesamt, Fachserie 17, Preisindizes für die Bauwirtschaft);
3. für die Anlagengruppen IV.1.1 Stahlleitungen PE ummantelt, IV.1.2 Stahlleitungen kathodisch geschützt und IV.1.3 Stahlleitungen bitumiert, der Anlage 1, die für den Gastransport mit einem Druck größer als 16 bar ausgelegt sind,
   a) die Indexreihe Stahlrohre, Rohrform-, Rohrverschluss- und Rohrverbindungsstücke aus Eisen und Stahl (Statistisches Bundesamt, Fachserie 17, Index der Erzeugerpreise gewerblicher Produkte) mit einem Anteil von 40 Prozent und
   b) die Indexreihe Ortskanäle, Bauleistungen am Bauwerk (Tiefbau), ohne Umsatzsteuer (Statistisches Bundesamt, Fachserie 17, Preisindizes für die Bauwirtschaft) mit einem Anteil von 60 Prozent;
4. für alle übrigen Anlagengruppen, mit Ausnahme der Anlagengruppe I.1 Grundstücke der Anlage 1, der Index der Erzeugerpreise gewerblicher Produkte gesamt (ohne Mineralölerzeugnisse) (Statistisches Bundesamt, Fachserie 17, Index der Erzeugerpreise gewerblicher Produkte).

(2) [1] Sofern die in Absatz 1 genannten Indexreihen des Statistischen Bundesamtes nicht für den notwendigen Zeitraum der Vergangenheit verfügbar sind, sind der Ermittlung der Tagesneuwerte Ersatzindexreihen zu Grunde zu legen, die mit den in Absatz 1 genannten Indexreihen zu verketten sind. [2] Die Verkettungsfaktoren ergeben sich jeweils aus der Division des am weitesten in der Vergangenheit liegenden Indexwertes der Indexreihe gemäß Absatz 1 durch den Indexwert der Ersatzindexreihe für dasselbe Beobachtungsjahr. [3] Es sind folgende Ersatzindexreihen heranzuziehen:

1. für die Indexreihe Gewerbliche Betriebsgebäude, Bauleistungen am Bauwerk, ohne Umsatzsteuer

---

[1)] **Amtlicher Hinweis:** Zu beziehen beim Statistischen Bundesamt, Gustav-Stresemann-Ring 11, 65189 Wiesbaden; auch zu beziehen über www.destatis.de.

a) für den Zeitraum von 1958 bis 1968 die Indexreihe Gewerbliche Betriebsgebäude, Bauleistungen am Bauwerk, mit Umsatzsteuer (Statistisches Bundesamt, Fachserie 17, Preisindizes für die Bauwirtschaft) und

b) für den Zeitraum vor 1958 die Indexreihe Wiederherstellungswerte für 1913/1914 erstellte Wohngebäude (Statistisches Bundesamt, Fachserie 17, Preisindizes für die Bauwirtschaft);

2. für die Indexreihe Ortskanäle, Bauleistungen am Bauwerk (Tiefbau), ohne Umsatzsteuer

a) für den Zeitraum von 1958 bis 1968 die Indexreihe Ortskanäle, Bauleistungen am Bauwerk (Tiefbau), mit Umsatzsteuer (Statistisches Bundesamt, Fachserie 17, Preisindizes für die Bauwirtschaft) und

b) für den Zeitraum vor 1958 die Indexreihe Wiederherstellungswerte für 1913/1914 erstellte Wohngebäude (Statistisches Bundesamt, Fachserie 17, Preisindizes für die Bauwirtschaft);

3. für die Indexreihe Stahlrohre, Rohrform-, Rohrverschluss- und Rohrverbindungsstücke aus Eisen und Stahl

a) für den Zeitraum von 2000 bis 2004 die Indexreihe Rohre aus Eisen oder Stahl (Statistisches Bundesamt, Fachserie 17, Index Erzeugerpreise gewerblicher Produkte),

b) für den Zeitraum von 1968 bis 1999 die Indexreihe Präzisionsstahlrohre, nahtlos und geschweißt (Statistisches Bundesamt, Fachserie 17, Index der Erzeugerpreise gewerblicher Produkte) und

c) für den Zeitraum vor 1968 die Indexreihe Eisen und Stahl (Statistisches Bundesamt, Fachserie 17, Index der Erzeugerpreise gewerblicher Produkte);

4. für die Indexreihe der Erzeugerpreise gewerblicher Produkte gesamt (ohne Mineralölerzeugnisse) für den Zeitraum vor 1976 die Indexreihe der Erzeugerpreise gewerblicher Produkte gesamt (Statistisches Bundesamt, Fachserie 17, Index der Erzeugerpreise gewerblicher Produkte).

(3) [1] Der Tagesneuwert im Basisjahr eines im Jahr t angeschafften Anlagegutes ergibt sich durch die Multiplikation des Indexfaktors des Jahres t mit den historischen Anschaffungs- oder Herstellungskosten. [2] Der Indexfaktor des Jahres t ergibt sich aus dem Quotienten des Indexwertes des Basisjahres und dem Indexwert des Jahres t und ist auf vier Nachkommastellen zu runden.

§ 7 Kalkulatorische Eigenkapitalverzinsung. (1) [1] Die Verzinsung des von Betreibern von Gasversorgungsnetzen eingesetzten Eigenkapitals erfolgt im Wege einer kalkulatorischen Eigenkapitalverzinsung auf Grundlage des betriebsnotwendigen Eigenkapitals. [2] Das betriebsnotwendige Eigenkapital ergibt sich aus der Summe der

1. kalkulatorischen Restwerte des Sachanlagevermögens der betriebsnotwendigen Altanlagen bewertet zu historischen Anschaffungs- und Herstellungskosten und multipliziert mit der Fremdkapitalquote nach § 6 Abs. 2,

2. kalkulatorischen Restwerte des Sachanlagevermögens der betriebsnotwendigen Altanlagen bewertet zu Tagesneuwerten und multipliziert mit der Eigenkapitalquote nach § 6 Abs. 2,

3. kalkulatorischen Restwerte des Sachanlagevermögens der betriebsnotwendigen Neuanlagen bewertet zu historischen Anschaffungs- und Herstellungskosten und
4. Bilanzwerte der betriebsnotwendigen Finanzanlagen und Bilanzwerte des betriebsnotwendigen Umlaufvermögens unter Abzug des Steueranteils der Sonderposten mit Rücklageanteil

und unter Abzug des Abzugskapitals und des verzinslichen Fremdkapitals. [3] Grundstücke sind zu Anschaffungskosten anzusetzen. [4] Es ist jeweils der Mittelwert aus Jahresanfangs- und Jahresendbestand anzusetzen. [5] Soweit das nach Satz 2 ermittelte betriebsnotwendige Eigenkapital einen Anteil von 40 Prozent des sich aus der Summe der Werte nach Satz 2 Nr. 1 bis 4 ergebenden betriebsnotwendigen Vermögens übersteigt, ist der übersteigende Anteil dieses Eigenkapitals gemäß Absatz 7 zu verzinsen.

(2) [1] Als Abzugskapital ist das zinslos zur Verfügung stehende Kapital zu behandeln. [2] Es ist jeweils der Mittelwert aus Jahresanfangs- und Jahresendbestand der folgenden Positionen anzusetzen:

1. Rückstellungen;
2. erhaltene Vorauszahlungen und Anzahlungen von Kunden;
3. unverzinsliche Verbindlichkeiten aus Lieferungen und Leistungen;
4. erhaltene Baukostenzuschüsse einschließlich passivierter Leistungen der Anschlussnehmer zur Erstattung von Netzanschlusskosten;
5. sonstige Verbindlichkeiten, soweit die Mittel dem Betreiber von Gasversorgungsnetzen zinslos zur Verfügung stehen.

(3) [1] Zur Festlegung der Basis für die Eigenkapitalverzinsung ist das betriebsnotwendige Eigenkapital auf Neu- und Altanlagen aufzuteilen. [2] Der auf die Neuanlagen entfallende Anteil bestimmt sich nach dem Anteil, den der Restwert der Neuanlagen nach Absatz 1 Satz 2 Nr. 3 an der Summe der Restwerte des Sachanlagevermögens nach Absatz 1 Satz 2 Nr. 1 bis 3 hat. [3] Der auf die Altanlagen entfallende Anteil bestimmt sich nach dem Anteil, den die Summe der Restwerte der Altanlagen nach Absatz 1 Satz 2 Nr. 1 und 2 an der Summe der Restwerte des Sachanlagevermögens nach Absatz 1 Satz 2 Nr. 1 bis 3 hat.

(4) [1] Der auf das betriebsnotwendige Eigenkapital, das auf Neuanlagen entfällt, anzuwendende Eigenkapitalzinssatz darf den auf die letzten zehn abgeschlossenen Kalenderjahre bezogenen Durchschnitt der von der Deutschen Bundesbank veröffentlichten Umlaufsrenditen festverzinslicher Wertpapiere inländischer Emittenten zuzüglich eines angemessenen Zuschlags zur Abdeckung netzbetriebsspezifischer unternehmerischer Wagnisse nach Absatz 5 nicht überschreiten. [2] Der auf das betriebsnotwendige Eigenkapital, das auf Altanlagen entfällt, anzuwendende Eigenkapitalzinssatz ist zusätzlich um den auf die letzten zehn abgeschlossenen Kalenderjahre bezogenen Durchschnitt der Preisänderungsrate gemäß dem vom Statistischen Bundesamt veröffentlichten Verbraucherpreisgesamtindex zu ermäßigen.

(5) Die Höhe des Zuschlags zur Abdeckung netzbetriebsspezifischer unternehmerischer Wagnisse ist insbesondere unter Berücksichtigung folgender Umstände zu ermitteln:

1. Verhältnisse auf den nationalen und internationalen Kapitalmärkten und die Bewertung von Betreibern von Gasversorgungsnetzen auf diesen Märkten;

2. durchschnittliche Verzinsung des Eigenkapitals von Betreibern von Gasversorgungsnetzen auf ausländischen Märkten;
3. beobachtete und quantifizierbare unternehmerische Wagnisse.

(6) [1] Über die Eigenkapitalzinssätze nach § 21 Abs. 2 des Energiewirtschaftsgesetzes [1)] entscheidet die Regulierungsbehörde in Anwendung der Absätze 4 und 5 vor Beginn einer Regulierungsperiode nach § 3 der Anreizregulierungsverordnung[2)], erstmals zum 1. Januar 2009, durch Festlegung nach § 29 Abs. 1 des Energiewirtschaftsgesetzes. [2] Die Festlegung nach Satz 1 erfolgt jeweils für die Dauer einer Regulierungsperiode nach § 3 der Anreizregulierungsverordnung[2)]. [3] Bis zur erstmaligen Festlegung durch die Regulierungsbehörde beträgt der Eigenkapitalzinssatz bei Neuanlagen 9,21 Prozent vor Steuern und bei Altanlagen 7,8 Prozent vor Steuern.

(7) [1] Der Zinssatz für den die Eigenkapitalquote übersteigenden Anteil des Eigenkapitals nach Absatz 1 Satz 5 bestimmt sich als Mittelwert des auf die letzten zehn abgeschlossenen Kalenderjahre bezogenen Durchschnitts der folgenden von der Deutschen Bundesbank veröffentlichten Umlaufsrenditen:
1. Umlaufsrendite festverzinslicher Wertpapiere inländischer Emittenten – Anleihen der öffentlichen Hand,
2. Umlaufsrendite festverzinslicher Wertpapiere inländischer Emittenten – Anleihen von Unternehmen (Nicht-MFIs) und
3. Umlaufsrendite inländischer Inhaberschuldverschreibungen – Hypothekenpfandbriefe.

[2] Weitere Zuschläge sind unzulässig.

§ 8 Kalkulatorische Steuern. Im Rahmen der Ermittlung der Netzkosten kann die dem Netzbereich sachgerecht zuzuordnende Gewerbesteuer als kalkulatorische Kostenposition in Ansatz gebracht werden.

§ 9 Kostenmindernde Erlöse und Erträge. (1) [1] Sonstige Erlöse und Erträge sind, soweit sie sachlich dem Netzbetrieb zuzurechnen und insbesondere den Positionen
1. aktivierte Eigenleistungen,
2. Zins- und Beteiligungserträge,
3. Netzanschlusskosten,
4. Baukostenzuschüsse oder
5. sonstige Erträge und Erlöse

der netzbezogenen Gewinn- und Verlustrechnung zu entnehmen sind, von den Netzkosten in Abzug zu bringen. [2] Einnahmen nach § 77f des Telekommunikationsgesetzes sind sachlich nicht dem Netzbetrieb zuzurechnen. [3] Die von gasverbrauchenden Anschlussnehmern entrichteten Baukostenzuschüsse sind über eine Dauer von 20 Jahren linear aufzulösen und jährlich netzkostenmindernd anzusetzen.

---

1) Nr. **1**.
2) Nr. **28**.

(2) Baukostenzuschüsse, die im Zusammenhang mit der Errichtung eines Anschlusses für die Einspeisung von Gas entrichtet wurden, sind anschlussindividuell über die Dauer von 20 Jahren linear aufzulösen.

§ 10 Periodenübergreifende Saldierung. [1] Betreiber von Gasversorgungsnetzen sind verpflichtet, nach Abschluss einer Kalkulationsperiode die Differenz zwischen

1. den in dieser Kalkulationsperiode aus Netzentgelten erzielten Erlösen und
2. den für diese Kalkulationsperiode nach Abschnitt 1 des Teils 2 zu Grunde gelegten Netzkosten

zu ermitteln. [2] Liegen die Erlöse nach Satz 1 Nr. 1 über den Kosten nach Satz 1 Nr. 2, ist der Differenzbetrag zuzüglich einer Verzinsung des durchschnittlich gebundenen Betrages mit einem angemessenen Zinssatz kostenmindernd in Ansatz zu bringen. [3] Liegen die Erlöse nach Satz 1 Nr. 1 unter den Kosten nach Satz 1 Nr. 2, kann der Differenzbetrag zuzüglich einer Verzinsung des durchschnittlichen Differenzbetrages mit einem angemessenen Zinssatz kostenerhöhend in Ansatz gebracht werden. [4] Eine Saldierung erfolgt jeweils über die drei folgenden Kalkulationsperioden. [5] Der durchschnittlich gebundene Betrag ist der Mittelwert der Differenz aus den erzielten Erlösen und den zu deckenden Kosten. [6] Der durchschnittliche Differenzbetrag ist der Mittelwert der Differenz aus den zu deckenden Kosten und den erzielten Erlösen.

Abschnitt 2. Kostenstellenrechnung

§ 11 Grundsätze der Kostenverteilung. [1] Die nach § 4 ermittelten Netzkosten sind soweit möglich direkt den Hauptkostenstellen nach § 12 zuzuordnen. [2] Soweit eine direkte Zuordnung von Kosten nicht oder nur mit unvertretbar hohem Aufwand möglich ist, sind diese zunächst geeigneten Hilfskostenstellen zuzuordnen. [3] Die Aufteilung dieser Netzkosten auf die Hauptkostenstellen hat verursachungsgerecht über eine angemessene Schlüsselung zu erfolgen. [4] Die gewählten Schlüssel müssen sachgerecht sein und sind von Betreibern eines Gasfernleitungs- oder Gasverteilernetzes für sachkundige Dritte nachvollziehbar und vollständig schriftlich zu dokumentieren. [5] Insbesondere sind die Schlüssel stetig anzuwenden. [6] Änderungen eines Schlüssels sind nur zulässig, sofern diese sachlich geboten sind. [7] Die sachlichen Gründe für diese Änderungen sind von Betreibern eines Gasfernleitungs- oder Gasverteilernetzes in einer für sachkundige Dritte nachvollziehbaren Weise und vollständig schriftlich zu dokumentieren. [8] Diese Dokumentationen sind der Regulierungsbehörde auf Verlangen zu übermitteln.

§ 12 Kostenstellen. [1] Für die Ermittlung der Netzentgelte haben Betreiber von Gasversorgungsnetzen als Maßgrößen der Kostenverursachung Haupt- und Nebenkostenstellen nach Anlage 2 zu bilden. [2] Betreiber von örtlichen Verteilernetzen sind verpflichtet, jede Haupt- und Nebenkostenstelle zusätzlich nach Ortstransportleitungen und Ortsverteilernetz zu unterteilen. [3] Die Netzkosten nach § 4 sind vollständig auf die Kostenstellen nach Anlage 2 zu verteilen. [4] Die Bildung von Hilfskostenstellen ist zulässig.

Abschnitt 3. Kostenträgerrechnung

§ 13 Grundsätze der Entgeltermittlung. (1) Grundlage des Systems der Entgeltbildung für den Netzzugang ist das Netzzugangsmodell nach § 20 Abs. 1b des Energiewirtschaftsgesetzes[1)].

(2) [1] Die Ein- und Ausspeiseentgelte sind als Kapazitätsentgelte in Euro pro Kubikmeter pro Stunde pro Zeiteinheit oder in Kilowatt pro Zeiteinheit auszuweisen. [2] Die Entgelte beziehen sich dabei in der Regel auf zwölf aufeinanderfolgende Monate. [3] Darüber hinaus haben die Betreiber von Gasversorgungsnetzen Entgelte für monatliche, wöchentliche und tägliche Verträge sowie Jahresverträge mit abweichendem Laufzeitbeginn auf ihrer Internetseite zu veröffentlichen. [4] Für die Umrechnung der Jahresleistungspreise in Leistungspreise für unterjährige Kapazitätsrechte (Monats-, Wochen- und Tagesleistungspreise) gilt § 50 Absatz 1 Nummer 4 der Gasnetzzugangsverordnung[2)] entsprechend.

(3) [1] Die Unternehmen weisen Entgelte für feste und unterbrechbare Kapazitäten aus. [2] Die Entgelte für unterbrechbare Kapazitäten müssen bei der Buchung die Wahrscheinlichkeit einer Unterbrechung angemessen widerspiegeln. [3] Die Entgelte für sämtliche erforderliche Systemdienstleistungen sind in den Entgelten nach Absatz 1 enthalten. [4] Entgelte für den Messstellenbetrieb, die Messung und die Abrechnung werden separat erhoben. [5] Betreiber von Gasversorgungsnetzen sind verpflichtet, auf den Kundenrechnungen für die Netznutzung jenen Anteil in Prozent auszuweisen, den die Gesamtkosten für Systemdienstleistungen nach Satz 3 an den Netzkosten nach § 4 ausmachen.

(4) Die Netzbetreiber haben die Vorgehensweise bei der Bildung der Ein- und Ausspeiseentgelte zu dokumentieren; diese Dokumentation ist auf Verlangen der Regulierungsbehörde vorzulegen.

§ 14 Teilnetze. (1) [1] Soweit ein Betreiber von Gasversorgungsnetzen nach § 6 Abs. 5 der Gasnetzzugangsverordnung[2)] Teilnetze gebildet hat, hat er die nach § 4 ermittelten Netzkosten zunächst den einzelnen Teilnetzen zuzuordnen. [2] Die Zuordnung kann durch eine sachgerechte Schlüsselung erfolgen und ist zu dokumentieren.

(2) [1] Die Ermittlung der Netzentgelte nach § 15 erfolgt getrennt für die einzelnen Teilnetze auf Basis der diesen Teilnetzen zugewiesenen Kosten. [2] Nur einmal erbrachte Systemdienstleistungen nach § 5 Abs. 2 der Gasnetzzugangsverordnung dürfen bei der Nutzung mehrerer Teilnetze eines Netzbetreibers nicht mehrfach berechnet werden.

§ 15 Ermittlung der Netzentgelte. (1) [1] Die Netzkosten sind möglichst verursachungsgerecht zunächst in die Beträge aufzuteilen, die durch Einspeiseentgelte einerseits und Ausspeiseentgelte andererseits zu decken sind. [2] Es ist eine angemessene Aufteilung der Gesamtkosten zwischen den Ein- und Ausspeisepunkten zu gewährleisten. [3] Die Aufteilung der Kosten und Änderung der Aufteilung haben Betreiber von Gasversorgungsnetzen der Regulierungsbehörde jeweils unverzüglich anzuzeigen und ihr in einer für sachkundige Dritte nachvollziehbaren Weise zu begründen.

---

1) Nr. **1**.
2) Nr. **25**.

(2) [1] Die Bildung der Einspeiseentgelte erfolgt durch den Netzbetreiber möglichst verursachungsgerecht nach anerkannten betriebswirtschaftlichen Verfahren, soweit die Regulierungsbehörde nach § 30 Abs. 2 Nr. 7 nicht ein oder mehrere derartige Verfahren vorgibt. [2] Dabei sind folgende Anforderungen zu erfüllen:

1. Gewährleistung der Versorgungssicherheit und des sicheren Betriebs der Netze,
2. Beachtung der Diskriminierungsfreiheit,
3. Setzen von Anreizen für eine effiziente Nutzung der vorhandenen Kapazitäten im Leitungsnetz.

[3] Zur Ermittlung von Anreizmöglichkeiten im Sinne des Satzes 2 Nr. 3 hat der Netzbetreiber in Vorbereitung der Entgeltbildung für die Einspeisepunkte eine Lastflusssimulation nach dem Stand der Technik durchzuführen, bei der insbesondere die unterschiedliche Belastung der Kapazitäten im Leitungsnetz durch die Nutzung alternativer Einspeisepunkte simuliert wird. [4] Die Ergebnisse dieser Simulation sind vom Netzbetreiber zu dokumentieren; die Dokumentation ist der Regulierungsbehörde auf Verlangen vorzulegen.

(3) [1] Die Bildung der Ausspeiseentgelte erfolgt möglichst verursachungsgerecht durch den Netzbetreiber auf Grundlage der nach Absatz 1 auf die Ausspeisepunkte umzulegenden Netzkosten nach anerkannten betriebswirtschaftlichen Verfahren. [2] Dabei können auch die Lage der Ausspeisepunkte, deren Entfernung zu den Einspeisepunkten und die Druckstufe im Ausspeisepunkt Berücksichtigung finden. [3] Im Übrigen gelten die Anforderungen nach Absatz 2 Satz 2 Nr. 1 bis 3 entsprechend.

(4) [1] Die Entgelte für die einzelnen Ein- und Ausspeisepunkte werden grundsätzlich unabhängig voneinander gebildet. [2] Die Entgelte an den einzelnen Ausspeisepunkten sollen in angemessenem Verhältnis zueinander stehen. [3] Unbeschadet dieser Regelung sind für Gruppen von Ein- oder Ausspeisepunkten einheitliche Entgelte zu bilden, soweit die Kapazitätsnutzung an unterschiedlichen Punkten innerhalb dieser Gruppe nicht zu erheblichen Unterschieden in der Belastung des Leitungsnetzes führt.

(5) [1] Die Kalkulation der Netzentgelte ist so durchzuführen, dass nach dem Ende einer bevorstehenden Kalkulationsperiode die Differenz zwischen den aus den Netzentgelten tatsächlich erzielten Erlösen und den nach § 4 ermittelten und in der bevorstehenden Kalkulationsperiode zu deckenden Netzkosten möglichst gering ist. [2] Dabei ist das Buchungsverhalten der Netznutzer, insbesondere hinsichtlich unterbrechbarer und unterjähriger Kapazitätsprodukte, zu berücksichtigen.

(6) [1] Abweichend von den Absätzen 3 und 4 kann der Netzbetreiber auf Grundlage der nach Absatz 1 auf die Ausspeisepunkte umzulegenden Netzkosten einheitliche Ausspeiseentgelte bilden. [2] Es kann dabei nach der Druckstufe oder dem Leitungsdurchmesser differenziert werden.

(7) [1] Für leistungsgemessene Ausspeisepunkte sind jeweils getrennt nach Hoch-, Mittel- und Niederdruck ein Entgelt für den Messstellenbetrieb, ein Entgelt jeweils für die Messung und ein Entgelt für die Abrechnung festzulegen. [2] Für Ausspeisepunkte ohne Leistungsmessung ist ebenfalls ein Entgelt für den Messstellenbetrieb, ein Entgelt für die Messung und ein Entgelt für die Abrechnung festzulegen. [3] Die Entgelte sind jeweils für jeden Ausspeisepunkt

zu erheben. [4] Die Mess- und Abrechnungsentgelte richten sich nach den Kosten, die den jeweiligen Kostenstellen zugeordnet sind und der Anzahl der entsprechenden Ausspeisepunkte.

(8) Andere als in dieser Verordnung genannte Entgelte sind nicht zulässig.

§ 16 Verprobung. (1) [1] Netzbetreiber haben im Rahmen der Ermittlung der Netzentgelte sicherzustellen, dass ein zur Veröffentlichung stehendes Entgeltsystem geeignet ist, die nach § 4 ermittelten Kosten zu decken. [2] Im Einzelnen ist sicherzustellen, dass die Anwendung des Entgeltsystems einen prognostizierten Erlös ergibt, welcher der Höhe nach den zu deckenden Kosten nach Satz 1 entspricht.

(2) Die Verprobungen nach Absatz 1 sind vom Netzbetreiber in einer für sachkundige Dritte nachvollziehbaren Weise schriftlich zu dokumentieren und in den Bericht nach § 28 aufzunehmen.

§ 17 Änderungen der Netzentgelte. Ist ein Antrag nach § 23a Abs. 3 des Energiewirtschaftsgesetzes[1)] gestellt worden, hat der betreffende Betreiber von Gasversorgungsnetzen dies unverzüglich auf seiner Internetseite bekannt zu geben.

§ 18 Besondere Regeln für örtliche Verteilernetze. (1) [1] Grundlage des Systems der Entgeltbildung für den Netzzugang zu örtlichen Verteilernetzen ist abweichend von den §§ 14 bis 16 ein transaktionsunabhängiges Punktmodell. [2] Die für das jeweilige Verteilernetz nach § 4 ermittelten Netzkosten werden über ein jährliches Netzentgelt gedeckt. [3] Für die Einspeisung von Gas in das örtliche Verteilernetz sind keine Netzentgelte zu entrichten.

(2) [1] Die von den Netznutzern zu entrichtenden Netzentgelte sind ihrer Höhe nach unabhängig von der Druckstufe und von der räumlichen Entfernung zwischen dem Ort der Einspeisung des Gases und dem Ort der Entnahme. [2] Sie sind verursachungsgerecht zu bilden.

(3) [1] Das Netzentgelt pro Ausspeisepunkt besteht aus einem Jahresleistungspreis in Euro pro Kilowatt und einem Arbeitspreis in Cent pro Kilowattstunde. [2] Das Jahresleistungsentgelt ist das Produkt aus dem jeweiligen Jahresleistungspreis und der Jahreshöchstleistung in Kilowatt der jeweiligen Entnahme im Abrechnungsjahr. [3] Das Arbeitsentgelt ist das Produkt aus dem jeweiligen Arbeitspreis und der im Abrechnungsjahr jeweils entnommenen gaswirtschaftlichen Arbeit in Kilowattstunden.

(4) [1] Für Entnahmen ohne Leistungsmessung ist anstelle des Leistungs- und Arbeitspreises ein Arbeitspreis in Cent pro Kilowattstunde festzulegen. [2] Soweit zusätzlich ein monatlicher Grundpreis in Euro pro Monat festgelegt wird, haben Grundpreis und Arbeitspreis in angemessenem Verhältnis zueinander zu stehen. [3] Das sich aus dem Grundpreis und dem Arbeitspreis ergebende Entgelt hat in einem angemessenen Verhältnis zu jenem Entgelt zu stehen, das bei einer leistungsgemessenen Entnahme auf Grundlage der Arbeits- und Leistungswerte nach dem Standardlastprofil des Netznutzers entstehen würde.

(5) [1] Die Bildung der Netzentgelte erfolgt auf Grundlage der ermittelten Netzkosten verursachungsgerecht jeweils durch jeden Betreiber eines Gasver-

---

[1)] Nr. 1.

teilernetzes. [2]Dabei sind die Kosten in einem angemessenen Verhältnis auf Leistung und Arbeit aufzuteilen. [3]Die Leistungspreise können von der Jahreshöchstleistung und die Arbeitspreise von der Jahresarbeit abhängen.

(6) Die Kalkulation der Netzentgelte ist so durchzuführen, dass nach dem Ende einer bevorstehenden Kalkulationsperiode die Differenz zwischen den aus den Netzentgelten tatsächlich erzielten Erlösen und den nach § 4 ermittelten und in der bevorstehenden Kalkulationsperiode zu deckenden Netzkosten möglichst gering ist.

(7) Die Netzbetreiber haben die Vorgehensweise bei der Bildung der Netzentgelte vollständig und in für sachkundige Dritte nachvollziehbarer Weise zu dokumentieren und die Dokumentation auf Verlangen der Regulierungsbehörde vorzulegen.

§ 19 Besondere Regeln für Fernleitungsnetze. (1) [1]Bei Fernleitungsnetzen im Sinne des § 2 Nr. 3 erfolgt die Bildung der Ein- und Ausspeiseentgelte auf der Grundlage eines von der Regulierungsbehörde durchzuführenden Vergleichsverfahrens nach Maßgabe des § 26. [2]Bis zur erstmaligen Bildung der Netzentgelte nach Satz 1 haben die Netzbetreiber die bis zum Inkrafttreten dieser Verordnung von ihnen angewandten Entgelte zu Grunde zu legen. [3]Für die Einspeisung von Biogas ins Fernleitungsnetz sind keine Einspeiseentgelte zu entrichten.

(2) [1]Bei der Bildung der Ein- und Ausspeiseentgelte sind die Anforderungen des § 15 Abs. 2 Satz 2 Nr. 1 bis 3 zu beachten. [2]Die §§ 13 und 15 Abs. 4 finden entsprechende Anwendung.

(3) Ergibt der von der Regulierungsbehörde nach § 26 durchgeführte Vergleich, dass die Netzentgelte die Entgelte anderer strukturell vergleichbarer Netze oder Teilnetze in der Europäischen Union überschreiten, ohne dass dieses sachlich gerechtfertigt ist, ist der Netzbetreiber verpflichtet, seine Entgelte unverzüglich entsprechend anzupassen.

§ 20 Sonderformen der Netznutzung. (1) Netzbetreiber können für bestimmte Ein- und Ausspeisepunkte neben den Ein- und Ausspeiseentgelten separate Kurzstreckenentgelte ausweisen, wenn hierdurch eine bessere Auslastung des Leitungsnetzes erreicht oder gesichert werden kann.

(2) [1]Abweichend von § 18 kann der Betreiber eines Verteilernetzes in Einzelfällen zur Vermeidung eines Direktleitungsbaus ein gesondertes Netzentgelt auf Grundlage der konkret erbrachten gaswirtschaftlichen Leistung berechnen. [2]Das gesonderte Netzentgelt nach Satz 1 ist der Regulierungsbehörde unverzüglich mitzuteilen.

(3) Die Vorgehensweise nach den Absätzen 1 und 2 ist vom Netzbetreiber in für sachkundige Dritte nachvollziehbarer Weise zu dokumentieren; die Dokumentation ist der Regulierungsbehörde auf Verlangen vorzulegen.

§ 20a [Pauschales Entgelt für Transportkunden von Biogas] [1]Transportkunden von Biogas erhalten vom Netzbetreiber, in dessen Netz sie unmittelbar Biogas einspeisen, ein pauschales Entgelt in Höhe von 0,007 Euro je Kilowattstunde eingespeisten Biogases für vermiedene Netzkosten für zehn Jahre ab Inbetriebnahme des jeweiligen Netzanschlusses für die Einspeisung von Biogas. [2]Dies gilt unabhängig von der Netzebene, in die eingespeist wird.

³Die Höhe des pauschalierten Entgelts wird im Zuge des Monitorings nach § 35 Absatz 1 Nummer 7 des Energiewirtschaftsgesetzes[1] überprüft.

§ 20b [Kosten] Die Kosten
- für den effizienten Netzanschluss sowie für die Wartung und den Betrieb gemäß § 33 Absatz 2, die Maßnahmen gemäß § 33 Absatz 10 sowie die Maßnahmen gemäß § 34 Absatz 2 der Gasnetzzugangsverordnung[2],
- für den erweiterten Bilanzausgleich gemäß § 35 der Gasnetzzugangsverordnung[2] abzüglich der vom Bilanzkreisverantwortlichen gemäß § 35 Absatz 8 der Gasnetzzugangsverordnung[2] zu zahlenden Pauschale,
- gemäß § 36 Absatz 3 und 4 der Gasnetzzugangsverordnung[2],
- für die vom Netzbetreiber gemäß § 20a an den Transportkunden von Biogas zu zahlenden Entgelte für vermiedene Netzkosten

werden bundesweit umgelegt.

Teil 3. Vergleichsverfahren

Abschnitt 1. Vergleichsverfahren bei kostenorientierter Ermittlung der Netzentgelte

§ 21 Verfahren. (1) ¹Die Regulierungsbehörde kann Vergleichsverfahren nach § 21 Abs. 3 des Energiewirtschaftsgesetzes[1] in regelmäßigen zeitlichen Abständen für Gasversorgungsnetze durchführen. ²Die Regulierungsbehörde macht die Ergebnisse der Vergleichsverfahren in ihrem Amtsblatt und auf ihrer Internetseite öffentlich bekannt.

(2) ¹Die Vergleichsverfahren können sich nach Maßgabe des § 22 auf die von Betreibern von Gasversorgungsnetzen erhobenen Netzentgelte, deren Erlöse oder Kosten beziehen. ²Einzubeziehen in die Vergleichsverfahren sind alle Betreiber von Gasversorgungsnetzen, soweit die in § 23 Abs. 4 aufgeführten Daten in der angegebenen Form der Regulierungsbehörde vorliegen. ³Zur Sicherstellung eines sachgerechten Vergleichs sind die Betreiber von Gasversorgungsnetzen zunächst Strukturklassen nach § 23 Abs. 1 zuzuordnen.

(3) Die Regulierungsbehörde kann zur Vorbereitung einer Entscheidung nach § 30 Abs. 3 auch Feststellungen treffen über die Erlöse oder Kosten von Betreibern von Gasversorgungsnetzen in anderen Mitgliedstaaten der Europäischen Union.

§ 22 Vergleich. Der Vergleich ist nach folgenden Grundsätzen durchzuführen:

1. Im Falle eines Vergleichs von Entgelten ist in Abhängigkeit der verglichenen Gasversorgungsnetze sicherzustellen, dass dem Vergleich stets das durchschnittliche, vollständig mengengewichtete Entgelt zu Grunde liegt, wobei dieses bei separaten Ein- und Ausspeiseentgelten über alle Ein- und Ausspeisepunkte zu bilden ist; einer unterschiedlichen Auslastung der verglichenen Netze ist jeweils Rechnung zu tragen.

---

[1] Nr. 1.
[2] Nr. 25.

2. Bei einem Vergleich der Erlöse aus Netzentgelten eines Gasversorgungsnetzes ist insbesondere das Verhältnis dieser Erlöse zu der Länge des Gasnetzes in den verschiedenen Druckstufen zu berücksichtigen.
3. Bei einem Vergleich der Kosten einer Druckstufe eines Versorgungsnetzes ist insbesondere das Verhältnis der Kosten zu der Länge des Gasnetzes der jeweiligen Druckstufe zu berücksichtigen.

§ 23 Strukturklassen. (1) [1]Für den Vergleich sind sechs Strukturklassen zu bilden. [2]Diese Strukturklassen richten sich nach

1. hoher, mittlerer und niedriger Absatzdichte,
2. der Belegenheit des Netzes in Berlin, Brandenburg, Mecklenburg-Vorpommern, Sachsen, Sachsen-Anhalt oder Thüringen (Strukturklasse Ost) oder den übrigen Ländern (Strukturklasse West).

[3]Über die Abgrenzung zwischen hoher, mittlerer und niedriger Absatzdichte nach Satz 2 Nr. 1 entscheidet die Regulierungsbehörde. [4]Soweit dies sachlich geboten ist, soll die Regulierungsbehörde ferner über die zeitliche Befristung der Anwendung der Strukturklassen Ost und West nach Satz 2 Nr. 2 entscheiden. [5]Eine solche Entscheidung darf frühestens nach Ablauf von drei Regulierungsperioden nach § 21a Abs. 3 Satz 1 des Energiewirtschaftsgesetzes[1)] ergehen.

(2) Die Absatzdichte eines Gasversorgungsnetzes ist der Quotient aus der Gesamtentnahme eines Jahres in Kilowattstunden aus diesem Netz und der Länge des Netzes in Kilometern.

(3) [1]Ist die Belegenheit des Netzes im Hinblick auf dessen Zuordnung zu der Strukturklasse Ost nicht eindeutig, ist das Netzgebiet dieser Strukturklasse zuzuordnen, wenn mehr als 50 Prozent der Länge des Gasnetzes geographisch auf dem Gebiet dieser Strukturklasse liegen. [2]Andernfalls ist das Netzgebiet der Strukturklasse West zuzuteilen.

(4) [1]Betreiber von Gasversorgungsnetzen haben der Regulierungsbehörde, jeweils jährlich zum 1. April für jedes Gasversorgungsnetz getrennt, folgende Angaben zu übermitteln:

1. die Kosten nach § 12 des letzten abgeschlossenen Geschäftsjahres,
2. die Erlöse aus Netzentgelten des Vorjahres,
3. die im Vorjahr durch Weiterverteiler und Letztverbraucher entnommene Jahresarbeit in Kilowattstunden und
4. die Daten nach § 27 Abs. 2 Nr. 1 bis 5.

[2]Die Frist nach Satz 1 kann im Einzelfall auf Antrag des Betreibers von Gasversorgungsnetzen von der Regulierungsbehörde um bis zu drei Monate verlängert werden.

§ 24 Kostenstruktur. [1]Die Regulierungsbehörde kann im Rahmen von Vergleichen ermitteln, ob der Anteil der auf den Netzbetrieb entfallenden Gemeinkosten des Gesamtunternehmens an den Kosten nach § 4 Abs. 1 an-

---

[1)] Nr. **1**.

gemessen ist. [2]Die Regulierungsbehörde kann insbesondere die Angemessenheit der in Anwendung gebrachten Schlüssel überprüfen.

§ 25 Mitteilungspflichten gegenüber der Regulierungsbehörde.

(1) [1]Zur Durchführung der Vergleichsverfahren sind Betreiber von Gasversorgungsnetzen verpflichtet, der Regulierungsbehörde auf Verlangen

1. die nach § 4 Abs. 4 und § 12 dokumentierten Schlüssel mitzuteilen,
2. die für die Beurteilung eines angemessenen Verhältnisses von Gemeinkosten zu Einzelkosten des Netzes nach § 24 erforderlichen Auskünfte zur Verfügung zu stellen,
3. den Bericht nach § 28 vorzulegen und
4. in dem Bericht nach § 28 dokumentierte Informationen mitzuteilen.

[2]Die Regulierungsbehörde kann weitere Auskünfte verlangen, soweit dies zur Durchführung des Vergleichsverfahrens erforderlich ist.

(2) Betreiber von Gasversorgungsnetzen sind verpflichtet, die für ihr Netz geltenden Netzentgelte und deren Änderungen der Regulierungsbehörde unverzüglich mitzuteilen.

Abschnitt 2. Vergleichsverfahren bei der Ermittlung der Netzentgelte gemäß § 20

§ 26 Vergleich der Fernleitungsnetzbetreiber. (1) Für den Vergleich der Fernleitungsnetzbetreiber, die die Entgelte nach § 19 bilden, sind abweichend von den §§ 21 bis 25 nur § 21 Abs. 1 und 3, § 22 Nr. 1 und 2, § 23 Abs. 4 Nr. 2 bis 4 sowie § 25 Abs. 1 Nr. 3 und 4 und Abs. 2 anzuwenden.

(2) [1]Der Vergleich der Fernleitungsnetzbetreiber, die ihre Entgelte nach § 19 bilden, soll von der Regulierungsbehörde jährlich durchgeführt werden. [2]Die Regulierungsbehörde kann in ihrem Vergleich Netzbetreiber in anderen Mitgliedstaaten der Europäischen Union heranziehen.

Teil 4. Pflichten der Netzbetreiber

§ 27 Veröffentlichungspflichten. (1) [1]Betreiber von Gasversorgungsnetzen sind verpflichtet, die für ihr Netz geltenden Netzentgelte auf ihren Internetseiten zu veröffentlichen und auf Anfrage jedermann unverzüglich in Textform mitzuteilen. [2]Werden individuelle Netzentgelte nach § 20 gebildet, sind diese in die Veröffentlichung der Netzentgelte aufzunehmen und der Regulierungsbehörde unverzüglich anzuzeigen.

(2) Betreiber von Gasversorgungsnetzen haben ferner jeweils zum 1. April eines Jahres folgende Strukturmerkmale ihres Netzes auf ihrer Internetseite zu veröffentlichen:

1. die Länge des Gasleitungsnetzes jeweils getrennt für die Niederdruck-, Mitteldruck- und Hochdruckebene zum 31. Dezember des Vorjahres,
2. die Länge des Gasleitungsnetzes in der Hochdruckebene nach Leitungsdurchmesserklassen,

3. die im Vorjahr durch Weiterverteiler und Letztverbraucher entnommene Jahresarbeit in Kilowattstunden oder in Kubikmetern,
4. die Anzahl der Ausspeisepunkte jeweils für alle Druckstufen und
5. die zeitgleiche Jahreshöchstlast aller Entnahmen in Megawatt oder Kubikmetern pro Stunde und den Zeitpunkt des jeweiligen Auftretens.

§ 28 Dokumentation. (1) [1]Betreiber von Gasversorgungsnetzen haben unverzüglich einen Bericht über die Ermittlung der Netzentgelte nach den Sätzen 2 und 3 zu erstellen. [2]Der Bericht muss enthalten:
1. eine Darlegung der Kosten- und Erlöslage der abgeschlossenen Kalkulationsperiode,
2. eine vollständige Darstellung der Grundlagen und des Ablaufs der Ermittlung der Netzentgelte nach § 3 sowie sonstiger Aspekte, die aus Sicht des Betreibers von Gasversorgungsnetzen für die Netzentgelte von Relevanz sind,
3. die Höhe der von Betreibern von Gasversorgungsnetzen entrichteten Konzessionsabgaben jeweils pro Gemeinde und in Summe,
4. einen Anhang und
5. den vollständigen Prüfungsbericht des Wirtschaftsprüfers zum Jahresabschluss nebst allen Ergänzungsbänden.

[3]Die Angaben nach Satz 2 Nr. 1 und 2 müssen einen sachkundigen Dritten in die Lage versetzen, ohne weitere Informationen die Ermittlung der Netzentgelte vollständig nachzuvollziehen. [4]Der Bericht ist zehn Jahre aufzubewahren.

(2) Der zu dem Bericht nach Absatz 1 Satz 2 Nr. 4 zu erstellende Anhang muss enthalten:
1. die für die Abrechnung der Netzentgelte relevante Absatzstruktur des Netzgebietes,
2. den Betriebsabrechnungsbogen des Netzbetriebs,
3. die nach § 4 Abs. 4 dokumentierten Schlüssel sowie deren Änderung,
4. die nach § 10 errechneten Differenzbeträge und
5. die nach § 11 dokumentierten Schlüssel sowie deren Änderung.

(3) Für Betreiber von Fernleitungsnetzen, die ihre Entgelte nach § 19 bilden, gelten abweichend von den Absätzen 1 und 2 nur Absatz 1 Satz 2 Nr. 1 im Hinblick auf die Erlöslage der abgeschlossenen Kalkulationsperiode und Nummer 2.

§ 29 Mitteilungen gegenüber der Regulierungsbehörde. Die Regulierungsbehörde kann zur Vereinfachung des Verfahrens durch Festlegung nach § 29 Abs. 1 des Energiewirtschaftsgesetzes[1)] Entscheidungen treffen zu Umfang, Zeitpunkt und Form der ihr zu übermittelnden Informationen, insbesondere zu den zulässigen Datenträgern und Übertragungswegen.

[1)] Nr. 1.

Teil 5. Sonstige Bestimmungen

§ 30 Festlegungen der Regulierungsbehörde. (1) Zur Verwirklichung eines effizienten Netzzugangs und der in § 1 Abs. 1 des Energiewirtschaftsgesetzes[1)] genannten Zwecke kann die Regulierungsbehörde unter Beachtung der Anforderungen eines sicheren Netzbetriebs Entscheidungen durch Festlegung nach § 29 Abs. 1 des Energiewirtschaftsgesetzes treffen über

1. die Schlüsselung der Gemeinkosten nach § 4 Abs. 4 sowie die Schlüsselung bei der Bildung von Teilnetzen nach § 14 Abs. 1,
2. die Aufschlüsselung der Positionen der Gewinn- und Verlustrechnungen nach § 5,
3. eine möglichst einheitliche Handhabung von Gemeinkostenzuordnungen nach § 25 und
4. zusätzliche Anforderungen an die Struktur und Inhalt des Berichts nach § 28 und dessen Anhang.

(2) Die Regulierungsbehörde kann ferner Festlegungen treffen zur Gewährleistung

1. der Zulässigkeit außerordentlicher Aufwendungen und Erträge sowie einer sachgerechten Verteilung dieser außerordentlichen Aufwendungen und Erträge auf mehrere Kalkulationsperioden nach § 4 Abs. 7, falls diese Aufwendungen und Erträge die Kosten der nächsten Kalkulationsperiode spürbar beeinflussen würden,
2. einer sachgerechten Gewichtung der bei der Ermittlung der Tagesneuwerte anzuwendenden Indexreihen, soweit § 6a Mischindizes vorsieht, insbesondere, um Produktivitätsfortschritte in den relevanten Wirtschaftsbereichen zu berücksichtigen,
3. einer sachgerechten Ermittlung der kalkulatorischen Steuern nach § 8,
4. der Angemessenheit des Zinssatzes nach § 10,
5. sachgerechter Kostenstellen nach § 12 in Abweichung von Anlage 2,
6. einer sachgerechten Aufteilung der Kosten auf Ein- und Ausspeiseentgelte nach § 15 Abs. 1,
7. einer sachgerechten Ermittlung der Netzentgelte nach § 15 Abs. 2 bis 7, einschließlich anzuwendender betriebswirtschaftlicher Verfahren, nach § 18 Abs. 2 bis 5 und nach § 20 Abs. 1 und 2,
8. sachgerechter Entgelte in Abweichung von § 15 Abs. 8,
9. sachgerechter Anlagengruppen und Abschreibungszeiträume in Abweichung von Anlage 1 und
10. einer sachgerechten Durchführung der Kosten- oder Entgeltwälzung.

(3) Die Absätze 1 und 2 gelten für die Durchführung eines Vergleichsverfahrens entsprechend.

---

1) Nr. 1.

§ 31 Ordnungswidrigkeiten. Ordnungswidrig im Sinne des § 95 Abs. 1 Nr. 5 Buchstabe a des Energiewirtschaftsgesetzes[1] handelt, wer vorsätzlich oder fahrlässig

1. entgegen § 4 Abs. 4 Satz 4 oder 6, § 11 Satz 4 oder 7 oder § 16 Abs. 2 eine Dokumentation nicht, nicht richtig, nicht vollständig oder nicht in der vorgeschriebenen Weise vornimmt,
2. entgegen § 23 Abs. 4 eine dort genannte Angabe nicht, nicht richtig, nicht vollständig, nicht in der vorgeschriebenen Weise oder nicht rechtzeitig übermittelt,
3. einer vollziehbaren Anordnung nach § 25 Abs. 1 zuwiderhandelt,
4. entgegen § 25 Abs. 2 eine Mitteilung nicht, nicht richtig, nicht vollständig oder nicht rechtzeitig macht,
5. entgegen § 27 Abs. 1 Satz 1 oder Abs. 2 dort genannte Daten nicht, nicht richtig, nicht vollständig oder nicht rechtzeitig veröffentlicht oder
6. entgegen § 28 Abs. 1 Satz 1 einen Bericht nicht, nicht richtig, nicht vollständig oder nicht rechtzeitig erstellt.

§ 32 Übergangsregelungen. (1) Betreiber von Gasversorgungsnetzen haben der Regulierungsbehörde spätestens bis zum 1. November 2005 getrennt nach Netzebenen die Angaben nach § 23 Abs. 4 Nr. 1 bis 4 zu übermitteln.

(2) [1]Betreiber von Gasversorgungsnetzen haben ihre Netzentgelte spätestens ab dem für sie maßgeblichen Zeitpunkt nach § 118 Abs. 1b Satz 1 des Energiewirtschaftsgesetzes[1] auf der Grundlage dieser Verordnung zu bestimmen. [2]§ 21 findet bei der erstmaligen Bildung nach Satz 1 keine Anwendung. [3]§ 118 Abs. 1b Satz 2 des Energiewirtschaftsgesetzes bleibt unberührt.

(3) [1]Zur erstmaligen Ermittlung der Netzentgelte nach Absatz 2 sind die kalkulatorischen Restwerte des Sachanlagevermögens für den eigenfinanzierten Anteil auf Tagesneuwertbasis nach § 6 Abs. 3, für den fremdfinanzierten Anteil anschaffungsorientiert zu bestimmen und anlagenscharf zu dokumentieren. [2]Dabei sind die seit Inbetriebnahme der Sachanlagegüter der kalkulatorischen Abschreibung tatsächlich zu Grunde gelegten Nutzungsdauern heranzuziehen. [3]Soweit vor dem Inkrafttreten dieser Verordnung keine kostenbasierten Preise gefordert worden sind, wird vermutet, dass der kalkulatorischen Abschreibung des Sachanlagevermögens die unteren Werte der in Anlage 1 genannten Spannen von Nutzungsdauern zu Grunde gelegt worden sind, es sei denn, der Betreiber des Gasversorgungsnetzes weist etwas anderes nach.

(4) § 10 ist nicht mehr anzuwenden, sobald die Netzentgelte im Wege der Anreizregulierung nach § 21a des Energiewirtschaftsgesetzes bestimmt werden.

(5) § 3 Abs. 3 ist erst ab dem 1. Januar 2006 anzuwenden.

(6) Die Regulierungsbehörde kann beim Genehmigungsantrag für das letzte der Anreizregulierung vorangehende Kalenderjahr auf zusätzliche oder neue Unterlagen gegenüber dem letzten geprüften Antrag verzichten, wenn Netzbetreiber, die am vereinfachten Verfahren nach § 24 der Anreizregulierungsverordnung[2] teilnehmen können, den hierzu erforderlichen Antrag rechtzeitig

[1] Nr. **1**.
[2] Nr. **28**.

gestellt haben und für das letzte der Anreizregulierung vorangehende Kalenderjahr keine Erhöhung der Netzentgelte begehren.

(7) Die Ermittlung der Tagesneuwerte nach § 6 Absatz 3 Satz 2 erfolgt ab dem 1. Januar 2013 unter Anwendung der Indexreihen des Statistischen Bundesamtes gemäß § 6a.

(8) Die Verzinsung des die Eigenkapitalquote im Sinne des § 7 Absatz 1 Satz 5 übersteigenden Anteils des Eigenkapitals erfolgt ab dem 1. Januar 2013 nach § 7 Absatz 7.

§ 33 Inkrafttreten. Die Verordnung tritt am Tage nach der Verkündung[1)] in Kraft.

Anlage 1
(zu § 6 Abs. 5 Satz 1)

Betriebsgewöhnliche Nutzungsdauern von Anlagegütern in der Gasversorgung

Anlagengruppen	Jahre
I. Allgemeine Anlagen	
1. Grundstücke	–
2. Grundstücksanlagen, Bauten für Transportwesen	25-35
3. Betriebsgebäude	50-60
4. Verwaltungsgebäude	60-70
5. Gleisanlagen, Eisenbahnwagen	23-27
6. Geschäftsausstattung (ohne EDV, Werkzeuge/Geräte); Vermittlungseinrichtungen	8-10
7. Werkzeuge/Geräte	14-18
8. Lagereinrichtung	14-25
9. EDV-Anlagen	
9.1 Hardware	4-8
9.2 Software	3-5
10. Fahrzeuge	
10.1 Leichtfahrzeuge	5
10.2 Schwerfahrzeuge	8
II. Gasbehälter	45-55
III. Erdgasverdichteranlagen	
1. Erdgasverdichtung	25
2. Gasreinigungsanlage	25
3. Piping und Armaturen	25
4. Gasmessanlage	25
5. Sicherheitseinrichtungen	25
6. Leit- und Energietechnik	20
7. Nebenanlagen	25
8. Gebäude, Verkehrswege	siehe I.2 und I.3

1) Verkündet am 28.7.2005.

Anlagengruppen	Jahre
IV. Rohrleitungen/Hausanschlussleitungen	
1. Stahlleitungen	
1.1 PE ummantelt	45-55
1.2 kathodisch geschützt	55-65
1.3 bituminiert	45-55
2. Grauguss (> DN 150)	45-55
3. Duktiler Guss	45-55
4. Polyethylen (PE-HD)	45-55
5. Polyvinylchlorid (PVC)	30-40
6. Armaturen/Armaturenstationen	45
7. Molchschleusen	45
8. Sicherheitseinrichtungen	45
V. Mess-, Regel- und Zähleranlagen	
1. Gaszähler der Verteilung	8-16
2. Hausdruckregler/Zählerregler	15-25
3. Messeinrichtung	45
4. Regeleinrichtung	45
5. Sicherheitseinrichtungen	20-30
6. Leit- und Energietechnik	10-30
7. Verdichter in Gasmischanlagen je nach Einsatzdauer	15-30
8. Nebenanlagen	15-30
9. Gebäude	60
VI. Fernwirkanlagen	15-20

Anlage 2
(zu § 12 Satz 1)

Haupt- und Nebenkostenstellen

1. Hauptkostenstelle „Systemdienstleistungen"
2. Hauptkostenstelle „Hochdrucknetz"
   2.1 Nebenkostenstelle „Hochdruckleitungsnetz": Kosten der Hochdruckleitungen;
   2.2 Nebenkostenstelle „Hochdruckanlagen": Kosten der Hochdruck-Übernahmestationen und -Regleranlagen, der Reduzier- und Verteilerstationen; anteilige Berücksichtigung der zu diesen Anlagen zugehörigen Sekundärtechnik, Gebäude und Grundstücke;
   2.3 Nebenkostenstelle „Verdichteranlagen": Kosten der Verdichteranlagen; anteilige Berücksichtigung der zu diesen Anlagen zugehörigen Sekundärtechnik, Gebäude und Grundstücke.
3. Hauptkostenstelle „Mitteldrucknetz"
   3.1 Nebenkostenstelle „Mitteldruckleitungsnetz": Kosten der Mitteldruckleitungen;
   3.2 Nebenkostenstelle „Mitteldruckanlagen": Kosten der Mitteldruck-Übernahmestationen und -Regleranlagen, der Reduzier- und Verteilerstationen; anteilige Berücksichtigung der zu diesen Anlagen zugehörigen Sekundärtechnik, Gebäude und Grundstücke;
   3.3 Nebenkostenstelle „Verdichteranlagen": Kosten der Verdichteranlagen; anteilige Berücksichtigung der zu diesen Anlagen zugehörigen Sekundärtechnik, Gebäude und Grundstücke.

4. Hauptkostenstelle „Niederdrucknetz“
   4.1 Nebenkostenstelle „Niederdruckleitungsnetz“: Kosten der Niederdruckleitungen;
   4.2 Nebenkostenstelle „Niederdruckanlagen“: Kosten der Niederdruck-Übernahmestationen und -Regleranlagen, der Reduzier- und Verteilerstationen; anteilige Berücksichtigung der zu diesen Anlagen zugehörigen Sekundärtechnik, Gebäude und Grundstücke;
   4.3 Nebenkostenstelle „Anlagen der Öffentlichen Beleuchtung“: Kosten der Anlagen der öffentlichen Beleuchtung;
   4.4 Nebenkostenstelle „Hausanschlussleitungen und Hausanschlüsse“: Kosten der Erstellung von Hausanschlüssen und Hausanschlussleitungen.
5. Hauptkostenstelle „Messung“
   5.1 Nebenkostenstelle „Messung Hochdruckleitungsnetz“;
   5.2 Nebenkostenstelle „Messung Mitteldruckleitungsnetz“;
   5.3 Nebenkostenstelle „Messung Niederdruckleitungsnetz“.

5a. Hauptkostenstelle „Messstellenbetrieb“
   5a.1 Nebenkostenstelle „Messstellenbetrieb Hochdruckleitungsnetz“;
   5a.2 Nebenkostenstelle „Messstellenbetrieb Mitteldruckleitungsnetz“;
   5a.3 Nebenkostenstelle „Messstellenbetrieb Niederdruckleitungsnetz“.

6. Hauptkostenstelle „Abrechnung“: Kosten der kaufmännischen Bearbeitung der Zählerdaten; Kosten der Beibringung fälliger Entgelte für die Netznutzung und Abrechnung;
   6.1 Nebenkostenstelle „Abrechnung Hochdruckleitungsnetz“;
   6.2 Nebenkostenstelle „Abrechnung Mitteldruckleitungsnetz“;
   6.3 Nebenkostenstelle „Abrechnung Niederdruckleitungsnetz“.

27. Gesetz über den Messstellenbetrieb und die Datenkommunikation in intelligenten Energienetzen (Messstellenbetriebsgesetz – MsbG) [1)2)]

Vom 29. August 2016

(BGBl. I S. 2034)

FNA 752-10

zuletzt geänd. durch Art. 7 G zur Beschleunigung des Energieleitungsausbaus v. 13.5.2019 (BGBl. I S. 706)

Inhaltsübersicht

[1)] **Amtl. Anm.:** In diesem Gesetz finden sich technische Vorgaben, die in Teil 2 im Kapitel 3 zusammengefasst sind. Diese Regelungen wurden notifiziert gemäß der Richtlinie (EU) 2015/1535 des Europäischen Parlaments und des Rates vom 9. September 2015 über ein Informationsverfahren auf dem Gebiet der technischen Vorschriften und der Vorschriften für die Dienste der Informationsgesellschaft (ABl. L 241 vom 17.9.2015, S. 1).

[2)] Verkündet als Art. 1 G v. 29.8.2016 (BGBl. I S. 2034); Inkrafttreten gem. Art. 16 dieses G am 2.9.2016.

Teil 1. Allgemeine Bestimmungen

§ 1 Anwendungsbereich. Dieses Gesetz trifft Regelungen

1. zur Ausstattung von Messstellen der leitungsgebundenen Energieversorgung mit modernen Messeinrichtungen und intelligenten Messsystemen,
2. zur Ausgestaltung des Messstellenbetriebs und zur freien Wahl eines Messstellenbetreibers,
3. zur Aufgabentrennung von Messstellenbetrieb und Netzbetrieb,
4. zu technischen Mindestanforderungen an den Einsatz von intelligenten Messsystemen,
5. zur energiewirtschaftlichen Datenkommunikation und zur allgemeinen Datenkommunikation mit Smart-Meter-Gateways,
6. zur Erhebung, Verarbeitung und Nutzung von Messwerten und weiteren personenbezogenen Daten zur Erfüllung von vorvertraglichen Verpflichtungen, von Verträgen, rechtlichen Verpflichtungen und zur Erfüllung von Aufgaben im öffentlichen Interesse.

§ 2 Begriffsbestimmungen. [1] Im Sinne dieses Gesetzes ist oder sind:

1. Anlagenbetreiber: der Betreiber von Erzeugungsanlagen nach dem Erneuerbare-Energien-Gesetz [1)] vom 21. Juli 2014 (BGBl. I S. 1066), das durch Artikel 2 des Gesetzes vom 21. Dezember 2015 (BGBl. I S. 2498) geändert worden ist, oder dem Kraft-Wärme-Kopplungsgesetz[2)] vom 21. Dezember 2015 (BGBl. I S. 2498),
2. Anschlussnehmer der Eigentümer oder Erbbauberechtigte eines Grundstücks oder Gebäudes, das an das Energieversorgungsnetz angeschlossen ist oder die natürliche oder juristische Person, in deren Auftrag ein Grundstück oder Gebäude an das Energieversorgungsnetz angeschlossen wird,
3. Anschlussnutzer: der zur Nutzung des Netzanschlusses berechtigte Letztverbraucher oder Betreiber von Erzeugungsanlagen nach dem Erneuerbare-Energien-Gesetz [1)] oder dem Kraft-Wärme-Kopplungsgesetz[2)],
4. grundzuständiger Messstellenbetreiber: der Betreiber von Energieversorgungsnetzen, solange und soweit er seine Grundzuständigkeit für den Messstellenbetrieb nicht nach § 43 auf ein anderes Unternehmen übertragen hat, oder jedes Unternehmen, das die Grundzuständigkeit für den Messstellenbetrieb nach § 43 übernommen hat,
5. Grundzuständigkeit für den Messstellenbetrieb: die Verpflichtung zur Wahrnehmung des Messstellenbetriebs für alle Messstellen des jeweiligen Netzgebiets solange und soweit kein Dritter nach den §§ 5 und 6 den Messstellenbetrieb durchführt,
6. Grundzuständigkeit für den Messstellenbetrieb für moderne Messeinrichtungen und intelligente Messsysteme: die Verpflichtung zur Wahrnehmung des Messstellenbetriebs mit modernen Messeinrichtungen und intelligenten Messsystemen im jeweiligen Netzgebiet für diejenigen Messstellen, die nach Maßgabe der §§ 29 bis 32 mit modernen Messeinrichtungen und intelligenten Messsystemen auszustatten sind und für die kein Dritter nach den §§ 5 und 6 den Messstellenbetrieb durchführt,
7. intelligentes Messsystem: eine über ein Smart-Meter-Gateway in ein Kommunikationsnetz eingebundene moderne Messeinrichtung zur Erfassung elektrischer Energie, das den tatsächlichen Energieverbrauch und die tatsächliche Nutzungszeit widerspiegelt und den besonderen Anforderungen nach den §§ 21 und 22 genügt, die zur Gewährleistung des Datenschutzes, der Datensicherheit und Interoperabilität in Schutzprofilen und Technischen Richtlinien festgelegt werden können,
8. Letztverbraucher: natürliche oder juristische Personen, die Energie für den eigenen Verbrauch oder für den Betrieb von Ladepunkten zur Versorgung von Elektrofahrzeugnutzern beziehen,
9. Mehrwertdienst: eine energieversorgungsfremde Dienstleistung, die als Kommunikationsinfrastruktur das Smart-Meter-Gateway benutzt,
10. Messeinrichtung: ein Messgerät, das allein oder in Verbindung mit anderen Messgeräten für die Gewinnung eines oder mehrerer Messwerte eingesetzt wird,

---

1) Nr. **37**.
2) Nr. **45**.

11. Messstelle: die Gesamtheit aller Mess-, Steuerungs- und Kommunikationseinrichtungen zur sicheren Erhebung, Verarbeitung und Übermittlung von Messdaten und zur sicheren Anbindung von Erzeugungsanlagen und steuerbaren Lasten an Zählpunkten eines Anschlussnutzers,
12. Messstellenbetreiber: der grundzuständige Messstellenbetreiber oder ein Dritter, der die Aufgabe des Messstellenbetriebs durch Vertrag nach § 9 wahrnimmt,
13. Messsystem: eine in ein Kommunikationsnetz eingebundene Messeinrichtung,
14. Messwerte: Angaben über vom Anschlussnutzer über einen bestimmten Zeitraum entnommene, erzeugte oder eingespeiste Energiemengen,
15. moderne Messeinrichtung: eine Messeinrichtung, die den tatsächlichen Elektrizitätsverbrauch und die tatsächliche Nutzungszeit widerspiegelt und über ein Smart-Meter-Gateway sicher in ein Kommunikationsnetz eingebunden werden kann,
16. Netzzustandsdaten: Spannungs- und Stromwerte und Phasenwinkel sowie daraus errechenbare oder herleitbare Werte, die zur Ermittlung des Netzzustandes verwendet werden können,
17. Plausibilisierung und Ersatzwertbildung: im Rahmen der Aufbereitung von Messwerten rechnerische Vorgänge, die ausgefallene Messwerte oder Messwertreihen überbrücken oder unplausible Messwerte korrigieren,
18. Schaltprofil: eine Einstellung zum Stromeinspeise- oder -entnahmeverhalten an Erzeugungs- und Verbrauchsanlagen,
19. Smart-Meter-Gateway: die Kommunikationseinheit eines intelligenten Messsystems, die ein oder mehrere moderne Messeinrichtungen und weitere technische Einrichtungen wie insbesondere Erzeugungsanlagen nach dem Erneuerbare-Energien-Gesetz [1] und dem Kraft-Wärme-Kopplungsgesetz[2] zur Gewährleistung des Datenschutzes, der Datensicherheit und Interoperabilität unter Beachtung der besonderen Anforderungen von Schutzprofilen und Technischen Richtlinien nach § 22 Absatz 1 und 2 sicher in ein Kommunikationsnetz einbinden kann und über Funktionalitäten zur Erfassung, Verarbeitung und Versendung von Daten verfügt,
20. Smart-Meter-Gateway-Administrator: eine natürliche oder juristische Person, die als Messstellenbetreiber oder in dessen Auftrag für den technischen Betrieb des intelligenten Messsystems verantwortlich ist,
21. Smart-Metering-Public-Key-Infrastruktur: ein System zur Ausstellung, Verteilung und Prüfung von digitalen Zertifikaten, welches die Authentizität und die Vertraulichkeit bei der Kommunikation und den gesicherten Datenaustausch der verschiedenen Marktteilnehmer mit den Smart-Meter-Gateways sicherstellt,
22. Stammdaten: Informationen über Art und technische Ausstattung, Ort und Spannungsebene sowie Art der kommunikativen Anbindung von an das Smart-Meter-Gateway angeschlossenen Anlagen,

---

[1] Nr. **37**.
[2] Nr. **45**.

23. Tarifierung: die Zuordnung der gemessenen elektrischen Energie oder Volumenmengen zu verschiedenen Tarifstufen,
24. technischer Betrieb des intelligenten Messsystems: die Installation, Inbetriebnahme, Konfiguration, Administration, Überwachung und Wartung des Smart-Meter-Gateways und der informationstechnischen Anbindung von modernen Messeinrichtungen und anderen an das Smart-Meter-Gateway angebundenen technischen Einrichtungen sowie Ermöglichung weiterer energiewirtschaftlicher und sonstiger Dienste,
25. technischer Betrieb der Messstelle: die Installation, Inbetriebnahme, Konfiguration, Administration, Überwachung und Wartung der modernen Messeinrichtungen und intelligenten Messsysteme einschließlich der informationstechnischen Anbindung von Messeinrichtungen und anderen an das Smart-Meter-Gateway angebundenen technischen Einrichtungen sowie Ermöglichung weiterer energiewirtschaftlicher und sonstiger Dienste,
26. Wurzelzertifikat: ein auf dem Gebiet der Kryptografie und Informationssicherheit selbst signiertes Zertifikat der obersten Zertifizierungsinstanz, welches dazu dient, die Gültigkeit aller untergeordneten Zertifikate zu bestätigen,
27. Zählerstandsgangmessung: die Messung einer Reihe viertelstündig ermittelter Zählerstände von elektrischer Arbeit und stündlich ermittelter Zählerstände von Gasmengen,
28. Zählpunkt: der Punkt, an dem der Energiefluss messtechnisch erfasst wird.

[2] Im Übrigen sind die Begriffsbestimmungen aus § 3 des Energiewirtschaftsgesetzes[1)] anzuwenden.

Teil 2. Messstellenbetrieb

Kapitel 1. Rechte und Pflichten im Zusammenhang mit dem Messstellenbetrieb und dessen Finanzierung

§ 3 Messstellenbetrieb. (1) [1] Der Messstellenbetrieb ist Aufgabe des grundzuständigen Messstellenbetreibers, soweit nicht eine anderweitige Vereinbarung nach § 5 oder § 6 getroffen worden ist. [2] Die Funktion des Smart-Meter-Gateway-Administrators wird dem Messstellenbetreiber zugeordnet.

(2) Der Messstellenbetrieb umfasst folgende Aufgaben:

1. Einbau, Betrieb und Wartung der Messstelle und ihrer Messeinrichtungen und Messsysteme sowie Gewährleistung einer mess- und eichrechtskonformen Messung entnommener, verbrauchter und eingespeister Energie einschließlich der Messwertaufbereitung und form- und fristgerechten Datenübertragung nach Maßgabe dieses Gesetzes,
2. technischer Betrieb der Messstelle nach den Maßgaben dieses Gesetzes einschließlich der form- und fristgerechten Datenübertragung nach Maßgabe dieses Gesetzes,
3. Erfüllung weiterer Anforderungen, die sich aus diesem Gesetz oder aus Rechtsverordnungen nach den §§ 46 und 74 ergeben.

[1)] Nr. 1.

(3) Der Messstellenbetreiber hat einen Anspruch auf den Einbau von in seinem Eigentum stehenden Messeinrichtungen, modernen Messeinrichtungen, Messsystemen oder intelligenten Messsystemen.

(4) [1] Messstellenbetreiber sind zur Gewährleistung von Transparenz sowie diskriminierungsfreier Ausgestaltung und Abwicklung des Messstellenbetriebs verpflichtet. [2] Die Unabhängigkeit des grundzuständigen Messstellenbetriebs für moderne Messeinrichtungen und intelligente Messsysteme von anderen Tätigkeitsbereichen der Energieversorgung ist über die buchhalterische Entflechtung sicherzustellen; die §§ 6b, 6c und 54 des Energiewirtschaftsgesetzes[1)] sind entsprechend anzuwenden.

§ 4 Genehmigung des grundzuständigen Messstellenbetriebs. (1) [1] Die Aufnahme der Grundzuständigkeit für den Messstellenbetrieb bedarf der Genehmigung durch die Bundesnetzagentur für Elektrizität, Gas, Telekommunikation, Post und Eisenbahnen (Bundesnetzagentur). [2] Sie entscheidet über die Erteilung der Genehmigung innerhalb von drei Monaten nach Vorliegen der vollständigen Antragsunterlagen.

(2) Eine Genehmigung nach Absatz 1 ist nicht erforderlich, wenn der grundzuständige Messstellenbetreiber als Netzbetreiber über eine Genehmigung nach § 4 des Energiewirtschaftsgesetzes[1)] verfügt oder zum Zeitpunkt der Aufnahme seines Netzbetriebs eine Genehmigung nicht beantragen musste.

(3) Die Genehmigung nach Absatz 1 darf nur versagt werden, wenn der Antragsteller nicht die personelle, technische oder wirtschaftliche Leistungsfähigkeit oder Zuverlässigkeit besitzt, um den grundzuständigen Messstellenbetrieb entsprechend den Vorschriften dieses Gesetzes auf Dauer zu gewährleisten.

(4) Die Bundesnetzagentur kann bei einem Verstoß gegen Absatz 1 Satz 1 den grundzuständigen Messstellenbetrieb untersagen oder den grundzuständigen Messstellenbetreiber durch andere geeignete Maßnahmen vorläufig verpflichten, ein Verhalten abzustellen, das einen Versagungsgrund im Sinne des Absatzes 3 darstellen würde.

§ 5 Auswahlrecht des Anschlussnutzers. (1) Auf Wunsch des betroffenen Anschlussnutzers kann der Messstellenbetrieb anstelle des nach § 3 Absatz 1 Verpflichteten von einem Dritten durchgeführt werden, wenn durch den Dritten ein einwandfreier Messstellenbetrieb im Sinne des § 3 Absatz 2 gewährleistet ist.

(2) [1] Der neue und der bisherige Messstellenbetreiber sind verpflichtet, die für die Durchführung des Wechselprozesses erforderlichen Verträge abzuschließen und einander die dafür erforderlichen Daten unverzüglich zu übermitteln. [2] Der bisherige Messstellenbetreiber hat personenbezogene Daten unverzüglich zu löschen, es sei denn, Aufbewahrungsvorschriften bestimmen etwas anderes.

§ 6 Auswahlrecht des Anschlussnehmers; Folgen für das Auswahlrecht des Anschlussnutzers. (1) Statt des Anschlussnutzers kann ab dem 1. Januar 2021 der Anschlussnehmer einen Messstellenbetreiber auswählen, wenn dieser verbindlich anbietet,

---

[1)] Nr. 1.

1. dadurch alle Zählpunkte der Liegenschaft für Strom mit intelligenten Messsystemen auszustatten,
2. neben dem Messstellenbetrieb der Sparte Strom mindestens einen zusätzlichen Messstellenbetrieb der Sparten Gas, Fernwärme oder Heizwärme über das Smart-Meter-Gateway zu bündeln (Bündelangebot) und
3. den gebündelten Messstellenbetrieb für jeden betroffenen Anschlussnutzer der Liegenschaft ohne Mehrkosten im Vergleich zur Summe der Kosten für den bisherigen getrennten Messstellenbetrieb durchzuführen.

(2) [1] Übt der Anschlussnehmer das Auswahlrecht aus Absatz 1 aus, enden laufende Verträge für den Messstellenbetrieb der betroffenen Sparten entschädigungslos, wenn deren Laufzeit mindestens zur Hälfte abgelaufen ist, frühestens jedoch nach einer Laufzeit von fünf Jahren. [2] Zwischen Ausübung des Auswahlrechts und der Vertragsbeendigung müssen mindestens drei Monate liegen. [3] Betroffenen Messstellenbetreibern aller Sparten ist vor der Ausübung des Auswahlrechts mit einer Frist von sechs Monaten die Möglichkeit zur Abgabe eines eigenen Bündelangebots einzuräumen; bestehende Vertragsverhältnisse nach § 5 Absatz 1 sind dem Anschlussnehmer vom Anschlussnutzer auf Verlangen unverzüglich mitzuteilen.

(3) [1] Der Anschlussnehmer hat den Anschlussnutzer spätestens einen Monat vor Ausübung seines Auswahlrechts nach Absatz 1 in Textform über die geplante Ausübung zu informieren. [2] Die Information muss Folgendes enthalten:
1. eine Vergleichsberechnung zum Nachweis der Erfüllung der Anforderung aus Absatz 1 Nummer 3,
2. die Angabe des Zeitpunkts des Messstellenbetreiberwechsels und Erläuterungen zur Durchführung der Liegenschaftsmodernisierung sowie
3. Angaben zum Messstellenvertrag des Anschlussnehmers, zu Entgelten für den Messstellenbetrieb und deren künftiger Abrechnung.

(4) [1] Solange und soweit der Anschlussnehmer von seinem Auswahlrecht nach Absatz 1 Gebrauch macht, besteht das Auswahlrecht des Anschlussnutzers nach § 5 Absatz 1 nur, wenn der Anschlussnehmer in Textform zustimmt. [2] Die Freiheit des Anschlussnutzers zur Wahl eines Energielieferanten sowie eines Tarifs zur Energiebelieferung darf durch die Ausübung des Auswahlrechts des Anschlussnehmers nach Absatz 1 nicht eingeschränkt werden.

(5) [1] Anschlussnutzer haben das Recht, vom Anschlussnehmer alle zwei Jahre die Einholung von zwei verschiedenen Bündelangeboten für den Messstellenbetrieb der Liegenschaft zu verlangen. [2] Die Bündelangebote müssen für die Anschlussnutzer verständlich sein und eine Prognose bezüglich der Kosten der Anschlussnutzer vor und nach einer Bündelung des Messstellenbetriebs enthalten.

§ 7 Entgelt für den grundzuständigen Messstellenbetrieb; besondere Kostenregulierung. (1) [1] Grundzuständige Messstellenbetreiber legen für die Erfüllung ihrer Aufgaben ein Entgelt fest, das die Preisobergrenzen dieses Gesetzes einhält. [2] Die Entgelte für den Messstellenbetrieb mit intelligenten Messsystemen und modernen Messeinrichtungen sind Bestandteil eines Messstellenvertrages nach den §§ 9 und 10. [3] Auf den grundzuständigen Messstellenbetrieb des Netzbetreibers mit Messeinrichtungen und Messsystemen sind § 17

Absatz 7 der Stromnetzentgeltverordnung[1] vom 25. Juli 2005 (BGBl. I S. 2225), die durch Artikel 2 Absatz 4 des Gesetzes vom 21. Dezember 2015 (BGBl. I S. 2498) geändert worden ist, sowie § 15 Absatz 7 der Gasnetzentgeltverordnung[2] vom 25. Juli 2005 (BGBl. I S. 2197), die zuletzt durch Artikel 17 des Gesetzes vom 28. Juli 2015 (BGBl. I S. 1400) geändert worden ist, entsprechend anzuwenden.

(2) [1] Kosten des grundzuständigen Messstellenbetreibers für den Messstellenbetrieb von modernen Messeinrichtungen und intelligenten Messsystemen sind weder bei den Entgelten für den Netzzugang nach den §§ 21 und 21a des Energiewirtschaftsgesetzes[3] noch bei der Genehmigung der Entgelte nach § 23a des Energiewirtschaftsgesetzes zu berücksichtigen. [2] Die Abrechnung der Netznutzung verbleibt beim Netzbetreiber und ist Bestandteil der Netzentgelte; ein Abrechnungsentgelt wird ab dem 1. Januar 2017 nicht erhoben.

(3) Für Kosten des Netzbetriebs, die bei Anwendung dieses Gesetzes entstehen, sind die §§ 21 und 21a des Energiewirtschaftsgesetzes[3] entsprechend anzuwenden.

§ 8 Messstelle. (1) [1] Der Messstellenbetreiber bestimmt im Rahmen der Anforderungen dieses Gesetzes Art, Zahl und Größe von Mess- und Steuereinrichtungen. [2] In den Fällen des § 14 Absatz 3 der Stromgrundversorgungsverordnung[4] vom 26. Oktober 2006 (BGBl. I S. 2391) und des § 14 Absatz 3 der Gasgrundversorgungsverordnung[5] vom 26. Oktober 2006 (BGBl. I S. 2391, 2396) hat der Messstellenbetreiber die Belange des Grundversorgers angemessen zu berücksichtigen, soweit dies technisch möglich ist.

(2) [1] Mess- und Steuereinrichtungen müssen den mess- und eichrechtlichen Vorschriften, den Anforderungen dieses Gesetzes, den aufgrund dieses Gesetzes erlassenen Rechtsverordnungen sowie den von dem Netzbetreiber nach der Stromnetzzugangsverordnung[6] und der Gasnetzzugangsverordnung[7] einheitlich für sein Netzgebiet vorgesehenen technischen Mindestanforderungen genügen. [2] Die Mindestanforderungen des Netzbetreibers müssen sachlich gerechtfertigt und diskriminierungsfrei sein. [3] Die Möglichkeit, zusätzliche Messfunktionen vorzusehen, bleibt unberührt.

§ 9 Messstellenverträge. (1) [1] Die Durchführung des Messstellenbetriebs bedarf folgender Verträge des Messstellenbetreibers (Messstellenverträge):

1. mit dem Anschlussnutzer oder dem Anschlussnehmer,
2. mit dem Energielieferanten auf dessen Verlangen,
3. mit dem Netzbetreiber für jede Messstelle,
4. mit dem grundzuständigen Messstellenbetreiber bei jedem Messstellenbetreiberwechsel nach den §§ 5 und 6.

[2] § 54 ist zu beachten.

---

[1] Nr. **24**.
[2] Nr. **26**.
[3] Nr. **1**.
[4] Nr. **31**.
[5] Nr. **33**.
[6] Nr. **23**.
[7] Nr. **25**.

(2) Sind Regelungen der Messstellenverträge nach Absatz 1 Nummer 1 Bestandteil eines Vertrages des Energielieferanten mit dem Anschlussnutzer oder dem Anschlussnehmer zumindest über die Energiebelieferung (kombinierter Vertrag), entfällt das Erfordernis eines separaten Vertrages aus Absatz 1 Nummer 1.

(3) [1] Besteht kein Messstellenvertrag mit dem Anschlussnehmer oder kein Vertrag nach Absatz 2, kommt ein Messstellenvertrag zwischen dem grundzuständigen Messstellenbetreiber und dem Anschlussnutzer nach Absatz 1 Nummer 1 dadurch zustande, dass dieser Elektrizität aus dem Netz der allgemeinen Versorgung über einen Zählpunkt entnimmt. [2] Bei intelligenten Messsystemen und modernen Messeinrichtungen kommt der Vertrag entsprechend den nach Absatz 4 veröffentlichten Bedingungen für die jeweilige Verbrauchsgruppe zustande.

(4) [1] Grundzuständige Messstellenbetreiber sind verpflichtet, unter Beachtung dieses Gesetzes und des Energiewirtschaftsgesetzes[1)], der auf Grund dieser Gesetze erlassenen Rechtsverordnungen und der auf diesen Grundlagen ergangenen vollziehbaren Entscheidungen der Regulierungsbehörde allgemeine Bedingungen für Verträge nach den Absätzen 1 bis 3 im Internet zu veröffentlichen und zu diesen Bedingungen Verträge abzuschließen (Rahmenverträge). [2] Für den mindestens erforderlichen Regelungsinhalt von Rahmenverträgen ist § 10 Absatz 2 entsprechend anzuwenden.

§ 10 Inhalt von Messstellenverträgen. (1) [1] Messstellenverträge regeln die Durchführung des Messstellenbetriebs in Bezug auf die Messstelle, die in dem Vertrag bestimmt ist. [2] Für Verträge nach § 9 Absatz 1 ist § 41 Absatz 1, 2 Satz 1 und Absatz 3 des Energiewirtschaftsgesetzes[1)] entsprechend anzuwenden.

(2) Messstellenverträge müssen insbesondere Folgendes regeln:

1. die Bedingungen des Messstellenbetriebs und Regelungen zur Messstellennutzung,
2. die Standard- und Zusatzleistungen nach § 35 einschließlich deren Entgelte und deren Abrechnung,
3. das Vorgehen bei Mess- und Übertragungsfehlern,
4. die Verpflichtung der Parteien im Sinne von § 54 zur gegenseitigen Datenübermittlung, die dabei zu verwendenden Datenformate und Inhalte sowie die hierfür geltenden Fristen,
5. die Haftungsbestimmungen,
6. die Kündigung und sonstige Beendigung des Vertrages einschließlich der Pflichten bei Beendigung des Vertrages,
7. die ladungsfähige Anschrift, die Benennung von Ansprechpartnern und Angaben, die eine schnelle elektronische Kontaktaufnahme ermöglichen, einschließlich der Adresse der elektronischen Post.

(3) Messstellenverträge dürfen keine Regelungen enthalten, die einen Lieferantenwechsel des Anschlussnutzers oder des Anschlussnehmers behindern.

[1)] Nr. 1.

§ 11 Dokumentationspflicht; Sicherstellung des Messstellenbetriebs. (1) Messstellenbetreiber sind verpflichtet, dem Netzbetreiber jährlich eine Übersicht zur Ausstattung der Messstellen im Netzgebiet zur Verfügung zu stellen.

(2) [1] Fällt der Messstellenbetreiber aus, ohne dass zum Zeitpunkt des Ausfalls der grundzuständige Messstellenbetreiber den Messstellenbetrieb übernimmt, kann der Netzbetreiber Notfallmaßnahmen zur vorübergehenden Sicherstellung des Messstellenbetriebs ergreifen. [2] Die vorübergehende Sicherstellung des Messstellenbetriebs beinhaltet nicht die Pflicht zur Ausstattung mit intelligenten Messsystemen oder modernen Messeinrichtungen nach den §§ 29 bis 32. [3] Fällt der grundzuständige Messstellenbetreiber aus, hat der Netzbetreiber zur dauerhaften Sicherstellung des Messstellenbetriebs das Übertragungsverfahren für die Grundzuständigkeit für den Messstellenbetrieb für moderne Messeinrichtungen und intelligente Messsysteme nach den §§ 41 bis 45 anzustrengen.

(3) [1] Messstellenbetreiber haben dem Netzbetreiber den Verlust, die Beschädigung und Störungen der Mess- und Steuereinrichtungen unverzüglich in Textform mitzuteilen. [2] Sie haben unverzüglich die Beschädigung oder Störung der Mess- und Steuerungseinrichtungen zu beheben und die Funktionsfähigkeit der Messstelle wiederherzustellen.

§ 12 Rechte des Netzbetreibers. Der Netzbetreiber ist zur Erfüllung gesetzlicher Verpflichtungen berechtigt, vom Messstellenbetreiber, insbesondere zur Durchführung einer Unterbrechung nach den §§ 17 und 24 der Niederspannungsanschlussverordnung[1)] vom 1. November 2006 (BGBl. I S. 2477) oder den §§ 17 und 24 der Niederdruckanschlussverordnung[2)] vom 1. November 2006 (BGBl. I S. 2477, 2485), die notwendigen Handlungen an der Messstelle zu verlangen.

§ 13 Nutzung des Verteilernetzes zur Datenübertragung. Der Messstellenbetreiber ist berechtigt, zur Messdatenübertragung gegen ein angemessenes und diskriminierungsfreies Entgelt im Rahmen der technischen Möglichkeiten Zugang zum Elektrizitätsverteilernetz des Netzbetreibers zu erhalten.

Kapitel 2. Wechsel des Messstellenbetreibers

§ 14 Wechsel des Messstellenbetreibers. (1) [1] Ein Anschlussnutzer hat seinem Messstellenbetreiber in Textform zu erklären, dass er beabsichtigt, nach § 5 Absatz 1 einen anderen Messstellenbetreiber mit dem Messstellenbetrieb zu beauftragen. [2] Die Erklärung nach Satz 1 muss folgende Angaben enthalten:

1. den Namen und die ladungsfähige Anschrift des Anschlussnutzers sowie bei Unternehmen, die in das Handelsregister eingetragen sind, das Registergericht und die Registernummer,
2. die Entnahmestelle mit Adresse, Zählernummer oder den Zählpunkt mit Adresse und Nummer,

---

1) Nr. 32.
2) Nr. 34.

3. den Namen und die ladungsfähige Anschrift des neuen Messstellenbetreibers sowie bei Unternehmen, die in das Handelsregister eingetragen sind, das Registergericht und die Registernummer, und
4. den Zeitpunkt, zu dem der Wechsel vollzogen werden soll.

(2) Soweit die Bundesnetzagentur eine Festlegung nach § 47 Absatz 2 Nummer 5 und 7 getroffen hat, müssen Messstellenbetreiber, Netzbetreiber, Energielieferanten und Bilanzkreisverantwortliche für Durchführung und Abwicklung des Wechsels des Messstellenbetreibers das festgelegte Verfahren und Format nutzen.

(3) Für den Wechsel des Messstellenbetreibers darf kein gesondertes Entgelt erhoben werden.

§ 15 Mitteilungspflichten beim Übergang. [1] Der neue Messstellenbetreiber ist verpflichtet, den nach § 49 berechtigten Stellen, bezogen auf die betroffene Messstelle, unverzüglich mitzuteilen:
1. den Zeitpunkt des Übergangs des Messstellenbetriebs und
2. seinen Namen, die ladungsfähige Anschrift und das zuständige Registergericht sowie Angaben, die eine schnelle elektronische Kontaktaufnahme ermöglichen, einschließlich der Adresse der elektronischen Post.

[2] Ist kein intelligentes Messsystem vorhanden, genügt eine Mitteilung an den Energielieferanten und den Netzbetreiber.

§ 16 Übergang technischer Einrichtungen; Meldepflicht. (1) Vor dem Übergang des Messstellenbetriebs muss der bisherige Messstellenbetreiber dem neuen Messstellenbetreiber nach dessen Wahl die zur Messung vorhandenen technischen Einrichtungen vollständig oder einzeln gegen angemessenes Entgelt zum Kauf oder zur Nutzung anbieten, insbesondere die Messeinrichtung selbst, Wandler, vorhandene Telekommunikationseinrichtungen und bei Gasentnahmemessung Druck- und Temperaturmesseinrichtungen.

(2) Soweit der neue Messstellenbetreiber von dem Angebot nach Absatz 1 keinen Gebrauch macht, muss der bisherige Messstellenbetreiber die vorhandenen technischen Einrichtungen zu einem von dem neuen Messstellenbetreiber zu bestimmenden Zeitpunkt unentgeltlich entfernen oder den Ausbau der Einrichtungen durch den neuen Messstellenbetreiber dulden, wenn dieser dafür Sorge trägt, dass die ausgebauten Einrichtungen dem bisherigen Messstellenbetreiber auf dessen Wunsch zur Verfügung gestellt werden.

(3) [1] Ein Dritter, der den Messstellenbetrieb durchführt, hat den Verlust, die Beschädigung und Störungen der Mess- und Steuereinrichtungen unverzüglich dem grundzuständigen Messstellenbetreiber in Textform mitzuteilen. [2] Er hat unverzüglich die Beschädigung und Störung der Mess- und Steuerungseinrichtungen zu beheben und den Verlust zu ersetzen.

§ 17 Wechsel des Anschlussnutzers. [1] Im Falle des Wechsels des bisherigen Anschlussnutzers ist der Dritte, der den Messstellenbetrieb durchführt, auf Verlangen des grundzuständigen Messstellenbetreibers verpflichtet, für einen Übergangszeitraum von längstens drei Monaten den Messstellenbetrieb fortzuführen, bis dieser auf Grundlage eines Auftrages des neuen Anschlussnutzers durchgeführt werden kann. [2]Der Dritte hat Anspruch auf ein vom grundzuständigen Messstellenbetreiber zu entrichtendes angemessenes Entgelt.

§ 18 Ausfall des Messstellenbetreibers. (1) [1]Endet der Messstellenbetrieb eines Dritten oder fällt der Dritte als Messstellenbetreiber aus, ohne dass zum Zeitpunkt der Beendigung ein anderer Dritter den Messstellenbetrieb übernimmt, ist der grundzuständige Messstellenbetreiber berechtigt und verpflichtet, unverzüglich den Messstellenbetrieb zu übernehmen. [2]Dem Anschlussnutzer dürfen hierfür keine über die in § 7 genannten hinausgehenden Entgelte in Rechnung gestellt werden.

(2) Soweit erforderliche Messdaten nicht vorliegen, ist der grundzuständige Messstellenbetreiber berechtigt, den Verbrauch für diesen Zeitraum nach Maßgabe des § 71 Absatz 3 zu bestimmen.

Kapitel 3. Technische Vorgaben zur Gewährleistung von Datenschutz und Datensicherheit beim Einsatz von Smart-Meter-Gateways

§ 19 Allgemeine Anforderungen an Messsysteme. (1) Zur Gewährleistung von Datenschutz, Datensicherheit und Interoperabilität haben Messsysteme den Anforderungen der Absätze 2 und 3 zu genügen.

(2) Zur Datenerhebung, -verarbeitung und -nutzung dürfen ausschließlich solche technischen Systeme und Bestandteile eingesetzt werden, die den Anforderungen aus den §§ 21 und 22 genügen.

(3) [1]Messstellen dürfen nur mit solchen Messsystemen ausgestattet werden, bei denen zuvor die Einhaltung der Anforderungen nach den §§ 21 und 22 in einem Zertifizierungsverfahren nach den Vorgaben dieses Gesetzes festgestellt wurde. [2]Das Zertifizierungsverfahren umfasst auch die Verlässlichkeit von außerhalb der Messeinrichtung aufbereiteten Daten, die Sicherheits- und die Interoperabilitätsanforderungen. [3]Zertifikate können befristet, beschränkt oder mit Auflagen versehen werden.

(4) [1]Die nach § 49 berechtigten Stellen haben dem jeweiligen Stand der Technik entsprechende Maßnahmen zur Sicherstellung von Datenschutz und Datensicherheit zu treffen, die insbesondere die Vertraulichkeit und Integrität der Daten sowie die Feststellbarkeit der Identität der übermittelnden und verarbeitenden Stelle gewährleisten. [2]Im Falle der Nutzung allgemein zugänglicher Kommunikationsnetze sind Verschlüsselungsverfahren anzuwenden, die dem jeweiligen Stand der Technik entsprechen.

(5) [1]Messsysteme, die den besonderen Anforderungen aus den Absätzen 2 und 3 nicht entsprechen, dürfen noch bis zu dem Zeitpunkt, zu dem das Bundesamt für Sicherheit in der Informationstechnik nach § 30 die technische Möglichkeit des Einbaus von intelligenten Messsystemen feststellt, mindestens jedoch bis zum 31. Dezember 2016, im Falle des § 48 bis zum 31. Dezember 2020, eingebaut und bis zu acht Jahre ab Einbau genutzt werden,

1. wenn ihre Nutzung nicht mit unverhältnismäßigen Gefahren verbunden ist und
2. solange eine Einwilligung des Anschlussnutzers zum Einbau und zur Nutzung eines Messsystems besteht, die er in der Kenntnis erteilt hat, dass das

Messsystem nicht den Anforderungen der Absätze 2 und 3 entspricht; Haushaltskunden nach dem Energiewirtschaftsgesetz[1)] können die Zustimmung widerrufen.

[2] Solange die Voraussetzungen des Satzes 1 vorliegen, bestehen für die jeweilige Messstelle die Pflichten nach § 29 nicht.

§ 20 Anbindbarkeit von Messeinrichtungen für Gas an das Smart-Meter-Gateway. (1) [1] Neue Messeinrichtungen für Gas dürfen nur verbaut werden, wenn sie sicher mit einem Smart-Meter-Gateway verbunden werden können. [2] Die Anbindung an das Smart-Meter-Gateway hat zur Gewährleistung von Datenschutz, Datensicherheit und Interoperabilität dem in Schutzprofilen und Technischen Richtlinien in der Anlage zu § 22 niedergelegten Stand der Technik zu entsprechen.

(2) Neue Messeinrichtungen für Gas, die den besonderen Anforderungen aus Absatz 1 nicht genügen, dürfen noch bis zum 31. Dezember 2016, solche mit registrierender Leistungsmessung noch bis zum 31. Dezember 2024 eingebaut und jeweils bis zu acht Jahre ab Einbau genutzt werden, wenn ihre Nutzung nicht mit unverhältnismäßigen Gefahren verbunden ist.

§ 21 Mindestanforderungen an intelligente Messsysteme. (1) Ein intelligentes Messsystem muss

1. die zuverlässige Erhebung, Verarbeitung, Übermittlung, Protokollierung, Speicherung und Löschung von aus Messeinrichtungen stammenden Messwerten gewährleisten, um
   a) eine Messwertverarbeitung zu Abrechnungszwecken durchführen zu können,
   b) eine Zählerstandsgangmessung bei Letztverbrauchern, von Anlagen im Sinne von § 14a des Energiewirtschaftsgesetzes[1)] und von Erzeugungsanlagen nach dem Erneuerbare-Energien-Gesetz[2)] und dem Kraft-Wärme-Kopplungsgesetz[3)] durchführen zu können sowie die zuverlässige Administration und Fernsteuerbarkeit dieser Anlagen zu gewährleisten,
   c) die jeweilige Ist-Einspeisung von Erzeugungsanlagen nach dem Erneuerbare-Energien-Gesetz[2)] und dem Kraft-Wärme-Kopplungsgesetz[3)] abrufen zu können und
   d) Netzzustandsdaten messen, zeitnah übertragen und Protokolle über Spannungsausfälle mit Datum und Zeit erstellen zu können,
2. eine Visualisierung des Verbrauchsverhaltens des Letztverbrauchers ermöglichen, um diesem
   a) den tatsächlichen Energieverbrauch sowie Informationen über die tatsächliche Nutzungszeit bereitzustellen,
   b) abrechnungsrelevante Tarifinformationen und zugehörige abrechnungsrelevante Messwerte zur Überprüfung der Abrechnung bereitzustellen,
   c) historische Energieverbrauchswerte entsprechend den Zeiträumen der Abrechnung und Verbrauchsinformationen nach § 40 Absatz 3 des Ener-

---

[1)] Nr. **1**.
[2)] Nr. **37**.
[3)] Nr. **45**.

giewirtschaftsgesetzes[1] für die drei vorangegangenen Jahre zur Verfügung stellen zu können,

d) historische tages-, wochen-, monats- und jahresbezogene Energieverbrauchswerte sowie die Zählerstandsgänge für die letzten 24 Monate zur Verfügung stellen zu können und

e) die Informationen aus § 53 Absatz 1 Nummer 1 zur Verfügung zu stellen,

3. sichere Verbindungen in Kommunikationsnetzen durchsetzen, um

a) über eine sichere und leistungsfähige Fernkommunikationstechnik die sichere Administration und Übermittlung von Daten unter Beachtung der mess- und eichrechtlichen und der datenschutzrechtlichen Vorgaben zu ermöglichen, wobei das Smart-Meter-Gateway neben der verwendeten für eine weitere vom Smart-Meter-Gateway-Administrator vermittelte und überwachte zusätzliche, zuverlässige und leistungsfähige Art der Fernkommunikation offen sein muss,

b) eine interne und externe Tarifierung sowie eine Parametrierung der Tarifierung im Smart-Meter-Gateway durch dessen Administrator unter Beachtung der eich- und datenschutzrechtlichen Vorgaben zu ermöglichen,

c) einen gesicherten Empfang von Messwerten von Strom-, Gas-, Wasser- und Wärmezählern sowie von Heizwärmemessgeräten zu ermöglichen und

d) eine gesicherte Anbindung von Erzeugungsanlagen, Anzeigeeinheiten und weiteren lokalen Systemen zu ermöglichen,

4. ein Smart-Meter-Gateway beinhalten, das

a) offen für weitere Anwendungen und Dienste ist und dabei über die Möglichkeit zur Priorisierung von bestimmten Anwendungen verfügt, wobei nach Anforderung der Netzbetreiber ausgewählte energiewirtschaftliche und in der Zuständigkeit der Netzbetreiber liegende Messungen und Schaltungen stets und vorrangig ermöglicht werden müssen,

b) ausschließlich durch den Smart-Meter-Gateway-Administrator konfigurierbar ist und

c) Software-Aktualisierungen empfangen und verarbeiten kann,

5. die Grenzen für den maximalen Eigenstromverbrauch für das Smart-Meter-Gateway und andere typischerweise an das intelligente Messsystem angebundene Komponenten einhalten, die von der Bundesnetzagentur nach § 47 Absatz 1 Nummer 4 festgelegt werden und

6. die Stammdaten angeschlossener Anlagen nach § 14a des Energiewirtschaftsgesetzes[1] sowie nach dem Erneuerbare-Energien-Gesetz[2] und dem Kraft-Wärme-Kopplungsgesetz[3] übermitteln können.

(2) Die in Absatz 1 Nummer 1 Buchstabe b, c und d sowie Nummer 6 genannten Mindestanforderungen müssen nicht von intelligenten Messsystemen erfüllt werden, die bei Anschlussnutzern eingebaut worden sind oder

---

[1] Nr. 1.
[2] Nr. 37.
[3] Nr. 45.

eingebaut werden, bei denen keine der Voraussetzungen für eine Einbaupflicht von intelligenten Messsystemen nach § 29 gegeben ist.

(3) Die in Absatz 1 genannten Mindestanforderungen müssen mit Ausnahme von Nummer 5 nicht von Messsystemen erfüllt werden, die nach Maßgabe von § 19 Absatz 5 Satz 1 eingebaut werden können.

(4) Befinden sich an einem Netzanschluss mehrere Zählpunkte, können die Anforderungen nach Absatz 1 auch mit nur einem Smart-Meter-Gateway realisiert werden.

§ 22 Mindestanforderungen an das Smart-Meter-Gateway durch Schutzprofile und Technische Richtlinien. (1) Das Smart-Meter-Gateway eines intelligenten Messsystems hat zur Gewährleistung von Datenschutz, Datensicherheit und Interoperabilität nach dem Stand der Technik folgende Anforderungen zu erfüllen an

1. die Erhebung, Zeitstempelung, Verarbeitung, Übermittlung, Speicherung und Löschung von Messwerten, damit zusammenhängenden Daten und weiteren über ein intelligentes Messsystem oder Teile davon geleiteten Daten,
2. den Zugriffsschutz auf die im elektronischen Speicher- und Verarbeitungsmedium abgelegten Messdaten,
3. die sichere Zeitsynchronisation des Smart-Meter-Gateways mit einer vertrauenswürdigen Zeitquelle im Weitverkehrsnetz und
4. die Interoperabilität der intelligenten Messsysteme und Teile davon.

(2) [1] Die Einhaltung des Standes der Technik im Sinne von Absatz 1 wird vermutet, wenn die in der Anlage aufgeführten Schutzprofile und Technischen Richtlinien des Bundesamtes für Sicherheit in der Informationstechnik in der jeweils geltenden Fassung eingehalten werden. [2] Die jeweils geltende Fassung wird im Bundesanzeiger durch Verweis auf die Internetseite des Bundesamtes für Sicherheit in der Informationstechnik[1)] bekannt gemacht.

(3) Schutzprofile haben eine gültige Beschreibung von Bedrohungsmodellen und technische Vorgaben zur Gewährleistung von Datenschutz, Datensicherheit und Manipulationsresistenz zu enthalten und dazu Anforderungen an die Funktionalitäten eines Smart-Meter-Gateway zu beschreiben, die insbesondere folgende Mindestanforderungen enthalten

1. an die Einsatzumgebung, die für die korrekte Funktionsweise der Sicherheitsfunktionen notwendig ist,
2. an die organisatorischen Sicherheitspolitiken,
3. zur Gewährleistung der Sicherheitsziele für das Smart-Meter-Gateway und seine Umgebung und
4. an die Kommunikationsverbindungen und Protokolle des Smart-Meter-Gateway.

[1)] **Amtl. Anm.:** Auf den Internetseiten des Bundesamtes für Sicherheit in der Informationstechnik www.bsi.bund.de wurden unter dem Oberbegriff „Smart Metering Systems“ folgende Unterordner eingerichtet: „Schutzprofil Gateway“, „Schutzprofil Security Module“, „Smart Metering PKI“ und „Technische Richtlinie“; eine Übersicht über die Schutzprofile und Technischen Richtlinien nach § 22 Absatz 2 Satz 1 findet sich unter www.bsi.bund.de/DE/Themen/DigitaleGesellschaft/Smart-Meter/UebersichtSP-TR/uebersicht_node.html.

(4) [1] Technische Richtlinien haben technische Anforderungen an die Interoperabilität von intelligenten Messsystemen und einzelnen Teilen oder Komponenten zu beschreiben. [2] Sie müssen insbesondere folgende Mindestanforderungen enthalten an:

1. die Funktionalitäten des Smart-Meter-Gateway,
2. die Kommunikationsverbindungen und Protokolle des Smart-Meter-Gateway,
3. die Messwertverarbeitung für die Tarifierung und die Netzzustandsdatenerhebung durch das Smart-Meter-Gateway,
4. die Inhaltsdatenverschlüsselung, Signierung, Absicherung der Kommunikation und Authentifizierung der Datennutzer,
5. die einzusetzenden kryptographischen Verfahren und
6. die Architektur der Smart-Metering-Public-Key-Infrastruktur.

[3] Die Technischen Richtlinien haben darüber hinaus die Betriebsprozesse vorzugeben, deren zuverlässige Durchführung vom Smart-Meter-Gateway-Administrator gewährleistet werden muss. [4] Auch haben sie organisatorische Mindestanforderungen an den Smart-Meter-Gateway-Administrator sowie ein entsprechendes Zertifizierungsverfahren zu bestimmen.

(5) Absatz 1 ist nicht für Messsysteme anzuwenden, die nach Maßgabe von § 19 Absatz 5 Satz 1 eingebaut werden können.

§ 23 Sichere Anbindung an das Smart-Meter-Gateway. (1) Das Smart-Meter-Gateway eines intelligenten Messsystems muss zur Gewährleistung von Datenschutz, Datensicherheit und Interoperabilität nach dem Stand der Technik folgende Komponenten und Anlagen sicher in ein Kommunikationsnetz einbinden können:

1. moderne Messeinrichtungen,
2. Erzeugungsanlagen nach dem Erneuerbare-Energien-Gesetz[1)] und dem Kraft-Wärme-Kopplungsgesetz[2)],
3. Anlagen im Sinne von § 14a des Energiewirtschaftsgesetzes[3)] und sonstige technische Einrichtungen und
4. Messeinrichtungen für Gas im Sinne von § 20 Absatz 1.

(2) Die Einhaltung des Standes der Technik im Sinne von Absatz 1 wird vermutet, wenn die Schutzprofile und Technischen Richtlinien nach § 22 Absatz 2 in der jeweils geltenden Fassung eingehalten werden.

(3) Absatz 1 ist nicht für Messsysteme anzuwenden, die nach Maßgabe von § 19 Absatz 5 Satz 1 eingebaut werden können.

§ 24 Zertifizierung des Smart-Meter-Gateway. (1) [1] Zum Nachweis der Erfüllung der sicherheitstechnischen Anforderungen nach § 22 Absatz 1 und 2 müssen Smart-Meter-Gateways im Rahmen des Zertifizierungsverfahrens nach den Common Criteria durch das Bundesamt für Sicherheit in der Informationstechnik zertifiziert werden. [2] Hersteller von Smart-Meter-Gateways haben

---

[1)] Nr. **37**.
[2)] Nr. **45**.
[3)] Nr. **1**.

dieses Zertifikat dem Smart-Meter-Gateway-Administrator vorzulegen. [3]Der Zeitpunkt der Nachweispflicht zur Interoperabilität wird durch das Bundesamt für Sicherheit in der Informationstechnik festgelegt und nach § 27 im Ausschuss Gateway-Standardisierung bekannt gemacht. [4]Hersteller von Smart-Meter-Gateways haben zu diesem Zeitpunkt das Zertifikat zur Konformität nach der Technischen Richtlinie dem Smart-Meter-Gateway-Administrator vorzulegen.

(2) Für die Zertifizierung sind § 9 des BSI-Gesetzes vom 14. August 2009 (BGBl. I S. 2821) sowie die BSI-Zertifizierungs- und -Anerkennungsverordnung vom 17. Dezember 2014 (BGBl. I S. 2231) in der jeweils geltenden Fassung anzuwenden.

(3) [1]Das Bundesamt für Sicherheit in der Informationstechnik hat die Möglichkeit, Zertifikate nach Absatz 1 zeitlich zu befristen, zu beschränken und mit Auflagen zu versehen. [2]Zertifikate ohne technologisch begründete zeitliche Befristung unterliegen einer kontinuierlichen Überwachung der Gültigkeit durch die ausstellende Stelle. [3]Weitergehende Befugnisse nach Absatz 2 bleiben unberührt.

(4) [1]Ohne ein gültiges und gegenüber dem Smart-Meter-Gateway-Administrator nachgewiesenes Zertifikat nach Absatz 1 darf ein Smart-Meter-Gateway nicht als Bestandteil eines intelligenten Messsystems verwendet werden. [2]Dies ist nicht anzuwenden für Messsysteme, die nach Maßgabe von § 19 Absatz 5 Satz 1 eingebaut werden können.

§ 25 Smart-Meter-Gateway-Administrator; Zertifizierung. (1) [1]Der Smart-Meter-Gateway-Administrator muss einen zuverlässigen technischen Betrieb des intelligenten Messsystems gewährleisten und organisatorisch sicherstellen und ist zu diesem Zweck für die Installation, Inbetriebnahme, Konfiguration, Administration, Überwachung und Wartung des Smart-Meter-Gateways und der informationstechnischen Anbindung von Messgeräten und von anderen an das Smart-Meter-Gateway angebundenen technischen Einrichtungen verantwortlich. [2]Soweit es technisch möglich und wirtschaftlich zumutbar ist, ermöglicht der Smart-Meter-Gateway-Administrator auch die Durchführung von weiteren Anwendungen und Diensten im Sinne von § 21 Absatz 1 Nummer 4 Buchstabe a. [3]Der Smart-Meter-Gateway-Administrator darf ausschließlich Smart-Meter-Gateways mit gültigem Zertifikat nach § 24 Absatz 1 verwenden. [4]Er hat Sicherheitsmängel und Änderungen von Tatsachen, die für die Erteilung des Zertifikats nach § 24 Absatz 1 wesentlich sind, dem Bundesamt für Sicherheit in der Informationstechnik unverzüglich mitzuteilen.

(2) Für den Betrieb eines intelligenten Messsystems muss die Stromentnahme im ungemessenen Bereich erfolgen und es muss eine zuverlässige und leistungsfähige Fernkommunikationstechnik verwendet werden, die Folgendes gewährleistet:

1. die sichere Administration und Übermittlung von Daten unter Beachtung mess-, eich- und datenschutzrechtlicher Vorgaben und,
2. soweit erforderlich, die sichere Administration von Erzeugungsanlagen nach dem Erneuerbare-Energien-Gesetz[1)] und dem Kraft-Wärme-Kopplungs-

---

[1)] Nr. **37**.

gesetz[1], von Anlagen im Sinne des § 14a des Energiewirtschaftsgesetzes[2] und von lokalen Systemen.

(3) [1]Zur Gewährleistung des technischen Betriebs haben Netzbetreiber, Energielieferanten und Dritte, deren Verträge mit dem Letztverbraucher oder Anlagenbetreiber nach dem Erneuerbare-Energien-Gesetz[3] und dem Kraft-Wärme-Kopplungsgesetz[1] über das oder mit Hilfe des Smart-Meter-Gateways abgewickelt werden sollen, dem Smart-Meter-Gateway-Administrator alle für den Betrieb des Smart-Meter-Gateways notwendigen Informationen bereitzustellen; dies umfasst insbesondere

1. alle Berechtigungsinformationen aus Rahmenverträgen, die im intelligenten Messsystem niederzulegen sind,
2. alle Berechtigungsinformationen zur Anbindung, Administration und Steuerung von Anlagen nach Absatz 2 Nummer 2.

[2]Netzbetreiber, Energielieferanten und Dritte nach Satz 1 haben ebenfalls die Administration der Messwertverarbeitung gemäß den Anforderungen der in § 22 Absatz 2 benannten Technischen Richtlinien des Bundesamtes für Sicherheit in der Informationstechnik zu ermöglichen. [3]Zur Absicherung der Bereitstellung von Informationen kann der Smart-Meter-Gateway-Administrator Rahmenverträge mit Netzbetreibern, Messstellenbetreibern, Energielieferanten und berechtigten Dritten schließen.

(4) Der Smart-Meter-Gateway-Administrator ist verpflichtet,

1. ein Informationssicherheitsmanagementsystem einzurichten, zu betreiben und zu dokumentieren,
2. für seinen Aufgabenbereich, der sich aus den Technischen Richtlinien nach § 22 Absatz 2 ergibt, im Rahmen einer durchgängigen IT-Sicherheitskonzeption die notwendigen und angemessenen Maßnahmen zur Informationssicherheit zu erarbeiten und umzusetzen,
3. die weiteren organisatorischen und technischen Anforderungen zu erfüllen, die sich aus den Technischen Richtlinien nach § 22 Absatz 2 ergeben,
4. die nach den Nummern 1 bis 3 in seinem Bereich etablierten Maßnahmen und die IT-Sicherheitskonzeption durch vom Bundesamt für Sicherheit in der Informationstechnik hierfür zertifizierte Auditoren regelmäßig auditieren zu lassen und
5. den im Rahmen des Mess- und Eichrechts zuständigen Behörden die Ausübung ihrer Markt- und Verwendungsüberwachungsverpflichtungen kostenfrei zu ermöglichen.

(5) [1]Die Erfüllung der in Absatz 4 Nummer 1 bis 3 genannten Anforderungen ist nachzuweisen durch ein Zertifikat des Bundesamtes für Sicherheit in der Informationstechnik oder durch die erfolgreiche Zertifizierung durch eine Zertifizierungsstelle, die gemäß ISO/IEC 27006[4] bei einer nach dem Akkreditierungsstellengesetz zuständigen Stelle akkreditiert ist. [2]Der Auditbericht mit dem Nachweis, dass die in Absatz 4 Nummer 1 bis 3 genannten Anforderungen

---

[1] Nr. **45**.
[2] Nr. **1**.
[3] Nr. **37**.
[4] **Amtl. Anm.:** www.iso.org/iso/home/store/catalogue_tc/catalogue_detail.htm?csnumber=59144.

auditiert wurden, ist dem Bundesamt für Sicherheit in der Informationstechnik zur Kenntnis vorzulegen. [3] § 24 Absatz 2 und 3 ist für die Zertifizierung des Smart-Meter-Gateway-Administrators entsprechend anzuwenden.

§ 26 Aufrechterhaltung eines einheitlichen Sicherheitsniveaus.

(1) [1] Zur Sicherstellung und Aufrechterhaltung eines bundesweit einheitlichen Sicherheitsniveaus für den Betrieb von zertifizierten Smart-Meter-Gateways führt das Bundesamt für Sicherheit in der Informationstechnik im Einvernehmen mit der Physikalisch-Technischen Bundesanstalt und der Bundesnetzagentur soweit erforderlich folgende Maßnahmen durch:

1. die Analyse, Priorisierung und Bewertung von Schwachstellen von Smart-Meter-Gateways sowie die Entscheidung über Software-Updates zu deren Behebung und über sonstige Maßnahmen des Smart-Meter-Gateway-Administrators,
2. die Planung und Erarbeitung von neuen Versionen der Schutzprofile und Technischen Richtlinien nach § 22 Absatz 2,
3. die Einbringung von neuen Versionen der Schutzprofile und Technischen Richtlinien nach § 22 Absatz 2 in das Verfahren nach § 27 und deren anschließende Freigabe.

[2] Bei Gefahr im Verzug tritt an die Stelle des Einvernehmens nach Satz 1 eine nachträgliche Informationspflicht des Bundesamtes für Sicherheit in der Informationstechnik gegenüber den in Satz 1 genannten Behörden.

(2) [1] Geeignete Informationen stellt das Bundesamt für Sicherheit in der Informationstechnik auf seinen Internetseiten[1)] bereit. [2] Das Bundesministerium für Wirtschaft und Energie ist von sämtlichen ergriffenen Maßnahmen vorab oder bei Gefahr im Verzug nachträglich zu informieren.

§ 27 Weiterentwicklung von Schutzprofilen und Technischen Richtlinien; Ausschuss Gateway-Standardisierung. (1) Weitere Schutzprofile und Technische Richtlinien sowie neuere Versionen Technischer Richtlinien und von Schutzprofilen nach § 22 Absatz 2 werden erarbeitet unter Beachtung der Festlegungskompetenz der Bundesnetzagentur nach § 47 durch das Bundesamt für Sicherheit in der Informationstechnik im Einvernehmen mit der Physikalisch-Technischen Bundesanstalt und der Bundesnetzagentur unter Anhörung der oder des Bundesbeauftragten für den Datenschutz und die Informationsfreiheit; der Ausschuss Gateway-Standardisierung ist bei wesentlichen Änderungen unter Vorsitz des Bundesministeriums für Wirtschaft und Energie im Anschluss anzuhören.

(2) [1] Dem Ausschuss Gateway-Standardisierung gehören an:

1. das Bundesministerium für Wirtschaft und Energie,
2. das Bundesamt für Sicherheit in der Informationstechnik,
3. die Physikalisch-Technische Bundesanstalt,
4. die Bundesnetzagentur sowie

[1)] **Amtl. Anm.:** www.bsi.bund.de

5. je ein Vertreter von mindestens drei auf Bundesebene bestehenden Gesamtverbänden, die jeweils die Interessen von Letztverbrauchern, Herstellern und Anwendern vertreten; die Bestimmung der Verbände nach Satz 3 liegt im Ermessen des Bundesministeriums für Wirtschaft und Energie.

[2] Der Ausschuss wird von der oder dem Bundesbeauftragten für den Datenschutz und die Informationsfreiheit beraten.

(3) [1] Das Bundesministerium für Wirtschaft und Energie beruft die Mitglieder des Ausschusses für eine Dauer von drei Jahren. [2] Der Ausschuss Gateway-Standardisierung tagt mindestens einmal im Jahr. [3] Die Mitgliedschaft ist ehrenamtlich.

(4) [1] Die nach Absatz 1 erarbeiteten Schutzprofile und Technischen Richtlinien sind dem Bundesministerium für Wirtschaft und Energie zur Zustimmung vorzulegen. [2] Nach der Zustimmung durch das Bundesministerium für Wirtschaft und Energie erfolgt eine Bekanntgabe der nach Absatz 1 erarbeiteten Schutzprofile und Technischen Richtlinien gemäß § 22 Absatz 2 durch das Bundesamt für Sicherheit in der Informationstechnik.

§ 28 Inhaber der Wurzelzertifikate. Das Bundesamt für Sicherheit in der Informationstechnik ist Inhaber der Wurzelzertifikate für die Smart-Metering-Public-Key-Infrastruktur; für die Teilnahme an der Smart-Metering-Public-Key-Infrastruktur gelten die Bestimmungen der Zertifizierungsrichtlinie des Bundesamtes für Sicherheit in der Informationstechnik.

Kapitel 4. Ergänzende Rechte und Pflichten im Zusammenhang mit dem Messstellenbetrieb mit modernen Messeinrichtungen und intelligenten Messsystemen

§ 29 Ausstattung von Messstellen mit intelligenten Messsystemen und modernen Messeinrichtungen. (1) Grundzuständige Messstellenbetreiber haben, soweit dies nach § 30 technisch möglich und nach § 31 wirtschaftlich vertretbar ist, Messstellen an ortsfesten Zählpunkten mit intelligenten Messsystemen wie folgt auszustatten:

1. bei Letztverbrauchern mit einem Jahresstromverbrauch über 6 000 Kilowattstunden sowie bei solchen Letztverbrauchern, mit denen eine Vereinbarung nach § 14a des Energiewirtschaftsgesetzes[1)] besteht,
2. bei Anlagenbetreibern mit einer installierten Leistung über 7 Kilowatt.

(2) Grundzuständige Messstellenbetreiber können, soweit dies nach § 30 technisch möglich und nach § 31 wirtschaftlich vertretbar ist, Messstellen an ortsfesten Zählpunkten mit intelligenten Messsystemen ausstatten:

1. bei Letztverbrauchern mit einem Jahresstromverbrauch bis einschließlich 6 000 Kilowattstunden sowie
2. von Anlagen mit einer installierten Leistung über 1 bis einschließlich 7 Kilowatt.

(3) [1] Soweit nach diesem Gesetz nicht die Ausstattung einer Messstelle mit intelligenten Messsystemen vorgesehen ist und soweit dies nach § 32 wirt-

---

[1)] Nr. 1.

schaftlich vertretbar ist, haben grundzuständige Messstellenbetreiber Messstellen an ortsfesten Zählpunkten bei Letztverbrauchern und Anlagenbetreibern mindestens mit modernen Messeinrichtungen auszustatten. [2]Die Ausstattung hat bis zum Jahr 2032, bei Neubauten und Gebäuden, die einer größeren Renovierung im Sinne der Richtlinie 2010/31/EU des Europäischen Parlaments und des Rates vom 19. Mai 2010 über die Gesamtenergieeffizienz von Gebäuden (ABl. L 153 vom 18.6.2010, S. 13) unterzogen werden, bis zur Fertigstellung des Gebäudes zu erfolgen.

(4) § 21 Absatz 4 sowie § 9 Absatz 3 des Erneuerbare-Energien-Gesetzes[1] sind zu beachten.

(5) [1]Der grundzuständige Messstellenbetreiber genügt den Verpflichtungen aus Absatz 1, wenn er mindestens 95 Prozent der betroffenen Messstellen wie gefordert ausstattet. [2]Dabei ist die Anzahl der nach § 37 Absatz 1 ermittelten Messstellen zu Grunde zu legen.

§ 30 Technische Möglichkeit des Einbaus von intelligenten Messsystemen. [1]Die Ausstattung von Messstellen mit einem intelligenten Messsystem nach § 29 ist technisch möglich, wenn mindestens drei voneinander unabhängige Unternehmen intelligente Messsysteme am Markt anbieten, die den am Einsatzbereich des Smart-Meter-Gateways orientierten Vorgaben des § 24 Absatz 1 genügen und das Bundesamt für Sicherheit in der Informationstechnik dies feststellt. [2]Die Feststellung nach Satz 1 sowie erforderliche Marktanalysen stellt das Bundesamt für Sicherheit in der Informationstechnik auf seinen Internetseiten[2] bereit.

§ 31 Wirtschaftliche Vertretbarkeit der Ausstattung von Messstellen mit intelligenten Messsystemen; Preisobergrenzen. (1) Die Ausstattung einer Messstelle bei einem Letztverbraucher mit einem intelligenten Messsystem nach § 29 Absatz 1 Nummer 1 ist wirtschaftlich vertretbar, wenn vom grundzuständigen Messstellenbetreiber

1. ab 2017 innerhalb von 16 Jahren alle Messstellen an Zählpunkten mit einem Jahresstromverbrauch von über 100 000 Kilowattstunden mit einem intelligenten Messsystem ausgestattet werden und dabei für den Messstellenbetrieb für jeden Zählpunkt ein angemessenes Entgelt jährlich in Rechnung gestellt wird,
2. ab 2017 innerhalb von acht Jahren alle Messstellen an Zählpunkten mit einem Jahresstromverbrauch über 50 000 bis einschließlich 100 000 Kilowattstunden mit einem intelligenten Messsystem ausgestattet werden und dabei für den Messstellenbetrieb für jeden Zählpunkt nicht mehr als 200 Euro brutto jährlich in Rechnung gestellt werden,
3. ab 2017 innerhalb von acht Jahren alle Messstellen an Zählpunkten mit einem Jahresstromverbrauch über 20 000 bis einschließlich 50 000 Kilowattstunden mit einem intelligenten Messsystem ausgestattet werden und dabei für den Messstellenbetrieb für jeden Zählpunkt nicht mehr als 170 Euro brutto jährlich in Rechnung gestellt werden,

---

[1] Nr. **37**.
[2] **Amtl. Anm.:** www.bsi.bund.de

4. ab 2017 innerhalb von acht Jahren alle Messstellen an Zählpunkten mit einem Jahresstromverbrauch über 10 000 bis einschließlich 20 000 Kilowattstunden mit einem intelligenten Messsystem ausgestattet werden und dabei für den Messstellenbetrieb für jeden Zählpunkt nicht mehr als 130 Euro brutto jährlich in Rechnung gestellt werden,
5. ab 2017 Messstellen an Zählpunkten mit einer unterbrechbaren Verbrauchseinrichtung nach § 14a des Energiewirtschaftsgesetzes[1)] vor der Teilnahme der unterbrechbaren Verbrauchseinrichtung am Flexibilitätsmechanismus nach § 14a des Energiewirtschaftsgesetzes mit einem intelligenten Messsystem ausgestattet und für den Messstellenbetrieb sodann nicht mehr als 100 Euro brutto jährlich in Rechnung gestellt werden und
6. ab 2020 innerhalb von acht Jahren alle Messstellen an Zählpunkten mit einem Jahresstromverbrauch über 6 000 bis einschließlich 10 000 Kilowattstunden mit einem intelligenten Messsystem ausgestattet werden und dabei für den Messstellenbetrieb für jeden Zählpunkt nicht mehr als 100 Euro brutto jährlich in Rechnung gestellt werden.

(2) Die Ausstattung einer Messstelle mit einem intelligenten Messsystem nach § 29 Absatz 1 Nummer 2 ist bei einem Anlagenbetreiber wirtschaftlich vertretbar, wenn vom grundzuständigen Messstellenbetreiber

1. ab 2017 innerhalb von acht Jahren alle Messstellen an Zählpunkten von Anlagen mit einer installierten Leistung über 7 bis einschließlich 15 Kilowatt mit einem intelligenten Messsystem ausgestattet werden und dabei für den Messstellenbetrieb für jeden Zählpunkt nicht mehr als 100 Euro brutto jährlich in Rechnung gestellt werden,
2. ab 2017 innerhalb von acht Jahren alle Messstellen an Zählpunkten von Anlagen mit einer installierten Leistung über 15 bis einschließlich 30 Kilowatt mit einem intelligenten Messsystem ausgestattet werden und dabei für den Messstellenbetrieb für jeden Zählpunkt nicht mehr als 130 Euro brutto jährlich in Rechnung gestellt werden,
3. ab 2017 innerhalb von acht Jahren alle Messstellen an Zählpunkten von Anlagen mit einer installierten Leistung über 30 bis einschließlich 100 Kilowatt mit einem intelligenten Messsystem ausgestattet werden und dabei für den Messstellenbetrieb für jeden Zählpunkt nicht mehr als 200 Euro brutto jährlich in Rechnung gestellt werden und
4. ab 2020 innerhalb von acht Jahren alle Messstellen an Zählpunkten von Anlagen mit einer installierten Leistung über 100 Kilowatt mit einem intelligenten Messsystem ausgestattet werden und dabei für den Messstellenbetrieb für jeden Zählpunkt ein angemessenes Entgelt jährlich in Rechnung gestellt wird.

(3) [1]Die optionale Ausstattung einer Messstelle bei einem Letztverbraucher mit einem intelligenten Messsystem nach § 29 Absatz 2 Nummer 1 ist wirtschaftlich vertretbar, wenn vom grundzuständigen Messstellenbetreiber

1. ab 2020 Messstellen an Zählpunkten mit einem Jahresstromverbrauch über 4 000 bis einschließlich 6 000 Kilowattstunden mit einem intelligenten Messsystem ausgestattet werden und dabei für den Messstellenbetrieb für jeden

---

[1)] Nr. 1.

Zählpunkt nicht mehr als 60 Euro brutto jährlich in Rechnung gestellt werden,

2. ab 2020 Messstellen an Zählpunkten mit einem Jahresstromverbrauch über 3 000 bis einschließlich 4 000 Kilowattstunden mit einem intelligenten Messsystem ausgestattet werden und dabei für den Messstellenbetrieb für jeden Zählpunkt nicht mehr als 40 Euro brutto jährlich in Rechnung gestellt werden,
3. ab 2020 Messstellen an Zählpunkten mit einem Jahresstromverbrauch über 2 000 bis einschließlich 3 000 Kilowattstunden mit einem intelligenten Messsystem ausgestattet werden und dabei für den Messstellenbetrieb für jeden Zählpunkt nicht mehr als 30 Euro brutto jährlich in Rechnung gestellt werden,
4. ab 2020 Messstellen an Zählpunkten mit einem Jahresstromverbrauch bis einschließlich 2 000 Kilowattstunden mit einem intelligenten Messsystem ausgestattet werden und dabei für den Messstellenbetrieb für jeden Zählpunkt nicht mehr als 23 Euro brutto jährlich in Rechnung gestellt werden.

[2] Die optionale Ausstattung einer Messstelle bei einem Anlagenbetreiber mit einem intelligenten Messsystem nach § 29 Absatz 2 Nummer 2 ist wirtschaftlich vertretbar, wenn ab 2018 Messstellen an Zählpunkten von Neuanlagen vom grundzuständigen Messstellenbetreiber mit einem intelligenten Messsystem ausgestattet werden und dabei für den Messstellenbetrieb für jeden Zählpunkt nicht mehr als 60 Euro brutto jährlich in Rechnung gestellt werden.

(4) [1] Zur Bemessung des Jahresstromverbrauchs an einem Zählpunkt nach den Absätzen 1 und 3 ist der Durchschnittswert der jeweils letzten drei erfassten Jahresverbrauchswerte maßgeblich. [2] Solange noch keine drei Jahreswerte nach Satz 1 vorliegen, erfolgt eine Zuordnung zur Verbrauchsgruppe nach Absatz 3 Nummer 4. [3] Der grundzuständige Messstellenbetreiber hat den Durchschnittswert nach Satz 1 jährlich zu überprüfen und soweit erforderlich das für den Messstellenbetrieb nach den vorstehenden Absätzen in Rechnung zu stellende Entgelt anzupassen.

(5) [1] Sind bei einem Anschlussnutzer mehrere Messstellen innerhalb eines Gebäudes mit intelligenten Messsystemen auszustatten, gelten die Vorgaben aus den Absätzen 1 und 2 mit der Maßgabe, dass dem Anschlussnutzer für den Messstellenbetrieb insgesamt nicht mehr als die höchste fallbezogene Preisobergrenze jährlich in Rechnung gestellt werden darf. [2] Entsprechendes gilt, wenn ein Zählpunkt von mehr als einem Anwendungsfall der Absätze 1 und 2 erfasst wird.

§ 32 Wirtschaftliche Vertretbarkeit der Ausstattung von Messstellen mit modernen Messeinrichtungen. [1] Die Ausstattung einer Messstelle mit einer modernen Messeinrichtung nach § 29 Absatz 3 ist wirtschaftlich vertretbar, wenn für den Messstellenbetrieb für jeden Zählpunkt nicht mehr als 20 Euro brutto jährlich in Rechnung gestellt werden. [2] § 61 Absatz 3 ist zu beachten.

§ 33 Netzdienlicher und marktorientierter Einsatz. (1) Soweit es nach § 30 technisch möglich ist, können Netzbetreiber, Direktvermarktungsunternehmer und Anlagenbetreiber auf eigene Kosten gegen angemessenes Entgelt vom grundzuständigen Messstellenbetreiber für moderne Messeinrichtungen und intelligente Messsysteme Folgendes verlangen:

1. die Ausstattung von Messstellen mit modernen Messeinrichtungen und Smart-Meter-Gateways,
2. die Anbindung von Erzeugungsanlagen nach dem Erneuerbare-Energien-Gesetz[1] und dem Kraft-Wärme-Kopplungsgesetz[2] an ein Smart-Meter-Gateway,
3. die Steuerung dieser Anlagen über ein Smart-Meter-Gateway und,
4. soweit technisch möglich, den Einbau und Betrieb von nach dem Erneuerbare-Energien-Gesetz[1] und dem Kraft-Wärme-Kopplungsgesetz[2] notwendigen Steuerungseinrichtungen.

(2) Das angemessene Entgelt nach Absatz 1 darf keine Kosten enthalten, die beim grundzuständigen Messstellenbetreiber in Erfüllung der Pflichten nach den §§ 29 bis 32 ohnehin anfallen würden.

(3) In dem zahlenmäßigen Umfang, wie nach Absatz 1 eine Ausstattung von Messstellen mit intelligenten Messsystemen erfolgt, reduziert sich die Zahl der nach § 29 Absatz 1, 2 und 3 auszustattenden Messstellen.

§ 34 Anpassung von Preisobergrenzen. Eine Anpassung einzelner oder aller Preisobergrenzen aus den §§ 31 und 32 ist frühestens für die Jahre ab 2027 und nur dann möglich, wenn eine Rechtsverordnung nach § 46 Nummer 5 die Anpassung nach einer wirtschaftlichen Bewertung des Bundesministeriums für Wirtschaft und Energie, die alle langfristigen, gesamtwirtschaftlichen und individuellen Kosten und Vorteile prüft, anordnet.

§ 35 Standard- und Zusatzleistungen des Messstellenbetriebs. (1) [1] Zur Ausstattung der Messstellen nach den §§ 29 bis 32 gehört als Standardleistung die Durchführung des Messstellenbetriebs im nach § 3 erforderlichen Umfang. [2] Bei der Ausstattung von Messstellen mit intelligenten Messsystemen umfasst die Durchführung insbesondere

1. die in § 60 benannten Prozesse einschließlich der Plausibilisierung und Ersatzwertbildung im Smart-Meter-Gateway und die standardmäßig erforderliche Datenkommunikation sowie
2. bei Letztverbrauchern mit einem Jahresstromverbrauch von höchstens 10 000 Kilowattstunden, soweit es der variable Stromtarif im Sinne von § 40 Absatz 5 des Energiewirtschaftsgesetzes[3] erfordert, maximal die tägliche Bereitstellung von Zählerstandsgängen des Vortages gegenüber dem Energielieferanten und dem Netzbetreiber sowie
3. die Übermittlung der nach § 61 erforderlichen Informationen an eine lokale Anzeigeeinheit oder über eine Anwendung in einem Online-Portal, welches einen geschützten individuellen Zugang ermöglicht sowie
4. die Bereitstellung der Informationen über das Potenzial intelligenter Messsysteme im Hinblick auf die Handhabung der Ablesung und die Überwachung des Energieverbrauchs sowie eine Softwarelösung, die Anwen-

[1] Nr. **37**.
[2] Nr. **45**.
[3] Nr. **1**.

dungsinformationen zum intelligenten Messsystem, zu Stromsparhinweisen und -anwendungen nach dem Stand von Wissenschaft und Technik enthält, Ausstattungsmerkmale und Beispielanwendungen beschreibt und Anleitungen zur Befolgung gibt sowie

5. in den Fällen des § 31 Absatz 1 Nummer 5, Absatz 2 und 3 Satz 2 das Bereithalten einer Kommunikationslösung, mit der bis zu zweimal am Tag eine Änderung des Schaltprofils sowie einmal täglich die Übermittlung eines Netzzustandsdatums herbeigeführt werden kann,
6. in den Fällen des § 40 und unter den dort genannten Voraussetzungen die Anbindung von Erzeugungsanlagen nach dem Erneuerbare-Energien-Gesetz[1] oder dem Kraft-Wärme-Kopplungsgesetz[2] und die Anbindung von Messeinrichtungen für Gas und
7. die Erfüllung weiterer sich aus den Festlegungen der Bundesnetzagentur nach den §§ 47 und 75 ergebender Pflichten, insbesondere zu Geschäftsprozessen, Datenformaten, Abrechnungsprozessen, Verträgen oder zur Bilanzierung.

[3] Der grundzuständige Messstellenbetreiber ist in keinem Fall berechtigt, für die Erbringung der Standardleistungen nach Satz 1 mehr als die in § 31 genannten Höchstentgelte vom Anschlussnutzer oder Anschlussnehmer zu verlangen.

(2) [1] Zusatzleistungen sind Leistungen, die über die Standardleistungen aus Absatz 1 hinausgehen. [2] Soweit ein grundzuständiger Messstellenbetreiber Zusatzleistungen anbietet, hat dies diskriminierungsfrei zu erfolgen. [3] Zusatzleistungen sind insbesondere

1. das Bereitstellen von Strom- und Spannungswandlern,
2. die Nutzung eines intelligenten Messsystems als Vorkassesystem,
3. die Herstellung der Steuerbarkeit nach Absatz 1 Nummer 4 und die laufende Durchführung der Steuerung im Sinne von § 33 unter Beachtung der dort verankerten Kostenbeteiligungsregel,
4. die Bereitstellung und der technische Betrieb des Smart-Meter-Gateways für Mehrwertdienste und sonstige Auftragsdienstleistungen des Anschlussnutzers oder des Anschlussnehmers und
5. jeder technische Betrieb des Smart-Meter-Gateways im Auftrag einer nach § 49 Absatz 2 berechtigten Stelle für eine Datenkommunikation oder für Maßnahmen, die über das in diesem Gesetz standardmäßig vorgesehene Maß hinausgehen.

(3) Grundzuständige Messstellenbetreiber haben das Smart-Meter-Gateway dem Anschlussnutzer, dem Anschlussnehmer und weiteren nach § 49 Absatz 2 berechtigten Stellen im Rahmen der vorhandenen technischen Kapazitäten diskriminierungsfrei für Standard- und Zusatzleistungen zur Verfügung zu stellen und den dafür erforderlichen technischen Betrieb gegen angemessenes Entgelt zu ermöglichen.

---

[1] Nr. **37**.
[2] Nr. **45**.

§ 36 Ausstattungspflichten und freie Wahl des Messstellenbetreibers.

(1) [1] Die Verpflichtungen des grundzuständigen Messstellenbetreibers aus den §§ 29, 31, 32 und 33 gelten nicht, wenn ein nach § 5 beauftragter Dritter die jeweiligen Ausstattungsvorgaben bereits erfüllt hat; § 19 Absatz 5 ist zu beachten. [2] Andernfalls endet das laufende Vertragsverhältnis des Anschlussnutzers mit dem Dritten entschädigungslos und wird ab Einbau des intelligenten Messsystems durch den Messstellenvertrag des grundzuständigen Messstellenbetreibers mit dem Anschlussnutzer nach § 9 abgelöst.

(2) An die in den §§ 31 und 32 genannten Preisobergrenzen ist der nach § 5 beauftragte Dritte nicht gebunden.

(3) Weder Anschlussnehmer noch Anschlussnutzer sind berechtigt, die Ausstattung einer Messstelle mit einem intelligenten Messsystem nach § 29 Absatz 1 und 2 oder die Anbindung seiner Erzeugungsanlagen oder der Messeinrichtung für Gas an das intelligente Messsystem nach § 40 zu verhindern oder nachträglich wieder abzuändern oder abändern zu lassen.

§ 37 Informationspflichten des grundzuständigen Messstellenbetreibers. (1) [1] Grundzuständige Messstellenbetreiber haben spätestens sechs Monate vor dem Beginn des Rollouts Informationen über den Umfang ihrer Verpflichtungen aus § 29, über ihre Standardleistungen nach § 35 Absatz 1 und über mögliche Zusatzleistungen im Sinne von § 35 Absatz 2 zu veröffentlichen. [2] Die Veröffentlichung hat auch Preisblätter mit jährlichen Preisangaben für mindestens drei Jahre zu beinhalten.

(2) Spätestens drei Monate vor der Ausstattung der Messstelle sind die betroffenen Anschlussnutzer, Anschlussnehmer, Anlagenbetreiber und Messstellenbetreiber zu informieren und auf die Möglichkeit zur freien Wahl eines Messstellenbetreibers nach den §§ 5 und 6 hinzuweisen.

§ 38 Zutrittsrecht. [1] Anlagenbetreiber, Anschlussnutzer und Anschlussnehmer haben nach vorheriger schriftlicher Benachrichtigung dem grundzuständigen Messstellenbetreiber und seinem mit einem Ausweis versehenen Beauftragten den Zutritt zu ihrem Grundstück und zu ihren Räumen zu gestatten, soweit dies für die Aufgabenerfüllung des grundzuständigen Messstellenbetreibers erforderlich ist. [2] Die Benachrichtigung kann durch Mitteilung an die jeweiligen Anschlussnutzer oder durch Aushang am oder im jeweiligen Haus erfolgen. [3] Sie muss mindestens zwei Wochen vor dem Betretungstermin erfolgen; mindestens ein Ersatztermin ist anzubieten. [4] Die nach Satz 1 Verpflichteten haben dafür Sorge zu tragen, dass die Messstelle zugänglich ist.

Kapitel 5. Liegenschaftsmodernisierung; Anbindungsverpflichtung

§ 39 Liegenschaftsmodernisierung. (1) Für den Wechsel des Messstellenbetreibers auf Veranlassung des Anschlussnehmers nach § 6 zur Liegenschaftsmodernisierung gelten die Durchführungsvorschriften des Kapitels 2 entsprechend.

(2) Über den gebündelten Messstellenbetrieb für die Liegenschaft wird ein Vertrag zwischen Anschlussnehmer und Messstellenbetreiber geschlossen.

§ 40 Anbindungsverpflichtung. (1) Werden oder sind Messstellen eines Anschlussnutzers mit einem Smart-Meter-Gateway ausgestattet, haben grundzuständige Messstellenbetreiber für eine Anbindung von Erzeugungsanlagen nach dem Erneuerbare-Energien-Gesetz[1)] oder dem Kraft-Wärme-Kopplungsgesetz[2)] und von modernen Messeinrichtungen an das Smart-Meter-Gateway zu sorgen, soweit die Anbindung technisch möglich ist und dem Anlagenbetreiber durch die Anbindung keine Mehrkosten gegenüber den im Zeitpunkt der Anbindung tatsächlich bereits jährlich anfallenden Kosten für den Messstellenbetrieb ohne intelligentes Messsystem entstehen.

(2) Neue Messeinrichtungen für Gas im Sinne von § 20 sind bei registrierender Leistungsmessung ab dem Jahr 2025 an vorhandene Smart-Meter-Gateways anzubinden, im Übrigen ab dem Zeitpunkt, zu dem die Anbindung technisch möglich ist, und durch die Anbindung dem jeweiligen Anschlussnutzer keine Mehrkosten entstehen.

Kapitel 6. Übertragung der Grundzuständigkeit für moderne Messeinrichtungen und intelligente Messsysteme

§ 41 Möglichkeit zur Übertragung der Grundzuständigkeit. (1) Grundzuständige Messstellenbetreiber können die Grundzuständigkeit für den Messstellenbetrieb von modernen Messeinrichtungen und intelligenten Messsystemen in ihrem Netzgebiet auf ein anderes Unternehmen übertragen, das über eine nach § 4 erforderliche Genehmigung und ein nach § 25 erforderliches Zertifikat verfügt.

(2) [1] Teil 4 des Gesetzes gegen Wettbewerbsbeschränkungen bleibt unberührt. [2] Sollte im Einzelfall der Anwendungsbereich des Gesetzes gegen Wettbewerbsbeschränkungen nicht eröffnet sein, ist Teil 4 des Gesetzes gegen Wettbewerbsbeschränkungen entsprechend anzuwenden.

(3) Bevorstehende, laufende und abgeschlossene Verfahren zur Übertragung von Grundzuständigkeiten für den Messstellenbetrieb von modernen Messeinrichtungen und intelligenten Messsystemen werden für das gesamte Bundesgebiet durch die Bundesnetzagentur auf ihrer Internetseite informatorisch begleitet.

§ 42 Fristen. (1) Anstehende Verfahren zur Übertragung der Grundzuständigkeit nach § 41 Absatz 1 werden beginnend mit dem Jahr 2017 zum 1. Oktober eines jeden Jahres bekanntgegeben.

(2) Angebote müssen jeweils bis zum 31. Dezember eines jeden Jahres abgegeben werden; Zuschläge werden zum 31. März eines jeden Jahres erteilt.

§ 43 Folgen einer erfolgreichen Übertragung der Grundzuständigkeit.

(1) [1] Das Unternehmen, das den Zuschlag erhält, übernimmt die Grundzuständigkeit für den Messstellenbetrieb für moderne Messeinrichtungen und intelligente Messsysteme, insbesondere die Verpflichtungen aus § 29, zu den von ihm im Angebot beschriebenen Bedingungen. [2] Der abgebende grundzuständige Messstellenbetreiber wird insoweit von seinen Verpflichtungen aus

---

1) Nr. **37**.
2) Nr. **45**.

Teil 2 Kapitel 4 dieses Gesetzes befreit; bei ihm verbleibt die Zuständigkeit für die Messstellen ohne moderne Messeinrichtungen und intelligente Messsysteme.

(2) Zur Übernahme der Grundzuständigkeit werden Verträge entsprechend § 14 Absatz 2 über die Durchführung des Messstellenbetreiberwechsels zwischen den Messstellenbetreibern geschlossen.

(3) Der vormalige grundzuständige Messstellenbetreiber hat dem neuen grundzuständigen Messstellenbetreiber alle Informationen zu übergeben, die für den Messstellenbetrieb von modernen Messeinrichtungen und intelligenten Messsystemen erforderlich sind.

(4) Der Wechsel der Grundzuständigkeit ist unverzüglich im Bundesanzeiger bekannt zu machen.

§ 44 Scheitern einer Übertragung der Grundzuständigkeit. (1) [1] Wurde kein Angebot abgegeben, das den Voraussetzungen nach den §§ 41 und 42 entspricht, reduziert sich die Ausstattungsverpflichtung des grundzuständigen Messstellenbetreibers aus § 29 Absatz 1 auf die Ausstattung aller Messstellen mit modernen Messeinrichtungen nach Maßgabe der §§ 32 und 33. [2] Im Übrigen bleiben die Rechte und Pflichten des Messstellenbetreibers unverändert.

(2) Das Verfahren nach § 41 Absatz 1 ist 24 Kalendermonate nach Ablauf der Angebotsfrist des erfolglosen Verfahrens aus Absatz 1 zu wiederholen.

§ 45 Pflicht zur Durchführung des Verfahrens zur Übertragung der Grundzuständigkeit. (1) Jeder grundzuständige Messstellenbetreiber muss ein Verfahren zur Übertragung der Grundzuständigkeit für den Messstellenbetrieb von modernen Messeinrichtungen und intelligenten Messsystemen nach § 41 Absatz 1 durchführen,

1. wenn er den Verpflichtungen nach § 29 Absatz 1 in nur unzureichendem Maße gemäß Absatz 2 nachkommt,
2. wenn er zur Gewährleistung eines zuverlässigen technischen Betriebs von intelligenten Messsystemen nicht oder nicht mehr über ein nach § 25 erforderliches Zertifikat verfügt oder
3. wenn er nicht oder nicht mehr über die nach § 4 erforderliche Genehmigung verfügt.

(2) Der grundzuständige Messstellenbetreiber kommt seinen Verpflichtungen nach § 29 Absatz 1 und 3 in nur unzureichendem Maße nach,

1. wenn er nicht innerhalb von drei Jahren nach Feststellung der technischen Möglichkeit durch das Bundesamt für Sicherheit in der Informationstechnik nach § 30 und Anzeige oder Übernahme der Grundzuständigkeit mindestens 10 Prozent der nach § 31 Absatz 1 und 2 auszustattenden Messstellen mit intelligenten Messsystemen ausgestattet hat oder
2. wenn er nicht innerhalb von drei Jahren nach Anzeige oder Übernahme der Grundzuständigkeit mindestens 10 Prozent der nach § 29 Absatz 3 auszustattenden Messstellen mit modernen Messeinrichtungen ausgestattet hat.

(3) [1] Grundzuständige Messstellenbetreiber haben bis zum 30. Juni 2017 der Bundesnetzagentur die Wahrnehmung des Messstellenbetriebs in dem nach

§ 29 erforderlichen Umfang schriftlich anzuzeigen. [2]Der Eingang der Erklärung wird von der Bundesnetzagentur unverzüglich bestätigt.

Kapitel 7. Verordnungsermächtigungen; Festlegungskompetenzen der Bundesnetzagentur; Übergangsvorschrift

§ 46 Verordnungsermächtigungen. Soweit es für das Funktionieren der Marktkommunikation mit intelligenten Messsystemen oder zur wettbewerblichen Stärkung der Rolle des Messstellenbetreibers erforderlich ist, wird die Bundesregierung ermächtigt, durch Rechtsverordnung ohne Zustimmung des Bundesrates

1. die Bedingungen für den Messstellenbetrieb nach § 3 näher auszugestalten,
2. das Auswahlrecht des Anschlussnutzers aus § 5 und des Anschlussnehmers aus § 6 näher auszugestalten,
3. die besondere Kostenregulierung nach § 7 näher auszugestalten,
4. die Verpflichtungen nach § 29 näher auszugestalten,
5. im Anschluss an eine wirtschaftliche Bewertung des Bundesministeriums für Wirtschaft und Energie eine Anpassung von Preisobergrenzen nach § 34 vorzunehmen,
6. die Anbindungsverpflichtung nach § 40 näher auszugestalten,
7. das Verfahren nach den §§ 41 bis 45 näher auszugestalten,
8. Sonderregelungen für Pilotprojekte und Modellregionen zu schaffen,
9. das Verfahren der Zählerstandsgangmessung datenschutzgerecht weiter auszugestalten und als nicht auf einen Einzelzählpunkt bezogenes Bilanzierungsverfahren für Letztverbraucher unterhalb von 10 000 Kilowattstunden standardmäßig vorzugeben,
10. die Anforderungen an die kommunikative Einbindung und den Messstellenbetrieb bei unterbrechbaren Verbrauchseinrichtungen nach § 14a des Energiewirtschaftsgesetzes[1)] aufzustellen und vorzugeben, dass kommunikative Anbindung und Steuerung ausschließlich über das Smart-Meter-Gateway zu erfolgen haben,
11. die Regeln zum netzdienlichen und marktorientierten Einsatz nach § 33 näher auszugestalten.

§ 47 Festlegungen der Bundesnetzagentur. (1) Die Bundesnetzagentur kann unter Beachtung der mess-, eich- und datenschutzrechtlichen Vorgaben und der Schutzprofile und Technischen Richtlinien nach § 22 Absatz 2 Entscheidungen durch Festlegungen nach § 29 Absatz 1 des Energiewirtschaftsgesetzes[1)] treffen

1. zur Gewährleistung der Fernsteuerbarkeit nach § 21 Absatz 1 Nummer 1 Buchstabe b und zur Gewährleistung der Abrufbarkeit nach § 21 Absatz 1 Nummer 1 Buchstabe c,
2. zur zeitnahen Übermittlung von Netzzustandsdaten nach § 21 Absatz 1 Nummer 1 Buchstabe d,

---

[1)] Nr. 1.

3. zur Konkretisierung der Anforderungen an die Zuverlässigkeit und Leistungsfähigkeit der Kommunikationstechnik nach § 21 Absatz 1 Nummer 3 insbesondere zur Anpassung an neue technologische und marktliche Entwicklungen,
4. zum maximalen Eigenstromverbrauch nach § 21 Absatz 1 Nummer 5,
5. zur Konkretisierung der Anforderungen an die Übermittlung von Stammdaten angeschlossener Anlagen in § 21 Absatz 1 Nummer 6,
6. zum Inhalt und zur Durchführung der Rahmenverträge nach § 25 Absatz 3 Satz 3.

(2) Zur bundesweiten Vereinheitlichung der Bedingungen für den Messstellenbetrieb kann die Bundesnetzagentur Entscheidungen durch Festlegungen nach § 29 Absatz 1 des Energiewirtschaftsgesetzes[1] treffen

1. zu allgemeinen Anforderungen an den Messstellenbetrieb nach § 3,
2. zu den näheren Anforderungen an die Erfüllung der Vorgaben zur buchhalterischen Entflechtung aus § 3 Absatz 4,
3. zu den Inhalten von Messstellenverträgen und Messstellenrahmenverträgen nach den §§ 9 und 10, insbesondere auch zu den bei einem Wechsel des Messstellenbetreibers einzuhaltenden Fristen,
4. zur Ausgestaltung der Verwaltungspflicht des grundzuständigen Messstellenbetreibers nach § 11,
5. zur Durchführung des Wechsels des Messstellenbetreibers auf Veranlassung des Anschlussnutzers oder des Anschlussnehmers nach den §§ 5, 6, 9, 10 und 39,
6. zur Durchführung und Ausgestaltung kombinierter Verträge nach § 9 Absatz 2 und von Rahmenverträgen nach § 9 Absatz 4,
7. zu Geschäftsprozessen, die bundesweit zur Förderung einer größtmöglichen und sicheren Automatisierung einzuhalten sind,
8. zur Bestimmung des Übergangszeitraumes und des angemessenen Entgelts im Zusammenhang mit der Regelung des § 17 zum Wechsel des Anschlussnutzers,
9. zu Regelungen im Zusammenhang mit dem Ausfall des Messstellenbetreibers nach § 18,
10. zu den Rechten des Netzbetreibers aus § 12 und seinen Pflichten aus § 13,
11. zur Sicherstellung der einheitlichen Anwendung der Regelungen in den §§ 29 bis 38,
12. zu den Voraussetzungen, unter denen Betreiber von Übertragungsnetzen nach § 33 Absatz 1 Nummer 1 auch die Ausstattung von Netzübergaben zwischen Netzbetreibern in ihrer jeweiligen Regelzone mit intelligenten Messsystemen verlangen können, einschließlich der Kostenverteilung,
13. zum Schlüssel für die Kostenverteilung im Falle des § 33 Absatz 1.

§ 48 Übergangsvorschrift. [1] Messsysteme, die ausschließlich der Erfassung der zur Beladung von Elektromobilen entnommenen oder durch diese zurück-

---

[1] Nr. 1.

gespeisten Energie dienen, sind bis zum 31. Dezember 2020 von den technischen Vorgaben des Teils 2 Kapitel 3 ausgenommen. [2]Diese Ausnahme ist nicht anzuwenden, wenn ihre Nutzung unter Berücksichtigung der besonderen Anforderungen der Elektromobilität mit unverhältnismäßigen Gefahren verbunden ist, die im Verfahren nach § 26 Absatz 1 festgestellt und bekannt gemacht werden.

Teil 3. Regelungen zur Datenkommunikation in intelligenten Energienetzen

Kapitel 1. Berechtigte; Allgemeine Anforderungen an die Datenerhebung, -verarbeitung und -nutzung

§ 49 Erhebung, Verarbeitung und Nutzung personenbezogener Daten. (1) [1]Personenbezogene Daten dürfen ausschließlich von den in Absatz 2 genannten Stellen erhoben, verarbeitet und genutzt werden (berechtigte Stellen). [2]Eine Übermittlung, Nutzung oder Beschlagnahme dieser Daten nach anderen Rechtsvorschriften des Bundes oder der Länder ist unzulässig.

(2) Zum Umgang mit diesen Daten sind berechtigt:

1. Messstellenbetreiber,
2. Netzbetreiber,
3. Bilanzkoordinatoren,
4. Bilanzkreisverantwortliche,
5. Direktvermarktungsunternehmer nach dem Erneuerbare-Energien-Gesetz[1)],
6. Energielieferanten sowie
7. jede Stelle, die über eine Einwilligung des Anschlussnutzers verfügt, die den Anforderungen des § 4a des Bundesdatenschutzgesetzes genügt.

(3) Die berechtigten Stellen können die Erhebung, Verarbeitung und Nutzung auch von personenbezogenen Daten durch einen Dienstleister in ihrem Auftrag durchführen lassen; § 11 des Bundesdatenschutzgesetzes ist einzuhalten und § 43 des Bundesdatenschutzgesetzes ist zu beachten.

(4) Wenn tatsächliche Anhaltspunkte für die rechtswidrige Inanspruchnahme von Messsystemen, intelligenten Messsystemen oder ihren Diensten vorliegen, muss die berechtigte Stelle diese dokumentieren und darf die notwendigen Maßnahmen zur Sicherung ihres Entgeltanspruchs ergreifen.

(5) Die Belieferung mit Energie oder der Zugang zu Tarifen darf nicht von der Angabe personenbezogener Daten abhängig gemacht werden, die hierfür nicht erforderlich sind.

§ 50 Zulässigkeit und Umfang der Erhebung, Verarbeitung und Nutzung von Daten. (1) Die Erhebung, Verarbeitung und Nutzung von Daten aus einer Messeinrichtung, einer modernen Messeinrichtung, einem Messsystem, einem intelligenten Messsystem oder mit deren Hilfe darf nur mit Einwilligung des Anschlussnutzers erfolgen oder soweit dies erforderlich ist

---

1) Nr. **37**.

1. zur Erfüllung von Verträgen mit dem jeweiligen Anschlussnutzer,
2. anlässlich vorvertraglicher Maßnahmen, die der jeweilige Anschlussnutzer veranlasst hat,
3. zur Erfüllung rechtlicher Verpflichtungen, welche den berechtigten Stellen auf Grund dieses Gesetzes, des Energiewirtschaftsgesetzes[1], des Erneuerbare-Energien-Gesetzes[2], des Kraft-Wärme-Kopplungsgesetzes[3] und der auf diesen Gesetzen beruhenden Rechtsverordnungen und Festlegungen der Regulierungsbehörden auferlegt sind, oder
4. zur Wahrnehmung einer Aufgabe des Netzbetreibers, die in Ausübung ihm übertragener hoheitlicher Befugnisse erfolgt.

(2) Zu den in Absatz 1 genannten Zwecken zählen insbesondere
1. die Erfüllung der Pflicht der Bilanzkreisverantwortlichen zur ordnungsgemäßen Bewirtschaftung ihres Bilanzkreises,
2. die Erfüllung der Pflicht der Netzbetreiber zum ordnungsgemäßen, sicheren und effizienten Netzbetrieb,
3. die Belieferung mit Energie einschließlich der Abrechnung,
4. das Einspeisen von Energie einschließlich der Abrechnung,
5. die Abrechnung der Netzentgelte und sonstiger Abgaben und Umlagen,
6. die Durchführung der Bilanzierung und der Bilanzkreisabrechnung,
7. die Erfüllung öffentlicher Registerpflichten,
8. die Vermarktung von Energie und von Flexibilitäten bei der Einspeisung und bei der Abnahme von Energie,
9. die Steuerung von unterbrechbaren Verbrauchseinrichtungen in Niederspannung im Sinne von § 14a des Energiewirtschaftsgesetzes[1],
10. die Umsetzung variabler Tarife im Sinne von § 40 Absatz 5 des Energiewirtschaftsgesetzes[1] einschließlich der Verarbeitung von Preis- und Tarifsignalen für Verbrauchseinrichtungen und Speicheranlagen sowie der Veranschaulichung des Energieverbrauchs und der Einspeiseleistung eigener Erzeugungsanlagen,
11. die Ermittlung des Netzzustandes in begründeten Fällen,
12. das Aufklären oder Unterbinden von Leistungserschleichungen nach Maßgabe von § 49 Absatz 4,
13. die Durchführung eines Mehrwertdienstes oder eines anderen Vertragsverhältnisses auf Veranlassung des Anschlussnutzers.

§ 51 Anforderungen an Erhebung, Verarbeitung und Nutzung von Daten beim Smart-Meter-Gateway; Rolle des Smart-Meter-Gateway-Administrators. (1) Um eine Erhebung, Verarbeitung und Nutzung von Daten aus dem intelligenten Messsystem oder mit Hilfe des intelligenten Messsystems zu ermöglichen, müssen die nach § 49 Absatz 2 berechtigten Stellen dem Smart-Meter-Gateway-Administrator vorab die nach § 25 Absatz 3 notwendigen Informationen übermitteln.

---

[1] Nr. **1**.
[2] Nr. **37**.
[3] Nr. **45**.

(2) Liegen dem Smart-Meter-Gateway-Administrator die nach Absatz 1 notwendigen Informationen vor, nimmt er unverzüglich die notwendigen Konfigurationen am Smart-Meter-Gateway vor, um im Auftrag des jeweiligen Berechtigten die Erhebung, Verarbeitung und Nutzung der Daten zu ermöglichen, soweit es der technische Betrieb zulässt; die Priorisierung aus § 25 Absatz 1 Satz 2 zugunsten der energiewirtschaftlich erforderlichen Anwendungen ist zu beachten.

§ 52 Allgemeine Anforderungen an die Datenkommunikation.

(1) [1]Die nach § 49 Absatz 2 berechtigten Stellen haben eine verschlüsselte elektronische Kommunikation von personenbezogenen Daten, von Mess-, Netzzustands- und Stammdaten in einem einheitlichen Format zu ermöglichen, die den Bestimmungen dieses Gesetzes genügt. [2]Soweit Messwerte oder Stammdaten betroffen sind, muss das Format die vollautomatische Weiterverarbeitung im Rahmen der Prozesse für den Datenaustausch zwischen den Beteiligten ermöglichen, insbesondere auch für den Wechsel des Lieferanten. [3]Ein Dritter als Messstellenbetreiber im Sinne der §§ 5 und 6 ist verpflichtet, die vom Netzbetreiber und vom grundzuständigen Messstellenbetreiber geschaffenen Möglichkeiten zum Datenaustausch nach den Sätzen 1 und 2 zu nutzen.

(2) Die Datenkommunikation hat in dem von der Bundesnetzagentur vorgegebenen, bundesweit einheitlichen Format zu erfolgen.

(3) Personenbezogene Daten sind zu anonymisieren oder zu pseudonymisieren, soweit dies im Hinblick auf den Verwendungszweck möglich ist.

(4) Aus intelligenten Messsystemen stammende personenbezogene Daten, Stammdaten und Netzzustandsdaten dürfen nur zwischen Teilnehmern an der Smart-Metering-Public-Key-Infrastruktur des Bundesamtes für Sicherheit in der Informationstechnik kommuniziert werden; im Übrigen gelten die Anforderungen aus § 51 Absatz 1.

§ 53 Informationsrechte des Anschlussnutzers. (1) Der Messstellenbetreiber hat auf Verlangen des Anschlussnutzers

1. diesem Einsicht in die im elektronischen Speicher- und Verarbeitungsmedium gespeicherten auslesbaren Daten zu gewähren und
2. an diesen personenbezogene Daten kostenfrei weiterzuleiten.

(2) Wird bei einer zum Datenumgang berechtigten Stelle festgestellt, dass gespeicherte Vertrags- oder Nutzungsdaten unrechtmäßig gespeichert, verarbeitet oder übermittelt wurden oder auf sonstige Weise Dritten unrechtmäßig zur Kenntnis gelangt sind und drohen schwerwiegende Beeinträchtigungen für die Rechte oder schutzwürdigen Interessen des betroffenen Anschlussnutzers, ist § 42a des Bundesdatenschutzgesetzes entsprechend anzuwenden.

§ 54 Transparenzvorgaben für Verträge. (1) [1]Bestandteil vertraglicher Regelungen, die eine Datenkommunikation durch das oder mit Hilfe des Smart-Meter-Gateways auslösen, muss ein standardisiertes Formblatt sein, in dem kurz, einfach, übersichtlich und verständlich die sich aus dem Vertrag ergebende Datenkommunikation aufgelistet wird. [2]Das Formblatt enthält insbesondere Angaben dazu, wer welche Daten von wem wie oft zu welchem Zweck erhält.

(2) Verträge und Formblatt haben den bundesweit einheitlichen Vorgaben der Bundesnetzagentur zu entsprechen, die diese über Festlegungen nach § 75 Nummer 2 macht.

(3) Anschlussnutzer erhalten die ihre Messstelle betreffenden Formblätter in Kopie.

Kapitel 2. Zulässiger Umfang der Datenerhebung; Besondere Anforderungen

§ 55 Messwerterhebung Strom. (1) Die Messung entnommener Elektrizität erfolgt

1. bei Letztverbrauchern mit einem Jahresstromverbrauch von über 100 000 Kilowattstunden durch eine Zählerstandsgangmessung oder, soweit erforderlich, durch eine viertelstündige registrierende Lastgangmessung,
2. sobald Letztverbraucher mit einem Jahresstromverbrauch bis einschließlich 100 000 Kilowattstunden mit einem intelligenten Messsystem ausgestattet sind, durch eine Zählerstandsgangmessung,
3. sobald unterbrechbare Verbrauchseinrichtungen nach § 14a des Energiewirtschaftsgesetzes[1] mit einem intelligenten Messsystem ausgestattet sind, durch eine Zählerstandsgangmessung,
4. im Übrigen bei Letztverbrauchern durch Erfassung der entnommenen elektrischen Arbeit entsprechend den Anforderungen des im Stromliefervertrag vereinbarten Tarifes.

(2) [1] Im Falle eines Lieferantenwechsels nach § 14 der Stromnetzzugangsverordnung[2] ist für die Ermittlung des Verbrauchswertes zum Zeitpunkt des Lieferantenwechsels ein einheitliches Verfahren zugrunde zu legen. [2] Sofern für die Abrechnung kein Messwert ermittelt werden kann, kann ihn der Messstellenbetreiber schätzen. [3] Im Falle einer Schätzung ist der Verbrauch zeitanteilig zu berechnen; jahreszeitliche Verbrauchsschwankungen sind auf der Grundlage der für Haushaltskunden maßgeblichen Erfahrungswerte angemessen zu berücksichtigen.

(3) Die Messung von Strom aus Anlagen nach dem Erneuerbare-Energien-Gesetz[3] oder dem Kraft-Wärme-Kopplungsgesetz[4] mit einer installierten Leistung von über 100 Kilowatt erfolgt durch eine Zählerstandsgangmessung oder, soweit erforderlich, durch eine viertelstündige registrierende Einspeisegangmessung.

(4) [1] Die Messung von Strom aus Anlagen nach dem Erneuerbare-Energien-Gesetz[3] oder dem Kraft-Wärme-Kopplungsgesetz[4] mit einer installierten Leistung von höchstens 100 Kilowatt, die mit einem intelligenten Messsystem ausgestattet sind, erfolgt durch eine Zählerstandsgangmessung. [2] Ist kein intelligentes Messsystem vorhanden, so erfolgt die Messung durch Erfassung der eingespeisten elektrischen Arbeit entsprechend den Anforderungen des Netzbetreibers.

---

[1] Nr. **1**.
[2] Nr. **23**.
[3] Nr. **37**.
[4] Nr. **45**.

(5) Fallen Erzeugungs- und Verbrauchssituationen an einem Anschlusspunkt zusammen, sind jeweils entnommene und eingespeiste sowie, soweit angeordnet, verbrauchte und erzeugte Energie in einem einheitlichen Verfahren zu messen.

(6) Zur Identifizierung des Anschlussnutzers dürfen ausschließlich die OBIS-Kennzahlen nach DIN EN 62056-61, die Zählpunktbezeichnung, die Geräte-ID sowie die Zählwerkskennzeichnung verwendet werden.

§ 56 Erhebung von Netzzustandsdaten. (1) [1] Netzzustandsdaten dürfen vom Messstellenbetreiber nur im Auftrag des Netzbetreibers und nur in begründeten Fällen erhoben werden. [2] Begründete Fälle der Netzzustandsdatenerhebung liegen vor, wenn Netzzustandsdaten erhoben werden

1. an Anlagen nach dem Erneuerbare-Energien-Gesetz [1)] und dem Kraft-Wärme-Kopplungsgesetz [2)],
2. an unterbrechbaren Verbrauchseinrichtungen in Niederspannung nach § 14a des Energiewirtschaftsgesetzes [3)] oder
3. an Zählpunkten mit einem Jahresstromverbrauch von über 20 000 Kilowattstunden.

(2) In anderen als den Regelfällen des Absatzes 1 dürfen Netzzustandsdaten nur erhoben werden, wenn sie keine personenbezogenen Daten im Sinne von § 3 Absatz 1 des Bundesdatenschutzgesetzes darstellen.

(3) Netzzustandsdatenerhebungen sind vom Netzbetreiber zu dokumentieren.

§ 57 Erhebung von Stammdaten. Soweit dieses Gesetz, eine Rechtsverordnung nach den §§ 46 und 74 oder Festlegungen der Bundesnetzagentur nach § 75 es erfordern, können vom Messstellenbetreiber Stammdaten im erforderlichen Umfang und zum erforderlichen Zeitpunkt erhoben werden, insbesondere

1. bei jedem erstmaligen Anschluss einer Anlage an ein intelligentes Messsystem und
2. bei jeder wesentlichen Änderung eines Stammdatums.

§ 58 Messwerterhebung Gas. (1) Die Messung entnommenen Gases erfolgt

1. bei Letztverbrauchern, die keine Letztverbraucher im Sinne des § 24 der Gasnetzzugangsverordnung [4)], für die Lastprofile gelten, sind, durch eine stündliche registrierende Leistungsmessung,
2. bei allen anderen Letztverbrauchern durch kontinuierliche Erfassung der entnommenen Gasmenge entsprechend dem abgeschlossenen Gasliefervertrag.

(2) [1] Im Falle eines Lieferantenwechsels nach § 41 der Gasnetzzugangsverordnung [4)] ist für die Ermittlung des Verbrauchswerts zum Zeitpunkt des Lieferantenwechsels ein einheitliches Verfahren zugrunde zu legen. [2] Sofern für die

---

1) Nr. **37**.
2) Nr. **45**.
3) Nr. **1**.
4) Nr. **25**.

Abrechnung kein Messwert ermittelt werden kann, kann ihn der Messstellenbetreiber schätzen. [3]Im Falle einer Schätzung ist der Verbrauch zeitanteilig zu berechnen; jahreszeitliche Verbrauchsschwankungen sind auf der Grundlage der für Haushaltskunden maßgeblichen Erfahrungswerte angemessen zu berücksichtigen.

(3) In den Fällen des Absatzes 1 Nummer 1 sind für die Messung Datenübertragungssysteme einzurichten, die die stündlich registrierten Ausspeisewerte in maschinenlesbarer Form an Transportkunden nach § 3 Nummer 31b des Energiewirtschaftsgesetzes[1)], an die an der Erbringung von Ausgleichsleistungen beteiligten Netzbetreiber und auf Verlangen an den Ausspeisenetzbetreiber übermitteln.

(4) [1]Ein Letztverbraucher im Sinne des § 24 der Gasnetzzugangsverordnung[2)] ist als Anschlussnutzer berechtigt, im Einvernehmen mit seinem Lieferanten von dem Messstellenbetreiber eine Messung nach Absatz 1 zu verlangen, sofern der Lieferant mit dem Netzbetreiber die Anwendung des Lastgangzählverfahrens vereinbart hat. [2]Netzbetreiber und Messstellenbetreiber sind im Falle eines solchen Verlangens zur Aufnahme entsprechender Vereinbarungen in die Verträge nach § 9 verpflichtet.

§ 59 Weitere Datenerhebung. Eine über die §§ 55 bis 58 hinausgehende Datenerhebung mittels einer Messeinrichtung, einer modernen Messeinrichtung, eines Messsystems, eines intelligenten Messsystems oder mit deren Hilfe ist nur soweit zulässig, wie

1. keine personenbezogenen Daten im Sinne von § 3 Absatz 1 des Bundesdatenschutzgesetzes erhoben werden oder
2. eine Einwilligung des Anschlussnutzers vorliegt, die den Anforderungen des § 4a des Bundesdatenschutzgesetzes genügt.

Kapitel 3. Besondere Anforderungen an die Datenverarbeitung und -nutzung; Übermittlungs- und Archivierungspflicht; Löschung

Abschnitt 1. Pflichten des Messstellenbetreibers

§ 60 Datenübermittlung; sternförmige Kommunikation; Löschung.

(1) Der Messstellenbetreiber ist verpflichtet, die nach den §§ 55 bis 59 erhobenen Daten aufzubereiten und im erforderlichen Umfang an die nach § 49 berechtigten Stellen zu den Zeitpunkten zu übermitteln, die diese zur Erfüllung ihrer Aufgaben aus § 50 in Verbindung mit den §§ 61 bis 73 vorgeben.

(2) [1]Bei Messstellen mit intelligenten Messsystemen soll die Aufbereitung der Messwerte, insbesondere die Plausibilisierung und die Ersatzwertbildung im Smart-Meter-Gateway und die Datenübermittlung über das Smart-Meter-Gateway direkt an die berechtigten Stellen erfolgen. [2]Die Bundesnetzagentur kann in einer Festlegung nach § 75 bestimmen, dass bis zum 31. Dezember 2019, für den Bereich Gas auch dauerhaft, die Aufbereitung und Übermittlung

---

1) Nr. **1**.
2) Nr. **25**.

nach Satz 1 nicht vom Smart-Meter-Gateway, sondern von berechtigten Stellen nach § 49 Absatz 2 vorgenommen werden.

(3) Zur Erfüllung seiner energiewirtschaftlichen Verpflichtungen nach Absatz 1 übermittelt der Messstellenbetreiber unter Beachtung der Anforderungen nach Absatz 2 standardmäßig

1. für die in § 66 Absatz 1 genannten Zwecke monatlich für den Vormonat dem Betreiber von Verteilernetzen
   a) in den Fällen des § 55 Absatz 1 Nummer 1,
   b) in den Fällen des § 55 Absatz 1 Nummer 2 nur bei Letztverbrauchern mit einem Jahresstromverbrauch von über 10 000 Kilowattstunden,
   c) in den Fällen des § 55 Absatz 1 Nummer 3

   die bezogene Monatsarbeit sowie die aufgetretene Maximalleistung, im Übrigen jährlich Jahresarbeitswerte;
2. für die in § 66 Absatz 1 Nummer 7 genannten Zwecke dem Betreiber von Verteilernetzen mit mindestens 100 000 unmittelbar oder mittelbar angeschlossenen Kunden oder, wenn der Betreiber von Verteilernetzen dies verlangt, für die in § 66 Absatz 1 genannten Zwecke täglich für den Vortag dem Betreiber von Verteilernetzen
   a) in den Fällen des § 55 Absatz 1 Nummer 1 Last- oder Zählerstandsgänge,
   b) in den Fällen des § 55 Absatz 1 Nummer 2 nur bei Letztverbrauchern mit einem Jahresstromverbrauch von über 10 000 Kilowattstunden Last- oder Zählerstandsgänge,
   c) in den Fällen des § 55 Absatz 1 Nummer 3 Last- oder Zählerstandsgänge,
   d) in den Fällen des § 55 Absatz 3 sowie in den Fällen des § 55 Absatz 4 nur bei Zählpunkten mit intelligenten Messsystemen Einspeisegänge

   in 15-minütiger Auflösung;
3. für die in § 66 Absatz 1 und § 67 Absatz 1 genannten Zwecke täglich für den Vortag dem Übertragungsnetzbetreiber und Bilanzkoordinator
   a) in den Fällen des § 55 Absatz 1 Nummer 1 Last- oder Zählerstandsgänge,
   b) in den Fällen des § 55 Absatz 1 Nummer 2 nur bei Letztverbrauchern mit einem Jahresstromverbrauch von über 10 000 Kilowattstunden Last- oder Zählerstandsgänge,
   c) in den Fällen des § 55 Absatz 1 Nummer 3 Last- oder Zählerstandsgänge,
   d) in den Fällen des § 55 Absatz 3 sowie in den Fällen des § 55 Absatz 4 nur bei Zählpunkten mit intelligenten Messsystemen Einspeisegänge

   in 15-minütiger Auflösung, im Übrigen jährlich Jahresarbeitswerte;
4. für die in § 69 Absatz 1 genannten Zwecke täglich für den Vortag dem Energielieferanten
   a) in den Fällen des § 55 Absatz 1 Nummer 1 Last- oder Zählerstandsgänge,
   b) in den Fällen des § 55 Absatz 1 Nummer 2 nur bei Letztverbrauchern mit einem Jahresstromverbrauch von über 10 000 Kilowattstunden Last- oder Zählerstandsgänge,
   c) in den Fällen des § 55 Absatz 1 Nummer 3 Last- oder Zählerstandsgänge,
   d) in den Fällen des § 55 Absatz 3 sowie in den Fällen des § 55 Absatz 4 nur bei Zählpunkten mit intelligenten Messsystemen Einspeisegänge

in 15-minütiger Auflösung, im Übrigen jährlich Jahresarbeitswerte.

(4) [1] Bei intelligenten Messsystemen haben Messstellenbetreiber für eine entsprechende Standardkonfiguration des Smart-Meter-Gateways im Sinne von Absatz 3 zu sorgen. [2] Konkretisierungen zur Standardkonfiguration aus Absatz 3 kann die Bundesnetzagentur nach § 75 festlegen.

(5) Unter Beachtung von Absatz 4 Satz 2 und in den Grenzen der Absätze 1 und 2 können Berechtigte vom Messstellenbetreiber jede von Absatz 3 abweichende datensparsamere Konfiguration des Smart-Meter-Gateways verlangen.

(6) Der Messstellenbetreiber muss personenbezogene Messwerte unter Beachtung mess- und eichrechtlicher Vorgaben löschen, sobald für seine Aufgabenwahrnehmung eine Speicherung nicht mehr erforderlich ist.

§ 61 Verbrauchsinformationen für den Anschlussnutzer bei intelligenten Messsystemen und modernen Messeinrichtungen. (1) Bei Vorhandensein eines intelligenten Messsystems hat der Messstellenbetreiber dafür Sorge zu tragen, dass der Anschlussnutzer standardmäßig jederzeit zumindest folgende Informationen einsehen kann:

1. Informationen über den tatsächlichen Energieverbrauch sowie über die tatsächliche Nutzungszeit,
2. abrechnungsrelevante Tarifinformationen und zugehörige abrechnungsrelevante Messwerte zur Überprüfung der Abrechnung,
3. historische Energieverbrauchswerte entsprechend den Zeiträumen der Abrechnung und Verbrauchsinformationen nach § 40 Absatz 3 des Energiewirtschaftsgesetzes[1] für die drei vorangegangenen Jahre,
4. historische tages-, wochen-, monats- und jahresbezogene Energieverbrauchswerte sowie, soweit vorhanden, Zählerstandsgänge jeweils für die letzten 24 Monate sowie
5. die Informationen aus § 53 Absatz 1 Nummer 1.

(2) [1] Zur Einsichtnahme nach Absatz 1 sind die Informationen, soweit dies technisch möglich und wirtschaftlich vertretbar ist, standardmäßig innerhalb von 24 Stunden direkt vom Smart-Meter-Gateway an eine lokale Anzeigeeinheit zu übermitteln. [2] Alternativ und mit Einwilligung des Anschlussnutzers können die Informationen, insbesondere wenn eine direkte Kommunikation nach Satz 1 technisch nicht möglich oder wirtschaftlich nicht vertretbar ist, über eine Anwendung in einem Online-Portal, das einen geschützten individuellen Zugang ermöglicht, innerhalb des gleichen Zeitraums zur Verfügung gestellt werden.

(3) Bei Vorhandensein einer modernen Messeinrichtung hat der Messstellenbetreiber dafür Sorge zu tragen, dass der Anschlussnutzer standardmäßig die Informationen aus Absatz 1 Nummer 1 sowie historische tages-, wochen-, monats- und jahresbezogene Energieverbrauchswerte jeweils für die letzten 24 Monate einsehen kann.

§ 62 Messwertnutzung zu Zwecken des Anlagenbetreibers. (1) Bei Vorhandensein eines intelligenten Messsystems hat der Messstellenbetreiber

---

[1] Nr. 1.

dem Anlagenbetreiber standardmäßig zumindest folgende Informationen zeitnah zur Verfügung zu stellen:

1. Informationen über die Einspeisung und den Verbrauch,
2. abrechnungsrelevante Informationen und zugehörige abrechnungsrelevante Messwerte zur Überprüfung der Abrechnung,
3. historische tages-, wochen-, monats- und jahresbezogene Einspeisewerte für die letzten 24 Monate,
4. Informationen über etwaige Einstellungen eines Schaltprofils,
5. die Informationen aus § 53 Absatz 1 Nummer 1.

(2) [1] Zur Einsichtnahme nach Absatz 1 sind die Informationen, soweit dies technisch möglich und wirtschaftlich vertretbar ist, standardmäßig innerhalb von 24 Stunden direkt vom Smart-Meter-Gateway an eine lokale Anzeigeeinheit zu übermitteln. [2] Alternativ können die Informationen, insbesondere wenn eine direkte Kommunikation nach Satz 1 technisch nicht möglich oder wirtschaftlich nicht vertretbar ist, über eine Anwendung in einem Online-Portal, das einen geschützten individuellen Zugang ermöglicht, innerhalb des gleichen Zeitraums zur Verfügung gestellt werden.

(3) Bei Vorhandensein einer modernen Messeinrichtung hat der Messstellenbetreiber dafür Sorge zu tragen, dass der Anlagenbetreiber standardmäßig die Informationen aus Absatz 1 Nummer 1 und 3 einsehen kann.

§ 63 Übermittlung von Stammdaten; Löschung. [1] Bei Vorhandensein eines intelligenten Messsystems hat der Messstellenbetreiber für die in § 50 Absatz 2 Nummer 7 genannten Zwecke und nach Maßgabe von § 57 dem Netzbetreiber oder den von der Bundesnetzagentur in einer Festlegung nach § 75 benannten Stellen Stammdaten mit Hilfe des Smart-Meter-Gateways zu übermitteln. [2] Stammdaten sind spätestens zwölf Monate nach dauerhafter Stilllegung der jeweiligen Anlage zu löschen.

§ 64 Übermittlung von Netzzustandsdaten; Löschung. (1) Bei Vorhandensein eines intelligenten Messsystems hat der Messstellenbetreiber dem Netzbetreiber für die in § 66 Absatz 1 Nummer 3 genannten Zwecke auf dessen Verlangen hin Netzzustandsdaten automatisiert und zeitnah nach Maßgabe von § 56 zu übermitteln.

(2) Messstellenbetreiber haben personenbezogene Netzzustandsdaten nach erfolgreicher Übermittlung unverzüglich zu löschen.

§ 65 Weitere Datenübermittlung. Eine über die §§ 60 bis 64 hinausgehende Datenübermittlung ist nur insoweit zulässig, wie

1. eine Einwilligung des Anschlussnutzers vorliegt, die den Anforderungen des § 4a des Bundesdatenschutzgesetzes genügt, oder
2. keine personenbezogenen Daten im Sinne von § 3 Absatz 1 des Bundesdatenschutzgesetzes genutzt oder übermittelt werden.

Abschnitt 2. Zulässiger Datenaustausch: Pflichten der übrigen an der Datenkommunikation Beteiligten

§ 66 Messwertnutzung zu Zwecken des Netzbetreibers; Übermittlungspflicht; Löschung. (1) Der Netzbetreiber darf erhaltene Messwerte ausschließlich verwenden, soweit dies für folgende Zwecke zwingend erforderlich ist:

1. Durchführung der Netznutzungsabrechnung,
2. Abwicklung der Abnahme- und Förderpflichten nach dem Erneuerbare-Energien-Gesetz [1)] und dem Kraft-Wärme-Kopplungsgesetz[2)],
3. Erfüllung der Pflichten aus den §§ 11 bis 14 des Energiewirtschaftsgesetzes[3)],

[Nr. 4 bis 30.9.2021:]

4. Durchführung eines Einspeisemanagements nach § 14 des Erneuerbare-Energien-Gesetzes [1)] in Verbindung mit § 13 Absatz 2 des Energiewirtschaftsgesetzes[3)],

[Nr. 4 ab 1.10.2021:]

4. *(aufgehoben)*
5. Durchführung des Flexibilitätsmechanismus nach § 14a des Energiewirtschaftsgesetzes[3)],
6. Bestimmung der Konzessionsabgabe nach der Konzessionsabgabenverordnung[4)],
7. Bewirtschaftung seines Differenzbilanz- und Netzverlustbilanzkreises,
8. Aggregation der Last- und Einspeisegänge von Einzelzählpunkten zu Bilanzkreissummenzeitreihen je Bilanzkreis und Bilanzierungsgebiet für die Einbeziehung in die Bilanzkreisabrechnung in den Fällen, die nicht von § 67 Absatz 1 Nummer 6 erfasst sind,
9. Erhebung der EEG-Umlage von Elektrizitätsversorgungsunternehmen, Letztverbrauchern und Eigenversorgern nach dem Erneuerbare-Energien-Gesetz[1)],
10. Erfüllung weiterer sich aus den Festlegungen der Bundesnetzagentur nach § 75 ergebender Pflichten.

(2) Standardmäßig übermittelt der Netzbetreiber monatlich für den Vormonat

1. dem Energielieferanten für die in § 69 Absatz 1 Nummer 3 und 4 genannten Zwecke Last- und Einspeisegänge sowie Arbeitswerte von Einzelzählpunkten in den Fällen, die nicht von § 67 Absatz 1 Nummer 6 erfasst sind,
2. dem Bilanzkoordinator für den in § 67 Absatz 1 Nummer 7 genannten Zweck Bilanzkreissummenzeitreihen je Bilanzkreis und Bilanzierungsgebiet in den Fällen, die nicht von § 67 Absatz 1 Nummer 6 erfasst sind,
3. die zur Erfüllung weiterer, sich aus den Festlegungen der Bundesnetzagentur nach § 75 ergebender Pflichten erforderlichen Daten.

[1)] Nr. **37**.
[2)] Nr. **45**.
[3)] Nr. **1**.
[4)] Nr. **3**.

(3) Der Netzbetreiber muss sämtliche personenbezogenen Messwerte löschen, sobald für seine Aufgabenwahrnehmung eine Speicherung nicht mehr erforderlich ist.

§ 67 Messwertnutzung zu Zwecken des Übertragungsnetzbetriebs und der Bilanzkoordination; Übermittlungspflicht; Löschung. (1) Der Betreiber von Übertragungsnetzen darf erhaltene Messwerte neben den in § 66 Absatz 1 genannten Zwecken auch verwenden, soweit dies für folgende Zwecke zwingend erforderlich ist:

1. Erbringungskontrolle und Abrechnung von Regelleistung aus dezentralen Anlagen,
2. Prognose der Abnahmestellen mit Eigenerzeugung zur Verbesserung der Vermarktung nach § 59 des Erneuerbare-Energien-Gesetzes[1],
3. Information zur aktuellen Einspeisung aus Photovoltaikanlagen,
4. Verbesserung der von Direktvermarktungsunternehmern und Netzbetreibern genutzten Kurzfristprognosen und Hochrechnungen der Ist-Einspeisung,
5. Kontrolle und Vergütung von Kapazitätsverpflichtungen und zur Abschätzung der maximalen Residuallast,
6. Aggregation der Last- und Einspeisegänge von Einzelzählpunkten an Messstellen, die mit intelligenten Messsystemen ausgestattet sind, zu Bilanzkreissummenzeitreihen je Bilanzkreis und Bilanzierungsgebiet für die Einbeziehung in die Bilanzkreisabrechnung,
7. Bilanzkoordination,
8. Erstattung von finanziellen Förderungen und Erhebung von vermiedenen Netzentgelten nach § 57 des Erneuerbare-Energien-Gesetzes[1],
9. Erhebung der EEG-Umlage von Elektrizitätsversorgungsunternehmen, Letztverbrauchern und Eigenversorgern nach dem Erneuerbare-Energien-Gesetz[1],
10. Erfüllung weiterer sich aus den Festlegungen der Bundesnetzagentur nach § 75 ergebender Pflichten.

(2) Standardmäßig übermittelt der Betreiber von Übertragungsnetzen

1. täglich für den Vortag den Betreibern von Verteilernetzen zu Zwecken der Prognosebildung und Bilanzierung die aus den Messwerten nach Absatz 1 Nummer 6 aggregierten Summenzeitreihen netzebenenscharf für das jeweilige Bilanzierungsgebiet,
2. täglich für den Vortag für die Messwerte nach Absatz 1 Nummer 6 den Bilanzkreisverantwortlichen zu Zwecken der Bilanzkreisbewirtschaftung die aus den Messwerten aggregierten Summenzeitreihen für den jeweiligen Bilanzkreis,
3. die zur Erfüllung weiterer, sich aus den Festlegungen der Bundesnetzagentur nach § 75 ergebender Pflichten erforderlichen Daten.

---

[1] Nr. **37**.

(3) Der Übertragungsnetzbetreiber muss personenbezogene Messwerte löschen, sobald für seine Aufgabenwahrnehmung eine Speicherung nicht mehr erforderlich ist.

§ 68 Messwertnutzung zu Zwecken des Bilanzkreisverantwortlichen; Übermittlungspflicht; Löschung. (1) Der Bilanzkreisverantwortliche darf erhaltene Messwerte ausschließlich verwenden, soweit dies zu folgenden Zwecken zwingend erforderlich ist:

1. Bilanzkreisbewirtschaftung,
2. Überprüfung der Bilanzkreisabrechnung,
3. Erfüllung weiterer sich aus den Festlegungen der Bundesnetzagentur nach § 75 ergebender Pflichten.

(2) Standardmäßig übermittelt der Bilanzkreisverantwortliche die im Zusammenhang mit § 4 der Stromnetzzugangsverordnung[1] erforderliche Datenkommunikation, soweit die Daten nicht auf Personen zurückzubeziehen sind, sowie die Daten, die zur Erfüllung von Pflichten aus Festlegungen der Bundesnetzagentur nach § 75 erforderlich sind.

(3) Der Bilanzkreisverantwortliche muss sämtliche personenbezogenen Messwerte löschen, sobald für seine Aufgabenwahrnehmung eine Speicherung nicht mehr erforderlich ist.

§ 69 Messwertnutzung zu Zwecken des Energielieferanten; Übermittlungspflicht; Löschung. (1) Der Energielieferant darf erhaltene Messwerte ausschließlich verwenden, soweit dies zu folgenden Zwecken zwingend erforderlich ist:

1. Abrechnung des Energieversorgungsvertrages einschließlich vorheriger Tarifierung von Messwerten,
2. Durchführung eines Lieferantenwechsels,
3. Durchführung eines Tarifwechsels,
4. Änderung des Messverfahrens,
5. Überprüfung der Bilanzkreis- und Netznutzungsabrechnung,
6. Erstellung der Energiemengenprognose nach § 4 der Stromnetzzugangsverordnung[1],
7. Zahlung der EEG-Umlage nach § 60 des Erneuerbare-Energien-Gesetzes[2],
8. Erfüllung weiterer sich aus den Festlegungen der Bundesnetzagentur nach § 75 ergebender Pflichten.

(2) Standardmäßig übermittelt der Energielieferant

1. an den Letztverbraucher die im Zusammenhang mit der Abrechnung der Belieferung von Energie erforderlichen Informationen,
2. an den Letztverbraucher die im Zusammenhang mit dem Tarif stehenden Informationen,
3. an den Bilanzkreisverantwortlichen die für das Bilanzkreisdatenclearing erforderlichen Informationen.

---

[1] Nr. 23.
[2] Nr. 37.

(3) Der Energielieferant muss sämtliche personenbezogenen Messwerte unter Beachtung mess- und eichrechtlicher Vorgaben löschen, sobald für seine Aufgabenwahrnehmung eine Speicherung nicht mehr erforderlich ist.

§ 70 Messwertnutzung auf Veranlassung des Anschlussnutzers; weiterer Datenaustausch. Messwertnutzungen und Datenaustausch, die über die §§ 66 bis 69 hinausgehen, sind nur insoweit zulässig, wie

1. eine Einwilligung des Anschlussnutzers vorliegt, die den Anforderungen des § 4a des Bundesdatenschutzgesetzes genügt, oder
2. keine personenbezogenen Daten im Sinne von § 3 Absatz 1 des Bundesdatenschutzgesetzes genutzt oder übermittelt werden.

Abschnitt 3. Besondere Fallgruppen

§ 71 Nachprüfung der Messeinrichtung; Haftung bei Beschädigungen. (1) [1] Der Anschlussnutzer, der Bilanzkoordinator, der Energielieferant oder der Netzbetreiber kann jederzeit eine Nachprüfung der Messeinrichtung durch eine Befundprüfung nach § 39 des Mess- und Eichgesetzes[1)] durch eine Eichbehörde oder eine staatlich anerkannte Prüfstelle im Sinne des § 40 Absatz 3 des Mess- und Eichgesetzes verlangen. [2] Ergibt die Befundprüfung, dass die Messeinrichtung nicht verwendet werden darf, so trägt der Messstellenbetreiber die Kosten der Nachprüfung, sonst derjenige, der die Prüfung in Auftrag gegeben hat. [3] Die sonstigen Möglichkeiten zur Durchführung einer Befundprüfung nach § 39 des Mess- und Eichgesetzes bleiben unberührt.

(2) [1] Wird der Antrag auf Nachprüfung nicht bei dem Messstellenbetreiber gestellt, so hat der Antragsteller diesen zugleich mit der Antragstellung zu benachrichtigen. [2] Ergibt die Befundprüfung, dass die Messeinrichtung nicht verwendet werden darf, trägt der Messstellenbetreiber die Kosten der Nachprüfung, sonst der Antragsteller.

(3) Ergibt eine Prüfung der Messeinrichtungen eine Überschreitung der eichrechtlichen Verkehrsfehlergrenzen oder ist die Größe des Fehlers nicht einwandfrei festzustellen oder zeigt eine Messeinrichtung Messwerte nicht an, so ermittelt der Messstellenbetreiber die Daten für die Zeit seit der letzten fehlerfreien Ablesung entweder aus dem Durchschnittsverbrauch des ihr vorhergehenden und des der Beseitigung des Fehlers nachfolgenden Ablesezeitraumes oder auf Grund des Vorjahreswertes durch Schätzung, soweit aus Parallelmessungen vorhandene Messwerte keine ausreichende Verlässlichkeit bieten.

§ 72 Öffentliche Verbrauchseinrichtungen. [1] Bei öffentlichen Verbrauchseinrichtungen kann die abgenommene Strommenge auch rechnerisch ermittelt oder geschätzt werden, wenn die Kosten einer Messung außer Verhältnis zur Höhe des Verbrauchs stehen. [2] Dies trifft insbesondere auf im Verteilernetz angeschlossene Anlagen zur Straßenbeleuchtung zu, wenn deren Ein- und Ausschaltzeiten bekannt sind und der Lastverlauf berechenbar ist.

§ 73 Verfahren bei rechtswidriger Inanspruchnahme. (1) [1] Wenn tatsächliche Anhaltspunkte für die rechtswidrige Inanspruchnahme von Messsystemen, intelligenten Messsystemen oder ihrer Dienste vorliegen, muss die nach

---

1) Nr. **29**.

§ 49 berechtigte Stelle diese dokumentieren und den Anschlussnutzer hierüber informieren. [2] Zur Sicherung seines Entgeltanspruchs darf er die Bestandsdaten und Verkehrsdaten verwenden, die erforderlich sind, um die rechtswidrige Inanspruchnahme nach Satz 1 aufzudecken und zu unterbinden. [3] Die Bundesnetzagentur und die oder der Bundesbeauftragte für den Datenschutz und die Informationsfreiheit sind über Maßnahmen nach Satz 2 unverzüglich in Kenntnis zu setzen.

(2) Die nach § 49 berechtigte Stelle darf für die Verwendung der Verkehrsdaten nach Absatz 1 aus dem Gesamtbestand aller Verkehrsdaten, die höchstens sechs Monate alt sind, die Daten derjenigen Verbindungen mit dem Messsystem oder dem intelligenten Messsystem ermitteln, für die tatsächliche Anhaltspunkte den Verdacht der rechtswidrigen Inanspruchnahme nach Satz 1 begründen.

(3) [1] Die nach § 49 berechtigte Stelle darf aus den nach Absatz 2 ermittelten Verkehrsdaten einen pseudonymisierten Gesamtdatenbestand bilden, der Aufschluss über die von einzelnen Teilnehmern erzielten Umsätze gibt und unter Zugrundelegung geeigneter Missbrauchskriterien das Auffinden solcher Verbindungen des Messsystems oder des intelligenten Messsystems ermöglicht, bei denen der Verdacht einer missbräuchlichen Inanspruchnahme besteht. [2] Die Daten anderer Verbindungen sind unverzüglich zu löschen.

(4) Die Bundesnetzagentur und die oder der Bundesbeauftragte für den Datenschutz und die Informationsfreiheit sind über die Einleitung eines Verfahrens im Zusammenhang mit Maßnahmen nach Absatz 1 unverzüglich in Kenntnis zu setzen.

Kapitel 4. Verordnungsermächtigung; Festlegungen der Bundesnetzagentur

§ 74 Verordnungsermächtigung. [1] Soweit es für das Funktionieren einer sicheren Marktkommunikation mit intelligenten Messsystemen erforderlich ist, wird die Bundesregierung ermächtigt, durch Rechtsverordnung ohne Zustimmung des Bundesrates konkretisierende Vorschriften zu Teil 3 dieses Gesetzes zum Schutz personenbezogener Daten zu erlassen und dabei die Erhebung, Verarbeitung und Nutzung dieser Daten zu regeln. [2] Die Vorschriften haben den Grundsätzen der Verhältnismäßigkeit, insbesondere der Beschränkung der Erhebung, Verarbeitung und Nutzung auf das Erforderliche, sowie dem Grundsatz der Zweckbindung Rechnung zu tragen.

§ 75 Festlegungen der Bundesnetzagentur. Zur bundesweiten Vereinheitlichung der Bedingungen für den Messstellenbetrieb und der Datenerhebung, -verarbeitung und -nutzung kann die Bundesnetzagentur Festlegungen nach § 29 Absatz 1 des Energiewirtschaftsgesetzes[1)] treffen

1. im Sinne von § 52 zur Gewährleistung eines einheitlichen Sicherheitsstandards für die nicht unmittelbare Kommunikation mit dem intelligenten Messsystem im Benehmen mit dem Bundesamt für Sicherheit in der Informationstechnik,

---

[1)] Nr. 1.

2. zu den notwendigen Anforderungen an die Einhaltung der Transparenzvorgaben aus § 54, insbesondere Festlegungen zu einheitlichen Formaten und Formblättern,
3. zu Anwendungsregeln für die Kapitel 2 und 3 Abschnitt 1 und 2, insbesondere zur Ausgestaltung der Pflichten der an der Datenkommunikation Beteiligten,
4. zur Plausibilisierung von Messwerten, zur Bildung von Ersatzwerten bei Messfehlern sowie zur sternförmigen Kommunikation im Sinne von § 60 Absatz 2 und diesbezüglichen Übergangsregelungen zur Markteinführung vor und nach dem 31. Dezember 2019 sowie zu Sonderregelungen für den Bereich Gas,
5. zu Regeln für die Marktkommunikation mit intelligenten Messsystemen,
6. zur Ausgestaltung der Standardkonfiguration des Smart-Meter-Gateways für die erforderliche Datenkommunikation im Sinne von § 60 Absatz 3 und 4,
7. zur Stammdatenübermittlung im Sinne von § 63,
8. zu Fällen notwendiger Datenerhebung, -verarbeitung und -nutzung, insbesondere zu Zwecken der zulässigen Datenverwendung und zur standardmäßigen Übermittlung im Sinne der §§ 66 bis 69,
9. zur Verpflichtung der zum Datenumgang berechtigten Stellen, Messwerte zu löschen,
10. zu bundeseinheitlichen Regelungen zum Datenaustausch im Sinne der §§ 52 und 60 Absatz 1 zwischen den betroffenen Marktteilnehmern, insbesondere hinsichtlich Fristen, Formaten sowie Prozessen, die eine größtmögliche Automatisierung ermöglichen.

Teil 4. Besondere Aufgaben der Regulierungsbehörden

§ 76 Aufsichtsmaßnahmen der Bundesnetzagentur. (1) [1] Die Bundesnetzagentur kann Unternehmen oder Vereinigungen von Unternehmen verpflichten, ein Verhalten abzustellen, das den Bestimmungen dieses Gesetzes sowie den auf Grund dieses Gesetzes ergangenen Rechtsvorschriften entgegensteht. [2] Sie kann hierzu alle erforderlichen Abhilfemaßnahmen verhaltensorientierter oder struktureller Art vorschreiben, die gegenüber der festgestellten Zuwiderhandlung verhältnismäßig und für eine wirksame Abstellung der Zuwiderhandlung erforderlich sind. [3] Abhilfemaßnahmen struktureller Art können nur in Ermangelung einer verhaltensorientierten Abhilfemaßnahme von gleicher Wirksamkeit festgelegt werden oder wenn letztere im Vergleich zu Abhilfemaßnahmen struktureller Art mit einer größeren Belastung für die beteiligten Unternehmen verbunden wäre.

(2) Kommt ein Unternehmen oder eine Vereinigung von Unternehmen seinen Verpflichtungen nach diesem Gesetz oder den auf Grund dieses Gesetzes erlassenen Rechtsverordnungen nicht nach, so kann die Bundesnetzagentur die Maßnahmen zur Einhaltung der Verpflichtungen anordnen.

(3) Soweit ein berechtigtes Interesse besteht, kann die Bundesnetzagentur auch eine Zuwiderhandlung feststellen, nachdem diese beendet ist.

(4) Für die Wahrnehmung der Aufgaben der Bundesnetzagentur nach diesem Gesetz und den auf Grund dieses Gesetzes ergangenen Rechtsverordnungen sind die Bestimmungen des Teils 8 des Energiewirtschaftsgesetzes[1] mit Ausnahme des Abschnitts 6 entsprechend anzuwenden.

§ 77 Bericht der Bundesnetzagentur. (1) [1]Die Bundesnetzagentur legt dem Bundesministerium für Wirtschaft und Energie zum 30. Dezember 2023 einen Bericht mit einer Evaluierung zur Anwendung und Vorschlägen zur Anpassung des Rechtsrahmens vor. [2]Der Bericht enthält auch Angaben zur Entwicklung des Investitionsverhaltens und des Wettbewerbs beim Messstellenbetrieb für moderne Messeinrichtungen und intelligente Messsysteme, zu technischen Weiterentwicklungen, zu Energie- und Kosteneinsparungen durch den Einsatz moderner Messeinrichtungen und intelligenter Messsysteme sowie zu Auswirkungen der bestehenden Regulierung der Telekommunikations- und Energieversorgungsnetze auf die Digitalisierung der Energieversorgung. [3]Die Bundesnetzagentur soll den Bericht nach Satz 1 unter Beteiligung von Wissenschaft und betroffenen Verbänden erstellen sowie internationale Erfahrungen mit dem Tätigkeitsfeld Messstellenbetrieb berücksichtigen. [4]Sie gibt Gelegenheit zur Stellungnahme und veröffentlicht die erhaltenen Stellungnahmen im Internet.

(2) Soweit sie es aus regulatorischen oder wettbewerblichen Gründen für erforderlich hält, kann die Bundesnetzagentur den Bericht aus Absatz 1 bereits vor dem 30. Dezember 2023 vorlegen.

(3) In den Bericht der Bundesnetzagentur nach § 35 des Energiewirtschaftsgesetzes[1] sind besondere Aspekte des Messstellenbetriebs aufzunehmen; der Bericht soll Angaben enthalten

1. zur Wettbewerbssituation beim Messstellenbetrieb,
2. zur technischen Entwicklung bei modernen Messeinrichtungen und intelligenten Messsystemen,
3. zum Angebot variabler Tarife,
4. zu bundesweit einheitlichen Mindestanforderungen an Datenumfang und Datenqualität bei der energiewirtschaftlichen Datenkommunikation sowie
5. zum Angebot von Daten- und Telekommunikationsdiensten für die Anbindung von Smart-Meter-Gateways.

(4) Die Bundesnetzagentur darf die für den Bericht nach Absatz 3 erhobenen Daten auch für den Bericht nach Absatz 1 verwenden.

---

[1] Nr. 1.

Anlage
(zu § 22 Absatz 2 Satz 1)

Übersicht über die Schutzprofile und Technischen Richtlinien des Bundesamtes für Sicherheit in der Informationstechnik[1)]

1. BSI: Protection Profile for the Gateway of a Smart-Metering-System (Smart-Meter-Gateway PP), BSI-CC-PP-0073 [Schutzprofil für die Kommunikationseinheit eines intelligenten Messsystems für Stoff- und Energiemengen],
Fundstelle:
https://www.bsi.bund.de/SharedDocs/Downloads/DE/BSI/Zertifizierung/ReportePP/pp0073b_pdf.pdf
2. BSI: Protection Profile for the Security Module of a Smart-Meter-Gateway (Security Module PP), BSI-CC-PP-0077 [Schutzprofil für das Sicherheitsmodul der Kommunikationseinheit eines intelligenten Messsystems für Stoff- und Energiemengen],
Fundstelle:
https://www.bsi.bund.de/SharedDocs/Downloads/DE/BSI/Zertifizierung/ReportePP/pp0077V2b_pdf.pdf
3. BSI: Technische Richtlinie TR-03109
   a) BSI: Technische Richtlinie TR-03109-1, Anforderungen an die Interoperabilität der Kommunikationseinheit eines intelligenten Messsystems,
   b) BSI: Technische Richtlinie TR-03109-2, Smart-Meter-Gateway – Anforderungen an die Funktionalität und Interoperabilität des Sicherheitsmoduls,
   c) BSI: Technische Richtlinie TR-03109-3, Kryptographische Vorgaben für die Infrastruktur von intelligenten Messsystemen,
   d) BSI: Technische Richtlinie TR-03109-4, Smart Metering PKI – Public-Key-Infrastruktur für Smart-Meter-Gateways,
   e) BSI: Technische Richtlinie TR-03109-5, Kommunikationsadapter [Veröffentlichung folgt],
   f) BSI: Technische Richtlinie TR-03109-6: Smart-Meter-Gateway-Administration,
   Fundstellen:
   https://www.bsi.bund.de/SharedDocs/Downloads/DE/BSI/Publikationen/TechnischeRichtlinien/TR03109/TR03109-1.pdf
   https://www.bsi.bund.de/SharedDocs/Downloads/DE/BSI/Publikationen/TechnischeRichtlinien/TR03109/TR-03109-2-Anforderungen_an_die_Funktionalitaet.pdf
   https://www.bsi.bund.de/SharedDocs/Downloads/DE/BSI/Publikationen/TechnischeRichtlinien/TR03109/TR-03109-2-Sicherheitsmodul_Use_Cases.pdf
   https://www.bsi.bund.de/SharedDocs/Downloads/DE/BSI/Publikationen/TechnischeRichtlinien/TR03109/TR-03109-3_Kryptographische_Vorgaben.pdf
   https://www.bsi.bund.de/SharedDocs/Downloads/DE/BSI/Publikationen/TechnischeRichtlinien/TR03109/TR-03109_PKI.pdf
   https://www.bsi.bund.de/SharedDocs/Downloads/DE/BSI/Publikationen/TechnischeRichtlinien/TR03109/TR-03109-6-Smart_Meter_Gateway_Administration.pdf
4. BSI: Technische Richtlinie TR-03116-3, eCard-Projekte der Bundesregierung (Kryptographische Vorgaben für die Infrastruktur von intelligenten Messsystemen),
Fundstelle:
https://www.bsi.bund.de/SharedDocs/Downloads/DE/BSI/Publikationen/TechnischeRichtlinien/TR03116/BSI-TR-03116-3.pdf
5. BSI: Zertifizierungsrichtlinie (Certificate Policy) der Smart-Metering-Public-Key-Infrastruktur (PKI),
Fundstelle:
https://www.bsi.bund.de/SharedDocs/Downloads/DE/BSI/Publikationen/TechnischeRichtlinien/TR03109/PKI_Certificate_Policy.pdf

---

[1)] **Amtl. Anm.:** Auf den Internetseiten des Bundesamtes für Sicherheit in der Informationstechnik www.bsi.bund.de wurden unter dem Oberbegriff „Smart Metering Systems" folgende Unterordner eingerichtet: „Schutzprofil Gateway", „Schutzprofil Security Module", „Smart Metering PKI" und „Technische Richtlinie"; eine Übersicht über die Schutzprofile und Technischen Richtlinien nach § 22 Absatz 2 Satz 1 findet sich unter www.bsi.bund.de/DE/Themen/DigitaleGesellschaft/SmartMeter/UebersichtSP-TR/uebersicht_node.html.

28. Verordnung über die Anreizregulierung der Energieversorgungsnetze (Anreizregulierungsverordnung – ARegV)[1)]

Vom 29. Oktober 2007
(BGBl. I S. 2529)

FNA 752-6-11

zuletzt geänd. durch Art. 2 LNG-Infrastruktur-VO v. 13.6.2019 (BGBl. I S. 786)

Inhaltsübersicht

[1)] Verkündet als Art. 1 VO v. 29.10.2007 (BGBl. I S. 2529); Inkrafttreten gem. Art. 4 dieser VO am 6.11.2007.

Teil 1. Allgemeine Vorschriften

§ 1 Anwendungsbereich. (1) [1]Diese Rechtsverordnung regelt die Bestimmung der Entgelte für den Zugang zu den Energieversorgungsnetzen im Wege der Anreizregulierung. [2]Netzentgelte werden ab dem 1. Januar 2009 im Wege der Anreizregulierung bestimmt.

(2) [1]Diese Rechtsverordnung findet auf einen Netzbetreiber, für den noch keine kalenderjährliche Erlösobergrenze nach § 4 Absatz 1 bestimmt worden ist, für eine Übergangszeit bis zum Ende der laufenden Regulierungsperiode keine Anwendung. [2]Die Rechtsverordnung bleibt bis zum Abschluss der darauf folgenden Regulierungsperiode unangewendet, wenn bei der nächsten Kostenprüfung nach § 6 Absatz 1 für diesen Netzbetreiber noch keine hinreichenden Daten für das Basisjahr vorliegen.

§ 2 Beginn des Verfahrens. Das Verfahren zur Bestimmung von Erlösobergrenzen wird von Amts wegen eingeleitet.

Teil 2. Allgemeine Vorschriften zur Anreizregulierung

Abschnitt 1. Regulierungsperioden

§ 3 Beginn und Dauer der Regulierungsperioden. (1) [1]Die erste Regulierungsperiode beginnt am 1. Januar 2009. [2]Die nachfolgenden Regulierungsperioden beginnen jeweils am 1. Januar des auf das letzte Kalenderjahr der vorangegangenen Regulierungsperiode folgenden Kalenderjahres.

(2) Eine Regulierungsperiode dauert fünf Jahre.

Abschnitt 2. Allgemeine Vorgaben zur Bestimmung der Erlösobergrenzen

§ 4 Erlösobergrenzen. (1) Die Obergrenzen der zulässigen Gesamterlöse eines Netzbetreibers aus den Netzentgelten (Erlösobergrenze) werden nach Maßgabe der §§ 5 bis 16, 19, 22, 24 und 25 bestimmt.

(2) [1] Die Erlösobergrenze ist für jedes Kalenderjahr der gesamten Regulierungsperiode zu bestimmen. [2] Eine Anpassung der Erlösobergrenze während der laufenden Regulierungsperiode erfolgt nach Maßgabe der Absätze 3 bis 5.

(3) [1] Eine Anpassung der Erlösobergrenze erfolgt jeweils zum 1. Januar eines Kalenderjahres bei einer Änderung
1. des Verbraucherpreisgesamtindexes nach § 8,
2. von nicht beeinflussbaren Kostenanteilen nach § 11 Absatz 2 Satz 1 bis 3; abzustellen ist dabei auf die jeweils im vorletzten Kalenderjahr entstandenen Kosten; bei Kostenanteilen nach § 11 Absatz 2 Satz 1 Nummer 4 bis 6a, 8, 13 und 15 bis 17 ist auf das Kalenderjahr abzustellen, auf das die Erlösobergrenze anzuwenden sein soll,
3. von volatilen Kostenanteilen nach § 11 Absatz 5; abzustellen ist dabei auf das Kalenderjahr, auf das die Erlösobergrenze Anwendung finden soll.

[2] Einer erneuten Festlegung der Erlösobergrenze bedarf es in diesen Fällen nicht.

(4) [1] Auf Antrag des Netzbetreibers
1. erfolgt eine Anpassung der Erlösobergrenze nach Maßgabe des § 10 oder § 10a;
1a. erfolgt eine Anpassung der Erlösobergrenze nach Maßgabe des § 5;
2. kann eine Anpassung der Erlösobergrenze erfolgen, wenn auf Grund des Eintritts eines unvorhersehbaren Ereignisses im Falle der Beibehaltung der Erlösobergrenze eine nicht zumutbare Härte für den Netzbetreiber entstehen würde.

[2] Der Antrag auf Anpassung nach Satz 1 Nr. 1 kann einmal jährlich zum 30. Juni des Kalenderjahres gestellt werden; die Anpassung erfolgt zum 1. Januar des folgenden Kalenderjahres. [3] Der Antrag auf Anpassung nach Satz 1 Nummer 1a muss einmal jährlich zum 30. Juni des Kalenderjahres gestellt werden; die Anpassung erfolgt zum 1. Januar des folgenden Jahres.

(5) [1] Erfolgt eine Bestimmung des Qualitätselements nach Maßgabe des § 19, so hat die Regulierungsbehörde von Amts wegen die Erlösobergrenze entsprechend anzupassen. [2] Die Anpassung nach Satz 1 erfolgt höchstens einmal jährlich zum 1. Januar des folgenden Kalenderjahres.

§ 5 Regulierungskonto. (1) [1] Die Differenz zwischen den nach § 4 zulässigen Erlösen und den vom Netzbetreiber unter Berücksichtigung der tatsächlichen Mengenentwicklung erzielbaren Erlösen wird jährlich vom Netzbetreiber ermittelt und auf einem Regulierungskonto verbucht. [2] Gleiches gilt für die Differenz zwischen den für das Kalenderjahr tatsächlich entstandenen Kosten nach § 11 Absatz 2 Satz 1 Nummer 4 bis 6, 8, 13 und 15 bis 17 sowie den im jeweiligen Kalenderjahr entstandenen Kosten nach § 11 Absatz 5, soweit dies in einer Festlegung nach § 32 Absatz 1 Nummer 4a vorgesehen ist, und den in der Erlösobergrenze diesbezüglich enthaltenen Ansätzen. [3] Einbezogen in das Regulierungskonto wird darüber hinaus die Differenz zwischen den für das Kalenderjahr bei effizienter Leistungserbringung entstehenden Kosten des Messstellenbetriebs, zu dem auch die Messung gehört, und den in der Erlösobergrenze diesbezüglich enthaltenen Ansätzen, soweit diese Differenz durch Änderungen der Zahl der Anschlussnutzer, bei denen der Messstellenbetrieb durch den Netzbetreiber durchgeführt wird, verursacht wird und soweit es sich nicht um Kosten für den Messstellenbetrieb von modernen Messeinrichtungen und intelligenten Messsystemen im Sinne des Messstellenbetriebsgesetzes handelt. [4] In das Regulierungskonto wird auch die Differenz einbezogen, die durch Maßnahmen des Netzbetreibers im Zusammenhang mit § 40 Absatz 2 Satz 3, Absatz 3 Satz 1 und 2 des Energiewirtschaftsgesetzes[1)] in Verbindung mit § 55 Absatz 1 Nummer 4 oder Absatz 2 des Messstellenbetriebsgesetzes[2)] verursacht wird, soweit der Netzbetreiber für die Durchführung zuständig war. [5] Das Regulierungskonto wird durch den Netzbetreiber geführt.

(1a) [1] Der Netzbetreiber ermittelt bis zum 30. Juni des Jahres, das dem Kalenderjahr folgt, für das der Kapitalkostenaufschlag genehmigt wurde, die Differenz aus dem genehmigten Kapitalkostenaufschlag nach § 10a und dem Kapitalkostenaufschlag, wie er sich bei der Berücksichtigung der tatsächlich entstandenen Kapitalkosten ergibt. [2] Die Differenz ist auf dem Regulierungskonto des Jahres, für das der Kapitalkostenaufschlag genehmigt wurde, zu verbuchen.

(2) [1] Die nach den Absätzen 1 und 1a verbuchten Differenzen sind in Höhe des im jeweiligen Kalenderjahr durchschnittlich gebundenen Betrags zu verzinsen. [2] Der durchschnittlich gebundene Betrag ergibt sich aus dem Mittelwert von Jahresanfangs- und Jahresendbestand. [3] Die Verzinsung nach Satz 1 richtet sich nach dem auf die letzten zehn abgeschlossenen Kalenderjahre bezogenen Durchschnitt der von der Deutschen Bundesbank veröffentlichten Umlaufrendite festverzinslicher Wertpapiere inländischer Emittenten.

(3) [1] Die Regulierungsbehörde genehmigt den nach den Absätzen 1 bis 2 durch den Netzbetreiber ermittelten Saldo sowie dessen Verteilung nach Maßgabe des Satzes 2. [2] Der nach den Absätzen 1 und 1a ermittelte und nach Absatz 2 verzinste Saldo des Regulierungskontos des letzten abgeschlossenen Kalenderjahres wird annuitätisch über die drei dem Jahr der Ermittlung folgenden Kalenderjahre durch Zu- und Abschläge auf die Erlösobergrenze verteilt. [3] Die Annuitäten werden gemäß Absatz 2 verzinst.

(4) [1] Der Antrag nach § 4 Absatz 4 Satz 1 Nummer 1a muss neben dem ermittelten Saldo die der Anpassung zugrunde liegenden Daten, insbesondere die nach § 4 zulässigen und die tatsächlich erzielten Erlöse des abgelaufenen Kalenderjahres enthalten. [2] Der Antrag muss weiterhin Angaben zur Höhe der tatsächlich entstandenen Kapitalkosten, der dem Kapitalkostenaufschlag nach § 10a zugrunde gelegten betriebsnotwendigen Anlagegüter enthalten. [3] Hierzu gehören insbesondere Angaben zu den Anschaffungs- und Herstellungskosten und die jeweils in Anwendung gebrachte betriebsgewöhnliche Nutzungsdauer nach Anlage 1 der Stromnetzentgeltverordnung[3)] oder nach Anlage 1 der Gasnetzentgeltverordnung[4)].

---

1) Nr. **1**.
2) Nr. **27**.
3) Nr. **24**.
4) Nr. **26**.

§ 6 Bestimmung des Ausgangsniveaus der Erlösobergrenze und des Kapitalkostenabzugs. (1) [1] Die Regulierungsbehörde ermittelt das Ausgangsniveau für die Bestimmung der Erlösobergrenzen durch eine Kostenprüfung nach den Vorschriften des Teils 2 Abschnitt 1 der Gasnetzentgeltverordnung[1)] und des Teils 2 Abschnitt 1 der Stromnetzentgeltverordnung[2)]. [2] Die §§ 28 bis 30 der Gasnetzentgeltverordnung sowie die §§ 28 bis 30 der Stromnetzentgeltverordnung gelten entsprechend. [3] Die Kostenprüfung erfolgt im vorletzten Kalenderjahr vor Beginn der Regulierungsperiode auf der Grundlage der Daten des letzten abgeschlossenen Geschäftsjahres. [4] Das Kalenderjahr, in dem das der Kostenprüfung zugrunde liegende Geschäftsjahr endet, gilt als Basisjahr im Sinne dieser Verordnung. [5] Als Basisjahr für die erste Regulierungsperiode gilt 2006.

(2) [1] Soweit Kosten dem Grunde oder der Höhe nach auf einer Besonderheit des Geschäftsjahres beruhen, auf das sich die Kostenprüfung bezieht, bleiben sie bei der Ermittlung des Ausgangsniveaus unberücksichtigt. [2] § 3 Absatz 1 Satz 4 zweiter Halbsatz der Gasnetzentgeltverordnung[1)] sowie § 3 Absatz 1 Satz 5 zweiter Halbsatz der Stromnetzentgeltverordnung[2)] finden keine Anwendung.

(3) [1] Die Regulierungsbehörde ermittelt vor Beginn der Regulierungsperiode für jedes Jahr der Regulierungsperiode den Kapitalkostenabzug nach Maßgabe der Sätze 2 bis 5 und der Anlage 2a. [2] Kapitalkosten im Sinne des Kapitalkostenabzugs nach Satz 1 sind die Summe der kalkulatorischen Abschreibungen, der kalkulatorischen Eigenkapitalverzinsung, der kalkulatorischen Gewerbesteuer und des Aufwandes für Fremdkapitalzinsen. [3] Der Kapitalkostenabzug ergibt sich aus den im Ausgangsniveau nach den Absätzen 1 und 2 enthaltenen Kapitalkosten im Basisjahr abzüglich der fortgeführten Kapitalkosten im jeweiligen Jahr der Regulierungsperiode. [4] Die fortgeführten Kapitalkosten werden unter Berücksichtigung der im Zeitablauf sinkenden kalkulatorischen Restbuchwerte der betriebsnotwendigen Anlagegüter des Ausgangsniveaus nach § 6 Absatz 1 und 2 sowie der im Zeitablauf sinkenden Werte der hierauf entfallenden Netzanschlusskostenbeiträge und Baukostenzuschüsse ermittelt. [5] Bei der Bestimmung des jährlichen Kapitalkostenabzugs nach den Sätzen 1 bis 4 werden Kapitalkosten aus Investitionen nach dem Basisjahr nicht berücksichtigt.

(4) Absatz 3 ist nicht auf Betreiber von Übertragungs- und Fernleitungsnetzen anzuwenden.

§ 7 Regulierungsformel. Die Bestimmung der Erlösobergrenzen für die Netzbetreiber erfolgt in Anwendung der jeweiligen Regulierungsformel in Anlage 1.

§ 8 Allgemeine Geldwertentwicklung. [1] Der Wert für die allgemeine Geldwertentwicklung ergibt sich aus dem durch das Statistische Bundesamt veröffentlichten Verbraucherpreisgesamtindex. [2] Für die Bestimmung der Erlösobergrenze nach § 4 Abs. 1 wird der Verbraucherpreisgesamtindex des vorletzten Kalenderjahres vor dem Jahr, für das die Erlösobergrenze gilt, verwendet. [3] Dieser wird ins Verhältnis gesetzt zum Verbraucherpreisgesamtindex für das Basisjahr.

---

1) Nr. 26.
2) Nr. 24.

§ 9 Genereller sektoraler Produktivitätsfaktor. (1) Der generelle sektorale Produktivitätsfaktor wird ermittelt aus der Abweichung des netzwirtschaftlichen Produktivitätsfortschritts vom gesamtwirtschaftlichen Produktivitätsfortschritt und der gesamtwirtschaftlichen Einstandspreisentwicklung von der netzwirtschaftlichen Einstandspreisentwicklung.

(2) In der ersten Regulierungsperiode beträgt der generelle sektorale Produktivitätsfaktor für Gas- und Stromnetzbetreiber jährlich 1,25 Prozent, in der zweiten Regulierungsperiode jährlich 1,5 Prozent.

(3) [1] Die Bundesnetzagentur hat den generellen sektoralen Produktivitätsfaktor ab der dritten Regulierungsperiode jeweils vor Beginn der Regulierungsperiode für die gesamte Regulierungsperiode nach Maßgabe von Methoden, die dem Stand der Wissenschaft entsprechen, zu ermitteln. [2] Die Ermittlung hat unter Einbeziehung der Daten von Netzbetreibern aus dem gesamten Bundesgebiet für einen Zeitraum von mindestens vier Jahren zu erfolgen. [3] Die Bundesnetzagentur kann bei der Ermittlung auf die Verwendung der Daten von Netzbetreibern verzichten, die die Teilnahme am vereinfachten Verfahren nach § 24 Absatz 2 gewählt haben. [4] Die Bundesnetzagentur kann jeweils einen Wert für Stromversorgungsnetze und für Gasversorgungsnetze ermitteln.

(4) Die Landesregulierungsbehörden können bei der Bestimmung der Erlösobergrenzen den durch die Bundesnetzagentur nach Absatz 3 ermittelten generellen sektoralen Produktivitätsfaktor anwenden.

(5) Die Einbeziehung des generellen sektoralen Produktivitätsfaktors in die Erlösobergrenzen erfolgt durch Potenzierung der Werte nach den Absätzen 2 und 3 mit dem jeweiligen Jahr der Regulierungsperiode.

§ 10 Erweiterungsfaktor. (1) [1] Ändert sich während der Regulierungsperiode die Versorgungsaufgabe des Netzbetreibers nachhaltig, wird dies bei der Bestimmung der Erlösobergrenze durch einen Erweiterungsfaktor berücksichtigt. [2] Die Ermittlung des Erweiterungsfaktors erfolgt nach der Formel in Anlage 2.

(2) [1] Die Versorgungsaufgabe bestimmt sich nach der Fläche des versorgten Gebietes und den von den Netzkunden bestimmten Anforderungen an die Versorgung mit Strom und Gas, die sich auf die Netzgestaltung unmittelbar auswirken. [2] Eine nachhaltige Änderung der Versorgungsaufgabe im Sinne des Absatz 1 Satz 1 liegt vor, wenn sich einer oder mehrere der Parameter

1. Fläche des versorgten Gebietes,
2. Anzahl der Anschlusspunkte in Stromversorgungsnetzen und der Ausspeisepunkte in Gasversorgungsnetzen,
3. Jahreshöchstlast oder
4. sonstige von der Regulierungsbehörde nach § 32 Abs. 1 Nr. 3 festgelegte Parameter

im Antragszeitpunkt dauerhaft und in erheblichem Umfang geändert haben. [3] Von einer Änderung in erheblichem Umfang nach Satz 2 ist in der Regel auszugehen, wenn sich dadurch die Gesamtkosten des Netzbetreibers nach Abzug der dauerhaft nicht beeinflussbaren Kostenanteile um mindestens 0,5 Prozent erhöhen.

(3) [1] Die Parameter nach Absatz 2 Satz 2 Nr. 4 dienen insbesondere der Berücksichtigung des unterschiedlichen Erschließungs- und Anschlussgrades

von Gasversorgungsnetzen. [2]Sie müssen hinsichtlich ihrer Aussagekraft mit denjenigen nach Absatz 2 Satz 2 Nr. 1 bis 3 vergleichbar sein. [3]Bei ihrer Auswahl ist § 13 Abs. 3 entsprechend anzuwenden.

(4) [1]Die Absätze 1 bis 3 finden bei Betreibern von Übertragungs- und Fernleitungsnetzen sowie bei Hochspannungsnetzen von Betreibern von Verteilernetzen keine Anwendung. [2]Bei der Ermittlung der Gesamtkosten des Netzbetreibers nach Absatz 2 Satz 3 bleiben die Kosten des Hochspannungsnetzes unberücksichtigt.

§ 10a Kapitalkostenaufschlag. (1) [1]Die Regulierungsbehörde genehmigt nach Maßgabe der Absätze 2 bis 9 einen Kapitalkostenaufschlag auf die Erlösobergrenze für Kapitalkosten, die aufgrund von nach dem Basisjahr getätigten Investitionen in den Bestand betriebsnotwendiger Anlagegüter entstehen. [2]Kapitalkosten im Sinne des Kapitalkostenaufschlags nach Satz 1 sind die Summe der kalkulatorischen Abschreibungen, der kalkulatorischen Eigenkapitalverzinsung, der kalkulatorischen Gewerbesteuer und des Aufwandes für Fremdkapitalzinsen. [3]Die Genehmigung gilt jeweils bis zum 31. Dezember des auf den Antrag folgenden Jahres.

(2) [1]Bei der Berechnung des Kapitalkostenaufschlags werden die betriebsnotwendigen Anlagegüter berücksichtigt, deren Aktivierung

1. ab dem 1. Januar des Jahres, das auf das Basisjahr der anzupassenden Erlösobergrenze folgt, stattgefunden hat oder
2. bis zum 31. Dezember des Jahres, für das der Kapitalkostenaufschlag genehmigt wird, zu erwarten ist.

[2]Dabei ist bis einschließlich des letzten abgeschlossenen Kalenderjahres auf den tatsächlichen Bestand an betriebsnotwendigen Anlagegütern abzustellen; im Übrigen ist bis einschließlich des Kalenderjahres, für das die Anpassung der Erlösobergrenze erfolgt, auf den zu erwartenden Bestand an betriebsnotwendigen Anlagegütern abzustellen.

(3) Der Kapitalkostenaufschlag ist die Summe der auf der Grundlage der Anschaffungs- und Herstellungskosten der betriebsnotwendigen Anlagegüter nach Absatz 2 ermittelten kalkulatorischen Abschreibungen nach § 6 Absatz 4 der Stromnetzentgeltverordnung[1)] oder § 6 Absatz 4 der Gasnetzentgeltverordnung[2)], der kalkulatorischen Verzinsung nach Maßgabe der Absätze 4 bis 7 sowie der kalkulatorischen Gewerbesteuer nach Maßgabe des Absatzes 8 und des § 8 der Stromnetzentgeltverordnung oder des § 8 der Gasnetzentgeltverordnung.

(4) Die kalkulatorische Verzinsung bestimmt sich als Produkt der nach den Absätzen 5 und 6 bestimmten kalkulatorischen Verzinsungsbasis und dem nach Absatz 7 bestimmten kalkulatorischen Zinssatz.

(5) Die kalkulatorische Verzinsungsbasis bestimmt sich auf Grundlage der übermittelten Anschaffungs- und Herstellungskosten nach Absatz 2 und den sich hieraus ergebenden kalkulatorischen Restwerten bewertet zu Anschaffungs- und Herstellungskosten nach § 7 Absatz 1 Nummer 3 der Stromnetz-

---

1) Nr. **24**.
2) Nr. **26**.

entgeltverordnung[1] oder § 7 Absatz 1 Nummer 3 der Gasnetzentgeltverordnung[2].

(6) [1] Für die Bestimmung der kalkulatorischen Verzinsungsbasis nach Absatz 5 sind die Restwerte der Netzanschlusskostenbeiträge und Baukostenzuschüsse nach § 7 Absatz 2 Satz 2 Nummer 4 der Stromnetzentgeltverordnung[1] und § 7 Absatz 2 Satz 2 Nummer 4 der Gasnetzentgeltverordnung[2] zu berücksichtigen, deren Erhalt

1. ab dem 1. Januar des Jahres, das auf das Basisjahr der anzupassenden Erlösobergrenze folgt, stattgefunden hat oder
2. bis zum 31. Dezember des Jahres, für das der Kapitalkostenaufschlag genehmigt wird, zu erwarten ist.

[2] Es ist jeweils der Mittelwert aus Jahresanfangs- und Jahresendbestand anzusetzen. [3] Dabei ist bis einschließlich des letzten abgeschlossenen Kalenderjahres auf den tatsächlichen Bestand an Netzanschlusskostenbeiträgen und Baukostenzuschüssen abzustellen; im Übrigen ist bis einschließlich des Kalenderjahres, für das die Anpassung der Erlösobergrenze erfolgt, auf den zu erwartenden Bestand an Netzanschlusskostenbeiträgen und Baukostenzuschüssen abzustellen.

(7) [1] Der auf die nach den Absätzen 5 und 6 bestimmte kalkulatorische Verzinsungsbasis anzuwendende kalkulatorische Zinssatz bestimmt sich als gewichteter Mittelwert aus kalkulatorischem Eigenkapitalzinssatz und kalkulatorischem Fremdkapitalzinssatz, wobei der kalkulatorische Eigenkapitalzinssatz mit 40 Prozent und der kalkulatorische Fremdkapitalzinssatz mit 60 Prozent zu gewichten ist. [2] Für den kalkulatorischen Eigenkapitalzinssatz sind die nach § 7 Absatz 6 der Stromnetzentgeltverordnung[1] oder § 7 Absatz 6 der Gasnetzentgeltverordnung[2] für die jeweilige Regulierungsperiode geltenden kalkulatorischen Eigenkapitalzinssätze für Neuanlagen anzusetzen. [3] Für den kalkulatorischen Fremdkapitalzinssatz sind die nach § 7 Absatz 7 der Stromnetzentgeltverordnung oder § 7 Absatz 7 der Gasnetzentgeltverordnung für die jeweilige Regulierungsperiode geltenden Zinssätze anzusetzen.

(8) [1] Für die Ermittlung der kalkulatorischen Gewerbesteuer ist das Produkt aus der mit 40 Prozent gewichteten kalkulatorischen Verzinsungsbasis nach den Absätzen 5 und 6 und dem kalkulatorischen Eigenkapitalzinssatz gemäß Absatz 7 Satz 2 heranzuziehen. [2] Bei der Ermittlung der kalkulatorischen Gewerbesteuer sind die Gewerbesteuermesszahl und der Gewerbesteuerhebesatz im Basisjahr zu verwenden.

(9) Der Antrag nach Absatz 1 muss die zur Berechnung des Kapitalkostenaufschlags nach den Absätzen 1 bis 8 notwendigen Angaben enthalten; insbesondere Angaben zu den Anschaffungs- und Herstellungskosten für die nach dem Basisjahr in Betrieb genommenen und geplanten betriebsnotwendigen Anlagegüter, die jeweils in Anwendung gebrachte betriebsgewöhnliche Nutzungsdauer nach Anlage 1 der Stromnetzentgeltverordnung[1] oder nach Anlage 1 der Gasnetzentgeltverordnung[2] sowie für die nach dem Basisjahr in Betrieb genommenen oder geplanten betriebsnotwendigen Anlagegüter von den Anschlussnehmern gezahlten oder zu erwartenden Netzanschlusskostenbeiträge und Baukostenzuschüsse nach § 7 Absatz 2 Satz 2 Nummer 4 der Stromnetz-

---

[1] Nr. **24**.
[2] Nr. **26**.

entgeltverordnung[1] oder § 7 Absatz 2 Satz 2 Nummer 4 der Gasnetzentgeltverordnung[2].

(10) Die Absätze 1 bis 9 sind nicht auf Betreiber von Übertragungs- und Fernleitungsnetzen anzuwenden.

§ 11 Beeinflussbare und nicht beeinflussbare Kostenanteile. (1) Als nicht beeinflussbare Kostenanteile gelten dauerhaft nicht beeinflussbare Kostenanteile und vorübergehend nicht beeinflussbare Kostenanteile.

(2) [1] Als dauerhaft nicht beeinflussbare Kostenanteile gelten Kosten oder Erlöse aus

1. gesetzlichen Abnahme- und Vergütungspflichten,
2. Konzessionsabgaben,
3. Betriebssteuern,
4. erforderlicher Inanspruchnahme vorgelagerter Netzebenen,
5. der Nachrüstung von Wechselrichtern nach § 10 Absatz 1 der Systemstabilitätsverordnung[3] und der Nachrüstung von Anlagen zur Erzeugung von Strom aus erneuerbaren Energien und aus Kraft-Wärme-Kopplung gemäß § 22 der Systemstabilitätsverordnung,
6. genehmigten Investitionsmaßnahmen nach § 23, soweit sie nicht zu den Kosten nach § 17 Absatz 1, den §§ 17a und 17b, des § 12b Absatz 1 Satz 3 Nummer 7[4] oder des Flächenentwicklungsplans nach § 5 des Windenergie-auf-See-Gesetzes[5] gehören und soweit sie dem Inhalt der Genehmigung nach durchgeführt wurden sowie in der Regulierungsperiode kostenwirksam sind und die Genehmigung nicht aufgehoben worden ist,

6a. der Auflösung des Abzugsbetrags nach § 23 Absatz 2a,

7. Mehrkosten für die Errichtung, den Betrieb und die Änderung von Erdkabeln nach § 43 Absatz 1 Satz 1 Nummer 2 und Absatz 2 Satz 1 Nummer 2 des Energiewirtschaftsgesetzes[6], soweit diese nicht nach Nummer 6 berücksichtigt werden und soweit die Kosten bei effizientem Netzbetrieb entstehen,
8. vermiedenen Netzentgelten im Sinne von § 18 der Stromnetzentgeltverordnung[1], § 57 Absatz 3 des Erneuerbare-Energien-Gesetzes[7] und § 6 Absatz 4 und § 13 Absatz 5 des Kraft-Wärme-Kopplungsgesetzes[8],

8a. dem erweiterten Bilanzausgleich gemäß § 35 der Gasnetzzugangsverordnung[9] vom 3. September 2010 (BGBl. I S. 1261) in der jeweils geltenden Fassung, abzüglich der vom Einspeiser von Biogas zu zahlenden Pauschale,
– erforderliche Maßnahmen des Netzbetreibers gemäß § 33 Absatz 10, § 34 Absatz 2 und § 36 Absatz 3 und 4 der Gasnetzzugangsverordnung[9],

---

[1] Nr. 24.
[2] Nr. 26.
[3] Nr. 22.
[4] Richtig wohl: „... des Energiewirtschaftsgesetzes".
[5] Nr. 47.
[6] Nr. 1.
[7] Nr. 37.
[8] Nr. 45.
[9] Nr. 25.

- die Kosten für den effizienten Netzanschluss sowie für die Wartung gemäß § 33 Absatz 1 der Gasnetzzugangsverordnung[1)],
- Entgelte für vermiedene Netzkosten, die vom Netzbetreiber gemäß § 20a der Gasnetzentgeltverordnung[2)] vom 25. Juli 2005 (BGBl. I S. 2197), die zuletzt durch Artikel 5 der Verordnung vom 3. September 2010 (BGBl. I S. 1261) geändert worden ist, in der jeweils geltenden Fassung, an den Transportkunden von Biogas zu zahlen sind,

in der Höhe, in der die Kosten unter Berücksichtigung der Umlage nach § 20b der Gasnetzentgeltverordnung[2)] beim Netzbetreiber verbleiben.

8b. Zahlungen an Städte oder Gemeinden nach Maßgabe von § 5 Absatz 4 der Stromnetzentgeltverordnung[3)],

9. betrieblichen und tarifvertraglichen Vereinbarungen zu Lohnzusatz- und Versorgungsleistungen, soweit diese in der Zeit vor dem 31. Dezember 2016 abgeschlossen worden sind,

10. der im gesetzlichen Rahmen ausgeübten Betriebs- und Personalratstätigkeit,

11. der Berufsausbildung und Weiterbildung im Unternehmen und von Betriebskindertagesstätten für Kinder der im Netzbereich beschäftigten Betriebsangehörigen,

12. Entscheidungen über die grenzüberschreitende Kostenaufteilung nach Artikel 12 der Verordnung (EU) Nr. 347/2013 des Europäischen Parlaments und des Rates vom 17. April 2013 zu Leitlinien für die transeuropäische Energieinfrastruktur und zur Aufhebung der Entscheidung Nr. 1364/2006/EG und zur Änderung der Verordnungen (EG) Nr. 713/2009, (EG) Nr. 714/2009 und (EG) Nr. 715/2009 (ABl. L 115 vom 25.4.2013, S. 39), die zuletzt durch die Delegierte Verordnung (EU) 2016/89 (ABl. L 19 vom 27.1.2016, S. 1) geändert worden ist,

12a. Forschung und Entwicklung nach Maßgabe des § 25a,

13. der Auflösung von Netzanschlusskostenbeiträgen und Baukostenzuschüssen nach § 9 Abs. 1 Satz 1 Nr. 3 und 4 in Verbindung mit Satz 2 der Stromnetzentgeltverordnung[3)] und § 9 Abs. 1 Satz 1 Nr. 3 und 4 in Verbindung mit Satz 2 der Gasnetzentgeltverordnung[2)],

14. dem bundesweiten Ausgleichsmechanismus nach § 2 Absatz 5 des Energieleitungsausbaugesetzes[4)] vom 21. August 2009 (BGBl. I S. 2870) in der jeweils geltenden Fassung und nach § 3 Absatz 5 Satz 2 und nach § 4 Absatz 3 Satz 2 des Bundesbedarfsplangesetzes[5)] vom 23. Juli 2013 (BGBl. I S. 2543; 2014 I S. 148) in der jeweils geltenden Fassung,

15. *(aufgehoben)*

16. den Vorschriften der Kapazitätsreserve nach § 13e Absatz 3 des Energiewirtschaftsgesetzes[6)] und der Rechtsverordnung nach § 13h des Energiewirtschaftsgesetzes, den Bestimmungen zur Stilllegung von Braunkohle-

---

[1)] Nr. **25**.
[2)] Nr. **26**.
[3)] Nr. **24**.
[4)] Nr. **15**.
[5)] Nr. **17**.
[6)] Nr. **1**.

kraftwerken nach § 13g des Energiewirtschaftsgesetzes sowie den Vorschriften zu besonderen netztechnischen Betriebsmitteln nach § 11 Absatz 3 des Energiewirtschaftsgesetzes,

17. Entschädigungen nach § 15 Absatz 1 des Erneuerbare-Energien-Gesetzes[1)], die die Voraussetzungen des § 15 Absatz 2 des Erneuerbare-Energien-Gesetzes erfüllen.

²Als dauerhaft nicht beeinflussbare Kostenanteile gelten bei Stromversorgungsnetzen auch solche Kosten oder Erlöse, die sich aus Maßnahmen des Netzbetreibers ergeben, die einer wirksamen Verfahrensregulierung nach der Stromnetzzugangsverordnung oder der Verordnung (EG) Nr. 714/2009 des Europäischen Parlaments und des Rates vom 13. Juli 2009 über die Netzzugangsbedingungen für den grenzüberschreitenden Stromhandel und zur Aufhebung der Verordnung (EG) Nr. 1228/2003 (ABl. L 211 vom 14.8.2009, S. 15), die zuletzt durch die Verordnung (EU) Nr. 543/2013 (ABl. L 163 vom 15.6.2013, S. 1) geändert worden ist, unterliegen, insbesondere

1. Kompensationszahlungen im Rahmen des Ausgleichsmechanismus nach Artikel 13 der Verordnung (EG) Nr. 714/2009,
2. Erlöse aus dem Engpassmanagement nach Artikel 16 der Verordnung (EG) Nr. 714/2009 oder nach § 15 der Stromnetzzugangsverordnung[2)], soweit diese entgeltmindernd nach Artikel 6 Absatz 6 Satz 2 der Verordnung (EG) Nr. 714/2009 oder nach § 15 Absatz 3 Satz 1 der Stromnetzzugangsverordnung geltend gemacht werden, und
3. Kosten für die Beschaffung der Energie zur Erbringung von Ausgleichsleistungen, einschließlich der Kosten für die lastseitige Beschaffung.

³Bei Gasversorgungsnetzen gelten als dauerhaft nicht beeinflussbare Kosten auch solche Kosten oder Erlöse, die sich aus Maßnahmen des Netzbetreibers ergeben, die einer wirksamen Verfahrensregulierung nach der Gasnetzzugangsverordnung[3)] oder der Verordnung (EG) Nr. 1775/2005 des Europäischen Parlaments und des Rates vom 28. September 2005 über die Bedingungen für den Zugang zu den Erdgasfernleitungsnetzen (ABl. EU Nr. L 289 S. 1) unterliegen. ⁴Eine wirksame Verfahrensregulierung im Sinne der Sätze 2 und 3 liegt vor, soweit eine umfassende Regulierung des betreffenden Bereichs durch vollziehbare Entscheidungen der Regulierungsbehörden oder freiwillige Selbstverpflichtungen der Netzbetreiber erfolgt ist, die Regulierungsbehörde dies nach § 32 Abs. 1 Nr. 4 festgelegt hat und es sich nicht um volatile Kostenanteile nach § 11 Absatz 5 handelt.

(3) ¹Als vorübergehend nicht beeinflussbare Kostenanteile des jeweiligen Jahres der Regulierungsperiode gelten für Betreiber von Elektrizitäts- und Gasverteilernetzen die mit dem nach § 15 ermittelten bereinigten Effizienzwert multiplizierten Gesamtkosten nach Abzug der dauerhaft nicht beeinflussbaren Kostenanteile des Ausgangsniveaus und nach Abzug des Kapitalkostenabzugs des jeweiligen Jahres der Regulierungsperiode. ²Abweichend von Satz 1 gelten als vorübergehend nicht beeinflussbare Kostenanteile für Betreiber von Übertragungs- und Fernleitungsnetzen die mit dem nach § 15 ermittelten berei-

[1)] Nr. **37**.
[2)] Nr. **23**.
[3)] Nr. **25**.

nigten Effizienzwert multiplizierten Gesamtkosten nach Abzug der dauerhaft nicht beeinflussbaren Kostenanteile. [3] In den nach den Sätzen 1 oder 2 ermittelten vorübergehend nicht beeinflussbaren Kostenanteilen sind die auf nicht zurechenbare strukturelle Unterschiede der Versorgungsgebiete beruhenden Kostenanteile enthalten.

(4) [1] Als beeinflussbare Kostenanteile des jeweiligen Jahres der Regulierungsperiode gelten für Betreiber von Elektrizitäts- und Gasverteilernetzen die Gesamtkosten nach Abzug der dauerhaft nicht beeinflussbaren Kostenanteile des Ausgangsniveaus, nach Abzug des Kapitalkostenabzugs des jeweiligen Jahres der Regulierungsperiode und nach Abzug der vorübergehend nicht beeinflussbaren Kostenanteile nach Absatz 3. [2] Abweichend von Satz 1 gelten als beeinflussbare Kostenanteile für Betreiber von Übertragungs- und Fernleitungsnetzen alle Kostenanteile, die nicht dauerhaft oder vorübergehend nicht beeinflussbare Kostenanteile nach Absatz 3 Satz 2 sind.

(5) [1] Als volatile Kostenanteile gelten Kosten für die Beschaffung von Treibenergie. [2] Andere beeinflussbare oder vorübergehend nicht beeinflussbare Kostenanteile, insbesondere Kosten für die Beschaffung von Verlustenergie, deren Höhe sich in einem Kalenderjahr erheblich von der Höhe des jeweiligen Kostenanteils im vorhergehenden Kalenderjahr unterscheiden kann, gelten als volatile Kostenanteile, soweit die Regulierungsbehörde dies nach § 32 Absatz 1 Nummer 4a festgelegt hat. [3] Kapitalkosten oder Fremdkapitalkosten gelten nicht als volatile Kostenanteile.

§ 12 Effizienzvergleich. (1) [1] Die Bundesnetzagentur führt vor Beginn der Regulierungsperiode mit den in Anlage 3 aufgeführten Methoden, unter Berücksichtigung der in Anlage 3 genannten Vorgaben sowie nach Maßgabe der Absätze 2 bis 4 und der §§ 13 und 14 jeweils einen bundesweiten Effizienzvergleich für die Betreiber von Elektrizitätsverteilernetzen und Gasverteilernetzen mit dem Ziel durch, die Effizienzwerte für diese Netzbetreiber zu ermitteln. [2] Bei der Ausgestaltung der in Anlage 3 aufgeführten Methoden durch die Bundesnetzagentur sind Vertreter der betroffenen Wirtschaftskreise und der Verbraucher rechtzeitig zu hören. [3] Ergeben sich auf Grund rechtskräftiger gerichtlicher Entscheidungen nachträgliche Änderungen in dem nach § 6 Absatz 1 und 2 ermittelten Ausgangsniveau, so bleibt der Effizienzvergleich von diesen nachträglichen Änderungen unberührt.

(2) Der Effizienzwert ist als Anteil der Gesamtkosten nach Abzug der dauerhaft nicht beeinflussbaren Kostenanteile in Prozent auszuweisen.

(3) Weichen die im Effizienzvergleich mit den nach Anlage 3 zugelassenen Methoden ermittelten Effizienzwerte eines Netzbetreibers voneinander ab, so ist der höhere Effizienzwert zu verwenden.

(4) [1] Hat der Effizienzvergleich für einen Netzbetreiber einen Effizienzwert von weniger als 60 Prozent ergeben, so ist der Effizienzwert mit 60 Prozent anzusetzen. [2] Satz 1 gilt auch, wenn für einzelne Netzbetreiber keine Effizienzwerte ermittelt werden konnten, weil diese ihren Mitwirkungspflichten zur Mitteilung von Daten nicht nachgekommen sind.

(4a) [1] Zusätzlich werden Effizienzvergleiche durchgeführt, bei denen der Aufwandsparameter nach § 13 Absatz 2 für alle Netzbetreiber durch den Aufwandsparameter ersetzt wird, der sich ohne Berücksichtigung der Vergleichbarkeitsrechnung nach § 14 Absatz 1 Nummer 3 und Absatz 2 ergibt.

[2]Die nach § 13 Abs. 3 und 4 ermittelten Vergleichsparameter bleiben unverändert. [3]Weicht der so ermittelte Effizienzwert von dem nach Absatz 1 ermittelten Effizienzwert ab, so ist für den jeweils betrachteten Netzbetreiber der höhere Effizienzwert zu verwenden.

(5) [1]Die Bundesnetzagentur übermittelt bis zum 1. Juli des Kalenderjahres vor Beginn der Regulierungsperiode den Landesregulierungsbehörden die von ihr nach den Absätzen 1 bis 3 ermittelten Effizienzwerte sowie die nach § 12a in Verbindung mit Anlage 3 ermittelten Supereffizienzwerte für die nach § 54 Abs. 2 des Energiewirtschaftsgesetzes[1)] in die Zuständigkeit der jeweiligen Behörde fallenden Netzbetreiber. [2]Die Mitteilung hat die Ausgangsdaten nach den §§ 13 und 14, die einzelnen Rechenschritte und die jeweiligen Ergebnisse der nach Anlage 3 zugelassenen Methoden zu enthalten. [3]Soweit für einzelne Netzbetreiber keine Effizienzwerte aus dem bundesweiten Effizienzvergleich ermittelt werden konnten, teilt die Bundesnetzagentur dies den Landesregulierungsbehörden begründet mit.

(6) [1]Die Landesregulierungsbehörden führen zur Bestimmung von Effizienzwerten einen Effizienzvergleich nach den Absätzen 1 bis 3 sowie zur Bestimmung der Supereffizienzwerte eine Supereffizienzanalyse nach § 12a in Verbindung mit Anlage 3 durch, soweit sie nicht die Ergebnisse des Effizienzvergleichs und der Supereffizienzanalyse der Bundesnetzagentur verwenden. [2]Zur Sicherstellung der Belastbarkeit der Ergebnisse des Effizienzvergleichs sind auch Netzbetreiber, die nicht in ihre Zuständigkeit nach § 54 Abs. 2 des Energiewirtschaftsgesetzes[1)] fallen, in den Effizienzvergleich einzubeziehen.

§ 12a Effizienzbonus. (1) [1]Die Bundesnetzagentur ermittelt für im Effizienzvergleich nach § 12 als effizient ausgewiesene Netzbetreiber für die Dauer einer Regulierungsperiode einen Aufschlag auf die Erlösobergrenze (Effizienzbonus) auf Grundlage der Supereffizienzanalyse nach Anlage 3 Nummer 5 Satz 9. [2]Die Bundesnetzagentur berücksichtigt dabei sowohl den Aufwandsparameter nach § 13 Absatz 2 als auch den Aufwandsparameter nach § 12 Absatz 4a. [3]Der Supereffizienzwert eines Netzbetreibers entspricht der Differenz aus den individuellen Effizienzwerten aus der Supereffizienzanalyse abzüglich der individuellen Effizienzwerte aus der nicht-parametrischen Methode nach Anlage 3.

(2) Hat die Supereffizienzanalyse für einen Netzbetreiber einen Supereffizienzwert von über 5 Prozent ergeben, so ist der Supereffizienzwert mit 5 Prozent anzusetzen.

(3) Weichen die nach den Absätzen 1 und 2 ermittelten Supereffizienzwerte voneinander ab, so ist für den jeweils betrachteten Netzbetreiber das arithmetische Mittel dieser beiden Supereffizienzwerte zu verwenden.

(4) Der individuelle Effizienzbonus eines Netzbetreibers wird durch Multiplikation des individuellen Supereffizienzwertes nach Absatz 3 mit den vorübergehend nicht beeinflussbaren Kostenanteilen nach § 11 Absatz 3 Satz 1 berechnet.

(5) Der Effizienzbonus ist gleichmäßig über die Regulierungsperiode zu verteilen.

[1)] Nr. 1.

(6) Die Absätze 1 bis 5 sind nicht auf Betreiber von Übertragungs- und Fernleitungsnetzen anzuwenden.

§ 13 Parameter für den Effizienzvergleich. (1) Die Regulierungsbehörde hat im Effizienzvergleich Aufwandsparameter und Vergleichsparameter zu berücksichtigen.

(2) Als Aufwandsparameter sind die nach § 14 ermittelten Kosten anzusetzen.

(3) [1] Vergleichsparameter sind Parameter zur Bestimmung der Versorgungsaufgabe und der Gebietseigenschaften, insbesondere die geografischen, geologischen oder topografischen Merkmale und strukturellen Besonderheiten der Versorgungsaufgabe auf Grund demografischen Wandels des versorgten Gebietes. [2] Die Parameter müssen geeignet sein, die Belastbarkeit des Effizienzvergleichs zu stützen. [3] Dies ist insbesondere dann anzunehmen, wenn sie messbar oder mengenmäßig erfassbar, nicht durch Entscheidungen des Netzbetreibers bestimmbar und nicht in ihrer Wirkung ganz oder teilweise wiederholend sind, insbesondere nicht bereits durch andere Parameter abgebildet werden. [4] Vergleichsparameter können insbesondere sein

1. die Anzahl der Anschlusspunkte oder der Zählpunkte in Stromversorgungsnetzen und der Ausspeisepunkte oder der Messstellen in Gasversorgungsnetzen,
2. die Fläche des versorgten Gebietes,
3. die Leitungslänge oder das Rohrvolumen,
4. die Jahresarbeit,
5. die zeitgleiche Jahreshöchstlast,
6. die dezentralen Erzeugungsanlagen in Stromversorgungsnetzen, insbesondere die Anzahl und Leistung von Anlagen zur Erzeugung von Strom aus Wind- und solarer Strahlungsenergie oder
7. die Maßnahmen, die der volkswirtschaftlich effizienten Einbindung von dezentralen Erzeugungsanlagen, insbesondere von dezentralen Anlagen zur Erzeugung von Elektrizität aus Windanlagen an Land und solarer Strahlungsenergie dienen.

[5] Bei der Bestimmung von Parametern zur Beschreibung geografischer, geologischer oder topografischer Merkmale und struktureller Besonderheiten der Versorgungsaufgabe auf Grund demografischen Wandels des versorgten Gebietes können flächenbezogene Durchschnittswerte gebildet werden. [6] Die Vergleichsparameter können bezogen auf die verschiedenen Netzebenen von Strom- und Gasversorgungsnetzen verwendet werden; ein Vergleich einzelner Netzebenen findet nicht statt. [7] Die Auswahl der Vergleichsparameter hat mit qualitativen, analytischen oder statistischen Methoden zu erfolgen, die dem Stand der Wissenschaft entsprechen. [8] Durch die Auswahl der Vergleichsparameter sollen die strukturelle Vergleichbarkeit möglichst weitgehend gewährleistet sein und die Heterogenität der Aufgaben der Netzbetreiber möglichst weitgehend abgebildet werden. [9] Dabei sind die Unterschiede zwischen Strom- und Gasversorgungsnetzen zu berücksichtigen, insbesondere der unterschiedliche Erschließungs- und Anschlussgrad von Gasversorgungsnetzen. [10] Bei der Auswahl der Vergleichsparameter sind Vertreter der betroffenen Wirtschaftskreise und der Verbraucher rechtzeitig zu hören.

§ 14 Bestimmung der Kosten zur Durchführung des Effizienzvergleichs. (1) Die im Rahmen des Effizienzvergleichs als Aufwandsparameter anzusetzenden Kosten werden nach folgenden Maßgaben ermittelt:

1. Die Gesamtkosten des Netzbetreibers werden nach Maßgabe der zur Bestimmung des Ausgangsniveaus anzuwendenden Kostenprüfung nach § 6 Absatz 1 und 2 ermittelt.
2. Von den so ermittelten Gesamtkosten sind die nach § 11 Abs. 2 dauerhaft nicht beeinflussbaren Kostenanteile abzuziehen.
3. Die Kapitalkosten zur Durchführung des Effizienzvergleichs sollen so bestimmt werden, dass ihre Vergleichbarkeit möglichst gewährleistet ist und Verzerrungen berücksichtigt werden, wie sie insbesondere durch unterschiedliche Altersstruktur der Anlagen, Abschreibungs- und Aktivierungspraktiken entstehen können; hierzu ist eine Vergleichbarkeitsrechnung zur Ermittlung von Kapitalkostenannuitäten nach Maßgabe des Absatzes 2 durchzuführen; dabei umfassen die Kapitalkosten die Kostenpositionen nach § 5 Abs. 2 sowie den §§ 6 und 7 der Stromnetzentgeltverordnung[1)] und § 5 Abs. 2 sowie den §§ 6 und 7 der Gasnetzentgeltverordnung[2)].

(2) [1] Die Vergleichbarkeitsrechnung nach Absatz 1 Nr. 3 erfolgt auf der Grundlage der Tagesneuwerte des Anlagevermögens des Netzbetreibers. [2] Für die Ermittlung von einheitlichen Nutzungsdauern für jede Anlagengruppe sind die unteren Werte der betriebsgewöhnlichen Nutzungsdauern in Anlage 1 der Gasnetzentgeltverordnung[2)] und Anlage 1 der Stromnetzentgeltverordnung[1)] zu verwenden. [3] Der zu verwendende Zinssatz bestimmt sich als gewichteter Mittelwert aus Eigenkapitalzinssatz und Fremdkapitalzinssatz, wobei der Eigenkapitalzinssatz mit 40 Prozent und der Fremdkapitalzinssatz mit 60 Prozent zu gewichten ist. [4] Von den 60 Prozent des Fremdkapitalzinssatzes entfallen 25 Prozentpunkte auf unverzinsliches Fremdkapital. [5] Es sind die nach § 7 Abs. 6 der Gasnetzentgeltverordnung und § 7 Abs. 6 der Stromnetzentgeltverordnung für Neuanlagen geltenden Eigenkapitalzinssätze anzusetzen. [6] Für das verzinsliche Fremdkapital richtet sich die Verzinsung nach dem auf die letzten zehn abgeschlossenen Kalenderjahre bezogenen Durchschnitt der von der Deutschen Bundesbank veröffentlichten Umlaufrendite festverzinslicher Wertpapiere inländischer Emittenten. [7] Die Eigenkapitalzinssätze und der Fremdkapitalzinssatz sind um den auf die letzten zehn abgeschlossenen Kalenderjahre bezogenen Durchschnitt der Preisänderungsrate nach dem vom Statistischen Bundesamt veröffentlichten Verbraucherpreisgesamtindex zu ermäßigen.

§ 15 Ermittlung der Ineffizienzen. (1) [1] Weist ein Netzbetreiber nach, dass Besonderheiten seiner Versorgungsaufgabe im Sinne des Vorliegens außergewöhnlicher struktureller Umstände bestehen, die im Effizienzvergleich durch die Auswahl der Parameter nach § 13 Absatz 3 und 4 nicht hinreichend berücksichtigt wurden und durch den Netzbetreiber nicht beeinflussbar sind, und dies die nach § 14 Absatz 1 Nummer 1 und 2 ermittelten Kosten um mindestens 5 Prozent erhöht, so hat die Regulierungsbehörde einen Aufschlag auf den nach den §§ 12 bis 14 oder 22 ermittelten Effizienzwert anzusetzen (bereinigter Effizienzwert). [2] Ist der Effizienzwert nach § 12 Abs. 4 angesetzt

---

[1)] Nr. **24**.
[2)] Nr. **26**.

worden, hat der Netzbetreiber die erforderlichen Nachweise zu erbringen, dass die Besonderheiten seiner Versorgungsaufgabe einen zusätzlichen Aufschlag nach Satz 1 rechtfertigen.

(2) Die Landesregulierungsbehörden können zur Ermittlung der bereinigten Effizienzwerte nach Absatz 1 die von der Bundesnetzagentur im bundesweiten Effizienzvergleich nach den §§ 12 bis 14 ermittelten Effizienzwerte zugrunde legen.

(3) [1] Aus dem nach §§ 12 bis 14, 22 oder 24 ermittelten Effizienzwert oder dem bereinigten Effizienzwert werden die Ineffizienzen ermittelt. [2] Die Ineffizienzen ergeben sich aus der Differenz zwischen den Gesamtkosten nach Abzug der dauerhaft nicht beeinflussbaren Kostenanteile und den mit dem in Satz 1 genannten Effizienzwert multiplizierten Gesamtkosten nach Abzug der dauerhaft nicht beeinflussbaren Kosten.

§ 16 Effizienzvorgaben. (1) Die Festlegung der Erlösobergrenzen durch die Regulierungsbehörde hat so zu erfolgen, dass die nach den §§ 12 und 13 bis 15 ermittelten Ineffizienzen unter Anwendung eines Verteilungsfaktors rechnerisch bis zum Ende der Regulierungsperiode gleichmäßig abgebaut werden (individuelle Effizienzvorgabe).

(2) [1] Soweit ein Netzbetreiber nachweist, dass er die für ihn festgelegte individuelle Effizienzvorgabe unter Nutzung aller ihm möglichen und zumutbaren Maßnahmen nicht erreichen und übertreffen kann, hat die Regulierungsbehörde die Effizienzvorgabe abweichend von Absatz 1 zu bestimmen. [2] Bei der Bewertung der Zumutbarkeit ist zu berücksichtigen, inwieweit der Effizienzwert nach § 12 Abs. 4 angesetzt worden ist. [3] Unzumutbar sind auch Maßnahmen, die dazu führen, dass die wesentlichen Arbeitsbedingungen, die in dem nach dem Energiewirtschaftsgesetz[1)] regulierten Bereich üblich sind, erheblich unterschritten werden. [4] Eine Berücksichtigung struktureller Besonderheiten erfolgt ausschließlich nach Maßgabe des § 15 Abs. 1.

Abschnitt 3. Ermittlung der Netzentgelte

§ 17 Netzentgelte. (1) [1] Die nach § 32 Abs. 1 Nr. 1 festgelegten Erlösobergrenzen werden in Entgelte für den Zugang zu den Energieversorgungsnetzen umgesetzt. [2] Dies erfolgt entsprechend der Vorschriften des Teils 2 Abschnitt 2 und 3 der Gasnetzentgeltverordnung[2)]. [3] Die §§ 16, 27 und 28 der Gasnetzentgeltverordnung gelten entsprechend. [4] § 30 der Gasnetzentgeltverordnung bleibt unberührt.

(2) [1] Der Netzbetreiber ist verpflichtet, bei einer Anpassung der Erlösobergrenze nach § 4 Abs. 3 und 5 die Netzentgelte anzupassen, soweit sich daraus nach Absatz 1 eine Absenkung der Netzentgelte ergibt. [2] Im Übrigen ist er im Falle einer Anpassung der Erlösobergrenze nach § 4 Abs. 3 bis 5 zur Anpassung der Netzentgelte berechtigt.

(3) [1] Die Anpassung der Netzentgelte nach Absatz 2 erfolgt zum 1. Januar eines Kalenderjahres. [2] Vorgelagerte Netzbetreiber haben die Höhe der geplan-

---

[1)] Nr. **1**.
[2)] Nr. **26**.

ten Anpassung der Netzentgelte den nachgelagerten Netzbetreibern rechtzeitig vor dem Zeitpunkt nach Satz 1 mitzuteilen.

(4) Für die Umsetzung der nach § 32 Absatz 1 Nummer 1 festgelegten Erlösobergrenzen in Entgelte für den Zugang zu den Elektrizitätsversorgungsnetzen ist § 21 der Stromnetzentgeltverordnung[1] anzuwenden.

Abschnitt 4. Qualitätsvorgaben

§ 18 Qualitätsvorgaben. [1] Qualitätsvorgaben dienen der Sicherung eines langfristig angelegten, leistungsfähigen und zuverlässigen Betriebs von Energieversorgungsnetzen. [2] Hierzu dienen Qualitätselemente nach den §§ 19 und 20 und die Berichtspflichten nach § 21.

§ 19 Qualitätselement in der Regulierungsformel. (1) [1] Auf die Erlösobergrenzen können Zu- oder Abschläge vorgenommen werden, wenn Netzbetreiber hinsichtlich der Netzzuverlässigkeit oder der Netzleistungsfähigkeit von Kennzahlenvorgaben abweichen (Qualitätselement). [2] Die Kennzahlenvorgaben sind nach Maßgabe des § 20 unter Heranziehung der Daten von Netzbetreibern aus dem gesamten Bundesgebiet zu ermitteln und in Zu- und Abschläge umzusetzen. [3] Dabei ist zwischen Gasverteilernetzen und Stromverteilernetzen zu unterscheiden.

(2) [1] Über den Beginn der Anwendung des Qualitätselements, der bei Stromversorgungsnetzen zur zweiten Regulierungsperiode zu erfolgen hat, entscheidet die Regulierungsbehörde. [2] Er soll bereits zur oder im Laufe der ersten Regulierungsperiode erfolgen, soweit der Regulierungsbehörde hinreichend belastbare Datenreihen vorliegen. [3] Abweichend von Satz 1 kann der Beginn der Anwendung des Qualitätselements bei Gasversorgungsnetzen im Laufe der zweiten oder zu Beginn oder im Laufe einer späteren Regulierungsperiode erfolgen, soweit der Regulierungsbehörde hinreichend belastbare Datenreihen vorliegen.

(3) [1] Die Netzzuverlässigkeit beschreibt die Fähigkeit des Energieversorgungsnetzes, Energie möglichst unterbrechungsfrei und unter Einhaltung der Produktqualität zu transportieren. [2] Die Netzleistungsfähigkeit beschreibt die Fähigkeit des Energieversorgungsnetzes, die Nachfrage nach Übertragung von Energie zu befriedigen.

§ 20 Bestimmung des Qualitätselements. (1) [1] Zulässige Kennzahlen für die Bewertung der Netzzuverlässigkeit nach § 19 sind insbesondere die Dauer der Unterbrechung der Energieversorgung, die Häufigkeit der Unterbrechung der Energieversorgung, die Menge der nicht gelieferten Energie und die Höhe der nicht gedeckten Last. [2] Eine Kombination und Gewichtung dieser Kennzahlen ist möglich. [3] Für die ausgewählten Kennzahlen sind Kennzahlenwerte der einzelnen Netzbetreiber zu ermitteln.

(2) [1] Aus den Kennzahlenwerten nach Absatz 1 sind Kennzahlenvorgaben als gewichtete Durchschnittswerte zu ermitteln. [2] Bei der Ermittlung der Kennzahlenvorgaben sind gebietsstrukturelle Unterschiede zu berücksichtigen. [3] Dies kann durch Gruppenbildung erfolgen.

---

[1] Nr. **24**.

(3) Für die Gewichtung der Kennzahlen oder der Kennzahlenwerte sowie die Bewertung der Abweichungen in Geld zur Ermittlung der Zu- und Abschläge auf die Erlöse nach § 19 Abs. 1 (monetäre Bewertung) können insbesondere die Bereitschaft der Kunden, für eine Änderung der Netzzuverlässigkeit niedrigere oder höhere Entgelte zu zahlen, als Maßstab herangezogen werden, analytische Methoden, insbesondere analytische Kostenmodelle, die dem Stand der Wissenschaft entsprechen müssen, oder eine Kombination von beiden Methoden verwendet werden.

(4) Die Landesregulierungsbehörden können bei der Bestimmung von Qualitätselementen die von der Bundesnetzagentur ermittelten Kennzahlenvorgaben, deren Kombination, Gewichtung oder monetäre Bewertung verwenden.

(5) [1] Auch für die Bewertung der Netzleistungsfähigkeit können Kennzahlen herangezogen werden. [2] Dies gilt nur, soweit der Regulierungsbehörde hierfür hinreichend belastbare Datenreihen vorliegen. [3] Kennzahlen nach Satz 1 können insbesondere die Häufigkeit und Dauer von Maßnahmen zur Bewirtschaftung von Engpässen und die Häufigkeit und Dauer des Einspeisemanagements nach dem Erneuerbare-Energien-Gesetz[1)] sein. [4] Die Absätze 1 bis 4 finden in diesem Fall entsprechende Anwendung, wobei bei Befragungen nach Absatz 3 nicht auf die Kunden, sondern auf die Netznutzer, die Energie einspeisen, abzustellen ist. [5] Die Bundesnetzagentur nimmt eine Evaluierung nach § 33 Abs. 3 Satz 2 vor, inwieweit die Verwendung von Kennzahlen nach den Sätzen 1 und 3 der Erfüllung der unter § 1 des Energiewirtschaftsgesetzes[2)] genannten Zwecke dient.

§ 21 Bericht zum Investitionsverhalten. [1] Die Netzbetreiber sind verpflichtet, auf Anforderung der Regulierungsbehörde einen Bericht zu ihrem Investitionsverhalten zu erstellen und der Regulierungsbehörde zu übermitteln. [2] Der Bericht dient insbesondere dazu, festzustellen, ob die Anreizregulierung in Hinblick auf die in § 1 des Energiewirtschaftsgesetzes[2)] genannten Zwecke keine nachteiligen Auswirkungen auf das Investitionsverhalten der Netzbetreiber hat. [3] Aus dem Bericht muss sich ergeben, inwieweit die jährlichen Investitionen der Netzbetreiber in einem angemessenen Verhältnis zu Alter und Zustand ihrer Anlagen, ihren jährlichen Abschreibungen und ihrer Versorgungsqualität stehen. [4] Die Regulierungsbehörde kann Ergänzungen und Erläuterungen des Berichts verlangen.

Teil 3. Besondere Vorschriften zur Anreizregulierung

Abschnitt 1. Betreiber von Übertragungs- und Fernleitungsnetzen

§ 22 Sondervorschriften für den Effizienzvergleich. (1) [1] Bei Betreibern von Übertragungsnetzen ist vor Beginn der Regulierungsperiode zur Ermittlung der Effizienzwerte ein Effizienzvergleich unter Einbeziehung von Netzbetreibern in anderen Mitgliedstaaten der Europäischen Union (internationaler Effizienzvergleich) durchzuführen. [2] Der internationale Effizienzvergleich er-

[1)] Nr. **37**.
[2)] Nr. **1**.

folgt mittels der in Anlage 3 genannten Methoden. [3]Stehen für die Durchführung einer stochastischen Effizienzgrenzenanalyse nicht die Daten einer hinreichenden Anzahl von Netzbetreibern zur Verfügung, findet ausschließlich die Dateneinhüllungsanalyse Anwendung. [4]Bei der Durchführung des internationalen Effizienzvergleichs ist die strukturelle Vergleichbarkeit der zum Vergleich herangezogenen Unternehmen sicherzustellen, insbesondere auch durch Berücksichtigung nationaler Unterschiede wie unterschiedlicher technischer und rechtlicher Vorgaben oder von Unterschieden im Lohnniveau oder durch die Herstellung der Vergleichbarkeit der Aufwandsparameter nach Maßgabe des § 14. [5]§ 12 Abs. 2 bis 4 und § 13 Abs. 1 und 3 Satz 2, 3, 7 und 9 finden entsprechend Anwendung.

(2) [1]Ist die Belastbarkeit des internationalen Effizienzvergleichs nach Absatz 1 für einzelne oder alle Betreiber von Übertragungsnetzen nicht gewährleistet, insbesondere dadurch, dass der Bundesnetzagentur vergleichbare Daten von einer hinreichenden Anzahl an Netzbetreibern in anderen Mitgliedstaaten der Europäischen Union zum unmittelbaren Zugriff nicht vorliegen, so ist stattdessen für den oder die betreffenden Netzbetreiber eine relative Referenznetzanalyse durchzuführen, die dem Stand der Wissenschaft entspricht. [2]Die relative Referenznetzanalyse kann auch ergänzend zum internationalen Effizienzvergleich durchgeführt werden, um die Belastbarkeit der Ergebnisse zu verbessern. [3]Die Referenznetzanalyse ist ein Optimierungsverfahren zur Ermittlung von modellhaften Netzstrukturen und Anlagenmengengerüsten, die unter den bestehenden Randbedingungen, insbesondere der Notwendigkeit des Betriebs eines technisch sicheren Netzes, ein optimales Verhältnis von Kosten und netzwirtschaftlichen Leistungen aufweisen (Referenznetz). [4]In der relativen Referenznetzanalyse werden durch einen Vergleich mehrerer Netzbetreiber relative Abweichungen der den tatsächlichen Anlagenmengen entsprechenden Kosten von den Kosten eines Referenznetzes ermittelt. [5]Der Netzbetreiber mit den geringsten Abweichungen vom Referenznetz bildet den Effizienzmaßstab für die Ermittlung der Effizienzwerte; der Effizienzwert dieses Netzbetreibers beträgt 100 Prozent.

(3) [1]Bei Betreibern von Fernleitungsnetzen werden die Effizienzwerte mittels eines nationalen Effizienzvergleichs mit den in Anlage 3 genannten Methoden ermittelt. [2]Stehen für die Durchführung einer stochastischen Effizienzgrenzenanalyse nicht die Daten einer hinreichenden Anzahl an Netzbetreibern zur Verfügung, findet ausschließlich die Dateneinhüllungsanalyse Anwendung. [3]§ 12 Abs. 2 bis 4, § 13 Abs. 1 und 3 und § 14 finden entsprechend Anwendung. [4]Stehen für die Durchführung eines nationalen Effizienzvergleichs nach den Sätzen 1 bis 3 nicht die Daten einer hinreichenden Anzahl von Netzbetreibern zur Verfügung, ist stattdessen ein internationaler Effizienzvergleich nach Absatz 1 durchzuführen.

(4) [1]Ist die Belastbarkeit des internationalen Effizienzvergleichs nach Absatz 3 Satz 4 für einzelne oder alle Betreiber von Fernleitungsnetzen nicht gewährleistet, insbesondere dadurch, dass der Bundesnetzagentur vergleichbare Daten von einer hinreichenden Anzahl an Netzbetreibern in anderen Mitgliedstaaten der Europäischen Union zum unmittelbaren Zugriff nicht vorliegen, so ist stattdessen für den oder die betreffenden Netzbetreiber eine relative Referenznetzanalyse nach Absatz 2 durchzuführen. [2]Die relative Referenznetzanalyse kann auch ergänzend zum internationalen Effizienzvergleich nach Absatz 3 Satz 4 durchgeführt werden, um die Belastbarkeit der Ergebnisse zu verbessern.

§ 23 Investitionsmaßnahmen. (1) [1]Die Bundesnetzagentur genehmigt Investitionsmaßnahmen für Erweiterungs- und Umstrukturierungsinvestitionen in die Übertragungs- und Fernleitungsnetze, soweit diese Investitionen zur Stabilität des Gesamtsystems, für die Einbindung in das nationale oder internationale Verbundnetz oder für einen bedarfsgerechten Ausbau des Energieversorgungsnetzes nach § 11 des Energiewirtschaftsgesetzes[1)] notwendig sind. [2]Dies umfasst insbesondere Investitionen, die vorgesehen sind für

1. Netzausbaumaßnahmen, die dem Anschluss von Stromerzeugungsanlagen nach § 17 Abs. 1 des Energiewirtschaftsgesetzes[1)] dienen,
2. die Integration von Anlagen, die dem Erneuerbare-Energien-Gesetz[2)] und dem Kraft-Wärme-Kopplungsgesetz[3)] unterfallen,
3. den Ausbau von Verbindungskapazitäten nach Artikel 16 Absatz 6 Buchstabe b der Verordnung (EG) Nr. 714/2009 (ABl. L 211 vom 14.8.2009, S. 15),
4. den Ausbau von Gastransportkapazitäten zwischen Marktgebieten, soweit dauerhaft technisch bedingte Engpässe vorliegen und diese nicht durch andere, wirtschaftlich zumutbare Maßnahmen beseitigt werden können,
5. den Netzanschluss von LNG-Anlagen nach § 39b der Gasnetzzugangsverordnung[4)],
6. Erweiterungsinvestitionen zur Errichtung von Hochspannungsleitungen auf neuen Trassen mit einer Nennspannung von 110 Kilovolt als Erdkabel, soweit die Gesamtkosten für Errichtung und Betrieb des Erdkabels die Gesamtkosten der technisch vergleichbaren Freileitung den Faktor 2,75 nicht überschreiten und noch kein Planfeststellungs- oder Plangenehmigungsverfahren für die Errichtung einer Freileitung eingeleitet wurde, sowie Erdkabel nach § 43 Satz 5 des Energiewirtschaftsgesetzes[1)] und § 2 Abs. 1 des Energieleitungsausbaugesetzes[5)],
7. grundlegende, mit erheblichen Kosten verbundene Umstrukturierungsmaßnahmen, die erforderlich sind, um die technischen Standards zur Gewährleistung der technischen Sicherheit des Netzes umzusetzen, die auf Grund einer behördlichen Anordnung nach § 49 Abs. 5 des Energiewirtschaftsgesetzes[1)] erforderlich werden oder deren Notwendigkeit von der nach Landesrecht zuständigen Behörde bestätigt wird,
8. den Einsatz des Leiterseil-Temperaturmonitorings und von Hochtemperatur-Leiterseilen oder
9. Hochspannungsgleichstrom-Übertragungssysteme zum Ausbau der Stromübertragungskapazitäten und neue grenzüberschreitende Hochspannungsgleichstrom-Verbindungsleitungen jeweils als Pilotprojekte, die im Rahmen der Ausbauplanung für einen effizienten Netzbetrieb erforderlich sind.

[3]Als Kosten einer genehmigten Investitionsmaßnahme können Betriebs- und Kapitalkosten geltend gemacht werden. [4]Die Genehmigungen für Investitionsmaßnahmen sind jeweils bis zum Ende derjenigen Regulierungsperiode zu befristen, in der ein Antrag gestellt worden ist. [5]Wird ein Antrag erst nach dem

---

1) Nr. 1.
2) Nr. 37.
3) Nr. 45.
4) Nr. 25.
5) Nr. 15.

Basisjahr, welches nach § 6 Absatz 1 Satz 4 für die folgende Regulierungsperiode zugrunde zu legen ist, für die folgende Regulierungsperiode gestellt, ist die Genehmigung bis zum Ende dieser folgenden Regulierungsperiode zu befristen.

(1a) [1] Soweit die Bundesnetzagentur nicht gemäß § 32 Absatz 1 Nummer 8a etwas Abweichendes festgelegt hat, können ab dem Zeitpunkt der vollständigen Inbetriebnahme der Anlagegüter der Investitionsmaßnahme oder eines Teils der Investitionsmaßnahme bis zum Ende der Regulierungsperiode, in der die Genehmigung der Investitionsmaßnahme nach Absatz 1 gilt, als Betriebskosten für die Anlagegüter, die Gegenstand der Investitionsmaßnahme sind, jährlich pauschal 0,8 Prozent der für die Investitionsmaßnahme ansetzbaren Anschaffungs- und Herstellungskosten geltend gemacht werden, abzüglich des projektspezifischen oder des pauschal festgelegten Ersatzanteils. [2] Für den Zeitraum bis zum Zeitpunkt einer Inbetriebnahme von Anlagegütern hat die Bundesnetzagentur eine Pauschale nach § 32 Absatz 1 Nummer 8c festzulegen.

(2) [1] Erlöse aus dem Engpassmanagement nach Artikel 16 der Verordnung (EG) Nr. 714/2009 oder nach § 15 der Stromnetzzugangsverordnung[1)], soweit diese für Maßnahmen zur Beseitigung von Engpässen nach Artikel 16 Abs. 6 Buchstabe b der Verordnung (EG) Nr. 714/2009 oder § 15 Abs. 3 Satz 1 der Stromnetzzugangsverordnung verwendet werden, sind bei der Ermittlung der aus genehmigten Investitionsmaßnahmen resultierenden Kosten in Abzug zu bringen. [2] Satz 1 gilt entsprechend für Erlöse aus dem Engpassmanagement nach Artikel 16 der Verordnung (EG) Nr. 715/2009[2)] (ABl. L 211 vom 14.8.2009, S. 36) oder § 17 Absatz 4 der Gasnetzzugangsverordnung[3)], soweit diese für Maßnahmen zur Beseitigung von Engpässen nach Artikel 16 der Verordnung (EG) Nr. 715/2009[2)] (ABl. L 211 vom 14.8.2009, S. 36) oder § 17 Absatz 4 der Gasnetzzugangsverordnung verwendet werden.

(2a) [1] Die in den letzten drei Jahren der Genehmigungsdauer der Investitionsmaßnahme entstandenen Betriebs- und Kapitalkosten, die auf Grund der Regelung nach § 4 Absatz 3 Satz 1 Nummer 2 sowohl im Rahmen der genehmigten Investitionsmaßnahme als auch in der Erlösobergrenze gemäß § 4 Absatz 1 der folgenden Regulierungsperiode berücksichtigt werden, sind als Abzugsbetrag zu berücksichtigen. [2] Die Betriebs- und Kapitalkosten nach Satz 1 sind bis zum Ende der Genehmigungsdauer aufzuzinsen. [3] Für die Verzinsung gilt § 5 Absatz 2 Satz 3 entsprechend. [4] Die Auflösung des nach den Sätzen 1 bis 3 ermittelten Abzugsbetrags erfolgt gleichmäßig über 20 Jahre, beginnend mit dem Jahr nach Ablauf der Genehmigungsdauer der Investitionsmaßnahme.

(2b) [1] Bei der Genehmigung von Erweiterungs- und Umstrukturierungsmaßnahmen nach Absatz 1, die auch dem Ersatz von Anlagen dienen und die nach dem 17. September 2016 beantragt werden, ist ein projektspezifischer Ersatzanteil von den Anschaffungs- und Herstellungskosten der Investitionsmaßnahme in Abzug zu bringen. [2] Der projektspezifische Ersatzanteil ermittelt sich aus dem Verhältnis der Tagesneuwerte der ersetzten Anlagen zur Summe der Anschaffungs- und Herstellungskosten der gesamten Anlagen der Investitionsmaßnahme. [3] Der Tagesneuwert der ersetzten Anlagen ist entsprechend § 6

---

1) Nr. **23**.
2) Nr. **9**.
3) Nr. **25**.

Absatz 3 der Stromnetzentgeltverordnung[1)] oder § 6 Absatz 3 der Gasnetzentgeltverordnung[2)] zu ermitteln. [4]Der projektspezifische Ersatzanteil ist durch den Netzbetreiber darzulegen und zu beweisen, damit seine Höhe von einem sachkundigen Dritten ohne weitere Informationen nachzuvollziehen ist. [5]Weist der Netzbetreiber nach, dass es ihm nicht möglich ist, einen konkreten projektspezifischen Ersatzanteil der Investitionsmaßnahme nach Satz 2 zu ermitteln, schätzt die Regulierungsbehörde den Ersatzanteil von Amts wegen unter Berücksichtigung der vom Netzbetreiber vorgetragenen Daten. [6]Bei Investitionsmaßnahmen, die nicht auch dem Ersatz vorhandener Komponenten dienen, ist kein Ersatzanteil abzuziehen. [7]Dies sind insbesondere Investitionsmaßnahmen, die vorgesehen sind für

1. *(aufgehoben)*
2. Hochspannungsgleichstrom-Übertragungssysteme zum Ausbau der Stromübertragungskapazitäten,
3. neue grenzüberschreitende Hochspannungsgleichstrom-Verbindungsleitungen,
4. Maßnahmen oder Teilmaßnahmen, die im Netzentwicklungsplan als Neubau in neuer Trasse enthalten sind oder
5. neue Umspannanlagen, Schaltanlagen, Gasdruckregelanlagen oder Messanlagen an einem Standort, der bisher nicht als Standort für solche Anlagen genutzt wurde.

[8]Soweit die Bundesnetzagentur dies nach § 32 Absatz 1 Nummer 8 für Investitionsmaßnahmen eines bestimmten Typs festlegt, ist für diese ebenfalls grundsätzlich kein Ersatzanteil abzuziehen. [9]Im Fall von Änderungsanträgen zu Erweiterungs- und Umstrukturierungsinvestitionen, für die eine Investitionsmaßnahme bereits vor dem 17. September 2016 durch die Regulierungsbehörde genehmigt worden ist, bleibt der in dieser Genehmigung festgesetzte Ersatzanteil unverändert und ist auf die beantragten Änderungen anzuwenden.

(3) [1]Der Antrag auf Genehmigung von Investitionsmaßnahmen ist spätestens neun Monate vor Beginn des Kalenderjahres, in dem die Investition erstmals ganz oder teilweise kostenwirksam werden soll, bei der Bundesnetzagentur zu stellen. [2]Der Antrag muss eine Analyse des nach Absatz 1 ermittelten Investitionsbedarfs enthalten. [3]Diese soll insbesondere auf Grundlage der Angaben der Übertragungsnetzbetreiber in den Netzzustands- und Netzausbauberichten nach § 12 Abs. 3a des Energiewirtschaftsgesetzes[3)] erstellt werden; bei Fernleitungsnetzbetreibern soll der Antrag entsprechende Angaben enthalten. [4]Der Antrag hat Angaben zu enthalten, ab wann, in welcher Höhe und für welchen Zeitraum die Investitionen erfolgen und kostenwirksam werden sollen. [5]Der Zeitraum der Kostenwirksamkeit muss sich hierbei an der betriebsgewöhnlichen Nutzungsdauer der jeweiligen Anlagengruppe orientieren. [6]Die betriebsgewöhnlichen Nutzungsdauern der jeweiligen Anlagengruppen ergeben sich aus Anlage 1 der Gasnetzentgeltverordnung[2)] und Anlage 1 der Stromnetzentgeltverordnung[1)]. [7]Die Angaben im Antrag müssen einen sachkundigen Dritten in die Lage versetzen, ohne weitere Informationen das Vorliegen der Genehmigungsvoraussetzungen prüfen und eine Entscheidung treffen zu können.

[1)] Nr. **24**.
[2)] Nr. **26**.
[3)] Nr. **1**.

(4) Bei der Prüfung der Voraussetzungen nach Absatz 1 sollen Referenznetzanalysen nach § 22 Abs. 2 Satz 3 angewendet werden, die dem Stand der Wissenschaft entsprechen; die Erstellung der Referenznetze erfolgt auf der Grundlage der bestehenden Netze.

(5) [1] Die Genehmigung ist mit einem Widerrufsvorbehalt für den Fall zu versehen, dass die Investition nicht der Genehmigung entsprechend durchgeführt wird. [2] Sie kann mit weiteren Nebenbestimmungen versehen werden. [3] Insbesondere können durch Nebenbestimmungen finanzielle Anreize geschaffen werden, die Kosten der genehmigten Investitionsmaßnahme zu unterschreiten.

(6) [1] Betreibern von Verteilernetzen können Investitionsmaßnahmen durch die Regulierungsbehörde für solche Erweiterungs- und Umstrukturierungsinvestitionen genehmigt werden, die durch die Integration von Anlagen nach dem Erneuerbare-Energien-Gesetz[1)] oder dem Kraft-Wärme-Kopplungsgesetz[2)], zur Durchführung von Maßnahmen im Sinne des Absatzes 1 Satz 2 Nr. 6 bis 8 sowie für Netzausbaumaßnahmen, die dem Anschluss von Stromerzeugungsanlagen nach § 17 Abs. 1 des Energiewirtschaftsgesetzes[3)] dienen, notwendig werden und die nicht durch den Erweiterungsfaktor nach § 10 berücksichtigt werden. [2] Investitionsmaßnahmen nach Satz 1 sind nur für solche Maßnahmen zu genehmigen, die mit erheblichen Kosten verbunden sind. [3] Von erheblichen Kosten nach Satz 2 ist in der Regel auszugehen, wenn sich durch die Investitionsmaßnahmen eines Netzbetreibers nach Satz 1 oder Absatz 7 dessen Gesamtkosten nach Abzug der dauerhaft nicht beeinflussbaren Kostenanteile um mindestens 0,5 Prozent erhöhen. [4] Absatz 1 Satz 3 und 4 sowie die Absätze 2a bis 5 gelten entsprechend.

(7) [1] Betreibern von Verteilernetzen können Investitionsmaßnahmen durch die Regulierungsbehörde auch für Erweiterungs- und Umstrukturierungsinvestitionen in die Hochspannungsebene genehmigt werden, soweit diese Investitionen zur Stabilität des Gesamtsystems, für die Einbindung in das nationale oder internationale Verbundnetz oder für einen bedarfsgerechten Ausbau des Energieversorgungsnetzes nach § 11 des Energiewirtschaftsgesetzes[3)] notwendig sind. [2] Absatz 1 Satz 3 und 4 sowie die Absätze 2a bis 5 sind entsprechend anzuwenden.

Abschnitt 2. Besondere Vorschriften für kleine Netzbetreiber

§ 24 Vereinfachtes Verfahren. (1) Netzbetreiber, an deren Gasverteilernetz weniger als 15 000 Kunden oder an deren Elektrizitätsverteilernetz weniger als 30 000 Kunden unmittelbar oder mittelbar angeschlossen sind, können bezüglich des jeweiligen Netzes statt des Effizienzvergleichs zur Ermittlung von Effizienzwerten nach den §§ 12 bis 14 die Teilnahme an dem vereinfachten Verfahren nach Maßgabe des Absatzes 2 wählen.

(2) [1] Für die Teilnehmer am vereinfachten Verfahren beträgt der Effizienzwert in der ersten Regulierungsperiode 87,5 Prozent. [2] Ab der zweiten Regulierungsperiode wird der Effizienzwert als gewichteter durchschnittlicher Wert aller in dem bundesweiten Effizienzvergleich nach den §§ 12, 13 und 14 für die

---

1) Nr. 37.
2) Nr. 45.
3) Nr. 1.

vorangegangene Regulierungsperiode ermittelten und nach § 15 Abs. 1 bereinigten Effizienzwerte (gemittelter Effizienzwert) gebildet. [3]Im vereinfachten Verfahren gelten 5 Prozent der nach § 14 Abs. 1 Nr. 1 ermittelten Gesamtkosten als dauerhaft nicht beeinflussbare Kostenanteile nach § 11 Absatz 2 Satz 1 Nummer 1 bis 3, 5 bis 7, 8a bis 16 und Satz 2 bis 4. [4]Bei der Ermittlung der Gesamtkosten bleiben die Konzessionsabgabe und der Zuschlag aus dem Kraft-Wärme-Kopplungsgesetz[1)] unberücksichtigt. [5]Die Bundesnetzagentur übermittelt den Landesregulierungsbehörden die von ihr nach Satz 2 ermittelten Werte. [6]Die Landesregulierungsbehörden ermitteln einen gemittelten Effizienzwert nach Maßgabe des Satzes 2, soweit sie nicht die von der Bundesnetzagentur ermittelten Werte verwenden.

(3) § 4 Abs. 3 Satz 1 Nr. 2 mit Ausnahme von § 4 Abs. 3 Satz 1 Nr. 2 in Verbindung mit § 11 Abs. 2 Satz 1 Nr. 4, 5 und 8, § 15 Abs. 1 und 2 sowie die §§ 19, 21, 23 Abs. 6 und § 25 finden im vereinfachten Verfahren keine Anwendung.

(4) [1]Netzbetreiber, die an dem vereinfachten Verfahren teilnehmen wollen, haben dies bei der Regulierungsbehörde jeweils bis zum 31. März des vorletzten der Regulierungsperiode vorangehenden Kalenderjahres zu beantragen; abweichend hiervon ist der Antrag für die erste Regulierungsperiode zum 15. Dezember 2007 zu stellen. [2]Der Antrag nach Satz 1 muss die notwendigen Angaben zum Vorliegen der Voraussetzungen des Absatzes 1 enthalten. [3]Die Regulierungsbehörde genehmigt die Teilnahme am vereinfachten Verfahren innerhalb von vier Wochen nach Eingang des vollständigen Antrags, wenn die Voraussetzungen des Absatzes 1 vorliegen. [4]Der Netzbetreiber ist an das gewählte Verfahren für die Dauer einer Regulierungsperiode gebunden. [5]Die Regulierungsbehörde veröffentlicht den von ihr nach Absatz 2 ermittelten gemittelten Effizienzwert spätestens zum 1. Januar des vorletzten der Regulierungsperiode vorangehenden Kalenderjahres. [6]Die Bundesnetzagentur ist über die Entscheidung über den Antrag durch die Landesregulierungsbehörde zu unterrichten.

Abschnitt 3. Forschungs- und Entwicklungskosten

§ 25 *(aufgehoben)*

§ 25a Forschungs- und Entwicklungskosten. (1) [1]Auf Antrag des Netzbetreibers ist von der Regulierungsbehörde ein Zuschlag für Kosten aus Forschung und Entwicklung in die Erlösobergrenze für das jeweilige Kalenderjahr einzubeziehen. [2]Der einzubeziehende Zuschlag beträgt 50 Prozent der nach Absatz 2 berücksichtigungsfähigen Kosten des nicht öffentlich geförderten Anteils der Gesamtkosten des Forschungs- und Entwicklungsvorhabens, wie er sich aufgrund entsprechender Kostennachweise des Netzbetreibers ergibt.

(2) [1]Berücksichtigungsfähig sind ausschließlich Kosten aufgrund eines Forschungs- und Entwicklungsvorhabens im Rahmen der staatlichen Energieforschungsförderung, das durch eine zuständige Behörde eines Landes oder des Bundes, insbesondere des Bundesministeriums für Wirtschaft und Energie oder des Bundesministeriums für Bildung und Forschung bewilligt wurde und fachlich betreut wird. [2]Kosten für Forschungs- und Entwicklungsvorhaben, die

[1)] Nr. **45**.

bereits bei der Bestimmung des Ausgangsniveaus der Erlösobergrenzen nach § 6 Absatz 1 und 2, als Teil des Kapitalkostenaufschlags nach § 10a oder als Teil einer Investitionsmaßnahme nach § 23 berücksichtigt wurden, sind nicht berücksichtigungsfähig.

(3) [1]Der Antrag gemäß Absatz 1 ist rechtzeitig vor Beginn des Kalenderjahres, für das die Aufwendungen für das jeweilige Forschungs- und Entwicklungsvorhaben in der Erlösobergrenze in Ansatz gebracht werden sollen, bei der Regulierungsbehörde zu stellen. [2]Der Antrag kann für mehrere Regulierungsperioden gestellt werden. [3]Die Angaben im Antrag müssen einen sachkundigen Dritten in die Lage versetzen, ohne weitere Informationen das Vorliegen der Genehmigungsvoraussetzungen zu prüfen und eine Entscheidung treffen zu können.

(4) [1]Die Genehmigung ist zu befristen. [2]Die Genehmigung ist mit einem Widerrufsvorbehalt für den Fall zu versehen, dass die nach Absatz 1 in der Erlösobergrenze berücksichtigten Kosten nicht entsprechend den Vorgaben des Bewilligungsbescheides verwendet wurden, in ihrer Höhe von den im Bescheid über die Prüfung des Verwendungsnachweises oder im Bescheid über die Preisprüfung festgestellten, tatsächlich verwendeten, Forschungsmitteln abweichen oder nachweisbar nicht im Zusammenhang mit dem Forschungs- und Entwicklungsvorhaben stehen. [3]Die Genehmigung kann mit weiteren Nebenbestimmungen versehen werden.

(5) Nach Abschluss des Forschungs- und Entwicklungsvorhabens hat der Netzbetreiber den Bescheid über die Prüfung des Verwendungsnachweises und, sofern eine Preisprüfung erfolgt, den dazu von der für die fachliche und administrative Prüfung des Projekts zuständigen Behörde ausgestellten Bescheid bei der Regulierungsbehörde vorzulegen.

Abschnitt 4. Übergang von Netzen, Netzzusammenschlüsse und -aufspaltungen

§ 26 Übergang von Netzen, Netzzusammenschlüsse und -aufspaltungen. (1) [1]Wird ein Energieversorgungsnetz oder werden mehrere Energieversorgungsnetze, für das oder die jeweils eine oder mehrere Erlösobergrenzen nach § 32 Abs. 1 Nr. 1 festgelegt sind, vollständig von einem Netzbetreiber auf einen anderen Netzbetreiber übertragen, so geht die Erlösobergrenze oder gehen die Erlösobergrenzen insgesamt auf den übernehmenden Netzbetreiber über. [2]Satz 1 gilt entsprechend bei Zusammenschlüssen von mehreren Energieversorgungsnetzen.

(2) [1]Bei einem teilweisen Übergang eines Energieversorgungsnetzes auf einen anderen Netzbetreiber ist der Anteil der Erlösobergrenze für den übergehenden Netzteil auf übereinstimmenden Antrag der beteiligten Netzbetreiber festzulegen. [2]Die nach § 32 Absatz 1 Nummer 1 ursprünglich festgelegten Erlösobergrenzen des abgebenden Netzbetreibers sind um den Anteil der Erlösobergrenze nach Satz 1 zu vermindern. [3]Die nach § 32 Absatz 1 Nummer 1 ursprünglich festgelegten Erlösobergrenzen des übernehmenden Netzbetreibers sind um den Anteil der Erlösobergrenze nach Satz 1 zu erhöhen. [4]Der nach Satz 1 ermittelte Anteil der Erlösobergrenze wird bis zur nächsten Ermittlung des Ausgangsniveaus gemäß § 6 Absatz 1 fortgeführt. [5]Einer erneuten Festlegung der Erlösobergrenzen des abgebenden und des aufnehmenden Netzbetreibers innerhalb der Regulierungsperiode bedarf es nicht. [6]Der aufneh-

mende Netzbetreiber ist berechtigt, bis zur Festlegung des Anteils der Erlösobergrenze für den übergehenden Netzteil vorübergehend angemessene Netzentgelte zu erheben.

(3) [1]Erfolgt innerhalb von sechs Monaten nach Aufnahme des Netzbetriebs kein übereinstimmender Antrag nach Absatz 2, legt die Regulierungsbehörde den Anteil der Erlösobergrenze für den übergehenden Netzteil nach Maßgabe des Satzes 3, der Absätze 4, 5 und 6 sowie der Anlage 4 fest. [2]Absatz 2 Satz 2 und 3 ist entsprechend anzuwenden. [3]Der Anteil der Erlösobergrenze berechnet sich aus den Kapitalkosten des übergehenden Netzteils nach Absatz 4 zuzüglich eines Pauschalbetrags für die übrigen Kosten des übergehenden Netzteils nach Absatz 5. [4]Absatz 2 Satz 4 und 5 ist entsprechend anzuwenden. [5]Machen der aufnehmende oder der abgebende Netzbetreiber besondere Gründe geltend, kann die Regulierungsbehörde den übergehenden Anteil der Erlösobergrenze auf Antrag eines beteiligten Netzbetreibers oder von Amts wegen vor Ablauf der Frist und der Entscheidung nach Satz 1 vorläufig festlegen.

(4) [1]Zur Ermittlung der Kapitalkosten nach Absatz 3 Satz 3 ermittelt die Regulierungsbehörde für jedes verbleibende Jahr der Regulierungsperiode die Kapitalkosten des übergehenden Netzteils nach den §§ 6 bis 8 der Stromnetzentgeltverordnung[1)] in Verbindung mit § 6 Absatz 3 oder nach den §§ 6 bis 8 der Gasnetzentgeltverordnung[2)] in Verbindung mit § 6 Absatz 3. [2]Grundlage für die Ermittlung der Kapitalkosten des übergehenden Netzteils nach Satz 1 sind die zu übertragenden Verteilungsanlagen, auf deren Übereignung sich die Netzbetreiber verständigt haben. [3]Besteht im Fall des § 46 Absatz 2 Satz 2 des Energiewirtschaftsgesetzes[3)] kein Einvernehmen über die zu übereignenden Verteilungsanlagen, werden für die Bestimmung der Kapitalkosten des übergehenden Netzteils die Daten und Informationen zu Verteilungsanlagen zugrunde gelegt, die für das Konzessionsvergabeverfahren gemäß § 46 Absatz 3 des Energiewirtschaftsgesetzes der Gemeinde nach § 46a des Energiewirtschaftsgesetzes übermittelt wurden. [4]Etwaige Anpassungen der Erlösobergrenze nach § 4 Absatz 3 und 4 bleiben unberücksichtigt.

(5) Der Pauschalbetrag für die übrigen Kosten des übergehenden Netzteils nach Absatz 3 Satz 2 berechnet sich aus der Multiplikation des Verhältnisses der Kapitalkosten des übergehenden Netzteils des jeweiligen Kalenderjahres nach Absatz 3 zu den in der ursprünglich festgelegten Erlösobergrenze des abgebenden Netzbetreibers enthaltenen Kapitalkosten des jeweiligen Kalenderjahres nach § 6 Absatz 3 in Verbindung mit Anlage 2a mit der ursprünglich festgelegten Erlösobergrenze des jeweiligen Kalenderjahres nach § 32 Absatz 1 Nummer 1 abzüglich der darin enthaltenen Kapitalkosten nach § 6 Absatz 3 in Verbindung mit Anlage 2a, der vermiedenen Netzentgelte nach § 11 Absatz 2 Satz 1 Nummer 8 und der vorgelagerten Netzkosten nach § 11 Absatz 2 Satz 1 Nummer 4.

(6) [1]Die Regulierungsbehörde legt den nach den Absätzen 3 bis 5 bestimmten Anteil der Erlösobergrenze im Laufe einer Regulierungsperiode für die verbleibende Dauer der Regulierungsperiode erneut fest, wenn die beteiligten

---

1) Nr. **24**.
2) Nr. **26**.
3) Nr. **1**.

Netzbetreiber einen übereinstimmenden Antrag nach Absatz 2 stellen. [2] Absatz 2 Satz 4 ist entsprechend anzuwenden.

Teil 4. Sonstige Bestimmungen

§ 27 Datenerhebung. (1) [1] Die Regulierungsbehörde ermittelt die zur Bestimmung der Erlösobergrenzen nach Teil 2 und 3 notwendigen Tatsachen. [2] Hierzu erhebt sie bei den Netzbetreibern die notwendigen Daten

1. zur Durchführung der Bestimmung des Ausgangsniveaus der Erlösobergrenze und des Kapitalkostenabzugs nach § 6,
2. zur Ermittlung des generellen sektoralen Produktivitätsfaktors nach § 9,
3. zur Ermittlung der Effizienzwerte nach den §§ 12 bis 14,
4. zur Bestimmung des Qualitätselements nach § 19 und
5. zur Durchführung der Effizienzvergleiche und relativen Referenznetzanalysen für Betreiber von Übertragungs- und Fernleitungsnetzen nach § 22;

die Netzbetreiber sind insoweit zur Auskunft verpflichtet. [3] Im Übrigen ermittelt sie insbesondere die erforderlichen Tatsachen

1. zur Anpassung der Erlösobergrenze nach § 4 Abs. 4,
2. zur Ausgestaltung des Erweiterungsfaktors nach § 10,
3. zur Ermittlung der bereinigten Effizienzwerte nach § 15 und der individuellen Effizienzvorgaben nach § 16,
4. zu den Anforderungen an die Berichte nach § 21 und
5. zur Genehmigung von Investitionsmaßnahmen nach § 23.

(2) Die Bundesnetzagentur kann darüber hinaus die zur Evaluierung des Anreizregulierungssystems, jährlich zur Beobachtung des Investitionsverhaltens der Netzbetreiber und zur Erstellung der Berichte nach § 33 notwendigen Daten erheben.

§ 28 Mitteilungspflichten. [1] Die Netzbetreiber teilen der Regulierungsbehörde mit

1. die Anpassungen der Erlösobergrenzen nach § 4 Abs. 3 sowie die den Anpassungen zugrunde liegenden Änderungen von nicht beeinflussbaren Kostenanteilen nach § 4 Abs. 3 Satz 1 Nr. 2 und die den Anpassungen zugrunde liegenden Änderungen von Kostenanteilen nach § 4 Absatz 3 Satz 1 Nummer 3, jeweils zum 1. Januar des Kalenderjahres,
2. *(aufgehoben)*
3. die zur Überprüfung der Netzentgelte nach § 17 notwendigen Daten, insbesondere die in dem Bericht nach § 28 in Verbindung mit § 16 Abs. 2 der Gasnetzentgeltverordnung[1)] und § 28 in Verbindung mit § 20 Abs. 2 der Stromnetzentgeltverordnung[2)] enthaltenen Daten,
4. die Anpassung der Netzentgelte auf Grund von geänderten Erlösobergrenzen nach § 17 Abs. 2 jährlich zum 1. Januar,

---

[1)] Nr. 26.
[2)] Nr. 24.

5. Abweichungen von den Kennzahlenvorgaben nach den §§ 19 und 20,
6. Angaben dazu, inwieweit die den Investitionsmaßnahmen nach § 23 zugrunde liegenden Investitionen tatsächlich durchgeführt und kostenwirksam werden sollen, sowie die entsprechende Anpassung der Erlösobergrenze nach § 4 Absatz 3 Satz 1 Nummer 2 und inwieweit die den Investitionsmaßnahmen nach § 23 zugrunde liegenden Investitionen im Vorjahr tatsächlich durchgeführt wurden und kostenwirksam geworden sind, jeweils jährlich zum 1. Januar eines Kalenderjahres,
7. die Differenz nach § 25 Abs. 3 Satz 1; außerdem eine für einen sachkundigen Dritten nachvollziehbare Darstellung der in der Regulierungsperiode zur Ausschöpfung des beantragten pauschalierten Investitionszuschlags tatsächlich erfolgten Investitionen und ihrer Kostenwirksamkeit und
8. den Übergang von Netzen, Netzzusammenschlüsse und -aufspaltungen nach § 26, insbesondere den Übergang oder die Addition von Erlösobergrenzen nach § 26 Abs. 1; die Netzbetreiber haben darüber hinaus unverzüglich den Übergang des Netzbetriebs anzuzeigen, soweit sich ein Wechsel des zuständigen Netzbetreibers ergeben hat.

[2] Die Netzbetreiber haben darüber hinaus der Bundesnetzagentur sowie der zuständigen Landesregulierungsbehörde jährlich zum 31. März die Zahl der am 31. Dezember des Vorjahres unmittelbar oder mittelbar angeschlossenen Kunden sowie die Belegenheit des Elektrizitäts- und Gasverteilernetzes bezogen auf Bundesländer mitzuteilen.

§ 29 Übermittlung von Daten. (1) [1] Die Bundesnetzagentur und die Landesregulierungsbehörden übermitteln einander die zur Durchführung ihrer Aufgaben nach den Vorschriften dieser Verordnung notwendigen Daten einschließlich personenbezogener Daten und Betriebs- und Geschäftsgeheimnisse. [2] Insbesondere übermitteln die Landesregulierungsbehörden der Bundesnetzagentur die nach § 14 Abs. 1 Nr. 1 in Verbindung mit § 6 Absatz 1 und 2 ermittelten Gesamtkosten zur Durchführung des bundesweiten Effizienzvergleichs nach § 12 bis zum 31. März des der Regulierungsperiode vorangehenden Kalenderjahres. [3] Liegen die Daten nach Satz 2 nicht rechtzeitig vor, so führt die Bundesnetzagentur den bundesweiten Effizienzvergleich ausschließlich mit den vorhandenen Daten durch.

(2) [1] Die Bundesnetzagentur übermittelt die von ihr nach § 27 Abs. 1 und 2 erhobenen und die ihr nach Absatz 1 übermittelten Daten auf Ersuchen den Landesregulierungsbehörden, soweit dies zur Erfüllung von deren Aufgaben erforderlich ist. [2] Die Bundesnetzagentur erstellt mit den von ihr nach § 27 Abs. 1 und 2 erhobenen und mit den nach Absatz 1 durch die Landesregulierungsbehörden übermittelten Daten eine bundesweite Datenbank. [3] Die Landesregulierungsbehörden haben Zugriff auf diese Datenbank. [4] Der Zugriff beschränkt sich auf die Daten, die zur Aufgabenerfüllung der Landesregulierungsbehörden erforderlich sind.

§ 30 Fehlende oder unzureichende Daten. [1] Soweit die für die Bestimmung der Erlösobergrenze nach § 4 Abs. 1, insbesondere für die Anwendung der Regulierungsformel nach § 7 und zur Durchführung des Effizienzvergleichs nach den §§ 12 bis 14 notwendigen Daten vor Beginn der Regulierungsperiode nicht rechtzeitig vorliegen, können die Daten für das letzte verfügbare Kalenderjahr verwendet werden. [2]Soweit keine oder offenkundig unzutreffende Daten vorliegen, kann die Regulierungsbehörde die fehlenden Daten durch Schätzung oder durch eine Referenznetzanalyse unter Verwendung von bei der Regulierungsbehörde vorhandenen oder ihr bekannten Daten bestimmen. [3]§ 12 Abs. 4 Satz 2 und § 14 Abs. 3 Satz 4 und 5 bleiben unberührt.

§ 31 Veröffentlichung von Daten. (1) Die Regulierungsbehörde veröffentlicht auf ihrer Internetseite netzbetreiberbezogen in nicht anonymisierter Form insbesondere

1. den Wert der kalenderjährlichen Erlösobergrenzen nach § 4 Absatz 2 Satz 1,
2. den nach § 4 Absatz 3 und 4 sowie nach § 26 angepassten Wert der kalenderjährlichen Erlösobergrenzen,
3. den verzinsten Saldo des Regulierungskontos nach § 5 Absatz 1 und 2 sowie die Summe der Zu- und Abschläge aus der Auflösung des Saldos des Regulierungskontos nach § 5 Absatz 3,
4. die nach den §§ 12, 13 bis 15 sowie nach § 22 ermittelten Effizienzwerte, die nach § 12 Absatz 4a und § 14 im Effizienzvergleich verwendeten Aufwandsparameter sowie die nach § 13 im Effizienzvergleich verwendeten Vergleichsparameter,
5. die nach § 12a ermittelten Supereffizienzwerte sowie den Effizienzbonus,
6. die verwendeten Parameterwerte und die jährlichen Anpassungsbeträge der Erlösobergrenze für den Erweiterungsfaktor nach § 4 Absatz 4 Satz 1 Nummer 1 in Verbindung mit § 10 als Summenwert,
7. den jährlichen nach § 4 Absatz 4 Satz 1 Nummer 1 in Verbindung mit § 10a ermittelten Kapitalkostenaufschlag als Summenwert,
8. die dauerhaft nicht beeinflussbaren Kostenanteile nach § 11 Absatz 2 sowie deren jährliche Anpassung nach § 4 Absatz 3 Satz 1 Nummer 2 als Summenwert,
9. die jährlichen tatsächlich entstandenen Kostenanteile nach § 11 Absatz 2 Satz 1 Nummer 6 als Summenwert,
10. die jährlichen tatsächlich entstandenen Kostenanteile nach § 11 Absatz 2 Satz 1 Nummer 4 und 8 jeweils als Summenwert,
11. die jährlichen volatilen Kostenanteile nach § 11 Absatz 5 als Summenwert sowie
12. die ermittelten Kennzahlen zur Versorgungsqualität.

(2) Die Regulierungsbehörde veröffentlicht in ihrem Amtsblatt und auf ihrer Internetseite den nach § 9 ermittelten generellen sektoralen Produktivitätsfaktor und den nach § 24 ermittelten gemittelten Effizienzwert.

§ 32 Festlegungen oder Genehmigungen der Regulierungsbehörde.

(1) Zur Verwirklichung eines effizienten Netzzugangs und der in § 1 Abs. 1 des Energiewirtschaftsgesetzes[1)] genannten Zwecke kann die Regulierungs-

[1)] Nr. 1.

behörde Entscheidungen durch Festlegungen oder Genehmigungen nach § 29 Abs. 1 des Energiewirtschaftsgesetzes[1] treffen

1. zu den Erlösobergrenzen nach § 4, insbesondere zur Bestimmung der Höhe nach § 4 Abs. 1 und 2, zur Anpassung nach Abs. 3 bis 5, zu Form und Inhalt der Anträge auf Anpassung nach Abs. 4,
2. zu Ausgestaltung und Ausgleich des Regulierungskontos nach § 5,

2a. zur Ermittlung des generellen sektoralen Produktivitätsfaktors nach § 9,

3. zur Verwendung anderer Parameter zur Ermittlung des Erweiterungsfaktors nach § 10 Abs. 2 Satz 2 Nr. 4,

3a. zum Kapitalkostenaufschlag nach § 10a, einschließlich der formellen Gestaltung, Inhalt und Struktur des Antrags,

4. zu den Bereichen, die nach § 11 Abs. 2 Satz 2 bis 4 einer wirksamen Verfahrensregulierung unterliegen; die Festlegung erfolgt für die Dauer der gesamten Regulierungsperiode,

4a. zu volatilen Kostenanteilen gemäß § 11 Absatz 5, insbesondere zum Verfahren, mit dem den Netzbetreibern oder einer Gruppe von Netzbetreibern Anreize gesetzt werden, die gewährleisten, dass volatile Kostenanteile nur in effizientem Umfang in der Erlösobergrenze berücksichtigt werden, sowie zu den Voraussetzungen, unter denen Kostenanteile als volatile Kostenanteile im Sinne des § 11 Absatz 5 gelten.

4b. zu der Geltendmachung der Kosten nach § 10 Absatz 1 und § 22 der Systemstabilitätsverordnung[2] gemäß § 11 Absatz 2 Satz 1 Nummer 5, einschließlich der Verpflichtung zur Anpassung pauschaler Kostensätze,

5. zur Durchführung einer Vergleichbarkeitsrechnung nach § 14 Abs. 1 Nr. 3,
6. über den Beginn der Anwendung, die nähere Ausgestaltung und das Verfahren der Bestimmung des Qualitätselements nach den §§ 19 und 20,
7. zu formeller Gestaltung, Inhalt und Struktur des Berichts zum Investitionsverhalten nach § 21,
8. zu Investitionsmaßnahmen nach § 23, einschließlich der formellen Gestaltung, Inhalt und Struktur des Antrags sowie zu finanziellen Anreizen nach § 23 Abs. 5 Satz 3, wobei auch die Zusammenfassung von Vorhaben verlangt werden kann, sowie zur Durchführung, näheren Ausgestaltung und zum Verfahren der Referenznetzanalyse,

8a. zur Berechnung der sich aus genehmigten Investitionsmaßnahmen ergebenden Kapital- und Betriebskosten,

8b. zu einer von § 23 Absatz 1a Satz 1 abweichenden Höhe oder Betriebskostenpauschale, soweit dies erforderlich ist, um strukturelle Besonderheiten von Investitionen, für die Investitionsmaßnahmen genehmigt werden können, oder um die tatsächliche Höhe der notwendigen Betriebskosten angemessen zu berücksichtigen,

8c. zur Höhe der Betriebskostenpauschale nach § 23 Absatz 1a Satz 2, wobei die tatsächliche Höhe der für die genehmigten Investitionsmaßnahmen notwendigen Betriebskosten angemessen zu berücksichtigen ist,

---

[1] Nr. **1**.
[2] Nr. **22**.

9. zur Teilnahme am vereinfachten Verfahren nach § 24 und zu Umfang, Zeitpunkt und Form des Antrags nach § 24 Abs. 4,
9a. zu formeller Gestaltung, Inhalt und Struktur des Antrags sowie zum Zeitpunkt der Stellung des Antrags nach § 25a Absatz 1,
10. zu formeller Gestaltung, Inhalt und Struktur des Antrags nach § 26 Abs. 2 sowie zu den Erlösobergrenzenanteilen nach § 26 Absatz 2 und 3 und
11. zu Umfang, Zeitpunkt und Form der nach den §§ 27 und 28 zu erhebenden und mitzuteilenden Daten, insbesondere zu den zulässigen Datenträgern und Übertragungswegen.

(2) Die Bundesnetzagentur kann ferner Festlegungen treffen zur Durchführung, näheren Ausgestaltung und zu den Verfahren des Effizienzvergleichs und der relativen Referenznetzanalyse für Betreiber von Übertragungs- und Fernleitungsnetzen nach § 22.

§ 33 Evaluierung und Berichte der Bundesnetzagentur. (1) [1] Die Bundesnetzagentur legt dem Bundesministerium für Wirtschaft und Energie zum 31. Dezember 2023 einen Bericht mit einer Evaluierung und Vorschlägen zur weiteren Ausgestaltung der Anreizregulierung vor. [2] Der Bericht enthält Angaben zur Entwicklung des Investitionsverhaltens der Netzbetreiber und zur Notwendigkeit weiterer Maßnahmen zur Vermeidung von Investitionshemmnissen. [3] Sie kann im Rahmen der Evaluierung insbesondere Vorschläge machen

1. zur Verwendung weiterer als der in Anlage 3 aufgeführten Vergleichsmethoden und zu ihrer sachgerechten Kombination,
2. zur Verwendung monetär bewerteter Kennzahlen der Netzzuverlässigkeit als Aufwandsparameter im Effizienzvergleich,
3. zur Vermeidung von Investitionshemmnissen,
4. zu einem neuen oder weiterentwickelten Konzept für eine Anreizregulierung und
5. zur notwendigen Weiterentwicklung der Transparenzvorschriften zur besseren Nachvollziehbarkeit von Regulierungsentscheidungen, insbesondere zur Veröffentlichung netzbetreiberbezogener Daten.

(2) [1] Die Bundesnetzagentur soll den Bericht nach Absatz 1 unter Beteiligung der Länder, der Wissenschaft und der betroffenen Wirtschaftskreise erstellen sowie internationale Erfahrungen mit Anreizregulierungssystemen berücksichtigen. [2] Sie gibt den betroffenen Wirtschaftskreisen Gelegenheit zur Stellungnahme und veröffentlicht die erhaltenen Stellungnahmen im Internet.

(3) [1] Zwei Jahre vor Beginn der zweiten Regulierungsperiode legt die Bundesnetzagentur einen Bericht zu Notwendigkeit, Zweckdienlichkeit, Inhalt und Umfang eines technisch-wirtschaftlichen Anlagenregisters nach § 32 Abs. 1 Nr. 5 vor. [2] Ein Jahr vor Beginn der zweiten Regulierungsperiode legt sie einen Bericht zur Berücksichtigung von Kennzahlen nach § 20 Abs. 5 sowie von Kennzahlen zur Berücksichtigung der Vorsorge für eine langfristige Sicherung der Netzqualität im Rahmen des Qualitätselements vor. [3] Sie hat zur Erstellung dieser Berichte die Vertreter von Wirtschaft und Verbrauchern zu hören sowie internationale Erfahrungen zu berücksichtigen.

(4) Die Bundesnetzagentur legt dem Bundesministerium für Wirtschaft und Energie zum 31. Dezember 2023 einen Bericht zur Notwendigkeit der Weiterentwicklung der in Anlage 3 aufgeführten Vergleichsmethoden, unter Berücksichtigung der internationalen Entwicklung von Anreizregulierungssystemen, vor.

(5) [1] Die Bundesnetzagentur beobachtet das Investitionsverhalten der Netzbetreiber. [2] Hierzu entwickelt sie ein Modell für ein indikatorbasiertes Investitionsmonitoring. [3] Sie veröffentlicht darüber hinaus in regelmäßigen Abständen aussagekräftige Kennzahlen über das Investitionsverhalten der Netzbetreiber.

(6) Die Bundesnetzagentur legt dem Bundesministerium für Wirtschaft und Energie im Laufe der dritten Regulierungsperiode einen Bericht zum Monitoring kurzer Versorgungsunterbrechungen unter drei Minuten bei Elektrizitätsverteilernetzen vor.

(7) [1] Die Bundesnetzagentur legt dem Bundesministerium für Wirtschaft und Energie zum 31. Dezember 2019 einen Bericht mit Vorschlägen zur Ausgestaltung eines Qualitätselements zur Netzleistungsfähigkeit, insbesondere zu möglichen Referenzwerten und Kennzahlen sowie zur monetären Bewertung von Abweichungen von diesen Referenzwerten vor. [2] Sie hat zur Erstellung des Berichts die Vertreter von Wirtschaft und Verbrauchern zu hören sowie internationale Erfahrungen zu berücksichtigen.

(7a) [1] Die Bundesnetzagentur legt dem Bundesministerium für Wirtschaft und Energie zum 30. September 2019 einen Bericht über die Redispatch- und Einspeisemanagementmaßnahmen bei Betreibern von Elektrizitätsversorgungsnetzen vor. [2] Der Bericht stellt insbesondere die Kosten für Maßnahmen nach Satz 1 dar und bewertet, ob diese Kosten durch die Betreiber von Elektrizitätsversorgungsnetzen beeinflussbar sind. [3] Darüber hinaus enthält der Bericht Vorschläge zur sachgerechten Einbeziehung der Kosten in die Anreizregulierung.

(8) [1] Die Bundesnetzagentur legt dem Bundesministerium für Wirtschaft und Energie im Laufe der dritten Regulierungsperiode einen Bericht zur Struktur und Effizienz von Elektrizitäts- und Gasverteilernetzbetreibern vor, die sich für das vereinfachte Verfahren nach § 24 entschieden haben. [2] Sie soll im Rahmen des Berichts insbesondere Vorschläge zur weiteren Ausgestaltung sowie zur Höhe der Schwellenwerte nach § 24 Absatz 1 des vereinfachten Verfahrens machen.

Teil 5. Schlussvorschriften

§ 34 Übergangsregelungen. (1) [1] Mehr- oder Mindererlöse nach § 10 der Gasnetzentgeltverordnung[1)] oder § 11 der Stromnetzentgeltverordnung[2)] werden in der ersten Regulierungsperiode als Kosten oder Erlöse nach § 11 Abs. 2 behandelt. [2] Der Ausgleich dieser Mehr- oder Mindererlöse erfolgt entsprechend § 10 der Gasnetzentgeltverordnung und § 11 der Stromnetzentgeltverordnung über die erste Regulierungsperiode verteilt. [3] Die Verzinsung dieser Mehr- oder Mindererlöse erfolgt entsprechend § 10 der Gasnetzentgeltverordnung und § 11 der Stromnetzentgeltverordnung.

---

1) Nr. **26**.
2) Nr. **24**.

(1a) Absatz 1 gilt im vereinfachten Verfahren nach § 24 entsprechend.

(1b) [1] Abweichend von § 3 Abs. 2 beträgt die Dauer der ersten Regulierungsperiode für Gas vier Jahre. [2] Die Netzentgelte der Gasnetzbetreiber werden unter anteiliger Berücksichtigung der Effizienzvorgaben für die erste Regulierungsperiode bestimmt.

(2), (3) *(aufgehoben)*

(4) [1] Netzbetreiber können den Antrag nach § 4 Absatz 4 Satz 1 Nummer 1a in Verbindung mit § 5 erstmals zum 30. Juni 2017 stellen. [2] Bei der ersten Auflösung des Regulierungskontos nach Satz 1 umfasst die Auflösung des Regulierungskontos alle noch offenen Kalenderjahre. [3] Abweichend von § 5 Absatz 3 Satz 1 wird der nach § 5 Absatz 1 und 1a in Verbindung mit Satz 1 ermittelte Saldo annuitätisch bis zum Ende der dritten Regulierungsperiode durch Zu- und Abschläge auf die Erlösobergrenze verteilt. [4] § 5 Absatz 3 Satz 2 ist entsprechend anzuwenden.

(5) [1] § 6 Absatz 3 ist für die Dauer der dritten Regulierungsperiode nicht anzuwenden auf Kapitalkosten aus Investitionen von Verteilernetzbetreibern in betriebsnotwendige Anlagegüter, die im Zeitraum vom 1. Januar 2007 bis einschließlich 31. Dezember 2016 erstmals aktiviert wurden. [2] Handelt es sich um Investitionen, für die eine Investitionsmaßnahme nach § 23 Absatz 6 oder Absatz 7 durch die Regulierungsbehörde genehmigt wurde, ist Satz 1 nicht anzuwenden. [3] Für Verteilernetze ist § 23 Absatz 2a mit Beginn der dritten Regulierungsperiode nicht mehr anzuwenden.

(6) [1] Betreiber von Gasverteilernetzen können den Antrag nach § 4 Absatz 4 Satz 1 Nummer 1 in Verbindung mit § 10a erstmals zum 30. Juni 2017 stellen. [2] Betreiber von Elektrizitätsverteilernetzen können den Antrag nach § 4 Absatz 4 Satz 1 Nummer 1 in Verbindung mit § 10a erstmals zum 30. Juni 2018 stellen.

(7) [1] Ab der dritten Regulierungsperiode sind § 10 sowie § 23 Absatz 6 und 7 für Betreiber von Elektrizitäts- und Gasverteilernetzen nicht mehr anzuwenden. [2] Die Wirksamkeit von über die zweite Regulierungsperiode hinaus nach § 23 Absatz 6 oder Absatz 7 genehmigten Investitionsmaßnahmen endet mit Ablauf der dritten Regulierungsperiode. [3] Eine Neubescheidung erfolgt in diesen Fällen nicht. [4] Für die der Investitionsmaßnahme zugrunde liegenden Anlagegüter darf für die Dauer der Genehmigung der Investitionsmaßnahme kein weiterer Kapitalkostenaufschlag nach § 4 Absatz 4 Satz 1 Nummer 1 in Verbindung mit § 10a genehmigt werden. [5] Abweichend von den Sätzen 2 und 3 steht es Netzbetreibern frei, bis zum 30. Juni 2017 für Gasverteilernetze und bis zum 30. Juni 2018 für Stromverteilernetze einen Antrag auf Genehmigung eines Kapitalkostenaufschlags nach § 10a zu stellen. [6] In diesem Fall endet die genehmigte Investitionsmaßnahme abweichend von Satz 2 mit Ablauf der zweiten Regulierungsperiode.

(7a) [1] Ab der dritten Regulierungsperiode ist § 23 nicht mehr anzuwenden auf Offshore-Anbindungsleitungen nach § 17d Absatz 1 und den §§ 17a und 17b des Energiewirtschaftsgesetzes[1)] sowie nach § 12b Absatz 1 Satz 3 Nummer 7 des Energiewirtschaftsgesetzes oder nach dem Flächenentwicklungsplan nach § 5 des Windenergie-auf-See-Gesetzes[2)]. [2] Die Wirksamkeit von Investiti-

[1)] Nr. **1**.
[2)] Nr. **47**.

onsmaßnahmen, die über die zweite Regulierungsperiode hinaus genehmigt wurden, endet mit Ablauf der zweiten Regulierungsperiode. [3]Die Sätze 1 und 2 sind nicht anzuwenden, soweit sich aus Absatz 14 etwas anderes ergibt.

(8) [1]Die Behandlung von Kosten des Einspeisemanagements als volatile Kosten tritt zum 1. Januar 2017 in Kraft. [2]Für die bis dahin entstandenen Kosten aus Maßnahmen des Einspeisemanagements bleibt es bei der Regelung, diese als dauerhaft nicht beeinflussbare Kosten nach § 11 Absatz 2 Satz 1 Nummer 1 zu behandeln.

(9) Abweichend von § 24 Absatz 4 haben Netzbetreiber von Gasverteilernetzen, die in der dritten Regulierungsperiode am vereinfachten Verfahren teilnehmen wollen, dies bei der Regulierungsbehörde bis zum 15. Oktober 2016 zu beantragen.

(10) [1]Im Fall von Netzübergängen nach § 26 Absatz 2 haben die beteiligten Netzbetreiber eine Aufnahme des Netzbetriebes im Sinne von § 26 Absatz 3 Satz 1 unverzüglich nach Inkrafttreten des § 26 in der Fassung vom 17. September 2016 nach § 28 Nummer 8 anzuzeigen, wenn zu diesem Zeitpunkt noch keine bestandskräftige Festlegung der Erlösobergrenze nach Maßgabe des § 26 Absatz 2 der Anreizregulierungsverordnung vom 29. Oktober 2007 in der Fassung von Artikel 2 Absatz 6 des Gesetzes vom 21. Dezember 2015 erfolgt ist. [2]Die Frist des § 26 Absatz 3 Satz 1 beginnt in diesen Fällen zum Zeitpunkt des Inkrafttretens des § 26 in der Fassung vom 17. September 2016. [3]Bei der Ermittlung des Anteils der Erlösobergrenze nach § 26 Absatz 3 bis 5 in Verbindung mit Anlage 4 ist § 6 Absatz 3 bis zum Beginn der dritten Regulierungsperiode nicht anzuwenden. [4]Die Kapitalkosten des übergehenden Netzteils im jeweiligen Jahr der Regulierungsperiode sind in Höhe der Kapitalkosten des übergehenden Netzteils im Basisjahr anzuwenden.

(11) [1]§ 23 Absatz 1 Satz 4 und 5 ist nur für Investitionsmaßnahmen anzuwenden, die nach dem 22. März 2019 erstmalig beantragt werden. [2]Für alle Investitionsmaßnahmen, die vor dem 31. Dezember 2018 beantragt wurden, findet § 23 Absatz 1 Satz 4 in der bis zum 21. März 2019 geltenden Fassung Anwendung. [3]Bei Investitionsmaßnahmen von Übertragungsnetzbetreibern, die vor dem 22. März 2019 über die dritte Regulierungsperiode hinaus nach § 23 Absatz 1 beantragt oder genehmigt wurden, endet der Genehmigungszeitraum mit Ablauf der dritten Regulierungsperiode, sofern sie bis zum 21. März 2019 für einen längeren Zeitraum genehmigt wurden.

(12) [1]Ab dem 22. März 2019 können bis zu der Festlegung der Pauschale nach § 23 Absatz 1a Satz 2 für den Zeitraum bis zu der vollständigen Inbetriebnahme der jeweiligen Anlagegüter als Betriebskosten für die Anlagegüter, die Gegenstand der Investitionsmaßnahme sind, jährlich pauschal 0,2 Prozent der für die Investitionsmaßnahme ansetzbaren Anschaffungs- und Herstellungskosten geltend gemacht werden. [2]Der pauschale Wert nach Satz 1 kann durch Festlegung nach § 32 Absatz 1 Nummer 8c rückwirkend zum 22. März 2019 angepasst werden; eine Absenkung dieses pauschalen Wertes darf aber erst mit Wirkung ab dem Zeitpunkt dieser Festlegungsentscheidung erfolgen. [3]Das Festlegungsverfahren der Bundesnetzagentur nach § 32 Absatz 1 Nummer 8c soll unverzüglich nach dem 22. März 2019 eingeleitet werden.

(13) [1] Auf Kapitalkosten von Übertragungsnetzbetreibern im Sinne des § 32b der Stromnetzentgeltverordnung[1)] sind ab dem 1. Januar 2019 die Vorschriften dieser Rechtsverordnung in der jeweils geltenden Fassung entsprechend anzuwenden, soweit

1. in dieser Verordnung nichts anderes bestimmt und
2. die Anwendung dieser Vorschriften erforderlich ist, um hinsichtlich des Kapitalkostenanteils der Netzkosten im Sinne des § 3a der Stromnetzentgeltverordnung[1)] ein Ermittlungsergebnis herbeizuführen, das sich ergeben hätte, wenn die Kapitalkosten im Sinne des § 3a der Stromnetzentgeltverordnung für die Ermittlung von Erlösobergrenzen nach dieser Verordnung in die allgemeine Netzkostenermittlung nach § 3 Absatz 1 Satz 1 der Stromnetzentgeltverordnung einbezogen worden wären.

[2] Im Übrigen ist diese Verordnung nicht auf die Kosten von Offshore-Anbindungsleitungen anzuwenden.

(14) [1] Abweichend von Absatz 7a gelten bis zum 31. Dezember 2023 für die Kapitalkosten von Offshore-Anbindungsleitungen nach § 32b der Stromnetzentgeltverordnung[1)], die in der Zeit vom 1. Januar 2017 bis zum 31. Dezember 2019 fertiggestellt und in Betrieb genommen worden sind, die Grundsätze für Investitionsmaßnahmen nach § 23. [2] § 23 Absatz 1 Satz 2 Nummer 5 wird bis zum 31. Dezember 2023 in der bis zum 21. März 2019 geltenden Fassung auf diese Kapitalkosten angewendet; auf Betriebskosten ist die Regelung nicht anzuwenden.

(15) [1] Abweichend von § 5 Absatz 1 Satz 1 dürfen Netzbetreiber Kosten, die vor dem 1. Oktober 2021 durch die Vorbereitung der Umsetzung der Änderungen in den §§ 13, 13a und 14 Absatz 1c des Energiewirtschaftsgesetzes[2)] durch Artikel 1 Nummer 9, 10 und 13 des Gesetzes vom 13. Mai 2019 (BGBl. I S. 706) entstehen, als zusätzliche zulässige Erlöse in das Regulierungskonto einbeziehen. [2] Die sich daraus ergebende zusätzliche Differenz ist nach § 5 Absatz 3 Satz 1 zu genehmigen, wenn die zusätzlichen Kosten effizient sind und nicht bereits auf Grund anderer Regelungen dieser Verordnung in den zulässigen Erlösen nach § 4 berücksichtigt wurden.

Anlage 1
(zu § 7)

Die Festsetzung der Erlösobergrenze nach den §§ 4 bis 16 erfolgt in der ersten Regulierungsperiode nach der folgenden Formel:

$$EO_t = KA_{dnb,t} + (KA_{vnb,0} + (1 - V_t) \cdot KA_{b,0}) \cdot (VPI_t/VPI_0 - PF_t) \cdot EF_t + Q_t + (VK_t - VK_0).$$

Ab der zweiten Regulierungsperiode erfolgt die Festsetzung der Erlösobergrenze nach den §§ 4 bis 16 nach der folgenden Formel:

$$EO_t = KA_{dnb,t} + (KA_{vnb,0} + (1 - V_t) \cdot KA_{b,0}) \cdot (VPI_t/VPI_0 - PF_t) \cdot EF_t + Q_t + (VK_t - VK_0) + S_t.$$

Ab der dritten Regulierungsperiode erfolgt die Festsetzung der Erlösobergrenze nach den §§ 4 bis 16 für Betreiber von Elektrizitäts- und Gasverteilernetzen nach der folgenden Formel:

---

1) Nr. **24**.
2) Nr. **1**.

$$EO_t = KA_{dnb,t} + \left(KA_{vnb,t} + (1 - V_t) \cdot KA_{b,t} + \frac{B_0}{T} \right) \cdot \left(\frac{VPI_t}{VPI_0} - PF_t \right) + KKA_t + Q_t + (VK_t - VK_0) + S_t$$

Dabei ist:

EO_t	Erlösobergrenze aus Netzentgelten, die im Jahr t der jeweiligen Regulierungsperiode nach Maßgabe des § 4 Anwendung findet.
$KA_{dnb,t}$	Dauerhaft nicht beeinflussbarer Kostenanteil nach § 11 Absatz 2, der für das Jahr t der jeweiligen Regulierungsperiode unter Berücksichtigung der Änderungen nach § 4 Absatz 3 Satz 1 Nummer 2 Anwendung findet.
$KA_{vnb,0}$	Vorübergehend nicht beeinflussbarer Kostenanteil nach § 11 Absatz 3 im Basisjahr.
$KA_{vnb,t}$	Vorübergehend nicht beeinflussbarer Kostenanteil nach § 11 Absatz 3, der für das Jahr t der jeweiligen Regulierungsperiode anzuwenden ist.
V_t	Verteilungsfaktor für den Abbau der Ineffizienzen, der im Jahr t der jeweiligen Regulierungsperiode nach Maßgabe des § 16 Anwendung findet.
$KA_{b,0}$	Beeinflussbarer Kostenanteil nach § 11 Absatz 4 im Basisjahr. Er entspricht den Ineffizienzen nach § 15 Absatz 3.
$KA_{b,t}$	Beeinflussbarer Kostenanteil nach § 11 Absatz 4, der für das Jahr t der jeweiligen Regulierungsperiode anzuwenden ist. B_0 Bonus nach § 12a im Basisjahr. T Dauer der jeweiligen Regulierungsperiode in Jahren.
VPI_t	Verbraucherpreisgesamtindex, der nach Maßgabe des § 8 Satz 2 für das Jahr t der jeweiligen Regulierungsperiode Anwendung findet.
VPI_0	Durch das Statistische Bundesamt veröffentlichter Verbraucherpreisgesamtindex für das Basisjahr.
PF_t	Genereller sektoraler Produktivitätsfaktor nach Maßgabe des § 9, der die Veränderungen des generellen sektoralen Produktivitätsfaktors für das Jahr t der jeweiligen Regulierungsperiode im Verhältnis zum ersten Jahr der Regulierungsperiode wiedergibt. In Analogie zu dem Term VPI_t/VPI_0 ist PF_t dabei durch Multiplikation der einzelnen Jahreswerte einer Regulierungsperiode zu bilden.
KKA_t	Kapitalkostenaufschlag nach § 10a, der für das Jahr t der jeweiligen Regulierungsperiode anzuwenden ist.
EF_t	Erweiterungsfaktor nach Maßgabe des § 10 für das Jahr t der jeweiligen Regulierungsperiode.
Q_t	Zu- und Abschläge auf die Erlösobergrenze nach Maßgabe des § 19 im Jahr t der jeweiligen Regulierungsperiode.
S_t	Summe der Zu- und Abschläge auf die Erlösobergrenze nach § 5 Absatz 3.
VK_t	volatiler Kostenanteil, der nach § 11 Absatz 5 im Jahr t der jeweiligen Regulierungsperiode Anwendung findet.
VK_0	volatiler Kostenanteil nach § 11 Absatz 5 im Basisjahr.

Das Basisjahr bestimmt sich jeweils nach Maßgabe des § 6 Absatz 1.

Anlage 2
(zu § 10)

Die Ermittlung eines Erweiterungsfaktors nach § 10 erfolgt nach der folgenden Formel: Für die Spannungsebenen Mittelspannung und Niederspannung (Strom) oder die Ebene der Gesamtheit aller Leitungsnetze unabhängig von Druckstufen (Gas) ist:

$$EF_{t,Ebene\,i} = 1 + \frac{1}{2} \cdot \max\left(\frac{F_{t,i} - F_{0,i}}{F_{0,i}}; 0 \right) + \frac{1}{2} \cdot \max\left(\frac{AP_{t,i} - AP_{0,i}}{AP_{0,i}}; 0 \right)$$

Für die Umspannebenen Hochspannung/Mittelspannung und Mittelspannung/Niederspannung (Strom) oder die Ebene der Gesamtheit aller Regelanlagen unabhängig von der Druckstufe (Gas) ist:

$$EF_{t,\,Ebene\,i} = 1 + \max\left(\frac{L_{t,i} - L_{0,i}}{L_{0,i}}; 0\right)$$

Dabei ist:

$EF_{t,\,Ebene\,i}$	Erweiterungsfaktor der Ebene i im Jahr t der jeweiligen Regulierungsperiode.
$F_{t,i}$	Fläche des versorgten Gebietes der Ebene i im Jahr t der jeweiligen Regulierungsperiode.
$F_{0,i}$	Fläche des versorgten Gebietes der Ebene i im Basisjahr.
$AP_{t,i}$	Anzahl der Anschlusspunkte in der Ebene i im Jahr t der jeweiligen Regulierungsperiode.
$AP_{0,i}$	Anzahl der Anschlusspunkte in der Ebene i im Basisjahr.
$L_{t,i}$	Höhe der Last in der Ebene i im Jahr t der jeweiligen Regulierungsperiode.
$L_{0,i}$	Höhe der Last in der Ebene i im Basisjahr.

Der Erweiterungsfaktor für das gesamte Netz ist der gewichtete Mittelwert über alle Netzebenen.

Anlage 2a
(zu § 6)

(1) Die Ermittlung des Kapitalkostenabzugs nach § 6 Absatz 3 eines Jahres der jeweiligen Regulierungsperiode erfolgt anhand der folgenden Formel:

$$KKAb_t = KK_0 - KK_t$$

(2) Die Ermittlung der Kapitalkosten im Basisjahr erfolgt auf der Grundlage des Bestands betriebsnotwendiger Anlagegüter des Ausgangsniveaus nach § 6 Absatz 1 und 2 anhand folgender Formel:

$$KK_0 = AB_0 + EKZ_0 + GewSt_0 + FKZ_0$$

(3) Die Ermittlung der fortgeführten Kapitalkosten im jeweiligen Jahr der Regulierungsperiode erfolgt auf der Grundlage des fortgeführten Bestands betriebsnotwendiger Anlagegüter des Ausgangsniveaus nach § 6 Absatz 1 und 2 anhand folgender Formel:

$$KK_t = AB_t + EKZ_t + GewSt_t + FKZ_t$$

Dabei ist

$KKAb_t$	Kapitalkostenabzug nach § 6 Absatz 3, die im Jahr t der jeweiligen Regulierungsperiode anzuwenden ist,
KK_0	Kapitalkosten nach § 6 Absatz 3 auf der Grundlage des Bestands betriebsnotwendiger Anlagegüter des Ausgangsniveaus nach § 6 Absatz 1 und 2 im Basisjahr,
KK_t	Kapitalkosten nach § 6 Absatz 3 auf der Grundlage des fortgeführten Bestands betriebsnotwendiger Anlagegüter des Ausgangsniveaus nach § 6 Absatz 1 und 2 im Jahr t der jeweiligen Regulierungsperiode,
AB_0	Kalkulatorische Abschreibungen nach § 6 Absatz 3 auf der Grundlage des Bestands betriebsnotwendiger Anlagegüter des Ausgangsniveaus nach § 6 Absatz 1 und 2 im Basisjahr,
AB_t	Kalkulatorische Abschreibungen nach § 6 Absatz 3 auf der Grundlage des fortgeführten Bestands betriebsnotwendiger Anlagegüter des Ausgangsniveaus nach § 6 Absatz 1 und 2 im Jahr t der jeweiligen Regulierungsperiode,
EKZ_0	Kalkulatorische Eigenkapitalverzinsung nach § 6 Absatz 3 auf der Grundlage des Bestands betriebsnotwendiger Anlagegüter des Ausgangsniveaus nach § 6 Absatz 1 und 2 im Basisjahr,
EKZ_t	Kalkulatorische Eigenkapitalverzinsung nach § 6 Absatz 3 auf der Grundlage des fortgeführten Bestands betriebsnotwendiger Anlagegüter des Ausgangsniveaus nach § 6 Absatz 1 und 2 im Jahr t der jeweiligen Regulierungsperiode,
$GewSt_0$	Kalkulatorische Gewerbesteuer nach § 6 Absatz 3 auf der Grundlage des Bestands betriebsnotwendiger Anlagegüter des Ausgangsniveaus nach § 6 Absatz 1 und 2 im Basisjahr,

$GewSt_t$ Kalkulatorische Gewerbesteuer nach § 6 Absatz 3 auf der Grundlage des fortgeführten Bestands betriebsnotwendiger Anlagegüter des Ausgangsniveaus nach § 6 Absatz 1 und 2 im Jahr t der jeweiligen Regulierungsperiode,

FKZ_0 Fremdkapitalzinsen nach § 6 Absatz 3 auf der Grundlage des Bestands betriebsnotwendiger Anlagegüter des Ausgangsniveaus nach § 6 Absatz 1 und 2 im Basisjahr,

FKZ_t Fremdkapitalzinsen nach § 6 Absatz 3 auf der Grundlage des fortgeführten Bestands betriebsnotwendiger Anlagegüter des Ausgangsniveaus nach § 6 Absatz 1 und 2 im Jahr t der jeweiligen Regulierungsperiode.

(4) Ferner sind von der Regulierungsbehörde bei der Ermittlung der fortgeführten Kapitalkosten die folgenden Grundsätze anzuwenden:

1. Die kalkulatorischen Abschreibungen eines Jahres der jeweiligen Regulierungsperiode sind gemäß § 6 der Stromnetzentgeltverordnung[1] oder § 6 der Gasnetzentgeltverordnung[2] zu ermitteln, wobei die Fremd- oder Eigenkapitalquote nach § 6 Absatz 2 der Stromnetzentgeltverordnung oder § 6 Absatz 2 der Gasnetzentgeltverordnung des Ausgangsniveaus im Basisjahr anzuwenden sind; der Bewertungszeitpunkt für die Ermittlung der kalkulatorischen Abschreibungen zu Tagesneuwerten ist das Basisjahr.
2. Die kalkulatorischen Restwerte der Sachanlagen des betriebsnotwendigen Vermögens eines Jahres der jeweiligen Regulierungsperiode sind nach § 7 Absatz 1 Nummer 1 bis 3 der Stromnetzentgeltverordnung[1] oder § 7 Absatz 1 Nummer 1 bis 3 der Gasnetzentgeltverordnung[2] zu ermitteln, wobei die Fremd- oder Eigenkapitalquote nach § 6 Absatz 2 der Stromnetzentgeltverordnung oder § 6 Absatz 2 der Gasnetzentgeltverordnung des Ausgangsniveaus im Basisjahr anzuwenden sind; der Bewertungszeitpunkt für die Ermittlung der kalkulatorischen Restwerte zu Tagesneuwerten ist das Basisjahr.
3. Die Bilanzwerte des übrigen betriebsnotwendigen Vermögens eines Jahres der jeweiligen Regulierungsperiode sind im Verhältnis der Bilanzwerte nach § 7 Absatz 1 Nummer 4 der Stromnetzentgeltverordnung[1] oder § 7 Absatz 1 Nummer 4 der Gasnetzentgeltverordnung[2] und dem betriebsnotwendigen Vermögen nach § 7 Absatz 1 Nummer 1 bis 4 der Stromnetzentgeltverordnung oder § 7 Absatz 1 Nummer 1 bis 4 der Gasnetzentgeltverordnung des Ausgangsniveaus im Basisjahr anzuwenden.
4. Die Werte der erhaltenen Baukostenzuschüsse einschließlich passivierter Leistungen der Anschlussnehmer zur Erstattung von Netzanschlusskosten eines Jahres der jeweiligen Regulierungsperiode sind nach § 7 Absatz 2 Nummer 4 der Stromnetzentgeltverordnung[1] oder § 7 Absatz 2 Nummer 4 der Gasnetzentgeltverordnung[2] zu ermitteln.
5. Das übrige Abzugskapital eines Jahres der jeweiligen Regulierungsperiode ist im Verhältnis des Abzugskapitals nach § 7 Absatz 2 Nummer 1 bis 3 und 5 der Stromnetzentgeltverordnung[1] oder § 7 Absatz 2 Nummer 1 bis 3 und 5 der Gasnetzentgeltverordnung[2] zum betriebsnotwendigen Vermögen nach § 7 Absatz 1 Nummer 1 bis 4 der Stromnetzentgeltverordnung oder § 7 Absatz 1 Nummer 1 bis 4 der Gasnetzentgeltverordnung des Ausgangsniveaus im Basisjahr anzuwenden.
6. Das verzinsliche Fremdkapital eines Jahres der jeweiligen Regulierungsperiode ist im Verhältnis des verzinslichen Fremdkapitals nach § 7 Absatz 1 Satz 2 der Stromnetzentgeltverordnung[1] oder § 7 Absatz 1 Satz 2 der Gasnetzentgeltverordnung[2] zum betriebsnotwendigen Vermögen nach § 7 Absatz 1 der Stromnetzentgeltverordnung oder § 7 Absatz 1 der Gasnetzentgeltverordnung des Ausgangsniveaus im Basisjahr anzuwenden.
7. Die Ermittlung des betriebsnotwendigen Eigenkapitalanteils am betriebsnotwendigen Vermögen eines Jahres der jeweiligen Regulierungsperiode erfolgt nach § 7 Absatz 1 Satz 5 der Stromnetzentgeltverordnung[1] oder § 7 Absatz 1 Satz 5 der Gasnetzentgeltverordnung[2] unter Berücksichtigung der Nummern 2 bis 6.
8. Die Aufteilung des betriebsnotwendigen Eigenkapitals erfolgt nach § 7 Absatz 3 der Stromnetzentgeltverordnung[1] oder § 7 Absatz 3 der Gasnetzentgeltverordnung[2].
9. Für die Berechnung der kalkulatorischen Eigenkapitalverzinsung eines Jahres der jeweiligen Regulierungsperiode sind die Eigenkapitalzinssätze nach § 7 Absatz 4 Satz 1 und 2 der Stromnetzentgeltverordnung[1] oder § 7 Absatz 4 Satz 1 und 2 der Gasnetzentgeltverordnung[2] des Ausgangsniveaus im Basisjahr sowie der Zinssatz nach § 7 Absatz 7 der Stromnetzentgeltverordnung oder § 7 Absatz 7 der Gasnetzentgeltverordnung des Ausgangsniveaus im Basisjahr anzuwenden.

---

[1] Nr. **24**.
[2] Nr. **26**.

10. Die Ermittlung der kalkulatorischen Gewerbesteuer eines Jahres der Regulierungsperiode erfolgt nach § 8 der Stromnetzentgeltverordnung[1] oder § 8 der Gasnetzentgeltverordnung[2] und den Nummern 2 bis 9 unter Verwendung des Gewerbesteuerhebesatzes des Ausgangsniveaus im Basisjahr.
11. Der Fremdkapitalzinsaufwand eines Jahres der Regulierungsperiode ergibt sich als Produkt aus den Fremdkapitalzinsen des Basisjahres und dem Verhältnis aus dem betriebsnotwendigen Vermögen des jeweiligen Jahres der Regulierungsperiode nach den Nummern 1 bis 9 und dem betriebsnotwendigen Vermögen des Basisjahres nach § 7 Absatz 1 Nummer 1 bis 4 der Stromnetzentgeltverordnung[1] oder § 7 Absatz 1 Nummer 1 bis 4 der Gasnetzentgeltverordnung[2].

Anlage 3
(zu § 12)

1. Die anzuwendenden Methoden bei der Durchführung des Effizienzvergleichs nach § 12 sind die
   a) Dateneinhüllungsanalyse (Data Envelopment Analysis – DEA) und
   b) Stochastische Effizienzgrenzenanalyse (Stochastic Frontier Analysis – SFA).

   DEA im Sinne dieser Verordnung ist eine nicht-parametrische Methode, in der die optimalen Kombinationen von Aufwand und Leistung aus einem linearen Optimierungsproblem resultieren. Durch die DEA erfolgt die Bestimmung einer Effizienzgrenze aus den Daten aller in den Effizienzvergleich einzubeziehenden Unternehmen und die Ermittlung der relativen Positionen der einzelnen Unternehmen gegenüber dieser Effizienzgrenze.
   Die SFA ist eine parametrische Methode, die einen funktionalen Zusammenhang zwischen Aufwand und Leistung in Form einer Kostenfunktion herstellt. Im Rahmen der SFA werden die Abweichungen zwischen den tatsächlichen und den regressionsanalytisch geschätzten Kosten in einen symmetrisch verteilten Störterm und eine positiv verteilte Restkomponente zerlegt. Die Restkomponente ist Ausdruck von Ineffizienz. Es wird somit von einer schiefen Verteilung der Restkomponente ausgegangen.
2. Die Effizienzgrenze wird von den Netzbetreibern mit dem besten Verhältnis zwischen netzwirtschaftlicher Leistungserbringung und Aufwand gebildet. Für Netzbetreiber, die im Effizienzvergleich als effizient ausgewiesen werden, gilt ein Effizienzwert in Höhe von 100 Prozent, für alle anderen Netzbetreiber ein entsprechend niedrigerer Wert.
3. Die Ermittlung der Effizienzwerte im Effizienzvergleich erfolgt unter Einbeziehung aller Druckstufen oder Netzebenen. Es erfolgt keine Ermittlung von Teileffizienzen für die einzelnen Druckstufen oder Netzebenen.
4. Bei der Durchführung einer DEA sind konstante Skalenerträge zu unterstellen.
5. Die Regulierungsbehörde führt für die parametrische Methode und für die nicht-parametrische Methode Analysen zur Identifikation von extremen Effizienzwerten (Ausreißern) durch, die dem Stand der Wissenschaft entsprechen müssen. Ermittelte Ausreißer in dem Sinne, dass sie eine besonders hohe Effizienz aufweisen, werden mit einem Effizienzwert von 100 Prozent festgesetzt. Ausreißer in dem Sinne, dass sie eine besonders niedrige Effizienz aufweisen, erhalten den Mindesteffizienzwert nach § 12 Abs. 4 Satz 1.
   Bei der nicht-parametrischen Methode gilt ein Wert dann als Ausreißer, wenn er für einen überwiegenden Teil des Datensatzes als Effizienzmaßstab gelten würde. Zur Ermittlung von Ausreißern sind statistische Tests durchzuführen. Dabei ist die mittlere Effizienz aller Netzbetreiber einschließlich der potenziellen Ausreißer mit der mittleren Effizienz der Netzbetreiber zu vergleichen, die sich bei Ausschluss der potenziellen Ausreißer ergeben würde. Der dabei festgestellte Unterschied ist mit einer Vertrauenswahrscheinlichkeit von mindestens 95 Prozent zu identifizieren. Die auf diese Weise festgestellten Ausreißer sind aus dem Datensatz zu entfernen. Ergänzend ist eine Analyse der Supereffizienzwerte durchzuführen. Dabei sind diejenigen Ausreißer aus dem Datensatz zu entfernen, deren Effizienzwerte den oberen Quartilswert um mehr als den 1,5fachen Quartilsabstand übersteigen. Der Quartilsabstand ist dabei definiert als die Spannweite der zentralen 50 Prozent eines Datensatzes.

---

[1] Nr. **24**.
[2] Nr. **26**.

Bei der parametrischen Methode gilt ein Wert dann als Ausreißer, wenn er die Lage der ermittelten Regressionsgerade zu einem erheblichen Maß beeinflusst. Zur Ermittlung des erheblichen Einflusses sind statistische Tests durchzuführen, mit denen ein numerischer Wert für den Einfluss zu ermitteln ist. Liegt der ermittelte Wert über einem methodisch angemessenen kritischen Wert, so ist der Ausreißer aus dem Datensatz zu entfernen. Methoden, die zur Anwendung kommen können, sind insbesondere Cooks-Distance, DFBETAS, DFFITS, Covariance-Ratio oder Robuste Regression.

Anlage 4
(zu § 26)

Die Ermittlung des Anteils der Erlösobergrenze nach § 26 Absatz 3 bis 5 erfolgt anhand der folgenden Formel:

$$EO_{ÜN,t} = \frac{KK_{ÜN,t}}{KK_t} \cdot \left(EO_{ab,t} - vermNE_t - vorgNK_t\right)$$

Dabei ist:

$EO_{ÜN,t}$	Anteil der Erlösobergrenze des übergehenden Netzteils nach § 26 Absatz 3 im jeweiligen Jahr t der Regulierungsperiode,
$KK_{ÜN,t}$	Kapitalkosten nach § 26 Absatz 4 in Verbindung mit § 6 Absatz 3 auf der Grundlage des fortgeführten Bestands betriebsnotwendiger Anlagegüter des Ausgangsniveaus nach § 6 Absatz 1 und 2 des übergehenden Netzteils im Jahr t der jeweiligen Regulierungsperiode,
KK_t	Kapitalkosten nach § 6 Absatz 3 auf der Grundlage des fortgeführten Bestands betriebsnotwendiger Anlagegüter des Ausgangsniveaus nach § 6 Absatz 1 und 2 des abgebenden Netzbetreibers im Jahr t der jeweiligen Regulierungsperiode,
$EO_{ab,t}$	Die nach § 32 Absatz 1 Nummer 1 ursprünglich für den abgebenden Netzbetreiber festgelegte Erlösobergrenze im Jahr t der jeweiligen Regulierungsperiode,
$vermNE_t$	Die in der nach § 32 Absatz 1 Nummer 1 ursprünglich für den abgebenden Netzbetreiber festgelegten Erlösobergrenze des Jahres t der Regulierungsperiode enthaltenen vermiedenen Netzentgelte nach § 11 Absatz 2 Satz 1 Nummer 8,
$vorgNK_t$	Die in der nach § 32 Absatz 1 Nummer 1 ursprünglich für den abgebenden Netzbetreiber festgelegten Erlösobergrenze des Jahres t der Regulierungsperiode enthaltenen vorgelagerten Netzkosten nach § 11 Absatz 2 Satz 1 Nummer 4.

29. Gesetz über das Inverkehrbringen und die Bereitstellung von Messgeräten auf dem Markt, ihre Verwendung und Eichung sowie über Fertigpackungen (Mess- und Eichgesetz – MessEG) [1] [2][3]

Vom 25. Juli 2013
(BGBl. I S. 2722)

FNA 7141-8

zuletzt geänd. durch Art. 1 Erstes ÄndG v. 11.4.2016 (BGBl. I S. 718)

Inhaltsübersicht

---

[1] Verkündet als Art. 1 G zur Neuregelung des gesetzlichen Messwesens v. 25.7.2013 (BGBl. I S. 2722); Inkrafttreten gem. Art. 27 Abs. 1 dieses G mWv 1.1.2015, mit Ausnahme der §§ 4, 11 bis 22, 30, 41, 46 und 53 Abs. 3, die gem. Art. 27 Abs. 2 mWv 1.8.2013 treten, und des § 59 Abs. 3, der gem. Art 27 Abs. 3 mWv 1.9.2014 in Kraft tritt.

[2] **Amtl. Anm.:** Dieses Gesetz dient der Umsetzung

1. der Richtlinie 2004/22/EG des Europäischen Parlaments und des Rates vom 31. März 2004 über Messgeräte (ABl. L 135 vom 30.4.2004, S. 1),
2. der Richtlinie 2009/23/EG des Europäischen Parlaments und des Rates vom 23. April 2009 über nichtselbsttätige Waagen (ABl. L 122 vom 16.5.2009, S. 6),
3. der Richtlinie 2009/34/EG des Europäischen Parlaments und des Rates vom 23. April 2009 betreffend gemeinsame Vorschriften über Messgeräte sowie über Mess- und Prüfverfahren (ABl. L 106 vom 28.4.2009, S. 7),
4. der Richtlinie 75/107/EWG des Rates vom 19. Dezember 1974 zur Angleichung der Rechtsvorschriften der Mitgliedstaaten über Flaschen als Maßbehältnisse (ABl. L 42 vom 15.2.1975, S. 14),
5. der Richtlinie 76/211/EWG des Rates vom 20. Januar 1976 zur Angleichung der Rechtsvorschriften der Mitgliedstaaten über die Abfüllung bestimmter Erzeugnisse nach Gewicht oder Volumen in Fertigpackungen (ABl. L 46 vom 21.2.1976, S. 1), die zuletzt durch die Richtlinie 2007/45/EG des Europäischen Parlaments und des Rates vom 5. September 2007 (ABl. L 247 vom 21.9.2007, S. 17) geändert worden ist,
6. der Richtlinie 2007/45/EG des Europäischen Parlaments und des Rates vom 5. September 2007 zur Festlegung von Nennfüllmengen für Erzeugnisse in Fertigpackungen, zur Aufhebung der Richtlinien 75/106/EWG und 80/232/EWG des Rates und zur Angleichung der Richtlinie 76/211/EWG des Rates (ABl. L 247 vom 21.9.2007, S. 17).

Notifiziert gemäß der Richtlinie 98/34/EG des Europäischen Parlaments und des Rates vom 22. Juni 1998 über ein Informationsverfahren auf dem Gebiet der Normen und technischen Vorschriften und der Vorschriften für die Dienste der Informationsgesellschaft (ABl. L 204 vom 21.7.1998, S. 37), zuletzt geändert durch Artikel 26 Absatz 2 der Verordnung (EU) Nr. 1025/2012 des Europäischen Parlaments und des Rates vom 25. Oktober 2012 (ABl. L 316 vom 14.11.2012, S. 12).

[3] Siehe hierzu ua: Mess- und Eichgebührenverordnung v. 24.3.2015 (BGBl. I S. 330), geänd. durch VO v. 30.4.2019 (BGBl. I S. 579).

Abschnitt 1. Allgemeine Bestimmungen

§ 1 Anwendungsbereich des Gesetzes. Dieses Gesetz ist anzuwenden auf

1. Messgeräte und sonstige Messgeräte, soweit sie in einer Rechtsverordnung nach § 4 Absatz 1 oder 2 erfasst sind,
2. Teilgeräte, soweit in einer Rechtsverordnung nach § 4 Absatz 3 Teilgeräte bestimmt sind,
3. Zusatzeinrichtungen zu Messgeräten, soweit diese nicht durch eine Rechtsverordnung nach § 4 Absatz 4 vom Anwendungsbereich dieses Gesetzes ausgenommen sind,
4. Messwerte, die mit Hilfe der Messgeräte nach Nummer 1 ermittelt werden,
5. Fertigpackungen und andere Verkaufseinheiten.

§ 2 Allgemeine Begriffsbestimmungen. Im Sinne dieses Gesetzes und der auf seiner Grundlage ergangenen Rechtsverordnungen sind die folgenden Begriffsbestimmungen anzuwenden:

1. Bereitstellung auf dem Markt ist jede entgeltliche oder unentgeltliche Abgabe eines Produkts zum Vertrieb, Verbrauch oder zur Verwendung auf dem Markt der Europäischen Union im Rahmen einer Geschäftstätigkeit,
2. Bevollmächtigter ist jede in der Europäischen Union ansässige natürliche oder juristische Person, die von einem Hersteller schriftlich beauftragt wurde, in seinem Namen bestimmte Aufgaben wahrzunehmen,

3. Einführer ist jede in der Europäischen Union ansässige natürliche oder juristische Person, die ein Produkt aus einem Drittstaat auf dem Markt der Europäischen Union in Verkehr bringt,
4. Händler ist jede natürliche oder juristische Person in der Lieferkette, die ein Produkt auf dem Markt bereitstellt, mit Ausnahme des Herstellers oder des Einführers,
5. harmonisierte Norm ist eine Norm
   a) im Sinne des Artikels 2 Nummer 1 Buchstabe c der Verordnung (EU) Nr. 1025/2012 des Europäischen Parlaments und des Rates vom 25. Oktober 2012 zur europäischen Normung, zur Änderung der Richtlinien 89/686/EWG und 93/15/EWG des Rates sowie der Richtlinien 94/9/EG, 94/25/EG, 95/16/EG, 97/23/EG, 2004/22/EG, 2007/23/EG, 2009/23/EG und 2009/105/EG des Europäischen Parlaments und des Rates und zur Aufhebung des Beschlusses 87/95/EWG des Rates und des Beschlusses Nr. 1673/2006/EG des Europäischen Parlaments und des Rates (ABl. L 316 vom 14.11.2012, S. 12) und
   b) deren Fundstelle im Amtsblatt der Europäischen Union veröffentlicht wurde,
6. Hersteller ist jede natürliche oder juristische Person, die ein Produkt herstellt oder ein Produkt entwickeln oder herstellen lässt und dieses Produkt unter ihrem eigenen Namen oder ihrer eigenen Marke vermarktet oder für eigene Zwecke in Betrieb nimmt; einem Hersteller eines Messgeräts ist gleichgestellt, wer ein auf dem Markt befindliches Messgerät so verändert, dass die Konformität mit den wesentlichen Anforderungen nach § 6 Absatz 2 beeinträchtigt werden kann,
7. Inverkehrbringen ist die erstmalige Bereitstellung eines Produkts auf dem Markt der Europäischen Union; einem erstmals bereitgestellten Messgerät gleichgestellt ist ein Messgerät, das in seiner Beschaffenheit mit dem Ziel einer Modifizierung seiner ursprünglichen messtechnischen Eigenschaften, seiner ursprünglichen Verwendung oder seiner ursprünglichen Bauart so wesentlich verändert wurde, dass eine Eichung nach § 37 zur umfassenden Bewertung des Messgeräts nicht ausreichend ist (erneuertes Messgerät),
8. Marktüberwachungsbehörde ist jede Behörde, die für die Durchführung der Marktüberwachung nach § 48 Absatz 1 zuständig ist,
9. normatives Dokument ist ein Dokument mit technischen Spezifikationen, das von der Internationalen Organisation für das gesetzliche Messwesen ausgearbeitet wurde und dessen Fundstelle im Amtsblatt der Europäischen Union veröffentlicht wurde,
10. Produkt ist ein Messgerät, ein sonstiges Messgerät, eine Fertigpackung oder eine andere Verkaufseinheit,
11. technische Spezifikation ist ein Schriftstück im Sinne des Artikels 2 Nummer 4 der Verordnung (EU) Nr. 1025/2012,
12. Wirtschaftsakteure sind Hersteller, Einführer, Händler und Bevollmächtigte.

§ 3 Messgerätespezifische Begriffsbestimmungen. Im Sinne dieses Gesetzes und der auf seiner Grundlage ergangenen Rechtsverordnungen sind ferner folgende Begriffsbestimmungen anzuwenden:

1. anerkennende Stelle ist die Stelle, die einer Konformitätsbewertungsstelle auf Antrag gestattet, bestimmte Konformitätsbewertungstätigkeiten durchzuführen,
2. Bauart eines Messgeräts ist die endgültige Ausführung eines Exemplars des betreffenden Messgerätetyps,
3. EG-Bauartzulassung ist die Zulassung von Messgeräten zur EG-Ersteichung,
4. EG-Ersteichung ist die Prüfung und Bestätigung der Übereinstimmung eines neuen oder erneuerten Messgeräts mit der zugelassenen Bauart oder den Bestimmungen der Richtlinie 2009/34/EG des Europäischen Parlaments und des Rates vom 23. April 2009 betreffend gemeinsame Vorschriften über Messgeräte sowie über Mess- und Prüfverfahren (ABl. L 106 vom 28.4.2009, S. 7) oder den auf diese Richtlinie gestützten Einzelrichtlinien,
5. Eichung ist jede behördliche oder auf behördliche Veranlassung erfolgende Prüfung, Bewertung und Kennzeichnung eines Messgeräts, die mit der Erlaubnis verbunden sind, das Messgerät im Rahmen des vorgesehenen Verwendungszwecks und unter den entsprechenden Verwendungsbedingungen für eine weitere Eichfrist zu verwenden,
6. Fehlergrenze ist die beim Inverkehrbringen und bei der Eichung eines Messgeräts zulässige Abweichung der Messergebnisse des Messgeräts vom wahren Messergebnis,
7. Inbetriebnahme eines Messgeräts ist die erstmalige Nutzung eines für den Endnutzer bestimmten Messgeräts für den beabsichtigten Zweck,
8. Konformitätsbewertung ist das Verfahren zur Bewertung, ob spezifische Anforderungen an ein Messgerät erfüllt worden sind,
9. Konformitätsbewertungsstelle ist eine Stelle, die Konformitätsbewertungstätigkeiten einschließlich Kalibrierungen, Prüfungen, Zertifizierungen und Inspektionen durchführt,
10. Konformitätserklärung ist die Erklärung des Herstellers, dass ein Messgerät nachweislich die gesetzlichen Anforderungen erfüllt,
11. Maßverkörperungen sind Vorrichtungen, die dem Begriff des Messgeräts unterfallen und mit denen während ihrer Benutzung ein oder mehrere bekannte Werte einer gegebenen Größe permanent reproduziert oder bereitgestellt werden,
12. Messbeständigkeit ist die Eigenschaft eines Messgeräts, während der gesamten Nutzungsdauer Messrichtigkeit zu gewährleisten und die Messergebnisse, soweit diese im Messgerät gespeichert werden, unverändert zu erhalten,
13. Messgeräte sind alle Geräte oder Systeme von Geräten mit einer Messfunktion einschließlich Maßverkörperungen, die jeweils zur Verwendung im geschäftlichen oder amtlichen Verkehr oder zur Durchführung von Messungen im öffentlichen Interesse bestimmt sind,

14. sonstiges Messgerät ist jedes Gerät oder System von Geräten mit einer Messfunktion, das weder zur Verwendung im geschäftlichen oder amtlichen Verkehr noch zur Durchführung von Messungen im öffentlichen Interesse bestimmt ist,
15. Messgröße ist die physikalische Größe, die durch eine Messung zu bestimmen ist,
16. Messrichtigkeit ist die Eigenschaft eines Messgeräts, bei bestimmungsgemäßer Verwendung richtige Messergebnisse zu ermitteln,
17. nicht rückwirkungsfreie Schnittstelle ist eine Anschlussmöglichkeit an einem Messgerät, über die Messwerte eines Messgeräts verfälscht werden können oder Funktionen ausgelöst werden können, die einen Messwert verfälschen,
18. Notifizierung ist die Mitteilung der anerkennenden Stelle an die Europäische Kommission und die übrigen Mitgliedstaaten der Europäischen Union, dass eine Konformitätsbewertungsstelle Konformitätsbewertungsaufgaben bei Messgeräten vornimmt, auf die Rechtsvorschriften der Europäischen Union anwendbar sind, in denen eine derartige Mitteilung vorgeschrieben ist,
19. Prüfbarkeit ist die Eigenschaft eines Messgeräts, überprüfen zu können, ob die wesentlichen Anforderungen nach § 6 Absatz 2 vorliegen; die Prüfbarkeit beinhaltet auch die Darstellung der Messergebnisse,
20. Teilgerät ist eine als solche in einer Rechtsverordnung nach § 4 Absatz 3 genannte Baueinheit, die unabhängig arbeitet und zusammen mit folgenden Geräten ein Messgerät darstellt:
    a) mit anderen Teilgeräten, mit denen sie kompatibel ist, oder
    b) mit einem Messgerät, mit dem sie kompatibel ist,
21. Verkehrsfehlergrenze ist die beim Verwenden eines Messgeräts zulässige Abweichung der Messergebnisse des Messgeräts vom wahren Messergebnis,
22. Verwenden eines Messgeräts ist das erforderliche Betreiben oder Bereithalten eines Messgeräts zur Bestimmung von Messwerten
    a) im geschäftlichen oder amtlichen Verkehr oder
    b) bei Messungen im öffentlichen Interesse;

    bereitgehalten wird ein Messgerät, wenn es ohne besondere Vorbereitung für die genannten Zwecke in Betrieb genommen werden kann und ein Betrieb zu diesen Zwecken nach Lage der Umstände zu erwarten ist,
23. Verwenden von Messwerten ist die erforderliche Nutzung von Messergebnissen eines Messgeräts
    a) im geschäftlichen oder amtlichen Verkehr oder
    b) bei Messungen im öffentlichen Interesse,
24. Zusatzeinrichtung zu einem Messgerät ist eine mit einem Messgerät verbundene Einrichtung, die für die Funktionsfähigkeit des Messgeräts nicht erforderlich ist und zu einem der folgenden Zwecke bestimmt ist:
    a) zur Ermittlung zusätzlicher Messgrößen,

b) zur erstmaligen Speicherung oder Darstellung von Messergebnissen zum Zweck des Verwendens von Messwerten oder von Daten über die elektronische Steuerung des Messgeräts,
c) zur Steuerung von Leistungen,
d) zur Ermittlung des zu zahlenden Preises einer Kaufsache oder einer Dienstleistung in Anwesenheit der betroffenen Parteien (Direktverkauf),
e) zur Verarbeitung von Messergebnissen zum Zweck der Übermittlung an Zusatzeinrichtungen im Sinne der Buchstaben a bis d oder
f) zum Anschluss an eine nicht rückwirkungsfreie Schnittstelle des Messgeräts.

§ 4 Verordnungsermächtigungen. (1) [1]Die Bundesregierung wird ermächtigt, zur Gewährleistung der Messrichtigkeit und Messbeständigkeit
1. beim Erwerb messbarer Güter oder Dienstleistungen zum Schutz der Verbraucherinnen und Verbraucher,
2. im geschäftlichen Verkehr zum Schutz des lauteren Handelsverkehrs sowie
3. im amtlichen Verkehr und bei Messungen im öffentlichen Interesse,

durch Rechtsverordnung mit Zustimmung des Bundesrates diejenigen Messgeräte näher zu bestimmen, die vom Anwendungsbereich dieses Gesetzes erfasst sind. [2]Dabei kann die Bundesregierung auch die Begriffe „amtlicher Verkehr“ und „Messungen im öffentlichen Interesse“ nach Satz 1 Nummer 3 näher bestimmen. [3]Rechtsverordnungen nach Satz 1 können auch zur Umsetzung von Rechtsakten der Europäischen Union erlassen werden.

(2) Die Bundesregierung wird ermächtigt, zur Umsetzung von Rechtsakten der Europäischen Union durch Rechtsverordnung mit Zustimmung des Bundesrates sonstige Messgeräte näher zu bestimmen.

(3) [1]Die Bundesregierung wird ferner ermächtigt, durch Rechtsverordnung mit Zustimmung des Bundesrates Teilgeräte zu bestimmen, soweit dies mit den in Absatz 1 Satz 1 genannten Zwecken vereinbar ist. [2]Rechtsverordnungen nach Satz 1 können auch zur Umsetzung von Rechtsakten der Europäischen Union erlassen werden.

(4) Die Bundesregierung wird ferner ermächtigt, durch Rechtsverordnung mit Zustimmung des Bundesrates zu bestimmen, dass einzelne Zusatzeinrichtungen zu Messgeräten ganz oder teilweise von der Anwendung des Gesetzes ausgenommen sind, soweit dies mit den in Absatz 1 Satz 1 genannten Zwecken vereinbar ist.

§ 5 Anwendung der Vorschriften über Messgeräte und Produkte.

Wenn in den nachfolgenden Abschnitten Regelungen für Messgeräte oder Produkte getroffen werden, sind diese in gleicher Weise anzuwenden auf
1. Zusatzeinrichtungen zu Messgeräten,
2. Teilgeräte.

Abschnitt 2. Inverkehrbringen von Messgeräten und ihre Bereitstellung auf dem Markt

Unterabschnitt 1. Voraussetzungen für das Inverkehrbringen

§ 6 Inverkehrbringen von Messgeräten. (1) Vorbehaltlich des Unterabschnitts 4 dürfen Messgeräte nur in Verkehr gebracht werden, wenn die in den Absätzen 2 bis 5 genannten Voraussetzungen erfüllt sind.

(2) [1] Messgeräte müssen die wesentlichen Anforderungen erfüllen; dies schließt die Einhaltung der Fehlergrenzen ein. [2] Wesentliche Anforderungen im Sinne von Satz 1 sind diejenigen Anforderungen,

1. die in der Rechtsverordnung nach § 30 Nummer 1 festgelegt sind oder
2. die einzuhalten sind, um dem Stand der Technik zur Gewährleistung richtiger Messergebnisse und Messungen zu entsprechen, sofern in der Rechtsverordnung nach § 30 Nummer 1 keine näheren Festlegungen getroffen sind.

(3) [1] Zum Nachweis, dass ein Messgerät die wesentlichen Anforderungen im Sinne des Absatzes 2 erfüllt, muss eine in einer Rechtsverordnung nach § 30 Nummer 3 festgelegte Konformitätsbewertung erfolgreich durchgeführt worden sein und eine Konformitätserklärung vorliegen. [2] Die Konformitätserklärung muss den Anforderungen der Rechtsverordnung nach § 30 Nummer 3 entsprechen.

(4) Die Konformität eines Messgeräts muss durch die in einer Rechtsverordnung nach § 30 Nummer 4 bestimmten Kennzeichen bestätigt sein.

(5) Das Messgerät muss mit den in einer Rechtsverordnung nach § 30 Nummer 4 bezeichneten Aufschriften zur näheren Bestimmung des Geräts und des Herstellers oder Einführers versehen sein.

§ 7 Vermutungswirkung. (1) [1] Entspricht ein Messgerät

1. einer harmonisierten Norm,
2. einem normativen Dokument, soweit dieses ganz oder teilweise von der Europäischen Kommission für entsprechend anwendbar erklärt wurde, oder
3. einer vom Ausschuss nach § 46 ermittelten technischen Spezifikation oder Regel, deren Fundstelle von der Physikalisch-Technischen Bundesanstalt im Bundesanzeiger bekannt gemacht wurde,

so wird vermutet, dass das Messgerät die wesentlichen Anforderungen des § 6 Absatz 2 erfüllt, soweit diese von den in den Nummern 1 bis 3 genannten harmonisierten Normen, normativen Dokumenten, technischen Spezifikationen oder Regeln jeweils abgedeckt sind. [2] Satz 1 ist auch für Teile der harmonisierten Norm, des normativen Dokuments, der technischen Spezifikation oder Regel im Sinne des Satzes 1 Nummer 1 bis 3 anzuwenden.

(2) [1] Ist die Marktüberwachungsbehörde der Auffassung, dass eine harmonisierte Norm oder ein normatives Dokument den von ihr oder ihm abgedeckten wesentlichen Anforderungen nach § 6 Absatz 2 nicht entspricht, so informiert sie hierüber unter Angabe der Gründe die Physikalisch-Technische Bundesanstalt. [2] Die Physikalisch-Technische Bundesanstalt überprüft die eingegangenen Meldungen auf Vollständigkeit und Schlüssigkeit; sie beteiligt den Ausschuss nach § 46 und leitet die Meldungen der Europäischen Kommission zu.

§ 8 Konformitätserklärung. (1) [1]Unterliegt ein Messgerät mehreren Rechtsvorschriften der Europäischen Union, in denen jeweils eine Konformitätserklärung vorgeschrieben ist, wird nur eine Konformitätserklärung für sämtliche Rechtsvorschriften der Europäischen Union ausgestellt. [2]In der Erklärung sind die betroffenen Rechtsvorschriften samt ihrer Fundstelle im Amtsblatt der Europäischen Union anzugeben.

(2) [1]Unterliegt ein Messgerät mehreren sonstigen Rechtsvorschriften, in denen jeweils eine Konformitätserklärung vorgeschrieben ist, wird nur eine Konformitätserklärung für sämtliche sonstigen Rechtsvorschriften ausgestellt. [2]In der Erklärung sind die betreffenden Rechtsvorschriften mit der Fundstelle im Bundesgesetzblatt anzugeben.

§ 9 Inverkehrbringen von sonstigen Messgeräten. Sonstige Messgeräte dürfen nur in Verkehr gebracht werden, wenn sie mit den in einer Rechtsverordnung nach § 30 Nummer 4 bestimmten Kennzeichen und Aufschriften versehen sind.

§ 10 Besondere Vorschriften für Ausstellungsgeräte. Messgeräte, die den Bestimmungen dieses Gesetzes nicht entsprechen, dürfen auf Messen, Ausstellungen und Vorführungen nur ausgestellt werden, wenn ein sichtbares Schild deutlich darauf hinweist, dass sie für Zwecke dieses Gesetzes erst in Verkehr gebracht oder in Betrieb genommen werden dürfen, wenn sie den Bestimmungen dieses Gesetzes entsprechen.

Unterabschnitt 2. Anerkennung und Notifizierung von Konformitätsbewertungsstellen

§ 11 Aufgaben der anerkennenden Stelle und der Akkreditierungsstelle. (1) [1]Die Aufgaben der anerkennenden Stelle obliegen dem Bundesministerium für Wirtschaft und Energie. [2]Es kann diese Aufgaben auf eine nachgeordnete Behörde übertragen. [3]Die Übertragung ist im Bundesanzeiger bekannt zu machen.

(2) Die anerkennende Stelle ist zuständig

1. für die Einrichtung und Durchführung der erforderlichen Verfahren zur Anerkennung von Konformitätsbewertungsstellen nach § 13 Absatz 1,
2. für die Notifizierung von Konformitätsbewertungsstellen; die anerkennende Stelle meldet jede später eintretende Änderung der Anerkennung nach § 13 Absatz 1 oder des ihr nach § 14 Absatz 2 oder 3 mitgeteilten Umfangs der Tätigkeiten; für die Notifizierung und die Meldung von Änderungen verwendet sie jeweils das von der Europäischen Kommission bereitgestellte elektronische Notifizierungsinstrument,
3. für die Vergabe von Kennnummern an Konformitätsbewertungsstellen, die nicht nach Nummer 2 notifiziert werden, sowie
4. für die Einrichtung der Verfahren, die zur Überwachung der anerkannten Konformitätsbewertungsstellen erforderlich sind.

(3) [1]Für die Bewertung und Überwachung der Konformitätsbewertungsstellen nach § 13 Absatz 1 oder § 13 Absatz 5 Satz 2 ist die Stelle zuständig, die auch für die Akkreditierung nach dem Akkreditierungsstellengesetz zuständig ist (Akkreditierungsstelle). [2]Für die Überwachung der Konformitätsbewer-

tungsstellen nach § 13 Absatz 5 Satz 1 ist die anerkennende Stelle zuständig. [3]Die Akkreditierungsstelle und die anerkennende Stelle treffen jeweils in ihren Zuständigkeitsbereichen die Anordnungen, die zur Beseitigung festgestellter Mängel oder zur Verhinderung künftiger Verstöße notwendig sind.

(4) Die anerkennende Stelle übermittelt die ihr zugänglichen Informationen

1. der Akkreditierungsstelle, soweit diese sie für ihre Aufgabenerfüllung benötigt,
2. der zuständigen Marktüberwachungsbehörde, soweit diese sie für ihre Aufgabenerfüllung benötigt; dies erfolgt auf Anforderung, und
3. den Marktüberwachungsbehörden der anderen Mitgliedstaaten der Europäischen Union, soweit es sich um Informationen im Zusammenhang mit Konformitätsbewertungsstellen handelt, die notifiziert sind.

§ 12 Befugnisse der anerkennenden Stelle. (1) [1]Die anerkennende Stelle kann von den Konformitätsbewertungsstellen, die sie zur Durchführung bestimmter Konformitätsbewertungstätigkeiten anerkannt hat, die Auskünfte, die zur Erfüllung ihrer Überwachungsaufgaben erforderlich sind und sonstige Unterstützung verlangen; sie kann die dazu erforderlichen Anordnungen treffen. [2]Die anerkennende Stelle und die von ihr beauftragten Personen sind befugt, zu den Betriebs- und Geschäftszeiten Betriebsgrundstücke und Geschäftsräume sowie Prüflaboratorien zu betreten und zu besichtigen, soweit dies zur Erfüllung ihrer Überwachungsaufgaben erforderlich ist. [3]Die anerkennende Stelle ist insbesondere befugt zu verlangen, dass ihr die Unterlagen vorgelegt werden, die der Konformitätsbewertung zu Grunde liegen.

(2) [1]Die Auskunftspflichtigen haben die Maßnahmen nach Absatz 1 zu dulden. [2]Sie können die Auskunft auf Fragen verweigern, sofern die Beantwortung sie selbst oder einen der in § 383 Absatz 1 Nummer 1 bis 3 der Zivilprozessordnung bezeichneten Angehörigen der Gefahr strafrechtlicher Verfolgung oder eines Verfahrens nach dem Gesetz über Ordnungswidrigkeiten aussetzen würde. [3]Die Auskunftspflichtigen sind über ihr Recht zur Auskunftsverweigerung zu belehren.

§ 13 Anerkennung von Konformitätsbewertungsstellen. (1) [1]Eine Konformitätsbewertungsstelle, die die Übereinstimmung von Messgeräten mit den wesentlichen Anforderungen bewerten will, bedarf der Anerkennung (anerkannte Konformitätsbewertungsstelle). [2]Die Anerkennung ist durch die anerkennende Stelle für bestimmte Tätigkeiten auszusprechen, wenn

1. die Konformitätsbewertungsstelle dies beantragt und
2. sie für die Tätigkeiten akkreditiert ist.

[3]Die Anerkennung kann unter weiteren Bedingungen erteilt und mit Auflagen verbunden werden. [4]Sie kann befristet und mit dem Vorbehalt des Widerrufs sowie nachträglicher Auflagen erteilt werden.

(2) Dem Antrag nach Absatz 1 Satz 2 Nummer 1 legt die Konformitätsbewertungsstelle Folgendes bei:

1. eine Beschreibung der Konformitätsbewertungstätigkeiten und der Messgerätearten, für die sie Kompetenz beansprucht, sowie

2. eine Akkreditierungsurkunde im Original oder in Kopie, die von einer nationalen Akkreditierungsstelle ausgestellt wurde und in der die Akkreditierungsstelle bescheinigt, dass die Konformitätsbewertungsstelle die Anforderungen des § 15 erfüllt.

(3) [1] Das Verfahren nach Absatz 1 kann über eine einheitliche Stelle im Sinne des Artikels 6 der Richtlinie 2006/123/EG des Europäischen Parlaments und des Rates vom 12. Dezember 2006 über Dienstleistungen im Binnenmarkt (ABl. L 376 vom 27.12.2006, S. 36) abgewickelt werden. [2] Die Prüfung des Antrags auf Anerkennung muss innerhalb von drei Monaten abgeschlossen sein; diese Frist beginnt, sobald der Stelle alle für die Entscheidung erforderlichen Unterlagen vorliegen. [3] § 42a Absatz 2 Satz 2 bis 4 des Verwaltungsverfahrensgesetzes ist anzuwenden.

(4) Stellen, die der Europäischen Kommission und den anderen Mitgliedstaaten der Europäischen Union auf Grund europäischer Harmonisierungsrechtsvorschriften von einem Mitgliedstaat der Europäischen Union oder einem anderen Vertragsstaat des Abkommens über den Europäischen Wirtschaftsraum, von der Schweiz oder der Türkei mitgeteilt worden sind, stehen in dem mitgeteilten Umfang einer anerkannten Konformitätsbewertungsstelle gleich.

(5) [1] Anerkennungen von Konformitätsbewertungsstellen aus einem anderen Mitgliedstaat der Europäischen Union oder einem anderen Vertragsstaat des Abkommens über den Europäischen Wirtschaftsraum stehen Anerkennungen nach Absatz 1 gleich, wenn sie ihnen gleichwertig sind. [2] Für die Akkreditierung stehen Nachweise aus einem anderen Mitgliedstaat der Europäischen Union oder einem anderen Vertragsstaat des Abkommens über den Europäischen Wirtschaftsraum inländischen Nachweisen gleich, wenn aus ihnen hervorgeht, dass der Antragsteller

1. die betreffenden Anforderungen des § 15 erfüllt oder
2. die auf Grund ihrer Zielsetzung im Wesentlichen vergleichbaren Anforderungen des ausstellenden Staates erfüllt.

[3] Die Anerkennung nach Satz 1 oder die Nachweise nach Satz 2 hat der Antragsteller der anerkennenden Stelle bei Antragstellung im Original oder in Kopie vorzulegen. [4] Die anerkennende Stelle kann eine Beglaubigung der Kopie und eine beglaubigte deutsche Übersetzung verlangen.

§ 14 Konformitätsbewertungsstellen bei Behörden. (1) [1] Zur Bewertung, ob Messgeräte mit den wesentlichen Anforderungen übereinstimmen, dürfen auch Konformitätsbewertungsstellen tätig werden, die entweder nach Absatz 2 einer in der metrologischen Überwachung tätigen Behörde oder nach Absatz 3 der Physikalisch-Technischen Bundesanstalt angegliedert sind, sofern die erforderliche Kompetenz zur Durchführung von Konformitätsbewertungen unter Beachtung des § 15 Absatz 2 bis 7 und 9 nachgewiesen ist. [2] Entsprechende Nachweise sind nach den anerkannten Regeln der Technik zu führen. [3] Die Tätigkeit der Konformitätsbewertung muss organisatorisch eindeutig getrennt von den sonstigen Aufgaben der Behörde erfolgen. [4] Die Regelungen der §§ 19 bis 21 sind auf diese Stellen entsprechend anzuwenden.

(2) [1] Konformitätsbewertungsstellen, die einer in der metrologischen Überwachung tätigen Behörde angegliedert sind, dürfen in dem von der zuständigen obersten Landesbehörde der anerkennenden Stelle mitgeteilten Umfang nach

Maßgabe des § 17 Absatz 2 und des § 18 Absatz 2 tätig werden. [2]Die oberste Landesbehörde übermittelt der anerkennenden Stelle die nach Absatz 1 Satz 2 zum Nachweis der Kompetenz erforderlichen Unterlagen und stellt sicher, dass die Konformitätsbewertungsstelle die ihr obliegenden Verpflichtungen erfüllt. [3]Sie hat die anerkennende Stelle unverzüglich zu informieren, sofern die Kompetenz der Konformitätsbewertungsstelle nicht mehr gegeben ist.

(3) [1]Konformitätsbewertungsstellen, die der Physikalisch-Technischen Bundesanstalt angegliedert sind, dürfen in dem vom Präsidenten der Physikalisch-Technischen Bundesanstalt der anerkennenden Stelle und dem Bundesministerium für Wirtschaft und Energie mitgeteilten Umfang nach Maßgabe des § 17 Absatz 2 und des § 18 Absatz 2 tätig werden. [2]Der Präsident der Physikalisch-Technischen Bundesanstalt übermittelt der anerkennenden Stelle und dem Bundesministerium für Wirtschaft und Energie die nach Absatz 1 Satz 2 zum Nachweis erforderlichen Unterlagen. [3]Das Bundesministerium für Wirtschaft und Energie stellt sicher, dass die Konformitätsbewertungsstelle die ihr obliegenden Verpflichtungen erfüllt. [4]Der Präsident der Physikalisch-Technischen Bundesanstalt hat die anerkennende Stelle unverzüglich zu informieren, wenn die Kompetenz der Konformitätsbewertungsstelle nicht mehr gegeben ist.

(4) [1]Die Konformitätsbewertungsstellen nach Absatz 1 verzichten vorbehaltlich des Satzes 2 auf die Durchführung von Konformitätsbewertungen, soweit ein ausreichender Wettbewerb für entsprechende Konformitätsbewertungen gegeben ist und keine besonderen sachlichen Gründe dafür vorliegen, dass sie die Konformitätsbewertung vornehmen. [2]Die Konformitätsbewertung der Bauart von Messgeräten, die zur Messung der Dosis ionisierender Strahlung dienen und die in einer Rechtsverordnung nach § 4 Absatz 1 genannt sind, obliegt ausschließlich der Physikalisch-Technischen Bundesanstalt. [3]Die Physikalisch-Technische Bundesanstalt hat im Übrigen auf Antrag Konformitätsbewertungen für Messgeräte im Rahmen ihrer technischen und personellen Möglichkeiten vorbehaltlich des Satzes 1 vorzunehmen.

§ 15 Anforderungen an die Konformitätsbewertungsstelle. (1) Die Konformitätsbewertungsstelle muss Rechtspersönlichkeit besitzen.

(2) [1]Bei der Konformitätsbewertungsstelle muss es sich um einen unabhängigen Dritten handeln, der mit der Einrichtung oder dem Messgerät, die oder das er bewerten will, in keinerlei Verbindung steht. [2]Die Anforderung nach Satz 1 kann auch von einer Konformitätsbewertungsstelle erfüllt werden, die einem Wirtschaftsverband oder einem Fachverband angehört und die Messgeräte bewerten will, an deren Entwurf, Herstellung, Bereitstellung, Montage, Gebrauch oder Wartung Unternehmen beteiligt sind, die von diesem Verband vertreten werden, wenn die Konformitätsbewertungsstelle nachweist, dass sich aus dieser Verbandsmitgliedschaft keine Interessenkonflikte im Hinblick auf ihre Konformitätsbewertungstätigkeiten ergeben.

(3) [1]Die Konformitätsbewertungsstelle, ihre oberste Leitungsebene und die für die Konformitätsbewertungstätigkeiten zuständigen Mitarbeiter dürfen weder Konstrukteur, Hersteller, Lieferant, Installateur, Käufer, Eigentümer, Verwender oder Wartungsbetrieb der zu bewertenden Messgeräte noch Bevollmächtigter einer dieser Parteien sein. [2]Dies schließt weder das Verwenden von bereits einer Konformitätsbewertung unterzogenen Messgeräten, die für die Tätigkeit der Konformitätsbewertungsstelle erforderlich sind, noch das Ver-

wenden solcher Messgeräte zum persönlichen Gebrauch aus. [3]Die Konformitätsbewertungsstelle, ihre oberste Leitungsebene und die für die Konformitätsbewertungstätigkeiten zuständigen Mitarbeiter dürfen weder direkt an Entwurf, Herstellung oder Bau, Vermarktung, Installation, Verwenden oder Wartung dieser Messgeräte beteiligt sein noch dürfen sie die an diesen Tätigkeiten beteiligten Parteien vertreten. [4]Sie dürfen sich nicht mit Tätigkeiten befassen, die ihre Unabhängigkeit bei der Beurteilung oder ihre Integrität im Zusammenhang mit den Konformitätsbewertungstätigkeiten beeinträchtigen können. [5]Dies ist insbesondere für Beratungsdienstleistungen maßgebend. [6]Die Konformitätsbewertungsstelle gewährleistet, dass Tätigkeiten ihrer Zweigunternehmen oder Unterauftragnehmer die Vertraulichkeit, Objektivität und Unparteilichkeit ihrer Konformitätsbewertungstätigkeiten nicht beeinträchtigen.

(4) Die Konformitätsbewertungsstelle und ihre Mitarbeiter haben die Konformitätsbewertungstätigkeiten mit der größtmöglichen Professionalität und der erforderlichen fachlichen Kompetenz in dem betreffenden Bereich durchzuführen; sie dürfen keinerlei Einflussnahme, insbesondere finanzieller Art, durch Dritte ausgesetzt sein, die sich auf ihre Beurteilung oder die Ergebnisse ihrer Konformitätsbewertung auswirken könnte und speziell von Personen oder Personengruppen ausgeht, die ein Interesse am Ergebnis dieser Konformitätsbewertung haben.

(5) [1]Die Konformitätsbewertungsstelle muss in der Lage sein, alle Aufgaben der Konformitätsbewertung zu bewältigen, für die sie die Kompetenz beansprucht, gleichgültig, ob diese Aufgaben von ihr selbst, in ihrem Auftrag oder unter ihrer Verantwortung erfüllt werden. [2]Die Konformitätsbewertungsstelle muss für jedes Verfahren der Konformitätsbewertung und für jede Art und Kategorie von Messgeräten, für die sie bewertend tätig werden will, über Folgendes verfügen:

1. die erforderliche Anzahl von Mitarbeitern mit Fachkenntnis und ausreichender einschlägiger Erfahrung, um die bei der Konformitätsbewertung anfallenden Aufgaben zu erfüllen,
2. Beschreibungen von Verfahren, nach denen die Konformitätsbewertung durchgeführt wird, um die Transparenz und die Wiederholbarkeit dieser Verfahren sicherzustellen, sowie über eine angemessene Politik und geeignete Verfahren, bei denen zwischen den Aufgaben, die sie als anerkannte Konformitätsbewertungsstelle wahrnimmt, und anderen Tätigkeiten unterschieden wird, und
3. Verfahren zur Durchführung von Tätigkeiten unter gebührender Berücksichtigung der Größe eines Unternehmens, der Branche, in der es tätig ist, seiner Struktur, des Grades an Komplexität der jeweiligen Produkttechnologie und der Tatsache, dass es sich bei dem Produktionsprozess um eine Massenfertigung oder Serienproduktion handelt.

[3]Die Konformitätsbewertungsstelle muss über die erforderlichen Mittel zur angemessenen Erledigung der technischen und administrativen Aufgaben, die mit der Konformitätsbewertung verbunden sind, verfügen und sie hat Zugang zu allen benötigten Ausrüstungen oder Einrichtungen.

(6) Die Konformitätsbewertungsstelle stellt sicher, dass die Mitarbeiter, die für die Durchführung der Konformitätsbewertungstätigkeiten zuständig sind,

1. eine Fach- und Berufsausbildung besitzen, die sie für alle Konformitätsbewertungstätigkeiten qualifiziert, für die die Konformitätsbewertungsstelle bewertend tätig werden will,
2. über eine ausreichende Kenntnis der Messgeräte und der Konformitätsbewertungsverfahren verfügen und die entsprechende Befugnis besitzen, solche Konformitätsbewertungen durchzuführen,
3. angemessene Kenntnisse und Verständnis der einschlägigen rechtlichen Bestimmungen besitzen, insbesondere der wesentlichen Anforderungen sowie der geltenden harmonisierten Normen, normativen Dokumente und der vom Ausschuss nach § 46 ermittelten Normen und Spezifikationen,
4. die Fähigkeit zur Erstellung von Bescheinigungen, Protokollen und Berichten als Nachweis für durchgeführte Konformitätsbewertungen haben.

(7) [1] Die Konformitätsbewertungsstelle hat ihre Unparteilichkeit, die ihrer obersten Leitungsebene und die ihres Konformitätsbewertungspersonals sicherzustellen. [2] Die Vergütung der obersten Leitungsebene und des Konformitätsbewertungspersonals darf sich nicht nach der Anzahl der durchgeführten Konformitätsbewertungen oder deren Ergebnissen richten.

(8) Die Konformitätsbewertungsstelle, soweit es sich nicht um eine Stelle nach § 14 handelt, hat eine Haftpflichtversicherung abzuschließen, die die mit ihrer Tätigkeit verbundenen Risiken angemessen abdeckt.

(9) [1] Die Mitarbeiter einer Konformitätsbewertungsstelle sind hinsichtlich solcher Informationen, die sie im Rahmen einer Konformitätsbewertung erhalten, zur Verschwiegenheit verpflichtet. [2] Diese Verpflichtung besteht nicht gegenüber den Marktüberwachungsbehörden und dem Hersteller oder seinem Bevollmächtigten. [3] Die Verpflichtung nach Satz 1 besteht nach Beendigung der Tätigkeit der Mitarbeiter fort. [4] Die Konformitätsbewertungsstelle darf die im Rahmen einer Konformitätsbewertung erlangten Informationen, insbesondere Prüfergebnisse, nur an die Marktüberwachungsbehörden und den Hersteller oder seinen Bevollmächtigten herausgeben. [5] Eine Weitergabe an Dritte ist nur mit Zustimmung des Herstellers oder seines Bevollmächtigten zulässig. [6] Die von der Konformitätsbewertungsstelle zu beachtenden Bestimmungen zum Schutz personenbezogener Daten bleiben unberührt.

§ 16 Vermutung der Kompetenz der Konformitätsbewertungsstelle.

(1) Weist eine Konformitätsbewertungsstelle nach, dass sie die Kriterien der einschlägigen harmonisierten Normen oder von Teilen dieser Normen erfüllt, deren Fundstellen im Amtsblatt der Europäischen Union veröffentlicht worden sind, so wird vermutet, dass sie die Anforderungen nach § 15 in dem Umfang erfüllt, in dem die anwendbaren harmonisierten Normen diese Anforderungen abdecken.

(2) Ist die anerkennende Stelle der Auffassung, dass eine harmonisierte Norm den von dieser abgedeckten Anforderungen nach § 15 nicht voll entspricht, informiert sie hierüber unter Angabe der Gründe die Europäische Kommission.

§ 17 Notifizierung der Konformitätsbewertungsstelle. (1) Betrifft die Anerkennung einer Konformitätsbewertungsstelle die Bewertung von Messgeräten, die vom Anwendungsbereich von Rechtsvorschriften der Europäischen Union erfasst sind, in denen die Notifizierung dieser Stellen gegenüber der Europäischen Kommission und den übrigen Mitgliedstaaten der Europäischen Union vorgesehen ist, so ist die Anerkennung unter der aufschiebenden Bedingung zu erteilen, dass nach der Notifizierung innerhalb der folgenden Fristen weder die Europäische Kommission noch die übrigen Mitgliedstaaten der Europäischen Union Einwände erhoben haben:

1. innerhalb von zwei Wochen, sofern eine Akkreditierungsurkunde vorliegt, oder
2. innerhalb von zwei Monaten, sofern keine Akkreditierungsurkunde vorliegt.

(2) [1]Konformitätsbewertungsstellen nach § 14 Absatz 1 dürfen die Bewertung von Messgeräten, auf die Rechtsvorschriften der Europäischen Union anwendbar sind, in denen die Notifizierung dieser Stellen gegenüber der Europäischen Kommission und den übrigen Mitgliedstaaten der Europäischen Union vorgesehen ist, erst aufnehmen, wenn innerhalb der folgenden Fristen weder die Europäische Kommission noch die übrigen Mitgliedstaaten der Europäischen Union Einwände erhoben haben:

1. innerhalb von zwei Wochen, sofern eine Akkreditierungsurkunde vorliegt, oder
2. innerhalb von zwei Monaten, sofern keine Akkreditierungsurkunde vorliegt.

[2]Die Konformitätsbewertungsstellen nach § 14 Absatz 1 dürfen Bewertungen von Messgeräten nach Satz 1 nicht vornehmen, nachdem die anerkennende Stelle die Notifizierung zurückgezogen hat. [3]Die anerkennende Stelle hat die Notifizierung zurückzuziehen, wenn die Kompetenz der Konformitätsbewertungsstelle nicht mehr gegeben ist.

(3) [1]Beruht die Bestätigung der Kompetenz nicht auf einer Akkreditierungsurkunde, legt die anerkennende Stelle der Europäischen Kommission und den übrigen Mitgliedstaaten der Europäischen Union die Unterlagen als Nachweis vor, die die Kompetenz der Konformitätsbewertungsstelle bestätigen. [2]Sie legt ferner die Vereinbarungen vor, die getroffen wurden, um sicherzustellen, dass die Konformitätsbewertungsstelle regelmäßig überwacht wird und stets den Anforderungen nach § 15 genügt.

(4) Die anerkennende Stelle erteilt der Europäischen Kommission auf Verlangen sämtliche Auskünfte über die Kompetenz der betreffenden Stelle zum Zeitpunkt der Notifizierung oder die Erhaltung der Kompetenz während der Tätigkeit der betreffenden Stelle.

§ 18 Vergabe von Kennnummern. (1) [1]Die anerkennende Stelle vergibt an Konformitätsbewertungsstellen nach § 13 Absatz 1 oder § 14 Absatz 1, die nicht nach § 17 zu notifizieren sind, eine Kennnummer. [2]Die Kennnummer besteht aus den Großbuchstaben „DE“ und vier nachfolgenden Ziffern. [3]Die anerkennende Stelle veröffentlicht ein Verzeichnis der Konformitätsbewertungsstellen mit den von ihr vergebenen Kennnummern sowie Angaben zu den Tätigkeiten, für die die Anerkennung ausgesprochen wurde.

(2) [1]Konformitätsbewertungsstellen nach § 14 Absatz 1 dürfen Bewertungen von Messgeräten, bei deren Bewertung sie die Kennnummer nach Absatz 1 verwenden, nicht vornehmen, sofern die anerkennende Stelle die Kennnummer zurückgezogen hat. [2]Die anerkennende Stelle hat die Kennnummer zu-

rückzuziehen, wenn die Kompetenz der Konformitätsbewertungsstelle nicht mehr gegeben ist.

§ 19 Verpflichtungen der anerkannten Konformitätsbewertungsstelle.

(1) Die anerkannte Konformitätsbewertungsstelle führt die Konformitätsbewertung im Einklang mit den Verfahren der Konformitätsbewertung gemäß der Rechtsverordnung nach § 30 Nummer 3 und unter Wahrung der Verhältnismäßigkeit durch.

(2) Stellt die anerkannte Konformitätsbewertungsstelle fest, dass ein Messgerät die wesentlichen Anforderungen im Sinne des § 6 Absatz 2 nicht erfüllt, fordert sie den Hersteller auf, angemessene Korrekturmaßnahmen zu ergreifen und stellt keine Konformitätsbescheinigung aus.

(3) Hat die anerkannte Konformitätsbewertungsstelle bereits eine Konformitätsbescheinigung ausgestellt und stellt sie im Rahmen der Überwachung der Konformität fest, dass das Messgerät die wesentlichen Anforderungen nicht erfüllt, fordert sie den Hersteller auf, angemessene Korrekturmaßnahmen zu ergreifen; falls nötig, setzt sie die Bescheinigung aus oder zieht sie zurück.

(4) Werden keine Korrekturmaßnahmen ergriffen oder genügen diese nicht, um die Erfüllung der Anforderungen sicherzustellen, schränkt die anerkannte Konformitätsbewertungsstelle alle betreffenden Konformitätsbescheinigungen ein, setzt sie aus oder zieht sie zurück.

(5) [1] Die anerkannte Konformitätsbewertungsstelle hat in einem Ausschuss der Konformitätsbewertungsstellen mitzuwirken, der der Vereinheitlichung der Konformitätsbewertungspraxis und der fachlichen Fortbildung der Stellen dient. [2] Der Ausschuss wird unter der Leitung der Physikalisch-Technischen Bundesanstalt gebildet.

(6) [1] Die anerkannte Konformitätsbewertungsstelle hat auf den von ihr erstellten Konformitätsbescheinigungen die ihr von der Europäischen Kommission zugeteilte Kennnummer anzubringen. [2] Ist die Konformitätsbewertungsstelle ausschließlich für die Bewertung solcher Messgeräte anerkannt, für die die Zuteilung einer Kennnummer durch die Europäische Kommission nicht vorgesehen ist, bringt sie die ihr von der anerkennenden Stelle zugewiesene Kennnummer an.

§ 20 Meldepflichten der anerkannten Konformitätsbewertungsstelle.

(1) Die anerkannte Konformitätsbewertungsstelle meldet der anerkennenden Stelle unverzüglich

1. jede Verweigerung, Einschränkung, Aussetzung oder Rücknahme einer Konformitätsbescheinigung,
2. alle Umstände, die Folgen für den Geltungsbereich und die Bedingungen der Anerkennung haben,
3. jedes Auskunftsersuchen über Konformitätsbewertungstätigkeiten, das sie von den Marktüberwachungsbehörden erhalten hat,
4. auf Verlangen, welchen Konformitätsbewertungstätigkeiten sie nachgegangen ist und welche anderen Tätigkeiten, einschließlich grenzüberschreitender Tätigkeiten und der Vergabe von Unteraufträgen, sie ausgeführt hat.

(2) Die anerkannte Konformitätsbewertungsstelle übermittelt den anderen Stellen, die ähnlichen Konformitätsbewertungstätigkeiten nachgehen und gleichartige Messgeräte abdecken, einschlägige Informationen über die negativen und auf Verlangen auch über die positiven Ergebnisse von Konformitätsbewertungen.

§ 21 Zweigunternehmen einer anerkannten Konformitätsbewertungsstelle und Vergabe von Unteraufträgen. (1) Vergibt die anerkannte Konformitätsbewertungsstelle bestimmte mit der Konformitätsbewertung verbundene Aufgaben an Unterauftragnehmer oder überträgt sie diese Aufgaben einem Zweigunternehmen, stellt sie sicher, dass der Unterauftragnehmer oder das Zweigunternehmen die Anforderungen des § 15 erfüllt und informiert die anerkennende Stelle entsprechend.

(2) Die anerkannte Konformitätsbewertungsstelle haftet für ein Verschulden ihrer Unterauftragnehmer oder Zweigunternehmer bei Ausführung der diesen von ihr übertragenen Arbeiten wie für eigenes Verschulden; dies gilt unabhängig davon, wo diese niedergelassen sind.

(3) Arbeiten dürfen nur dann an einen Unterauftragnehmer vergeben oder einem Zweigunternehmen übertragen werden, wenn der Auftraggeber dem zustimmt.

(4) Die anerkannte Konformitätsbewertungsstelle hält die einschlägigen Unterlagen über die Begutachtung der Qualifikation des Unterauftragnehmers oder des Zweigunternehmens und über die von ihm im Rahmen des Konformitätsbewertungsverfahrens ausgeführten Arbeiten für die anerkennende Stelle bereit.

§ 22 Widerruf der Anerkennung. (1) [1] Stellt die anerkennende Stelle fest oder wird sie darüber informiert, dass eine nach § 13 Absatz 1 anerkannte Konformitätsbewertungsstelle die in § 15 genannten Anforderungen nicht mehr erfüllt oder dass sie ihren Verpflichtungen nicht nachkommt, widerruft sie ganz oder teilweise die Anerkennung. [2] Sie informiert unverzüglich die Europäische Kommission und die übrigen Mitgliedstaaten der Europäischen Union darüber, soweit die Anerkennung das Recht zur Bewertung von Messgeräten betrifft, die von Rechtsvorschriften der Europäischen Union erfasst sind.

(2) Im Fall des Widerrufs nach Absatz 1 oder wenn die anerkannte Konformitätsbewertungsstelle ihre Tätigkeit einstellt, ergreift die anerkennende Stelle die geeigneten Maßnahmen, um zu gewährleisten, dass die Akten dieser Stelle von einer anderen anerkannten Konformitätsbewertungsstelle weiterbearbeitet und für die anerkennende Stelle und die Marktüberwachungsbehörden auf deren Verlangen bereitgehalten werden.

Unterabschnitt 3. Pflichten der Wirtschaftsakteure

§ 23 Pflichten des Herstellers. (1) [1] Der Hersteller trägt die Verantwortung, dass die von ihm hergestellten Messgeräte nur in Verkehr gebracht oder von ihm für eigene Zwecke in Betrieb genommen werden, wenn sie die wesentlichen Anforderungen des § 6 Absatz 2 erfüllen. [2] Er gewährleistet durch geeignete Verfahren, dass auch bei Serienfertigung die Konformität sichergestellt ist. [3] Werden innerhalb der Serienfertigung der Entwurf eines Messgeräts oder dessen Merkmale geändert oder ändern sich die technischen Regeln, auf die bei der Konformitätserklärung verwiesen wird, so hat der Hersteller diese Änderungen angemessen zu berücksichtigen.

(2) Der Hersteller hat auf Messgeräten und sonstigen Messgeräten die nach § 6 Absatz 4 und 5 und § 9 erforderlichen Kennzeichen und Aufschriften anzubringen.

(3) [1]Der Hersteller hat die technischen Unterlagen zu erstellen, die zur Durchführung der Konformitätsbewertung nach § 6 Absatz 3 erforderlich sind. [2]Er hat die Konformitätsbewertung durchführen zu lassen und die Konformitätserklärung auszustellen. [3]Mit der Ausstellung der Konformitätserklärung übernimmt er die Verantwortung für die Konformität des Messgeräts. [4]Er hat die Unterlagen nach Satz 1 und die Konformitätserklärung nach Satz 2 für einen Zeitraum von zehn Jahren ab dem Inverkehrbringen des Messgeräts aufzubewahren.

(4) Der Hersteller hat dem Messgerät beim Inverkehrbringen die in einer Rechtsverordnung nach § 30 Nummer 2 bestimmten Informationen für die Verwendung in deutscher Sprache beizufügen.

(5) [1]Soweit es zur Beurteilung der Funktionsfähigkeit eines Messgeräts zweckmäßig ist, prüft der Hersteller auf dem Markt bereitgestellte Messgeräte mittels Stichproben. [2]Werden bei einem Messgerätemodell Qualitätsmängel bekannt, führt er ein Verzeichnis der Beschwerden, der als nichtkonform erkannten Messgeräte und der erfolgten Rückrufe. [3]Er informiert die Händler über den aktuellen Stand der Dinge.

(6) [1]Hat der Hersteller berechtigten Grund zu der Annahme, dass ein von ihm in Verkehr gebrachtes Messgerät oder ein sonstiges Messgerät nicht die gesetzlichen Anforderungen erfüllt, hat er unverzüglich Maßnahmen zu ergreifen, durch die die Konformität des Messgeräts hergestellt wird. [2]Wenn dies nicht möglich ist, muss er die Messgeräte vom Markt nehmen oder zurückrufen. [3]Sind mit dem Messgerät auf Grund messtechnischer Eigenschaften Gefahren verbunden, informiert er die nach Landesrecht zuständige Behörde unverzüglich über die Nichtkonformität und über die bereits ergriffenen Maßnahmen.

§ 24 Pflichten des Bevollmächtigten. (1) Ein Hersteller kann schriftlich einen Bevollmächtigten benennen.

(2) [1]Der Bevollmächtigte nimmt die ihm vom Hersteller übertragenen Aufgaben für diesen wahr. [2]Ein Hersteller, der einen Bevollmächtigten einsetzt, muss diesem mindestens die folgenden Aufgaben übertragen:

1. Bereithaltung der EG-Konformitätserklärung und der technischen Unterlagen für die Marktüberwachungsbehörden über einen Zeitraum von zehn Jahren ab dem Inverkehrbringen des Messgeräts,
2. zum Nachweis der Konformität eines Messgeräts Aushändigung aller erforderlichen Informationen und Unterlagen an eine zuständige Marktüberwachungsbehörde auf deren begründetes Verlangen und
3. Zusammenarbeit mit einer zuständigen Marktüberwachungsbehörde auf deren begründetes Verlangen bei allen Maßnahmen zur Beseitigung der Risiken, die mit Messgeräten verbunden sind.

(3) Die Verpflichtungen nach § 23 Absatz 1 Satz 1 und die Erstellung der technischen Unterlagen nach § 23 Absatz 3 Satz 1 können vom Hersteller nicht auf einen Bevollmächtigten übertragen werden.

§ 25 Pflichten des Einführers. (1) Der Einführer darf nur konforme Messgeräte in Verkehr bringen oder für eigene Zwecke in Betrieb nehmen.

(2) Bevor der Einführer ein Messgerät in den Verkehr bringt, muss er sicherstellen, dass

1. der Hersteller ein geeignetes Verfahren zur Konformitätsbewertung durchgeführt und die technischen Unterlagen erstellt hat,
2. das Messgerät mit den nach § 6 Absatz 4 und 5 erforderlichen Kennzeichen und Aufschriften versehen ist,
3. dem Messgerät die in einer Rechtsverordnung nach § 30 Nummer 2 bestimmten Informationen für die Verwendung in deutscher Sprache beigefügt sind,
4. durch Lagerung und Transport, soweit sie in seiner Verantwortung erfolgen, die Einhaltung der wesentlichen Anforderungen des Messgeräts nicht beeinträchtigt wird.

(3) Der Einführer hat ein sonstiges Messgerät mit den nach § 9 erforderlichen Kennzeichen und Aufschriften zu versehen.

(4) [1] Der Einführer hat über einen Zeitraum von zehn Jahren ab dem Inverkehrbringen des Messgeräts eine Kopie der Konformitätserklärung für Zwecke der Marktüberwachung bereitzuhalten. [2] Er hat den Marktüberwachungsbehörden die im Rahmen der Konformitätsbewertung erstellten technischen Unterlagen auf Verlangen vorzulegen, soweit dies für Zwecke der Marktüberwachung erforderlich ist.

(5) [1] Die Verpflichtungen des Herstellers nach § 23 Absatz 5 und 6 sind für den Einführer entsprechend anzuwenden. [2] Geht von dem Messgerät auf Grund messtechnischer Eigenschaften eine Gefahr aus, hat der Einführer auch den Hersteller zu informieren.

§ 26 Pflichten des Händlers. (1) [1] Der Händler hat sicherzustellen, dass in Verkehr gebrachte Messgeräte von ihm nur auf dem Markt bereitgestellt oder für eigene Zwecke in Betrieb genommen werden, wenn

1. sie mit den nach § 6 Absatz 4 und 5 bestimmten Kennzeichen und Aufschriften versehen sind und
2. ihnen die in einer Rechtsverordnung nach § 30 Nummer 2 bestimmten Informationen für die Verwendung in deutscher Sprache beigefügt sind.

[2] Satz 1 Nummer 1 ist auch bei sonstigen Messgeräten anzuwenden.

(2) [1] Besteht berechtigter Grund zu der Annahme, dass ein Messgerät die wesentlichen Anforderungen nach § 6 Absatz 2 nicht einhält, darf der Händler das Messgerät erst auf dem Markt bereitstellen oder in Betrieb nehmen, wenn die Einhaltung der wesentlichen Anforderungen gewährleistet ist. [2] Geht von dem Messgerät auf Grund messtechnischer Eigenschaften eine Gefahr aus, informiert er den Hersteller oder den Einführer sowie die nach Landesrecht zuständige Behörde unverzüglich über die Nichtkonformität.

(3) [1]Besteht berechtigter Grund zu der Annahme, dass ein Messgerät, das vom Händler auf dem Markt bereitgestellt wurde, die gesetzlichen Anforderungen nicht einhält, hat der Händler die erforderlichen Maßnahmen zu ergreifen, um die Konformität des Messgeräts herzustellen. [2]Soweit notwendig, ruft er Messgeräte zurück oder nimmt sie zurück. [3]Geht von dem Messgerät auf Grund messtechnischer Eigenschaften eine Gefahr aus, informiert er die nach Landesrecht zuständige Behörde unverzüglich über die Nichtkonformität und die bereits ergriffenen Maßnahmen.

(4) Soweit Lagerung und Transport in der Verantwortung des Händlers erfolgen, hat dieser zu gewährleisten, dass dadurch nicht die wesentlichen Anforderungen, die das Messgerät erfüllen muss, beeinträchtigt werden.

Unterabschnitt 4. Inverkehrbringen und Inbetriebnahme in besonderen Fällen

§ 27 EG-Bauartzulassung und EG-Ersteichung. (1) [1]Messgeräte, die nach den Vorschriften der Richtlinie 2009/34/EG des Europäischen Parlaments und des Rates vom 23. April 2009 betreffend gemeinsame Vorschriften über Messgeräte sowie über Mess- und Prüfverfahren (ABl. L 106 vom 28.4. 2009, S. 7) über eine EG-Bauartzulassung verfügen, dürfen vorbehaltlich des Absatzes 2 in Verkehr gebracht werden. [2]Sie dürfen erst in Betrieb genommen werden, wenn sie entsprechend den Vorschriften der genannten Richtlinie EG-erstgeeicht und gekennzeichnet sind.

(2) Die EG-Bauartzulassung wird im Geltungsbereich dieses Gesetzes auf Antrag des Herstellers oder seines Bevollmächtigten durch die Physikalisch-Technische Bundesanstalt nach Maßgabe der Vorschriften der Rechtsverordnung nach § 30 Nummer 6 erteilt.

(3) Die EG-Ersteichung wird im Geltungsbereich dieses Gesetzes auf Antrag eines Wirtschaftsakteurs oder desjenigen, der Messgeräte verwendet, durch die nach Landesrecht zuständigen Behörden nach Maßgabe der Vorschriften der Rechtsverordnung nach § 30 Nummer 6 erteilt.

§ 28 Messgeräte, die rechtmäßig im Ausland in Verkehr gebracht wurden. (1) Messgeräte, die

1. nicht die CE-Kennzeichnung, die EG-Bauartzulassung oder die EG-Ersteichung erhalten können und
2. in einem Mitgliedstaat der Europäischen Union oder einem Vertragsstaat des Abkommens über den Europäischen Wirtschaftsraum, in der Schweiz oder der Türkei rechtmäßig in Verkehr gebracht wurden,

dürfen auch im Geltungsbereich dieses Gesetzes in Verkehr gebracht werden, wenn die Messrichtigkeit, Messbeständigkeit und Prüfbarkeit bei diesen Messgeräten in gleichwertiger Weise gewährleistet sind wie bei Messgeräten, die nach diesem Gesetz in Verkehr gebracht worden sind.

(2) Die nach Landesrecht zuständigen Behörden haben bei einer Prüfung der Gleichwertigkeit von Messgeräten im Sinne des Absatzes 1 die Vorschriften des Kapitels 2 der Verordnung (EG) Nr. 764/2008 des Europäischen Parlaments und des Rates vom 9. Juli 2008 (ABl. L 218 vom 13.8.2008, S. 21) zu beachten.

(3) [1]Auf Antrag eines Wirtschaftsakteurs oder auf ein Ersuchen der nach Landesrecht zuständigen Behörde trifft die Physikalisch-Technische Bundesanstalt eine Entscheidung über die Gleichwertigkeit nach Absatz 1. [2]Diese Entscheidung ist für die nach Landesrecht zuständigen Behörden verbindlich.

§ 29 Pflichten der Wirtschaftsakteure in den Fällen der §§ 27 und 28.

§ 23 Absatz 3 bis 6, § 24 Absatz 2, § 25 Absatz 2 Nummer 3 und 4, Absatz 4 und 5 und § 26 Absatz 1 Satz 1 Nummer 2, Absatz 2 bis 4 sind für die Fälle der §§ 27 und 28 entsprechend anzuwenden.

Unterabschnitt 5. Verordnungsermächtigung

§ 30 Verordnungsermächtigung. Die Bundesregierung wird ermächtigt, durch Rechtsverordnung mit Zustimmung des Bundesrates zur Gewährleistung der Messrichtigkeit, Messbeständigkeit und Prüfbarkeit, auch zur Umsetzung von Rechtsakten der Europäischen Union Folgendes näher zu bestimmen:

1. die wesentlichen Anforderungen an Messgeräte im Sinne des § 6 Absatz 2 Satz 2 Nummer 1 im Rahmen des vorgesehenen Verwendens in Form von allgemeinen Vorgaben für Messgeräte und, soweit europarechtlich erforderlich, in Form von gerätespezifischen Vorgaben; dabei können auch Regelungen getroffen werden über Sicherungen des Messgeräts zum Schutz vor einem unbefugten Zugriff Dritter auf Messwerte,
2. die dem Messgerät für die Verwendung in deutscher Sprache beizufügenden Informationen,
3. die Anforderungen an die Konformitätsbewertung im Sinne des § 6 Absatz 3, deren Durchführung einschließlich der Festlegung der dafür zu erstellenden technischen Unterlagen, die Zuordnung der Messgeräte zu den einzelnen Verfahren der Konformitätsbewertung sowie den Inhalt von Konformitätserklärungen,
4. die Kennzeichnung der Messgeräte und den Inhalt von Aufschriften auf Messgeräten im Sinne von § 6 Absatz 4 und 5 und § 9; soweit Angaben auf Messgeräten auf Grund deren Größe nicht möglich sind, können andere Formen der Informationsangabe festgelegt werden,
5. die Anforderungen an Konformitätsbewertungsstellen einschließlich näherer Regelungen über die Verpflichtung zum Abschluss einer Haftpflichtversicherung nach § 15 Absatz 8, insbesondere zum Umfang des notwendigen Versicherungsschutzes, den der Versicherungsvertrag zu gewähren hat, und zur Mindestversicherungssumme je Versicherungsfall sowie zu zulässigen Risikoausschlüssen,
6. die Anforderungen an die EG-Bauartzulassung und die EG-Ersteichung von Messgeräten, einschließlich Vorschriften über Kennzeichen und Aufschriften auf den Messgeräten sowie die von diesen Vorschriften erfassten Messgeräte.

Abschnitt 3. Verwenden von Messgeräten und Messwerten, Eichung von Messgeräten

Unterabschnitt 1. Verwenden von Messgeräten und Messwerten

§ 31 Anforderungen an das Verwenden von Messgeräten. (1) [1] Verwendet werden dürfen ausschließlich Messgeräte oder sonstige Messgeräte, die den Bestimmungen dieses Gesetzes und der auf seiner Grundlage erlassenen Rechtsverordnungen entsprechen. [2] Sie müssen im Rahmen der vorgesehenen Verwendungsbedingungen eingesetzt werden.

(2) Wer ein Messgerät verwendet, hat sicherzustellen, dass

1. die wesentlichen Anforderungen an das Messgerät nach § 6 Absatz 2 während der gesamten Zeit, in der das Messgerät verwendet wird, und bei der Zusammenschaltung mit anderen Geräten erfüllt sind, wobei anstelle der Fehlergrenzen nach § 6 Absatz 2 die Verkehrsfehlergrenzen einzuhalten sind,
2. die in einer Rechtsverordnung nach § 41 Nummer 3 enthaltenen Vorschriften über das Verwenden öffentlicher Messgeräte beachtet werden, wenn das Messgerät dazu verwendet wird, Messungen für jedermann vorzunehmen (öffentliches Messgerät),
3. das Messgerät nach § 37 Absatz 1 nicht ungeeicht verwendet wird,
4. Nachweise über erfolgte Wartungen, Reparaturen oder sonstige Eingriffe am Messgerät, einschließlich solcher durch elektronisch vorgenommene Maßnahmen, für einen Zeitraum von bis zu drei Monaten nach Ablauf der nach § 41 Nummer 6 bestimmten Eichfrist, längstens für fünf Jahre, aufbewahrt werden.

§ 32 Anzeigepflicht. (1) [1] Wer neue oder erneuerte Messgeräte verwendet oder im Auftrag des Verwenders Messwerte von solchen Messgeräten erfasst, hat die betroffenen Messgeräte der nach Landesrecht zuständigen Behörde spätestens sechs Wochen nach Inbetriebnahme anzuzeigen. [2] Anzugeben sind

1. die Geräteart,
2. der Hersteller,
3. die Typbezeichnung,
4. das Jahr der Kennzeichnung des Messgeräts sowie
5. die Anschrift desjenigen, der das Messgerät verwendet.

[3] Satz 1 ist nicht auf Maßverkörperungen oder Zusatzeinrichtungen und nicht auf einen Verwender von neuen oder erneuerten Messgeräten anzuwenden, der nachweisen kann, dass er einen Dritten mit der Erfassung der Messwerte beauftragt hat.

(2) Werden mehr als ein Messgerät einer Messgeräteart verwendet oder von mehr als einem Messgerät einer Messgeräteart im Auftrag des Verwenders Messwerte erfasst, hat der Verpflichtete zur Erfüllung des Absatzes 1

1. die zuständige Behörde spätestens sechs Wochen nach Inbetriebnahme des zweiten Messgeräts einer Messgeräteart darüber zu informieren oder informieren zu lassen, welche Messgerätearten er verwendet oder von welchen

Messgerätearten er Messwerte erfasst; dabei ist die Anschrift des Verpflichteten anzugeben und

2. sicherzustellen, dass Übersichten der verwendeten Messgeräte oder der Messgeräte, von denen Messwerte erfasst werden, mit den in Absatz 1 Satz 2 genannten Angaben der zuständigen Behörde auf Anforderung unverzüglich zur Verfügung gestellt werden.

(3) [1]Die nach Landesrecht zuständigen Behörden stellen sicher, dass eine zentrale, benutzerfreundliche Möglichkeit zur Erfüllung der Anzeigepflicht auf elektronischem Weg oder per Telefax sowie eine einheitliche Postadresse zur Verfügung stehen. [2]Die Behörden bestätigen den Eingang der Anzeigen nach den Absätzen 1 und 2.

§ 33 Anforderungen an das Verwenden von Messwerten. (1) [1]Werte für Messgrößen dürfen im geschäftlichen oder amtlichen Verkehr oder bei Messungen im öffentlichen Interesse nur dann angegeben oder verwendet werden, wenn zu ihrer Bestimmung ein Messgerät bestimmungsgemäß verwendet wurde und die Werte auf das jeweilige Messergebnis zurückzuführen sind, soweit in der Rechtsverordnung nach § 41 Nummer 2 nichts anderes bestimmt ist. [2]Andere bundesrechtliche Regelungen, die vergleichbaren Schutzzwecken dienen, sind weiterhin anzuwenden.

(2) Wer Messwerte verwendet, hat sich im Rahmen seiner Möglichkeiten zu vergewissern, dass das Messgerät die gesetzlichen Anforderungen erfüllt und hat sich von der Person, die das Messgerät verwendet, bestätigen zu lassen, dass sie ihre Verpflichtungen erfüllt.

(3) Wer Messwerte verwendet, hat

1. dafür zu sorgen, dass Rechnungen, soweit sie auf Messwerten beruhen, von demjenigen, für den die Rechnungen bestimmt sind, in einfacher Weise zur Überprüfung angegebener Messwerte nachvollzogen werden können und
2. für die in Nummer 1 genannten Zwecke erforderlichenfalls geeignete Hilfsmittel bereitzustellen.

§ 34 Vermutungswirkung. Soweit der Verpflichtete Maßnahmen ergriffen hat, die von Regeln, technischen Spezifikationen oder Erkenntnissen abgedeckt sind, die vom Ausschuss nach § 46 ermittelt wurden und deren Fundstelle die Physikalisch-Technische Bundesanstalt im Bundesanzeiger veröffentlicht hat, wird vermutet, dass

1. die wesentlichen Anforderungen bei dem Verwenden von Messgeräten nach § 31 Absatz 2 Nummer 1 erfüllt werden und
2. Rechnungen, bei denen Messwerte nach § 33 Absatz 3 verwendet werden, nachvollzogen werden können.

§ 35 Ausnahmen für geschlossene Grundstücksnutzungen. (1) Verwendet ein Vertragspartner Messgeräte im Rahmen geschäftlicher Zwecke zur Ermittlung leitungsgebundener Leistungen unter gleich bleibenden gewerblichen Vertragspartnern, kann er bei der nach Landesrecht zuständigen Behörde schriftlich beantragen, für diese Messgeräte von den Regelungen des Gesetzes befreit zu werden, wenn

1. die anderen Vertragspartner ihr Einverständnis zu der Befreiung erklärt haben und
2. sich die Betriebsstätten der Vertragspartner auf derselben räumlich abgegrenzten Fläche befinden.

(2) Die zuständige Behörde hat die Befreiung zu erteilen, wenn die Vertragspartner schriftlich bestätigt haben, dass

1. sie mit der Befreiung von den Regelungen des Gesetzes einverstanden sind; in der Erklärung sind die Art der vertraglichen Leistung sowie die Messgeräteart, auf die sich die Befreiung bezieht, näher zu bezeichnen,
2. ein Qualitätssicherungssystem zur Gewährleistung richtiger Messungen besteht, das den anerkannten Regeln der Technik entspricht,
3. die Vertragspartner jederzeit Zugang zum Messgerät haben und
4. zwischen den Vertragspartnern ein Verfahren zum Vorgehen bei fehlerhaften Messungen vereinbart ist.

(3) [1] Die Befreiung ist auf einen Zeitraum von fünf Jahren zu befristen. [2] Eine erneute Befreiung ist zulässig.

(4) [1] Einem Vertragspartner darf kein Nachteil entstehen, sofern er sein Einverständnis nicht erklärt. [2] Die Weitergabe von Kosteneinsparungen bleibt hiervon unberührt.

§ 36 Ausnahmen für bestimmte Verwendungen. [1] Die Pflichten dieses Unterabschnitts sind nicht anzuwenden, soweit in der Rechtsverordnung nach § 41 Nummer 5 Ausnahmen für einzelne Verwendungen bestimmt sind. [2] Ausnahmen können bestimmt werden, wenn das Schutzbedürfnis der von der Messung Betroffenen dies rechtfertigt. [3] Dies ist insbesondere der Fall, wenn

1. davon ausgegangen werden kann, dass die von der Messung unmittelbar Betroffenen wirtschaftlich gleichwertig sind und über die erforderliche Kompetenz zur Durchführung von Messungen und zur Bewertung der Messergebnisse verfügen,
2. in anderen Vorschriften als nach den Bestimmungen dieses Gesetzes und der auf Grund dieses Gesetzes erlassenen Rechtsverordnung sichergestellt ist, dass das Verwenden der Messgeräte zu einer zutreffenden Bestimmung von Messwerten führt oder
3. bei einem amtlichen Verwenden von Messgeräten die Messrichtigkeit nicht von Bedeutung ist.

Unterabschnitt 2. Eichung und Befundprüfung

§ 37 Eichung und Eichfrist. (1) [1] Messgeräte dürfen nicht ungeeicht verwendet werden,

1. nachdem die in der Rechtsverordnung nach § 41 Nummer 6 bestimmte Eichfrist abgelaufen ist oder
2. wenn die Eichfrist nach Absatz 2 vorzeitig endet.

[2] Für Messgeräte, die nach den Vorschriften des Abschnitts 2 in Verkehr gebracht wurden, beginnt die Eichfrist mit dem Inverkehrbringen; sie entsprechen geeichten Messgeräten für die Dauer der mit dem Inverkehrbringen

beginnenden jeweiligen Eichfrist und bedürfen für die Dauer dieser Eichfrist keiner Eichung.

(2) Die Eichfrist endet vorzeitig, wenn

1. das Messgerät die wesentlichen Anforderungen im Sinne des § 6 Absatz 2 nicht erfüllt, wobei anstelle der Fehlergrenzen nach § 6 Absatz 2 die in einer Rechtsverordnung nach § 41 Nummer 1 bestimmten Verkehrsfehlergrenzen einzuhalten sind,
2. ein Eingriff vorgenommen wird, der Einfluss auf die messtechnischen Eigenschaften des Messgeräts haben kann oder dessen Verwendungsbereich erweitert oder beschränkt,
3. die vorgeschriebene Bezeichnung des Messgeräts geändert oder eine unzulässige Bezeichnung, Aufschrift, Messgröße, Einteilung oder Hervorhebung einer Einteilung angebracht wird,
4. die in einer Rechtsverordnung nach § 30 Nummer 4 oder § 41 Nummer 6 vorgeschriebenen Kennzeichen unkenntlich, entwertet oder vom Messgerät entfernt sind; dies ist nicht anzuwenden, wenn
   a) die Unkenntlichmachung, Entwertung oder Entfernung unter Aufsicht einer nach § 40 zuständigen Stelle durchgeführt werden und
   b) die unkenntlich gemachten, entwerteten oder entfernten Kennzeichen durch geeignete Kennzeichen der beaufsichtigenden Stelle ersetzt werden,
5. das Messgerät mit einer Einrichtung verbunden wird, deren Anfügung nicht zulässig ist.

(3) [1]Die Eichung erfolgt auf Antrag. [2]Bei der Eichung können vorgelegte aktuelle Prüf- und Untersuchungsergebnisse berücksichtigt werden.

(4) [1]Bei der Eichung sind grundsätzlich die zum Zeitpunkt des Inverkehrbringens geltenden wesentlichen Anforderungen nach § 6 Absatz 2 sowie die zu diesem Zeitpunkt vorliegenden in § 7 genannten harmonisierten Normen, normativen Dokumente, technischen Spezifikationen oder Regeln zu Grunde zu legen. [2]Soweit es zur Gewährleistung der Messrichtigkeit oder der Messbeständigkeit unter Berücksichtigung der Verhältnismäßigkeit erforderlich ist, können bei der Eichung im Einzelfall die aktuellen Bedingungen zu Grunde gelegt werden; dies ist insbesondere vorzusehen, wenn die aktuellen Bedingungen für den Antragsteller weniger belastend sind.

(5) Absatz 2 Nummer 1, 2 und 4 gilt nicht für instand gesetzte Messgeräte, wenn

1. das Messgerät nach der Instandsetzung die wesentlichen Anforderungen nach § 6 Absatz 2 erfüllt, wobei anstelle der Fehlergrenzen nach § 6 Absatz 2 die in einer Rechtsverordnung nach § 41 Nummer 1 bestimmten Verkehrsfehlergrenzen einzuhalten sind,
2. die erneute Eichung unverzüglich beantragt wird,
3. die Instandsetzung durch ein in der Rechtsverordnung nach § 41 Nummer 7 bestimmtes Zeichen des Instandsetzers kenntlich gemacht ist und
4. der Instandsetzer die zuständige Behörde unverzüglich über die erfolgte Instandsetzung in Kenntnis gesetzt hat.

(6) [1]In den Fällen des Absatzes 2 Nummer 2 dürfen Messgeräte, deren Software durch einen technischen Vorgang aktualisiert wurde, wieder verwen-

det werden, wenn die zuständige Behörde nach § 40 Absatz 1 dies auf Antrag genehmigt hat. [2]Die Genehmigung ist zu erteilen, wenn

1. die Eignung der Software und des Messgeräts für eine Aktualisierung seiner Software festgestellt wurde,
2. hierfür eine Konformitätsbewertung vorliegt,
3. die erfolgte Aktualisierung dauerhaft im Messgerät aufgezeichnet ist und
4. eine Behörde nach Satz 1 das Vorliegen dieser Voraussetzungen durch eine Stichprobenprüfung überprüft hat.

[3]Die Eichfristen des jeweiligen Messgeräts bleiben hiervon unberührt.

§ 38 Verspätete Eichungen. [1]Hat der Verwender die Eichung mindestens zehn Wochen vor Ablauf der Eichfrist beantragt und das zur Eichung seinerseits Erforderliche getan oder angeboten, steht das Messgerät trotz des Ablaufs der Eichfrist bis zum Zeitpunkt der behördlichen Überprüfung einem geeichten Messgerät gleich. [2]Hat der Verwender die Eichung zu einem späteren Zeitpunkt beantragt und ist der Behörde eine Eichung vor Ablauf der Eichfrist nicht möglich, so kann sie das weitere Verwenden des Messgeräts bis zum Zeitpunkt der behördlichen Überprüfung gestatten. [3]Die Behörde soll die Eichung nach Ablauf der Eichfrist unverzüglich vornehmen.

§ 39 Befundprüfung. (1) Wer ein begründetes Interesse an der Messrichtigkeit darlegt, kann bei der Behörde nach § 40 Absatz 1 beantragen festzustellen, ob ein Messgerät die wesentlichen Anforderungen nach § 6 Absatz 2 erfüllt, wobei anstelle der Fehlergrenzen nach § 6 Absatz 2 die in einer Rechtsverordnung nach § 41 Nummer 1 bestimmten Verkehrsfehlergrenzen einzuhalten sind (Befundprüfung).

(2) Für ein Messgerät oder eine damit verbundene Zusatzeinrichtung, das oder die bei der Ermittlung des Verbrauchs an Elektrizität, Gas, Wärme oder Wasser eingesetzt wird, kann die Feststellung nach Absatz 1 auch bei einer staatlich anerkannten Prüfstelle nach § 40 Absatz 3 beantragt werden.

§ 40 Zuständige Stellen für die Eichung. (1) [1]Die Eichung wird von den nach Landesrecht zuständigen Behörden vorgenommen. [2]Örtlich zuständig für die Eichung und sonstige Prüfung von Messgeräten an der Amtsstelle ist jede nach Satz 1 sachlich zuständige Behörde, bei der eine solche Amtshandlung beantragt wird.

(2) [1]Wird von einem Verwender oder von einem Beauftragten für verschiedene Verwender die Eichung mehrerer Messgeräte am Aufstellort oder die Genehmigung zur Aktualisierung von Software beantragt, koordiniert die zuständige Behörde die Verfahren mit dem Ziel einer möglichst kostengünstigen Abfolge der Prüfverfahren. [2]Sind Messgeräte an Aufstellorten in verschiedenen Bundesländern betroffen, kooperieren die zuständigen Behörden im Rahmen ihrer Möglichkeiten. [3]Ein bei der örtlich zuständigen Behörde am Hauptsitz des Verwenders gestellter Antrag, der weitere Aufstellungsorte umfasst, wird von Amts wegen an die zuständigen Behörden weitergeleitet. [4]Ist der Zeitpunkt der Antragstellung maßgeblich, so gilt der Antrag als zu dem Zeitpunkt gestellt, zu dem er bei der zuständigen Behörde am Hauptsitz des Verwenders eingegangen ist.

(3) [1] Zur Eichung von Messgeräten für Elektrizität, Gas, Wasser oder Wärme und damit verbundenen Zusatzeinrichtungen können Prüfstellen durch die nach Landesrecht zuständigen Behörden nach Maßgabe einer Rechtsverordnung nach § 41 Nummer 9 staatlich anerkannt werden. [2] Die Prüfstelle muss über eine Haftpflichtversicherung verfügen. [3] Der Leiter und der Stellvertreter der Prüfstelle sind von der zuständigen Behörde öffentlich zu bestellen und zu verpflichten. [4] Widerrufen werden können außer nach den Vorschriften des Verwaltungsverfahrensgesetzes

1. die Anerkennung der Prüfstelle, wenn inhaltliche Beschränkungen der Anerkennung nicht beachtet werden,
2. die Bestellung, wenn der Bestellte inhaltliche Beschränkungen der Bestellung nicht beachtet oder ihm obliegende Pflichten grob verletzt, insbesondere Prüfungen nicht unparteiisch ausführt oder ausführen lässt.

(4) [1] Begeht ein Angehöriger der Prüfstelle bei Ausübung seiner Tätigkeit eine Amtspflichtverletzung, so haftet der Träger der Prüfstelle dem Land, dessen Behörde die Prüfstelle anerkannt hat, für den daraus entstehenden Schaden einschließlich der gerichtlichen und außergerichtlichen Kosten, die durch die Verteidigung gegen geltend gemachte Ansprüche entstehen. [2] Die Möglichkeit des Rückgriffs ist weiterhin gegeben.

(5) [1] Den zuständigen Behörden stehen bei der Eichung und bei der Befundprüfung die Befugnisse nach § 56 zur Verfügung; das Grundrecht der Unverletzlichkeit der Wohnung gemäß Artikel 13 des Grundgesetzes wird insoweit eingeschränkt. [2] Die staatlich anerkannten Prüfstellen können Maßnahmen nach § 55 Absatz 1 Satz 2 Nummer 6 ergreifen, wenn Messgeräte von ihnen entgegen den ihnen obliegenden Verpflichtungen geeicht oder sonst geprüft wurden. [3] Ihnen stehen die Befugnisse der Beauftragten nach § 56 zur Verfügung.

Unterabschnitt 3. Verordnungsermächtigung

§ 41 Verordnungsermächtigung. Die Bundesregierung wird ermächtigt, durch Rechtsverordnung mit Zustimmung des Bundesrates Regelungen zu erlassen

1. zur Konkretisierung der sich aus § 31 ergebenden Pflichten; dabei können insbesondere Anzeige-, Dokumentations-, Prüf- und Aufbewahrungspflichten sowie Verkehrsfehlergrenzen bestimmt werden,
2. zur Konkretisierung der sich aus § 33 Absatz 1 ergebenden Pflichten sowie über Ausnahmen von diesen Pflichten,
3. über das Verwenden öffentlicher Messgeräte im Sinne des § 31 Absatz 2 Nummer 2, insbesondere über
   a) die Ausstattung, die Unterhaltung und den Betrieb öffentlicher Messgeräte, die Durchführung von Messungen und die Anzeigepflichten des Verwenders eines öffentlichen Messgeräts,
   b) die Anforderungen an die Sachkunde und Unabhängigkeit des Verwenders und des Betriebspersonals sowie an die Prüfung dieser Anforderungen,
   c) den Nachweis der Messungen und die Aufbewahrung der Unterlagen,
   d) die Kennzeichnung der öffentlichen Messgeräte,

e) das Verfahren im Zusammenhang mit den Buchstaben a bis d,

4. über das Verbot der Ausnutzung von Verkehrsfehlergrenzen und Abweichungen,
5. zur Bestimmung von Ausnahmen von den Pflichten beim Verwenden von Messgeräten oder Messwerten für bestimmte Verwendungen nach § 36,
6. über die Eichung und die Eichfristen, insbesondere über
   a) Beginn und Dauer der Eichfristen,
   b) die Voraussetzungen zur Verlängerung von Eichfristen, insbesondere Vorgaben in Bezug auf die Durchführung und die Wiederholung von Prüfungen sowie Anforderungen an die Beschaffenheit und Prüfung von Prüf- und Kontrollmitteln,
   c) die Vorbereitung und Durchführung der Eichung, einschließlich der Kennzeichnung und der Wiederholung von Prüfungen sowie der Pflichten des Antragstellers zur Vorlage von Dokumenten und zur Mitwirkung bei der Vorbereitung und Durchführung der Eichung,
7. zu den Anforderungen an eine Instandsetzung im Sinne des § 37 Absatz 5, insbesondere Vorgaben für Instandsetzungsbetriebe sowie die Kennzeichnung entsprechend instand gesetzter Geräte,
8. zu den Einzelheiten des Verfahrens bei der Aktualisierung von Software im Sinne des § 37 Absatz 6,
9. zu den Voraussetzungen, dem Umfang und dem Verfahren
   a) der Anerkennung von Prüfstellen im Sinne des § 40 Absatz 3, einschließlich näherer Regelungen über die Verpflichtung zum Abschluss einer Haftpflichtversicherung, insbesondere zum Umfang des notwendigen Versicherungsschutzes, zur Mindestversicherungssumme je Versicherungsfall sowie zu zulässigen Risikoausschlüssen, und
   b) der öffentlichen Bestellung und Verpflichtung des Prüfstellenpersonals sowie
   c) des Betriebs der Prüfstelle, einschließlich der dafür erforderlichen Dokumentationspflichten der Prüfstelle,
10. zu den besonderen Anforderungen an die Verwendung von Maßverkörperungen, die zum gewerbsmäßigen Ausschank von Getränken gegen Entgelt bestimmt sind (Ausschankmaße), einschließlich der Festlegung bestimmter, von Ausschankmaßen einzuhaltender Maßvolumina.

Abschnitt 4. Fertigpackungen und andere Verkaufseinheiten

§ 42 Begriffsbestimmungen für Fertigpackungen und andere Verkaufseinheiten. (1) Fertigpackungen im Sinne dieses Gesetzes sind Verpackungen beliebiger Art, in die in Abwesenheit des Käufers Erzeugnisse abgepackt und die in Abwesenheit des Käufers verschlossen werden, wobei die Menge des darin enthaltenen Erzeugnisses ohne Öffnen oder merkliche Änderung der Verpackung nicht verändert werden kann.

(2) Andere Verkaufseinheiten im Sinne dieses Gesetzes sind

1. offene Packungen, die in Abwesenheit des Käufers abgefüllt werden,

2. unverpackte Backwaren gleichen Nenngewichts und
3. Verkaufseinheiten gleichen Nenngewichts, gleicher Nennlänge oder gleicher Nennfläche ohne Umhüllung.

(3) Im Sinne dieses Gesetzes ist
1. Füllmenge die Menge, die eine einzelne Fertigpackung tatsächlich enthält,
2. Nennfüllmenge die Menge, die die Fertigpackung enthalten soll.

§ 43 Anforderungen an Fertigpackungen. (1) Fertigpackungen dürfen nur hergestellt, in den Geltungsbereich des Gesetzes verbracht, in den Verkehr gebracht oder sonst auf dem Markt bereitgestellt werden, wenn die Nennfüllmenge angegeben ist, die Füllmenge die festgelegten Anforderungen erfüllt und die Fertigpackung mit den erforderlichen Angaben, Aufschriften und Zeichen versehen ist.

(2) Es ist verboten, Fertigpackungen herzustellen, herstellen zu lassen, in den Geltungsbereich dieses Gesetzes zu verbringen, in Verkehr zu bringen oder sonst auf dem Markt bereitzustellen, wenn sie ihrer Gestaltung und Befüllung nach eine größere Füllmenge vortäuschen als in ihnen enthalten ist.

§ 44 Verordnungsermächtigung für Fertigpackungen und andere Verkaufseinheiten. (1) Die Bundesregierung wird ermächtigt, durch Rechtsverordnung mit Zustimmung des Bundesrates Vorschriften zu erlassen zum Schutz der Verbraucherinnen und Verbraucher, zur Erleichterung des Handels mit Fertigpackungen, auch zur Umsetzung oder Durchführung von Rechtsakten der Europäischen Union, insbesondere über
1. die Angabe von Nennfüllmengen bei Fertigpackungen und die Art und Weise dieser Angabe,
2. die Anforderungen an die Genauigkeit der Füllmenge,
3. die Kontrollen und Aufzeichnungen, die von den Betrieben zur Erfüllung der Genauigkeitsanforderungen nach Nummer 2 vorzunehmen sind, sowie die Messgeräte, die hierbei zu verwenden sind,
4. Voraussetzungen und Methoden für eine einheitliche Füllmengenbestimmung,
5. Anforderungen an die Genauigkeit des Volumens von Behältnissen und ihre Kennzeichnung,
6. die Angabe desjenigen, der Fertigpackungen oder Behältnisse herstellt, in den Geltungsbereich dieses Gesetzes verbringt oder in den Verkehr bringt,
7. die Anbringung von Aufschriften und Zeichen auf Fertigpackungen und Behältnissen und ihre Anerkennung durch die Physikalisch-Technische Bundesanstalt,
8. Art und Umfang der von den zuständigen Behörden durchzuführenden Prüfungen zur Überwachung der Einhaltung der Vorschriften, die auf Grund der Nummern 2, 3, 4 und 5 erlassen wurden, und über die Anerkennung von Prüfungen, die in anderen Staaten durchgeführt worden sind,

9. verbindliche Nennfüllmengen für Fertigpackungen und über die Pflicht zur Verwendung bestimmter Behältnisse mit einem bestimmten Volumen oder mit bestimmten Abmessungen für die Herstellung von Fertigpackungen,
10. Ausnahmen von § 43 Absatz 1,
11. die Gestaltung und Befüllung von Fertigpackungen, damit diese die Anforderungen des § 43 Absatz 2 erfüllen.

(2) Die Bundesregierung wird ferner ermächtigt, durch Rechtsverordnung mit Zustimmung des Bundesrates zu den gleichen Zwecken entsprechende Vorschriften für andere Verkaufseinheiten zu erlassen.

Abschnitt 5. Aufgaben der Physikalisch-Technischen Bundesanstalt, Regelermittlungsausschuss, Rückführung

§ 45 Aufgaben der Physikalisch-Technischen Bundesanstalt. Die Physikalisch-Technische Bundesanstalt hat zur Sicherung der Einheitlichkeit des gesetzlichen Messwesens
1. die für die Durchführung dieses Gesetzes zuständigen Landesbehörden zu beraten,
2. naturwissenschaftlich-technische Fragestellungen des gesetzlichen Messwesens wissenschaftlich zu bearbeiten, insbesondere wissenschaftliche Forschung auf diesem Gebiet zu betreiben,
3. die Normung und Standardisierung auf diesem Gebiet zu unterstützen.

§ 46 Regelermittlungsausschuss. (1) [1] Bei der Physikalisch-Technischen Bundesanstalt wird ein Regelermittlungsausschuss eingesetzt. [2] Er hat die Aufgabe, auf der Grundlage des Standes der Technik
1. Regeln und technische Spezifikationen zu ermitteln, um die nach § 6 Absatz 2 zu beachtenden wesentlichen Anforderungen an Messgeräte zu konkretisieren, zu ergänzen und zu prüfen, soweit es für ein Messgerät keine harmonisierte Norm oder normativen Dokumente gibt,
2. Regeln und Erkenntnisse über Verfahren der Konformitätsbewertung zu ermitteln, die zum Nachweis der Konformität bestimmter Messgeräte geeignet sind, soweit es für Verfahren der Konformitätsbewertung für Messgeräte keine harmonisierte Norm oder normativen Dokumente gibt,
3. Regeln und Erkenntnisse zu ermitteln, um die Pflichten von Personen näher zu bestimmen, die Messgeräte oder Messwerte verwenden.

[3] Der Ausschuss berücksichtigt bei seiner Tätigkeit insbesondere die Potenziale für innovative Produkte und Verfahren im Bereich des gesetzlichen Messwesens.

(2) [1] Die Physikalisch-Technische Bundesanstalt kann die Fundstellen der vom Ausschuss nach Absatz 1 ermittelten technischen Regeln und Erkenntnisse

im Bundesanzeiger[1] bekannt machen. [2]Die Dokumente, auf die Bezug genommenen wird, müssen in deutscher Sprache verfügbar sein.

(3) [1]Ist die nach Landesrecht zuständige Behörde der Auffassung, dass eine nach Absatz 1 ermittelte und nach Absatz 2 veröffentlichte Regel, technische Spezifikation oder sonstige Erkenntnis nicht zur Abdeckung der gesetzlichen Anforderungen geeignet ist, für die sie vom Ausschuss als geeignet ermittelt wurde, so informiert sie hierüber unter Angabe der Gründe die Physikalisch-Technische Bundesanstalt. [2]Die Physikalisch-Technische Bundesanstalt überprüft die eingegangenen Meldungen auf Vollständigkeit und Schlüssigkeit; sie leitet die Meldungen dem Ausschuss zu.

(4) [1]Bestehen begründete Zweifel an der Eignung einer vom Ausschuss nach Absatz 1 ermittelten Regel, technischen Spezifikation oder sonstigen Erkenntnis, so überprüft der Ausschuss die Eignung für die vorgesehenen Zwecke. [2]Hält er die Eignung nicht mehr für gegeben, so stellt er dies fest. [3]Die Physikalisch-Technische Bundesanstalt veröffentlicht den Wortlaut der Feststellung im Bundesanzeiger. [4]Die Sätze 2 und 3 sind entsprechend anzuwenden, soweit im Anwendungsbereich der ermittelten Regeln, technischen Spezifikationen oder sonstigen Erkenntnisse eine neue harmonisierte Norm oder ein neues normatives Dokument vorliegt.

(5) [1]Dem Ausschuss sollen sachverständige Institutionen und Verbände angehören, insbesondere

1. die Physikalisch-Technische Bundesanstalt,
2. zuständige Behörden der Länder,
3. Konformitätsbewertungsstellen,
4. nach § 40 Absatz 3 staatlich anerkannte Prüfstellen,
5. Wirtschaftsverbände, insbesondere solche, die Hersteller und Verwender von Messgeräten vertreten, und
6. Verbraucherverbände.

[2]Die Mitgliedschaft ist ehrenamtlich.

(6) [1]Das Bundesministerium für Wirtschaft und Energie beruft die Mitglieder des Ausschusses für die Dauer von drei Jahren. [2]Den Vorsitz und die Geschäftsstelle führt die Physikalisch-Technische Bundesanstalt.

(7) Der Ausschuss gibt sich eine Geschäftsordnung, die der Zustimmung des Bundesministeriums für Wirtschaft und Energie bedarf.

§ 47 Metrologische Rückführung. (1) Konformitätsbewertungsstellen, zuständige Behörden und staatlich anerkannte Prüfstellen haben zur Sicherung der Einheitlichkeit des gesetzlichen Messwesens nachweisbar zu gewährleisten, dass die als Prüfmittel verwendeten Normale mit den bei der Physikalisch-Technischen Bundesanstalt aufbewahrten Normalen übereinstimmen (metrologische Rückführung).

(2) Die Physikalisch-Technische Bundesanstalt hat eine Prüfung der Normalgeräte und Prüfungshilfsmittel der in Absatz 1 genannten Stellen auf Antrag

[1] Siehe hierzu Regelermittlungsausschuss-Fundstellenbekanntmachung v. 23.11.2018 (BAnz AT 05.12.2018 B10) (Stand 25.9.2018: https://doi.org/10.7795/510.20181010).

vorzunehmen, sofern eine metrologische Rückführung auf anderem Weg nicht möglich ist.

Abschnitt 6. Metrologische Überwachung

Unterabschnitt 1. Marktüberwachung

§ 48 Zuständigkeit für die Marktüberwachung und Zusammenarbeit.

(1) [1] Die Überwachung der in Verkehr gebrachten Produkte (Marktüberwachung) obliegt den nach Landesrecht zuständigen Behörden, sofern in anderen bundesrechtlichen Regelungen keine abweichenden Festlegungen getroffen werden. [2] Unbeschadet der gesetzlichen Vorschriften über die örtliche Zuständigkeit kann auch die Behörde, in deren Bezirk der Anlass für die Amtshandlung hervortritt, die für ihre Aufgabenerfüllung erforderlichen Unterlagen und Informationen über Produkte nach den Vorschriften des § 52 Absatz 2, 4 und 5 anfordern.

(2) [1] Die Marktüberwachungsbehörden arbeiten mit den für die Kontrolle der Außengrenzen zuständigen Behörden gemäß Kapitel III Abschnitt 3 der Verordnung (EG) Nr. 765/2008 zusammen. [2] Satz 1 ist entsprechend auch für solche Messgeräte anzuwenden, die nicht von der Verordnung (EG) Nr. 765/2008 erfasst sind. [3] Im Rahmen dieser Zusammenarbeit können die Behörden, die für die Kontrolle der Außengrenzen zuständig sind, den Marktüberwachungsbehörden auf deren Ersuchen die Informationen übermitteln, die sie bei der Überführung von Produkten in den zollrechtlich freien Verkehr erlangt haben und die für die Aufgabenerfüllung der Marktüberwachungsbehörden erforderlich sind.

(3) Die Marktüberwachungsbehörden und die für die Kontrolle der Außengrenzen zuständigen Behörden schützen im Rahmen des geltenden Rechts Betriebsgeheimnisse und personenbezogene Daten.

§ 49 Marktüberwachungskonzept. (1) [1] Die Marktüberwachungsbehörden haben eine wirksame Marktüberwachung auf der Grundlage eines Marktüberwachungskonzepts zu gewährleisten. [2] Das Marktüberwachungskonzept soll insbesondere umfassen:
1. die Erhebung und Auswertung von Informationen zur Ermittlung von Mängelschwerpunkten und Warenströmen,
2. die Aufstellung, regelmäßige Anpassung und Durchführung von Marktüberwachungsprogrammen, auf deren Grundlage die Produkte überprüft werden können.

[3] Die Marktüberwachungsbehörden überprüfen und bewerten regelmäßig, mindestens alle vier Jahre, die Wirksamkeit des Überwachungskonzepts.

(2) Die zuständigen obersten Landesbehörden stellen die Koordinierung der Marktüberwachung sowie die Entwicklung und Fortschreibung des Marktüberwachungskonzepts sicher.

(3) Die Länder stellen die Marktüberwachungsprogramme nach Absatz 1 Satz 2 Nummer 2 der Öffentlichkeit in nicht personenbezogener Form auf elektronischem Weg und gegebenenfalls in anderer Weise zur Verfügung.

§ 50 Marktüberwachungsmaßnahmen. (1) Die Marktüberwachungsbehörden kontrollieren anhand angemessener Stichproben auf geeignete Weise und in angemessenem Umfang, ob Messgeräte und sonstige Messgeräte die Anforderungen nach Abschnitt 2 und Fertigpackungen und andere Verkaufseinheiten die Anforderungen nach Abschnitt 4 erfüllen.

(2) [1] Die Marktüberwachungsbehörden treffen die erforderlichen Maßnahmen, wenn sie den begründeten Verdacht haben, dass die Produkte die genannten Anforderungen nicht erfüllen. [2] Sie sind insbesondere befugt,

1. das Ausstellen eines Messgeräts zu untersagen, wenn die Anforderungen des § 10 nicht erfüllt sind,
2. Maßnahmen anzuordnen, die gewährleisten, dass ein Produkt erst dann auf dem Markt bereitgestellt wird, wenn es die Anforderungen nach diesem Gesetz erfüllt,
3. anzuordnen, dass ein Messgerät von einer anerkannten Konformitätsbewertungsstelle oder einer in gleicher Weise geeigneten Stelle überprüft wird,
4. die Bereitstellung eines Messgeräts auf dem Markt oder das Ausstellen eines Messgeräts für den Zeitraum zu verbieten, der für die Prüfung zwingend erforderlich ist,
5. zu verbieten, dass ein Produkt auf dem Markt bereitgestellt wird,
6. Maßnahmen zu ergreifen,
   a) die verhindern, dass ein Produkt, das sich in der Lieferkette befindet, auf dem Markt bereitgestellt wird (Rücknahme) oder
   b) die erwirken, dass ein dem Endverbraucher schon bereits bereitgestelltes Produkt zurückgegeben wird (Rückruf),
7. ein Produkt sicherzustellen, dieses Produkt zu vernichten, vernichten zu lassen oder auf andere Weise unbrauchbar zu machen oder unbrauchbar machen zu lassen,
8. anzuordnen, dass die Öffentlichkeit vor den Risiken gewarnt wird, die mit einem auf dem Markt bereitgestellten Produkt verbunden sind; warnt der Wirtschaftsakteur die Öffentlichkeit nicht oder nicht rechtzeitig oder trifft er eine andere ebenso wirksame Maßnahme nicht oder nicht rechtzeitig, kann die Marktüberwachungsbehörde selbst die Öffentlichkeit warnen.

(3) [1] Die Marktüberwachungsbehörde widerruft oder ändert eine Maßnahme nach Absatz 2, wenn der Wirtschaftsakteur nachweist, dass er wirksame Maßnahmen ergriffen hat. [2] Maßnahmen als Nebenfolge einer Ordnungswidrigkeit bleiben unberührt.

(4) Beschließt die Marktüberwachungsbehörde, ein Produkt, das in einem anderen Mitgliedstaat der Europäischen Union oder einem Vertragsstaat des Abkommens über den Europäischen Wirtschaftsraum, in der Schweiz oder der Türkei hergestellt wurde, vom Markt zu nehmen, das Inverkehrbringen oder die Inbetriebnahme des Produkts zu untersagen oder das Anbieten oder Ausstellen des Produkts am Verkaufsort zu untersagen, so setzt sie den betroffenen Wirtschaftsakteur hiervon in Kenntnis.

(5) [1] Werden die Marktüberwachungsbehörden von einer vorläufigen Marktüberwachungsmaßnahme eines anderen Mitgliedstaates der Europäischen Union oder eines Vertragsstaates des Abkommens über den Europäischen Wirtschaftsraum, der Schweiz oder der Türkei unterrichtet, prüfen sie innerhalb

von drei Monaten, ob sie einen Einwand gegen diese Maßnahme erheben und begründen diesen gegebenenfalls. [2]Wird kein Einwand erhoben, so gilt die Maßnahme als gerechtfertigt und die Marktüberwachungsbehörden ergreifen unverzüglich geeignete Maßnahmen hinsichtlich des betreffenden Messgeräts.

(6) Die Marktüberwachungsbehörden informieren und unterstützen sich gegenseitig bei Marktüberwachungsmaßnahmen entsprechend den Absätzen 1 bis 3, und zwar in dem Umfang, der für die jeweilige Aufgabenerfüllung im Einzelfall erforderlich ist.

§ 51 Adressaten der Marktüberwachungsmaßnahmen. (1) [1]Die Maßnahmen der Marktüberwachungsbehörden sind gegen den jeweils betroffenen Wirtschaftsakteur gerichtet. [2]Maßnahmen gegen jede andere Person sind, unbeschadet der Maßnahmen im Rahmen der Verwendungsüberwachung, nur zulässig, solange ein bestehendes ernstes Risiko nicht auf andere Weise abgewehrt werden kann.

(2) [1]Der nach Absatz 1 betroffene Wirtschaftsakteur ist vor Erlass einer Maßnahme nach § 50 Absatz 2 gemäß § 28 des Verwaltungsverfahrensgesetzes mit der Maßgabe anzuhören, dass die Anhörungsfrist nicht kürzer als zehn Tage sein darf. [2]Wurde eine Maßnahme getroffen, ohne dass der Wirtschaftsakteur gehört wurde, wird ihm so schnell wie möglich Gelegenheit gegeben, sich zu äußern. [3]Die Maßnahme wird daraufhin umgehend überprüft.

§ 52 Betretensrechte, Mitwirkungs- und Duldungspflichten bei der Marktüberwachung. (1) [1]Soweit es zur Erfüllung ihrer Aufgaben erforderlich ist, sind die Marktüberwachungsbehörden und ihre Beauftragten befugt, unbeschadet der Rechte aus Artikel 19 Absatz 1 der Verordnung (EG) Nr. 765/2008, zu den üblichen Betriebs- und Geschäftszeiten Grundstücke, Betriebs- oder Geschäftsräume zu betreten, in oder auf denen im Rahmen einer Geschäftstätigkeit Produkte im Sinne dieses Gesetzes

1. hergestellt werden,
2. zum Zweck der Bereitstellung auf dem Markt lagern,
3. angeboten werden,
4. ausgestellt sind oder
5. in Betrieb genommen werden.

[2]Sie sind befugt, die Produkte zu besichtigen, zu prüfen oder prüfen zu lassen sowie insbesondere zu Prüfzwecken in Betrieb nehmen zu lassen. [3]Diese Besichtigungs- und Prüfbefugnis haben die Marktüberwachungsbehörden und ihre Beauftragten auch dann, wenn die Produkte in Seehäfen zum weiteren Transport bereitgestellt sind.

(2) [1]Die Marktüberwachungsbehörden und ihre Beauftragten können Proben entnehmen, Muster verlangen und die für ihre Aufgabenerfüllung erforderlichen Unterlagen und Informationen anfordern. [2]Die Proben, Muster, Unterlagen und Informationen sind unentgeltlich zur Verfügung zu stellen. [3]Ist die unentgeltliche Überlassung wirtschaftlich nicht zumutbar, ist auf Verlangen des Wirtschaftsakteurs eine angemessene Entschädigung zu leisten.

(3) Die Rechte nach den Absätzen 1 und 2 stehen Beauftragten nur zu, sofern sie nicht direkt oder indirekt

1. mit Herstellung, Handel, Leasing, Wartung oder Reparatur von Messgeräten oder gewerblich mit deren Verwenden befasst sind oder
2. mit Anbietern solcher Leistungen unternehmerisch verbunden sind.

(4) [1] Die Marktüberwachungsbehörden können von Konformitätsbewertungsstellen nach den §§ 13 und 14 Absatz 1 sowie von deren mit der Leitung und der Durchführung der Fachaufgaben beauftragtem Personal die Auskünfte und Unterlagen verlangen, die zur Erfüllung ihrer Aufgaben erforderlich sind. [2] Werden sie nach Satz 1 tätig, haben sie die anerkennende Stelle zu informieren.

(5) [1] Der betroffene Wirtschaftsakteur hat die Maßnahmen nach den Absätzen 1 und 2 zu dulden und die Marktüberwachungsbehörden sowie deren Beauftragte zu unterstützen, insbesondere ihnen auf Verlangen Räume und Unterlagen zu bezeichnen sowie Räume und Behältnisse zu öffnen. [2] Er hat auf Verlangen Informationen über diejenigen vorzulegen, von denen er in den letzten zehn Jahren Messgeräte bezogen oder an die er Messgeräte abgegeben hat. [3] Er ist verpflichtet, den Marktüberwachungsbehörden auf Verlangen die Auskünfte zu erteilen, die zur Erfüllung ihrer Aufgaben erforderlich sind. [4] Er kann die Auskunft über Fragen verweigern, deren Beantwortung den Verpflichteten oder einen seiner in § 383 Absatz 1 Nummer 1 bis 3 der Zivilprozessordnung bezeichneten Angehörigen der Gefahr aussetzen würde, wegen einer Straftat oder Ordnungswidrigkeit verfolgt zu werden. [5] Er ist über sein Recht zur Auskunftsverweigerung zu belehren.

§ 53 Meldeverfahren, Verordnungsermächtigung. (1) [1] Trifft die Marktüberwachungsbehörde eine Maßnahme, durch die die Bereitstellung eines Messgeräts auf dem Markt untersagt oder eingeschränkt oder seine Rücknahme oder sein Rückruf angeordnet wird, so informiert sie hierüber unter Angabe der Gründe die übrigen Marktüberwachungsbehörden. [2] Sie informiert ferner die Konformitätsbewertungsstelle und die anerkennende Stelle über die von ihr getroffene Maßnahme.

(2) Trifft die Marktüberwachungsbehörde eine Maßnahme, die sich auf ein Messgerät bezieht, das in Rechtsvorschriften der Europäischen Union geregelt ist, informiert sie zugleich die Europäische Kommission und die übrigen Mitgliedstaaten der Europäischen Union, wenn der Anlass für die Maßnahme außerhalb des Geltungsbereichs dieses Gesetzes liegt oder die Auswirkungen der Maßnahme über den Geltungsbereich dieses Gesetzes hinausreichen.

(3) [1] Für den Informationsaustausch sind so weit wie möglich elektronische Kommunikationsmittel zu benutzen. [2] Die Bundesregierung wird ermächtigt, durch Rechtsverordnung mit Zustimmung des Bundesrates die näheren Einzelheiten des Meldeverfahrens zu regeln, insbesondere die Einzelheiten zur Nutzung bestimmter elektronischer Kommunikationswege.

Unterabschnitt 2. Überwachung der Verwendung von Messgeräten und Messwerten

§ 54 Grundsätze der Verwendungsüberwachung. (1) [1] Die zuständigen Behörden kontrollieren anhand angemessener Stichproben auf geeignete Weise und in angemessenem Umfang, ob beim Verwenden von Messgeräten und

Messwerten die Vorschriften des Abschnitts 3 beachtet sind (Verwendungsüberwachung). [2]Die zuständigen Behörden überwachen insbesondere

1. das ordnungsgemäße Aufstellen und die Eignung des Messgeräts für den vorgesehenen Verwendungszweck,
2. das ordnungsgemäße Verwenden des Messgeräts entsprechend den Angaben des Herstellers und das Verwenden des ordnungsgemäßen Zubehörs sowie das Vorhandensein der Gebrauchsanleitung und der vorgeschriebenen Dokumente,
3. die ordnungsgemäße Kennzeichnung und Sicherung des Messgeräts,
4. nachträgliche Veränderungen am Messgerät, einschließlich solcher durch elektronische Maßnahmen,
5. das ordnungsgemäße Anzeigen des Messergebnisses und dessen ordnungsgemäße Speicherung, Weitergabe und das Verwenden,
6. die verwendete Software.

(2) Die Behörden verbinden die Aufgabe der Verwendungsüberwachung, soweit möglich, mit der Durchführung von Eichungen nach § 37.

(3) [1]Die Behörden haben eine wirksame Überwachung auf der Grundlage eines Verwendungsüberwachungskonzepts zu gewährleisten. [2]Die Regelungen des § 49 sind für die Zwecke der Verwendungsüberwachung entsprechend anzuwenden.

§ 55 Maßnahmen der Verwendungsüberwachung. (1) [1]Die Behörden treffen die erforderlichen Maßnahmen, wenn sie den begründeten Verdacht haben, dass Messgeräte nicht entsprechend den Anforderungen des Abschnitts 3 verwendet werden. [2]Sie sind insbesondere befugt,

1. ein Messgerät zu prüfen,
2. ein Messgerät für den Zeitraum stillzulegen, der für die Prüfung zwingend erforderlich ist,
3. anzuordnen, dass ein Messgerät von einer anerkannten Konformitätsbewertungsstelle oder einer in gleicher Weise geeigneten Stelle überprüft wird,
4. das Verwenden eines Messgeräts zu untersagen,
5. ein Messgerät sicherzustellen, zu vernichten, vernichten zu lassen oder auf andere Weise unbrauchbar zu machen; dies ist auch für Gegenstände oder Software zur Beeinflussung der Funktionsweise von Messgeräten anzuwenden,
6. anzuordnen, dass die Öffentlichkeit vor den Gefahren gewarnt wird, die mit einem Messgerät verbunden sind, dessen Verwenden den Vorschriften des Abschnitts 3 nicht entspricht; warnt der Verpflichtete die Öffentlichkeit nicht oder nicht rechtzeitig oder trifft er eine andere ebenso wirksame Maßnahme nicht oder nicht rechtzeitig, kann die zuständige Behörde selbst die Öffentlichkeit warnen.

(2) [1]Die Behörde widerruft oder ändert eine Maßnahme nach Absatz 1, wenn der Verpflichtete nachweist, dass er wirksame Maßnahmen ergriffen hat. [2]Maßnahmen als Nebenfolge einer Ordnungswidrigkeit bleiben unberührt.

§ 56 Betretensrechte, Mitwirkungs- und Duldungspflichten bei der Verwendungsüberwachung. (1) [1]Soweit es zum Zweck der Verwendungsüberwachung erforderlich ist, sind die Behörden und ihre Beauftragten befugt, zu den üblichen Betriebs- und Geschäftszeiten Grundstücke, Betriebs- oder Geschäftsräume zu betreten, in oder auf denen Messgeräte verwendet werden. [2]Das Betreten von Wohnräumen ist zulässig, soweit dies zur Verhütung dringender Gefahren für die öffentliche Sicherheit und Ordnung erforderlich ist; das Grundrecht der Unverletzlichkeit der Wohnung gemäß Artikel 13 des Grundgesetzes wird insoweit eingeschränkt. [3]Die Behörden und ihre Beauftragten sind befugt, Messgeräte zu besichtigen, zu prüfen oder prüfen zu lassen sowie insbesondere zu diesem Zweck in Betrieb nehmen zu lassen.

(2) Die Rechte nach Absatz 1 stehen Beauftragten nur zu, sofern sie nicht direkt oder indirekt

1. mit Herstellung, Handel, Leasing, Wartung oder Reparatur von Messgeräten oder gewerblich mit deren Verwenden befasst sind oder
2. mit Anbietern solcher Leistungen unternehmerisch verbunden sind.

(3) [1]Der betroffene Verwender oder derjenige, in dessen Räumlichkeiten Messgeräte verwendet werden, hat die Maßnahmen nach Absatz 1 zu dulden und die Behörden sowie deren Beauftragte zu unterstützen, insbesondere ihnen auf Verlangen Räume und Unterlagen zu bezeichnen sowie Räume und Behältnisse zu öffnen. [2]Der betroffene Verwender ist verpflichtet, den Behörden auf Verlangen die Auskünfte zu erteilen, die zur Erfüllung ihrer Aufgaben erforderlich sind. [3]Er hat die von ihm aufzubewahrenden Dokumente auf Verlangen vorzulegen. [4]Befinden sich Unterlagen zum ordnungsgemäßen Betrieb eines Messgeräts im Besitz eines Dritten, ist auch dieser auf Verlangen der zuständigen Behörden und ihrer Beauftragten zur Vorlage dieser Unterlagen verpflichtet, soweit dies zum Zwecke der Verwendungsüberwachung erforderlich ist; liegen die Unterlagen dem Dritten nur in elektronischer Form vor, genügt eine Vorlage in elektronischer Form. [5]§ 52 Absatz 5 Satz 4 und 5 ist auf die Verpflichteten nach Satz 1 bis 4 entsprechend anzuwenden.

Unterabschnitt 3. Aufsicht über staatlich anerkannte Prüfstellen

§ 57 Zuständigkeit und Maßnahmen im Rahmen der Aufsicht über staatlich anerkannte Prüfstellen. (1) Die Aufsicht über die staatlich anerkannten Prüfstellen führen die nach § 40 Absatz 1 zuständigen Behörden.

(2) [1]Die zuständigen Behörden stellen durch angemessene Aufsichtsmaßnahmen sicher, dass die staatlich anerkannten Prüfstellen die Verpflichtungen beachten, die sie nach diesem Gesetz oder den hierauf erlassenen Rechtsverordnungen haben, und ihre Aufgaben in angemessener Weise ausführen. [2]Die zuständigen Behörden können hierzu

1. rechtswidrige Maßnahmen beanstanden sowie entsprechende Abhilfe verlangen,
2. Weisungen zur Art und Weise der Prüftätigkeiten erteilen,
3. anordnen, dass die Öffentlichkeit vor den Risiken gewarnt wird, die mit einem Messgerät verbunden sind, das von einer staatlich anerkannten Prüfstelle entgegen den ihr obliegenden Verpflichtungen geeicht oder sonst geprüft wurde; warnt die verpflichtete Prüfstelle die Öffentlichkeit nicht

oder nicht rechtzeitig oder trifft sie eine andere ebenso wirksame Maßnahme nicht oder nicht rechtzeitig, kann die zuständige Behörde selbst die Öffentlichkeit warnen.

[3] Kommt eine staatlich anerkannte Prüfstelle einer Weisung nicht oder nicht fristgerecht nach, kann die zuständige Behörde die erforderlichen Maßnahmen an Stelle und auf Kosten der Prüfstelle selbst durchführen oder durch einen anderen durchführen lassen.

§ 58 Betretensrechte, Mitwirkungs- und Duldungspflichten bei der Überwachung staatlich anerkannter Prüfstellen. (1) [1] Soweit es zur Aufsicht erforderlich ist, sind die Behörden und ihre Beauftragten befugt, zu den üblichen Betriebs- und Geschäftszeiten Grundstücke, Geschäftsräume oder Betriebsgrundstücke zu betreten, auf oder in denen Prüfstellen ansässig sind. [2] Die Behörden oder ihre Beauftragten können Prüfungen und Untersuchungen durchführen und Einsicht in geschäftliche Unterlagen der Prüfstelle nehmen.

(2) Die Rechte nach Absatz 1 stehen Beauftragten nur zu, sofern sie nicht direkt oder indirekt

1. mit Herstellung, Handel, Leasing, Wartung oder Reparatur von Messgeräten oder gewerblich mit deren Verwenden befasst sind oder
2. mit Anbietern solcher Leistungen unternehmerisch verbunden sind.

(3) [1] Die Mitarbeiter der Prüfstelle sowie Personen, in deren Herrschaftsbereich die Prüfstelle ansässig ist, haben die Maßnahmen entsprechend den Absätzen 1 und 2 zu dulden. [2] Die Mitarbeiter der Prüfstelle haben die Behörden sowie deren Beauftragte zu unterstützen. [3] Der Leiter der Prüfstelle und sein Vertreter sind verpflichtet, den Behörden auf Verlangen die Auskünfte zu erteilen, die zur Erfüllung ihrer Aufgaben erforderlich sind. [4] Der Leiter der Prüfstelle und sein Vertreter haben die von ihnen aufzubewahrenden Dokumente auf Verlangen vorzulegen. [5] § 52 Absatz 5 Satz 4 und 5 ist entsprechend anzuwenden.

Abschnitt 7. Gebührenregelungen und Bußgeldvorschriften

§ 59 Gebühren und Auslagen der Landesbehörden, Verordnungsermächtigung. (1) [1] Für individuell zurechenbare öffentliche Leistungen nach diesem Gesetz und den auf diesem Gesetz beruhenden Rechtsverordnungen erheben die Landesbehörden Gebühren und Auslagen nach den Absätzen 2 und 3. [2] Für Prüfungen und Untersuchungen werden keine Gebühren und Auslagen erhoben, wenn die Prüfung und Untersuchung

1. nach § 52 ergibt, dass ein Messgerät den Bestimmungen dieses Gesetzes und der hierauf erlassenen Rechtsverordnungen entspricht,
2. nach § 56 ergibt, dass ein Messgerät entsprechend den Bestimmungen dieses Gesetzes und der hierauf erlassenen Rechtsverordnungen verwendet wurde.

[3] Ergibt eine Befundprüfung nach § 39, dass ein Messgerät die Verkehrsfehlergrenze nicht einhält oder den sonstigen wesentlichen Anforderungen nach § 6 Absatz 2 nicht entspricht, sind die Gebühren und Auslagen von demjenigen zu

tragen, der das Messgerät verwendet, in den übrigen Fällen von demjenigen, der die Befundprüfung beantragt hatte.

(2) [1] Die Gebühr soll die mit der individuell zurechenbaren öffentlichen Leistung verbundenen Kosten aller an der Leistung Beteiligten decken. [2] In die Gebühr sind die mit der Leistung regelmäßig verbundenen Auslagen einzubeziehen. [3] Zur Ermittlung der Gebühr sind die Kosten, die nach betriebswirtschaftlichen Grundsätzen als Einzel- und Gemeinkosten zurechenbar und ansatzfähig sind, insbesondere Personal- und Sachkosten sowie kalkulatorische Kosten, zu Grunde zu legen. [4] Zu den Gemeinkosten zählen auch die Kosten der Rechts- und Fachaufsicht. [5] Grundlage der Gebührenermittlung nach den Sätzen 1 bis 4 sind die in der Gesamtheit der Länder mit der jeweiligen Leistung verbundenen Kosten. [6] § 9 Absatz 3 des Bundesgebührengesetzes ist entsprechend anzuwenden.

(3) [1] Das Bundesministerium für Wirtschaft und Energie wird ermächtigt, für den Bereich der Landesverwaltung durch Rechtsverordnung mit Zustimmung des Bundesrates die gebührenpflichtigen Tatbestände, die Gebührenhöhe und die Auslagenerstattung näher zu bestimmen und dabei Fest-, Zeit- oder Rahmengebühren vorzusehen. [2] In der Rechtsverordnung kann aus Gründen des öffentlichen Interesses oder der Billigkeit eine Gebührenbefreiung oder -ermäßigung bestimmt werden. [3] Ferner kann bestimmt werden, dass die für eine Eichung im Sinne des § 37 zulässige Gebühr auch erhoben werden darf, wenn die individuell zurechenbare öffentliche Leistung aus Gründen, die der Betroffene zu vertreten hat, nicht am festgesetzten Termin stattfinden konnte.

§ 60 Bußgeldvorschriften. (1) Ordnungswidrig handelt, wer vorsätzlich oder fahrlässig

1. entgegen § 6 Absatz 1 in Verbindung mit einer Rechtsverordnung nach § 30 Nummer 1, 3 oder Nummer 4 ein Messgerät in Verkehr bringt,
2. entgegen § 9 in Verbindung mit einer Rechtsverordnung nach § 30 Nummer 4 ein sonstiges Messgerät in Verkehr bringt,
3. entgegen § 10 ein Messgerät ausstellt,
4. ohne Anerkennung nach § 13 Absatz 1 Satz 1 ein Messgerät bewertet,
5. entgegen § 23 Absatz 3 Satz 4, auch in Verbindung mit § 24 Absatz 2 Satz 2 Nummer 1, eine dort genannte Unterlage oder die Konformitätserklärung nicht oder nicht mindestens zehn Jahre aufbewahrt oder nicht oder nicht mindestens zehn Jahre bereithält,
6. entgegen § 23 Absatz 4 in Verbindung mit einer Rechtsverordnung nach § 30 Nummer 2, jeweils auch in Verbindung mit § 24 Absatz 2 Satz 1, dem Messgerät eine Information nicht, nicht richtig, nicht vollständig oder nicht rechtzeitig beifügt,
7. entgegen § 23 Absatz 5 Satz 2, auch in Verbindung mit § 24 Absatz 2 Satz 1 oder § 25 Absatz 5 Satz 1, ein dort genanntes Verzeichnis nicht, nicht richtig oder nicht vollständig führt,
8. entgegen § 23 Absatz 6 Satz 3, auch in Verbindung mit § 24 Absatz 2 Satz 1 oder § 25 Absatz 5, die zuständige Behörde oder den Hersteller nicht, nicht richtig oder nicht rechtzeitig informiert,

9. entgegen § 25 Absatz 2 Nummer 3 in Verbindung mit einer Rechtsverordnung nach § 30 Nummer 2 nicht sicherstellt, dass dem Messgerät eine Information beigefügt ist,
10. entgegen § 25 Absatz 4 Satz 1 eine Kopie der Konformitätserklärung nicht oder nicht mindestens zehn Jahre bereithält,
11. entgegen § 25 Absatz 4 Satz 2 eine dort genannte Unterlage nicht, nicht richtig, nicht vollständig oder nicht rechtzeitig vorlegt,
12. entgegen
    a) § 26 Absatz 1 Satz 1 Nummer 1, auch in Verbindung mit Satz 2, oder
    b) § 26 Absatz 1 Satz 1 Nummer 2 in Verbindung mit einer Rechtsverordnung nach § 30 Nummer 2

    nicht sicherstellt, dass ein Messgerät oder ein sonstiges Messgerät nur unter den dort genannten Voraussetzungen auf dem Markt bereitgestellt oder für eigene Zwecke in Betrieb genommen wird,
13. entgegen § 26 Absatz 2 Satz 2 oder Absatz 3 Satz 3 eine Information nicht, nicht richtig oder nicht rechtzeitig gibt,
14. entgegen § 31 Absatz 1 Satz 1 ein Messgerät oder ein sonstiges Messgerät verwendet,
15. entgegen § 31 Absatz 2 Nummer 1 in Verbindung mit einer Rechtsverordnung nach § 41 Nummer 1 nicht sicherstellt, dass die wesentlichen Anforderungen erfüllt sind,
16. entgegen § 31 Absatz 2 Nummer 2 in Verbindung mit einer Rechtsverordnung nach § 41 Nummer 3 nicht sicherstellt, dass die dort genannten Vorschriften beachtet werden,
17. entgegen § 31 Absatz 2 Nummer 4 in Verbindung mit einer Rechtsverordnung nach § 41 Nummer 1 nicht sicherstellt, dass die dort genannten Nachweise aufbewahrt werden,
18. entgegen § 32 Absatz 1 Satz 1 eine Anzeige nicht, nicht richtig, nicht vollständig oder nicht rechtzeitig erstattet,
19. entgegen § 33 Absatz 1 Satz 1 einen dort genannten Wert angibt oder verwendet,
20. entgegen § 33 Absatz 3 Nummer 1 nicht dafür sorgt, dass eine Rechnung nachvollzogen werden kann,
21. entgegen § 43 Absatz 1 in Verbindung mit einer Rechtsverordnung nach § 44 Absatz 1 Nummer 1, 2, 6, 7 oder Nummer 9 eine Fertigpackung herstellt, in den Geltungsbereich des Gesetzes verbringt, in den Verkehr bringt oder sonst auf dem Markt bereitstellt,
22. entgegen § 43 Absatz 2 in Verbindung mit einer Rechtsverordnung nach § 44 Absatz 1 Nummer 11 eine Fertigpackung herstellt, in den Geltungsbereich des Gesetzes verbringt, in Verkehr bringt oder sonst auf dem Markt bereitstellt,
23. einer vollziehbaren Anordnung nach § 50 Absatz 2 Satz 2 Nummer 1 bis 6 oder Nummer 8 oder § 55 Absatz 1 Satz 2 Nummer 3, 4 oder Nummer 6 zuwiderhandelt,

24. entgegen § 52 Absatz 5 Satz 1 oder § 56 Absatz 3 Satz 1 eine Maßnahme nicht duldet oder eine zuständige Behörde oder einen Beauftragten nicht unterstützt,
25. entgegen § 52 Absatz 5 Satz 3 oder § 56 Absatz 3 Satz 2 eine Auskunft nicht, nicht richtig, nicht vollständig oder nicht rechtzeitig erteilt,
26. einer Rechtsverordnung nach § 41 Nummer 4, 6, 7, 8 oder Nummer 10 oder § 44 Absatz 2 in Verbindung mit § 44 Absatz 1 Nummer 1, 2, 6, 7, 9 oder Nummer 11 oder einer vollziehbaren Anordnung auf Grund einer solchen Rechtsverordnung zuwiderhandelt, soweit die Rechtsverordnung für einen bestimmten Tatbestand auf diese Bußgeldvorschrift verweist oder
27. einer unmittelbar geltenden Vorschrift in Rechtsakten der Europäischen Union zuwiderhandelt, die inhaltlich
    a) einem in Nummer 21 oder Nummer 22 genannten Verbot entspricht oder
    b) einer Regelung entspricht, zu der die in Nummer 21 oder Nummer 22 genannten Vorschriften ermächtigen,

    soweit eine Rechtsverordnung nach Absatz 4 für einen bestimmten Tatbestand auf diese Bußgeldvorschrift verweist.

(2) Die Ordnungswidrigkeit kann in den Fällen des Absatzes 1 Nummer 1, 14, 15, 19, 21 und 22 mit einer Geldbuße bis zu fünfzigtausend Euro, in den Fällen des Absatzes 1 Nummer 18 mit einer Geldbuße bis zu zehntausend Euro und in den übrigen Fällen mit einer Geldbuße bis zu zwanzigtausend Euro geahndet werden.

(3) Verwaltungsbehörde im Sinne des § 36 Absatz 1 Nummer 1 des Gesetzes über Ordnungswidrigkeiten ist in den Fällen des Absatzes 1 Nummer 4 die nach § 11 Absatz 1 Satz 1 oder Satz 2 anerkennende Stelle.

(4) Das Bundesministerium für Wirtschaft und Energie wird ermächtigt, soweit dies zur Durchsetzung der Rechtsakte der Europäischen Union erforderlich ist, durch Rechtsverordnung mit Zustimmung des Bundesrates die Tatbestände zu bezeichnen, die als Ordnungswidrigkeit nach Absatz 1 Nummer 27 geahndet werden können.

§ 61 Einziehung. [1] Ist eine Ordnungswidrigkeit nach § 60 Absatz 1 begangen worden, so können Gegenstände, die zu ihrer Begehung oder Vorbereitung gebraucht worden oder bestimmt gewesen sind, und Gegenstände, auf die sich die Ordnungswidrigkeit bezieht, eingezogen werden. [2] § 23 des Gesetzes über Ordnungswidrigkeiten ist anzuwenden.

Abschnitt 8. Übergangs- und Schlussbestimmungen

§ 62 Übergangsvorschriften. (1) Messgeräte, die bis zum 31. Dezember 2014 nach den §§ 28a, 30 der Eichordnung vom 12. August 1988 (BGBl. I S. 1657), die zuletzt durch Artikel 1 der Verordnung vom 6. Juni 2011 (BGBl. I S. 1035) geändert worden ist, in der bis zum 31. Dezember 2014 geltenden Fassung erstgeeicht worden sind, können in Verkehr gebracht, in Betrieb genommen und verwendet werden.

(2) [1] Bei Messgeräten, deren Bauart bis zum 31. Dezember 2014 nach § 16 der Eichordnung in der bis dahin geltenden Fassung zugelassen worden ist, wird vorbehaltlich des Satzes 2 bis zum Ende der Wirksamkeit der Zulassung, spätestens bis zum 31. Dezember 2024 unwiderleglich davon ausgegangen, dass die Bauart die für diese Messgeräte geltenden wesentlichen Anforderungen des § 6 Absatz 2 einhält. [2] Bei Messgeräten im Sinne der Richtlinie 2004/22/EG des Europäischen Parlaments und des Rates vom 31. März 2004 über Messgeräte (ABl. L 135 vom 30.4.2004, S. 1), deren Bauart bis zum 31. Dezember 2014 nach § 16 der Eichordnung in der bis dahin geltenden Fassung zugelassen worden ist, wird bis zum Ende der Wirksamkeit der Zulassung, spätestens bis zum 30. Oktober 2016 unwiderleglich davon ausgegangen, dass die Bauart die für diese Messgeräte geltenden wesentlichen Anforderungen des § 6 Absatz 2 einhält.

(3) Anerkennungen von Stellen zur Durchführung von Konformitätsbewertungsverfahren, die bis zum 1. August 2013 nach den §§ 7g oder 7n der Eichordnung in der bis zum 1. August 2013 geltenden Fassung erteilt worden sind, behalten ihre Gültigkeit bis längstens zum 31. Dezember 2016; § 43 Absatz 2 des Verwaltungsverfahrensgesetzes bleibt unberührt.

(4) Anerkennungen von Prüfstellen zur Eichung von Messgeräten für Elektrizität, Gas, Wasser oder Wärme, die bis zum 31. Dezember 2014 nach § 49 der Eichordnung in der bis dahin geltenden Fassung erteilt worden sind, behalten ihre Gültigkeit bis längstens zum 31. Dezember 2016; § 43 Absatz 2 des Verwaltungsverfahrensgesetzes bleibt unberührt.

30. Bürgerliches Gesetzbuch (BGB)

In der Fassung der Bekanntmachung vom 2. Januar 2002[1)]

(BGBl. I S. 42, ber. S. 2909 und 2003 I S. 738)

FNA 400-2

zuletzt geänd. durch Art. 7 G zur Förderung der Freizügigkeit von EU-Bürgerinnen und -Bürgern sowie zur Neuregelung verschiedener Aspekte des Internationalen Adoptionsrechts v. 31.1.2019 (BGBl. I S. 54)

– Auszug –

Buch 2. [2)3)] Recht der Schuldverhältnisse

Abschnitt 2.[4)] Gestaltung rechtsgeschäftlicher Schuldverhältnisse durch Allgemeine Geschäftsbedingungen[5)]

§ 305 Einbeziehung Allgemeiner Geschäftsbedingungen in den Vertrag. (1) [1] Allgemeine Geschäftsbedingungen sind alle für eine Vielzahl von Verträgen vorformulierten Vertragsbedingungen, die eine Vertragspartei (Verwender) der anderen Vertragspartei bei Abschluss eines Vertrags stellt. [2] Gleichgültig ist, ob die Bestimmungen einen äußerlich gesonderten Bestandteil des Vertrags bilden oder in die Vertragsurkunde selbst aufgenommen werden, welchen Umfang sie haben, in welcher Schriftart sie verfasst sind und welche Form der Vertrag hat. [3] Allgemeine Geschäftsbedingungen liegen nicht vor, soweit die Vertragsbedingungen zwischen den Vertragsparteien im Einzelnen ausgehandelt sind.

(2) Allgemeine Geschäftsbedingungen werden nur dann Bestandteil eines Vertrags, wenn der Verwender bei Vertragsschluss

1. die andere Vertragspartei ausdrücklich oder, wenn ein ausdrücklicher Hinweis wegen der Art des Vertragsschlusses nur unter unverhältnismäßigen Schwierigkeiten möglich ist, durch deutlich sichtbaren Aushang am Orte des Vertragsschlusses auf sie hinweist und
2. der anderen Vertragspartei die Möglichkeit verschafft, in zumutbarer Weise, die auch eine für den Verwender erkennbare körperliche Behinderung der

---

[1)] Neubekanntmachung des BGB v. 18.8.1896 (RGBl. S. 195) in der ab 1.1.2002 geltenden Fassung.

[2)] Wegen des aufgrund des Gesetzes zur Modernisierung des Schuldrechts geltenden Übergangsrechts zum Recht der Schuldverhältnisse beachte Art. 229 § 5 EGBGB idF der Bek. v. 21.9.1994 (BGBl. I S. 2494, ber. 1997 S. 1061), zuletzt geänd. durch G v. 18.12.2018 (BGBl. I S. 2648).

[3)] Wegen des für das Gebiet der ehem. DDR zum Recht der Schuldverhältnisse geltenden Übergangsrechts beachte Art. 232 EGBGB idF der Bek. v. 21.9.1994 (BGBl. I S. 2494, ber. 1997 S. 1061), zuletzt geänd. durch G v. 18.12.2018 (BGBl. I S. 2648).

[4)] **Amtl. Anm.:** Dieser Abschnitt dient auch der Umsetzung der Richtlinie 93/13/EWG des Rates vom 5. April 1993 über missbräuchliche Klauseln in Verbraucherverträgen (ABl. EG Nr. L 95 S. 29).

[5)] Beachte hierzu auch G über Unterlassungsklagen bei Verbraucherrechts- und anderen Verstößen (Unterlassungsklagengesetz – UKlaG) idF der Bek. v. 27.8.2002 (BGBl. I S. 3422, ber. S. 4346), zuletzt geänd. durch G v. 17.7.2017 (BGBl. I S. 2446).

anderen Vertragspartei angemessen berücksichtigt, von ihrem Inhalt Kenntnis zu nehmen,

und wenn die andere Vertragspartei mit ihrer Geltung einverstanden ist.

(3) Die Vertragsparteien können für eine bestimmte Art von Rechtsgeschäften die Geltung bestimmter Allgemeiner Geschäftsbedingungen unter Beachtung der in Absatz 2 bezeichneten Erfordernisse im Voraus vereinbaren.

§ 305a Einbeziehung in besonderen Fällen. Auch ohne Einhaltung der in § 305 Abs. 2 Nr. 1 und 2 bezeichneten Erfordernisse werden einbezogen, wenn die andere Vertragspartei mit ihrer Geltung einverstanden ist,

1. die mit Genehmigung der zuständigen Verkehrsbehörde oder auf Grund von internationalen Übereinkommen erlassenen Tarife und Ausführungsbestimmungen der Eisenbahnen und die nach Maßgabe des Personenbeförderungsgesetzes genehmigten Beförderungsbedingungen der Straßenbahnen, Obusse und Kraftfahrzeuge im Linienverkehr in den Beförderungsvertrag,
2. die im Amtsblatt der Bundesnetzagentur für Elektrizität, Gas, Telekommunikation, Post und Eisenbahnen veröffentlichten und in den Geschäftsstellen des Verwenders bereitgehaltenen Allgemeinen Geschäftsbedingungen
   a) in Beförderungsverträge, die außerhalb von Geschäftsräumen durch den Einwurf von Postsendungen in Briefkästen abgeschlossen werden,
   b) in Verträge über Telekommunikations-, Informations- und andere Dienstleistungen, die unmittelbar durch Einsatz von Fernkommunikationsmitteln und während der Erbringung einer Telekommunikationsdienstleistung in einem Mal erbracht werden, wenn die Allgemeinen Geschäftsbedingungen der anderen Vertragspartei nur unter unverhältnismäßigen Schwierigkeiten vor dem Vertragsschluss zugänglich gemacht werden können.

§ 305b Vorrang der Individualabrede. Individuelle Vertragsabreden haben Vorrang vor Allgemeinen Geschäftsbedingungen.

§ 305c Überraschende und mehrdeutige Klauseln. (1) Bestimmungen in Allgemeinen Geschäftsbedingungen, die nach den Umständen, insbesondere nach dem äußeren Erscheinungsbild des Vertrags, so ungewöhnlich sind, dass der Vertragspartner des Verwenders mit ihnen nicht zu rechnen braucht, werden nicht Vertragsbestandteil.

(2) Zweifel bei der Auslegung Allgemeiner Geschäftsbedingungen gehen zu Lasten des Verwenders.

§ 306 Rechtsfolgen bei Nichteinbeziehung und Unwirksamkeit.

(1) Sind Allgemeine Geschäftsbedingungen ganz oder teilweise nicht Vertragsbestandteil geworden oder unwirksam, so bleibt der Vertrag im Übrigen wirksam.

(2) Soweit die Bestimmungen nicht Vertragsbestandteil geworden oder unwirksam sind, richtet sich der Inhalt des Vertrags nach den gesetzlichen Vorschriften.

(3) Der Vertrag ist unwirksam, wenn das Festhalten an ihm auch unter Berücksichtigung der nach Absatz 2 vorgesehenen Änderung eine unzumutbare Härte für eine Vertragspartei darstellen würde.

§ 306a Umgehungsverbot. Die Vorschriften dieses Abschnitts finden auch Anwendung, wenn sie durch anderweitige Gestaltungen umgangen werden.

§ 307 Inhaltskontrolle. (1) [1] Bestimmungen in Allgemeinen Geschäftsbedingungen sind unwirksam, wenn sie den Vertragspartner des Verwenders entgegen den Geboten von Treu und Glauben unangemessen benachteiligen. [2] Eine unangemessene Benachteiligung kann sich auch daraus ergeben, dass die Bestimmung nicht klar und verständlich ist.

(2) Eine unangemessene Benachteiligung ist im Zweifel anzunehmen, wenn eine Bestimmung

1. mit wesentlichen Grundgedanken der gesetzlichen Regelung, von der abgewichen wird, nicht zu vereinbaren ist oder
2. wesentliche Rechte oder Pflichten, die sich aus der Natur des Vertrags ergeben, so einschränkt, dass die Erreichung des Vertragszwecks gefährdet ist.

(3) [1] Die Absätze 1 und 2 sowie die §§ 308 und 309 gelten nur für Bestimmungen in Allgemeinen Geschäftsbedingungen, durch die von Rechtsvorschriften abweichende oder diese ergänzende Regelungen vereinbart werden. [2] Andere Bestimmungen können nach Absatz 1 Satz 2 in Verbindung mit Absatz 1 Satz 1 unwirksam sein.

§ 308 Klauselverbote mit Wertungsmöglichkeit. In Allgemeinen Geschäftsbedingungen ist insbesondere unwirksam

1. (Annahme- und Leistungsfrist)
   eine Bestimmung, durch die sich der Verwender unangemessen lange oder nicht hinreichend bestimmte Fristen für die Annahme oder Ablehnung eines Angebots oder die Erbringung einer Leistung vorbehält; ausgenommen hiervon ist der Vorbehalt, erst nach Ablauf der Widerrufsfrist nach § 355 Absatz 1 und 2 zu leisten;

1a. (Zahlungsfrist)
   eine Bestimmung, durch die sich der Verwender eine unangemessen lange Zeit für die Erfüllung einer Entgeltforderung des Vertragspartners vorbehält; ist der Verwender kein Verbraucher, ist im Zweifel anzunehmen, dass eine Zeit von mehr als 30 Tagen nach Empfang der Gegenleistung oder, wenn dem Schuldner nach Empfang der Gegenleistung eine Rechnung oder gleichwertige Zahlungsaufstellung zugeht, von mehr als 30 Tagen nach Zugang dieser Rechnung oder Zahlungsaufstellung unangemessen lang ist;

1b. (Überprüfungs- und Abnahmefrist)
   eine Bestimmung, durch die sich der Verwender vorbehält, eine Entgeltforderung des Vertragspartners erst nach unangemessen langer Zeit für die Überprüfung oder Abnahme der Gegenleistung zu erfüllen; ist der Verwender kein Verbraucher, ist im Zweifel anzunehmen, dass eine Zeit von mehr als 15 Tagen nach Empfang der Gegenleistung unangemessen lang ist;

2. (Nachfrist)
eine Bestimmung, durch die sich der Verwender für die von ihm zu bewirkende Leistung abweichend von Rechtsvorschriften eine unangemessen lange oder nicht hinreichend bestimmte Nachfrist vorbehält;
3. (Rücktrittsvorbehalt)
die Vereinbarung eines Rechts des Verwenders, sich ohne sachlich gerechtfertigten und im Vertrag angegebenen Grund von seiner Leistungspflicht zu lösen; dies gilt nicht für Dauerschuldverhältnisse;
4. (Änderungsvorbehalt)
die Vereinbarung eines Rechts des Verwenders, die versprochene Leistung zu ändern oder von ihr abzuweichen, wenn nicht die Vereinbarung der Änderung oder Abweichung unter Berücksichtigung der Interessen des Verwenders für den anderen Vertragsteil zumutbar ist;
5. (Fingierte Erklärungen)
eine Bestimmung, wonach eine Erklärung des Vertragspartners des Verwenders bei Vornahme oder Unterlassung einer bestimmten Handlung als von ihm abgegeben oder nicht abgegeben gilt, es sei denn, dass
   a) dem Vertragspartner eine angemessene Frist zur Abgabe einer ausdrücklichen Erklärung eingeräumt ist und
   b) der Verwender sich verpflichtet, den Vertragspartner bei Beginn der Frist auf die vorgesehene Bedeutung seines Verhaltens besonders hinzuweisen;
6. (Fiktion des Zugangs)
eine Bestimmung, die vorsieht, dass eine Erklärung des Verwenders von besonderer Bedeutung dem anderen Vertragsteil als zugegangen gilt;
7. (Abwicklung von Verträgen)
eine Bestimmung, nach der der Verwender für den Fall, dass eine Vertragspartei vom Vertrag zurücktritt oder den Vertrag kündigt,
   a) eine unangemessen hohe Vergütung für die Nutzung oder den Gebrauch einer Sache oder eines Rechts oder für erbrachte Leistungen oder
   b) einen unangemessen hohen Ersatz von Aufwendungen verlangen kann;
8. (Nichtverfügbarkeit der Leistung)
die nach Nummer 3 zulässige Vereinbarung eines Vorbehalts des Verwenders, sich von der Verpflichtung zur Erfüllung des Vertrags bei Nichtverfügbarkeit der Leistung zu lösen, wenn sich der Verwender nicht verpflichtet,
   a) den Vertragspartner unverzüglich über die Nichtverfügbarkeit zu informieren und
   b) Gegenleistungen des Vertragspartners unverzüglich zu erstatten.

§ 309 Klauselverbote ohne Wertungsmöglichkeit. Auch soweit eine Abweichung von den gesetzlichen Vorschriften zulässig ist, ist in Allgemeinen Geschäftsbedingungen unwirksam

1. (Kurzfristige Preiserhöhungen)
eine Bestimmung, welche die Erhöhung des Entgelts für Waren oder Leistungen vorsieht, die innerhalb von vier Monaten nach Vertragsschluss geliefert oder erbracht werden sollen; dies gilt nicht bei Waren oder Leistungen, die im Rahmen von Dauerschuldverhältnissen geliefert oder erbracht werden;

2. (Leistungsverweigerungsrechte)
eine Bestimmung, durch die
   a) das Leistungsverweigerungsrecht, das dem Vertragspartner des Verwenders nach § 320 zusteht, ausgeschlossen oder eingeschränkt wird oder
   b) ein dem Vertragspartner des Verwenders zustehendes Zurückbehaltungsrecht, soweit es auf demselben Vertragsverhältnis beruht, ausgeschlossen oder eingeschränkt, insbesondere von der Anerkennung von Mängeln durch den Verwender abhängig gemacht wird;
3. (Aufrechnungsverbot)
eine Bestimmung, durch die dem Vertragspartner des Verwenders die Befugnis genommen wird, mit einer unbestrittenen oder rechtskräftig festgestellten Forderung aufzurechnen;
4. (Mahnung, Fristsetzung)
eine Bestimmung, durch die der Verwender von der gesetzlichen Obliegenheit freigestellt wird, den anderen Vertragsteil zu mahnen oder ihm eine Frist für die Leistung oder Nacherfüllung zu setzen;
5. (Pauschalierung von Schadensersatzansprüchen)
die Vereinbarung eines pauschalierten Anspruchs des Verwenders auf Schadensersatz oder Ersatz einer Wertminderung, wenn
   a) die Pauschale den in den geregelten Fällen nach dem gewöhnlichen Lauf der Dinge zu erwartenden Schaden oder die gewöhnlich eintretende Wertminderung übersteigt oder
   b) dem anderen Vertragsteil nicht ausdrücklich der Nachweis gestattet wird, ein Schaden oder eine Wertminderung sei überhaupt nicht entstanden oder wesentlich niedriger als die Pauschale;
6. (Vertragsstrafe)
eine Bestimmung, durch die dem Verwender für den Fall der Nichtabnahme oder verspäteten Abnahme der Leistung, des Zahlungsverzugs oder für den Fall, dass der andere Vertragsteil sich vom Vertrag löst, Zahlung einer Vertragsstrafe versprochen wird;
7. (Haftungsausschluss bei Verletzung von Leben, Körper, Gesundheit und bei grobem Verschulden)
   a) (Verletzung von Leben, Körper, Gesundheit)
   ein Ausschluss oder eine Begrenzung der Haftung für Schäden aus der Verletzung des Lebens, des Körpers oder der Gesundheit, die auf einer fahrlässigen Pflichtverletzung des Verwenders oder einer vorsätzlichen oder fahrlässigen Pflichtverletzung eines gesetzlichen Vertreters oder Erfüllungsgehilfen des Verwenders beruhen;
   b) (Grobes Verschulden)
   ein Ausschluss oder eine Begrenzung der Haftung für sonstige Schäden, die auf einer grob fahrlässigen Pflichtverletzung des Verwenders oder auf einer vorsätzlichen oder grob fahrlässigen Pflichtverletzung eines gesetzlichen Vertreters oder Erfüllungsgehilfen des Verwenders beruhen;

die Buchstaben a und b gelten nicht für Haftungsbeschränkungen in den nach Maßgabe des Personenbeförderungsgesetzes genehmigten Beförderungsbedingungen und Tarifvorschriften der Straßenbahnen, Obusse und Kraftfahrzeuge im Linienverkehr, soweit sie nicht zum Nachteil des Fahrgasts von der Verordnung über die Allgemeinen Beförderungsbedingungen für den Straßenbahn- und Obusverkehr sowie den Linienverkehr mit Kraftfahrzeugen vom 27. Februar 1970 abweichen; Buchstabe b gilt nicht für Haftungsbeschränkungen für staatlich genehmigte Lotterie- oder Ausspielverträge;

8. (Sonstige Haftungsausschlüsse bei Pflichtverletzung)
   a) (Ausschluss des Rechts, sich vom Vertrag zu lösen)
   eine Bestimmung, die bei einer vom Verwender zu vertretenden, nicht in einem Mangel der Kaufsache oder des Werkes bestehenden Pflichtverletzung das Recht des anderen Vertragsteils, sich vom Vertrag zu lösen, ausschließt oder einschränkt; dies gilt nicht für die in der Nummer 7 bezeichneten Beförderungsbedingungen und Tarifvorschriften unter den dort genannten Voraussetzungen;
   b) (Mängel)
   eine Bestimmung, durch die bei Verträgen über Lieferungen neu hergestellter Sachen und über Werkleistungen
      aa) (Ausschluss und Verweisung auf Dritte)
      die Ansprüche gegen den Verwender wegen eines Mangels insgesamt oder bezüglich einzelner Teile ausgeschlossen, auf die Einräumung von Ansprüchen gegen Dritte beschränkt oder von der vorherigen gerichtlichen Inanspruchnahme Dritter abhängig gemacht werden;
      bb) (Beschränkung auf Nacherfüllung)
      die Ansprüche gegen den Verwender insgesamt oder bezüglich einzelner Teile auf ein Recht auf Nacherfüllung beschränkt werden, sofern dem anderen Vertragsteil nicht ausdrücklich das Recht vorbehalten wird, bei Fehlschlagen der Nacherfüllung zu mindern oder, wenn nicht eine Bauleistung Gegenstand der Mängelhaftung ist, nach seiner Wahl vom Vertrag zurückzutreten;
      cc) (Aufwendungen bei Nacherfüllung)
      die Verpflichtung des Verwenders ausgeschlossen oder beschränkt wird, die zum Zweck der Nacherfüllung erforderlichen Aufwendungen nach § 439 Absatz 2 und 3 oder § 635 Absatz 2 zu tragen oder zu ersetzen;
      dd) (Vorenthalten der Nacherfüllung)
      der Verwender die Nacherfüllung von der vorherigen Zahlung des vollständigen Entgelts oder eines unter Berücksichtigung des Mangels unverhältnismäßig hohen Teils des Entgelts abhängig macht;
      ee) (Ausschlussfrist für Mängelanzeige)
      der Verwender dem anderen Vertragsteil für die Anzeige nicht offensichtlicher Mängel eine Ausschlussfrist setzt, die kürzer ist als die nach dem Doppelbuchstaben ff zulässige Frist;
      ff) (Erleichterung der Verjährung)
      die Verjährung von Ansprüchen gegen den Verwender wegen eines Mangels in den Fällen des § 438 Abs. 1 Nr. 2 und des § 634a Abs. 1 Nr. 2 erleichtert oder in den sonstigen Fällen eine weniger als ein Jahr betragende Verjährungsfrist ab dem gesetzlichen Verjährungsbeginn erreicht wird;

9. (Laufzeit bei Dauerschuldverhältnissen)
bei einem Vertragsverhältnis, das die regelmäßige Lieferung von Waren oder die regelmäßige Erbringung von Dienst- oder Werkleistungen durch den Verwender zum Gegenstand hat,
   a) eine den anderen Vertragsteil länger als zwei Jahre bindende Laufzeit des Vertrags,
   b) eine den anderen Vertragsteil bindende stillschweigende Verlängerung des Vertragsverhältnisses um jeweils mehr als ein Jahr oder
   c) zu Lasten des anderen Vertragsteils eine längere Kündigungsfrist als drei Monate vor Ablauf der zunächst vorgesehenen oder stillschweigend verlängerten Vertragsdauer;

   dies gilt nicht für Verträge über die Lieferung als zusammengehörig verkaufter Sachen sowie für Versicherungsverträge;
10. (Wechsel des Vertragspartners)
eine Bestimmung, wonach bei Kauf-, Darlehens-, Dienst- oder Werkverträgen ein Dritter anstelle des Verwenders in die sich aus dem Vertrag ergebenden Rechte und Pflichten eintritt oder eintreten kann, es sei denn, in der Bestimmung wird
   a) der Dritte namentlich bezeichnet oder
   b) dem anderen Vertragsteil das Recht eingeräumt, sich vom Vertrag zu lösen;
11. (Haftung des Abschlussvertreters)
eine Bestimmung, durch die der Verwender einem Vertreter, der den Vertrag für den anderen Vertragsteil abschließt,
   a) ohne hierauf gerichtete ausdrückliche und gesonderte Erklärung eine eigene Haftung oder Einstandspflicht oder
   b) im Falle vollmachtsloser Vertretung eine über § 179 hinausgehende Haftung

   auferlegt;
12. (Beweislast)
eine Bestimmung, durch die der Verwender die Beweislast zum Nachteil des anderen Vertragsteils ändert, insbesondere indem er
   a) diesem die Beweislast für Umstände auferlegt, die im Verantwortungsbereich des Verwenders liegen, oder
   b) den anderen Vertragsteil bestimmte Tatsachen bestätigen lässt;

   Buchstabe b gilt nicht für Empfangsbekenntnisse, die gesondert unterschrieben oder mit einer gesonderten qualifizierten elektronischen Signatur versehen sind;
13. (Form von Anzeigen und Erklärungen)
eine Bestimmung, durch die Anzeigen oder Erklärungen, die dem Verwender oder einem Dritten gegenüber abzugeben sind, gebunden werden
   a) an eine strengere Form als die schriftliche Form in einem Vertrag, für den durch Gesetz notarielle Beurkundung vorgeschrieben ist oder
   b) an eine strengere Form als die Textform in anderen als den in Buchstabe a genannten Verträgen oder

c) an besondere Zugangserfordernisse;

14. (Klageverzicht)
eine Bestimmung, wonach der andere Vertragsteil seine Ansprüche gegen den Verwender gerichtlich nur geltend machen darf, nachdem er eine gütliche Einigung in einem Verfahren zur außergerichtlichen Streitbeilegung versucht hat;

15. (Abschlagszahlungen und Sicherheitsleistung)
eine Bestimmung, nach der der Verwender bei einem Werkvertrag
a) für Teilleistungen Abschlagszahlungen vom anderen Vertragsteil verlangen kann, die wesentlich höher sind als die nach § 632a Absatz 1 und § 650m Absatz 1 zu leistenden Abschlagszahlungen, oder
b) die Sicherheitsleistung nach § 650m Absatz 2 nicht oder nur in geringerer Höhe leisten muss.

§ 310 Anwendungsbereich. (1) [1] § 305 Absatz 2 und 3, § 308 Nummer 1, 2 bis 8 und § 309 finden keine Anwendung auf Allgemeine Geschäftsbedingungen, die gegenüber einem Unternehmer, einer juristischen Person des öffentlichen Rechts oder einem öffentlich-rechtlichen Sondervermögen verwendet werden. [2] § 307 Abs. 1 und 2 findet in den Fällen des Satzes 1 auch insoweit Anwendung, als dies zur Unwirksamkeit von in § 308 Nummer 1, 2 bis 8 und § 309 genannten Vertragsbestimmungen führt; auf die im Handelsverkehr geltenden Gewohnheiten und Gebräuche ist angemessen Rücksicht zu nehmen. [3] In den Fällen des Satzes 1 finden § 307 Absatz 1 und 2 sowie § 308 Nummer 1a und 1b auf Verträge, in die die Vergabe- und Vertragsordnung für Bauleistungen Teil B (VOB/B) in der jeweils zum Zeitpunkt des Vertragsschlusses geltenden Fassung ohne inhaltliche Abweichungen insgesamt einbezogen ist, in Bezug auf eine Inhaltskontrolle einzelner Bestimmungen keine Anwendung.

(2) [1] Die §§ 308 und 309 finden keine Anwendung auf Verträge der Elektrizitäts-, Gas-, Fernwärme- und Wasserversorgungsunternehmen über die Versorgung von Sonderabnehmern mit elektrischer Energie, Gas, Fernwärme und Wasser aus dem Versorgungsnetz, soweit die Versorgungsbedingungen nicht zum Nachteil der Abnehmer von Verordnungen über Allgemeine Bedingungen für die Versorgung von Tarifkunden mit elektrischer Energie, Gas, Fernwärme und Wasser abweichen. [2] Satz 1 gilt entsprechend für Verträge über die Entsorgung von Abwasser.

(3) Bei Verträgen zwischen einem Unternehmer und einem Verbraucher (Verbraucherverträge) finden die Vorschriften dieses Abschnitts mit folgenden Maßgaben Anwendung:

1. Allgemeine Geschäftsbedingungen gelten als vom Unternehmer gestellt, es sei denn, dass sie durch den Verbraucher in den Vertrag eingeführt wurden;
2. § 305c Abs. 2 und die §§ 306 und 307 bis 309 dieses Gesetzes sowie Artikel 46b des Einführungsgesetzes zum Bürgerlichen Gesetzbuche finden auf vorformulierte Vertragsbedingungen auch dann Anwendung, wenn diese nur zur einmaligen Verwendung bestimmt sind und soweit der Verbraucher auf Grund der Vorformulierung auf ihren Inhalt keinen Einfluss nehmen konnte;

3. bei der Beurteilung der unangemessenen Benachteiligung nach § 307 Abs. 1 und 2 sind auch die den Vertragsschluss begleitenden Umstände zu berücksichtigen.

(4) [1] Dieser Abschnitt findet keine Anwendung bei Verträgen auf dem Gebiet des Erb-, Familien- und Gesellschaftsrechts sowie auf Tarifverträge, Betriebs- und Dienstvereinbarungen. [2] Bei der Anwendung auf Arbeitsverträge sind die im Arbeitsrecht geltenden Besonderheiten angemessen zu berücksichtigen; § 305 Abs. 2 und 3 ist nicht anzuwenden. [3] Tarifverträge, Betriebs- und Dienstvereinbarungen stehen Rechtsvorschriften im Sinne von § 307 Abs. 3 gleich.

31. Verordnung über Allgemeine Bedingungen für die Grundversorgung von Haushaltskunden und die Ersatzversorgung mit Elektrizität aus dem Niederspannungsnetz (Stromgrundversorgungsverordnung – StromGVV)[1)]

Vom 26. Oktober 2006

(BGBl. I S. 2391)

FNA 752-6-8

zuletzt geänd. durch Art. 4 VO zur Berechnung der Offshore-Netzumlage und zu Anpassungen im Regulierungsrecht v. 14.3.2019 (BGBl. I S. 333)

Inhaltsübersicht

[1)] Verkündet als Art. 1 VO v. 26.10.2006 (BGBl. I S. 2391); Inkrafttreten gem. Art. 3 dieser VO am 8.11.2006.

Teil 1. Allgemeine Bestimmungen

§ 1 Anwendungsbereich, Begriffsbestimmungen. (1) [1]Diese Verordnung regelt die Allgemeinen Bedingungen, zu denen Elektrizitätsversorgungsunternehmen Haushaltskunden in Niederspannung im Rahmen der Grundversorgung nach § 36 Abs. 1 des Energiewirtschaftsgesetzes[1)] zu Allgemeinen Preisen mit Elektrizität zu beliefern haben. [2]Die Bestimmungen dieser Verordnung sind Bestandteil des Grundversorgungsvertrages zwischen Grundversorgern und Haushaltskunden. [3]Soweit die Messung mit einer Messeinrichtung nach § 2 Nummer 7 oder 15 des Messstellenbetriebsgesetzes[2)] erfolgt und auf Wunsch des Kunden mit dem Grundversorger nicht ausdrücklich etwas anderes vereinbart ist, beinhaltet der Grundversorgungsvertrag einen kombinierten Vertrag im Sinne des § 9 Absatz 2 des Messstellenbetriebsgesetzes, in dessen Rahmen der Grundversorger nach § 9 Absatz 1 Satz 1 Nummer 2 des Messstellenbetriebsgesetzes den Messstellenvertrag mit dem Messstellenbetreiber abschließt. [4]Diese Verordnung regelt zugleich die Bedingungen für die Ersatzversorgung nach § 38 Abs. 1 des Energiewirtschaftsgesetzes. [5]Sie gilt für alle nach dem 12. Juli 2005 abgeschlossenen Versorgungsverträge, soweit diese nicht vor dem 8. November 2006 beendet worden sind.

(2) Kunden im Sinne dieser Verordnung sind der Haushaltskunde und im Rahmen der Ersatzversorgung der Letztverbraucher.

(3) Grundversorger im Sinne dieser Verordnung ist ein Elektrizitätsversorgungsuntemehmen, das nach § 36 Abs. 1 des Energiewirtschaftsgesetzes[1)] in einem Netzgebiet die Grundversorgung mit Elektrizität durchführt.

§ 2 Vertragsschluss. (1) [1]Der Grundversorgungsvertrag soll in Textform abgeschlossen werden. [2]Ist er auf andere Weise zustande gekommen, so hat der Grundversorger den Vertragsschluss dem Kunden unverzüglich in Textform zu bestätigen.

(2) [1]Kommt der Grundversorgungsvertrag dadurch zustande, dass Elektrizität aus dem Elektrizitätsversorgungsnetz der allgemeinen Versorgung entnommen wird, über das der Grundversorger die Grundversorgung durchführt, so ist der Kunde verpflichtet, dem Grundversorger die Entnahme von Elektrizität unverzüglich in Textform mitzuteilen. [2]Die Mitteilungspflicht gilt auch, wenn die Belieferung des Kunden durch ein Elektrizitätsversorgungsunternehmen endet und der Kunde kein anschließendes Lieferverhältnis mit einem anderen Elektrizitätsversorgungsunternehmen begründet hat.

(3) [1]Ein Grundversorgungsvertrag oder die Bestätigung des Vertrages muss alle für einen Vertragsschluss notwendigen Angaben enthalten, insbesondere auch:

1. Angaben zum Kunden (Firma, Registergericht und Registernummer oder Familienname und Vorname sowie Adresse und Kundennummer),
2. Angaben über die Anlagenadresse und die Bezeichnung des Zählers oder den Aufstellungsort des Zählers,

---

1) Nr. 1.
2) Nr. 27.

3. Angaben zum Grundversorger (Firma, Registergericht, Registernummer und Adresse),
4. Angaben zum Netzbetreiber, in dessen Netzgebiet die Grundversorgung durchgeführt wird (Firma, Registergericht, Registernummer und Adresse) und zum Messstellenbetreiber sowie
5. Angaben zu den Allgemeinen Preisen nach § 36 Absatz 1 des Energiewirtschaftsgesetzes[1], wobei folgende Belastungen, soweit sie Kalkulationsbestandteil der geltenden Allgemeinen Preise sind, gesondert auszuweisen sind:
   a) die Stromsteuer nach § 3 des Stromsteuergesetzes[2] vom 24. März 1999 (BGBl. I S. 378; 2000 I S. 147), das zuletzt durch Artikel 2 des Gesetzes vom 5. Dezember 2012 (BGBl. I S. 2436, 2725) geändert worden ist, in der jeweils geltenden Fassung,
   b) die Konzessionsabgabe nach Maßgabe des § 4 Absatz 1 und 2 der Konzessionsabgabenverordnung[3] vom 9. Januar 1992 (BGBl. I S. 12, 407), die zuletzt durch Artikel 3 Absatz 4 der Verordnung vom 1. November 2006 (BGBl. I S. 2477) geändert worden ist,
   c) jeweils gesondert die Umlagen und Aufschläge nach § 60 Absatz 1 des Erneuerbare-Energien-Gesetzes[4], § 26 des Kraft-Wärme-Kopplungsgesetzes[5], § 19 Absatz 2 der Stromnetzentgeltverordnung[6], § 17f Absatz 5 des Energiewirtschaftsgesetzes[1] und § 18 der Verordnung zu abschaltbaren Lasten vom 28. Dezember 2012 (BGBl. I S. 2998),
   d) jeweils gesondert die Netzentgelte und, soweit sie nach § 1 Absatz 1 Satz 3 Gegenstand des Grundversorgungsvertrages sind, die Entgelte des Messstellenbetreibers oder die Entgelte der Betreiber von Energieversorgungsnetzen für den Messstellenbetrieb und die Messung.

[2]Wenn dem Grundversorger die Angaben nach Satz 1 Nummer 1 nicht vorliegen, ist der Kunde verpflichtet, sie dem Grundversorger auf Anforderung mitzuteilen. [3]Zusätzlich zu den Angaben nach Satz 1 Nummer 5 hat der Grundversorger den auf die Grundversorgung entfallenden Kostenanteil anzugeben, der sich rechnerisch nach Abzug der Umsatzsteuer und der Belastungen nach Satz 1 Nummer 5 von dem Allgemeinen Preis ergibt, und diesen Kostenanteil getrennt zu benennen. [4]Der Grundversorger hat die jeweiligen Belastungen nach Satz 1 Nummer 5 sowie die Angaben nach Satz 3 in ihrer jeweiligen Höhe mit der Veröffentlichung der Allgemeinen Preise nach § 36 Absatz 1 Satz 1 des Energiewirtschaftsgesetzes[1] auf seiner Internetseite zu veröffentlichen. [5]Auf die Veröffentlichung der jeweiligen Höhe der in Satz 1 Nummer 5 Buchstabe c genannten Belastungen auf einer Informationsplattform der deutschen Übertragungsnetzbetreiber hat der Grundversorger ergänzend hinzuweisen. [6]Zusätzlich ist in dem Vertrag oder der Vertragsbestätigung hinzuweisen auf

1. die Allgemeinen Bedingungen und auf diese ergänzende Bedingungen,

---

[1] Nr. **1**.
[2] Nr. **48**.
[3] Nr. **3**.
[4] Nr. **37**.
[5] Nr. **45**.
[6] Nr. **24**.

2. die Möglichkeit des Kunden, Ansprüche wegen Versorgungsstörungen gegen den Netzbetreiber nach § 6 Absatz 3 Satz 1 geltend zu machen und
3. das Recht des Kunden nach § 111b Absatz 1 Satz 1 des Energiewirtschaftsgesetzes[1)] eine Schlichtungsstelle anzurufen, die Anschrift und die Webseite der zuständigen Schlichtungsstelle, die Verpflichtung des Lieferanten zur Teilnahme am Schlichtungsverfahren sowie auf den Verbraucherservice der Bundesnetzagentur für den Bereich Elektrizität und Gas und dessen Anschrift.

[7] Die Hinweise nach Satz 6 Nummer 3 hat der Grundversorger auch auf seiner Internetseite zu veröffentlichen.

(4) [1] Der Grundversorger ist verpflichtet, jedem Neukunden rechtzeitig vor Vertragsschluss und in den Fällen des Absatzes 1 Satz 2 mit der Bestätigung des Vertragsschlusses sowie auf Verlangen den übrigen Kunden die Allgemeinen Bedingungen unentgeltlich auszuhändigen. [2] Satz 1 gilt entsprechend für die ergänzenden Bedingungen; diese hat der Grundversorger öffentlich bekannt zu geben und auf seiner Internetseite zu veröffentlichen.

(5) Der Abschluss eines Grundversorgungsvertrages darf nicht davon abhängig gemacht werden, dass Zahlungsrückstände eines vorherigen Anschlussnutzers beglichen werden.

§ 3 Ersatzversorgung. (1) Für die Ersatzversorgung nach § 38 des Energiewirtschaftsgesetzes[1)] gelten die §§ 4 bis 8, 10 bis 19 und 22 sowie für die Beendigung der Ersatzversorgung nach § 38 Abs. 2 Satz 1 des Energiewirtschaftsgesetzes § 20 Abs. 3 entsprechend; § 11 Abs. 2 gilt mit der Maßgabe, dass der Grundversorger den Energieverbrauch aufgrund einer rechnerischen Abgrenzung schätzen und den anteiligen Verbrauch in Rechnung stellen darf.

(2) [1] Der Grundversorger hat dem Kunden unverzüglich nach Kenntnisnahme den Zeitpunkt des Beginns und des Endes der Ersatzversorgung in Textform mitzuteilen. [2] Dabei hat er ebenfalls mitzuteilen, dass spätestens nach dem Ende der Ersatzversorgung zur Fortsetzung des Elektrizitätsbezugs der Abschluss eines Bezugsvertrages durch den Kunden erforderlich ist; auf § 2 Abs. 2 ist hinzuweisen.

Teil 2. Versorgung

§ 4 Bedarfsdeckung. [1] Der Kunde ist für die Dauer des Grundversorgungsvertrages verpflichtet, seinen gesamten leitungsgebundenen Elektrizitätsbedarf aus den Elektrizitätslieferungen des Grundversorgers zu decken. [2] Ausgenommen ist die Bedarfsdeckung durch Eigenanlagen der Kraft-Wärme-Kopplung bis 50 Kilowatt elektrischer Leistung und aus Erneuerbaren Energien; ferner durch Eigenanlagen, die ausschließlich der Sicherstellung des Elektrizitätsbedarfs bei Aussetzen der Grundversorgung dienen (Notstromaggregate). [3] Notstromaggregate dürfen außerhalb ihrer eigentlichen Bestimmungen nicht mehr als 15 Stunden monatlich zur Erprobung betrieben werden.

---

1) Nr. 1.

§ 5 Art der Versorgung; Änderungen der Allgemeinen Preise und ergänzenden Bedingungen. (1) Welche Stromart (Drehstrom oder Wechselstrom) und Spannungsart für das Vertragsverhältnis maßgebend sein sollen, ergibt sich aus der Stromart und Spannung des jeweiligen Elektrizitätsversorgungsnetzes der allgemeinen Versorgung, an das die Anlage, über die der Kunde Strom entnimmt, angeschlossen ist.

(2) [1] Änderungen der Allgemeinen Preise und der ergänzenden Bedingungen werden jeweils zum Monatsbeginn und erst nach öffentlicher Bekanntgabe wirksam, die mindestens sechs Wochen vor der beabsichtigten Änderung erfolgen muss. [2] Der Grundversorger ist verpflichtet, zu den beabsichtigten Änderungen zeitgleich mit der öffentlichen Bekanntgabe eine briefliche Mitteilung an den Kunden zu versenden und die Änderungen auf seiner Internetseite zu veröffentlichen; hierbei hat er den Umfang, den Anlass und die Voraussetzungen der Änderung sowie den Hinweis auf die Rechte des Kunden nach Absatz 3 und die Angaben nach § 2 Absatz 3 Satz 1 Nummer 5 und Satz 3 in übersichtlicher Form anzugeben.

(3) [1] Im Fall einer Änderung der Allgemeinen Preise oder ergänzenden Bedingungen hat der Kunde das Recht, den Vertrag ohne Einhaltung einer Kündigungsfrist zum Zeitpunkt des Wirksamwerdens der Änderungen zu kündigen. [2] Änderungen der Allgemeinen Preise und der ergänzenden Bedingungen werden gegenüber demjenigen Kunden nicht wirksam, der bei einer Kündigung des Vertrages mit dem Grundversorger die Einleitung eines Wechsels des Versorgers durch entsprechenden Vertragsschluss innerhalb eines Monats nach Zugang der Kündigung nachweist.

§ 5a Kalkulatorische Neuermittlung bei Änderungen staatlich gesetzter oder regulierter Belastungen. (1) [1] Bei Änderungen der Belastungen nach § 2 Absatz 3 Satz 1 Nummer 5, die in die Kalkulation des Allgemeinen Preises eingeflossen sind, ist der Grundversorger unter Beachtung der geltenden gesetzlichen Bestimmungen berechtigt, die Allgemeinen Preise jederzeit neu zu ermitteln und dabei die Änderung in das Ergebnis der Kalkulation einfließen zu lassen. [2] Sinkt der Saldo der Belastungen nach § 2 Absatz 3 Satz 1 Nummer 5 Buchstabe a bis c, ist der Grundversorger abweichend von Satz 1 verpflichtet, die Allgemeinen Preise unverzüglich neu zu ermitteln und dabei den gesunkenen Saldo in das Ergebnis der Kalkulation einfließen zu lassen. [3] Die Verpflichtung zur Neuermittlung nach Satz 2 entsteht in dem Zeitraum vom 15. Oktober bis 31. Dezember eines Jahres erst, wenn alle von Satz 1 erfassten Belastungen für das Folgejahr feststehen.

(2) Sonstige Rechte und Verpflichtungen zur Neukalkulation und die Rechte und Verpflichtungen in Bezug auf Änderungen der Allgemeinen Preise sowie die Pflichten des Grundversorgers nach § 5 Absatz 2 und die Rechte des Kunden nach § 5 Absatz 3 bleiben unberührt.

§ 6 Umfang der Grundversorgung. (1) [1] Der Grundversorger ist im Interesse des Kunden verpflichtet, die für die Durchführung der Grundversorgung erforderlichen Verträge mit Netzbetreibern und, soweit nicht nach § 1 Absatz 1 Satz 3 etwas anderes vereinbart ist, mit Messstellenbetreibern abzuschließen. [2] Er hat die ihm möglichen Maßnahmen zu treffen, um dem Kunden am Ende des Netzanschlusses, zu dessen Nutzung der Kunde nach der Niederspannungsanschlussverordnung[1] berechtigt ist, zu den jeweiligen Allgemeinen Preisen und Bedingungen Elektrizität zur Verfügung zu stellen. [3] Die Elektrizität wird im Rahmen der Grundversorgung für die Zwecke des Letztverbrauchs geliefert.

(2) [1] Der Grundversorger ist verpflichtet, den Elektrizitätsbedarf des Kunden im Rahmen des § 36 des Energiewirtschaftsgesetzes[2] zu befriedigen und für die Dauer des Grundversorgungsvertrages im vertraglich vorgesehenen Umfang nach Maßgabe des Absatzes 1 jederzeit Elektrizität zur Verfügung zu stellen. [2] Dies gilt nicht,

1. soweit die Allgemeinen Preise oder Allgemeinen Bedingungen zeitliche Beschränkungen vorsehen,
2. soweit und solange der Netzbetreiber den Netzanschluss und die Anschlussnutzung nach § 17 der Niederspannungsanschlussverordnung[1] oder § 24 Abs. 1, 2 und 5 der Niederspannungsanschlussverordnung unterbrochen hat oder
3. soweit und solange der Grundversorger an der Erzeugung, dem Bezug oder der vertragsgemäßen Lieferung von Elektrizität durch höhere Gewalt oder sonstige Umstände, deren Beseitigung ihm nicht möglich ist oder im Sinne des § 36 Abs. 1 Satz 2 des Energiewirtschaftsgesetzes[2] wirtschaftlich nicht zugemutet werden kann, gehindert ist.

(3) [1] Bei einer Unterbrechung oder bei Unregelmäßigkeiten in der Elektrizitätsversorgung ist, soweit es sich um Folgen einer Störung des Netzbetriebs einschließlich des Netzanschlusses oder einer Störung des Messstellenbetriebes handelt, der Grundversorger von der Leistungspflicht befreit. [2] Satz 1 gilt nicht, soweit die Unterbrechung auf nicht berechtigten Maßnahmen des Grundversorgers nach § 19 beruht. [3] Der Grundversorger ist verpflichtet, seinen Kunden auf Verlangen unverzüglich über die mit der Schadensverursachung durch den Netzbetreiber oder den Messstellenbetreiber zusammenhängenden Tatsachen insoweit Auskunft zu geben, als sie ihm bekannt sind oder von ihm in zumutbarer Weise aufgeklärt werden können.

§ 7 Erweiterung und Änderung von Anlagen und Verbrauchsgeräten; Mitteilungspflichten. [1] Erweiterungen und Änderungen von Kundenanlagen sowie die Verwendung zusätzlicher Verbrauchsgeräte sind dem Grundversorger mitzuteilen, soweit sich dadurch preisliche Bemessungsgrößen ändern. [2] Nähere Einzelheiten über den Inhalt der Mitteilung kann der Grundversorger in ergänzenden Bedingungen regeln.

Teil 3. Aufgaben und Rechte des Grundversorgers

§ 8 Messeinrichtungen. (1) Die vom Grundversorger gelieferte Elektrizität wird durch die Messeinrichtungen nach den Vorschriften des Messstellenbetriebsgesetzes[3] festgestellt.

---

[1] Nr. **32**.
[2] Nr. **1**.
[3] Nr. **27**.

(2) [1]Der Grundversorger ist verpflichtet, auf Verlangen des Kunden jederzeit eine Nachprüfung der Messeinrichtungen durch eine Eichbehörde oder eine staatlich anerkannte Prüfstelle im Sinne des § 40 Absatz 3 des Mess- und Eichgesetzes[1)] beim Messstellenbetreiber zu veranlassen. [2]Stellt der Kunde den Antrag auf Prüfung nicht bei dem Grundversorger, so hat er diesen zugleich mit der Antragstellung zu benachrichtigen. [3]Die Kosten der Prüfung fallen dem Grundversorger zur Last, falls die Abweichung die gesetzlichen Verkehrsfehlergrenzen überschreitet, sonst dem Kunden.

§ 9 Zutrittsrecht. [1]Der Kunde hat nach vorheriger Benachrichtigung dem mit einem Ausweis versehenen Beauftragten des Netzbetreibers, des Messstellenbetreibers oder des Grundversorgers den Zutritt zu seinem Grundstück und zu seinen Räumen zu gestatten, soweit dies zur Ermittlung preislicher Bemessungsgrundlagen oder zur Ablesung der Messeinrichtungen nach § 11 erforderlich ist. [2]Die Benachrichtigung kann durch Mitteilung an die jeweiligen Kunden oder durch Aushang an oder im jeweiligen Haus erfolgen. [3]Sie muss mindestens eine Woche vor dem Betretungstermin erfolgen; mindestens ein Ersatztermin ist anzubieten. [4]Der Kunde hat dafür Sorge zu tragen, dass die Messeinrichtungen zugänglich sind.

§ 10 Vertragsstrafe. (1) [1]Verbraucht der Kunde Elektrizität unter Umgehung, Beeinflussung oder vor Anbringung der Messeinrichtungen oder nach Unterbrechung der Grundversorgung, so ist der Grundversorger berechtigt, eine Vertragsstrafe zu verlangen. [2]Diese ist für die Dauer des unbefugten Gebrauchs, längstens aber für sechs Monate auf der Grundlage einer täglichen Nutzung der unbefugt verwendeten Verbrauchsgeräte von bis zu zehn Stunden nach dem für den Kunden geltenden Allgemeinen Preis zu berechnen.

(2) [1]Eine Vertragsstrafe kann auch verlangt werden, wenn der Kunde vorsätzlich oder grob fahrlässig die Verpflichtung verletzt, die zur Preisbildung erforderlichen Angaben zu machen. [2]Die Vertragsstrafe beträgt das Zweifache des Betrages, den der Kunde bei Erfüllung seiner Verpflichtung nach dem für ihn geltenden allgemeinen Preis zusätzlich zu zahlen gehabt hätte. [3]Sie darf längstens für einen Zeitraum von sechs Monaten verlangt werden.

(3) Ist die Dauer des unbefugten Gebrauchs oder der Beginn der Mitteilungspflicht nicht festzustellen, so kann die Vertragsstrafe in entsprechender Anwendung der Absätze 1 und 2 für einen geschätzten Zeitraum, der längstens sechs Monate betragen darf, erhoben werden.

Teil 4. Abrechnung der Energielieferung

§ 11 Ablesung. (1) Der Grundversorger ist berechtigt, für Zwecke der Abrechnung die Ablesedaten oder rechtmäßig ermittelte Ersatzwerte zu verwenden, die er vom Netzbetreiber oder vom Messstellenbetreiber oder von dem die Messung durchführenden Dritten erhalten hat.

(2) [1]Der Grundversorger kann die Messeinrichtungen selbst ablesen oder verlangen, dass diese vom Kunden abgelesen werden, wenn dies

---

[1)] Nr. **29**.

1. zum Zwecke einer Abrechnung nach § 12 Abs. 1,
2. anlässlich eines Lieferantenwechsels oder
3. bei einem berechtigten Interesse des Grundversorgers an einer Überprüfung der Ablesung

erfolgt. [2] Der Kunde kann einer Selbstablesung im Einzelfall widersprechen, wenn diese ihm nicht zumutbar ist. [3] Der Grundversorger darf bei einem berechtigten Widerspruch nach Satz 2 für eine eigene Ablesung kein gesondertes Entgelt verlangen.

(3) [1] Wenn der Netzbetreiber, der Messstellenbetreiber oder der Grundversorger das Grundstück und die Räume des Kunden nicht zum Zwecke der Ablesung betreten kann, darf der Grundversorger den Verbrauch auf der Grundlage der letzten Ablesung oder bei einem Neukunden nach dem Verbrauch vergleichbarer Kunden unter angemessener Berücksichtigung der tatsächlichen Verhältnisse schätzen. [2] Dasselbe gilt, wenn der Kunde eine vereinbarte Selbstablesung nicht oder verspätet vornimmt.

§ 12 Abrechnung. (1) Der Elektrizitätsverbrauch wird nach Maßgabe des § 40 Absatz 3 des Energiewirtschaftsgesetzes[1] abgerechnet.

(2) [1] Ändern sich innerhalb eines Abrechnungszeitraums die verbrauchsabhängigen Preise, so wird der für die neuen Preise maßgebliche Verbrauch zeitanteilig berechnet; jahreszeitliche Verbrauchsschwankungen sind auf der Grundlage der für Haushaltskunden maßgeblichen Erfahrungswerte angemessen zu berücksichtigen. [2] Entsprechendes gilt bei Änderung des Umsatzsteuersatzes und erlösabhängiger Abgabensätze.

(3) Im Falle einer Belieferung nach § 2 Abs. 2 ist entsprechend Absatz 2 Satz 1 eine pauschale zeitanteilige Berechnung des Verbrauchs zulässig, es sei denn, der Kunde kann einen geringeren als den von dem Grundversorger angesetzten Verbrauch nachweisen.

§ 13 Abschlagszahlungen. (1) [1] Wird der Verbrauch für mehrere Monate abgerechnet, so kann der Grundversorger für die nach der letzten Abrechnung verbrauchte Elektrizität eine Abschlagszahlung verlangen. [2] Diese ist anteilig für den Zeitraum der Abschlagszahlung entsprechend dem Verbrauch im zuletzt abgerechneten Zeitraum zu berechnen. [3] Ist eine solche Berechnung nicht möglich, so bemisst sich die Abschlagszahlung nach dem durchschnittlichen Verbrauch vergleichbarer Kunden. [4] Macht der Kunde glaubhaft, dass sein Verbrauch erheblich geringer ist, so ist dies angemessen zu berücksichtigen.

(2) Ändern sich die Allgemeinen Preise, so können die nach der Preisänderung anfallenden Abschlagszahlungen mit dem Vomhundertsatz der Preisänderung entsprechend angepasst werden.

(3) [1] Ergibt sich bei der Abrechnung, dass zu hohe Abschlagszahlungen verlangt wurden, so ist der übersteigende Betrag unverzüglich zu erstatten, spätestens aber mit der nächsten Abschlagsforderung zu verrechnen. [2] Nach Beendigung des Versorgungsverhältnisses sind zuviel gezahlte Abschläge unverzüglich zu erstatten.

---

[1] Nr. 1.

§ 14 Vorauszahlungen. (1) [1]Der Grundversorger ist berechtigt, für den Elektrizitätsverbrauch eines Abrechnungszeitraums Vorauszahlung zu verlangen, wenn nach den Umständen des Einzelfalles Grund zu der Annahme besteht, dass der Kunde seinen Zahlungsverpflichtungen nicht oder nicht rechtzeitig nachkommt. [2]Bei Verlangen einer Vorauszahlung ist der Kunde hierüber ausdrücklich und in verständlicher Form zu unterrichten. [3]Hierbei sind mindestens der Beginn, die Höhe und die Gründe der Vorauszahlung sowie die Voraussetzungen für ihren Wegfall anzugeben.

(2) [1]Die Vorauszahlung bemisst sich nach dem Verbrauch des vorhergehenden Abrechnungszeitraums oder dem durchschnittlichen Verbrauch vergleichbarer Kunden. [2]Macht der Kunde glaubhaft, dass sein Verbrauch erheblich geringer ist, so ist dies angemessen zu berücksichtigen. [3]Erstreckt sich der Abrechnungszeitraum über mehrere Monate und erhebt der Grundversorger Abschlagszahlungen, so kann er die Vorauszahlung nur in ebenso vielen Teilbeträgen verlangen. [4]Die Vorauszahlung ist bei der nächsten Rechnungserteilung zu verrechnen.

(3) Statt eine Vorauszahlung zu verlangen, kann der Grundversorger beim Kunden einen Bargeld- oder Chipkartenzähler oder sonstige vergleichbare Vorkassensysteme einrichten.

§ 15 Sicherheitsleistung. (1) Ist der Kunde zur Vorauszahlung nach § 14 nicht bereit oder nicht in der Lage, kann der Grundversorger in angemessener Höhe Sicherheit verlangen.

(2) Barsicherheiten werden zum jeweiligen Basiszinssatz nach § 247 des Bürgerlichen Gesetzbuchs verzinst.

(3) [1]Ist der Kunde in Verzug und kommt er nach erneuter Zahlungsaufforderung nicht unverzüglich seinen Zahlungsverpflichtungen aus dem Grundversorgungsverhältnis nach, so kann der Grundversorger die Sicherheit verwerten. [2]Hierauf ist in der Zahlungsaufforderung hinzuweisen. [3]Kursverluste beim Verkauf von Wertpapieren gehen zu Lasten des Kunden.

(4) Die Sicherheit ist unverzüglich zurückzugeben, wenn keine Vorauszahlung mehr verlangt werden kann.

§ 16 Rechnungen und Abschläge. (1) [1]Vordrucke für Rechnungen und Abschläge müssen einfach verständlich sein. [2]Die für die Forderung maßgeblichen Berechnungsfaktoren sind vollständig und in allgemein verständlicher Form auszuweisen.

(2) Der Grundversorger hat in den ergänzenden Bedingungen mindestens zwei mögliche Zahlungsweisen anzugeben.

§ 17 Zahlung, Verzug. (1) [1]Rechnungen und Abschläge werden zu dem vom Grundversorger angegebenen Zeitpunkt, frühestens jedoch zwei Wochen nach Zugang der Zahlungsaufforderung fällig. [2]Einwände gegen Rechnungen und Abschlagsberechnungen berechtigen gegenüber dem Grundversorger zum Zahlungsaufschub oder zur Zahlungsverweigerung nur,

1. soweit die ernsthafte Möglichkeit eines offensichtlichen Fehlers besteht oder
2. sofern

a) der in einer Rechnung angegebene Verbrauch ohne ersichtlichen Grund mehr als doppelt so hoch wie der vergleichbare Verbrauch im vorherigen Abrechnungszeitraum ist und

b) der Kunde eine Nachprüfung der Messeinrichtung verlangt

und solange durch die Nachprüfung nicht die ordnungsgemäße Funktion des Messgeräts festgestellt ist.

3 § 315 des Bürgerlichen Gesetzbuchs bleibt von Satz 2 unberührt.

(2) 1 Bei Zahlungsverzug des Kunden kann der Grundversorger, wenn er erneut zur Zahlung auffordert oder den Betrag durch einen Beauftragten einziehen lässt, die dadurch entstandenen Kosten für strukturell vergleichbare Fälle pauschal berechnen; die pauschale Berechnung muss einfach nachvollziehbar sein. 2 Die Pauschale darf die nach dem gewöhnlichen Lauf der Dinge zu erwartenden Kosten nicht übersteigen. 3 Auf Verlangen des Kunden ist die Berechnungsgrundlage nachzuweisen.

(3) Gegen Ansprüche des Grundversorgers kann vom Kunden nur mit unbestrittenen oder rechtskräftig festgestellten Gegenansprüchen aufgerechnet werden.

§ 18 Berechnungsfehler. (1) 1 Ergibt eine Prüfung der Messeinrichtungen eine Überschreitung der Verkehrsfehlergrenzen oder werden Fehler in der Ermittlung des Rechnungsbetrages festgestellt, so ist die Überzahlung vom Grundversorger zurückzuzahlen oder der Fehlbetrag vom Kunden nachzuentrichten. 2 Ist die Größe des Fehlers nicht einwandfrei festzustellen oder zeigt eine Messeinrichtung nicht an, so ermittelt der Grundversorger den Verbrauch für die Zeit seit der letzten fehlerfreien Ablesung aus dem Durchschnittsverbrauch des ihr vorhergehenden und des der Feststellung des Fehlers nachfolgenden Ablesezeitraums oder auf Grund des vorjährigen Verbrauchs durch Schätzung; die tatsächlichen Verhältnisse sind angemessen zu berücksichtigen. 3 Bei Berechnungsfehlern auf Grund einer nicht ordnungsgemäßen Funktion einer Messeinrichtung ist der vom Messstellenbetreiber ermittelte und dem Kunden mitgeteilte korrigierte Verbrauch der Nachberechnung zu Grunde zu legen.

(2) Ansprüche nach Absatz 1 sind auf den der Feststellung des Fehlers vorhergehenden Ablesezeitraum beschränkt, es sei denn, die Auswirkung des Fehlers kann über einen größeren Zeitraum festgestellt werden; in diesem Fall ist der Anspruch auf längstens drei Jahre beschränkt.

Teil 5. Beendigung des Grundversorgungsverhältnisses

§ 19 Unterbrechung der Versorgung. (1) Der Grundversorger ist berechtigt, die Grundversorgung ohne vorherige Androhung durch den Netzbetreiber unterbrechen zu lassen, wenn der Kunde dieser Verordnung in nicht unerheblichem Maße schuldhaft zuwiderhandelt und die Unterbrechung erforderlich ist, um den Gebrauch von elektrischer Arbeit unter Umgehung, Beeinflussung oder vor Anbringung der Messeinrichtungen zu verhindern.

(2) 1 Bei anderen Zuwiderhandlungen, insbesondere bei der Nichterfüllung einer Zahlungsverpflichtung trotz Mahnung, ist der Grundversorger berechtigt,

die Grundversorgung vier Wochen nach Androhung unterbrechen zu lassen und den zuständigen Netzbetreiber nach § 24 Abs. 3 der Niederspannungsanschlussverordnung[1] mit der Unterbrechung der Grundversorgung zu beauftragen. [2]Dies gilt nicht, wenn die Folgen der Unterbrechung außer Verhältnis zur Schwere der Zuwiderhandlung stehen oder der Kunde darlegt, dass hinreichende Aussicht besteht, dass er seinen Verpflichtungen nachkommt. [3]Der Grundversorger kann mit der Mahnung zugleich die Unterbrechung der Grundversorgung androhen, sofern dies nicht außer Verhältnis zur Schwere der Zuwiderhandlung steht. [4]Wegen Zahlungsverzuges darf der Grundversorger eine Unterbrechung unter den in den Sätzen 1 bis 3 genannten Voraussetzungen nur durchführen lassen, wenn der Kunde nach Abzug etwaiger Anzahlungen mit Zahlungsverpflichtungen von mindestens 100 Euro in Verzug ist. [5]Bei der Berechnung der Höhe des Betrages nach Satz 4 bleiben diejenigen nicht titulierten Forderungen außer Betracht, die der Kunde form- und fristgerecht sowie schlüssig begründet beanstandet hat. [6]Ferner bleiben diejenigen Rückstände außer Betracht, die wegen einer Vereinbarung zwischen Versorger und Kunde noch nicht fällig sind oder die aus einer streitigen und noch nicht rechtskräftig entschiedenen Preiserhöhung des Grundversorgers resultieren.

(3) Der Beginn der Unterbrechung der Grundversorgung ist dem Kunden drei Werktage im Voraus anzukündigen.

(4) [1]Der Grundversorger hat die Grundversorgung unverzüglich wiederherstellen zu lassen, sobald die Gründe für ihre Unterbrechung entfallen sind und der Kunde die Kosten der Unterbrechung und Wiederherstellung der Belieferung ersetzt hat. [2]Die Kosten können für strukturell vergleichbare Fälle pauschal berechnet werden; die pauschale Berechnung muss einfach nachvollziehbar sein. [3]Die Pauschale darf die nach dem gewöhnlichen Lauf der Dinge zu erwartenden Kosten nicht übersteigen. [4]Auf Verlangen des Kunden ist die Berechnungsgrundlage nachzuweisen. [5]Der Nachweis geringerer Kosten ist dem Kunden zu gestatten.

§ 20 Kündigung. (1) [1]Der Grundversorgungsvertrag kann mit einer Frist von zwei Wochen gekündigt werden. [2]Eine Kündigung durch den Grundversorger ist nur möglich, soweit eine Pflicht zur Grundversorgung nach § 36 Abs. 1 Satz 2 des Energiewirtschaftsgesetzes[2] nicht besteht.

(2) [1]Die Kündigung bedarf der Textform. [2]Der Grundversorger soll eine Kündigung des Kunden unverzüglich nach Eingang in Textform bestätigen.

(3) Der Grundversorger darf keine gesonderten Entgelte für den Fall einer Kündigung des Vertrages, insbesondere wegen eines Wechsels des Lieferanten, verlangen.

§ 21 Fristlose Kündigung. [1]Der Grundversorger ist in den Fällen des § 19 Abs. 1 berechtigt, das Vertragsverhältnis fristlos zu kündigen, wenn die Voraussetzungen zur Unterbrechung der Grundversorgung wiederholt vorliegen. [2]Bei wiederholten Zuwiderhandlungen nach § 19 Abs. 2 ist der Grundversorger zur fristlosen Kündigung berechtigt, wenn sie zwei Wochen vorher angedroht wurde; § 19 Abs. 2 Satz 2 und 3 gilt entsprechend.

---

[1] Nr. **32**.
[2] Nr. **1**.

Teil 6. Schlussbestimmungen

§ 22 Gerichtsstand. Gerichtsstand für die beiderseitigen Verpflichtungen aus dem Grundversorgungsvertrag ist der Ort der Elektrizitätsabnahme durch den Kunden.

§ 23 Übergangsregelungen. (1) [1]Der Grundversorger ist verpflichtet, die Kunden durch öffentliche Bekanntgabe und Veröffentlichung auf seiner Internetseite über die Vertragsanpassung nach § 115 Abs. 2 Satz 3 des Energiewirtschaftsgesetzes[1)] zu informieren. [2]Die Anpassung erfolgt, soweit die Frist nach § 115 Abs. 2 Satz 3 des Energiewirtschaftsgesetzes noch nicht abgelaufen ist, durch die öffentliche Bekanntgabe nach Satz 1 mit Wirkung vom auf die Bekanntmachung folgenden Tag.

(2) Abweichend von § 5 Abs. 2 Satz 1 werden bis zum 1. Juli 2007 Änderungen der Allgemeinen Preise und der ergänzenden Bedingungen am Tage nach der öffentlichen Bekanntgabe wirksam, soweit es sich um Änderungen handelt, die nach § 12 Abs. 1 der Bundestarifordnung Elektrizität genehmigt worden sind.

[1)] Nr. 1.

32. Verordnung über Allgemeine Bedingungen für den Netzanschluss und dessen Nutzung für die Elektrizitätsversorgung in Niederspannung (Niederspannungsanschlussverordnung – NAV)[1)]

Vom 1. November 2006

(BGBl. I S. 2477)

FNA 752-6-6

zuletzt geänd. durch Art. 3 VO zur Berechnung der Offshore-Netzumlage und zu Anpassungen im Regulierungsrecht v. 14.3.2019 (BGBl. I S. 333)

Inhaltsübersicht

[1)] Verkündet als Art. 1 VO zum Erlass von Regelungen des Netzanschlusses von Letztverbrauchern in Niederspannung und Niederdruck v. 1.11.2006 (BGBl. I S. 2477); Inkrafttreten gem. Art. 4 Satz 1 dieser VO am 8.11.2006.

Teil 1. Allgemeine Vorschriften

§ 1 Anwendungsbereich, Begriffsbestimmungen. (1) [1] Diese Verordnung regelt die Allgemeinen Bedingungen, zu denen Netzbetreiber nach § 18 Abs. 1 des Energiewirtschaftsgesetzes[1)] jedermann an ihr Niederspannungsnetz anzuschließen und den Anschluss zur Entnahme von Elektrizität zur Verfügung zu stellen haben. [2] Diese sind Bestandteil der Rechtsverhältnisse über den Netzanschluss an das Elektrizitätsversorgungsnetz der allgemeinen Versorgung (Netzanschluss) und die Anschlussnutzung, soweit sie sich nicht ausdrücklich allein auf eines dieser Rechtsverhältnisse beziehen. [3] Die Verordnung gilt für alle nach dem 12. Juli 2005 abgeschlossenen Netzanschlussverhältnisse und ist auch auf alle Anschlussnutzungsverhältnisse anzuwenden, die vor ihrem Inkrafttreten entstanden sind. [4] Sie gilt nicht für den Netzanschluss von Anlagen zur Erzeugung von Strom aus Erneuerbaren Energien und aus Grubengas.

(2) Anschlussnehmer ist jedermann im Sinne des § 18 Abs. 1 Satz 1 des Energiewirtschaftsgesetzes[1)], in dessen Auftrag ein Grundstück oder Gebäude an das Niederspannungsnetz angeschlossen wird oder im Übrigen jeder Eigentümer oder Erbbauberechtigte eines Grundstücks oder Gebäudes, das an das Niederspannungsnetz angeschlossen ist.

(3) Anschlussnutzer ist jeder Letztverbraucher, der im Rahmen eines Anschlussnutzungsverhältnisses einen Anschluss an das Niederspannungsnetz zur Entnahme von Elektrizität nutzt.

(4) Netzbetreiber im Sinne dieser Verordnung ist der Betreiber eines Elektrizitätsversorgungsnetzes der allgemeinen Versorgung im Sinne des § 18 Abs. 1 Satz 1 des Energiewirtschaftsgesetzes[1)].

§ 2 Netzanschlussverhältnis. (1) [1] Das Netzanschlussverhältnis umfasst den Anschluss der elektrischen Anlage über den Netzanschluss und dessen weiteren Betrieb. [2] Es besteht zwischen dem Anschlussnehmer und dem Netzbetreiber.

(2) [1] Das Netzanschlussverhältnis entsteht durch Vertrag erstmalig mit dem Anschlussnehmer, der die Herstellung des Netzanschlusses in Auftrag gibt. [2] Bei Herstellung eines Netzanschlusses ist der Netzanschlussvertrag schriftlich abzuschließen.

(3) Anschlussnehmer, die nicht Grundstückseigentümer oder Erbbauberechtigte sind, haben die schriftliche Zustimmung des Grundstückseigentümers zur Herstellung und Änderung des Netzanschlusses unter Anerkennung der für den Anschlussnehmer und ihn damit verbundenen Verpflichtungen beizubringen.

(4) [1] Bei angeschlossenen Grundstücken oder Gebäuden entsteht das Netzanschlussverhältnis mit dem Eigentumserwerb an der Kundenanlage zwischen dem jeweiligen Eigentümer und dem Netzbetreiber, sofern der bisherige Eigentümer der Anschlussnehmer gewesen ist. [2] Zu diesem Zeitpunkt erlischt das

[1)] Nr. 1.

Netzanschlussverhältnis mit dem bisherigen Anschlussnehmer, sofern dieser Eigentümer der Kundenanlage gewesen ist; hinsichtlich bis dahin begründeter Zahlungsansprüche und Verbindlichkeiten bleibt der bisherige Anschlussnehmer berechtigt und verpflichtet. [3] Den Eigentumsübergang und die Person des neuen Anschlussnehmers hat der bisherige Anschlussnehmer dem Netzbetreiber unverzüglich in Textform anzuzeigen. [4] Der bisherige Anschlussnehmer hat dem neuen Anschlussnehmer die Angaben nach § 4 Abs. 1 Nr. 4 zu übermitteln.

(5) [1] Der Netzbetreiber hat dem neuen Anschlussnehmer den Vertragsschluss oder die Anzeige nach Absatz 4 Satz 3 unverzüglich in Textform zu bestätigen. [2] Im Vertrag nach Absatz 2 oder in der Bestätigung nach Satz 1 ist auf die Allgemeinen Bedingungen einschließlich der ergänzenden Bedingungen des Netzbetreibers hinzuweisen.

§ 3 Anschlussnutzungsverhältnis. (1) [1] Inhalt der Anschlussnutzung ist das Recht zur Nutzung des Netzanschlusses zur Entnahme von Elektrizität. [2] Die Anschlussnutzung umfasst weder die Belieferung des Anschlussnutzers mit Elektrizität noch den Zugang zu den Elektrizitätsversorgungsnetzen im Sinne des § 20 des Energiewirtschaftsgesetzes[1)]. [3] Das Anschlussnutzungsverhältnis besteht zwischen dem jeweiligen Anschlussnutzer und dem Netzbetreiber.

(2) [1] Das Anschlussnutzungsverhältnis kommt dadurch zustande, dass über den Netzanschluss Elektrizität aus dem Verteilernetz entnommen wird, wenn

1. der Anschlussnutzer spätestens im Zeitpunkt der erstmaligen Entnahme einen Vertrag über den Bezug von Elektrizität abgeschlossen hat oder die Voraussetzungen einer Ersatzversorgung nach § 38 des Energiewirtschaftsgesetzes[1)] vorliegen und
2. dem Anschlussnutzer oder dessen Lieferanten ein Recht auf Netzzugang nach § 20 des Energiewirtschaftsgesetzes[1)] zusteht.

[2] Bei Kenntnis über den Wegfall der Voraussetzungen nach Satz 1 Nr. 2 ist der Netzbetreiber verpflichtet, den Anschlussnutzer und den Grundversorger hierüber unverzüglich in Textform zu unterrichten und den Anschlussnutzer auf die Grundversorgung nach § 36 des Energiewirtschaftsgesetzes[1)] und die Ersatzversorgung nach § 38 des Energiewirtschaftsgesetzes hinzuweisen.

(3) [1] Der Anschlussnutzer ist verpflichtet, dem Netzbetreiber die Aufnahme der Nutzung des Netzanschlusses zur Entnahme von Elektrizität unverzüglich mitzuteilen. [2] Der Netzbetreiber hat dem Anschlussnutzer die Mitteilung unverzüglich in Textform zu bestätigen. [3] In der Bestätigung ist auf die Allgemeinen Bedingungen einschließlich der ergänzenden Bedingungen des Netzbetreibers und auf die Haftung des Netzbetreibers nach § 18 hinzuweisen.

§ 4 Inhalt des Vertrages und der Bestätigung des Netzbetreibers.

(1) [1] Der Netzanschlussvertrag und die Bestätigung des Netzbetreibers in Textform nach § 2 Abs. 5 Satz 1 und § 3 Abs. 3 Satz 2 sollen eine zusammenhängende Aufstellung aller für den Vertragsschluss nach § 2 Abs. 2 oder die Anschlussnutzung nach § 3 notwendigen Angaben enthalten, insbesondere

---

[1)] Nr. 1.

1. Angaben zum Anschlussnehmer- oder nutzer (Firma, Registergericht, Registernummer, Familienname, Vorname, Geburtstag, Adresse, Kundennummer),
2. Anlagenadresse und Bezeichnung des Zählers oder des Aufstellungsorts des Zählers,
3. Angaben zum Netzbetreiber (Firma, Registergericht, Registernummer und Adresse) und
4. gegenüber dem Anschlussnehmer auch die am Ende des Netzanschlusses vorzuhaltende Leistung.

[2] Soweit die Angaben nach Satz 1 Nr. 1 nicht vorliegen, ist der Anschlussnehmer oder -nutzer verpflichtet, diese dem Netzbetreiber auf Anforderung mitzuteilen.

(2) [1] Der Netzbetreiber ist verpflichtet, jedem Neukunden bei Entstehen des Netzanschlussverhältnisses oder des Anschlussnutzungsverhältnisses und auf Verlangen den übrigen Kunden die Allgemeinen Bedingungen unentgeltlich auszuhändigen. [2] Er hat die Allgemeinen Bedingungen auf seiner Internetseite zu veröffentlichen.

(3) Änderungen der ergänzenden Bedingungen, zu denen auch die Technischen Anschlussbedingungen nach § 20 gehören, und Kostenerstattungsregelungen des Netzbetreibers werden jeweils zum Monatsbeginn erst nach öffentlicher Bekanntgabe und im Falle der Technischen Anschlussbedingungen erst nach zusätzlicher Mitteilung an die Regulierungsbehörde wirksam.

Teil 2. Netzanschluss

§ 5 Netzanschluss. [1] Der Netzanschluss verbindet das Elektrizitätsversorgungsnetz der allgemeinen Versorgung mit der elektrischen Anlage des Anschlussnehmers. [2] Er beginnt an der Abzweigstelle des Niederspannungsnetzes und endet mit der Hausanschlusssicherung, es sei denn, dass eine abweichende Vereinbarung getroffen wird; in jedem Fall sind auf die Hausanschlusssicherung die Bestimmungen über den Netzanschluss anzuwenden.

§ 6 Herstellung des Netzanschlusses. (1) [1] Netzanschlüsse werden durch den Netzbetreiber hergestellt. [2] Die Herstellung des Netzanschlusses soll vom Anschlussnehmer schriftlich in Auftrag gegeben werden; auf Verlangen des Netzbetreibers ist ein von diesem zur Verfügung gestellter Vordruck zu verwenden. [3] Der Netzbetreiber hat dem Anschlussnehmer den voraussichtlichen Zeitbedarf für die Herstellung des Netzanschlusses mitzuteilen.

(2) [1] Art, Zahl und Lage der Netzanschlüsse werden nach Beteiligung des Anschlussnehmers und unter Wahrung seiner berechtigten Interessen vom Netzbetreiber nach den anerkannten Regeln der Technik bestimmt. [2] Das Interesse des Anschlussnehmers an einer kostengünstigen Errichtung der Netzanschlüsse ist dabei besonders zu berücksichtigen.

(3) [1] Auf Wunsch des Anschlussnehmers hat der Netzbetreiber die Errichter weiterer Anschlussleitungen sowie der Telekommunikationslinien im Sinne des § 3 Nr. 26 des Telekommunikationsgesetzes im Hinblick auf eine gemeinsame Verlegung der verschiedenen Gewerke zu beteiligen. [2] Er führt die Herstellung

oder Änderungen des Netzanschlusses entweder selbst oder mittels Nachunternehmer durch. [3]Wünsche des Anschlussnehmers bei der Auswahl des durchführenden Nachunternehmers sind vom Netzbetreiber angemessen zu berücksichtigen. [4]Der Anschlussnehmer ist berechtigt, die für die Herstellung des Netzanschlusses erforderlichen Erdarbeiten auf seinem Grundstück im Rahmen des technisch Möglichen und nach den Vorgaben des Netzbetreibers durchzuführen oder durchführen zu lassen. [5]Der Anschlussnehmer hat die baulichen Voraussetzungen für die sichere Errichtung des Netzanschlusses zu schaffen; für den Hausanschlusskasten oder die Hauptverteiler ist ein nach den anerkannten Regeln der Technik geeigneter Platz zur Verfügung zu stellen; die Einhaltung der anerkannten Regeln der Technik wird insbesondere vermutet, wenn die Anforderungen der DIN 18012 (Ausgabe: November 2000)[1)] eingehalten sind.

§ 7 Art des Netzanschlusses. [1]Die Spannung beträgt am Ende des Netzanschlusses bei Drehstrom etwa 400 oder 230 Volt und bei Wechselstrom etwa 230 Volt. [2]Die Frequenz beträgt etwa 50 Hertz. [3]Welche Stromart und Spannung für das Vertragsverhältnis maßgebend sein sollen, ergibt sich daraus, an welche Stromart und Spannung die Anlage des Anschlussnehmers angeschlossen ist oder angeschlossen werden soll. [4]Bei der Wahl der Stromart sind die Belange des Anschlussnehmers im Rahmen der jeweiligen technischen Möglichkeiten angemessen zu berücksichtigen.

§ 8 Betrieb des Netzanschlusses. (1) [1]Netzanschlüsse gehören zu den Betriebsanlagen des Netzbetreibers. [2]Er hat sicherzustellen, dass sie in seinem Eigentum stehen oder ihm zur wirtschaftlichen Nutzung überlassen werden; soweit erforderlich, ist der Anschlussnehmer insoweit zur Mitwirkung verpflichtet. [3]Netzanschlüsse werden ausschließlich von dem Netzbetreiber unterhalten, erneuert, geändert, abgetrennt und beseitigt. [4]Sie müssen zugänglich und vor Beschädigungen geschützt sein. [5]Der Anschlussnehmer darf keine Einwirkungen auf den Netzanschluss vornehmen oder vornehmen lassen.

(2) Jede Beschädigung des Netzanschlusses, insbesondere ein Schaden an der Hausanschlusssicherung oder das Fehlen von Plomben, ist dem Netzbetreiber unverzüglich mitzuteilen.

(3) Änderungen des Netzanschlusses werden nach Anhörung des Anschlussnehmers und unter Wahrung seiner berechtigten Interessen vom Netzbetreiber bestimmt.

§ 9 Kostenerstattung für die Herstellung oder Änderung des Netzanschlusses. (1) [1]Der Netzbetreiber ist berechtigt, vom Anschlussnehmer die Erstattung der bei wirtschaftlich effizienter Betriebsführung notwendigen Kosten für

1. die Herstellung des Netzanschlusses,
2. die Änderungen des Netzanschlusses, die durch eine Änderung oder Erweiterung der Kundenanlage erforderlich oder aus anderen Gründen vom Anschlussnehmer veranlasst werden,

zu verlangen. [2]Die Kosten können auf der Grundlage der durchschnittlich für vergleichbare Fälle entstehenden Kosten pauschal berechnet werden. [3]Im Falle

[1)] **Amtlicher Hinweis:** Zu beziehen beim Beuth Verlag GmbH, Berlin.

einer pauschalierten Kostenberechnung sind Eigenleistungen des Anschlussnehmers angemessen zu berücksichtigen. [4]Die Netzanschlusskosten sind so darzustellen, dass der Anschlussnehmer die Anwendung des pauschalierten Berechnungsverfahrens einfach nachvollziehen kann; wesentliche Berechnungsbestandteile sind auszuweisen.

(2) [1]Der Netzbetreiber ist berechtigt, für die Herstellung oder Änderungen des Netzanschlusses Vorauszahlung zu verlangen, wenn nach den Umständen des Einzelfalles Grund zu der Annahme besteht, dass der Anschlussnehmer seinen Zahlungsverpflichtungen nicht oder nicht rechtzeitig nachkommt. [2]Werden von einem Anschlussnehmer mehrere Netzanschlüsse beauftragt, ist der Netzbetreiber berechtigt, angemessene Abschlagszahlungen zu verlangen.

(3) Kommen innerhalb von zehn Jahren nach Herstellung des Netzanschlusses weitere Anschlüsse hinzu und wird der Netzanschluss dadurch teilweise zum Bestandteil des Verteilernetzes, so hat der Netzbetreiber die Kosten neu aufzuteilen und dem Anschlussnehmer einen zu viel gezahlten Betrag zu erstatten.

§ 10 Transformatorenanlage. (1) [1]Muss zum Netzanschluss eines Grundstücks eine besondere Transformatorenanlage aufgestellt werden, so kann der Netzbetreiber verlangen, dass der Anschlussnehmer einen geeigneten Raum oder Platz unentgeltlich für die Dauer des Netzanschlussverhältnisses zur Verfügung stellt. [2]Der Netzbetreiber darf die Transformatorenanlage auch für andere Zwecke benutzen, soweit dies für den Anschlussnehmer zumutbar ist.

(2) Wird der[1)] Netzanschlussverhältnis für das Grundstück beendet, so hat der Anschlussnehmer die Transformatorenanlage noch drei Jahre unentgeltlich zu dulden, es sei denn, dass ihm dies nicht zugemutet werden kann.

(3) [1]Der Anschlussnehmer kann die Verlegung der Einrichtungen an eine andere geeignete Stelle verlangen, wenn ihm ihr Verbleiben an der bisherigen Stelle nicht mehr zugemutet werden kann. [2]Die Kosten der Verlegung hat der Netzbetreiber zu tragen; dies gilt nicht, soweit die Anlage ausschließlich dem Netzanschluss des Grundstücks dient.

§ 11 Baukostenzuschüsse. (1) [1]Der Netzbetreiber kann von dem Anschlussnehmer einen angemessenen Baukostenzuschuss zur teilweisen Deckung der bei wirtschaftlich effizienter Betriebsführung notwendigen Kosten für die Erstellung oder Verstärkung der örtlichen Verteileranlagen des Niederspannungsnetzes einschließlich Transformatorenstationen verlangen, soweit sich diese Anlagen ganz oder teilweise dem Versorgungsbereich zuordnen lassen, in dem der Anschluss erfolgt. [2]Baukostenzuschüsse dürfen höchstens 50 vom Hundert dieser Kosten abdecken.

(2) [1]Der von dem Anschlussnehmer als Baukostenzuschuss zu übernehmende Kostenanteil bemisst sich nach dem Verhältnis, in dem die an seinem Netzanschluss vorzuhaltende Leistung zu der Summe der Leistungen steht, die in den im betreffenden Versorgungsbereich erstellten Verteileranlagen oder auf Grund der Verstärkung insgesamt vorgehalten werden können. [2]Der Durchmischung der jeweiligen Leistungsanforderungen ist Rechnung zu tragen. [3]Der Baukostenzuschuss kann auf der Grundlage der durchschnittlich für vergleichbare Fälle entstehenden Kosten pauschal berechnet werden.

[1)] Richtig wohl: „das".

(3) Ein Baukostenzuschuss darf nur für den Teil der Leistungsanforderung erhoben werden, der eine Leistungsanforderung von 30 Kilowatt übersteigt.

(4) [1] Der Netzbetreiber ist berechtigt, von dem Anschlussnehmer einen weiteren Baukostenzuschuss zu verlangen, wenn der Anschlussnehmer seine Leistungsanforderung erheblich über das der ursprünglichen Berechnung zugrunde liegende Maß hinaus erhöht. [2] Der Baukostenzuschuss ist nach den Absätzen 1 und 2 zu bemessen.

(5) Der Baukostenzuschuss und die in § 9 geregelten Netzanschlusskosten sind getrennt zu errechnen und dem Anschlussnehmer aufgegliedert auszuweisen.

(6) § 9 Abs. 2 gilt entsprechend.

§ 12 Grundstücksbenutzung. (1) [1] Anschlussnehmer, die Grundstückseigentümer sind, haben für Zwecke der örtlichen Versorgung (Niederspannungs- und Mittelspannungsnetz) das Anbringen und Verlegen von Leitungen zur Zu- und Fortleitung von Elektrizität über ihre im Gebiet des Elektrizitätsversorgungsnetzes der allgemeinen Versorgung liegenden Grundstücke, ferner das Anbringen von Leitungsträgern und sonstigen Einrichtungen sowie erforderliche Schutzmaßnahmen unentgeltlich zuzulassen. [2] Diese Pflicht betrifft nur Grundstücke,

1. die an das Elektrizitätsversorgungsnetz angeschlossen sind,
2. die vom Eigentümer in wirtschaftlichem Zusammenhang mit einem an das Netz angeschlossenen Grundstück genutzt werden oder
3. für die die Möglichkeit des Netzanschlusses sonst wirtschaftlich vorteilhaft ist.

[3] Sie besteht nicht, wenn die Inanspruchnahme der Grundstücke den Eigentümer mehr als notwendig oder in unzumutbarer Weise belasten würde; insbesondere ist die Inanspruchnahme des Grundstücks zwecks Anschlusses eines anderen Grundstücks an das Elektrizitätsversorgungsnetz grundsätzlich verwehrt, wenn der Anschluss über das eigene Grundstück des anderen Anschlussnehmers möglich und dem Netzbetreiber zumutbar ist.

(2) Der Anschlussnehmer ist rechtzeitig über Art und Umfang der beabsichtigten Inanspruchnahme des Grundstücks zu benachrichtigen.

(3) [1] Der Grundstückseigentümer kann die Verlegung der Einrichtungen verlangen, wenn sie an der bisherigen Stelle für ihn nicht mehr zumutbar sind. [2] Die Kosten der Verlegung hat der Netzbetreiber zu tragen; dies gilt nicht, soweit die Einrichtungen ausschließlich dem Anschluss des Grundstücks dienen.

(4) Wird die Anschlussnutzung eingestellt, so hat der Eigentümer die auf seinen Grundstücken befindlichen Einrichtungen noch drei Jahre unentgeltlich zu dulden, es sei denn, dass ihm dies nicht zugemutet werden kann.

(5) Die Absätze 1 bis 4 gelten nicht für öffentliche Verkehrswege und Verkehrsflächen sowie für Grundstücke, die durch Planfeststellung für den Bau von öffentlichen Verkehrswegen und Verkehrsflächen bestimmt sind.

§ 13 Elektrische Anlage. (1) [1] Für die ordnungsgemäße Errichtung, Erweiterung, Änderung und Instandhaltung der elektrischen Anlage hinter der Hausanschlusssicherung (Anlage) ist der Anschlussnehmer gegenüber dem Netzbetreiber verantwortlich. [2]Satz 1 gilt nicht für die Messeinrichtungen, die nicht im Eigentum des Anschlussnehmers stehen. [3]Hat der Anschlussnehmer die Anlage ganz oder teilweise einem Dritten vermietet oder sonst zur Benutzung überlassen, so bleibt er verantwortlich.

(2) [1]Unzulässige Rückwirkungen der Anlage sind auszuschließen. [2]Um dies zu gewährleisten, darf die Anlage nur nach den Vorschriften dieser Verordnung, nach anderen anzuwendenden Rechtsvorschriften und behördlichen Bestimmungen sowie nach den allgemein anerkannten Regeln der Technik errichtet, erweitert, geändert und instand gehalten werden. [3]In Bezug auf die allgemein anerkannten Regeln der Technik gilt § 49 Abs. 2 Nr. 1 des Energiewirtschaftsgesetzes[1)] entsprechend. [4]Die Arbeiten dürfen außer durch den Netzbetreiber nur durch ein in ein Installateurverzeichnis eines Netzbetreibers eingetragenes Installationsunternehmen durchgeführt werden; im Interesse des Anschlussnehmers darf der Netzbetreiber eine Eintragung in das Installateurverzeichnis nur von dem Nachweis einer ausreichenden fachlichen Qualifikation für die Durchführung der jeweiligen Arbeiten abhängig machen. [5]Mit Ausnahme des Abschnitts zwischen Hausanschlusssicherung und Messeinrichtung einschließlich der Messeinrichtung gilt Satz 4 nicht für Instandhaltungsarbeiten. [6]Es dürfen nur Materialien und Geräte verwendet werden, die entsprechend § 49 des Energiewirtschaftsgesetzes unter Beachtung der allgemein anerkannten Regeln der Technik hergestellt wurden. [7]Die Einhaltung der Voraussetzungen des Satzes 6 wird vermutet, wenn die vorgeschriebene CE-Kennzeichnung vorhanden ist. [8]Sofern die CE-Kennzeichnung nicht vorgeschrieben ist, wird dies auch vermutet, wenn die Materialien oder Geräte das Zeichen einer akkreditierten Stelle tragen, insbesondere das VDE-Zeichen oder das GS-Zeichen. [9]Materialien und Geräte, die in einem anderen Mitgliedstaat der Europäischen Union oder der Türkei oder einem Mitgliedstaat der Europäischen Freihandelsassoziation, der Vertragspartei des Abkommens über den Europäischen Wirtschaftsraum ist, rechtmäßig hergestellt oder in den Verkehr gebracht worden sind und die den technischen Spezifikationen der Zeichen im Sinne des Satzes 8 nicht entsprechen, werden einschließlich der von den vorgenannten Staaten durchgeführten Prüfungen und Überwachungen als gleichwertig behandelt, wenn mit ihnen das geforderte Schutzniveau gleichermaßen dauerhaft erreicht wird. [10]Der Netzbetreiber ist berechtigt, die Ausführung der Arbeiten zu überwachen.

(3) [1]Anlagenteile, in denen nicht gemessene elektrische Energie fließt, können vom Netzbetreiber plombiert werden. [2]Die dafür erforderliche Ausstattung der Anlage ist nach den Angaben des Netzbetreibers vom Anschlussnehmer zu veranlassen.

(4) In den Leitungen zwischen dem Ende des Hausanschlusses und dem Zähler darf der Spannungsfall unter Zugrundelegung der Nennstromstärke der vorgeschalteten Sicherung nicht mehr als 0,5 vom Hundert betragen.

§ 14 Inbetriebsetzung der elektrischen Anlage. (1) [1]Der Netzbetreiber oder dessen Beauftragter hat die Anlage über den Netzanschluss an das Verteilernetz anzuschließen und den Netzanschluss in Betrieb zu nehmen. [2]Die Anlage hinter dem Netzanschluss bis zu der in den Technischen Anschluss-

---

[1)] Nr. 1.

bedingungen definierten Trennvorrichtung für die Inbetriebsetzung der nachfolgenden Anlage, anderenfalls bis zu den Haupt- oder Verteilungssicherungen, darf nur durch den Netzbetreiber oder mit seiner Zustimmung durch das Installationsunternehmen (§ 13 Abs. 2 Satz 2) in Betrieb genommen werden. [3] Die Anlage hinter dieser Trennvorrichtung darf nur durch das Installationsunternehmen in Betrieb gesetzt werden.

(2) [1] Jede Inbetriebsetzung, die nach Maßgabe des Absatzes 1 Satz 1 und 2 von dem Netzbetreiber vorgenommen werden soll, ist bei ihm von dem Unternehmen, das nach § 13 Abs. 2 die Arbeiten an der Anlage ausgeführt hat, in Auftrag zu geben. [2] Auf Verlangen des Netzbetreibers ist ein von diesem zur Verfügung gestellter Vordruck zu verwenden.

(3) [1] Der Netzbetreiber kann für die Inbetriebsetzung vom Anschlussnehmer Kostenerstattung verlangen; die Kosten können auf der Grundlage der durchschnittlich für vergleichbare Fälle entstehenden Kosten pauschal berechnet werden. [2] Die Kosten sind so darzustellen, dass der Anschlussnehmer die Anwendung des pauschalierten Berechnungsverfahrens einfach nachvollziehen kann.

§ 15 Überprüfung der elektrischen Anlage. (1) [1] Der Netzbetreiber ist berechtigt, die Anlage vor und, um unzulässige Rückwirkungen auf Einrichtungen des Netzbetreibers oder Dritter auszuschließen, auch nach ihrer Inbetriebsetzung zu überprüfen. [2] Er hat den Anschlussnehmer auf erkannte Sicherheitsmängel aufmerksam zu machen und kann deren Beseitigung verlangen.

(2) Werden Mängel festgestellt, welche die Sicherheit gefährden oder erhebliche Störungen erwarten lassen, so ist der Netzbetreiber berechtigt, den Anschluss zu verweigern oder die Anschlussnutzung zu unterbrechen; bei Gefahr für Leib oder Leben ist er hierzu verpflichtet.

(3) [1] Durch Vornahme oder Unterlassung der Überprüfung der Anlage sowie durch deren Anschluss an das Verteilernetz übernimmt der Netzbetreiber keine Haftung für die Mängelfreiheit der Anlage. [2] Dies gilt nicht, wenn er bei einer Überprüfung Mängel festgestellt hat, die eine Gefahr für Leib oder Leben darstellen.

Teil 3. Anschlussnutzung

§ 16 Nutzung des Anschlusses. (1) [1] Der Netzbetreiber ist bei Bestehen eines Anschlussnutzungsverhältnisses verpflichtet, dem Anschlussnutzer in dem im Netzanschlussverhältnis vorgesehenen Umfang die Nutzung des Netzanschlusses jederzeit zu ermöglichen. [2] Dies gilt nicht, soweit und solange der Netzbetreiber hieran durch höhere Gewalt oder sonstige Umstände, deren Beseitigung ihm im Sinne des § 18 Absatz 1 Satz 2 Nummer 1 des Energiewirtschaftsgesetzes[1)] aus wirtschaftlichen Gründen nicht zugemutet werden kann, gehindert ist.

(2) [1] Die Anschlussnutzung hat zur Voraussetzung, dass der Gebrauch der Elektrizität mit einem Verschiebungsfaktor zwischen cos ϕ = 0,9 kapazitiv und

---

[1)] Nr. 1.

0,9 induktiv erfolgt. [2] Anderenfalls kann der Netzbetreiber den Einbau ausreichender Kompensationseinrichtungen verlangen.

(3) [1] Der Netzbetreiber hat Spannung und Frequenz möglichst gleich bleibend zu halten. [2] Allgemein übliche Verbrauchsgeräte und Stromerzeugungsanlagen müssen einwandfrei betrieben werden können. [3] Stellt der Anschlussnutzer Anforderungen an die Stromqualität, die über die Verpflichtungen nach den Sätzen 1 und 2 hinausgehen, so obliegt es ihm selbst, innerhalb seines Bereichs Vorkehrungen zum störungsfreien Betrieb seiner Geräte und Anlagen zu treffen.

(4) Zwischen Anschlussnutzer und Netzbetreiber gelten die §§ 7, 8, 12 und 13 Abs. 1 und 2, § 14 Abs. 1 Satz 1, Abs. 2 und 3 sowie § 15 entsprechend.

§ 17 Unterbrechung der Anschlussnutzung. (1) [1] Die Anschlussnutzung kann unterbrochen werden, soweit dies zur Vornahme betriebsnotwendiger Arbeiten oder zur Vermeidung eines drohenden Netzzusammenbruchs erforderlich ist. [2] Der Netzbetreiber hat jede Unterbrechung oder Unregelmäßigkeit unverzüglich zu beheben. [3] Eine notwendige Unterbrechung wegen eines vom Anschlussnutzer veranlassten Austauschs der Messeinrichtung durch einen Messstellenbetreiber nach den Vorschriften des Messstellenbetriebsgesetzes[1)] hat der Netzbetreiber nicht zu vertreten.

(2) [1] Der Netzbetreiber hat die Anschlussnutzer bei einer beabsichtigten Unterbrechung der Anschlussnutzung rechtzeitig in geeigneter Weise zu unterrichten. [2] Bei kurzen Unterbrechungen ist er zur Unterrichtung nur gegenüber Anschlussnutzern verpflichtet, die zur Vermeidung von Schäden auf eine ununterbrochene Stromzufuhr angewiesen sind und dies dem Netzbetreiber unter Angabe von Gründen schriftlich mitgeteilt haben. [3] Die Pflicht zur Benachrichtigung entfällt, wenn die Unterrichtung

1. nach den Umständen nicht rechtzeitig möglich ist und der Netzbetreiber dies nicht zu vertreten hat oder
2. die Beseitigung von bereits eingetretenen Unterbrechungen verzögern würde.

[4] In den Fällen des Satzes 3 ist der Netzbetreiber verpflichtet, dem Anschlussnutzer auf Nachfrage nachträglich mitzuteilen, aus welchem Grund die Unterbrechung vorgenommen worden ist.

§ 18 Haftung bei Störungen der Anschlussnutzung. (1) [1] Soweit der Netzbetreiber für Schäden, die ein Anschlussnutzer durch Unterbrechung oder durch Unregelmäßigkeiten in der Anschlussnutzung erleidet, aus Vertrag, Anschlussnutzungsverhältnis oder unerlaubter Handlung haftet und dabei Verschulden des Unternehmens oder eines Erfüllungs- oder Verrichtungsgehilfen vorausgesetzt wird, wird

1. hinsichtlich eines Vermögensschadens widerleglich vermutet, dass Vorsatz oder grobe Fahrlässigkeit vorliegt,
2. hinsichtlich der Beschädigung einer Sache widerleglich vermutet, dass Vorsatz oder Fahrlässigkeit vorliegt.

[1)] Nr. 27.

[2]Bei Vermögensschäden nach Satz 1 Nr. 1 ist die Haftung für sonstige Fahrlässigkeit ausgeschlossen.

(2) [1]Bei weder vorsätzlich noch grob fahrlässig verursachten Sachschäden ist die Haftung des Netzbetreibers gegenüber seinen Anschlussnutzern auf jeweils 5 000 Euro begrenzt. [2]Die Haftung für nicht vorsätzlich verursachte Sachschäden ist je Schadensereignis insgesamt begrenzt auf

1. 2,5 Millionen Euro bei bis zu 25 000 an das eigene Netz angeschlossenen Anschlussnutzern;
2. 10 Millionen Euro bei 25 001 bis zu 100 000 an das eigene Netz angeschlossenen Anschlussnutzern;
3. 20 Millionen Euro bei 100 001 bis 200 000 an das eigene Netz angeschlossenen Anschlussnutzern;
4. 30 Millionen Euro bei 200 001 bis einer Million an das eigene Netz angeschlossenen Anschlussnutzern;
5. 40 Millionen Euro bei mehr als einer Million an das eigene Netz angeschlossenen Anschlussnutzern.

[3]In diese Höchstgrenzen werden auch Schäden von Anschlussnutzern in vorgelagerten Spannungsebenen einbezogen, wenn die Haftung ihnen gegenüber im Einzelfall entsprechend Satz 1 begrenzt ist.

(3) [1]Die Absätze 1 und 2 sind auch auf Ansprüche von Anschlussnutzern anzuwenden, die diese gegen einen dritten Netzbetreiber im Sinne des § 3 Nr. 27 des Energiewirtschaftsgesetzes[1)] aus unerlaubter Handlung geltend machen. [2]Die Haftung dritter Netzbetreiber im Sinne des § 3 Nr. 27 des Energiewirtschaftsgesetzes ist je Schadensereignis insgesamt begrenzt auf das Dreifache des Höchstbetrages, für den sie nach Absatz 2 Satz 2 eigenen Anschlussnutzern gegenüber haften. [3]Hat der dritte Netzbetreiber im Sinne des § 3 Nr. 27 des Energiewirtschaftsgesetzes keine eigenen an das Netz angeschlossenen Anschlussnutzer im Sinne dieser Verordnung, so ist die Haftung insgesamt auf 200 Millionen Euro begrenzt. [4]In den Höchstbetrag nach den Sätzen 2 und 3 können auch Schadensersatzansprüche von nicht unter diese Verordnung fallenden Kunden einbezogen werden, die diese gegen das dritte Unternehmen aus unerlaubter Handlung geltend machen, wenn deren Ansprüche im Einzelfall entsprechend Absatz 2 Satz 1 begrenzt sind. [5]Der Netzbetreiber ist verpflichtet, seinen Anschlussnutzern auf Verlangen über die mit der Schadensverursachung durch einen dritten Netzbetreiber im Sinne des § 3 Nr. 27 des Energiewirtschaftsgesetzes zusammenhängenden Tatsachen insoweit Auskunft zu geben, als sie ihm bekannt sind oder von ihm in zumutbarer Weise aufgeklärt werden können und ihre Kenntnis zur Geltendmachung des Schadensersatzes erforderlich ist.

(4) [1]Bei grob fahrlässig verursachten Vermögensschäden ist die Haftung des Netzbetreibers, an dessen Netz der Anschlussnutzer angeschlossen ist, oder eines dritten Netzbetreibers, gegen den der Anschlussnutzer Ansprüche geltend macht, gegenüber seinen Anschlussnutzern auf jeweils 5 000 Euro sowie je Schadensereignis insgesamt auf 20 vom Hundert der in Absatz 2 Satz 2 sowie Absatz 3 Satz 2 und 3 genannten Höchstbeträge begrenzt. [2]Absatz 2 Satz 3 sowie Absatz 3 Satz 1, 4 und 5 gelten entsprechend.

[1)] Nr. **1**.

(5) [1] Übersteigt die Summe der Einzelschäden die jeweilige Höchstgrenze, so wird der Schadensersatz in dem Verhältnis gekürzt, in dem die Summe aller Schadensersatzansprüche zur Höchstgrenze steht. [2] Sind nach Absatz 2 Satz 3 oder nach Absatz 3 Satz 4, jeweils auch in Verbindung mit Absatz 4, Schäden von nicht unter diese Verordnung fallenden Kunden in die Höchstgrenze einbezogen worden, so sind sie auch bei der Kürzung nach Satz 1 entsprechend einzubeziehen. [3] Bei Ansprüchen nach Absatz 3 darf die Schadensersatzquote nicht höher sein als die Quote der Kunden des dritten Netzbetreibers.

(6) Die Ersatzpflicht entfällt für Schäden unter 30 Euro, die weder vorsätzlich noch grob fahrlässig verursacht worden sind.

(7) Der geschädigte Anschlussnutzer hat den Schaden unverzüglich dem Netzbetreiber oder, wenn dieses feststeht, dem ersatzpflichtigen Unternehmen mitzuteilen.

Teil 4. Gemeinsame Vorschriften

Abschnitt 1. Anlagenbetrieb und Rechte des Netzbetreibers

§ 19 Betrieb von elektrischen Anlagen, Verbrauchsgeräten und Ladeeinrichtungen, Eigenanlagen. (1) Anlage und Verbrauchsgeräte sind vom Anschlussnehmer oder -nutzer so zu betreiben, dass Störungen anderer Anschlussnehmer oder -nutzer und störende Rückwirkungen auf Einrichtungen des Netzbetreibers oder Dritter ausgeschlossen sind.

(2) [1] Erweiterungen und Änderungen von Anlagen sowie die Verwendung zusätzlicher Verbrauchsgeräte sind dem Netzbetreiber mitzuteilen, soweit sich dadurch die vorzuhaltende Leistung erhöht oder mit Netzrückwirkungen zu rechnen ist. [2] Auch Ladeeinrichtungen für Elektrofahrzeuge sind dem Netzbetreiber vor deren Inbetriebnahme mitzuteilen. [3] Deren Inbetriebnahme bedarf darüber hinaus der vorherigen Zustimmung des Netzbetreibers, sofern ihre Summen-Bemessungsleistung 12 Kilovoltampere je elektrischer Anlage überschreitet; der Netzbetreiber ist in diesem Fall verpflichtet, sich innerhalb von zwei Monaten nach Eingang der Mitteilung zu äußern. [4] Stimmt der Netzbetreiber nicht zu, hat er den Hinderungsgrund, mögliche Abhilfemaßnahmen des Netzbetreibers und des Anschlussnehmers oder -nutzers sowie einen hierfür beim Netzbetreiber erforderlichen Zeitbedarf darzulegen. [5] Einzelheiten über den Inhalt und die Form der Mitteilungen kann der Netzbetreiber regeln.

(3) [1] Vor der Errichtung einer Eigenanlage hat der Anschlussnehmer oder -nutzer dem Netzbetreiber Mitteilung zu machen. [2] Der Anschlussnehmer oder -nutzer hat durch geeignete Maßnahmen sicherzustellen, dass von seiner Eigenanlage keine schädlichen Rückwirkungen in das Elektrizitätsversorgungsnetz möglich sind. [3] Der Anschluss von Eigenanlagen ist mit dem Netzbetreiber abzustimmen. [4] Dieser kann den Anschluss von der Einhaltung der von ihm nach § 20 festzulegenden Maßnahmen zum Schutz vor Rückspannungen abhängig machen.

§ 20 Technische Anschlussbedingungen. [1] Der Netzbetreiber ist berechtigt, in Form von Technischen Anschlussbedingungen weitere technische Anforderungen an den Netzanschluss und andere Anlagenteile sowie an den Betrieb der Anlage einschließlich der Eigenanlage festzulegen, soweit dies aus

Gründen der sicheren und störungsfreien Versorgung, insbesondere im Hinblick auf die Erfordernisse des Verteilernetzes, notwendig ist. [2] Diese Anforderungen müssen den allgemein anerkannten Regeln der Technik entsprechen. [3] Der Anschluss bestimmter Verbrauchsgeräte kann in den Technischen Anschlussbedingungen von der vorherigen Zustimmung des Netzbetreibers abhängig gemacht werden. [4] Die Zustimmung darf nur verweigert werden, wenn der Anschluss eine sichere und störungsfreie Versorgung gefährden würde.

§ 21 Zutrittsrecht. [1] Der Anschlussnehmer oder -nutzer hat nach vorheriger Benachrichtigung dem mit einem Ausweis versehenen Beauftragten des Netzbetreibers oder des Messstellenbetreibers den Zutritt zum Grundstück und zu seinen Räumen zu gestatten, soweit dies für die Prüfung der technischen Einrichtungen und Messeinrichtungen, zum Austausch der Messeinrichtung, auch anlässlich eines Wechsels des Messstellenbetreibers, zur Ablesung der Messeinrichtung oder zur Unterbrechung des Anschlusses und der Anschlussnutzung erforderlich ist. [2] Die Benachrichtigung kann durch Mitteilung an die jeweiligen Anschlussnehmer oder -nutzer oder durch Aushang an oder im jeweiligen Haus erfolgen. [3] Im Falle der Ablesung der Messeinrichtungen muss die Benachrichtigung mindestens drei Wochen vor dem Betretungstermin erfolgen; mindestens ein Ersatztermin ist anzubieten. [4] Eine vorherige Benachrichtigung ist in den Fällen des § 24 Abs. 1 nicht erforderlich.

§ 22 Mess- und Steuereinrichtungen. (1) Für Mess- und Steuereinrichtungen hat der Anschlussnehmer Zählerplätze nach den anerkannten Regeln der Technik unter Beachtung der technischen Anforderungen nach § 20 vorzusehen.

(2) [1] Der Netzbetreiber bestimmt den Anbringungsort von Mess- und Steuereinrichtungen. [2] Bei der Wahl des Aufstellungsorts ist die Möglichkeit der Ausstattung mit einem intelligenten Messsystem nach dem Messstellenbetriebsgesetz[1)] zu berücksichtigen. [3] In Gebäuden, die neu an das Energieversorgungsnetz angeschlossen werden, sind die Messstellen so anzulegen, dass Smart-Meter-Gateways nach dem Messstellenbetriebsgesetz nachträglich einfach eingebaut werden können; ausreichend in diesem Sinne ist ein Zählerschrank, der Platz für ein Smart-Meter-Gateway bietet. [4] Dies ist auch in Gebäuden anzuwenden, die einer größeren Renovierung im Sinne der Richtlinie 2010/31/EU des Europäischen Parlaments und des Rates vom 19. Mai 2010 über die Gesamtenergieeffizienz von Gebäuden (ABl. L 153 vom 18.6.2010, S. 13) unterzogen werden, soweit dies technisch machbar und wirtschaftlich zumutbar ist. [5] Der Netzbetreiber hat den Anschlussnehmer anzuhören und dessen berechtigte Interessen bei der Wahl des Aufstellungsorts zu wahren. [6] Er ist verpflichtet, den bevorzugten Aufstellungsort des Anschlussnehmers zu wählen, wenn dies ohne Beeinträchtigung einer einwandfreien Messung möglich ist. [7] Der Anschlussnehmer hat die Kosten einer Verlegung der Mess- und Steuereinrichtungen nach Satz 5 zu tragen.

(3) [1] Der Anschlussnehmer oder -nutzer hat dafür Sorge zu tragen, dass die Mess- und Steuereinrichtungen zugänglich sind. [2] Er hat den Verlust, Beschädigungen und Störungen von Mess- und Steuereinrichtungen dem Netzbetreiber und dem Messstellenbetreiber unverzüglich mitzuteilen.

---

1) Nr. 27.

Abschnitt 2. Fälligkeit, Folge von Zuwiderhandlungen, Beendigung der Rechtsverhältnisse

§ 23 Zahlung, Verzug. (1) [1]Rechnungen werden zu dem vom Netzbetreiber angegebenen Zeitpunkt, frühestens jedoch zwei Wochen nach Zugang der Zahlungsaufforderung fällig. [2]Einwände gegen Rechnungen berechtigen gegenüber dem Netzbetreiber zum Zahlungsaufschub oder zur Zahlungsverweigerung nur, soweit die ernsthafte Möglichkeit eines offensichtlichen Fehlers besteht. [3]§ 315 des Bürgerlichen Gesetzbuchs bleibt von Satz 2 unberührt.

(2) [1]Bei Zahlungsverzug des Anschlussnehmers oder -nutzers kann der Netzbetreiber, wenn er erneut zur Zahlung auffordert oder den Betrag durch einen Beauftragten einziehen lässt, die dadurch entstandenen Kosten für strukturell vergleichbare Fälle auch pauschal berechnen; die pauschale Berechnung muss einfach nachvollziehbar sein. [2]Die Pauschale darf die nach dem gewöhnlichen Lauf der Dinge zu erwartenden Kosten nicht übersteigen. [3]Auf Verlangen des Kunden ist die Berechnungsgrundlage nachzuweisen.

(3) Gegen Ansprüche des Netzbetreibers kann vom Anschlussnehmer oder -nutzer nur mit unbestrittenen oder rechtskräftig festgestellten Gegenansprüchen aufgerechnet werden.

§ 24 Unterbrechung des Anschlusses und der Anschlussnutzung.

(1) [1]Der Netzbetreiber ist berechtigt, den Netzanschluss und die Anschlussnutzung ohne vorherige Androhung zu unterbrechen, wenn der Anschlussnehmer oder -nutzer dieser Verordnung zuwiderhandelt und die Unterbrechung erforderlich ist, um

1. eine unmittelbare Gefahr für die Sicherheit von Personen oder Sachen von erheblichem Wert abzuwenden,
2. die Anschlussnutzung ohne Messeinrichtung, unter Umgehung, Beeinflussung oder vor Anbringung der Messeinrichtungen zu verhindern oder
3. zu gewährleisten, dass Störungen anderer Anschlussnehmer oder -nutzer oder störende Rückwirkungen auf Einrichtungen des Netzbetreibers oder Dritter ausgeschlossen sind.

[2]Der Netzbetreiber ist verpflichtet, dem Anschlussnehmer oder -nutzer auf Nachfrage mitzuteilen, aus welchem Grund die Unterbrechung vorgenommen worden ist.

(2) [1]Bei anderen Zuwiderhandlungen, insbesondere bei Nichterfüllung einer Zahlungsverpflichtung trotz Mahnung, ist der Netzbetreiber berechtigt, den Netzanschluss und die Anschlussnutzung vier Wochen nach Androhung zu unterbrechen. [2]Dies gilt nicht, wenn die Folgen der Unterbrechung außer Verhältnis zur Schwere der Zuwiderhandlung stehen oder der Anschlussnehmer oder -nutzer darlegt, dass hinreichende Aussicht besteht, dass er seinen Verpflichtungen nachkommt.

(3) Der Netzbetreiber ist berechtigt, auf Anweisung des Lieferanten des Anschlussnutzers die Anschlussnutzung zu unterbrechen, soweit der Lieferant dem Anschlussnutzer gegenüber hierzu vertraglich berechtigt ist und der Lieferant das Vorliegen der Voraussetzungen für die Unterbrechung gegenüber dem Netzbetreiber glaubhaft versichert und den Netzbetreiber von sämtlichen Schadensersatzansprüchen freistellt, die sich aus einer unberechtigten Unterbrechung ergeben können; dabei ist auch glaubhaft zu versichern, dass dem

Anschlussnutzer keine Einwendungen oder Einreden zustehen, die die Voraussetzungen der Unterbrechung der Anschlussnutzung entfallen lassen.

(4) [1] In den Fällen des Absatzes 2 ist der Beginn der Unterbrechung des Netzanschlusses und der Anschlussnutzung dem Anschlussnutzer drei Werktage im Voraus anzukündigen. [2] Dies gilt nicht, soweit der Lieferant zu einer entsprechenden Ankündigung verpflichtet ist.

(5) [1] Der Netzbetreiber hat die Unterbrechung des Netzanschlusses und der Anschlussnutzung unverzüglich aufzuheben, sobald die Gründe für die Unterbrechung entfallen sind und der Anschlussnehmer oder -nutzer oder im Falle des Absatzes 3 der Lieferant oder der Anschlussnutzer die Kosten der Unterbrechung und Wiederherstellung des Anschlusses und der Anschlussnutzung ersetzt hat. [2] Die Kosten können für strukturell vergleichbare Fälle pauschal berechnet werden; die pauschale Berechnung muss einfach nachvollziehbar sein. [3] Die Pauschale darf die nach dem gewöhnlichen Lauf der Dinge zu erwartenden Kosten nicht übersteigen. [4] Auf Verlangen des Kunden ist die Berechnungsgrundlage nachzuweisen. [5] Der Nachweis geringerer Kosten ist dem Kunden zu gestatten.

§ 25 Kündigung des Netzanschlussverhältnisses. (1) [1] Das Netzanschlussverhältnis kann mit einer Frist von einem Monat auf das Ende eines Kalendermonats gekündigt werden. [2] Eine Kündigung durch den Netzbetreiber ist nur möglich, soweit eine Pflicht zum Netzanschluss nach § 18 Absatz 1 Satz 2 Nummer 1 des Energiewirtschaftsgesetzes[1)] nicht besteht.

(2) [1] Tritt an Stelle des bisherigen Netzbetreibers ein anderes Unternehmen in die sich aus dem Netzanschlussverhältnis ergebenden Rechte und Pflichten ein, so bedarf es hierfür nicht der Zustimmung des Anschlussnehmers. [2] Der Wechsel des Netzbetreibers ist öffentlich bekannt zu machen und auf der Internetseite des Netzbetreibers zu veröffentlichen.

(3) Die Kündigung bedarf der Textform.

§ 26 Beendigung des Anschlussnutzungsverhältnisses. (1) [1] Das Anschlussnutzungsverhältnis besteht, bis der Anschlussnutzer die Anschlussnutzung einstellt. [2] Er ist verpflichtet, dies dem Netzbetreiber unverzüglich mitzuteilen.

(2) Im Falle einer Kündigung des Netzanschlussvertrages nach § 25 oder § 27 endet das Anschlussnutzungsverhältnis mit der Beendigung des Netzanschlussvertrages.

§ 27 Fristlose Kündigung oder Beendigung. [1] Der Netzbetreiber ist in den Fällen des § 24 Abs. 1 berechtigt, das Netzanschlussverhältnis fristlos zu kündigen oder die Anschlussnutzung fristlos zu beenden, wenn die Voraussetzungen zur Unterbrechung des Netzanschlusses und der Anschlussnutzung wiederholt vorliegen. [2] Bei wiederholten Zuwiderhandlungen nach § 24 Abs. 2 ist der Netzbetreiber zur fristlosen Kündigung berechtigt, wenn sie zwei Wochen vorher angedroht wurde; § 24 Abs. 2 Satz 2 gilt entsprechend.

[1)] Nr. **1**.

Teil 5. Schlussbestimmungen

§ 28 Gerichtsstand. Gerichtsstand ist der Ort des Netzanschlusses und der Anschlussnutzung.

§ 29 Übergangsregelung. (1) [1] Der Netzbetreiber ist verpflichtet, die Anschlussnehmer durch öffentliche Bekanntgabe und Veröffentlichung im Internet über die Möglichkeit einer Anpassung nach § 115 Abs. 1 Satz 2 des Energiewirtschaftsgesetzes[1)] zu informieren. [2] Die Anpassung ist in Textform zu verlangen. [3] Der Netzbetreiber kann die Anpassung gegenüber allen Anschlussnehmern auch in der in Satz 1 genannten Weise verlangen. [4] Im Falle des Satzes 3 erfolgt die Anpassung mit Wirkung vom auf die Bekanntmachung folgenden Tag. [5] Von der Anpassung ausgenommen ist § 4 Abs. 1.

(2) [1] Die Frist nach § 10 Abs. 2 und nach § 12 Abs. 4 beginnt mit dem 8. November 2006. [2] Läuft jedoch die in den § 10 Abs. 6 und § 11 Abs. 2 der Verordnung über Allgemeine Bedingungen für die Elektrizitätsversorgung von Tarifkunden vom 21. Juni 1979 (BGBl. I S. 684), zuletzt geändert durch Artikel 17 des Gesetzes vom 9. Dezember 2004 (BGBl. I S. 3214), bestimmte Frist früher als die gemäß Satz 1 bestimmte Frist ab, bleibt es dabei.

(3) [1] Wird vor dem 1. Juli 2007 ein Anschluss an eine Verteileranlage hergestellt, die vor dem 8. November 2006 errichtet oder mit deren Errichtung vor dem 8. November 2006 begonnen worden ist und ist der Anschluss ohne Verstärkung der Verteileranlage möglich, so kann der Netzbetreiber abweichend von § 11 Abs. 1 bis 3 einen Baukostenzuschuss nach Maßgabe der für die Verteileranlage bisher verwendeten Berechnungsmaßstäbe verlangen. [2] Der nach Satz 1 berechnete Baukostenzuschuss ist auf den Wert nach § 11 Abs. 1 Satz 2 zu kürzen.

---

1) Nr. 1.

33. Verordnung über Allgemeine Bedingungen für die Grundversorgung von Haushaltskunden und die Ersatzversorgung mit Gas aus dem Niederdrucknetz (Gasgrundversorgungsverordnung – GasGVV)[1)]

Vom 26. Oktober 2006

(BGBl. I S. 2391, 2396)

FNA 752-6-9

zuletzt geänd. durch Art. 10 G zur Digitalisierung der Energiewende v. 29.8.2016 (BGBl. I S. 2034)

Inhaltsübersicht

[1)] Verkündet als Art. 2 VO zum Erlass von Regelungen für die Grundversorgung von Haushaltskunden und die Ersatzversorgung im Energiebereich v. 26.10.2006 (BGBl. I S. 2391); Inkrafttreten gem. Art. 3 dieser VO am 8.11.2006.

Teil 1. Allgemeine Bestimmungen

§ 1 Anwendungsbereich, Begriffsbestimmungen. (1) [1]Diese Verordnung regelt die Allgemeinen Bedingungen, zu denen Gasversorgungsunternehmen Haushaltskunden in Niederdruck im Rahmen der Grundversorgung nach § 36 Abs. 1 des Energiewirtschaftsgesetzes[1)] zu Allgemeinen Preisen mit Gas zu beliefern haben. [2]Die Bestimmungen dieser Verordnung sind Bestandteil des Grundversorgungsvertrages zwischen Grundversorgern und Haushaltskunden. [3]Diese Verordnung regelt zugleich die Bedingungen für die Ersatzversorgung nach § 38 Abs. 1 des Energiewirtschaftsgesetzes. [4]Sie gilt für alle nach dem 12. Juli 2005 abgeschlossenen Versorgungsverträge, soweit diese nicht vor dem 8. November 2006 beendet worden sind.

(2) Kunden im Sinne dieser Verordnung sind der Haushaltskunde und im Rahmen der Ersatzversorgung der Letztverbraucher.

(3) Grundversorger im Sinne dieser Verordnung ist ein Gasversorgungsunternehmen, das nach § 36 Abs. 1 des Energiewirtschaftsgesetzes[1)] in einem Netzgebiet die Grundversorgung mit Gas durchführt.

§ 2 Vertragsschluss. (1) [1]Der Grundversorgungsvertrag soll in Textform abgeschlossen werden. [2]Ist er auf andere Weise zustande gekommen, so hat der Grundversorger den Vertragsschluss dem Kunden unverzüglich in Textform zu bestätigen.

(2) [1]Kommt der Grundversorgungsvertrag dadurch zustande, dass Gas aus dem Gasversorgungsnetz der allgemeinen Versorgung entnommen wird, über das der Grundversorger die Grundversorgung durchführt, so ist der Kunde verpflichtet, dem Grundversorger die Entnahme von Gas unverzüglich in Textform mitzuteilen. [2]Die Mitteilungspflicht gilt auch, wenn die Belieferung des Kunden durch ein Gasversorgungsunternehmen endet und der Kunde kein anschließendes Lieferverhältnis mit einem anderen Gasversorgungsunternehmen begründet hat.

(3) [1]Ein Grundversorgungsvertrag oder die Bestätigung des Vertrages muss alle für einen Vertragsschluss notwendigen Angaben enthalten, insbesondere auch:

1. Angaben zum Kunden (Firma, Registergericht und Registernummer oder Familienname und Vorname sowie Adresse und Kundennummer),
2. Angaben über die Anlagenadresse und die Bezeichnung des Zählers oder den Aufstellungsort des Zählers,
3. Angaben über Gasart, Brennwert, Druck,
4. Angaben über unterschiedliche Nutzenergie der Kilowattstunde Gas zur Kilowattstunde Strom, soweit der Gasverbrauch nach Kilowattstunden abgerechnet wird,
5. Angaben zum Grundversorger (Firma, Registergericht, Registernummer und Adresse),

---

[1)] Nr. 1.

6. Angaben zum Netzbetreiber, in dessen Netzgebiet die Grundversorgung durchgeführt wird (Firma, Registergericht, Registernummer und Adresse) und
7. Angaben zu den Allgemeinen Preisen nach § 36 Absatz 1 des Energiewirtschaftsgesetzes[1)], wobei folgende Belastungen, soweit diese Kalkulationsbestandteil der geltenden Allgemeinen Preise sind, gesondert auszuweisen sind:
   a) die Energiesteuer nach § 2 des Energiesteuergesetzes[2)] vom 15. Juli 2006 (BGBl. I S. 1534; 2008 I S. 660, 1007), das zuletzt durch Artikel 11 des Gesetzes vom 18. Juli 2014 (BGBl. I S. 1042) geändert worden ist, in der jeweils geltenden Fassung,
   b) die Konzessionsabgabe nach Maßgabe des § 4 Absatz 1 und 2 der Konzessionsabgabenverordnung[3)] vom 9. Januar 1992 (BGBl. I S. 12, 407), die zuletzt durch Artikel 3 Absatz 4 der Verordnung vom 1. November 2006 (BGBl. I S. 2477) geändert worden ist.

[2]Wenn dem Grundversorger die Angaben nach Satz 1 Nummer 1 nicht vorliegen, ist der Kunde verpflichtet, sie dem Grundversorger auf Anforderung mitzuteilen. [3]Der Grundversorger hat die Belastungen nach Satz 1 Nummer 7 und deren Saldo in ihrer jeweiligen Höhe mit der Veröffentlichung der Allgemeinen Preise nach § 36 Absatz 1 Satz 1 des Energiewirtschaftsgesetzes[1)] auf seiner Internetseite zu veröffentlichen. [4]Zusätzlich ist in dem Vertrag oder der Vertragsbestätigung hinzuweisen auf

1. die Allgemeinen Bedingungen und auf diese ergänzende Bedingungen,
2. die Möglichkeit des Kunden, Ansprüche wegen Versorgungsstörungen gegen den Netzbetreiber nach § 6 Absatz 3 Satz 1 geltend zu machen und
3. das Recht des Kunden nach § 111b Absatz 1 Satz 1 des Energiewirtschaftsgesetzes[1)] eine Schlichtungsstelle anzurufen, die Anschrift und die Webseite der zuständigen Schlichtungsstelle, die Verpflichtung des Lieferanten zur Teilnahme am Schlichtungsverfahren sowie auf den Verbraucherservice der Bundesnetzagentur für den Bereich Elektrizität und Gas und dessen Anschrift.

[5]Die Hinweise nach Satz 4 Nummer 3 hat der Grundversorger auch auf seiner Internetseite zu veröffentlichen.

(4) [1]Der Grundversorger ist verpflichtet, jedem Neukunden rechtzeitig vor Vertragsschluss und in den Fällen des Absatzes 1 Satz 2 mit der Bestätigung des Vertragsschlusses sowie auf Verlangen den übrigen Kunden die allgemeinen Bedingungen unentgeltlich auszuhändigen. [2]Satz 1 gilt entsprechend für die ergänzenden Bedingungen; diese hat der Grundversorger öffentlich bekannt zu geben und auf seiner Internetseite zu veröffentlichen.

(5) Der Abschluss eines Grundversorgungsvertrages darf nicht davon abhängig gemacht werden, dass Zahlungsrückstände eines vorherigen Anschlussnutzers beglichen werden.

[1)] Nr. **1**.
[2)] Nr. **50**.
[3)] Nr. **3**.

§ 3 Ersatzversorgung. (1) Für die Ersatzversorgung nach § 38 des Energiewirtschaftsgesetzes[1] gelten die §§ 4 bis 8, 10 bis 19 und 22 sowie für die Beendigung der Ersatzversorgung nach § 38 Abs. 2 Satz 1 des Energiewirtschaftsgesetzes § 20 Abs. 3 entsprechend; § 11 Abs. 2 gilt mit der Maßgabe, dass der Grundversorger den Energieverbrauch auf Grund einer rechnerischen Abgrenzung schätzen und den anteiligen Verbrauch in Rechnung stellen darf.

(2) [1]Der Grundversorger hat dem Kunden unverzüglich nach Kenntnisnahme den Zeitpunkt des Beginns und des Endes der Ersatzversorgung in Textform mitzuteilen. [2]Dabei hat er ebenfalls mitzuteilen, dass spätestens nach dem Ende der Ersatzversorgung zur Fortsetzung des Gasbezugs der Abschluss eines Bezugsvertrages durch den Kunden erforderlich ist; auf § 2 Abs. 2 ist hinzuweisen.

Teil 2. Versorgung

§ 4 Bedarfsdeckung. [1]Der Kunde ist für die Dauer des Grundversorgungsvertrages verpflichtet, seinen gesamten leitungsgebundenen Gasbedarf aus den Gaslieferungen des Grundversorgers zu decken. [2]Ausgenommen ist die Bedarfsdeckung durch Eigenanlagen zur Nutzung regenerativer Energiequellen.

§ 5 Art der Versorgung; Änderungen der Allgemeinen Preise und ergänzenden Bedingungen. (1) [1]Welche Gasart für das Vertragsverhältnis maßgebend sein soll, ergibt sich aus der Gasart des jeweiligen Gasversorgungsnetzes der allgemeinen Versorgung, an das die Anlage, über die der Kunde Gas entnimmt, angeschlossen ist. [2]Der Brennwert mit der sich aus den Erzeugungs- oder Bezugsverhältnissen ergebenden Schwankungsbreite sowie der für die Belieferung des Kunden maßgebende Ruhedruck des Gases ergeben sich aus den ergänzenden Bestimmungen des Netzbetreibers zu den allgemeinen Netzanschlussbedingungen der Anlage, über die der Kunde Gas entnimmt.

(2) [1]Änderungen der Allgemeinen Preise und der ergänzenden Bedingungen werden jeweils zum Monatsbeginn und erst nach öffentlicher Bekanntgabe wirksam, die mindestens sechs Wochen vor der beabsichtigten Änderung erfolgen muss. [2]Der Grundversorger ist verpflichtet, zu den beabsichtigten Änderungen zeitgleich mit der öffentlichen Bekanntgabe eine briefliche Mitteilung an den Kunden zu versenden und die Änderungen auf seiner Internetseite zu veröffentlichen; hierbei hat er den Umfang, den Anlass und die Voraussetzungen der Änderung sowie den Hinweis auf die Rechte des Kunden nach Absatz 3 und die Angaben nach § 2 Absatz 3 Satz 1 Nummer 7 in übersichtlicher Form anzugeben.

(3) [1]Im Fall einer Änderung der Allgemeinen Preise oder ergänzenden Bedingungen hat der Kunde das Recht, den Vertrag ohne Einhaltung einer Kündigungsfrist zum Zeitpunkt des Wirksamwerdens der Änderungen zu kündigen. [2]Änderungen der Allgemeinen Preise und der ergänzenden Bedingungen werden gegenüber demjenigen Kunden nicht wirksam, der bei einer Kündigung des Vertrages mit dem Grundversorger die Einleitung eines Wech-

[1] Nr. 1.

sels des Versorgers durch entsprechenden Vertragsschluss innerhalb eines Monats nach Zugang der Kündigung nachweist.

§ 5a Kalkulatorische Neuermittlung bei Änderungen staatlich gesetzter Belastungen. (1) [1]Bei Änderungen der Belastungen nach § 2 Absatz 3 Satz 1 Nummer 7, die in die Kalkulation des Allgemeinen Preises eingeflossen sind, ist der Grundversorger unter Beachtung der geltenden gesetzlichen Bestimmungen berechtigt, die Allgemeinen Preise jederzeit neu zu ermitteln und dabei die Änderung in das Ergebnis der Kalkulation einfließen zu lassen. [2]Sinkt der Saldo der Belastungen nach § 2 Absatz 3 Satz 1 Nummer 7, ist der Grundversorger abweichend von Satz 1 verpflichtet, die Allgemeinen Preise unverzüglich neu zu ermitteln und dabei den gesunkenen Saldo in das Ergebnis der Kalkulation einfließen zu lassen.

(2) Sonstige Rechte und Verpflichtungen zur Neukalkulation und die Rechte und Verpflichtungen in Bezug auf Änderungen der Allgemeinen Preise sowie die Pflichten des Grundversorgers nach § 5 Absatz 2 und die Rechte des Kunden nach § 5 Absatz 3 bleiben unberührt.

§ 6 Umfang der Grundversorgung. (1) [1]Der Grundversorger ist im Interesse des Kunden verpflichtet, die für die Durchführung der Grundversorgung erforderlichen Verträge mit Netzbetreibern abzuschließen. [2]Er hat die ihm möglichen Maßnahmen zu treffen, um dem Kunden am Ende des Netzanschlusses, zu dessen Nutzung der Kunde nach der Niederdruckanschlussverordnung[1)] berechtigt ist, zu den jeweiligen Allgemeinen Preisen und Bedingungen Gas zur Verfügung zu stellen. [3]Das Gas wird im Rahmen der Grundversorgung für die Zwecke des Letztverbrauchs geliefert.

(2) [1]Der Grundversorger ist verpflichtet, den Gasbedarf des Kunden im Rahmen des § 36 des Energiewirtschaftsgesetzes[2)] zu befriedigen und für die Dauer des Grundversorgungsvertrages im vertraglich vorgesehenen Umfang nach Maßgabe des Absatzes 1 jederzeit Gas zur Verfügung zu stellen. [2]Dies gilt nicht,

1. soweit die Allgemeinen Preise oder Allgemeinen Bedingungen zeitliche Beschränkungen vorsehen,
2. soweit und solange der Netzbetreiber den Netzanschluss und die Anschlussnutzung nach § 17 der Niederdruckanschlussverordnung[1)] oder § 24 Abs. 1, 2 und 5 der Niederdruckanschlussverordnung unterbrochen hat oder
3. soweit und solange der Grundversorger an dem Bezug oder der vertragsgemäßen Lieferung von Gas durch höhere Gewalt oder sonstige Umstände, deren Beseitigung ihm nicht möglich ist oder im Sinne des § 36 Abs. 1 Satz 2 des Energiewirtschaftsgesetzes[2)] wirtschaftlich nicht zugemutet werden kann, gehindert ist.

(3) [1]Bei einer Unterbrechung oder bei Unregelmäßigkeiten in der Gasversorgung ist, soweit es sich um Folgen einer Störung des Netzbetriebs handelt, der Grundversorger von der Leistungspflicht befreit. [2]Satz 1 gilt nicht, soweit die Unterbrechung auf nicht berechtigten Maßnahmen des Grundversorgers nach § 19 beruht. [3]Der Grundversorger ist verpflichtet, seinen Kunden auf

---

[1)] Nr. **34**.
[2)] Nr. **1**.

Verlangen unverzüglich über die mit der Schadensverursachung durch den Netzbetreiber zusammenhängenden Tatsachen insoweit Auskunft zu geben, als sie ihm bekannt sind oder von ihm in zumutbarer Weise aufgeklärt werden können.

§ 7 Erweiterung und Änderung von Anlagen und Verbrauchsgeräten; Mitteilungspflichten. [1] Erweiterungen und Änderungen von Kundenanlagen sowie die Verwendung zusätzlicher Gasgeräte sind dem Grundversorger mitzuteilen, soweit sich dadurch preisliche Bemessungsgrößen ändern. [2] Nähere Einzelheiten über den Inhalt der Mitteilung kann der Grundversorger in ergänzenden Bedingungen regeln.

Teil 3. Aufgaben und Rechte des Grundversorgers

§ 8 Messeinrichtungen. (1) Das vom Grundversorger gelieferte Gas wird durch die Messeinrichtungen nach den Vorschriften des Messstellenbetriebsgesetzes[1)] festgestellt.

(2) [1] Der Grundversorger ist verpflichtet, auf Verlangen des Kunden jederzeit eine Nachprüfung der Messeinrichtungen durch eine Eichbehörde oder eine staatlich anerkannte Prüfstelle im Sinne des § 40 Absatz 3 des Mess- und Eichgesetzes[2)] zu veranlassen. [2] Stellt der Kunde den Antrag auf Prüfung nicht bei dem Grundversorger, so hat er diesen zugleich mit der Antragstellung zu benachrichtigen. [3] Die Kosten der Prüfung nach Satz 1 fallen dem Grundversorger zur Last, falls die Abweichung die gesetzlichen Verkehrsfehlergrenzen überschreitet, sonst dem Kunden.

§ 9 Zutrittsrecht. [1] Der Kunde hat nach vorheriger Benachrichtigung dem mit einem Ausweis versehenen Beauftragten des Netzbetreibers, des Messstellenbetreibers oder des Grundversorgers den Zutritt zu seinem Grundstück und zu seinen Räumen zu gestatten, soweit dies zur Ermittlung preislicher Bemessungsgrundlagen oder zur Ablesung der Messeinrichtungen nach § 11 erforderlich ist. [2] Die Benachrichtigung kann durch Mitteilung an die jeweiligen Kunden oder durch Aushang an oder im jeweiligen Haus erfolgen. [3] Sie muss mindestens eine Woche vor dem Betretungstermin erfolgen; mindestens ein Ersatztermin ist anzubieten. [4] Der Kunde hat dafür Sorge zu tragen, dass die Messeinrichtungen zugänglich sind.

§ 10 Vertragsstrafe. (1) [1] Verbraucht der Kunde Gas unter Umgehung, Beeinflussung oder vor Anbringung der Messeinrichtungen oder nach Unterbrechung der Grundversorgung, so ist der Grundversorger berechtigt, eine Vertragsstrafe zu verlangen. [2] Diese ist für die Dauer des unbefugten Gebrauchs, längstens aber für sechs Monate, auf der Grundlage einer täglichen Nutzung der unbefugt verwendeten Geräte von bis zu zehn Stunden nach dem für den Kunden geltenden Allgemeinen Preis zu berechnen.

(2) [1] Eine Vertragsstrafe kann auch verlangt werden, wenn der Kunde vorsätzlich oder grob fahrlässig die Verpflichtung verletzt, die zur Preisbildung

---

1) Nr. **27**.
2) Nr. **29**.

erforderlichen Angaben zu machen. [2]Die Vertragsstrafe beträgt das Zweifache des Betrages, den der Kunde bei Erfüllung seiner Verpflichtung nach dem für ihn geltenden Allgemeinen Preis zusätzlich zu zahlen gehabt hätte. [3]Sie darf längstens für einen Zeitraum von sechs Monaten verlangt werden.

(3) Ist die Dauer des unbefugten Gebrauchs oder der Beginn der Mitteilungspflicht nicht festzustellen, so kann die Vertragsstrafe in entsprechender Anwendung der Absätze 1 und 2 über einen geschätzten Zeitraum, der längstens sechs Monate betragen darf, erhoben werden.

Teil 4. Abrechnung der Energielieferung

§ 11 Ablesung. (1) Der Grundversorger ist berechtigt, für Zwecke der Abrechnung die Ablesedaten zu verwenden, die er vom Netzbetreiber oder vom Messstellenbetreiber oder von dem die Messung durchführenden Dritten erhalten hat.

(2) [1]Der Grundversorger kann die Messeinrichtungen selbst ablesen oder verlangen, dass diese vom Kunden abgelesen werden, wenn dies

1. zum Zwecke einer Abrechnung nach § 12 Abs. 1,
2. anlässlich eines Lieferantenwechsels oder
3. bei einem berechtigten Interesse des Grundversorgers an einer Überprüfung der Ablesung

erfolgt. [2]Der Kunde kann einer Selbstablesung im Einzelfall widersprechen, wenn diese ihm nicht zumutbar ist. [3]Der Grundversorger darf bei einem berechtigten Widerspruch nach Satz 2 für eine eigene Ablesung kein gesondertes Entgelt verlangen.

(3) [1]Wenn der Netzbetreiber oder der Grundversorger das Grundstück und die Räume des Kunden nicht zum Zwecke der Ablesung betreten kann, darf der Grundversorger den Verbrauch auf der Grundlage der letzten Ablesung oder bei einem Neukunden nach dem Verbrauch vergleichbarer Kunden unter angemessener Berücksichtigung der tatsächlichen Verhältnisse schätzen. [2]Dasselbe gilt, wenn der Kunde eine vereinbarte Selbstablesung nicht oder verspätet vornimmt.

§ 12 Abrechnung. (1) Der Gasverbrauch wird nach Maßgabe des § 40 Absatz 3 des Energiewirtschaftsgesetzes[1)] abgerechnet.

(2) [1]Ändern sich innerhalb eines Abrechnungszeitraums die verbrauchsabhängigen Preise, so wird der für die neuen Preise maßgebliche Verbrauch zeitanteilig berechnet; jahreszeitliche Verbrauchsschwankungen sind auf der Grundlage der für Haushaltskunden maßgeblichen Erfahrungswerte angemessen zu berücksichtigen. [2]Entsprechendes gilt bei Änderung des Umsatzsteuersatzes und erlösabhängiger Abgabensätze.

(3) Im Falle einer Belieferung nach § 2 Abs. 2 ist entsprechend Absatz 2 Satz 1 eine pauschale zeitanteilige Berechnung des Verbrauchs zulässig, es sei denn, der Kunde kann einen geringeren als den von dem Grundversorger angesetzten Verbrauch nachweisen.

---

1) Nr. **1**.

§ 13 Abschlagszahlungen. (1) [1]Wird der Verbrauch für mehrere Monate abgerechnet, so kann der Grundversorger für das nach der letzten Abrechnung verbrauchte Gas eine Abschlagszahlung verlangen. [2]Diese ist anteilig für den Zeitraum der Abschlagszahlung entsprechend dem Verbrauch im zuletzt abgerechneten Zeitraum zu berechnen. [3]Ist eine solche Berechnung nicht möglich, so bemisst sich die Abschlagszahlung nach dem durchschnittlichen Verbrauch vergleichbarer Kunden. [4]Macht der Kunde glaubhaft, dass sein Verbrauch erheblich geringer ist, so ist dies angemessen zu berücksichtigen.

(2) Ändern sich die Allgemeinen Preise, so können die nach der Preisänderung anfallenden Abschlagszahlungen mit dem Vomhundertsatz der Preisänderung entsprechend angepasst werden.

(3) [1]Ergibt sich bei der Abrechnung, dass zu hohe Abschlagszahlungen verlangt wurden, so ist der übersteigende Betrag unverzüglich zu erstatten, spätestens aber mit der nächsten Abschlagsforderung zu verrechnen. [2]Nach Beendigung des Versorgungsverhältnisses sind zu viel gezahlte Abschläge unverzüglich zu erstatten.

§ 14 Vorauszahlungen. (1) [1]Der Grundversorger ist berechtigt, für den Gasverbrauch eines Abrechnungszeitraums Vorauszahlung zu verlangen, wenn nach den Umständen des Einzelfalles Grund zu der Annahme besteht, dass der Kunde seinen Zahlungsverpflichtungen nicht oder nicht rechtzeitig nachkommt. [2]Bei Verlangen einer Vorauszahlung ist der Kunde hierüber ausdrücklich und in verständlicher Form zu unterrichten. [3]Hierbei sind mindestens der Beginn, die Höhe und die Gründe der Vorauszahlung sowie die Voraussetzungen für ihren Wegfall anzugeben.

(2) [1]Die Vorauszahlung bemisst sich nach dem Verbrauch des vorhergehenden Abrechnungszeitraums oder dem durchschnittlichen Verbrauch vergleichbarer Kunden. [2]Macht der Kunde glaubhaft, dass sein Verbrauch erheblich geringer ist, so ist dies angemessen zu berücksichtigen. [3]Erstreckt sich der Abrechnungszeitraum über mehrere Monate und erhebt der Grundversorger Abschlagszahlungen, so kann er die Vorauszahlung nur in ebenso vielen Teilbeträgen verlangen. [4]Die Vorauszahlung ist bei der nächsten Rechnungserteilung zu verrechnen.

(3) Statt eine Vorauszahlung zu verlangen, kann der Grundversorger beim Kunden einen Bargeld- oder Chipkartenzähler oder sonstige vergleichbare Vorkassensysteme einrichten.

§ 15 Sicherheitsleistung. (1) Ist der Kunde zur Vorauszahlung nach § 14 nicht bereit oder nicht in der Lage, kann der Grundversorger in angemessener Höhe Sicherheit verlangen.

(2) Barsicherheiten werden zum jeweiligen Basiszinssatz nach § 247 des Bürgerlichen Gesetzbuchs verzinst.

(3) [1]Ist der Kunde in Verzug und kommt er nach erneuter Zahlungsaufforderung nicht unverzüglich seinen Zahlungsverpflichtungen aus dem Grundversorgungsverhältnis nach, so kann der Grundversorger die Sicherheit verwerten. [2]Hierauf ist in der Zahlungsaufforderung hinzuweisen. [3]Kursverluste beim Verkauf von Wertpapieren gehen zu Lasten des Kunden.

(4) Die Sicherheit ist unverzüglich zurückzugeben, wenn keine Vorauszahlung mehr verlangt werden kann.

§ 16 Rechnungen und Abschläge. (1) [1]Vordrucke für Rechnungen und Abschläge müssen einfach verständlich sein. [2]Die für die Forderung maßgeblichen Berechnungsfaktoren sind vollständig und in allgemein verständlicher Form auszuweisen.

(2) Der Grundversorger hat in den ergänzenden Bedingungen mindestens zwei mögliche Zahlungsweisen anzugeben.

§ 17 Zahlung, Verzug. (1) [1]Rechnungen und Abschläge werden zu dem vom Grundversorger angegebenen Zeitpunkt, frühestens jedoch zwei Wochen nach Zugang der Zahlungsaufforderung fällig. [2]Einwände gegen Rechnungen und Abschlagsberechnungen berechtigen gegenüber dem Grundversorger zum Zahlungsaufschub oder zur Zahlungsverweigerung nur,

1. soweit die ernsthafte Möglichkeit eines offensichtlichen Fehlers besteht oder
2. sofern
   a) der in einer Rechnung angegebene Verbrauch ohne ersichtlichen Grund mehr als doppelt so hoch wie der vergleichbare Verbrauch im vorherigen Abrechnungszeitraum ist und
   b) der Kunde eine Nachprüfung der Messeinrichtung verlangt

   und solange durch die Nachprüfung nicht die ordnungsgemäße Funktion des Messgeräts festgestellt ist.

[3]§ 315 des Bürgerlichen Gesetzbuchs bleibt von Satz 2 unberührt.

(2) [1]Bei Zahlungsverzug des Kunden kann der Grundversorger, wenn er erneut zur Zahlung auffordert oder den Betrag durch einen Beauftragten einziehen lässt, die dadurch entstandenen Kosten für strukturell vergleichbare Fälle pauschal berechnen; die pauschale Berechnung muss einfach nachvollziehbar sein. [2]Die Pauschale darf die nach dem gewöhnlichen Lauf der Dinge zu erwartenden Kosten nicht übersteigen. [3]Auf Verlangen des Kunden ist die Berechnungsgrundlage nachzuweisen.

(3) Gegen Ansprüche des Grundversorgers kann vom Kunden nur mit unbestrittenen oder rechtskräftig festgestellten Gegenansprüchen aufgerechnet werden.

§ 18 Berechnungsfehler. (1) [1]Ergibt eine Prüfung der Messeinrichtungen eine Überschreitung der Verkehrsfehlergrenzen oder werden Fehler in der Ermittlung des Rechnungsbetrages festgestellt, so ist die Überzahlung vom Grundversorger zurückzuzahlen oder der Fehlbetrag vom Kunden nachzuentrichten. [2]Ist die Größe des Fehlers nicht einwandfrei festzustellen oder zeigt eine Messeinrichtung nicht an, so ermittelt der Grundversorger den Verbrauch für die Zeit seit der letzten fehlerfreien Ablesung aus dem Durchschnittsverbrauch des ihr vorhergehenden und des der Feststellung des Fehlers nachfolgenden Ablesezeitraums oder auf Grund des vorjährigen Verbrauchs durch Schätzung; die tatsächlichen Verhältnisse sind angemessen zu berücksichtigen. [3]Bei Berechnungsfehlern auf Grund einer nicht ordnungsgemäßen Funktion einer Messeinrichtung ist der vom Messstellenbetreiber ermittelte und dem Kunden mitgeteilte korrigierte Verbrauch der Nachberechnung zu Grunde zu legen.

(2) Ansprüche nach Absatz 1 sind auf den der Feststellung des Fehlers vorhergehenden Ablesezeitraum beschränkt, es sei denn, die Auswirkung des

Fehlers kann über einen größeren Zeitraum festgestellt werden; in diesem Fall ist der Anspruch auf längstens drei Jahre beschränkt.

Teil 5. Beendigung des Grundversorgungsverhältnisses

§ 19 Unterbrechung der Versorgung. (1) Der Grundversorger ist berechtigt, die Grundversorgung ohne vorherige Androhung durch den Netzbetreiber unterbrechen zu lassen, wenn der Kunde dieser Verordnung in nicht unerheblichem Maße schuldhaft zuwiderhandelt und die Unterbrechung erforderlich ist, um den Gebrauch von Gas unter Umgehung, Beeinflussung oder vor Anbringung der Messeinrichtungen zu verhindern.

(2) [1] Bei anderen Zuwiderhandlungen, insbesondere bei der Nichterfüllung einer Zahlungsverpflichtung trotz Mahnung, ist der Grundversorger berechtigt, die Grundversorgung vier Wochen nach Androhung unterbrechen zu lassen und den zuständigen Netzbetreiber nach § 24 Abs. 3 der Niederdruckanschlussverordnung[1)] mit der Unterbrechung der Grundversorgung zu beauftragen. [2] Dies gilt nicht, wenn die Folgen der Unterbrechung außer Verhältnis zur Schwere der Zuwiderhandlung stehen oder der Kunde darlegt, dass hinreichende Aussicht besteht, dass er seinen Verpflichtungen nachkommt. [3] Der Grundversorger kann mit der Mahnung zugleich die Unterbrechung der Grundversorgung androhen, sofern dies nicht außer Verhältnis zur Schwere der Zuwiderhandlung steht.

(3) Der Beginn der Unterbrechung der Grundversorgung ist dem Kunden drei Werktage im Voraus anzukündigen.

(4) [1] Der Grundversorger hat die Grundversorgung unverzüglich wiederherstellen zu lassen, sobald die Gründe für ihre Unterbrechung entfallen sind und der Kunde die Kosten der Unterbrechung und Wiederherstellung der Belieferung ersetzt hat. [2] Die Kosten können für strukturell vergleichbare Fälle pauschal berechnet werden; die pauschale Berechnung muss einfach nachvollziehbar sein. [3] Die Pauschale darf die nach dem gewöhnlichen Lauf der Dinge zu erwartenden Kosten nicht übersteigen. [4] Auf Verlangen des Kunden ist die Berechnungsgrundlage nachzuweisen. [5] Der Nachweis geringerer Kosten ist dem Kunden zu gestatten.

§ 20 Kündigung. (1) [1] Der Grundversorgungsvertrag kann mit einer Frist von zwei Wochen gekündigt werden. [2] Eine Kündigung durch den Grundversorger ist nur möglich, soweit eine Pflicht zur Grundversorgung nach § 36 Abs. 1 Satz 2 des Energiewirtschaftsgesetzes[2)] nicht besteht.

(2) [1] Die Kündigung bedarf der Textform. [2] Der Grundversorger soll eine Kündigung des Kunden unverzüglich nach Eingang in Textform bestätigen.

(3) Der Grundversorger darf keine gesonderten Entgelte für den Fall einer Kündigung des Vertrages, insbesondere wegen eines Wechsels des Lieferanten, verlangen.

[1)] Nr. **34**.
[2)] Nr. **1**.

§ 21 Fristlose Kündigung. [1] Der Grundversorger ist in den Fällen des § 19 Abs. 1 berechtigt, das Vertragsverhältnis fristlos zu kündigen, wenn die Voraussetzungen zur Unterbrechung der Grundversorgung wiederholt vorliegen. [2] Bei wiederholten Zuwiderhandlungen nach § 19 Abs. 2 ist der Grundversorger zur fristlosen Kündigung berechtigt, wenn sie zwei Wochen vorher angedroht wurde; § 19 Abs. 2 Satz 2 und 3 gilt entsprechend.

Teil 6. Schlussbestimmungen

§ 22 Gerichtsstand. Gerichtsstand für die beiderseitigen Verpflichtungen aus dem Grundversorgungsvertrag ist der Ort der Gasabnahme durch den Kunden.

§ 23 Übergangsregelung. [1] Der Grundversorger ist verpflichtet, die Kunden durch öffentliche Bekanntgabe und Veröffentlichung auf seiner Internetseite über die Vertragsanpassung nach § 115 Abs. 2 Satz 3 des Energiewirtschaftsgesetzes[1)] zu informieren. [2] Die Anpassung erfolgt, soweit die Frist nach § 115 Abs. 2 Satz 3 des Energiewirtschaftsgesetzes noch nicht abgelaufen ist, durch die öffentliche Bekanntgabe nach Satz 1 mit Wirkung vom auf die Bekanntmachung folgenden Tag.

[1)] Nr. **1**.

34. Verordnung über Allgemeine Bedingungen für den Netzanschluss und dessen Nutzung für die Gasversorgung in Niederdruck (Niederdruckanschlussverordnung – NDAV)[1)]

Vom 1. November 2006
(BGBl. I S. 2477, 2485)

FNA 752-6-7

zuletzt geänd. durch Art. 7 G zur Änd. des Erneuerbare-Energien-G, des Kraft-Wärme-KopplungsG, des EnergiewirtschaftsG und weiterer energierechtlicher Vorschriften v. 17.12.2018 (BGBl. I S. 2549)

Inhaltsübersicht

[1)] Verkündet als Art. 2 VO zum Erlass von Regelungen des Netzanschlusses von Letztverbrauchern in Niederspannung und Niederdruck v. 1.11.2006 (BGBl. I S. 2477); Inkrafttreten gem. Art. 4 Satz 1 dieser VO am 8.11.2006.

Teil 5. Schlussbestimmungen

Teil 1. Allgemeine Vorschriften

§ 1 Anwendungsbereich, Begriffsbestimmungen. (1) [1] Diese Verordnung regelt die Allgemeinen Bedingungen, zu denen Netzbetreiber nach § 18 Abs. 1 des Energiewirtschaftsgesetzes[1)] jedermann in Niederdruck an ihr Gasversorgungsnetz der allgemeinen Versorgung anzuschließen und den Anschluss zur Entnahme von Gas zur Verfügung zu stellen haben. [2] Diese sind Bestandteil der Rechtsverhältnisse über den Netzanschluss an das Gasversorgungsnetz der allgemeinen Versorgung (Netzanschluss) und die Anschlussnutzung, soweit sie sich nicht ausdrücklich allein auf eines dieser Rechtsverhältnisse beziehen. [3] Die Verordnung gilt für alle nach dem 12. Juli 2005 abgeschlossenen Netzanschlussverhältnisse und ist auch auf alle Anschlussnutzungsverhältnisse anzuwenden, die vor ihrem Inkrafttreten entstanden sind.

(2) Anschlussnehmer ist jedermann im Sinne des § 18 Abs. 1 Satz 1 des Energiewirtschaftsgesetzes[1)], in dessen Auftrag ein Grundstück oder Gebäude an das Niederdrucknetz angeschlossen wird, oder im Übrigen jeder Eigentümer oder Erbbauberechtigte eines Grundstücks oder Gebäudes, das an das Niederdrucknetz angeschlossen ist.

(3) Anschlussnutzer ist jeder Letztverbraucher, der im Rahmen eines Anschlussnutzungsverhältnisses einen Anschluss an das Niederdrucknetz zur Entnahme von Gas nutzt.

(4) Netzbetreiber im Sinne dieser Verordnung ist der Betreiber eines Gasversorgungsnetzes der allgemeinen Versorgung im Sinne des § 18 Abs. 1 Satz 1 des Energiewirtschaftsgesetzes[1)].

§ 2 Netzanschlussverhältnis. (1) [1] Das Netzanschlussverhältnis umfasst den Anschluss der Gasanlage über den Netzanschluss und dessen weiteren Betrieb. [2] Es besteht zwischen dem Anschlussnehmer und dem Netzbetreiber.

(2) [1] Das Netzanschlussverhältnis entsteht durch Vertrag erstmalig mit dem Anschlussnehmer, der die Herstellung des Netzanschlusses in Auftrag gibt. [2] Bei Herstellung eines Netzanschlusses ist der Netzanschlussvertrag schriftlich abzuschließen.

(3) Anschlussnehmer, die nicht Grundstückseigentümer oder Erbbauberechtigte sind, haben die schriftliche Zustimmung des Grundstückseigentümers zur Herstellung und Änderung des Netzanschlusses unter Anerkennung der für den Anschlussnehmer und ihn damit verbundenen Verpflichtungen beizubringen.

(4) [1] Bei angeschlossenen Grundstücken oder Gebäuden entsteht das Netzanschlussverhältnis mit dem Eigentumserwerb an der Kundenanlage zwischen dem jeweiligen Eigentümer und dem Netzbetreiber, sofern der bisherige Eigentümer der Anschlussnehmer gewesen ist. [2] Zu diesem Zeitpunkt erlischt das Netzanschlussverhältnis mit dem bisherigen Anschlussnehmer, sofern dieser

---

[1)] Nr. 1.

Eigentümer der Kundenanlage gewesen ist; hinsichtlich bis dahin begründeter Zahlungsansprüche und Verbindlichkeiten bleibt der bisherige Anschlussnehmer berechtigt und verpflichtet. [3]Der Eigentumsübergang und die Person des neuen Anschlussnehmers hat der bisherige Anschlussnehmer dem Netzbetreiber unverzüglich in Textform anzuzeigen. [4]Der bisherige Anschlussnehmer hat dem neuen Anschlussnehmer die Angaben nach § 4 Abs. 1 Nr. 4 zu übermitteln.

(5) [1]Der Netzbetreiber hat dem neuen Anschlussnehmer den Vertragsschluss oder die Anzeige nach Absatz 4 Satz 3 unverzüglich in Textform zu bestätigen. [2]Im Vertrag nach Absatz 2 oder in der Bestätigung nach Satz 1 ist auf die Allgemeinen Bedingungen einschließlich der ergänzenden Bedingungen des Netzbetreibers hinzuweisen.

§ 3 Anschlussnutzungsverhältnis. (1) [1]Inhalt der Anschlussnutzung ist das Recht zur Nutzung des Netzanschlusses zur Entnahme von Gas. [2]Die Anschlussnutzung umfasst weder die Belieferung des Anschlussnutzers mit Gas noch den Zugang zu den Gasversorgungsnetzen im Sinne des § 20 des Energiewirtschaftsgesetzes[1)]. [3]Das Anschlussnutzungsverhältnis besteht zwischen dem jeweiligen Anschlussnutzer und dem Netzbetreiber.

(2) [1]Das Anschlussnutzungsverhältnis kommt dadurch zustande, dass über den Netzanschluss Gas aus dem Verteilernetz entnommen wird, wenn

1. der Anschlussnutzer spätestens im Zeitpunkt der erstmaligen Entnahme einen Vertrag über den Bezug von Gas abgeschlossen hat oder die Voraussetzungen einer Ersatzversorgung nach § 38 des Energiewirtschaftsgesetzes[1)] vorliegen und
2. dem Anschlussnutzer oder dessen Lieferanten ein Recht auf Netzzugang nach § 20 des Energiewirtschaftsgesetzes[1)] zusteht.

[2]Bei Kenntnis über den Wegfall der Voraussetzungen nach Satz 1 Nr. 2 ist der Netzbetreiber verpflichtet, den Anschlussnutzer und den Grundversorger hierüber unverzüglich in Textform zu unterrichten und den Anschlussnutzer auf die Grundversorgung nach § 36 des Energiewirtschaftsgesetzes[1)] und die Ersatzversorgung nach § 38 des Energiewirtschaftsgesetzes hinzuweisen.

(3) [1]Der Anschlussnutzer ist verpflichtet, dem Netzbetreiber die Aufnahme der Nutzung des Netzanschlusses zur Entnahme von Gas unverzüglich in Textform mitzuteilen. [2]Der Netzbetreiber hat dem Anschlussnutzer die Mitteilung unverzüglich in Textform zu bestätigen. [3]In der Bestätigung ist auf die Allgemeinen Bedingungen einschließlich der ergänzenden Bedingungen und auf die Haftung des Netzbetreibers nach § 18 hinzuweisen.

§ 4 Inhalt des Vertrages und der Bestätigung des Netzbetreibers. (1) [1]Der Netzanschlussvertrag und die Bestätigung des Netzbetreibers in Textform nach § 2 Abs. 5 Satz 1 und § 3 Abs. 3 Satz 2 sollen eine zusammenhängende Aufstellung aller für den Vertragsschluss nach § 2 Abs. 2 oder die Anschlussnutzung nach § 3 notwendigen Angaben enthalten, insbesondere

---

[1)] Nr. 1.

1. Angaben zum Anschlussnehmer oder -nutzer (Firma, Registergericht, Registernummer, Familienname, Vorname, Geburtstag, Adresse, Kundennummer),
2. Anlagenadresse und Bezeichnung des Zählers oder des Aufstellungsorts des Zählers,
3. Angaben zum Netzbetreiber (Firma, Registergericht, Registernummer und Adresse) und
4. gegenüber dem Anschlussnehmer auch die am Ende des Netzanschlusses vorzuhaltende Leistung.

[2] Soweit die Angaben nach Satz 1 Nr. 1 nicht vorliegen, ist der Anschlussnehmer oder -nutzer verpflichtet, diese dem Netzbetreiber auf Anforderung mitzuteilen.

(2) [1] Der Netzbetreiber ist verpflichtet, jedem Neukunden bei Entstehen des Netzanschlussverhältnisses oder des Anschlussnutzungsverhältnisses und auf Verlangen den übrigen Kunden die Allgemeinen Bedingungen unentgeltlich auszuhändigen. [2] Er hat die Allgemeinen Bedingungen auf seiner Internetseite zu veröffentlichen.

(3) [1] Änderungen der ergänzenden Bedingungen, zu denen auch die Technischen Anschlussbedingungen nach § 20 gehören, und Kostenerstattungsregelungen des Netzbetreibers werden jeweils zum Monatsbeginn erst nach öffentlicher Bekanntgabe und im Falle der Technischen Anschlussbedingungen erst nach zusätzlicher Mitteilung an die Regulierungsbehörde wirksam. [2] Der Netzbetreiber ist verpflichtet, die Änderungen am Tage der öffentlichen Bekanntgabe auf seiner Internetseite zu veröffentlichen.

Teil 2. Netzanschluss

§ 5 Netzanschluss. [1] Der Netzanschluss verbindet das Gasversorgungsnetz der allgemeinen Versorgung mit der Gasanlage des Anschlussnehmers, gerechnet von der Versorgungsleitung bis zu den Innenleitungen der Gebäude und Grundstücke. [2] Er besteht aus der Netzanschlussleitung, einer gegebenenfalls vorhandenen Absperreinrichtung außerhalb des Gebäudes, Isolierstück, Hauptabsperreinrichtung und gegebenenfalls Haus-Druckregelgerät. [3] Auf ein Druckregelgerät sind die Bestimmungen über den Netzanschluss auch dann anzuwenden, wenn es hinter dem Ende des Netzanschlusses innerhalb des Bereichs der Kundenanlage eingebaut ist.

§ 6 Herstellung des Netzanschlusses. (1) [1] Netzanschlüsse werden durch den Netzbetreiber hergestellt. [2] Die Herstellung des Netzanschlusses soll vom Anschlussnehmer schriftlich in Auftrag gegeben werden; auf Verlangen des Netzbetreibers ist ein von diesem zur Verfügung gestellter Vordruck zu verwenden. [3] Der Netzbetreiber hat dem Anschlussnehmer den voraussichtlichen Zeitbedarf für die Herstellung des Netzanschlusses mitzuteilen.

(2) [1] Art, Zahl und Lage der Netzanschlüsse werden nach Beteiligung des Anschlussnehmers und unter Wahrung seiner berechtigten Interessen vom Netzbetreiber nach den anerkannten Regeln der Technik bestimmt. [2] Das

Interesse des Anschlussnehmers an einer kostengünstigen Errichtung der Netzanschlüsse ist dabei besonders zu berücksichtigen.

(3) [1] Auf Wunsch des Anschlussnehmers hat der Netzbetreiber die Errichter weiterer Anschlussleitungen sowie der Telekommunikationslinien im Sinne des § 3 Nr. 26 des Telekommunikationsgesetzes im Hinblick auf eine gemeinsame Verlegung der verschiedenen Gewerke zu beteiligen. [2] Er führt die Herstellung oder Änderungen des Netzanschlusses entweder selbst oder mittels Nachunternehmer durch. [3] Wünsche des Anschlussnehmers bei der Auswahl des durchführenden Nachunternehmers sind vom Netzbetreiber angemessen zu berücksichtigen. [4] Der Anschlussnehmer ist berechtigt, die für die Herstellung des Netzanschlusses erforderlichen Erdarbeiten auf seinem Grundstück im Rahmen des technisch Möglichen und nach den Vorgaben des Netzbetreibers durchzuführen oder durchführen zu lassen. [5] Der Anschlussnehmer hat die baulichen Voraussetzungen für die sichere Errichtung des Netzanschlusses zu schaffen; für die Hauptabsperreinrichtung ist ein nach den anerkannten Regeln der Technik geeigneter Platz zur Verfügung zu stellen.

§ 7 Art des Netzanschlusses. (1) Der Brennwert mit der sich aus den Erzeugungs- oder Bezugsverhältnissen ergebenden Schwankungsbreite sowie der für die Versorgung des Kunden maßgebende Ruhedruck des Gases ergeben sich aus den ergänzenden Bedingungen des Netzbetreibers zu den Allgemeinen Netzanschlussbedingungen.

(2) [1] Der Netzbetreiber kann den Brennwert und Druck sowie die Gasart ändern, falls dies in besonderen Fällen aus wirtschaftlichen oder technischen Gründen zwingend notwendig ist. [2] Der Kunde ist davon unverzüglich zu unterrichten. [3] Bei der Umstellung der Gasart sind die Belange des Kunden, soweit möglich, angemessen zu berücksichtigen.

§ 8 Betrieb des Netzanschlusses. (1) [1] Netzanschlüsse gehören zu den Betriebsanlagen des Netzbetreibers. [2] Er hat sicherzustellen, dass sie in seinem Eigentum stehen oder ihm zur wirtschaftlichen Nutzung überlassen werden; soweit erforderlich, ist der Anschlussnehmer insoweit zur Mitwirkung verpflichtet. [3] Netzanschlüsse werden ausschließlich von dem Netzbetreiber unterhalten, erneuert, geändert, abgetrennt und beseitigt. [4] Sie müssen zugänglich und vor Beschädigungen geschützt sein. [5] Der Anschlussnehmer darf keine Einwirkungen auf den Netzanschluss vornehmen oder vornehmen lassen.

(2) Jede Beschädigung des Netzanschlusses, insbesondere undichte Absperreinrichtungen oder Druckregelgeräte sowie das Fehlen von Plomben, ist dem Netzbetreiber unverzüglich mitzuteilen.

(3) Änderungen des Netzanschlusses werden nach Anhörung des Anschlussnehmers und unter Wahrung seiner berechtigten Interessen vom Netzbetreiber bestimmt.

§ 9 Kostenerstattung für die Herstellung oder Änderung des Netzanschlusses. (1) [1] Der Netzbetreiber ist berechtigt, vom Anschlussnehmer die Erstattung der bei wirtschaftlich effizienter Betriebsführung notwendigen Kosten für

1. die Herstellung des Netzanschlusses,

2. die Änderungen des Netzanschlusses, die durch eine Änderung oder Erweiterung der Kundenanlage erforderlich oder aus anderen Gründen vom Anschlussnehmer veranlasst werden,

zu verlangen. [2]Die Kosten können auf der Grundlage der durchschnittlich für vergleichbare Fälle entstehenden Kosten pauschal berechnet werden. [3]Im Falle einer pauschalierten Kostenberechnung sind Eigenleistungen des Anschlussnehmers angemessen zu berücksichtigen. [4]Die Netzanschlusskosten sind so darzustellen, dass der Anschlussnehmer die Anwendung des pauschalierten Berechnungsverfahrens einfach nachvollziehen kann; wesentliche Berechnungsbestandteile sind auszuweisen.

(2) [1]Der Netzbetreiber ist berechtigt, für die Herstellung oder Änderungen des Netzanschlusses Vorauszahlung zu verlangen, wenn nach den Umständen des Einzelfalles Grund zu der Annahme besteht, dass der Anschlussnehmer seinen Zahlungsverpflichtungen nicht oder nicht rechtzeitig nachkommt. [2]Werden von einem Anschlussnehmer mehrere Netzanschlüsse beauftragt, ist der Netzbetreiber berechtigt, angemessene Abschlagszahlungen zu verlangen.

(3) Kommen innerhalb von zehn Jahren nach Herstellung des Netzanschlusses weitere Anschlüsse hinzu und wird der Netzanschluss dadurch teilweise zum Bestandteil des Verteilernetzes, so hat der Netzbetreiber die Kosten neu aufzuteilen und dem Anschlussnehmer einen zu viel gezahlten Betrag zu erstatten.

§ 10 Druckregelgeräte, besondere Einrichtungen. (1) [1]Muss zum Netzanschluss eines Grundstücks ein besonderes Druckregelgerät oder eine besondere Einrichtung angebracht werden, so kann der Netzbetreiber verlangen, dass der Anschlussnehmer einen geeigneten Raum oder Platz unentgeltlich für die Dauer des Netzanschlussverhältnisses des Grundstücks zur Verfügung stellt. [2]Der Netzbetreiber darf die Einrichtungen auch für andere Zwecke benutzen, soweit dies für den Anschlussnehmer zumutbar ist.

(2) Wird der Netzanschlussverhältnis für das Grundstück beendet, so hat der Anschlussnehmer die Einrichtung noch drei Jahre unentgeltlich zu dulden, es sei denn, dass ihm dies nicht zugemutet werden kann.

(3) [1]Der Anschlussnehmer kann die Verlegung der Einrichtungen an eine andere geeignete Stelle verlangen, wenn ihm ihr Verbleiben an der bisherigen Stelle nicht mehr zugemutet werden kann. [2]Die Kosten der Verlegung hat der Netzbetreiber zu tragen; dies gilt nicht, soweit die Anlage ausschließlich der Anschlussnutzung des Grundstücks dient.

§ 11 Baukostenzuschüsse. (1) [1]Der Netzbetreiber kann von dem Anschlussnehmer einen angemessenen Baukostenzuschuss zur Deckung der bei wirtschaftlich effizienter Betriebsführung notwendigen Kosten für die Erstellung oder Verstärkung der örtlichen Verteileranlagen verlangen, soweit sich diese Anlagen ganz oder teilweise dem Versorgungsbereich zuordnen lassen, in dem der Anschluss erfolgt. [2]Baukostenzuschüsse dürfen höchstens 50 vom Hundert dieser Kosten betragen.

(2) [1]Der von dem Anschlussnehmer als Baukostenzuschuss zu übernehmende Kostenanteil bemisst sich nach dem Verhältnis, in dem die an seinem Netzanschluss vorzuhaltende Leistung zu der Summe der Leistungen steht, die in den im betreffenden Versorgungsbereich erstellten Verteileranlagen oder auf Grund der Verstärkung insgesamt vorgehalten werden können. [2]Der Durch-

mischung der jeweiligen Leistungsanforderungen ist Rechnung zu tragen. [3]Der Baukostenzuschuss kann auf der Grundlage der durchschnittlich für vergleichbare Fälle entstehenden Kosten pauschal berechnet werden.

(3) [1]Der Netzbetreiber ist berechtigt, von dem Anschlussnehmer einen weiteren Baukostenzuschuss zu verlangen, wenn der Anschlussnehmer seine Leistungsanforderung erheblich über das der ursprünglichen Berechnung zugrunde liegende Maß hinaus erhöht. [2]Der Baukostenzuschuss ist nach den Absätzen 1 und 2 zu bemessen.

(4) Der Baukostenzuschuss und die in § 9 geregelten Netzanschlusskosten sind getrennt zu errechnen und dem Anschlussnehmer aufgegliedert auszuweisen.

(5) § 9 Abs. 2 gilt entsprechend.

§ 12 Grundstücksbenutzung. (1) [1]Anschlussnehmer, die Grundstückseigentümer sind, haben für Zwecke der örtlichen Versorgung das Anbringen und Verlegen von Leitungen nebst Zubehör, insbesondere Verteilungsanlagen, über ihre im Gebiet des Gasversorgungsnetzes der allgemeinen Versorgung liegenden Grundstücke sowie erforderliche Schutzmaßnahmen unentgeltlich zuzulassen. [2]Diese Pflicht betrifft nur Grundstücke,

1. die an das Gasversorgungsnetz angeschlossen sind,
2. die vom Eigentümer in wirtschaftlichem Zusammenhang mit einem an das Netz angeschlossenen Grundstück genutzt werden oder
3. für die die Möglichkeit des Netzanschlusses sonst wirtschaftlich vorteilhaft ist.

[3]Sie besteht nicht, wenn die Inanspruchnahme der Grundstücke den Eigentümer mehr als notwendig oder in unzumutbarer Weise belasten würde; insbesondere ist die Inanspruchnahme des Grundstücks zwecks Anschlusses eines anderen Grundstücks an das Gasversorgungsnetz grundsätzlich verwehrt, wenn der Anschluss über das eigene Grundstück des anderen Anschlussnehmers möglich und dem Netzbetreiber zumutbar ist.

(2) Der Anschlussnehmer ist rechtzeitig über Art und Umfang der beabsichtigten Inanspruchnahme des Grundstücks zu benachrichtigen.

(3) [1]Der Grundstückseigentümer kann die Verlegung der Einrichtungen verlangen, wenn sie an der bisherigen Stelle für ihn nicht mehr zumutbar sind. [2]Die Kosten der Verlegung hat der Netzbetreiber zu tragen; dies gilt nicht, soweit die Einrichtungen ausschließlich dem Anschluss des Grundstücks dienen.

(4) Wird die Anschlussnutzung eingestellt, so hat der Eigentümer die auf seinen Grundstücken befindlichen Einrichtungen noch drei Jahre unentgeltlich zu dulden, es sei denn, dass ihm dies nicht zugemutet werden kann.

(5) Die Absätze 1 bis 4 gelten nicht für öffentliche Verkehrswege und Verkehrsflächen sowie für Grundstücke, die durch Planfeststellung für den Bau von öffentlichen Verkehrswegen und Verkehrsflächen bestimmt sind.

§ 13 Gasanlage. (1) [1]Für die ordnungsgemäße Errichtung, Erweiterung, Änderung und Instandhaltung der Gasanlage hinter der Hauptabsperreinrichtung (Anlage), mit Ausnahme des Druckregelgerätes und der Messeinrichtungen, die nicht in seinem Eigentum stehen, ist der Anschlussnehmer verantwortlich. [2] Satz 1 gilt nicht für die Messeinrichtungen, die nicht im Eigentum des Anschlussnehmers stehen. [3] Hat der Anschlussnehmer die Anlage ganz oder teilweise einem Dritten vermietet oder sonst zur Benutzung überlassen, so bleibt er verantwortlich.

(2) [1] Die Anlage darf nur nach den Vorschriften dieser Verordnung, nach anderen anzuwendenden Rechtsvorschriften und behördlichen Bestimmungen sowie nach den anerkannten Regeln der Technik errichtet, erweitert, geändert und instand gehalten werden. [2] In Bezug auf die allgemein anerkannten Regeln der Technik gilt § 49 Abs. 2 Nr. 2 des Energiewirtschaftsgesetzes[1)] entsprechend. [3] Die Arbeiten dürfen außer durch den Netzbetreiber nur durch ein in ein Installateurverzeichnis eines Netzbetreibers eingetragenes Installationsunternehmen durchgeführt werden; im Interesse des Anschlussnehmers darf der Netzbetreiber eine Eintragung in das Installateurverzeichnis nur von dem Nachweis einer ausreichenden fachlichen Qualifikation für die Durchführung der jeweiligen Arbeiten abhängig machen. [4] Es dürfen nur Materialien und Gasgeräte verwendet werden, die unter Beachtung der allgemein anerkannten Regeln der Technik hergestellt wurden. [5] Die Einhaltung der Voraussetzungen des Satzes 4 wird vermutet, wenn die vorgeschriebene CE-Kennzeichnung vorhanden ist. [6] Sofern die CE-Kennzeichnung nicht vorgeschrieben ist, wird dies auch vermutet, wenn die Materialien oder Gasgeräte das Zeichen einer akkreditierten Stelle tragen. [7] Materialien und Gasgeräte, die

1. in einem anderen Mitgliedstaat der Europäischen Union oder der Türkei rechtmäßig hergestellt oder in den Verkehr gebracht worden sind oder
2. in einem anderen Vertragsstaat des Abkommens über den Europäischen Wirtschaftsraum rechtmäßig hergestellt worden sind

und die den technischen Spezifikationen der Zeichen im Sinne des Satzes 6 nicht entsprechen, werden einschließlich der von den vorgenannten Staaten durchgeführten Prüfungen und Überwachungen als gleichwertig behandelt, wenn mit ihnen das geforderte Schutzniveau gleichermaßen dauerhaft erreicht wird. [8] Der Netzbetreiber ist berechtigt, die Ausführung der Arbeiten zu überwachen.

(3) [1] Anlagenteile, die sich vor den Messeinrichtungen befinden, können vom Netzbetreiber plombiert werden. [2] Die dafür erforderliche Ausstattung der Anlage ist nach den Angaben des Netzbetreibers vom Anschlussnehmer zu veranlassen.

§ 14 Inbetriebsetzung der Gasanlage. (1) [1] Der Netzbetreiber oder dessen Beauftragter hat die Anlage über den Netzanschluss an das Verteilernetz anzuschließen und in Betrieb zu nehmen, indem er nach erfolgtem Einbau der Messeinrichtung und gegebenenfalls des Druckregelgerätes durch Öffnung der Absperreinrichtungen die Gaszufuhr freigibt. [2] Die Anlage hinter diesen Einrichtungen hat das Installationsunternehmen in Betrieb zu setzen.

(2) [1] Jede Inbetriebsetzung der Anlage ist beim Netzbetreiber von dem Unternehmen, das nach § 13 Abs. 2 die Arbeiten an der Anlage ausgeführt hat, in Auftrag zu geben. [2] Auf Verlangen des Netzbetreibers ist ein von diesem zur Verfügung gestellter Vordruck zu verwenden.

---

1) Nr. 1.

(3) [1]Der Netzbetreiber kann für die Inbetriebsetzung vom Anschlussnehmer Kostenerstattung verlangen. [2]Die Kosten können auf der Grundlage der durchschnittlich für vergleichbare Fälle entstehenden Kosten pauschal berechnet werden. [3]Die Kosten sind so darzustellen, dass der Anschlussnehmer die Anwendung des pauschalierten Berechnungsverfahrens einfach nachvollziehen kann.

§ 15 Überprüfung der Gasanlage. (1) [1]Der Netzbetreiber ist berechtigt, die Anlage vor und, um unzulässige Rückwirkungen auf Einrichtungen des Netzbetreibers oder Dritter auszuschließen, nach ihrer Inbetriebsetzung zu überprüfen. [2]Er hat den Anschlussnehmer auf erkannte Sicherheitsmängel aufmerksam zu machen und kann deren Beseitigung verlangen.

(2) Werden Mängel festgestellt, welche die Sicherheit gefährden oder erhebliche Störungen erwarten lassen, so ist der Netzbetreiber berechtigt, den Anschluss zu verweigern oder die Anschlussnutzung zu unterbrechen; bei Gefahr für Leib oder Leben ist er hierzu verpflichtet.

(3) [1]Durch Vornahme oder Unterlassung der Überprüfung der Anlage sowie durch deren Anschluss an das Verteilernetz übernimmt der Netzbetreiber keine Haftung für die Mängelfreiheit der Anlage. [2]Dies gilt nicht, wenn er bei einer Überprüfung Mängel festgestellt hat, die eine Gefahr für Leib oder Leben darstellen.

Teil 3. Anschlussnutzung

§ 16 Nutzung des Anschlusses. (1) [1]Der Netzbetreiber ist bei Bestehen eines Anschlussnutzungsverhältnisses verpflichtet, dem Anschlussnutzer in dem im Netzanschlussverhältnis vorgesehenen Umfang die Nutzung des Netzanschlusses jederzeit zu ermöglichen. [2]Dies gilt nicht, soweit und solange der Netzbetreiber hieran durch höhere Gewalt oder sonstige Umstände, deren Beseitigung ihm im Sinne des § 18 Absatz 1 Satz 2 Nummer 1 des Energiewirtschaftsgesetzes[1)] aus wirtschaftlichen Gründen nicht zugemutet werden kann, gehindert ist.

(2) [1]Der Netzbetreiber hat Brennwert und Druck möglichst gleichbleibend zu halten. [2]Allgemein übliche Gasgeräte müssen einwandfrei betrieben werden können. [3]Stellt der Anschlussnutzer Anforderungen an die Gasqualität, die über die Verpflichtungen nach den Sätzen 1 und 2 hinausgehen, so obliegt es ihm selbst, innerhalb seines Bereichs Vorkehrungen zum störungsfreien Betrieb seiner Geräte und Anlagen zu treffen.

(3) Zwischen Anschlussnutzer und Netzbetreiber gelten die §§ 7, 8, 12 und 13 Abs. 1 und 2, § 14 Abs. 1 Satz 1, Abs. 2 und 3 sowie § 15 entsprechend.

§ 17 Unterbrechung der Anschlussnutzung. (1) [1]Die Anschlussnutzung kann unterbrochen werden, soweit dies zur Vornahme betriebsnotwendiger Arbeiten oder zur Vermeidung eines drohenden Netzzusammenbruchs erforderlich ist. [2]Der Netzbetreiber hat jede Unterbrechung oder Unregelmäßigkeit

---

[1)] Nr. 1.

unverzüglich zu beheben. [3]Eine notwendige Unterbrechung wegen eines vom Anschlussnutzer veranlassten Austauschs der Messeinrichtung durch einen Messstellenbetreiber nach den Vorschriften des Messstellenbetriebsgesetzes[1)] hat der Netzbetreiber nicht zu vertreten.

(2) [1]Der Netzbetreiber hat die Anschlussnutzer bei einer beabsichtigten Unterbrechung der Anschlussnutzung rechtzeitig in geeigneter Weise zu unterrichten. [2]Die Pflicht zur Benachrichtigung entfällt, wenn die Unterrichtung

1. nach den Umständen nicht rechtzeitig möglich ist und der Netzbetreiber dies nicht zu vertreten hat oder
2. die Beseitigung von bereits eingetretenen Unterbrechungen verzögern würde.

[3]In den Fällen des Satzes 3 ist der Netzbetreiber verpflichtet, dem Anschlussnutzer auf Nachfrage nachträglich mitzuteilen, aus welchem Grund die Unterbrechung vorgenommen worden ist.

§ 18 Haftung bei Störungen der Anschlussnutzung. (1) [1]Soweit der Netzbetreiber für Schäden, die ein Anschlussnutzer durch Unterbrechung oder durch Unregelmäßigkeiten in der Anschlussnutzung erleidet, aus Vertrag, Anschlussnutzungsverhältnis oder unerlaubter Handlung haftet und dabei Verschulden des Unternehmens oder eines Erfüllungs- oder Verrichtungsgehilfen vorausgesetzt wird, wird

1. hinsichtlich eines Vermögensschadens widerleglich vermutet, dass Vorsatz oder grobe Fahrlässigkeit vorliegt,
2. hinsichtlich der Beschädigung einer Sache widerleglich vermutet, dass Vorsatz oder Fahrlässigkeit vorliegt.

[2]Bei Vermögensschäden nach Satz 1 Nr. 1 ist die Haftung für sonstige Fahrlässigkeit ausgeschlossen.

(2) [1]Bei weder vorsätzlich noch grob fahrlässig verursachten Sachschäden ist die Haftung des Netzbetreibers gegenüber seinen Anschlussnutzern auf jeweils 5 000 Euro begrenzt. [2]Die Haftung für nicht vorsätzlich verursachte Sachschäden ist je Schadensereignis insgesamt begrenzt auf

1. 2,5 Millionen Euro bei bis zu 25 000 an das eigene Netz angeschlossenen Anschlussnutzern;
2. 10 Millionen Euro bei 25 001 bis 100 000 an das eigene Netz angeschlossenen Anschlussnutzern;
3. 20 Millionen Euro bei 100 001 bis 200 000 an das eigene Netz angeschlossenen Anschlussnutzern;
4. 30 Millionen Euro bei 200 001 bis einer Million an das eigene Netz angeschlossenen Anschlussnutzern;
5. 40 Millionen Euro bei mehr als einer Million an das eigene Netz angeschlossene Anschlussnutzern.

[3]In diese Höchstgrenzen werden auch Schäden von Anschlussnutzern in Mittel- und Hochdruck einbezogen, wenn die Haftung ihnen gegenüber im Einzelfall entsprechend Satz 1 begrenzt ist.

[1)] Nr. **27**.

(3) [1]Die Absätze 1 und 2 sind auch auf Ansprüche von Anschlussnutzern anzuwenden, die diese gegen einen dritten Netzbetreiber im Sinne des § 3 Nr. 27 des Energiewirtschaftsgesetzes[1)] aus unerlaubter Handlung geltend machen. [2]Die Haftung dritter Netzbetreiber im Sinne des § 3 Nr. 27 des Energiewirtschaftsgesetzes ist je Schadensereignis insgesamt begrenzt auf das Dreifache des Höchstbetrages, für den sie nach Absatz 2 Satz 2 eigenen Anschlussnutzern gegenüber haften. [3]Hat der dritte Netzbetreiber im Sinne des § 3 Nr. 27 des Energiewirtschaftsgesetzes keine eigenen an das Netz angeschlossenen Anschlussnutzer im Sinne dieser Verordnung, so ist die Haftung insgesamt auf 200 Millionen Euro begrenzt. [4]In den Höchstbetrag nach den Sätzen 2 und 3 können auch Schadensersatzansprüche von nicht unter diese Verordnung fallenden Kunden einbezogen werden, die diese gegen das dritte Unternehmen aus unerlaubter Handlung geltend machen, wenn deren Ansprüche im Einzelfall entsprechend Absatz 2 Satz 1 begrenzt sind. [5]Der Netzbetreiber ist verpflichtet, seinen Anschlussnutzern auf Verlangen über die mit der Schadensverursachung durch einen dritten Netzbetreiber im Sinne des § 3 Nr. 27 des Energiewirtschaftsgesetzes zusammenhängenden Tatsachen insoweit Auskunft zu geben, als sie ihm bekannt sind oder von ihm in zumutbarer Weise aufgeklärt werden können und ihre Kenntnis zur Geltendmachung des Schadensersatzes erforderlich ist.

(4) [1]Bei grob fahrlässig verursachten Vermögensschäden ist die Haftung des Netzbetreibers, an dessen Netz der Anschlussnutzer angeschlossen ist, oder eines dritten Netzbetreibers, gegen den der Anschlussnutzer Ansprüche geltend macht, gegenüber seinen Anschlussnutzern auf jeweils 5 000 Euro sowie je Schadensereignis insgesamt auf 20 vom Hundert der in Absatz 2 Satz 2 sowie Absatz 3 Satz 2 und 3 genannten Höchstbeträge begrenzt. [2]Absatz 2 Satz 3 sowie Absatz 3 Satz 1, 4 und 5 gelten entsprechend.

(5) [1]Übersteigt die Summe der Einzelschäden die jeweilige Höchstgrenze, so wird der Schadensersatz in dem Verhältnis gekürzt, in dem die Summe aller Schadensersatzansprüche zur Höchstgrenze steht. [2]Sind nach Absatz 2 Satz 3 oder nach Absatz 3 Satz 4, jeweils auch in Verbindung mit Absatz 4, Schäden von nicht unter diese Verordnung fallenden Kunden in die Höchstgrenze einbezogen worden, so sind sie auch bei der Kürzung nach Satz 1 entsprechend einzubeziehen. [3]Bei Ansprüchen nach Absatz 3 darf die Schadensersatzquote nicht höher sein als die Quote der Kunden des dritten Netzbetreibers.

(6) Die Ersatzpflicht entfällt für Schäden unter 30 Euro, die weder vorsätzlich noch grob fahrlässig verursacht worden sind.

(7) Der geschädigte Anschlussnutzer hat den Schaden unverzüglich dem Netzbetreiber oder, wenn dieses feststeht, dem ersatzpflichtigen Unternehmen mitzuteilen.

Teil 4. Gemeinsame Vorschriften

Abschnitt 1. Anlagenbetrieb und Rechte des Netzbetreibers

§ 19 Betrieb von Gasanlagen und Verbrauchsgeräten, Eigenerzeugung. (1) Anlage und Gasgeräte sind vom Anschlussnehmer oder -nutzer so zu

---

[1)] Nr. 1.

betreiben, dass Störungen anderer Anschlussnehmer oder -nutzer und störende Rückwirkungen auf Einrichtungen des Netzbetreibers oder Dritter ausgeschlossen sind.

(2) [1] Erweiterungen und Änderungen von Anlagen sowie die Verwendung zusätzlicher Gasgeräte sind dem Netzbetreiber mitzuteilen, soweit sich dadurch die vorzuhaltende Leistung erhöht oder mit Netzrückwirkungen zu rechnen ist. [2] Nähere Einzelheiten über den Inhalt der Mitteilung kann der Netzbetreiber regeln.

(3) [1] Vor der Errichtung einer Eigenanlage hat der Anschlussnehmer oder -nutzer dem Netzbetreiber Mitteilung zu machen. [2] Der Anschlussnehmer oder -nutzer hat durch geeignete Maßnahmen sicherzustellen, dass von seiner Eigenanlage keine schädlichen Rückwirkungen in das Gasversorgungsnetz möglich sind. [3] Der Anschluss von Eigenanlagen ist mit dem Netzbetreiber abzustimmen. [4] Dieser kann den Anschluss von der Einhaltung der von ihm nach § 20 festzulegenden Maßnahmen zum Schutz vor Rückwirkungen abhängig machen.

§ 20 Technische Anschlussbedingungen. [1] Der Netzbetreiber ist berechtigt, in Form von Technischen Anschlussbedingungen weitere technische Anforderungen an den Netzanschluss und andere Anlagenteile sowie an den Betrieb der Anlage einschließlich der Eigenanlage festzulegen, soweit dies aus Gründen der sicheren und störungsfreien Versorgung, insbesondere im Hinblick auf die Erfordernisse des Verteilernetzes, notwendig ist. [2] Diese Anforderungen müssen den allgemein anerkannten Regeln der Technik entsprechen. [3] Der Anschluss bestimmter Verbrauchsgeräte kann von der vorherigen Zustimmung des Netzbetreibers abhängig gemacht werden. [4] Die Zustimmung darf nur verweigert werden, wenn der Anschluss eine sichere und störungsfreie Versorgung gefährden würde.

§ 21 Zutrittsrecht. [1] Der Anschlussnehmer oder -nutzer hat nach vorheriger Benachrichtigung dem mit einem Ausweis versehenen Beauftragten des Netzbetreibers, des Messstellenbetreibers oder des Messdienstleisters den Zutritt zum Grundstück und zu seinen Räumen zu gestatten, soweit dies für die Prüfung der technischen Einrichtungen und Messeinrichtungen, zum Austausch der Messeinrichtung, auch anlässlich eines Wechsels des Messstellenbetreibers, zur Ablesung der Messeinrichtung oder zur Unterbrechung des Anschlusses und der Anschlussnutzung erforderlich ist. [2] Die Benachrichtigung kann durch Mitteilung an die jeweiligen Anschlussnehmer oder -nutzer oder durch Aushang an oder im jeweiligen Haus erfolgen. [3] Im Falle der Ablesung der Messeinrichtungen muss die Benachrichtigung mindestens drei Wochen vor dem Betretungstermin erfolgen; mindestens ein Ersatztermin ist anzubieten. [4] Eine vorherige Benachrichtigung ist in den Fällen des § 24 Abs. 1 nicht erforderlich.

§ 22 Messeinrichtungen. (1) Für Messeinrichtungen hat der Anschlussnehmer Zählerplätze nach den anerkannten Regeln der Technik unter Verwendung der vom Netzbetreiber vorgesehenen DIN-Typen vorzusehen.

(2) [1] Der Netzbetreiber bestimmt den Aufstellungsort der Messeinrichtungen und die Zählerplätze. [2] Bei der Wahl des Aufstellungsorts ist die Möglichkeit einer Fernauslesung der Messdaten zu berücksichtigen. [3] Soweit dies technisch

machbar und wirtschaftlich zumutbar ist, sind in Gebäuden, die neu an das Energieversorgungsnetz angeschlossen oder einer größeren Renovierung im Sinne der Richtlinie 2002/91/EG des Europäischen Parlaments und des Rates vom 16. Dezember 2002 über die Gesamtenergieeffizienz von Gebäuden (ABl. EU Nr. L 1 S. 65) unterzogen werden, die baulichen Voraussetzungen für den Einbau von Messeinrichtungen zu schaffen, die dem jeweiligen Anschlussnutzer den tatsächlichen Energieverbrauch und die tatsächliche Nutzungszeit widerspiegeln. [4] Er hat den Anschlussnehmer anzuhören und dessen berechtigte Interessen zu wahren. [5] Er ist verpflichtet, auf Verlangen des Anschlussnehmers einer Verlegung der Messeinrichtungen zuzustimmen, wenn dies ohne Beeinträchtigung einer einwandfreien Messung möglich ist. [6] Der Anschlussnehmer hat die Kosten einer Verlegung der Messeinrichtungen nach Satz 4 zu tragen.

(3) [1] Der Anschlussnehmer oder -nutzer hat dafür Sorge zu tragen, dass die Mess- und Steuereinrichtungen zugänglich sind. [2] Er hat den Verlust, Beschädigungen und Störungen von Messeinrichtungen dem Netzbetreiber und dem Messstellenbetreiber unverzüglich mitzuteilen.

Abschnitt 2. Fälligkeit, Folgen von Zuwiderhandlungen, Beendigung der Rechtsverhältnisse

§ 23 Zahlung, Verzug. (1) [1] Rechnungen werden zu dem vom Netzbetreiber angegebenen Zeitpunkt, frühestens jedoch zwei Wochen nach Zugang der Zahlungsaufforderung fällig. [2] Einwände gegen Rechnungen berechtigen gegenüber dem Netzbetreiber zum Zahlungsaufschub oder zur Zahlungsverweigerung nur, soweit die ernsthafte Möglichkeit eines offensichtlichen Fehlers besteht. [3] § 315 des Bürgerlichen Gesetzbuchs bleibt von Satz 2 unberührt.

(2) [1] Bei Zahlungsverzug des Anschlussnehmers oder -nutzers kann der Netzbetreiber, wenn er erneut zur Zahlung auffordert oder den Betrag durch einen Beauftragten einziehen lässt, die dadurch entstandenen Kosten für strukturell vergleichbare Fälle auch pauschal berechnen; die pauschale Berechnung muss einfach nachvollziehbar sein. [2] Die Pauschale darf die nach dem gewöhnlichen Lauf der Dinge zu erwartenden Kosten nicht übersteigen. [3] Auf Verlangen des Kunden ist die Berechnungsgrundlage nachzuweisen.

(3) Gegen Ansprüche des Netzbetreibers kann vom Anschlussnehmer oder -nutzer nur mit unbestrittenen oder rechtskräftig festgestellten Gegenansprüchen aufgerechnet werden.

§ 24 Unterbrechung des Anschlusses und der Anschlussnutzung.

(1) [1] Der Netzbetreiber ist berechtigt, den Netzanschluss und die Anschlussnutzung ohne vorherige Androhung zu unterbrechen, wenn der Anschlussnehmer oder -nutzer dieser Verordnung zuwiderhandelt und die Unterbrechung erforderlich ist, um

1. eine unmittelbare Gefahr für die Sicherheit von Personen oder Sachen von erheblichem Wert abzuwenden,
2. die Anschlussnutzung unter Umgehung, Beeinflussung oder vor Anbringung der Messeinrichtungen zu verhindern oder
3. zu gewährleisten, dass Störungen anderer Anschlussnehmer oder -nutzer oder störende Rückwirkungen auf Einrichtungen des Netzbetreibers oder Dritter ausgeschlossen sind.

[2]Der Netzbetreiber ist verpflichtet, dem Anschlussnehmer oder -nutzer auf Nachfrage mitzuteilen, aus welchem Grund die Unterbrechung vorgenommen worden ist.

(2) [1]Bei anderen Zuwiderhandlungen, insbesondere bei Nichterfüllung einer Zahlungsverpflichtung trotz Mahnung, ist der Netzbetreiber berechtigt, den Netzanschluss und die Anschlussnutzung vier Wochen nach Androhung zu unterbrechen. [2]Dies gilt nicht, wenn die Folgen der Unterbrechung außer Verhältnis zur Schwere der Zuwiderhandlung stehen oder der Anschlussnehmer oder -nutzer darlegt, dass hinreichende Aussicht besteht, dass er seinen Verpflichtungen nachkommt.

(3) Der Netzbetreiber ist berechtigt, auf Anweisung des Lieferanten des Anschlussnutzers die Anschlussnutzung zu unterbrechen, soweit der Lieferant dem Anschlussnutzer gegenüber hierzu vertraglich berechtigt ist und der Lieferant das Vorliegen der Voraussetzungen für die Unterbrechung der Anschlussnutzung gegenüber dem Netzbetreiber glaubhaft versichert und den Netzbetreiber von sämtlichen Schadensersatzansprüchen freistellt, die sich aus einer unberechtigten Unterbrechung ergeben können; dabei ist auch glaubhaft zu versichern, dass dem Anschlussnutzer keine Einwendungen oder Einreden zustehen, die die Voraussetzungen der Unterbrechung der Anschlussnutzung entfallen lassen.

(4) [1]In den Fällen des Absatzes 2 ist der Beginn der Unterbrechung des Netzanschlusses und der Anschlussnutzung dem Anschlussnutzer drei Werktage im Voraus anzukündigen. [2]Dies gilt nicht, soweit der Lieferant zu einer entsprechenden Ankündigung verpflichtet ist.

(5) [1]Der Netzbetreiber hat die Unterbrechung des Netzanschlusses und der Anschlussnutzung unverzüglich aufzuheben, sobald die Gründe für die Unterbrechung entfallen sind und der Anschlussnehmer oder -nutzer oder im Falle des Absatzes 3 der Lieferant oder der Anschlussnutzer die Kosten der Unterbrechung und Wiederherstellung des Anschlusses und der Anschlussnutzung ersetzt hat. [2]Die Kosten können für strukturell vergleichbare Fälle pauschal berechnet werden; die pauschale Berechnung muss einfach nachvollziehbar sein. [3]Die Pauschale darf die nach dem gewöhnlichen Lauf der Dinge zu erwartenden Kosten nicht übersteigen. [4]Auf Verlangen des Kunden ist die Berechnungsgrundlage nachzuweisen. [5]Der Nachweis geringerer Kosten ist dem Kunden zu gestatten.

§ 25 Kündigung des Netzanschlussverhältnisses. (1) [1]Das Netzanschlussverhältnis kann mit einer Frist von einem Monat auf das Ende eines Kalendermonats gekündigt werden. [2]Eine Kündigung durch den Netzbetreiber ist nur möglich, soweit eine Pflicht zum Netzanschluss nach § 18 Absatz 1 Satz 2 Nummer 1 des Energiewirtschaftsgesetzes[1)] nicht besteht.

(2) [1]Tritt an Stelle des bisherigen Netzbetreibers ein anderes Unternehmen in die sich aus dem Netzanschlussverhältnis ergebenden Rechte und Pflichten ein, so bedarf es hierfür nicht der Zustimmung des Anschlussnehmers. [2]Der Wechsel des Netzbetreibers ist öffentlich bekannt zu machen und den Anschlussnehmern mitzuteilen.

(3) Die Kündigung bedarf der Textform.

---

1) Nr. 1.

§ 26 Beendigung des Anschlussnutzungsverhältnisses. (1) [1]Das Anschlussnutzungsverhältnis besteht, bis der Anschlussnutzer die Anschlussnutzung einstellt. [2]Er ist verpflichtet, dies dem Netzbetreiber unverzüglich mitzuteilen.

(2) Im Falle einer Kündigung des Netzanschlussvertrages nach § 25 oder § 27 endet das Anschlussnutzungsverhältnis mit der Beendigung des Netzanschlussvertrages.

§ 27 Fristlose Kündigung oder Beendigung. [1]Der Netzbetreiber ist in den Fällen des § 24 Abs. 1 berechtigt, das Netzanschlussverhältnis fristlos zu kündigen oder die Anschlussnutzung fristlos zu beenden, wenn die Voraussetzungen zur Unterbrechung des Netzanschlusses und der Anschlussnutzung wiederholt vorliegen. [2]Bei wiederholten Zuwiderhandlungen nach § 24 Abs. 2 ist der Netzbetreiber zur fristlosen Kündigung berechtigt, wenn sie zwei Wochen vorher angedroht wurde; § 24 Abs. 2 Satz 2 gilt entsprechend.

Teil 5. Schlussbestimmungen

§ 28 Gerichtsstand. Gerichtsstand ist der Ort des Netzanschlusses und der Anschlussnutzung.

§ 29 Übergangsregelung. (1) [1]Der Netzbetreiber ist verpflichtet, die Anschlussnehmer durch öffentliche Bekanntgabe und Veröffentlichung im Internet über die Möglichkeit einer Anpassung nach § 115 Abs. 1 Satz 2 des Energiewirtschaftsgesetzes[1)] zu informieren. [2]Die Anpassung ist in Textform zu verlangen. [3]Der Netzbetreiber kann die Anpassung gegenüber allen Anschlussnehmern auch in der in Satz 1 genannten Weise verlangen. [4]Im Falle des Satzes 3 erfolgt die Anpassung mit Wirkung vom auf die Bekanntmachung folgenden Tag. [5]Von der Anpassung ausgenommen ist § 4 Abs. 1.

(2) [1]Die Frist nach § 10 Abs. 2 und nach § 12 Abs. 4 beginnt mit dem 8. November 2006. [2]Läuft jedoch die in § 10 Abs. 6 und § 11 Abs. 2 der Verordnung über Allgemeine Bedingungen für die Gasversorgung von Tarifkunden vom 21. Juni 1979 (BGBl. I S. 676), zuletzt geändert durch Artikel 18 des Gesetzes vom 9. Dezember 2004 (BGBl. I S. 3214), bestimmte Frist früher als die gemäß Satz 1 bestimmte Frist ab, bleibt es dabei.

(3) [1]Wird vor dem 1. Juli 2007 ein Anschluss an eine Verteileranlage hergestellt, die vor dem 8. November 2006 errichtet oder mit deren Errichtung vor dem 8. November 2006 begonnen worden ist und ist der Anschluss ohne Verstärkung der Verteileranlage möglich, so kann der Netzbetreiber abweichend von § 11 Abs. 1 und 2 einen Baukostenzuschuss nach Maßgabe der für die Verteileranlage bisher verwendeten Berechnungsmaßstäbe verlangen. [2]Der nach Satz 1 berechnete Baukostenzuschuss ist auf den Wert nach § 11 Abs. 1 Satz 2 zu kürzen.

[1)] Nr. 1.

35. Verordnung über Allgemeine Bedingungen für die Versorgung mit Fernwärme (AVBFernwärmeV)

Vom 20. Juni 1980

(BGBl. I S. 742)

FNA 754-7

zuletzt geänd. durch Art. 16 G zur Neuregelung des gesetzlichen Messwesens v. 25.7.2013 (BGBl. I S. 2722)

Auf Grund des § 27 des Gesetzes zur Regelung des Rechts der Allgemeinen Geschäftsbedingungen vom 9. Dezember 1976 (BGBl. I S. 3317) wird mit Zustimmung des Bundesrates verordnet:

§ 1 Gegenstand der Verordnung. (1) [1] Soweit Fernwärmeversorgungsunternehmen für den Anschluß an die Fernwärmeversorgung und für die Versorgung mit Fernwärme Vertragsmuster oder Vertragsbedingungen verwenden, die für eine Vielzahl von Verträgen vorformuliert sind (allgemeine Versorgungsbedingungen), gelten die §§ 2 bis 34. [2] Diese sind, soweit Absatz 3 und § 35 nichts anderes vorsehen, Bestandteil des Versorgungsvertrages.

(2) Die Verordnung gilt nicht für den Anschluß und die Versorgung von Industrieunternehmen.

(3) [1] Der Vertrag kann auch zu allgemeinen Versorgungsbedingungen abgeschlossen werden, die von den §§ 2 bis 34 abweichen, wenn das Fernwärmeversorgungsunternehmen einen Vertragsabschluß zu den allgemeinen Bedingungen dieser Verordnung angeboten hat und der Kunde mit den Abweichungen ausdrücklich einverstanden ist. [2] Auf die abweichenden Bedingungen sind die §§ 3 bis 11 des *Gesetzes zur Regelung des Rechts der Allgemeinen Geschäftsbedingungen*[1)] anzuwenden. [3] Von der in § 18 enthaltenen Verpflichtung, zur Ermittlung des verbrauchsabhängigen Entgelts Meßeinrichtungen zu verwenden, darf nicht abgewichen werden.

(4) Das Fernwärmeversorgungsunternehmen hat seine allgemeinen Versorgungsbedingungen, soweit sie in dieser Verordnung nicht abschließend geregelt sind oder nach Absatz 3 von den §§ 2 bis 34 abweichen, einschließlich der dazugehörenden Preisregelungen und Preislisten in geeigneter Weise öffentlich bekanntzugeben.

§ 2 Vertragsabschluß. (1) [1] Der Vertrag soll schriftlich abgeschlossen werden. [2] Ist er auf andere Weise zustande gekommen, so hat das Fernwärmeversorgungsunternehmen den Vertragsabschluß dem Kunden unverzüglich schriftlich zu bestätigen. [3] Wird die Bestätigung mit automatischen Einrichtungen ausgefertigt, bedarf es keiner Unterschrift. [4] Im Vertrag oder in der Vertragsbestätigung ist auf die allgemeinen Versorgungsbedingungen hinzuweisen.

(2) [1] Kommt der Vertrag dadurch zustande, daß Fernwärme aus dem Verteilungsnetz des Fernwärmeversorgungsunternehmens entnommen wird, so ist

---

1) Aufgeh. mWv 1.1.2002 durch G v. 26.11.2001 (BGBl. I S. 3138); siehe jetzt die §§ 305–310 BGB (Nr. **30**).

der Kunde verpflichtet, dies dem Unternehmen unverzüglich mitzuteilen. [2]Die Versorgung erfolgt zu den für gleichartige Versorgungsverhältnisse geltenden Preisen.

(3) Das Fernwärmeversorgungsunternehmen ist verpflichtet, jedem Neukunden bei Vertragsabschluß sowie den übrigen Kunden auf Verlangen die dem Vertrag zugrunde liegenden allgemeinen Versorgungsbedingungen einschließlich der dazugehörenden Preisregelungen und Preislisten unentgeltlich auszuhändigen.

§ 3 Bedarfsdeckung. [1]Das Fernwärmeversorgungsunternehmen hat dem Kunden im Rahmen des wirtschaftlich Zumutbaren die Möglichkeit einzuräumen, den Bezug auf den von ihm gewünschten Verbrauchszweck oder auf einen Teilbedarf zu beschränken. [2]Der Kunde ist verpflichtet, seinen Wärmebedarf im vereinbarten Umfange aus dem Verteilungsnetz des Fernwärmeversorgungsunternehmens zu decken. [3]Er ist berechtigt, Vertragsanpassung zu verlangen, soweit er den Wärmebedarf unter Nutzung regenerativer Energiequellen decken will; Holz ist eine regenerative Energiequelle im Sinne dieser Bestimmung.

§ 4 Art der Versorgung. (1) Das Fernwärmeversorgungsunternehmen stellt zu den jeweiligen allgemeinen Versorgungsbedingungen Dampf, Kondensat oder Heizwasser als Wärmeträger zur Verfügung.

(2) Änderungen der allgemeinen Versorgungsbedingungen werden erst nach öffentlicher Bekanntgabe wirksam.

(3) [1]Für das Vertragsverhältnis ist der vereinbarte Wärmeträger maßgebend. [2]Das Fernwärmeversorgungsunternehmen kann mittels eines anderen Wärmeträgers versorgen, falls dies in besonderen Fällen aus wirtschaftlichen oder technischen Gründen zwingend notwendig ist. [3]Die Eigenschaften des Wärmeträgers insbesondere in bezug auf Temperatur und Druck ergeben sich aus den technischen Anschlußbedingungen. [4]Sie müssen so beschaffen sein, daß der Wärmebedarf des Kunden in dem vereinbarten Umfang gedeckt werden kann. [5]Zur Änderung technischer Werte ist das Unternehmen nur berechtigt, wenn die Wärmebedarfsdeckung des Kunden nicht beeinträchtigt wird oder die Versorgung aus technischen Gründen anders nicht aufrecht erhalten werden kann oder dies gesetzlich oder behördlich vorgeschrieben wird.

(4) Stellt der Kunde Anforderungen an die Wärmelieferung und an die Beschaffenheit des Wärmeträgers, die über die vorgenannten Verpflichtungen hinausgehen, so obliegt es ihm selbst, entsprechende Vorkehrungen zu treffen.

§ 5 Umfang der Versorgung, Benachrichtigung bei Versorgungsunterbrechungen. (1) [1]Das Fernwärmeversorgungsunternehmen ist verpflichtet, Wärme im vereinbarten Umfang jederzeit an der Übergabestelle zur Verfügung zu stellen. [2]Dies gilt nicht,

1. soweit zeitliche Beschränkungen vertraglich vorbehalten sind,
2. soweit und solange das Unternehmen an der Erzeugung, dem Bezug oder der Fortleitung des Wärmeträgers durch höhere Gewalt oder sonstige Umstände, deren Beseitigung ihm wirtschaftlich nicht zugemutet werden kann, gehindert ist.

(2) [1] Die Versorgung kann unterbrochen werden, soweit dies zur Vornahme betriebsnotwendiger Arbeiten erforderlich ist. [2] Das Fernwärmeversorgungsunternehmen hat jede Unterbrechung oder Unregelmäßigkeit unverzüglich zu beheben.

(3) [1] Das Fernwärmeversorgungsunternehmen hat die Kunden bei einer nicht nur für kurze Dauer beabsichtigten Unterbrechung der Versorgung rechtzeitig in geeigneter Weise zu unterrichten. [2] Die Pflicht zur Benachrichtigung entfällt, wenn die Unterrichtung

1. nach den Umständen nicht rechtzeitig möglich ist und das Unternehmen dies nicht zu vertreten hat oder
2. die Beseitigung von bereits eingetretenen Unterbrechungen verzögern würde.

§ 6 Haftung bei Versorgungsstörungen. (1) [1] Für Schäden, die ein Kunde durch Unterbrechung der Fernwärmeversorgung oder durch Unregelmäßigkeiten in der Belieferung erleidet, haftet das ihn beliefernde Fernwärmeversorgungsunternehmen aus Vertrag oder unerlaubter Handlung im Falle

1. der Tötung oder Verletzung des Körpers oder der Gesundheit des Kunden, es sei denn, daß der Schaden von dem Unternehmen oder einem Erfüllungs- oder Verrichtungsgehilfen weder vorsätzlich noch fahrlässig verursacht worden ist,
2. der Beschädigung einer Sache, es sei denn, daß der Schaden weder durch Vorsatz noch durch grobe Fahrlässigkeit des Unternehmens oder eines Erfüllungs- oder Verrichtungsgehilfen verursacht worden ist,
3. eines Vermögensschadens, es sei denn, daß dieser weder durch Vorsatz noch durch grobe Fahrlässigkeit des Inhabers des Unternehmens oder eines vertretungsberechtigten Organs oder Gesellschafters verursacht worden ist.

[2] § 831 Abs. 1 Satz 2 des Bürgerlichen Gesetzbuches ist nur bei vorsätzlichem Handeln von Verrichtungsgehilfen anzuwenden.

(2) [1] Absatz 1 ist auch auf Ansprüche von Kunden anzuwenden, die diese gegen ein drittes Fernwärmeversorgungsunternehmen aus unerlaubter Handlung geltend machen. [2] Das Fernwärmeversorgungsunternehmen ist verpflichtet, seinen Kunden auf Verlangen über die mit der Schadensverursachung durch ein drittes Unternehmen zusammenhängenden Tatsachen insoweit Auskunft zu geben, als sie ihm bekannt sind oder von ihm in zumutbarer Weise aufgeklärt werden können und ihre Kenntnis zur Geltendmachung des Schadensersatzes erforderlich ist.

(3) Die Ersatzpflicht entfällt für Schäden unter 15 Euro.

(4) Ist der Kunde berechtigt, die gelieferte Wärme an einen Dritten weiterzuleiten, und erleidet dieser durch Unterbrechung der Fernwärmeversorgung oder durch Unregelmäßigkeiten in der Belieferung einen Schaden, so haftet das Fernwärmeversorgungsunternehmen dem Dritten gegenüber in demselben Umfange wie dem Kunden aus dem Versorgungsvertrag.

(5) [1] Leitet der Kunde die gelieferte Wärme an einen Dritten weiter, so hat er im Rahmen seiner rechtlichen Möglichkeiten sicherzustellen, daß dieser aus unerlaubter Handlung keine weitergehenden Schadensersatzansprüche erheben kann, als sie in den Absätzen 1 bis 3 vorgesehen sind. [2] Das Fernwärmever-

sorgungsunternehmen hat den Kunden hierauf bei Abschluß des Vertrages besonders hinzuweisen.

(6) [1]Der Kunde hat den Schaden unverzüglich dem ihn beliefernden Fernwärmeversorgungsunternehmen oder, wenn dieses feststeht, dem ersatzpflichtigen Unternehmen mitzuteilen. [2]Leitet der Kunde die gelieferte Wärme an einen Dritten weiter, so hat er diese Verpflichtung auch dem Dritten aufzuerlegen.

§ 7 *(aufgehoben)*

§ 8 Grundstücksbenutzung. (1) [1]Kunden und Anschlußnehmer, die Grundstückseigentümer sind, haben für Zwecke der örtlichen Versorgung das Anbringen und Verlegen von Leitungen zur Zu- und Fortleitung von Fernwärme über ihre im gleichen Versorgungsgebiet liegenden Grundstücke und in ihren Gebäuden, ferner das Anbringen sonstiger Verteilungsanlagen und von Zubehör sowie erforderliche Schutzmaßnahmen unentgeltlich zuzulassen. [2]Diese Pflicht betrifft nur Grundstücke, die an die Fernwärmeversorgung angeschlossen sind, die vom Eigentümer in wirtschaftlichem Zusammenhang mit der Fernwärmeversorgung eines angeschlossenen Grundstücks genutzt werden oder für die die Möglichkeit der Fernwärmeversorgung sonst wirtschaftlich vorteilhaft ist. [3]Sie entfällt, wenn die Inanspruchnahme der Grundstücke den Eigentümer mehr als notwendig oder in unzumutbarer Weise belasten würde.

(2) Der Kunde oder Anschlußnehmer ist rechtzeitig über Art und Umfang der beabsichtigten Inanspruchnahme von Grundstück und Gebäude zu benachrichtigen.

(3) [1]Der Grundstückseigentümer kann die Verlegung der Einrichtungen verlangen, wenn sie an der bisherigen Stelle für ihn nicht mehr zumutbar sind. [2]Die Kosten der Verlegung hat das Fernwärmeversorgungsunternehmen zu tragen; dies gilt nicht, soweit die Einrichtungen ausschließlich der Versorgung des Grundstücks dienen.

(4) Wird der Fernwärmebezug eingestellt, so hat der Grundstückseigentümer die Entfernung der Einrichtungen zu gestatten oder sie auf Verlangen des Unternehmens noch fünf Jahre unentgeltlich zu dulden, es sei denn, daß ihm dies nicht zugemutet werden kann.

(5) Kunden und Anschlußnehmer, die nicht Grundstückseigentümer sind, haben auf Verlangen des Fernwärmeversorgungsunternehmens die schriftliche Zustimmung des Grundstückseigentümers zur Benutzung des zu versorgenden Grundstücks und Gebäudes im Sinne der Absätze 1 und 4 beizubringen.

(6) Hat der Kunde oder Anschlußnehmer zur Sicherung der dem Fernwärmeversorgungsunternehmen nach Absatz 1 einzuräumenden Rechte vor Inkrafttreten dieser Verordnung die Eintragung einer Dienstbarkeit bewilligt, so bleibt die der Bewilligung zugrunde liegende Vereinbarung unberührt.

(7) Die Absätze 1 bis 6 gelten nicht für öffentliche Verkehrswege und Verkehrsflächen sowie für Grundstücke, die durch Planfeststellung für den Bau von öffentlichen Verkehrswegen und Verkehrsflächen bestimmt sind.

§ 9 Baukostenzuschüsse. (1) [1]Das Fernwärmeversorgungsunternehmen ist berechtigt, von den Anschlußnehmern einen angemessenen Baukostenzuschuß zur teilweisen Abdeckung der bei wirtschaftlicher Betriebsführung notwendigen Kosten für die Erstellung oder Verstärkung von der örtlichen Versorgung dienenden Verteilungsanlagen zu verlangen, soweit sie sich ausschließlich dem Versorgungsbereich zuordnen lassen, in dem der Anschluß erfolgt. [2]Baukostenzuschüsse dürfen höchstens 70 vom Hundert dieser Kosten abdecken.

(2) [1]Der von den Anschlußnehmern als Baukostenzuschuß zu übernehmende Kostenanteil bemißt sich nach dem Verhältnis, in dem die an seinem Hausanschluß vorzuhaltende Leistung zu der Summe der Leistungen steht, die in den im betreffenden Versorgungsbereich erstellten Verteilungsanlagen oder auf Grund der Verstärkung insgesamt vorgehalten werden können. [2]Der Durchmischung der jeweiligen Leistungsanforderungen ist Rechnung zu tragen.

(3) [1]Ein weiterer Baukostenzuschuß darf nur dann verlangt werden, wenn der Anschlußnehmer seine Leistungsanforderung wesentlich erhöht. [2]Er ist nach Absatz 2 zu bemessen.

(4) Wird ein Anschluß an eine Verteilungsanlage hergestellt, die vor Inkrafttreten dieser Verordnung errichtet worden oder mit deren Errichtung vor diesem Zeitpunkt begonnen worden ist, und ist der Anschluß ohne Verstärkung der Anlage möglich, so kann das Fernwärmeversorgungsunternehmen abweichend von den Absätzen 1 und 2 einen Baukostenzuschuß nach Maßgabe der für die Anlage bisher verwendeten Berechnungsmaßstäbe verlangen.

(5) Der Baukostenzuschuß und die in § 10 Abs. 5 geregelten Hausanschlußkosten sind getrennt zu errechnen und dem Anschlußnehmer aufgegliedert auszuweisen.

§ 10 Hausanschluß. (1) [1]Der Hausanschluß besteht aus der Verbindung des Verteilungsnetzes mit der Kundenanlage. [2]Er beginnt an der Abzweigstelle des Verteilungsnetzes und endet mit der Übergabestelle, es sei denn, daß eine abweichende Vereinbarung getroffen ist.

(2) Die Herstellung des Hausanschlusses soll auf einem Vordruck beantragt werden.

(3) Art, Zahl und Lage der Hausanschlüsse sowie deren Änderung werden nach Anhörung des Anschlußnehmers und unter Wahrung seiner berechtigten Interessen vom Fernwärmeversorgungsunternehmen bestimmt.

(4) [1]Hausanschlüsse gehören zu den Betriebsanlagen des Fernwärmeversorgungsunternehmens und stehen in dessen Eigentum, es sei denn, daß eine abweichende Vereinbarung getroffen ist. [2]Sie werden ausschließlich von diesem hergestellt, unterhalten, erneuert, geändert, abgetrennt und beseitigt, müssen zugänglich und vor Beschädigungen geschützt sein. [3]Soweit das Versorgungsunternehmen die Erstellung des Hausanschlusses oder Veränderungen des Hausanschlusses nicht selbst sondern durch Nachunternehmer durchführen läßt, sind Wünsche des Anschlußnehmers bei der Auswahl der Nachunternehmer zu berücksichtigen. [4]Der Anschlußnehmer hat die baulichen Voraussetzungen für die sichere Errichtung des Hausanschlusses zu schaffen. [5]Er darf keine Einwirkungen auf den Hausanschluß vornehmen oder vornehmen lassen.

(5) [1]Das Fernwärmeversorgungsunternehmen ist berechtigt, vom Anschlußnehmer die Erstattung der bei wirtschaftlicher Betriebsführung notwendigen Kosten für

1. die Erstellung des Hausanschlusses,
2. die Veränderungen des Hausanschlusses, die durch eine Änderung oder Erweiterung seiner Anlage erforderlich oder aus anderen Gründen von ihm veranlaßt werden,

zu verlangen. [2]Die Kosten können pauschal berechnet werden. [3]§ 18 Abs. 5 Satz 1 bleibt unberührt.

(6) Kommen innerhalb von fünf Jahren nach Herstellung des Hausanschlusses weitere Anschlüsse hinzu und wird der Hausanschluß dadurch teilweise zum Bestandteil des Verteilungsnetzes, so hat das Fernwärmeversorgungsunternehmen die Kosten neu aufzuteilen und dem Anschlußnehmer den etwa zuviel gezahlten Betrag zu erstatten.

(7) Jede Beschädigung des Hausanschlusses, insbesondere das Undichtwerden von Leitungen sowie sonstige Störungen sind dem Fernwärmeversorgungsunternehmen unverzüglich mitzuteilen.

(8) Kunden und Anschlußnehmer, die nicht Grundstückseigentümer sind, haben auf Verlangen des Fernwärmeversorgungsunternehmens die schriftliche Zustimmung des Grundstückseigentümers zur Herstellung des Hausanschlusses unter Anerkennung der damit verbundenen Verpflichtungen beizubringen.

§ 11 Übergabestation. (1) [1]Das Fernwärmeversorgungsunternehmen kann verlangen, daß der Anschlußnehmer unentgeltlich einen geeigneten Raum oder Platz zur Unterbringung von Meß-, Regel- und Absperreinrichtungen, Umformern und weiteren technischen Einrichtungen zur Verfügung stellt, soweit diese zu seiner Versorgung erforderlich sind. [2]Das Unternehmen darf die Einrichtungen auch für andere Zwecke benutzen, soweit dies für den Anschlußnehmer zumutbar ist.

(2) § 8 Abs. 3 und 4 sowie § 10 Abs. 8 gelten entsprechend.

§ 12 Kundenanlage. (1) [1]Für die ordnungsgemäße Errichtung, Erweiterung, Änderung und Unterhaltung der Anlage hinter dem Hausanschluß, mit Ausnahme der Meß- und Regeleinrichtungen des Fernwärmeversorgungsunternehmens, ist der Anschlußnehmer verantwortlich. [2]Hat er die Anlage oder Anlagenteile einem Dritten vermietet oder sonst zur Benutzung überlassen, so ist er neben diesem verantwortlich.

(2) [1]Die Anlage darf nur unter Beachtung der Vorschriften dieser Verordnung und anderer gesetzlicher oder behördlicher Bestimmungen sowie nach den anerkannten Regeln der Technik errichtet, erweitert, geändert und unterhalten werden. [2]Das Fernwärmeversorgungsunternehmen ist berechtigt, die Ausführung der Arbeiten zu überwachen.

(3) [1]Anlagenteile, die sich vor den Meßeinrichtungen befinden, können plombiert werden. [2]Ebenso können Anlagenteile, die zur Kundenanlage gehören, unter Plombenverschluß genommen werden, um eine einwandfreie Messung zu gewährleisten. [3]Die dafür erforderliche Ausstattung der Anlage ist nach den Angaben des Fernwärmeversorgungsunternehmens zu veranlassen.

(4) [1]Es dürfen nur Materialien und Geräte verwendet werden, die entsprechend den anerkannten Regeln der Technik beschaffen sind. [2]Das Zeichen einer amtlich anerkannten Prüfstelle bekundet, daß diese Voraussetzungen erfüllt sind.

§ 13 Inbetriebsetzung der Kundenanlage. (1) Das Fernwärmeversorgungsunternehmen oder dessen Beauftragte schließen die Anlage an das Verteilungsnetz an und setzen sie in Betrieb.

(2) [1]Jede Inbetriebsetzung der Anlage ist beim Fernwärmeversorgungsunternehmen zu beantragen. [2]Dabei ist das Anmeldeverfahren des Unternehmens einzuhalten.

(3) Das Fernwärmeversorgungsunternehmen kann für die Inbetriebsetzung vom Kunden Kostenerstattung verlangen; die Kosten können pauschal berechnet werden.

§ 14 Überprüfung der Kundenanlage. (1) [1]Das Fernwärmeversorgungsunternehmen ist berechtigt, die Kundenanlage vor und nach ihrer Inbetriebsetzung zu überprüfen. [2]Es hat den Kunden auf erkannte Sicherheitsmängel aufmerksam zu machen und kann deren Beseitigung verlangen.

(2) Werden Mängel festgestellt, welche die Sicherheit gefährden oder erhebliche Störungen erwarten lassen, so ist das Fernwärmeversorgungsunternehmen berechtigt, den Anschluß oder die Versorgung zu verweigern; bei Gefahr für Leib oder Leben ist es hierzu verpflichtet.

(3) [1]Durch Vornahme oder Unterlassung der Überprüfung der Anlage sowie durch deren Anschluß an das Verteilungsnetz übernimmt das Fernwärmeversorgungsunternehmen keine Haftung für die Mängelfreiheit der Anlage. [2]Dies gilt nicht, wenn es bei einer Überprüfung Mängel festgestellt hat, die eine Gefahr für Leib oder Leben darstellen.

§ 15 Betrieb, Erweiterung und Änderung von Kundenanlage und Verbrauchseinrichtungen; Mitteilungspflichten. (1) Anlage und Verbrauchseinrichtungen sind so zu betreiben, daß Störungen anderer Kunden und störende Rückwirkungen auf Einrichtungen des Fernwärmeversorgungsunternehmens oder Dritter ausgeschlossen sind.

(2) [1]Erweiterungen und Änderungen der Anlage sowie die Verwendung zusätzlicher Verbrauchseinrichtungen sind dem Fernwärmeversorgungsunternehmen mitzuteilen, soweit sich dadurch preisliche Bemessungsgrößen ändern oder sich die vorzuhaltende Leistung erhöht. [2]Nähere Einzelheiten über den Inhalt der Mitteilung kann das Unternehmen regeln.

§ 16 Zutrittsrecht. Der Kunde hat dem mit einem Ausweis versehenen Beauftragten des Fernwärmeversorgungsunternehmens den Zutritt zu seinen Räumen zu gestatten, soweit dies für die Prüfung der technischen Einrichtungen, zur Wahrnehmung sonstiger Rechte und Pflichten nach dieser Verordnung, insbesondere zur Ablesung, oder zur Ermittlung preislicher Bemessungsgrundlagen erforderlich und vereinbart ist.

§ 17 Technische Anschlußbedingungen. (1) [1]Das Fernwärmeversorgungsunternehmen ist berechtigt, weitere technische Anforderungen an den Hausanschluß und andere Anlagenteile sowie an den Betrieb der Anlage festzulegen, soweit dies aus Gründen der sicheren und störungsfreien Versorgung, insbesondere im Hinblick auf die Erfordernisse des Verteilungsnetzes und der Erzeugungsanlagen notwendig ist. [2]Diese Anforderungen dürfen den anerkannten Regeln der Technik nicht widersprechen. [3]Der Anschluß bestimmter Verbrauchseinrichtungen kann von der vorherigen Zustimmung des Versorgungsunternehmens abhängig gemacht werden. [4]Die Zustimmung darf nur verweigert werden, wenn der Anschluß eine sichere und störungsfreie Versorgung gefährden würde.

(2) [1]Das Fernwärmeversorgungsunternehmen hat die weiteren technischen Anforderungen der zuständigen Behörde anzuzeigen. [2]Die Behörde kann sie beanstanden, wenn sie mit Inhalt und Zweck dieser Verordnung nicht zu vereinbaren sind.

§ 18 Messung. (1) [1]Zur Ermittlung des verbrauchsabhängigen Entgelts hat das Fernwärmeversorgungsunternehmen Meßeinrichtungen zu verwenden, die den eichrechtlichen Vorschriften entsprechen müssen. [2]Die gelieferte Wärmemenge ist durch Messung festzustellen (Wärmemessung). [3]Anstelle der Wärmemessung ist auch die Messung der Wassermenge ausreichend (Ersatzverfahren), wenn die Einrichtungen zur Messung der Wassermenge vor dem 30. September 1989 installiert worden sind. [4]Der anteilige Wärmeverbrauch mehrerer Kunden kann mit Einrichtungen zur Verteilung von Heizkosten (Hilfsverfahren) bestimmt werden, wenn die gelieferte Wärmemenge

1. an einem Hausanschluß, von dem aus mehrere Kunden versorgt werden, oder
2. an einer sonstigen verbrauchsnah gelegenen Stelle für einzelne Gebäudegruppen, die vor dem 1. April 1980 an das Verteilungsnetz angeschlossen worden sind,

festgestellt wird. [5]Das Unternehmen bestimmt das jeweils anzuwendende Verfahren; es ist berechtigt, dieses während der Vertragslaufzeit zu ändern.

(2) Dient die gelieferte Wärme ausschließlich der Deckung des eigenen Bedarfs des Kunden, so kann vereinbart werden, daß das Entgelt auf andere Weise als nach Absatz 1 ermittelt wird.

(3) Erfolgt die Versorgung aus Anlagen der Kraft-Wärme-Kopplung oder aus Anlagen zur Verwertung von Abwärme, so kann die zuständige Behörde im Interesse der Energieeinsparung Ausnahmen von Absatz 1 zulassen.

(4) [1]Das Fernwärmeversorgungsunternehmen hat dafür Sorge zu tragen, daß eine einwandfreie Anwendung der in Absatz 1 genannten Verfahren gewährleistet ist. [2]Es bestimmt Art, Zahl und Größe sowie Anbringungsort von Meß- und Regeleinrichtungen. [3]Ebenso ist die Lieferung, Anbringung, Überwachung, Unterhaltung und Entfernung der Meß- und Regeleinrichtungen Aufgabe des Unternehmens. [4]Es hat den Kunden und den Anschlußnehmer anzuhören und deren berechtigte Interessen zu wahren. [5]Es ist verpflichtet, auf Verlangen des Kunden oder des Hauseigentümers Meß- oder Regeleinrichtungen zu verlegen, wenn dies ohne Beeinträchtigung einer einwandfreien Messung oder Regelung möglich ist.

(5) [1]Die Kosten für die Meßeinrichtungen hat das Fernwärmeversorgungsunternehmen zu tragen; die Zulässigkeit von Verrechnungspreisen bleibt unberührt. [2]Die im Falle des Absatzes 4 Satz 5 entstehenden Kosten hat der Kunde oder der Hauseigentümer zu tragen.

(6) [1]Der Kunde haftet für das Abhandenkommen und die Beschädigung von Meß- und Regeleinrichtungen, soweit ihn hieran ein Verschulden trifft. [2]Er

hat den Verlust, Beschädigungen und Störungen dieser Einrichtungen dem Fernwärmeversorgungsunternehmen unverzüglich mitzuteilen.

(7) Bei der Abrechnung der Lieferung von Fernwärme und Fernwarmwasser sind die Bestimmungen der Verordnung über Heizkostenabrechnung in der Fassung der Bekanntmachung vom 5. April 1984 (BGBl. I S. 592), geändert durch Artikel 1 der Verordnung vom 19. Januar 1989 (BGBl. I S. 109), zu beachten.

§ 19 Nachprüfung von Meßeinrichtungen. (1) [1] Der Kunde kann jederzeit die Nachprüfung der Meßeinrichtungen verlangen. [2] Bei Meßeinrichtungen, die den eichrechtlichen Vorschriften entsprechen müssen, kann er die Nachprüfung durch eine Eichbehörde oder eine staatlich anerkannte Prüfstelle im Sinne des § 40 Absatz 3 des Mess- und Eichgesetzes[1)] verlangen. [3] Stellt der Kunde den Antrag auf Prüfung nicht bei dem Fernwärmeversorgungsunternehmen, so hat er dieses vor Antragstellung zu benachrichtigen.

(2) [1] Die Kosten der Prüfung fallen dem Unternehmen zur Last, falls eine nicht unerhebliche Ungenauigkeit festgestellt wird, sonst dem Kunden. [2] Bei Meßeinrichtungen, die den eichrechtlichen Vorschriften entsprechen müssen, ist die Ungenauigkeit dann nicht unerheblich, wenn sie die gesetzlichen Verkehrsfehlergrenzen überschreitet.

§ 20 Ablesung. (1) [1] Die Meßeinrichtungen werden vom Beauftragten des Fernwärmeversorgungsunternehmens möglichst in gleichen Zeitabständen oder auf Verlangen des Unternehmens vom Kunden selbst abgelesen. [2] Dieser hat dafür Sorge zu tragen, daß die Meßeinrichtungen leicht zugänglich sind.

(2) Solange der Beauftragte des Unternehmens die Räume des Kunden nicht zum Zwecke der Ablesung betreten kann, darf das Unternehmen den Verbrauch auf der Grundlage der letzten Ablesung schätzen; die tatsächlichen Verhältnisse sind angemessen zu berücksichtigen.

§ 21 Berechnungsfehler. (1) [1] Ergibt eine Prüfung der Meßeinrichtungen eine nicht unerhebliche Ungenauigkeit oder werden Fehler in der Ermittlung des Rechnungsbetrages festgestellt, so ist der zuviel oder zuwenig berechnete Betrag zu erstatten oder nachzuentrichten. [2] Ist die Größe des Fehlers nicht einwandfrei festzustellen oder zeigt eine Meßeinrichtung nicht an, so ermittelt das Fernwärmeversorgungsunternehmen den Verbrauch für die Zeit seit der letzten fehlerfreien Ablesung aus dem Durchschnittsverbrauch des ihr vorhergehenden und des der Feststellung des Fehlers nachfolgenden Ablesezeitraums oder auf Grund des vorjährigen Verbrauchs durch Schätzung; die tatsächlichen Verhältnisse sind angemessen zu berücksichtigen.

(2) Ansprüche nach Absatz 1 sind auf den der Feststellung des Fehlers vorhergehenden Ablesezeitraum beschränkt, es sei denn, die Auswirkung des Fehlers kann über einen größeren Zeitraum festgestellt werden; in diesem Fall ist der Anspruch auf längstens zwei Jahre beschränkt.

§ 22 Verwendung der Wärme. (1) [1] Die Wärme wird nur für die eigenen Zwecke des Kunden und seiner Mieter zur Verfügung gestellt. [2] Die Weiterlei-

---

1) Nr. **29**.

tung an sonstige Dritte ist nur mit schriftlicher Zustimmung des Fernwärmeversorgungsunternehmens zulässig. [3] Diese muß erteilt werden, wenn dem Interesse an der Weiterleitung nicht überwiegende versorgungswirtschaftliche Gründe entgegenstehen.

(2) [1] Dampf, Kondensat oder Heizwasser dürfen den Anlagen, soweit nichts anderes vereinbart ist, nicht entnommen werden. [2] Sie dürfen weder verändert noch verunreinigt werden.

§ 23 Vertragsstrafe. (1) [1] Entnimmt der Kunde Wärme unter Umgehung, Beeinflussung oder vor Anbringung der Meßeinrichtungen oder nach Einstellung der Versorgung, so ist das Fernwärmeversorgungsunternehmen berechtigt, eine Vertragsstrafe zu verlangen. [2] Diese bemißt sich nach der Dauer der unbefugten Entnahme und darf das Zweifache des für diese Zeit bei höchstmöglichem Wärmeverbrauch zu zahlenden Entgelts nicht übersteigen.

(2) Ist die Dauer der unbefugten Entnahme nicht festzustellen, so kann die Vertragsstrafe über einen festgestellten Zeitraum hinaus für längstens ein Jahr erhoben werden.

§ 24 Abrechnung, Preisänderungsklauseln. (1) [1] Der Energieverbrauch ist nach Wahl des Fernwärmeversorgungsunternehmens monatlich oder in anderen Zeitabschnitten, die jedoch zwölf Monate nicht wesentlich überschreiten dürfen, abzurechnen. [2] Sofern der Kunde dies wünscht, ist das Fernwärmeversorgungsunternehmen verpflichtet, eine monatliche, vierteljährliche oder halbjährliche Abrechnung zu vereinbaren.

(2) [1] Fernwärmeversorgungsunternehmen sind verpflichtet, in ihren Rechnungen für Lieferungen an Kunden die geltenden Preise, den ermittelten Verbrauch im Abrechnungszeitraum und den Verbrauch im vergleichbaren Abrechnungszeitraum des Vorjahres anzugeben. [2] Sofern das Fernwärmeversorgungsunternehmen aus Gründen, die es nicht zu vertreten hat, den Verbrauch nicht ermitteln kann, ist der geschätzte Verbrauch anzugeben.

(3) [1] Ändern sich innerhalb eines Abrechnungszeitraumes die Preise, so wird der für die neuen Preise maßgebliche Verbrauch zeitanteilig berechnet; jahreszeitliche Verbrauchsschwankungen sind auf der Grundlage der für die jeweilige Abnehmergruppe maßgeblichen Erfahrungswerte angemessen zu berücksichtigen. [2] Entsprechendes gilt bei Änderung des Umsatzsteuersatzes.

(4) [1] Preisänderungsklauseln dürfen nur so ausgestaltet sein, daß sie sowohl die Kostenentwicklung bei Erzeugung und Bereitstellung der Fernwärme durch das Unternehmen als auch die jeweiligen Verhältnisse auf dem Wärmemarkt angemessen berücksichtigen. [2] Sie müssen die maßgeblichen Berechnungsfaktoren vollständig und in allgemein verständlicher Form ausweisen. [3] Bei Anwendung der Preisänderungsklauseln ist der prozentuale Anteil des die Brennstoffkosten abdeckenden Preisfaktors an der jeweiligen Preisänderung gesondert auszuweisen.

§ 25 Abschlagszahlungen. (1) [1] Wird der Verbrauch für mehrere Monate abgerechnet, so kann das Fernwärmeversorgungsunternehmen für die nach der letzten Abrechnung verbrauchte Fernwärme sowie für deren Bereitstellung und Messung Abschlagszahlung verlangen. [2] Die Abschlagszahlung auf das verbrauchsabhängige Entgelt ist entsprechend dem Verbrauch im zuletzt abgerechneten Zeitraum anteilig zu berechnen. [3]Ist eine solche Berechnung nicht möglich, so bemißt sich die Abschlagszahlung nach dem durchschnittlichen Verbrauch vergleichbarer Kunden. [4]Macht der Kunde glaubhaft, daß sein Verbrauch erheblich geringer ist, so ist dies angemessen zu berücksichtigen.

(2) Ändern sich die Preise, so können die nach der Preisänderung anfallenden Abschlagszahlungen mit dem Vomhundertsatz der Preisänderung entsprechend angepaßt werden.

(3) [1]Ergibt sich bei der Abrechnung, daß zu hohe Abschlagszahlungen verlangt wurden, so ist der übersteigende Betrag unverzüglich zu erstatten, spätestens aber mit der nächsten Abschlagsforderung zu verrechnen. [2]Nach Beendigung des Versorgungsverhältnisses sind zuviel gezahlte Abschläge unverzüglich zu erstatten.

§ 26 Vordrucke für Rechnungen und Abschläge. [1]Vordrucke für Rechnungen und Abschläge müssen verständlich sein. [2]Die für die Forderung maßgeblichen Berechnungsfaktoren sind vollständig und in allgemein verständlicher Form auszuweisen.

§ 27 Zahlung, Verzug. (1) Rechnungen und Abschläge werden zu dem vom Fernwärmeversorgungsunternehmen angegebenen Zeitpunkt, frühestens jedoch zwei Wochen nach Zugang der Zahlungsaufforderung fällig.

(2) Bei Zahlungsverzug des Kunden kann das Fernwärmeversorgungsunternehmen, wenn es erneut zur Zahlung auffordert oder den Betrag durch einen Beauftragten einziehen läßt, die dadurch entstandenen Kosten auch pauschal berechnen.

§ 28 Vorauszahlungen. (1) Das Fernwärmeversorgungsunternehmen ist berechtigt, für den Wärmeverbrauch eines Abrechnungszeitraums Vorauszahlung zu verlangen, wenn nach den Umständen des Einzelfalles zu besorgen ist, daß der Kunde seinen Zahlungsverpflichtungen nicht oder nicht rechtzeitig nachkommt.

(2) [1]Die Vorauszahlung bemißt sich nach dem Verbrauch des vorhergehenden Abrechnungszeitraumes oder dem durchschnittlichen Verbrauch vergleichbarer Kunden. [2]Macht der Kunde glaubhaft, daß sein Verbrauch erheblich geringer ist, so ist dies angemessen zu berücksichtigen. [3]Erstreckt sich der Abrechnungszeitraum über mehrere Monate und erhebt das Fernwärmeversorgungsunternehmen Abschlagszahlungen, so kann es die Vorauszahlung nur in ebenso vielen Teilbeträgen verlangen. [4]Die Vorauszahlung ist bei der nächsten Rechnungserteilung zu verrechnen.

(3) Unter den Voraussetzungen des Absatzes 1 kann das Fernwärmeversorgungsunternehmen auch für die Erstellung oder Veränderung des Hausanschlusses Vorauszahlung verlangen.

§ 29 Sicherheitsleistung. (1) Ist der Kunde oder Anschlußnehmer zur Vorauszahlung nicht in der Lage, so kann das Fernwärmeversorgungsunternehmen in angemessener Höhe Sicherheitsleistung verlangen.

(2) Barsicherheiten werden zum jeweiligen Basiszinssatz nach § 247 des Bürgerlichen Gesetzbuchs verzinst.

(3) [1] Ist der Kunde oder Anschlußnehmer in Verzug und kommt er nach erneuter Zahlungsaufforderung nicht unverzüglich seinen Zahlungsverpflichtungen aus dem Versorgungsverhältnis nach, so kann sich das Fernwärmeversorgungsunternehmen aus der Sicherheit bezahlt machen. [2] Hierauf ist in der Zahlungsaufforderung hinzuweisen. [3] Kursverluste beim Verkauf von Wertpapieren gehen zu Lasten des Kunden oder Anschlußnehmers.

(4) Die Sicherheit ist zurückzugeben, wenn ihre Voraussetzungen weggefallen sind.

§ 30 Zahlungsverweigerung. Einwände gegen Rechnungen und Abschlagsberechnungen berechtigen zum Zahlungsaufschub oder zur Zahlungsverweigerung nur,

1. soweit sich aus den Umständen ergibt, daß offensichtliche Fehler vorliegen, und
2. wenn der Zahlungsaufschub oder die Zahlungsverweigerung innerhalb von zwei Jahren nach Zugang der fehlerhaften Rechnung oder Abschlagsberechnung geltend gemacht wird.

§ 31 Aufrechnung. Gegen Ansprüche des Fernwärmeversorgungsunternehmens kann nur mit unbestrittenen oder rechtskräftig festgestellten Gegenansprüchen aufgerechnet werden.

§ 32 Laufzeit des Versorgungsvertrages, Kündigung. (1) [1] Die Laufzeit von Versorgungsverträgen beträgt höchstens zehn Jahre. [2] Wird der Vertrag nicht von einer der beiden Seiten mit einer Frist von neun Monaten vor Ablauf der Vertragsdauer gekündigt, so gilt eine Verlängerung um jeweils weitere fünf Jahre als stillschweigend vereinbart.

(2) Ist der Mieter der mit Wärme zu versorgenden Räume Vertragspartner, so kann er aus Anlaß der Beendigung des Mietverhältnisses den Versorgungsvertrag jederzeit mit zweimonatiger Frist kündigen.

(3) [1] Tritt anstelle des bisherigen Kunden ein anderer Kunde in die sich aus dem Vertragsverhältnis ergebenden Rechte und Pflichten ein, so bedarf es hierfür nicht der Zustimmung des Fernwärmeversorgungsunternehmens. [2] Der Wechsel des Kunden ist dem Unternehmen unverzüglich mitzuteilen. [3] Das Unternehmen ist berechtigt, das Vertragsverhältnis aus wichtigem Grund mit zweiwöchiger Frist auf das Ende des der Mitteilung folgenden Monats zu kündigen.

(4) [1] Ist der Kunde Eigentümer der mit Wärme zu versorgenden Räume, so ist er bei der Veräußerung verpflichtet, das Fernwärmeversorgungsunternehmen unverzüglich zu unterrichten. [2] Erfolgt die Veräußerung während der ausdrücklich vereinbarten Vertragsdauer, so ist der Kunde verpflichtet, dem Erwerber den Eintritt in den Versorgungsvertrag aufzuerlegen. [3] Entsprechendes gilt, wenn der Kunde Erbbauberechtigter, Nießbraucher oder Inhaber ähnlicher Rechte ist.

(5) [1] Tritt anstelle des bisherigen Fernwärmeversorgungsunternehmens ein anderes Unternehmen in die sich aus dem Vertragsverhältnis ergebenden Rechte und Pflichten ein, so bedarf es hierfür nicht der Zustimmung des Kunden. [2] Der Wechsel des Fernwärmeversorgungsunternehmens ist öffentlich bekanntzugeben. [3] Der Kunde ist berechtigt, das Vertragsverhältnis aus wichtigem

Grund mit zweiwöchiger Frist auf das Ende des der Bekanntgabe folgenden Monats zu kündigen.

(6) Die Kündigung bedarf der Schriftform.

§ 33 Einstellung der Versorgung, fristlose Kündigung. (1) Das Fernwärmeversorgungsunternehmen ist berechtigt, die Versorgung fristlos einzustellen, wenn der Kunde den allgemeinen Versorgungsbedingungen zuwiderhandelt und die Einstellung erforderlich ist, um

1. eine unmittelbare Gefahr für die Sicherheit von Personen oder Anlagen abzuwenden,
2. den Verbrauch von Fernwärme unter Umgehung, Beeinflussung oder vor Anbringung der Meßeinrichtungen zu verhindern oder
3. zu gewährleisten, daß Störungen anderer Kunden oder störende Rückwirkungen auf Einrichtungen des Unternehmens oder Dritter ausgeschlossen sind.

(2) [1] Bei anderen Zuwiderhandlungen, insbesondere bei Nichterfüllung einer Zahlungsverpflichtung trotz Mahnung, ist das Fernwärmeversorgungsunternehmen berechtigt, die Versorgung zwei Wochen nach Androhung einzustellen. [2] Dies gilt nicht, wenn der Kunde darlegt, daß die Folgen der Einstellung außer Verhältnis zur Schwere der Zuwiderhandlung stehen, und hinreichende Aussicht besteht, daß der Kunde seinen Verpflichtungen nachkommt. [3] Das Fernwärmeversorgungsunternehmen kann mit der Mahnung zugleich die Einstellung der Versorgung androhen.

(3) [1] Das Fernwärmeversorgungsunternehmen hat die Versorgung unverzüglich wieder aufzunehmen, sobald die Gründe für ihre Einstellung entfallen sind und der Kunde die Kosten der Einstellung und Wiederaufnahme der Versorgung ersetzt hat. [2] Die Kosten können pauschal berechnet werden.

(4) [1] Das Fernwärmeversorgungsunternehmen ist in den Fällen des Absatzes 1 berechtigt, das Vertragsverhältnis fristlos zu kündigen, in den Fällen der Nummern 1 und 3 jedoch nur, wenn die Voraussetzungen zur Einstellung der Versorgung wiederholt vorliegen. [2] Bei wiederholten Zuwiderhandlungen nach Absatz 2 ist das Unternehmen zur fristlosen Kündigung berechtigt, wenn sie zwei Wochen vorher angedroht wurde; Absatz 2 Satz 2 und 3 gilt entsprechend.

§ 34 Gerichtsstand. (1) Der Gerichtsstand für Kaufleute, die nicht zu den in § 4 des Handelsgesetzbuchs bezeichneten Gewerbetreibenden gehören, juristische Personen des öffentlichen Rechts und öffentlich-rechtliche Sondervermögen ist am Sitz der für den Kunden zuständigen Betriebsstelle des Fernwärmeversorgungsunternehmens.

(2) Das gleiche gilt,

1. wenn der Kunde keinen allgemeinen Gerichtsstand im Inland hat oder
2. wenn der Kunde nach Vertragsschluß seinen Wohnsitz oder gewöhnlichen Aufenthaltsort aus dem Geltungsbereich dieser Verordnung verlegt oder sein Wohnsitz oder gewöhnlicher Aufenthalt im Zeitpunkt der Klageerhebung nicht bekannt ist.

§ 35 Öffentlich-rechtliche Versorgung mit Fernwärme. (1) Rechtsvorschriften, die das Versorgungsverhältnis öffentlich-rechtlich regeln, sind den Bestimmungen dieser Verordnung entsprechend zu gestalten; unberührt bleiben die Regelungen des Verwaltungsverfahrens sowie gemeinderechtliche Vorschriften zur Regelung des Abgabenrechts.

(2) Bei Inkrafttreten dieser Verordnung geltende Rechtsvorschriften, die das Versorgungsverhältnis öffentlich-rechtlich regeln, sind bis zum 1. Januar 1982 anzupassen.

§ 36 Berlin-Klausel. *(gegenstandslos)*

§ 37 Inkrafttreten. (1) Diese Verordnung tritt mit Wirkung vom 1. April 1980 in Kraft.

(2) [1] Die §§ 2 bis 34 gelten auch für Versorgungsverträge, die vor dem 1. April 1980 zustande gekommen sind, unmittelbar. [2] Das Fernwärmeversorgungsunternehmen ist verpflichtet, die Kunden in geeigneter Weise hierüber zu unterrichten. [3] § 32 Absatz 1 in der Fassung vom 12. November 2010 ist auch auf bestehende Versorgungsverträge anzuwenden, die vor dem 1. April 1980 geschlossen wurden. [4] Vor dem 1. April 1980 geschlossene Versorgungsverträge, deren vereinbarte Laufzeit am 12. November 2010 noch nicht beendet ist, bleiben wirksam. [5] Sie können ab dem 12. November 2010 mit einer Frist von neun Monaten gekündigt werden, solange sich der Vertrag nicht nach § 32 Absatz 1 Satz 2 verlängert hat.

36. Richtlinie (EU) 2018/2001 des Europäischen Parlaments und des Rates vom 11. Dezember 2018 zur Förderung der Nutzung von Energie aus erneuerbaren Quellen[1)]

(Neufassung)

(Text von Bedeutung für den EWR)

(ABl. L 328 S. 82)

Celex-Nr. 3 2018 L 2001

DAS EUROPÄISCHE PARLAMENT UND DER RAT DER EUROPÄISCHEN UNION –

gestützt auf den Vertrag über die Arbeitsweise der Europäischen Union, insbesondere auf Artikel 194 Absatz 2,

auf Vorschlag der Europäischen Kommission,

nach Zuleitung des Entwurfs des Gesetzgebungsakts an die nationalen Parlamente,

nach Stellungnahme des Europäischen Wirtschafts- und Sozialausschusses[2)],

nach Stellungnahme des Ausschusses der Regionen[3)],

gemäß dem ordentlichen Gesetzgebungsverfahren[4)],

in Erwägung nachstehender Gründe:

(1) Die Richtlinie 2009/28/EG des Europäischen Parlaments und des Rates[5)] wurde mehrfach erheblich geändert[6)]. Aus Gründen der Klarheit empfiehlt es sich, im Rahmen der anstehenden Änderungen eine Neufassung der genannten Richtlinie vorzunehmen.

(2) Gemäß Artikel 194 Absatz 1 des Vertrags über die Arbeitsweise der Europäischen Union[7)] (AEUV) ist die Förderung erneuerbarer Energiequellen eines der Ziele der Energiepolitik der Union. Dieses Ziel wird mit dieser Richtlinie verfolgt. Die vermehrte Nutzung von Energie aus erneuerbaren Quellen oder „erneuerbarer Energie" ist ein wesentliches Element des Maßnahmenbündels, das benötigt wird, um die Treibhausgasemissionen zu verringern und die im Rahmen des Pariser Klimaschutzübereinkommens von 2015 (Übereinkommen von Paris) im Anschluss an die 21. Konferenz der Vertragsparteien des Rahmenübereinkommens der Vereinten Nationen über Klimaänderungen (COP 21) von der Union eingegangenen Verpflichtungen, sowie den Unionsrahmen für die Energie- und Klimapolitik ab 2030, einschließlich des verbindlichen Unionsziels, die Emissionen bis 2030 um mindestens 40 % gegenüber dem Stand von 1990 zu senken, einzuhalten. Das für 2030 im Bereich erneuerbarer Energie angestrebte verbindliche Ziel der Union und die diesbezüglichen Beiträge der Mitgliedstaaten – einschließlich ihrer als Ausgangswert festgelegten Anteile in Bezug auf ihre nationalen Gesamtziele für 2020 – zählen zu den Elementen, denen die Union bei ihrer Energie- und Umweltpolitik eine übergeordnete Bedeutung beimisst. Weitere solche Elemente sind in den in dieser Richtlinie vorgese-

---

[1)] Siehe hierzu ua:
VO (EU) 2019/807 zur Ergänzung der RL (EU) 2018/2001 v. 13.3.2019 (ABl. L 133 S. 1).

[2)] **Amtl. Anm.:** ABl. C 246 vom 28.7.2017, S. 55.

[3)] **Amtl. Anm.:** ABl. C 342 vom 12.10.2017, S. 79.

[4)] **Amtl. Anm.:** Standpunkt des Europäischen Parlaments vom 13. November 2018 (noch nicht im Amtsblatt veröffentlicht) und Beschluss des Rates vom 4. Dezember 2018.

[5)] **Amtl. Anm.:** Richtlinie 2009/28/EG des Europäischen Parlaments und des Rates vom 23. April 2009 zur Förderung der Nutzung von Energie aus erneuerbaren Quellen und zur Änderung und anschließenden Aufhebung der Richtlinien 2001/77/EG und 2003/30/EG (ABl. L 140 vom 5.6. 2009, S. 16).

[6)] **Amtl. Anm.:** Siehe Anhang X Teil A.

[7)] Nr. **13**.

henen Rahmen, beispielsweise für den Ausbau der Wärme- und Kälteerzeugung aus erneuerbaren Quellen und für die Entwicklung erneuerbarer Kraftstoffe für den Verkehr, enthalten.

(3) Die verstärkte Nutzung von Energie aus erneuerbaren Quellen spielt auch eine tragende Rolle, wenn es darum geht, auf eine höhere Energieversorgungssicherheit, auf nachhaltige Energie zu erschwinglichen Preisen, auf technologische Entwicklung und Innovation sowie auf eine technologische und industrielle Führungsrolle hinzuwirken, und dabei Vorteile für Umwelt, Gesellschaft und Gesundheit zu erzielen sowie – insbesondere in ländlichen und entlegenen Gebieten, Gebieten oder Regionen mit niedriger Bevölkerungsdichte sowie von einer teilweisen Deindustrialisierung betroffenen Gegenden – wesentliche Möglichkeiten für Beschäftigung und regionale Entwicklung zu schaffen.

(4) Insbesondere die Senkung des Energieverbrauchs, die Zunahme technischer Verbesserungen, das Setzen von Anreizen für die Nutzung und den Ausbau öffentlicher Verkehrsmittel, der Einsatz von Energieeffizienztechnologien und die Förderung der Verwendung erneuerbarer Energie in den Bereichen Elektrizität, im Wärme- und Kältesektor sowie im Verkehrssektor sind wirksame Mittel zur Verringerung der Treibhausgasemissionen und der Energieabhängigkeit der Union.

(5) Mit der Richtlinie 2009/28/EG wurde ein Regelungsrahmen für die Förderung der Nutzung von Energie aus erneuerbaren Quellen geschaffen, in dem verbindliche, bis 2020 zu verwirklichende, nationale Ziele für den Anteil erneuerbarer Energie am Energieverbrauch und im Verkehrssektor gesetzt wurden. Durch die Mitteilung der Kommission vom 22. Januar 2014 zum Rahmen für die Klima- und Energiepolitik im Zeitraum 2020-2030 wurde ein Rahmen für die künftige Energie- und Klimapolitik der Union festgelegt und zu einem gemeinsamen Verständnis beigetragen, wie diese Politikbereiche nach 2020 weiterzuentwickeln sind. Die Kommission hat vorgeschlagen, das Unionsziel für den Anteil erneuerbarer Energie am Energieverbrauch in der Union für 2030 mit mindestens 27 % festzusetzen. Dieser Vorschlag, der vom Europäischen Rat in seinen Schlussfolgerungen vom 23. und 24. Oktober 2014 befürwortet wurde, weist darauf hin, dass es den Mitgliedstaaten möglich sein sollte, eigene ehrgeizigere nationale Ziele festzulegen, um ihre geplanten Beiträge zum Unionsziel für 2030 zu erfüllen und darüber hinauszugehen.

(6) Das Europäische Parlament ist in seiner Entschließung vom 5. Februar 2014 zum Rahmen für die Klima- und Energiepolitik bis 2030 und in seiner Entschließung vom 23. Juni 2016 zum Fortschrittsbericht „Erneuerbare Energiequellen" einen Schritt weiter gegangen als der Vorschlag der Kommission oder die Schlussfolgerungen des Europäischen Rates, wenn es betonte, dass angesichts des Übereinkommens von Paris und des aktuellen Kostenrückgangs bei Technologien im Bereich erneuerbare Energie wesentlich mehr Ehrgeiz gezeigt werden sollte.

(7) Dem Anspruch des Übereinkommens von Paris und dem technischen Fortschritt, auch den sinkenden Kosten für Investitionen im Bereich erneuerbare Energie, sollte also entsprechend Rechnung getragen werden.

(8) Es ist daher angemessen, ein verbindliches Unionsziel von mindestens 32 % für den Anteil erneuerbarer Energie festzulegen. Die Kommission sollte bewerten, ob dieser Zielwert, angesichts wesentlicher Kostensenkungen bei der Erzeugung erneuerbarer Energie, der internationalen Dekarbonisierungsverpflichtungen der Union oder eines möglichen wesentlichen Rückgangs des Energieverbrauchs in der Union, nach oben korrigiert werden sollte. Die Mitgliedstaaten sollten ihren Beitrag zur Verwirklichung dieser Zielvorgabe als Teil ihrer integrierten nationalen Energie- und Klimapläne anhand des Governance-Prozesses nach der Verordnung (EU) 2018/1999[1)] des Europäischen Parlaments und des Rates[2)] bestimmen.

(9) Die Festlegung eines verbindlichen Unionsziels für erneuerbare Energie bis 2030 würde die Entwicklung von Technologien für die Produktion von erneuerbarer Energie weiter vorantreiben und Investoren Sicherheit geben. Eine auf Unionsebene festgelegte Zielvorgabe würde den Mitgliedstaaten mehr Flexibilität bieten, um ihre Ziele für die Einsparung von Treibhausgas-

---

[1)] Nr. **6**.

[2)] **Amtl. Anm.:** Verordnung (EU) 2018/1999 [Nr. **6**] des Europäischen Parlaments und des Rates vom 11. Dezember 2018 über das Governance-System für die Energieunion und für den Klimaschutz, zur Änderung der Richtlinie 94/22/EG, der Richtlinie 98/70/EG, der Richtlinie 2009/31/EG, der Verordnung (EG) Nr. 663/2009, der Verordnung (EG) Nr. 715/2009 [Nr. **9**], der Richtlinie 2009/73/EG [Nr. **5**], der Richtlinie 2009/119/EG des Rates, der Richtlinie 2010/31/EU, der Richtlinie 2012/27/EU [Nr. **61**], der Richtlinie 2013/30/EU und der Richtlinie (EU) 2015/652 des Rates und zur Aufhebung der Verordnung (EU) Nr. 525/2013 (siehe Seite 1 dieses Amtsblatts).

emissionen entsprechend ihren jeweiligen spezifischen Gegebenheiten, ihrem Energiemix und ihren Kapazitäten zur Produktion von erneuerbarer Energie auf die kostengünstigste Weise zu erreichen.

(10) Im Interesse einer Konsolidierung der auf Grundlage der Richtlinie 2009/28/EG erzielten Ergebnisse sollten die für 2020 festgelegten nationalen Ziele der Mitgliedstaaten als Mindestbeitrag zum neuen Rahmen für die Zeit bis 2030 gelten. Unter keinen Umständen sollte der nationale Anteil erneuerbarer Energie unter diesen Beitrag fallen. Ist dies aber der Fall, so sollten die betreffenden Mitgliedstaaten angemessene Maßnahmen nach der Verordnung (EU) 2018/1999[1)] ergreifen, um zu gewährleisten, dass sie diesen als Ausgangswert festgelegten Anteil wieder erlangen. Hält ein Mitgliedstaat seinen als Ausgangswert festgelegten Anteil, ermittelt über einen Zeitraum von 12 Monaten, nicht ein, so sollte er innerhalb von 12 Monaten nach Ende dieses Zeitraums zusätzliche Maßnahmen ergreifen, um seinen Ausgangswert wieder zu erlangen. Hat ein Mitgliedstaat bereits entsprechende zusätzliche Maßnahmen ergriffen und seinen Ausgangswert wiederhergestellt, so sollte davon ausgegangen werden, dass er die verbindlichen Anforderungen nach seinem als Ausgangswert festgelegten Anteil gemäß dieser Richtlinie und gemäß der Verordnung (EU) 2018/1999[1)] während des gesamten fraglichen Zeitraumes eingehalten hat. Dem betreffenden Mitgliedstaat sollte somit nicht angelastet werden, der Verpflichtung zur Einhaltung seines Ausgangswerts in dem Zeitraum, in dem die Lücke bestand, nicht nachgekommen zu sein. Der Rahmen für die Zeit bis 2020 und derjenige für die Zeit bis 2030 dienen beide den umwelt- und energiepolitischen Zielen der Union.

(11) Die Mitgliedstaaten sollten für den Fall, dass der Anteil erneuerbarer Energie auf Unionsebene nicht dem auf mindestens 32 % ausgerichteten Zielpfad der Union entspricht, zusätzliche Maßnahmen ergreifen. Gemäß der Verordnung (EU) 2018/1999[1)] kann die Kommission Maßnahmen auf Unionsebene treffen, um die Verwirklichung dieses Ziels sicherzustellen, falls sie bei der Bewertung der integrierten nationalen Energie- und Klimapläne eine Lücke zwischen den Zielen dieser Pläne und dem Unionsziel feststellt. Entdeckt die Kommission bei der Bewertung der integrierten nationalen Energie- und Klimapläne eine Umsetzungslücke, sollten die Mitgliedstaaten die in der Verordnung (EU) 2018/1999[1)] genannten Maßnahmen ergreifen, um die Lücke zu schließen.

(12) Um ehrgeizige Beiträge der Mitgliedstaaten zum Unionsziel zu unterstützen, sollte, auch unter Nutzung von Finanzierungsinstrumenten, ein Finanzrahmen eingerichtet werden, mit dem Investitionen in Projekte im Bereich erneuerbare Energie in diesen Mitgliedstaaten erleichtert werden.

(13) Die Kommission sollte bei der Zuweisung von Mitteln den Schwerpunkt darauf legen, dass die Kapitalkosten von Projekten im Bereich erneuerbare Energie verringert werden, weil sie einen wesentlichen Einfluss auf die Kosten und die Wettbewerbsfähigkeit dieser Projekte haben, und dass grundlegende Infrastrukturen, die eine verstärkte technisch machbare und rentable Nutzung von erneuerbarer Energie ermöglichen, etwa Übertragungs- und Verteilernetzinfrastrukturen, intelligente Netze und Verbindungsleitungen, geschaffen werden.

(14) Die Kommission sollte den Austausch bewährter Verfahren zwischen den zuständigen nationalen oder regionalen Behörden bzw. Stellen erleichtern, z.B. durch regelmäßige Sitzungen, damit ein gemeinsamer Ansatz gefunden wird, um die vermehrte Durchführung von kosteneffizienten Projekten im Bereich erneuerbare Energie zu fördern. Die Kommission sollte auch Investitionen in neue, flexible und saubere Technologien anregen und auf der Grundlage transparenter Kriterien und zuverlässiger Preissignale des Marktes eine angemessene Strategie für den Verzicht auf Technologien, die nicht zu einer Verringerung der Emissionen beitragen oder nicht ausreichend flexibel sind, festlegen.

(15) In der Verordnung (EG) Nr. 1099/2008 des Europäischen Parlaments und des Rates[2)], den Richtlinien 2001/77/EG[3)] und 2003/30/EG[4)] des Europäischen Parlaments und des Rates und

---

[1)] Nr. 6.

[2)] **Amtl. Anm.:** Verordnung (EG) Nr. 1099/2008 des Europäischen Parlaments und des Rates vom 22. Oktober 2008 über die Energiestatistik (ABl. L 304 vom 14.11.2008, S. 1).

[3)] **Amtl. Anm.:** Richtlinie 2001/77/EG des Europäischen Parlaments und des Rates vom 27. September 2001 zur Förderung der Stromerzeugung aus erneuerbaren Energiequellen im Elektrizitätsbinnenmarkt (ABl. L 283 vom 27.10.2001, S. 33).

[4)] **Amtl. Anm.:** Richtlinie 2003/30/EG des Europäischen Parlaments und des Rates vom 8. Mai 2003 zur Förderung der Verwendung von Biokraftstoffen oder anderen erneuerbaren Kraftstoffen im Verkehrssektor (ABl. L 123 vom 17.5.2003, S. 42).

in der Richtlinie 2009/28/EG wurden für verschiedene Arten Energie aus erneuerbaren Quellen Begriffsbestimmungen festgelegt. Die Rechtsvorschriften der Union für den Energiebinnenmarkt enthalten Begriffsbestimmungen für den Elektrizitätssektor im Allgemeinen. Im Interesse der Rechtssicherheit und der Klarheit ist es angebracht, diese Begriffsbestimmungen in dieser Richtlinie zu verwenden.

(16) Förderregelungen für Elektrizität aus erneuerbaren Quellen oder „erneuerbare Elektrizität" haben sich als ein wirksames Instrument zur Förderung ihres Einsatzes erwiesen. Wenn Mitgliedstaaten beschließen, Förderregelungen einzuführen, sollte die Förderung in einer für die Strommärkte möglichst wenig wettbewerbsverzerrenden Form erfolgen. Deshalb vergibt eine zunehmende Zahl von Mitgliedstaaten die Förderung in einer Form, bei der die Förderung zusätzlich zu Markteinnahmen gewährt wird, und führt marktbasierte Systeme zur Ermittlung des Förderbedarfs ein. In Verbindung mit Maßnahmen zur Vorbereitung des Marktes auf einen steigenden Anteil erneuerbarer Energie tragen solche Förderungen entscheidend dazu bei, dass erneuerbare Elektrizität – unter Berücksichtigung der unterschiedlichen Fähigkeiten kleiner und großer Produzenten, auf Marktsignale zu reagieren – stärker in den Markt integriert wird.

(17) Kleine Anlagen können von großem Nutzen sein, wenn es um eine bessere öffentliche Akzeptanz geht und die Einführung von Projekten im Bereich erneuerbare Energie insbesondere auf lokaler Ebene sichergestellt werden soll. Um die Beteiligung dieser kleinen Anlagen und ein positives Kosten-Nutzen-Verhältnis zu gewährleisten, könnten daher – in Einklang mit dem den Elektrizitätsmarkt regelnden Unionsrecht – weiterhin Sonderbedingungen, einschließlich Einspeisetarife, erforderlich sein. Der Begriff „kleine Anlage" sollte für die Zwecke der Inanspruchnahme von Förderung definiert werden, damit für Investoren Rechtssicherheit besteht. In den Vorschriften über staatliche Beihilfen sind entsprechende Begriffsbestimmungen enthalten.

(18) Gemäß Artikel 108 AEUV[1] ist ausschließlich die Kommission befugt, die Vereinbarkeit etwaiger von den Mitgliedstaaten für den Einsatz von Energie aus erneuerbaren Quellen vorgesehener staatlicher Beihilferegelungen mit dem Binnenmarkt zu bewerten. Diese Bewertung erfolgt auf der Grundlage von Artikel 107 Absatz 3 AEUV[1] und entspricht den einschlägigen Bestimmungen und Leitlinien, die die Kommission für diese Zwecke erlassen kann. Diese durch den AEUV vorgesehene ausschließliche Befugnis der Kommission bleibt von den Bestimmungen dieser Richtlinie unberührt.

(19) Der Einsatz von Strom aus erneuerbaren Quellen sollte möglichst geringe Kosten für die Verbraucher und Steuerzahler mit sich bringen. Bei der Konzipierung von Förderregelungen und bei der Vergabe von Fördermitteln sollten sich die Mitgliedstaaten bemühen, die Gesamtsystemkosten des Ausbaus auf dem Dekarbonisierungspfad bis hin zu dem bis 2050 angestrebten Ziel der CO_2-armen Wirtschaft möglichst gering zu halten. Erwiesenermaßen lassen sich die Förderkosten mit marktbasierten Mechanismen, beispielsweise Ausschreibungsverfahren, auf wettbewerbsorientierten Märkten in vielen Fällen wirksam verringern. Unter bestimmten Umständen führen Ausschreibungsverfahren jedoch möglicherweise nicht unbedingt zu einer effizienten Preisbildung. Daher müssen unter Umständen ausgewogene Ausnahmeregelungen geprüft werden, die Kostenwirksamkeit und möglichst geringe Gesamtförderkosten gewährleisten. Insbesondere sollte es den Mitgliedstaaten gestattet sein, kleinen Anlagen und Demonstrationsprojekten mit Rücksicht auf deren beschränktere Möglichkeiten Ausnahmen von der Beteiligung an Ausschreibungsverfahren und von der Direktvermarktung zu gewähren. Da die Kommission im Einzelfall prüft, ob die Förderung erneuerbarer Energie mit dem Binnenmarkt vereinbar ist, sollten diese Ausnahmen mit den entsprechenden Schwellenwerten in Einklang stehen, die in den jüngsten Leitlinien der Kommission für staatliche Umweltschutz- und Energiebeihilfen festgelegt sind. In den Leitlinien für 2014-2020 sind als Schwellenwerte für Ausnahmen von der Beteiligung an Ausschreibungsverfahren 1 MW (für Windkraftanlagen 6 MW oder 6 Erzeugungseinheiten) und von der Direktvermarktung 500 kW (für Windkraftanlagen 3 MW oder 3 Erzeugungseinheiten) festgelegt. Damit die Ausschreibungsverfahren noch stärker zur Verringerung der Gesamtförderkosten beitragen, sollten sie grundsätzlich allen Produzenten von Elektrizität aus erneuerbaren Quellen in nichtdiskriminierender Weise offenstehen. Bei der Aufstellung ihrer Förderregelungen können die Mitgliedstaaten Ausschreibungsverfahren auf bestimmte Technologien begrenzen, wenn das notwendig ist, um suboptimale Ergebnisse in Bezug auf Netzeinschränkungen, Netzstabilität, Systemintegrationskosten, die Notwendigkeit einer Diversifizierung des Energiemix und das langfristige Potenzial der Technologien zu verhindern.

---

[1] Nr. **13**.

(20) Der Europäische Rat hat in seinen Schlussfolgerungen vom 23. und 24. Oktober 2014 zum Rahmen für die Klima- und Energiepolitik bis 2030 betont, dass ein stärker vernetzter Energiebinnenmarkt erforderlich ist und dass für die Einspeisung von immer mehr erneuerbarer Energie mit variabler Leistungsabgabe eine ausreichende Förderung bereitgestellt werden muss, damit die Union ihrem Führungsanspruch bei der Energiewende gerecht werden kann. Daher ist es dringend erforderlich, den Grad der Vernetzung zu erhöhen und bei der Verwirklichung der vom Europäischen Rat vereinbarten Ziele Fortschritte zu erzielen, damit die Möglichkeiten der Energieunion in vollem Umfang genutzt werden können.

(21) Bei der Aufstellung von Förderregelungen für erneuerbare Energiequellen berücksichtigen die Mitgliedstaaten das Angebot an nachhaltiger Biomasse und tragen den Grundsätzen der Kreislaufwirtschaft und der Abfallhierarchie gemäß der Richtlinie 2008/98/EG des Europäischen Parlaments und des Rates[1] entsprechend Rechnung, um unnötige Wettbewerbsverzerrungen auf den Rohstoffmärkten zu verhindern. Abfallvermeidung und Abfallrecycling sollten Vorrang haben. Die Mitgliedstaaten sollten keine Förderregelungen aufstellen, die den Zielen für die Abfallbehandlung zuwiderlaufen und zu einer ineffizienten Nutzung recycelbarer Abfälle führen würden.

(22) Die Mitgliedstaaten haben unterschiedliche Potenziale im Bereich erneuerbare Energie und bedienen sich unterschiedlicher Förderregelungen auf nationaler Ebene. Die meisten Mitgliedstaaten wenden Förderregelungen an, bei denen nur für im eigenen Hoheitsgebiet produzierte Energie aus erneuerbaren Quellen Vergünstigungen gewährt werden. Damit die nationalen Förderregelungen ordnungsgemäß funktionieren, sollte es den Mitgliedstaaten weiterhin möglich sein, Wirkung und Kosten dieser Regelungen dem eigenen Potenzial entsprechend zu steuern. Ein wichtiger Faktor bei der Verwirklichung des Ziels dieser Richtlinie besteht nach wie vor darin, wie in den Richtlinien 2001/77/EG und 2009/28/EG vorgesehen, das ungestörte Funktionieren der nationalen Förderregelungen zu gewährleisten, damit das Vertrauen der Investoren erhalten bleibt und die Mitgliedstaaten im Hinblick auf ihren jeweiligen Beitrag zu dem von der Union bis 2030 angestrebten Ziel für erneuerbare Energie sowie gegebenenfalls auf die Ziele, die sie sich selbst gesetzt haben, wirksame nationale Maßnahmen konzipieren können. Diese Richtlinie sollte die grenzüberschreitende Förderung von erneuerbarer Energie erleichtern, ohne die nationalen Förderregelungen unverhältnismäßig zu beeinträchtigen.

(23) Die Öffnung von Förderregelungen für die grenzüberschreitende Beteiligung begrenzt negative Auswirkungen auf den Energiebinnenmarkt und kann die Mitgliedstaaten unter bestimmten Bedingungen dabei unterstützen, das Ziel der Union auf kosteneffizientere Weise zu erreichen. Ferner ist die grenzüberschreitende Beteiligung die natürliche Folge der Entwicklung der Unionspolitik im Bereich erneuerbare Energie, die im Hinblick auf den Beitrag zu dem unionsweit verbindlichen Ziel Konvergenz und Zusammenarbeit fördert. Daher ist es angezeigt, die Mitgliedstaaten dazu zu ermutigen, die Förderung für Projekte in anderen Mitgliedstaaten zu öffnen, und verschiedene Möglichkeiten festzulegen, wie diese schrittweise Öffnung unter Einhaltung der Bestimmungen des AEUV, insbesondere der Artikel 30, 34 und 110, umgesetzt werden kann. Da sich Stromflüsse nicht zurückverfolgen lassen, ist es angemessen, die Öffnung von Förderregelungen für die grenzüberschreitende Beteiligung an Anteile zu knüpfen, die eine Annäherung an den tatsächlichen Verbundgrad darstellen, und den Mitgliedstaaten zu gestatten, ihre geöffneten Förderregelungen auf die Mitgliedstaaten zu beschränken, zu denen eine direkte Netzverbindung besteht, was ein konkreter Hinweis dafür ist, dass zwischen den Mitgliedstaaten physikalische Stromflüsse stattfinden. Das zonenübergreifende und grenzüberschreitende Funktionieren der Strommärkte sollte dadurch jedoch in keiner Weise beeinträchtigt werden.

(24) Um zu gewährleisten, dass die Öffnung der Förderregelungen auf Gegenseitigkeit beruht und allen Seiten zum Vorteil gereicht, sollten die teilnehmenden Mitgliedstaaten eine Kooperationsvereinbarung unterzeichnen. Die Mitgliedstaaten sollten die Kontrolle darüber behalten, in welchem Tempo der Ausbau der Kapazitäten für erneuerbare Elektrizität in ihrem Hoheitsgebiet voranschreitet, um insbesondere den damit verbundenen Integrationskosten und den erforderlichen Investitionen in die Netze Rechnung zu tragen. So sollte ihnen gestattet sein, die Teilnahme von in ihrem Hoheitsgebiet befindlichen Anlagen an Ausschreibungen, die von anderen Mitgliedstaaten für sie geöffnet wurden, zu beschränken. Die Kooperationsvereinbarungen sollten auf alle wichtigen Aspekte eingehen, wie etwa die Berücksichtigung der Kosten eines

---

[1] **Amtl. Anm.:** Richtlinie 2008/98/EG des Europäischen Parlaments und des Rates vom 19. November 2008 über Abfälle und zur Aufhebung bestimmter Richtlinien (ABl. L 312 vom 22.11.2008, S. 3).

Projekts, das von einem Staat im Hoheitsgebiet eines anderen Staates errichtet wird, einschließlich der Ausgaben für den Ausbau von Netzen, Energieübertragungs-, Speicher- und Reservekapazitäten sowie aufgrund möglicher Netzengpässe. In diesen Vereinbarungen sollten die Mitgliedstaaten auch jene Maßnahmen berücksichtigen, die eine kostengünstige Integration solcher zusätzlichen Kapazitäten für erneuerbare Elektrizität ermöglichen könnten, unabhängig davon, ob es sich um Regulierungsmaßnahmen (beispielsweise zur Marktgestaltung) oder um zusätzliche Investitionen in verschiedene Flexibilitätsquellen (beispielsweise Verbindungsleitungen, Speicherung, Laststeuerung oder flexible Erzeugung) handelt.

(25) Die Mitgliedstaaten sollten Verzerrungen verhindern, die dazu führen, dass Ressourcen in großem Umfang aus Drittländern eingeführt werden. In diesem Zusammenhang sollten sie ein Lebenszykluskonzept in Betracht ziehen und fördern.

(26) Die Mitgliedstaaten sollten sicherstellen, dass Erneuerbare-Energie-Gemeinschaften gleichberechtigt mit anderen großen Teilnehmern an bestehenden Förderregelungen teilhaben können. Deshalb sollte es den Mitgliedstaaten gestattet sein, Maßnahmen – einschließlich der Bereitstellung von Informationen sowie technischer und finanzieller Förderung – zu treffen, Verwaltungsanforderungen abzubauen, auf Gemeinschaften ausgerichtete Bietekriterien aufzunehmen und auf Erneuerbare-Energie-Gemeinschaften zugeschnittene Zeitfenster für Gebote vorzusehen oder zu gestatten, dass diese Gemeinschaften, sofern sie die Kriterien für kleine Anlagen erfüllen, über direkte Förderung vergütet werden.

(27) Bei der Planung der Infrastruktur, die für die Produktion von Elektrizität aus erneuerbaren Quellen benötigt wird, sollten politische Strategien für die Beteiligung der Menschen, die von den Projekten betroffen sind, und insbesondere der Bevölkerung vor Ort berücksichtigt werden.

(28) Die Verbraucher sollten umfassend, auch über die verbesserte Gesamtenergieeffizienz von Wärme- und Kältesystemen und die niedrigeren Betriebskosten von Elektrofahrzeugen, informiert werden, damit sie als Verbraucher in Bezug auf erneuerbare Energie individuelle Entscheidungen treffen können und Lock-in-Effekte bei bestimmten Technologien vermieden werden.

(29) Unbeschadet der Artikel 107 und 108 AEUV[1)] sollten Fördermaßnahmen für erneuerbare Energie berechenbar und beständig sein und häufige oder nachträgliche Änderungen daran vermieden werden. Eine unberechenbare und unbeständige Förderpolitik hat unmittelbare Auswirkungen auf die Kapitalfinanzierungskosten, die Kosten der Projektentwicklung und damit auf die Gesamtkosten des Ausbaus im Bereich erneuerbare Energie in der Union. Die Mitgliedstaaten sollten verhindern, dass sich die Überarbeitung der Modalitäten etwaiger bereits gewährter Förderung für Projekte im Bereich erneuerbare Energie negativ auf deren wirtschaftliche Tragfähigkeit auswirkt. In diesem Zusammenhang sollten die Mitgliedstaaten kostenwirksame Fördermaßnahmen unterstützen und für ihre finanzielle Tragfähigkeit sorgen. Außerdem sollte ein langfristiger indikativer Zeitplan für die wichtigsten Aspekte der voraussichtlichen Förderung veröffentlicht werden, ohne jedoch die Möglichkeit der Mitgliedstaaten zu beeinträchtigen, über die Zuweisung von Haushaltsmitteln in den im Zeitplan erfassten Jahren zu entscheiden.

(30) Die Verpflichtung der Mitgliedstaaten, nationale Aktionspläne für erneuerbare Energie und Fortschrittsberichte zu erstellen, sowie die Verpflichtung der Kommission, über die Fortschritte der Mitgliedstaaten Bericht zu erstatten, sind unerlässlich, um die Transparenz zu erhöhen, Klarheit für Investoren und Verbraucher zu schaffen und eine wirksame Überwachung zu ermöglichen. Diese Verpflichtungen werden mit der Verordnung (EU) 2018/1999[2)] in das Governance-System der Energieunion integriert, in dem die Planungs-, Berichterstattungs- und Überwachungspflichten in den Bereichen Energie und Klima zusammengeführt werden. Außerdem geht die Transparenzplattform für erneuerbare Energie in der umfassenderen, durch die genannte Verordnung eingerichteten elektronischen Plattform auf.

(31) Für die Berechnung des Anteils von Energie aus erneuerbaren Quellen und zur Bestimmung dieser Quellen ist es erforderlich, für transparente und eindeutige Regeln zu sorgen.

(32) Bei der Berechnung des Beitrags der Wasserkraft und der Windkraft für die Zwecke dieser Richtlinie sollten die Auswirkungen klimatischer Schwankungen durch die Verwendung einer Normalisierungsregel geglättet werden. Weiterhin sollte Elektrizität, die in Pumpspeicherkraft-

---

1) Nr. **13**.
2) Nr. **6**.

werken mit zuvor hochgepumptem Wasser produziert wird, nicht als erneuerbare Elektrizität betrachtet werden.

(33) Wärmepumpen, die die Nutzung von Umgebungswärme und geothermische Energie bei einem brauchbaren Temperaturniveau ermöglichen, oder Kältesysteme benötigen Elektrizität oder andere Hilfsenergie für ihren Betrieb. Deshalb sollte die Energie, die zum Antrieb dieser Systeme eingesetzt wird, von der Gesamtnutzenergie oder der Energie, die dem Gebiet entnommen wird, subtrahiert werden. Es sollten nur Wärme- und Kältesysteme berücksichtigt werden, bei denen der Output oder die einem Gebiet entnommene Energie die zum Antrieb der Systeme erforderliche Primärenergie deutlich übersteigt. Kältesysteme tragen zum Energieverbrauch in den Mitgliedstaaten bei; es ist deshalb angemessen, dass der Anteil erneuerbarer Energie am Energieverbrauch solcher Systeme in allen Endverbrauchssektoren im Rahmen der Berechnungsmethoden berücksichtigt wird.

(34) Passive Energiesysteme verwenden die Baukonstruktion, um Energie nutzbar zu machen. Die dergestalt nutzbar gemachte Energie gilt als eingesparte Energie. Zur Vermeidung einer Doppelzählung sollte auf diese Weise nutzbar gemachte Energie für die Zwecke dieser Richtlinie nicht berücksichtigt werden.

(35) Bei einigen Mitgliedstaaten ist der Anteil des Flugverkehrs am Bruttoendenergieverbrauch hoch. Angesichts der technischen und rechtlichen Beschränkungen, die den kommerziellen Einsatz von Biokraftstoffen in der Luftfahrt derzeit verhindern, ist es angemessen, eine teilweise Ausnahme für diese Mitgliedstaaten vorzusehen, indem bei der Berechnung ihres Bruttoendenergieverbrauchs im nationalen Flugverkehr diejenige Menge unberücksichtigt bleibt, um die sie, laut Eurostat, den eineinhalbfachen Wert des durchschnittlichen EU-Bruttoendenergieverbrauchs im Flugverkehr im Jahr 2005 überschreiten (d.h. 6,18 %). Zypern und Malta sind als Inseln und Randgebiete auf den Flugverkehr als unverzichtbares Beförderungsmittel für ihre Bürger und ihre Wirtschaft besonders angewiesen. Das führt dazu, dass Zypern und Malta einen Bruttoendenergieverbrauch im nationalen Flugverkehr haben, der mit mehr als dem Dreifachen des Unionsdurchschnitts im Jahr 2005 unverhältnismäßig hoch ist. Folglich sind sie unverhältnismäßig von den derzeitigen technischen und rechtlichen Beschränkungen betroffen. Es ist daher angemessen, zugunsten dieser Mitgliedstaaten eine Ausnahme in Höhe des Betrags vorzusehen, um den diese Mitgliedstaaten laut Eurostat den durchschnittlichen EU-Bruttoendenergieverbrauch im Flugverkehr im Jahr 2005 überschreiten (d.h. 4,12 %).

(36) In der Mitteilung der Kommission vom 20. Juli 2016 mit dem Titel „Eine europäische Strategie für emissionsarme Mobilität" wird hervorgehoben, dass fortschrittliche Biokraftstoffe und flüssige oder gasförmige erneuerbare Kraftstoffe nicht biogenen Ursprungs mittelfristig für den Luftverkehr besonders wichtig sein werden.

(37) Um sicherzustellen, dass die dieser Richtlinie als Anhang beigefügte Liste von Rohstoffen zur Herstellung fortschrittlicher Biokraftstoffe und anderer Biokraftstoffe und Biogase die Grundsätze der Abfallhierarchie gemäß der Richtlinie 2008/98/EG, die Nachhaltigkeitskriterien der Union und die Notwendigkeit berücksichtigt werden, dass durch diesen Anhang, mit dem die Nutzung von Abfällen und Reststoffen gefördert werden soll, keine zusätzliche Nachfrage nach Anbauflächen entstehen darf, sollte die Kommission bei der regelmäßigen Bewertung des Anhangs die Einbeziehung zusätzlicher Rohstoffe erwägen, die keine erheblichen Verzerrungen auf den Märkten für (Neben-)Produkte, Abfälle oder Reststoffe bewirken.

(38) Um Möglichkeiten zur Senkung der mit der Verwirklichung des Unionsziels dieser Richtlinie verbundenen Kosten zu schaffen und um den Mitgliedstaaten Flexibilität bei der Einhaltung ihrer Verpflichtung zu geben, nach 2020 nicht hinter den für 2020 gesetzten nationalen Zielen zurückzubleiben, sollte in den Mitgliedstaaten der Verbrauch von in anderen Mitgliedstaaten produzierter erneuerbarer Energie gefördert werden, und die Mitgliedstaaten sollten erneuerbare Energie, die in anderen Mitgliedstaaten verbraucht wird, auf ihren eigenen Anteil erneuerbarer Energie anrechnen können. Aus diesem Grund sollte die Kommission eine Plattform der Union für die verstärkte Nutzung erneuerbarer Energie (Union renewable development platform, URDP) einrichten, die den Mitgliedstaaten abgesehen von bilateralen Kooperationsvereinbarungen den Handel mit Anteilen von erneuerbarer Energie ermöglicht. Die URDP ist als Ergänzung zur freiwilligen Öffnung von Förderregelungen für Projekte in anderen Mitgliedstaaten vorgesehen. Die Vereinbarungen zwischen den Mitgliedstaaten umfassen statistische Transfers, gemeinsame Projekte der Mitgliedstaaten oder gemeinsame Förderregelungen.

(39) Die Mitgliedstaaten sollten darin bestärkt werden, alle angemessenen Formen der Zusammenarbeit zu nutzen, damit die Ziele dieser Richtlinie erreicht werden, und die Bürger über die Vorteile zu informieren, die sich durch Kooperationsmechanismen ergeben. Diese Zusammen-

arbeit kann auf allen Ebenen bilateral oder multilateral erfolgen. Abgesehen von den Mechanismen mit Auswirkungen auf die Zielberechnung des Anteils erneuerbarer Energie und die Zielerfüllung, die ausschließlich in dieser Richtlinie geregelt sind, nämlich die statistischen Transfers zwischen den Mitgliedstaaten, die bilateral oder über die URDP erfolgen, die gemeinsamen Projekte und die gemeinsamen Förderregelungen, kann eine solche Zusammenarbeit beispielsweise auch in einem Austausch von Informationen und bewährten Verfahrensweisen, wie er insbesondere mit der durch die Verordnung (EU) 2018/1999[1] geschaffenen elektronischen Plattform vorgesehen ist, und in einer anderen freiwilligen Abstimmung zwischen allen Typen von Förderregelungen bestehen.

(40) Es sollte die Möglichkeit bestehen, importierte, aus erneuerbaren Energiequellen außerhalb der Union produzierte Elektrizität auf den Anteil erneuerbarer Energie der Mitgliedstaaten anzurechnen. Damit die Ersetzung nicht erneuerbarer Energie durch erneuerbare Energie sowohl in der Union als auch in Drittländern eine angemessene Wirkung erzielt, sollte sichergestellt werden, dass diese Einfuhren zuverlässig nachverfolgt und angerechnet werden können. Abkommen mit Drittländern über die Organisation dieses Handels mit erneuerbarer Elektrizität sollten berücksichtigt werden. Sind die Vertragsparteien des Vertrags über die Energiegemeinschaft[2] aufgrund eines nach diesem Vertrag erlassenen diesbezüglichen Beschlusses durch die einschlägigen Bestimmungen dieser Richtlinie gebunden, so sollten die in dieser Richtlinie vorgesehenen Kooperationsmaßnahmen zwischen den Mitgliedstaaten auch für sie gelten.

(41) Wenn die Mitgliedstaaten gemeinsame Projekte mit einem oder mehreren Drittländern zur Produktion von erneuerbarer Elektrizität durchführen, sollten sich diese gemeinsamen Projekte nur auf neu gebaute Anlagen oder Anlagen beziehen, deren Kapazität gerade aufgestockt wurde. Auf diese Weise kann besser sichergestellt werden, dass die Einfuhr von Energie aus erneuerbaren Quellen in die Union nicht dazu führt, dass in dem Drittland der Anteil von Energie aus erneuerbaren Quellen am Gesamtenergieverbrauch sinkt.

(42) Mit dieser Richtlinie wird nicht nur ein Rahmen der Union für die Förderung von Energie aus erneuerbaren Quellen festgelegt, sondern auch zu den positiven Auswirkungen beigetragen, die sich aus der Förderung der Erschließung erneuerbarer Energieträger in Drittländern für die Union und die Mitgliedsstaaten ergeben können. Die Union und die Mitgliedstaaten sollten Forschung, Entwicklung und Investitionen zugunsten der Produktion von erneuerbarer Energie in Entwicklungsländern und anderen Partnerländern unter uneingeschränkter Achtung des Völkerrechts fördern und auf diese Weise zur Stärkung der ökologischen Nachhaltigkeit, der wirtschaftlichen Tragfähigkeit und der Ausfuhrkapazitäten dieser Länder im Bereich erneuerbare Energie beitragen.

(43) Das Verfahren, das für die Genehmigung, Zertifizierung und Zulassung von Anlagen für erneuerbare Energieträger angewendet wird, muss objektiv, transparent, diskriminierungsfrei und verhältnismäßig sein, wenn die Regelungen auf bestimmte Projekte angewendet werden. Insbesondere ist es angemessen, unnötige Belastungen zu vermeiden, die sich daraus ergeben können, dass Projekte im Bereich erneuerbare Energie als Anlagen, die ein hohes Gesundheitsrisiko darstellen, eingestuft werden.

(44) Im Interesse der raschen Verbreitung von Energie aus erneuerbaren Quellen und im Hinblick auf deren insgesamt große Vorzüge in Bezug auf Nachhaltigkeit und Umweltverträglichkeit sollten die Mitgliedstaaten im Rahmen von Verwaltungsvorgängen, Planungsabläufen und der Gesetzgebung, die für die Zulassung von Anlagen in Bezug auf die Verringerung von Schadstoffen und die Überwachung von Industrieanlagen, die Eindämmung der Luftverschmutzung und die Vermeidung oder Verminderung der Ableitung gefährlicher Stoffe in die Umwelt gelten, dem Beitrag der von Energie aus erneuerbaren Quellen bei der Umsetzung der Umwelt- und Klimaschutzziele insbesondere im Vergleich zu Anlagen, die keine erneuerbaren Energieträger nutzen, Rechnung tragen.

(45) Die Kohärenz zwischen den Zielen dieser Richtlinie und dem sonstigen Umweltrecht der Union sollte sichergestellt werden. Insbesondere sollten die Mitgliedstaaten bei Bewertungs-, Planungs- oder Zulassungsverfahren für Anlagen zur Nutzung von erneuerbarer Energie dem Umweltrecht der Union Rechnung tragen und den Beitrag berücksichtigen, den Energie aus erneuerbaren Quellen vor allem im Vergleich zu Anlagen, die nicht erneuerbare Energie nutzen, bei der Erreichung der Umwelt- und Klimaschutzziele leisten.

---

[1] Nr. **6**.
[2] **Amtl. Anm.:** ABl. L 198 vom 20.7.2006, S. 18.

(46) Geothermische Energie ist eine wichtige vor Ort verfügbare erneuerbare Energiequelle, die in der Regel deutlich weniger Emissionen verursacht als fossile Brennstoffe, und bestimmte Arten von Geothermalkraftwerken verursachen nahezu keine Emissionen. Aufgrund bestimmter geologischer Gegebenheiten können bei der Produktion geothermischer Energie jedoch in bestimmten Gebieten aus unterirdischen Fluiden und anderen geologischen Formationen im Untergrund Treibhausgase und andere Stoffe freigesetzt werden, die gesundheits- und umweltschädlich sind. Deshalb sollte die Nutzung geothermischer Energie von der Kommission nur erleichtert werden, wenn die damit verbundenen Auswirkungen auf die Umwelt gering sind und im Vergleich zu nicht erneuerbaren Quellen Treibhausgaseinsparungen erzielt werden.

(47) Auf nationaler, regionaler und gegebenenfalls auch lokaler Ebene haben Vorschriften und Verpflichtungen in Bezug auf Mindestanforderungen an die Nutzung von Energie aus erneuerbaren Quellen in neuen und renovierten Gebäuden den Einsatz von Energie aus erneuerbaren Quellen erheblich gesteigert. Diese Maßnahmen sollten in der Union in einem größeren Zusammenhang gefördert werden; gleichzeitig sollte über Bauvorschriften und Regelwerke in Verbindung mit Energieeinspar- und Energieeffizienzmaßnahmen darauf hingewirkt werden, dass energieeffizientere Formen der Nutzung von Energie aus erneuerbaren Quellen Verbreitung finden.

(48) Um die Festlegung von Mindestwerten für die Nutzung von Energie aus erneuerbaren Quellen in Gebäuden zu erleichtern und zu beschleunigen, sollte die Berechnung dieser Mindestwerte für neue Gebäude und bestehende Gebäude, die einer größeren Renovierung unterzogen werden, eine ausreichende Grundlage bieten, um beurteilen zu können, ob die Einbeziehung von Mindestwerten für erneuerbare Energie technisch machbar, zweckmäßig und wirtschaftlich tragbar ist. Die Mitgliedstaaten sollten unter anderem gestatten, dass effiziente Fernwärme- und Fernkältesysteme sowie – bei Fehlen von Fernwärme- und Fernkältesystemen – andere Energieinfrastrukturen genutzt werden, um diese Anforderungen zu erfüllen.

(49) Um zu gewährleisten, dass die nationalen Maßnahmen für die Entwicklung der Wärme- und Kälteerzeugung aus erneuerbaren Energiequellen auf einer umfassenden Ermittlung und Analyse des nationalen Potenzials von erneuerbarer Energie und Abwärme basieren und eine stärkere Integration von erneuerbarer Energie – durch Förderung von unter anderem innovativen Technologien wie Wärmepumpen, geothermischen und solarthermischen Technologien – sowie von Abwärme und -kälte vorsehen, sollten die Mitgliedstaaten dazu verpflichtet werden, eine Bewertung des nationalen Potenzials von Energie aus erneuerbaren Quellen und der Nutzung von Abwärme und -kälte im Wärme- und Kältesektor durchzuführen, insbesondere um die durchgängige Einbeziehung von Energie aus erneuerbaren Quellen bei Wärme- und Kälteanlagen zu erleichtern und eine wettbewerbsfähige und effiziente Fernwärme- und Fernkälteversorgung zu fördern. Zur Gewährleistung der Kohärenz mit den Anforderungen im Bereich der Energieeffizienz von Wärme- und Kälteanlagen und zur Verringerung des Verwaltungsaufwands sollte diese Bewertung im Rahmen der umfassenden Bewertungen erfolgen, die gemäß Artikel 14 der Richtlinie 2012/27/EU[1] des Europäischen Parlaments und des Rates[2] durchzuführen und mitzuteilen sind.

(50) Es hat sich gezeigt, dass der Einsatz von Energie aus erneuerbaren Quellen durch das Fehlen transparenter Regeln und mangelnde Koordinierung zwischen den verschiedenen Genehmigungsstellen behindert wird. Wenn Antragstellern während des Verwaltungsverfahrens im Hinblick auf die Beantragung und die Erteilung der Genehmigung über eine Anlaufstelle für Verwaltungsangelegenheiten Beratung angeboten würde, soll dies dazu führen das Verfahren für den Projektentwickler, aber auch für Eigenversorger im Bereich erneuerbare Elektrizität und für Erneuerbare-Energie-Gemeinschaften weniger kompliziert sowie effizienter und transparenter zu gestalten. Die Beratung hat unter Berücksichtigung der besonderen Gegebenheiten der Mitgliedstaaten auf einer geeigneten Verwaltungsebene zu erfolgen. Die zentralen Anlaufstellen sollten Antragsteller während des gesamten Verwaltungsverfahrens als Berater zur Seite stehen und unterstützen, sodass sich die Antragsteller, um das Verfahren zur Genehmigungserteilung zum Abschluss zu bringen, an keine weiteren Verwaltungsstellen wenden müssen, sofern sie dies nicht bevorzugen.

---

[1] Nr. **61**.

[2] **Amtl. Anm.:** Richtlinie 2012/27/EU [Nr. **61**] des Europäischen Parlaments und des Rates vom 25. Oktober 2012 zur Energieeffizienz, zur Änderung der Richtlinien 2009/125/EG und 2010/30/EU und zur Aufhebung der Richtlinien 2004/8/EG und 2006/32/EG (ABl. L 315 vom 14.11.2012, S. 1).

(51) Langwierige Verwaltungsverfahren stellen eine große administrative Hürde dar und verursachen erhebliche Kosten. Durch die Vereinfachung der Verwaltungsverfahren zur Genehmigungserteilung und eindeutige Fristen für die Entscheidungen über die Ausstellung der Genehmigung für die Stromerzeugungsanlage, die die zuständigen Behörden auf der Grundlage eines vollständigen Antrags treffen, sollte ein effizienterer Ablauf der Verfahren und somit ein Rückgang der Verwaltungskosten erreicht werden. Damit Projektentwickler und Bürger, die in erneuerbare Energie investieren möchten, die Verfahren leichter verstehen können, sollte ein Verfahrenshandbuch zur Verfügung gestellt werden. Um darauf hinzuwirken, dass erneuerbare Energie gemäß den Zielen dieser Richtlinie von Kleinst-, kleinen und mittleren Unternehmen sowie einzelnen Bürgern in größerem Umfang genutzt wird, sollten für die Beantragung eines Netzzugangs bei der zuständigen Stelle Verfahren der einfachen Mitteilung eingeführt werden, wenn es sich um kleine Projekte im Bereich erneuerbare Energie, einschließlich dezentraler Anlagen wie Solaranlagen auf Gebäuden, handelt. Um auf den wachsenden Bedarf am Repowering bestehender Anlagen für erneuerbare Energie zu reagieren, sollten gestraffte Verfahren zur Genehmigungserteilung vorgesehen werden. Diese Richtlinie, insbesondere die Bestimmungen über die Organisation und die Dauer der Verwaltungsverfahren zur Genehmigungserteilung, sollte unbeschadet des Völkerrechts und des Unionsrechts, einschließlich der Bestimmungen zum Schutz von Umwelt und Gesundheit, gelten. In durch außergewöhnliche Umstände hinreichend begründenden Fällen, sollten die ursprünglich vorgesehenen Fristen um bis zu einem Jahr verlängert werden dürfen.

(52) Informations- und Ausbildungsdefizite, insbesondere im Wärme- und im Kältesektor, sollten im Interesse der Förderung des Einsatzes von Energie aus erneuerbaren Quellen beseitigt werden.

(53) Soweit der Zugang zum Beruf des Installateurs und dessen Ausübung den Regeln für reglementierte Berufe unterliegen, sind die Bedingungen für die Anerkennung der Berufsqualifikationen in der Richtlinie 2005/36/EG des Europäischen Parlaments und des Rates[1)] festgelegt. Die Anwendung der vorliegenden Richtlinie berührt deshalb nicht die Richtlinie 2005/36/EG.

(54) Wenngleich in der Richtlinie 2005/36/EG Anforderungen an die wechselseitige Anerkennung von Berufsqualifikationen, auch für Architekten, festgelegt sind, muss weiterhin gewährleistet werden, dass Architekten und Planer die optimale Verbindung von erneuerbarer Energie und effizienzsteigernden Technologien in ihren Plänen und Entwürfen gebührend berücksichtigen. Die Mitgliedstaaten sollten in dieser Hinsicht daher klare Empfehlungen vorgeben. Dies sollte unbeschadet der Richtlinie 2005/36/EG, insbesondere von deren Artikeln 46 und 49, geschehen.

(55) Herkunftsnachweise, die für die Zwecke dieser Richtlinie ausgestellt werden, dienen ausschließlich dazu, einem Endkunden gegenüber zu zeigen, dass ein bestimmter Anteil oder eine bestimmte Menge an Energie aus erneuerbaren Quellen produziert wurde. Ein Herkunftsnachweis kann, unabhängig von der Energie, auf die er sich bezieht, von einem Inhaber auf einen anderen übertragen werden. Um sicherzustellen, dass eine Einheit erneuerbare Energie einem Kunden gegenüber nur einmal ausgewiesen werden kann, sollte jedoch eine Doppelzählung und doppelte Ausweisung von Herkunftsnachweisen vermieden werden. Energie aus erneuerbaren Quellen, deren begleitender Herkunftsnachweis vom Produzenten separat verkauft wurde, sollte gegenüber dem Endkunden nicht als Energie aus erneuerbaren Quellen ausgewiesen oder verkauft werden. Es ist wichtig, dass zwischen grünen Zertifikaten, die für Förderregelungen genutzt werden, und Herkunftsnachweisen unterschieden wird.

(56) Es sollte ermöglicht werden, dass der Verbrauchermarkt für erneuerbare Elektrizität einen Beitrag zur Entwicklung im Bereich Energie aus erneuerbaren Quellen leistet. Daher sollten die Mitgliedstaaten von Elektrizitätsversorgern, die gemäß dem Unionsrecht über den Elektrizitätsbinnenmarkt gegenüber Endkunden ihren Energiemix ausweisen oder die Energie mit Verweis auf den Verbrauch von Energie aus erneuerbaren Quellen an Verbraucher vermarkten, verlangen, dass sie Herkunftsnachweise von Anlagen zur Produktion von Energie aus erneuerbaren Quellen verwenden.

(57) Es ist wichtig, darüber zu informieren, wie die geförderte Elektrizität den Endkunden zugewiesen wird. Um die Qualität dieser den Verbrauchern bereitgestellten Informationen zu verbessern, sollten die Mitgliedstaaten gewährleisten, dass für alle Einheiten produzierter erneuerbarer Energie Herkunftsnachweise ausgestellt werden, es sei denn, sie beschließen, Produzenten, die

---

[1)] **Amtl. Anm.:** Richtlinie 2005/36/EG des Europäischen Parlaments und des Rates vom 7. September 2005 über die Anerkennung von Berufsqualifikationen (ABl. L 255 vom 30.9.2005, S. 22).

auch finanzielle Förderung erhalten, keine Herkunftsnachweise auszustellen. Wenn Mitgliedstaaten beschließen, Herkunftsnachweise Produzenten auszustellen, die finanzielle Förderung erhalten, oder wenn sie beschließen, diese Nachweise Produzenten nicht direkt auszustellen, sollten sie die Möglichkeit haben, selbst zu entscheiden, mit welchen Mitteln und über welche Mechanismen der Marktwert dieser Herkunftsnachweise berücksichtigt werden soll. Wenn Produzenten von erneuerbarer Energie bereits finanziell gefördert werden, sollte der Marktwert der Herkunftsnachweise für die betreffende Produktion im Rahmen der betreffenden Förderregelung angemessen berücksichtigt werden.

(58) Mit der Richtlinie 2012/27/EU[1)] wurden Herkunftsnachweise eingeführt, um die Herkunft von Elektrizität aus hocheffizienten Kraft-Wärme-Kopplungsanlagen zu belegen. Jedoch ist für diese Herkunftsnachweise keine Verwendung vorgeschrieben, sodass sie auch als Beleg für die Verwendung von Energie aus hocheffizienter Kraft-Wärme-Kopplung verwendet werden könnten

(59) Herkunftsnachweise, die derzeit für erneuerbare Elektrizität bestehen, sollten auch auf Gas aus erneuerbaren Quellen ausgeweitet werden. Die Mitgliedstaaten sollten die Möglichkeit haben, das System der Herkunftsnachweise auch auf Energie aus nicht erneuerbaren Quellen auszudehnen. Dies würde eine einheitliche Nachweisführung für die Herkunft von Gas aus erneuerbaren Quellen wie Biomethan gegenüber dem Endkunden ermöglichen und einen intensiveren länderübergreifenden Handel mit solchem Gas erleichtern. Ferner würde die Einführung von Herkunftsnachweisen für anderes Gas aus erneuerbaren Quellen wie Wasserstoff ermöglicht.

(60) Die Einbindung von Energie aus erneuerbaren Quellen in das Übertragungs- und Verteilernetz und der Einsatz von Systemen zur Energiespeicherung für die integrierte variable Gewinnung zur Verfügung stehender Energie aus erneuerbaren Quellen müssen unterstützt werden, insbesondere hinsichtlich der Bestimmungen für die Einspeisung in das Netz und den Netzzugang. Der Rahmen für die Einbindung von erneuerbarer Elektrizität wird durch anderes Unionsrecht mit Bezug zum Elektrizitätsbinnenmarkt geschaffen. Dieser Rahmen sieht jedoch keine Bestimmungen für die Einspeisung von Gas aus erneuerbaren Energiequellen in das Erdgasnetz vor. Daher ist es angezeigt, sie in diese Richtlinie aufzunehmen.

(61) Es ist anerkannt, welche Möglichkeiten Innovation und eine nachhaltige, wettbewerbsfördernde Energiepolitik für das Wirtschaftswachstum bieten. Die Produktion von Energie aus erneuerbaren Quellen ist oft von den vor Ort oder in der Region angesiedelten KMU abhängig. Durch Investitionen in die lokale und regionale Produktion von Energie aus erneuerbaren Quellen ergeben sich in den Mitgliedstaaten und ihren Regionen beträchtliche Chancen für die Entwicklung lokaler Unternehmen, nachhaltiges Wachstum und die Entstehung hochwertiger Arbeitsplätze. Deshalb sollten die Kommission und die Mitgliedstaaten nationale und regionale Entwicklungsmaßnahmen in diesen Bereichen unterstützen und fördern, den Austausch bewährter Verfahren für die Produktion von Energie aus erneuerbaren Quellen zwischen lokalen und regionalen Entwicklungsinitiativen anregen und das Angebot an technischer Hilfe und Schulungsprogrammen ausbauen, um die rechtliche, technische und finanzielle Sachkompetenz vor Ort zu verstärken und die Kenntnisse über Finanzierungsmöglichkeiten, auch in Bezug auf einen gezielteren Einsatz von Unionsmitteln wie Mitteln der Kohäsionspolitik in diesem Bereich, zu verbessern.

(62) Die Ziele, die regionale und lokale Gebietskörperschaften für erneuerbare Energieträger festlegen, sind häufig ambitionierter als die Ziele auf nationaler Ebene. Das von der lokalen und regionalen Ebene ausgehende Engagement für die Erschließung von erneuerbarer Energie und mehr Energieeffizienz wird zurzeit von Netzen wie dem Bürgermeisterkonvent und der Initiative für intelligente Städte bzw. intelligente Gemeinden und durch die Ausarbeitung von Aktionsplänen für nachhaltige Energie unterstützt. Solche Netze sind unentbehrlich und sollten ausgebaut werden, da sie zur Sensibilisierung beitragen und den Austausch bewährter Verfahren und den Zugang zu verfügbarer finanzieller Förderung erleichtern. In diesem Zusammenhang sollte die Kommission interessierte innovative Regionen und lokale Behörden bei grenzüberschreitenden Vorhaben unterstützen, indem sie bei der Einrichtung von Kooperationsmechanismen Hilfe leistet – wie im Fall des Europäischen Verbunds für territoriale Zusammenarbeit, der öffentlichen Stellen verschiedener Mitgliedstaaten ermöglicht, Teams zu bilden, gemeinsam Leistungen zu erbringen und Projekte umzusetzen, ohne dass dazu vorab ein internationales Abkommen unterzeichnet und von den nationalen Parlamenten ratifiziert werden muss. Andere

---

[1)] Nr. **61**.

innovative Maßnahmen, wie Energieleistungsverträge und Normungsverfahren im Bereich der öffentlichen Finanzierung, sollten auch erwogen werden um Anreize für mehr Investitionen in neue Technologien zu schaffen.

(63) Bei der Förderung der Entwicklung des Marktes für Energie aus erneuerbaren Quellen müssen die positiven Auswirkungen auf regionale und lokale Entwicklungsmöglichkeiten, Exportchancen, sozialen Zusammenhalt und Beschäftigungsmöglichkeiten, besonders für KMU und unabhängige Energieproduzenten, darunter Eigenversorger im Bereich erneuerbare Elektrizität und Erneuerbare-Energie-Gemeinschaften, berücksichtigt werden.

(64) Der besonderen Situation der Regionen in äußerster Randlage wird in Artikel 349 AEUV Rechnung getragen. Der Energiesektor ist in den Regionen in äußerster Randlage häufig durch Isolation, beschränkte Versorgung und Abhängigkeit von fossilen Brennstoffen gekennzeichnet, obwohl diese Regionen über bedeutende lokale Quellen erneuerbarer Energie verfügen. Die Regionen in äußerster Randlage könnten somit als Beispiele für die Anwendung innovativer Energietechnologien für die Union dienen. Aus diesem Grund ist es erforderlich, die Verbreitung von erneuerbarer Energie zu fördern, damit für diese Regionen ein höheres Maß an Energieautonomie erreicht und ihrer speziellen Situation hinsichtlich des Potenzials im Bereich erneuerbare Energie sowie des Bedarfs an öffentlicher Förderung Rechnung getragen wird. Es sollte eine Ausnahmebestimmung von begrenzter lokaler Wirkung vorgesehen werden, die den Mitgliedstaaten gestattet, spezifische Kriterien festzulegen, damit der Verbrauch bestimmter Kraftstoffe aus Biomasse finanziell gefördert werden kann. Die Mitgliedstaaten sollten solche spezifischen Kriterien für Anlagen, die Kraftstoffe aus Biomasse verwenden und sich in einer Region in äußerster Randlage im Sinne des Artikels 349 AEUV befinden, sowie für Biomasse, die in den solchen Anlagen als Brennstoff verwendet wird und die harmonisierten Kriterien dieser Richtlinie für Nachhaltigkeit, Energieeffizienz und Treibhausgaseinsparungen nicht erfüllt, festlegen können. Diese spezifischen Kriterien für Biomasse-Brennstoffe sollten unabhängig davon gelten, ob die betreffende Biomasse ihren Ursprung in einem Mitgliedstaat oder einem Drittland hat. Ferner sollten alle spezifischen Kriterien aus Gründen der Energieunabhängigkeit der betreffenden Region in äußerster Randlage, und aus Gründen der Gewährleistung eines reibungslosen Übergangs einer solchen Region in äußerster Randlage zu den Kriterien dieser Richtlinie für Nachhaltigkeit, Energieeffizienz und Treibhausgaseinsparungen, objektiv gerechtfertigt sein.

Da der Energiemix für die Stromerzeugung in Regionen in äußerster Randlage im Grunde zu einem großen Teil aus Heizöl besteht, ist es notwendig, eine angemessene Prüfung der Kriterien für Treibhausgaseinsparungen in diesen Regionen zuzulassen. Daher wäre es angemessen, für den in den Regionen in äußerster Randlage produzierten Strom einen spezifischen Vergleichswert für Fossilbrennstoffe festzulegen. Die Mitgliedstaaten sollten sicherstellen, dass die von ihnen festgelegten spezifischen Kriterien tatsächlich eingehalten werden. Schließlich sollten es die Mitgliedstaaten, unbeschadet der nach Förderregelungen in Einklang mit dieser Richtlinie gewährten Förderungen, nicht ablehnen, gemäß dieser Richtlinie bezogene Biokraftstoffe und flüssige Biobrennstoffe aufgrund anderer Nachhaltigkeitserwägungen zu berücksichtigen. Dadurch soll sichergestellt werden, dass Biokraftstoffe und flüssige Biobrennstoffe, die die harmonisierten Kriterien dieser Richtlinie erfüllen, auch im Fall der betroffenen Regionen in äußerster Randlage weiterhin von den mit dieser Richtlinie verfolgten Handelserleichterungen profitieren.

(65) Die Entwicklung dezentraler Technologien für erneuerbare Energie und für deren Speicherung sollte zu nichtdiskriminierenden Bedingungen und ohne Behinderung der Finanzierung von Infrastrukturinvestitionen ermöglicht werden. Mit dem Übergang zur dezentralisierten Energieproduktion sind viele Vorteile verbunden, beispielsweise die Nutzung vor Ort verfügbarer Energiequellen, eine bessere lokale Energieversorgungssicherheit, kürzere Transportwege und geringere übertragungsbedingte Energieverluste. Diese Dezentralisierung wirkt sich auch positiv auf die Entwicklung und den Zusammenhalt der Gemeinschaft aus, weil vor Ort Erwerbsquellen und Arbeitsplätze entstehen.

(66) Da die Eigenversorgung mit erneuerbarer Elektrizität an Bedeutung gewinnt, sollten die Begriffe „Eigenversorger im Bereich erneuerbare Elektrizität" und „gemeinsam handelnde Eigenversorger im Bereich erneuerbare Elektrizität" definiert werden. Es sollte außerdem ein Rechtsrahmen geschaffen werden, der es Eigenversorgern ermöglicht, Elektrizität ohne unverhältnismäßig hohe Belastungen zu erzeugen, zu speichern, zu verbrauchen und zu verkaufen. Beispielsweise sollten in Wohnungen lebende Bürgerinnen und Bürger in gleichem Umfang von der Stärkung der Verbraucher profitieren können wie Haushalte in Einfamilienhäusern. Da allerdings einzeln und gemeinsam handelnde Eigenversorger im Bereich erneuerbare Elektrizität

unterschiedliche Eigenschaften aufweisen, sollten die Mitgliedstaaten zwischen einzeln und gemeinsam handelnden Eigenversorgern differenzieren dürfen, soweit eine solche Differenzierung verhältnismäßig und hinreichend begründet ist.

(67) Für Erneuerbare-Energie-Gemeinschaften ergeben sich durch die Stärkung gemeinsam handelnder Eigenversorger im Bereich erneuerbare Elektrizität auch Möglichkeiten, die Energieeffizienz auf Ebene der Privathaushalte zu verbessern und – durch Senkung des Verbrauchs und niedrigere Versorgungstarife – Energiearmut zu beseitigen. Die Mitgliedstaaten sollten diese Gelegenheit angemessen nutzen, indem sie unter anderem prüfen, ob die Teilnahme auch Haushalten ermöglicht werden sollte, die dazu andernfalls nicht in der Lage wären, wie unter anderem bedürftige Verbraucher und Mieter.

(68) Eigenversorger im Bereich erneuerbare Elektrizität sollten keine diskriminierenden oder unverhältnismäßigen Lasten und Kosten zu tragen haben, und ihnen sollten keine ungerechtfertigten Umlagen und Abgaben auferlegt werden. Ihr Beitrag zur Verwirklichung des Klimaschutz- und Energieziels sowie die Kosten und Nutzen, die sie für das Energiesystem im weiteren Sinne mit sich bringen, sollten berücksichtigt werden. Deshalb sollten die Mitgliedstaaten grundsätzlich keine Umlagen und Abgaben auf erneuerbare Elektrizität, die Eigenversorger am selben Ort produziert und verbrauchen, erheben. Es sollte den Mitgliedstaaten jedoch gestattet sein, nichtdiskriminierende, verhältnismäßige Umlagen und Abgaben auf diese Elektrizität zu erheben und die Förderung damit auf die objektiv notwendige Höhe zu beschränken, wenn das notwendig ist, um die finanzielle Tragfähigkeit des Stromsystems sicherzustellen und ihre Förderregelungen effizient zum Einsatz zu bringen. Gleichzeitig sollten die Mitgliedstaaten dafür sorgen, dass Eigenversorger im Bereich erneuerbare Elektrizität, wenn Strom ins Netz eingespeist wird, ausgewogen und angemessen an den mit der Produktion, der Verteilung und dem Verbrauch von Strom verbundenen Gesamtkosten beteiligt werden.

(69) Aus diesen Gründen sollten die Mitgliedstaaten auf von Eigenversorgern am selben Ort produzierte und verbrauchte erneuerbare Elektrizität grundsätzlich keine Umlagen und Abgaben erheben. Damit die finanzielle Tragfähigkeit von Förderregelungen für erneuerbare Energie durch diesen Anreiz nicht beeinträchtigt wird, kann seine Anwendung auf kleine Anlagen mit einer Stromerzeugungskapazität bis 30 kW beschränkt werden. Wenn sie ihre Förderregelungen effizient zum Einsatz bringen und zu ihren Förderregelungen diskriminierungsfrei und effektiv Zugang besteht, sollten die Mitgliedstaaten Eigenversorgern im Bereich erneuerbare Elektrizität für die von dieser verbrauchten Elektrizität in bestimmten Fällen Umlagen und Abgaben auferlegen können. Die Mitgliedstaaten sollten bis zu der Höhe, die notwendig ist, um die wirtschaftliche Tragfähigkeit entsprechender Projekte sicherzustellen, teilweise Befreiungen von Umlagen, Abgaben, oder eine Kombination aus beidem und Förderung gewähren dürfen.

(70) Dass sich Bürgerinnen und Bürger vor Ort und lokale Behörden im Rahmen von Erneuerbare-Energie-Gemeinschaften an Projekten im Bereich erneuerbare Energie beteiligen, hat einen erheblichen Mehrwert gebracht, was die Akzeptanz erneuerbarer Energie und den Zugang zu zusätzlichem Privatkapital vor Ort anbelangt; das führt dazu, dass vor Ort investiert wird, Verbraucher mehr Auswahl haben und Bürgerinnen und Bürger stärker an der Energiewende teilhaben. Dieses Engagement vor Ort wird vor dem Hintergrund wachsender Kapazitäten im Bereich erneuerbare Energie in Zukunft umso wichtiger. Mit Maßnahmen, die es Erneuerbare-Energien-Gemeinschaften ermöglichen, zu gleichen Bedingungen mit anderen Produzenten zu konkurrieren, wird auch bezweckt, dass sich Bürgerinnen und Bürger vor Ort vermehrt an Projekten im Bereich erneuerbare Energie beteiligen und somit erneuerbare Energie zunehmend akzeptiert wird.

(71) Die Besonderheiten der lokalen Erneuerbare-Energie-Gemeinschaften hinsichtlich Größe, Eigentümerstruktur und Zahl der Projekte können dazu führen, dass sie mit größeren Akteuren, d.h. Konkurrenten mit größeren Projekten oder Portfolios, nicht auf Augenhöhe konkurrieren können. Daher sollten die Mitgliedstaaten für Erneuerbare-Energie-Gemeinschaften jede Form der Rechtspersönlichkeit wählen können, solange diese in ihrem eigenen Namen Rechte ausüben und Pflichten unterliegen können. Um Missbrauch zu unterbinden und eine starke Beteiligung zu gewährleisten, sollten Erneuerbare-Energie-Gemeinschaften von den einzelnen Mitgliedern und anderen an der Gemeinschaft als Mitglied oder Anteilseigner beteiligten oder anderweitig, beispielsweise in Form von Investitionen, mit ihnen zusammenarbeitenden herkömmlichen Marktteilnehmern unabhängig bleiben können. Die Teilnahme an Projekten im Bereich erneuerbare Energie sollte auf Grundlage objektiver, transparenter und nichtdiskriminierender Kriterien allen potenziellen Mitgliedern vor Ort offen stehen. Zu den Maßnahmen zum Ausgleich der Nachteile aus den Besonderheiten der lokalen Erneuerbare-Energie-Gemeinschaften hinsichtlich Größe, Eigentümerstruktur und Zahl der Projekte gehört es, den

Energiegemeinschaften die Tätigkeit im Energiesystem zu ermöglichen und ihre Marktintegration zu erleichtern. Erneuerbare-Energie-Gemeinschaften sollten in der Lage sein, in den eigenen Anlagen produzierte Energie gemeinsam zu nutzen. Die Mitglieder der Gemeinschaften sollten jedoch nicht von einschlägigen Kosten, Umlagen, Abgaben und Steuern befreit sein, die nicht an der Gemeinschaft beteiligte Endverbraucher oder Produzenten in vergleichbarer Lage oder immer dann zu tragen hätten, wenn öffentliche Netzinfrastruktur für diese Übertragungen genutzt wird.

(72) Privathaushalte und Gemeinschaften, die Eigenversorger im Bereich erneuerbare Elektrizität sind, sollten ihre Rechte als Verbraucher behalten, darunter auch das Recht, mit dem Versorger ihrer Wahl einen Vertrag zu schließen und den Versorger zu wechseln.

(73) Der Wärme- und Kältesektor macht rund die Hälfte des Endenergieverbrauchs der Union aus und gilt damit als Schlüsselsektor für die beschleunigte Dekarbonisierung des Energiesystems. Darüber hinaus ist sie auch für die Energiesicherheit ein strategisch wichtiger Sektor, da Schätzungen zufolge bis 2030 rund 40 % des Verbrauchs erneuerbarer Energie auf die Erzeugung von Wärme und Kälte aus erneuerbaren Energiequellen entfallen werden. Jedoch haben das Fehlen einer harmonisierten Strategie auf Unionsebene, die mangelnde Internalisierung externer Kosten und die Fragmentierung der Märkte für Wärme- und Kälteerzeugung dazu geführt, dass in diesem Bereich bisher nur relativ langsam Fortschritte erzielt wurden.

(74) Mehrere Mitgliedstaaten haben Maßnahmen im Wärme- und Kältesektor umgesetzt, um ihr Ziel im Bereich erneuerbare Energie bis 2020 zu erreichen. In Ermangelung verbindlicher nationaler Ziele für die Zeit nach 2020 reichen die verbleibenden nationalen Anreize jedoch möglicherweise nicht aus, um die langfristigen Dekarbonisierungsziele für 2030 und 2050 zu verwirklichen. Um diese Zielvorgaben einzuhalten, die Investitionssicherheit zu stärken und die Entwicklung eines unionsweiten Marktes für Wärme- und Kälteerzeugung aus erneuerbaren Energiequellen zu fördern und gleichzeitig den Grundsatz „Energieeffizienz an erster Stelle" zu achten, sollten die Mitgliedstaaten in ihren Bestrebungen, Wärme und Kälte aus erneuerbaren Quellen bereitzustellen und damit einen Beitrag zur schrittweisen Erhöhung des Anteils erneuerbarer Energie zu leisten, bestärkt werden. Angesichts der Fragmentierung einiger Märkte für Wärme- und Kälteerzeugung muss im Hinblick auf die Konzipierung dieser Bestrebungen unbedingt für Flexibilität gesorgt werden. Des Weiteren muss gewährleistet werden, dass eine potenzielle Nutzung von Wärme und Kälte aus erneuerbaren Quellen keine nachteiligen Folgen für die Umwelt hat oder zu unverhältnismäßig hohen Gesamtkosten führt. Um dies möglichst weitgehend zu verhindern, sollte bei der Erhöhung des Anteils der im Wärme- und Kältesektor eingesetzten erneuerbaren Energie die Lage der Mitgliedstaaten, in denen dieser Anteil bereits sehr hoch ist oder in denen Abwärme und -kälte gar nicht genutzt wird, wie etwa in Zypern und Malta, berücksichtigt werden.

(75) Auf Fernwärme und -kälte entfallen derzeit rund 10 % des Wärmebedarfs in der Union, wobei zwischen den Mitgliedstaaten große Unterschiede bestehen. In ihrer Strategie für die Wärme- und Kälteerzeugung erkennt die Kommission das Dekarbonisierungspotenzial der Fernwärme durch erhöhte Energieeffizienz und Nutzung erneuerbarer Energie an.

(76) In der Strategie für die Energieunion wird ferner die Rolle der Bürgerinnen und Bürger bei der Energiewende gewürdigt, wobei sie die Verantwortung für die Umstellung des Energiesystems übernehmen, mithilfe neuer Technologien ihre Energierechnungen senken und sich aktiv am Markt beteiligen.

(77) Die potenziellen Synergien zwischen den Bemühungen um eine gesteigerte Nutzung erneuerbarer Energiequellen für die Wärme- und Kälteerzeugung und den bestehenden Regelungen im Rahmen der Richtlinie 2010/31/EU des Europäischen Parlaments und des Rates[1], und der Richtlinie 2012/27/EU[2] sollten hervorgehoben werden. Die Mitgliedstaaten sollten – soweit möglich – bestehende Verwaltungsstrukturen für die Umsetzung solcher Maßnahmen nutzen können, um den Verwaltungsaufwand zu verringern.

(78) Auf dem Gebiet der Fernwärme ist es daher von entscheidender Bedeutung, die Umstellung auf Energie aus erneuerbaren Quellen zu ermöglichen sowie Lock-in- und Lock-out-Effekte im rechtlichen und technologischen Bereich zu verhindern, indem die Rechte der Produzenten und Endverbraucher von erneuerbarer Energie gestärkt werden; außerdem sollte den Endver-

---

[1] **Amtl. Anm.:** Richtlinie 2010/31/EU des Europäischen Parlaments und des Rates vom 19. Mai 2010 über die Gesamtenergieeffizienz von Gebäuden (ABl. L 153 vom 18.6.2010, S. 13).

[2] Nr. **61**.

brauchern das Rüstzeug an die Hand gegeben werden, um ihnen die Wahl der Lösung mit der höchsten Gesamtenergieeffizienz, die dem künftigen Wärme- und Kältebedarf in Einklang mit den voraussichtlichen Kriterien für die Energieeffizienz von Gebäuden Rechnung trägt, zu erleichtern. Den Endverbrauchern sollten transparente und zuverlässige Informationen über die Effizienz des Fernwärme- und -kältesystems und den Anteil, der bei ihrer speziellen Wärme- oder Kälteversorgung auf Energie aus erneuerbaren Quellen entfällt, zur Verfügung gestellt werden.

(79) Zum Schutz von Verbrauchern von Fernwärme- und -kältesystemen, die keine effizienten Fernwärme- und -kältesysteme sind, und um es ihnen zu ermöglichen, Wärme oder Kälte aus erneuerbaren Quellen und mit erheblich besserer Gesamtenergieeffizienz selbst produzieren zu können, sollten sie das Recht haben, ineffiziente Fernwärme- oder -kältesysteme auf Ebene des gesamten Gebäudes zu verlassen, d.h. diese Versorgungsdienste nicht länger in Anspruch zu nehmen, indem sie den Vertrag kündigen, oder, wenn der Vertrag für mehrere Gebäude gilt, indem sie den Vertrag mit dem Betreiber des Fernwärme- oder -kältesystems ändern.

(80) Um die Umstellung auf fortschrittliche Biokraftstoffe vorzubereiten und die Gesamtfolgen direkter und indirekter Landnutzungsänderungen möglichst gering zu halten, sollte die Menge der aus Getreide und anderen Kulturpflanzen mit hohem Stärkegehalt, Zuckerpflanzen und Ölpflanzen produzierten Biokraftstoffe und flüssigen Biobrennstoffe, die auf die in dieser Richtlinie festgelegten Ziele angerechnet werden kann, begrenzt werden, ohne die Möglichkeit der Verwendung dieser Biokraftstoffe und flüssigen Biobrennstoffe generell einzuschränken. Die Festlegung eines Grenzwerts auf Unionsebene sollte die Mitgliedstaaten nicht daran hindern, für die Menge der aus Getreide und anderen Kulturpflanzen mit hohem Stärkegehalt, Zuckerpflanzen und Ölpflanzen produzierten Biokraftstoffe und flüssigen Biobrennstoffe, die auf nationaler Ebene auf die in dieser Richtlinie festgelegten Ziele angerechnet werden kann, niedrigere Grenzwerte vorzusehen, wobei es ihnen nicht erlaubt sein sollte, die Möglichkeit der Verwendung dieser Biokraftstoffe und flüssigen Biobrennstoffe generell einzuschränken.

(81) Mit der Richtlinie 2009/28/EG wurde eine Reihe von Nachhaltigkeitskriterien eingeführt, die auch Kriterien zum Schutz von Flächen mit hohem Wert hinsichtlich der biologischen Vielfalt und von Flächen mit hohem Kohlenstoffbestand einschließen; das Problem indirekter Landnutzungsänderungen wird von dieser Richtlinie allerdings nicht erfasst. Bei indirekten Landnutzungsänderungen wird der herkömmliche Anbau von Pflanzen für die Lebensmittel- und Futtermittelproduktion durch den Anbau von Pflanzen für Biokraftstoffe, flüssige Biobrennstoffe und Biomasse-Brennstoffe verdrängt. Die zusätzliche Nachfrage kann den Druck auf die Flächen verschärfen und dazu führen, dass landwirtschaftliche Nutzflächen auf Gebiete mit hohem Kohlenstoffbestand, wie Wälder, Feuchtgebiete und Torfmoorflächen ausgedehnt werden und dadurch zusätzliche Treibhausgasemissionen entstehen. In der Richtlinie (EU) 2015/1513 des Europäischen Parlaments und des Rates[1)] wird festgestellt, dass die Treibhausgasemissionen infolge indirekter Landnutzungsänderungen die Treibhausgaseinsparungen einzelner Biokraftstoffe, flüssiger Biobrennstoffe oder Biomasse-Brennstoffe aufgrund ihrer Größenordnung ganz oder teilweise aufheben können. Indirekte Landnutzungsänderungen sind zwar mit Risiken verbunden, aber Studien zeigen, dass es von vielen Faktoren abhängt, wie ausgeprägt dieser Effekt ist, unter anderem davon, welche Rohstoffe zur Produktion des Kraftstoffs verwendet werden, wie stark die Nachfrage nach dem Rohstoff durch die Nutzung von Biokraftstoffen, flüssigen Biobrennstoffen und Biomasse-Brennstoffen steigt und in welchem Umfang Flächen mit hohem Kohlenstoffbestand weltweit geschützt werden.

Da nicht eindeutig und mit dem nötigen Präzisionsgrad bestimmt werden kann, wie hoch die durch indirekte Landnutzungsänderungen bedingten Treibhausgasemissionen sind, können sie bei der Methode zur Berechnung der Treibhausgasemissionen nicht berücksichtigt werden; ein besonders hohes Risiko indirekter Landnutzungsänderungen wurde für Biokraftstoffe, flüssige Biobrennstoffe und Biomasse-Brennstoffe festgestellt, die aus Rohstoffen hergestellt werden, in deren Fall eine wesentliche Ausdehnung der Produktionsflächen auf Flächen mit hohem Kohlenstoffbestand zu beobachten ist. Deshalb sollten die aus Nahrungs- und Futtermittelpflanzen produzierten Biokraftstoffe, flüssigen Biobrennstoffe und Biomasse-Brennstoffe, die im Rahmen dieser Richtlinie gefördert werden, grundsätzlich begrenzt werden; darüber hinaus sollten die Mitgliedstaaten verpflichtet werden, für aus Nahrungs- und Futtermittelpflanzen produzierte

---

[1)] **Amtl. Anm.:** Richtlinie (EU) 2015/1513 des Europäischen Parlaments und des Rates vom 9. September 2015 zur Änderung der Richtlinie 98/70/EG über die Qualität von Otto- und Dieselkraftstoffen und zur Änderung der Richtlinie 2009/28/EG zur Förderung der Nutzung von Energie aus erneuerbaren Quellen (ABl. L 239 vom 15.9.2015, S. 1).

Biokraftstoffe, flüssige Biobrennstoffe und Biomasse-Brennstoffe, in deren Fall eine wesentliche Ausdehnung der Produktionsflächen auf Flächen mit hohem Kohlenstoffbestand zu beobachten ist, einen spezifischen, schrittweise herabzusetzenden Grenzwert festzulegen. Biokraftstoffe, flüssige Biobrennstoffe und Biomasse-Brennstoffe mit einem geringen Risiko indirekter Landnutzungsänderungen sollten von dem spezifischen, schrittweise herabzusetzenden Grenzwert ausgenommen werden.

(82) Ertragssteigerungen in den landwirtschaftlichen Sektoren, die durch verbesserte Landbewirtschaftungsmethoden, Investitionen in bessere Maschinen und Wissenstransfers erreicht werden, und die über dem Niveau liegen, das ohne produktivitätsfördernde Systeme für aus Nahrungs- und Futtermittelpflanzen produzierte Biokraftstoffe, flüssige Biobrennstoffe und Biomasse-Brennstoffe erreichbar wäre, sowie der Anbau von Pflanzen auf Flächen, die zuvor nicht für den Anbau von Pflanzen genutzt wurden, können indirekte Landnutzungsänderungen *vermindert*[1]. Wenn es Hinweise dafür gibt, dass solche Maßnahmen zu einer über die erwartete Verbesserung hinausgehenden Steigerung der Produktivität geführt haben, sollten die aus solchen zusätzlichen Rohstoffen produzierten Biokraftstoffe, flüssigen Biobrennstoffe und Biomasse-Brennstoffe als Biokraftstoffe, flüssige Biobrennstoffe und Biomasse-Brennstoffe mit einem geringen Risiko indirekter Landnutzungsänderungen betrachtet werden. Dabei sollte Schwankungen bei den jährlichen Erträgen Rechnung getragen werden.

(83) In der Richtlinie (EU) 2015/1513 des Europäischen Parlaments und des Rates wurde die Kommission aufgefordert, unverzüglich einen umfassenden Vorschlag für eine kosteneffiziente und technologieneutrale Strategie für die Zeit nach 2020 vorzulegen, um mit dem übergeordneten Ziel, die CO_2-Emissionen im Verkehrssektor zu verringern, eine langfristige Perspektive für Investitionen in nachhaltige Biokraftstoffe zu schaffen, bei denen ein geringes Risiko indirekter Landnutzungsänderungen besteht. Eine Verpflichtung der Mitgliedstaaten, Kraftstoffanbietern einen Gesamtanteil von Energie aus erneuerbaren Quellen vorzuschreiben, kann Investitionssicherheit schaffen und die kontinuierliche Entwicklung alternativer erneuerbarer Kraftstoffe, einschließlich fortschrittlicher Biokraftstoffe, flüssiger oder gasförmiger erneuerbarer Kraftstoffe für den Verkehr nicht biogenen Ursprungs, sowie die Nutzung erneuerbarer Elektrizität im Verkehrssektor begünstigen. Da sich möglicherweise nicht alle Kraftstoffanbieter kostengünstig oder überhaupt Alternativen aus erneuerbaren Quellen beschaffen können, sollten die Mitgliedstaaten sie unterschiedlich behandeln und bei Bedarf bestimmte Kraftstoffanbieter von dieser Verpflichtung ausnehmen dürfen. Da sich Kraftstoffe leicht handeln lassen, dürften Kraftstoffanbieter in Mitgliedstaaten, die in geringem Maße über die relevanten Ressourcen verfügen, in der Lage sein, ohne weiteres Kraftstoffe erneuerbarer Herkunft anderweitig zu beziehen.

(84) Um bei nachhaltigen Kraftstoffen für Transparenz und Rückverfolgbarkeit zu sorgen, sollte eine Unionsdatenbank eingerichtet werden. Die Mitgliedstaaten sollten zwar weiterhin nationale Datenbanken nutzen oder einrichten können, aber diese Datenbanken sollten mit der Unionsdatenbank verknüpft sein, um die sofortige Übermittlung der Daten und die Harmonisierung der Datenströme sicherzustellen.

(85) Fortschrittliche Biokraftstoffe sowie andere Biokraftstoffe und Biogas, die aus den in einem Anhang zu dieser Richtlinie aufgeführten Rohstoffen hergestellt werden, flüssige oder gasförmige erneuerbare Kraftstoffe für den Verkehr nicht biogenen Ursprungs und die Nutzung erneuerbarer Elektrizität im Verkehrssektor können zu geringen CO_2-Emissionen, und damit zu einer kosteneffizienten Dekarbonisierung des Verkehrssektors der Union beitragen, und, unter anderem, die Förderung von Innovation, Wachstum und Beschäftigung in der Wirtschaft der Union, die Verringerung der Abhängigkeit von Energieeinfuhren und die Diversifizierung der Energieversorgung in diesem Bereich vorantreiben. Eine Verpflichtung der Mitgliedstaaten, Kraftstoffanbietern die Gewährleistung eines Mindestanteils fortschrittlicher Biokraftstoffe und bestimmter Biogase vorzuschreiben, sollte dazu dienen, die stetige Entwicklung fortschrittlicher Kraftstoffe, einschließlich Biokraftstoffe, *vorantreiben*[2]. Es ist wichtig, dafür zu sorgen, dass diese Beimischungsverpflichtung auch die Verbesserung der Treibhausgasbilanz jener Kraftstoffe fördert, die zur Einhaltung dieser Verpflichtung eingesetzt werden. Die Kommission sollte die Treibhausgasbilanz, die technische Innovativität und die Nachhaltigkeit dieser Kraftstoffe bewerten.

---

[1] Richtig wohl: „vermindern".
[2] Richtig wohl: „voranzutreiben".

(86) Im Bereich der intelligenten Verkehrssysteme ist es wichtig, die Entwicklung und den Einsatz von Elektromobilität für den Straßenverkehr voranzutreiben, und die Integration fortschrittlicher Technologien in den innovativen Schienenverkehr zu beschleunigen.

(87) Ein wesentlicher Anteil der erneuerbaren Energie im Verkehrssektor wird bis zum Jahr 2030 voraussichtlich auf Elektromobilität entfallen. Angesichts der raschen Entwicklung der Elektromobilität und des Potenzials dieses Sektors für Wachstum und Beschäftigung in der Union sollten hier weitere Anreize geschaffen werden. Um dem Einsatz von erneuerbarer Elektrizität im Verkehrssektor zu fördern und den komparativen Nachteil in der Energiestatistik zu verringern, sollten auf für den Verkehrssektor bereitgestellte erneuerbarer Elektrizität Multiplikatoren angewandt werden. Da es unmöglich ist, alle für Straßenfahrzeuge bereitgestellte Elektrizität durch gezielte Messung (z.B. beim Laden zu Hause) statistisch zu erfassen, sollten Multiplikatoren angewandt werden, damit die positiven Auswirkungen des elektrifizierten, auf erneuerbarer Energie basierenden Verkehrs richtig erfasst werden. Es sollten Möglichkeiten in Erwägung gezogen werden, mit denen sichergestellt werden kann, dass die neue Nachfrage nach Elektrizität im Verkehrssektor durch zusätzliche Kapazitäten zur Erzeugung von Energie aus erneuerbaren Quellen gedeckt wird.

(88) Da bestimmte Arten von Biokraftstoffen in Zypern und Malta wegen der klimatischen Bedingungen aus ökologischen, technischen und gesundheitlichen Gründen sowie aufgrund der Größe und der Struktur des Kraftstoffmarktes nur begrenzt verwendet werden können, sollten die beiden Länder diese inhärenten Einschränkungen geltend machen dürfen, wenn sie den Nachweis erbringen, dass die für Kraftstoffanbieter geltenden nationalen Verpflichtungen zur Nutzung erneuerbarer Energie eingehalten werden.

(89) Die Förderung wiederverwerteter kohlenstoffhaltiger Kraftstoffe kann, sofern diese Kraftstoffe den angemessenen Mindestschwellenwerten für Treibhausgaseinsparungen entsprechen, ebenfalls dazu beitragen, dass die politischen Ziele bezüglich der Diversifizierung der Energieversorgung und der Dekarbonisierung des Verkehrssektors erreicht werden. Daher sollte sich die Verpflichtung der Kraftstoffanbieter auch auf diese Kraftstoffe beziehen, wobei es den Mitgliedstaaten allerdings freistehen sollte, diese Kraftstoffe im Rahmen dieser Verpflichtung nicht zu berücksichtigen. Da es sich um nicht erneuerbare Kraftstoffe handelt, sollten diese Kraftstoffe nicht auf das Gesamtziel der Union für Energie aus erneuerbaren Quellen angerechnet werden.

(90) Erneuerbare flüssige und gasförmige Kraftstoffe für den Verkehr nicht biogenen Ursprungs spielen in Sektoren, die voraussichtlich langfristig auf flüssige Kraftstoffe angewiesen sein werden, für die Steigerung des Anteils erneuerbarer Energie eine wichtige Rolle. Damit erneuerbare Kraftstoffe nicht biogenen Ursprungs tatsächlich zur Senkung der Treibhausgasemissionen beitragen, sollte bei der Kraftstoffproduktion Elektrizität aus erneuerbaren Quellen eingesetzt werden. Für den Fall, dass die verwendete Elektrizität aus dem Netz bezogen wird, sollte die Kommission durch delegierte Rechtsakte ein zuverlässiges Unionsverfahren entwickeln. Mit dem Verfahren sollte sichergestellt werden, dass die Stromproduktionseinheit, mit der der Produzent einen bilateralen Vertrag über den Bezug von erneuerbarem Strom geschlossen hat, zeitlich und geografisch mit der Kraftstoffproduktion korreliert. Beispielsweise sollten erneuerbare Kraftstoffe nicht biogenen Ursprungs nicht als uneingeschränkt erneuerbar angerechnet werden, wenn sie zu einer Zeit produziert werden, in der die unter Vertrag genommene Einheit zur Erzeugung erneuerbarer Elektrizität gar keinen Strom erzeugt. In einem weiteren Beispiel sollten Kraftstoffe bei einem Engpass *im des Elektrizitätsnetzes*[1)] nur dann uneingeschränkt als erneuerbar angerechnet werden können, wenn sich sowohl die Stromerzeugungs- als auch die Kraftstoffproduktionsanlage auf der gleichen Seite des Engpasses befinden. Außerdem sollte es ein Element der Zusätzlichkeit geben, das heißt, der Kraftstoffproduzent trägt zusätzlich zur Nutzung erneuerbarer Quellen oder zu deren Finanzierung bei.

(91) Rohstoffe, die sich bei der Nutzung für Biokraftstoffe nur geringfügig auf die indirekte Landnutzungsänderung auswirken, sollten aufgrund ihres Beitrags zur Dekarbonisierung der Wirtschaft gefördert werden. Insbesondere Rohstoffe für fortschrittliche Biokraftstoffe und Biogas für den Verkehr, für die innovativere, weniger ausgereifte Technologien eingesetzt werden und die aus diesem Grund eines höheren Maßes an Unterstützung bedürfen, sollten in einen Anhang dieser Richtlinie aufgenommen werden. Um zu gewährleisten, dass dieser Anhang dem neuesten Stand der technologischen Entwicklungen entspricht und dass unbeabsichtigte negative Auswirkungen vermieden werden, sollte die Kommission diesen Anhang auf seine mögliche Ausweitung auf weitere Rohstoffe überprüfen.

---

1) Wortlaut amtlich.

(92) Die Kosten für den Anschluss neuer Produzenten von Gas aus erneuerbaren Energiequellen an das Gasnetz sollten auf objektiven, transparenten und nichtdiskriminierenden Kriterien beruhen, und der Nutzen, den lokale Produzenten von Gas aus erneuerbaren Quellen für das Gasnetz bringen, sollte gebührend berücksichtigt werden.

(93) Um das Potenzial von Biomasse, mit Ausnahme von Torf und Materialien, die in geologische Formationen eingebettet und/oder fossilisiert sind, für die Verringerung der CO_2-Emissionen der Wirtschaft über ihren Material- und Energieverbrauch voll auszunutzen, sollten die Union und die Mitgliedstaaten eine verstärkte nachhaltige Mobilisierung bestehender Holz- und Landwirtschaftsressourcen und die Entwicklung neuer Systeme für Waldbau und landwirtschaftliche Produktion fördern, sofern die für Nachhaltigkeit und Treibhausgaseinsparungen geltenden Kriterien erfüllt sind.

(94) Die Produktion von Biokraftstoffen, flüssigen Biobrennstoffen und Biomasse-Brennstoffen sollte stets auf nachhaltige Weise erfolgen. Biokraftstoffe, flüssige Biobrennstoffe und Biomasse-Brennstoffe, die dafür verwendet werden, das Unionsziel dieser Richtlinie zu erreichen, und jene, denen Förderregelungen zugutekommen, sollten daher Nachhaltigkeitskriterien und Kriterien für Treibhausgaseinsparungen erfüllen müssen. Die Harmonisierung dieser Kriterien für Biokraftstoffe und flüssige Biobrennstoffe ist Voraussetzung dafür, dass die in Artikel 194 Absatz 1 AEUV[1)] festgelegten energiepolitischen Ziele der Union erreicht werden. Diese Harmonisierung garantiert die Funktion des Energiebinnenmarkts und erleichtert somit, insbesondere im Hinblick auf die Verpflichtung der Mitgliedstaaten, es nicht abzulehnen, gemäß dieser Richtlinie bezogene Biokraftstoffe und flüssige Biobrennstoffe aufgrund anderer Nachhaltigkeitserwägungen zu berücksichtigen, den Handel mit konformen Biokraftstoffen und flüssigen Biobrennstoffen zwischen den Mitgliedstaaten. Die positiven Auswirkungen der Harmonisierung der vorgenannten Kriterien, was das reibungslose Funktionieren des Energiebinnenmarktes und die Verhinderung von Wettbewerbsverzerrungen in der Union anbelangt, werden sich unweigerlich einstellen. Für Biomasse-Brennstoffe sollten die Mitgliedstaaten zusätzliche Nachhaltigkeitskriterien und Kriterien für Treibhausgaseinsparungen festlegen dürfen.

(95) Die Union sollte im Rahmen dieser Richtlinie angemessene Maßnahmen ergreifen, einschließlich der Förderung von Nachhaltigkeitskriterien und Kriterien für Treibhausgaseinsparungen für Biokraftstoffe sowie für flüssige Biobrennstoffe und Biomasse-Brennstoffe.

(96) Die Produktion landwirtschaftlicher Rohstoffe für Biokraftstoffe, flüssige Biobrennstoffe und Biomasse-Brennstoffe und die durch diese Richtlinie geschaffenen Anreize für deren Nutzung sollten nicht dazu führen, dass die Zerstörung von durch biologische Vielfalt geprägten Flächen gefördert wird. Solche begrenzten Ressourcen, deren universeller Wert in verschiedenen internationalen Rechtsakten anerkannt wurde, sollten bewahrt werden. Daher müssen Nachhaltigkeitskriterien und Kriterien für Treibhausgaseinsparungen festgelegt werden, die sicherstellen, dass Biokraftstoffe, flüssige Biobrennstoffe und Biomasse-Brennstoffe nur für Anreize in Frage kommen, wenn garantiert ist, dass der landwirtschaftliche Rohstoff nicht von durch biologische Vielfalt geprägten Flächen stammt, oder wenn im Falle von Gebieten, die zu Naturschutzzwecken oder zum Schutz von seltenen, bedrohten oder gefährdeten Ökosystemen oder Arten ausgewiesen wurden, nachgewiesen wird, dass die Produktion des landwirtschaftlichen Rohstoffs solchen Zwecken nicht entgegensteht, wobei die jeweils zuständige Behörde den Nachweis zu führen hat.

(97) Wälder sollten als biologisch vielfältig im Sinne der Nachhaltigkeitskriterien eingestuft werden, wenn es sich gemäß der Definition der Ernährungs- und Landwirtschaftsorganisation der Vereinten Nationen (FAO) in ihrer globalen Waldbestandsaufnahme („Global Forest Resource Assessment") um Primärwälder handelt oder wenn Wälder zu Naturschutzzwecken durch nationale Rechtsvorschriften geschützt sind. Gebiete, in denen forstwirtschaftliche Produkte außer Holz gesammelt werden, sollten als biologisch vielfältig eingestuft werden, sofern die menschliche Einwirkung gering ist. Andere Waldarten gemäß der Definition der Ernährungs- und Landwirtschaftsorganisation der Vereinten Nationen, wie z.B. modifizierte Naturwälder, halbnatürliche Wälder und Plantagen, sollten nicht als Primärwald eingestuft werden. Angesichts der großen biologischen Vielfalt, die bestimmte Arten von Grünland in gemäßigten wie auch in tropischen Gebieten aufweisen, einschließlich Savannen, Steppen, Buschland und Prärien mit großer biologischer Vielfalt, ist es überdies angebracht, dass Biokraftstoffe, flüssige Biobrennstoffe und Biomasse-Brennstoffe, die aus von solchen Flächen stammenden landwirtschaftlichen Rohstoffen hergestellt werden, nicht für die in dieser Richtlinie vorgesehenen Anreize in Frage

---

[1)] Nr. **13**.

kommen. Der Kommission sollten Durchführungsbefugnisse übertragen werden um geeignete Kriterien festzulegen, nach denen, im Einklang mit den besten verfügbaren wissenschaftlichen Daten und einschlägigen internationalen Standards, definiert würde, was unter Grünland mit hoher biologischer Vielfalt zu verstehen ist.

(98) Flächen sollten nicht zur Produktion von landwirtschaftlichen Rohstoffen für Biokraftstoffe, flüssige Biobrennstoffe und Biomasse-Brennstoffe umgewandelt werden, wenn der resultierende Kohlenstoffbestandsverlust nicht innerhalb einer angesichts der Dringlichkeit von Klimaschutzmaßnahmen vertretbaren Zeitspanne durch Treibhausgaseinsparung infolge der Produktion und Nutzung von Biokraftstoffen, flüssigen Biobrennstoffen und Biomasse-Brennstoffen ausgeglichen werden könnte. Dies würde den Wirtschaftsteilnehmern unnötig aufwändige Forschungsarbeiten ersparen und die Umwandlung von Flächen mit hohem Kohlenstoffbestand vermeiden, die für die Gewinnung von landwirtschaftlichen Rohstoffen für Biokraftstoffe, flüssige Biobrennstoffe und Biomasse-Brennstoffe nicht in Frage kommen. Aus Verzeichnissen der weltweiten Kohlenstoffbestände ergibt sich, dass Feuchtgebiete und kontinuierlich bewaldete Gebiete mit einem Überschirmungsgrad von über 30% in diese Kategorie aufgenommen werden sollten.

(99) Im Rahmen der Gemeinsamen Agrarpolitik sollten die Landwirte der Union ein umfassendes Paket von Umweltschutzanforderungen einhalten, um Direktzahlungen zu erhalten. Die Einhaltung dieser Anforderungen kann am wirksamsten im Rahmen der Agrarpolitik überprüft werden. Ihre Aufnahme in die Nachhaltigkeitsregelung ist nicht sinnvoll, da mit den Nachhaltigkeitskriterien für Bioenergie Bestimmungen festgelegt werden sollten, die objektiv und allgemeingültig sind. Eine Überprüfung der Einhaltung der Vorschriften im Rahmen dieser Richtlinie würde außerdem unnötigen Verwaltungsaufwand verursachen.

(100) Zur Produktion landwirtschaftlicher Rohstoffe für die Produktion von Biokraftstoffen, flüssigen Biobrennstoffen und Biomasse-Brennstoffen sollten Verfahren eingesetzt werden, die die Auflage erfüllen, dass die Bodenqualität und der Gehalt an organischem Kohlenstoff im Boden geschützt werden. Die Überwachungssysteme der Betreiber oder der nationalen Behörden sollten sich deshalb auch auf die Bodenqualität und den Kohlenstoffgehalt des Bodens erstrecken.

(101) Für Biomasse-Brennstoffe, die in den Bereichen Elektrizität, im Wärme- und Kältesektor eingesetzt werden, sollten unionsweit gültige Kriterien für die Nachhaltigkeit und für Treibhausgaseinsparungen festgelegt werden, um auch weiterhin erhebliche Treibhausgaseinsparungen gegenüber fossilen Brennstoffen zu erzielen, unbeabsichtigte Auswirkungen auf die Nachhaltigkeit zu vermeiden und den Binnenmarkt zu fördern. Gebiete in äußerster Randlage sollten das Potenzial ihrer Ressourcen nutzen können, um die Produktion von erneuerbarer Energie zu steigern und energiewirtschaftlich unabhängiger zu werden.

(102) Um sicherzustellen, dass trotz der zunehmenden Nachfrage nach forstwirtschaftlicher Biomasse die Entnahme in den Wäldern auf nachhaltige Weise erfolgt und die Regeneration gewährleistet ist, dass speziell für den Schutz von Biodiversität, Landschaften und spezifischen natürlichen Ressourcen ausgewiesenen Gebieten besondere Aufmerksamkeit gewidmet wird, dass Biodiversitätsressourcen erhalten bleiben und Kohlenstoffbestände beobachtet werden, sollte das Rohmaterial Holz ausschließlich aus Wäldern stammen, in denen die Ernte im Einklang mit den Grundsätzen der nachhaltigen Waldbewirtschaftung, die im Rahmen internationaler Initiativen wie Forest Europe entwickelt wurden und die durch nationale Rechtsvorschriften oder die besten Bewirtschaftungsverfahren auf Ebene des Gewinnungsgebiets umgesetzt werden, erfolgt. Die Betreiber sollten geeignete Maßnahmen ergreifen, um die Gefahr, dass nicht nachhaltige forstwirtschaftliche Biomasse für die Produktion von Bioenergie genutzt wird, weitestgehend zu begrenzen. Zu diesem Zweck sollten die Betreiber einen risikobasierten Ansatz verfolgen. In diesem Zusammenhang ist es angebracht, dass die Kommission im Anschluss an die Konsultation des Ausschusses für die Nachhaltigkeit von Biokraftstoffen, flüssigen Biobrennstoffen und Biomasse-Brennstoffen mithilfe von Durchführungsrechtsakten Empfehlungen für die Überprüfung der Einhaltung des risikobasierten Ansatzes erstellt.

(103) Die Ernte zu Energiezwecken hat zugenommen und wird voraussichtlich weiter zunehmen, was zu umfangreicheren Rohstoffeinfuhren aus Drittländern sowie zum Anstieg der Produktion dieser Materialien in der Union führt. Es sollte sichergestellt werden, dass nachhaltig geerntet wird.

(104) Um den Verwaltungsaufwand möglichst gering zu halten, sollten die Kriterien der Union für die Nachhaltigkeit und für Treibhausgaseinsparungen ausschließlich für die Produktion von

Elektrizität und Wärme aus Biomasse-Brennstoffen in Anlagen mit einer Gesamtfeuerungswärmeleistung von 20 MW und mehr gelten.

(105) Biomasse-Brennstoffe sollten auf effiziente Weise in Elektrizität und Wärme umgewandelt werden, um im größtmöglichen Umfang Energieversorgungssicherheit und Treibhausgaseinsparungen zu gewährleisten und um die Luftschadstoffemissionen zu begrenzen und den Druck auf begrenzte Biomasseressourcen weitestgehend zu reduzieren.

(106) Die Mindestschwellenwerte für Treibhausgaseinsparungen, die mit in neuen Anlagen hergestellten Biokraftstoffen, flüssigen Biobrennstoffen und Biogas für den Verkehr zu erzielen sind, sollten erhöht werden, um die Treibhausgasgesamtbilanz dieser Anlagen zu verbessern und weiteren Investitionen in Anlagen mit schlechterer Treibhausgasemissionsbilanz entgegenzuwirken. Mit einer solchen Erhöhung würde ein Schutz für Investitionen in Kapazitäten zur Produktion von Biokraftstoffen, flüssigen Biobrennstoffen und Biogas für den Verkehr geschaffen.

(107) Aufgrund der Erfahrungen mit der praktischen Umsetzung der Nachhaltigkeitskriterien der Union ist es sinnvoll, die Rolle freiwilliger internationaler und nationaler Zertifizierungssysteme zur einheitlichen Überprüfung der Einhaltung der Nachhaltigkeitskriterien zu stärken.

(108) Die Förderung freiwilliger internationaler oder nationaler Regelungen, in denen Standards für die nachhaltige Produktion von Biokraftstoffen, flüssigen Biobrennstoffen und Biomasse-Brennstoffen festgelegt sind und die bescheinigen, dass die Produktion von Biokraftstoffen, flüssigen Biobrennstoffen und Biomasse-Brennstoffen diese Standards erfüllt, ist im Interesse der Union. Daher sollte bei solchen Regelungen dafür gesorgt werden, dass sie anerkanntermaßen zuverlässige Erkenntnisse und Daten hervorbringen, wenn sie angemessene Standards der Zuverlässigkeit, Transparenz und Unabhängigkeit der Audits erfüllen. Um zu gewährleisten, dass die Einhaltung der Kriterien für die Nachhaltigkeit und für Treibhausgaseinsparungen solide und einheitlich überprüft wird, und insbesondere um Betrug zu verhindern, sollte die Kommission die Befugnis erhalten, Durchführungsbestimmungen einschließlich angemessener Standards der Zuverlässigkeit, Transparenz und Unabhängigkeit der Audits, die im Rahmen der freiwilligen Systeme anzuwenden sind, zu erlassen.

(109) Freiwillige Systeme spielen eine zunehmend wichtige Rolle, wenn es darum geht, die Einhaltung der Kriterien für die Nachhaltigkeit und für Treibhausgaseinsparungen für Biokraftstoffe, flüssige Biobrennstoffe und Biomasse-Brennstoffe nachzuweisen. Daher wäre es für die Kommission angemessen zu verlangen, dass freiwillige Systeme – einschließlich der bereits von der Kommission anerkannten – regelmäßig über ihre Tätigkeit Bericht erstatten. Diese Berichte sollten veröffentlicht werden, um mehr Transparenz zu schaffen und die Aufsicht durch die Kommission zu verbessern. Außerdem würde die Kommission aufgrund dieser Berichterstattung die Informationen erhalten, die sie benötigt, um einen Bericht über das Funktionieren der freiwilligen Systeme erstellen zu können, in dem sie aufzeigt, welche Verfahren sich bewährt haben, und gegebenenfalls einen Vorschlag unterbreitet, wie diese Verfahren noch stärker gefördert werden können.

(110) Um das Funktionieren des Binnenmarkts zu erleichtern, sollten Nachweise hinsichtlich der Kriterien für die Nachhaltigkeit und für Treibhausgaseinsparungen für Biokraftstoffe, flüssige Biobrennstoffe und Biomasse-Brennstoffe, die nach einer von der Kommission anerkannten Regelung erlangt wurden, in allen Mitgliedstaaten anerkannt werden. Die Mitgliedstaaten sollten dazu beitragen, dass die ordnungsgemäße Umsetzung der Zertifizierungsgrundsätze der freiwilligen Regelungen gewährleistet wird, indem sie die Arbeitsweise der Zertifizierungsstellen, die durch die nationale Zulassungsstelle akkreditiert wurden, überwachen und indem sie den freiwilligen Regelungen relevante Beobachtungen mitteilen.

(111) Um einem unverhältnismäßigen administrativen Aufwand vorzubeugen, sollte eine Liste von Standardwerten für verbreitete Biokraftstoff-Produktionswege für Biokraftstoffe, flüssige Biobrennstoffe und Biomasse-Brennstoffe festgelegt werden; diese Liste sollte aktualisiert und erweitert werden, sobald weitere zuverlässige Daten vorliegen. Wirtschaftsteilnehmer sollten immer die in dieser Liste angegebenen Einsparwerte für Treibhausgasemissionen für Biokraftstoffe, flüssige Biobrennstoffe und Biomasse-Brennstoffe für sich in Anspruch nehmen können. Liegt der Standardwert für die Treibhausgaseinsparung eines Produktionswegs unter dem geforderten Mindestwert für Treibhausgaseinsparungen, sollte von Produzenten, die nachweisen wollen, dass sie diesen Mindestwert einhalten, verlangt werden, dass sie den Nachweis dafür erbringen, dass die tatsächlichen aus ihrem Produktionsverfahren resultierenden Treibhausgasemissionen niedriger sind als diejenigen, von denen bei der Berechnung der Standardwerte ausgegangen wurde.

(112) Für die Berechnung der Treibhausgaseinsparungen von Biokraftstoffen, flüssigen Biobrennstoffen sowie Biomasse-Brennstoffen und ihrer fossilen Vergleichsgrößen müssen klare Regeln festgelegt werden, die auf objektiven und nichtdiskriminierenden Kriterien beruhen.

(113) Nach dem aktuellen technischen und wissenschaftlichen Kenntnisstand sollte die Berechnungsmethode für Treibhausgasemissionen der Umwandlung fester und gasförmiger Biomasse-Brennstoffe in Endenergie Rechnung tragen, damit sie der Berechnung erneuerbarer Energie für die Zwecke der Anrechnung auf das Unionsziel gemäß dieser Richtlinie entspricht. Im Unterschied zu Abfällen und Reststoffen sollte die Zuordnung von Treibhausgasemissionen zu Nebenprodukten auch in den Fällen überprüft werden, in denen Elektrizität und Wärme und Kälte in Kraft-Wärme-Kopplungsanlagen oder in Multi-Erzeugungsanlagen produziert wurden.

(114) Wenn Flächen mit hohem Kohlenstoffbestand im Boden oder in der Vegetation für den Anbau von Rohstoffen für Biokraftstoffe, flüssige Biobrennstoffe und Biomasse-Brennstoffe umgewandelt werden, wird in der Regel ein Teil des gespeicherten Kohlenstoffs in die Atmosphäre freigesetzt, was zur Bildung von Kohlendioxid (CO_2) führt. Die daraus resultierenden negativen Auswirkungen auf den Treibhauseffekt können die positiven Auswirkungen auf den Treibhauseffekt der Biokraftstoffe, flüssigen Biobrennstoffe oder Biomasse-Brennstoffe aufheben, in einigen Fällen kann die Wirkung sogar deutlich kontraproduktiv sein. Die vollständigen Kohlenstoffauswirkungen einer solchen Umwandlung sollten daher bei der Berechnung der Treibhausgaseinsparung von einzelnen Biokraftstoffen, flüssigen Biobrennstoffen und Biomasse-Brennstoffen berücksichtigt werden. Dies ist erforderlich, um sicherzustellen, dass bei der Berechnung der Treibhausgaseinsparungen die Kohlenstoffauswirkungen der Verwendung von Biokraftstoffen, flüssigen Biobrennstoffen und Biomasse-Brennstoffen in vollem Umfang berücksichtigt werden.

(115) Bei der Berechnung des Beitrags von Landnutzungsänderungen zu den Treibhausgasemissionen sollten die Wirtschaftsteilnehmer auf die tatsächlichen Werte für die Kohlenstoffbestände zurückgreifen können, die mit der Bezugsflächennutzung und der Landnutzung nach der Umwandlung verbunden sind. Darüber hinaus sollten sie Standardwerte verwenden können. Die Methodik der Zwischenstaatlichen Sachverständigengruppe für Klimaänderungen („Intergovernmental Panel on Climate Change" – IPCC) ist eine geeignete Grundlage für solche Standardwerte. Diese Arbeit liegt zurzeit nicht in einer Form vor, die unmittelbar von den Wirtschaftsteilnehmern angewendet werden kann. Daher sollte die Kommission ihre Leitlinien vom 10. Juni 2010 für die Berechnung des Kohlenstoffbestands im Boden für die Zwecke der dieser Richtlinie als Anhang beigefügten Regelung über die Berechnung des Beitrags von Biokraftstoffen und flüssigen Biobrennstoffen sowie ihrer fossilen Vergleichsgrößen zu den Treibhausgasemissionen unter Gewährleistung der Kohärenz mit der Verordnung (EU) Nr. 525/2013 des Europäischen Parlaments und des Rates[1] überarbeiten.

(116) Bei der Berechnung der durch die Produktion und Verwendung von Kraft- und Brennstoffen verursachten Treibhausgasemissionen sollten Nebenprodukte berücksichtigt werden. Die Substitutionsmethode ist für Analysen politischer Maßnahmen geeignet, für die Regulierung in Bezug auf einzelne Wirtschaftsteilnehmer und einzelne Kraftstofflieferungen jedoch nicht. Für Regulierungszwecke eignet sich die Energieallokationsmethode am besten, da sie leicht anzuwenden und im Zeitablauf vorhersehbar ist, kontraproduktive Anreize auf ein Mindestmaß begrenzt sind und sie Ergebnisse hervorbringt, die in der Regel mit den Ergebnissen der Substitutionsmethode vergleichbar sind. Für Analysen politischer Maßnahmen sollte die Kommission in ihrer Berichterstattung auch die Ergebnisse der Substitutionsmethode heranziehen.

(117) Nebenprodukte unterscheiden sich von Reststoffen und landwirtschaftlichen Reststoffen, da sie das primäre Ziel des Produktionsprozesses darstellen. Daher sollte klargestellt werden, dass Ernterückstände Reststoffe und keine Nebenprodukte sind. Dies hätte keine Auswirkungen auf die bestehende Methodik, sondern würde lediglich die bestehenden Bestimmungen verdeutlichen.

(118) Die etablierte Methode der Energieallokation für die Aufteilung der Treibhausgasemissionen auf die Nebenprodukte, hat sich bewährt und sollte weiterhin angewandt werden. Es empfiehlt sich,

---

[1] **Amtl. Anm.:** Verordnung (EU) Nr. 525/2013 des Europäischen Parlaments und des Rates vom 21. Mai 2013 über ein System für die Überwachung von Treibhausgasemissionen sowie für die Berichterstattung über diese Emissionen und über andere klimaschutzrelevante Informationen auf Ebene der Mitgliedstaaten und der Union und zur Aufhebung der Entscheidung Nr. 280/2004/EG (ABl. L 165 vom 18.6.2013, S. 13).

die Methode zur Berechnung der Treibhausgasemissionen aus der Nutzung der Kraft-Wärme-Kopplung (KWK), die bei der Verarbeitung von Biokraftstoffen, flüssigen Biobrennstoffen und Biomasse-Brennstoffen eingesetzt wird, an die Methode anzugleichen, die angewandt wird, wenn KWK die Endnutzung darstellt.

(119) Die Methode trägt der Verringerung von Treibhausgasemissionen durch den Einsatz von KWK-Anlagen im Vergleich zu reinen Elektrizitätswerken und Wärmeerzeugungsanlagen Rechnung, indem sie den Nutzen von Wärme gegenüber Elektrizität sowie den Nutzen von Wärme bei unterschiedlichen Temperaturen berücksichtigt. Daraus folgt, dass der Wärmeerzeugung bei einer höheren Temperatur ein größerer Teil der gesamten Treibhausgasemissionen zuzuordnen ist als bei einer niedrigen Temperatur, wenn die Wärme- und Stromerzeugung gekoppelt sind. Bei der Methode wird der gesamte Produktionsweg bis zur Endenergie berücksichtigt, einschließlich der Umwandlung in Wärme oder Elektrizität.

(120) Die Daten, die für die Berechnung dieser Standardwerte verwendet werden, sollten aus unabhängigen, mit wissenschaftlichem Sachverstand ausgestatteten Quellen stammen und gegebenenfalls aktualisiert werden, wenn die Arbeit dieser Quellen voranschreitet. Die Kommission sollte diesen Quellen nahelegen, dass sie bei ihren Aktualisierungen auf Emissionen aus dem Anbau, die Auswirkungen regionaler und klimatischer Bedingungen, die Auswirkungen des Anbaus nach nachhaltigen landwirtschaftlichen Methoden und Methoden des ökologischen Landbaus und wissenschaftliche Beiträge von Produzenten innerhalb der Union und in Drittländern sowie der Zivilgesellschaft eingehen.

(121) Weltweit wächst die Nachfrage nach landwirtschaftlichen Rohstoffen. Ein Teil dieser wachsenden Nachfrage wird wahrscheinlich dadurch gedeckt werden, dass die landwirtschaftlichen Flächen erweitert werden. Eine Möglichkeit zur Erweiterung der für den Anbau verfügbaren Flächen besteht in der Sanierung von Flächen, die stark degradiert sind und daher ansonsten nicht für landwirtschaftliche Zwecke genutzt werden können. Die Nachhaltigkeitsregelung sollte die Nutzung solcher sanierten Flächen fördern, da die Förderung von Biokraftstoffen, flüssigen Biobrennstoffen und Biomasse-Brennstoffen zum Anstieg der Nachfrage nach landwirtschaftlichen Rohstoffen beitragen wird.

(122) Um die einheitliche Anwendung der Methode für die Berechnung der Treibhausgasemissionen sicherzustellen und sie an die neuesten wissenschaftlichen Erkenntnisse anzugleichen, sollten der Kommission Durchführungsbefugnisse zur Anpassung der für die Bewertung der Einhaltung der Kriterien für Treibhausgaseinsparungen erforderlichen methodischen Grundsätze und Werte und zur Entscheidung, ob die von den Mitgliedstaaten und Drittländern vorgelegten Berichte genaue Daten über Emissionen aus dem Anbau der Rohstoffe enthalten, übertragen werden.

(123) Die europäischen Gasnetze sind immer stärker integriert. Da die Produktion und Verwendung von Biomethan gefördert und Biomethan in die Erdgasnetze eingespeist und grenzüberschreitend gehandelt wird, ist es notwendig, eine ordnungsgemäße Anrechnung von Energie aus erneuerbaren Quellen zu gewährleisten und Doppelanreize infolge unterschiedlicher Förderregelungen in den einzelnen Mitgliedstaaten zu verhindern. Das Massenbilanzsystem zur Überprüfung der Nachhaltigkeit von Bioenergie und die neue Unionsdatenbank sollen als Hilfsmittel zur Lösung dieser Probleme beitragen.

(124) Zur Erreichung der Ziele dieser Richtlinie ist es erforderlich, dass die Union und die Mitgliedstaaten beträchtliche Finanzmittel für Forschung und Entwicklung im Bereich der Technologien für erneuerbare Energieträger vorsehen. Insbesondere sollte das Europäische Innovations- und Technologieinstitut der Forschung und Entwicklung im Bereich der Technologien für erneuerbare Energieträger hohe Priorität einräumen.

(125) Bei der Durchführung dieser Richtlinie sollte gegebenenfalls dem Übereinkommen über den Zugang zu Informationen, die Öffentlichkeitsbeteiligung an Entscheidungsverfahren und den Zugang zu Gerichten in Umweltangelegenheiten Rechnung getragen werden, insbesondere soweit es mit der Richtlinie 2003/4/EG des Europäischen Parlaments und des Rates[1] umgesetzt wurde.

(126) Zur Änderung oder Ergänzung nicht wesentlicher Bestimmungen dieser Richtlinie sollte der Kommission die Befugnis übertragen werden, gemäß Artikel 290 des AEUV Rechtsakte zur Änderung oder Ergänzung nicht wesentlicher Bestimmungen dieser Richtlinie hinsichtlich der

---

[1] **Amtl. Anm.:** Richtlinie 2003/4/EG des Europäischen Parlaments und des Rates vom 28. Januar 2003 über den Zugang der Öffentlichkeit zu Umweltinformationen und zur Aufhebung der Richtlinie 90/313/EWG des Rates (ABl. L 41 vom 14.2.2003, S. 26).

Bestimmung der Methode für die Berechnung der Menge an erneuerbarer Energie, die für Kälteversorgung und Fernkälte genutzt wird, sowie der Änderung der Methode zur Berechnung der Energie von Wärmepumpen; der Einrichtung der URDP und der Festlegung der Kriterien für den Abschluss von Transaktionen statistischer Transfers zwischen den Mitgliedstaaten über die URDP, der Bestimmung angemessener Mindestschwellenwerte für Treibhausgaseinsparungen wiederverwerteter kohlenstoffhaltiger Kraftstoffe; der Festlegung sowie gegebenenfalls Überarbeitung der Kriterien für die Zertifizierung als Biokraftstoff, flüssiger Biobrennstoff oder Biomasse-Brennstoff mit einem geringen Risiko indirekter Landnutzungsänderungen sowie für die Bestimmung jener Rohstoffe mit einem hohen Risiko indirekter Landnutzungsänderungen, in deren Fall eine wesentliche Ausdehnung der Produktionsflächen auf Flächen mit hohem Kohlenstoffbestand zu beobachten ist, und für die stufenweise Senkung ihres Beitrags zu den Zielen dieser Richtlinie; der Anpassung des Energiegehalts von Kraftstoffen für den Verkehr an den wissenschaftlichen und technischen Fortschritt; der Bestimmung der europäischen Methode zur Festlegung der Vorschriften, an die sich die Wirtschaftsteilnehmer halten müssen, damit Elektrizität, mit der flüssige oder gasförmige erneuerbare Kraftstoffe für den Verkehr nicht biogenen Ursprungs hergestellt werden oder die dem Netz entnommen wird, als uneingeschränkt erneuerbar betrachtet werden kann; der Festlegung der Methode zur Bestimmung des sich aus der Verarbeitung von Biomasse in einem einzigen Verfahren mit fossilen Brennstoffen ergebenden Anteils von Biokraftstoff, und Biogas für den Verkehr sowie der Methode zur Bewertung der Treibhausgaseinsparungen von flüssigen oder gasförmigen erneuerbaren Kraftstoffen für den Verkehr nicht biogenen Ursprungs und wiederverwerteten kohlenstoffhaltigen Kraftstoffen, um sicherzustellen, dass Gutschriften für die Treibhausgaseinsparungen nur einmal gewährt werden; der Änderung durch Ergänzung, nicht aber Streichung von der Auflistung der Rohstoffe für die Produktion fortschrittlicher Biokraftstoffe und andere Biokraftstoffe, und Biogas für den Verkehr; und der Ergänzung oder Änderung der Vorschriften für die Berechnung der negativen Auswirkungen von Biokraftstoffen, flüssigen Biobrennstoffen und ihrer fossilen Vergleichsgrößen zu erlassen. Es ist von besonderer Bedeutung, dass die Kommission im Zuge ihrer Vorbereitungsarbeit angemessene Konsultationen, auch auf der Ebene von Sachverständigen, durchführt, und dass diese Konsultationen mit den Grundsätzen in Einklang stehen, die in der Interinstitutionellen Vereinbarung vom 13. April 2016 über bessere Rechtsetzung[1]niedergelegt wurden. Um insbesondere eine gleichberechtigte Beteiligung an der Ausbereitung der delegierten Rechtsakte zu gewährleisten, erhalten das Europäische Parlament und der Rat alle Dokumente zur gleichen Zeit wie die Sachverständigen der Mitgliedstaaten, und ihre Sachverständigen haben systematisch Zugang zu den Sitzungen der Sachverständigengruppen der Kommission, die mit der Vorbereitung der delegierten Rechtsakte befasst sind.

(127) Die zur Durchführung dieser Richtlinie erforderlichen Maßnahmen sollten gemäß der Verordnung (EU) Nr. 182/2011 des Europäischen Parlaments und des Rates[2] beschlossen werden.

(128) Da die Ziele dieser Richtlinie, nämlich bis 2030 den Bruttoendenergieverbrauch der Union zu einem Anteil von mindestens 32 % durch erneuerbare Energie zu decken, auf Ebene der Mitgliedstaaten nicht ausreichend verwirklicht werden können, sondern wegen des Umfangs der Maßnahme eher auf Unionsebene zu verwirklichen sind, kann die Union im Einklang mit dem in Artikel 5 des Vertrags über die Europäische Union niedergelegten Subsidiaritätsprinzip tätig werden. Entsprechend dem in demselben Artikel genannten Grundsatz der Verhältnismäßigkeit geht diese Richtlinie nicht über das zur Verwirklichung dieser Ziele erforderliche Maß hinaus.

(129) Gemäß der Gemeinsamen Politischen Erklärung vom 28. September 2011 der Mitgliedstaaten und der Kommission zu erläuternden Dokumenten[3] haben sich die Mitgliedstaaten verpflichtet, in begründeten Fällen zusätzlich zur Mitteilung ihrer Umsetzungsmaßnahmen ein oder mehrere Dokumente zu übermitteln, in dem bzw. denen der Zusammenhang zwischen den Bestandteilen einer Richtlinie und den entsprechenden Teilen innerstaatlicher Umsetzungsinstrumente erläutert wird. In Bezug auf diese Richtlinie hält der Gesetzgeber die Übermittlung derartiger Dokumente für gerechtfertigt.

---

[1] **Amtl. Anm.:** ABl. L 123 vom 12.5.2016, S. 1.

[2] **Amtl. Anm.:** Verordnung (EU) Nr. 182/2011 des Europäischen Parlaments und des Rates vom 16. Februar 2011 zur Festlegung der allgemeinen Regeln und Grundsätze, nach denen die Mitgliedstaaten die Wahrnehmung der Durchführungsbefugnisse durch die Kommission kontrollieren (ABl. L 55 vom 28.2.2011, S. 13).

[3] **Amtl. Anm.:** ABl. C 369 vom 17.12.2011, S. 14.

(130) Die Verpflichtung zur Umsetzung dieser Richtlinie in nationales Recht sollte nur jene Bestimmungen betreffen, die im Vergleich zu der *Richtlinie 2009/28/EC*[1] inhaltlich geändert wurden. Die Verpflichtung zur Umsetzung der inhaltlich unveränderten Bestimmungen ergibt sich aus der genannten Richtlinie.

(131) Die vorliegende Richtlinie sollte die Verpflichtungen der Mitgliedstaaten hinsichtlich der Frist für die Umsetzung der Richtlinie 2013/18/EU des Rats[2] und der Richtlinie (EU) 2015/1513 in innerstaatliches Recht unberührt lassen –

HABEN FOLGENDE RICHTLINIE ERLASSEN:

Art. 1 Gegenstand. [1] Mit dieser Richtlinie wird ein gemeinsamer Rahmen für die Förderung von Energie aus erneuerbaren Quellen vorgeschrieben. [2] In ihr wird ein verbindliches Unionsziel für den Gesamtanteil von Energie aus erneuerbaren Quellen am Bruttoendenergieverbrauch der Union für 2030 festgelegt. [3] Gleichzeitig werden Regeln für die finanzielle Förderung von Elektrizität aus erneuerbaren Quellen und die Eigenversorgung mit solcher Elektrizität, für die Nutzung von Energie aus erneuerbaren Quellen im Wärme- und Kältesektor und im Verkehrssektor, für die regionale Zusammenarbeit zwischen Mitgliedstaaten sowie zwischen Mitgliedstaaten und Drittländern, für Herkunftsnachweise, administrative Verfahren sowie Informationen und Ausbildung aufgestellt. [4] Ferner werden Kriterien für die Nachhaltigkeit und für Treibhausgaseinsparungen für Biokraftstoffe, flüssige Biobrennstoffe und Biomasse-Brennstoffe vorgeschrieben.

Art. 2 Begriffsbestimmungen. *[1]* Für die Zwecke dieser Richtlinie gelten die relevanten Begriffsbestimmungen der Richtlinie 2009/72/EG des Europäischen Parlaments und des Rates[3].

[2] Im Sinne dieser Richtlinie bezeichnet der Ausdruck

1. „Energie aus erneuerbaren Quellen" oder „erneuerbare Energie" Energie aus erneuerbaren, nichtfossilen Energiequellen, das heißt Wind, Sonne (Solarthermie und Photovoltaik), geothermische Energie, Umgebungsenergie, Gezeiten-, Wellen- und sonstige Meeresenergie, Wasserkraft, und Energie aus Biomasse, Deponiegas, Klärgas und Biogas;
2. „Umgebungsenergie" natürlich vorkommende thermische Energie und in der Umwelt innerhalb eines begrenzten Gebiets angesammelte Energie, die in der Umgebungsluft, mit Ausnahme von Abluft, oder in Oberflächengewässern oder Abwässern gespeichert sein kann;
3. „geothermische Energie" Energie, die in Form von Wärme unter der festen Erdoberfläche gespeichert ist;
4. „Bruttoendenergieverbrauch" Energieprodukte, die der Industrie, dem Verkehrssektor, Haushalten, dem Dienstleistungssektor zu energetischen Zwecken geliefert werden einschließlich des Sektors der öffentlichen Dienstleistungen sowie der Land-, Forst- und Fischereiwirtschaft, des Elek-

---

[1] Richtig wohl: „Richtlinie 2009/28/EG".

[2] **Amtl. Anm.:** Richtlinie 2013/18/EU des Rates vom 13. Mai 2013 zur Anpassung der Richtlinie 2009/28/EG des Europäischen Parlaments und des Rates zur Förderung der Nutzung von Energie aus erneuerbaren Quellen aufgrund des Beitritts der Republik Kroatien (ABl. L 158 vom 10.6.2013, S. 230).

[3] **Amtl. Anm.:** Richtlinie 2009/72/EG des Europäischen Parlaments und des Rates vom 13. Juli 2009 über gemeinsame Vorschriften für den Elektrizitätsbinnenmarkt und zur Aufhebung der Richtlinie 2003/54/EG (ABl. L 211 vom 14.8.2009, S. 55).

trizitäts- und Wärmeverbrauchs der Energiewirtschaft bei der Produktion von Elektrizität, Wärme und Kraftstoffen für den Verkehr, sowie der bei der Verteilung und Übertragung auftretenden Elektrizitäts- und Wärmeverluste;

5. „Förderregelung" ein Instrument, eine Regelung oder einen Mechanismus, das bzw. die bzw. der von einem Mitgliedstaat oder einer Gruppe von Mitgliedstaaten angewendet wird und die Nutzung von Energie aus erneuerbaren Quellen dadurch fördert, dass die Kosten dieser Energie gesenkt werden, ihr Verkaufspreis erhöht wird oder ihre Absatzmenge durch eine Verpflichtung zur Nutzung erneuerbarer Energie oder auf andere Weise gesteigert wird; dazu zählen unter anderem Investitionsbeihilfen, Steuerbefreiungen oder -erleichterungen, Steuererstattungen, Förderregelungen, die zur Nutzung erneuerbarer Energiequellen verpflichten, einschließlich solcher, bei denen grüne Zertifikate verwendet werden, sowie direkte Preisstützungssysteme einschließlich Einspeisetarifen und der Zahlung einer gleitenden oder festen Prämie;
6. „Verpflichtung zur Nutzung erneuerbarer Energie" eine Förderregelung, durch die Energieproduzenten dazu verpflichtet werden, ihre Produktion zu einem bestimmten Anteil durch Energie aus erneuerbaren Quellen zu decken, durch die Energieversorger dazu verpflichtet werden, ihre Versorgung zu einem bestimmten Anteil durch Energie aus erneuerbaren Quellen zu decken, oder durch die Energieverbraucher dazu verpflichtet werden, ihren Verbrauch zu einem bestimmten Anteil durch Energie aus erneuerbaren Quellen zu decken; dazu zählen auch Regelungen, bei denen derartige Verpflichtungen durch Verwendung grüner Zertifikate erfüllt werden können;
7. „Finanzinstrument" ein Finanzinstrument im Sinne von Artikel 2 Nummer 29 der Verordnung (EU, Euratom) 2018/1046 des Europäischen Parlaments und des Rates[1)];
8. „KMU" Kleinstunternehmen sowie kleine und mittlere Unternehmen gemäß Artikel 2 des Anhangs der Empfehlung 2003/361/EG der Kommission[2)];
9. „Abwärme und -kälte" unvermeidbare Wärme oder Kälte, die als Nebenprodukt in einer Industrieanlage, in einer Stromerzeugungsanlage oder im tertiären Sektor anfällt und die ungenutzt in Luft oder Wasser abgeleitet werden würde, wo kein Zugang zu einem Fernwärmesystem oder einem Fernkältesystem besteht, in dem ein Kraft-Wärme-Kopplungsprozess genutzt wird, genutzt werden wird oder in dem Kraft-Wärme-Kopplung nicht möglich ist;

[1)] **Amtl. Anm.:** Verordnung (EU, Euratom) 2018/1046 des Europäischen Parlaments und des Rates vom 18. Juli 2018 über die Haushaltsordnung für den Gesamthaushaltsplan der Union, zur Änderung der Verordnungen (EU) Nr. 1296/2013, (EU) Nr. 1301/2013, (EU) Nr. 1303/2013, (EU) Nr. 1304/2013, (EU) Nr. 1309/2013, (EU) Nr. 1316/2013, (EU) Nr. 223/2014, (EU) Nr. 283/2014 und des Beschlusses Nr. 541/2014/EU sowie zur Aufhebung der Verordnung (EU, Euratom) Nr. 966/2012 (ABl. L 193 vom 30.7.2018, S. 1).

[2)] **Amtl. Anm.:** Empfehlung der Kommission 2003/361/EG vom 6. Mai 2003 betreffend die Definition der Kleinstunternehmen sowie der kleinen und mittleren Unternehmen (ABl. L 124 vom 20.5.2003, S. 36).

10. „Repowering“ die Modernisierung von Kraftwerken, die erneuerbare Energie produzieren, einschließlich des vollständigen oder teilweisen Austauschs von Anlagen oder Betriebssystemen und -geräten zum Austausch von Kapazität oder zur Steigerung der Effizienz oder der Kapazität der Anlage;
11. „Verteilernetzbetreiber“ eine natürliche oder juristische Person im Sinne des Artikels 2 Nummer 6 der Richtlinie 2009/72/EG und des Artikels 2 Nummer 6 der Richtlinie 2009/73/EG[1] des Europäischen Parlaments und des Rates[2];
12. „Herkunftsnachweis“ ein elektronisches Dokument, das ausschließlich als Nachweis gegenüber einem Endkunden dafür dient, dass ein bestimmter Anteil oder eine bestimmte Menge an Energie aus erneuerbaren Quellen produziert wurde;
13. „Restenergiemix“ den jährlichen Gesamtenergiemix eines Mitgliedstaats unter Ausschluss des durch entwertete Herkunftsnachweise abgedeckten Anteils;
14. „Eigenversorger im Bereich erneuerbare Elektrizität“ einen Endkunden, der an Ort und Stelle innerhalb definierter Grenzen oder, sofern die Mitgliedstaaten das gestatten, an einem anderen Ort für seine Eigenversorgung erneuerbare Elektrizität erzeugt und eigenerzeugte erneuerbare Elektrizität speichern oder verkaufen darf, sofern es sich bei diesen Tätigkeiten – im Falle gewerblicher Eigenversorger im Bereich erneuerbare Elektrizität – nicht um die gewerbliche oder berufliche Haupttätigkeit handelt;
15. „gemeinsam handelnde Eigenversorger im Bereich erneuerbare Elektrizität“ eine Gruppe von zumindest zwei gemeinsam handelnden Eigenversorgern im Bereich erneuerbare Elektrizität im Sinne der Nummer 14, die sich in demselben Gebäude oder Mehrfamilienhaus befinden;
16. „Erneuerbare-Energie-Gemeinschaft“ eine Rechtsperson,
    a) die, im Einklang mit den geltenden nationalen Rechtsvorschriften, auf offener und freiwilliger Beteiligung basiert, unabhängig ist und unter der wirksamen Kontrolle von Anteilseignern oder Mitgliedern steht, die in der Nähe der Projekte im Bereich erneuerbare Energie, deren Eigentümer und Betreiber diese Rechtsperson ist, angesiedelt sind,
    b) deren Anteilseigner oder Mitglieder natürliche Personen, lokale Behörden einschließlich Gemeinden, oder KMU sind,
    c) deren Ziel vorrangig nicht im finanziellen Gewinn, sondern darin besteht, ihren Mitgliedern oder Anteilseignern oder den Gebieten vor Ort, in denen sie tätig ist, ökologische, wirtschaftliche oder sozialgemeinschaftliche Vorteile zu bringen;
17. „Vertrag über den Bezug von erneuerbarem Strom“ einen Vertrag, bei dem sich eine natürliche oder juristische Person bereit erklärt, unmittelbar von einem Elektrizitätsproduzenten erneuerbare Elektrizität zu beziehen;

---

[1] Nr. **5**.

[2] **Amtl. Anm.:** Richtlinie 2009/73/EG [Nr. **5**] des Europäischen Parlaments und des Rates vom 13. Juli 2009 über gemeinsame Vorschriften für den Erdgasbinnenmarkt und zur Aufhebung der Richtlinie 2003/55/EG (ABl. L 211 vom 14.8.2009, S. 94).

18. „Peer-to-Peer-Geschäft" im Bereich erneuerbare Energie den Verkauf erneuerbarer Energie zwischen Marktteilnehmern auf Grundlage eines Vertrags mit vorab festgelegten Bedingungen für die automatische Abwicklung und Abrechnung der Transaktion, die entweder direkt zwischen den Beteiligten oder auf indirektem Wege über einen zertifizierten dritten Marktteilnehmer, beispielsweise einen Aggregator, erfolgt. Die Rechte und Pflichten der als Endkunden, Produzenten, Versorger oder Aggregatoren beteiligten Parteien bleiben vom Recht auf Peer-to-Peer-Geschäfte unberührt;
19. „Fernwärme" oder „Fernkälte" die Verteilung thermischer Energie in Form von Dampf, heißem Wasser oder kalten Flüssigkeiten von zentralen oder dezentralen Produktionsquellen über ein Netz an mehrere Gebäude oder Anlagen zur Nutzung von Raum- oder Prozesswärme oder -kälte;
20. „effiziente Fernwärme- und Fernkälteversorgung" effiziente Fernwärme- und Fernkälteversorgung im Sinne von Artikel 2 Nummer 41 der Richtlinie 2012/27/EU[1)];
21. „hocheffiziente Kraft-Wärme-Kopplung" hocheffiziente Kraft-Wärme-Kopplung im Sinne von Artikel 2 der Richtlinie 2012/27/EU[1)];
22. „Ausweis über die Gesamtenergieeffizienz" einen Ausweis über die Gesamtenergieeffizienz im Sinne von Artikel 2 Nummer 12 der Richtlinie 2010/31/EU;
23. „Abfall" Abfall im Sinne des Artikels 3 Nummer 1 der Richtlinie 2008/98/EG, mit Ausnahme von Stoffen, die absichtlich verändert oder kontaminiert wurden, um dieser Definition zu entsprechen;
24. „Biomasse" den biologisch abbaubaren Teil von Produkten, Abfällen und Reststoffen biologischen Ursprungs der Landwirtschaft, einschließlich pflanzlicher und tierischer Stoffe, der Forstwirtschaft und damit verbundener Wirtschaftszweige, einschließlich der Fischerei und der Aquakultur sowie den biologisch abbaubaren Teil von Abfällen, darunter auch Industrie- und Haushaltsabfälle biologischen Ursprungs;
25. „landwirtschaftliche Biomasse" Biomasse aus der Landwirtschaft;
26. „*fortwirtschaftliche*[2)] Biomasse" Biomasse aus der Forstwirtschaft;
27. „Biomasse-Brennstoffe" gasförmige und feste Kraft- und Brennstoffe, die aus Biomasse hergestellt werden;
28. „Biogas" gasförmige Kraft- und Brennstoffe, die aus Biomasse hergestellt werden;
29. „Bioabfall" Bioabfall im Sinne des Artikels 3 Nummer 4 der Richtlinie 2008/98/EG;
30. „Gewinnungsgebiet" das geografisch definierte Gebiet, in dem die forstwirtschaftlichen Biomasse-Rohstoffe gewonnen werden, zu dem zuverlässige und unabhängige Informationen verfügbar sind und in dem die Bedingungen homogen genug sind, um das Risiko in Bezug auf die Nachhaltigkeit und Rechtmäßigkeit der forstwirtschaftlichen Biomasse zu bewerten;

---

1) Nr. **61**.
2) Richtig wohl: „forstwirtschaftliche".

31. „Walderneuerung" die Wiederaufforstung eines Waldbestands mithilfe natürlicher oder künstlicher Mittel nach der Entnahme des früheren Bestands durch Fällung oder aufgrund natürlicher Ursachen, einschließlich Feuer oder Sturm;
32. „flüssige Biobrennstoffe" flüssige Brennstoffe, die aus Biomasse hergestellt werden und für den Einsatz zu energetischen Zwecken, mit Ausnahme des Transports, einschließlich Elektrizität, Wärme und Kälte, bestimmt sind;
33. „Biokraftstoffe" flüssige Kraftstoffe für den Verkehr, die aus Biomasse hergestellt werden;
34. „fortschrittliche Biokraftstoffe" Biokraftstoffe, die aus in Anhang IX Teil A aufgeführten Rohstoffen hergestellt werden;
35. „wiederverwertete kohlenstoffhaltige Kraftstoffe" flüssige und gasförmige Kraftstoffe, die aus flüssigen oder festen Abfallströmen nicht erneuerbaren Ursprungs, die für eine stoffliche Verwertung gemäß Artikel 4 der Richtlinie 2008/98/EG nicht geeignet sind, hergestellt werden, sowie aus Gas aus der Abfallverarbeitung und Abgas nicht erneuerbaren Ursprungs, die zwangsläufig und unbeabsichtigt infolge der Produktionsprozesse in Industrieanlagen entstehen;
36. „flüssige oder gasförmige erneuerbare Kraftstoffe für den Verkehr nicht biogenen Ursprungs" flüssige oder gasförmige im Verkehrssektor eingesetzte Kraftstoffe mit Ausnahme von Biokraftstoffen oder Biogas, deren Energiegehalt aus erneuerbaren Energiequellen mit Ausnahme von Biomasse stammt;
37. „Biokraftstoffe, flüssige Biobrennstoffe und Biomasse-Brennstoffe, bei denen ein geringes Risiko indirekter Landnutzungsänderungen besteht" Biokraftstoffe, flüssige Biobrennstoffe und Biomasse-Brennstoffe, deren Rohstoffe im Rahmen von Systemen hergestellt wurden, bei denen die Verdrängungseffekte von aus Nahrungs- und Futtermittelpflanzen produzierten Biokraftstoffen, flüssigen Biobrennstoffen und Biomasse-Brennstoffen durch verbesserte Landbewirtschaftungsmethoden sowie den Anbau von Kulturpflanzen auf zuvor nicht für den Anbau genutzten Flächen vermieden werden, und die in Einklang mit den in Artikel 29 aufgeführten Nachhaltigkeitskriterien für Biokraftstoffe, flüssige Biobrennstoffe und Biomasse-Brennstoffe hergestellt wurden;
38. „Kraftstoffanbieter" eine Rechtsperson, die für die Abgabe von Kraftstoff an einer Verbrauchsteuerstelle zuständig ist oder, im Fall von Elektrizität, oder in dem Fall, dass keine Verbrauchsteuer anfällt, oder in anderen hinreichend begründeten Fällen, jede andere von einem Mitgliedstaat benannte Rechtsperson;
39. „Kulturpflanzen mit hohem Stärkegehalt" Pflanzen, unter die überwiegend Getreide, ungeachtet dessen, ob nur die Körner oder, wie bei Grünmais, die gesamte Pflanze verwendet wird, Knollen- und Wurzelfrüchte, wie Kartoffeln, Topinambur, Süßkartoffeln, Maniok und Yamswurzeln, sowie Knollenfrüchte, wie Taro und Cocoyam, fallen;
40. „Nahrungs- und Futtermittelpflanzen" Kulturpflanzen mit hohem Stärkegehalt, Zuckerpflanzen oder Ölpflanzen, die als Hauptkulturen auf landwirtschaftlichen Flächen produziert werden, ausgenommen Reststoffe, Abfälle und lignozellulosehaltiges Material, und Zwischenfrüchte wie Zweit-

früchte und Deckpflanzen, es sei denn, die Verwendung solcher Zwischenfrüchte führt zu einer zusätzlichen Nachfrage nach Land;

41. „lignozellulosehaltiges Material" Material, das aus Lignin, Zellulose und Hemizellulose besteht, wie Biomasse aus Wäldern, holzartige Energiepflanzen sowie Reststoffe und Abfälle aus der forstbasierten Wirtschaft;
42. „zellulosehaltiges Non-Food-Material" Rohstoffe, die überwiegend aus Zellulose und Hemizellulose bestehen und einen niedrigeren Lignin-Gehalt als lignozellulosehaltiges Material haben; es umfasst Reststoffe von Nahrungs- und Futtermittelpflanzen wie Stroh, Spelzen, Hülsen und Schalen, grasartige Energiepflanzen mit niedrigem Stärkegehalt wie Weidelgras, Rutenhirse, Miscanthus, und Pfahlrohr, Zwischenfrüchte vor und nach Hauptkulturen, Untersaaten, industrielle Reststoffe, einschließlich Nahrungs- und Futtermittelpflanzen nach Extraktion von Pflanzenölen, Zucker, Stärken und Protein, sowie Material aus Bioabfall; als Untersaaten und Deckpflanzen werden vorübergehend angebaute Weiden mit Gras-Klee-Mischungen mit einem niedrigen Stärkegehalt bezeichnet, die zur Fütterung von Vieh sowie dazu dienen, die Bodenfruchtbarkeit im Interesse höherer Ernteerträge bei den Ackerhauptkulturen zu verbessern;
43. „Reststoff" einen Stoff, der kein Endprodukt ist, dessen Produktion durch den Produktionsprozess unmittelbar angestrebt wird; er stellt nicht das primäre Ziel des Produktionsprozesses dar, und der Prozess wurde nicht absichtlich geändert, um ihn zu produzieren;
44. „Reststoffe aus Landwirtschaft, Aquakultur, Fischerei und Forstwirtschaft" Reststoffe, die unmittelbar in der Landwirtschaft, Aquakultur, Fischerei und Forstwirtschaft entstanden sind; sie umfassen keine Reststoffe aus damit verbundenen Wirtschaftszweigen oder aus der Verarbeitung;
45. „tatsächlicher Wert" die Treibhausgaseinsparungen bei einigen oder allen Schritten eines speziellen Produktionsverfahrens für Biokraftstoffe, flüssige Biobrennstoffe oder Biomasse-Brennstoffe, berechnet anhand der Methode in Anhang V Teil C oder Anhang VI Teil B;
46. „typischer Wert" den Schätzwert der Treibhausgasemissionen und der entsprechenden Treibhausgaseinsparungen bei einem bestimmten Produktionsweg für Biokraftstoffe, flüssige Biobrennstoffe oder Biomasse-Brennstoffe, der für den Verbrauch in der Union repräsentativ ist;
47. „Standardwert" den von einem typischen Wert durch Anwendung vorab festgelegter Faktoren abgeleiteten Wert, der unter in dieser Richtlinie festgelegten Bedingungen anstelle eines tatsächlichen Werts verwendet werden kann.

Art. 3 Verbindliches Gesamtziel der Union für 2030. (1) [1]Die Mitgliedstaaten stellen gemeinsam sicher, dass der Anteil von Energie aus erneuerbaren Quellen am Bruttoendenergieverbrauch der Union im Jahr 2030 mindestens 32 % beträgt. [2]Die Kommission beurteilt dieses Ziel, um bis 2023 einen Gesetzgebungsvorschlag zu unterbreiten, mit dem der Zielwert nach oben korrigiert wird, wenn sich bei der Produktion erneuerbarer Energie weitere wesentliche Kostensenkungen ergeben, wenn dies notwendig ist, damit die Union ihre internationalen Dekarbonisierungsverpflichtungen erfüllen kann, oder wenn dies aufgrund eines wesentlichen Rückgangs des Energieverbrauchs in der Union gerechtfertigt ist.

(2) *[1]* [1] Die Mitgliedstaaten legen nationale Beiträge fest, um das in Absatz 1 festgesetzte verbindliche Gesamtziel der Union im Rahmen ihrer integrierten nationalen Energie- und Klimapläne im Einklang mit den Artikeln 3 bis 5 und den Artikeln 9 bis 14 der Verordnung (EU) 2018/1999[1)] gemeinsam zu erreichen. [2] Bei der Ausarbeitung der Entwürfe ihrer integrierten nationalen Energie- und Klimapläne können die Mitgliedstaaten die in Anhang II der genannten Verordnung angeführte Formel berücksichtigen.

[2] Kommt die Kommission aufgrund ihrer Bewertung der gemäß Artikel 9 der Verordnung (EU) 2018/1999[1)] vorgelegten Entwürfe der integrierten nationalen Energie- und Klimapläne zu dem Schluss, dass die nationalen Beiträge der Mitgliedstaaten für die gemeinsame Verwirklichung des verbindlichen Gesamtziels der Union unzureichend sind, so wendet sie das Verfahren nach Artikel 9 und 31 der genannten Verordnung an.

(3) [1] Die Mitgliedstaaten stellen sicher, dass ihre nationalen Strategien, einschließlich der Verpflichtungen nach den Artikeln 25 bis 28 dieser Richtlinie, und ihrer Förderregelungen, so konzipiert sind, dass die Abfallhierarchie gemäß Artikel 4 der Richtlinie 2008/98/EG gebührend berücksichtigt wird, damit unverhältnismäßige wettbewerbsverzerrende Auswirkungen auf die Rohstoffmärkte möglichst vermieden werden. [2] Die Mitgliedstaaten gewähren für erneuerbare Energie, die durch Verbrennung von Abfällen gewonnen wird, keine Förderung, wenn die Verpflichtungen, die gemäß der genannten Richtlinie für die getrennte Sammlung von Abfällen gelten, nicht eingehalten wurden.

(4) [1] Ab dem 1. Januar 2021 darf der Anteil Energie aus erneuerbaren Quellen am Bruttoendenergieverbrauch in den einzelnen Mitgliedstaaten nicht unter den in der dritten Spalte der Tabelle in Anhang I Teil A dieser Richtlinie als Ausgangswert festgelegten Anteil sinken. [2] Die Mitgliedstaaten ergreifen die erforderlichen Maßnahmen, um die Einhaltung jenes als Ausgangswerts festgelegten Anteils zu gewährleisten. [3] Hält ein Mitgliedstaat seinen als Ausgangswert festgelegten Anteil, ermittelt über einen Zeitraum von einem Jahr, nicht ein, so gelangen Artikel 32 Absatz 4 der Verordnung (EU) 2018/1999[1)] zur Anwendung.

(5) Die Kommission unterstützt die ehrgeizige Zielsetzung der Mitgliedstaaten durch einen Regulierungsrahmen, der die verstärkte Nutzung von Unionsmitteln ermöglicht, einschließlich zusätzlicher Mitteln zur Erleichterung des gerechten Übergangs zu einem höheren Anteil erneuerbarer Energie in CO_2-intensiven Regionen, insbesondere von Finanzinstrumenten, und vor allem folgenden Zwecken dient:

a) der Verringerung der Kapitalkosten von Projekten im Bereich erneuerbare Energie;

b) der Entwicklung von Projekten und Programmen zur Integration erneuerbarer Quellen in das Energiesystem, zur Flexibilisierung des Energiesystems, zur Gewährleistung der Netzstabilität und zum Ausgleich von Netzengpässen;

[1)] Nr. **6**.

c) dem Ausbau von Übertragungs- und Verteilernetzinfrastruktur, intelligenten Netzen, Speicheranlagen und Verbindungsleitungen, um bis 2030 ein Stromverbundziel von 15 % zu erreichen und dadurch den technisch machbaren und wirtschaftlich tragbaren Anteil von erneuerbarer Energie im Stromsystem zu erhöhen;

d) der verstärkten regionalen Zusammenarbeit zwischen Mitgliedstaaten sowie zwischen Mitgliedstaaten und Drittländern im Rahmen gemeinsamer Projekte, gemeinsamer Förderregelungen und durch die Öffnung von Förderregelungen im Bereich erneuerbare Elektrizität für Produzenten mit Sitz in anderen Mitgliedstaaten.

(6) Die Kommission unterstützt Mitgliedstaaten, die sich dafür entscheiden, durch Nutzung von Kooperationsmechanismen zum verbindlichen Gesamtziel der Union nach Absatz 1 beizutragen, indem sie eine Unterstützungsplattform einrichtet.

Art. 4 Förderregelungen für Energie aus erneuerbaren Quellen.

(1) Die Mitgliedstaaten können Förderregelungen anwenden, um das in Artikel 3 Absatz 1 festgelegte Unionsziel für den Einsatz von erneuerbarer Energie und ihren jeweiligen auf nationaler Ebene festgelegten Beitrag zu diesem Ziel zu erreichen oder zu übertreffen.

(2) Die Förderregelungen für Elektrizität aus erneuerbaren Quellen haben Anreize für die marktbasierte und marktorientierte Integration von Elektrizität aus erneuerbaren Quellen in den Elektrizitätsmarkt zu setzen, wobei unnötige Wettbewerbsverzerrungen auf den Elektrizitätsmärkten zu vermeiden und etwaige Systemintegrationskosten und die Netzstabilität zu berücksichtigen sind.

(3) *[1]* Förderregelungen von Elektrizität aus erneuerbaren Quellen sind so auszugestalten, dass die Integration von Elektrizität aus erneuerbaren Quellen in den Elektrizitätsmarkt maximiert wird, und sichergestellt ist, dass die Produzenten erneuerbarer Energie auf die Preissignale des Marktes reagieren und ihre Einnahmen maximieren.

[2] Dazu wird bei direkten Preisstützungssystemen Förderung in Form einer Marktprämie gewährt, bei der es sich unter anderem um eine gleitende oder feste Prämie handeln kann.

[3] Die Mitgliedstaaten dürfen, unbeschadet der für Elektrizität geltenden Binnenmarktvorschriften der Union, für Kleinanlagen und Demonstrationsvorhaben Ausnahmen von diesem Absatz vorsehen.

(4) *[1]* Die Mitgliedstaaten sorgen dafür, dass Elektrizität aus erneuerbaren Quellen auf offene, transparente, wettbewerbsfördernde, nichtdiskriminierende und kosteneffiziente Weise gefördert wird.

[2] Die Mitgliedstaaten können in Bezug auf Ausschreibungsverfahren für Kleinanlagen und Demonstrationsvorhaben Ausnahmen vorsehen.

[3] Sie können auch den Einsatz von Mechanismen in Erwägung ziehen, die für eine regionale Diversifizierung beim Einsatz von erneuerbarer Elektrizität sorgen, um insbesondere eine kostenwirksame Systemintegration sicherzustellen.

(5) Die Mitgliedstaaten können Ausschreibungsverfahren auf bestimmte Technologien beschränken, wenn eine allen Produzenten von Elektrizität aus

erneuerbaren Quellen offenstehende Förderregelung angesichts folgender Gründe zu einem suboptimalen Ergebnis führen würde:

a) das langfristige Potenzial einer bestimmten Technologie;

b) die Notwendigkeit einer Diversifizierung;

c) Netzintegrationskosten;

d) Netzeinschränkungen und Netzstabilität;

e) im Fall von Biomasse, die Notwendigkeit Wettbewerbsverzerrungen auf den Rohstoffmärkten zu vermeiden.

(6) Wenn die Förderung für Elektrizität aus erneuerbaren Quellen über ein Ausschreibungsverfahren gewährt wird, stellen die Mitgliedstaaten eine hohe Projektrealisierungsrate sicher, indem sie

a) nichtdiskriminierende und transparente Kriterien für die Teilnahme an Ausschreibungsverfahren festlegen und veröffentlichen und genaue Fristen und Regeln für die Projektdurchführung festlegen;

b) Informationen über frühere Ausschreibungsverfahren, einschließlich der dabei erzielten Projektrealisierungsraten, veröffentlichen.

(7) Damit in Gebieten in äußerster Randlage und auf kleinen Inseln mehr Energie aus erneuerbaren Quellen erzeugt wird, können die Mitgliedstaaten finanzielle Förderregelungen bei Projekten in diesen Gebieten so anpassen, dass die Produktionskosten, die durch die besonderen Umstände – Abgelegenheit und Abhängigkeit von außen – bedingt sind, berücksichtigt werden.

(8) Bis zum 31. Dezember 2021, und anschließend alle drei Jahre, erstattet die Kommission dem Europäischen Parlament und dem Rat über die Ergebnisse der über Ausschreibungsverfahren in der Union gewährten Förderung für Elektrizität aus erneuerbaren Quellen Bericht, wobei sie insbesondere analysiert, inwiefern mit den Ausschreibungsverfahren Folgendes erreicht werden konnte:

a) Kostensenkungen;

b) technologische Verbesserungen;

c) hohe Realisierungsraten;

d) die diskriminierungsfreie Teilnahme kleiner Marktteilnehmer und, gegebenenfalls, lokaler Behörden;

e) eine Begrenzung der Auswirkungen auf die Umwelt;

f) Akzeptanz vor Ort;

g) Versorgungssicherheit und Netzintegration.

(9) Dieser Artikel gilt unbeschadet der Artikel 107 und 108 AEUV[1)].

Art. 5 Öffnung der Förderregelungen für Elektrizität aus erneuerbaren Quellen. (1) *[1]* [1]Die Mitgliedstaaten haben das Recht, gemäß den Artikeln 7 bis 13 dieser Richtlinie zu entscheiden, in welchem Umfang sie die in einem anderen Mitgliedstaat produzierte Elektrizität aus erneuerbaren Quellen fördern. [2]Die Mitgliedstaaten können die Teilnahme an Förderregelungen für Elektrizität aus erneuerbaren Quellen jedoch unter den in diesem Artikel

[1)] Nr. **13**.

festgelegten Bedingungen für Produzenten mit Sitz in anderen Mitgliedstaaten öffnen.

[2] Wenn sie die Teilnahme an Förderregelungen für Elektrizität aus erneuerbaren Quellen öffnen, können die Mitgliedstaaten vorsehen, dass Anlagen in anderen Mitgliedstaaten ein inidkativer Prozentsatz der in jedem Jahr neu geförderten Kapazität oder der in jedem Jahr dafür bereitgestellten Mittel offensteht.

[3] Diese indikativen Prozentsätze können in jedem Jahr zwischen 2023 und 2026 bei mindestens 5 % und zwischen 2027 und 2030 bei mindestens 10 % oder, falls dieses niedriger ist, auf dem Niveau des Verbundgrads des betreffenden Mitgliedstaats in einem bestimmten Jahr liegen.

[4] Um bezüglich der Umsetzung neue Erfahrungen zu sammeln, können die Mitgliedstaaten ein oder mehrere Pilotprojekte ausrichten, bei denen die Förderung Produzenten mit Sitz in anderen Mitgliedstaaten offensteht.

(2) [1] Die Mitgliedstaaten können einen Nachweis für den physikalischen Import von Elektrizität aus erneuerbaren Quellen verlangen. [2] Zu diesem Zweck können sie die Teilnahme an Förderregelungen auf Produzenten in Mitgliedstaaten beschränken, zu denen eine direkte Verbindung über Verbindungsleitungen besteht. [3] Sie dürfen zonenübergreifende Fahrpläne und Kapazitätsvergaben jedoch nicht deswegen ändern oder in anderer Weise beeinflussen, weil Erzeuger an grenzüberschreitenden Förderregelungen teilnehmen. [4] Grenzüberschreitende Stromübertragungen werden ausschließlich anhand des Ergebnisses der Kapazitätsvergabe nach den unionsrechtlichen Bestimmungen über den Binnenmarkt für Elektrizität bestimmt.

(3) [1] Wenn ein Mitgliedstaat beschließt, die Teilnahme an Förderregelungen für Produzenten mit Sitz in einem anderen Mitgliedstaat zu öffnen, vereinbaren die beteiligten Mitgliedstaaten, welche Grundsätze für diese Teilnahme gelten sollen. [2] Diese Vereinbarungen umfassen zumindest die Grundsätze für die Anrechnung von erneuerbarer Elektrizität, die Gegenstand einer grenzüberschreitenden Förderung ist.

(4) [1] Die Kommission unterstützt die beteiligten Mitgliedstaaten auf deren Ersuchen während des gesamten Verhandlungsprozesses und bei der Festlegung der Kooperationsvereinbarungen, indem sie während des gesamten Prozesses Informationen und Analysen, einschließlich quantitativer und qualitativer Daten zu den direkten und indirekten Kosten und Vorteilen der Zusammenarbeit, sowie Empfehlungen und technisches Fachwissen bereitstellt. [2] Die Kommission kann den Austausch über bewährte Verfahren unterstützen oder erleichtern und Muster für Kooperationsvereinbarungen ausarbeiten, die den Verhandlungsprozess voranbringen. [3] Die Kommission bewertet bis 2025 die Kosten und den Nutzen der in diesem Artikel festgelegten Bestimmungen für den Einsatz von Elektrizität aus erneuerbaren Quellen in der Union.

(5) [1] Bis 2023 führt die Kommission eine Bewertung der Umsetzung dieses Artikels durch. [2] Dabei beurteilt sie, ob die Mitgliedstaaten verpflichtet werden müssen, ihre Förderregelungen für Elektrizität aus erneuerbaren Quellen teilweise für die Teilnahme von in anderen Mitgliedstaaten ansässige Produzenten zu öffnen, mit dem Ziel einer Öffnung im Umfang von 5 % bis 2025 und 10 % bis 2030.

Art. 6 Stabilität der finanziellen Förderung. (1) Unbeschadet der zur Einhaltung der Artikel 107 und 108 AEUV[1)] erforderlichen Anpassungen stellen die Mitgliedstaaten sicher, dass die Höhe der für Projekte im Bereich erneuerbare Energie gewährten Förderung sowie die damit verknüpften Bedingungen nicht in einer Weise überarbeitet werden, die sich negativ auf die daraus erwachsenden Rechte auswirkt und die Rentabilität von Projekten, denen bereits Förderung zugute kommt, infrage stellt.

(2) Die Mitgliedstaaten können die Höhe der Förderung nach objektiven Kriterien anpassen, sofern die betreffenden Kriterien in der Förderregelung von Anbeginn festgelegt waren.

(3) [1] Die Mitgliedstaaten veröffentlichen als Referenzdokument einen mindestens auf die nächsten fünf oder – im Falle von Haushaltsplanungszwängen – drei Jahre ausgelegten langfristigen Zeitplan mit der voraussichtlichen Zuteilung von Fördermitteln, der, soweit angebracht, auch Richtwerte zu den Fristen und Angaben zur Häufigkeit von Ausschreibungsverfahren, zur voraussichtlichen Kapazität und zum voraussichtlichen Budget bzw. zum Höchstbetrag der voraussichtlich gewährten individuellen Förderung und gegebenenfalls zu den voraussichtlich förderfähigen Technologien enthält. [2] Dieser Zeitplan wird jährlich oder immer dann aktualisiert, wenn es nötig ist, um den jüngsten Marktentwicklungen oder der voraussichtlichen Zuteilung von Fördermitteln Rechnung zu tragen.

(4) [1] Die Mitgliedstaaten bewerten mindestens alle fünf Jahre die Wirksamkeit ihrer Förderregelungen für Elektrizität aus erneuerbaren Quellen und deren wichtigste Verteilungseffekte in Bezug auf unterschiedliche Verbrauchergruppen und auf Investitionen. [2] Dabei gehen sie auch auf die Auswirkungen möglicher Änderungen der Förderregelungen ein. [3] Den Ergebnissen dieser Bewertung wird bei der indikativen langfristigen Planung der Entscheidungen über die Förderung und die Gestaltung neuer Förderung Rechnung getragen. [4] Die Mitgliedstaaten nehmen diese Bewertung in die entsprechenden aktualisierten Fassungen ihrer integrierten nationalen Energie- und Klimaschutzpläne und ihrer Fortschrittsberichte gemäß der Verordnung (EU) 2018/1999[2)] auf.

Art. 7 Berechnung des Anteils von Energie aus erneuerbaren Quellen.

(1) *[1]* [1] Der Bruttoendenergieverbrauch aus erneuerbaren Quellen in den einzelnen Mitgliedstaaten wird berechnet als Summe

a) des Bruttoendenergieverbrauchs von Elektrizität aus erneuerbaren Quellen,

b) des Bruttoendenergieverbrauchs aus erneuerbaren Quellen im Wärme- und Kältesektor und

c) des Endenergieverbrauchs von Energie aus erneuerbaren Quellen im Verkehrssektor.

[2] Für die Zwecke der Berechnung des Anteils von Energie aus erneuerbaren Quellen am Bruttoendenergieverbrauch nach Unterabsatz 1 Buchstaben a, b oder c werden Gas, Elektrizität und Wasserstoff aus erneuerbaren Quellen nur einmal berücksichtigt.

---

1) Nr. **13**.
2) Nr. **6**.

[2] Vorbehaltlich Artikel 29 Absatz 1 werden Biokraftstoffe, flüssige Biobrennstoffe und Biomasse-Brennstoffe, die die in Artikel 29 Absätze 2 bis 7 und 10 festgelegten Kriterien für die Nachhaltigkeit und für Treibhausgaseinsparungen nicht erfüllen, nicht berücksichtigt.

(2) *[1]* Für die Zwecke des Absatzes 1 Unterabsatz 1 Buchstabe a wird der Bruttoendenergieverbrauch von Elektrizität aus erneuerbaren Quellen als die in einem Mitgliedstaat aus erneuerbaren Quellen produzierte Elektrizität berechnet, einschließlich der von Eigenversorgern im Bereich erneuerbare Elektrizität und Erneuerbare-Energie-Gemeinschaften produzierten Elektrizität sowie unter Ausschluss der in Pumpspeicherkraftwerken mit zuvor hochgepumptem Wasser produzierten Elektrizität.

[2] [1]Bei Hybridanlagen, die Brennstoffe sowohl aus erneuerbaren als auch aus nicht erneuerbaren Quellen nutzen, wird nur der aus erneuerbaren Energiequellen produzierte Elektrizitätsanteil berücksichtigt. [2]Hierfür wird der Anteil der einzelnen Energiequellen auf der Grundlage ihres Energiegehalts berechnet.

[3] Mit Wasserkraft und Windkraft erzeugte Elektrizität wird gemäß den Normalisierungsregeln in Anhang II berücksichtigt.

(3) *[1]* Für die Zwecke des Absatzes 1 Unterabsatz 1 Buchstabe b wird der Bruttoendenergieverbrauch aus erneuerbaren Quellen im Wärme- und Kältesektor als die Menge an Fernwärme und Fernkälte berechnet, die in einem Mitgliedstaat aus erneuerbaren Quellen produziert wird, zuzüglich des Verbrauchs anderer Energie aus erneuerbaren Quellen in der Industrie, in Haushalten, im Dienstleistungssektor und in der Land-, Forst- und Fischereiwirtschaft zu Heizungs-, Kühlungs- und Prozesszwecken.

[2] [1]Bei Hybridanlagen, die Brennstoffe sowohl aus erneuerbaren als auch aus nicht erneuerbaren Quellen nutzen, wird nur der aus erneuerbaren Energiequellen produzierte Wärme- und Kälteanteil berücksichtigt. [2]Hierfür wird der Anteil der einzelnen Energiequellen auf der Grundlage ihres Energiegehalts berechnet.

[3] [1]Umgebungsenergie und geothermische Energie, die mit Wärmepumpen und Fernkältesystemen für die Wärme- und Kälteversorgung verwendet wird, wird für die Zwecke des Absatzes 1 Unterabsatz 1 Buchstabe b berücksichtigt, sofern der Endenergieoutput den für den Betrieb der Wärmepumpen erforderlichen Primärenergieinput deutlich überschreitet. [2]Die Menge an Wärme oder Kälte, die im Sinne dieser Richtlinie als Energie aus erneuerbaren Quellen betrachtet werden kann, berechnet sich nach der in Anhang VII vorgesehenen Methode und trägt dem Energieverbrauch in allen Endverbrauchssektoren Rechnung.

[4] Thermische Energie, die durch passive Energiesysteme erzeugt wird, bei denen ein niedrigerer Energieverbrauch auf passive Weise durch die Baukonstruktion oder durch aus Energie aus nicht erneuerbaren Quellen erzeugte Wärme erreicht wird, wird für die Zwecke des Absatzes 1 Unterabsatz 1 Buchstabe b nicht berücksichtigt.

[5] Die Kommission erlässt bis zum 31. Dezember 2021 im Einklang mit Artikel 35 delegierte Rechtsakte, um diese Richtlinie durch Festlegung einer Methode für die Berechnung der Menge an erneuerbarer Energie, die für die Kälteversorgung und Fernkälte genutzt wird, zu ergänzen sowie um Anhang VII zu ändern.

[6] Diese Methode muss saisonbezogene Mindestleistungsfaktoren für Umkehrwärmepumpen beinhalten.

(4) Für die Zwecke des Absatzes 1 Unterabsatz 1 Buchstabe c gilt Folgendes:

a) Der Endverbrauch von Energie aus erneuerbaren Quellen im Verkehrssektor wird berechnet als Summe aller Biokraftstoffe, Biomasse-Brennstoffe sowie flüssiger oder gasförmiger erneuerbarer Kraftstoffe für den Verkehr nicht biogenen Ursprungs, die im Verkehrssektor verbraucht werden. Allerdings werden flüssige oder gasförmige erneuerbare Kraftstoffe für den Verkehr nicht biogenen Ursprungs, die mit erneuerbarer Elektrizität produziert werden, nur dann in die Berechnung gemäß Absatz 1 Unterabsatz 1 Buchstabe a einbezogen, wenn die Menge der in einem Mitgliedstaat aus erneuerbaren Quellen produzierten Elektrizität berechnet wird.

b) Bei der Berechnung des Endenergieverbrauchs im Verkehrssektor werden die in Anhang III festgelegten Werte für den Energiegehalt von Kraftstoffen für den Verkehr verwendet. Zur Bestimmung des Energiegehalts von Kraftstoffen für den Verkehr, die nicht in Anhang III aufgeführt sind, gelten die entsprechenden Normen zur Bestimmung der Heizwerte von Kraftstoffen der Europäischen Normungsorganisation (ESO). In Fällen, für die keine solche Norm zu diesem Zweck erlassen wurde, sind die entsprechenden Normen der Internationalen Organisation für Normung (ISO) zu verwenden.

(5) *[1]* Der Anteil der Energie aus erneuerbaren Quellen wird als der Bruttoendenergieverbrauch von Energie aus erneuerbaren Quellen, dividiert durch den Bruttoendenergieverbrauch von Energie aus allen Energiequellen berechnet und als Prozentsatz ausgedrückt.

[2] Für die Zwecke des Unterabsatzes 1 dieses Absatzes wird die in Absatz 1 Unterabsatz 1 dieses Artikels genannte Summe gemäß den Artikeln 8, 10, 12 und 13 angepasst.

[3] [1] Wenn der Bruttoendenergieverbrauch eines Mitgliedstaats berechnet wird, um zu ermitteln, inwieweit der Mitgliedstaat die in dieser Richtlinie festgelegten Zielvorgaben und indikativen Zielpfade erfüllt, wird davon ausgegangen, dass der Energieverbrauch im Luftverkehr nicht über 6,18 % des Bruttoendenergieverbrauchs dieses Mitgliedstaats liegt. [2] Für Zypern und Malta wird davon ausgegangen, dass der Energieverbrauch im Luftverkehr nicht über 4,12 % des Bruttoendenergieverbrauchs dieser Mitgliedstaaten liegt.

(6) *[1]* Für die Berechnung des Anteils der Energie aus erneuerbaren Quellen werden die Methodik und die Begriffsbestimmungen gemäß der Verordnung (EG) Nr. 1099/2008 verwendet.

[2] Die Mitgliedstaaten stellen sicher, dass die für die Berechnung des sektorspezifischen Anteils und des Gesamtanteils verwendeten statistischen Angaben und die der Kommission gemäß der genannten Verordnung übermittelten statistischen Angaben kohärent sind.

Art. 8 Plattform der Union für die verstärkte Nutzung erneuerbarer Energie und statistische Transfers zwischen Mitgliedstaaten. (1) [1] Die Mitgliedstaaten können sich auf den statistischen Transfer einer bestimmten

Menge an Energie aus erneuerbaren Quellen aus einem Mitgliedstaat in einen anderen Mitgliedstaat einigen. [2] Die transferierte Menge wird

a) von der Menge an Energie aus erneuerbaren Quellen subtrahiert, die bei der Berechnung des Energieanteils aus erneuerbaren Quellen des den Transfer durchführenden Mitgliedstaats für die Zwecke dieser Richtlinie berücksichtigt wird, und

b) zu der Menge an Energie aus erneuerbaren Quellen addiert, die bei der Berechnung des Energieanteils aus erneuerbaren Quellen des den Transfer akzeptierenden Mitgliedstaats für die Zwecke dieser Richtlinie berücksichtigt wird.

(2) [1] Um die Erfüllung des verbindlichen Gesamtziels der Union gemäß Artikel 3 Absatz 1 und der jeweiligen Beiträge der Mitgliedstaaten zu diesem Ziel gemäß Artikel 3 Absatz 2 dieser Richtlinie sowie um die statistischen Transfers nach Absatz 1 dieses Artikels zu erleichtern, richtet die Kommission eine Plattform der Union für die verstärkte Nutzung erneuerbarer Energie (Union renewable development platform – „URDP") ein. [2] Die Mitgliedstaaten können freiwillig jährlich Daten zu ihren nationalen Beiträgen zum Ziel der Union, sowie jedwede Bezugswerte für die Überwachung der Fortschritte hinsichtlich der Verordnung (EU) 2018/1999[1)], einschließlich einer Einschätzung, inwieweit der Anteil der erneuerbaren Energie voraussichtlich über oder unter ihren Beiträgen liegen wird, sowie einen Richtwert für den Preis, zu dem sie akzeptieren würden, die Überschussproduktion von Energie aus erneuerbaren Quellen an einen anderen Mitgliedstaat oder von einem anderen Mitgliedstaat zu transferieren, freiwillig bei der URDP einreichen. [3] Der tatsächliche Preis dieser Transfers wird im Einzelfall mithilfe des auf der URDP bereitgestellten Mechanismus zur Abstimmung zwischen Angebot und Nachfrage festgesetzt.

(3) *[1]* Die Kommission sorgt dafür, dass Angebot und Nachfrage bezüglich der Mengen erneuerbarer Energie, die bei der Berechnung des Anteils erneuerbarer Energie eines Mitgliedstaats berücksichtigt werden, über die URDP auf der Grundlage des Preises oder anderer Kriterien des den Transfer akzeptierenden Mitgliedstaats zusammengeführt werden können.

[2] Der Kommission wird die Befugnis übertragen, im Einklang mit Artikel 35 delegierte Rechtsakte zu erlassen, um diese Richtlinie durch Einrichtung der URDP und durch Festlegung der Kriterien für den Abschluss von Transaktionen gemäß Absatz 5 zu ergänzen.

(4) [1] Die in den Absätzen 1 und 2 genannten Vereinbarungen können für ein oder mehrere Kalenderjahre gelten. [2] Solche Vereinbarungen zwischen den Mitgliedstaaten müssen spätestens 12 Monate nach Ablauf jedes Jahres, in dem sie gültig sind, der Kommission mitgeteilt oder auf der URDP abgeschlossen werden. [3] Die der Kommission übermittelten Angaben umfassen auch die Menge und den Preis der betreffenden Energie. [4] Wenn Transfers auf der URDP abgeschlossen werden, werden die beteiligten Parteien und die Informationen über den betreffenden Transfer dieser Transaktionen veröffentlicht.

---

1) Nr. 6.

(5) Ein Transfer wird wirksam, nachdem alle anzuwendenden Clearing-Bedingungen auf der URDP erfüllt sind oder alle am Transfer beteiligten Mitgliedstaaten der Kommission den Transfer mitgeteilt haben.

Art. 9 Gemeinsame Projekte zwischen Mitgliedstaaten. (1) [1] Zwei oder mehr Mitgliedstaaten können bei allen Arten von gemeinsamen Projekten zur Produktion von Elektrizität, Wärme oder Kälte aus erneuerbaren Quellen zusammenarbeiten. [2] Die Zusammenarbeit kann private Betreiber einschließen.

(2) Die Mitgliedstaaten teilen der Kommission den Prozentsatz oder die Menge der Elektrizität, der Wärme oder der Kälte aus erneuerbaren Quellen mit, der bzw. die in einem beliebigen gemeinsamen Projekt in ihrem Hoheitsgebiet, das nach dem 25. Juni 2009 in Betrieb genommen wurde, oder mittels der erhöhten Kapazität einer Anlage, die nach Inkrafttreten dieser Richtlinie umgerüstet wurde, produziert wird und für die Zwecke dieser Richtlinie als auf den Anteil erneuerbarer Energie eines anderen Mitgliedstaats anrechenbar zu betrachten ist.

(3) Die Mitteilung nach Absatz 2 enthält Folgendes:

a) eine Beschreibung der vorgeschlagenen Anlage oder Angaben zur umgerüsteten Anlage,
b) die Angabe des Prozentsatzes oder der Menge der von der Anlage produzierten Elektrizität oder der von ihr produzierten Wärme oder Kälte, der bzw. die als auf den Anteil erneuerbarer Energie des anderen Mitgliedstaats anrechenbar zu betrachten ist,
c) die Angabe des Mitgliedstaats, zu dessen Gunsten die Mitteilung erfolgt, und
d) die Angabe des Zeitraums, in dem die von der Anlage aus erneuerbaren Quellen produzierte Elektrizität oder die von ihr aus erneuerbaren Quellen produzierte Wärme oder Kälte als auf den Anteil erneuerbarer Energie des anderen Mitgliedstaats anrechenbar zu betrachten ist, in vollen Kalenderjahren.

(4) Die Laufzeit eines gemeinsamen Projekts nach diesem Artikel darf über das Jahr 2030 hinausgehen.

(5) Eine nach diesem Artikel erfolgte Mitteilung darf nur in gegenseitigem Einvernehmen zwischen dem die Mitteilung machenden Mitgliedstaat und dem gemäß Absatz 3 Buchstabe c angegebenen Mitgliedstaat geändert oder widerrufen werden.

(6) Die Kommission erleichtert auf Ersuchen der betreffenden Mitgliedstaaten die Durchführung gemeinsamer Projekte der Mitgliedstaaten, und zwar vor allem durch spezielle technische Unterstützung und Unterstützung bei der Projektentwicklung.

Art. 10 Wirkungen gemeinsamer Projekte zwischen Mitgliedstaaten.

(1) Innerhalb von drei Monaten nach Ablauf jedes in den Zeitraum nach Artikel 9 Absatz 3 Buchstabe d fallenden Jahres versendet der Mitgliedstaat, der die Mitteilung nach Artikel 9 gemacht hat, ein Mitteilungsschreiben mit folgenden Angaben:

a) die Gesamtmenge an Elektrizität oder Wärme oder Kälte, die in dem betreffenden Jahr von der Anlage, die Gegenstand der Mitteilung nach Artikel 9 war, aus erneuerbaren Energiequellen produziert wurde, und

b) die Menge an Elektrizität oder Wärme oder Kälte, die in dem betreffenden Jahr von der Anlage aus erneuerbaren Energiequellen produziert wurde und gemäß der Mitteilung auf den Anteil erneuerbarer Energie eines anderen Mitgliedstaats anzurechnen ist.

(2) Der mitteilende Mitgliedstaat sendet das Mitteilungsschreiben an den Mitgliedstaat, zu dessen Gunsten die Mitteilung erfolgte, und an die Kommission.

(3) Für die Zwecke dieser Richtlinie wird die Menge an Elektrizität oder Wärme oder Kälte aus erneuerbaren Energiequellen, die gemäß Absatz 1 Buchstabe b mitgeteilt wurde,

a) von der Menge an Elektrizität, Wärme oder Kälte aus erneuerbaren Quellen subtrahiert, die bei der Berechnung des Energieanteils aus erneuerbaren Quellen des das Mitteilungsschreiben nach Absatz 1 versendenden Mitgliedstaats berücksichtigt wird, und

b) zu der Menge an Elektrizität, Wärme oder Kälte aus erneuerbaren Quellen addiert, die bei der Berechnung des Energieanteils aus erneuerbaren Quellen des das Mitteilungsschreiben nach Absatz 2 empfangenden Mitgliedstaats berücksichtigt wird.

Art. 11 Gemeinsame Projekte von Mitgliedstaaten und Drittländern.

(1) [1] Ein oder mehrere Mitgliedstaaten können mit einem oder mehreren Drittländern bei allen Arten gemeinsamer Projekte zur Produktion von Elektrizität aus erneuerbaren Quellen zusammenarbeiten. [2] Die Zusammenarbeit kann private Betreiber einschließen und erfolgt unter uneingeschränkter Achtung des Völkerrechts.

(2) Aus erneuerbaren Quellen in einem Drittland produzierte Elektrizität wird bei der Berechnung der Anteile erneuerbarer Energie der Mitgliedstaaten nur berücksichtigt, wenn die folgenden Bedingungen erfüllt sind:

a) die Elektrizität wird in der Union verbraucht, was als erfüllt angesehen wird, wenn
   i) eine Elektrizitätsmenge, die der angerechneten Elektrizitätsmenge entspricht, von allen zuständigen Übertragungsnetzbetreibern im Ursprungsland, im Bestimmungsland und, falls relevant, in jedem Transitdrittland der jeweils zugeteilten Verbindungskapazität fest zugewiesen wurde;
   ii) eine Elektrizitätsmenge, die der angerechneten Elektrizitätsmenge entspricht, vom zuständigen Übertragungsnetzbetreiber auf der Unionsseite einer Verbindungsleitung fest im Elektrizitätsbilanzverzeichnis registriert wurde; und
   iii) die ausgewiesene Kapazität und die Produktion der Elektrizität aus erneuerbaren Quellen durch die in Buchstabe b genannte Anlage denselben Zeitraum betreffen;

b) die Elektrizität wird im Rahmen eines gemeinsamen Projekts gemäß Absatz 1 in einer Anlage produziert, die nach dem 25. Juni 2009 in Betrieb genommen oder nach diesem Datum umgerüstet wurde;

c) für die produzierte und exportierte Elektrizitätsmenge wurden außer Investitionsbeihilfen für die Anlage keine Förderung aus einer Förderregelung eines Drittlands gewährt; und

d) die Elektrizität wurde im Einklang mit dem Völkerrecht in einem Drittland produziert, das die Europäische Konvention zum Schutze der Menschenrechte und Grundfreiheiten oder ein anderes internationales Übereinkommen oder einen anderen internationalen Vertrag über Menschenrechte unterzeichnet hat.

(3) Die Mitgliedstaaten können bei der Kommission beantragen, dass für die Zwecke von Absatz 4 und im Zusammenhang mit der Errichtung einer Verbindungsleitung mit einer sehr langen Vorlaufzeit zwischen einem Mitgliedstaat und einem Drittstaat die aus erneuerbaren Quellen stammende und in einem Drittstaat produzierte und konsumierte Elektrizität unter folgenden Bedingungen berücksichtigt wird:

a) mit dem Bau der Verbindungsleitung muss bis zum 31. Dezember 2026 begonnen worden sein;
b) die Verbindungsleitung kann nicht bis zum 31. Dezember 2030 in Betrieb genommen werden;
c) die Verbindungsleitung kann bis zum 31. Dezember 2032 in Betrieb genommen werden;
d) nach der Inbetriebnahme wird die Verbindungsleitung in Übereinstimmung mit Absatz 2 für den Export von Elektrizität aus erneuerbaren Quellen in die Union genutzt;
e) der Antrag bezieht sich auf ein gemeinsames Projekt, das den Kriterien von Absatz 2 Buchstaben b und c entspricht und das die Verbindungsleitung nach ihrer Inbetriebnahme nutzen wird, und auf eine Elektrizitätsmenge, die jene nicht übersteigt, die nach der Inbetriebnahme der Verbindungsleitung in die Union exportiert wird.

(4) [1] Der Prozentsatz oder die Menge der von einer Anlage im Hoheitsgebiet eines Drittlands produzierten Elektrizität, der bzw. die für die Zwecke dieser Richtlinie als auf den Anteil erneuerbarer Energie eines oder mehrerer Mitgliedstaaten anrechenbar zu betrachten ist, wird der Kommission mitgeteilt. [2] Wenn mehr als ein Mitgliedstaat betroffen ist, wird die Aufteilung dieses Prozentsatzes oder dieser Menge auf die Mitgliedstaaten der Kommission mitgeteilt. [3] Dieser Prozentsatz oder diese Menge darf die tatsächlich in die Union ausgeführte und dort verbrauchte Menge nicht überschreiten und muss der Menge gemäß Absatz 2 Buchstabe a Ziffern i und ii entsprechen und die Bedingungen des Absatzes 2 Buchstabe a erfüllen. [4] Die Mitteilung erfolgt durch jeden Mitgliedstaat, auf dessen nationales Gesamtziel der Prozentsatz oder die Menge der Elektrizität angerechnet werden soll.

(5) Die Mitteilung nach Absatz 4 enthält Folgendes:

a) eine Beschreibung der vorgeschlagenen Anlage oder Angaben zur umgerüsteten Anlage;
b) die Angabe des Prozentsatzes oder der Menge der von der Anlage produzierten Elektrizität, der bzw. die als auf den Anteil erneuerbarer Energie eines Mitgliedstaats anrechenbar zu betrachten ist, sowie die entsprechenden Finanzvereinbarungen, wobei Vertraulichkeitsanforderungen einzuhalten sind;

c) die Angabe des Zeitraums, in dem die Elektrizität als auf den Anteil erneuerbarer Energie des Mitgliedstaats anrechenbar zu betrachten ist, in vollen Kalenderjahren; und

d) eine schriftliche Bestätigung der Angaben nach den Buchstaben b und c durch das Drittland, in dessen Hoheitsgebiet die Anlage in Betrieb genommen werden soll, und die Angabe des Anteils oder der Menge der in der Anlage produzierten Elektrizität für den heimischen Verbrauch dieses Drittlands.

(6) Die Laufzeit eines gemeinsamen Projekts nach diesem Artikel darf über das Jahr 2030 hinausgehen.

(7) Eine nach diesem Artikel erfolgte Mitteilung darf nur in gegenseitigem Einvernehmen zwischen dem die Mitteilung machenden Mitgliedstaat und dem Drittland, das das gemeinsame Projekt gemäß Absatz 5 Buchstabe d bestätigt hat, geändert oder widerrufen werden.

(8) Die Mitgliedstaaten und die Union legen den einschlägigen Gremien der Energiegemeinschaft nahe, in Einklang mit dem Vertrag über die Energiegemeinschaft die Maßnahmen zu ergreifen, die erforderlich sind, damit die Vertragsparteien die Bestimmungen dieser Richtlinie für die Zusammenarbeit zwischen Mitgliedstaaten anwenden können.

Art. 12 Wirkung gemeinsamer Projekte zwischen Mitgliedstaaten und Drittländern. (1) Innerhalb von 12 Monaten nach Ablauf jedes in den Zeitraum nach Artikel 11 Absatz 5 Buchstabe c fallenden Jahres versendet der mitteilende Mitgliedstaat ein Mitteilungsschreiben mit folgendem Inhalt:

a) die Gesamtmenge an Elektrizität, die in dem betreffenden Jahr von der Anlage, die Gegenstand der Mitteilung nach Artikel 11 war, aus erneuerbaren Quellen produziert wurde;

b) die Menge an Elektrizität, die in dem betreffenden Jahr von der Anlage aus erneuerbaren Quellen produziert wurde und gemäß der Mitteilung nach Artikel 11 auf seinen Anteil erneuerbarer Energie anzurechnen ist;

c) den Nachweis der Einhaltung der in Artikel 11 Absatz 2 genannten Bedingungen.

(2) Die in Absatz 1 genannten Mitgliedstaaten senden das Mitteilungsschreiben an die Kommission und an das Drittland, das das gemeinsame Projekt gemäß Artikel 11 Absatz 5 Buchstabe d bestätigt hat.

(3) Zur Berechnung der Anteile erneuerbarer Energie im Rahmen dieser Richtlinie wird die aus erneuerbaren Quellen produzierte Menge an Elektrizität, die gemäß Absatz 1 Buchstabe b mitgeteilt wurde, der anrechenbaren Menge an Energie aus erneuerbaren Quellen hinzugerechnet, wenn der Anteil erneuerbarer Energie des Mitgliedstaats, der das Mitteilungsschreiben versendet, berechnet wird.

Art. 13 Gemeinsame Förderregelungen. (1) *[1]* [1] Unbeschadet der Pflichten der Mitgliedstaaten nach Artikel 5 können zwei oder mehr Mitgliedstaaten auf freiwilliger Basis beschließen, ihre nationalen Förderregelungen zusammenzulegen oder teilweise zu koordinieren. [2] In solchen Fällen kann eine bestimmte Menge an Energie aus erneuerbaren Quellen, die im Hoheitsgebiet eines teilnehmenden Mitgliedstaats produziert wird, auf den Anteil erneuerbarer Energie eines anderen teilnehmenden Mitgliedstaats angerechnet werden, wenn die betreffenden Mitgliedstaaten

a) gemäß Artikel 8 einen statistischen Transfer bestimmter Mengen Energie aus erneuerbaren Quellen von einem Mitgliedstaat auf einen anderen vornehmen oder

b) eine von den teilnehmenden Mitgliedstaaten gebilligte Verteilungsregel festlegen, nach der Mengen an Energie aus erneuerbaren Quellen den beteiligten Mitgliedstaaten zugewiesen werden.

[2] Verteilungsregeln nach Unterabsatz 1 Buchstabe b) sind der Kommission spätestens drei Monate nach dem Ende des ersten Jahres, in dem sie wirksam wird, mitzuteilen.

(2) Innerhalb von drei Monaten nach Ende jedes Jahres versendet jeder Mitgliedstaat, der eine Mitteilung nach Absatz 1 Unterabsatz 1 Buchstabe b gemacht hat, ein Mitteilungsschreiben, in dem er die Gesamtmenge an Elektrizität oder Wärme oder Kälte aus erneuerbaren Quellen angibt, die in dem Jahr, für das die Verteilungsregel gelten soll, produziert wurde.

(3) Zur Berechnung der Anteile erneuerbarer Energie im Rahmen dieser Richtlinie wird die Menge an Elektrizität oder Wärme oder Kälte aus erneuerbaren Quellen, die gemäß Absatz 2 mitgeteilt wurde, nach der mitgeteilten Verteilungsregel zwischen den betreffenden Mitgliedstaaten neu aufgeteilt.

(4) Die Kommission verbreitet Leitlinien und bewährte Verfahren und unterstützt die betreffenden Mitgliedstaaten auf deren Ersuchen bei der Einführung gemeinsamer Förderregelungen in den Mitgliedstaaten.

Art. 14 Kapazitätserhöhungen. Für die Zwecke des Artikels 9 Absatz 2 und des Artikels 11 Absatz 2 Buchstabe b werden Einheiten von Energie aus erneuerbaren Quellen, die auf die Erhöhung der Kapazität einer Anlage zurückzuführen sind, so behandelt, als seien sie in einer eigenständigen Anlage produziert worden, die zum Zeitpunkt der Kapazitätserhöhung in Betrieb genommen wurde.

Art. 15 Verwaltungsverfahren, Rechtsvorschriften und Regelwerke.

(1) *[1]* Die Mitgliedstaaten stellen sicher, dass einzelstaatliche Vorschriften für die Genehmigungs-, Zertifizierungs- und Zulassungsverfahren, die auf Anlagen zur Produktion von Elektrizität, Wärme oder Kälte aus erneuerbaren Quellen und die angegliederten Übertragungs- und Verteilernetze sowie auf den Vorgang der Umwandlung von Biomasse in Biokraftstoffe, flüssige Biobrennstoffe und Biomasse-Brennstoffe oder sonstige Energieprodukte und auf flüssige oder gasförmige erneuerbare Kraftstoffe für den Verkehr nicht biogenen Ursprungs angewandt werden, verhältnismäßig und notwendig sind und zur Umsetzung des Prinzips Energieeffizienz an erster Stelle (energy efficiency first) beitragen.

[2] Die Mitgliedstaaten ergreifen insbesondere angemessene Maßnahmen, um sicherzustellen, dass

a) die Verwaltungsverfahren auf der geeigneten Verwaltungsebene gestrafft und beschleunigt und für die in Unterabsatz 1 genannten Verfahren vorhersehbare Zeitpläne aufgestellt werden;

b) die Vorschriften für Genehmigung, Zertifizierung und Zulassung objektiv, transparent und verhältnismäßig sind, nicht zwischen Antragstellern diskriminieren und den Besonderheiten der einzelnen Technologien für erneuerbare Energie vollständig Rechnung tragen;
c) Verwaltungsgebühren, die die Verbraucher, Planungsbüros, Architekten, Bauunternehmen sowie die Geräte- und Systeminstallateure und -lieferanten entrichten müssen, transparent und kostenbezogen sind und
d) für dezentrale Anlagen und für die Produktion und Speicherung von Energie aus erneuerbaren Quellen vereinfachte und weniger aufwändige Genehmigungsverfahren, unter anderem ein Verfahren der einfachen Mitteilung, eingeführt werden.

(2) [1] Die Mitgliedstaaten legen eindeutige technische Spezifikationen fest, die Geräte und Systeme, die erneuerbare Energie nutzen, erfüllen müssen, damit ihnen die Förderregelungen zugutekommen. [2] Gibt es europäische Normen, einschließlich Umweltzeichen, Energiezeichen und sonstige von den europäischen Normungsgremien entwickelte technische Referenzsysteme, werden solche technischen Spezifikationen auf der Grundlage dieser Normen abgefasst. [3] Solche technischen Spezifikationen dürfen nicht vorschreiben, wo die Geräte und Systeme zu zertifizieren sind, und dürfen kein Hindernis für das reibungslose Funktionieren des Binnenmarkts darstellen.

(3) [1] Die Mitgliedstaaten stellen sicher, dass ihre zuständigen Behörden auf nationaler, regionaler und lokaler Ebene bei der Planung, auch bei der frühzeitigen Raumplanung, beim Entwurf, beim Bau und bei der Renovierung von städtischer Infrastruktur, Industrie-, Gewerbe- oder Wohngebieten und Energieinfrastruktur, einschließlich Netzen für Elektrizität, Fernwärme und -kälte sowie Erdgas und alternative Kraftstoffe, Vorschriften für die Integration und den Einsatz von erneuerbarer Energie, auch für die Eigenversorgung mit erneuerbarer Elektrizität und Erneuerbare-Energie-Gemeinschaften sowie die Nutzung unvermeidbarer Abwärme und -kälte, vorsehen. [2] Die Mitgliedstaaten halten insbesondere lokale und regionale Verwaltungsstellen dazu an, Wärme und Kälte aus erneuerbaren Quellen, soweit angemessen, in die Planung der städtischen Infrastruktur einzubeziehen und sich mit den Netzbetreibern abzustimmen, damit berücksichtigt wird, wie sich Energieeffizienz- und Laststeuerungsprogramme sowie bestimmte Vorschriften auf die Eigenversorgung mit erneuerbarer Elektrizität und Erneuerbare-Energie-Gemeinschaften sowie auf die Pläne der Betreiber für den Ausbau der Infrastruktur auswirken.

(4) *[1]* Die Mitgliedstaaten nehmen in ihre Bauvorschriften und Regelwerke geeignete Maßnahmen auf, um den Anteil aller Arten von Energie aus erneuerbaren Quellen im Gebäudebereich zu erhöhen.

[2] Bei der Ausarbeitung solcher Maßnahmen oder in ihren Förderregelungen können die Mitgliedstaaten gegebenenfalls nationale Maßnahmen für eine deutliche Steigerung der Eigenversorgung mit erneuerbarer Elektrizität, der Energiespeicherung vor Ort und der Energieeffizienz, sowie für Kraft-Wärme-Kopplung und Passiv-, Niedrigenergie- oder Nullenergiehäuser berücksichtigen.

[3] [1] Die Mitgliedstaaten schreiben in ihren Bauvorschriften und Regelwerken oder auf andere Weise mit vergleichbarem Ergebnis vor, dass in neuen Gebäuden und in bestehenden Gebäuden, an denen größere Renovierungs-

arbeiten vorgenommen werden, ein Mindestmaß an erneuerbarer Energie genutzt wird, sofern dies technisch machbar, zweckmäßig und wirtschaftlich tragbar ist, unter Berücksichtigung der Ergebnisse der Kostenoptimalitätsberechnung gemäß Artikel 5 Absatz 2 der Richtlinie 2010/31/EU und sofern dies nicht zu einer Verschlechterung der Raumluftqualität führt. [2]Die Mitgliedstaaten gestatten, dass dieses Mindestmaß unter anderem durch effiziente Fernwärme und -kälte erreicht wird, die zu einem wesentlichen Anteil auf der Nutzung von erneuerbarer Energie sowie von Abwärme und -kälte beruht.

[4] Die Anforderungen nach Unterabsatz 1 gelten auch für die Streitkräfte, aber nur soweit ihre Anwendung nicht mit der Art und dem Hauptzweck der Tätigkeit der Streitkräfte kollidiert, und mit Ausnahme von Material, das ausschließlich für militärische Zwecke verwendet wird.

(5) [1]Die Mitgliedstaaten stellen sicher, dass neu errichtete öffentliche Gebäude sowie bestehende öffentliche Gebäude, an denen größere Renovierungsmaßnahmen vorgenommen werden, auf nationaler, regionaler und lokaler Ebene ab dem 1. Januar 2012 eine Vorbildfunktion im Rahmen dieser Richtlinie erfüllen. [2]Die Mitgliedstaaten können unter anderem zulassen, dass diese Verpflichtung durch die Einhaltung der Vorschriften für Niedrigstenergiegebäude gemäß der Richtlinie 2010/31/EU oder dadurch erfüllt wird, dass die Dächer öffentlicher oder gemischt privat und öffentlich genutzter Gebäude durch Dritte für Anlagen zur Produktion von Energie aus erneuerbaren Quellen genutzt werden.

(6) [1]Mit Bezug auf ihre Bauvorschriften und Bauregelwerke fördern die Mitgliedstaaten die Verwendung von Systemen und Anlagen zur Wärme- und Kälteerzeugung aus erneuerbaren Quellen, die eine erhebliche Verringerung des Energieverbrauchs ermöglichen. [2]Dazu verwenden die Mitgliedstaaten, sofern vorhanden, Energie- oder Ökozeichen oder sonstige auf nationaler Ebene oder auf Unionsebene entwickelte geeignete Zertifikate oder Normen und sorgen dafür, dass zu erneuerbaren, hochgradig energieeffizienten Alternativen sowie etwaigen Finanzierungsinstrumenten und Anreizen, auf die im Fall des Austauschs alter Anlagen zurückgegriffen werden kann, entsprechende Informationen und Beratungsleistungen angeboten werden, damit im Einklang mit der Richtlinie 2010/31/EU der Austausch alter Heizungsanlagen zügiger vonstattengehen und verstärkt zu Lösungen übergegangen werden kann, die auf erneuerbarer Energie beruhen.

(7) [1]Die Mitgliedstaaten führen eine Bewertung ihres Potenzials im Bereich der Energie aus erneuerbaren Quellen und der Nutzung von Abwärme und -kälte im Wärme- und Kältesektor durch. [2]Diese Bewertung umfasst gegebenenfalls auch eine Raumanalyse von Gebieten, die sich für einen Einsatz mit geringem Umweltrisiko eignen, geht auf das Potenzial kleiner Projekte auf der Ebene von Privathaushalten ein und wird in die zweite umfassende Bewertung, die gemäß Artikel 14 Absatz 1 der Richtlinie 2012/27/EU[1)] erstmals bis zum 31. Dezember 2020 vorzulegen ist, und in die nachfolgenden Aktualisierungen der umfassenden Bewertungen aufgenommen.

(8) *[1]* [1]Die Mitgliedstaaten müssen die rechtlichen und administrativen Hindernisse für langfristige Verträge über den Bezug von erneuerbarem Strom bewerten, unbegründete Hindernisse beseitigen und die Verbreitung solcher

---

[1)] Nr. **61**.

Verträge unterstützen. [2]Die Mitgliedstaaten stellen sicher, dass derartige Verträge keinen unverhältnismäßigen oder diskriminierenden Verfahren sowie Umlagen und Abgaben unterworfen sind.

[2] Die Mitgliedstaaten beschreiben Strategien und Maßnahmen, die zur Verbreitung von Verträgen über den Bezug von erneuerbarem Strom beitragen sollen, in ihren integrierten nationalen Energie- und Klimaplänen und den anschließenden Fortschrittsberichten gemäß der Verordnung (EU) 2018/1999[1)].

Art. 16 Organisation und Dauer des Verfahrens zur Genehmigungserteilung. (1) [1]Die Mitgliedstaaten errichten oder benennen eine oder mehrere Anlaufstellen. [2]Diese Anlaufstellen leisten auf Ersuchen des Antragstellers während des gesamten Verwaltungsverfahrens im Hinblick auf die Beantragung und die Erteilung der Genehmigung Beratung und Unterstützung. [3]Von einem Antragsteller darf, während des gesamten Verfahrens, nicht verlangt werden, sich an mehr als eine Anlaufstelle zu wenden. [4]Das Verfahren zur Genehmigungserteilung erstreckt sich auf die einschlägigen Verwaltungsgenehmigungen für den Bau, das Repowering und den Betrieb von Anlagen zur Produktion von Energie aus erneuerbaren Quellen, sowie die für deren Netzzugang erforderlichen Vermögenswerte. [5]Das Verfahren zur Genehmigungserteilung umfasst alle Verfahren von der Bestätigung des Eingangs des Antrags bis zur Übermittlung des Ergebnisses des Verfahrens gemäß Absatz 2.

(2) [1]Die Anlaufstelle führt den Antragsteller in transparenter Weise durch das Verwaltungsverfahren zur Genehmigungsbeantragung, bis die zuständigen Behörden am Ende des Verfahrens eine oder mehrere Entscheidungen treffen, stellt ihm alle erforderlichen Informationen zur Verfügung und bezieht gegebenenfalls andere Verwaltungsbehörden ein. [2]Antragstellern ist es gestattet, die einschlägigen Unterlagen auch in digitaler Form einzureichen.

(3) [1]Die Anlaufstelle stellt ein Verfahrenshandbuch für Projektträger im Bereich der Produktion erneuerbarer Energie bereit und stellt diese Informationen auch online zur Verfügung, wobei sie gesondert auch auf kleinere Projekte und Projekte von Eigenversorgern im Bereich erneuerbare Elektrizität eingeht. [2]In den online veröffentlichten Informationen wird der Antragsteller auf die für seinen Antrag zuständige Anlaufstelle hingewiesen. [3]Existieren in einem Mitgliedstaat mehrere Anlaufstellen, wird der Antragsteller in den online veröffentlichten Informationen auf die für seinen Antrag zuständige Anlaufstelle hingewiesen.

(4) [1]Das Verfahren zur Genehmigungserteilung gemäß Absatz 1 dauert, unbeschadet des Absatzes 7, bei den für Kraftwerke geltenden Verfahren, einschließlich der einschlägigen Verfahren aller zuständigen Behörden, nicht länger als zwei Jahre. [2]Der Zeitraum von zwei Jahren kann jedoch in durch außergewöhnliche Umstände hinreichend begründeten Fällen um bis zu einem Jahr verlängert werden.

(5) *[1]* [1]Bei Anlagen mit einer Stromerzeugungskapazität unter 150 kW darf das Verfahren zur Genehmigungserteilung, unbeschadet des Absatzes 7, nicht länger als ein Jahr dauern. [2]In durch außergewöhnliche Umstände hinreichend

---

[1)] Nr. **6**.

begründeten Fällen kann dieser Zeitraum um bis zu einem Jahr verlängert werden.

[2] Die Mitgliedstaaten stellen sicher, dass Antragsteller bei Streitigkeiten im Zusammenhang mit Verfahren zur Genehmigungserteilung und der Ausstellung von Genehmigungen für den Bau und den Betrieb von Anlagen zur Erzeugung erneuerbarer Energie leichten Zugang zu einfachen Streitbeilegungsverfahren, und gegebenenfalls auch zu alternativen Streitbeilegungsverfahren, haben.

(6) *[1]* [1]Die Mitgliedstaaten erleichtern das Repowering bestehender Anlagen zur Erzeugung erneuerbarer Energie, indem sie für ein vereinfachtes, zügiges Verfahren zur Genehmigungserteilung sorgen. [2]Dieses Verfahren dauert nicht länger als ein Jahr.

[2] In durch außergewöhnliche Umstände hinreichend begründenden Fällen, beispielsweise aus übergeordneten Sicherheitsgründen bei wesentlichen Auswirkungen eines Repowering-Projekts auf das Netz oder die ursprüngliche Kapazität, Größe oder Leistung der Anlage, kann diese Frist um bis zu einem Jahr verlängert werden.

(7) Die in diesem Artikel festgelegten Fristen lassen Verpflichtungen nach dem geltenden Umweltrecht der Union, gerichtliche Berufungsverfahren, Rechtsbehelfe und andere Gerichtsverfahren sowie alternative Streitbeilegungsverfahren, nichtgerichtliche Berufungsverfahren und Rechtsbehelfe unberührt und können sich um die Dauer dieser Verfahren verlängern.

(8) *[1]* [1]Die Mitgliedstaaten können sich in Bezug auf den Netzzugang von Repowering-Projekten für die Einführung eines Verfahrens der einfachen Mitteilung gemäß Artikel 17 Absatz 1 entscheiden. [2]Wenn Mitgliedstaaten dies tun, ist das Repowering im Anschluss an eine Mitteilung an die zuständige Behörde zuzulassen, sofern keine erheblichen negativen ökologischen oder sozialen Auswirkungen zu erwarten sind. [3]Die zuständige Behörde entscheidet innerhalb von sechs Monaten nach Eingang der Mitteilung, ob diese ausreichend ist.

[2] [1]Gelangt die zuständige Behörde zu dem Schluss, dass die Mitteilung ausreichend ist, erteilt sie die Genehmigung automatisch. [2]Entscheidet die zuständige Behörde, dass die Mitteilung nicht ausreichend ist, muss erneut eine Genehmigung beantragt werden und es gelten die in Absatz 6 genannten Fristen.

Art. 17 Verfahren der einfachen Mitteilung für den Netzzugang.

(1) *[1]* Die Mitgliedstaaten führen ein Verfahren der einfachen Mitteilung für den Netzzugang ein, wonach Anlagen oder aggregierte Produktionseinheiten von Eigenversorgern im Bereich erneuerbare Elektrizität und Demonstrationsprojekte im Bereich erneuerbare Energie mit einer Stromproduktionskapazität bis 10,8 kW – oder entsprechender Leistung bei anderen als dreiphasigen Anschlüssen – auf eine Mitteilung an den Verteilernetzbetreiber hin an das Netz angeschlossen werden.

[2] [1]Der Verteilernetzbetreiber kann sich innerhalb eines begrenzten Zeitraums nach der Mitteilung wegen begründeter Sicherheitsbedenken oder wegen technischer Inkompatibilität der Systemkomponenten dafür entscheiden, den beantragten Netzzugang zu verweigern oder einen anderen Netzanschlusspunkt vorzuschlagen. [2]Trifft der Verteilernetzbetreiber eine positive Entschei-

dung oder ergeht innerhalb eines Monats nach der Mitteilung keine Entscheidung des Verteilernetzbetreibers, so kann die Anlage oder aggregierte Produktionseinheit angeschlossen werden.

(2) Die Mitgliedstaaten können für Anlagen und aggregierte Produktionseinheiten mit einer Stromproduktionskapazität von über 10,8 kW und bis 50 kW Verfahren der einfachen Mitteilung zulassen, sofern die Stabilität, die Zuverlässigkeit und die Sicherheit des Netzes gewahrt bleiben.

Art. 18 Information und Ausbildung. (1) Die Mitgliedstaaten stellen sicher, dass allen wichtigen Akteuren wie Verbrauchern, einschließlich einkommensschwacher, bedürftiger Verbraucher, Eigenversorger im Bereich erneuerbare Elektrizität sowie Erneuerbare-Energie-Gemeinschaften, Bauunternehmern, Installateuren, Architekten, Lieferanten von Anlagen und Systemen für die Erzeugung von Wärme, Kälte und Elektrizität und Lieferanten von Fahrzeugen, die mit erneuerbarer Energie und in intelligenten Verkehrssystemen betrieben werden können, Informationen über Fördermaßnahmen zur Verfügung stehen.

(2) Die Mitgliedstaaten sorgen dafür, dass entweder von dem Lieferanten der Anlage oder des Systems oder von den zuständigen Behörden Informationen über die Nettovorteile, die Kosten und die Energieeffizienz von Anlagen und Systemen für die Nutzung von Wärme, Kälte und Elektrizität aus erneuerbaren Quellen bereitgestellt werden.

(3) [1]Die Mitgliedstaaten stellen sicher, dass Installateuren von kleinen Biomassekesseln und -öfen, solaren Photovoltaik- und Solarwärmesystemen, oberflächennahen geothermischen Systemen und Wärmepumpen Zertifizierungssysteme oder gleichwertige Qualifikationssysteme zur Verfügung stehen. [2]Diese Systeme können bestehenden Systemen und Strukturen gegebenenfalls Rechnung tragen und sind auf die in Anhang IV festgelegten Kriterien zu stützen. [3]Jeder Mitgliedstaat erkennt die von anderen Mitgliedstaaten gemäß diesen Kriterien vorgenommenen Zertifizierungen an.

(4) [1]Die Mitgliedstaaten stellen der Öffentlichkeit Informationen zu den Zertifizierungssystemen oder gleichwertigen Qualifikationssystemen gemäß Absatz 3 zur Verfügung. [2]Die Mitgliedstaaten können außerdem ein Verzeichnis der gemäß Absatz 3 qualifizierten oder zertifizierten Installateure der Öffentlichkeit zur Verfügung stellen.

(5) Die Mitgliedstaaten stellen sicher, dass allen wichtigen Akteuren, insbesondere Planungsbüros und Architekten, Empfehlungen zur Verfügung gestellt werden, damit diese in der Lage sind, die optimale Kombination von Energie aus erneuerbaren Quellen, hocheffizienten Technologien und Fernwärme und -kälte bei der Planung, beim Entwurf, beim Bau und bei der Renovierung von Industrie-, Gewerbe- oder Wohngebieten sachgerecht in Erwägung zu ziehen.

(6) Die Mitgliedstaaten entwickeln – gegebenenfalls unter Beteiligung lokaler und regionaler Behörden – zweckdienliche Informations-, Sensibilisierungs-, Orientierungs- und/oder Ausbildungsprogramme, um die Bürger darüber zu informieren, wie sie ihre Rechte als aktive Kunden wahrnehmen können und welche Vorteile – einschließlich technischer und finanzieller Art – mit dem Ausbau und der Nutzung von Energie aus erneuerbaren Quellen, auch durch Eigenversorgung oder im Rahmen von Erneuerbare-Energie-Ge-

meinschaften, verbunden sind und welche praktischen Aspekte dabei zu beachten sind.

Art. 19 Herkunftsnachweise für Energie aus erneuerbaren Quellen.

(1) Um gegenüber den Endkunden den Anteil oder die Menge erneuerbarer Energie im Energiemix eines Energieversorgers sowie in der Energie, welche Verbrauchern im Rahmen von Verträgen geliefert wird, die sich auf den Verbrauch von erneuerbarer Energie beziehen, nachzuweisen, stellen die Mitgliedstaaten sicher, dass die Herkunft von erneuerbarer Energie als solche im Sinne dieser Richtlinie gemäß objektiven, transparenten und nichtdiskriminierenden Kriterien garantiert werden kann.

(2) *[1]* [1] Zu diesem Zweck sorgen die Mitgliedstaaten dafür, dass auf Anfrage eines Produzenten von Energie aus erneuerbaren Quellen ein Herkunftsnachweis ausgestellt wird, es sei denn, die Mitgliedstaaten beschließen, um dem Marktwert des Herkunftsnachweises Rechnung zu tragen, einem Produzenten, der finanzielle Förderung aus einer Förderregelung erhält, keinen Nachweis auszustellen. [2] Die Mitgliedstaaten können vorsehen, dass Herkunftsnachweise für Energie aus nicht erneuerbaren Quellen ausgestellt werden. [3] Die Ausstellung von Herkunftsnachweisen kann von einer Mindestkapazität abhängig gemacht werden. [4] Ein Herkunftsnachweis gilt standardmäßig für 1 MWh. [5] Für jede Einheit produzierte Energie wird nicht mehr als ein Herkunftsnachweis ausgestellt.

[2] Die Mitgliedstaaten stellen sicher, dass dieselbe Einheit von Energie aus erneuerbaren Quellen nur einmal berücksichtigt wird.

[3] Wenn ein Produzent finanzielle Förderung aus einer Förderregelung erhält, stellen die Mitgliedstaaten sicher, dass der Marktwert des Herkunftsnachweises für diese Produktion im Rahmen der betreffenden Förderregelung gebührend berücksichtigt wird.

[4] Dass der Marktwert des Herkunftsnachweises gebührend berücksichtigt wurde, wird angenommen, wenn

a) die finanzielle Förderung im Rahmen einer Ausschreibung oder eines Systems mit handelbaren grünen Zertifikaten gewährt wird, oder
b) der Marktwert der Herkunftsnachweise bei der verwaltungsmäßigen Festlegung der Höhe der finanziellen Förderung berücksichtigt wird, oder
c) die Herkunftsnachweise nicht unmittelbar dem Produzenten, sondern einem Versorger oder Verbraucher ausgestellt werden, der die Energie aus erneuerbaren Quellen entweder unter Wettbewerbsbedingungen oder im Rahmen eines langfristigen Vertrags über den Bezug von erneuerbarem Strom kauft.

[5] Um den Marktwert des Herkunftsnachweises zu berücksichtigen, können die Mitgliedstaaten unter anderem entscheiden, dem Produzenten einen Herkunftsnachweis auszustellen und diesen unmittelbar zu entwerten.

[6] [1] Der Herkunftsnachweis hat keine Funktion in Bezug auf die Einhaltung des Artikels 3 durch die Mitgliedstaaten. [2] Die Übertragung von Herkunftsnachweisen, sei es gesondert oder zusammen mit der physischen Übertragung von Energie, hat keine Auswirkungen auf die Entscheidung von Mitgliedstaaten, zur Einhaltung von Artikel 3 auf statistische Transfers, gemeinsame Projekte oder gemeinsame Förderregelungen zurückzugreifen; ebenso wenig

hat sie Auswirkungen auf die Berechnung des Bruttoendenergieverbrauchs von erneuerbarer Energie gemäß Artikel 7.

(3) [1] Für die Zwecke des Absatzes 1 gelten die Herkunftsnachweise zwölf Monate ab der Produktion der betreffenden Energieeinheit. [2] Die Mitgliedstaaten sorgen dafür, dass alle Herkunftsnachweise, die nicht entwertet wurden, spätestens 18 Monate nach der Produktion der Energieeinheit ihre Gültigkeit verlieren. [3] Die Mitgliedstaaten berücksichtigen ungültig gewordene Herkunftsnachweise bei der Berechnung ihres Restenergiemixes.

(4) Zu den in den Absätzen 8 und 13 genannten Kennzeichnungszwecken stellen die Mitgliedstaaten sicher, dass Energieunternehmen Herkunftsnachweise spätestens sechs Monate nach Ablauf ihrer Gültigkeit entwerten.

(5) [1] Die Mitgliedstaaten oder benannten zuständigen Stellen überwachen die Ausstellung, Übertragung und Entwertung der Herkunftsnachweise. [2] Die benannten zuständigen Stellen dürfen keine sich geografisch überschneidenden Verantwortlichkeiten haben, und die Stellen müssen von den Bereichen Produktion, Handel und Versorgung unabhängig sein.

(6) [1] Die Mitgliedstaaten oder die benannten zuständigen Stellen schaffen geeignete Mechanismen, um sicherzustellen, dass die Herkunftsnachweise elektronisch ausgestellt, übertragen und entwertet werden und genau, zuverlässig und betrugssicher sind. [2] Die Mitgliedstaaten und die benannten zuständigen Stellen sorgen dafür, dass die von ihnen auferlegten Anforderungen der Norm CEN – EN 16325 entsprechen.

(7) *[1]* Der Herkunftsnachweis enthält mindestens folgende Angaben:

a) Angaben zur Energiequelle, aus der die Energie produziert wurde, und zu Beginn und Ende ihrer Produktion;
b) Angaben dazu, ob der Herkunftsnachweis
   i) Elektrizität oder
   ii) Gas, einschließlich Wasserstoff, oder
   iii) Wärme oder Kälte betrifft;
c) Bezeichnung, Standort, Typ und Kapazität der Anlage, in der die Energie produziert wurde;
d) Angaben dazu, ob die Anlage Investitionsförderung erhalten hat und ob die Energieeinheit in irgendeiner anderen Weise in den Genuss einer nationalen Förderregelung gelangt ist, und zur Art der Förderregelung;
e) Datum der Inbetriebnahme der Anlage; und
f) Ausstellungsdatum und ausstellendes Land und eine eindeutige Kennnummer.

[2] Auf Herkunftsnachweisen von Anlagen unter 50 kW können vereinfachte Angaben gemacht werden.

(8) *[1]* Wird von einem Elektrizitätsversorger verlangt, den Anteil oder die Menge an Energie aus erneuerbaren Quellen in seinem Energiemix für die Zwecke des Artikels 3 Absatz 9 Buchstabe a der Richtlinie 2009/72/EG nachzuweisen, so verwendet er hierfür Herkunftsnachweise, es sei denn:

a) es handelt sich um den Anteil an seinem Energiemix, der etwaigen nicht rückverfolgten Handelsangeboten entspricht, wofür der Versorger den Restenergiemix nutzen kann; oder

b) der Mitgliedstaat hat beschlossen, einem Produzenten, der finanzielle Förderung aus einer Förderregelung erhält, keine Herkunftsnachweise auszustellen.

[2] [1] Wenn die Mitgliedstaaten auch für andere Energiearten Herkunftsnachweise vorgesehen haben, müssen die Versorgungsunternehmen zu Kennzeichnungszwecken *den*[1)] für die Art der gelieferten Energie vorgesehene Herkunftsnachweisart verwenden. [2] Gleichermaßen können gemäß Artikel 14 Absatz 10 der Richtlinie 2012/27/EU[2)] erstellte Herkunftsnachweise verwendet werden, um etwaigen Anforderungen, die Menge der durch hocheffiziente Kraft-Wärme-Kopplung produzierten Elektrizität nachzuweisen, zu entsprechen. [3] Wenn Elektrizität aus erneuerbaren Quellen durch hocheffiziente Kraft-Wärme-Kopplung erzeugt wird, darf für die Zwecke des Absatzes 2 nur ein Herkunftsnachweis ausgestellt werden, in dem beide Eigenschaften angegeben sind.

(9) [1] Die Mitgliedstaaten erkennen die von anderen Mitgliedstaaten gemäß dieser Richtlinie ausgestellten Herkunftsnachweise ausschließlich als Nachweis der in Absatz 1 und Absatz 7 Unterabsatz 1 Buchstaben a bis f genannten Angaben an. [2] Ein Mitgliedstaat kann die Anerkennung eines Herkunftsnachweises nur dann verweigern, wenn er begründete Zweifel an dessen Richtigkeit, Zuverlässigkeit oder Wahrhaftigkeit hat. [3] Der Mitgliedstaat teilt der Kommission eine solche Verweigerung und deren Begründung mit.

(10) Stellt die Kommission fest, dass die Verweigerung der Anerkennung eines Herkunftsnachweises unbegründet ist, kann sie eine Entscheidung erlassen, die den betreffenden Mitgliedstaat zur Anerkennung des Herkunftsnachweises verpflichtet.

(11) Die Mitgliedstaaten erkennen von Drittländern ausgestellte Herkunftsnachweise nur dann an, wenn die Union mit diesem Drittland ein Abkommen über die gegenseitige Anerkennung von in der Union ausgestellten Herkunftsnachweisen und in diesem Drittland eingerichteten kompatiblen Herkunftsnachweissystemen geschlossen hat, und Energie direkt ein- oder ausgeführt wird.

(12) Ein Mitgliedstaat kann in Einklang mit dem Unionsrecht objektive, transparente und nichtdiskriminierende Kriterien für die Verwendung von Herkunftsnachweisen unter Einhaltung der Verpflichtungen nach Artikel 3 Absatz 9 der Richtlinie 2009/72/EG einführen.

(13) [1] Die Kommission erstellt einen Bericht zur Bewertung der Möglichkeiten, ein unionsweites Ökolabel einzuführen, um die Nutzung von erneuerbarer Energie aus neuen Anlagen zu fördern. [2] Die Energieversorger nutzen die in den Herkunftsnachweisen enthaltenen Angaben für den Nachweis, dass Anforderungen eines solchen Labels erfüllt sind.

Art. 20 Netzzugang und -betrieb. (1) Soweit erforderlich, prüfen die Mitgliedstaaten die Notwendigkeit, die bestehende Gasnetzinfrastruktur auszuweiten, um die Einspeisung von Gas aus erneuerbaren Quellen zu erleichtern.

(2) [1] Soweit erforderlich, verlangen die Mitgliedstaaten von den Fernleitungsnetz- und den Verteilernetzbetreibern in ihrem Hoheitsgebiet, dass sie

---

[1)] Richtig wohl: „die".
[2)] Nr. **61**.

technische Vorschriften in Übereinstimmung mit Artikel 8 der Richtlinie 2009/73/EG[1] veröffentlichen; dies betrifft insbesondere Vorschriften für den Netzanschluss, die Anforderungen an die Gasqualität, odoriertes Gas und den Gasdruck. [2] Die Mitgliedstaaten verlangen von den Fernleitungsnetz- und den Verteilernetzbetreibern ferner, dass sie die Tarife für den Anschluss von Gas aus erneuerbaren Quellen veröffentlichen, wobei sie objektive, transparente und nichtdiskriminierende Kriterien zugrunde legen.

(3) Auf der Grundlage ihrer im Einklang mit Anhang I der Verordnung (EU) 2018/1999[2] in den integrierten nationalen Energie- und Klimaplänen aufgenommenen Bewertung der Notwendigkeit, zur Verwirklichung des in Artikel 3 Absatz 1 dieser Richtlinie genannten Unionsziels neue mit erneuerbaren Energiequellen betriebene Fernwärme- und -kälteinfrastrukturen zu bauen, unternehmen die Mitgliedstaaten gegebenenfalls die notwendigen Schritte zur Entwicklung einer Fernwärme- und -kälteinfrastruktur, mit der der Ausbau der Wärme- und Kälteerzeugung aus großen Biomasse-, Solarenergie-, Umgebungsenergie- und Geothermieenergieanlagen sowie aus Abwärme und -kälte möglich ist.

Art. 21 Eigenversorger im Bereich erneuerbare Elektrizität. (1) Die Mitgliedstaaten sorgen dafür, dass Verbraucher vorbehaltlich dieses Artikels Anspruch darauf haben, Eigenversorger im Bereich erneuerbare Elektrizität zu werden.

(2) Die Mitgliedstaaten sorgen dafür, dass Eigenversorger im Bereich erneuerbare Elektrizität individuell oder über Aggregatoren berechtigt sind,

a) erneuerbare Energie einschließlich für die Eigenversorgung zu erzeugen und die Überschussproduktion von erneuerbarer Elektrizität zu speichern und, auch mittels Verträgen über den Bezug von erneuerbarem Strom, Liefervereinbarungen mit Elektrizitätsversorgern und Peer-to-Peer-Geschäftsvereinbarungen, zu verkaufen, ohne dass
   i) die von ihnen verbrauchte, aus dem Netz bezogene Elektrizität oder die von ihnen in das Netz eingespeiste Elektrizität diskriminierenden oder unverhältnismäßigen Verfahren, Umlagen und Abgaben sowie Netzentgelten unterworfen ist, die nicht kostenorientiert sind;
   ii) die eigenerzeugte Elektrizität aus erneuerbaren Quellen, die an Ort und Stelle verbleibt, diskriminierenden oder unverhältnismäßigen Verfahren und jeglichen Abgaben, Umlagen oder Gebühren unterworfen ist;
b) mit Anlagen zur Erzeugung erneuerbarer Elektrizität für die Eigenversorgung zusammengeschaltete Stromspeichersysteme zu installieren und zu betreiben, ohne doppelten Umlagen und Abgaben einschließlich Netzentgelten für gespeicherte Elektrizität, die an Ort und Stelle verbleibt, unterworfen zu sein,
c) ihre Rechte und Pflichten als Endverbraucher zu behalten,
d) gegebenenfalls auch im Rahmen von Förderregelungen eine Vergütung für die von ihnen in das Netz eingespeiste eigenerzeugte erneuerbare Elektrizität zu erhalten, die dem Marktwert der eingespeisten Elektrizität entspricht und

---

[1] Nr. 5.
[2] Nr. 6.

den langfristigen Wert dieser Elektrizität für das Netz, die Umwelt und die Gesellschaft berücksichtigen kann.

(3) Die Mitgliedstaaten können Eigenversorgern im Bereich erneuerbare Elektrizität für die an Ort und Stelle verbleibende eigenerzeugte erneuerbare Elektrizität nichtdiskriminierende und verhältnismäßige Umlagen, Abgaben und Gebühren in einem oder mehrerer der folgenden Fälle auferlegen,

a) wenn die eigenerzeugte erneuerbare Elektrizität im Rahmen von Förderregelungen effektiv gefördert wird, jedoch nur in dem Umfang, dass die Rentabilität des Projekts und der Anreizeffekt der betreffenden Förderung dadurch nicht untergraben werden, oder

b) ab dem 1. Dezember 2026, wenn der Gesamtanteil an Eigenversorgungsanlagen über 8 % der in einem Mitgliedstaat insgesamt installierten Stromerzeugungskapazität liegt und eine Kosten-Nutzen-Analyse der nationalen Regulierungsbehörde dieses Mitgliedstaats im Rahmen eines offenen, transparenten und partizipativen Verfahrens ergibt, dass die Bestimmung in Absatz 2 Buchstabe a Ziffer ii zu einer großen und unverhältnismäßigen Belastung der langfristigen finanziellen Tragfähigkeit des Stromsystems führt oder Anreize schafft, die über das hinausgehen, was für den kosteneffizienten Einsatz erneuerbarer Energie objektiv notwendig ist, und derartige Belastungen oder Anreize mithilfe anderer zweckmäßiger Maßnahmen nicht minimiert werden könnten, oder

c) wenn die eigenerzeugte erneuerbare Elektrizität in Anlagen mit einer installierten Gesamtstromerzeugungskapazität von über 30 kW produziert wird.

(4) [1] Die Mitgliedstaaten stellen sicher, dass Eigenversorger im Bereich erneuerbare Elektrizität, die sich in demselben Gebäude, einschließlich Mehrfamilienhäusern, befinden, berechtigt sind, gemeinsam den Tätigkeiten gemäß Absatz 2 nachzugehen, und vorbehaltlich der Netzentgelte und sonstiger einschlägiger Umlagen, Gebühren, Abgaben und Steuern, denen die einzelnen Eigenversorger gegebenenfalls unterworfen sind, den Austausch der vor Ort produzierten erneuerbaren Energie untereinander vereinbaren dürfen. [2] Die Mitgliedstaaten dürfen zwischen Eigenversorgern im Bereich erneuerbare Elektrizität und gemeinsam handelnden Eigenversorgern im Bereich erneuerbare Elektrizität unterscheiden. [3] Jede solche Unterscheidung muss verhältnismäßig und hinreichend begründet sein.

(5) [1] Anlagen von Eigenversorgern im Bereich erneuerbare Elektrizität können im Eigentum eines Dritten stehen oder hinsichtlich der Einrichtung, des Betriebs, einschließlich der Messung und Wartung, von einem Dritten betreut werden, wenn der Dritte weiterhin den Weisungen des Eigenversorgers im Bereich erneuerbare Elektrizität unterliegt. [2] Der Dritte gilt selbst nicht als Eigenversorger im Bereich erneuerbare Elektrizität.

(6) *[1]* [1] Mitgliedstaaten schaffen einen Regulierungsrahmen, der es ermöglicht, den Ausbau der Eigenversorgung mit erneuerbarer Elektrizität – auf der Grundlage einer Bewertung der ungerechtfertigten Hindernisse und des Potenzials, die in ihrem Hoheitsgebiet und ihren Energienetzen in Bezug auf die Eigenversorgung mit erneuerbarer Elektrizität bestehen – zu unterstützen und zu erleichtern. [2] Dieser Regulierungsrahmen sieht unter anderem Maßnahmen vor, mit der Zielsetzung, dass

a) dafür gesorgt wird, dass alle Endkunden, einschließlich einkommensschwacher oder bedürftiger Haushalte, Zugang zur Eigenversorgung mit erneuerbarer Elektrizität erhalten;
b) ungerechtfertigte Markthindernisse bei der Finanzierung von Projekten beseitigt werden und der Zugang zu Finanzmitteln erleichtert wird;
c) weitere ungerechtfertigte rechtliche Hindernisse für die Eigenversorgung mit erneuerbarer Elektrizität, auch für Mieter, beseitigt werden;
d) für Gebäudeeigentümer Anreize gesetzt werden, um Möglichkeiten der Eigenversorgung mit erneuerbarer Elektrizität, auch für Mieter, zu schaffen;
e) sichergestellt wird, dass Eigenversorger im Bereich erneuerbare Elektrizität in Bezug auf die eigenerzeugte und ins Netz eingespeiste erneuerbare Elektrizität beim Zugang zu bestehenden Förderregelungen sowie zu allen Segmenten des Elektrizitätsmarkts nicht diskriminiert werden;
f) sichergestellt wird, dass Eigenversorger im Bereich erneuerbare Elektrizität, wenn sie Elektrizität ins Netz einspeisen, einen angemessenen und ausgewogenen Anteil der Systemgesamtkosten tragen.

[2] Die Mitgliedstaaten nehmen in ihre integrierten nationalen Energie- und Klimapläne und ihre Fortschrittsberichte gemäß der Verordnung (EU) 2018/1999[1] eine Kurzdarstellung der in diesem Regulierungsrahmen vorgesehenen Strategien und Maßnahmen und eine Bewertung der Umsetzung dieser Strategien bzw. Maßnahmen auf.

(7) Dieser Artikel gilt unbeschadet der Artikel 107 und 108 AEUV[2].

Art. 22 Erneuerbare-Energie-Gemeinschaften. (1) Die Mitgliedstaaten stellen sicher, dass sich Endkunden und insbesondere Haushalte, unter Beibehaltung ihrer Rechte oder Pflichten als Endkunden, an einer Erneuerbare-Energie-Gemeinschaft beteiligen dürfen, ohne ungerechtfertigten oder diskriminierenden Bedingungen oder Verfahren unterworfen zu sein, durch die ihre Beteiligung an einer Erneuerbare-Energie-Gemeinschaft verhindert würde, sofern die Beteiligung im Fall von Privatunternehmen nicht deren gewerbliche oder berufliche Haupttätigkeit ist.

(2) Die Mitgliedstaaten stellen sicher, dass Erneuerbare-Energie-Gemeinschaften berechtigt sind,
a) erneuerbare Energie zu produzieren, zu verbrauchen, zu speichern und zu verkaufen, und zwar auch im Rahmen von Verträgen über den Bezug von erneuerbarem Strom;
b) innerhalb der Erneuerbare-Energie-Gemeinschaft – vorbehaltlich der übrigen Anforderungen dieses Artikels und unter Wahrung der Rechte und Pflichten der Mitglieder der Erneuerbare-Energie-Gemeinschaft als Kunden – die mit Produktionseinheiten im Eigentum der Erneuerbare-Energie-Gemeinschaft produzierte erneuerbare Energie gemeinsam zu nutzen;
c) sowohl direkt als auch über Aggregatoren nichtdiskriminierenden Zugang zu allen geeigneten Energiemärkten zu erhalten.

---

[1] Nr. **6**.
[2] Nr. **13**.

(3) Die Mitgliedstaaten bewerten die bestehenden Hindernisse und das Entwicklungspotenzial von Erneuerbare-Energie-Gemeinschaften in ihrem jeweiligen Hoheitsgebiet.

(4) [1] Die Mitgliedstaaten schaffen einen Regulierungsrahmen, der es ermöglicht, die Entwicklung von Erneuerbare-Energie-Gemeinschaften zu unterstützen und voranzubringen. [2] Mit diesem Rahmen wird unter anderem sichergestellt, dass

a) ungerechtfertigte rechtliche und verwaltungstechnische Hindernisse für Erneuerbare-Energie-Gemeinschaften beseitigt werden;
b) Erneuerbare-Energie-Gemeinschaften, wenn sie Energie liefern, Aggregierungsdienste oder andere gewerbliche Energiedienstleistungen erbringen, den für diese Tätigkeiten geltenden Bestimmungen unterliegen;
c) der jeweilige Verteilernetzbetreiber mit Erneuerbare-Energie-Gemeinschaften zusammenarbeitet, um Energieübertragungen innerhalb von Erneuerbare-Energie-Gemeinschaften zu erleichtern;
d) für Erneuerbare-Energie-Gemeinschaften faire, verhältnismäßige und transparente Verfahren, auch für die Registrierung und Zulassung, und kostenorientierte Netzentgelte sowie einschlägige Umlagen, Abgaben und Steuern gelten, mit denen sichergestellt wird, dass sie sich gemäß einer von den zuständigen nationalen Stellen erstellten, transparenten Kosten-Nutzen-Analyse der dezentralen Energiequellen, angemessen und ausgewogen an den Systemgesamtkosten beteiligen;
e) Erneuerbare-Energie-Gemeinschaften hinsichtlich ihrer Tätigkeiten, Rechte und Pflichten als Endkunden, Produzenten, Versorger, Verteilernetzbetreiber oder als sonstige Marktteilnehmer diskriminierungsfrei behandelt werden;
f) die Beteiligung an Erneuerbare-Energie-Gemeinschaften allen Verbrauchern offensteht, auch jenen, die in einkommensschwachen oder bedürftigen Haushalten leben;
g) Instrumente verfügbar sind, die den Zugang zu Finanzmitteln und Informationen erleichtern;
h) öffentliche Stellen bei der Schaffung der Voraussetzungen für und der Gründung von Erneuerbare-Energie-Gemeinschaften sowie zur Erleichterung ihrer direkten Beteiligung daran Unterstützung in Regulierungsfragen und beim Kapazitätenaufbau erhalten;
i) Vorschriften vorhanden sind, mit denen sichergestellt wird, dass an der Erneuerbare-Energie-Gemeinschaft beteiligte Verbraucher gleichberechtigt und diskriminierungsfrei behandelt werden.

(5) Die Kernaspekte des Regulierungsrahmens nach Absatz 4 und seiner Umsetzung sind Teil der Fortschrittsberichte und Aktualisierungen der integrierten nationalen Energie- und Klimapläne der Mitgliedstaaten gemäß der Verordnung (EU) 2018/1999[1)].

(6) Die Mitgliedstaaten können vorsehen, dass Erneuerbare-Energie-Gemeinschaften für eine grenzüberschreitende Beteiligung offen sind.

[1)] Nr. **6**.

(7) Unbeschadet der Artikel 107 und 108 AEUV[1)] berücksichtigen die Mitgliedstaaten bei der Konzipierung von Förderregelungen die Besonderheiten von Erneuerbare-Energie-Gemeinschaften, damit diese sich unter gleichen Bedingungen wie andere Marktteilnehmer um die Förderung bewerben können.

Art. 23 Einbeziehung erneuerbarer Energie im Bereich Wärme und Kälte. (1) [1] Um die Nutzung erneuerbarer Energie im Wärme- und Kältesektor zu fördern, bemüht sich jeder Mitgliedstaat unbeschadet von Absatz 2 dieses Artikels um eine Steigerung des Anteils der erneuerbaren Energie in diesem Sektor um einen indikativen Richtwert von 1,3 Prozentpunkten gegenüber dem Anteil der erneuerbaren Energie im Wärme- und Kältesektor in 2020, der als Jahresdurchschnitt für die Zeiträume 2021-2025 und 2026-2030 ermittelt, als Anteil am nationalen Endenergieverbrauch ausgedrückt und nach der in Artikel 7 genannten Methode berechnet wird. [2] Bei Mitgliedstaaten, in denen Abwärme und -kälte nicht genutzt werden, ist diese Steigerung auf einen Richtwert von 1,1 Prozentpunkten begrenzt. [3] Die Mitgliedstaaten setzen gegebenenfalls vorrangig die besten verfügbaren Technologien ein.

(2) *[1]* Für die Zwecke von Absatz 1 gilt für die Berechnung des Anteils erneuerbarer Energie im Wärme- und Kältesektor und der diesbezüglichen durchschnittlichen jährlichen Steigerungen, dass die Mitgliedstaaten

a) Abwärme und -kälte nur bis zu einer Obergrenze von 40 % der durchschnittlichen jährlichen Steigerung anrechnen können,
b) sofern der Anteil erneuerbarer Energie im Wärme- und Kältesektor in ihrem Fall über 60 % beträgt, jeden derartigen Anteil als Erbringung der durchschnittlichen jährlichen Steigerung anrechnen können, und
c) sofern der Anteil erneuerbarer Energie im Wärme- und Kältesektor in ihrem Fall zwischen 50 % und 60 % beträgt, jeden derartigen Anteil als Erbringung der Hälfte der durchschnittlichen jährlichen Steigerung anrechnen können.

[2] Bei der Auswahl von Maßnahmen zur Nutzung erneuerbarer Energie im Wärme- und Kältesektor können die Mitgliedstaaten Kosteneffizienzgesichtspunkte berücksichtigen, die die strukturellen Hemmnisse widerspiegeln, die aufgrund eines hohen Anteils von Erdgas oder Kälte oder einer zerstreuten Siedlungsstruktur mit geringer Bevölkerungsdichte entstehen.

[3] Wenn diese Maßnahmen dazu führen würden, dass eine niedrigere durchschnittliche jährliche Steigerung als die in Absatz 1 genannte erreicht wird, veröffentlichen die Mitgliedstaaten diese – beispielsweise im Rahmen ihrer integrierten nationalen energie- und klimabezogenen Fortschrittsberichte gemäß Artikel 20 der Verordnung (EU) 2018/1999[2)] – und legen der Kommission dazu eine Begründung einschließlich der gemäß Unterabsatz 2 dieses Absatzes gewählten Maßnahmen vor.

(3) Die Mitgliedstaaten können auf Grundlage objektiver und nichtdiskriminierender Kriterien eine Liste von Maßnahmen erstellen und veröffentlichen und können ausführende Stellen, wie Kraftstoffanbieter, öffentliche Stellen oder Fachgremien, benennen und veröffentlichen, die zu der in Absatz 1 genannten durchschnittlichen jährlichen Steigerung beitragen.

[1)] Nr. **13**.
[2)] Nr. **6**.

(4) *[1]* Die in Absatz 1 festgelegte durchschnittliche jährliche Steigerung kann von den Mitgliedstaaten unter anderem durch eine oder mehrere der folgenden Optionen erreicht werden:

a) physische Beimischung von erneuerbarer Energie oder Abwärme und -kälte zu Energie und Brennstoffen für die Wärme- und Kälteversorgung;

b) direkte Minderungsmaßnahmen wie die Installation hocheffizienter Wärme- und Kältesysteme auf der Grundlage erneuerbarer Energie in Gebäuden oder Nutzung von erneuerbarer Energie oder von Abwärme und -kälte für industrielle Wärme- und Kälteprozesse;

c) indirekte Minderungsmaßnahmen, die handelbaren Zertifikaten unterliegen, anhand derer die Einhaltung der Verpflichtung gemäß Absatz 1 durch die Förderung indirekter Minderungsmaßnahmen nachgewiesen wird, die von einem anderen Wirtschaftsteilnehmer wie beispielsweise einem unabhängigen Installateur erneuerbarer Technologie oder einem Energiedienstleistungsunternehmen, das Installationsdienstleistungen im Bereich erneuerbare Energie erbringt, durchgeführt wurden;

d) andere politische Maßnahmen mit entsprechender Wirkung zur Erbringung der durchschnittlichen jährlichen Steigerung gemäß Absatz 1, einschließlich steuerlicher Maßnahmen oder anderer finanzieller Anreize.

[2] Wenn die Mitgliedstaaten Maßnahmen gemäß dem ersten Unterabsatz beschließen und umsetzen, bemühen sie sich sicherzustellen, dass sie allen Verbrauchern, insbesondere Verbrauchern in einkommensschwachen oder bedürftigen Haushalten, die das zur Nutzung der Vorteile nötige Startkapital andernfalls nicht aufbringen könnten, zugänglich sind.

(5) Die Mitgliedstaaten können die im Rahmen der nationalen Energieeinsparverpflichtungen gemäß Artikel 7 der Richtlinie 2012/27/EU[1)] eingerichteten Strukturen zur Durchführung und Überwachung der in Absatz 3 genannten Maßnahmen nutzen.

(6) Wenn gemäß Absatz 3 Stellen benannt werden, sorgen die Mitgliedstaaten dafür, dass der Beitrag solcher benannten Stellen messbar und überprüfbar ist und die benannten Stellen jährlich einen Bericht über die folgenden Elemente vorlegen:

a) die Gesamtmenge der für die Wärme- und Kälteversorgung bereitgestellten Energie;

b) die Gesamtmenge der für die Wärme- und Kälteversorgung bereitgestellten erneuerbaren Energie;

c) die Menge der für die Wärme- und Kälteversorgung bereitgestellten Abwärme und -kälte;

d) den Anteil der erneuerbaren Energie sowie der Abwärme und -kälte an der Gesamtmenge der für die Wärme- und Kälteversorgung bereitgestellten Energie; und

e) die Art der erneuerbaren Energiequelle.

Art. 24 Fernwärme und -kälte. (1) Die Mitgliedstaaten stellen sicher, dass den Endverbrauchern in leicht zugänglicher Form, beispielsweise auf den Web-

[1)] Nr. **61**.

seiten der Anbieter, auf den Jahresabrechnungen oder auf Anfrage, Informationen über die Gesamtenergieeffizienz und den Anteil erneuerbarer Energie ihrer Fernwärme- und -kältesysteme zur Verfügung gestellt werden.

(2) *[1]* Die Mitgliedstaaten legen die erforderlichen Maßnahmen und Bedingungen fest, damit Kunden von Fernwärme- und -kältesystemen, die keine effizienten Fernwärme- und -kältesysteme sind, oder von denen nicht vorgesehen ist, dass sie sich bis zum 31. Dezember 2025 auf Grundlage eines von der zuständigen Behörde gebilligten Plans zu einem solchen System entwickeln, sich durch Kündigung oder Änderung ihres Vertrags abkoppeln können, um selbst Wärme und Kälte aus erneuerbaren Quellen zu produzieren.

[2] Ist eine Vertragskündigung mit einer physischen Abkopplung verbunden, so kann sie an die Bedingung geknüpft werden, dass für die unmittelbar durch die physische Abkopplung verursachten Kosten und den nicht abgeschriebenen Teil der Vermögenswerte, die für die Wärme- und Kälteversorgung des betreffenden Kunden erforderlich waren, ein Ausgleich gezahlt wird.

(3) [1]Die Mitgliedstaaten können das Recht, sich durch Kündigung oder Änderung des Vertrags abzukoppeln, nach Absatz 2 auf die Kunden beschränken, die belegen können, dass die geplante alternative Lösung für die Wärme- bzw. Kälteversorgung zu wesentlich besseren Ergebnissen bei der Gesamtenergieeffizienz führt. [2]Die Bewertung der Gesamtenergieeffizienz der alternativen Lösung kann anhand des Ausweises über die Gesamtenergieeffizienz erfolgen.

(4) Die Mitgliedstaaten legen die Maßnahmen fest, die erforderlich sind, um sicherzustellen, dass Fernwärme- und -kältesysteme zu der Steigerung nach Artikel 23 Absatz 1 dieser Richtlinie beitragen, indem sie mindestens eine der beiden folgenden Optionen umsetzen:

a) Sie streben beim Anteil der Energie aus erneuerbaren Quellen und der Abwärme- und -kälte im Bereich Fernwärme oder -kälte gegenüber dem Anteil der Energie aus erneuerbaren Quellen und der Abwärme- und -kälte im Bereich Fernwärme oder -kälte in 2020 eine Steigerung um mindestens einen Prozentpunkt an, die jahresdurchschnittlich für den Zeitraum 2021-2025 und den Zeitraum 2026-2030 berechnet wird, indem sie Maßnahmen treffen, die diese durchschnittliche jährliche Steigerung in Jahren mit normalen klimatischen Bedingungen voraussichtlich bewirken.
   Mitgliedstaaten, in denen der Anteil von Energie aus erneuerbaren Quellen und Abwärme und -kälte im Bereich Fernwärme und -kälte über 60 % beträgt, können jeden derartigen Anteil als Erbringung der durchschnittlichen jährlichen Steigerung gemäß Unterabsatz 1 dieses Buchstaben in Anrechnung bringen.
   Die Mitgliedstaaten legen in ihren integrierten nationalen Energie- und Klimaschutzplänen gemäß Anhang I der Verordnung (EU) 2018/1999[1)] die Maßnahmen fest, die erforderlich sind, um die durchschnittliche jährliche Steigerung nach Unterabsatz 1 dieses Buchstaben zu verwirklichen.
b) Sie stellen sicher, dass die Betreiber von Fernwärme- und -kältesystemen verpflichtet sind, Anbietern von Energie aus erneuerbaren Quellen und von Abwärme und -kälte Zugang zum Netz zu gewähren, oder Drittanbietern anbieten müssen, Wärme oder Kälte aus erneuerbaren Quellen sowie Abwärme und -kälte in das Netz einzuspeisen und abzukaufen, auf Grundlage

---

[1)] Nr. **6**.

von durch die zuständigen Behörden der Mitgliedstaaten festgelegten nichtdiskriminierenden Kriterien, wenn sie

i) der Nachfrage neuer Kunden entsprechen müssen, oder
ii) vorhandene Wärme- oder Kälteerzeugungskapazitäten ersetzen müssen, oder
iii) vorhandene Wärme- oder Kälteerzeugungskapazitäten erweitern müssen.

(5) *[1]* Wenn ein Mitgliedstaat nach Absatz 4 Buchstabe b vorgeht, kann der Betreiber eines Fernwärme- oder -kältesystems die Einspeisung und den Abkauf der Wärme oder Kälte von Drittanbietern verweigern, wenn

a) das System aufgrund anderer Einspeisungen von Abwärme und -kälte, Wärme oder Kälte aus erneuerbaren Energiequellen oder durch hocheffiziente Kraft-Wärme-Kopplung produzierter Wärme oder Kälte nicht über die nötige Kapazität verfügt,
b) die Wärme oder Kälte des Drittanbieters nicht die technischen Voraussetzungen erfüllt, die für die Einspeisung und für den zuverlässigen und sicheren Betrieb des Fernwärme- oder -kältesystems erforderlich sind, oder
c) der Betreiber nachweisen kann, dass die Ausgaben der Endkunden für Wärme- bzw. Kälteversorgung im Vergleich zu den Kosten für die Nutzung der wichtigsten Wärme- oder Kältebezugsquelle vor Ort, mit der die erneuerbare Quelle oder Abwärme- und -kälte konkurriert, übermäßig steigen würden, wenn er den Zugang gewähren würde.

[2] Die Mitgliedstaaten stellen sicher, dass der Betreiber eines Fernwärme- und -kältesystems in den Fällen, in denen er einem Wärme- oder Kälteanbieter den Zugang nach dem ersten Unterabsatz verweigert, die zuständige Behörde gemäß Absatz 9 über die Gründe für die Verweigerung informiert und darüber, welche Bedingungen erfüllt und welche Maßnahmen im System getroffen werden müssten, um den Zugang zu ermöglichen.

(6) Wenn ein Mitgliedstaat nach Absatz 4 Buchstabe b vorgeht, können die Mitgliedstaaten Betreiber der folgenden Fernwärme- und -kältesysteme von der Anwendung dieses Buchstaben ausnehmen:

a) effiziente Fernwärme- und -kälteversorgung;
b) effiziente Fernwärme- und -kälteversorgung, die eine hocheffiziente Kraft-Wärme-Kopplung nutzt;
c) Fernwärme und -kälte für die, auf Grundlage eines von der zuständigen Behörde gebilligten Plans, vorgesehen ist, dass sie sich bis zum 31. Dezember 2025 zu effizienter Fernwärme und -kälte entwickeln wird;
d) Fernwärme- und -kältesysteme mit einer Gesamtfeuerungswärmeleistung unter 20 MW.

(7) [1] Das Recht, sich nach Absatz 2 durch Kündigung oder Änderung des Vertrags abzukoppeln, kann von einzelnen Kunden, Zusammenschlüssen von Kunden oder Parteien, die die Interessen der Kunden wahrnehmen, ausgeübt werden. [2] Bei Mehrfamilienhäusern kann die Möglichkeit, sich durch Kündigung oder Änderung des Vertrags abzukoppeln, im Einklang mit den geltenden gesetzlichen Vorschriften für Wohnungen nur für das ganze Gebäude wahrgenommen werden.

(8) Die Mitgliedstaaten verlangen von den Betreibern von Elektrizitätsverteilernetzen, dass sie in Zusammenarbeit mit den Betreibern von Fernwärme- und -kältesystemen in dem jeweiligen Gebiet mindestens alle vier Jahre eine Bewertung des Potenzials der Fernwärme- und -kältesysteme für die Erbringung von Bilanzierungs- und anderen Systemdiensten vornehmen, darunter Nachfragesteuerung und Speicherung überschüssiger Energie aus erneuerbaren Quellen, und dass sie prüfen, ob die Nutzung des ermittelten Potenzials gegenüber alternativen Lösungen ressourcenschonender und kostengünstiger wäre.

(9) Die Mitgliedstaaten stellen sicher, dass die Rechte der Verbraucher sowie die Vorschriften für den Betrieb von Fernwärme- und -kältesystemen im Einklang mit diesem Artikel eindeutig festgelegt sind und von der zuständigen Behörde durchgesetzt werden.

(10) Ein Mitgliedstaat kann von der Anwendung der Absätze 2 bis 9 absehen, wenn

a) der Anteil seiner Fernwärme und -kälte am 24. Dezember 2018 weniger als oder gleich 2 % des Gesamtenergieverbrauchs im Wärme- und Kältesektor beträgt oder

b) er den Anteil seiner Fernwärme- und -kälteversorgung gemäß (EU) 2018/1999 auf Grundlage seiner integrierten nationalen Energie- und Klimaschutzpläne, oder gemäß der Bewertung nach Artikel 15 Absatz 7 dieser Richtlinie auf über 2 % erhöht, indem er neue effiziente Fernwärme- und Fernkälte aufbaut, oder

c) der Anteil der Systeme nach Absatz 6 dieses Artikels in einem Mitgliedstaat mehr als 90 % des Gesamtverkaufs von Fernwärme und -kälte beträgt.

Art. 25 Einbeziehung erneuerbarer Energie im Verkehrssektor.

(1) *[1]* [1] Damit erneuerbare Energie im Verkehrssektor durchgängig genutzt wird, verpflichtet jeder Mitgliedstaat die Kraftstoffanbieter, dafür zu sorgen, dass der Anteil erneuerbarer Energie am Endenergieverbrauch des Verkehrssektors bis 2030 einem von dem betreffenden Mitgliedstaat festgelegten indikativen Zielpfad entsprechend mindestens 14 % beträgt (Mindestanteil) und nach der in Artikel 26 und 27 festgelegten Methode berechnet wird. [2] Die Kommission bewertet diese Verpflichtung, um bis 2023 einen Gesetzgebungsvorschlag zu unterbreiten, mit dem der Zielwert erhöht wird, wenn sich bei der Produktion erneuerbarer Energie weitere wesentliche Kostensenkungen ergeben, wenn dies notwendig ist, damit die Union ihre internationalen Dekarbonisierungsverpflichtungen erfüllen kann, oder wenn dies aufgrund eines wesentlichen Rückgangs des Energieverbrauchs in der Union gerechtfertigt ist.

[2] Bei der Festlegung dieser Verpflichtung können die Mitgliedstaaten bestimmte Kraftstoffanbieter und Energieträger ausnehmen oder zwischen verschiedenen Kraftstoffanbietern und Energieträgern unterscheiden, um zu berücksichtigen, dass Technologien unterschiedlich weit ausgereift und mit unterschiedlichen Kosten verbunden sind.

[3] Bei der Berechnung des Mindestanteils gemäß Unterabsatz 1

a) berücksichtigen die Mitgliedstaaten flüssige oder gasförmige erneuerbare Kraftstoffe für den Verkehr nicht biogenen Ursprungs, sofern sie als Zwischenprodukt zur Produktion konventioneller Kraftstoffe verwendet werden, und

b) können die Mitgliedstaaten wiederverwertete kohlenstoffhaltige Kraftstoffe berücksichtigen.

[4] Innerhalb des Mindestanteils gemäß Unterabsatz 1 beträgt der Beitrag von fortschrittlichen Biokraftstoffen und Biogas, die aus den in Anhang IX Teil A aufgeführten Rohstoffen hergestellt werden am Anteil des Endenergieverbrauchs des Verkehrssektors, im Jahr 2022 mindestens 0,2 %, im Jahr 2025 mindestens 1 % und steigt bis 2030 auf mindestens 3,5 %.

[5] Die Mitgliedstaaten können Kraftstoffanbieter, die nur Kraftstoffe in Form von Elektrizität und flüssigen oder gasförmigen erneuerbaren Kraftstoffen für den Verkehr nicht biogenen Ursprungs anbieten, von der Verpflichtung ausnehmen, bei diesen Kraftstoffen den Mindestanteil an fortschrittlichen Biokraftstoffen, anderen Biokraftstoffen und Biogas, die aus den in Anhang IX Teil A aufgeführten Rohstoffen hergestellt werden, zu erreichen.

[6] Wenn die Mitgliedstaaten die Verpflichtung gemäß den Unterabsätzen 1 und 4 festlegen, um sicherzustellen, dass die darin festgelegten Anteile erreicht werden, können sie unter anderem auf Mengen, Energiegehalt oder Treibhausgasemissionen ausgerichtete Maßnahmen treffen, sofern die Mindestanteile nach den Unterabsätzen 1 und 4 nachweislich erreicht werden.

(2) *[1]* Die Treibhausgaseinsparungen durch Nutzung flüssiger oder gasförmiger erneuerbarer Kraftstoffe für den Verkehr nicht biogenen Ursprungs betragen ab dem 1. Januar 2021 mindestens 70 %.

[2] Die Kommission erlässt bis zum 1. Januar 2021 im Einklang mit Artikel 35 einen delegierten Rechtsakt, um diese Richtlinie durch die Festlegung geeigneter Mindestschwellenwerte für Treibhausgaseinsparungen wiederverwerteter kohlenstoffhaltiger Kraftstoffe im Wege einer Lebenszyklusanalyse unter Berücksichtigung der Besonderheiten der einzelnen Kraftstoffe, zu ergänzen.

Art. 26 Besondere Kriterien für aus Nahrungs- und Futtermittelpflanzen produzierte Biokraftstoffe, flüssige Biobrennstoffe und Biomasse-Brennstoffe. (1) *[1]* Bei der Berechnung des Bruttoendverbrauchs von Energie aus erneuerbaren Quellen gemäß Artikel 7 und des Mindestanteils gemäß Artikel 25 Absatz 1 Unterabsatz 1 eines Mitgliedstaats darf der Anteil von Biokraftstoffen und flüssigen Biobrennstoffen sowie von im Verkehrssektor verbrauchten Biomasse-Brennstoffen – sofern sie aus Nahrungs- und Futtermittelpflanzen gewonnen werden – höchstens einen Prozentpunkt höher sein als ihr Anteil am Endverbrauch von Energie im Bereich Straßen- und Schienenverkehr im Jahr 2020 in diesem Mitgliedstaat, wobei sein Anteil am Endenergieverbrauch im Bereich Straßen- und Schienenverkehr in diesem Mitgliedstaat höchstens 7 % betragen darf.

[2] Wenn dieser Anteil in einem Mitgliedstaat unter 1 % liegt, darf er auf bis zu 2 % des Endenergieverbrauchs im Bereich Straßen- und Schienenverkehr erhöht werden.

[3] [1]Die Mitgliedstaaten können einen niedrigeren Grenzwert festlegen und für die Zwecke von Artikel 29 Absatz 1 zwischen verschiedenen Arten von aus Nahrungs- oder Futtermittelpflanzen gewonnenen Biokraftstoffen, flüssigen Biobrennstoffen und Biomasse-Brennstoffen unterscheiden, wobei die besten verfügbaren Daten zu den Auswirkungen in Bezug auf indirekte Landnutzungsänderungen zu berücksichtigen sind. [2]Beispielsweise können die Mitgliedstaa-

ten für den Anteil von Biokraftstoffen, flüssigen Biobrennstoffen und Biomasse-Brennstoffen, die aus Ölpflanzen gewonnen werden, einen niedrigeren Grenzwert festlegen.

[4] Wenn der Anteil von aus Nahrungs- und Futtermittelpflanzen gewonnenen Biokraftstoffen und flüssigen Biobrennstoffen sowie im Verkehrssektor verbrauchten Biomasse-Brennstoffen in einem Mitgliedstaat auf einen Anteil von unter 7 % begrenzt ist und/oder ein Mitgliedstaat beschließt, diesen Anteil weiter zu begrenzen, kann dieser Mitgliedstaat den Mindestanteil gemäß Artikel 25 Absatz 1 Unterabsatz 1 entsprechend, aber um höchstens 7 Prozentpunkte, senken.

(2) *[1]* Bei der Berechnung des Bruttoendverbrauchs von Energie aus erneuerbaren Quellen gemäß Artikel 7 und des Mindestanteils gemäß Artikel 25 Absatz 1 Unterabsatz 1 eines Mitgliedstaats darf der Anteil von aus Nahrungs- und Futtermittelpflanzen gewonnenen Biokraftstoffen, flüssigen Biobrennstoffen oder Biomasse-Brennstoffen mit einem hohen Risiko indirekter Landnutzungsänderungen, in deren Fall eine wesentliche Ausdehnung der Produktionsflächen auf Flächen mit hohem Kohlenstoffbestand zu beobachten ist, nicht über dem 2019 in dem betreffenden Mitgliedstaat verzeichneten Verbrauch solcher Kraftstoffe liegen, es sei denn, sie sind im Sinne dieses Absatzes als Biokraftstoffe, flüssige Biobrennstoffe oder Biomasse-Brennstoffe mit einem geringen Risiko indirekter Landnutzungsänderungen zu zertifizieren.

[2] Ab 31. Dezember 2023 sinkt dieser Grenzwert, bis spätestens 31. Dezember 2030, stufenweise auf 0 %.

[3] Die Kommission legt dem Europäischen Parlament und dem Rat bis zum 1. Februar 2019 einen Bericht darüber vor, wie weit die Ausdehnung der Produktion der betroffenen Nahrungs- und Futtermittelpflanzen weltweit fortgeschritten ist.

[4] [1]Die Kommission erlässt bis zum 1. Februar 2019 im Einklang mit Artikel 35 einen delegierten Rechtsakt, um diese Richtlinie durch Festlegung von Kriterien für die Zertifizierung als Biokraftstoff, flüssiger Biobrennstoff oder Biomasse-Brennstoff mit geringem Risiko indirekter Landnutzungsänderungen und für die Bestimmung der Rohstoffe mit einem hohen Risiko indirekter Landnutzungsänderungen, in deren Fall eine wesentliche Ausdehnung der Produktionsflächen auf Flächen mit hohem Kohlenstoffbestand zu beobachten ist, zu ergänzen. [2]Der Bericht und der betreffende delegierte Rechtsakt beruhen auf den besten verfügbaren wissenschaftlichen Daten.

[5] Bis zum 1. September 2023 überprüft die Kommission die Kriterien, die mit dem in Unterabsatz 4 genannten delegierten Rechtsakt festgelegt wurden, auf der Grundlage der besten verfügbaren wissenschaftlichen Daten und erlässt im Einklang mit Artikel 35 einen delegierten Rechtsakt, um diese Kriterien gegebenenfalls zu ändern und um für Biokraftstoffe, flüssige Biobrennstoffe und Biomasse-Brennstoffe mit einem hohen Risiko indirekter Landnutzungsänderungen, in deren Fall eine wesentliche Ausdehnung der Produktionsflächen auf Flächen mit hohem Kohlenstoffbestand zu beobachten ist, einen Zielpfad für die stufenweise Senkung ihres Beitrags zum Unionsziel nach Artikel 3 Absatz 1 und zum Mindestanteil nach Artikel 25 Absatz 1 Unterabsatz 1 aufzunehmen.

Art. 27 Berechnungsregeln in Hinblick auf Mindestanteile von erneuerbarer Energie im Verkehrssektor. (1) Für die Berechnung der in den Artikel 25 Absatz 1 Unterabsatz 1 und 4 genannten Mindestanteile gelten die folgenden Bestimmungen:

a) Bei der Berechnung des Nenners, d.h. des Energiegehalts der Kraftstoffe für den Schienen- und Straßenverkehr, die auf dem Markt für den Verbrauch oder die Nutzung bereitgestellt werden, werden Ottokraftstoff, Dieselkraftstoff, Erdgas, Biokraftstoff, Biogas, flüssige oder gasförmige erneuerbare Kraftstoffe für den Verkehr nicht biogenen Ursprungs, wiederverwertete kohlenstoffhaltige Kraftstoffe und für den Bereich Straßen- und Schienenverkehr bereitgestellte Elektrizität berücksichtigt;

b) bei der Berechnung des Zählers, d.h. der Menge der im Verkehrssektor verbrauchten erneuerbaren Energie für die Zwecke von Artikel 25 Absatz 1 Unterabsatz 1, werden der Energiegehalt aller Arten erneuerbarer Energie, die für den gesamten Verkehrssektor bereitgestellt werden, einschließlich für den Bereich Straßen- und Schienenverkehr bereitgestellte erneuerbare Elektrizität, berücksichtigt. Wiederverwertete kohlenstoffhaltige Kraftstoffe werden berücksichtigt, wenn ein Mitgliedstaat dies beschließt.
Bei der Berechnung des Zählers ist der Anteil von Biokraftstoffen und Biogas, die aus den in Anhang IX Teil B aufgeführten Rohstoffen hergestellt werden, außer in Malta und Zypern, mit bis zu 1,7 % des Energiegehalts der auf dem Markt für den Verbrauch oder die Nutzung bereitgestellten Kraftstoffe für den Verkehr begrenzt. Die Mitgliedstaaten können diesen Grenzwert ändern, sofern dies angesichts der Verfügbarkeit des Rohstoffs gerechtfertigt ist. Alle solche Änderungen bedürfen der Genehmigung durch die Kommission.

c) bei der Berechnung des Zählers und des Nenners sind die in Anhang III festgelegten Werte für den Energiegehalt von Kraftstoffen für den Verkehr zu verwenden. Zur Bestimmung des Energiegehalts von Kraftstoffen für den Verkehr, die nicht in Anhang III aufgeführt sind, gelten die jeweiligen Normen der ESO zur Bestimmung der Heizwerte von Kraftstoffen. In Fällen, für die keine ESO-Norm zu diesem Zweck erlassen wurde, sind die entsprechenden ISO-Normen zu verwenden. Der Kommission wird die Befugnis übertragen, im Einklang mit Artikel 35 delegierte Rechtsakte zu erlassen, um diese Richtlinie durch die Annahme des Energiegehalts von Kraftstoffen für den Verkehr nach Anhang III gemäß dem wissenschaftlichen und technischen Fortschritt zu ändern.

(2) Zur Erbringung des Nachweises, dass die Mindestanteile nach Artikel 25 Absatz 1 eingehalten werden,

a) kann der Anteil von Biokraftstoffen und Biogas für den Verkehr, die aus den in Anhang IX aufgeführten Rohstoffen hergestellt werden, mit dem Doppelten ihres Energiegehalts veranschlagt werden;

b) kann der Anteil erneuerbarer Elektrizität mit dem Vierfachen ihres Energiegehalts veranschlagt werden, wenn sie für Straßenfahrzeuge bereitgestellt wird und kann ihr Anteil mit dem 1,5-fachen ihres Energiegehalts veranschlagt werden, wenn sie für den Schienenverkehr bereitgestellt wird;

c) wird der Anteil der für den Luft- und Seeverkehr bereitgestellten Kraftstoffe mit dem 1,2-fachen ihres Energiegehalts veranschlagt, es sei denn, es handelt sich um Kraftstoffe, die aus Nahrungs- und Futtermittelpflanzen gewonnen werden.

(3) *[1]* Bei der Berechnung des Anteils erneuerbarer Elektrizität an der für Straßen- und Schienenfahrzeuge bereitgestellten Elektrizität *für die Zwecke Absatz 1*[1)] dieses Artikels verweisen Mitgliedstaaten auf den Zeitraum von zwei Jahren vor dem Jahr, in dem die Elektrizität in ihrem Hoheitsgebiet bereitgestellt wurde.

[2] Abweichend von Unterabsatz 1 dieses Absatzes kann Elektrizität, die aus einer direkten Verbindung mit einer erneuerbaren Elektrizität erzeugenden Anlage stammt und für Straßenfahrzeuge bereitgestellt wird, bei der Bestimmung des Anteils der Elektrizität für die Zwecke des Absatzes 1 dieses Artikels in vollem Umfang als erneuerbare Elektrizität angerechnet werden.

[3] Damit dem erwarteten Anstieg der Nachfrage nach Elektrizität im Verkehrssektor über den aktuellen Ausgangswert hinaus mittels zusätzlicher Kapazitäten zur Erzeugung erneuerbarer Energie entsprochen werden kann, erarbeitet die Kommission einen Rahmen für die Zusätzlichkeit im Verkehrssektor und schlägt verschiedene Optionen dafür vor, wie der Ausgangswert für die einzelnen Mitgliedstaaten festgelegt und die Zusätzlichkeit ermittelt werden kann.

[4] Für die Zwecke dieses Absatzes gilt, dass wenn Elektrizität entweder direkt oder über die Produktion von Zwischenprodukten zur Produktion flüssiger oder gasförmiger erneuerbarer Kraftstoffe für den Verkehr nicht biogenen Ursprungs genutzt wird, der zwei Jahre vor dem fraglichen Jahr ermittelte durchschnittliche Anteil der Elektrizität aus erneuerbaren Quellen, in dem Produktionsmitgliedstaat zur Bestimmung des Anteils erneuerbarer Energie verwendet wird.

[5] Hingegen kann Elektrizität, die aus einer direkten Verbindung mit einer erneuerbaren Elektrizität erzeugenden Anlage stammt und die für die Produktion von flüssigen oder gasförmigen erneuerbaren Kraftstoffen für den Verkehr nicht biogenen Ursprungs eingesetzt wird, in vollem Umfang als erneuerbare Elektrizität angerechnet werden, wenn die Anlage

a) nach oder gleichzeitig mit der Anlage den Betrieb aufnimmt, die flüssige oder gasförmige erneuerbare Kraftstoffe für den Verkehr nicht biogenen Ursprungs produziert, und

b) nicht an das Netz angeschlossen ist oder zwar an das Netz angeschlossen ist, die betreffende Elektrizität aber nachweislich bereitgestellt wird, ohne Elektrizität aus dem Netz zu entnehmen.

[6] Aus dem Netz entnommene Elektrizität kann in vollem Umfang als erneuerbare Elektrizität angerechnet werden, wenn sie ausschließlich mittels erneuerbarer Energiequellen produziert wurde und nachweislich die Eigenschaften erneuerbarer Energie aufweist sowie etwaige sonstige entsprechende Kriterien erfüllt, sodass sichergestellt ist, dass ihre Eigenschaften als erneuerbare Energie nur einmal und nur in einem Endverbrauchssektor geltend gemacht werden.

[1)] Richtig wohl: „für die Zwecke des Absatzes 1".

[7] Die Kommission erlässt bis zum 31. Dezember 2021 im Einklang mit Artikel 35 einen delegierten Rechtsakt, um diese Richtlinie durch die Einführung einer gemeinsamen europäischen Methode, in der detaillierte Vorschriften zur Einhaltung der Anforderungen von Unterabsatz 5 und 6 dieses Absatzes durch Wirtschaftsteilnehmer festgelegt werden, zu ergänzen.

Art. 28 Andere Bestimmungen für erneuerbare Energie im Verkehrssektor. (1) [1] Um das Risiko, dass einzelne Lieferungen in der Union mehrfach geltend gemacht werden, möglichst gering zu halten, verstärken die Mitgliedstaaten und die Kommission die Zusammenarbeit sowie gegebenenfalls den Datenaustausch zwischen den nationalen Systemen sowie zwischen den nationalen Systemen und den gemäß Artikel 30 eingerichteten freiwilligen Systemen und Prüfstellen. [2] Wenn die zuständige Behörde eines Mitgliedstaats einen Betrug vermutet oder entdeckt, setzt sie die anderen Mitgliedstaaten darüber gegebenenfalls in Kenntnis.

(2) *[1]* [1] Die Kommission sorgt dafür, dass eine Unionsdatenbank eingerichtet wird, die die Rückverfolgung flüssiger und gasförmiger Kraftstoffe für den Verkehr ermöglicht, die auf den Zähler gemäß Artikel 27 Absatz 1 Buchstabe b angerechnet werden können oder für die Zwecke von Artikel 29 Absatz 1 Unterabsatz 1 berücksichtigt werden. [2] Die Mitgliedstaaten verlangen von den betreffenden Wirtschaftsteilnehmern, dass sie in dieser Datenbank Angaben über die getätigten Transaktionen und die Nachhaltigkeitseigenschaften dieser Kraftstoffe machen, einschließlich ihrer Lebenszyklustreibhausgasemissionen, beginnend beim Ort ihrer Produktion bis hin zum Kraftstoffanbieter, der sie auf den Markt bringt. [3] Die Mitgliedstaaten können eine nationale Datenbank einrichten, die mit der Datenbank der Union verknüpft ist, wobei sie sicherstellen, dass eingegebene Daten sofort zwischen den Datenbanken übermittelt werden.

[2] Die Informationen, die erforderlich sind, um die Einhaltung der Anforderungen nach Artikel 25 Absatz 1 Unterabsatz 1 und 4 überprüfen zu können, sind von den Kraftstoffanbietern in die jeweils einschlägige Datenbank einzugeben.

(3) Bis zum 31. Dezember 2021 treffen die Mitgliedstaaten Maßnahmen, um die Verfügbarkeit von Kraftstoffen aus erneuerbaren Quellen für den Verkehrssektor in Hinblick darauf sicherzustellen, dass im Einklang mit den nationalen Strategierahmen gemäß der Richtlinie 2014/94/EU öffentlich zugängliche Hochleistungsladestationen und andere Betankungsinfrastrukturen bereitgestellt werden.

(4) [1] Die Mitgliedstaaten haben Zugang zu der Unionsdatenbank nach Absatz 2 dieses Artikels. [2] Sie ergreifen Maßnahmen, um sicherzustellen, dass die Wirtschaftsteilnehmer richtige Daten in die jeweils einschlägige Datenbank eingeben. [3] Die Kommission verlangt, dass bei der Prüfung der Einhaltung der Nachhaltigkeitskriterien für Biokraftstoffe, flüssige Biobrennstoffe und Biomasse-Brennstoffe im Rahmen der Systeme, die Gegenstand der Beschlüsse gemäß Artikel 30 Absatz 4 dieser Richtlinie sind, auch die Einhaltung dieser Anforderung geprüft wird. [4] Sie veröffentlicht alle zwei Jahre aggregierte Daten aus der Unionsdatenbank gemäß Anhang VIII der Verordnung (EU) 2018/1999[1)].

---

1) Nr. **6**.

(5) Die Kommission erlässt bis zum 31. Dezember 2021 im Einklang mit Artikel 35 delegierte Rechtsakte, um diese Richtlinie durch Festlegung der Methode zur Bestimmung des Anteils an Biokraftstoffen, und Biogas für den Verkehr, der sich aus der Verarbeitung von Biomasse in einem einzigen Verfahren mit fossilen Kraftstoffen ergibt, sowie der Methode zur Bewertung der Treibhausgaseinsparungen durch Nutzung flüssiger oder gasförmiger erneuerbarer Kraftstoffe für den Verkehr nicht biogenen Ursprungs sowie wiederverwerteter kohlenstoffhaltiger Kraftstoffe, wobei diese Methode sicherstellt, dass vermiedene Emissionen nicht gutgeschrieben werden, wenn für die Abscheidung dieses CO_2 im Rahmen anderer Rechtsvorschriften bereits eine Gutschrift erteilt wurde, zu ergänzen.

(6) *[1]* Bis zum 25. Juni 2019, und im Anschluss alle zwei Jahre, überprüft die Kommission die Auflistung der Rohstoffe in Anhang IX Teil A und B in Hinblick auf die Aufnahme von Rohstoffen in Einklang mit den in Unterabsatz 3 festgelegten Grundsätzen.

[2] [1] Der Kommission wird die Befugnis übertragen, im Einklang mit Artikel 35 delegierte Rechtsakte zu erlassen, um die Auflistung der Rohstoffe in Anhang IX Teil A und B durch Aufnahme, nicht aber durch Streichung von Rohstoffen zu ändern. [2] Rohstoffe, die nur mit fortschrittlichen Technologien verarbeitet werden können, werden in Anhang IX Teil A aufgenommen. [3] Rohstoffe, die mit ausgereiften Technologien zu Biokraftstoffen oder Biogas für den Verkehr verarbeitet werden können, werden in Anhang IX Teil B aufgenommen.

[3] Solche delegierten Rechtsakte gründen auf eine Analyse des Potenzials des betreffenden Rohstoffs für die Produktion von Biokraftstoffen und Biogas für den Verkehr, wobei Folgendes zu berücksichtigen ist:

a) die Grundsätze der Kreislaufwirtschaft und der Abfallhierarchie gemäß der Richtlinie 2008/98/EG;

b) die Nachhaltigkeitskriterien der Union gemäß Artikel 29 Absätze 2 bis 7;

c) die Notwendigkeit, erhebliche Verzerrungen auf den Märkten für (Neben-) Produkte, Abfälle oder Reststoffe zu vermeiden;

d) das Potenzial, im Vergleich zu fossilen Brennstoffen – ausgehend von einer Lebenszyklusanalyse der Emissionen – beträchtliche Treibhausgaseinsparungen zu erzielen;

e) die Notwendigkeit, negative Auswirkungen auf die Umwelt und die biologische Vielfalt zu vermeiden; und

f) die Notwendigkeit, zusätzliche Nachfrage nach Anbauflächen zu vermeiden.

(7) *[1]* [1] Im Rahmen der zweijährlichen Bewertung der Fortschritte gemäß der Verordnung (EU) 2018/1999[1)] prüft die Kommission bis zum 31. Dezember 2025, ob die in Artikel 25 Absatz 1 Unterabsatz 4 festgelegte Verpflichtung bezüglich fortschrittlicher Biokraftstoffe und Biogas, die aus den in einem Anhang zu dieser Richtlinie aufgeführten Rohstoffen hergestellt werden, Innovation wirksam anregt und Treibhausgaseinsparungen im Verkehrssektor sicherstellt. [2] Die Kommission untersucht bei dieser Bewertung auch, ob eine doppelte Anrechnung von erneuerbarer Energie durch die Anwendung dieses Artikels wirksam verhindert wird.

---

1) Nr. **6**.

[2] Die Kommission legt zur Änderung der in Artikel 25 Absatz 1 Unterabsatz 4 festgelegten Verpflichtung bezüglich fortschrittlicher Biokraftstoffe und Biogas, die aus den in einem Anhang zu dieser Richtlinie aufgeführten Rohstoffen hergestellt werden, gegebenenfalls einen Vorschlag vor.

Art. 29 Nachhaltigkeitskriterien und Kriterien für Treibhausgaseinsparungen für Biokraftstoffe, flüssige Brennstoffe und Biomasse-Brennstoffe. (1) *[1]* Energie in Form von Biokraftstoffen, flüssigen Biobrennstoffen und Biomasse-Brennstoffen wird für die in den Buchstaben a, b und c genannten Zwecke nur dann berücksichtigt, wenn sie die in den Absätzen 2 bis 7 und 10 festgelegten Nachhaltigkeitskriterien und die Kriterien für die Treibhausgaseinsparungen erfüllen:

a) Beitrag zum Unionsziel nach Artikel 3 Absatz 1 und zum Anteil erneuerbarer Energie der Mitgliedstaaten;
b) Bewertung der Einhaltung der Verpflichtungen zur Nutzung erneuerbarer Energie, einschließlich der in Artikel 25 festgelegten Verpflichtung;
c) Möglichkeit der finanziellen Förderung für den Verbrauch von Biokraftstoffen, flüssigen Biobrennstoffen und Biomasse-Brennstoffen.

[2] [1]Aus Abfällen und Reststoffen, mit Ausnahme von land- und forstwirtschaftlichen Reststoffen und Reststoffen aus der Aquakultur und Fischerei, hergestellte Biokraftstoffe, flüssige Biobrennstoffe und Biomasse-Brennstoffe müssen jedoch lediglich die in Absatz 10 festgelegten Kriterien für Treibhausgaseinsparungen erfüllen, um für die in Buchstabe a, b und c genannten Zwecke berücksichtigt zu werden. [2]Dieser Unterabsatz gilt auch für Abfälle und Reststoffe, die vor ihrer Weiterverarbeitung zu Biokraftstoffen, flüssigen Biobrennstoffen und Biomasse-Brennstoffen zuerst zu einem anderen Produkt verarbeitet werden.

[3] Mit festen Siedlungsabfällen produzierte Elektrizität, Wärme und Kälte unterliegt nicht den in Absatz 10 festgelegten Kriterien für Treibhausgaseinsparungen.

[4] [1]Wenn Biomasse-Brennstoffe in Anlagen zur Produktion von Elektrizität, Wärme und Kälte oder Kraftstoffen – im Fall fester Biomasse-Brennstoffe mit einer Gesamtfeuerungswärmeleistung von 20 MW oder mehr und im Fall gasförmiger Biomasse-Brennstoffe mit einer Gesamtfeuerungswärmeleistung von 2 MW oder mehr – verwendet werden, müssen sie die in den Absätzen 2 bis 7 und 10 festgelegten Kriterien für die Nachhaltigkeit und für Treibhausgaseinsparungen erfüllen. [2]Die Mitgliedstaaten können die Kriterien für die Nachhaltigkeit und für Treibhausgaseinsparungen auch auf Anlagen mit geringerer Gesamtfeuerungswärmeleistung anwenden.

[5] Die Nachhaltigkeitskriterien und die Kriterien für Treibhausgaseinsparungen gemäß Absatz 2 bis 7 und 10 gelten unabhängig von der geografischen Herkunft der Biomasse.

(2) [1]Biokraftstoffe, flüssige Biobrennstoffe und Biomasse-Brennstoffe, die aus Abfällen und Reststoffen hergestellt werden, die nicht von forstwirtschaftlichen, sondern von landwirtschaftlichen Flächen stammen, werden für die Zwecke von Absatz 1 Unterabsatz 1 Buchstabe a, b und c nur berücksichtigt, wenn die Betreiber oder die nationalen Behörden Überwachungs- oder Bewirtschaftungspläne festgelegt haben, um einer Beeinträchtigung der Boden-

qualität und des Kohlenstoffbestands des Bodens zu begegnen. [2] Informationen darüber, wie die Beeinträchtigung überwacht und gesteuert wird, sind gemäß Artikel 30 Absatz 3 zu melden.

(3) *[1]* Biokraftstoffe, flüssige Biobrennstoffe und aus landwirtschaftlicher Biomasse produzierte Biomasse-Brennstoffe, die für die in Absatz 1 Unterabsatz 1 Buchstaben a, b und c genannten Zwecke berücksichtigt werden, dürfen nicht aus Rohstoffen hergestellt werden, die auf Flächen mit hohem Wert hinsichtlich der biologischen Vielfalt gewonnen wurden, das heißt auf Flächen, die im oder nach Januar 2008 folgenden Status hatten, unabhängig davon, ob die Flächen noch diesen Status haben:

a) Primärwald und andere bewaldete Flächen, das heißt Wald und andere bewaldete Flächen mit einheimischen Arten, in denen es kein deutlich sichtbares Anzeichen für menschliche Aktivität gibt und die ökologischen Prozesse nicht wesentlich gestört sind;

b) Wald mit großer biologischer Vielfalt oder andere bewaldete Flächen, die artenreich und nicht degradiert sind oder für die die zuständige Behörde eine große biologische Vielfalt festgestellt hat, es sei denn, es wird nachgewiesen, dass die Gewinnung des Rohstoffs den genannten Naturschutzzwecken nicht zuwiderlief;

c) ausgewiesene Flächen:

   i) durch Gesetz oder von der zuständigen Behörde für Naturschutzzwecke; oder

   ii) für den Schutz seltener, bedrohter oder gefährdeter Ökosysteme oder Arten, die in internationalen Übereinkünften anerkannt werden oder in den Verzeichnissen zwischenstaatlicher Organisationen oder der Internationalen Union für die Erhaltung der Natur aufgeführt sind, vorbehaltlich ihrer Anerkennung gemäß dem Verfahren des Artikels 30 Absatz 4,

   sofern nicht nachgewiesen wird, dass die Gewinnung des Rohstoffs den genannten Naturschutzzwecken nicht zuwiderlief;

d) Grünland von mehr als einem Hektar mit großer biologischer Vielfalt, das heißt:

   i) natürliches Grünland, das ohne Eingriffe von Menschenhand Grünland bleiben würde und dessen natürliche Artenzusammensetzung sowie ökologische Merkmale und Prozesse intakt sind, oder

   ii) künstlich geschaffenes Grünland, das heißt Grünland, das ohne Eingriffe von Menschenhand kein Grünland bleiben würde und das artenreich und nicht degradiert ist und für das die zuständige Behörde eine große biologische Vielfalt festgestellt hat, sofern nicht nachgewiesen wird, dass die Ernte des Rohstoffs zur Erhaltung des Status als Grünland mit großer Artenvielfalt erforderlich ist.

[2] [1] Die Kommission kann Durchführungsrechtsakte erlassen, um die Kriterien zur Bestimmung des Grünlands, das unter Unterabsatz 1 Buchstabe d dieses Absatzes fällt, weiter zu präzisieren. [2] Diese Durchführungsrechtsakte sind in Einklang mit dem Prüfverfahren nach Artikel 34 Absatz 3 zu erlassen.

(4) *[1]* Biokraftstoffe, flüssige Biobrennstoffe und aus landwirtschaftlicher Biomasse produzierte Biomasse-Brennstoffe, die für die in Absatz 1 Unterabsatz 1 Buchstaben a, b und c genannten Zwecke berücksichtigt werden,

dürfen nicht aus Rohstoffen hergestellt werden, die auf Flächen mit hohem Kohlenstoffbestand gewonnen werden, das heißt auf Flächen, die im Januar 2008 einen im Folgenden genannten Status hatten, diesen Status aber nicht mehr haben:

a) Feuchtgebiete, d.h. Flächen, die ständig oder für einen beträchtlichen Teil des Jahres von Wasser bedeckt oder durchtränkt sind;

b) kontinuierlich bewaldete Gebiete, d.h. Flächen von mehr als einem Hektar mit über fünf Meter hohen Bäumen und einem Überschirmungsgrad von mehr als 30 % oder mit Bäumen, die auf dem jeweiligen Standort diese Schwellenwerte erreichen können;

c) Flächen von mehr als einem Hektar mit über fünf Meter hohen Bäumen und einem Überschirmungsgrad von 10 bis 30 % oder mit Bäumen, die auf dem jeweiligen Standort diese Schwellenwerte erreichen können, sofern nicht nachgewiesen wird, dass der Kohlenstoffbestand der Fläche vor und nach der Umwandlung so bemessen ist, dass unter Anwendung der in Anhang V Teil C beschriebenen Methode die in Absatz 10 genannten Bedingungen erfüllt wären.

[2] Dieser Absatz findet keine Anwendung, wenn zum Zeitpunkt der Gewinnung des Rohstoffs die Flächen denselben Status hatten wie im Januar 2008.

(5) Biokraftstoffe, flüssige Biobrennstoffe und aus landwirtschaftlicher Biomasse produzierte Biomasse-Brennstoffe, die für die in Absatz 1 Unterabsatz 1 Buchstaben a, b und c genannten Zwecke berücksichtigt werden, dürfen nicht aus Rohstoffen hergestellt werden, die auf Flächen gewonnen werden, die im Januar 2008 Torfmoor waren, es sei denn, es wird der Nachweis dafür erbracht, dass nicht entwässerte Flächen für den Anbau und die Ernte dieses Rohstoffs nicht entwässert werden müssen.

(6) Biokraftstoffe, flüssige Biobrennstoffe und Biomasse-Brennstoffe aus forstwirtschaftlicher Biomasse, die für die Zwecke von Absatz 1 Unterabsatz 1 Buchstaben a, b und c Berücksichtigung finden, müssen zur Minderung der Gefahr, dass nicht nachhaltig produzierte forstwirtschaftliche Biomasse genutzt wird, die folgenden Kriterien erfüllen:

a) in dem Land, in dem die forstwirtschaftliche Biomasse geerntet wurde, gelten nationale und/oder subnationale Gesetze auf dem Gebiet der Ernte und wird mittels Überwachungs- und Durchsetzungssystemen Folgendes sichergestellt:

   i) Die Erntetätigkeiten sind legal;

   ii) auf den Ernteflächen findet Walderneuerung statt;

   iii) Gebiete, die durch internationale oder nationale Rechtsvorschriften oder von der zuständigen Behörde zu Naturschutzzwecken ausgewiesen sind bzw. wurden, auch in Feuchtgebieten und auf Torfmoorflächen, sind geschützt;

   iv) bei der Ernte wird auf die Erhaltung der Bodenqualität und der biologischen Vielfalt geachtet, um Beeinträchtigungen möglichst gering zu halten; und

   v) durch die Erntetätigkeiten werden die langfristigen Produktionskapazitäten des Waldes erhalten oder verbessert;

b) stehen Nachweise gemäß Buchstabe a dieses Absatzes nicht zur Verfügung, so finden Biokraftstoffe, flüssige Biobrennstoffe und Biomasse-Brennstoffe aus forstwirtschaftlicher Biomasse für die Zwecke von Absatz 1 Unterabsatz 1 Buchstabe a, b und c Berücksichtigung, wenn durch Bewirtschaftungssysteme auf Ebene des *fortwirtschaftlichen*[1] Gewinnungsgebiets Folgendes sichergestellt ist:
   i) Die Erntetätigkeiten sind legal;
   ii) auf den Ernteflächen findet Walderneuerung statt;
   iii) Gebiete, die durch internationale oder nationale Rechtsvorschriften oder von der zuständigen Behörde zu Naturschutzzwecken ausgewiesen sind bzw. wurden, auch in Feuchtgebieten und auf Torfmoorflächen, sind geschützt, es sei denn, es wird der Nachweis dafür erbracht, dass die Ernte des Rohstoffs diesen Naturschutzzwecken nicht zuwiderläuft;
   iv) bei der Ernte wird auf die Erhaltung der Bodenqualität und der biologischen Vielfalt geachtet, um Beeinträchtigungen möglichst gering zu halten; und
   v) durch die Erntetätigkeiten werden die langfristigen Produktionskapazitäten des Waldes erhalten oder verbessert.

(7) Biokraftstoffe, flüssige Biobrennstoffe und Biomasse-Brennstoffe aus forstwirtschaftlicher Biomasse, die für die Zwecke von Absatz 1 Unterabsatz 1 Buchstabe a, b und c Berücksichtigung finden, müssen den folgenden Anforderungen für Landnutzung, Landnutzungsänderung und Forstwirtschaft (LULUCF) entsprechen:

a) Das Ursprungsland oder die Ursprungsorganisation der regionalen Wirtschaftsintegration der forstwirtschaftlichen Biomasse
   i) ist Vertragspartei des Übereinkommens von Paris;
   ii) hat einen beabsichtigten nationalen Beitrag (NDC) zum Rahmenübereinkommen der Vereinten Nationen über Klimaänderungen (UNFCCC) übermittelt, der Emissionen und den Abbau von Treibhausgasen durch die Landwirtschaft, Forstwirtschaft und Landnutzung abdeckt und gewährleistet, dass jede Änderung des Kohlenstoffbestands in Verbindung mit der Ernte von Biomasse auf die Verpflichtungen des Landes zur Reduzierung oder Begrenzung der Treibhausgasemissionen im Sinne des beabsichtigen nationalen Beitrags angerechnet wird; oder
   iii) es bestehen nationale oder subnationale Gesetze im Einklang mit Artikel 5 des Übereinkommens von Paris, die im Erntegebiet gelten, um die Kohlenstoffbestände und -senken zu erhalten und zu verbessern, und die für Nachweise sorgen, dass die für den LULUCF-Sektor gemeldeten Emissionen nicht höher ausfallen als der Emissionsabbau;

b) stehen Nachweise nach Buchstabe a dieses Absatzes nicht zur Verfügung, so finden Biokraftstoffe, flüssige Biobrennstoffe und Biomasse-Brennstoffe aus forstwirtschaftlicher Biomasse für die Zwecke von Absatz 1 Unterabsatz 1 Buchstabe a, b und c Berücksichtigung, wenn durch Bewirtschaftungssysteme auf Ebene des *fortwirtschaftlichen*[2] Gewinnungsgebiets sichergestellt ist,

[1] Richtig wohl: „forstwirtschaftliche".
[2] Richtig wohl: „forstwirtschaftlichen".

dass die Niveaus der Kohlenstoffbestände und -senken in den Wäldern gleich bleiben oder langfristig verbessert werden.

(8) [1] Die Kommission erlässt bis zum 31. Januar 2021 Durchführungsrechtsakte, worin sie Empfehlungen zu den Nachweisen für die Einhaltung der Kriterien gemäß den Absätzen 6 und 7 dieses Artikels festlegt. [2] Diese Durchführungsrechtsakte werden nach dem in Artikel 34 Absatz 3 genannten Prüfverfahren erlassen.

(9) *[1]* Auf Grundlage der verfügbaren Daten bewertet die Kommission bis zum 31. Dezember 2026, ob durch die Kriterien gemäß den Absätzen 6 und 7 auf wirksame Weise die Gefahr, dass nicht nachhaltig produzierte forstwirtschaftliche Biomasse genutzt wird, minimiert und den LULUCF-Kriterien entsprochen wird.

[2] Die Kommission legt gegebenenfalls einen legislativen Vorschlag zur Änderung der in Absatz 6 und 7 festgelegten Kriterien für den Zeitraum nach 2030 vor.

(10) *[1]* Die durch die Verwendung von Biokraftstoffen, flüssigen Biobrennstoffen und Biomasse-Brennstoffen erzielte Minderung der Treibhausgasemissionen, die für die in Absatz 1 genannten Zwecke berücksichtigt wird, muss

a) bei Biokraftstoffen, im Verkehrssektor verbrauchtem Biogas und flüssigen Biobrennstoffen, die in Anlagen hergestellt werden, die am 5. Oktober 2015 oder davor in Betrieb waren, mindestens 50 % betragen;
b) bei Biokraftstoffen, im Verkehrssektor verbrauchtem Biogas und flüssigen Biobrennstoffen, die in Anlagen hergestellt werden, die den Betrieb seit dem 6. Oktober 2015 bis zum 31. Dezember 2020 aufgenommen haben, mindestens 60 % betragen;
c) bei Biokraftstoffen, im Verkehrssektor verbrauchtem Biogas und flüssigen Biobrennstoffen, die in Anlagen hergestellt werden, die den Betrieb ab dem 1. Januar 2021 aufnehmen, mindestens 65 % betragen;
d) bei der Elektrizitäts-, Wärme- und Kälteerzeugung aus Biomasse-Brennstoffen in Anlagen, die den Betrieb zwischen dem 1. Januar 2021 und dem 31. Dezember 2025 aufnehmen, mindestens 70 %, und in Anlagen, die den Betrieb nach dem 1. Januar 2026 aufnehmen, mindestens 80 % betragen.

[2] Es gilt, dass eine Anlage dann in Betrieb ist, wenn die physische Produktion von Biokraftstoffen, im Verkehrssektor verbrauchtem Biogas, und flüssigen Biobrennstoffen sowie die physische Produktion von Wärme, Kälte und Elektrizität aus Biomasse-Brennstoffen aufgenommen wurde.

[3] Die durch die Verwendung von Biokraftstoffen, im Verkehrssektor verbrauchtem Biogas, flüssigen Biobrennstoffen und Biomasse-Brennstoffen in Wärme, Kälte und Elektrizität produzierenden Anlagen erzielte Treibhausgaseinsparungen wird im Einklang mit Artikel 31 Absatz 1 berechnet.

(11) *[1]* Für die Zwecke von Absatz 1 Unterabsatz 1 Buchstabe a, b und c findet Elektrizität aus Biomasse-Brennstoffen nur Berücksichtigung, wenn sie eine oder mehrere der folgenden Anforderungen erfüllt:

a) die Elektrizität wird in Anlagen mit einer Gesamtfeuerungswärmeleistung von unter 50 MW produziert; oder
b) die Elektrizität wird in Anlagen mit einer Gesamtfeuerungswärmeleistung zwischen 50 und 100 MW mit hocheffizienter Kraft-Wärme-Kopplungs-

technologie, oder in ausschließlich Elektrizität produzierenden Anlagen, die die im Durchführungsbeschluss (EU) 2017/1442 der Kommission[1)] definierten, mit den besten verfügbaren Techniken verbundenen Energieeffizienzwerte („BVT-assoziierten Energieeffizienzwerte") erreichen, produziert; oder

c) die Elektrizität wird in Anlagen mit einer Gesamtfeuerungswärmeleistung über 100 MW mit hocheffizienter Kraft-Wärme-Kopplungstechnologie, oder in ausschließlich Elektrizität produzierenden Anlagen, die einen elektrischen Nettowirkungsgrad von mindestens 36 % erreichen, produziert; oder

d) die Elektrizität wird durch Abscheidung und Speicherung von CO_2 aus Biomasse produziert.

[2] Ausschließlich Elektrizität produzierende Anlagen werden für die Zwecke von Absatz 1 Unterabsatz 1 Buchstabe a, b und c nur berücksichtigt, wenn sie als Hauptbrennstoff keine fossilen Brennstoffe verwenden und die Bewertung gemäß Artikel 14 der Richtlinie 2012/27/EU[2)] ergibt, dass es keine kosteneffiziente Möglichkeit zur Nutzung hocheffizienter Kraft-Wärme-Kopplungstechnologie gibt.

[3] [1] Für die Zwecke des Absatzes 1 Unterabsatz 1 Buchstabe a und b dieses Artikels gilt dieser Absatz nur für Anlagen, die nach dem 25. Dezember 2021 den Betrieb aufnehmen oder auf die Nutzung von Biomasse-Brennstoffe umgestellt werden. [2] Für die Zwecke des Absatzes 1 Unterabsatz 1 Buchstabe c dieses Artikels lässt dieser Absatz bis zum 25. Dezember 2021 genehmigte Förderungen aus Förderregelungen nach Artikel 4 unberührt.

[4] Bei Anlagen mit einer geringeren Feuerungswärmeleistung können die Mitgliedstaaten höhere als die in Unterabsatz 1 genannten Energieeffizienzanforderungen zur Anwendung bringen.

[5] [1] Der erste Unterabsatz gilt nicht für Elektrizität aus Anlagen, die Gegenstand einer besonderen Mitteilung eines Mitgliedstaats an die Kommission aufgrund des ordnungsgemäß begründeten Vorliegens einer Gefahr für die Stromversorgungssicherheit sind. [2] Bei der Bewertung der Mitteilung fasst die Kommission einen Beschluss unter Berücksichtigung der darin enthaltenen Elemente.

(12) [1] Für die Zwecke von Absatz 1 Unterabsatz 1 Buchstabe a, b und c dieses Artikels, und unbeschadet von Artikel 25 und 26, dürfen die Mitgliedstaaten Biokraftstoffe und flüssige Biobrennstoffe, die in Übereinstimmung mit diesem Artikel gewonnen werden, nicht wegen anderer Nachhaltigkeitserwägungen außer Acht lassen. [2] Dieser Absatz lässt die öffentliche Förderung im Rahmen von Förderregelungen, die vor dem 24. Dezember 2018 genehmigt werden, unberührt.

(13) *[1]* Für die Zwecke von Absatz 1 Unterabsatz 1 Buchstabe c dieses Artikels können die Mitgliedstaaten für begrenzte Zeit von den Kriterien

---

[1)] **Amtl. Anm.:** Durchführungsbeschluss (EU) 2017/1442 der Kommission vom 31. Juli 2017 über Schlussfolgerungen zu den besten verfügbaren Techniken (BVT) gemäß der Richtlinie 2010/75/EU des Europäischen Parlaments und des Rates für Großfeuerungsanlagen (ABl. L 212 vom 17.8.2017, S. 1).

[2)] Nr. **61**.

gemäß Absatz 2 bis 7 und 10 und 11 dieses Artikels abweichen, und andere Kriterien festlegen für

a) Anlagen, die sich in einer der in Artikel 349 AEUV aufgeführten Regionen in äußerster Randlage befinden, soweit diese Anlagen Elektrizität oder Wärme oder Kälte aus Biomasse-Brennstoffen produzieren, und

b) in den Anlagen gemäß Buchstabe a dieses Unterabsatzes eingesetzte Biomasse-Brennstoffe, ungeachtet des Ursprungsortes dieser Biomasse, sofern diese anderen Kriterien durch ihren Zweck, nämlich der nahtlosen Einführung der Kriterien gemäß Absatz 2 bis 7 und 10 und 11 dieses Artikels in der betreffenden Region in äußerster Randlage, objektiv gerechtfertigt sind und somit Anreize für den Übergang von fossilen Brennstoffen zu nachhaltigen Biomasse-Brennstoffen bieten.

[2] Die in diesem Absatz genannten anderen Kriterien sind Gegenstand einer gesonderten Mitteilung des jeweiligen Mitgliedstaats an die Kommission.

(14) *[1]* Für die Zwecke von Absatz 1 Unterabsatz 1 Buchstabe a, b und c können die Mitgliedstaaten weitere Nachhaltigkeitskriterien für Biomasse-Brennstoffe einführen.

[2] Bis zum 31. Dezember 2026 bewertet die Kommission die Folgen, die solche zusätzlichen Kriterien für den Binnenmarkt haben können, wobei sie gegebenenfalls auch Vorschläge unterbreitet, um ihre Harmonisierung sicherzustellen.

Art. 30 Überprüfung der Einhaltung der Nachhaltigkeitskriterien und der Kriterien für Treibhausgaseinsparungen. (1) *[1]* [1] Werden Biokraftstoffe, flüssige Biobrennstoffe und Biomasse-Brennstoffe, oder andere Brennstoffe, die auf den Zähler gemäß Artikel 27 Absatz 1 Buchstabe b angerechnet werden können, für die in den Artikeln 23 und 25 sowie in Artikel 29 Absatz 1 Unterabsatz 1 Buchstabe a, b und c genannten Zwecke berücksichtigt, verpflichten die Mitgliedstaaten die Wirtschaftsteilnehmer nachzuweisen, dass die in Artikel 29 Absatz 2 bis 7 und 10 festgelegten Nachhaltigkeitskriterien und Kriterien für Treibhausgaseinsparungen erfüllt sind. [2] Zu diesen Zwecken verpflichten sie die Wirtschaftsteilnehmer zur Verwendung eines Massenbilanzsystems, das

a) es erlaubt, Lieferungen von Rohstoffen oder Brennstoffen mit unterschiedlichen Nachhaltigkeitseigenschaften und Eigenschaften in Bezug auf Treibhausgaseinsparungen zu mischen, z.B. in einem Container, einer Verarbeitungs- oder Logistikeinrichtung oder einer Übertragungs- und Verteilungsinfrastruktur bzw. -stätte,

b) es erlaubt, Lieferungen von Rohstoffen mit unterschiedlichem Energiegehalt zur weiteren Verarbeitung zu mischen, sofern der Umfang der Lieferungen nach ihrem Energiegehalt angepasst wird,

c) vorschreibt, dass dem Gemisch weiterhin Angaben über die Nachhaltigkeitseigenschaften sowie Eigenschaften in Bezug auf Treibhausgaseinsparungen und den jeweiligen Umfang der unter Buchstabe a genannten Lieferungen zugeordnet sind, und

d) vorsieht, dass die Summe sämtlicher Lieferungen, die dem Gemisch entnommen werden, dieselben Nachhaltigkeitseigenschaften in denselben Mengen hat wie die Summe sämtlicher Lieferungen, die dem Gemisch zugefügt werden, und dass diese Bilanz innerhalb eines angemessenen Zeitraums erreicht wird.

[2] Durch das Massenbilanzsystem soll zudem sichergestellt werden, dass jede Lieferung nur einmal gemäß Artikel 7 Absatz 1 Unterabsatz 1 Buchstabe a, b oder c für die Berechnung des Bruttoendverbrauchs von Energie aus erneuerbaren Quellen berücksichtigt wird und dass Informationen dazu angegeben werden, ob für die Produktion der betreffenden Lieferung eine Förderung gewährt wurde und wenn ja, um welche Art von Förderregelung es sich handelte.

(2) Bei Verarbeitung einer Lieferung werden die Angaben hinsichtlich der Eigenschaften der Lieferung in Bezug auf die Nachhaltigkeit und Treibhausgaseinsparungen angepasst und im Einklang mit folgenden Vorschriften dem Output zugeordnet:

a) Sollte die Verarbeitung der Rohstofflieferung nur einen Output hervorbringen, der zur Produktion von Biokraftstoffen, flüssigen Biobrennstoffen, Biomasse-Brennstoffen, flüssigen und gasförmigen erneuerbaren Kraftstoffen für den Verkehr nicht biogenen Ursprungs oder wiederverwerteten kohlenstoffhaltigen Kraftstoffen dienen soll, werden der Umfang der Lieferung und die entsprechenden Werte der Eigenschaften in Bezug auf die Nachhaltigkeit und Treibhausgaseinsparungen durch Anwendung eines Umrechnungsfaktors angepasst, der das Verhältnis zwischen der Masse des Outputs, die dieser Produktion dienen soll, und der Rohstoffmasse zu Beginn des Verfahrens ausdrückt;

b) sollte die Verarbeitung der Rohstofflieferung mehrere Outputs hervorbringen, die zur Produktion von Biokraftstoffen, flüssigen Biobrennstoffen, Biomasse-Brennstoffen, flüssigen und gasförmigen erneuerbaren Kraftstoffen für den Verkehr nicht biogenen Ursprungs oder wiederverwerteten kohlenstoffhaltigen Kraftstoffen dienen sollen, ist für jeden Output ein gesonderter Umrechnungsfaktor anzuwenden und eine gesonderte Massenbilanz zugrunde zu legen.

(3) *[1]* [1] Die Mitgliedstaaten treffen Maßnahmen, um sicherzustellen, dass die Wirtschaftsteilnehmer hinsichtlich der Einhaltung der in Artikel 25 Absatz 2 festgelegten und durch jenen Artikel angenommenen Mindestschwellenwerte für Treibhausgaseinsparungen sowie der in Artikel 29 Absatz 2 bis 7 und 10 festgelegten Nachhaltigkeitskriterien und Kriterien für Treibhausgaseinsparungen verlässliche Informationen vorlegen und dass die Wirtschaftsteilnehmer dem jeweiligen Mitgliedstaat auf Anfrage die Daten zur Verfügung zu stellen, die zur Zusammenstellung der Informationen verwendet wurden. [2] Die Mitgliedstaaten verpflichten die Wirtschaftsteilnehmer, für ein angemessenes unabhängiges Audit der von ihnen vorgelegten Informationen zu sorgen und nachzuweisen, dass ein solches Audit erfolgt ist. [3] Hinsichtlich der Einhaltung von Artikel 29 Absatz 6 Buchstabe a und Absatz 7 Buchstabe a kann bis zum Ersterfassungspunkt der forstwirtschaftlichen Biomasse das Erst- oder Zweitparteien-Audit verwendet werden. [4] Das Audit erstreckt sich auf die Frage, ob die von den Wirtschaftsteilnehmern verwendeten Systeme genau, verlässlich und betrugssicher sind, wobei durch die Überprüfung auch sichergestellt wird, dass Materialien nicht absichtlich so verändert oder entsorgt werden, dass die Lieferung ganz oder teilweise zu Abfall oder Reststoffen werden könnte. [5] Fer-

ner werden die Häufigkeit und die Methode der Probenahme sowie die Zuverlässigkeit der Daten bewertet.

[2] [1] Die Verpflichtungen nach diesem Absatz gelten sowohl für in der Union produzierte als auch für importierte Biokraftstoffe, flüssige Biobrennstoffe, Biomasse-Brennstoffe, flüssige und gasförmige erneuerbare Kraftstoffe für den Verkehr nicht biogenen Ursprungs oder wiederverwertete kohlenstoffhaltige Kraftstoffe. [2] Angaben zur geografischen Herkunft der Biokraftstoffe, flüssigen Biobrennstoffe und Biomasse-Brennstoffe der einzelnen Kraftstoffanbieter und zur Art der für sie verwendeten Rohstoffe werden Verbrauchern auf den Webseiten der Betreiber, der Versorger oder der jeweils zuständigen Behörden bereitgestellt und jährlich aktualisiert.

[3] [1] Die Mitgliedstaaten übermitteln die Angaben nach Unterabsatz 1 in aggregierter Form der Kommission. [2] Diese veröffentlicht sie unter Wahrung der Vertraulichkeit wirtschaftlich sensibler Informationen in zusammengefasster Form auf der in Artikel 28 der Verordnung (EU) 2018/1999[1)] genannten Plattform für die elektronische Berichterstattung.

(4) *[1]* [1] Die Kommission kann beschließen, dass freiwillige nationale oder internationale Systeme, in denen Standards für die Produktion von Biokraftstoffen, flüssigen Biobrennstoffen oder Biomasse-Brennstoffen, oder anderen Brennstoffen, die auf den Zähler gemäß Artikel 27 Absatz 1 Buchstabe b angerechnet werden können, vorgegeben werden, genaue Daten zu den Treibhausgaseinsparungen für die Zwecke von Artikel 25 Absatz 2 und Artikel 29 Absatz 10 enthalten und als Nachweis dafür herangezogen werden dürfen, dass die Bestimmungen von Artikel 27 Absatz 3 und Artikel 28 Absatz 2 und 4 eingehalten werden, und/oder als Nachweis dafür herangezogen werden dürfen, dass Lieferungen von Biokraftstoff, flüssigem Brennstoff oder Biomasse-Brennstoffen den in Artikel 29 Absatz 2 bis 7 aufgeführten Nachhaltigkeitskriterien genügen. [2] Für den Nachweis, dass den in Artikel 29 Absatz 6 und 7 festgelegten Anforderungen entsprochen wird, können die Betreiber beschließen, die erforderlichen Belege direkt auf Ebene des Gewinnungsgebiets vorzulegen. [3] Die Kommission kann auch Flächen zum Schutz von seltenen, bedrohten oder gefährdeten Ökosystemen oder Arten, die in internationalen Übereinkünften anerkannt werden oder in den Verzeichnissen zwischenstaatlicher Organisationen oder der Internationalen Union für die Erhaltung der Natur aufgeführt sind, für die Zwecke von Artikel 29 Absatz 3 Unterabsatz 1 Buchstabe c Ziffer ii anerkennen.

[2] Die Kommission kann beschließen, dass diese Systeme präzise Angaben über Maßnahmen enthalten, die zum Schutz von Boden, Wasser und Luft, zur Sanierung von degradierten Flächen und zur Vermeidung eines übermäßigen Wasserverbrauchs in Gebieten mit Wasserknappheit und zur Zertifizierung von Biokraftstoffen, flüssigen Biobrennstoffen und Biomasse-Brennstoffen, bei denen ein geringes Risiko indirekter Landnutzungsänderungen besteht, getroffen wurden.

(5) *[1]* [1] Die Kommission fasst Beschlüsse nach Absatz 4 in Form von Durchführungsrechtsakten. [2] Diese werden in Einklang mit dem Prüfverfahren nach Artikel 34 Absatz 3 erlassen. [3] Solche Beschlüsse sind nicht länger als fünf Jahre gültig.

[1)] Nr. **6**.

[2] [1]Die Kommission verlangt, dass freiwillige Systeme, die Gegenstand eines Beschlusses nach Absatz 4 sind, bis zum 30. April jedes Jahres einen Bericht an die Kommission vorlegen, worin alle in Anhang IX der Verordnung (EU) 2018/1999[1)] angeführten Punkte behandelt werden. [2]Der Bericht bezieht sich auf das vorangegangene Kalenderjahr. [3]Diese Pflicht zur Berichterstattung gilt nur für freiwillige Systeme, die seit mindestens 12 Monaten in Betrieb sind.

[3] Die Kommission stellt die von freiwilligen Systemen vorgelegten Berichte, in aggregierter Form, oder, gegebenenfalls, in voller Länge, auf der in Artikel 28 der Verordnung (EU) 2018/1999[1)] genannten Plattform für die elektronische Berichterstattung zur Verfügung.

(6) *[1]* Die Mitgliedstaaten können nationale Systeme einführen, in deren Rahmen die Einhaltung der in Artikel 29 Absatz 2 bis 7 und 10 festgelegten Kriterien für die Nachhaltigkeit und Treibhausgaseinsparungen und der in Artikel 25 Absatz 2 festgelegten und durch jenen Artikel sowie gemäß Artikel 28 Absatz 5 angenommenen, für flüssige und gasförmige erneuerbare Kraftstoffe für den Verkehr nicht biogenen Ursprungs und wiederverwertete kohlenstoffhaltige Kraftstoffe geltenden Mindestschwellenwerte für Treibhausgaseinsparungen entlang der gesamten Produktkette unter Beteiligung der zuständigen nationalen Behörden überprüft wird.

[2] [1]Ein Mitgliedstaat kann sein nationales System der Kommission melden. [2]Die Kommission muss der Bewertung eines derartigen Systems Vorrang einräumen, um die gegenseitige bilaterale und multilaterale Anerkennung von Systemen zur Überprüfung der Vereinbarkeit mit den Nachhaltigkeitskriterien und den Kriterien für Treibhausgaseinsparungen für Biokraftstoffe, flüssige Biobrennstoffe und Biomasse-Brennstoffe und mit den in Artikel 25 Absatz 2 festgelegten und durch jenen Artikel angenommenen Mindestschwellenwerte für Treibhausgaseinsparungen für andere Brennstoffe, die auf den Zähler gemäß Artikel 27 Absatz 1 Buchstabe b angerechnet werden können, zu erleichtern. [3]Die Kommission fasst Beschlüsse in Form von Durchführungsrechtsakten über die Vereinbarkeit eines solchen gemeldeten nationalen Systems mit den in dieser Richtlinie festgelegten Bedingungen. [4]Diese Durchführungsrechtsakte werden in Einklang mit dem Prüfverfahren nach Artikel 34 Absatz 3 erlassen.

[3] Ist der Beschluss positiv, so dürfen in Übereinstimmung mit diesem Artikel erstellte Systeme die gegenseitige Anerkennung der Systeme des jeweiligen Mitgliedstaats hinsichtlich der Überprüfung der Vereinbarkeit mit den Nachhaltigkeitskriterien und den Kriterien für Treibhausgaseinsparungen gemäß Artikel 29 Absatz 2 bis 7 und 10 sowie der in Artikel 25 Absatz 2 festgelegten und durch jenen Artikel angenommenen Mindestschwellenwerte für Treibhausgaseinsparungen nicht verweigern.

(7) *[1]* [1]Die Kommission kann nur dann Beschlüsse im Sinne von Absatz 4 fassen, wenn das betreffende System angemessenen Standards der Zuverlässigkeit, Transparenz und unabhängigen Audits entspricht und hinreichende Garantien dafür bietet, dass keine Materialien absichtlich so geändert oder entsorgt wurden, dass die Lieferung ganz oder teilweise unter Anhang IX fallen würde. [2]Bei Systemen, mit denen die Treibhausgaseinsparung gemessen wird, müssen zudem die methodischen Anforderungen von Anhang V oder Anhang VI eingehalten werden. [3]Im Falle von Flächen im Sinne des Artikels 29 Absatz 3

[1)] Nr. **6**.

Unterabsatz 1 Buchstabe c Ziffer ii, die einen hohen Wert hinsichtlich der biologischen Vielfalt haben, müssen die Verzeichnisse dieser Flächen angemessenen Standards der Objektivität entsprechen und Kohärenz mit international anerkannten Standards aufweisen, wobei geeignete Beschwerdeverfahren vorzusehen sind.

[2] Die freiwilligen Systeme nach Absatz 4 müssen mindestens jährlich eine Liste ihrer für unabhängige Audits eingesetzten Zertifizierungsstellen veröffentlichen, in der für jede Zertifizierungsstelle angegeben ist, von welcher Einrichtung oder nationalen öffentlichen Stelle sie anerkannt wurde und von welcher Einrichtung oder nationalen öffentlichen Stelle sie überwacht wird.

(8) *[1]* [1] Die Kommission erlässt zur Gewährleistung einer effizienten und einheitlichen Überprüfung der Einhaltung der Kriterien für die Nachhaltigkeit und Treibhausgaseinsparungen sowie der Bestimmungen bezüglich Biokraftstoffe, flüssige Biobrennstoffe und Biomasse-Brennstoffe mit einem geringen oder einem hohen Risiko direkter und indirekter Landnutzungsänderungen und insbesondere zur Verhinderung von Betrug Durchführungsrechtsakte, worin sie detaillierte Durchführungsbestimmungen, einschließlich angemessener Standards für Zuverlässigkeit, Transparenz und unabhängige Audits festlegt und vorschreibt, dass bei allen freiwilligen Systemen diese Standards angewandt werden. [2] Diese Durchführungsrechtsakte werden in Einklang mit dem Prüfverfahren nach Artikel 34 Absatz 3 erlassen.

[2] [1] Bei der Festlegung dieser Standards durch Durchführungsrechtsakte berücksichtigt die Kommission insbesondere das Erfordernis, den Verwaltungsaufwand so weit wie möglich zu reduzieren. [2] Die Durchführungsrechtsakte legen einen Zeitraum fest, in dem die freiwilligen Systeme diese Standards umsetzen müssen. [3] Die Kommission kann Beschlüsse über die Anerkennung freiwilliger Systeme nach Absatz 4 aufheben, falls diese Systeme diese Standards nicht im vorgesehenen Zeitraum umgesetzt haben. [4] Sollte ein Mitgliedstaat Bedenken äußern, dass ein freiwilliges System nicht gemäß den Standards für Zuverlässigkeit, Transparenz und unabhängige Audits, die die Grundlage für Beschlüsse gemäß Absatz 4 bilden, funktioniert, so prüft die Kommission die Angelegenheit und ergreift geeignete Maßnahmen.

(9) *[1]* Wenn ein Wirtschaftsteilnehmer Nachweise oder Daten vorlegt, die im Einklang mit einem System eingeholt wurden, das Gegenstand eines Beschlusses im Sinne von Absatz 4 oder 6 dieses Artikels ist, darf ein Mitgliedstaat, soweit dieser Beschluss dies vorsieht, von dem Lieferanten keine weiteren Nachweise für die Einhaltung der Nachhaltigkeitskriterien und der Kriterien für Treibhausgaseinsparungen gemäß Artikel 29 Absatz 2 bis 7 und 10 verlangen.

[2] [1] Die zuständigen Behörden der Mitgliedstaaten überwachen die Arbeitsweise der Zertifizierungsstellen, die unabhängige Audits im Rahmen eines freiwilligen Systems durchführen. [2] Die Zertifizierungsstellen übermitteln auf Antrag der zuständigen Behörden alle relevanten Informationen, die zur Überwachung der Arbeitsweise erforderlich sind, einschließlich genauer Angaben zu Datum, Uhrzeit und Ort der Durchführung der Audits. [3] Sollten die Mitgliedstaaten Probleme bei der Einhaltung feststellen, so setzen sie das freiwillige System unverzüglich davon in Kenntnis.

(10) *[1]* Auf Antrag eines Mitgliedstaats, der auf dem Antrag eines Wirtschaftsteilnehmers beruhen kann, prüft die Kommission auf der Grundlage der

vorliegenden Nachweise, ob die in Artikel 29 Absatz 2 bis 7 und 10 festgelegten Nachhaltigkeitskriterien und Kriterien für Treibhausgaseinsparungen in Bezug auf eine Quelle von Biokraftstoffen, flüssigem Biobrennstoffen oder Biomasse-Brennstoffen und die in Artikel 25 Absatz 2 festgelegten und durch jenen Artikel angenommenen Mindestschwellenwerte für Treibhausgaseinsparungen eingehalten wurden.

[2] Innerhalb von sechs Monaten nach Eingang eines solchen Antrags beschließt die Kommission gemäß dem in Artikel 34 Absatz 3 genannten Prüfverfahren, im Wege eines Durchführungsrechtsaktes, ob der betreffende Mitgliedstaat entweder

a) aus dieser Quelle stammende Biokraftstoffe, flüssige Biobrennstoffe, Biomasse-Brennstoffe oder andere Brennstoffe, die auf den Zähler gemäß Artikel 27 Absatz 1 Buchstabe b angerechnet werden können, für die Zwecke von Artikel 29 Absatz 1 Unterabsatz 1 Buchstaben a, b und c berücksichtigen darf oder

b) abweichend von Absatz 9 dieses Artikels von Anbietern der betreffenden Quelle von Biokraftstoffen, flüssigen Biobrennstoffen, Biomasse-Brennstoffen und anderen Brennstoffen, die auf den Zähler gemäß Artikel 27 Absatz 1 Buchstabe b angerechnet werden können, weitere Nachweise für die Einhaltung jener Nachhaltigkeitskriterien und der Kriterien für Treibhausgaseinsparungen nach Artikel 29 Absatz 2 bis 7 und 10 und der in Artikel 25 Absatz 2 festgelegten und durch jenen Artikel angenommenen Mindestschwellenwerte für Treibhausgaseinsparungen verlangen darf.

Art. 31 Berechnung des Beitrags von Biokraftstoffen, flüssigen Biobrennstoffen und Biomasse-Brennstoffen zum Treibhauseffekt.

(1) Für die Zwecke des Artikels 29 Absatz 10 wird die durch die Verwendung von Biokraftstoffen, flüssigen Biobrennstoffen und Biomasse-Brennstoffen erzielte Treibhausgaseinsparung nach einer der folgenden Methoden berechnet:

a) ist für Biokraftstoffe und flüssige Biobrennstoffe in Anhang V Teil A oder Teil B und für Biomasse-Brennstoffe in Anhang VI Teil A ein Standardwert für die Treibhausgaseinsparung für den Produktionsweg festgelegt und ist der für diese Biokraftstoffe oder flüssigen Biobrennstoffe gemäß Anhang V Teil C Nummer 7 und für diese Biomasse-Brennstoffe gemäß Anhang VI Teil B Nummer 7 berechnete e_l-Wert für diese Biokraftstoffe oder flüssigen Biobrennstoffe kleiner oder gleich null, durch Verwendung dieses Standardwerts;

b) durch Verwendung eines tatsächlichen Werts, der gemäß der in Anhang V Teil C für Biokraftstoffe oder flüssige Biobrennstoffe und gemäß der in Anhang VI Teil B für Biomasse-Brennstoffe festgelegten Methode berechnet wird;

c) durch Verwendung eines Werts, der berechnet wird als Summe der in den Formeln in Anhang V Teil C Nummer 1 genannten Faktoren, wobei die in Anhang V Teil D oder Teil E angegebenen disaggregierten Standardwerte für einige Faktoren verwendet werden können, und der nach der Methode in Anhang V Teil C berechneten tatsächlichen Werte für alle anderen Faktoren verwendet werden; oder

d) durch Verwendung eines Werts, der berechnet wird als Summe der in den Formeln in Anhang VI Teil B Nummer 1 genannten Faktoren, wobei die in Anhang VI Teil C angegebenen disaggregierten Standardwerte für einige Faktoren verwendet werden können, und der nach der Methode in Anhang VI Teil B berechneten tatsächlichen Werte für alle anderen Faktoren verwendet werden.

(2) [1]Die Mitgliedstaaten können der Kommission Berichte mit Angaben zu den typischen Treibhausgasemissionen aus dem Anbau von landwirtschaftlichen Rohstoffen in den Gebieten ihres Hoheitsgebiets unterbreiten, die als Regionen der Ebene 2 der Klassifikation der „Gebietseinheiten für die Statistik" (NUTS) oder als stärker disaggregierte NUTS-Ebenen im Einklang mit der Verordnung (EG) Nr. 1059/2003 des Europäischen Parlaments und des Rates[1)] eingestuft sind. [2]Den Berichten ist eine Beschreibung der zur Berechnung des Emissionsniveaus verwendeten Methode und Datenquellen beigefügt. [3]Diese Methode berücksichtigt Bodeneigenschaften, Klima und voraussichtliche Rohstofferntеerträge.

(3) Im Fall von Gebieten außerhalb der Union können der Kommission Berichte übermittelt werden, die den in Absatz 2 genannten Berichten gleichwertig sind und die von zuständigen Stellen erstellt wurden.

(4) *[1]* [1]Die Kommission kann in einem Durchführungsrechtsakt beschließen, dass Berichte nach Absatz 2 und 3 für die Zwecke von Artikel 29 Absatz 10 genaue Daten für die Messung der Treibhausgasemissionen enthalten, die auf den Anbau von in solchen Berichten genannten Gebieten hergestellten Rohstoffen für landwirtschaftliche Biomasse zurückgehen. [2]Diese Durchführungsrechtsakte werden in Einklang mit dem Prüfverfahren nach Artikel 34 Absatz 3 erlassen.

[2] Gemäß solcher Beschlüsse können diese Daten anstelle der für Biokraftstoffe und flüssige Biobrennstoffe in Anhang V Teil D oder Teil E und für Biomasse-Brennstoffe in Anhang VI Teil C festgelegten disaggregierten Standardwerten für den Anbau verwendet werden.

(5) *[1]* [1]Die Kommission überprüft Anhang V und Anhang VI im Hinblick auf die Hinzufügung oder Überarbeitung – sofern gerechtfertigt – von Werten für Produktionswege für Biokraftstoffe, flüssige Biobrennstoffe und Biomasse-Brennstoffe. [2]Bei dieser Überprüfung wird auch die Änderung der Methoden nach Anhang V Teil C und Anhang VI Teil B in Erwägung gezogen.

[2] Die Kommission hat die Befugnis, gegebenenfalls gemäß Artikel 35 delegierte Rechtsakte zu erlassen, um Anhang V oder Anhang VI durch Hinzufügung oder Überarbeitung oder Änderungen der Methoden zu ändern.

[3] Ist im Fall einer Anpassung oder Ergänzung der Standardwerte in Anhang V und Anhang VI

a) der Beitrag eines Faktors zu den Gesamtemissionen gering, gibt es eine begrenzte Abweichung oder ist es kostspielig oder schwierig, die tatsächlichen Werte zu bestimmen, müssen die Standardwerte typisch für normale Produktionsverfahren sein,

---

[1)] **Amtl. Anm.:** Verordnung (EG) Nr. 1059/2003 des Europäischen Parlaments und des Rates vom 26. Mai 2003 über die Schaffung einer gemeinsamen Klassifikation der Gebietseinheiten für die Statistik (NUTS) (ABl. L 154 vom 21.6.2003, S. 1).

b) während in allen anderen Fällen die Standardwerte im Vergleich zu normalen Produktionsverfahren konservativ sein müssen.

(6) [1]Falls dies zur Gewährleistung der einheitlichen Anwendung von Anhang V Teil C und Anhang VI Teil B erforderlich ist, kann die Kommission Durchführungsrechtsakte mit genauen technischen Spezifikationen, einschließlich Definitionen, Umrechnungsfaktoren, Berechnungen jährlicher Emissionen aus dem Anbau, entsprechenden Emissionseinsparungen durch unter- und oberirdische Änderungen des Kohlenstoffbestands von bereits landwirtschaftlich genutzten Flächen, sowie Berechnungen der Emissionseinsparungen durch Abscheidung, Einleitung und geologische Speicherung von CO_2, erlassen. [2]Diese Durchführungsrechtsakte werden gemäß dem in Artikel 34 Absatz 3 genannten Prüfverfahren erlassen.

Art. 32 Durchführungsrechtsakte. Die in Artikel 29 Absatz 3 Unterabsatz 2 und Absatz 8, Artikel 30 Absatz 5 Unterabsatz 1, Artikel 30 Absatz 6 Unterabsatz 2, Artikel 30 Absatz 8 Unterabsatz 1, Artikel 31 Absatz 4 Unterabsatz 1 sowie Artikel 31 Absatz 6 dieser Richtlinie genannten Durchführungsmaßnahmen berücksichtigen vollständig die Zwecke der Bestimmungen über Treibhausgaseinsparungen nach Artikel 7a der Richtlinie 98/70/EG des Europäischen Parlaments und des Rates[1)].

Art. 33 Überwachung durch die Kommission. (1) [1]Die Kommission überwacht die Herkunft von Biokraftstoffen, flüssigen Biobrennstoffen und Biomasse-Brennstoffen, die in der Union verbraucht werden, und die Auswirkungen ihrer Produktion – einschließlich der Auswirkungen von Verdrängungseffekten – auf die Flächennutzung in der Union und in den wichtigsten Lieferdrittländern. [2]Die Überwachung stützt sich auf die integrierten nationalen Energie- und Klimapläne der Mitgliedstaaten und die entsprechenden Fortschrittsberichte gemäß Artikel 3, 17 und 20 der Verordnung (EU) 2018/1999[2)], sowie auf Berichte einschlägiger Drittländer und zwischenstaatlicher Organisationen, wissenschaftliche Studien und alle sonstigen relevanten Informationen. [3]Die Kommission überwacht auch die mit der energetischen Nutzung von Biomasse verbundenen Rohstoffpreisänderungen sowie damit verbundene positive und negative Folgen für die Nahrungsmittelsicherheit.

(2) [1]Die Kommission pflegt einen Dialog und einen Informationsaustausch mit Drittländern, Produzenten von Biokraftstoffen, flüssigen Biobrennstoffen und Biomasse-Brennstoffen, Verbraucherorganisationen sowie mit der Zivilgesellschaft über die allgemeine Durchführung der Maßnahmen dieser Richtlinie in Bezug auf Biokraftstoffe, flüssige Biobrennstoffe und Biomasse-Brennstoffe. [2]Den etwaigen Auswirkungen der Produktion von Biokraftstoff, flüssigem Biobrennstoff und Biomasse-Brennstoff auf die Nahrungsmittelpreise widmet sie hierbei besondere Aufmerksamkeit.

[1)] **Amtl. Anm.:** Richtlinie 98/70/EG des Europäischen Parlaments und des Rates vom 13. Oktober 1998 über die Qualität von Otto- und Dieselkraftstoffen und zur Änderung der Richtlinie 93/12/EWG des Rates (ABl. L 350 vom 28.12.1998, S. 58).

[2)] Nr. **6**.

(3) *[1]* Im Jahr 2026 legt die Kommission gegebenenfalls einen Gesetzgebungsvorschlag über einen Rechtsrahmen für die Förderung von Energie aus erneuerbaren Quellen für den Zeitraum nach 2030 vor.

[2] Zu diesem Zweck werden in diesem Vorschlag die Erfahrungen mit der Umsetzung dieser Richtlinie, einschließlich ihrer Kriterien für die Nachhaltigkeit und für Treibhausgaseinsparungen, und die technologischen Entwicklungen im Bereich Energie aus erneuerbaren Quellen berücksichtigt.

(4) Im Jahr 2032 veröffentlicht die Kommission einen Bericht mit einer Überprüfung der Anwendung dieser Richtlinie.

Art. 34 Ausschussverfahren. (1) Die Kommission wird von dem nach Artikel 44 der Verordnung (EU) 2018/1999[1] eingerichteten Ausschuss der Energieunion unterstützt.

(2) [1] Ungeachtet Absatz 1 wird die Kommission in Fragen der Nachhaltigkeit von Biokraftstoffen, flüssigen Biobrennstoffen und Biomasse-Brennstoffen von dem Ausschuss für die Nachhaltigkeit von Biokraftstoffen, flüssigen Biobrennstoffen und Biomasse-Brennstoffen unterstützt. [2] Dieser Ausschuss ist ein Ausschuss im Sinne der Verordnung (EU) Nr. 182/2011.

(3) *[1]* Wird auf diesen Absatz Bezug genommen, so gilt Artikel 5 der Verordnung (EU) Nr. 182/2011.

[2] Gibt der Ausschuss keine Stellungnahme ab, so erlässt die Kommission den Durchführungsrechtsakt nicht und Artikel 5 Absatz 4 Unterabsatz 3 der Verordnung (EU) Nr. 182/2011 findet Anwendung.

Art. 35 Ausübung der Befugnisübertragung. (1) Die Befugnis zum Erlass delegierter Rechtsakte wird der Kommission unter den in diesem Artikel festgelegten Bedingungen übertragen.

(2) [1] Die Befugnis zum Erlass der in Artikel 8 Absatz 3 Unterabsatz 2, Artikel 25 Absatz 2 Unterabsatz 2, Artikel 26 Absatz 2 Unterabsatz 4 und 5, Artikel 27 Absatz 1 Buchstabe c und Absatz 3 Unterabsatz 7, Artikel 28 Absatz 5 und Absatz 6 Unterabsatz 2, und Artikel 31 Absatz 5 Unterabsatz 2 genannten delegierten Rechtsakte wird der Kommission für einen Zeitraum von fünf Jahren ab dem 24. Dezember 2018 übertragen. [2] Die Kommission erstellt spätestens neun Monate vor Ablauf des Zeitraums von fünf Jahren einen Bericht über die Befugnisübertragung. [3] Die Befugnisübertragung verlängert sich stillschweigend um Zeiträume gleicher Länge, es sei denn, das Europäische Parlament oder der Rat widersprechen einer solchen Verlängerung spätestens drei Monate vor Ablauf des jeweiligen Zeitraums.

(3) Die Befugnis zum Erlass delegierter Rechtsakte gemäß Artikel 7 Absatz 3 Unterabsatz 5 wird der Kommission für einen Zeitraum von zwei Jahren ab dem 24. Dezember 2018 übertragen.

(4) [1] Die Befugnisübertragung gemäß Artikel 7 Absatz 3 Unterabsatz 5, Artikel 8 Absatz 3 Unterabsatz 2, Artikel 25 Absatz 2 Unterabsatz 2, Artikel 26 Absatz 2 Unterabsatz 4 und 5, Artikel 27 Absatz 1 Buchstabe c und Absatz 3 Unterabsatz 7, Artikel 28 Absatz 5 und Absatz 6 Unterabsatz 2, und Artikel 31 Absatz 5 Unterabsatz 2 kann vom Europäischen Parlament oder vom Rat

---

[1] Nr. **6**.

jederzeit widerrufen werden. [2] Der Beschluss über den Widerruf beendet die Übertragung der in diesem Beschluss angegebenen Befugnis. [3] Er wird am Tag nach seiner Veröffentlichung im *Amtsblatt der Europäischen Union* oder zu einem im Beschluss über den Widerruf angegebenen späteren Zeitpunkt wirksam. [4] Die Gültigkeit von delegierten Rechtsakten, die bereits in Kraft sind, wird von dem Beschluss über den Widerruf nicht berührt.

(5) Vor dem Erlass eines delegierten Rechtsakts konsultiert die Kommission die von den einzelnen Mitgliedstaaten benannten Sachverständigen im Einklang mit den in der Interinstitutionellen Vereinbarung über bessere Rechtsetzung vom 13. April 2016 enthaltenen Grundsätzen.

(6) Sobald die Kommission einen delegierten Rechtsakt erlässt, übermittelt sie ihn gleichzeitig dem Europäischen Parlament und dem Rat.

(7) [1] Ein delegierter Rechtsakt, der gemäß Artikel 7 Absatz 3 Unterabsatz 5, Artikel 8 Absatz 3 Unterabsatz 2, Artikel 25 Absatz 2 Unterabsatz 2, Artikel 26 Absatz 2 Unterabsatz 4 und 5, Artikel 27 Absatz 1 Buchstabe c und Absatz 3 Unterabsatz 7, Artikel 28 Absatz 5 und Absatz 6 Unterabsatz 2, und Artikel 31 Absatz 5 Unterabsatz 2 erlassen wurde, tritt nur in Kraft, wenn weder das Europäische Parlament noch der Rat innerhalb einer Frist von zwei Monaten nach Übermittlung dieses Rechtsakts an das Europäische Parlament und den Rat Einwände erhoben haben oder wenn vor Ablauf dieser Frist das Europäische Parlament und der Rat beide der Kommission mitgeteilt haben, dass sie keine Einwände erheben werden. [2] Auf Initiative des Europäischen Parlaments oder des Rates wird diese Frist um zwei Monate verlängert.

Art. 36 Umsetzung. (1) *[1]* [1] Die Mitgliedstaaten setzen die Rechts- und Verwaltungsvorschriften in Kraft, die erforderlich sind, um Artikel 2 bis 13 und 15 bis 31 und 37 sowie Anhang II, III und V bis IX dieser Richtlinie bis spätestens 30. Juni 2021 nachzukommen. [2] Sie teilen der Kommission unverzüglich den Wortlaut dieser Vorschriften mit.

[2] [1] Wenn die Mitgliedstaaten diese Vorschriften erlassen, nehmen sie in den Vorschriften selbst oder durch einen Hinweis bei der amtlichen Veröffentlichung auf diese Richtlinie Bezug. [2] In diese Vorschriften fügen sie die Erklärung ein, dass Bezugnahmen in den geltenden Rechts- und Verwaltungsvorschriften auf die durch die vorliegende Richtlinie aufgehobenen Richtlinie als Bezugnahmen auf die vorliegende Richtlinie gelten. [3] Die Mitgliedstaaten regeln die Einzelheiten dieser Bezugnahme und die Formulierung dieser Erklärung.

(2) Die Mitgliedstaaten teilen der Kommission den Wortlaut der wichtigsten nationalen Rechtsvorschriften mit, die sie auf dem unter diese Richtlinie fallenden Gebiet erlassen.

(3) Die Bestimmungen dieser Richtlinie berühren nicht die Anwendung der Ausnahmen gemäß den Rechtsvorschriften der Union für den Elektrizitätsbinnenmarkt.

Art. 37 Aufhebung. *[1]* Die Richtlinie 2009/28/EG in der Fassung der in Anhang X Teil A aufgeführten Richtlinien wird unbeschadet der Verpflichtungen der Mitgliedstaaten hinsichtlich der in Anhang X Teil B genannten Fristen für die Umsetzung der dort genannten Richtlinien in innerstaatliches Recht und unbeschadet der im Jahr 2020 für die Mitgliedstaaten geltenden Verpflichtungen gemäß Artikel 3 Absatz 1 und Anhang I Teil A der Richtlinie 2009/28/EG mit Wirkung vom 1. Juli 2021 aufgehoben.

[2] Bezugnahmen auf die aufgehobene Richtlinie gelten als Bezugnahmen auf die vorliegende Richtlinie und sind nach Maßgabe der Entsprechungstabelle in Anhang XI zu lesen.

Art. 38 Inkrafttreten. Diese Richtlinie tritt am dritten Tag nach ihrer Veröffentlichung[1)] im *Amtsblatt der Europäischen Union* in Kraft.

Art. 39 Adressaten. Diese Richtlinie ist an die Mitgliedstaaten gerichtet.

Anhang I–XI. *(hier nicht wiedergegeben)*

[1)] Veröffentlicht am 21.12.2018.

37. Gesetz für den Ausbau erneuerbarer Energien (Erneuerbare-Energien-Gesetz – EEG 2017)[1]

Vom 21. Juli 2014

(BGBl. I S. 1066)

FNA 754-27

zuletzt geänd. durch Art. 5 G zur Beschleunigung des Energieleitungsausbaus v. 13.5.2019 (BGBl. I S. 706)

Inhaltsübersicht

---

[1] Verkündet als Art. 1 G v. 21.7.2014 (BGBl. I S. 1066); Inkrafttreten gem. Art. 23 Satz 1 dieses G am 1.8.2014.

Teil 1. Allgemeine Bestimmungen

§ 1 Zweck und Ziel des Gesetzes. (1) Zweck dieses Gesetzes ist es, insbesondere im Interesse des Klima- und Umweltschutzes eine nachhaltige Entwicklung der Energieversorgung zu ermöglichen, die volkswirtschaftlichen Kosten der Energieversorgung auch durch die Einbeziehung langfristiger externer Effekte zu verringern, fossile Energieressourcen zu schonen und die Weiterentwicklung von Technologien zur Erzeugung von Strom aus erneuerbaren Energien zu fördern.

(2) [1] Ziel dieses Gesetzes ist es, den Anteil des aus erneuerbaren Energien erzeugten Stroms am Bruttostromverbrauch zu steigern auf

1. 40 bis 45 Prozent bis zum Jahr 2025,
2. 55 bis 60 Prozent bis zum Jahr 2035 und
3. mindestens 80 Prozent bis zum Jahr 2050.

[2] Dieser Ausbau soll stetig, kosteneffizient und netzverträglich erfolgen.

(3) Das Ziel nach Absatz 2 Satz 1 dient auch dazu, den Anteil erneuerbarer Energien am gesamten Bruttoendenergieverbrauch bis zum Jahr 2020 auf mindestens 18 Prozent zu erhöhen.

§ 2 Grundsätze des Gesetzes. (1) Strom aus erneuerbaren Energien und aus Grubengas soll in das Elektrizitätsversorgungssystem integriert werden.

(2) Strom aus erneuerbaren Energien und aus Grubengas soll zum Zweck der Marktintegration direkt vermarktet werden.

(3) [1] Die Höhe der Zahlungen für Strom aus erneuerbaren Energien soll durch Ausschreibungen ermittelt werden. [2] Dabei soll die Akteursvielfalt bei der Stromerzeugung aus erneuerbaren Energien erhalten bleiben.

(4) Die Kosten für Strom aus erneuerbaren Energien und aus Grubengas sollen gering gehalten und unter Einbeziehung des Verursacherprinzips sowie gesamtwirtschaftlicher und energiewirtschaftlicher Aspekte angemessen verteilt werden.

§ 3 Begriffsbestimmungen. Im Sinn dieses Gesetzes ist oder sind

1. „Anlage" jede Einrichtung zur Erzeugung von Strom aus erneuerbaren Energien oder aus Grubengas, wobei im Fall von Solaranlagen jedes Modul eine eigenständige Anlage ist; als Anlage gelten auch Einrichtungen, die zwischengespeicherte Energie, die ausschließlich aus erneuerbaren Energien oder Grubengas stammt, aufnehmen und in elektrische Energie umwandeln,
2. „Anlagenbetreiber", wer unabhängig vom Eigentum die Anlage für die Erzeugung von Strom aus erneuerbaren Energien oder aus Grubengas nutzt,
3. „anzulegender Wert" der Wert, den die Bundesnetzagentur für Elektrizität, Gas, Telekommunikation, Post und Eisenbahnen (Bundesnetzagentur) im Rahmen einer Ausschreibung nach § 22 in Verbindung mit den §§ 28 bis 39j ermittelt oder der durch die §§ 40 bis 49 gesetzlich bestimmt ist und der die Grundlage für die Berechnung der Marktprämie, der Einspeisevergütung oder des Mieterstromzuschlags ist,
4. „Ausschreibung" ein transparentes, diskriminierungsfreies und wettbewerbliches Verfahren zur Bestimmung des Anspruchsberechtigten und des anzulegenden Werts,
5. „Ausschreibungsvolumen" die Summe der zu installierenden Leistung, für die der Anspruch auf Zahlung einer Marktprämie zu einem Gebotstermin ausgeschrieben wird,
6. „Bemessungsleistung" der Quotient aus der Summe der in dem jeweiligen Kalenderjahr erzeugten Kilowattstunden und der Summe der vollen Zeitstunden des jeweiligen Kalenderjahres abzüglich der vollen Stunden vor der erstmaligen Erzeugung von Strom aus erneuerbaren Energien oder aus Grubengas durch eine Anlage und nach endgültiger Stilllegung dieser Anlage,
7. „benachteiligtes Gebiet" ein Gebiet im Sinn der Richtlinie 86/465/EWG des Rates vom 14. Juli 1986 betreffend das Gemeinschaftsverzeichnis der benachteiligten landwirtschaftlichen Gebiete im Sinne der Richtlinie 75/268/EWG (Deutschland) (ABl. L 273 vom 24.9.1986, S. 1), in der Fassung der Entscheidung 97/172/EG (ABl. L 72 vom 13.3.1997, S. 1),
8. „bezuschlagtes Gebot" ein Gebot, für das ein Zuschlag erteilt und im Fall eines Zuschlags für eine Solaranlage eine Zweitsicherheit geleistet worden ist,
9. „Bilanzkreis" ein Bilanzkreis nach § 3 Nummer 10a des Energiewirtschaftsgesetzes[1)],
10. „Bilanzkreisvertrag" ein Vertrag nach § 26 Absatz 1 der Stromnetzzugangsverordnung[2)],
11. „Biogas" jedes Gas, das durch anaerobe Vergärung von Biomasse gewonnen wird,
12. „Biomasseanlage" jede Anlage zur Erzeugung von Strom aus Biomasse,

---

[1)] Nr. **1**.
[2)] Nr. **23**.

13. „Biomethan" jedes Biogas oder sonstige gasförmige Biomasse, das oder die aufbereitet und in das Erdgasnetz eingespeist worden ist,
14. „Brutto-Zubau" die Summe der installierten Leistung aller Anlagen eines Energieträgers, die in einem bestimmten Zeitraum an das Register als in Betrieb genommen gemeldet worden sind,
15. „Bürgerenergiegesellschaft" jede Gesellschaft,
    a) die aus mindestens zehn natürlichen Personen als stimmberechtigten Mitgliedern oder stimmberechtigten Anteilseignern besteht,
    b) bei der mindestens 51 Prozent der Stimmrechte bei natürlichen Personen liegen, die seit mindestens einem Jahr vor der Gebotsabgabe in der kreisfreien Stadt oder dem Landkreis, in der oder dem die geplante Windenergieanlage an Land errichtet werden soll, nach § 21 oder § 22 des Bundesmeldegesetzes mit ihrem Hauptwohnsitz gemeldet sind, und
    c) bei der kein Mitglied oder Anteilseigner der Gesellschaft mehr als 10 Prozent der Stimmrechte an der Gesellschaft hält,

    wobei es beim Zusammenschluss von mehreren juristischen Personen oder Personengesellschaften zu einer Gesellschaft ausreicht, wenn jedes der Mitglieder der Gesellschaft die Voraussetzungen nach den Buchstaben a bis c erfüllt,
16. „Direktvermarktung" die Veräußerung von Strom aus erneuerbaren Energien oder aus Grubengas an Dritte, es sei denn, der Strom wird in unmittelbarer räumlicher Nähe zur Anlage verbraucht und nicht durch ein Netz durchgeleitet,
17. „Direktvermarktungsunternehmer", wer von dem Anlagenbetreiber mit der Direktvermarktung von Strom aus erneuerbaren Energien oder aus Grubengas beauftragt ist oder Strom aus erneuerbaren Energien oder aus Grubengas kaufmännisch abnimmt, ohne insoweit Letztverbraucher dieses Stroms oder Netzbetreiber zu sein,
18. „Energie- oder Umweltmanagementsystem" ein System, das den Anforderungen der DIN EN ISO 50 001, Ausgabe Dezember 2011[1] entspricht, oder ein System im Sinn der Verordnung (EG) Nr. 1221/2009 des Europäischen Parlaments und des Rates vom 25. November 2009 über die freiwillige Teilnahme von Organisationen an einem Gemeinschaftssystem für Umweltmanagement und Umweltbetriebsprüfung und zur Aufhebung der Verordnung (EG) Nr. 761/2001, sowie der Beschlüsse der Kommission 2001/681/EG und 2006/193/EG (ABl. L 342 vom 22.12.2009, S. 1) in der jeweils geltenden Fassung,
19. „Eigenversorgung" der Verbrauch von Strom, den eine natürliche oder juristische Person im unmittelbaren räumlichen Zusammenhang mit der Stromerzeugungsanlage selbst verbraucht, wenn der Strom nicht durch ein Netz durchgeleitet wird und diese Person die Stromerzeugungsanlage selbst betreibt,
20. „Elektrizitätsversorgungsunternehmen" jede natürliche oder juristische Person, die Elektrizität an Letztverbraucher liefert,

[1] **Amtlicher Hinweis:** Zu beziehen bei der Beuth Verlag GmbH, 10772 Berlin, und in der Deutschen Nationalbibliothek archivmäßig gesichert niedergelegt.

21. „erneuerbare Energien“
    a) Wasserkraft einschließlich der Wellen-, Gezeiten-, Salzgradienten- und Strömungsenergie,
    b) Windenergie,
    c) solare Strahlungsenergie,
    d) Geothermie,
    e) Energie aus Biomasse einschließlich Biogas, Biomethan, Deponiegas und Klärgas sowie aus dem biologisch abbaubaren Anteil von Abfällen aus Haushalten und Industrie,
22. „Freiflächenanlage“ jede Solaranlage, die nicht auf, an oder in einem Gebäude oder einer sonstigen baulichen Anlage angebracht ist, die vorrangig zu anderen Zwecken als der Erzeugung von Strom aus solarer Strahlungsenergie errichtet worden ist,
23. „Gebäude“ jede selbständig benutzbare, überdeckte bauliche Anlage, die von Menschen betreten werden kann und vorrangig dazu bestimmt ist, dem Schutz von Menschen, Tieren oder Sachen zu dienen,
24. „Gebotsmenge“ die zu installierende Leistung in Kilowatt, für die der Bieter ein Gebot abgegeben hat,
25. „Gebotstermin“ der Kalendertag, an dem die Frist für die Abgabe von Geboten für eine Ausschreibung abläuft,
26. „Gebotswert“ der anzulegende Wert, den der Bieter in seinem Gebot angegeben hat,
27. „Generator“ jede technische Einrichtung, die mechanische, chemische, thermische oder elektromagnetische Energie direkt in elektrische Energie umwandelt,
28. „Gülle“ jeder Stoff, der Gülle ist im Sinn der Verordnung (EG) Nr. 1069/2009 des Europäischen Parlaments und des Rates vom 21. Oktober 2009 mit Hygienevorschriften für nicht für den menschlichen Verzehr bestimmte tierische Nebenprodukte und zur Aufhebung der Verordnung (EG) Nr. 1774/2002 (Verordnung über tierische Nebenprodukte) (ABl. L 300 vom 14.11.2009, S. 1), die durch die Verordnung (EU) Nr. 1385/2013 (ABl. L 354 vom 28.12.2013, S. 86) geändert worden ist,
29. „Herkunftsnachweis“ ein elektronisches Dokument, das ausschließlich dazu dient, gegenüber einem Letztverbraucher im Rahmen der Stromkennzeichnung nach § 42 Absatz 1 Nummer 1 des Energiewirtschaftsgesetzes[1] nachzuweisen, dass ein bestimmter Anteil oder eine bestimmte Menge des Stroms aus erneuerbaren Energien erzeugt wurde,
30. „Inbetriebnahme“ die erstmalige Inbetriebsetzung der Anlage ausschließlich mit erneuerbaren Energien oder Grubengas nach Herstellung der technischen Betriebsbereitschaft der Anlage; die technische Betriebsbereitschaft setzt voraus, dass die Anlage fest an dem für den dauerhaften Betrieb vorgesehenen Ort und dauerhaft mit dem für die Erzeugung von Wechselstrom erforderlichen Zubehör installiert wurde; der Austausch des Generators oder sonstiger technischer oder baulicher Teile nach der erstmaligen

---

[1] Nr. 1.

Inbetriebnahme führt nicht zu einer Änderung des Zeitpunkts der Inbetriebnahme,

31. „installierte Leistung" die elektrische Wirkleistung, die eine Anlage bei bestimmungsgemäßem Betrieb ohne zeitliche Einschränkungen unbeschadet kurzfristiger geringfügiger Abweichungen technisch erbringen kann,
32. „KWK-Anlage" jede KWK-Anlage im Sinn von § 2 Nummer 14 des Kraft-Wärme-Kopplungsgesetzes[1],
33. „Letztverbraucher" jede natürliche oder juristische Person, die Strom verbraucht,
34. „Monatsmarktwert" der nach Anlage 1 rückwirkend berechnete tatsächliche Monatsmittelwert des energieträgerspezifischen Marktwerts von Strom aus erneuerbaren Energien oder aus Grubengas am Spotmarkt der Strombörse für die Preiszone für Deutschland in Cent pro Kilowattstunde,
35. „Netz" die Gesamtheit der miteinander verbundenen technischen Einrichtungen zur Abnahme, Übertragung und Verteilung von Elektrizität für die allgemeine Versorgung,
36. „Netzbetreiber" jeder Betreiber eines Netzes für die allgemeine Versorgung mit Elektrizität, unabhängig von der Spannungsebene,
37. „Pilotwindenergieanlagen an Land"
    a) die jeweils ersten zwei als Pilotwindenergieanlagen an Land an das Register gemeldeten Windenergieanlagen eines Typs an Land, die nachweislich
        aa) jeweils eine installierte Leistung von 6 Megawatt nicht überschreiten,
        bb) wesentliche technische Weiterentwicklungen oder Neuerungen insbesondere bei der Generatorleistung, dem Rotordurchmesser, der Nabenhöhe, dem Turmtypen oder der Gründungsstruktur aufweisen und
        cc) einer Typenprüfung oder einer Einheitenzertifizierung bedürfen, die zum Zeitpunkt der Inbetriebnahme noch nicht erteilt ist und erst nach der Inbetriebnahme einer Anlage erteilt werden kann, oder
    b) die als Pilotwindenergieanlagen an Land an das Register gemeldeten Windenergieanlagen an Land,
        aa) die vorwiegend zu Zwecken der Forschung und Entwicklung errichtet werden und
        bb) mit denen eine wesentliche, weit über den Stand der Technik hinausgehende Innovation erprobt wird; die Innovation kann insbesondere die Generatorleistung, den Rotordurchmesser, die Nabenhöhe, den Turmtypen, die Gründungsstruktur oder die Betriebsführung der Anlage betreffen,
38. „Regionalnachweis" ein elektronisches Dokument, das ausschließlich dazu dient, im Rahmen der Stromkennzeichnung nach § 42 des Energiewirtschaftsgesetzes[2] gegenüber einem Letztverbraucher die regionale Herkunft

---

[1] Nr. **45**.
[2] Nr. **1**.

eines bestimmten Anteils oder einer bestimmten Menge des verbrauchten Stroms aus erneuerbaren Energien nachzuweisen,

39. „Register" das Anlagenregister nach § 6 Absatz 2 Satz 1 dieses Gesetzes oder ab dem Kalendertag nach § 6 Absatz 2 Satz 3 dieses Gesetzes das Marktstammdatenregister nach § 111e des Energiewirtschaftsgesetzes[1)],

40. „Schienenbahn" jedes Unternehmen, das zum Zweck des Personen- oder Güterverkehrs Fahrzeuge wie Eisenbahnen, Magnetschwebebahnen, Straßenbahnen oder nach ihrer Bau- und Betriebsweise ähnliche Bahnen auf Schienen oder die für den Betrieb dieser Fahrzeuge erforderlichen Infrastrukturanlagen betreibt,

41. „Solaranlage" jede Anlage zur Erzeugung von Strom aus solarer Strahlungsenergie,

42. „Speichergas" jedes Gas, das keine erneuerbare Energie ist, aber zum Zweck der Zwischenspeicherung von Strom aus erneuerbaren Energien ausschließlich unter Einsatz von Strom aus erneuerbaren Energien erzeugt wird,

43. „Strom aus Kraft-Wärme-Kopplung" KWK-Strom im Sinn von § 2 Nummer 16 des Kraft-Wärme-Kopplungsgesetzes[2)],

43a. „Strombörse" in einem Kalenderjahr die Strombörse, die im ersten Quartal des vorangegangenen Kalenderjahres das höchste Handelsvolumen für Stundenkontrakte für die Preiszone Deutschland am Spotmarkt aufgewiesen hat,

43b. „Stromerzeugungsanlage" jede technische Einrichtung, die unabhängig vom eingesetzten Energieträger direkt Strom erzeugt, wobei im Fall von Solaranlagen jedes Modul eine eigenständige Stromerzeugungsanlage ist,

44. „Übertragungsnetzbetreiber" der regelverantwortliche Netzbetreiber von Hoch- und Höchstspannungsnetzen, die der überregionalen Übertragung von Elektrizität zu anderen Netzen dienen,

44a. „umlagepflichtige Strommengen" Strommengen, für die nach § 60 oder § 61 die volle oder anteilige EEG-Umlage gezahlt werden muss; nicht umlagepflichtig sind Strommengen, wenn und solange die Pflicht zur Zahlung der EEG-Umlage entfällt oder sich auf null Prozent verringert,

45. „Umwandlung" jede Umwandlung von Unternehmen nach dem Umwandlungsgesetz oder jede Übertragung von Wirtschaftsgütern eines Unternehmens oder selbständigen Unternehmensteils im Weg der Singularsukzession, bei der jeweils die wirtschaftliche und organisatorische Einheit des Unternehmens oder selbständigen Unternehmensteils nach der Übertragung nahezu vollständig erhalten bleibt,

46. „Umweltgutachter" jede Person oder Organisation, die nach dem Umweltauditgesetz in der jeweils geltenden Fassung als Umweltgutachter oder Umweltgutachterorganisation tätig werden darf,

47. „Unternehmen" jeder Rechtsträger, der einen nach Art und Umfang in kaufmännischer Weise eingerichteten Geschäftsbetrieb unter Beteiligung

---

1) Nr. **1**.
2) Nr. **45**.

am allgemeinen wirtschaftlichen Verkehr nachhaltig mit eigener Gewinnerzielungsabsicht betreibt,

47a. „Vollbenutzungsstunden zur Eigenversorgung" der Quotient aus der kalenderjährlichen Stromerzeugung in Kilowattstunden zur Eigenversorgung und der installierten Leistung der KWK-Anlage in Kilowatt in entsprechender Anwendung von Nummer 31,

48. „Windenergieanlage an Land" jede Anlage zur Erzeugung von Strom aus Windenergie, die keine Windenergieanlage auf See ist,

49. „Windenergieanlage auf See" jede Anlage im Sinn von § 3 Nummer 7 des Windenergie-auf-See-Gesetzes[1],

50. „Wohngebäude" jedes Gebäude, das nach seiner Zweckbestimmung überwiegend dem Wohnen dient, einschließlich Wohn-, Alten- und Pflegeheimen sowie ähnlichen Einrichtungen,

51. „Zuschlagswert" der anzulegende Wert, zu dem ein Zuschlag in einer Ausschreibung erteilt wird; er entspricht dem Gebotswert, soweit sich aus den nachfolgenden Bestimmungen nichts anderes ergibt.

§ 4 Ausbaupfad. Die Ziele nach § 1 Absatz 2 Satz 1 sollen erreicht werden durch

1. einen jährlichen Brutto-Zubau von Windenergieanlagen an Land mit einer installierten Leistung von
   a) 2 800 Megawatt in den Jahren 2017 bis 2019 und
   b) 2 900 Megawatt ab dem Jahr 2020,
2. eine Steigerung der installierten Leistung von Windenergieanlagen auf See auf
   a) 6 500 Megawatt im Jahr 2020 und
   b) 15 000 Megawatt im Jahr 2030,
3. einen jährlichen Brutto-Zubau von Solaranlagen mit einer installierten Leistung von 2 500 Megawatt und
4. einen jährlichen Brutto-Zubau von Biomasseanlagen mit einer installierten Leistung von
   a) 150 Megawatt in den Jahren 2017 bis 2019 und
   b) 200 Megawatt in den Jahren 2020 bis 2022.

§ 5 Ausbau im In- und Ausland. (1) Soweit sich dieses Gesetz auf Anlagen bezieht, ist es anzuwenden, wenn und soweit die Erzeugung des Stroms im Staatsgebiet der Bundesrepublik Deutschland einschließlich der deutschen ausschließlichen Wirtschaftszone (Bundesgebiet) erfolgt.

(2) [1]Soweit die Zahlungen für Strom aus erneuerbaren Energien durch Ausschreibungen ermittelt werden, sollen auch Gebote für Anlagen im Staatsgebiet eines oder mehrerer anderer Mitgliedstaaten der Europäischen Union im Umfang von 5 Prozent der jährlich zu installierenden Leistung bezuschlagt werden können. [2]Zu diesem Zweck können die Ausschreibungen nach Maßgabe einer Rechtsverordnung nach § 88a

---

[1] Nr. **47**.

1. gemeinsam mit einem oder mehreren anderen Mitgliedstaaten der Europäischen Union durchgeführt werden oder
2. für Anlagen im Staatsgebiet eines oder mehrerer anderer Mitgliedstaaten der Europäischen Union geöffnet werden.

(3) Ausschreibungen nach Absatz 2 Satz 2 sind nur zulässig, wenn
1. sie mit den beteiligten Mitgliedstaaten der Europäischen Union völkerrechtlich vereinbart worden sind und diese völkerrechtliche Vereinbarung Instrumente der Kooperationsmaßnahmen im Sinn der Artikel 5 bis 8 oder des Artikels 11 der Richtlinie 2009/28/EG des Europäischen Parlaments und des Rates vom 23. April 2009 zur Förderung der Nutzung von Energie aus erneuerbaren Quellen und zur Änderung und anschließenden Aufhebung der Richtlinien 2001/77/EG und 2003/30/EG (ABl. L 140 vom 5.6.2009, S. 16), die zuletzt durch die Richtlinie (EU) 2015/1513 (ABl. L 239 vom 15.9.2015, S. 1) geändert worden ist, nutzt,
2. sie nach dem Prinzip der Gegenseitigkeit
   a) als gemeinsame Ausschreibungen durchgeführt werden oder
   b) für einen oder mehrere andere Mitgliedstaaten der Europäischen Union geöffnet werden und die anderen Mitgliedstaaten in einem vergleichbaren Umfang ihre Ausschreibungen für Anlagen im Bundesgebiet öffnen und
3. der Strom physikalisch importiert wird oder einen vergleichbaren Effekt auf den deutschen Strommarkt hat.

(4) [1] Durch die völkerrechtliche Vereinbarung nach Absatz 3 Nummer 1 kann dieses Gesetz aufgrund einer Rechtsverordnung nach § 88a abweichend von Absatz 1
1. ganz oder teilweise als anwendbar erklärt werden für Anlagen, die außerhalb des Bundesgebiets errichtet werden, oder
2. als nicht anwendbar erklärt werden für Anlagen, die innerhalb des Bundesgebiets errichtet werden.

[2] Ohne eine entsprechende völkerrechtliche Vereinbarung dürfen weder Anlagen außerhalb des Bundesgebiets Zahlungen nach diesem Gesetz erhalten noch Anlagen im Bundesgebiet Zahlungen nach dem Fördersystem eines anderen Mitgliedstaats der Europäischen Union erhalten.

(5) [1] Auf die Ziele nach § 1 Absatz 2 Satz 1 und den Ausbaupfad nach § 4 werden alle Anlagen nach Absatz 1 und der in ihnen erzeugte Strom angerechnet. [2] Auf das nationale Gesamtziel nach Artikel 3 Absatz 2 der Richtlinie 2009/28/EG wird der in Anlagen nach den Absätzen 1 und 3 erzeugte Strom angerechnet; dies gilt für die Anlagen nach Absatz 3 nur nach Maßgabe der völkerrechtlichen Vereinbarung.

(6) Anlagen im Bundesgebiet dürfen nur in einem Umfang von bis zu 5 Prozent der jährlich in Deutschland zu installierenden Leistung und unter Einhaltung der Anforderungen nach Absatz 3 auf die Ziele eines anderen Mitgliedstaats der Europäischen Union angerechnet werden.

§ 6 Erfassung des Ausbaus. (1) [1] Die Bundesnetzagentur erfasst in dem Register Daten über Anlagen zur Erzeugung von Strom aus erneuerbaren

Energien und aus Grubengas. [2]Es sind die Daten zu erfassen, die erforderlich sind, um

1. die Integration des Stroms in das Elektrizitätsversorgungssystem zu fördern,
2. den Ausbaupfad nach § 4 zu überprüfen,
3. die Bestimmungen zu den im Teil 3 vorgesehenen Zahlungen anzuwenden und
4. die Erfüllung nationaler, europäischer und internationaler Berichtspflichten zum Ausbau der erneuerbaren Energien zu erleichtern.

(2) [1]Bis das Marktstammdatenregister nach § 111e des Energiewirtschaftsgesetzes[1)] errichtet ist, werden die Daten im Anlagenregister nach Maßgabe der Anlagenregisterverordnung erfasst. [2]Die Bundesnetzagentur kann den Betrieb des Anlagenregisters so lange fortführen, bis die technischen und organisatorischen Voraussetzungen für die Erfüllung der Aufgaben nach Satz 1 im Rahmen des Marktstammdatenregisters bestehen. [3]Die Bundesnetzagentur macht das Datum[2)], ab dem die Daten nach Satz 1 im Marktstammdatenregister erfasst werden, im Bundesanzeiger bekannt.

(3) Anlagenbetreiber müssen der Bundesnetzagentur mindestens die in § 111f Nummer 6 Buchstabe a bis d des Energiewirtschaftsgesetzes[1)] genannten Daten übermitteln und angeben, ob sie für den in der Anlage erzeugten Strom eine Zahlung in Anspruch nehmen wollen.

(4) [1]Zur besseren Nachvollziehbarkeit des Ausbaus der erneuerbaren Energien werden die Daten der registrierten Anlagen nach Maßgabe der Anlagenregisterverordnung oder der Rechtsverordnung nach § 111f des Energiewirtschaftsgesetzes[1)] auf der Internetseite der Bundesnetzagentur veröffentlicht und mindestens monatlich aktualisiert. [2]Dabei werden auch die für die Anwendung der Bestimmungen zu den im Teil 3 vorgesehenen Zahlungen erforderlichen registrierten Daten und berechneten Werte veröffentlicht.

(5) Das Nähere zum Anlagenregister einschließlich der Übermittlung weiterer Daten, der Weitergabe der Daten an Netzbetreiber und Dritte sowie der Überführung in das Marktstammdatenregister nach Absatz 2 Satz 2 und 3 wird durch die Anlagenregisterverordnung geregelt.

§ 7 Gesetzliches Schuldverhältnis. (1) Netzbetreiber dürfen die Erfüllung ihrer Pflichten nach diesem Gesetz nicht vom Abschluss eines Vertrages abhängig machen.

(2) Von den Bestimmungen dieses Gesetzes abweichende vertragliche Regelungen

1. müssen klar und verständlich sein,
2. dürfen keinen Vertragspartner unangemessen benachteiligen,
3. dürfen nicht zu höheren als im Teil 3 vorgesehenen Zahlungen führen und
4. müssen mit dem wesentlichen Grundgedanken der gesetzlichen Regelung, von der abgewichen wird, vereinbar sein.

[1)] Nr. 1.

[2)] Die Daten sind ab dem 1.9.2017 im Marktstammdatenregister erfasst, vgl. Bek. v. 17.8.2017 (BAnz AT 28.08.2017 B5).

Teil 2. Anschluss, Abnahme, Übertragung und Verteilung

Abschnitt 1. Allgemeine Bestimmungen

§ 8 Anschluss. (1) [1] Netzbetreiber müssen Anlagen zur Erzeugung von Strom aus erneuerbaren Energien und aus Grubengas unverzüglich vorrangig an der Stelle an ihr Netz anschließen, die im Hinblick auf die Spannungsebene geeignet ist und die in der Luftlinie kürzeste Entfernung zum Standort der Anlage aufweist, wenn nicht dieses oder ein anderes Netz einen technisch und wirtschaftlich günstigeren Verknüpfungspunkt aufweist; bei der Prüfung des wirtschaftlich günstigeren Verknüpfungspunkts sind die unmittelbar durch den Netzanschluss entstehenden Kosten zu berücksichtigen. [2] Bei einer oder mehreren Anlagen mit einer installierten Leistung von insgesamt höchstens 30 Kilowatt, die sich auf einem Grundstück mit bereits bestehendem Netzanschluss befinden, gilt der Verknüpfungspunkt des Grundstücks mit dem Netz als günstigster Verknüpfungspunkt.

(2) Anlagenbetreiber dürfen einen anderen Verknüpfungspunkt dieses oder eines anderen im Hinblick auf die Spannungsebene geeigneten Netzes wählen, es sei denn, die daraus resultierenden Mehrkosten des Netzbetreibers sind nicht unerheblich.

(3) Der Netzbetreiber darf abweichend von den Absätzen 1 und 2 der Anlage einen anderen Verknüpfungspunkt zuweisen, es sei denn, die Abnahme des Stroms aus der betroffenen Anlage nach § 11 Absatz 1 wäre an diesem Verknüpfungspunkt nicht sichergestellt.

(4) Die Pflicht zum Netzanschluss besteht auch dann, wenn die Abnahme des Stroms erst durch die Optimierung, die Verstärkung oder den Ausbau des Netzes nach § 12 möglich wird.

(5) [1] Netzbetreiber müssen Einspeisewilligen nach Eingang eines Netzanschlussbegehrens unverzüglich einen genauen Zeitplan für die Bearbeitung des Netzanschlussbegehrens übermitteln. [2] In diesem Zeitplan ist anzugeben,
1. in welchen Arbeitsschritten das Netzanschlussbegehren bearbeitet wird und
2. welche Informationen die Einspeisewilligen aus ihrem Verantwortungsbereich den Netzbetreibern übermitteln müssen, damit die Netzbetreiber den Verknüpfungspunkt ermitteln oder ihre Planungen nach § 12 durchführen können.

(6) [1] Netzbetreiber müssen Einspeisewilligen nach Eingang der erforderlichen Informationen unverzüglich, spätestens aber innerhalb von acht Wochen, Folgendes übermitteln:
1. einen Zeitplan für die unverzügliche Herstellung des Netzanschlusses mit allen erforderlichen Arbeitsschritten,
2. alle Informationen, die Einspeisewillige für die Prüfung des Verknüpfungspunktes benötigen, sowie auf Antrag die für eine Netzverträglichkeitsprüfung erforderlichen Netzdaten,
3. einen nachvollziehbaren und detaillierten Voranschlag der Kosten, die den Anlagenbetreibern durch den Netzanschluss entstehen; dieser Kostenvoranschlag umfasst nur die Kosten, die durch die technische Herstellung des Netzanschlusses entstehen, und insbesondere nicht die Kosten für die Gestat-

tung der Nutzung fremder Grundstücke für die Verlegung der Netzanschlussleitung,

4. die zur Erfüllung der Pflichten nach § 9 Absatz 1 und 2 erforderlichen Informationen.

[2]Das Recht der Anlagenbetreiber nach § 10 Absatz 1 bleibt auch dann unberührt, wenn der Netzbetreiber den Kostenvoranschlag nach Satz 1 Nummer 3 übermittelt hat.

§ 9 Technische Vorgaben. (1) [1]Anlagenbetreiber und Betreiber von KWK-Anlagen müssen ihre Anlagen mit einer installierten Leistung von mehr als 100 Kilowatt mit technischen Einrichtungen ausstatten, mit denen der Netzbetreiber jederzeit

1. die Einspeiseleistung bei Netzüberlastung ferngesteuert reduzieren kann und
2. die Ist-Einspeisung abrufen kann.

[2]Die Pflicht nach Satz 1 gilt auch als erfüllt, wenn mehrere Anlagen, die gleichartige erneuerbare Energien einsetzen und über denselben Verknüpfungspunkt mit dem Netz verbunden sind, mit einer gemeinsamen technischen Einrichtung ausgestattet sind, mit der der Netzbetreiber jederzeit

1. die gesamte Einspeiseleistung bei Netzüberlastung ferngesteuert reduzieren kann und
2. die gesamte Ist-Einspeisung der Anlagen abrufen kann.

(2) Betreiber von Solaranlagen

1. mit einer installierten Leistung von mehr als 30 Kilowatt und höchstens 100 Kilowatt müssen die Pflicht nach Absatz 1 Satz 1 Nummer 1 oder Absatz 1 Satz 2 Nummer 1 erfüllen,
2. mit einer installierten Leistung von höchstens 30 Kilowatt müssen
   a) die Pflicht nach Absatz 1 Satz 1 Nummer 1 oder Absatz 1 Satz 2 Nummer 1 erfüllen oder
   b) am Verknüpfungspunkt ihrer Anlage mit dem Netz die maximale Wirkleistungseinspeisung auf 70 Prozent der installierten Leistung begrenzen.

(3) [1]Mehrere Solaranlagen gelten unabhängig von den Eigentumsverhältnissen und ausschließlich zum Zweck der Ermittlung der installierten Leistung im Sinne der Absätze 1 und 2 als eine Anlage, wenn

1. sie sich auf demselben Grundstück oder Gebäude befinden und
2. sie innerhalb von zwölf aufeinanderfolgenden Kalendermonaten in Betrieb genommen worden sind.

[2]Entsteht eine Pflicht nach Absatz 1 oder 2 für einen Anlagenbetreiber erst durch den Zubau von Anlagen eines anderen Anlagenbetreibers, kann er von diesem den Ersatz der daraus entstehenden Kosten verlangen.

(4) Solange ein Netzbetreiber die Informationen nach § 8 Absatz 6 Satz 1 Nummer 4 nicht übermittelt, greifen die in § 52 Absatz 2 Nummer 1 bei Verstößen gegen Absatz 1 oder 2 genannten Rechtsfolgen nicht, wenn

1. die Anlagenbetreiber oder die Betreiber von KWK-Anlagen den Netzbetreiber schriftlich oder elektronisch zur Übermittlung der erforderlichen Informationen nach § 8 Absatz 6 Satz 1 Nummer 4 aufgefordert haben und

2. die Anlagen mit technischen Vorrichtungen ausgestattet sind, die geeignet sind, die Anlagen ein- und auszuschalten und ein Kommunikationssignal einer Empfangsvorrichtung zu verarbeiten.

(5) [1] Betreiber von Anlagen zur Erzeugung von Strom aus Biogas müssen sicherstellen, dass bei der Erzeugung des Biogases

1. bei Anlagen, die nach dem 31. Dezember 2016 in Betrieb genommen worden sind, und Gärrestlagern, die nach dem 31. Dezember 2011 errichtet worden sind, die hydraulische Verweilzeit in dem gesamten gasdichten und an eine Gasverwertung angeschlossenen System der Biogasanlage mindestens 150 Tage beträgt und
2. zusätzliche Gasverbrauchseinrichtungen zur Vermeidung einer Freisetzung von Biogas verwendet werden.

[2] Satz 1 Nummer 1 ist nicht anzuwenden, wenn zur Erzeugung des Biogases

1. ausschließlich Gülle eingesetzt wird oder
2. mindestens 90 Masseprozent getrennt erfasster Bioabfälle im Sinn des Anhangs 1 Nummer 1 Buchstabe a Abfallschlüssel Nummer 20 02 01, 20 03 01 und 20 03 02 der Bioabfallverordnung eingesetzt werden.

[3] Satz 1 Nummer 1 ist ferner nicht anzuwenden, wenn für den in der Anlage erzeugten Strom der Anspruch nach § 19 in Verbindung mit § 43 geltend gemacht wird.

(6) Betreiber von Windenergieanlagen an Land, die vor dem 1. Juli 2017 in Betrieb genommen worden sind, müssen sicherstellen, dass am Verknüpfungspunkt ihrer Anlage mit dem Netz die Anforderungen der Systemdienstleistungsverordnung erfüllt werden.

(7) [1] Die Pflichten und Anforderungen nach den Vorschriften des Messstellenbetriebsgesetzes[1)] zur Messung bleiben unberührt. [2] Die Abrufung der Ist-Einspeisung und die ferngesteuerte Abregelung nach den Absätzen 1 und 2 müssen nicht über ein intelligentes Messsystem erfolgen.

(8) [1] Betreiber von Windenergieanlagen an Land, die nach den Vorgaben des Luftverkehrsrechts zur Nachtkennzeichnung verpflichtet sind, müssen ihre Anlagen mit einer Einrichtung zur bedarfsgesteuerten Nachtkennzeichnung von Luftfahrthindernissen ausstatten. [2] Auf Betreiber von Windenergieanlagen auf See ist Satz 1 anzuwenden, wenn sich die Windenergieanlage befindet

1. im Küstenmeer,
2. in der Zone 1 der ausschließlichen Wirtschaftszone der Nordsee wie sie in dem nach den §§ 17b und 17c des Energiewirtschaftsgesetzes[2)] durch die Bundesnetzagentur bestätigten Offshore- Netzentwicklungsplan 2017-2030 ausgewiesen wird,
3. in der ausschließlichen Wirtschaftszone der Ostsee.

[3] Die Pflicht nach Satz 1 gilt ab dem 1. Juli 2020. [4] Die Pflicht nach Satz 1 kann auch durch eine Einrichtung zur Nutzung von Signalen von Transpondern von Luftverkehrsfahrzeugen erfüllt werden. [5] Von der Pflicht nach Satz 1 kann die Bundesnetzagentur auf Antrag im Einzelfall insbesondere für kleine Windparks

---

[1)] Nr. **27**.
[2)] Nr. **1**.

Ausnahmen zulassen, sofern die Erfüllung der Pflicht wirtschaftlich unzumutbar ist.

§ 10 Ausführung und Nutzung des Anschlusses. (1) Anlagenbetreiber dürfen den Anschluss der Anlagen von dem Netzbetreiber oder einer fachkundigen dritten Person vornehmen lassen.

(2) Die Ausführung des Anschlusses und die übrigen für die Sicherheit des Netzes notwendigen Einrichtungen müssen den im Einzelfall notwendigen technischen Anforderungen des Netzbetreibers und § 49 des Energiewirtschaftsgesetzes[1] entsprechen.

(3) Bei der Einspeisung von Strom aus erneuerbaren Energien oder Grubengas ist zugunsten des Anlagenbetreibers § 18 Absatz 2 der Niederspannungsanschlussverordnung[2] entsprechend anzuwenden.

§ 10a Messstellenbetrieb. [1] Für den Messstellenbetrieb sind die Vorschriften des Messstellenbetriebsgesetzes[3] anzuwenden. [2] Abweichend von Satz 1 kann anstelle der Beauftragung eines Dritten nach § 5 Absatz 1 des Messstellenbetriebsgesetzes[3] der Anlagenbetreiber den Messstellenbetrieb auch selbst übernehmen. [3] Für den Anlagenbetreiber gelten dann alle gesetzlichen Anforderungen, die das Messstellenbetriebsgesetz[3] an einen Dritten als Messstellenbetreiber stellt.

§ 11 Abnahme, Übertragung und Verteilung. (1) [1] Netzbetreiber müssen ***[bis 30.9.2021:*** vorbehaltlich des § 14***]*** ***[ab 1.10.2021:*** *vorbehaltlich des § 13 des Energiewirtschaftsgesetzes*[1]***]*** den gesamten Strom aus erneuerbaren Energien oder aus Grubengas, der in einer Veräußerungsform nach § 21b Absatz 1 veräußert wird, unverzüglich vorrangig physikalisch abnehmen, übertragen und verteilen. [2] Macht der Anlagenbetreiber den Anspruch nach § 19 in Verbindung mit § 21 geltend, umfasst die Pflicht aus Satz 1 auch die kaufmännische Abnahme. [3] Die Pflichten nach den Sätzen 1 und 2 sowie die Pflichten nach § 3 Absatz 1 des Kraft-Wärme-Kopplungsgesetzes[4] sind gleichrangig.

(2) Soweit Strom aus einer Anlage, die an das Netz des Anlagenbetreibers oder einer dritten Person, die nicht Netzbetreiber ist, angeschlossen ist, mittels kaufmännisch-bilanzieller Weitergabe in ein Netz angeboten wird, ist Absatz 1 entsprechend anzuwenden, und der Strom ist für die Zwecke dieses Gesetzes so zu behandeln, als wäre er in das Netz eingespeist worden.

[Abs. 3 bis 30.9.2021:]

(3) [1] Die Pflichten nach Absatz 1 bestehen nicht, soweit Anlagenbetreiber oder Direktvermarktungsunternehmer und Netzbetreiber unbeschadet des § 15 zur besseren Integration der Anlage in das Netz ausnahmsweise vertraglich vereinbaren, vom Abnahmevorrang abzuweichen. [2] Bei Anwendung vertraglicher Vereinbarungen nach Satz 1 ist sicherzustellen, dass der Vorrang für Strom aus erneuerbaren Energien angemessen berücksichtigt und insgesamt die größtmögliche Strommenge aus erneuerbaren Energien abgenommen wird.

---

[1] Nr. **1**.
[2] Nr. **32**.
[3] Nr. **27**.
[4] Nr. **45**.

[Abs. 4 bis 30.9.2021:]

(4) Die Pflichten nach Absatz 1 bestehen ferner nicht, soweit dies durch die Erneuerbare-Energien-Verordnung[1] zugelassen ist.

[bis 30.9.2021: (5)***] [ab 1.10.2021:*** *(3)****]*** Die Pflichten zur vorrangigen Abnahme, Übertragung und Verteilung treffen im Verhältnis zum aufnehmenden Netzbetreiber, der nicht Übertragungsnetzbetreiber ist,

1. den vorgelagerten Übertragungsnetzbetreiber,
2. den nächstgelegenen inländischen Übertragungsnetzbetreiber, wenn im Netzbereich des abgabeberechtigten Netzbetreibers kein inländisches Übertragungsnetz betrieben wird, oder
3. insbesondere im Fall der Weitergabe nach Absatz 2 jeden sonstigen Netzbetreiber.

Abschnitt 2. Kapazitätserweiterung und Einspeisemanagement

§ 12 Erweiterung der Netzkapazität. (1) [1]Netzbetreiber müssen auf Verlangen der Einspeisewilligen unverzüglich ihre Netze entsprechend dem Stand der Technik optimieren, verstärken und ausbauen, um die Abnahme, Übertragung und Verteilung des Stroms aus erneuerbaren Energien oder Grubengas sicherzustellen. [2]Dieser Anspruch besteht auch gegenüber den Betreibern von vorgelagerten Netzen mit einer Spannung bis 110 Kilovolt, an die die Anlage nicht unmittelbar angeschlossen ist, wenn dies erforderlich ist, um die Abnahme, Übertragung und Verteilung des Stroms sicherzustellen.

(2) Die Pflicht erstreckt sich auf sämtliche für den Betrieb des Netzes notwendigen technischen Einrichtungen sowie die im Eigentum des Netzbetreibers stehenden oder in sein Eigentum übergehenden Anschlussanlagen.

(3) [1]Der Netzbetreiber muss sein Netz nicht optimieren, verstärken und ausbauen, soweit dies wirtschaftlich unzumutbar ist. [2]§ 11 Absatz 2 des Energiewirtschaftsgesetzes[2] ist entsprechend anzuwenden.

(4) Die Pflichten nach § 3 Absatz 1 des Kraft-Wärme-Kopplungsgesetzes[3] sowie nach § 12 Absatz 3 des Energiewirtschaftsgesetzes[2] bleiben unberührt.

§ 13 Schadensersatz. (1) [1]Verletzt der Netzbetreiber seine Pflicht aus § 12 Absatz 1, können Einspeisewillige Ersatz des hierdurch entstandenen Schadens verlangen. [2]Die Ersatzpflicht tritt nicht ein, wenn der Netzbetreiber die Pflichtverletzung nicht zu vertreten hat.

(2) Liegen Tatsachen vor, die die Annahme begründen, dass der Netzbetreiber seine Pflicht aus § 12 Absatz 1 nicht erfüllt hat, können Anlagenbetreiber Auskunft von dem Netzbetreiber darüber verlangen, ob und inwieweit der Netzbetreiber das Netz optimiert, verstärkt und ausgebaut hat.

[§ 14 bis 30.9.2021:]

§ 14 Einspeisemanagement. (1) [1]Netzbetreiber dürfen unbeschadet ihrer Pflicht nach § 12 ausnahmsweise an ihr Netz unmittelbar oder mittelbar angeschlossene Anlagen und KWK-Anlagen, die mit einer Einrichtung zur fern-

---

[1] Nr. **41**.
[2] Nr. **1**.
[3] Nr. **45**.

gesteuerten Reduzierung der Einspeiseleistung bei Netzüberlastung im Sinne von § 9 Absatz 1 Satz 1 Nummer 1, Satz 2 Nummer 1 oder Absatz 2 Nummer 1 oder 2 Buchstabe a ausgestattet sind, regeln, soweit

1. andernfalls im jeweiligen Netzbereich einschließlich des vorgelagerten Netzes ein Netzengpass entstünde,
2. der Vorrang für Strom aus erneuerbaren Energien, Grubengas und Kraft-Wärme-Kopplung gewahrt wird, soweit nicht sonstige Stromerzeuger am Netz bleiben müssen, um die Sicherheit und Zuverlässigkeit des Elektrizitätsversorgungssystems zu gewährleisten, und
3. sie die verfügbaren Daten über die Ist-Einspeisung in der jeweiligen Netzregion abgerufen haben.

[2] Bei der Regelung der Anlagen nach Satz 1 sind Anlagen im Sinne des § 9 Absatz 2 erst nachrangig gegenüber den übrigen Anlagen zu regeln. [3] Im Übrigen müssen die Netzbetreiber sicherstellen, dass insgesamt die größtmögliche Strommenge aus erneuerbaren Energien und Kraft-Wärme-Kopplung abgenommen wird.

(2) Netzbetreiber müssen Betreiber von Anlagen nach § 9 Absatz 1 spätestens am Vortag, ansonsten unverzüglich über den zu erwartenden Zeitpunkt, den Umfang und die Dauer der Regelung unterrichten, sofern die Durchführung der Maßnahme vorhersehbar ist.

(3) [1] Netzbetreiber müssen die von Maßnahmen nach Absatz 1 Betroffenen unverzüglich über die tatsächlichen Zeitpunkte, den jeweiligen Umfang, die Dauer und die Gründe der Regelung unterrichten und auf Verlangen innerhalb von vier Wochen Nachweise über die Erforderlichkeit der Maßnahme vorlegen. [2] Die Nachweise müssen eine sachkundige dritte Person in die Lage versetzen, ohne weitere Informationen die Erforderlichkeit der Maßnahme vollständig nachvollziehen zu können; zu diesem Zweck sind im Fall eines Verlangens nach Satz 1 letzter Halbsatz insbesondere die nach Absatz 1 Satz 1 Nummer 3 erhobenen Daten vorzulegen. [3] Die Netzbetreiber können abweichend von Satz 1 Betreiber von Anlagen nach § 9 Absatz 2 in Verbindung mit Absatz 3 nur einmal jährlich über die Maßnahmen nach Absatz 1 unterrichten, solange die Gesamtdauer dieser Maßnahmen 15 Stunden pro Anlage im Kalenderjahr nicht überschritten hat; diese Unterrichtung muss bis zum 31. Januar des Folgejahres erfolgen. [4] § 13j Absatz 2 Nummer 1 des Energiewirtschaftsgesetzes[1)] bleibt unberührt.

[§ 14 ab 1.10.2021:]
§ 14 *(aufgehoben)*

[§ 15 bis 30.9.2021:]
§ 15 Härtefallregelung. (1) [1] Wird die Einspeisung von Strom aus einer Anlage zur Erzeugung von Strom aus erneuerbaren Energien, Grubengas oder Kraft-Wärme-Kopplung wegen eines Netzengpasses im Sinne von § 14 Absatz 1 reduziert, muss der Netzbetreiber, an dessen Netz die Anlage angeschlossen ist, die von der Maßnahme betroffenen Betreiber abweichend von § 13 Absatz 5 des Energiewirtschaftsgesetzes[1)] für 95 Prozent der entgangenen Einnahmen

[1)] Nr. 1.

zuzüglich der zusätzlichen Aufwendungen und abzüglich der ersparten Aufwendungen entschädigen. [2] Übersteigen die entgangenen Einnahmen nach Satz 1 in einem Jahr 1 Prozent der Einnahmen dieses Jahres, sind die von der Regelung betroffenen Betreiber ab diesem Zeitpunkt zu 100 Prozent zu entschädigen. [3] Der Netzbetreiber, in dessen Netz die Ursache für die Regelung nach § 14 liegt, muss dem Netzbetreiber, an dessen Netz die Anlage angeschlossen ist, die Kosten für die Entschädigung ersetzen.

(2) [1] Der Netzbetreiber kann die Kosten nach Absatz 1 bei der Ermittlung der Netzentgelte in Ansatz bringen, soweit die Maßnahme erforderlich war und er sie nicht zu vertreten hat. [2] Der Netzbetreiber hat sie insbesondere zu vertreten, soweit er nicht alle Möglichkeiten zur Optimierung, zur Verstärkung und zum Ausbau des Netzes ausgeschöpft hat.

(3) Schadensersatzansprüche von Anlagenbetreibern gegen den Netzbetreiber bleiben unberührt.

[§ 15 ab 1.10.2021:]
§ 15 *(aufgehoben)*

Abschnitt 3. Kosten

§ 16 Netzanschluss. (1) Die notwendigen Kosten des Anschlusses von Anlagen zur Erzeugung von Strom aus erneuerbaren Energien oder aus Grubengas an den Verknüpfungspunkt nach § 8 Absatz 1 oder 2 sowie der notwendigen Messeinrichtungen zur Erfassung des gelieferten und des bezogenen Stroms trägt der Anlagenbetreiber.

(2) Weist der Netzbetreiber den Anlagen nach § 8 Absatz 3 einen anderen Verknüpfungspunkt zu, muss er die daraus resultierenden Mehrkosten tragen.

§ 17 Kapazitätserweiterung. Die Kosten der Optimierung, der Verstärkung und des Ausbaus des Netzes trägt der Netzbetreiber.

[§ 18 bis 30.9.2021:]
§ 18 Vertragliche Vereinbarung. (1) Netzbetreiber können infolge der Vereinbarung nach § 11 Absatz 3 entstandene Kosten im nachgewiesenen Umfang bei der Ermittlung des Netzentgelts in Ansatz bringen, soweit diese Kosten im Hinblick auf § 1 oder § 2 Absatz 1 wirtschaftlich angemessen sind.

(2) Die Kosten unterliegen der Prüfung auf Effizienz durch die Regulierungsbehörde nach Maßgabe der Bestimmungen des Energiewirtschaftsgesetzes.

[§ 18 ab 1.10.2021:]
§ 18 *(aufgehoben)*

Teil 3. Zahlung von Marktprämie und Einspeisevergütung

Abschnitt 1. Arten des Zahlungsanspruchs

§ 19 Zahlungsanspruch. (1) Betreiber von Anlagen, in denen ausschließlich erneuerbare Energien oder Grubengas eingesetzt werden, haben für den in diesen Anlagen erzeugten Strom gegen den Netzbetreiber einen Anspruch auf

1. die Marktprämie nach § 20,
2. eine Einspeisevergütung nach § 21 Absatz 1 und 2 oder
3. einen Mieterstromzuschlag nach § 21 Absatz 3.

(2) Der Anspruch nach Absatz 1 besteht nur, soweit der Anlagenbetreiber für den Strom kein vermiedenes Netzentgelt nach § 18 Absatz 1 Satz 1 der Stromnetzentgeltverordnung[1)] in Anspruch nimmt.

(3) [1]Der Anspruch nach Absatz 1 besteht auch, wenn der Strom vor der Einspeisung in ein Netz zwischengespeichert worden ist. [2]In diesem Fall bezieht sich der Anspruch auf die Strommenge, die aus dem Stromspeicher in das Netz eingespeist wird. [3]Die Höhe des Anspruchs pro eingespeister Kilowattstunde bestimmt sich nach der Höhe des Anspruchs, die bei einer Einspeisung ohne Zwischenspeicherung bestanden hätte. [4]Der Anspruch nach Absatz 1 besteht auch bei einem gemischten Einsatz mit Speichergasen. [5]Die Sätze 1 bis 4 sind für den Anspruch nach Absatz 1 Nummer 3 entsprechend anzuwenden.

§ 20 Marktprämie. (1) [1]Der Anspruch auf die Zahlung der Marktprämie nach § 19 Absatz 1 Nummer 1 besteht nur für Kalendermonate, in denen

1. der Anlagenbetreiber oder ein Dritter den Strom direkt vermarktet,
2. der Anlagenbetreiber dem Netzbetreiber das Recht überlässt, diesen Strom als „Strom aus erneuerbaren Energien oder aus Grubengas, finanziert aus der EEG-Umlage“ zu kennzeichnen,
3. der Strom in einer Anlage erzeugt wird, die fernsteuerbar ist, und
4. der Strom in einem Bilanz- oder Unterbilanzkreis bilanziert wird, in dem ausschließlich folgender Strom bilanziert wird:
   a) Strom aus erneuerbaren Energien oder aus Grubengas, der in der Veräußerungsform der Marktprämie direkt vermarktet wird, oder
   b) Strom, der nicht unter Buchstabe a fällt und dessen Einstellung in den Bilanz- oder Unterbilanzkreis nicht von dem Anlagenbetreiber oder dem Direktvermarktungsunternehmer zu vertreten ist.

[2]Die Voraussetzung nach Satz 1 Nummer 3 muss nicht vor dem Beginn des zweiten auf die Inbetriebnahme der Anlage folgenden Kalendermonats erfüllt sein.

(2) [1]Anlagen sind fernsteuerbar, wenn die Anlagenbetreiber

1. die technischen Einrichtungen vorhalten, die erforderlich sind, damit ein Direktvermarktungsunternehmer oder eine andere Person, an die der Strom veräußert wird, jederzeit

---

[1)] Nr. **24**.

a) die jeweilige Ist-Einspeisung abrufen kann und
b) die Einspeiseleistung ferngesteuert regeln kann, und

2. dem Direktvermarktungsunternehmer oder der anderen Person, an die der Strom veräußert wird, die Befugnis einräumen, jederzeit
a) die jeweilige Ist-Einspeisung abzurufen und
b) die Einspeiseleistung ferngesteuert in einem Umfang zu regeln, der für eine bedarfsgerechte Einspeisung des Stroms erforderlich und nicht nach den genehmigungsrechtlichen Vorgaben nachweislich ausgeschlossen ist.

[2]Die Anforderungen nach Satz 1 Nummer 1 sind auch erfüllt, wenn für mehrere Anlagen, die über denselben Verknüpfungspunkt mit dem Netz verbunden sind, gemeinsame technische Einrichtungen vorgehalten werden, mit denen der Direktvermarktungsunternehmer oder die andere Person jederzeit die gesamte Ist-Einspeisung der Anlagen abrufen und die gesamte Einspeiseleistung der Anlagen ferngesteuert regeln kann. [3]Wird der Strom vom Anlagenbetreiber unmittelbar an einen Letztverbraucher oder unmittelbar an einer Strombörse veräußert, sind die Sätze 1 und 2 entsprechend anzuwenden mit der Maßgabe, dass der Anlagenbetreiber die Befugnisse des Direktvermarktungsunternehmers oder der anderen Person wahrnimmt.

(3) [1]Die Abrufung der Ist-Einspeisung und die ferngesteuerte Regelung der Einspeiseleistung nach Absatz 2 müssen bei folgenden Anlagen über ein intelligentes Messsystem erfolgen, wenn mit dem intelligenten Messsystem kompatible und sichere Fernsteuerungstechnik, die über die zur Direktvermarktung notwendigen Funktionalitäten verfügt, gegen angemessenes Entgelt am Markt vorhanden ist:

1. bei Anlagen, bei denen spätestens bei Beginn des zweiten auf die Inbetriebnahme der Anlage folgenden Kalendermonats ein intelligentes Messsystem eingebaut ist,
2. bei Anlagen, bei denen nach Beginn des zweiten auf die Inbetriebnahme der Anlage folgenden Kalendermonats ein intelligentes Messsystem eingebaut worden ist, spätestens fünf Jahre nach diesem Einbau, und
3. bei Anlagen, bei denen ein Messsystem nach § 19 Absatz 5 des Messstellenbetriebsgesetzes[1)] eingebaut ist, mit dem Einbau eines intelligenten Messsystems, wenn der Einbau nach Ablauf der Frist nach Nummer 2 erfolgt.

[2]Bei anderen Anlagen sind unter Berücksichtigung der einschlägigen Standards und Empfehlungen des Bundesamtes für Sicherheit in der Informationstechnik Übertragungstechniken und Übertragungswege zulässig, die dem Stand der Technik bei Inbetriebnahme der Anlage entsprechen.

(4) Die Nutzung der technischen Einrichtungen zur Abrufung der Ist-Einspeisung und zur ferngesteuerten Regelung der Einspeiseleistung sowie die Befugnis, diese zu nutzen, dürfen das Recht des Netzbetreibers ***[bis 30.9.2021:*** zum Einspeisemanagement nach § 14***]*** ***[ab 1.10.2021:*** *zu Maßnahmen nach § 13 Absatz 1 und 2 des Energiewirtschaftsgesetzes*[2)]***]*** nicht beschränken.

[1)] Nr. **27**.
[2)] Nr. **1**.

§ 21 Einspeisevergütung und Mieterstromzuschlag. (1) Der Anspruch auf die Zahlung der Einspeisevergütung nach § 19 Absatz 1 Nummer 2 besteht nur für Kalendermonate, in denen der Anlagenbetreiber den Strom in ein Netz einspeist und dem Netzbetreiber nach § 11 Absatz 1 zur Verfügung stellt, und zwar für

1. Strom aus Anlagen mit einer installierten Leistung von bis zu 100 Kilowatt, deren anzulegender Wert gesetzlich bestimmt worden ist; in diesem Fall verringert sich der Anspruch nach Maßgabe des § 53 Satz 1, oder
2. Strom aus Anlagen mit einer installierten Leistung von mehr als 100 Kilowatt für eine Dauer von bis zu drei aufeinanderfolgenden Kalendermonaten und insgesamt bis zu sechs Kalendermonaten pro Kalenderjahr (Ausfallvergütung); in diesem Fall verringert sich der Anspruch nach Maßgabe des § 53 Satz 2 und bei Überschreitung einer der Höchstdauern nach dem ersten Halbsatz nach Maßgabe des § 52 Absatz 2 Satz 1 Nummer 3.

(2) Anlagenbetreiber, die die Einspeisevergütung in Anspruch nehmen,

1. müssen dem Netzbetreiber den gesamten in dieser Anlage erzeugten Strom zur Verfügung stellen, der
   a) nicht in unmittelbarer räumlicher Nähe zur Anlage verbraucht wird und
   b) durch ein Netz durchgeleitet wird, und
2. dürfen mit dieser Anlage nicht am Regelenergiemarkt teilnehmen.

(3) [1]Der Anspruch auf die Zahlung des Mieterstromzuschlags nach § 19 Absatz 1 Nummer 3 besteht für Strom aus Solaranlagen mit einer installierten Leistung von insgesamt bis zu 100 Kilowatt, die auf, an oder in einem Wohngebäude installiert sind, soweit er an einen Letztverbraucher geliefert und verbraucht worden ist

1. innerhalb dieses Gebäudes oder in Wohngebäuden oder Nebenanlagen im unmittelbaren räumlichen Zusammenhang mit diesem Gebäude und
2. ohne Durchleitung durch ein Netz.

[2]§ 3 Nummer 50 ist mit der Maßgabe anzuwenden, dass mindestens 40 Prozent der Fläche des Gebäudes dem Wohnen dient. [3]Im Fall der Nutzung eines Speichers besteht der Anspruch nach § 19 Absatz 1 Nummer 3 nicht für Strom, der in den Speicher eingespeist wird. [4]Die Strommenge nach Satz 1 muss so genau ermittelt werden, wie es die Messtechnik zulässt, die nach dem Messstellenbetriebsgesetz[1)] zu verwenden ist.

§ 21a Sonstige Direktvermarktung. Das Recht der Anlagenbetreiber, den in ihren Anlagen erzeugten Strom ohne Inanspruchnahme der Zahlung nach § 19 Absatz 1 direkt zu vermarkten (sonstige Direktvermarktung), bleibt unberührt.

§ 21b Zuordnung zu einer Veräußerungsform, Wechsel. (1) [1]Anlagenbetreiber müssen jede Anlage einer der folgenden Veräußerungsformen zuordnen:

1. der Marktprämie nach § 20,

[1)] Nr. 27.

2. der Einspeisevergütung nach § 21 Absatz 1 und 2, auch in der Form der Ausfallvergütung,
3. dem Mieterstromzuschlag nach § 21 Absatz 3 oder
4. der sonstigen Direktvermarktung nach § 21a.

[2] Sie dürfen mit jeder Anlage nur zum ersten Kalendertag eines Monats zwischen den Veräußerungsformen wechseln. [3] Ordnet der Anlagenbetreiber die Anlage dem Mieterstromzuschlag nach § 21 Absatz 3 zu, ist zugleich die Veräußerungsform für den Strom zu wählen, der aus dieser Anlage in das Netz eingespeist wird.

(2) [1] Anlagenbetreiber dürfen den in ihren Anlagen erzeugten Strom prozentual auf verschiedene Veräußerungsformen nach Absatz 1 aufteilen; in diesem Fall müssen sie die Prozentsätze nachweislich jederzeit einhalten. [2] Satz 1 ist nicht für die Ausfallvergütung und nicht für den Mieterstromzuschlag nach § 21 Absatz 3 anzuwenden.

(3) Die Zuordnung einer Anlage oder eines prozentualen Anteils des erzeugten Stroms einer Anlage zur Veräußerungsform einer Direktvermarktung ist nur dann zulässig, wenn die gesamte Ist-Einspeisung der Anlage in viertelstündlicher Auflösung gemessen und bilanziert wird.

(4) Unbeschadet von Absatz 1 können Anlagenbetreiber
1. jederzeit ihren Direktvermarktungsunternehmer wechseln oder
2. Strom vorbehaltlich des § 27a vollständig oder anteilig an Dritte weitergeben, sofern diese
   a) den Strom in unmittelbarer räumlicher Nähe zur Anlage verbrauchen,
   b) der Strom nicht durch ein Netz durchgeleitet wird und
   c) kein Fall des Absatzes 1 Satz 1 Nummer 3 vorliegt.

§ 21c Verfahren für den Wechsel. (1) [1] Anlagenbetreiber müssen dem Netzbetreiber vor Beginn des jeweils vorangehenden Kalendermonats mitteilen, wenn sie erstmals Strom in einer Veräußerungsform nach § 21b Absatz 1 Satz 1 veräußern oder wenn sie zwischen den Veräußerungsformen wechseln. [2] Im Fall der Ausfallvergütung reicht es aus, wenn der Wechsel in die Einspeisevergütung oder aus dieser heraus dem Netzbetreiber abweichend von Satz 1 bis zum fünftletzten Werktag des Vormonats mitgeteilt wird.

(2) Bei den Mitteilungen nach Absatz 1 müssen die Anlagenbetreiber auch angeben:
1. die Veräußerungsform nach § 21b Absatz 1 Satz 1, in die gewechselt wird,
2. bei einem Wechsel in eine Direktvermarktung den Bilanzkreis, dem der direkt vermarktete Strom zugeordnet werden soll, und
3. bei einer prozentualen Aufteilung des Stroms auf verschiedene Veräußerungsformen nach § 21b Absatz 2 Satz 1 die Prozentsätze, zu denen der Strom den Veräußerungsformen zugeordnet wird.

(3) Soweit die Bundesnetzagentur eine Festlegung nach § 85 Absatz 2 Nummer 3 getroffen hat, müssen Netzbetreiber, Direktvermarkter und Anlagenbetreiber für die Abwicklung der Zuordnung und des Wechsels der Veräußerungsform das festgelegte Verfahren und Format nutzen.

Abschnitt 2. Allgemeine Bestimmungen zur Zahlung

§ 22 Wettbewerbliche Ermittlung der Marktprämie. (1) Die Bundesnetzagentur ermittelt durch Ausschreibungen nach den §§ 28 bis 39j, auch in Verbindung mit den Rechtsverordnungen nach den §§ 88 bis 88d, und dem Windenergie-auf-See-Gesetz[1)] die Anspruchsberechtigten und den anzulegenden Wert für Strom aus Windenergieanlagen an Land, Solaranlagen, Biomasseanlagen und Windenergieanlagen auf See.

(2) [1] Bei Windenergieanlagen an Land besteht der Anspruch nach § 19 Absatz 1 für den in der Anlage erzeugten Strom nur, solange und soweit ein von der Bundesnetzagentur erteilter Zuschlag für die Anlage wirksam ist. [2] Von diesem Erfordernis sind folgende Windenergieanlagen an Land ausgenommen:

1. Anlagen mit einer installierten Leistung bis einschließlich 750 Kilowatt,
2. Anlagen, die vor dem 1. Januar 2019 in Betrieb genommen worden sind, wenn
   a) sie vor dem 1. Januar 2017 nach dem Bundes-Immissionsschutzgesetz genehmigt worden sind,
   b) die Genehmigung nach Buchstabe a vor dem 1. Februar 2017 mit allen erforderlichen Angaben an das Register gemeldet worden ist und
   c) der Genehmigungsinhaber nicht vor dem 1. März 2017 durch schriftliche Erklärung gegenüber der Bundesnetzagentur unter Bezugnahme auf die Meldung nach Buchstabe b auf den gesetzlich bestimmten Anspruch auf Zahlung verzichtet hat, und
3. Pilotwindenergieanlagen an Land mit einer installierten Leistung von insgesamt bis zu 125 Megawatt pro Jahr.

(3) [1] Bei Solaranlagen besteht der Anspruch nach § 19 Absatz 1 für den in der Anlage erzeugten Strom nur, solange und soweit eine von der Bundesnetzagentur ausgestellte Zahlungsberechtigung für die Anlage wirksam ist. [2] Von diesem Erfordernis sind Solaranlagen mit einer installierten Leistung bis einschließlich 750 Kilowatt ausgenommen.

(4) [1] Bei Biomasseanlagen besteht der Anspruch nach § 19 Absatz 1 nur für den in der Anlage erzeugten Strom aus Biomasse im Sinn der Biomasseverordnung[2)] in der zum Zeitpunkt der Bekanntmachung der Ausschreibung geltenden Fassung und nur, solange und soweit ein von der Bundesnetzagentur erteilter Zuschlag für die Anlage wirksam ist. [2] Von diesem Erfordernis sind folgende Biomasseanlagen ausgenommen:

1. Anlagen mit einer installierten Leistung bis einschließlich 150 Kilowatt, es sei denn, es handelt sich um eine bestehende Biomasseanlage nach § 39f,
2. Anlagen, die vor dem 1. Januar 2019 in Betrieb genommen worden sind, wenn sie
   a) nach dem Bundes-Immissionsschutzgesetz genehmigungsbedürftig sind oder für ihren Betrieb einer Zulassung nach einer anderen Bestimmung des Bundesrechts bedürfen oder nach dem Baurecht genehmigungsbedürftig sind und
   b) vor dem 1. Januar 2017 genehmigt oder zugelassen worden sind.

---

1) Nr. **47**.
2) Nr. **39**.

[3] Der Anspruch nach § 50 in Verbindung mit § 50a bleibt unberührt.

(5) [1] Bei Windenergieanlagen auf See besteht der Anspruch nach § 19 Absatz 1 für den in der Anlage erzeugten Strom nur, solange und soweit ein von der Bundesnetzagentur erteilter Zuschlag für die Anlage wirksam ist. [2] Von diesem Erfordernis sind folgende Windenergieanlagen auf See ausgenommen:

1. Anlagen, die
   a) vor dem 1. Januar 2017 eine unbedingte Netzanbindungszusage nach § 118 Absatz 12 des Energiewirtschaftsgesetzes[1)] oder Anschlusskapazitäten nach § 17d Absatz 3 des Energiewirtschaftsgesetzes[1)] in der am 31. Dezember 2016 geltenden Fassung erhalten haben und
   b) vor dem 1. Januar 2021 in Betrieb genommen worden sind, und
2. Pilotwindenergieanlagen auf See nach Maßgabe des Windenergie-auf-See-Gesetzes[2)].

(6) [1] Für Windenergieanlagen an Land, Solaranlagen und Biomasseanlagen, deren Anspruch auf Zahlung nach § 19 Absatz 1 nicht nach den Absätzen 2 bis 5 von der erfolgreichen Teilnahme an einer Ausschreibung abhängig ist, werden Gebote im Zuschlagsverfahren nicht berücksichtigt. [2] Für Anlagen nach Satz 1 und für Anlagen zur Erzeugung von Strom aus Wasserkraft, Deponiegas, Klärgas, Grubengas oder Geothermie wird die Höhe des anzulegenden Werts durch die §§ 40 bis 49 gesetzlich bestimmt.

§ 22a Pilotwindenergieanlagen an Land. (1) [1] Wenn in einem Kalenderjahr Pilotwindenergieanlagen an Land mit einer installierten Leistung von insgesamt mehr als 125 Megawatt in Betrieb genommen sind und dies dem Register gemeldet worden ist, kann der Anspruch auf die Zahlung nach § 19 Absatz 1 für alle Pilotwindenergieanlagen an Land, deren Inbetriebnahme später dem Register gemeldet wird, in diesem Kalenderjahr nicht geltend gemacht werden. [2] Die Bundesnetzagentur informiert hierüber die Anlagenbetreiber und die Netzbetreiber, an deren Netz die Anlagen angeschlossen sind. [3] Die Betreiber der Anlagen, für deren Strom der Anspruch nach Satz 1 entfällt, können ihren Anspruch vorrangig und in der zeitlichen Reihenfolge ihrer Meldung im Register ab dem folgenden Kalenderjahr geltend machen, solange die Grenze der installierten Leistung von 125 Megawatt nicht überschritten wird. [4] Der Anspruch nach § 19 Absatz 1 beginnt in diesem Fall abweichend von § 25 Satz 3 erst, wenn der Anlagenbetreiber den Anspruch nach § 19 Absatz 1 geltend machen darf.

(2) Der Nachweis, dass eine Pilotwindenergieanlage an Land die Anforderungen nach § 3 Nummer 37 Buchstabe a Doppelbuchstabe bb und cc einhält, ist durch die Bestätigung eines nach DIN EN ISO/IEC 17065:2013[3)] akkreditierten Zertifizierers zu führen; im Übrigen wird das Vorliegen einer Pilotwindenergieanlage an Land nach § 3 Nummer 37 Buchstabe a durch die Eintragung im Register nachgewiesen.

[1)] Nr. **1**.
[2)] Nr. **47**.
[3)] **Amtlicher Hinweis:** Zu beziehen bei der Beuth Verlag GmbH, 10772 Berlin, und in der Deutschen Nationalbibliothek archivmäßig gesichert niedergelegt.

(3) [1]Der Nachweis, dass eine Anlage eine Pilotwindenergieanlage nach § 3 Nummer 37 Buchstabe b ist, ist vom Anlagenbetreiber durch eine Bescheinigung des Bundesministeriums für Wirtschaft und Energie zu führen. [2]Das Bundesministerium für Wirtschaft und Energie kann die Bescheinigung auf Antrag des Anlagenbetreibers ausstellen, wenn der Antragsteller geeignete Unterlagen einreicht, die nachweisen, dass die Anforderungen nach § 3 Nummer 37 Buchstabe b erfüllt sind.

§ 23 Allgemeine Bestimmungen zur Höhe der Zahlung. (1) Die Höhe des Anspruchs nach § 19 Absatz 1 bestimmt sich nach den hierfür als Berechnungsgrundlage anzulegenden Werten für Strom aus erneuerbaren Energien oder aus Grubengas.

(2) In den anzulegenden Werten ist die Umsatzsteuer nicht enthalten.

(3) Die Höhe des Anspruchs nach § 19 Absatz 1 verringert sich nach Berücksichtigung der §§ 23a bis 26 in folgender Reihenfolge, wobei der Anspruch keinen negativen Wert annehmen kann:

1. nach Maßgabe des § 39h Absatz 2 Satz 1 oder § 44b Absatz 1 Satz 2 für den dort genannten Anteil der in einem Kalenderjahr erzeugten Strommenge aus Biogas,
2. nach Maßgabe des § 51 bei negativen Preisen,
3. nach Maßgabe der §§ 52 und 44c Absatz 3 sowie der Anlage 3 Nummer I.5 bei einem Verstoß gegen eine Bestimmung dieses Gesetzes,
4. nach Maßgabe des § 53 bei der Inanspruchnahme einer Einspeisevergütung oder eines Mieterstromzuschlags,
5. nach Maßgabe des § 53a bei einem Verzicht auf den gesetzlich bestimmten Anspruch nach § 19 Absatz 1,
6. nach Maßgabe des § 53b bei der Inanspruchnahme von Regionalnachweisen,
7. nach Maßgabe des § 53c bei einer Stromsteuerbefreiung und
8. für Solaranlagen, deren anzulegender Wert durch Ausschreibungen ermittelt wird,
   a) nach Maßgabe des § 54 Absatz 1 im Fall der verspäteten Inbetriebnahme einer Solaranlage und
   b) nach Maßgabe des § 54 Absatz 2 im Fall der Übertragung der Zahlungsberechtigung für eine Solaranlage auf einen anderen Standort.

§ 23a Besondere Bestimmung zur Höhe der Marktprämie. [1]Die Höhe des Anspruchs auf die Marktprämie nach § 19 Absatz 1 Nummer 1 wird kalendermonatlich berechnet. [2]Die Berechnung erfolgt rückwirkend anhand der für den jeweiligen Kalendermonat berechneten Werte nach Anlage 1.

§ 23b Besondere Bestimmung zum Mieterstromzuschlag. (1) [1]Die Höhe des Anspruchs auf den Mieterstromzuschlag wird aus den anzulegenden Werten nach § 48 Absatz 2 und § 49 berechnet, wobei von diesen anzulegenden Werten 8,5 Cent pro Kilowattstunde abzuziehen sind. [2]Abweichend von Satz 1 sind nach dem 31. Dezember 2018 vom anzulegenden Wert oberhalb einer installierten Leistung von 40 Kilowatt bis einschließlich einer installierten Leistung von 750 Kilowatt 8 Cent pro Kilowattstunde abzuziehen.

(2) Der Anspruch auf den Mieterstromzuschlag für Strom aus der Solaranlage besteht frühestens

1. ab dem Datum, an dem sowohl die Solaranlage nach § 21b Absatz 1 in Verbindung mit § 21c erstmals der Veräußerungsform des Mieterstromzuschlags zugeordnet worden ist als auch die Voraussetzungen von § 21 Absatz 3 erstmals erfüllt worden sind,
2. sobald das Datum nach Nummer 1 im Register eingetragen ist und
3. sofern Absatz 3 dem nicht entgegensteht.

(3) [1] Überschreitet in einem Kalenderjahr die Summe der installierten Leistung der Solaranlagen, für die die Angabe nach Absatz 2 Nummer 1 neu im Register eingetragen ist, erstmals das jährliche Volumen von 500 Megawatt, entsteht kein Anspruch auf den Mieterstromzuschlag für die Betreiber von Solaranlagen, bei denen der Tag nach Absatz 2 Nummer 1 nach dem letzten Kalendertag des ersten auf die Überschreitung folgenden Kalendermonats in dem Kalenderjahr liegt. [2] Die Bundesnetzagentur veröffentlicht das Datum, ab dem der Anspruch nicht mehr besteht, auf ihrer Internetseite. [3] Sofern in einem Kalenderjahr das jährliche Volumen von 500 Megawatt überschritten wird, reduziert sich das jährliche Volumen nach Satz 1 im jeweils folgenden Kalenderjahr um die über 500 Megawatt hinausgehende Summe der installierten Leistung von Solaranlagen, für die in dem Kalenderjahr der Überschreitung erstmals ein Anspruch auf Mieterstromzuschlag entstanden ist.

(4) [1] Der Anspruch auf den Mieterstromzuschlag entsteht für Betreiber von Solaranlagen, für deren Strom der Anspruch auf Mieterstromzuschlag in dem vorangegangenen Kalenderjahr nach Absatz 3 nicht bestand, in der zeitlichen Reihenfolge des Datums nach Absatz 2 Nummer 1 im Register ab dem jeweils folgenden Kalenderjahr, soweit in dem entsprechenden Kalenderjahr das jährliche Volumen nach Absatz 3 nicht überschritten wird. [2] § 25 bleibt unberührt.

§ 23c Anteilige Zahlung. Besteht für Strom der Anspruch nach § 19 Absatz 1 in Abhängigkeit von der Bemessungsleistung oder der installierten Leistung, bestimmt sich dieser

1. für Solaranlagen oder Windenergieanlagen jeweils anteilig nach der installierten Leistung der Anlage im Verhältnis zu dem jeweils anzuwendenden Schwellenwert und
2. in allen anderen Fällen jeweils anteilig nach der Bemessungsleistung der Anlage.

§ 24 Zahlungsansprüche für Strom aus mehreren Anlagen. (1) [1] Mehrere Anlagen sind unabhängig von den Eigentumsverhältnissen zum Zweck der Ermittlung des Anspruchs nach § 19 Absatz 1 und zur Bestimmung der Größe der Anlage nach § 21 Absatz 1 oder § 22 für den jeweils zuletzt in Betrieb gesetzten Generator als eine Anlage anzusehen, wenn

1. sie sich auf demselben Grundstück, demselben Gebäude, demselben Betriebsgelände oder sonst in unmittelbarer räumlicher Nähe befinden,
2. sie Strom aus gleichartigen erneuerbaren Energien erzeugen,

3. für den in ihnen erzeugten Strom der Anspruch nach § 19 Absatz 1 in Abhängigkeit von der Bemessungsleistung oder der installierten Leistung besteht und
4. sie innerhalb von zwölf aufeinanderfolgenden Kalendermonaten in Betrieb genommen worden sind.

[2] Abweichend von Satz 1 sind mehrere Anlagen unabhängig von den Eigentumsverhältnissen und ausschließlich zum Zweck der Ermittlung des Anspruchs nach § 19 Absatz 1 und zur Bestimmung der Größe der Anlage nach § 21 Absatz 1 oder § 22 für den jeweils zuletzt in Betrieb gesetzten Generator als eine Anlage anzusehen, wenn sie Strom aus Biogas mit Ausnahme von Biomethan erzeugen und das Biogas aus derselben Biogaserzeugungsanlage stammt. [3] Abweichend von Satz 1 werden Freiflächenanlagen nicht mit Solaranlagen auf, in oder an Gebäuden und Lärmschutzwänden zusammengefasst.

(2) Unbeschadet von Absatz 1 Satz 1 stehen mehrere Freiflächenanlagen unabhängig von den Eigentumsverhältnissen und ausschließlich zum Zweck der Ermittlung der Anlagengröße nach § 38a Absatz 1 Nummer 5 und nach § 22 Absatz 3 Satz 2 für den jeweils zuletzt in Betrieb gesetzten Generator einer Anlage gleich, wenn sie

1. innerhalb derselben Gemeinde, die für den Erlass eines Bebauungsplans zuständig ist oder gewesen wäre, errichtet worden sind und
2. innerhalb von 24 aufeinanderfolgenden Kalendermonaten in einem Abstand von bis zu 2 Kilometern Luftlinie, gemessen vom äußeren Rand der jeweiligen Anlage, in Betrieb genommen worden sind.

(3) [1] Anlagenbetreiber können Strom aus mehreren Anlagen, die gleichartige erneuerbare Energien oder Grubengas einsetzen, über eine gemeinsame Messeinrichtung abrechnen. [2] In diesem Fall sind für die Berechnung der Einspeisevergütung oder Marktprämie bei mehreren Windenergieanlagen an Land die Zuordnung der Strommengen zu den Windenergieanlagen im Verhältnis des jeweiligen Referenzertrags nach Anlage 2 Nummer 2 des Erneuerbare-Energien-Gesetzes in der am 31. Dezember 2016 geltenden Fassung für Windenergieanlagen an Land, deren anzulegender Wert durch § 46 bestimmt wird, und des jeweilig zuletzt berechneten Standortertrags nach Anlage 2 Nummer 7 für Windenergieanlagen an Land, deren anzulegender Wert durch § 36h bestimmt wird, maßgeblich; bei allen anderen Anlagen erfolgt die Zuordnung der Strommengen im Verhältnis zu der installierten Leistung der Anlagen.

§ 25 Beginn, Dauer und Beendigung des Anspruchs. [1] Marktprämien, Einspeisevergütungen oder Mieterstromzuschläge sind jeweils für die Dauer von 20 Jahren zu zahlen. [2] Bei Anlagen, deren anzulegender Wert gesetzlich bestimmt wird, verlängert sich dieser Zeitraum bis zum 31. Dezember des zwanzigsten Jahres der Zahlung. [3] Beginn der Frist nach Satz 1 ist, soweit sich aus den Bestimmungen dieses Gesetzes nichts anderes ergibt, der Zeitpunkt der Inbetriebnahme der Anlage.

§ 26 Abschläge und Fälligkeit. (1) Auf die zu erwartenden Zahlungen nach § 19 Absatz 1 sind monatlich jeweils zum 15. Kalendertag für den Vormonat Abschläge in angemessenem Umfang zu leisten.

(2) [1]Der Anspruch nach § 19 Absatz 1 wird fällig, sobald und soweit der Anlagenbetreiber seine Pflichten zur Übermittlung von Daten nach § 71 erfüllt hat. [2]Satz 1 ist für den Anspruch auf monatliche Abschläge nach Absatz 1 erst ab März des auf die Inbetriebnahme der Anlage folgenden Jahres anzuwenden.

§ 27 Aufrechnung. (1) Die Aufrechnung von Ansprüchen des Anlagenbetreibers nach § 19 Absatz 1 mit einer Forderung des Netzbetreibers ist nur zulässig, soweit die Forderung unbestritten oder rechtskräftig festgestellt ist.

(2) Das Aufrechnungsverbot des § 23 Absatz 3 der Niederspannungsanschlussverordnung[1)] ist nicht anzuwenden, wenn mit Ansprüchen aus diesem Gesetz aufgerechnet wird.

§ 27a Zahlungsanspruch und Eigenversorgung. [1]Die Betreiber von Anlagen, deren anzulegender Wert durch Ausschreibungen ermittelt worden ist, dürfen in dem gesamten Zeitraum, in dem sie Zahlungen nach diesem Gesetz in Anspruch nehmen, den in ihrer Anlage erzeugten Strom nicht zur Eigenversorgung nutzen. [2]Ausgenommen ist der Strom, der verbraucht wird

1. durch die Anlage oder andere Anlagen, die über denselben Verknüpfungspunkt mit dem Netz verbunden sind,
2. in den Neben- und Hilfsanlagen der Anlage oder anderer Anlagen, die über denselben Verknüpfungspunkt mit dem Netz verbunden sind,
3. zum Ausgleich physikalisch bedingter Netzverluste,
4. in den Stunden, in denen der Wert der Stundenkontrakte für die Preiszone für Deutschland am Spotmarkt der Strombörse in der vortägigen Auktion negativ ist, oder
5. in den Stunden, in denen die Einspeiseleistung bei Netzüberlastung nach ***[bis 30.9.2021:*** § 14 Absatz 1***]*** ***[ab 1.10.2021:*** *§ 13 des Energiewirtschaftsgesetzes****]*** reduziert wird.

Abschnitt 3. Ausschreibungen

Unterabschnitt 1. Allgemeine Ausschreibungsbestimmungen

§ 28 Ausschreibungsvolumen. (1) [1]Bei Windenergieanlagen an Land ist das Ausschreibungsvolumen

1. im Jahr 2017
   a) zu dem Gebotstermin am 1. Mai 800 Megawatt zu installierender Leistung und
   b) zu den Gebotsterminen am 1. August und 1. November jeweils 1 000 Megawatt zu installierender Leistung,
2. im Jahr 2018 zu den Gebotsterminen am 1. Februar, 1. Mai, 1. August und 1. Oktober jeweils 700 Megawatt zu installierender Leistung,
3. im Jahr 2019
   a) zu dem Gebotstermin am 1. Februar 700 Megawatt zu installierender Leistung,

---

1) Nr. **32**.

b) zu den Gebotsterminen am 1. Mai und 1. August jeweils 650 Megawatt zu installierender Leistung und

c) zu dem Gebotstermin am 1. Oktober 675 Megawatt zu installierender Leistung,

4. im Jahr 2020 zu den Gebotsterminen am 1. Februar, 1. Juni und 1. Oktober jeweils 900 Megawatt zu installierender Leistung,
5. im Jahr 2021
   a) zu den Gebotsterminen am 1. Februar und 1. Juni jeweils 900 Megawatt zu installierender Leistung und
   b) zu dem Gebotstermin am 1. Oktober 850 Megawatt zu installierender Leistung,
6. ab dem Jahr 2022
   a) zu dem jährlichen Gebotstermin am 1. Februar jeweils 1 000 Megawatt zu installierender Leistung,
   b) zu den jährlichen Gebotsterminen am 1. Juni und 1. Oktober jeweils 950 Megawatt zu installierender Leistung.

[2] In den Jahren 2019 bis 2021 führt die Bundesnetzagentur zusätzlich Sonderausschreibungen für Windenergieanlagen an Land durch. [3] Das Ausschreibungsvolumen der Sonderausschreibungen beträgt

1. im Jahr 2019 zu den Gebotsterminen am 1. September und 1. Dezember jeweils 500 Megawatt zu installierender Leistung,
2. im Jahr 2020 zu den Gebotsterminen am 1. März und 1. Juli jeweils 300 Megawatt zu installierender Leistung und zu den Gebotsterminen am 1. September und 1. Dezember jeweils 400 Megawatt zu installierender Leistung,
3. im Jahr 2021 zu den Gebotsterminen am 1. März, 1. Juli, 1. September und 1. Dezember jeweils 400 Megawatt zu installierender Leistung.

(1a) [1] Das Ausschreibungsvolumen nach Absatz 1 verringert sich ab dem Jahr 2020 jeweils

1. um die Summe der installierten Leistung der Windenergieanlagen an Land, die bei einer Ausschreibung eines anderen Mitgliedstaates der Europäischen Union in dem jeweils vorangegangenen Kalenderjahr im Bundesgebiet bezuschlagt worden sind,
2. um die Summe der installierten Leistung der Pilotwindenergieanlagen an Land nach § 22a, die in dem jeweils vorangegangenen Kalenderjahr ihren Anspruch nach § 19 Absatz 1 erstmals geltend machen durften, und
3. um die Hälfte der Summe der installierten Leistung, die bei einer Ausschreibung aufgrund einer Rechtsverordnung nach § 88c im jeweils vorangegangenen Kalenderjahr bezuschlagt worden ist.

[2] In den Kalenderjahren 2019 bis 2021 wird das Ausschreibungsvolumen, für das in einem Kalenderjahr keine Zuschläge erteilt werden konnten, mit Wirkung zum jeweils dritten darauffolgenden Kalenderjahr auf das Ausschreibungsvolumen übertragen. [3] Die Bundesnetzagentur stellt jährlich bis spätestens zum 2. März die Differenz der installierten Leistung nach den Sätzen 1 und 2 für jedes Kalenderjahr fest und verteilt diese Menge, um die sich das Ausschrei-

bungsvolumen erhöht oder verringert, gleichmäßig auf die folgenden Ausschreibungen im Kalenderjahr.

(2) [1] Bei Solaranlagen ist das Ausschreibungsvolumen

1. in den Jahren 2017 und 2018 zu den jährlichen Gebotsterminen am 1. Februar, 1. Juni und 1. Oktober jeweils 200 Megawatt zu installierender Leistung,
2. im Jahr 2019
   a) zu dem Gebotstermin am 1. Februar 175 Megawatt zu installierender Leistung und
   b) zu den Gebotsterminen am 1. Juni und 1. Oktober jeweils 150 Megawatt zu installierender Leistung,
3. im Jahr 2020
   a) zu dem Gebotstermin am 1. Februar 100 Megawatt zu installierender Leistung und
   b) zu den Gebotsterminen am 1. Juni und 1. Oktober jeweils 150 Megawatt zu installierender Leistung,
4. im Jahr 2021
   a) zu dem Gebotstermin am 1. Februar 150 Megawatt zu installierender Leistung und
   b) zu den Gebotsterminen am 1. Juni und 1. Oktober jeweils 100 Megawatt zu installierender Leistung,
5. ab dem Jahr 2022 zu den jährlichen Gebotsterminen am 1. Februar, 1. Juni und 1. Oktober jeweils 200 Megawatt zu installierender Leistung.

[2] In den Jahren 2019 bis 2021 führt die Bundesnetzagentur Sonderausschreibungen für Solaranlagen durch. [3] Das Ausschreibungsvolumen der Sonderausschreibungen beträgt

1. im Jahr 2019 zu den Gebotsterminen am 1. März und am 1. Dezember jeweils 500 Megawatt zu installierender Leistung,
2. im Jahr 2020 zu den Gebotsterminen am 1. März und 1. Juli jeweils 300 Megawatt zu installierender Leistung und zu den Gebotsterminen am 1. September und 1. Dezember jeweils 400 Megawatt zu installierender Leistung,
3. im Jahr 2021 zu den Gebotsterminen am 1. März, 1. Juli, 1. September und 1. Dezember jeweils 400 Megawatt zu installierender Leistung.

(2a) [1] Das Ausschreibungsvolumen nach Absatz 2 verringert sich ab dem Jahr 2020 jeweils

1. um die Summe der installierten Leistung der Solaranlagen, die bei einer Ausschreibung eines anderen Mitgliedstaates der Europäischen Union in dem jeweils vorangegangenen Kalenderjahr im Bundesgebiet bezuschlagt worden sind,
2. um die Summe der installierten Leistung der Freiflächenanlagen, deren anzulegender Wert gesetzlich bestimmt worden ist, und die im jeweils vorangegangenen Kalenderjahr an das Register als in Betrieb genommen gemeldet worden sind, und
3. um die Hälfte der Summe der installierten Leistung, die bei einer Ausschreibung aufgrund einer Rechtsverordnung nach § 88c im jeweils vorangegangenen Kalenderjahr bezuschlagt worden ist.

[2]In den Kalenderjahren 2019 bis 2021 wird das Ausschreibungsvolumen, für das in einem Kalenderjahr keine Zuschläge erteilt werden konnten oder für die keine Zweitsicherheiten hinterlegt worden sind, mit Wirkung zum jeweils dritten darauffolgenden Kalenderjahr auf das Ausschreibungsvolumen übertragen. [3]Die Bundesnetzagentur stellt jährlich bis spätestens zum 2. März die Differenz der installierten Leistung nach den Sätzen 1 und 2 für das jeweils vorangegangene Kalenderjahr fest und verteilt diese Menge, um die sich das Ausschreibungsvolumen erhöht oder verringert, gleichmäßig auf die folgenden Ausschreibungen im Kalenderjahr.

(3) [1]Bei Biomasseanlagen ist das Ausschreibungsvolumen zu den jährlichen Gebotsterminen am 1. April und 1. November

1. im Jahr 2019 jeweils 75 Megawatt zu installierender Leistung und
2. in den Jahren 2020 bis 2022 jeweils 100 Megawatt zu installierender Leistung.

[2]Die Bundesregierung legt rechtzeitig einen Vorschlag für das jährliche Ausschreibungsvolumen für die Jahre ab 2023 vor.

(3a) [1]Das Ausschreibungsvolumen nach Absatz 3 verringert sich ab dem Jahr 2017 jeweils um die Summe der in dem jeweils vorangegangenen Kalenderjahr installierten Leistung von Biomasseanlagen, deren anzulegender Wert gesetzlich bestimmt worden ist und die in dem jeweils vorangegangenen Kalenderjahr an das Register als in Betrieb genommen gemeldet worden sind. [2]Das Ausschreibungsvolumen nach Absatz 3 erhöht sich ab dem Jahr 2018 jeweils um das gesamte Ausschreibungsvolumen für Biomasseanlagen, für das in dem jeweils vorangegangenen Kalenderjahr keine Zuschläge erteilt werden konnten.

(4) Bei Windenergieanlagen auf See bestimmt die Bundesnetzagentur das Ausschreibungsvolumen nach den Vorgaben des Windenergie-auf-See-Gesetzes[1)].

(5) Bei den gemeinsamen Ausschreibungen für Windenergieanlagen an Land und Solaranlagen nach § 39i ist das Ausschreibungsvolumen

1. in den Jahren 2019 bis 2021 zu den Gebotsterminen am 1. April und 1. November jeweils 200 Megawatt zu installierender Leistung und
2. im Jahr 2022 zu dem Gebotstermin am 1. April das Ausschreibungsvolumen aus dem Jahr 2021, für das in der Innovationsausschreibung nach § 39j keine Zuschläge erteilt werden konnten.

(6) [1]Bei den Innovationsausschreibungen nach § 39j beträgt das Ausschreibungsvolumen in dem jährlichen Gebotstermin am 1. September

1. im Jahr 2019 250 Megawatt zu installierender Leistung,
2. im Jahr 2020 400 Megawatt zu installierender Leistung und
3. im Jahr 2021 500 Megawatt zu installierender Leistung.

[2]Das Ausschreibungsvolumen nach Satz 1 erhöht sich jeweils um das Ausschreibungsvolumen der Innovationsausschreibungen, für das in dem jeweils vorangegangenen Kalenderjahr keine Zuschläge erteilt werden konnten. [3]Abweichend von Satz 1 wird das Ausschreibungsvolumen, für das in der Innovationsausschreibung aus dem Jahr 2021 keine Zuschläge erteilt werden konnten,

---

1) Nr. 47.

auf das Ausschreibungsvolumen der gemeinsamen Ausschreibung im Jahr 2022 übertragen.

§ 29 Bekanntmachung. (1) [1] Die Bundesnetzagentur macht die Ausschreibungen frühestens acht Wochen und spätestens fünf Wochen vor dem jeweiligen Gebotstermin für den jeweiligen Energieträger auf ihrer Internetseite bekannt. [2] Die Bekanntmachungen müssen mindestens folgende Angaben enthalten:

1. den Gebotstermin,
2. das Ausschreibungsvolumen,
3. den Höchstwert,
4. die Angabe, ob Landesregierungen Rechtsverordnungen aufgrund von § 37c Absatz 2 erlassen haben und auf welchen Flächen nach diesen Rechtsverordnungen Gebote für Solaranlagen bezuschlagt werden können,
5. die Formatvorgaben, die nach § 30a Absatz 1 von der Bundesnetzagentur für die Gebotsabgabe vorgegeben sind, und
6. die Festlegungen der Bundesnetzagentur nach § 85 Absatz 2 und § 85a, soweit sie die Gebotsabgabe oder das Zuschlagsverfahren betreffen.

(2) Die Bekanntmachungen nach Absatz 1 erfolgen ausschließlich im öffentlichen Interesse.

§ 30 Anforderungen an Gebote. (1) Die Gebote müssen jeweils die folgenden Angaben enthalten:

1. Name, Anschrift, Telefonnummer und E-Mail-Adresse des Bieters; sofern der Bieter eine rechtsfähige Personengesellschaft oder juristische Person ist, sind auch anzugeben:
   a) ihr Sitz,
   b) der Name einer natürlichen Person, die zur Kommunikation mit der Bundesnetzagentur und zur Vertretung des Bieters für alle Handlungen nach diesem Gesetz bevollmächtigt ist (Bevollmächtigter), und
   c) wenn mindestens 25 Prozent der Stimmrechte oder des Kapitals bei anderen rechtsfähigen Personengesellschaften oder juristischen Personen liegen, deren Name und Sitz,
2. den Energieträger, für den das Gebot abgegeben wird,
3. den Gebotstermin der Ausschreibung, für die das Gebot abgegeben wird,
4. die Gebotsmenge in Kilowatt ohne Nachkommastellen,
5. den Gebotswert in Cent pro Kilowattstunde mit zwei Nachkommastellen, wobei sich das Gebot bei Windenergieanlagen an Land auf den Referenzstandort nach Anlage 2 Nummer 4 beziehen muss,
6. die Standorte der Anlagen, auf die sich das Gebot bezieht, mit Bundesland, Landkreis, Gemeinde, Gemarkung und Flurstücken; im Fall von Solaranlagen auf, an oder in Gebäuden muss, sofern vorhanden, auch die postalische Adresse des Gebäudes angegeben werden, und
7. den Übertragungsnetzbetreiber.

(2) [1] Ein Gebot muss eine Gebotsmenge von mehr als 750 Kilowatt umfassen. [2] Abweichend von Satz 1 muss ein Gebot bei Biomasseanlagen eine

Gebotsmenge von mehr als 150 Kilowatt umfassen; bei Geboten für bestehende Biomasseanlagen nach § 39f besteht keine Mindestgröße für die Gebotsmenge.

(3) [1]Bieter dürfen in einer Ausschreibung mehrere Gebote für unterschiedliche Anlagen abgeben. [2]In diesem Fall müssen sie ihre Gebote nummerieren und eindeutig kennzeichnen, welche Nachweise zu welchem Gebot gehören.

§ 30a Ausschreibungsverfahren. (1) Die Bundesnetzagentur darf für die Ausschreibungsverfahren Formatvorgaben machen.

(2) Die Gebote müssen der Bundesnetzagentur spätestens am jeweiligen Gebotstermin zugegangen sein.

(3) [1]Die Rücknahme von Geboten ist bis zum jeweiligen Gebotstermin zulässig; maßgeblich ist der Zugang einer Rücknahmeerklärung bei der Bundesnetzagentur. [2]Die Rücknahme muss durch eine unbedingte, unbefristete und der Schriftform genügende Erklärung des Bieters erfolgen, die sich dem entsprechenden Gebot eindeutig zuordnen lässt.

(4) Bieter sind an ihre Gebote, die bis zum Gebotstermin abgegeben und nicht zurückgenommen worden sind, gebunden, bis ihnen von der Bundesnetzagentur mitgeteilt worden ist, dass ihr Gebot keinen Zuschlag erhalten hat.

(5) [1]Die Ausschreibungen können von der Bundesnetzagentur ganz oder teilweise auf ein elektronisches Verfahren umgestellt werden; dabei kann auch von dem Schriftformerfordernis nach Absatz 3 Satz 2 abgewichen werden. [2]In diesem Fall kann die Bundesnetzagentur insbesondere Vorgaben über die Authentifizierung für die gesicherte Datenübertragung machen. [3]Bei einer Umstellung auf ein elektronisches Verfahren muss die Bundesnetzagentur bei der Bekanntmachung nach § 29 auf das elektronische Verfahren hinweisen.

§ 31 Sicherheiten. (1) [1]Bieter müssen bei der Bundesnetzagentur für ihre Gebote bis zum jeweiligen Gebotstermin eine Sicherheit leisten. [2]Durch die Sicherheit werden die jeweiligen Forderungen der Übertragungsnetzbetreiber auf Pönalen nach § 55 gesichert.

(2) Bieter müssen bei der Leistung der Sicherheit das Gebot, auf das sich die Sicherheit bezieht, eindeutig bezeichnen.

(3) Wer eine Sicherheit leisten muss, kann dies bewirken durch

1. die unwiderrufliche, unbedingte und unbefristete Bürgschaft auf erstes Anfordern, die durch ein Kreditinstitut oder einen Kreditversicherer zugunsten des Übertragungsnetzbetreibers ausgestellt wurde und für die eine Bürgschaftserklärung an die Bundesnetzagentur übergeben wurde oder
2. die Zahlung eines Geldbetrags auf ein nach Absatz 5 eingerichtetes Verwahrkonto der Bundesnetzagentur.

(4) [1]Die Bürgschaftserklärung ist schriftlich in deutscher Sprache unter Verzicht auf die Einrede der Vorausklage nach § 771 des Bürgerlichen Gesetzbuchs und unter Verzicht auf die Einreden der Aufrechenbarkeit und Anfechtbarkeit nach § 770 des Bürgerlichen Gesetzbuchs einzureichen. [2]Der Bürge muss in der Europäischen Union oder in einem Staat der Vertragsparteien des Abkommens über den Europäischen Wirtschaftsraum als Kreditinstitut oder als Kreditversicherer zugelassen sein. [3]Die Bundesnetzagentur kann im Einzelfall bei begründeten Bedenken gegen die Tauglichkeit des Bürgen vom Bieter verlangen, die Tauglichkeit des Bürgen nachzuweisen. [4]Für den Nachweis der

Tauglichkeit im Einzelfall ist der Maßstab des § 239 Absatz 1 des Bürgerlichen Gesetzbuchs heranzuziehen.

(5) [1] Die Bundesnetzagentur verwahrt die Sicherheiten nach Absatz 3 Nummer 2 treuhänderisch zugunsten der Bieter und der Übertragungsnetzbetreiber. [2] Hierzu richtet sie ein Verwahrkonto ein. [3] Die Bundesnetzagentur ist berechtigt, die Sicherheiten einzubehalten, bis die Voraussetzungen zur Rückgabe oder zur Befriedigung der Übertragungsnetzbetreiber vorliegen. [4] Die Sicherheitsleistungen werden nicht verzinst.

§ 32 Zuschlagsverfahren. (1) [1] Die Bundesnetzagentur führt bei jeder Ausschreibung für jeden Energieträger das folgende Zuschlagsverfahren durch. [2] Sie öffnet die fristgerecht eingegangenen Gebote nach dem Gebotstermin. [3] Sie sortiert die Gebote

1. bei unterschiedlichen Gebotswerten nach dem jeweiligen Gebotswert in aufsteigender Reihenfolge, beginnend mit dem Gebot mit dem niedrigsten Gebotswert,
2. bei demselben Gebotswert nach der jeweiligen Gebotsmenge in aufsteigender Reihenfolge, beginnend mit der niedrigsten Gebotsmenge; wenn die Gebotswerte und die Gebotsmenge der Gebote gleich sind, entscheidet das Los über die Reihenfolge, es sei denn, die Reihenfolge ist für die Zuschlagserteilung nicht maßgeblich.

[4] Die Bundesnetzagentur prüft die Zulässigkeit der Gebote nach den §§ 33 und 34 und erteilt bei jeder Ausschreibung für den jeweiligen Energieträger in der Reihenfolge nach Satz 3 allen zulässigen Geboten einen Zuschlag im Umfang ihres Gebots, bis das Ausschreibungsvolumen erstmals durch den Zuschlag zu einem Gebot erreicht oder überschritten ist (Zuschlagsgrenze). [5] Geboten oberhalb der Zuschlagsgrenze wird kein Zuschlag erteilt.

(2) Die Bundesnetzagentur erfasst für jedes Gebot, für das ein Zuschlag erteilt worden ist, die vom Bieter übermittelten Angaben und Nachweise sowie den Zuschlagswert.

§ 33 Ausschluss von Geboten. (1) [1] Die Bundesnetzagentur schließt Gebote von dem Zuschlagsverfahren aus, wenn

1. die Anforderungen und Formatvorgaben für Gebote nach den §§ 30 und 30a nicht vollständig eingehalten wurden,
2. die für den jeweiligen Energieträger nach den §§ 36 und 36d, den §§ 37 und 37c oder den §§ 39 bis 39h oder die in den Rechtsverordnungen nach den §§ 88 bis 88d gestellten Anforderungen nicht erfüllt sind,
3. bis zum Gebotstermin bei der Bundesnetzagentur die Gebühr nach Nummer 1 oder 3 der Anlage zur Ausschreibungsgebührenverordnung oder die Sicherheit nicht vollständig geleistet worden sind,
4. der Gebotswert des Gebots den für die jeweilige Ausschreibung oder die Anlage festgelegten Höchstwert überschreitet,
5. das Gebot Bedingungen, Befristungen oder sonstige Nebenabreden enthält oder
6. das Gebot nicht den bekanntgemachten Festlegungen der Bundesnetzagentur entspricht, soweit diese die Gebotsabgabe betreffen.

[2] Die Bundesnetzagentur kann Gebote vom Zuschlagsverfahren ausschließen, wenn bis zum Gebotstermin dem Gebot die Sicherheit oder die Gebühr nicht eindeutig zugeordnet werden können.

(2) [1] Die Bundesnetzagentur kann ein Gebot ausschließen, wenn der begründete Verdacht besteht, dass der Bieter keine Anlage auf dem in dem Gebot angegebenen Standort plant, und

1. auf den in dem Gebot angegebenen Flurstücken bereits eine Anlage in Betrieb genommen worden ist oder
2. die in dem Gebot angegebenen Flurstücke ganz oder teilweise übereinstimmen
   a) mit den in einem anderen Gebot in derselben Ausschreibung angegebenen Flurstücken oder
   b) mit den in einem anderen bezuschlagten Gebot in einer vorangegangenen Ausschreibung angegebenen Flurstücken, sofern der Zuschlag nicht entwertet worden ist.

[2] Ein Ausschluss von Geboten nach Satz 1 Nummer 1 oder Nummer 2 Buchstabe b ist nicht zulässig, wenn zu einer Anlage weitere Anlagen zugebaut werden sollen oder eine bestehende Anlage ersetzt werden soll und hierfür Gebote abgegeben werden.

§ 34 Ausschluss von Bietern. Die Bundesnetzagentur kann Bieter und deren Gebote von dem Zuschlagsverfahren ausschließen, wenn

1. der Bieter
   a) vorsätzlich oder grob fahrlässig Gebote unter falschen Angaben oder unter Vorlage falscher Nachweise in dieser oder einer vorangegangenen Ausschreibung abgegeben hat oder
   b) mit anderen Bietern Absprachen über die Gebotswerte der in dieser oder einer vorangegangenen Ausschreibung abgegebenen Gebote getroffen hat,
2. die Gebotsmengen mehrerer Zuschläge eines Bieters aus mindestens zwei vorangegangenen Ausschreibungen vollständig entwertet worden sind oder
3. der Bieter bei mindestens zwei Geboten nach der Erteilung des Zuschlags für eine Solaranlage die Zweitsicherheit nach § 37a Satz 2 Nummer 2 nicht innerhalb der Frist bei der Bundesnetzagentur geleistet hat.

§ 35 Bekanntgabe der Zuschläge und anzulegender Wert. (1) Die Bundesnetzagentur gibt die Zuschläge mit den folgenden Angaben auf ihrer Internetseite bekannt:

1. dem Gebotstermin der Ausschreibung, dem Energieträger, für den die Zuschläge erteilt werden, und den bezuschlagten Mengen,
2. den Namen der Bieter, die einen Zuschlag erhalten haben, mit
   a) dem jeweils in dem Gebot angegebenen Standort der Anlage,
   b) der Nummer des Gebots, sofern ein Bieter mehrere Gebote abgegeben hat, und
   c) einer eindeutigen Zuschlagsnummer,
3. dem niedrigsten und höchsten Gebotswert, die einen Zuschlag erhalten haben, und

4. dem mengengewichteten durchschnittlichen Zuschlagswert.

(2) Der Zuschlag ist eine Woche nach der öffentlichen Bekanntgabe nach Absatz 1 als bekanntgegeben anzusehen.

(3) Die Bundesnetzagentur unterrichtet die Bieter, die einen Zuschlag erhalten haben, unverzüglich über die Zuschlagserteilung und den Zuschlagswert.

§ 35a Entwertung von Zuschlägen. (1) Die Bundesnetzagentur entwertet einen Zuschlag,

1. soweit der Zuschlag nach Ablauf der Frist zur Realisierung der Anlage erlischt,
2. wenn der Bieter seinen Zuschlag zurückgeben darf und soweit er von diesem Recht Gebrauch gemacht hat,
3. soweit die Bundesnetzagentur den Zuschlag nach dem Verwaltungsverfahrensgesetz zurücknimmt oder widerruft oder
4. wenn der Zuschlag durch Zeitablauf oder auf sonstige Weise seine Wirksamkeit verliert.

(2) Wird eine Zahlungsberechtigung nachträglich aufgehoben, wird auch der zugrundeliegende Zuschlag entwertet.

Unterabschnitt 2. Ausschreibungen für Windenergieanlagen an Land

§ 36 Gebote für Windenergieanlagen an Land. (1) In Ergänzung zu den Anforderungen an Gebote nach § 30 müssen Windenergieanlagen an Land, auf die sich ein Gebot bezieht, folgende Anforderungen erfüllen:

1. die Genehmigungen nach dem Bundes-Immissionsschutzgesetz müssen für alle Anlagen drei Wochen vor dem Gebotstermin und von derselben Genehmigungsbehörde erteilt worden sein, und
2. die Anlagen müssen mit den erforderlichen Daten drei Wochen vor dem Gebotstermin als genehmigt an das Register gemeldet worden sein; die Meldefristen des Registers bleiben hiervon unberührt.

(2) Bieter müssen ihren Geboten in Ergänzung zu den Anforderungen nach § 30 folgende Angaben beifügen:

1. die Nummern, unter denen die von der Genehmigung nach dem Bundes-Immissionsschutzgesetz umfassten Anlagen an das Register gemeldet worden sind, oder eine Kopie der Meldung an das Register und
2. das Aktenzeichen der Genehmigung nach dem Bundes-Immissionsschutzgesetz, unter dem die Genehmigung der Anlagen erteilt worden ist, sowie die Genehmigungsbehörde und deren Anschrift; bezieht sich das Gebot nur auf einen Teil der Anlagen, die von der Genehmigung umfasst sind, müssen die Anlagen, für die ein Gebot abgegeben wird, benannt werden.

(3) Bieter müssen ihren Geboten in Ergänzung zu den Anforderungen nach § 30 folgende Nachweise beifügen:

1. eine Eigenerklärung, dass die Genehmigung nach dem Bundes-Immissionsschutzgesetz auf sie ausgestellt worden ist, oder die Erklärung des Inhabers der entsprechenden Genehmigung, dass der Bieter das Gebot mit Zustimmung des Genehmigungsinhabers abgibt, und

2. eine Eigenerklärung des Inhabers der Genehmigung nach dem Bundes-Immissionsschutzgesetz, dass kein wirksamer Zuschlag aus früheren Ausschreibungen für Anlagen besteht, für die das Gebot abgegeben worden ist.

§ 36a Sicherheiten für Windenergieanlagen an Land. Die Höhe der Sicherheit nach § 31 für Windenergieanlagen an Land bestimmt sich aus der Gebotsmenge multipliziert mit 30 Euro pro Kilowatt zu installierender Leistung.

§ 36b Höchstwert für Windenergieanlagen an Land. (1) Der Höchstwert für Strom aus Windenergieanlagen an Land beträgt im Jahr 2017 7,00 Cent pro Kilowattstunde für den Referenzstandort nach Anlage 2 Nummer 4.

(2) [1] Ab dem 1. Januar 2018 ergibt sich der Höchstwert aus dem um 8 Prozent erhöhten Durchschnitt aus den Gebotswerten des jeweils höchsten noch bezuschlagten Gebots der letzten drei Gebotstermine, deren Ergebnisse bei der Bekanntgabe des jeweiligen Gebotstermins nach § 29 bereits nach § 35 Absatz 1 bekanntgegeben waren. [2] Der sich ergebende Wert wird auf zwei Stellen nach dem Komma gerundet.

§ 36c Besondere Zuschlagsvoraussetzung für das Netzausbaugebiet.

(1) Der weitere Zubau von Windenergieanlagen an Land wird in dem Gebiet, in dem die Übertragungsnetze besonders stark überlastet sind (Netzausbaugebiet), gesteuert.

(2) [1] Das Netzausbaugebiet wird in einer Rechtsverordnung nach § 88b festgelegt. [2] Die Rechtsverordnung wird erstmals spätestens bis zum 1. März 2017 erlassen. [3] Grundlage für die Festlegung des Gebiets sind die Daten der letzten abgeschlossenen Systemanalyse nach § 3 Absatz 2 der Netzreserveverordnung[1)] und die nach § 13 Absatz 10 des Energiewirtschaftsgesetzes[2)] übermittelten Daten und Analysen für den Zeitraum in drei bis fünf Jahren.

(3) Bei der Festlegung des Netzausbaugebiets werden folgende Kriterien berücksichtigt:

1. das Netzausbaugebiet soll räumlich zusammenhängende Flächen, höchstens aber 20 Prozent der Bundesfläche erfassen,
2. das Netzausbaugebiet muss netzgebietsscharf oder landkreisscharf festgelegt werden,
3. ein weiterer Zubau von Windenergieanlagen an Land in diesem Gebiet muss zu einer besonders starken Belastung des Übertragungsnetzes führen oder die bestehende besonders starke Belastung weiter verschärfen; dabei kann berücksichtigt werden,
   a) wie stark die Belastung der betroffenen Teile des Übertragungsnetzes voraussichtlich sein wird und
   b) wieviel Strom aus Windenergieanlagen an Land in dem Netzausbaugebiet voraussichtlich abgeregelt werden muss und wie hoch die Potenziale für den Zubau von Windenergieanlagen an Land in diesem Gebiet sind.

---

1) Nr. 20.
2) Nr. 1.

(4) [1] In einer Rechtsverordnung nach § 88b wird ferner eine zu installierende Leistung festgelegt, für die in dem Netzausbaugebiet höchstens Zuschläge erteilt werden dürfen (Obergrenze). [2] Diese Obergrenze beträgt pro Jahr 58 Prozent der installierten Leistung, die im Jahresdurchschnitt in den Jahren 2013 bis 2015 in diesem Gebiet in Betrieb genommen worden ist. [3] Die sich für ein Kalenderjahr ergebende Gebotsmenge für das Netzausbaugebiet soll gleichmäßig auf alle Ausschreibungen verteilt werden, die in dem Kalenderjahr bekannt gemacht werden; in diesem Fall weist die Bundesnetzagentur hierauf bei der Bekanntmachung nach § 29 hin.

(5) [1] Die Bundesnetzagentur begrenzt die Zuschläge, die in jeder Ausschreibung für Windenergieanlagen an Land in dem Netzausbaugebiet erteilt werden, indem sie Gebote für Anlagen, die in diesem Gebiet errichtet werden sollen, im Umfang ihres Gebots nur berücksichtigt, bis die für das Netzausbaugebiet festgelegte installierte Leistung erstmals durch den Zuschlag zu einem Gebot erreicht oder überschritten wird. [2] Weitere Gebote für Windenergieanlagen an Land, die in dem Netzausbaugebiet errichtet werden sollen, berücksichtigt sie nicht.

(6) [1] Die Obergrenze nach Absatz 4 verringert sich ab dem Jahr 2018 jeweils um die Summe der installierten Leistung der Windenergieanlagen an Land, die in dem jeweils vorangegangenen Kalenderjahr im Netzausbaugebiet bezuschlagt worden sind

1. bei einer Ausschreibung nach § 5 Absatz 2 Satz 2 oder
2. bei einer grenzüberschreitenden Ausschreibung eines anderen Mitgliedstaates der Europäischen Union.

[2] In den völkerrechtlichen Vereinbarungen nach § 5 Absatz 3 muss festgelegt werden, dass die Gebotsmenge für Windenergieanlagen an Land im Netzausbaugebiet, die in Ausschreibungen nach § 5 Absatz 2 Satz 2 oder in grenzüberschreitenden Ausschreibungen eines anderen Mitgliedstaates der Europäischen Union bezuschlagt werden darf, begrenzt wird auf insgesamt höchstens 20 Prozent der nach § 5 Absatz 2 Satz 1 oder 20 Prozent der nach § 5 Absatz 6 für die jeweiligen grenzüberschreitenden Ausschreibungen pro Kalenderjahr zur Verfügung stehenden Ausschreibungsvolumina.

(7) [1] Die Bundesnetzagentur evaluiert bis zum 31. Juli 2019 und danach alle zwei Jahre die Festlegung des Netzausbaugebiets und der Obergrenze. [2] Änderungen an der Verordnung können erstmals zum 1. Januar 2020 und danach alle zwei Jahre zum 1. Januar in Kraft treten.

§ 36d Ausschluss von Geboten für Windenergieanlagen an Land.

Die Bundesnetzagentur schließt Gebote für Windenergieanlagen an Land nach § 33 von dem Zuschlagsverfahren aus, wenn sie für eine in dem Gebot angegebene Windenergieanlage an Land bereits einen Zuschlag erteilt hat, der zum Gebotstermin nicht entwertet worden ist.

§ 36e Erlöschen von Zuschlägen für Windenergieanlagen an Land.

(1) [1] Der Zuschlag erlischt bei Geboten für Windenergieanlagen an Land 30 Monate nach der öffentlichen Bekanntgabe des Zuschlags, soweit die Anlagen nicht bis zu diesem Zeitpunkt in Betrieb genommen worden sind. [2] Für Windenergieanlagen an Land, die zu den Gebotsterminen am 1. Februar 2019, 1. Mai

2019 oder 1. August 2019 den Zuschlag erhalten haben, erlischt der Zuschlag bereits 24 Monate nach der öffentlichen Bekanntgabe des Zuschlags, soweit die Anlagen nicht bis zu diesem Zeitpunkt in Betrieb genommen worden sind.

(2) [1] Auf Antrag, den der Bieter vor Ablauf der Frist nach Absatz 1 gestellt hat, verlängert die Bundesnetzagentur einmalig die Frist, nach der der Zuschlag erlischt, wenn

1. gegen die im bezuschlagten Gebot angegebene Genehmigung nach dem Bundes-Immissionsschutzgesetz nach der Abgabe des Gebots ein Rechtsbehelf Dritter eingelegt worden ist und
2. die sofortige Vollziehbarkeit der Genehmigung durch die zuständige Behörde oder gerichtlich angeordnet worden ist.

[2] Die Verlängerung soll höchstens für die Dauer der Gültigkeit der Genehmigung ausgesprochen werden.

§ 36f Änderungen nach Erteilung des Zuschlags für Windenergieanlagen an Land. (1) [1] Zuschläge sind den Windenergieanlagen an Land, auf die sich die in dem Gebot angegebene Genehmigung bezieht, verbindlich und dauerhaft zugeordnet. [2] Sie dürfen nicht auf andere Anlagen oder andere Genehmigungen übertragen werden.

(2) [1] Wird die Genehmigung nach der Erteilung des Zuschlags geändert, bleibt der Zuschlag auf die geänderte Genehmigung bezogen. [2] Der Umfang des Zuschlags verändert sich dadurch nicht.

§ 36g Besondere Ausschreibungsbestimmungen für Bürgerenergiegesellschaften. (1) [1] Bürgerenergiegesellschaften können Gebote für bis zu sechs Windenergieanlagen an Land mit einer zu installierenden Leistung von insgesamt nicht mehr als 18 Megawatt abweichend von § 36 Absatz 1 bereits vor der Erteilung der Genehmigung nach dem Bundes-Immissionsschutzgesetz abgeben, wenn

1. das Gebot ein Gutachten über den zu erwartenden Stromertrag für die geplanten Anlagen enthält, das den allgemein anerkannten Regeln der Technik entspricht,
2. in dem Gebot in Ergänzung zu den Angaben nach § 30 und abweichend von § 36 Absatz 2 die Anzahl der an dem Standort geplanten Anlagen angegeben wird,
3. in dem Gebot durch Eigenerklärung nachgewiesen wird, dass
   a) die Gesellschaft zum Zeitpunkt der Gebotsabgabe eine Bürgerenergiegesellschaft ist und die Gesellschaft und deren Mitglieder oder Anteilseigner vor der Gebotsabgabe keine Verträge zur Übertragung ihrer Anteile oder Stimmrechte nach der Gebotsabgabe geschlossen oder sonstige Absprachen zur Umgehung der Voraussetzungen nach § 3 Nummer 15 nach der Gebotsabgabe getroffen haben, soweit die vereinbarte Übertragung oder die sonstigen Absprachen dazu führen, dass nach der Gebotsabgabe die Voraussetzungen nach § 3 Nummer 15 nicht mehr erfüllt sind oder umgangen werden,
   b) weder die Gesellschaft noch eines ihrer stimmberechtigten Mitglieder selbst oder als stimmberechtigtes Mitglied einer anderen Gesellschaft

aa) in den zwölf Monaten, die der Gebotsabgabe vorangegangen sind, einen Zuschlag für eine Windenergieanlage an Land erhalten hat und

bb) zu dem Gebotstermin andere Gebote abgegeben hat, die gemeinsam mit dem Gebot eine installierte Leistung von 18 Megawatt übersteigen, und

c) die Gesellschaft Eigentümerin der Fläche ist, auf der die Windenergieanlagen an Land errichtet werden sollen, oder das Gebot mit Zustimmung des Eigentümers dieser Fläche abgibt.

[2] Es wird vermutet, dass die allgemein anerkannten Regeln der Technik nach Satz 1 Nummer 1 eingehalten worden sind, wenn die Technischen Richtlinien für Windenergieanlagen der „FGW e.V. – Fördergesellschaft Windenergie und andere Erneuerbare Energien“ [1)] eingehalten und das Gutachten von einer nach DIN EN ISO IEC 17025[2)] für die Anwendung dieser Richtlinien akkreditierten Institution erstellt worden sind.

(2) Bei Geboten nach Absatz 1 unterteilt sich die Sicherheit nach den §§ 31 und 36a in

1. eine Erstsicherheit in Höhe von 15 Euro pro Kilowatt zu installierender Leistung, die bei Gebotsabgabe zu entrichten ist, und
2. eine Zweitsicherheit, die im Fall eines Zuschlags innerhalb von zwei Monaten nach der Erteilung der Genehmigung nach dem Bundes-Immissionsschutzgesetz zusätzlich zur Erstsicherheit zu entrichten ist; diese Zweitsicherheit bestimmt sich aus der zu installierenden Leistung der genehmigten Anlagen multipliziert mit 15 Euro pro Kilowatt zu installierender Leistung.

(3) [1] Der Zuschlag, der auf ein Gebot nach Absatz 1 erteilt wird, ist an den in dem Gebot angegebenen Landkreis als Standort gebunden, und die Frist nach § 36e Absatz 1 verlängert sich für diesen Zuschlag um 24 Monate. [2] Die Bürgerenergiegesellschaft muss innerhalb von zwei Monaten nach der Erteilung der Genehmigung nach dem Bundes-Immissionsschutzgesetz (materielle Ausschlussfrist) bei der Bundesnetzagentur die Zuordnung des Zuschlags zu den genehmigten Windenergieanlagen an Land beantragen. [3] Der Zuschlag erlischt, soweit keine Zuordnung innerhalb der verlängerten Frist nach Satz 1 erfolgt, die Zuordnung nicht innerhalb der Frist nach Satz 2 beantragt oder der Antrag abgelehnt worden ist. [4] Die Bundesnetzagentur ordnet den Zuschlag auf den Antrag nach Satz 2 bis zu sechs Windenergieanlagen an Land mit einer zu installierenden Leistung von insgesamt nicht mehr als 18 Megawatt, höchstens jedoch in der Höhe der Gebotsmenge des bezuschlagten Gebots, verbindlich und dauerhaft zu, wenn

1. der Antrag nach Satz 2 die Angaben nach § 36 Absatz 2 enthält,
2. die Windenergieanlagen in dem Landkreis errichtet werden sollen, der in dem Gebot angegeben ist,
3. durch Eigenerklärung nachgewiesen wird, dass

[1)] **Amtlicher Hinweis:** Zu beziehen bei der FGW e.V. – Fördergesellschaft Windenergie und andere Erneuerbare Energien, Oranienburger Straße 45, 10117 Berlin.

[2)] **Amtlicher Hinweis:** Zu beziehen bei der Beuth Verlag GmbH, 10772 Berlin, und in der Deutschen Nationalbibliothek archivmäßig gesichert niedergelegt.

a) die Gesellschaft von der Gebotsabgabe bis zur Antragstellung ununterbrochen eine Bürgerenergiegesellschaft war und die Gesellschaft und deren Mitglieder oder Anteilseigner vor der Antragstellung keine Verträge zur Übertragung ihrer Anteile oder Stimmrechte nach der Antragstellung geschlossen oder sonstige Absprachen zur Umgehung der Voraussetzungen nach § 3 Nummer 15 getroffen haben, soweit die vereinbarte Übertragung oder die sonstigen Absprachen dazu führen, dass nach der Antragstellung die Voraussetzungen nach § 3 Nummer 15 nicht mehr erfüllt sind oder umgangen werden, und

b) die Gemeinde, in der die geplanten Windenergieanlagen errichtet werden sollen, oder eine Gesellschaft, an der diese Gemeinde zu 100 Prozent beteiligt ist, eine finanzielle Beteiligung von 10 Prozent an der Bürgerenergiegesellschaft hält oder der entsprechenden Gemeinde oder einer Gesellschaft, an der diese Gemeinde zu 100 Prozent beteiligt ist, eine finanzielle Beteiligung von 10 Prozent an der Bürgerenergiegesellschaft angeboten worden ist, und

4. die Zweitsicherheit nach Absatz 2 geleistet worden ist.

[5] Erst mit der Zuordnungsentscheidung liegt ein wirksamer Zuschlag im Sinn von § 22 Absatz 2 Satz 1 vor. [6] Ab dem Tag der Zuordnungsentscheidung ist § 36f anzuwenden.

(4) Die Bürgerenergiegesellschaft muss der Bundesnetzagentur auf Verlangen geeignete Nachweise zur Überprüfung der Eigenerklärungen nach Absatz 1 Satz 1 Nummer 3 und Absatz 3 Satz 4 Nummer 3 vorlegen.

(5) [1] Der Zuschlagswert ist für alle bezuschlagten Gebote von Bürgerenergiegesellschaften abweichend von § 3 Nummer 51 der Gebotswert des höchsten noch bezuschlagten Gebots desselben Gebotstermins. [2] Sofern Gebote nach § 36c Absatz 5 Satz 2 für Windenergieanlagen an Land, die im Netzausbaugebiet errichtet werden sollen, nicht berücksichtigt worden sind, ist der Zuschlagswert abweichend von Satz 1 für alle bezuschlagten Gebote von Bürgerenergiegesellschaften für Windenergieanlagen an Land im Netzausbaugebiet der Gebotswert des höchsten noch im Netzausbaugebiet bezuschlagten Gebots. [3] Wenn eine Bürgerenergiegesellschaft ihr Gebot nicht nach Absatz 1, sondern erst nach der Erteilung der Genehmigung nach dem Bundes-Immissionsschutzgesetz abgibt, sind die Sätze 1 und 2 für den Zuschlagswert dieses Gebots entsprechend anzuwenden, wenn die Anforderungen nach § 36 und nach Absatz 1 Satz 1 Nummer 3, Absatz 3 Satz 4 Nummer 3 Buchstabe b und Absatz 4 erfüllt sind. [4] Sofern eine Bürgerenergiegesellschaft die Anforderungen nach § 3 Nummer 15 nicht ununterbrochen bis Ende des zweiten auf die Inbetriebnahme der Anlage folgenden Jahres erfüllt, ist ab dem Zeitpunkt, ab dem die Anforderungen erstmals nicht mehr erfüllt sind, abweichend von den Sätzen 1 bis 3 der Zuschlagswert der Gebotswert. [5] Bürgerenergiegesellschaften müssen gegenüber dem Netzbetreiber spätestens zwei Monate nach Ablauf der Frist nach Satz 4 durch Eigenerklärung nachweisen, dass die Gesellschaft von der Gebotsabgabe bis zum Ende des zweiten auf die Inbetriebnahme der Anlage folgenden Jahres ununterbrochen eine Bürgerenergiegesellschaft war oder wenn ein Fall des Satz 4 vorliegt, bis wann die Anforderungen erfüllt waren. [6] Abweichend von den Sätzen 1 bis 4 ist der Zuschlagswert der Gebotswert, wenn die Bürgerenergiegesellschaft nicht fristgemäß den Nachweis nach Satz 5 vorlegt.

(6) [1] Verträge oder sonstige Absprachen von Mitgliedern oder Anteilseignern der Bürgerenergiegesellschaften bedürfen der Zustimmung der Bürgerenergiegesellschaft, wenn sie

1. vor der Inbetriebnahme eingegangen worden sind, und
2. die Mitglieder oder Anteilseigner zur Übertragung der Anteile oder der Stimmrechte nach der Inbetriebnahme oder zu einer Gewinnabführung nach der Inbetriebnahme verpflichtet.

[2] Die Zustimmung darf nicht erteilt werden, soweit die vereinbarte Übertragung der Anteile oder Stimmrechte dazu führen würde, dass nach der Inbetriebnahme die Voraussetzungen nach § 3 Nummer 15 nicht mehr erfüllt wären oder umgangen würden.

(7) Die Länder können weitergehende Regelungen zur Bürgerbeteiligung und zur Steigerung der Akzeptanz für den Bau von neuen Anlagen erlassen, sofern § 80a nicht beeinträchtigt ist.

§ 36h Anzulegender Wert für Windenergieanlagen an Land. (1) [1] Der Netzbetreiber berechnet den anzulegenden Wert aufgrund des Zuschlagswerts für den Referenzstandort nach Anlage 2 Nummer 4 für Strom aus Windenergieanlagen an Land mit dem Korrekturfaktor des Gütefaktors, der nach Anlage 2 Nummer 2 und 7 ermittelt worden ist. [2] Es sind folgende Stützwerte anzuwenden:

Gütefaktor	70 Prozent	80 Prozent	90 Prozent	100 Prozent	110 Prozent	120 Prozent	130 Prozent	140 Prozent	150 Prozent
Korrekturfaktor	1,29	1,16	1,07	1,00	0,94	0,89	0,85	0,81	0,79

[3] Für die Ermittlung der Korrekturfaktoren zwischen den jeweils benachbarten Stützwerten findet eine lineare Interpolation statt. [4] Der Korrekturfaktor beträgt unterhalb des Gütefaktors von 70 Prozent 1,29 und oberhalb des Gütefaktors von 150 Prozent 0,79. [5] Gütefaktor ist das Verhältnis des Standortertrags einer Anlage nach Anlage 2 Nummer 7 zum Referenzertrag nach Anlage 2 Nummer 2 in Prozent.

(2) [1] Die anzulegenden Werte werden jeweils mit Wirkung ab Beginn des sechsten, elften und sechzehnten auf die Inbetriebnahme der Anlage folgenden Jahres anhand des Standortertrags der Anlagen nach Anlage 2 Nummer 7 in den fünf vorangegangenen Jahren angepasst. [2] In dem überprüften Zeitraum zu viel oder zu wenig geleistete Zahlungen nach § 19 Absatz 1 müssen erstattet werden, wenn der Gütefaktor auf Basis des Standortertrags der jeweils zuletzt betrachteten fünf Jahre mehr als 2 Prozentpunkte von dem zuletzt berechneten Gütefaktor abweicht. [3] Dabei werden Ansprüche des Netzbetreibers auf Rückzahlung mit 1 Prozentpunkt über dem am ersten Tag des Überprüfungszeitraums geltenden Euro Interbank Offered Rate-Satz für die Beschaffung von Zwölfmonatsgeld von ersten Adressen in den Teilnehmerstaaten der Europäischen Währungsunion verzinst. [4] Eine Aufrechnung mit Ansprüchen nach § 19 Absatz 1 ist zulässig.

(3) Der Anspruch nach § 19 Absatz 1 in Verbindung mit Absatz 1 besteht

1. erst, sobald der Anlagenbetreiber gegenüber dem Netzbetreiber den Gütefaktor nachgewiesen hat und

2. ab dem 65., 125. und 185. auf die Inbetriebnahme der Anlagen folgenden Monats erst, sobald der Anlagenbetreiber gegenüber dem Netzbetreiber den nach Absatz 2 angepassten Gütefaktor nachgewiesen hat.

(4) [1] Der Nachweis nach Absatz 3 ist zu führen durch Gutachten, die den allgemein anerkannten Regeln der Technik entsprechen und die die jeweiligen Zeiträume nach Absatz 2 Satz 1 erfassen. [2] § 36g Absatz 1 Satz 2 ist entsprechend anzuwenden.

(5) Die anzulegenden Werte nach den Absätzen 1 und 2 werden auf zwei Stellen nach dem Komma gerundet.

§ 36i Dauer des Zahlungsanspruchs für Windenergieanlagen an Land.

Abweichend von § 25 Satz 3 beginnt der Zeitraum nach § 25 Satz 1 spätestens 30 Monate nach der Bekanntgabe des Zuschlags an den Bieter oder im Fall des § 36g nach der Bekanntgabe der Zuordnungsentscheidung nach § 36g Absatz 3 Satz 4 auch dann, wenn die Inbetriebnahme der Windenergieanlage an Land aufgrund einer Fristverlängerung nach § 36e Absatz 2 erst zu einem späteren Zeitpunkt erfolgt.

Unterabschnitt 3. Ausschreibungen für Solaranlagen

§ 37 Gebote für Solaranlagen. (1) Gebote für Solaranlagen müssen in Ergänzung zu § 30 die Angabe enthalten, ob die Anlagen errichtet werden sollen

1. auf, an oder in einem Gebäude oder einer Lärmschutzwand,
2. auf einer sonstigen baulichen Anlage, die zu einem anderen Zweck als der Erzeugung von Strom aus solarer Strahlungsenergie errichtet worden ist, oder
3. auf einer Fläche,
   a) die zum Zeitpunkt des Beschlusses über die Aufstellung oder Änderung des Bebauungsplans bereits versiegelt war,
   b) die zum Zeitpunkt des Beschlusses über die Aufstellung oder Änderung des Bebauungsplans eine Konversionsfläche aus wirtschaftlicher, verkehrlicher, wohnungsbaulicher oder militärischer Nutzung war,
   c) die zum Zeitpunkt des Beschlusses über die Aufstellung oder Änderung des Bebauungsplans längs von Autobahnen oder Schienenwegen lag, wenn die Freiflächenanlage in einer Entfernung bis zu 110 Meter, gemessen vom äußeren Rand der befestigten Fahrbahn, errichtet werden soll,
   d) die sich im Bereich eines beschlossenen Bebauungsplans nach § 30 des Baugesetzbuchs befindet, der vor dem 1. September 2003 aufgestellt und später nicht mit dem Zweck geändert worden ist, eine Solaranlage zu errichten,
   e) die in einem beschlossenen Bebauungsplan vor dem 1. Januar 2010 als Gewerbe- oder Industriegebiet im Sinn des § 8 oder § 9 der Baunutzungsverordnung ausgewiesen worden ist, auch wenn die Festsetzung nach dem 1. Januar 2010 zumindest auch mit dem Zweck geändert worden ist, eine Solaranlage zu errichten,

f) für die ein Verfahren nach § 38 Satz 1 des Baugesetzbuchs durchgeführt worden ist,

g) die im Eigentum des Bundes oder der Bundesanstalt für Immobilienaufgaben stand oder steht und nach dem 31. Dezember 2013 von der Bundesanstalt für Immobilienaufgaben verwaltet und für die Entwicklung von Solaranlagen auf ihrer Internetseite veröffentlicht worden ist,

h) deren Flurstücke zum Zeitpunkt des Beschlusses über die Aufstellung oder Änderung des Bebauungsplans als Ackerland genutzt worden sind und in einem benachteiligten Gebiet lagen und die nicht unter eine der in Buchstabe a bis g genannten Flächen fällt oder

i) deren Flurstücke zum Zeitpunkt des Beschlusses über die Aufstellung oder Änderung des Bebauungsplans als Grünland genutzt worden sind und in einem benachteiligten Gebiet lagen und die nicht unter eine der in Buchstabe a bis g genannten Flächen fällt.

(2) [1]Den Geboten für Freiflächenanlagen muss in Ergänzung zu § 30 eine Erklärung des Bieters beigefügt werden, dass er Eigentümer der Fläche ist, auf der die Solaranlagen errichtet werden sollen, oder das Gebot mit Zustimmung des Eigentümers dieser Fläche abgibt. [2]Den Geboten für Freiflächenanlagen müssen und den Geboten für die Solaranlagen nach Absatz 1 Nummer 2 können zusätzlich die folgenden Nachweise beigefügt werden:

1. Kopien von folgenden Dokumenten:
   a) dem Beschluss über die Aufstellung oder Änderung eines Bebauungsplans nach § 2 des Baugesetzbuchs, der in den Fällen des Absatzes 1 Nummer 3 Buchstabe a bis c und f bis i zumindest auch mit dem Zweck der Errichtung von Solaranlagen beschlossen worden ist,
   b) dem Offenlegungsbeschluss nach § 3 Absatz 2 des Baugesetzbuchs, der in den Fällen des Absatzes 1 Nummer 3 Buchstabe a bis c und f bis i zumindest auch mit dem Zweck der Errichtung von Solaranlagen ergangen ist,
   c) dem beschlossenen Bebauungsplan im Sinn des § 30 des Baugesetzbuchs, der in den Fällen des Absatzes 1 Nummer 3 Buchstabe a bis c und f bis i zumindest auch mit dem Zweck der Errichtung von Solaranlagen aufgestellt oder geändert worden ist, oder
   d) in dem Fall, dass die Solaranlagen auf einer Fläche errichtet werden sollen, für die ein Verfahren nach § 38 Satz 1 des Baugesetzbuchs durchgeführt worden ist, sofern kein Nachweis nach den Buchstaben a bis c erbracht worden ist, einen Planfeststellungsbeschluss, eine Plangenehmigung oder einen Beschluss über eine Planänderung, die zumindest auch mit dem Zweck der Errichtung von Solaranlagen beschlossen worden ist, und
2. eine Erklärung des Bieters, dass sich der eingereichte Nachweis nach Nummer 1 auf den in dem Gebot angegebenen Standort der Solaranlagen bezieht.

(3) In Ergänzung zu den Anforderungen nach § 30 darf die Gebotsmenge bei Geboten für Freiflächenanlagen pro Gebot eine zu installierende Leistung von 10 Megawatt nicht überschreiten.

§ 37a Sicherheiten für Solaranlagen. [1] Die Höhe der Sicherheit nach § 31 für Solaranlagen bestimmt sich aus der Gebotsmenge multipliziert mit 50 Euro pro Kilowatt zu installierender Leistung. [2] Diese Sicherheit unterteilt sich in

1. eine Erstsicherheit in Höhe von 5 Euro pro Kilowatt zu installierender Leistung, die bei Gebotsabgabe zu entrichten ist, und
2. eine Zweitsicherheit in Höhe von 45 Euro pro Kilowatt zu installierender Leistung, die im Fall eines Zuschlags spätestens am zehnten Werktag nach der öffentlichen Bekanntgabe des Zuschlags (materielle Ausschlussfrist) zusätzlich zur Erstsicherheit zu entrichten ist; diese Zweitsicherheit verringert sich auf 20 Euro pro Kilowatt zu installierender Leistung, wenn das Gebot einen Nachweis nach § 37 Absatz 2 Satz 2 Nummer 1 Buchstabe c oder Buchstabe d enthält.

§ 37b Höchstwert für Solaranlagen. Der Höchstwert für Strom aus Solaranlagen beträgt 7,50 Cent pro Kilowattstunde.

§ 37c Besondere Zuschlagsvoraussetzung für benachteiligte Gebiete; Verordnungsermächtigung für die Länder. (1) Die Bundesnetzagentur darf Gebote für Freiflächenanlagen auf Flächen nach § 37 Absatz 1 Nummer 3 Buchstabe h und i bei dem Zuschlagsverfahren für Solaranlagen nur berücksichtigen, wenn und soweit die Landesregierung für Gebote auf den entsprechenden Flächen eine Rechtsverordnung nach Absatz 2 erlassen hat und die Bundesnetzagentur den Erlass der Rechtsverordnung vor dem Gebotstermin nach § 29 bekannt gemacht hat.

(2) Die Landesregierungen werden ermächtigt, durch Rechtsverordnung zu regeln, dass Gebote für Freiflächenanlagen auf Flächen nach § 37 Absatz 1 Nummer 3 Buchstabe h oder i in ihrem Landesgebiet bezuschlagt werden können.

(3) Gebote, die nur aufgrund einer Rechtsverordnung nach Absatz 2 einen Zuschlag erhalten haben, muss die Bundesnetzagentur entsprechend kennzeichnen.

§ 37d Rückgabe und Erlöschen von Zuschlägen für Solaranlagen.

(1) Bieter dürfen Zuschläge für Solaranlagen ganz oder teilweise durch eine unbedingte und bis zur Einführung eines elektronischen Verfahrens nach § 30a Absatz 5 der Schriftform genügende Rückgabeerklärung gegenüber der Bundesnetzagentur zurückgeben.

(2) Der Zuschlag erlischt bei Geboten für Solaranlagen,

1. wenn der Bieter die Zweitsicherheit nicht innerhalb der Frist nach § 37a Satz 2 Nummer 2 vollständig geleistet hat oder
2. soweit die Zahlungsberechtigung nach § 38 nicht spätestens 24 Monate nach der öffentlichen Bekanntgabe des Zuschlags (materielle Ausschlussfrist) beantragt oder der Antrag abgelehnt worden ist.

§ 38 Zahlungsberechtigung für Solaranlagen. (1) Die Bundesnetzagentur stellt auf Antrag eines Bieters, dem mindestens ein Zuschlag erteilt worden ist, eine Zahlungsberechtigung für Solaranlagen aus.

(2) Der Antrag nach Absatz 1 muss die folgenden Angaben enthalten:

1. die Nummer, unter der die Solaranlagen an das Register gemeldet worden sind, oder eine Kopie der Meldung an das Register,
2. die Art der Fläche, insbesondere ob die Anforderungen nach § 38a Absatz 1 Nummer 3 erfüllt sind,
3. die Angabe, in welchem Umfang die Anlagen nicht auf einer baulichen Anlage errichtet worden sind,
4. den Umfang der Gebotsmenge pro bezuschlagtem Gebot, der den Solaranlagen zugeteilt werden soll, einschließlich der jeweils für die Gebote registrierten Zuschlagsnummern und
5. die Angabe des Bieters, dass er Betreiber der Solaranlagen ist.

§ 38a Ausstellung von Zahlungsberechtigungen für Solaranlagen.

(1) Die Zahlungsberechtigung für Solaranlagen darf nur ausgestellt werden,
1. wenn die Solaranlagen vor der Antragstellung, aber nach der Erteilung des Zuschlags in Betrieb genommen worden sind und der Bieter zum Zeitpunkt der Antragstellung der Anlagenbetreiber ist,
2. wenn für die Solaranlagen alle erforderlichen Angaben an das Register gemeldet worden sind oder diese Angaben im Rahmen des Antrags nach § 38 Absatz 1 gemeldet werden,
3. soweit für den Bieter eine entsprechende Gebotsmenge bezuschlagter Gebote besteht, die nicht bereits einer anderen Zahlungsberechtigung zugeordnet worden ist; hierbei dürfen nur die folgenden Gebotsmengen zugeteilt werden:
   a) die Gebotsmenge eines bezuschlagten Gebots, bei dem als Standort für die Solaranlagen eine Fläche nach § 37 Absatz 1 Nummer 1, 2 oder Nummer 3 Buchstabe a bis g angegeben worden ist, kann nur Solaranlagen zugeteilt werden, die sich auf einem dieser Standorte befinden und
   b) die Gebotsmengen von Geboten, die nur aufgrund einer Rechtsverordnung nach § 37c Absatz 2 bezuschlagt wurden, dürfen nur für Freiflächenanlagen verwendet werden, die auf einer der im bezuschlagten Gebot benannten Flächenkategorien im Gebiet des Bundeslands, das die Rechtsverordnung erlassen hat, errichtet worden sind,
4. soweit die für die Solaranlagen zuzuteilende Gebotsmenge die installierte Leistung der Solaranlagen nicht überschreitet,
5. soweit bei Freiflächenanlagen
   a) die installierte Leistung von 10 Megawatt nicht überschritten wird und
   b) sich die Anlagen nicht auf einer Fläche befinden, die zum Zeitpunkt des Beschlusses über die Aufstellung oder Änderung des Bebauungsplans rechtsverbindlich als Naturschutzgebiet im Sinn des § 23 des Bundesnaturschutzgesetzes oder als Nationalpark im Sinn des § 24 des Bundesnaturschutzgesetzes festgesetzt worden ist,
6. wenn die Zweitsicherheit bei der Bundesnetzagentur innerhalb der Frist nach § 37a Satz 2 Nummer 2 geleistet worden ist und
7. wenn bis zu dem Gebotstermin bei der Bundesnetzagentur die Gebühr nach der Anlage Nummer 2 zur Ausschreibungsgebührenverordnung geleistet worden ist.

(2) [1]Die Bundesnetzagentur teilt dem Netzbetreiber, in dessen Netz der in den Solaranlagen erzeugte Strom eingespeist werden soll, die Ausstellung der Zahlungsberechtigung einschließlich der Nummern, unter denen die Anlage in dem Register eingetragen ist, unverzüglich nach der Ausstellung der Zahlungsberechtigung mit. [2]Der Anspruch nach § 19 Absatz 1 besteht rückwirkend bis zum Tag der Inbetriebnahme, wenn die Zahlungsberechtigung aufgrund eines Antrags ausgestellt wird, der spätestens drei Wochen nach der Inbetriebnahme der Anlage gestellt wurde.

(3) [1]Der Netzbetreiber muss die Erfüllung der Anforderungen nach Absatz 1 Nummer 1 bis 3 und 5 sowie § 38 Absatz 2 Nummer 3 prüfen. [2]Er kann hierfür die Vorlage entsprechender Nachweise verlangen. [3]Soweit die Bundesnetzagentur eine Festlegung nach § 85 getroffen hat, muss der Netzbetreiber entsprechende Nachweise verlangen und diese der Bundesnetzagentur auf Anforderung vorlegen. [4]Der Netzbetreiber muss der Bundesnetzagentur das Ergebnis der Prüfung und die installierte Leistung der Solaranlagen innerhalb eines Monats nach der Mitteilung nach Absatz 2 mitteilen.

(4) [1]Ausgestellte Zahlungsberechtigungen sind den Solaranlagen verbindlich und dauerhaft zugeordnet. [2]Sie dürfen nicht auf andere Anlagen übertragen werden.

§ 38b Anzulegender Wert für Solaranlagen. (1) Die Höhe des anzulegenden Werts entspricht dem Zuschlagswert des bezuschlagten Gebots, dessen Gebotsmenge der Solaranlage zugeteilt worden ist.

(2) [1]Solaranlagen, die aufgrund eines technischen Defekts, einer Beschädigung oder eines Diebstahls Solaranlagen an demselben Standort ersetzen, sind abweichend von § 3 Nummer 30 bis zur Höhe der vor der Ersetzung an demselben Standort installierten Leistung von Solaranlagen als zu dem Zeitpunkt in Betrieb genommen anzusehen, zu dem die ersetzten Anlagen in Betrieb genommen worden sind. [2]Die Zahlungsberechtigung verliert im Zeitpunkt der Ersetzung ihre Wirksamkeit für die ersetzte Anlage und erfasst stattdessen die ersetzende Anlage.

Unterabschnitt 4. Ausschreibungen für Biomasseanlagen

§ 39 Gebote für Biomasseanlagen. (1) In Ergänzung zu den Anforderungen nach § 30 müssen Biomasseanlagen, für die Gebote abgegeben werden, folgende Anforderungen erfüllen:

1. die Anlage darf im Zeitpunkt der Zuschlagserteilung noch nicht in Betrieb genommen worden sein,
2. die Genehmigung nach dem Bundes-Immissionsschutzgesetz oder nach einer anderen Bestimmung des Bundesrechts oder die Baugenehmigung muss für die Anlage, für die ein Gebot abgegeben wird, drei Wochen vor dem Gebotstermin erteilt worden sein, und
3. die Anlage muss mit den erforderlichen Daten drei Wochen vor dem Gebotstermin als genehmigt an das Register gemeldet worden sein; die Meldefristen des Registers bleiben hiervon unberührt.

(2) Bieter müssen ihren Geboten in Ergänzung zu den Anforderungen nach § 30 folgende Angaben beifügen:

1. die Nummer, unter der die von der Genehmigung nach Absatz 1 Nummer 2 umfasste Anlage an das Register gemeldet worden ist, oder eine Kopie der Meldung an das Register und
2. das Aktenzeichen der Genehmigung nach Absatz 1 Nummer 2, unter dem die Genehmigung der Anlage erteilt worden ist, sowie die Genehmigungsbehörde und deren Anschrift.

(3) Bieter müssen ihren Geboten in Ergänzung zu den Anforderungen nach § 30 folgende Nachweise beifügen:

1. die Eigenerklärung, dass die Genehmigung nach Absatz 1 Nummer 2 auf ihn ausgestellt worden ist, oder die Erklärung des Inhabers der entsprechenden Genehmigung, dass der Bieter das Gebot mit Zustimmung des Genehmigungsinhabers abgibt, und
2. eine Eigenerklärung des Inhabers der Genehmigung nach Absatz 1 Nummer 2, dass kein wirksamer Zuschlag aus einer früheren Ausschreibung für die Anlage besteht, für die das Gebot abgegeben worden ist.

(4) [1] In Ergänzung zu den Anforderungen nach § 30 dürfen Anlagen, für die ein Gebot abgegeben wird, eine zu installierende Leistung von 20 Megawatt nicht überschreiten. [2] § 24 Absatz 1 ist entsprechend anzuwenden.

§ 39a Sicherheiten für Biomasseanlagen. Die Höhe der Sicherheit nach § 31 für Biomasseanlagen bestimmt sich aus der Gebotsmenge multipliziert mit 60 Euro pro Kilowatt zu installierender Leistung.

§ 39b Höchstwert für Biomasseanlagen. (1) Der Höchstwert für Strom aus Biomasseanlagen beträgt im Jahr 2017 14,88 Cent pro Kilowattstunde.

(2) [1] Der Höchstwert verringert sich ab dem 1. Januar 2018 um 1 Prozent pro Jahr gegenüber dem im jeweils vorangegangenen Kalenderjahr geltenden Höchstwert und wird auf zwei Stellen nach dem Komma gerundet. [2] Für die Berechnung der Höhe des Höchstwerts aufgrund einer erneuten Anpassung nach Satz 1 ist der nicht gerundete Wert zugrunde zu legen.

§ 39c Ausschluss von Geboten für Biomasseanlagen. Die Bundesnetzagentur schließt Gebote für Biomasseanlagen von dem Zuschlagsverfahren aus, wenn sie für eine in dem Gebot angegebene Biomasseanlage bereits einen Zuschlag erteilt hat, der zum Gebotstermin nicht entwertet worden ist.

§ 39d Erlöschen von Zuschlägen für Biomasseanlagen. (1) Der Zuschlag erlischt bei Geboten für Biomasseanlagen 24 Monate nach der öffentlichen Bekanntgabe des Zuschlags, soweit die Anlage nicht bis zu diesem Zeitpunkt in Betrieb genommen worden ist.

(2) [1] Auf Antrag, den der Bieter vor Ablauf der Frist nach Absatz 1 gestellt hat, verlängert die Bundesnetzagentur die Frist, nach der der Zuschlag erlischt, wenn

1. gegen die im bezuschlagten Gebot angegebene Genehmigung nach § 39 Absatz 1 Nummer 2 nach der Abgabe des Gebots ein Rechtsbehelf Dritter eingelegt worden ist und

2. die sofortige Vollziehbarkeit der Genehmigung nach Nummer 1 in diesem Zusammenhang durch die zuständige Behörde oder gerichtlich angeordnet worden ist.

[2] Die Verlängerung soll höchstens für die Dauer der Gültigkeit der Genehmigung ausgesprochen werden.

§ 39e Änderungen nach Erteilung des Zuschlags für Biomasseanlagen. (1) [1] Zuschläge sind den Biomasseanlagen, auf die sich die in dem Gebot angegebene Genehmigung bezieht, verbindlich und dauerhaft zugeordnet. [2] Sie dürfen nicht auf andere Anlagen oder andere Genehmigungen übertragen werden.

(2) [1] Wird die Genehmigung nach Erteilung des Zuschlags geändert, bleibt der Zuschlag auf die geänderte Genehmigung bezogen. [2] Der Umfang des Zuschlags verändert sich dadurch nicht.

§ 39f Einbeziehung bestehender Biomasseanlagen. (1) [1] Abweichend von § 22 Absatz 4 Satz 2 Nummer 2 und von § 39 Absatz 1 Nummer 1 können für Strom aus Biomasseanlagen, die erstmals vor dem 1. Januar 2017 ausschließlich mit Biomasse in Betrieb genommen worden sind (bestehende Biomasseanlagen), Gebote abgegeben werden, wenn der bisherige Zahlungsanspruch für Strom aus dieser Anlage nach dem Erneuerbare-Energien-Gesetz in der für die Anlage maßgeblichen Fassung zum Zeitpunkt der Ausschreibung nur noch für höchstens acht Jahre besteht. [2] Abweichend von § 22 Absatz 4 Satz 2 Nummer 1 können auch bestehende Biomasseanlagen mit einer installierten Leistung von 150 Kilowatt oder weniger Gebote abgeben. [3] Der Zuschlagswert ist für alle bezuschlagten Gebote von Anlagen nach Satz 2 abweichend von § 3 Nummer 51 der Gebotswert des höchsten noch bezuschlagten Gebots desselben Gebotstermins.

(2) [1] Erteilt die Bundesnetzagentur nach Absatz 1 einer bestehenden Biomasseanlage einen Zuschlag, tritt der Anspruch nach § 19 Absatz 1 ab dem ersten Tag eines durch den Anlagenbetreiber zu bestimmenden Kalendermonats für die Zukunft an die Stelle aller bisherigen Ansprüche nach dem Erneuerbare-Energien-Gesetz in der für die Anlage maßgeblichen Fassung. [2] Der Anlagenbetreiber muss dem Netzbetreiber einen Kalendermonat mitteilen, der nicht vor dem dreizehnten und nicht nach dem sechsunddreißigsten Kalendermonat liegt, der auf die öffentliche Bekanntgabe des Zuschlags folgt. [3] Die Mitteilung hat vor Beginn des Kalendermonats zu erfolgen, der dem nach Satz 2 mitzuteilenden Kalendermonat vorangeht. [4] Wenn der Anlagenbetreiber keine Mitteilung nach Satz 2 macht, tritt der neue Anspruch am ersten Tag des siebenunddreißigsten Kalendermonats, der auf die öffentliche Bekanntgabe des Zuschlags folgt, an die Stelle der bisherigen Ansprüche.

(3) [1] Die Anlage gilt als an dem Tag nach Absatz 2 neu in Betrieb genommen. [2] Ab diesem Tag sind für diese Anlagen alle Rechte und Pflichten verbindlich, die für Anlagen gelten, die nach dem 31. Dezember 2016 in Betrieb genommen worden sind.

(4) [1] Der neue Anspruch nach § 19 Absatz 1 in Verbindung mit Absatz 2 besteht nur, wenn ein Umweltgutachter mit einer Zulassung für den Bereich Elektrizitätserzeugung aus erneuerbaren Energien bescheinigt hat, dass die Anlage für einen bedarfsorientierten Betrieb technisch geeignet ist und der

Anlagenbetreiber diese Bescheinigung dem Netzbetreiber vorgelegt hat. [2] Maßgeblich für einen bedarfsorientierten Betrieb sind

1. für Anlagen, die Biogas einsetzen, die Anforderungen nach § 39h Absatz 2 Satz 2 Nummer 1 und
2. für Anlagen, die feste Biomasse einsetzen, die Anforderungen nach § 39h Absatz 2 Satz 2 Nummer 2.

(5) Die §§ 39 bis 39e sind mit den Maßgaben anzuwenden, dass

1. die Genehmigung nach § 39 Absatz 1 Nummer 2 für einen Zeitraum bis mindestens zum letzten Tag des elften Kalenderjahres, das auf den Gebotstermin folgt, erteilt worden sein muss,
2. der Bieter in Ergänzung zu § 39 Absatz 3 Eigenerklärungen beifügen muss, nach denen
   a) er Betreiber der Biomasseanlage ist und
   b) die Genehmigung nach § 39 Absatz 1 Nummer 2 die Anforderung nach Nummer 1 erfüllt, und
3. der Höchstwert nach § 39b Absatz 1 im Jahr 2017 16,9 Cent pro Kilowattstunde beträgt; dieser Höchstwert verringert sich ab dem 1. Januar 2018 um 1 Prozent pro Jahr, wobei § 39b Absatz 2 entsprechend anzuwenden ist, und
4. der Zuschlag in Ergänzung zu § 39d Absatz 1 sechs Monate nach dem Tag nach Absatz 2 erlischt, wenn der Anlagenbetreiber nicht bis zu diesem Zeitpunkt dem Netzbetreiber die Bescheinigung des Umweltgutachters nach Absatz 4 vorgelegt hat.

(6) [1] Wenn eine bestehende Biomasseanlage einen Zuschlag erhält, ist ihr anzulegender Wert unabhängig von ihrem Zuschlagswert der Höhe nach begrenzt auf die durchschnittliche Höhe des anzulegenden Werts für den in der jeweiligen Anlage erzeugten Strom in Cent pro Kilowattstunde nach dem Erneuerbare-Energien-Gesetz in der für die Anlage bisher maßgeblichen Fassung, wobei der Durchschnitt der drei dem Gebotstermin vorangegangenen Kalenderjahre maßgeblich ist. [2] Für die Ermittlung des Durchschnitts sind für jedes der drei Jahre der Quotient aus allen für die Anlage geleisteten Zahlungen und der im jeweiligen Jahr insgesamt vergüteten Strommenge zugrunde zu legen, sodann ist die Summe der nach dem vorstehenden Halbsatz ermittelten anzulegenden Werte durch drei zu teilen.

§ 39g Dauer des Zahlungsanspruchs für Biomasseanlagen. (1) Abweichend von § 25 Satz 3 beginnt der Zeitraum nach § 25 Satz 1 für bestehende Biomasseanlagen nach § 39f Absatz 1 mit dem Tag nach § 39f Absatz 2 und für sonstige Biomasseanlagen spätestens 24 Monate nach der öffentlichen Bekanntgabe des Zuschlags.

(2) Absatz 1 ist auch anzuwenden, wenn

1. die Inbetriebnahme der Biomasseanlage aufgrund einer Fristverlängerung nach § 39d Absatz 2 erst zu einem späteren Zeitpunkt erfolgt,
2. für bestehende Biomasseanlagen die Bescheinigung nach § 39f Absatz 4 erst nach dem Tag nach § 39f Absatz 2 vorgelegt wird.

(3) [1] Abweichend von § 25 Satz 1 beträgt der Zahlungszeitraum für bestehende Biomasseanlagen zehn Jahre. [2] Dieser Zeitraum kann nicht erneut nach § 39f verlängert werden.

§ 39h Besondere Zahlungsbestimmungen für Biomasseanlagen.

(1) [1] Ein durch einen Zuschlag erworbener Anspruch nach § 19 Absatz 1 für Strom aus Biogas besteht nur, wenn der zur Erzeugung des Biogases eingesetzte Anteil von Getreidekorn oder Mais

1. bei Anlagen, die im Jahr 2017 oder 2018 einen Zuschlag erhalten haben, in jedem Kalenderjahr insgesamt höchstens 50 Masseprozent beträgt,
2. bei Anlagen, die im Jahr 2019 oder 2020 einen Zuschlag erhalten haben, in jedem Kalenderjahr insgesamt höchstens 47 Masseprozent beträgt, und
3. bei Anlagen, die im Jahr 2021 oder 2022 einen Zuschlag erhalten haben, in jedem Kalenderjahr insgesamt höchstens 44 Masseprozent beträgt.

[2] Als Mais im Sinn von Satz 1 sind Ganzpflanzen, Maiskorn-Spindel-Gemisch, Körnermais und Lieschkolbenschrot anzusehen.

(2) [1] Für Strom aus Biomasseanlagen verringert sich der Anspruch nach § 19 Absatz 1 für jede Kilowattstunde, um die in einem Kalenderjahr die Höchstbemessungsleistung der Anlage überschritten wird, in der Veräußerungsform der Marktprämie auf null und in den Veräußerungsformen einer Einspeisevergütung auf den Monatsmarktwert. [2] Höchstbemessungsleistung im Sinn von Satz 1 ist

1. für Anlagen, die Biogas einsetzen, der um 50 Prozent verringerte Wert der bezuschlagten Gebotsmenge und
2. für Anlagen, die feste Biomasse einsetzen, der um 20 Prozent verringerte Wert der bezuschlagten Gebotsmenge.

[3] Wird der Zuschlag nach § 35a teilweise entwertet, ist bei der Bestimmung der Höchstbemessungsleistung nach Satz 2 die bezuschlagte Gebotsmenge entsprechend zu verringern.

(3) Soweit in Biomasseanlagen Biogas eingesetzt wird, das in dem jeweiligen Kalenderjahr überwiegend durch anaerobe Vergärung von Biomasse im Sinn der Biomasseverordnung[1)] mit einem Anteil von getrennt erfassten Bioabfällen im Sinn der Abfallschlüssel Nummer 20 02 01, 20 03 01 und 20 03 02 der Nummer 1 des Anhangs 1 der Bioabfallverordnung gewonnen worden ist, ist ihr anzulegender Wert unabhängig von ihrem Zuschlagswert der Höhe nach begrenzt

1. bis einschließlich einer Bemessungsleistung von 500 Kilowatt auf 14,88 Cent pro Kilowattstunde und
2. bis einschließlich einer Bemessungsleistung von 20 Megawatt auf 13,05 Cent pro Kilowattstunde.

(4) Im Übrigen sind die §§ 44b und 44c entsprechend anzuwenden, wobei die Erfüllung der Anforderungen nach den Absätzen 1 und 3 *Absatz 1*[2)] in entsprechender Anwendung des § 44c Absatz 1 Nummer 1 und Absatz 2 jährlich durch Vorlage einer Kopie eines Einsatzstoff-Tagebuchs nachzuweisen ist.

---

1) Nr. **39**.
2) Wortlaut amtlich.

Unterabschnitt 5. Technologieneutrale Ausschreibungen

§ 39i Gemeinsame Ausschreibungen für Windenergieanlagen an Land und Solaranlagen. (1) Die Bundesnetzagentur führt in den Jahren 2018 bis 2022 gemeinsame Ausschreibungen für Windenergieanlagen an Land und Solaranlagen durch.

(2) [1] Die Einzelheiten der gemeinsamen Ausschreibungen werden in einer Rechtsverordnung nach § 88c näher bestimmt. [2] Dabei soll sichergestellt werden, dass

1. ein hinreichend diversifizierter Zubau erfolgt,
2. die Ausbauziele nach § 1 Absatz 2 nicht gefährdet werden,
3. die Kosteneffizienz gewährleistet wird und
4. Anreize für eine optimale Netz- und Systemintegration gesetzt werden.

[3] Die Rechtsverordnung wird erstmals spätestens bis zum 1. Mai 2018 erlassen.

(3) Auf Grundlage der Erfahrungen mit den gemeinsamen Ausschreibungen legt die Bundesregierung rechtzeitig einen Vorschlag vor, ob und inwieweit gemeinsame Ausschreibungen auch für die Jahre ab 2021 durchgeführt werden.

§ 39j Innovationsausschreibungen. (1) [1] Die Bundesnetzagentur führt in den Jahren 2019 bis 2021 Innovationsausschreibungen für erneuerbare Energien durch. [2] Die Teilnahme an diesen Ausschreibungen ist nicht auf einzelne erneuerbare Energien beschränkt. [3] Auch können Gebote für Kombinationen oder Zusammenschlüsse verschiedener erneuerbarer Energien abgegeben werden.

(2) Die Betreiber von Windenergieanlagen an Land und Solaranlagen, die aufgrund eines Zuschlags im Rahmen der Innovationsausschreibung im Jahr 2019 einen Anspruch auf eine Marktprämie haben, erhalten bei der Abregelung aufgrund von Netzengpässen abweichend von ***[bis 30.9.2021:*** § 15 Absatz 1 Satz 1***]*** ***[ab 1.10.2021:*** *§ 13a Absatz 2 Satz 3 Nummer 5 und Satz 5 des Energiewirtschaftsgesetzes****]*** keinen finanziellen Ausgleich für die entgangene Marktprämie.

(3) [1] Die Einzelheiten der Innovationsausschreibungen werden in einer Rechtsverordnung nach § 88d näher bestimmt. [2] Dabei soll sichergestellt werden, dass besonders netz- oder systemdienliche technische Lösungen gefördert werden, die sich im technologieneutralen wettbewerblichen Verfahren als effizient erweisen. [3] Die Rechtsverordnung wird erstmals spätestens bis zum 1. Mai 2018 erlassen.

(4) Auf Grundlage der Erfahrungen mit den Innovationsausschreibungen legt die Bundesregierung rechtzeitig einen Vorschlag vor, ob und inwieweit Innovationsausschreibungen auch für die Jahre ab 2022 durchgeführt werden.

Abschnitt 4. Gesetzliche Bestimmung der Zahlung

Unterabschnitt 1. Anzulegende Werte

§ 40 Wasserkraft. (1) Für Strom aus Wasserkraft beträgt der anzulegende Wert

1. bis einschließlich einer Bemessungsleistung von 500 Kilowatt 12,40 Cent pro Kilowattstunde,

2. bis einschließlich einer Bemessungsleistung von 2 Megawatt 8,17 Cent pro Kilowattstunde,
3. bis einschließlich einer Bemessungsleistung von 5 Megawatt 6,25 Cent pro Kilowattstunde,
4. bis einschließlich einer Bemessungsleistung von 10 Megawatt 5,48 Cent pro Kilowattstunde,
5. bis einschließlich einer Bemessungsleistung von 20 Megawatt 5,29 Cent pro Kilowattstunde,
6. bis einschließlich einer Bemessungsleistung von 50 Megawatt 4,24 Cent pro Kilowattstunde und
7. ab einer Bemessungsleistung von mehr als 50 Megawatt 3,47 Cent pro Kilowattstunde.

(2) [1] Der Anspruch nach § 19 Absatz 1 besteht auch für Strom aus Anlagen, die vor dem 1. Januar 2009 in Betrieb genommen worden sind, wenn nach dem 31. Dezember 2016 durch eine wasserrechtlich zugelassene Ertüchtigungsmaßnahme das Leistungsvermögen der Anlage erhöht wurde. [2] Satz 1 ist auf nicht zulassungspflichtige Ertüchtigungsmaßnahmen anzuwenden, wenn das Leistungsvermögen um mindestens 10 Prozent erhöht wurde. [3] Anlagen nach den Sätzen 1 oder 2 gelten mit dem Abschluss der Ertüchtigungsmaßnahme als neu in Betrieb genommen.

(3) [1] Für Strom aus Wasserkraft, der in Anlagen nach Absatz 2 mit einer installierten Leistung von mehr als 5 Megawatt erzeugt wird, besteht ein Anspruch nach § 19 Absatz 1 nur für den Strom, der der Leistungserhöhung nach Absatz 2 Satz 1 oder Satz 2 zuzurechnen ist. [2] Wenn die Anlage vor dem 1. Januar 2017 eine installierte Leistung bis einschließlich 5 Megawatt aufwies, besteht für den Strom, der diesem Leistungsanteil entspricht, der Anspruch nach der bislang für die Anlage maßgeblichen Bestimmung.

(4) Der Anspruch nach § 19 Absatz 1 in Verbindung mit Absatz 1 besteht nur, wenn die Anlage errichtet worden ist

1. im räumlichen Zusammenhang mit einer ganz oder teilweise bereits bestehenden oder einer vorrangig zu anderen Zwecken als der Erzeugung von Strom aus Wasserkraft neu zu errichtenden Stauanlage oder
2. ohne durchgehende Querverbauung.

(5) [1] Die anzulegenden Werte nach Absatz 1 verringern sich ab dem 1. Januar 2018 jährlich jeweils für die nach diesem Zeitpunkt in Betrieb genommenen oder ertüchtigten Anlagen um 0,5 Prozent gegenüber den im jeweils vorangegangenen Kalenderjahr geltenden anzulegenden Werten und werden auf zwei Stellen nach dem Komma gerundet. [2] Für die Berechnung der Höhe der anzulegenden Werte aufgrund einer erneuten Anpassung nach Satz 1 sind die ungerundeten Werte zugrunde zu legen.

§ 41 Deponie-, Klär- und Grubengas. (1) Für Strom aus Deponiegas beträgt der anzulegende Wert

1. bis einschließlich einer Bemessungsleistung von 500 Kilowatt 8,17 Cent pro Kilowattstunde und

2. bis einschließlich einer Bemessungsleistung von 5 Megawatt 5,66 Cent pro Kilowattstunde.

(2) Für Strom aus Klärgas beträgt der anzulegende Wert

1. bis einschließlich einer Bemessungsleistung von 500 Kilowatt 6,49 Cent pro Kilowattstunde und
2. bis einschließlich einer Bemessungsleistung von 5 Megawatt 5,66 Cent pro Kilowattstunde.

(3) [1] Für Strom aus Grubengas beträgt der anzulegende Wert

1. bis einschließlich einer Bemessungsleistung von 1 Megawatt 6,54 Cent pro Kilowattstunde,
2. bis einschließlich einer Bemessungsleistung von 5 Megawatt 4,17 Cent pro Kilowattstunde und
3. ab einer Bemessungsleistung von mehr als 5 Megawatt 3,69 Cent pro Kilowattstunde.

[2] Der Anspruch nach § 19 Absatz 1 in Verbindung mit Satz 1 besteht nur, wenn das Grubengas aus Bergwerken des aktiven oder stillgelegten Bergbaus stammt.

(4) [1] Die anzulegenden Werte nach den Absätzen 1 bis 3 verringern sich ab dem 1. Januar 2018 jährlich jeweils für die nach diesem Zeitpunkt in Betrieb genommenen Anlagen um 1,5 Prozent gegenüber den im jeweils vorangegangenen Kalenderjahr geltenden anzulegenden Werten und werden auf zwei Stellen nach dem Komma gerundet. [2] Für die Berechnung der Höhe der anzulegenden Werte aufgrund einer erneuten Anpassung nach Satz 1 sind die ungerundeten Werte zugrunde zu legen.

§ 42 Biomasse. Für Strom aus Biomasse im Sinn der Biomasseverordnung[1)], für den der anzulegende Wert gesetzlich bestimmt wird, beträgt dieser

1. bis einschließlich einer Bemessungsleistung von 150 Kilowatt 13,32 Cent pro Kilowattstunde,
2. bis einschließlich einer Bemessungsleistung von 500 Kilowatt 11,49 Cent pro Kilowattstunde,
3. bis einschließlich einer Bemessungsleistung von 5 Megawatt 10,29 Cent pro Kilowattstunde und
4. bis einschließlich einer Bemessungsleistung von 20 Megawatt 5,71 Cent pro Kilowattstunde.

§ 43 Vergärung von Bioabfällen. (1) Für Strom aus Anlagen, in denen Biogas eingesetzt wird, das durch anaerobe Vergärung von Biomasse im Sinn der Biomasseverordnung[1)] mit einem Anteil von getrennt erfassten Bioabfällen im Sinn der Abfallschlüssel Nummer 20 02 01, 20 03 01 und 20 03 02 der Nummer 1 des Anhangs 1 der Bioabfallverordnung in dem jeweiligen Kalenderjahr von durchschnittlich mindestens 90 Masseprozent gewonnen worden ist, beträgt der anzulegende Wert, wenn er gesetzlich bestimmt wird,

1. bis einschließlich einer Bemessungsleistung von 500 Kilowatt 14,88 Cent pro Kilowattstunde und

---

1) Nr. **39**.

2. bis einschließlich einer Bemessungsleistung von 20 Megawatt 13,05 Cent pro Kilowattstunde.

(2) Der Anspruch nach § 19 Absatz 1 in Verbindung mit Absatz 1 besteht nur, wenn die Einrichtungen zur anaeroben Vergärung der Bioabfälle unmittelbar mit einer Einrichtung zur Nachrotte der festen Gärrückstände verbunden sind und die nachgerotteten Gärrückstände stofflich verwertet werden.

§ 44 Vergärung von Gülle. [1] Für Strom aus Anlagen, in denen Biogas eingesetzt wird, das durch anaerobe Vergärung von Biomasse im Sinn der Biomasseverordnung[1)] gewonnen worden ist, beträgt bis einschließlich einer Bemessungsleistung von 75 Kilowatt der anzulegende Wert 23,14 Cent pro Kilowattstunde, wenn

1. der Strom am Standort der Biogaserzeugungsanlage erzeugt wird,
2. die installierte Leistung am Standort der Biogaserzeugungsanlage insgesamt bis zu 150 Kilowatt beträgt und
3. zur Erzeugung des Biogases in dem jeweiligen Kalenderjahr durchschnittlich ein Anteil von Gülle mit Ausnahme von Geflügelmist und Geflügeltrockenkot von mindestens 80 Masseprozent eingesetzt wird.

[2] Wurde ein Anlagenbetreiber aufgrund einer Sperre im Sinne von § 6 Absatz 1 Nummer 18 des Tiergesundheitsgesetzes vom 22. Mai 2013 (BGBl. I S. 1324), das zuletzt durch Artikel 1 des Gesetzes vom 14. November 2018 (BGBl. I S. 1850) geändert worden ist, im Einsatz von Gülle beeinträchtigt und konnte deshalb den in Satz 1 Nummer 3 vorgesehenen jährlichen Güllemindestanteil nicht einhalten, ist der Zeitraum der Sperre zuzüglich 30 Kalendertagen bei der Berechnung des durchschnittlichen Gülleanteils nach Satz 1 Nummer 3 nicht zu berücksichtigen. [3] In diesem Fall entfällt der Anspruch nach Satz 1 für den nicht berücksichtigten Zeitraum. [4] Ein Anspruch nach den §§ 41 bis 43 bleibt unberührt.

§ 44a Absenkung der anzulegenden Werte für Strom aus Biomasse.

[1] Die anzulegenden Werte nach den §§ 42 bis 44 verringern sich beginnend mit dem 1. April 2017 jeweils zum 1. April und 1. Oktober eines Jahres für die nach diesem Zeitpunkt in Betrieb genommenen Anlagen um 0,5 Prozent gegenüber den in dem jeweils vorangegangenen Kalendermonat geltenden anzulegenden Werten und werden auf zwei Stellen nach dem Komma gerundet. [2] Für die Berechnung der Höhe der anzulegenden Werte aufgrund einer erneuten Anpassung nach Satz 1 sind die ungerundeten Werte zugrunde zu legen.

§ 44b Gemeinsame Bestimmungen für Strom aus Gasen. (1) [1] Der Anspruch nach § 19 Absatz 1 für Strom aus Biogas besteht für Strom, der in Anlagen mit einer installierten Leistung von mehr als 100 Kilowatt erzeugt wird, nur für den Anteil der in einem Kalenderjahr erzeugten Strommenge, der einer Bemessungsleistung der Anlage von 50 Prozent des Wertes der installierten Leistung entspricht. [2] Für den darüber hinausgehenden Anteil der in dem Kalenderjahr erzeugten Strommenge verringert sich der Anspruch nach § 19

[1)] Nr. **39**.

Absatz 1 in der Veräußerungsform der Marktprämie auf null und in den Veräußerungsformen einer Einspeisevergütung auf den Monatsmarktwert.

(2) [1]Der Anspruch nach § 19 Absatz 1 für Strom aus Biomasse nach § 42 oder § 43 besteht ferner nur, soweit bei Anlagen, in denen Biomethan eingesetzt wird, der Strom aus Kraft-Wärme-Kopplung erzeugt wird. [2]Für diesen Anspruch ist ab dem ersten Kalenderjahr, das auf seine erstmalige Inanspruchnahme folgt, jährlich bis zum 28. Februar eines Jahres jeweils für das vorangegangene Kalenderjahr die Erfüllung der Voraussetzung nach Satz 1 nach den allgemein anerkannten Regeln der Technik nachzuweisen. [3]Bei der erstmaligen Geltendmachung des Anspruchs ist ferner die Eignung der Anlage zur Erfüllung der Voraussetzungen im Sinn von Satz 2 durch ein Gutachten eines Umweltgutachters mit einer Zulassung für den Bereich Elektrizitätserzeugung aus erneuerbaren Energien oder für den Bereich Wärmeversorgung nachzuweisen.

(3) [1]Die Einhaltung der anerkannten Regeln der Technik nach Absatz 2 Satz 2 wird vermutet, wenn die Anforderungen des Arbeitsblatts FW 308 „Zertifizierung von KWK-Anlagen – Ermittlung des KWK-Stromes –" des AGFW Energieeffizienzverbandes für Wärme, Kälte und KWK e.V. (Bundesanzeiger vom 19. Oktober 2015, nichtamtlicher Teil, Institutionelle Veröffentlichungen) nachgewiesen werden. [2]Der Nachweis muss durch Vorlage eines Gutachtens eines Umweltgutachters mit einer Zulassung für den Bereich Elektrizitätserzeugung aus erneuerbaren Energien oder für den Bereich Wärmeversorgung erfolgen. [3]Anstelle des Nachweises nach Satz 1 können für serienmäßig hergestellte KWK-Anlagen mit einer installierten Leistung von bis zu 2 Megawatt geeignete Unterlagen des Herstellers vorgelegt werden, aus denen die thermische und elektrische Leistung sowie die Stromkennzahl hervorgehen.

(4) Der Anspruch nach § 19 Absatz 1 für Strom aus Biomasse nach § 43 oder § 44 kann nicht mit dem Anspruch nach § 19 Absatz 1 in Verbindung mit § 39 oder § 42 kombiniert werden.

(5) Aus einem Erdgasnetz entnommenes Gas ist jeweils als Deponiegas, Klärgas, Grubengas, Biomethan oder Speichergas anzusehen,

1. soweit die Menge des entnommenen Gases im Wärmeäquivalent am Ende eines Kalenderjahres der Menge von Deponiegas, Klärgas, Grubengas, Biomethan oder Speichergas entspricht, die an anderer Stelle im Bundesgebiet in das Erdgasnetz eingespeist worden ist, und
2. wenn für den gesamten Transport und Vertrieb des Gases von seiner Herstellung oder Gewinnung, seiner Einspeisung in das Erdgasnetz und seinem Transport im Erdgasnetz bis zu seiner Entnahme aus dem Erdgasnetz Massenbilanzsysteme verwendet worden sind.

(6) [1]Der Anspruch nach § 19 Absatz 1 für Strom aus Biomethan nach § 42 oder § 43 besteht auch, wenn das Biomethan vor seiner Entnahme aus dem Erdgasnetz anhand der Energieerträge der zur Biomethanerzeugung eingesetzten Einsatzstoffe bilanziell in einsatzstoffbezogene Teilmengen geteilt wird. [2]Die bilanzielle Teilung in einsatzstoffbezogene Teilmengen einschließlich der Zuordnung der eingesetzten Einsatzstoffe zu der jeweiligen Teilmenge ist im Rahmen der Massenbilanzierung nach Absatz 5 Nummer 2 zu dokumentieren.

§ 44c Sonstige gemeinsame Bestimmungen für Strom aus Biomasse.

(1) Der Anspruch nach § 19 Absatz 1 für Strom aus Biomasse besteht unbeschadet des § 44b nur,

1. wenn der Anlagenbetreiber durch eine Kopie eines Einsatzstoff-Tagebuchs mit Angaben und Belegen über Art, Menge und Einheit sowie Herkunft der eingesetzten Stoffe nachweist, welche Biomasse und in welchem Umfang Speichergas oder Grubengas eingesetzt werden,
2. wenn in Anlagen flüssige Biomasse eingesetzt wird, für den Stromanteil aus flüssiger Biomasse, die zur Anfahr-, Zünd- und Stützfeuerung notwendig ist; flüssige Biomasse ist Biomasse, die zum Zeitpunkt des Eintritts in den Brenn- oder Feuerraum flüssig ist; Pflanzenölmethylester ist in dem Umfang als Biomasse anzusehen, der zur Anfahr-, Zünd- und Stützfeuerung notwendig ist.

(2) Für den Anspruch nach § 19 Absatz 1 für Strom aus Biomasse nach § 42, § 43 oder § 44 ist ab dem ersten Kalenderjahr, das auf seine erstmalige Inanspruchnahme folgt, der Stromanteil aus flüssiger Biomasse nach Absatz 1 Nummer 2 durch Vorlage einer Kopie eines Einsatzstoff-Tagebuchs jährlich bis zum 28. Februar eines Jahres jeweils für das vorangegangene Kalenderjahr nachzuweisen.

(3) Der Anspruch nach § 19 Absatz 1 für Strom aus Biomasse verringert sich in dem jeweiligen Kalenderjahr insgesamt auf den Wert „MW_{EPEX}" der Anlage 1 Nummer 2.1, wenn die Nachweisführung nicht in der nach Absatz 2 oder § 44b Absatz 2 Satz 2 oder 3 vorgeschriebenen Weise erfolgt ist.

(4) Soweit nach den Absätzen 1 oder 2 der Nachweis durch eine Kopie eines Einsatzstoff-Tagebuchs zu führen ist, sind die für den Nachweis nicht erforderlichen personenbezogenen Angaben im Einsatzstoff-Tagebuch von dem Anlagenbetreiber zu schwärzen.

§ 45 Geothermie. (1) Für Strom aus Geothermie beträgt der anzulegende Wert 25,20 Cent pro Kilowattstunde.

(2) [1] Die anzulegenden Werte nach Absatz 1 verringern sich ab dem 1. Januar 2021 jährlich jeweils für die nach diesem Zeitpunkt in Betrieb genommenen Anlagen um 5 Prozent gegenüber den im jeweils vorangegangenen Kalenderjahr geltenden anzulegenden Werten und werden auf zwei Stellen nach dem Komma gerundet. [2] Für die Berechnung der Höhe der anzulegenden Werte aufgrund einer erneuten Anpassung nach Satz 1 sind die ungerundeten Werte zugrunde zu legen.

§ 46 Windenergie an Land bis 2018. (1) Für Strom aus Windenergieanlagen an Land, die vor dem 1. Januar 2019 in Betrieb genommen worden sind und deren anzulegender Wert gesetzlich bestimmt wird, beträgt der anzulegende Wert 4,66 Cent pro Kilowattstunde.

(2) [1] Abweichend von Absatz 1 beträgt der anzulegende Wert in den ersten fünf Jahren ab der Inbetriebnahme der Anlage 8,38 Cent pro Kilowattstunde. [2] Diese Frist verlängert sich um einen Monat pro 0,36 Prozent des Referenzertrags, um den der Ertrag der Anlage 130 Prozent des Referenzertrags unterschreitet. [3] Zusätzlich verlängert sich die Frist um einen Monat pro 0,48 Prozent des Referenzertrags, um den der Ertrag der Anlage 100 Prozent des

Referenzertrags unterschreitet. [4] Referenzertrag ist der errechnete Ertrag der Referenzanlage nach Maßgabe der Anlage 2 des Erneuerbare-Energien-Gesetzes in der am 31. Dezember 2016 geltenden Fassung.

(3) [1] Zehn Jahre nach Inbetriebnahme einer Anlage nach Absatz 1, spätestens aber ein Jahr vor dem Ende der nach Absatz 2 Satz 2 verlängerten Frist wird der Standortertrag überprüft und die Frist nach Absatz 2 Satz 2 entsprechend angepasst. [2] § 36h Absatz 2 Satz 2 bis 4 ist entsprechend anzuwenden.

(4) Für Anlagen mit einer installierten Leistung bis einschließlich 50 Kilowatt wird für die Berechnung des anzulegenden Werts angenommen, dass ihr Ertrag 70 Prozent des Referenzertrags beträgt.

§ 46a Absenkung der anzulegenden Werte für Strom aus Windenergie an Land bis 2018. (1) [1] Die anzulegenden Werte nach § 46 Absatz 1 und 2 verringern sich zum 1. März, 1. April, 1. Mai, 1. Juni, 1. Juli und 1. August 2017 für die nach diesem Zeitpunkt in Betrieb genommenen Anlagen um 1,05 Prozent gegenüber den in dem jeweils vorangegangenen Kalendermonat geltenden anzulegenden Werten. [2] Danach verringern sie sich zum 1. Oktober 2017, 1. Januar 2018, 1. April 2018, 1. Juli 2018 und 1. Oktober 2018 für die nach diesem Zeitpunkt in Betrieb genommenen Anlagen um 0,4 Prozent gegenüber den in dem jeweils vorangegangenen Kalendermonat geltenden anzulegenden Werten.

(2) Die Absenkung der anzulegenden Werte nach Absatz 1 Satz 2 erhöht sich jeweils, wenn der Brutto-Zubau im Bezugszeitraum den Wert von 2 500 Megawatt

1. um bis zu 200 Megawatt überschreitet, auf 0,5 Prozent,
2. um mehr als 200 Megawatt überschreitet, auf 0,6 Prozent,
3. um mehr als 400 Megawatt überschreitet, auf 0,8 Prozent,
4. um mehr als 600 Megawatt überschreitet, auf 1,0 Prozent,
5. um mehr als 800 Megawatt überschreitet, auf 1,2 Prozent oder
6. um mehr als 1 000 Megawatt überschreitet, auf 2,4 Prozent.

(3) Die Absenkung der anzulegenden Werte nach Absatz 1 Satz 2 verringert sich jeweils, wenn der Brutto-Zubau im Bezugszeitraum den Wert von 2 400 Megawatt

1. um bis zu 200 Megawatt unterschreitet, auf 0,3 Prozent,
2. um mehr als 200 Megawatt unterschreitet, auf 0,2 Prozent oder
3. um mehr als 400 Megawatt unterschreitet, auf null.

(4) Die nach Absatz 1 Satz 2 erfolgende Absenkung der anzulegenden Werte verringert sich auf null und es erhöhen sich die anzulegenden Werte nach § 46 gegenüber den im jeweils vorangegangenen Quartal geltenden anzulegenden Werten, wenn der Brutto-Zubau im Bezugszeitraum den Wert von 2 400 Megawatt

1. um mehr als 600 Megawatt unterschreitet, um 0,2 Prozent oder
2. um mehr als 800 Megawatt unterschreitet, um 0,4 Prozent.

(5) Bezugszeitraum ist der Zeitraum nach dem letzten Kalendertag des 18. Monats und vor dem ersten Kalendertag des fünften Monats, der einem Zeitpunkt nach Absatz 2 vorangeht.

(6) [1]Die anzulegenden Werte nach den Absätzen 1 bis 4 werden auf zwei Stellen nach dem Komma gerundet. [2]Für die Berechnung der Höhe der anzulegenden Werte aufgrund einer erneuten Anpassung nach den Absätzen 1 bis 4 sind die ungerundeten Werte zugrunde zu legen.

§ 46b Windenergie an Land ab 2019. (1) [1]Für Strom aus Windenergieanlagen an Land, die nach dem 31. Dezember 2018 in Betrieb genommen worden sind und deren anzulegender Wert gesetzlich bestimmt wird, berechnet der Netzbetreiber den anzulegenden Wert nach § 36h Absatz 1, wobei der Zuschlagswert durch den Durchschnitt aus den Gebotswerten des jeweils höchsten noch bezuschlagten Gebots der Gebotstermine für Windenergieanlagen an Land im Vorvorjahr zu ersetzen ist. [2]§ 36h Absatz 2 bis 4 ist entsprechend anzuwenden.

(2) Die Bundesnetzagentur veröffentlicht den Durchschnitt aus den Gebotswerten für das jeweils höchste noch bezuschlagte Gebot aller Ausschreibungsrunden eines Jahres jeweils bis zum 31. Januar des darauf folgenden Kalenderjahres.

(3) § 46 Absatz 4 ist entsprechend anzuwenden.

§ 47 Windenergie auf See bis 2020. (1) [1]Für Strom aus Windenergieanlagen auf See beträgt der anzulegende Wert 3,90 Cent pro Kilowattstunde. [2]Der Anspruch nach § 19 Absatz 1 in Verbindung mit Satz 1 besteht nur für Windenergieanlagen auf See, die

1. vor dem 1. Januar 2017 eine unbedingte Netzanbindungszusage nach § 118 Absatz 12 des Energiewirtschaftsgesetzes[1)] oder Anschlusskapazitäten nach § 17d Absatz 3 des Energiewirtschaftsgesetzes[1)] in der am 31. Dezember 2016 geltenden Fassung erhalten haben und
2. vor dem 1. Januar 2021 in Betrieb genommen worden sind.

(2) [1]Abweichend von Absatz 1 Satz 1 beträgt der anzulegende Wert in den ersten zwölf Jahren ab der Inbetriebnahme der Windenergieanlage auf See 15,40 Cent pro Kilowattstunde (Anfangswert). [2]Der Zeitraum nach Satz 1 verlängert sich für jede über zwölf Seemeilen hinausgehende volle Seemeile, die die Anlage von der Küstenlinie entfernt ist, um 0,5 Monate und für jeden über eine Wassertiefe von 20 Metern hinausgehenden vollen Meter Wassertiefe um 1,7 Monate. [3]Als Küstenlinie gilt die in der Karte Nummer 2920 „Deutsche Nordseeküste und angrenzende Gewässer", Ausgabe 1994, XII., sowie in der Karte Nummer 2921 „Deutsche Ostseeküste und angrenzende Gewässer", Ausgabe 1994, XII., des Bundesamtes für Seeschifffahrt und Hydrographie im Maßstab 1:375 000[2)] dargestellte Küstenlinie. [4]Die Wassertiefe ist ausgehend von dem Seekartennull zu bestimmen.

(3) [1]Abweichend von Absatz 1 Satz 1 beträgt der anzulegende Wert für Strom aus Windenergieanlagen auf See, die vor dem 1. Januar 2020 in Betrieb genommen worden sind, in den ersten acht Jahren ab der Inbetriebnahme der Anlage 19,40 Cent pro Kilowattstunde, wenn dies der Anlagenbetreiber vor

---

[1)] Nr. 1.

[2)] **Amtlicher Hinweis:** Zu beziehen beim Bundesamt für Seeschifffahrt und Hydrographie, Bernhard-Nocht-Straße 78, 20359 Hamburg und in der Deutschen Nationalbibliothek archivmäßig gesichert niedergelegt.

der Inbetriebnahme der Anlage von dem Netzbetreiber verlangt. [2] In diesem Fall entfällt der Anspruch nach Absatz 2 Satz 1, während der Anspruch auf die Zahlung nach Absatz 2 Satz 2 mit der Maßgabe entsprechend anzuwenden ist, dass der Anfangswert im Zeitraum der Verlängerung 15,40 Cent pro Kilowattstunde beträgt.

(4) [1] Ist die Einspeisung aus einer Windenergieanlage auf See länger als sieben aufeinanderfolgende Tage nicht möglich, weil die Leitung nach § 17d Absatz 1 Satz 1 des Energiewirtschaftsgesetzes[1)] nicht rechtzeitig fertiggestellt oder gestört ist und der Netzbetreiber dies nicht zu vertreten hat, verlängert sich der Zeitraum, für den der Anspruch auf Zahlung einer Marktprämie oder Einspeisevergütung nach den Absätzen 2 und 3 besteht, beginnend mit dem achten Tag der Störung um den Zeitraum der Störung. [2] Satz 1 ist nicht anzuwenden, soweit der Betreiber der Windenergieanlage auf See die Entschädigung nach § 17e Absatz 1 oder Absatz 2 des Energiewirtschaftsgesetzes[1)] in Anspruch nimmt; in diesem Fall verkürzt sich der Anspruch auf Zahlung einer Marktprämie oder Einspeisevergütung nach den Absätzen 2 und 3 um den Zeitraum der Verzögerung.

(5) Die anzulegenden Werte nach Absatz 2 und Absatz 3 Satz 2 verringern sich gegenüber den jeweils vorher geltenden anzulegenden Werten

1. um 0,5 Cent pro Kilowattstunde für Anlagen, die in den Jahren 2018 und 2019 in Betrieb genommen werden, und
2. um 1,0 Cent pro Kilowattstunde für Anlagen, die im Jahr 2020 in Betrieb genommen werden.

(6) Der anzulegende Wert nach Absatz 3 Satz 1 verringert sich für Anlagen, die in den Jahren 2018 und 2019 in Betrieb genommen werden, um 1,0 Cent pro Kilowattstunde.

(7) Für die Anwendung der Absätze 1, 3, 5 und 6 ist statt des Zeitpunkts der Inbetriebnahme der Zeitpunkt der Betriebsbereitschaft der Windenergieanlage auf See nach § 17e Absatz 2 Satz 1 und 4 des Energiewirtschaftsgesetzes[1)] maßgeblich, wenn die Netzanbindung nicht zu dem verbindlichen Fertigstellungstermin nach § 17d Absatz 2 Satz 9 des Energiewirtschaftsgesetzes[1)] fertiggestellt ist.

§ 48 Solare Strahlungsenergie. (1) [1] Für Strom aus Solaranlagen, deren anzulegender Wert gesetzlich bestimmt wird, beträgt dieser vorbehaltlich der Absätze 2 und 3 8,91 Cent pro Kilowattstunde, wenn die Anlage

1. auf, an oder in einem Gebäude oder einer sonstigen baulichen Anlage angebracht ist und das Gebäude oder die sonstige bauliche Anlage vorrangig zu anderen Zwecken als der Erzeugung von Strom aus solarer Strahlungsenergie errichtet worden ist,
2. auf einer Fläche errichtet worden ist, für die ein Verfahren nach § 38 Satz 1 des Baugesetzbuchs durchgeführt worden ist, oder
3. im Bereich eines beschlossenen Bebauungsplans im Sinn des § 30 des Baugesetzbuchs errichtet worden ist und

---

1) Nr. **1**.

a) der Bebauungsplan vor dem 1. September 2003 aufgestellt und später nicht mit dem Zweck geändert worden ist, eine Solaranlage zu errichten,

b) der Bebauungsplan vor dem 1. Januar 2010 für die Fläche, auf der die Anlage errichtet worden ist, ein Gewerbe- oder Industriegebiet im Sinn der §§ 8 und 9 der Baunutzungsverordnung ausgewiesen hat, auch wenn die Festsetzung nach dem 1. Januar 2010 zumindest auch mit dem Zweck geändert worden ist, eine Solaranlage zu errichten, oder

c) der Bebauungsplan nach dem 1. September 2003 zumindest auch mit dem Zweck der Errichtung einer Solaranlage aufgestellt oder geändert worden ist und sich die Anlage

aa) auf Flächen befindet, die längs von Autobahnen oder Schienenwegen liegen, und die Anlage in einer Entfernung bis zu 110 Metern, gemessen vom äußeren Rand der befestigten Fahrbahn, errichtet worden ist,

bb) auf Flächen befindet, die zum Zeitpunkt des Beschlusses über die Aufstellung oder Änderung des Bebauungsplans bereits versiegelt waren, oder

cc) auf Konversionsflächen aus wirtschaftlicher, verkehrlicher, wohnungsbaulicher oder militärischer Nutzung befindet und diese Flächen zum Zeitpunkt des Beschlusses über die Aufstellung oder Änderung des Bebauungsplans nicht rechtsverbindlich als Naturschutzgebiet im Sinn des § 23 des Bundesnaturschutzgesetzes oder als Nationalpark im Sinn des § 24 des Bundesnaturschutzgesetzes festgesetzt worden sind.

[2] Sofern Solaranlagen vor dem Beschluss eines Bebauungsplans unter Einhaltung der übrigen Voraussetzungen des Satzes 1 Nummer 3 und der Voraussetzungen des § 33 des Baugesetzbuchs errichtet worden sind, besteht ein Anspruch nach § 19 bei Einhaltung der sonstigen Voraussetzungen abweichend von § 25 Satz 3 erst, nachdem der Bebauungsplan beschlossen worden ist. [3] In den Fällen des Satzes 2 reduziert sich die Dauer des Anspruchs auf Zahlung einer Marktprämie oder Einspeisevergütung nach § 25 Satz 1 und 2 um die Tage, die zwischen der Inbetriebnahme der Anlage und dem Beschluss des Bebauungsplans liegen.

(2) Für Strom aus Solaranlagen, die ausschließlich auf, an oder in einem Gebäude oder einer Lärmschutzwand angebracht sind, beträgt der anzulegende Wert

1. bis einschließlich einer installierten Leistung von 10 Kilowatt 12,70 Cent pro Kilowattstunde,
2. bis einschließlich einer installierten Leistung von 40 Kilowatt 12,36 Cent pro Kilowattstunde und
3. bis einschließlich einer installierten Leistung von 750 Kilowatt
   a) ab dem 1. Februar 2019 9,87 Cent pro Kilowattstunde,
   b) ab dem 1. März 2019 9,39 Cent pro Kilowattstunde und
   c) ab dem 1. April 2019 8,90 Cent pro Kilowattstunde.

(3) [1] Für Solaranlagen, die ausschließlich auf, an oder in einem Gebäude angebracht sind, das kein Wohngebäude ist und das im Außenbereich nach § 35 des Baugesetzbuchs errichtet worden ist, ist Absatz 2 nur anzuwenden, wenn

1. nachweislich vor dem 1. April 2012

a) für das Gebäude der Bauantrag oder der Antrag auf Zustimmung gestellt oder die Bauanzeige erstattet worden ist,

b) im Fall einer nicht genehmigungsbedürftigen Errichtung, die nach Maßgabe des Bauordnungsrechts der zuständigen Behörde zur Kenntnis zu bringen ist, für das Gebäude die erforderliche Kenntnisgabe an die Behörde erfolgt ist oder

c) im Fall einer sonstigen nicht genehmigungsbedürftigen, insbesondere genehmigungs-, anzeige- und verfahrensfreien Errichtung mit der Bauausführung des Gebäudes begonnen worden ist,

2. das Gebäude im räumlich-funktionalen Zusammenhang mit einer nach dem 31. März 2012 errichteten Hofstelle eines land- oder forstwirtschaftlichen Betriebes steht oder

3. das Gebäude der dauerhaften Stallhaltung von Tieren dient und von der zuständigen Baubehörde genehmigt worden ist.

[2] Im Übrigen ist Absatz 1 Nummer 1 anzuwenden.

(4) [1] § 38b Absatz 2 Satz 1 ist entsprechend anzuwenden. [2] Der Anspruch nach § 19 Absatz 1 entfällt für die ersetzten Anlagen endgültig.

§ 49 Absenkung der anzulegenden Werte für Strom aus solarer Strahlungsenergie. (1) [1] Die anzulegenden Werte nach § 48 Absatz 1 und 2 Nummer 1 und 2 verringern sich ab dem 1. Februar 2017 und der anzulegende Wert nach § 48 Absatz 2 Nummer 3 Buchstabe c verringert sich ab dem 1. Mai 2019 monatlich zum ersten Kalendertag eines Monats um 0,5 Prozent gegenüber den in dem jeweils vorangegangenen Kalendermonat geltenden anzulegenden Werten. [2] Die monatliche Absenkung nach Satz 1 wird jeweils zum 1. Februar, 1. Mai, 1. August und 1. November eines Jahres nach Maßgabe der Absätze 2 und 3 aufgrund des Brutto-Zubaus von Solaranlagen, deren anzulegender Wert gesetzlich bestimmt worden ist, angepasst. [3] Zum Zweck der Anpassung ist der im sechsmonatigen Bezugszeitraum nach Absatz 4 registrierte Brutto-Zubau auf ein Jahr hochzurechnen (annualisierter Brutto-Zubau).

(2) Die monatliche Absenkung der anzulegenden Werte nach Absatz 1 Satz 2 erhöht sich, wenn der annualisierte Brutto-Zubau von Solaranlagen , deren anzulegender Wert gesetzlich bestimmt worden ist, den Wert von 1 900 Megawatt

1. um bis zu 1 000 Megawatt überschreitet, auf 1,00 Prozent,
2. um mehr als 1 000 Megawatt überschreitet, auf 1,40 Prozent,
3. um mehr als 2 000 Megawatt überschreitet, auf 1,80 Prozent,
4. um mehr als 3 000 Megawatt überschreitet, auf 2,20 Prozent,
5. um mehr als 4 000 Megawatt überschreitet, auf 2,50 Prozent oder
6. um mehr als 5 000 Megawatt überschreitet, auf 2,80 Prozent.

(3) Die monatliche Absenkung der anzulegenden Werte nach Absatz 1 Satz 2 verringert sich, wenn der annualisierte Brutto-Zubau von Solaranlagen , deren anzulegender Wert gesetzlich bestimmt worden ist, den Wert von 1 900 Megawatt

1. um mehr als 200 Megawatt unterschreitet, auf 0,25 Prozent,
2. um mehr als 400 Megawatt unterschreitet, auf null,

3. um mehr als 800 Megawatt unterschreitet, auf null; die anzulegenden Werte nach § 48 erhöhen sich zum ersten Kalendertag des jeweiligen Quartals einmalig um 1,50 Prozent, oder
4. um mehr als 1 200 Megawatt unterschreitet, auf null; die anzulegenden Werte nach § 48 erhöhen sich zum ersten Kalendertag des jeweiligen Quartals einmalig um 3,00 Prozent.

(4) Bezugszeitraum ist der Zeitraum nach dem letzten Kalendertag des achten Monats und vor dem ersten Kalendertag des letzten Monats, der einem Zeitpunkt nach Absatz 1 vorangeht.

(5) [1] Wenn die Summe der installierten Leistung der Solaranlagen, die in dem Register mit der Angabe eingetragen sind, dass für den Strom aus diesen Anlagen eine Zahlung nach § 19 in Anspruch genommen werden soll, und von Solaranlagen, die nach der Schätzung nach § 31 Absatz 6 des Erneuerbare-Energien-Gesetzes in der am 31. Dezember 2016 geltenden Fassung als gefördert anzusehen sind, 52 000 Megawatt überschreitet, verringern sich die anzulegenden Werte nach § 48 zum ersten Kalendertag des zweiten auf die Überschreitung folgenden Kalendermonats auf null. [2] Die installierte Leistung von Solaranlagen, die in den Sonderausschreibungen nach § 28 Absatz 2 Satz 2 und 3 bezuschlagt worden ist, wird von der nach Satz 1 ermittelten Summe der installierten Leistung abgezogen.

(6) Die Bundesregierung legt rechtzeitig vor Erreichung des in Absatz 5 bestimmten Ziels einen Vorschlag für eine Neugestaltung der bisherigen Regelung vor.

(7) [1] Die anzulegenden Werte nach den Absätzen 1 bis 4 werden auf zwei Stellen nach dem Komma gerundet. [2] Für die Berechnung der Höhe der anzulegenden Werte aufgrund einer erneuten Anpassung nach den Absätzen 1 bis 4 sind die ungerundeten Werte zugrunde zu legen.

Unterabschnitt 2. Zahlungen für Flexibilität

§ 50 Zahlungsanspruch für Flexibilität. (1) Anlagenbetreiber haben gegen den Netzbetreiber einen Zahlungsanspruch nach Maßgabe des § 50a oder § 50b für die Bereitstellung installierter Leistung, wenn für den in der Anlage erzeugten Strom dem Grunde nach auch ein Anspruch auf Zahlung nach der für die Anlage maßgeblichen Fassung des Erneuerbare-Energien-Gesetzes besteht; dieser Anspruch bleibt unberührt.

(2) § 24 Absatz 1, § 26 und § 27 sind entsprechend anzuwenden.

§ 50a Flexibilitätszuschlag für neue Anlagen. (1) Der Anspruch nach § 50 beträgt für die Bereitstellung flexibler installierter Leistung 40 Euro pro Kilowatt installierter Leistung und Jahr (Flexibilitätszuschlag) in
1. Anlagen zur Erzeugung von Strom aus Biogas mit einer installierten Leistung von mehr als 100 Kilowatt, deren anzulegender Wert gesetzlich bestimmt wird, und
2. Anlagen zur Erzeugung von Strom aus Biogas, deren anzulegender Wert durch Ausschreibungen ermittelt worden ist.

(2) Der Anspruch auf den Flexibilitätszuschlag besteht nur, wenn der Anlagenbetreiber für den in § 44b Absatz 1 bestimmten Anteil der in einem

Kalenderjahr erzeugten Strommenge einen Anspruch nach § 19 Absatz 1 in Verbindung mit § 39, § 42 oder § 43 in Anspruch nimmt und dieser Anspruch nicht nach § 52 verringert ist.

(3) Der Flexibilitätszuschlag kann für die gesamte Dauer des Anspruchs nach § 19 Absatz 1 verlangt werden.

§ 50b Flexibilitätsprämie für bestehende Anlagen. [1] Betreiber von Anlagen zur Erzeugung von Strom aus Biogas, die nach dem am 31. Juli 2014 geltenden Inbetriebnahmebegriff vor dem 1. August 2014 in Betrieb genommen worden sind, können ergänzend zu einer Veräußerung des Stroms in den Veräußerungsformen einer Direktvermarktung von dem Netzbetreiber eine Prämie für die Bereitstellung zusätzlich installierter Leistung für eine bedarfsorientierte Stromerzeugung (Flexibilitätsprämie) verlangen. [2] Der Anspruch nach Satz 1 beträgt 130 Euro pro Kilowatt flexibel bereitgestellter zusätzlich installierter Leistung und Jahr, wenn die Voraussetzungen nach Anlage 3 Nummer I erfüllt sind. [3] Die Höhe der Flexibilitätsprämie bestimmt sich nach Anlage 3 Nummer II. [4] Für Strom aus Anlagen nach § 100 Absatz 4 sind die Sätze 1 bis 3 rückwirkend zum 1. August 2014 entsprechend anzuwenden. [5] Wenn aufgrund von Satz 4 Korrekturen von Abrechnungen für die Jahre 2014 oder 2015 erforderlich werden, ist ergänzend zu § 62 ausreichend, wenn der Anlagenbetreiber eine Kopie der Genehmigung oder Zulassung nach § 100 Absatz 4 sowie einen Nachweis über die Inbetriebnahme der Anlage vorlegt.

Abschnitt 5. Rechtsfolgen und Strafen

§ 51 Verringerung des Zahlungsanspruchs bei negativen Preisen.

(1) Wenn der Wert der Stundenkontrakte für die Preiszone für Deutschland am Spotmarkt der Strombörse in der vortägigen Auktion in mindestens sechs aufeinanderfolgenden Stunden negativ ist, verringert sich der anzulegende Wert für den gesamten Zeitraum, in dem die Stundenkontrakte ohne Unterbrechung negativ sind, auf null.

(2) Wenn der Strom in einem Kalendermonat, in dem die Voraussetzungen nach Absatz 1 mindestens einmal erfüllt sind, in der Ausfallvergütung veräußert wird, muss der Anlagenbetreiber dem Netzbetreiber bei der Datenübermittlung nach § 71 Nummer 1 die Strommenge mitteilen, die er in dem Zeitraum eingespeist hat, in dem die Stundenkontrakte ohne Unterbrechung negativ gewesen sind; andernfalls verringert sich der Anspruch in diesem Kalendermonat um 5 Prozent pro Kalendertag, in dem dieser Zeitraum ganz oder teilweise liegt.

(3) Die Absätze 1 und 2 sind nicht anzuwenden auf

1. Windenergieanlagen mit einer installierten Leistung von weniger als 3 Megawatt, wobei § 24 Absatz 1 entsprechend anzuwenden ist,
2. sonstige Anlagen mit einer installierten Leistung von weniger als 500 Kilowatt, wobei § 24 Absatz 1 entsprechend anzuwenden ist,
3. Pilotwindenergieanlagen an Land nach § 3 Nummer 37 Buchstabe b und

4. Pilotwindenergieanlagen auf See nach § 3 Nummer 6 des Windenergie-auf-See-Gesetzes[1)].

§ 52 Verringerung des Zahlungsanspruchs bei Pflichtverstößen.

(1) [1] Der anzulegende Wert verringert sich auf null,

1. solange Anlagenbetreiber die zur Registrierung der Anlage erforderlichen Angaben nicht an das Register übermittelt haben und die Meldung nach § 71 Nummer 1 noch nicht erfolgt ist,
2. solange und soweit Betreiber von im Register registrierten Anlagen die zur Meldung einer Erhöhung der installierten Leistung der Anlage erforderlichen Angaben nicht an das Register übermittelt haben und die Meldung nach § 71 Nummer 1 noch nicht erfolgt ist,
3. wenn Anlagenbetreiber gegen § 21b Absatz 2 Satz 1 zweiter Halbsatz oder Absatz 3 verstoßen,
4. wenn Betreiber von Anlagen, deren anzulegender Wert durch Ausschreibungen ermittelt wird, gegen § 27a verstoßen oder
5. solange bei Anlagen nach § 100 Absatz 3 Satz 2 der Nachweis nach § 100 Absatz 3 Satz 3 nicht erbracht ist.

[2] Satz 1 Nummer 3 ist bis zum Ablauf des dritten Kalendermonats anzuwenden, der auf die Beendigung des Verstoßes gegen § 21b Absatz 2 oder Absatz 3 folgt. [3] Satz 1 Nummer 4 ist für das gesamte Kalenderjahr des Verstoßes anzuwenden.

(2) [1] Der anzulegende Wert verringert sich auf den Monatsmarktwert,

1. solange Anlagenbetreiber gegen § 9 Absatz 1, 2, 5 oder 6 verstoßen,

1a. solange Anlagenbetreiber gegen § 9 Absatz 8 verstoßen,

2. wenn Anlagenbetreiber dem Netzbetreiber die Zuordnung zu oder den Wechsel zwischen den verschiedenen Veräußerungsformen nach § 21b Absatz 1 nicht nach Maßgabe des § 21c übermittelt haben,
3. solange Anlagenbetreiber, die die Ausfallvergütung in Anspruch nehmen, eine der Höchstdauern nach § 21 Absatz 1 Nummer 2 erster Halbsatz überschreiten,
4. solange Anlagenbetreiber, die eine Einspeisevergütung in Anspruch nehmen, gegen § 21 Absatz 2 verstoßen, mindestens jedoch für die Dauer des gesamten Kalendermonats, in dem ein solcher Verstoß erfolgt ist, oder
5. wenn Anlagenbetreiber gegen eine Pflicht nach § 80 verstoßen.

[2] Die Verringerung ist im Fall des Satzes 1 Nummer 2 bis zum Ablauf des Kalendermonats, der auf die Beendigung des Verstoßes folgt, im Fall des Satzes 1 Nummer 3 für die Dauer des gesamten Kalendermonats, in dem ein solcher Verstoß erfolgt ist, und im Fall des Satzes 1 Nummer 5 für die Dauer des Verstoßes zuzüglich der darauf folgenden sechs Kalendermonate anzuwenden.

(3) Der anzulegende Wert verringert sich um jeweils 20 Prozent, wobei das Ergebnis auf zwei Stellen nach dem Komma gerundet wird,

---

1) Nr. **47**.

1. solange Anlagenbetreiber die zur Registrierung der Anlage erforderlichen Angaben nicht an das Register übermittelt haben, aber die Meldung nach § 71 Nummer 1 erfolgt ist, oder
2. solange und soweit Anlagenbetreiber einer im Register registrierten Anlage eine Erhöhung der installierten Leistung der Anlage nicht nach Maßgabe der Rechtsverordnung nach § 93 dieses Gesetzes oder nach § 111f des Energiewirtschaftsgesetzes[1] übermittelt haben, aber die Meldung nach § 71 Nummer 1 erfolgt ist.

(4) Anlagenbetreiber, die keinen Anspruch nach § 19 Absatz 1 geltend machen, verlieren, solange sie gegen § 9 Absatz 1, 2, 5 oder 6 oder gegen § 21b Absatz 3 verstoßen, den Anspruch auf ein Entgelt für dezentrale Einspeisung nach § 18 der Stromnetzentgeltverordnung[2] und den Anspruch auf vorrangige Abnahme, Übertragung und Verteilung nach § 11; Betreiber von KWK-Anlagen verlieren in diesem Fall den Anspruch auf ein Entgelt für dezentrale Einspeisung nach § 18 der Stromnetzentgeltverordnung[2] und ihren Anspruch auf Zuschlagszahlung nach den §§ 6 bis 13 des Kraft-Wärme-Kopplungsgesetzes[3], soweit ein solcher besteht, oder andernfalls ihren Anspruch auf vorrangigen Netzzugang.

§ 53 Verringerung der Einspeisevergütung und des Mieterstromzuschlags. [1] Die Höhe des Anspruchs auf die Einspeisevergütung und auf den Mieterstromzuschlag berechnet sich aus den anzulegenden Werten, wobei von den anzulegenden Werten
1. 0,2 Cent pro Kilowattstunde für Strom aus Anlagen zur Erzeugung von Strom aus Wasserkraft, Biomasse, Geothermie, Deponie-, Klär- oder Grubengas abzuziehen sind oder
2. 0,4 Cent pro Kilowattstunde für Strom aus Solaranlagen oder aus Windenergieanlagen an Land oder auf See abzuziehen sind.

[2] Abweichend von Satz 1 verringert sich der anzulegende Wert um 20 Prozent, wobei das Ergebnis auf zwei Stellen nach dem Komma gerundet wird, solange die Ausfallvergütung in Anspruch genommen wird.

§ 53a Verringerung des Zahlungsanspruchs bei Windenergieanlagen an Land. (1) [1] Der gesetzlich bestimmte anzulegende Wert verringert sich bei Windenergieanlagen an Land auf null, wenn der Einspeisewillige nach § 22 Absatz 2 Satz 2 Nummer 2 Buchstabe c auf den gesetzlich bestimmten Anspruch nach § 19 Absatz 1 verzichtet hat. [2] Der Anspruch auf eine durch Ausschreibungen ermittelte Zahlung nach § 19 Absatz 1 bleibt unberührt.

(2) Die Bundesnetzagentur unterrichtet den Netzbetreiber, an dessen Netz die Anlage angeschlossen werden soll, über den Verzicht nach § 22 Absatz 2 Satz 2 Nummer 2 Buchstabe c.

---

[1] Nr. **1**.
[2] Nr. **24**.
[3] Nr. **45**.

§ 53b Verringerung des Zahlungsanspruchs bei Regionalnachweisen.

Der anzulegende Wert für Strom, für den dem Anlagenbetreiber ein Regionalnachweis ausgestellt worden ist, verringert sich bei Anlagen, deren anzulegender Wert gesetzlich bestimmt ist, um 0,1 Cent pro Kilowattstunde.

§ 53c Verringerung des Zahlungsanspruchs bei einer Stromsteuerbefreiung. Der anzulegende Wert verringert sich für Strom, der durch ein Netz durchgeleitet wird und der von der Stromsteuer nach dem Stromsteuergesetz[1)] befreit ist, um die Höhe der pro Kilowattstunde gewährten Stromsteuerbefreiung.

§ 54 Verringerung des Zahlungsanspruchs bei Ausschreibungen für Solaranlagen. (1) [1] Der durch Ausschreibungen ermittelte anzulegende Wert verringert sich bei Solaranlagen um 0,3 Cent pro Kilowattstunde, soweit die Ausstellung der Zahlungsberechtigung für die Gebotsmenge, die der Solaranlage zugeteilt worden ist, erst nach Ablauf des 18. Kalendermonats beantragt worden ist, der auf die öffentliche Bekanntgabe des Zuschlags folgt. [2] Werden einer Solaranlage Gebotsmengen von mehreren bezuschlagten Geboten zugeordnet, ist Satz 1 nur für den Zuschlagswert der bezuschlagten Gebote anzuwenden, deren Zuteilung zur Solaranlage erst nach Ablauf des 18. Kalendermonats beantragt worden ist.

(2) [1] Wenn der Standort der Solaranlage nicht zumindest teilweise mit den im Gebot angegebenen Flurstücken übereinstimmt, verringert sich der anzulegende Wert nach § 38b ebenfalls um 0,3 Cent pro Kilowattstunde. [2] Werden einer Solaranlage Gebotsmengen von mehreren bezuschlagten Geboten zugeordnet, verringert sich jeweils der Zuschlagswert der bezuschlagten Gebote, bei denen keine Übereinstimmung nach Satz 1 besteht, um 0,3 Cent pro Kilowattstunde.

§ 55 Pönalen. (1) [1] Bei Geboten für Windenergieanlagen an Land nach § 36 müssen Bieter an den regelverantwortlichen Übertragungsnetzbetreiber eine Pönale leisten,

1. soweit mehr als 5 Prozent der Gebotsmenge eines bezuschlagten Gebots für eine Windenergieanlage an Land nach § 35a entwertet werden oder
2. wenn die Windenergieanlage an Land mehr als 24 Monate nach der öffentlichen Bekanntgabe des Zuschlags in Betrieb genommen worden ist.

[2] Die Höhe der Pönale nach Satz 1 Nummer 1 und 2 berechnet sich aus der Gebotsmenge des bezuschlagten Gebots

1. abzüglich der vor Ablauf des 24. auf die öffentliche Bekanntgabe des Zuschlags folgenden Monats in Betrieb genommenen Anlagenleistung multipliziert mit 10 Euro pro Kilowatt,
2. abzüglich der vor Ablauf des 26. auf die öffentliche Bekanntgabe des Zuschlags folgenden Monats in Betrieb genommenen Anlagenleistung multipliziert mit 20 Euro pro Kilowatt oder

---

1) Nr. **48**.

3. abzüglich der vor Ablauf des 28. auf die öffentliche Bekanntgabe des Zuschlags folgenden Monats in Betrieb genommenen Anlagenleistung multipliziert mit 30 Euro pro Kilowatt.

[3] Abweichend von Satz 2 berechnet sich die Höhe der Pönale für Windenergieanlagen an Land, die zu den Gebotsterminen am 1. Februar 2019, 1. Mai 2019 oder 1. August 2019 den Zuschlag erhalten haben, aus der Gebotsmenge des bezuschlagten Gebots abzüglich der vor Ablauf des 24. auf die öffentliche Bekanntgabe des Zuschlags folgenden Monats in Betrieb genommenen Anlagenleistung multipliziert mit 30 Euro pro Kilowatt.

(2) [1] Bei Geboten für Windenergieanlagen an Land nach § 36g Absatz 1 müssen Bieter abweichend von Absatz 1 an den verantwortlichen Übertragungsnetzbetreiber eine Pönale leisten,

1. soweit mehr als 5 Prozent der Gebotsmenge eines bezuschlagten Gebots für eine Windenergieanlage an Land nach § 35a entwertet werden oder
2. wenn die Windenergieanlage an Land mehr als 48 Monate nach der öffentlichen Bekanntgabe des Zuschlags in Betrieb genommen worden ist.

[2] Wenn und soweit ein Zuschlag, der auf ein Gebot nach § 36g Absatz 1 erteilt worden ist, nach § 35a entwertet wird, weil der Zuschlag nach § 36g Absatz 3 Satz 3 erloschen ist, berechnet sich die Höhe der Pönale nach Satz 1 Nummer 1 aus der entwerteten Gebotsmenge multipliziert mit 15 Euro pro Kilowatt. [3] Im Übrigen berechnet sich die Höhe der Pönale nach Satz 1 aus der Gebotsmenge des bezuschlagten Gebots

1. abzüglich der vor dem 48. auf die öffentliche Bekanntgabe des Zuschlags folgenden Monat in Betrieb genommenen Anlagenleistung multipliziert mit 10 Euro pro Kilowatt,
2. abzüglich der vor dem 50. auf die öffentliche Bekanntgabe des Zuschlags folgenden Monat in Betrieb genommenen Anlagenleistung multipliziert mit 20 Euro pro Kilowatt,
3. abzüglich der vor dem 52. auf die öffentliche Bekanntgabe des Zuschlags folgenden Monat in Betrieb genommenen Anlagenleistung multipliziert mit 30 Euro pro Kilowatt.

(3) [1] Bei Geboten für Solaranlagen müssen Bieter an den regelverantwortlichen Übertragungsnetzbetreiber eine Pönale leisten,

1. wenn ein Zuschlag für eine Solaranlage nach § 37d Absatz 2 Nummer 1 erlischt, weil die Zweitsicherheit nicht rechtzeitig und vollständig geleistet worden ist, oder
2. soweit mehr als 5 Prozent der Gebotsmenge eines bezuschlagten Gebots für eine Solaranlage nach § 35a entwertet werden.

[2] Die Höhe der Pönale nach Satz 1 Nummer 1 entspricht der nach § 37a Satz 2 Nummer 1 für das Gebot zu leistenden Erstsicherheit. [3] Die Höhe der Pönale nach Satz 1 Nummer 2 berechnet sich aus der entwerteten Gebotsmenge multipliziert mit 50 Euro pro Kilowatt. [4] Die Pönale verringert sich für Bieter, deren Zweitsicherheit nach § 37a Satz 2 Nummer 2 zweiter Halbsatz verringert ist, auf 25 Euro pro Kilowatt.

(4) [1]Bei Geboten für Biomasseanlagen, die keine bestehenden Biomasseanlagen nach § 39f sind, müssen Bieter an den verantwortlichen Übertragungsnetzbetreiber eine Pönale leisten,

1. soweit mehr als 5 Prozent der Gebotsmenge eines bezuschlagten Gebots für eine Biomasseanlage nach § 35a entwertet werden oder
2. wenn eine Biomasseanlage mehr als 18 Monate nach der öffentlichen Bekanntgabe des Zuschlags in Betrieb genommen worden ist.

[2]Die Höhe der Pönale berechnet sich aus der Gebotsmenge des bezuschlagten Gebots

1. abzüglich der vor Ablauf des 18. auf die öffentliche Bekanntgabe des Zuschlags folgenden Monats in Betrieb genommenen Anlagenleistung multipliziert mit 20 Euro pro Kilowatt,
2. abzüglich der vor Ablauf des 20. auf die öffentliche Bekanntgabe des Zuschlags folgenden Monats in Betrieb genommenen Anlagenleistung multipliziert mit 40 Euro pro Kilowatt oder
3. abzüglich der vor Ablauf des 22. auf die öffentliche Bekanntgabe des Zuschlags folgenden Monats in Betrieb genommenen Anlagenleistung multipliziert mit 60 Euro pro Kilowatt.

(5) [1]Bei Geboten für bestehende Biomasseanlagen nach § 39f müssen Bieter an den verantwortlichen Übertragungsnetzbetreiber eine Pönale leisten,

1. soweit mehr als 5 Prozent der Gebotsmenge eines bezuschlagten Gebots für eine Biomasseanlage nach § 35a entwertet werden oder
2. wenn der Anlagenbetreiber dem Netzbetreiber die Bescheinigung des Umweltgutachters nach § 39f Absatz 4 nicht bis zum Tag nach § 39f Absatz 2 vorgelegt hat.

[2]Die Höhe der Pönale berechnet sich aus der Gebotsmenge des bezuschlagten Gebots

1. multipliziert mit 20 Euro pro Kilowatt, wenn der Anlagenbetreiber dem Netzbetreiber die Bescheinigung des Umweltgutachters nach § 39f Absatz 4 nicht bis zum Tag nach § 39f Absatz 2 vorgelegt hat,
2. multipliziert mit 40 Euro pro Kilowatt, wenn der Anlagenbetreiber dem Netzbetreiber die Bescheinigung des Umweltgutachters nach § 39f Absatz 4 nicht spätestens zwei Monate nach dem Tag nach § 39f Absatz 2 vorgelegt hat, und
3. multipliziert mit 60 Euro pro Kilowatt, wenn der Anlagenbetreiber dem Netzbetreiber die Bescheinigung des Umweltgutachters nach § 39f Absatz 4 mehr als vier Monate nach dem Tag nach § 39f Absatz 2 vorgelegt hat.

(6) [1]Die Forderung nach den Absätzen 1 bis 5 muss durch Überweisung eines entsprechenden Geldbetrags auf ein Geldkonto des Übertragungsnetzbetreibers erfüllt werden. [2]Dabei ist die Zuschlagsnummer des Gebots zu übermitteln, für das die Pönale geleistet wird.

(7) Der regelverantwortliche Übertragungsnetzbetreiber darf sich hinsichtlich der Forderungen nach den Absätzen 1 bis 5 aus der jeweils für das Gebot hinterlegten Sicherheit befriedigen, wenn der Bieter die Forderung nicht vor Ablauf des zweiten Kalendermonats erfüllt hat, der auf die Entwertung der Gebotsmenge folgt.

(8) Die Bundesnetzagentur teilt dem Übertragungsnetzbetreiber unverzüglich folgende für die Inanspruchnahme der Pönalen erforderliche Angaben mit:
1. die nach § 32 Absatz 2 registrierten Angaben des Gebots,
2. den Zeitpunkt der Bekanntgabe der Zuschläge und Zuschlagswerte für das Gebot,
3. die Höhe der vom Bieter für das Gebot geleisteten Sicherheit,
4. die Rückgabe von Zuschlägen für das Gebot,
5. das Erlöschen des Zuschlags,
6. die Rücknahme und den Widerruf des Zuschlags und
7. die Rücknahme und den Widerruf einer Zahlungsberechtigung, sofern der Solaranlage Gebotsmengen zugeteilt worden sind und der im Gebot angegebene Standort der Solaranlage in der jeweiligen Regelzone des Übertragungsnetzbetreibers liegt.

§ 55a Erstattung von Sicherheiten. (1) Die Bundesnetzagentur gibt unverzüglich die hinterlegten Sicherheiten für ein bestimmtes Gebot zurück, wenn der Bieter
1. dieses Gebot nach § 30a Absatz 3 zurückgenommen hat,
2. für dieses Gebot keinen Zuschlag nach § 32 erhalten hat oder
3. für dieses Gebot eine Pönale nach § 55 geleistet hat.

(2) [1]Die Bundesnetzagentur erstattet die hinterlegten Sicherheiten für ein bestimmtes Gebot auch, soweit der Netzbetreiber
1. für eine Solaranlage eine Bestätigung nach § 38a Absatz 3 an die Bundesnetzagentur übermittelt hat oder
2. für eine Windenergieanlage an Land oder eine Biomasseanlage eine Bestätigung nach § 7 Absatz 3 der Anlagenregisterverordnung oder eine entsprechende Bestätigung nach Maßgabe der Rechtsverordnung nach § 111f des Energiewirtschaftsgesetzes[1)] übermittelt hat.

[2]Sind nicht mehr als 5 Prozent der Gebotsmenge des bezuschlagten Gebots entwertet worden, erstattet die Bundesnetzagentur die Sicherheit in voller Höhe.

Teil 4. Ausgleichsmechanismus

Abschnitt 1. Bundesweiter Ausgleich

§ 56 Weitergabe an den Übertragungsnetzbetreiber. Netzbetreiber müssen unverzüglich an den vorgelagerten Übertragungsnetzbetreiber weitergeben:
1. den nach § 19 Absatz 1 Nummer 2 vergüteten Strom und
2. für den gesamten Strom, für den sie Zahlungen an die Anlagenbetreiber leisten, das Recht, diesen Strom als „Strom aus erneuerbaren Energien, finanziert aus der EEG-Umlage" zu kennzeichnen.

[1)] Nr. 1.

§ 57 Ausgleich zwischen Netzbetreibern und Übertragungsnetzbetreibern. (1) Vorgelagerte Übertragungsnetzbetreiber müssen den Netzbetreibern die nach § 19 oder § 50 geleisteten Zahlungen abzüglich der Rückzahlungen nach § 36h Absatz 2, § 46 Absatz 3 und § 46b Absatz 1 nach Maßgabe des Teils 3 erstatten.

(2) [1] Übertragungsnetzbetreiber müssen Netzbetreibern 50 Prozent der notwendigen Kosten erstatten, die ihnen durch eine effiziente Nachrüstung von Solaranlagen entstehen, wenn die Netzbetreiber auf Grund der Systemstabilitätsverordnung zu der Nachrüstung verpflichtet sind. [2] ***[bis 30.9.2021:*** § 11 Absatz 5***]*** ***[ab 1.10.2021:*** *§ 11 Absatz 3****]*** ist entsprechend anzuwenden.

(3) [1] Netzbetreiber müssen vermiedene Netzentgelte nach § 18 der Stromnetzentgeltverordnung[1)], soweit sie nach § 18 Absatz 1 Satz 3 Nummer 1 der Stromnetzentgeltverordnung nicht an Anlagenbetreiber gewährt werden und nach § 120 des Energiewirtschaftsgesetzes[2)] in Verbindung mit § 18 Absatz 2 und 3 der Stromnetzentgeltverordnung ermittelt worden sind, an die vorgelagerten Übertragungsnetzbetreiber auszahlen. [2] ***[bis 30.9.2021:*** § 11 Absatz 5 Nummer 2***]*** ***[ab 1.10.2021:*** *§ 11 Absatz 3 Nummer 2****]*** ist entsprechend anzuwenden.

(4) [1] Die Zahlungen nach den Absätzen 1 bis 3 sind zu saldieren. [2] Auf die Zahlungen sind monatliche Abschläge in angemessenem Umfang zu entrichten.

(5) [1] Zahlt ein Übertragungsnetzbetreiber dem Netzbetreiber mehr als im Teil 3 vorgeschrieben, muss er den Mehrbetrag zurückfordern. [2] Ist die Zahlung in Übereinstimmung mit dem Ergebnis eines Verfahrens der Clearingstelle nach § 81 Absatz 4 oder 5 erfolgt und beruht die Rückforderung auf der Anwendung einer nach der Zahlung in anderer Sache ergangenen höchstrichterlichen Entscheidung, ist der Netzbetreiber berechtigt, insoweit die Einrede der Übereinstimmung der Berechnung der Zahlung mit einer Entscheidung der Clearingstelle für Zahlungen zu erheben, die bis zum Tag der höchstrichterlichen Entscheidung geleistet worden sind. [3] Der Rückforderungsanspruch verjährt mit Ablauf des zweiten auf die Einspeisung folgenden Kalenderjahres; die Pflicht nach Satz 1 erlischt insoweit. [4] Die Sätze 1 bis 3 sind im Verhältnis von aufnehmendem Netzbetreiber und Anlagenbetreiber entsprechend anzuwenden. [5] § 27 Absatz 1 ist auf Ansprüche nach Satz 4 nicht anzuwenden.

§ 58 Ausgleich zwischen den Übertragungsnetzbetreibern. (1) [1] Die Übertragungsnetzbetreiber müssen

1. die Informationen über den unterschiedlichen Umfang und den zeitlichen Verlauf der Strommengen, für die sie Zahlungen nach § 19 Absatz 1 leisten ***[bis 30.9.2021:*** oder***]*** ***[ab 1.10.2021:****, die sie nach § 13a Absatz 1a des Energiewirtschaftsgesetzes*[2)] *als bilanziellen Ausgleich erhalten oder für die sie****]*** Rückzahlungen nach § 36h Absatz 2, § 46 Absatz 3 und § 46b Absatz 1 erhalten, speichern,
2. die Informationen über die Zahlungen nach § 19 oder § 50 speichern,
3. die Strommengen nach Nummer 1 unverzüglich untereinander vorläufig ausgleichen,

---

[1)] Nr. 24.
[2)] Nr. 1.

4. monatliche Abschläge in angemessenem Umfang auf die Zahlungen nach Nummer 2 entrichten und
5. die Strommengen nach Nummer 1 und die Zahlungen nach Nummer 2 nach Maßgabe von Absatz 2 abrechnen.

2 Bei der Speicherung und Abrechnung der Zahlungen nach Satz 1 Nummer 2, 4 und 5 sind die Saldierungen auf Grund des § 57 Absatz 4 zugrunde zu legen.

(2) Die Übertragungsnetzbetreiber ermitteln jährlich bis zum 31. Juli die Strommenge, die sie im vorangegangenen Kalenderjahr nach § 11 oder § 56 abgenommen und für die sie nach § 19 Absatz 1 oder § 57 gezahlt sowie nach Absatz 1 vorläufig ausgeglichen haben, einschließlich der Strommenge, für die sie das Recht erhalten haben, den Strom als „Strom aus erneuerbaren Energien oder Grubengas" zu kennzeichnen, und den Anteil dieser Menge an der gesamten Strommenge, die Elektrizitätsversorgungsunternehmen im Bereich des jeweiligen Übertragungsnetzbetreibers im vorangegangenen Kalenderjahr an Letztverbraucher geliefert haben.

(3) 1 Übertragungsnetzbetreiber, die größere Mengen abzunehmen hatten, als es diesem durchschnittlichen Anteil entspricht, haben gegen die anderen Übertragungsnetzbetreiber einen Anspruch auf Abnahme und Vergütung nach den §§ 19 und 50, bis auch diese Netzbetreiber eine Strommenge abnehmen, die dem Durchschnittswert entspricht. 2 Übertragungsnetzbetreiber, die, bezogen auf die gesamte von Elektrizitätsversorgungsunternehmen im Bereich des jeweiligen Übertragungsnetzbetreibers im vorangegangenen Kalenderjahr gelieferte Strommenge, einen höheren Anteil der Zahlung nach § 57 Absatz 1 zu vergüten oder einen höheren Anteil der Kosten nach § 57 Absatz 2 zu ersetzen haben, als es dem durchschnittlichen Anteil aller Übertragungsnetzbetreiber entspricht, haben gegen die anderen Übertragungsnetzbetreiber einen Anspruch auf Erstattung der Zahlung oder Kosten, bis die Kostenbelastung aller Übertragungsnetzbetreiber dem Durchschnittswert entspricht.

§ 59 Vermarktung durch die Übertragungsnetzbetreiber. Die Übertragungsnetzbetreiber müssen selbst oder gemeinsam den nach § 19 Absatz 1 Nummer 2 vergüteten ***[ab 1.10.2021:** oder nach § 13a Absatz 1a des Energiewirtschaftsgesetzes[1] bilanziell ausgeglichenen**]*** Strom diskriminierungsfrei, transparent und unter Beachtung der Vorgaben der Erneuerbare-Energien-Verordnung[2] vermarkten.

§ 60 EEG-Umlage für Elektrizitätsversorgungsunternehmen. (1) 1 Die Übertragungsnetzbetreiber sind berechtigt und verpflichtet, von Elektrizitätsversorgungsunternehmen, die Strom an Letztverbraucher liefern, anteilig zu dem jeweils von den Elektrizitätsversorgungsunternehmen an ihre Letztverbraucher gelieferten Strom die Kosten für die erforderlichen Ausgaben nach Abzug der erzielten Einnahmen und nach Maßgabe der Erneuerbare-Energien-Verordnung[2] zu verlangen (EEG-Umlage). 2 Die §§ 61l und 63 dieses Gesetzes sowie § 8d des Kraft-Wärme-Kopplungsgesetzes[3] bleiben unberührt. 3 Der Anteil ist so zu bestimmen, dass jedes Elektrizitätsversorgungsunterneh-

[1] Nr. **1**.
[2] Nr. **41**.
[3] Nr. **45**.

men für jede von ihm an einen Letztverbraucher gelieferte Kilowattstunde Strom dieselben Kosten trägt. [4] Auf die Zahlung der EEG-Umlage sind monatliche Abschläge in angemessenem Umfang zu entrichten. [5] Es wird widerleglich vermutet, dass Strommengen, die aus einem beim Übertragungsnetzbetreiber geführten Bilanzkreis an physikalische Entnahmestellen abgegeben werden, von einem Elektrizitätsversorgungsunternehmen an Letztverbraucher geliefert werden. [6] Der Inhaber des zugeordneten Abrechnungsbilanzkreises haftet für die EEG-Umlage, die ab dem 1. Januar 2018 zu zahlen ist, mit dem Elektrizitätsversorgungsunternehmen gesamtschuldnerisch.

(2) [1] Einwände gegen Forderungen der Übertragungsnetzbetreiber auf Zahlungen der EEG-Umlage berechtigen zum Zahlungsaufschub oder zur Zahlungsverweigerung nur, soweit die ernsthafte Möglichkeit eines offensichtlichen Fehlers besteht. [2] Eine Aufrechnung gegen Forderungen der EEG-Umlage ist nicht zulässig. [3] Im Fall von Zahlungsrückständen von mehr als einer Abschlagsforderung dürfen die Übertragungsnetzbetreiber den Bilanzkreisvertrag kündigen, wenn die Zahlung der Rückstände trotz Mahnung und Androhung der Kündigung gegenüber dem Bilanzkreisverantwortlichen, in dessen Bilanzkreis die betroffenen Strommengen geführt werden, drei Wochen nach Androhung der Kündigung nicht vollständig erfolgt ist. [4] Die Androhung der Kündigung kann mit der Mahnung verbunden werden. [5] Die Sätze 1, 3 und 4 sind für die Meldung der Energiemengen nach § 74 Absatz 2 mit der Maßgabe entsprechend anzuwenden, dass die Frist für die Meldung der Daten nach Androhung der Kündigung sechs Wochen beträgt.

(3) [1] Elektrizitätsversorgungsunternehmen, die ihrer Pflicht zur Zahlung der EEG-Umlage nach Absatz 1 nicht rechtzeitig nachgekommen sind, müssen diese Geldschuld nach § 352 Absatz 2 des Handelsgesetzbuchs ab Eintritt der Fälligkeit verzinsen. [2] Satz 1 ist entsprechend anzuwenden, wenn die Fälligkeit nicht eintreten konnte, weil das Elektrizitätsversorgungsunternehmen die von ihm gelieferten Strommengen entgegen § 74 Absatz 2 nicht oder nicht rechtzeitig dem Übertragungsnetzbetreiber gemeldet hat; ausschließlich zum Zweck der Verzinsung ist in diesem Fall die Geldschuld für die Zahlung der EEG-Umlage auf die nach § 74 Absatz 2 mitzuteilende Strommenge eines Jahres spätestens am 1. Januar des Folgejahres als fällig zu betrachten.

§ 60a EEG-Umlage für stromkostenintensive Unternehmen. [1] Die Übertragungsnetzbetreiber sind berechtigt und verpflichtet, für Strom, der von einem Elektrizitätsversorgungsunternehmen an einen Letztverbraucher geliefert wird, die EEG-Umlage abweichend von § 60 Absatz 1 Satz 1 von dem Letztverbraucher zu verlangen, wenn und soweit der Letztverbraucher ein stromkostenintensives Unternehmen ist und den Strom an einer Abnahmestelle verbraucht, an der die EEG-Umlage nach § 63 oder § 103 begrenzt ist; die EEG-Umlage kann nur nach Maßgabe der Begrenzungsentscheidung verlangt werden. [2] Im Übrigen sind die Bestimmungen dieses Gesetzes zur EEG-Umlage für Elektrizitätsversorgungsunternehmen auf Letztverbraucher, die nach Satz 1 zur Zahlung verpflichtet sind, entsprechend anzuwenden. [3] Der zuständige Übertragungsnetzbetreiber teilt einem Elektrizitätsversorgungsunternehmen, das Strom an einen Letztverbraucher liefert, der nach Satz 1 zur Zahlung verpflichtet ist, jährlich bis zum 31. Juli das Verhältnis der für dessen Abnahmestelle im jeweils vorangegangenen Kalenderjahr insgesamt gezahlten EEG-Umlage zu der an dessen Abnahmestelle im jeweils vorangegangenen Kalenderjahr umlagepflichtigen und selbst verbrauchten Strommenge elektronisch mit. [4]Letztverbraucher, die nach Satz 1 zur Zahlung verpflichtet sind, teilen dem zuständigen Übertragungsnetzbetreiber bis zum 31. Mai alle Elektrizitätsversorgungsunternehmen elektronisch mit, von denen sie im vorangegangenen Kalenderjahr beliefert worden sind.

§ 61 EEG-Umlage für Letztverbraucher und Eigenversorger. (1) Die Netzbetreiber sind berechtigt und verpflichtet, die EEG-Umlage von Letztverbrauchern zu verlangen für

1. die Eigenversorgung und
2. sonstigen Verbrauch von Strom, der nicht von einem Elektrizitätsversorgungsunternehmen geliefert wird.

(2) [1]Der Anspruch nach Absatz 1 entfällt oder verringert sich nach den §§ 61a bis 61g und § 61l. [2]Die §§ 61i und 63 sowie § 8d des Kraft-Wärme-Kopplungsgesetzes[1)] bleiben unberührt.

(3) Die Bestimmungen dieses Gesetzes für Elektrizitätsversorgungsunternehmen sind auf Letztverbraucher, die nach dieser Bestimmung zur Zahlung der vollen oder anteiligen EEG-Umlage verpflichtet sind, entsprechend anzuwenden.

§ 61a Entfallen der EEG-Umlage. Der Anspruch nach § 61 Absatz 1 entfällt bei Eigenversorgungen,

1. soweit der Strom in der Stromerzeugungsanlage oder in deren Neben- und Hilfsanlagen zur Erzeugung von Strom im technischen Sinn verbraucht wird (Kraftwerkseigenverbrauch),
2. wenn die Stromerzeugungsanlage des Eigenversorgers weder unmittelbar noch mittelbar an ein Netz angeschlossen ist,
3. wenn sich der Eigenversorger selbst vollständig mit Strom aus erneuerbaren Energien versorgt und für den Strom aus seiner Anlage, den er nicht selbst verbraucht, keine Zahlung nach Teil 3 in Anspruch nimmt oder
4. wenn Strom aus Stromerzeugungsanlagen mit einer installierten Leistung von höchstens 10 Kilowatt erzeugt wird, für höchstens 10 Megawattstunden selbst verbrauchten Stroms pro Kalenderjahr; dies gilt ab der Inbetriebnahme der Stromerzeugungsanlage für die Dauer von 20 Kalenderjahren zuzüglich des Inbetriebnahmejahres; § 24 Absatz 1 Satz 1 ist entsprechend anzuwenden.

§ 61b Verringerung der EEG-Umlage bei Anlagen. Der Anspruch nach § 61 Absatz 1 verringert sich in einem Kalenderjahr auf 40 Prozent der EEG-Umlage für Strom, der zur Eigenversorgung genutzt wird, wenn in dem Kalenderjahr in der Anlage ausschließlich erneuerbare Energien oder Grubengas eingesetzt worden sind.

§ 61c Verringerung der EEG-Umlage bei hocheffizienten KWK-Anlagen. (1) [1]Der Anspruch nach § 61 Absatz 1 verringert sich bei einer Eigen-

---

[1)] Nr. **45**.

versorgung auf 40 Prozent der EEG-Umlage, wenn der Strom in einer KWK-Anlage erzeugt worden ist, die

1. ausschließlich Strom auf Basis von gasförmigen Brennstoffen erzeugt,
2. hocheffizient im Sinn des § 53a Absatz 6 Satz 5 des Energiesteuergesetzes[1] ist und
3. folgende Nutzungsgrade erreicht hat:
   a) in dem Kalenderjahr, für das die Verringerung der EEG-Umlage in Anspruch genommen werden soll, einen Jahresnutzungsgrad von mindestens 70 Prozent nach § 53a Absatz 6 Satz 4 Nummer 1 des Energiesteuergesetzes[1] oder
   b) in dem Kalendermonat, für den die Verringerung der EEG-Umlage in Anspruch genommen werden soll, einen Monatsnutzungsgrad von mindestens 70 Prozent nach § 53a Absatz 6 Satz 4 Nummer 1 des Energiesteuergesetzes[1].

[2] Satz 1 Nummer 1 ist nicht anzuwenden auf KWK-Anlagen, die von dem Letztverbraucher erstmals nach dem 31. Juli 2014, aber vor dem 1. Januar 2018 zur Eigenversorgung genutzt wurden. [3] Satz 1 Nummer 1 ist ebenfalls nicht anzuwenden auf KWK-Anlagen, die von dem Letztverbraucher erstmals nach dem 31. Juli 2014, aber vor dem 1. Januar 2023 zur Eigenversorgung genutzt wurden und ausschließlich Strom auf Basis von flüssigen Brennstoffen erzeugen.

(2) [1] Für Strom aus KWK-Anlagen mit einer installierten Leistung in entsprechender Anwendung von § 3 Nummer 31 von mehr als 1 Megawatt und bis einschließlich 10 Megawatt entfällt die Privilegierung nach Absatz 1, soweit die KWK-Anlage in einem Kalenderjahr eine Auslastung von mehr als 3 500 Vollbenutzungsstunden zur Eigenversorgung aufweist. [2] In diesen Fällen entfällt die Privilegierung auch für die ersten 3 500 Vollbenutzungsstunden zur Eigenversorgung eines Kalenderjahres in dem Umfang, in dem die Auslastung der KWK-Anlage den Wert von 3 500 Vollbenutzungsstunden zur Eigenversorgung in diesem Kalenderjahr übersteigt. [3] § 2 Nummer 14 zweiter Halbsatz des Kraft-Wärme-Kopplungsgesetzes[2] ist entsprechend anzuwenden.

(3) [1] Anstelle von Absatz 2 bleibt Absatz 1 anzuwenden, wenn der Strom in einer KWK-Anlage erzeugt worden ist, deren Betreiber ein Unternehmen einer Branche nach Anlage 4 Liste 1 ist. [2] Die Branchenzugehörigkeit wird vom Bundesamt für Wirtschaft und Ausfuhrkontrolle auf Antrag des KWK-Anlagenbetreibers festgestellt.

§ 61d Verringerung der EEG-Umlage bei hocheffizienten neueren KWK-Anlagen. Der Anspruch nach § 61 Absatz 1 verringert sich bei einer Eigenversorgung in einer KWK-Anlage, die die Anforderungen nach § 61c Absatz 1 Satz 1 Nummer 2 und 3 erfüllt, für die ersten 3 500 Vollbenutzungsstunden zur Eigenversorgung auf 40 Prozent der EEG-Umlage für Strom, der

1. nach dem 31. Dezember 2017 und vor dem 1. Januar 2019 verbraucht wird, wenn die KWK-Anlage von dem Letztverbraucher erstmals nach dem 31. Juli 2014, aber vor dem 1. Januar 2018 zur Eigenversorgung genutzt wurde,

---

[1] Nr. 50.
[2] Nr. 45.

2. nach dem 31. Dezember 2018 und vor dem 1. Januar 2020 verbraucht wird, wenn die KWK-Anlage von dem Letztverbraucher erstmals nach dem 31. Dezember 2015, aber vor dem 1. Januar 2018 zur Eigenversorgung genutzt wurde, und
3. nach dem 31. Dezember 2019 und vor dem 1. Januar 2021 verbraucht wird, wenn die KWK-Anlage von dem Letztverbraucher erstmals nach dem 31. Dezember 2016, aber vor dem 1. Januar 2018 zur Eigenversorgung genutzt wurde.

§ 61e Verringerung der EEG-Umlage bei Bestandsanlagen. (1) Der Anspruch nach § 61 Absatz 1 verringert sich auf null Prozent der EEG-Umlage für Strom aus Bestandsanlagen,
1. wenn der Letztverbraucher die Stromerzeugungsanlage als Eigenerzeuger betreibt,
2. soweit der Letztverbraucher den Strom selbst verbraucht und
3. soweit der Strom nicht durch ein Netz durchgeleitet wird, es sei denn, der Strom wird im räumlichen Zusammenhang zu der Stromerzeugungsanlage verbraucht.

(2) Bestandsanlagen im Sinn dieses Abschnitts sind Stromerzeugungsanlagen,
1. die
   a) der Letztverbraucher vor dem 1. August 2014 als Eigenerzeuger unter Einhaltung der Voraussetzungen des Absatzes 1 betrieben hat,
   b) vor dem 23. Januar 2014 nach dem Bundes-Immissionsschutzgesetz genehmigt oder nach einer anderen Bestimmung des Bundesrechts zugelassen worden sind, nach dem 1. August 2014 erstmals Strom erzeugt haben und vor dem 1. Januar 2015 unter Einhaltung der Anforderungen des Absatzes 1 genutzt worden sind oder
   c) vor dem 1. Januar 2018 eine Stromerzeugungsanlage nach Buchstabe a oder Buchstabe b an demselben Standort erneuert, erweitert oder ersetzt haben, es sei denn, die installierte Leistung ist durch die Erneuerung, Erweiterung oder Ersetzung um mehr als 30 Prozent erhöht worden, und
2. die nicht nach dem 31. Dezember 2017 erneuert, erweitert oder ersetzt worden sind.

§ 61f Verringerung der EEG-Umlage bei älteren Bestandsanlagen.

(1) Der Anspruch nach § 61 Absatz 1 verringert sich bei älteren Bestandsanlagen unbeschadet des § 61e auch dann auf null Prozent der EEG-Umlage,
1. wenn der Letztverbraucher die Stromerzeugungsanlage als Eigenerzeuger betreibt und
2. soweit der Letztverbraucher den Strom selbst verbraucht.

(2) Ältere Bestandsanlagen im Sinn dieses Abschnitts sind Stromerzeugungsanlagen, die
1. der Letztverbraucher vor dem 1. September 2011 als Eigenerzeuger unter Einhaltung der Anforderungen des Absatzes 1 betrieben hat und
2. nicht nach dem 31. Juli 2014 erneuert, erweitert oder ersetzt worden sind.

(3) Ältere Bestandsanlagen im Sinn dieses Abschnitts sind ferner Stromerzeugungsanlagen, die nach dem 31. Juli 2014, aber vor dem 1. Januar 2018 eine Stromerzeugungsanlage, die der Letztverbraucher vor dem 1. September 2011 als Eigenerzeuger unter Einhaltung der Anforderungen des Absatzes 1 betrieben hat, an demselben Standort erneuert, erweitert oder ersetzt haben, es sei denn, die installierte Leistung ist durch die Erneuerung, Erweiterung oder Ersetzung um mehr als 30 Prozent erhöht worden.

(4) Bei älteren Bestandsanlagen nach Absatz 3 ist Absatz 1 nur anzuwenden,

1. soweit der Strom nicht durch ein Netz durchgeleitet wird,
2. soweit der Strom im räumlichen Zusammenhang zu der Stromerzeugungsanlage verbraucht wird oder
3. wenn die gesamte Stromerzeugungsanlage schon vor dem 1. Januar 2011 im Eigentum des Letztverbrauchers stand, der die Verringerung nach Absatz 1 in Anspruch nimmt, und auf dem Betriebsgrundstück des Letztverbrauchers errichtet wurde.

§ 61g Verringerung der EEG-Umlage bei Ersetzung von Bestandsanlagen. (1) Der Anspruch nach § 61 Absatz 1 verringert sich auf 20 Prozent der EEG-Umlage, wenn eine Bestandsanlage oder eine nach diesem Absatz erneuerte oder ersetzte Bestandsanlage an demselben Standort ohne Erweiterung der installierten Leistung nach dem 31. Dezember 2017 erneuert oder ersetzt wird und soweit derselbe Letztverbraucher die Stromerzeugungsanlage entsprechend den Voraussetzungen nach § 61e Absatz 1 nutzt.

(2) [1] Der Anspruch nach § 61 Absatz 1 verringert sich ferner auf 20 Prozent der EEG-Umlage, wenn eine ältere Bestandsanlage oder eine nach diesem Absatz erneuerte oder ersetzte ältere Bestandsanlage an demselben Standort ohne Erweiterung der installierten Leistung nach dem 31. Dezember 2017 erneuert oder ersetzt wird und soweit derselbe Letztverbraucher die Stromerzeugungsanlage entsprechend den Voraussetzungen nach § 61f Absatz 1 nutzt. [2] § 61f Absatz 4 ist bei älteren Bestandsanlagen nach § 61f Absatz 2 oder 3 entsprechend anzuwenden. [3] Satz 2 gilt nicht, wenn die gesamte Stromerzeugungsanlage schon vor dem 1. Januar 2011 von dem Letztverbraucher, der die Verringerung nach Satz 1 in Anspruch nimmt, unabhängig vom Eigentum und unter der Tragung des vollen wirtschaftlichen Risikos für die Erzeugung von Strom genutzt und auf dem Betriebsgrundstück des Letztverbrauchers errichtet wurde.

(3) Abweichend von den Absätzen 1 und 2 verringert sich der Anspruch nach § 61 Absatz 1 bei Erneuerungen oder Ersetzungen nach Absatz 1 oder Absatz 2 auf 0 Prozent der EEG-Umlage, solange

1. die Bestandsanlage oder die ältere Bestandsanlage, die erneuert oder ersetzt worden ist, noch unterlegen hätte
   a) der handelsrechtlichen Abschreibung oder
   b) der Förderung nach diesem Gesetz oder
2. die Stromerzeugungsanlage, die die Bestandsanlage oder die ältere Bestandsanlage erneuert oder ersetzt, nicht vollständig handelsrechtlich abgeschrieben worden ist, wenn durch die Erneuerung oder Ersetzung die Erzeugung von Strom auf Basis von Stein- oder Braunkohle zugunsten einer Erzeugung von

Strom auf Basis von Gas oder erneuerbaren Energien an demselben Standort abgelöst wird.

§ 61h Rechtsnachfolge bei Bestandsanlagen. (1) [1] Soweit der Letztverbraucher, der die Stromerzeugungsanlage betreibt, nicht personenidentisch mit dem Letztverbraucher nach § 61e Absatz 2 Nummer 1 Buchstabe a, nach § 61f Absatz 2 Nummer 1, Absatz 3 oder Absatz 4 Nummer 3 (ursprünglicher Letztverbraucher) ist, sind die §§ 61e bis 61g entsprechend anzuwenden mit der Maßgabe, dass

1. der Letztverbraucher, der die Stromerzeugungsanlage betreibt,
   a) Erbe des ursprünglichen Letztverbrauchers ist,
   b) bereits vor dem 1. Januar 2017 den ursprünglichen Letztverbraucher im Wege einer Rechtsnachfolge als Betreiber der Stromerzeugungsanlage und der damit selbst versorgten Stromverbrauchseinrichtungen abgelöst hat und die Angaben nach § 74a Absatz 1 bis zum 31. Dezember 2017 übermittelt, oder
   c) bereits vor dem 1. August 2014 den ursprünglichen Letztverbraucher im Wege einer Rechtsnachfolge als Inhaber eines anteiligen vertraglichen Nutzungsrechts an einer bestimmten Erzeugungskapazität der Stromerzeugungsanlage und als Betreiber dieser Stromerzeugungskapazität im Sinn des § 104 Absatz 4 Satz 2 und der mit dieser Erzeugungskapazität versorgten Stromverbrauchseinrichtungen abgelöst hat und die Angaben nach § 74 Absatz 1 Satz 1 und § 74a Absatz 1 bis zum 31. Dezember 2017 übermittelt,
2. die Stromerzeugungsanlage und die Stromverbrauchseinrichtungen an demselben Standort betrieben werden, an dem sie von dem ursprünglichen Letztverbraucher betrieben wurden, und
3. das Eigenerzeugungskonzept, in dem die Stromerzeugungsanlage von dem ursprünglichen Letztverbraucher betrieben wurde, unverändert fortbesteht.

[2] Der Ablösung des ursprünglichen Letztverbrauchers im Wege einer ins Handelsregister einzutragenden Rechtsnachfolge bereits vor dem 1. Januar 2017 steht es gleich, wenn die Eintragung erst nach dem 31. Dezember 2016 vorgenommen worden ist, die Anmeldung zur Eintragung aber bereits vor dem 1. Januar 2017 erfolgte.

(2) Die §§ 61f und 61g sind entsprechend anzuwenden mit der Maßgabe, dass der Letztverbraucher

1. die Stromerzeugungsanlage seit dem 31. Juli 2014 als Eigenerzeuger betreibt,
2. vor dem 1. September 2011 über ein anteiliges vertragliches Nutzungsrecht an einer bestimmten Erzeugungskapazität der Stromerzeugungsanlage im Sinn des § 104 Absatz 4 Satz 2 verfügte und diese wie eine Stromerzeugungsanlage im Sinn des § 104 Absatz 4 Satz 2 betrieben hat, und
3. die Angaben zu Nummer 1 nach § 74a Absatz 1 und die Angaben zu Nummer 2 sowie den Namen des damaligen Betreibers der Stromerzeugungsanlage entsprechend § 74 Absatz 1 und § 74a Absatz 1 bis zum 31. Dezember 2017 übermittelt.

(3) Für Strom, den ein Letztverbraucher nach dem 31. August 2011, aber vor dem 1. Januar 2017 aus einer von ihm selbst betriebenen Stromerzeugungs-

anlage selbst verbraucht hat, kann der Letztverbraucher die Erfüllung des Anspruchs auf Zahlung der EEG-Umlage verweigern, sofern nach Absatz 1 oder 2 der Anspruch auf Zahlung der EEG-Umlage für den Zeitraum nach dem 31. Dezember 2016 entfiele.

§ 61i Entfallen und Verringerung der EEG-Umlage bei Verstoß gegen Mitteilungspflichten. (1) Der nach den §§ 61b bis 61g verringerte Anspruch nach § 61 Absatz 1 erhöht sich auf 100 Prozent, soweit der Letztverbraucher oder Eigenversorger für das jeweilige Kalenderjahr seine Mitteilungspflichten nach § 74a Absatz 2 Satz 2 bis 4 nicht erfüllt hat.

(2) [1]Der nach § 61a entfallene oder nach den §§ 61b bis 61g verringerte Anspruch nach § 61 Absatz 1 erhöht sich für das jeweilige Kalenderjahr um 20 Prozentpunkte, wenn der Letztverbraucher oder der Eigenversorger seine Mitteilungspflichten nach § 74a Absatz 1 nicht spätestens bis zum 28. Februar des Jahres erfüllt, das auf das Kalenderjahr folgt, in dem diese Mitteilungspflichten unverzüglich zu erfüllen gewesen wären. [2]Der Fristablauf nach Satz 1 verschiebt sich auf den 31. Mai des Jahres, wenn die Mitteilung nach § 74a Absatz 1 gegenüber einem Übertragungsnetzbetreiber zu erfolgen hat.

§ 61j Erhebung der EEG-Umlage bei Eigenversorgung und sonstigem Letztverbrauch. (1) [1]Die Übertragungsnetzbetreiber sind zur Erhebung der vollen oder anteiligen EEG-Umlage nach § 61 berechtigt und verpflichtet

1. bei Stromerzeugungsanlagen, die an das Übertragungsnetz angeschlossen sind,
2. bei Stromerzeugungsanlagen an Abnahmestellen, an denen die EEG-Umlage nach den §§ 63 bis 69 oder nach § 103 begrenzt ist,
3. bei Stromerzeugungsanlagen, deren Strom zum Teil unmittelbar an Letztverbraucher geliefert wird, die nicht mit dem Betreiber der Stromerzeugungsanlage personenidentisch sind, oder
4. in Fällen des § 61 Absatz 1 Nummer 2.

[2]Berechtigt und verpflichtet ist der Übertragungsnetzbetreiber, in dessen Regelzone der Strom verbraucht wird. [3]Die Übertragungsnetzbetreiber können untereinander eine von Satz 2 abweichende vertragliche Vereinbarung treffen. [4]Satz 1 Nummer 3 ist auch nach Beendigung der Lieferbeziehung weiter anzuwenden; in diesem Fall muss der Betreiber der Stromerzeugungsanlage dem Netzbetreiber, an dessen Netz die Stromerzeugungsanlage angeschlossen ist, die Beendigung des Lieferverhältnisses mitteilen.

(2) [1]Im Übrigen ist zur Erhebung der vollen oder anteiligen EEG-Umlage nach § 61 berechtigt und verpflichtet

1. der Netzbetreiber, an dessen Netz die Stromerzeugungsanlage angeschlossen ist, oder
2. der nächstgelegene Netzbetreiber, soweit die Stromerzeugungsanlage nicht an ein Netz angeschlossen ist.

[2]Der Netzbetreiber nach Satz 1 und der Übertragungsnetzbetreiber nach Absatz 1 können untereinander eine abweichende vertragliche Vereinbarung treffen, wenn dies volkswirtschaftlich angemessen ist.

(3) [1] Auf die Zahlung der EEG-Umlage kann der berechtigte Netzbetreiber monatlich zum 15. Kalendertag für den jeweils vorangegangenen Kalendermonat Abschläge in angemessenem Umfang verlangen. [2] Die Erhebung von Abschlägen nach Satz 1 ist insbesondere nicht angemessen

1. bei Solaranlagen mit einer installierten Leistung von höchstens 30 Kilowatt und
2. bei anderen Stromerzeugungsanlagen mit einer installierten Leistung von höchstens 10 Kilowatt.

[3] Bei der Ermittlung der installierten Leistung von Stromerzeugungsanlagen nach Satz 2 ist § 24 Absatz 1 Satz 1 entsprechend anzuwenden.

(4) § 60 Absatz 2 Satz 1 und Absatz 3 ist entsprechend anzuwenden.

(5) Abweichend von § 27 Absatz 1 können Netzbetreiber Ansprüche auf Zahlung der EEG-Umlage nach § 61 Absatz 1 gegen Letztverbraucher, die zugleich Anlagenbetreiber sind, mit Ansprüchen dieses Anlagenbetreibers auf Zahlung nach Teil 3 aufrechnen.

§ 61k Pflichten der Netzbetreiber bei der Erhebung der EEG-Umlage. (1) Die Netzbetreiber müssen bei der Erhebung der EEG-Umlage die Sorgfalt eines ordentlichen und gewissenhaften Kaufmanns anwenden.

(2) [1] Netzbetreiber, die nicht Übertragungsnetzbetreiber sind, müssen jeweils die Summe der nach § 61j Absatz 2 und 3 erhaltenen Zahlungen an die Übertragungsnetzbetreiber weiterleiten. [2] Auf die weiterzuleitenden Zahlungen nach Satz 1 sind monatliche Abschläge in angemessenem Umfang zu entrichten.

(3) [1] Als erhaltene Zahlungen im Sinn von Absatz 2 gelten auch Forderungen, die durch Aufrechnung nach § 61j Absatz 5 erloschen sind. [2] Als vom Netzbetreiber geleistete Zahlung im Sinn des § 57 Absatz 1 gelten auch Forderungen eines Anlagenbetreibers auf Zahlung, die durch Aufrechnung nach § 61j Absatz 5 erloschen sind.

§ 61l Ausnahmen von der Pflicht zur Zahlung der EEG-Umlage.

(1) [1] Für Strom, der in einer Saldierungsperiode zum Zweck der Zwischenspeicherung in einem elektrischen, chemischen, mechanischen oder physikalischen Stromspeicher verbraucht wird, verringert sich der Anspruch auf Zahlung der EEG-Umlage in dieser Saldierungsperiode in der Höhe und in dem Umfang, in der die EEG-Umlage für Strom, der mit dem Stromspeicher erzeugt wird, gezahlt wird, höchstens aber auf null. [2] Für die Ermittlung der Verringerung nach Satz 1 wird vermutet, dass für Strom, der mit dem Stromspeicher erzeugt wird, die volle EEG-Umlage gezahlt worden ist, soweit der Strom in ein Netz eingespeist und in einen Bilanzkreis eingestellt wurde. [3] Für Strom, der zum Zweck der Zwischenspeicherung in einem elektrischen, chemischen, mechanischen oder physikalischen Stromspeicher verbraucht wird, entfällt die Pflicht zur Zahlung der EEG-Umlage, soweit die in dem Stromspeicher gespeicherte Energie nicht wieder entnommen wird (Speicherverlust). [4] Werden in dem Stromspeicher Strommengen, für die unterschiedlich hohe Ansprüche auf Zahlung der EEG-Umlage bestehen, verbraucht, entfällt die Pflicht zur Zahlung der EEG-Umlage für den Speicherverlust nach Satz 3 in

dem Verhältnis des Verbrauchs der unterschiedlichen Strommengen zueinander.

(1a) [1]Saldierungsperiode im Sinn des Absatzes 1 ist das Kalenderjahr. [2]Abweichend von Satz 1 ist Saldierungsperiode der Kalendermonat, wenn der mit dem Stromspeicher in einem Kalenderjahr erzeugte Strom nicht ausschließlich in ein Netz eingespeist wird oder ausschließlich vom Betreiber selbst verbraucht wird. [3]In den Fällen des Satzes 2 ist die Verringerung der EEG-Umlage auf höchstens 500 im Stromspeicher verbrauchte Kilowattstunden je Kilowattstunde installierter Speicherkapazität pro Kalenderjahr begrenzt.

(1b) [1]Der Anspruch auf Zahlung der EEG-Umlage verringert sich nach Absatz 1 nur, wenn derjenige, der die EEG-Umlage für den in dem Stromspeicher verbrauchten Strom zahlen muss,

1. sicherstellt, dass die Voraussetzungen des Absatzes 1 jederzeit durch geeichte Messeinrichtungen und eine nachvollziehbare, die Saldierungsperioden des Absatzes 1a berücksichtigende Abrechnung eingehalten werden; hierzu ist insbesondere erforderlich, dass
   a) sämtliche Strommengen durch geeichte Messeinrichtungen und erforderlichenfalls intelligente Messsysteme im Sinn des § 2 Nummer 7 des Messstellenbetriebsgesetzes[1)] gesondert erfasst mitgeteilt werden; insbesondere sind Strommengen, für die unterschiedlich hohe Ansprüche auf Zahlung der EEG-Umlage bestehen, gesondert zu erfassen,
   b) sämtliche sonstige Energieentnahmen durch geeichte Messeinrichtungen gesondert erfasst und mitgeteilt werden,
   c) im Rahmen der Abrechnung jeweils innerhalb der einzelnen Saldierungsperioden die Energiemenge, die sich im Stromspeicher befindet, erfasst wird und
2. seine Mitteilungspflichten nach § 74 Absatz 2 und § 74a Absatz 2 Satz 2 bis 5 erfüllt hat.

[2]Der Nachweis der Voraussetzungen des Absatzes 1 Satz 1, insbesondere der Zahlung der EEG-Umlage und der Voraussetzungen nach Absatz 1 Satz 2 und Satz 3, ist für Strom, der mit dem Stromspeicher erzeugt worden ist, gegenüber dem Netzbetreiber kalenderjährlich durch denjenigen zu erbringen, der zur Zahlung der EEG-Umlage für den von dem Stromspeicher verbrauchten Strom verpflichtet ist. [3]Sind mehrere Personen nach Satz 3 verpflichtet, kann der Nachweis nur gemeinsam erbracht werden.

(1c) Für Stromspeicher, deren Strom nicht ausschließlich in ein Netz eingespeist und nicht ausschließlich vom Betreiber selbst verbraucht wird, evaluiert die Bundesnetzagentur die Absätze 1 bis 1b bis zum 31. Dezember 2020 und berichtet der Bundesregierung über die Erfahrungen mit diesen Bestimmungen.

(2) Der Anspruch auf Zahlung der EEG-Umlage verringert sich auch für Strom, der zur Erzeugung von Speichergas eingesetzt wird, das in das Erdgasnetz eingespeist wird, in der Höhe und in dem Umfang, in der das Speichergas unter Berücksichtigung der Anforderungen nach § 44b Absatz 5 Nummer 1

---

1) Nr. **27**.

und 2 zur Stromerzeugung eingesetzt wird und auf den Strom die EEG-Umlage gezahlt wird.

(3) Der Anspruch auf Zahlung der EEG-Umlage entfällt ferner für Strom, der an Netzbetreiber zum Ausgleich physikalisch bedingter Netzverluste als Verlustenergie nach § 10 der Stromnetzentgeltverordnung[1)] geliefert wird.

(4) [1] Der nach den Absätzen 1, 2 oder 3 verringerte oder entfallene Anspruch nach § 60 Absatz 1 erhöht sich für das jeweilige Kalenderjahr um 20 Prozentpunkte, wenn das Elektrizitätsversorgungsunternehmen seine Mitteilungspflichten nach § 74 Absatz 1 nicht spätestens bis zum 31. Mai des Jahres erfüllt, das auf das Kalenderjahr folgt, in dem diese Mitteilungspflichten zu erfüllen gewesen wären. [2] Satz 1 ist entsprechend für den nach den Absätzen 1, 2 oder 3 verringerten oder entfallenen Anspruch nach § 61 Absatz 1 anzuwenden, wenn der Letztverbraucher oder Eigenversorger seine Mitteilungspflichten nach § 74a Absatz 1 nicht spätestens bis zum 28. Februar des Jahres erfüllt, das auf das Kalenderjahr folgt, in dem diese Mitteilungspflichten zu erfüllen gewesen wären. [3] Der Fristablauf nach Satz 2 verschiebt sich auf den 31. Mai des Jahres, wenn die Mitteilung nach § 74a Absatz 1 gegenüber einem Übertragungsnetzbetreiber zu erfolgen hat.

§ 62 Nachträgliche Korrekturen. (1) Bei der jeweils nächsten Abrechnung sind Änderungen der abzurechnenden Strommenge oder der Zahlungsansprüche zu berücksichtigen, die sich aus folgenden Gründen ergeben:

1. aus Rückforderungen auf Grund von § 57 Absatz 5,
2. aus einer rechtskräftigen Gerichtsentscheidung im Hauptsacheverfahren,
3. aus der Übermittlung und dem Abgleich von Daten nach § 73 Absatz 5,
4. aus einem zwischen den Verfahrensparteien durchgeführten Verfahren bei der Clearingstelle nach § 81 Absatz 4 Satz 1 Nummer 1,
5. aus einer Entscheidung der Bundesnetzagentur nach § 85,
6. aus einem vollstreckbaren Titel, der erst nach der Abrechnung nach § 58 Absatz 1 ergangen ist oder
7. aus einer nach § 26 Absatz 2 zu einem späteren Zeitpunkt fällig gewordenen Zahlung.

(2) [1] Ergeben sich durch die Verbrauchsabrechnung der Elektrizitätsversorgungsunternehmen gegenüber Letztverbrauchern Abweichungen gegenüber den Strommengen, die einer Endabrechnung nach § 74 zugrunde liegen, sind diese Änderungen bei der jeweils nächsten Abrechnung zu berücksichtigen. [2] § 75 ist entsprechend anzuwenden.

§ 62a Geringfügige Stromverbräuche Dritter. Stromverbräuche einer anderen Person sind den Stromverbräuchen des Letztverbrauchers zuzurechnen, wenn sie

1. geringfügig sind,
2. üblicherweise und im konkreten Fall nicht gesondert abgerechnet werden und
3. verbraucht werden

[1)] Nr. **24**.

a) in den Räumlichkeiten, auf dem Grundstück oder dem Betriebsgelände des Letztverbrauchers und

b) im Fall einer gewerblichen Nutzung zur Erbringung einer Leistung der anderen Person gegenüber dem Letztverbraucher oder des Letztverbrauchers gegenüber der anderen Person.

§ 62b Messung und Schätzung. (1) [1] Strommengen, für die die volle oder anteilige EEG-Umlage zu zahlen ist, sind durch mess- und eichrechtskonforme Messeinrichtungen zu erfassen. [2] Sofern für Strommengen nur eine anteilige oder keine EEG-Umlage zu zahlen ist oder die Zahlung verweigert werden kann, sind diese Strommengen von Strommengen, die einer Pflicht zur Zahlung der EEG-Umlage in anderer Höhe unterliegen, durch mess- und eichrechtskonforme Messeinrichtungen abzugrenzen.

(2) Einer Abgrenzung von Strommengen durch mess- und eichrechtskonforme Messeinrichtungen bedarf es abweichend von Absatz 1 Satz 2 nicht, wenn

1. für die gesamte Strommenge der innerhalb dieser Strommenge geltende höchste EEG-Umlagesatz geltend gemacht wird oder
2. die Abgrenzung technisch unmöglich oder mit unvertretbarem Aufwand verbunden ist und auch eine Abrechnung nach Nummer 1 aufgrund der Menge des privilegierten Stroms, für den in Ermangelung der Abgrenzung der innerhalb dieser Strommenge geltende höchste EEG-Umlagesatz anzuwenden wäre, nicht wirtschaftlich zumutbar ist.

(3) [1] In den Fällen von Absatz 2 Nummer 2 sind die jeweiligen Strommengen durch eine Schätzung abzugrenzen. [2] Diese Schätzung hat in sachgerechter und in einer für einen nicht sachverständigen Dritten jederzeit nachvollziehbaren und nachprüfbaren Weise zu erfolgen. [3] Bei der Schätzung muss sichergestellt werden, dass auf die gesamte Strommenge nicht weniger EEG-Umlage gezahlt wird als im Fall einer Abgrenzung durch mess- und eichrechtskonforme Messeinrichtungen. [4] Die Anforderung nach Satz 3 ist insbesondere erfüllt, wenn bei den jeweils voneinander abzugrenzenden Strommengen mit unterschiedlicher EEG-Umlagehöhe zur Bestimmung der Strommenge, für die im Vergleich der höchste EEG-Umlagesatz anzuwenden ist, die maximale Leistungsaufnahme der betreffenden Stromverbrauchseinrichtung mit der Summe der vollen Zeitstunden des jeweiligen Kalenderjahres multipliziert wird.

(4) [1] Erfolgt eine Schätzung nach Absatz 3, muss die Endabrechnung nach § 74 Absatz 2 oder § 74a Absatz 2 um die folgenden Angaben ergänzt werden:

1. die Angabe, ob und welche Strommengen im Wege einer Schätzung abgegrenzt wurden,
2. die Höhe des EEG-Umlagesatzes, der für diese Strommengen jeweils zu zahlen ist,
3. die Art, maximale Leistungsaufnahme und Anzahl der Stromverbrauchseinrichtungen, in denen die nach Nummer 1 geschätzten Strommengen verbraucht wurden,
4. jeweils den Betreiber der nach Nummer 3 anzugebenden Stromverbrauchseinrichtungen,

5. in den Fällen des Absatzes 2 Nummer 2 eine nachvollziehbare Begründung, weshalb die messtechnische Abgrenzung technisch unmöglich oder mit unvertretbarem Aufwand verbunden ist, und
6. eine Darlegung der Methode der Schätzung, die umfassende Angaben enthält, wie im Sinn des Absatzes 3 Satz 3 sichergestellt wird, dass aufgrund der Schätzung auf die gesamte Strommenge nicht weniger EEG-Umlage gezahlt wird als im Fall einer Abgrenzung durch mess- und eichrechtskonforme Messeinrichtungen.

[2] Sind die nach Satz 1 Nummer 3 und 4 zu tätigenden Angaben nach den Umständen des Einzelfalls mit unvertretbarem Aufwand verbunden oder unmöglich, genügt insoweit die nachvollziehbare Begründung dieser Umstände, verbunden mit hinreichenden Angaben zur Plausibilisierung der nach Satz 1 Nummer 1 angegebenen Strommengen. [3] Die Netzbetreiber können auf eine Übermittlung der Angaben nach Satz 1 Nummer 3 und 4 im Rahmen der Mitteilung nach § 74 Absatz 2 oder § 74a Absatz 2 verzichten; eine Nacherhebung bleibt unbenommen.

(5) [1] Im Rahmen der §§ 61 bis 61l sowie im Rahmen des § 64 Absatz 5a darf bei der Berechnung der selbst erzeugten und selbst verbrauchten Strommengen unabhängig davon, ob hierfür nach den Bestimmungen dieses Teils die volle, eine anteilige oder keine EEG-Umlage zu zahlen ist, Strom höchstens bis zu der Höhe des aggregierten Eigenverbrauchs, bezogen auf jedes 15-Minuten-Intervall (Zeitgleichheit), berücksichtigt werden. [2] Eine mess- und eichrechtskonforme Messung der Ist-Erzeugung und des Ist-Verbrauchs, bezogen auf jedes 15-Minuten-Intervall, ist zur Erfüllung der Anforderung nach Satz 1 nur erforderlich, wenn nicht schon anderweitig sichergestellt ist, dass Strom höchstens bis zur Höhe des aggregierten Eigenverbrauchs, bezogen auf jedes 15-Minuten-Intervall, als selbst erzeugt und selbst verbraucht in Ansatz gebracht wird. [3] Sofern in den Fällen von Absatz 2 Nummer 2 auch mittels einer Schätzung sichergestellt werden kann, dass nur Strom bis zur Höhe des aggregierten Eigenverbrauchs, bezogen auf jedes 15-Minuten-Intervall, als selbst erzeugt und selbst verbraucht in Ansatz gebracht wird, sind die Absätze 3 und 4 entsprechend anzuwenden.

(6) [1] Ausschließlich für die Zwecke des Antragsverfahrens nach den §§ 63 bis 69a sind die Absätze 1 bis 5 sowie § 62a und § 104 Absatz 10 für den zu erbringenden Nachweis der selbst verbrauchten Strommengen mit der Maßgabe entsprechend anzuwenden, dass

1. nach Absatz 1 Satz 2 auch durch den Antragsteller selbstverbrauchte Strommengen von an Dritte weitergeleiteten Strommengen abzugrenzen sind,
2. es nach Absatz 2 Nummer 1 keiner Abgrenzung bedarf, wenn die gesamte Strommenge vom Antragsteller nicht als Selbstverbrauch geltend gemacht wird,
3. die Angaben nach Absatz 4 gegenüber dem Bundesamt für Wirtschaft und Ausfuhrkontrolle zu tätigen sind und
4. eine Schätzung nach § 104 Absatz 10 nicht unter der Bedingung der Einhaltung von § 62b ab dem 1. Januar 2020 steht und auch für Strommengen erfolgen kann, die nach dem 31. Dezember 2016 oder im Fall von vom Kalenderjahr abweichenden Geschäftsjahren in dem letzten abgeschlossenen Geschäftsjahr vor der Antragstellung verbraucht wurden.

[2] Wurde eine nach Absatz 3 erfolgte Schätzung aufgrund von § 75 Satz 2 geprüft, muss im Antragsverfahren nach den §§ 63 bis 69a für die Bescheinigung nach § 64 Absatz 3 Nummer 1 Buchstabe c Doppelbuchstabe bb keine erneute Prüfung dieser Schätzung durch einen Wirtschaftsprüfer, eine Wirtschaftsprüfungsgesellschaft, einen genossenschaftlichen Prüfungsverband, einen vereidigten Buchprüfer oder eine Buchprüfungsgesellschaft vorgenommen werden. [3] Ausschließlich für die Zwecke des Antragsverfahrens nach den §§ 63 bis 69a für die Begrenzungsjahre 2019 und 2020 wird unwiderlegbar vermutet, dass die Angabe zu selbstverbrauchten Strommengen des jeweiligen Nachweisjahres richtig ist, soweit diese bereits in den Antragsverfahren zu den Begrenzungsjahren 2016 bis 2018 vom Bundesamt für Wirtschaft und Ausfuhrkontrolle geprüft und akzeptiert worden ist.

Abschnitt 2. Besondere Ausgleichsregelung

§ 63 Grundsatz. Auf Antrag begrenzt das Bundesamt für Wirtschaft und Ausfuhrkontrolle abnahmestellenbezogen

1. nach Maßgabe des § 64 die EEG-Umlage für Strom, der von stromkostenintensiven Unternehmen selbst verbraucht wird, um den Beitrag dieser Unternehmen zur EEG-Umlage in einem Maße zu halten, das mit ihrer internationalen Wettbewerbssituation vereinbar ist, und ihre Abwanderung in das Ausland zu verhindern, und
2. nach Maßgabe des § 65 die EEG-Umlage für Strom, der von Schienenbahnen selbst verbraucht wird, um die intermodale Wettbewerbsfähigkeit der Schienenbahnen zu erhalten,

soweit hierdurch jeweils die Ziele des Gesetzes nicht gefährdet werden und die Begrenzung mit dem Interesse der Gesamtheit der Stromverbraucher vereinbar ist.

§ 64 Stromkostenintensive Unternehmen. (1) Bei einem Unternehmen, das einer Branche nach Anlage 4 zuzuordnen ist, erfolgt die Begrenzung nur, soweit es nachweist, dass und inwieweit

1. im letzten abgeschlossenen Geschäftsjahr die nach § 60 Absatz 1 oder § 61 voll oder anteilig umlagepflichtige und selbst verbrauchte Strommenge an einer Abnahmestelle, an der das Unternehmen einer Branche nach Anlage 4 zuzuordnen ist, mehr als 1 Gigawattstunde betragen hat,
2. die Stromkostenintensität
   a) bei einem Unternehmen, das einer Branche nach Liste 1 der Anlage 4 zuzuordnen ist, mindestens 14 Prozent betragen hat, und
   b) bei einem Unternehmen, das einer Branche nach Liste 2 der Anlage 4 zuzuordnen ist, mindestens 20 Prozent betragen hat und
3. das Unternehmen ein zertifiziertes Energie- oder Umweltmanagementsystem oder, sofern das Unternehmen im letzten abgeschlossenen Geschäftsjahr weniger als 5 Gigawattstunden Strom verbraucht hat, ein alternatives System zur Verbesserung der Energieeffizienz nach § 3 der Spitzenausgleich-Effizienzsystemverordnung in der jeweils zum Zeitpunkt des Endes des letzten abgeschlossenen Geschäftsjahrs geltenden Fassung betreibt.

(2) Die EEG-Umlage wird an den Abnahmestellen, an denen das Unternehmen einer Branche nach Anlage 4 zuzuordnen ist, für den Strom, den das Unternehmen dort im Begrenzungszeitraum selbst verbraucht, wie folgt begrenzt:

1. Die EEG-Umlage wird für den Stromanteil bis einschließlich 1 Gigawattstunde nicht begrenzt (Selbstbehalt). Dieser Selbstbehalt muss im Begrenzungsjahr zuerst gezahlt werden.
2. Die EEG-Umlage wird für den Stromanteil über 1 Gigawattstunde begrenzt auf
   a) 15 Prozent der nach § 60 Absatz 1 ermittelten EEG-Umlage bei Unternehmen, die
      aa) einer Branche nach Liste 1 der Anlage 4 zuzuordnen sind, sofern die Stromkostenintensität mindestens 17 Prozent betragen hat, oder
      bb) einer Branche nach Liste 2 der Anlage 4 zuzuordnen sind, sofern die Stromkostenintensität mindestens 20 Prozent betragen hat, oder
   b) 20 Prozent der nach § 60 Absatz 1 ermittelten EEG-Umlage bei Unternehmen, die einer Branche nach Liste 1 der Anlage 4 zuzuordnen sind, sofern die Stromkostenintensität mindestens 14 Prozent und weniger als 17 Prozent betragen hat.
3. Die Höhe der nach Nummer 2 Buchstabe a zu zahlenden EEG-Umlage wird in Summe aller begrenzten Abnahmestellen des Unternehmens auf höchstens den folgenden Anteil der Bruttowertschöpfung begrenzt, die das Unternehmen im arithmetischen Mittel der letzten drei abgeschlossenen Geschäftsjahre erzielt hat:
   a) 0,5 Prozent der Bruttowertschöpfung, sofern die Stromkostenintensität des Unternehmens mindestens 20 Prozent betragen hat, oder
   b) 4,0 Prozent der Bruttowertschöpfung, sofern die Stromkostenintensität des Unternehmens weniger als 20 Prozent betragen hat.
4. Die Begrenzung nach den Nummern 2 und 3 erfolgt nur soweit, dass die von dem Unternehmen zu zahlende EEG-Umlage für den Stromanteil über 1 Gigawattstunde den folgenden Wert nicht unterschreitet:
   a) 0,05 Cent pro Kilowattstunde an Abnahmestellen, an denen das Unternehmen einer Branche mit der laufenden Nummer 130, 131 oder 132 nach Anlage 4 zuzuordnen ist, oder
   b) 0,1 Cent pro Kilowattstunde an sonstigen Abnahmestellen;

   der Selbstbehalt nach Nummer 1 bleibt unberührt.

(3) Die Erfüllung der Voraussetzungen nach Absatz 1 und die Bruttowertschöpfung, die nach Absatz 2 Nummer 3 für die Begrenzungsentscheidung zugrunde gelegt werden muss (Begrenzungsgrundlage), sind wie folgt nachzuweisen:

1. für die Voraussetzungen nach Absatz 1 Nummer 1 und 2 und die Begrenzungsgrundlage nach Absatz 2 durch
   a) die Stromlieferungsverträge und die Stromrechnungen für das letzte abgeschlossene Geschäftsjahr,
   b) die Angabe der jeweils in den letzten drei abgeschlossenen Geschäftsjahren von einem Elektrizitätsversorgungsunternehmen gelieferten oder selbst

erzeugten und selbst verbrauchten sowie weitergeleiteten Strommengen und

c) die Bescheinigung eines Wirtschaftsprüfers, einer Wirtschaftsprüfungsgesellschaft, eines genossenschaftlichen Prüfungsverbandes, eines vereidigten Buchprüfers oder einer Buchprüfungsgesellschaft auf Grundlage der geprüften Jahresabschlüsse nach den Vorgaben des Handelsgesetzbuchs für die letzten drei abgeschlossenen Geschäftsjahre; die Bescheinigung muss die folgenden Angaben enthalten:

aa) Angaben zum Betriebszweck und zu der Betriebstätigkeit des Unternehmens,

bb) Angaben zu den Strommengen des Unternehmens, die von Elektrizitätsversorgungsunternehmen geliefert oder selbst erzeugt und selbst verbraucht wurden, einschließlich der Angabe, in welcher Höhe ohne Begrenzung für diese Strommengen die EEG-Umlage zu zahlen gewesen wäre, und

cc) sämtliche Bestandteile der Bruttowertschöpfung;

auf die Bescheinigung sind § 319 Absatz 2 bis 4, § 319b Absatz 1, § 320 Absatz 2 und § 323 des Handelsgesetzbuchs entsprechend anzuwenden; in der Bescheinigung ist darzulegen, dass die in ihr enthaltenen Daten mit hinreichender Sicherheit frei von wesentlichen Falschangaben und Abweichungen sind; bei der Prüfung der Bruttowertschöpfung ist eine Wesentlichkeitsschwelle von 5 Prozent ausreichend,

d) einen Nachweis über die Klassifizierung des Unternehmens durch die statistischen Ämter der Länder in Anwendung der Klassifikation der Wirtschaftszweige des Statistischen Bundesamtes, Ausgabe 2008[1)], und die Einwilligung des Unternehmens, dass sich das Bundesamt für Wirtschaft und Ausfuhrkontrolle von den statistischen Ämtern der Länder die Klassifizierung des bei ihnen registrierten Unternehmens und seiner Betriebsstätten übermitteln lassen kann,

2. für die Voraussetzungen nach Absatz 1 Nummer 3 durch ein gültiges DIN EN ISO 50001-Zertifikat, einen gültigen Eintragungs- oder Verlängerungsbescheid der EMAS-Registrierungsstelle über die Eintragung in das EMAS-Register oder einen gültigen Nachweis des Betriebs eines alternativen Systems zur Verbesserung der Energieeffizienz; § 4 Absatz 1 bis 3 der Spitzenausgleich-Effizienzsystemverordnung in der jeweils zum Zeitpunkt des Endes des letzten abgeschlossenen Geschäftsjahrs geltenden Fassung ist entsprechend anzuwenden.

(4) [1] Unternehmen, die nach dem 30. Juni des Vorjahres neu gegründet wurden, können abweichend von Absatz 3 Nummer 1 im ersten Jahr nach der Neugründung Daten über ein Rumpfgeschäftsjahr übermitteln, im zweiten Jahr nach der Neugründung Daten für das erste abgeschlossene Geschäftsjahr und im dritten Jahr nach der Neugründung Daten für das erste und zweite abgeschlossene Geschäftsjahr. [2] Für das erste Jahr nach der Neugründung ergeht die Begrenzungsentscheidung unter Vorbehalt des Widerrufs. [3] Nach Vollendung des ersten abgeschlossenen Geschäftsjahres erfolgt eine nachträgliche

[1)] **Amtlicher Hinweis:** Zu beziehen beim Statistischen Bundesamt, Gustav-Stresemann-Ring 11, 65189 Wiesbaden; auch zu beziehen über www.destatis.de.

Überprüfung der Antragsvoraussetzungen und des Begrenzungsumfangs durch das Bundesamt für Wirtschaft und Ausfuhrkontrolle anhand der Daten des abgeschlossenen Geschäftsjahres. [4] Absatz 3 ist im Übrigen entsprechend anzuwenden.

(4a) Absatz 4 ist auf Unternehmen, die nach dem 30. Juni des Vorjahres erstmals nach § 61g Absatz 1 oder Absatz 2 umlagepflichtige Strommengen selbst verbrauchen, entsprechend anzuwenden.

(5) [1] Die Absätze 1 bis 4a sind für selbständige Teile eines Unternehmens, das einer Branche nach Liste 1 der Anlage 4 zuzuordnen ist, entsprechend anzuwenden. [2] Ein selbständiger Unternehmensteil liegt nur vor, wenn es sich um einen Teilbetrieb mit eigenem Standort oder einen vom übrigen Unternehmen am Standort abgegrenzten Betrieb mit den wesentlichen Funktionen eines Unternehmens handelt, der Unternehmensteil jederzeit als rechtlich selbständiges Unternehmen seine Geschäfte führen könnte, seine Erlöse wesentlich mit externen Dritten erzielt und über eine eigene Abnahmestelle verfügt. [3] Für den selbständigen Unternehmensteil sind eine eigene Bilanz und eine eigene Gewinn- und Verlustrechnung in entsprechender Anwendung der für alle Kaufleute geltenden Vorschriften des Handelsgesetzbuchs aufzustellen. [4] Die Bilanz und die Gewinn- und Verlustrechnung nach Satz 3 sind in entsprechender Anwendung der §§ 317 bis 323 des Handelsgesetzbuchs zu prüfen.

(5a) [1] Bei einem Unternehmen, das

1. einer Branche nach Anlage 4 zuzuordnen ist,
2. im letzten abgeschlossenen Geschäftsjahr an einer Abnahmestelle, an der das Unternehmen einer Branche nach Anlage 4 zuzuordnen ist, mehr als 1 Gigawattstunde selbst verbraucht hat, und
3. eine Begrenzung der EEG-Umlage nicht erlangen kann, weil seine Stromkostenintensität wegen seiner nicht umlagepflichtigen Strommengen nicht den Wert nach Absatz 1 Nummer 2 erreicht,

begrenzt das Bundesamt für Wirtschaft und Ausfuhrkontrolle auf Antrag die EEG-Umlage nach Absatz 2 auch abweichend von Absatz 1 Nummer 1, soweit im Übrigen die Voraussetzungen nach Absatz 1 erfüllt sind. [2] In diesem Fall muss die begrenzte EEG-Umlage für die gesamte selbst verbrauchte Strommenge gezahlt werden, unabhängig davon, ob sie nach den §§ 60 und 61 voll, anteilig oder nicht umlagepflichtig ist. [3] Abweichend von Absatz 6 Nummer 3 ist die Stromkostenintensität in diesen Fällen das Verhältnis der maßgeblichen Stromkosten einschließlich der Stromkosten für selbst erzeugte und selbst verbrauchte Strommengen zum arithmetischen Mittel der Bruttowertschöpfung in den letzten drei abgeschlossenen Geschäftsjahren; hierbei werden die maßgeblichen Stromkosten berechnet durch die Multiplikation des arithmetischen Mittels des Stromverbrauchs des Unternehmens in den letzten drei abgeschlossenen Geschäftsjahren mit dem durchschnittlichen Strompreis für Unternehmen mit ähnlichen Stromverbräuchen, der nach Maßgabe der Verordnung nach § 94 Nummer 2 zugrunde zu legen ist.

(6) Im Sinne dieses Paragrafen ist oder sind

1. „Abnahmestelle“ die Summe aller räumlich und physikalisch zusammenhängenden elektrischen Einrichtungen einschließlich der Eigenversorgungsanlagen eines Unternehmens, die sich auf einem in sich abgeschlossenen Betriebsgelände befinden und über einen oder mehrere Entnahme-

punkte mit dem Netz verbunden sind; sie muss über eigene Stromzähler an allen Entnahmepunkten und Eigenversorgungsanlagen verfügen,

2. „Bruttowertschöpfung" die Bruttowertschöpfung des Unternehmens zu Faktorkosten nach der Definition des Statistischen Bundesamtes, Fachserie 4, Reihe 4.3, Wiesbaden 2007[1)], ohne Abzug der Personalkosten für Leiharbeitsverhältnisse; die durch vorangegangene Begrenzungsentscheidungen hervorgerufenen Wirkungen bleiben bei der Berechnung der Bruttowertschöpfung außer Betracht,

2a. „neu gegründete Unternehmen" Unternehmen, die mit nahezu vollständig neuen Betriebsmitteln ihre Tätigkeit erstmals aufnehmen; sie dürfen nicht durch Umwandlung entstanden sein; neue Betriebsmittel liegen vor, wenn ein Unternehmen ohne Sachanlagevermögen neues Sachanlagevermögen erwirbt oder schafft; es wird unwiderleglich vermutet, dass der Zeitpunkt der Neugründung der Zeitpunkt ist, an dem erstmals Strom zu Produktionszwecken verbraucht wird, und

3. „Stromkostenintensität" das Verhältnis der maßgeblichen Stromkosten einschließlich der Stromkosten für nach § 61 voll oder anteilig umlagepflichtige selbst verbrauchte Strommengen zum arithmetischen Mittel der Bruttowertschöpfung in den letzten drei abgeschlossenen Geschäftsjahren des Unternehmens; hierbei werden die maßgeblichen Stromkosten berechnet durch die Multiplikation des arithmetischen Mittels des Stromverbrauchs des Unternehmens in den letzten drei abgeschlossenen Geschäftsjahren oder dem standardisierten Stromverbrauch, der nach Maßgabe einer Rechtsverordnung nach § 94 Nummer 1 ermittelt wird, mit dem durchschnittlichen Strompreis für Unternehmen mit ähnlichen Stromverbräuchen, der nach Maßgabe einer Rechtsverordnung nach § 94 Nummer 2 zugrunde zu legen ist; die durch vorangegangene Begrenzungsentscheidungen hervorgerufenen Wirkungen bleiben bei der Berechnung der Stromkostenintensität außer Betracht.

(7) Für die Zuordnung eines Unternehmens zu den Branchen nach Anlage 4 ist der Zeitpunkt des Endes des letzten abgeschlossenen Geschäftsjahrs maßgeblich.

§ 65 Schienenbahnen. (1) Bei einer Schienenbahn erfolgt die Begrenzung der EEG-Umlage nur, sofern sie nachweist, dass und inwieweit im letzten abgeschlossenen Geschäftsjahr die an der betreffenden Abnahmestelle selbst verbrauchte Strommenge unmittelbar für den Fahrbetrieb im Schienenbahnverkehr verbraucht wurde und unter Ausschluss der rückgespeisten Energie mindestens 2 Gigawattstunden betrug.

(2) Für eine Schienenbahn wird die EEG-Umlage für die gesamte Strommenge, die das Unternehmen unmittelbar für den Fahrbetrieb im Schienenbahnverkehr selbst verbraucht, unter Ausschluss der rückgespeisten Energie an der betreffenden Abnahmestelle auf 20 Prozent der nach § 60 Absatz 1 ermittelten EEG-Umlage begrenzt.

(3) [1] Abweichend von Absatz 1 können Schienenbahnen, wenn und soweit sie an einem Vergabeverfahren für Schienenverkehrsleistungen im Schienen-

---

[1)] **Amtlicher Hinweis:** Zu beziehen beim Statistischen Bundesamt, Gustav-Stresemann-Ring 11, 65189 Wiesbaden; auch zu beziehen über www.destatis.de.

personennahverkehr teilgenommen haben oder teilnehmen werden, im Kalenderjahr vor der Aufnahme des Fahrbetriebs die prognostizierten Stromverbrauchsmengen für das Kalenderjahr, in dem der Fahrbetrieb aufgenommen werden wird, auf Grund der Vorgaben des Vergabeverfahrens nachweisen; die Begrenzung nach Absatz 2 erfolgt nur für die Schienenbahn, die in dem Vergabeverfahren den Zuschlag erhalten hat. [2]Die Schienenbahn, die den Zuschlag erhalten hat, kann nachweisen

1. im Kalenderjahr der Aufnahme des Fahrbetriebs die prognostizierten Stromverbrauchsmengen für das folgende Kalenderjahr auf Grund der Vorgaben des Vergabeverfahrens und
2. im ersten Kalenderjahr nach der Aufnahme des Fahrbetriebs die Summe der tatsächlichen Stromverbrauchsmengen für das bisherige laufende Kalenderjahr und der prognostizierten Stromverbrauchsmengen für das übrige laufende Kalenderjahr; die Prognose muss auf Grund der Vorgaben des Vergabeverfahrens und des bisherigen tatsächlichen Stromverbrauchs erfolgen.

(4) [1]Abweichend von Absatz 1 können Schienenbahnen, die erstmals eine Schienenverkehrsleistung im Schienenpersonenfernverkehr oder im Schienengüterverkehr erbringen werden, nachweisen

1. im Kalenderjahr vor der Aufnahme des Fahrbetriebs die prognostizierten Stromverbrauchsmengen für das Kalenderjahr, in dem der Fahrbetrieb aufgenommen werden wird,
2. im Kalenderjahr der Aufnahme des Fahrbetriebs die prognostizierten Stromverbrauchsmengen für das folgende Kalenderjahr und
3. im ersten Kalenderjahr nach der Aufnahme des Fahrbetriebs die Summe der tatsächlichen Stromverbrauchsmengen für das bisherige laufende Kalenderjahr und der prognostizierten Stromverbrauchsmengen für das übrige laufende Kalenderjahr.

[2]Die Begrenzungsentscheidung ergeht unter Vorbehalt der Nachprüfung. [3]Sie kann auf Grundlage einer Nachprüfung aufgehoben oder geändert werden. [4]Die nachträgliche Überprüfung der Antragsvoraussetzungen und des Begrenzungsumfangs erfolgt nach Vollendung des Kalenderjahrs, für das die Begrenzungsentscheidung wirkt, durch das Bundesamt für Wirtschaft und Ausfuhrkontrolle anhand der Daten des abgeschlossenen Kalenderjahres.

(5) [1]Unbeschadet der Absätze 3 und 4 ist § 64 Absatz 4 entsprechend anzuwenden. [2]Es wird unwiderleglich vermutet, dass der Zeitpunkt der Aufnahme des Fahrbetriebs der Zeitpunkt der Neugründung ist.

(6) § 64 Absatz 3 Nummer 1 Buchstabe a bis c ist entsprechend anzuwenden.

(7) Im Sinne dieses Paragrafen ist

1. „Abnahmestelle" die Summe der Verbrauchsstellen für den Fahrbetrieb im Schienenbahnverkehr des Unternehmens und
2. „Aufnahme des Fahrbetriebs" der erstmalige Verbrauch von Strom zu Fahrbetriebszwecken.

§ 66 Antragstellung und Entscheidungswirkung. (1) [1]Der Antrag nach § 63 in Verbindung mit § 64 einschließlich der Bescheinigungen nach § 64 Absatz 3 Nummer 1 Buchstabe c und Nummer 2 ist jeweils zum 30. Juni eines

Jahres (materielle Ausschlussfrist) für das folgende Kalenderjahr zu stellen. [2]Satz 1 ist entsprechend anzuwenden auf Anträge nach § 63 in Verbindung mit § 65 einschließlich der Bescheinigungen nach § 64 Absatz 3 Nummer 1 Buchstabe c. [3]Einem Antrag nach den Sätzen 1 und 2 müssen die übrigen in den §§ 64 oder 65 genannten Unterlagen beigefügt werden.

(2) [1]Ab dem Antragsjahr 2015 muss der Antrag elektronisch über das vom Bundesamt für Wirtschaft und Ausfuhrkontrolle eingerichtete Portal gestellt werden. [2]Das Bundesamt für Wirtschaft und Ausfuhrkontrolle wird ermächtigt, Ausnahmen von der Pflicht zur elektronischen Antragsstellung nach Satz 1 durch Allgemeinverfügung, die im Bundesanzeiger bekannt zu machen ist, verbindlich festzulegen.

(3) Abweichend von Absatz 1 Satz 1 können Anträge von neu gegründeten Unternehmen nach § 64 Absatz 4, Anträge nach § 64 Absatz 4a für Strommengen, die nach § 61g Absatz 1 oder 2 umlagepflichtig sind, und Anträge von Schienenbahnen nach § 65 Absatz 3 bis 5 bis zum 30. September eines Jahres für das folgende Kalenderjahr gestellt werden.

(4) [1]Die Entscheidung ergeht mit Wirkung gegenüber der antragstellenden Person, dem Elektrizitätsversorgungsunternehmen, dem zuständigen Netzbetreiber und dem regelverantwortlichen Übertragungsnetzbetreiber. [2]Sie wirkt jeweils für das dem Antragsjahr folgende Kalenderjahr.

(5) [1]Der Anspruch des an der betreffenden Abnahmestelle regelverantwortlichen Übertragungsnetzbetreibers auf Zahlung der EEG-Umlage gegenüber den betreffenden Elektrizitätsversorgungsunternehmen wird nach Maßgabe der Entscheidung des Bundesamtes für Wirtschaft und Ausfuhrkontrolle begrenzt. [2]Die Übertragungsnetzbetreiber haben diese Begrenzung beim Ausgleich nach § 58 zu berücksichtigen. [3]Erfolgt während des Geltungszeitraums der Entscheidung ein Wechsel des an der betreffenden Abnahmestelle regelverantwortlichen Übertragungsnetzbetreibers oder des betreffenden Elektrizitätsversorgungsunternehmens, muss die begünstigte Person dies dem Übertragungsnetzbetreiber oder dem Elektrizitätsversorgungsunternehmen und dem Bundesamt für Wirtschaft und Ausfuhrkontrolle unverzüglich mitteilen.

§ 67 Umwandlung von Unternehmen. (1) [1]Wurde das antragstellende Unternehmen in seinen letzten drei abgeschlossenen Geschäftsjahren vor der Antragstellung oder in dem danach liegenden Zeitraum bis zum Ende der materiellen Ausschlussfrist umgewandelt, so kann das antragstellende Unternehmen für den Nachweis der Anspruchsvoraussetzungen auf die Daten des Unternehmens vor seiner Umwandlung nur zurückgreifen, wenn die wirtschaftliche und organisatorische Einheit dieses Unternehmens nach der Umwandlung nahezu vollständig in dem antragstellenden Unternehmen erhalten geblieben ist. [2]Andernfalls ist § 64 Absatz 4 Satz 1 bis 4 entsprechend anzuwenden.

(2) Wird das antragstellende oder begünstigte Unternehmen umgewandelt, so hat es dies dem Bundesamt für Wirtschaft und Ausfuhrkontrolle unverzüglich schriftlich oder elektronisch anzuzeigen.

(3) [1]Geht durch die Umwandlung eines begünstigten Unternehmens dessen wirtschaftliche und organisatorische Einheit nahezu vollständig auf ein anderes Unternehmen über, so überträgt auf Antrag des anderen Unternehmens das Bundesamt für Wirtschaft und Ausfuhrkontrolle den Begrenzungsbescheid auf

dieses. [2] Die Pflicht des antragstellenden Unternehmens zur Zahlung der nach § 60 Absatz 1 ermittelten EEG-Umlage besteht nur dann, wenn das Bundesamt für Wirtschaft und Ausfuhrkontrolle den Antrag auf Übertragung des Begrenzungsbescheides ablehnt. [3] In diesem Fall beginnt die Zahlungspflicht der nach § 60 Absatz 1 ermittelten EEG-Umlage mit dem Wirksamwerden der Umwandlung.

(4) Die Absätze 1 und 3 sind auf selbständige Unternehmensteile und auf Schienenbahnen entsprechend anzuwenden.

§ 68 Rücknahme der Entscheidung, Auskunft, Betretungsrecht.

(1) Die Entscheidung nach § 63 ist mit Wirkung auch für die Vergangenheit zurückzunehmen, wenn bekannt wird, dass bei ihrer Erteilung die Voraussetzungen nach den §§ 64 oder 65 nicht vorlagen.

(2) [1] Zum Zweck der Prüfung der gesetzlichen Voraussetzungen sind die Bediensteten des Bundesamtes für Wirtschaft und Ausfuhrkontrolle und dessen Beauftragte befugt, von den für die Begünstigten handelnden natürlichen Personen für die Prüfung erforderliche Auskünfte zu verlangen, innerhalb der üblichen Geschäftszeiten die geschäftlichen Unterlagen einzusehen und zu prüfen sowie Betriebs- und Geschäftsräume sowie die dazugehörigen Grundstücke der begünstigten Personen während der üblichen Geschäftszeiten zu betreten. [2] Die für die Begünstigten handelnden natürlichen Personen müssen die verlangten Auskünfte erteilen und die Unterlagen zur Einsichtnahme vorlegen. [3] Zur Auskunft Verpflichtete können die Auskunft auf solche Fragen verweigern, deren Beantwortung sie selbst oder in § 383 Absatz 1 Nummer 1 bis 3 der Zivilprozessordnung bezeichnete Angehörige der Gefahr strafrechtlicher Verfolgung oder eines Verfahrens nach dem Gesetz über Ordnungswidrigkeiten aussetzen würde.

§ 69 Mitwirkungs- und Auskunftspflicht. (1) [1] Unternehmen und Schienenbahnen, die eine Entscheidung nach § 63 beantragen oder erhalten haben, müssen bei der Evaluierung und Fortschreibung der §§ 63 bis 68 durch das Bundesministerium für Wirtschaft und Energie, das Bundesamt für Wirtschaft und Ausfuhrkontrolle oder deren Beauftragte mitwirken. [2] Sie müssen auf Verlangen erteilen:

1. Auskunft über sämtliche von ihnen selbst verbrauchten Strommengen, auch solche, die nicht von der Begrenzungsentscheidung erfasst sind, um eine Grundlage für die Entwicklung von Effizienzanforderungen zu schaffen,
2. Auskunft über mögliche und umgesetzte effizienzsteigernde Maßnahmen, insbesondere Maßnahmen, die durch den Betrieb des Energie- oder Umweltmanagementsystems oder eines alternativen Systems zur Verbesserung der Energieeffizienz aufgezeigt wurden,
3. Auskunft über sämtliche Bestandteile der Stromkosten des Unternehmens, soweit dies für die Ermittlung durchschnittlicher Strompreise für Unternehmen mit ähnlichen Stromverbräuchen erforderlich ist, und
4. weitere Auskünfte, die zur Evaluierung und Fortschreibung der §§ 63 bis 68 erforderlich sind.

[3] Das Bundesamt für Wirtschaft und Ausfuhrkontrolle kann die Art der Auskunftserteilung nach Satz 2 näher ausgestalten.

(2) [1] Das Bundesamt für Wirtschaft und Ausfuhrkontrolle ist berechtigt, die für die Antragsbearbeitung erhobenen Daten und die nach Absatz 1 Satz 2 erhobenen Daten dem Bundesministerium für Wirtschaft und Energie zu Zwecken der Rechts- und Fachaufsicht sowie zu Zwecken der Evaluierung und Fortschreibung der §§ 63 bis 68 zu übermitteln. [2] Das Bundesministerium für Wirtschaft und Energie darf die nach Satz 1 erlangten Daten an beauftragte Dritte zu Zwecken der Evaluierung nach § 97 übermitteln. [3] Daten, die Betriebs- und Geschäftsgeheimnisse darstellen, dürfen an beauftragte Dritte nur übermittelt werden, wenn ein Bezug zu dem Unternehmen nicht mehr hergestellt werden kann. [4] Das Bundesamt für Wirtschaft und Ausfuhrkontrolle ist berechtigt, den Namen, die Branchenzuordnung, die Postleitzahl und den Ort des begünstigten Unternehmens und der begünstigten Abnahmestelle zu veröffentlichen.

§ 69a Mitteilungspflicht der Behörden der Zollverwaltung. Die Behörden der Zollverwaltung sind verpflichtet, dem Bundesamt für Wirtschaft und Ausfuhrkontrolle auf Ersuchen die für die Berechnung der Bruttowertschöpfung erforderlichen Informationen einschließlich personenbezogener Daten mitzuteilen.

Teil 5. Transparenz

Abschnitt 1. Mitteilungs- und Veröffentlichungspflichten

§ 70 Grundsatz. [1] Anlagenbetreiber, Betreiber von Stromerzeugungsanlagen, Netzbetreiber, Letztverbraucher und Elektrizitätsversorgungsunternehmen müssen einander die für den bundesweiten Ausgleich nach den §§ 56 bis 62 jeweils erforderlichen Daten, insbesondere die in den §§ 71 bis 74a genannten Daten, unverzüglich zur Verfügung stellen. [2] § 62 ist entsprechend anzuwenden.

§ 71 Anlagenbetreiber. Anlagenbetreiber müssen dem Netzbetreiber

1. bis zum 28. Februar eines Jahres alle für die Endabrechnung des jeweils vorangegangenen Kalenderjahres erforderlichen Daten anlagenscharf zur Verfügung stellen,
2. mitteilen, wenn und in welchem Umfang im vorangegangenen Kalenderjahr für den in der Anlage erzeugten und durch ein Netz durchgeleiteten Strom
   a) eine Stromsteuerbefreiung vorgelegen hat, und den Netzbetreiber über entsprechende Änderungen informieren,
   b) Regionalnachweise ausgestellt worden sind, wenn der anzulegende Wert der Anlage gesetzlich bestimmt ist, und
3. bei Biomasseanlagen die Art und Menge der Einsatzstoffe sowie Angaben zu Wärmenutzungen und eingesetzten Technologien nach § 39h, § 43 Absatz 2 oder § 44b Absatz 2 Satz 1 oder zu dem Anteil eingesetzter Gülle nach § 44 Satz 1 Nummer 3 in der für die Nachweisführung nach § 39h Absatz 4, § 44b und § 44c vorgeschriebenen Weise übermitteln.

§ 72 Netzbetreiber. (1) Netzbetreiber, die nicht Übertragungsnetzbetreiber sind, müssen ihrem vorgelagerten Übertragungsnetzbetreiber

1. die folgenden Angaben unverzüglich, nachdem sie verfügbar sind, zusammengefasst übermitteln:
   a) die tatsächlich geleisteten Zahlungen für Strom aus erneuerbaren Energien und Grubengas nach § 19 Absatz 1 und die Bereitstellung von installierter Leistung nach § 50 in der für die jeweilige Anlage geltenden Fassung des Erneuerbare-Energien-Gesetzes,
   b) die von den Anlagenbetreibern erhaltenen Meldungen nach § 21c Absatz 1, jeweils gesondert für die verschiedenen Veräußerungsformen nach § 21b Absatz 1,
   c) bei Wechseln in die Ausfallvergütung zusätzlich zu den Angaben nach Buchstabe b den Energieträger, aus dem der Strom in der jeweiligen Anlage erzeugt wird, die installierte Leistung der Anlage sowie die Dauer, seit der die betreffende Anlage diese Veräußerungsform nutzt,
   d) die Kosten für die Nachrüstung nach § 57 Absatz 2 in Verbindung mit der Systemstabilitätsverordnung[1], die Anzahl der nachgerüsteten Anlagen und die von ihnen erhaltenen Angaben nach § 71,
   e) die Strommengen, für die der Netzbetreiber nach § 61j Absatz 2 zur Erhebung der EEG-Umlage berechtigt ist,
   f) die Höhe der nach § 61j Absatz 2 und 3 erhaltenen Zahlungen und die Höhe der durch Aufrechnung nach § 61k Absatz 3 Satz 1 erloschenen Forderungen sowie
   g) die sonstigen für den bundesweiten Ausgleich erforderlichen Angaben,
2. bis zum 31. Mai eines Jahres
   a) mittels Formularvorlagen, die der Übertragungsnetzbetreiber auf seiner Internetseite zur Verfügung stellt, in elektronischer Form die Endabrechnung für das jeweils vorangegangene Kalenderjahr für jede einzelne Stromerzeugungsanlage sowie zusammengefasst vorlegen; § 24 Absatz 3 ist entsprechend anzuwenden; ab dem Jahr 2018 müssen die Endabrechnungen für einzelne Stromerzeugungsanlagen auch unter Angabe der eindeutigen Nummer des Registers erfolgen;
   b) einen Nachweis über die nach § 57 Absatz 2 Satz 1 zu ersetzenden Kosten vorlegen; spätere Änderungen der Ansätze sind dem Übertragungsnetzbetreiber unverzüglich mitzuteilen und bei der nächsten Abrechnung zu berücksichtigen.

(2) Für die Ermittlung der auszugleichenden Energiemengen und Zahlungen nach Absatz 1 sind insbesondere erforderlich

1. die Angabe der Spannungsebene, an die die Anlage angeschlossen ist,
2. die Höhe der vermiedenen Netzentgelte nach § 57 Absatz 3,
3. die Angabe, inwieweit der Netzbetreiber die Energiemengen von einem nachgelagerten Netz abgenommen hat, und

[1] Nr. **22**.

4. die Angabe, inwieweit der Netzbetreiber die Energiemengen nach Nummer 3 an Letztverbraucher, Netzbetreiber oder Elektrizitätsversorgungsunternehmen abgegeben oder sie selbst verbraucht hat.

(3) Ist ein Netzbetreiber, der nicht Übertragungsnetzbetreiber ist, nach § 61j Absatz 2 zur Erhebung der EEG-Umlage berechtigt, ist § 73 Absatz 5 entsprechend anzuwenden.

§ 73 Übertragungsnetzbetreiber. (1) Für Übertragungsnetzbetreiber ist § 72 entsprechend anzuwenden mit der Maßgabe, dass die Angaben und die Endabrechnung nach § 72 Absatz 1 für Anlagen, die unmittelbar oder mittelbar nach § 11 Absatz 2 an ihr Netz angeschlossen sind, unbeschadet des § 77 Absatz 4 auf ihrer Internetseite veröffentlicht werden müssen.

(2) [1] Übertragungsnetzbetreiber müssen ferner den Elektrizitätsversorgungsunternehmen, für die sie regelverantwortlich sind, bis zum 31. Juli eines Jahres die Endabrechnung für die EEG-Umlage des jeweiligen Vorjahres vorlegen. [2] § 72 Absatz 2 ist entsprechend anzuwenden.

(3) Die Übertragungsnetzbetreiber müssen weiterhin die Daten für die Berechnung der Marktprämie nach Maßgabe der Anlage 1 Nummer 3 zu diesem Gesetz in nicht personenbezogener Form und den tatsächlichen Jahresmittelwert des Marktwerts für Strom aus solarer Strahlungsenergie („$MW_{Solar(a)}$") veröffentlichen.

(4) Übertragungsnetzbetreiber, die von ihrem Recht nach § 60 Absatz 2 Satz 3 Gebrauch machen, müssen alle Netzbetreiber, in deren Netz der Bilanzkreis physische Entnahmestellen hat, über die Kündigung des Bilanzkreisvertrages informieren.

(5) [1] Für die Überprüfung einer möglichen Zahlungsverpflichtung nach § 61 können sich die Übertragungsnetzbetreiber die folgenden Daten zu Eigenerzeugern, Eigenversorgern und sonstigen selbsterzeugenden Letztverbrauchern übermitteln lassen, soweit dies erforderlich ist:

1. von den Hauptzollämtern die Daten, deren Übermittlung im Stromsteuergesetz[1)] oder in einer auf Grund des Stromsteuergesetzes[1)] erlassenen Rechtsverordnung zugelassen ist,
2. vom Bundesamt für Wirtschaft und Ausfuhrkontrolle die Daten nach § 15 Absatz 1 bis 3 des Kraft-Wärme-Kopplungsgesetzes[2)] und
3. von den Betreibern von nachgelagerten Netzen die Kontaktdaten der Eigenerzeuger, Eigenversorger und der sonstigen selbsterzeugenden Letztverbraucher sowie weitere Daten zur Eigenerzeugung, zur Eigenversorgung und zum sonstigen selbsterzeugenden Letztverbrauch einschließlich des Stromverbrauchs von an ihr Netz angeschlossenen Eigenerzeugern, Eigenversorgern und sonstigen selbsterzeugenden Letztverbrauchern.

[2] Die Übertragungsnetzbetreiber können die Daten nach Satz 1 Nummer 2 und 3 automatisiert mit den Daten nach § 74 Absatz 2 abgleichen.

---

1) Nr. 48.
2) Nr. 45.

(6) Die Übertragungsnetzbetreiber müssen für die vollständig automatisierte elektronische Übermittlung von Strommengen bundesweit einheitliche Verfahren zur Verfügung stellen.

§ 74 Elektrizitätsversorgungsunternehmen. (1) [1] Elektrizitätsversorgungsunternehmen, die Strom an Letztverbraucher liefern, müssen ihrem regelverantwortlichen Übertragungsnetzbetreiber unverzüglich folgende Angaben mitteilen:

1. die Angabe, ob und ab wann ein Fall im Sinn des § 60 Absatz 1 vorliegt,
2. die Angabe, ob und auf welcher Grundlage die EEG-Umlage sich verringert oder entfällt und
3. Änderungen, die für die Beurteilung, ob die Voraussetzungen eines Entfallens oder einer Verringerung der EEG-Umlage weiterhin vorliegen, relevant sind oder sein können, sowie der Zeitpunkt, zu dem die Änderungen eingetreten sind.

[2] Satz 1 Nummer 1 und 2 ist nicht anzuwenden, wenn die Angaben bereits übermittelt worden sind oder die Tatsachen, die mit den Angaben übermittelt werden sollen, dem Übertragungsnetzbetreiber bereits offenkundig bekannt sind.

(2) [1] Elektrizitätsversorgungsunternehmen müssen ihrem regelverantwortlichen Übertragungsnetzbetreiber unverzüglich die an Letztverbraucher gelieferte Energiemenge elektronisch mitteilen und bis zum 31. Mai die Endabrechnung für das Vorjahr vorlegen. [2] Soweit die Belieferung über Bilanzkreise erfolgt, müssen die Energiemengen bilanzkreisscharf mitgeteilt werden. [3] Im Fall der Belieferung eines Stromspeichers im Sinn des § 61l sind zusätzlich sämtliche Strommengen im Sinn des § 61l Absatz 1b Nummer 1 anzugeben.

(3) Sofern die Übertragungsnetzbetreiber Formularvorlagen zu Form und Inhalt der Übermittlung der Angaben nach den Absätzen 1 und 2 bereitstellen, müssen die Angaben unter Verwendung dieser Formularvorlagen übermittelt werden.

§ 74a Letztverbraucher und Eigenversorger. (1) [1] Letztverbraucher und Eigenversorger, die Strom verbrauchen, der ihnen nicht von einem Elektrizitätsversorgungsunternehmen geliefert worden ist, müssen dem Netzbetreiber, der nach § 61j zur Erhebung der EEG-Umlage berechtigt ist, unverzüglich folgende Angaben übermitteln:

1. die Angabe, ob und ab wann ein Fall im Sinn des § 61 Absatz 1 Nummer 1 oder Nummer 2 vorliegt,
2. die installierte Leistung der selbst betriebenen Stromerzeugungsanlagen,
3. die Angabe, ob und auf welcher Grundlage die EEG-Umlage sich verringert oder entfällt, und
4. Änderungen, die für die Beurteilung, ob die Voraussetzungen eines Entfallens oder einer Verringerung der EEG-Umlage weiterhin vorliegen, relevant sind oder sein können, sowie den Zeitpunkt, zu dem die Änderungen eingetreten sind.

[2] Satz 1 Nummer 1 bis 3 ist nicht anzuwenden, wenn die Angaben bereits übermittelt worden oder die Tatsachen, die mit den Angaben übermittelt

werden sollen, dem Netzbetreiber bereits offenkundig bekannt sind. [3]Satz 1 Nummer 1 bis 3 ist ferner nicht anzuwenden für die Eigenversorgung mit Strom aus Stromerzeugungsanlagen mit einer installierten Leistung von höchstens 1 Kilowatt und aus Solaranlagen mit einer installierten Leistung von höchstens 7 Kilowatt; § 24 Absatz 1 Satz 1 ist entsprechend anzuwenden.

(2) [1]Letztverbraucher und Eigenversorger, die Strom verbrauchen, der ihnen nicht von einem Elektrizitätsversorgungsunternehmen geliefert worden ist, und die der Pflicht zur Zahlung der vollen oder anteiligen EEG-Umlage nach § 61 oder § 64 Absatz 5a unterliegen, müssen dem Netzbetreiber, der zur Erhebung der EEG-Umlage nach § 61j berechtigt ist, alle Angaben zur Verfügung stellen, die für die Endabrechnung der EEG-Umlage für das vorangegangene Kalenderjahr erforderlich sind. [2]Dies umfasst insbesondere die Angabe der umlagepflichtigen Strommengen, wobei, soweit eine Bilanzierung der Strommengen erfolgt, die Strommengen bilanzkreisscharf mitgeteilt werden müssen. [3]Die Meldung muss bis zum 28. Februar eines Jahres erfolgen. [4]Die Frist nach Satz 3 verschiebt sich auf den 31. Mai, wenn der Netzbetreiber Übertragungsnetzbetreiber ist. [5]Ist die selbst betriebene Stromerzeugungsanlage ein Stromspeicher im Sinn des § 61l, sind zusätzlich sämtliche Strommengen im Sinn des § 61l Absatz 1b Nummer 1 anzugeben.

(3) [1]Letztverbraucher und Eigenversorger, die Strom verbrauchen, der ihnen nicht von einem Elektrizitätsversorgungsunternehmen geliefert worden ist, und bei denen die vollständige oder teilweise Umlagenbefreiung nach den §§ 61 bis 61g bezogen auf das letzte Kalenderjahr 500 000 Euro oder mehr beträgt, müssen der Bundesnetzagentur bis zum 31. Juli des jeweiligen Folgejahres mitteilen:

1. ihren Namen,
2. sofern zutreffend, das Handelsregister, Vereinsregister oder Genossenschaftsregister, in das sie eingetragen sind, und die entsprechende Registernummer,
3. den Umfang der Umlagenbefreiung, wobei dieser Umfang in Spannen wie folgt angegeben werden kann: 0,5 bis 1, 1 bis 2, 2 bis 5, 5 bis 10, 10 bis 30, 30 Millionen Euro oder mehr,
4. die Angabe, ob der Letztverbraucher oder Eigenversorger ein Unternehmen im Sinn der Empfehlung 2003/361/EG der Kommission vom 6. Mai 2003 betreffend die Definition der Kleinstunternehmen sowie der kleinen und mittleren Unternehmen (ABl. L 124 vom 20.5.2003, S. 36) in der jeweils geltenden Fassung oder ein sonstiges Unternehmen ist,
5. die Gebietseinheit der NUTS-Ebene 2, in der der Letztverbraucher oder Eigenversorger seinen Sitz hat, nach der Verordnung (EG) Nr. 1059/2003 des Europäischen Parlaments und des Rates vom 26. Mai 2003 über die Schaffung einer gemeinsamen Klassifikation der Gebietseinheiten für die Statistik (NUTS) (ABl. L 154 vom 21.6.2003, S. 1), zuletzt geändert durch die Verordnung (EU) Nr. 868/2014 der Kommission vom 8. August 2014 (ABl. L 241 vom 13.8.2014, S. 1), in der jeweils geltenden Fassung und
6. den Hauptwirtschaftszweig, in dem der Letztverbraucher oder Eigenversorger tätig ist, auf Ebene der NACE-Gruppe nach der Verordnung (EG) Nr. 1893/2006 des Europäischen Parlaments und des Rates vom 20. Dezember 2006 zur Aufstellung der statistischen Systematik der Wirtschaftszweige NACE Revision 2 und zur Änderung der Verordnung (EWG) Nr. 3037/90

des Rates sowie einiger Verordnungen der EG über bestimmte Bereiche der Statistik (ABl. L 393 vom 30.12.2006, S. 1) in der jeweils geltenden Fassung.

2 Im Fall des Absatzes 2 Satz 4 verschiebt sich die Frist nach Satz 1 auf den 31. Oktober.

(4) Sofern der Netzbetreiber, der zur Erhebung der EEG-Umlage nach § 61j berechtigt ist, Formularvorlagen zu Form und Inhalt der Übermittlung der Angaben nach den Absätzen 1 und 2 bereitstellt, müssen die Angaben unter Verwendung dieser Formularvorlagen übermittelt werden.

§ 75 Testierung. 1 Die zusammengefassten Endabrechnungen der Netzbetreiber nach § 72 Absatz 1 Nummer 2 müssen durch einen Wirtschaftsprüfer, eine Wirtschaftsprüfungsgesellschaft, einen genossenschaftlichen Prüfungsverband, einen vereidigten Buchprüfer oder eine Buchprüfungsgesellschaft geprüft werden. 2 Im Übrigen können die Netzbetreiber und Elektrizitätsversorgungsunternehmen verlangen, dass die Endabrechnungen nach den §§ 73 bis 74a bei Vorlage durch einen Wirtschaftsprüfer, eine Wirtschaftsprüfungsgesellschaft, einen genossenschaftlichen Prüfungsverband, einen vereidigten Buchprüfer oder eine Buchprüfungsgesellschaft geprüft werden. 3 Bei der Prüfung sind zu berücksichtigen:

1. die höchstrichterliche Rechtsprechung,
2. die Entscheidungen der Bundesnetzagentur nach § 85 und
3. die Entscheidungen der Clearingstelle nach § 81 Absatz 4 Satz 1 Nummer 1 oder Absatz 5.

4 Für die Prüfungen nach den Sätzen 1 und 2 sind § 319 Absatz 2 bis 4, § 319b Absatz 1, § 320 Absatz 2 und § 323 des Handelsgesetzbuchs entsprechend anzuwenden.

§ 76 Information der Bundesnetzagentur. (1) 1 Netzbetreiber müssen die Angaben, die sie nach den §§ 71, 74 Absatz 1 und § 74a Absatz 1 erhalten, die Angaben nach § 72 Absatz 2 Nummer 1 und die Endabrechnungen nach § 72 Absatz 1 Nummer 2 sowie § 73 Absatz 2 einschließlich der zu ihrer Überprüfung erforderlichen Daten bis zum 31. Mai eines Jahres der Bundesnetzagentur in elektronischer Form vorlegen. 2 Die Frist nach Satz 1 endet am 31. Juli eines Jahres, wenn der Netzbetreiber Übertragungsnetzbetreiber ist. 3 Auf Verlangen müssen Anlagenbetreiber die Angaben nach § 71, Elektrizitätsversorgungsunternehmen die Angaben nach § 74 sowie Eigenversorger und sonstige Letztverbraucher die Angaben nach § 74a Absatz 1 und 2 der Bundesnetzagentur in elektronischer Form vorlegen.

(2) 1 Soweit die Bundesnetzagentur Formularvorlagen zu Form und Inhalt bereitstellt, müssen die Daten unter Verwendung dieser übermittelt werden. 2 Die Daten nach Absatz 1 mit Ausnahme der Strombezugskosten werden dem Bundesministerium für Wirtschaft und Energie von der Bundesnetzagentur für statistische Zwecke sowie die Evaluation des Gesetzes und die Berichterstattungen nach den §§ 97 und 98 zur Verfügung gestellt.

§ 77 Information der Öffentlichkeit. (1) 1 Übertragungsnetzbetreiber müssen auf ihren Internetseiten veröffentlichen:

1. die Angaben nach den §§ 70 bis 74a einschließlich der Angaben zu den unmittelbar an das Netz des Übertragungsnetzbetreibers angeschlossenen Anlagen unverzüglich nach ihrer Übermittlung und
2. einen Bericht über die Ermittlung der von ihnen nach den §§ 70 bis 74a mitgeteilten Daten unverzüglich nach dem 30. September eines Jahres.

2 Der Standort von Anlagen mit einer installierten Leistung von höchstens 30 Kilowatt ist nur mit der Postleitzahl und dem Gemeindeschlüssel anzugeben. 3 Sie müssen die Angaben und den Bericht zum Ablauf des Folgejahres vorhalten. 4 § 73 Absatz 1 bleibt unberührt.

(2) Die Übertragungsnetzbetreiber müssen die Zahlungen nach § 57 Absatz 1 und die vermarkteten Strommengen nach § 59 sowie die Angaben nach § 72 Absatz 1 Nummer 1 Buchstabe c nach Maßgabe der Erneuerbare-Energien-Verordnung[1] auf einer gemeinsamen Internetseite in nicht personenbezogener Form veröffentlichen.

(3) Die Angaben und der Bericht müssen eine sachkundige dritte Person in die Lage versetzen, ohne weitere Informationen die Zahlungen und die kaufmännisch abgenommenen Energiemengen vollständig nachvollziehen zu können.

(4) 1 Angaben, die in dem Register im Internet veröffentlicht werden, müssen von den Netzbetreibern nicht veröffentlicht werden, wenn die Veröffentlichung nach Absatz 1 unter Angabe der eindeutigen Nummer des Registers erfolgt. 2 Spätestens ab 2018 müssen die verbleibenden anlagenbezogenen Angaben in Verbindung mit der Nummer des Registers veröffentlicht werden.

(5) Die nach den Absätzen 1 und 2 veröffentlichten Angaben dürfen zu kommerziellen und nichtkommerziellen Zwecken verwendet werden.

Abschnitt 2. Stromkennzeichnung und Doppelvermarktungsverbot

§ 78 Stromkennzeichnung entsprechend der EEG-Umlage. (1) 1 Elektrizitätsversorgungsunternehmen erhalten im Gegenzug zur Zahlung der EEG-Umlage nach § 60 Absatz 1 das Recht, Strom als „Erneuerbare Energien, finanziert aus der EEG-Umlage" zu kennzeichnen. 2 Satz 1 ist im Fall des § 60a entsprechend anzuwenden. 3 Die Eigenschaft des Stroms ist gegenüber Letztverbrauchern im Rahmen der Stromkennzeichnung nach Maßgabe der Absätze 2 bis 4 und des § 42 des Energiewirtschaftsgesetzes[2] auszuweisen.

(2) 1 Der nach Absatz 1 gegenüber ihren Letztverbrauchern ausgewiesene Anteil berechnet sich in Prozent, indem die EEG-Umlage, die das Elektrizitätsversorgungsunternehmen tatsächlich für die an ihre Letztverbraucher gelieferte Strommenge in einem Jahr gezahlt hat,
1. mit dem EEG-Quotienten nach Absatz 3 multipliziert wird,
2. danach durch die gesamte in diesem Jahr an ihre Letztverbraucher gelieferte Strommenge dividiert wird und
3. anschließend mit Hundert multipliziert wird.

---

[1] Nr. 41.
[2] Nr. 1.

[2]Der nach Absatz 1 ausgewiesene Anteil ist unmittelbarer Bestandteil der gelieferten Strommenge und kann nicht getrennt ausgewiesen oder weiter vermarktet werden.

(3) [1]Der EEG-Quotient ist das Verhältnis der Summe der Strommenge, für die in dem vergangenen Kalenderjahr eine Zahlung nach § 19 Absatz 1 Nummer 1 oder Nummer 2 erfolgte, zu den gesamten durch die Übertragungsnetzbetreiber erhaltenen Einnahmen aus der EEG-Umlage für die von den Elektrizitätsversorgungsunternehmen im vergangenen Kalenderjahr gelieferten Strommengen an Letztverbraucher. [2]Die Übertragungsnetzbetreiber veröffentlichen auf einer gemeinsamen Internetplattform in einheitlichem Format jährlich bis zum 31. Juli den EEG-Quotienten in nicht personenbezogener Form für das jeweils vorangegangene Kalenderjahr.

(4) Die Anteile der nach § 42 Absatz 1 Nummer 1 und Absatz 3 des Energiewirtschaftsgesetzes[1)] anzugebenden Energieträger sind mit Ausnahme des Anteils für „Strom aus erneuerbaren Energien, finanziert aus der EEG-Umlage" entsprechend anteilig für den jeweiligen Letztverbraucher um den nach Absatz 1 auszuweisenden Prozentsatz zu reduzieren.

(5) [1]Elektrizitätsversorgungsunternehmen weisen gegenüber Letztverbrauchern, deren Pflicht zur Zahlung der EEG-Umlage nach den §§ 63 bis 68 begrenzt ist, zusätzlich zu dem Gesamtenergieträgermix einen gesonderten, nach den Sätzen 3 und 4 zu berechnenden „Energieträgermix für nach dem Erneuerbare-Energien-Gesetz privilegierte Unternehmen" aus. [2]In diesem Energieträgermix sind die Anteile nach § 42 Absatz 1 Nummer 1 des Energiewirtschaftsgesetzes[1)] auszuweisen. [3]Der Anteil in Prozent für „Erneuerbare Energien, finanziert aus der EEG-Umlage" berechnet sich abweichend von Absatz 2, indem die EEG-Umlage, die der jeweilige Letztverbraucher tatsächlich für die in einem Jahr an ihn gelieferte Strommenge gezahlt hat,

1. mit dem EEG-Quotienten nach Absatz 3 multipliziert wird,
2. danach durch die gesamte an den jeweiligen Letztverbraucher gelieferte Strommenge dividiert wird und
3. anschließend mit Hundert multipliziert wird.

[4]Die Anteile der anderen nach § 42 Absatz 1 Nummer 1 des Energiewirtschaftsgesetzes[1)] anzugebenden Energieträger sind entsprechend anteilig für den jeweiligen Letztverbraucher um den nach Satz 3 berechneten Prozentsatz zu reduzieren.

(6) Für Eigenversorger, die nach § 61 die volle oder anteilige EEG-Umlage zahlen müssen, sind die Absätze 1 bis 5 mit der Maßgabe entsprechend anzuwenden, dass ihr eigener Strom anteilig als „Strom aus erneuerbaren Energien, finanziert aus der EEG-Umlage" anzusehen ist.

(7) [1]Im Fall der Belieferung von Letztverbrauchern mit Mieterstrom nach § 21 Absatz 3 sind die Absätze 1 bis 5 nur für den Teil des gelieferten Stroms anzuwenden, der nicht Mieterstrom nach § 21 Absatz 3 ist. [2]Der in einem Kalenderjahr verbrauchte Mieterstrom nach § 21 Absatz 3 ist zu Zwecken der Stromkennzeichnung auf die jeweiligen Mieterstromkunden nach dem Verhältnis ihrer Jahresverbräuche zu verteilen und den Mieterstromkunden ent-

---

[1)] Nr. **1**.

sprechend auszuweisen. [3] Mieterstrom nach § 21 Absatz 3 ist als „Mieterstrom, finanziert aus der EEG-Umlage" zu kennzeichnen.

§ 79 Herkunftsnachweise. (1) Das Umweltbundesamt

1. stellt Anlagenbetreibern auf Antrag Herkunftsnachweise für Strom aus erneuerbaren Energien aus, für den keine Zahlung nach § 19 oder § 50 in Anspruch genommen wird,
2. überträgt auf Antrag Herkunftsnachweise und
3. entwertet Herkunftsnachweise.

(2) [1] Ausstellung, Übertragung und Entwertung erfolgen elektronisch und nach Maßgabe der Erneuerbare-Energien-Verordnung[1)]. [2] Das Umweltbundesamt ergreift geeignete Maßnahmen, um die Herkunftsnachweise vor Missbrauch zu schützen.

(3) [1] Für Strom aus erneuerbaren Energien, der außerhalb des Bundesgebiets erzeugt worden ist, erkennt das Umweltbundesamt auf Antrag nach Maßgabe der Erneuerbare-Energien-Verordnung[1)] ausländische Herkunftsnachweise an. [2] Ausländische Herkunftsnachweise können nur anerkannt werden, wenn sie mindestens die Vorgaben des Artikels 15 Absatz 6 und 9 der Richtlinie 2009/28/EG erfüllen. [3] In diesem Umfang obliegt dem Umweltbundesamt auch der Verkehr mit den zuständigen Ministerien und Behörden anderer Mitgliedstaaten der Europäischen Union und von Drittstaaten sowie mit Organen der Europäischen Union. [4] Strom, für den ein Herkunftsnachweis nach Satz 1 anerkannt worden ist, gilt als Strom, der nach § 21a auf sonstige Weise direkt vermarktet wird.

(4) Das Umweltbundesamt betreibt eine elektronische Datenbank, in der die Ausstellung, Anerkennung, Übertragung und Entwertung von Herkunftsnachweisen registriert werden (Herkunftsnachweisregister)[2)].

(5) [1] Herkunftsnachweise werden jeweils für eine erzeugte und an Letztverbraucher gelieferte Strommenge von einer Megawattstunde ausgestellt. [2] Für jede erzeugte und an Letztverbraucher gelieferte Megawattstunde Strom wird nicht mehr als ein Herkunftsnachweis ausgestellt.

(6) Das Umweltbundesamt kann von Personen, die das Herkunftsnachweisregister nutzen, die Übermittlung insbesondere folgender Angaben an das Herkunftsnachweisregister verlangen:

1. Angaben zur Person und Kontaktdaten,
2. die Umsatzsteuer-Identifikationsnummer, sofern vorhanden,
3. den Standort, den Typ, die installierte Leistung, den Zeitpunkt der Inbetriebnahme und, sofern vorhanden, den EEG-Anlagenschlüssel der Anlage,
4. den Energieträger, aus dem der Strom erzeugt wird,
5. die Angabe, ob, in welcher Art und in welchem Umfang
   a) für die Anlage, in der der Strom erzeugt wurde, Investitionsbeihilfen geleistet wurden,

---

1) Nr. **41**.

2) Das Herkunftsnachweisregister (HKNR) beim Umweltbundesamt hat am 1.1.2013 seinen Betrieb aufgenommen. Anschrift: Wörlitzer Platz 1, 06844 Dessau-Roßlau, www.hknr.de.

b) der Anlagenbetreiber für die Strommenge eine Zahlung nach § 19 oder § 50 beansprucht hat, und

6. die Nummer der Messeinrichtung oder der Messstelle am Netzverknüpfungspunkt sowie die Bezeichnung und den Ort der Zählpunkte, über die der in der Anlage erzeugte Strom bei der Einspeisung in das Netz zähltechnisch erfasst wird.

(7) Herkunftsnachweise sind keine Finanzinstrumente im Sinn des § 1 Absatz 11 des Kreditwesengesetzes oder des § 2 Absatz 4 des Wertpapierhandelsgesetzes.

(8) In Bezug auf Verwaltungsakte des Umweltbundesamtes, die nach Maßgabe einer auf der Grundlage des § 92 erlassenen Rechtsverordnung ergehen, findet ein Vorverfahren nach § 68 der Verwaltungsgerichtsordnung nicht statt.

§ 79a Regionalnachweise. (1) Das Umweltbundesamt

1. stellt Anlagenbetreibern auf Antrag Regionalnachweise für nach § 20 direkt vermarkteten Strom aus erneuerbaren Energien aus,
2. überträgt auf Antrag Regionalnachweise und
3. entwertet Regionalnachweise.

(2) [1] Ausstellung, Übertragung und Entwertung erfolgen elektronisch und nach Maßgabe der Erneuerbare-Energien-Verordnung[1)]. [2] Das Umweltbundesamt ergreift geeignete Maßnahmen, um die Regionalnachweise vor Missbrauch zu schützen.

(3) Für Strom aus Anlagen außerhalb des Bundesgebiets, die einen Zuschlag in einer Ausschreibung nach § 5 Absatz 2 Satz 2 erhalten haben, kann das Umweltbundesamt Regionalnachweise nach Absatz 1 Nummer 1 ausstellen, sofern der Strom an einen Letztverbraucher im Bundesgebiet geliefert wird.

(4) [1] Das Umweltbundesamt richtet eine elektronische Datenbank ein, in der die Ausstellung, Übertragung und Entwertung von Regionalnachweisen registriert werden (Regionalnachweisregister). [2] Das Umweltbundesamt darf das Regionalnachweisregister gemeinsam mit dem Herkunftsnachweisregister in einer elektronischen Datenbank betreiben.[2)]

(5) [1] Regionalnachweise werden jeweils für eine erzeugte und an Letztverbraucher gelieferte Strommenge von einer Kilowattstunde ausgestellt. [2] Für jede erzeugte und an Letztverbraucher gelieferte Kilowattstunde Strom wird nicht mehr als ein Regionalnachweis ausgestellt. [3] Regionalnachweise dürfen nur entlang der vertraglichen Lieferkette des Stroms, für den sie ausgestellt worden sind, übertragen werden.

(6) [1] Das Umweltbundesamt entwertet auf Antrag einen Regionalnachweis, wenn er für Strom aus einer Anlage ausgestellt worden ist, die sich in der Region des belieferten Letztverbrauchers befindet. [2] Die Region des belieferten Letztverbrauchers umfasst alle Postleitzahlengebiete, die sich ganz oder teilweise im Umkreis von 50 Kilometern um das Postleitzahlengebiet befinden, in dem der Letztverbraucher den Strom verbraucht. [3] Das Umweltbundesamt bestimmt

---

[1)] Nr. **41**.

[2)] Das Umweltbundesamt hat das Regionalnachweisregister am 1.1.2019 in Betrieb genommen; vgl. Bek. v. 13.12.2018 (BAnz AT 27.12.2018 B1).

und veröffentlicht für jedes Postleitzahlengebiet, in dem Strom verbraucht wird, welche weiteren Postleitzahlengebiete zu der Region gehören. [4]Dabei soll das Umweltbundesamt abweichend von Satz 2 auch auf die gesamte Gemeinde, in der der Letztverbraucher den Strom verbraucht, abstellen, wenn die Gemeinde mehrere Postleitzahlengebiete umfasst.

(7) Ein Elektrizitätsversorgungsunternehmen meldet für jede Region, für die es Regionalnachweise nutzen will, an das Umweltbundesamt:

1. die Strommenge, die das Elektrizitätsversorgungsunternehmen an seine Letztverbraucher in dieser Region geliefert hat und nach § 78 in der Stromkennzeichnung als „Erneuerbare Energien, finanziert aus der EEG-Umlage" ausweisen muss, und
2. die Regionalnachweise, die es für diese Region entwerten lassen will.

(8) [1]In dem Umfang, in dem ein Elektrizitätsversorgungsunternehmen Regionalnachweise nach Absatz 7 Nummer 2 entwerten lässt, darf es in der Stromkennzeichnung nach § 42 des Energiewirtschaftsgesetzes[1)] gegenüber Letztverbrauchern ausweisen, zu welchen Anteilen der Strom, den das Unternehmen nach § 78 Absatz 1 als „Erneuerbare Energien, finanziert aus der EEG-Umlage" kennzeichnen muss, in regionalem Zusammenhang zum Stromverbrauch erzeugt worden ist. [2]Wenn ein Elektrizitätsversorgungsunternehmen mehr Regionalnachweise entwerten lässt, als es der Strommenge aus „Erneuerbaren Energien, finanziert aus der EEG-Umlage" entspricht, die es an Letztverbraucher in der betreffenden Region geliefert hat, kann es die darüber hinausgehenden Regionalnachweise nicht zur Stromkennzeichnung nutzen.

(9) [1]§ 79 Absatz 6 ist entsprechend anzuwenden. [2]In Ergänzung zu Satz 1 kann

1. das Umweltbundesamt von Personen, die das Regionalnachweisregister nutzen, Auskunft verlangen über die vertragliche Lieferkette für Strom, für den Regionalnachweise ausgestellt werden sollen, insbesondere über die an der Lieferkette beteiligten Personen und die betreffende Strommenge,
2. der Netzbetreiber vom Umweltbundesamt Auskunft verlangen, ob und in welchem Umfang einem Anlagenbetreiber Regionalnachweise ausgestellt worden sind.

(10) § 79 Absatz 7 ist entsprechend anzuwenden.

(11) In Bezug auf Verwaltungsakte des Umweltbundesamtes, die nach Maßgabe einer auf der Grundlage des § 92 erlassenen Rechtsverordnung ergehen, findet ein Vorverfahren nach § 68 der Verwaltungsgerichtsordnung nicht statt.

§ 80 Doppelvermarktungsverbot. (1) [1]Strom aus erneuerbaren Energien und aus Grubengas sowie in ein Gasnetz eingespeistes Deponie- oder Klärgas und Gas aus Biomasse dürfen nicht mehrfach verkauft, anderweitig überlassen oder entgegen § 56 an eine dritte Person veräußert werden. [2]Strom aus erneuerbaren Energien oder aus Grubengas darf insbesondere nicht in mehreren Veräußerungsformen nach § 21b Absatz 1 oder mehrfach in derselben Form nach § 21b Absatz 1 veräußert werden. [3]Solange Anlagenbetreiber Strom aus ihrer Anlage in einer Veräußerungsform nach § 21b Absatz 1 veräußern, bestehen keine Ansprüche aus einer anderen Veräußerungsform nach § 21b

---

[1)] Nr. **1**.

Absatz 1. [4]Die Vermarktung als Regelenergie ist im Rahmen der Direktvermarktung nicht als mehrfacher Verkauf oder anderweitige Überlassung von Strom anzusehen.

(2) [1]Anlagenbetreiber, die eine Zahlung nach § 19 oder § 50 für Strom aus erneuerbaren Energien oder aus Grubengas erhalten, dürfen Herkunftsnachweise oder sonstige Nachweise, die die Herkunft des Stroms belegen, für diesen Strom nicht weitergeben. [2]Gibt ein Anlagenbetreiber einen Herkunftsnachweis oder sonstigen Nachweis, der die Herkunft des Stroms belegt, für Strom aus erneuerbaren Energien oder aus Grubengas weiter, darf für diesen Strom keine Zahlung nach § 19 oder § 50 in Anspruch genommen werden. [3]Die Sätze 1 und 2 sind nicht auf Regionalnachweise nach § 79a anzuwenden.

(3) Solange im Rahmen einer gemeinsamen Projektumsetzung nach dem Projekt-Mechanismen-Gesetz[1)] für die Emissionsminderungen der Anlage Emissionsreduktionseinheiten erzeugt werden können, darf für den Strom aus der betreffenden Anlage der Anspruch nach § 19 nicht geltend gemacht werden.

§ 80a Kumulierung. [1]Investitionszuschüsse durch den Bund, das Land oder ein Kreditinstitut, an dem der Bund oder das Land beteiligt sind, dürfen neben einer Zahlung nach diesem Gesetz nur gewährt werden, soweit die kumulierten Zahlungen zuzüglich der Erlöse aus der Veräußerung der in der Anlage erzeugten Energie die Erzeugungskosten dieser Energie nicht überschreiten. [2]Satz 1 ist im Rahmen des § 61c Absatz 1 und 2 entsprechend mit der Maßgabe anzuwenden, dass neben den direkten Zahlungen auch die vermiedenen Kosten zu berücksichtigen sind.

Teil 6. Rechtsschutz und behördliches Verfahren

§ 81 Clearingstelle. (1) [1]Zu diesem Gesetz wird eine Clearingstelle eingerichtet.[2)] [2]Der Betrieb erfolgt im Auftrag des Bundesministeriums für Wirtschaft und Energie durch eine juristische Person des Privatrechts.

(2) Die Clearingstelle ist zuständig für Fragen und Streitigkeiten

1. zur Anwendung der §§ 3, 7 bis 55a, 70, 71, 80, 100 und 101 sowie der hierzu auf Grund dieses Gesetzes erlassenen Rechtsverordnungen,
2. zur Anwendung der Bestimmungen, die den in Nummer 1 genannten Bestimmungen in einer vor dem 1. August 2014 geltenden Fassung dieses Gesetzes entsprochen haben,
3. zur Anwendung der §§ 61 bis 61l, soweit Anlagen betroffen sind, und
4. zur Messung des für den Betrieb einer Anlage gelieferten oder verbrauchten oder von einer Anlage erzeugten Stroms, auch für Fragen und Streitigkeiten nach dem Messstellenbetriebsgesetz[3)], soweit nicht die Zuständigkeit des Bundesamts für Sicherheit in der Informationstechnik oder der Bundesnetzagentur gegeben ist.

[1)] Nr. **56**.

[2)] Die Clearingstelle EEG hat am 15.10.2007 ihre Arbeit aufgenommen. Anschrift: Charlottenstraße 65, 10117 Berlin, www.clearingstelle-eeg.de.

[3)] Nr. **27**.

(3) [1] Die Aufgaben der Clearingstelle sind:

1. die Vermeidung von Streitigkeiten und
2. die Beilegung von Streitigkeiten.

[2] Bei der Wahrnehmung dieser Aufgaben müssen die Regelungen zum Schutz personenbezogener Daten und zum Schutz von Betriebs- oder Geschäftsgeheimnissen sowie Entscheidungen der Bundesnetzagentur nach § 85 beachtet werden. [3] Ferner sollen die Grundsätze der Richtlinie 2013/11/EU des Europäischen Parlaments und des Rates vom 21. Mai 2013 über die alternative Beilegung verbraucherrechtlicher Streitigkeiten und zur Änderung der Verordnung (EG) Nr. 2006/2004 und der Richtlinie 2009/22/EG (ABl. L 165 vom 18.6.2013, S. 63) in entsprechender Anwendung berücksichtigt werden.

(4) [1] Die Clearingstelle kann zur Vermeidung oder Beilegung von Streitigkeiten zwischen Verfahrensparteien

1. Verfahren zwischen den Verfahrensparteien auf ihren gemeinsamen Antrag durchführen; § 204 Absatz 1 Nummer 11 des Bürgerlichen Gesetzbuchs ist entsprechend anzuwenden; die Verfahren können auch als schiedsgerichtliches Verfahren im Sinne des Zehnten Buches der Zivilprozessordnung durchgeführt werden, wenn die Parteien eine Schiedsvereinbarung getroffen haben, oder
2. Stellungnahmen für ordentliche Gerichte, bei denen diese Streitigkeiten rechtshängig sind, auf deren Ersuchen abgeben.

[2] Soweit eine Streitigkeit auch andere als die in Absatz 2 genannten Regelungen betrifft, kann die Clearingstelle auf Antrag der Verfahrensparteien die Streitigkeit umfassend vermeiden oder beilegen, wenn vorrangig eine Streitigkeit nach Absatz 2 zu vermeiden oder beizulegen ist; insbesondere kann die Clearingstelle Streitigkeiten über Zahlungsansprüche zwischen den Verfahrensparteien umfassend beilegen. [3] Verfahrensparteien können Anlagenbetreiber, Direktvermarktungsunternehmer, Netzbetreiber und Messstellenbetreiber sein. [4] Ihr Recht, die ordentlichen Gerichte anzurufen, bleibt vorbehaltlich der Regelungen des Zehnten Buches der Zivilprozessordnung unberührt.

(5) [1] Die Clearingstelle kann zur Vermeidung von Streitigkeiten ferner Verfahren zur Klärung von Fragen über den Einzelfall hinaus durchführen, sofern dies mindestens ein Anlagenbetreiber, ein Direktvermarktungsunternehmer, ein Netzbetreiber, ein Messstellenbetreiber oder ein Verband beantragt und ein öffentliches Interesse an der Klärung dieser Fragen besteht. [2] Verbände, deren satzungsgemäßer Aufgabenbereich von der Frage betroffen ist, sind zu beteiligen.

(6) [1] Die Wahrnehmung der Aufgaben nach den Absätzen 3 bis 5 erfolgt nach Maßgabe der Verfahrensordnung, die sich die Clearingstelle selbst gibt. [2] Die Verfahrensordnung muss auch Regelungen dazu enthalten, wie ein schiedsgerichtliches Verfahren durch die Clearingstelle durchgeführt wird. [3] Erlass und Änderungen der Verfahrensordnung bedürfen der vorherigen Zustimmung des Bundesministeriums für Wirtschaft und Energie. [4] Die Wahrnehmung der Aufgaben nach den Absätzen 3 bis 5 steht jeweils unter dem Vorbehalt der vorherigen Zustimmung der Verfahrensparteien zu der Verfahrensordnung.

(7) [1] Die Clearingstelle muss die Aufgaben nach den Absätzen 3 bis 5 vorrangig und beschleunigt durchführen. [2] Sie kann den Verfahrensparteien Fristen

setzen und Verfahren bei nicht ausreichender Mitwirkung der Verfahrensparteien einstellen.

(8) [1]Die Wahrnehmung der Aufgaben nach den Absätzen 3 bis 5 ist keine Rechtsdienstleistung im Sinne des § 2 Absatz 1 des Rechtsdienstleistungsgesetzes. [2]Eine Haftung der Betreiberin der Clearingstelle für Vermögensschäden, die aus der Wahrnehmung der Aufgaben entstehen, wird ausgeschlossen; dies gilt nicht für Vorsatz.

(9) Die Clearingstelle muss jährlich einen Tätigkeitsbericht über die Wahrnehmung der Aufgaben nach den Absätzen 3 bis 5 auf ihrer Internetseite in nicht personenbezogener Form veröffentlichen.

(10) [1]Die Clearingstelle kann nach Maßgabe ihrer Verfahrensordnung Entgelte zur Deckung des Aufwands für Handlungen nach Absatz 4 von den Verfahrensparteien erheben. [2]Verfahren nach Absatz 5 sind unentgeltlich durchzuführen. [3]Für sonstige Handlungen, die im Zusammenhang mit den Aufgaben nach den Absätzen 3 bis 5 stehen, kann die Clearingstelle zur Deckung des Aufwands Entgelte erheben.

§ 82 Verbraucherschutz. Die §§ 8 bis 14 des Gesetzes gegen den unlauteren Wettbewerb gelten für Verstöße gegen die §§ 19 bis 55a entsprechend.

§ 83 Einstweiliger Rechtsschutz. (1) Auf Antrag des Anlagenbetreibers kann das für die Hauptsache zuständige Gericht bereits vor Errichtung der Anlage unter Berücksichtigung der Umstände des Einzelfalles durch einstweilige Verfügung regeln, dass der Schuldner der in den §§ 8, 11, 12, 19 und 50 bezeichneten Ansprüche Auskunft erteilen, die Anlage vorläufig anschließen, sein Netz unverzüglich optimieren, verstärken oder ausbauen, den Strom abnehmen und einen als billig und gerecht zu erachtenden Betrag als Abschlagszahlung auf den Anspruch nach § 19 Absatz 1 oder § 50 leisten muss.

(2) Die einstweilige Verfügung kann erlassen werden, auch wenn die in den §§ 935 und 940 der Zivilprozessordnung bezeichneten Voraussetzungen nicht vorliegen.

§ 83a Rechtsschutz bei Ausschreibungen. (1) [1]Gerichtliche Rechtsbehelfe, die sich unmittelbar gegen eine Ausschreibung oder unmittelbar gegen einen erteilten Zuschlag richten, sind nur mit dem Ziel zulässig, die Bundesnetzagentur zur Erteilung eines Zuschlags zu verpflichten. [2]Rechtsbehelfe nach Satz 1 sind begründet, soweit der Beschwerdeführer im Zuschlagsverfahren nach § 32 ohne den Rechtsverstoß einen Zuschlag erhalten hätte. [3]Die Bundesnetzagentur erteilt bei einem Rechtsbehelf nach Satz 1 über das nach diesem Gesetz bestimmte Ausschreibungsvolumen hinaus einen entsprechenden Zuschlag, soweit das Begehren des Rechtsbehelfsführers Erfolg hat und sobald die gerichtliche Entscheidung formell rechtskräftig ist. [4]Im Übrigen bleibt der gerichtliche Rechtsschutz unberührt.

(2) [1]Die Erteilung eines Zuschlags oder die Ausstellung einer Zahlungsberechtigung haben unabhängig von einem Rechtsschutzverfahren Dritter nach Absatz 1 Bestand. [2]Die Anfechtung eines Zuschlags oder einer Zahlungsberechtigung durch Dritte ist nicht zulässig.

§ 84 Nutzung von Seewasserstraßen. Solange Anlagenbetreiber eine Zahlung nach § 19 erhalten, können sie die deutsche ausschließliche Wirtschaftszone oder das Küstenmeer unentgeltlich für den Betrieb der Anlagen nutzen.

§ 85 Aufgaben der Bundesnetzagentur. (1) Die Bundesnetzagentur hat vorbehaltlich weiterer Aufgaben, die ihr durch Rechtsverordnung aufgrund dieses Gesetzes übertragen werden, die Aufgaben,

1. die Ausschreibungen nach den §§ 28 bis 39h durchzuführen,
2. sicherzustellen, dass die Transparenzpflichten mit Blick auf Zahlungen an Anlagen erfüllt werden,
3. zu überwachen, dass
   [bis 30.9.2021:]
   a) die Netzbetreiber nur Anlagen nach § 14 regeln, zur deren Regelung sie berechtigt sind,
   b) die Übertragungsnetzbetreiber den nach § 19 Absatz 1 und § 57 vergüteten Strom nach § 59 vermarkten, die Vorgaben der Erneuerbare-Energien-Verordnung einhalten, die EEG-Umlage ordnungsgemäß ermitteln, festlegen, veröffentlichen, erheben und vereinnahmen, die Netzbetreiber die EEG-Umlage ordnungsgemäß erheben und weiterleiten und dass nur die Zahlungen nach den §§ 19 bis 55a geleistet werden und hierbei die Saldierung nach § 57 Absatz 4 berücksichtigt worden ist,
   c) die Daten nach den §§ 70 bis 76 übermittelt und nach § 77 veröffentlicht werden,
   d) die Kennzeichnung des Stroms nach Maßgabe des § 78 erfolgt.
   [ab 1.10.2021:]
   a) die Übertragungsnetzbetreiber den nach § 19 Absatz 1 und § 57 vergüteten oder den nach § 13a Absatz 1a des Energiewirtschaftsgesetzes[1] bilanziell ausgeglichenen Strom nach § 59 vermarkten, die Vorgaben der Erneuerbare-Energien-Verordnung einhalten, die EEG-Umlage ordnungsgemäß ermitteln, festlegen, veröffentlichen, erheben und vereinnahmen, die Netzbetreiber die EEG-Umlage ordnungsgemäß erheben und weiterleiten und dass nur die Zahlungen nach den §§ 19 bis 55a geleistet werden und hierbei die Saldierung nach § 57 Absatz 4 berücksichtigt worden ist,
   b) die Daten nach den §§ 70 bis 76 übermittelt und nach § 77 veröffentlicht werden,
   c) die Kennzeichnung des Stroms nach Maßgabe des § 78 erfolgt.

(2) Die Bundesnetzagentur kann unter Berücksichtigung des Zwecks und Ziels nach § 1 Festlegungen nach § 29 Absatz 1 des Energiewirtschaftsgesetzes[1] treffen

1. zu den technischen Einrichtungen nach § 9 Absatz 1 und 2, insbesondere zu den Datenformaten,

1a. zu § 9 Absatz 8, insbesondere zur Verlängerung der Umsetzungsfrist in § 9 Absatz 8, wenn nicht innerhalb der Frist nach § 9 Absatz 8 Satz 3 technische Einrichtungen nach § 9 Absatz 8 in einem ausreichenden Umfang am Markt angeboten werden,

---

[1] Nr. 1.

[Nr. 2 bis 30.9.2021:]
2. im Anwendungsbereich des § 14 dazu,
   a) in welcher Reihenfolge die verschiedenen von einer Maßnahme nach § 14 betroffenen Anlagen und KWK-Anlagen geregelt werden,
   b) nach welchen Kriterien der Netzbetreiber über diese Reihenfolge entscheiden muss,
   c) welche Stromerzeugungsanlagen nach § 14 Absatz 1 Satz 1 Nummer 2 auch bei Anwendung des Einspeisemanagements am Netz bleiben müssen, um die Sicherheit und Zuverlässigkeit des Elektrizitätsversorgungssystems zu gewährleisten,
   d) in welchen Verfahren, Fristen und welcher Form die Unterrichtungen der Betroffenen durch die Netzbetreiber nach § 14 Absatz 2 und 3 vorzunehmen sind,

[Nr. 2 ab 1.10.2021:]
2. *(aufgehoben)*
3. zur Abwicklung von Zuordnungen und Wechseln nach den §§ 21b und 21c, insbesondere zu Verfahren, Fristen und Datenformaten,
4. abweichend von § 30 zu Anforderungen an die Gebote und die Bieter, um die Ernsthaftigkeit und Verbindlichkeit der Gebote zu gewährleisten, sowie abweichend von § 37 Absatz 2 Satz 2 Nummer 1 dazu, dass als Nachweis nur ein beschlossener Bebauungsplan anerkannt wird,
5. zu den Voraussetzungen der Befreiung von Stromspeichern von einer Doppelbelastung mit der EEG-Umlage nach § 61l Absatz 1 und 1a und zu den insoweit nach § 61l Absatz 1b zu erfüllenden Anforderungen, insbesondere
   a) zu den technischen Anforderungen an Stromspeicher, die unter die Privilegierung des § 61l Absatz 1 fallen,
   b) zu dem Nachweis der Zahlung der EEG-Umlage nach § 61l Absatz 1 Satz 1,
   c) zu dem Nachweis der Netzeinspeisung nach § 61l Absatz 1 Satz 2,
   d) zu von § 61l Absatz 1a Satz 2 abweichenden Saldierungsperioden,
   e) auch abweichend von § 61l Absatz 1a Satz 3 zu Höchstgrenzen für privilegierte Strommengen,
   f) zu den Anforderungen an eine nachvollziehbare Abrechnung nach § 61l Absatz 1b Satz 1 Nummer 1 und
   g) weitere Anforderungen im Fall, dass der Speicher Strom von mehreren Personen bezieht oder an mehrere Personen liefert einschließlich der Nachweisführung,
6. zu Nachweisen, die der Bieter erbringen muss, um zu belegen, dass die Fläche, auf der die Freiflächenanlage nach § 37 Absatz 1 Nummer 3 Buchstabe h geplant und nach § 38a Absatz 1 Nummer 3 errichtet worden ist, tatsächlich zum Zeitpunkt des Beschlusses über die Aufstellung oder Änderung des Bebauungsplans als Ackerland genutzt worden ist,
7. zusätzlich zu den Ausschlussgründen nach § 33 Absatz 2 einen Ausschlussgrund für Gebote auf Standorten vorzusehen, soweit ein Gebot für diesen Standort in einer vorangegangenen Ausschreibung einen Zuschlag erhalten hat und der Zuschlag erloschen ist,

8. zu Angaben, die zusätzlich mit dem Antrag des Bieters auf Ausstellung der Zahlungsberechtigung der Bundesnetzagentur übermittelt werden müssen,
9. zu Anforderungen an Nachweise, die der Netzbetreiber nach § 30, § 36, § 37, § 38, § 38a oder § 39 vom Anlagenbetreiber zum Nachweis des Vorliegens der Anspruchsvoraussetzungen verlangen muss,
10. abweichend von § 3 Nummer 51 zur Ermittlung des Zuschlagswerts, insbesondere zu einer Umstellung auf ein Einheitspreisverfahren,
11. abweichend von § 37a und § 55 Absatz 3 die Zweitsicherheit und Pönale auf bis 100 Euro pro Kilowatt der Gebotsmenge zu erhöhen,
12. abweichend von § 37d Absatz 2 Nummer 2 die Frist zur Beantragung der Zahlungsberechtigung auf bis zu 12 Monate zu verkürzen, sofern als Nachweis von der Festlegungskompetenz nach Nummer 4 Gebrauch gemacht wurde,
13. zum Nachweis der Fernsteuerbarkeit nach § 20 Absatz 2, insbesondere zu Verfahren, Fristen und Datenformaten, und
14. zur Berücksichtigung von Strom aus solarer Strahlungsenergie, der selbst verbraucht wird, bei den Veröffentlichungspflichten nach § 73 und bei der Berechnung des Monatsmarktwerts von Strom aus solarer Strahlungsenergie nach Anlage 1 Nummer 2.2.4 zu diesem Gesetz, jeweils insbesondere zu Berechnung oder Abschätzung der Strommengen.

(3) [1] Für die Wahrnehmung der Aufgaben der Bundesnetzagentur nach diesem Gesetz und den auf Grund dieses Gesetzes ergangenen Rechtsverordnungen sind die Bestimmungen des Teils 8 des Energiewirtschaftsgesetzes[1)] mit Ausnahme des § 69 Absatz 1 Satz 2 und Absatz 10, der §§ 91 und 95 bis 101 sowie des Abschnitts 6 entsprechend anzuwenden. [2] Die Befugnisse nach Satz 1 gelten gegenüber Personen, die keine Unternehmen sind, entsprechend.

(4) [1] Die Entscheidungen der Bundesnetzagentur nach Absatz 3 werden von den Beschlusskammern getroffen. [2] Satz 1 gilt nicht für Entscheidungen im Zusammenhang mit der Ermittlung des Anspruchsberechtigten und des anzulegenden Werts durch Ausschreibungen nach § 22 und zu Festlegungen zu den Höchstwerten nach § 85a und den Rechtsverordnungen auf Grund der §§ 88 bis 88d. [3] § 59 Absatz 1 Satz 2 und 3, Absatz 2 und 3 sowie § 60 des Energiewirtschaftsgesetzes[1)] sind entsprechend anzuwenden.

(5) Ändert sich die Strombörse nach § 3 Nummer 43a zum 1. Januar eines Kalenderjahres, macht die Bundesnetzagentur diese Änderung bis zum 31. Oktober des vorangegangenen Kalenderjahres auf ihrer Internetseite bekannt.

§ 85a Festlegung zu den Höchstwerten bei Ausschreibungen. (1) [1] Die Bundesnetzagentur kann zum 1. Dezember eines Jahres durch Festlegung nach § 29 des Energiewirtschaftsgesetzes[1)] den Höchstwert nach § 36b, § 37b oder § 39b für die Ausschreibungen mit einem Gebotstermin in dem jeweils darauffolgenden Kalenderjahr neu bestimmen, wenn sich bei den letzten drei vor Einleitung des Festlegungsverfahrens durchgeführten Ausschreibungen gemeinsam oder jeweils für sich betrachtet Anhaltspunkte dafür ergeben haben, dass der Höchstwert unter Berücksichtigung der §§ 1 und 2 Absatz 4 zu hoch oder

---

[1)] Nr. **1**.

zu niedrig ist. [2]Dabei darf der neue Höchstwert um nicht mehr als 10 Prozent von dem zum Zeitpunkt der Neufestlegung geltenden Höchstwert abweichen.

(2) [1]Ein Höchstwert soll nach Absatz 1 gesenkt werden, wenn die durchschnittlichen Erzeugungskosten deutlich unter dem Höchstwert liegen. [2]Ein Höchstwert soll nach Absatz 1 erhöht werden, wenn in den letzten drei Ausschreibungen mit den zulässigen Geboten das Ausschreibungsvolumen nicht gedeckt werden konnte und die durchschnittlichen Erzeugungskosten über dem Höchstwert liegen. [3]Sofern das Ausschreibungsvolumen für Solaranlagen in einem Ausschreibungstermin nicht gedeckt werden konnte, soll der Höchstwert für den nachfolgenden Ausschreibungstermin erhöht werden.

(3) [1]Die Bundesnetzagentur soll vor ihrer Entscheidung nach Absatz 1 von einer Einholung von Stellungnahmen nach § 67 Absatz 2 des Energiewirtschaftsgesetzes[1)] absehen; eine mündliche Verhandlung findet nicht statt. [2]Die Bundesnetzagentur macht Entscheidungen nach Absatz 1 unter Angabe der tragenden Gründe in ihrem Amtsblatt und auf ihrer Internetseite öffentlich bekannt.

§ 85b Auskunftsrecht und Datenübermittlung. (1) Die Bundesnetzagentur ist bei Vorliegen von Anhaltspunkten für Falschangaben eines Bieters in einem Ausschreibungsverfahren und zum Zweck von Stichprobenkontrollen der Richtigkeit der Angaben von Bietern in einem Ausschreibungsverfahren berechtigt, von den für das immissionsschutzrechtliche Genehmigungsverfahren zuständigen Behörden unter den im Gebot angegebenen Aktenzeichen Auskünfte darüber zu verlangen,

1. ob und zu welchem Zeitpunkt unter dem Aktenzeichen eine Genehmigung erteilt worden ist und wer Genehmigungsinhaber ist,
2. auf welchen Standort, welche Anlagenzahl und welche installierte Leistung sich die Genehmigung bezieht,
3. welche Fristen nach § 18 Absatz 1 Nummer 1 des Bundes-Immissionsschutzgesetzes für den Beginn von Errichtung oder Betrieb der Anlagen gesetzt und ob diese nachträglich verlängert worden sind,
4. ob die Genehmigung ganz oder teilweise bestandskräftig geworden ist oder ob gegen diese oder Teile dieser Genehmigung Rechtsbehelfe Dritter anhängig sind,
5. ob und inwieweit hinsichtlich der jeweiligen Genehmigung durch die zuständige Behörde oder die zuständigen Gerichte die sofortige Vollziehung angeordnet worden ist und ob und inwieweit die zuständigen Gerichte eine Anordnung der sofortigen Vollziehung bestätigt oder aufgehoben haben und
6. wann die Genehmigung ausläuft und die Anlage zurückgebaut werden muss.

(2) [1]Die für das immissionsschutzrechtliche Genehmigungsverfahren zuständigen Behörden sind zur Erteilung der Auskünfte im Sinn des Absatzes 1 verpflichtet. [2]Die nach § 28 des Umweltauditgesetzes mit den Aufgaben der Zulassungsstelle für Umweltgutachter beliehene Stelle darf dem Netzbetreiber, dem Anlagenbetreiber und der Bundesnetzagentur Informationen über Zulassungs- oder Aufsichtsmaßnahmen, die sie gegenüber einem Umweltgutachter

---

[1)] Nr. 1.

ergriffen hat und die sich auf die Eignung erstatteter Gutachten, Bestätigungen oder Bescheinigungen nach diesem Gesetz auswirken können, übermitteln.

§ 86 Bußgeldvorschriften. (1) Ordnungswidrig handelt, wer vorsätzlich oder fahrlässig

1. entgegen § 80 Absatz 1 Satz 1 Strom oder Gas verkauft, überlässt oder veräußert,

1a. die Stromsteuerbefreiung entgegen § 71 Nummer 2 Buchstabe a nicht bis zum Ende eines Kalenderjahres für das vorangegangene Kalenderjahr mitteilt oder eine falsche Mitteilung abgibt.

2. einer vollziehbaren Anordnung nach § 69 Satz 2 zuwiderhandelt,

3. einer vollziehbaren Anordnung nach § 85 Absatz 3 in Verbindung mit § 65 Absatz 1 oder Absatz 2 oder § 69 Absatz 7 Satz 1 oder Absatz 8 Satz 1 des Energiewirtschaftsgesetzes[1] zuwiderhandelt oder

4. einer Rechtsverordnung
   a) nach § 90 Nummer 3,
   b) nach § 92 Nummer 1,
   c) nach § 92 Nummer 3 oder Nummer 4,
   d) nach § 93 Nummer 1, 4 oder Nummer 9

   oder einer vollziehbaren Anordnung auf Grund einer solchen Rechtsverordnung zuwiderhandelt, soweit die Rechtsverordnung für einen bestimmten Tatbestand auf diese Bußgeldvorschrift verweist.

(2) Die Ordnungswidrigkeit kann in den Fällen des Absatzes 1 Nummer 4 Buchstabe a, c und d mit einer Geldbuße bis zu fünfzigtausend Euro und in den übrigen Fällen mit einer Geldbuße bis zu zweihunderttausend Euro geahndet werden.

(3) Verwaltungsbehörde im Sinne des § 36 Absatz 1 Nummer 1 des Gesetzes über Ordnungswidrigkeiten ist

1. die Bundesnetzagentur in den Fällen des Absatzes 1 Nummer 1, 1a, 3 oder Nummer 4 Buchstabe d,
2. das Bundesamt für Wirtschaft und Ausfuhrkontrolle in den Fällen des Absatzes 1 Nummer 2,
3. die Bundesanstalt für Landwirtschaft und Ernährung in den Fällen des Absatzes 1 Nummer 4 Buchstabe a und
4. das Umweltbundesamt in den Fällen des Absatzes 1 Nummer 4 Buchstabe b oder Buchstabe c.

§ 87 Gebühren und Auslagen. (1) [1] Für Amtshandlungen nach diesem Gesetz und den auf diesem Gesetz beruhenden Rechtsverordnungen sowie für die Nutzung des Herkunftsnachweisregisters, des Regionalnachweisregisters und des Anlagenregisters werden Gebühren und Auslagen erhoben; hierbei kann auch der Verwaltungsaufwand berücksichtigt werden, der jeweils bei der Fachaufsichtsbehörde entsteht. [2] Hinsichtlich der Gebührenerhebung für Amtshandlungen nach Satz 1 ist das Verwaltungskostengesetz vom 23. Juni 1970 (BGBl. I

---

[1] Nr. 1.

S. 821) in der am 14. August 2013 geltenden Fassung anzuwenden. [3] Für die Nutzung des Herkunftsnachweisregisters, des Regionalnachweisregisters und des Anlagenregisters sind die Bestimmungen der Abschnitte 2 und 3 des Verwaltungskostengesetzes in der am 14. August 2013 geltenden Fassung entsprechend anzuwenden.

(2) [1] Die gebührenpflichtigen Tatbestände und die Gebührensätze sind durch Rechtsverordnung[1)] ohne Zustimmung des Bundesrates zu bestimmen. [2] Dabei können feste Sätze, auch in Form von Zeitgebühren, oder Rahmensätze vorgesehen und die Erstattung von Auslagen auch abweichend vom Verwaltungskostengesetz geregelt werden. [3] Zum Erlass der Rechtsverordnungen ist das Bundesministerium für Wirtschaft und Energie ermächtigt. [4] Es kann diese Ermächtigung durch Rechtsverordnung ohne Zustimmung des Bundesrates auf eine Bundesoberbehörde übertragen, soweit diese Aufgaben auf Grund dieses Gesetzes oder einer Rechtsverordnung nach den §§ 88, 90, 92 oder § 93 wahrnimmt. [5] Abweichend von Satz 3 ist das Bundesministerium für Ernährung und Landwirtschaft im Einvernehmen mit dem Bundesministerium der Finanzen, dem Bundesministerium für Wirtschaft und Energie und dem Bundesministerium für Umwelt, Naturschutz, Bau und Reaktorsicherheit zum Erlass der Rechtsverordnung für Amtshandlungen der Bundesanstalt für Landwirtschaft und Ernährung im Zusammenhang mit der Anerkennung von Systemen oder mit der Anerkennung und Überwachung einer unabhängigen Kontrollstelle nach der Biomassestrom-Nachhaltigkeitsverordnung ermächtigt.

Teil 7. Verordnungsermächtigungen, Berichte, Übergangsbestimmungen

Abschnitt 1. Verordnungsermächtigungen

§ 88 Verordnungsermächtigung zu Ausschreibungen für Biomasse.

Die Bundesregierung wird ermächtigt, durch Rechtsverordnung[2)] ohne Zustimmung des Bundesrates abweichend von den §§ 3, 22, 24, 25, 27a bis 30, 39 bis 39h, 44b, 44c, 50, 50a, 52 und 55 für Biomasseanlagen Regelungen vorzusehen

1. zu Verfahren und Inhalt der Ausschreibungen, insbesondere
   a) zu der Aufteilung des Ausschreibungsvolumens in Teilmengen und dem Ausschluss einzelner Teilsegmente von der Ausschreibung, wobei insbesondere unterschieden werden kann
      aa) nach dem Inbetriebnahmedatum der Anlagen oder
      bb) zwischen fester und gasförmiger Biomasse,
   b) zu der Bestimmung von Mindest- und Höchstgrößen von Teillosen,

---

[1)] Siehe die Biomassestrom- sowie Biokraftstoff-NachhaltigkeitsgebührenVO v. 7.2.2012 (BGBl. I S. 265), die Herkunfts- und Regionalnachweis-GebührenVO v. 17.12.2012 (BGBl. I S. 2703), zuletzt geänd. durch VO v. 8.11.2018 (BGBl. I S. 1853), die Besondere-Ausgleichsregelung-GebührenVO v. 5.3.2013 (BGBl. I S. 448), zuletzt geänd. durch VO v. 17.12.2018 (BGBl. I S. 2500), und die AusschreibungsgebührenVO v. 6.2.2015 (BGBl. I S. 108, 120), zuletzt geänd. durch VO v. 5.3.2018 (BGBl. I S. 224).

[2)] Siehe die Grenzüberschreitende-Erneuerbare-Energien-VO (Nr. **43**).

c) zu der Festlegung von Höchstwerten für den Anspruch nach § 19 Absatz 1 oder § 50,

d) zu der Preisbildung und dem Ablauf der Ausschreibungen,

2. zu weiteren Voraussetzungen, insbesondere

a) die Bemessungsleistung oder die installierte Leistung der Anlage zu begrenzen und eine Verringerung oder einen Wegfall der finanziellen Förderung vorzusehen, wenn die Grenze überschritten wird,

b) die Zusammenfassung von Anlagen abweichend von § 24 Absatz 1 zu regeln,

c) Anforderungen und Zahlungsansprüche festzulegen oder auszuschließen, die auch abweichend von den §§ 39h, 44b und 50a der Flexibilisierung der Anlagen dienen,

d) abweichend von § 27a zu regeln, ob und in welchem Umfang der erzeugte Strom vom Anlagenbetreiber selbst verbraucht werden darf und ob und in welchem Umfang selbst erzeugter Strom und verbrauchter Strom bei der Ermittlung der Bemessungsleistung angerechnet werden kann,

e) abweichende Regelungen zu treffen zu

aa) dem Anlagenbegriff nach § 3 Nummer 1,

bb) dem Inbetriebnahmebegriff nach § 3 Nummer 30,

cc) Beginn und Dauer des Anspruchs nach § 19 Absatz 1 und

dd) der Höchstbemessungsleistung nach § 101 Absatz 1,

f) den Übergangszeitraum nach der Zuschlagserteilung nach § 39f Absatz 2 zu bestimmen,

3. zu den Anforderungen für die Teilnahme an den Ausschreibungen, insbesondere

a) Mindestanforderungen an die Eignung der Teilnehmer zu stellen,

b) Anforderungen an den Planungs- und Genehmigungsstand der Projekte zu stellen,

c) Anforderungen zu der Art, der Form und dem Inhalt von Sicherheiten zu stellen, die von allen Teilnehmern an Ausschreibungen oder nur im Fall der Zuschlagserteilung zu leisten sind, um eine Inbetriebnahme und den Betrieb der Anlage sicherzustellen, und die entsprechenden Regelungen zur teilweisen oder vollständigen Zurückzahlung dieser Sicherheiten,

d) festzulegen, wie Teilnehmer an den Ausschreibungen die Einhaltung der Anforderungen nach den Buchstaben a bis c nachweisen müssen,

4. zu der Art, der Form und dem Inhalt der Zuschlagserteilung im Rahmen einer Ausschreibung und zu den Kriterien für die Zuschlagserteilung,

5. zu Anforderungen, die den Betrieb der Anlagen sicherstellen sollen, insbesondere wenn eine Anlage nicht oder verspätet in Betrieb genommen worden ist oder nicht in einem ausreichenden Umfang betrieben wird,

a) eine Untergrenze für die Bemessungsleistung festzulegen,

b) eine Verringerung oder einen Wegfall der finanziellen Förderung vorzusehen, wenn die Untergrenze nach Buchstabe a unterschritten wird,

c) eine Pflicht zu einer Geldzahlung vorzusehen und deren Höhe und die Voraussetzungen für die Zahlungspflicht zu regeln,

d) Kriterien für einen Ausschluss von Bietern bei künftigen Ausschreibungen zu regeln und

e) die Möglichkeit vorzusehen, die im Rahmen der Ausschreibungen vergebenen Zuschläge nach Ablauf einer bestimmten Frist zu entziehen oder zu ändern und danach erneut zu vergeben, oder die Dauer oder Höhe des Anspruchs nach § 19 Absatz 1 nach Ablauf einer bestimmten Frist zu ändern,

6. zu der Art, der Form und dem Inhalt der Veröffentlichungen der Bekanntmachung von Ausschreibungen, der Ausschreibungsergebnisse und der erforderlichen Mitteilungen an die Netzbetreiber,

7. zu Auskunftsrechten der Bundesnetzagentur gegenüber anderen Behörden, soweit dies für die Ausschreibungen erforderlich ist,

8. zu den nach den Nummern 1 bis 7 zu übermittelnden Informationen,

9. die Bundesnetzagentur zu ermächtigen, unter Berücksichtigung des Zwecks und Ziels nach § 1 Festlegungen nach § 29 Absatz 1 des Energiewirtschaftsgesetzes[1] zu den Ausschreibungen zu regeln, einschließlich der Ausgestaltung der Regelungen nach den Nummern 1 bis 8.

§ 88a Verordnungsermächtigung zu grenzüberschreitenden Ausschreibungen. (1) Die Bundesregierung wird ermächtigt, unter den in § 5 genannten Voraussetzungen durch Rechtsverordnung[2] ohne Zustimmung des Bundesrates Regelungen zu Ausschreibungen zu treffen, die Anlagen im Bundesgebiet und in einem oder mehreren anderen Mitgliedstaaten der Europäischen Union offenstehen, insbesondere

1. zu regeln, dass ein Anspruch auf Zahlung nach diesem Gesetz auch für Anlagen besteht, die in einem anderen Mitgliedstaat der Europäischen Union errichtet worden sind, wenn

   a) der Anlagenbetreiber über einen Zuschlag oder eine Zahlungsberechtigung verfügt, die im Rahmen einer Ausschreibung durch Zuschlag erteilt worden ist, und

   b) die weiteren Voraussetzungen für den Zahlungsanspruch nach diesem Gesetz erfüllt sind, soweit auf der Grundlage der folgenden Nummern keine abweichenden Regelungen in der Rechtsverordnung getroffen worden sind,

2. abweichend von den §§ 23 bis 55a Regelungen zu Verfahren und Inhalt der Ausschreibungen zu treffen, insbesondere

   a) zur kalenderjährlich insgesamt auszuschreibenden installierten Leistung in Megawatt, wobei das jährliche Ausschreibungsvolumen der Ausschreibungen 5 Prozent der jährlich zu installierenden Leistung nicht überschreiten soll,

   b) zur Anzahl der Ausschreibungen pro Jahr und zur Aufteilung des jährlichen Ausschreibungsvolumens auf die Ausschreibungen eines Jahres,

   c) zur Festlegung von Höchstwerten,

---

[1] Nr. **1**.

[2] Siehe die MarktstammdatenregisterVO (Nr. **38**) und die Grenzüberschreitende-Erneuerbare-Energien-VO (Nr. **43**).

d) den Anspruch nach § 19 Absatz 1 auf Anlagen auf bestimmten Flächen zu begrenzen,

e) die Anlagengröße zu begrenzen und abweichend von § 24 Absatz 1 und 2 die Zusammenfassung von Anlagen zu regeln,

f) Anforderungen zu stellen, die der Netz- oder Systemintegration der Anlagen dienen,

3. abweichend von den §§ 30, 31, 33, 34, 36d, 36g, 37, 37c und 39 bis 39h Anforderungen für die Teilnahme an den Ausschreibungen zu regeln, insbesondere

a) Mindestanforderungen an die Eignung der Teilnehmer zu stellen,

b) Mindest- oder Höchstgrenzen für Gebote oder Teillose zu bestimmen,

c) Anforderungen an den Planungs- oder Genehmigungsstand der Anlagen zu stellen,

d) finanzielle Anforderungen an die Teilnahme an der Ausschreibung zu stellen,

e) Anforderungen zu der Art, der Form und dem Inhalt von Sicherheiten zu stellen, die von allen Teilnehmern oder nur im Fall der Zuschlagserteilung zu leisten sind, um eine Inbetriebnahme und den Betrieb der Anlage sicherzustellen, und die entsprechenden Regelungen zur teilweisen oder vollständigen Zurückzahlung dieser Sicherheiten,

f) festzulegen, wie Teilnehmer die Einhaltung der Anforderungen nach den Buchstaben a bis e nachweisen müssen,

4. die Art, die Form, das Verfahren, den Inhalt der Zuschlagserteilung, die Kriterien für die Zuschlagserteilung und die Bestimmung des Zuschlagswerts zu regeln,

5. die Art, die Form und den Inhalt der durch einen Zuschlag vergebenen Zahlungsansprüche zu regeln, insbesondere zu regeln,

a) dass die Zahlungen für elektrische Arbeit pro Kilowattstunde auch abweichend von den Bestimmungen in den §§ 19 bis 55a und Anlage 1 und 3 zu leisten sind,

b) unter welchen Voraussetzungen die Zahlungen erfolgen; hierbei können insbesondere getroffen werden

aa) abweichende Bestimmungen von § 27a,

bb) Bestimmungen zur Verhinderung von Doppelzahlungen durch zwei Staaten und

cc) abweichende Bestimmungen von § 80 Absatz 2 zur Ausstellung von Herkunftsnachweisen,

c) wie sich die Höhe und die Dauer der Zahlungen berechnen und

d) wie die Standortbedingungen die Höhe der Zahlungen beeinflussen,

6. Regelungen zu treffen, um die Errichtung, die Inbetriebnahme und den Betrieb der Anlagen sicherzustellen, insbesondere wenn eine Anlage nicht oder verspätet in Betrieb genommen worden ist oder nicht in einem ausreichenden Umfang betrieben wird,

a) eine Pflicht zu einer Geldzahlung vorzusehen und deren Höhe und die Voraussetzungen für die Zahlungspflicht zu regeln,

b) Kriterien für einen Ausschluss von Bietern bei künftigen Ausschreibungen zu regeln und

c) die Möglichkeit vorzusehen, die im Rahmen der Ausschreibungen vergebenen Zuschläge oder Zahlungsberechtigungen nach Ablauf einer bestimmten Frist zu entziehen oder zu ändern und danach erneut zu vergeben oder die Dauer oder Höhe des Förderanspruchs nach Ablauf einer bestimmten Frist zu ändern,

7. zu der Art, der Form und dem Inhalt der Veröffentlichungen der Ausschreibungen, der Ausschreibungsergebnisse und der erforderlichen Mitteilungen an die Netzbetreiber,

8. zur Übertragbarkeit von Zuschlägen oder Zahlungsberechtigungen vor der Inbetriebnahme der Anlage und ihrer verbindlichen Zuordnung zu einer Anlage, insbesondere

a) zu den zu beachtenden Frist- und Formerfordernissen und Mitteilungspflichten,

b) zu dem Kreis der berechtigten Personen und den an diese zu stellenden Anforderungen,

9. zu regeln, dass abweichend von § 5 der Strom nicht im Bundesgebiet erzeugt oder im Bundesgebiet in ein Netz eingespeist werden muss,

10. zum Anspruchsgegner, der zur Zahlung verpflichtet ist, zur Erstattung der entsprechenden Kosten und zu den Voraussetzungen des Anspruchs auf Zahlung in Abweichung von den §§ 19 bis 27, 51 bis 54,

11. zum Umfang der Zahlungen und zur anteiligen Zahlung des erzeugten Stroms aufgrund dieses Gesetzes und durch einen anderen Mitgliedstaat der Europäischen Union,

12. zu den nach den Nummern 1 bis 11 zu übermittelnden Informationen und dem Schutz der in diesem Zusammenhang übermittelten personenbezogenen Daten,

13. abweichend von § 6 Absatz 2, § 35, den §§ 70 bis 72 und 75 bis 77, von der Rechtsverordnung nach § 93 sowie von der Rechtsverordnung nach § 111f des Energiewirtschaftsgesetzes[1] Mitteilungs- und Veröffentlichungspflichten zu regeln,

14. abweichend von den ***[bis 30.9.2021:*** §§ 8 bis 18***]*** ***[ab 1.10.2021:*** *§§ 8 bis 17 dieses Gesetzes sowie den §§ 13 und 13a des Energiewirtschaftsgesetzes*[1]***]*** Regelungen zur Netz- und Systemintegration zu treffen,

15. abweichend von den §§ 56 bis 61l und der Rechtsverordnung nach § 91 Regelungen zu den Kostentragungspflichten und dem bundesweiten Ausgleich der Kosten der finanziellen Förderung der Anlagen zu treffen,

16. abweichend von § 81 Regelungen zur Vermeidung oder Beilegung von Streitigkeiten durch die Clearingstelle und von § 85 abweichende Regelungen zur Kompetenz der Bundesnetzagentur zu treffen,

17. zu regeln, ob die deutschen Gerichte oder die Gerichte des Kooperationsstaates in verwaltungsrechtlichen Streitigkeiten über die Zahlungen oder

[1] Nr. **1**.

über die Ausschreibungen zuständig sein sollen und ob sie hierbei deutsches Recht oder das Recht des Kooperationsstaates anwenden sollen.

(2) Die Bundesregierung wird ermächtigt, durch Rechtsverordnung ohne Zustimmung des Bundesrates für Anlagenbetreiber von Anlagen zur Erzeugung von Strom aus erneuerbaren Energien, die im Bundesgebiet errichtet worden sind und einen Anspruch auf Zahlung nach einem Fördersystem eines anderen Mitgliedstaates der Europäischen Union haben,

1. abweichend von den §§ 19 bis 87 die Höhe der Zahlungen oder den Wegfall des Anspruchs nach den §§ 19 und 50 zu regeln, soweit ein Zahlungsanspruch aus einem anderen Mitgliedstaat besteht,
2. die Erstreckung des Doppelvermarktungsverbots nach § 80 auch auf diese Anlagen zu regeln und
3. abweichend von ***[bis 30.9.2021:*** § 15 die Entschädigung***]*** ***[ab 1.10.2021:*** *§ 13a Absatz 2 des Energiewirtschaftsgesetzes*[1] *den angemessenen finanziellen Ausgleich*___]___ zu regeln.

(3) Die Bundesregierung wird ermächtigt, durch Rechtsverordnung ohne Zustimmung des Bundesrates

1. die Bundesnetzagentur zu ermächtigen, unter Berücksichtigung des Zwecks und Ziels nach § 1 Festlegungen nach § 29 Absatz 1 des Energiewirtschaftsgesetzes[1] zu den Ausschreibungen zu treffen, einschließlich der Ausgestaltung der Regelungen nach den Absätzen 1 und 2 und
2. das Bundesministerium für Wirtschaft und Energie zu ermächtigen, im Rahmen von völkerrechtlichen Vereinbarungen mit den anderen Mitgliedstaaten der Europäischen Union unter Berücksichtigung des Zwecks und Ziels nach § 1 und der Vorgaben nach § 5
   a) Regelungen mit anderen Mitgliedstaaten der Europäischen Union zu den Ausschreibungen festzulegen, einschließlich der Ausgestaltung der Regelungen nach den Absätzen 1 und 2,
   b) die Voraussetzungen für die Zulässigkeit der Zahlungen an Betreiber von Anlagen im Bundesgebiet nach dem Fördersystem des anderen Mitgliedstaates der Europäischen Union zu regeln und
   c) einer staatlichen oder privaten Stelle in der Bundesrepublik Deutschland oder in einem anderen Mitgliedstaat der Europäischen Union die Aufgaben der ausschreibenden Stelle nach Absatz 1 oder 2 zu übertragen und festzulegen, wer die Zahlungen an die Anlagenbetreiber leisten muss.

(4) Die Bundesregierung wird ermächtigt, in der Rechtsverordnung nach den Absätzen 1 und 2 unterschiedliche Varianten zu regeln und im Rahmen von völkerrechtlichen Vereinbarungen mit anderen Mitgliedstaaten der Europäischen Union

1. zu entscheiden, welche in der Rechtsverordnung nach den Absätzen 1 und 2 getroffenen Regelungen im Rahmen der Ausschreibung mit dem jeweiligen Mitgliedstaat der Europäischen Union Anwendung finden sollen und
2. zu regeln, welche staatliche oder private Stelle in der Bundesrepublik Deutschland oder in einem anderen Mitgliedstaat der Europäischen Union

---

[1] Nr. **1**.

die ausschreibende Stelle nach Absatz 1 oder 2 ist und wer die Zahlungen an die Anlagenbetreiber leisten muss.

§ 88b Verordnungsermächtigung zu Netzausbaugebieten. Das Bundesministerium für Wirtschaft und Energie wird ermächtigt, durch Rechtsverordnung[1] ohne Zustimmung des Bundesrates zur Einrichtung und Ausgestaltung eines Netzausbaugebiets unter Beachtung von § 36c zu regeln,

1. welches geografische Gebiet das Netzausbaugebiet erfasst,
2. ab welchem Zeitpunkt und für welchen Zeitraum das Netzausbaugebiet festgelegt wird und
3. wie hoch der Anteil der installierten Leistung von Windenergieanlagen an Land in dem Netzausbaugebiet bei den Zuschlägen in einem Kalenderjahr oder einer Ausschreibungsrunde höchstens sein darf und wie sich diese installierte Leistung auf die Ausschreibungen in dem Kalenderjahr verteilt.

§ 88c Verordnungsermächtigung zu gemeinsamen Ausschreibungen für Windenergieanlagen an Land und Solaranlagen. Das Bundesministerium für Wirtschaft und Energie wird ermächtigt, durch Rechtsverordnung[2] ohne Zustimmung des Bundesrates zur Erprobung von gemeinsamen Ausschreibungen nach § 39i

1. zu regeln, dass gemeinsame Ausschreibungen durchgeführt werden, an denen Windenergieanlagen an Land und Solaranlagen teilnehmen können, einschließlich der Anzahl der Ausschreibungen pro Jahr sowie der Gebotstermine und der Verteilung der Ausschreibungsmengen auf die Gebotstermine,
2. zu regeln, welche Solaranlagen und Windenergieanlagen an Land auch abweichend von § 22 an dieser Ausschreibung teilnehmen können,
3. auch abweichend von § 22 und den §§ 28 bis 38b zu regeln, wobei die Anforderungen für Windenergieanlagen an Land und Solaranlagen jeweils unterschiedlich festgelegt werden können,
   a) dass Windenergieanlagen an Land abweichend von § 22 erst nach Erteilung einer Zahlungsberechtigung einen Anspruch auf eine Zahlung nach § 19 haben und Solaranlagen abweichend von § 22 schon aufgrund des Zuschlags einen Anspruch auf eine Zahlung nach § 19 haben,
   b) die Höchstwerte, wobei zur Vermeidung von Überförderungen und zur Berücksichtigung von Netz- und Systemintegrationskosten auch differenzierte Höchstwerte eingeführt werden dürfen,
   c) Ober- und Untergrenzen für die Größe von Anlagen, die an der Ausschreibung teilnehmen können,
   d) Ober- und Untergrenzen für die Gebotsgröße,
   e) Mindestanforderungen an die Eignung der Teilnehmer,
   f) Mindestanforderungen an den Planungs- oder Genehmigungsstand der Anlagen,
   g) finanzielle Anforderungen für die Teilnahme an der Ausschreibung,

---

[1] Siehe die Erneuerbare-Energien-AusführungsVO (Nr. **42**).
[2] Siehe die VO zu den gemeinsamen Ausschreibungen (Nr. **40**).

h) die Art und Form von finanziellen Sicherheiten für die Realisierung der Anlagen,

i) die Art, die Form und das Verfahren sowie den Inhalt der Zuschlagserteilung,

j) die Voraussetzungen für die Ausstellung von Förderberechtigungen,

k) die Übertragbarkeit von Zuschlägen vor Inbetriebnahme der Anlage und die Übertragbarkeit von Förderberechtigungen vor der verbindlichen Zuordnung zu einer Anlage einschließlich

   aa) der zu beachtenden Form- und Fristerfordernisse sowie Mitteilungspflichten und

   bb) dem Kreis der berechtigten Personen und Anlagen und den an diese zu stellenden Anforderungen,

l) welche Nachweise für die Buchstaben a bis k vorzulegen sind,

m) die Anforderungen an Gebote in den gemeinsamen Ausschreibungen,

4. auch abweichend von den §§ 5 bis 55a

a) zu regeln, dass bestimmte Flächentypen oder Regionen als Standorte für Anlagen ausgeschlossen sind oder Mengen einer Technologie oder aller Technologien, die in bestimmten Regionen oder Flächenkategorien zugeschlagen werden, zu begrenzen,

b) Anforderungen zu stellen, die der Netz- und Systemintegration der Anlagen dienen,

c) Zu- oder Abschläge gegenüber dem Zuschlagspreis vorzusehen, die die Kosten der Integration der Anlage in das Stromsystem abbilden; dabei kann die Höhe der Zu- und Abschläge insbesondere berücksichtigen,

   aa) in welcher Region die Anlage angeschlossen wird,

   bb) welchen Einfluss sie auf die Netzbelastung hat,

   cc) welches Einspeiseprofil die Anlage hat,

   dd) auf welcher Netzebene die Anlage angeschlossen wird,

   ee) wie viele Anlagen mit einem vergleichbaren Einspeiseprofil in der betroffenen Region bereits installiert sind und

   ff) welche weiteren Kosten die Systemintegration der Anlage verursacht,

d) die Kriterien für die Zuschlagserteilung insbesondere dahingehend zu regeln, dass für die Reihung der Gebote auch die Kriterien nach Buchstabe c herangezogen werden können,

e) das Verfahren für die Ermittlung des Zuschlagswerts zu regeln,

f) die Berechnung von Dauer und Höhe der Zahlung nach § 19 zu regeln,

g) Einmalzahlungen der Anlagen an den Netzbetreiber für den Anschluss der Anlage an das Netz vorzusehen, die

   aa) mögliche Netzausbaukosten im Einzelfall oder nach typisierten Fallgruppen abbilden und

   bb) die an den Übertragungsnetzbetreiber weitergeleitet werden und dessen EEG-Konto entlasten,

h) erforderliche Nachweise,

5. auch abweichend von den §§ 36, 36a, 37, 37a, 55 und 55a Regelungen zu treffen, um die Errichtung, die Inbetriebnahme und den Betrieb der Anlagen sicherzustellen und insbesondere
   a) eine Pflicht für eine Geldzahlung sowie deren Höhe festzulegen, die bei einem Verstoß gegen die Pflicht zur rechtzeitigen Errichtung oder bei einem unzureichenden Betrieb der Anlage anfällt,
   b) Kriterien für den Ausschluss von Bietern oder Anlagestandorten von zukünftigen Ausschreibungen,
   c) zu der Möglichkeit, Zuschläge und Förderberechtigungen nach Ablauf der Realisierungsfristen zu entziehen und
   d) die Beschränkung der Dauer oder Höhe des Vergütungsanspruchs für Anlagen, die gegen die Pflichten für die rechtzeitige Errichtung oder den ordnungsgemäßen Betrieb verstoßen haben.

§ 88d Verordnungsermächtigung zu Innovationsausschreibungen.

Die Bundesregierung wird ermächtigt, durch Rechtsverordnung ohne Zustimmung des Bundesrates Innovationsausschreibungen nach § 39j einzuführen; hierfür kann sie Regelungen treffen

1. zu Verfahren und Inhalt der Ausschreibungen, insbesondere
   a) zu der Aufteilung des Ausschreibungsvolumens der Innovationsausschreibung in Teilmengen, zu den Gebotsterminen, die auch abweichend von § 28 Absatz 6 festgelegt werden dürfen, und dem Ausschluss von Anlagen, wobei insbesondere unterschieden werden kann
      aa) nach Regionen und Netzebenen,
      bb) nach Vorgaben aus Netz- und Systemsicht,
   b) zu der Bestimmung von Mindest- und Höchstgrößen von Teillosen,
   c) zu der Festlegung von Höchstwerten,
   d) zu der Preisbildung und dem Ablauf der Ausschreibungen und
   e) zu den Zuschlagsverfahren, insbesondere Regelungen, die das Ausschreibungsvolumen bei Unterzeichnung in Abhängigkeit von der Gebotsmenge reduzieren,
2. abweichend von den §§ 19 bis 35a und 51 bis 53a zu Art, Form und Inhalt der durch einen Zuschlag zu vergebenden Zahlungsansprüche
   a) für elektrische Arbeit pro Kilowattstunde, insbesondere auch durch die Zahlung von technologieneutralen fixen Marktprämien und den Ausschluss einer Zahlung bei negativen Preisen,
   b) für die Bereitstellung installierter oder bereitgestellter systemdienlicher Leistung in Euro pro Kilowatt,
   c) für die Bereitstellung von Systemdienstleistungen als Zahlung für geleistete Arbeit oder die bereitgestellte Leistung,
3. zu besonderen Zuschlags- und Zahlungsanforderungen, mit denen der Innovationscharakter festgestellt wird, insbesondere
   a) zum Bau und Betrieb von netz- und systemdienlich ausgelegten Anlagen,
   b) zur Steigerung der Flexibilität der Anlagen,

c) zur besseren Nutzung der Netzanschlusskapazität, insbesondere können von den Anlagenbetreibern auch Zahlungen für Netzkapazitäten verlangt werden,

d) zu einem verstärkten Einsatz von Anlagen für Systemdienstleistungen,

e) zu Ansätzen zur Minderung der Abregelung von Anlagen und

f) zur Nachweisführung über das Vorliegen der Zuschlags- und Zahlungsvoraussetzungen,

4. zu den Anforderungen für die Teilnahme an den Ausschreibungen, insbesondere

   a) Mindestanforderungen an die Eignung der Teilnehmer stellen,

   b) Mindestanforderungen an die Anlagen stellen, insbesondere auch die Kombination von unterschiedlichen Anlagen zur Erzeugung von Strom aus erneuerbaren Energien untereinander oder mit Speichern vorzuschreiben,

   c) Anforderungen an den Planungs- und Genehmigungsstand der Projekte stellen,

   d) Anforderungen zu der Art, der Form und dem Inhalt von Sicherheiten stellen, die von allen Teilnehmern an Ausschreibungen oder nur im Fall der Zuschlagserteilung zu leisten sind, um eine Inbetriebnahme und den Betrieb der Anlage sicherzustellen, und die entsprechenden Regelungen zur teilweisen oder vollständigen Zurückzahlung dieser Sicherheiten treffen,

   e) festlegen, wie Teilnehmer an den Ausschreibungen die Einhaltung von Anforderungen nach den Buchstaben a bis d nachweisen müssen,

5. zu der Art, der Form und dem Inhalt der Zuschlagserteilung im Rahmen einer Ausschreibung und zu den Kriterien für die Zuschlagserteilung, insbesondere falls der Zuschlag nicht allein nach dem kostengünstigsten Gebot erteilt werden soll,

   a) Wertungskriterien für die Beurteilung des Innovationscharakters sowie deren Einfluss auf die Zuschlagswahrscheinlichkeit,

   b) Wertungskriterien für die Beurteilung des Beitrags zur Netz- und Systemdienlichkeit sowie deren Einfluss auf die Zuschlagswahrscheinlichkeit,

6. zu Anforderungen, die den Betrieb der Anlagen sicherstellen sollen, insbesondere wenn eine Anlage nicht oder verspätet in Betrieb genommen worden ist oder nicht in einem ausreichenden Umfang betrieben wird,

   a) eine Untergrenze für die zu erbringende ausgeschriebene und bezuschlagte Leistung in Form von Arbeit oder Leistung festlegen,

   b) eine Verringerung oder einen Wegfall der Zahlungen vorsehen, wenn die Untergrenze nach Buchstabe a unterschritten ist,

   c) eine Pflicht zu einer Geldzahlung vorsehen und deren Höhe und die Voraussetzungen für die Zahlungspflicht regeln,

   d) Kriterien für einen Ausschluss von Bietern bei künftigen Ausschreibungen regeln und

   e) die Möglichkeit vorsehen, die im Rahmen der Ausschreibungen vergebenen Zuschläge nach Ablauf einer bestimmten Frist zu entziehen oder zu ändern und danach erneut zu vergeben oder die Dauer oder Höhe des Zahlungsanspruchs nach Ablauf einer bestimmten Frist zu ändern,

7. zu der Art, der Form und dem Inhalt der Veröffentlichungen und Bekanntmachung von Ausschreibungen, der Ausschreibungsergebnisse und der erforderlichen Mitteilungen an die Netzbetreiber,
8. zu Auskunftsrechten der Bundesnetzagentur gegenüber den Netzbetreibern und anderen Behörden, soweit dies für die Ausschreibungen erforderlich ist,
9. zu den nach den Nummern 1 bis 7 zu übermittelnden Informationen,
10. die Bundesnetzagentur zu ermächtigen, unter Berücksichtigung des Zwecks und Ziels nach § 1 Festlegungen zu den Ausschreibungen zu regeln, einschließlich der Ausgestaltung der Regelungen nach den Nummern 1 bis 8.

§ 89 Verordnungsermächtigung zur Stromerzeugung aus Biomasse.

(1) Die Bundesregierung wird ermächtigt, durch Rechtsverordnung[1] ohne Zustimmung des Bundesrates im Anwendungsbereich der §§ 42 bis 44 zu regeln,

1. welche Stoffe als Biomasse gelten und
2. welche technischen Verfahren zur Stromerzeugung angewandt werden dürfen.

(2) Die Bundesregierung wird ferner ermächtigt, durch Rechtsverordnung ohne Zustimmung des Bundesrates im Anwendungsbereich des § 44b Absatz 5 Nummer 2 Anforderungen an ein Massenbilanzsystem zur Rückverfolgung von aus einem Erdgasnetz entnommenem Gas zu regeln.

§ 90 Verordnungsermächtigung zu Nachhaltigkeitsanforderungen für Biomasse. Das Bundesministerium für Umwelt, Naturschutz, Bau und Reaktorsicherheit wird ermächtigt, im Einvernehmen mit dem Bundesministerium für Wirtschaft und Energie und dem Bundesministerium für Ernährung und Landwirtschaft durch Rechtsverordnung[2] ohne Zustimmung des Bundesrates

1. zu regeln, dass der Anspruch auf Zahlung nach § 19 Absatz 1 und § 50 für Strom aus fester, flüssiger oder gasförmiger Biomasse nur besteht, wenn die zur Stromerzeugung eingesetzte Biomasse folgende Anforderungen erfüllt:
   a) bestimmte ökologische und sonstige Anforderungen an einen nachhaltigen Anbau und an die durch den Anbau in Anspruch genommenen Flächen, insbesondere zum Schutz natürlicher Lebensräume, von Grünland mit großer biologischer Vielfalt im Sinne der Richtlinie 2009/28/EG und von Flächen mit hohem Kohlenstoffbestand,
   b) bestimmte ökologische und soziale Anforderungen an eine nachhaltige Herstellung,
   c) ein bestimmtes Treibhausgas-Minderungspotenzial, das bei der Stromerzeugung mindestens erreicht werden muss,

---

[1] Siehe die BiomasseVO (Nr. **39**).

[2] Siehe die Biomassestrom-NachhaltigkeitsVO v. 23.7.2009 (BGBl. I S. 2174), zuletzt geänd. durch VO v. 26.6.2018 (BGBl. I S. 872).

2. die Anforderungen nach Nummer 1 einschließlich der Vorgaben zur Ermittlung des Treibhausgas-Minderungspotenzials nach Nummer 1 Buchstabe c zu regeln,
3. festzulegen, wie Anlagenbetreiber die Einhaltung der Anforderungen nach den Nummern 1 und 2 nachweisen müssen; dies schließt Regelungen ein
   a) zum Inhalt, zu der Form und der Gültigkeitsdauer dieser Nachweise einschließlich Regelungen zur Anerkennung von Nachweisen, die nach dem Recht der Europäischen Union oder eines anderen Staates als Nachweis über die Erfüllung von Anforderungen nach Nummer 1 anerkannt wurden,
   b) zur Einbeziehung von Systemen und unabhängigen Kontrollstellen in die Nachweisführung und
   c) zu den Anforderungen an die Anerkennung von Systemen und unabhängigen Kontrollstellen sowie zu den Maßnahmen zu ihrer Überwachung einschließlich erforderlicher Auskunfts-, Einsichts-, Probenentnahme- und Weisungsrechte sowie des Rechts der zuständigen Behörde oder unabhängiger Kontrollstellen, während der Geschäfts- oder Betriebszeit Grundstücke, Geschäfts-, Betriebs- und Lagerräume sowie Transportmittel zu betreten, soweit dies für die Überwachung oder Kontrolle erforderlich ist,
4. die Bundesanstalt für Landwirtschaft und Ernährung mit Aufgaben zu betrauen, die die Einhaltung der in der Rechtsverordnung nach den Nummern 1 bis 3 geregelten Anforderungen sicherstellen, insbesondere mit der näheren Bestimmung der in der Rechtsverordnung auf Grund der Nummern 1 und 2 geregelten Anforderungen sowie mit der Wahrnehmung von Aufgaben nach Nummer 3.

§ 91 Verordnungsermächtigung zum Ausgleichsmechanismus. Die Bundesregierung wird ermächtigt, zur Weiterentwicklung des bundesweiten Ausgleichsmechanismus durch Rechtsverordnung[1] ohne Zustimmung des Bundesrates zu regeln,

1. dass Vorgaben zur Vermarktung des nach diesem Gesetz kaufmännisch abgenommenen Stroms gemacht werden können, einschließlich
   a) der Möglichkeit, die Vergütungszahlungen und Transaktionskosten durch finanzielle Anreize abzugelten oder Übertragungsnetzbetreiber an den Gewinnen und Verlusten bei der Vermarktung zu beteiligen,
   b) der Überwachung der Vermarktung,
   c) Anforderungen an die Vermarktung, Kontoführung und Ermittlung der EEG-Umlage einschließlich von Veröffentlichungs- und Transparenzpflichten, Fristen und Übergangsregelungen für den finanziellen Ausgleich,
2. dass und unter welchen Voraussetzungen die Übertragungsnetzbetreiber berechtigt werden können,

---

[1] Siehe die Erneuerbare-Energien-VO (Nr. **41**) und die Erneuerbare-Energien-Ausführungsverordnung (Nr. **42**).

a) mit Anlagenbetreibern vertragliche Vereinbarungen zu treffen, die unter angemessener Berücksichtigung des Einspeisevorrangs der Optimierung der Vermarktung des Stroms dienen; dies schließt die Berücksichtigung der durch solche Vereinbarungen entstehenden Kosten im Rahmen des Ausgleichsmechanismus ein, sofern sie volkswirtschaftlich angemessen sind,

b) Anlagen, die nach dem 31. Dezember 2015 in Betrieb genommen werden, bei andauernden negativen Preisen abzuregeln,

3. dass die Übertragungsnetzbetreiber verpflichtet werden können, insbesondere für die Verrechnung der Verkaufserlöse, der notwendigen Transaktionskosten und der Vergütungszahlungen ein gemeinsames transparentes EEG-Konto zu führen,

4. dass die Übertragungsnetzbetreiber verpflichtet werden können, gemeinsam auf Grundlage der prognostizierten Strommengen aus erneuerbaren Energien und Grubengas die voraussichtlichen Kosten und Erlöse einschließlich einer Liquiditätsreserve für das folgende Kalenderjahr und unter Verrechnung des Saldos des EEG-Kontos für das folgende Kalenderjahr eine bundesweit einheitliche EEG-Umlage zu ermitteln und in nicht personenbezogener Form zu veröffentlichen,

5. dass die Aufgaben der Übertragungsnetzbetreiber ganz oder teilweise auf Dritte übertragen werden können, die im Rahmen eines wettbewerblichen, objektiven, transparenten und diskriminierungsfreien Verfahrens ermittelt worden sind; dies schließt Regelungen für das hierfür durchzuführende Verfahren einschließlich des wettbewerblichen Verfahrens der von den Übertragungsnetzbetreibern im Rahmen des bundesweiten Ausgleichs erbrachten Dienstleistungen oder der EEG-Strommengen sowie die Möglichkeit ein, die Aufgabenwahrnehmung durch Dritte abweichend von jener durch die Übertragungsnetzbetreiber zu regeln,

6. die erforderlichen Anpassungen an die Regelungen der Direktvermarktung sowie die erforderlichen Anpassungen der besonderen Ausgleichsregelung für stromintensive Unternehmen und Schienenbahnen, der Regelung zur nachträglichen Korrekturmöglichkeit, der Befugnisse der Bundesnetzagentur, der Übermittlungs- und Veröffentlichungspflichten sowie der EEG-Umlage an den weiterentwickelten Ausgleichsmechanismus.

§ 92 Verordnungsermächtigung zu Herkunftsnachweisen und Regionalnachweisen. Das Bundesministerium für Wirtschaft und Energie wird ermächtigt, im Einvernehmen mit dem Bundesministerium der Justiz und für Verbraucherschutz durch Rechtsverordnung[1)] ohne Zustimmung des Bundesrates

1. die Anforderungen zu regeln an

   a) die Ausstellung, Übertragung, Entwertung und Verwendung von Herkunftsnachweisen nach § 79 Absatz 1 und von Regionalnachweisen nach § 79a Absatz 1 und

   b) die Anerkennung von Herkunftsnachweisen nach § 79 Absatz 3,

---

1) Siehe die Herkunfts- und Regionalnachweis-DurchführungsVO v. 8.11.2018 (BGBl. I S. 1853, 1854).

2. den Inhalt, die Form und die Gültigkeitsdauer der Herkunftsnachweise und der Regionalnachweise festzulegen,
3. das Verfahren für die Ausstellung, Anerkennung, Übertragung, Entwertung und Verwendung von Herkunftsnachweisen und für die Ausstellung, Übertragung, Entwertung und Verwendung von Regionalnachweisen zu regeln sowie festzulegen, wie Antragsteller dabei die Einhaltung der Anforderungen nach Nummer 1 nachweisen müssen,
4. die Ausgestaltung des Herkunftsnachweisregisters nach § 79 Absatz 4 und des Regionalnachweisregisters nach § 79a Absatz 4 zu regeln sowie festzulegen, welche Angaben an diese Register übermittelt werden müssen, wer zur Übermittlung verpflichtet ist und in welchem Umfang Netzbetreiber Auskunft über die Ausstellung, Übertragung und Entwertung von Regionalnachweisen verlangen können; dies schließt Regelungen zum Schutz personenbezogener Daten ein, in denen Art, Umfang und Zweck der Speicherung sowie Löschungsfristen festgelegt werden müssen,
5. abweichend von § 79 Absatz 7 und von § 79a Absatz 10 zu regeln, dass Herkunftsnachweise oder Regionalnachweise Finanzinstrumente im Sinn des § 1 Absatz 11 des Kreditwesengesetzes oder des § 2 Absatz 4 des Wertpapierhandelsgesetzes sind,
6. abweichend von § 78 im Rahmen der Stromkennzeichnung die Ausweisung von Strom zu regeln, für den eine Zahlung nach § 19 in Anspruch genommen wird; hierbei kann insbesondere abweichend von § 79 Absatz 1 auch die Ausstellung von Herkunftsnachweisen für diesen Strom an die Übertragungsnetzbetreiber geregelt werden,
7. im Anwendungsbereich von § 79a Absatz 6 zu regeln und zu veröffentlichen, welche Postleitzahlengebiete jeweils eine Region für die regionale Grünstromkennzeichnung um ein oder mehrere Postleitzahlengebiete, in denen Strom verbraucht wird, bilden,
8. für Strom aus Anlagen außerhalb des Bundesgebiets, die einen Zuschlag in einer Ausschreibung nach § 5 Absatz 2 Satz 2 erhalten haben:
   a) zu bestimmen, welche Gebiete in den betreffenden Staaten von der jeweiligen Region für die regionale Grünstromkennzeichnung nach § 79a Absatz 6 umfasst sind, und die Veröffentlichung dieser Gebiete zu regeln,
   b) Anforderungen zu regeln an die Ausstellung, Übertragung und Entwertung von Regionalnachweisen aus Anlagen in Gebieten nach Buchstabe a,
9. den Betrag, um den sich der anzulegende Wert für Anlagen mit gesetzlich bestimmtem anzulegendem Wert reduziert, abweichend von § 53b festzulegen,
10. im Anwendungsbereich von § 79a Absatz 5 Satz 3 Bestimmungen zum Nachweis zu treffen, dass die Übertragung von Regionalnachweisen nur entlang der vertraglichen Lieferkette erfolgt ist,
11. die konkrete Gestaltung der Ausweisung der regionalen Herkunft nach § 79a in der Stromkennzeichnung zu regeln, insbesondere die textliche und grafische Darstellung.

§ 93 Verordnungsermächtigung zum Anlagenregister. Das Bundesministerium für Wirtschaft und Energie wird ermächtigt, zur Ausgestaltung des Anlagenregisters nach § 6 Absatz 2 durch Rechtsverordnung[1] ohne Zustimmung des Bundesrates zu regeln:

1. die Daten nach § 6 Absatz 2 und weitere Daten, die an das Anlagenregister übermittelt werden müssen, einschließlich der Anforderungen an die Art, die Formate, den Umfang und die Aufbereitung; zu den weiteren Daten zählen insbesondere Daten über:
   a) die Eigenversorgung durch die Anlage,
   b) das Datum der Inbetriebnahme der Anlage,
   c) technische Eigenschaften der Anlage,
   d) das Netz, an das die Anlage angeschlossen ist,
2. wer die weiteren Daten nach Nummer 1 übermitteln muss, insbesondere ob Anlagenbetreiber, Netzbetreiber, öffentliche Stellen oder sonstige Personen zur Übermittlung verpflichtet sind,
3. das Verfahren zur Registrierung der Anlagen einschließlich der Fristen sowie der Regelung, dass die Registrierung durch Anlagenbetreiber abweichend von § 6 Absatz 2 bei einem Dritten erfolgen muss, der zur Übermittlung an das Anlagenregister verpflichtet ist,
4. die Überprüfung der im Anlagenregister gespeicherten Daten einschließlich hierzu erforderlicher Mitwirkungspflichten von Anlagenbetreibern und Netzbetreibern,
5. dass Wechsel der Veräußerungsformen abweichend von § 21c Absatz 1 dem Anlagenregister mitzuteilen sind, einschließlich der Fristen für die Datenübermittlung sowie Bestimmungen zu Format und Verfahren,
6. dass die Daten mit den Daten des Herkunftsnachweisregisters nach § 79 Absatz 3 oder mit anderen Registern und Datensätzen abgeglichen werden, die eingerichtet oder erstellt werden
   a) auf Grund dieses Gesetzes oder einer hierauf erlassenen Rechtsverordnung,
   b) auf Grund des Energiewirtschaftsgesetzes[2] oder einer hierauf erlassenen Rechtsverordnung oder Festlegung oder
   c) auf Grund des Gesetzes gegen Wettbewerbsbeschränkungen oder einer hierauf erlassenen Rechtsverordnung oder Festlegung,

   soweit die für diese Register und Datensätze jeweils maßgeblichen Bestimmungen einem Abgleich nicht entgegenstehen,
7. dass Daten der Anlagenbetreiber über genehmigungsbedürftige Anlagen mit Daten der zuständigen Genehmigungsbehörde abgeglichen werden,
8. welche registrierten Daten im Internet veröffentlicht werden; hierbei ist unter angemessener Berücksichtigung des Datenschutzes ein hohes Maß an Transparenz anzustreben; dies schließt ferner Bestimmungen über die erforderlichen Veröffentlichungen zur Überprüfung des Zubaus von Anlagen zur Erzeugung von Strom aus Biomasse, Windenergieanlagen an Land und

---

[1] Siehe die MarktstammdatenregisterVO (Nr. **38**).
[2] Nr. **1**.

Solaranlagen sowie der nach den §§ 44a, 46a und 49 jeweils geltenden anzulegenden Werte ein,

9. die Pflicht der Netzbetreiber, die jeweilige Ist-Einspeisung von Anlagen, die im Anlagenregister registriert sind und die mit technischen Einrichtungen im Sinne von § 9 Absatz 1 Nummer 2 ausgestattet sind, abzurufen und diese Daten an das Anlagenregister zu übermitteln, einschließlich der Fristen sowie der Anforderungen an die Art, die Formate, den Umfang und die Aufbereitung der zu übermittelnden Daten,
10. das Verhältnis zu den Übermittlungs- und Veröffentlichungspflichten nach den §§ 70 bis 73; hierbei kann insbesondere geregelt werden, in welchem Umfang Daten, die in dem Anlagenregister erfasst und veröffentlicht werden, ab dem Zeitpunkt ihrer Veröffentlichung nicht mehr nach den §§ 70 bis 73 übermittelt und veröffentlicht werden müssen,
11. Art und Umfang der Weitergabe der Daten an
    a) Netzbetreiber zur Erfüllung ihrer Aufgaben nach diesem Gesetz und dem Energiewirtschaftsgesetz[1)],
    b) öffentliche Stellen zur Erfüllung ihrer Aufgaben im Zusammenhang mit dem Ausbau der erneuerbaren Energien,
    c) Dritte, soweit dies zur Erfüllung der Aufgaben nach Buchstabe b erforderlich ist oder soweit ein berechtigtes Interesse an den Daten besteht, für das die Veröffentlichung nach Nummer 8 nicht ausreicht; Kontaktdaten von Anlagenbetreibern dürfen nicht an Dritte weitergegeben werden,
12. die Ermächtigung der Bundesnetzagentur, durch Festlegung nach § 29 des Energiewirtschaftsgesetzes[1)] zu regeln:
    a) weitere Daten, die von Anlagenbetreibern oder Netzbetreibern zu übermitteln sind, soweit dies nach § 6 Absatz 1 Satz 2 erforderlich ist,
    b) dass abweichend von einer Rechtsverordnung nach Nummer 1 bestimmte Daten nicht mehr übermittelt werden müssen, soweit diese nicht länger nach § 6 Absatz 1 Satz 2 erforderlich sind; hiervon ausgenommen sind die Kontaktdaten der Anlagenbetreiber,
    c) Art und Umfang eines erweiterten Zugangs zu Daten im Anlagenregister für bestimmte Personenkreise zur Verbesserung der Markt- und Netzintegration,
13. Regelungen zum Schutz personenbezogener Daten im Zusammenhang mit den nach den Nummern 1 bis 11 zu übermittelnden Daten, insbesondere Aufklärungs-, Auskunfts- und Löschungspflichten,
14. die Überführung des Anlagenregisters in das Marktstammdatenregister nach § 6 Absatz 1 Satz 3 und 4 einschließlich der Übergangsfristen und Regelungen zur Übertragung der bereits registrierten Daten.

---

1) Nr. 1.

§ 94 Verordnungsermächtigungen zur Besonderen Ausgleichsregelung. Das Bundesministerium für Wirtschaft und Energie wird ermächtigt, durch Rechtsverordnung[1] ohne Zustimmung des Bundesrates

1. Vorgaben zu regeln zur Festlegung von Effizienzanforderungen, die bei der Berechnung des standardisierten Stromverbrauchs im Rahmen der Berechnung der Stromkostenintensität nach § 64 Absatz 6 Nummer 3 anzuwenden sind, insbesondere zur Festlegung von Stromeffizienzreferenzwerten, die dem Stand fortschrittlicher stromeffizienter Produktionstechnologien entsprechen, oder von sonstigen Effizienzanforderungen, sodass nicht der tatsächliche Stromverbrauch, sondern der standardisierte Stromverbrauch bei der Berechnung der Stromkosten angesetzt werden kann; hierbei können
   a) Vorleistungen berücksichtigt werden, die von Unternehmen durch Investitionen in fortschrittliche Produktionstechnologien getätigt wurden, oder
   b) Erkenntnisse aus den Auskünften über den Betrieb von Energie- oder Umweltmanagementsystemen oder alternativen Systemen zur Verbesserung der Energieeffizienz durch die Unternehmen nach § 69 Satz 2 Nummer 1 und 2 herangezogen werden,
2. festzulegen, welche durchschnittlichen Strompreise nach § 64 Absatz 6 Nummer 3 für die Berechnung der Stromkostenintensität eines Unternehmens zugrunde gelegt werden müssen und wie diese Strompreise berechnet werden; hierbei können insbesondere
   a) Strompreise für verschiedene Gruppen von Unternehmen mit ähnlichem Stromverbrauch oder Stromverbrauchsmuster gebildet werden, die die Strommarktrealitäten abbilden, und
   b) verfügbare statistische Erfassungen von Strompreisen in der Industrie berücksichtigt werden,
3. Branchen in die Anlage 4 aufzunehmen oder aus dieser herauszunehmen, sobald und soweit dies für eine Angleichung an Beschlüsse der Europäischen Kommission erforderlich ist.

§ 95 Weitere Verordnungsermächtigungen. Die Bundesregierung wird ferner ermächtigt, durch Rechtsverordnung[2] ohne Zustimmung des Bundesrates

[bis 30.9.2021:]

1. das Berechnungsverfahren für die Entschädigung nach § 15 Absatz 1 zu regeln, insbesondere ein pauschaliertes Verfahren zur Ermittlung der jeweils entgangenen Einnahmen und ersparten Aufwendungen, sowie ein Nachweisverfahren für die Abrechnung im Einzelfall,
2. *(aufgehoben)*
3. für die Berechnung der Marktprämie nach Nummer 1.2 der Anlage 1 zu diesem Gesetz für Strom aus Anlagen, die nach dem am 31. Juli 2014

---

[1] Siehe die Besondere-Ausgleichsregelung-DurchschnittsstrompreisVO v. 17.2.2016 (BGBl. I S. 241), geänd. durch G v. 22.12.2016 (BGBl. I S. 3106).

[2] Siehe die SystemdienstleistungsVO v. 3.7.2009 (BGBl. I S. 1734), zuletzt geänd. durch G v. 13.10.2016 (BGBl. I S. 2258) und die VO zur Schaffung eines rechtlichen Rahmens zur Sammlung von Erfahrungen im Förderprogramm „Schaufenster intelligente Energie – Digitale Agenda für die Energiewende“ (SINTEG-V) v. 14.6.2017 (BGBl. I S. 1653), geänd. durch G v. 13.5.2019 (BGBl. I S. 706).

geltenden Inbetriebnahmebegriff vor dem 1. August 2014 in Betrieb genommen worden sind, die Höhe der Erhöhung des jeweils anzulegenden Wertes „AW" abweichend von § 100 Absatz 2 Satz 1 Nummer 8 zu regeln für Strom, der nach dem Inkrafttreten dieses Gesetzes direkt vermarktet wird, auch aus Anlagen, die bereits vor dem Inkrafttreten dieses Gesetzes erstmals die Marktprämie in Anspruch genommen haben; hierbei können verschiedene Werte für verschiedene Energieträger oder für Vermarktungen auf verschiedenen Märkten oder auch negative Werte festgesetzt werden,

4. ergänzend zu Anlage 2 Bestimmungen zur Ermittlung und Anwendung des Referenzertrags zu regeln,
5. Anforderungen an Windenergieanlagen zur Verbesserung der Netzintegration (Systemdienstleistungen) zu regeln, insbesondere
   a) für Windenergieanlagen an Land Anforderungen
      aa) an das Verhalten der Anlagen im Fehlerfall,
      bb) an die Spannungshaltung und Blindleistungsbereitstellung,
      cc) an die Frequenzhaltung,
      dd) an das Nachweisverfahren,
      ee) an den Versorgungswiederaufbau und
      ff) bei der Erweiterung bestehender Windparks und
   b) für Windenergieanlagen an Land, die bereits vor dem 1. Januar 2012 in Betrieb genommen wurden, Anforderungen
      aa) an das Verhalten der Anlagen im Fehlerfall,
      bb) an die Frequenzhaltung,
      cc) an das Nachweisverfahren,
      dd) an den Versorgungswiederaufbau und
      ee) bei der Nachrüstung von Altanlagen in bestehenden Windparks,
6. in den in § 119 Absatz 1 des Energiewirtschaftsgesetzes[1)] genannten Fällen und unter den in § 119 Absatz 3 bis 5 des Energiewirtschaftsgesetzes[1)] genannten Voraussetzungen zu regeln, dass
   a) die Pflicht zur Zahlung der vollen oder anteiligen EEG-Umlage nach § 60 oder § 61 auf bis zu 40 Prozent abgesenkt wird oder von einer nach § 60 oder § 61 gezahlten vollen oder anteiligen EEG-Umlage bis zu 60 Prozent erstattet werden,
   b) bei Netzengpässen im Rahmen von Maßnahmen nach § 14 die Einspeiseleistung nicht durch die Reduzierung der Erzeugungsleistung der Anlage, sondern durch die Nutzung von Strom in einer zuschaltbaren Last reduziert werden kann, sofern die eingesetzte Last den Strombezug nicht nur zeitlich verschiebt und die entsprechende entlastende physikalische Wirkung für das Stromnetz gewahrt ist, oder
   c) von der Berechnung der Entschädigung nach § 15 bei der Anwendung des Einspeisemanagements abgewichen werden kann.

---

1) Nr. 1.

[ab 1.10.2021:]

1. für die Berechnung der Marktprämie nach Nummer 1.2 der Anlage 1 zu diesem Gesetz für Strom aus Anlagen, die nach dem am 31. Juli 2014 geltenden Inbetriebnahmebegriff vor dem 1. August 2014 in Betrieb genommen worden sind, die Höhe der Erhöhung des jeweils anzulegenden Wertes „AW" abweichend von § 100 Absatz 2 Satz 1 Nummer 8 zu regeln für Strom, der nach dem Inkrafttreten dieses Gesetzes direkt vermarktet wird, auch aus Anlagen, die bereits vor dem Inkrafttreten dieses Gesetzes erstmals die Marktprämie in Anspruch genommen haben; hierbei können verschiedene Werte für verschiedene Energieträger oder für Vermarktungen auf verschiedenen Märkten oder auch negative Werte festgesetzt werden,

2. ergänzend zu Anlage 2 Bestimmungen zur Ermittlung und Anwendung des Referenzertrags zu regeln,

3. Anforderungen an Windenergieanlagen zur Verbesserung der Netzintegration (Systemdienstleistungen) zu regeln, insbesondere

a) für Windenergieanlagen an Land Anforderungen

aa) an das Verhalten der Anlagen im Fehlerfall,

bb) an die Spannungshaltung und Blindleistungsbereitstellung,

cc) an die Frequenzhaltung,

dd) an das Nachweisverfahren,

ee) an den Versorgungswiederaufbau und

ff) bei der Erweiterung bestehender Windparks und

b) für Windenergieanlagen an Land, die bereits vor dem 1. Januar 2012 in Betrieb genommen wurden, Anforderungen

aa) an das Verhalten der Anlagen im Fehlerfall,

bb) an die Frequenzhaltung,

cc) an das Nachweisverfahren,

dd) an den Versorgungswiederaufbau und

ee) bei der Nachrüstung von Altanlagen in bestehenden Windparks,

4. in den in § 119 Absatz 1 des Energiewirtschaftsgesetzes[1)] genannten Fällen und unter den in § 119 Absatz 3 bis 5 des Energiewirtschaftsgesetzes[1)] genannten Voraussetzungen zu regeln, dass die Pflicht zur Zahlung der vollen oder anteiligen EEG-Umlage nach § 60 oder § 61 auf bis zu 40 Prozent abgesenkt wird oder von einer nach § 60 oder § 61 gezahlten vollen oder anteiligen EEG-Umlage bis zu 60 Prozent erstattet werden.

§ 96 Gemeinsame Bestimmungen. (1) Die Rechtsverordnungen auf Grund der §§ 88, 88c, 88d, 89, 91, 92 und 95 Nummer 2 bedürfen der Zustimmung des Bundestages.

(2) [1] Wenn Rechtsverordnungen nach Absatz 1 der Zustimmung des Bundestages bedürfen, kann diese Zustimmung davon abhängig gemacht werden, dass dessen Änderungswünsche übernommen werden. [2] Übernimmt der Verordnungsgeber die Änderungen, ist eine erneute Beschlussfassung durch den Bundestag nicht erforderlich. [3] Hat sich der Bundestag nach Ablauf von sechs

---

[1)] Nr. **1**.

Sitzungswochen seit Eingang der Rechtsverordnung nicht mit ihr befasst, gilt seine Zustimmung zu der unveränderten Rechtsverordnung als erteilt.

(3) [1] Die Ermächtigungen zum Erlass von Rechtsverordnungen aufgrund der §§ 88b, 91 bis 93 können durch Rechtsverordnung ohne Zustimmung des Bundesrates und im Fall der §§ 91 und 92 mit Zustimmung des Bundestages auf eine Bundesoberbehörde übertragen werden. [2] Die Rechtsverordnungen, die auf dieser Grundlage von der Bundesoberbehörde erlassen werden, bedürfen nicht der Zustimmung des Bundesrates oder des Bundestages.

Abschnitt 2. Berichte

§ 97 Erfahrungsbericht. (1) [1] Die Bundesregierung evaluiert dieses Gesetz und das Windenergie-auf-See-Gesetz[1)] und legt dem Bundestag bis zum 30. Juni 2018 und dann alle vier Jahre einen Erfahrungsbericht vor. [2] In dem Bericht berichtet sie insbesondere über

1. den Stand des Ausbaus der erneuerbaren Energien, die Erreichung der Ziele nach § 1 Absatz 2 und die hierdurch eingesparte Menge Mineralöl und Erdgas sowie die dadurch reduzierten Emissionen von Treibhausgasen,
2. die Erfahrungen mit Ausschreibungen nach § 2 Absatz 3, auch vor dem Hintergrund des Ziels, die Akteursvielfalt zu erhalten; dies umfasst auch die Erfahrungen mit den grenzüberschreitenden und technologieneutralen Ausschreibungen, sowie
3. die Entwicklung und angemessene Verteilung der Kosten nach § 2 Absatz 4, auch vor dem Hintergrund der Entwicklung der Besonderen Ausgleichsregelung und der Eigenversorgung.

(2) Die Bundesregierung legt in dem Erfahrungsbericht erforderliche Handlungsempfehlungen für die Weiterentwicklung dieses Gesetzes und des Windenergie-auf-See-Gesetzes[1)] vor, insbesondere mit Blick auf die §§ 1 und 2 dieses Gesetzes und § 1 des Windenergie-auf-See-Gesetzes.

(3) [1] Die Bundesnetzagentur, das Bundesamt für Wirtschaft und Ausfuhrkontrolle und das Umweltbundesamt unterstützen das Bundesministerium für Wirtschaft und Energie bei der Erstellung des Erfahrungsberichts. [2] Insbesondere berichtet ihm die Bundesnetzagentur bis zum 31. Oktober 2017 und dann jährlich über die Flächeninanspruchnahme für Freiflächenanlagen, insbesondere über die Inanspruchnahme von Ackerland. [3] Zur Unterstützung bei der Erstellung des Erfahrungsberichts soll das Bundesministerium für Wirtschaft und Energie außerdem wissenschaftliche Gutachten beauftragen.

§ 98 Monitoringbericht. Die Bundesregierung berichtet dem Bundestag jährlich in ihrem Monitoringbericht nach § 63 Absatz 1 des Energiewirtschaftsgesetzes[2)] über den Stand des Ausbaus der erneuerbaren Energien.

§ 99 Mieterstrombericht. (1) [1] Die Bundesregierung legt dem Bundestag bis zum 30. September 2019 und danach jeweils im Erfahrungsbericht nach § 97 einen Bericht zum Mieterstromzuschlag nach § 19 Absatz 1 Nummer 3 in Verbindung mit § 21 Absatz 3 (Mieterstrombericht) vor. [2] Im Mieterstrombe-

---

[1)] Nr. **47**.
[2)] Nr. **1**.

richt ist insbesondere auf den Zubau von Solaranlagen, deren Betreiber einen Mieterstromzuschlag erhalten, das räumliche Verhältnis von Erzeugungs- und Verbrauchsgebäuden und die mit dem Mieterstromzuschlag verbundenen Kosten einzugehen.

(2) [1]Die Bundesnetzagentur unterstützt das Bundesministerium für Wirtschaft und Energie bei der Erstellung des Mieterstromberichts. [2]§ 97 Absatz 3 Satz 3 ist entsprechend anzuwenden.

Abschnitt 3. Übergangsbestimmungen

§ 100 Allgemeine Übergangsvorschriften. (1) [1]Die Bestimmungen des Erneuerbare-Energien-Gesetzes in der am 31. Dezember 2016 geltenden Fassung und der Freiflächenausschreibungsverordnung in der am 31. Dezember 2016 geltenden Fassung sind

1. für Strom aus Anlagen, die vor dem 1. Januar 2017 in Betrieb genommen worden sind, statt der §§ 7, 21, 22, 22a, 23 Absatz 3 Nummer 1, 3, 5 und 7, §§ 24, 27a bis 39e, 39g und 39h, 40 bis 49, 50a, 52 Absatz 2 Satz 1 Nummer 3, §§ 53 und 53a, §§ 54 bis 55a sowie der Anlage 2 anzuwenden,
2. für Strom aus Freiflächenanlagen, deren Zuschlag vor dem 1. Januar 2017 nach der Freiflächenausschreibungsverordnung erteilt worden ist,
   a) statt der §§ 22, 22a, 27a bis 39h und §§ 54 bis 55a anzuwenden;
   b) statt des § 24 anzuwenden, wenn die Freiflächenanlage vor dem 1. Januar 2017 in Betrieb genommen worden ist; für Freiflächenanlagen, die nach dem 31. Dezember 2016 in Betrieb genommen worden sind, ist § 24 anstelle von § 2 Nummer 5 zweiter Halbsatz der Freiflächenausschreibungsverordnung anzuwenden.

[2]§ 3 Nummer 1 ist auf Anlagen, die vor dem 1. Januar 2017 in Betrieb genommen worden sind, erstmalig in der Jahresabrechnung für 2016 anzuwenden. [3]§ 46 Absatz 3 ist auch auf Anlagen anzuwenden, die nach dem 1. Januar 2012 in Betrieb genommen worden sind. [4]Für Strom aus Anlagen, die vor dem 1. Januar 2016 in Betrieb genommen worden sind, ist § 51 nicht anzuwenden. [5]§ 52 Absatz 1 Nummer 1 und 2 und Absatz 3 ist bis zum 31. Dezember 2019 nicht für Strom aus Einrichtungen nach § 3 Nummer 1 zweiter Halbsatz anzuwenden, soweit der Anlagenbetreiber die Angaben für die Anlage, die für die Bestimmung der Höhe des Zahlungsanspruchs nach § 19 Absatz 3 Satz 3 maßgeblich ist, an das Register übermittelt hat. [6]§ 52 Absatz 3 ist nur für Zahlungen für Strom anzuwenden, der nach dem 31. Juli 2014 eingespeist wird; bis zu diesem Zeitpunkt ist die entsprechende Bestimmung des Erneuerbare-Energien-Gesetzes in der am 31. Juli 2014 geltenden Fassung anzuwenden. [7]Ausgenommen von der Bestimmung in Satz 6 sind Fälle, in denen vor dem 1. Januar 2017 ein Rechtsstreit zwischen Anlagenbetreiber und Netzbetreiber rechtskräftig entschieden wurde. [8]Für Anlagenbetreiber, deren Anlagen vor dem 1. Januar 2016 in Betrieb genommen wurden, wird der Zahlungsanspruch nach Satz 6 erst am 1. Januar 2017 fällig. [9]§ 80a ist auf Anlagen, die vor dem 1. Januar 2012 in Betrieb genommen worden sind, nicht anzuwenden.

(2) [1]Für Strom aus Anlagen und KWK-Anlagen, die nach dem am 31. Juli 2014 geltenden Inbetriebnahmebegriff vor dem 1. August 2014 in Betrieb genommen worden sind, sind die Bestimmungen des Erneuerbare-Energien-

Gesetzes in der am 31. Dezember 2016 geltenden Fassung anzuwenden mit der Maßgabe, dass

1. statt § 5 Nummer 21 des Erneuerbare-Energien-Gesetzes in der am 31. Dezember 2016 geltenden Fassung § 3 Nummer 5 des Erneuerbare-Energien-Gesetzes in der am 31. Juli 2014 geltenden Fassung anzuwenden ist,
2. statt § 9 Absatz 3 und 7 des Erneuerbare-Energien-Gesetzes in der am 31. Dezember 2016 geltenden Fassung § 6 Absatz 3 und 6 des Erneuerbare-Energien-Gesetzes in der am 31. Juli 2014 geltenden Fassung anzuwenden ist,
3. § 25 des Erneuerbare-Energien-Gesetzes in der am 31. Dezember 2016 geltenden Fassung mit folgenden Maßgaben anzuwenden ist:
   a) an die Stelle des anzulegenden Wertes nach § 23 Absatz 1 Satz 2 des Erneuerbare-Energien-Gesetzes in der am 31. Dezember 2016 geltenden Fassung tritt der Vergütungsanspruch des Erneuerbare-Energien-Gesetzes in der für die jeweilige Anlage maßgeblichen Fassung und
   b) für Betreiber von Anlagen zur Erzeugung von Strom aus solarer Strahlungsenergie, die nach dem 31. Dezember 2011 in Betrieb genommen worden sind, ist vorbehaltlich der Sätze 2 und 3 § 25 Absatz 1 Satz 1 des Erneuerbare-Energien-Gesetzes in der am 31. Dezember 2016 geltenden Fassung anzuwenden, solange der Anlagenbetreiber die Anlage nicht nach § 17 Absatz 2 Nummer 1 Buchstabe a des Erneuerbare-Energien-Gesetzes in der am 31. Juli 2014 geltenden Fassung als geförderte Anlage im Sinn des § 20a Absatz 5 des Erneuerbare-Energien-Gesetzes in der am 31. Juli 2014 geltenden Fassung registriert und den Standort und die installierte Leistung der Anlage nicht an die Bundesnetzagentur mittels der von ihr bereitgestellten Formularvorgaben übermittelt hat,
4. statt der §§ 24, 26 bis 31, 40 Absatz 1, der §§ 41 bis 51, 53 und 55, 71 Nummer 2 des Erneuerbare-Energien-Gesetzes in der am 31. Dezember 2016 geltenden Fassung die §§ 19, 20 bis 20b, 23 bis 33, 46 Nummer 2 sowie die Anlagen 1 und 2 des Erneuerbare-Energien-Gesetzes in der am 31. Juli 2014 geltenden Fassung anzuwenden sind, wobei § 33c Absatz 3 des Erneuerbare-Energien-Gesetzes in der am 31. Juli 2014 geltenden Fassung entsprechend anzuwenden ist; abweichend hiervon ist § 47 Absatz 7 des Erneuerbare-Energien-Gesetzes in der am 31. Dezember 2016 geltenden Fassung ausschließlich für Anlagen entsprechend anzuwenden, die nach dem am 31. Juli 2014 geltenden Inbetriebnahmebegriff nach dem 31. Dezember 2011 in Betrieb genommen worden sind,
5. § 35 Satz 1 Nummer 2 des Erneuerbare-Energien-Gesetzes in der am 31. Dezember 2016 geltenden Fassung ab dem 1. April 2015 anzuwenden ist,
6. § 37 des Erneuerbare-Energien-Gesetzes in der am 31. Dezember 2016 geltenden Fassung entsprechend anzuwenden ist mit Ausnahme von § 37 Absatz 2 und 3 zweiter Halbsatz des Erneuerbare-Energien-Gesetzes in der am 31. Dezember 2016 geltenden Fassung,
7. für Strom aus Anlagen zur Erzeugung von Strom aus Wasserkraft, die vor dem 1. Januar 2009 in Betrieb genommen worden sind, anstelle des § 40 Absatz 2 des Erneuerbare-Energien-Gesetzes in der am 31. Dezember 2016 geltenden Fassung § 23 des Erneuerbare-Energien-Gesetzes in der am

31. Juli 2014 geltenden Fassung anzuwenden ist, wenn die Maßnahme nach § 23 Absatz 2 Satz 1 des Erneuerbare-Energien-Gesetzes in der am 31. Juli 2014 geltenden Fassung vor dem 1. August 2014 abgeschlossen worden ist,

8. Anlage 1 Nummer 1.2 des Erneuerbare-Energien-Gesetzes in der am 31. Dezember 2016 geltenden Fassung mit der Maßgabe anzuwenden ist, dass der jeweils anzulegende Wert „AW" für nach dem 31. Dezember 2014
   a) aus Windenergie und solarer Strahlungsenergie erzeugten Strom um 0,40 Cent pro Kilowattstunde erhöht wird; abweichend vom ersten Halbsatz wird der anzulegende Wert für Strom, der nach dem 31. Dezember 2014 und vor dem 1. April 2015 erzeugt worden ist, nur um 0,30 Cent pro Kilowattstunde erhöht, wenn die Anlage nicht fernsteuerbar im Sinn des § 36 des Erneuerbare-Energien-Gesetzes in der am 31. Dezember 2016 geltenden Fassung ist, oder
   b) aus Wasserkraft, Deponiegas, Klärgas, Grubengas, Biomasse und Geothermie erzeugten Strom um 0,20 Cent pro Kilowattstunde erhöht wird,

8a. Anlage 2 des Erneuerbare-Energien-Gesetzes in der am 1. August 2014 geltenden Fassung auch auf Windenergieanlagen an Land anzuwenden ist, die nach dem 31. Dezember 2011 in Betrieb genommen worden sind,

9. § 66 Absatz 2 Nummer 1, Absatz 4, 5, 6, 11, 18, 18a, 19 und 20 des Erneuerbare-Energien-Gesetzes in der am 31. Juli 2014 geltenden Fassung anzuwenden ist,

10. für Strom aus Anlagen, die nach dem am 31. Dezember 2011 geltenden Inbetriebnahmebegriff vor dem 1. Januar 2012 in Betrieb genommen worden sind, abweichend hiervon und unbeschadet der Nummern 3, 5, 6, 7 und 8 ***[bis 30.9.2021:*** § 66 Absatz 1 Nummer 1 bis 13, Absatz 2, 3, 4, 14, 17 und 21 des Erneuerbare-Energien-Gesetzes***]*** ***[ab 1.10.2021:*** *§ 66 Absatz 1 Nummer 1 bis 5 und 6 bis 13, Absatz 2, 3, 4, 14, 17 und 21 des Erneuerbare-Energien-Gesetzes****]*** in der am 31. Juli 2014 geltenden Fassung anzuwenden ist, wobei die in § 66 Absatz 1 erster Halbsatz angeordnete allgemeine Anwendung der Bestimmungen des Erneuerbare-Energien-Gesetzes in der am 31. Dezember 2011 geltenden Fassung nicht anzuwenden ist, sowie die folgenden Maßgaben gelten:
   a) statt § 5 Nummer 4 des Erneuerbare-Energien-Gesetzes in der am 31. Dezember 2016 geltenden Fassung ist § 18 Absatz 2 des Erneuerbare-Energien-Gesetzes in der am 31. Dezember 2011 geltenden Fassung entsprechend anzuwenden und statt § 5 Nummer 21 des Erneuerbare-Energien-Gesetzes in der am 31. Dezember 2016 geltenden Fassung ist § 3 Nummer 5 des Erneuerbare-Energien-Gesetzes in der am 31. Dezember 2011 geltenden Fassung anzuwenden; abweichend hiervon ist für Anlagen, die vor dem 1. Januar 2009 nach § 3 Absatz 4 zweiter Halbsatz des Erneuerbare-Energien-Gesetzes in der am 31. Dezember 2008 geltenden Fassung erneuert worden sind, ausschließlich für diese Erneuerung § 3 Absatz 4 des Erneuerbare-Energien-Gesetzes in der am 31. Dezember 2008 geltenden Fassung anzuwenden,
   b) statt § 9 des Erneuerbare-Energien-Gesetzes in der am 31. Dezember 2016 geltenden Fassung ist § 6 des Erneuerbare-Energien-Gesetzes in der am 31. Dezember 2011 geltenden Fassung unbeschadet des § 66

Absatz 1 Nummer 1 bis 3 des Erneuerbare-Energien-Gesetzes in der am 31. Juli 2014 geltenden Fassung mit folgenden Maßgaben anzuwenden:

aa) § 9 Absatz 1 Satz 2 und Absatz 4 des Erneuerbare-Energien-Gesetzes in der am 31. Dezember 2016 geltenden Fassung ist entsprechend anzuwenden und

bb) bei Verstößen ist § 16 Absatz 6 des Erneuerbare-Energien-Gesetzes in der am 31. Dezember 2011 geltenden Fassung entsprechend anzuwenden,

c) statt der §§ 26 bis 29, 32, 40 Absatz 1, den §§ 41 bis 51, 53 und 55, 71 Nummer 2 des Erneuerbare-Energien-Gesetzes in der am 31. Dezember 2016 geltenden Fassung sind die §§ 19, 20, 23 bis 33 und 66 sowie die Anlagen 1 bis 4 des Erneuerbare-Energien-Gesetzes in der am 31. Dezember 2011 geltenden Fassung anzuwenden,

d) statt § 66 Absatz 1 Nummer 10 Satz 1 und 2 des Erneuerbare-Energien-Gesetzes in der am 31. Juli 2014 geltenden Fassung sind die §§ 20, 21, 34 bis 36 und Anlage 1 des Erneuerbare-Energien-Gesetzes in der am 31. Dezember 2016 geltenden Fassung mit der Maßgabe anzuwenden, dass abweichend von § 20 Absatz 1 Nummer 3 und 4 des Erneuerbare-Energien-Gesetzes in der am 31. Dezember 2016 geltenden Fassung die Einspeisevergütung nach den Bestimmungen des Erneuerbare-Energien-Gesetzes in der für die jeweilige Anlage maßgeblichen Fassung maßgeblich ist und dass bei der Berechnung der Marktprämie nach § 34 des Erneuerbare-Energien-Gesetzes in der am 31. Dezember 2016 geltenden Fassung der anzulegende Wert die Höhe der Vergütung in Cent pro Kilowattstunde ist, die für den direkt vermarkteten Strom bei der konkreten Anlage im Fall einer Vergütung nach den Vergütungsbestimmungen des Erneuerbare-Energien-Gesetzes in der für die jeweilige Anlage maßgeblichen Fassung tatsächlich in Anspruch genommen werden könnte,

e) statt § 66 Absatz 1 Nummer 11 des Erneuerbare-Energien-Gesetzes in der am 31. Juli 2014 geltenden Fassung sind die §§ 52 und 54 sowie Anlage 3 des Erneuerbare-Energien-Gesetzes in der am 31. Dezember 2016 geltenden Fassung anzuwenden,

11. für Anlagen, die vor dem 1. Januar 2012 in Betrieb genommen worden sind, die Dauer des Anspruchs auf Zahlung gilt, die in der Fassung des Erneuerbare-Energien-Gesetzes festgelegt ist, das bei Inbetriebnahme der Anlage anzuwenden war,

12. für Windenergieanlagen an Land, die vor dem 1. Januar 2012 in Betrieb genommen worden sind, § 29 Absatz 3 des Erneuerbare-Energien-Gesetzes in der am 31. Juli 2014 geltenden Fassung anzuwenden ist,

13. § 9 Absatz 7 und 8 und § 52 Absatz 2 Nummer 1a in der am 21. Dezember 2018 geltenden Fassung anzuwenden ist ***[bis 30.9.2021: .] [ab 1.10.2021: ,]***

[Nr. 14 ab 1.10.2021:]

14. *für Anlagen, die vor dem 1. Oktober 2021 in Betrieb genommen worden sind, die §§ 11 und 20 Absatz 4 in der ab dem 1. Oktober 2021 geltenden Fassung anzuwenden sind und die §§ 14 und 15 des Erneuerbare-Energien-Gesetzes in der am 30. September 2021 geltenden Fassung ab dem 1. Oktober 2021 nicht mehr anzuwenden sind.*

[2]Absatz 1 Satz 2 bis 9 ist auch auf Anlagen nach Satz 1 anzuwenden. [3]Davon erfasst sind im Fall des Satzes 1 Nummer 3 Buchstabe b alle Anlagen unabhängig davon, ob sie nach § 17 Absatz 2 Nummer 1 Buchstabe a des Erneuerbare-Energien-Gesetzes in der am 31. Juli 2014 geltenden Fassung oder nach § 6 des Erneuerbare-Energien-Gesetzes in der am 31. Dezember 2016 geltenden Fassung in Verbindung mit § 6 Absatz 1 der Anlagenregisterverordnung gemeldet werden mussten. [4]Satz 1 Nummer 10 Buchstabe c ist mit der Maßgabe anzuwenden, dass der Anspruch nach § 27 Absatz 5 in der am 31. Dezember 2011 geltenden Fassung auch dann besteht, wenn die immissionsschutzgesetzliche Genehmigungsbedürftigkeit erst nach der ersten Inbetriebnahme der Anlage und nicht allein aufgrund einer Änderung der Rechtslage entsteht; in diesem Fall kann der Anspruch ab dem Bestehen der immissionsschutzrechtlichen Genehmigungsbedürftigkeit geltend gemacht werden. [5]Satz 4 darf erst nach der beihilferechtlichen Genehmigung durch die Europäische Kommission und nach Maßgabe dieser Genehmigung angewendet werden. [6]Ausgenommen von der Bestimmung in Satz 4 sind Fälle, in denen vor dem 1. Januar 2019 ein Rechtsstreit zwischen Anlagenbetreiber und Netzbetreiber rechtskräftig entschieden wurde. [7]Der Zahlungsanspruch nach Satz 4 wird am 1. des Monats fällig, der auf den Monat folgt, in dem die beihilferechtliche Genehmigung der Europäischen Kommission im Amtsblatt der Europäischen Union veröffentlicht wurde.

(3) [1]Für Strom aus Anlagen, die

1. nach dem am 31. Juli 2014 geltenden Inbetriebnahmebegriff vor dem 1. August 2014 in Betrieb genommen worden sind und
2. vor dem 1. August 2014 zu keinem Zeitpunkt Strom ausschließlich aus erneuerbaren Energien oder Grubengas erzeugt haben,

ist § 5 Nummer 21 erster Halbsatz des Erneuerbare-Energien-Gesetzes in der am 31. Dezember 2016 geltenden Fassung anzuwenden. [2]Abweichend von Satz 1 gilt für Anlagen nach Satz 1, die ausschließlich Biomethan einsetzen, der am 31. Juli 2014 geltende Inbetriebnahmebegriff, wenn das ab dem 1. August 2014 zur Stromerzeugung eingesetzte Biomethan ausschließlich aus Gasaufbereitungsanlagen stammt, die vor dem 23. Januar 2014 zum ersten Mal Biomethan in das Erdgasnetz eingespeist haben. [3]Für den Anspruch auf finanzielle Förderung für Strom aus einer Anlage nach Satz 2 ist nachzuweisen, dass vor ihrem erstmaligen Betrieb ausschließlich mit Biomethan eine andere Anlage mit allen erforderlichen Angaben in dem Register als endgültig stillgelegt registriert worden ist, die

1. schon vor dem 1. August 2014 ausschließlich mit Biomethan betrieben wurde und
2. mindestens dieselbe installierte Leistung hat wie die Anlage nach Satz 2.

[4]Stilllegungsnachweise nach Satz 3 können auch gemeinsam für eine Anlage nach Satz 2 verwendet oder auf mehrere Anlagen nach Satz 2 aufgeteilt werden. [5]Die Bundesnetzagentur veröffentlicht hierzu gesondert die Daten der an das Register gemeldeten Anlagen, die vor ihrer endgültigen Stilllegung Strom ausschließlich aus Biomethan erzeugt haben, soweit der Anlagenbetreiber der Verwendung der Kapazität nicht widersprochen hat und solange die stillgelegte Leistung nicht von anderen Anlagen verwendet wird. [6]Satz 2 ist auf Anlagen entsprechend anzuwenden, die ausschließlich Biomethan einsetzen,

das aus einer Gasaufbereitungsanlage stammt, die nach dem Bundes-Immissionsschutzgesetz genehmigungsbedürftig ist und vor dem 23. Januar 2014 genehmigt worden ist und die vor dem 1. Januar 2015 zum ersten Mal Biomethan in das Erdgasnetz eingespeist hat, wenn die Anlage vor dem 1. Januar 2015 nicht mit Biomethan aus einer anderen Gasaufbereitungsanlage betrieben wurde; wird die Anlage erstmalig nach dem 31. Dezember 2014 ausschließlich mit Biomethan betrieben, sind die Sätze 3 bis 5 entsprechend anzuwenden.

(4) [1] Für Strom aus Anlagen, die nach dem 31. Juli 2014 und vor dem 1. Januar 2015 in Betrieb genommen worden sind, ist Absatz 2 anzuwenden, wenn die Anlagen nach dem Bundes-Immissionsschutzgesetz genehmigungsbedürftig sind oder für ihren Betrieb einer Zulassung nach einer anderen Bestimmung des Bundesrechts bedürfen und vor dem 23. Januar 2014 genehmigt oder zugelassen worden sind. [2] Satz 1 ist entsprechend auf Biomasseanlagen anzuwenden mit der Maßgabe, dass auf das Vorliegen einer Baugenehmigung abzustellen ist. [3] Satz 2 ist rückwirkend zum 1. August 2014 anzuwenden. [4] Wenn aufgrund von Satz 2 Korrekturen von Abrechnungen für die Jahre 2014 oder 2015 erforderlich werden, ist es ergänzend zu § 62 ausreichend, wenn der Anlagenbetreiber eine Kopie der Baugenehmigung sowie einen Nachweis über die Inbetriebnahme der Anlage vorlegt.

(5) Für Strom aus Anlagen, die nach dem am 31. Dezember 2011 geltenden Inbetriebnahmebegriff vor dem 1. Januar 2012 in Betrieb genommen worden sind, verringert sich für jeden Kalendermonat, in dem Anlagenbetreiber ganz oder teilweise Verpflichtungen im Rahmen einer Nachrüstung zur Sicherung der Systemstabilität aufgrund einer Rechtsverordnung nach § 12 Absatz 3a und § 49 Absatz 4 des Energiewirtschaftsgesetzes[1)] nach Ablauf der in der Rechtsverordnung oder der von den Netzbetreibern nach Maßgabe der Rechtsverordnung gesetzten Frist nicht nachgekommen sind,

1. der Anspruch auf die Marktprämie oder die Einspeisevergütung für Anlagen, die mit einer technischen Einrichtung nach § 9 Absatz 1 Satz 1 Nummer 2 oder Satz 2 Nummer 2 des Erneuerbare-Energien-Gesetzes in der am 31. Dezember 2016 geltenden Fassung ausgestattet sind, auf null oder
2. der in einem Kalenderjahr entstandene Anspruch auf eine Einspeisevergütung für Anlagen, die nicht mit einer technischen Einrichtung nach § 9 Absatz 1 Satz 1 Nummer 2 oder Satz 2 Nummer 2 des Erneuerbare-Energien-Gesetzes in der am 31. Dezember 2016 geltenden Fassung ausgestattet sind, um ein Zwölftel.

(6) Anlage 1 Nummer 3.1 Satz 2 des Erneuerbare-Energien-Gesetzes in der am 31. Dezember 2016 geltenden Fassung ist nicht vor dem 1. Januar 2015 anzuwenden.

(7) Für Strom aus Anlagen, die vor dem 25. Juli 2017 in Betrieb genommen worden sind, besteht kein Anspruch auf den Mieterstromzuschlag nach § 19 Absatz 1 Nummer 3.

(8) [1] § 48 Absatz 1 Satz 2 ist auf alle Anlagen, die vor dem 25. Juli 2017 in Betrieb genommen worden sind, erstmalig ab dem 25. Juli 2017 anzuwenden. [2] Anstelle der flächenbezogenen Vorgaben von § 48 Absatz 1 Satz 1 Nummer 3

---

1) Nr. 1.

sind die Vorgaben einzuhalten, die für die jeweilige Anlage nach Maßgabe der Übergangsregelungen dieses Gesetzes anzuwenden sind.

(9) Für Freiflächenanlagen, die vor dem 1. Juli 2018 in Betrieb genommen worden sind, ist § 24 Absatz 2 zum Zweck der Ermittlung der Anlagengröße nach § 22 Absatz 3 Satz 2 nicht anzuwenden.

(10) Für Strom aus Windenergieanlagen an Land und Solaranlagen, für die der Zuschlag vor dem 21. Dezember 2018 erteilt worden ist, sind die Bestimmungen des Erneuerbare-Energien-Gesetzes in der am 20. Dezember 2018 geltenden Fassung anzuwenden mit der Maßgabe, dass § 9 Absatz 8 und § 85 Absatz 2 Nummer 1a anzuwenden sind.

(11) Für Solaranlagen, die vor dem 1. Februar 2019 in Betrieb genommen wurden, sind die Bestimmungen des Erneuerbare-Energien-Gesetzes in der am 20. Dezember 2018 geltenden Fassung anzuwenden.

§ 101 Übergangsbestimmungen für Strom aus Biogas. (1) [1] Für Strom aus Anlagen zur Erzeugung von Strom aus Biogas, die nach dem am 31. Juli 2014 geltenden Inbetriebnahmebegriff vor dem 1. August 2014 in Betrieb genommen worden sind, verringert sich ab dem 1. August 2014 der Vergütungsanspruch nach den Bestimmungen des Erneuerbare-Energien-Gesetzes in der für die Anlage jeweils anzuwendenden Fassung für jede Kilowattstunde Strom, um die in einem Kalenderjahr die vor dem 1. August 2014 erreichte Höchstbemessungsleistung der Anlage überschritten wird, auf den Monatsmarktwert; für Anlagen zur Erzeugung von Strom aus Biogas, die vor dem 1. Januar 2009 in Betrieb genommen worden sind, verringert sich entsprechend der Vergütungsanspruch nach § 8 Absatz 1 des Erneuerbare-Energien-Gesetzes vom 21. Juli 2004 (BGBl. I S. 1918) in der am 31. Dezember 2008 geltenden Fassung nach Maßgabe des ersten Halbsatzes. [2] Höchstbemessungsleistung im Sinne von Satz 1 ist die höchste Bemessungsleistung der Anlage in einem Kalenderjahr seit dem Zeitpunkt ihrer Inbetriebnahme und vor dem 1. Januar 2014. [3] Abweichend von Satz 2 gilt der um 5 Prozent verringerte Wert der am 31. Juli 2014 installierten Leistung der Anlage als Höchstbemessungsleistung, wenn der so ermittelte Wert höher als die tatsächliche Höchstbemessungsleistung nach Satz 2 ist. [4] Für Strom aus Anlagen nach § 100 Absatz 4 sind die Sätze 1 bis 3 mit folgenden Maßgaben ab 1. Januar 2017 entsprechend anzuwenden:

1. der Vergütungsanspruch verringert sich ab dem 1. Januar 2017, soweit die vor dem 1. Januar 2017 erreichte Höchstbemessungsleistung überschritten wird,
2. Höchstbemessungsleistung ist die Bemessungsleistung der Anlage im Jahr 2016,
3. abweichend von Nummer 2 gilt der um 5 Prozent verringerte Wert der am 31. Dezember 2016 installierten Leistung der Anlage als Höchstbemessungsleistung, wenn der so ermittelte Wert höher als die tatsächliche Höchstbemessungsleistung nach Nummer 2 ist.

(2) Für Strom aus Anlagen, die nach dem am 31. Dezember 2011 geltenden Inbetriebnahmebegriff vor dem 1. Januar 2012 in Betrieb genommen worden sind,

1. entfällt der Anspruch auf Erhöhung des Bonus für Strom aus nachwachsenden Rohstoffen nach § 27 Absatz 4 Nummer 2 in Verbindung mit Anlage 2 Nummer VI.2.b und VII.2 zu dem Erneuerbare-Energien-Gesetz in der am 31. Dezember 2011 geltenden Fassung nicht endgültig, wenn ein Anlagenbetreiber aufgrund einer Sperre im Sinne von § 6 Absatz 1 Nummer 18 des Tiergesundheitsgesetzes im Einsatz von Gülle beeinträchtigt wurde. Im Zeitraum der Sperre zuzüglich 30 Kalendertagen entfällt der Anspruch nur für die Kalendertage, in denen der Mindestanteil an Gülle nicht eingehalten wurde,
2. besteht der Anspruch auf Erhöhung des Bonus für Strom aus nachwachsenden Rohstoffen nach § 27 Absatz 4 Nummer 2 in Verbindung mit Anlage 2 Nummer VI.2.c zu dem Erneuerbare-Energien-Gesetz in der am 31. Dezember 2011 geltenden Fassung ab dem 1. August 2014 nur, wenn zur Stromerzeugung überwiegend Landschaftspflegematerial einschließlich Landschaftspflegegras im Sinne von Anlage 3 Nummer 5 zur Biomasseverordnung[1)] in der am 31. Juli 2014 geltenden Fassung eingesetzt werden,
3. ist § 44b Absatz 5 Nummer 2 anzuwenden für Strom, der nach dem 31. Juli 2014 erzeugt worden ist.

(3) [1] Für Anlagen, die nach dem 31. Dezember 2011 und vor dem 1. August 2014 in Betrieb genommen worden sind,
1. ist auch nach dem 31. Juli 2014 die Biomasseverordnung[1)] in ihrer am 31. Juli 2014 geltenden Fassung anzuwenden,
2. ist bei der Berechnung des durchschnittlichen Gülleanteils nach § 27 Absatz 4 Nummer 2 des Erneuerbare-Energien-Gesetzes in der am 31. Juli 2014 geltenden Fassung im Falle der Beeinträchtigung des Gülleeinsatzes aufgrund einer Sperre im Sinne von § 6 Absatz 1 Nummer 18 des Tiergesundheitsgesetzes der Zeitraum der Sperre zuzüglich 30 Kalendertagen nicht zu berücksichtigen, wenn der vorgesehene jährliche Güllemindestanteil nicht eingehalten werden konnte,
3. ist bei der Berechnung des durchschnittlichen Gülleanteils nach § 27b Absatz 1 Nummer 3 des Erneuerbare-Energien-Gesetzes in der am 31. Juli 2014 geltenden Fassung im Falle einer Beeinträchtigung des Gülleeinsatzes aufgrund einer Sperre im Sinne von § 6 Absatz 1 Nummer 18 des Tiergesundheitsgesetzes der Zeitraum der Sperre zuzüglich 30 Kalendertagen nicht zu berücksichtigen, wenn der vorgesehene jährliche Güllemindestanteil nicht eingehalten werden konnte.

[2] Im Falle des Satzes 1 Nummer 3 entfällt der Anspruch nach § 27b Absatz 1 des Erneuerbare-Energien-Gesetzes in der am 31. Juli 2014 geltenden Fassung für den nicht berücksichtigten Zeitraum. [3] Ein Anspruch nach den §§ 24 bis 27a des Erneuerbare-Energien-Gesetzes in der am 31. Juli 2014 geltenden Fassung bleibt im Falle des Satzes 1 Nummer 3 unberührt.

(4) [1] Für Anlagen, die nach dem 31. Juli 2014 und vor dem 1. Januar 2017 in Betrieb genommen worden sind, ist bei der Berechnung des durchschnittlichen Gülleanteils nach § 46 Nummer 3 des Erneuerbare-Energien-Gesetzes in der am 31. Dezember 2016 geltenden Fassung im Falle einer Beeinträchtigung des Gülleeinsatzes aufgrund einer Sperre im Sinne von § 6 Absatz 1 Nummer 18

---

1) Nr. **39**.

des Tiergesundheitsgesetzes der Zeitraum der Sperre zuzüglich 30 Kalendertagen nicht zu berücksichtigen, wenn der vorgesehene jährliche Güllemindestanteil nicht eingehalten werden konnte. [2] In diesem Fall entfällt der Anspruch nach § 46 des Erneuerbare-Energien-Gesetzes in der am 31. Dezember 2016 geltenden Fassung für den nicht berücksichtigten Zeitraum. [3] Ein Anspruch nach den §§ 41 bis 45 des Erneuerbare-Energien-Gesetzes in der am 31. Dezember 2016 geltenden Fassung bleibt unberührt.

§ 102 *(aufgehoben)*

§ 103 Übergangs- und Härtefallbestimmungen zur Besonderen Ausgleichsregelung. (1) Für Anträge für das Begrenzungsjahr 2015 sind die §§ 63 bis 69 mit den folgenden Maßgaben anzuwenden:

1. § 64 Absatz 1 Nummer 3 ist für Unternehmen mit einem Stromverbrauch von unter 10 Gigawattstunden im letzten abgeschlossenen Geschäftsjahr nicht anzuwenden, wenn das Unternehmen dem Bundesamt für Wirtschaft und Ausfuhrkontrolle nachweist, dass es innerhalb der Antragsfrist nicht in der Lage war, eine gültige Bescheinigung nach § 64 Absatz 3 Nummer 2 zu erlangen.
2. § 64 Absatz 2 und 3 Nummer 1 ist mit der Maßgabe anzuwenden, dass anstelle des arithmetischen Mittels der Bruttowertschöpfung der letzten drei abgeschlossenen Geschäftsjahre auch nur die Bruttowertschöpfung nach § 64 Absatz 6 Nummer 2 des letzten abgeschlossenen Geschäftsjahrs des Unternehmens zugrunde gelegt werden kann.
3. § 64 Absatz 6 Nummer 1 letzter Halbsatz ist nicht anzuwenden.
4. § 64 Absatz 6 Nummer 3 ist mit der Maßgabe anzuwenden, dass die Stromkostenintensität das Verhältnis der von dem Unternehmen in dem letzten abgeschlossenen Geschäftsjahr zu tragenden tatsächlichen Stromkosten einschließlich der Stromkosten für nach § 61 umlagepflichtige selbst verbrauchte Strommengen zu der Bruttowertschöpfung zu Faktorkosten des Unternehmens nach Nummer 2 ist; Stromkosten für nach § 61 nicht umlagepflichtige selbst verbrauchte Strommengen können berücksichtigt werden, soweit diese im letzten abgeschlossenen Geschäftsjahr dauerhaft von nach § 60 Absatz 1 oder nach § 61 umlagepflichtigen Strommengen abgelöst wurden; die Bescheinigung nach § 64 Absatz 3 Nummer 1 Buchstabe c muss sämtliche Bestandteile der vom Unternehmen getragenen Stromkosten enthalten.
5. Abweichend von § 66 Absatz 1 Satz 1 und 2 kann ein Antrag einmalig bis zum 30. September 2014 (materielle Ausschlussfrist) gestellt werden.
6. Im Übrigen sind die §§ 63 bis 69 anzuwenden, es sei denn, dass Anträge für das Begrenzungsjahr 2015 bis zum Ablauf des 31. Juli 2014 bestandskräftig entschieden worden sind.

(2) Für Anträge für das Begrenzungsjahr 2016 sind die §§ 63 bis 69 mit den folgenden Maßgaben anzuwenden:

1. § 64 Absatz 2 und 3 Nummer 1 ist mit der Maßgabe anzuwenden, dass anstelle des arithmetischen Mittels der Bruttowertschöpfung der letzten drei abgeschlossenen Geschäftsjahre auch das arithmetische Mittel der Bruttowertschöpfung nach § 64 Absatz 6 Nummer 2 der letzten beiden abgeschlossenen Geschäftsjahre des Unternehmens zugrunde gelegt werden kann.

2. § 64 Absatz 6 Nummer 3 ist mit der Maßgabe anzuwenden, dass die Stromkostenintensität das Verhältnis der von dem Unternehmen in dem letzten abgeschlossenen Geschäftsjahr zu tragenden tatsächlichen Stromkosten einschließlich der Stromkosten für nach § 61 umlagepflichtige selbst verbrauchte Strommengen zu der Bruttowertschöpfung zu Faktorkosten des Unternehmens nach Nummer 1 ist; Stromkosten für nach § 61 nicht umlagepflichtige selbst verbrauchte Strommengen können berücksichtigt werden, soweit diese im letzten abgeschlossenen Geschäftsjahr dauerhaft von nach § 60 Absatz 1 oder nach § 61 umlagepflichtigen Strommengen abgelöst wurden; die Bescheinigung nach § 64 Absatz 3 Nummer 1 Buchstabe c muss sämtliche Bestandteile der vom Unternehmen getragenen Stromkosten enthalten.
3. Im Übrigen sind die §§ 63 bis 69 anzuwenden.

(3) [1] Für Unternehmen oder selbständige Unternehmensteile, die als Unternehmen des produzierenden Gewerbes nach § 3 Nummer 14 des Erneuerbare-Energien-Gesetzes in der am 31. Juli 2014 geltenden Fassung für das Begrenzungsjahr 2014 über eine bestandskräftige Begrenzungsentscheidung nach den §§ 40 bis 44 des Erneuerbare-Energien-Gesetzes in der am 31. Juli 2014 geltenden Fassung für eine Abnahmestelle verfügen, begrenzt das Bundesamt für Wirtschaft und Ausfuhrkontrolle die EEG-Umlage für die Jahre 2015 bis 2018 nach den §§ 63 bis 69 so, dass die EEG-Umlage für diese Abnahmestelle in einem Begrenzungsjahr jeweils nicht mehr als das Doppelte des Betrags in Cent pro Kilowattstunde beträgt, der für den selbst verbrauchten Strom an der begrenzten Abnahmestelle des Unternehmens im jeweils dem Antragsjahr vorangegangenen Geschäftsjahr nach Maßgabe des für dieses Jahr geltenden Begrenzungsbescheides zu zahlen war. [2] Satz 1 gilt entsprechend für Unternehmen oder selbständige Unternehmensteile, die für das Begrenzungsjahr 2014 über eine bestandskräftige Begrenzungsentscheidung für eine Abnahmestelle verfügen und die Voraussetzungen nach § 64 nicht erfüllen, weil sie einer Branche nach Liste 1 der Anlage 4 zuzuordnen sind, aber ihre Stromkostenintensität weniger als 16 Prozent für das Begrenzungsjahr 2015 oder weniger als 17 Prozent ab dem Begrenzungsjahr 2016 beträgt, wenn und insoweit das Unternehmen oder der selbständige Unternehmensteil nachweist, dass seine Stromkostenintensität im Sinne des § 64 Absatz 6 Nummer 3 in Verbindung mit Absatz 1 und 2 dieses Paragrafen mindestens 14 Prozent betragen hat; im Übrigen sind die §§ 64, 66, 68 und 69 entsprechend anzuwenden.

(4) [1] Für Unternehmen oder selbständige Unternehmensteile, die
1. als Unternehmen des produzierenden Gewerbes nach § 3 Nummer 14 des Erneuerbare-Energien-Gesetzes in der am 31. Juli 2014 geltenden Fassung für das Begrenzungsjahr 2014 über eine bestandskräftige Begrenzungsentscheidung nach den §§ 40 bis 44 des Erneuerbare-Energien-Gesetzes in der am 31. Juli 2014 geltenden Fassung verfügen und
2. die Voraussetzungen nach § 64 dieses Gesetzes nicht erfüllen, weil sie
   a) keiner Branche nach Anlage 4 zuzuordnen sind oder
   b) einer Branche nach Liste 2 der Anlage 4 zuzuordnen sind, aber ihre Stromkostenintensität weniger als 20 Prozent beträgt,

begrenzt das Bundesamt für Wirtschaft und Ausfuhrkontrolle auf Antrag die EEG-Umlage für den Stromanteil über 1 Gigawattstunde pro begrenzter Abnahmestelle auf 20 Prozent der nach § 60 Absatz 1 ermittelten EEG-Umlage, wenn und insoweit das Unternehmen oder der selbständige Unternehmensteil nachweist, dass seine Stromkostenintensität im Sinne des § 64 Absatz 6 Nummer 3 in Verbindung mit Absatz 1 und 2 dieses Paragrafen mindestens 14 Prozent betragen hat. 2 Satz 1 ist auch anzuwenden für selbständige Unternehmensteile, die abweichend von Satz 1 Nummer 2 Buchstabe a oder b die Voraussetzungen nach § 64 dieses Gesetzes deshalb nicht erfüllen, weil das Unternehmen einer Branche nach Liste 2 der Anlage 4 zuzuordnen ist. 3 Im Übrigen sind Absatz 3 und die §§ 64, 66, 68 und 69 entsprechend anzuwenden.

(5) Unternehmen, die keine rechtsfähige Personenvereinigung und keine juristische Person sind und für deren Strom die EEG-Umlage deshalb nicht mit der Wirkung des § 64 Absatz 2 begrenzt werden konnte, weil sie nicht unter den Unternehmensbegriff nach § 5 Nummer 34 des Erneuerbare-Energien-Gesetzes in der am 31. Dezember 2016 geltenden Fassung fielen, können einen Antrag auf Begrenzung der EEG-Umlage für die Begrenzungsjahre 2015, 2016 und 2017 abweichend von § 66 Absatz 1 Satz 1 bis zum 31. Januar 2017 (materielle Ausschlussfrist) stellen.

(6) Für Anträge nach § 63 in Verbindung mit § 64 Absatz 5a für das Begrenzungsjahr 2018 ist § 64 Absatz 1 Nummer 3 nicht anzuwenden, wenn das Unternehmen dem Bundesamt für Wirtschaft und Ausfuhrkontrolle nachweist, dass es innerhalb der Antragsfrist nicht in der Lage war, eine gültige Bescheinigung nach § 64 Absatz 3 Nummer 2 zu erlangen.

(7) 1 Begrenzungsentscheidungen nach den §§ 63 bis 69 für Unternehmen, die einer Branche mit der laufenden Nummer 145 oder 146 nach Anlage 4 zuzuordnen sind, stehen unter dem Vorbehalt, dass die Europäische Kommission das Zweite Gesetz zur Änderung des Erneuerbare-Energien-Gesetzes vom 29. Juni 2015 (BGBl. I S. 1010) beihilferechtlich genehmigt. 2 Das Bundesministerium für Wirtschaft und Energie macht den Tag der Bekanntgabe[1)] der beihilferechtlichen Genehmigung im Bundesanzeiger bekannt. 3 Für die Begrenzung bei diesen Unternehmen sind die §§ 63 bis 69 unbeschadet der Absätze 1 bis 3 mit den folgenden Maßgaben anzuwenden:

1. Anträge für die Begrenzungsjahre 2015 und 2016 können abweichend von § 66 Absatz 1 Satz 1 bis zum 2. August 2015 (materielle Ausschlussfrist) gestellt werden;
2. Zahlungen, die in einem Begrenzungsjahr vor dem Eintritt der Wirksamkeit der Begrenzungsentscheidung geleistet wurden, werden für Zahlungen des Selbstbehalts nach § 64 Absatz 2 Nummer 1 und für das Erreichen der Obergrenzenbeträge nach § 64 Absatz 2 Nummer 3 berücksichtigt. Soweit die geleisteten Zahlungen über die Obergrenzenbeträge nach § 64 Absatz 2 Nummer 3 hinausgehen, bleiben sie von der Begrenzungsentscheidung unberührt.

§ 104 Weitere Übergangsbestimmungen. (1) 1 Für Anlagen und KWK-Anlagen, die vor dem 1. August 2014 in Betrieb genommen worden sind und mit einer technischen Einrichtung nach § 6 Absatz 1 oder Absatz 2 Nummer 1 und 2 Buchstabe a des am 31. Juli 2014 geltenden Erneuerbare-Energien-Gesetzes ausgestattet werden mussten, ist § 9 Absatz 1 Satz 2 des Erneuerbare-

---

[1)] Tag der Bekanntgabe ist der 28.5.2015; vgl. Bek. v. 2.7.2015 (BAnz AT 03.07.2015 B1).

Energien-Gesetzes in der am 31. Dezember 2016 geltenden Fassung ab dem 1. Januar 2009 rückwirkend anzuwenden. [2] Ausgenommen hiervon sind Fälle, in denen vor dem 9. April 2014 ein Rechtsstreit zwischen Anlagenbetreiber und Netzbetreiber anhängig oder rechtskräftig entschieden worden ist.

(2) [1] Für Eigenversorgungsanlagen, die vor dem 1. August 2014 ausschließlich Strom mit Gichtgas, Konvertergas oder Kokereigas (Kuppelgase) erzeugt haben, das bei der Stahlerzeugung entstanden ist, ist § 62b Absatz 5 nicht anzuwenden und die Strommengen dürfen, soweit sie unter die Ausnahmen nach §§ 61a, 61e und 61f fallen, rückwirkend zum 1. Januar 2014 jährlich bilanziert werden. [2] Erdgas ist in dem Umfang als Kuppelgas anzusehen, in dem es zur Anfahr-, Zünd- und Stützfeuerung erforderlich ist.

(3) [1] Für Anlagen, die vor dem 1. Januar 2017 in Betrieb genommen worden sind und Ablaugen der Zellstoffherstellung einsetzen, ist auch nach dem 1. Januar 2017 die Biomasseverordnung anzuwenden, die für die jeweilige Anlage am 31. Dezember 2016 anzuwenden war. [2] Anlagen nach Satz 1 dürfen nicht an Ausschreibungen teilnehmen. [3] Für Anlagen nach Satz 1 verlängert sich der Zeitraum nach § 100 Absatz 2 Satz 1 Nummer 11 einmalig um zehn Jahre. [4] Erstmalig am ersten Tag des zweiten Jahres des Anschlusszeitraums nach Satz 3 und danach jährlich zum 1. Januar verringert sich der anzulegende Wert um acht Prozentpunkte gegenüber dem anzulegenden Wert für den in der jeweiligen Anlage erzeugten Strom nach dem Erneuerbare-Energien-Gesetz in der für die Anlage bisher maßgeblichen Fassung. [5] Der sich ergebende Wert wird auf zwei Stellen nach dem Komma gerundet. [6] Für die Berechnung des Anspruchs nach § 19 Absatz 1 aufgrund einer erneuten Anpassung nach Satz 4 sind die ungerundeten Werte zugrunde zu legen. [7] Eine Anschlusszahlung nach Satz 3 bis 6 darf erst nach beihilferechtlicher Genehmigung durch die Europäische Kommission erfolgen.

(4) [1] Ein Elektrizitätsversorgungsunternehmen kann für Strom, den es in einer Stromerzeugungsanlage erzeugt und vor dem 1. August 2014 an einen Letztverbraucher geliefert hat, die Erfüllung des Anspruchs eines Übertragungsnetzbetreibers auf Abnahme und Vergütung von Strom oder die Erfüllung des Anspruchs auf Zahlung der EEG-Umlage nach den vor dem 1. August 2014 geltenden Fassungen des Erneuerbare-Energien-Gesetzes verweigern, soweit

1. der Anspruch aufgrund der Fiktion nach Satz 2 nicht entstanden wäre und
2. die Angaben nach § 74 Absatz 1 Satz 1 und § 74a Absatz 1 bis zum 31. Dezember 2017 mitgeteilt worden sind.

[2] Ausschließlich zur Bestimmung des Betreibers und der von ihm erzeugten Strommengen im Rahmen von Satz 1 Nummer 1 gilt ein anteiliges vertragliches Nutzungsrecht des Letztverbrauchers an einer bestimmten Erzeugungskapazität der Stromerzeugungsanlage als eigenständige Stromerzeugungsanlage, wenn und soweit der Letztverbraucher diese wie eine Stromerzeugungsanlage betrieben hat. [3] § 62b Absatz 5 Satz 1 ist entsprechend anzuwenden. [4] Die Sätze 1 und 2 sind auch für Strom anzuwenden, den das Elektrizitätsversorgungsunternehmen ab dem 1. August 2014 in derselben Stromerzeugungsanlage erzeugt und an einen Letztverbraucher geliefert hat, soweit und solange

1. die Voraussetzungen nach den Sätzen 1 und 2 weiterhin erfüllt sind,

2. sich die Pflicht des Letztverbrauchers zur Zahlung der EEG-Umlage nach § 61e oder § 61f auf 0 Prozent verringern würde, wenn der Letztverbraucher Betreiber der Stromerzeugungsanlage wäre,
3. die Stromerzeugungsanlage nicht erneuert, ersetzt oder erweitert worden ist und
4. das Nutzungsrecht und das Eigenerzeugungskonzept unverändert fortbestehen.

[5] § 74 Absatz 1 und § 74a Absatz 1 sind entsprechend anzuwenden.

(5) Die §§ 53c und 86 Absatz 1 Nummer 1a sind rückwirkend zum 1. Januar 2016 anzuwenden.

(6) [1] Der Anspruch nach § 61 Absatz 1 entfällt auch für Anfahrts- und Stillstandsstrom von Kraftwerken, soweit und solange der Letztverbraucher den Strom selbst verbraucht und

1. die Stromerzeugungsanlage, in der der Strom erzeugt wird, von dem Letztverbraucher als ältere Bestandsanlage nach § 61f betrieben wird,
2. das Kraftwerk, das versorgt wird,
   a) bereits vor dem 1. August 2014 von dem Letztverbraucher betrieben worden ist und
   b) bereits vor dem 1. September 2011 seinen Anfahrts- und Stillstandsstrom aus Eigenerzeugung gedeckt hat,
3. der Letztverbraucher vor dem 1. August 2014 den ursprünglichen Letztverbraucher, der das Kraftwerk nach Nummer 2 Buchstabe b betrieben hatte, im Wege einer Rechtsnachfolge als Betreiber abgelöst hat,
4. nach dem 31. Juli 2014 das Konzept für die Bereitstellung des Anfahrts- und Stillstandsstroms unverändert fortbesteht,
5. die Stromerzeugungsanlage und das Kraftwerk, das versorgt wird, an demselben Standort betrieben werden, an dem sie vor dem 1. September 2011 betrieben wurden, und
6. die Angaben nach § 74a Absatz 1 bis zum 31. Mai 2017 mitgeteilt worden sind.

[2] Anfahrts- und Stillstandsstrom nach Satz 1 ist der Strom, der in der Stromerzeugungsanlage eines nicht stillgelegten Kraftwerks sowie ihren Neben- und Hilfseinrichtungen verbraucht wird, soweit die Stromerzeugungsanlage zwischenzeitlich selbst keine oder eine zu geringe Stromerzeugung hat, um diesen Bedarf selbst zu decken. [3] Die §§ 61i und 62b Absatz 1 und 5 sind entsprechend anzuwenden.

(7) § 61c Absatz 1 Satz 2 ist entsprechend anzuwenden für KWK-Anlagen, die vor dem 1. August 2014 erstmals Strom zur Eigenerzeugung erzeugt haben, deren erstmalige Nutzung zur Eigenversorgung durch den Letztverbraucher aber nach dem 31. Dezember 2017 erfolgt ist.

(8) [1] In den Ausschreibungen für Windenergieanlagen an Land zu allen Gebotsterminen bis einschließlich dem Gebotstermin am 1. Juni 2020 ist § 36g Absatz 1, 3 und 4 nicht anzuwenden. [2] § 36g Absatz 2 ist mit der Maßgabe anzuwenden, dass die Zweitsicherheit erst zwei Monate nach Bekanntgabe der Zuschläge nach § 35 Absatz 2 zu entrichten ist.

(9) Die Bestimmung des § 28 Absatz 6 darf erst nach der beihilferechtlichen Genehmigung durch die Europäische Kommission und nur nach Maßgabe der Genehmigung angewandt werden.

(10) [1] Für Strommengen, die nach dem 31. Dezember 2017 und vor dem 1. Januar 2021 verbraucht werden, kann im Fall fehlender mess- und eichrechtskonformer Messeinrichtungen abweichend von § 62b Absatz 1 und unbeschadet von § 62b Absatz 2 bis 6 die Erfassung und Abgrenzung von Strommengen durch eine Schätzung in entsprechender Anwendung von § 62b Absatz 3 bis 5 erfolgen. [2] Für Strommengen, die im Rahmen der Endabrechnung für das Kalenderjahr 2020 abgegrenzt werden, gilt dies nur, wenn eine Erklärung vorgelegt wird, mit der dargelegt wird, wie seit dem 1. Januar 2021 sichergestellt ist, dass § 62b eingehalten wird. [3] Der Netzbetreiber, der zur Erhebung der EEG-Umlage berechtigt ist, kann verlangen, dass die nach Satz 2 erforderliche Darlegung bei Vorlage durch einen Wirtschaftsprüfer, eine Wirtschaftsprüfungsgesellschaft, einen genossenschaftlichen Prüfungsverband, einen vereidigten Buchprüfer oder eine Buchprüfungsgesellschaft geprüft wird. [4] § 75 Satz 3 und 4 ist entsprechend anzuwenden.

(11) [1] Die Erfüllung des Anspruchs auf Zahlung der EEG-Umlage kann verweigert werden, wenn und soweit

1. der Anspruch deshalb geltend gemacht wird, weil Strommengen, die einer Pflicht zur Zahlung der EEG-Umlage in unterschiedlicher Höhe unterliegen, nicht durch mess- und eichrechtskonforme Messeinrichtungen erfasst oder abgegrenzt wurden und aus diesem Grund der innerhalb dieser Strommenge geltende höchste EEG-Umlagesatz auf die Gesamtmenge geltend gemacht wird,
2. die Strommengen vor dem 1. Januar 2018 verbraucht wurden,
3. die Abgrenzung der Strommengen in entsprechender Anwendung von § 62b Absatz 3 bis 5 erfolgt ist,
4. die EEG-Umlage für diese Strommengen entsprechend der Abgrenzung der Strommengen nach Nummer 3 geleistet worden ist und
5. für Strommengen, die ab dem 1. Januar 2020 verbraucht werden, § 62b eingehalten wird; Absatz 10 Satz 2 bis 4 ist entsprechend anzuwenden.

[2] Satz 1 Nummer 5 ist nicht in den Fällen des § 62b Absatz 2 Nummer 2 anzuwenden.

Anlage 1
(zu § 23a)

Höhe der Marktprämie

1. Berechnung der Marktprämie

1.1 Im Sinne dieser Anlage ist:
- „MP“ die Höhe der Marktprämie nach § 23a in Cent pro Kilowattstunde,
- „AW“ der anzulegende Wert unter Berücksichtigung der §§ 19 bis 54 in Cent pro Kilowattstunde,
- „MW“ der jeweilige Monatsmarktwert in Cent pro Kilowattstunde.

1.2 Die Höhe der Marktprämie nach § 23a („MP“) in Cent pro Kilowattstunde direkt vermarkteten und tatsächlich eingespeisten Stroms wird nach der folgenden Formel berechnet:

$$MP = AW - MW$$

Ergibt sich bei der Berechnung ein Wert kleiner null, wird abweichend von Satz 1 der Wert „MP" mit dem Wert null festgesetzt.

2. Berechnung des Monatsmarktwerts „ MW"

2.1 Monatsmarktwert bei Strom aus Wasserkraft, Deponiegas, Klärgas, Grubengas, Biomasse und Geothermie

Als Wert „MW" in Cent pro Kilowattstunde ist bei direkt vermarktetem Strom aus Wasserkraft, Deponiegas, Klärgas, Grubengas, Biomasse und Geothermie der Wert „MW_{EPEX}" anzulegen. Dabei ist „MW_{EPEX}" der tatsächliche Monatsmittelwert der Stundenkontrakte für die Preiszone für Deutschland am Spotmarkt der Strombörse in Cent pro Kilowattstunde.

2.2 Monatsmarktwert bei Strom aus Windenergie und solarer Strahlungsenergie

2.2.1 Energieträgerspezifischer Monatsmarktwert

Als Wert „MW" in Cent pro Kilowattstunde ist anzulegen bei direkt vermarktetem Strom aus

– Windenergieanlagen an Land der Wert „$MW_{Wind\ an\ Land}$",

– Windenergieanlagen auf See der Wert „$MW_{Wind\ auf\ See}$" und

– Solaranlagen der Wert „MW_{Solar}".

2.2.2 Windenergie an Land

„$MW_{Wind\ an\ Land}$" ist der tatsächliche Monatsmittelwert des Marktwerts von Strom aus Windenergieanlagen an Land am Spotmarkt der Strombörse für die Preiszone für Deutschland in Cent pro Kilowattstunde. Dieser Wert wird wie folgt berechnet:

2.2.2.1 Für jede Stunde eines Kalendermonats wird der durchschnittliche Wert der Stundenkontrakte am Spotmarkt der Strombörse für die Preiszone für Deutschland mit der Menge des in dieser Stunde nach der Online-Hochrechnung nach Nummer 3.1 erzeugten Stroms aus Windenergieanlagen an Land multipliziert.

2.2.2.2 Die Ergebnisse für alle Stunden dieses Kalendermonats werden summiert.

2.2.2.3 Diese Summe wird dividiert durch die Menge des in dem gesamten Kalendermonat nach der Online-Hochrechnung nach Nummer 3.1 erzeugten Stroms aus Windenergieanlagen an Land.

2.2.3 Windenergie auf See

„$MW_{Wind\ auf\ See}$" ist der tatsächliche Monatsmittelwert des Marktwerts von Strom aus Windenergieanlagen auf See am Spotmarkt der Strombörse für die Preiszone für Deutschland in Cent pro Kilowattstunde. Für die Berechnung von „$MW_{Wind\ auf\ See}$" sind die Nummern 2.2.2.1 bis 2.2.2.3 mit der Maßgabe anzuwenden, dass statt des nach der Online-Hochrechnung nach Nummer 3.1 erzeugten Stroms aus Windenergieanlagen an Land der nach der Online-Hochrechnung nach Nummer 3.1 erzeugte Strom aus Windenergieanlagen auf See zugrunde zu legen ist.

2.2.4 Solare Strahlungsenergie

„MW_{Solar}" ist der tatsächliche Monatsmittelwert des Marktwerts von Strom aus Solaranlagen am Spotmarkt der Strombörse für die Preiszone Deutschland/Österreich in Cent pro Kilowattstunde. Für die Berechnung von „MW_{Solar}" sind die Nummern 2.2.2.1 bis 2.2.2.3 mit der Maßgabe anzuwenden, dass statt des nach der Online-Hochrechnung nach Nummer 3.1 erzeugten Stroms aus Windenergieanlagen an Land der nach der Online-Hochrechnung nach Nummer 3.1 erzeugte Strom aus Solaranlagen zugrunde zu legen ist.

3. Veröffentlichung der Berechnung

3.1 Die Übertragungsnetzbetreiber müssen jederzeit unverzüglich auf einer gemeinsamen Internetseite in einheitlichem Format die auf der Grundlage einer repräsentativen Anzahl von gemessenen Referenzanlagen erstellte Online-Hochrechnung der Menge des tatsächlich erzeugten Stroms aus Windenergieanlagen an Land, Windenergieanlagen auf See und Solaranlagen in ihren Regelzonen in mindestens stündlicher Auflösung veröffentlichen.

Für die Erstellung der Online-Hochrechnung sind Reduzierungen der Einspeiseleistung der Anlage durch den Netzbetreiber oder im Rahmen der Direktvermarktung nicht zu berücksichtigen.

3.2 Die Übertragungsnetzbetreiber müssen ferner für jeden Kalendermonat bis zum Ablauf des zehnten Werktags des Folgemonats auf einer gemeinsamen Internetseite in einheitlichem Format und auf drei Stellen nach dem Komma gerundet folgende Daten in nicht personenbezogener Form veröffentlichen:

a) den Wert der Stundenkontrakte am Spotmarkt der Strombörse für die Preiszone für Deutschland für jeden Kalendertag in stündlicher Auflösung,

b) den Wert „MW_{EPEX}“ nach Maßgabe der Nummer 2.1,

c) den Wert „$MW_{Wind\ an\ Land}$“ nach Maßgabe der Nummer 2.2.2,

d) den Wert „$MW_{Wind\ auf\ See}$“ nach Maßgabe der Nummer 2.2.3 und

e) den Wert „MW_{Solar}“ nach Maßgabe der Nummer 2.2.4.

3.3 Soweit die Daten nach Nummer 3.2 nicht bis zum Ablauf des zehnten Werktags des Folgemonats verfügbar sind, sind sie unverzüglich in nicht personenbezogener Form zu veröffentlichen, sobald sie verfügbar sind.

Anlage 2
(zu § 36h)

Referenzertrag

1. Eine Referenzanlage ist eine Windenergieanlage eines bestimmten Typs, für die sich entsprechend ihrer von einer dazu berechtigten Institution vermessenen Leistungskennlinie an dem Referenzstandort ein Ertrag in Höhe des Referenzertrags errechnet.

2. Der Referenzertrag ist die für jeden Typ einer Windenergieanlage einschließlich der jeweiligen Nabenhöhe bestimmte Strommenge, die dieser Typ bei Errichtung an dem Referenzstandort rechnerisch auf Basis einer vermessenen Leistungskennlinie in fünf Betriebsjahren erbringen würde. Der Referenzertrag ist nach den allgemein anerkannten Regeln der Technik zu ermitteln; die Einhaltung der allgemein anerkannten Regeln der Technik wird vermutet, wenn die Verfahren, Grundlagen und Rechenmethoden verwendet worden sind, die enthalten sind in den Technischen Richtlinien für Windenergieanlagen, Teil 5, in der zum Zeitpunkt der Ermittlung des Referenzertrags geltenden Fassung der FGW e.V. – Fördergesellschaft Windenergie und andere Erneuerbare Energien (FGW)[1].

3. Der Typ einer Windenergieanlage ist bestimmt durch die Typenbezeichnung, die Rotorkreisfläche, die Nennleistung und die Nabenhöhe gemäß den Angaben des Herstellers.

4. Der Referenzstandort ist ein Standort, der bestimmt wird durch eine Rayleigh-Verteilung mit einer mittleren Jahreswindgeschwindigkeit von 6,45 Metern pro Sekunde in einer Höhe von 100 Metern über dem Grund und einem Höhenprofil, das nach dem Potenzgesetz mit einem Hellmann-Exponenten α mit einem Wert von 0,25 zu ermitteln ist, und einer Rauhigkeitslänge von 0,1 Metern.

5. Die Leistungskennlinie ist der für jeden Typ einer Windenergieanlage ermittelte Zusammenhang zwischen Windgeschwindigkeit und Leistungsabgabe, unabhängig von der Nabenhöhe. Die Leistungskennlinie ist nach den allgemein anerkannten Regeln der Technik zu ermitteln; die Einhaltung der allgemein anerkannten Regeln der Technik wird vermutet, wenn die Verfahren, Grundlagen und Rechenmethoden verwendet worden sind, die enthalten sind in den Technischen Richtlinien für Windenergieanlagen, Teil 2, der FGW[1] in der zum Zeitpunkt der Ermittlung des Referenzertrags geltenden Fassung. Soweit die Leistungskennlinie nach einem vergleichbaren Verfahren vor dem 1. Januar 2000 ermittelt wurde, kann diese anstelle der nach Satz 2 ermittelten Leistungskennlinie herangezogen werden, soweit im Geltungsbereich dieses

[1] **Amtlicher Hinweis:** Zu beziehen bei der FGW e.V. – Fördergesellschaft Windenergie und andere Erneuerbare Energien, Oranienburger Straße 45, 10117 Berlin.

Gesetzes nach dem 31. Dezember 2001 nicht mehr mit der Errichtung von Anlagen des Typs begonnen wird, für den sie gilt.

6. Zur Vermessung der Leistungskennlinien nach Nummer 5 und zur Berechnung der Referenzerträge von Anlagentypen am Referenzstandort nach Nummer 2 sind für die Zwecke dieses Gesetzes Institutionen berechtigt, die für die Anwendung der in diesen Nummern genannten Richtlinien nach DIN EN ISO IEC 17025[1] akkreditiert sind.

7. Bei der Anwendung des Referenzertrags zur Bestimmung und Überprüfung der Höhe des anzulegenden Wertes nach § 36h Absatz 2 ab Beginn des sechsten, elften und sechzehnten auf die Inbetriebnahme der Anlage folgenden Jahres wird der Standortertrag mit dem Referenzertrag ins Verhältnis gesetzt. Der Standortertrag ist die Strommenge, die der Anlagenbetreiber an einem konkreten Standort über einen definierten Zeitraum tatsächlich hätte einspeisen können.

7.1 Der Standortertrag vor Inbetriebnahme wird aus dem Bruttostromertrag abzüglich der Verlustfaktoren ermittelt. Der Bruttostromertrag ist der mittlere zu erwartende Stromertrag einer Windenergieanlage an Land, der sich auf Grundlage des in Nabenhöhe ermittelten Windpotenzials mit einer spezifischen Leistungskurve ohne Abschläge ergibt. Verlustfaktoren sind Strommindererträge aufgrund von

a) Abschattungseffekten,

b) fehlender technischer Verfügbarkeit der Anlage in Höhe von höchstens 2 Prozent des Bruttostromertrags,

c) elektrischen Effizienzverlusten im Betrieb der Windenergieanlage zwischen den Spannungsanschlüssen der jeweiligen Windenergieanlage und dem Netzverknüpfungspunkt des Windparks,

d) genehmigungsrechtlichen Auflagen, zum Beispiel zu Geräuschemissionen, Schattenwurf, Naturschutz oder zum Schutz des Flugbetriebs einschließlich Radar.

7.2 Für die Ermittlung des Standortertrags der ersten fünf, zehn und 15 auf die Inbetriebnahme der Anlage folgenden Jahre ist die eingespeiste Strommenge im Betrachtungszeitraum die Grundlage, zu der die fiktive Strommenge zu addieren ist, die der Anlagenbetreiber in dem Betrachtungszeitraum hätte einspeisen können. Die fiktive Strommenge ist die Summe der folgenden Strommengen:

a) Strommengen, die auf eine technische Nichtverfügbarkeit von mehr als 2 Prozent des Bruttostromertrags zurückgehen,

b) Strommengen, die wegen Abregelungen durch den Netzbetreiber ***[bis 30.9.2021:*** nach § 14***]*** ***[ab 1.10.2021:*** *nach § 13a Absatz 1 des Energiewirtschaftsgesetzes*[2] *oder nach § 14 Absatz 1 in Verbindung mit § 13a Absatz 1 des Energiewirtschaftsgesetzes*[2]***]*** nicht erzeugt wurden, und

c) Strommengen, die wegen sonstigen Abschaltungen oder Drosselungen, zum Beispiel der optimierten Vermarktung des Stroms, der Eigenversorgung oder der Stromlieferungen unmittelbar an Dritte, nicht eingespeist wurden.

7.3 Die Berechnung des Standortertrags richtet sich nach dem Stand der Technik. Es wird vermutet, dass die Berechnungen dem Stand der Technik entsprechen, wenn die Technischen Richtlinien der „FGW e.V. – Fördergesellschaft Windenergie und andere Erneuerbare Energien“, insbesondere die Technischen Richtlinien für Windenergieanlagen, Teil 6 eingehalten worden sind. Die Berechnung der fiktiven Strommengen erfolgt auf der Grundlage der konkreten Anlagendaten für die entsprechenden Betriebsjahre. Zu diesem Zweck ist der Betreiber der Anlage verpflichtet, eine Datenhaltung zu organisieren, aus der die hierfür notwendigen Betriebszustände der Anlage durch berechtigte Dritte ausgelesen werden können und die nicht nachträglich verändert werden können.

---

[1] Text der Amtl. Anm. fehlt. In Anl. 2 Nr. 6 EEG 2014 lautet die Amtl. Anm. an dieser Stelle: „Amtlicher Hinweis: Zu beziehen bei der Beuth Verlag GmbH, 10772 Berlin.“

[2] Nr. **1**.

Anlage 3
(zu § 50b)

Voraussetzungen und Höhe der Flexibilitätsprämie

I. Voraussetzungen der Flexibilitätsprämie

1. Anlagenbetreiber können die Flexibilitätsprämie verlangen,
   a) wenn für den gesamten in der Anlage erzeugten Strom keine Einspeisevergütung in Anspruch genommen wird und für diesen Strom unbeschadet des § 27 Absatz 3 und 4, des § 27a Absatz 2 und des § 27c Absatz 3 des Erneuerbare-Energien-Gesetzes in der am 31. Juli 2014 geltenden Fassung dem Grunde nach ein Vergütungsanspruch nach § 19 in Verbindung mit § 100 Absatz 2 besteht, der nicht nach § 52 in Verbindung mit § 100 Absatz 2 verringert ist,
   b) wenn die Bemessungsleistung der Anlage im Sinne der Nummer II.1 erster Spiegelstrich mindestens das 0,2fache der installierten Leistung der Anlage beträgt,
   c) wenn der Anlagenbetreiber die zur Registrierung der Inanspruchnahme der Flexibilitätsprämie erforderlichen Angaben an das Register übermittelt hat und
   d) sobald ein Umweltgutachter mit einer Zulassung für den Bereich Elektrizitätserzeugung aus erneuerbaren Energien bescheinigt hat, dass die Anlage für den zum Anspruch auf die Flexibilitätsprämie erforderlichen bedarfsorientierten Betrieb nach den allgemein anerkannten Regeln der Technik technisch geeignet ist.

2. Die Höhe der Flexibilitätsprämie wird kalenderjährlich berechnet. Die Berechnung erfolgt für die jeweils zusätzlich bereitgestellte installierte Leistung nach Maßgabe der Nummer II. Auf die zu erwartenden Zahlungen sind monatliche Abschläge in angemessenem Umfang zu leisten.

3. Anlagenbetreiber müssen dem Netzbetreiber die erstmalige Inanspruchnahme der Flexibilitätsprämie vorab mitteilen.

4. Die Flexibilitätsprämie ist für die Dauer von zehn Jahren zu zahlen. Beginn der Frist ist der erste Tag des zweiten auf die Meldung nach Nummer I.3 folgenden Kalendermonats.

5. Der Anspruch auf die Flexibilitätsprämie entfällt für zusätzlich installierte Leistung, die als Erhöhung der installierten Leistung der Anlage nach dem 31. Juli 2014 an das Register übermittelt wird, ab dem ersten Tag des 16. Kalendermonats, der auf den Kalendermonat folgt, in dem der von der Bundesnetzagentur nach Maßgabe der Rechtsverordnung nach § 93 veröffentlichte aggregierte Zubau der zusätzlich installierten Leistung durch Erhöhungen der installierten Leistung nach dem 31. Juli 2014 erstmals den Wert von 1 000 Megawatt übersteigt.

II. Höhe der Flexibilitätsprämie

1. **Begriffsbestimmungen**

   Im Sinne dieser Anlage ist
   - „P_{Bem}“ die Bemessungsleistung in Kilowatt; im ersten und im zehnten Kalenderjahr der Inanspruchnahme der Flexibilitätsprämie ist die Bemessungsleistung mit der Maßgabe zu berechnen, dass nur die in den Kalendermonaten der Inanspruchnahme der Flexibilitätsprämie erzeugten Kilowattstunden und nur die vollen Zeitstunden dieser Kalendermonate zu berücksichtigen sind; dies gilt nur für die Zwecke der Berechnung der Höhe der Flexibilitätsprämie,
   - „P_{inst}“ die installierte Leistung in Kilowatt,
   - „P_{Zusatz}“ die zusätzlich bereitgestellte installierte Leistung für die bedarfsorientierte Erzeugung von Strom in Kilowatt und in dem jeweiligen Kalenderjahr,
   - „f_{Kor}“ der Korrekturfaktor für die Auslastung der Anlage,
   - „*KK*“ die Kapazitätskomponente für die Bereitstellung der zusätzlich installierten Leistung in Euro und Kilowatt,
   - „*FP*“ die Flexibilitätsprämie nach § 50b in Cent pro Kilowattstunde.

2. Berechnung

2.1 Die Höhe der Flexibilitätsprämie nach § 50b („FP") in Cent pro Kilowattstunde direkt vermarkteten und tatsächlich eingespeisten Stroms wird nach der folgenden Formel berechnet:

$$FP = \frac{P_{Zusatz} \times KK \times 100 \ \frac{Cent}{Euro}}{P_{Bem} \times 8760\ h}$$

2.2 „P_{Zusatz}" wird nach der folgenden Formel berechnet:

$$P_{Zusatz} = P_{inst} - (f_{Kor} \times P_{Bem})$$

Dabei beträgt „f_{Kor}"
- bei Biomethan: 1,6 und
- bei Biogas, das kein Biomethan ist: 1,1.

Abweichend von Satz 1 wird der Wert „P_{Zusatz}" festgesetzt
- mit dem Wert null, wenn die Bemessungsleistung die 0,2fache installierte Leistung unterschreitet,
- mit dem 0,5fachen Wert der installierten Leistung „P_{inst}", wenn die Berechnung ergibt, dass er größer als der 0,5fache Wert der installierten Leistung ist.

2.3 „KK" beträgt 130 Euro pro Kilowatt.

2.4 Ergibt sich bei der Berechnung der Flexibilitätsprämie ein Wert kleiner null, wird abweichend von Nummer 2.1 der Wert „FP" mit dem Wert null festgesetzt.

Anlage 4
(zu den §§ 64, 103)

Stromkosten- oder handelsintensive Branchen

Laufende Nummer	WZ 2008[1] Code	WZ 2008 – Bezeichnung (a.n.g. = anderweitig nicht genannt)	Liste 1	Liste 2
1.	510	Steinkohlenbergbau	X	
2.	610	Gewinnung von Erdöl		X
3.	620	Gewinnung von Erdgas		X
4.	710	Eisenerzbergbau		X
5.	729	Sonstiger NE-Metallerzbergbau	X	
6.	811	Gewinnung von Naturwerksteinen und Natursteinen, Kalk- und Gipsstein, Kreide und Schiefer	X	
7.	812	Gewinnung von Kies, Sand, Ton und Kaolin		X
8.	891	Bergbau auf chemische und Düngemittelminerale	X	
9.	893	Gewinnung von Salz	X	
10.	899	Gewinnung von Steinen und Erden a .n. g.	X	
11.	1011	Schlachten (ohne Schlachten von Geflügel)		X
12.	1012	Schlachten von Geflügel		X

[1] **Amtlicher Hinweis:** Klassifikation der Wirtschaftszweige des Statistischen Bundesamtes, Ausgabe 2008. Zu beziehen beim Statistischen Bundesamt, Gustav-Stresemann-Ring 11, 65189 Wiesbaden; auch zu beziehen über www.destatis.de.

Laufende Nummer	WZ 2008 Code	WZ 2008 – Bezeichnung (a.n.g. = anderweitig nicht genannt)	Liste 1	Liste 2
13.	1013	Fleischverarbeitung		X
14.	1020	Fischverarbeitung		X
15.	1031	Kartoffelverarbeitung		X
16.	1032	Herstellung von Frucht- und Gemüsesäften	X	
17.	1039	Sonstige Verarbeitung von Obst und Gemüse	X	
18.	1041	Herstellung von Ölen und Fetten (ohne Margarine u.ä. Nahrungsfette)	X	
19.	1042	Herstellung von Margarine u.ä. Nahrungsfetten		X
20.	1051	Milchverarbeitung (ohne Herstellung von Speiseeis)		X
21.	1061	Mahl- und Schälmühlen		X
22.	1062	Herstellung von Stärke und Stärkeerzeugnissen	X	
23.	1072	Herstellung von Dauerbackwaren		X
24.	1073	Herstellung von Teigwaren		X
25.	1081	Herstellung von Zucker		X
26.	1082	Herstellung von Süßwaren (ohne Dauerbackwaren)		X
27.	1083	Verarbeitung von Kaffee und Tee, Herstellung von Kaffee-Ersatz		X
28.	1084	Herstellung von Würzmitteln und Soßen		X
29.	1085	Herstellung von Fertiggerichten		X
30.	1086	Herstellung von homogenisierten und diätetischen Nahrungsmitteln		X
31.	1089	Herstellung von sonstigen Nahrungsmitteln a.n.g.		X
32.	1091	Herstellung von Futtermitteln für Nutztiere		X
33.	1092	Herstellung von Futtermitteln für sonstige Tiere		X
34.	1101	Herstellung von Spirituosen		X
35.	1102	Herstellung von Traubenwein		X
36.	1103	Herstellung von Apfelwein und anderen Fruchtweinen		X
37.	1104	Herstellung von Wermutwein und sonstigen aromatisierten Weinen	X	
38.	1105	Herstellung von Bier		X
39.	1106	Herstellung von Malz	X	
40.	1107	Herstellung von Erfrischungsgetränken; Gewinnung natürlicher Mineralwässer		X
41.	1200	Tabakverarbeitung		X
42.	1310	Spinnstoffaufbereitung und Spinnerei	X	
43.	1320	Weberei	X	
44.	1391	Herstellung von gewirktem und gestricktem Stoff		X

Laufende Nummer	WZ 2008 Code	WZ 2008 – Bezeichnung (a.n.g. = anderweitig nicht genannt)	Liste 1	Liste 2
45.	1392	Herstellung von konfektionierten Textilwaren (ohne Bekleidung)		X
46.	1393	Herstellung von Teppichen		X
47.	1394	Herstellung von Seilerwaren	X	
48.	1395	Herstellung von Vliesstoff und Erzeugnissen daraus (ohne Bekleidung)	X	
49.	1396	Herstellung von technischen Textilien		X
50.	1399	Herstellung von sonstigen Textilwaren a.n.g.		X
51.	1411	Herstellung von Lederbekleidung	X	
52.	1412	Herstellung von Arbeits- und Berufsbekleidung		X
53.	1413	Herstellung von sonstiger Oberbekleidung		X
54.	1414	Herstellung von Wäsche		X
55.	1419	Herstellung von sonstiger Bekleidung und Bekleidungszubehör a.n.g.		X
56.	1420	Herstellung von Pelzwaren		X
57.	1431	Herstellung von Strumpfwaren		X
58.	1439	Herstellung von sonstiger Bekleidung aus gewirktem und gestricktem Stoff		X
59.	1511	Herstellung von Leder und Lederfaserstoff; Zurichtung und Färben von Fellen		X
60.	1512	Lederverarbeitung (ohne Herstellung von Lederbekleidung)		X
61.	1520	Herstellung von Schuhen		X
62.	1610	Säge-, Hobel- und Holzimprägnierwerke	X	
63.	1621	Herstellung von Furnier-, Sperrholz-, Holzfaser- und Holzspanplatten	X	
64.	1622	Herstellung von Parketttafeln		X
65.	1623	Herstellung von sonstigen Konstruktionsteilen, Fertigbauteilen, Ausbauelementen und Fertigteilbauten aus Holz		X
66.	1624	Herstellung von Verpackungsmitteln, Lagerbehältern und Ladungsträgern aus Holz		X
67.	1629	Herstellung von Holzwaren a.n.g., Kork-, Flecht- und Korbwaren (ohne Möbel)		X
68.	1711	Herstellung von Holz- und Zellstoff	X	
69.	1712	Herstellung von Papier, Karton und Pappe	X	
70.	1721	Herstellung von Wellpapier und -pappe sowie von Verpackungsmitteln aus Papier, Karton und Pappe		X
71.	1722	Herstellung von Haushalts-, Hygiene- und Toilettenartikeln aus Zellstoff, Papier und Pappe	X	
72.	1723	Herstellung von Schreibwaren und Bürobedarf aus Papier, Karton und Pappe		X

Laufende Nummer	WZ 2008 Code	WZ 2008 – Bezeichnung (a.n.g. = anderweitig nicht genannt)	Liste 1	Liste 2
73.	1724	Herstellung von Tapeten		X
74.	1729	Herstellung von sonstigen Waren aus Papier, Karton und Pappe		X
75.	1813	Druck- und Medienvorstufe		X
76.	1910	Kokerei		X
77.	1920	Mineralölverarbeitung	X	
78.	2011	Herstellung von Industriegasen	X	
79.	2012	Herstellung von Farbstoffen und Pigmenten	X	
80.	2013	Herstellung von sonstigen anorganischen Grundstoffen und Chemikalien	X	
81.	2014	Herstellung von sonstigen organischen Grundstoffen und Chemikalien	X	
82.	2015	Herstellung von Düngemitteln und Stickstoffverbindungen	X	
83.	2016	Herstellung von Kunststoffen in Primärformen	X	
84.	2017	Herstellung von synthetischem Kautschuk in Primärformen	X	
85.	2020	Herstellung von Schädlingsbekämpfungs-, Pflanzenschutz- und Desinfektionsmitteln		X
86.	2030	Herstellung von Anstrichmitteln, Druckfarben und Kitten		X
87.	2041	Herstellung von Seifen, Wasch-, Reinigungs- und Poliermitteln		X
88.	2042	Herstellung von Körperpflegemitteln und Duftstoffen		X
89.	2051	Herstellung von pyrotechnischen Erzeugnissen		X
90.	2052	Herstellung von Klebstoffen		X
91.	2053	Herstellung von etherischen Ölen		X
92.	2059	Herstellung von sonstigen chemischen Erzeugnissen a.n.g.		X
93.	2060	Herstellung von Chemiefasern	X	
94.	2110	Herstellung von pharmazeutischen Grundstoffen	X	
95.	2120	Herstellung von pharmazeutischen Spezialitäten und sonstigen pharmazeutischen Erzeugnissen		X
96.	2211	Herstellung und Runderneuerung von Bereifungen		X
97.	2219	Herstellung von sonstigen Gummiwaren		X
98.	2221	Herstellung von Platten, Folien, Schläuchen und Profilen aus Kunststoffen	X	
99.	2222	Herstellung von Verpackungsmitteln aus Kunststoffen	X	
100.	2223	Herstellung von Baubedarfsartikeln aus Kunststoffen		X
101.	2229	Herstellung von sonstigen Kunststoffwaren		X
102.	2311	Herstellung von Flachglas	X	
103.	2312	Veredlung und Bearbeitung von Flachglas	X	

Laufende Nummer	WZ 2008 Code	WZ 2008 – Bezeichnung (a.n.g. = anderweitig nicht genannt)	Liste 1	Liste 2
104.	2313	Herstellung von Hohlglas	X	
105.	2314	Herstellung von Glasfasern und Waren daraus	X	
106.	2319	Herstellung, Veredlung und Bearbeitung von sonstigem Glas einschließlich technischen Glaswaren	X	
107.	2320	Herstellung von feuerfesten keramischen Werkstoffen und Waren	X	
108.	2331	Herstellung von keramischen Wand- und Bodenfliesen und -platten	X	
109.	2332	Herstellung von Ziegeln und sonstiger Baukeramik	X	
110.	2341	Herstellung von keramischen Haushaltswaren und Ziergegenständen		X
111.	2342	Herstellung von Sanitärkeramik	X	
112.	2343	Herstellung von Isolatoren und Isolierteilen aus Keramik	X	
113.	2344	Herstellung von keramischen Erzeugnissen für sonstige technische Zwecke		X
114.	2349	Herstellung von sonstigen keramischen Erzeugnissen	X	
115.	2351	Herstellung von Zement	X	
116.	2352	Herstellung von Kalk und gebranntem Gips	X	
117.	2362	Herstellung von Gipserzeugnissen für den Bau		X
118.	2365	Herstellung von Faserzementwaren		X
119.	2369	Herstellung von sonstigen Erzeugnissen aus Beton, Zement und Gips a.n.g.		X
120.	2370	Be- und Verarbeitung von Naturwerksteinen und Natursteinen a.n.g.		X
121.	2391	Herstellung von Schleifkörpern und Schleifmitteln auf Unterlage		X
122.	2399	Herstellung von sonstigen Erzeugnissen aus nichtmetallischen Mineralien a.n.g.	X	
123.	2410	Erzeugung von Roheisen, Stahl und Ferrolegierungen	X	
124.	2420	Herstellung von Stahlrohren, Rohrform-, Rohrverschluss- und Rohrverbindungsstücken aus Stahl	X	
125.	2431	Herstellung von Blankstahl	X	
126.	2432	Herstellung von Kaltband mit einer Breite von weniger als 600 mm	X	
127.	2433	Herstellung von Kaltprofilen		X
128.	2434	Herstellung von kaltgezogenem Draht	X	
129.	2441	Erzeugung und erste Bearbeitung von Edelmetallen	X	
130.	2442	Erzeugung und erste Bearbeitung von Aluminium	X	
131.	2443	Erzeugung und erste Bearbeitung von Blei, Zink und Zinn	X	
132.	2444	Erzeugung und erste Bearbeitung von Kupfer	X	

Laufende Nummer	WZ 2008 Code	WZ 2008 – Bezeichnung (a.n.g. = anderweitig nicht genannt)	Liste 1	Liste 2
133.	2445	Erzeugung und erste Bearbeitung von sonstigen NE-Metallen	X	
134.	2446	Aufbereitung von Kernbrennstoffen	X	
135.	2451	Eisengießereien	X	
136.	2452	Stahlgießereien	X	
137.	2453	Leichtmetallgießereien	X	
138.	2454	Buntmetallgießereien	X	
139.	2511	Herstellung von Metallkonstruktionen		X
140.	2512	Herstellung von Ausbauelementen aus Metall		X
141.	2521	Herstellung von Heizkörpern und -kesseln für Zentralheizungen		X
142.	2529	Herstellung von Sammelbehältern, Tanks u.ä. Behältern aus Metall		X
143.	2530	Herstellung von Dampfkesseln (ohne Zentralheizungskessel)		X
144.	2540	Herstellung von Waffen und Munition		X
145.	2550	Herstellung von Schmiede-, Press-, Zieh- und Stanzteilen, gewalzten Ringen und pulvermetallurgischen Erzeugnissen		X
146.	2561	Oberflächenveredlung und Wärmebehandlung		X
147.	2571	Herstellung von Schneidwaren und Bestecken aus unedlen Metallen		X
148.	2572	Herstellung von Schlössern und Beschlägen aus unedlen Metallen		X
149.	2573	Herstellung von Werkzeugen		X
150.	2591	Herstellung von Fässern, Trommeln, Dosen, Eimern u.ä. Behältern aus Metall		X
151.	2592	Herstellung von Verpackungen und Verschlüssen aus Eisen, Stahl und NE-Metall		X
152.	2593	Herstellung von Drahtwaren, Ketten und Federn		X
153.	2594	Herstellung von Schrauben und Nieten		X
154.	2599	Herstellung von sonstigen Metallwaren a.n.g.		X
155.	2611	Herstellung von elektronischen Bauelementen	X	
156.	2612	Herstellung von bestückten Leiterplatten		X
157.	2620	Herstellung von Datenverarbeitungsgeräten und peripheren Geräten		X
158.	2630	Herstellung von Geräten und Einrichtungen der Telekommunikationstechnik		X
159.	2640	Herstellung von Geräten der Unterhaltungselektronik		X
160.	2651	Herstellung von Mess-, Kontroll-, Navigations- u.ä. Instrumenten und Vorrichtungen		X
161.	2652	Herstellung von Uhren		X

Laufende Nummer	WZ 2008 Code	WZ 2008 – Bezeichnung (a.n.g. = anderweitig nicht genannt)	Liste 1	Liste 2
162.	2660	Herstellung von Bestrahlungs- und Elektrotherapiegeräten und elektromedizinischen Geräten		X
163.	2670	Herstellung von optischen und fotografischen Instrumenten und Geräten		X
164.	2680	Herstellung von magnetischen und optischen Datenträgern	X	
165.	2711	Herstellung von Elektromotoren, Generatoren und Transformatoren		X
166.	2712	Herstellung von Elektrizitätsverteilungs- und -schalteinrichtungen		X
167.	2720	Herstellung von Batterien und Akkumulatoren	X	
168.	2731	Herstellung von Glasfaserkabeln		X
169.	2732	Herstellung von sonstigen elektronischen und elektrischen Drähten und Kabeln		X
170.	2733	Herstellung von elektrischem Installationsmaterial		X
171.	2740	Herstellung von elektrischen Lampen und Leuchten		X
172.	2751	Herstellung von elektrischen Haushaltsgeräten		X
173.	2752	Herstellung von nicht elektrischen Haushaltsgeräten		X
174.	2790	Herstellung von sonstigen elektrischen Ausrüstungen und Geräten a.n.g.		X
175.	2811	Herstellung von Verbrennungsmotoren und Turbinen (ohne Motoren für Luft- und Straßenfahrzeuge)		X
176.	2812	Herstellung von hydraulischen und pneumatischen Komponenten und Systemen		X
177.	2813	Herstellung von Pumpen und Kompressoren a.n.g.		X
178.	2814	Herstellung von Armaturen a.n.g.		X
179.	2815	Herstellung von Lagern, Getrieben, Zahnrädern und Antriebselementen		X
180.	2821	Herstellung von Öfen und Brennern		X
181.	2822	Herstellung von Hebezeugen und Fördermitteln		X
182.	2823	Herstellung von Büromaschinen (ohne Datenverarbeitungsgeräte und periphere Geräte)		X
183.	2824	Herstellung von handgeführten Werkzeugen mit Motorantrieb		X
184.	2825	Herstellung von kälte- und lufttechnischen Erzeugnissen, nicht für den Haushalt		X
185.	2829	Herstellung von sonstigen nicht wirtschaftszweigspezifischen Maschinen a.n.g.		X
186.	2830	Herstellung von land- und forstwirtschaftlichen Maschinen		X
187.	2841	Herstellung von Werkzeugmaschinen für die Metallbearbeitung		X
188.	2849	Herstellung von sonstigen Werkzeugmaschinen		X

Laufende Nummer	WZ 2008 Code	WZ 2008 – Bezeichnung (a.n.g. = anderweitig nicht genannt)	Liste 1	Liste 2
189.	2891	Herstellung von Maschinen für die Metallerzeugung, von Walzwerkseinrichtungen und Gießmaschinen		X
190.	2892	Herstellung von Bergwerks-, Bau- und Baustoffmaschinen		X
191.	2893	Herstellung von Maschinen für die Nahrungs- und Genussmittelerzeugung und die Tabakverarbeitung		X
192.	2894	Herstellung von Maschinen für die Textil- und Bekleidungsherstellung und die Lederverarbeitung		X
193.	2895	Herstellung von Maschinen für die Papiererzeugung und -verarbeitung		X
194.	2896	Herstellung von Maschinen für die Verarbeitung von Kunststoffen und Kautschuk		X
195.	2899	Herstellung von Maschinen für sonstige bestimmte Wirtschaftszweige a.n.g.		X
196.	2910	Herstellung von Kraftwagen und Kraftwagenmotoren		X
197.	2920	Herstellung von Karosserien, Aufbauten und Anhängern		X
198.	2931	Herstellung elektrischer und elektronischer Ausrüstungsgegenstände für Kraftwagen		X
199.	2932	Herstellung von sonstigen Teilen und sonstigem Zubehör für Kraftwagen		X
200.	3011	Schiffbau (ohne Boots- und Yachtbau)		X
201.	3012	Boots- und Yachtbau		X
202.	3020	Schienenfahrzeugbau		X
203.	3030	Luft- und Raumfahrzeugbau		X
204.	3040	Herstellung von militärischen Kampffahrzeugen		X
205.	3091	Herstellung von Krafträdern		X
206.	3092	Herstellung von Fahrrädern sowie von Behindertenfahrzeugen		X
207.	3099	Herstellung von sonstigen Fahrzeugen a.n.g.		X
208.	3101	Herstellung von Büro- und Ladenmöbeln		X
209.	3102	Herstellung von Küchenmöbeln		X
210.	3103	Herstellung von Matratzen		X
211.	3109	Herstellung von sonstigen Möbeln		X
212.	3211	Herstellung von Münzen		X
213.	3212	Herstellung von Schmuck, Gold- und Silberschmiedewaren (ohne Fantasieschmuck)		X
214.	3213	Herstellung von Fantasieschmuck		X
215.	3220	Herstellung von Musikinstrumenten		X
216.	3230	Herstellung von Sportgeräten		X
217.	3240	Herstellung von Spielwaren		X

Laufende Nummer	WZ 2008 Code	WZ 2008 – Bezeichnung (a.n.g. = anderweitig nicht genannt)	Liste 1	Liste 2
218.	3250	Herstellung von medizinischen und zahnmedizinischen Apparaten und Materialien		X
219.	3291	Herstellung von Besen und Bürsten		X
220.	3299	Herstellung von sonstigen Erzeugnissen a.n.g.	X	
221.	3832	Rückgewinnung sortierter Werkstoffe	X	

38. Verordnung über das zentrale elektronische Verzeichnis energiewirtschaftlicher Daten (Marktstammdatenregisterverordnung – MaStRV)[1]

Vom 10. April 2017
(BGBl. I S. 842)

FNA 752-6-20

zuletzt geänd. durch Art. 1 ÄndVO v. 15.11.2018 (BGBl. I S. 1891)

Inhaltsübersicht

---

[1] Verkündet als Art. 1 VO v. 10.4.2017 (BGBl. I S. 842); Inkrafttreten gem. Art. 2 Abs. 1 dieser VO am 1.7.2017.

Abschnitt 1. Allgemeine Bestimmungen

§ 1 Anwendungsbereich Diese Verordnung dient der Ausgestaltung des Marktstammdatenregisters nach § 111e des Energiewirtschaftsgesetzes[1].

§ 2 Begriffsbestimmungen. Im Sinn dieser Verordnung ist

1. *(aufgehoben)*
2. „Betreiber", wer unabhängig vom Eigentum eine Einheit oder eine EEG- oder KWK-Anlage nutzt,
3. „EEG-Anlage" jede Anlage zur Erzeugung von Strom, die nach der für sie maßgeblichen Fassung des Erneuerbare-Energien-Gesetzes[2] eine Anlage ist,
4. „Einheit" jede und jeder ortsfeste
   a) Gaserzeugungseinheit,
   b) Gasspeicher,
   c) Gasverbrauchseinheit,
   d) Stromerzeugungseinheit,
   e) Stromspeicher,
   f) Stromverbrauchseinheit,
5. „Gaserzeugungseinheit" jede technische Einrichtung zur Erzeugung von Gas,
6. „Gasspeicher" jede technische Einrichtung zur Zwischenspeicherung von Gas,
7. „Gasverbrauchseinheit" jede technische Einrichtung zum Verbrauch von Gas,
8. „KWK-Anlage" jede ortsfeste technische Anlage, in der gleichzeitig Strom und Nutzwärme erzeugt werden,
9. „Marktakteur" jede natürliche oder juristische Person, die am Energiemarkt teilnimmt,
10. „Projekt" jede Einheit in der Entwurfs- oder Errichtungsphase, deren Inbetriebnahme geplant ist,
11. „Stromerzeugungseinheit" jede technische Einrichtung, die unabhängig vom eingesetzten Energieträger direkt Strom erzeugt; bei einer Solaranlage ist jedes Modul eine eigenständige Stromerzeugungseinheit,
12. „Stromlieferant" jede natürliche oder juristische Person, die Strom an andere liefert,
13. „Stromspeicher" jede technische Einrichtung zur Zwischenspeicherung von elektrischer Energie,
14. „Stromverbrauchseinheit" jede technische Einrichtung, die Strom verbraucht,

---

[1] Nr. **1**.
[2] Nr. **37**.

15. „Transportkunde" jeder Gasgroßhändler und Gaslieferant einschließlich der Handelsabteilung eines vertikal integrierten Unternehmens,
16. „Webportal" die elektronische Plattform des Marktstammdatenregisters im Internet.

Abschnitt 2. Registrierungen

§ 3 Registrierung von Marktakteuren. (1) [1]Folgende Marktakteure müssen sich nach Absatz 2 im Marktstammdatenregister registrieren:
1. Betreiber von Einheiten, sofern für die Einheit nach § 5 Absatz 1, 3 oder 4 Satz 1 eine Pflicht zur Registrierung besteht,
2. Betreiber von organisierten Marktplätzen nach Artikel 2 Nummer 4 der Durchführungsverordnung (EU) Nr. 1348/2014 der Kommission vom 17. Dezember 2014 über die Datenmeldung gemäß Artikel 8 Absatz 2 und 6 der Verordnung (EU) Nr. 1227/2011 des Europäischen Parlaments und des Rates über die Integrität und Transparenz des Energiegroßhandelsmarkts (ABl. L 363 vom 18.12.2014, S. 121), soweit sie Produkte für das deutsche Marktgebiet handeln,
3. Bilanzkreisverantwortliche,
4. Messstellenbetreiber,
5. Netzbetreiber einschließlich der Betreiber von geschlossenen Verteilernetzen,
6. Personen, die nach Artikel 9 der Verordnung (EU) Nr. 1227/2011 des Europäischen Parlaments und des Rates vom 25. Oktober 2011 über die Integrität und Transparenz des Energiegroßhandelsmarkts (ABl. L 326 vom 8.12.2011, S. 1) bei der Bundesnetzagentur registriert werden,
7. Personen, die Projekte registrieren,
8. Stromlieferanten, die Strom unter Nutzung eines Energieversorgungsnetzes gemäß § 3 Nummer 16 des Energiewirtschaftsgesetzes[1)] liefern, und
9. Transportkunden.

[2]Ein Marktakteur, der in mehr als einer der in Satz 1 genannten Marktfunktionen am Energiemarkt teilnimmt, muss sich für jede dieser Marktfunktionen gesondert registrieren.

(2) [1]Marktakteure, die zur Registrierung verpflichtet sind, müssen sich innerhalb eines Monats nach ihrem erstmaligen Tätigwerden mit der jeweiligen Marktfunktion registrieren. [2]Netzbetreiber müssen sich unverzüglich nach der Bekanntgabe der Genehmigung nach § 4 des Energiewirtschaftsgesetzes[1)] registrieren.

(3) Marktakteure, die nicht zur Registrierung verpflichtet sind, und andere Personen können sich im Marktstammdatenregister freiwillig registrieren.

§ 4 Registrierung von Behörden. (1) Folgende Behörden müssen sich im Marktstammdatenregister registrieren:

[1)] Nr. **1**.

1. das Bundesministerium für Wirtschaft und Energie,
2. das Umweltbundesamt,
3. die Bundesanstalt für Landwirtschaft und Ernährung und
4. das Statistische Bundesamt.

(2) Behörden, die nicht zur Registrierung verpflichtet sind, können sich im Marktstammdatenregister freiwillig registrieren.

§ 5 Registrierung von Einheiten und von EEG- und KWK-Anlagen.

(1) [1]Betreiber müssen ihre Einheiten, ihre EEG- und KWK-Anlagen bei deren Inbetriebnahme im Marktstammdatenregister registrieren. [2]Einheiten von Solaranlagen, die von demselben Betreiber am selben Standort gleichzeitig in Betrieb genommen werden, sind summarisch als eine Einheit zu registrieren.

(2) Die Pflicht zur Registrierung nach den Absätzen 1, 3 und 4 Satz 1 entfällt

1. bei Stromerzeugungseinheiten, Stromspeichern sowie EEG- und KWK-Anlagen, wenn sie weder unmittelbar noch mittelbar an ein Stromnetz angeschlossen sind oder an ein Stromnetz angeschlossen werden sollen,

1a. bei Gaserzeugungseinheiten und Gasspeichern, wenn sie weder unmittelbar noch mittelbar an ein Gasnetz angeschlossen sind oder an ein Gasnetz angeschlossen werden sollen,

2. bei Stromverbrauchseinheiten, die nicht an das Hoch- oder Höchstspannungsnetz angeschlossen sind,

3. bei Gasverbrauchseinheiten, die nicht an das Fernleitungsnetz angeschlossen sind,

4. bei Einheiten militärischer Einrichtungen, die der Landesverteidigung dienen.

(3) Betreiber müssen den Beginn von vorläufigen und endgültigen Stilllegungen sowie das Ende von vorläufigen Stilllegungen ihrer Einheiten gemäß Absatz 5 Satz 1 registrieren.

(4) [1]Betreiber müssen ihre Projekte im Marktstammdatenregister gemäß Absatz 5 registrieren, wenn die Errichtung oder der Betrieb der Stromerzeugungseinheit einer Zulassung nach dem Bundes-Immissionsschutzgesetz, dem Windenergie-auf-See-Gesetz[1)] oder sonstigem Bundesrecht bedarf. [2]Jedes registrierungspflichtige Projekt muss zusammen mit der erteilten Zulassung registriert werden.

(5) [1]Die Registrierungen nach den Absätzen 1, 3 und 4 Satz 1 müssen innerhalb eines Monats nach dem Eintreten des jeweiligen Ereignisses erfolgen. [2]Für Registrierungen nach Absatz 4 Satz 1 ist das Ereignis die Bekanntgabe der Zulassung.

(6) EEG-Anlagen und KWK-Anlagen, die außerhalb des Bundesgebiets errichtet werden, stehen EEG-Anlagen und KWK-Anlagen im Sinn dieser Verordnung gleich, soweit die Pflicht zur Registrierung in einer Rechtsverordnung nach § 88a des Erneuerbare-Energien-Gesetzes[2)] oder nach § 33a Ab-

---

[1)] Nr. **47**.
[2)] Nr. **37**.

satz 2 des Kraft-Wärme-Kopplungsgesetzes[1)] und in einer darauf geschlossenen völkerrechtlichen Vereinbarung bestimmt worden ist.

§ 6 Erforderliche Daten zur Registrierung. Bei jeder Registrierung müssen die Daten eingetragen werden, die nach der Anlage zu dieser Verordnung erforderlich sind.

§ 7 Registrierung von Änderungen. (1) Änderungen, die die im Marktstammdatenregister eingetragenen Daten betreffen, muss der Verantwortliche innerhalb eines Monats nach ihrem Eintritt im Marktstammdatenregister registrieren.

(2) [1] Sofern die Leistung einer Stromerzeugungseinheit geändert werden soll und hierfür eine Zulassung nach Bundesrecht erforderlich ist, ist der Betreiber der Einheit verpflichtet, die Zulassung der Änderung der Leistung zu registrieren. [2] Die Registrierung muss innerhalb eines Monats nach der Bekanntgabe der Zulassung erfolgen.

Abschnitt 3. Behördliches Verfahren

§ 8 Registrierungsverfahren. (1) [1] Für die Registrierungen muss das Webportal genutzt werden. [2] Ein Marktakteur, der sich nach § 3 Absatz 1 Nummer 1 zu registrieren hat, darf dem Marktstammdatenregister Daten und andere Informationen auch schriftlich übermitteln; hierzu erstellt die Bundesnetzagentur Formulare, die sie den Marktakteuren auf Anforderung bereitzustellen hat und die von den Marktakteuren zu verwenden sind.

(2) Die Bundesnetzagentur weist jedem registrierten Marktakteur, jeder registrierten Zulassung, jedem registrierten Projekt, jeder registrierten Einheit und jeder registrierten EEG- oder KWK-Anlage eine eindeutige Nummer zu, sobald die Daten eingetragen wurden, deren Angabe nach der Anlage zu dieser Verordnung für die jeweilige Registrierung erforderlich ist.

(3) [1] Registrierungen haben keine feststellende Wirkung im Hinblick auf das Vorliegen von Tatsachen. [2] Insbesondere haben Registrierungen mit Ausnahme der Angabe nach § 18 Absatz 5 Satz 1 keine feststellende Wirkung im Hinblick auf das Vorliegen von Tatsachen, die für die Inanspruchnahme von Zahlungen nach dem Erneuerbare-Energien-Gesetz[2)] oder dem Kraft-Wärme-Kopplungsgesetz[1)] maßgeblich sind.

(4) Die Bundesnetzagentur bestätigt den Betreibern die Registrierung einer Einheit auf Anforderung schriftlich, sofern die Einheit als in Betrieb genommen registriert wurde.

§ 9 Verarbeitung von Daten. (1) Die Bundesnetzagentur verarbeitet Daten einschließlich personenbezogener Daten, soweit dies zur Registerführung erforderlich ist.

(2) [1] Die Bundesnetzagentur löscht den Marktakteur nach § 3 Absatz 1 Nummer 1 innerhalb von drei Monaten nach der Registrierung der endgülti-

---

[1)] Nr. **45**.
[2)] Nr. **37**.

gen Stilllegung der Einheit, sofern er nicht als Betreiber einer anderen Einheit registriert ist. [2]Satz 1 ist entsprechend anzuwenden, wenn der Betreiber aus anderen Gründen keine Anlage mehr betreibt. [3]Die Löschung unterbleibt, wenn der Marktakteur der Löschung widerspricht; in diesem Fall löscht die Bundesnetzagentur nach Ablauf von zwei Jahren unverzüglich den Marktakteur und seine Kontaktdaten, sofern er nicht wieder als Betreiber einer Einheit registriert ist.

(3) Die Bundesnetzagentur löscht Daten, die nicht mehr für die Überwachung und den Vollzug energierechtlicher Bestimmungen oder zu energiestatistischen Zwecken erforderlich sind.

(4) Die Bundesnetzagentur trifft für das Register technische und organisatorische Maßnahmen nach den Artikeln 24, 25 und 32 der Verordnung (EU) 2016/679 des Europäischen Parlaments und des Rates vom 27. April 2016 zum Schutz natürlicher Personen bei der Verarbeitung personenbezogener Daten, zum freien Datenverkehr und zur Aufhebung der Richtlinie 95/46/EG (Datenschutz-Grundverordnung) (ABl. L 119 vom 4.5.2016, S. 1; L 127 vom 23.5. 2018, S. 2).

(5) [1]Vor der Löschung von Daten hat die Bundesnetzagentur dem Bundesarchiv eine Kopie des vollständigen Datenbestandes zur Übernahme anzubieten. [2]Die Bundesnetzagentur kann dem Bundesarchiv stattdessen regelmäßig eine Ausfertigung der zur Datensicherung hergestellten Kopien anbieten. [3]Das Anbietungs- und Abgabeverfahren erfolgt nach § 5 Absatz 3 Satz 5 des Bundesarchivgesetzes.

§ 10 Überprüfung und Änderung der gespeicherten Daten. (1) [1]Die Bundesnetzagentur kann die gespeicherten Daten jederzeit im Rahmen der Registerführung überprüfen. [2]Hierzu kann sie die im Marktstammdatenregister eingetragenen Daten mit den Daten abgleichen, die

1. aus den in § 11 genannten Quellen stammen,
2. aus frei zugänglichen Quellen verfügbar sind,
3. ihr im Rahmen von energiewirtschaftlichen Verwaltungsverfahren übermittelt worden sind,
4. im Herkunftsnachweisregister nach § 79 Absatz 4 des Erneuerbare-Energien-Gesetzes[1)] gespeichert sind,
5. im Regionalnachweisregister nach § 79a Absatz 4 des Erneuerbare-Energien-Gesetzes[1)] gespeichert sind,
6. das Bundesamt für Wirtschaft und Ausfuhrkontrolle im Rahmen der Durchführung seiner Aufgaben nach dem Erneuerbare-Energien-Gesetz[1)] oder dem Kraft-Wärme-Kopplungsgesetz[2)] erhoben und gespeichert hat oder
7. in weiteren behördlichen Registern mit energiewirtschaftlichem Bezug gespeichert sind.

(2) [1]Die Bundesnetzagentur kann registrierte Marktakteure verpflichten, die von ihnen eingetragenen Daten zu prüfen und, soweit notwendig, berichtigte Daten einzutragen. [2]Sie kann offensichtlich fehlerhafte Daten ohne Mitwir-

---

1) Nr. **37**.
2) Nr. **45**.

kung der Marktakteure berichtigen, soweit dies möglich ist. [3] Die Bundesnetzagentur kann in anderen Fällen Daten ändern, sofern sie die Marktakteure über die beabsichtigte Änderung informiert hat. [4] Sofern die Bundesnetzagentur nach Satz 3 Änderungen vorgenommen hat, informiert sie die zur Registrierung verpflichteten Marktakteure. [5] Die Verantwortlichkeit für die Richtigkeit der Daten verbleibt bei den Marktakteuren.

(3) Die Bundesnetzagentur kann bei Verletzung der Mitwirkungspflichten nach dieser Verordnung die erforderlichen Anordnungen treffen, um die Richtigkeit der Daten im Marktstammdatenregister herzustellen.

§ 11 Übernahme von Daten. [1] Die Bundesnetzagentur übernimmt vorhandene Daten zu Anlagen, die vor dem 1. Juli 2017 in Betrieb genommen wurden, in das Marktstammdatenregister. [2] Sie kann dafür Daten in das Register übernehmen, die ihr aufgrund folgender Bestimmungen zu den dort genannten Zwecken übermittelt worden sind:

1. von Betreibern von EEG-Anlagen nach den §§ 3 bis 6 der Anlagenregisterverordnung in der am 30. Juni 2017 geltenden Fassung,
2. von Netzbetreibern nach § 111e Absatz 6 des Energiewirtschaftsgesetzes[1)] und nach § 8 Absatz 4 in Verbindung mit § 8 Absatz 1 der Anlagenregisterverordnung in der am 30. Juni 2017 geltenden Fassung,
3. von Übertragungsnetzbetreibern nach § 4 Absatz 1 der Erneuerbare-Energien-Ausführungsverordnung[2)],
4. von Netzbetreibern und Eigenversorgern nach § 76 Absatz 1 des Erneuerbare-Energien-Gesetzes[3)],
5. von Betreibern von Anlagen zur Erzeugung von Strom aus solarer Strahlungsenergie nach § 16 Absatz 2 Satz 2 des Erneuerbare-Energien-Gesetzes[3)] in der am 31. Dezember 2011 geltenden Fassung, nach § 17 Absatz 2 Nummer 1 Buchstabe a des Erneuerbare-Energien-Gesetzes in der am 31. März 2012 und am 31. Juli 2014 geltenden Fassung und
6. von Betreibern von Anlagen zur Erzeugung von Strom aus Biogas nach § 33i Absatz 1 Nummer 3 Buchstabe a des Erneuerbare-Energien-Gesetzes[3)] in der am 31. Juli 2014 geltenden Fassung.

§ 12 *(aufgehoben)*

§ 13 Überprüfung gespeicherter Daten durch die Netzbetreiber.

(1) [1] Die Bundesnetzagentur kann die Netzbetreiber auffordern, die im Marktstammdatenregister eingetragenen Daten von Einheiten, EEG- und KWK-Anlagen, die unmittelbar oder mittelbar an ihr Netz angeschlossen sind, und Daten der Betreiber dieser Einheiten und Anlagen zu prüfen. [2] Insbesondere soll sie die Netzbetreiber zur Überprüfung der Daten, die in der Anlage entsprechend gekennzeichnet sind, auffordern, die

1. bei der Registrierung der Inbetriebnahme dieser Einheiten und Anlagen eingetragen sind oder

---

1) Nr. 1.
2) Nr. 42.
3) Nr. 37.

2. durch den Betreiber abgeändert wurden.

(2) [1] Netzbetreiber müssen die Daten innerhalb eines Monats nach der Aufforderung durch die Bundesnetzagentur überprüfen. [2] Bei Daten zu Stromerzeugungseinheiten, die Teil einer EEG- oder KWK-Anlage sind, beginnt die Frist mit der Übermittlung des Inbetriebnahmeprotokolls durch den Anlagenbetreiber an den Netzbetreiber, spätestens jedoch sechs Monate nach der Aufforderung der Bundesnetzagentur. [3] Der Netzbetreiber teilt der Bundesnetzagentur das Prüfergebnis mit. [4] Übermittelt ein Netzbetreiber der Bundesnetzagentur als Prüfergebnis einen Hinweis auf einen möglichen Datenfehler oder von den eingetragenen Daten abweichende Daten, so ist § 10 Absatz 2 entsprechend anzuwenden.

(3) Die Bundesnetzagentur kennzeichnet die erfolgte Überprüfung der Daten durch den Netzbetreiber im Marktstammdatenregister.

§ 14 Daten zu technischen Lokationen. (1) Netzbetreiber fassen Einheiten, die miteinander verbunden sind (Konfigurationen), zu folgenden technischen Lokationen zusammen:

1. jede Konfiguration aus einer oder mehreren elektrisch verbundenen Stromerzeugungseinheiten, die elektrische Energie über einen oder mehrere Netzanschlusspunkte in ein oder mehrere Stromnetze einspeisen kann, zu einer Stromerzeugungslokation,
2. jede Konfiguration aus einer oder mehreren durch Gasleitungen verbundenen Gaserzeugungseinheiten, die Gas über einen oder mehrere Netzanschlusspunkte in ein oder mehrere Gasnetze einspeisen kann, zu einer Gaserzeugungslokation,
3. jede Konfiguration aus einer oder mehreren elektrisch verbundenen Stromverbrauchseinheiten, die elektrische Energie über einen oder mehrere Netzanschlusspunkte aus einem oder mehreren Stromnetzen entnimmt oder entnehmen kann, zu einer Stromverbrauchslokation,
4. jede Konfiguration aus einer oder mehreren durch Gasleitungen verbundenen Gasverbrauchseinheiten, die Gas über einen oder mehrere Netzanschlusspunkte aus einem oder mehreren Gasnetzen entnimmt oder entnehmen kann, zu einer Gasverbrauchslokation.

(2) [1] Die Netzbetreiber müssen innerhalb eines Monats nach der Aufforderung nach § 13 Absatz 1 für jede technische Lokation die Daten eintragen, die nach der Anlage zu dieser Verordnung erforderlich sind. [2] Ist eine technische Lokation an Netze von mehr als einem Netzbetreiber angeschlossen, so muss jeder dieser Netzbetreiber die Daten eintragen.

(3) Die Bundesnetzagentur weist jeder technischen Lokation eine eindeutige Nummer zu.

Abschnitt 4. Nutzung des Marktstammdatenregisters

§ 15 Öffentliche Zugänglichkeit der Daten. (1) [1] Die im Marktstammdatenregister gespeicherten Daten werden wie folgt veröffentlicht:

1. Daten zu Einheiten und Anlagen mit Ausnahme von:

a) Standortangaben zu Straße, Hausnummer, Flurstücksbezeichnungen und Geokoordinaten von Erzeugungseinheiten nach der Anlage Tabelle II bis V mit einer Leistung von höchstens 30 Kilowatt, wobei auf zu Solaranlagen gehörende Einheiten § 5 Absatz 1 Satz 2 anzuwenden ist,

b) Daten, die nach der Anlage als vertraulich gekennzeichnet sind, und

c) Daten zu Einheiten, die nach § 2 Absatz 5 in Verbindung mit Anhang 1 der BSI-Kritisverordnung als kritische Infrastrukturen gelten, soweit der Betreiber gegenüber der Bundesnetzagentur nachweist, dass die Daten besonders schutzbedürftig sind;

2. Daten zu Marktakteuren nach der Anlage Tabelle I werden nicht veröffentlicht, wenn der Marktakteur eine natürliche Person ist; Daten sonstiger Marktakteure werden veröffentlicht.

[2]Betreiber von mehreren Stromerzeugungseinheiten dürfen aus Vertraulichkeitsgründen verlangen, dass die Daten zu Einheiten zusammengefasst veröffentlicht werden, sofern diese Einheiten über einen oder mehrere gemeinsame Netzanschlusspunkte mit einem Netz verbunden sind. [3]Die Zusammenfassung nach Satz 2 ist nicht anzuwenden auf Einheiten, die zu EEG- und KWK-Anlagen gehören.

(2) Die Bundesnetzagentur kann von einer Veröffentlichung der Daten zu registrierten Zulassungen absehen, wenn dies für eine effiziente Durchführung von Ausschreibungen nach dem Erneuerbare-Energien-Gesetz[1)], dem Windenergie-auf-See-Gesetz[2)] oder dem Kraft-Wärme-Kopplungsgesetz[3)] erforderlich ist.

§ 16 Verwendung der Daten durch Behörden; Weitergabe an Dritte.

(1) Behörden sollen die ihnen zugänglichen Daten des Registers verwenden, soweit sie diese Daten zur Erfüllung ihrer jeweiligen Aufgaben benötigen.

(2) [1]Die Bundesnetzagentur soll die im Marktstammdatenregister gespeicherten Daten verwenden, soweit dies für die Erfüllung ihrer gesetzlichen Aufgaben erforderlich ist. [2]Dies gilt auch für solche Daten, die nach § 15 Absatz 1 nicht veröffentlicht werden, einschließlich personenbezogener Daten.

(3) [1]Die Bundesnetzagentur eröffnet folgenden Behörden auf Anforderung einen Zugang zu Daten, die nach § 15 Absatz 1 nicht veröffentlicht werden, einschließlich personenbezogener Daten, soweit die Behörden diese Daten zur Erfüllung ihrer gesetzlichen Aufgaben benötigen:

1. dem Bundesministerium für Wirtschaft und Energie,
2. dem Bundeskartellamt,
3. dem Umweltbundesamt,
4. dem Bundesamt für Wirtschaft und Ausfuhrkontrolle,
5. der Bundesanstalt für Landwirtschaft und Ernährung,
6. dem Statistischen Bundesamt,
7. den Finanzbehörden des Bundes und der Länder und

[1)] Nr. **37**.
[2)] Nr. **47**.
[3)] Nr. **45**.

8. den Landesregulierungsbehörden.

[2]Die Bundesnetzagentur muss jeden Zugang, den sie nach Satz 1 eröffnet, im Internet bekanntmachen und dabei die angegebene gesetzliche Aufgabe der jeweiligen Behörde benennen.

(4) [1]Andere als die in Absatz 3 genannten Behörden erhalten auf Anforderung von der Bundesnetzagentur Daten, die nach § 15 Absatz 1 nicht veröffentlicht werden, einschließlich personenbezogener Daten, soweit dies zur Erfüllung der gesetzlichen Aufgaben dieser Behörden im Einzelfall erforderlich ist. [2]Die Bundesnetzagentur muss jede Übermittlung nach Satz 1 dokumentieren und dabei die gesetzliche Aufgabe der jeweiligen Behörde benennen.

(5) [1]Die Bundesnetzagentur und die Behörden nach Absatz 3 dürfen Daten, die nach § 15 Absatz 1 nicht veröffentlicht werden, einschließlich personenbezogener Daten, zu im öffentlichen Interesse liegenden Archivzwecken, zu wissenschaftlichen oder historischen Forschungszwecken und zu statistischen Zwecken nach Maßgabe des Artikels 89 der Verordnung (EU) 2016/679 übermitteln. [2]Die Vorschriften des Bundesstatistikgesetzes und der Statistikgesetze der Länder sowie des Bundesarchivgesetzes oder der Archivgesetze der Länder bleiben unberührt.

(6) [1]Marktakteure sind berechtigt, die Übermittlung von Daten zu energiestatistischen Zwecken oder zum Vollzug energierechtlicher Bestimmungen an Bundesbehörden zu verweigern, soweit diese Daten bereits im Marktstammdatenregister eingetragen sind. [2]Unberührt von Satz 1 bleiben Meldepflichten nach dem Bundes-Immissionsschutzgesetz und nach dem Treibhausgas-Emissionshandelsgesetz[1)]. [3]Ausgenommen von Satz 1 sind Meldepflichten nach der Verordnung (EU) Nr. 1227/2011 des Europäischen Parlaments und des Rates über die Integrität und Transparenz des Energiegroßhandelsmarkts (ABl. L 326 vom 8.12.2011, S. 1).

(7) Die Übermittlung von Daten an Drittländer und internationale Organisationen richtet sich nach Kapitel V der Verordnung (EU) 2016/679 und nach den sonstigen allgemeinen datenschutzrechtlichen Vorschriften.

§ 17 Verwendung der Daten durch Netzbetreiber und andere Marktakteure. (1) [1]Die Bundesnetzagentur gewährt Netzbetreibern Zugang zu Daten, die nach § 15 Absatz 1 nicht veröffentlicht werden, einschließlich personenbezogener Daten, soweit

1. es sich um Daten zu Einheiten, die an ihr Netz angeschlossen sind, und zu den Betreibern dieser Einheiten handelt und
2. die Daten für die Erfüllung der gesetzlichen Aufgaben der Netzbetreiber erforderlich sind.

[2]Datenzugang nach Satz 1 ist entsprechend den zuständigen Übertragungsnetzbetreibern und, mit Ausnahme des Zugangs zu personenbezogenen Daten, den zuständigen Marktgebietsverantwortlichen zu gewähren.

(2) Marktakteure können anderen Marktakteuren und registrierten Behörden Zugang zu sämtlichen Daten im Marktstammdatenregister gewähren, die sie registriert haben.

[1)] Nr. **55**.

(3) [1]Netzbetreiber müssen Daten, zu denen ihnen Zugang nach Absatz 1 oder nach § 13 gewährt wurde, unverzüglich löschen, sobald sie die Daten nicht mehr zur Erfüllung ihrer gesetzlichen Aufgaben sowie zur Überprüfung nach § 13 Absatz 1 benötigen. [2]Die Löschpflicht ist entsprechend auf die zuständigen Übertragungsnetzbetreiber und die zuständigen Marktgebietsverantwortlichen anzuwenden.

Abschnitt 5. Meldepflichten und Veröffentlichungen nach dem Erneuerbare-Energien-Gesetz

§ 18 Zusätzliche Meldepflichten. (1) [1]Betreiber von EEG-Anlagen, für die erstmals die Flexibilitätsprämie nach § 50b des Erneuerbare-Energien-Gesetzes[1)] in Anspruch genommen werden soll, müssen die geplante Inanspruchnahme im Marktstammdatenregister eintragen. [2]Die Eintragung darf frühestens drei Monate vor der geplanten Inanspruchnahme der Flexibilitätsprämie erfolgen. [3]Diese Frist ist abweichend von § 7 Absatz 1 auch anzuwenden auf die Registrierung einer Erhöhung der installierten Leistung der Anlage, wenn die Leistung zur Inanspruchnahme der Flexibilitätsprämie erhöht wird.

(2) Betreiber von EEG-Anlagen, in denen erstmals ausschließlich Biomethan zur Stromerzeugung eingesetzt wird, um eine Förderung nach den Bestimmungen des Erneuerbare-Energien-Gesetzes[1)] in der Fassung, die für die Anlage nach § 100 Absatz 2 Satz 1 Nummer 4 oder Nummer 10 und Absatz 3 Satz 2 des Erneuerbare-Energien-Gesetzes maßgeblich ist, in Anspruch zu nehmen, müssen die Umstellung als EEG-Anlage innerhalb eines Monats nach der Umstellung im Marktstammdatenregister eintragen.

(3) Wird eine EEG-Anlage, die ausschließlich mit Biomethan betrieben wurde, endgültig stillgelegt, so muss der Anlagenbetreiber bei der Registrierung der Stilllegung erklären, ob er der Nutzung der frei gewordenen Kapazität im Sinn des § 100 Absatz 3 des Erneuerbare-Energien-Gesetzes[1)] widerspricht.

(4) [1]Ein Betreiber, der die frei gewordene Kapazität einer stillgelegten Anlage, die ausschließlich mit Biomethan betrieben wurde, nutzen möchte, muss

1. dies dem Netzbetreiber mitteilen, an dessen Netz er eine Anlage anschließen möchte, und
2. die Anlage, der die Kapazität zugewiesen werden soll, zumindest als Projekt registrieren.

[2]Der Netzbetreiber muss der Bundesnetzagentur die Nutzung der Kapazität unverzüglich mitteilen.

(5) [1]Betreiber von Solaranlagen müssen bei der Registrierung ihrer Anlage bei deren Inbetriebnahme nach § 5 Absatz 1 angeben, ob sie für den in der Anlage erzeugten Strom Zahlungen des Netzbetreibers nach § 19 des Erneuerbare-Energien-Gesetzes[1)] in Anspruch nehmen wollen. [2]§ 7 Absatz 1 ist für diese Angabe nicht anzuwenden.

(6) [1]Die Eintragung der Angabe nach § 23b Absatz 2 Nummer 1 des Erneuerbare-Energien-Gesetzes[1)] kann frühestens im Rahmen der Registrie-

---

[1)] Nr. **37**.

rung nach § 5 Absatz 1 erfolgen. [2] § 7 Absatz 1 ist für diese Angabe nicht anzuwenden.

§ 19 Veröffentlichungen. (1) Die Bundesnetzagentur veröffentlicht auf einer von ihr betriebenen Internetseite:

1. spätestens zum letzten Kalendertag eines Monats
   a) den Brutto-Zubau von Windenergieanlagen an Land und auf See im jeweils vorangegangenen Kalendermonat; hierbei ist jeweils gesondert auszuweisen der Brutto-Zubau von Pilotwindenergieanlagen an Land und auf See,
   b) den Brutto-Zubau von Solaranlagen im jeweils vorangegangenen Kalendermonat; hierbei ist gesondert auszuweisen der Brutto-Zubau von Freiflächenanlagen, deren anzulegender Wert nicht durch Ausschreibungen ermittelt worden ist,
   c) die Summe der installierten Leistung aller Solaranlagen, für deren Strom eine Zahlung nach § 19 des Erneuerbare-Energien-Gesetzes[1)] in Anspruch genommen wird oder werden soll; die Bundesnetzagentur veröffentlicht außerdem den nach § 31 Absatz 6 des Erneuerbare-Energien-Gesetzes in der am 31. Dezember 2016 geltenden Fassung geschätzten Wert der als gefördert geltenden Anlagen und die Summe beider Werte,
   d) den Brutto-Zubau von Biomasseanlagen im jeweils vorangegangenen Kalendermonat; hierbei ist gesondert auszuweisen der Brutto-Zubau von Biomasseanlagen, deren anzulegender Wert nicht durch Ausschreibung ermittelt worden ist, und
   e) die Summe der flexibel bereitgestellten zusätzlich installierten Leistung zur Erlangung der Flexibilitätsprämie und
2. spätestens zum letzten Kalendertag des auf einen Bezugszeitraum nach § 46a Absatz 5 und nach § 49 Absatz 4 des Erneuerbare-Energien-Gesetzes[1)] folgenden Kalendermonats
   a) den Brutto-Zubau von Windenergieanlagen an Land in dem Bezugszeitraum,
   b) den annualisierten Brutto-Zubau von Solaranlagen in dem Bezugszeitraum und
   c) die anzulegenden Werte, die sich jeweils nach Maßgabe der §§ 46a und 49 des Erneuerbare-Energien-Gesetzes[1)] für Windenergieanlagen an Land und Solaranlagen ergeben.

(2) [1] Zur Umsetzung des § 100 Absatz 3 Satz 3 des Erneuerbare-Energien-Gesetzes[1)] hat die Bundesnetzagentur die Stilllegungen nach § 18 Absatz 3 gesondert auf ihrer Internetseite zu veröffentlichen, soweit der Nutzung der freigewordenen Kapazität nicht widersprochen wurde. [2] Dabei veröffentlicht sie auch die Höhe der installierten Leistung der jeweiligen Anlage, die für den Nachweis nach § 100 Absatz 3 Satz 3 des Erneuerbare-Energien-Gesetzes herangezogen werden kann. [3] Die Veröffentlichung muss aktualisiert werden, sobald eine Stilllegung eingetragen worden ist oder ein Netzbetreiber die geplante Nutzung der Kapazität im Sinn des § 18 Absatz 4 angezeigt hat.

---

1) Nr. **37**.

Abschnitt 6. Sonstige Bestimmungen

§ 20 Nutzungsbestimmungen. (1) [1]Die Bundesnetzagentur kann im Rahmen dieser Verordnung durch Allgemeinverfügung weitere konkretisierende Bedingungen und Spezifikationen zur Nutzung des Marktstammdatenregisters erlassen. [2]Insbesondere kann sie Formulare, Formatvorgaben und Registrierungsverfahren verbindlich vorgeben.

(2) Die Bundesnetzagentur kann Marktakteuren und Behörden über elektronische Schnittstellen Zugang zu den im Marktstammdatenregister gespeicherten Daten ermöglichen.

(3) [1]Die Bundesnetzagentur kann für die Datenübermittlungen nach dieser Verordnung ein bestimmtes Format und ein etabliertes, dem Schutzbedarf angemessenes Verschlüsselungsverfahren vorgeben. [2]Das Verschlüsselungsverfahren muss den Vorgaben des Bundesamtes für Sicherheit in der Informationstechnik entsprechen.

§ 21 Ordnungswidrigkeiten. Ordnungswidrig im Sinn des § 95 Absatz 1 Nummer 5 Buchstabe d des Energiewirtschaftsgesetzes[1)] handelt, wer vorsätzlich oder fahrlässig

1. entgegen § 3 Absatz 1, § 5 Absatz 1, 3 oder 4 Satz 1 oder § 7 Absatz 1 eine Registrierung nicht, nicht richtig, nicht in der vorgeschriebenen Weise oder nicht rechtzeitig vornimmt oder
2. einer vollziehbaren Anordnung nach § 10 Absatz 3 zuwiderhandelt.

§ 22 Festlegungen. Die Bundesnetzagentur kann Festlegungen nach § 29 Absatz 1 des Energiewirtschaftsgesetzes[1)] unter Beachtung der Zwecke des § 111e Absatz 1 des Energiewirtschaftsgesetzes treffen über:

1. weitere registrierungspflichtige Personen und die bei ihrer Registrierung einzutragenden Daten,
2. weitere zu registrierende Arten von Einheiten und die zur Registrierung Verpflichteten sowie über die bei der Registrierung einzutragenden Daten,
3. Daten, die abweichend von der Anlage zu dieser Verordnung nicht mehr einzutragen sind,
4. Daten, die abweichend von der Anlage zu dieser Verordnung als vertraulich gelten oder nicht mehr als vertraulich gelten,
5. Personen, die abweichend von § 3 Absatz 1 nicht registrierungspflichtig sind,
6. die Definitionen der einzutragenden Daten oder
7. Maßgaben für die Prüfung der Daten durch die Netzbetreiber nach § 13 und über Daten, die abweichend von der Spalte Netzbetreiberprüfung in den Tabellen der Anlage zu dieser Verordnung geprüft oder nicht mehr geprüft werden müssen.

---

1) Nr. 1.

§ 23 Fälligkeit von Ansprüchen auf Zahlungen nach dem Erneuerbare-Energien-Gesetz und dem Kraft-Wärme-Kopplungsgesetz.

(1) [1]Ansprüche auf Zahlungen von Marktprämien, Einspeisevergütungen und Flexibilitätsprämien nach dem Erneuerbare-Energien-Gesetz[1)] sowie Ansprüche auf Zuschlagzahlungen und sonstige finanzielle Förderungen nach dem Kraft-Wärme-Kopplungsgesetz[2)] werden erst fällig, wenn die Betreiber die Einheiten registriert haben oder, bei KWK-Anlagen, die Wiederaufnahme des Betriebs nach ihrer Modernisierung registriert haben. [2]Dies gilt entsprechend für Abschlagszahlungen auf diese Zahlungen.

(2) [1]Ansprüche auf Zahlungen für Strom aus Solaranlagen nach dem Erneuerbare-Energien-Gesetz[1)] werden darüber hinaus nur fällig, wenn die Betreiber gemäß § 18 Absatz 5 bei der Registrierung angegeben haben, dass sie Zahlungen nach dem Erneuerbare-Energien-Gesetz für den in der Anlage erzeugten Strom erhalten wollen. [2]Dies gilt entsprechend für Abschlagszahlungen auf diese Zahlungen.

(3) § 52 des Erneuerbare-Energien-Gesetzes[1)] und § 13a des Kraft-Wärme-Kopplungsgesetzes[2)] bleiben unberührt.

§ 24 Berichterstattung. Die Bundesregierung berichtet dem Bundestag im Monitoring-Prozess „Energie der Zukunft" jährlich über Erfahrungen mit dem Marktstammdatenregister und seiner Entwicklung.

§ 25 Übergangsbestimmungen. (1) [1]Die Bundesnetzagentur gibt den Start des Webportals zum Marktstammdatenregister auf ihrer Internetseite und im Amtsblatt der Bundesnetzagentur bekannt. [2]§ 8 Absatz 1 Satz 1 ist erst ab diesem Zeitpunkt anzuwenden.

(2) [1]Registrierungen von Marktakteuren, Einheiten, EEG- und KWK-Anlagen und Projekten, die innerhalb von 24 Monaten nach dem Start des Webportals vorgenommen werden, gelten abweichend von § 3 Absatz 2 und von § 5 Absatz 5 als rechtzeitig. [2]Hiervon ausgenommen sind die Registrierungen von

1. Netzbetreibern,
2. EEG- und KWK-Anlagen und den dazugehörigen Einheiten,
   a) die nach dem 30. Juni 2017 in Betrieb genommen werden, oder
   b) die bereits registrierungspflichtig waren, aber nicht registriert worden sind, nach
      aa) § 16 Absatz 2 Satz 2 des Erneuerbare-Energien-Gesetzes[1)] in der bis zum 31. Dezember 2011 geltenden Fassung,
      bb) § 17 Absatz 2 Nummer 1 des Erneuerbare-Energien-Gesetzes[1)] in der bis zum 31. Juli 2014 geltenden Fassung oder
      cc) § 3 der Anlagenregisterverordnung

   und deren Betreibern,
3. sonstigen Einheiten, die nach dem 30. Juni 2017 in Betrieb genommen werden, und deren Betreibern,

---

1) Nr. **37**.
2) Nr. **45**.

4. Einheiten und Anlagen, deren installierte Leistung nach dem 30. Juni 2017 erhöht oder verringert wird, und deren Betreibern,
5. Projekten, sofern die Zulassung ab dem 1. Juli 2017 bekanntgegeben wird, und deren Betreibern.

[3] Für Registrierungen nach den Nummern 1 und 2 sind die Fristen gemäß § 3 Absatz 2 und § 5 Absatz 5 anzuwenden; Registrierungen nach den Nummern 3 bis 5 gelten als rechtzeitig, wenn sie innerhalb von sechs Monaten nach dem Start des Webportals vorgenommen werden. [4] Projekte, deren Zulassung vor dem 1. Juli 2017 bekanntgegeben wurde, sind entgegen § 5 Absatz 4 nicht zu registrieren.

(3) [1] Abweichend von § 13 Absatz 2 und § 14 Absatz 2 betragen die Fristen für die Übermittlungen der Prüfergebnisse und die Eintragungen der Daten zu den technischen Lokationen sechs Monate nach der Aufforderung durch die Bundesnetzagentur, wenn die Aufforderung innerhalb der ersten 24 Monate nach dem Start des Webportals erfolgt. [2] Hiervon ausgenommen sind Prüfungen von Daten zu Anlagen, die Zahlungen nach dem Erneuerbare-Energien-Gesetz[1)] oder dem Kraft-Wärme-Kopplungsgesetz[2)] erhalten, deren Höhe durch Ausschreibungen ermittelt wird.

(4) [1] Netzbetreiber müssen Betreiber von EEG-Anlagen und KWK-Anlagen, die an ihr Netz angeschlossen sind, vor dem Start des Webportals in Betrieb genommen worden sind und Zahlungen nach dem Erneuerbare-Energien-Gesetz[1)] oder dem Kraft-Wärme-Kopplungsgesetz[2)] erhalten oder erhalten haben und noch nicht im Marktstammdatenregister registriert sind, schriftlich darüber informieren, dass die Betreiber sich und ihre Einheiten und Anlagen im Marktstammdatenregister registrieren müssen; dabei ist auf die Rechtsfolgen des § 23 Absatz 1 hinzuweisen. [2] Die Informationen und Hinweise sind innerhalb von 18 Monaten nach dem Start des Webportals zu übermitteln. [3] Sie sollen mittels von der Bundesnetzagentur bereitgestellten Formularen erfolgen. [4] Die Bundesnetzagentur stellt die entsprechenden Formulare bereit und veröffentlicht sie im Internet.

(5) Das Recht auf Verweigerung der Datenübermittlung nach § 16 Absatz 6 darf frühestens 24 Monate nach dem Start des Webportals geltend gemacht werden.

(6) [1] § 23 Absatz 1 ist auf Einheiten, die vor dem 1. Juli 2017 in Betrieb genommen wurden, bis zum Ablauf von 24 Monaten nach dem Start des Webportals nicht anzuwenden. [2] § 23 Absatz 2 ist nicht auf Einheiten anzuwenden, die vor dem Start des Webportals in Betrieb genommen werden.

---

1) Nr. **37**.
2) Nr. **45**.

Anlage

Im Marktstammregister zu erfassende Daten

Abkürzung	Bedeutung
P	Pflichtangabe
R	Voraussetzung für die Registrierung
A	automatische Eintragung durch das System
NP	Netzbetreiberprüfung
V	vertraulich
V*1	vertraulich nach Maßgabe von § 15 Absatz 1 Satz 1 Nr. 1 Buchstabe a (Einheiten ≤ 30 kW)
V*2	vertraulich nach Maßgabe von § 15 Absatz 1 Satz 1 Nr. 1 Buchstabe b (Betriebs- und Geschäftsgeheimnisse)
V*3	vertraulich nach Maßgabe von § 15 Absatz 1 Satz 1 Nr. 2 (natürliche Person)
*4	bei natürlichen Personen
*5	bei Personen, die keine natürlichen Personen sind
*6	bei Anlagenbetreibern
*7	bei Netzbetreibern
*8	bei Einheiten mit Inbetriebnahme nach dem 30. Juni 2017
*9	bei Einheiten mit Inbetriebnahme vor dem 1. Juli 2017
*10	ab einer Nettonennleistung von 10 MW
*11	ab einer Nettonennleistung von 100 kW
*12	bei Anschluss an Hoch- und Höchstspannung
*13	bei Pumpspeichern
WI	Windenergie
SO	solare Strahlungsenergie
BI	Biomasse
WA	Wasserkraft
VE	Verbrennungsenergie ohne EEG-Anlagen
SSP	Stromspeicher
GSP	Gasspeicher
GS	Geothermie, Solarthermie und Strom aus Grubengas oder Klärschlamm
KE	Kernenergie

Tabelle I. Zu erfassende Daten zu Marktakteuren und Behörden

Nr.	Datum	Art der Angabe	Vertraulichkeit	Netzbetreiberprüfung
I.1 Allgemeine Daten				
I.1.1	Name des Marktakteurs	R	V*3	NP*6
I.1.2	Adressdaten	R	V*3	NP*6
I.1.3	Region auf NUTS-II-Ebene	A*6	V*3	
I.1.4	Rechtsform	R*5		NP*6
I.1.5	Eintrag in ein Register (z.B. Handelsregister)	R*5		
I.1.6	Registergericht und Register-Nummer	P*5		
I.1.7	Geburtsdatum	R*4	V*3	
I.1.8	Tätigkeitsbeginn	R*7		
I.1.9	Tätigkeitsende	R	V*3	
I.1.10	Betriebsnummer der Bundesnetzagentur	R	V*3	
I.1.11	Marktpartneridentifikationsnummer	P	V*3	
I.1.12	ACER-Code	P	V*3	
I.1.13	Umsatzsteueridentifikationsnummer	P	V*3	
I.1.14	Kontaktdaten des Ansprechpartners für die Bundesnetzagentur und Anschlussnetzbetreiber	R	V	
I.1.15	Registrierungsdatum	A	V*3	
I.2 Zusätzliche Daten zu Anlagenbetreibern				
I.2.1	Kleinst-, Klein- oder mittleres Unternehmen	P*5		
I.2.2	ausschließlich Einkünfte aus nichtselbstständiger Arbeit außer Einkünften aus Anlagenbetrieb	P*4	V*3	
I.2.3	Hauptwirtschaftszweig auf Ebene der NACE-Gruppe	P	V*3	

Nr.	Datum	Art der Angabe	Vertraulichkeit	Netzbetreiberprüfung
I.3 Zusätzliche Daten zu Stromlieferanten				
I.3.1	Direktvermarktungsunternehmen	R	V*3	
I.3.2	Stromgroßhändler	R	V*3	
I.3.3	Belieferung von Letztverbrauchern	R	V*3	
I.3.4	Belieferung von Haushaltskunden mit Strom	R	V*3	
I.4 Zusätzliche Daten zu Gastransportkunden				
I.4.1	Gasgroßhändler	R	V*3	
I.4.2	Belieferung von Letztverbrauchern (Gaslieferant)	R	V*3	
I.4.3	Belieferung von Haushaltskunden mit Gas	R	V*3	
I.5 Zusätzliche Daten zu Strom- und Gasnetzbetreibern				
I.5.1 Allgemeine Daten				
I.5.1.1	geschlossenes Verteilernetz	R		
I.5.1.2	Bundesländer	P		
I.5.1.3	mehr als 100 000 angeschlossene Kunden	R		
I.5.2 Zusätzliche Daten zu Stromnetzbetreibern				
I.5.2.1	Bilanzierungsgebiete	P		
I.5.2.2	Zusätzliche Daten zu Bilanzierungsgebieten			
I.5.2.2.1	Bezeichnung	P		
I.5.2.2.2	Energy Identification Code für Gebiete (Y-EIC)	R		
I.5.2.2.3	Regelzone	R		
I.5.3 Daten zu Gasnetzbetreibern				
I.5.3.1	Marktgebiet	R		

Tabelle II. Zu erfassende Daten zu Stromerzeugungseinheiten, EEG-Anlagen und KWK-Anlagen

Nr.	Datum	I	II	III	IV	V	Abweichungen bei Registrierungspflicht, Vertraulichkeit und Pflicht zur Netzbetreiberprüfung
		Art der Angabe in den verschiedenen Status					
		in Planung/ im Bau	in Betrieb	stillgelegt	Vertraulichkeit	Netzbetreiberprüfung	
II.1 Daten zur Stromerzeugungseinheit							
II.1.1 Allgemeine Daten							
II.1.1.1	Name der Einheit	R	R				
II.1.1.2	Standort der Einheit (Adresse oder Flurstücke)	R	R		V*1	NP	
II.1.1.3	Standort der Einheit (geografisch)	R	R		V*1		
II.1.1.4	Energy Identification Code für technische Ressource (W-EIC)		P*11				
II.1.1.5	Kraftwerksnummer Bundesnetzagentur		P*10				
II.1.1.6	geplantes Inbetriebnahmedatum	R					
II.1.1.7	Inbetriebnahmedatum		R			NP	
II.1.1.8	Bruttoleistung	R	R			NP	WI: [I]: P, [II]: P. BI, GS: [V]: NP*8. KE: [I]: /.
II.1.1.9	Nettonennleistung	P	R			NP	WI: [I]: R. SO: [II]: A. SO: [V]: NP*8. WA: [V]: NP*8. SP: [V]: NP*8. KE: [I]: /.
II.1.1.10	Schwarzstartfähigkeit		P*12		V*2	NP	
II.1.1.11	Inselbetriebsfähigkeit		P*12		V*2	NP	
II.1.1.12	Präqualifikation Regelleistung		P*11		V*2		
II.1.1.13	Fernsteuerbarkeit durch Netzbetreiber, Direktvermarkter und Dritte		P			NP	

Nr.	Datum	I	II	III	IV	V	Abweichungen bei Registrierungspflicht, Vertraulichkeit und Pflicht zur Netzbetreiberprüfung
		Art der Angabe in den verschiedenen Status					
		in Planung/ im Bau	in Betrieb	stillgelegt	Vertraulichkeit	Netzbetreiberprüfung	
II.1.1.14	Art der Einspeisung		P				
II.1.1.15	Technologie der Stromerzeugung		R				WI: [I]: P, [II]: P. SO: /. BI: [I]: P. GS: [II]: P.
II.1.1.16	Energieträger	R	R			NP	
II.1.1.17	Hauptbrennstoff	R	R				WI: [I]: /, [II]: /. SO: [I]: /, [II]: /. BI: [I]: /.
II.1.1.18	Grenzkraftwerk						WA: [II]: P*11. VE: [II]: P*11. SSP: [II]: P*11*13
II.1.1.19	Datum der endgültigen Stillegung			R		NP	
II.1.1.20	Einsatzverantwortlicher		P*10				
II.1.1.21	Anschlussnetzbetreiber		R			NP	
II.1.1.22	vom Anschlussnetzbetreiber vergebene Identifikationsnummer		P				
II.1.1.23	MaStR-Nummer des Anlagenbetreibers	A	A				
II.1.1.24	Registrierungsdatum	A	A				
II.1.1.25	Anlage nach dem EEG 2017		R				VE: [II]
II.1.2	**Zusätzliche Daten zu Genehmigungen (nur bei Projekten und Neueinheiten)**						
II.1.2.1	Art der Genehmigung	R	P				
II.1.2.2	Genehmigungsdatum	R	P				
II.1.2.3	Genehmigungsbehörde	R	P				
II.1.2.4	Aktenzeichen der Genehmigung gemäß Genehmigungsbehörde	P	P				

Nr.	Datum	I	II	III	IV	V	Abweichungen bei Registrierungspflicht, Vertraulichkeit und Pflicht zur Netzbetreiberprüfung
		Art der Angabe in den verschiedenen Status					
		in Planung/ im Bau	in Betrieb	stillgelegt	Vertraulichkeit	Netzbetreiberprüfung	
II.1.2.5	Frist, innerhalb derer nach der Genehmigung mit der Errichtung oder dem Betrieb der Anlage begonnen werden muss	P	P				
II.1.2.6	Wasserrechtsnummer						WA: [I]: P, [II]: P.
II.1.2.7	Ablaufdatum der Wasserrechtsgenehmigung						WA: [I]: P, [II]: P.
II.1.2.8	Registrierungsdatum	A	A	A			
II.1.3 Zusätzliche Daten zu Verbrennungsenergie-Einheiten							
II.1.3.1	Name des Kraftwerks	P*10	P*10				
II.1.3.2	Name des Kraftwerksblocks	P*10	P*10				
II.1.3.3	Datum des Baubeginns	P*10					
II.1.3.4	Steigerung der Nettonennleistung durch Kombibetrieb		P*11			NP	
II.1.3.5	MaStR-Nummern der SEE, die mit der SEE im Kombibetrieb verbunden sind		P*11				
II.1.3.6	weiterer Hauptbrennstoff		P				
II.1.3.7	Datum des Beginns der gesetzlichen Hinderung an der Stilllegung (Netzreserve)		P*11				
II.1.3.8	Datum Übergang in die Sicherheitsbereitschaft		P				nur bei Braunkohle
II.1.3.9	Datum des Beginns der vorläufigen oder endgültigen Stilllegung		P				

Nr.	Datum	I	II	III	IV	V	Abweichungen bei Registrierungspflicht, Vertraulichkeit und Pflicht zur Netzbetreiberprüfung
		Art der Angabe in den verschiedenen Status					
		in Planung/ im Bau	in Betrieb	stillgelegt	Vertraulichkeit	Netzbetreiberprüfung	
II.1.3.10	Datum der Beendigung der vorläufigen Stilllegung		P				
II.1.3.11	Verwendung als Notstromaggregat		R				
II.1.3.12	KWK-Anlage		R				
II.1.4 Zusätzliche Daten zu Einheiten in Notstromaggregaten							
II.1.4.1	Einsatzort		P				
II.1.5 Zusätzliche Daten zu Biomasse-Einheiten							
II.1.5.1	Biomasseart (Brennstoff)		A			NP	
II.1.5.2	KWK-Anlage						
II.1.6 Zusätzliche Daten Solareinheiten (ohne Solarthermie)							
II.1.6.1 Allgemeine Daten							
II.1.6.1.1	Lage (Art des Errichtungsorts)	R	R			NP	
II.1.6.1.2	Wechselrichterleistung	P	R			NP*8	
II.1.6.1.3	gemeinsamer Wechselrichter mit Stromspeicher		P				
II.1.6.1.4	Anzahl der Module		P				
II.1.6.1.5	Hauptausrichtung		P				
II.1.6.1.6	Neigungswinkel der Hauptausrichtung		P				
II.1.6.1.7	Nebenausrichtung		P				
II.1.6.1.8	Neigungswinkel der Nebenausrichtung		P				

Nr.	Datum	I	II	III	IV	V	Abweichungen bei Registrierungspflicht, Vertraulichkeit und Pflicht zur Netzbetreiberprüfung
		Art der Angabe in den verschiedenen Status					
		in Planung/ im Bau	in Betrieb	stillgelegt	Vertraulichkeit	Netzbetreiberprüfung	
II.1.6.1.9	Leistungsbegrenzung		P				
II.1.6.2 Zusätzliche Daten zu Einheiten in Freiflächenanlagen							
II.1.6.2.1	in Anspruch genommene Fläche		P				
II.1.6.2.2	in Anspruch genommene Ackerfläche		P				
II.1.6.2.3	Art der Fläche		P				
II.1.6.3 Zusätzliche Daten zu Einheiten in baulichen Anlagen (Gebäude und Fassade)							
II.1.6.3.1	Nutzung des Gebäudes		P				
II.1.7 Zusätzliche Daten zu Windenergie-Einheiten							
II.1.7.1 Allgemeine Daten							
II.1.7.1.1	an Land oder auf See	R	R			NP	
II.1.7.1.2	Name des Windparks	P	P				
II.1.7.1.3	(Naben)-Höhe	P	P				
II.1.7.1.4	Rotordurchmesser	P	P				
II.1.7.1.5	Angaben zu Auflagen zu Abschaltungen oder Leistungsbegrenzungen		P				
II.1.7.1.6	Hersteller		P			NP*8	
II.1.7.1.7	Typenbezeichnung		P				
II.1.7.1.8	Rotorblattenteisungssystem		P				
II.1.7.2 Zusätzliche Daten zu Wind auf See							
II.1.7.2.1	Nordsee oder Ostsee	R	R				

Nr.	Datum	I	II	III	IV	V	Abweichungen bei Registrierungspflicht, Vertraulichkeit und Pflicht zur Netzbetreiberprüfung
		Art der Angabe in den verschiedenen Status					
		in Planung/ im Bau	in Betrieb	stillgelegt	Vertraulichkeit	Netzbetreiberprüfung	
II.1.7.2.2	Wassertiefe		P				
II.1.7.2.3	Küstenentfernung		P				
II.1.8 Zusätzliche Daten zu Wasserkraft-Einheiten							
II.1.8.1	Name des Kraftwerks	P*10	P*10				
II.1.8.2	Art des Zuflusses		P				nur bei Laufwasser
II.1.8.3	Datum des Beginns der vorläufigen oder endgültigen Stilllegung		P				
II.1.8.4	Datum der Beendigung der vorläufigen Stilllegung		P				
II.1.9 Zusätzliche Daten zu Speichereinheiten							
II.1.9.1 Zusätzliche Daten zu Batterien							
II.1.9.1.1	Wechselrichterleistung	P	R			NP*8	
II.1.9.1.2	Batterietechnologie		R				
II.1.9.1.3	AC- oder DC- gekoppeltes System		P				
II.1.9.1.4	Verwendung als Notstromaggregat		R				
II.1.9.2 Zusätzliche Daten zu Pumpspeichern							
II.1.9.2.1	Pumpspeicher mit oder ohne natürlichen Zufluss		R				
II.1.9.2.2	Leistungsaufnahme im Pumpbetrieb		P				
II.1.9.2.3	kontinuierliche Regelbarkeit im Pumpbetrieb		P				

Nr.	Datum	I	II	III	IV	V	Abweichungen bei Registrierungspflicht, Vertraulichkeit und Pflicht zur Netzbetreiberprüfung
		Art der Angabe in den verschiedenen Status					
		in Planung/ im Bau	in Betrieb	stillgelegt	Vertraulichkeit	Netzbetreiberprüfung	
II.1.10 Zusätzliche Daten zu Kernenergie-Einheiten							
II.1.10.1	Name des Kraftwerks	P*10	P*10				
II.1.10.2	Name des Kraftwerksblocks	P*10	P*10				
II.2 Daten zu EEG-Anlagen							
II.2.1 Allgemeine Daten							
II.2.1.1	EEG-Anlagenschlüssel		P			NP	
II.2.1.2	installierte Leistung		R			NP	
II.2.1.3	Inbetriebnahmedatum nach EEG 2017		R			NP	
II.2.1.4	Nummer aus Anlagenregister oder PV-Melderegister		P*9				
II.2.1.5	Registrierungsdatum	A	A	A			
II.2.2 Zusätzliche Daten bei Teilnahme an Ausschreibung nach dem EEG 2017							
II.2.2.1	Zuschlagsnummer		P				
II.2.2.2	zugeordnete Gebotsmengen						SO: [II],: P.
II.2.3 Zusätzliche Daten zu Solaranlagen							
II.2.3.1	beabsichtigte Inanspruchnahme von Zahlungen nach § 19 Absatz 1 EEG 2017		R	R		NP	
II.2.3.2	Datum nach § 23b Absatz 2 Nummer 1 EEG 2017					NP	nur bei Solaranlagen auf baulichen Anlagen (Gebäude, Fassade)

Nr.	Datum	I	II	III	IV	V	Abweichungen bei Registrierungspflicht, Vertraulichkeit und Pflicht zur Netzbetreiberprüfung
		Art der Angabe in den verschiedenen Status					
		in Planung/ im Bau	in Betrieb	stillgelegt	Vertraulichkeit	Netzbetreiberprüfung	
II.2.3.3	Registrierungsdatum Mieterstromzuschlag		A				nur bei Solaranlagen auf baulichen Anlagen (Gebäude, Fassade)
II.2.4 Zusätzliche Daten zu Biomasse-Anlagen							
II.2.4.1	ausschließliche Verwendung von Biomasse nach Biomasseverordnung		P				
II.2.4.2 Zusätzliche Daten bei Inanspruchnahme Flexibilitätsprämie von Biogasanlagen							
II.2.4.2.1	Inanspruchnahme der Flexibilitätsprämie		P			NP	
II.2.4.2.2	Datum der erstmaligen Inanspruchnahme der Flexibilitätsprämie		P			NP	
II.2.4.2.3	Datum der Leistungserhöhung		P				
II.2.4.2.4	Umfang der Leistungserhöhung		P				
II.2.4.3 Zusätzliche Daten bei Verwendung von gasförmiger Biomasse							
II.2.4.3.1	Höchstbemessungsleistung		P			NP	Nur bei EEG-Inbetriebnahmedatum vor 1.8.2014
II.2.4.4 Zusätzliche Daten bei Verwendung von Biogas (vor Ort verstromt)							
II.2.4.4.1	Gaserzeugungskapazität		P				
II.2.4.5 Zusätzliche Daten bei Verwendung von Biomethan							
II.2.4.5.1	Datum des erstmaligen ausschließlichen Einsatzes von Biomethan		P				

Nr.	Datum	I	II	III	IV	V	Abweichungen bei Registrierungspflicht, Vertraulichkeit und Pflicht zur Netzbetreiberprüfung
		Art der Angabe in den verschiedenen Status					
		in Planung/ im Bau	in Betrieb	stillgelegt	Vertraulichkeit	Netzbetreiberprüfung	
II.2.5 Zusätzliche Daten zu Windenergie-Anlagen							
II.2.5.1	Pilotwindanlage		P				
II.2.5.2	Prototypanlage		P				
II.2.5.3	Verhältnis der Ertragseinschätzung zum Referenzertrag nach Ertragsgutachten		P				
II.2.5.4	Verhältnis des Ertrags zum Referenzertrag nach Ablauf des Referenzzeitraums von fünf Jahren		P				
II.2.5.5	Verhältnis des Ertrags zum Referenzertrag nach Ablauf des Referenzzeitraums von zehn Jahren		P				
II.2.5.6	Verhältnis des Ertrags zum Referenzertrag nach Ablauf des Referenzzeitraums von 15 Jahren		P				
II.2.6 Zusätzliche Daten zu Ertüchtigungsmaßnahmen an Wasserkraft-Anlagen							
II.2.6.1	Art der Ertüchtigung		P				
II.2.6.2	Datum der Ertüchtigungsmaßnahme		P				
II.2.6.3	prozentuale Erhöhung des Leistungsvermögens		P				
II.2.6.4	zulassungspflichtige Ertüchtigungsmaßnahme		P				

Nr.	Datum	I	II	III	IV	V	Abweichungen bei Registrierungspflicht, Vertraulichkeit und Pflicht zur Netzbetreiberprüfung
		Art der Angabe in den verschiedenen Status					
		in Planung/ im Bau	in Betrieb	stillgelegt	Vertraulichkeit	Netzbetreiberprüfung	
II.3 Daten zu KWK-Anlagen							
II.3.1 Allgemeine Daten							
II.3.1.1	thermische Nutzleistung		R				
II.3.1.2	elektrische KWK-Leistung		R				
II.3.1.3	Inbetriebnahmedatum		R				
II.3.1.4	Registrierungsdatum	A	A	A			
II.3.2 Zusätzliche Angaben bei Teilnahme an Ausschreibung							
II.3.2.1	Zuschlagsnummer		P				

Tabelle III. Zu erfassende Daten zu Stromverbrauchseinheiten, Gaserzeugungs- und Gasverbrauchseinheiten

Nr.	Datum	Art der Angabe in den verschiedenen Status					Abweichungen bei Registrierungspflicht, Vertraulichkeit und Pflicht zur Netzbetreiberprüfung
		in Planung/ im Bau	in Betrieb	stillgelegt	Vertraulich	Netzbetreiberprüfung	
III.1 Allgemeine Daten							
III.1.1	Name der Einheit	R	R				
III.1.2	Standort der Einheit (Adresse oder Flurstücke)	R	R		V*1	NP	
III.1.3	Standort der Einheit (geografisch)		R		V*1		
III.1.4	geplantes Inbetriebnahmedatum	R					
III.1.5	Inbetriebnahmedatum		R			NP	

Nr.	Datum	Art der Angabe in den verschiedenen Status					Abweichungen bei Registrierungspflicht, Vertraulichkeit und Pflicht zur Netzbetreiberprüfung
		in Planung/ im Bau	in Betrieb	stillgelegt	Vertraulich	Netzbetreiberprüfung	
III.1.6	Datum der endgültigen Stilllegung			R		NP	
III.1.7	Netzbetreiber		R			NP	
III.1.8	vom Anschlussnetzbetreiber vergebene Identifikationsnummer		R				
III.1.9	Registrierungsdatum	A	A	A			
III.2 Zusätzliche Daten zu Genehmigungen (nur bei Projekten und Neueinheiten)							
III.2.1	Anzahl angeschlossener Stromverbrauchseinheiten > 50 MW		P				
III.2.2	Einsatzverantwortlicher		P				wenn angeschlossene Stromverbrauchseinheiten > 50 MW vorhanden sind
III.2.3	Art der präqualifizierten Leistung zur Teilnahme als abschaltbare Last gemäß AbLaV		P				
III.2.4	Anteil beeinflussbarer Last		P				
III.3 Daten zu Gaserzeugungseinheiten							
III.3.1	Technologie	R	R			NP	
III.3.2	Erzeugungsleistung	R	R			NP	
III.4 Daten zu Gasverbrauchseinheiten							
III.4.1	Gasverbrauch für Stromerzeugung		R				
III.4.2	maximale Gasbezugsleistung zur Stromerzeugung		R				nur bei gasverbrauchenden Stromerzeugungseinheiten
III.4.3	MaStR-Nummern der gasverbrauchenden Stromerzeugungseinheiten		P	P			nur bei gasverbrauchenden Stromerzeugungseinheiten

Tabelle IV. Zu erfassende Daten zu Strom- und Gasspeichereinheiten

Nr.	Datum	Art der Angabe in den verschiedenen Status				
		in Planung/im Bau	in Betrieb	stillgelegt	Vertraulichkeit	Netzbetreiberprüfung
IV.1 Daten zu Gasspeichereinheiten						
IV.1.1	Speichername		P			
IV.1.2	Speicherart	R	R			NP
IV.1.3	maximal nutzbares Arbeitsgasvolumen		R			NP
IV.1.4	maximale Einspeicherleistung		R			
IV.1.5	maximale Ausspeicherleistung		R			
IV.1.6	Energy Identification Code für technische Ressourcen (W-EIC)		P			
IV.2 Daten zu Stromspeichereinheiten						
IV.2.1	nutzbare Speicherkapazität	R	R			NP*8

Tabelle V. Zu erfassende Daten zu technischen Stromerzeugungs- und Stromverbrauchslokationen und technischen Gaserzeugungs- und Gasverbrauchslokationen

Nr.	Datum	in Betrieb	Vertraulichkeit
V.1 Allgemeine Daten			
V.1.1	Name der technischen Lokation	P	
V.2 Daten zu technischen Stromlokationen			
V.2.1 Allgemeine Daten			
V.2.1.1	Spannungsebene	R	
V.2.1.2	Bilanzierungsgebiet	R	
V.2.1.3	Netzanschlusspunktbezeichnung	P	

Nr.	Datum	in Betrieb	Vertraulichkeit
V.2.2 Daten zu technischen Stromerzeugungslokationen			
V.2.2.1	Nettoengpassleistung	P	
V.2.3 Daten zu technischen Stromverbrauchslokationen			
V.2.3.1	Netzanschlusskapazität	P	
V.3 Daten zu technischen Gaslokationen			
V.3.1 Allgemeine Daten			
V.3.1.1	Marktgebiet	R	
V.3.1.2	Gasqualität am Netzanschluss	P	
V.3.1.3	Netzanschlusspunktbezeichnung	P	
V.3.2 Daten zu technischen Gaserzeugungslokationen			
V.3.2.1	maximale Einspeiseleistung	P	
V.3.3 Daten zu technischen Gasverbrauchslokationen			
V.3.3.1	maximale Ausspeiseleistung	P	

39. Verordnung über die Erzeugung von Strom aus Biomasse (Biomasseverordnung – BiomasseV)

Vom 21. Juni 2001

(BGBl. I S. 1234)

FNA 754-15-1

zuletzt geänd. durch Art. 8 G zur Einführung von Ausschreibungen für Strom aus erneuerbaren Energien und zu weiteren Änd. des Rechts der erneuerbaren Energien v. 13.10.2016 (BGBl. I S. 2258)

Auf Grund des § 2 Abs. 1 Satz 2 des Erneuerbare-Energien-Gesetzes vom 29. März 2000 (BGBl. I S. 305) in Verbindung mit Artikel 56 Abs. 1 des Zuständigkeitsanpassungs-Gesetzes vom 18. März 1975 (BGBl. I S. 705) und dem Organisationserlass des Bundeskanzlers vom 22. Januar 2001 (BGBl. I S. 127) verordnet das Bundesministerium für Umwelt, Naturschutz und Reaktorsicherheit im Einvernehmen mit den Bundesministerien für Verbraucherschutz, Ernährung und Landwirtschaft und für Wirtschaft und Technologie unter Wahrung der Rechte des Bundestages:

§ 1 Aufgabenbereich. Diese Verordnung regelt für den Anwendungsbereich des Erneuerbare-Energien-Gesetzes[1], welche Stoffe als Biomasse gelten, welche technischen Verfahren zur Stromerzeugung aus Biomasse in den Anwendungsbereich des Gesetzes fallen und welche Umweltanforderungen bei der Erzeugung von Strom aus Biomasse einzuhalten sind.

§ 2 Anerkannte Biomasse. (1) [1] Biomasse im Sinne dieser Verordnung sind Energieträger aus Phyto- und Zoomasse. [2] Hierzu gehören auch aus Phyto- und Zoomasse resultierende Folge- und Nebenprodukte, Rückstände und Abfälle, deren Energiegehalt aus Phyto- und Zoomasse stammt.

(2) Biomasse im Sinne des Absatzes 1 sind insbesondere:

1. Pflanzen und Pflanzenbestandteile,
2. aus Pflanzen oder Pflanzenbestandteilen hergestellte Energieträger, deren sämtliche Bestandteile und Zwischenprodukte aus Biomasse im Sinne des Absatzes 1 erzeugt wurden,
3. Abfälle und Nebenprodukte pflanzlicher und tierischer Herkunft aus der Land-, Forst- und Fischwirtschaft,
4. Bioabfälle im Sinne von § 2 Nr. 1 der Bioabfallverordnung,
5. aus Biomasse im Sinne des Absatzes 1 durch Vergasung oder Pyrolyse erzeugtes Gas und daraus resultierende Folge- und Nebenprodukte,
6. aus Biomasse im Sinne des Absatzes 1 erzeugte Alkohole, deren Bestandteile, Zwischen-, Folge- und Nebenprodukte aus Biomasse erzeugt wurden.

(3) Unbeschadet von Absatz 1 gelten als Biomasse im Sinne dieser Verordnung:

1. Treibsel aus Gewässerpflege, Uferpflege und -reinhaltung,

---

[1] Nr. **37**.

2. durch anaerobe Vergärung erzeugtes Biogas, sofern zur Vergärung nicht Stoffe nach § 3 Nummer 3, 7 oder 9 oder mehr als 10 Gewichtsprozent Klärschlamm eingesetzt werden.

(4) [1]Stoffe, aus denen in Altanlagen im Sinne von § 2 Abs. 3 Satz 4 des Erneuerbare-Energien-Gesetzes vom 29. März 2000 (BGBl. I S. 305) in der am 31. Juli 2004 geltenden Fassung Strom erzeugt und vor dem 1. April 2000 bereits als Strom aus Biomasse vergütet worden ist, gelten in diesen Anlagen weiterhin als Biomasse. [2]Dies gilt nicht für Stoffe nach § 3 Nr. 4.

§ 2a *(aufgehoben)*

§ 3 Nicht als Biomasse anerkannte Stoffe. Nicht als Biomasse im Sinne dieser Verordnung gelten:

1. fossile Brennstoffe sowie daraus hergestellte Neben- und Folgeprodukte,
2. Torf,
3. gemischte Siedlungsabfälle aus privaten Haushaltungen sowie ähnliche Abfälle aus anderen Herkunftsbereichen einschließlich aus gemischten Siedlungsabfällen herausgelöste Biomassefraktionen,
4. Altholz mit Ausnahme von Industrierestholz,
5. Papier, Pappe, Karton,
6. Klärschlämme im Sinne der Klärschlammverordnung,
7. Hafenschlick und sonstige Gewässerschlämme und -sedimente,
8. Textilien,
9. tierische Nebenprodukte im Sinne von Artikel 3 Nummer 1 der Verordnung (EG) Nr. 1069/2009 des Europäischen Parlaments und des Rates vom 21. Oktober 2009 mit Hygienevorschriften für nicht für den menschlichen Verzehr bestimmte tierische Nebenprodukte und zur Aufhebung der Verordnung (EG) Nr. 1774/2002 (ABl. L 300 vom 14.11.2009, S. 1), die durch die Richtlinie 2010/63/EU (ABl. L 276 vom 20.10.2010, S. 33) geändert worden ist, soweit es sich
   a) um Material der Kategorie 1 gemäß Artikel 8 der Verordnung (EG) Nr. 1069/2009 handelt,
   b) um Material der Kategorie 2 gemäß Artikel 9 der Verordnung (EG) Nr. 1069/2009 mit Ausnahme von Gülle, von Magen und Darm getrenntem Magen- und Darminhalt und Kolostrum im Sinne der genannten Verordnung handelt,
   c) um Material der Kategorie 3 gemäß Artikel 10 der Verordnung (EG) Nr. 1069/2009 mit Ausnahme von Häuten, Fellen, Hufen, Federn, Wolle, Hörnern, Haaren und Pelzen nach Artikel 10 Buchstaben b Unterbuchstaben iii bis v, h und n handelt, und dieses Material durch Verbrennen direkt als Abfall beseitigt wird, oder
   d) um Material der Kategorie 3 gemäß Artikel 10 der Verordnung (EG) Nr. 1069/2009 handelt, das in Verarbeitungsbetrieben für Material der Kategorie 1 oder 2 verarbeitet wird, sowie Stoffe, die durch deren dortige Verarbeitung hergestellt worden oder sonst entstanden sind,

10. Deponiegas,
11. Klärgas,
12. Ablaugen der Zellstoffherstellung.

§ 4 Technische Verfahren. (1) Als technische Verfahren zur Erzeugung von Strom aus Biomasse im Sinne dieser Verordnung gelten einstufige und mehrstufige Verfahren der Stromerzeugung durch folgende Arten von Anlagen:
1. Feuerungsanlagen in Kombination mit Dampfturbinen-, Dampfmotor-, Stirlingmotor- und Gasturbinenprozessen, einschließlich Organic-Rankine-Cycle-(ORC)-Prozessen,
2. Verbrennungsmotoranlagen,
3. Gasturbinenanlagen,
4. Brennstoffzellenanlagen,
5. andere Anlagen, die wie die in Nummern 1 bis 4 genannten technischen Verfahren im Hinblick auf das Ziel des Klima- und Umweltschutzes betrieben werden.

(2) Soweit eine Stromerzeugung aus Biomasse im Sinne dieser Verordnung mit einem Verfahren nach Absatz 1 nur durch eine Zünd- oder Stützfeuerung mit anderen Stoffen als Biomasse möglich ist, können auch solche Stoffe eingesetzt werden.

(3) In Anlagen nach Absatz 1 und 2 darf bis zu einem Anteil von 10 vom Hundert des Energiegehalts auch Klärgas oder durch thermische Prozesse unter Sauerstoffmangel erzeugtes Gas (Synthesegas) eingesetzt werden, wenn das Gas (Synthesegas) aus Klärschlamm im Sinne der Klärschlammverordnung erzeugt worden ist.

§ 5 Umweltanforderungen. Zur Vermeidung und Verminderung von Umweltverschmutzungen, zum Schutz und zur Vorsorge vor schädlichen Umwelteinwirkungen und zur Gefahrenabwehr sowie zur Schonung der Ressourcen und zur Sicherung des umweltverträglichen Umgangs mit Abfällen sind die für die jeweiligen technischen Verfahren sowie den Einsatz der betreffenden Stoffe geltenden Vorschriften des öffentlichen Rechts einzuhalten.

§ 6 Inkrafttreten. Diese Verordnung tritt am Tage nach der Verkündung[1] in Kraft.

Der Bundesrat hat zugestimmt.

Anlagen 1–3. *(aufgehoben)*

---

[1] Verkündet am 27.6.2001.

40. Verordnung zu den gemeinsamen Ausschreibungen für Windenergieanlagen an Land und Solaranlagen (Verordnung zu den gemeinsamen Ausschreibungen – GemAV)[1)]

Vom 10. August 2017

(BGBl. I S. 3167, 3180)

FNA 754-27-8

geänd. durch Art. 9 G zur Änd. des Erneuerbare-Energien-G, des Kraft-Wärme-KopplungsG, des EnergiewirtschaftsG und weiterer energierechtlicher Vorschriften v. 17.12.2018 (BGBl. I S. 2549)

Inhaltsübersicht

[1)] Verkündet als Art. 2 VO v. 10.8.2017 (BGBl. I S. 3167); Inkrafttreten gem. Art. 5 dieser VO am 18.8.2017. Die VO **tritt am 31.12.2022 außer Kraft**; vgl. § 20.

Teil 1. Allgemeine Bestimmungen

§ 1 Anwendungsbereich. (1) Diese Verordnung regelt die gemeinsamen Ausschreibungen für Windenergieanlagen an Land und Solaranlagen nach § 39i des Erneuerbare-Energien-Gesetzes[1)].

(2) In den gemeinsamen Ausschreibungen können nur Gebote für Windenergieanlagen an Land und Solaranlagen abgegeben werden, für die die Marktprämie nach § 22 Absatz 2 und 3 des Erneuerbare-Energien-Gesetzes durch Ausschreibungen ermittelt wird.

§ 2 Begriffsbestimmungen. (1) Im Sinn dieser Verordnung ist oder sind:
1. „gemeinsame Ausschreibungen" die gemeinsamen Ausschreibungen von Windenergieanlagen an Land und Solaranlagen nach dieser Verordnung,
2. „Höchstwertgebiet" ein Gebiet, in dem für Windenergieanlagen an Land bei den gemeinsamen Ausschreibungen in den Jahren 2019 und 2020 jeweils ein einheitlicher Höchstwert maßgebend ist,
3. „landkreisübergreifende Gebote" Gebote, die sich auf Windenergieanlagen an Land oder Solaranlagen beziehen, die in mehr als einem Landkreis errichtet werden,
4. „modifizierter Gebotswert" bei Geboten, die sich auf Windenergieanlagen an Land oder Solaranlagen beziehen, die in einem von der Bundesnetzagentur nach § 11 Absatz 1 Satz 1 Nummer 1 festgelegten Verteilernetzausbaugebiet errichtet und nicht an das Höchstspannungsnetz angeschlossen werden, die Summe aus dem Gebotswert und der von der Bundesnetzagentur nach § 11 Absatz 1 Satz 1 Nummer 2 festgelegten Verteilernetzkomponente für Windenergieanlagen an Land oder Solaranlagen in diesem Verteilernetzausbaugebiet, wobei bei landkreisübergreifenden Geboten nach § 10 Absatz 2 die jeweils höchste Verteilernetzkomponente für das gesamte Gebot maßgeblich ist,
5. „Verteilernetzausbaugebiet" ein Landkreis, in dem nach Maßgabe der Anlage 1 Nummer 1 die maximale Rückspeisung von Strom aus erneuerbaren Energien in das vorgelagerte Höchstspannungsnetz größer ist als die Höchstlast, wobei die in der Anlage 2 aufgeführten Landkreise keine Verteilernetzausbaugebiete sind, und
6. „Verteilernetzkomponente" der nach § 10 zu ermittelnde Aufschlag auf den Gebotswert für die Zwecke der Gebotsreihung nach § 7 Absatz 1 Satz 4 und 5 bei Geboten für Windenergieanlagen an Land oder Solaranlagen, die in einem Verteilernetzausbaugebiet errichtet und die nicht unmittelbar an das Höchstspannungsnetz angeschlossen werden.

(2) [1] Als Landkreise im Sinn dieser Verordnung gelten auch die kreisfreien Städte und die Stadtkreise. [2] Maßgeblich ist der Zuschnitt der Landkreise am 31. März 2017.

[1)] Nr. **37**.

Teil 2. Allgemeine Ausschreibungsbestimmungen und Verfahren der Ausschreibungen

§ 3 Ausschreibungsbestimmungen des Erneuerbare-Energien-Gesetzes. Bei den gemeinsamen Ausschreibungen sind die allgemeinen Ausschreibungsbestimmungen nach den §§ 29 bis 31 und 33 bis 35a des Erneuerbare-Energien-Gesetzes[1)], die Ausschreibungsbestimmungen für Windenergieanlagen an Land nach den §§ 36, 36a, 36c bis 36f und 36i des Erneuerbare-Energien-Gesetzes und die Ausschreibungsbestimmungen für Solaranlagen nach den §§ 37 bis 38b des Erneuerbare-Energien-Gesetzes anzuwenden, soweit die nachfolgenden Bestimmungen nichts anderes regeln.

§ 4 Ausschreibungsvolumen und Gebotstermine. Das Ausschreibungsvolumen und die Gebotstermine der gemeinsamen Ausschreibungen sind in § 28 des Erneuerbare-Energien-Gesetzes[1)] festgelegt.

§ 5 Bekanntmachung. Zusätzlich zu den Angaben nach § 29 Absatz 1 Satz 2 des Erneuerbare-Energien-Gesetzes[1)] macht die Bundesnetzagentur bei den gemeinsamen Ausschreibungen folgende Angaben bekannt:

1. die in dem Gebotstermin der gemeinsamen Ausschreibung anwendbare Terminobergrenze für das Netzausbaugebiet nach § 8 Absatz 1,
2. einen Hinweis auf die Festlegung der Verteilernetzausbaugebiete und der Verteilernetzkomponenten nach § 11 und
3. die in dem Gebotstermin der gemeinsamen Ausschreibungen anwendbaren Höchstwerte nach den §§ 12 bis 17.

§ 6 Gebote in den gemeinsamen Ausschreibungen. (1) Zusätzlich zu den Anforderungen an Gebote nach den §§ 30, 36 und 37 des Erneuerbare-Energien-Gesetzes[1)] muss ein Gebot die Angaben enthalten, ob die Anlagen, auf die sich das Gebot bezieht,

1. unmittelbar an das Höchstspannungsnetz angeschlossen werden und
2. in mehr als einem Landkreis errichtet werden.

(2) [1] Abweichend von § 37 Absatz 3 des Erneuerbare-Energien-Gesetzes[1)] darf die Gebotsmenge bei Geboten für Freiflächenanlagen, die in den in Anlage 2 aufgeführten Landkreisen errichtet werden, pro Gebot eine zu installierende Leistung von 20 Megawatt nicht überschreiten, und es dürfen für Freiflächenanlagen in diesen Landkreisen mit einer installierten Leistung von bis zu 20 Megawatt abweichend von § 38a Absatz 1 Nummer 5 Buchstabe a des Erneuerbare-Energien-Gesetzes Zahlungsberechtigungen ausgestellt werden. [2] Satz 1 gilt nicht für Freiflächenanlagen auf Flächen nach § 37 Absatz 1 Nummer 3 Buchstabe h und i des Erneuerbare-Energien-Gesetzes.

§ 7 Zuschlagsverfahren. (1) [1] Die Bundesnetzagentur führt bei jeder gemeinsamen Ausschreibung für Windenergieanlagen an Land und Solaranlagen gemeinsam das folgende Zuschlagsverfahren durch. [2] Sie öffnet die fristgerecht

---

[1)] Nr. 37.

eingegangenen Gebote nach dem Gebotstermin. [3]Bei Geboten für Windenergieanlagen an Land oder Solaranlagen, die in einem Verteilernetzausbaugebiet nach § 11 Absatz 1 Satz 1 Nummer 1 errichtet und nicht an das Höchstspannungsnetz angeschlossen werden, sind abweichend von § 32 des Erneuerbare-Energien-Gesetzes[1)] für die Zwecke der Gebotsreihung nach Satz 4 die modifizierten Gebotswerte die maßgeblichen Gebotswerte. [4]Die Bundesnetzagentur sortiert die Gebote

1. bei unterschiedlichen Gebotswerten nach dem jeweiligen Gebotswert in aufsteigender Reihenfolge, beginnend mit dem Gebot mit dem niedrigsten Gebotswert, und
2. bei demselben Gebotswert nach der jeweiligen Gebotsmenge in aufsteigender Reihenfolge, beginnend mit der niedrigsten Gebotsmenge; wenn die Gebotswerte und die Gebotsmenge der Gebote gleich sind, entscheidet das Los über die Reihenfolge, es sei denn, die Reihenfolge ist für die Zuschlagserteilung nicht maßgeblich.

[5]Die Bundesnetzagentur prüft die Zulässigkeit der Gebote nach den §§ 33 und 34 des Erneuerbare-Energien-Gesetzes[1)], wobei für die Zwecke der Höchstwertüberprüfung nach § 33 Absatz 1 Nummer 4 des Erneuerbare-Energien-Gesetzes immer der Gebotswert und nicht der modifizierte Gebotswert maßgeblich ist. [6]Sie erteilt bei jeder Ausschreibung für beide Energieträger gemeinsam in der Reihenfolge nach Satz 4 allen zulässigen Geboten einen Zuschlag im Umfang ihres Gebots, bis das Ausschreibungsvolumen erstmals durch den Zuschlag zu einem Gebot erreicht oder überschritten ist (Zuschlagsgrenze). [7]Geboten oberhalb der Zuschlagsgrenze wird kein Zuschlag erteilt.

(2) Die Bundesnetzagentur erfasst für jedes Gebot, für das ein Zuschlag erteilt worden ist, die vom Bieter übermittelten Angaben und Nachweise sowie den Zuschlagswert.

§ 8 Sonderregelungen für das Netzausbaugebiet. (1) [1]Die Bundesnetzagentur legt mit der Bekanntmachung nach § 29 des Erneuerbare-Energien-Gesetzes[1)] in Verbindung mit § 5 Nummer 1 für den jeweiligen Gebotstermin der gemeinsamen Ausschreibungen verbindlich fest, in welchem Umfang in diesem Gebotstermin höchstens Zuschläge im Netzausbaugebiet erteilt werden dürfen (Terminobergrenze). [2]Die Höhe der Terminobergrenze ergibt sich für die Gebotstermine jeweils aus § 36c Absatz 4 des Erneuerbare-Energien-Gesetzes in Verbindung mit den §§ 11 und 12 der Erneuerbare-Energien-Ausführungsverordnung[2)].

(2) § 36c Absatz 5 des Erneuerbare-Energien-Gesetzes[1)] ist mit der Maßgabe anzuwenden, dass die Bundesnetzagentur in den gemeinsamen Ausschreibungen die nach § 7 Absatz 1 Satz 4 und 5 sortierten Gebote nur berücksichtigt, bis die Terminobergrenze erstmals durch den Zuschlag zu einem Gebot erreicht oder überschritten wird.

§ 9 Anzulegender Wert. Der anzulegende Wert für Strom aus in den gemeinsamen Ausschreibungen bezuschlagten Windenergieanlagen an Land und

[1)] Nr. **37**.
[2)] Nr. **42**.

Solaranlagen entspricht dem Zuschlagswert des bezuschlagten Gebots, dessen Gebotsmenge der Anlage zugeteilt worden ist.

Teil 3. Verteilernetzkomponente

§ 10 Verteilernetzkomponente. (1) Die Verteilernetzkomponente für Windenergieanlagen an Land wird mit der Formel in der Anlage 1 Nummer 2a errechnet und die Verteilernetzkomponente für Solaranlagen wird mit der Formel in der Anlage 1 Nummer 2b errechnet.

(2) Bei landkreisübergreifenden Geboten ist die höchste Verteilernetzkomponente für den betroffenen Energieträger in den betroffenen Verteilernetzausbaugebieten für das gesamte Gebot maßgeblich.

§ 11 Festlegung und Veröffentlichung durch die Bundesnetzagentur.

(1) [1]Die Bundesnetzagentur legt jeweils im Dezember 2017 und im August 2019 Folgendes fest:

1. die Verteilernetzausbaugebiete und
2. nach Maßgabe des § 10 für jedes Verteilernetzausbaugebiet
   a) die Verteilernetzkomponente für Windenergieanlagen an Land und
   b) die Verteilernetzkomponente für Solaranlagen.

[2]Die Bundesnetzagentur veröffentlicht die Festlegungen nach Satz 1 auf ihrer Internetseite. [3]Für die Festlegung der modifizierten Gebotswerte und die Zuschlagserteilung in einem Gebotstermin ist jeweils die letzte Veröffentlichung nach Satz 1 vor diesem Gebotstermin maßgeblich.

(2) [1]Die Festlegung nach Absatz 1 erfolgt ausschließlich auf Grundlage der in Anlage 1 genannten Datenquellen. [2]Im Marktstammdatenregister erfasste Daten werden mit dem jeweiligen Stand zum ersten Tag des der Festlegung nach Absatz 1 vorangehenden Monats wie folgt einbezogen:

1. Daten von Bestandsanlagen nach § 2 Nummer 1 der Marktstammdatenregisterverordnung[1)]; sofern für diese Daten die Netzbetreiberprüfung nach der Verantwortungsübernahme nach § 12 Absatz 1 der Marktstammdatenregisterverordnung noch nicht abgeschlossen ist, wird der Datenstand zum Zeitpunkt vor der Verantwortungsübernahme verwendet, und
2. Daten von nach dem 30. Juni 2017 nach der Marktstammdatenregisterverordnung[1)] gemeldeten Anlagen, sofern diese Daten nach § 13 der Marktstammdatenregisterverordnung vom Netzbetreiber bestätigt wurden.

(3) Die Festlegung der Verteilernetzausbaugebiete und der Verteilernetzkomponenten nach den Absätzen 1 und 2 ist nicht selbständig gerichtlich überprüfbar.

[1)] Nr. **38**.

Teil 4. Höchstwerte

Abschnitt 1. Einheitliche Höchstwerte

§ 12 Höchstwerte für Strom aus Solaranlagen. Der Höchstwert für Strom aus Solaranlagen entspricht in einem Gebotstermin der gemeinsamen Ausschreibungen dem zur Zeit der Bekanntmachung des Gebotstermins geltenden Höchstwert nach den §§ 29 und 37b des Erneuerbare-Energien-Gesetzes[1)].

§ 13 Höchstwerte für Strom aus Windenergieanlagen an Land im Jahr 2018. Der Höchstwert für Strom aus Windenergieanlagen an Land entspricht in den Gebotsterminen der gemeinsamen Ausschreibungen im Jahr 2018 jeweils den Höchstwerten für diese Gebotstermine nach § 12.

Abschnitt 2. Regional differenzierte Höchstwerte für Windenergieanlagen an Land

§ 14 Differenzierte Höchstwerte für Strom aus Windenergieanlagen an Land in den Jahren 2019 bis 2022. Bei den Gebotsterminen der gemeinsamen Ausschreibungen sind in den Jahren 2019 bis 2022 für Windenergieanlagen an Land in den drei Höchstwertgebieten nach § 15 die differenzierten Höchstwerte nach § 16 anzuwenden.

§ 15 Höchstwertgebiete. Die drei Höchstwertgebiete sind in der Anlage 3 festgelegt.

§ 16 Höchstwerte. (1) Abweichend von § 36b Absatz 2 des Erneuerbare-Energien-Gesetzes[1)] betragen die Höchstwerte für Strom aus Windenergieanlagen an Land in einem Gebotstermin der gemeinsamen Ausschreibungen in den Jahren 2019 bis 2022:

1. für das Höchstwertgebiet 1: 100 Prozent des Höchstwertes nach § 36b Absatz 2 des Erneuerbare-Energien-Gesetzes[1)],
2. für das Höchstwertgebiet 2: 116 Prozent des Höchstwertes nach § 36b Absatz 2 des Erneuerbare-Energien-Gesetzes[1)] und
3. für das Höchstwertgebiet 3: 129 Prozent des Höchstwertes nach § 36b Absatz 2 des Erneuerbare-Energien-Gesetzes[1)].

(2) Der für die Anwendung von Absatz 1 maßgebliche Höchstwert nach § 36b Absatz 2 des Erneuerbare-Energien-Gesetzes[1)] ist der letzte vor der Bekanntmachung des Gebotstermins der gemeinsamen Ausschreibung bekanntgemachte Höchstwert in den energieträgerspezifischen Ausschreibungen für Windenergieanlagen an Land nach den §§ 29 und 36b Absatz 2 des Erneuerbare-Energien-Gesetzes.

§ 17 Höchstwerte bei landkreisübergreifenden Geboten. Bei landkreisübergreifenden Geboten ist der niedrigste Höchstwert in den betroffenen Landkreisen für das gesamte Gebot maßgeblich.

---

1) Nr. 37.

§ 18 Evaluierung der Höchstwerte. Das Umweltbundesamt wird ab dem Jahr 2019 evaluieren, ob die Höchstwertgebiete nach § 15 die unterschiedlichen Windverhältnisse in der Bundesrepublik Deutschland sachgerecht abbilden und ob die Höchstwerte nach § 16 angemessen sind.

Teil 5. Verringerung des Zahlungsanspruchs, Geltungszeitraum

§ 19 Verringerung des Zahlungsanspruchs bei Pflichtverstößen. Der anzulegende Wert nach § 9 verringert sich um die Höhe der Verteilernetzkomponente, sofern die Anlagen, auf die sich das Gebot bezieht, in einem Verteilernetzausbaugebiet errichtet werden und

1. anders als im Gebot angegeben nicht an das Höchstspannungsnetz angeschlossen werden oder
2. ganz oder teilweise in einem anderen als den im Gebot angegebenen Landkreisen errichtetet werden und in diesem Landkreis bei dem maßgeblichen Gebotstermin eine höhere Verteilernetzkomponente anzuwenden war als in einem der Landkreise, die im Gebot angegeben waren; in diesem Fall ist die höchste Verteilernetzkomponente in den Verteilernetzausbaugebieten, in denen die Anlagen ganz oder teilweise errichtet werden, vom anzulegenden Wert abzuziehen.

§ 20 Außerkrafttreten. Diese Verordnung tritt am 31. Dezember 2022 außer Kraft.

Anlage 1
(zu § 2 Absatz 1 Nummer 5 und 6, den §§ 10 und 11)

Verteilernetzausbaugebiete und Verteilernetzkomponenten

1. Ein Landkreis ist ein Verteilernetzausbaugebiet (VNAG), wenn in diesem Landkreis gilt:
$(P_{Wind} \cdot K_{Wind} + P_{PV} \cdot K_{PV} + P_{Sonst} \cdot K_{Sonst} - P_{HL} \cdot K_{HL}) - P_{HL} > 0$

2a. Die Verteilernetzkomponente für Windenergieanlagen an Land (VNK_{Wind}), die nicht unmittelbar an das Höchstspannungsnetz angeschlossen sind, ergibt sich je VNAG aus folgender Formel:
$VNK_{Wind} = K_{Wind} \cdot B_{Wind}$

2b. Die Verteilernetzkomponente für Solaranlagen (VNK_{PV}), die nicht unmittelbar an das Höchstspannungsnetz angeschlossen sind, ergibt sich je VNAG aus folgender Formel:
$VNK_{PV} = K_{PV} \cdot B_{PV}$

3. Im Sinn dieser Anlage ist oder sind:

B_{PV} der Basiswert für Solaranlagen; er beträgt 1,6 Cent pro Kilowattstunde,

B_{Wind} der Basiswert für Windenergieanlagen an Land; er beträgt 0,73 Cent pro Kilowattstunde,

K_{HL} der jeweilige Minimallastfaktor für den Landkreis, für den nach Nummer 1 ermittelt wird, ob er ein VNAG ist; dieser beträgt 0,45 für einen Landkreis mit einem *PQ* von 0; er beträgt 0,3 für einen Landkreis mit einem *PQ* von 1; für die Ermittlung der Minimallastfaktoren für Landkreise mit einem *PQ* zwischen 0 und 1 findet eine lineare Interpolation zwischen den Werten 0,45 und 0,3 statt,

K_{PV} der jeweilige Kapazitätsfaktor für Solaranlagen
– für den Landkreis, für den nach Nummer 1 ermittelt wird, ob er ein VNAG ist, oder
– für das VNAG, für das die VNK nach Nummer 2b ermittelt wird;

dieser beträgt 0,55 für einen Landkreis mit einem *PQ* kleiner 0,3; er beträgt 0,05 für einen Landkreis mit einem *PQ* größer 0,55; für die Ermittlung der Kapazitätsfaktoren für Landkreise mit einem *PQ* zwischen 0,3 und 0,55 findet eine lineare Interpolation zwischen den Werten 0,55 und 0,05 statt,

K_{Wind} der jeweilige Kapazitätsfaktor für Windenergieanlagen an Land
– für den Landkreis, für den nach Nummer 1 ermittelt wird, ob er ein VNAG ist, oder
– für das VNAG, für das die VNK nach Nummer 2a ermittelt wird;

dieser beträgt 0 für einen Landkreis mit einem *PQ* kleiner 0,25; er beträgt 0,8 für einen Landkreis mit einem *PQ* größer 0,55; für die Ermittlung der Kapazitätsfaktoren für Landkreise mit einem *PQ* zwischen 0,25 und 0,55 findet eine lineare Interpolation zwischen den Werten 0 und 0,8 statt,

K_{Sonst} der Kapazitätsfaktor für sonstige Anlagen zur Erzeugung von Strom aus erneuerbaren Energien; dieser beträgt 0,9,

P_{HL} der Näherungswert für die Höchstlast in dem Landkreis, für den nach Nummer 1 ermittelt wird, ob er ein VNAG ist; er berechnet sich nach folgender Formel:

$$P_{HL} = 28\,146\ MW \cdot RF_{HL,HH} + 27\,295\ MW \cdot RF_{HL,GHD} + 28\,259\ MW \cdot RF_{HL,IND}$$

wobei:

$RF_{HL,HH}$ der Regionalisierungsfaktor für die Höchstlast des Sektors „Haushalte" für einen Landkreis ist; er berechnet sich aus dem Verhältnis der Bevölkerungszahl im jeweiligen Landkreis zur Bevölkerungszahl aller deutschen Landkreise gemäß der am 1. November 2017 vorliegenden aktuellsten Bevölkerungsstatistik des Statistischen Bundesamtes,

$RF_{HL,GHD}$ der Regionalisierungsfaktor für die Höchstlast des Sektors „Gewerbe/Handel/Dienstleistung" für einen Landkreis ist; er berechnet sich aus dem Verhältnis der Summe der Bruttowertschöpfung für die Wirtschaftszweige „Dienstleistungsbereiche" (G-T) und „Baugewerbe" (F) im jeweiligen Landkreis zur Summe der Bruttowertschöpfung für die Wirtschaftszweige „Dienstleistungsbereiche" (G-T) und „Baugewerbe" (F) aller deutschen Landkreise gemäß der neuesten am 1. November 2017 vorliegenden Volkswirtschaftlichen Gesamtrechnung der Länder und

$RF_{HL,IND}$ der Regionalisierungsfaktor für die Höchstlast des Sektors „Industrie" für einen Landkreis ist; er berechnet sich aus dem Verhältnis der Bruttowertschöpfung für den Wirtschaftszweig „produzierendes Gewerbe ohne Baugewerbe" (B-E) im jeweiligen Landkreis zur Bruttowertschöpfung für den Wirtschaftszweig „produzierendes Gewerbe ohne Baugewerbe" (B-E) aller deutschen Landkreise gemäß der neuesten am 1. November 2017 vorliegenden Volkswirtschaftlichen Gesamtrechnung der Länder,

P_{PV} die installierte Leistung von Solaranlagen, die nicht unmittelbar an das Höchstspannungsnetz angeschlossen sind, in dem Landkreis, für den nach Nummer 1 ermittelt wird, ob er ein VNAG ist, gemäß Marktstammdatenregister zum relevanten Stichtag nach § 11 Absatz 2 Satz 2; dabei gelten nur solche Solaranlagen als unmittelbar an das Höchstspannungsnetz angeschlossen, bei denen das zum relevanten Stichtag nach § 11 Absatz 2 Satz 2 im Marktstammdatenregister ausdrücklich vermerkt ist,

P_{Sonst} die installierte Leistung von sonstigen Anlagen zur Erzeugung von Strom aus erneuerbaren Energien, die nicht unmittelbar an das Höchstspannungsnetz angeschlossen sind, in dem Landkreis, für den nach Nummer 1 ermittelt wird, ob er ein VNAG ist, gemäß Marktstammdatenregister zum relevanten Stichtag nach § 11 Absatz 2 Satz 2; dabei gelten nur solche Anlagen als unmittelbar an das Höchstspannungsnetz angeschlossen, bei denen das zum relevanten Stichtag nach § 11 Absatz 2 Satz 2 im Marktstammdatenregister ausdrücklich vermerkt ist,

P_{Wind} die installierte Leistung von Windenergieanlagen an Land, die nicht unmittelbar an das Höchstspannungsnetz angeschlossen sind, in dem Landkreis, für den nach Nummer 1 ermittelt wird, ob er ein VNAG ist, gemäß Marktstammdatenregister zum relevanten Stichtag nach § 11 Absatz 2 Satz 2; dabei gelten nur solche Windenergieanlagen an Land als unmittelbar an das Höchstspannungsnetz angeschlossen, bei denen das zum relevanten Stichtag nach § 11 Absatz 2 Satz 2 im Marktstammdatenregister ausdrücklich vermerkt ist,

PQ der Portfolio-Quotient, d.h. das Verhältnis der installierten Leistung von Windenergieanlagen an Land (P_{Wind}) zur installierten Leistung von Solaranlagen (P_{PV}) in einem Landkreis; er bestimmt sich für einen Landkreis nach folgender Formel:

$$PQ = \frac{P_{Wind}}{(P_{PV} + P_{Wind})}$$

Anlage 2
(zu § 2 Absatz 1 Nummer 5, § 6 Absatz 2)

Regionen mit besonderem Flächenpotential

Name
Bautzen, Landkreis
Burgenlandkreis, Landkreis
Cottbus, Kreisfreie Stadt
Düren, Kreis
Elbe-Elster, Landkreis
Euskirchen, Kreis
Görlitz, Landkreis
Heinsberg, Kreis
Helmstedt, Landkreis
Leipzig, Landkreis
Mansfeld-Südharz, Landkreis
Nordsachsen, Landkreis
Oberspreewald-Lausitz, Landkreis
Rhein-Erft-Kreis, Kreis
Rhein-Kreis Neuss, Kreis
Saalekreis, Landkreis
Spree-Neiße, Landkreis
Städteregion Aachen, Kreis
Wolfenbüttel, Landkreis

Anlage 3
(zu § 15)

Höchstwertgebiete

Höchstwertgebiet 1 (Nord)	Höchstwertgebiet 2 (Mitte)	Höchstwertgebiet 3 (Süd)
Bremen	**Berlin**	Zum Höchstwertgebiet 3 gehören alle Landkreise, die nicht in den Spalten 1 und 2 dieser Tabelle aufgeführt sind.
Bremerhaven, Kreisfreie Stadt	Berlin, Kreisfreie Stadt	
Mecklenburg-Vorpommern	**Brandenburg**	
Nordwestmecklenburg, Landkreis	Barnim, Landkreis	

Höchstwertgebiet 1 (Nord)	Höchstwertgebiet 2 (Mitte)	Höchstwertgebiet 3 (Süd)
Rostock, Kreisfreie Stadt	Brandenburg an der Havel, Kreisfreie Stadt	
Rostock, Landkreis	Cottbus, Kreisfreie Stadt	
Vorpommern-Rügen, Landkreis	Dahme-Spreewald, Landkreis	
Niedersachsen	Elbe-Elster, Landkreis	
Ammerland, Landkreis	Frankfurt (Oder), Kreisfreie Stadt	
Aurich, Landkreis	Havelland, Landkreis	
Cloppenburg, Landkreis	Märkisch-Oderland, Landkreis	
Cuxhaven, Landkreis	Oberhavel, Landkreis	
Emden, Kreisfreie Stadt	Oberspreewald-Lausitz, Landkreis	
Friesland, Landkreis	Oder-Spree, Landkreis	
Leer, Landkreis	Ostprignitz-Ruppin, Landkreis	
Oldenburg, Kreisfreie Stadt	Potsdam, Kreisfreie Stadt	
Oldenburg, Landkreis	Potsdam-Mittelmark, Landkreis	
Osterholz, Landkreis	Prignitz, Landkreis	
Stade, Landkreis	Spree-Neiße, Landkreis	
Wesermarsch, Landkreis	Teltow-Fläming, Landkreis	
Wilhelmshaven, Kreisfreie Stadt	Uckermark, Landkreis	
Wittmund, Landkreis	**Bremen**	
Schleswig-Holstein	Bremen, Kreisfreie Stadt	
Dithmarschen, Kreis	**Hamburg**	
Flensburg, Kreisfreie Stadt	Hamburg, Kreisfreie Stadt	
Kiel, Kreisfreie Stadt	**Mecklenburg-Vorpommern**	
Neumünster, Kreisfreie Stadt	Ludwigslust-Parchim, Landkreis	
Nordfriesland, Kreis	Mecklenburgische Seenplatte, Landkreis	
Ostholstein, Kreis	Schwerin, Kreisfreie Stadt	
Pinneberg, Kreis	Vorpommern-Greifswald, Landkreis	
Plön, Kreis	**Niedersachsen**	
Rendsburg-Eckernförde, Kreis	Braunschweig, Kreisfreie Stadt	
Schleswig-Flensburg, Kreis	Celle, Landkreis	
Segeberg, Kreis	Delmenhorst, Kreisfreie Stadt	
Steinburg, Kreis	Diepholz, Landkreis	
Stormarn, Kreis	Emsland, Landkreis	
	Gifhorn, Landkreis	
	Goslar, Landkreis	
	Grafschaft Bentheim, Landkreis	

Höchstwertgebiet 1 (Nord)	Höchstwertgebiet 2 (Mitte)	Höchstwertgebiet 3 (Süd)
	Hameln-Pyrmont, Landkreis	
	Harburg, Landkreis	
	Heidekreis, Landkreis	
	Helmstedt, Landkreis	
	Hildesheim, Landkreis	
	Holzminden, Landkreis	
	Lüchow-Dannenberg, Landkreis	
	Lüneburg, Landkreis	
	Nienburg (Weser), Landkreis	
	Osnabrück, Kreisfreie Stadt	
	Osnabrück, Landkreis	
	Peine, Landkreis	
	Region Hannover, Landkreis	
	Rotenburg (Wümme), Landkreis	
	Salzgitter, Kreisfreie Stadt	
	Schaumburg, Landkreis	
	Uelzen, Landkreis	
	Vechta, Landkreis	
	Verden, Landkreis	
	Wolfenbüttel, Landkreis	
	Wolfsburg, Kreisfreie Stadt	
	Nordrhein-Westfalen	
	Bielefeld, Kreisfreie Stadt	
	Bochum, Kreisfreie Stadt	
	Borken, Kreis	
	Bottrop, Kreisfreie Stadt	
	Coesfeld, Kreis	
	Dortmund, Kreisfreie Stadt	
	Duisburg, Kreisfreie Stadt	
	Düren, Kreis	
	Düsseldorf, Kreisfreie Stadt	
	Ennepe-Ruhr-Kreis	
	Essen, Kreisfreie Stadt	
	Gelsenkirchen, Kreisfreie Stadt	
	Gütersloh, Kreis	
	Hagen, Kreisfreie Stadt	

Höchstwertgebiet 1 (Nord)	Höchstwertgebiet 2 (Mitte)	Höchstwertgebiet 3 (Süd)
	Hamm, Kreisfreie Stadt	
	Heinsberg, Kreis	
	Herford, Kreis	
	Herne, Kreisfreie Stadt	
	Hochsauerlandkreis, Kreis	
	Kleve, Kreis	
	Krefeld, Kreisfreie Stadt	
	Lippe, Kreis	
	Mettmann, Kreis	
	Minden-Lübbecke, Kreis	
	Mönchengladbach, Kreisfreie Stadt	
	Mülheim an der Ruhr, Kreisfreie Stadt	
	Münster, Kreisfreie Stadt	
	Oberhausen, Kreisfreie Stadt	
	Paderborn, Kreis	
	Recklinghausen, Kreis	
	Remscheid, Kreisfreie Stadt	
	Rhein-Kreis Neuss, Kreis	
	Soest, Kreis	
	Städteregion Aachen, Kreis	
	Steinfurt, Kreis	
	Unna, Kreis	
	Viersen, Kreis	
	Warendorf, Kreis	
	Wesel, Kreis	
	Wuppertal, Kreisfreie Stadt	
	Sachsen	
	Bautzen, Landkreis	
	Görlitz, Landkreis	
	Leipzig, Kreisfreie Stadt	
	Leipzig, Landkreis	
	Meißen, Landkreis	
	Mittelsachsen, Landkreis	
	Nordsachsen, Landkreis	

Höchstwertgebiet 1 (Nord)	Höchstwertgebiet 2 (Mitte)	Höchstwertgebiet 3 (Süd)
	Sachsen-Anhalt	
	Altmarkkreis Salzwedel, Landkreis	
	Anhalt-Bitterfeld, Landkreis	
	Börde, Landkreis	
	Dessau-Roßlau, Kreisfreie Stadt	
	Harz, Landkreis	
	Jerichower Land, Landkreis	
	Magdeburg, Kreisfreie Stadt	
	Saalekreis, Landkreis	
	Salzlandkreis, Landkreis	
	Stendal, Landkreis	
	Wittenberg, Landkreis	
	Schleswig-Holstein	
	Herzogtum Lauenburg, Kreis	
	Lübeck, Kreisfreie Stadt	

41. Verordnung zur Durchführung des Erneuerbare-Energien-Gesetzes und des Windenergie-auf-See-Gesetzes (Erneuerbare-Energien-Verordnung – EEV)[1]

Vom 17. Februar 2015

(BGBl. I S. 146)

FNA 754-27-4

zuletzt geänd. durch Art. 18 G zur Beschleunigung des Energieleitungsausbaus v. 13.5.2019 (BGBl. I S. 706)

Abschnitt 1. Anwendungsbereich

§ 1 Anwendungsbereich. Diese Verordnung trifft Regelungen

1. zur Vermarktung des nach § 19 Absatz 1 Nummer 2 des Erneuerbare-Energien-Gesetzes[2] vergüteten ***[ab 1.10.2021:** oder nach § 13a Absatz 1a des Energiewirtschaftsgesetzes[3] bilanziell ausgeglichenen**]*** Stroms durch die Übertragungsnetzbetreiber nach § 59 des Erneuerbare-Energien-Gesetzes,
2. zur Ermittlung und Veröffentlichung der EEG-Umlage nach § 60 Absatz 1 Satz 1 des Erneuerbare-Energien-Gesetzes[2],
3. in Bezug auf Herkunftsnachweise und den Betrieb des Herkunftsnachweisregisters nach § 79 des Erneuerbare-Energien-Gesetzes[2] und in Bezug auf Regionalnachweise und die Einrichtung und den Betrieb des Regionalnachweisregisters nach § 79a des Erneuerbare-Energien-Gesetzes und
4. zur Übertragung von Ermächtigungen zum Erlass von Rechtsverordnungen aufgrund des Erneuerbare-Energien-Gesetzes[2] auf die Bundesnetzagentur und auf das Umweltbundesamt.

Abschnitt 2. EEG-Ausgleichsmechanismus

§ 2 Vermarktung durch die Übertragungsnetzbetreiber. [1] Die Übertragungsnetzbetreiber dürfen den nach § 19 Absatz 1 Nummer 2 des Erneuerbare-Energien-Gesetzes[2] vergüteten ***[ab 1.10.2021:** oder nach § 13a Absatz 1a des Energiewirtschaftsgesetzes[3] bilanziell ausgeglichenen**]*** Strom nur am Spotmarkt einer Strombörse nach Maßgabe der Erneuerbare-Energien-Ausführungsverordnung[4] vermarkten. [2] Sie müssen zur bestmöglichen Vermarktung des Stroms die Sorgfalt eines ordentlichen und gewissenhaften Kaufmanns anwenden.

---

[1] Verkündet als Art. 1 VO v. 17.2.2015 (BGBl. I S. 146); Inkrafttreten gem. Art. 4 Satz 1 dieser VO am 20.2.2015. Die VO wurde ua erlassen auf Grund von § 91 EEG.

[2] Nr. **37**.

[3] Nr. **1**.

[4] Nr. **42**.

§ 3 Ermittlung der EEG-Umlage. (1) [1]Die Übertragungsnetzbetreiber ermitteln die EEG-Umlage nach § 60 Absatz 1 Satz 1 des Erneuerbare-Energien-Gesetzes[1)] transparent aus

1. der Differenz zwischen den prognostizierten Einnahmen nach Absatz 3 Nummer 1, 3, 6 und 7 sowie Absatz 5 für das folgende Kalenderjahr und den prognostizierten Ausgaben nach Absatz 4 für das folgende Kalenderjahr und
2. dem Differenzbetrag zwischen den tatsächlichen Einnahmen nach Absatz 3 und den tatsächlichen Ausgaben nach Absatz 4 zum Zeitpunkt der Ermittlung.

[2]Die EEG-Umlage für Strom, für den nach § 60 oder § 61 des Erneuerbare-Energien-Gesetzes[1)] die EEG-Umlage gezahlt werden muss, ist in Cent pro Kilowattstunde zu ermitteln. [3]Hierbei ist § 66 Absatz 5 Satz 2 des Erneuerbare-Energien-Gesetzes entsprechend anzuwenden.

(2) [1]Die Prognosen nach Absatz 1 sind nach dem Stand von Wissenschaft und Technik zu erstellen. [2]Für die Prognose der Einnahmen nach Absatz 3 Nummer 1 ist der Durchschnitt der täglichen Abrechnungspreise für das Produkt Phelix Baseload Year Future an der Strombörse für das folgende Kalenderjahr zugrunde zu legen. [3]Maßgeblich ist dabei der Handelszeitraum vom 16. Juni bis zum 15. September des laufenden Kalenderjahres.

(3) Einnahmen sind

1. Erlöse aus der Vermarktung nach § 2,
2. Zahlungen der EEG-Umlage,
3. Zahlungen nach § 57 Absatz 3 des Erneuerbare-Energien-Gesetzes[1)], soweit die Saldierung nach § 57 Absatz 4 des Erneuerbare-Energien-Gesetzes für den Übertragungsnetzbetreiber einen positiven Saldo ergeben hat,
4. positive Differenzbeträge aus Zinsen nach Absatz 5,
5. Erlöse aus Rückforderungsansprüchen entsprechend den Vorgaben nach § 57 Absatz 5 oder auf Grund von nachträglichen Korrekturen nach § 62 des Erneuerbare-Energien-Gesetzes[1)] und aus Zahlungsansprüchen der Übertragungsnetzbetreiber nach Absatz 7,
6. Erlöse aus Versteigerungen von Anbindungskapazitäten für Windenergieanlagen auf See nach § 17d Absatz 4 Satz 5 des Energiewirtschaftsgesetzes[2)],
7. Erlöse aus der Abrechnung der Ausgleichsenergie für den EEG-Bilanzkreis nach § 11 der Stromnetzzugangsverordnung[3)],
8. Erlöse auf Grund von Rechtsverordnungen nach § 88 oder § 88a des Erneuerbare-Energien-Gesetzes[1)], die dort als Einnahmen im Sinne dieses Absatzes benannt werden,
9. positive Differenzbeträge und Zinsen nach § 6 Absatz 3 der Erneuerbare-Energien-Ausführungsverordnung[4)] und
10. Zahlungen nach § 55 des Erneuerbare-Energien-Gesetzes[1)] und nach § 60 des Windenergie-auf-See-Gesetzes[5)].

[1)] Nr. **37**.
[2)] Nr. **1**.
[3)] Nr. **23**.
[4)] Nr. **42**.
[5)] Nr. **47**.

(4) Ausgaben sind

1. Zahlungen nach den §§ 19 und 50 des Erneuerbare-Energien-Gesetzes[1] und nach den Bestimmungen, die nach den §§ 100 und 101 des Erneuerbare-Energien-Gesetzes übergangsweise fortgelten,
2. Ausgaben auf Grund einer Verordnung nach den §§ 88 und 88a des Erneuerbare-Energien-Gesetzes[1], die dort als Ausgaben im Sinne dieses Absatzes benannt werden,
3. Kostenerstattungen nach § 57 Absatz 2 des Erneuerbare-Energien-Gesetzes[1],
4. negative Differenzbeträge aus Zinsen nach Absatz 5,
5. Rückzahlungen der Übertragungsnetzbetreiber nach Absatz 7,
6. notwendige Kosten der Übertragungsnetzbetreiber für den untertägigen Ausgleich,
7. notwendige Kosten der Übertragungsnetzbetreiber aus der Abrechnung der Ausgleichsenergie für den EEG-Bilanzkreis,
8. notwendige Kosten für die Erstellung von Prognosen für die Vermarktung nach § 2 und
9. Ausgaben nach § 6 der Erneuerbare-Energien-Ausführungsverordnung[2].

(5) [1] Differenzbeträge zwischen Einnahmen und Ausgaben sind zu verzinsen. [2] Der Zinssatz beträgt für den Kalendermonat 0,3 Prozentpunkte über dem Monatsdurchschnitt des Euro Interbank Offered Rate-Satzes für die Beschaffung von Einmonatsgeld von ersten Adressen in den Teilnehmerstaaten der Europäischen Währungsunion (EURIBOR) mit einer Laufzeit von einem Monat. [3] Soweit der tatsächliche Zinssatz den Zinssatz nach Satz 2 übersteigt, sind auch diese Zinseinnahmen als Einnahmen nach Absatz 3 Nummer 4 anzusehen.

(6) [1] Einnahmen und Ausgaben, die bereits im Rahmen der Bestimmung der Erlösobergrenzen nach § 4 Absatz 2 der Anreizregulierungsverordnung[3] oder einer späteren Änderung der Erlösobergrenzen Berücksichtigung gefunden haben, sind bei der Ermittlung nach Absatz 1 nicht anzusetzen. [2] Hiervon ausgenommen sind Einnahmen und Ausgaben, soweit sie auf Grund dieser Verordnung zusätzlich entstehen. [3] Zusätzliche Einnahmen und Ausgaben im Sinne von Satz 2 sind gegenüber der Bundesnetzagentur nachzuweisen.

(7) Entstehen infolge von Abweichungen zwischen den monatlichen Abschlagszahlungen nach § 60 Absatz 1 Satz 4 des Erneuerbare-Energien-Gesetzes[1] und der Endabrechnung nach § 73 Absatz 2 des Erneuerbare-Energien-Gesetzes Zahlungsansprüche zugunsten oder zulasten der Übertragungsnetzbetreiber, müssen diese bis zum 30. September des auf die Einspeisung folgenden Jahres ausgeglichen werden.

(8) [1] Die Übertragungsnetzbetreiber können bei der Ermittlung der EEG-Umlage hinsichtlich der Prognose der Einnahmen und Ausgaben nach Absatz 1 Satz 1 Nummer 1 zusätzlich eine Liquiditätsreserve vorsehen. [2] Sie darf 10 Prozent des Differenzbetrages nach Absatz 1 Satz 1 Nummer 1 nicht überschreiten.

---

[1] Nr. **37**.
[2] Nr. **42**.
[3] Nr. **28**.

§ 4 Beweislast. Ist die Notwendigkeit oder die Höhe der Aufwendungen nach § 3 streitig, trifft die Beweislast die Übertragungsnetzbetreiber.

§ 5 Veröffentlichung der EEG-Umlage. (1) [1] Die Übertragungsnetzbetreiber müssen bis zum 15. Oktober eines Kalenderjahres die Höhe der EEG-Umlage für das folgende Kalenderjahr auf ihren Internetseiten veröffentlichen. [2] Bei der Veröffentlichung sind in nicht personenbezogener Form auch anzugeben:

1. die Datengrundlagen, Annahmen, Rechenwege, Berechnungen und Endwerte, die in die Ermittlung nach § 3 eingeflossen sind,
2. eine Prognose, wie sich der Differenzbetrag nach § 3 Absatz 1 Satz 1 Nummer 1 auf bestehende und neu in Betrieb genommene Anlagen verteilt und
3. eine Prognose, wie sich der Differenzbetrag nach § 3 Absatz 1 Satz 1 Nummer 1 auf verschiedene Gruppen von Letztverbrauchern verteilt.

(2) Die Angaben nach Absatz 1 müssen einen sachkundigen Dritten in die Lage versetzen, ohne weitere Informationen die Ermittlung der EEG-Umlage vollständig nachzuvollziehen.

(3) Die Übertragungsnetzbetreiber müssen die Angaben nach Absatz 1 bis zum 15. Oktober eines Kalenderjahres auch der Bundesnetzagentur nach § 4 Absatz 4 der Erneuerbare-Energien-Ausführungsverordnung[1)] mitteilen.

§ 6 Veröffentlichung der EEG-Vorausschau. (1) [1] Die Übertragungsnetzbetreiber müssen bis zum 15. Oktober eines Kalenderjahres eine Vorausschau für die Entwicklung des Ausbaus der erneuerbaren Energien in den folgenden fünf Kalenderjahren erstellen und veröffentlichen. [2] Diese Vorausschau muss mindestens die folgenden Angaben enthalten:

1. eine Prognose der Entwicklung
   a) der installierten Leistung der Anlagen,
   b) der Volllaststunden,
   c) der erzeugten Jahresarbeit,
   d) der an die Anlagenbetreiber zu leistenden Zahlungen,
   e) der Aufteilung der eingespeisten Strommengen auf die Veräußerungsformen nach § 21b Absatz 1 des Erneuerbare-Energien-Gesetzes[2)] und
   f) der Höhe der vermiedenen Netzentgelte nach § 18 der Stromnetzentgeltverordnung[3)] sowie
2. eine Prognose des Letztverbrauchs, aufgegliedert nach
   a) Letztverbrauch, für den die EEG-Umlage in voller Höhe gezahlt werden muss,
   b) Letztverbrauch, für den die EEG-Umlage in verringerter Höhe gezahlt werden muss, und
   c) Letztverbrauch, für den keine EEG-Umlage gezahlt werden muss.

---

1) Nr. **42**.
2) Nr. **37**.
3) Nr. **24**.

[3]Die Strommengen, die voraussichtlich direkt vermarktet werden, sind zu berücksichtigen.

(2) Die Angaben nach Absatz 1 Satz 2 Nummer 1 müssen für die folgenden Energieträger getrennt veröffentlicht werden:
1. Wasserkraft,
2. Windenergie an Land,
3. Windenergie auf See,
4. solare Strahlungsenergie aus Freiflächenanlagen,
5. solare Strahlungsenergie aus sonstigen Anlagen,
6. Geothermie,
7. Energie aus Biomasse,
8. Deponiegas,
9. Klärgas und
10. Grubengas.

(3) [1]Die Prognose nach Absatz 1 muss nach dem Stand von Wissenschaft und Technik erstellt werden. [2]Die Datengrundlagen und Annahmen, die in die Prognose eingeflossen sind, müssen angegeben werden.

Abschnitt 3. Herkunfts- und Regionalnachweise für Strom aus erneuerbaren Energien

§ 7 Herkunftsnachweisregister. (1) Das Umweltbundesamt betreibt das Herkunftsnachweisregister nach § 79 Absatz 4 des Erneuerbare-Energien-Gesetzes[1)] nach Maßgabe der Rechtsverordnung nach § 14.

(2) Jede natürliche oder juristische Person und jede Personengesellschaft erhält auf Antrag nach Maßgabe der Rechtsverordnung nach § 14 ein Konto im Herkunftsnachweisregister, in dem die Ausstellung, Inhaberschaft, Anerkennung, Übertragung, Verwendung und Entwertung von Herkunftsnachweisen registriert werden.

(3) Das Umweltbundesamt kann nach Maßgabe der Rechtsverordnung nach § 14 bei Vorliegen eines berechtigten Interesses Konten vorläufig sperren oder schließen sowie Kontoinhaber vorläufig oder dauerhaft von der weiteren Nutzung des Herkunftsnachweisregisters ausschließen.

(4) Das Umweltbundesamt hat bei der Einrichtung und bei dem Betrieb des Herkunftsnachweisregisters die erforderlichen technischen und organisatorischen Maßnahmen zur Sicherstellung von Datenschutz und Datensicherheit unter Berücksichtigung der einschlägigen Standards und Empfehlungen des Bundesamtes für Sicherheit in der Informationstechnik zu treffen.

§ 8 Regionalnachweisregister. (1) [1]Das Umweltbundesamt errichtet und betreibt das Regionalnachweisregister nach § 79a Absatz 4 des Erneuerbare-Energien-Gesetzes[1)] nach Maßgabe der Rechtsverordnung nach § 14. [2]Das

[1)] Nr. **37**.

Bundesministerium für Wirtschaft und Energie macht das Datum der Inbetriebnahme im Bundesanzeiger bekannt.

(2) § 7 Absatz 2 bis 4 ist auf das Regionalnachweisregister entsprechend anzuwenden.

§ 9 Mindestinhalt von Herkunftsnachweisen. Ein Herkunftsnachweis muss mindestens die folgenden Angaben enthalten:

1. eine einmalige Kennnummer,
2. das Datum der Ausstellung und den ausstellenden Staat,
3. die zur Stromerzeugung eingesetzten Energien nach Art und wesentlichen Bestandteilen,
4. den Beginn und das Ende der Erzeugung des Stroms, für den der Herkunftsnachweis ausgestellt wird,
5. den Standort, den Typ, die installierte Leistung und den Zeitpunkt der Inbetriebnahme der Anlage, in der der Strom erzeugt wurde, sowie
6. Angaben dazu, ob, in welcher Art und in welchem Umfang
   a) für die Anlage, in der der Strom erzeugt wurde, Investitionsbeihilfen geleistet wurden,
   b) für die Strommenge in sonstiger Weise eine Förderung im Sinne von Artikel 2 Buchstabe k der Richtlinie 2009/28/EG des Europäischen Parlaments und des Rates vom 23. April 2009 zur Förderung der Nutzung von Energie aus erneuerbaren Quellen und zur Änderung und anschließenden Aufhebung der Richtlinien 2001/77/EG und 2003/30/EG (ABl. L 140 vom 5.6.2009, S. 16) gezahlt oder erbracht wurde.

§ 10 Mindestinhalt von Regionalnachweisen. Ein Regionalnachweis muss mindestens die folgenden Angaben enthalten:

1. eine einmalige Kennnummer,
2. das Datum der Ausstellung,
3. den Beginn und das Ende der Erzeugung des Stroms, für den der Regionalnachweis ausgestellt wird,
4. das Postleitzahlengebiet, in dem sich der physikalische Zählpunkt der Anlage befindet, in der der Strom erzeugt wurde,
5. Angaben dazu, ob und in welcher Art
   a) für die Anlage, in der der Strom erzeugt wurde, Investitionsbeihilfen geleistet wurden,
   b) der Anlagenbetreiber für die Strommenge eine Zahlung nach dem Erneuerbare-Energien-Gesetz[1] beansprucht hat.

§ 11 Grundsätze für Herkunftsnachweise. (1) Die Ausstellung, Anerkennung und Übertragung von Herkunftsnachweisen erfolgen auf Antrag nach Maßgabe der Rechtsverordnung nach § 14.

(2) [1]Das Umweltbundesamt entwertet Herkunftsnachweise nach ihrer Verwendung, spätestens aber zwölf Monate nach Erzeugung der entsprechenden

[1] Nr. **37**.

Strommenge. [2]Entwertete Herkunftsnachweise dürfen nicht mehr verwendet werden. [3]Sie sind unverzüglich automatisch zu löschen, sobald sie zur Führung des Herkunftsnachweisregisters nicht mehr erforderlich sind.

§ 12 Grundsätze für Regionalnachweise. Auf die Ausstellung, Übertragung und Entwertung von Regionalnachweisen ist § 11 entsprechend anzuwenden mit der Maßgabe, dass das Umweltbundesamt Regionalnachweise nach ihrer Verwendung, spätestens aber 24 Monate nach Erzeugung der entsprechenden Strommenge, entwertet.

Abschnitt 4. Übertragung von Verordnungsermächtigungen

§ 13 Subdelegation an die Bundesnetzagentur. (1) Die Bundesnetzagentur wird ermächtigt, durch Rechtsverordnung im Einvernehmen mit dem Bundesministerium für Wirtschaft und Energie zu regeln:

1. die Anforderungen an die Vermarktung der Strommengen nach § 2, insbesondere den Handelsplatz, die Prognoseerstellung, die Beschaffung der Ausgleichsenergie, die Mitteilungs- und Veröffentlichungspflichten,
2. die Bestimmung der Positionen, die als Einnahmen oder Ausgaben nach § 3 gelten, und des anzuwendenden Zinssatzes,
3. Anreize zur bestmöglichen Vermarktung des Stroms,
4. die Übertragung der Aufgabe der Vermarktung auf Dritte in einem transparenten und diskriminierungsfreien Verfahren, insbesondere die Einzelheiten der Ausschreibung und die Rechtsbeziehungen der Dritten zu den Übertragungsnetzbetreibern,
5. die Voraussetzungen, unter denen die Übertragungsnetzbetreiber berechtigt werden können,
   a) mit Anlagenbetreibern vertragliche Vereinbarungen zu treffen, die unter angemessener Berücksichtigung des Einspeisevorrangs der Optimierung der Vermarktung des Stroms dienen; dies schließt die Berücksichtigung der durch solche Vereinbarungen entstehenden Kosten als Ausgaben nach § 3 Absatz 4 ein, sofern sie volkswirtschaftlich angemessen sind,
   b) Anlagen, die nach dem 31. Dezember 2015 in Betrieb genommen werden und deren Strom nach § 19 Absatz 1 Nummer 2 des Erneuerbare-Energien-Gesetzes[1)] vergütet wird, abzuregeln, wenn der Wert der Stundenkontrakte für die Preiszone für Deutschland am Spotmarkt der Strombörse andauernd negativ ist,
6. nähere Bestimmungen zur Zahlung der EEG-Umlage nach § 61 des Erneuerbare-Energien-Gesetzes[1)], auch unter Einbeziehung der Netzbetreiber, die nicht Übertragungsnetzbetreiber sind, und die notwendigen Anpassungen bei den Mitteilungs- und Veröffentlichungspflichten,
7. zur Einrichtung und Ausgestaltung des Netzausbaugebiets unter Berücksichtigung von § 36c des Erneuerbare-Energien-Gesetzes[1)],
   a) welches geografische Gebiet das Netzausbaugebiet erfasst,

[1)] Nr. **37**.

b) ab welchem Zeitpunkt und für welchen Zeitraum das Netzausbaugebiet festgelegt wird und

c) wie hoch der Anteil der installierten Leistung von Windenergieanlagen an Land in dem Netzausbaugebiet sein darf und wie sich diese installierte Leistung auf die Ausschreibungen in dem Kalenderjahr verteilt.

(2) [1] Die Bundesnetzagentur wird ermächtigt, durch Rechtsverordnung nach § 12 Absatz 5 Satz 1 des Windenergie-auf-See-Gesetzes[1)] für Flächen in der ausschließlichen Wirtschaftszone festzulegen

1. das Ergebnis der Eignungsprüfung, dass die Fläche zur Ausschreibung nach Teil 3 Abschnitt 2 des Windenergie-auf-See-Gesetzes[1)] geeignet ist, einschließlich der Vorgaben für das spätere Vorhaben nach § 12 Absatz 5 Satz 2 des Windenergie-auf-See-Gesetzes, und
2. die zu installierende Leistung auf dieser Fläche.

[2] Sie kann diese Ermächtigung durch Rechtsverordnung vollständig auf die Behörde nach § 11 Absatz 1 Satz 2 Nummer 1 des Windenergie-auf-See-Gesetzes[1)] weiter übertragen.

§ 14 Subdelegation an das Umweltbundesamt. (1) Das Umweltbundesamt wird ermächtigt, durch Rechtsverordnung im Einvernehmen mit dem Bundesministerium für Wirtschaft und Energie und dem Bundesministerium der Justiz und für Verbraucherschutz

1. weitere Anforderungen an den Inhalt, die Gültigkeitsdauer und die Form der Herkunftsnachweise und der Regionalnachweise sowie die verwendeten Datenformate und Schnittstellen zu anderen informationstechnischen Systemen festzulegen,
2. Anforderungen zu regeln an
   a) die Ausstellung, Übertragung, Entwertung und Verwendung von Herkunftsnachweisen und Regionalnachweisen und
   b) die Anerkennung von Herkunftsnachweisen für Strom aus erneuerbaren Energien aus dem Ausland nach § 79 Absatz 3 des Erneuerbare-Energien-Gesetzes[2)],
3. Voraussetzungen für die vorläufige oder dauerhafte Sperrung von Konten und den Ausschluss von Kontoinhabern von der Nutzung des Herkunftsnachweisregisters und des Regionalnachweisregisters festzulegen,
4. das Verfahren für die Ausstellung, Anerkennung, Übertragung, Entwertung und Verwendung von Herkunftsnachweisen und die Ausstellung, Übertragung, Entwertung und Verwendung von Regionalnachweisen zu regeln sowie festzulegen, wie Antragsteller dabei die Einhaltung der Anforderungen nach Nummer 2 nachweisen müssen,
5. die weitere Ausgestaltung des Herkunftsnachweisregisters und des Regionalnachweisregisters zu regeln sowie festzulegen, welche Angaben an das Herkunftsnachweisregister und das Regionalnachweisregister übermittelt werden müssen, wer zur Übermittlung verpflichtet ist und in welchem Umfang Netzbetreiber vom Umweltbundesamt Auskunft über die Ausstellung, Über-

---

1) Nr. **47**.
2) Nr. **37**.

tragung und Entwertung von Regionalnachweisen verlangen können; dies schließt Regelungen zum Schutz personenbezogener Daten ein, in denen Art, Umfang und Zweck der Speicherung sowie Löschungsfristen festgelegt werden müssen,

6. im Anwendungsbereich von § 79a Absatz 6 des Erneuerbare-Energien-Gesetzes[1] zu regeln und zu veröffentlichen, welche Postleitzahlengebiete jeweils eine Region für die regionale Grünstromkennzeichnung um ein oder mehrere Postleitzahlengebiete, in denen Strom verbraucht wird, bilden,
7. für Strom aus Anlagen außerhalb des Bundesgebiets, die einen Zuschlag in einer Ausschreibung nach § 5 Absatz 2 Satz 2 des Erneuerbare-Energien-Gesetzes[1] erhalten haben:
   a) zu bestimmen, welche Gebiete in den betreffenden Staaten von der jeweiligen Region für die regionale Grünstromkennzeichnung nach § 79a Absatz 6 des Erneuerbare-Energien-Gesetzes[1] umfasst sind und die Veröffentlichung dieser Gebiete zu regeln,
   b) Anforderungen zu regeln an die Ausstellung, Übertragung und Entwertung von Regionalnachweisen für Strom aus Anlagen in Gebieten nach Buchstabe a,
8. im Anwendungsbereich von § 79a Absatz 5 Satz 3 des Erneuerbare-Energien-Gesetzes[1] Bestimmungen zum Nachweis zu treffen, dass die Übertragung von Regionalnachweisen nur entlang der vertraglichen Lieferkette erfolgt ist, sowie
9. die konkrete Gestaltung der Ausweisung der regionalen Herkunft nach § 79a des Erneuerbare-Energien-Gesetzes[1] in der Stromkennzeichnung zu regeln, insbesondere die textliche und grafische Darstellung.

(2) Das Umweltbundesamt wird ermächtigt, durch Rechtsverordnung die für Amtshandlungen des Umweltbundesamtes im Zusammenhang mit der Ausstellung, Anerkennung, Übertragung und Entwertung von Herkunftsnachweisen und der Ausstellung, Übertragung und Entwertung von Regionalnachweisen sowie für die Nutzung des Herkunftsnachweisregisters und des Regionalnachweisregisters gebührenpflichtigen Tatbestände und Gebührensätze sowie die erstattungsfähigen Auslagen nach § 87 des Erneuerbare-Energien-Gesetzes[1] zu bestimmen.

---

[1] Nr. **37**.

42. Verordnung zur Ausführung der Erneuerbare-Energien-Verordnung (Erneuerbare-Energien-Ausführungsverordnung – EEAV)

Vom 22. Februar 2010
(BGBl. I S. 134)

FNA 754-22-5

zuletzt geänd. durch Art. 17 G zur Beschleunigung des Energieleitungsausbaus v. 13.5.2019 (BGBl. I S. 706)

Auf Grund des § 64 Absatz 3 Nummer 7 des Erneuerbare-Energien-Gesetzes[1] vom 25. Oktober 2008 (BGBl. I S. 2074) in Verbindung mit § 11 Nummer 1 bis 3 der Verordnung zur Weiterentwicklung des bundesweiten Ausgleichsmechanismus[2] vom 17. Juli 2009 (BGBl. I S. 2101) verordnet die Bundesnetzagentur für Elektrizität, Gas, Telekommunikation, Post und Eisenbahnen im Einvernehmen mit dem Bundesministerium für Umwelt, Naturschutz und Reaktorsicherheit und dem Bundesministerium für Wirtschaft und Technologie:

Abschnitt 1. Ausführung des EEG-Ausgleichsmechanismus

§ 1 Vermarktung an Spotmärkten. (1) [1] Am vortägigen Spotmarkt einer Strombörse ist über eine marktgekoppelte Auktion mit stündlichen Handelsprodukten für jede Stunde des Folgetages die gemäß aktueller Prognose vorhergesagte stündliche Einspeisung des nach § 19 Absatz 1 Nummer 2 des Erneuerbare-Energien-Gesetzes[1] zu vergütenden ***[ab 1.10.2021:*** *oder nach § 13a Absatz 1a des Energiewirtschaftsgesetzes*[3] *bilanziell auszugleichenden]* Stroms vollständig zu veräußern. [2] Verkaufsangebote nach Satz 1 sind preisunabhängig einzustellen.

(2) [1] Differenzen zwischen der gemäß jeweils aktueller Prognose vorhergesagten viertelstündlichen Einspeisung und der nach Absatz 1 zu vermarktenden stündlichen Einspeisung können am Spotmarkt einer Strombörse für jede Viertelstunde des Folgetages über Auktionen mit viertelstündlichen Handelsprodukten erworben oder veräußert werden. [2] Gebote nach Satz 1 können preislimitiert eingestellt werden.

(3) [1] Differenzen zwischen der nach aktualisierten Prognosen vorhergesagten viertelstündlichen Einspeisung und den bereits veräußerten und erworbenen Strommengen sind über den untertägigen kontinuierlichen Handel am Spotmarkt einer Strombörse zu erwerben oder zu veräußern. [2] Mit Abschluss der letzten Handelsmöglichkeiten nach Satz 1 müssen die Differenzen nach Satz 1 vollständig ausgeglichen sein.

---

[1] Nr. **37**.
[2] Nr. **41**.
[3] Nr. **1**.

(4) Die Prognosen über den nach § 19 Absatz 1 Nummer 2 des Erneuerbare-Energien-Gesetzes[1] zu vergütenden ***[ab 1.10.2021:** oder nach § 13a Absatz 1a des Energiewirtschaftsgesetzes[2] bilanziell auszugleichenden]* Strom sind nach dem Stand von Wissenschaft und Technik zu erstellen.

(5) Eine gemeinsame Vermarktung nach § 2 Absatz 1 Satz 1 der Erneuerbare-Energien-Verordnung[3] schließt die Möglichkeit ein, Vermarktungstätigkeiten auf einen anderen Übertragungsnetzbetreiber im Rahmen eines Dienstleistungsverhältnisses zu übertragen.

§ 2 Transparenz der Vermarktungstätigkeiten. Die Übertragungsnetzbetreiber sind verpflichtet, folgende Daten ergänzend zu den Daten nach der Anlage 1 Nummer 3 des Erneuerbare-Energien-Gesetzes[1] auf einer gemeinsamen Internetseite in einheitlichem Format in nicht personenbezogener Form zu veröffentlichen:

1. die nach § 1 Absatz 1 veräußerte Einspeisung aufgeschlüsselt nach den Technologiegruppen Windenergie, solare Strahlungsenergie und Sonstige in mindestens stündlicher Auflösung; sie ist spätestens bis 18 Uhr desselben Tages zu veröffentlichen;
2. die nach § 1 Absatz 1 veräußerte monatliche Einspeisung aufgeschlüsselt nach den Technologiegruppen Windenergie an Land, Windenergie auf See, solare Strahlungsenergie, Biomasse und Sonstige; sie ist für jeden Kalendermonat bis zum Ablauf des zehnten Werktags des Folgemonats zu veröffentlichen;
3. die nach § 1 Absatz 2 veräußerten und erworbenen Strommengen aufgeschlüsselt nach Handelsplätzen in viertelstündlicher Auflösung; sie sind spätestens bis 18 Uhr desselben Tages zu veröffentlichen;
4. die nach § 1 Absatz 3 veräußerten und erworbenen Strommengen in viertelstündlicher Auflösung; sie sind spätestens am Folgetag bis 18 Uhr zu veröffentlichen;
5. die Differenz zwischen den gemäß der jeweils aktuellsten vor Handelsschluss verfügbaren Prognose insgesamt zu veräußernden Strommengen und den hierfür insgesamt nach § 1 Absatz 1 bis 3 veräußerten und erworbenen Strommengen; sie ist in viertelstündlicher Auflösung spätestens am Folgetag bis 18 Uhr zu veröffentlichen;
6. die in Anspruch genommene Ausgleichsenergie zum Ausgleich des EEG-Bilanzkreises in viertelstündlicher Auflösung; sie ist unverzüglich nach Vorlage der Bilanzkreisabrechnung zu veröffentlichen;
7. die Angaben nach § 72 Absatz 1 Nummer 1 Buchstabe c des Erneuerbare-Energien-Gesetzes[1]; sie sind für jeden Kalendermonat bis zum Ablauf des zehnten Werktags des Folgemonats zu veröffentlichen.

§ 3 Transparenz der Einnahmen und Ausgaben. (1) [1] Die Übertragungsnetzbetreiber müssen die kalendermonatlichen und kalenderjährlichen Einnahmen und Ausgaben jeweils aufgeschlüsselt nach den einzelnen in § 3 der Erneuerbare-Energien-Verordnung[3] und in § 6 dieser Verordnung aufgeführten Einnahmen- und Ausgabenpositionen auf einer gemeinsamen Internetseite

[1] Nr. **37**.
[2] Nr. **1**.
[3] Nr. **41**.

in einheitlichem Format und in nicht personenbezogener Form veröffentlichen. [2]Einnahmen und Ausgaben, die aus der Vermarktung des Stroms resultieren, sind aufzuschlüsseln nach den Spotmarktprodukten nach § 1, über die der Strom vermarktet wurde. [3]Ferner ist die Liquiditätsreserve nach § 3 Absatz 8 der Erneuerbare-Energien-Verordnung[1)] gesondert auszuweisen.

(2) [1]Die aufgeschlüsselten kalendermonatlichen Einnahmen und Ausgaben sind in Form der tatsächlichen Einnahmen und Ausgaben laut dem am letzten Tag des Monats aktuellen Kontostand für jeden Kalendermonat bis zum Ablauf des zehnten Werktags des Folgemonats zu veröffentlichen. [2]Eine Veröffentlichung zusammengefasster Werte mehrerer Übertragungsnetzbetreiber ist zulässig.

(3) [1]Die einzelnen Einnahmen- und Ausgabenpositionen nach Absatz 1 sind ihrer Art nach abstrakt zu erläutern. [2]Wenn Sondereffekte aufgetreten sind, die einen bedeutenden Einfluss auf die Einnahmen oder Ausgaben haben, sind diese konkret zu erläutern.

§ 4 Mitteilungspflichten. (1) Die Übertragungsnetzbetreiber müssen der Bundesnetzagentur die Einnahmen und Ausgaben des Vorjahres jeweils aufgeschlüsselt nach den einzelnen in § 3 der Erneuerbare-Energien-Verordnung[1)] und in § 6 aufgeführten Einnahmen- und Ausgabenpositionen übermitteln.

(2) *(aufgehoben)*

(3) Die Übertragungsnetzbetreiber sind verpflichtet, auf Aufforderung der Bundesnetzagentur, jedenfalls aber bis zum 31. März eines Kalenderjahres, für alle Viertelstunden des Vorjahres die Preise und Mengen des im börslichen Handel beschafften oder veräußerten Stroms zu übermitteln.

(4) [1]Die Übertragungsnetzbetreiber sind verpflichtet, die nach den Absätzen 1 und 3 mitzuteilenden Daten einschließlich der zu ihrer Überprüfung notwendigen Daten elektronisch zu übermitteln. [2]Soweit die Bundesnetzagentur Formularvorlagen bereitstellt, sind sie verpflichtet, die Daten in dieser Form zu übermitteln. [3]Die Angaben müssen einen sachkundigen Dritten in die Lage versetzen, ohne weitere Informationen die Ermittlung vollständig nachzuvollziehen.

§ 5 Gesonderte Buchführung und Rechnungslegung sowie Führung gesonderter Bankkonten. (1) [1]Die Übertragungsnetzbetreiber sind jeweils verpflichtet, ein separates Bankkonto für die Aufgaben nach der Erneuerbare-Energien-Verordnung[1)] und für die Aufgaben nach der vorliegenden Verordnung zu führen. [2]Sämtliche zahlungswirksamen Einnahmen und Ausgaben nach § 3 der Erneuerbare-Energien-Verordnung und § 6 der vorliegenden Verordnung sind über dieses Bankkonto abzuwickeln. [3]Die Einnahmen und Ausgaben im Sinne von Satz 2, die bis zu der Einrichtung des separaten Bankkontos anfallen, sind nach der Einrichtung unverzüglich valutagerecht auf das Konto zu überführen.

(2) [1]Die Einnahmen und Ausgaben nach § 3 der Erneuerbare-Energien-Verordnung[1)] und nach § 6 dieser Verordnung sind von den sonstigen Tätigkeitsbereichen des Übertragungsnetzbetreibers eindeutig abzugrenzen. [2]Hierzu sind eine gesonderte Buchführung und Rechnungslegung einzurichten. [3]Diese

---

[1)] Nr. **41**.

müssen es ermöglichen, diejenigen Einnahmen und Ausgaben nach § 3 der Erneuerbare-Energien-Verordnung und nach § 6 dieser Verordnung, bei denen es sich um nicht zahlungswirksame Kosten handelt, nachvollziehbar abzuleiten. [4] Zu den nicht zahlungswirksamen Kosten zählen insbesondere Abschreibungen für Infrastruktur der Informationstechnologie und Zuführungen zu Pensionsrückstellungen.

(3) [1] Die Kontoauszüge und die Daten der gesonderten Buchführung und Rechnungslegung sind der Bundesnetzagentur auf Anforderung vorzulegen. [2] § 4 Absatz 4 gilt entsprechend.

§ 6 Einnahmen und Ausgaben im Sinne der EEG-Umlage. (1) Als Ausgaben im Sinne von § 3 Absatz 4 der Erneuerbare-Energien-Verordnung[1)] gelten auch folgende Positionen, soweit sie zur Erfüllung der Aufgaben nach der Erneuerbare-Energien-Verordnung und dieser Verordnung erforderlich sind:

1. notwendige Kosten für die Börsenzulassung und Handelsanbindung,
2. notwendige Kosten der Transaktionen für die Erfassung der Ist-Werte, die Abrechnung und den Horizontalen Belastungsausgleich,
3. notwendige Kosten für die IT-Infrastruktur, das Personal und Dienstleistungen,
4. notwendige Kosten für die Ermittlung der EEG-Umlage nach § 3 Absatz 1 der Erneuerbare-Energien-Verordnung[1)], für die Erstellung der Prognosen nach § 5 der Erneuerbare-Energien-Verordnung und für die Erstellung der EEG-Vorausschau nach § 6 der Erneuerbare-Energien-Verordnung,
5. notwendige Zahlungen von Zinsen zur Finanzierung von Differenzbeträgen im Sinne von § 3 Absatz 5 Satz 1 der Erneuerbare-Energien-Verordnung[1)], soweit der tatsächlich angefallene Soll-Zinssatz den in § 3 Absatz 5 Satz 2 der Erneuerbare-Energien-Verordnung vorgesehenen Zinssatz übersteigt,
6. notwendige Kosten für Differenzen zwischen den nach § 3 Absatz 5 Satz 2 der Erneuerbare-Energien-Verordnung[1)] anzusetzenden Erträgen aus Haben-Zinsen und den tatsächlich angefallenen Erträgen aus Haben-Zinsen,
7. notwendige Zahlungen für die Bereitstellung von Kreditlinien zur Finanzierung von Differenzbeträgen im Sinne von § 3 Absatz 5 Satz 1 der Erneuerbare-Energien-Verordnung[1)],
8. Bonuszahlungen nach § 7 Absatz 5 bis 7.

(2) [1] Bevor bei der Ermittlung der EEG-Umlage Ausgaben nach Absatz 1 Nummer 5, 6 und 7 angesetzt werden, ist der Bundesnetzagentur rechtzeitig die Richtigkeit und Notwendigkeit dieser Positionen nachzuweisen. [2] § 4 Absatz 4 gilt entsprechend. [3] Die Nachweispflicht umfasst insbesondere die Übermittlung der den Ausgaben zugrunde liegenden Verträge einschließlich aller für die wirtschaftliche Bewertung wesentlichen Angaben. [4] Zu den wesentlichen Angaben zählen insbesondere die Kreditlinie, die Zinssatzhöhe, die Konditionen der Bereitstellungsprovision, der Anwendungsbereich, die Laufzeit, die Zeiten und Höhe der Inanspruchnahme, Kündigungsregelungen und Sicherheiten. [5] Es ist sicherzustellen und nachzuweisen, dass die geltend gemachten Verträge ausschließlich der Verzinsung und Finanzierung von Differenzbeträgen

---

1) Nr. **41**.

nach § 3 Absatz 5 Satz 1 der Erneuerbare-Energien-Verordnung[1] dienen. [6]Auf Aufforderung der Bundesnetzagentur hat der Übertragungsnetzbetreiber seine sonstigen Vertragsbeziehungen, die der Verzinsung oder Finanzierung dienen, einschließlich der für die wirtschaftliche Bewertung wesentlichen Angaben nachzuweisen und die entsprechenden Verträge vorzulegen.

(3) [1]Als Einnahmen und Ausgaben im Sinne von § 3 Absatz 3 und 4 der Erneuerbare-Energien-Verordnung[1] gelten auch Differenzbeträge zwischen der EEG-Umlage in der vereinnahmten Höhe und der zulässigen Höhe. [2]Die Differenzbeträge sind ab dem Zeitpunkt ihrer Vereinnahmung entsprechend § 3 Absatz 5 der Erneuerbare-Energien-Verordnung zu verzinsen. [3]Diese Zinsen gelten ebenfalls als Einnahmen und Ausgaben im Sinne von § 3 Absatz 3 und 4 der Erneuerbare-Energien-Verordnung. [4]Soweit die Entscheidung der Bundesnetzagentur eine anderweitige Abhilfemaßnahme vorsieht, finden die Sätze 1 und 2 keine Anwendung. [5]Soweit die Entscheidung der Bundesnetzagentur anschließend geändert oder aufgehoben wird, finden die Sätze 1 bis 3 entsprechende Anwendung auf Differenzbeträge zwischen der EEG-Umlage in der vereinnahmten Höhe und der nach bestandskräftiger Entscheidung maßgeblichen Höhe.

§ 7 Anreize zur bestmöglichen Vermarktung. (1) Um Anreize zu schaffen, den nach § 19 Absatz 1 Nummer 2 des Erneuerbare-Energien-Gesetzes[2] vergüteten ***[ab 1.10.2021:** oder nach § 13a Absatz 1a des Energiewirtschaftsgesetzes[3] bilanziell ausgeglichenen**]*** Strom bestmöglich zu vermarkten, werden je Kalenderjahr (Anreizjahr) die spezifischen beeinflussbaren Differenzkosten eines Übertragungsnetzbetreibers mit einem Vergleichswert verglichen.

(2) [1]Beeinflussbare Differenzkosten bestehen aus einer Komponente, welche die Aktivitäten an einem untertägigen Spotmarkt abbildet, und einer Komponente, welche die Inanspruchnahme der Ausgleichsenergie abbildet. [2]Die Ermittlung der beeinflussbaren Differenzkosten je Viertelstunde erfolgt, indem

1. bei untertägiger Beschaffung je Viertelstunde die beschaffte Menge (K_{UT}) mit der Differenz zwischen dem tatsächlich gezahlten Preis (P_{UT}) und dem Preis des Vortagshandels (P_{VT}) multipliziert wird,
2. bei untertägiger Veräußerung die veräußerte oder gelieferte Menge (VK_{UT}) mit der Differenz zwischen dem Preis des Vortageshandels (P_{VT}) und dem tatsächlich gezahlten Preis (P_{UT}) multipliziert wird,
3. bei Bezug von positiver Ausgleichsenergie je Viertelstunde die bezogene Menge (K_{AE}) mit der Differenz zwischen dem tatsächlich gezahlten Preis (P_{AE}) und dem Preis des Vortageshandels (P_{VT}) multipliziert wird oder
4. bei Bezug von negativer (gelieferter) Ausgleichsenergie die gelieferte Menge (VK_{AE}) mit der Differenz zwischen dem Preis des Vortageshandels (P_{VT}) und dem tatsächlich gezahlten Preis (P_{AE}) multipliziert wird.

[3]Als Preis des Vortageshandels (P_{VT}) gilt der Market-Clearing-Preis der jeweiligen Stunde der Day-Ahead-Auktion an der European Power Exchange. [4]Als Aktivitäten an einem untertägigen Spotmarkt gelten für die Ermittlung der beeinflussbaren Differenzkosten die Handelsaktivitäten nach § 1 Absatz 2

[1] Nr. **41**.
[2] Nr. **37**.
[3] Nr. **1**.

und 3. [5]Die beeinflussbaren Differenzkosten je Viertelstunde werden nach der folgenden Formel ermittelt:
$K_{UT} \cdot (P_{UT} - P_{VT}) + VK_{UT} \cdot (P_{VT} - P_{UT}) + K_{AE} \cdot (P_{AE} - P_{VT}) + VK_{AE} \cdot (P_{VT} - P_{AE})$.

(3) [1]Für die Ermittlung der spezifischen beeinflussbaren Differenzkosten eines Übertragungsnetzbetreibers im Sinne von Absatz 1 ist die Summe der nach Maßgabe des Absatzes 2 ermittelten Viertelstundenwerte eines Kalenderjahres durch die innerhalb dieses Zeitraums zu vermarktende Menge des nach § 19 Absatz 1 Nummer 2 des Erneuerbare-Energien-Gesetzes[1)] vergüteten ***[ab 1.10.2021:*** *oder nach § 13a Absatz 1a des Energiewirtschaftsgesetzes*[2)] *bilanziell ausgeglichenen]* Stroms zu dividieren. [2]Unter zu vermarktender Menge ist die nach Durchführung des unverzüglichen horizontalen Belastungsausgleichs bei einem Übertragungsnetzbetreiber verbleibende Strommenge zu verstehen.

(4) Der Vergleichswert im Sinne von Absatz 1 ist der arithmetische Mittelwert der jeweiligen spezifischen beeinflussbaren Differenzkosten aller Übertragungsnetzbetreiber der beiden Vorjahre.

(5) [1]Der Übertragungsnetzbetreiber hat Anspruch auf einen Bonus, sofern seine spezifischen beeinflussbaren Differenzkosten den Vergleichswert zuzüglich eines Zuschlags von 5 Cent pro Megawattstunde nicht übersteigen. [2]Die Höhe des Bonus beträgt 25 Prozent der Differenz zwischen dem Vergleichswert zuzüglich des Zuschlags und den spezifischen beeinflussbaren Differenzkosten nach Absatz 3 multipliziert mit der zu vermarktenden Menge im Sinne des Absatzes 3 Satz 2. [3]Die Auszahlung von Boni ist für alle Übertragungsnetzbetreiber zusammen auf 20 Millionen Euro je Kalenderjahr begrenzt. [4]Die maximal in einem Kalenderjahr zu erreichende Höhe des Bonus eines einzelnen Übertragungsnetzbetreibers ergibt sich aus dem Anteil seiner nach dem horizontalen Belastungsausgleich zu vermarktenden Strommenge an der insgesamt zu vermarktenden Strommenge aller Übertragungsnetzbetreiber multipliziert mit 20 Millionen Euro.

(6) [1]In dem auf das Anreizjahr folgenden Jahr verbuchen die Übertragungsnetzbetreiber den etwaigen Bonus im Rahmen der Ermittlung der Umlage nach § 60 Absatz 1 des Erneuerbare-Energien-Gesetzes[1)] (EEG-Umlage) als prognostizierte Ausgabenposition nach § 3 Absatz 1 Nummer 1 der Erneuerbare-Energien-Verordnung[3)] in Verbindung mit § 6 Absatz 1 Nummer 8. [2]Übertragungsnetzbetreiber, die eine Bonuszahlung nach Absatz 5 geltend machen, müssen dies bis zum 31. März des auf das Anreizjahr folgenden Jahres bei der Bundesnetzagentur anzeigen und die sachliche Richtigkeit der Berechnung nachweisen. [3]§ 4 Absatz 4 ist entsprechend anzuwenden.

(7) [1]Die Vereinnahmung des Bonus erfolgt in zwölf gleichmäßig verteilten Monatsraten. [2]Sie beginnt zum Anfang des übernächsten Jahres bezogen auf das Anreizjahr.

§ 8 Preislimitierung in Ausnahmefällen. (1) [1]Der Übertragungsnetzbetreiber kann nach Maßgabe der folgenden Absätze für diejenigen Stunden des folgenden Tages, für die im Fall von negativen Preisen an der Strombörse ein Aufruf zur zweiten Auktion ergeht, von der Verpflichtung abweichen, die

---

1) Nr. **37**.
2) Nr. **1**.
3) Nr. **41**.

vollständige gemäß aktueller Prognose vorhergesagte stündliche Einspeisung zu preisunabhängigen Geboten an dem Spotmarkt einer Strombörse nach § 1 Absatz 1 zu veräußern. [2]Der Übertragungsnetzbetreiber hat der Bundesnetzagentur die konkreten Stunden, in denen er von der Befugnis nach Satz 1 Gebrauch macht, unverzüglich anzuzeigen. [3]Die Sätze 1 und 2 sind entsprechend anzuwenden auf diejenigen Stunden des Folgetages, für die aufgrund einer partiellen Entkopplung grenzüberschreitend gekoppelter Marktgebiete von der Strombörse zu einer Anpassung der Gebote aufgerufen wird.

(2) [1]In den Fällen des Absatzes 1 ist der Übertragungsnetzbetreiber berechtigt, preislimitierte Gebote im Rahmen der Vermarktung nach § 1 Absatz 1 abzugeben. [2]Die zu veräußernde Strommenge ist in 20 gleich große Tranchen aufzuteilen und jeweils mit einem eigenen Preislimit anzubieten. [3]Die Preislimits müssen bei mindestens - 350 Euro je Megawattstunde und höchstens - 150 Euro je Megawattstunde liegen. [4]Jeder Betrag in Schritten von je einem Euro innerhalb dieses Rahmens wird zufallsgesteuert mit gleicher Wahrscheinlichkeit als Preislimit gesetzt. [5]Die Preislimits müssen für jeden Fall des Absatzes 1 neu bestimmt werden. [6]Die Preislimits sind bis zur Veröffentlichung nach Satz 7 vertraulich zu behandeln. [7]Der Übertragungsnetzbetreiber ist verpflichtet, zwei Werktage nach Ende der Auktion auf seiner Internetseite Folgendes bekannt zu geben:

1. Stunden, für die er ein preislimitiertes Gebot abgegeben hat;
2. Höhe der Preislimits jeder Tranche;
3. am Spotmarkt nach § 1 Absatz 1 unverkaufte Energiemenge.

(3) [1]Kann im Falle von preislimitierten Angeboten die nach § 1 Absatz 1 zu vermarktende Strommenge nicht oder nicht vollständig veräußert werden, weil der börslich gebildete negative Preis unterhalb des negativen Preislimits liegt, hat eine notwendige anderweitige Veräußerung dieser Strommenge soweit möglich nach § 1 Absatz 2 und 3 zu erfolgen. [2]Der Übertragungsnetzbetreiber ist verpflichtet, gleichzeitig mit der Bekanntgabe nach Absatz 2 Satz 7 auf seiner Internetseite bekannt zu geben:

1. Stunden, für welche Energie nach § 1 Absatz 2 und 3 unverkauft geblieben ist;
2. die Menge der in der jeweiligen Stunde unverkauften Energie.

(4) [1]Ist aufgrund nachprüfbarer Tatsachen zu erwarten, dass eine Veräußerung nach Absatz 3 nicht oder nur zu Preisen möglich sein wird, die deutlich unterhalb der nach Absatz 2 gesetzten negativen Preislimits liegen würden, kann der Übertragungsnetzbetreiber zur Stützung der börslichen Preise Vereinbarungen nutzen, in denen sich Stromerzeuger freiwillig verpflichten, auf Aufforderung des Übertragungsnetzbetreibers die Einspeisung von Strom ganz oder teilweise zu unterlassen oder in denen sich Stromverbraucher freiwillig verpflichten, auf Aufforderung des Übertragungsnetzbetreibers ihren Stromverbrauch in bestimmtem Ausmaß zu erhöhen. [2]Die für freiwillige Maßnahmen nach Satz 1 gezahlten Preise dürfen nicht höher sein als die Preise, die sich am vortägigen Spotmarkt für die betreffende Stunde eingestellt hätten, wenn die im Rahmen freiwilliger Vereinbarungen von allen Übertragungsnetzbetreibern abgerufenen Mengen bereits als Nachfrage in die Preisbildung des vortägigen Spotmarkts eingegangen wären. [3]Freiwillige Abregelungsvereinbarungen mit Stromerzeugern, die im Falle der Einspeisung eine Vergütung nach dem Er-

neuerbare-Energien-Gesetz[1] erhielten, dürfen erst genutzt werden, wenn Vereinbarungen mit anderen Stromerzeugern oder Stromverbrauchern vollständig ausgenutzt wurden. [4] Der Übertragungsnetzbetreiber hat eine Verfahrensanweisung zu entwickeln, in welchen Fällen und in welcher Weise er von den Vorschriften dieses Absatzes Gebrauch machen wird. [5] Die Verfahrensanweisung und etwaige Änderungen derselben sind der Bundesnetzagentur vor der erstmaligen Anwendung anzuzeigen. [6] Die in diesem Absatz genannten Vereinbarungen sind der Bundesnetzagentur auf Verlangen jederzeit vorzulegen. [7] Der Übertragungsnetzbetreiber ist verpflichtet, gleichzeitig mit der Bekanntgabe nach Absatz 2 Satz 7 auf seiner Internetseite bekannt zu geben, für welche Stunden und für welche Energiemenge in der jeweiligen Stunde er von Vereinbarungen im Sinne des Satzes 1 Gebrauch gemacht hat.

(5) [1] Die durch die in Absatz 4 genannten Maßnahmen entstehenden Kosten gelten als Kosten für den untertägigen Ausgleich im Sinne von § 3 Absatz 4 Nummer 6 der Erneuerbare-Energien-Verordnung[2]. [2] Sie können nur dann in die EEG-Umlage einkalkuliert werden, wenn die in den vorstehenden Absätzen enthaltenen Vorschriften oder die in Aufsichtsmaßnahmen der Bundesnetzagentur enthalten Maßgaben eingehalten wurden.

§ 9 Übergangsregelung. [1] Für die bis zum 31. April 2015 nach § 1 vermarkteten Strommengen können die Übertragungsnetzbetreiber die nach § 2 Nummer 1, 4 und 5 zu veröffentlichenden Daten erst zum 1. Mai 2015 veröffentlichen. [2] Bis dahin sind die Vermarktungstätigkeiten insoweit nach § 2 Nummer 1 bis 3 der Ausgleichsmechanismus-Ausführungsverordnung in der am 31. Januar 2015 geltenden Fassung zu veröffentlichen.

Abschnitt 2. Einrichtung und Ausgestaltung eines Netzausbaugebiets

[§ 10 bis 31.12.2020:]
§ 10 Geografische Festlegung. Das Netzausbaugebiet umfasst

1. im Land Schleswig-Holstein die Kreise Dithmarschen, Herzogtum Lauenburg, Nordfriesland, Ostholstein, Pinneberg, Plön, Rendsburg-Eckernförde, Schleswig-Flensburg, Segeberg, Steinburg und Stormarn sowie die kreisfreien Städte Flensburg, Kiel, Lübeck und Neumünster,
2. im Land Niedersachsen die Landkreise Cuxhaven, Harburg, Lüneburg, Osterholz, Rotenburg (Wümme), Stade, Ammerland, Aurich, Cloppenburg, Emsland, Friesland, Leer, Oldenburg, Vechta, Wesermarsch und Wittmund sowie die kreisfreien Städte Delmenhorst, Emden, Oldenburg und Wilhelmshaven,
3. im Land Mecklenburg-Vorpommern die Landkreise Mecklenburgische Seenplatte, Rostock, Vorpommern-Rügen, Nordwestmecklenburg, Vorpommern-Greifswald, Ludwigslust-Parchim sowie die kreisfreien Städte Rostock und Schwerin sowie
4. die Länder Bremen und Hamburg.

---

[1] Nr. **37**.
[2] Nr. **41**.

[§ 11 bis 31.12.2020:]
§ 11 Obergrenze der installierten Leistung von Windenergieanlagen an Land. Bei den Ausschreibungen aufgrund des Erneuerbare-Energien-Gesetzes[1] dürfen im Netzausbaugebiet pro Kalenderjahr für höchstens 902 Megawatt zu installierender Leistung Zuschläge an Windenergieanlagen an Land erteilt werden.

[§ 12 bis 31.12.2020:]
§ 12 Verteilung auf Ausschreibungen. [1] Die Obergrenze soll gleichmäßig auf die Gebotstermine eines jeden Kalenderjahres verteilt werden. [2] Wird in einer einzelnen Ausschreibung die demnach zuschlagsfähige Leistung im Netzausbaugebiet nicht erreicht, wird diese Differenz gleichmäßig als zusätzliche Quote im Netzausbaugebiet auf die für das Kalenderjahr verbleibenden Gebotstermine verteilt.

[§§ 10–12 ab 1.1.2021:]
§§ 10–12 *(aufgehoben)*

§ 13 Zeitliche Geltung; Außerkrafttreten. [1] Die §§ 10 bis 12 sind ab dem 1. März 2017 anzuwenden. [2] Sie treten mit Ablauf des 31. Dezember 2020 außer Kraft.

Abschnitt 3. Übertragung von Verordnungsermächtigungen

§ 14 Subdelegation an das Bundesamt für Seeschifffahrt und Hydrographie. Die Bundesnetzagentur überträgt dem Bundesamt für Seeschifffahrt und Hydrographie vollständig die Ermächtigung, durch Rechtsverordnung nach § 12 Absatz 5 Satz 1 des Windenergie-auf-See-Gesetzes[2] für Flächen in der ausschließlichen Wirtschaftszone festzulegen

1. das Ergebnis der Eignungsprüfung, dass die Fläche zur Ausschreibung nach Teil 3 Abschnitt 2 des Windenergie-auf-See-Gesetzes[2] geeignet ist, einschließlich der Vorgaben für das spätere Vorhaben nach § 12 Absatz 5 Satz 2 des Windenergie-auf-See-Gesetzes[2], und
2. die zu installierende Leistung auf dieser Fläche.

---

[1] Nr. 37.
[2] Nr. 47.

43. Verordnung zur grenzüberschreitenden Ausschreibung für Strom aus erneuerbaren Energien (Grenzüberschreitende-Erneuerbare-Energien-Verordnung – GEEV) [1)2)]

Vom 10. August 2017
(BGBl. I S. 3102)

FNA 754-27-7

geänd. durch Art. 19 G zur Beschleunigung des Energieleitungsausbaus v. 13.5.2019 (BGBl. I S. 706)

Inhaltsübersicht

[1)] Verkündet als Art. 1 VO v. 10.8.2017 (BGBl. I S. 3102); Inkrafttreten gem. Art. 5 Satz 1 dieser VO am 16.8.2017.

[2)] Die VO wurde u.a. erlassen auf Grund von §§ 87, 88a, 91 und 93 EEG, davon § 87 iVm 2. Abschnitt VwKostG, § 111f EnWG und § 12 Absatz 5 WindSeeG.

Teil 1. Allgemeine Bestimmungen

§ 1 Grenzüberschreitende Ausschreibungen. (1) Im Interesse einer besseren regionalen Zusammenarbeit und einer stärkeren Angleichung der Rahmenbedingungen in den europäischen Strommärkten, insbesondere mit den an das Gebiet der Bundesrepublik Deutschland angrenzenden Mitgliedstaaten der Europäischen Union, regelt diese Verordnung die grenzüberschreitende Ausschreibung des Zahlungsanspruchs für Strom aus Solaranlagen und Windenergieanlagen an Land, die sich im Bundesgebiet oder im Staatsgebiet eines anderen Mitgliedstaats der Europäischen Union befinden.

(2) Grenzüberschreitende Ausschreibungen sind

1. Ausschreibungen, die gemeinsam mit einem oder mehreren anderen Mitgliedstaaten der Europäischen Union durchgeführt werden (gemeinsame grenzüberschreitende Ausschreibungen); diese werden
   a) aufgrund eines einheitlichen Ausschreibungsverfahrens für Strom aus Solaranlagen oder Windenergieanlagen an Land durchgeführt und die Zahlungen für Strom aus diesen Anlagen entsprechend einer völkerrechtlichen Vereinbarung aufgeteilt oder
   b) aufgrund des Ausschreibungsverfahrens eines der beteiligten Mitgliedstaaten der Europäischen Union durchgeführt und die anderen Mitgliedstaaten der Europäischen Union beteiligen sich finanziell an der Förderung entsprechend einer völkerrechtlichen Vereinbarung mittels Investitionszuschüssen für Betreiber von Solaranlagen oder Windenergieanlagen an Land,

2. Ausschreibungen, die die Bundesrepublik Deutschland für Strom aus Solaranlagen oder Windenergieanlagen an Land im Bundesgebiet oder im Staatsgebiet eines oder mehrerer Kooperationsstaaten aufgrund der Bestimmungen des Erneuerbare-Energien-Gesetzes[1] und dieser Verordnung durchführt und bei denen die Zahlungen für Strom aus diesen Anlagen aufgrund einer völkerrechtlichen Vereinbarung sowie nach den Bestimmungen des Erneuerbare-Energien-Gesetzes[1] und dieser Verordnung geleistet werden (geöffnete nationale Ausschreibungen), oder
3. Ausschreibungen, die ein Kooperationsstaat für Strom aus Solaranlagen oder Windenergieanlagen an Land in seinem Staatsgebiet, im Bundesgebiet oder im Staatsgebiet eines anderen Mitgliedstaats der Europäischen Union aufgrund eigener Bestimmungen durchführt und bei denen die Zahlungen für Strom aus diesen Anlagen aufgrund einer völkerrechtlichen Vereinbarung nach den Bestimmungen des Kooperationsstaates erfolgen (geöffnete ausländische Ausschreibungen).

(3) Grenzüberschreitende Ausschreibungen nach Absatz 1 Nummer 1 und 2 sind nur zulässig, wenn

1. sie mit den beteiligten Mitgliedstaaten der Europäischen Union völkerrechtlich vereinbart worden sind und in dieser völkerrechtlichen Vereinbarung Instrumente der Kooperationsmaßnahmen im Sinn der Artikel 5 bis 8 oder des Artikels 11 der Richtlinie 2009/28/EG des Europäischen Parlaments und des Rates vom 23. April 2009 zur Förderung der Nutzung von Energie aus erneuerbaren Quellen und zur Änderung und anschließenden Aufhebung der Richtlinien 2001/77/EG und 2003/30/EG (ABl. L 140 vom 5.6.2009, S. 16), die zuletzt durch die Richtlinie (EU) 2015/1513 (ABl. L 239 vom 15.9.2015, S. 1) geändert worden ist, genutzt werden,
2. sie nach dem Prinzip der Gegenseitigkeit
   a) als gemeinsame grenzüberschreitende Ausschreibungen durchgeführt werden oder
   b) für einen oder mehrere andere Mitgliedstaaten der Europäischen Union geöffnet werden und der andere oder die anderen Mitgliedstaaten in einem vergleichbaren Umfang seine oder ihre Ausschreibungen für Anlagen im Bundesgebiet öffnen, und
3. der Strom physikalisch importiert wird oder einen vergleichbaren Effekt auf den deutschen Strommarkt hat.

§ 2 Anwendungsbereich. (1) Diese Verordnung ist anzuwenden für

1. gemeinsame grenzüberschreitende Ausschreibungen,
2. geöffnete nationale Ausschreibungen mit Ausnahme von Teil 6 und
3. geöffnete ausländische Ausschreibungen mit Ausnahme der Teile 2 bis 5 und 8.

(2) Im Rahmen des § 5 des Erneuerbare-Energien-Gesetzes[1] kann ein Zahlungsanspruch nach dem Erneuerbare-Energien-Gesetz und dieser Verordnung nicht nur für Strom aus Solaranlagen oder Windenergieanlagen an Land

---

[1] Nr. **37**.

im Bundesgebiet, sondern auch für Strom aus Solaranlagen oder Windenergieanlagen an Land in einem anderen Mitgliedstaat der Europäischen Union bestehen, solange und soweit nach Maßgabe dieser Verordnung für die Windenergieanlage an Land ein Zuschlag oder für die Solaranlage eine Zahlungsberechtigung wirksam ist.

(3) Die Regelungen des Erneuerbare-Energien-Gesetzes[1)] sind bei gemeinsamen grenzüberschreitenden Ausschreibungen und geöffneten nationalen Ausschreibungen entsprechend anzuwenden, sofern in dieser Verordnung oder der völkerrechtlichen Vereinbarung nicht etwas Abweichendes geregelt worden ist.

(4) Die sonstigen nationalen Ausschreibungen für Strom aus Anlagen im Bundesgebiet bleiben unberührt.

§ 3 Begriffsbestimmungen. Im Sinn dieser Verordnung ist

1. „ausländische Stelle“ eine nach § 32 Absatz 3 vom Kooperationsstaat in der völkerrechtlichen Vereinbarung benannte Stelle,
2. „ausschreibende Stelle“ die Bundesnetzagentur, sofern nicht nach § 32 Absatz 1 eine andere Stelle mit der Aufgabe betraut worden ist,
3. „Kooperationsstaat“ ein Mitgliedstaat der Europäischen Union, mit dem die Bundesrepublik Deutschland eine völkerrechtliche Vereinbarung abgeschlossen hat,
4. „Verbindungsleitung“ jede Stromleitung, die die Grenze zwischen der Bundesrepublik Deutschland und einem anderen Mitgliedstaat der Europäischen Union überspannt und ausschließlich dem Zweck dient, die nationalen Netze dieser Staaten zu verbinden,
5. „völkerrechtliche Vereinbarung“ eine Vereinbarung zwischen der Bundesrepublik Deutschland und einem oder mehreren Mitgliedstaaten der Europäischen Union, in der Instrumente der Kooperationsmaßnahmen im Sinn der Artikel 5 bis 8 oder des Artikels 11 der Richtlinie 2009/28/EG genutzt werden,
6. „Zuschlagswert“ der Gebotswert des Gebots, das in einer Ausschreibung den höchsten Gebotswert aufweist und einen Zuschlag erhalten hat.

Teil 2. Verfahren der Ausschreibung

Abschnitt 1. Allgemeine Ausschreibungsbestimmungen

§ 4 Ausschreibungen. (1) Die ausschreibende Stelle führt die nach § 39 in den völkerrechtlichen Vereinbarungen festgelegten Ausschreibungen durch und schreibt zu diesem Zweck die Zahlungsansprüche nach § 27 und deren Höhe für Strom aus Solaranlagen oder Windenergieanlagen an Land mit den vereinbarten Ausschreibungsvolumen und zu den vereinbarten Gebotsterminen aus.

(2) Die ausschreibende Stelle kann bei einer Ausschreibung nach Maßgabe der völkerrechtlichen Vereinbarung ein Volumen in Kilowatt festlegen, das für

[1)] Nr. **37**.

geplante Solaranlagen oder Windenergieanlagen an Land in einem Kooperationsstaat höchstens bezuschlagt werden darf.

(3) Die ausschreibende Stelle führt das Ausschreibungsverfahren nach den nachfolgenden Bestimmungen durch, soweit nach § 39 in der völkerrechtlichen Vereinbarung keine abweichenden Verfahrensbestimmungen getroffen worden sind.

(4) Bieter, deren Anlagen außerhalb des Bundesgebiets liegen und denen Gebote, die der Bundesrepublik Deutschland zugeordnet worden sind, zugeteilt worden sind und deren Strom nach dieser Verordnung gefördert werden soll, müssen sich und ihre Anlagen entsprechend den Vorgaben der Marktstammdatenregisterverordnung[1)] im Marktstammdatenregister registrieren.

§ 5 Bekanntmachung der Ausschreibungen. (1) [1]Die ausschreibende Stelle macht die Ausschreibungen frühestens acht Wochen und spätestens fünf Wochen vor dem jeweiligen Gebotstermin auf ihrer Internetseite bekannt. [2]Gemeinsame grenzüberschreitende Ausschreibungen können zusätzlich oder nur durch eine ausländische Stelle auf ihrer Internetseite bekannt gemacht werden, sofern dies in der völkerrechtlichen Vereinbarung festgelegt ist.

(2) Die Bekanntmachungen müssen folgende Angaben enthalten:

1. den Gebotstermin,
2. das Ausschreibungsvolumen,
3. die Angabe des Kooperationsstaates und bei einer gemeinsamen grenzüberschreitenden Ausschreibung die Angabe der ausschreibenden Stelle nach § 32 Absatz 1 und der jeweils zuständigen ausländischen Stellen nach § 32 Absatz 3,
4. ein nach § 4 Absatz 2 festgelegtes Volumen, das für geplante Solaranlagen und Windenergieanlagen an Land im Staatsgebiet des Kooperationsstaates höchstens bezuschlagt werden darf,
5. die Angabe der Mitgliedstaaten der Europäischen Union, in deren Staatsgebieten die Solaranlagen oder Windenergieanlagen an Land errichtet werden müssen, um eine Zahlung nach § 27 in Anspruch nehmen zu können,
6. die Anforderungen an die Flächen im Kooperationsstaat, die als Voraussetzungen für die Zahlung nach § 27 in der völkerrechtlichen Vereinbarung nach § 39 festgelegt worden sind,
7. die sonstigen Voraussetzungen für die Zahlung nach § 27, die nach § 39 in der völkerrechtlichen Vereinbarung festgelegt worden sind,
8. die Höhe der zu leistenden Sicherheit nach § 8,
9. den Höchstwert,
10. die Gebotsmenge, die mindestens und höchstens pro Gebot abgegeben werden darf,
11. abweichende oder zusätzliche Anforderungen an die Gebote, sofern solche nach § 39 in der völkerrechtlichen Vereinbarung festgelegt worden sind,

---

1) Nr. **38**.

12. die Angabe, ob Landesregierungen Rechtsverordnungen aufgrund von § 37c Absatz 2 des Erneuerbare-Energien-Gesetzes[1)] erlassen haben und auf welchen Flächen im Bundesgebiet nach diesen Rechtsverordnungen Gebote für Solaranlagen in welchem Umfang bezuschlagt werden können,
13. bei einer gemeinsamen grenzüberschreitenden Ausschreibung das Verfahren zur Zuordnung bezuschlagter Gebote zur Bundesrepublik Deutschland und zum Kooperationsstaat,
14. die Formatvorgaben, die nach § 7 Absatz 1 von der ausschreibenden Stelle für die Gebotsabgabe vorgegeben sind und
15. die Festlegungen der Bundesnetzagentur nach § 85 Absatz 2 des Erneuerbare-Energien-Gesetzes[1)] oder nach § 36 dieser Verordnung und die Vorgaben in der völkerrechtlichen Vereinbarung, soweit sie die Gebotsabgabe und das Zuschlagsverfahren betreffen.

(3) Die Bekanntmachungen nach Absatz 1 erfolgen ausschließlich im öffentlichen Interesse.

§ 6 Anforderungen an Gebote. (1) [1]Bei den Ausschreibungen dürfen natürliche Personen, rechtsfähige Personengesellschaften und juristische Personen Gebote abgeben. [2]Bieter aus dem Kooperationsstaat, die nach dem Recht des Kooperationsstaates rechtsfähig sind, dürfen nicht deswegen ausgeschlossen sein, weil sie keiner deutschen Rechtsform entsprechen.

(2) Die Gebote dürfen nur für Solaranlagen oder Windenergieanlagen an Land, die im Bundesgebiet oder im Staatsgebiet des jeweiligen Kooperationsstaates errichtet werden sollen, abgegeben werden.

(3) [1]Ein Gebot muss eine Gebotsmenge von mindestens 750 Kilowatt umfassen. [2]Die höchste Gebotsmenge für ein Gebot für Freiflächenanlagen ist 10 Megawatt.

(4) [1]Bieter dürfen in einer Ausschreibung mehrere Gebote für unterschiedliche Anlagen abgeben. [2]In diesem Fall müssen sie ihre Gebote nummerieren und eindeutig kennzeichnen, welche Nachweise zu welchem Gebot gehören.

(5) Die Gebote müssen jeweils die folgenden Angaben enthalten:
1. die Angaben nach § 30 Nummer 1 bis 4 des Erneuerbare-Energien-Gesetzes[1)],
2. den Gebotswert in Cent pro Kilowattstunde mit zwei Nachkommastellen, wobei bei Windenergieanlagen an Land nach § 39 in der völkerrechtlichen Vereinbarung festgelegt werden kann, dass sich das Gebot auf einen Referenzstandort beziehen muss,
3. die Standorte der Solaranlagen oder Windenergieanlagen an Land, auf die sich das Gebot bezieht,
   a) mit Staat, Gemeinde, Gemarkung, Flur und Flurstück,
   b) sofern keine Gemarkung, keine Flur oder kein Flurstück vorhanden ist, mit den geographischen Koordinaten oder mit der postalischen Adresse;
   c) im Fall von Solaranlagen auf, an oder in Gebäuden, sofern vorhanden, auch die postalische Adresse des Gebäudes und

[1)] Nr. 37.

4. den Übertragungsnetzbetreiber oder bei Anlagen, die nicht direkt mit einem Netz im Bundesgebiet verbunden sind, den Übertragungsnetzbetreiber im Bundesgebiet, der die nächstgelegene Verbindungsleitung betreibt,
5. bei Solaranlagen,
   a) die im Bundesgebiet geplant sind, die Angabe, auf welcher der in § 37 Absatz 1 Nummer 1 bis 3 des Erneuerbare-Energien-Gesetzes[1)] genannten baulichen Anlagen oder Flächen die Anlage geplant ist oder
   b) die im Kooperationsstaat geplant sind, die Angabe, welche der nach § 5 Absatz 2 Nummer 6 für den Gebotstermin bekannt gemachten Anforderungen an die Flächen erfüllt sind, und
6. bei Windenergieanlagen an Land, die im Bundesgebiet geplant sind, die Angaben nach § 36 Absatz 2 des Erneuerbare-Energien-Gesetzes[1)] zur Einhaltung der Anforderungen nach § 36 Absatz 1 des Erneuerbare-Energien-Gesetzes und die Nachweise nach § 36 Absatz 3 des Erneuerbare-Energien-Gesetzes, und
7. weitere Angaben, die zur Einhaltung der nach § 39 festgelegten Anforderungen für Gebote erforderlich sind und nach § 5 Absatz 2 Nummer 6 oder Nummer 11 bekannt gemacht worden sind.

§ 7 Ausschreibungsverfahren. (1) [1] Die ausschreibende Stelle darf für die Ausschreibungsverfahren Formatvorgaben machen. [2] Gebote müssen diesen Formatvorgaben entsprechen.

(2) Die Gebote müssen der ausschreibenden Stelle bis zum jeweiligen Gebotstermin zugegangen sein.

(3) [1] Die Rücknahme von Geboten ist bis zum jeweiligen Gebotstermin zulässig; maßgeblich ist der Zugang einer Rücknahmeerklärung bei der ausschreibenden Stelle. [2] Die Rücknahme muss durch eine unbedingte, unbefristete und der Schriftform nach § 126 des Bürgerlichen Gesetzbuchs genügende Erklärung des Bieters erfolgen, die sich dem entsprechenden Gebot eindeutig zuordnen lässt.

(4) [1] Bieter sind an ihre Gebote, die bis zum Gebotstermin abgegeben und nicht zurückgenommen worden sind, gebunden, bis ihnen von der ausschreibenden Stelle mitgeteilt worden ist, dass ihr Gebot keinen Zuschlag erhalten hat. [2] Sofern Bieter keine Mitteilung über den Zuschlag erhalten haben, entfällt die Bindungswirkung sechs Monate nach dem Gebotstermin.

(5) [1] Die Ausschreibungen können von der ausschreibenden Stelle ganz oder teilweise auf ein elektronisches Verfahren umgestellt werden; dabei kann auch von dem Schriftformerfordernis nach Absatz 3 Satz 2 abgewichen werden. [2] In diesem Fall kann die ausschreibende Stelle insbesondere Vorgaben über die Authentifizierung für die gesicherte Datenübertragung machen. [3] Bei einer Umstellung des Verfahrens nach Satz 1 muss vor dem Gebotstermin bei der Bekanntgabe nach § 5 auf das elektronische Verfahren hingewiesen werden.

§ 8 Sicherheiten. (1) [1] Bieter müssen bei der ausschreibenden Stelle für ihre Gebote bis zum jeweiligen Gebotstermin eine Sicherheit leisten. [2] Durch die

---

[1)] Nr. **37**.

Sicherheit werden die jeweiligen Forderungen der Übertragungsnetzbetreiber oder der ausländischen Stelle auf Pönalen oder die Forderungen der ausländischen Stelle auf Pönalen gesichert.

(2) Die Höhe der Sicherheit für Gebote bestimmt sich aus der im Gebot angegebenen Gebotsmenge multipliziert

1. mit 70 Euro pro Kilowatt für Solaranlagen oder
2. mit 30 Euro pro Kilowatt für Windenergieanlagen an Land.

(3) Bieter müssen bei der Leistung der Sicherheit das Gebot, auf das sich die Sicherheit bezieht, eindeutig bezeichnen.

(4) Wer eine Sicherheit leisten muss, kann dies bewirken durch

1. die unwiderrufliche, unbedingte und unbefristete Bürgschaft auf erstes Anfordern, die durch ein Kreditinstitut oder einen Kreditversicherer zugunsten des Übertragungsnetzbetreibers ausgestellt wurde und für die eine Bürgschaftserklärung an die ausschreibende Stelle übergeben wurde oder
2. die Zahlung eines Geldbetrags auf ein nach Absatz 6 eingerichtetes Verwahrkonto der ausschreibenden Stelle.

(5) [1] Die Bürgschaftserklärung ist schriftlich in deutscher Sprache oder der Amtssprache des Kooperationsstaates unter Verzicht auf die Einrede der Vorausklage nach § 771 des Bürgerlichen Gesetzbuchs und unter Verzicht auf die Einreden der Aufrechenbarkeit und Anfechtbarkeit nach § 770 des Bürgerlichen Gesetzbuchs einzureichen und muss nach Vorgabe der ausschreibenden Stelle ausgestellt sein. [2] Der Bürge muss in der Europäischen Union oder in einem Staat der Vertragsparteien des Abkommens über den Europäischen Wirtschaftsraum als Kreditinstitut oder als Kreditversicherer zugelassen sein. [3] Die ausschreibende Stelle kann im Einzelfall bei begründeten Bedenken gegen die Tauglichkeit des Bürgen vom Bieter verlangen, die Tauglichkeit des Bürgen nachzuweisen. [4] Für den Nachweis der Tauglichkeit im Einzelfall ist der Maßstab des § 239 Absatz 1 des Bürgerlichen Gesetzbuchs heranzuziehen.

(6) [1] Die ausschreibende Stelle verwahrt die Sicherheiten nach Absatz 4 Nummer 2 treuhänderisch zugunsten der Bieter und der Übertragungsnetzbetreiber oder der ausländischen Stelle. [2] Hierzu richtet sie ein Verwahrkonto ein. [3] Die ausschreibende Stelle ist berechtigt, die Sicherheiten einzubehalten, bis die Voraussetzungen für die Erstattung der Sicherheit oder zur Befriedigung des Gläubigers der Forderung nach § 30 vorliegen. [4] Die Sicherheitsleistungen werden nicht verzinst.

§ 9 Erstattungen von Sicherheiten. [1] Die ausschreibende Stelle gibt unverzüglich die hinterlegten Sicherheiten für ein bestimmtes Gebot zurück, soweit

1. der Bieter
   a) sein Gebot zurückgenommen hat,
   b) für sein Gebot keinen Zuschlag erhalten hat oder
   c) für sein Gebot eine Pönale geleistet hat,
2. der Netzbetreiber für Anlagen im Bundesgebiet oder mit direktem Netzanschluss zum Bundesgebiet oder für Anlagen im Kooperationsstaat ohne direkten Netzanschluss zum Bundesgebiet der zuständige Übertragungsnetzbetreiber oder eine andere zuständige ausländische Stelle an die ausschreibende Stelle

a) eine Bestätigung nach § 24 Absatz 3 für eine Solaranlage übermittelt hat oder

b) eine Bestätigung nach § 13 der Marktstammdatenverordnung[1] oder eine andere in der völkerrechtlichen Vereinbarung festgelegte Bestätigung für eine Windenergieanlage an Land übermittelt hat.

2 Sind nicht mehr als 5 Prozent der Gebotsmenge des bezuschlagten Gebots entwertet worden, erstattet die ausschreibende Stelle die Sicherheit in voller Höhe.

§ 10 Ausschluss von Geboten. (1) 1 Die ausschreibende Stelle schließt Gebote von dem Zuschlagsverfahren aus, wenn

1. die Anforderungen für Gebote nach den §§ 6, 7 Absatz 2 und 5 und § 39 Absatz 2 Nummer 5 oder die Formatvorlagen für Gebote nach § 7 Absatz 1 nicht vollständig eingehalten wurden,
2. bis zum Gebotstermin bei der ausschreibenden Stelle die Sicherheit und, sofern die Bundesnetzagentur die ausschreibende Stelle ist, die Gebühr nach Nummer 1 oder Nummer 3 der Anlage zur Ausschreibungsgebührenverordnung nicht vollständig geleistet worden sind,
3. der Gebotswert des Gebots den für die jeweilige Ausschreibung festgelegten Höchstwert überschreitet,
4. für eine in dem Gebot angegebene Windenergieanlage an Land bereits ein Zuschlag in einer nationalen oder grenzüberschreitenden Ausschreibung erteilt worden ist und der Zuschlag zum Gebotstermin noch wirksam ist,
5. das Gebot Bedingungen, Befristungen oder sonstige Nebenabreden enthält oder
6. das Gebot nicht den Festlegungen der ausschreibenden Stelle entspricht, soweit diese die Gebotsabgabe betreffen.

2 Die ausschreibende Stelle kann ein Gebot vom Zuschlagsverfahren ausschließen, wenn bis zum Gebotstermin diesem Gebot eine Sicherheit oder eine Gebühr nicht eindeutig zugeordnet werden können.

(2) 1 Die ausschreibende Stelle kann ein Gebot ausschließen, wenn der begründete Verdacht besteht, dass der Bieter keine Windenergieanlage an Land oder Solaranlage auf dem in seinem Gebot angegebenen Standort plant, und

1. auf den angegebenen Flurstücken bereits eine Windenenergieanlage an Land oder eine Solaranlage in Betrieb genommen worden ist oder
2. die in dem Gebot angegebenen Flurstücke ganz oder teilweise übereinstimmen
   a) mit den in einem anderen Gebot in derselben Ausschreibung angegebenen Flurstücken oder
   b) mit den in einem anderen bezuschlagten Gebot in einer vorangegangenen geöffneten, gemeinsamen grenzüberschreitenden oder nationalen Ausschreibung angegebenen Flurstücken, sofern der Zuschlag nicht entwertet worden ist.

[1] Nr. 38.

[2] Ein Ausschluss von Geboten nach Satz 1 Nummer 1 oder Nummer 2 Buchstabe b ist nicht zulässig, wenn zu einer Solaranlagen oder Windenergieanlage an Land weitere Solaranlagen oder Windenergieanlagen an Land zugebaut werden sollen und hierfür Gebote abgegeben werden.

§ 11 Ausschluss von Bietern. Die ausschreibende Stelle kann Bieter und deren Gebote von dem Zuschlagsverfahren ausschließen, wenn

1. der Bieter
   a) vorsätzlich oder grob fahrlässig Gebote unter falschen Angaben oder unter Vorlage falscher Nachweise in dieser oder einer vorangegangenen geöffneten nationalen, gemeinsamen grenzüberschreitenden oder nationalen Ausschreibung abgegeben hat oder
   b) mit anderen Bietern Absprachen über die Gebotswerte der in dieser oder einer vorangegangenen geöffneten nationalen, gemeinsamen grenzüberschreitenden oder nationalen Ausschreibung abgegebenen Gebote getroffen hat oder
2. die Gebotsmengen mehrerer Zuschläge eines Bieters aus mindestens zwei vorangegangenen geöffneten, gemeinsamen grenzüberschreitenden oder nationalen Ausschreibungen aufgrund eines Ablaufs der Frist zur Realisierung vollständig entwertet worden sind.

§ 12 Zuschlagsverfahren. (1) [1] Die ausschreibende Stelle führt das folgende Zuschlagsverfahren durch. [2] Sie öffnet die fristgerecht eingegangenen Gebote nach dem Gebotstermin. [3] Sie sortiert die Gebote

1. bei unterschiedlichen Gebotswerten nach dem jeweiligen Gebotswert in aufsteigender Reihenfolge, beginnend mit dem Gebot mit dem niedrigsten Gebotswert,
2. bei demselben Gebotswert nach der jeweiligen Gebotsmenge in aufsteigender Reihenfolge, beginnend mit der niedrigsten Gebotsmenge; wenn die Gebotswerte und die Gebotsmenge der Gebote gleich sind, entscheidet das Los über die Reihenfolge, es sei denn, die Reihenfolge ist für die Zuschlagserteilung nicht maßgeblich.

[4] Die ausschreibende Stelle prüft die Zulässigkeit der Gebote nach den §§ 10 und 11 und erteilt bei jeder Ausschreibung für den jeweiligen Energieträger in der Reihenfolge nach Satz 3 allen zulässigen Geboten einen Zuschlag im Umfang ihres Gebots, bis das Ausschreibungsvolumen erstmals durch den Zuschlag zu einem Gebot erreicht oder überschritten ist (Zuschlagsgrenze); Geboten oberhalb der Zuschlagsgrenze wird vorbehaltlich des Absatzes 2 kein Zuschlag erteilt.

(2) Wenn bei einer Ausschreibung für Gebote aus dem Kooperationsstaat nach § 4 Absatz 2 ein Volumen festgelegt und nach § 5 Absatz 2 Nummer 4 bekannt gemacht worden ist, das für in dem Kooperationsstaat geplante Solaranlagen oder Windenergieanlagen an Land höchstens bezuschlagt werden darf, darf die ausschreibende Stelle bei Überschreiten dieses Volumens Gebote, in denen als Standort der geplanten Windenergieanlage an Land oder Solaranlage das Staatsgebiet des Kooperationsstaates angegeben worden ist, bei dem Zuschlagsverfahren nach Absatz 1 nicht berücksichtigen.

(3) Die ausschreibende Stelle erfasst für jedes Gebot, für das ein Zuschlag erteilt worden ist, die vom Bieter übermittelten Angaben und Nachweise sowie den Zuschlagswert.

§ 13 Zuordnung der Zuschläge und Sicherheiten. (1) Bezuschlagte Gebote in geöffneten nationalen Ausschreibungen sind der Bundesrepublik Deutschland zugeordnet und bezuschlagte Gebote in geöffneten ausländischen Ausschreibungen dem jeweiligen Kooperationsstaat.

(2) [1] Bei einer gemeinsamen grenzüberschreitenden Ausschreibung ordnet die ausschreibende Stelle jedes bezuschlagte Gebot entweder der Bundesrepublik Deutschland oder dem Kooperationsstaat nach dem in der völkerrechtlichen Vereinbarung festgelegten Verfahren zu. [2] Wenn und soweit bezuschlagte Gebote dem Kooperationsstaat zugeordnet worden sind, besteht der Anspruch auf Zahlung für Strom aus den Anlagen, denen die Gebotsmenge dieser Gebote zugeteilt wird, nicht nach § 27, sondern nach den Bestimmungen des Kooperationsstaates; im Übrigen ist für diese Anlagen, sofern sie sich im Bundesgebiet befinden, § 38 anzuwenden.

(3) Sicherheiten gelten

1. zugunsten der nach § 30 Absatz 6 Nummer 1 anspruchsberechtigten Übertragungsnetzbetreiber für bezuschlagte Gebote, die nach Absatz 1 oder Absatz 2 der Bundesrepublik Deutschland zugeordnet worden sind, oder
2. zugunsten der ausländischen Stelle nach § 30 Absatz 6 Nummer 2 für bezuschlagte Gebote, die bei einer gemeinsamen grenzüberschreitenden Ausschreibung nach Absatz 1 Satz 1 dem Kooperationsstaat zugeordnet worden sind.

§ 14 Bekanntgabe des Zuschlags und des Zuschlagswerts. (1) Die ausschreibende Stelle gibt die Zuschläge mit den folgenden Angaben auf ihrer Internetseite bekannt:

1. dem Gebotstermin der Ausschreibung, dem Energieträger, für den die Zuschläge erteilt werden, und den bezuschlagten Mengen,
2. den Namen der Bieter, die einen Zuschlag erhalten haben, mit
   a) dem jeweils in dem Gebot angegebenen Standort der Windenergieanlage an Land oder der Solaranlage,
   b) der Nummer des Gebots, sofern ein Bieter mehrere Gebote abgegeben hat, und
   c) einer eindeutigen Zuschlagsnummer,
3. den niedrigsten und höchsten Gebotswerten, die einen Zuschlag erhalten haben,
4. den Zuschlagswert und
5. bei einer gemeinsamen grenzüberschreitenden Ausschreibung den Staat, dem das bezuschlagte Gebot nach § 13 Absatz 1 Satz 1 zugeordnet worden ist.

(2) Der Zuschlag ist eine Woche nach der öffentlichen Bekanntgabe nach Absatz 1 als bekanntgegeben anzusehen.

(3) Die ausschreibende Stelle unterrichtet die Bieter, die einen Zuschlag erhalten haben und deren bezuschlagte Gebote der Bundesrepublik Deutsch-

land zugeordnet worden sind, unverzüglich über die Zuschlagserteilung und den Zuschlagswert.

§ 15 Entwertung von Zuschlägen. (1) Die ausschreibende Stelle entwertet einen Zuschlag,

1. soweit der Zuschlag nach Ablauf der Frist zur Realisierung der Anlage erlischt,
2. wenn der Bieter von seinem Recht, einen Zuschlag zurückzugeben, Gebrauch gemacht hat,
3. soweit die ausschreibende Stelle den Zuschlag zurücknimmt oder widerruft oder
4. wenn der Zuschlag durch Zeitablauf oder auf sonstige Weise seine Wirksamkeit verliert.

(2) Wird eine Zahlungsberechtigung nachträglich aufgehoben, wird auch der zugrundliegende Zuschlag entwertet.

Abschnitt 2. Ausschreibungen für Windenergieanlagen an Land

§ 16 Höchstwert für Windenergieanlagen an Land. Der Höchstwert für Gebote für Windenergieanlagen an Land entspricht dem nach § 37b des Erneuerbare-Energien-Gesetzes[1] ermittelten Wert.

§ 17 Netzausbaugebiet. (1) Die Gebotsmengen für Windenergieanlagen an Land im Netzausbaugebiet nach § 36c des Erneuerbare-Energien-Gesetzes[1] in Verbindung mit der Rechtsverordnung nach § 88b des Erneuerbare-Energien-Gesetzes[1], die in grenzüberschreitenden Ausschreibungen bezuschlagt werden dürfen, dürfen die in § 36c Absatz 6 Satz 2 des Erneuerbare-Energien-Gesetzes[1] festgelegten Obergrenzen pro Kalenderjahr nicht überschreiten.

(2) [1]Die ausschreibende Stelle begrenzt die Zuschläge, die in jeder grenzüberschreitenden Ausschreibung für Windenergieanlagen an Land in dem Netzausbaugebiet nach § 36c des Erneuerbare-Energien-Gesetzes[1] in Verbindung mit der Rechtsverordnung nach § 88b des Erneuerbare-Energien-Gesetzes erteilt werden, indem sie Gebote für Anlagen, die in diesem Gebiet errichtet werden sollen, nur berücksichtigt, bis die nach Absatz 1 in der völkerrechtlichen Vereinbarung für das Netzausbaugebiet festgelegte installierte Leistung erstmals durch den Zuschlag zu einem Gebot erreicht oder überschritten wird. [2]Weitere Gebote für Windenergieanlagen an Land, die in dem Netzausbaugebiet errichtet werden sollen, berücksichtigt sie nicht.

§ 18 Änderungen und Erlöschen von Zuschlägen für Windenergieanlagen an Land. (1) Für Änderungen der Genehmigungen für Anlagen im Bundesgebiet nach der Erteilung der Zuschläge ist § 36f des Erneuerbare-Energien-Gesetzes[1] anzuwenden.

(2) [1]Der Zuschlag erlischt nach der in § 36e Absatz 1 des Erneuerbare-Energien-Gesetzes[1] festgelegten Frist. [2]Für Windenergieanlagen an Land im Bundesgebiet kann auf Antrag bei der ausschreibenden Stelle die Frist einmalig

---

[1] Nr. **37**.

unter den in § 36e Absatz 2 Satz 1 Nummer 1 und 2 und Satz 2 des Erneuerbare-Energien-Gesetzes genannten Voraussetzungen verlängert werden. [3] Für Windenergieanlagen an Land außerhalb des Bundesgebiets sollen nach § 39 in der völkerrechtlichen Vereinbarung entsprechende Regelungen vorgesehen werden.

§ 19 Besondere Ausschreibungsbestimmungen für Bürgerenergiegesellschaften. [1] Die besonderen Ausschreibungsbestimmungen für Bürgerenergiegesellschaften nach § 36g des Erneuerbare-Energien-Gesetzes[1)] sind für Bürgerenergiegesellschaften innerhalb und außerhalb des Bundesgebiets im Rahmen von grenzüberschreitenden Ausschreibungen nur anzuwenden, wenn dies nach § 39 in der völkerrechtlichen Vereinbarung ausdrücklich festgelegt wird. [2] In diesem Fall ist

1. § 36g des Erneuerbare-Energien-Gesetzes[1)] entsprechend mit der Maßgabe anzuwenden, dass für Gebote für Windenergieanlagen außerhalb des Bundesgebiets anstelle der Genehmigung nach dem Bundes-Immissionsschutzgesetz auf die jeweilige Genehmigung im Kooperationsstaat oder auf einen anderen vergleichbaren Planungsstand und anstelle des im Gebot anzugebenden Landkreises auf die entsprechende Gebietskörperschaft im Kooperationsstaat abzustellen ist, in dem die Windenergieanlagen errichtet werden sollen und
2. § 3 Nummer 15 des Erneuerbare-Energien-Gesetzes[1)] für Bürgerenergiegesellschaften außerhalb des Bundesgebiets mit der Maßgabe anzuwenden, dass abweichend von § 3 Nummer 15 Buchstabe b des Erneuerbare-Energien-Gesetzes mindestens 51 Prozent der Stimmrechte bei natürlichen Personen liegen müssen, die seit mindestens einem Jahr vor der Gebotsabgabe mit ihrem Hauptwohnsitz in der kreisfreien Stadt, dem Landkreis oder einer sonstigen entsprechenden Gebietskörperschaft im Kooperationsstaat gemeldet sind, in der die geplanten Windenergieanlagen an Land errichtet werden sollen.

§ 20 Anzulegender Wert für Windenergieanlagen an Land. Der anzulegende Wert der Windenergieanlage an Land ist der Zuschlagswert der ihr zugeteilten Gebotsmenge.

§ 21 Dauer des Zahlungsanspruchs für Windenergieanlagen an Land. Die Dauer des Zahlungsanspruchs für Windenergieanlagen an Land richtet sich nach den §§ 25 und 36i des Erneuerbare-Energien-Gesetzes[1)].

Abschnitt 3. Ausschreibungen für Solaranlagen

§ 22 Besondere Zuschlagsbedingungen für Solaranlagen. (1) Der Höchstwert für Gebote für Solaranlagen richtet sich nach § 37b des Erneuerbare-Energien-Gesetzes[1)].

(2) Für Gebote für Solaranlagen im Bundesgebiet ist § 37c des Erneuerbare-Energien-Gesetzes[1)] mit der Maßgabe anzuwenden, dass die Aufgabe der Bundesnetzagentur durch die ausschreibende Stelle übernommen wird.

[1)] Nr. **37**.

(3) [1] Der Zuschlag für eine Solaranlage erlischt, soweit die Zahlungsberechtigung nicht spätestens 24 Monate nach der öffentlichen Bekanntgabe des Zuschlags (materielle Ausschlussfrist) beantragt oder der Antrag abgelehnt worden ist. [2] Bis zum Ablauf dieser Frist dürfen Bieter Zuschläge für Solaranlagen ganz oder teilweise durch eine unbedingte und bis zur Einführung eines elektronischen Verfahrens nach § 7 Absatz 5 der Schriftform genügende Rückgabeerklärung gegenüber der ausschreibenden Stelle zurückgeben.

§ 23 Zahlungsberechtigungen für Solaranlagen. (1) Die ausschreibende Stelle stellt auf Antrag eines Bieters, dem mindestens ein Zuschlag erteilt worden ist, eine Zahlungsberechtigung für Solaranlagen aus.

(2) Der Antrag nach Absatz 1 muss folgende Angaben enthalten:

1. die Nummer, unter der die Solaranlagen an das Register gemeldet worden sind, oder eine Kopie der Meldung an das Register,
2. die Art der Fläche,
   a) bei Anlagen im Bundesgebiet, auf welcher der in § 37 Absatz 1 Nummer 1 bis 3 des Erneuerbare-Energien-Gesetzes[1)] genannten baulichen Anlage oder Fläche die Anlage errichtet worden ist, und
   b) bei Anlagen außerhalb des Bundesgebiets, ob die nach § 5 Absatz 2 Nummer 6 bekannt gegebenen Anforderungen an die Flächen erfüllt sind,
3. die Angabe, in welchem Umfang die Anlagen im Bundesgebiet nicht auf einer baulichen Anlage errichtet worden sind,
4. den Umfang der Gebotsmenge pro bezuschlagtem Gebot, der den Solaranlagen zugeteilt werden soll, einschließlich der jeweils für die Gebote registrierten Zuschlagsnummern,
5. die Angabe des Bieters, ob für Strom, der in der Solaranlage oder in Teilen der Solaranlage erzeugt worden ist, eine Zahlung nach dem Erneuerbare-Energien-Gesetz[1)] oder nach dem Fördersystem des Kooperationsstaates in Anspruch genommen worden ist oder werden soll und
6. die Angabe des Bieters, dass er Betreiber der Solaranlage ist.

§ 24 Ausstellung von Zahlungsberechtigungen für Solaranlagen.

(1) Die Zahlungsberechtigung für Solaranlagen darf von der ausschreibenden Stelle nur ausgestellt werden, wenn

1. die Solaranlage,
   a) falls sie sich im Bundesgebiet befindet, die Anforderungen nach § 38a Absatz 1 Nummer 1 und 3 bis 5 des Erneuerbare-Energien-Gesetzes[1)] erfüllt,
   b) falls sie sich außerhalb des Bundesgebiets befindet,
      aa) die Anforderungen nach § 38a Absatz 1 Nummer 1 und 4 des Erneuerbare-Energien-Gesetzes[1)] erfüllt,
      bb) die nach § 5 Absatz 2 Nummer 6 für den Gebotstermin bekannt gemachten Anforderungen an die Flächen erfüllt, und

---

[1)] Nr. **37**.

cc) weitere Anforderungen für die Ausstellung von Zahlungsberechtigungen für Solaranlagen außerhalb des Bundesgebiets, die nach § 5 Absatz 2 Nummer 7 oder Nummer 11 bekannt gemacht worden sind, erfüllt,

2. die Gebühr nach Nummer 2 der Anlage zur Ausschreibungsgebührenverordnung bei der ausschreibenden Stelle geleistet worden ist,
3. bei Freiflächenanlagen die installierte Leistung von 10 Megawatt oder ein anderer nach § 39 in der völkerrechtlichen Vereinbarung festgelegter Wert nicht überschritten wird,
4. für den Bieter eine entsprechende Gebotsmenge bezuschlagter Gebote besteht, die nicht bereits einer anderen Zahlungsberechtigung zugeordnet worden sind; hierbei dürfen
   a) einer Solaranlage im Bundesgebiet nur die Gebotsmengen eines bezuschlagten Gebots für eine im Bundesgebiet geplante Solaranlage zugeteilt werden und
   b) einer Solaranlage im Staatsgebiet des Kooperationsstaats nur die Gebotsmengen eines bezuschlagten Gebots für eine im Staatsgebiet des Kooperationsstaats geplante Solaranlage zugeteilt werden,
5. für die Solaranlagen alle nach § 4 Absatz 4 in Verbindung mit dem Marktstammdatenregister erforderlichen Angaben an das Marktstammdatenregister gemeldet worden sind oder diese Angaben im Rahmen des Antrags nach § 23 gemeldet werden und
6. mit Ausnahme von Investitionszuschüssen nach § 1 Absatz 2 Nummer 1 Buchstabe b vor der Antragsstellung keine Investitionszuschüsse oder sonstigen Zahlungen für den Strom aus der Solaranlage nach dem Erneuerbare-Energien-Gesetz[1)] oder nach dem Fördersystem eines anderen Kooperationsstaates in Anspruch genommen worden sind.

(2) [1]Die ausschreibende Stelle teilt dem Netzbetreiber, in dessen Netz der in den Solaranlagen erzeugte Strom eingespeist werden soll, dem nach § 27 Absatz 4 zahlungsverpflichteten Übertragungsnetzbetreiber oder der ausländischen Stelle die Ausstellung der Zahlungsberechtigung einschließlich der Nummern, unter denen die Anlage in dem Register eingetragen ist, unverzüglich nach der Ausstellung der Zahlungsberechtigung mit. [2]Der Zahlungsanspruch besteht rückwirkend bis zum Tag der Inbetriebnahme nach Maßgabe des § 38a Absatz 2 Satz 2 des Erneuerbare-Energien-Gesetzes[1)].

(3) [1]Für die Überprüfung der Anforderungen nach Absatz 1 für Solaranlagen im Bundesgebiet oder mit direktem Netzanschluss im Bundesgebiet ist § 38a Absatz 3 des Erneuerbare-Energien-Gesetzes[1)] entsprechend anzuwenden. [2]Die Überprüfung der Erfüllung der Anforderungen nach Absatz 1 für Solaranlagen im Kooperationsstaat ohne direkten Netzanschluss im Bundesgebiet erfolgt durch

1. die ausländische Stelle oder eine von der ausländischen Stelle benannte private oder öffentliche Stelle oder
2. den Übertragungsnetzbetreiber nach § 27 Absatz 4, sofern in der völkerrechtlichen Vereinbarung keine ausländische Stelle benannt ist; er kann

---

[1)] Nr. 37.

hierfür die Vorlage entsprechender Nachweise vom Anlagenbetreiber verlangen.

[3] Das Ergebnis der Prüfung und die installierte Leistung der Solaranlage sind der ausschreibenden Stelle innerhalb eines Monats nach der Mitteilung nach Absatz 2 mitzuteilen.

(4) [1] Ausgestellte Zahlungsberechtigungen sind der Solaranlage verbindlich und dauerhaft zugeordnet. [2] Sie dürfen nicht auf andere Anlagen übertragen werden. [3] Unberührt hiervon bleibt § 38b Absatz 2 des Erneuerbare-Energien-Gesetzes[1)], der entsprechend anwendbar ist.

(5) Zum Zweck der Ermittlung der Anlagengröße nach Absatz 1 Nummer 3 ist § 24 Absatz 2 des Erneuerbare-Energien-Gesetzes[1)] entsprechend anzuwenden.

§ 25 Anzulegender Wert für Solaranlagen. Der anzulegende Wert der Solaranlage ist der Zuschlagswert der ihr zugeteilten Gebotsmenge.

§ 26 Dauer des Zahlungsanspruchs für Solaranlagen. Die Dauer des Zahlungsanspruchs für Solaranlagen richtet sich nach § 25 des Erneuerbare-Energien-Gesetzes[1)].

Teil 3. Zahlungen von Marktprämien nach dieser Verordnung

§ 27 Zahlungsanspruch. (1) [1] Betreiber von Solaranlagen und Windenergieanlagen an Land im Bundesgebiet oder im Staatsgebiet eines Kooperationsstaates mit einem direktem Netzanschluss zum Bundesgebiet, die im Rahmen einer geöffneten nationalen Ausschreibung oder einer gemeinsamen grenzüberschreitenden Ausschreibung einen Zuschlag erhalten haben und deren Zuschläge der Bundesrepublik Deutschland zugeordnet wurden, haben einen Anspruch auf Zahlung der Marktprämie nach Maßgabe des Erneuerbare-Energien-Gesetzes[1)]. [2] Für Strom aus Solaranlagen und Windenergieanlagen an Land, deren Strom in ein Netz eingespeist wird, das sich nicht in einer Preiszone mit der Bundesrepublik Deutschland befindet, ist anstelle der Anlage 1 des Erneuerbare-Energien-Gesetzes die Anlage zu dieser Verordnung anzuwenden.

(2) Die Betreiber von Solaranlagen und Windenergieanlagen an Land im Staatsgebiet eines Kooperationsstaats ohne direkten Netzanschluss im Bundesgebiet, die im Rahmen einer geöffneten nationalen Ausschreibung oder einer gemeinsamen grenzüberschreitenden Ausschreibung einen Zuschlag erhalten haben und der Bundesrepublik Deutschland zugeordnet wurden, haben, einen Anspruch auf Zahlung der Marktprämie nach Absatz 1 mit der Maßgabe, dass

1. die ***[bis 30.9.2021:*** §§ 7 bis 18 und 79 und 79a des Erneuerbare-Energien-Gesetzes***]*** ***[ab 1.10.2021:*** *§§ 7 bis 17, 79 und 79a des Erneuerbare-Energien-Gesetzes und die §§ 13 und 13a des Energiewirtschaftsgesetzes*[2)]***]*** nicht anzuwenden sind und

---

[1)] Nr. **37**.
[2)] Nr. **1**.

2. sich abweichend von § 51 des Erneuerbare-Energien-Gesetzes[1] der anzulegende Wert für den gesamten Zeitraum, in denen die Stundenkontrakte ohne Unterbrechung negativ sind, auf null verringert, wenn der Wert der Stundenkontrakte am Spotmarkt der Strombörse für die Preiszone des Kooperationsstaats, in dessen Staatsgebiet und Gebotszone sich die Solaranlage oder Windenergieanlage an Land befindet, in der vortägigen Auktion in mindestens sechs aufeinanderfolgenden Stunden negativ ist.

(3) Anlagenbetreiber nach den Absätzen 1 und 2 dürfen für den Strom aus den Solaranlagen oder Windenergieanlagen an Land keine anderen Zahlungen nach dem Erneuerbare-Energien-Gesetz[1] oder dem Fördersystem des Kooperationsstaates mit Ausnahme von Investitionszuschüssen nach § 1 Absatz 2 Nummer 1 Buchstabe b in Anspruch genommen haben.

(4) Der Zahlungsanspruch nach Absatz 2 besteht gegenüber dem Übertragungsnetzbetreiber im Bundesgebiet, der die nächstgelegene Verbindungsleitung betreibt; im Fall des § 28 Nummer 2 ist der Übertragungsnetzbetreiber nur nach Vorlage einer Bestätigung der ausländischen Stelle über die Erfüllung der Anspruchsvoraussetzungen zur Zahlung verpflichtet.

(5) Die Betreiber von Solaranlagen und Windenergieanlagen an Land im Staatsgebiet des Kooperationsstaates können über den Zahlungsanspruch auf Marktprämie nach dieser Verordnung hinaus keine weiteren Zahlungsansprüche nach dem Erneuerbare-Energien-Gesetz[1] geltend machen.

§ 28 Überprüfung der Voraussetzungen des Zahlungsanspruchs. Die Überprüfung der Voraussetzungen des Zahlungsanspruchs nach § 27 für Betreiber von Solaranlagen und Windenergieanlagen an Land im Staatsgebiet des Kooperationsstaates, die keinen direkten Anschluss an ein Netz im Bundesgebiet haben, erfolgt durch

1. die ausländische Stelle oder eine von der ausländischen Stelle benannte private oder öffentliche Stelle nach Maßgabe der völkerrechtlichen Vereinbarung oder
2. den Übertragungsnetzbetreiber nach § 27 Absatz 4, sofern hierfür in der völkerrechtlichen Vereinbarung keine ausländische Stelle benannt ist; hierzu kann der Übertragungsnetzbetreiber insbesondere bei Inbetriebnahme der Solaranlage oder Windenergieanlage an Land und während der gesamten Zahlungsdauer mindestens einmal im Jahr eine Prüfung durch einen Wirtschaftsprüfer, eine Wirtschaftsprüfungsgesellschaft, einen vereidigten Buchprüfer oder eine Buchprüfungsgesellschaft durchführen; die Anlagenbetreiber, die ausländische Stelle und der Netzbetreiber, an dessen Netz die Solaranlagen oder Windenergieanlagen an Land im Staatsgebiet des Kooperationsstaates angeschlossen sind, müssen ihm die für die Prüfung und die Auszahlung der Marktprämie erforderlichen Daten zur Verfügung stellen.

§ 29 Ausgleichsmechanismus. [1] Für Zahlungen nach § 27, die aufgrund eines Zuschlags oder einer Zahlungsberechtigung nach dieser Verordnung geleistet werden, sind die Bestimmungen zum Ausgleichsmechanismus nach dem

---

[1] Nr. **37**.

Erneuerbare-Energien-Gesetz[1] und der Erneuerbare-Energien-Verordnung[2] und der Erneuerbare-Energien-Ausführungsverordnung[3] anzuwenden, sofern keine Zuordnung des bezuschlagten Gebots zu einem Kooperationsstaat nach § 13 Absatz 1 erfolgt ist. [2] Die Zahlungen aufgrund dieser Verordnung gelten als Zahlungen im Sinne von § 3 Absatz 4 der Erneuerbare-Energien-Verordnung.

Teil 4. Pönalen

§ 30 Pönalen. (1) Bei Geboten für Windenergieanlagen an Land müssen Bieter eine Pönale leisten,

1. soweit mehr als 5 Prozent der Gebotsmenge eines bezuschlagten Gebots für eine Windenergieanlage an Land nach § 15 entwertet werden oder
2. wenn die Windenergieanlage an Land mehr als 24 Monate nach der öffentlichen Bekanntgabe des Zuschlags in Betrieb genommen worden ist.

(2) Die Höhe der Pönale für Zuschläge für Windenergieanlagen an Land berechnet sich nach § 55 Absatz 1 Satz 2 des Erneuerbare-Energien-Gesetzes[1].

(3) Sofern nach § 19 für Bürgerenergiegesellschaften bei der Ausschreibung für Windenergieanlagen an Land besondere Ausschreibungsbedingungen in der völkerrechtlichen Vereinbarung festgelegt worden sind, sind die Regelungen in § 55 Absatz 2 des Erneuerbare-Energien-Gesetzes[1] entsprechend anzuwenden.

(4) Bei Geboten für Solaranlagen müssen Bieter eine Pönale leisten, soweit mehr als 5 Prozent der Gebotsmenge eines bezuschlagten Gebots für eine Solaranlage nach § 15 entwertet werden.

(5) Die Höhe der Pönale nach Absatz 4 berechnet sich aus der entwerteten Gebotsmenge multipliziert mit 70 Euro pro Kilowatt.

(6) Die Pönalen nach den Absätzen 1 bis 5 sind zu leisten

1. an den regelverantwortlichen Übertragungsnetzbetreiber oder den nach § 27 Absatz 4 zur Zahlung verpflichteten Übertragungsnetzbetreiber, wenn die bezuschlagten Gebote bei einer gemeinsamen grenzüberschreitenden Ausschreibung nach § 13 Absatz 1 Satz 1 der Bundesrepublik Deutschland zugeordnet oder bei einer geöffneten nationalen Ausschreibung bezuschlagt worden sind, oder
2. an die ausländische Stelle, wenn die bezuschlagten Gebote bei einer gemeinsamen grenzüberschreitenden Ausschreibung nach § 13 Absatz 1 dem Kooperationsstaat zugeordnet worden sind.

(7) [1] Die Forderung muss im Fall des Absatzes 6 Nummer 1 durch Überweisung eines entsprechenden Geldbetrags auf ein Geldkonto des regelverantwortlichen Übertragungsnetzbetreibers oder des nach § 27 Absatz 4 zur Zahlung verpflichteten Übertragungsnetzbetreibers erfüllt werden; dabei ist die Zuschlagsnummer des Gebots zu übermitteln, für das die Pönale geleistet wird. [2] Der Übertragungsnetzbetreiber darf sich hinsichtlich dieser Forderung aus der Sicherheit nach § 8 befriedigen, wenn der Bieter die Forderung nicht vor

---

[1] Nr. 37.
[2] Nr. 41.
[3] Nr. 42.

Ablauf des zweiten Kalendermonats erfüllt hat, der auf den Ablauf der Frist zur Beantragung der Zahlungsberechtigung nach § 22 Absatz 3 Satz 1 oder die Rückgabe oder bestandskräftige Rücknahme der Gebotsmenge eines bezuschlagten Gebots folgt. [3] Die Erfüllung der Forderung richtet sich im Fall des Absatzes 6 Nummer 2 nach den Bestimmungen des Kooperationsstaates; diese sind auch für die Bestimmungen zur Befriedigung aus der Sicherheit nach § 8 anzuwenden.

(8) Die ausschreibende Stelle teilt dem Übertragungsnetzbetreiber oder der ausländischen Stelle unverzüglich folgende für die Inanspruchnahme der Pönalen erforderliche Angaben mit:
1. die nach § 12 Absatz 3 registrierten Angaben des Gebots,
2. den Zeitpunkt der Bekanntgabe der Zuschläge und Zuschlagswerte für das Gebot,
3. die Höhe der vom Bieter für das Gebot geleisteten Sicherheit,
4. die Rückgabe von Zuschlägen für das Gebot,
5. das Erlöschen des Zuschlags,
6. die Rücknahme und den Widerruf des Zuschlags und
7. die Rücknahme und den Widerruf einer Zahlungsberechtigung, sofern der Solaranlage Gebotsmengen zugeteilt worden sind und der im Gebot angegebene Standort der Solaranlage in der jeweiligen Regelzone des Übertragungsnetzbetreibers liegt.

§ 31 Pflichten der Übertragungsnetzbetreiber. [1] Die Übertragungsnetzbetreiber müssen Pönalen der Bieter nach dieser Verordnung als Einnahmen nach § 3 Absatz 3 der Erneuerbare-Energien-Verordnung[1)] und Zahlungen an die Bieter nach dieser Verordnung als Ausgaben nach § 3 Absatz 4 der Erneuerbare-Energien-Verordnung verbuchen. [2] Sie müssen den Eingang der Pönalen der ausschreibenden Stelle unverzüglich mitteilen.

Teil 5. Die ausschreibende Stelle

§ 32 Ausschreibende Stelle und ausländische Stelle. (1) [1] Die ausschreibende Stelle ist die Bundesnetzagentur, sofern nach § 39 in der völkerrechtlichen Vereinbarung keine andere öffentliche oder private Stelle festgelegt worden ist. [2] In der völkerrechtlichen Vereinbarung kann auch geregelt werden, dass ein Teil der Aufgaben von der ausschreibenden Stelle von einer anderen privaten oder öffentlichen Stelle übernommen werden kann.

(2) Ist nach Absatz 1 die Bundesnetzagentur die ausschreibende Stelle, führt diese die Ausschreibungen nach dem im Erneuerbare-Energien-Gesetz[2)] vorgesehenen Verfahren durch, soweit in dieser Verordnung oder nach § 39 in der völkerrechtlichen Vereinbarung nichts Abweichendes geregelt ist.

(3) Der Kooperationsstaat muss in der völkerrechtlichen Vereinbarung eine oder mehrere öffentliche oder private Stellen benennen, die die Aufgaben,

[1)] Nr. **41**.
[2)] Nr. **37**.

welche nach dieser Verordnung von der ausländischen Stelle übernommen werden können oder müssen, übernehmen.

(4) Die ausschreibende Stelle kann einen Zuschlag oder eine Zahlungsberechtigung unter den in den §§ 48 und 49 des Verwaltungsverfahrensgesetzes genannten Voraussetzungen zurücknehmen oder widerrufen.

§ 33 Veröffentlichungen. Die ausschreibende Stelle muss auf ihrer Internetseite spätestens zum letzten Kalendertag des auf die öffentliche Bekanntgabe des letzten Zuschlags einer Ausschreibung folgenden Kalendermonats die folgenden Daten veröffentlichen:

1. den niedrigsten und den höchsten Gebotswert der Gebote, die im jeweiligen Kooperationsstaat und im Bundesgebiet bezuschlagt worden sind,
2. die Höhe der Gebotswerte der Gebote, die für geplante Solaranlagen oder Windenergieanlagen an Land in dem Kooperationsstaat einen Zuschlag erhalten haben,
3. die in den bezuschlagten Geboten angegebenen Standorte der geplanten Solaranlagen oder Windenergieanlagen an Land und
4. die Zuschlagsnummern der bezuschlagten Gebote.

§ 34 Mitteilungspflichten. (1) Die ausschreibende Stelle muss unverzüglich nach Abschluss des Zuschlagsverfahrens nach § 12 den Bietern die Gründe für den Ausschluss oder die Nichtbezuschlagung mitteilen, wenn

1. die Gebote nach § 10 von der Ausschreibung ausgeschlossen worden sind,
2. die Bieter von der Ausschreibung nach § 11 ausgeschlossen worden sind oder
3. die Bieter keinen Zuschlag nach § 12 erhalten haben.

(2) Die ausschreibende Stelle muss den jeweils regelverantwortlichen oder nach § 27 Absatz 4 zur Zahlung verpflichteten Übertragungsnetzbetreibern unverzüglich folgende für die Geltendmachung der Pönale erforderlichen Angaben mitteilen:

1. die nach § 12 Absatz 3 registrierten Angaben des Gebots,
2. den Zeitpunkt der Bekanntgabe der Zuschläge und Zuschlagswerte für das Gebot,
3. den Zeitpunkt und die Höhe der vom Bieter für das Gebot geleisteten Sicherheit,
4. das Erlöschen des Zuschlags,
5. die Rücknahme oder den Widerruf des Zuschlags und
6. die Rücknahme oder den Widerruf einer Zahlungsberechtigung.

§ 35 Vorgaben und Maßnahmen der ausschreibenden Stelle. (1) [1] Die Bundesnetzagentur darf im Rahmen ihrer Zuständigkeit durch Allgemeinverfügung unter Beachtung der Regelungen des Erneuerbare-Energien-Gesetzes[1)] und des Verwaltungsverfahrensgesetzes nähere Bestimmungen zur Teilnahme an einer Ausschreibung, zur Übermittlung der Angaben nach dieser Verordnung, zur Rückgabe von bezuschlagten Geboten und Zahlungsberechtigungen,

---

[1)] Nr. **37**.

zur Hinterlegung der finanziellen Sicherheiten, zum Stellen von Bürgschaften, zum Zuschlagsverfahren und zur Ausstellung von Zahlungsberechtigungen erlassen. [2]Die Allgemeinverfügungen müssen vor jedem Gebotstermin nach § 5 öffentlich bekannt gemacht werden, soweit sie die Gebotsabgabe oder das Zuschlagsverfahren betreffen.

(2) Die ausschreibende Stelle muss bei den Ausschreibungen die erforderlichen technischen und organisatorischen Maßnahmen zur Sicherheit von Datenschutz und Datensicherheit und unter Berücksichtigung der einschlägigen Standards und Empfehlungen des Bundesamtes für Sicherheit in der Informationstechnik treffen.

§ 36 Festlegungen. Die Bundesnetzagentur darf im Rahmen dieser Verordnung Festlegungen nach § 88a Absatz 3 Nummer 1 des Erneuerbare-Energien-Gesetzes[1)] in Abstimmung mit dem Kooperationsstaat treffen:

1. abweichend von § 6 zu Anforderungen an die Gebote und Bieter, um die Ernsthaftigkeit und Verbindlichkeit der Gebote zu gewährleisten,
2. zur Form der Sicherheiten nach § 8, insbesondere zusätzliche Anforderungen an die Bürgschaften, die als Sicherheitsleistung erbracht werden können,
3. zu Auflagen, die die ausschreibende Stelle mit der Ausstellung der Zahlungsberechtigung verbinden darf und die sicherstellen sollen, dass die zahlungsberechtigte Anlage innerhalb der Zahlungsdauer nach § 21 oder § 26 eine angemessene Strommenge erzeugt,
4. zu den Anforderungen an die Überprüfung nach § 28 und an die Datenübermittlung nach § 38 Absatz 4.

Teil 6. Bestimmungen für Anlagen im Bundesgebiet, die von einem Kooperationsstaat gefördert werden

§ 37 Geöffnete ausländische Ausschreibungen. [1]Für Strom aus Anlagen zur Erzeugung von Strom aus erneuerbaren Energien darf eine Zahlung nach dem geöffneten Fördersystem eines anderen Staats nur in Anspruch genommen werden, wenn der Zahlungsanspruch durch Zuschlag in einer geöffneten ausländischen oder gemeinsamen grenzüberschreitenden Ausschreibung erteilt und dem Kooperationsstaat zugeordnet worden ist und dies in einer völkerrechtlichen Vereinbarung mit der Bundesrepublik Deutschland entsprechend geregelt ist. [2]Die Zahlung darf nur nach Maßgabe der völkerrechtlichen Vereinbarung und unter Beachtung der Vorgaben des § 5 Absatz 4 Satz 2, Absatz 5 und 6 des Erneuerbare-Energien-Gesetzes[1)] und § 36c Absatz 6 Satz 2 des Erneuerbare-Energien-Gesetzes erfolgen.

§ 38 Anlagen im Bundesgebiet, die eine Förderung von einem Kooperationsstaat erhalten. (1) [1]Für Strom aus Solaranlagen oder Windenergieanlagen an Land im Bundesgebiet besteht gegen einen Netzbetreiber kein Anspruch auf eine Zahlung nach dieser Verordnung oder nach dem Erneuerbare-Energien-Gesetz[1)], wenn

---

[1)] Nr. **37**.

1. der Solaranlage oder der Windenergieanlage an Land die Gebotsmenge eines in einer gemeinsamen grenzüberschreitenden Ausschreibung bezuschlagten Gebots zugeteilt worden ist, das nach § 13 Absatz 1 einem Kooperationsstaat zugeordnet worden ist, oder
2. der Betreiber der Solaranlage oder Windenergieanlage an Land für den Strom eine Zahlung nach dem geöffneten Fördersystem eines Kooperationsstaates erhält.

[2] Die Voraussetzungen der Zahlungen und deren Finanzierung richten sich nach den Bestimmungen des Fördersystems des Kooperationsstaates und der völkerrechtlichen Vereinbarung. [3] In der völkerrechtlichen Vereinbarung muss geregelt werden, dass eine Zahlung für Strom aus Solaranlagen im Bundesgebiet nur erfolgen darf, wenn sich die Solaranlagen auf baulichen Anlagen oder einer Fläche nach § 37 Absatz 1 des Erneuerbare-Energien-Gesetzes[1] befinden, wobei § 37c des Erneuerbare-Energien-Gesetzes entsprechend zu beachten ist.

(2) [1] Für Strom aus Solaranlagen und Windenergieanlagen an Land nach Absatz 1 sind die Bestimmungen des Erneuerbare-Energien-Gesetzes[1] mit Ausnahme der §§ 19 bis 104 des Erneuerbare-Energien-Gesetzes anzuwenden. [2] Der Strom aus diesen Solaranlagen oder Windenergieanlagen an Land gilt nach dem Erneuerbare-Energien-Gesetz als Strom, der in der sonstigen Direktvermarktung vermarktet wird; die Bestimmungen des Erneuerbare-Energien-Gesetzes zur sonstigen Direktvermarktung sind entsprechend anzuwenden. [3] Ein Wechsel in eine andere Veräußerungsform nach § 21b des Erneuerbare-Energien-Gesetzes ist ausgeschlossen. [4] In der völkerrechtlichen Vereinbarung kann auch geregelt werden:

1. die Ausstellung von Herkunftsnachweisen für diesen Strom abweichend von den §§ 79 und 80 des Erneuerbare-Energien-Gesetzes[1] und
2. ***[bis 30.9.2021:*** die Entschädigung abweichend von § 15 des Erneuerbare-Energien-Gesetzes***]*** ***[ab 1.10.2021:*** *der finanzielle Ausgleich abweichend von § 13a Absatz 2 des Energiewirtschaftsgesetzes*[2]***]***.

(3) Die Bestimmungen zum Ausgleichsmechanismus nach dem Erneuerbare-Energien-Gesetz und der Erneuerbare-Energien-Verordnung[3] oder der Erneuerbare-Energien-Ausführungsverordnung[4] sind für Zahlungen des Kooperationsstaates nach Absatz 1 nicht anzuwenden.

(4) [1] Anlagenbetreiber und Netzbetreiber im Bundesgebiet sind verpflichtet, die für die Abwicklung der Zahlung nach dem geöffneten Fördersystem des Kooperationsstaates erforderlichen Daten innerhalb der Frist nach § 71 Absatz 1 Nummer 1 des Erneuerbare-Energien-Gesetzes[1] der Bundesnetzagentur oder einer hierfür in der völkerrechtlichen Vereinbarung benannten Stelle schriftlich oder elektronisch zur Verfügung zu stellen. [2] Im Fall der Übermittlung an die Bundesnetzagentur ist § 76 Absatz 2 des Erneuerbare-Energien-Gesetzes entsprechend anzuwenden. [3] Die Bundesnetzagentur stellt die Daten der für die Abwicklung der Zahlung nach dem geöffneten Fördersystem des Kooperationsstaates zuständigen ausländischen Stelle nach Maßgabe der völkerrechtlichen

---

[1] Nr. **37**.
[2] Nr. **1**.
[3] Nr. **41**.
[4] Nr. **42**.

Vereinbarung zum Zweck der Überprüfung des Zahlungsanspruchs zur Verfügung.

Teil 7. Völkerrechtliche Vereinbarungen

§ 39 Inhalt der völkerrechtlichen Vereinbarungen. (1) Das Bundesministerium für Wirtschaft und Energie kann in einer völkerrechtlichen Vereinbarung mit anderen Mitgliedstaaten der Europäischen Union die Durchführung von grenzüberschreitenden Ausschreibungen vereinbaren und zu diesem Zweck durch diese völkerrechtliche Vereinbarung die Bestimmungen des Erneuerbare-Energien-Gesetzes[1)] nach Maßgabe dieser Verordnung auch für Anlagen im Staatsgebiet anderer Mitgliedstaaten der Europäischen Union ganz oder teilweise für anwendbar erklären, wenn die Voraussetzungen für eine grenzüberschreitende Ausschreibung nach § 1 Absatz 3 erfüllt sind.

(2) Das Bundesministerium für Wirtschaft und Energie kann im Rahmen der völkerrechtlichen Vereinbarung regeln:

1. die Gebotstermine,
2. das Ausschreibungsvolumen pro Ausschreibung; hierbei kann auch ein Volumen festgelegt werden, das für in dem jeweiligen anderen Kooperationsstaat geplante Solaranlagen oder Windenergieanlagen an Land höchstens bezuschlagt werden darf; das der Bundesrepublik Deutschland zuzuordnende Ausschreibungsvolumen aller gemeinsamen grenzüberschreitenden Ausschreibungen und das Volumen aller geöffneten nationalen Ausschreibungen darf insgesamt über einen Zeitraum von drei Jahren im jährlichen Durchschnitt 5 Prozent der nach § 4 des Erneuerbare-Energien-Gesetzes[1)] insgesamt jährlich zu installierenden Leistung von Anlagen nicht überschreiten,
3. dass der Zuschlagswert abweichend von § 3 Nummer 6 dem Gebotswert des bezuschlagten Gebots entspricht,
4. ein Volumen in Kilowatt nach § 4 Absatz 2, das für geplante Solaranlagen oder Windenergieanlagen an Land außerhalb des Bundesgebiets höchstens in der Ausschreibung bezuschlagt werden darf,
5. abweichend von § 4 Absatz 4 andere Vorgaben zur Registrierung der Anlagen außerhalb des Bundesgebiets, die Deutschland zugeordnet worden sind,
6. eine von § 5 Absatz 1 abweichende Frist zur Bekanntmachung und zusätzliche zu den in § 5 genannten Angaben,
7. eine andere Mindestgebotsmenge abweichend von § 6 Absatz 3 und eine andere Höchstgebotsmenge pro Gebot, wobei die Mindestgebotsmenge nicht kleiner als 50 Kilowatt und die Höchstgebotsmenge nicht kleiner als 3 Megawatt und für Freiflächenanlagen nicht größer als 10 Megawatt sein darf,
8. dass der im Gebot genannte Gebotswert für Solaranlagen oder Windenergieanlagen an Land sich auf einen Referenzstandort beziehen muss,

---

[1)] Nr. **37**.

9. zusätzliche Anforderungen an die Gebote, sofern diese die Einhaltung von standort- und flächenbezogenen Bedingungen im Kooperationsstaat sicherstellen sollen, nach dem Fördersystem des Kooperationsstaates erforderlich sind oder hierdurch besondere Gegebenheiten im Kooperationsstaat berücksichtigt werden sollen,
10. zusätzliche Anforderungen an den Planungsstand von Solaranlagen und Windenergieanlagen an Land und an Nachweise hierfür, insbesondere für Anlagen außerhalb des Bundesgebiets, wobei diese mit den Vorgaben für die Anlagen im Bundesgebiet vergleichbar sein sollen,
11. die Höhe der Sicherheiten abweichend von § 8 Absatz 2 und die Höhe der Pönalen abweichend von § 30 Absatz 2, 3 und 5, wobei die Sicherheiten und Pönalen 10 Euro pro Kilowatt nicht unterschreiten und 120 Euro pro Kilowatt nicht überschreiten dürfen,
12. im Rahmen der gemeinsamen grenzüberschreitenden Ausschreibungen die Voraussetzungen und das Verfahren zur Erstattung von Sicherheiten und bei geöffneten Ausschreibungen abweichend von § 9 Satz 2 die Erstattung der Sicherheit bereits bei der Entwertung von mehr oder weniger als 5 Prozent der Gebotsmenge, wobei der Wert 15 Prozent nicht überschritten werden darf,
13. Aufschläge oder Abschläge auf Gebotswerte bei der Sortierung nach § 12 Absatz 1 aufgrund von Kriterien zum Umweltschutz, zur stärkeren regionalen Verteilung der Anlagen, zur besseren Integration ins Stromnetz oder zur Förderung der lokalen Verankerung von Projekten,
14. das Verfahren zur Zuordnung der bezuschlagten Gebote nach § 13 Absatz 2,
15. die Fristen und das Verfahren zur Unterrichtung nach der Bekanntgabe abweichend von § 14 Absatz 2 und 3,
16. den Höchstwert für Windenergieanlagen an Land abweichend von § 16 und für Solaranlagen abweichend von § 22 Absatz 1, wobei der jeweilige Höchstwert regional oder nach der Standortgüte differenziert werden darf, aber kein Höchstwert den Wert nach § 37b des Erneuerbare-Energien-Gesetzes[1)] überschreiten darf,
17. unter Beachtung von § 17 Absatz 1 das Volumen von Windenergieanlagen an Land im Netzausbaugebiet, das höchstens in der jeweiligen grenzüberschreitenden Ausschreibung bezuschlagt werden darf,
18. die Fristen für die Realisierung der Windenergieanlagen an Land im Bundesgebiet und außerhalb des Bundesgebiets abweichend von § 18 Absatz 2 Satz 1, wobei die Frist neun Monate nicht unterschreiten und 42 Monate nicht überschreiten darf, und eine Regelung zur Verlängerung der Fristen bei Klagen gegen die Genehmigungen für Anlagen außerhalb des Bundesgebiets,
19. für Bürgerenergiegesellschaften oder vergleichbare regional verankerte Bieter im Bundesgebiet oder im Kooperationsstaat besondere Ausschreibungsbedingungen und weitere Voraussetzungen und Nachweise hierfür, die das Ziel haben, die Akteursvielfalt zu erhalten,

---

[1)] Nr. **37**.

20. die Berechnung des anzulegenden Werts abweichend von § 20 Satz 1 für Windenergieanlagen an Land im und außerhalb des Bundesgebiets nach § 36h des Erneuerbare-Energien-Gesetzes[1)] oder nach einem anderen Instrument zur Abschöpfung von Überförderung und zur regionalen Steuerung,
21. die Dauer des Zahlungsanspruchs für Solaranlagen oder Windenergieanlagen an Land abweichend von den §§ 21 und 26, wobei die Dauer zehn Jahre nicht unterschreiten und 30 Jahre nicht überschreiten darf,
22. die Frist zum Erlöschen von Zuschlägen bei Nichtrealisierung abweichend von § 22 Absatz 3, wobei die Frist sechs Monate nicht unterschreiten und 32 Monate nicht überschreiten darf,
23. zusätzliche Anforderungen an die Ausstellung von Zahlungsberechtigungen und deren Beantragung, sofern diese die Einhaltung von standort- und flächenbezogenen Bedingungen im Kooperationsstaat sicherstellen sollen, nach dem Fördersystem des Kooperationsstaates erforderlich sind oder hierdurch besondere Gegebenheiten im Kooperationsstaat berücksichtigt werden sollen,
24. abweichend von § 10 Absatz 1 Nummer 2 und § 24 Absatz 1 Nummer 2 keine oder eine höhere oder niedrigere Gebühr für die Bearbeitung des Gebots im Rahmen einer gemeinsamen Ausschreibung und die Ausstellung der Zahlungsberechtigung, soweit diese dem tatsächlichen Verwaltungsaufwand bei der ausschreibenden Stelle entspricht,
25. die maximale Größe der Freiflächenanlagen abweichend von § 24 Absatz 1 Nummer 3, wobei der Wert 10 Megawatt nicht überschritten werden darf,
26. die Ermittlung der Anlagengröße für Anlagen außerhalb des Bundesgebiets abweichend von § 24 Absatz 5,
27. die für die Berechnung der Marktprämie nach der Anlage zu dieser Verordnung maßgebliche Strombörse,
28. die Berechnung der Höhe der Marktprämie abweichend von § 27 Absatz 1 und 2, wobei insbesondere festgelegt werden kann, dass statt der jeweiligen länderspezifischen Monatsmittelwerte ein durchschnittlicher Marktwert der kooperierenden Staaten die Grundlage für die Berechnung der Marktprämie bildet und die Berechnung und das Verfahren zur Bestimmung der energieträgerspezifischen Marktwerte abweichend von der Anlage 1 des Erneuerbare-Energien-Gesetzes[1)] und der Anlage zu dieser Verordnung erfolgt,
29. abweichend von § 27 Absatz 2 Nummer 2 eine geringere Anzahl als sechs Stunden, an denen bei negativen Preisen eine Zahlung für den eingespeisten Strom zu zahlen ist, und ein anderes Verfahren zur Bestimmung der Stunden mit negativen Preisen,
30. weitere Voraussetzungen für den Zahlungsanspruch, insbesondere, dass die Anforderungen des § 27a des Erneuerbare-Energien-Gesetzes[1)] eingehalten werden müssen,

---

1) Nr. **37**.

31. die nach § 28 für die Überprüfung des Zahlungsanspruchs für Anlagen außerhalb des Bundesgebiets zuständige ausländische Stelle und die Form und das Verfahren zur Prüfung des Zahlungsanspruchs,
32. die ausschreibende Stelle und die ausländische Stelle sowie die jeweils von der ausländischen Stelle zu übernehmenden Aufgaben,
33. abweichend von § 32 Absatz 1 die Durchführung eines Teils oder aller Aufgaben der ausschreibenden Stelle durch eine andere private oder öffentliche Stelle im Fall einer gemeinsamen Ausschreibung,
34. dass die Bekanntgabe der Zuschläge abweichend von § 14 und abweichend von § 34 die Mitteilung über den Ausschluss oder die Nichtbezuschlagung an Gebote aus dem Kooperationsstaat durch eine andere Stelle als die ausschreibende Stelle erfolgt,
35. abweichend von den §§ 79 und 80 des Erneuerbare-Energien-Gesetzes[1] die Ausstellung von Herkunftsnachweisen und ***[bis 30.9.2021:*** die Entschädigung nach § 15 des Erneuerbare-Energien-Gesetzes***] [ab 1.10.2021:*** *den finanziellen Ausgleich nach § 13a Absatz 2 des Energiewirtschaftsgesetzes*[2]***]*** für Anlagen im Bundesgebiet, die eine Förderung von einem Kooperationsstaat erhalten, und
36. die für die Veröffentlichung der Berechnung nach Nummer 3 der Anlage zuständige Stelle.

(3) In einer völkerrechtlichen Vereinbarung muss geregelt werden, dass ein Zahlungsanspruch für Strom aus Solaranlagen oder Windenergieanlagen an Land im Bundesgebiet nach dem Fördersystem des Kooperationsstaates nur besteht, wenn der Betreiber der Solaranlage oder Windenergieanlage an Land seinen Anspruch nach § 18 der Stromnetzentgeltverordnung[3] nicht geltend gemacht hat.

(4) Das Bundesministerium für Wirtschaft und Energie regelt in der völkerrechtlichen Vereinbarung mit dem Kooperationsstaat die finanzielle Aufteilung der Kosten und die Anrechnung des Stroms aus Solaranlagen oder Windenergieanlagen an Land, die aufgrund der jeweiligen grenzüberschreitenden Ausschreibung Zahlungen erhalten, auf die nationalen Gesamtziele nach Artikel 3 Absatz 2 der Richtlinie 2009/28/EG.

Teil 8. Datenschutz, Rechtsschutz

§ 40 Datenübermittlung. (1) Dem Bundesministerium für Wirtschaft und Energie, dem Umweltbundesamt und der für die Ausschreibung zuständigen Stelle im Kooperationsstaat ist auf Verlangen jederzeit Auskunft über sämtliche aufgrund dieser Verordnung gespeicherten Daten einschließlich personenbezogener Daten zu erteilen, soweit dies für die Durchführung dieser Verordnung oder die Erfüllung von Berichtspflichten der Bundesrepublik Deutschland oder des Kooperationsstaates gegenüber den Organen der Europäischen Union erforderlich ist.

---

[1] Nr. **37**.
[2] Nr. **1**.
[3] Nr. **24**.

(2) Die ausschreibende Stelle darf die aufgrund dieser Verordnung gespeicherten Daten an Netzbetreiber übermitteln, soweit dies für die Abwicklung und Überwachung der Zahlung nach dem Erneuerbare-Energien-Gesetz erforderlich ist.

§ 41 Löschung von Daten. Die aufgrund dieser Verordnung gespeicherten Daten sind unverzüglich zu löschen, wenn sie für die Wahrnehmung der Aufgaben nach dieser Verordnung nicht mehr erforderlich sind.

§ 42 Rechtsschutz. (1) [1] Gerichtliche Rechtsbehelfe, die sich unmittelbar gegen eine Ausschreibung oder unmittelbar gegen einen erteilten Zuschlag richten, sind nur mit dem Ziel zulässig, die ausschreibende Stelle zur Erteilung eines Zuschlags zu verpflichten. [2] Rechtsbehelfe nach Satz 1 sind begründet, soweit der Beschwerdeführer im Zuschlagsverfahren ohne den Rechtsverstoß einen Zuschlag erhalten hätte. [3] Die ausschreibende Stelle erteilt bei einem Rechtsbehelf nach Satz 1 über das nach dieser Verordnung bestimmte Ausschreibungsvolumen hinaus einen entsprechenden Zuschlag, soweit das Begehren des Rechtsbehelfsführers Erfolg hat und sobald die gerichtliche Entscheidung formell rechtskräftig ist. [4] Im Übrigen bleibt der gerichtliche Rechtsschutz unberührt.

(2) [1] Die Erteilung eines Zuschlags oder die Ausstellung einer Zahlungsberechtigung haben unabhängig von einem Rechtsschutzverfahren Dritter nach Absatz 1 Bestand. [2] Die Anfechtung eines Zuschlags oder einer Zahlungsberechtigung durch Dritte ist nicht zulässig.

(3) Für alle Rechtsstreitigkeiten gegen eine inländische ausschreibende Stelle oder einen zur Zahlung verpflichteten inländischen Netzbetreiber sind die Gerichte der Bundesrepublik Deutschland ausschließlich zuständig, unabhängig davon, ob sich die Anlagen im Bundesgebiet oder im Staatsgebiet des Kooperationsstaates befinden.

§ 43 Übergangsbestimmungen. Für Strom aus Solaranlagen, denen eine Zahlungsberechtigung auf der Grundlage eines Zuschlags, der vor dem 16. August 2017 erteilt worden ist, ausgestellt worden ist oder wird, sind die Bestimmungen der am 15. August 2017 geltenden Grenzüberschreitenden-Erneuerbare-Energien-Verordnung anzuwenden.

Anlage
(zu § 27 Absatz 1)

Höhe der Marktprämie für Strom aus Solaranlagen und Windenergieanlagen an Land, die Strom in ein Netz außerhalb der Preiszone der Bundesrepublik Deutschland einspeisen

1. Berechnung der Marktprämie

1.1 Im Sinn dieser Anlage ist:

– „$MP_{Kooperationsstaat}$“ die Höhe der Marktprämie nach § 27 Absatz 2 in Verbindung mit § 23a des Erneuerbare-Energien-Gesetzes in Cent pro Kilowattstunde,

– „AW“ der anzulegende Wert nach den §§ 20 und 25,

– „$MW_{Kooperationsstaat}$“ der jeweilige Monatsmarktwert in Cent pro Kilowattstunde.

1.2 Die Höhe der Marktprämie nach § 27 Absatz 1 in Verbindung mit § 23a des Erneuerbare-Energien-Gesetzes („MP“) in Cent pro Kilowattstunde direkt vermarkteten und tatsächlich eingespeisten Stroms wird nach der folgenden Formel berechnet:

$MP_{Kooperationsstaat} = AW - MW_{Kooperationsstaat}$.

Ergibt sich bei der Berechnung ein Wert kleiner null, wird abweichend von Satz 1 der Wert „$MP_{Kooperationsstaat}$“ mit dem Wert null festgesetzt.

2. Berechnung des Monatsmarktwerts „MW“ bei Strom aus Windenergie an Land und solarer Strahlungsenergie

2.1 **Energieträgerspezifischer Monatsmarktwert**

Als Wert „$MW_{Kooperationsstaat}$“ in Cent pro Kilowattstunde ist anzulegen bei direkt vermarktetem Strom aus

– Windenergieanlagen an Land der Wert „$MW_{Wind\ an\ Land/Kooperationsstaat}$“,

– Solaranlagen der Wert „$MW_{Solar/Kooperationsstaat}$“.

2.2 **Windenergie an Land**

„$MW_{Wind\ an\ Land/Kooperationsstaat}$“ ist der tatsächliche Monatsmittelwert des Marktwerts von Strom aus Windenergieanlagen an Land am Spotmarkt der Strombörse für die jeweilige Preiszone des Kooperationsstaats in Cent pro Kilowattstunde. Dieser Wert wird wie folgt berechnet:

2.2.1 Für jede Stunde eines Kalendermonats wird der durchschnittliche Wert der Stundenkontrakte am Spotmarkt der Strombörse für die jeweilige Preiszone des Kooperationsstaats mit der Menge des in dieser Stunde nach der Online-Hochrechnung nach Anlage 1 Nummer 3.1 des Erneuerbare-Energien-Gesetzes erzeugten Stroms aus Windenergieanlagen an Land multipliziert.

2.2.2 Die Ergebnisse für alle Stunden dieses Kalendermonats werden summiert.

2.2.3 Diese Summe wird dividiert durch die Menge des in dem gesamten Kalendermonat nach der Online-Hochrechnung nach Anlage 1 Nummer 3.1 des Erneuerbare-Energien-Gesetzes erzeugten Stroms aus Windenergieanlagen an Land.

2.3 **Solare Strahlungsenergie**

„$MW_{Solar/Kooperationsstaat}$“ ist der tatsächliche Monatsmittelwert des Marktwerts von Strom aus Solaranlagen am Spotmarkt der Strombörse für die jeweilige Preiszone des Kooperationsstaats in Cent pro Kilowattstunde. Für die Berechnung von „$MW_{Solar/Kooperationsstaat}$“ sind die Nummern 2.2.1 bis 2.2.3 mit der Maßgabe anzuwenden, dass statt des nach der Online-Hochrechnung nach Anlage 1 Nummer 3.1 des Erneuerbare-Energien-Gesetzes erzeugten Stroms von Windenergieanlagen an Land der nach der Online-Hochrechnung nach Nummer 3.1 erzeugte Strom aus Solaranlagen zugrunde zu legen ist.

3. Veröffentlichung der Berechnung

3.1 Eine vom Kooperationsstaat in der völkerrechtlichen Vereinbarung benannte Stelle muss bis zum Ablauf des fünfzehnten Werktags des Folgemonats auf einer Internetseite, auf drei Stellen nach dem Komma gerundet, folgende Daten in nicht personenbezogener Form veröffentlichen:

a) den Wert der Stundenkontrakte am Spotmarkt der nach § 27 Absatz 1 festgelegten Strombörse für die Preiszone des Kooperationsstaates für jeden Kalendertag in stündlicher Auflösung,

b) den Wert „$MW_{\text{Wind an Land/Kooperationsstaat}}$“ nach Maßgabe der Nummer 2.2,

c) den Wert „$MW_{\text{Solar/Kooperationsstaat}}$“ nach Maßgabe der Nummer 2.3.

Die Internetseite wird auf der Internetseite der Bundesnetzagentur bei der Bekanntgabe der Ausschreibung nach § 5 angegeben.

3.2 Soweit die Daten nach Nummer 3.1 nicht bis zum Ablauf des fünfzehnten Werktags des Folgemonats verfügbar sind, sind sie unverzüglich in nicht personenbezogener Form auf der Internetseite nach Nummer 3.1 Satz 2 zu veröffentlichen, sobald sie verfügbar sind.

44. Gesetz zur Förderung Erneuerbarer Energien im Wärmebereich (Erneuerbare-Energien-Wärmegesetz – EEWärmeG)[1)]

Vom 7. August 2008
(BGBl. I S. 1658)

FNA 754-21

zuletzt geänd. durch Art. 9 AsylverfahrensbeschleunigungsG v. 20.10.2015 (BGBl. I S. 1722)

Der Bundestag hat das folgende Gesetz beschlossen:

Inhaltsübersicht

[1)] **Amtl. Anm.:** Die Verpflichtungen aus der Richtlinie 98/34/EG des Europäischen Parlaments und des Rates vom 22. Juni 1998 über ein Informationsverfahren auf dem Gebiet der Normen und technischen Vorschriften und den Vorschriften für die Dienste der Informationsgesellschaft (ABl. EG Nr. L 204 S. 37), geändert durch die Richtlinie 98/48/EG des Europäischen Parlaments und des Rates vom 20. Juli 1998 (ABl. EG Nr. L 217 S. 18), sind beachtet worden.

Teil 1. Allgemeine Bestimmungen

§ 1 Zweck und Ziel des Gesetzes. (1) Zweck dieses Gesetzes ist es, insbesondere im Interesse des Klimaschutzes, der Schonung fossiler Ressourcen und der Minderung der Abhängigkeit von Energieimporten, eine nachhaltige Entwicklung der Energieversorgung zu ermöglichen und die Weiterentwicklung von Technologien zur Erzeugung von Wärme und Kälte aus Erneuerbaren Energien zu fördern.

(2) Um den Zweck des Absatzes 1 unter Wahrung der wirtschaftlichen Vertretbarkeit zu erreichen, verfolgt dieses Gesetz das Ziel, dazu beizutragen, den Anteil Erneuerbarer Energien am Endenergieverbrauch für Wärme und Kälte bis zum Jahr 2020 auf 14 Prozent zu erhöhen.

§ 1a Vorbildfunktion öffentlicher Gebäude. [1]Öffentlichen Gebäuden kommt eine Vorbildfunktion im Rahmen des Zwecks und Ziels nach § 1 zu. [2]Diese Vorbildfunktion kommt auch öffentlichen Gebäuden im Ausland zu, die sich im Eigentum der öffentlichen Hand befinden.

§ 2 Begriffsbestimmungen. (1) Erneuerbare Energien im Sinne dieses Gesetzes sind

1. die dem Erdboden entnommene Wärme (Geothermie),
2. die der Luft oder dem Wasser entnommene und technisch nutzbar gemachte Wärme mit Ausnahme von Abwärme (Umweltwärme),
3. die durch Nutzung der Solarstrahlung zur Deckung des Wärmeenergiebedarfs technisch nutzbar gemachte Wärme (solare Strahlungsenergie),
4. die aus fester, flüssiger und gasförmiger Biomasse erzeugte Wärme. Die Abgrenzung erfolgt nach dem Aggregatszustand zum Zeitpunkt des Eintritts der Biomasse in den Apparat zur Wärmeerzeugung. Als Biomasse im Sinne dieses Gesetzes werden nur die folgenden Energieträger anerkannt:
   a) Biomasse im Sinne der Biomasseverordnung in der bis zum 31. Dezember 2011 geltenden Fassung,
   b) biologisch abbaubare Anteile von Abfällen aus Haushalten und Industrie,
   c) Deponiegas,
   d) Klärgas,
   e) Klärschlamm im Sinne der Klärschlammverordnung vom 15. April 1992 (BGBl. I S. 912), zuletzt geändert durch Artikel 4 der Verordnung vom 20. Oktober 2006 (BGBl. I S. 2298, 2007 I S. 2316), in der jeweils geltenden Fassung und
   f) Pflanzenölmethylester, und
5. die dem Erdboden oder dem Wasser entnommene und technisch nutzbar gemachte oder aus Wärme nach den Nummern 1 bis 4 technisch nutzbar gemachte Kälte (Kälte aus Erneuerbaren Energien).

(2) Im Sinne dieses Gesetzes ist

1. Abwärme die Wärme, die aus technischen Prozessen und baulichen Anlagen stammenden Abluft- und Abwasserströmen entnommen wird,

2. Fernwärme oder Fernkälte die Wärme oder Kälte, die in Form von Dampf, heißem Wasser oder kalten Flüssigkeiten durch ein Wärme- oder Kältenetz verteilt wird,
3. grundlegende Renovierung jede Maßnahme, durch die an einem Gebäude in einem zeitlichen Zusammenhang von nicht mehr als zwei Jahren
   a) ein Heizkessel ausgetauscht oder die Heizungsanlage auf einen anderen fossilen Energieträger umgestellt wird und
   b) mehr als 20 Prozent der Oberfläche der Gebäudehülle renoviert werden,
4. Nutzfläche
   a) bei Wohngebäuden die Gebäudenutzfläche nach § 2 Nr. 14 der Energieeinsparverordnung[1] vom 24. Juli 2007 (BGBl. I S. 1519) in der jeweils geltenden Fassung,
   b) bei Nichtwohngebäuden die Nettogrundfläche nach § 2 Nr. 15 der Energieeinsparverordnung[1],
5. öffentliches Gebäude jedes Nichtwohngebäude, das
   a) sich im Eigentum oder Besitz der öffentlichen Hand befindet und
   b) genutzt wird
      aa) für Aufgaben der Gesetzgebung,
      bb) für Aufgaben der vollziehenden Gewalt,
      cc) für Aufgaben der Rechtspflege oder
      dd) als öffentliche Einrichtung.

   Ausgenommen sind Gebäude von öffentlichen Unternehmen, wenn sie Dienstleistungen im freien Wettbewerb mit privaten Unternehmen erbringen, insbesondere öffentliche Unternehmen zur Abgabe von Speisen und Getränken, zur Produktion, zur Lagerung und zum Vertrieb von Gütern, Unternehmen der Land- und Forstwirtschaft oder des Gartenbaus sowie Unternehmen zur Versorgung mit Energie oder Wasser. Auch Gebäude der Bundeswehr, die der Lagerung von militärischen oder zivilen Gütern dienen, sind von Satz 1 ausgenommen. Gemischt genutzte Gebäude sind öffentliche Gebäude, wenn sie überwiegend für Aufgaben oder Einrichtungen nach Maßgabe der Sätze 1 bis 3 genutzt werden,
6. öffentliche Hand
   a) jede inländische Körperschaft, Personenvereinigung oder Vermögensmasse des öffentlichen Rechts mit Ausnahme von Religionsgemeinschaften und
   b) jede Körperschaft, Personenvereinigung oder Vermögensmasse des Privatrechts, wenn an ihr eine Person nach Buchstabe a allein oder mehrere Personen nach Buchstabe a zusammen unmittelbar oder mittelbar
      aa) die Mehrheit des gezeichneten Kapitals besitzen,
      bb) über die Mehrheit der mit den Anteilen verbundenen Stimmrechte verfügen oder
      cc) mehr als die Hälfte der Mitglieder des Verwaltungs-, Leitungs- oder Aufsichtsorgans bestellen können,

---

[1] Nr. 63.

7. Sachkundiger jede Person, die
   a) nach § 21 der Energieeinsparverordnung[1] berechtigt ist, Energieausweise auszustellen, jeweils entsprechend der Berechtigung, die für Wohn- oder Nichtwohngebäude gilt, oder
   b) zertifiziert ist
      aa) nach Fortbildungsprüfungsregelungen der Handwerkskammern nach Maßgabe des § 16a oder
      bb) nach einem Zertifizierungs- oder gleichwertigen Qualifikationssystem in einem anderen Mitgliedstaat der Europäischen Union oder einem anderen Vertragsstaat des Abkommens über den Europäischen Wirtschaftsraum nach Maßgabe des Artikels 14 Absatz 3 der Richtlinie 2009/28/EG des Europäischen Parlaments und des Rates vom 23. April 2009 zur Förderung der Nutzung von Energie aus erneuerbaren Quellen und zur Änderung und anschließenden Aufhebung der Richtlinien 2001/77/EG und 2003/30/EG (ABl. L 140 vom 5.6.2009, S. 16),
8. Verpflichteter jede Person, die zur Nutzung Erneuerbarer Energien nach § 3 Absatz 1 oder 2 verpflichtet ist,
9. Wärme- und Kälteenergiebedarf die Summe
   a) der zur Deckung des Wärmebedarfs für Heizung und Warmwasserbereitung jährlich benötigten Wärmemenge und
   b) der zur Deckung des Kältebedarfs für Raumkühlung jährlich benötigten Kältemenge,

   jeweils einschließlich des thermischen Aufwands für Übergabe, Verteilung und Speicherung. Der Wärme- und Kälteenergiebedarf wird nach den technischen Regeln berechnet, die den Anlagen 1 und 2 zur Energieeinsparverordnung[1] zugrunde gelegt werden. Soweit diese Anlagen keine technischen Regeln für die Berechnung bestimmter Anteile des Wärme- und Kälteenergiebedarfs enthalten, wird der Wärme- und Kälteenergiebedarf nach den anerkannten Regeln der Technik berechnet; das Bundesministerium für Wirtschaft und Energie kann im Einvernehmen mit dem Bundesministerium für Umwelt, Naturschutz, Bau und Reaktorsicherheit durch Bekanntmachung im Bundesanzeiger auf Veröffentlichungen sachverständiger Stellen über diese anerkannten Regeln der Technik hinweisen.
10. a) Wohngebäude jedes Gebäude, das nach seiner Zweckbestimmung überwiegend dem Wohnen dient, einschließlich Wohn-, Alten- und Pflegeheimen sowie ähnlichen Einrichtungen und
    b) Nichtwohngebäude jedes andere Gebäude.

Teil 2. Nutzung Erneuerbarer Energien

§ 3 Nutzungspflicht. (1) [1]Die Eigentümer von Gebäuden nach § 4, die neu errichtet werden, müssen den Wärme- und Kälteenergiebedarf durch die anteilige Nutzung von Erneuerbaren Energien nach Maßgabe der §§ 5 und 6

---

[1] Nr. **63**.

decken. [2]Satz 1 gilt auch für die öffentliche Hand, wenn sie öffentliche Gebäude nach § 4 im Ausland neu errichtet.

(2) [1]Die öffentliche Hand muss den Wärme- und Kälteenergiebedarf von bereits errichteten öffentlichen Gebäuden nach § 4, die sich in ihrem Eigentum befinden und grundlegend renoviert werden, durch die anteilige Nutzung von Erneuerbaren Energien nach Maßgabe der §§ 5a und 6 Absatz 2 decken. [2]Satz 1 gilt auch für die öffentliche Hand, wenn sie öffentliche Gebäude nach § 4 im Ausland grundlegend renoviert.

(3) [1]Die öffentliche Hand muss sicherstellen, dass auch bereits errichteten öffentlichen Gebäuden nach § 4, die sich in ihrem Besitz, aber nicht in ihrem Eigentum befinden, im Zuge einer grundlegenden Renovierung eine Vorbildfunktion zukommt, die den Anforderungen nach Absatz 2 entspricht. [2]Bei der Anmietung oder Pachtung von Gebäuden wird dies sichergestellt, wenn

1. in erster Linie Gebäude angemietet oder gepachtet werden, bei denen bereits die Anforderungen nach Absatz 2 erfüllt werden,
2. in zweiter Linie Gebäude angemietet oder gepachtet werden, deren Eigentümer sich verpflichten, die Anforderungen nach Absatz 2 im Falle einer grundlegenden Renovierung zu erfüllen.

[3]Satz 2 gilt nicht, wenn Gebäude von der öffentlichen Hand nur übergangsweise angemietet oder gepachtet werden.

(4) Die Länder können

1. für bereits errichtete öffentliche Gebäude, mit Ausnahme der öffentlichen Gebäude des Bundes, eigene Regelungen zur Erfüllung der Vorbildfunktion nach § 1a treffen und zu diesem Zweck von den Vorschriften dieses Gesetzes abweichen und
2. für bereits errichtete Gebäude, die keine öffentlichen Gebäude sind, eine Pflicht zur Nutzung von Erneuerbaren Energien festlegen.

§ 4 Geltungsbereich der Nutzungspflicht. Die Pflicht nach § 3 Absatz 1 oder 2 gilt für alle Gebäude mit einer Nutzfläche von mehr als 50 Quadratmetern, die unter Einsatz von Energie beheizt oder gekühlt werden, mit Ausnahme von

1. Betriebsgebäuden, die überwiegend zur Aufzucht oder zur Haltung von Tieren genutzt werden,
2. Betriebsgebäuden, soweit sie nach ihrem Verwendungszweck großflächig und lang anhaltend offen gehalten werden müssen,
3. unterirdischen Bauten,
4. Unterglasanlagen und Kulturräumen für Aufzucht, Vermehrung und Verkauf von Pflanzen,
5. Traglufthallen und Zelten,
6. Gebäuden, die dazu bestimmt sind, wiederholt aufgestellt und zerlegt zu werden, und provisorischen Gebäuden mit einer geplanten Nutzungsdauer von bis zu zwei Jahren,
7. Gebäuden, die dem Gottesdienst oder anderen religiösen Zwecken gewidmet sind,

8. Wohngebäuden, die für eine Nutzungsdauer von weniger als vier Monaten jährlich bestimmt sind,
9. sonstigen Betriebsgebäuden, die nach ihrer Zweckbestimmung auf eine Innentemperatur von weniger als 12 Grad Celsius oder jährlich weniger als vier Monate beheizt sowie jährlich weniger als zwei Monate gekühlt werden,
10. Gebäuden, die Teil oder Nebeneinrichtung einer Anlage sind, die vom Anwendungsbereich des Treibhausgas-Emissionshandelsgesetzes[1)] vom 21. Juli 2011 (BGBl. I S. 1475) in der jeweils geltenden Fassung erfasst ist, und
11. Gebäuden der Bundeswehr, soweit die Erfüllung der Pflicht nach § 3 Absatz 1 oder 2 der Art und dem Hauptzweck der Tätigkeit der Bundeswehr entgegensteht.

§ 5 Anteil Erneuerbarer Energien bei neuen Gebäuden. (1) Bei Nutzung von solarer Strahlungsenergie nach Maßgabe der Nummer I der Anlage zu diesem Gesetz wird die Pflicht nach § 3 Abs. 1 dadurch erfüllt, dass der Wärme- und Kälteenergiebedarf zu mindestens 15 Prozent hieraus gedeckt wird.

(2) Bei Nutzung von gasförmiger Biomasse nach Maßgabe der Nummer II.1 der Anlage zu diesem Gesetz wird die Pflicht nach § 3 Abs. 1 dadurch erfüllt, dass der Wärme- und Kälteenergiebedarf zu mindestens 30 Prozent hieraus gedeckt wird.

(3) Bei Nutzung von
1. flüssiger Biomasse nach Maßgabe der Nummer II.2 der Anlage zu diesem Gesetz und
2. fester Biomasse nach Maßgabe der Nummer II.3 der Anlage zu diesem Gesetz

wird die Pflicht nach § 3 Abs. 1 dadurch erfüllt, dass der Wärme- und Kälteenergiebedarf zu mindestens 50 Prozent hieraus gedeckt wird.

(4) Bei Nutzung von Geothermie und Umweltwärme nach Maßgabe der Nummer III der Anlage zu diesem Gesetz wird die Pflicht nach § 3 Abs. 1 dadurch erfüllt, dass der Wärme- und Kälteenergiebedarf zu mindestens 50 Prozent aus den Anlagen zur Nutzung dieser Energien gedeckt wird.

(5) [1]Bei Nutzung von Kälte aus Erneuerbaren Energien nach Maßgabe der Nummer IV der Anlage zu diesem Gesetz wird die Pflicht nach § 3 Absatz 1 dadurch erfüllt, dass der Wärme- und Kälteenergiebedarf mindestens in Höhe des Anteils nach Satz 2 hieraus gedeckt wird. [2]Maßgeblicher Anteil ist der Anteil, der nach den Absätzen 1 bis 4 für diejenige Erneuerbare Energie gilt, aus der die Kälte erzeugt wird. [3]Wird die Kälte mittels einer thermischen Kälteerzeugungsanlage durch die direkte Zufuhr von Wärme erzeugt, gilt der Anteil, der auch im Falle einer reinen Wärmeerzeugung (ohne Kälteerzeugung) aus dem gleichen Energieträger gilt. Wird die Kälte unmittelbar durch Nutzung von Geothermie oder Umweltwärme bereitgestellt, so gilt der auch bei Wär-

---

1) Nr. **55**.

meerzeugung aus diesen Energieträgern geltende Anteil von 50 Prozent am Wärme- und Kälteenergiebedarf.

§ 5a Anteil Erneuerbarer Energien bei grundlegend renovierten öffentlichen Gebäuden. (1) Bei Nutzung von gasförmiger Biomasse nach Maßgabe der Nummer II.1 der Anlage zu diesem Gesetz wird die Pflicht nach § 3 Absatz 2 dadurch erfüllt, dass der Wärme- und Kälteenergiebedarf zu mindestens 25 Prozent hieraus gedeckt wird.

(2) Bei Nutzung sonstiger Erneuerbarer Energien nach Maßgabe der Nummern I bis IV der Anlage zu diesem Gesetz wird die Pflicht nach § 3 Absatz 2 dadurch erfüllt, dass der Wärme- und Kälteenergiebedarf zu mindestens 15 Prozent hieraus gedeckt wird.

§ 6 Versorgung mehrerer Gebäude. (1) [1] Die Pflicht nach § 3 Abs. 1 kann auch dadurch erfüllt werden, dass Verpflichtete, deren Gebäude in räumlichem Zusammenhang stehen, ihren Wärme- und Kälteenergiebedarf insgesamt in einem Umfang decken, der der Summe der einzelnen Verpflichtungen nach § 5 entspricht. [2] Betreiben Verpflichtete zu diesem Zweck eine oder mehrere Anlagen zur Erzeugung von Wärme oder Kälte aus Erneuerbaren Energien, so können sie von den Nachbarn verlangen, dass diese zum Betrieb der Anlagen in dem notwendigen und zumutbaren Umfang die Benutzung ihrer Grundstücke, insbesondere das Betreten, und gegen angemessene Entschädigung die Führung von Leitungen über ihre Grundstücke dulden.

(2) Bei öffentlichen Gebäuden kann die Pflicht nach § 3 Absatz 1 oder 2 auch dadurch erfüllt werden, dass Verpflichtete, deren Gebäude in einer Liegenschaft stehen, ihren Wärme- und Kälteenergiebedarf insgesamt in einem Umfang decken, der der Summe der einzelnen Verpflichtungen nach § 5 oder § 5a entspricht.

§ 7 Ersatzmaßnahmen. (1) Die Pflicht nach § 3 Absatz 1 oder 2 gilt als erfüllt, wenn Verpflichtete

1. den Wärme- und Kälteenergiebedarf zu mindestens 50 Prozent
   a) aus Anlagen zur Nutzung von Abwärme nach Maßgabe der Nummer V der Anlage zu diesem Gesetz oder
   b) aus Kraft-Wärme-Kopplungsanlagen (KWK-Anlagen) nach Maßgabe der Nummer VI der Anlage zu diesem Gesetz

   decken; § 5 Absatz 5 Satz 3, § 6 Absatz 1 Satz 1 und § 6 Absatz 2 gelten entsprechend,
2. Maßnahmen zur Einsparung von Energie nach Maßgabe der Nummer VII der Anlage zu diesem Gesetz treffen oder
3. Fernwärme oder Fernkälte nach Maßgabe der Nummer VIII der Anlage zu diesem Gesetz beziehen und den Wärme- und Kälteenergiebedarf insgesamt mindestens in Höhe des Anteils nach den Sätzen 2 und 3 hieraus decken. Maßgeblicher Anteil ist der Anteil, der nach § 5, § 5a oder nach Nummer 1 für diejenige Energie gilt, aus der die Fernwärme oder Fernkälte ganz oder teilweise stammt. Bei der Berechnung nach Satz 1 wird nur die bezogene Menge der Fernwärme oder Fernkälte angerechnet, die rechnerisch aus Erneuerbaren Energien, aus Anlagen zur Nutzung von Abwärme oder aus KWK-Anlagen stammt.

(2) Die Pflicht nach § 3 Absatz 2 gilt auch dann als erfüllt, wenn auf dem Dach des öffentlichen Gebäudes solarthermische Anlagen nach Maßgabe der Nummer I der Anlage zu diesem Gesetz von dem Eigentümer oder einem Dritten betrieben werden, wenn die mit diesen Anlagen erzeugte Wärme oder Kälte Dritten zur Deckung des Wärme- und Kälteenergiebedarfs von Gebäuden zur Verfügung gestellt wird und von diesen Dritten nicht zur Erfüllung einer Pflicht nach § 3 Absatz 1 bis 4 genutzt wird.

§ 8 Kombination. (1) Erneuerbare Energien und Ersatzmaßnahmen nach § 7 können zur Erfüllung der Pflicht nach § 3 Absatz 1 oder 2 untereinander und miteinander kombiniert werden.

(2) Die prozentualen Anteile der tatsächlichen Nutzung der einzelnen Erneuerbaren Energien und Ersatzmaßnahmen im Sinne des Absatzes 1 im Verhältnis zu der jeweils nach diesem Gesetz vorgesehenen Nutzung müssen in der Summe 100 ergeben.

§ 9 Ausnahmen. (1) Die Pflicht nach § 3 Abs. 1 entfällt, wenn

1. ihre Erfüllung und die Durchführung von Ersatzmaßnahmen nach § 7
   a) anderen öffentlich-rechtlichen Pflichten widersprechen oder
   b) im Einzelfall technisch unmöglich sind oder
2. die zuständige Behörde den Verpflichteten auf Antrag von ihr befreit. Von der Pflicht nach § 3 Abs. 1 ist zu befreien, soweit ihre Erfüllung und die Durchführung von Ersatzmaßnahmen nach § 7 im Einzelfall wegen besonderer Umstände durch einen unangemessenen Aufwand oder in sonstiger Weise zu einer unbilligen Härte führen.

(2) Die Pflicht nach § 3 Absatz 2 entfällt,

1. wenn ihre Erfüllung und die Durchführung von Ersatzmaßnahmen nach § 7
   a) denkmalschutzrechtlichen oder anderen öffentlich-rechtlichen Pflichten widersprechen oder
   b) im Einzelfall technisch unmöglich sind oder
2. soweit ihre Erfüllung und die Durchführung von Ersatzmaßnahmen nach § 7 im Einzelfall wegen besonderer Umstände durch einen unangemessenen Aufwand oder in sonstiger Weise zu einer unbilligen Härte führen. Dies gilt insbesondere, wenn jede Maßnahme, mit der die Pflicht nach § 3 Absatz 2 erfüllt werden kann, mit Mehrkosten nach Maßgabe der Sätze 3 und 4 verbunden ist und diese Mehrkosten nicht unerheblich sind. Bei diesen Mehrkosten handelt es sich um die Differenz zwischen den Kosten der grundlegenden Renovierung unter Berücksichtigung der Vorbildfunktion und den Kosten der grundlegenden Renovierung ohne Berücksichtigung der Vorbildfunktion. Bei der Berechnung sind alle Kosten und Einsparungen zu berücksichtigen, auch solche, die innerhalb der üblichen Nutzungsdauer der Anlagen oder Gebäudeteile zu erwarten sind.

(2a) Die Pflicht nach § 3 Absatz 2 entfällt bei öffentlichen Gebäuden im Eigentum oder Besitz einer Gemeinde oder eines Gemeindeverbandes ferner, wenn

1. diese Gemeinde oder dieser Gemeindeverband zum Zeitpunkt des Beginns der grundlegenden Renovierung überschuldet ist oder durch die Erfüllung

der Pflicht nach § 3 Absatz 2 und die Durchführung von Ersatzmaßnahmen nach § 7 überschuldet würde,

2. jede Maßnahme, mit der die Pflicht nach § 3 Absatz 2 erfüllt werden kann, mit Mehrkosten verbunden ist; im Übrigen gilt Absatz 2 Nummer 2 Satz 3 und 4 entsprechend, und
3. die Gemeinde oder der Gemeindeverband durch Beschluss das Vorliegen der Voraussetzungen nach Nummer 2 feststellt; die jeweiligen Regelungen zur Beschlussfassung bleiben unberührt.

(3) Die Pflicht nach § 3 Absatz 1 oder 2 entfällt bei öffentlichen Gebäuden im Ausland ferner, soweit ihrer Erfüllung und der Durchführung von Ersatzmaßnahmen nach § 7 im Einzelfall überwiegende Gründe am Belegenheitsort entgegenstehen.

§ 9a Gebäude für die Unterbringung von Asylbegehrenden und Flüchtlingen. (1) Für bereits errichtete öffentliche Gebäude nach § 4, die sich im Eigentum der öffentlichen Hand befinden und die bis zum 31. Dezember 2018 grundlegend renoviert werden, um sie als Aufnahmeeinrichtungen nach § 44 des Asylgesetzes oder als Gemeinschaftsunterkünfte nach § 53 des Asylgesetzes zu nutzen, entfällt die Pflicht nach § 3 Absatz 2.

(2) Im Übrigen kann die zuständige Landesbehörde bei Anträgen auf Befreiung nach § 9 Absatz 1, die bis zum 31. Dezember 2018 gestellt werden, von einer unbilligen Härte ausgehen, wenn die Pflicht nach § 3 Absatz 1 die Schaffung von Aufnahmeeinrichtungen nach § 44 des Asylgesetzes oder von Gemeinschaftsunterkünften nach § 53 des Asylgesetzes erheblich verzögern würde

(3) Die Ausnahme von der Nutzungspflicht nach § 4 ist bis zum 31. Dezember 2018 auch für die in § 4 Nummer 6 genannten Gebäude mit einer geplanten Nutzungsdauer von bis zu fünf Jahren anzuwenden, wenn die Gebäude dazu bestimmt sind, als Aufnahmeeinrichtungen nach § 44 des Asylgesetzes oder als Gemeinschaftsunterkünfte nach § 53 des Asylgesetzes zu dienen.

§ 10 Nachweise. (1) [1] Die Verpflichteten müssen

1. die Erfüllung des in § 5 Abs. 2 und 3 vorgesehenen Mindestanteils für die Nutzung von Biomasse und die Anforderungen an gelieferte Biomasse nach Maßgabe des Absatzes 2,
2. die Erfüllung der sonstigen Anforderungen nach den Nummern I bis VIII der Anlage zu diesem Gesetz nach Maßgabe des Absatzes 3,
3. das Vorliegen einer Ausnahme nach § 9 Absatz 1 Nummer 1 nach Maßgabe des Absatzes 4

nachweisen. [2] Im Falle von öffentlichen Gebäuden müssen die Pflichten nach Satz 1 nicht erfüllt werden. [3] Im Falle des § 6 gelten die Pflichten nach Satz 1 Nr. 1 und 2 als erfüllt, wenn sie bei mehreren Verpflichteten bereits durch einen Verpflichteten erfüllt werden. [4] Im Falle des § 8 müssen die Pflichten nach Satz 1 Nr. 1 und 2 für die jeweils genutzten Erneuerbaren Energien oder durchgeführten Ersatzmaßnahmen erfüllt werden.

(2) Die Verpflichteten müssen bei Nutzung von gelieferter

1. gasförmiger und flüssiger Biomasse die Abrechnungen des Brennstofflieferanten nach Maßgabe der Nummer II.4 der Anlage zu diesem Gesetz
   a) für die ersten fünf Kalenderjahre ab dem Inbetriebnahmejahr der Heizungsanlage der zuständigen Behörde bis zum 30. Juni des jeweiligen Folgejahres vorlegen,
   b) für die folgenden zehn Kalenderjahre
      aa) jeweils mindestens fünf Jahre ab dem Zeitpunkt der Lieferung aufbewahren und
      bb) der zuständigen Behörde auf Verlangen vorlegen,
2. fester Biomasse die Abrechnungen des Brennstofflieferanten für die ersten 15 Jahre ab dem Inbetriebnahmejahr der Heizungsanlage
   a) jeweils mindestens fünf Jahre ab dem Zeitpunkt der Lieferung aufbewahren und
   b) der zuständigen Behörde auf Verlangen vorlegen.

(3) [1] Die Verpflichteten müssen zum Nachweis der Erfüllung der Anforderungen nach den Nummern I bis VIII der Anlage zu diesem Gesetz die Nachweise nach Satz 2

1. der zuständigen Behörde innerhalb von drei Monaten ab dem Inbetriebnahmejahr der Heizungsanlage des Gebäudes und danach auf Verlangen vorlegen und
2. mindestens fünf Jahre ab dem Inbetriebnahmejahr der Heizungsanlage aufbewahren, wenn die Nachweise nicht bei der Behörde verwahrt werden.

[2] Nachweise nach Satz 1 sind die in den Nummern I.2, II.5, III.3, IV.2, V.5, VI.3, VII.5 und VIII.2 der Anlage zu diesem Gesetz jeweils angegebenen Nachweise, sofern die Rechtsverordnung nach Absatz 6 Satz 3 Nummer 3 keine abweichenden Nachweise festlegt; Herkunftsnachweise für Wärme oder Kälte aus Erneuerbaren Energien nach Artikel 15 der Richtlinie 2009/28/EG gelten nicht als Nachweise nach Satz 1. [3] Satz 1 gilt nicht, wenn die Tatsachen, die mit den Nachweisen nachgewiesen werden sollen, der zuständigen Behörde bereits bekannt sind.

(4) [1] Die Verpflichteten müssen im Falle des Vorliegens einer Ausnahme nach § 9 Absatz 1 Nummer 1 der zuständigen Behörde innerhalb von drei Monaten ab der Inbetriebnahme der Heizungsanlage anzeigen, dass die Erfüllung der Pflicht nach § 3 Abs. 1 und die Durchführung von Ersatzmaßnahmen nach § 7 öffentlich-rechtlichen Vorschriften widersprechen oder technisch unmöglich sind. [2] Im Falle eines Widerspruchs zu öffentlich-rechtlichen Pflichten gilt dies nicht, wenn die zuständige Behörde bereits Kenntnis von den Tatsachen hat, die den Widerspruch zu diesen Pflichten begründen. [3] Im Falle einer technischen Unmöglichkeit ist der Behörde mit der Anzeige eine Bescheinigung eines Sachkundigen vorzulegen.

(5) Es ist verboten, in einem Nachweis, einer Anzeige oder einer Bescheinigung nach den Absätzen 2 bis 4 unrichtige oder unvollständige Angaben zu machen.

(6) [1] Das Bundesministerium für Wirtschaft und Energie wird ermächtigt, zur Vereinfachung und Vereinheitlichung des Nachweisverfahrens im Einvernehmen mit dem Bundesministerium für Umwelt, Naturschutz, Bau und

Reaktorsicherheit durch Rechtsverordnung mit Zustimmung des Bundesrates Formulare für Nachweise, Anzeigen oder Bescheinigungen nach den Absätzen 2 bis 4 einzuführen. [2]Dies gilt nicht für Nachweise nach Nummer VII.5 der Anlage zu diesem Gesetz. [3]In der Rechtsverordnung nach Satz 1 kann vorgesehen werden, dass

1. über die Nachweise, Anzeigen oder Bescheinigungen nach den Absätzen 2 bis 4 hinaus weitere Daten gegenüber der Behörde nachgewiesen werden müssen, soweit dies für die Überwachung der Pflicht nach § 3 Absatz 1 oder für ihr Entfallen nach § 9 Absatz 1 Nummer 1 erforderlich ist; dies schließt Regelungen zum Schutz personenbezogener Daten ein,
2. in den Nachweisen der Anteil der Erneuerbaren Energien am Wärme- und Kälteenergiebedarf des Gebäudes ausgewiesen werden muss; werden Wärmepumpen genutzt, ist der Anteil nach Maßgabe des Anhangs VII der Richtlinie 2009/28/EG zu berechnen,
3. abweichend von den Nachweisen, die in den Nummern I.2, II.5, III.3, IV.2, V.5, VI.3 und VIII.2 der Anlage zu diesem Gesetz jeweils angegeben sind, andere Nachweise nach Absatz 3 der zuständigen Behörde vorgelegt und aufbewahrt werden müssen.

§ 10a Information über die Vorbildfunktion. [1]Die öffentliche Hand muss über die Erfüllung der Vorbildfunktion im Internet oder auf sonstige geeignete Weise informieren; dies kann auch im Rahmen der aktiven und systematischen Information der Öffentlichkeit nach den Bestimmungen des Bundes[1)] und der Länder über den Zugang zu Umweltinformationen geschehen. [2]Die öffentliche Hand muss insbesondere über Folgendes informieren:

1. im Falle der Nutzung von Biomasse über die Erfüllung des in § 5 Absatz 2 oder Absatz 3 oder § 5a vorgesehenen Mindestanteils in den ersten 15 Kalenderjahren ab dem Jahr der Inbetriebnahme der Heizungsanlage oder des Abschlusses der grundlegenden Renovierung,
2. im Falle der Ausnahme nach § 9 Absatz 2 Nummer 2 über die Berechnung und die Annahmen, die der Berechnung zugrunde gelegt worden sind.

§ 11 Überprüfung. (1) Die zuständigen Behörden müssen zumindest durch geeignete Stichprobenverfahren die Erfüllung der Pflicht nach § 3 Abs. 1 und die Richtigkeit der Nachweise nach § 10 kontrollieren.

(2) [1]Die mit dem Vollzug dieses Gesetzes beauftragten Personen sind berechtigt, in Ausübung ihres Amtes Grundstücke und bauliche Anlagen einschließlich der Wohnungen zu betreten. [2]Das Grundrecht der Unverletzlichkeit der Wohnung (Artikel 13 des Grundgesetzes) wird insoweit eingeschränkt.

§ 12 Zuständigkeit. Die Zuständigkeit der Behörden richtet sich nach Landesrecht.

---

1) Siehe das UmweltinformationsG idF der Bek. v. 27.10.2014 (BGBl. I S. 1643), zuletzt geänd. durch G v. 20.7.2017 (BGBl. I S. 2808).

Teil 3. Finanzielle Förderung

§ 13 Fördermittel. [1] Die Nutzung Erneuerbarer Energien für die Erzeugung von Wärme oder Kälte wird durch den Bund bedarfsgerecht in den Jahren 2009 bis 2012 mit bis zu 500 Millionen Euro pro Jahr gefördert. [2] Einzelheiten werden durch Verwaltungsvorschriften des Bundesministeriums für Wirtschaft und Energie im Einvernehmen mit dem Bundesministerium der Finanzen geregelt.

§ 14 Geförderte Maßnahmen. (1) Gefördert werden können Maßnahmen für die Erzeugung von Wärme oder Kälte, insbesondere die Errichtung oder Erweiterung von

1. solarthermischen Anlagen,
2. Anlagen zur Nutzung von Biomasse,
3. Anlagen zur Nutzung von Geothermie und Umweltwärme sowie
4. Wärmenetzen, Speichern und Übergabestationen für Wärmenutzer, wenn sie auch aus Anlagen nach den Nummern 1 bis 3 gespeist werden.

(2) Vorbehaltlich weitergehender Anforderungen an die Förderung in den Verwaltungsvorschriften nach § 13 Satz 2 sind

1. solarthermische Anlagen mit Flüssigkeiten als Wärmeträger nur förderfähig, wenn sie mit dem europäischen Prüfzeichen „Solar Keymark" zertifiziert sind. Die Zertifizierung muss nach DIN EN 12975-1 (2006-06), 12975-2 (2006-06), 12976-1 (2006-04) und 12976-2 (2006-04) erfolgen[1)],
2. Anlagen zur Nutzung von fester Biomasse nur förderfähig, wenn der Umwandlungswirkungsgrad mindestens folgende Werte erreicht:
   a) 89 Prozent bei Anlagen zur Heizung oder Warmwasserbereitung, die der Erfüllung der Pflicht nach § 3 Absatz 1 oder 2 dienen,
   b) 85 Prozent bei Anlagen zur Heizung oder Warmwasserbereitung, die nicht der Erfüllung der Pflicht nach § 3 Absatz 1 oder 2 dienen, und
   c) 70 Prozent bei Anlagen, die nicht der Heizung oder Warmwasserbereitung dienen.

   Der Umwandlungswirkungsgrad ist im Falle von Biomassekesseln der nach DIN EN 303-5 (1999-06) ermittelte Kesselwirkungsgrad, im Falle von Biomasseöfen der nach DIN EN 14785 (2006-09) ermittelte feuerungstechnische Wirkungsgrad und in den übrigen Fällen der nach den anerkannten Regeln der Technik berechnete Wirkungsgrad. Die Verwaltungsvorschriften nach § 13 Satz 2 können abweichend von Satz 1 Buchstabe b für die dort genannten Anlagen auch einen niedrigeren Mindestumwandlungswirkungsgrad festlegen, wenn diese Anlagen besondere Umweltanforderungen erfüllen,
3. Wärmepumpen zur Nutzung von Geothermie, Umweltwärme oder Abwärme nur förderfähig, wenn sie mit einem der folgenden Zeichen ausgezeichnet sind:

[1)] **Amtlicher Hinweis:** Alle zitierten DIN-Normen sind im Beuth Verlag GmbH, Berlin und Köln, veröffentlicht und beim Deutschen Patent- und Markenamt in München archiviert.

a) dem gemeinschaftlichen Umweltzeichen „Euroblume"[1],
b) dem Umweltzeichen „Blauer Engel"[2] oder
c) dem Prüfzeichen „European Quality Label for Heat Pumps" (Version 1.3)[3].

Die Verwaltungsvorschriften nach § 13 Satz 2 können abweichend von Satz 1 für die dort genannten Zeichen festlegen, dass die Zeichen im Falle von Änderungen ihrer Vergabegrundlagen nach diesen neuen Vergabegrundlagen vergeben worden sein müssen. Die Verwaltungsvorschriften können abweichend von Satz 1 ferner festlegen, dass Wärmepumpen auch förderfähig sind, wenn sie Anforderungen nach anderen europäischen oder gemeinschaftlichen Normen erfüllen, sofern diese den Anforderungen an die Vergabe der Zeichen nach Satz 1 entsprechen.

§ 15 Verhältnis zu Nutzungspflichten. (1) Maßnahmen können nicht gefördert werden, soweit sie der Erfüllung der Pflicht nach § 3 Absatz 1, der Pflicht nach § 3 Absatz 2 oder einer landesrechtlichen Pflicht nach § 3 Absatz 4 Nummer 2 dienen.

(2) Absatz 1 gilt nicht bei den folgenden Maßnahmen:

1. Maßnahmen, die technische oder sonstige Anforderungen erfüllen, die
   a) im Falle des § 3 Absatz 1 oder 2 anspruchsvoller als die Anforderungen nach den Nummern I bis VI der Anlage zu diesem Gesetz oder
   b) im Falle des § 3 Absatz 4 Nummer 2 anspruchsvoller als die Anforderungen nach der landesrechtlichen Pflicht

   sind,
2. Maßnahmen, die den Wärme- und Kälteenergiebedarf zu einem Anteil decken, der
   a) im Falle des § 3 Absatz 1 oder 2 um 50 Prozent höher als der Mindestanteil nach § 5 oder § 5a oder
   b) im Falle des § 3 Absatz 4 Nummer 2 höher als der landesrechtlich vorgeschriebene Mindestanteil

   ist,

---

[1] **Amtlicher Hinweis:** Das gemeinschaftliche Umweltzeichen „Euroblume" wird vergeben nach der Entscheidung 2007/742/EG der Kommission vom 9. November 2007 zur Festlegung der Umweltkriterien für die Vergabe des EG-Umweltzeichens an Elektro-, Gasmotor- oder Gasabsorptionswärmepumpen (ABl. L 301 vom 20.11.2007, S. 14).

[2] **Amtlicher Hinweis:** Das Umweltzeichen „Blauer Engel" wird vergeben nach den Vergabegrundlagen RAL-UZ 118 „Energiesparende Wärmepumpen nach dem Absorptionsprinzip, dem Adsorptionsprinzip oder mit verbrennungsmotorisch angetriebenen Verdichtern" (2008-03) und RAL-UZ 121 „Energiesparende Wärmepumpen mit elektrisch angetriebenen Verdichtern" (2008-05). Die Vergabegrundlagen können bei dem RAL Deutschen Institut für Gütesicherung und Kennzeichnung e. V., Sankt Augustin, bezogen werden.

[3] **Amtlicher Hinweis:** Das Prüfzeichen „European Quality Label for Heat Pumps" wird vergeben nach den Vergabegrundlagen der „European Heat Pump Association" (EHPA) für Wärmepumpen mit Direktverdampfung des Kältemittels (Version 1.3, 2009-02), für Wasser/Wasser- und Sole/Wasser-Wärmepumpen (Version 1.3, 2010-02) sowie für Luft/Wasser-Wärmepumpen (Version 1.3, 2010-02). Die Vergabegrundlagen können bei dem EHPA, Rue d'Arlon 63-67, B-1040 Brüssel oder über die Internetseite www.ehpa.org bezogen werden.

3. Maßnahmen, die mit weiteren Maßnahmen zur Steigerung der Energieeffizienz verbunden werden,
4. Maßnahmen zur Nutzung solarthermischer Anlagen auch für die Heizung eines Gebäudes und
5. Maßnahmen zur Nutzung von Tiefengeothermie.

(3) Die Förderung kann in den Fällen des Absatzes 2 auf die Gesamtmaßnahme bezogen werden.

(4) Einzelheiten werden in den Verwaltungsvorschriften nach § 13 Satz 2 geregelt.

(5) Fördermaßnahmen durch das Land oder durch ein Kreditinstitut, an dem der Bund oder das Land beteiligt sind, bleiben unberührt.

Teil 4. Schlussbestimmungen

§ 16 Anschluss- und Benutzungszwang. Die Gemeinden und Gemeindeverbände können von einer Bestimmung nach Landesrecht, die sie zur Begründung eines Anschluss- und Benutzungszwangs an ein Netz der öffentlichen Fernwärme- oder Fernkälteversorgung ermächtigt, auch zum Zwecke des Klima- und Ressourcenschutzes Gebrauch machen.

§ 16a Installateure für Erneuerbare Energien. Zur Fortbildung von Installateuren für den Einbau von Wärmepumpen oder von Anlagen zur Erzeugung von Strom, Wärme oder Kälte aus Biomasse, solarer Strahlungsenergie oder Geothermie können die Handwerkskammern Fortbildungsprüfungsregelungen nach § 42a der Handwerksordnung und nach Maßgabe des Anhangs IV der Richtlinie 2009/28/EG erlassen.

§ 17 Bußgeldvorschriften. (1) Ordnungswidrig handelt, wer vorsätzlich oder leichtfertig

1. entgegen § 3 Abs. 1 den Wärme- und Kälteenergiebedarf nicht oder nicht richtig mit Erneuerbaren Energien deckt,
2. entgegen § 10 Abs. 1 Satz 1 einen Nachweis nicht, nicht richtig, nicht vollständig oder nicht rechtzeitig erbringt,
3. entgegen § 10 Abs. 2 Nr. 1 Buchstabe b Doppelbuchstabe aa oder Nr. 2 Buchstabe a oder Abs. 3 Satz 1 Nr. 2 einen Nachweis nicht oder nicht mindestens fünf Jahre aufbewahrt oder
4. entgegen § 10 Abs. 5 eine unrichtige oder unvollständige Angabe macht.

(2) Die Ordnungswidrigkeit kann in den Fällen des Absatzes 1 Nr. 1, 2 und 4 mit einer Geldbuße bis zu fünfzigtausend Euro und im Falle des Absatzes 1 Nr. 3 mit einer Geldbuße bis zu zwanzigtausend Euro geahndet werden.

§ 18 Erfahrungsbericht. [1] Die Bundesregierung hat dem Deutschen Bundestag bis zum 31. Dezember 2011 und danach alle vier Jahre einen Erfahrungsbericht zu diesem Gesetz vorzulegen. [2] Sie soll insbesondere über

1. den Stand der Markteinführung von Anlagen zur Erzeugung von Wärme und Kälte aus Erneuerbaren Energien im Hinblick auf die Erreichung des Zwecks und Ziels nach § 1,
2. die technische Entwicklung, die Kostenentwicklung und die Wirtschaftlichkeit dieser Anlagen,
3. die eingesparte Menge Mineralöl und Erdgas sowie die dadurch reduzierten Emissionen von Treibhausgasen und
4. den Vollzug dieses Gesetzes

berichten. [3] Der Erfahrungsbericht macht Vorschläge zur weiteren Entwicklung des Gesetzes.

§ 18a Berichte der Länder. [1] Damit die Bundesregierung die Berichte nach Artikel 22 der Richtlinie 2009/28/EG und den Erfahrungsbericht nach § 18 erstellen kann, berichten ihr die Länder erstmals bis zum 30. Juni 2011, dann bis zum 30. April 2013 und danach alle zwei Jahre über

1. die Erfahrungen mit der Vorbildfunktion nach § 1a,
2. die getroffenen oder geplanten Regelungen zur Förderung der Erzeugung von Wärme und Kälte aus Erneuerbaren Energien, insbesondere Regelungen nach § 3 Absatz 4, und
3. den Vollzug dieses Gesetzes.

[2] Satz 1 Nummer 1 gilt nicht für den Bericht, der bis zum 30. Juni 2011 vorzulegen ist. [3] Die Berichte nach Satz 1 dürfen keine personenbezogenen Daten enthalten.

§ 19 Übergangsvorschriften. (1) § 3 Absatz 1 Satz 1 ist nicht anzuwenden auf die Errichtung von Gebäuden, wenn für das Vorhaben vor dem 1. Januar 2009 der Bauantrag oder der Antrag auf Zustimmung gestellt oder die Bauanzeige erstattet ist.

(2) [1] § 3 Absatz 1 Satz 1 ist nicht anzuwenden auf die nicht genehmigungsbedürftige Errichtung von Gebäuden, die nach Maßgabe des Bauordnungsrechts der zuständigen Behörde zur Kenntnis zu bringen sind, wenn die erforderliche Kenntnisgabe an die Behörde vor dem 1. Januar 2009 erfolgt ist. [2] Auf sonstige nicht genehmigungsbedürftige, insbesondere genehmigungs-, anzeige- und verfahrensfreie Errichtungen von Gebäuden ist § 3 Absatz 1 Satz 1 nicht anzuwenden, wenn vor dem 1. Januar 2009 mit der Bauausführung begonnen worden ist.

(3) [1] § 3 Absatz 1 Satz 2, § 3 Absatz 2 und Nummer VII.2 der Anlage zu diesem Gesetz sind nicht anzuwenden auf die Errichtung oder grundlegende Renovierung von öffentlichen Gebäuden, wenn für das Vorhaben vor dem 1. Juli 2011 der Bauantrag oder der Antrag auf Zustimmung gestellt oder die Bauanzeige erstattet ist. Auf die nicht genehmigungsbedürftige Errichtung oder grundlegende Renovierung von öffentlichen Gebäuden, die nach Maßgabe des Bauordnungsrechts der zuständigen Behörde zur Kenntnis zu bringen sind, sind § 3 Absatz 1 Satz 2, § 3 Absatz 2 und Nummer VII.2 der Anlage zu diesem Gesetz nicht anzuwenden, wenn die erforderliche Kenntnisgabe an die Behörde vor dem 1. Juli 2011 erfolgt ist. [2] Auf sonstige nicht genehmigungsbedürftige, insbesondere genehmigungs-, anzeige- und verfahrensfreie Errichtungen und grundlegende Renovierungen von öffentlichen Gebäuden sind § 3 Absatz 1

Satz 2, § 3 Absatz 2 und Nummer VII.2 der Anlage zu diesem Gesetz nicht anzuwenden, wenn vor dem 1. Januar 2012 mit der Bauausführung begonnen worden ist.

(4) § 3 Absatz 3 ist auf die grundlegende Renovierung von öffentlichen Gebäuden, die von der öffentlichen Hand auf Grund eines am 1. Mai 2011 bestehenden Miet- oder Pachtverhältnisses genutzt werden, bis zum Ablauf dieses Miet- oder Pachtverhältnisses nicht anzuwenden.

(5) [1] Im Übrigen ist dieses Gesetz auf die Errichtung von Gebäuden in der Fassung anzuwenden, die zum Zeitpunkt der Bau- oder der Zustimmungsantragstellung oder der Bauanzeige gilt. [2] Auf die nicht genehmigungsbedürftige Errichtung von Gebäuden, die nach Maßgabe des Bauordnungsrechts der zuständigen Behörde zur Kenntnis zu bringen sind, ist dieses Gesetz in der Fassung anzuwenden, die zum Zeitpunkt der Kenntnisgabe an die zuständige Behörde gilt. [3] Auf sonstige nicht genehmigungsbedürftige, insbesondere genehmigungs-, anzeige- und verfahrensfreie Errichtungen von Gebäuden ist dieses Gesetz in der Fassung anzuwenden, die zum Zeitpunkt des Beginns der Bauausführung gilt.

§ 20 Inkrafttreten. Dieses Gesetz tritt am 1. Januar 2009 in Kraft.

Anlage
(zu den §§ 5, 7, 10 und 15)

Anforderungen an die Nutzung von Erneuerbaren Energien und Ersatzmaßnahmen

I. Solare Strahlungsenergie

1. Sofern solare Strahlungsenergie durch solarthermische Anlagen genutzt wird, gilt
   a) der Mindestanteil nach § 5 Abs. 1 als erfüllt, wenn
      aa) bei Wohngebäuden mit höchstens zwei Wohnungen solarthermische Anlagen mit einer Fläche von mindestens 0,04 Quadratmetern Aperturfläche je Quadratmeter Nutzfläche und
      bb) bei Wohngebäuden mit mehr als zwei Wohnungen solarthermische Anlagen mit einer Fläche von mindestens 0,03 Quadratmetern Aperturfläche je Quadratmeter Nutzfläche

      installiert werden; die Länder können insoweit höhere Mindestflächen festlegen,
   b) die Nutzung nur dann als Ersatzmaßnahme nach § 7 Absatz 2, wenn solarthermische Anlagen mit einer Fläche von mindestens 0,06 Quadratmetern Aperturfläche je Quadratmeter Nutzfläche installiert werden,
   c) eine Nutzung von solarthermischen Anlagen mit Flüssigkeiten als Wärmeträger nur dann als Erfüllung der Pflicht nach § 3 Absatz 1 oder 2 oder als Ersatzmaßnahme nach § 7 Absatz 2, wenn die Anlagen mit dem europäischen Prüfzeichen „Solar Keymark" zertifiziert sind; § 14 Absatz 2 Nummer 1 Satz 2 gilt entsprechend.
2. Nachweis im Sinne des § 10 Abs. 3 ist für Nummer 1 Buchstabe c das Zertifikat „Solar Keymark".

II. Biomasse

1. Gasförmige Biomasse
   a) Die Nutzung von gasförmiger Biomasse gilt nur dann als Erfüllung der Pflicht nach § 3 Abs. 1, wenn die Nutzung in einer KWK-Anlage erfolgt.
   b) Die Nutzung von gasförmiger Biomasse gilt nur dann als Erfüllung der Pflicht nach § 3 Absatz 2, wenn die Nutzung in einem Heizkessel, der der besten verfügbaren Technik entspricht, oder in einer KWK-Anlage erfolgt.

c) Die Nutzung von gasförmiger Biomasse, die aufbereitet und in das Erdgasnetz eingespeist worden ist (Biomethan), gilt unbeschadet der Buchstaben a und b nur dann als Erfüllung der Pflicht nach § 3 Absatz 1 oder 2, wenn

aa) bei der Aufbereitung und Einspeisung des Biomethans die Voraussetzungen nach Nummer 1 Buchstabe a bis c der Anlage 1 zum Erneuerbare-Energien-Gesetz[1] vom 25. Oktober 2008 (BGBl. I S. 2074) in der am 31. Juli 2014 geltenden Fassung eingehalten worden sind und

bb) die Menge des entnommenen Biomethans im Wärmeäquivalent am Ende eines Kalenderjahres der Menge von Gas aus Biomasse entspricht, das an anderer Stelle in das Gasnetz eingespeist worden ist, und wenn für den gesamten Transport und Vertrieb des Biomethans von seiner Herstellung, seiner Einspeisung in das Erdgasnetz und seinem Transport im Erdgasnetz bis zu seiner Entnahme aus dem Erdgasnetz Massenbilanzsysteme verwendet worden sind.

2. Flüssige Biomasse

a) Die Nutzung von flüssiger Biomasse gilt nur dann als Erfüllung der Pflicht nach § 3 Absatz 1 oder 2, wenn die Nutzung in einem Heizkessel erfolgt, der der besten verfügbaren Technik entspricht.

b) Die Nutzung von flüssiger Biomasse gilt unbeschadet des Buchstaben a nur dann als Erfüllung der Pflicht nach § 3 Absatz 1 oder 2, wenn die zur Wärmeerzeugung eingesetzte Biomasse die folgenden Anforderungen erfüllt:

aa) die Anforderungen an einen nachhaltigen Anbau und eine nachhaltige Herstellung, die die Biomassestrom-Nachhaltigkeitsverordnung vom 23. Juli 2009 (BGBl. I S. 2174), die zuletzt durch Artikel 5 des Gesetzes vom 12. April 2011 (BGBl. I S. 619) geändert worden ist, in der jeweils geltenden Fassung stellt, und

bb) das Treibhausgas-Minderungspotenzial, das bei der Wärmeerzeugung in entsprechender Anwendung des § 8 der Biomassestrom-Nachhaltigkeitsverordnung mindestens erreicht werden muss. § 10 der Biomassestrom-Nachhaltigkeitsverordnung ist nicht anzuwenden. Bei der Berechnung des Treibhausgas-Minderungspotenzials ist der Vergleichswert für Fossilbrennstoffe (E_F) nach Nummer 4 der Anlage 1 zur Biomassestrom-Nachhaltigkeitsverordnung

– für flüssige Biomasse, die zur Wärmeerzeugung verwendet wird, 77 g CO_{2eq}/MJ und

– für flüssige Biomasse, die zur Wärmeerzeugung in Kraft-Wärme-Kopplung verwendet wird, 85 g CO_{2eq}/MJ.

3. Feste Biomasse

a) Die Nutzung von fester Biomasse gilt nur dann als Erfüllung der Pflicht nach § 3 Absatz 1 oder 2, wenn der entsprechend § 14 Absatz 2 Nummer 2 Satz 2 berechnete Umwandlungswirkungsgrad folgende Werte nicht unterschreitet:

aa) 86 Prozent bei Anlagen zur Heizung oder Warmwasserbereitung mit einer Leistung bis einschließlich 50 Kilowatt,

bb) 88 Prozent bei Anlagen zur Heizung oder Warmwasserbereitung mit einer Leistung über 50 Kilowatt oder

cc) 70 Prozent bei Anlagen, die nicht der Heizung oder Warmwasserbereitung dienen.

b) Die Nutzung von fester Biomasse beim Betrieb von Feuerungsanlagen im Sinne der Verordnung über kleine und mittlere Feuerungsanlagen vom 26. Januar 2010 (BGBl. I S. 38) in der jeweils geltenden Fassung gilt unbeschadet des Buchstaben a nur dann als Erfüllung der Pflicht nach § 3 Absatz 1 oder 2, wenn

aa) die Nutzung erfolgt in einem

– Biomassekessel oder

– automatisch beschickten Biomasseofen mit Wasser als Wärmeträger,

bb) die Anforderungen der Verordnung über kleine und mittlere Feuerungsanlagen erfüllt werden und

---

[1] Nr. **37**.

cc) ausschließlich Biomasse nach § 3 Absatz 1 Nummer 4, 5, 5a oder 8 dieser Verordnung eingesetzt wird.

4. Nachweis der Anforderungen an gelieferte Biomasse
Die Abrechnungen der Brennstofflieferanten, mit denen die Erfüllung der in § 5 Absatz 2 und Absatz 3 Nummer 1 vorgesehenen Mindestanteile nach § 10 Absatz 2 Nummer 1 nachgewiesen wird, müssen die folgenden Bescheinigungen enthalten:

a) im Falle der Nutzung von gasförmiger Biomasse die Bescheinigung, dass die Anforderungen nach Nummer 1 Buchstabe c erfüllt sind,

b) im Falle der Nutzung von flüssiger Biomasse einen anerkannten Nachweis nach § 14 der Biomassestrom-Nachhaltigkeitsverordnung. Enthält dieser Nachweis bei den Angaben zum Treibhausgas-Minderungspotenzial nicht den Vergleichswert für die Verwendung, für die die flüssige Biomasse eingesetzt wird, müssen die Verpflichteten nachweisen, dass die eingesetzte flüssige Biomasse das Treibhausgas-Minderungspotenzial auch bei dieser Verwendung aufweist. Dies kann durch die Stelle, die den Nachweis ausgestellt hat, oder durch eine Zertifizierungsstelle, die nach § 42 der Biomassestrom-Nachhaltigkeitsverordnung anerkannt ist, bescheinigt werden. Sofern die Bundesanstalt für Landwirtschaft und Ernährung eine Methode zur Umrechnung des Treibhausgas-Minderungspotenzials für unterschiedliche Verwendungen im Bundesanzeiger nach § 21 Absatz 1 Satz 2 der Biomassestrom-Nachhaltigkeitsverordnung bekannt macht, kann auch dies als Nachweis nach Satz 1 dienen.

5. Nachweis der sonstigen Anforderungen
Nachweis im Sinne des § 10 Absatz 3 darüber, dass die Anforderungen nach Nummer 1 Buchstabe a, Nummer 2 Buchstabe a oder Nummer 3 Buchstabe a und b erfüllt sind, ist die Bescheinigung eines Sachkundigen, des Anlagenherstellers oder des Fachbetriebs, der die Anlage eingebaut hat.

III. Geothermie und Umweltwärme

1. a) Sofern Geothermie und Umweltwärme durch elektrisch angetriebene Wärmepumpen genutzt werden, gilt diese Nutzung nur dann als Erfüllung der Pflicht nach § 3 Absatz 1 oder 2, wenn

– die nutzbare Wärmemenge mindestens mit der Jahresarbeitszahl nach Buchstabe b bereitgestellt wird,

– die Wärmepumpe über die Zähler nach Buchstabe c verfügt und

– die Wärmepumpe mit dem gemeinschaftlichen Umweltzeichen „Euroblume", dem Umweltzeichen „Blauer Engel" oder dem Prüfzeichen „European Quality Label for Heat Pumps" (Version 1.3) ausgezeichnet ist oder Anforderungen nach europäischen oder gemeinschaftlichen Normen erfüllt, die den Anforderungen für die Vergabe dieser Zeichen entsprechen und in den Verwaltungsvorschriften nach § 13 Satz 2 genannt sind.

b) Die Jahresarbeitszahl beträgt bei

– Luft/Wasser- und Luft/Luft-Wärmepumpen 3,5 und

– allen anderen Wärmepumpen 4,0.

Wenn die Warmwasserbereitung des Gebäudes durch die Wärmepumpe oder zu einem wesentlichen Anteil durch andere Erneuerbare Energien erfolgt, beträgt die Jahresarbeitszahl abweichend von Satz 1 bei

– Luft/Wasser- und Luft/Luft-Wärmepumpen 3,3 und

– allen anderen Wärmepumpen 3,8.

Die Jahresarbeitszahl nach Satz 1 oder 2 verringert sich ferner bei Wärmepumpen in bereits errichteten Gebäuden, mit denen die Pflicht nach § 3 Absatz 2 erfüllt werden soll, um den Wert 0,2. Die Jahresarbeitszahl nach den Sätzen 1 bis 3 wird nach den anerkannten Regeln der Technik berechnet. Die Berechnung ist mit der Leistungszahl der Wärmepumpe, mit dem Pumpstrombedarf für die Erschließung der Wärmequelle, mit der Auslegungs-Vorlauf- und bei Luft/Luft-Wärmepumpen mit der Auslegungs-Zulauftemperatur für die jeweilige Heizungsanlage, bei Sole/Wasser-Wärmepumpen mit der Soleeintritts-Temperatur, bei Wasser/Wasser-Wärmepumpen mit der primärseitigen Wassereintritts-Temperatur und bei Luft/Wasser- und Luft/Luft-Wärmepumpen zusätzlich unter Berücksichtigung der Klimaregion durchzuführen.

c) Die Wärmepumpen müssen über einen Wärmemengen- und Stromzähler verfügen, deren Messwerte die Berechnung der Jahresarbeitszahl der Wärmepumpen ermöglichen. Satz 1 gilt nicht bei Sole/Wasser- und Wasser/Wasser-Wärmepumpen, wenn die Vorlauftemperatur der Heizungsanlage nachweislich bis zu 35 Grad Celsius beträgt.

2. Sofern Geothermie und Umweltwärme durch mit fossilen Brennstoffen angetriebene Wärmepumpen genutzt werden, gilt diese Nutzung nur dann als Erfüllung der Pflicht nach § 3 Absatz 1 oder 2, wenn
   - die nutzbare Wärmemenge mindestens mit der Jahresarbeitszahl von 1,2 bereitgestellt wird; Nummer 1 Buchstabe b Satz 4 und 5 gilt entsprechend, und
   - die Wärmepumpe über einen Wärmemengen- und Brennstoffzähler verfügt, deren Messwerte die Berechnung der Jahresarbeitszahl der Wärmepumpe ermöglichen; Nummer 1 Buchstabe c Satz 2 gilt entsprechend, und
   - die Wärmepumpe mit dem gemeinschaftlichen Umweltzeichen „Euroblume" oder dem Umweltzeichen „Blauer Engel" ausgezeichnet ist oder Anforderungen nach europäischen oder gemeinschaftlichen Normen erfüllt, die den Anforderungen für die Vergabe dieser Zeichen entsprechen und in den Verwaltungsvorschriften nach § 13 Satz 2 genannt sind.
3. Nachweise im Sinne des § 10 Absatz 3 sind ist die Bescheinigung eines Sachkundigen und das Umweltzeichen „Euroblume", das Umweltzeichen „Blauer Engel", das Prüfzeichen „European Quality Label for Heat Pumps" oder ein gleichwertiger Nachweis.

IV. Kälte aus Erneuerbaren Energien

1. Die Nutzung von Kälte aus Erneuerbaren Energien gilt nur dann als Erfüllung der Pflicht nach § 3 Absatz 1 oder 2, wenn
   a) die Kälte technisch nutzbar gemacht wird
      aa) durch unmittelbare Kälteentnahme aus dem Erdboden oder aus Grund- oder Oberflächenwasser oder
      bb) durch thermische Kälteerzeugung mit Wärme aus Erneuerbaren Energien im Sinne des § 2 Absatz 1 Nummer 1 bis 4,
   b) die Kälte zur Deckung des Kältebedarfs für Raumkühlung nach § 2 Absatz 2 Nummer 9 Buchstabe b genutzt wird und
   c) der Endenergieverbrauch für die Erzeugung der Kälte, die Rückkühlung und die Verteilung der Kälte nach der jeweils besten verfügbaren Technik gesenkt worden ist.

   Die technischen Anforderungen nach den Nummern I bis III gelten entsprechend. Die für die Erfüllung der Pflicht nach § 3 Absatz 1 oder 2 anrechenbare Kältemenge umfasst die für die Zwecke des Satz 1 Buchstabe b nutzbar gemachte Kälte, nicht jedoch die zum Antrieb thermischer Kälteerzeugungsanlagen genutzte Wärme.
2. Nachweis im Sinne des § 10 Absatz 3 ist die Bescheinigung eines Sachkundigen.

V. Abwärme

1. Sofern Abwärme durch Wärmepumpen genutzt wird, gelten die Nummern III.1 und III.2 entsprechend.
2. Sofern Abwärme durch raumlufttechnische Anlagen mit Wärmerückgewinnung genutzt wird, gilt diese Nutzung nur dann als Ersatzmaßnahme nach § 7 Absatz 1 Nummer 1 Buchstabe a, wenn
   a) der Wärmerückgewinnungsgrad der Anlage mindestens 70 Prozent und
   b) die Leistungszahl, die aus dem Verhältnis von der aus der Wärmerückgewinnung stammenden und genutzten Wärme zum Stromeinsatz für den Betrieb der raumlufttechnischen Anlage ermittelt wird, mindestens 10

   betragen.
3. Sofern Kälte genutzt wird, die durch Anlagen technisch nutzbar gemacht wird, denen unmittelbar Abwärme zugeführt wird, gilt Nummer IV.1 mit Ausnahme von Satz 1 Buchstabe a entsprechend.
4. Sofern Abwärme durch andere Anlagen genutzt wird, gilt diese Nutzung nur dann als Ersatzmaßnahme nach § 7 Absatz 1 Nummer 1 Buchstabe a, wenn sie nach dem Stand der Technik erfolgt.

5. Nachweis im Sinne des § 10 Absatz 3 sind
   a) für Nummer 1 die Bescheinigung eines Sachkundigen und das Umweltzeichen „Euroblume“, das Umweltzeichen „Blauer Engel“, das Prüfzeichen „European Quality Label for Heat Pumps“ oder ein gleichwertiger Nachweis,
   b) für Nummer 2 die Bescheinigung eines Sachkundigen oder die Bescheinigung des Anlagenherstellers oder des Fachbetriebs, der die Anlage eingebaut hat,
   c) für die Nummern 3 und 4 die Bescheinigung eines Sachkundigen.

VI. Kraft-Wärme-Kopplung

1. Die Nutzung von Wärme aus KWK-Anlagen gilt nur dann als Erfüllung der Pflicht nach § 3 Absatz 1 oder 2 und als Ersatzmaßnahme nach § 7 Absatz 1 Nummer 1 Buchstabe b, wenn die KWK-Anlage hocheffizient im Sinne der Richtlinie 2004/8/EG des Europäischen Parlaments und des Rates vom 11. Februar 2004 über die Förderung einer am Nutzwärmebedarf orientierten Kraft-Wärme-Kopplung im Energiebinnenmarkt und zur Änderung der Richtlinie 92/94/EWG (ABl. EU Nr. L 52 S. 50) ist. KWK-Anlagen mit einer elektrischen Leistung unter einem Megawatt sind hocheffizient, wenn sie Primärenergieeinsparungen im Sinne von Anhang III der Richtlinie 2004/8/EG erbringen.
2. Die Pflicht nach § 3 Absatz 1 oder 2 und die Ersatzmaßnahme nach § 7 Absatz 1 Nummer 1 Buchstabe b gelten auch dann als erfüllt, sofern Kälte genutzt wird, die durch Anlagen technisch nutzbar gemacht wird, denen unmittelbar Wärme aus einer KWK-Anlage im Sinne der Nummer 1 zugeführt wird. Nummer IV.1 gilt mit Ausnahme von Satz 1 Buchstabe a entsprechend.
3. Nachweis im Sinne des § 10 Abs. 3 ist bei Nutzung von Wärme oder Kälte aus KWK-Anlagen,
   a) die der Verpflichtete selbst betreibt, die Bescheinigung eines Sachkundigen, des Anlagenherstellers oder des Fachbetriebs, der die Anlage eingebaut hat,
   b) die der Verpflichtete nicht selbst betreibt, die Bescheinigung des Anlagenbetreibers.

VII. Maßnahmen zur Einsparung von Energie

1. Maßnahmen zur Einsparung von Energie gelten nur dann als Ersatzmaßnahme nach § 7 Absatz 1 Nummer 2, wenn damit bei der Errichtung von Gebäuden
   a) der jeweilige Höchstwert des Jahres-Primärenergiebedarfs und
   b) die jeweiligen für das konkrete Gebäude zu erfüllenden Anforderungen an die Wärmedämmung der Gebäudehülle

   nach der Energieeinsparverordnung in der jeweils geltenden Fassung um mindestens 15 Prozent unterschritten werden.
2. Maßnahmen zur Einsparung von Energie gelten bei öffentlichen Gebäuden vorbehaltlich des § 19 Absatz 3 nur dann als Ersatzmaßnahme nach § 7 Absatz 1 Nummer 2, wenn damit
   a) bei der Errichtung öffentlicher Gebäude abweichend von Nummer 1 der Transmissionswärmetransferkoeffizient um mindestens 30 Prozent oder
   b) bei der grundlegenden Renovierung öffentlicher Gebäude der 1,4fache Wert des Transmissionswärmetransferkoeffizienten um mindestens 20 Prozent

   unterschritten wird. Transmissionswärmetransferkoeffizient im Sinne des Satzes 1 ist der spezifische, auf die wärmeübertragende Umfassungsfläche bezogene Transmissionswärmetransferkoeffizient des Referenzgebäudes gleicher Geometrie, Nettogrundfläche, Ausrichtung und Nutzung einschließlich der Anordnung der Nutzungseinheiten nach Anlage 2, Tabelle 1 der Energieeinsparverordnung[1] in der am 1. Mai 2011 geltenden Fassung. Der Transmissionswärmetransferkoeffizient wird nach Nummer 6.2 der DIN V 18599-2 (2007-02), die wärmeübertragende Umfassungsfläche wird nach DIN EN ISO 13789 (1999-10), Fall „Außenabmessung“, ermittelt, so dass alle thermisch konditionierten Räume des Gebäudes von dieser Fläche umschlossen werden. Bei der grundlegenden Renovierung öffentlicher Gebäude gilt Satz 1 Buchstabe b auch dann als erfüllt, wenn das öffentliche Gebäude nach der grund-

[1] Nr. **63**.

legenden Renovierung die Anforderungen an zu errichtende Gebäude nach § 4 der Energieeinsparverordnung[1)] in der am 1. Mai 2011 geltenden Fassung erfüllt.

3. Maßnahmen zur Einsparung von Energie, bei denen ganz oder teilweise Erneuerbare Energien, Abwärme oder Wärme aus Kraft-Wärme-Kopplung genutzt werden, um den Wärme- und Kälteenergiebedarf zu decken, gelten unbeschadet der Nummern 1 oder 2 nur dann als Ersatzmaßnahme nach § 7 Absatz 1 Nummer 2, wenn sie die Anforderungen nach den Nummern I bis VI erfüllen.
4. Soweit andere Rechtsvorschriften höhere Anforderungen an den baulichen Wärmeschutz als die Energieeinsparverordnung stellen, treten diese Anforderungen an die Stelle der Anforderungen nach der Energieeinsparverordnung in Nummer 1.
5. Nachweis im Sinne des § 10 Abs. 3 ist der Energieausweis nach § 18 der Energieeinsparverordnung[1)].

VIII. Fernwärme oder Fernkälte

1. Die Nutzung von Fernwärme oder Fernkälte gilt nur dann als Ersatzmaßnahme nach § 7 Absatz 1 Nummer 3, wenn die in dem Wärme- oder Kältenetz insgesamt verteilte Wärme oder Kälte
   a) zu einem wesentlichen Anteil aus Erneuerbaren Energien,
   b) zu mindestens 50 Prozent aus Anlagen zur Nutzung von Abwärme,
   c) zu mindestens 50 Prozent aus KWK-Anlagen oder
   d) zu mindestens 50 Prozent durch eine Kombination der in den Buchstaben a bis c genannten Maßnahmen

   stammt. Die Nummern I bis VI gelten entsprechend.
2. Nachweis im Sinne des § 10 Abs. 3 ist die Bescheinigung des Wärme- oder Kältenetzbetreibers.

[1)] Nr. **63**.

45. Gesetz für die Erhaltung, die Modernisierung und den Ausbau der Kraft-Wärme-Kopplung (Kraft-Wärme-Kopplungsgesetz – KWKG)[1]

Vom 21. Dezember 2015
(BGBl. I S. 2498)

FNA 754-28

zuletzt geänd. durch Art. 6 G zur Beschleunigung des Energieleitungsausbaus v. 13.5.2019 (BGBl. I S. 706)

Inhaltsübersicht

[1] Verkündet als Art. 1 G v. 21.12.2015 (BGBl. I S. 2498, geänd. durch Art. 5 Abs. 11 G v. 18.7.2016, BGBl. I S. 1666); Inkrafttreten gem. Art. 3 Abs. 1 dieses G am 1.1.2016.

Abschnitt 1. Allgemeine Bestimmungen

§ 1 Anwendungsbereich. (1) Dieses Gesetz dient der Erhöhung der Nettostromerzeugung aus Kraft-Wärme-Kopplungsanlagen auf 110 Terawattstunden bis zum Jahr 2020 sowie auf 120 Terawattstunden bis zum Jahr 2025 im Interesse der Energieeinsparung sowie des Umwelt- und Klimaschutzes.

(2) Dieses Gesetz regelt

1. die Abnahme von KWK-Strom aus KWK-Anlagen, der auf Basis von Steinkohle, Braunkohle, Abfall, Abwärme, Biomasse, gasförmigen oder flüssigen Brennstoffen gewonnen wird,
2. die Zahlung von Zuschlägen durch die Netzbetreiber sowie die Vergütung für KWK-Strom aus neuen, modernisierten und nachgerüsteten KWK-Anlagen, der auf Basis von Abfall, Abwärme, Biomasse, gasförmigen oder flüssigen Brennstoffen gewonnen wird,

3. die Zahlung von Zuschlägen durch die Netzbetreiber für KWK-Strom aus bestehenden KWK-Anlagen, der auf Basis von gasförmigen Brennstoffen gewonnen wird,
4. die Zahlung von Zuschlägen durch die Übertragungsnetzbetreiber für den Neu- und Ausbau von Wärmenetzen sowie für den Neubau von Wärmespeichern, in die Wärme aus KWK-Anlagen eingespeist wird,
5. die Zahlung von Zuschlägen durch die Übertragungsnetzbetreiber für den Neu- und Ausbau von Kältenetzen sowie für den Neubau von Kältespeichern, in die Kälte aus Kraft-Wärme-Kälte-Kopplungsanlagen eingespeist wird,
6. die Umlage der Kosten.

(3) KWK-Strom, der nach § 19 des Erneuerbare-Energien-Gesetzes[1)] finanziell gefördert wird, fällt nicht in den Anwendungsbereich dieses Gesetzes.

(4) Soweit sich dieses Gesetz auf KWK-Anlagen bezieht, ist es anzuwenden, wenn und soweit die Erzeugung des KWK-Stroms im Bundesgebiet erfolgt.

(5) [1] Soweit die Zuschlagzahlungen für KWK-Strom durch Ausschreibungen nach § 8a ermittelt werden, sollen auch Gebote für KWK-Anlagen im Staatsgebiet eines oder mehrerer anderer Mitgliedstaaten der Europäischen Union teilnehmen und in einem Umfang von bis zu 5 Prozent der jährlich ausgeschriebenen installierten KWK-Leistung den Ausschreibungszuschlag erhalten können. [2] Diese Ausschreibungen sind unter den in Absatz 6 genannten Voraussetzungen zulässig und können auch gemeinsam mit einem oder mehreren anderen Mitgliedstaaten der Europäischen Union durchgeführt werden. [3] Die Durchführung dieser Ausschreibungen erfolgt nach Maßgabe einer Rechtsverordnung nach § 33a Absatz 2 bis 5.

(6) Ausschreibungen nach Absatz 5 sind nur zulässig, wenn

1. sie mit dem Mitgliedstaat der Europäischen Union, in dem die KWK-Anlagen errichtet oder im Fall einer Modernisierung der Dauerbetrieb von KWK-Anlagen wieder aufgenommen werden soll, völkerrechtlich vereinbart worden (Kooperationsvereinbarung) und in dieser Kooperationsvereinbarung die folgenden Inhalte geregelt worden sind:
   a) die Aufteilung der Kohlendioxid-Emissionen und der Kohlendioxid-Emissionsminderung durch die Erzeugung des KWK-Stroms und der Nutzwärme der im Ausland geförderten KWK-Anlagen zwischen Deutschland und dem anderen Mitgliedstaat,
   b) Anforderungen an die KWK-Anlagen, die im Ausland errichtet oder deren Dauerbetrieb wieder aufgenommen werden soll, insbesondere zu Markt- und Systemintegration, Netzanschluss und Netzengpassmanagement oder technischer Mindesterzeugung,
   c) die Zustimmung des anderen Mitgliedstaates, in dessen Staatsgebiet die KWK-Anlagen den Dauerbetrieb aufnehmen oder wieder aufnehmen sollen, die auf der Grundlage dieses Gesetzes gefördert werden sollen, dass und in welchem Umfang KWK-Anlagen in seinem Staatsgebiet Zahlungen nach diesem Gesetz erhalten können,

---

1) Nr. **37**.

d) die weiteren Voraussetzungen für den Anspruch auf die Zuschlagzahlungen, das Verfahren sowie der Inhalt und der Umfang der Zuschlagzahlungen und

e) der Ausschluss der Doppelförderung zwischen Deutschland und dem anderen Mitgliedstaat und

2. sichergestellt ist, dass die tatsächliche Auswirkung des in der Anlage erzeugten und durch dieses Gesetz zu fördernden KWK-Stroms auf den deutschen Strommarkt vergleichbar ist zu der Auswirkung, die der Strom bei einer Einspeisung im Bundesgebiet hätte.

(7) [1] Durch die Kooperationsvereinbarung nach Absatz 6 Nummer 1 und auf Grund einer Rechtsverordnung nach § 33a Absatz 2 bis 5 kann dieses Gesetz abweichend von Absatz 4

1. ganz oder teilweise für anwendbar erklärt werden für KWK-Anlagen, die außerhalb des Bundesgebiets errichtet werden, oder
2. für nicht anwendbar erklärt werden für KWK-Anlagen, die innerhalb des Bundesgebiets errichtet werden.

[2] Ohne eine entsprechende völkerrechtliche Vereinbarung dürfen weder KWK-Anlagen außerhalb des Bundesgebiets Zahlungen nach diesem Gesetz noch KWK-Anlagen im Bundesgebiet Zahlungen nach dem Fördersystem eines anderen Mitgliedstaates der Europäischen Union erhalten.

(8) Auf die Ziele nach Absatz 1 werden alle Anlagen nach Absatz 4 und der in ihnen erzeugte KWK-Strom angerechnet.

§ 2 Begriffsbestimmungen. Im Sinne dieses Gesetzes ist oder sind

1. „Abnahmestelle" die Summe aller räumlich und physikalisch zusammenhängenden elektrischen Einrichtungen eines Letztverbrauchers, die sich auf einem in sich abgeschlossenen Betriebsgelände befinden und über einen oder mehrere Entnahmepunkte mit dem Netz des Netzbetreibers verbunden sind, sie muss über eigene Stromzähler an allen Entnahmepunkten und Eigenversorgungsanlagen verfügen,
2. „Anlagenteile" die betriebsnotwendigen Komponenten einer Anlage,
3. „Anzahl der Vollbenutzungsstunden" der Quotient aus der jährlichen zuschlagberechtigten KWK-Nettostromerzeugung und der maximalen KWK-Nettostromerzeugung im Auslegungszustand während einer Betriebsstunde unter normalen Einsatzbedingungen,
4. „Ausbau eines Wärmenetzes" die Erweiterung eines bestehenden Wärmenetzes zum Anschluss bisher nicht durch Wärmenetze versorgter Abnehmender durch die Errichtung neuer Wärmenetzbestandteile mit allen Komponenten, die zur Übertragung von Wärme vom bestehenden Wärmenetz bis zum Verbraucherabgang erforderlich sind,

4a. „Ausschreibung" ein transparentes, diskriminierungsfreies und wettbewerbliches Verfahren zur Bestimmung des Anspruchsberechtigten und der Zuschlagzahlung oder der Höhe der finanziellen Förderung,

4b. „Ausschreibungsvolumen" die Summe der installierten Leistung, für die der Anspruch auf eine Zuschlagzahlung nach § 8a oder eine finanzielle Förderung nach § 8b zu einem Gebotstermin ausgeschrieben wird,

4c. „Ausschreibungszuschlag" der im Rahmen einer Ausschreibung erteilte Zuschlag,
5. „Baubeginn" die erste Handlung, die unmittelbar der Verwirklichung des Vorhabens auf dem jeweiligen Baugrundstück dient,
6. „Betreiber von KWK-Anlagen" diejenigen, die den KWK-Strom erzeugen und das wirtschaftliche Risiko für den Betrieb der KWK-Anlagen tragen,
6a. „Dampfnetze" Einrichtungen zur leitungsgebundenen Versorgung einer Mehrzahl von Produktionsprozessen mit Prozessdampf und industrieller Abwärme, aus mindestens einer KWK-Anlage und einem externen Einspeiser im Sinn des § 2 Nummer 9,
6b. „Dampfsammelschienen" Einrichtungen zur leitungsgebundenen Versorgung mit Dampf, an denen mindestens zwei Dampferzeuger und eine Dampfturbine oder ein Dampferzeuger und zwei Dampfturbinen angeschlossen sind; keine Dampfturbinen in diesem Sinn sind Dampfentspannungseinrichtungen sowie Endkundenanlagen,
6c. „Dampfsammelschienen-KWK-Anlagen" KWK-Anlagen, die über Dampfsammelschienen verfügen,
6d. „Dampfentspannungseinrichtungen" an ein Dampf- oder Wärmenetz angeschlossene Kondensationsturbinen, die im Regelbetrieb zur Dampfdruckregulierung des Dampf- oder Wärmenetzes eingesetzt werden und bei denen der erzeugte Strom ein untergeordnetes Nebenprodukt aus Gründen der Energieeffizienz darstellt; Dampfentspannungseinrichtungen sind Bestandteil aller KWK-Anlagen, von denen sie Dampf beziehen; die insoweit zuzurechnende elektrische Leistung der Dampfentspannungseinrichtungen bemisst sich entsprechend dem Verhältnis der Dampferzeugungsleistung der jeweiligen KWK-Anlage zur Dampferzeugungsleistung sämtlicher Dampferzeuger, von denen die Dampfentspannungseinrichtungen Dampf beziehen,
6e. „elektrische KWK-Leistung" die elektrische Leistung einer KWK-Anlage, die unmittelbar mit der im KWK-Prozess höchstens auskoppelbaren Nutzwärme im Zusammenhang steht,
7. „elektrische Leistung" die höchste an den Generatorklemmen abgebbare Wirkleistung einer Anlage abzüglich der für ihren Betrieb erforderlichen Eigenverbrauchsleistung,
8. „Endkundenanlagen" von einem Anderen betriebene Dampfturbinen, die keinen Dampf in ein Dampf- oder Wärmenetz einspeisen; Endkundenanlagen sind Bestandteil aller KWK-Anlagen, von denen sie Dampf beziehen; die insoweit zuzurechnende elektrische KWK-Leistung und die elektrische Leistung der Endkundenanlagen bemessen sich entsprechend dem Verhältnis der Dampferzeugungsleistung der jeweiligen KWK-Anlage zur Dampferzeugungsleistung sämtlicher Dampferzeuger, von denen die Endkundenanlagen Dampf beziehen,
8a. eine KWK-Anlage „hocheffizient", sofern sie den Vorgaben der Richtlinie 2012/27/EU[1] des Europäischen Parlaments und des Rates vom 25. Okto-

[1] Nr. **61**.

ber 2012 zur Energieeffizienz, zur Änderung der Richtlinien 2009/125/EG und 2010/30/EU und zur Aufhebung der Richtlinien 2004/8/EG und 2006/32/EG (ABl. L 315 vom 14.11.2012, S. 1) in der jeweils geltenden Fassung entspricht,

9. „industrielle Abwärme" nicht genutzte Wärme aus industriellen Produktionsanlagen oder -prozessen in Unternehmen des verarbeitenden Gewerbes,

9a. „innovative KWK-Systeme" besonders energieeffiziente und treibhausgasarme Systeme, in denen KWK-Anlagen in Verbindung mit hohen Anteilen von Wärme aus erneuerbaren Energien KWK-Strom und Wärme bedarfsgerecht erzeugen oder umwandeln,

9b. *(aufgehoben)*

10. „Kältenetze" Einrichtungen zur leitungsgebundenen Versorgung mit Kälte,
    a) die eine horizontale Ausdehnung über die Grundstücksgrenze des Standorts der einspeisenden KWKK-Anlage hinaus haben,
    b) an die als öffentliches Netz eine unbestimmte Anzahl von Abnehmenden angeschlossen werden kann und
    c) an die mindestens ein Abnehmender angeschlossen ist, der nicht Eigentümer oder Betreiber der in das Kältenetz einspeisenden KWKK-Anlage ist,

11. „Kältespeicher" Anlagen zur Speicherung von Kälte, die direkt oder über ein Kältenetz mit einer KWKK-Anlage verbunden sind,

12. „Kraft-Wärme-Kälte-Kopplung" (KWKK) die Umwandlung von Nutzwärme aus KWK in Nutzkälte durch thermisch angetriebene Kältemaschinen,

13. „Kraft-Wärme-Kopplung" (KWK) die gleichzeitige Umwandlung von eingesetzter Energie in elektrische Energie und in Nutzwärme in einer ortsfesten technischen Anlage; Anlagen, die zur Erzielung einer höheren Auslastung für eine abwechselnde Nutzung an zwei Standorten betrieben werden, gelten als ortsfest,

14. „KWK-Anlagen" Anlagen, in denen Strom und Nutzwärme erzeugt werden; mehrere KWK-Anlagen an einem Standort gelten in Bezug auf die in den §§ 4 bis 8 genannten Leistungsgrenzen für den jeweils zuletzt in Betrieb genommenen Generator als eine KWK-Anlage, soweit sie innerhalb von zwölf aufeinanderfolgenden Kalendermonaten in Dauerbetrieb genommen worden sind; zu KWK-Anlagen gehören:
    a) Feuerungsanlagen mit Dampfturbinen-Anlagen, beispielsweise Gegendruckanlagen, Entnahme- oder Anzapfkondensationsanlagen,
    b) Feuerungsanlagen mit Dampfmotoren,
    c) Gasturbinen-Anlagen mit Abhitzekessel,
    d) Gasturbinen-Anlagen mit Abhitzekessel und Dampfturbinen-Anlage,
    e) Verbrennungsmotoren-Anlagen,
    f) Stirling-Motoren,
    g) Organic-Rankine-Cycle-Anlagen und
    h) Brennstoffzellen-Anlagen,

15. „KWKK-Anlagen" KWK-Anlagen, die durch eine thermisch angetriebene Kältemaschine ergänzt sind,
16. „KWK-Strom" das rechnerische Produkt aus Nutzwärme und Stromkennzahl der KWK-Anlage; bei Anlagen, die nicht über Vorrichtungen zur Abwärmeabfuhr verfügen, ist die gesamte Nettostromerzeugung KWK-Strom,
17. „Letztverbraucher" jede natürliche oder juristische Person, die Strom verbraucht,
18. „modernisierte KWK-Anlagen" KWK-Anlagen, bei denen wesentliche die Effizienz bestimmende Anlagenteile erneuert worden sind und die Modernisierung eine Effizienzsteigerung bewirkt,
19. „nachgerüstete KWK-Anlagen" Anlagen der ungekoppelten Strom- oder Wärmeerzeugung, bei denen
    a) fabrikneue Anlagenteile zur Strom- oder Wärmeauskopplung nachgerüstet worden sind und
    b) die Kosten der Nachrüstung mindestens 10 Prozent der Kosten betragen, welche die Neuerrichtung einer KWK-Anlage mit gleicher Leistung nach aktuellem Stand der Technik gekostet hätte,
20. „Nettostromerzeugung" die an den Generatorklemmen gemessene Stromerzeugung einer Anlage abzüglich des für ihren Betrieb erforderlichen Eigenverbrauchs im Sinne von § 61a Nummer 1 des Erneuerbare-Energien-Gesetzes[1] in der jeweils geltenden Fassung,
21. „Netzbetreiber" die Betreiber von Stromnetzen aller Spannungsebenen für die allgemeine Versorgung mit Elektrizität sowie Betreiber von geschlossenen Verteilernetzen nach § 110 des Energiewirtschaftsgesetzes[2] vom 7. Juli 2005 (BGBl. I S. 1970, 3621), das zuletzt durch Artikel 311 der Verordnung vom 31. August 2015 (BGBl. I S. 1474) geändert worden ist, in der jeweils geltenden Fassung,
22. „Netze der allgemeinen Versorgung" Stromnetze im Sinne des § 3 Nummer 17 des Energiewirtschaftsgesetzes[2] in der jeweils geltenden Fassung über eine oder mehrere Spannungsebenen,
23. der „Neubau eines Wärmenetzes" die erstmalige Errichtung eines Wärmenetzes einschließlich aller Teile, die zur Übertragung von Wärme vom Standort der einspeisenden KWK-Anlage bis zum Verbraucherabgang erforderlich sind, und zwar in einem Gebiet, das zuvor nicht mit Wärme durch Wärmenetze versorgt wurde,
24. „Neubau eines Wärmespeichers" die erstmalige Errichtung eines Wärmespeichers aus fabrikneuen Teilen,
25. „neue KWK-Anlagen" Anlagen mit fabrikneuen Anlagenteilen,
26. „Nutzwärme" die aus einem KWK-Prozess ausgekoppelte Wärme, die außerhalb der KWK-Anlage für die Raumheizung, die Warmwasserbereitung, die Kälteerzeugung oder als Prozesswärme verwendet wird,
27. „Stromkennzahl" das Verhältnis der KWK-Nettostromerzeugung zur KWK-Nutzwärmeerzeugung in einem bestimmten Zeitraum; die KWK-

---

[1] Nr. **37**.
[2] Nr. **1**.

Nettostromerzeugung entspricht dabei dem Teil der Nettostromerzeugung, der physikalisch unmittelbar mit der Erzeugung der Nutzwärme gekoppelt ist,

28. „stromkostenintensive Unternehmen" Unternehmen oder selbständige Unternehmensteile, für die das Bundesamt für Wirtschaft und Ausfuhrkontrolle abnahmestellenbezogen die EEG-Umlage für Strom, der selbst verbraucht wird, nach § 63 Nummer 1 in Verbindung mit § 64 des Erneuerbare-Energien-Gesetzes[1] für das jeweilige Kalenderjahr begrenzt hat,
29. „Trasse" die Gesamtheit aller Teile, die zur Übertragung von Wärme vom Standort der einspeisenden KWK-Anlagen bis zum Verbraucherabgang notwendig sind,

29a. „Unternehmen" ein Unternehmen im Sinn von § 3 Nummer 47 des Erneuerbare-Energien-Gesetzes[1],

30. „Verbraucherabgang" die Übergabestelle nach § 10 Absatz 1 der Verordnung über Allgemeine Bedingungen für die Versorgung mit Fernwärme[2] vom 20. Juni 1980 (BGBl. I S. 742), die zuletzt durch Artikel 16 des Gesetzes vom 25. Juli 2013 (BGBl. I S. 2722) geändert worden ist,
31. „Vorrichtungen zur Abwärmeabfuhr" Kondensations-, Kühl- oder Bypass-Einrichtungen, in denen die Strom- und Nutzwärmeerzeugung entkoppelt werden kann,
32. „Wärmenetze" Einrichtungen zur leitungsgebundenen Versorgung mit Wärme,
    a) die eine horizontale Ausdehnung über die Grundstücksgrenze des Standorts der einspeisenden KWK-Anlage hinaus haben,
    b) an die als öffentliches Netz eine unbestimmte Anzahl von Abnehmenden angeschlossen werden kann und
    c) an die mindestens ein Abnehmender angeschlossen ist, der nicht Eigentümer, Miteigentümer oder Betreiber der in das Wärmenetz einspeisenden KWK-Anlage ist,
33. „Wärmespeicher" eine technische Vorrichtung zur zeitlich befristeten Speicherung von Nutzwärme gemäß Nummer 26 einschließlich aller technischen Vorrichtungen zur Be- und Entladung des Wärmespeichers,
34. „Wasseräquivalent" die Wärmekapazität eines Speichermediums, die der eines Kubikmeters Wasser im flüssigen Zustand bei Normaldruck entspricht.

§ 3 Anschluss- und Abnahmepflicht. (1) [1] Netzbetreiber müssen unabhängig von der Pflicht zur Zahlung von Zuschlägen nach den §§ 6 bis 13

1. hocheffiziente KWK-Anlagen an ihr Netz unverzüglich vorrangig anschließen und
2. den in diesen Anlagen erzeugten KWK-Strom unverzüglich vorrangig physikalisch abnehmen, übertragen und verteilen.

---

[1] Nr. **37**.
[2] Nr. **35**.

[2] § 8 des Erneuerbare-Energien-Gesetzes[1)] in der jeweils geltenden Fassung ist auf den vorrangigen Netzanschluss anzuwenden. [3] Die ***[bis 30.9.2021:*** §§ 9 und 11 Absatz 5 sowie die §§ 14 und 15 des Erneuerbare-Energien-Gesetzes***] [ab 1.10.2021:*** *§§ 9 und 11 Absatz 5 des Erneuerbare-Energien-Gesetzes****]*** in der jeweils geltenden Fassung sind auf den vorrangigen Netzzugang entsprechend anzuwenden. [4] Bei Neuanschlüssen und Anschlussveränderungen von KWK-Anlagen mit einer elektrischen KWK-Leistung von weniger als 100 Megawatt sind die Regelungen nach § 8 der Kraftwerks-Netzanschlussverordnung[2)] vom 26. Juni 2007 (BGBl. I S. 1187) ungeachtet der Spannungsebene entsprechend anzuwenden.

(2) [1] Die Verpflichtung nach Absatz 1 und die Verpflichtung nach dem Erneuerbare-Energien-Gesetz[1)] zur Abnahme von Strom aus erneuerbaren Energien und aus Grubengas sind gleichrangig. [2] Für KWK-Strom, für den Zuschlagzahlungen nach § 8a oder eine finanzielle Förderung nach § 8b in Anspruch genommen werden, sind die Pflichten nach Absatz 1 Satz 1 Nummer 2 und Satz 3 abweichend von Satz 1 nachrangig zu der Pflicht nach ***[bis 30.9.2021:*** § 11 Absatz 1 und 5 des Erneuerbare-Energien-Gesetzes***] [ab 1.10. 2021:*** *§ 11 Absatz 1 und 3 des Erneuerbare-Energien-Gesetzes****]*** zur Abnahme von Strom aus erneuerbaren Energien. [3] Von Satz 2 kann ausnahmsweise abgewichen werden, wenn dies zur Beseitigung einer Gefährdung oder Störung der Sicherheit oder Zuverlässigkeit des Elektrizitätsversorgungssystems mindestens gleich geeignet und volkswirtschaftlich effizienter ist.

(3) Die Pflichten nach den Absätzen 1 und 2 bestehen nicht, soweit der Betreiber der KWK-Anlage mit dem Übertragungsnetzbetreiber ausnahmsweise unter den Voraussetzungen des § 13 Absatz 6a des Energiewirtschaftsgesetzes[3)] eine abweichende vertragliche Vereinbarung abschließt.

§ 4 Direktvermarktung des KWK-Stroms, Vergütung für nicht direkt vermarktete KWK-Anlagen. (1) [1] Betreiber von KWK-Anlagen mit einer elektrischen KWK-Leistung von mehr als 100 Kilowatt müssen den erzeugten KWK-Strom direkt vermarkten oder selbst verbrauchen. [2] Eine Direktvermarktung liegt vor, wenn der Strom an einen Dritten geliefert wird. [3] Dritter im Sinne von Satz 2 kann auch ein Letztverbraucher sein.

(2) [1] Betreiber von KWK-Anlagen mit einer elektrischen KWK-Leistung von bis zu 100 Kilowatt können den erzeugten KWK-Strom direkt vermarkten, selbst verbrauchen oder vom Netzbetreiber die kaufmännische Abnahme ihres erzeugten KWK-Stroms verlangen. [2] Die kaufmännische Abnahme kann auch verlangt werden, wenn die Anlage an eine Kundenanlage angeschlossen ist und der Strom mittels kaufmännisch-bilanzieller Weitergabe in ein Netz angeboten wird. [3] Der Anspruch auf kaufmännische Abnahme des KWK-Stroms aus KWK-Anlagen mit einer elektrischen KWK-Leistung von mehr als 50 Kilowatt entfällt, wenn der Netzbetreiber nicht mehr zur Zuschlagzahlung nach den §§ 6 bis 13 verpflichtet ist. [4] Netzbetreiber können den kaufmännisch abgenommenen KWK-Strom verkaufen oder zur Deckung ihres eigenen Strombedarfs verwenden.

---

1) Nr. **37**.
2) Nr. **19**.
3) Nr. **1**.

(3) [1] Für den kaufmännisch abgenommenen KWK-Strom gemäß Absatz 2 ist zusätzlich zu Zuschlagzahlungen nach den §§ 6 bis 13 der übliche Preis zu entrichten. [2] Der übliche Preis nach Satz 1 ist der durchschnittliche Preis für Grundlaststrom an der Strombörse European Energy Exchange (EEX) in Leipzig im jeweils vorangegangenen Quartal. [3] Weist der Betreiber der KWK-Anlage dem Netzbetreiber einen Dritten nach, der bereit ist, den eingespeisten KWK-Strom zu kaufen, so ist der Netzbetreiber verpflichtet, den KWK-Strom vom Betreiber der KWK-Anlage zu dem vom Dritten angebotenen Strompreis abzunehmen. [4] Der Dritte ist verpflichtet, den KWK-Strom zum Preis seines Angebotes an den Betreiber der KWK-Anlage vom Netzbetreiber abzunehmen.

Abschnitt 2. Zuschlagzahlungen für KWK-Strom

§ 5 Anspruch auf Zuschlagzahlung für KWK-Anlagen und Förderung innovativer KWK-Systeme. (1) Der Anspruch auf Zuschlagzahlung besteht

1. nach den §§ 6 bis 8 für KWK-Strom aus
   a) neuen KWK-Anlagen mit einer elektrischen Leistung bis einschließlich 1 oder mehr als 50 Megawatt,
   b) modernisierten KWK-Anlagen mit einer elektrischen Leistung bis einschließlich 1 oder mehr als 50 Megawatt oder
   c) nachgerüsteten KWK-Anlagen,
2. nach § 8a in Verbindung mit einer Rechtsverordnung nach § 33a für KWK-Strom aus
   a) neuen KWK-Anlagen mit einer elektrischen Leistung von mehr als 1 bis einschließlich 50 Megawatt oder
   b) modernisierten KWK-Anlagen mit einer elektrischen Leistung von mehr als 1 Megawatt bis einschließlich 50 Megawatt, wenn
      aa) die Kosten der Modernisierung mindestens 50 Prozent der Kosten betragen, welche die Neuerrichtung einer KWK-Anlage mit gleicher Leistung nach aktuellem Stand der Technik gekostet hätte, und
      bb) die Modernisierung frühestens zehn Jahre nach der erstmaligen Aufnahme des Dauerbetriebs der KWK-Anlage oder nach der Wiederaufnahme des Dauerbetriebs einer bereits modernisierten KWK-Anlage erfolgt.

(2) Innovative KWK-Systeme haben Anspruch auf eine finanzielle Förderung nach § 8b in Verbindung mit einer Rechtsverordnung nach § 33b.

§ 6 Zuschlagberechtigte neue, modernisierte oder nachgerüstete KWK-Anlagen. (1) Betreiber von neuen, modernisierten oder nachgerüsteten KWK-Anlagen im Sinn des § 5 Absatz 1 Nummer 1 haben gegenüber dem Netzbetreiber, mit dessen Netz ihre KWK-Anlage unmittelbar oder mittelbar verbunden ist, einen Anspruch auf Zahlung eines Zuschlags für KWK-Strom nach Maßgabe der Absätze 1a bis 4 sowie der §§ 7 bis 11, wenn

1. die Anlagen
   a) bis zum 31. Dezember 2022 in Dauerbetrieb genommen wurden,

b) über einen in einem Zuschlagsverfahren nach § 11 der KWK-Ausschreibungsverordnung[1] erteilten Zuschlag verfügen, der nicht nach § 16 der KWK-Ausschreibungsverordnung entwertet wurde, oder

c) nach dem 31. Dezember 2022, aber vor dem 31. Dezember 2025 in Dauerbetrieb genommen wurden,

2. die Anlagen Strom auf Basis von Abfall, Abwärme, Biomasse, gasförmigen oder flüssigen Brennstoffen gewinnen,
3. die Anlagen hocheffizient sind,
4. die Anlagen keine bestehende Fernwärmeversorgung aus KWK-Anlagen verdrängen,
5. die Anlagen die Anforderungen nach § 9 Absatz 1 des Erneuerbare-Energien-Gesetzes[2] erfüllen, soweit es sich um Anlagen mit einer installierten Leistung im Sinne von § 3 Nummer 31 des Erneuerbare-Energien-Gesetzes von mehr als 100 Kilowatt handelt, und
6. eine Zulassung von dem Bundesamt für Wirtschaft und Ausfuhrkontrolle erteilt wurde.

(1a) [1] Ein Anspruch nach Absatz 1 besteht für KWK-Strom aus modernisierten Dampfsammelschienen-KWK-Anlagen auch dann, wenn die Dampfsammelschienen-KWK-Anlagen

1. abweichend von Absatz 1 Nummer 2 und § 1 Absatz 2 Nummer 2 teilweise auch Strom auf Basis von festen Brennstoffen gewinnen und
2. über Vorrichtungen zur Messung und Bilanzierung der erzeugten Dampfmengen nach aktuellem Stand der Technik verfügen.

[2] In den Fällen des Satzes 1 besteht der Anspruch auf Zahlung des Zuschlags ausschließlich für Strom, der auf Basis von Abfall, Abwärme, Biomasse, gasförmigen oder flüssigen Brennstoffen gewonnen wurde; die Abgrenzung dieses Stroms gegenüber anderem Strom, der in der Anlage erzeugt wird, hat gemäß den allgemein anerkannten Regeln der Technik zu erfolgen.

(2) [1] Eine Verdrängung von Fernwärmeversorgung nach Absatz 1 Nummer 4 liegt nicht vor, wenn

1. der Umfang der Wärmeeinspeisung aus KWK-Anlagen nicht den Anforderungen nach § 18 Absatz 1 Nummer 2 oder Absatz 2 entspricht oder
2. eine bestehende KWK-Anlage vom selben Betreiber oder im Einvernehmen mit diesem durch eine oder mehrere neue KWK-Anlagen ersetzt wird, wobei die bestehende KWK-Anlage nicht stillgelegt werden muss.

[2] Das Bundesamt für Wirtschaft und Ausfuhrkontrolle kann den Betreiber der bestehenden KWK-Anlage zur Stellungnahme über das Einvernehmen nach Satz 1 Nummer 2 auffordern. [3] Geht dem Bundesamt für Wirtschaft und Ausfuhrkontrolle innerhalb von einem Monat nach Zugang der Aufforderung keine Stellungnahme zu, gilt das Einvernehmen als erteilt. [4] Eine Anlage, für die ein Vorbescheid nach § 12 erteilt wurde, steht einer bestehenden Fernwärmeversorgung nicht gleich.

---

[1] Nr. **46**.
[2] Nr. **37**.

(3) [1] Anspruch auf Zahlung eines Zuschlags für KWK-Strom, der nicht in ein Netz der allgemeinen Versorgung eingespeist wird, besteht nur bei KWK-Anlagen im Sinn des § 5 Absatz 1 Nummer 1,

1. die über eine elektrische KWK-Leistung von bis zu 100 Kilowatt verfügen,
2. die KWK-Strom an Letztverbraucher in einer Kundenanlage oder in einem geschlossenen Verteilernetz liefern, soweit für diesen KWK-Strom die volle EEG-Umlage entrichtet wird,
3. die in stromkostenintensiven Unternehmen eingesetzt werden und deren KWK-Strom von diesen Unternehmen selbst verbraucht wird oder
4. deren Betreiber ein Unternehmen ist, das einer Branche nach Anlage 4 des Erneuerbare-Energien-Gesetzes[1)] zuzuordnen ist, sobald eine Verordnung nach § 33 Absatz 2 Nummer 1 erlassen wurde.

[2] Für den Einsatz der KWK-Anlagen in stromkostenintensiven Unternehmen nach Satz 1 Nummer 3 ist maßgeblich, dass die KWK-Anlage zu einer Abnahmestelle gehört, an der das Bundesamt für Wirtschaft und Ausfuhrkontrolle die EEG-Umlage für Strom, der selbst verbraucht wird, begrenzt hat. [3] Stromkostenintensive Unternehmen im Sinn des Satzes 1 Nummer 3 sind auch solche Unternehmen, für die das Bundesamt für Wirtschaft und Ausfuhrkontrolle abnahmestellenbezogen die EEG-Umlage für Strom, der selbst verbraucht wird, nach § 63 Nummer 1 in Verbindung mit § 103 Absatz 3 oder Absatz 4 des Erneuerbare-Energien-Gesetzes[1)] für das jeweilige Kalenderjahr begrenzt hat.

(4) [1] Mit dem Zuschlag zahlt der Netzbetreiber zusätzlich das Entgelt für die dezentrale Einspeisung nach § 18 der Stromnetzentgeltverordnung[2)] vom 25. Juli 2005 (BGBl. I S. 2225), die zuletzt durch Artikel 2 Absatz 4 des Gesetzes vom 21. Dezember 2015 (BGBl. I S. 2498) geändert worden ist, in der jeweils geltenden Fassung an den Betreiber der KWK-Anlage. [2] Dies ist nicht für KWK-Anlagen nach § 5 Absatz 1 Nummer 2 und innovative KWK-Systeme nach § 5 Absatz 2 anzuwenden.

§ 7 Höhe des Zuschlags für KWK-Strom aus neuen, modernisierten oder nachgerüsteten KWK-Anlagen. (1) Der Zuschlag für KWK-Strom, der in ein Netz der allgemeinen Versorgung eingespeist wird, beträgt

1. für den KWK-Leistungsanteil von bis zu 50 Kilowatt: 8 Cent je Kilowattstunde,
2. für den KWK-Leistungsanteil von mehr als 50 Kilowatt und bis zu 100 Kilowatt: 6 Cent je Kilowattstunde,
3. für den KWK-Leistungsanteil von mehr als 100 Kilowatt bis zu 250 Kilowatt: 5 Cent je Kilowattstunde,
4. für den KWK-Leistungsanteil von mehr als 250 Kilowatt bis zu 2 Megawatt: 4,4 Cent je Kilowattstunde und
5. für den KWK-Leistungsanteil von mehr als 2 Megawatt: 3,1 Cent je Kilowattstunde.

---

1) Nr. **37**.
2) Nr. **24**.

(2) [1]Der Zuschlag für KWK-Strom nach Absatz 1 erhöht sich insgesamt um weitere 0,6 Cent je Kilowattstunde für den KWK-Leistungsanteil, der die elektrische KWK-Leistung einer bestehenden KWK-Anlage ersetzt, die Strom auf Basis von Stein- oder Braunkohle gewinnt. [2]Ein Ersatz im Sinne von Satz 1 liegt vor, wenn

1. die bestehende KWK-Anlage innerhalb von zwölf Monaten vor oder nach Aufnahme des Dauerbetriebs der neuen, modernisierten oder nachgerüsteten KWK-Anlagen frühestens aber nach dem 1. Januar 2016 endgültig stillgelegt wird und
2. die bestehende KWK-Anlage mehrheitlich im Eigentum des selben Unternehmens steht, das die neue, modernisierte oder nachgerüstete KWK-Anlage betreibt oder die neue, modernisierte oder nachgerüstete KWK-Anlage in dasselbe Wärmenetz einspeist, in das die bestehende KWK-Anlage eingespeist hat.

[3]Die neue, modernisierte oder nachgerüstete KWK-Anlage, welche die elektrische KWK-Leistung einer bestehenden KWK-Anlage ersetzt, muss nicht am selben Standort errichtet werden.

(2a) [1]Bei Dampfsammelschienen-KWK-Anlagen mit einer elektrischen Leistung von mehr als 50 Megawatt ist Absatz 2 mit der Maßgabe entsprechend anzuwenden, dass der Ersatz eines bestehenden Dampferzeugers, der Dampf auf Basis von Stein- oder Braunkohle erzeugt, dem Ersatz einer bestehenden KWK-Anlage gleichzustellen ist. [2]In diesen Fällen wird der nach Absatz 2 erhöhte Zuschlag nur für den Anteil der förderfähigen Vollbenutzungsstunden nach § 8 Absatz 2 gewährt, der dem Anteil des ersetzten Dampferzeugers im Verhältnis zu den übrigen Dampferzeugern in der Anlage entspricht; die Abgrenzung des Stroms, für den der erhöhte Zuschlag gewährt wird, gegenüber anderem Strom, der in der Anlage erzeugt wird, hat nach aktuellem Stand der Technik zu erfolgen.

(3) Der Zuschlag für KWK-Strom, der nicht in ein Netz der allgemeinen Versorgung eingespeist wird, beträgt

1. für KWK-Anlagen nach § 6 Absatz 3 Nummer 1
   a) für den KWK-Leistungsanteil von bis zu 50 Kilowatt: 4 Cent je Kilowattstunde,
   b) für den KWK-Leistungsanteil von mehr als 50 und bis zu 100 Kilowatt: 3 Cent je Kilowattstunde,
2. für KWK-Anlagen nach § 6 Absatz 3 Nummer 2
   a) für den KWK-Leistungsanteil von bis zu 50 Kilowatt: 4 Cent je Kilowattstunde,
   b) für den KWK-Leistungsanteil von mehr als 50 und bis zu 100 Kilowatt: 3 Cent je Kilowattstunde,
   c) für den KWK-Leistungsanteil von mehr als 100 und bis zu 250 Kilowatt: 2 Cent je Kilowattstunde,
   d) für den KWK-Leistungsanteil von mehr als 250 Kilowatt bis zu 2 Megawatt: 1,5 Cent je Kilowattstunde und
   e) für den KWK-Leistungsanteil von mehr als 2 Megawatt: 1 Cent je Kilowattstunde,
3. für KWK-Anlagen nach § 6 Absatz 3 Nummer 3

a) für den KWK-Leistungsanteil von bis zu 50 Kilowatt: 5,41 Cent je Kilowattstunde,

b) für den KWK-Leistungsanteil von mehr als 50 und bis zu 250 Kilowatt: 4 Cent je Kilowattstunde,

c) für den KWK-Leistungsanteil von mehr als 250 Kilowatt bis zu 2 Megawatt: 2,4 Cent je Kilowattstunde und

d) für den KWK-Leistungsanteil von mehr als 2 Megawatt: 1,8 Cent je Kilowattstunde.

(4) [1] Der Zuschlag für KWK-Strom, der nicht in ein Netz der allgemeinen Versorgung eingespeist wird, der in KWK-Anlagen nach § 6 Absatz 3 Nummer 4 erzeugt worden ist und von den Betreibern der KWK-Anlagen selbst verbraucht wird, kann in einer Verordnung nach § 33 Absatz 2 Nummer 1 näher bestimmt werden, darf aber die Differenz zwischen den Gesamtgestehungskosten der Stromerzeugung der Anlagen und dem Marktpreis nicht überschreiten. [2] Eine Förderung darf nur erfolgen, soweit die Gesamtgestehungskosten der in den Anlagen erzeugten Energie über dem Marktpreis liegen.

(5) Der Zuschlag für KWK-Strom nach den Absätzen 1 bis 4 aus KWK-Anlagen im Anwendungsbereich des Treibhausgas-Emissionshandelsgesetzes[1)] vom 21. Juli 2011 (BGBl. I S. 1475), das zuletzt durch Artikel 626 Absatz 2 der Verordnung vom 31. August 2015 (BGBl. I S. 1474) geändert worden ist, erhöht sich insgesamt um 0,3 Cent je Kilowattstunde.

(6) [1] Eine Kumulierung mit Investitionszuschüssen ist nicht zulässig. [2] § 19 Absatz 7 Satz 2 der KWK-Ausschreibungsverordnung[2)] bleibt unberührt. [3] Abweichend von Satz 1 ist für KWK-Anlagen mit einer elektrischen Leistung bis einschließlich 20 Kilowatt eine Kumulierung mit einem Investitionskostenzuschuss zulässig, wenn

1. der Fördergeber dieses Investitionskostenzuschussprogramms den Nachweis erbringt, dass auch bei der kumulierten Förderung aus dem Investitionskostenzuschuss und den Zuschlägen nach diesem Gesetz eine Überförderung ausgeschlossen ist, und
2. der Antragsteller zusammen mit dem Antrag auf Zulassung der KWK-Anlage gegenüber dem Bundesamt für Wirtschaft und Ausfuhrkontrolle zusichert, dass er neben dem Investitionskostenzuschuss und den Zuschlägen nach diesem Gesetz für diese KWK-Anlage keine weitere Förderung in Anspruch nimmt.

(7) [1] Für Zeiträume, in denen der Wert der Stundenkontrakte für die Preiszone Deutschland am Spotmarkt der Strombörse im Sinn des § 3 Nummer 43a des Erneuerbare-Energien-Gesetzes[3)] in der vortägigen Auktion null oder negativ ist, verringert sich der Anspruch auf Zahlung von Zuschlägen auf null. [2] Der während eines solchen Zeitraums erzeugte KWK-Strom wird nicht auf die Dauer der Zahlung nach § 8 angerechnet.

[1)] Nr. **55**.
[2)] Nr. **46**.
[3)] Nr. **37**.

§ 8 Dauer der Zuschlagzahlung für neue, modernisierte oder nachgerüstete KWK-Anlagen. (1) Für neue KWK-Anlagen wird der Zuschlag ab Aufnahme des Dauerbetriebs der Anlage gezahlt für

1. 60 000 Vollbenutzungsstunden für Anlagen mit einer elektrischen KWK-Leistung von bis zu 50 Kilowatt,
2. 30 000 Vollbenutzungsstunden für Anlagen mit einer elektrischen KWK-Leistung von mehr als 50 Kilowatt.

(2) Für modernisierte KWK-Anlagen wird der Zuschlag ab Wiederaufnahme des Dauerbetriebs gezahlt für

1. 6 000 Vollbenutzungsstunden, wenn
   a) die Kosten der Modernisierung mindestens 10 Prozent der Kosten einer möglichen Neuerrichtung einer KWK-Anlage mit gleicher Leistung nach dem aktuellen Stand der Technik betragen,
   b) die Modernisierung frühestens zwei Jahre nach der erstmaligen Aufnahme des Dauerbetriebs der Anlage oder nach der Wiederaufnahme des Dauerbetriebs der bereits modernisierten Anlage erfolgt und
   c) die Anlage eine Dampfsammelschienen-KWK-Anlage mit einer elektrischen Leistung von mehr als 50 Megawatt ist,
2. 15 000 Vollbenutzungsstunden, wenn
   a) die Kosten der Modernisierung mindestens 25 Prozent der Kosten einer möglichen Neuerrichtung einer KWK-Anlage mit gleicher Leistung nach dem aktuellen Stand der Technik betragen und
   b) die Modernisierung frühestens fünf Jahre nach der erstmaligen Aufnahme des Dauerbetriebs der Anlage oder nach der Wiederaufnahme des Dauerbetriebs der bereits modernisierten Anlage erfolgt,
3. 30 000 Vollbenutzungsstunden, wenn
   a) die Kosten der Modernisierung mindestens 50 Prozent der Kosten einer möglichen Neuerrichtung einer KWK-Anlage mit gleicher Leistung nach dem aktuellen Stand der Technik betragen und
   b) die Modernisierung frühestens zehn Jahre nach der erstmaligen Aufnahme des Dauerbetriebs der Anlage oder nach der Wiederaufnahme des Dauerbetriebs der bereits modernisierten Anlage erfolgt.

(3) Für nachgerüstete KWK-Anlagen wird der Zuschlag ab Wiederaufnahme des Dauerbetriebs gezahlt für

1. 10 000 Vollbenutzungsstunden, wenn die Kosten der Nachrüstung mindestens 10 Prozent und weniger als 25 Prozent der Kosten einer möglichen Neuerrichtung einer KWK-Anlage mit gleicher Leistung nach aktuellem Stand der Technik betragen,
2. 15 000 Vollbenutzungsstunden, wenn die Kosten der Nachrüstung mindestens 25 Prozent und weniger als 50 Prozent der Kosten einer möglichen Neuerrichtung einer KWK-Anlage mit gleicher Leistung nach aktuellem Stand der Technik betragen,
3. 30 000 Vollbenutzungsstunden, wenn die Kosten der Nachrüstung mindestens 50 Prozent der Kosten einer möglichen Neuerrichtung einer KWK-Anlage mit gleicher Leistung nach aktuellem Stand der Technik betragen.

(4) [1]Der Zuschlag nach § 7 Absatz 2 wird ab dem Zeitpunkt gezahlt, zu dem die bestehende KWK-Anlage die Erzeugung vollständig eingestellt hat. [2]Der Zuschlag nach § 7 Absatz 2a wird ab dem Zeitpunkt gezahlt, zu dem der bestehende Dampferzeuger die Erzeugung vollständig eingestellt hat.

§ 8a Ausschreibung der Zuschlagzahlung für KWK-Strom. (1) Die Bundesnetzagentur ermittelt die Höhe der Zuschlagzahlung für KWK-Strom aus KWK-Anlagen im Sinn des § 5 Absatz 1 Nummer 2 nach Maßgabe einer Rechtsverordnung nach § 33a durch Ausschreibungen.

(2) Der Anspruch auf eine Zuschlagzahlung nach Absatz 1 besteht, wenn

1. der Betreiber der KWK-Anlage in einer Ausschreibung nach Maßgabe einer Rechtsverordnung nach § 33a einen Ausschreibungszuschlag erhalten hat,
2. der gesamte ab der Aufnahme oder der Wiederaufnahme des Dauerbetriebs in der KWK-Anlage erzeugte Strom in ein Netz der allgemeinen Versorgung eingespeist und nicht selbst verbraucht wird, wobei der Strom ausgenommen ist, der durch die KWK-Anlage oder in den Neben- und Hilfsanlagen der KWK-Anlage oder den mit der KWK-Anlage verbundenen elektrischen Wärmeerzeugern verbraucht wird, und
3. die entsprechend anzuwendenden Voraussetzungen nach § 6 Absatz 1 Nummer 2 bis 6 und Absatz 2 und die Voraussetzungen einer Rechtsverordnung nach § 33a Absatz 1 erfüllt sind.

(3) [1]Die Zuschlagzahlung nach Absatz 1 wird als Zuschlagzahlung pro Kilowattstunde des in ein Netz der allgemeinen Versorgung eingespeisten KWK-Stroms gewährt. [2]§ 7 Absatz 6 und 7 ist entsprechend anzuwenden.

(4) Der Anspruch auf eine Zuschlagzahlung nach Absatz 1 besteht ferner nur, soweit der Betreiber der KWK-Anlage für den Strom aus der KWK-Anlage kein Entgelt nach § 18 Absatz 1 Satz 1 der Stromnetzentgeltverordnung[1)] in Anspruch nimmt.

(5) Der Anspruch auf eine Zuschlagzahlung nach Absatz 1 verringert sich für Strom, der durch das Netz der allgemeinen Versorgung durchgeleitet wird und der von der Stromsteuer nach dem Stromsteuergesetz[2)] befreit ist, um die Höhe der pro Kilowattstunde gewährten Stromsteuerbefreiung.

(6) [1]Die Bundesnetzagentur veröffentlicht nach Maßgabe einer Rechtsverordnung nach § 33a das Ergebnis der Ausschreibungen einschließlich der Höhe der Zuschlagzahlungen, für die jeweils ein Ausschreibungszuschlag erteilt wurde. [2]Die Bundesnetzagentur teilt den betroffenen Netzbetreibern die Erteilung der Ausschreibungszuschläge einschließlich der Höhe der Zuschlagzahlungen nach Maßgabe einer Rechtsverordnung nach § 33a mit.

(7) Wird für die Wärmeerzeugung ein elektrischer Wärmeerzeuger genutzt, muss der Betreiber der Anlage die von diesem Wärmeerzeuger genutzte Energie durch mess- und eichrechtskonforme Messeinrichtungen erfassen und an den Übertragungsnetzbetreiber für die Verwendung in der Energiestatistik melden

---

[1)] Nr. 24.
[2)] Nr. 48.

§ 8b Ausschreibung der Förderung für innovative KWK-Systeme.

(1) Die Bundesnetzagentur ermittelt die Höhe der finanziellen Förderung für innovative KWK-Systeme im Sinn des § 5 Absatz 2 nach Maßgabe einer Rechtsverordnung nach § 33b durch Ausschreibungen.

(2) Der Anspruch auf finanzielle Förderung für innovative KWK-Systeme nach Absatz 1 ist ausgeschlossen, wenn und solange der Betreiber der in dem innovativen KWK-System enthaltenen KWK-Anlage einen Anspruch auf Zuschlagzahlung nach den §§ 6 bis 8 oder § 8a geltend macht.

(3) § 7 Absatz 6 und 7 und § 8a Absatz 2 und 4 bis 7 sind entsprechend anwendbar.

§ 8c Ausschreibungsvolumen. [1]Das Ausschreibungsvolumen für Ausschreibungen nach den §§ 8a und 8b ist insgesamt

1. im Jahr 2017 100 Megawatt elektrische KWK-Leistung,
2. im Jahr 2018 200 Megawatt elektrische KWK-Leistung,
3. im Jahr 2019 200 Megawatt elektrische KWK-Leistung,
4. im Jahr 2020 200 Megawatt elektrische KWK-Leistung,
5. im Jahr 2021 200 Megawatt elektrische KWK-Leistung.

[2]Die Bundesregierung legt rechtzeitig einen Vorschlag für das jährliche Ausschreibungsvolumen für die Jahre ab 2022 vor.

§ 8d Zahlungsanspruch und Eigenversorgung. (1) [1]Die Betreiber von KWK-Anlagen und innovativen KWK-Systemen, die Zuschlagzahlungen nach § 8a oder eine finanzielle Förderung nach § 8b erhalten haben, müssen nach der Beendigung ihres Anspruchs nach § 8a oder § 8b für den in ihrer Anlage oder ihrem KWK-System erzeugten Strom, den sie selbst verbrauchen, nach § 61 Absatz 1 des Erneuerbare-Energien-Gesetzes[1)] die EEG-Umlage bezahlen, soweit der Anspruch nicht nach § 61a Nummer 1 des Erneuerbare-Energien-Gesetzes entfällt. [2]Im Übrigen sind die §§ 61a bis 61g des Erneuerbare-Energien-Gesetzes nicht anzuwenden.

(2) Wenn die KWK-Anlage oder das innovative KWK-System nach der Beendigung des Anspruchs nach § 8a oder § 8b modernisiert wird und wenn die Kosten der Modernisierung mindestens 50 Prozent der Kosten betragen, die die Neuerrichtung mit gleicher installierter KWK-Leistung nach aktuellem Stand der Technik gekostet hätte, ist Absatz 1 nicht mehr anzuwenden und die Höhe der nach § 61 Absatz 1 des Erneuerbare-Energien-Gesetzes[1)] zu zahlenden EEG-Umlage bestimmt sich nach § 61c des Erneuerbare-Energien-Gesetzes.

§ 9 Neue KWK-Anlagen mit einer elektrischen KWK-Leistung von bis zu 2 Kilowatt. (1) [1]Betreiber von neuen KWK-Anlagen mit einer elektrischen KWK-Leistung von bis zu 2 Kilowatt können sich auf Antrag vom Netzbetreiber vorab eine pauschalierte Zahlung der Zuschläge für KWK-Strom in Höhe von 4 Cent je Kilowattstunde für die Dauer von 60 000 Vollbenutzungsstunden auszahlen lassen. [2]§ 7 Absatz 7 findet keine Anwendung. [3]Der Netzbetreiber ist in diesem Fall verpflichtet, die entsprechende Summe inner-

---

[1)] Nr. **37**.

halb von zwei Monaten nach Antragstellung an den Betreiber der KWK-Anlage auszuzahlen.

(2) Mit Antragstellung erlischt die Möglichkeit des Betreibers zur Einzelabrechnung der erzeugten Strommenge.

§ 10 Zulassung von neuen, modernisierten oder nachgerüsteten KWK-Anlagen. (1) [1]Voraussetzung für den Anspruch auf Zahlung des Zuschlags ist die Zulassung der KWK-Anlage durch das Bundesamt für Wirtschaft und Ausfuhrkontrolle. [2]Die Zulassung ist bei dem Bundesamt für Wirtschaft und Ausfuhrkontrolle zu beantragen. [3]Das Bundesamt für Wirtschaft und Ausfuhrkontrolle erteilt die Zulassung, wenn die KWK-Anlage die Voraussetzungen nach § 6 Absatz 1 und 2 sowie im Fall des Ersatzes einer kohlebefeuerten KWK-Anlage durch eine gasbefeuerte KWK-Anlage die Voraussetzungen nach § 7 Absatz 2 erfüllt.

(2) Der Antrag auf Zulassung muss enthalten:

1. Name und Anschrift des Anlagenbetreibers,

1a. sofern zutreffend, das Handelsregister, Vereinsregister oder Genossenschaftsregister, in das der Anlagenbetreiber eingetragen ist, und die entsprechende Registernummer,

1b. die Angabe, ob der Anlagenbetreiber ein Unternehmen im Sinn der Empfehlung 2003/361/EG der Kommission vom 6. Mai 2003 betreffend die Definition der Kleinstunternehmen sowie der kleinen und mittleren Unternehmen (ABl. L 124 vom 20.5.2003, S. 36) in der jeweils geltenden Fassung oder ein sonstiges Unternehmen ist,

1c. die Gebietseinheit der NUTS-Ebene 2, in der der Anlagenbetreiber seinen Sitz hat, nach der Verordnung (EG) Nr. 1059/2003 des Europäischen Parlaments und des Rates vom 26. Mai 2003 über die Schaffung einer gemeinsamen Klassifikation der Gebietseinheiten für die Statistik (NUTS) (ABl. L 154 vom 21.6.2003, S. 1), die zuletzt durch die Verordnung (EU) Nr. 868/2014 der Kommission vom 8. August 2014 (ABl. L 241 vom 13.8.2014, S. 1) geändert worden ist, in der jeweils geltenden Fassung,

1d. den Hauptwirtschaftszweig, in dem der Anlagenbetreiber tätig ist, auf Ebene der NACE-Gruppe nach der Verordnung (EG) Nr. 1893/2006 des Europäischen Parlaments und des Rates vom 20. Dezember 2006 zur Aufstellung der statistischen Systematik der Wirtschaftszweige NACE Revision 2 und zur Änderung der Verordnung (EWG) Nr. 3037/90 des Rates sowie einiger Verordnungen der EG über bestimmte Bereiche der Statistik (ABl. L 393 vom 30.12.2006, S. 1) in der jeweils geltenden Fassung,

2. Angaben und Nachweise über den Zeitpunkt der Aufnahme des Dauerbetriebs sowie über die sonstigen Voraussetzungen für eine Zulassung,

3. Angaben zum Anschluss an das Netz der allgemeinen Versorgung oder, soweit erforderlich, an ein Netz im Sinne von § 110 Absatz 1 des Energiewirtschaftsgesetzes[1)],

4. ein nach den allgemein anerkannten Regeln der Technik erstelltes Sachverständigengutachten über die Eigenschaften der KWK-Anlage, die für die Feststellung des Vergütungsanspruchs relevant sind,

---

[1)] Nr. 1

5. ein nach den allgemein anerkannten Regeln der Technik erstelltes Sachverständigengutachten über die elektrische KWK-Leistung, den genutzten Brennstoff, den Zeitpunkt der endgültigen Stilllegung der bestehenden KWK-Anlage sowie sonstige relevante Eigenschaften nach § 7 Absatz 2, soweit erforderlich, und
6. Angaben zur Erfüllung der Anforderungen nach § 9 Absatz 1 des Erneuerbare-Energien-Gesetzes[1], soweit es sich um Anlagen mit einer elektrischen Leistung von mehr als 100 Kilowatt handelt.

(3) Die Einhaltung der allgemein anerkannten Regeln der Technik nach Absatz 2 Nummer 4 wird vermutet, wenn das Sachverständigengutachten

1. nach den Grundlagen und Rechenmethoden der Nummern 4 bis 6 sowie 8 des Arbeitsblattes FW 308 „Zertifizierung von KWK-Anlagen – Ermittlung des KWK-Stromes" des Energieeffizienzverbandes für Wärme, Kälte und KWK e.V. AGFW (Bundesanzeiger vom 19. Oktober 2015, nichtamtlicher Teil, Institutionelle Veröffentlichungen) erstellt wurde und
2. die Anhänge I und II der Richtlinie 2012/27/EU[2] sowie die dazu erlassenen Leitlinien in der jeweils geltenden Fassung beachtet.

(4) Für serienmäßig hergestellte KWK-Anlagen mit einer elektrischen KWK-Leistung von bis zu 2 Megawatt können anstelle des Gutachtens nach Absatz 3 geeignete Unterlagen des Herstellers vorgelegt werden, welche die folgenden Angaben enthalten müssen:

1. die thermische und die elektrische KWK-Leistung,
2. die Stromkennzahl und
3. die Brennstoffart und den Brennstoffeinsatz.

(5) Die Zulassung von KWK-Anlagen mit einer elektrischen KWK-Leistung von mehr als 300 Megawatt darf erst nach beihilferechtlicher Genehmigung durch die Europäische Kommission erteilt werden.

(6) [1] Das Bundesamt für Wirtschaft und Ausfuhrkontrolle kann Zulassungen für KWK-Anlagen mit einer elektrischen KWK-Leistung von bis zu 50 Kilowatt in Form der Allgemeinverfügung gemäß § 35 Satz 2 des Verwaltungsverfahrensgesetzes von Amts wegen erteilen. [2] Die Allgemeinverfügung nach Satz 1 kann mit Auflagen verbunden werden. [3] Für Anlagen, die durch Allgemeinverfügung nach Satz 1 zugelassen werden, ist § 11 Absatz 3 entsprechend anzuwenden.

§ 11 Überprüfung, Wirkung und Erlöschen der Zulassung. (1) Soweit es für die Überprüfung der Zulassungsvoraussetzungen erforderlich ist, sind die von dem Bundesamt für Wirtschaft und Ausfuhrkontrolle beauftragten Personen berechtigt,

1. während der üblichen Geschäftszeiten Betriebsgrundstücke, Geschäftsräume und Einrichtungen des Betreibers der KWK-Anlage zu betreten,
2. dort Prüfungen vorzunehmen und
3. die betrieblichen Unterlagen des Betreibers der KWK-Anlage einzusehen.

---

[1] Nr. **37**.
[2] Nr. **61**.

(2) Der Netzbetreiber kann von dem Betreiber der KWK-Anlage Einsicht in die Zulassung und in die entsprechenden Antragsunterlagen verlangen, wenn dies für die Prüfung der Ansprüche des Betreibers der KWK-Anlage gegenüber dem Netzbetreiber erforderlich ist.

(3) [1] Die Zulassung wird mit Wirkung zum Zeitpunkt der Aufnahme des Dauerbetriebs der Anlage erteilt, wenn der Antrag bis zum 31. Dezember des Kalenderjahres gestellt wird, das auf die Aufnahme des Dauerbetriebs der Anlage folgt. [2] Wird der Antrag später gestellt, so wird die Zulassung rückwirkend zum 1. Januar des Kalenderjahres erteilt, in dem der Antrag gestellt worden ist. [3] Bei Wiederaufnahme des Dauerbetriebs der Anlage nach Modernisierung oder Nachrüstung sind die Sätze 1 und 2 entsprechend anzuwenden.

(4) [1] Bei Änderung von Eigenschaften der KWK-Anlage im Sinne des § 10 Absatz 2 Nummer 4 erlischt die Zulassung rückwirkend zum Zeitpunkt der Änderung. [2] Satz 1 gilt nicht, wenn der Betreiber der KWK-Anlage eine Änderung der Zulassung bis zum Ablauf des auf die Änderung folgenden Kalenderjahres bei dem Bundesamt für Wirtschaft und Ausfuhrkontrolle beantragt. [3] Der Netzbetreiber, an dessen Netz die Anlage direkt oder mittelbar angeschlossen ist, ist über die Änderung in Kenntnis zu setzen.

§ 12 Vorbescheid für neue KWK-Anlagen mit einer elektrischen Leistung von mehr als 50 Megawatt. (1) [1] Auf Antrag entscheidet das Bundesamt für Wirtschaft und Ausfuhrkontrolle vor Inbetriebnahme von neuen KWK-Anlagen mit einer elektrischen KWK-Leistung von mehr als 50 Megawatt über die Frage der Zuschlagberechtigung durch schriftlichen oder elektronischen Vorbescheid. [2] Die Bindungswirkung des Vorbescheides umfasst Höhe und Dauer der Zuschlagzahlung ab Aufnahme des Dauerbetriebs der Anlage gemäß der zum Zeitpunkt der Stellung des Antrags auf den Vorbescheid geltenden Fassung dieses Gesetzes, soweit die Voraussetzungen nach § 6 Absatz 1 Nummer 1 bis 5 sowie im Fall des § 7 Absatz 2 dessen Voraussetzungen im Rahmen der Zulassung bestätigt werden.

(2) Der Antrag muss die nach § 6 Absatz 1 Nummer 1 bis 4 und § 10 Absatz 2 erforderlichen Angaben auf Grundlage der Planungen für die KWK-Anlage zum Zeitpunkt der Antragstellung enthalten.

(3) Der Antrag muss vor Baubeginn der Anlage gestellt werden.

(4) Der Vorbescheid erlischt, wenn der Antragsteller

1. nicht innerhalb eines Jahres nach Eintritt der Unanfechtbarkeit des Vorbescheides mit dem Bau der Anlage beginnt und
2. nicht innerhalb von drei Jahren ab Baubeginn die Anlage in Dauerbetrieb genommen hat. Die Frist zur Inbetriebnahme der Anlage kann auf Antrag bei dem Bundesamt für Wirtschaft und Ausfuhrkontrolle innerhalb der ab Baubeginn laufenden Frist von drei Jahren einmalig um bis zu einem Jahr verlängert werden.

(5) Die Absätze 1 bis 4 sind entsprechend anzuwenden für

1. die geplante Modernisierung von KWK-Anlagen mit einer elektrischen KWK-Leistung von mehr als 50 Megawatt und
2. die geplante Nachrüstung von KWK-Anlagen mit einer elektrischen KWK-Leistung von mehr als 10 Megawatt.

§ 13 Zuschlagberechtigte bestehende KWK-Anlagen, Höhe des Zuschlags und Dauer der Zahlung. (1) [1]Betreiber von bestehenden KWK-Anlagen mit einer elektrischen KWK-Leistung von mehr als 2 Megawatt bis zu einer elektrischen Leistung von einschließlich 300 Megawatt haben gegenüber dem Netzbetreiber einen Anspruch auf Zahlung eines Zuschlags für KWK-Strom nach Maßgabe der Absätze 2, 3 und 4, wenn

1. die Anlagen nahezu ausschließlich der Lieferung von Strom an Dritte über ein Netz der allgemeinen Versorgung oder ein geschlossenes Verteilernetz und von Wärme an Dritte dienen und von ihrer Dimensionierung nicht von vornherein nur auf die Versorgung bestimmter, schon bei der Errichtung der Anlage feststehender oder bestimmbarer Letztverbraucher mit Strom und Wärme ausgelegt sind, sondern grundsätzlich für die Versorgung jedes Letztverbrauchers bestimmt sind,
2. die Anlagen hocheffizient sind,
3. die Anlagen Strom auf Basis von gasförmigen Brennstoffen erzeugen,
4. die Anlagen nicht durch das Erneuerbare-Energien-Gesetz und ansonsten nicht mehr durch das Kraft-Wärme-Kopplungsgesetz gefördert werden und
5. eine Zulassung erteilt wurde.

[2]Das Erfordernis nach Satz 1 Nummer 1, den Strom nahezu ausschließlich an Dritte zu liefern, ist nicht für Strom anzuwenden, der in der KWK-Anlage oder in deren Neben- und Hilfsanlagen zur Erzeugung von Strom im technischen Sinn verbraucht wird (Kraftwerkseigenverbrauch).

(2) Anspruch auf Zahlung eines Zuschlags besteht für KWK-Strom aus bestehenden KWK-Anlagen, der ab dem 1. Januar 2016 und bis zum 31. Dezember 2019 in ein Netz der allgemeinen Versorgung eingespeist wird.

(3) [1]Der Zuschlag beträgt nach dem 31. Dezember 2018 für bestehende KWK-Anlagen

1. mit einer elektrischen KWK-Leistung von mehr als 2 Megawatt bis zu einer elektrischen Leistung von einschließlich 50 Megawatt 1,5 Cent je Kilowattstunde,
2. mit einer elektrischen Leistung von mehr als 50 Megawatt bis einschließlich 100 Megawatt 1,3 Cent je Kilowattstunde,
3. mit einer elektrischen Leistung von mehr als 100 Megawatt bis einschließlich 200 Megawatt 0,5 Cent je Kilowattstunde,
4. mit einer elektrischen Leistung von mehr als 200 Megawatt bis einschließlich 300 Megawatt 0,3 Cent je Kilowattstunde.

[2]Eine Kumulierung mit Investitionskostenzuschüssen ist nicht zulässig.

(4) [1]Für bestehende KWK-Anlagen wird der Zuschlag für 16 000 Vollbenutzungsstunden gezahlt. [2]Für jedes abgelaufene Kalenderjahr ab dem 1. Januar 2017 verringert sich die Dauer der Zuschlagzahlung um die tatsächlich erreichte Anzahl der Vollbenutzungsstunden der KWK-Anlage, mindestens aber um 4 000 Vollbenutzungsstunden. [3]§ 7 Absatz 7 ist entsprechend anzuwenden.

(5) Mit dem Zuschlag zahlt der Netzbetreiber zusätzlich das Entgelt für die dezentrale Einspeisung nach § 18 der Stromnetzentgeltverordnung[1)] vom

---

[1)] Nr. **24**.

25. Juli 2005 (BGBl. I S. 2225), die zuletzt durch Artikel 2 Absatz 4 des Gesetzes vom 21. Dezember 2015 (BGBl. I S. 2498) geändert worden ist, in der jeweils geltenden Fassung an den Betreiber der KWK-Anlage.

(6) Für die Zulassung sind die §§ 10 und 11 entsprechend anzuwenden.

§ 13a Registrierung von KWK-Anlagen. Die Höhe der Zuschlagzahlung nach diesem Abschnitt verringert sich um 20 Prozent, solange Anlagenbetreiber die zur Registrierung der Anlage erforderlichen Angaben nicht nach Maßgabe der Rechtsverordnung nach § 111f des Energiewirtschaftsgesetzes[1] übermittelt haben.

Abschnitt 3. Vorschriften zum Nachweis der Menge des eingespeisten KWK-Stroms und zur Übermittlung von Daten an das Statistische Bundesamt

§ 14 Messung von KWK-Strom und Nutzwärme. (1) [1]Der Netzbetreiber ist verpflichtet, die für den Nachweis des in der KWK-Anlage erzeugten und des in das Netz der allgemeinen Versorgung eingespeisten KWK-Stroms relevanten Messstellen auf Kosten des Betreibers der KWK-Anlage zu betreiben, soweit nicht eine anderweitige Vereinbarung nach Satz 2 getroffen worden ist. [2]Für den Messstellenbetrieb zur Erfassung der erzeugten und der in das Netz eingespeisten *eingespeisten*[2] Strommenge sind die Vorschriften des Messstellenbetriebsgesetzes[3] anzuwenden. [3]Abweichend von Satz 2 kann anstelle der Beauftragung eines Dritten nach § 5 Absatz 1 des Messstellenbetriebsgesetzes der Betreiber einer KWK-Anlage den Messstellenbetrieb auch selbst übernehmen; für ihn gelten dann alle gesetzlichen Anforderungen, die das Messstellenbetriebsgesetz an einen Dritten als Messstellenbetreiber stellt. [4]§ 22 der Niederspannungsanschlussverordnung[4] vom 1. November 2006 (BGBl. I S. 2477), die zuletzt durch Artikel 4 der Verordnung vom 3. September 2010 (BGBl. I S. 1261) geändert worden ist, in der jeweils geltenden Fassung ist in Spannungsebenen oberhalb der Niederspannung entsprechend anzuwenden. [5]Wer den Messstellenbetrieb nach Maßgabe der Sätze 1 bis 4 übernimmt, ist verpflichtet, die abrechnungsrelevanten Messdaten an den Netzbetreiber und an den Anlagenbetreiber zu übermitteln.

(2) [1]Zur Feststellung der abgegebenen Nutzwärmemenge hat der Betreiber der KWK-Anlage oder ein von ihm beauftragter fachkundiger Dritter den Messstellenbetrieb und die Messung der aus der KWK-Anlage abgegebenen Nutzwärmemenge mit einer Messeinrichtung vorzunehmen, die den eichrechtlichen Vorschriften entspricht. [2]Betreiber von KWK-Anlagen mit einer elektrischen KWK-Leistung von bis zu 2 Megawatt, die nicht über Vorrichtungen zur Abwärmeabfuhr verfügen, sind von der Pflicht zur Messung der abgegebenen Nutzwärme befreit.

---

[1] Nr. 1.
[2] Wortlaut amtlich.
[3] Nr. 27.
[4] Nr. 32.

(3) Betreiber von KWK-Anlagen haben Beauftragten des Netzbetreibers und des Messstellenbetreibers auf Verlangen Zutritt zu den Messeinrichtungen zu gewähren.

§ 15 Mitteilungs- und Vorlagepflichten des Betreibers einer KWK-Anlage. (1) [1]Der Betreiber einer KWK-Anlage oder ein von ihm beauftragter Dritter informiert das Bundesamt für Wirtschaft und Ausfuhrkontrolle und den Netzbetreiber während der Dauer der Zuschlagzahlung monatlich über die Menge des erzeugten KWK-Stroms, und zwar unter Angabe der Mengen, die nicht in das Netz der allgemeinen Versorgung eingespeist wurden. [2]Der Betreiber einer KWK-Anlage mit einer elektrischen KWK-Leistung von bis zu 2 Megawatt, die nicht über Vorrichtungen zur Abwärmeabfuhr verfügt, ist von der monatlichen Mitteilungspflicht befreit.

(2) [1]Der Betreiber einer KWK-Anlage mit einer elektrischen KWK-Leistung von mehr als 2 Megawatt oder ein von ihm beauftragter Dritter legt während der Dauer der Zuschlagzahlung dem Bundesamt für Wirtschaft und Ausfuhrkontrolle und dem Netzbetreiber jeweils bis zum 31. März eines jeden Jahres eine nach den allgemein anerkannten Regeln der Technik erstellte Abrechnung für das vorangegangene Kalenderjahr vor mit Angaben

1. zum erzeugten KWK-Strom unter Angabe der Mengen, die nicht in das Netz der allgemeinen Versorgung eingespeist wurden,
2. zur Menge der KWK-Nettostromerzeugung,
2a. zur Höhe der Zuschlagzahlung,
3. zur Menge der KWK-Nutzwärmeerzeugung,
4. zu Brennstoffart und Brennstoffeinsatz,
5. zu der seit Aufnahme des Dauerbetriebs erreichten Anzahl an Vollbenutzungsstunden und in Fällen des § 13 zu der seit dem 1. Januar 2016 erreichten Anzahl Vollbenutzungsstunden,
6. in den Fällen des § 6 Absatz 3 Nummer 2 ein Nachweis über die entrichtete EEG-Umlage,
7. in den Fällen des § 6 Absatz 3 Nummer 3 ein Nachweis über den Einsatz der KWK-Anlage in einem stromkostenintensiven Unternehmen sowie darüber, dass der KWK-Strom durch das Unternehmen selbst verbraucht wird.

[2]Die Einhaltung der allgemein anerkannten Regeln der Technik wird vermutet, wenn die Berechnung nach den Grundlagen und Rechenmethoden der Nummern 4 bis 6 sowie 8 des Arbeitsblattes FW 308 „Zertifizierung von KWK-Anlagen – Ermittlung des KWK-Stromes" des Energieeffizienzverbandes für Wärme, Kälte und KWK e.V. AGFW (Bundesanzeiger vom 19. Oktober 2015, nichtamtlicher Teil, Institutionelle Veröffentlichungen) erstellt wurde.

(3) Der Betreiber einer KWK-Anlage mit einer elektrischen KWK-Leistung von bis zu 2 Megawatt oder ein von ihm beauftragter Dritter legt während der Dauer der Zuschlagzahlung dem Bundesamt für Wirtschaft und Ausfuhrkontrolle und dem Netzbetreiber jeweils bis zum 31. März eines jeden Jahres Angaben vor

1. zum erzeugten KWK-Strom unter Angabe der Mengen, die nicht in das Netz der allgemeinen Versorgung eingespeist wurden,

2. zur Menge der KWK-Nettostromerzeugung,
3. zur Menge der KWK-Nutzwärmeerzeugung,
4. zu Brennstoffart und Brennstoffeinsatz,
5. zu der seit Aufnahme des Dauerbetriebs erreichten Anzahl an Vollbenutzungsstunden,
6. in den Fällen des § 6 Absatz 3 Nummer 2 ein Nachweis über die entrichtete EEG-Umlage,
7. in den Fällen des § 6 Absatz 3 Nummer 3 ein Nachweis über den Einsatz der KWK-Anlage in einem stromkostenintensiven Unternehmen sowie darüber, dass der KWK-Strom durch das Unternehmen selbst verbraucht wird.

(4) [1] Wenn in einem Kalendermonat die Voraussetzungen nach § 7 Absatz 7 Satz 1 mindestens einmal erfüllt sind, legen die Betreiber von KWK-Anlagen mit der Abrechnung nach den Absätzen 2 und 3 Angaben zur Strommenge vor, die sie in dem Zeitraum erzeugt haben, in dem die Stundenkontrakte null oder negativ gewesen sind. [2] Andernfalls verringert sich der Anspruch in diesem Kalendermonat um 5 Prozent pro Kalendertag, in dem dieser Zeitraum ganz oder teilweise liegt.

(5) [1] Betreiber von KWK-Anlagen nach Absatz 3, die nicht über Vorrichtungen zur Abwärmeabfuhr verfügen, sind von der Pflicht zur Mitteilung der Menge der KWK-Nutzwärmeerzeugung und zur Messung der abgegebenen Menge der KWK-Nutzwärme befreit. [2] Betreiber von KWK-Anlagen mit einer elektrischen KWK-Leistung von bis zu 50 Kilowatt sind gegenüber dem Bundesamt für Wirtschaft und Ausfuhrkontrolle von den in Absatz 3 genannten Mitteilungspflichten befreit.

(6) Betreiber von KWK-Anlagen können monatliche Abschlagszahlungen vom Netzbetreiber vor der Vorlage der Mitteilung nach Absatz 1, der Abrechnung nach Absatz 2 oder der Angaben nach Absatz 3 verlangen, wenn die Anlage zugelassen ist oder der Antrag auf Zulassung gestellt worden ist.

§ 16 Maßnahmen des Bundesamtes für Wirtschaft und Ausfuhrkontrolle zur Überprüfung. (1) Das Bundesamt für Wirtschaft und Ausfuhrkontrolle kann Maßnahmen zur Überprüfung ergreifen, wenn sie begründete Zweifel hat an der Richtigkeit

1. der Mitteilung nach § 15 Absatz 1 Satz 1,
2. der Abrechnung nach § 15 Absatz 2 oder
3. der Angaben nach § 15 Absatz 3.

(2) § 11 Absatz 1 ist entsprechend anzuwenden.

§ 17 Übermittlung von Daten an das Statistische Bundesamt. (1) Das Bundesamt für Wirtschaft und Ausfuhrkontrolle übermittelt jährlich die folgenden Daten an das Statistische Bundesamt:

1. die nach § 10 Absatz 2 Nummer 1 bis 4 anfallenden Daten der KWK-Anlagen,
2. die Angaben zur KWK-Nettostromerzeugung,
3. die Angaben zur KWK-Nutzwärmeerzeugung,
4. die Angaben zur erzeugten KWK-Strommenge,

5. die Angaben zu Brennstoffart und Brennstoffeinsatz.

(2) Bei der Übermittlung der Daten nach Absatz 1 sind die Regelungen zur Geheimhaltung gemäß § 16 des Bundesstatistikgesetzes vom 22. Januar 1987 (BGBl. I S. 462, 565), das zuletzt durch Artikel 13 des Gesetzes vom 25. Juli 2013 (BGBl. I S. 2749) geändert worden ist, anzuwenden.

Abschnitt 4. Zuschlagzahlungen für Wärmenetze und Kältenetze

§ 18 Zuschlagberechtigter Neu- und Ausbau von Wärmenetzen.

(1) Betreiber eines neuen oder ausgebauten Wärmenetzes haben gegenüber dem Übertragungsnetzbetreiber Anspruch auf Zahlung eines Zuschlags nach Maßgabe der Absätze 2 bis 4 und des § 19, wenn

1. die Inbetriebnahme des neuen oder ausgebauten Wärmenetzes erfolgt
   a) spätestens bis zum 31. Dezember 2022 oder
   b) nach dem 31. Dezember 2022, aber vor dem 31. Dezember 2025,
2. die Versorgung der Abnehmenden, die an das neue oder ausgebaute Wärmenetz angeschlossen sind, innerhalb von 36 Monaten ab Inbetriebnahme des neuen oder ausgebauten Wärmenetzes
   a) mindestens zu 75 Prozent mit Wärme aus KWK-Anlagen erfolgt oder
   b) mindestens zu 50 Prozent mit einer Kombination aus Wärme aus KWK-Anlagen, Wärme aus erneuerbaren Energien oder industrieller Abwärme, die ohne zusätzlichen Brennstoffeinsatz bereitgestellt wird, erfolgt und
3. eine Zulassung für das Wärmenetz gemäß § 20 erteilt wurde.

(2) Im Fall des Absatzes 1 Nummer 2 Buchstabe b besteht der Anspruch nur, solange der Anteil der Wärme aus KWK-Anlagen 25 Prozent der transportierten Wärmemenge nicht unterschreitet.

(3) [1] Zuständig für die Auszahlung des Zuschlags ist derjenige Übertragungsnetzbetreiber, zu dessen Regelzone das Netz gehört, an das die KWK-Anlage, die in das neue oder ausgebaute Wärmenetz einspeist, mittelbar oder unmittelbar angeschlossen ist. [2] Erstreckt sich das neue oder ausgebaute Wärmenetz über das Gebiet mehrerer Übertragungsnetzbetreiber, so ist der Übertragungsnetzbetreiber zuständig, zu dessen Regelzone das Netz gehört, an das die KWK-Anlage mit der größten elektrischen Leistung angeschlossen ist.

(4) Dem zuschlagberechtigten Ausbau eines Wärmenetzes gleichgestellt sind

1. Netzverstärkungsmaßnahmen, die zu einer Erhöhung der transportierbaren Wärmemenge von mindestens 50 Prozent im betreffenden Trassenabschnitt führen,
2. der Zusammenschluss bestehender Wärmenetze,
3. die Anbindung einer KWK-Anlage an ein bestehendes Wärmenetz,
4. der Umbau der bestehenden Wärmenetze für die Umstellung von Heizdampf auf Heizwasser, sofern dies zu einer Erhöhung der transportierbaren Wärmemenge um mindestens 50 Prozent im betreffenden Trassenabschnitt führt.

§ 19 Höhe des Zuschlags für den Neu- und Ausbau von Wärmenetzen. (1) [1] Das Bundesamt für Wirtschaft und Ausfuhrkontrolle legt den Zuschlag für den Neu- und Ausbau von Wärmenetzen mit der Zulassung fest. [2] Der Zuschlag beträgt

1. für neu verlegte Wärmeleitungen mit einem mittleren Nenndurchmesser von bis zu 100 Millimetern 100 Euro je laufenden Meter der neu verlegten Wärmeleitung, höchstens aber 40 Prozent der ansatzfähigen Investitionskosten,
2. für neu verlegte Wärmeleitungen mit einem mittleren Nenndurchmesser von mehr als 100 Millimetern 30 Prozent der ansatzfähigen Investitionskosten des Neu- oder Ausbaus.

[3] Maßgeblich für die Zuordnung nach Satz 2 Nummer 1 oder 2 ist ein mittlerer Durchmesser, der auf Grundlage der Leitungslänge des Projektes bestimmt wird. [4] Der Zuschlag darf insgesamt 20 Millionen Euro je Projekt nicht überschreiten.

(2) [1] Ansatzfähige Investitionskosten sind alle Kosten, die für erforderliche Leistungen Dritter im Rahmen des Neu- oder Ausbaus von Wärmenetzen tatsächlich angefallen sind. [2] Nicht dazu gehören insbesondere

1. Gebühren,
2. interne Kosten für Konstruktion und Planung,
3. kalkulatorische Kosten sowie
4. Grundstücks-, Versicherungs- und Finanzierungskosten.

[3] Gewährte Bundes-, Länder- und Gemeindezuschüsse müssen abgesetzt werden, wenn sie nicht ausdrücklich zusätzlich zum Zuschlag nach Absatz 1 gewährt werden.

(3) Der Anteil des Zuschlags, der auf die Verbindung des Verteilungsnetzes mit dem Verbraucherabgang entfällt, ist von dem Betrag, der dem Verbraucher für die Anschlusskosten in Rechnung gestellt wird, abzuziehen.

§ 20 Zulassung für den Neu- und Ausbau von Wärmenetzen, Vorbescheid. (1) [1] Die Zulassung für den Neu- und Ausbau von Wärmenetzen ist dem Wärmenetzbetreiber von dem Bundesamt für Wirtschaft und Ausfuhrkontrolle auf Antrag zu erteilen, wenn der Neu- oder Ausbau des Wärmenetzes die Voraussetzungen nach § 18 Absatz 1 Nummer 1 und 2 erfüllt. [2] Der Antrag des Wärmenetzbetreibers muss enthalten:

1. Name und Anschrift des Antragstellers,
2. eine detaillierte Beschreibung des Projektes einschließlich Angaben über die Länge der neuen oder ausgebauten Trasse, eine Auflistung der Investitionskosten und das Datum der Inbetriebnahme sowie eine Darlegung anhand geeigneter Nachweise, dass die beantragte Zuschlagzahlung für die Wirtschaftlichkeit des Vorhabens erforderlich ist,
3. einen Nachweis über das Vorliegen der Voraussetzungen nach § 18 Absatz 1 sowie über die Angaben nach § 19 Absatz 1 und 2 und die Abzugsbeträge nach § 19 Absatz 3,
4. Angaben zum zuständigen Übertragungsnetzbetreiber.

[3] § 10 Absatz 2 Nummer 1a bis 1d ist entsprechend anzuwenden.

(2) [1] Die Angaben nach § 18 Absatz 1 Nummer 2 sind anhand von gemessenen Werten nachzuweisen. [2] Liegen im Zeitpunkt der Antragstellung noch keine gemessenen Werte vor, so genügen vorläufig prognostizierte Werte, sofern der Nachweis nach Ablauf von 36 Monaten anhand von gemessenen Werten nachgereicht wird.

(3) [1] Der Antrag auf Zulassung ist nach der Inbetriebnahme des neuen oder ausgebauten Wärmenetzes bis zum 1. Juli des Kalenderjahres zu stellen, das auf die Inbetriebnahme folgt. [2] Als Inbetriebnahme ist der Zeitpunkt der erstmaligen Aufnahme einer dauerhaften Versorgung mit Wärme maßgebend.

(4) Für die Überprüfung der Zulassung ist § 11 Absatz 1 und 2 entsprechend anzuwenden.

(5) Die Zulassung für Zuschlagzahlungen nach § 18, die einen Betrag von 15 Millionen Euro je Unternehmen überschreiten, darf von dem Bundesamt für Wirtschaft und Ausfuhrkontrolle erst nach beihilferechtlicher Genehmigung durch die Europäische Kommission erteilt werden.

(6) [1] Auf Antrag entscheidet das Bundesamt für Wirtschaft und Ausfuhrkontrolle vor der Inbetriebnahme des Neu- oder Ausbaus eines Wärmenetzes mit einem Volumen an ansatzfähigen Investitionskosten von mehr als 5 Millionen Euro über die Frage der Zuschlagberechtigung durch schriftlichen oder elektronischen Vorbescheid. [2] Die Bindungswirkung des Vorbescheides umfasst die Höhe des Zuschlags und die Höhe der ansatzfähigen Investitionskosten ab Inbetriebnahme des Neu- oder Ausbaus des Wärmenetzes gemäß der zum Zeitpunkt der Stellung des Antrags auf den Vorbescheid geltenden Fassung dieses Gesetzes, soweit die Voraussetzungen nach § 18 Absatz 1 Nummer 1 und 2, nach § 19 Absatz 1 im Rahmen der Zulassung bestätigt werden. [3] Im Übrigen ist § 12 entsprechend anzuwenden.

§ 21 Zuschlagzahlungen für Kältenetze. Die §§ 18, 19 und 20 sind für den Neu- und Ausbau von Kältenetzen entsprechend anzuwenden.

Abschnitt 5. Zuschlagzahlungen für Wärmespeicher und Kältespeicher

§ 22 Zuschlagberechtigter Neubau von Wärmespeichern. (1) Betreiber von Wärmespeichern haben gegenüber dem Übertragungsnetzbetreiber einen Anspruch auf Zahlung eines Zuschlags nach Maßgabe der Absätze 2 bis 4 und des § 23, wenn

1. die Inbetriebnahme des neuen Wärmespeichers erfolgt
   a) bis zum 31. Dezember 2022 oder
   b) nach dem 31. Dezember 2022, aber vor dem 31. Dezember 2025,
2. die Wärme des Wärmespeichers überwiegend aus KWK-Anlagen stammt, die an das Netz der allgemeinen Versorgung angeschlossen sind und die in dieses Netz einspeisen können,
3. die mittleren Wärmeverluste entsprechend einer nach den allgemein anerkannten Regeln der Technik erstellten Berechnung weniger als 15 Watt je Quadratmeter Behälteroberfläche betragen und
4. eine Zulassung gemäß § 24 erteilt wurde.

(2) Industrielle Abwärme, die ohne zusätzlichen Brennstoffeinsatz bereitgestellt wird, sowie Wärme aus erneuerbaren Energien stehen Wärme aus KWK-Anlagen im Sinne von Absatz 1 Nummer 2 gleich, solange der Anteil der Wärme aus KWK-Anlagen 25 Prozent der eingespeisten Wärmemenge nicht unterschreitet.

(3) Zuständig für die Auszahlung des Zuschlags ist derjenige Übertragungsnetzbetreiber, zu dessen Regelzone das Netz gehört, an das die KWK-Anlage, die in den neuen Wärmespeicher einspeist, mittelbar oder unmittelbar angeschlossen ist.

(4) [1] Anspruch auf Zahlung eines Zuschlags besteht für den Neubau von Wärmespeichern mit einer Kapazität von mindestens 1 Kubikmeter Wasseräquivalent oder von mindestens 0,3 Kubikmetern je Kilowatt der installierten elektrischen KWK-Leistung der KWK-Anlage. [2] Dem Neubau gleichgestellt ist die Umrüstung bestehender Behälter mit fabrikneuen Komponenten in einen Wärmespeicher.

§ 23 Höhe des Zuschlags für den Neubau von Wärmespeichern.

(1) [1] Das Bundesamt für Wirtschaft und Ausfuhrkontrolle legt den Zuschlag für den Neubau von Wärmespeichern mit der Zulassung fest. [2] Der Zuschlag beträgt 250 Euro je Kubikmeter Wasseräquivalent des Wärmespeichervolumens. [3] Bei Speichern mit einem Volumen von mehr als 50 Kubikmetern Wasseräquivalent beträgt der Zuschlag jedoch höchstens 30 Prozent der ansatzfähigen Investitionskosten. [4] Der Zuschlag nach Satz 1 darf insgesamt 10 Millionen Euro je Projekt nicht überschreiten. [5] Mehrere unmittelbar miteinander verbundene Wärmespeicher an einem Standort stehen in Bezug auf die Begrenzung des Zuschlags je Projekt einem Wärmespeicher gleich, soweit sie innerhalb von zwölf aufeinanderfolgenden Kalendermonaten in Betrieb genommen worden sind.

(2) [1] Ansatzfähige Investitionskosten sind alle Kosten, die für erforderliche Leistungen Dritter im Rahmen des Neubaus von Wärmespeichern tatsächlich angefallen sind. [2] Nicht dazu gehören insbesondere

1. Gebühren,
2. interne Kosten für Konstruktion und Planung,
3. kalkulatorische Kosten,
4. Grundstücks-, Versicherungs- und Finanzierungskosten sowie
5. bei der Umrüstung bestehender Behälter die Kosten für bestehende Komponenten.

[3] Gewährte Bundes-, Länder- und Gemeindezuschüsse müssen abgesetzt werden, wenn sie nicht ausdrücklich zusätzlich zum Zuschlag nach Absatz 1 gewährt werden.

§ 24 Zulassung für den Neubau von Wärmespeichern, Vorbescheid.

(1) [1] Die Zulassung für den Neubau von Wärmespeichern ist dem Betreiber des Wärmespeichers auf Antrag zu erteilen, wenn der Neubau des Wärmespeichers die Voraussetzungen nach § 22 Absatz 1 Nummer 1 bis 3 erfüllt. [2] Der Antrag des Betreibers des Wärmespeichers muss enthalten:

1. die erforderlichen Angaben zum Antragsteller wie Name und Anschrift,

2. eine detaillierte Beschreibung des Projektes einschließlich der Angaben über das Wärmespeichervolumen, einer Auflistung der Investitionskosten und des Datums der Inbetriebnahme sowie eine Darlegung anhand geeigneter Nachweise, dass die beantragte Zuschlagzahlung für die Wirtschaftlichkeit des Vorhabens erforderlich ist,
3. eine nach den allgemein anerkannten Regeln der Technik erstellte Berechnung der Wärmeverluste,
4. einen Nachweis über das Vorliegen der Voraussetzungen nach § 22 Absatz 1 Nummer 1 bis 4 sowie über die Angaben nach § 23 Absatz 1 und 2 und
5. Angaben zum zuständigen Übertragungsnetzbetreiber.

[3] § 10 Absatz 2 Nummer 1a bis 1d ist entsprechend anzuwenden.

(2) [1] Die Einhaltung der allgemein anerkannten Regeln der Technik bei der Berechnung der Wärmeverluste nach Absatz 1 Satz 2 Nummer 3 wird vermutet, wenn die Berechnung nach den Grundlagen und Rechenmethoden des Arbeitsblattes FW 313 „Berechnung der thermischen Verluste von thermischen Speichern" des Energieeffizienzverbandes für Wärme, Kälte und KWK e.V. AGFW (Bundesanzeiger vom 27. November 2015, nichtamtlicher Teil, Institutionelle Veröffentlichungen) erstellt wurde. [2] Für serienmäßig hergestellte Speicher können geeignete Unterlagen vorgelegt werden, aus denen die Berechnung der mittleren Wärmeverluste hervorgeht.

(3) Für die Überprüfung der Zulassung ist § 11 Absatz 1 und 2 entsprechend anzuwenden.

(4) [1] Der Antrag auf Zulassung ist nach der Inbetriebnahme des neu gebauten Wärmespeichers bis zum 1. Juli des Kalenderjahres zu stellen, das auf die Inbetriebnahme folgt. [2] Als Inbetriebnahme ist der Zeitpunkt der ersten Beladung nach Abschluss des Probebetriebs maßgebend.

(5) [1] Das Bundesamt für Wirtschaft und Ausfuhrkontrolle kann Zulassungen für Speicher mit einem Volumen von bis zu 5 Kubikmetern Wasseräquivalent in Form der Allgemeinverfügung gemäß § 35 Satz 2 des Verwaltungsverfahrensgesetzes von Amts wegen erteilen. [2] Die Allgemeinverfügung nach Satz 1 kann mit Auflagen verbunden werden.

(6) [1] Auf Antrag entscheidet das Bundesamt für Wirtschaft und Ausfuhrkontrolle vor der Inbetriebnahme des Neubaus eines Wärmespeichers mit einem Volumen an ansatzfähigen Investitionskosten von mehr als 5 Millionen Euro über die Frage der Zuschlagberechtigung durch schriftlichen oder elektronischen Vorbescheid. [2] Die Bindungswirkung des Vorbescheides umfasst die Höhe des Zuschlags und die Höhe der ansatzfähigen Investitionskosten ab Inbetriebnahme des Neubaus des Wärmespeichers gemäß der zum Zeitpunkt der Stellung des Antrags auf den Vorbescheid geltenden Fassung dieses Gesetzes, soweit die Voraussetzungen nach § 22 Absatz 1 Nummer 1 und 2, nach § 23 Absatz 1 im Rahmen der Zulassung bestätigt werden. [3] Im Übrigen ist § 12 entsprechend anzuwenden.

§ 25 Kältespeicher. Die §§ 22, 23 und 24 sind für den Neubau von Kältespeichern entsprechend anzuwenden.

Abschnitt 6. Regelungen zur Umlage der Kosten

§ 26 KWKG-Umlage. (1) Die Netzbetreiber sind berechtigt, die Kosten für die nach diesem Gesetz erforderlichen Ausgaben bei der Berechnung der Netzentgelte als Aufschlag in Ansatz zu bringen (KWKG-Umlage).

(2) Werden die Netzentgelte nicht gesondert in Rechnung gestellt, können die Kosten nach Absatz 1 bei dem Gesamtpreis für den Strombezug entsprechend in Ansatz gebracht werden.

(3) Die Netzbetreiber müssen für die Netzentgelte sowie für die KWKG-Umlage und die Zuschlagzahlungen getrennte Konten führen; § 6b Absatz 3 des Energiewirtschaftsgesetzes[1] ist entsprechend anzuwenden.

§ 26a Ermittlung der KWKG-Umlage. (1) Die Übertragungsnetzbetreiber ermitteln die KWKG-Umlage für das folgende Kalenderjahr transparent aus den Angaben nach Absatz 2 in Cent pro Kilowattstunde; hierbei müssen die Jahresendabrechnungen der vorangegangenen Kalenderjahre berücksichtigt werden.

(2) [1] Für die Ermittlung der KWKG-Umlage nach Absatz 1 müssen den Übertragungsnetzbetreibern die folgenden Daten mitgeteilt werden:

1. von den Netzbetreibern bis zum 31. August eines Kalenderjahres elektronisch
   a) die für das folgende Kalenderjahr prognostizierten KWK-Strommengen für Anlagen nach den §§ 6, 9, 13 und 35,
   b) die für das folgende Kalenderjahr prognostizierten KWK-Strommengen für Anlagen nach den §§ 8a und 8b sowie die Höhe der entsprechenden Ausschreibungszuschläge,
   c) die Summe der prognostizierten Stromabgaben an alle Letztverbraucher im Bereich ihres Netzes,
   d) die prognostizierten Stromabgaben an Letztverbraucher, die nach den §§ 26, 27a, 27b oder § 27c Absatz 1 umlagepflichtig sind, und
   e) die prognostizierten Stromabgaben an Letztverbraucher, die der Regelung des § 36 Absatz 3 unterfallen, sowie deren voraussichtliche Umlagenhöhe,
2. vom Bundesamt für Wirtschaft und Ausfuhrkontrolle
   a) bis zum 15. September eines Kalenderjahres
      aa) die zur Auszahlung für das folgende Kalenderjahr prognostizierte Fördersumme für Wärme- und Kältenetze differenziert nach Regelzonen,
      bb) die zur Auszahlung für das folgende Kalenderjahr prognostizierte Fördersumme für Wärme- und Kältespeicher, differenziert nach Regelzonen, und
   b) die von den stromkostenintensiven Unternehmen in den Anträgen nach § 66 des Erneuerbare-Energien-Gesetzes[2] nach § 27 Absatz 3 Nummer 1 abgegebenen Prognosen unverzüglich nach Ablauf der Antragsfrist.

---

[1] Nr. 1.
[2] Nr. 37.

[2]Bei der Meldung nach Satz 1 Nummer 2 Buchstabe a hat das Bundesamt für Wirtschaft und Ausfuhrkontrolle Anträge, die aufgrund der Begrenzung der Zuschlagsumme nach § 29 Absatz 3 nicht berücksichtigt wurden, in der Zuschlagsumme für das jeweils nächste Kalenderjahr zu berücksichtigen.

(3) Die Übertragungsnetzbetreiber müssen bei der Ermittlung der KWKG-Umlage nach Absatz 1 die Sorgfalt eines ordentlichen und gewissenhaften Kaufmanns anwenden.

(4) Werden erforderliche Daten nach Absatz 2 Satz 1 Nummer 1 nicht oder nicht fristgerecht den Übertragungsnetzbetreibern mitgeteilt, sind die Übertragungsnetzbetreiber berechtigt, die Daten für die Ermittlung der KWKG-Umlage zu schätzen.

§ 26b Veröffentlichung der KWKG-Umlage. (1) Die Übertragungsnetzbetreiber veröffentlichen bis zum 25. Oktober eines Kalenderjahres die KWKG-Umlage für das folgende Kalenderjahr auf ihren Internetseiten.

(2) [1]Bei der Veröffentlichung sind in nicht personenbezogener Form auch die Datengrundlagen, Annahmen, Rechenwege, Berechnungen und Endwerte anzugeben, die in die Ermittlung eingeflossen sind. [2]Die Angaben müssen einen sachkundigen Dritten in die Lage versetzen, ohne weitere Informationen die Ermittlung der KWKG-Umlage vollständig nachzuvollziehen.

§ 26c Geringfügige Stromverbräuche Dritter und Messung und Schätzung. Die §§ 62a, 62b und 104 Absatz 10 und 11 des Erneuerbare-Energien-Gesetzes[1)] sind im Rahmen der Erhebung der KWKG-Umlage entsprechend anzuwenden.

§ 27 Begrenzte KWKG-Umlage bei stromkostenintensiven Unternehmen. (1) [1]Für stromkostenintensive Unternehmen ist in den Kalenderjahren, in denen die EEG-Umlage für sie nach § 63 Nummer 1 in Verbindung mit § 64 des Erneuerbare-Energien-Gesetzes[1)] begrenzt ist, auch die KWKG-Umlage nach § 26 begrenzt. [2]Die Höhe der KWKG-Umlage wird in diesen Fällen in entsprechender Anwendung des § 64 Absatz 2 des Erneuerbare-Energien-Gesetzes mit den Maßgaben ermittelt, dass

1. die Bezugsgröße in § 64 Absatz 2 Nummer 2 des Erneuerbare-Energien-Gesetzes[1)] die KWKG-Umlage ist und
2. abweichend von § 64 Absatz 2 Nummer 4 des Erneuerbare-Energien-Gesetzes[1)] die Begrenzung nur insoweit erfolgt, dass die von dem stromkostenintensiven Unternehmen zu zahlende KWKG-Umlage für den Stromanteil über 1 Gigawattstunde den Wert von 0,03 Cent pro Kilowattstunde nicht unterschreitet.

(2) Zur Erhebung der nach Absatz 1 begrenzten KWKG-Umlage sind abweichend von § 26 ausschließlich die Übertragungsnetzbetreiber berechtigt, die die Umlage als eigenständige Umlage erheben.

(2a) Die Übertragungsnetzbetreiber sind ferner zur Erhebung der KWKG-Umlage als eigenständige Umlage berechtigt

---

[1)] Nr. **37**.

1. für die Strommengen, die von einer nach Absatz 1 begrenzten Abnahmestelle an eine nicht nach Absatz 1 begrenzte Abnahmestelle weitergeleitet werden, oder
2. für die Strommengen an Abnahmestellen, für die für das betreffende Kalenderjahr ein Antrag auf Begrenzung nach § 66 des Erneuerbare-Energien-Gesetzes[1)] gestellt worden ist.

(3) [1] Unternehmen, die die Begrenzung nach Absatz 1 in Anspruch nehmen wollen, müssen abnahmestellenbezogen mitteilen

1. dem Bundesamt für Wirtschaft und Ausfuhrkontrolle im Rahmen der Antragstellung nach § 66 des Erneuerbare-Energien-Gesetzes[1)]
   a) die für das folgende Kalenderjahr prognostizierten Strommengen, für die die KWKG-Umlage begrenzt wird, aufgeschlüsselt nach Kalendermonaten und Abnahmestellen,
   b) die für das folgende Kalenderjahr prognostizierten Strommengen, die an den unter Buchstabe a genannten Abnahmestellen an Dritte weitergeleitet werden,
   c) den für das folgende Kalenderjahr prognostizierten Höchstbetrag nach § 64 Absatz 2 Nummer 3 Buchstabe a oder b des Erneuerbare-Energien-Gesetzes[1)] und
   d) die Netzbetreiber, an deren Netz die unter Buchstabe a genannten Abnahmestellen unmittelbar oder mittelbar angeschlossen sind,
2. den Übertragungsnetzbetreibern bis zum 31. Mai des auf die Begrenzung folgenden Jahres elektronisch den im vorangegangen Kalenderjahr aus dem Netz bezogenen und selbst verbrauchten Strom sowie an Dritte weitergeleitete Strommengen; dies ist auch im Fall des Absatzes 2a anzuwenden.

[2] § 26a Absatz 4 ist entsprechend anzuwenden.

(4) [1] Die Übertragungsnetzbetreiber haben im Begrenzungsjahr für jede nach Absatz 1 begrenzte Abnahmestelle und jede Abnahmestelle, an der die Übertragungsnetzbetreiber nach Absatz 2a zur Erhebung der KWKG-Umlage berechtigt sind, Anspruch auf monatliche Abschlagszahlungen der KWKG-Umlage. [2] Die Höhe der Abschlagszahlungen richtet sich nach den von den stromkostenintensiven Unternehmen prognostizierten und nach Absatz 3 mitgeteilten Daten. [3] Die Jahresendabrechnung, in der Abweichungen zwischen den prognostizierten und den tatsächlichen Werten auszugleichen sind, erfolgt bis zum 31. Juli des Folgejahres. [4] Zahlungsansprüche aus der Jahresendabrechnung nach Satz 3 zugunsten oder zulasten der Übertragungsnetzbetreiber müssen innerhalb von zwei Monaten ausgeglichen werden.

§ 27a Begrenzte KWKG-Umlage bei Anlagen zur Verstromung von Kuppelgasen. (1) Für Unternehmen oder selbständige Teile eines Unternehmens wird die KWKG-Umlage nach § 26 für den selbst verbrauchten Stromanteil über 1 Gigawattstunde, der in einer Anlage erzeugt wurde, die ausschließlich Strom mit Kuppelgasen nach § 104 Absatz 2 des Erneuerbare-Energien-Gesetzes[1)] erzeugt, auf 15 Prozent der nach § 26 ermittelten Umlage begrenzt, wenn das Unternehmen

---

[1)] Nr. 37.

1. einer Branche nach Liste 1 der Anlage 4 des Erneuerbare-Energien-Gesetzes[1)] zuzuordnen ist und
2. ein zertifiziertes Energie- oder Umweltmanagementsystem betreibt.

(2) Unternehmen, die die Begrenzung nach Absatz 1 in Anspruch nehmen wollen, müssen dem zuständigen Netzbetreiber bis zum 31. März des auf die Begrenzung folgenden Jahres die in der Anlage nach Absatz 1 im vorangegangenen Kalenderjahr erzeugte und selbst verbrauchte Strommenge mitteilen.

(3) Beträgt bei einem Unternehmen die Begrenzung nach Absatz 1 bezogen auf das letzte Kalenderjahr 500 000 Euro oder mehr, ist § 74a Absatz 3 des Erneuerbare-Energien-Gesetzes[1)] mit der Maßgabe entsprechend anzuwenden, dass die Mitteilung an die Bundesnetzagentur bis zum 31. August des jeweiligen Folgejahres erfolgen muss.

§ 27b Begrenzte KWKG-Umlage bei Stromspeichern. Für Strom, der zum Zweck der Zwischenspeicherung in einem elektrischen, chemischen, mechanischen oder physikalischen Stromspeicher verbraucht wird, ist § 61l des Erneuerbare-Energien-Gesetzes[1)] mit der Maßgabe entsprechend anzuwenden, dass die Mitteilungen nach den §§ 74 und 74a des Erneuerbare-Energien-Gesetzes gegenüber dem zuständigen Netzbetreiber bis zum 31. März des auf die Begrenzung folgenden Jahres erfolgen müssen.

§ 27c Begrenzte KWKG-Umlage bei Schienenbahnen. (1) [1] Für Schienenbahnen nach § 3 Nummer 40 des Erneuerbare-Energien-Gesetzes[1)], deren Jahresverbrauch an einer Abnahmestelle mehr als 1 Gigawattstunde beträgt, ist die KWKG-Umlage abweichend von § 26 so begrenzt, dass sich das Netzentgelt für selbst verbrauchte Strombezüge, die über 1 Gigawattstunde hinausgehen, an dieser Abnahmestelle aufgrund von § 26 höchstens um 0,04 Cent pro Kilowattstunde erhöhen darf. [2] Übersteigen die Stromkosten für selbstverbrauchten Strom im letzten abgeschlossenen Geschäftsjahr 4 Prozent des Umsatzes im Sinn von § 277 des Handelsgesetzbuches, darf sich das Netznutzungsentgelt für die über 1 Gigawattstunde hinausgehenden selbstverbrauchten Strombezüge aufgrund von § 26 höchstens um 0,03 Cent pro Kilowattstunde erhöhen. [3] Für die Definition der Abnahmestelle im Sinn dieses Paragraphen ist § 65 Absatz 7 Nummer 1 des Erneuerbare-Energien-Gesetzes entsprechend anzuwenden.

(2) [1] Schienenbahnen, deren nach Absatz 1 begrenzte Verbrauchsstellen sich in den Netzen mehrerer Netzbetreiber befinden, können durch Erklärung gegenüber den Übertragungsnetzbetreibern bestimmen, dass die Erhebung der KWKG-Umlage an den betroffenen Entnahmestellen durch die Übertragungsnetzbetreiber nach § 27 Absatz 2 bis 4 erfolgt. [2] Die Erklärung muss spätestens bis zum 30. Juni eines Jahres erfolgen. [3] Die Erhebung der KWKG-Umlage durch die Übertragungsnetzbetreiber erfolgt ab dem auf die Erklärung folgenden Kalenderjahr. [4] Den betroffenen Netzbetreibern muss eine Abschrift der Erklärung unverzüglich von der Schienenbahn übermittelt werden.

(3) § 27 Absatz 3 Nummer 2 ist mit den Maßgaben anzuwenden, dass die Meldung gegenüber dem zur Erhebung der KWKG-Umlage berechtigten Netzbetreiber zu erfolgen hat und im Fall des Absatzes 1 Satz 2 zusätzlich zu

---

[1)] Nr. **37**.

den Strommengen auch das Verhältnis der Stromkosten zum handelsrechtlichen Umsatz mitzuteilen ist.

§ 28 Belastungsausgleich. (1) [1]Die Netzbetreiber können für die in einem Kalenderjahr geleisteten Zuschlagzahlungen einen finanziellen Ausgleich von dem vorgelagerten Übertragungsnetzbetreiber verlangen. [2]Hierbei müssen sie etwaige Erlöse oder vermiedene Aufwendungen aus der Verwertung des kaufmännisch abgenommenen KWKG-Stroms nach § 4 Absatz 2 Satz 4 in Abzug bringen.

(2) Die Übertragungsnetzbetreiber haben untereinander einen finanziellen Anspruch auf Belastungsausgleich, sofern sie bezogen auf die Einnahmen aus der KWKG-Umlage im Bereich ihres Netzes höhere Zahlungen zu leisten hatten als es dem Durchschnitt aller Übertragungsnetzbetreiber entspricht.

(3) Die Übertragungsnetzbetreiber haben einen finanziellen Anspruch auf Belastungsausgleich gegen die ihnen unmittelbar oder mittelbar nachgelagerten Netzbetreiber in Höhe deren Einnahmen aus der KWKG-Umlage.

(4) [1]Auf die zu erwartenden Ausgleichsbeträge nach den Absätzen 1 bis 3 sind aufgrund der nach § 26a Absatz 2 Satz 1 Nummer 1 mitgeteilten Daten monatliche Abschläge in zwölf gleichen Raten zu zahlen. [2]Die Raten nach Satz 1 sind bis spätestens zum 15. des jeweiligen Folgemonats zu zahlen. [3]Wenn ein Netzbetreiber die erforderlichen Daten nicht oder nicht rechtzeitig den Übertragungsnetzbetreibern mitgeteilt hat, richtet sich die Höhe der Abschläge nach der Schätzung der Übertragungsnetzbetreiber nach § 26a Absatz 4. [4]Ein Anspruch des Netzbetreibers auf Anpassung der Abschläge besteht nur, wenn und soweit die Übertragungsnetzbetreiber für eine Abnahmestelle eine Mitteilung nach § 27 Absatz 3 Nummer 1 bei der Festlegung der Höhe des Abschlags berücksichtigt haben, das Unternehmen aber für diese Abnahmestelle im folgenden Jahr keine Begrenzung erhält.

(5) [1]Die Jahresendabrechnung des Belastungsausgleichs für das vorangegangene Kalenderjahr zwischen Netzbetreibern und Übertragungsnetzbetreibern sowie unter den Übertragungsnetzbetreibern erfolgt bis zum 30. November eines Kalenderjahres mit Wertstellung zum 30. Juni des darauf folgenden Kalenderjahres. [2]Jeder Netzbetreiber muss den Übertragungsnetzbetreibern alle Daten, die für die Jahresendabrechnung des Belastungsausgleichs des vorangegangenen Kalenderjahres erforderlich sind, elektronisch bis zum 31. Juli eines Kalenderjahres zur Verfügung stellen, insbesondere

1. die Angabe der Stromabgaben an Letztverbraucher des vorangegangenen Kalenderjahres im Bereich ihres Netzes insgesamt,
2. die Angabe der Stromabgaben an Letztverbraucher des vorangegangenen Kalenderjahres im Bereich ihres Netzes, die nach den §§ 26, 27a, 27b oder § 27c Absatz 1 umlagepflichtig gewesen sind,
3. die KWK-Strommengen für Anlagen nach den §§ 6, 9, 13 und 35,
4. die KWK-Strommengen für Anlagen nach den §§ 8a und 8b sowie die Höhe der entsprechenden Ausschreibungszuschläge und
5. die Beträge für die Förderung von Wärme- und Kältenetzen und von Wärme- und Kältespeichern nach den §§ 18 bis 25 und 35.

[3]Die Daten können auch Kalenderjahre vor dem vorangegangenen Kalenderjahr betreffen und sind in diesem Fall gesondert auszuweisen.

§ 29 Begrenzung der Höhe der KWKG-Umlage und der Zuschlagzahlungen. (1) Die Summe der Zuschlagzahlungen für KWK-Strom aus neuen und bestehenden KWK-Anlagen nach den §§ 6 bis 13 und 35 und für Wärme- und Kältenetze sowie für Wärme- und Kältespeicher nach den §§ 18 bis 25 und 35 darf einen Betrag von 1,5 Milliarden Euro je Kalenderjahr nicht überschreiten.

(2) [1] Die Summe der Zuschlagzahlungen für Wärme- und Kältenetze sowie Wärme- und Kältespeicher nach den §§ 18 bis 25 darf 150 Millionen Euro je Kalenderjahr nicht überschreiten, es sei denn, die Einhaltung der Summe nach Absatz 1 kann unter Berücksichtigung der gemeldeten Prognosedaten nach § 26a Absatz 2 Satz 1 Nummer 1 für Zuschlagzahlungen für KWK-Strom und einer höheren Summe für Wärme- und Kältenetze sowie Wärme- und Kältespeicher insgesamt gewährleistet werden. [2] Das Bundesamt für Wirtschaft und Ausfuhrkontrolle erteilt die Zulassungsbescheide

1. in der Reihenfolge des Eingangs des vollständigen Antrags nach § 20 Absatz 1 und § 24 Absatz 1,
2. unter Berücksichtigung der jährlichen Kostenwirkungen im Hinblick auf den in Satz 1 genannten Betrag sowie
3. unter Berücksichtigung der gleichmäßigen unterjährigen Zahlungswirkung.

[3] Darüber hinausgehende Beträge werden in der Reihenfolge der Antragstellung zur Auszahlung in den Folgejahren beschieden. [4] Die Auszahlung der Zuschlagzahlungen durch die Übertragungsnetzbetreiber erfolgt in dem im Zulassungsbescheid ausgewiesenen Kalenderjahr und Kalendermonat.

(3) Droht auf Grundlage der gemeldeten Prognosedaten nach § 26a Absatz 2 Satz 1 Nummer 1 und 2 im folgenden Kalenderjahr eine Überschreitung der Obergrenze nach Absatz 1, so werden die Zuschlagzahlungen für alle KWK-Anlagen nach den §§ 6 und 13 mit einer elektrischen KWK-Leistung von mehr als 2 Megawatt entsprechend für das folgende Kalenderjahr gekürzt.

(3a) Die Zuschlagzahlungen für KWK-Strom aus KWK-Anlagen, deren Förderung durch Ausschreibungen nach § 8a oder § 8b ermittelt worden ist, sind gegenüber der sonstigen Förderung nach diesem Gesetz vorrangig und werden nicht nach Absatz 3 gekürzt.

(4) [1] Die Übertragungsnetzbetreiber übermitteln dem Bundesamt für Wirtschaft und Ausfuhrkontrolle die zur Ermittlung der Kürzung der Zuschlagzahlungen nach Absatz 3 erforderlichen Daten auf Grundlage der gemeldeten Prognosedaten nach § 26a Absatz 2 Satz 1 Nummer 1 und 2 bis zum 30. September eines jeden Jahres, und zwar in nicht personenbezogener Form. [2] Das Bundesamt für Wirtschaft und Ausfuhrkontrolle ermittelt die entsprechenden Kürzungssätze und veröffentlicht diese bis zum 20. Oktober eines jeden Jahres im Bundesanzeiger.

(5) [1] Die gekürzten Zuschlagzahlungen für den geförderten KWK-Strom werden in den Folgejahren in der Reihenfolge der Zulassung an die betreffenden Anlagenbetreiber nachgezahlt. [2] Die Nachzahlungen erfolgen in der Reihenfolge der Anspruchsentstehung vorrangig vor den Ansprüchen auf KWK-Zuschlag der KWK-Anlagen aus dem Prognosejahr.

Abschnitt 7. Sonstige Vorschriften

§ 30 Vorschriften für Prüfungen. (1) Folgende Abrechnungen, Angaben oder Nachweise müssen von einem Wirtschaftsprüfer, einer Wirtschaftsprüfungsgesellschaft, einem genossenschaftlichen Prüfungsverband, einem vereidigten Buchprüfer oder einer Buchprüfungsgesellschaft geprüft sein:

1. die Angaben der Betreiber von KWK-Anlagen nach § 7 Absatz 2 Nummer 2 zu den Eigentumsverhältnissen im Hinblick auf die bestehende KWK-Anlage,
2. die Abrechnung der Betreiber von KWK-Anlagen mit einer Leistung von mehr als 2 Megawatt nach § 15 Absatz 2,
3. die Angaben der Betreiber von Wärme- oder Kältenetzen nach § 18 Absatz 1 Nummer 1 und 2, § 19 Absatz 1 und 3 sowie § 20 Absatz 2 Satz 2 und Absatz 6,
4. die Angaben der Betreiber von Wärme- oder Kältespeichern mit einem Volumen von mehr als 100 Kubikmetern Wasseräquivalent nach § 22 Absatz 1 Nummer 1 bis 3, § 23 Absatz 1 Satz 1 und § 24 Absatz 6,
5. die Abrechnung der stromkostenintensiven Unternehmen nach § 27 Absatz 3 Nummer 2, sofern die Übertragungsnetzbetreiber deren Prüfung verlangen,
6. die Zugehörigkeit zu einer Branche nach Liste 1 der Anlage 4 des Erneuerbare-Energien-Gesetzes[1)], das Vorhandensein eines gültigen DIN EN ISO-50001-Zertifikates oder eines gültigen Eintragungs- oder Verlängerungsbescheides der EMAS-Registrierungsstelle über die Eintragung in das EMAS-Register sowie die Bestätigung, welche selbst verbrauchte Strommenge in einer Anlage erzeugt wurde, die ausschließlich Strom mit Kuppelgasen erzeugt nach § 27a Absatz 1,
7. der Nachweis der Unternehmen zum Verhältnis der Stromkosten zu den Umsatzerlösen nach § 27c Absatz 1,
8. die Abrechnung unter den Übertragungsnetzbetreibern nach § 28 Absatz 5 Satz 1,
9. die Abrechnung der Netzbetreiber nach § 28 Absatz 5 Satz 2, sofern die Übertragungsnetzbetreiber auf Grund der nicht unerheblichen Bedeutung für den Belastungsausgleich die Prüfung verlangen.

(2) [1] Zu den Prüfungen nach Absatz 1 muss jeweils ein gesonderter Prüfungsvermerk erteilt und vorgelegt werden. [2] Werden die Abrechnungen nach Absatz 1 Nummer 2, 5, 7 und 8, die Anträge im Hinblick auf die Angaben nach Absatz 1 Nummer 1, 3 und 4 oder der Nachweis nach Absatz 1 Nummer 6 nach Erteilung des Prüfvermerks geändert, muss der Prüfer, der die ursprüngliche Prüfung durchgeführt hat, diese Unterlagen erneut prüfen, soweit es die Änderung erforderlich macht. [3] Der Prüfungsvermerk ist um das Ergebnis der Nachtragsprüfung zu ergänzen.

(3) Für die Prüfungen nach den Absätzen 1 und 2 sind § 319 Absatz 2 bis 4, § 319b Absatz 1, § 320 Absatz 2 und § 323 des Handelsgesetzbuches in der jeweils geltenden Fassung entsprechend anzuwenden.

[1)] Nr **37**.

§ 31 Herkunftsnachweis für Strom aus hocheffizienter Kraft-Wärme-Kopplung. (1) Betreiber von hocheffizienten KWK-Anlagen können für Strom, der in Kraft-Wärme-Kopplung erzeugt wurde, bei dem Bundesamt für Wirtschaft und Ausfuhrkontrolle elektronisch oder schriftlich einen Herkunftsnachweis beantragen.

(2) [1]Der Antrag nach Absatz 1 muss mindestens die folgenden Angaben enthalten:

1. den Namen und die Anschrift des Anlagenbetreibers,
2. den Standort, die Bezeichnung und den Typ der Anlage,
3. die elektrische und die thermische Leistung der Anlage,
4. den Zeitpunkt der Inbetriebnahme der Anlage,
5. den Nutzungsgrad und die Stromkennzahl der Anlage,
6. die in der Anlage erzeugte Gesamtstrommenge und den Zeitraum, in dem der Strom erzeugt wurde,
7. die in der Anlage erzeugte KWK-Strommenge, den Zeitraum, in dem der Strom erzeugt wurde, und die gleichzeitig erzeugte Nutzwärmemenge,
8. den oder die eingesetzten Energieträger sowie dessen oder deren unteren Heizwert,
9. die Verwendung der Nutzwärme,
10. das Ausstellungsdatum und das ausstellende Land sowie eine eindeutige Kennnummer,
11. ob und in welchem Umfang die Anlage Gegenstand von Investitionsförderung war,
12. ob und in welchem Umfang die betreffende Energieeinheit Gegenstand einer nationalen Förderregelung war, und Art der Förderregelung und
13. die Primärenergieeinsparung nach Anhang II der Richtlinie 2012/27/EU[1)] in der jeweils geltenden Fassung.

[2]Die Angaben müssen vollständig und nachvollziehbar sein. [3]Das Bundesamt für Wirtschaft und Ausfuhrkontrolle kann weitere Angaben verlangen, wenn dies zur Erfüllung der unionsrechtlichen Vorgaben erforderlich ist.

(3) [1]Der Herkunftsnachweis ist von dem Bundesamt für Wirtschaft und Ausfuhrkontrolle auszustellen, sofern die KWK-Anlage hocheffizient ist und die Angaben nach Absatz 2 vorliegen. [2]Der Herkunftsnachweis muss die Angaben nach Absatz 2 enthalten.

(4) Herkunftsnachweise aus anderen Mitgliedstaaten sind im behördlichen Verkehr anzuerkennen, soweit sie nicht offenkundig den unionsrechtlichen Vorgaben widersprechen.

§ 31a Weitere Aufgaben des Bundesamtes für Wirtschaft und Ausfuhrkontrolle. Für die Erstellung eines Testats zur Wirtschaftlichkeitsanalyse einschließlich des Kosten-Nutzen-Vergleichs im Sinn von § 3 Absatz 3 Satz 2 in Verbindung mit § 6 der KWK-Kosten-Nutzen-Vergleich-Verordnung ist das Bundesamt für Wirtschaft und Ausfuhrkontrolle zuständig.

[1)] Nr. **61**.

§ 31b Weitere Aufgaben der Bundesnetzagentur. (1) Die Bundesnetzagentur hat unbeschadet weiterer Aufgaben, die ihr in diesem Gesetz oder in aufgrund dieses Gesetzes erlassenen Rechtsverordnungen übertragen werden, die Aufgabe zu überwachen, dass

1. die Übertragungsnetzbetreiber
   a) die KWKG-Umlage nach den §§ 26a und 26b ordnungsgemäß ermitteln, festlegen und veröffentlichen,
   b) die KWKG-Umlage nach den §§ 27 und 27c Absatz 2 ordnungsgemäß erheben,
   c) für Wärme- und Kältenetze sowie Wärme- und Kältespeicher nur die Zuschlagzahlungen nach den §§ 18, 21, 22 und 25 leisten und
   d) den Belastungsausgleich nach § 28 durchführen,
2. die Netzbetreiber, die keine Übertragungsnetzbetreiber sind,
   a) für KWK-Anlagen und innovative KWK-Systeme nur die Zuschlagzahlungen nach den §§ 5 bis 8b und 13 leisten und den Strom nach § 4 abnehmen,
   b) die KWKG-Umlage nach § 26 Absatz 1, den §§ 27a, 27b und 27c Absatz 1 und § 36 ordnungsgemäß erheben und
   c) den Belastungsausgleich nach § 28 durchführen.

(2) [1] Für die Wahrnehmung der Aufgaben der Bundesnetzagentur nach diesem Gesetz und nach den aufgrund dieses Gesetzes erlassenen Rechtsverordnungen sind die Bestimmungen des Teils 8 des Energiewirtschaftsgesetzes[1)] mit Ausnahme der §§ 91 und 95 bis 101 sowie des Abschnitts 6 des Energiewirtschaftsgesetzes entsprechend anzuwenden. [2] Bei einem begründeten Verdacht sind zur Wahrnehmung der Aufgaben nach Absatz 1 auch Kontrollen bei Betreibern von KWK-Anlagen, von innovativen KWK-Systemen, von Wärme- und Kältenetzen und von Wärme- und Kältespeichern möglich, die keine Unternehmen sind.

[§ 32 bis 30.9.2021:]
§ 32 Gebühren und Auslagen. Für individuell zurechenbare öffentliche Leistungen nach diesem Gesetz und den aufgrund dieses Gesetzes erlassenen Rechtsverordnungen werden Gebühren und Auslagen erhoben.

[§ 32 ab 1.10.2021:]
§ 32 *(aufgehoben)*

§ 32a Clearingstelle. (1) Das Bundesministerium für Wirtschaft und Energie kann zu diesem Gesetz eine Clearingstelle einrichten und den Betrieb auf den Betreiber der Clearingstelle nach § 81 des Erneuerbare-Energien-Gesetzes[2)] oder eine andere juristische Person des Privatrechts übertragen.

(2) Die Clearingstelle ist zuständig für Fragen und Streitigkeiten

1. zur Anwendung der §§ 2 bis 15, 18 bis 25, 35 und der hierzu aufgrund dieses Gesetzes erlassenen Rechtsverordnungen,

---

[1)] Nr. **1**.
[2)] Nr. **37**.

2. zur Anwendung der Bestimmungen, die den in Nummer 1 genannten Bestimmungen in einer vor dem 1. Januar 2017 geltenden Fassung dieses Gesetzes entsprochen haben und
3. zur Messung des für den Betrieb einer KWK-Anlage gelieferten oder verbrauchten oder von einer KWK-Anlage erzeugten Stroms, auch für Fragen und Streitigkeiten nach dem Messstellenbetriebsgesetz, soweit nicht die Zuständigkeit des Bundesamts für Sicherheit in der Informationstechnik oder der Bundesnetzagentur gegeben ist.

(3) [1] Die Aufgaben der Clearingstelle sind:

1. die Vermeidung von Streitigkeiten und
2. die Beilegung von Streitigkeiten.

[2] Bei der Wahrnehmung dieser Aufgaben müssen die Regelungen zum Schutz personenbezogener Daten und zum Schutz von Betriebs- oder Geschäftsgeheimnissen sowie Entscheidungen der Bundesnetzagentur nach § 31b beachtet werden. [3] Ferner sollen die Grundsätze der Richtlinie 2013/11/EU des Europäischen Parlaments und des Rates vom 21. Mai 2013 über die alternative Beilegung verbraucherrechtlicher Streitigkeiten und zur Änderung der Verordnung (EG) Nr. 2006/2004 und der Richtlinie 2009/22/EG (ABl. L 165 vom 18.6.2013, S. 63) in entsprechender Anwendung berücksichtigt werden.

(4) [1] Die Clearingstelle kann zur Vermeidung oder Beilegung von Streitigkeiten zwischen Verfahrensparteien

1. Verfahren zwischen den Verfahrensparteien auf ihren gemeinsamen Antrag durchführen; § 204 Absatz 1 Nummer 11 des Bürgerlichen Gesetzbuchs ist entsprechend anzuwenden; die Verfahren können auch als schiedsgerichtliches Verfahren im Sinn des Zehnten Buches der Zivilprozessordnung durchgeführt werden, wenn die Parteien eine Schiedsvereinbarung getroffen haben oder
2. Stellungnahmen für ordentliche Gerichte, bei denen diese Streitigkeiten rechtshängig sind, auf deren Ersuchen abgeben.

[2] Soweit eine Streitigkeit auch andere als die in Absatz 2 genannten Regelungen betrifft, kann die Clearingstelle auf Antrag der Verfahrensparteien die Streitigkeit umfassend vermeiden oder beilegen, wenn vorrangig eine Streitigkeit nach Absatz 2 zu vermeiden oder beizulegen ist; insbesondere kann die Clearingstelle Streitigkeiten über Zahlungsansprüche zwischen den Verfahrensparteien umfassend beilegen. [3] Verfahrensparteien können Anlagenbetreiber, Netzbetreiber und Messstellenbetreiber sein. [4] Ihr Recht, die ordentlichen Gerichte anzurufen, bleibt vorbehaltlich der Regelungen des Zehnten Buches der Zivilprozessordnung unberührt.

(5) [1] Die Clearingstelle kann zur Vermeidung von Streitigkeiten ferner Verfahren zur Klärung von Fragen über den Einzelfall hinaus durchführen, sofern dies mindestens ein Anlagenbetreiber, ein Netzbetreiber, ein Messstellenbetreiber oder ein Verband beantragt und ein öffentliches Interesse an der Klärung dieser Fragen besteht. [2] Verbände, deren satzungsgemäßer Aufgabenbereich von der Frage betroffen ist, sind zu beteiligen.

(6) [1] Die Wahrnehmung der Aufgaben nach den Absätzen 3 bis 5 erfolgt nach Maßgabe der Verfahrensordnung, die sich die Clearingstelle selbst gibt. [2] Die Verfahrensordnung muss auch Regelungen dazu enthalten, wie ein

schiedsgerichtliches Verfahren durch die Clearingstelle durchgeführt wird. [3] Erlass und Änderungen der Verfahrensordnung bedürfen der vorherigen Zustimmung des Bundesministeriums für Wirtschaft und Energie. [4] Die Wahrnehmung der Aufgaben nach den Absätzen 3 bis 5 steht jeweils unter dem Vorbehalt der vorherigen Zustimmung der Verfahrensparteien zu der Verfahrensordnung.

(7) [1] Die Clearingstelle muss die Aufgaben nach den Absätzen 3 bis 5 vorrangig und beschleunigt durchführen. [2] Sie kann den Verfahrensparteien Fristen setzen und Verfahren bei nicht ausreichender Mitwirkung der Verfahrensparteien einstellen.

(8) [1] Die Wahrnehmung der Aufgaben nach den Absätzen 3 bis 5 ist keine Rechtsdienstleistung im Sinn des § 2 Absatz 1 des Rechtsdienstleistungsgesetzes. [2] Eine Haftung der Betreiberin der Clearingstelle für Vermögensschäden, die aus der Wahrnehmung der Aufgaben entstehen, wird ausgeschlossen; dies gilt nicht für Vorsatz.

(9) Die Clearingstelle muss jährlich einen Tätigkeitsbericht über die Wahrnehmung der Aufgaben nach den Absätzen 3 bis 5 auf ihrer Internetseite in nicht personenbezogener Form veröffentlichen.

(10) [1] Die Clearingstelle kann nach Maßgabe ihrer Verfahrensordnung Entgelte zur Deckung des Aufwands für Handlungen nach Absatz 4 von den Verfahrensparteien erheben. [2] Verfahren nach Absatz 5 sind unentgeltlich durchzuführen. [3] Für sonstige Handlungen, die im Zusammenhang mit den Aufgaben nach den Absätzen 3 bis 5 stehen, kann die Clearingstelle zur Deckung des Aufwands Entgelte erheben.

§ 33 Verordnungsermächtigungen. (1) Die Bundesregierung wird ermächtigt, durch Rechtsverordnung, die nicht der Zustimmung des Bundesrates bedarf,

1. Grundlagen und Berechnungsgrundsätze zur Bestimmung des Vergütungsanspruchs für vom Netzbetreiber kaufmännisch aufgenommenen KWK-Strom nach § 4 Absatz 2 und 3 näher zu bestimmen,
2. die Zuschlagzahlungen für KWK-Strom aus bestehenden KWK-Anlagen nach § 13 anzupassen, wenn dies erforderlich ist, um einen wirtschaftlichen Betrieb zu ermöglichen; eine Anpassung darf frühestens zum 1. Januar 2018 erfolgen und
3. in den in § 119 Absatz 1 des Energiewirtschaftsgesetzes[1)] genannten Fällen und unter den in § 119 Absatz 3 bis 5 des Energiewirtschaftsgesetzes genannten Voraussetzungen zu regeln, dass von der Zahlungspflicht der Umlage nach § 26 Absatz 1 abgewichen oder eine gezahlte KWKG-Umlage nach § 26 erstattet werden darf.

(2) Die Bundesregierung wird ermächtigt, durch Rechtsverordnung, die nicht der Zustimmung des Bundesrates bedarf, mit Zustimmung des Bundestages

1. Zuschlagzahlungen für KWK-Strom, der nicht in ein Netz der allgemeinen Versorgung eingespeist wird, nach § 7 Absatz 4 für alle oder bestimmte Arten von KWK-Anlagen nach § 6 Absatz 4 Nummer 4 festzulegen, wenn die

[1)] Nr. 1.

Erfüllung der Ausbauziele nach § 1 dies erfordert sowie wenn dies notwendig ist, um einen wirtschaftlichen Betrieb von Neuanlagen zu ermöglichen,

2. die Zuschlagzahlungen für KWK-Strom, der nicht in ein Netz der allgemeinen Versorgung eingespeist wird, anzupassen und auf andere als auf die in § 6 Absatz 4 und § 7 Absatz 3 und 4 genannten Leistungsklassen und Einsatzbereiche auszudehnen, soweit dieser Strom durch die EEG-Umlage für Letztverbraucher und Eigenversorger nach § 61 Absatz 1 des Erneuerbare-Energien-Gesetzes[1] belastet wird und die Anpassung oder Ausdehnung erforderlich ist, um einen wirtschaftlichen Betrieb der Anlage zu ermöglichen, und
3. Zuschlagzahlungen für bestehende KWK-Anlagen einzuführen, welche KWK-Strom auf Basis von Steinkohle erzeugen, wenn dies erforderlich ist, um einen wirtschaftlichen Betrieb der KWK-Anlagen zu ermöglichen. Dabei bleiben Kostensteigerungen auf Grund eines Anstiegs der Zertifikatspreise im Emissionshandel unberücksichtigt. Grundlage der Bewertung ist die Evaluierung nach § 34 Absatz 2. Mit Ausnahme von § 13 Absatz 1 Nummer 1 findet im Übrigen § 13 entsprechend Anwendung.

(3) Das Bundesministerium für Wirtschaft und Energie wird ermächtigt, durch Rechtsverordnung[2], die nicht der Zustimmung des Bundesrates bedarf,

[Nr. 1 bis 30.9.2021:]

1. die gebührenpflichtigen Tatbestände und die Gebührenhöhe zu bestimmen, wobei auch für die Einlegung eines unbegründeten Widerspruchs die Erhebung von Gebühren vorgesehen werden kann, und

[Nr. 1 ab 1.10.2021:]

1. *(aufgehoben)*
2. die Durchführung der Aufgaben nach den §§ 10, 12, 20 und 24 ganz oder teilweise auf eine juristische Person des privaten Rechts zu übertragen, soweit die juristische Person geeignet ist, die Aufgaben ordnungsgemäß zu erfüllen.

§ 33a Verordnungsermächtigungen zur Ausschreibung der Zuschlagzahlungen für KWK-Anlagen. (1) Die Bundesregierung wird ermächtigt, durch Rechtsverordnung ohne Zustimmung des Bundesrates im Anwendungsbereich des § 8a Regelungen vorzusehen

1. zu Verfahren und Inhalt der Ausschreibungen, insbesondere
   a) zu der Aufteilung des in § 8c bestimmten Ausschreibungsvolumens auf Ausschreibungen nach den §§ 8a und 8b,
   b) zu der Aufteilung des jährlichen Ausschreibungsvolumens
      aa) in Teilmengen, insbesondere in zeitlicher Hinsicht auf mehrere Ausschreibungen innerhalb eines Jahres,
      bb) in gesondert ausgeschriebene Teilsegmente, wobei insbesondere zwischen neuen und modernisierten KWK-Anlagen, zwischen KWK-

---

[1] Nr. **37**.

[2] Siehe die Kraft-Wärme-Kopplungsgesetz-Gebührenverordnung – KWKGGebV v. 2.4.2002 (BGBl. I S. 1231), zuletzt geänd. durch VO v. 10.8.2017 (BGBl. I S. 3167).

Anlagen mit unterschiedlichem Modernisierungsgrad oder zwischen verschiedenen Leistungsklassen unterschieden werden kann,

c) das Ausschreibungsvolumen abweichend von § 8c zu regeln, wobei bestimmt werden kann, dass das Ausschreibungsvolumen nach § 8c pro Jahr um bis zu 50 Megawatt verringert oder erhöht werden kann; soweit nach der Evaluierung nach § 34 Absatz 2 die Erreichung der Ziele nach § 34 Absatz 2 Satz 1 Nummer 1 nicht gesichert erscheint, kann das Ausschreibungsvolumen nach § 8c um bis zu 100 Megawatt erhöht werden,

d) zu regeln, dass das Ausschreibungsvolumen nach § 8c sich für ein bestimmtes Jahr oder für nachfolgende Ausschreibungen innerhalb eines Jahres um das Ausschreibungsvolumen erhöht, das in dem jeweils vorangegangenen Kalenderjahr oder in den in demselben Jahr vorangegangenen Ausschreibungen nicht zur Ausschreibung gekommen ist oder für das keine Ausschreibungszuschläge erteilt werden konnten oder für das die Vorhaben, die den Ausschreibungszuschlag erhalten haben, nicht innerhalb einer bestimmten Frist in Dauerbetrieb genommen wurden, und zu dem diesbezüglichen Verfahren,

e) zu der Festlegung von Mindest- und Höchstgrößen von Geboten in installierter KWK-Leistung,

f) zu der Festlegung von Mindest- und Höchstpreisen für Gebote sowie zur Möglichkeit der Anpassung dieser Höchstpreise,

g) zu der Preisbildung, der Anzahl von Bieterrunden und zu dem Ablauf der Ausschreibungen,

h) zu Anforderungen an Gebote und zum Ausschluss von Bietern und Geboten insbesondere für den Fall, dass Gebote nicht den Anforderungen entsprechen oder bei begründetem Verdacht auf missbräuchliche Gebote,

2. zu weiteren Voraussetzungen nach § 8a Absatz 2, insbesondere

a) Anforderungen, die der Netz- und Systemintegration der KWK-Anlagen in die Strom- und Wärmenetze dienen, insbesondere zu Wärmespeichern und der technischen Fähigkeit von KWK-Anlagen, die Einspeisetemperatur in ein Wärmenetz auf ein bestimmtes Temperaturniveau anzupassen,

b) zu regeln,

aa) dass abweichend von § 8a Absatz 2 Nummer 1 ein Anspruch auf Zuschlagzahlung nur besteht, wenn die KWK-Anlage über eine Förderberechtigung verfügt, die im Rahmen der Ausschreibung für die KWK-Anlage durch Ausschreibungszuschlag erteilt oder später der KWK-Anlage verbindlich zugeordnet worden ist,

bb) dass abweichend von § 8a Absatz 2 Nummer 2 und § 8a Absatz 3 der in der KWK-Anlage erzeugte Strom auch in ein geschlossenes Verteilernetz eingespeist werden kann,

cc) abweichend von § 8a Absatz 3 und § 7 Absatz 6 und 7 die Kumulierung der Zuschlagzahlungen mit Investitionszuschüssen und den Anspruch auf Zuschlagzahlung für Zeiträume, in denen der Wert der

Stundenkontrakte für die Preiszone für Deutschland am Spotmarkt der Strombörse null oder negativ ist,

dd) abweichend von § 2 Nummer 14 den Begriff der KWK-Anlage und der Verbindung von KWK-Anlagen,

ee) dass abweichend von § 10 Absatz 1 Satz 1 eine Zulassung nicht Voraussetzung für den Anspruch auf Zuschlagzahlung ist, oder von den Regelungen in den §§ 10 und 11 zur Zulassung von neuen oder modernisierten KWK-Anlagen sowie zur Überprüfung, Wirkung und zu dem Erlöschen der Zulassung abweichende Regelungen zu treffen,

3. zu den Anforderungen für die Teilnahme an den Ausschreibungen, insbesondere
   a) Mindestanforderungen an die Eignung der Teilnehmer zu stellen,
   b) Anforderungen an den Planungs- und Genehmigungsstand der Projekte zu stellen,
   c) Anforderungen zu der Art, der Form und dem Inhalt von Sicherheiten zu stellen, die von allen Teilnehmern an Ausschreibungen oder nur im Fall der Erteilung des Ausschreibungszuschlags zu leisten sind, um eine Aufnahme oder Wiederaufnahme des Dauerbetriebs der KWK-Anlage sicherzustellen, und die entsprechenden Regelungen zur teilweisen oder vollständigen Zurückzahlung dieser Sicherheiten,
   d) festzulegen, wie Teilnehmer an den Ausschreibungen die Einhaltung der Anforderungen nach den Buchstaben a bis c und nach § 8a Absatz 2 nachweisen müssen,
   e) zu regeln, dass die Bundesnetzagentur oder eine andere Stelle die Erfüllung der Anforderungen für die Teilnahme an den Ausschreibungen einschließlich der in § 8a Absatz 2 geregelten Voraussetzungen auf Antrag schriftlich bestätigt sowie das hierauf anzuwendende Verfahren und die Erhebung von Gebühren,
4. zu der Art, der Form und dem Inhalt der Erteilung des Ausschreibungszuschlags und zu den Kriterien für dessen Erteilung, insbesondere, dass einer KWK-Anlage durch den Ausschreibungszuschlag eine Förderberechtigung erteilt werden kann, sowie zur Entwertung von Ausschreibungszuschlägen, insbesondere für den Fall von Rücknahme, Widerruf oder Unwirksamkeit des Ausschreibungszuschlags, Über- oder Unterschreiten der Leistungsgrenzen des § 5 Absatz 1 Nummer 2 sowie bei Entfallen oder Verringerung der Zuschlagszahlung auf null über einen längeren Zeitraum,

4a. dahingehend, dass die Erteilung eines Ausschreibungszuschlags unabhängig von einem Rechtsschutzverfahren Dritter Bestand hat und die Anfechtung eines Ausschreibungszuschlags durch Dritte nicht zulässig ist,

5. zu der Art, der Form und dem Inhalt der Zuschlagzahlung, insbesondere
   a) zu der Art und Form der durch Ausschreibungszuschlag ermittelten Zuschlagzahlung,
   b) zu Beginn und Dauer der Zuschlagzahlung in Jahren oder Vollbenutzungsstunden oder eine Kombination beider Varianten,

c) zu regeln, dass bei Höhe, Beginn und Dauer der Zuschlagzahlung zwischen neuen und modernisierten KWK-Anlagen und insbesondere nach dem Modernisierungsgrad unterschieden wird,

d) eine bestimmte Höchstzahl von förderfähigen Vollbenutzungsstunden innerhalb eines Jahres vorzugeben,

e) zu regeln, dass zusätzlich zu der durch die Ausschreibung ermittelten Zuschlagzahlung die Erhöhung nach § 7 Absatz 2 gezahlt wird,

6. zu Anforderungen, die die Aufnahme oder die Wiederaufnahme des Dauerbetriebs der KWK-Anlagen sicherstellen sollen, insbesondere

a) zu regeln, dass der Dauerbetrieb bei KWK-Anlagen innerhalb einer bestimmten Frist aufzunehmen oder wieder aufzunehmen ist, wobei nach neuen oder modernisierten KWK-Anlagen differenziert werden kann,

b) für den Fall, dass die KWK-Anlage nicht, nicht rechtzeitig oder nicht in ausreichendem Umfang in Dauerbetrieb genommen wird oder die tatsächliche elektrische KWK-Leistung der KWK-Anlage nicht dem Gebot entspricht, eine Pflicht zu einer Geldzahlung vorzusehen und deren Höhe und die Voraussetzungen für die Zahlungspflicht oder die Kürzung oder den Wegfall des Anspruchs auf finanzielle Förderung zu regeln, wobei nach neuen oder modernisierten KWK-Anlagen differenziert werden kann,

c) Kriterien für einen Ausschluss von Bietern zu regeln,

d) die Möglichkeit vorzusehen, die im Rahmen der Ausschreibungen vergebenen Ausschreibungszuschläge oder Förderberechtigungen nach Ablauf einer angemessenen Frist zu entziehen oder zu ändern und danach erneut zu vergeben, oder die Dauer oder Höhe des Anspruchs nach § 8a nach Ablauf einer bestimmten Frist zu ändern,

7. zur laufenden Überprüfung des Vorliegens der Voraussetzungen nach § 8a Absatz 2 Nummer 2 und 3 und § 33a Absatz 1 Nummer 2 Buchstabe a und zu einer Verringerung oder einem Wegfall des Anspruchs auf Zuschlagzahlung oder der Pflicht zu einer Geldzahlung oder einer entsprechenden Anwendung des § 8d für den Fall, dass diese Voraussetzungen nicht vorliegen oder während des Betriebs der KWK-Anlage wegfallen, wobei nach neuen oder modernisierten KWK-Anlagen unterschieden werden kann,

8. zu der Art, der Form und dem Inhalt der Veröffentlichung der Bekanntmachung von Ausschreibungen, der Ausschreibungsergebnisse und der erforderlichen Mitteilungen an die Netzbetreiber, das Bundesamt für Wirtschaft und Ausfuhrkontrolle und das Umweltbundesamt,

9. zu Auskunftsrechten der Bundesnetzagentur gegenüber anderen Behörden, soweit dies für die Ausschreibungen erforderlich ist,

10. zu Mitteilungs- und Vorlagepflichten des Betreibers der KWK-Anlage und des zuständigen Netzbetreibers, insbesondere dazu, ob eine Steuerbefreiung im Sinn des § 8a Absatz 5 vorliegt, sowie zu den Pflichten nach § 15 sowie zu einer Verringerung oder einem Wegfall des Anspruchs auf Zuschlagszahlung oder der Pflicht zu einer Geldzahlung für den Fall der Verletzung dieser Pflichten,

11. zur Übertragbarkeit von Ausschreibungszuschlägen oder Förderberechtigungen vor der Inbetriebnahme der KWK-Anlage und ihrer verbindlichen Zuordnung zu einer KWK-Anlage, insbesondere zu
   a) den zu beachtenden Frist- und Formerfordernissen und Mitteilungspflichten,
   b) dem Kreis der berechtigten Personen und zu den an diese Personen zu stellenden Anforderungen,
12. zu den nach den Nummern 1 bis 11 zu übermittelnden Informationen und dem Schutz der in diesem Zusammenhang übermittelten personenbezogenen Daten, insbesondere Aufklärungs-, Auskunfts-, Übermittlungs- und Löschungspflichten,
13. von § 32a abweichende Regelungen zur Vermeidung oder Beilegung von Streitigkeiten durch die Clearingstelle.

(2) Die Bundesregierung wird ermächtigt, durch Rechtsverordnung ohne Zustimmung des Bundesrates im Anwendungsbereich des § 8a, in dem in § 1 Absatz 5 Satz 1 bestimmten Umfang und unter den in § 1 Absatz 6 genannten Voraussetzungen Regelungen für Ausschreibungen zu treffen, die KWK-Anlagen im Bundesgebiet und in einem oder mehreren anderen Mitgliedstaaten der Europäischen Union offenstehen, insbesondere

1. zu regeln, dass ein Anspruch auf finanzielle Förderung für KWK-Strom aus KWK-Anlagen nach diesem Gesetz auch für KWK-Anlagen besteht, die in einem anderen Mitgliedstaat der Europäischen Union errichtet worden oder wieder in Dauerbetrieb genommen worden sind, wenn und soweit
   a) der Betreiber der KWK-Anlage im Rahmen der Ausschreibung nach § 8a und der aufgrund von Absatz 1 erlassenen Rechtsverordnung einen Ausschreibungszuschlag erhalten hat,
   b) der gesamte ab der Aufnahme oder der Wiederaufnahme des Dauerbetriebs in der KWK-Anlage erzeugte Strom in ein Netz der allgemeinen Versorgung eingespeist und nicht selbst verbraucht wird, wobei der Strom ausgenommen ist, der durch die KWK-Anlage oder in den Neben- und Hilfsanlagen der KWK-Anlage oder den mit der KWK-Anlage verbundenen elektrischen Wärmeerzeugern verbraucht wird,
   c) die KWK-Anlage keine technische Mindesterzeugung aufweist, wobei eine Anlage keine technische Mindesterzeugung aufweist, wenn sie jederzeit auf Anforderung des Übertragungsnetzbetreibers ihre Einspeisung vollständig reduzieren und zugleich die Wärmeversorgung zuverlässig aufrechterhalten kann und
   d) die weiteren Voraussetzungen nach diesem Gesetz oder einer Rechtsverordnung nach Absatz 1 erfüllt sind, soweit aufgrund von Absatz 1 Nummer 2 bis 11 keine abweichenden Regelungen in der Rechtsverordnung getroffen worden sind,
2. Regelungen zu treffen, die den Bestimmungen nach Absatz 1 Nummer 1 bis 13 entsprechen,
3. abweichend von der in § 1 Absatz 4 und § 8a Absatz 2 Nummer 2 geregelten Voraussetzung der tatsächlichen Einspeisung des KWK-Stroms in ein Netz der allgemeinen Versorgung im Bundesgebiet Regelungen zu treffen, die sicherstellen, dass auch ohne eine Einspeisung in dieses Netz die geförderte

KWK-Strommenge einen mit der Einspeisung im Bundesgebiet vergleichbaren tatsächlichen Effekt auf den deutschen Strommarkt hat, sowie die Voraussetzungen und das Verfahren für den entsprechenden Nachweis,

4. Regelungen zu dem betroffenen Anspruchsgegner, der zur Zuschlagzahlung verpflichtet ist, die Erstattung der entsprechenden Kosten und die Voraussetzungen des Anspruchs auf Zuschlagzahlung vorzusehen; hierbei können insbesondere getroffen werden:
   a) Bestimmungen zur Verhinderung von Doppelzahlungen durch zwei Staaten,
   b) abweichende Bestimmungen von § 31 zur Ausstellung von Herkunftsnachweisen,
5. Regelungen zum Umfang der Zuschlagzahlung und zur anteiligen finanziellen Förderung des KWK-Stroms durch dieses Gesetz und durch den anderen Mitgliedstaat der Europäischen Union vorzusehen,
6. von § 6 Absatz 1 Nummer 5 abweichende Regelungen zur Netz- und Systemintegration zu treffen,
7. abweichend von ***[bis 30.9.2021:*** § 15 des Erneuerbare-Energien-Gesetzes[1] die Entschädigung***]*** ***[ab 1.10.2021:*** *§ 13a Absatz 2 des Energiewirtschaftsgesetzes[2] den finanziellen Ausgleich****]*** zu regeln,
8. von den §§ 26 bis 29 abweichende Regelungen zu den Kostentragungspflichten und dem bundesweiten Ausgleich der Kosten der finanziellen Förderung der Anlagen zu treffen,
9. zu regeln, ob die deutschen Gerichte oder die Gerichte des Kooperationsstaates in verwaltungsrechtlichen Streitigkeiten über die Zahlungen oder über die Ausschreibungen zuständig sein sollen und ob sie hierbei deutsches Recht oder das Recht des Kooperationsstaates anwenden sollen.

(3) Zur Umsetzung der Kooperationsvereinbarungen nach § 1 Absatz 6 wird die Bundesregierung ermächtigt, durch Rechtsverordnung ohne Zustimmung des Bundesrates für Anlagenbetreiber von KWK-Anlagen, die im Bundesgebiet neu errichtet worden sind oder den Dauerbetrieb wieder aufgenommen haben und einen Anspruch auf finanzielle Förderung in einem Fördersystem eines anderen Mitgliedstaates der Europäischen Union haben, abweichend von den §§ 6 bis 8b und den aufgrund der Absätze 1 und 2 erlassenen Rechtsverordnungen die Höhe der Zuschlagzahlung oder den Wegfall des Anspruchs auf Zuschlagzahlung nach diesem Gesetz zu regeln, wenn ein Förderanspruch aus einem anderen Mitgliedstaat besteht, und Voraussetzungen für die Förderung zu benennen.

(4) Die Bundesregierung wird ermächtigt, durch Rechtsverordnung ohne Zustimmung des Bundesrates

1. abweichend von den Absätzen 1 und 2 und abweichend von § 8a eine andere juristische Person des öffentlichen Rechts mit den Ausschreibungen zu beauftragen oder in entsprechendem Umfang eine juristische Person des Privatrechts zu betrauen und hierzu Einzelheiten zu regeln,

---

[1] Nr. 37.
[2] Nr. 1.

2. die Bundesnetzagentur oder die nach Nummer 1 betraute oder beauftragte Person zu ermächtigen, Festlegungen nach § 29 Absatz 1 des Energiewirtschaftsgesetzes[1] zu den Ausschreibungen zu treffen, einschließlich der Ausgestaltung der Regelungen nach den Absätzen 1 bis 3 und
3. das Bundesministerium für Wirtschaft und Energie zu ermächtigen, im Rahmen von Kooperationsvereinbarungen nach § 1 Absatz 6 mit den anderen Mitgliedstaaten der Europäischen Union unter Berücksichtigung der Vorgaben nach § 1
   a) Regelungen mit anderen Mitgliedstaaten der Europäischen Union zu den Ausschreibungen festzulegen, einschließlich der Ausgestaltung der Regelungen nach den Absätzen 2 und 3,
   b) die Voraussetzungen für die Zulässigkeit von Zahlungen an Anlagen im Bundesgebiet nach dem Fördersystem des anderen Mitgliedstaates der Europäischen Union zu regeln und
   c) einer staatlichen oder privaten Stelle in der Bundesrepublik Deutschland oder in einem anderen Mitgliedstaat der Europäischen Union die Aufgaben der ausschreibenden Stelle nach den Absätzen 1 bis 3 zu übertragen und festzulegen, wer die Zahlungen an die Anlagenbetreiber leisten muss.

(5) Die Bundesregierung wird ermächtigt, in einer Rechtsverordnung nach den Absätzen 1 bis 3 unterschiedliche Varianten zu regeln und im Rahmen von Kooperationsvereinbarungen nach § 1 Absatz 6 mit anderen Mitgliedstaaten der Europäischen Union

1. zu entscheiden, welche in einer Rechtsverordnung nach den Absätzen 2 und 3 getroffenen Regelungen im Rahmen der Ausschreibung mit dem jeweiligen Mitgliedstaat der Europäischen Union anzuwenden sind und
2. zu regeln, welche staatliche oder private Stelle in der Bundesrepublik Deutschland oder in einem anderen Mitgliedstaat der Europäischen Union die ausschreibende Stelle nach den Absätzen 2 und 3 ist und wer die Zahlungen an die Anlagenbetreiber leisten muss.

(6) [1]Die Bundesregierung wird ermächtigt, durch Rechtsverordnung ohne Zustimmung des Bundesrates Regelungen für die Einführung von Ausschreibungen für besonders energieeffiziente und treibhausgasarme Systeme zur Bereitstellung von Strom und Wärme für Hochtemperaturprozesse zur weiteren Steigerung der Energieeffizienz und zur Reduktion der Treibhausgasemissionen von KWK-Systemen vorzusehen. [2]Die Bundesregierung wird im Jahr 2019 einen Vorschlag für eine Verordnung nach Satz 1 vorlegen.

§ 33b Verordnungsermächtigungen zur Ausschreibung der Förderung für innovative KWK-Systeme. (1) Die Bundesregierung wird ermächtigt, durch Rechtsverordnung ohne Zustimmung des Bundesrates im Anwendungsbereich des § 8b Regelungen vorzusehen

1. zu Verfahren und Inhalt der Ausschreibungen, insbesondere entsprechend den in § 33a Absatz 1 Nummer 1 genannten Regelungen, wobei bei einer Aufteilung in gesondert ausgeschriebene Teilsegmente insbesondere zwischen verschiedenen Leistungsklassen oder zwischen verschiedenen Brenn-

---

[1] Nr. 1.

stoffen der KWK-Anlage oder zwischen verschiedenen Techniken zur Bereitstellung von Wärme aus erneuerbaren Energien unterschieden werden kann,

2. zu Anforderungen an innovative KWK-Systeme, insbesondere
   a) Anforderungen an die elektrische KWK-Leistung und die elektrische Leistung der KWK-Anlagen innerhalb eines innovativen KWK-Systems,
   b) Anforderungen an Anteile von Wärme aus erneuerbaren Energien an der erzeugten oder genutzten Wärme und an die Verwendung der in dem innovativen KWK-System erzeugten Wärme,
   c) Anforderungen an die Energieeffizienz, insbesondere an den Brennstoffausnutzungsgrad,
   d) Anforderungen an einen Mindestanteil KWK-Wärme an der erzeugten oder genutzten Wärme,
   e) Anforderungen an die Flexibilität der innovativen KWK-Systeme und der KWK-Anlagen innerhalb innovativer KWK-Systeme, insbesondere Anforderungen, dass KWK-Anlagen innerhalb innovativer KWK-Systeme keine technische Mindesterzeugung aufweisen und die Wärme, die aus dem KWK-Prozess maximal ausgekoppelt werden kann, jederzeit mit einem mit dieser KWK-Anlage verbundenen elektrischen Wärmeerzeuger erzeugt werden kann,
   f) Anforderungen an die verwendeten Brennstoffe,
   g) Anforderungen an Art und Umfang einer Modernisierung von KWK-Anlagen innerhalb innovativer KWK-Systeme,
   h) Anforderungen, welche Komponenten als Teil innovativer KWK-Systeme zulässig sind,
   i) Anforderungen an die Anlagen, die Wärme unter Nutzung erneuerbarer Energien bereitstellen,
   j) Anforderungen an Wärmeerzeuger und Wärmespeicher,
   k) Anforderungen an Wärmenetze,
   l) Anforderungen an die Netz- und Systemintegration der KWK-Anlagen innerhalb innovativer KWK-Systeme, insbesondere zur Anpassung des Wirkleistungsbezugs von mit der KWK-Anlage verbundenen Wärmeerzeugern für die Durchführung von Maßnahmen nach § 13 Absatz 1 Satz 1 Nummer 2 und 3 des Energiewirtschaftsgesetzes[1)] sowie zur Erstattung von ersparten Aufwendungen,
3. zu weiteren Voraussetzungen nach § 8b Absatz 3, insbesondere abweichend von
   a) § 8a Absatz 2 Nummer 1 zu regeln, dass ein Anspruch auf Zuschlagzahlung nur besteht, wenn das KWK-System über eine Förderberechtigung verfügt, die im Rahmen der Ausschreibung für innovative KWK-Systeme durch Ausschreibungszuschlag erteilt oder später dem innovativen KWK-System verbindlich zugeordnet worden ist,
   b) § 7 Absatz 6 und 7 zu einer Kumulierung mit Investitionszuschüssen und dem Anspruch auf Zuschlagzahlung für Zeiträume, in denen der Wert

---

1) Nr. **1**.

der Stundenkontrakte für die Preiszone für Deutschland am Spotmarkt der Strombörse null oder negativ ist,

c) § 2 Nummer 14 zum Begriff der KWK-Anlage innerhalb innovativer KWK-Systeme,

d) § 2 Nummer 18 zum Begriff der modernisierten KWK-Anlage innerhalb innovativer KWK-Systeme,

e) § 2 Nummer 9a zum Begriff des innovativen KWK-Systems, insbesondere zu Teilsystemen in bestehenden Wärmenetzen,

f) § 10 Absatz 1 Satz 1 zu regeln, dass eine Zulassung nicht Voraussetzung für den Anspruch auf Zuschlagzahlung ist, oder von den Regelungen in den §§ 10 und 11 zur Zulassung sowie zur Überprüfung, Wirkung und zu dem Erlöschen der Zulassung von neuen oder modernisierten KWK-Anlagen sowie von innovativen KWK-Systemen abweichende Regelungen zu treffen,

g) § 2 Nummer 8 zum Begriff der Hocheffizienz der KWK-Anlage innerhalb innovativer KWK-Systeme, insbesondere zu zusätzlichen Effizienzanforderungen der KWK-Anlage innerhalb innovativer KWK-Systeme,

h) § 8a Absatz 2 Nummer 2 und § 8a Absatz 3 zu regeln, dass der in der KWK-Anlage des innovativen KWK-Systems erzeugte Strom auch in ein geschlossenes Verteilernetz eingespeist werden kann,

4. zu den Anforderungen für die Teilnahme an den Ausschreibungen, insbesondere
   a) entsprechend den in § 33a Absatz 1 Nummer 3 genannten Regelungen,
   b) zum Verhältnis des Anspruchs auf Zuschlagzahlung nach den §§ 6 bis 8a zu dem Anspruch auf finanzielle Förderung nach § 8b,
5. zu der Art, der Form und dem Inhalt der Erteilung des Ausschreibungszuschlags und zu den Kriterien für dessen Erteilung, insbesondere dass einem innovativen KWK-System durch den Ausschreibungszuschlag eine Förderberechtigung erteilt werden kann, sowie zur Entwertung von Ausschreibungszuschlägen, insbesondere für den Fall von Rücknahme, Widerruf oder Unwirksamwerden des Ausschreibungszuschlags, Über- oder Unterschreiten der Leistungsgrenzen des § 5 Absatz 1 Nummer 2 sowie bei Entfallen oder Verringerung der Zuschlagszahlung auf null über einen längeren Zeitraum,

5a. dahingehend, dass die Erteilung eines Ausschreibungszuschlags unabhängig von einem Rechtsschutzverfahren Dritter Bestand hat und die Anfechtung eines Ausschreibungszuschlags durch Dritte nicht zulässig ist,

6. zu der Art, der Form und dem Inhalt der finanziellen Förderung, insbesondere
   a) zu regeln, dass die durch Ausschreibungszuschlag ermittelte finanzielle Förderung nur für bestimmte Komponenten des innovativen KWK-Systems gezahlt wird,
   b) zu Beginn und Dauer der finanziellen Förderung in Jahren oder Vollbenutzungsstunden oder eine Kombination beider Varianten,
   c) eine bestimmte Höchstzahl von förderfähigen Vollbenutzungsstunden oder eine Mindestzahl von Vollbenutzungsstunden innerhalb eines Jahres vorzugeben,

d) zu regeln, dass zusätzlich zu der durch die Ausschreibung ermittelten finanziellen Förderung die Erhöhung nach § 7 Absatz 2 gezahlt wird,

7. zu Anforderungen, die die Aufnahme oder die Wiederaufnahme des Dauerbetriebs der innovativen KWK-Systeme sicherstellen sollen, insbesondere entsprechend den in § 33a Absatz 1 Nummer 6 genannten Regelungen,
8. zur laufenden Überprüfung des Vorliegens der Voraussetzungen nach § 8b Absatz 3, § 8a Absatz 2 Nummer 2 und 3 und § 33a Absatz 1 Nummer 2 Buchstabe a und der aufgrund der Nummer 2 festgelegten weiteren Anforderungen an das innovative KWK-System sowie zu einer Verringerung oder einem Wegfall des Anspruchs auf finanzielle Förderung oder der Pflicht zu einer Geldzahlung oder einer entsprechenden Anwendung des § 8d für den Fall, dass diese Voraussetzungen oder Anforderungen nicht vorliegen oder während des Betriebs der KWK-Anlage wegfallen, wobei nach neuen oder modernisierten Anlagen unterschieden werden kann,
9. zu der Art, der Form und dem Inhalt der Veröffentlichung der Bekanntmachung von Ausschreibungen, der Ausschreibungsergebnisse und der erforderlichen Mitteilungen an die Netzbetreiber, das Bundesamt für Wirtschaft und Ausfuhrkontrolle und das Umweltbundesamt,
10. zu Auskunftsrechten der Bundesnetzagentur gegenüber anderen Behörden, soweit dies für die Ausschreibungen erforderlich ist,
11. zur Messung von KWK-Strom und Nutzwärme aus innovativen KWK-Systemen nach § 14 und zu Mitteilungs- und Vorlagepflichten des Betreibers des innovativen KWK-Systems und des zuständigen Netzbetreibers, insbesondere dazu, ob eine Steuerbefreiung im Sinn des § 8a Absatz 5 vorliegt, sowie zu den Pflichten nach § 15 und zu einer Verringerung oder einem Wegfall des Anspruchs auf Zuschlagszahlung oder der Pflicht zu einer Geldzahlung für den Fall der Verletzung dieser Pflichten,
12. zur Übertragbarkeit von Förderberechtigungen vor der Inbetriebnahme des innovativen KWK-Systems und ihrer verbindlichen Zuordnung zu einem innovativen KWK-System, insbesondere entsprechend den in § 33a Absatz 1 Nummer 11 genannten Regelungen,
13. zu den im Zusammenhang mit den Nummern 1 bis 12 zu übermittelnden Informationen und dem Schutz der in diesem Zusammenhang übermittelten personenbezogenen Daten, insbesondere Aufklärungs-, Auskunfts-, Übermittlungs- und Löschungspflichten.

(2) Die Bundesregierung wird ermächtigt, durch Rechtsverordnung ohne Zustimmung des Bundesrates im Anwendungsbereich des § 8b

1. abweichend von Absatz 1 und § 8b nicht die Bundesnetzagentur, sondern eine andere juristische Person des öffentlichen Rechts mit den Ausschreibungen zu beauftragen oder in entsprechendem Umfang eine juristische Person des Privatrechts zu betrauen und hierzu Einzelheiten zu regeln,
2. die Bundesnetzagentur oder die nach Nummer 1 betraute oder beauftragte Person zu ermächtigen, Festlegungen nach § 29 Absatz 1 des Energiewirtschaftsgesetzes[1] zu den Ausschreibungen zu treffen, einschließlich der Ausgestaltung der Bestimmungen nach Absatz 1 Nummer 1 bis 13.

[1] Nr. 1.

§ 33c Gemeinsame Bestimmungen zu den Verordnungsermächtigungen. (1) Die Rechtsverordnungen aufgrund von § 33a Absatz 1 und 2 und § 33b Absatz 1 bedürfen der Zustimmung des Bundestages.

(2) [1] Wenn Rechtsverordnungen nach Absatz 1 der Zustimmung des Bundestages bedürfen, kann diese Zustimmung davon abhängig gemacht werden, dass dessen Änderungswünsche übernommen werden. [2] Übernimmt der Verordnungsgeber die Änderungen, ist eine erneute Beschlussfassung durch den Bundestag nicht erforderlich. [3] Hat sich der Bundestag nach Ablauf von drei Sitzungswochen seit Eingang der Rechtsverordnung nicht mit ihr befasst, gilt seine Zustimmung zu der unveränderten Rechtsverordnung als erteilt.

(3) [1] Die Ermächtigungen zum Erlass von Rechtsverordnungen aufgrund der §§ 33a und 33b können durch Rechtsverordnung ohne Zustimmung des Bundesrates und im Fall der §§ 33a Absatz 1 und 2 und 33b Absatz 1 mit Zustimmung des Bundestages auf die Bundesnetzagentur oder die nach § 33a Absatz 4 Nummer 1 oder § 33b Absatz 2 Nummer 1 beauftragte Person übertragen werden. [2] Absatz 2 ist entsprechend anzuwenden. [3] Die Rechtsverordnungen, die auf dieser Grundlage von der Bundesnetzagentur oder der betrauten oder beauftragten Person erlassen werden, bedürfen nicht der Zustimmung des Bundesrates oder des Bundestages.

Abschnitt 8. Evaluierungen und Übergangsbestimmungen

§ 34 Evaluierungen. (1) [1] Das Bundesministerium für Wirtschaft und Energie überprüft jährlich die Angemessenheit der Höhe der Zuschlagzahlungen für KWK-Anlagen, um zu gewährleisten, dass die Zuschläge die Differenz zwischen den Gesamtgestehungskosten der Stromerzeugung der KWK-Anlagen und dem Marktpreis nicht überschreiten. [2] Im Fall einer drohenden Überschreitung der Differenz nach Satz 1 informiert das Bundesministerium für Wirtschaft und Energie den Deutschen Bundestag bis spätestens zum 31. August eines jeden Jahres und schlägt gegebenenfalls eine gesetzliche Anpassung vor.

(2) [1] Das Bundesministerium für Wirtschaft und Energie führt im Jahr 2017 sowie im Jahr 2021 eine umfassende Evaluierung der Entwicklung der KWK-Stromerzeugung in Deutschland durch, insbesondere mit Blick auf

1. die Erreichung der energie- und klimapolitischen Ziele der Bundesregierung und dieses Gesetzes,
2. die Rahmenbedingungen für den wirtschaftlichen Betrieb von geförderten und nicht geförderten KWK-Anlagen und
3. die Summe der jährlichen Zuschlagzahlungen.

[2] Die Zwischenüberprüfung erfolgt unter Mitwirkung von Verbänden der deutschen Wirtschaft und Energiewirtschaft und unter Berücksichtigung bereits eingetretener und sich abzeichnender Entwicklungen bei der KWK-Stromerzeugung. [3] Im Hinblick auf die Erreichung der klimapolitischen Ziele der Bundesregierung erfolgt die Zwischenüberprüfung in Abstimmung mit dem Bundesministerium für Umwelt, Naturschutz, Bau und Reaktorsicherheit. [4] Falls absehbar die Erreichung der Ziele nach § 1 gefährdet ist, wird die Bundesregierung dem Deutschen Bundestag die erforderlichen Maßnahmen vorschlagen.

(3) Das Bundesministerium für Wirtschaft und Energie evaluiert ferner im Jahr 2021 die Erfahrungen mit den Ausschreibungen nach den §§ 8a und 8b.

(4) [1] Die Bundesnetzagentur, das Bundesamt für Wirtschaft und Ausfuhrkontrolle und das Umweltbundesamt unterstützen das Bundesministerium für Wirtschaft und Energie bei der Erstellung der Überprüfungen und Evaluierungen nach den Absätzen 1 bis 3. [2] Zur Unterstützung soll das Bundesministerium für Wirtschaft und Energie außerdem wissenschaftliche Gutachten in Auftrag geben.

(5) [1] Das Bundesamt für Wirtschaft und Ausfuhrkontrolle ist berechtigt, die nach den §§ 10, 11, 15, 20, 21, 24 und 25 erhobenen und die nach § 17 an das Statistische Bundesamt zu übermittelnden Daten dem Bundesministerium für Wirtschaft und Energie zu Zwecken der Überprüfung und Evaluierung nach den Absätzen 1 bis 3 in nicht personenbezogener Form zu übermitteln. [2] Die Bundesnetzagentur ist berechtigt, die im Rahmen der Ausschreibungen nach den §§ 8a und 8b erhobenen Daten dem Bundesministerium für Wirtschaft und Energie zu Zwecken der Evaluierung nach Absatz 4 zu übermitteln. [3] Das Bundesministerium für Wirtschaft und Energie darf die nach den Sätzen 1 und 2 erlangten Daten an beauftragte Dritte zu Zwecken der Überprüfung und Evaluierung nach den Absätzen 1 bis 5 übermitteln. [4] Daten, die Betriebs- und Geschäftsheimnisse darstellen, dürfen an beauftragte Dritte nur übermittelt werden, wenn ein Bezug zu dem Unternehmen nicht mehr hergestellt werden kann.

§ 35 Übergangsbestimmungen. (1) Für Ansprüche der Betreiber auf Vermarktung des KWK-Stroms durch den Netzbetreiber

1. von KWK-Anlagen oder KWKK-Anlagen mit einer elektrischen KWK-Leistung von bis zu 250 Kilowatt ist § 4 in der Fassung des Kraft-Wärme-Kopplungsgesetzes vom 19. März 2002 (BGBl. I S. 1092), das zuletzt durch Artikel 331 der Verordnung vom 31. August 2015 (BGBl. I S. 1474) geändert worden ist, anzuwenden, wenn die Anlagen bis zum 30. Juni 2016 in Dauerbetrieb genommen wurden,
2. von KWK-Anlagen oder KWKK-Anlagen mit einer elektrischen KWK-Leistung von bis zu 100 Kilowatt ist § 4 in der Fassung des Kraft-Wärme-Kopplungsgesetzes vom 19. März 2002 (BGBl. I S. 1092), das zuletzt durch Artikel 331 der Verordnung vom 31. August 2015 (BGBl. I S. 1474) geändert worden ist, anzuwenden, wenn die Anlagen bis zum 31. Dezember 2016 in Dauerbetrieb genommen wurden.

(2) Für Ansprüche der Betreiber von KWK-Anlagen oder KWKK-Anlagen auf Zahlung eines Zuschlags sind die §§ 4, 5 und 7 sowie die diesbezüglichen Begriffsbestimmungen in der Fassung des Kraft-Wärme-Kopplungsgesetzes vom 19. März 2002 (BGBl. I S. 1092), das zuletzt durch Artikel 331 der Verordnung vom 31. August 2015 (BGBl. I S. 1474) geändert worden ist, anzuwenden, wenn die Anlagen bis zum 31. Dezember 2015 in Dauerbetrieb genommen wurden.

(3) Abweichend von Absatz 2 können Betreiber von KWK-Anlagen oder KWKK-Anlagen auch Ansprüche nach den §§ 4, 5 und 7 des Kraft-Wärme-Kopplungsgesetzes sowie die diesbezüglichen Begriffsbestimmungen in der Fassung vom 19. März 2002 (BGBl. I S. 1092), das zuletzt durch Artikel 331 der Verordnung vom 31. August 2015 (BGBl. I S. 1474) geändert worden ist,

geltend machen, wenn die Aufnahme des Dauerbetriebs bis zum 31. Dezember 2016 erfolgt ist, und

1. für das Vorhaben bis zum 31. Dezember 2015 eine Genehmigung nach dem Bundes-Immissionsschutzgesetz in der Fassung der Bekanntmachung vom 17. Mai 2013 (BGBl. I S. 1274), das zuletzt durch Artikel 1 des Gesetzes vom 20. November 2014 (BGBl. I S. 1740) geändert worden ist, vorgelegen hat oder
2. bis zum 31. Dezember 2015 eine verbindliche Bestellung der KWK-Anlage oder KWKK-Anlage erfolgt ist.

(4) Abweichend von Absatz 2 können Betreiber von KWK-Anlagen oder KWKK-Anlagen nach § 2 Nummer 14 Buchstabe g und h Ansprüche nach den §§ 4, 5 und 7 des Kraft-Wärme-Kopplungsgesetzes sowie die diesbezüglichen Begriffsbestimmungen in der Fassung vom 19. März 2002 (BGBl. I S. 1092), das zuletzt durch Artikel 331 der Verordnung vom 31. August 2015 (BGBl. I S. 1474) geändert worden ist, geltend machen, wenn eine verbindliche Bestellung der KWK-Anlage oder KWKK-Anlage bis zum 31. Dezember 2016 und die Inbetriebnahme dieser Anlagen bis zum 31. Dezember 2017 erfolgt sind.

(5) Abweichend von Absatz 2 können Betreiber von KWK-Anlagen oder KWKK-Anlagen, die KWK-Strom auf Basis von Steinkohle gewinnen, auch Ansprüche nach den §§ 4, 5 und 7 des Kraft-Wärme-Kopplungsgesetzes sowie die diesbezüglichen Begriffsbestimmungen in der Fassung vom 19. März 2002 (BGBl. I S. 1092), das zuletzt durch Artikel 331 der Verordnung vom 31. August 2015 (BGBl. I S. 1474) geändert worden ist, geltend machen, wenn der Baubeginn des Vorhabens bis zum 31. Dezember 2015 erfolgt ist.

(6) Abweichend von § 8 Absatz 2 Nummer 2 finden für eine Modernisierung gemäß § 2 Nummer 18 von KWK-Anlagen größer 2 Megawatt § 7 Absatz 5 Satz 2 Nummer 2 des Kraft-Wärme-Kopplungsgesetzes sowie die diesbezüglichen Begriffsbestimmungen in der Fassung vom 19. März 2002 (BGBl. I S. 1092), das zuletzt durch Artikel 331 der Verordnung vom 31. August 2015 (BGBl. I S. 1474) geändert worden ist, Anwendung, wenn die Modernisierung in Teilprojekten bereits vor dem 31. Dezember 2015 begonnen hat.

(7) [1] Für Ansprüche der Betreiber von Wärme- und Kältenetzen auf Zahlung eines Zuschlags sind die §§ 5a, 6a und 7a des Kraft-Wärme-Kopplungsgesetzes sowie die diesbezüglichen Begriffsbestimmungen in der Fassung vom 19. März 2002 (BGBl. I S. 1092), das zuletzt durch Artikel 331 der Verordnung vom 31. August 2015 (BGBl. I S. 1474) geändert worden ist, anzuwenden, wenn der vollständige Antrag nach § 6a bis zum 31. Dezember 2015 bei dem Bundesamt für Wirtschaft und Ausfuhrkontrolle eingegangen ist. [2] Die Auszahlung der Zuschläge für Wärme- und Kältenetze, für die nach dem 31. Dezember 2015 Zulassungsbescheide erteilt worden sind, erfolgt durch den zuständigen Übertragungsnetzbetreiber.

(8) [1] Für Ansprüche der Betreiber von Wärme- und Kältespeichern auf Zahlung eines Zuschlags sind die §§ 5b, 6b und 7b des Kraft-Wärme-Kopplungsgesetzes sowie die diesbezüglichen Begriffsbestimmungen in der Fassung vom 19. März 2002 (BGBl. I S. 1092), das zuletzt durch Artikel 331 der Verordnung vom 31. August 2015 (BGBl. I S. 1474) geändert worden ist, anzuwenden, wenn der vollständige Antrag nach § 6b bis zum 31. Dezember 2015 bei dem Bundesamt für Wirtschaft und Ausfuhrkontrolle eingegangen ist.

[2]Die Auszahlung der Zuschläge für Wärme- und Kältespeicher, für die nach dem 31. Dezember 2015 Zulassungsbescheide erteilt worden sind, erfolgt durch den zuständigen Übertragungsnetzbetreiber.

(9) Für die Ansprüche der Betreiber von KWK-Anlagen oder KWKK-Anlagen auf Anbringung der Messeinrichtungen ist § 8 Absatz 1 Satz 4 des Kraft-Wärme-Kopplungsgesetzes in der Fassung vom 19. März 2002 (BGBl. I S. 1092), das zuletzt durch Artikel 331 der Verordnung vom 31. August 2015 (BGBl. I S. 1474) geändert worden ist, bis zum 30. Juni 2016 anzuwenden.

(10) [1]Für den Aufschlag auf die Netzentgelte für das Jahr 2016 ist der von den Übertragungsnetzbetreibern am 23. Oktober 2015 auf Grundlage der parlamentarischen Beratungen veröffentlichte indikative Wert maßgebend. [2]§ 27 Absatz 2 findet hierbei Anwendung.

(11) Im Fall der Kürzung der Zuschlagzahlung nach § 29 Absatz 3 sind KWK-Anlagen mit einer elektrischen KWK-Leistung von 2 bis 10 Megawatt von der Kürzung ausgenommen, wenn die Anlagen bis zum 31. Dezember 2015 in Dauerbetrieb genommen wurden.

(12) Die Begrenzung der KWKG-Umlage nach den §§ 27 bis 27c darf erst nach der beihilferechtlichen Genehmigung durch die Europäische Kommission und nur nach Maßgabe der Genehmigung erfolgen.

(13) Für Ansprüche der Betreiber von Wärme- und Kältenetzen auf Zahlung eines Zuschlags sind die §§ 18 und 21 sowie die diesbezüglichen Begriffsbestimmungen des Kraft-Wärme-Kopplungsgesetzes in der am 31. Dezember 2016 geltenden Fassung anzuwenden, wenn der vollständige Antrag auf Zulassung nach § 20 bis zum 31. Dezember 2016 bei dem Bundesamt für Wirtschaft und Ausfuhrkontrolle eingegangen ist.

(14) [1]Abweichend von den §§ 8a und 8b können Betreiber von KWK-Anlagen auch Ansprüche nach den §§ 6 bis 8 sowie den diesbezüglichen Begriffsbestimmungen des Kraft-Wärme-Kopplungsgesetzes in der am 31. Dezember 2016 geltenden Fassung geltend machen, wenn die Aufnahme des Dauerbetriebs bis zum 31. Dezember 2018 erfolgt ist und der Betreiber der KWK-Anlage innerhalb von zwei Wochen nach der Bekanntgabe der ersten Ausschreibung nach § 8a durch schriftliche Erklärung gegenüber der Bundesnetzagentur auf den Anspruch auf Zuschlagzahlung nach § 8a Absatz 2 verzichtet hat und

1. für das Vorhaben bis zum 31. Dezember 2016 eine Genehmigung nach dem Bundes-Immissionsschutzgesetz in der Fassung der Bekanntmachung vom 17. Mai 2013 (BGBl. I S. 1274), das durch Artikel 3 des Gesetzes vom 26. Juli 2016 (BGBl. I S. 1839) geändert worden ist, vorgelegen hat oder
2. bis zum 31. Dezember 2016 eine verbindliche Bestellung der KWK-Anlage oder im Fall einer Modernisierung eine verbindliche Bestellung der wesentlichen die Effizienz bestimmenden Anlagenteile im Sinn des § 2 Nummer 18 erfolgt ist.

[2]Ist eine Genehmigung nach dem Bundes-Immissionsschutzgesetz für die Aufnahme oder Wiederaufnahme des Dauerbetriebs der KWK-Anlage nicht erforderlich, ist abweichend von Satz 1 die Mitteilung der zuständigen Immissionsschutzbehörde bezüglich der Anzeige der Änderung der genehmigungsbedürftigen Anlage maßgeblich. [3]Eine Zulassung vorzeitigen Beginns nach § 8a des Bundes-Immissionsschutzgesetzes steht einer Genehmigung im Sinn

des Satzes 1 Nummer 1 gleich, wenn die Zulassung nach § 8a des Bundes-Immissionsschutzgesetzes später durch die erforderliche immissionsschutzrechtliche Genehmigung ersetzt wird. [4]Satz 1 ist entsprechend anzuwenden für modernisierte KWK-Anlagen im Sinn des § 2 Nummer 18, die nicht dem Anwendungsbereich des § 5 Absatz 1 Nummer 2 Buchstabe b unterfallen. [5]Einer schriftlichen Erklärung gegenüber der Bundesnetzagentur bedarf es in den Fällen des Satzes 4 nicht.

(15) § 7 Absatz 7 des Kraft-Wärme-Kopplungsgesetzes in der am 31. Dezember 2016 geltenden Fassung ist anwendbar auf

1. KWK-Anlagen, die bis zum 31. Dezember 2016 in Dauerbetrieb genommen worden sind, sowie
2. KWK-Anlagen, die bis zum 31. Dezember 2018 in Dauerbetrieb genommen worden sind, wenn für sie in Anwendung des Absatz 14 Ansprüche nach den §§ 6 bis 8 des Kraft-Wärme-Kopplungsgesetzes in der am 31. Dezember 2016 geltenden Fassung geltend gemacht werden.

(16) [1]Für Ansprüche der Betreiber von Dampfsammelschienen-KWK-Anlagen auf Zahlung eines Zuschlags nach den §§ 6 bis 8a und 13 sind abweichend von § 2 Nummer 14 thermodynamisch abgrenzbare Einheiten einer Dampfsammelschienen-KWK-Anlage (Blöcke) einer KWK-Anlage im Sinn des Gesetzes gleichzustellen, wenn

1. die Dampfsammelschienen-KWK-Anlage vor dem 30. November 2018 zugelassen worden ist,
2. für das Vorhaben vor dem 30. November 2018 ein Vorbescheid beantragt worden und dieser bei Zulassung nicht erloschen ist,
3. für das Vorhaben vor dem 30. November 2018 eine Genehmigung nach dem Bundes-Immissionsschutzgesetz in der Fassung der Bekanntmachung vom 17. Mai 2013 (BGBl. I S. 1274), das zuletzt durch Artikel 3 des Gesetzes vom 18. Juli 2017 (BGBl. I S. 2771) geändert worden ist, vorgelegen hat oder
4. vor dem 30. November 2018 eine verbindliche Bestellung der wesentlichen die Effizienz bestimmenden Anlagenteile im Sinn des § 2 Nummer 18 erfolgt ist.

[2]Satz 1 ist nur anzuwenden, wenn die Betreiber der Blöcke dies beantragen. [3]Satz 1 ist bis zum Erlöschen der bereits vor dem 30. November 2018 oder der nach Satz 1 Nummer 2 bis 4 erteilten Zulassung und nur für diese anzuwenden. [4]Satz 1 ist auch auf eine Änderungszulassung anzuwenden, mit der eine bereits vor dem 30. November 2018 oder eine nach Satz 1 Nummer 2 bis 4 erteilte Zulassung geändert wird. [5]Nach Erlöschen der bereits vor dem 30. November 2018 oder der nach Satz 1 Nummer 2 bis 4 erteilten Zulassung bestimmt sich die nach § 5 Absatz 1 Nummer 2 Buchstabe b oder § 8 Absatz 2 Nummer 1 bis 3 für eine erneute Modernisierung der KWK-Anlage abzuwartende Karenzzeit einmalig nach der Investitionstiefe des vor dem 30. November 2018 oder nach Satz 1 Nummer 2 bis 4 zugelassenen Vorhabens bezogen auf die gesamte Dampfsammelschienen-KWK-Anlage. [6]Die Karenzzeit beträgt wenigstens zwei Jahre ab der erstmaligen Aufnahme des Dauerbetriebs der Dampfsammelschienen-KWK-Anlage oder ab der Wiederaufnahme des Dauerbetriebs einer bereits modernisierten Dampfsammelschienen-KWK-Anlage. [7]Die Karenzzeit beträgt fünf Jahre, wenn die Kosten der Modernisierung mindestens 25 Prozent und zehn Jahre, wenn die Kosten der Modernisierung

mindestens 50 Prozent einer möglichen Neuerrichtung einer Dampfsammelschienen-KWK-Anlage mit gleicher Leistung nach dem Stand der Technik betragen haben. [8] Dieser Absatz ist nicht anzuwenden für die Bestimmung der Höhe des Fördersatzes bestehender KWK-Anlagen nach § 13 Absatz 3, unabhängig davon, ob eine Zulassung bereits erteilt worden ist.

(17) Die Bestimmung nach § 13 Absatz 3 Satz 1 Nummer 2 bis 4 darf erst nach der beihilferechtlichen Genehmigung durch die Europäische Kommission und nur nach Maßgabe der Genehmigung angewandt werden.

(18) Die Bestimmungen nach § 6 Absatz 1 Nummer 1 Buchstabe c, § 18 Absatz 1 Nummer 1 Buchstabe b und § 22 Absatz 1 Nummer 1 Buchstabe b dürfen erst nach der beihilferechtlichen Genehmigung durch die Europäische Kommission und nur nach Maßgabe der Genehmigung angewandt werden.

§ 36 Übergangsbestimmungen zur Begrenzung der KWKG-Umlage.

(1) [1] Die zu zahlende KWKG-Umlage beträgt abweichend von § 26 Absatz 2 des Kraft-Wärme-Kopplungsgesetzes in der am 31. Dezember 2016 geltenden Fassung 0,056 Cent pro Kilowattstunde für im Jahr 2016 bezogene und selbst verbrauchte Strommengen an Abnahmestellen,

1. für die im Jahr 2016 die Voraussetzungen des § 27 Absatz 1 des Kraft-Wärme-Kopplungsgesetzes in der am 1. Januar 2017 geltenden Fassung nicht vorlagen und
2. für die der Letztverbraucher eine Begrenzung der KWKG-Umlage nach § 26 Absatz 2 des Kraft-Wärme-Kopplungsgesetzes in der am 31. Dezember 2016 geltenden Fassung auf 0,03 Cent je Kilowattstunde in Anspruch genommen hat oder hätte nehmen können.

[2] Satz 1 ist nur anzuwenden, wenn und soweit durch die Privilegierung von der Pflicht zur Zahlung der KWKG-Umlage in den Jahren 2014 bis 2016 die Begünstigung des Letztverbrauchers sowie der im Sinn der Verordnung (EU) Nr. 1407/2013 mit ihm verbundenen Unternehmen den Wert von insgesamt 160 000 Euro übersteigt. [3] Soweit sich im Rahmen der Endabrechnung der KWKG-Umlage für das Jahr 2016 nach den Sätzen 1 und 2 eine Pflicht zur Nachzahlung ergibt, ist die Nachzahlung ab dem Tag der Endabrechnung für das Jahr 2016 nach § 352 Absatz 2 des Handelsgesetzbuchs zu verzinsen.

(2) [1] Letztverbraucher, die zu einer Nachzahlung nach Absatz 1 verpflichtet sind, müssen dem zuständigen Netzbetreiber bis zum 31. März 2017 den im Jahr 2016 aus dem Netz bezogenen und selbstverbrauchten Strom sowie das Verhältnis der Stromkosten zum handelsrechtlichen Umsatz melden. [2] Netzbetreiber, die Nachzahlungen nach Absatz 1 erhalten haben, melden dem jeweiligen Übertragungsnetzbetreiber auf Anforderung die Namen der zahlenden Letztverbraucher, deren Stromverbrauch im Jahr 2016, den nachgezahlten oder nachzuzahlenden Betrag in Euro und den Zahlungsstatus. [3] Erhaltene Nachzahlungen sind im Rahmen der jeweiligen Jahresendabrechnung nach § 28 Absatz 5 anzurechnen.

(3) [1] Für Letztverbraucher, die im Jahr 2016 bei Anwendung des § 26 Absatz 2 des Kraft-Wärme-Kopplungsgesetzes in der am 31. Dezember 2016 geltenden Fassung berechtigt gewesen wären, für den Jahresverbrauch an einer Abnahmestelle die dort geregelte Begünstigung in Anspruch zu nehmen, darf sich in den Jahren 2017 und 2018 die nach § 26 Absatz 1 erhobene KWKG-

Umlage für den 1 Gigawattstunde übersteigenden Stromverbrauch an dieser Abnahmestelle in einem Jahr jeweils nicht auf mehr als die folgenden Werte erhöhen:

1. für Letztverbraucher, die im Jahr 2016 berechtigt gewesen wären, eine Begrenzung der KWKG-Umlage auf 0,04 Cent pro Kilowattstunde in Anspruch zu nehmen, im Jahr 2017 auf nicht mehr als 0,08 Cent pro Kilowattstunde und im Jahr 2018 auf nicht mehr als 0,16 Cent pro Kilowattstunde,
2. für Letztverbraucher, die im Jahr 2016 berechtigt gewesen wären, eine Begrenzung der KWKG-Umlage auf 0,03 Cent pro Kilowattstunde in Anspruch zu nehmen, im Jahr 2017 auf nicht mehr als 0,06 Cent pro Kilowattstunde und im Jahr 2018 auf nicht mehr als 0,12 Cent pro Kilowattstunde.

[2]Die Absätze 1 und 2 bleiben unberührt. [3]Letztverbraucher, die die Begrenzung nach Satz 1 in Anspruch nehmen wollen, müssen dem zuständigen Netzbetreiber bis zum 31. März eines Jahres den im jeweils vorangegangenen Kalenderjahr aus dem Netz bezogenen und selbst verbrauchten Strom melden.

(4) [1]Für Unternehmen, die im Jahr 2017 die Begrenzung nach § 27 Absatz 1 in Anspruch nehmen wollen, ist § 27 Absatz 3 mit der Maßgabe anzuwenden, dass die Meldung der prognostizierten Strommengen je Abnahmestelle und Kalendermonat sowie der tatsächliche Höchstbetrag aus dem Begrenzungsbescheid an den regelverantwortlichen Übertragungsnetzbetreiber bis zum 31. Januar 2017 zu erfolgen hat. [2]Im Fall einer nicht oder nicht rechtzeitig erfolgten Mitteilung nach Satz 1 wird im Jahr 2017 die volle KWKG-Umlage nach § 26 Absatz 1 erhoben und die Begrenzung nach § 27 Absatz 1 erst im Rahmen der Jahresendabrechnung seitens der Übertragungsnetzbetreiber gewährt.

(5) [1]Im Jahr 2017 müssen die Netzbetreiber bis zum 31. Januar 2017 ihre Vorjahresmeldungen nach § 27 Absatz 1 des Kraft-Wärme-Kopplungsgesetzes in der am 31. Dezember 2016 geltenden Fassung im Sinn des § 26a Absatz 2 Nummer 1 Buchstabe d präzisieren. [2]Die Meldepflicht nach § 26a Absatz 2 Satz 1 Nummer 1 bleibt unberührt.

§ 37 Übergangsbestimmungen zur Berechnung der KWKG-Umlage und zum Belastungsausgleich. (1) Für das Jahr 2017 ist § 27 des Kraft-Wärme-Kopplungsgesetzes in der am 31. Dezember 2016 geltenden Fassung mit der Maßgabe anzuwenden, dass für die KWKG-Umlage ein Wert von 0,438 Cent pro Kilowattstunde gilt.

(2) Für das Jahr 2017 ist § 28 Absatz 4 mit der Maßgabe anzuwenden, dass abweichend von § 28 Absatz 4 Satz 4 ein Anspruch auf einmalige Anpassung der Prognose und Abschläge aufgrund der Meldungen nach § 36 Absatz 4 zum 31. Januar 2017 besteht.

(3) § 26 Absatz 2 Satz 3 des Kraft-Wärme-Kopplungsgesetzes in der am 31. Dezember 2016 geltenden Fassung ist bis zum 1. April 2017 anzuwenden.

46. Verordnung zur Einführung von Ausschreibungen zur Ermittlung der Höhe der Zuschlagszahlungen für KWK-Anlagen und für innovative KWK-Systeme (KWK-Ausschreibungsverordnung – KWKAusV)[1)]

Vom 10. August 2017

(BGBl. I S. 3167)

FNA 754-28-1

zuletzt geänd. durch Art. 20 G zur Beschleunigung des Energieleitungsausbaus v. 13.5.2019 (BGBl. I S. 706)

Inhaltsübersicht

§ 1 Anwendungsbereich. (1) Diese Verordnung regelt die Ausschreibung der Zuschlagszahlungen und die Ausschreibung der Höhe der Zuschlagszahlungen für KWK-Strom aus

1. KWK-Anlagen nach § 5 Absatz 1 Nummer 2 des Kraft-Wärme-Kopplungsgesetzes[2)] und

---

[1)] Verkündet als Art. 1 VO v. 10.8.2017 (BGBl. I S. 3167); Inkrafttreten gem. Art. 5 dieser VO am 18.8.2017.

[2)] Nr. 45.

2. innovativen KWK-Systemen nach § 5 Absatz 2 des Kraft-Wärme-Kopplungsgesetzes.

(2) [1] Diese Verordnung ist auf KWK-Anlagen und auf innovative KWK-Systeme anzuwenden, die im Bundesgebiet errichtet oder modernisiert werden sollen. [2] Sie ist darüber hinaus für KWK-Anlagen anzuwenden, die im Staatsgebiet eines Kooperationsstaates errichtet oder modernisiert werden sollen und die an einer Ausschreibung für KWK-Anlagen teilnehmen.

§ 2 Begriffsbestimmungen. Im Sinn dieser Verordnung ist

1. „Ausschreibung für innovative KWK-Systeme" eine Ausschreibung für KWK-Strom aus innovativen KWK-Systemen, die im Bundesgebiet errichtet werden sollen,
2. „Ausschreibung für KWK-Anlagen" eine Ausschreibung für KWK-Strom aus neuen oder modernisierten KWK-Anlagen, die im Bundesgebiet oder im Staatsgebiet eines Kooperationsstaats errichtet oder modernisiert werden sollen,
3. „bezuschlagtes Gebot" ein Gebot, das bei einer Ausschreibung nach Nummer 1 oder Nummer 2 einen Ausschreibungszuschlag erhalten hat,
4. „Bieter", wer bei einer Ausschreibung für KWK-Anlagen oder für innovative KWK-Systeme ein Gebot abgegeben hat,
5. „Einheit" eine Einheit im Sinn des § 2 Nummer 4 der Marktstammdatenregisterverordnung[1)],
6. „Gebotsmenge" die elektrische KWK-Leistung in Kilowatt, für die der Bieter ein Gebot abgegeben hat,
7. „Gebotstermin" der Kalendertag, an dem die Frist für die Abgabe von Geboten für eine Ausschreibung nach dieser Verordnung abläuft,
8. „Gebotswert" der Wert für die Höhe der Zuschlagszahlung in Cent pro Kilowattstunde KWK-Strom, den der Bieter in seinem Gebot angegeben hat,
9. „gemeinsame grenzüberschreitende Ausschreibung" eine Ausschreibung für KWK-Anlagen,
   a) die die Bundesrepublik Deutschland und ein oder mehrere Kooperationsstaaten gemeinsam und aufgrund eines einheitlichen Ausschreibungsverfahrens in ihren Staatsgebieten durchführen und
   b) bei der die Zahlungen für KWK-Strom aus KWK-Anlagen entsprechend einer völkerrechtlichen Vereinbarung aufgeteilt und finanziert werden,
10. „geöffnete ausländische Ausschreibung" eine Ausschreibung für KWK-Anlagen,
   a) die ein anderer Mitgliedstaat in seinem Staatsgebiet, im Bundesgebiet oder im Staatsgebiet eines anderen Mitgliedstaats der Europäischen Union aufgrund eigener Bestimmungen durchführt und
   b) bei der die Zahlungen für KWK-Strom aus KWK-Anlagen aufgrund einer völkerrechtlichen Vereinbarung nach § 25 oder § 27 nach dem Fördersystem des Kooperationsstaats finanziert werden,

---

1) Nr. **38**.

11. „Höchstwert" der Wert in Cent pro Kilowattstunde KWK-Strom, der höchstens angegeben werden darf,
12. „innovative erneuerbare Wärme" die erneuerbare Wärme aus Wärmetechniken,
    a) die jeweils eine Jahresarbeitszahl von mindestens 1,25 erreichen,
    b) deren Wärmeerzeugung außerhalb des innovativen KWK-Systems für die Raumheizung, die Warmwasseraufbereitung, die Kälteerzeugung oder als Prozesswärme verwendet wird und
    c) die, soweit sie Gas einsetzen, ausschließlich gasförmige Biomasse einsetzen; § 44b Absatz 5 des Erneuerbare-Energien-Gesetzes[1] ist entsprechend anzuwenden,
13. „Jahresarbeitszahl" der Quotient aus der Summe der von den Komponenten zur Bereitstellung innovativer erneuerbarer Wärme bereitgestellten Energiemenge und der Summe der dafür eingesetzten Energiemenge in Form von Brennstoffen oder Strom in einem Kalenderjahr,
14. „Kooperationsstaat" ein Mitgliedstaat der Europäischen Union, mit dem die Bundesrepublik Deutschland eine völkerrechtliche Vereinbarung nach § 27 abgeschlossen hat,
15. „Projekt" ein Projekt im Sinn des § 2 Nummer 10 der Marktstammdatenregisterverordnung[2],
16. „Referenzwärme" die Summe aus der Nutzwärme, die die KWK-Anlage eines innovativen KWK-Systems mit 3 000 Vollbenutzungsstunden bereitstellen kann, und der von dem gleichen innovativen KWK-System innerhalb eines Kalenderjahres bereitgestellten innovativen erneuerbaren Wärme,
17. „Standort" der Errichtungsort einer KWK-Anlage, der sich durch die postalische Adresse von anderen Standorten unterscheidet,
18. „Übertragungsnetzbetreiber" der Übertragungsnetzbetreiber im Sinn des § 3 Nummer 44 des Erneuerbare-Energien-Gesetzes[1],
    a) dessen Regelzone das Gebiet umfasst, in dem der von dem Bieter in seinem Gebot angegebene Standort der KWK-Anlage im Bundesgebiet liegt,
    b) dessen Regelzone das Gebiet umfasst, in dem das Anschlussnetz liegt, an das die KWK-Anlage im Staatsgebiet eines Kooperationsstaats, die über einen direkten Anschluss an ein Netz im Bundesgebiet verfügt, angeschlossen ist oder
    c) der die nächstgelegene Verbindungsleitung betreibt, die die Grenze zwischen der Bundesrepublik Deutschland und dem Kooperationsstaat, in dessen Staatsgebiet die KWK-Anlage errichtet wird, die über keinen direkten Anschluss an ein Netz im Bundesgebiet verfügt, quert oder überspannt und ausschließlich dem Zweck dient, die nationalen Netze dieser Staaten zu verbinden,
19. „Zuschlagswert" der in einem bezuschlagten Gebot angegebene Gebotswert.

---

[1] Nr. **37**.
[2] Nr. **38**.

§ 3 Gebotstermine und Ausschreibungsvolumen. (1) Das Ausschreibungsvolumen der jährlichen Gebotstermine am 1. Juni und am 1. Dezember beträgt jeweils 100 Megawatt elektrische KWK-Leistung.

(2) Von dem Ausschreibungsvolumen nach Absatz 1 entfallen

1. im Jahr 2017 100 Megawatt auf die Ausschreibung für KWK-Anlagen,
2. in den Jahren 2018 bis 2021:
   a) 150 Megawatt auf die Ausschreibungen für KWK-Anlagen und
   b) 50 Megawatt auf die Ausschreibungen für innovative KWK-Systeme.

(3) [1] Das Ausschreibungsvolumen eines Gebotstermins erhöht sich um

1. das Ausschreibungsvolumen des vorangegangenen Gebotstermins, für das aufgrund von § 11 Absatz 3 Satz 2 keine Zuschläge erteilt wurden, oder
2. das Ausschreibungsvolumen vorangegangener Gebotstermine, für das der Zuschlag entwertet worden ist.

[2] Das Ausschreibungsvolumen eines Gebotstermins verringert sich um

1. die Gebotsmenge, die über das Ausschreibungsvolumen des vorangegangenen Gebotstermins aufgrund von § 11 Absatz 3 Satz 2 hinaus bezuschlagt wurde,
2. die Gebotsmenge solcher Gebote, denen aufgrund eines gerichtlichen Rechtsbehelfs über das Ausschreibungsvolumen einer Ausschreibung hinaus nach § 22 Absatz 1 Zuschläge erteilt worden sind.

[3] Die Anpassung des Ausschreibungsvolumens nach den Sätzen 1 und 2 erfolgt gesondert für die Ausschreibungen für KWK-Anlagen und für die Ausschreibungen für innovative KWK-Systeme.

(4) [1] Abweichend von Absatz 3 verteilt die ausschreibende Stelle die Mengen, um die sich das Ausschreibungsvolumen zu einem Gebotstermin einer Ausschreibung für KWK-Anlagen erhöht oder verringert, gleichmäßig auf die nachfolgenden drei noch nicht bekanntgemachten Ausschreibungen, wenn anderenfalls

1. das Ausschreibungsvolumen den Wert von 50 Megawatt unterschreitet oder
2. sich das Ausschreibungsvolumen um mehr als 25 Megawatt erhöht.

[2] Satz 1 ist entsprechend anzuwenden, wenn in einem Gebotstermin einer Ausschreibung für innovative KWK-Systeme

1. das Ausschreibungsvolumen den Wert von 10 Megawatt unterschreitet oder
2. sich das Ausschreibungsvolumen um mehr als 10 Megawatt erhöht.

§ 4 Elektronisches Verfahren. [1] Die Ausschreibungen können von der ausschreibenden Stelle ganz oder teilweise auf ein elektronisches Verfahren umgestellt werden; dabei kann auch von dem Schriftformerfordernis nach § 9 Absatz 1 Satz 2 abgewichen werden. [2] In diesem Fall kann die ausschreibende Stelle insbesondere Vorgaben zur Authentifizierung für die gesicherte Datenübertragung machen. [3] Bei der Umstellung auf ein elektronisches Verfahren muss die ausschreibende Stelle bei der Bekanntmachung der Ausschreibung auf das elektronische Verfahren hinweisen.

§ 5 Höchstwert. Der Höchstwert in den Ausschreibungen beträgt für

1. KWK-Anlagen 7,0 Cent pro Kilowattstunde KWK-Strom und
2. innovative KWK-Systeme 12,0 Cent pro Kilowattstunde KWK-Strom.

§ 6 Ausschreibende Stelle und ausländische Stelle. (1) [1]Die ausschreibende Stelle ist

1. bei den Ausschreibungen für KWK-Anlagen, die keine gemeinsamen grenzüberschreitenden Ausschreibungen sind, und bei den Ausschreibungen für innovative KWK-Systeme die Bundesnetzagentur oder
2. bei einer gemeinsamen grenzüberschreitenden Ausschreibung die Bundesnetzagentur, sofern in der völkerrechtlichen Vereinbarung keine andere öffentliche oder private Stelle festgelegt worden ist.

[2]In einer völkerrechtlichen Vereinbarung kann auch festgelegt werden, dass ein Teil der Aufgaben der ausschreibenden Stelle von einer anderen privaten oder öffentlichen Stelle übernommen wird.

(2) Der Kooperationsstaat muss als zuständige ausländische Stelle eine oder mehrere öffentliche oder private Stellen benennen, die die Aufgaben, die nach dieser Verordnung von der ausländischen Stelle übernommen werden können oder müssen, übernehmen.

§ 7 Bekanntmachung. (1) Die ausschreibende Stelle macht die Ausschreibungen für KWK-Anlagen und für innovative KWK-Systeme frühestens acht Wochen und spätestens fünf Wochen vor dem jeweiligen Gebotstermin auf ihrer Internetseite bekannt.

(2) Die Bekanntmachungen nach Absatz 1 müssen folgende Angaben enthalten:

1. den Gebotstermin,
2. das Ausschreibungsvolumen, das jeweils auf die Ausschreibungen für KWK-Anlagen und auf die Ausschreibungen für innovative KWK-Systeme entfällt,
3. den jeweiligen Höchstwert für die Ausschreibungen für KWK-Anlagen und für die Ausschreibungen für innovative KWK-Systeme,
4. die Formatvorgaben und Festlegungen der ausschreibenden Stelle für die Gebotsabgabe und für das Zuschlagsverfahren sowie
5. die Höhe der zu leistenden Sicherheit.

(3) Bekanntmachungen von Ausschreibungen für KWK-Anlagen müssen zusätzlich folgende Angaben enthalten:

1. die Kooperationsstaaten, in deren Staatsgebieten die Errichtung oder Modernisierung der KWK-Anlage zulässig ist,
2. die bezuschlagbare Gebotsmenge für Gebote, in denen als Standort der KWK-Anlage das Staatsgebiet eines Kooperationsstaats angegeben worden ist,
3. die Vorgaben aus den völkerrechtlichen Vereinbarungen, soweit sie die Gebotsabgabe und das Zuschlagsverfahren betreffen, und
4. bei einer gemeinsamen grenzüberschreitenden Ausschreibung
   a) die ausschreibende Stelle nach § 6 Absatz 1,
   b) die jeweils zuständige ausländische Stelle nach § 6 Absatz 2 sowie

c) das Verfahren der Zuordnung bezuschlagter Gebote zwischen der Bundesrepublik Deutschland und dem Kooperationsstaat.

(4) [1] Die Bekanntmachungen erfolgen ausschließlich im öffentlichen Interesse. [2] Die Ausschreibungen können zusätzlich durch eine ausländische Stelle auf deren Internetseite bekanntgemacht werden, sofern dies in der völkerrechtlichen Vereinbarung nach § 27 festgelegt ist.

§ 8 Anforderungen an Gebote. (1) Gebote müssen folgende Angaben enthalten:

1. Name, Anschrift, Telefonnummer und E-Mail-Adresse des Bieters; sofern der Bieter keine natürliche Person ist, sind auch anzugeben:
   a) der Unternehmenssitz und
   b) der Name einer natürlichen Person, die zur Kommunikation mit der ausschreibenden Stelle und zur Vertretung des Bieters für alle Handlungen nach dieser Verordnung bevollmächtigt ist (Bevollmächtigter),
2. die Angabe, ob das Gebot für die Ausschreibung für KWK-Anlagen oder die Ausschreibung für innovative KWK-Systeme abgegeben wird,
3. die Angabe, ob das Gebot für eine neue oder für eine modernisierte KWK-Anlage abgegeben wird,
4. den Gebotstermin der Ausschreibung, für die das Gebot abgegeben wird,
5. die Gebotsmenge der elektrischen KWK-Leistung in Kilowatt ohne Nachkommastellen,
6. die elektrische Leistung der KWK-Anlage in Kilowatt ohne Nachkommastellen,
7. den Gebotswert in Cent pro Kilowattstunde KWK-Strom mit zwei Nachkommastellen,
8. den Standort der KWK-Anlage, auf die sich das Gebot bezieht, mit Angabe des Staatsgebiets und der postalischen Adresse,
9. das voraussichtliche Datum der Aufnahme oder der Wiederaufnahme des Dauerbetriebs der KWK-Anlage,
10. den Netzbetreiber, an dessen Netz die KWK-Anlage angeschlossen ist, und den Übertragungsnetzbetreiber,
11. die Nummern, unter denen das Projekt oder die KWK-Anlage und ihre Einheiten im Marktstammdatenregister registriert sind,
12. eine Eigenerklärung des Bieters,
    a) dass kein wirksamer Zuschlag an dem im Gebot angegebenen Standort aus früheren Ausschreibungen besteht
       aa) für die KWK-Anlage, für die das Gebot abgegeben worden ist, und
       bb) für eine andere KWK-Anlage, sofern
          aaa) diese innerhalb eines Zeitraums von zwölf Monaten mit der KWK-Anlage, für die das Gebot abgegeben worden ist, an dem im Gebot angegebenen Standort den Dauerbetrieb aufnehmen soll und

bbb) die Summe der elektrischen Leistung dieser anderen KWK-Anlage und der elektrischen Leistung der KWK-Anlage, für die das Gebot abgegeben worden ist, 50 Megawatt überschreitet,

b) dass er oder ein mit ihm verbundenes Unternehmen zu demselben Gebotstermin kein weiteres Gebot an dem im Gebot angegebenen Standort abgegeben hat

aa) für die KWK-Anlage, für die das Gebot abgegeben worden ist, und

bb) für eine andere KWK-Anlage, sofern

aaa) diese innerhalb eines Zeitraums von zwölf Monaten mit der KWK-Anlage, für die das Gebot abgegeben worden ist, an dem im Gebot angegebenen Standort den Dauerbetrieb aufnehmen soll und

bbb) die Summe der elektrischen Leistung dieser anderen KWK-Anlage und der elektrischen Leistung der KWK-Anlage, für die das Gebot abgegeben worden ist, 50 Megawatt überschreitet,

c) dass die gesamte Einspeiseleistung der KWK-Anlage nach der Aufnahme des Dauerbetriebs jederzeit durch den Netzbetreiber ferngesteuert reduziert werden kann,

d) sofern ein Angebot im Rahmen der Ausschreibung für innovative KWK-Systeme abgegeben wird, dass

aa) die Einspeisemenge innovativer erneuerbarer Wärme durch das innovative KWK-System pro Kalenderjahr mindestens die Anforderungen des § 19 Absatz 5 erfüllt und

bb) die erzeugte innovative erneuerbare Wärme,

aaa) sofern das innovative KWK-System an ein Wärmenetz angeschlossen ist, stets vollständig in das Wärmenetz eingespeist wird oder

bbb) sofern das innovative KWK-System nicht an ein Wärmenetz angeschlossen ist, anderweitig, aber stets in vollem Umfang außerhalb des innovativen KWK-Systems für Raumheizung, Warmwasserbereitung, Kälteerzeugung oder als Prozesswärme bereitgestellt wird,

e) dass der Bieter der Eigentümer der Flächen ist, auf denen die KWK-Anlage oder das innovative KWK-System errichtet oder modernisiert werden soll, oder dass er das Gebot mit Zustimmung des Eigentümers der Flächen abgibt,

13. im Rahmen der Ausschreibungen für innovative KWK-Systeme einen Wärmetransformationsplan, der nachvollziehbar darlegt, mit welchen Maßnahmen der Betreiber das innovative KWK-System in das Wärmenetz integrieren und die Dekarbonisierung des mit dem innovativen KWK-System verbundenen Wärmenetzes in den ersten zehn Jahren ab Aufnahme des Dauerbetriebs im Sinn des Klimaschutzes und einer sicheren Wärmeversorgung voranbringen will; sofern kein Anschluss des innovativen KWK-Systems an ein Wärmenetz erfolgt, hat der Wärmetransformationsplan nachvollziehbar darzulegen, mit welchen Maßnahmen der Betreiber das innovative KWK-System in die Wärmeversorgung der Wärmesenke

integrieren will und diese Wärmeversorgung in den ersten zehn Jahren ab Aufnahme des Dauerbetriebs weiter dekarbonisieren will.

(2) Die Gebote müssen der ausschreibenden Stelle spätestens am jeweiligen Gebotstermin zugegangen sein.

(3) [1] Ein Gebot muss eine Gebotsmenge von mehr als 1 000 Kilowatt elektrische KWK-Leistung umfassen; es darf folgende Gebotsmengen nicht überschreiten:

1. für die Ausschreibung für KWK-Anlagen eine Gebotsmenge von 50 000 Kilowatt elektrische KWK-Leistung und
2. für die Ausschreibung für innovative KWK-Systeme eine Gebotsmenge von 10 000 Kilowatt elektrische KWK-Leistung.

[2] Abweichend von Satz 1 darf ein Gebot eine Gebotsmenge von weniger als 1 000 Kilowatt umfassen, sofern die elektrische Leistung des Generators weniger als 1 000 Kilowatt beträgt, die elektrische Leistung der KWK-Anlage jedoch über 1 000 Kilowatt liegt.

(4) [1] Bieter dürfen in einer Ausschreibung mehrere Gebote für unterschiedliche KWK-Anlagen abgeben. [2] In diesem Fall müssen sie ihre Gebote nummerieren und eindeutig kennzeichnen, welche Nachweise zu welchem Gebot gehören. [3] Die Abgabe mehrerer Gebote für eine KWK-Anlage ist unzulässig.

(5) Die ausschreibende Stelle darf für die Ausschreibungsverfahren Formatvorgaben machen.

(6) Die ausschreibende Stelle veröffentlicht auf ihrer Internetseite Formularvorlagen für die nach Absatz 1 Nummer 12 abzugebenden Eigenerklärungen.

§ 9 Rücknahme und Bindungswirkung von Geboten. (1) [1] Die Rücknahme von Geboten ist bis zum jeweiligen Gebotstermin zulässig; maßgeblich ist der Zugang einer Rücknahmeerklärung bei der ausschreibenden Stelle. [2] Die Rücknahme muss durch eine unbedingte, unbefristete und der Schriftform genügende Erklärung des Bieters erfolgen, die sich dem Gebot eindeutig zuordnen lässt.

(2) Bieter sind an ihre Gebote, die bis zum Gebotstermin abgegeben und nicht zurückgenommen worden sind, gebunden, bis ihnen von der ausschreibenden Stelle mitgeteilt worden ist, dass ihr Gebot keinen Zuschlag erhalten hat.

§ 10 Sicherheiten. (1) [1] Bieter müssen bei der ausschreibenden Stelle für ihre Gebote bis zum jeweiligen Gebotstermin eine Sicherheit leisten. [2] Durch die Sicherheit werden die jeweiligen Forderungen der Übertragungsnetzbetreiber auf Pönalen gesichert.

(2) Die Höhe der Sicherheit berechnet sich aus der in dem Gebot angegebenen Gebotsmenge multipliziert mit 70 Euro pro Kilowatt elektrischer KWK-Leistung.

(3) Bieter müssen bei der Leistung der Sicherheit das Gebot, auf das sich die Sicherheit bezieht, eindeutig bezeichnen.

(4) Wer eine Sicherheit leisten muss, kann dies bewirken durch

1. die unwiderrufliche, unbedingte, unbefristete und selbstschuldnerische Bürgschaft auf erstes Anfordern nach Maßgabe des Absatzes 5 und die Über-

sendung einer entsprechenden schriftlichen Bürgschaftserklärung an die ausschreibende Stelle oder
2. die Zahlung eines Geldbetrages auf das nach Absatz 6 eingerichtete Verwahrkonto der ausschreibenden Stelle.

(5) [1]Die Bürgschaftserklärung nach Absatz 4 Nummer 1 ist schriftlich in deutscher Sprache oder in einer Amtssprache des Kooperationsstaats unter Verzicht auf die Einrede der Vorausklage nach § 771 des Bürgerlichen Gesetzbuchs und unter Verzicht auf die Einreden der Aufrechenbarkeit und Anfechtbarkeit nach § 770 des Bürgerlichen Gesetzbuchs einzureichen. [2]Der Bürge muss in der Europäischen Union oder in einem Staat der Vertragsparteien des Abkommens über den Europäischen Wirtschaftsraum als Kreditinstitut oder als Kreditversicherer zugelassen sein. [3]Die ausschreibende Stelle kann bei begründeten Bedenken vom Bieter verlangen, die Tauglichkeit des Bürgen nachzuweisen. [4]Für den Nachweis der Tauglichkeit im Einzelfall ist § 239 Absatz 1 des Bürgerlichen Gesetzbuchs heranzuziehen.

(6) [1]Die ausschreibende Stelle verwahrt die Sicherheiten treuhänderisch zugunsten der Bieter und der Übertragungsnetzbetreiber. [2]Hierzu richtet sie ein Verwahrkonto ein. [3]Die ausschreibende Stelle ist berechtigt, die Sicherheiten einzubehalten, bis die Voraussetzungen zur Rückgabe der Sicherheiten oder zur Befriedigung der Übertragungsnetzbetreiber vorliegen. [4]Die Sicherheiten werden nicht verzinst.

(7) Die ausschreibende Stelle gibt die Sicherheiten unverzüglich in dem Umfang, in dem sie nicht mehr zur Sicherung möglicher Pönalzahlungen benötigt werden, an den Bieter zurück, wenn
1. er das Gebot, auf das sich die Sicherheit bezieht, nach § 9 Absatz 1 zurückgenommen hat,
2. er für das Gebot, auf das sich die Sicherheit bezieht, keinen Zuschlag erhalten hat,
3. er für das Gebot, auf das sich die Sicherheit bezieht, die Pönale vollständig geleistet hat oder
4. die KWK-Anlage oder das innovative KWK-System nach der Aufnahme oder im Fall einer Modernisierung, nach der Wiederaufnahme des Dauerbetriebs vom Bundesamt für Wirtschaft und Ausfuhrkontrolle zugelassen und der Zulassungsbescheid der ausschreibenden Stelle vorgelegt worden ist.

§ 11 Zuschlagsverfahren. (1) Die ausschreibende Stelle führt bei jeder Ausschreibung das Zuschlagsverfahren nach den Absätzen 2 bis 4 durch.

(2) [1]Sie öffnet die fristgerecht eingegangenen Gebote nach dem Gebotstermin. [2]Sie sortiert die Gebote danach, ob sie für die Ausschreibung für KWK-Anlagen oder für die Ausschreibung für innovative KWK-Systeme abgegeben worden sind. [3]Anschließend sortiert die ausschreibende Stelle die Gebote sowohl für die Ausschreibung für KWK-Anlagen als auch für die Ausschreibung für innovative KWK-Systeme
1. bei unterschiedlichen Gebotswerten nach dem jeweiligen Gebotswert in aufsteigender Reihenfolge, beginnend mit dem Gebot mit dem niedrigsten Gebotswert,

2. bei demselben Gebotswert nach der jeweiligen Gebotsmenge in aufsteigender Reihenfolge, beginnend mit der niedrigsten Gebotsmenge; wenn die Gebotswerte und die Gebotsmenge der Gebote gleich sind, entscheidet das Los über die Reihenfolge, es sei denn, die Reihenfolge ist für die Zuschlagserteilung nicht maßgeblich.

(3) [1] Anschließend prüft die ausschreibende Stelle die Zulässigkeit der Gebote und erteilt in der Reihenfolge nach Absatz 2 allen zulässigen Geboten einen Zuschlag im Umfang ihrer Gebotsmenge, bis das jeweilige Ausschreibungsvolumen nicht mehr ausreicht, um einem Gebot einen Zuschlag in vollem Umfang der Gebotsmenge zu erteilen (letztes Gebot im Ausschreibungsvolumen). [2] Übersteigt die Gebotsmenge des letzten Gebots im Ausschreibungsvolumen das für dieses Gebot verbleibende Ausschreibungsvolumen um mehr als das Doppelte, wird diesem Gebot kein Zuschlag mehr erteilt und das vorherige Gebot bildet die Zuschlagsgrenze; anderenfalls bildet das letzte Gebot im Ausschreibungsvolumen die Zuschlagsgrenze und erhält einen Zuschlag. [3] Geboten oberhalb der Zuschlagsgrenze wird unbeschadet des § 22 kein Zuschlag erteilt.

(4) [1] Bei dem Zuschlagsverfahren nach Absatz 1 muss die ausschreibende Stelle sicherstellen, dass ab dem Jahr 2018 innerhalb von jeweils zwei Kalenderjahren die insgesamt bezuschlagte Gebotsmenge für Gebote in den Ausschreibungen für KWK-Anlagen, in denen als Standort der KWK-Anlage das Staatsgebiet eines Kooperationsstaats angegeben worden ist, 5 Prozent des in diesen zwei Kalenderjahren für diese Ausschreibungen zur Verfügung stehenden Ausschreibungsvolumens nicht überschreitet. [2] Zu diesem Zweck muss die ausschreibende Stelle Gebote ausschließen,

1. in denen als Standort der KWK-Anlage das Staatsgebiet eines Kooperationsstaats angegeben worden ist und
2. durch deren Bezuschlagung das Ausschreibungsvolumen nach Satz 1 überschritten wird.

§ 12 Ausschluss von Geboten. (1) Die ausschreibende Stelle schließt Gebote von dem Zuschlagsverfahren aus, wenn

1. die Voraussetzungen für die Teilnahme und die Anforderungen an und Formatvorgaben für Gebote nicht vollständig erfüllt sind,
2. bis zum Gebotstermin bei der ausschreibenden Stelle die Gebühr nach Nummer 5 der Anlage zur Ausschreibungsgebührenverordnung oder die Sicherheit nach § 10 nicht vollständig geleistet worden sind oder dem Gebot nicht eindeutig zugeordnet werden konnten,
3. der Gebotswert des Gebots den für die jeweilige Ausschreibung geltenden Höchstwert überschreitet,
4. die elektrische Leistung der KWK-Anlagen nicht zwischen mehr als 1 000 bis einschließlich 50 000 Kilowatt liegt und kein Fall des § 8 Absatz 3 Satz 2 vorliegt,
5. das Gebot Bedingungen, Befristungen oder sonstige Nebenabreden enthält,
6. das Gebot nicht den Festlegungen der ausschreibenden Stelle oder den Vorgaben der völkerrechtlichen Vereinbarung entspricht, soweit diese die Gebotsabgabe betreffen,

7. in dem Gebot oder den nach § 8 Absatz 1 Nummer 12 abzugebenden Eigenerklärungen unrichtige Angaben gemacht worden sind oder
8. der im Gebot angegebene Standort
   a) der KWK-Anlage in einem Mitgliedstaat liegt, der kein Kooperationsstaat der Bundesrepublik Deutschland ist, oder
   b) des innovativen KWK-Systems nicht im Bundesgebiet liegt.

(2) [1] Die ausschreibende Stelle kann ein Gebot ausschließen, wenn der begründete Verdacht besteht, dass der Bieter keine neue oder modernisierte KWK-Anlage oder kein innovatives KWK-System an dem in dem Gebot angegebenen Standort plant, und

1. an dem in dem Gebot angegebenen Standort bereits eine KWK-Anlage in Betrieb genommen worden ist und für Strom aus dieser Anlage eine Zahlung nach den §§ 6 bis 8b des Kraft-Wärme-Kopplungsgesetzes[1)] oder nach dem Fördersystem des Kooperationsstaats in Anspruch genommen worden ist oder
2. der in dem Gebot angegebene Standort übereinstimmt mit dem in einem anderen
   a) Gebot in derselben Ausschreibung angegebenen Standort oder
   b) bezuschlagten Gebot in einer vorangegangenen Ausschreibung angegebenen Standort, sofern der Zuschlag nicht entwertet worden ist.

[2] Ein Ausschluss von Geboten nach Satz 1 Nummer 1 oder Nummer 2 Buchstabe b ist nicht zulässig, wenn zu einer Anlage weitere Anlagen zugebaut werden sollen oder eine bestehende Anlage modernisiert werden soll und hierfür Gebote abgegeben werden.

§ 13 Ausschluss von Bietern. Die ausschreibende Stelle muss Bieter und deren Gebote von dem Zuschlagsverfahren ausschließen, wenn

1. der Bieter
   a) vorsätzlich oder grob fahrlässig Gebote unter falschen Angaben oder unter Vorlage falscher Nachweise in dieser oder einer vorangegangenen Ausschreibung abgegeben hat oder
   b) mit anderen Bietern Absprachen über die Gebotswerte der in dieser oder einer vorangegangenen Ausschreibung abgegebenen Gebote getroffen hat oder
2. die Gebotsmengen mehrerer Zuschläge eines Bieters aus mindestens zwei vorangegangenen Ausschreibungen nach § 16 Absatz 1 Nummer 1 vollständig entwertet worden sind.

§ 14 Zuordnung der Zuschläge und Sicherheiten bei gemeinsamen grenzüberschreitenden Ausschreibungen. (1) [1] Bei einer gemeinsamen grenzüberschreitenden Ausschreibung ordnet die ausschreibende Stelle jedes bezuschlagte Gebot entweder der Bundesrepublik Deutschland oder dem Kooperationsstaat nach dem in der völkerrechtlichen Vereinbarung festgelegten Verfahren zu. [2] Wenn und soweit bezuschlagte Gebote dem Kooperationsstaat

---

1) Nr. **45**.

zugeordnet worden sind, besteht der Anspruch auf Zahlung für KWK-Strom aus den KWK-Anlagen, denen die Gebotsmenge dieser Gebote zugeteilt wird, nicht nach § 19, sondern nach den Bestimmungen des Fördersystems des Kooperationsstaats; im Übrigen ist für diese Anlage, sofern sie sich im Bundesgebiet befindet, § 25 anzuwenden.

(2) Sicherheiten nach § 10 für bezuschlagte Gebote, die bei einer gemeinsamen grenzüberschreitenden Ausschreibung nach Absatz 1 Satz 1

1. der Bundesrepublik Deutschland zugeordnet worden sind, gelten zugunsten der nach § 21 anspruchsberechtigten Übertragungsnetzbetreiber,
2. dem Kooperationsstaat zugeordnet worden sind, gelten zugunsten der vom Kooperationsstaat benannten zuständigen ausländischen Stelle.

§ 15 Bekanntgabe der Zuschläge. (1) Die ausschreibende Stelle gibt die Zuschläge mit den folgenden Angaben auf ihrer Internetseite getrennt für die Ausschreibungen für KWK-Anlagen und für innovative KWK-Systeme bekannt:

1. dem Gebotstermin der Ausschreibung und die bezuschlagten Gebotsmengen,
2. den Namen der Bieter, die einen Zuschlag erhalten haben, mit
   a) dem jeweils in dem Gebot angegebenen Standort,
   b) den jeweils in dem Gebot angegebenen Nummern, unter denen das Projekt, die KWK-Anlage, das innovative KWK-System sowie die jeweiligen Einheiten im Marktstammdatenregister registriert sind,
   c) der Nummer des Gebots, sofern ein Bieter mehrere Gebote abgegeben hat, und
   d) einer eindeutigen Zuschlagsnummer,
3. dem niedrigsten und höchsten Gebotswert, die einen Zuschlag erhalten haben,
4. dem mengengewichteten durchschnittlichen Zuschlagswert und
5. bei einer gemeinsamen grenzüberschreitenden Ausschreibung dem Staat, dem das bezuschlagte Gebot nach § 14 zugeordnet worden ist.

(2) Der Zuschlag ist eine Woche nach der Bekanntgabe nach Absatz 1 als bekanntgegeben anzusehen.

(3) Die ausschreibende Stelle unterrichtet die Bieter, die einen Zuschlag erhalten haben, sowie den Netzbetreiber und den Übertragungsnetzbetreiber unverzüglich unter Nennung der Nummer aus dem Marktstammdatenregister über die Zuschlagserteilung und den Zuschlagswert und übermittelt dem Netzbetreiber und dem Übertragungsnetzbetreiber eine Kopie der Eigenerklärung des Bieters nach § 8 Absatz 1 Nummer 12 Buchstabe c.

§ 16 Entwertung von Zuschlägen. (1) Die ausschreibende Stelle entwertet einen Zuschlag,

1. soweit der Zuschlag nach Ablauf der Frist zur Aufnahme oder im Fall einer Modernisierung zur Wiederaufnahme des Dauerbetriebs nach § 18 Absatz 1 oder der Frist zur Zulassung der KWK-Anlage oder des innovativen KWK-Systems nach § 18 Absatz 2 erlischt,

2. soweit sie den Zuschlag nach dem Verwaltungsverfahrensgesetz zurücknimmt oder widerruft,
3. wenn der Zuschlag durch Verbrauch der insgesamt nach § 19 Absatz 2 Satz 1 förderfähigen Vollbenutzungsstunden, durch Zeitablauf oder auf sonstige Weise seine Wirksamkeit verliert,
4. wenn die elektrische Leistung der KWK-Anlage oder des innovativen KWK-Systems mit Aufnahme des Dauerbetriebs bei 1 Megawatt oder darunter oder oberhalb von 50 Megawatt liegt,
5. wenn der Anspruch auf Zuschlagszahlung in zwei Kalenderjahren nach § 19 Absatz 3 Satz 1 Nummer 1 oder Nummer 2 entfallen ist oder
6. wenn sich der Zuschlagswert in fünf aufeinanderfolgenden Jahren nach § 19 Absatz 5 für jeweils mindestens 1 500 Vollbenutzungsstunden auf null verringert hat.

(2) Wird die Zulassung einer KWK-Anlage oder eines innovativen KWK-Systems aufgehoben, wird auch der zugrunde liegende Zuschlag entwertet, soweit der KWK-Anlage oder dem innovativen KWK-System nicht im Rahmen einer Änderungszulassung nach § 11 Absatz 4 des Kraft-Wärme-Kopplungsgesetzes[1] eine erneute Zulassung erteilt wird.

§ 17 Zuordnung und Übertragung von Zuschlägen. (1) Zuschläge sind dem Bieter und der im Gebot angegebenen KWK-Anlage oder dem im Gebot angegebenen innovativen KWK-System an dem im Gebot angegebenen Standort zugeordnet.

(2) [1]Eine Übertragung von Zuschlägen vom Bieter auf Dritte wird erst wirksam, wenn

1. der Bieter der ausschreibenden Stelle die Übertragung angezeigt hat und
2. der Dritte die Eigenerklärungen nach § 8 Absatz 1 Nummer 12 gegenüber der ausschreibenden Stelle abgegeben hat.

[2]Mit dem Wirksamwerden der Übertragung tritt der Dritte in sämtliche Rechte und Pflichten des Bieters nach dieser Verordnung ein. [3]Eine Übertragung von Zuschlägen auf andere KWK-Anlagen oder innovative KWK-Systeme und andere Standorte ist nicht zulässig.

§ 18 Erlöschen von Zuschlägen. (1) Zuschläge erlöschen 54 Monate nach ihrer Bekanntgabe nach § 15 Absatz 2, soweit nicht die KWK-Anlage oder das innovative KWK-System an dem Standort, der dem Zuschlag zugeordnet worden ist, bis zu diesem Zeitpunkt den Dauerbetrieb aufgenommen oder im Fall einer Modernisierung wiederaufgenommen hat.

(2) Hat eine KWK-Anlage oder ein innovatives KWK-System den Dauerbetrieb innerhalb der Frist des Absatzes 1 aufgenommen oder im Fall einer Modernisierung wiederaufgenommen, erlischt der Zuschlag, wenn die KWK-Anlage nach § 10 des Kraft-Wärme-Kopplungsgesetzes[1] oder das innovative KWK-System nach § 24 nicht innerhalb von zwölf Monaten nach Aufnahme oder Wiederaufnahme des Dauerbetriebs durch das Bundesamt für Wirtschaft und Ausfuhrkontrolle zugelassen wurde oder hätte zugelassen werden müssen.

---

[1] Nr. 45.

§ 19 Höhe, Dauer und Voraussetzungen des Anspruchs auf Zuschlagszahlung. (1) Die Zuschlagszahlung wird für KWK-Strom in Höhe des Zuschlagswertes gezahlt.

(2) [1] Die Zuschlagszahlung wird ab Aufnahme des Dauerbetriebs gezahlt

1. bei KWK-Anlagen nach § 5 Absatz 1 Nummer 2, § 8a des Kraft-Wärme-Kopplungsgesetzes[1)] für 30 000 Vollbenutzungsstunden der Gebotsmenge oder
2. bei innovativen KWK-Systemen nach § 5 Absatz 2, § 8b des Kraft-Wärme-Kopplungsgesetzes[1)] für 45 000 Vollbenutzungsstunden der Gebotsmenge.

[2] Pro Kalenderjahr wird der Zuschlag für höchstens 3 500 Vollbenutzungsstunden der Gebotsmenge gezahlt. [3] Wird die Anzahl der nach Satz 2 förderfähigen Vollbenutzungsstunden in einem Kalenderjahr nicht ausgeschöpft, kann die Zuschlagszahlung innerhalb von 30 Jahren nach Aufnahme des Dauerbetriebs, jedoch für höchstens 3 500 Vollbenutzungsstunden pro Kalenderjahr, in Anspruch genommen werden. [4] Ist die im Zulassungsbescheid des Bundesamtes für Wirtschaft und Ausfuhrkontrolle festgestellte elektrische KWK-Leistung der KWK-Anlage kleiner als die Gebotsmenge, wird der Zuschlag für die nach Satz 1 förderfähigen Vollbenutzungsstunden der im Zulassungsbescheid festgestellten elektrischen KWK-Leistung der KWK-Anlage gezahlt.

(3) [1] Der Anspruch auf Zuschlagszahlung entfällt für dasjenige Kalenderjahr,

1. in dem nicht der gesamte in der KWK-Anlage oder dem innovativen KWK-System erzeugte Strom in ein Netz der allgemeinen Versorgung eingespeist worden ist,
2. in dem in der KWK-Anlage oder im innovativen KWK-System erzeugter Strom entgegen § 8a Absatz 2 Nummer 2 des Kraft-Wärme-Kopplungsgesetzes[1)] selbst verbraucht worden ist oder
3. für das der Nachweis nach § 20 Absatz 2 nicht oder nicht rechtzeitig erbracht worden ist oder unzutreffend ist.

[2] Wird der in der KWK-Anlage oder dem innovativen KWK-System erzeugte Strom entgegen § 8a Absatz 2 Nummer 2 des Kraft-Wärme-Kopplungsgesetzes[1)] selbst verbraucht, ist § 8d Absatz 1 des Kraft-Wärme-Kopplungsgesetzes entsprechend anzuwenden. [3] Abweichend von Satz 1 Nummer 1 darf der in der KWK-Anlage oder dem innovativen KWK-System erzeugte Strom auch in ein geschlossenes Verteilernetz eingespeist werden. [4] Im Fall des Satzes 3 ist der in der KWK-Anlage oder dem innovativen KWK-System erzeugte Strom so zu behandeln, als wäre er in das Netz der allgemeinen Versorgung eingespeist worden.

(4) Der Zuschlagswert verringert sich für das jeweilige Kalenderjahr für die Anzahl der Vollbenutzungsstunden in Höhe des in dem Kalendermonat erzeugten KWK-Stroms auf null, in dem die KWK-Anlage oder das innovative KWK-System entgegen der nach § 8 Absatz 1 Nummer 12 Buchstabe c abgegebenen Eigenerklärung bei Abruf des Netzbetreibers nicht in der Lage ist, die gesamte Einspeiseleistung durch den Netzbetreiber ferngesteuert zu reduzieren.

[1)] Nr. **45**.

(5) [1]Der Zuschlagswert verringert sich für das jeweilige Kalenderjahr für jeweils 300 Vollbenutzungsstunden auf null für jeden Prozentpunkt, um welchen

1. bei Zuschlägen, die in einem Ausschreibungstermin in den Jahren 2017 bis 2020 erteilt wurden, die tatsächliche Einspeisung innovativer erneuerbarer Wärme in ein Wärmenetz durch das innovative KWK-System innerhalb dieses Kalenderjahres einen Anteil an der Referenzwärme von 30 Prozent unterschreitet, wobei in den ersten fünf Jahren ab Aufnahme des Dauerbetriebs des innovativen KWK-Systems die Bereitstellung erneuerbarer Wärme aus der Verbrennung von Biomethan in der KWK-Anlage des innovativen KWK-Systems in Höhe von maximal 5 Prozentpunkten angerechnet wird,
2. bei Zuschlägen, die in einem Ausschreibungstermin im Jahr 2021 erteilt wurden, die tatsächliche Einspeisung innovativer erneuerbarer Wärme in ein Wärmenetz durch das innovative KWK-System innerhalb dieses Kalenderjahres einen Anteil an der Referenzwärme von 35 Prozent unterschreitet, wobei in den ersten fünf Jahren ab Aufnahme des Dauerbetriebs des innovativen KWK-Systems die Bereitstellung erneuerbarer Wärme aus der Verbrennung von Biomethan in der KWK-Anlage des innovativen KWK-Systems in Höhe von maximal 5 Prozentpunkten angerechnet wird.

[2]In sonstigen Fällen, in denen kein Anschluss des innovativen KWK-Systems an ein Wärmenetz erfolgt, ist Satz 1 mit der Maßgabe anzuwenden, dass anstelle der Einspeisung in ein Wärmenetz die anderweitige Wärmebereitstellung für Raumheizung, Warmwasserbereitung, Kälteerzeugung oder Prozesswärme maßgeblich ist.

(6) [1]Entgegen den Absätzen 2 bis 5 erhaltene Zahlungen sind dem zur Auszahlung der Zuschlagszahlung verpflichteten Netzbetreiber vollumfänglich zurückzugewähren; die Einrede der Entreicherung ist ausgeschlossen. [2]Die Netzbetreiber müssen die nach Satz 1 erhaltenen Zahlungen als Einnahmen im Rahmen des Belastungsausgleichs nach § 28 des Kraft-Wärme-Kopplungsgesetzes[1)] verbuchen.

(7) [1]Die Zuschlagszahlung darf nicht mit Investitionskostenzuschüssen kumuliert werden. [2]Dies gilt nicht, soweit für einzelne Komponenten des innovativen KWK-Systems eine investive Förderung nach den Richtlinien zur Förderung der Nutzung erneuerbarer Energien im Wärmemarkt in Anspruch genommen wurde. [3]In dem Fall des Satzes 2 verringert sich der Zuschlagswert ab der ersten Vollbenutzungsstunde für die Anzahl von Vollbenutzungsstunden auf null, die bei vollem Zuschlagswert dem Betrag der in Anspruch genommenen investiven Förderung einschließlich einer Verzinsung entsprechend dem durchschnittlichen Effektivzinssatz für Kredite an nicht finanzielle Kapitalgesellschaften nach der MFI-Zinsstatistik der Deutschen Bundesbank für Zinssätze und Volumina für das Neugeschäft der deutschen Banken, unter Berücksichtigung der Auszahlungszeitpunkte der Zuschlagswerte, entspricht.

(8) Auf den Anspruch auf Zuschlagszahlung nach Absatz 1 sind § 7 Absatz 2 und § 8 Absatz 5 des Kraft-Wärme-Kopplungsgesetzes[1)] entsprechend anzuwenden.

[1)] Nr. **45**.

§ 20 Mitteilungspflichten. (1) [1]Bieter, die einen Zuschlag nach § 11 erhalten haben, der nicht vollständig entwertet worden ist, sind bis zur Zulassung der KWK-Anlage oder des innovativen KWK-Systems durch das Bundesamt für Wirtschaft und Ausfuhrkontrolle verpflichtet, der ausschreibenden Stelle oder einer von dieser benannten dritten Stelle jeweils bis zum 31. Mai eines jeden Jahres den Projektfortschritt mitzuteilen. [2]Bei der Mitteilung nach Satz 1 ist anzugeben, welcher der folgenden Realisierungsschritte im Hinblick auf die KWK-Anlage oder das innovative KWK-System bereits verwirklicht wurde:

1. Genehmigungserteilung nach dem Bundes-Immissionsschutzgesetz,
2. verbindliche Bestellung,
3. Baubeginn,
4. Aufnahme des Probebetriebs,
5. Aufnahme oder Wiederaufnahme des Dauerbetriebs der KWK-Anlage,
6. Aufnahme des Dauerbetriebs der Komponenten zur Bereitstellung innovativer erneuerbarer Wärme des innovativen KWK-Systems.

[3]Die Mitteilung nach Satz 1 hat mittels eines von der ausschreibenden Stelle auf ihrer Internetseite veröffentlichten Formulars zu erfolgen. [4]Wurde der Dauerbetrieb der Komponenten zur Bereitstellung innovativer erneuerbarer Wärme des innovativen KWK-Systems aufgenommen, ist zusätzlich anzugeben, ob und in welcher Höhe eine investive Förderung nach den Richtlinien zur Förderung der Nutzung erneuerbarer Energien im Wärmemarkt in Anspruch genommen wurde. [5]Die Mitteilung nach Satz 4 hat zusätzlich gegenüber dem zuständigen Netzbetreiber zu erfolgen.

(2) [1]Während der Dauer der Zuschlagszahlung ist dem Bundesamt für Wirtschaft und Ausfuhrkontrolle und dem zur Zuschlagszahlung verpflichteten Netzbetreiber jeweils bis zum 31. März des darauffolgenden Kalenderjahres vorzulegen

1. von den Betreibern von KWK-Anlagen der Nachweis, dass die KWK-Anlage innerhalb des vorherigen Kalenderjahres hocheffizient betrieben worden ist,
2. von den Betreibern innovativer KWK-Systeme
   a) der Nachweis, dass die KWK-Anlage des innovativen KWK-Systems innerhalb des vorherigen Kalenderjahres hocheffizient betrieben worden ist,
   b) der Nachweis über den Anteil der tatsächlich innerhalb des vorherigen Kalenderjahres in ein Wärmenetz eingespeisten oder anderweitig außerhalb des innovativen KWK-Systems für Raumheizung, Warmwasserbereitung, Kälteerzeugung oder als Prozesswärme bereitgestellten innovativen erneuerbaren Wärme des innovativen KWK-Systems an der Referenzwärme, ab dem Jahr 2021 aufgeschlüsselt nach innovativer erneuerbarer Wärme und erneuerbarer Wärme aus der Verbrennung von Biomethan im Sinn des § 3 Nummer 13 des Erneuerbare-Energien-Gesetzes[1)] in der KWK-Anlage des innovativen KWK-Systems,
   c) im Fall der Erzeugung erneuerbarer Wärme aus der Verbrennung von Biomethan in der KWK-Anlage des innovativen KWK-Systems, der

---

[1)] Nr. **37**.

Nachweis über den Einsatz von Biomethan im Sinn des § 3 Nummer 13 des Erneuerbare-Energien-Gesetzes[1)], und

d) der Nachweis zur Erfüllung der Voraussetzungen des § 2 Nummer 12 Buchstabe c.

[2] Die Nachweise nach Satz 1 müssen von einem Wirtschaftsprüfer, einer Wirtschaftsprüfungsgesellschaft, einem vereidigten Buchprüfer oder einer Buchprüfungsgesellschaft geprüft sein. [3] § 30 Absatz 2 Satz 2 und 3 und Absatz 3 des Kraft-Wärme-Kopplungsgesetzes[2)] ist entsprechend anzuwenden. [4] Die Nachweise nach Satz 1 Nummer 2 müssen für jede Komponente des innovativen KWK-Systems die bereitgestellte Energiemenge jeweils aufgeschlüsselt nach Wärme und Strom sowie die dafür eingesetzte Energiemenge jeweils aufgeschlüsselt nach Brennstoffen und Strom umfassen. [5] Die Sätze 2 und 3 sind nicht anzuwenden bei KWK-Anlagen und innovativen KWK-Systemen mit einer elektrischen KWK-Leistung bis zu 2 Megawatt.

(3) Soweit es für die Überprüfung der Angaben nach Absatz 2 erforderlich ist, ist § 11 Absatz 1 des Kraft-Wärme-Kopplungsgesetzes[2)] entsprechend anzuwenden.

(4) Netzbetreiber sind verpflichtet, der ausschreibenden Stelle unverzüglich unter Nennung der Nummer des Marktstammdatenregisters mitzuteilen

1. den Verbrauch der insgesamt nach § 19 Absatz 2 Satz 1 förderfähigen Vollbenutzungsstunden,
2. das Entfallen des Anspruchs auf Zuschlagszahlung nach § 19 Absatz 3 Nummer 1 oder Nummer 2 und
3. die Verringerung des Zuschlagswertes auf null nach § 19 Absatz 5, soweit diese in einem Kalenderjahr für 1 500 Vollbenutzungsstunden oder mehr erfolgt.

(5) Während der Dauer der Zuschlagszahlungen müssen Betreiber von KWK-Anlagen und Betreiber innovativer KWK-Systeme dem Netzbetreiber mitteilen, wenn und in welchem Umfang im vorangegangenen Kalenderjahr für den in der KWK-Anlage oder der KWK-Anlage des innovativen KWK-Systems erzeugten KWK-Strom eine Stromsteuerbefreiung vorgelegen hat, und den Netzbetreiber über entsprechende Änderungen informieren.

§ 21 Pönalen. (1) Bieter müssen an den Übertragungsnetzbetreiber eine Pönale leisten, wenn

1. mehr als 10 Prozent der Gebotsmenge eines bezuschlagten Gebots vor oder mit der Zulassung der KWK-Anlage oder des innovativen KWK-Systems nach § 16 entwertet werden,
2. die KWK-Anlage oder das innovative KWK-System mehr als 48 Monate nach der Bekanntgabe des Zuschlags nach § 15 Absatz 2 den Dauerbetrieb aufgenommen oder im Fall einer Modernisierung wiederaufgenommen hat,
3. der Bieter seine jährliche Mitteilungspflicht nach § 20 Absatz 1 verletzt hat oder

---

1) Nr. **37**.
2) Nr. **45**.

4. der Bieter nach § 13 Nummer 1 von dem Zuschlagsverfahren ausgeschlossen worden ist.

(2) [1] Die Höhe der Pönale nach Absatz 1 Nummer 1 und 2 berechnet sich aus der Gebotsmenge des bezuschlagten Gebots

1. abzüglich der vor Ablauf des 48. auf die Bekanntgabe des Zuschlags nach § 15 Absatz 2 folgenden Monats in Dauerbetrieb genommenen elektrischen KWK-Leistung multipliziert mit 18 Euro pro Kilowatt,
2. abzüglich der vor Ablauf des 50. auf die Bekanntgabe des Zuschlags nach § 15 Absatz 2 folgenden Monats in Dauerbetrieb genommenen elektrischen KWK-Leistung multipliziert mit 34 Euro pro Kilowatt,
3. abzüglich der vor Ablauf des 52. auf die Bekanntgabe des Zuschlags nach § 15 Absatz 2 folgenden Monats in Dauerbetrieb genommenen elektrischen KWK-Leistung multipliziert mit 50 Euro pro Kilowatt oder
4. abzüglich der vor Ablauf des 54. auf die Bekanntgabe des Zuschlags nach § 15 Absatz 2 folgenden Monats in Dauerbetrieb genommenen elektrischen KWK-Leistung multipliziert mit 66 Euro pro Kilowatt.

[2] Die Höhe der Pönale nach Absatz 1 Nummer 3 berechnet sich aus der Gebotsmenge des bezuschlagten Gebots multipliziert mit 1 Euro für jede nicht oder nicht rechtzeitig erfolgte Jahresmeldung. [3] Die Höhe der Pönale nach Absatz 1 Nummer 4 berechnet sich aus der Gebotsmenge des bezuschlagten Gebots multipliziert mit 70 Euro pro Kilowatt elektrischer KWK-Leistung.

(3) [1] Die Forderung nach Absatz 1 muss durch Überweisung eines entsprechenden Geldbetrages auf ein Geldkonto des Übertragungsnetzbetreibers erfüllt werden. [2] Dabei ist die Zuschlagsnummer des Gebots zu übermitteln, für das die Pönale geleistet wird.

(4) [1] Der Übertragungsnetzbetreiber darf sich hinsichtlich der Forderungen nach Absatz 1 aus der jeweils für das Gebot hinterlegten Sicherheit befriedigen, wenn der Bieter die Forderung nicht vor Ablauf des 56. [2] Kalendermonats nach der Bekanntgabe des Zuschlags nach § 15 Absatz 2 erfüllt hat.

(5) Die ausschreibende Stelle teilt dem Übertragungsnetzbetreiber unverzüglich folgende für die Inanspruchnahme der Pönalen erforderliche Angaben mit:

1. die registrierten Angaben des Gebots,
2. den Zeitpunkt der Bekanntgabe der Zuschläge nach § 15 Absatz 2,
3. den Zuschlagswert für das Gebot,
4. die Höhe der vom Bieter für das Gebot geleisteten Sicherheit,
5. das Erlöschen des Zuschlags,
6. die Rücknahme und den Widerruf des Zuschlags und
7. die Verletzung der jährlichen Mitteilungspflicht nach § 20 Absatz 1.

(6) [1] Die Übertragungsnetzbetreiber müssen die nach Absatz 1 zu leistenden Pönalen als Einnahme im Rahmen des Belastungsausgleichs nach § 28 des Kraft-Wärme-Kopplungsgesetzes[1)] verbuchen. [2] Sie müssen den Eingang der Pönalen von Bietern der ausschreibenden Stelle unverzüglich mitteilen.

[1)] Nr. **45**.

§ 22 Rechtsschutz. (1) [1] Gerichtliche Rechtsbehelfe, die sich unmittelbar gegen eine Ausschreibung oder unmittelbar gegen einen erteilten Zuschlag richten, sind nur mit dem Ziel zulässig, die ausschreibende Stelle zur Erteilung eines Zuschlags zu verpflichten. [2] Rechtsbehelfe nach Satz 1 sind begründet, soweit der Beschwerdeführer im Zuschlagsverfahren nach § 11 ohne den Rechtsverstoß einen Zuschlag erhalten hätte. [3] Die ausschreibende Stelle erteilt bei einem Rechtsbehelf nach Satz 1 über das nach § 3 bestimmte Ausschreibungsvolumen hinaus einen entsprechenden Zuschlag, soweit das Begehren des Rechtsbehelfsführers Erfolg hat und sobald die gerichtliche Entscheidung formell rechtskräftig ist. [4] Im Übrigen bleibt der gerichtliche Rechtsschutz unberührt.

(2) [1] Die Erteilung eines Zuschlags hat unabhängig von einem Rechtsschutzverfahren Dritter nach Absatz 1 Bestand. [2] Die Anfechtung eines Zuschlags durch Dritte ist nicht zulässig.

§ 23 Festlegungen. Die ausschreibende Stelle darf Festlegungen nach § 29 Absatz 1 des Energiewirtschaftsgesetzes[1)] zu den Ausschreibungen für KWK-Anlagen und zu den Ausschreibungen für innovative KWK-Systeme treffen:

1. abweichend von § 5 zum Höchstwert in den Ausschreibungen für KWK-Anlagen oder in den Ausschreibungen für innovative KWK-Systeme, wenn sich bei den letzten drei vor Einleitung des Festlegungsverfahrens durchgeführten Ausschreibungen gemeinsam oder jeweils für sich betrachtet Anhaltspunkte dafür ergeben haben, dass der Höchstwert in den Ausschreibungen für KWK-Anlagen oder in den Ausschreibungen für innovative KWK-Systeme zu hoch oder zu niedrig ist, insbesondere wenn die durchschnittlichen Erzeugungskosten deutlich unter dem Höchstwert liegen oder wenn in den letzten drei Ausschreibungen mit den zulässigen Geboten das Ausschreibungsvolumen nicht gedeckt werden konnte und die durchschnittlichen Erzeugungskosten über dem Höchstwert liegen,
2. abweichend von § 8 zu Anforderungen an die Gebote und Bieter, um die Ernsthaftigkeit und Verbindlichkeit der Gebote zu gewährleisten,
3. abweichend von § 8 Absatz 4 Satz 1 zur Begrenzung der Anzahl der Gebote, die ein Bieter in einer Ausschreibung abgeben darf, und zu Regelungen, die eine Umgehung dieser Begrenzung verhindern sollen,
4. zur Form der Sicherheit, insbesondere zu zusätzlichen Anforderungen an die Bürgschaften, die als Sicherheit geleistet werden,
5. zur Höhe der Sicherheit, wobei die Sicherheit 70 Euro pro Kilowatt der im Gebot angegebenen Gebotsmenge nicht überschreiten darf,
6. zur Höhe der Pönalen nach § 21 Absatz 1 Satz 1 Nummer 1 oder Nummer 2, wobei die Höhe der Strafzahlungen 18 Euro pro Kilowatt der im Gebot angegebenen Gebotsmenge nicht unterschreiten und 150 Euro pro Kilowatt der im Gebot angegebenen Gebotsmenge nicht überschreiten darf.

§ 24 Zulassung von innovativen KWK-Systemen. (1) [1] Voraussetzung für den Anspruch auf Zuschlagszahlung eines innovativen KWK-Systems ist die Zulassung durch das Bundesamt für Wirtschaft und Ausfuhrkontrolle. [2] Die

---

1) Nr. 1.

Zulassung ist beim Bundesamt für Wirtschaft und Ausfuhrkontrolle zu beantragen. [3]Das Bundesamt für Wirtschaft und Ausfuhrkontrolle erteilt die Zulassung, wenn

1. die KWK-Anlage des innovativen KWK-Systems
   a) eine neue KWK-Anlage ist oder
   b) eine modernisierte KWK-Anlage ist und
      aa) die Kosten der Modernisierung der wesentlichen die Effizienz bestimmenden Anlagenteile mindestens 50 Prozent derjenigen Kosten betragen, die die Neuerrichtung einer KWK-Anlage mit gleicher Leistung nach aktuellem Stand der Technik gekostet hätte, und
      bb) die Modernisierung frühestens zehn Jahre nach der erstmaligen Aufnahme des Dauerbetriebs der KWK-Anlage oder nach der Wiederaufnahme des Dauerbetriebs einer bereits modernisierten Anlage erfolgt und
   c) die übrigen Voraussetzungen für die Zulassung von neuen oder modernisierten KWK-Anlagen nach § 10 Absatz 1 des Kraft-Wärme-Kopplungsgesetzes[1)] mit Ausnahme des § 6 Absatz 1 Nummer 1 des Kraft-Wärme-Kopplungsgesetzes erfüllt,
2. die Komponenten zur Bereitstellung innovativer erneuerbarer Wärme des innovativen KWK-Systems
   a) fabrikneu sind,
   b) ausreichend dimensioniert sind, um im Auslegungszustand mit dem innovativen KWK-System pro Kalenderjahr mindestens 30 Prozent der Referenzwärme als innovative erneuerbare Wärme bereitzustellen,
   c) die jeweils geltenden technischen Anforderungen der Richtlinien zur Förderung von Maßnahmen zur Nutzung erneuerbarer Energien im Wärmemarkt erfüllen und
   d) nur einer KWK-Anlage zugeordnet sind,
3. die KWK-Anlage und die Komponenten zur Bereitstellung innovativer erneuerbarer Wärme des innovativen KWK-Systems am gleichen Wärmenetz angeschlossen sind oder zwischen beiden eine wärmetechnische Direktleitung besteht,
4. die einzelnen Komponenten des innovativen KWK-Systems
   a) gemeinsam geregelt und gesteuert werden und
   b) durch mess- und eichrechtskonforme Messeinrichtungen dazu in der Lage sind, zu messen
      aa) für jeden Monat die eingesetzten Brennstoffe und die bereitgestellte Wärme sowie
      bb) für jedes 15-Minuten-Intervall die eingesetzte und die erzeugte Strommenge,
5. das innovative KWK-System technisch dazu in der Lage ist, die Wärmeleistung, die aus dem KWK-Prozess maximal ausgekoppelt werden kann, zu mindestens 30 Prozent mit einem mit der Anlage verbundenen elektrischen Wärmeerzeuger zu erzeugen.

---

1) Nr. **45**.

(2) Die §§ 10 und 11 des Kraft-Wärme-Kopplungsgesetzes[1] sind unbeschadet des Absatzes 1 Satz 3 Nummer 1 Buchstabe c entsprechend anzuwenden.

§ 25 Geöffnete ausländische Ausschreibungen. [1] Für Strom aus KWK-Anlagen im Bundesgebiet darf eine Zahlung nach dem geöffneten Fördersystem eines Kooperationsstaats nur in Anspruch genommen werden, wenn der Zahlungsanspruch durch Zuschlag in einer gemeinsamen grenzüberschreitenden oder geöffneten ausländischen Ausschreibung erteilt worden ist, die nach § 27 völkerrechtlich mit der Bundesrepublik Deutschland vereinbart worden ist. [2] Die Zahlung darf nur nach Maßgabe der völkerrechtlichen Vereinbarung erfolgen.

§ 26 Anwendung des Kraft-Wärme-Kopplungsgesetzes im Kooperationsstaat. (1) Die Bestimmungen des Kraft-Wärme-Kopplungsgesetzes[1] und dieser Verordnung sind auf Anlagen im Staatsgebiet eines Kooperationsstaats anzuwenden, soweit diese in einer Ausschreibung nach dieser Verordnung einen Zuschlag erhalten haben und sofern sich aus dieser Verordnung oder der völkerrechtlichen Vereinbarung nach § 27 nichts Abweichendes ergibt.

(2) Bei Anlagen, die keinen direkten Anschluss an ein Netz im Bundesgebiet haben, ist Absatz 1 mit der Maßgabe anzuwenden, dass

1. die §§ 3, 4 Absatz 2 und 3, die §§ 6, 7 Absatz 1, 3, 4 und 5, § 8 Absatz 1 bis 3 sowie die §§ 8b, 8d, 10, 11, 14, 16 und 35 des Kraft-Wärme-Kopplungsgesetzes[1] nicht anzuwenden sind und
2. § 7 Absatz 7 des Kraft-Wärme-Kopplungsgesetzes[1] mit der Maßgabe anzuwenden ist, dass anstelle der Strombörse im Sinn des § 3 Nummer 43a des Erneuerbare-Energien-Gesetzes[2] die in der völkerrechtlichen Vereinbarung mit dem jeweiligen Kooperationsstaat vereinbarte Strombörse maßgeblich ist.

(3) Der Anspruch auf Zuschlagszahlung nach § 19 Absatz 2 Satz 1 Nummer 1 in Verbindung mit § 8a des Kraft-Wärme-Kopplungsgesetzes besteht für KWK-Anlagen, die im Staatsgebiet des Kooperationsstaats über keinen direkten Anschluss an ein Netz im Bundesgebiet verfügen, gegenüber dem Übertragungsnetzbetreiber.

§ 27 Völkerrechtliche Vereinbarung. (1) Eine Zuschlagszahlung für KWK-Anlagen im Staatsgebiet eines anderen Mitgliedstaats der Europäischen Union darf nur mit der Zustimmung dieses Mitgliedstaats und nach Maßgabe dieser Zustimmung erfolgen.

(2) Das Bundesministerium für Wirtschaft und Energie kann zu diesem Zweck in völkerrechtlichen Vereinbarungen mit anderen Mitgliedstaaten der Europäischen Union die Durchführung von gemeinsamen grenzüberschreitenden oder geöffneten Ausschreibungen vereinbaren und durch diese völkerrechtliche Vereinbarung die Bestimmungen des Kraft-Wärme-Kopplungsgesetzes[1] und die Bestimmungen dieser Verordnung nach Maßgabe der völkerrechtlichen Vereinbarung auch für Anlagen im Staatsgebiet anderer Mitgliedstaaten der Europäischen Union ganz oder teilweise für anwendbar erklären, sofern

[1] Nr. 45.
[2] Nr. 37.

sichergestellt ist, dass der in den Anlagen erzeugte KWK-Strom in das Bundesgebiet physikalisch importiert wird oder die tatsächlichen Auswirkungen des in den Anlagen erzeugten Stroms auf den deutschen Strommarkt vergleichbar sind zu der Auswirkung, die der Strom bei einer Einspeisung im Bundesgebiet hätte.

(3) Das Bundesministerium für Wirtschaft und Energie kann im Rahmen der völkerrechtlichen Vereinbarung nach Absatz 2 regeln:

1. die Aufteilung der Kohlendioxid-Emissionen und der Kohlendioxid-Emissionsminderung durch die Erzeugung des KWK-Stroms und der Nutzwärme der im Ausland geförderten KWK-Anlagen zwischen der Bundesrepublik Deutschland und dem Kooperationsstaat,
2. Anforderungen an die KWK-Anlagen, die im Ausland errichtet werden sollen oder deren Dauerbetrieb wieder aufgenommen werden soll, insbesondere zur Markt- und Systemintegration, zum Netzanschluss und zum Netzengpassmanagement, zu technischer Mindesterzeugung und zum physikalischen Import,
3. die im Rahmen von § 7 Absatz 7 des Kraft-Wärme-Kopplungsgesetzes[1] maßgebliche Strombörse für KWK-Anlagen im Ausland,
4. abweichend von § 8a Absatz 2 Nummer 2 des Kraft-Wärme-Kopplungsgesetzes[1] und von § 19 Absatz 3 Nummer 1 und 2 das Erfordernis, den gesamten in der KWK-Anlage im Ausland erzeugten Strom in ein Netz der allgemeinen Versorgung einzuspeisen oder einem Netzbetreiber mittels kaufmännisch-bilanzieller Weitergabe anzubieten,
5. abweichend von § 8a Absatz 2 Nummer 3 des Kraft-Wärme-Kopplungsgesetzes[1] die entsprechend anzuwendenden Voraussetzungen nach § 6 Absatz 1 Nummer 2 bis 6 und Absatz 2 des Kraft-Wärme-Kopplungsgesetzes, insbesondere Inhalt und Verfahren eines mit § 10 des Kraft-Wärme-Kopplungsgesetzes[1] und § 24 äquivalenten Zulassungsverfahrens und die insoweit zuständige Stelle für KWK-Anlagen im Ausland,
6. für KWK-Anlagen im Ausland abweichend von § 8a Absatz 7 des Kraft-Wärme-Kopplungsgesetzes[1] das Erfordernis, die von einem Wärmeerzeuger genutzte Energie durch mess- und eichrechtskonforme Messeinrichtungen zu erfassen und den Übertragungsnetzbetreibern zu melden,
7. abweichend von § 13a des Kraft-Wärme-Kopplungsgesetzes eine Registrierung der KWK-Anlage in der Marktstammdatenregisterverordnung[2] als Voraussetzung der Förderung der KWK-Anlage im Ausland,
8. abweichend von § 14 des Kraft-Wärme-Kopplungsgesetzes[1] die zuständige Stelle und ein gleichwertiges Verfahren zur Messung von KWK-Strom und Nutzwärme für KWK-Anlagen im Ausland,
9. abweichend von § 15 des Kraft-Wärme-Kopplungsgesetzes[1] und § 20 die Mitteilungs- und Vorlagepflichten derjenigen Bieter, die einen Zuschlag für eine KWK-Anlage im Ausland erhalten haben, und die für die Entgegennahme von Meldungen zuständige Stelle im Kooperationsstaat oder in der Bundesrepublik Deutschland,

---

[1] Nr. **45**.
[2] Nr. **38**.

10. abweichend von § 31 des Kraft-Wärme-Kopplungsgesetzes[1] die Ausstellung von Herkunftsnachweisen für Strom aus hocheffizienter Kraft-Wärme-Kopplung für KWK-Anlagen im Ausland und die insoweit zuständige Stelle,
11. abweichend von § 7 die Anforderungen an die Bekanntmachung der Ausschreibung,
12. abweichend von § 8 die Anforderungen an Gebote, insbesondere im Zusammenhang mit den Anforderungen nach § 8 Absatz 1 Nummer 11 und 12 und die maximal zulässige Gebotsgröße nach § 8 Absatz 3, wobei die maximale Gebotsgröße höchstens 5 Prozent des auf zwei Kalenderjahre entfallenden Ausschreibungsvolumens der Ausschreibungen für KWK-Anlagen betragen darf,
13. abweichend von § 10 die Höhe der Sicherheiten und die Modalitäten ihrer Erbringung,
14. den Ausschluss eines Gebots, sofern der Bieter für das Projekt vor der Gebotsabgabe Investitionsbeihilfen in Anspruch genommen hat,
15. abweichend von § 15 die Bekanntgabe der Zuschläge durch die ausschreibende Stelle,
16. abweichend von § 18 das Erlöschen der Zuschläge, insbesondere eine abweichende Frist zur Realisierung der Anlage,
17. zusätzlich zu § 19 die weiteren Voraussetzungen für den Anspruch auf die Zuschlagszahlungen für KWK-Anlagen im Ausland, insbesondere den Ausschluss der Eigenversorgung und das Erfüllen von technischen Anforderungen und Meldepflichten,
18. abweichend von § 21 die Höhe und den Fälligkeitszeitpunkt der Pönalen,
19. den Ausschluss der Doppelförderung durch die Bundesrepublik Deutschland und den Kooperationsstaat,
20. ***[bis 30.9.2021:*** die Entschädigung abweichend von § 15 des Erneuerbare-Energien-Gesetzes[2]***]*** ***[ab 1.10.2021:*** *den finanziellen Ausgleich abweichend von § 13a Absatz 2 des Energiewirtschaftsgesetzes*[3]***]*** ,
21. die Erhebung von Gebühren,
22. den gegenseitigen Informationsaustausch mit dem Kooperationsstaat und die Mitwirkungspflichten von Netz- und Anlagenbetreibern,
23. die Benennung einer Stelle im Kooperationsstaat, die die Anforderungen nach § 8a des Kraft-Wärme-Kopplungsgesetzes[1] oder die nach Nummer 5 in der völkerrechtlichen Vereinbarung festgelegten abweichenden Anforderungen, die Angaben nach § 20 sowie die jährlichen Abrechnungsdaten prüfen und geeignete Nachweise verlangen muss, und
24. bei gemeinsamen grenzüberschreitenden Ausschreibungen die ausschreibende Stelle und das Verfahren zur Zuordnung der bezuschlagten Gebote nach § 14 Absatz 1 Satz 1.

---

[1] Nr. **45**.
[2] Nr. **37**.
[3] Nr. **1**.

(4) [1]Das Bundesministerium für Wirtschaft und Energie kann in völkerrechtlichen Vereinbarungen mit anderen Mitgliedstaaten der Europäischen Union die Durchführung von geöffneten ausländischen Ausschreibungen für KWK-Anlagen im Bundesgebiet regeln. [2]Eine völkerrechtliche Vereinbarung nach Satz 1 darf eine Förderung nur zulassen, wenn

1. der Strom aus der KWK-Anlage direkt vermarktet wird,
2. sich der Zahlungsanspruch für Zeiträume, in denen der Wert der Stundenkontrakte für die Preiszone Deutschland am Spotmarkt der Strombörse im Sinn des § 3 Nummer 43a des Erneuerbare-Energien-Gesetzes[1)] in der vortägigen Auktion null oder negativ ist, auf null verringert,
3. der gesamte in der KWK-Anlage erzeugte Strom in ein Netz der allgemeinen Versorgung eingespeist und nicht selbst verbraucht wird, wobei derjenige Strom ausgenommen ist, der durch die KWK-Anlage oder in den Neben- und Hilfsanlagen der KWK-Anlage oder den mit der KWK-Anlage verbundenen elektrischen Wärmeerzeugern verbraucht wird,
4. der Betreiber der KWK-Anlage seinen Anspruch nach § 18 der Stromnetzentgeltverordnung[2)] nicht geltend machen darf,
5. die KWK-Anlage
   a) die Anforderungen nach § 9 Absatz 1 des Erneuerbare-Energien-Gesetzes[1)] erfüllt,
   b) Strom auf der Basis von Abfall, Abwärme, Biomasse oder gasförmigen oder flüssigen Brennstoffen gewinnt,
   c) hocheffizient ist,
   d) keine bestehende Fernwärmeversorgung aus KWK-Anlagen verdrängt und
   e) eine elektrische Leistung von höchstens 50 Megawatt aufweist und
6. der Betreiber der KWK-Anlage eine Eigenerklärung gegenüber dem zuständigen Netzbetreiber abzugeben hat, dass die gesamte Einspeiseleistung der KWK-Anlage jederzeit durch den Netzbetreiber ferngesteuert reduziert werden kann.

§ 28 Evaluierung. (1) Das Bundesministerium für Wirtschaft und Energie stellt im Jahr 2021 im Rahmen der Evaluierung nach § 34 Absatz 2 des Kraft-Wärme-Kopplungsgesetzes[3)] den Stand der Dekarbonisierung der Wärmenetze fest und prüft im Rahmen der Ausschreibungen für innovative KWK-Systeme geeignete Maßnahmen zur stärkeren Einbeziehung der Biomasse zur Optimierung von Systemen mit größeren Anteilen erneuerbarer Wärme, um eine weitergehende Dekarbonisierung zu erzielen.

(2) Ergibt eine Evaluierung nach § 34 Absatz 2 Satz 1 des Kraft-Wärme-Kopplungsgesetzes[3)], dass die Erreichung der Ziele des § 1 Absatz 1 des Kraft-Wärme-Kopplungsgesetzes nicht gesichert erscheint, soll die ausschreibende Stelle das Ausschreibungsvolumen in dem erforderlichen Umfang, höchstens um 100 Megawatt pro Kalenderjahr, erhöhen.

[1)] Nr. **37**.
[2)] Nr. **24**.
[3)] Nr. **45**.

47. Gesetz zur Entwicklung und Förderung der Windenergie auf See (Windenergie-auf-See-Gesetz – WindSeeG)[1)]

Vom 13. Oktober 2016
(BGBl. I S. 2258, 2310)

FNA 754-29

zuletzt geänd. durch Art. 21 G zur Beschleunigung des Energieleitungsausbaus v. 13.5.2019 (BGBl. I S. 706)

Inhaltsübersicht

[1)] Verkündet als Art. 2 G v. 13.10.2016 (BGBl. I S. 2258); Inkrafttreten gem. Art. 25 Abs. 1 Satz 1 dieses G am 1.1.2017.

Teil 1. Allgemeine Bestimmungen

§ 1 Zweck und Ziel des Gesetzes. (1) Zweck dieses Gesetzes ist es, insbesondere im Interesse des Klima- und Umweltschutzes die Nutzung der Windenergie auf See auszubauen.

(2) [1] Ziel dieses Gesetzes ist es, die installierte Leistung von Windenergieanlagen auf See, die an das Netz angeschlossen werden, ab dem Jahr 2021 auf insgesamt 15 Gigawatt bis zum Jahr 2030 zu steigern. [2] Diese Steigerung soll stetig, kosteneffizient und unter Berücksichtigung der für die Abnahme, Übertragung und Verteilung des Stroms erforderlichen Netzkapazitäten erfolgen. [3] Der Ausbau von Windenergieanlagen auf See, die an das Netz angeschlossen werden, und der Ausbau der für die Übertragung des darin erzeugten Stroms erforderlichen Offshore-Anbindungsleitungen sollen daher, auch unter Berücksichtigung der Netzverknüpfungspunkte an Land, aufeinander abgestimmt werden und ein Gleichlauf der jeweiligen Planungen, Zulassungen, Errichtungen und Inbetriebnahmen soll erreicht werden.

§ 2 Anwendungsbereich. (1) Dieses Gesetz regelt

1. die Fachplanung in der ausschließlichen Wirtschaftszone und, soweit die nachfolgenden Bestimmungen dies vorsehen, im Küstenmeer und die Voruntersuchung von Flächen für die Stromerzeugung aus Windenergieanlagen auf See,
2. die Ausschreibungen zur wettbewerblichen Ermittlung der Marktprämie nach § 22 des Erneuerbare-Energien-Gesetzes[1)] für Windenergieanlagen auf See, die nach dem 31. Dezember 2020 in Betrieb genommen werden; das Erneuerbare-Energien-Gesetz ist anzuwenden, soweit dieses Gesetz nichts anderes regelt, und
3. die Zulassung, die Errichtung, die Inbetriebnahme und den Betrieb von Windenergieanlagen auf See und Offshore-Anbindungsleitungen, soweit sie nach dem 31. Dezember 2020 in Betrieb genommen werden.

(2) Dieses Gesetz ist im Bereich der ausschließlichen Wirtschaftszone der Bundesrepublik Deutschland und, soweit die nachfolgenden Bestimmungen dies ausdrücklich regeln, im Küstenmeer und auf der Hohen See anzuwenden.

§ 3 Begriffsbestimmungen. Im Sinn dieses Gesetzes ist oder sind

1. „Cluster" die im Bundesfachplan Offshore nach § 17a des Energiewirtschaftsgesetzes[2)] festgelegten Räume für Windenergieanlagen auf See,

---

[1)] Nr. **37**.
[2)] Nr. **1**.

2. „clusterinterne Kapazitätsknappheit" die Überschreitung der Kapazität, die auf einer vorhandenen oder im bestätigten Offshore-Netzentwicklungsplan nach den §§ 17b und 17c des Energiewirtschaftsgesetzes[1] vorgesehenen Offshore-Anbindungsleitung für die bestehenden Projekte in einem Cluster zur Verfügung steht; als clusterinterne Knappheit gilt es auch, wenn bei einer clusterübergreifenden Anbindung, die in dem vorbehaltlos bestätigten Offshore-Netzentwicklungsplan nach den §§ 17b und 17c des Energiewirtschaftsgesetzes vorgesehen ist, die Kapazität durch ein bestehendes Projekt aus einem anderen Cluster überschritten wird, das ausnahmsweise über eine solche clusterübergreifende Anbindung angeschlossen werden kann,
3. „Gebiete" Bereiche in der ausschließlichen Wirtschaftszone oder im Küstenmeer für die Errichtung und den Betrieb von Windenergieanlagen auf See, die an das Netz angeschlossen werden,
4. „Flächen" Bereiche innerhalb von Gebieten, auf denen Windenergieanlagen auf See, die an das Netz angeschlossen werden, in räumlichem Zusammenhang errichtet werden sollen und für die deshalb eine gemeinsame Ausschreibung erfolgt,
5. „Offshore-Anbindungsleitungen" Offshore-Anbindungsleitungen im Sinn von § 2 Absatz 3 des Bundesbedarfsplangesetzes[2],
6. „Pilotwindenergieanlage auf See" die jeweils ersten drei Windenergieanlagen auf See eines Typs, mit denen nachweislich eine wesentliche, weit über den Stand der Technik hinausgehende Innovation erprobt wird; die Innovation kann insbesondere die Generatorleistung, den Rotordurchmesser, die Nabenhöhe, den Turmtypen oder die Gründungsstruktur betreffen,
7. „sonstige Energiegewinnungsanlage" jede Anlage zur Erzeugung von Strom auf See aus anderen erneuerbaren Energien als Wind, insbesondere aus Wasserkraft einschließlich der Wellen-, Gezeiten-, Salzgradienten- und Strömungsenergie, oder zur Erzeugung anderer Energieträger, insbesondere Gas, oder anderer Energieformen, insbesondere thermischer Energie,
8. „sonstige Energiegewinnungsbereiche" Bereiche außerhalb von Gebieten, auf denen Windenergieanlagen auf See und sonstige Energiegewinnungsanlagen, die jeweils nicht an das Netz angeschlossen werden, in räumlichem Zusammenhang errichtet werden können und die dem Zulassungsverfahren nach § 2 des Seeanlagengesetzes unterliegen,
9. „Testfelder" Bereiche in der ausschließlichen Wirtschaftszone und im Küstenmeer, in denen im räumlichen Zusammenhang ausschließlich Pilotwindenergieanlagen auf See, die an das Netz angeschlossen werden, errichtet werden sollen und die gemeinsam über eine Testfeld-Anbindungsleitung angebunden werden sollen,
10. „Testfeld-Anbindungsleitungen" Testfeld-Anbindungsleitungen im Sinn von § 12b Absatz 1 Satz 4 Nummer 7 des Energiewirtschaftsgesetzes,
11. „Windenergieanlage auf See" jede Anlage zur Erzeugung von Strom aus Windenergie, die auf See in einer Entfernung von mindestens drei Seemeilen gemessen von der Küstenlinie der Bundesrepublik Deutschland aus seewärts errichtet worden ist; als Küstenlinie gilt die in der Karte Num-

[1] Nr. **1**.
[2] Nr. **17**.

mer 2920 „Deutsche Nordseeküste und angrenzende Gewässer", Ausgabe 1994, XII., sowie in der Karte Nummer 2921 „Deutsche Ostseeküste und angrenzende Gewässer", Ausgabe 1994, XII., des Bundesamtes für Seeschifffahrt und Hydrographie im Maßstab 1:375 000[1)] dargestellte Küstenlinie, und

12. „zugewiesene Netzanbindungskapazität" das Recht, eine bestimmte Offshore-Anbindungsleitung bis zu einer bestimmten Leistung für die Übertragung von elektrischer Energie aus Windenergieanlagen auf See zu nutzen.

Teil 2. Fachplanung und Voruntersuchung

Abschnitt 1. Flächenentwicklungsplan

§ 4 Zweck des Flächenentwicklungsplans. (1) [1]Der Flächenentwicklungsplan trifft fachplanerische Festlegungen für die ausschließliche Wirtschaftszone. [2]Er kann fachplanerische Festlegungen für Gebiete, Flächen, die zeitliche Reihenfolge der Ausschreibungen der Flächen, die Kalenderjahre der Inbetriebnahmen und die voraussichtlich zu installierende Leistung sowie für Testfelder und sonstige Energiegewinnungsbereiche für das Küstenmeer treffen. [3]Nach Maßgabe einer Verwaltungsvereinbarung zwischen dem Bund, vertreten durch das Bundesamt für Seeschifffahrt und Hydrographie, und dem zuständigen Land werden die einzelnen Festlegungen für das Küstenmeer näher bestimmt. [4]Das Land stellt dem Bundesamt für Seeschifffahrt und Hydrographie die jeweils dafür erforderlichen Informationen und Unterlagen einschließlich derjenigen, die für die Strategische Umweltprüfung erforderlich sind, zur Verfügung.

(2) Für den Ausbau von Windenergieanlagen auf See und der hierfür erforderlichen Offshore-Anbindungsleitungen trifft der Flächenentwicklungsplan Festlegungen mit dem Ziel,

1. das Ausbauziel nach § 4 Nummer 2 Buchstabe b des Erneuerbare-Energien-Gesetzes[2)] zu erreichen,
2. die Stromerzeugung aus Windenergieanlagen auf See räumlich geordnet und flächensparsam auszubauen und
3. eine geordnete und effiziente Nutzung und Auslastung der Offshore-Anbindungsleitungen zu gewährleisten und Offshore-Anbindungsleitungen im Gleichlauf mit dem Ausbau der Stromerzeugung aus Windenergieanlagen auf See zu planen, zu errichten, in Betrieb zu nehmen und zu nutzen.

(3) Der Flächenentwicklungsplan kann für Windenergieanlagen auf See und sonstige Energiegewinnungsanlagen, die jeweils nicht an das Netz angeschlossen werden, Festlegungen mit dem Ziel treffen, die praktische Erprobung und Umsetzung von innovativen Konzepten für nicht an das Netz angeschlossene Energiegewinnung räumlich geordnet und flächensparsam zu ermöglichen.

[1)] **Amtlicher Hinweis:** Zu beziehen beim Bundesamt für Seeschifffahrt und Hydrographie, Bernhard-Nocht-Straße 78, 20359 Hamburg und in der Deutschen Nationalbibliothek archivmäßig gesichert niedergelegt.

[2)] Nr. **37**.

§ 5 Gegenstand des Flächenentwicklungsplans. (1) Der Flächenentwicklungsplan enthält für den Zeitraum ab dem Jahr 2026 bis mindestens zum Jahr 2030 für die ausschließliche Wirtschaftszone und nach Maßgabe der folgenden Bestimmungen für das Küstenmeer Festlegungen über

1. Gebiete; im Küstenmeer können Gebiete nur festgelegt werden, wenn das zuständige Land die Gebiete als möglichen Gegenstand des Flächenentwicklungsplans ausgewiesen hat,
2. Flächen in den nach Nummer 1 festgelegten Gebieten; im Küstenmeer können Flächen nur festgelegt werden, wenn das zuständige Land die Flächen als möglichen Gegenstand des Flächenentwicklungsplans ausgewiesen hat,
3. die zeitliche Reihenfolge, in der die festgelegten Flächen zur Ausschreibung nach Teil 3 Abschnitt 2 kommen sollen, einschließlich der Benennung der jeweiligen Kalenderjahre,
4. die Kalenderjahre, in denen auf den festgelegten Flächen jeweils die bezuschlagten Windenergieanlagen auf See und die entsprechende Offshore-Anbindungsleitung in Betrieb genommen werden sollen,
5. die in den festgelegten Gebieten und auf den festgelegten Flächen jeweils voraussichtlich zu installierende Leistung von Windenergieanlagen auf See,
6. Standorte von Konverterplattformen, Sammelplattformen und, soweit wie möglich, Umspannanlagen,
7. Trassen oder Trassenkorridore für Offshore-Anbindungsleitungen,
8. Orte, an denen die Offshore-Anbindungsleitungen die Grenze zwischen der ausschließlichen Wirtschaftszone und dem Küstenmeer überschreiten,
9. Trassen oder Trassenkorridore für grenzüberschreitende Stromleitungen,
10. Trassen oder Trassenkorridore für mögliche Verbindungen der in den Nummern 1, 2, 6, 7 und 9 genannten Anlagen, Trassen oder Trassenkorridore untereinander und
11. standardisierte Technikgrundsätze und Planungsgrundsätze.

(2) [1] Der Flächenentwicklungsplan kann für den Zeitraum ab dem Jahr 2021

1. Folgendes festlegen:
   a) küstennah außerhalb von Gebieten Testfelder für insgesamt höchstens 40 Quadratkilometer; Testfelder können im Küstenmeer nur festgelegt werden, wenn das Land den Bereich als möglichen Gegenstand des Flächenentwicklungsplans und zumindest teilweise zu Testzwecken ausgewiesen hat; wird ein Testfeld tatsächlich nicht oder in nur unwesentlichem Umfang genutzt, kann ein späterer Flächenentwicklungsplan die Festlegung des Testfeldes aufheben und stattdessen Gebiete und Flächen festlegen,
   b) die Kalenderjahre, in denen auf den festgelegten Testfeldern jeweils erstmals Pilotwindenergieanlagen auf See und die entsprechende Testfeld-Anbindungsleitung in Betrieb genommen werden sollen, und
   c) die Kapazität der entsprechenden Testfeld-Anbindungsleitung;
2. für Gebiete in der ausschließlichen Wirtschaftszone und im Küstenmeer verfügbare Netzanbindungskapazitäten auf vorhandenen oder in den folgenden Jahren noch fertigzustellenden Offshore-Anbindungsleitungen auswei-

sen, die nach § 70 Absatz 2 Pilotwindenergieanlagen auf See zugewiesen werden können.

[2] Der Flächenentwicklungsplan kann

1. räumliche Vorgaben für die Errichtung von Pilotwindenergieanlagen auf See in Gebieten und in Testfeldern machen; für Gebiete und Testfelder im Küstenmeer können sie in der Verwaltungsvereinbarung nach § 4 Absatz 2 näher bestimmt werden,
2. die technischen Gegebenheiten der Offshore-Anbindungsleitung oder der Testfeld-Anbindungsleitung benennen und
3. sich aus diesen Gegebenheiten ergebende technische Voraussetzungen für den Netzanschluss von Pilotwindenergieanlagen auf See benennen.

(2a) [1] Der Flächenentwicklungsplan kann sonstige Energiegewinnungsbereiche außerhalb von Gebieten für insgesamt 40 bis 70 Quadratkilometer festlegen und räumliche Vorgaben für Leitungen, die Energie oder Energieträger aus diesen abführen, machen. [2] Im Küstenmeer können sonstige Energiegewinnungsbereiche nur festgelegt werden, wenn das zuständige Land die sonstigen Energiegewinnungsbereiche als möglichen Gegenstand des Flächenentwicklungsplans ausgewiesen hat. [3] Wird ein sonstiger Energiegewinnungsbereich tatsächlich nicht oder in nur unwesentlichem Umfang genutzt, kann ein späterer Flächenentwicklungsplan die Festlegung des sonstigen Energiegewinnungsbereichs aufheben und stattdessen Gebiete und Flächen festlegen.

(3) [1] Festlegungen nach Absatz 1 Nummer 1 und 2 sowie 6 bis 11 und Festlegungen nach Absatz 2 Satz 1 Nummer 1 Buchstabe a und Absatz 2a sind unzulässig, wenn überwiegende öffentliche oder private Belange entgegenstehen. [2] Diese Festlegungen sind insbesondere unzulässig, wenn

1. sie mit den Erfordernissen der Raumordnung nach § 17 Absatz 1 des Raumordnungsgesetzes nicht übereinstimmen,
2. sie die Meeresumwelt gefährden,
3. sie die Sicherheit und Leichtigkeit des Verkehrs beeinträchtigen,
4. sie die Sicherheit der Landes- und Bündnisverteidigung beeinträchtigen,
5. im Fall einer Festlegung nach Absatz 1 Nummer 1 oder 2 das Gebiet oder die Fläche
   a) in einem nach § 57 des Bundesnaturschutzgesetzes ausgewiesenen Schutzgebiet liegt oder
   b) außerhalb der vom Bundesfachplan Offshore nach § 17a des Energiewirtschaftsgesetzes[1)] festgelegten Cluster 1 bis 8 in der Nordsee und Cluster 1 bis 3 in der Ostsee oder außerhalb der durch ein Land ausgewiesenen Gebiete oder Flächen im Küstenmeer liegt, es sei denn, in diesen Clustern und diesen Gebieten und Flächen im Küstenmeer können nicht ausreichend Gebiete und Flächen festgelegt werden, um das Ausbauziel nach § 4 Nummer 2 Buchstabe b des Erneuerbare-Energien-Gesetzes[2)] zu erreichen oder

---

[1)] Nr. 1.
[2)] Nr. 37.

6. im Fall einer Festlegung nach Absatz 2a der sonstige Energiegewinnungsbereich in einem nach § 57 des Bundesnaturschutzgesetzes ausgewiesenen Schutzgebiet liegt.

[3]Soweit das Gebiet oder die Fläche in einem vom Bundesfachplan Offshore nach § 17a des Energiewirtschaftsgesetzes festgelegten Cluster oder einem Vorrang-, Vorbehalts- oder Eignungsgebiet eines Raumordnungsplans nach § 17 Absatz 1 Satz 1 des Raumordnungsgesetzes liegt, muss die Zulässigkeit der Festlegungen nach Absatz 1 Nummer 1 und 2 nur geprüft werden, soweit zusätzliche oder andere erhebliche Gesichtspunkte erkennbar oder Aktualisierungen und Vertiefungen der Prüfung erforderlich sind. [4]Für die Strategische Umweltprüfung ist § 39 Absatz 3 des Gesetzes über die Umweltverträglichkeitsprüfung entsprechend anzuwenden. [5]Für durch ein Land ausgewiesene Gebiete und Flächen im Küstenmeer stellt das Land sämtliche Informationen und Unterlagen einschließlich derjenigen, die für die Strategische Umweltprüfung erforderlich sind, zur Verfügung, die für die Prüfung benötigt werden, ob die Festlegung dieser Gebiete und Flächen zulässig ist.

(4) [1]Im Flächenentwicklungsplan werden einzelne Flächen nach Absatz 1 Nummer 2 und gebietsübergreifend die zeitliche Reihenfolge, in der die Flächen zur Ausschreibung kommen sollen, mit dem Ziel festgelegt, dass ab dem Jahr 2026 Windenergieanlagen auf See auf diesen Flächen in Betrieb genommen und zeitgleich die zur Anbindung dieser Flächen jeweils erforderlichen Offshore-Anbindungsleitungen fertiggestellt werden sowie jeweils vorhandene Offshore-Anbindungsleitungen effizient genutzt und ausgelastet werden. [2]Kriterien für die Festlegung der Flächen und die zeitliche Reihenfolge ihrer Ausschreibung sind insbesondere

1. die effiziente Nutzung und Auslastung der Offshore-Anbindungsleitungen, die zum Zeitpunkt der Erstellung des Flächenentwicklungsplans
   a) bereits vorhanden sind oder
   b) im Offshore-Netzentwicklungsplan vorbehaltlos bestätigt sind,
2. die geordnete und effiziente Planung, Errichtung, Inbetriebnahme, Nutzung und Auslastung für die im Jahr 2026 und in den folgenden Jahren noch fertigzustellenden Offshore-Anbindungsleitungen und Netzverknüpfungspunkte an Land; hierbei werden auch die Planung und der tatsächliche Ausbau von Netzen an Land berücksichtigt,
3. die räumliche Nähe zur Küste,
4. Nutzungskonflikte auf einer Fläche,
5. die voraussichtliche tatsächliche Bebaubarkeit einer Fläche,
6. die voraussichtlich zu installierende Leistung auf einer Fläche und die sich daraus ergebende Eignung der Fläche für eine kosteneffiziente Stromerzeugung und
7. eine unter Berücksichtigung der insgesamt vorhandenen Potentiale ausgewogene Verteilung des Ausschreibungsvolumens auf Flächen in der Nordsee und in der Ostsee.

(5) [1]Im Flächenentwicklungsplan werden die Gebiete sowie die Flächen und die zeitliche Reihenfolge nach Absatz 1 Nummer 3 und Absatz 4 so festgelegt, dass Windenergieanlagen auf See auf Flächen mit einer voraussichtlich zu

installierenden Leistung von 700 bis 900 Megawatt und von durchschnittlich nicht mehr als 840 Megawatt

1. zu jedem Gebotstermin nach § 17 ausgeschrieben werden und
2. ab dem Jahr 2026 pro Kalenderjahr in Betrieb genommen werden.

[2] Zwischen dem Kalenderjahr der Ausschreibung nach Satz 1 Nummer 1 für eine Fläche und dem Kalenderjahr der Inbetriebnahme der bezuschlagten Windenergieanlagen auf See nach Satz 1 Nummer 2 auf dieser Fläche müssen mindestens so viele Monate liegen, dass die Realisierungsfristen nach § 59 eingehalten werden können. [3] Soweit in den Ausschreibungen nach Teil 3 Abschnitt 3 für wesentlich weniger als 3 100 Megawatt ein Zuschlag nach § 34 erteilt wurde, werden die Festlegungen nach Satz 1 so getroffen, dass abweichend von Satz 1 die voraussichtlich zu installierende Leistung von 700 bis 900 Megawatt und durchschnittlich 840 Megawatt in dem Umfang erhöht wird, der zur Erreichung des Ausbauziels nach § 4 Nummer 2 Buchstabe b des Erneuerbare-Energien-Gesetzes[1)] erforderlich ist.

§ 6 Zuständigkeit und Verfahren zur Erstellung des Flächenentwicklungsplans. (1) Das Bundesamt für Seeschifffahrt und Hydrographie macht die Einleitung und den voraussichtlichen Zeitpunkt des Abschlusses des Verfahrens zur Erstellung des Flächenentwicklungsplans nach § 73 Nummer 1 bekannt.

(2) [1] Das Bundesamt für Seeschifffahrt und Hydrographie erstellt unverzüglich nach Bekanntmachung der Einleitung des Verfahrens einen Vorentwurf des Flächenentwicklungsplans. [2] Die Bundesnetzagentur für Elektrizität, Gas, Telekommunikation, Post und Eisenbahnen (Bundesnetzagentur) fordert die Übertragungsnetzbetreiber auf, eine gemeinsame schriftliche Stellungnahme zu dem Vorentwurf innerhalb einer angemessenen Frist abzugeben. [3] Bei ihrer Stellungnahme berücksichtigen die Übertragungsnetzbetreiber insbesondere

1. alle aus ihrer Sicht wirksamen Maßnahmen zur bedarfsgerechten Optimierung, Verstärkung und zum Ausbau der Offshore-Anbindungsleitungen, die zur Erreichung der Ziele nach § 4 Absatz 2 sowie für einen sicheren und zuverlässigen Betrieb der Offshore-Anbindungsleitungen erforderlich sind,
2. die Vorgaben nach § 5 und die im Bundesfachplan Offshore und in den Netzentwicklungsplänen getroffenen Festlegungen und
3. die zu erwartenden Planungs-, Zulassungs- und Errichtungszeiten und die am Markt verfügbaren Errichtungskapazitäten.

[4] Die Bundesnetzagentur prüft die Stellungnahme in Abstimmung mit dem Bundesamt für Seeschifffahrt und Hydrographie.

(3) [1] Das Bundesamt für Seeschifffahrt und Hydrographie führt einen Anhörungstermin durch. [2] In dem Anhörungstermin sollen Gegenstand und Umfang der in § 5 Absatz 1 genannten Festlegungen und die nach Absatz 2 von den Übertragungsnetzbetreibern vorgelegte Stellungnahme erörtert werden. [3] Insbesondere soll erörtert werden, in welchem Umfang und Detaillierungsgrad Angaben in den Umweltbericht nach § 40 des Gesetzes über die Umweltverträglichkeitsprüfung aufzunehmen sind. [4] Der Anhörungstermin ist zugleich

---

1) Nr. **37**.

die Besprechung im Sinn des § 39 Absatz 4 Satz 2 des Gesetzes über die Umweltverträglichkeitsprüfung. [5]Die Behörden, deren Aufgabenbereiche berührt sind, die Träger öffentlicher Belange, die Übertragungsnetzbetreiber und die nach § 3 des Umwelt-Rechtsbehelfsgesetzes anerkannten Umweltvereinigungen werden vom Bundesamt für Seeschifffahrt und Hydrographie zum Anhörungstermin geladen. [6]Die Ladung kann elektronisch erfolgen. [7]Die Anhörung ist öffentlich; die Unterrichtung der Öffentlichkeit über den Anhörungstermin erfolgt nach § 73 Nummer 1.

(4) [1]Das Bundesamt für Seeschifffahrt und Hydrographie legt aufgrund der Ergebnisse des Anhörungstermins einen Untersuchungsrahmen für den Flächenentwicklungsplan nach pflichtgemäßem Ermessen fest. [2]Es erstellt unter Berücksichtigung der Erkenntnisse aus dem Anhörungstermin einen Entwurf des Flächenentwicklungsplans und einen Umweltbericht, der den Anforderungen des § 40 des Gesetzes über die Umweltverträglichkeitsprüfung entsprechen muss. [3]Die Betreiber von Übertragungsnetzen und von Windenergieanlagen auf See stellen dem Bundesamt für Seeschifffahrt und Hydrographie die hierzu erforderlichen Informationen zur Verfügung.

(5) [1]Das Bundesamt für Seeschifffahrt und Hydrographie beteiligt die Behörden, deren Aufgabenbereich berührt ist, und die Öffentlichkeit zu dem Entwurf des Flächenentwicklungsplans und des Umweltberichts nach den Bestimmungen des Gesetzes über die Umweltverträglichkeitsprüfung. [2]Gegenstand der Beteiligung sind die Umweltauswirkungen und die Festlegungen des Plans. [3]Ein Erörterungstermin soll durchgeführt werden.

(6) Ist eine Strategische Umweltprüfung nicht durchzuführen, beteiligt das Bundesamt für Seeschifffahrt und Hydrographie die Behörden, deren Aufgabenbereich berührt ist, die Träger öffentlicher Belange und die Öffentlichkeit entsprechend dem in den Absätzen 3 bis 5 und in den §§ 41 bis 44 des Gesetzes über die Umweltverträglichkeitsprüfung vorgesehenen Verfahren; die Erstellung eines Umweltberichts ist dabei nicht erforderlich.

(7) Das Bundesamt für Seeschifffahrt und Hydrographie erstellt den Flächenentwicklungsplan im Einvernehmen mit der Bundesnetzagentur und in Abstimmung mit dem Bundesamt für Naturschutz, der Generaldirektion Wasserstraßen und Schifffahrt und den Küstenländern.

(8) [1]Das Bundesamt für Seeschifffahrt und Hydrographie macht den Flächenentwicklungsplan nach § 73 Nummer 1 bekannt. [2]Der erste Flächenentwicklungsplan muss bis zum 30. Juni 2019 bekannt gemacht werden.

(9) [1]Der Flächenentwicklungsplan ist nicht selbständig gerichtlich überprüfbar. [2]Er ist für die Planfeststellungs- und Genehmigungsverfahren nach den Bestimmungen des Teils 4 und nach den Bestimmungen des Seeanlagengesetzes vom 13. Oktober 2016 (BGBl. I S. 2258, 2348) und der Seeanlagenverordnung vom 23. Januar 1997 (BGBl. I S. 57) verbindlich.

§ 7 Übergang vom Bundesfachplan Offshore und vom Offshore-Netzentwicklungsplan. Für Festlegungen ab dem Jahr 2026 werden

1. die bisher im Bundesfachplan Offshore nach § 17a des Energiewirtschaftsgesetzes[1)] getroffenen Festlegungen durch die im Flächenentwicklungsplan nach § 5 getroffenen Festlegungen abgelöst und

---

[1)] Nr. 1.

2. die bisher im Offshore-Netzentwicklungsplan nach den §§ 17b und 17c des Energiewirtschaftsgesetzes getroffenen Festlegungen teilweise durch die im Flächenentwicklungsplan nach § 5 und teilweise durch die im Netzentwicklungsplan nach den §§ 12b und 12c des Energiewirtschaftsgesetzes getroffenen Festlegungen abgelöst.

§ 8 Änderung und Fortschreibung des Flächenentwicklungsplans.

(1) [1]Der Flächenentwicklungsplan kann auf Vorschlag des Bundesamtes für Seeschifffahrt und Hydrographie oder der Bundesnetzagentur geändert oder fortgeschrieben werden. [2]Die Entscheidung über Zeitpunkt und Umfang eines Verfahrens zur Änderung oder Fortschreibung erfolgt im gegenseitigen Einvernehmen des Bundesamtes für Seeschifffahrt und Hydrographie und der Bundesnetzagentur.

(2) [1]Der Flächenentwicklungsplan wird nach Maßgabe von § 5 geändert oder fortgeschrieben, wenn zur Erreichung der Ziele nach § 4 die Festlegung anderer oder weiterer Gebiete und Flächen oder eine Änderung der zeitlichen Reihenfolge der Voruntersuchung der Flächen erforderlich ist oder wenn die folgenden Vorschriften es vorsehen, mindestens jedoch alle vier Jahre. [2]Nach § 5 Absatz 1 kann die Fortschreibung über den Zeitraum bis zum Jahr 2030 hinausgehen. [3]Soweit zum 31. Dezember 2020 die insgesamt installierte Leistung von Windenergieanlagen auf See wesentlich weniger als 7 700 Megawatt beträgt, wird der Flächenentwicklungsplan so fortgeschrieben oder geändert, dass abweichend von § 5 Absatz 5 Satz 1 die voraussichtlich zu installierende Leistung von 700 bis 900 Megawatt und durchschnittlich 840 Megawatt in dem Umfang erhöht wird, der zur Erreichung des Ausbauziels nach § 4 Nummer 2 Buchstabe b des Erneuerbare-Energien-Gesetzes[1] erforderlich ist. [4]Soweit Pilotwindenergieanlagen auf See mit einer installierten Leistung von mindestens 100 Megawatt errichtet sind, die über zugewiesene Netzanbindungskapazität nach § 70 Absatz 2 auf einer Offshore-Anbindungsleitung oder nach Maßgabe einer Festlegung nach § 70 Absatz 2 Satz 4 Nummer 2 auf einer Testfeld-Anbindungsleitung verfügen, wird der Flächenentwicklungsplan so fortgeschrieben oder geändert, dass abweichend von § 5 Absatz 5 Satz 1 die voraussichtlich zu installierende Leistung von 700 bis 900 Megawatt und durchschnittlich 840 Megawatt um die Summe der installierten Leistung dieser Pilotwindenergieanlagen auf See verringert wird.

(3) [1]Bei Fortschreibungen des Flächenentwicklungsplans über das Jahr 2030 hinaus können auch Festlegungen zu einer Nachnutzung und erneuten Ausschreibung von Flächen getroffen werden, die bereits für die Stromerzeugung aus Windenergieanlagen auf See genutzt werden. [2]Die erneute Ausschreibung einer Fläche für die Stromerzeugung aus Windenergieanlagen auf See wird unter Berücksichtigung des Zwecks dieses Gesetzes nach § 1 festgelegt, wenn und soweit das erforderlich ist, um die jeweils maßgeblichen Ausbauziele nach dem Erneuerbare-Energien-Gesetz zu erreichen.

(4) [1]Das Bundesamt für Seeschifffahrt und Hydrographie und die Bundesnetzagentur machen die Einleitung eines Verfahrens zur Änderung oder Fortschreibung und deren voraussichtlichen Umfang nach § 73 Nummer 1 und 2 bekannt. [2]§ 6 ist entsprechend anzuwenden. [3]Bei einer geringfügigen Ände-

---

[1] Nr. **37**.

rung des Flächenentwicklungsplans kann das Bundesamt für Seeschifffahrt und Hydrographie auf die Durchführung einzelner Verfahrensschritte verzichten; insbesondere kann die Beteiligung der betroffenen Behörden und der Öffentlichkeit schriftlich oder elektronisch erfolgen; die Bestimmungen des Gesetzes über die Umweltverträglichkeitsprüfung bleiben unberührt.

Abschnitt 2. Voruntersuchung von Flächen

§ 9 Ziel der Voruntersuchung von Flächen. (1) Die Voruntersuchung von im Flächenentwicklungsplan festgelegten Flächen nach den §§ 10 bis 12 erfolgt in der im Flächenentwicklungsplan festgelegten Reihenfolge mit dem Ziel, für die Ausschreibungen nach Teil 3 Abschnitt 2

1. den Bietern die Informationen zur Verfügung zu stellen, die eine wettbewerbliche Bestimmung der Marktprämie nach § 22 des Erneuerbare-Energien-Gesetzes[1)] ermöglichen, und
2. die Eignung der Flächen festzustellen und einzelne Untersuchungsgegenstände vorab zu prüfen, um das anschließende Planfeststellungsverfahren nach Teil 4 in der ausschließlichen Wirtschaftszone oder das Genehmigungsverfahren nach dem Bundes-Immissionsschutzgesetz im Küstenmeer für die Errichtung und den Betrieb von Windenergieanlagen auf See auf diesen Flächen zu beschleunigen.

(2) Eine Fläche ist voruntersucht, wenn die Informationen zu der Fläche nach § 10 Absatz 1 vorliegen und die Eignung der Fläche sowie die darauf zu installierende Leistung nach § 12 Absatz 5 festgestellt sind.

(3) Die Voruntersuchung von Flächen wird zeitlich so durchgeführt, dass vor der Bekanntmachung der Ausschreibung in einem Kalenderjahr nach § 19 die Voruntersuchung mindestens derjenigen Flächen abgeschlossen ist, die nach dem Flächenentwicklungsplan in diesem Kalenderjahr und im darauffolgenden Kalenderjahr zur Ausschreibung kommen sollen.

§ 10 Gegenstand und Umfang der Voruntersuchung von Flächen. (1) [1] Um den Bietern die Informationen über die jeweilige Fläche zur Verfügung zu stellen, werden

1. die Untersuchungen zur Meeresumwelt durchgeführt und dokumentiert, die für eine Umweltverträglichkeitsstudie in dem Planfeststellungsverfahren nach § 45 zur Errichtung von Windenergieanlagen auf See auf dieser Fläche erforderlich sind und die unabhängig von der späteren Ausgestaltung des Vorhabens durchgeführt werden können; hiervon umfasst sind insbesondere die Beschreibung und Bewertung der Umwelt und ihrer Bestandteile durch
   a) eine Bestandscharakterisierung,
   b) die Darstellung der bestehenden Vorbelastungen und
   c) eine Bestandsbewertung,
2. eine Vorerkundung des Baugrunds durchgeführt und dokumentiert und
3. Berichte erstellt über die Wind- und ozeanographischen Verhältnisse für die vorzuuntersuchende Fläche.

[1)] Nr. **37**.

[2]Die Untersuchungen nach Satz 1 sind nach dem Stand von Wissenschaft und Technik durchzuführen. [3]Dies wird vermutet

1. für die Anforderungen nach Satz 1 Nummer 1, wenn die Untersuchungen zur Meeresumwelt unter Beachtung des jeweils geltenden „Standard Untersuchung der Auswirkungen von Offshore-Windenergieanlagen auf die Meeresumwelt“[1)] durchgeführt worden sind,
2. für die Anforderungen nach Satz 1 Nummer 2, wenn die Vorerkundung des Baugrunds unter Beachtung des jeweils geltenden „Standard Baugrunderkundung – Mindestanforderungen an die Baugrunderkundung und -untersuchung für Offshore-Windenergieanlagen, Offshore-Stationen und Stromkabel“[1)] durchgeführt worden ist, wobei lediglich eine Datenerhebung entsprechend einer Baugrundvorerkundung erforderlich ist.

(2) [1]Um festzustellen, dass die jeweilige Fläche zur Ausschreibung nach Teil 3 Abschnitt 2 geeignet ist, wird geprüft, ob der Errichtung und dem Betrieb von Windenergieanlagen auf See auf dieser Fläche nicht entgegenstehen

1. die Kriterien für die Unzulässigkeit der Festlegung einer Fläche im Flächenentwicklungsplan nach § 5 Absatz 3,
2. soweit sie unabhängig von der späteren Ausgestaltung des Vorhabens beurteilt werden können,
   a) bei Flächen in der ausschließlichen Wirtschaftszone die nach § 48 Absatz 4 Satz 1 für die Planfeststellung maßgeblichen Belange und
   b) bei Flächen im Küstenmeer die nach § 6 Absatz 1 des Bundes-Immissionsschutzgesetzes für die Genehmigung maßgeblichen Kriterien.

[2]Bei der Eignungsprüfung werden die Untersuchungsergebnisse und Unterlagen nach Absatz 1 berücksichtigt.

(3) Zur Bestimmung des Anteils einer Fläche am Ausschreibungsvolumen nach § 17 wird die zu installierende Leistung auf der jeweiligen Fläche bestimmt.

§ 11 Zuständigkeit für die Voruntersuchung von Flächen. (1) [1]Zuständige Stelle für die Voruntersuchung von Flächen ist die Bundesnetzagentur. [2]Sie lässt die Voruntersuchung in Einzelfällen oder in gleichartigen Fällen nach Maßgabe einer Verwaltungsvereinbarung im Auftrag wahrnehmen

1. bei Flächen in der ausschließlichen Wirtschaftszone vom Bundesamt für Seeschifffahrt und Hydrographie,
2. bei Flächen im Küstenmeer von der nach Landesrecht zuständigen Behörde.

[3]In diesen Fällen nimmt die Behörde nach Satz 2 Nummer 1 oder Nummer 2 die Aufgaben der für die Voruntersuchung zuständigen Stelle im Sinn dieses Gesetzes wahr. [4]Die Bundesnetzagentur macht eine Aufgabenwahrnehmung durch eine Behörde nach Satz 2 nach § 73 Nummer 2 bekannt.

(2) [1]Die Feststellung der Eignung einer Fläche nach § 12 Absatz 5 Satz 1 bedarf des Einvernehmens der Generaldirektion Wasserstraßen und Schifffahrt. [2]Das Einvernehmen darf nur versagt werden, wenn durch die Errichtung und

---

[1)] **Amtlicher Hinweis:** Zu beziehen beim Bundesamt für Seeschifffahrt und Hydrographie, Bernhard-Nocht-Straße 78, 20359 Hamburg und in der Deutschen Nationalbibliothek archivmäßig gesichert niedergelegt.

den Betrieb von Windenergieanlagen auf See auf dieser Fläche Beeinträchtigungen der Sicherheit und Leichtigkeit des Verkehrs zu besorgen sind, die bei Flächen in der ausschließlichen Wirtschaftszone nicht durch Bedingungen oder Auflagen im Planfeststellungsbeschluss nach § 48 Absatz 1 oder bei Flächen im Küstenmeer nicht durch Bedingungen oder Auflagen in der Genehmigung nach § 4 Absatz 1 des Bundes-Immissionsschutzgesetzes verhütet oder ausgeglichen werden können.

§ 12 Verfahren zur Voruntersuchung von Flächen. (1) Die für die Voruntersuchung zuständige Stelle macht die Einleitung des Verfahrens zur Voruntersuchung einer Fläche nach § 73 bekannt.

(2) [1] Die für die Voruntersuchung zuständige Stelle führt unverzüglich nach Bekanntgabe der Einleitung des Verfahrens einen Anhörungstermin durch. [2] In dem Anhörungstermin sollen Gegenstand und Umfang der Maßnahmen zur Voruntersuchung nach § 10 Absatz 1 erörtert werden. [3] Insbesondere soll erörtert werden, in welchem Umfang und Detaillierungsgrad Angaben in den Umweltbericht nach § 40 des Gesetzes über die Umweltverträglichkeitsprüfung aufzunehmen sind. [4] Der Anhörungstermin ist zugleich Besprechung im Sinn des § 39 Absatz 4 Satz 2 des Gesetzes über die Umweltverträglichkeitsprüfung. [5] Die Behörden, deren Aufgabenbereich berührt ist, die Träger öffentlicher Belange und die nach § 3 des Umwelt-Rechtsbehelfsgesetzes anerkannten Umweltvereinigungen werden von der für die Voruntersuchung zuständigen Stelle zum Anhörungstermin geladen. [6] Die Ladung kann elektronisch erfolgen. [7] Die Anhörung ist öffentlich; die Unterrichtung der Öffentlichkeit über den Anhörungstermin erfolgt nach § 73. [8] Der Anhörungstermin kann gemeinsam mit dem Termin nach § 6 Absatz 3 erfolgen.

(3) [1] Die für die Voruntersuchung zuständige Stelle legt auf Grundlage der Ergebnisse des Anhörungstermins einen Untersuchungsrahmen für die Voruntersuchung der Fläche nach pflichtgemäßem Ermessen fest. [2] Die für die Voruntersuchung zuständige Stelle kann zur Bereitstellung von Informationen nach § 9 Absatz 1 Nummer 1 insbesondere auf Grundlage der Ergebnisse des Anhörungstermins weitere Untersuchungsgegenstände festlegen, falls bei der Voruntersuchung einer Fläche ausnahmsweise zusätzlich zu den in § 10 Absatz 1 geregelten Untersuchungsgegenständen weitere zu untersuchen sind.

(4) Die für die Voruntersuchung zuständige Stelle erstellt die Informationen nach § 10 Absatz 1 unter Berücksichtigung der Erkenntnisse aus dem Anhörungstermin, prüft die Eignung nach § 10 Absatz 2 und bestimmt die zu installierende Leistung nach § 10 Absatz 3.

(5) [1] Ergibt die Eignungsprüfung, dass die Fläche zur Ausschreibung nach Teil 3 Abschnitt 2 geeignet ist, werden als Grundlage für die spätere Ausschreibung durch die Bundesnetzagentur dieses Ergebnis und die zu installierende Leistung auf dieser Fläche durch Rechtsverordnung festgestellt. [2] Die Eignungsfeststellung nach Satz 1 kann Vorgaben für das spätere Vorhaben beinhalten, insbesondere zu Art und Umfang der Bebauung der Fläche und ihrer Lage auf der Fläche, wenn andernfalls durch die Errichtung und den Betrieb von Windenergieanlagen auf See auf dieser Fläche Beeinträchtigungen der Kriterien und Belange nach § 10 Absatz 2 zu besorgen sind. [3] Zum Erlass einer Rechtsverordnung nach Satz 1 wird ermächtigt

1. bei Flächen in der ausschließlichen Wirtschaftszone das Bundesministerium für Wirtschaft und Energie ohne Zustimmung des Bundesrates und
2. bei Flächen im Küstenmeer die Landesregierung des Landes, in dem sich das Küstenmeer befindet.

[4]Das Bundesministerium für Wirtschaft und Energie kann die Ermächtigung zum Erlass einer Rechtsverordnung nach Satz 3 Nummer 1 durch Rechtsverordnung ohne Zustimmung des Bundesrates auf die für die Voruntersuchung zuständige Stelle übertragen. [5]Die Rechtsverordnungen, die auf dieser Grundlage von einer Bundesoberbehörde erlassen werden, bedürfen nicht der Zustimmung des Bundesrates. [6]Die für die Voruntersuchung zuständige Stelle legt im Anschluss an die Eignungsfeststellung durch Rechtsverordnung die Informationen nach § 44 Absatz 2 des Gesetzes über die Umweltverträglichkeitsprüfung zur Einsicht aus. [7]Sie macht Ort und Zeit der Auslegung nach § 73 bekannt.

(6) [1]Ergibt die Eignungsprüfung, dass die Fläche zur Ausschreibung nach Teil 3 Abschnitt 2 nicht geeignet ist, macht die für die Voruntersuchung zuständige Stelle dieses Ergebnis nach § 73 bekannt. [2]Sie übermittelt dieses Ergebnis schriftlich oder elektronisch dem anbindungsverpflichteten Übertragungsnetzbetreiber. [3]Es erfolgt eine Fortschreibung des Flächenentwicklungsplans nach § 8.

(7) [1]Lässt die Bundesnetzagentur die Voruntersuchung nach § 11 Absatz 1 durch eine andere Behörde im Auftrag wahrnehmen, übermittelt diese zum Abschluss des Verfahrens die Untersuchungsergebnisse und Unterlagen aus der Voruntersuchung und die festgestellte zu installierende Leistung nach Absatz 5 unverzüglich im Anschluss an die Bekanntmachung nach Absatz 5 an die Bundesnetzagentur, sofern die Eignung der Fläche festgestellt wurde. [2]Die Übermittlung kann elektronisch erfolgen.

§ 13 Errichtung und Betrieb von Offshore-Anbindungsleitungen. Die Errichtung und der Betrieb der Offshore-Anbindungsleitungen, die zur Anbindung der als geeignet festgestellten Flächen erforderlich sind, sind nicht Gegenstand der Voruntersuchung; sie richten sich nach § 17d des Energiewirtschaftsgesetzes[1)].

Teil 3. Ausschreibungen

Abschnitt 1. Allgemeine Bestimmungen

§ 14 Wettbewerbliche Bestimmung der Marktprämie. (1) Betreiber von Windenergieanlagen auf See, die nach dem 31. Dezember 2020 in der ausschließlichen Wirtschaftszone und im Küstenmeer in Betrieb genommen werden, haben für den Strom, der in diesen Anlagen erzeugt wird, einen Anspruch nach § 19 Absatz 1 des Erneuerbare-Energien-Gesetzes[2)] nur, solange und soweit für die jeweilige Windenergieanlage auf See ein von der Bundesnetzagentur nach § 23 oder nach § 34 erteilter Zuschlag wirksam ist.

---

1) Nr. 1.
2) Nr. 37.

(2) Pilotwindenergieanlagen auf See können abweichend von Absatz 1 einen Zahlungsanspruch nach § 19 Absatz 1 des Erneuerbare-Energien-Gesetzes nach Maßgabe von Teil 5 haben.

§ 15 Allgemeine Ausschreibungsbedingungen. Die Ausschreibungsbedingungen nach den §§ 30 bis 35a, 55 und 55a des Erneuerbare-Energien-Gesetzes[1)] sind anzuwenden, soweit die nachfolgenden Bestimmungen nichts anderes regeln.

Abschnitt 2. Ausschreibungen für voruntersuchte Flächen

§ 16 Gegenstand der Ausschreibungen. Für Windenergieanlagen auf See, die ab dem 1. Januar 2026 auf voruntersuchten Flächen in Betrieb genommen werden, ermittelt die Bundesnetzagentur ab dem Jahr 2021 die Anspruchsberechtigten und den anzulegenden Wert für den in diesen Anlagen erzeugten Strom nach § 22 des Erneuerbare-Energien-Gesetzes[1)] durch Ausschreibungen für voruntersuchte Flächen.

§ 17 Ausschreibungsvolumen. Die Bundesnetzagentur schreibt ab dem Jahr 2021 jährlich zum Gebotstermin 1. September entsprechend den Festlegungen des Flächenentwicklungsplans jeweils ein Ausschreibungsvolumen von 700 bis 900 Megawatt aus, wobei

1. durchschnittlich nicht mehr als die im Flächenentwicklungsplan festgelegten durchschnittlichen Mengen ausgeschrieben werden dürfen,
2. das Ausschreibungsvolumen auf die voruntersuchten Flächen, die nach dem Flächenentwicklungsplan in dem jeweiligen Kalenderjahr zur Ausschreibung kommen sollen, verteilt wird und
3. der Anteil einer Fläche nach Nummer 2 am Ausschreibungsvolumen sich nach dem Flächenentwicklungsplan und der in der Voruntersuchung festgestellten zu installierenden Leistung auf den Flächen bestimmt.

§ 18 Veränderung des Ausschreibungsvolumens. (1) [1] Die Bundesnetzagentur kann für das Ausschreibungsvolumen und die Verteilung des Ausschreibungsvolumens auf die Flächen zu einem Gebotstermin in Abstimmung mit dem Bundesamt für Seeschifffahrt und Hydrographie vom Flächenentwicklungsplan nur abweichen, wenn und soweit

1. die Voruntersuchung der Flächen, die nach dem Flächenentwicklungsplan in diesem Kalenderjahr zur Ausschreibung kommen sollen, nicht rechtzeitig abgeschlossen ist,
2. die Eignung einer Fläche, die nach dem Flächenentwicklungsplan in diesem Kalenderjahr zur Ausschreibung kommen soll, nicht festgestellt wurde oder
3. bis zum Zeitpunkt der Bekanntmachung der Ausschreibung die Voraussetzungen vorliegen, um bereits erteilte Zuschläge nach § 60 Absatz 3 zu widerrufen oder Netzanbindungskapazitäten nach § 17d Absatz 6 Satz 3 des Energiewirtschaftsgesetzes[2)] in der vor dem 1. Januar 2017 geltenden Fassung zu entziehen; in diesem Fall darf die Bundesnetzagentur das Ausschreibungs-

---

[1)] Nr. **37**.
[2)] Nr. **1**.

volumen nur erhöhen, wenn und soweit die Erreichung des Ziels nach § 4 Nummer 2 Buchstabe b des Erneuerbare-Energien-Gesetzes[1] gefährdet ist.

[2] Bei der Auswahl der Flächen, die nach Satz 1 ausnahmsweise abweichend vom Flächenentwicklungsplan zu diesem Gebotstermin zur Ausschreibung kommen, beachtet die Bundesnetzagentur die übrigen Festlegungen im Flächenentwicklungsplan und die Kriterien zur Flächenfestlegung und zur zeitlichen Reihenfolge nach § 5 Absatz 4.

(2) [1] Die Bundesnetzagentur muss das Ausschreibungsvolumen im Fall eines nach Durchführung eines Zuschlagsverfahrens nach § 34 erfolgreichen Rechtsbehelfs nach § 83a des Erneuerbare-Energien-Gesetzes verringern. [2] Die Verringerung entspricht dem Umfang des nach § 83a Absatz 1 des Erneuerbare-Energien-Gesetzes zu erteilenden Zuschlags und muss über mehrere Gebotstermine verteilt werden, wenn andernfalls das Ausschreibungsvolumen eines Jahres auf weniger als 400 Megawatt verringert werden müsste.

(3) Passt die Bundesnetzagentur das Ausschreibungsvolumen nach den Absätzen 1 und 2 an, muss der Flächenentwicklungsplan nach § 8 geändert oder fortgeschrieben werden, wenn er andernfalls in den Folgejahren aufgrund der Anpassungen nicht mehr eingehalten werden könnte.

§ 19 Bekanntmachung der Ausschreibungen. [1] Die Bundesnetzagentur macht die Ausschreibungen spätestens sechs Kalendermonate vor dem jeweiligen Gebotstermin nach § 73 Nummer 2 bekannt. [2] Die Bekanntmachungen müssen mindestens folgende Angaben enthalten:

1. den Gebotstermin,
2. das Ausschreibungsvolumen nach den §§ 17 und 18,
3. die Bezeichnungen der ausgeschriebenen Flächen,
4. die Verteilung des Ausschreibungsvolumens auf die jeweiligen Flächen, soweit das Ausschreibungsvolumen auf mehr als eine Fläche verteilt ist,
5. für jede Fläche die Bezeichnung der Offshore-Anbindungsleitung und das Kalenderjahr nach § 5 Absatz 1 Nummer 4, in dem diese in Betrieb genommen werden soll,
6. das Kalenderjahr, in dem die Frist zur Zahlung der Marktprämie nach § 24 Absatz 1 Nummer 2 zweiter Halbsatz frühestens beginnt,
7. die jeweiligen Unterlagen nach § 10 Absatz 1 für die ausgeschriebenen Flächen,
8. den Höchstwert nach § 22,
9. die Angabe, ob für die ausgeschriebenen Flächen die Voraussetzungen für ein Eintrittsrecht nach § 40 Absatz 1 Nummer 1 bis 5 vorliegen,
10. die jeweils nach § 30a Absatz 1 des Erneuerbare-Energien-Gesetzes[1] von der Bundesnetzagentur für die Gebotsabgabe vorgegebenen Formatvorgaben,
11. die Festlegungen der Bundesnetzagentur nach § 85 Absatz 2 des Erneuerbare-Energien-Gesetzes, soweit sie die jeweilige Gebotsabgabe und das jeweilige Zuschlagsverfahren betreffen, und

---

[1] Nr. 37.

12. einen Hinweis auf die nach § 46 Absatz 6 und § 48 Absatz 4 Nummer 7 erforderliche Verpflichtungserklärung.

§ 20 Anforderungen an Gebote. (1) In Ergänzung zu § 30 des Erneuerbare-Energien-Gesetzes[1)] müssen Gebote folgenden Anforderungen genügen:

1. der Bieter muss mit Abgabe seines Gebots das Einverständnis zur Nutzung von Unterlagen durch das Bundesamt für Seeschifffahrt und Hydrographie und die Bundesnetzagentur nach § 67 Absatz 1 erklären und
2. die Gebotsmenge eines Gebots muss dem Anteil des Ausschreibungsvolumens für die Fläche entsprechen, für die das Gebot abgegeben wird.

(2) Bieter müssen in ihren Geboten in Ergänzung zu § 30 des Erneuerbare-Energien-Gesetzes die voruntersuchte Fläche bezeichnen, für die das Gebot abgegeben wird, soweit die Bundesnetzagentur das Ausschreibungsvolumen auf mehr als eine voruntersuchte Fläche verteilt hat.

§ 21 Sicherheit. Die Höhe der Sicherheit nach § 31 des Erneuerbare-Energien-Gesetzes[1)] bestimmt sich aus der Gebotsmenge multipliziert mit 200 Euro pro Kilowatt installierter Leistung.

§ 22 Höchstwert. (1) Der Höchstwert entspricht dem niedrigsten Gebotswert zum Gebotstermin 1. April 2018, für den im Zuschlagsverfahren nach § 34 ein Zuschlag erteilt wurde.

(2) [1] Die Bundesnetzagentur kann durch Festlegung nach § 29 des Energiewirtschaftsgesetzes[2)] einen von Absatz 1 abweichenden Höchstwert unter Berücksichtigung der zum Zeitpunkt der Bekanntmachung bestehenden wirtschaftlichen Rahmenbedingungen für die Errichtung und den Betrieb von Windenergieanlagen auf See sowie des zu erwartenden technologischen Fortschritts bestimmen, wenn sich Anhaltspunkte dafür ergeben haben, dass der Höchstwert unter Berücksichtigung der §§ 1 und 2 Absatz 4 des Erneuerbare-Energien-Gesetzes[1)] zu hoch oder zu niedrig ist. [2] Dabei darf der neue Höchstwert um nicht mehr als 10 Prozent von dem zum Zeitpunkt der Neufestlegung geltenden Höchstwert abweichen.

§ 23 Zuschlagsverfahren, anzulegender Wert. (1) Die Bundesnetzagentur erteilt auf jeder ausgeschriebenen Fläche dem Gebot mit dem niedrigsten Gebotswert den Zuschlag unter dem Vorbehalt des Widerrufs nach § 60 Absatz 3 und unter dem Vorbehalt eines Übergangs nach § 43 bei wirksamer Ausübung eines Eintrittsrechts.

(2) Der anzulegende Wert ist der Gebotswert des bezuschlagten Gebots.

§ 24 Rechtsfolgen des Zuschlags. (1) Mit der Erteilung des Zuschlags nach § 23 hat der bezuschlagte Bieter

1. das ausschließliche Recht zur Durchführung eines Planfeststellungsverfahrens nach Teil 4 Abschnitt 1 zur Errichtung und zum Betrieb von Windenergieanlagen auf See auf der jeweiligen Fläche, wobei die Informationen und die

---

1) Nr. **37**.
2) Nr. **1**.

Eignungsfeststellung der Voruntersuchung dem bezuschlagten Bieter zugute kommen,

2. Anspruch auf die Marktprämie nach § 19 des Erneuerbare-Energien-Gesetzes[1] für Strom aus Windenergieanlagen auf See im Umfang der bezuschlagten Gebotsmenge auf der jeweiligen Fläche, solange und soweit die weiteren Voraussetzungen für den Anspruch nach § 19 des Erneuerbare-Energien-Gesetzes erfüllt sind; dieser Anspruch beginnt abweichend von § 25 Satz 3 des Erneuerbare-Energien-Gesetzes frühestens in dem nach § 19 Satz 2 Nummer 6 bekannt gemachten Kalenderjahr, und
3. im Umfang der bezuschlagten Gebotsmenge
   a) Anspruch auf Anschluss der Windenergieanlagen auf See auf der jeweiligen Fläche an die im Flächenentwicklungsplan festgelegte Offshore-Anbindungsleitung ab dem verbindlichen Fertigstellungstermin nach § 17d Absatz 2 Satz 9 des Energiewirtschaftsgesetzes[2] und
   b) zugewiesene Netzanbindungskapazität auf der im Flächenentwicklungsplan festgelegten Offshore-Anbindungsleitung ab dem verbindlichen Fertigstellungstermin nach § 17d Absatz 2 Satz 9 des Energiewirtschaftsgesetzes.

(2) [1]Durch den Zuschlag werden vorbehaltlich des § 48 Absatz 7 und des § 17d Absatz 5 Satz 1 des Energiewirtschaftsgesetzes keine Rechte begründet für die Zeit nach dem Ende des Anspruchs auf die Marktprämie nach § 25 Satz 1 des Erneuerbare-Energien-Gesetzes. [2]Die bezuschlagte Fläche kann nach Maßgabe des Flächenentwicklungsplans nach § 8 Absatz 3 erneut ausgeschrieben werden.

§ 25 Erstattung von Sicherheiten an Bieter ohne Zuschlag. Die Bundesnetzagentur gibt unverzüglich die hinterlegten Sicherheiten für ein Gebot zurück, wenn der Bieter für dieses Gebot keinen Zuschlag nach § 23 erhalten hat.

Abschnitt 3. Ausschreibungen für bestehende Projekte

§ 26 Ausschreibungen für bestehende Projekte. (1) Für Windenergieanlagen auf See, die nach dem 31. Dezember 2020 in Betrieb genommen werden, ermittelt die Bundesnetzagentur zu den Gebotsterminen 1. April 2017 und 1. April 2018 die Anspruchsberechtigten und den anzulegenden Wert für den in diesen Anlagen erzeugten Strom nach § 22 des Erneuerbare-Energien-Gesetzes[1] durch Ausschreibungen, an denen nur bestehende Projekte teilnehmen können.

(2) Bestehende Projekte im Sinn von Absatz 1 sind Projekte zur Errichtung und zum Betrieb von Windenergieanlagen auf See,

1. für die vor dem 1. August 2016
   a) nach § 5 oder § 17 der Seeanlagenverordnung in der vor dem 1. Januar 2017 geltenden Fassung für die ausschließliche Wirtschaftszone ein Plan festgestellt oder eine Genehmigung erteilt worden ist,

---

[1] Nr. **37**.
[2] Nr. **1**.

b) nach § 4 Absatz 1 des Bundes-Immissionsschutzgesetzes für das Küstenmeer eine Genehmigung erteilt worden ist oder

c) ein Erörterungstermin nach § 73 Absatz 6 des Verwaltungsverfahrensgesetzes durchgeführt worden ist und

2. die geplant sind im Fall von Vorhaben in der ausschließlichen Wirtschaftszone in

a) der Nordsee in einem der Cluster 1 bis 8 des Bundesfachplans Offshore für die deutsche ausschließliche Wirtschaftszone der Nordsee 2013/2014 des Bundesamtes für Seeschifffahrt und Hydrographie[1)] oder

b) der Ostsee in einem der Cluster 1 bis 3 des Bundesfachplans Offshore für die deutsche ausschließliche Wirtschaftszone der Ostsee 2013 des Bundesamtes für Seeschifffahrt und Hydrographie[1)].

§ 27 Ausschreibungsvolumen. (1) Das Ausschreibungsvolumen beträgt 1 550 Megawatt pro Gebotstermin.

(2) Zum Gebotstermin 1. April 2018 erhöht sich das Ausschreibungsvolumen in dem Umfang, in dem zum Gebotstermin 1. April 2017 Zuschläge nach § 34 für weniger als 1 550 Megawatt erteilt wurden.

(3) [1] Von den insgesamt 3 100 Megawatt Ausschreibungsvolumen für die beiden Gebotstermine werden im Umfang von mindestens 500 Megawatt Zuschläge für bestehende Projekte in der Ostsee erteilt. [2] § 34 Absatz 2 trifft die näheren Bestimmungen.

(4) [1] Das Ausschreibungsvolumen soll führen zu einem Zubau von

1. 500 Megawatt im Jahr 2021, der ausschließlich in der Ostsee erfolgen soll,
2. 500 Megawatt im Jahr 2022,
3. 700 Megawatt im Jahr 2023,
4. 700 Megawatt im Jahr 2024 und
5. 700 Megawatt im Jahr 2025.

[2] Diese Verteilung des Zubaus wird umgesetzt durch die Mindestmenge für die Ostsee nach Absatz 3 und die entsprechende Verteilung der Offshore-Anbindungsleitungen im Offshore-Netzentwicklungsplan nach § 17b des Energiewirtschaftsgesetzes[2)].

§ 28 Planung der Offshore-Anbindungsleitungen. Die Errichtung und der Betrieb der Offshore-Anbindungsleitungen zu den Clustern, in denen bestehende Projekte liegen, die nach § 26 Absatz 2 für einen Zuschlag in Betracht kommen, erfolgt nach den §§ 17b und 17c des Energiewirtschaftsgesetzes[2)].

§ 29 Bekanntmachung der Ausschreibungen. [1] Die Bundesnetzagentur macht die Ausschreibungen spätestens acht Kalenderwochen vor dem jeweiligen Gebotstermin nach § 73 Nummer 2 bekannt. [2] Die Bekanntmachungen enthalten mindestens folgende Angaben:

[1)] **Amtlicher Hinweis:** Zu beziehen beim Bundesamt für Seeschifffahrt und Hydrographie, Bernhard-Nocht-Straße 78, 20359 Hamburg; auch zu beziehen über www.bsh.de

[2)] Nr. **1**.

1. den Gebotstermin,
2. das Ausschreibungsvolumen,
3. den Höchstwert nach § 33,
4. den Umfang der Netzanbindungskapazitäten, die in den nach § 26 Absatz 2 Nummer 2 für einen Zuschlag in Betracht kommenden Clustern jeweils zur Verfügung stehen; die zur Verfügung stehenden Netzanbindungskapazitäten pro Cluster berechnen sich
   a) aus der Netzanbindungskapazität aller bereits im Betrieb oder im Bau befindlichen und im Offshore-Netzentwicklungsplan nach den §§ 17b und 17c des Energiewirtschaftsgesetzes[1] bestätigten Offshore-Anbindungsleitungen, die für eine Anbindung der bestehenden Projekte nach § 26 Absatz 2 in Betracht kommen,
   b) abzüglich des Umfangs der auf diesen Offshore-Anbindungsleitungen bereits zugewiesenen Netzanbindungskapazität
      aa) von bereits im Betrieb befindlichen Windenergieanlagen auf See,
      bb) durch unbedingte Netzanbindungszusagen des regelverantwortlichen Übertragungsnetzbetreibers nach § 118 Absatz 12 des Energiewirtschaftsgesetzes in der vor dem 1. Januar 2017 geltenden Fassung,
      cc) durch Kapazitätszuweisungen nach § 17d Absatz 3 des Energiewirtschaftsgesetzes in der vor dem 1. Januar 2017 geltenden Fassung oder
      dd) durch Zuschläge nach § 34 Absatz 1 aus dem Gebotstermin 1. April 2017,
5. in welchen Fällen clusterübergreifende Netzanbindungen im Bundesfachplan Offshore nach § 17a des Energiewirtschaftsgesetzes und im bestätigten Offshore-Netzentwicklungsplan nach den §§ 17b und 17c des Energiewirtschaftsgesetzes ausnahmsweise vorgesehen sind und in welchem Umfang dadurch zusätzliche Netzanbindungskapazität in dem clusterübergreifend anschließbaren Cluster zur Verfügung steht,
6. das im Offshore-Netzentwicklungsplan nach den §§ 17b und 17c des Energiewirtschaftsgesetzes vorgesehene Jahr der geplanten Fertigstellung der Offshore-Anbindungsleitungen,
7. die jeweils nach § 30a Absatz 1 des Erneuerbare-Energien-Gesetzes[2] von der Bundesnetzagentur für die Gebotsabgabe vorgegebenen Formatvorgaben,
8. die Festlegungen der Bundesnetzagentur nach § 85 Absatz 2 des Erneuerbare-Energien-Gesetzes[2], soweit sie die jeweilige Gebotsabgabe und das jeweilige Zuschlagsverfahren betreffen, und
9. einen Hinweis auf die nach § 46 Absatz 6 und § 48 Absatz 4 Nummer 7 erforderliche Verpflichtungserklärung.

§ 30 Voraussetzungen für die Teilnahme an Ausschreibungen für bestehende Projekte. (1) Bei den Ausschreibungen nach § 26 dürfen natürliche Personen, rechtsfähige Personengesellschaften und juristische Personen Gebote abgeben, die Inhaber eines bestehenden Projekts im Sinn des § 26 Absatz 2 sind.

---

[1] Nr. **1**.
[2] Nr. **37**.

(2) [1] Zur Teilnahme an einer Ausschreibung nach § 26

1. muss der Plan oder die Genehmigung bei bestehenden Projekten nach § 26 Absatz 2 Nummer 1 Buchstabe a und b wirksam sein oder
2. darf das Planfeststellungsverfahren oder das Verfahren zur Genehmigung bei bestehenden Projekten nach § 26 Absatz 2 Nummer 1 Buchstabe c nicht durch ablehnenden Bescheid beendet worden sein.

[2] Die Teilnahme ist nur zulässig, wenn für das bestehende Projekt bei Bekanntmachung der Ausschreibung nach § 29 weder eine unbedingte Netzanbindungszusage nach § 118 Absatz 12 des Energiewirtschaftsgesetzes[1)] noch eine Zuweisung von Anschlusskapazitäten nach § 17d Absatz 3 Satz 1 des Energiewirtschaftsgesetzes in der vor dem 1. Januar 2017 geltenden Fassung besteht.

(3) Eine Teilnahme an der Ausschreibung zum Gebotstermin 1. April 2018 ist nur zulässig, soweit für das bestehende Projekt nach § 26 Absatz 2 Nummer 1 bei der Ausschreibung zum Gebotstermin 1. April 2017 kein Zuschlag erteilt wurde.

§ 31 Anforderungen an Gebote. (1) [1] Die Gebote müssen in Ergänzung zu § 30 des Erneuerbare-Energien-Gesetzes[2)] folgende Angaben enthalten:

1. das Aktenzeichen der Planfeststellung, der Genehmigung oder des laufenden Verwaltungsverfahrens für das bestehende Projekt nach § 26 Absatz 2 Nummer 1,
2. bei bestehenden Projekten
   a) nach § 26 Absatz 2 Nummer 1 Buchstabe a und b eine Bestätigung der für die Feststellung des Plans oder die Erteilung der Genehmigung zuständigen Behörde über die Wirksamkeit des Plans oder der Genehmigung,
   b) nach § 26 Absatz 2 Nummer 1 Buchstabe c eine Bewertung der für die Feststellung des Plans oder die Erteilung der Genehmigung zuständigen Behörde darüber, dass das Vorhaben nach derzeitigem Stand voraussichtlich genehmigungsfähig ist, und
3. die Offshore-Anbindungsleitung, auf der der Bieter für das Projekt im Falle eines Zuschlags nach § 34 Anbindungskapazität benötigen würde.

[2] § 30 Absatz 1 Nummer 6 des Erneuerbare-Energien-Gesetzes ist mit der Maßgabe anzuwenden, dass der Standort der Windenergieanlagen auf See mit den in der Planfeststellung oder der Genehmigung oder mit den für den Erörterungstermin genannten Koordinaten anzugeben ist. [3] § 30 Absatz 1 Nummer 5 des Erneuerbare-Energien-Gesetzes ist mit der Maßgabe anzuwenden, dass der anzugebende Gebotswert nicht negativ sein darf.

(2) [1] Der Bieter kann hilfsweise im Gebot die folgenden Angaben machen:

1. eine mindestens zu bezuschlagende Gebotsmenge, bis zu der der angegebene Gebotswert gilt (Mindestgebotsmenge),
2. einen weiteren, höheren Gebotswert für die Erteilung eines Zuschlags bis zu einer Menge in einem zu bezeichnenden geringeren Umfang als der Mindestgebotsmenge (Hilfsgebot).

---

1) Nr. **1**.
2) Nr. **37**.

[2] Macht der Bieter von der Möglichkeit nach Satz 1 Nummer 1 keinen Gebrauch, ist die Gebotsmenge zugleich die Mindestgebotsmenge.

§ 32 Sicherheit. [1] Die Höhe der Sicherheit nach § 31 des Erneuerbare-Energien-Gesetzes[1)] bestimmt sich aus der Gebotsmenge nach § 30 Absatz 1 Nummer 4 des Erneuerbare-Energien-Gesetzes multipliziert mit 100 Euro pro Kilowatt installierter Leistung. [2] Für die nach § 31 Absatz 2 angegebenen Gebotsmengen ist keine zusätzliche Sicherheit zu leisten.

§ 33 Höchstwert. Der Höchstwert für Strom aus Windenergieanlagen auf See beträgt 10 Cent pro Kilowattstunde.

§ 34 Zuschlagsverfahren. (1) [1] Die Bundesnetzagentur führt bei jeder Ausschreibung das folgende Zuschlagsverfahren durch. [2] Sie

1. sortiert die Gebote einschließlich der Hilfsgebote
   a) bei unterschiedlichen Gebotswerten nach dem jeweiligen Gebotswert von Geboten und Hilfsgeboten in aufsteigender Reihenfolge, beginnend mit dem Gebot mit dem niedrigsten Gebotswert,
   b) bei demselben Gebotswert nach der jeweiligen Mindestgebotsmenge in aufsteigender Reihenfolge, beginnend mit der niedrigsten Mindestgebotsmenge; soweit die Gebotswerte und die Mindestgebotsmengen der Gebote gleich sind, entscheidet das Los über die Reihenfolge, soweit die Reihenfolge für die Zuschlagserteilung maßgeblich ist, und
2. prüft jedes Gebot in der Reihenfolge nach Nummer 1 anhand des folgenden Verfahrens:
   a) Wenn durch die Mindestgebotsmenge weder das Ausschreibungsvolumen überschritten noch eine clusterinterne Kapazitätsknappheit ausgelöst wird (Zuschlagsgrenzen), wird ein Zuschlag nach Maßgabe von Buchstabe b erteilt; andernfalls wird für das Gebot kein Zuschlag erteilt.
   b) Der Zuschlag wird in Höhe der Gebotsmenge erteilt, wenn dadurch keine der Zuschlagsgrenzen nach Buchstabe a überschritten wird; andernfalls wird der Zuschlag in dem Umfang erteilt, der unter Einhaltung der Zuschlagsgrenzen möglich ist.

[3] Hat die Bundesnetzagentur einem Gebot nach Satz 2 einen Zuschlag erteilt, darf sie einem Hilfsgebot zu diesem Gebot keinen Zuschlag erteilen.

(2) [1] Bei der Ausschreibung zum Gebotstermin 1. April 2018 findet Absatz 1 mit der Maßgabe Anwendung, dass die Bundesnetzagentur in der Reihenfolge nach Absatz 1 Satz 2 Nummer 1 zunächst Geboten für bestehende Projekte in der Ostsee Zuschläge erteilt, bis die Mindestmenge für die Ostsee erreicht oder erstmals überschritten wird, wobei ein Zuschlag nur erteilt wird, wenn dadurch keine clusterinterne Kapazitätsknappheit ausgelöst wird. [2] Die Mindestmenge für die Ostsee beträgt 500 Megawatt abzüglich des Umfangs der Zuschläge, die in der Ausschreibung zum Gebotstermin 1. April 2017 für bestehende Projekte in der Ostsee erteilt worden sind. [3] Anschließend führt die Bundesnetzagentur für die verbleibenden Gebote das Verfahren nach Absatz 1 Satz 2 Nummer 2 durch.

---

1) Nr. **37**.

(3) Die Bundesnetzagentur erteilt die Zuschläge unter dem Vorbehalt des Widerrufs nach § 60 Absatz 3.

(4) Die Bundesnetzagentur kann durch Festlegung nach § 29 des Energiewirtschaftsgesetzes[1] nähere Bestimmungen zur Umsetzung der Absätze 1 und 2 treffen.

§ 35 Flächenbezug des Zuschlags. Die Bundesnetzagentur muss den Zuschlag bezogen auf die Fläche erteilen, die sich aus den Standortangaben nach § 31 Absatz 1 Satz 2 ergibt.

§ 36 Zuschlagswert und anzulegender Wert. (1) Zuschlagswert ist der in dem jeweiligen bezuschlagten Gebot angegebene Gebotswert.

(2) Der anzulegende Wert ist jeweils der Zuschlagswert.

§ 37 Rechtsfolgen des Zuschlags. (1) Mit der Erteilung des Zuschlags nach § 34 hat der bezuschlagte Bieter

1. Anspruch auf die Marktprämie nach § 19 des Erneuerbare-Energien-Gesetzes[2] für Strom aus Windenergieanlagen auf See im Umfang der bezuschlagten Gebotsmenge auf der Fläche nach § 35, solange und soweit die weiteren Voraussetzungen für den Anspruch nach § 19 des Erneuerbare-Energien-Gesetzes erfüllt sind; dieser Anspruch beginnt abweichend von § 25 Satz 3 des Erneuerbare-Energien-Gesetzes frühestens in dem Kalenderjahr, das die Bundesnetzagentur in dem Zuschlag bestimmt; grundsätzlich bestimmt die Bundesnetzagentur das nach § 29 Satz 2 Nummer 6 bekannt gemachte Kalenderjahr; um die Verteilung des Zubaus in der Übergangsphase zu erreichen, kann die Bundesnetzagentur für die erteilten Zuschläge in absteigender Reihenfolge der Kalenderjahre nach dem dritten Teilsatz, bei selben Kalenderjahren in absteigender Reihenfolge der Zuschlagswerte, ganz oder teilweise abweichende Kalenderjahre bestimmen, wobei sicherzustellen ist, dass der Anspruch auf die Marktprämie in den Jahren 2021 bis 2023 für Windenergieanlagen mit einer installierten Leistung von höchstens 1 700 Megawatt und in den Jahren 2021 bis 2024 für Windenergieanlagen mit einer installierten Leistung von höchstens 2 400 Megawatt beginnt; in diesem Fall kann sie auf Antrag des bezuschlagten Bieters und nach Anhörung des anbindungsverpflichteten Übertragungsnetzbetreibers von § 59 ganz oder teilweise abweichende Realisierungsfristen festsetzen; und
2. im Umfang der bezuschlagten Gebotsmenge
   a) Anspruch auf Anschluss der Windenergieanlagen auf See auf der Fläche nach § 35 an die nach dem Offshore-Netzentwicklungsplan nach den §§ 17b und 17c des Energiewirtschaftsgesetzes[1] vorgesehene Offshore-Anbindungsleitung ab dem Zeitpunkt des Eintritts des verbindlichen Fertigstellungstermins nach § 17d Absatz 2 Satz 9 des Energiewirtschaftsgesetzes und
   b) zugewiesene Netzanbindungskapazität auf der nach dem Offshore-Netzentwicklungsplan nach den §§ 17b und 17c des Energiewirtschaftsgesetzes

---

[1] Nr. **1**.
[2] Nr. **37**.

vorgesehenen Offshore-Anbindungsleitung ab dem verbindlichen Fertigstellungstermin nach § 17d Absatz 2 Satz 9 des Energiewirtschaftsgesetzes.

(2) [1]Durch den Zuschlag werden vorbehaltlich des § 48 Absatz 7 und des § 17d Absatz 5 Satz 1 des Energiewirtschaftsgesetzes[1)] keine Rechte begründet für die Zeit nach dem Ende des Anspruchs auf die Marktprämie nach § 25 Satz 1 des Erneuerbare-Energien-Gesetzes[2)]. [2]Die Fläche nach § 35 kann nach Maßgabe des Flächenentwicklungsplans nach § 8 Absatz 3 erneut ausgeschrieben werden.

§ 38 Erstattung von Sicherheiten an Bieter ohne Zuschlag. Die Bundesnetzagentur gibt unverzüglich die hinterlegten Sicherheiten für ein bestimmtes Gebot zurück, wenn der Bieter für dieses Gebot keinen Zuschlag nach § 34 erhalten hat.

Abschnitt 4. Eintrittsrecht für bestehende Projekte

§ 39 Eintrittsrecht für den Inhaber eines bestehenden Projekts.

(1) Der Inhaber eines bestehenden Projekts nach § 26 Absatz 2 hat nach Maßgabe dieses Abschnitts zum Ausgleich für die Überlassung der bei der Entwicklung seines Projekts durch ihn erhobenen Daten bei den Ausschreibungen nach Abschnitt 2 das Recht, in einen nach § 23 bis zum 31. Dezember 2030 erteilten Zuschlag einzutreten (Eintrittsrecht).

(2) Inhaber eines bestehenden Projekts im Sinn von Absatz 1 ist

1. im Fall von § 26 Absatz 2 Nummer 1 Buchstabe a der Inhaber des Plans oder der Genehmigung nach § 5 oder § 17 der Seeanlagenverordnung in der vor dem 1. Januar 2017 geltenden Fassung für die ausschließliche Wirtschaftszone an dem Tag, an dem die Genehmigung oder der Plan unwirksam wird,
2. im Fall von § 26 Absatz 2 Nummer 1 Buchstabe b der Inhaber der Genehmigung nach § 4 Absatz 1 des Bundes-Immissionsschutzgesetzes für das Küstenmeer an dem Tag, an dem die Genehmigung unwirksam wird,
3. im Fall von § 26 Absatz 2 Nummer 1 Buchstabe c der Vorhabenträger an dem Tag, an dem das Verfahren beendet wird.

(3) [1]Das Eintrittsrecht kann auf eine andere natürliche oder juristische Person übertragen werden. [2]Die Übertragung ist nur wirksam, wenn sie dem Bundesamt für Seeschifffahrt und Hydrographie schriftlich vom bisherigen Berechtigten angezeigt wird. [3]Das Eintrittsrecht kann nur bis zum Tag der Bekanntmachung der Ausschreibung nach § 19 für die voruntersuchte Fläche übertragen werden, für die das Eintrittsrecht besteht.

§ 40 Voraussetzungen und Reichweite des Eintrittsrechts. (1) Der Inhaber eines bestehenden Projekts hat ein Eintrittsrecht, wenn

1. sich eine ausgeschriebene voruntersuchte Fläche vollständig oder überwiegend mit der Fläche überschneidet, die Gegenstand des bestehenden Projekts war, soweit Ersuche oder Anträge auf Durchführung des Planfeststellungs-

---

1) Nr. 1.
2) Nr. 37.

verfahrens für das bestehende Projekt nicht nach § 3 der Seeanlagenverordnung in der vor dem 1. Januar 2017 geltenden Fassung zurückgestellt waren,
2. für das bestehende Projekt zu beiden Gebotsterminen nach § 26 ein Gebot abgegeben worden ist,
3. er weder ganz noch teilweise für das bestehende Projekt in einer Ausschreibung nach § 26 einen Zuschlag erhalten hat,
4. er innerhalb der Frist nach § 41 Absatz 2 eine wirksame Verzichtserklärung nach § 41 Absatz 1 Nummer 2 abgegeben hat,
5. er innerhalb der Frist nach § 41 Absatz 2 die Unterlagen nach § 41 Absatz 1 Nummer 1 an das Bundesamt für Seeschifffahrt und Hydrographie oder die zuständige Landesbehörde übergeben hat und
6. er in der Ausschreibung nach Abschnitt 2 für die von dem Eintrittsrecht betroffene voruntersuchte Fläche ein Gebot abgegeben hat.

(2) [1] Wenn sich die räumliche Ausdehnung des bestehenden Projekts nur teilweise, aber überwiegend mit der voruntersuchten Fläche überschneidet, besteht das Eintrittsrecht für die gesamte voruntersuchte Fläche. [2] Wenn sich mehrere bestehende Projekte mit der voruntersuchten Fläche überschneiden, hat nur der Inhaber des bestehenden Projekts ein Eintrittsrecht, dessen räumliche Ausdehnung sich mit dem überwiegenden Teil der voruntersuchten Fläche überschneidet.

§ 41 Datenüberlassung und Verzichtserklärung. (1) Das Eintrittsrecht setzt voraus, dass der Inhaber eines bestehenden Projekts in der ausschließlichen Wirtschaftszone
1. dem Bundesamt für Seeschifffahrt und Hydrographie
   a) sämtliche im Rahmen des Planfeststellungsverfahrens oder Genehmigungsverfahrens nach der Seeanlagenverordnung in der vor dem 1. Januar 2017 geltenden Fassung vom Vorhabenträger eingereichte Unterlagen und
   b) sämtliche beim Vorhabenträger vorhandene Untersuchungsergebnisse und Unterlagen, die denjenigen nach § 10 Absatz 1 entsprechen,

   jeweils einschließlich der Rohdaten frei von Rechten Dritter, die die Nutzung durch das Bundesamt für Seeschifffahrt und Hydrographie und andere Vorhabenträger beschränken oder verhindern, überlässt und
2. gegenüber dem Bundesamt für Seeschifffahrt und Hydrographie schriftlich erklärt, frei von Bedingungen, Befristungen oder sonstigen Nebenbestimmungen zu verzichten
   a) auf sämtliche ihm mit der Planfeststellung oder Genehmigung des Vorhabens nach der Seeanlagenverordnung in der vor dem 1. Januar 2017 geltenden Fassung eingeräumten Rechte und
   b) auf sämtliche Rechte an den Untersuchungsergebnissen und Unterlagen nach Nummer 1.

(2) [1] Die Verzichtserklärung nach Absatz 1 Nummer 2 muss dem Bundesamt für Seeschifffahrt und Hydrographie spätestens zum Ablauf des Kalendermonats zugehen, der auf die Bekanntmachung der Zuschläge in der Ausschreibung zum Gebotstermin 1. April 2018 folgt (materielle Ausschlussfrist). [2] Die Datenüberlassung nach Absatz 1 Nummer 1 muss in derselben Frist erfolgen.

(3) [1]Das Bundesamt für Seeschifffahrt und Hydrographie kann für die Verzichtserklärung nach Absatz 1 Nummer 2 Formulare bereitstellen und deren Nutzung verbindlich vorgeben. [2]Erklärungen, die ohne Nutzung dieser Formulare abgegeben werden, sind unwirksam.

(4) [1]Das Bundesamt für Seeschifffahrt und Hydrographie stellt durch feststellenden Verwaltungsakt nach Ablauf der Frist nach Absatz 2 gegenüber allen Inhabern bestehender Projekte, die eine Verzichtserklärung abgegeben und Daten überlassen haben, fest, ob der Verzicht wirksam und die überlassenen Daten vollständig sind. [2]In dem Bescheid ist auch festzustellen, auf welche Fläche sich der Verzicht und die überlassenen Daten beziehen.

(5) Bei bestehenden Projekten im Küstenmeer sind die Absätze 1 und 2 mit den Maßgaben anzuwenden, dass

1. die Planfeststellung oder Genehmigung und das Planfeststellungsverfahren oder das Genehmigungsverfahren nach der Seeanlagenverordnung in der vor dem 1. Januar 2017 geltenden Fassung durch die Genehmigung und das Genehmigungsverfahren nach dem Bundes-Immissionsschutzgesetz zu ersetzen sind und
2. an die Stelle des Bundesamtes für Seeschifffahrt und Hydrographie die zuständige Landesbehörde tritt.

§ 42 Ausübung des Eintrittsrechts. (1) Der Eintrittsberechtigte muss zur Ausübung seines Eintrittsrechts spätestens zum Ablauf des Kalendermonats, der auf die Bekanntmachung der Zuschläge in der Ausschreibung nach Abschnitt 2 für die von dem Eintrittsrecht betroffene voruntersuchte Fläche folgt,

1. gegenüber der Bundesnetzagentur schriftlich oder elektronisch erklären, dass er sein Eintrittsrecht für sein bestehendes Projekt ausübt, wobei in der Erklärung das bestehende Projekt benannt sein muss, und
2. die erforderliche Sicherheit nach § 21 leisten.

(2) [1]Das Eintrittsrecht muss in vollem Umfang ausgeübt werden. [2]Eine teilweise Ausübung ist unzulässig.

§ 43 Rechtsfolgen des Eintritts. Sofern die Voraussetzungen für das Eintrittsrecht nach § 40 Absatz 1 vorliegen und der Inhaber des bestehenden Projekts das Eintrittsrecht nach § 42 wirksam ausgeübt hat, geht der dem Bieter nach § 23 erteilte Zuschlag für die von dem Eintrittsrecht betroffene voruntersuchte Fläche auf den Inhaber des bestehenden Projekts vollständig über.

Teil 4. Zulassung, Errichtung und Betrieb von Windenergieanlagen auf See, die an das Netz angeschlossen werden, sowie Anlagen zur Übertragung des Stroms

§ 44 Geltungsbereich von Teil 4. (1) [1]Die Bestimmungen dieses Teils sind anzuwenden für die Errichtung, den Betrieb und die Änderung von Windenergieanlagen auf See sowie Anlagen zur Übertragung von Strom aus Windenergieanlagen auf See einschließlich der jeweils zur Errichtung und zum Betrieb der Anlagen erforderlichen technischen und baulichen Nebeneinrichtungen (Einrichtungen), wenn und soweit

1. sie im Bereich der ausschließlichen Wirtschaftszone der Bundesrepublik Deutschland liegen oder
2. sie auf der Hohen See liegen und wenn der Unternehmenssitz des Vorhabenträgers im Bundesgebiet liegt.

[2] Sie sind abweichend von Satz 1 nicht anzuwenden für die Errichtung, den Betrieb und die Änderung von Windenergieanlagen auf See, die nicht an das Netz angeschlossen werden; deren Errichtung, Betrieb und Änderung unterliegen dem Zulassungsverfahren nach § 2 des Seeanlagengesetzes.

(2) Die Bestimmungen von Abschnitt 2 Unterabschnitt 2 dieses Teils sind mit Ausnahme von § 64 Absatz 1 Satz 1 Nummer 1 und § 67 auch auf Windenergieanlagen auf See im Küstenmeer entsprechend anzuwenden.

Abschnitt 1. Zulassung von Einrichtungen

§ 45 Planfeststellung. (1) Die Errichtung und der Betrieb von Einrichtungen sowie die wesentliche Änderung solcher Einrichtungen oder ihres Betriebs bedürfen der Planfeststellung.

(2) Zuständige Anhörungs- und Planfeststellungsbehörde ist das Bundesamt für Seeschifffahrt und Hydrographie; dieses ist auch Plangenehmigungsbehörde.

(3) [1] Für das Planfeststellungsverfahren sind die §§ 72 bis 78 des Verwaltungsverfahrensgesetzes anzuwenden, soweit dieses Gesetz nichts anderes bestimmt. [2] § 36 Absatz 2 und 3 des Verwaltungsverfahrensgesetzes ist anzuwenden.

§ 46 Verhältnis der Planfeststellung zu den Ausschreibungen. (1) Den Antrag auf Durchführung des Planfeststellungsverfahrens zur Errichtung und zum Betrieb von Windenergieanlagen auf See kann nur stellen, wer über einen Zuschlag der Bundesnetzagentur auf der Fläche verfügt, auf die sich der Plan bezieht.

(2) Die Planfeststellungsbehörde muss unverzüglich nach dem 1. Januar 2017

1. für sämtliche Vorhaben nach § 26 Absatz 2 Nummer 1 Buchstabe a Fristen bis zum 15. Juli 2018 verlängern, deren fruchtloses Verstreichen ansonsten zur Unwirksamkeit des Planfeststellungsbeschlusses oder der Genehmigung vor dem letzten Gebotstermin nach § 26 Absatz 1 führen würde, und
2. sämtliche Planfeststellungsverfahren und Genehmigungsverfahren für bestehende Projekte nach § 26 Absatz 2 Nummer 1 Buchstabe c bis zur Erteilung der Zuschläge nach § 34 zum Gebotstermin 1. April 2018 ruhend stellen.

(3) [1] Mit dem 1. Januar 2017 enden sämtliche laufenden Planfeststellungsverfahren oder Genehmigungsverfahren zur Errichtung und zum Betrieb von Windenergieanlagen auf See, soweit die Vorhaben nicht unter den Anwendungsbereich der Ausschreibungen für bestehende Projekte nach § 26 Absatz 2 fallen. [2] Die Planfeststellungsbehörde bestätigt die Beendigung des Verfahrens auf Antrag des Vorhabenträgers.

(4) Mit der Erteilung der Zuschläge nach § 34 aus dem Gebotstermin 1. April 2018 enden sämtliche laufenden Planfeststellungsverfahren oder Genehmigungsverfahren zur Errichtung und zum Betrieb von Windenergieanlagen auf See, für die kein Zuschlag wirksam ist.

(5) [1]Die Planfeststellungsbehörde darf für bestehende Projekte, die in keiner Ausschreibung nach § 26 Absatz 1 einen Zuschlag erhalten haben, Fristen nicht verlängern, die sie mit dem Ziel einer zügigen Errichtung und Inbetriebnahme der Windenergieanlagen auf See vorgegeben hat. [2]Satz 1 ist auf Fristverlängerungen nach Absatz 2 Nummer 1 entsprechend anzuwenden.

(6) Vorhaben zur Errichtung und zum Betrieb von Windenergieanlagen auf See, die über einen Zuschlag nach § 23 oder nach § 34 verfügen, dürfen mit der Errichtung der Windenergieanlagen auf See und der zugehörigen Anlagen erst beginnen, wenn die Verpflichtung nach § 66 Absatz 2 wirksam erklärt wurde.

§ 47 Planfeststellungsverfahren. (1) Der Plan umfasst zusätzlich zu den Zeichnungen und Erläuterungen nach § 73 Absatz 1 Satz 2 des Verwaltungsverfahrensgesetzes

1. den Nachweis über die Erteilung eines Zuschlags auf der betreffenden Fläche, wenn sich der Plan auf Windenergieanlagen auf See bezieht,
2. eine Darstellung der Sicherheits- und Vorsorgemaßnahmen,
3. einen Zeit- und Maßnahmenplan bis zur Inbetriebnahme als Grundlage für eine Entscheidung nach § 48 Absatz 3,
4. den UVP-Bericht nach § 16 des Gesetzes über die Umweltverträglichkeitsprüfung, wobei hierfür die Unterlagen nach § 10 Absatz 1 verwendet werden können, und
5. auf Anforderung der Planfeststellungsbehörde Gutachten eines anerkannten Sachverständigen zur Frage, ob die Anlage und ihr Betrieb dem Stand der Technik und den Sicherheitsanforderungen entsprechen.

(2) [1]Reichen die Angaben und Unterlagen für die Prüfung nicht aus, so hat sie der Träger des Vorhabens auf Verlangen der Planfeststellungsbehörde innerhalb einer von dieser gesetzten angemessenen Frist zu ergänzen. [2]Kommt der Träger des Vorhabens dem nicht nach, kann die Planfeststellungsbehörde den Antrag ablehnen.

(3) [1]§ 73 Absatz 2, Absatz 3 Satz 1, Absatz 4 Satz 1 und Absatz 5 Satz 1 sowie § 74 Absatz 4 Satz 2 des Verwaltungsverfahrensgesetzes sind mit der Maßgabe anzuwenden, dass an die Stelle der Gemeinde die Planfeststellungsbehörde tritt. [2]Auf die Auslegung der Unterlagen ist nach § 73 Nummer 1 sowie durch Veröffentlichung in zwei überregionalen Tageszeitungen hinzuweisen.

(4) [1]Um eine zügige Durchführung des Planfeststellungsverfahrens zu ermöglichen, kann die Planfeststellungsbehörde dem Träger des Vorhabens nach Anhörung angemessene Fristen vorgeben. [2]Werden die Fristen nicht eingehalten, kann die Planfeststellungsbehörde den Antrag ablehnen.

§ 48 Planfeststellungsbeschluss, Plangenehmigung. (1) § 74 Absatz 6 und 7 des Verwaltungsverfahrensgesetzes ist nur anzuwenden, wenn zusätzlich zu den dort genannten Voraussetzungen für das Vorhaben nach dem Gesetz über die Umweltverträglichkeitsprüfung keine Umweltverträglichkeitsprüfung durchzuführen ist.

(2) [1]Die Planfeststellungsbehörde kann den Plan in Teilabschnitten feststellen. [2]Sie kann einzelne Maßnahmen zur Errichtung oder die Inbetriebnahme unter dem Vorbehalt einer Freigabe zulassen, die zu erteilen ist, wenn der

Nachweis über die Erfüllung angeordneter Auflagen erbracht worden ist. [3] Auf Anforderung der Planfeststellungsbehörde erfolgt der Nachweis durch Vorlage eines Gutachtens eines anerkannten Sachverständigen.

(3) Die Planfeststellungsbehörde kann im Planfeststellungsbeschluss zur Sicherstellung einer zügigen Errichtung und Inbetriebnahme des Vorhabens unter Berücksichtigung des vom Träger des Vorhabens vorgelegten Zeit- und Maßnahmenplans Maßnahmen bestimmen und für deren Erfüllung Fristen vorgeben, bis zu deren Ablauf die Maßnahmen erfüllt sein müssen.

(4) [1] Der Plan darf nur festgestellt werden, wenn

1. die Meeresumwelt nicht gefährdet wird, insbesondere
   a) eine Verschmutzung der Meeresumwelt im Sinn des Artikels 1 Absatz 1 Nummer 4 des Seerechtsübereinkommens der Vereinten Nationen vom 10. Dezember 1982 (BGBl. 1994 II S. 1799) nicht zu besorgen ist und
   b) der Vogelzug nicht gefährdet wird, und
2. die Sicherheit und Leichtigkeit des Verkehrs nicht beeinträchtigt wird,
3. die Sicherheit der Landes- und Bündnisverteidigung nicht beeinträchtigt wird,
4. er mit vorrangigen bergrechtlichen Aktivitäten vereinbar ist,
5. er mit bestehenden und geplanten Kabel-, Offshore-Anbindungs-, Rohr- und sonstigen Leitungen vereinbar ist,
6. er mit bestehenden und geplanten Standorten von Konverterplattformen oder Umspannanlagen vereinbar ist,
7. die Verpflichtung nach § 66 Absatz 2 wirksam erklärt wurde, wenn sich der Plan auf Windenergieanlagen auf See bezieht, und
8. andere Anforderungen nach diesem Gesetz und sonstige öffentlich-rechtliche Bestimmungen eingehalten werden.

[2] Bei Windenergieanlagen auf See darf der Plan zudem nur festgestellt werden, wenn der Vorhabenträger über einen Zuschlag nach § 23 oder nach § 34 für die Fläche verfügt, auf die sich der Plan bezieht. [3] Verfügt der Vorhabenträger über einen Zuschlag nach § 23, müssen Belange nach Satz 1 nur geprüft werden, soweit gegenüber der Voruntersuchung der Fläche zusätzliche oder andere erhebliche Gesichtspunkte erkennbar oder Aktualisierungen und Vertiefungen der bei der Voruntersuchung erfolgten Prüfung erforderlich sind, insbesondere aufgrund der Ausgestaltung des Vorhabens auf der Fläche.

(5) [1] Die Planfeststellungsbehörde kann den Planfeststellungsbeschluss ganz oder teilweise aufheben, wenn

1. Einrichtungen, die Gegenstand des Planfeststellungsbeschlusses sind, während eines Zeitraums von mehr als drei Jahren nicht mehr betrieben worden sind oder
2. Fristen nach Absatz 3 nicht eingehalten werden.

[2] Die wirksame Aufhebung des Planfeststellungsbeschlusses ist nach § 73 Nummer 1 bekannt zu machen. [3] § 75 Absatz 4 des Verwaltungsverfahrensgesetzes ist nicht anzuwenden.

(6) An Stelle eines Planfeststellungsbeschlusses kann eine Plangenehmigung erteilt werden, wenn

1. auf der betreffenden Fläche zuvor bereits ein Plan festgestellt worden ist, der nach Absatz 5, nach § 46 Absatz 5 oder nach § 64 Absatz 1 Satz 1 Nummer 1 zweiter Halbsatz unwirksam geworden ist, und das Recht zur Nutzung der Fläche im Anschluss an die Unwirksamkeit des Planfeststellungsbeschlusses erneut nach Teil 3 Abschnitt 2 ausgeschrieben und bezuschlagt worden ist oder
2. die Voraussetzungen des § 74 Absatz 6 Satz 1 des Verwaltungsverfahrensgesetzes vorliegen.

(7) [1] Ein Planfeststellungsbeschluss oder eine Plangenehmigung für eine Windenergieanlage auf See werden befristet auf 25 Jahre erteilt. [2] Eine nachträgliche Verlängerung der Befristung um höchstens fünf Jahre ist einmalig möglich, wenn der Flächenentwicklungsplan keine unmittelbar anschließende Nachnutzung nach § 8 Absatz 3 vorsieht.

(8) § 15 Absatz 2 Satz 3 des Bundesnaturschutzgesetzes ist mit der Maßgabe anzuwenden, dass eine Beeinträchtigung ersetzt ist, wenn und sobald die beeinträchtigten Funktionen des Naturhaushalts in dem betroffenen Naturraum oder, falls dies nicht möglich ist, in einem benachbarten Naturraum in gleichwertiger Weise hergestellt sind und das Landschaftsbild landschaftsgerecht neu gestaltet ist.

§ 49 Vorläufige Anordnung. [1] Ist das Planfeststellungsverfahren eingeleitet, kann die Planfeststellungsbehörde nach Zustimmung des Bundesministeriums für Wirtschaft und Energie eine vorläufige Anordnung erlassen, in der Teilmaßnahmen zur Vorbereitung der Errichtung festgesetzt werden, wenn Gründe des Wohls der Allgemeinheit, insbesondere der effizienten Netznutzung, den alsbaldigen Beginn der Arbeiten erfordern und die nach § 74 Absatz 2 des Verwaltungsverfahrensgesetzes und nach § 48 Absatz 4 zu berücksichtigenden Belange gewahrt werden. [2] In der vorläufigen Anordnung sind die Auflagen zur Sicherung dieser Belange und der Umfang der vorläufig zulässigen Bauarbeiten festzulegen. [3] Sie ist nach § 73 Nummer 1 bekannt zu machen. [4] Die vorläufige Anordnung tritt außer Kraft, wenn nicht binnen sechs Monaten nach ihrem Erlass mit den Arbeiten begonnen wird. [5] Sie ersetzt nicht die Planfeststellung. [6] Soweit die Teilmaßnahmen durch die Planfeststellung für unzulässig erklärt sind, ist der frühere Zustand wiederherzustellen.

§ 50 Einvernehmensregelung. [1] Die Feststellung des Plans oder die Plangenehmigung und eine vorläufige Anordnung nach § 49 bedürfen des Einvernehmens der Generaldirektion Wasserstraßen und Schifffahrt. [2] Das Einvernehmen darf nur versagt werden, wenn eine Beeinträchtigung der Sicherheit und Leichtigkeit des Verkehrs zu besorgen ist, die nicht durch Bedingungen oder Auflagen verhütet oder ausgeglichen werden kann.

§ 51 Umweltverträglichkeitsprüfung. [1] Die Prüfung der Umweltverträglichkeit von Windenergieanlagen auf See nach den Bestimmungen des Gesetzes über die Umweltverträglichkeitsprüfung kann aufgrund einer nach den §§ 5 bis 12 beim Flächenentwicklungsplan oder der Voruntersuchung bereits durchgeführten Strategischen Umweltprüfung auf zusätzliche oder andere erhebliche Umweltauswirkungen beschränkt werden. [2] Gleiches gilt, soweit eine Windenergieanlage auf See in einem vom Bundesfachplan Offshore nach § 17a des Energiewirtschaftsgesetzes[1)] festgelegten Cluster oder einem Vorrang-, Vorbehalts- oder Eignungsgebiet eines Raumordnungsplans nach § 17 Absatz 1 Satz 1 des Raumordnungsgesetzes liegt.

§ 52 Veränderungssperre. (1) [1]Das Bundesamt für Seeschifffahrt und Hydrographie kann in der ausschließlichen Wirtschaftszone der Bundesrepublik Deutschland Seegebiete festlegen, in denen bestimmte Einrichtungen vorübergehend nicht planfestgestellt oder plangenehmigt werden (Veränderungssperre). [2]Diese Seegebiete müssen ernsthaft in Betracht kommen für die Errichtung von:

1. Windenergieanlagen auf See oder sonstigen Energiegewinnungsanlagen nach den Festlegungen des Flächenentwicklungsplans nach § 5 oder
2. Offshore-Anbindungsleitungen, einschließlich Standorten und Suchräumen, grenzüberschreitenden Seekabelsystemen oder Verbindungen der Netzanbindungssysteme untereinander nach den Festlegungen des Bundesfachplans Offshore nach § 17a des Energiewirtschaftsgesetzes oder des Flächenentwicklungsplans nach § 5.

[3]Die Veränderungssperre darf nur solche Einrichtungen erfassen, die die Errichtung von Windenergieanlagen auf See oder sonstigen Energiegewinnungsanlagen behindern können oder Offshore-Anbindungsleitungen, grenzüberschreitende Seekabelsysteme oder Verbindungen der Netzanbindungssysteme untereinander behindern können.

(2) [1]Das Bundesamt für Seeschifffahrt und Hydrographie legt die Dauer der Veränderungssperre fest. [2]Sie gilt längstens für vier Jahre. [3]Sie kann um weitere drei Jahre verlängert werden. [4]Die Veränderungssperre ist auf der Internetseite des Bundesamtes für Seeschifffahrt und Hydrographie und in den Nachrichten für Seefahrer (Amtliche Veröffentlichung des Bundesamtes für Seeschifffahrt und Hydrographie) bekannt zu machen.

§ 53 Sicherheitszonen. (1) [1]Die Planfeststellungsbehörde kann in der ausschließlichen Wirtschaftszone Sicherheitszonen um die Einrichtungen einrichten, soweit dies zur Gewährleistung der Sicherheit der Schifffahrt oder der Einrichtungen notwendig ist. [2]Soweit die Einrichtung der Sicherheitszonen zur Gewährleistung der Sicherheit der Schifffahrt erforderlich ist, bedarf sie des Einvernehmens der Generaldirektion Wasserstraßen und Schifffahrt.

(2) [1]Sicherheitszonen sind Wasserflächen, die sich in einem Abstand von bis zu 500 Metern, gemessen von jedem Punkt des äußeren Randes, um die Einrichtungen erstrecken. [2]Die Breite einer Sicherheitszone darf 500 Meter überschreiten, wenn allgemein anerkannte internationale Normen dies gestatten oder die zuständige internationale Organisation dies empfiehlt.

§ 54 Bekanntmachung der Einrichtungen und ihrer Sicherheitszonen. Die Planfeststellungsbehörde macht die Einrichtungen und die von ihr nach § 53 eingerichteten Sicherheitszonen nach § 73 Nummer 1 bekannt und trägt sie in die amtlichen Seekarten ein.

[1)] Nr. 1.

Abschnitt 2. Errichtung, Betrieb und Beseitigung von Einrichtungen

Unterabschnitt 1. Allgemeine Bestimmungen

§ 55 Pflichten der verantwortlichen Personen. [1]Die im Sinn von § 56 verantwortlichen Personen haben sicherzustellen, dass von der Einrichtung während der Errichtung, des Betriebs und nach einer Betriebseinstellung

1. keine Gefahren für die Meeresumwelt und
2. keine Beeinträchtigungen
   a) der Sicherheit und Leichtigkeit des Verkehrs,
   b) der Sicherheit der Landes- und Bündnisverteidigung,
   c) sonstiger überwiegender öffentlicher Belange oder
   d) privater Rechte

ausgehen. [2]Abweichende Zustände sind von den verantwortlichen Personen unverzüglich dem Bundesamt für Seeschifffahrt und Hydrographie zu melden.

§ 56 Verantwortliche Personen. (1) Die verantwortlichen Personen für die Erfüllung der Pflichten, die sich aus diesem Teil des Gesetzes oder aus Verwaltungsakten zu Errichtung, Betrieb und Betriebseinstellung von Einrichtungen ergeben, sind

1. der Adressat des Planfeststellungsbeschlusses oder der Plangenehmigung, bei juristischen Personen und Personenhandelsgesellschaften die nach Gesetz, Satzung oder Gesellschaftsvertrag zur Vertretung berufenen Personen,
2. der Betreiber der Anlage, bei juristischen Personen und Personenhandelsgesellschaften die nach Gesetz, Satzung oder Gesellschaftsvertrag zur Vertretung berufenen Personen, und
3. die zur Leitung oder Beaufsichtigung des Betriebs oder eines Betriebsteils bestellten Personen im Rahmen ihrer Aufgaben und Befugnisse.

(2) Als verantwortliche Personen im Sinn des Absatzes 1 Nummer 3 dürfen nur Personen beschäftigt werden, die die zur Erfüllung ihrer Aufgaben und Befugnisse erforderliche Zuverlässigkeit, Fachkunde und körperliche Eignung besitzen.

(3) [1]Verantwortliche Personen im Sinn des Absatzes 1 Nummer 3 sind in einer für die planmäßige und sichere Führung des Betriebs erforderlichen Zahl zu bestellen. [2]Die Aufgaben und Befugnisse der verantwortlichen Personen sind eindeutig und lückenlos festzusetzen sowie so aufeinander abzustimmen, dass eine geordnete Zusammenarbeit gewährleistet ist.

(4) [1]Die Bestellung und die Abberufung verantwortlicher Personen sind schriftlich oder elektronisch zu erklären. [2]In der Bestellung sind die Aufgaben und Befugnisse genau zu beschreiben; die Befugnisse müssen den Aufgaben entsprechen. [3]Die verantwortlichen Personen sind unter Angabe ihrer Stellung im Betrieb und ihrer Vorbildung dem Bundesamt für Seeschifffahrt und Hydrographie unverzüglich nach der Bestellung namhaft zu machen. [4]Die Änderung der Stellung im Betrieb und das Ausscheiden verantwortlicher Personen sind dem Bundesamt für Seeschifffahrt und Hydrographie unverzüglich anzuzeigen.

(5) [1]Der Adressat eines Planfeststellungsbeschlusses oder einer Plangenehmigung hat dem Bundesamt für Seeschifffahrt und Hydrographie unverzüglich anzuzeigen, wenn der Planfeststellungsbeschluss oder die Plangenehmigung auf

einen anderen übertragen wird. [2]Das Gleiche gilt für den Betreiber, wenn der Betrieb der Anlage auf eine andere Person übertragen wird.

§ 57 Überwachung der Einrichtungen. (1) [1]Die Einrichtungen, ihre Errichtung und ihr Betrieb unterliegen der Überwachung durch das Bundesamt für Seeschifffahrt und Hydrographie. [2]Die Generaldirektion Wasserstraßen und Schifffahrt wird beteiligt, soweit dies der Überwachung der Sicherheit und Leichtigkeit des Verkehrs dient.

(2) [1]Das Bundesamt für Seeschifffahrt und Hydrographie kann im Einzelfall die zur Durchführung des Teils 4 erforderlichen Anordnungen treffen. [2]Es kann insbesondere Gebote oder Verbote gegenüber den verantwortlichen Personen zur Durchsetzung der in § 55 genannten Pflichten machen.

(3) [1]Führt eine Einrichtung, ihre Errichtung oder ihr Betrieb zu einer Gefahr für die Meeresumwelt oder einer Beeinträchtigung der Sicherheit und Leichtigkeit des Verkehrs oder einer Beeinträchtigung der Sicherheit der Landes- und Bündnisverteidigung oder sonstiger überwiegender öffentlicher Belange, kann das Bundesamt für Seeschifffahrt und Hydrographie die Errichtung oder den Betrieb ganz oder teilweise bis zur Herstellung des ordnungsgemäßen Zustands untersagen, soweit sich die Beeinträchtigung oder die Gefahr auf andere Weise nicht abwenden lässt oder die Einstellung der Errichtung oder des Betriebs zur Aufklärung der Ursachen der Beeinträchtigung oder der Gefahr unerlässlich ist. [2]Kann die Beeinträchtigung oder Gefahr nicht auf andere Weise abgewendet werden, kann die Planfeststellungsbehörde einen zuvor ergangenen Planfeststellungsbeschluss oder die Plangenehmigung aufheben und die Beseitigung der Anlage anordnen.

(4) [1]Wird eine Einrichtung ohne erforderliche Planfeststellung oder Plangenehmigung errichtet, betrieben oder wesentlich geändert, so kann das Bundesamt für Seeschifffahrt und Hydrographie die Fortsetzung der Tätigkeit vorläufig oder endgültig untersagen. [2]Es kann anordnen, dass eine Anlage, die ohne die erforderliche Planfeststellung oder Plangenehmigung errichtet, betrieben oder wesentlich geändert wird, zu beseitigen ist. [3]Es muss die Beseitigung anordnen, wenn die Meeresumwelt, die Sicherheit und Leichtigkeit des Verkehrs, die Sicherheit der Landes- und Bündnisverteidigung oder sonstige überwiegende öffentliche Belange oder private Rechte nicht auf andere Weise ausreichend gewahrt werden können.

(5) [1]Das Bundesamt für Seeschifffahrt und Hydrographie kann die weitere Errichtung oder den weiteren Betrieb einer Einrichtung durch den Betreiber oder einen mit der Leitung des Betriebs Beauftragten untersagen, wenn Tatsachen vorliegen, welche die Unzuverlässigkeit dieser Personen in Bezug auf die Einhaltung von Rechtsvorschriften zum Schutz der Meeresumwelt, der Sicherheit und Leichtigkeit des Verkehrs, der Sicherheit der Landes- und Bündnisverteidigung oder sonstiger überwiegender öffentlicher Belange dartun. [2]Dem Betreiber der Einrichtung ist auf Antrag die Erlaubnis zu erteilen, die Einrichtung durch eine Person betreiben zu lassen, die die Gewähr für den ordnungsgemäßen Betrieb der Einrichtung bietet.

(6) Die Bestimmungen über Rücknahme oder Widerruf eines Verwaltungsaktes bleiben unberührt.

§ 58 Beseitigung der Einrichtungen, Sicherheitsleistung. (1) Wenn der Planfeststellungsbeschluss oder die Plangenehmigung unwirksam werden, sind die Einrichtungen in dem Umfang zu beseitigen, wie dies die in § 48 Absatz 4 Nummer 1 bis 4 genannten Belange erfordern.

(2) Die allgemein anerkannten internationalen Normen zur Beseitigung sind als Mindeststandard zu berücksichtigen.

(3) Das Bundesamt für Seeschifffahrt und Hydrographie kann im Planfeststellungsbeschluss oder in der Plangenehmigung die Leistung einer geeigneten Sicherheit nach Maßgabe der Anlage zu diesem Gesetz anordnen, um die Erfüllung der in Absatz 1 genannten Beseitigungspflicht sicherzustellen.

(4) Soweit die Planfeststellungsbehörde eine Sicherheit nach Absatz 3 angeordnet hat, bleibt bei Übergang des Planfeststellungsbeschlusses oder der Plangenehmigung auf einen anderen Vorhabenträger der vorige Vorhabenträger so lange zur Beseitigung verpflichtet, wie nicht der andere Vorhabenträger eine Sicherheit erbracht und die Planfeststellungsbehörde deren Geeignetheit festgestellt hat.

(5) Die Absätze 1 bis 4 sind auch für Einrichtungen anzuwenden, die nach § 48 Absatz 6 keiner Planfeststellung bedürfen.

Unterabschnitt 2. Besondere Bestimmungen für Windenergieanlagen auf See

§ 59 Realisierungsfristen. (1) [1]Die Fristen für bezuschlagte Bieter, ihre Windenergieanlagen auf See technisch betriebsbereit herzustellen, werden in Abhängigkeit vom Zeitpunkt des Zuschlags und von den Fertigstellungsterminen für die Offshore-Anbindungsleitung bestimmt. [2]Die Fertigstellungstermine bestimmen sich nach dem in § 17d Absatz 2 des Energiewirtschaftsgesetzes[1)] festgelegten Verfahren.

(2) Bezuschlagte Bieter müssen

1. innerhalb von zwölf Monaten nach Erteilung der Zuschläge nach § 23 oder § 34 die zur Durchführung des Anhörungsverfahrens nach § 73 Absatz 1 des Verwaltungsverfahrensgesetzes über den Plan erforderlichen Unterlagen beim Bundesamt für Seeschifffahrt und Hydrographie einreichen,
2. spätestens 24 Monate vor dem verbindlichen Fertigstellungstermin gegenüber der Bundesnetzagentur den Nachweis über eine bestehende Finanzierung für die Errichtung von Windenergieanlagen auf See in dem Umfang der bezuschlagten Gebotsmenge erbringen; für den Nachweis über eine bestehende Finanzierung sind verbindliche Verträge über die Bestellung der Windenergieanlagen, der Fundamente, der für die Windenergieanlagen vorgesehenen Umspannanlage und der parkinternen Verkabelung vorzulegen,
3. spätestens drei Monate vor dem verbindlichen Fertigstellungstermin gegenüber der Bundesnetzagentur den Nachweis erbringen, dass mit der Errichtung der Windenergieanlagen auf See begonnen worden ist,
4. innerhalb von sechs Monaten nach dem verbindlichen Fertigstellungstermin gegenüber der Bundesnetzagentur den Nachweis erbringen, dass die technische Betriebsbereitschaft mindestens einer Windenergieanlage auf See hergestellt worden ist, und

---

[1)] Nr. 1.

5. innerhalb von 18 Monaten nach dem verbindlichen Fertigstellungstermin gegenüber der Bundesnetzagentur den Nachweis erbringen, dass die technische Betriebsbereitschaft der Windenergieanlagen auf See insgesamt hergestellt worden ist; diese Anforderung ist erfüllt, wenn die installierte Leistung der betriebsbereiten Anlagen mindestens zu 95 Prozent der bezuschlagten Gebotsmenge entspricht,

vorbehaltlich der ausnahmsweisen Festsetzung abweichender Realisierungsfristen in der Übergangsphase nach § 37 Absatz 1 Nummer 1 fünfter Halbsatz.

(3) [1] Das Bundesamt für Seeschifffahrt und Hydrographie muss der Bundesnetzagentur auf Verlangen mitteilen, ob die zur Durchführung des Anhörungsverfahrens erforderlichen Unterlagen eingereicht worden sind. [2] Die Mitteilung ist für Entscheidungen über einen Widerruf nach § 60 Absatz 3 Satz 1 Nummer 1 verbindlich.

§ 60 Sanktionen bei Nichteinhaltung der Realisierungsfristen.

(1) Bezuschlagte Bieter müssen an den regelverantwortlichen Übertragungsnetzbetreiber eine Pönale leisten, wenn sie gegen die Fristen nach § 59 Absatz 2 verstoßen.

(2) Die Höhe der Pönale nach § 55 des Erneuerbare-Energien-Gesetzes[1)] entspricht

1. bei Verstößen gegen die Frist nach § 59 Absatz 2 Nummer 1 der nach § 21 oder nach § 32 zu leistenden Sicherheit,
2. bei Verstößen gegen die Frist nach § 59 Absatz 2 Nummer 2 30 Prozent der nach § 21 oder nach § 32 zu leistenden Sicherheit,
3. bei Verstößen gegen die Frist nach § 59 Absatz 2 Nummer 3 70 Prozent der nach § 21 oder nach § 32 zu leistenden Sicherheit,
4. bei Verstößen gegen die Frist nach § 59 Absatz 2 Nummer 4 einem Zwölftel der verbleibenden nach § 21 oder nach § 32 zu leistenden Sicherheit für jeden Kalendermonat, in dem nicht die technische Betriebsbereitschaft mindestens einer Windenergieanlage auf See hergestellt worden ist, und
5. bei Verstößen gegen die Frist nach § 59 Absatz 2 Nummer 5 dem Wert, der sich aus dem Betrag der verbleibenden nach § 21 oder nach § 32 zu leistenden Sicherheit multipliziert mit dem Quotienten aus der installierten Leistung der nicht betriebsbereiten Windenergieanlagen und der bezuschlagten Gebotsmenge ergibt.

(2a) Absatz 2 ist bei Verstößen gegen Fristen, die nach § 37 Absatz 1 Nummer 1 fünfter Halbsatz festgelegt worden sind, nach Maßgabe dieser Festlegung entsprechend anzuwenden.

(3) [1] Unbeschadet der Pönale nach den Absätzen 1, 2 und 2a muss die Bundesnetzagentur einen Zuschlag widerrufen, wenn der bezuschlagte Bieter eine der folgenden Fristen nicht einhält:

1. die Frist nach § 59 Absatz 2 Nummer 1,
2. die Frist nach § 59 Absatz 2 Nummer 2 oder
3. die Frist nach § 59 Absatz 2 Nummer 5.

---

1) Nr. 37.

[2] In den Fällen nach Satz 1 Nummer 3 erfolgt der Widerruf eines Zuschlags in dem Umfang, der sich aus der Differenz der bezuschlagten Gebotsmenge und der installierten Leistung der betriebsbereiten Windenergieanlagen auf See ergibt.

§ 61 Ausnahme von den Sanktionen bei Nichteinhaltung der Realisierungsfristen. (1) Pönalen nach § 60 Absatz 1, 2 und 2a sind nicht zu leisten und die Bundesnetzagentur darf den Zuschlag nicht nach § 60 Absatz 3 widerrufen, soweit

1. der bezuschlagte Bieter ohne eigenes Verschulden verhindert war, die betreffende Frist einzuhalten, wobei ihm das Verschulden sämtlicher von ihm im Zusammenhang mit der Errichtung der Windenergieanlagen auf See beauftragter Personen, einschließlich sämtlicher unterbeauftragter Personen, zugerechnet wird, und
2. es nach den Umständen des Einzelfalles überwiegend wahrscheinlich ist, dass der bezuschlagte Bieter mit Wegfall des Hinderungsgrundes willens und wirtschaftlich und technisch in der Lage ist, die Windenergieanlagen auf See unverzüglich zu errichten.

(2) Es wird vermutet, dass die Säumnis einer Frist nach § 59 Absatz 2 auf einem Verschulden des bezuschlagten Bieters oder dem Verschulden der von ihm im Zusammenhang mit der Errichtung der Windenergieanlagen auf See beauftragten Personen, einschließlich sämtlicher unterbeauftragter Personen, beruht.

(3) Die Bundesnetzagentur muss auf Antrag des Bieters

1. das Vorliegen der Voraussetzungen nach Absatz 1 feststellen und
2. die nach § 59 Absatz 2 maßgeblichen Fristen im erforderlichen Umfang verlängern.

§ 62 Rückgabe von Zuschlägen und Planfeststellungsbeschlüssen.

(1) Der bezuschlagte Bieter darf den Zuschlag oder den Planfeststellungsbeschluss nicht zurückgeben.

(2) [1] Abweichend von Absatz 1 kann der bezuschlagte Bieter einen Zuschlag spätestens bis zum Ablauf der Frist zur Erbringung des Nachweises über eine bestehende Finanzierung nach § 59 Absatz 2 Nummer 2 ganz oder teilweise durch eine unbedingte und schriftliche Rückgabeerklärung gegenüber der Bundesnetzagentur ohne Pflicht zur Pönale zurückgeben, wenn sich im Planfeststellungsverfahren, in einem Verfahren zum Erhalt von Freigaben nach § 48 Absatz 2 Satz 2 oder bei der Errichtung der Windenergieanlagen auf See herausstellt, dass

1. in den Unterlagen nach § 10 Absatz 1 enthaltene Feststellungen unzutreffend sind und dies die Wirtschaftlichkeit des Betriebs der Windenergieanlagen auf See in erheblichem Umfang beeinträchtigt oder
2. der Errichtung der Windenergieanlagen auf See ein bis zu diesem Zeitpunkt nicht erkennbares Hindernis rechtlicher oder tatsächlicher Art entgegensteht, das durch Anpassung der Planung nicht beseitigt werden kann oder dessen Beseitigung dem Bieter unter Berücksichtigung der Kosten der Anpassung der Planung nicht zumutbar ist.

[2]Das Vorliegen der Voraussetzungen nach Satz 1 stellt auf Antrag des Bieters fest
1. für Voraussetzungen nach Satz 1 Nummer 1 die für die Voruntersuchung zuständige Stelle,
2. für Voraussetzungen nach Satz 1 Nummer 2 das Bundesamt für Seeschifffahrt und Hydrographie.

§ 63 Übergang von Zuschlägen und Planfeststellungsbeschlüssen.

(1) Zuschläge nach § 23 oder § 34 dürfen nicht auf Anlagen auf anderen Flächen übertragen werden.

(2) [1]Unbeschadet des Absatzes 1 dürfen Zuschläge auf andere Personen übertragen werden. [2]Sie gelten für und gegen den Rechtsnachfolger des bezuschlagten Bieters. [3]Hierbei gehen sämtliche Rechtsfolgen des Zuschlags nach § 24 oder nach § 37 gemeinsam über. [4]Sofern bereits ein Planfeststellungsbeschluss oder eine Plangenehmigung zur Errichtung von Windenergieanlagen auf See auf der bezuschlagten Fläche erteilt wurden, gehen diese mit dem Zuschlag über.

(3) Bei der Übertragung eines Planfeststellungsbeschlusses oder einer Plangenehmigung für die Errichtung und den Betrieb von Windenergieanlagen auf See nach § 56 Absatz 5 gehen der Zuschlag für die Fläche, auf der die Anlagen errichtet und betrieben werden, und sämtliche seiner Rechtsfolgen mit über.

(4) Eine Übertragung oder Rechtsnachfolge nach den Absätzen 2 oder 3 müssen der Bundesnetzagentur, dem Bundesamt für Seeschifffahrt und Hydrographie und dem anbindungsverpflichteten Übertragungsnetzbetreiber unverzüglich angezeigt werden.

(5) Werden der Planfeststellungsbeschluss oder die Plangenehmigung nach Erteilung des Zuschlags geändert, bleibt der Zuschlag auf den geänderten Planfeststellungsbeschluss oder die geänderte Plangenehmigung bezogen, der Umfang des Zuschlags verändert sich nicht.

§ 64 Rechtsfolgen der Unwirksamkeit von Zuschlägen und Planfeststellungsbeschlüssen. (1) [1]Wird ein Zuschlag unwirksam,
1. erlischt das ausschließliche Recht zur Durchführung eines Planfeststellungsverfahrens nach § 24 Absatz 1 Nummer 1; ein für eine bezuschlagte Fläche oder ein bezuschlagtes bestehendes Projekt ergangener Planfeststellungsbeschluss oder eine erteilte Plangenehmigung werden unwirksam; ist zum Zeitpunkt, an dem der Zuschlag nach § 23 oder nach § 34 unwirksam wird, der Plan noch nicht festgestellt oder die Plangenehmigung noch nicht erteilt, ist das Planfeststellungsverfahren oder das Plangenehmigungsverfahren zu beenden,
2. erlischt der Anspruch auf die Marktprämie nach § 19 des Erneuerbare-Energien-Gesetzes[1)], und
3. erlischt der Anspruch auf Anschluss und entfällt die zugewiesene Netzanbindungskapazität nach § 24 Absatz 1 Nummer 3 oder nach § 37 Absatz 1 Nummer 2.

[1)] Nr. **37**.

[2] Wird ein Zuschlag teilweise unwirksam, treten die Rechtsfolgen nach Satz 1 Nummer 1 bis 3 in entsprechendem Umfang ein.

(2) Werden ganz oder teilweise

1. ein Planfeststellungsverfahren oder ein Verfahren zur Genehmigung durch ablehnenden Bescheid beendet, oder
2. ein Planfeststellungsbeschluss oder eine Genehmigung unwirksam,

wird ein für die betreffende Fläche erteilter Zuschlag in dem gleichen Umfang unwirksam.

(3) [1] Die Planfeststellungsbehörde muss bei einem unwirksamen Zuschlag den Umfang der Unwirksamkeit des Planfeststellungsbeschlusses oder der Plangenehmigung oder die Beendigung des Planfeststellungsverfahrens oder des Plangenehmigungsverfahrens nach Absatz 1 nach § 73 Nummer 1 bekannt machen. [2] Die Bundesnetzagentur stellt im Fall des Absatzes 2 den Umfang der Unwirksamkeit des Zuschlags auf Antrag des Bieters oder des anbindungsverpflichteten Übertragungsnetzbetreibers durch Verwaltungsakt fest.

§ 65 Erstattung von Sicherheiten bei Realisierung oder Erfüllung von Pönalen. Die Bundesnetzagentur gibt unverzüglich die hinterlegten Sicherheiten für ein bestimmtes Gebot zurück, wenn der Bieter

1. nach § 59 Absatz 2 Nummer 5 den Nachweis über die Herstellung der technischen Betriebsbereitschaft der Windenergieanlagen auf See erbracht hat oder
2. für dieses Gebot eine Pönale nach § 60 Absatz 1 und 2 geleistet hat und die Einbehaltung der Sicherheit nicht länger zur Erfüllung und Absicherung von Ansprüchen auf weitere Pönalen erforderlich ist.

§ 66 Nachnutzung; Verpflichtungserklärung. (1) Abweichend von § 58 kann eine gesetzliche Bestimmung zur Nachnutzung von Flächen, die bereits für die Stromerzeugung aus Windenergieanlagen auf See genutzt werden oder worden sind, vorsehen, dass für die Nachnutzung durch einen Dritten

1. die Windenergieanlagen auf See und die zugehörigen Einrichtungen an diesen ohne Anspruch auf eine Gegenleistung übereignet und herausgegeben werden müssen und
2. bestimmte Informationen und Unterlagen, die bei der Errichtung und dem Betrieb der Einrichtungen erhoben worden sind, an diesen ohne Anspruch auf eine Gegenleistung übereignet und herausgegeben werden müssen.

(2) [1] Der Vorhabenträger muss gegenüber der Planfeststellungsbehörde frei von Bedingungen, Befristungen oder sonstigen Nebenbestimmung schriftlich erklären, dass er für die Zeit, nachdem der Planfeststellungsbeschluss oder die Plangenehmigung unwirksam werden, in den Fällen des Absatzes 1 Nummer 1 die Windenergieanlage auf See und die zugehörigen Anlagen und in den Fällen des Absatzes 1 Nummer 2 die Informationen und Unterlagen jeweils ohne Anspruch auf eine Gegenleistung übereignen und herausgeben wird. [2] Sofern ein Dritter Eigentümer oder Besitzer der Windenergieanlagen auf See oder der zugehörigen Einrichtungen ist oder wird, muss dieser eine Verpflichtungserklärung nach Satz 1 abgeben; im Fall des nachträglichen Erwerbs muss die

Erklärung unverzüglich nach Eigentums- oder Besitzerwerb abgegeben werden. [3] § 41 Absatz 3 ist entsprechend anzuwenden.

§ 67 Nutzung von Unterlagen. (1) Die Planfeststellungsbehörde kann im Fall der Unwirksamkeit von Planfeststellungsbeschlüssen nach § 64 Absatz 1 Satz 1 Nummer 1, der Beendigung von Planfeststellungsverfahren oder Plangenehmigungsverfahren nach § 64 Absatz 1 Satz 1 Nummer 1 oder der Aufhebung von Planfeststellungsbeschlüssen oder Plangenehmigungen nach § 48 Absatz 5 sämtliche im Rahmen des Verfahrens vom Vorhabenträger eingereichten Unterlagen zur Aktualisierung und Ergänzung der Unterlagen nach § 10 Absatz 1 verwenden und im Fall eines weiteren Planfeststellungsverfahrens auf der betreffenden Fläche einem neuen Vorhabenträger zur Verfügung stellen.

(2) Die Planfeststellungsbehörde muss die nach Absatz 1 aktualisierten und ergänzten Unterlagen der Bundesnetzagentur zur Durchführung der Ausschreibung auf der betreffenden Fläche nach § 16 übermitteln.

(3) Die Absätze 1 und 2 sind nicht anzuwenden, soweit in den Unterlagen Betriebs- und Geschäftsgeheimnisse des Vorhabenträgers enthalten sind.

Teil 5. Besondere Bestimmungen für Pilotwindenergieanlagen auf See

§ 68 Feststellung einer Pilotwindenergieanlage auf See. [1] Die Bundesnetzagentur stellt im Einvernehmen mit dem Bundesamt für Seeschifffahrt und Hydrographie auf Antrag fest, ob es sich bei einer Windenergieanlage auf See in der ausschließlichen Wirtschaftszone und im Küstenmeer um eine Pilotwindenergieanlage auf See nach § 3 Nummer 6 handelt. [2] Mit dem Antrag müssen geeignete Unterlagen eingereicht werden, die belegen, dass

1. es sich um eine der ersten drei Anlagen eines Typs einer Windenergieanlage auf See handelt und
2. die Windenergieanlage auf See eine wesentliche, weit über den Stand der Technik hinausgehende Innovation darstellt.

§ 69 Zahlungsanspruch für Strom aus Pilotwindenergieanlagen auf See. (1) Für Strom aus Pilotwindenergieanlagen auf See in der ausschließlichen Wirtschaftszone und im Küstenmeer besteht nach Maßgabe der Absätze 3 und 4 ein Anspruch auf Zahlung nach § 19 Absatz 1 des Erneuerbare-Energien-Gesetzes[1)].

(2) Der anzulegende Wert für Pilotwindenergieanlagen auf See nach Absatz 1 entspricht

1. für Pilotwindenergieanlagen auf See, die nach dem 31. Dezember 2020 und vor dem 1. Januar 2026 in Betrieb genommen werden, dem Höchstwert nach § 33 und
2. für Pilotwindenergieanlagen auf See, die ab dem 1. Januar 2026 in Betrieb genommen werden, dem Höchstwert nach § 22.

---

1) Nr. **37**.

(3) [1] Wenn in einem Kalenderjahr Pilotwindenergieanlagen auf See mit einer installierten Leistung von insgesamt mehr als 50 Megawatt in Betrieb genommen wurden und dies an das Register nach § 3 Nummer 39 des Erneuerbare-Energien-Gesetzes[1)] gemeldet worden ist, kann der Anspruch auf die Zahlung nach § 19 Absatz 1 des Erneuerbare-Energien-Gesetzes für alle Pilotwindenergieanlagen auf See, deren Inbetriebnahme später dem Register gemeldet wird, in diesem Kalenderjahr nicht geltend gemacht werden. [2] Die Bundesnetzagentur informiert hierüber die Anlagenbetreiber und die Betreiber von Übertragungsnetzen, an deren Netz die Anlagen angeschlossen sind.

(4) [1] Die Betreiber der Windenergieanlagen auf See, für deren Strom der Anspruch nach Absatz 3 entfällt, können ihren Anspruch vorrangig und in der zeitlichen Reihenfolge ihrer Meldung an das Register nach § 3 Nummer 39 des Erneuerbare-Energien-Gesetzes[1)] ab dem folgenden Kalenderjahr geltend machen, solange die Grenze der installierten Leistung von 50 Megawatt nicht überschritten wird. [2] Der Anspruch nach § 19 Absatz 1 des Erneuerbare-Energien-Gesetzes beginnt in diesem Fall abweichend von § 25 Satz 3 des Erneuerbare-Energien-Gesetzes erst, wenn der Anlagenbetreiber den Anspruch geltend machen darf.

(5) [1] Der Nachweis, dass eine Anlage eine Pilotwindenergieanlage nach § 3 Nummer 6 ist, ist vom Anlagenbetreiber durch eine Bescheinigung der Bundesnetzagentur zu führen. [2] Die Bundesnetzagentur kann die Bescheinigung auf Antrag des Anlagenbetreibers ausstellen, wenn der Antragsteller geeignete Unterlagen einreicht, die nachweisen, dass es sich bei einer Windenergieanlage auf See in der ausschließlichen Wirtschaftszone oder im Küstenmeer um eine Pilotwindenergieanlage handelt.

§ 70 Netzanbindungskapazität; Zulassung, Errichtung, Betrieb und Beseitigung. (1) Zur Anbindung einer Pilotwindenergieanlage auf See kann der Betreiber die zugewiesene Netzanbindungskapazität nutzen, die er

1. aufgrund eines Zuschlags nach § 23 oder nach § 34 auf einer nach dem Flächenentwicklungsplan vorgesehenen Offshore-Anbindungsleitung oder auf einer Offshore-Anbindungsleitung nach § 31 Absatz 1 Satz 1 Nummer 3 hat,
2. aufgrund einer unbedingten Netzanbindungszusage nach § 118 Absatz 12 des Energiewirtschaftsgesetzes[2)] oder einer Zuweisung nach § 17d Absatz 3 Satz 1 des Energiewirtschaftsgesetzes in der vor dem 1. Januar 2017 geltenden Fassung auf einer vorhandenen Offshore-Anbindungsleitung hat, oder
3. aufgrund einer Zuweisung nach Absatz 2 auf einer Offshore-Anbindungsleitung oder nach Maßgabe einer Festlegung nach Absatz 2 Satz 4 Nummer 2 auf einer Testfeld-Anbindungsleitung hat.

(2) [1] Auf Antrag, der zusammen mit dem Antrag auf Feststellung einer Pilotwindenergieanlage auf See nach § 68 gestellt werden muss, weist die Bundesnetzagentur im Benehmen mit dem Bundesamt für Seeschifffahrt und Hydrographie dem Betreiber für eine Pilotwindenergieanlage auf See durch Bescheid Netzanbindungskapazität zu

[1)] Nr. 37
[2)] Nr. 1.

1. auf einer Offshore-Anbindungsleitung, die im Flächenentwicklungsplan nach § 5 Absatz 2 Satz 1 Nummer 2 als verfügbar ausgewiesen ist, oder
2. auf einer Testfeld-Anbindungsleitung nach Maßgabe einer Festlegung nach Satz 4 Nummer 2; die Bundesnetzagentur weist die Kapazität nur zu, wenn für die Pilotwindenergieanlage auf See noch keine sonstige nach Bundes- oder Landesrecht erforderliche Genehmigung erteilt wurde.

[2] Später gestellte Anträge von anderen Betreibern von Pilotwindenergieanlagen auf See auf Zuweisung derselben Netzanbindungskapazität sind mit der Zuweisung nach Satz 1 Nummer 1 abzulehnen. [3] Die Zuweisung erfolgt im Fall des Satzes 1 Nummer 1 höchstens in dem Umfang, der im Flächenentwicklungsplan als verfügbar ausgewiesen ist. [4] Die Bundesnetzagentur kann

1. die Zuweisung von Netzanbindungskapazität für Pilotwindenergieanlagen auf See mit Nebenbestimmungen nach § 36 des Verwaltungsverfahrensgesetzes versehen, oder
2. durch Festlegung nach § 29 Absatz 1 des Energiewirtschaftsgesetzes[1)] nähere Bestimmungen zum Verfahren zur Zuweisung treffen; dies schließt insbesondere Festlegungen zur Art und Ausgestaltung des Zuweisungsverfahrens und zu den Mindestvoraussetzungen für die Zuweisung von Netzanbindungskapazitäten für Pilotwindenergieanlagen auf See ein; für die Verfahren zur Zuweisung von Kapazität auf Testfeld-Anbindungsleitungen kann die Festlegung Kriterien zur Standortvergabe auf dem Testfeld berücksichtigen.

(3) [1] § 48 Absatz 4 Satz 2 und Absatz 6 ist für Pilotwindenergieanlagen auf See in der ausschließlichen Wirtschaftszone mit der Maßgabe anzuwenden, dass auch ohne Vorliegen eines Zuschlags der Plan festgestellt oder die Plangenehmigung erteilt werden darf, wenn der Vorhabenträger für die Pilotwindenergieanlagen auf See über Netzanbindungskapazität nach Absatz 1 Nummer 2 oder Nummer 3 verfügt. [2] Im Übrigen ist Teil 4 mit Ausnahme von Abschnitt 2 Unterabschnitt 2 auf Pilotwindenergieanlagen auf See in der ausschließlichen Wirtschaftszone entsprechend anzuwenden.

Teil 6. Sonstige Bestimmungen

§ 71 Verordnungsermächtigung. Das Bundesministerium für Wirtschaft und Energie wird ermächtigt, durch Rechtsverordnung ohne Zustimmung des Bundesrats – im Fall der Nummer 4 im Einvernehmen mit dem Bundesministerium für Verkehr und digitale Infrastruktur – zu regeln

1. im Bereich der Voruntersuchung von Flächen nach Teil 2 Abschnitt 2
   a) weitere Untersuchungsgegenstände der Voruntersuchung über die in § 10 Absatz 1 genannten hinaus zur Bereitstellung von Informationen, die zu einer wettbewerblichen Ermittlung der Marktprämie nach § 22 des Erneuerbare-Energien-Gesetzes[2)] beitragen,
   b) nähere Anforderungen an den Umfang der in § 10 Absatz 1 genannten Untersuchungsgegenstände, insbesondere solche, die sich aus aktualisierten technischen Standards der Untersuchungen ergeben,

---

1) Nr. **1**.
2) Nr. **37**.

c) ergänzende Festlegungen zu § 10 Absatz 1 Satz 3, wann eine Einhaltung des Standes von Wissenschaft und Technik vermutet wird, wenn neue technische Standards zu den genannten Untersuchungen vorliegen,

d) Kriterien, die bei der Bestimmung der zu installierenden Leistung nach § 10 Absatz 3 und der Eignungsprüfung nach § 10 Absatz 2 zusätzlich zu berücksichtigen sind, und

e) einzelne Verfahrensschritte der Voruntersuchung nach § 12,

2. im Bereich der Ausschreibungen für voruntersuchte Flächen nach den §§ 16 bis 25

a) weitere Voraussetzungen zur Teilnahme an den Ausschreibungen; dies sind insbesondere

aa) Mindestanforderungen an die Eignung der Teilnehmer,

bb) von § 31 des Erneuerbare-Energien-Gesetzes[1] abweichende oder dessen Bestimmungen ergänzende Anforderungen zu der Art, der Form und dem Inhalt von Sicherheiten und zu den entsprechenden Bestimmungen zur teilweisen oder vollständigen Zurückzahlung dieser Sicherheiten,

cc) die Festlegung, wie Teilnehmer an den Ausschreibungen die Einhaltung der Anforderungen nach den Doppelbuchstaben aa und bb nachweisen müssen,

b) die Festlegung von Mindestgebotswerten,

c) eine von § 23 abweichende Preisbildung und den Ablauf der Ausschreibungen,

d) die Art, die Form, das Verfahren, den Inhalt der Zuschlagserteilung, die Kriterien für die Zuschlagserteilung und die Bestimmung des Zuschlagswerts, und

3. zur Sicherstellung der Errichtung der Windenergieanlagen auf See

a) eine Änderung der Fristen nach § 59 oder ergänzende Fristen, insbesondere wenn die Zeitabläufe des Planfeststellungsverfahrens sich tatsächlich anders entwickeln oder sich aus der technischen Entwicklung eine wesentliche Änderung der zugrunde liegenden Bauzeiten für die Windenergieanlagen auf See oder die Offshore-Anbindungsleitungen ergibt,

b) von § 60 Absatz 3 abweichende oder diesen ergänzende Bestimmungen zu den Voraussetzungen eines Widerrufs des Zuschlags entsprechend einer Änderung oder Ergänzung von Fristen nach Buchstabe a, und

c) Anpassungen der Höhe von Pönalen nach § 60 Absatz 1 und 2 entsprechend einer Änderung oder Ergänzung von Fristen nach Buchstabe a, und

4. der Hilfe welcher anderen Behörden sich die für die Voruntersuchung zuständige Stelle bei der Erfüllung ihrer Aufgaben im Bereich der Voruntersuchung von Flächen nach Teil 2 Abschnitt 2 und das Bundesamt für Seeschifffahrt und Hydrographie bei der Erfüllung seiner Aufgaben im Bereich der Zulassung von Einrichtungen nach den §§ 45 bis 54 bedienen darf.

---

[1] Nr. **37**.

§ 72 Rechtsschutz bei Ausschreibungen für bestehende Projekte.

Nach Durchführung eines Zuschlagsverfahrens nach § 34 ist für gerichtliche Rechtsbehelfe § 83a des Erneuerbare-Energien-Gesetzes[1] entsprechend anzuwenden.

§ 73 Bekanntmachungen und Unterrichtungen. Die nach diesem Gesetz erforderlichen Bekanntmachungen und Unterrichtungen müssen in folgenden Medien vorgenommen werden:

1. vom Bundesamt für Seeschifffahrt und Hydrographie auf seiner Internetseite sowie in den Nachrichten für Seefahrer (Amtliche Veröffentlichung für die Seeschifffahrt des Bundesamtes für Seeschifffahrt und Hydrographie),
2. von der Bundesnetzagentur auf ihrer Internetseite,
3. in den nach Landesrecht bestimmten Medien, soweit eine Landesbehörde die Voruntersuchung nach den §§ 9 bis 12 wahrnimmt.

§ 74 Verwaltungsvollstreckung. Für die Durchsetzung der im Planfeststellungsbeschluss oder in der Plangenehmigung nach § 48 getroffenen Regelungen sind die Bestimmungen des zweiten Abschnitts des Verwaltungsvollstreckungsgesetzes mit der Maßgabe anzuwenden, dass ein Zwangsgeld in Höhe bis zu 500 000 Euro angeordnet werden kann.

§ 75 Bußgeldvorschriften. (1) Ordnungswidrig handelt, wer vorsätzlich oder fahrlässig

1. ohne Planfeststellungsbeschluss oder ohne Plangenehmigung nach § 45 Absatz 1 eine Einrichtung errichtet, betreibt oder ändert oder
2. einer vollziehbaren Anordnung nach § 57 Absatz 3 Satz 1 oder Absatz 4 Satz 2 zuwiderhandelt.

(2) [1] Die Ordnungswidrigkeit kann mit einer Geldbuße bis zu fünfzigtausend Euro geahndet werden. [2] § 30 Absatz 2 Satz 3 des Gesetzes über Ordnungswidrigkeiten ist anzuwenden.

(3) Verwaltungsbehörde im Sinn des § 36 Absatz 1 Nummer 1 des Gesetzes über Ordnungswidrigkeiten ist das Bundesamt für Seeschifffahrt und Hydrographie.

§ 76 Gebühren und Auslagen. Die Gebührenerhebung für individuell zurechenbare öffentliche Leistungen nach diesem Gesetz und den auf diesem Gesetz beruhenden Rechtsverordnungen erfolgt aufgrund von Besonderen Gebührenverordnungen nach § 22 Absatz 4 des Bundesgebührengesetzes, die für Ausschreibungen nach Teil 3 dieses Gesetzes sowie für Feststellungen einer Pilotwindenergieanlage auf See nach Teil 5 dieses Gesetzes vom Bundesministerium für Wirtschaft und Energie und für Zulassungen nach Teil 4 Abschnitt 1 dieses Gesetzes vom Bundesministerium für Verkehr und digitale Infrastruktur erlassen werden.

§ 77 Übergangsbestimmungen. (1) [1] Auf Einrichtungen im Sinn des § 44 Absatz 1, die

---

[1] Nr. **37**.

1. nach den Bestimmungen der Seeanlagenverordnung vom 23. Januar 1997 (BGBl. I S. 57), die zuletzt durch Artikel 55 der Verordnung vom 2. Juni 2016 (BGBl. I S. 1257) geändert worden ist, errichtet und vor dem 1. Januar 2017 in Betrieb genommen worden sind oder
2. bis zum Ablauf des 31. Dezember 2020 in Betrieb genommen werden sollen und im Fall von Windenergieanlagen auf See über eine unbedingte Netzanbindungszusage nach § 118 Absatz 12 des Energiewirtschaftsgesetzes[1] oder über eine Zuweisung von Anschlusskapazität nach § 17d Absatz 3 Satz 1 des Energiewirtschaftsgesetzes in der vor dem 1. Januar 2017 geltenden Fassung verfügen,

sind die bisherigen Bestimmungen der Seeanlagenverordnung so lange weiter anzuwenden, bis wegen einer wesentlichen Änderung der Einrichtung ein Antrag auf Planfeststellung gestellt wird. [2] Für das auf diesen Antrag folgende Planänderungsverfahren ist Teil 4, mit Ausnahme des § 46 und des Abschnitts 2 Unterabschnitt 2, anzuwenden. [3] Ab Antragstellung sind für das gesamte Vorhaben die §§ 74 bis 76 anzuwenden. [4] Soweit die bisherigen Bestimmungen der Seeanlagenverordnung nach Satz 1 weiter anzuwenden sind, ist auch § 48 Absatz 1 Satz 1 Nummer 4 der Verwaltungsgerichtsordnung in der bis zum 31. Dezember 2016 geltenden Fassung weiter anzuwenden.

(2) Eine nach § 10 der Seeanlagenverordnung in der vor dem 1. Januar 2017 geltenden Fassung festgelegte Veränderungssperre gilt nicht für Anlagen, bei denen die öffentliche Bekanntmachung nach § 2a der Seeanlagenverordnung in der vor dem 31. Januar 2012 geltenden Fassung vor dem 31. Januar 2012 erfolgt ist.

(3) [1] Hat die Bundesnetzagentur vor dem 29. Dezember 2016 eine Ausschreibung für bestehende Projekte nach § 29 des Windenergie-auf-See-Gesetzes vom *23. Oktober 2016*[2] bekannt gemacht, endet dieses Ausschreibungsverfahren zum 29. Dezember 2016, ohne dass Zuschläge erteilt werden. [2] Die Bundesnetzagentur macht die Beendigung des Verfahrens nach § 73 Nummer 1 bekannt.

§ 78 Wahrnehmung von Aufgaben durch die Bundesnetzagentur.

(1) Für die Wahrnehmung der Aufgaben der Bundesnetzagentur nach diesem Gesetz und den aufgrund dieses Gesetzes ergangenen Rechtsverordnungen sind die Bestimmungen des Teils 8 des Energiewirtschaftsgesetzes[1] mit Ausnahme des § 69 Absatz 1 Satz 2 und Absatz 10, des § 71a, des § 91 und der §§ 95 bis 101 sowie des Abschnitts 6 entsprechend anzuwenden.

(2) Die Entscheidungen der Bundesnetzagentur nach diesem Gesetz werden von den Beschlusskammern getroffen.

§ 79 Fachaufsicht über das Bundesamt für Seeschifffahrt und Hydrographie. [1] Die Rechts- und Fachaufsicht über das Bundesamt für Seeschifffahrt und Hydrographie für die Aufgaben nach diesem Gesetz obliegt

1. dem Bundesministerium für Wirtschaft und Energie, soweit die Wahrnehmung folgender Aufgaben betroffen ist:

---

[1] Nr. 1.
[2] Richtig wohl: „13. Oktober 2016".

a) nach den §§ 4 bis 8,
b) nach den §§ 9 bis 12, soweit das Bundesamt für Seeschifffahrt und Hydrographie die Voruntersuchung wahrnimmt, und
c) nach den §§ 45 bis 58 in Bezug auf Anlagen zur Übertragung von Strom aus Windenergie auf See und

2. im Übrigen dem Bundesministerium für Verkehr und digitale Infrastruktur.

[2] Diese Aufgaben der Rechts- und Fachaufsicht sind im Benehmen mit dem jeweils anderen Bundesministerium wahrzunehmen.

Anlage
(zu § 58 Absatz 3)

Anforderungen an Sicherheitsleistungen

1. Die Planfeststellungsbehörde entscheidet über Art, Umfang und Höhe der Sicherheit. Der Inhaber des Planfeststellungsbeschlusses oder der Plangenehmigung oder der Betreiber der Anlage leistet vor Beginn der Errichtung der Anlage die im Planfeststellungsbeschluss oder in der Plangenehmigung geregelte Sicherheit und weist dies gegenüber dem Bundesamt für Seeschifffahrt und Hydrographie nach.
2. Die Art der Sicherheit ist so zu wählen, dass der Sicherungszweck stets gewährleistet ist. Dies gilt insbesondere für den Fall des Übergangs des Planfeststellungsbeschlusses oder der Plangenehmigung auf einen anderen Inhaber und, soweit der Inhaber des Planfeststellungsbeschlusses oder der Plangenehmigung oder der Betreiber der Anlage eine juristische Person ist, für den Fall der Vornahme von Änderungen an dieser juristischen Person.
3. Die Planfeststellungsbehörde kann zu Art und Umfang der Sicherheit und zu deren Überprüfung Gutachten bei Dritten in Auftrag geben. Die Kosten hierfür trägt der Genehmigungsinhaber.
4. Anstelle der in § 232 des Bürgerlichen Gesetzbuchs bestimmten Sicherheitsleistungen können insbesondere die Beibringung einer Konzernbürgschaft, einer Garantie oder eines sonstigen Zahlungsversprechens eines Kreditinstitutes als gleichwertige Sicherheit verlangt oder zugelassen werden. Betriebliche Rückstellungen können zugelassen werden, soweit sie insolvenzsicher sind und bei Eintritt des Sicherungsfalls uneingeschränkt für den Sicherungszweck zur Verfügung stehen.
5. Der Umfang und die Höhe der Sicherheitsleistung sind so zu bemessen, dass ausreichende Mittel für den Rückbau der Anlage nach Maßgabe des Planfeststellungsbeschlusses oder der Plangenehmigung zur Verfügung stehen.
6. Die finanzielle Sicherheit ist mindestens alle vier Jahre von der Planfeststellungsbehörde mit dem Ziel der Erhaltung des realen Wertes der Sicherheit zu überprüfen; sie ist anzupassen, wenn sich das Verhältnis zwischen Sicherheit und angestrebtem Sicherungszweck erheblich geändert hat. Im Laufe der Betriebsphase gebildete Rücklagen sollen bei der Höhe der erforderlichen Sicherheit angerechnet werden, soweit sie in der zur Sicherung des Sicherungszweckes erforderlichen Höhe der Verfügungsbefugnis des Inhabers des Planfeststellungsbeschlusses oder der Plangenehmigung oder des Betreibers der Anlage entzogen sind. Ergibt die Überprüfung nach Satz 1, dass die Sicherheit zu erhöhen ist, kann die Planfeststellungsbehörde dem Unternehmer für die Stellung der erhöhten Sicherheit eine Frist von längstens sechs Monaten setzen. Ergibt die Überprüfung nach Satz 1, dass die Sicherheit zu verringern ist, hat die Planfeststellungsbehörde die nicht mehr erforderliche Sicherheit unverzüglich freizugeben.

48. Stromsteuergesetz (StromStG)[1)]

Vom 24. März 1999

(BGBl. I S. 378)

FNA 612-30

zuletzt geänd. durch Art. 1 G zur Neuregelung von Stromsteuerbefreiungen sowie zur Änd. energiesteuerrechtlicher Vorschriften v. 22.6.2019 (BGBl. I S. 856 iVm Bek. v. 1.7.2019, BGBl. I S. 908)

§ 1 Steuergegenstand, Steuergebiet. (1) [1] Elektrischer Strom (Strom) der Position 2716 der Kombinierten Nomenklatur unterliegt im Steuergebiet der Stromsteuer. [2] Steuergebiet ist das Gebiet der Bundesrepublik Deutschland ohne das Gebiet von Büsingen und ohne die Insel Helgoland. [3] Die Stromsteuer ist eine Verbrauchsteuer im Sinne der Abgabenordnung.

(2) Kombinierte Nomenklatur im Sinne dieses Gesetzes ist die Warennomenklatur nach Artikel 1 der Verordnung (EWG) Nr. 2658/87 des Rates vom 23. Juli 1987 über die zolltarifliche und statistische Nomenklatur sowie den Gemeinsamen Zolltarif (ABl. EG Nr. L 256 S. 1, Nr. L 341 S. 38, Nr. L 378 S. 120, 1988 Nr. L 130 S. 42) in der am 1. Januar 2002 geltenden Fassung.

§ 2 Begriffsbestimmungen. Im Sinne dieses Gesetzes ist oder sind

1. Versorger: Derjenige, der Strom leistet;
2. Eigenerzeuger: derjenige, der Strom zum Selbstverbrauch erzeugt;

2a. Klassifikation der Wirtschaftszweige: die vom Statistischen Bundesamt in 65189 Wiesbaden, Gustav-Stresemann-Ring 11, herausgegebene Klassifikation der Wirtschaftszweige, Ausgabe 2003 (WZ 2003), auch zu beziehen über www.destatis.de;

3. Unternehmen des Produzierenden Gewerbes: Unternehmen, die dem Abschnitt C (Bergbau und Gewinnung von Steinen und Erden), D (Verarbeitendes Gewerbe), E (Energie- und Wasserversorgung) oder F (Baugewerbe) der Klassifikation der Wirtschaftszweige zuzuordnen sind, sowie die anerkannten Werkstätten für behinderte Menschen im Sinne des § 219 des Neunten Buches Sozialgesetzbuch, wenn sie überwiegend eine wirtschaftliche Tätigkeit ausüben, die den vorgenannten Abschnitten der Klassifikation der Wirtschaftszweige zuzuordnen ist;
4. Unternehmen im Sinne der Nummer 3: Kleinste rechtlich selbständige Einheit sowie kommunale Eigenbetriebe, die auf Grundlage der Eigenbetriebsgesetze oder Eigenbetriebsverordnungen der Länder geführt werden;
5. Unternehmen der Land- und Forstwirtschaft: Unternehmen, die dem Abschnitt A (Land- und Forstwirtschaft) oder der Klasse 05.02 (Teichwirtschaft und Fischzucht) der Klassifikation der Wirtschaftszweige zuzuordnen sind, sowie die anerkannten Werkstätten für behinderte Menschen im Sinne des § 219 des Neunten Buches Sozialgesetzbuch, wenn sie überwiegend

---

[1)] Verkündet als Art. 1 G zum Einstieg in die ökologische Steuerreform v. 24.3.1999 (BGBl. I S. 378); Inkrafttreten gem. Art. 3 Satz 2 dieses G am 1.4.1999 mit Ausnahme von § 11, der gem. Art. 3 Satz 1 am 30.3.1999 in Kraft getreten ist.

eine wirtschaftliche Tätigkeit ausüben, die dem Abschnitt A oder der Klasse 05.02 der Klassifikation der Wirtschaftszweige zuzuordnen ist;

6. Unternehmen im Sinne der Nummer 5: Wirtschaftliche, finanzielle und rechtliche Einheit, die unter einheitlicher und selbständiger Führung steht;
7. Strom aus erneuerbaren Energieträgern: Strom, der ausschließlich aus Wasserkraft, Windkraft, Sonnenenergie, Erdwärme, Deponiegas, Klärgas oder aus Biomasse erzeugt wird, ausgenommen Strom aus Wasserkraftwerken mit einer installierten Generatorleistung über zehn Megawatt;
8. Elektromobilität: das Nutzen elektrisch betriebener Fahrzeuge, ausgenommen schienen- oder leitungsgebundener Fahrzeuge;
9. stationärer Batteriespeicher: ein wiederaufladbarer Speicher für Strom auf elektrochemischer Basis, der während des Betriebs ausschließlich an seinem geografischen Standort verbleibt, dauerhaft mit dem Versorgungsnetz verbunden und nicht Teil eines Fahrzeuges ist. Der geografische Standort ist ein durch geografische Koordinaten bestimmter Punkt;
10. hocheffiziente KWK-Anlagen: ortsfeste Anlagen zur gekoppelten Erzeugung von Kraft und Wärme, die die Voraussetzungen nach § 53a Absatz 6 Satz 4 und 5 des Energiesteuergesetzes[1)] erfüllen;
11. Netz der allgemeinen Versorgung mit Strom: ein Netz, das der Verteilung von Strom an Dritte dient und von seiner Dimensionierung nicht von vornherein nur auf die Versorgung bestimmter, schon bei der Netzerrichtung feststehender oder bestimmbarer Personen ausgelegt ist, sondern grundsätzlich jedermann für die Versorgung offensteht.

§ 2a Staatliche Beihilfen. (1) [1]Die Inanspruchnahme oder die Beantragung einer Steuerbefreiung, Steuerermäßigung oder Steuerentlastung, die nach Absatz 3 als staatliche Beihilfe anzusehen ist, ist nicht zulässig, solange derjenige, der den Strom entnimmt, zu einer Rückzahlung von Beihilfen auf Grund eines früheren Beschlusses der Europäischen Kommission zur Feststellung der Unzulässigkeit einer Beihilfe und ihrer Unvereinbarkeit mit dem Binnenmarkt verpflichtet worden und dieser Rückforderungsanordnung nicht nachgekommen ist. [2]Im Falle einer Steuerbefreiung oder der Inanspruchnahme einer Steuerermäßigung hat der Verwender dem zuständigen Hauptzollamt unverzüglich mitzuteilen, wenn er einer Rückforderungsanordnung im Sinn des Satzes 1 nicht nachkommt. [3]Im Falle eines Antrages auf Steuerentlastung ist bei Antragstellung zu versichern, dass keine offenen Ansprüche nach Satz 1 bestehen.

(2) [1]Die Inanspruchnahme oder Beantragung einer Steuerbefreiung, Steuerermäßigung oder Steuerentlastung, die nach Absatz 3 als staatliche Beihilfe anzusehen ist, ist nicht zulässig für Unternehmen in Schwierigkeiten

1. im Sinn des Artikels 1 Absatz 4 Buchstabe c, des Artikels 2 Nummer 18 der Verordnung (EU) Nr. 651/2014 der Kommission vom 17. Juni 2014 zur Feststellung der Vereinbarkeit bestimmter Gruppen von Beihilfen mit dem Binnenmarkt in Anwendung der Artikel 107 und 108 des Vertrags über die Arbeitsweise der Europäischen Union (Allgemeine Gruppenfreistellungsver-

---

[1)] Nr. **50**.

ordnung; ABl. L 187 vom 26.6.2014, S. 1; L 283 vom 27.9.2014, S. 65), soweit diese Anwendung findet, oder

2. im Sinn der Leitlinien für staatliche Beihilfen zur Rettung und Umstrukturierung nichtfinanzieller Unternehmen in Schwierigkeiten (2014/C 249/01) (ABl. C 249 vom 31.7.2014, S. 1 ff.) in der jeweils geltenden Fassung, soweit die Allgemeine Gruppenfreistellungsverordnung keine Anwendung findet.

[2] Im Falle einer Steuerbefreiung oder Inanspruchnahme einer Steuerermäßigung hat das betreffende Unternehmen dem zuständigen Hauptzollamt unverzüglich mitzuteilen, wenn es sich im Sinn des Satzes 1 in wirtschaftlichen Schwierigkeiten befindet. [3] Im Falle eines Antrages auf Steuerentlastung ist bei Antragstellung zu versichern, dass kein Fall von Satz 1 vorliegt.

(3) Staatliche Beihilfen im Sinn des Artikels 107 des Vertrags über die Arbeitsweise der Europäischen Union[1)], die der Kommission anzuzeigen oder von ihr zu genehmigen sind, sind in diesem Gesetz § 9 Absatz 1 Nummer 1 und 3, Absatz 2 und 3 sowie die §§ 9b, 9c und 10.

§ 3 Steuertarif. Die Steuer beträgt 20,50 Euro für eine Megawattstunde.

§ 4 Erlaubnis. (1) [1] Wer als Versorger mit Sitz im Steuergebiet Strom leisten oder als Eigenerzeuger Strom zum Selbstverbrauch entnehmen oder als Letztverbraucher Strom aus einem Gebiet außerhalb des Steuergebiets beziehen will, bedarf der Erlaubnis. [2] Einer Erlaubnis als Eigenerzeuger bedarf es nicht, wenn der Eigenerzeuger Inhaber einer Erlaubnis als Versorger ist oder soweit der Eigenerzeuger Strom zum Selbstverbrauch entnimmt, der nach § 9 Abs. 1 Nr. 3 Buchstabe a, Nr. 4 oder Nr. 5 von der Steuer befreit ist.

(2) Die Erlaubnis wird auf Antrag unter Widerrufsvorbehalt Personen erteilt, gegen deren steuerliche Zuverlässigkeit keine Bedenken bestehen und die, soweit nach dem Handelsgesetzbuch oder der Abgabenordnung dazu verpflichtet, ordnungsmäßig kaufmännische Bücher führen und rechtzeitig Jahresabschlüsse aufstellen.

(3) Sind Anzeichen für eine Gefährdung der Steuer erkennbar, ist die Erlaubnis von einer Sicherheit bis zur Höhe des Steuerwerts der voraussichtlich im Jahresdurchschnitt während zweier Monate entstehenden Steuer abhängig.

(4) Die Erlaubnis ist zu widerrufen, wenn eine der Voraussetzungen nach Absatz 2 nicht mehr erfüllt ist oder eine angeforderte Sicherheit nicht geleistet wird.

§ 5 Entstehung der Steuer, Steuerschuldner. (1) [1] Die Steuer entsteht dadurch, daß vom im Steuergebiet ansässigen Versorger geleisteter Strom durch Letztverbraucher im Steuergebiet aus dem Versorgungsnetz entnommen wird, oder dadurch, daß der Versorger dem Versorgungsnetz Strom zum Selbstverbrauch entnimmt. [2] Bei Eigenerzeugern entsteht die Steuer vorbehaltlich Satz 1 mit der Entnahme von Strom zum Selbstverbrauch im Steuergebiet.

(1a) Die Steuer entsteht nicht, wenn

1. Strom nach diesem Gesetz von der Steuer befreit ist oder

---

1) Nr. 13.

2. die Voraussetzungen für eine der in § 11 Nummer 12 oder 14 genannten Steuerbefreiungen vorliegen.

(2) Steuerschuldner ist in den Fällen des Absatzes 1 Satz 1 der Versorger und im Falle des Absatzes 1 Satz 2 der Eigenerzeuger.

(3) [1] Strom gilt mit der Leistung an einen Versorger, der nicht Inhaber einer nach § 4 Abs. 1 erforderlichen Erlaubnis als Versorger ist, als durch einen Letztverbraucher im Steuergebiet aus dem Versorgungsnetz entnommen, wenn die Leistung des Stroms in der Annahme erfolgt, dass eine Steuer nach Absatz 1 Satz 1 entstanden sei. [2] Eine Steuerentstehung durch die tatsächliche Entnahme des Stroms aus dem Versorgungsnetz bleibt dadurch unberührt. [3] Dem Versorger ohne Erlaubnis wird die durch den an ihn leistenden Versorger entrichtete Steuer auf Antrag vergütet, soweit er nachweist, dass die durch die tatsächliche Entnahme des Stroms entstandene Steuer entrichtet worden ist, für den Strom keine Steuer entstanden ist oder der Strom steuerfrei entnommen worden ist.

(4) Stationäre Batteriespeicher, die dazu dienen, Strom vorübergehend zu speichern und anschließend in ein Versorgungsnetz für Strom einzuspeisen, gelten als Teile dieses Versorgungsnetzes.

§ 6 Widerrechtliche Entnahme von Strom. [1] Die Steuer entsteht auch dadurch, daß widerrechtlich Strom aus dem Versorgungsnetz entnommen wird. [2] Steuerschuldner ist, wer widerrechtlich Strom entnimmt.

§ 7 Leistung von Strom in das Steuergebiet. [1] Bezieht ein Letztverbraucher Strom aus einem Gebiet außerhalb des Steuergebiets, entsteht die Steuer dadurch, daß der Strom durch den Letztverbraucher im Steuergebiet aus dem Versorgungsnetz entnommen wird. [2] Steuerschuldner ist der Letztverbraucher.

§ 8 Steueranmeldung, Fälligkeit der Steuer. (1) Der Steuerschuldner hat für Strom, für den die Steuer nach § 5 Abs. 1 oder § 7 entstanden ist, vorbehaltlich Absatz 9 eine Steuererklärung abzugeben und darin die Steuer selbst zu berechnen (Steueranmeldung).

(2) [1] Der Steuerschuldner kann zwischen monatlicher und jährlicher Steueranmeldung wählen. [2] Das Wahlrecht kann nur für jeweils ein Kalenderjahr ausgeübt werden. [3] Es ist durch eine Erklärung auszuüben, die spätestens am 31. Dezember des Vorjahres beim Hauptzollamt eingegangen sein muß. [4] Wird die Erklärung nicht rechtzeitig abgegeben, ist die Steuer jährlich anzumelden und zu entrichten.

(3) Bei monatlicher Anmeldung ist die Steuer für jeden Kalendermonat (Veranlagungsmonat) bis zum 15. Kalendertag des folgenden Kalendermonats anzumelden und bis zum 25. Kalendertag dieses Kalendermonats an das Hauptzollamt zu entrichten.

(4) Bei jährlicher Anmeldung ist die Steuer für jedes Kalenderjahr (Veranlagungsjahr) bis zum 31. Mai des folgenden Kalenderjahres anzumelden und unter Anrechnung der geleisteten monatlichen Vorauszahlungen nach Absatz 7 bis zum 25. Juni dieses Kalenderjahres an das Hauptzollamt zu entrichten.

(4a) [1] Wird die Leistung von Strom oder die Entnahme von Strom zum Selbstverbrauch nach Ablesezeiträumen abgerechnet oder ermittelt, die mehrere Veranlagungsmonate oder mehrere Veranlagungsjahre betreffen, ist insoweit eine sachgerechte, von einem Dritten nachvollziehbare Schätzung zur Aufteilung der im gesamten Ablesezeitraum entnommenen Menge auf die betroffenen Veranlagungszeiträume zulässig. [2]Sofern Ablesezeiträume später enden als der jeweilige Veranlagungszeitraum, ist für diese Ablesezeiträume die voraussichtlich im Veranlagungszeitraum entnommene Menge zur Versteuerung anzumelden. [3]Nachdem ein solcher Ablesezeitraum beendet ist, hat der Steuerschuldner die nach Satz 2 angemeldete Menge und die darauf entfallende Steuer entsprechend Satz 1 zu berichtigen. [4]Die Berichtigung ist für den Veranlagungszeitraum vorzunehmen, in dem der Ablesezeitraum endet. [5]Die Steuer oder der Erstattungsanspruch für die Differenzmenge zwischen der angemeldeten und der berichtigten Menge gilt insoweit in dem Zeitpunkt als entstanden, in dem der Ablesezeitraum endet. [6]Die Sätze 1 bis 5 gelten für Steuerschuldner nach § 7 Satz 2 sinngemäß.

(5) [1]Scheidet ein Steuerschuldner während des Veranlagungsjahres aus der Steuerpflicht aus, ist die Höhe der zu entrichtenden Steuer bis zum Ablauf des fünften Kalendermonats, der dem Ende der Steuerpflicht folgt, anzumelden. [2]Ein sich unter Anrechnung der geleisteten monatlichen Vorauszahlungen nach Absatz 7 ergebender Restbetrag ist bis zum 25. Kalendertag des Folgemonats an das Hauptzollamt zu zahlen.

(6) [1]Bei jährlicher Anmeldung sind auf die Steuerschuld monatliche Vorauszahlungen zu leisten. [2]Die Höhe der monatlichen Vorauszahlungen wird durch das Hauptzollamt festgesetzt und beträgt ein Zwölftel der Steuer, die im vorletzten dem Veranlagungsjahr vorhergehenden Kalenderjahr entstanden ist. [3]Das Hauptzollamt kann die monatlichen Vorauszahlungen abweichend festsetzen, wenn die Summe der vom Steuerschuldner zu leistenden Vorauszahlungen erheblich von der zu erwartenden Jahressteuerschuld abweichen würde.

(7) Die Vorauszahlungen für den einzelnen Kalendermonat sind jeweils bis zum 25. Kalendertag des folgenden Kalendermonats an das Hauptzollamt zu entrichten.

(8) *(aufgehoben)*

(9) [1]Wird Strom

1. ohne Erlaubnis nach § 4 Absatz 1 oder steuerbegünstigt an einen Nichtberechtigten nach § 9 Absatz 8 geleistet,
2. ohne Erlaubnis nach § 4 Absatz 1 zum Selbstverbrauch entnommen,
3. widerrechtlich nach § 6 entnommen oder
4. zweckwidrig nach § 9 Absatz 6 entnommen,

hat der Steuerschuldner unverzüglich eine Steueranmeldung abzugeben. [2]Die Steuer ist sofort zu entrichten. [3]Die Sätze 1 und 2 gelten im Falle des § 9 Absatz 8 nur für den Nichtberechtigten.

(10) Für die nach § 5 oder § 7 entstehende Steuer kann das Hauptzollamt im Voraus Sicherheit verlangen, wenn Anzeichen für eine Gefährdung der Steuer erkennbar sind.

§ 9 Steuerbefreiungen, Steuerermäßigungen. (1) Von der Steuer ist befreit:

1. Strom, der in Anlagen mit einer elektrischen Nennleistung von mehr als zwei Megawatt aus erneuerbaren Energieträgern erzeugt und vom Betreiber der Anlage am Ort der Erzeugung zum Selbstverbrauch entnommen wird;
2. Strom, der zur Stromerzeugung entnommen wird;
3. Strom, der in Anlagen mit einer elektrischen Nennleistung von bis zu zwei Megawatt aus erneuerbaren Energieträgern oder in hocheffizienten KWK-Anlagen mit einer elektrischen Nennleistung von bis zu zwei Megawatt erzeugt wird und der
   a) vom Betreiber der Anlage als Eigenerzeuger im räumlichen Zusammenhang zu der Anlage zum Selbstverbrauch entnommen wird oder
   b) von demjenigen, der die Anlage betreibt oder betreiben lässt, an Letztverbraucher geleistet wird, die den Strom im räumlichen Zusammenhang zu der Anlage entnehmen;
4. Strom, der in Anlagen erzeugt wird, soweit diese der vorübergehenden Stromversorgung im Falle des Ausfalls oder der Störung der sonst üblichen Stromversorgung dienen (Notstromanlagen);
5. Strom, der auf Wasserfahrzeugen oder in Luftfahrzeugen erzeugt und eben dort verbraucht wird, sowie Strom, der in Schienenfahrzeugen im Schienenbahnverkehr erzeugt und zu begünstigten Zwecken nach Absatz 2 entnommen wird;
6. Strom, der in Anlagen mit einer elektrischen Nennleistung von bis zu zwei Megawatt erzeugt und am Ort der Erzeugung verwendet wird, sofern die Anlagen weder mittel- noch unmittelbar an das Netz der allgemeinen Versorgung mit Strom angeschlossen sind und zur Stromerzeugung nachweislich versteuerte Energieerzeugnisse eingesetzt werden.

(1a) [1] Strom ist nicht nach Absatz 1 Nummer 1 von der Steuer befreit, wenn er in ein Netz der allgemeinen Versorgung mit Strom eingespeist wird. [2] Ein Einspeisen liegt auch dann vor, wenn Strom lediglich kaufmännisch-bilanziell weitergegeben und infolge dessen als eingespeist behandelt wird.

(2) Strom unterliegt einem ermäßigten Steuersatz von 11,42 Euro für eine Megawattstunde, wenn er im Verkehr mit Oberleitungsomnibussen oder für den Fahrbetrieb im Schienenbahnverkehr, mit Ausnahme der betriebsinternen Werkverkehre und Bergbahnen, entnommen wird und nicht gemäß Absatz 1 von der Steuer befreit ist.

(2a) *(aufgehoben)*

(3) [1] Strom unterliegt einem ermäßigten Steuersatz von 0,50 Euro für eine Megawattstunde, wenn er im Fall einer landseitigen Stromversorgung von Wasserfahrzeugen für die Schifffahrt, mit Ausnahme der privaten nichtgewerblichen Schifffahrt, verbraucht wird. [2] Satz 1 gilt nicht für die landseitige Stromversorgung von Wasserfahrzeugen während ihres Aufenthaltes in einer Werft.

(4) [1] Der Erlaubnis bedarf, wer
1. nach Absatz 1 Nummer 1 bis 3 von der Steuer befreiten Strom entnehmen will,
2. nach Absatz 2 oder Absatz 3 begünstigten Strom entnehmen will oder
3. von der Steuer befreiten Strom nach Absatz 1 Nummer 3 Buchstabe b an Letztverbraucher leisten will.

[2]Die Erlaubnis wird auf Antrag unter Widerrufsvorbehalt Personen erteilt, gegen deren steuerliche Zuverlässigkeit keine Bedenken bestehen. [3]Sie ist zu widerrufen, wenn die Voraussetzung nach Satz 2 nicht mehr erfüllt ist.

(5) *(aufgehoben)*

(6) [1]Der Erlaubnisinhaber darf den steuerbegünstigt bezogenen Strom nur zu dem in der Erlaubnis genannten Zweck entnehmen. [2]Die Steuer entsteht für Strom, der zu anderen als in der Erlaubnis genannten Zwecken entnommen wird, nach dem Steuersatz des § 3. [3]Besteht die Steuerbegünstigung in einer Steuerermäßigung, gilt Satz 2 nur für den ermäßigten Teil der Steuer. [4]Steuerschuldner ist der Erlaubnisinhaber.

(7) *(aufgehoben)*

(8) [1]Wird Strom steuerbegünstigt an einen Nichtberechtigten geleistet, entsteht die Steuer auch in der Person des Nichtberechtigten. [2]Mehrere Steuerschuldner sind Gesamtschuldner.

(9) [1]Die Steuerbefreiungen nach Absatz 1 Nummer 1 und 3 und die Steuerermäßigungen nach den Absätzen 2 und 3 werden gewährt nach Maßgabe und bis zum Auslaufen der hierfür erforderlichen Freistellungsanzeigen bei der Europäischen Kommission nach der Verordnung (EU) Nr. 651/2014 der Kommission vom 17. Juni 2014 zur Feststellung der Vereinbarkeit bestimmter Gruppen von Beihilfen mit dem Binnenmarkt in Anwendung der Artikel 107 und 108 des Vertrags über die Arbeitsweise der Europäischen Union[1)] (Allgemeine Gruppenfreistellungsverordnung; ABl. L 187 vom 26.6.2014, S. 1; L 283 vom 27.9.2014, S. 65), die durch die Verordnung (EU) 2017/1084 (ABl. L 156 vom 20.6.2017, S. 1) geändert worden ist, in der jeweils geltenden Fassung. [2]Das Auslaufen der Freistellungsanzeigen ist vom Bundesministerium der Finanzen im Bundesgesetzblatt gesondert bekannt zu geben.

§ 9a Erlass, Erstattung oder Vergütung der Steuer für bestimmte Prozesse und Verfahren. (1) Auf Antrag wird die Steuer für nachweislich versteuerten Strom erlassen, erstattet oder vergütet, den ein Unternehmen des Produzierenden Gewerbes

1. für die Elektrolyse,
2. für die Herstellung von Glas und Glaswaren, keramischen Erzeugnissen, keramischen Wand- und Bodenfliesen und -platten, Ziegeln und sonstiger Baukeramik, Zement, Kalk und gebranntem Gips, Erzeugnissen aus Beton, Zement und Gips, keramisch gebundenen Schleifkörpern, mineralischen Isoliermaterialien und Erzeugnissen daraus, Katalysatorenträgern aus mineralischen Stoffen, Waren aus Asphalt und bituminösen Erzeugnissen, Waren aus Graphit oder anderen Kohlenstoffen, Erzeugnissen aus Porenbetonerzeugnissen zum Trocknen, Kalzinieren, Brennen, Schmelzen, Erwärmen, Warmhalten, Entspannen, Tempern oder Sintern der vorgenannten Erzeugnisse oder der zu ihrer Herstellung verwendeten Vorprodukte,
3. für die Metallerzeugung und -bearbeitung sowie im Rahmen der Herstellung von Metallerzeugnissen für die Herstellung von Schmiede-, Press-, Zieh- und Stanzteilen, gewalzten Ringen und pulvermetallurgischen Erzeugnissen und zur Oberflächenveredlung und Wärmebehandlung jeweils zum Schmel-

[1)] Nr. **13**.

zen, Erwärmen, Warmhalten, Entspannen oder sonstigen Wärmebehandlung oder

4. für chemische Reduktionsverfahren

entnommen hat.

(2) Erlass-, erstattungs- oder vergütungsberechtigt ist das Unternehmen des Produzierenden Gewerbes, das den Strom entnommen hat.

§ 9b Steuerentlastung für Unternehmen. (1) [1] Eine Steuerentlastung wird auf Antrag gewährt für nachweislich nach § 3 versteuerten Strom, den ein Unternehmen des Produzierenden Gewerbes oder ein Unternehmen der Land- und Forstwirtschaft für betriebliche Zwecke entnommen hat und der nicht von der Steuer befreit ist. [2] Die Steuerentlastung wird jedoch für die Entnahme von Strom zur Erzeugung von Licht, Wärme, Kälte, Druckluft und mechanischer Energie nur gewährt, soweit die vorgenannten Erzeugnisse nachweislich durch ein Unternehmen des Produzierenden Gewerbes oder ein Unternehmen der Land- und Forstwirtschaft genutzt worden sind. [3] Abweichend von Satz 2 wird die Steuerentlastung auch für Strom zur Erzeugung von Druckluft gewährt, soweit diese in Druckflaschen oder anderen Behältern abgegeben wird. [4] Die Steuerentlastung wird nicht für Strom gewährt, der für Elektromobilität verwendet wird.

(2) [1] Die Steuerentlastung beträgt 5,13 Euro für eine Megawattstunde. [2] Eine Steuerentlastung wird nur gewährt, soweit der Entlastungsbetrag nach Satz 1 im Kalenderjahr den Betrag von 250 Euro übersteigt.

(3) Entlastungsberechtigt ist derjenige, der den Strom entnommen hat.

(4) [1] Die Steuerentlastung wird gewährt nach Maßgabe und bis zum Auslaufen der hierfür erforderlichen Freistellungsanzeige bei der Europäischen Kommission nach der Verordnung (EU) Nr. 651/2014. [2] Das Auslaufen der Freistellungsanzeige ist vom Bundesministerium der Finanzen im Bundesgesetzblatt gesondert bekannt zu geben.

§ 9c Steuerentlastung für den Öffentlichen Personennahverkehr.

(1) [1] Eine Steuerentlastung wird auf Antrag gewährt für Strom, der nachweislich nach § 3 versteuert worden ist und der

1. in Kraftfahrzeugen im genehmigten Linienverkehr nach den §§ 42 und 43 des Personenbeförderungsgesetzes in der Fassung der Bekanntmachung vom 8. August 1990 (BGBl. I S. 1690), das zuletzt durch Artikel 5 des Gesetzes vom 29. August 2016 (BGBl. I S. 2082) geändert worden ist, in der jeweils geltenden Fassung, oder
2. in Kraftfahrzeugen in Verkehren nach § 1 Nummer 4 Buchstabe d, g und i der Freistellungs-Verordnung vom 30. August 1962 (BGBl. I S. 601), die zuletzt durch Artikel 1 der Verordnung vom 4. Mai 2012 (BGBl. I S. 1037) geändert worden ist, in der jeweils geltenden Fassung,

zum Antrieb des Kraftfahrzeuges verwendet worden ist, wenn in der Mehrzahl der Beförderungsfälle eines Verkehrsmittels die gesamte Reiseweite 50 Kilometer oder die gesamte Reisezeit eine Stunde nicht übersteigt. [2] Die Steuerentlastung nach Satz 1 wird nur für den Anteil an Strom gewährt, der im Steuergebiet nach § 1 Absatz 1 Satz 2 verwendet worden ist. [3] Die Steuerentlastung wird nicht gewährt, sofern der Strom bereits anderweitig von der

Stromsteuer befreit oder für betriebsinterne Werkverkehre verwendet worden ist.

(2) Die Steuerentlastung beträgt 9,08 Euro für eine Megawattstunde.

(3) Eine Steuerentlastung wird nur gewährt, wenn der Entlastungsbetrag nach Absatz 2 mindestens 50 Euro im Kalenderjahr beträgt.

(4) Entlastungsberechtigt ist derjenige, der den Strom verwendet hat.

(5) [1] Die Steuerentlastung wird gewährt nach Maßgabe und bis zum Auslaufen der hierfür erforderlichen Freistellungsanzeige bei der Europäischen Kommission nach der Verordnung (EU) Nr. 651/2014. [2] Das Auslaufen der Freistellungsanzeige ist vom Bundesministerium der Finanzen im Bundesgesetzblatt gesondert bekannt zu geben.

§ 10 Erlass, Erstattung oder Vergütung in Sonderfällen. (1) [1] Die Steuer für nachweislich versteuerten Strom, den ein Unternehmen des Produzierenden Gewerbes für betriebliche Zwecke, ausgenommen solche nach § 9 Absatz 2 oder Absatz 3, entnommen hat, wird auf Antrag nach Maßgabe der Absätze 2 bis 8 erlassen, erstattet oder vergütet, soweit die Steuer im Kalenderjahr den Betrag von 1 000 Euro übersteigt. [2] Eine nach § 9b mögliche Steuerentlastung wird dabei abgezogen. [3] Die Steuer für Strom, der zur Erzeugung von Licht, Wärme, Kälte, Druckluft und mechanischer Energie entnommen worden ist, wird jedoch nur erlassen, erstattet oder vergütet, soweit die vorgenannten Erzeugnisse nachweislich durch ein Unternehmen des Produzierenden Gewerbes genutzt worden sind. [4] Abweichend von Satz 3 wird die Steuer auch in dem in § 9b Absatz 1 Satz 3 genannten Fall erlassen, erstattet oder vergütet. [5] Erlass-, erstattungs- oder vergütungsberechtigt ist das Unternehmen des Produzierenden Gewerbes, das den Strom entnommen hat. [6] Die Steuerentlastung wird nicht für Strom gewährt, der für Elektromobilität verwendet wird.

(1a) *(aufgehoben)*

(2) [1] Erlassen, erstattet oder vergütet werden für ein Kalenderjahr 90 Prozent der Steuer, jedoch höchstens 90 Prozent des Betrags, um den die Steuer im Kalenderjahr den Unterschiedsbetrag übersteigt zwischen

1. dem Arbeitgeberanteil an den Rentenversicherungsbeiträgen, der sich für das Unternehmen errechnet, wenn in dem Kalenderjahr, für das der Antrag gestellt wird (Antragsjahr), der Beitragssatz in der allgemeinen Rentenversicherung 20,3 Prozent und in der knappschaftlichen Rentenversicherung 26,9 Prozent betragen hätte, und
2. dem Arbeitgeberanteil an den Rentenversicherungsbeiträgen, der sich für das Unternehmen errechnet, wenn im Antragsjahr der Beitragssatz in der allgemeinen Rentenversicherung 19,5 Prozent und in der knappschaftlichen Rentenversicherung 25,9 Prozent betragen hätte.

[2] Sind die Beitragssätze in der Rentenversicherung im Antragsjahr niedriger als die in Satz 1 Nr. 2 genannten Beitragssätze, so sind die niedrigeren Beitragssätze für die Berechnung des Arbeitgeberanteils nach Satz 1 Nr. 2 maßgebend.

(3) [1] Die Steuer wird nach den Absätzen 1 und 2 erlassen, erstattet oder vergütet, wenn

1. das Unternehmen für das Antragsjahr nachweist, dass es

a) ein Energiemanagementsystem betrieben hat, das den Anforderungen der DIN EN ISO 50001, Ausgabe Dezember 2011 oder Ausgabe Dezember 2018, entspricht, oder

b) eine registrierte Organisation nach Artikel 13 der Verordnung (EG) Nr. 1221/2009 des Europäischen Parlaments und des Rates vom 25. November 2009 über die freiwillige Teilnahme von Organisationen an einem Gemeinschaftssystem für Umweltmanagement und Umweltbetriebsprüfung und zur Aufhebung der Verordnung (EG) Nr. 761/2001, sowie der Beschlüsse der Kommission 2001/681/EG und 2006/193/EG (ABl. L 342 vom 22.12.2009, S. 1), die durch die Verordnung (EG) Nr. 517/2013 (ABl. L 158 vom 10.6.2013, S. 1) geändert worden ist, in der jeweils geltenden Fassung, ist, und

2. die Bundesregierung

a) festgestellt hat, dass mindestens der nach der Anlage zu § 10 für das Antragsjahr vorgesehene Zielwert für eine Reduzierung der Energieintensität erreicht wurde; die Feststellung erfolgt auf der Grundlage des Berichts, den ein unabhängiges wissenschaftliches Institut im Rahmen des Monitorings nach der Vereinbarung zwischen der Regierung der Bundesrepublik Deutschland und der deutschen Wirtschaft zur Steigerung der Energieeffizienz vom 1. August 2012 (BAnz AT 16.10.2012 B1) erstellt hat, sowie

b) die Feststellung nach Buchstabe a im Bundesgesetzblatt bekannt gemacht hat.[1)]

[2] Kleine und mittlere Unternehmen können anstelle der in Satz 1 Nummer 1 genannten Energie- und Umweltmanagementsysteme alternative Systeme zur Verbesserung der Energieeffizienz betreiben, die den Anforderungen der DIN EN 16247-1, Ausgabe Oktober 2012, entsprechen; kleine und mittlere Unternehmen sind solche im Sinn der Empfehlung 2003/361/EG der Kommission vom 6. Mai 2003 betreffend die Definition der Kleinstunternehmen sowie der kleinen und mittleren Unternehmen (ABl. L 124 vom 20.5.2003, S. 36) in der jeweils geltenden Fassung.

(4) [1] Abweichend von Absatz 3 wird die Steuer erlassen, erstattet oder vergütet

1. für die Antragsjahre 2013 und 2014, wenn das Unternehmen nachweist, dass es im Antragsjahr oder früher begonnen hat, ein Energiemanagementsystem nach Absatz 3 Satz 1 Nummer 1 Buchstabe a oder ein Umweltmanagementsystem nach Absatz 3 Satz 1 Nummer 1 Buchstabe b einzuführen,

2. für das Antragsjahr 2015, wenn

a) das Unternehmen nachweist, dass es im Antragsjahr oder früher die Einführung eines Energiemanagementsystems nach Absatz 3 Satz 1 Nummer 1 Buchstabe a abgeschlossen hat, oder wenn das Unternehmen nachweist, dass es im Jahr 2015 oder früher als Organisation nach Artikel 13 der Verordnung (EG) Nr. 1221/2009 registriert worden ist, und

b) die Voraussetzungen des Absatzes 3 Satz 1 Nummer 2 erfüllt sind.

[1)] Gem. Bek. v. 19.12.2018 (BGBl. I S. 2706) hat die Bundesregierung die erforderliche Feststellung getroffen, so dass die Steuerentlastungen nach § 10 StromStG für das Antragsjahr 2019 gewährt werden können.

[2] Für kleine und mittlere Unternehmen gilt Absatz 3 Satz 2 entsprechend.

(5) [1] Für Unternehmen, die nach dem 31. Dezember 2013 neu gegründet werden, gilt Absatz 4 mit der Maßgabe, dass

1. an die Stelle des Jahres 2013 das Kalenderjahr der Neugründung und an die Stelle der Jahre 2014 und 2015 die beiden auf die Neugründung folgenden Jahre treten sowie
2. ab dem Antragsjahr 2015 die Voraussetzungen des Absatzes 3 Satz 1 Nummer 2 erfüllt sind; Absatz 6 gilt entsprechend.

[2] Als Zeitpunkt der Neugründung gilt der Zeitpunkt der erstmaligen Betriebsaufnahme. [3] Neu gegründete Unternehmen sind nur solche, die nicht durch Umwandlung im Sinn des Umwandlungsgesetzes vom 28. Oktober 1994 (BGBl. I S. 3210; 1995 I S. 428), das zuletzt durch Artikel 2 Absatz 48 des Gesetzes vom 22. Dezember 2011 (BGBl. I S. 3044) geändert worden ist, in der jeweils geltenden Fassung entstanden sind.

(6) [1] Stellt die Bundesregierung fest, dass der nach der Anlage zu § 10 für das Antragsjahr vorgesehene Zielwert für eine Reduzierung der Energieintensität nicht erreicht wurde, erhalten die Unternehmen die Steuerentlastung abweichend von Absatz 3 Satz 1 Nummer 2 Buchstabe a

1. zu 60 Prozent, wenn die Bundesregierung festgestellt hat, dass der nach der Anlage zu § 10 vorgesehene Zielwert für eine Reduzierung der Energieintensität mindestens zu 92 Prozent erreicht wurde,
2. zu 80 Prozent, wenn die Bundesregierung festgestellt hat, dass der nach der Anlage zu § 10 vorgesehene Zielwert für eine Reduzierung der Energieintensität mindestens zu 96 Prozent erreicht wurde.

[2] Die Feststellung, ob die Voraussetzungen nach Satz 1 Nummer 1 oder Nummer 2 vorliegen, erfolgt im Rahmen der Bekanntmachung der Bundesregierung nach Absatz 3 Satz 1 Nummer 2 Buchstabe b.

(7) Der Nachweis nach Absatz 3 Satz 1 Nummer 1 Buchstabe a sowie nach Absatz 4 Satz 1 Nummer 1 und 2 Buchstabe a erste Alternative ist von den Unternehmen zu erbringen durch

1. Umweltgutachter oder Umweltgutachterorganisationen, die nach dem Umweltauditgesetz in der Fassung der Bekanntmachung vom 4. September 2002 (BGBl. I S. 3490), das zuletzt durch Artikel 1 des Gesetzes vom 6. Dezember 2011 (BGBl. I S. 2509) geändert worden ist, in der jeweils geltenden Fassung als Umweltgutachter tätig werden dürfen, in ihrem jeweiligen Zulassungsbereich, oder
2. Konformitätsbewertungsstellen, die von der nationalen Akkreditierungsstelle für die Zertifizierung von Energiemanagementsystemen nach der DIN EN ISO 50001 akkreditiert sind.

(8) [1] Der Erlass, die Erstattung oder die Vergütung wird gewährt nach Maßgabe und bis zum Auslaufen der hierfür erforderlichen Freistellungsanzeige bei der Europäischen Kommission nach der Verordnung (EU) Nr. 651/2014. [2] Das Auslaufen der Freistellungsanzeige ist vom Bundesministerium der Finanzen im Bundesgesetzblatt gesondert bekannt zu geben.

(9) DIN-, DIN EN- und DIN EN ISO-Normen, auf die in diesem Gesetz verwiesen wird, sind in der Beuth Verlag GmbH, Berlin, erschienen und bei der Nationalbibliothek archivmäßig gesichert niedergelegt.

§ 10a Datenaustausch. Informationen, einschließlich personenbezogener Daten sowie Betriebs- und Geschäftsgeheimnisse, die in einem Steuerverfahren bekannt geworden sind, können zwischen den Hauptzollämtern, den Übertragungsnetzbetreibern, der Bundesnetzagentur und dem Bundesamt für Wirtschaft und Ausfuhrkontrolle ausgetauscht werden, soweit diese Stellen die Informationen zur Erfüllung ihrer gesetzlichen Aufgaben aus dem Erneuerbare-Energien-Gesetz[1], aus dem Kraft-Wärme-Kopplungsgesetz[2], aus dem Energiewirtschaftsgesetz[3] oder aus einer auf Grund dieser Gesetze ergangenen Rechtsverordnung benötigen.

§ 11 Ermächtigungen. Das Bundesministerium der Finanzen wird ermächtigt, zur Durchführung dieses Gesetzes durch Rechtsverordnung[4]

1. die nach § 1 Abs. 2 anzuwendende Fassung der Kombinierten Nomenklatur neu zu bestimmen und den Wortlaut dieses Gesetzes sowie der Durchführungsverordnungen an die geänderte Nomenklatur anzupassen, soweit sich hieraus steuerliche Änderungen nicht ergeben;
2. zur Sicherung des Steueraufkommens und der Gleichmäßigkeit der Besteuerung, zur Verfahrenserleichterung und zur Vermeidung unangemessener wirtschaftlicher Belastungen Bestimmungen zu den §§ 1 bis 2a zu erlassen und dabei insbesondere
   a) die Begriffe des Versorgers, des Letztverbrauchers und des Eigenerzeugers abweichend von § 2 Nummer 1 und 2 zu bestimmen,
   b) die Begriffe des § 2a näher zu bestimmen und für die Mitteilungspflichten die Form, den Inhalt, den Umfang und die Art und Weise der Übermittlung festzulegen sowie besondere Vorgaben, einschließlich der Fristen, innerhalb derer die Angaben zu machen sind, zu erlassen;
3. zur Sicherung des Steueraufkommens und der Gleichmäßigkeit der Besteuerung, zur Verfahrenserleichterung und zur Vermeidung unangemessener wirtschaftlicher Belastungen Bestimmungen für die Elektromobilität (§ 2 Nummer 8) zu erlassen und dabei insbesondere
   a) die Begriffe der elektrisch betriebenen Fahrzeuge sowie der Ladepunkte näher zu bestimmen und den Kreis der elektrisch betriebenen Fahrzeuge einzugrenzen,
   b) im Zusammenhang mit der Leistung von Strom an elektrisch betriebene Fahrzeuge Ausnahmen vom Status als Versorger vorzusehen und eine Meldepflicht für geleisteten oder entnommenen Strom für die Abgebenden oder die Letztverbraucher einzuführen,
   c) das Erteilen und das Erlöschen einer Erlaubnis sowie das zugehörige Erlaubnisverfahren im Übrigen zu regeln oder eine Anzeigepflicht im

---

[1] Nr. **37**.
[2] Nr. **45**.
[3] Nr. **1**.
[4] Siehe die Stromsteuer-Durchführungsverordnung (Nr. **49**) und die Energiesteuer- und Stromsteuer-TransparenzVO (Nr. **52**).

Zusammenhang mit der Leistung von Strom an elektrisch betriebene Fahrzeuge oder für die Entnahme von Strom durch elektrisch betriebene Fahrzeuge einzuführen,

d) für die Speicherung von Strom in den Batterien oder sonstigen Speichern der elektrisch betriebenen Fahrzeuge das Erteilen und das Erlöschen einer Erlaubnis sowie das zugehörige Erlaubnisverfahren im Übrigen zu regeln, die Verfahren für die Steuerentstehung oder die Steuerentlastung zu regeln und Vorschriften über Angaben und Nachweise zu erlassen, die für die Steuerentlastungen erforderlich sind; dabei kann es anordnen, dass der Anspruch auf Erlass, Erstattung oder Vergütung der Steuer innerhalb bestimmter Fristen geltend zu machen ist;

4. die Zuordnung von Unternehmen zu einem Abschnitt oder einer Klasse der Klassifikation der Wirtschaftszweige zu regeln (§ 2 Nr. 3 und 5);
5. zur Sicherung des Steueraufkommens und der Gleichmäßigkeit der Besteuerung das Erteilen und das Erlöschen einer Erlaubnis nach § 4, das zugehörige Erlaubnisverfahren im Übrigen und das Verfahren der Sicherheitsleistung näher zu regeln;
6. zur Verfahrensvereinfachung vorzusehen, dass Versorger Strom als Letztverbraucher im Sinne von § 5 Abs. 1 Satz 1 beziehen können, und die dafür erforderlichen Bestimmungen zu erlassen;
7. Verfahrensvorschriften zu § 8 zu erlassen, insbesondere zur Steueranmeldung, zur Berechnung und Entrichtung der Steuer sowie zur Berechnung und Festsetzung der monatlichen Vorauszahlungen;
8. zur Sicherung der Gleichmäßigkeit der Besteuerung, zur Verfahrensvereinfachung und zur Vermeidung unangemessener wirtschaftlicher Belastungen Bestimmungen zu § 9 zu erlassen und dabei insbesondere

a) die Voraussetzungen für die steuerbegünstigte Entnahme von Strom einschließlich der Begriffe näher zu bestimmen, das Erteilen und das Erlöschen einer Erlaubnis und das zugehörige Erlaubnisverfahren im Übrigen zu regeln sowie die Erlaubnis allgemein zu erteilen; dabei kann es anordnen, dass die Steuer in Person des Erlaubnisinhabers entsteht, wenn die Voraussetzungen der Steuerbegünstigung nicht oder nicht mehr vorliegen, und das erforderliche Verfahren regeln;

b) statt der Steuerbegünstigung eine Steuerentlastung durch Erlass, Erstattung oder Vergütung der Steuer anzuordnen und das dafür erforderliche Verfahren zu regeln sowie Vorschriften über die zum Zwecke der Steuerentlastung erforderlichen Angaben und Nachweise einschließlich ihrer Aufbewahrung zu erlassen; dabei kann es anordnen, dass der Anspruch auf Erlass, Erstattung oder Vergütung der Steuer innerhalb bestimmter Fristen geltend zu machen ist;

c) vorzusehen, dass Inhaber von Erlaubnissen zur steuerbegünstigten Entnahme von Strom, die Strom auch zu anderen Zwecken entnehmen oder Strom sowohl entnehmen als auch an Dritte leisten, auf Antrag den zu anderen Zwecken entnommenen oder den an Dritte geleisteten Strom mit dem Unterschiedsbetrag zwischen den jeweiligen Steuersätzen versteuern können; dabei kann es die dafür erforderlichen Bestimmungen erlassen;

d) vorzuschreiben, in welchen Fällen die Steuerbegünstigung auf der Rechnung gesondert auszuweisen ist;

e) Vorgaben zur Ermittlung des Monats- oder des Jahresnutzungsgrads und zur Abgrenzung des Kraft-Wärme-Kopplungsprozesses zu erlassen sowie den Betreibern von Anlagen nach § 9 Pflichten zum Nachweis der dort genannten Voraussetzungen aufzuerlegen;

f) Näheres zur Ermittlung für die Hocheffizienzkriterien, zur Berechnung und zum Nachweis des Nutzungsgrads und zu den Hauptbestandteilen hocheffizienter KWK-Anlagen (§ 9 Absatz 1 Nummer 3) zu bestimmen und den am Betrieb dieser Anlagen Beteiligten Pflichten zum Nachweis der dort genannten Voraussetzungen aufzuerlegen;

8a. zur Sicherung der Gleichmäßigkeit der Besteuerung, zur Verfahrensvereinfachung und zur Vermeidung unangemessener wirtschaftlicher Belastungen festzulegen, dass die Steuerbegünstigung nach § 9 Absatz 1 Nummer 2 wahlweise auch in Form festgesetzter pauschaler Werte in Anspruch genommen werden kann, die sich an der Bruttostromerzeugung der jeweiligen Anlage orientieren; dabei kann es nach eingesetzten Energieträgern und der Art und Größe der Stromerzeugungsanlage unterscheiden;

9. zur Sicherung der Gleichmäßigkeit der Besteuerung auf das Erfordernis der Ausschließlichkeit in § 2 Nr. 7 bei aus Deponie-, Klärgas oder Biomasse erzeugtem Strom zu verzichten, wenn die Zuführung anderer Energieträger technisch zwingend erforderlich ist. Dabei kann es bestimmen, dass der aus den zugeführten anderen Energieträgern erzeugte Strom nicht steuerfrei nach § 9 Abs. 1 Nr. 1 entnommen werden kann und Regelungen zur Ermittlung und zum Verfahren des Nachweises des aus den anderen Energieträgern erzeugten Stroms erlassen;

10. zur Sicherung des Steueraufkommens und der Gleichmäßigkeit der Besteuerung die Voraussetzungen für die Steuerentlastungen nach den §§ 9a bis 10 einschließlich der Begriffe näher zu bestimmen und das Verfahren der Steuerentlastung zu regeln sowie Vorschriften über Angaben und Nachweise zu erlassen, die zum Zwecke der Steuerentlastung erforderlich sind. Dabei kann es zur Verwaltungsvereinfachung anordnen, dass der Anspruch auf Erlass, Erstattung oder Vergütung der Steuer innerhalb bestimmter Fristen geltend zu machen ist;

11. zur Sicherung des Steueraufkommens und der Gleichmäßigkeit der Besteuerung Regelungen zur Ermittlung der steuerrelevanten Strommengen zu erlassen und dabei aus Vereinfachungsgründen Mengenschätzungen durch den Steuerpflichtigen zuzulassen, soweit eine genaue Ermittlung nur mit unvertretbarem Aufwand möglich ist;

12. Bestimmungen zu erlassen zur Umsetzung der Steuerbefreiungen nach

a) Artikel XI des Abkommens vom 19. Juni 1951 zwischen den Parteien des Nordatlantikvertrages über die Rechtsstellung ihrer Truppen (BGBl. 1961 II S. 1183, 1190) in der jeweils geltenden Fassung und den Artikeln 65 bis 67 des Zusatzabkommens vom 3. August 1959 zu dem Abkommen vom 19. Juni 1951 zwischen den Parteien des Nordatlantikvertrages über die Rechtsstellung ihrer Truppen hinsichtlich der in der Bundesrepublik Deutschland stationierten ausländischen Truppen (BGBl. 1961 II S. 1183, 1218) in der jeweils geltenden Fassung,

b) Artikel 15 des Abkommens vom 13. März 1967 zwischen der Bundesrepublik Deutschland und dem Obersten Hauptquartier der Alliierten Mächte, Europa, über die besonderen Bedingungen für die Einrichtung und den Betrieb internationaler militärischer Hauptquartiere in der Bundesrepublik Deutschland (BGBl. 1969 II S. 1997, 2009) in der jeweils geltenden Fassung und

c) den Artikeln III bis V des Abkommens zwischen der Bundesrepublik Deutschland und den Vereinigten Staaten von Amerika vom 15. Oktober 1954 über die von der Bundesrepublik zu gewährenden Abgabenvergünstigungen für die von den Vereinigten Staaten im Interesse der gemeinsamen Verteidigung geleisteten Ausgaben (BGBl. 1955 II S. 821, 823) in der jeweils geltenden Fassung.

Dabei kann es anordnen, dass bei einem Missbrauch für alle daran Beteiligten die Steuer entsteht;

13. zur Umsetzung der sich aus Durchführungsverordnungen des Rates auf Grund von Artikel 109 des Vertrags über die Arbeitsweise der Europäischen Union [1], Verordnungen der Kommission auf Grund von Artikel 108 Absatz 4 des Vertrags über die Arbeitsweise der Europäischen Union [1] sowie Beschlüssen, Rahmen, Leitlinien oder Mitteilungen der Kommission zu den Artikeln 107 bis 109 des Vertrags über die Arbeitsweise der Europäischen Union [1] ergebenden unionsrechtlichen Veröffentlichungs-, Informations- und Transparenzverpflichtungen für die Gewährung staatlicher Beihilfen ergänzende Bestimmungen zu erlassen und dabei Folgendes zu regeln:

a) die Meldepflichten einschließlich des Verfahrens zur Erhebung der erforderlichen Informationen bei den Begünstigten zu bestimmen,

b) den Begünstigten Pflichten zum Nachweis der beihilferechtlichen Voraussetzungen aufzuerlegen,

c) die Art und Weise der Übermittlung der nach den Buchstaben a und b zu übermittelnden Daten zu regeln,

d) das Nähere über Form, Inhalt, Umfang, Verarbeitung, Nutzung und Sicherung der nach den Buchstaben a und b zu übermittelnden Daten zu bestimmen,

e) die Weitergabe und Veröffentlichung der nach den Buchstaben a und b zu übermittelnden Daten vorzusehen,

f) die Zuständigkeit für die Entgegennahme, Verarbeitung, Nutzung und Weitergabe der nach den Buchstaben a und b zu übermittelnden Daten zu regeln,

g) die Einhaltung der in den ergänzenden Bestimmungen normierten Verpflichtungen im Wege der Steueraufsicht sicherzustellen und zu regeln;

14. zur Sicherung des Steueraufkommens und der Gleichmäßigkeit der Besteuerung, zur Verfahrenserleichterung und zur Vermeidung unangemessener wirtschaftlicher Belastungen Bestimmungen in Bezug auf die steuerliche Begünstigung internationaler Einrichtungen und derer Mitglieder zu erlassen und dabei insbesondere

---

[1] Nr. **13**.

a) die Voraussetzungen für die Gewährung einer Steuerbefreiung einschließlich der Begriffe näher zu bestimmen, das Verfahren der Steuerbefreiung zu regeln und Pflichten für die Abgabe, den Bezug und die Verwendung des Stroms vorzusehen,

b) die Voraussetzungen für die Gewährung einer Steuerentlastung einschließlich der Begriffe näher zu bestimmen und das Verfahren der Steuerentlastung zu regeln sowie Vorschriften zu erlassen über die für die Steuerentlastung erforderlichen Angaben und Nachweise einschließlich ihrer Aufbewahrung und zu bestimmen, dass der Anspruch auf Steuerentlastung innerhalb bestimmter Fristen geltend zu machen ist,

c) vorzusehen, dass bei Abgabe des Stroms an Nichtbegünstigte die Steuer entsteht, und das dafür erforderliche Verfahren einschließlich des Verfahrens der Steuererhebung zu regeln und zu bestimmen, dass die Steueranmeldung innerhalb bestimmter Fristen abzugeben ist;

15. im Benehmen mit dem Bundesministerium des Innern alternativ zur qualifizierten elektronischen Signatur ein anderes sicheres Verfahren zuzulassen, das den Datenübermittler authentifiziert und die Vertraulichkeit und Integrität des elektronisch übermittelten Datensatzes gewährleistet. § 87a Absatz 6 Satz 2 der Abgabenordnung gilt entsprechend. In der Rechtsverordnung können auch Ausnahmen von der Pflicht zur Verwendung des nach Satz 1 zugelassenen Verfahrens vorgesehen werden. Die Datenübermittlung kann in der Rechtsverordnung auch durch Verweis auf Veröffentlichungen sachverständiger Stellen geregelt werden;

16. zur Verfahrensvereinfachung zu bestimmen, dass in diesem Gesetz oder einer auf Grund dieses Gesetzes erlassenen Verordnung vorgesehene Steuererklärungen oder sonstige Erklärungen, Steueranmeldungen, Anträge, Anzeigen, Mitteilungen, Nachweise oder sonstige für das Verfahren erforderliche Daten oder zur Erfüllung unionsrechtlicher Veröffentlichungs-, Informations- und Transparenzvorschriften nach Nummer 13 erforderliche Daten ganz oder teilweise durch Datenfernübertragung zu übermitteln sind oder übermittelt werden können, und dabei insbesondere Folgendes zu regeln:

a) die Voraussetzungen für die Anwendung des Verfahrens der Datenfernübertragung,

b) das Nähere über Form, Verarbeitung und Sicherung der zu übermittelnden Daten,

c) die Art und Weise der Übermittlung der Daten,

d) die Zuständigkeit für die Entgegennahme der zu übermittelnden Daten,

e) die Mitwirkungspflichten Dritter und deren Haftung, wenn auf Grund unrichtiger Erhebung, Verarbeitung oder Übermittlung der Daten Steuern verkürzt oder Steuervorteile erlangt werden,

f) die Haftung des Datenübermittlers für verkürzte Steuern oder für zu Unrecht erlangte Steuervorteile, wenn der Datenübermittler sich keine Gewissheit über die Identität des Auftraggebers verschafft hat,

g) den Umfang und die Form der für dieses Verfahren erforderlichen besonderen Erklärungspflichten des Steuerpflichtigen oder Antragstellers.

Bei der Datenübermittlung ist ein sicheres Verfahren zu verwenden, das den Datenübermittler authentifiziert und die Vertraulichkeit und Integrität des elektronisch übermittelten Datensatzes gewährleistet. Die Datenübermittlung kann in der Rechtsverordnung auch durch Verweis auf Veröffentlichungen sachverständiger Stellen geregelt werden.

§ 12 Ermächtigung zu § 10 Absatz 3, 4 und 7. (1) Das Bundesministerium für Wirtschaft und Energie wird ermächtigt, im Einvernehmen mit dem Bundesministerium der Finanzen und dem Bundesministerium für Umwelt, Naturschutz, Bau und Reaktorsicherheit durch Rechtsverordnung[1] ohne Zustimmung des Bundesrates durch das Bundesamt für Wirtschaft und Ausfuhrkontrolle, die nationale Akkreditierungsstelle und die Zulassungsstelle nach § 28 des Umweltauditgesetzes zu vollziehende Bestimmungen zu § 10 Absatz 3, 4 und 7 zu erlassen.

(2) Durch Rechtsverordnung nach Absatz 1 kann geregelt werden,

1. dass kleine und mittlere Unternehmen auch andere alternative Systeme mit festgelegten Komponenten zur Verbesserung der Energieeffizienz als die in § 10 Absatz 3 Satz 2 genannten alternativen Systeme betreiben können,
2. welche bereits normierten oder anderweitig konkretisierten Systeme als Systeme im Sinn der Nummer 1 betrieben werden können,
3. welche Anforderungen an die inhaltliche Ausgestaltung von noch nicht normierten oder anderweitig konkretisierten Systemen nach Nummer 1 gestellt werden mit der Maßgabe, dass eine Anerkennung dieser Systeme oder der standardisierten Vorgaben für solche Systeme durch eine der in Absatz 1 genannten Stellen erfolgen muss, und
4. wie die Einhaltung der Anforderungen des § 10 Absatz 3 Satz 1 Nummer 1 und Absatz 4 Satz 1 Nummer 1 und 2 Buchstabe a und gegebenenfalls die Einhaltung der Anforderungen der Rechtsverordnung nach den Nummern 1 bis 3 durch die Stellen nach § 10 Absatz 7 nachzuweisen ist.

(3) Regelungen nach Absatz 2 Nummer 4 umfassen insbesondere

1. Vorgaben für die Nachweisführung durch die in § 10 Absatz 7 genannten Stellen,
2. die Anforderungen an die Akkreditierung oder Zulassung der in § 10 Absatz 7 genannten Stellen und Bestimmungen zu ihrer Überwachung einschließlich erforderlicher Auskunfts-, Einsichts- und Weisungsrechte, soweit sie nicht von den bestehenden Akkreditierungs- und Zulassungsregelungen erfasst sind, sowie
3. die Befugnisse der in § 10 Absatz 7 genannten Stellen, während der Betriebszeit Geschäfts-, Betriebs- und Lagerräume sowie Transportmittel zu betreten, soweit dies für die Überwachung oder Kontrolle erforderlich ist.

(4) Das Bundesministerium für Wirtschaft und Energie wird ermächtigt, im Einvernehmen mit dem Bundesministerium der Finanzen und dem Bundesministerium für Umwelt, Naturschutz, Bau und Reaktorsicherheit zur Durchführung dieses Gesetzes und der Verordnung nach Absatz 1 durch Rechtsver-

---

[1] Siehe die Spitzenausgleich-EffizienzsystemVO v. 31.7.2013 (BGBl. I S. 2858), zuletzt geänd. durch VO v. 2.10.2019 (BGBl. I S. 1412).

ordnung ohne Zustimmung des Bundesrates zu bestimmen, dass Erkenntnisse und Informationen, die sich auf die Gültigkeit von Nachweisen nach § 10 Absatz 3, 4 und 7 auswirken können, übermittelt werden können, und dabei Folgendes zu regeln:

1. die übermittelnden Stellen,
2. die Art der zu übermittelnden Erkenntnisse und Informationen,
3. die Voraussetzungen für die Übermittlung der Erkenntnisse und Informationen,
4. die Art und Weise der Übermittlung der Erkenntnisse und Informationen,
5. die Zuständigkeit für die Entgegennahme der zu übermittelnden Erkenntnisse und Informationen.

§ 13 Erlaß von Rechtsverordnungen, Verwaltungsvorschriften.

(1) Rechtsverordnungen, die auf Grund der in diesem Gesetz enthaltenen Ermächtigungen erlassen werden, bedürfen nicht der Zustimmung des Bundesrates.

(2) Das Bundesministerium für Wirtschaft und Energie und das Bundesministerium für Umwelt, Naturschutz, Bau und Reaktorsicherheit erlassen im Einvernehmen mit dem Bundesministerium der Finanzen die allgemeinen Verwaltungsvorschriften, die sich an die Stellen nach § 10 Absatz 7 richten, zur Durchführung von Rechtsverordnungen nach § 12.

§ 14 Bußgeldvorschriften. (1) Ordnungswidrig handelt, wer vorsätzlich oder leichtfertig einer Rechtsverordnung nach § 11 Nummer 13 Buchstabe a bis c oder d oder einer vollziehbaren Anordnung auf Grund einer solchen Rechtsverordnung zuwiderhandelt, soweit die Rechtsverordnung für einen bestimmten Tatbestand auf diese Bußgeldvorschrift verweist.

(2) Die Ordnungswidrigkeit kann mit einer Geldbuße bis zu fünftausend Euro geahndet werden.

(3) Verwaltungsbehörde im Sinn des § 36 Absatz 1 Nummer 1 des Gesetzes über Ordnungswidrigkeiten ist das Hauptzollamt.

§ 15 Anwendungsvorschriften. (1) Nach § 9 Absatz 4 in Verbindung mit § 9 Absatz 3 dieses Gesetzes in der am 31. Dezember 2010 geltenden Fassung erteilte Erlaubnisse und den Inhabern dieser Erlaubnisse erteilte Zulassungen nach § 16 Absatz 1 der Stromsteuer-Durchführungsverordnung in der am 31. Dezember 2010 geltenden Fassung erlöschen mit Ablauf des 31. Dezember 2010.

(2) § 10 in der am 31. Dezember 2012 geltenden Fassung gilt fort für Strom, der bis zum 31. Dezember 2012 entnommen worden ist.

(3) [1] Erlaubnisse, die nach § 9 Absatz 1 Nummer 1 und 3 in der am 1. Juli 2019 geltenden Fassung erforderlich werden, gelten bei Vorliegen der Voraussetzungen nach § 9 Absatz 1 Nummer 1 und 3 und vorbehaltlich des Satzes 2 ab dem 1. Juli 2019 auch ohne Antrag als widerruflich erteilt. [2] Satz 1 gilt nur, wenn bis zum 31. Dezember 2019 der Antrag auf Erlaubnis nach § 9 Absatz 4 nachgereicht wird.

Anlage
(zu § 10)

Zielwerte für die zu erreichende Reduzierung der Energieintensität

Antragsjahr	Bezugsjahr	Zielwert
2015	2013	1,3 %
2016	2014	2,6 %
2017	2015	3,9 %
2018	2016	5,25 %
2019	2017	6,6 %
2020	2018	7,95 %
2021	2019	9,3 %
2022	2020	10,65 %

Für die Bestimmung des Zielwertes gelten folgende Festlegungen:

1. Der Zielwert bezeichnet den Prozentsatz, um den sich die Energieintensität in dem für das Antragsjahr maßgeblichen Bezugsjahr gegenüber dem Basiswert verringert. Der Basiswert ist die jahresdurchschnittliche Energieintensität in den Jahren 2007 bis 2012.
2. Die Energieintensität ist der Quotient aus dem temperatur- und konjunkturbereinigten Gesamtenergieverbrauch und der Gesamtsumme der inflationsbereinigten Bruttoproduktionswerte. Der temperatur- und konjunkturbereinigte Gesamtenergieverbrauch und die inflationsbereinigten Bruttoproduktionswerte werden nach dem in der Vereinbarung zwischen der Regierung der Bundesrepublik Deutschland und der deutschen Wirtschaft zur Steigerung der Energieeffizienz vom 1. August 2012 festgelegten Verfahren und Berechnungsansatz ermittelt. Die Energieintensität wird in der Bezugsgröße GJ/1 000 Euro Bruttoproduktionswert angegeben.
3. Die Zielwerte für die Antragsjahre 2019 bis 2022 sind im Rahmen einer Evaluation im Jahr 2017 zu überprüfen. Im Fall einer Anpassung werden die jährlichen Steigerungen diejenige des Zielwertes für das Bezugsjahr 2016 nicht unterschreiten.

49. Verordnung zur Durchführung des Stromsteuergesetzes (Stromsteuer-Durchführungsverordnung – StromStV)

Vom 31. Mai 2000

(BGBl. I S. 794)

FNA 612-30-1

zuletzt geänd. durch Art. 4 G zur Neuregelung von Stromsteuerbefreiungen sowie zur Änd. energiesteuerrechtlicher Vorschriften v. 22.6.2019 (BGBl. I S. 856 iVm Bek. v. 1.7.2019, BGBl. I S. 908)

Inhaltsübersicht

Auf Grund des § 11 Nr. 1 bis 6 und 11 bis 14 des Stromsteuergesetzes[1)] vom 24. März 1999 (BGBl. I S. 378, 2000 I S. 147), von denen § 11 Nr. 2 bis 4 durch Artikel 2 Nr. 7 Buchstabe a bis c des Gesetzes vom 16. Dezember 1999 (BGBl. I S. 2432, 2000 I S. 440) geändert und § 11 Nr. 11 bis 14 durch Artikel 2 Nr. 7 Buchstabe d des Gesetzes vom 16. Dezember 1999 (BGBl. I S. 2432, 2000 I S. 440) angefügt worden sind, verordnet das Bundesministerium der Finanzen:

Allgemeines

§ 1 Zuständiges Hauptzollamt. [1] Soweit in dieser Verordnung nichts anderes bestimmt ist, ist für den Anwendungsbereich dieser Verordnung das Hauptzollamt örtlich zuständig, von dessen Bezirk aus die in den einzelnen Vorschriften jeweils bezeichnete Person ihr Unternehmen betreibt oder, falls sie kein Unternehmen betreibt, in dessen Bezirk sie ihren Wohnsitz hat. [2] Für Unternehmen, die von einem Ort außerhalb des Steuergebiets betrieben werden, oder für Personen ohne Wohnsitz im Steuergebiet ist das Hauptzollamt örtlich zuständig, in dessen Bezirk sie erstmalig steuerlich in Erscheinung treten.

Zu § 2 des Gesetzes

§ 1a Versorger. (1) Soweit im Stromsteuergesetz[1)] oder in dieser Verordnung nichts anderes bestimmt ist, sind Versorger keine Letztverbraucher im Sinn des § 5 Absatz 1 Satz 1 des Gesetzes.

[1)] Nr. 48.

(1a) [1] Wer ausschließlich nach § 3 des Gesetzes zu versteuernden Strom bezieht und diesen ausschließlich innerhalb einer Kundenanlage leistet, gilt vorbehaltlich Satz 2 nicht als Versorger, sondern als Letztverbraucher im Sinne des § 5 Absatz 1 Satz 1 des Gesetzes. [2] Satz 1 gilt nur dann, wenn ausschließlich von einem im Steuergebiet ansässigen Versorger bezogener Strom geleistet wird. [3] Für diejenigen, an die der Strom innerhalb der Kundenanlage geleistet wird, besteht weiterhin die Möglichkeit, einen Steuerentlastungsanspruch nach den §§ 9a bis 10 des Gesetzes sowie nach den §§ 12a und 14a geltend zu machen.

(2) [1] Wer ausschließlich nach § 3 des Gesetzes zu versteuernden Strom bezieht und diesen ausschließlich

1. an seine Mieter, Pächter oder vergleichbare Vertragsparteien,
2. zur Nutzung für die Elektromobilität oder
3. an andere Unternehmen, die den Strom in seinem Betrieb entnehmen und ihm die daraus erbrachte Leistung schulden,

als Letztverbraucher leistet, gilt nicht als Versorger, sondern als Letztverbraucher im Sinne des § 5 Absatz 1 Satz 1 des Gesetzes. [2] Dies gilt jedoch nur dann, wenn ausschließlich von einem im Steuergebiet ansässigen Versorger bezogener Strom geleistet wird. [3] Personen nach den Nummern 1 und 3 haben weiterhin die Möglichkeit, einen Steuerentlastungsanspruch nach den §§ 9a bis 10 des Gesetzes sowie nach den §§ 12a und 14a geltend zu machen.

(3) [1] Wer ausschließlich nach § 3 zu versteuernden Strom bezieht und ausschließlich diesen in geringem Umfang an Dritte leistet, gilt insoweit nicht als Versorger, sondern als Letztverbraucher im Sinne von § 5 Absatz 1 Satz 1 des Gesetzes. [2] Dies gilt jedoch nur dann, wenn ausschließlich von einem im Steuergebiet ansässigen Versorger bezogener Strom geleistet wird. [3] Dritte haben weiterhin die Möglichkeit, einen Steuerentlastungsanspruch nach den §§ 9a bis 10 des Gesetzes sowie nach den §§ 12a und 14a geltend zu machen.

(4) Versorger gelten als Letztverbraucher im Sinne von § 5 Absatz 1 Satz 1 des Gesetzes, soweit sie

1. Strom zum Selbstverbrauch entnehmen, ihnen dieser Strom als Letztverbraucher von einem im Steuergebiet ansässigen Versorger geleistet wird und die entsprechende Strommenge getrennt nach dem Steuertarif des § 3 des Gesetzes und den jeweiligen Steuerbegünstigungen des § 9 des Gesetzes durch den letztgenannten Versorger ermittelt wird oder
2. in den Fällen nach Absatz 1a innerhalb einer Kundenanlage geleisteten Strom beziehen.

(5) [1] Wer Strom in Anlagen mit einer elektrischen Nennleistung von bis zu zwei Megawatt erzeugt und ausschließlich diesen Strom leistet, ist nur dann Versorger, wenn er den Strom an Letztverbraucher leistet. [2] Wer Strom leistet, der nach § 9 Absatz 1 Nummer 4 oder Nummer 5 des Gesetzes von der Steuer befreit ist, gilt insoweit nicht als Versorger.

(6) [1] Wer

1. Strom innerhalb einer Kundenanlage in Anlagen mit einer elektrischen Nennleistung von bis zu 2 Megawatt erzeugt,
2. diesen Strom an Letztverbraucher ausschließlich innerhalb dieser Kundenanlage leistet und

3. darüber hinaus ausschließlich nach § 3 des Gesetzes zu versteuernden Strom ausschließlich von einem im Steuergebiet ansässigen Versorger bezieht und diesen ausschließlich innerhalb dieser Kundenanlage leistet,

gilt nur für den erzeugten und dann geleisteten Strom als Versorger. [2] Für den bezogenen Strom gilt er als Letztverbraucher im Sinne des § 5 Absatz 1 Satz 1 des Gesetzes. [3] Wird der bezogene Strom innerhalb dieser Kundenanlage geleistet, so gelten die Absätze 1a und 4 Nummer 2 entsprechend.

(7) Für Strom, der in Anlagen mit einer elektrischen Nennleistung von mehr als 2 Megawatt aus Windkraft, Biomasse oder Sonnenenergie erzeugt wird, gilt Absatz 6 mit der Maßgabe entsprechend, dass derjenige, der den Strom erzeugt, auch für den erzeugten und zum Selbstverbrauch entnommenen Strom als Versorger gilt.

(8) Das zuständige Hauptzollamt kann auf Antrag Ausnahmen von der Anwendung der Absätze 1a, 6 und 7 zulassen, soweit Steuerbelange dadurch nicht gefährdet erscheinen.

(9) Als Kundenanlage im Sinne dieser Vorschrift gilt die Kundenanlage nach § 3 Nummer 24a und 24b des Energiewirtschaftsgesetzes[1)]; in Zweifelsfällen wird zunächst vermutet, dass eine Kundenanlage vorliegt.

§ 1b Strom aus erneuerbaren Energieträgern. (1) Soweit eine Stromerzeugung aus Deponiegas, Klärgas oder Biomasse nur durch eine Zünd- oder Stützfeuerung mit anderen als den vorgenannten Stoffen technisch möglich ist, wird auf das Erfordernis der Ausschließlichkeit in § 2 Nummer 7 des Gesetzes verzichtet.

(2) [1] Biomasse im Sinn des § 2 Nummer 7 des Gesetzes sind ausschließlich Stoffe, die nach der Biomasseverordnung[2)] vom 21. Juli 2001 (BGBl. I S. 1234), die zuletzt durch Artikel 5 Absatz 10 des Gesetzes vom 24. Februar 2012 (BGBl. I S. 212) geändert worden ist, in der jeweils geltenden Fassung als Biomasse anerkannt werden. [2] § 2 Absatz 4 der Biomasseverordnung[2)] findet keine Anwendung. [3] Für Altholz, das in Biomasseanlagen eingesetzt wird, die vor dem 1. Januar 2013 in Betrieb genommen worden sind, gilt die Biomasseverordnung[2)] in der am 31. Dezember 2011 geltenden Fassung. [4] Für Ablaugen der Zellstoffherstellung, die in vor dem 31. Dezember 2016 in Betrieb genommenen Anlagen zur Stromerzeugung eingesetzt werden, gilt die Biomasseverordnung[2)] in der am 31. Dezember 2016 geltenden Fassung.

§ 1c Elektromobilität. (1) [1] Elektromobilität im Sinne des Gesetzes ist die Nutzung von

1. Batterieelektrofahrzeugen sowie
2. von außen aufladbaren Hybridelektrofahrzeugen (Plug-In-Hybride).

[2] Ein Batterieelektrofahrzeug nach Nummer 1 ist ein Kraftfahrzeug im Sinne des § 1 des Straßenverkehrsgesetzes mit einem elektrischen Antrieb, dessen elektrischer Energiespeicher von außerhalb des Fahrzeuges wieder aufladbar ist. [3] Ein von außen aufladbares Hybridelektrofahrzeug nach Nummer 2 ist ein Kraftfahrzeug mit mehreren Antrieben, von denen mindestens einer elektrisch

---

1) Nr. 1.
2) Nr. 39.

ist und dessen elektrischer Energiespeicher auch von außerhalb des Fahrzeuges aufladbar ist.

(2) Keine Elektromobilität im Sinne des Gesetzes ist die Nutzung

1. elektrisch betriebener Fahrzeuge, die nicht für den Straßenverkehr zugelassen sind und die ausschließlich auf einem Betriebsgelände eingesetzt werden, sowie
2. elektrisch betriebener Fahrräder, die ausschließlich auf einem Betriebsgelände eingesetzt werden.

Zu § 2a des Gesetzes

§ 1d Verfahren bei offenen Rückforderungsanordnungen. (1) [1] Die unverzügliche Mitteilung nach § 2a Absatz 1 Satz 2 des Gesetzes ist nach amtlich vorgeschriebenem Vordruck abzugeben. [2] Bei Steuerbefreiungen und Steuerermäßigungen nach § 2a Absatz 1 Satz 1 des Gesetzes entsteht für den entnommenen elektrischen Strom die Steuer nach dem Steuersatz des § 3 des Gesetzes. [3] Besteht die Steuerbegünstigung in einer Steuerermäßigung, gilt Satz 2 nur für den ermäßigten Teil der Steuer. [4] Der Steuerschuldner hat für elektrischen Strom, für den die Steuer entstanden ist, bis zum 15. Tag des folgenden Monats eine Steuererklärung nach amtlich vorgeschriebenem Vordruck abzugeben und darin die Steuer selbst zu berechnen (Steueranmeldung). [5] Die Steuer, die in einem Monat entstanden ist, ist am 25. Tag des Monats fällig, der auf den Monat der Entstehung der Steuer folgt. [6] Wird die Mitteilung nach Satz 1 nicht oder nicht rechtzeitig abgegeben, ist die Steueranmeldung unverzüglich abzugeben und die Steuer sofort fällig.

(2) [1] Für den nachweislich nach Absatz 1 versteuerten elektrischen Strom kann auf Antrag eine Steuerentlastung bis auf den Betrag entsprechend den in § 2a Absatz 1 und 3 des Gesetzes genannten Steuerbefreiungen und Steuerermäßigungen gewährt werden, wenn der Antragsteller nachweist, dass er der Rückforderungsanordnung zwischenzeitlich nachgekommen ist. [2] Die Steuerentlastung nach Satz 1 ist bei dem für den Antragsteller zuständigen Hauptzollamt zu beantragen. [3] Der Antragsteller hat in der Anmeldung alle Angaben zu machen, die für die Bemessung der Steuerentlastung erforderlich sind, und die Steuerentlastung selbst zu berechnen (Steueranmeldung). [4] Die Steuerentlastung wird nur gewährt, wenn der Antrag spätestens bis zum 31. Dezember des Jahres, das auf das Kalenderjahr folgt, in dem der Strom entnommen worden ist, beim Hauptzollamt gestellt wird.

(3) [1] Die Versicherung nach § 2a Absatz 1 Satz 3 des Gesetzes ist nach amtlich vorgeschriebenem Vordruck abzugeben. [2] Steuerentlastungen nach § 2a Absatz 1 Satz 1 des Gesetzes sowie die Steuerentlastungen nach den §§ 12c, 12d und 14a dürfen nur gewährt werden, wenn die Versicherung dem zuständigen Hauptzollamt vorliegt. [3] Die Versicherung ist vom Antragsteller für den ersten Entlastungsabschnitt jedes Kalenderjahres vorzulegen. [4] Weiteren Anträgen auf Steuerentlastung muss die Versicherung nur beigefügt werden, wenn sich Änderungen gegenüber der dem zuständigen Hauptzollamt bereits vorliegenden Versicherung ergeben haben. [5] Für Änderungsanträge gelten die Sätze 1 bis 4 sinngemäß. [6] Steuerentlastungen nach § 2a Absatz 1 Satz 1 des Gesetzes sowie

die Steuerentlastungen nach den §§ 12c, 12d und 14a dürfen nicht ausgezahlt werden, solange eine offene Rückforderungsanordnung besteht.

(4) Zur Umsetzung von § 2a Absatz 1 des Gesetzes können Verwaltungsakte mit einer Nebenbestimmung nach § 120 der Abgabenordnung versehen werden.

§ 1e Verfahren bei Unternehmen in Schwierigkeiten. (1) [1]Die unverzügliche Mitteilung nach § 2a Absatz 2 Satz 2 des Gesetzes ist nach amtlich vorgeschriebenem Vordruck abzugeben. [2]Bei Steuerbefreiungen und Steuerermäßigungen nach § 2a Absatz 2 Satz 1 des Gesetzes entsteht für den entnommenen elektrischen Strom die Steuer nach dem Steuersatz des § 3 des Gesetzes. [3]Besteht die Steuerbegünstigung in einer Steuerermäßigung, gilt Satz 2 nur für den ermäßigten Teil der Steuer. [4]§ 1d Absatz 1 Satz 4 bis 7 gilt entsprechend. [5]Sofern der Zeitraum der Schwierigkeiten zwölf Monate nicht überschritten hat, kann auf Antrag eine Steuerentlastung entsprechend § 1d Absatz 2 gewährt werden.

(2) [1]Die Versicherung nach § 2a Absatz 2 Satz 3 des Gesetzes ist nach amtlich vorgeschriebenem Vordruck abzugeben. [2]§ 1d Absatz 3 Satz 2 bis 5 gilt entsprechend. [3]Steuerentlastungen nach § 2a Absatz 2 Satz 1 des Gesetzes sowie die Steuerentlastungen nach den §§ 12c, 12d und 14a dürfen grundsätzlich nur festgesetzt werden, sofern sich das Unternehmen weder im Entlastungsabschnitt noch im Zeitpunkt der Antragstellung in Schwierigkeiten befand. [4]Hat sich das Unternehmen im Entlastungsabschnitt in Schwierigkeiten befunden, kann gleichwohl eine Festsetzung erfolgen, wenn sich das Unternehmen im Zeitpunkt der Antragstellung nicht mehr in Schwierigkeiten befindet und der Zeitraum der Schwierigkeiten zwölf Monate nicht überschritten hat. [5]Befindet sich das Unternehmen im Zeitpunkt der Antragstellung noch in Schwierigkeiten und ist der Zeitraum von zwölf Monaten noch nicht überschritten, hat die Festsetzung unter der Bedingung zu erfolgen, dass das Unternehmen nachweist, dass die Schwierigkeiten überwunden worden sind und der Zeitraum der Schwierigkeiten insgesamt zwölf Monate nicht überschritten hat.

(3) Zur Umsetzung des § 2a Absatz 2 des Gesetzes können Verwaltungsakte mit einer Nebenbestimmung nach § 120 der Abgabenordnung versehen werden.

Zu § 4 des Gesetzes

§ 2 Antrag auf Erlaubnis. (1) [1]Die Erlaubnis nach § 4 Absatz 1 des Gesetzes ist vor Aufnahme der Tätigkeit schriftlich nach amtlich vorgeschriebenem Vordruck beim zuständigen Hauptzollamt zu beantragen. [2]Darin sind Name, Geschäfts- oder Wohnsitz, Rechtsform, bei jährlicher Steueranmeldung die voraussichtlich zu erwartende Jahressteuerschuld, die voraussichtlich zu erwartende Jahressteuerschuld, die Steuernummer beim zuständigen Finanzamt und – sofern erteilt – die Umsatzsteuer-Identifikationsnummer anzugeben.

(2) Dem Antrag sind beizufügen:

1. von Unternehmen, die in das Handels-, Genossenschafts- oder Vereinsregister eingetragen sind, ein Registerauszug nach dem neuesten Stand;

2. ein Verzeichnis der Betriebstätten im Steuergebiet nach § 12 der Abgabenordnung;
3. eine Darstellung der Mengenermittlung und Mengenabrechnung;
4. gegebenenfalls eine Erklärung über die Bestellung eines Beauftragten nach § 214 der Abgabenordnung;
5. bei der Nutzung von stationären Batteriespeichern im Sinne des § 5 Absatz 4 des Gesetzes eine Beschreibung der Speicher sowie deren Nutzung und die Verträge im Zusammenhang mit der Nutzung der Speicher.

(3) In den Fällen des § 1a Absatz 6 und 7 hat der Antragsteller anstelle der Beantragung einer Erlaubnis nach Absatz 1 Satz 1 vor Aufnahme der Tätigkeit diese schriftlich nach amtlich vorgeschriebenem Vordruck beim zuständigen Hauptzollamt anzuzeigen.

(4) [1] Das Hauptzollamt kann vom Antragsteller weitere Angaben und Unterlagen verlangen, wenn sie zur Sicherung des Steueraufkommens oder für die Steueraufsicht erforderlich erscheinen. [2] Es kann auf Angaben und Unterlagen verzichten, soweit die Steuerbelange dadurch nicht beeinträchtigt werden.

§ 3 Erteilung und Erlöschen der Erlaubnis. (1) [1] Das zuständige Hauptzollamt erteilt die Erlaubnis schriftlich und stellt Versorgern einen Erlaubnisschein als Nachweis über die erteilte Erlaubnis aus. [2] Die Erlaubnis kann mit Nebenbestimmungen nach § 120 Absatz 2 der Abgabenordnung verbunden werden.

(2) [1] In den Fällen des § 2 Absatz 3 gilt die Erlaubnis abweichend von Absatz 1 Satz 1 mit Eingang der ordnungsgemäßen Anzeige über die Aufnahme der Tätigkeit beim zuständigen Hauptzollamt als erteilt. [2] Ein Erlaubnisschein wird nicht ausgestellt.

(3) Die Erlaubnis erlischt durch
1. Widerruf,
2. Fristablauf,
3. Verzicht,
4. die Abweisung der Eröffnung des Insolvenzverfahrens mangels Masse,
5. die Übergabe des Unternehmens an Dritte nach Ablauf von drei Monaten nach der Übergabe,
6. den Tod des Erlaubnisinhabers nach Ablauf von drei Monaten nach dem Ableben,
7. die Auflösung der juristischen Person oder Personenvereinigung ohne Rechtspersönlichkeit, der die Erlaubnis erteilt worden ist,
8. die Eröffnung des Insolvenzverfahrens über das Vermögen des Erlaubnisinhabers nach Ablauf von drei Monaten nach dem maßgebenden Ereignis,
9. die Änderung der Firma oder des Inhabers bei einer Personengesellschaft oder Personenvereinigung ohne Rechtspersönlichkeit, die Verlegung der Niederlassung an einen anderen Ort nach Ablauf von drei Monaten nach dem maßgebenden Ereignis,

soweit die folgenden Absätze zum Zeitpunkt des Erlöschens nichts anderes bestimmen.

(4) [1]Teilen in den Fällen des Absatzes 3 Nummer 6 bis 8 die Erben, der Testamentsvollstrecker, der Nachlassverwalter, der Nachlasspfleger, die Liquidatoren oder der Insolvenzverwalter dem zuständigen Hauptzollamt vor dem Erlöschen der Erlaubnis schriftlich mit, dass der Betrieb bis zum endgültigen Übergang auf einen anderen Inhaber oder bis zur Abwicklung des Unternehmens fortgeführt wird, gilt die Erlaubnis für die Rechtsnachfolger, den Testamentsvollstrecker, den Nachlassverwalter, den Nachlasspfleger, die Liquidatoren oder den Insolvenzverwalter entgegen Absatz 3 bis spätestens zum Ablauf einer vom zuständigen Hauptzollamt festzusetzenden angemessenen Frist fort. [2]Ein Widerruf nach Absatz 3 Nummer 1 bleibt hiervon unberührt.

(5) [1]Beantragen in den in Absatz 3 Nummer 5, 6 und 9 beschriebenen Fällen vor dem Erlöschen der Erlaubnis

1. der neue Versorger, Eigenerzeuger oder erlaubnispflichtige Letztverbraucher,
2. die Erben,
3. die Inhaber des neuen Unternehmens oder
4. die Inhaber des Unternehmens, bei dem die Änderungen eingetreten sind,

eine neue Erlaubnis, gilt die Erlaubnis des Rechtsvorgängers für die Antragsteller entgegen Absatz 3 bis zur Bestandskraft der Entscheidung über den Antrag fort. [2]Absatz 3 Nummer 1 bleibt hiervon unberührt. [3]Wird die neue Erlaubnis beantragt, kann, soweit sich keine Änderungen ergeben haben, auf die Angaben und Unterlagen der bisherigen Erlaubnis Bezug genommen werden, die dem zuständigen Hauptzollamt bereits vorliegen. [4]Mit Zustimmung des zuständigen Hauptzollamtes kann bei Antragstellung auf die Verwendung des amtlich vorgeschriebenen Vordruckes verzichtet werden. [5]Entsprechendes gilt in den Fällen des § 2 Absatz 3.

(6) Die fortgeltende Erlaubnis erlischt

1. in den Fällen des Absatzes 4, wenn auf eine Fortführung verzichtet wird,
2. in den Fällen des Absatzes 5, wenn keine neue Erlaubnis erteilt wird oder als erteilt gilt.

(7) [1]In den Fällen des Absatzes 3 Nummer 4 bis 8 haben dem zuständigen Hauptzollamt unverzüglich schriftlich anzuzeigen

1. der neue Inhaber die Übergabe des Unternehmens,
2. die Erben den Tod des Erlaubnisinhabers,
3. die Liquidatoren und der Insolvenzverwalter jeweils die Eröffnung des Insolvenzverfahrens oder deren Abweisung.

[2]Entsprechendes gilt im Fall des Absatzes 3 Nummer 9 für den Versorger, Eigenerzeuger oder erlaubnispflichtigen Letztverbraucher.

§ 4 Pflichten des Versorgers, Eigenerzeugers oder erlaubnispflichtigen Letztverbrauchers. (1) [1]Der Versorger hat ein Belegheft zu führen. [2]Das zuständige Hauptzollamt kann dazu Anordnungen treffen.

(2) [1]Der Versorger hat zur Ermittlung der Steuer und der Grundlagen ihrer Berechnung für den Veranlagungszeitraum Aufzeichnungen nach amtlich vorgeschriebenem Vordruck zu führen. [2]Aus den Aufzeichnungen müssen insbesondere ersichtlich sein:

1. der geleistete, durch Letztverbraucher im Steuergebiet entnommene Strom, getrennt nach dem Steuertarif des § 3 des Gesetzes und den jeweiligen Steuerbegünstigungen des § 9 des Gesetzes sowie getrennt nach den jeweiligen Letztverbrauchern; bei steuerbegünstigten Entnahmen durch Inhaber einer förmlichen Einzelerlaubnis nach § 9 ist die Erlaubnisscheinnummer anzugeben;
2. die in § 8 Absatz 4a des Gesetzes näher bezeichneten Strommengen und Steuerbeträge;
3. der an andere Versorger unversteuert geleistete Strom getrennt nach Versorgern;
4. die Entnahmen von Strom zum Selbstverbrauch getrennt nach den Steuersätzen und den jeweiligen Steuerbegünstigungen der §§ 3 und 9 des Gesetzes;
5. der Betrag der anzumeldenden und zu entrichtenden Steuer.

[3] Das zuständige Hauptzollamt kann Anordnungen zu den Aufzeichnungen treffen und weitere Aufzeichnungen vorschreiben, wenn sie zur Sicherung des Steueraufkommens oder für die Steueraufsicht erforderlich erscheinen. [4] Das Hauptzollamt kann anstelle der Aufzeichnungen nach amtlich vorgeschriebenem Vordruck betriebliche Aufzeichnungen, einfachere Aufzeichnungen oder einen belegmäßigen Nachweis zulassen, wenn die Steuerbelange dadurch nicht beeinträchtigt werden. [5] Der Versorger hat dem Hauptzollamt auf Verlangen die abgeschlossenen Aufzeichnungen oder die belegmäßigen Nachweise vorzulegen.

(3) Die Aufzeichnungen und der belegmäßige Nachweis nach Absatz 2 müssen so beschaffen sein, dass es einem sachverständigen Dritten innerhalb einer angemessenen Frist möglich ist, die Grundlagen für die Steuerberechnung festzustellen.

(4) [1] Der Versorger hat dem zuständigen Hauptzollamt Änderungen der nach § 2 angegebenen Verhältnisse sowie Überschuldung, drohende oder eingetretene Zahlungsunfähigkeit, Zahlungseinstellung und Stellung des Antrags auf Eröffnung eines Insolvenzverfahrens unverzüglich schriftlich anzuzeigen, soweit das Hauptzollamt nicht darauf verzichtet. [2] Das Hauptzollamt kann prüfen, ob der Anzeigepflicht nachgekommen wird, indem es Angaben und Unterlagen anfordert, die für die Erlaubnis erforderlich sind.

(5) [1] Der Versorger hat den Erlaubnisschein dem zuständigen Hauptzollamt unverzüglich zurückzugeben, wenn die Erlaubnis erlischt oder die Leistung von Strom nicht nur vorübergehend eingestellt wird. [2] Geht der Erlaubnisschein verloren, hat der Versorger dies dem Hauptzollamt unverzüglich anzuzeigen. [3] Das Hauptzollamt stellt auf Antrag einen neuen Erlaubnisschein aus.

(6) [1] Der Versorger hat dem zuständigen Hauptzollamt für jedes Kalenderjahr bis zum 31. Mai des folgenden Kalenderjahres diejenigen Strommengen nach amtlich vorgeschriebenem Vordruck anzumelden, die steuerfrei nach § 9 Absatz 1 Nummer 3 Buchstabe b des Gesetzes entnommen worden sind. [2] Darüber hinaus hat der Versorger auch die nach § 9 Absatz 1 Nummer 1 und 2 sowie Nummer 3 Buchstabe a des Gesetzes steuerfrei entnommenen Strommengen entsprechend Satz 1 nach amtlich vorgeschriebenem Vordruck anzumelden, soweit diese in ortsfesten Anlagen erzeugt worden sind.

(7) [1] Der Versorger ist verpflichtet, in seinen Rechnungen über den an gewerbliche Letztverbraucher mit einem Stromverbrauch von mehr als 10

Megawattstunden pro Jahr geleisteten Strom die jeweiligen Steuerbegünstigungen nach § 9 des Gesetzes gesondert auszuweisen. [2]Die Ausweisung hat deutlich sichtbar und in gut lesbarer Schrift zu erfolgen. [3]Dabei sind die Strommengen in Kilowattstunden getrennt nach den jeweiligen Steuerbegünstigungen aufzuführen.

(8) [1]Die Absätze 1 bis 4 gelten sinngemäß für Eigenerzeuger und Letztverbraucher nach § 4 Abs. 1 des Gesetzes. [2]Bei Versorgern nach § 1a Absatz 6 und 7 sind die Absätze 3, 4, 6 und 7 entsprechend, und die Absätze 1 und 2 mit der Maßgabe anzuwenden, dass kein Belegheft zu führen und vereinfachte Aufzeichnungen oder ein belegmäßiger Nachweis ausreichend sind, wenn die Steuerbelange dadurch nicht beeinträchtigt werden.

§ 4a *(aufgehoben)*

Zu § 8 des Gesetzes

§ 5 Anmeldung der Steuer. Die Steueranmeldung ist nach amtlich vorgeschriebenem Vordruck abzugeben.

§ 6 Vorauszahlungen. (1) [1]Die Festsetzung der Vorauszahlungen erfolgt durch Vorauszahlungsbescheid. [2]Ist die Steuer nur in einem Teil des vorletzten dem Veranlagungsjahr vorhergehenden Kalenderjahres entstanden, ist die tatsächlich entstandene Steuer in eine Jahressteuerschuld umzurechnen. [3]Ist die Steuer erstmals im vorangegangenen oder laufenden Kalenderjahr oder bisher noch nicht entstanden, ist die voraussichtlich zu erwartende Jahressteuerschuld maßgebend.

(2) [1]Das Hauptzollamt kann auf Antrag bei der Festsetzung der Höhe der Vorauszahlungen die voraussichtlich dem Steuerschuldner im gleichen Zeitraum nach den §§ 9a, 9b und 10 des Gesetzes zu erlassende, zu erstattende oder zu vergütende Steuer berücksichtigen, soweit die Steuerbelange dadurch nicht gefährdet sind. [2]Satz 1 gilt nur, wenn in den Fällen des

1. § 9a des Gesetzes
   a) sich der maßgebende Zeitraum für die Zuordnung des Unternehmens zum Produzierenden Gewerbe nach § 15 Absatz 3 Satz 1 bestimmt und
   b) die nach § 17a Absatz 3 erforderliche Beschreibung der wirtschaftlichen Tätigkeiten und die Betriebserklärung vom Antragsteller bereits vorgelegt worden sind;
2. § 9b des Gesetzes
   a) sich der maßgebende Zeitraum für die Zuordnung des Unternehmens zum Produzierenden Gewerbe oder zur Land- und Forstwirtschaft nach § 15 Absatz 3 Satz 1 bestimmt und
   b) die nach § 17b Absatz 3 erforderliche Beschreibung der wirtschaftlichen Tätigkeiten vom Antragsteller bereits vorgelegt worden ist;
3. § 10 des Gesetzes
   a) sich der maßgebende Zeitraum für die Zuordnung des Unternehmens zum Produzierenden Gewerbe nach § 15 Absatz 3 Satz 1 bestimmt,

b) die nach § 19 Absatz 4 in Verbindung mit § 17b Absatz 3 erforderliche Beschreibung der wirtschaftlichen Tätigkeiten vom Antragsteller bereits vorgelegt worden ist,

c) der Antragsteller den nach § 10 Absatz 3 Satz 1 Nummer 1 oder Absatz 4 des Gesetzes erforderlichen Nachweis bereits erbracht hat,

d) die nach § 10 Absatz 3 Satz 1 Nummer 2 Buchstabe b des Gesetzes erforderliche Bekanntmachung der Bundesregierung bereits erfolgt ist und

e) die nach § 19 Absatz 4 Satz 2 erforderliche Selbsterklärung bereits vorgelegt worden ist.

(3) Beträgt die Höhe der monatlichen Vorauszahlungen nicht mehr als 200 Euro, kann das Hauptzollamt auf die Festsetzung von Vorauszahlungen verzichten.

§ 7 Mengenermittlung. Wird die durch Mieter, Pächter oder vergleichbare Vertragsparteien des Versorgers entnommene Strommenge nicht ermittelt, ist eine sachgerechte, von einem Dritten nachvollziehbare Schätzung zulässig, soweit eine genaue Ermittlung nur mit unvertretbarem Aufwand möglich ist.

Zu § 9 des Gesetzes

§ 8 Antrag auf Erteilung einer Erlaubnis zur steuerbegünstigten Entnahme. (1) [1] Wer Strom steuerbegünstigt entnehmen will, hat die Erlaubnis nach § 9 Absatz 4 des Gesetzes, soweit sie nicht nach § 10 allgemein erteilt ist, schriftlich nach amtlich vorgeschriebenem Vordruck beim zuständigen Hauptzollamt zu beantragen. [2] Darin sind Name, Geschäfts- oder Wohnsitz, Rechtsform, die Steuernummer beim zuständigen Finanzamt und – sofern erteilt – die Umsatzsteuer-Identifikationsnummer anzugeben.

(2) Dem Antrag sind beizufügen:

1. von Unternehmen, die in das Handels-, Genossenschafts- oder Vereinsregister eingetragen sind, ein Registerauszug nach dem neuesten Stand;
2. eine Betriebserklärung nach amtlich vorgeschriebenem Vordruck, in den Fällen nach § 9 Absatz 1 Nummer 1, 2 und 3 des Gesetzes je Anlage;

2a. in den Fällen nach § 9 Absatz 1 Nummer 3 des Gesetzes je KWK-Anlage im Sinne von § 2 Nummer 10 des Gesetzes ein Nachweis über deren Hocheffizienz sowie eine Monats- oder Jahresnutzungsgradberechnung;

3. eine Erklärung, ob die zu steuerbegünstigten Zwecken entnommene Verbrauchsmenge durch separate Zähl- oder Messeinrichtungen ermittelt wird;
4. ein Verzeichnis der Betriebstätten nach § 12 der Abgabenordnung, in denen Strom steuerbegünstigt entnommen werden soll;
5. gegebenenfalls eine Erklärung über die Bestellung eines Beauftragten nach § 214 der Abgabenordnung.

(3) [1] Das Hauptzollamt kann vom Antragsteller weitere Angaben und Unterlagen verlangen, wenn sie zur Sicherung des Steueraufkommens oder für die Steueraufsicht erforderlich erscheinen. [2] Es kann auf Angaben und Unterlagen verzichten, soweit die Steuerbelange dadurch nicht beeinträchtigt werden.

(4) Sollen in den Fällen nach § 9 Absatz 1 Nummer 1, 2 und 3 des Gesetzes weitere Anlagen steuerbefreit betrieben werden oder soll der Betrieb von solchen Anlagen eingestellt werden, hat der Erlaubnisinhaber in entsprechender Anwendung der Absätze 1 und 3 eine Änderung der Erlaubnis zu beantragen.

(5) [1] Für den Nachweis einer hocheffizienten KWK-Anlage nach § 2 Nummer 10 des Gesetzes gelten entsprechend:

1. der Anlagenbegriff nach § 9 der Energiesteuer-Durchführungsverordnung[1)],
2. die Nutzungsgradermittlung nach § 10 der Energiesteuer-Durchführungsverordnung[1)],
3. die allgemeinen Regelungen für die gekoppelte Erzeugung von Kraft und Wärme nach § 98 der Energiesteuer-Durchführungsverordnung[1)] und
4. der Nachweis für die Hocheffizienz nach § 99b der Energiesteuer-Durchführungsverordnung[1)].

[2] Abweichend von § 99b der Energiesteuer-Durchführungsverordnung[1)] gilt der Nachweis für die Hocheffizienz für Anlagen mit einer elektrischen Nennleistung von weniger als 1 Megawatt als erbracht, wenn die erzeugte Wärme nach § 10 Absatz 2 der Energiesteuer-Durchführungsverordnung[1)] als genutzt gilt.

§ 9 Erteilung und Erlöschen der Erlaubnis. (1) [1] Das zuständige Hauptzollamt erteilt die Erlaubnis nach § 9 Absatz 4 des Gesetzes schriftlich (förmliche Einzelerlaubnis) in dem vom Antragsteller beantragten zulässigen Umfang und stellt in den Fällen des § 9 Absatz 1 Nummer 2, Absatz 2 und 3 des Gesetzes als Nachweis der Bezugsberechtigung einen Erlaubnisschein aus. [2] Sofern der Strom selbst erzeugt oder als Versorger bezogen wird, wird in den Fällen nach § 9 Absatz 1 Nummer 2 kein Erlaubnisschein ausgestellt. [3] Die Erlaubnis kann mit Nebenbestimmungen nach § 120 Absatz 2 der Abgabenordnung verbunden werden.

(2) Für das Erlöschen der Erlaubnis gilt § 3 Absatz 3 bis 7 sinngemäß.

§ 10 Allgemeine Erlaubnis. (1) [1] Unter Verzicht auf eine förmliche Einzelerlaubnis (§ 9) ist die Entnahme von Strom für steuerbegünstigte Zwecke nach § 9 Absatz 3 des Gesetzes allgemein erlaubt. [2] Dies gilt nicht für die Entnahme von Strom für Wasserfahrzeuge der Haupterwerbsfischerei auf Binnengewässern, für Wasserfahrzeuge der Position 8903 der Kombinierten Nomenklatur (§ 1 Absatz 2 des Gesetzes) und für Wasserfahrzeuge der Position 8905 der Kombinierten Nomenklatur, auf denen die in § 14 Absatz 2 Nummer 2 genannten Arbeitsmaschinen betrieben werden.

(2) Unter Verzicht auf die förmliche Einzelerlaubnis (§ 9) ist die Entnahme von Strom für steuerbegünstigte Zwecke nach § 9 Absatz 1 Nummer 3 des Gesetzes allgemein erlaubt, wenn der Strom

1. in Anlagen aus erneuerbaren Energieträgern mit einer elektrischen Nennleistung von bis zu 1 Megawatt erzeugt wird;
2. in hocheffizienten KWK-Anlagen mit einer elektrischen Nennleistung von bis zu 50 Kilowatt erzeugt wird; die Anlagen gelten als hocheffizient, wenn

---

1) Nr. **51**.

a) die Voraussetzungen nach § 8 Absatz 5 Satz 2 vorliegen,
b) die Anlagen ausschließlich wärmegeführt betrieben werden und weder über einen Notkühler noch über einen Bypass zur Umgehung des Abgaswärmetauschers verfügen und
c) den technischen Beschreibungen der Jahresnutzungsgrad von mindestens 70 Prozent entnommen werden kann.

§ 11 Pflichten des Erlaubnisinhabers. (1) [1]Der Erlaubnisinhaber hat ein Belegheft zu führen. [2]Das Hauptzollamt kann dazu Anordnungen treffen.

(2) [1]Der Erlaubnisinhaber hat Aufzeichnungen über die im Kalenderjahr steuerbegünstigt entnommenen Strommengen zu führen sowie die steuerbegünstigten Zwecke nachprüfbar aufzuzeichnen. [2]Das Hauptzollamt kann einfachere Aufzeichnungen oder einen belegmäßigen Nachweis zulassen, wenn die Steuerbelange dadurch nicht beeinträchtigt werden.

(3) Die Aufzeichnungen und der belegmäßige Nachweis nach Absatz 2 müssen so beschaffen sein, dass es einem sachverständigen Dritten innerhalb einer angemessenen Frist möglich ist zu prüfen, ob der Strom zu dem in der Erlaubnis genannten Zweck entnommen wurde.

(3a) [1]Der Erlaubnisinhaber hat die Hocheffizienz und den Monats- oder Jahresnutzungsgrad nach § 8 Absatz 2 Nummer 2a[1)] für jede hocheffiziente KWK-Anlage nach § 2 Nummer 10 des Gesetzes jährlich bis zum 31. Mai für das vorangegangene Kalenderjahr nachzuweisen. [2]Sind die in Satz 1 genannten Nachweise auf mehrere Kalenderjahre anwendbar, kann das Hauptzollamt auf die jährliche Vorlage verzichten, soweit die Steuerbelange dadurch nicht beeinträchtigt werden. [3]Die Nachweise sind dem zuständigen Hauptzollamt vorzulegen. [4]§ 8 Absatz 5 gilt entsprechend.

(4) [1]Der Erlaubnisinhaber hat dem zuständigen Hauptzollamt Änderungen der nach § 8 Absatz 1 und 2 Nummer 2 bis 5 angemeldeten Verhältnisse sowie Überschuldung, drohende oder eingetretene Zahlungsunfähigkeit, Zahlungseinstellung und Stellung des Antrags auf Eröffnung eines Insolvenzverfahrens unverzüglich schriftlich anzuzeigen, soweit das Hauptzollamt nicht darauf verzichtet. [2]Das Hauptzollamt kann prüfen, ob der Anzeigepflicht nachgekommen wird, indem es Angaben und Unterlagen anfordert, die für die Erlaubnis erforderlich sind.

(5) [1]Der Erlaubnisinhaber hat den Erlaubnisschein dem Hauptzollamt unverzüglich zurückzugeben, wenn die Erlaubnis erlischt oder die steuerbegünstigte Entnahme von Strom nicht nur vorübergehend eingestellt wird. [2]Geht der Erlaubnisschein verloren, hat der Erlaubnisinhaber dies dem Hauptzollamt unverzüglich anzuzeigen. [3]Das Hauptzollamt stellt auf Antrag einen neuen Erlaubnisschein aus.

(6) [1]Die Absätze 1 bis 5 gelten nicht für den Inhaber einer allgemeinen Erlaubnis nach § 10. [2]Das zuständige Hauptzollamt kann jedoch Überwachungsmaßnahmen anordnen, wenn diese zur Sicherung der Steuerbelange erforderlich erscheinen. [3]Insbesondere kann das Hauptzollamt anordnen, dass der Erlaubnisinhaber Aufzeichnungen über die zu steuerbegünstigten Zwecken entnommenen Strommengen führt und ihm diese Aufzeichnungen sowie die

---

[1)] Nr. **49**.

nach § 8 für den Antrag auf Erlaubnis geforderten Angaben und Unterlagen zur Prüfung vorlegt.

§ 11a Strom aus erneuerbaren Energieträgern und aus hocheffizienten KWK-Anlagen, Zeitgleichheit. Zur Sicherstellung der Zeitgleichheit zwischen der Erzeugung und der Entnahme der steuerfreien Strommenge nach § 9 Absatz 1 Nummer 1 und 3 des Gesetzes ist die erzeugte und die entnommene Strommenge in geeigneter Form zu messen, es sei denn, es kann auf andere Weise nachgewiesen werden, dass Erzeugung und Entnahme des Stroms zeitgleich erfolgen.

§ 12 Strom zur Stromerzeugung. (1) Zur Stromerzeugung entnommen im Sinne des § 9 Absatz 1 Nummer 2 des Gesetzes wird Strom,

1. der in den Neben- und Hilfsanlagen einer Stromerzeugungseinheit insbesondere zur Wasseraufbereitung, Dampferzeugerwasserspeisung, Frischluftversorgung, Brennstoffversorgung oder Rauchgasreinigung oder
2. der in Pumpspeicherkraftwerken von den Pumpen zum Fördern der Speichermedien

zur Erzeugung von Strom im technischen Sinne verbraucht wird.

(2) Soweit die Verbrauchsmenge nach Absatz 1 wegen des Nichtvorhandenseins von Mess- oder Zähleinrichtungen nicht ermittelt werden kann, ist eine sachgerechte, von einem Dritten nachvollziehbare Schätzung zulässig.

(3) [1] Absatz 2 gilt nur, wenn der entnommene Strom selbst erzeugt oder als Versorger bezogen worden ist. [2] Wird der Strom als Letztverbraucher bezogen und sind keine Mess- und Zähleinrichtungen vorhanden, die eine Abgrenzung der zur Stromerzeugung steuerfrei entnommenen Strommengen von den zu versteuernden Mengen ermöglichen, so wird die Strombegünstigung nur in Form einer Steuerentlastung nach § 12a gewährt. [3] Das zuständige Hauptzollamt kann darüber hinaus verlangen, dass die Steuerbegünstigung nur in Form der Steuerentlastung nach § 12a gewährt wird, wenn Steuerbelange gefährdet erscheinen.

(4) In den Fällen des § 1a Absatz 6 und 7 wird die Steuerbegünstigung nur in Form einer Steuerentlastung nach § 12a gewährt.

§ 12a Steuerentlastung für Strom zur Stromerzeugung. (1) [1] Auf Antrag wird eine Steuerentlastung für nachweislich nach § 3 des Gesetzes versteuerten Strom gewährt, der zu dem in § 9 Absatz 1 Nummer 2 des Gesetzes genannten Zweck entnommen worden ist. [2] § 12 gilt entsprechend.

(2) Entlastungsberechtigt ist derjenige, der den Strom entnommen hat.

(3) [1] Die Steuerentlastung ist bei dem für den Antragsteller zuständigen Hauptzollamt mit einer Anmeldung nach amtlich vorgeschriebenem Vordruck für den Strom zu beantragen, der innerhalb eines Entlastungsabschnitts entnommen worden ist. [2] Der Antragsteller hat in der Anmeldung alle Angaben zu machen, die für die Bemessung der Steuerentlastung erforderlich sind, und die Steuerentlastung selbst zu berechnen. [3] Wahlweise kann er zur Abgeltung der Steuerbegünstigung folgende Pauschalen in Bezug auf die im Entlastungsabschnitt erfolgte Bruttostromerzeugung der jeweiligen Stromerzeugungsanlage in Anspruch nehmen:

1. für Strom, der aus Windkraft erzeugt wird: 0,3 Prozent;
2. für Strom, der aus Sonnenenergie erzeugt wird: 2 Prozent;
3. für Strom, der in KWK-Anlagen erzeugt wird:
   a) bei einer elektrischen Nennleistung von bis zu 10 Kilowatt: 6 Prozent,
   b) bei einer elektrischen Nennleistung von über 10 Kilowatt bis zu 100 Kilowatt: 3 Prozent,
   c) bei einer elektrischen Nennleistung von über 100 Kilowatt: 2 Prozent.

[4] Die Steuerentlastung wird nur gewährt, wenn der Antrag spätestens bis zum 31. Dezember des Jahres, das auf das Kalenderjahr folgt, in dem der Strom entnommen wurde, beim Hauptzollamt gestellt wird.

(4) [1] Entlastungsabschnitt ist das Kalenderjahr. [2] Hiervon abweichend können Antragsteller das Kalenderhalbjahr, das Kalendervierteljahr oder den Kalendermonat als Entlastungsabschnitt wählen, sofern der Entlastungsbetrag bereits im jeweils ersten gewählten Entlastungsabschnitt eines Kalenderjahres mindestens 10 000 Euro beträgt.

(4a) [1] Bei erstmaliger Antragstellung ist dem Antrag für jede Anlage eine Betriebserklärung nach amtlich vorgeschriebenem Vordruck beizufügen. [2] Weiteren Anträgen muss eine Betriebserklärung nur beigefügt werden, wenn sich Änderungen gegenüber der dem zuständigen Hauptzollamt bereits vorliegenden Betriebserklärung ergeben haben. [3] Der Antragsteller hat die Änderungen besonders kenntlich zu machen.

(5) Der Antragsteller hat einen buchmäßigen Nachweis zu führen, aus dem sich für den Entlastungsabschnitt die Menge und der genaue Verwendungszweck des Stroms ergeben müssen.

§ 12b Steuerbefreiung für Anlagen mit einer elektrischen Nennleistung von bis zu zwei Megawatt. (1) [1] Mehrere unmittelbar miteinander verbundene Stromerzeugungseinheiten an einem Standort gelten als eine Anlage zur Stromerzeugung nach § 9Abs. 1 Nr. 3 des Gesetzes. [2] Als unmittelbar miteinander verbunden gelten insbesondere auch Anlagen in Modulbauweise, die sich im selben baulichen Objekt befinden.

(2) [1] Stromerzeugungseinheiten an unterschiedlichen Standorten gelten als eine Anlage zur Stromerzeugung nach § 9 Absatz 1 Nummer 3 des Gesetzes, sofern

1. die einzelnen Stromerzeugungseinheiten zum Zweck der Stromerzeugung zentral gesteuert werden; dies ist insbesondere der Fall, wenn die einzelnen Stromerzeugungsanlagen nach § 36 des Erneuerbare-Energien-Gesetzes[1)] vom 21. Juli 2014 (BGBl. I S. 1066), das zuletzt durch Artikel 1 des Gesetzes vom 29. Juni 2015 (BGBl. I S. 1010) geändert worden ist, in der jeweils geltenden Fassung, fernsteuerbar sind, und
2. der erzeugte Strom zumindest teilweise in das Versorgungsnetz eingespeist werden soll.

[2] Eine Entnahme von Strom im räumlichen Zusammenhang zu einer Anlage im Sinn des Satzes 1 liegt nur vor, soweit der in den einzelnen Stromerzeugungs-

---

[1)] Nr. **37**.

einheiten der Anlage erzeugte Strom im räumlichen Zusammenhang zu der Stromerzeugungseinheit entnommen wird, in der der Strom erzeugt worden ist.

(3) [1] In den Fällen der Absätze 1 und 2 gilt die Summe der elektrischen Nennleistungen der einzelnen Stromerzeugungseinheiten als elektrische Nennleistung im Sinn des § 9 Absatz 1 Nummer 3 des Gesetzes. [2] Die Fernsteuerbarkeit nach Absatz 2 Satz 1 gilt nicht als zentrale Steuerung zum Zweck der Stromerzeugung, wenn die Direktvermarktung des in das Versorgungsnetz eingespeisten Stroms durch einen Dritten erfolgt, die elektrische Nennleistung der Anlagen eines Betreibers dabei 2 Megawatt nicht überschreitet und der Strom innerhalb der Kundenanlage (§ 1a Absatz 9) entnommen wird, in der er erzeugt worden ist.

(4) [1] Eine Leistung von Strom an Letztverbraucher durch denjenigen, der die Anlage betreibt oder betreiben lässt (§ 9 Absatz 1 Nummer 3 Buchstabe b des Gesetzes), liegt nur dann vor, wenn an den Leistungsbeziehungen über den in der Anlage erzeugten Strom keine weiteren als die in § 9 Absatz 1 Nummer 3 Buchstabe b des Gesetzes genannten Personen beteiligt sind. [2] Wird der erzeugte Strom zunächst an einen Netzbetreiber geleistet und sogleich zurückerworben, ist dies für die Steuerbefreiung unschädlich, wenn die Leistung an den Netzbetreiber ausschließlich erfolgt, um einen Zuschlag nach dem Kraft-Wärme-Kopplungsgesetz vom 21. Dezember 2015 (BGBl. I S. 2498), in der jeweils geltenden Fassung zu erhalten. [3] Die Sätze 1 und 2 gelten für die Steuerbefreiung nach § 9 Absatz 1 Nummer 3 Buchstabe a des Gesetzes sinngemäß.

(5) Der räumliche Zusammenhang umfasst Entnahmestellen in einem Radius von bis zu 4,5 Kilometern um die jeweilige Stromerzeugungseinheit.

§ 12c Steuerentlastung für Strom aus erneuerbaren Energieträgern.

(1) Auf Antrag wird eine Steuerentlastung für nachweislich nach § 3 des Gesetzes versteuerten Strom gewährt, der aus erneuerbaren Energieträgern erzeugt und zu den in § 9 Absatz 1 Nummer 1 oder Nummer 3 Buchstabe a[1] des Gesetzes genannten Zwecken entnommen wurde.

(2) Entlastungsberechtigt ist derjenige, der den Strom entnommen hat.

(3) [1] Die Steuerentlastung ist bei dem für den Antragsteller zuständigen Hauptzollamt mit einer Anmeldung nach amtlich vorgeschriebenem Vordruck für den Strom zu beantragen, der innerhalb eines Entlastungsabschnitts entnommen worden ist. [2] Der Antragsteller hat in der Anmeldung alle Angaben zu machen, die für die Bemessung der Steuerentlastung erforderlich sind, und die Steuerentlastung selbst zu berechnen. [3] Die Steuerentlastung wird nur gewährt, wenn der Antrag spätestens bis zum 31. Dezember des Jahres, das auf das Kalenderjahr folgt, in dem der Strom entnommen wurde, beim Hauptzollamt gestellt wird.

(4) [1] Entlastungsabschnitt ist das Kalenderjahr. [2] Hiervon abweichend können Antragsteller das Kalenderhalbjahr, das Kalendervierteljahr oder den Kalendermonat als Entlastungsabschnitt wählen, sofern der Entlastungsbetrag bereits im jeweils ersten gewählten Entlastungsabschnitt eines Kalenderjahres mindestens 10 000 Euro beträgt.

---

[1] Nr. **48**.

(5) [1] Bei erstmaliger Antragstellung ist dem Antrag für jede Anlage eine Betriebserklärung nach amtlich vorgeschriebenem Vordruck beizufügen. [2] Weiteren Anträgen muss eine Betriebserklärung nur beigefügt werden, wenn sich Änderungen gegenüber den dem Hauptzollamt bereits vorliegenden Angaben und Unterlagen ergeben haben. [3] Der Antragsteller hat die Änderungen besonders kenntlich zu machen. [4] § 11a gilt entsprechend.

(6) Der Antragsteller hat einen buchmäßigen Nachweis zu führen, aus dem sich für den Entlastungsabschnitt die Menge und der genaue Verwendungszweck des Stroms ergeben müssen.

§ 12d Steuerentlastung für Strom aus hocheffizienten KWK-Anlagen.

(1) Auf Antrag wird eine Steuerentlastung für nachweislich nach § 3 des Gesetzes versteuerten Strom gewährt, der zu dem in § 9 Absatz 1 Nummer 3 Buchstabe a[1] des Gesetzes genannten Zweck entnommen worden ist.

(2) Entlastungsberechtigt ist derjenige, der den Strom entnommen hat.

(3) [1] Die Steuerentlastung ist für jede Anlage bei dem für den Antragsteller zuständigen Hauptzollamt mit einer Anmeldung nach amtlich vorgeschriebenem Vordruck für den Strom zu beantragen, der innerhalb eines Entlastungsabschnitts entnommen worden ist. [2] Der Antragsteller hat in der Anmeldung alle Angaben zu machen, die für die Bemessung der Steuerentlastung erforderlich sind, und die Steuerentlastung selbst zu berechnen. [3] Die Steuerentlastung wird nur gewährt, wenn der Antrag spätestens bis zum 31. Dezember des Jahres, das auf das Kalenderjahr folgt, in dem der Strom entnommen wurde, beim Hauptzollamt gestellt wird.

(4) [1] Entlastungsabschnitt ist das Kalenderjahr. [2] Hiervon abweichend können Antragsteller das Kalenderhalbjahr, das Kalendervierteljahr oder den Kalendermonat als Entlastungsabschnitt wählen, sofern der Entlastungsbetrag bereits im jeweils ersten gewählten Entlastungsabschnitt eines Kalenderjahres mindestens 10 000 Euro beträgt. [3] Wird als Entlastungsabschnitt das Kalenderjahr zugrunde gelegt, ist der Jahresnutzungsgrad nachzuweisen. [4] Wird dagegen ein anderer Entlastungsabschnitt gewählt, ist für jeden Monat des Entlastungsabschnitts der jeweilige Monatsnutzungsgrad nachzuweisen.

(5) [1] Bei erstmaliger Antragstellung sind dem Antrag für jede Anlage beizufügen:

1. eine Betriebserklärung nach amtlich vorgeschriebenem Vordruck,
2. ein Nachweis über die Hocheffizienz und eine Nutzungsgradberechnung.

[2] Das zuständige Hauptzollamt kann weitere Angaben und Unterlagen verlangen, wenn dies zur Sicherung des Steueraufkommens oder für die Steueraufsicht erforderlich ist. [3] Bei Anlagen nach § 9 Absatz 1 Satz 3 Nummer 3 der Energiesteuer-Durchführungsverordnung[2] sind die nach Satz 1 erforderlichen Angaben für jede zur Anlage gehörende KWK-Einheit oder Stromerzeugungseinheit vorzulegen. [4] Der Antragsteller hat Änderungen der angegebenen Verhältnisse dem Hauptzollamt jeweils mit dem nächsten Antrag auf eine Steuerentlastung mitzuteilen. [5] § 8 Absatz 5 und § 11a gelten entsprechend.

---

[1] Nr. **48**.
[2] Nr. **51**.

(6) Der Antragsteller hat einen buchmäßigen Nachweis zu führen, aus dem sich für den Entlastungsabschnitt die Menge und der genaue Verwendungszweck des Stroms ergeben müssen.

§ 13 Verkehr mit Oberleitungsomnibussen oder Schienenbahnen.

Für steuerbegünstigte Zwecke im Sinne von § 9 Absatz 2 des Gesetzes entnommen wird Strom, der im Verkehr mit Oberleitungsomnibussen oder Schienenbahnen zum Antrieb der Fahrzeuge sowie zum Betrieb ihrer sonstigen elektrischen Anlagen und der im Verkehr mit Schienenbahnen für die Zugbildung, Zugvorbereitung sowie für die Bereitstellung und Sicherung der Fahrtrassen und Fahrwege verbraucht wird.

§ 13a Differenzversteuerung. (1) [1] Das Hauptzollamt kann auf Antrag zulassen, dass Inhaber von Erlaubnissen zur steuerbegünstigten Entnahme von Strom steuerbegünstigt nach § 9 Absatz 2 des Gesetzes bezogenen Strom

1. zu steuerbegünstigten Zwecken nach § 9 Absatz 2 des Gesetzes oder
2. unter Versteuerung mit dem Unterschiedsbetrag der jeweils gültigen Steuersätze nach § 9 Absatz 2 und § 3 des Gesetzes für nicht steuerbegünstigte Zwecke

an ihre Mieter, Pächter oder an vergleichbare Vertragsparteien leisten. [2] Der Erlaubnisinhaber gilt insoweit nicht als Versorger, sondern als Letztverbraucher im Sinn des § 5 Absatz 1 Satz 1 des Gesetzes. [3] § 9 Absatz 6 Satz 2 und 3 des Gesetzes gilt sinngemäß. [4] Steuerschuldner für den Unterschiedsbetrag ist der Erlaubnisinhaber, dem die Zulassung nach Satz 1 erteilt wurde. [5] Die für die Vertragsparteien des Erlaubnisinhabers geltenden Bestimmungen des Gesetzes und dieser Verordnung bleiben dadurch unberührt.

(2) [1] Das Hauptzollamt kann auf Antrag zulassen, dass Inhaber von Erlaubnissen zur steuerbegünstigten Entnahme von Strom steuerbegünstigt nach § 9 Absatz 2 des Gesetzes bezogenen Strom unter Versteuerung mit dem Unterschiedsbetrag der jeweils gültigen Steuersätze nach § 9 Absatz 2 und § 3 des Gesetzes für nicht steuerbegünstigte Zwecke entnehmen. [2] § 9 Absatz 6 Satz 2 und 3 des Gesetzes gilt sinngemäß. [3] Steuerschuldner für den Unterschiedsbetrag ist der Erlaubnisinhaber, dem die Zulassung nach Satz 1 erteilt wurde.

(3) [1] Der Steuerschuldner nach Absatz 1 oder Absatz 2 hat für Strom, für den die Steuer entstanden ist, beim zuständigen Hauptzollamt eine Steuererklärung nach amtlich vorgeschriebenem Vordruck abzugeben und darin die Steuer selbst zu berechnen (Steueranmeldung). [2] § 8 Absatz 2 bis 7 und 10 des Gesetzes sowie § 4 Absatz 2 bis 4 gelten sinngemäß.

§ 14 Wasserfahrzeuge und Schifffahrt. (1) Als Wasserfahrzeuge im Sinn des § 9 Absatz 1 Nummer 5 und Absatz 3 des Gesetzes gelten alle im Kapitel 89 der Kombinierten Nomenklatur (§ 1 Absatz 2 des Gesetzes) erfassten Fahrzeuge und schwimmenden Vorrichtungen mit eigenem motorischen Antrieb zur Fortbewegung.

(2) Als Schifffahrt im Sinn des § 9 Absatz 3 des Gesetzes gelten nicht

1. die stationäre Nutzung eines Wasserfahrzeugs als Wohnschiff, Hotelschiff oder zu ähnlichen Zwecken,

2. der Antrieb von Arbeitsmaschinen, die auf einem schwimmenden Arbeitsgerät fest montiert sind und aufgrund eines eigenen Motors unabhängig vom Antriebsmotor des schwimmenden Arbeitsgeräts betrieben werden.

(2a) Als schwimmende Arbeitsgeräte im Sinn des Absatzes 2 Nummer 2 gelten die in der Position 8905 der Kombinierten Nomenklatur erfassten Wasserfahrzeuge und schwimmenden Vorrichtungen mit eigenem motorischen Antrieb zur Fortbewegung.

(3) Private nichtgewerbliche Schifffahrt im Sinn des § 9 Absatz 3 des Gesetzes ist die Nutzung eines Wasserfahrzeugs durch seinen Eigentümer oder den durch Anmietung oder aus sonstigen Gründen Nutzungsberechtigten zu anderen Zwecken als

1. zur gewerbsmäßigen Beförderung von Personen oder Sachen,
2. zur gewerbsmäßigen Erbringung von Dienstleistungen, ausgenommen die Nutzung von Wasserfahrzeugen der Position 8903 der Kombinierten Nomenklatur auf Binnengewässern,
3. zur Seenotrettung durch Seenotrettungsdienste,
4. zu Forschungszwecken,
5. zur dienstlichen Nutzung durch Behörden oder
6. zur Haupterwerbsfischerei.

(4) Gewerbsmäßigkeit im Sinn des Absatzes 3 Nummer 1 und 2 liegt vor, wenn die mit Wasserfahrzeugen gegen Entgelt ausgeübte Tätigkeit mit Gewinnerzielungsabsicht betrieben wird und der Unternehmer auf eigenes Risiko und eigene Verantwortung handelt.

(5) Binnengewässer im Sinn des Absatzes 3 Nummer 2 sind die Binnenwasserstraßen nach § 1 Absatz 1 Nummer 1 des Bundeswasserstraßengesetzes in der Fassung der Bekanntmachung vom 23. Mai 2007 (BGBl. I S. 962; 2008 I S. 1980), das zuletzt durch § 2 der Verordnung vom 27. April 2010 (BGBl. I S. 540) geändert worden ist, in der jeweils geltenden Fassung und die sonstigen im Binnenland gelegenen Gewässer, die für die Schifffahrt geeignet und bestimmt sind, mit Ausnahme

1. der Seeschifffahrtsstraßen gemäß § 1 Absatz 1 der Seeschifffahrtsstraßen-Ordnung in der Fassung der Bekanntmachung vom 22. Oktober 1998 (BGBl. I S. 3209; 1999 I S. 193), die zuletzt durch Artikel 1 der Verordnung vom 7. April 2010 (BGBl. I S. 399) geändert worden ist, in der jeweils geltenden Fassung,
2. der Ems und der Leda in den Grenzen, die in § 1 Absatz 1 Satz 1 Nummer 2 der Verordnung zur Einführung der Schifffahrtsordnung Emsmündung vom 8. August 1989 (BGBl. I S. 1583), die zuletzt durch Artikel 3 § 17 der Verordnung vom 19. Dezember 2008 (BGBl. I S. 2868; 2010 I S. 380) geändert worden ist, in der jeweils geltenden Fassung genannt werden, und
3. der Elbe von Kilometer 607,5 bis Kilometer 639 und des Hamburger Hafens in den Grenzen, die in § 1 Absatz 2 des Hafenverkehrs- und Schifffahrtsgesetzes vom 3. Juli 1979 (HmbGVBl. I S. 177), das zuletzt durch Artikel 4 des Gesetzes vom 6. Oktober 2005 (HmbGVBl. I S. 424) geändert worden ist, in der jeweils geltenden Fassung genannt werden.

§ 14a Steuerentlastung für die Landstromversorgung. (1) [1] Auf Antrag wird eine Steuerentlastung für nachweislich nach § 3 des Gesetzes versteuerten Strom gewährt, der zu dem in § 9 Absatz 3 des Gesetzes genannten Zweck verbraucht worden ist. [2] Die Steuerentlastung beträgt 20 Euro je Megawattstunde. [3] § 14 gilt entsprechend.

(2) Entlastungsberechtigt ist

1. im Fall einer Leistung des Stroms unmittelbar zu dem in § 9 Absatz 3 des Gesetzes genannten Zweck derjenige, der den Strom geleistet hat,
2. andernfalls derjenige, der den Strom entnommen hat.

(3) [1] Die Steuerentlastung ist bei dem für den Antragsteller zuständigen Hauptzollamt mit einer Anmeldung nach amtlich vorgeschriebenem Vordruck für den Strom zu beantragen, der innerhalb eines Entlastungsabschnitts entnommen worden ist. [2] Der Antragsteller hat in der Anmeldung alle Angaben zu machen, die für die Bemessung der Steuerentlastung erforderlich sind, und die Steuerentlastung selbst zu berechnen. [3] Die Steuerentlastung wird nur gewährt, wenn der Antrag spätestens bis zum 31. Dezember des Jahres, das auf das Kalenderjahr folgt, in dem der Strom entnommen worden ist, beim Hauptzollamt gestellt wird.

(4) [1] Entlastungsabschnitt ist nach Wahl des Antragstellers ein Zeitraum von einem Kalendervierteljahr, einem Kalenderhalbjahr oder einem Kalenderjahr. [2] Das Hauptzollamt kann auf Antrag einen Zeitraum von einem Kalendermonat als Entlastungsabschnitt zulassen oder in Einzelfällen die Steuerentlastung unverzüglich gewähren.

Zu § 2 Nummer 3 bis 6 und den §§ 9a bis 10 des Gesetzes

§ 15 Zuordnung von Unternehmen. (1) [1] Das Hauptzollamt entscheidet über die Zuordnung eines Unternehmens nach § 2 Nummer 3 und 5 des Gesetzes zu einem Abschnitt oder einer Klasse der Klassifikation der Wirtschaftszweige. [2] Für die Zuordnung sind die Abgrenzungsmerkmale maßgebend, die in der Klassifikation der Wirtschaftszweige und in deren Vorbemerkungen genannt sind, soweit die folgenden Absätze nichts anderes bestimmen.

(2) Die Zuordnung eines Unternehmens zu einem Abschnitt oder einer Klasse der Klassifikation der Wirtschaftszweige erfolgt nach den wirtschaftlichen Tätigkeiten des Unternehmens im maßgebenden Zeitraum.

(3) [1] Vorbehaltlich der Sätze 2 und 3 ist maßgebender Zeitraum das Kalenderjahr, das dem Kalenderjahr vorhergeht, für das eine Steuerentlastung beantragt wird. [2] Abweichend von Satz 1 kann das Unternehmen als maßgebenden Zeitraum das Kalenderjahr wählen, für das eine Steuerentlastung beantragt wird. [3] Das Kalenderjahr nach Satz 2 ist maßgebender Zeitraum, wenn das Unternehmen die wirtschaftlichen Tätigkeiten, die dem Produzierenden Gewerbe oder der Land- und Forstwirtschaft im Sinn des § 2 Nummer 3 oder Nummer 5 des Gesetzes zuzuordnen sind, im vorhergehenden Kalenderjahr eingestellt und bis zu dessen Ende nicht wieder aufgenommen hat.

(4) [1] Unternehmen, die im maßgebenden Zeitraum mehrere wirtschaftliche Tätigkeiten ausüben, die entweder nicht alle dem Produzierenden Gewerbe oder nicht alle der Land- und Forstwirtschaft im Sinn des § 2 Nummer 3 oder

Nummer 5 des Gesetzes zuzuordnen sind, sind nach dem Schwerpunkt ihrer wirtschaftlichen Tätigkeit einem Abschnitt der Klassifikation der Wirtschaftszweige zuzuordnen. [2]Der Schwerpunkt der wirtschaftlichen Tätigkeit wird nach Wahl des Unternehmens durch den Abschnitt der Klassifikation der Wirtschaftszweige bestimmt,

1. auf dessen Tätigkeiten im maßgebenden Zeitraum der größte Anteil der Bruttowertschöpfung zu Herstellungspreisen im Sinne der Vorbemerkungen zur Klassifikation der Wirtschaftszweige entfiel,
2. auf dessen Tätigkeiten im maßgebenden Zeitraum der größte Anteil der Wertschöpfung entfiel,
3. in dessen Tätigkeiten im maßgebenden Zeitraum im Durchschnitt die meisten Personen tätig waren oder
4. in dessen Tätigkeiten im maßgebenden Zeitraum der höchste steuerbare Umsatz im Sinne von § 1 Abs. 1 Nr. 1 des Umsatzsteuergesetzes erzielt wurde. Als steuerbarer Umsatz gilt dabei auch das den Leistungen von juristischen Personen des öffentlichen Rechts und kommunalen Eigenbetrieben zuzurechnende Aufkommen aus Beiträgen und Gebühren. Die umsatzsteuerlichen Vorschriften zur Organschaft (§ 2 Absatz 2 Nummer 2 des Umsatzsteuergesetzes) sind nicht anwendbar.

[3]Das Hauptzollamt kann die Wahl des Unternehmens zurückweisen, wenn diese offensichtlich nicht geeignet ist, den Schwerpunkt der wirtschaftlichen Tätigkeit des Unternehmens zu bestimmen.

(5) Ist ein Unternehmen dem Abschnitt B der Klassifikation der Wirtschaftszweige zuzuordnen, gilt für die Zuordnung zu einer Klasse dieses Abschnitts Absatz 4 sinngemäß.

(6) [1]Die Wertschöpfungsanteile nach Absatz 4 Satz 2 Nummer 2 ergeben sich als Differenz zwischen der Summe aus dem steuerbaren Umsatz nach § 1 Abs. 1 Nr. 1 des Umsatzsteuergesetzes, den nicht steuerbaren Lieferungen und sonstigen Leistungen, der Bestandsmehrung an unfertigen und fertigen Erzeugnissen sowie den Herstellungskosten für selbst erstellte Anlagen in den jeweiligen Abschnitten einerseits und der Summe aus den Vorleistungen, den linearen und degressiven Abschreibungen sowie der Bestandsminderung an unfertigen und fertigen Erzeugnissen andererseits. [2]Vorleistungen sind die Kosten für Rohstoffe, Hilfsstoffe, Betriebsstoffe, Handelswaren und Fremdleistungen, nicht jedoch Löhne, Gehälter, Mieten, Pachten und Fremdkapitalzinsen.

(7) [1]Als Zahl der im Durchschnitt tätigen Personen nach Absatz 4 Satz 2 Nummer 3 gilt die Summe der Zahlen der am 15. Tag eines jeden Kalendermonats tätigen Personen geteilt durch die Anzahl der entsprechenden Monate. [2]Tätige Personen sind:

1. Personen, die in einem Arbeitsverhältnis zum Unternehmen stehen, auch wenn sie vorübergehend abwesend sind, nicht jedoch im Ausland tätige Personen;
2. tätige Inhaber und tätige Mitinhaber von Personengesellschaften;
3. unbezahlt mithelfende Familienangehörige, soweit sie mindestens ein Drittel der üblichen Arbeitszeit im Unternehmen tätig sind;
4. Arbeitskräfte, die von anderen Unternehmen gegen Entgelt gemäß dem Arbeitnehmerüberlassungsgesetz zur Arbeitsleistung überlassen wurden.

(8) Unternehmen oder Unternehmensteile im Vertrieb und in der Produktion von Gütern ohne eigene Warenproduktion (Converter) sind abweichend von Abschnitt 3.4 der Vorbemerkungen zur Klassifikation der Wirtschaftszweige auch dann, wenn sie die gewerblichen Schutzrechte an den Produkten besitzen, nicht so zu klassifizieren, als würden sie die Waren selbst herstellen.

(8a) Unternehmen oder Unternehmensteile, die zur Verarbeitung ihrer Stoffe andere Unternehmen beauftragen, werden abweichend von den Erläuterungen zu Abschnitt D Absatz 3 der Klassifikation der Wirtschaftszweige nicht im verarbeitenden Gewerbe erfasst.

(9) Soweit in den Erläuterungen zur Abteilung 45 der Klassifikation der Wirtschaftszweige bestimmt wird, dass Arbeiten im Baugewerbe auch durch Subunternehmen ausgeführt werden können, gilt dies nicht, wenn die Arbeiten für das zuzuordnende Unternehmen Investitionen darstellen.

(10) Die Absätze 1 bis 9 gelten sinngemäß, wenn ein Unternehmen für andere Rechtsvorschriften dem Produzierenden Gewerbe oder der Land- und Forstwirtschaft nach § 2 Nummer 3 oder Nummer 5 des Gesetzes zuzuordnen ist.

§§ 16, 17 *(aufgehoben)*

Zu § 9a des Gesetzes

§ 17a Erlass, Erstattung oder Vergütung der Steuer für bestimmte Prozesse und Verfahren. (1) [1] Der Erlass, die Erstattung oder die Vergütung der Steuer nach § 9a des Gesetzes ist bei dem für den Antragsteller zuständigen Hauptzollamt mit einer Anmeldung nach amtlich vorgeschriebenem Vordruck für innerhalb eines Erlass-, Erstattungs- oder Vergütungsabschnitts entnommenen Strom zu beantragen. [2] Der Antragsteller hat in der Anmeldung alle für die Bemessung des Erlasses, der Erstattung oder der Vergütung erforderlichen Angaben zu machen und den Erlass, die Erstattung oder die Vergütung selbst zu berechnen. [3] Der Erlass, die Erstattung oder die Vergütung wird nur gewährt, wenn der Antrag spätestens bis zum 31. Dezember des Jahres, das auf das Kalenderjahr folgt, in dem der Strom entnommen wurde, beim Hauptzollamt gestellt wird.

(2) [1] Erlass-, Erstattungs- oder Vergütungsabschnitt ist das Kalenderjahr. [2] Bestimmt sich der maßgebende Zeitraum für die Zuordnung des Unternehmens zum Produzierenden Gewerbe nach § 15 Absatz 3 Satz 1, kann der Antragsteller das Kalendervierteljahr oder das Kalenderhalbjahr als Erlass-, Erstattungs- oder Vergütungsabschnitt wählen. [3] Das Hauptzollamt kann im Fall des Satzes 2 auf Antrag auch den Kalendermonat als Erlass-, Erstattungs- oder Vergütungsabschnitt zulassen.

(3) [1] Dem Antrag sind beizufügen:

1. eine Beschreibung der wirtschaftlichen Tätigkeiten des Unternehmens im maßgebenden Zeitraum nach amtlich vorgeschriebenem Vordruck, die dem Hauptzollamt eine Zuordnung des Unternehmens zu einem Abschnitt oder gegebenenfalls einer Klasse der Klassifikation der Wirtschaftszweige ermöglicht, es sei denn, die Beschreibung liegt dem Hauptzollamt für den maßgebenden Zeitraum bereits vor,

2. bei erstmaliger Antragstellung eine Betriebserklärung, in der die Verwendung des Stroms genau beschrieben ist.

[2] Weiteren Anträgen muss eine Betriebserklärung nur beigefügt werden, wenn sich Änderungen gegenüber der dem Hauptzollamt bereits vorliegenden Betriebserklärung ergeben haben. [3] Der Antragsteller hat die Änderungen besonders kenntlich zu machen.

(4) Der Antragsteller hat einen buchmäßigen Nachweis zu führen, aus dem sich für den Entlastungsabschnitt die Menge und der genaue Verwendungszweck des Stroms ergeben müssen.

(4a) [1] Zur Ermittlung der entlastungsfähigen Mengen ist der Strom zu messen, der zu den Zwecken nach § 9a des Gesetzes entnommen wurde. [2] Das zuständige Hauptzollamt kann auf Antrag weitere Ermittlungsmethoden zulassen, soweit die Steuerbelange dadurch nicht beeinträchtigt werden.

(5) Das Laden und das Wiederaufladen von Batterien und Akkumulatoren gelten nicht als Elektrolyse oder chemisches Reduktionsverfahren im Sinn des § 9a Absatz 1 Nummer 1 oder Nummer 4 des Gesetzes.

Zu § 9b des Gesetzes

§ 17b Steuerentlastung für Unternehmen. (1) [1] Die Steuerentlastung nach § 9b des Gesetzes ist bei dem für den Antragsteller zuständigen Hauptzollamt mit einer Anmeldung nach amtlich vorgeschriebenem Vordruck für den Strom zu beantragen, der innerhalb eines Entlastungsabschnitts entnommen worden ist. [2] Der Antragsteller hat in der Anmeldung alle Angaben zu machen, die für die Bemessung der Steuerentlastung erforderlich sind, und die Steuerentlastung selbst zu berechnen. [3] Die Steuerentlastung wird nur gewährt, wenn der Antrag spätestens bis zum 31. Dezember des Jahres, das auf das Kalenderjahr folgt, in dem der Strom entnommen worden ist, beim Hauptzollamt gestellt wird.

(2) [1] Entlastungsabschnitt ist das Kalenderjahr. [2] Bestimmt sich der maßgebende Zeitraum für die Zuordnung eines Unternehmens zum Produzierenden Gewerbe oder zur Land- und Forstwirtschaft nach § 15 Absatz 3 Satz 1, kann der Antragsteller abweichend von Satz 1 das Kalendervierteljahr oder das Kalenderhalbjahr als Entlastungsabschnitt wählen. [3] Das Hauptzollamt kann im Fall des Satzes 2 auf Antrag auch den Kalendermonat als Entlastungsabschnitt zulassen. [4] Eine Steuerentlastung wird in den Fällen der Sätze 2 und 3 jedoch nur gewährt, wenn der Entlastungsbetrag den Betrag nach § 9b Absatz 2 Satz 2 des Gesetzes bereits im jeweils ersten Entlastungsabschnitt eines Kalenderjahres überschreitet.

(3) [1] Der Antragsteller hat dem Antrag eine Beschreibung seiner wirtschaftlichen Tätigkeiten im maßgebenden Zeitraum nach amtlich vorgeschriebenem Vordruck beizufügen, es sei denn, die Beschreibung liegt dem Hauptzollamt bereits vor. [2] Die Beschreibung muss es dem Hauptzollamt ermöglichen, das Unternehmen einem Abschnitt oder einer Klasse der Klassifikation der Wirtschaftszweige zuzuordnen.

(4) Vom Antragsteller erzeugter oder bezogener Strom gilt auch dann als für betriebliche Zwecke entnommen, wenn

1. der Strom durch ein anderes Unternehmen im Betrieb des Antragstellers entnommen wird und dieses Unternehmen damit nur zeitweise dort eine Leistung erbringt, die ausschließlich auf dem Betriebsgelände des Antragstellers erbracht werden kann,
2. solcher Strom üblicherweise nicht gesondert abgerechnet wird und
3. der Empfänger der unter Entnahme des Stroms erbrachten Leistung der Antragsteller ist.

(4a) Soweit Strommengen, die für die Elektromobilität verwendet wurden, wegen des Nichtvorhandenseins von Mess- oder Zähleinrichtungen nicht ermittelt werden können, ist eine sachgerechte, von einem Dritten nachvollziehbare Schätzung zulässig.

(5) Eine Schätzung der jeweils selbst oder von einem anderen Unternehmen (§ 17c) des Produzierenden Gewerbes oder der Land- und Forstwirtschaft verwendeten Nutzenergiemengen und der für die Erzeugung der Nutzenergie entnommenen Strommengen ist zulässig, soweit

1. eine genaue Ermittlung der Mengen nur mit unvertretbarem Aufwand möglich wäre und
2. die Schätzung nach allgemein anerkannten Regeln der Technik erfolgt und für nicht sachverständige Dritte jederzeit nachprüf- und nachvollziehbar ist.

(6) Der Antragsteller hat einen buchmäßigen Nachweis zu führen, aus dem sich für den jeweiligen Entlastungsabschnitt ergeben müssen:

1. die Menge des vom Antragsteller verbrauchten Stroms,
2. der genaue Verwendungszweck des Stroms,
3. soweit die erzeugte Nutzenergie durch ein anderes Unternehmen des Produzierenden Gewerbes oder der Land- und Forstwirtschaft verwendet worden ist (§ 17c):
   a) der Name und die Anschrift dieses anderen Unternehmens sowie
   b) die Nutzenergiemengen, die durch dieses andere Unternehmen jeweils verwendet worden sind, sowie die für die Erzeugung der Nutzenergie jeweils entnommenen Strommengen.

(7) Nutzenergie sind Licht, Wärme, Kälte, mechanische Energie und Druckluft, ausgenommen Druckluft, die in Druckflaschen oder anderen Behältern abgegeben wird.

§ 17c Verwendung von Nutzenergie durch andere Unternehmen.

(1) [1] Soweit eine Steuerentlastung für die Erzeugung von Nutzenergie, die durch ein anderes Unternehmen des Produzierenden Gewerbes oder der Land- und Forstwirtschaft im Sinn des § 2 Nummer 3 oder Nummer 5 des Gesetzes verwendet worden ist, beantragt wird, sind dem Antrag nach § 17b Absatz 1 zusätzlich beizufügen:

1. für jedes die Nutzenergie verwendende andere Unternehmen des Produzierenden Gewerbes oder der Land- und Forstwirtschaft eine Selbsterklärung dieses anderen Unternehmens nach Absatz 2 und
2. eine Aufstellung, in der die für die Nutzenergieerzeugung entnommenen Strommengen diesen anderen Unternehmen jeweils zugeordnet werden.

[2]Die Vorlage einer Selbsterklärung nach Satz 1 Nummer 1 ist nicht erforderlich, wenn diese für das Kalenderjahr, für das die Steuerentlastung beantragt wird, dem Hauptzollamt bereits vorliegt.

(2) [1]Die Selbsterklärung ist gemäß Satz 2 und 3 nach amtlich vorgeschriebenem Vordruck abzugeben. [2]Darin hat das andere Unternehmen des Produzierenden Gewerbes oder der Land- und Forstwirtschaft insbesondere seine wirtschaftlichen Tätigkeiten im maßgebenden Zeitraum zu beschreiben. [3]§ 17b Absatz 3 Satz 2 gilt entsprechend. [4]Auf die Beschreibung der wirtschaftlichen Tätigkeiten wird verzichtet, wenn dem für das andere Unternehmen des Produzierenden Gewerbes oder der Land- und Forstwirtschaft zuständigen Hauptzollamt eine Beschreibung der wirtschaftlichen Tätigkeiten für den maßgebenden Zeitraum bereits vorliegt. [5]Die Selbsterklärung gilt als Steuererklärung im Sinn der Abgabenordnung.

(3) [1]Der Antragsteller hat sich die von einem anderen Unternehmen des Produzierenden Gewerbes oder der Land- und Forstwirtschaft jeweils verwendeten Nutzenergiemengen bestätigen zu lassen. [2]Soweit die jeweils bezogene Nutzenergiemenge von einem anderen Unternehmen des Produzierenden Gewerbes oder der Land- und Forstwirtschaft vollständig selbst verwendet worden ist, reicht eine Bestätigung über die vollständige Verwendung der Nutzenergie ohne Angabe der Menge aus. [3]Die vollständige oder anteilige Verwendung der Nutzenergie durch ein anderes Unternehmen des Produzierenden Gewerbes oder der Land- und Forstwirtschaft muss sich eindeutig und leicht nachprüfbar aus den bei dem Antragsteller vorhandenen Belegen ergeben. [4]Der Antragsteller nimmt die Bestätigungen zu seinen steuerlichen Aufzeichnungen.

(4) [1]Wer eine Bestätigung nach Absatz 3 ausstellt, hat gemäß Satz 2 Aufzeichnungen zu führen, aus denen sich die insgesamt bezogenen, die selbst verwendeten und die an Dritte abgegebenen Nutzenergiemengen herleiten lassen. [2]Die Aufzeichnungen müssen so beschaffen sein, dass es einem sachverständigen Dritten innerhalb einer angemessenen Frist möglich ist, die Aufzeichnungen zu prüfen. [3]§ 17b Absatz 5 gilt entsprechend. [4]Das andere Unternehmen unterliegt im Entlastungsverfahren der Steueraufsicht nach § 209 Absatz 3 der Abgabenordnung.

(5) Vom Antragsteller erzeugte Nutzenergie gilt nicht als durch ein anderes Unternehmen verwendet, wenn

1. dieses andere Unternehmen die Nutzenergie im Betrieb des Antragstellers verwendet,
2. solche Nutzenergie üblicherweise nicht gesondert abgerechnet wird und
3. der Empfänger der unter Verwendung der Nutzenergie erbrachten Leistungen der Antragsteller ist.

Zu § 9c des Gesetzes

§ 17d Steuerentlastung für den Öffentlichen Personennahverkehr, Allgemeines. (1) [1]Die Steuerentlastung nach § 9c des Gesetzes ist bei dem für den Antragsteller zuständigen Hauptzollamt mit einer Anmeldung nach amtlich vorgeschriebenem Vordruck für den Strom zu beantragen, der innerhalb eines

Entlastungsabschnitts für begünstigte Zwecke entnommen worden ist. [2] In der Anmeldung sind alle für die Bemessung der Steuerentlastung erforderlichen Angaben zu machen und die Steuerentlastung ist selbst zu berechnen (Steueranmeldung). [3] Eine Steuerentlastung wird nur gewährt, wenn der Antrag spätestens bis zum 31. Dezember des Jahres, das auf das Kalenderjahr folgt, in dem der Strom verwendet worden ist, beim zuständigen Hauptzollamt gestellt wird.

(2) Entlastungsabschnitt ist nach Wahl des Antragstellers ein Zeitraum von einem Kalendervierteljahr, einem Kalenderhalbjahr oder einem Kalenderjahr.

(3) [1] Unternehmen mit Geschäftssitz im Ausland wird eine Steuerentlastung nur gewährt, wenn nachgewiesen ist, dass eine den begünstigten Beförderungen entsprechende Menge Strom verwendet wurde, die im Steuergebiet des Gesetzes durch das Unternehmen versteuert worden ist oder versteuert geleistet worden ist. [2] Das Hauptzollamt kann Regelungen über die Art des Nachweises festlegen.

(4) Weicht der berechnete Entlastungsbetrag erheblich von dem Entlastungsbetrag ab, der für einen vergleichbaren vorhergehenden Entlastungsabschnitt gewährt worden ist, sind die Abweichungen zu erläutern.

(5) [1] Dem Antrag müssen die tatsächlich zurückgelegten begünstigten Strecken zugrunde gelegt werden, wie sie sich aus dem buchmäßigen Nachweis ergeben. [2] Pauschalansätze sind nicht zulässig.

(6) [1] Der Öffentliche Personennahverkehr mit Kraftfahrzeugen umfasst auch die damit zusammenhängenden notwendigen Betriebsfahrten sowie den Betrieb der sonstigen mit Strom betriebenen Anlagen des Fahrzeugs. [2] Zum Umfang der notwendigen Betriebsfahrten gilt § 102 Absatz 6 der Energiesteuer-Durchführungsverordnung[1)] entsprechend.

§ 17e Steuerentlastung für den Öffentlichen Personennahverkehr, Nachweise. (1) Der erstmalige Antrag auf Steuerentlastung nach § 17d Absatz 1 muss ergänzend zum amtlich vorgeschriebenen Vordruck die in § 102b Absatz 1 der Energiesteuer-Durchführungsverordnung[1)] vorgeschriebenen Angaben enthalten, soweit diese zutreffen.

(2) Änderungen der betrieblichen Verhältnisse, die für die Angaben nach Absatz 1 maßgeblich sind, sind dem zuständigen Hauptzollamt spätestens mit dem nächsten Antrag auf Steuerentlastung anzuzeigen.

(3) [1] Für jeden Entlastungsabschnitt nach § 17d Absatz 2 sind Berechnungsbögen zum Antrag auf Steuerentlastung zu erstellen. [2] Die Berechnungsbögen müssen die in § 102b Absatz 3 der Energiesteuer-Durchführungsverordnung[1)] vorgeschriebenen Angaben enthalten.

(4) Der Antragsteller hat für jedes Fahrzeug, in dem der Strom verwendet worden ist, einen buchmäßigen Nachweis mit den in § 102b Absatz 4 der Energiesteuer-Durchführungsverordnung[1)] vorgeschriebenen Angaben zu führen.

[1)] Nr. **51**.

Zu § 10 des Gesetzes

§ 18 Begriffsbestimmungen zu § 10 des Gesetzes. (1) Als akkreditierte Konformitätsbewertungsstelle im Sinn des § 10 Absatz 7 Nummer 2 des Gesetzes gelten Stellen, die Konformitätsbewertungen einschließlich Kalibrierungen, Prüfungen, Zertifizierungen und Inspektionen durchführen und über eine Akkreditierung einer nationalen Akkreditierungsstelle nach Artikel 4 Absatz 1 der Verordnung (EG) Nr. 765/2008 des Europäischen Parlaments und des Rates vom 9. Juli 2008 über die Vorschriften für die Akkreditierung und Marktüberwachung im Zusammenhang mit der Vermarktung von Produkten und zur Aufhebung der Verordnung (EWG) Nr. 339/93 des Rates (ABl. L 218 vom 13.8.2008, S. 30) in der jeweils geltenden Fassung verfügen.

(2) Als nationale Akkreditierungsstelle im Sinn des § 10 Absatz 7 Nummer 2 des Gesetzes gelten folgende Stellen:

1. die nach § 8 des Akkreditierungsstellengesetzes vom 31. Juli 2009 (BGBl. I S. 2625), das durch Artikel 2 Absatz 80 des Gesetzes vom 22. Dezember 2011 (BGBl. I S. 3044) geändert worden ist, in der jeweils geltenden Fassung beliehene oder errichtete Stelle und
2. jede andere von einem Mitgliedstaat der Europäischen Union oder einem Staat des Europäischen Wirtschaftsraums nach Artikel 4 Absatz 1 der Verordnung (EG) Nr. 765/2008 als nationale Akkreditierungsstelle benannte Stelle.

(3) Zulassungsstelle nach § 28 des Umweltauditgesetzes im Sinn des § 12 Absatz 1 des Gesetzes ist die nach § 1 der UAG-Beleihungsverordnung vom 18. Dezember 1995 (BGBl. I S. 2013), die zuletzt durch Artikel 1 der Verordnung vom 13. Dezember 2011 (BGBl. I S. 2727) geändert worden ist, in der jeweils geltenden Fassung mit den Aufgaben einer Zulassungs- und Aufsichtsstelle für Umweltgutachter und Umweltgutachterorganisationen jeweils beliehene Stelle.

§ 19 Erlass, Erstattung oder Vergütung der Steuer in Sonderfällen.

(1) [1] Der Erlass, die Erstattung oder die Vergütung der Steuer nach § 10 des Gesetzes ist bei dem für den Antragsteller zuständigen Hauptzollamt nach amtlich vorgeschriebenem Vordruck für den Strom zu beantragen, der innerhalb eines Kalenderjahres (Abrechnungszeitraum) entnommen worden ist. [2] Die Steuerentlastung wird nur gewährt, wenn der Antrag spätestens bis zum 31. Dezember des Jahres, das auf das Kalenderjahr folgt, in dem der Strom entnommen worden ist, beim Hauptzollamt gestellt wird.

(2) [1] Bestimmt sich der maßgebende Zeitraum für die Zuordnung des Unternehmens zum Produzierenden Gewerbe nach § 15 Absatz 3 Satz 1, kann das Hauptzollamt unbeschadet des § 6 Abs. 2 auf Antrag einen vorläufigen Erlass-, Erstattungs- oder Vergütungszeitraum von einem Kalendermonat, einem Kalendervierteljahr oder einem Kalenderhalbjahr (vorläufiger Abrechnungszeitraum) zulassen und die Steuer für innerhalb eines vorläufigen Abrechnungszeitraumes entnommenen Strom erlassen, erstatten oder vergüten. [2] Zur Errechnung der Höhe des Erlasses, der Erstattung oder der Vergütung ist § 10 des Gesetzes sinngemäß auf den vorläufigen Abrechnungszeitraum anzuwenden. [3] Die Steuer wird nur dann nach Satz 1 erlassen, erstattet oder vergütet, wenn

1. die Steuer nach § 10 Absatz 1 Satz 1 bis 4 des Gesetzes bereits im ersten vorläufigen Abrechnungszeitraum im Kalenderjahr den Unterschiedsbetrag in der Rentenversicherung (§ 10 Absatz 2 Satz 1 Nummer 1 und 2 des Gesetzes) für diesen Zeitraum übersteigt,
2. der Antragsteller den nach § 10 Absatz 3 Satz 1 Nummer 1 oder Absatz 4 des Gesetzes erforderlichen Nachweis bereits erbracht hat und
3. die nach § 10 Absatz 3 Satz 1 Nummer 2 Buchstabe b des Gesetzes erforderliche Bekanntmachung der Bundesregierung bereits erfolgt ist.

(3) [1] Wurde die voraussichtlich zu erlassende, zu erstattende oder zu vergütende Steuer bei der Berechnung der Höhe der Vorauszahlungen nach § 6 Abs. 2 berücksichtigt oder die Steuer für innerhalb eines vorläufigen Abrechnungszeitraumes entnommenen Strom nach Absatz 2 erlassen, erstattet oder vergütet, hat der Antragsteller einen zusammenfassenden Antrag nach Absatz 1 für das Kalenderjahr bis zum 31. Juli des folgenden Kalenderjahres abzugeben. [2] Wird der zusammenfassende Antrag nicht oder nicht rechtzeitig abgegeben, fordert das Hauptzollamt die nach Absatz 2 erlassene, erstattete oder vergütete Steuer zurück.

(4) [1] § 17b Absatz 3 bis 7 und § 17c gelten entsprechend. [2] Sofern der Antragsteller Betreiber eines alternativen Systems zur Verbesserung der Energieeffizienz gemäß der Verordnung zu § 12 des Gesetzes ist, hat er dem Antrag nach Absatz 1 eine Selbsterklärung nach amtlich vorgeschriebenem Vordruck beizufügen, aus der hervorgeht, dass das Unternehmen im Antragsjahr die Voraussetzungen der Definition für kleine und mittlere Unternehmen im Sinn des § 10 Absatz 3 Satz 2 des Gesetzes erfüllt hat.

(5) Wurde das Unternehmen nach dem 31. Dezember 2013 neu gegründet (§ 10 Absatz 5 des Gesetzes), hat es die Art der Neugründung und den Zeitpunkt der Betriebsaufnahme durch geeignete Unterlagen nachzuweisen.

Zu § 156 Absatz 1 der Abgabenordnung

§ 19a Kleinbetragsregelung. (1) Eine angemeldete oder festgesetzte Steuer oder Steuerentlastung wird vom zuständigen Hauptzollamt nur abweichend festgesetzt, geändert oder berichtigt, wenn die Abweichung von der angemeldeten oder festgesetzten Steuer oder Steuerentlastung mindestens 25 Euro beträgt.

(2) Soweit die Festsetzung durch automatisierte Verfahren unterstützt wird, gilt Absatz 1 erst, wenn die entsprechende Regelung programmtechnisch umgesetzt worden ist.

Zu § 381 Absatz 1 der Abgabenordnung

§ 20 Ordnungswidrigkeiten. Ordnungswidrig im Sinn des § 381 Absatz 1 Nummer 1 der Abgabenordnung handelt, wer vorsätzlich oder leichtfertig

1. entgegen § 2 Absatz 3, § 3 Absatz 7 Satz 1, auch in Verbindung mit § 3 Absatz 7 Satz 2, jeweils auch in Verbindung mit § 9 Absatz 2, § 4 Absatz 4, auch in Verbindung mit § 4 Absatz 7 oder § 13a Absatz 3 Satz 2, entgegen

§ 4 Absatz 5 Satz 2, entgegen § 11 Absatz 4 oder entgegen § 11 Absatz 5 Satz 2 eine Anzeige nicht, nicht richtig, nicht vollständig, nicht in der vorgeschriebenen Weise oder nicht rechtzeitig erstattet,

2. entgegen § 4 Absatz 2 Satz 1, auch in Verbindung mit § 4 Absatz 8 Satz 1 oder § 13a Absatz 3 Satz 2, entgegen § 11 Absatz 2 Satz 1 oder entgegen § 17c Absatz 4 Satz 1, auch in Verbindung mit § 19 Absatz 4 Satz 1, eine Aufzeichnung nicht, nicht richtig oder nicht vollständig führt,

2a. entgegen § 4 Absatz 2 Satz 5 eine Aufzeichnung oder einen Nachweis nicht oder nicht rechtzeitig vorlegt,

3. entgegen § 4 Absatz 5 Satz 1 oder entgegen § 11 Absatz 5 Satz 1 einen Erlaubnisschein nicht oder nicht rechtzeitig zurückgibt,

4. entgegen § 4 Absatz 6 eine Anmeldung nicht, nicht richtig oder nicht rechtzeitig abgibt,

4a. entgegen § 4 Absatz 7 Satz 1, auch in Verbindung mit § 4 Absatz 8, eine Steuerbegünstigung nicht, nicht richtig, nicht vollständig oder nicht in der vorgeschriebenen Weise ausweist oder

5. entgegen § 17c Absatz 2 Satz 1, auch in Verbindung mit § 19 Absatz 4 Satz 1, oder entgegen § 19 Absatz 4 Satz 2 eine Selbsterklärung nicht richtig oder nicht vollständig abgibt.

Schlussbestimmungen

§ 21 Übergangsregelung. (1) Für Anträge auf eine Steuerentlastung nach § 10 des Gesetzes in der am 31. Dezember 2012 geltenden Fassung ist § 18 in der zu diesem Zeitpunkt geltenden Fassung weiter anzuwenden.

(2) [1] Erlaubnisse nach § 9 Absatz 4 in Verbindung mit § 9 Absatz 1 Nummer 2 des Gesetzes erlöschen in den Fällen nach § 12 Absatz 3 Satz 2 und in den Fällen nach § 12 Absatz 4 mit Ablauf des 31. Dezember 2017. [2] Der Erlaubnisschein ist unverzüglich zurückzugeben.

50. Energiesteuergesetz (EnergieStG)[1]

Vom 15. Juli 2006

(BGBl. I S. 1534)

FNA 612-20

zuletzt geänd. durch Art. 2, 3 G zur Neuregelung von Stromsteuerbefreiungen sowie zur Änd. energiesteuerrechtlicher Vorschriften v. 22.6.2019 (BGBl. I S. 856 iVm Bek. v. 1.7.2019, BGBl. I S. 908)

Inhaltsübersicht

---

[1] Verkündet als Art. 1 G v. 15.7.2006 (BGBl. I S. 1534); Inkrafttreten gem. Art. 3 Abs. 1 Satz 1 dieses G am 1.8.2006 mit Ausnahme von § 66, der gem. Art. 3 Abs. 2 dieses G bereits am 20.7.2006 in Kraft tritt.

§ 23 Entstehung der Steuer für sonstige Energieerzeugnisse

Abschnitt 4. Steuerbefreiungen

§ 24 Begriffsbestimmungen, Erlaubnis
§ 25 Steuerbefreiung für Verwendungen zu anderen Zwecken
§ 26 Steuerbefreiung für den Eigenverbrauch
§ 27 Steuerbefreiung, Schiff- und Luftfahrt
§ 28 Steuerbefreiung für gasförmige Energieerzeugnisse
§ 29 (weggefallen)
§ 30 Zweckwidrigkeit

Kapitel 3. Bestimmungen für Kohle

§ 31 Begriffsbestimmungen, Anmeldung, Erlaubnis
§ 32 Entstehung der Steuer
§ 33 Steueranmeldung, Fälligkeit
§ 34 Verbringen in das Steuergebiet
§ 35 Einfuhr
§ 36 Steuerentstehung, Auffangtatbestand
§ 37 Steuerbefreiung, Erlaubnis, Zweckwidrigkeit

Kapitel 4. Bestimmungen für Erdgas

§ 38 Entstehung der Steuer
§ 39 Steueranmeldung, Fälligkeit
§ 40 Nicht leitungsgebundenes Verbringen
§ 41 Nicht leitungsgebundene Einfuhr
§ 42 Differenzversteuerung
§ 43 Steuerentstehung, Auffangtatbestand
§ 44 Steuerbefreiung, Erlaubnis, Zweckwidrigkeit

Kapitel 5. Steuerentlastung

§ 45 Begriffsbestimmung
§ 46 Steuerentlastung beim Verbringen aus dem Steuergebiet
§ 47 Steuerentlastung bei Aufnahme in Betriebe und bei steuerfreien Zwecken
§ 47a Steuerentlastung für den Eigenverbrauch
§ 48 Steuerentlastung bei Vermischungen von gekennzeichnetem mit anderem Gasöl
§ 49 Steuerentlastung für zum Verheizen oder in begünstigten Anlagen verwendete Energieerzeugnisse
§ 50 (weggefallen)
§ 51 Steuerentlastung für bestimmte Prozesse und Verfahren
§ 52 Steuerentlastung für die Schiff- und Luftfahrt
§ 53 Steuerentlastung für die Stromerzeugung
§ 53a Steuerentlastung für die gekoppelte Erzeugung von Kraft und Wärme
§ 53b (weggefallen)
§ 54 Steuerentlastung für Unternehmen
§ 55 Steuerentlastung für Unternehmen in Sonderfällen
§ 56 Steuerentlastung für den Öffentlichen Personennahverkehr
§ 57 Steuerentlastung für Betriebe der Land- und Forstwirtschaft
§ 58 (weggefallen)
§ 59 Steuervergütung für Diplomatenbenzin und -dieselkraftstoff
§ 60 Steuerentlastung bei Zahlungsausfall

Kapitel 6. Schlussbestimmungen

§ 61 Steueraufsicht
§ 62 Steuerliche Betriebsleiter, Steuerhilfspersonen
§ 63 Geschäftsstatistik
§ 64 Bußgeldvorschriften
§ 65 Sicherstellung
§ 66 Ermächtigungen
§ 66a (weggefallen)
§ 66b Ermächtigung zu § 55 Absatz 4, 5 und 8
§ 66c Bußgeldvorschriften
§ 67 (weggefallen)

Kapitel 1. Allgemeine Bestimmungen

§ 1 Steuergebiet, Energieerzeugnisse. (1) [1] Energieerzeugnisse unterliegen im Steuergebiet der Energiesteuer. [2] Steuergebiet im Sinne dieses Gesetzes ist das Gebiet der Bundesrepublik Deutschland ohne das Gebiet von Büsingen und ohne die Insel Helgoland. [3] Die Energiesteuer ist eine Verbrauchsteuer im Sinne der Abgabenordnung.

(2) Energieerzeugnisse im Sinne dieses Gesetzes sind:

1. Waren der Positionen 1507 bis 1518 der Kombinierten Nomenklatur, die dazu bestimmt sind, als Kraft- oder Heizstoff verwendet zu werden,
2. Waren der Positionen 2701, 2702 und 2704 bis 2715 der Kombinierten Nomenklatur,
3. Waren der Positionen 2901 und 2902 der Kombinierten Nomenklatur,
4. Waren der Unterposition 2905 11 00 der Kombinierten Nomenklatur, die nicht von synthetischer Herkunft sind und die dazu bestimmt sind, als Kraft- oder Heizstoff verwendet zu werden,
5. Waren der Positionen 3403, 3811 und 3817 der Kombinierten Nomenklatur,
6. Waren der Unterpositionen
   a) 3824 99 86, 3824 99 93,
   b) 3824 99 92 und 3824 99 96 (jeweils ausgenommen zubereitete Rostschutzmittel, Amine als wirksame Bestandteile enthaltend, sowie zusammengesetzte anorganische Löse- und Verdünnungsmittel für Lacke und ähnliche Erzeugnisse),
   c) 3826 00 10 und 3826 00 90

   der Kombinierten Nomenklatur, die dazu bestimmt sind, als Kraft- oder Heizstoff verwendet zu werden.

(3) [1] Als Energieerzeugnisse im Sinne dieses Gesetzes gelten mit Ausnahme von Torf und Waren der Positionen 4401 und 4402 der Kombinierten Nomenklatur auch:

1. andere als die in Absatz 2 genannten Waren, die zur Verwendung als Kraftstoff oder als Zusatz oder Verlängerungsmittel von Kraftstoffen bestimmt sind oder als solche zum Verkauf angeboten oder verwendet werden,
2. andere als die in Absatz 2 genannten Waren, ganz oder teilweise aus Kohlenwasserstoffen, die zur Verwendung als Heizstoff bestimmt sind oder als solche zum Verkauf angeboten oder verwendet werden.

[2] Satz 1 gilt nicht für Waren, die sich in einem Steueraussetzungsverfahren nach den Vorschriften des Alkoholsteuergesetzes befinden.

(4)–(11) *(aufgehoben)*

§ 1a Sonstige Begriffsbestimmungen. [1] Im Sinn dieses Gesetzes ist oder sind:

1. Systemrichtlinie: die Richtlinie 2008/118/EG des Rates vom 16. Dezember 2008 über das allgemeine Verbrauchsteuersystem und zur Aufhebung

der Richtlinie 92/12/EWG (ABl. L 9 vom 14.1.2009, S. 12) in der jeweils geltenden Fassung;

2. Kombinierte Nomenklatur: die Warennomenklatur nach Artikel 1 der Verordnung (EWG) Nr. 2658/87 des Rates vom 23. Juli 1987 über die zolltarifliche und statistische Nomenklatur sowie den Gemeinsamen Zolltarif (ABl. L 256 vom 7.9.1987, S. 1; L 341 vom 3.12.1987, S. 38; L 378 vom 31.12.1987, S. 120; L 130 vom 26.5.1988, S. 42) in der durch die Durchführungsverordnung (EU) 2017/1925 (ABl. L 282 vom 31.10.2017, S. 1) geänderten, am 1. Januar 2018 geltenden Fassung;
3. Zollkodex: die Verordnung (EWG) Nr. 2913/92 des Rates vom 12. Oktober 1992 zur Festlegung des Zollkodex der Gemeinschaften (ABl. L 302 vom 19.10.1992, S. 1, L 79 vom 1.4.1993, S. 84, L 97 vom 18.4.1996, S. 38), die zuletzt durch die Verordnung (EG) Nr. 1791/2006 (ABl. L 363 vom 20.12.2006, S. 1) geändert worden ist;
4. Verbrauchsteuergebiet der Europäischen Gemeinschaft: das Gebiet, in dem die Systemrichtlinie gilt;
5. andere Mitgliedstaaten oder Gebiete anderer Mitgliedstaaten: das Verbrauchsteuergebiet der Europäischen Gemeinschaft ohne das Steuergebiet;
6. Drittgebiete: die Gebiete, die außerhalb des Verbrauchsteuergebiets der Europäischen Gemeinschaft liegen, aber zum Zollgebiet der Gemeinschaft gehören;
7. Drittländer: die Gebiete, die außerhalb des Verbrauchsteuergebiets der Europäischen Gemeinschaft liegen und nicht zum Zollgebiet der Gemeinschaft gehören;
8. Zollgebiet der Gemeinschaft: das Gebiet nach Artikel 3 des Zollkodex;
9. Ort der Einfuhr:
   a) beim Eingang von Energieerzeugnissen aus Drittländern der Ort, an dem sich die Energieerzeugnisse bei ihrer Überführung in den zollrechtlich freien Verkehr nach Artikel 79 des Zollkodex befinden,
   b) beim Eingang von Energieerzeugnissen aus Drittgebieten der Ort, an dem die Energieerzeugnisse in sinngemäßer Anwendung von Artikel 40 des Zollkodex zu gestellen sind;
10. steuerrechtlich freier Verkehr: weder ein Verfahren der Steueraussetzung (§ 5) noch ein zollrechtliches Nichterhebungsverfahren (§ 19 Absatz 2);
11. Personen: natürliche und juristische Personen sowie Personenvereinigungen ohne eigene Rechtspersönlichkeit;
12. Verheizen: das Verbrennen von Energieerzeugnissen zur Erzeugung von Wärme;
13. Kohle: Waren der Positionen 2701, 2702 und 2704 der Kombinierten Nomenklatur;

13a. Biokraft- und Bioheizstoffe: Energieerzeugnisse ausschließlich aus Biomasse im Sinn der Biomasseverordnung. Energieerzeugnisse, die anteilig aus Biomasse hergestellt werden, gelten in Höhe dieses Anteils als Biokraft- oder Bioheizstoff. Fettsäuremethylester (Biodiesel) sind abweichend von den Sätzen 1 und 2 nur dann Biokraftstoff, wenn sie aus biogenen Ölen oder Fetten gewonnen werden, die selbst Biomasse im Sinn der Biomasseverordnung sind und wenn ihre Eigenschaften mindestens den Anforderungen an Biodiesel nach § 5 der Verordnung über die Beschaffenheit und die Auszeichnung der Qualitäten von Kraft- und Brennstoffen vom 8. Dezember 2010 (BGBl. I S. 1849), die durch Artikel 1 der Verordnung vom 1. Dezember 2014 (BGBl. I S. 1890) geändert worden ist, in der jeweils geltenden Fassung entsprechen. Biodiesel ist unter diesen Voraussetzungen in vollem Umfang als Biokraftstoff zu behandeln. Bioethanol ist abweichend von den Sätzen 1 und 2 nur dann Biokraftstoff, wenn es sich um Ethylalkohol ex Unterposition 2207 10 00 der Kombinierten Nomenklatur handelt. Im Fall von Bioethanol, das fossilem Ottokraftstoff beigemischt wird, müssen die Eigenschaften des Bioethanols außerdem mindestens den Anforderungen der DIN EN 15376, Ausgabe März 2008, Ausgabe November 2009 oder Ausgabe April 2011, entsprechen. Im Fall von Bioethanol, das im Ethanolkraftstoff (E85) enthalten ist, müssen die Eigenschaften des Ethanolkraftstoffs (E85) außerdem mindestens den Anforderungen an Ethanolkraftstoff (E85) nach § 6 der Verordnung über die Beschaffenheit und die Auszeichnung der Qualitäten von Kraft- und Brennstoffen entsprechen. Für Energieerzeugnisse, die anteilig aus Bioethanol hergestellt werden, gelten für den Bioethanol-Anteil die Sätze 5 und 6 entsprechend. Pflanzenöl ist abweichend von den Sätzen 1 und 2 nur dann Biokraftstoff, wenn seine Eigenschaften mindestens den Anforderungen an Pflanzenölkraftstoff nach § 9 der Verordnung über die Beschaffenheit und die Auszeichnung der Qualitäten von Kraft- und Brennstoffen entsprechen. Hydrierte biogene Öle sind abweichend von den Sätzen 1 und 2 nur dann Biokraftstoff, wenn sie aus biogenen Ölen oder Fetten gewonnen werden, die selbst Biomasse im Sinn der Biomasseverordnung sind, und wenn die Hydrierung nicht in einem raffinerietechnischen Verfahren gemeinsam mit mineralölstämmigen Ölen erfolgt ist. Biomethan ist abweichend von Satz 1 nur dann Biokraftstoff, wenn es den Anforderungen an Erdgas nach § 8 der Verordnung über die Beschaffenheit und die Auszeichnung der Qualitäten von Kraft- und Brennstoffen entspricht. Für Biokraftstoffe gilt § 11 der Verordnung über die Beschaffenheit und die Auszeichnung der Qualitäten von Kraft- und Brennstoffen entsprechend.

14. Erdgas: Waren der Unterpositionen 2711 11 (verflüssigtes Erdgas) und 2711 21 der Kombinierten Nomenklatur und gasförmige Energieerzeugnisse, die beim Kohleabbau aufgefangen werden, ohne gasförmige Biokraft- und Bioheizstoffe;
15. Flüssiggase: Waren der Unterpositionen 2711 12 bis 2711 19 der Kombinierten Nomenklatur;
16. Gasförmige Kohlenwasserstoffe: Waren der Unterposition 2711 29 der Kombinierten Nomenklatur einschließlich gasförmiger Biokraft- und Bioheizstoffe;
17. Liter (l): das Liter bei + 15 Grad Celsius;
18. Megawattstunde (MWh): die Messeinheit der Energie der Gase, ermittelt aus dem Normvolumen (V_n) und dem Brennwert ($H_{s,n}$);
19. Gigajoule (GJ): die Messeinheit der Energie der Energieerzeugnisse nach § 2 Absatz 1 Nummer 9 und 10 und Absatz 4a, ermittelt aus dem Wägewert und dem Heizwert (H_i);

20. Kilogramm (kg): der Wägewert (Gewicht in Luft); das Gewicht der Umschließungen gehört nicht zum Gewicht der Energieerzeugnisse im Sinn dieses Gesetzes.

[2]DIN- und DIN-EN-Normen, auf die in diesem Gesetz verwiesen wird, sind im Beuth Verlag, Berlin, erschienen und beim Deutschen Patent- und Markenamt in München archivmäßig gesichert niedergelegt.

§ 2 Steuertarif. (1) Die Steuer beträgt

1. für 1 000 l Benzin der Unterpositionen 2710 12 41, 2710 12 45 und 2710 12 49 der Kombinierten Nomenklatur
   a) mit einem Schwefelgehalt von mehr als 10 mg/kg 669,80 EUR,
   b) mit einem Schwefelgehalt von höchstens 10 mg/kg 654,50 EUR,
2. für 1 000 l Benzin der Unterpositionen 2710 12 31, 2710 12 51 und 2710 12 59 der Kombinierten Nomenklatur 721,00 EUR,
3. für 1 000 l mittelschwere Öle der Unterpositionen 2710 19 21 und 2710 19 25 der Kombinierten Nomenklatur 654,50 EUR,
4. für 1 000 l Gasöle der Unterpositionen 2710 19 43 bis 2710 19 48 und der Unterpositionen 2710 20 11 bis 2710 20 19 der Kombinierten Nomenklatur
   a) mit einem Schwefelgehalt von mehr als 10 mg/kg 485,70 EUR,
   b) mit einem Schwefelgehalt von höchstens 10 mg/kg 470,40 EUR,
5. für 1 000 kg Heizöle der Unterpositionen 2710 19 62 bis 2710 19 68 und der Unterpositionen 2710 20 31 bis 2710 20 39 der Kombinierten Nomenklatur 130,00 EUR,
6. für 1 000 l Schmieröle und andere Öle der Unterpositionen 2710 19 81 bis 2710 19 99 und 2710 20 90 der Kombinierten Nomenklatur 485,70 EUR,
7. für 1 MWh Erdgas und 1 MWh gasförmige Kohlenwasserstoffe 31,80 EUR,
8. für 1 000 kg Flüssiggase
   a) unvermischt mit anderen Energieerzeugnissen 409,00 EUR,
   b) andere 1 217,00 EUR,
9. für 1 GJ Kohle 0,33 EUR,
10. für 1 GJ Petrolkoks der Position 2713 der Kombinierten Nomenklatur 0,33 EUR.

(2) Abweichend von Absatz 1 beträgt die Steuer

1. für 1 Megawattstunde Erdgas und 1 Megawattstunde gasförmige Kohlenwasserstoffe
   a) bis zum 31. Dezember 2023 13,90 EUR,
   b) vom 1. Januar 2024 bis zum 31. Dezember 2024 18,38 EUR,

c) vom 1. Januar 2025 bis zum 31. Dezember 2025 22,85 EUR,
d) vom 1. Januar 2026 bis zum 31. Dezember 2026 27,33 EUR;

2. für 1 000 kg Flüssiggase unvermischt mit anderen Energieerzeugnissen
a) bis zum 31. Dezember 2018 180,32 EUR,
b) vom 1. Januar 2019 bis zum 31. Dezember 2019 226,06 EUR,
c) vom 1. Januar 2020 bis zum 31. Dezember 2020 271,79 EUR,
d) vom 1. Januar 2021 bis zum 31. Dezember 2021 317,53 EUR,
e) vom 1. Januar 2022 bis zum 31. Dezember 2022 363,94 EUR.

(3) [1] Abweichend von den Absätzen 1 und 2 beträgt die Steuer

1. für 1 000 l ordnungsgemäß gekennzeichnete Gasöle der Unterpositionen 2710 19 43 bis 2710 19 48 und der Unterpositionen 2710 20 11 bis 2710 20 19 der Kombinierten Nomenklatur
a) mit einem Schwefelgehalt von mehr als 50 mg/kg 76,35 EUR,
b) mit einem Schwefelgehalt von höchstens 50 mg/kg 61,35 EUR,
2. für 1 000 kg Heizöle der Unterpositionen 2710 19 62 bis 2710 19 68 und der Unterpositionen 2710 20 31 bis 2710 20 39 der Kombinierten Nomenklatur 25,00 EUR,
3. für 1 000 l Schmieröle und andere Öle der Unterpositionen 2710 19 81 bis 2710 19 99 und 2710 20 90 der Kombinierten Nomenklatur 61,35 EUR,
4. für 1 MWh Erdgas und 1 MWh gasförmige Kohlenwasserstoffe 5,50 EUR,
5. für 1 000 kg Flüssiggase 60,60 EUR,

wenn sie zum Verheizen oder zum Antrieb von Gasturbinen und Verbrennungsmotoren in begünstigten Anlagen nach den §§ 3 und 3a verwendet oder zu diesen Zwecken abgegeben werden. [2] Nach Satz 1 versteuerte Energieerzeugnisse können auch aus dem Steuergebiet verbracht oder ausgeführt oder zu den in den §§ 25 bis 27 Absatz 1 und § 44 Absatz 2 genannten steuerfreien Zwecken abgegeben oder verwendet werden, soweit die Energieerzeugnisse von diesen Vorschriften erfasst werden; nach Satz 1 Nummer 4 versteuertes Erdgas kann darüber hinaus zu den in den §§ 25 und 26 genannten steuerfreien Zwecken abgegeben oder verwendet werden.

(4) [1] Andere als die in den Absätzen 1 bis 3 genannten Energieerzeugnisse unterliegen der gleichen Steuer wie die Energieerzeugnisse, denen sie nach ihrem Verwendungszweck und ihrer Beschaffenheit am nächsten stehen. [2] Zunächst ist der Verwendungszweck als Kraftstoff oder als Heizstoff zu bestimmen. [3] Kann das Energieerzeugnis für diese Verwendung als Kraftstoff oder als Heizstoff durch eines der in den Absätzen 1 bis 3 genannten Energieerzeugnisse ersetzt werden, unterliegt es der gleichen Steuer wie das genannte Energieerzeugnis bei gleicher Verwendung. [4] Kann das Energieerzeugnis für die festgestellte Verwendung nicht durch eines der in den Absätzen 1 bis 3 genannten Energieerzeugnisse ersetzt werden, unterliegt es der gleichen Steuer, wie dasjenige der genannten Energieerzeugnisse, dem es nach seinem Verwendungszweck und seiner Beschaffenheit am nächsten steht. [5] Werden Ölabfälle der

Unterpositionen 2710 91 und 2710 99 der Kombinierten Nomenklatur oder andere vergleichbare Abfälle zu den in Absatz 3 genannten Zwecken verwendet oder abgegeben, sind abweichend von den Sätzen 1 bis 4 für den Vergleich mit der Beschaffenheit ausschließlich die in Absatz 1 Nummer 9 und 10 und Absatz 3 Satz 1 genannten Energieerzeugnisse heranzuziehen. [6]Der Steuersatz nach Absatz 3 Satz 1 Nummer 1 kommt nur bei einer ordnungsgemäßen Kennzeichnung der Energieerzeugnisse zur Anwendung. [7]Satz 6 gilt nicht für Biokraft- und Bioheizstoffe sowie Abfälle im Sinn des Satzes 5.

(4a) Abweichend von Absatz 4 Satz 1 bis 4 beträgt die Steuer für 1 Gigajoule feste Energieerzeugnisse 0,33 Euro, soweit diese auf Grund ihrer Beschaffenheit keinem der in Absatz 1 genannten Energieerzeugnisse sinnvoll zugeordnet werden können.

(5) Das zuständige Hauptzollamt kann in Einzelfällen auf Antrag die Steuer für Leichtöle und mittelschwere Öle bis auf 20 Euro für 1 000 Liter ermäßigen, wenn diese Öle bei der Herstellung oder beim Verbrauch von Energieerzeugnissen angefallen sind und im Betrieb verheizt werden, weil sie zur Verwendung als Kraftstoff oder zu einer steuerfreien Verwendung im Betrieb nicht geeignet sind.

(6), (7) *(aufgehoben)*

§ 3 Begünstigte Anlagen, Ortsfestigkeit und Nutzungsgrad. (1) [1]Begünstigte Anlagen sind ortsfeste Anlagen,

1. deren mechanische Energie ausschließlich der Stromerzeugung dient,
2. die ausschließlich der gekoppelten Erzeugung von Kraft und Wärme dienen und einen Jahresnutzungsgrad von mindestens 60 Prozent erreichen, ausgenommen von Nummer 1 erfasste Anlagen, oder
3. die ausschließlich dem leitungsgebundenen Gastransport oder der Gasspeicherung dienen.

[2]Bei Anlagen nach Satz 1 Nummer 1 ist es unerheblich, ob die bei der Stromerzeugung anfallende thermische Energie genutzt wird. [3]Anlagen nach Satz 1 Nummer 2 sind solche, deren mechanische Energie ganz oder teilweise anderen Zwecken als der Stromerzeugung dient.

(2) [1]Ortsfest im Sinn dieses Gesetzes sind Anlagen, die während des Betriebs ausschließlich an ihrem geografischen Standort verbleiben und nicht auch dem Antrieb von Fahrzeugen dienen. [2]Der geografische Standort im Sinn des Satzes 1 ist ein durch geografische Koordinaten bestimmter Punkt.

(3) [1]Jahresnutzungsgrad im Sinn dieses Gesetzes ist der Quotient aus der Summe der genutzten erzeugten mechanischen und thermischen Energie in einem Kalenderjahr und der Summe der zugeführten Energie aus Energieerzeugnissen und der Hilfsenergie in derselben Berichtszeitspanne. [2]Für die Berechnung des Monatsnutzungsgrads gilt Satz 1 sinngemäß. [3]Zur Berechnung der Nutzungsgrade ist die als Brennstoffwärme verwendete Energie aus Energieerzeugnissen heranzuziehen, die vor der Erzeugung mechanischer Energie zugeführt wird. [4]Dabei ist auf den Heizwert (H_i) abzustellen.

(4) [1]Der Berechnung des Nutzungsgrads von Anlagen zur gekoppelten Erzeugung von Kraft und Wärme wird der Kraft-Wärme-Kopplungsprozess zugrunde gelegt, der alle Wärmekraftmaschinen einschließt, die an einem Standort in Kraft-Wärme-Kopplung (KWK) betrieben werden und miteinander ver-

bunden sind. [2] Zum Kraft-Wärme-Kopplungsprozess nach Satz 1 gehören insbesondere nicht:

1. Dampfturbinen, die im Kondensationsbetrieb gefahren werden,
2. nachgeschaltete Dampferzeuger, die hinter der KWK-Kraftmaschine Dampf direkt in ein mit der KWK-Anlage gemeinsam genutztes Netz einspeisen,
3. nachgeschaltete Abluftbehandlungsanlagen,
4. Zusatzfeuerungen, soweit die damit erzeugte thermische Energie nicht in mechanische Energie umgewandelt wird, sondern vor der Wärmekraftmaschine, insbesondere einer Dampfturbine oder einem Stirlingmotor, ausgekoppelt wird,
5. Zusatzfeuerungen, soweit die damit erzeugte thermische Energie zwar in mechanische Energie umgewandelt wird, aber keine Nutzung der dabei anfallenden Restwärme stattfindet, und
6. Hilfskessel, die die Dampfversorgung beim Ausfall einer Kraftmaschine (Motor oder Gasturbine) sicherstellen.

[3] Abluftbehandlungsanlagen im Sinn des Satzes 2 Nummer 3 sind insbesondere Rauchgasentschwefelungsanlagen, Rauchgasentstickungsanlagen sowie Kombinationen davon.

(5) [1] Wer Anlagen nach Absatz 1 Satz 1 Nummer 2 betreiben will, hat sie vor der erstmaligen Inbetriebnahme dem zuständigen Hauptzollamt anzumelden. [2] Verwender von Energieerzeugnissen nach § 2 Absatz 3 Satz 1 ist diejenige Person, die die Energieerzeugnisse in der begünstigten Anlage einsetzt.

(6) [1] Die gemäß § 2 Absatz 3 Satz 1 festgelegten Steuersätze für die Verwendung von Energieerzeugnissen als Kraftstoff in begünstigten Anlagen werden angewendet nach Maßgabe und bis zum Auslaufen der erforderlichen Freistellungsanzeige bei der Europäischen Kommission nach der Verordnung (EU) Nr. 651/2014 der Kommission vom 17. Juni 2014 zur Feststellung der Vereinbarkeit bestimmter Gruppen von Beihilfen mit dem Binnenmarkt in Anwendung der Artikel 107 und 108 des Vertrags über die Arbeitsweise der Europäischen Union (Allgemeine Gruppenfreistellungsverordnung; ABl. L 187 vom 26.6.2014, S. 1; L 283 vom 27.9.2014, S. 65) in der jeweils geltenden Fassung. [2] Das Auslaufen der Freistellungsanzeige ist vom Bundesministerium der Finanzen im Bundesgesetzblatt gesondert bekannt zu geben.

§ 3a[1)] Sonstige begünstigte Anlagen. (1) Sonstige begünstigte Anlagen sind Arbeitsmaschinen und Fahrzeuge, die ausschließlich dem Güterumschlag in Seehäfen dienen.

(2) Als Arbeitsmaschinen und Fahrzeuge im Sinne des Absatzes 1 gelten ausschließlich solche, die bestimmungsgemäß abseits von öffentlichen Straßen eingesetzt werden oder über keine Genehmigung für die überwiegende Verwendung auf öffentlichen Straßen verfügen.

(3) [1] Die gemäß § 2 Absatz 3 Satz 1 festgelegten Steuersätze für die Verwendung von Energieerzeugnissen als Kraftstoff in sonstigen begünstigten Anlagen werden angewendet nach Maßgabe und bis zum Auslaufen der hierfür erforderlichen Freistellungsanzeige bei der Europäischen Kommission nach der

---

[1)] § 3a ist gemäß Bek. v. 7.4.2008 (BGBl. I S. 660) mWv 1.4.2008 in Kraft getreten.

Verordnung (EU) Nr. 651/2014. [2]Das Auslaufen der Freistellungsanzeige ist vom Bundesministerium der Finanzen im Bundesgesetzblatt gesondert bekannt zu geben.

§ 3b Staatliche Beihilfen. (1) [1]Die Inanspruchnahme oder die Beantragung einer Steuerbefreiung, Steuerermäßigung oder Steuerentlastung, die nach Absatz 3 als staatliche Beihilfe anzusehen ist, ist nicht zulässig, solange derjenige, der die Energieerzeugnisse verwendet, zu einer Rückzahlung von Beihilfen auf Grund eines früheren Beschlusses der Europäischen Kommission zur Feststellung der Unzulässigkeit einer Beihilfe und ihrer Unvereinbarkeit mit dem Binnenmarkt verpflichtet worden und dieser Rückforderungsanordnung nicht nachgekommen ist. [2]Im Falle einer Steuerbefreiung oder der Inanspruchnahme einer Steuerermäßigung hat der Verwender dem zuständigen Hauptzollamt unverzüglich mitzuteilen, wenn er einer Rückforderungsanordnung im Sinn des Satzes 1 nicht nachkommt. [3]Im Falle eines Antrages auf Steuerentlastung ist bei Antragstellung zu versichern, dass keine offenen Ansprüche nach Satz 1 bestehen.

(2) [1]Die Inanspruchnahme oder Beantragung einer Steuerbefreiung, Steuerermäßigung oder Steuerentlastung, die nach Absatz 3 als staatliche Beihilfe anzusehen ist, ist nicht zulässig für Unternehmen in Schwierigkeiten

1. im Sinn des Artikels 1 Absatz 4 Buchstabe c, des Artikels 2 Nummer 18 der Allgemeinen Gruppenfreistellungsverordnung in der jeweils geltenden Fassung, soweit diese Anwendung findet, oder
2. im Sinn der Leitlinien für staatliche Beihilfen zur Rettung und Umstrukturierung nichtfinanzieller Unternehmen in Schwierigkeiten (2014/C 249/01) (ABl. C 249 vom 31.7.2014, S. 1 ff.) in der jeweils geltenden Fassung, soweit die Allgemeine Gruppenfreistellungsverordnung keine Anwendung findet.

[2]Im Falle einer Steuerbefreiung oder Inanspruchnahme einer Steuerermäßigung hat das betreffende Unternehmen dem zuständigen Hauptzollamt unverzüglich mitzuteilen, wenn es sich im Sinn des Satzes 1 in wirtschaftlichen Schwierigkeiten befindet. [3]Im Falle eines Antrages auf Steuerentlastung ist bei Antragstellung zu versichern, dass kein Fall von Satz 1 vorliegt.

(3) Staatliche Beihilfen im Sinn des Artikels 107 des Vertrags über die Arbeitsweise der Europäischen Union[1)], die der Kommission anzuzeigen oder von ihr zu genehmigen sind, sind in diesem Gesetz die §§ 3, 3a, 28 Absatz 1 Satz 1 Nummer 1 und 2 sowie die §§ 47a, 53a, 54, 55, 56 und 57.

Kapitel 2. Bestimmungen für Energieerzeugnisse außer Kohle und Erdgas

Abschnitt 1. Steueraussetzung

§ 4 Anwendungsbereich. Die folgenden Energieerzeugnisse unterliegen dem Steueraussetzungsverfahren (§ 5):

1. Waren der Positionen 1507 bis 1518 der Kombinierten Nomenklatur, die dazu bestimmt sind, als Kraft- oder Heizstoff verwendet zu werden,

[1)] Nr. **13**.

2. Waren der Unterpositionen 2707 10, 2707 20, 2707 30 und 2707 50 der Kombinierten Nomenklatur,
3. Waren der Unterpositionen 2710 12 bis 2710 19 68 und der Unterpositionen 2710 20 bis 2710 20 39 und mittelschwere Öle der Unterposition 2710 20 90 der Kombinierten Nomenklatur; für die Beförderung unter Steueraussetzung gilt dies für Waren der Unterpositionen 2710 12 21, 2710 12 25, 2710 19 29 und mittelschwere Öle der Unterposition 2710 20 90 der Kombinierten Nomenklatur nur dann, wenn sie als lose Ware befördert werden,
4. Waren der Position 2711 der Kombinierten Nomenklatur mit Ausnahme der Unterpositionen 2711 11, 2711 21 und 2711 29 der Kombinierten Nomenklatur,
5. Waren der Unterposition 2901 10 der Kombinierten Nomenklatur,
6. Waren der Unterpositionen 2902 20, 2902 30, 2902 41, 2902 42, 2902 43 und 2902 44 der Kombinierten Nomenklatur,
7. Waren der Unterposition 2905 11 00 der Kombinierten Nomenklatur, die nicht von synthetischer Herkunft sind und die dazu bestimmt sind, als Kraft- oder Heizstoff verwendet zu werden,
8. Waren der Unterpositionen 3811 11 10, 3811 11 90, 3811 19 00 und 3811 90 00 der Kombinierten Nomenklatur,
9. Waren der Unterpositionen
   a) 3824 99 86, 3824 99 93,
   b) 3824 99 92 und 3824 99 96 (jeweils ausgenommen zubereitete Rostschutzmittel, Amine als wirksame Bestandteile enthaltend, sowie zusammengesetzte anorganische Löse- und Verdünnungsmittel für Lacke und ähnliche Erzeugnisse),
   c) 3826 00 10 und 3826 00 90

   der Kombinierten Nomenklatur, die dazu bestimmt sind, als Kraft- oder Heizstoff verwendet zu werden.

§ 5 Steueraussetzungsverfahren. (1) Die Steuer ist ausgesetzt (Steueraussetzungsverfahren) für Energieerzeugnisse im Sinn des § 4, die
1. sich in einem Steuerlager befinden,
2. nach den §§ 10 bis 13 befördert werden.

(2) Steuerlager sind
1. Herstellungsbetriebe für Energieerzeugnisse (§ 6),
2. Lager für Energieerzeugnisse (§ 7).

(3) Steuerlagerinhaber im Sinn dieses Gesetzes sind Personen, denen die Erlaubnis erteilt worden ist, Energieerzeugnisse im Sinn des § 4 unter Steueraussetzung herzustellen (§ 6 Absatz 3) oder unter Steueraussetzung zu lagern (§ 7 Absatz 2).

§ 6 Herstellungsbetriebe für Energieerzeugnisse. (1) [1] Herstellungsbetriebe im Sinne dieses Gesetzes sind vorbehaltlich der Absätze 2 und 3 Betriebe, in denen Energieerzeugnisse im Sinn des § 4 hergestellt werden. [2] Herstellungshandlungen sind das Gewinnen oder Bearbeiten und in den Fällen von § 4 Nummer 1, 7 und 9 das Bestimmen der Waren zur Verwendung als Kraft- oder Heizstoff.

(2) Für Betriebe, die nicht schon aus einem anderen Grunde Herstellungsbetriebe sind, gelten nicht als Herstellung von Energieerzeugnissen

1. das Mischen von Energieerzeugnissen miteinander,
2. das Mischen von Energieerzeugnissen mit anderen Stoffen
   a) im Lager für Energieerzeugnisse,
   b) zum Kennzeichnen von Energieerzeugnissen,
3. das Trocknen oder bloße mechanische Reinigen von Energieerzeugnissen vor der ersten Verwendung sowie die Entnahme von Energieerzeugnissen aus Waren der Abschnitte XVI und XVII der Kombinierten Nomenklatur,
4. das Gewinnen von Energieerzeugnissen
   a) in Vorrichtungen zur Reinigung oder Reinhaltung von Gewässern und in Wasseraufbereitungsanlagen,
   b) beim Reinigen von Putzstoffen, Arbeitskleidung oder Altpapier,
5. das Gewinnen und Bearbeiten von Energieerzeugnissen durch Aufbereiten von Ölabfällen der Unterpositionen 2710 91 und 2710 99 der Kombinierten Nomenklatur und von anderen mit diesen vergleichbaren gebrauchten Energieerzeugnissen in den Betrieben, in denen sie angefallen sind,
6. das Gewinnen und Bearbeiten von Energieerzeugnissen, die zuvor steuerfrei verwendet worden sind, in dem Betrieb des Verwenders,
7. das Auffangen und Verflüssigen von kohlenwasserstoffhaltigen Dämpfen.

(3) [1] Wer Energieerzeugnisse unter Steueraussetzung herstellen will, bedarf der Erlaubnis. [2] Sie wird auf Antrag unter Widerrufsvorbehalt Personen erteilt, gegen deren steuerliche Zuverlässigkeit keine Bedenken bestehen und die – soweit nach dem Handelsgesetzbuch oder der Abgabenordnung dazu verpflichtet – ordnungsmäßig kaufmännische Bücher führen und rechtzeitig Jahresabschlüsse aufstellen. [3] Sind Anzeichen für eine Gefährdung der Steuer erkennbar, ist die Erlaubnis von einer Sicherheit bis zur Höhe des Steuerwerts der voraussichtlich im Jahresdurchschnitt in zwei Monaten aus dem Herstellungsbetrieb in den steuerrechtlich freien Verkehr überführten Energieerzeugnisse abhängig.

(4) [1] Die Erlaubnis ist zu widerrufen, wenn eine der Voraussetzungen nach Absatz 3 Satz 2 nicht mehr erfüllt ist oder eine angeforderte Sicherheit nicht geleistet wird. [2] Die Erlaubnis kann widerrufen werden, wenn eine geleistete Sicherheit nicht mehr ausreicht.

§ 7 Lager für Energieerzeugnisse. (1) [1] Lager für Energieerzeugnisse im Sinne dieses Gesetzes sind vorbehaltlich Absatz 2 Betriebe, in denen Energieerzeugnisse im Sinn des § 4 unter Steueraussetzung gelagert werden. [2] Das Lager muss dem Großhandel, dem Großhandelsvertrieb durch Hersteller, dem Mischen von Energieerzeugnissen, der Versorgung von Verwendern mit steuerfreien Energieerzeugnissen oder der Abgabe von Energieerzeugnissen nach § 2 Abs. 1 Nr. 8 Buchstabe a, Abs. 2 Nr. 2 oder Abs. 3 dienen.

(2) [1] Wer Energieerzeugnisse unter Steueraussetzung lagern will, bedarf der Erlaubnis. [2] Sie wird auf Antrag unter Widerrufsvorbehalt Personen erteilt, gegen deren steuerliche Zuverlässigkeit keine Bedenken bestehen und die –

soweit nach dem Handelsgesetzbuch oder der Abgabenordnung dazu verpflichtet – ordnungsmäßig kaufmännische Bücher führen und rechtzeitig Jahresabschlüsse aufstellen. [3] Sind Anzeichen für eine Gefährdung der Steuer erkennbar, ist die Erlaubnis von einer Sicherheit bis zur Höhe des Steuerwerts der voraussichtlich im Jahresdurchschnitt in zwei Monaten aus dem Lager in den steuerrechtlich freien Verkehr überführten Energieerzeugnisse abhängig.

(3) [1] Die Erlaubnis ist zu widerrufen, wenn eine der Voraussetzungen nach Absatz 2 Satz 2 nicht mehr erfüllt ist oder eine angeforderte Sicherheit nicht geleistet wird. [2] Die Erlaubnis kann widerrufen werden, wenn eine geleistete Sicherheit nicht mehr ausreicht.

(4) [1] Das Lager kann auch der Einlagerung von Energieerzeugnissen durch Dritte (Einlagerer) dienen. [2] Will der Einlagerer Steuerschuldner nach § 8 Abs. 2 Satz 2 werden, muss ihm zuvor eine Erlaubnis erteilt worden sein (zugelassener Einlagerer). [3] Diese wird auf Antrag erteilt, wenn die Einlagerung durch den Einlagerer dem Großhandel oder dem Großhandelsvertrieb durch Hersteller dient und der Einlagerer die eingelagerten Energieerzeugnisse im eigenen Namen vertreibt. [4] Die Erlaubnis wird nicht erteilt, wenn die Energieerzeugnisse ausschließlich nach § 2 Abs. 1 Nr. 8 Buchstabe a, Abs. 2 Nr. 2 oder Abs. 3 versteuert oder zu steuerfreien Zwecken entnommen werden sollen. [5] Absatz 2 Satz 2 und 3 und Absatz 3 gelten entsprechend.

(5) Abweichend von den Absätzen 1 und 2 kann das Hauptzollamt auf Antrag für Flüssiggase, ordnungsgemäß gekennzeichnete Gasöle der Unterpositionen 2710 19 43 bis 2710 19 48 und der Unterpositionen 2710 20 11 bis 2710 20 19 der Kombinierten Nomenklatur und Heizöle der Unterpositionen 2710 19 62 bis 2710 19 68 und der Unterpositionen 2710 20 31 bis 2710 20 39 der Kombinierten Nomenklatur, die nach § 2 Abs. 1 Nr. 8 Buchstabe a, Abs. 2 Nr. 2 oder Abs. 3 versteuert oder zu steuerfreien Zwecken nach den §§ 25, 26 oder § 27 Abs. 1 abgegeben werden sollen oder die unter Steueraussetzung in ein anderes Steuerlager im Steuergebiet verbracht werden sollen, auch dann eine Erlaubnis nach Absatz 2 erteilen, wenn das Lager keine Lagerstätten besitzt.

(6) [1] Abweichend von den Absätzen 1 und 2 erteilt das Hauptzollamt auf Antrag eine Erlaubnis nach Absatz 2 für Flugbenzin der Unterposition 2710 12 31 der Kombinierten Nomenklatur und Flugturbinenkraftstoff der Unterposition 2710 19 21 der Kombinierten Nomenklatur, die

1. nach § 2 Absatz 1 Nummer 2 oder Nummer 3 versteuert werden sollen,
2. zu steuerfreien Zwecken nach § 27 Absatz 2 und 3 abgegeben werden sollen oder
3. an ein anderes Steuerlager im Steuergebiet abgegeben werden sollen, ohne nach den §§ 10 bis 13 befördert zu werden,

sofern die dafür eingesetzten Fahrzeuge oder Anhänger nicht über eine Zulassung zum Straßenverkehr nach § 3 Absatz 1 der Fahrzeug-Zulassungsverordnung verfügen und deshalb nicht auf öffentlichen Straßen eingesetzt werden dürfen. [2] Dabei ist es unerheblich, ob die Fahrzeuge oder Anhänger über eine Möglichkeit der Lagerung verfügen. [3] Fahrzeuge und Anhänger nach den Sätzen 1 und 2, die von einem Inhaber einer Erlaubnis nach den Absätzen 1 und 2 betrieben werden, gelten als Bestandteile des Lagers des Erlaubnisinhabers und sind in die Erlaubnis des Steuerlagers mit aufzunehmen.

(7) Auf Antrag des Erdölbevorratungsverbandes nach § 2 Abs. 1 des Erdölbevorratungsgesetzes in der Fassung der Bekanntmachung vom 6. April 1998 (BGBl. I S. 679), zuletzt geändert durch Artikel 129 der Verordnung vom 25. November 2003 (BGBl. I S. 2304), in der jeweils geltenden Fassung ist zuzulassen, dass Energieerzeugnisse zur Erfüllung der Verbandszwecke unter Steueraussetzung gelagert werden.

§ 8 Entstehung der Steuer bei Entnahme in den steuerrechtlich freien Verkehr. (1) [1]Die Steuer entsteht dadurch, dass Energieerzeugnisse im Sinn des § 4 aus dem Steuerlager entfernt werden, ohne dass sich ein weiteres Steueraussetzungsverfahren anschließt, oder dass sie zum Ge- oder Verbrauch innerhalb des Steuerlagers entnommen werden (Entnahme in den steuerrechtlich freien Verkehr). [2]Schließt sich an die Entnahme in den steuerrechtlich freien Verkehr ein Verfahren der Steuerbefreiung (§ 24 Abs. 1) an, kommt es zu keiner Steuerentstehung.

(1a) [1]Die Steuer entsteht nicht, wenn die Energieerzeugnisse auf Grund ihrer Beschaffenheit oder infolge unvorhersehbarer Ereignisse oder höherer Gewalt vollständig zerstört oder unwiederbringlich verloren gegangen sind. [2]Energieerzeugnisse gelten dann als vollständig zerstört oder unwiederbringlich verloren gegangen, wenn sie als solche nicht mehr genutzt werden können. [3]Die vollständige Zerstörung sowie der unwiederbringliche Verlust der Energieerzeugnisse sind hinreichend nachzuweisen.

(2) [1]Steuerschuldner ist vorbehaltlich Satz 2

1. der Steuerlagerinhaber,
2. daneben im Fall einer unrechtmäßigen Entnahme
   a) die Person, die die Energieerzeugnisse in den steuerrechtlich freien Verkehr entnommen hat oder in deren Namen die Energieerzeugnisse entnommen worden sind,
   b) jede Person, die an der unrechtmäßigen Entnahme beteiligt war.

[2]Der zugelassene Einlagerer (§ 7 Abs. 4 Satz 2) wird für die von ihm oder auf seine Veranlassung aus dem Steuerlager entfernten Energieerzeugnisse Steuerschuldner. [3]Bestehen Zweifel an der Zuordnung der Entnahme, so ist der Steuerlagerinhaber Steuerschuldner. [4]Werden Energieerzeugnisse zu steuerfreien Zwecken an einen Nichtberechtigten abgegeben, ist neben dem Inhaber des Steuerlagers auch der Nichtberechtigte Steuerschuldner. [5]Mehrere Steuerschuldner sind Gesamtschuldner.

(3) Der Steuerschuldner hat für Energieerzeugnisse, für die in einem Monat die Steuer entstanden ist, vorbehaltlich des Absatzes 4 bis zum 15. Tag des folgenden Monats eine Steuererklärung abzugeben und darin die Steuer selbst zu berechnen (Steueranmeldung).

(4) [1]Für Energieerzeugnisse, für die die Steuer in der Zeit vom 1. bis 18. Dezember entstanden ist, hat der Steuerschuldner bis zum 22. Dezember eine Steuererklärung abzugeben und darin die Steuer selbst zu berechnen (Steueranmeldung). [2]Dies gilt nicht für Unternehmen, die im vorangegangenen Kalenderjahr weniger als 60 Millionen Euro Energiesteuer entrichtet haben. [3]Das Bundesministerium der Finanzen kann im Verwaltungswege zulassen, dass statt der nach Satz 1 anzumeldenden Steuer ein Durchschnittsbetrag angemeldet wird. [4]Für die Anmeldung von Energieerzeugnissen, für die die

Steuer in der Zeit vom 19. bis 31. Dezember entstanden ist, gilt Absatz 3 sinngemäß. [5] Ist die Anmeldung eines Durchschnittsbetrages zugelassen worden, hat der Steuerschuldner die Anmeldung der Steuer nach Satz 1 in der nach Satz 4 abzugebenden Steueranmeldung nachzuholen.

(5) Die Steuer, die in einem Monat entstanden ist, ist vorbehaltlich des Absatzes 6 am zehnten Tag des zweiten auf die Entstehung folgenden Monats fällig.

(6) [1] Abweichend von Absatz 5 ist die Steuer, die im November entstanden ist, am 27. Dezember fällig. [2] Säumniszuschläge werden abweichend von § 240 Abs. 3 der Abgabenordnung nur dann nicht erhoben, wenn die Steuer spätestens am letzten Werktag des Kalenderjahres entrichtet worden ist, wobei der Sonnabend nicht als Werktag gilt. [3] Die Sätze 1 und 2 gelten auch für die Steuer, die in der Zeit vom 1. bis 18. Dezember entstanden und nach Absatz 4 in voller Höhe oder als Durchschnittsbetrag anzumelden ist. [4] Ist ein Durchschnittsbetrag entrichtet worden, ist der Unterschiedsbetrag zwischen dem Durchschnittsbetrag und der angemeldeten Steuer am 10. Februar des folgenden Jahres fällig.

(6a) [1] Abweichend von den Absätzen 3 bis 6 haben Steuerschuldner nach Absatz 2 Satz 1 Nummer 2 Buchstabe a und b unverzüglich eine Steueranmeldung abzugeben. [2] Die Steuer ist sofort fällig.

(7) [1] Die Steuer kann auf Antrag des Steuerschuldners unter der Voraussetzung erlassen oder erstattet werden, dass der Steuerschuldner innerhalb einer Frist von vier Monaten ab der Entstehung der Steuer nach Absatz 1 nachweist, dass die Energieerzeugnisse in der Annahme befördert wurden, dass für diese ein Steueraussetzungsverfahren nach § 5 Absatz 1 Nummer 2 wirksam eröffnet worden sei, und diese Energieerzeugnisse

1. an Personen abgegeben worden sind, die zum Bezug von Energieerzeugnissen unter Steueraussetzung oder von steuerfreien Energieerzeugnissen berechtigt sind, oder
2. ordnungsgemäß ausgeführt worden sind.

[2] Die Unwirksamkeit des Steueraussetzungsverfahrens darf nicht vorsätzlich oder leichtfertig durch den Steuerschuldner verursacht worden sein und die Steueraufsicht muss gewahrt gewesen sein. [3] Abweichend von Satz 1 beginnt die Frist von vier Monaten für die Vorlage des Nachweises an dem Tag, an dem das Hauptzollamt durch eine Steueraufsichtsmaßnahme oder Außenprüfung feststellt, dass das Steueraussetzungsverfahren nach § 5 Absatz 1 Nummer 2 unwirksam war. [4] Die Steuer wird nur erlassen oder erstattet, soweit der Betrag 500 Euro je Antrag übersteigt.

(8) Für die nach Absatz 1 entstehende Steuer ist im Voraus Sicherheit zu leisten, wenn Anzeichen für eine Gefährdung der Steuer erkennbar sind.

§ 9 Herstellung außerhalb eines Herstellungsbetriebes. (1) Werden Energieerzeugnisse im Sinn des § 4 außerhalb eines Herstellungsbetriebes hergestellt, entsteht die Steuer mit der Herstellung, es sei denn, es schließt sich ein Verfahren der Steuerbefreiung (§ 24 Absatz 1) an.

(1a) Wer Energieerzeugnisse im Sinn des § 4 außerhalb eines Herstellungsbetriebs herstellen will, hat dies dem Hauptzollamt vorher anzuzeigen

(2) [1]Steuerschuldner ist der Hersteller und, falls keine Anzeige nach Absatz 1a erstattet worden ist, jede an der Herstellung beteiligte Person; mehrere Steuerschuldner sind Gesamtschuldner. [2]Der Steuerschuldner hat für Energieerzeugnisse, für die die Steuer entstanden ist, unverzüglich eine Steuererklärung abzugeben und darin die Steuer selbst zu berechnen (Steueranmeldung). [3]Die Steuer ist sofort fällig. [4]Das Hauptzollamt kann auf Antrag eine § 8 Abs. 3 bis 6 entsprechende Regelung treffen; § 6 Abs. 3 Satz 2 und 3 und § 8 Abs. 7 gelten sinngemäß.

§ 9a Registrierte Empfänger. (1) [1]Registrierte Empfänger sind Personen, die Energieerzeugnisse unter Steueraussetzung
1. nicht nur gelegentlich oder
2. im Einzelfall

in ihren Betrieben im Steuergebiet zu gewerblichen Zwecken empfangen dürfen, wenn die Energieerzeugnisse aus einem Steuerlager in einem anderen Mitgliedstaat oder von einem Ort der Einfuhr in einem anderen Mitgliedstaat versandt wurden. [2]Der Empfang durch Einrichtungen des öffentlichen Rechts steht dem Empfang zu gewerblichen Zwecken gleich.

(2) [1]Registrierte Empfänger bedürfen der Erlaubnis. [2]Sie wird auf Antrag unter Widerrufsvorbehalt Personen erteilt, gegen deren steuerliche Zuverlässigkeit keine Bedenken bestehen und die – soweit nach dem Handelsgesetzbuch oder der Abgabenordnung dazu verpflichtet – ordnungsmäßig kaufmännische Bücher führen und rechtzeitig Jahresabschlüsse aufstellen. [3]In den Fällen des Absatzes 1 Satz 1 Nummer 1 ist vor Erteilung der Erlaubnis Sicherheit für die voraussichtlich während zweier Monate entstehende Steuer zu leisten. [4]In den Fällen des Absatzes 1 Satz 1 Nummer 2 ist vor Erteilung der Erlaubnis Sicherheit in Höhe der im Einzelfall entstehenden Steuer zu leisten sowie die Erlaubnis auf eine bestimmte Menge, einen einzigen Versender und einen bestimmten Zeitraum zu beschränken. [5]Die Voraussetzungen der Sätze 2, 3 und 4 erster Halbsatz gelten nicht für die Erlaubnis, die einer Einrichtung des öffentlichen Rechts erteilt wird.

(3) Die Erlaubnis ist zu widerrufen, wenn eine der in Absatz 2 Satz 2 genannten Voraussetzungen nicht mehr erfüllt ist oder eine geleistete Sicherheit nicht mehr ausreicht.

(4) [1]Die Steuer entsteht für Energieerzeugnisse, die in den Betrieb eines registrierten Empfängers aufgenommen werden, mit der Aufnahme in den Betrieb, es sei denn, es schließt sich ein Verfahren der Steuerbefreiung (§ 24 Absatz 1) an. [2]Steuerschuldner ist der registrierte Empfänger.

(5) [1]Der Steuerschuldner hat für Energieerzeugnisse, für die in einem Monat die Steuer entstanden ist, eine Steuererklärung abzugeben und darin die Steuer selbst zu berechnen (Steueranmeldung). [2]Für die Fristen zur Abgabe der Steuererklärung und die Fälligkeit der Steuer gilt § 8 Absatz 3 bis 6 entsprechend.

§ 9b Registrierte Versender. (1) Registrierte Versender sind Personen, die Energieerzeugnisse vom Ort der Einfuhr unter Steueraussetzung versenden dürfen.

(2) [1]Registrierte Versender bedürfen der Erlaubnis. [2]Sie wird auf Antrag unter Widerrufsvorbehalt Personen erteilt, gegen deren steuerliche Zuverlässigkeit keine Bedenken bestehen und die – soweit nach dem Handelsgesetzbuch

oder der Abgabenordnung dazu verpflichtet – ordnungsmäßig kaufmännische Bücher führen und rechtzeitig Jahresabschlüsse aufstellen. [3] Die Erlaubnis ist bei Beförderungen nach § 11 Absatz 1 Nummer 1 und bei der Ausfuhr (§ 13) über Gebiete anderer Mitgliedstaaten davon abhängig, dass Sicherheit nach § 11 Absatz 2 oder § 13 Absatz 2 Satz 1 geleistet worden ist.

(3) Die Erlaubnis ist zu widerrufen, wenn eine der in Absatz 2 Satz 2 genannten Voraussetzungen nicht mehr erfüllt ist oder eine geleistete Sicherheit nicht mehr ausreicht.

§ 9c Begünstigte. (1) Begünstigte, die Energieerzeugnisse im Sinn des § 4 unter Steueraussetzung im Steuergebiet empfangen dürfen, sind vorbehaltlich des Absatzes 2

1. die ausländische Truppe und deren ziviles Gefolge im Sinn von Artikel 1 des Abkommens vom 19. Juni 1951 zwischen den Parteien des Nordatlantikvertrages über die Rechtsstellung ihrer Truppen (BGBl. 1961 II S. 1183, 1190) in der jeweils geltenden Fassung (NATO-Truppenstatut);
2. in der Bundesrepublik Deutschland errichtete internationale militärische Hauptquartiere nach Artikel 1 des Protokolls über die Rechtsstellung der auf Grund des Nordatlantikvertrages errichteten internationalen militärischen Hauptquartiere vom 28. August 1952 (BGBl. 1969 II S. 2000) in der jeweils geltenden Fassung (Hauptquartierprotokoll) sowie Artikel 1 des Abkommens vom 13. März 1967 zwischen der Bundesrepublik Deutschland und dem Obersten Hauptquartier der Alliierten Mächte, Europa, über die besonderen Bedingungen für die Einrichtung und den Betrieb internationaler militärischer Hauptquartiere in der Bundesrepublik Deutschland (BGBl. 1969 II S. 1997, 2009) in der jeweils geltenden Fassung (Ergänzungsabkommen);
3. Stellen der Vereinigten Staaten von Amerika oder anderer von den Vereinigten Staaten bezeichneten Regierungen in der Bundesrepublik Deutschland nach dem Abkommen zwischen der Bundesrepublik Deutschland und den Vereinigten Staaten von Amerika vom 15. Oktober 1954 über die von der Bundesrepublik zu gewährenden Abgabenvergünstigungen für die von den Vereinigten Staaten im Interesse der gemeinsamen Verteidigung geleisteten Ausgaben (BGBl. 1955 II S. 821, 823) in der jeweils geltenden Fassung;
4. diplomatische Missionen und konsularische Vertretungen;
5. die in internationalen Übereinkommen vorgesehenen internationalen Einrichtungen.

(2) Ein Empfang unter Steueraussetzung ist nur möglich, wenn

1. im Fall des Absatzes 1 Nummer 1 die Voraussetzungen für die Steuerbefreiung nach Artikel XI des NATO-Truppenstatuts und den Artikeln 65 bis 67 des Zusatzabkommens vom 3. August 1959 zu dem Abkommen vom 19. Juni 1951 zwischen den Parteien des Nordatlantikvertrages über die Rechtsstellung ihrer Truppen hinsichtlich der in der Bundesrepublik Deutschland stationierten ausländischen Truppen (BGBl. 1961 II S. 1183, 1218) in der jeweils geltenden Fassung für die ausländische Truppe und deren ziviles Gefolge vorliegen,
2. im Fall des Absatzes 1 Nummer 2 die Voraussetzungen für die Steuerbefreiung nach Artikel XI des NATO-Truppenstatuts und Artikel 15 des Ergän-

zungsabkommens für die in der Bundesrepublik Deutschland errichteten internationalen militärischen Hauptquartiere vorliegen,

3. im Fall des Absatzes 1 Nummer 3 die Voraussetzungen für die Steuerbefreiung nach Artikel III Nummer 2 und den Artikeln IV bis VI des unter Absatz 1 Nummer 3 genannten Abkommens vom 15. Oktober 1954 für die Stellen der Vereinigten Staaten von Amerika oder anderen von den Vereinigten Staaten bezeichneten Regierungen in der Bundesrepublik Deutschland vorliegen,
4. es sich im Fall des Absatzes 1 Nummer 4 bei den Energieerzeugnissen um Kraftstoff (Benzin oder Dieselkraftstoff) handelt, der für die in § 59 Absatz 2 und 3 bezeichneten Dienststellen oder Personen zum Betrieb ihrer Kraftfahrzeuge bestimmt ist, und für den jeweiligen Kraftstoff eine Steuerbefreiung auf Gegenseitigkeit besteht,
5. im Fall des Absatzes 1 Nummer 5 die Voraussetzungen für eine Steuerbefreiung nach den jeweiligen internationalen Übereinkommen für die internationalen Einrichtungen vorliegen.

§ 9d Beförderungen (Allgemeines) (1) Beförderungen gelten, soweit in diesem Gesetz oder den dazu ergangenen Rechtsverordnungen keine Ausnahmen vorgesehen sind, nur dann als unter Steueraussetzung durchgeführt, wenn sie mit einem elektronischen Verwaltungsdokument nach Artikel 21 der Systemrichtlinie erfolgen.

(2) [1] Unbeschadet Absatz 1 gelten in den Fällen des § 10 Absatz 1 Nummer 2 und des § 11 Absatz 1 Nummer 1 Buchstabe c Beförderungen nur dann als unter Steueraussetzung durchgeführt, wenn dem Inhaber des abgebenden Steuerlagers oder dem registrierten Versender eine Freistellungsbescheinigung nach Artikel 13 Absatz 1 der Systemrichtlinie vorliegt. [2] Die Freistellungsbescheinigung ist während der Beförderung mitzuführen. [3] Satz 2 gilt auch in den Fällen des § 11 Absatz 1 Nummer 2 Buchstabe c.

§ 10 Beförderungen im Steuergebiet. (1) Energieerzeugnisse im Sinn des § 4 dürfen unter Steueraussetzung, auch über Drittländer oder Drittgebiete, befördert werden aus Steuerlagern im Steuergebiet oder von registrierten Versendern vom Ort der Einfuhr im Steuergebiet

1. in andere Steuerlager im Steuergebiet oder
2. zu Begünstigten (§ 9c) im Steuergebiet.

(2) [1] Wenn Steuerbelange gefährdet erscheinen, hat der Steuerlagerinhaber als Versender oder der registrierte Versender Sicherheit für die Beförderung zu leisten. [2] Werden die Energieerzeugnisse über das Gebiet eines anderen Mitgliedstaats in ein anderes Steuerlager im Steuergebiet oder zu einem Begünstigten (§ 9c) im Steuergebiet befördert, hat der Steuerlagerinhaber als Versender oder der registrierte Versender abweichend von Satz 1 für die Beförderung unter Steueraussetzung eine in allen Mitgliedstaaten gültige Sicherheit zu leisten. [3] Das Hauptzollamt kann in den Fällen der Sätze 1 und 2 auf Antrag zulassen, dass die Sicherheit durch den Eigentümer, den Beförderer oder den Empfänger der Energieerzeugnisse geleistet wird.

(3) Die Energieerzeugnisse sind unverzüglich
1. vom Inhaber des empfangenden Steuerlagers in sein Steuerlager aufzunehmen oder
2. vom Begünstigten (§ 9c) zu übernehmen.

(4) [1] Die Beförderung unter Steueraussetzung beginnt, wenn die Energieerzeugnisse das abgebende Steuerlager verlassen oder am Ort der Einfuhr in den zollrechtlich freien Verkehr überführt worden sind. [2] Sie endet mit der Aufnahme der Energieerzeugnisse in das empfangende Steuerlager oder mit der Übernahme der Energieerzeugnisse durch den Begünstigten (§ 9c).

§ 11 Beförderungen aus anderen und in andere Mitgliedstaaten.

(1) Energieerzeugnisse im Sinn des § 4 dürfen unter Steueraussetzung, auch über Drittländer oder Drittgebiete, befördert werden
1. aus Steuerlagern im Steuergebiet oder von registrierten Versendern vom Ort der Einfuhr im Steuergebiet
   a) in Steuerlager,
   b) in Betriebe von registrierten Empfängern,
   c) zu Begünstigten im Sinn des Artikels 12 Absatz 1 der Systemrichtlinie
   in anderen Mitgliedstaaten;
2. aus Steuerlagern in anderen Mitgliedstaaten oder von registrierten Versendern vom Ort der Einfuhr in anderen Mitgliedstaaten
   a) in Steuerlager,
   b) in Betriebe von registrierten Empfängern,
   c) zu Begünstigten (§ 9c)
   im Steuergebiet;
3. durch das Steuergebiet.

(2) [1] In den Fällen des Absatzes 1 Nummer 1 hat der Steuerlagerinhaber als Versender oder der registrierte Versender eine in allen Mitgliedstaaten gültige Sicherheit zu leisten. [2] Das Hauptzollamt kann auf Antrag zulassen, dass die Sicherheit durch den Eigentümer, den Beförderer oder den Empfänger der Energieerzeugnisse geleistet wird. [3] Werden die Energieerzeugnisse auf dem Seeweg oder durch feste Rohrleitungen befördert, kann der Steuerlagerinhaber oder der registrierte Versender von der Sicherheitsleistung befreit werden, wenn Steuerbelange nicht gefährdet erscheinen und die anderen betroffenen Mitgliedstaaten damit einverstanden sind.

(3) Die Energieerzeugnisse sind unverzüglich
1. vom Inhaber des abgebenden Steuerlagers, vom registrierten Versender oder vom Empfänger, wenn dieser die Energieerzeugnisse im Steuergebiet in Besitz genommen hat, aus dem Steuergebiet in den anderen Mitgliedstaat zu befördern,
2. vom Inhaber des empfangenden Steuerlagers in sein Steuerlager oder vom registrierten Empfänger in seinen Betrieb im Steuergebiet aufzunehmen oder
3. vom Begünstigten (§ 9c) zu übernehmen.

(4) [1] In den Fällen des Absatzes 1 Nummer 1 beginnt die Beförderung unter Steueraussetzung, wenn die Energieerzeugnisse das abgebende Steuerlager verlassen oder am Ort der Einfuhr in den zollrechtlich freien Verkehr überführt worden sind. [2] In den Fällen des Absatzes 1 Nummer 2 endet die Beförderung unter Steueraussetzung mit der Aufnahme der Energieerzeugnisse in das empfangende Steuerlager oder den Betrieb des registrierten Empfängers oder mit der Übernahme der Energieerzeugnisse durch den Begünstigten (§ 9c).

§ 12 *(aufgehoben)*

§ 13 Ausfuhr. (1) Energieerzeugnisse im Sinn des § 4 dürfen unter Steueraussetzung, auch über Drittländer oder Drittgebiete, aus Steuerlagern im Steuergebiet oder von registrierten Versendern vom Ort der Einfuhr im Steuergebiet zu einem Ort befördert werden, an dem die Energieerzeugnisse das Verbrauchsteuergebiet der Europäischen Gemeinschaft verlassen.

(2) [1] Werden Energieerzeugnisse über Gebiete anderer Mitgliedstaaten ausgeführt, hat der Steuerlagerinhaber als Versender oder der registrierte Versender für die Beförderung unter Steueraussetzung eine in allen Mitgliedstaaten gültige Sicherheit zu leisten. [2] Das Hauptzollamt kann auf Antrag zulassen, dass die Sicherheit durch den Beförderer oder den Eigentümer der Energieerzeugnisse geleistet wird. [3] Werden die Energieerzeugnisse auf dem Seeweg oder durch feste Rohrleitungen ausgeführt, kann der Steuerlagerinhaber oder der registrierte Versender von der Sicherheitsleistung befreit werden, wenn Steuerbelange nicht gefährdet erscheinen und die anderen betroffenen Mitgliedstaaten damit einverstanden sind. [4] Werden Energieerzeugnisse nicht über Gebiete anderer Mitgliedstaaten befördert, hat der Steuerlagerinhaber oder der registrierte Versender Sicherheit zu leisten, wenn Steuerbelange gefährdet erscheinen.

(3) Die Energieerzeugnisse sind unverzüglich vom Inhaber des abgebenden Steuerlagers, vom registrierten Versender oder vom Empfänger, falls dieser die Energieerzeugnisse bereits im Steuergebiet in Besitz genommen hat, aus dem Steuergebiet auszuführen.

(4) [1] Die Beförderung unter Steueraussetzung beginnt, wenn die Energieerzeugnisse das abgebende Steuerlager verlassen oder am Ort der Einfuhr in den zollrechtlich freien Verkehr überführt worden sind. [2] Sie endet, wenn die Energieerzeugnisse das Verbrauchsteuergebiet der Europäischen Gemeinschaft verlassen.

§ 14 Unregelmäßigkeiten während der Beförderung. (1) Als Unregelmäßigkeit gilt ein während der Beförderung unter Steueraussetzung eintretender Fall, mit Ausnahme der in § 8 Absatz 1a geregelten Fälle, auf Grund dessen die Beförderung oder ein Teil der Beförderung nicht ordnungsgemäß beendet werden kann.

(2) [1] Tritt während der Beförderung von Energieerzeugnissen nach den §§ 10, 11 oder 13 im Steuergebiet eine Unregelmäßigkeit ein, entsteht die Steuer. [2] Die Steuer entsteht nicht, wenn der Versender innerhalb einer Frist von vier Monaten nach Beginn der Beförderung im Sinne des § 9d nachweist, dass die Energieerzeugnisse

1. an Personen abgegeben worden sind, die zum Bezug von Energieerzeugnissen unter Steueraussetzung oder von steuerfreien Energieerzeugnissen berechtigt sind, oder
2. ordnungsgemäß ausgeführt worden sind.

[3] Die Steuer entsteht auch dann nicht, wenn die Energieerzeugnisse das Steuergebiet auf Grund unvorhersehbarer Umstände nur kurzzeitig verlassen haben und im Anschluss daran wieder an Personen im Sinne des Satzes 2 Nummer 1 im Steuergebiet abgegeben worden sind oder die Energieerzeugnisse an einen anderen Ort oder an eine andere berechtigte Person befördert worden sind als zu Beginn der Beförderung vorgesehen. [4] Die Unregelmäßigkeit darf nicht vorsätzlich oder leichtfertig durch den Steuerschuldner verursacht worden sein und die Steueraufsicht muss gewahrt gewesen sein. [5] Abweichend von Satz 2 beginnt die Frist von vier Monaten für die Vorlage des Nachweises an dem Tag, an dem das Hauptzollamt durch eine Steueraufsichtsmaßnahme oder Außenprüfung feststellt, dass eine Unregelmäßigkeit eingetreten ist.

(3) Wird während der Beförderung unter Steueraussetzung aus einem Steuerlager in einem anderen Mitgliedstaat oder von einem Ort der Einfuhr in einem anderen Mitgliedstaat im Steuergebiet festgestellt, dass eine Unregelmäßigkeit eingetreten ist und kann nicht ermittelt werden, wo die Unregelmäßigkeit eingetreten ist, so gilt sie als im Steuergebiet und zum Zeitpunkt der Feststellung eingetreten.

(4) [1] Sind Energieerzeugnisse unter Steueraussetzung aus dem Steuergebiet in einen anderen Mitgliedstaat befördert worden (§ 11 Absatz 1 Nummer 1, § 13 Absatz 1) und nicht an ihrem Bestimmungsort eingetroffen, ohne dass während der Beförderung eine Unregelmäßigkeit festgestellt worden ist, so gilt die Unregelmäßigkeit nach Absatz 1 als im Steuergebiet zum Zeitpunkt des Beginns der Beförderung eingetreten, es sei denn, der Versender führt innerhalb einer Frist von vier Monaten nach Beginn der Beförderung den hinreichenden Nachweis, dass die Energieerzeugnisse
1. am Bestimmungsort eingetroffen sind und die Beförderung ordnungsgemäß beendet wurde oder
2. auf Grund einer außerhalb des Steuergebiets eingetretenen Unregelmäßigkeit nicht am Bestimmungsort eingetroffen sind.

[2] Hatte die Person, die Sicherheit geleistet hat (§ 11 Absatz 2, § 13 Absatz 2), keine Kenntnis davon, dass die Energieerzeugnisse nicht an ihrem Bestimmungsort eingetroffen sind, und konnte sie auch keine Kenntnis davon haben, so hat sie innerhalb einer Frist von einem Monat ab Übermittlung dieser Information durch das Hauptzollamt die Möglichkeit, den Nachweis nach Satz 1 zu führen.

(5) Werden Energieerzeugnisse über das Gebiet eines anderen Mitgliedstaats in ein anderes Steuerlager im Steuergebiet oder zu einem Begünstigten (§ 9c) im Steuergebiet befördert, gelten die Absätze 2 bis 4 sinngemäß.

(6) [1] Steuerschuldner ist
1. der Steuerlagerinhaber als Versender,
2. der registrierte Versender,
3. jede andere Person als unter Nummer 1 und 2, die Sicherheit geleistet hat,

4. die Person, die die Energieerzeugnisse aus der Beförderung entnommen hat oder in deren Namen die Energieerzeugnisse entnommen wurden,
5. jede Person, die an der Entnahme aus der Beförderung beteiligt war und wusste oder vernünftigerweise hätte wissen müssen, dass die Entnahme unrechtmäßig war.

[2] Mehrere Steuerschuldner sind Gesamtschuldner.

(7) [1] Der Steuerschuldner hat für die Energieerzeugnisse, für die die Steuer entstanden ist, unverzüglich eine Steuererklärung abzugeben und darin die Steuer selbst zu berechnen (Steueranmeldung). [2] Die Steuer ist sofort fällig. [3] Das Hauptzollamt kann auf Antrag eines Steuerschuldners nach Absatz 6 Nummer 1 bis 3 eine § 8 Absatz 3 bis 6 entsprechende Regelung treffen. [4] § 6 Absatz 3 Satz 2 und 3 und § 8 Absatz 7 gelten sinngemäß.

(8) Wird in den Fällen der Absätze 3 bis 5 vor Ablauf einer Frist von drei Jahren ab dem Tag, an dem die Beförderung begonnen hat, festgestellt, dass die Unregelmäßigkeit in einem anderen Mitgliedstaat eingetreten und die Steuer in diesem Mitgliedstaat nachweislich erhoben worden ist, wird die im Steuergebiet entrichtete Steuer auf Antrag erstattet.

Abschnitt 2. Verbringen von Energieerzeugnissen des steuerrechtlich freien Verkehrs

§ 15 Verbringen zu gewerblichen Zwecken. (1) [1] Werden Energieerzeugnisse im Sinn des § 4 aus dem steuerrechtlich freien Verkehr eines Mitgliedstaats zu gewerblichen Zwecken bezogen, entsteht die Steuer dadurch, dass der Bezieher

1. die Energieerzeugnisse im Steuergebiet in Empfang nimmt oder
2. die außerhalb des Steuergebiets in Empfang genommenen Energieerzeugnisse in das Steuergebiet verbringt oder verbringen lässt.

[2] Schließt sich an die Empfangnahme oder das Verbringen ein Verfahren der Steuerbefreiung (§ 24 Abs. 1) an, kommt es zu keiner Steuerentstehung. [3] Steuerschuldner ist der Bezieher. [4] Der Bezug durch eine Einrichtung des öffentlichen Rechts steht dem Bezug zu gewerblichen Zwecken gleich.

(2) [1] Werden Energieerzeugnisse im Sinn des § 4 aus dem steuerrechtlich freien Verkehr eines Mitgliedstaats in anderen als den in Absatz 1 Satz 1 Nr. 1 und 2 genannten Fällen in das Steuergebiet verbracht, entsteht die Steuer dadurch, dass sie erstmals im Steuergebiet zu gewerblichen Zwecken in Besitz gehalten oder verwendet werden. [2] Dies gilt nicht, wenn die in Besitz gehaltenen Energieerzeugnisse für einen anderen Mitgliedstaat bestimmt sind und unter zulässiger Verwendung eines Begleitdokuments nach Artikel 34 der Systemrichtlinie durch das Steuergebiet befördert werden. [3] Steuerschuldner ist, wer die Energieerzeugnisse versendet, in Besitz hält oder verwendet. [4] Schließt sich an die Inbesitznahme ein Verfahren der Steuerbefreiung an (§ 24 Abs. 1) oder werden die Energieerzeugnisse in einem solchen Verfahren verwendet, kommt es zu keiner Steuerentstehung.

(2a) § 8 Absatz 1a gilt entsprechend.

(3) Wer Energieerzeugnisse nach Absatz 1 oder 2 beziehen, in Besitz halten oder verwenden will, hat dies dem Hauptzollamt vorher anzuzeigen und für die Steuer Sicherheit zu leisten.

(4) Die Absätze 1 bis 3 gelten nicht

1. für Kraftstoffe in Hauptbehältern von Fahrzeugen, Spezialcontainern, Arbeitsmaschinen und -geräten sowie Kühl- und Klimaanlagen,
2. für Kraftstoffe, die in Reservebehältern eines Fahrzeugs bis zu einer Gesamtmenge von 20 Litern mitgeführt werden,
3. für Heizstoffe im Vorratsbehälter der Standheizung eines Fahrzeugs.

(5) [1] Der Steuerschuldner hat für Energieerzeugnisse, für die die Steuer entstanden ist, unverzüglich eine Steuererklärung abzugeben und darin die Steuer selbst zu berechnen (Steueranmeldung). [2] Die Steuer ist am 25. Tag des auf die Entstehung folgenden Monats fällig. [3] Wird das Verfahren nach Absatz 3 nicht eingehalten, ist die Steuer sofort fällig. [4] Das Hauptzollamt kann zur Steuervereinfachung zulassen, dass der Steuerschuldner abweichend von Satz 1 die Steueranmeldung für Energieerzeugnisse, für die die Steuer in einem Monat entstanden ist, bis zum 15. Tag des auf die Entstehung folgenden Monats abgibt.

§ 16 Verbringen zu privaten Zwecken. (1) [1] Energieerzeugnisse im Sinn des § 4, die eine Privatperson für ihren Eigenbedarf in einem anderen Mitgliedstaat im steuerrechtlich freien Verkehr erwirbt und selbst in das Steuergebiet befördert, sind steuerfrei. [2] Die Steuerfreiheit ist jedoch ausgeschlossen für

1. flüssige Heizstoffe, ausgenommen Flüssiggase in Flaschen, und
2. Kraftstoffe, die in anderen Behältnissen als dem Hauptbehälter des Fahrzeugs befördert werden, ausgenommen in Reservebehältern des Fahrzeugs bis zu einer Gesamtmenge von 20 Litern.

(2) [1] Die Steuer für Energieerzeugnisse, die nach Absatz 1 Satz 2 nicht steuerfrei sind oder die auf Rechnung der Privatperson befördert werden, entsteht mit dem Verbringen in das Steuergebiet. [2] Steuerschuldner ist die Privatperson.

(3) [1] Für Energieerzeugnisse, für die die Steuer entstanden ist, hat der Steuerschuldner unverzüglich eine Steuererklärung abzugeben und darin die Steuer selbst zu berechnen (Steueranmeldung). [2] Die Steuer ist sofort fällig.

§ 17 Entnahme aus Hauptbehältern. (1) [1] Für Energieerzeugnisse, für die auf Grund der Ausnahmeregelungen des § 15 Abs. 4 Nr. 1 oder Abs. 4 Nr. 3 keine Steuer nach § 15 Abs. 1 oder 2 entstanden ist oder die nach § 16 Abs. 1 in Hauptbehältern von Fahrzeugen unversteuert in das Steuergebiet verbracht worden sind, entsteht die Steuer dadurch, dass sie

1. aus dem Hauptbehälter oder dem Vorratsbehälter ohne technische Notwendigkeit entnommen oder nach der Entnahme abgegeben oder verwendet werden, soweit die Steuer nicht nach § 21 Abs. 1 entsteht,
2. zur stationären Nutzung eines Wasserfahrzeugs als Wohn-, Hotelschiff oder zu ähnlichen Zwecken verwendet werden.

[2] Steuerschuldner ist, wer eine der genannten Handlungen vornimmt. [3] Mehrere Steuerschuldner sind Gesamtschuldner.

(2) [1] Der Steuerschuldner hat für Energieerzeugnisse, für die die Steuer entstanden ist, unverzüglich eine Steuererklärung abzugeben und darin die Steuer selbst zu berechnen (Steueranmeldung). [2] Die Steuer ist sofort fällig. [3] Das Hauptzollamt kann auf Antrag im Einzelfall abweichende Fristen bestimmen; § 8 Abs. 7 gilt sinngemäß.

§ 18 Versandhandel. (1) [1] Versandhandel betreibt, wer Energieerzeugnisse im Sinn des § 4 aus dem steuerrechtlich freien Verkehr des Mitgliedstaates, in dem er seinen Sitz hat, an Privatpersonen in anderen Mitgliedstaaten liefert und den Versand der Energieerzeugnisse an den Erwerber selbst durchführt oder durch andere durchführen lässt (Versandhändler). [2] Als Privatpersonen gelten alle Erwerber, die sich gegenüber dem Versandhändler nicht als Abnehmer ausweisen, deren innergemeinschaftliche Erwerbe nach den Vorschriften des Umsatzsteuergesetzes der Umsatzsteuer unterliegen.

(2) Werden Energieerzeugnisse nach Absatz 1 durch einen Versandhändler mit Sitz in einem anderen Mitgliedstaat in das Steuergebiet geliefert, entsteht die Steuer mit der Auslieferung der Energieerzeugnisse an die Privatperson im Steuergebiet.

(2a) § 8 Absatz 1a gilt entsprechend.

(3) [1] Wer als Versandhändler Energieerzeugnisse in das Steuergebiet liefern will, hat dies vorher anzuzeigen und eine im Steuergebiet ansässige Person als Beauftragten zu benennen. [2] Die Anzeige und die Benennung haben gegenüber dem für den Beauftragten zuständigen Hauptzollamt zu erfolgen. [3] Der Beauftragte bedarf der Erlaubnis. [4] Sie wird auf Antrag unter Widerrufsvorbehalt Personen erteilt, gegen deren steuerliche Zuverlässigkeit keine Bedenken bestehen und die – soweit nach dem Handelsgesetzbuch oder der Abgabenordnung dazu verpflichtet – ordnungsmäßig kaufmännische Bücher führen und rechtzeitig Jahresabschlüsse aufstellen. [5] Der Beauftragte hat dem Hauptzollamt jede Lieferung unter Angabe der für die Versteuerung maßgebenden Merkmale vorher anzuzeigen und für die entstehende Steuer Sicherheit zu leisten sowie Aufzeichnungen über die Lieferungen des Versandhändlers in das Steuergebiet zu führen.

(4) [1] Steuerschuldner ist der Beauftragte. [2] Er hat für Energieerzeugnisse, für die die Steuer entstanden ist, unverzüglich eine Steuererklärung abzugeben und darin die Steuer selbst zu berechnen (Steueranmeldung). [3] Die Steuer ist am 25. Tag des auf die Entstehung der Steuer folgenden Monats fällig. [4] Werden Energieerzeugnisse nicht nur gelegentlich im Versandhandel geliefert, kann das Hauptzollamt auf Antrag des Beauftragten zulassen, dass der Beauftragte abweichend von Satz 2 die Steueranmeldung für Energieerzeugnisse, für die die Steuer in einem Monat entstanden ist, bis zum 15. Tag des auf die Entstehung der Steuer folgenden Monats abgibt, und dass die fristgerechte Abgabe der Steueranmeldung der Anzeige nach Absatz 3 Satz 5 gleichsteht. [5] Voraussetzung dafür ist, dass der Beauftragte Sicherheit in Höhe der während eines Monats entstehenden Steuer leistet. [6] Wird das Verfahren nach Absatz 3 nicht eingehalten, ist der Versandhändler Steuerschuldner. [7] Er hat unverzüglich eine Steueranmeldung abzugeben. [8] Die Steuer ist sofort fällig.

(5) Die Erlaubnis des Beauftragten ist zu widerrufen, wenn eine der in Absatz 3 Satz 4 und 5 genannten Voraussetzungen nicht mehr erfüllt ist oder eine geleistete Sicherheit nicht mehr ausreicht.

(6) [1] Wer als Versandhändler mit Sitz im Steuergebiet Energieerzeugnisse des steuerrechtlich freien Verkehrs in einen anderen Mitgliedstaat liefern will, hat dies vorher dem zuständigen Hauptzollamt anzuzeigen. [2] Er hat Aufzeichnungen über die gelieferten Energieerzeugnisse zu führen und die von dem Mitgliedstaat geforderten Voraussetzungen für die Lieferung zu erfüllen.

§ 18a Unregelmäßigkeiten während der Beförderung im steuerrechtlich freien Verkehr. (1) [1] Tritt während der Beförderung von Energieerzeugnissen nach § 15 Absatz 1 und 2 oder § 18 Absatz 2 im Steuergebiet eine Unregelmäßigkeit ein, entsteht die Steuer, es sei denn, die Energieerzeugnisse sind nachweislich an Personen im Steuergebiet abgegeben worden, die zum Bezug von steuerfreien Energieerzeugnissen berechtigt sind. [2] Dies gilt auch, wenn während der Beförderung im Steuergebiet eine Unregelmäßigkeit festgestellt wurde, ohne dass sich der Ort, an dem sie begangen wurde, bestimmen lässt.

(2) Als Unregelmäßigkeit gilt ein während der Beförderung eintretender Fall, mit Ausnahme der in § 8 Absatz 1a geregelten Fälle, auf Grund dessen die Beförderung oder ein Teil der Beförderung nicht ordnungsgemäß beendet werden kann.

(3) [1] Steuerschuldner ist derjenige, der die Sicherheit nach § 15 Absatz 3 oder § 18 Absatz 3 Satz 5 geleistet hat und im Fall des § 15 Absatz 2 Satz 2 die Person, die die Energieerzeugnisse in Besitz hält. [2] Der Steuerschuldner hat für Energieerzeugnisse, für die die Steuer entstanden ist, unverzüglich eine Steueranmeldung abzugeben. [3] Die Steuer ist sofort fällig.

(4) Wird im Fall des Absatzes 1 Satz 2 vor Ablauf einer Frist von drei Jahren nach Beginn der Beförderung der Energieerzeugnisse der Ort der Unregelmäßigkeit festgestellt und liegt dieser in einem anderen Mitgliedstaat, wird die nach Absatz 3 erhobene Steuer auf Antrag des Steuerschuldners erlassen oder erstattet, wenn er den Nachweis über die Entrichtung der Steuer in diesem Mitgliedstaat vorlegt.

Abschnitt 2a. Einfuhr von Energieerzeugnissen aus Drittländern oder Drittgebieten

§ 19 Einfuhr. (1) Einfuhr ist

1. der Eingang von Energieerzeugnissen aus Drittländern oder Drittgebieten in das Steuergebiet, es sei denn, die Energieerzeugnisse befinden sich beim Eingang in einem zollrechtlichen Nichterhebungsverfahren;
2. die Entnahme von Energieerzeugnissen aus einem zollrechtlichen Nichterhebungsverfahren im Steuergebiet, es sei denn, es schließt sich ein weiteres zollrechtliches Nichterhebungsverfahren an.

(2) Zollrechtliche Nichterhebungsverfahren sind

1. beim Eingang von Energieerzeugnissen im zollrechtlichen Status als Nichtgemeinschaftswaren aus Drittländern und Drittgebieten:

a) die nach Titel III Kapitel 1 bis 4 des Zollkodex vorgesehenen besonderen Verfahren der Zollüberwachung beim Eingang in das Zollgebiet der Gemeinschaft,
b) die vorübergehende Verwahrung nach Titel III Kapitel 5 des Zollkodex,
c) die Verfahren in Freizonen oder Freilagern nach Titel IV Kapitel 3 Abschnitt 1 des Zollkodex,
d) alle in Artikel 84 Absatz 1 Buchstabe a des Zollkodex genannten Verfahren,
e) das nationale Zollverfahren der Truppenverwendung nach § 2 des Truppenzollgesetzes vom 19. Mai 2009 (BGBl. I S. 1090) in der jeweils geltenden Fassung,

und die dazu ergangenen Vorschriften;

2. beim Eingang von Energieerzeugnissen im zollrechtlichen Status als Gemeinschaftswaren aus Drittgebieten in sinngemäßer Anwendung die nach Titel III Kapitel 1 bis 4 des Zollkodex vorgesehenen besonderen Verfahren der Zollüberwachung beim Eingang in das Zollgebiet der Gemeinschaft.

§ 19a Unregelmäßigkeiten im zollrechtlichen Nichterhebungsverfahren. Tritt in einem zollrechtlichen Nichterhebungsverfahren, in dem sich die Energieerzeugnisse im Sinn des § 4 befinden, eine Unregelmäßigkeit ein, gilt Artikel 215 des Zollkodex sinngemäß.

§ 19b Steuerentstehung, Steuerschuldner. (1) [1]Die Steuer entsteht zum Zeitpunkt der Überführung der Energieerzeugnisse im Sinn des § 4 in den steuerrechtlich freien Verkehr durch die Einfuhr, es sei denn, die Energieerzeugnisse werden unmittelbar am Ort der Einfuhr in ein Verfahren der Steueraussetzung (§ 5) oder ein Verfahren der Steuerbefreiung (§ 24 Absatz 1) überführt. [2]Die Steuer entsteht nicht, wenn die Energieerzeugnisse unter Steueraussetzung aus dem Steuergebiet oder einem anderen Mitgliedstaat über Drittländer oder Drittgebiete in das Steuergebiet befördert wurden.

(2) [1]Steuerschuldner ist

1. die Person, die nach den Zollvorschriften verpflichtet ist, die Energieerzeugnisse anzumelden oder in deren Namen die Energieerzeugnisse angemeldet werden,
2. jede andere Person, die an einer unrechtmäßigen Einfuhr beteiligt war.

[2]Mehrere Steuerschuldner sind Gesamtschuldner.

(3) [1]Für die Fälligkeit, den Zahlungsaufschub, das Erlöschen, ausgenommen das Erlöschen durch Einziehung, das Steuerverfahren sowie die Nacherhebung, den Erlass und die Erstattung in anderen Fällen als nach Artikel 220 Absatz 2 Buchstabe b und Artikel 239 des Zollkodex gelten die Zollvorschriften sinngemäß. [2]Abweichend von Satz 1 bleiben die §§ 163 und 227 der Abgabenordnung unberührt.

(4) Für Energieerzeugnisse, die in der Truppenverwendung (§ 19 Absatz 2 Nummer 1 Buchstabe e) zweckwidrig verwendet werden, finden abweichend von den Absätzen 1 bis 3 die Vorschriften des Truppenzollgesetzes Anwendung.

Abschnitt 3. Steuerrechtlich freier Verkehr in sonstigen Fällen

§ 20 Differenzversteuerung. (1) [1] Werden nach § 2 Abs. 3 Satz 1 versteuerte Energieerzeugnisse, ausgenommen Erdgas, nicht zu den in § 2 Abs. 3 Satz 1 und 2 genannten Zwecken abgegeben oder verwendet, entsteht vorbehaltlich Absatz 3 und § 21 die Steuer in Höhe der Differenz zu dem zutreffenden Steuersatz des § 2 Abs. 1 oder 2. [2] Kann der Verbleib der Energieerzeugnisse nicht festgestellt werden, gilt Satz 1 entsprechend.

(2) [1] Werden nach § 2 Abs. 1 Nr. 8 Buchstabe a oder Abs. 2 Nr. 2 versteuerte Flüssiggase nicht unvermischt mit anderen Energieerzeugnissen abgegeben oder verwendet, entsteht die Steuer in Höhe der Differenz zu dem Steuersatz des § 2 Abs. 1 Nr. 8 Buchstabe b. [2] Satz 1 gilt entsprechend, wenn der Verbleib der Energieerzeugnisse nicht festgestellt werden kann.

(3) [1] Die Steuer entsteht nicht, wenn die Energieerzeugnisse untergegangen sind. [2] Schwund steht dem Untergang gleich. [3] Darüber hinaus entsteht keine Steuer, wenn Energieerzeugnisse im Sinn des § 4 an ein Steuerlager abgegeben werden.

(4) [1] Steuerschuldner ist, wer eine der genannten Handlungen vornimmt. [2] Mehrere Steuerschuldner sind Gesamtschuldner. [3] Der Steuerschuldner hat für Energieerzeugnisse, für die die Steuer entstanden ist, unverzüglich eine Steuererklärung abzugeben und darin die Steuer selbst zu berechnen (Steueranmeldung). [4] Die Steuer ist sofort fällig.

§ 21 Entstehung der Steuer für gekennzeichnete Energieerzeugnisse.

(1) [1] Die Steuer entsteht für Energieerzeugnisse, die zugelassene Kennzeichnungsstoffe enthalten und die als Kraftstoff bereitgehalten, abgegeben, mitgeführt oder verwendet werden, in Höhe des Steuersatzes nach § 2 Abs. 1 Nr. 4 Buchstabe a. [2] Satz 1 gilt nicht in den Fällen nach den §§ 3, 3a, 17 Abs. 1 Satz 1 Nr. 2, §§ 26, 27 Abs. 1 sowie in den nach § 66 Abs. 1 Nr. 12 zugelassenen Fällen. [3] Zu versteuern ist abweichend von Satz 1

1. mindestens die Menge, die dem Fassungsvermögen des jeweiligen Hauptbehälters entspricht, wenn die genannten Handlungen bei der Überprüfung von Fahrzeugen oder Anlagen, in denen Energieerzeugnisse als Kraftstoff verwendet werden, festgestellt werden,
2. nur die in den Rohrleitungen, Armaturen oder im Abgabeschlauch eines Transportmittels verbliebene Restmenge an gekennzeichnetem Gasöl in dem Fall, dass ein Gemisch dadurch entstanden ist, dass die Restmenge beim Abgabevorgang eines nicht gekennzeichneten Energieerzeugnisses diesem zugegeben wurde.

(2) [1] Steuerschuldner ist, wer eine der genannten Handlungen vornimmt. [2] Mehrere Steuerschuldner sind Gesamtschuldner. [3] Im Falle des Absatzes 1 bleiben Steuern, die auf Grund von anderen als den dort genannten Tatbeständen entstanden sind, unberührt. [4] Der Steuerschuldner hat für Energieerzeugnisse, für die die Steuer entstanden ist, unverzüglich eine Steuererklärung abzugeben und darin die Steuer selbst zu berechnen (Steueranmeldung). [5] Die Steuer ist sofort fällig.

§ 22 Entstehung der Steuer für Energieerzeugnisse im Sinn des § 4, Auffangtatbestand. (1) [1] Ist für Energieerzeugnisse im Sinn des § 4 eine

Steuer nicht auf Grund einer sonstigen Bestimmung dieses Gesetzes entstanden, so entsteht sie dadurch, dass die Energieerzeugnisse als Kraft- oder Heizstoff oder als Zusatz oder Verlängerungsmittel von Kraft- oder Heizstoffen abgegeben oder verwendet werden. [2] Satz 1 gilt nicht für Gemische, die bei den in § 6 Abs. 2 Nr. 1 und 2 genannten Mischvorgängen entstanden sind.

(2) [1] Steuerschuldner ist, wer eine der genannten Handlungen vornimmt. [2] Mehrere Steuerschuldner sind Gesamtschuldner. [3] Der Steuerschuldner hat für Energieerzeugnisse, für die die Steuer entstanden ist, unverzüglich eine Steuererklärung abzugeben und darin die Steuer selbst zu berechnen (Steueranmeldung). [4] Die Steuer ist sofort fällig. [5] Das Hauptzollamt kann auf Antrag eine § 8 Absatz 3 bis 6 entsprechende Regelung treffen; § 6 Absatz 3 Satz 2 und 3 und § 8 Absatz 7 gelten sinngemäß.

§ 23 Entstehung der Steuer für sonstige Energieerzeugnisse. (1) [1] Für andere als in § 4 genannte Energieerzeugnisse, ausgenommen Kohle und Erdgas, entsteht die Steuer vorbehaltlich § 20 Abs. 1 dadurch, dass sie

1. erstmals im Steuergebiet als Kraft- oder Heizstoff oder als Zusatz oder Verlängerungsmittel von Kraft- oder Heizstoffen abgegeben werden,
2. im Steuergebiet als Kraft- oder Heizstoff verwendet werden, wenn eine Steuer nicht nach Nummer 1 entstanden ist,
3. mit Energieerzeugnissen im Sinn des § 4 außerhalb eines Steuerlagers gemischt werden, wenn das Gemisch ein Energieerzeugnis im Sinn des § 4 ist und als Kraft- oder Heizstoff oder als Zusatz oder Verlängerungsmittel von Kraft- oder Heizstoffen abgegeben oder verwendet wird, oder
4. mit versteuertem Erdgas gemischt werden, wenn das Gemisch Erdgas ist und als Kraft- oder Heizstoff oder als Zusatz oder Verlängerungsmittel von Kraft- oder Heizstoffen abgegeben oder verwendet wird.

[2] Eine erstmalige Abgabe als Heizstoff liegt bei Energieerzeugnissen nach § 1 Absatz 3 Satz 1 Nummer 2 dann nicht vor, wenn die Energieerzeugnisse zur Abfallentsorgung ausgesondert oder geliefert werden und nicht ausdrücklich eine Bestimmung als Heizstoff vorgenommen wird.

(1a) [1] Bei der Steuerentstehung nach Absatz 1 sind nachweisliche Vorversteuerungen anzurechnen. [2] Die Steuer nach Absatz 1 entsteht nicht, wenn die Voraussetzungen eines Verfahrens der Steuerbefreiung (§ 24 Absatz 1) vorliegen.

(2) Absatz 1 gilt nicht

1. für Schmierstoffe zur Herstellung von Zweitaktergemischen,
2. für Wasser zur Herstellung von Diesel-Wasser-Gemischen und
3. für andere Energieerzeugnisse, die zur Verwendung als Zusatz oder Verlängerungsmittel von Kraft- oder Heizstoffen bestimmt sind und an ein Steuerlager im Steuergebiet abgegeben werden.

(3) Steuerschuldner ist

1. im Falle des Absatzes 1 Satz 1 Nr. 1 derjenige, der die Energieerzeugnisse abgibt, wenn dieser im Steuergebiet ansässig ist, andernfalls der Empfänger,
2. im Übrigen derjenige, der eine der genannten Handlungen vornimmt.

(4) [1]Wer Energieerzeugnisse nach Absatz 1 abgeben, beziehen oder verwenden will, hat dies dem zuständigen Hauptzollamt vorher anzuzeigen. [2]Erfolgen die Handlungen nicht nur gelegentlich, kann das Hauptzollamt auf weitere Anzeigen verzichten.

(5) Für die nach Absatz 1 entstehende Steuer ist im Voraus Sicherheit zu leisten, wenn Anzeichen für eine Gefährdung der Steuer erkennbar sind.

(6) [1]Der Steuerschuldner hat für Energieerzeugnisse, für die in einem Monat die Steuer entstanden ist, eine Steuererklärung abzugeben und darin die Steuer selbst zu berechnen (Steueranmeldung). [2]Für die Fristen zur Abgabe der Steuererklärung und die Fälligkeit der Steuer gilt § 8 Abs. 3 bis 6 entsprechend. [3]Wird das Verfahren nach Absatz 4 nicht eingehalten oder eine nach Absatz 5 angeforderte Sicherheit nicht geleistet, hat der Steuerschuldner für die entstandene Steuer unverzüglich eine Steuererklärung abzugeben und darin die Steuer selbst zu berechnen (Steueranmeldung). [4]Die Steuer ist sofort fällig.

Abschnitt 4. Steuerbefreiungen

§ 24 Begriffsbestimmungen, Erlaubnis. (1) [1]Verfahren der Steuerbefreiung sind die steuerfreie Verwendung und die steuerfreie Verteilung. [2]Energieerzeugnisse, die nach den §§ 25 bis 29 steuerfrei verwendet werden dürfen, können zu diesen Zwecken steuerfrei abgegeben werden.

(2) [1]Wer Energieerzeugnisse steuerfrei in den Fällen der §§ 25 bis 29 verwenden will, bedarf der Erlaubnis als Verwender. [2]Wer Energieerzeugnisse steuerfrei in den Fällen der §§ 25 bis 29 abgeben will, bedarf vorbehaltlich Absatz 3 der Erlaubnis als Verteiler.

(3) [1]Einer Erlaubnis als Verteiler bedarf nicht der Inhaber eines Steuerlagers, soweit er Energieerzeugnisse aus dem Steuerlager zu steuerfreien Zwecken abgibt. [2]In diesem Fall befinden sich die Energieerzeugnisse mit der Entfernung aus dem Steuerlager im Verfahren der Steuerbefreiung des Empfängers.

(4) Inhabern einer Erlaubnis nach Absatz 2 kann auch die Ausfuhr und das Verbringen von Energieerzeugnissen aus dem Steuergebiet erlaubt werden, sofern Steuerbelange nicht beeinträchtigt sind.

(5) [1]Die Erlaubnis nach den Absätzen 2 und 4 wird auf Antrag unter Widerrufsvorbehalt Personen erteilt, gegen deren steuerliche Zuverlässigkeit keine Bedenken bestehen. [2]Sind Anzeichen für eine Gefährdung der Steuer erkennbar, ist die Erlaubnis von einer Sicherheit bis zur Höhe des Steuerwerts der voraussichtlich im Jahresdurchschnitt während zwei Monaten verwendeten oder verteilten Energieerzeugnisse abhängig. [3]Die Erlaubnis ist zu widerrufen, wenn die Voraussetzung nach Satz 1 nicht mehr erfüllt ist oder eine angeforderte Sicherheit nicht geleistet wird. [4]Die Erlaubnis kann widerrufen werden, wenn eine geleistete Sicherheit nicht mehr ausreicht.

(6) [1]Der Erlaubnisinhaber hat die Energieerzeugnisse, soweit er sie in seinem Betrieb verwenden will, unverzüglich aufzunehmen. [2]Die Energieerzeugnisse dürfen nur zu dem in der Erlaubnis genannten Zweck verwendet oder abgegeben werden.

§ 25 Steuerbefreiung für Verwendungen zu anderen Zwecken.

(1) [1]Energieerzeugnisse im Sinn des § 4 dürfen steuerfrei verwendet werden zu anderen Zwecken als

1. zur Verwendung als Kraft- oder Heizstoff,
2. zur Herstellung von in § 4 genannten Kraft- oder Heizstoffen.

[2]Eine steuerfreie Verwendung ist ausgeschlossen, wenn in der Verwendung eine Herstellung nach § 6 liegt. [3]Satz 2 gilt nicht, wenn zur Herstellung eines Energieerzeugnisses im Sinn des § 4 Waren der Unterpositionen 2710 11 21, 2710 11 25 oder 2710 19 29 der Kombinierten Nomenklatur eingesetzt werden und diese im Sinn des § 4 Nr. 3 nicht unter Steueraussetzung befördert werden können.

(2) Energieerzeugnisse dürfen steuerfrei verwendet werden als Probe zu Untersuchungszwecken.

§ 26 Steuerbefreiung für den Eigenverbrauch. (1) Der Inhaber eines Betriebs, der andere Energieerzeugnisse als Kohle und Erdgas herstellt, darf Energieerzeugnisse innerhalb des Betriebsgeländes steuerfrei verwenden, wenn sie

1. innerhalb des Betriebsgeländes selbst hergestellt worden sind und
2. im Zusammenhang mit der Herstellung von Energieerzeugnissen verwendet werden; sie dürfen insbesondere nicht für den Antrieb von Fahrzeugen verwendet werden.

(2) § 1 Absatz 3 Satz 2 ist nicht anzuwenden.

(3) Das Mischen von fremdbezogenen Energieerzeugnissen mit innerhalb des Betriebsgeländes selbst hergestellten Energieerzeugnissen gilt nicht als Herstellung im Sinn des Absatzes 1 Nummer 2 erster Halbsatz.

(4) Absatz 1 gilt nicht für die in § 6 Absatz 2 genannten Vorgänge, es sei denn, diese Vorgänge finden in einem Herstellungsbetrieb (§ 6) oder in einem Gasgewinnungsbetrieb (§ 44 Absatz 3) statt.

§ 27 Steuerbefreiung, Schiff- und Luftfahrt. (1) [1]Energieerzeugnisse der Unterpositionen 2707 99 99, 2710 19 43 bis 2710 19 99, 2710 20 11 bis 2710 20 39 und andere Schweröle der Unterposition 2710 20 90 der Kombinierten Nomenklatur dürfen steuerfrei verwendet werden in Wasserfahrzeugen

1. für die Schifffahrt mit Ausnahme der privaten nichtgewerblichen Schifffahrt,
2. bei der Instandhaltung von Wasserfahrzeugen nach Nummer 1 und
3. bei der Herstellung von Wasserfahrzeugen.

[2]Dies gilt für Energieerzeugnisse der Unterpositionen 2710 19 43 bis 2710 19 48 und der Unterpositionen 2710 20 11 bis 2710 20 19 der Kombinierten Nomenklatur nur, wenn sie ordnungsgemäß gekennzeichnet sind.

(2) Flugbenzin der Unterposition 2710 12 31 der Kombinierten Nomenklatur, dessen Researchoktanzahl den Wert von 100 nicht unterschreitet, und Flugturbinenkraftstoff der Unterposition 2710 19 21 der Kombinierten Nomenklatur dürfen steuerfrei verwendet werden in Luftfahrzeugen

1. für die Luftfahrt mit Ausnahme der privaten nichtgewerblichen Luftfahrt,
2. bei der Instandhaltung von Luftfahrzeugen nach Nummer 1 sowie
3. bei der Entwicklung und Herstellung von Luftfahrzeugen.

(3) Die in Absatz 2 genannten Energieerzeugnisse dürfen steuerfrei verwendet werden in für Luftfahrzeuge bestimmten Triebwerken und Motoren bei deren Entwicklung und Herstellung.

§ 28 Steuerbefreiung für gasförmige Energieerzeugnisse. (1) [1] Zu den in § 2 Absatz 3 Satz 1 genannten Zwecken dürfen steuerfrei verwendet werden:

1. gasförmige Biokraft- und Bioheizstoffe, unvermischt mit anderen Energieerzeugnissen, wenn diese zum Verheizen oder in begünstigten Anlagen nach § 3 Absatz 1 Satz 1 Nummer 1 oder Nummer 2 verwendet werden,
2. gasförmige Kohlenwasserstoffe, die aus dem biologisch abbaubaren Anteil von Abfällen gewonnen werden und bei der Lagerung von Abfällen oder bei der Abwasserreinigung anfallen, wenn diese in begünstigten Anlagen nach § 3 Absatz 1 Satz 1 Nummer 1 verwendet werden,
3. Energieerzeugnisse der Position 2705 der Kombinierten Nomenklatur.

[2] Ein Mischen mit anderen Energieerzeugnissen im Betrieb des Verwenders unmittelbar vor der Verwendung schließt für den eingesetzten Anteil an Energieerzeugnissen nach Satz 1 eine Steuerbefreiung nicht aus. [3] Satz 1 Nummer 3 gilt nicht für Energieerzeugnisse der Position 2705 der Kombinierten Nomenklatur, soweit diese Waren der Position 2710 oder 2711 der Kombinierten Nomenklatur, die nicht nach Satz 1 steuerfrei sind, durch Beimischung enthalten oder aus diesen Waren erzeugt worden sind.

(2) [1] Die Steuerbefreiung nach Absatz 1 Satz 1 Nummer 1 und 2 wird gewährt nach Maßgabe und bis zum Auslaufen der hierfür erforderlichen beihilferechtlichen Genehmigung der Europäischen Kommission. [2] Das Auslaufen der Genehmigung ist vom Bundesministerium der Finanzen im Bundesgesetzblatt gesondert bekannt zu geben.

§ 29 *(aufgehoben)*

§ 30 Zweckwidrigkeit. (1) [1] Die Steuer entsteht vorbehaltlich § 21 nach dem zutreffenden Steuersatz des § 2, wenn die Energieerzeugnisse entgegen der in der Erlaubnis genannten Zweckbestimmung verwendet oder abgegeben werden, nicht in den Betrieb aufgenommen werden oder der Verbleib der Energieerzeugnisse nicht festgestellt werden kann. [2] Die Steuer entsteht nicht, wenn die Energieerzeugnisse untergegangen oder an Personen abgegeben worden sind, die zum Bezug von steuerfreien Energieerzeugnissen berechtigt sind. [3] Darüber hinaus entsteht auch keine Steuer, wenn Energieerzeugnisse im Sinn des § 4 an Steuerlagerinhaber abgegeben werden. [4] Schwund steht dem Untergang gleich.

(2) [1] Steuerschuldner ist der Erlaubnisinhaber, wenn er vor Entstehung der Steuer Besitz an den Energieerzeugnissen erlangt hat, sonst der Steuerlagerinhaber. [2] Werden Energieerzeugnisse zu steuerfreien Zwecken an einen Nichtberechtigten abgegeben, ist daneben auch der Nichtberechtigte Steuerschuldner. [3] Mehrere Steuerschuldner sind Gesamtschuldner. [4] Der Steuerschuldner hat für Energieerzeugnisse, für die die Steuer entstanden ist, unverzüglich eine Steuererklärung abzugeben und darin die Steuer selbst zu berechnen (Steueranmeldung). [5] Die Steuer ist sofort fällig. [6] Das Hauptzollamt kann für Energieerzeugnisse, die entsprechend der in der Erlaubnis genannten Zweckbestimmung verwendet worden sind, ohne dabei verbraucht zu werden, auf Antrag

eine § 8 Absatz 3 bis 6 entsprechende Regelung treffen; § 6 Absatz 3 Satz 2 und 3 und § 8 Absatz 7 gelten sinngemäß.

Kapitel 3. Bestimmungen für Kohle

§ 31 Begriffsbestimmungen, Anmeldung, Erlaubnis. (1) [1]Kohlebetriebe im Sinne dieses Gesetzes sind vorbehaltlich Absatz 2 Betriebe, in denen Kohle gewonnen oder bearbeitet wird. [2]Kohlelieferer im Sinne dieses Gesetzes ist, wer Kohle gewerbsmäßig liefert.

(2) Für Betriebe, die nicht schon aus anderen Gründen Kohlebetriebe sind, gelten das Mischen, Trocknen und Zerkleinern von Kohle nicht als Bearbeiten von Kohle.

(3) Wer Kohle gewinnen oder bearbeiten will, hat dies dem zuständigen Hauptzollamt vor Eröffnung des Betriebes anzumelden.

(4) [1]Wer als Inhaber eines Kohlebetriebes oder als Kohlelieferer Kohle unversteuert beziehen will, bedarf der Erlaubnis. [2]Sie wird auf Antrag unter Widerrufsvorbehalt Personen erteilt, gegen deren steuerliche Zuverlässigkeit keine Bedenken bestehen und die – soweit nach dem Handelsgesetzbuch oder der Abgabenordnung dazu verpflichtet – ordnungsmäßig kaufmännische Bücher führen und rechtzeitig Jahresabschlüsse aufstellen. [3]Sind Anzeichen für eine Gefährdung der Steuer erkennbar, ist die Erlaubnis von einer Sicherheit bis zur Höhe des Steuerwerts der Kohle abhängig, die voraussichtlich im Jahresdurchschnitt in zwei Monaten vom Kohlebetrieb oder vom Kohlelieferer an Personen, die nicht im Besitz einer Erlaubnis nach § 31 Absatz 4 oder § 37 Absatz 1 sind, geliefert wird.

(5) [1]Die Erlaubnis ist zu widerrufen, wenn eine der Voraussetzungen nach Absatz 4 Satz 2 nicht mehr erfüllt ist oder eine angeforderte Sicherheit nicht geleistet wird. [2]Die Erlaubnis kann widerrufen werden, wenn eine geleistete Sicherheit nicht mehr ausreicht.

§ 32 Entstehung der Steuer. (1) [1]Die Steuer entsteht vorbehaltlich der §§ 34 und 35 dadurch, dass

1. Kohle im Steuergebiet erstmals an Personen geliefert wird, die die Kohle nicht als Inhaber einer Erlaubnis nach § 31 Abs. 4 oder § 37 Abs. 1 beziehen,
2. Kohle im Steuergebiet durch Inhaber einer Erlaubnis nach § 31 Abs. 4 verwendet wird,
3. selbst gewonnene oder bearbeitete Kohle im Steuergebiet verwendet wird, soweit die Steuer nicht nach Nummer 2 entsteht.

[2]Satz 1 Nr. 2 und 3 gilt nicht, wenn zugleich die Voraussetzungen des § 37 Abs. 1 und 2 vorliegen.

(2) [1]Steuerschuldner ist

1. im Falle des Absatzes 1 Satz 1 Nr. 1 der Kohlelieferer, wenn dieser im Steuergebiet ansässig ist, andernfalls der Empfänger,
2. im Falle des Absatzes 1 Satz 1 Nr. 2 der Inhaber der Erlaubnis,
3. im Falle des Absatzes 1 Satz 1 Nr. 3 derjenige, der die Kohle verwendet.

[2] Wird Kohle zu steuerfreien Zwecken an einen Nichtberechtigten geliefert, ist im Falle der Nummer 1 neben dem Kohlelieferer auch der Nichtberechtigte Steuerschuldner.

(3) Für die nach Absatz 1 entstehende Steuer ist im Voraus Sicherheit zu leisten, wenn Anzeichen für eine Gefährdung der Steuer erkennbar sind.

(4) [1] Die Kohle gilt als geliefert im Sinne des Absatzes 1 Nr. 1, wenn deren Verbleib bei der Beförderung im Steuergebiet nicht festgestellt werden kann. [2] Dies gilt nicht für untergegangene Kohle. [3] Schwund steht dem Untergang gleich. [4] Neben dem Steuerschuldner nach Absatz 2 Satz 1 Nr. 1 ist derjenige Steuerschuldner, der die Kohle verwendet. [5] Mehrere Steuerschuldner sind Gesamtschuldner.

§ 33 Steueranmeldung, Fälligkeit. (1) [1] Der Steuerschuldner hat für Kohle, für die in einem Monat die Steuer nach § 32 Abs. 1 entstanden ist, bis zum 15. Tag des folgenden Monats eine Steuererklärung abzugeben und darin die Steuer selbst zu berechnen (Steueranmeldung). [2] Die Steuer, die in einem Monat entstanden ist, ist am 25. Tag des folgenden Monats fällig.

(2) [1] In den Fällen des § 32 Abs. 4 hat der Steuerschuldner unverzüglich eine Steuererklärung abzugeben und darin die Steuer selbst zu berechnen (Steueranmeldung). [2] Die Steuer ist sofort fällig.

§ 34 Verbringen in das Steuergebiet. [1] Wird Kohle aus einem Mitgliedstaat in das Steuergebiet verbracht, gelten die §§ 15, 16 Abs. 1 Satz 1 und Abs. 2 und § 18 sinngemäß, es sei denn, dass im Falle des § 15 die Kohle durch den Inhaber einer Erlaubnis nach § 31 Abs. 4 oder § 37 Abs. 1 bezogen, in Besitz gehalten oder verwendet wird. [2] Abweichend von § 15 Absatz 2 Satz 2 muss bei der Beförderung von Kohle das dort genannte Begleitdokument nicht mitgeführt werden.

§ 35 Einfuhr. Wird Kohle in das Steuergebiet eingeführt (§ 19), gelten die §§ 19a und 19b mit der Maßgabe sinngemäß, dass die Steuer nicht entsteht, wenn die Einfuhr durch den Inhaber einer Erlaubnis nach § 31 Absatz 4 oder § 37 Absatz 1 erfolgt oder sich die Abgabe an einen solchen unmittelbar an die Einfuhr anschließt.

§ 36 Steuerentstehung, Auffangtatbestand. (1) Ist für Kohle eine Steuer nicht auf Grund einer sonstigen Bestimmung dieses Gesetzes entstanden, so entsteht sie dadurch, dass die Kohle im Steuergebiet als Kraft- oder Heizstoff verwendet wird.

(2) [1] Steuerschuldner ist derjenige, der die Kohle verwendet. [2] Der Steuerschuldner hat für Kohle, für die die Steuer entstanden ist, unverzüglich eine Steuererklärung abzugeben und darin die Steuer selbst zu berechnen (Steueranmeldung). [3] Die Steuer ist sofort fällig.

§ 37 Steuerbefreiung, Erlaubnis, Zweckwidrigkeit. (1) [1] Wer Kohle steuerfrei in den Fällen des Absatzes 2 verwenden will, bedarf der Erlaubnis. [2] Sie wird auf Antrag unter Widerrufsvorbehalt Personen erteilt, gegen deren steuerliche Zuverlässigkeit keine Bedenken bestehen. [3] Die Erlaubnis ist zu widerrufen, wenn die Voraussetzung nach Satz 2 nicht mehr erfüllt ist.

(2) [1] Kohle darf steuerfrei verwendet werden

1. zu anderen Zwecken als zur Verwendung als Kraft- oder Heizstoff,
2. auf dem Betriebsgelände eines Kohlebetriebes (§ 31 Abs. 1 Satz 1) vom Inhaber des Betriebes zur Aufrechterhaltung des Betriebes,
3. als Kraft- oder Heizstoff zur Stromerzeugung,
4. als Heizstoff für Prozesse und Verfahren nach § 51,
5. als Probe zu betrieblich erforderlichen Untersuchungen und Prüfungen oder zu Zwecken der Steuer- oder Gewerbeaufsicht.

[2] Satz 1 Nummer 2 gilt für die Verwendung anderer Energieerzeugnisse entsprechend, wenn sie

1. innerhalb des Betriebs selbst hergestellt worden sind und
2. zur Aufrechterhaltung des Kohlebetriebs verwendet werden; sie dürfen insbesondere nicht für den Antrieb von Fahrzeugen verwendet werden.

[3] Satz 1 Nummer 3 gilt nicht für Kohle, die in Stromerzeugungsanlagen mit einer elektrischen Nennleistung bis zwei Megawatt verwendet wird. [4] Wenn im Falle von Satz 1 Nr. 3 die erzeugte mechanische Energie neben der Stromerzeugung auch anderen Zwecken dient, ist nur der auf die Stromerzeugung entfallende Anteil an Kohle von der Steuer befreit. [5] Das Hauptzollamt kann auf Antrag in den Fällen des Satzes 1 Nr. 3 und 4 zulassen, dass Kohle aus betrieblichen Gründen auch zu anderen als den dort genannten Zwecken steuerfrei bezogen werden kann. [6] Für diese Kohle entsteht die Steuer mit der Verwendung als Kraft- oder Heizstoff. [7] Steuerschuldner ist der Inhaber der Erlaubnis. [8] Für die Steueranmeldung und die Fälligkeit gilt § 33 Abs. 1 entsprechend.

(3) [1] Die Kohle darf nur zu den in der Erlaubnis genannten Zwecken verwendet werden. [2] Die Steuer entsteht für Kohle, die entgegen der in der Erlaubnis genannten Zweckbestimmung verwendet wird oder deren Verbleib nicht festgestellt werden kann. [3] Die Steuer entsteht nicht, wenn die Kohle untergegangen ist oder an Personen abgegeben worden ist, die zum Bezug unversteuerter Kohle gemäß § 31 Absatz 4 oder zur steuerfreien Verwendung von Kohle gemäß § 37 Absatz 1 berechtigt sind. [4] Schwund steht dem Untergang gleich. [5] Steuerschuldner ist der Erlaubnisinhaber. [6] Der Steuerschuldner hat für Energieerzeugnisse, für die die Steuer entstanden ist, unverzüglich eine Steuererklärung abzugeben und darin die Steuer selbst zu berechnen (Steueranmeldung). [7] Die Steuer ist sofort fällig.

(4) [1] Kohle gilt als entgegen der in der Erlaubnis genannten Zweckbestimmung verwendet (Absatz 3), soweit die Erlaubnis zur steuerfreien Verwendung von Kohle nach § 37 Absatz 2 Satz 1 Nummer 4 in Verbindung mit § 51 Absatz 1 Nummer 1 oder der Fortbestand einer solchen Erlaubnis durch Angaben erwirkt worden ist, die in wesentlicher Hinsicht unrichtig oder unvollständig waren. [2] Abweichend von Absatz 3 Satz 6 und 7 bestimmt das Hauptzollamt die Frist für die Abgabe der Steueranmeldung und den Zeitpunkt der Fälligkeit der Steuer.

Kapitel 4. Bestimmungen für Erdgas

§ 38 Entstehung der Steuer. (1) [1]Die Steuer entsteht dadurch, dass geliefertes oder selbst erzeugtes Erdgas im Steuergebiet zum Verbrauch aus dem Leitungsnetz entnommen wird, es sei denn, es schließt sich ein Verfahren der Steuerbefreiung (§ 44 Absatz 1) an. [2]Gasgewinnungsbetriebe und Gaslager gelten mit der Maßgabe als dem Leitungsnetz zugehörig, dass ein dortiger Verbrauch von Erdgas als Entnahme aus dem Leitungsnetz gilt. [3]Die Entnahme aus dem Leitungsnetz zur nicht leitungsgebundenen Weitergabe gilt als Entnahme zum Verbrauch.

(2) Steuerschuldner ist

1. der Lieferer, wenn dieser im Steuergebiet ansässig ist und das gelieferte Erdgas nicht durch einen anderen Lieferer aus dem Leitungsnetz entnommen wird,
2. andernfalls derjenige, der das Erdgas aus dem Leitungsnetz entnimmt.

(3) Wer mit Sitz im Steuergebiet Erdgas liefern, selbst erzeugtes Erdgas zum Selbstverbrauch im Steuergebiet entnehmen oder Erdgas von einem nicht im Steuergebiet ansässigen Lieferer zum Verbrauch beziehen will, hat dies vorher beim Hauptzollamt anzumelden.

(4) [1]Das Hauptzollamt kann auf Antrag zulassen, dass derjenige, der Erdgas an seine Mieter, Pächter oder vergleichbare Vertragsparteien liefert, nicht als anderer Lieferer (Absatz 2 Nr. 1) gilt. [2]An den Inhaber der Zulassung geliefertes Erdgas gilt dann mit der Lieferung an ihn als aus dem Leitungsnetz entnommen. [3]§ 42 bleibt dadurch unberührt.

(4a) Lieferer von Erdgas gelten nicht als andere Lieferer (Absatz 2 Nummer 1), soweit

1. sie Erdgas zum Selbstverbrauch entnehmen,
2. ihnen dieses Erdgas versteuert von einem im Steuergebiet ansässigen Lieferer geliefert wird und
3. die Menge dieses Erdgases vom letztgenannten Lieferer ermittelt wird.

(5) [1]Erdgas gilt mit der Lieferung an einen Lieferer, der entgegen Absatz 3 nicht angemeldet ist, als im Steuergebiet zum Verbrauch aus dem Leitungsnetz entnommen, wenn die Lieferung des Erdgases in der Annahme erfolgt, dass eine Steuer nach Absatz 1 entstanden sei. [2]Eine Steuerentstehung durch die tatsächliche Entnahme des Erdgases aus dem Leitungsnetz bleibt dadurch unberührt. [3]Dem nicht angemeldeten Lieferer wird auf Antrag die Steuer, die der ihn beliefernde Lieferer entrichtet hat, vergütet, soweit er nachweist, dass die durch die tatsächliche Entnahme des Erdgases entstandene Steuer entrichtet worden ist, für das Erdgas keine Steuer entstanden ist oder das Erdgas steuerfrei entnommen worden ist.

(6) Für die nach Absatz 1 entstehende Steuer ist im Voraus Sicherheit zu leisten, wenn Anzeichen für eine Gefährdung der Steuer erkennbar sind.

§ 39 Steueranmeldung, Fälligkeit. (1) [1]Der Steuerschuldner hat für Erdgas, für das in einem Monat (Veranlagungsmonat) die Steuer nach § 38 Abs. 1 entstanden ist, bis zum 15. Tag des folgenden Monats eine Steuererklärung abzugeben und darin die Steuer selbst zu berechnen (Steueranmeldung). [2]Die Steuer, die in einem Monat entstanden ist, ist am 25. Tag des folgenden Monats fällig.

(2) [1]Abweichend von Absatz 1 kann der Steuerschuldner die Steuer auch jährlich anmelden. [2]Das Wahlrecht kann nur für volle Kalenderjahre ausgeübt werden. [3]Es ist durch eine schriftliche Erklärung auszuüben, die dem Hauptzollamt vor Beginn des Kalenderjahres, ab dem die Steuer jährlich angemeldet werden soll, vorliegen muss. [4]Entsteht die Steuer in der Person eines Steuerschuldners erstmals innerhalb eines Kalenderjahres, hat dieser das Wahlrecht spätestens bis zum Ablauf des zweiten Kalendermonats auszuüben, der dem Monat folgt, in dem die Steuer erstmals entstanden ist. [5]Das Wahlrecht kann nur vom Beginn eines Kalenderjahres an widerrufen werden. [6]Der Widerruf ist vor Beginn des Kalenderjahres, für den er gelten soll, gegenüber dem Hauptzollamt schriftlich zu erklären.

(3) Bei jährlicher Anmeldung ist die Steuer für jedes Kalenderjahr (Veranlagungsjahr) bis zum 31. Mai des folgenden Kalenderjahres anzumelden und unter Anrechnung der geleisteten monatlichen Vorauszahlungen nach Absatz 5 am 25. Juni dieses Kalenderjahres fällig.

(4) [1]Scheidet ein Steuerschuldner während des Veranlagungsjahres aus der Steuerpflicht aus, ist die Höhe der zu entrichtenden Steuer bis zum Ablauf des fünften Kalendermonats, der dem Ende der Steuerpflicht folgt, anzumelden. [2]Ein sich unter Anrechnung der geleisteten monatlichen Vorauszahlungen nach Absatz 6 ergebender Restbetrag ist am 25. Kalendertag des Folgemonats fällig.

(5) [1]Bei jährlicher Anmeldung sind auf die Steuerschuld monatliche Vorauszahlungen zu leisten. [2]Die Vorauszahlungen für den einzelnen Kalendermonat sind jeweils am 25. Kalendertag des folgenden Kalendermonats fällig. [3]Die Höhe der monatlichen Vorauszahlungen wird durch das Hauptzollamt festgesetzt und beträgt grundsätzlich ein Zwölftel der Steuer, die im vorletzten dem Veranlagungsjahr vorhergehenden Kalenderjahr entstanden ist. [4]Das Hauptzollamt kann die monatlichen Vorauszahlungen abweichend festsetzen, wenn die Summe der vom Steuerschuldner zu leistenden Vorauszahlungen von der voraussichtlich zu erwartenden Jahressteuerschuld abweichen würde. [5]Der Steuerschuldner hat mit der Ausübung des Wahlrechts nach Absatz 2 oder auf Anforderung dem Hauptzollamt die voraussichtlich zu erwartende Jahressteuerschuld mitzuteilen. [6]Kommt der Steuerschuldner den Verpflichtungen nach Satz 5 nicht nach, kann das Hauptzollamt ihn von dem Verfahren nach Absatz 2 ausschließen.

(6) [1]Wird die Lieferung oder der Verbrauch von Erdgas nach Ablesezeiträumen abgerechnet oder ermittelt, die mehrere Veranlagungsmonate oder mehrere Veranlagungsjahre betreffen, ist insoweit eine sachgerechte, von einem Dritten nachvollziehbare Schätzung zur Aufteilung der im gesamten Ablesezeitraum entnommenen Erdgasmenge auf die betroffenen Veranlagungszeiträume zulässig. [2]Sofern Ablesezeiträume später enden als der jeweilige Veranlagungszeitraum, ist für diese Ablesezeiträume die voraussichtlich im Veranlagungszeitraum entnommenen Erdgasmenge zur Versteuerung anzumelden. [3]Nachdem ein solcher Ablesezeitraum beendet ist, hat der Steuerschuldner die nach Satz 2 angemeldete Erdgasmenge und die darauf entfallende Steuer entsprechend Satz 1 zu berichtigen. [4]Die Berichtigung ist für den Veranlagungszeitraum vorzunehmen, in dem der Ablesezeitraum endet. [5]Die Steuer oder der

Erstattungsanspruch für die Differenzmenge zwischen der angemeldeten und der berichtigten Menge gilt insoweit in dem Zeitpunkt als entstanden, in dem der Ablesezeitraum endet.

(7) [1] Erfolgt die Anmeldung nach § 38 Abs. 3 nicht oder wird eine nach § 38 Abs. 6 angeforderte Sicherheit nicht geleistet, hat der Steuerschuldner unverzüglich eine Steuererklärung abzugeben und darin die Steuer selbst zu berechnen (Steueranmeldung). [2] Die Steuer ist sofort fällig.

§ 40 Nicht leitungsgebundenes Verbringen. (1) [1] Wird Erdgas nicht leitungsgebunden aus einem Mitgliedstaat in das Steuergebiet verbracht, gelten die §§ 15, 16 Absatz 1 Satz 1 und Absatz 2 und § 18 sinngemäß mit der Maßgabe, dass im Fall des § 15 keine Steuer entsteht, wenn sich an die Empfangnahme oder das Verbringen ein Verfahren der Steuerbefreiung (§ 44 Absatz 1) anschließt. [2] Abweichend von § 15 Absatz 2 Satz 2 muss bei der Beförderung von Erdgas das dort genannte Begleitdokument nicht mitgeführt werden.

(2) Absatz 1 gilt nicht für verflüssigtes Erdgas, das im Anschluss an das Verbringen in das Steuergebiet in eine Anlage zur Wiederverdampfung von verflüssigtem Erdgas aufgenommen wird.

§ 41 Nicht leitungsgebundene Einfuhr. (1) Wird Erdgas nicht leitungsgebunden in das Steuergebiet eingeführt (§ 19), gelten die §§ 19a und 19b sinngemäß mit der Maßgabe, dass keine Steuer entsteht, wenn das Erdgas unmittelbar am Ort der Einfuhr in ein Verfahren der Steuerbefreiung (§ 44 Absatz 1) überführt wird.

(2) Absatz 1 gilt nicht für verflüssigtes Erdgas, dass im Anschluss an die Einfuhr in eine Anlage zur Wiederverdampfung von verflüssigtem Erdgas aufgenommen wird.

§ 42 Differenzversteuerung. (1) [1] Wird nach § 2 Abs. 3 Satz 1 Nr. 4 versteuertes Erdgas nicht zu den in § 2 Abs. 3 Satz 1 und 2 genannten Zwecken abgegeben oder verwendet, entsteht die Steuer in Höhe der Differenz zu dem zutreffenden Steuersatz des § 2 Abs. 1 Nr. 7 oder Abs. 2 Nr. 1. [2] Kann der Verbleib des Erdgases nicht festgestellt werden, gilt Satz 1 entsprechend.

(2) [1] Steuerschuldner ist, wer eine der genannten Handlungen vornimmt. [2] Der Steuerschuldner hat für Erdgas, für das die Steuer entstanden ist, unverzüglich eine Steuererklärung abzugeben und darin die Steuer selbst zu berechnen (Steueranmeldung). [3] Die Steuer ist sofort fällig. [4] Das Hauptzollamt kann im Einzelfall auf Antrag eine § 39 entsprechende Regelung treffen.

§ 43 Steuerentstehung, Auffangtatbestand. (1) [1] Ist für Erdgas eine Steuer nicht auf Grund einer sonstigen Bestimmung dieses Gesetzes entstanden, so entsteht sie dadurch, dass das Erdgas als Kraft- oder Heizstoff oder als Zusatz oder Verlängerungsmittel von Kraft- oder Heizstoffen abgegeben oder verwendet wird. [2] Satz 1 gilt nicht für Gemische, die bei Mischvorgängen entstanden sind, die nach § 44 Abs. 3 Satz 2 nicht als Erdgasherstellung gelten.

(2) [1] Steuerschuldner ist, wer eine der genannten Handlungen vornimmt. [2] Mehrere Steuerschuldner sind Gesamtschuldner. [3] Der Steuerschuldner hat für Erdgas, für das die Steuer entstanden ist, unverzüglich eine Steuererklärung

abzugeben und darin die Steuer selbst zu berechnen (Steueranmeldung). [4] Die Steuer ist sofort fällig.

§ 44 Steuerbefreiung, Erlaubnis, Zweckwidrigkeit. (1) [1] Verfahren der Steuerbefreiung sind die steuerfreie Verwendung und im Fall des Absatzes 2b auch die steuerfreie Verteilung von Erdgas. [2] Wer Erdgas nach Absatz 2, Absatz 2a oder Absatz 2b steuerfrei verwenden will, bedarf der Erlaubnis als Verwender. [3] Wer Erdgas steuerfrei nach Absatz 2b abgeben will, bedarf der Erlaubnis als Verteiler. [4] Die Erlaubnis wird auf Antrag unter Widerrufsvorbehalt Personen erteilt, gegen deren steuerliche Zuverlässigkeit keine Bedenken bestehen. [5] Sie ist zu widerrufen, wenn die Voraussetzung nach Satz 4 nicht mehr erfüllt ist.

(1a) Inhabern einer Erlaubnis nach Absatz 1 kann auch die Ausfuhr und das Verbringen von verflüssigtem Erdgas aus dem Steuergebiet erlaubt werden, sofern Steuerbelange nicht beeinträchtigt werden.

(2) Der Inhaber eines Gasgewinnungsbetriebs (Absatz 3) darf Energieerzeugnisse innerhalb des Betriebsgeländes steuerfrei verwenden, wenn sie

1. innerhalb des Betriebsgeländes selbst hergestellt worden sind und
2. im Zusammenhang mit dem Gewinnen oder Bearbeiten (Herstellen) von Erdgas verwendet werden; sie dürfen insbesondere nicht für den Antrieb von Fahrzeugen verwendet werden.

(2a) Erdgas, das beim Kohleabbau aufgefangen wird, darf steuerfrei zum Antrieb von Gasturbinen und Verbrennungsmotoren in begünstigten Anlagen nach § 3 verwendet werden.

(2b) Verflüssigtes Erdgas darf steuerfrei zu den in § 27 Absatz 1 Satz 1 genannten Zwecken verwendet oder abgegeben werden.

(3) [1] Gasgewinnungsbetriebe im Sinne dieses Gesetzes sind Betriebe, in denen Erdgas gewonnen oder bearbeitet (hergestellt) wird. [2] § 6 Abs. 2 gilt mit der Maßgabe sinngemäß, dass für Betriebe, die nicht schon aus einem anderen Grunde Gasgewinnungsbetriebe sind, auch das Beimischen von Kleinstmengen anderer Stoffe zum Verbessern oder zum Riechbarmachen (Odorieren) von Erdgas nicht als Erdgasherstellung gilt.

(4) [1] Das Erdgas darf nur zu dem in der Erlaubnis genannten Zweck verwendet oder abgegeben werden. [2] Wird Erdgas entgegen der in der Erlaubnis genannten Zweckbestimmung verwendet oder abgegeben, gilt § 30 sinngemäß.

Kapitel 5. Steuerentlastung

§ 45 Begriffsbestimmung. Die Steuerentlastung im Sinne dieses Gesetzes umfasst den Erlass, die Erstattung und die Vergütung einer entstandenen Steuer.

§ 46 Steuerentlastung beim Verbringen aus dem Steuergebiet.

(1) [1] Eine Steuerentlastung wird auf Antrag gewährt für

1. nachweislich versteuerte, nicht gebrauchte Energieerzeugnisse im Sinn des § 4, die zu gewerblichen Zwecken oder im Versandhandel in einen anderen Mitgliedstaat verbracht worden sind,

2. nachweislich versteuerte Kohle, die zu gewerblichen Zwecken aus dem Steuergebiet verbracht oder ausgeführt worden ist,
3. nachweislich versteuertes Erdgas, das zu gewerblichen Zwecken aus dem Steuergebiet verbracht oder ausgeführt worden ist,
4. nachweislich versteuerte, nicht gebrauchte Energieerzeugnisse, die zu gewerblichen Zwecken aus dem Steuergebiet verbracht oder ausgeführt worden sind, ausgenommen Energieerzeugnisse im Sinn des § 4 sowie Kohle und Erdgas.

[2] Satz 1 gilt nicht für Kraftstoffe in Hauptbehältern von Fahrzeugen, Spezialcontainern, Arbeitsmaschinen und -geräten sowie Kühl- und Klimaanlagen, für Kraftstoffe in Reservebehältern von Fahrzeugen und für Heizstoffe im Vorratsbehälter der Standheizung von Fahrzeugen.

(2) Die Steuerentlastung wird im Fall des Absatzes 1 Satz 1 Nummer 1 nur gewährt, wenn der Entlastungsberechtigte

1. im Fall des Versandhandels den Nachweis erbringt, dass die Steuer für die Energieerzeugnisse in dem anderen Mitgliedstaat entrichtet worden ist, oder
2. in allen anderen Fällen
   a) die Energieerzeugnisse mit den Begleitpapieren nach Artikel 34 der Systemrichtlinie befördert hat und
   b) eine ordnungsgemäße Empfangsbestätigung sowie eine amtliche Bestätigung des anderen Mitgliedstaats darüber vorlegt, dass die Energieerzeugnisse dort ordnungsgemäß steuerlich erfasst worden sind.

(2a) Die Steuerentlastung wird im Fall des Absatzes 1 Satz 1 Nummer 1 auch gewährt, wenn die Energieerzeugnisse nicht am Bestimmungsort angekommen sind, die Steuer jedoch in einem anderen Mitgliedstaat auf Grund einer dort festgestellten Unregelmäßigkeit nachweislich erhoben worden ist.

(3) Entlastungsberechtigt ist derjenige, der die Energieerzeugnisse aus dem Steuergebiet verbracht oder ausgeführt hat.

§ 47 Steuerentlastung bei Aufnahme in Betriebe und bei steuerfreien Zwecken. (1) Eine Steuerentlastung wird auf Antrag gewährt

1. für nachweislich versteuerte, nicht gebrauchte Energieerzeugnisse im Sinn des § 4, die in ein Steuerlager aufgenommen worden sind,
2. für den Kohlenwasserstoffanteil in gasförmigen Gemischen aus nachweislich versteuerten, nicht gebrauchten Energieerzeugnissen und anderen Stoffen, die bei der Lagerung oder Verladung von Energieerzeugnissen, beim Betanken von Kraftfahrzeugen oder bei der Entgasung von Transportmitteln aufgefangen worden sind, wenn
   a) die Gemische unter den Voraussetzungen des § 25 oder des § 26 zu den dort genannten Zwecken verwendet worden sind oder
   b) aus den Gemischen auf dem Betriebsgelände eines Steuerlagers Energieerzeugnisse im Sinn des § 4 hergestellt werden,
3. für nachweislich versteuerte Schweröle, Erdgase, Flüssiggase und gasförmige Kohlenwasserstoffe sowie ihnen nach § 2 Absatz 4 und 4a gleichgestellte Energieerzeugnisse, die zu den in § 25 genannten Zwecken verwendet worden sind,

4. *(aufgehoben)*
5. für nachweislich versteuerte Kohle, die
   a) in einen Kohlebetrieb aufgenommen worden ist oder
   b) unter den Voraussetzungen des § 37 Absatz 2 Satz 1 Nummer 1 und 2 sowie Satz 2 zu den dort genannten Zwecken verwendet worden ist,
6. für nachweislich versteuertes Erdgas, das in ein Leitungsnetz für unversteuertes Erdgas eingespeist wird.

(2) [1] Entlastungsberechtigt ist

1. in den Fällen des Absatzes 1 Nr. 1 und 2 Buchstabe b der Inhaber des Steuerlagers oder der zugelassene Einlagerer,
2. im Falle des Absatzes 1 Nr. 5 Buchstabe a der Inhaber des Kohlebetriebes,

2a. im Fall des Absatzes 1 Nummer 6 derjenige, der das Erdgas eingespeist hat,

3. im Übrigen derjenige, der die Energieerzeugnisse verwendet hat.

[2] Der zugelassene Einlagerer ist im Falle der Nummer 1 nur entlastungsberechtigt, soweit der Inhaber des Steuerlagers gegenüber dem Hauptzollamt schriftlich seinen Verzicht auf den Steuerentlastungsanspruch erklärt.

§ 47a Steuerentlastung für den Eigenverbrauch. (1) Eine teilweise Entlastung wird auf Antrag für nachweislich versteuerte Energieerzeugnisse gewährt, die unter den Voraussetzungen der §§ 26, 37 Absatz 2 Satz 1 Nummer 2, Satz 2 oder § 44 Absatz 2 zu den dort genannten Zwecken verwendet worden sind.

(2) [1] Die Steuerentlastung für nach Absatz 1 verwendete Energieerzeugnisse beträgt

1.	für 1 000 Liter nach § 2 Absatz 1 Satz 1 Nummer 4 versteuerte Energieerzeugnisse	140,40 EUR,
2.	für 1 000 Liter nach § 2 Absatz 3 Satz 1 Nummer 1 oder Nummer 3 versteuerte Energieerzeugnisse	40,35 EUR,
3.	für 1 000 Kilogramm nach § 2 Absatz 3 Satz 1 Nummer 2 versteuerte Energieerzeugnisse	10,00 EUR,
4.	für 1 Megawattstunde nach § 2 Absatz 3 Satz 1 Nummer 4 versteuerte Energieerzeugnisse	4,96 EUR,
5.	für 1 000 Kilogramm nach § 2 Absatz 3 Satz 1 Nummer 5 versteuerte Energieerzeugnisse	60,60 EUR,
6.	für 1 Gigajoule nach § 2 Absatz 1 Nummer 9, 10 oder Absatz 4a versteuerte Energieerzeugnisse	0,16 EUR.

[2] Eine weitere Steuerentlastung kann für diese Energieerzeugnisse nicht gewährt werden.

(3) Entlastungsberechtigt ist derjenige, der die Energieerzeugnisse verwendet hat.

(4) [1] Die Steuerentlastung wird gewährt nach Maßgabe und bis zum Auslaufen der hierfür erforderlichen Freistellungsanzeige bei der Europäischen Kommission nach der Verordnung (EU) Nr. 651/2014 der Kommission vom 17. Juni 2014 zur Feststellung der Vereinbarkeit bestimmter Gruppen von Bei-

hilfen mit dem Binnenmarkt in Anwendung der Artikel 107 und 108 des Vertrags über die Arbeitsweise der Europäischen Union (Allgemeine Gruppenfreistellungsverordnung; ABl. L 187 vom 26.6.2014, S. 1) in der jeweils geltenden Fassung. [2]Das Auslaufen der Freistellungsanzeige wird vom Bundesministerium der Finanzen im Bundesgesetzblatt gesondert bekannt gegeben.

§ 48 Steuerentlastung bei Vermischungen von gekennzeichnetem mit anderem Gasöl. (1) [1]Eine Steuerentlastung wird auf Antrag gewährt für nachweislich versteuerte Anteile in Gemischen aus ordnungsgemäß gekennzeichnetem Gasöl und anderem Gasöl bis auf den Betrag nach dem Steuersatz des § 2 Abs. 3 Satz 1 Nr. 1, wenn die Gemische

1. bei vom Hauptzollamt bewilligten Spülvorgängen oder bei vom Antragsteller nachzuweisenden versehentlichen Vermischungen entstanden und
2. nachweislich verheizt oder nach § 2 Abs. 3 Satz 1 Nr. 1 versteuertem Gasöl zugeführt worden sind.

[2]Dies gilt nicht für die Anteile von Gemischen, die bei Kraftstoffkontrollen in Fahrzeugen oder Antriebsanlagen festgestellt worden sind.

(2) Entlastungsberechtigt ist der Inhaber des Betriebes, der vom Hauptzollamt zum Spülen zugelassen ist, für versehentlich entstandene Gemische der Verfügungsberechtigte.

§ 49 Steuerentlastung für zum Verheizen oder in begünstigten Anlagen verwendete Energieerzeugnisse. (1) [1]Eine Steuerentlastung wird auf Antrag gewährt für nachweislich nach § 2 Absatz 1 Nummer 4 versteuerte Gasöle bis zum Steuersatz des § 2 Absatz 3 Satz 1 Nummer 1, soweit diese

1. nachweislich verheizt worden sind und ein besonderes wirtschaftliches Bedürfnis für die Verwendung von nicht gekennzeichnetem Gasöl zum Verheizen vorliegt oder
2. in Prüfständen zum Antrieb von Motoren verwendet worden sind, deren mechanische Energie ausschließlich der Stromerzeugung dient, und es aus Gründen der öffentlichen Gesundheit, der Sicherheit oder aus technischen Gründen nicht möglich ist, ordnungsgemäß gekennzeichnete Gasöle zu verwenden.

[2]Die Steuerentlastung nach Satz 1 Nummer 2 wird nur gewährt, wenn die Steuerbelange nicht beeinträchtigt werden und der Entlastungsbetrag mindestens 50 Euro im Kalenderjahr beträgt.

(2) Eine Steuerentlastung wird auf Antrag gewährt für nachweislich nach § 2 Abs. 2 Nr. 2 versteuerte Flüssiggase bis auf den Betrag nach dem Steuersatz des § 2 Abs. 3 Satz 1 Nr. 5, soweit sie nachweislich zu den in § 2 Abs. 3 Satz 1 genannten Zwecken abgegeben worden sind.

(3) [1]Eine Steuerentlastung wird auf Antrag gewährt für nachweislich nach § 2 Absatz 1 Nummer 1 bis 3 versteuerte Energieerzeugnisse bis auf den Betrag nach dem Steuersatz des § 2 Absatz 3 Satz 1 Nummer 1 Buchstabe b, soweit sie zu gewerblichen Zwecken nachweislich verheizt oder zum Antrieb von Gasturbinen und Verbrennungsmotoren in begünstigten Anlagen nach § 3 verwendet worden sind. [2]Die Steuerentlastung wird nur gewährt, wenn der Entlastungsbetrag mindestens 50 Euro im Kalenderjahr beträgt.

(4) Entlastungsberechtigt ist, wer die Energieerzeugnisse nach Absatz 1 oder Absatz 3 verwendet oder die Flüssiggase nach Absatz 2 abgegeben hat.

§ 50 *(aufgehoben)*

§ 51 Steuerentlastung für bestimmte Prozesse und Verfahren. (1) Eine Steuerentlastung wird auf Antrag gewährt für Energieerzeugnisse, die nachweislich nach § 2 Absatz 1 Nummer 9 und 10, Absatz 3 Satz 1 oder Absatz 4a versteuert worden sind und

1. von einem Unternehmen des Produzierenden Gewerbes im Sinne des § 2 Nr. 3 des Stromsteuergesetzes[1] vom 24. März 1999 (BGBl. I S. 378, 2000 I S. 147), das zuletzt durch Artikel 2 des Gesetzes vom 1. März 2011 (BGBl. I S. 282) geändert worden ist, in der jeweils geltenden Fassung
   a) für die Herstellung von Glas und Glaswaren, keramischen Erzeugnissen, keramischen Wand- und Bodenfliesen und -platten, Ziegeln und sonstiger Baukeramik, Zement, Kalk und gebranntem Gips, Erzeugnissen aus Beton, Zement und Gips, keramisch gebundenen Schleifkörpern, mineralischen Isoliermaterialien und Erzeugnissen aus mineralischen Isoliermaterialien, Katalysatorenträgern aus mineralischen Stoffen, Waren aus Asphalt und bituminösen Erzeugnissen, Waren aus Graphit oder anderen Kohlenstoffen, Erzeugnissen aus Porenbetonerzeugnissen zum Trocknen, Kalzinieren, Brennen, Schmelzen, Erwärmen, Warmhalten, Entspannen, Tempern oder Sintern der vorgenannten Erzeugnisse oder der zu ihrer Herstellung verwendeten Vorprodukte,
   b) für die Metallerzeugung und -bearbeitung sowie im Rahmen der Herstellung von Metallerzeugnissen für die Herstellung von Schmiede-, Press-, Zieh- und Stanzteilen, gewalzten Ringen und pulvermetallurgischen Erzeugnissen und zur Oberflächenveredlung und Wärmebehandlung,
   c) für chemische Reduktionsverfahren,
   d) gleichzeitig zu Heizzwecken und zu anderen Zwecken als als Heiz- oder Kraftstoff,
2. für die thermische Abfall- oder Abluftbehandlung

verheizt worden sind.

(1a) [1] Abweichend von Absatz 1 beträgt die Steuerentlastung ab dem 1. Januar 2009 für nachweislich nach § 2 Abs. 3 Satz 1 Nr. 1 Buchstabe a versteuerte Energieerzeugnisse 61,35 Euro für 1 000 Liter. [2] Eine weitere Steuerentlastung kann für diese Energieerzeugnisse nicht gewährt werden.

(2) Entlastungsberechtigt ist derjenige, der die Energieerzeugnisse verwendet hat.

§ 52 Steuerentlastung für die Schiff- und Luftfahrt. (1) [1] Eine Steuerentlastung wird auf Antrag gewährt für nachweislich versteuerte Energieerzeugnisse, die zu den in § 27 genannten Zwecken verwendet worden sind. [2] In den Fällen des § 27 Abs. 1 Satz 1 Nr. 1 und 2 wird die Steuerentlastung für Energieerzeugnisse der Unterpositionen 2710 19 43 bis 2710 19 48 und der

---

[1] Nr. **48**.

Unterpositionen 2710 20 11 bis 2710 20 19 der Kombinierten Nomenklatur nur gewährt, wenn diese ordnungsgemäß gekennzeichnet sind.

(2) Entlastungsberechtigt ist derjenige, der die Energieerzeugnisse verwendet hat.

§ 53 Steuerentlastung für die Stromerzeugung. (1) [1]Eine Steuerentlastung wird auf Antrag gewährt für Energieerzeugnisse, die

1. nachweislich nach § 2 Absatz 1 Nummer 9 und 10, Absatz 3 Satz 1 oder Absatz 4a versteuert worden sind und
2. zur Stromerzeugung in ortsfesten Anlagen verwendet worden sind,

soweit der erzeugte Strom nicht nach § 9 Absatz 1 Nummer 1, 3, 4, 5 oder 6 des Stromsteuergesetzes[1)] von der Stromsteuer befreit ist. [2]Wenn die in der Anlage erzeugte mechanische Energie neben der Stromerzeugung auch anderen Zwecken dient, wird nur für den auf die Stromerzeugung entfallenden Anteil an Energieerzeugnissen eine Steuerentlastung gewährt.

(2) [1]Energieerzeugnisse gelten nur dann als zur Stromerzeugung verwendet, soweit sie in der Stromerzeugungsanlage unmittelbar am Energieumwandlungsprozess teilnehmen. [2]Unbeschadet der technisch bedingten Umwandlungsverluste ist die gesamte im Stromerzeugungsprozess eingesetzte Menge an Energieerzeugnissen entlastungsfähig. [3]Zum Stromerzeugungsprozess gehören insbesondere nicht:

1. Dampferzeuger, soweit deren thermische Energie (Dampf) nicht der Stromerzeugung dient,
2. nachgeschaltete Abluftbehandlungsanlagen,
3. Zusatzfeuerungen, soweit die damit erzeugte thermische Energie nicht zur Stromerzeugung genutzt, sondern vor der Wärmekraftmaschine, insbesondere einer Dampfturbine oder einem Stirlingmotor, ausgekoppelt wird.

[4]Abluftbehandlungsanlagen im Sinn des Satzes 3 Nummer 2 sind insbesondere Rauchgasentschwefelungsanlagen, Rauchgasentstickungsanlagen sowie Kombinationen davon.

(3) [1]Abweichend von Absatz 1 beträgt die Steuerentlastung für nachweislich nach § 2 Absatz 3 Satz 1 Nummer 1 Buchstabe a versteuerte Energieerzeugnisse 61,35 Euro für 1 000 Liter. [2]Eine weitere Steuerentlastung kann für diese Energieerzeugnisse nicht gewährt werden.

(4) [1]Entlastungsberechtigt ist derjenige, der die Energieerzeugnisse zur Stromerzeugung verwendet hat. [2]Verwender im Sinn des Satzes 1 ist nur diejenige Person, die die Energieerzeugnisse zum Betrieb einer Stromerzeugungsanlage in ihr einsetzt.

§ 53a Steuerentlastung für die gekoppelte Erzeugung von Kraft und Wärme. (1) Eine teilweise Steuerentlastung wird auf Antrag gewährt für Energieerzeugnisse, die nachweislich nach § 2 Absatz 1 Nummer 9 und 10, Absatz 3 Satz 1 oder Absatz 4a versteuert worden sind und die zur gekoppelten Erzeugung von Kraft und Wärme in ortsfesten Anlagen mit einem Monats- oder Jahresnutzungsgrad von mindestens 70 Prozent verheizt worden sind.

[1)] Nr. **48**.

(2) [1] Die Steuerentlastung nach Absatz 1 beträgt

1. für 1 000 Liter nach § 2 Absatz 3 Satz 1 Nummer 1 oder Nummer 3 versteuerte Energieerzeugnisse 40,35 EUR,
2. für 1 000 Kilogramm nach § 2 Absatz 3 Satz 1 Nummer 2 versteuerte Energieerzeugnisse 10,00 EUR,
3. für 1 Megawattstunde nach § 2 Absatz 3 Satz 1 Nummer 4 versteuerte Energieerzeugnisse 4,42 EUR,
4. für 1 000 Kilogramm nach § 2 Absatz 3 Satz 1 Nummer 5 versteuerte Energieerzeugnisse 60,60 EUR.

[2] Eine weitere Steuerentlastung kann für diese Energieerzeugnisse nicht gewährt werden.

(3) Werden im Fall des Absatzes 1 die Energieerzeugnisse von einem Unternehmen des Produzierenden Gewerbes im Sinn des § 2 Nummer 3 des Stromsteuergesetzes[1)] oder von einem Unternehmen der Land- und Forstwirtschaft im Sinn des § 2 Nummer 5 des Stromsteuergesetzes[1)] zu betrieblichen Zwecken verheizt, gilt Absatz 2 mit der Maßgabe, dass die Steuerentlastung

1. für 1 Gigajoule nach § 2 Absatz 1 Nummer 9 und 10 oder Absatz 4a versteuerte Energieerzeugnisse 0,16 EUR beträgt,
2. für 1 Megawattstunde nach § 2 Absatz 3 Satz 1 Nummer 4 versteuerte Energieerzeugnisse 4,96 EUR beträgt.

(4) Eine teilweise Steuerentlastung wird auf Antrag gewährt für Energieerzeugnisse, die nachweislich nach § 2 Absatz 1 Nummer 9 und 10, Absatz 3 Satz 1 oder Absatz 4a versteuert worden sind und die zum Antrieb von Gasturbinen und Verbrennungsmotoren in begünstigten Anlagen zur gekoppelten Erzeugung von Kraft und Wärme nach § 3 mit einem Monats- oder Jahresnutzungsgrad von mindestens 70 Prozent verwendet worden sind.

(5) [1] Die Steuerentlastung nach Absatz 4 beträgt

1. für 1 000 Liter nach § 2 Absatz 3 Satz 1 Nummer 1 oder Nummer 3 versteuerte Energieerzeugnisse 40,35 EUR,
2. für 1 000 Kilogramm nach § 2 Absatz 3 Satz 1 Nummer 2 versteuerte Energieerzeugnisse 4,00 EUR,
3. für 1 Megawattstunde nach § 2 Absatz 3 Satz 1 Nummer 4 versteuerte Energieerzeugnisse 4,42 EUR,
4. für 1 000 Kilogramm nach § 2 Absatz 3 Satz 1 Nummer 5 versteuerte Energieerzeugnisse 19,60 EUR,
5. für 1 Gigajoule nach § 2 Absatz 1 Nummer 9 und 10 oder Absatz 4a versteuerte Energieerzeugnisse 0,16 EUR.

[2] Eine weitere Steuerentlastung kann für diese Energieerzeugnisse nicht gewährt werden.

(6) [1] Eine vollständige Steuerentlastung wird auf Antrag gewährt für Energieerzeugnisse, die nachweislich nach § 2 Absatz 1 Nummer 9 und 10, Absatz 3 Satz 1 oder Absatz 4a versteuert worden sind und die zur gekoppelten Erzeugung von Kraft und Wärme in ortsfesten Anlagen verwendet worden sind.

---

1) Nr. **48**.

[2] Abweichend von Satz 1 beträgt die Steuerentlastung für nachweislich nach § 2 Absatz 3 Satz 1 Nummer 1 Buchstabe a versteuerte Energieerzeugnisse 61,35 Euro für 1 000 Liter. [3] Eine weitere Steuerentlastung kann für die in Satz 2 genannten Energieerzeugnisse nicht gewährt werden. [4] Die Steuerentlastung nach den Sätzen 1 und 2 wird nur gewährt, wenn diese Anlagen

1. einen Monats- oder Jahresnutzungsgrad von mindestens 70 Prozent erreichen und
2. hocheffizient sind.

[5] Eine Anlage zur Kraft-Wärme-Kopplung ist hocheffizient, wenn sie die Kriterien des Anhangs II der Richtlinie 2012/27/EU[1)] des Europäischen Parlaments und des Rates vom 25. Oktober 2012 zur Energieeffizienz, zur Änderung der Richtlinien 2009/125/EG und 2010/30/EU und zur Aufhebung der Richtlinien 2004/8/EG und 2006/32/EG (ABl. L 315 vom 14.11.2012, S. 1; L 113 vom 25.4.2013, S. 24), die durch die Richtlinie 2013/12/EU (ABl. L 141 vom 28.5.2013, S. 28) geändert worden ist, in der jeweils geltenden Fassung erfüllt.

(7) [1] Die vollständige Steuerentlastung nach Absatz 6 wird nur gewährt bis zur vollständigen Absetzung für die Abnutzung der Hauptbestandteile der Anlage entsprechend den Vorgaben des § 7 des Einkommensteuergesetzes. [2] Hauptbestandteile der Anlage sind Gasturbine, Motor, Dampferzeuger, Dampfturbine, Generator und Steuerung. [3] Werden Hauptbestandteile der Anlage durch neue Hauptbestandteile ersetzt, wird die Steuerentlastung bis zur vollständigen Absetzung für Abnutzung der neu eingefügten Hauptbestandteile gewährt, sofern die Kosten für die Erneuerung mindestens 50 Prozent der Kosten für die Neuerrichtung der Anlage betragen.

(8) [1] Die vollständige Steuerentlastung nach Absatz 6 erfolgt abzüglich der erhaltenen Investitionsbeihilfen. [2] Solange die Investitionsbeihilfen den Steuerentlastungsbetrag nach § 53a erreichen oder übersteigen, wird die Steuerentlastung nicht gewährt. [3] Der Entlastungsberechtigte nach Absatz 10 Satz 1 ist verpflichtet, dem zuständigen Hauptzollamt Angaben zu sämtlichen Investitionsbeihilfen zu machen, die ihm gewährt werden.

(9) [1] Die teilweise Steuerentlastung nach den Absätzen 1 und 3 wird nur für den Monat oder das Jahr gewährt, in dem der Nutzungsgrad von mindestens 70 Prozent nachweislich erreicht wurde. [2] Die vollständige Steuerentlastung nach Absatz 6 wird nur für den Monat oder das Jahr gewährt, in dem die in den Absätzen 6 und 7 genannten Voraussetzungen nachweislich erfüllt wurden.

(10) [1] Entlastungsberechtigt ist derjenige, der die Energieerzeugnisse zur gekoppelten Erzeugung von Kraft und Wärme verwendet hat. [2] Verwender im Sinn des Satzes 1 ist nur diejenige Person, die die Energieerzeugnisse in einer KWK-Anlage zum Betrieb der Anlage einsetzt.

(11) [1] Die teilweise Steuerentlastung nach den Absätzen 1, 3 und 4 wird gewährt nach Maßgabe und bis zum Auslaufen der hierfür erforderlichen Freistellungsanzeige bei der Europäischen Kommission nach der Verordnung (EU) Nr. 651/2014. [2] Das Auslaufen der Freistellungsanzeige ist vom Bundesministerium der Finanzen im Bundesgesetzblatt gesondert bekannt zu geben.

(12) [1] Die vollständige Steuerentlastung nach Absatz 6 wird gewährt nach Maßgabe und bis zum Auslaufen der hierfür erforderlichen beihilferechtlichen

---

[1)] Nr. **61**.

Genehmigung der Europäischen Kommission. [2]Das Auslaufen der Genehmigung ist vom Bundesministerium der Finanzen im Bundesgesetzblatt gesondert bekannt zu geben.

§ 53b *(aufgehoben)*

§ 54 Steuerentlastung für Unternehmen. (1) [1]Eine Steuerentlastung wird auf Antrag gewährt für Energieerzeugnisse, die nachweislich nach § 2 Absatz 3 Satz 1 Nummer 1, 3 bis 5 versteuert worden sind und von einem Unternehmen des Produzierenden Gewerbes im Sinne des § 2 Nr. 3 des Stromsteuergesetzes[1)] oder von einem Unternehmen der Land- und Forstwirtschaft im Sinne des § 2 Nr. 5 des Stromsteuergesetzes zu betrieblichen Zwecken verheizt oder in begünstigten Anlagen nach § 3 verwendet worden sind. [2]Eine Steuerentlastung für Energieerzeugnisse, die zur Erzeugung von Wärme verwendet worden sind, wird jedoch nur gewährt, soweit die erzeugte Wärme nachweislich durch ein Unternehmen des Produzierenden Gewerbes oder ein Unternehmen der Land- und Forstwirtschaft genutzt worden ist.

(2) Die Steuerentlastung beträgt

1.	für 1 000 l nach § 2 Absatz 3 Satz 1 Nummer 1 oder Nummer 3 versteuerte Energieerzeugnisse	15,34 EUR,
2.	für 1 MWh nach § 2 Absatz 3 Satz 1 Nummer 4 versteuerte Energieerzeugnisse	1,38 EUR,
3.	für 1 000 kg nach § 2 Absatz 3 Satz 1 Nummer 5 versteuerte Energieerzeugnisse	15,15 EUR.

(3) Eine Steuerentlastung wird nur gewährt, soweit der Entlastungsbetrag nach Absatz 2 im Kalenderjahr den Betrag von 250 Euro übersteigt.

(4) Entlastungsberechtigt ist derjenige, der die Energieerzeugnisse verwendet hat.

(5) [1]Die Steuerentlastung wird gewährt nach Maßgabe und bis zum Auslaufen der hierfür erforderlichen Freistellungsanzeige bei der Europäischen Kommission nach der Verordnung (EU) Nr. 651/2014. [2]Das Auslaufen der Freistellungsanzeige ist vom Bundesministerium der Finanzen im Bundesgesetzblatt gesondert bekannt zu geben.

§ 55 Steuerentlastung für Unternehmen in Sonderfällen. (1) [1]Eine Steuerentlastung wird auf Antrag gewährt für Energieerzeugnisse, die nachweislich nach § 2 Absatz 3 Satz 1 Nummer 1, 3 bis 5 versteuert worden sind und die von einem Unternehmen des Produzierenden Gewerbes im Sinne des § 2 Nr. 3 des Stromsteuergesetzes[1)] zu betrieblichen Zwecken verheizt oder in begünstigten Anlagen nach § 3 verwendet worden sind. [2]Eine Steuerentlastung für Energieerzeugnisse, die zur Erzeugung von Wärme verwendet worden sind, wird jedoch nur gewährt, soweit die erzeugte Wärme nachweislich durch ein Unternehmen des Produzierenden Gewerbes genutzt worden ist.

(1a) *(aufgehoben)*

[1)] Nr. **48**.

(2) [1] Die Steuerentlastung beträgt für ein Kalenderjahr 90 Prozent des Steueranteils nach Absatz 3, jedoch höchstens 90 Prozent des Betrags, um den die Summe aus dem Steueranteil nach Absatz 3 und der Stromsteuer nach § 10 Absatz 1 Satz 1 bis 4 des Stromsteuergesetzes[1)] im Kalenderjahr den Unterschiedsbetrag übersteigt zwischen

1. dem Arbeitgeberanteil an den Rentenversicherungsbeiträgen, der sich für das Unternehmen errechnet, wenn in dem Kalenderjahr, für das der Antrag gestellt wird (Antragsjahr), der Beitragssatz in der allgemeinen Rentenversicherung 20,3 Prozent und in der knappschaftlichen Rentenversicherung 26,9 Prozent betragen hätte, und
2. dem Arbeitgeberanteil an den Rentenversicherungsbeiträgen, der sich für das Unternehmen errechnet, wenn im Antragsjahr der Beitragssatz in der allgemeinen Rentenversicherung 19,5 Prozent und in der knappschaftlichen Rentenversicherung 25,9 Prozent betragen hätte.

[2] Sind die Beitragssätze in der Rentenversicherung im Antragsjahr niedriger als die in Satz 1 Nr. 2 genannten Beitragssätze, so sind die niedrigeren Beitragssätze für die Berechnung des Arbeitgeberanteils nach Satz 1 Nr. 2 maßgebend.

(3) Der Steueranteil (Absatz 2) beträgt

1.	für 1 MWh nach § 2 Absatz 3 Satz 1 Nummer 4 versteuerte Energieerzeugnisse	2,28 EUR,
2.	für 1 000 kg nach § 2 Absatz 3 Satz 1 Nummer 5 versteuerte Energieerzeugnisse	19,89 EUR,
3.	für 1 000 l nach § 2 Absatz 3 Satz 1 Nummer 1 oder Nummer 3 versteuerte Energieerzeugnisse	5,11 EUR,

vermindert um 750 Euro.

(4) [1] Eine Steuerentlastung nach den Absätzen 1 und 2 wird gewährt, wenn

1. das Unternehmen für das Antragsjahr nachweist, dass es
   a) ein Energiemanagementsystem betrieben hat, das den Anforderungen der DIN EN ISO 50001, Ausgabe Dezember 2011 oder Ausgabe Dezember 2018, entspricht, oder
   b) eine registrierte Organisation nach Artikel 13 der Verordnung (EG) Nr. 1221/2009 des Europäischen Parlaments und des Rates vom 25. November 2009 über die freiwillige Teilnahme von Organisationen an einem Gemeinschaftssystem für Umweltmanagement und Umweltbetriebsprüfung und zur Aufhebung der Verordnung (EG) Nr. 761/2001, sowie der Beschlüsse der Kommission 2001/681/EG und 2006/193/EG (ABl. L 342 vom 22.12.2009, S. 1), die durch die Verordnung (EG) Nr. 517/2013 (ABl. L 158 vom 10.6.2013, S. 1) geändert worden sind, in der jeweils geltenden Fassung, ist, und
2. die Bundesregierung
   a) festgestellt hat, dass mindestens der nach der Anlage zu § 55 für das Antragsjahr vorgesehene Zielwert für eine Reduzierung der Energieintensität erreicht wurde; die Feststellung erfolgt auf der Grundlage des Berichts, den ein unabhängiges wissenschaftliches Institut im Rahmen des

---

[1)] Nr. **48**.

Monitorings nach der Vereinbarung zwischen der Regierung der Bundesrepublik Deutschland und der deutschen Wirtschaft zur Steigerung der Energieeffizienz vom 1. August 2012 (BAnz AT 16.10.2012 B1) erstellt hat, sowie

b) die Feststellung nach Buchstabe a im Bundesgesetzblatt bekannt gemacht hat.[1)]

[2] Kleine und mittlere Unternehmen können anstelle der in Satz 1 Nummer 1 genannten Energie- und Umweltmanagementsysteme alternative Systeme zur Verbesserung der Energieeffizienz betreiben, die den Anforderungen der DIN EN 16247-1, Ausgabe Oktober 2012, entsprechen; kleine und mittlere Unternehmen sind solche im Sinn der Empfehlung 2003/361/EG der Kommission vom 6. Mai 2003 betreffend die Definition der Kleinstunternehmen sowie der kleinen und mittleren Unternehmen (ABl. L 124 vom 20.5.2003, S. 36) in der jeweils geltenden Fassung.

(5) [1] Abweichend von Absatz 4 wird die Steuerentlastung gewährt

1. für die Antragsjahre 2013 und 2014, wenn das Unternehmen nachweist, dass es im Antragsjahr oder früher begonnen hat, ein Energiemanagementsystem nach Absatz 4 Satz 1 Nummer 1 Buchstabe a oder ein Umweltmanagementsystem nach Absatz 4 Satz 1 Nummer 1 Buchstabe b einzuführen,
2. für das Antragsjahr 2015, wenn
   a) das Unternehmen nachweist, dass es im Antragsjahr oder früher die Einführung eines Energiemanagementsystems nach Absatz 4 Satz 1 Nummer 1 Buchstabe a abgeschlossen hat, oder wenn das Unternehmen nachweist, dass es im Jahr 2015 oder früher als Organisation nach Artikel 13 der Verordnung (EG) Nr. 1221/2009 registriert worden ist, und
   b) die Voraussetzungen des Absatzes 4 Satz 1 Nummer 2 erfüllt sind.

[2] Für kleine und mittlere Unternehmen gilt Absatz 4 Satz 2 entsprechend.

(6) [1] Für Unternehmen, die nach dem 31. Dezember 2013 neu gegründet werden, gilt Absatz 5 mit der Maßgabe, dass

1. an die Stelle des Jahres 2013 das Kalenderjahr der Neugründung und an die Stelle der Jahre 2014 und 2015 die beiden auf die Neugründung folgenden Jahre treten sowie
2. ab dem Antragsjahr 2015 die Voraussetzungen des Absatzes 4 Satz 1 Nummer 2 erfüllt sind; Absatz 7 gilt entsprechend.

[2] Als Zeitpunkt der Neugründung gilt der Zeitpunkt der erstmaligen Betriebsaufnahme. [3] Neu gegründete Unternehmen sind nur solche, die nicht durch Umwandlung im Sinn des Umwandlungsgesetzes vom 28. Oktober 1994 (BGBl. I S. 3210; 1995 I S. 428), das zuletzt durch Artikel 2 Absatz 48 des Gesetzes vom 22. Dezember 2011 (BGBl. I S. 3044) geändert worden ist, in der jeweils geltenden Fassung entstanden sind.

(7) [1] Stellt die Bundesregierung fest, dass der nach der Anlage zu § 55 für das Antragsjahr vorgesehene Zielwert für eine Reduzierung der Energieintensität

---

[1)] Gem. Bek. v. 19.12.2018 (BGBl. I S. 2706) hat die Bundesregierung die erforderliche Feststellung getroffen, so dass die Steuerentlastungen nach § 55 EnergieStG für das Antragsjahr 2019 gewährt werden können.

nicht erreicht wurde, erhalten die Unternehmen die Steuerentlastung abweichend von Absatz 4 Satz 1 Nummer 2 Buchstabe a

1. zu 60 Prozent, wenn die Bundesregierung festgestellt hat, dass der nach der Anlage zu § 55 vorgesehene Zielwert für eine Reduzierung der Energieintensität mindestens zu 92 Prozent erreicht wurde,
2. zu 80 Prozent, wenn die Bundesregierung festgestellt hat, dass der nach der Anlage zu § 55 vorgesehene Zielwert für eine Reduzierung der Energieintensität mindestens zu 96 Prozent erreicht wurde.

[2] Die Feststellung, ob die Voraussetzungen nach Satz 1 Nummer 1 oder Nummer 2 vorliegen, erfolgt im Rahmen der Bekanntmachung der Bundesregierung nach Absatz 4 Satz 1 Nummer 2 Buchstabe b.

(8) Der Nachweis nach Absatz 4 Satz 1 Nummer 1 Buchstabe a sowie nach Absatz 5 Satz 1 Nummer 1 und 2 Buchstabe a erste Alternative ist von den Unternehmen zu erbringen durch

1. Umweltgutachter oder Umweltgutachterorganisationen, die nach dem Umweltauditgesetz in der Fassung der Bekanntmachung vom 4. September 2002 (BGBl. I S. 3490), das zuletzt durch Artikel 1 des Gesetzes vom 6. Dezember 2011 (BGBl. I S. 2509) geändert worden ist, in der jeweils geltenden Fassung als Umweltgutachter tätig werden dürfen, in ihrem jeweiligen Zulassungsbereich, oder
2. Konformitätsbewertungsstellen, die von der nationalen Akkreditierungsstelle für die Zertifizierung von Energiemanagementsystemen nach der DIN EN ISO 50001 akkreditiert sind.

(9) [1] Die Steuerentlastung nach den Absätzen 1 und 2 wird gewährt nach Maßgabe und bis zum Auslaufen der hierfür erforderlichen Freistellungsanzeige bei der Europäischen Kommission nach der Verordnung (EU) Nr. 651/2014. [2] Das Auslaufen der Freistellungsanzeige ist vom Bundesministerium der Finanzen im Bundesgesetzblatt gesondert bekannt zu geben.

(10) Entlastungsberechtigt ist das Unternehmen des Produzierenden Gewerbes, das die Energieerzeugnisse verwendet hat.

§ 56 Steuerentlastung für den Öffentlichen Personennahverkehr.

(1) [1] Eine Steuerentlastung wird auf Antrag gewährt für Benzine nach § 2 Abs. 1 Nr. 1, Gasöle nach § 2 Abs. 1 Nr. 4, Erdgas, Flüssiggase und gasförmige Kohlenwasserstoffe sowie ihnen nach § 2 Abs. 4 gleichgestellte Energieerzeugnisse, die nachweislich nach § 2 Abs. 1 Nr. 1, 4 oder Abs. 2 versteuert worden sind und die

1. in zur allgemein zugänglichen Beförderung von Personen bestimmten Schienenbahnen mit Ausnahme von Bergbahnen oder
2. in Kraftfahrzeugen im genehmigten Linienverkehr nach den §§ 42 und 43 des Personenbeförderungsgesetzes in der Fassung der Bekanntmachung vom 8. August 1990 (BGBl. I S. 1690), das zuletzt durch Artikel 2 Abs. 7 des Gesetzes vom 7. Juli 2005 (BGBl. I S. 1954) geändert worden ist, in der jeweils geltenden Fassung oder
3. in Kraftfahrzeugen in Verkehren nach § 1 Nr. 4 Buchstabe d, g und i der Freistellungs-Verordnung vom 30. August 1962 (BGBl. I S. 601), die zuletzt

durch Artikel 1 der Verordnung vom 30. Juni 1989 (BGBl. I S. 1273) geändert worden ist, in der jeweils geltenden Fassung

verwendet worden sind, wenn in der Mehrzahl der Beförderungsfälle eines Verkehrsmittels die gesamte Reiseweite 50 Kilometer oder die gesamte Reisezeit eine Stunde nicht übersteigt. [2]Satz 1 gilt nicht für die Steuer nach § 21. [3]Die Steuerentlastung wird nur für Energieerzeugnisse oder den Anteil der Energieerzeugnisse nach Satz 1 gewährt, die im Steuergebiet nach § 1 Absatz 1 Satz 2 verwendet worden sind.

(2) Die Steuerentlastung beträgt

1. für 1 000 Liter Benzine nach § 2 Absatz 1 Nummer 1 oder für 1 000 Liter Gasöle nach § 2 Absatz 1 Nummer 4 — 54,02 EUR,
2. für 1 000 kg Flüssiggase nach § 2 Absatz 2 Nummer 2
   a) bis zum 31. Dezember 2018 — 13,37 EUR,
   b) vom 1. Januar 2019 bis zum 31. Dezember 2019 — 16,77 EUR,
   c) vom 1. Januar 2020 bis zum 31. Dezember 2020 — 20,17 EUR,
   d) vom 1. Januar 2021 bis zum 31. Dezember 2021 — 23,56 EUR,
   e) vom 1. Januar 2022 bis zum 31. Dezember 2022 — 27,00 EUR,

   für 1 000 kg Flüssiggase nach § 2 Absatz 1 Nummer 8 Buchstabe a
   f) ab dem 1. Januar 2023 — 30,33 EUR,
3. für 1 Megawattstunde Erdgas oder 1 Megawattstunde gasförmige Kohlenwasserstoffe nach § 2 Absatz 2 Nummer 1
   a) bis zum 31. Dezember 2023 — 1,00 EUR,
   b) vom 1. Januar 2024 bis zum 31. Dezember 2024 — 1,32 EUR,
   c) vom 1. Januar 2025 bis zum 31. Dezember 2025 — 1,64 EUR,
   d) vom 1. Januar 2026 bis zum 31. Dezember 2026 — 1,97 EUR,
   e) ab dem 1. Januar 2027 — 2,36 EUR.

   Satz 1 gilt für Energieerzeugnisse nach § 2 Absatz 4 sinngemäß.

(3) Eine Steuerentlastung wird nur gewährt, wenn der Entlastungsbetrag nach Absatz 2 mindestens 50 Euro im Kalenderjahr beträgt.

(4) Entlastungsberechtigt ist derjenige, der die Energieerzeugnisse verwendet hat.

(5) [1]Die Steuerentlastung wird gewährt nach Maßgabe und bis zum Auslaufen der hierfür erforderlichen Freistellungsanzeige bei der Europäischen Kommission nach der Verordnung (EU) Nr. 651/2014. [2]Das Auslaufen der Freistellungsanzeige ist vom Bundesministerium der Finanzen im Bundesgesetzblatt gesondert bekannt zu geben.

§ 57 Steuerentlastung für Betriebe der Land- und Forstwirtschaft.

(1) [1]Eine Steuerentlastung wird auf Antrag gewährt für nachweislich nach § 2 Abs. 1 Nr. 4 versteuerte Energieerzeugnisse, die in Betrieben der Land- und Forstwirtschaft zum Betrieb von

1. Ackerschleppern,
2. standfesten oder beweglichen Arbeitsmaschinen und Motoren oder

3. Sonderfahrzeugen

bei der Ausführung von Arbeiten zur Gewinnung pflanzlicher oder tierischer Erzeugnisse durch Bodenbewirtschaftung oder durch mit Bodenbewirtschaftung verbundene Tierhaltung verwendet worden sind. [2] Eine Steuerentlastung wird abweichend von Satz 1 ebenfalls gewährt, wenn Gasöle in Betrieben der Imkerei zum Betrieb auch anderer als der dort aufgeführten Fahrzeuge verwendet worden sind. [3] Eine Steuerentlastung wird jährlich für höchstens 15 Liter Gasöl je Bienenvolk gewährt.

(2) Betriebe der Land- und Forstwirtschaft im Sinne des Absatzes 1 sind

1. Betriebe, die durch Bodenbewirtschaftung oder durch mit Bodenbewirtschaftung verbundene Tierhaltung pflanzliche oder tierische Erzeugnisse gewinnen und
   a) aus denen natürliche Personen Einkünfte nach § 13 Abs. 1 Nr. 1 des Einkommensteuergesetzes erzielen oder
   b) deren Inhaber eine nichtrechtsfähige Personenvereinigung, eine juristische Person des privaten Rechts oder eine Hauberg-, Wald-, Forst- oder Laubgenossenschaft oder eine ähnliche Realgemeinde im Sinne des § 13 Abs. 1 Nr. 4 des Einkommensteuergesetzes ist und bei denen im Falle der Gewinnung tierischer Erzeugnisse die mit der Bodenbewirtschaftung verbundene Tierhaltung die Grenzen des § 51 des Bewertungsgesetzes in der Fassung der Bekanntmachung vom 1. Februar 1991 (BGBl. I S. 230), das zuletzt durch Artikel 14 des Gesetzes vom 20. Dezember 2001 (BGBl. I S. 3794) geändert worden ist, in der jeweils geltenden Fassung nicht überschreitet oder
   c) deren Inhaber eine Körperschaft, Personenvereinigung oder Vermögensmasse ist, die ausschließlich und unmittelbar kirchliche, gemeinnützige oder mildtätige Zwecke verfolgt,
2. Imkereien, aus denen natürliche Personen Einkünfte nach § 13 Abs. 1 Nr. 2 des Einkommensteuergesetzes erzielen oder deren Inhaber eine nichtrechtsfähige Personenvereinigung oder eine juristische Person des privaten Rechts ist,
3. Wanderschäfereien und Teichwirtschaften,
4. Schöpfwerke zur Be- und Entwässerung land- und forstwirtschaftlich genutzter Grundstücke,
5. Betriebe, insbesondere Lohnbetriebe, Betriebe von Genossenschaften und Maschinengemeinschaften, Wasser- und Bodenverbände und Teilnehmergemeinschaften nach dem Flurbereinigungsgesetz in der Fassung der Bekanntmachung vom 16. März 1976 (BGBl. I S. 546), zuletzt geändert durch Artikel 2 Abs. 23 des Gesetzes vom 12. August 2005 (BGBl. I S. 2354), soweit diese für die in den Nummern 1 bis 3 bezeichneten Betriebe Arbeiten zur Gewinnung pflanzlicher oder tierischer Erzeugnisse durch Bodenbewirtschaftung oder durch mit Bodenbewirtschaftung verbundene Tierhaltung ausführen.

(3) Als Arbeitsmaschinen oder Sonderfahrzeuge im Sinne des Absatzes 1 Satz 1 Nr. 2 und 3 gelten Maschinen und Fahrzeuge, die in Betrieben der Land- und Forstwirtschaft verwendet werden und nach ihrer Bauart und ihren

Vorrichtungen für die Verwendung in diesen Betrieben geeignet und bestimmt sind.

(4) Als Ausführung von Arbeiten zur Gewinnung pflanzlicher oder tierischer Erzeugnisse durch Bodenbewirtschaftung oder durch mit Bodenbewirtschaftung verbundene Tierhaltung gelten auch

1. die in Betrieben der Land- und Forstwirtschaft übliche Beförderung von land- und forstwirtschaftlichen Bedarfsgütern oder gewonnenen Erzeugnissen durch den Betrieb selbst oder durch andere Betriebe der Land- und Forstwirtschaft,
2. die Durchführung von Meliorationen auf Flächen, die zu einem bereits vorhandenen Betrieb der Land- und Forstwirtschaft gehören,
3. die Unterhaltung von Wirtschaftswegen, deren Eigentümer Inhaber eines Betriebes der Land- und Forstwirtschaft ist,
4. die Beförderung von Bienenvölkern zu den Trachten und Heimatständen sowie Fahrten zur Betreuung der Bienen.

(5) Die Steuerentlastung beträgt

1.	für 1 000 l Gasöle nach § 2 Abs. 1 Nr. 4		214,80 EUR,
2.	für 1 000 l Biokraftstoffe		
	a)	nach § 50 Absatz 3 Satz 4 Nummer 1	
		bis 31. Dezember 2007	90,00 EUR,
		vom 1. Januar 2008 bis 31. Dezember 2008	150,00 EUR,
		vom 1. Januar 2009 bis 31. Dezember 2009	182,92 EUR,
		vom 1. Januar 2010 bis 31. Dezember 2012	185,96 EUR,
		ab 1. Januar 2013	450,33 EUR,
	b)	nach § 50 Absatz 3 Satz 4 Nummer 2	
		bis 31. Dezember 2007	23,52 EUR,
		vom 1. Januar 2008 bis 31. Dezember 2008	100,00 EUR,
		vom 1. Januar 2009 bis 31. Dezember 2009	180,00 EUR,
		vom 1. Januar 2010 bis 31. Dezember 2012	184,55 EUR,
		ab 1. Januar 2013	450,00 EUR,

jeweils unvermischt mit anderen Energieerzeugnissen, ausgenommen Biokraftstoffen oder Additiven der Position 3811 der Kombinierten Nomenklatur.

(6) *(aufgehoben)*

(7) Eine Steuerentlastung wird nur gewährt, wenn der Entlastungsbetrag nach Absatz 5 mindestens 50 Euro im Kalenderjahr beträgt.

(8) Entlastungsberechtigt ist

1. im Falle des Absatzes 5 Nr. 1 der Betrieb der Land- und Forstwirtschaft nach Absatz 2 Nr. 1 bis 4, der die Gasöle verwendet hat. Dabei gelten Gasöle, die

durch Betriebe nach Absatz 2 Nr. 5 bei der Ausführung von Arbeiten nach Absatz 1 Satz 1 für einen Betrieb der Land- und Forstwirtschaft nach Absatz 2 Nr. 1 bis 4 verwendet wurden, als durch den Betrieb der Land- und Forstwirtschaft verwendet, für den die Arbeiten ausgeführt wurden,

2. im Falle des Absatzes 5 Nr. 2 der Betrieb der Land- und Forstwirtschaft nach Absatz 2, der die Biokraftstoffe verwendet hat.

(9) [1]Die festgelegte Steuerentlastung nach Absatz 5 Nummer 1 wird angewendet nach Maßgabe und bis zum Auslaufen der hierfür erforderlichen Freistellungsanzeige bei der Europäischen Kommission nach der Verordnung (EU) Nr. 651/2014. [2]Das Auslaufen der Freistellungsanzeige ist vom Bundesministerium der Finanzen im Bundesgesetzblatt gesondert bekannt zu geben.

§ 58 *(aufgehoben)*

§ 59 Steuervergütung für Diplomatenbenzin und -dieselkraftstoff.

(1) Unter der Voraussetzung der Gegenseitigkeit wird den in Absatz 2 aufgeführten Dienststellen und Personen auf Antrag die Steuer für Benzin und Dieselkraftstoff vergütet, die sie als Kraftstoff für den Betrieb ihrer Kraftfahrzeuge aus öffentlichen Tankstellen erworben haben.

(2) Begünstigt im Sinne des Absatzes 1 sind

1. die diplomatischen und konsularischen Vertretungen in der Bundesrepublik Deutschland, ausgenommen Wahlkonsulate,
2. die Leiter der in Nummer 1 genannten Vertretungen, ihre diplomatischen Mitglieder, Konsularbeamte, Mitglieder ihres Verwaltungs- und technischen Personals und ihr dienstliches Hauspersonal sowie die Familienmitglieder dieser Personen. Familienmitglieder im Sinne dieser Bestimmung sind der Ehegatte oder der Lebenspartner, die unverheirateten oder die nicht in einer Lebenspartnerschaft lebenden Kinder und die Eltern, wenn sie von diesen Personen wirtschaftlich abhängig sind und in ihrem Haushalt leben.

(3) Nicht begünstigt sind

1. Deutsche oder solche Staatenlose und Ausländer, die ihren ständigen Wohnsitz im Geltungsbereich dieses Gesetzes hatten, ehe sie zu den in Absatz 2 Nr. 2 genannten Personen gehörten,
2. Personen, die im Geltungsbereich dieses Gesetzes eine private Erwerbstätigkeit ausüben.

§ 60 Steuerentlastung bei Zahlungsausfall. (1) Eine Steuerentlastung wird auf Antrag dem Verkäufer von nachweislich nach § 2 Abs. 1 Nr. 1 bis 4 versteuerten Energieerzeugnissen für die im Verkaufspreis enthaltene Steuer gewährt, die beim Warenempfänger wegen Zahlungsunfähigkeit ausfällt, wenn

1. der Steuerbetrag bei Eintritt der Zahlungsunfähigkeit 5 000 Euro übersteigt,
2. keine Anhaltspunkte dafür vorliegen, dass die Zahlungsunfähigkeit im Einvernehmen mit dem Verkäufer herbeigeführt worden ist,
3. der Zahlungsausfall trotz vereinbarten Eigentumsvorbehalts, laufender Überwachung der Außenstände, rechtzeitiger Mahnung bei Zahlungsverzug unter Fristsetzung und gerichtlicher Verfolgung des Anspruchs nicht zu vermeiden war,

4. Verkäufer und Warenempfänger nicht wirtschaftlich miteinander verbunden sind; sie gelten auch als verbunden, wenn sie Teilhaber oder Gesellschafter desselben Unternehmens oder Angehörige im Sinne des § 15 der Abgabenordnung sind oder wenn Verkäufer oder Warenempfänger der Leitung des Geschäftsbetriebs des jeweils anderen angehören.

(2) [1] Die Steuerentlastung hängt davon ab, dass sie bis zum Ablauf des Jahres, das dem Jahr folgt, in dem die Zahlungsunfähigkeit des Warenempfängers eingetreten ist, schriftlich beantragt wird. [2] Dem Antrag sind beizufügen:

1. Unterlagen über die Beschaffenheit, Herkunft und Versteuerung des Mineralöls,
2. Nachweise über den Verkauf an den Warenempfänger,
3. Nachweise über die eingetretene Zahlungsunfähigkeit des Warenempfängers.

(3) [1] Die Steuerentlastung erfolgt unter der auflösenden Bedingung einer nachträglichen Leistung des Warenempfängers. [2] Der Verkäufer hat dem Hauptzollamt nachträgliche Leistungen des Warenempfängers unverzüglich anzuzeigen. [3] Führt die Leistung nicht zum Erlöschen der Forderung des Verkäufers, vermindert sich die Erstattung oder Vergütung um den Teil der Teilleistung, der dem Steueranteil an der ausgefallenen Forderung entspricht. [4] Das Hauptzollamt kann anordnen, dass der Verkäufer seine Forderung gegen den Warenempfänger in Höhe des ausgefallenen Steuerbetrages an die Bundesrepublik Deutschland (Bundesfinanzverwaltung) abtritt.

Kapitel 6. Schlussbestimmungen

§ 61 Steueraufsicht. (1) Der Steueraufsicht im Sinne von § 209 der Abgabenordnung unterliegt,

1. wer Energieerzeugnisse herstellt, in das Steuergebiet verbringt, vertreibt, lagert, kennzeichnet, befördert oder verwendet,
2. wer als Beauftragter nach § 18 Absatz 3 tätig ist.

(2) [1] Die Amtsträger sind befugt, im öffentlichen Verkehr jederzeit, in Betriebsräumen und auf Betriebsgrundstücken während der Geschäfts- und Arbeitszeit unentgeltliche Proben aus Kraftfahrzeugtanks oder anderen Behältnissen zu entnehmen. [2] Zur Probenahme dürfen die Amtsträger Fahrzeuge anhalten. [3] Auf Verlangen haben die Betroffenen sich auszuweisen, die Herkunft des Energieerzeugnisses anzugeben und bei der Probenahme die erforderliche Hilfe zu leisten.

§ 62 Steuerliche Betriebsleiter, Steuerhilfspersonen. (1) [1] Der Steuerpflichtige kann sich zur Erfüllung seiner steuerlichen Pflichten Personen bedienen, die dem Betrieb oder dem Unternehmen nicht angehören (Steuerliche Betriebsleiter). [2] Die Bestellung des steuerlichen Betriebsleiters wird erst wirksam, nachdem das Hauptzollamt zugestimmt hat.

(2) [1] Auf Antrag des Steuerpflichtigen kann das Hauptzollamt Personen, die von der Besteuerung nicht selbst betroffen werden, als Steuerhilfspersonen bestellen. [2] Ihnen darf nur die Aufgabe übertragen werden, Tatsachen festzustellen, die für die Besteuerung erheblich sein können.

§ 63 Geschäftsstatistik. (1) Nach näherer Bestimmung des Bundesministeriums der Finanzen stellen die Hauptzollämter für statistische Zwecke Erhebungen an und teilen die Ergebnisse dem Statistischen Bundesamt zur Auswertung mit.

(2) Die Bundesfinanzbehörden können auch bereits aufbereitete Daten dem Statistischen Bundesamt zur Darstellung und Veröffentlichung für allgemeine Zwecke übermitteln.

§ 64 Bußgeldvorschriften. Ordnungswidrig im Sinne des § 381 Abs. 1 Nr. 1 der Abgabenordnung handelt, wer vorsätzlich oder leichtfertig

1. entgegen § 3 Absatz 5 eine begünstigte Anlage nicht, nicht richtig oder nicht rechtzeitig anmeldet,
2. entgegen § 9 Absatz 1a, § 15 Abs. 3, § 18 Abs. 3 Satz 1 oder Abs. 6 Satz 1, jeweils auch in Verbindung mit § 34 oder § 40 Abs. 1, oder § 23 Abs. 4 Satz 1 eine Anzeige nicht, nicht richtig, nicht vollständig oder nicht rechtzeitig erstattet,
3. entgegen § 10 Absatz 3, § 11 Absatz 3 oder § 13 Absatz 3 Energieerzeugnisse nicht oder nicht rechtzeitig aufnimmt, nicht oder nicht rechtzeitig übernimmt, nicht oder nicht rechtzeitig befördert oder nicht oder nicht rechtzeitig ausführt,
4. entgegen § 31 Abs. 3 oder § 38 Abs. 3 eine Anmeldung nicht, nicht richtig oder nicht rechtzeitig abgibt oder
5. entgegen § 61 Abs. 2 Satz 3 sich nicht, nicht richtig oder nicht rechtzeitig ausweist, eine Angabe nicht, nicht richtig, nicht vollständig oder nicht rechtzeitig macht oder nicht, nicht richtig, nicht vollständig oder nicht rechtzeitig Hilfe leistet.

§ 65 Sicherstellung. (1) Sichergestellt werden können

1. Energieerzeugnisse, für die eine Steuer nach § 21 Abs. 1 entstanden ist,
2. Energieerzeugnisse, aus denen zugelassene Kennzeichnungsstoffe zu Unrecht entfernt oder bei denen diese in ihrer Wirksamkeit beeinträchtigt worden sind,
3. Energieerzeugnisse, die entgegen einem nach § 66 Abs. 1 Nr. 12 erlassenen Verbot zugelassene Kennzeichnungsstoffe oder andere rot färbende Stoffe enthalten.

(2) Energieerzeugnisse, die ein Amtsträger in Mengen und unter Umständen vorfindet, die auf eine gewerbliche Zweckbestimmung hinweisen, und für die der Nachweis nicht erbracht werden kann, dass sie

1. sich im Steueraussetzungsverfahren befinden oder
2. im Steuergebiet ordnungsgemäß versteuert worden oder zur ordnungsgemäßen Versteuerung angemeldet sind,

können sichergestellt werden.

(3) Die §§ 215 und 216 der Abgabenordnung gelten sinngemäß.

§ 66 Ermächtigungen. (1) Das Bundesministerium der Finanzen wird ermächtigt, zur Durchführung dieses Gesetzes durch Rechtsverordnung ohne Zustimmung des Bundesrates

1. die nach § 1a Satz 1 Nummer 2 anzuwendende Fassung der Kombinierten Nomenklatur neu zu bestimmen und den Wortlaut dieses Gesetzes sowie der Durchführungsverordnungen der geänderten Nomenklatur anzupassen, soweit sich hieraus steuerliche Änderungen nicht ergeben,
1a. den Wortlaut dieses Gesetzes an geänderte Fassungen oder Neufassungen des Zollkodex anzupassen, soweit sich hieraus steuerliche Änderungen nicht ergeben,
2. *(aufgehoben)*
3. zur Verfahrensvereinfachung, zur Vermeidung unangemessener wirtschaftlicher Belastungen sowie zur Sicherung der Gleichmäßigkeit der Besteuerung und des Steueraufkommens Bestimmungen zu den §§ 1 bis 3b zu erlassen und dabei insbesondere
   a) die Begriffe der §§ 1 bis 2 näher zu bestimmen sowie Bestimmungen zu den in § 1a genannten Bemessungsgrundlagen zu erlassen,
   b) für Energieerzeugnisse nach § 1 Abs. 3 unter Berücksichtigung der Heizwertunterschiede abweichend von § 2 Abs. 4 besondere Steuersätze festzusetzen,
   c) die Begriffe des § 3 näher zu bestimmen, Vorgaben zur Ermittlung des Monats- oder Jahresnutzungsgrads, zur Abgrenzung des Kraft-Wärme-Kopplungsprozesses sowie zur Anmeldepflicht zu machen und den Betreibern von Anlagen nach § 3 Pflichten zum Nachweis der dort genannten Voraussetzungen aufzuerlegen,
   d) Näheres zu den sonstigen begünstigten Anlagen nach § 3a zu bestimmen und Betreibern von solchen Anlagen Pflichten zum Nachweis der dort genannten Voraussetzungen aufzuerlegen,
   e) die Begriffe des § 3b näher zu bestimmen und für die Mitteilungspflichten die Form, den Inhalt, den Umfang und die Art und Weise der Übermittlung festzulegen sowie besondere Bestimmungen, einschließlich der Fristen, innerhalb derer die Angaben zu machen sind, zu erlassen,
4. zur Verfahrensvereinfachung, zur Vermeidung unangemessener wirtschaftlicher Belastungen sowie zur Sicherung der Gleichmäßigkeit der Besteuerung und des Steueraufkommens Bestimmungen zu den §§ 4 bis 9 zu erlassen und dabei insbesondere
   a) das Erteilen und das Erlöschen einer Erlaubnis sowie das zugehörige Erlaubnis- und das Steuerlagerverfahren im Übrigen näher zu regeln, eine Mindestumschlagsmenge und eine Mindestlagerdauer vorzusehen und bei einer Gefährdung der Steuerbelange eine Sicherheit bis zur Höhe des Steuerwerts des tatsächlichen Steuerlagerbestands zu verlangen oder das Steuerlager unter amtlichen Verschluss zu nehmen,
   b) die Lager- und Herstellungshandlungen näher zu umschreiben sowie zu bestimmen, welche Räume, Flächen, Anlagen und Betriebsteile in das Steuerlager einzubeziehen sind,
   c) für die Lagerung von Energieerzeugnissen unter Steueraussetzung in einer Freizone abweichend von § 7 geringere Anforderungen zu stellen, wenn dies wegen der besonderen Verhältnisse in der Freizone erforderlich erscheint und die Steuerbelange gesichert sind,

d) dem Hersteller für die Herstellung von Energieerzeugnissen außerhalb eines Herstellungsbetriebes besondere Pflichten aufzuerlegen,

5. zur Verfahrensvereinfachung, zur Vermeidung unangemessener wirtschaftlicher Belastungen sowie zur Sicherung der Gleichmäßigkeit der Besteuerung und des Steueraufkommens Bestimmungen zu den §§ 9a bis 14 zu erlassen und dabei insbesondere
   a) das Erteilen und das Erlöschen einer Erlaubnis, das zugehörige Erlaubnisverfahren im Übrigen sowie das Verfahren des Bezugs von Energieerzeugnissen als registrierter Empfänger näher zu regeln,
   b) das Erteilen und das Erlöschen einer Erlaubnis, das zugehörige Erlaubnisverfahren im Übrigen sowie das Verfahren des Versands von Energieerzeugnissen durch registrierte Versender näher zu regeln und dabei vorzusehen, den Versand vom Ort der Einfuhr nur dann zuzulassen, wenn steuerliche Belange dem nicht entgegenstehen,
   c) das Verfahren der Beförderung von Energieerzeugnissen unter Steueraussetzung unter Berücksichtigung der Artikel 21 bis 31 der Systemrichtlinie und den dazu ergangenen Verordnungen sowie das Verfahren der Übermittlung des elektronischen Verwaltungsdokuments und den dazu erforderlichen Datenaustausch zu regeln und dabei das Verfahren abweichend von § 9d zu regeln sowie für Beförderungen unter Steueraussetzung im Steuergebiet Vereinfachungen zuzulassen,
   d) zur Durchführung von Artikel 13 der Systemrichtlinie das Verfahren zum Bezug, zur Beförderung und zur Abgabe von Energieerzeugnissen mit Freistellungsbescheinigung näher zu regeln und bei Beförderungen im Steuergebiet anstelle der Freistellungsbescheinigung andere Dokumente vorzusehen,
   e) Inhabern von Steuerlagern und registrierten Empfängern zu erlauben, Energieerzeugnisse allein durch Inbesitznahme in das Steuerlager oder den Betrieb aufzunehmen,
   f) das Zulassungsverfahren nach § 14 Absatz 7 Satz 3 und 4 näher zu regeln und dabei insbesondere vorzusehen, dass die Vereinfachung nur zuzulassen ist, wenn der Steuerschuldner eine verbindliche Erklärung darüber abgibt, auf welchen Steuerbetrag je Beförderungsvorgang der Antrag auf Abgabe einer Steueranmeldung entsprechend § 8 Absatz 3 bis 6 beschränkt ist,

6. zur Verfahrensvereinfachung, zur Vermeidung unangemessener wirtschaftlicher Belastungen sowie zur Sicherung der Gleichmäßigkeit der Besteuerung und des Steueraufkommens Bestimmungen zu den §§ 15 bis 19b zu erlassen und dabei insbesondere
   a) das Verfahren des Verbringens von Energieerzeugnissen zu gewerblichen Zwecken näher zu regeln,
   b) die Begriffe Haupt- und Reservebehälter näher zu bestimmen,
   c) das Verfahren des Versandhandels näher zu regeln,
   d) die Anwendung der Zollvorschriften (§ 19b Absatz 3) näher zu regeln,
   e) zur Durchführung von Artikel 35 der Systemrichtlinie das Verfahren der Beförderung von Erzeugnissen des steuerrechtlich freien Verkehrs durch einen anderen Mitgliedstaat unter Verwendung des Begleitdokuments

nach Artikel 34 der Systemrichtlinie und nach den dazu ergangenen Verordnungen in den jeweils geltenden Fassungen näher zu regeln und vorzusehen, dass durch bilaterale Vereinbarungen mit den jeweiligen Mitgliedstaaten ein vom Regelverfahren abweichendes vereinfachtes Verfahren zugelassen werden kann,

7. zur Verfahrensvereinfachung, zur Vermeidung unangemessener wirtschaftlicher Belastungen sowie zur Sicherung der Gleichmäßigkeit der Besteuerung und des Steueraufkommens Bestimmungen zu den §§ 20 bis 23 zu erlassen und dabei insbesondere
   a) die Begriffe des § 23 näher zu bestimmen,
   b) Näheres über die Anzeigepflicht nach § 23 Abs. 4 zu regeln und besondere Pflichten für die Anzeigepflichtigen vorzusehen,
8. zur Verfahrensvereinfachung, zur Vermeidung unangemessener wirtschaftlicher Belastungen sowie zur Sicherung der Gleichmäßigkeit der Besteuerung und des Steueraufkommens Bestimmungen zu den §§ 24 bis 30 zu erlassen und dabei insbesondere
   a) die Voraussetzungen für die Steuerbefreiungen einschließlich der Begriffe näher zu bestimmen sowie das Erteilen und das Erlöschen einer Erlaubnis, das zugehörige Erlaubnisverfahren im Übrigen und das Verfahren der Steuerbefreiung zu regeln und Pflichten für die Abgabe, den Bezug, die Lagerung und die Verwendung der Energieerzeugnisse vorzusehen,
   b) die Verwendung, die Verteilung, das Verbringen und die Ausfuhr aus dem Steuergebiet von steuerfreien Energieerzeugnissen unter Verzicht auf eine förmliche Einzelerlaubnis allgemein zu regeln,
   c) zuzulassen, dass Energieerzeugnisse, die Erlaubnisinhaber in Besitz genommen haben, als in den Betrieb aufgenommen gelten,
   d) die Teile des Betriebes zu bestimmen, in denen nach § 26 Energieerzeugnisse zur Aufrechterhaltung des Betriebes steuerfrei verwendet werden können,
   e) die steuerfreie Verwendung nach § 27 Abs. 1 für den Bereich der Binnengewässer einzuschränken,
   f) vorzusehen, dass Erlaubnisinhaber, die Energieerzeugnisse für Zwecke nach § 27 Abs. 1 steuerfrei verwenden, diese Energieerzeugnisse für nicht steuerfreie Zwecke mit der Maßgabe verwenden dürfen, dass bei ihnen eine Steuer nach dem zutreffenden Steuersatz des § 2 entsteht, und das dafür erforderliche Verfahren einschließlich des Verfahrens der Steuererhebung zu regeln,
   g) die steuerfreie Verwendung nach § 27 Abs. 2 Nr. 2 und 3 und Abs. 3 auf Betriebe zu beschränken, die durch näher zu bezeichnende Behörden genehmigt wurden, sowie die steuerfreie Verwendung nach § 27 Abs. 3 auch für andere als in § 27 Abs. 2 genannte Energieerzeugnisse zuzulassen,
9. zur Verfahrensvereinfachung, zur Vermeidung unangemessener wirtschaftlicher Belastungen sowie zur Sicherung der Gleichmäßigkeit der Besteuerung und des Steueraufkommens Bestimmungen zu den §§ 31 bis 37 zu erlassen und dabei insbesondere

a) das Erteilen und das Erlöschen einer Erlaubnis, das zugehörige Erlaubnisverfahren im Übrigen für Kohlebetriebe und Kohlelieferer sowie die Anmeldepflicht nach § 31 Absatz 3 näher zu regeln und besondere Pflichten für Inhaber von Kohlebetrieben und Kohlelieferer vorzusehen,

b) die Voraussetzungen für die steuerfreie Verwendung einschließlich der Begriffe näher zu bestimmen, das Erteilen und das Erlöschen einer Erlaubnis, das zugehörige Erlaubnisverfahren im Übrigen und das Verfahren der steuerfreien Verwendung zu regeln und dabei Pflichten für die Abgabe, den Bezug, die Lagerung und die Verwendung der Kohle vorzusehen,

c) die sinngemäße Anwendung der bei der Einfuhr von Kohle in das Steuergebiet anzuwendenden Vorschriften und die anzuwendenden Verfahren näher zu regeln,

d) die Voraussetzungen für die steuerfreie Verwendung einschließlich der Begriffe näher zu bestimmen sowie das Erlaubnisverfahren und das Verfahren der steuerfreien Verwendung zu regeln und dabei Pflichten für die Abgabe, den Bezug, die Lagerung und die Verwendung der Kohle vorzusehen,

e) die Verwendung von steuerfreier Kohle unter Verzicht auf eine förmliche Einzelerlaubnis allgemein zu erlauben,

f) die Teile des Betriebes zu bestimmen, in denen nach § 37 Abs. 2 Satz 1 Nr. 2 Kohle zur Aufrechterhaltung des Betriebes steuerfrei verwendet werden kann,

10. zur Verfahrensvereinfachung, zur Vermeidung unangemessener wirtschaftlicher Belastungen sowie zur Sicherung der Gleichmäßigkeit der Besteuerung und des Steueraufkommens Bestimmungen zu den §§ 38 bis 44 zu erlassen und dabei insbesondere

a) das Nähere über die Anmeldepflicht nach § 38 Abs. 3 zu regeln und besondere Pflichten für die Anmeldepflichtigen vorzusehen,

b) die sinngemäße Anwendung der beim Verbringen von Erdgas in das Steuergebiet anzuwendenden Vorschriften und die anzuwendenden Verfahren näher zu regeln,

c) die sinngemäße Anwendung der bei der nicht leitungsgebundenen Einfuhr von Erdgas in das Steuergebiet anzuwendenden Vorschriften und die anzuwendenden Verfahren näher zu regeln,

d) die Voraussetzungen für die Steuerbefreiungen einschließlich der Begriffe näher zu bestimmen, das Erteilen und das Erlöschen einer Erlaubnis sowie das zugehörige Erlaubnisverfahren im Übrigen und das Verfahren der Steuerbefreiung zu regeln und dabei Pflichten für die Abgabe, den Bezug, die Lagerung und die Verwendung des Erdgases vorzusehen,

e) die Verwendung, die Verteilung, das Verbringen und die Ausfuhr aus dem Steuergebiet von steuerfreiem Erdgas unter Verzicht auf eine förmliche Einzelerlaubnis allgemein zu regeln,

f) die Teile des Betriebes zu bestimmen, in denen nach § 44 Abs. 2 Erdgas zur Aufrechterhaltung des Betriebes steuerfrei verwendet werden kann,

11. zur Verfahrensvereinfachung, zur Vermeidung unangemessener wirtschaftlicher Belastungen sowie zur Sicherung der Gleichmäßigkeit der Besteuerung und des Steueraufkommens Bestimmungen zu den §§ 45 bis 60 zu erlassen und dabei insbesondere
   a) die Voraussetzungen für die Gewährung der Steuerentlastungen einschließlich der Begriffe näher zu bestimmen und das Verfahren der Steuerentlastung zu regeln sowie Vorschriften über die zum Zwecke der Steuerentlastung erforderlichen Angaben und Nachweise einschließlich ihrer Aufbewahrung zu erlassen,
   b) zu bestimmen, dass der Anspruch auf Steuerentlastung innerhalb bestimmter Fristen geltend zu machen ist,
   c) abweichend von § 52 Abs. 1 Satz 2 für näher zu bestimmende Einzelfälle auch eine Entlastungsmöglichkeit für nicht gekennzeichnete Energieerzeugnisse vorzusehen,
   d) Näheres zur Ermittlung der elektrischen Nennleistung, zur Abgrenzung des Stromerzeugungsprozesses und zu den Hauptbestandteilen der Stromerzeugungsanlage (§ 53) zu bestimmen und den am Betrieb von solchen Anlagen Beteiligten Pflichten zum Nachweis der dort genannten Voraussetzungen aufzuerlegen,
   e) im Einvernehmen mit dem Bundesministerium für Ernährung und Landwirtschaft zu § 57 Näheres zur Art der begünstigten Arbeiten, der Fahrzeuge und Maschinen und zur Abgrenzung des Kreises der Berechtigten zu regeln,
   f) *(aufgehoben)*
   g) Näheres zur Ermittlung der Hocheffizienzkriterien, Abschreibungskriterien, zur Berechnung und zum Nachweis des Nutzungsgrads und zu den Hauptbestandteilen der Kraft-Wärme-Kopplungsanlage (§ 53a) zu bestimmen und den am Betrieb von solchen Anlagen Beteiligten Pflichten zum Nachweis der dort genannten Voraussetzungen aufzuerlegen,
12. zur Sicherung der Gleichmäßigkeit der Besteuerung und des Steueraufkommens Regelungen zur Kennzeichnung von Energieerzeugnissen und zum Umgang mit gekennzeichneten Energieerzeugnissen zu erlassen, das Erteilen und das Erlöschen einer Erlaubnis und das zugehörige Erlaubnisverfahren im Übrigen sowie zur Verfahrensvereinfachung in bestimmten Fällen zu regeln, dass gekennzeichnete Energieerzeugnisse als Kraftstoff mitgeführt, bereitgehalten, abgegeben oder verwendet werden dürfen,
13. zur Sicherung der Gleichmäßigkeit der Besteuerung und zur Vermeidung von Wettbewerbsverzerrungen zu bestimmen, dass Energieerzeugnisse bestimmten chemisch-technischen Anforderungen genügen müssen, wenn sie nicht zum höchsten in Betracht kommenden Steuersatz versteuert werden, und dass für steuerliche Zwecke Energieerzeugnisse sowie Zusätze nach bestimmten Verfahren zu untersuchen und zu messen sind,
14. Verfahrensvorschriften zur Festsetzung und Erhebung der Steuer zu erlassen, insbesondere zur Steueranmeldung, zur Berechnung und Entrichtung der Steuer sowie zur Berechnung und Festsetzung der monatlichen Vorauszahlungen,

15. die Voraussetzungen für eine Sicherheitsleistung näher zu bestimmen und das Verfahren der Sicherheitsleistung zu regeln, soweit in diesem Gesetz die Leistung einer Sicherheit vorgesehen ist,
16. zur Sicherung der Gleichmäßigkeit der Besteuerung und des Steueraufkommens anzuordnen, dass Energieerzeugnisse in bestimmter Weise behandelt, bezeichnet, gelagert, versandt, befördert oder verwendet werden müssen und dass im Umgang mit Energieerzeugnissen besondere Pflichten zu erfüllen sind,
17. zur Sicherung der Gleichmäßigkeit der Besteuerung und des Steueraufkommens zu bestimmen, dass beim Mischen von Energieerzeugnissen, die verschiedenen Steuersätzen unterliegen, vor Abgabe in Haupt- und Reservebehälter von Motoren in der Person des Mischenden eine Steuer entsteht und das Verfahren der Steuererhebung zu regeln,
18. Bestimmungen zu erlassen zur Umsetzung der Steuerbefreiungen nach
    a) Artikel XI des Abkommens vom 19. Juni 1951 zwischen den Parteien des Nordatlantikvertrages über die Rechtsstellung ihrer Truppen (BGBl. 1961 II S. 1183, 1190) in der jeweils geltenden Fassung und den Artikeln 65 bis 67 des Zusatzabkommens vom 3. August 1959 zu dem Abkommen vom 19. Juni 1951 zwischen den Parteien des Nordatlantikvertrages über die Rechtsstellung ihrer Truppen hinsichtlich der in der Bundesrepublik Deutschland stationierten ausländischen Truppen (BGBl. 1961 II S. 1183, 1218) in der jeweils geltenden Fassung,
    b) Artikel 15 des Abkommens vom 13. März 1967 zwischen der Bundesrepublik Deutschland und dem Obersten Hauptquartier der Alliierten Mächte, Europa, über die besonderen Bedingungen für die Einrichtung und den Betrieb internationaler militärischer Hauptquartiere in der Bundesrepublik Deutschland (BGBl. 1969 II S. 1997, 2009) in der jeweils geltenden Fassung und
    c) den Artikeln III bis V des Abkommens zwischen der Bundesrepublik Deutschland und den Vereinigten Staaten von Amerika vom 15. Oktober 1954 über die von der Bundesrepublik zu gewährenden Abgabenvergünstigungen für die von den Vereinigten Staaten im Interesse der gemeinsamen Verteidigung geleisteten Ausgaben (BGBl. 1955 II S. 821, 823) in der jeweils geltenden Fassung.

    Dabei kann es anordnen, dass bei einem Missbrauch für alle daran Beteiligten die Steuer entsteht und dass bei der Lieferung von versteuerten Energieerzeugnissen dem Lieferer die entrichtete Steuer erstattet oder vergütet wird,
18a. zur Verfahrensvereinfachung, zur Vermeidung unangemessener wirtschaftlicher Belastungen sowie zur Sicherung der Gleichmäßigkeit der Besteuerung und des Steueraufkommens Bestimmungen in Bezug auf die steuerliche Begünstigung internationaler Einrichtungen und derer Mitglieder zu erlassen und dabei insbesondere
    a) die Voraussetzungen für die Gewährung einer Steuerbefreiung einschließlich der Begriffe näher zu bestimmen, das Verfahren der Steuerbefreiung zu regeln und Pflichten für die Abgabe, den Bezug und die Verwendung der Energieerzeugnisse vorzusehen,

b) die Voraussetzungen für die Gewährung einer Steuerentlastung einschließlich der Begriffe näher zu bestimmen, das Verfahren der Steuerentlastung zu regeln und Vorschriften über die zum Zweck der Steuerentlastung erforderlichen Angaben und Nachweise einschließlich ihrer Aufbewahrung zu erlassen und zu bestimmen, dass der Anspruch auf Steuerentlastung innerhalb bestimmter Fristen geltend zu machen ist,

c) vorzusehen, dass bei Abgabe der Energieerzeugnisse an Nichtbegünstigte eine Steuer nach § 2 entsteht, und das dafür erforderliche Verfahren einschließlich des Verfahrens der Steuererhebung zu regeln und zu bestimmen, dass die Steueranmeldung innerhalb bestimmter Fristen abzugeben ist,

19. im Fall der Einfuhr Steuerfreiheit für Energieerzeugnisse, soweit dadurch nicht unangemessene Steuervorteile entstehen, unter den Voraussetzungen anzuordnen, unter denen sie nach der Verordnung (EG) Nr. 1186/2009 des Rates vom 16. November 2009 über das gemeinschaftliche System der Zollbefreiungen (ABl. L 324 vom 10.12.2009, S. 23) in der jeweils geltenden Fassung und anderen von den Europäischen Gemeinschaften oder der Europäischen Union erlassenen Rechtsvorschriften vom Zoll befreit werden können, und die notwendigen Vorschriften zu erlassen und zur Sicherung des Steueraufkommens anzuordnen, dass bei einem Missbrauch für alle daran Beteiligten die Steuer entsteht,

20. im Benehmen mit dem Bundesministerium des Innern alternativ zur qualifizierten elektronischen Signatur ein anderes sicheres Verfahren zuzulassen, das den Datenübermittler authentifiziert und die Vertraulichkeit und Integrität des elektronisch übermittelten Datensatzes gewährleistet. § 87a Absatz 6 Satz 2 der Abgabenordnung gilt entsprechend. In der Rechtsverordnung können auch Ausnahmen von der Pflicht zur Verwendung des nach Satz 1 zugelassenen Verfahrens vorgesehen werden. Die Datenübermittlung kann in der Rechtsverordnung auch durch Verweis auf Veröffentlichungen sachverständiger Stellen geregelt werden,

20a. zur Verfahrensvereinfachung zu bestimmen, dass in diesem Gesetz oder einer auf Grund dieses Gesetzes erlassenen Verordnung vorgesehene Steuererklärungen oder sonstige Erklärungen, Steueranmeldungen, Anträge, Anzeigen, Mitteilungen, Nachweise, sonstige für das Verfahren erforderliche Daten oder zur Erfüllung unionsrechtlicher Veröffentlichungs-, Informations- und Transparenzvorschriften nach Nummer 21 erforderliche Daten ganz oder teilweise durch Datenfernübertragung zu übermitteln sind oder übermittelt werden können, und dabei insbesondere Folgendes zu regeln:

a) die Voraussetzungen für die Anwendung des Verfahrens der Datenfernübertragung,

b) das Nähere über Form, Verarbeitung und Sicherung der zu übermittelnden Daten,

c) die Art und Weise der Übermittlung der Daten,

d) die Zuständigkeit für die Entgegennahme der zu übermittelnden Daten,

e) die Mitwirkungspflichten Dritter und deren Haftung, wenn auf Grund unrichtiger Erhebung, Verarbeitung oder Übermittlung der Daten Steuern verkürzt oder Steuervorteile erlangt werden,

f) die Haftung des Datenübermittlers für verkürzte Steuern oder für zu Unrecht erlangte Steuervorteile, wenn der Datenübermittler sich keine Gewissheit über die Identität des Auftraggebers verschafft hat,

g) den Umfang und die Form der für dieses Verfahren erforderlichen besonderen Erklärungspflichten des Steuerpflichtigen oder Antragstellers.

Bei der Datenübermittlung ist ein sicheres Verfahren zu verwenden, das den Datenübermittler authentifiziert und die Vertraulichkeit und Integrität des elektronisch übermittelten Datensatzes gewährleistet. Die Datenübermittlung kann in der Rechtsverordnung auch durch Verweis auf Veröffentlichungen sachverständiger Stellen geregelt werden,

21. zur Umsetzung der sich aus Durchführungsverordnungen des Rates auf Grund von Artikel 109 des Vertrags über die Arbeitsweise der Europäischen Union [1], Verordnungen der Kommission auf Grund von Artikel 108 Absatz 4 des Vertrags über die Arbeitsweise der Europäischen Union [1] sowie Beschlüssen, Rahmen, Leitlinien oder Mitteilungen der Kommission zu den Artikeln 107 bis 109 des Vertrags über die Arbeitsweise der Europäischen Union[1] ergebenden unionsrechtlichen Veröffentlichungs-, Informations- und Transparenzverpflichtungen für die Gewährung staatlicher Beihilfen ergänzende Bestimmungen zu erlassen und dabei Folgendes zu regeln:

a) die Meldepflichten einschließlich des Verfahrens zur Erhebung der erforderlichen Informationen bei den Begünstigten zu bestimmen,

b) den Begünstigten Pflichten zum Nachweis der beihilferechtlichen Voraussetzungen aufzuerlegen,

c) die Art und Weise der Übermittlung der nach den Buchstaben a und b zu übermittelnden Daten zu regeln,

d) das Nähere über Form, Inhalt, Umfang, Verarbeitung, Nutzung und Sicherung der nach den Buchstaben a und b zu übermittelnden Daten zu bestimmen,

e) die Weitergabe und Veröffentlichung der nach den Buchstaben a und b zu übermittelnden Daten vorzusehen,

f) die Zuständigkeit für die Entgegennahme, Verarbeitung, Nutzung und Weitergabe der nach den Buchstaben a und b zu übermittelnden Daten zu regeln,

g) die Einhaltung der in den ergänzenden Bestimmungen normierten Verpflichtungen im Wege der Steueraufsicht sicherzustellen und zu regeln.

(2) Das Bundesministerium der Finanzen wird ermächtigt, mit anderen Mitgliedstaaten Vereinbarungen zu schließen, durch die

1. für alle oder einige der in § 4 genannten Energieerzeugnisse, soweit sie nicht von § 2 Abs. 1 Nr. 1 bis 5 und 8 erfasst werden, die Kontrollmaßnahmen für die verbrauchsteuerrechtliche Überwachung der innergemeinschaftlichen Beförderung von Energieerzeugnissen ganz oder teilweise ausgesetzt werden,

---

[1] Nr. **13**.

2. für häufig und regelmäßig wiederkehrende Fälle der Beförderung von Energieerzeugnissen des freien Verkehrs im Transitweg durch das Gebiet eines anderen Mitgliedstaates Verfahrensvereinfachungen bei den Kontrollmaßnahmen für die verbrauchsteuerrechtliche Überwachung der innergemeinschaftlichen Beförderung von Energieerzeugnissen vorgesehen werden,
3. für häufig und regelmäßig stattfindende Beförderungen von Energieerzeugnissen in einem Verfahren der Steueraussetzung zwischen den Gebieten von zwei oder mehr Mitgliedstaaten vereinfachte Verfahren festgelegt werden,
4. vereinfachte Verfahren für Beförderungen von Energieerzeugnissen in festen Rohrleitungen in einem Verfahren der Steueraussetzung zwischen den Gebieten von zwei oder mehreren Mitgliedstaaten festgelegt werden,
5. auf eine Sicherheitsleistung in einem Verfahren der Steueraussetzung bei Beförderungen von Energieerzeugnissen auf dem Seeweg oder durch feste Rohrleitungen zwischen den Gebieten von zwei oder mehreren Mitgliedstaaten verzichtet wird.

(3) In Rechtsverordnungen, die auf Grund der in diesem Gesetz enthaltenen Ermächtigungen erlassen werden, kann auf Veröffentlichungen sachverständiger Stellen verwiesen werden; hierbei sind das Datum der Veröffentlichung, die Bezugsquelle und eine Stelle zu bezeichnen, bei der die Veröffentlichung archivmäßig gesichert niedergelegt ist.

(4) Das Bundesministerium der Finanzen erlässt die allgemeinen Verwaltungsvorschriften zur Durchführung dieses Gesetzes und der auf Grund dieses Gesetzes erlassenen Rechtsverordnungen.

§ 66a *(aufgehoben)*

§ 66b Ermächtigung zu § 55 Absatz 4, 5 und 8. (1) Das Bundesministerium für Wirtschaft und Energie wird ermächtigt, im Einvernehmen mit dem Bundesministerium der Finanzen und dem Bundesministerium für Umwelt, Naturschutz, Bau und Reaktorsicherheit durch Rechtsverordnung ohne Zustimmung des Bundesrates durch das Bundesamt für Wirtschaft und Ausfuhrkontrolle, die nationale Akkreditierungsstelle und die Zulassungsstelle nach § 28 des Umweltauditgesetzes zu vollziehende Bestimmungen zu § 55 Absatz 4, 5 und 8 zu erlassen.

(2) Durch Rechtsverordnung nach Absatz 1 kann geregelt werden,
1. dass kleine und mittlere Unternehmen auch andere alternative Systeme mit festgelegten Komponenten zur Verbesserung der Energieeffizienz als die in § 55 Absatz 4 Satz 2 genannten alternativen Systeme betreiben können,
2. welche bereits normierten oder anderweitig konkretisierten Systeme als Systeme im Sinn der Nummer 1 betrieben werden können,
3. welche Anforderungen an die inhaltliche Ausgestaltung von noch nicht normierten oder anderweitig konkretisierten Systemen nach Nummer 1 gestellt werden mit der Maßgabe, dass eine Anerkennung dieser Systeme oder der standardisierten Vorgaben für solche Systeme durch eine der in Absatz 1 genannten Stellen erfolgen muss, und
4. wie die Einhaltung der Anforderungen des § 55 Absatz 4 Satz 1 Nummer 1 und Absatz 5 Satz 1 Nummer 1 und 2 Buchstabe a und gegebenenfalls die

Einhaltung der Anforderungen der Rechtsverordnung nach den Nummern 1 bis 3 durch die Stellen nach § 55 Absatz 8 nachzuweisen ist.

(3) Regelungen nach Absatz 2 Nummer 4 umfassen insbesondere

1. Vorgaben für die Nachweisführung durch die in § 55 Absatz 8 genannten Stellen,
2. die Anforderungen an die Akkreditierung oder Zulassung der in § 55 Absatz 8 genannten Stellen und Bestimmungen zu ihrer Überwachung einschließlich erforderlicher Auskunfts-, Einsichts- und Weisungsrechte, soweit sie nicht bereits von den bestehenden Akkreditierungs- und Zulassungsregelungen erfasst sind, sowie
3. die Befugnisse der in § 55 Absatz 8 genannten Stellen, während der Betriebszeit Geschäfts-, Betriebs- und Lagerräume sowie Transportmittel zu betreten, soweit dies für die Überwachung oder Kontrolle erforderlich ist.

(4) Das Bundesministerium für Wirtschaft und Energie wird ermächtigt, im Einvernehmen mit dem Bundesministerium der Finanzen und dem Bundesministerium für Umwelt, Naturschutz, Bau und Reaktorsicherheit zur Durchführung dieses Gesetzes und der Verordnung nach Absatz 1 durch Rechtsverordnung ohne Zustimmung des Bundesrates zu bestimmen, dass Erkenntnisse und Informationen, die sich auf die Gültigkeit von Nachweisen nach § 55 Absatz 4, 5 und 8 auswirken können, übermittelt werden können, und dabei Folgendes zu regeln:

1. die Art der zu übermittelnden Erkenntnisse und Informationen,
2. die Voraussetzungen für die Übermittlung der Erkenntnisse und Informationen,
3. die Art und Weise der Übermittlung der Erkenntnisse und Informationen,
4. die Zuständigkeit für die Entgegennahme der zu übermittelnden Erkenntnisse und Informationen.

§ 66c Bußgeldvorschriften. (1) Ordnungswidrig handelt, wer vorsätzlich oder leichtfertig einer Rechtsverordnung nach § 66 Absatz 1 Nummer 21 Buchstabe a bis c oder d oder einer vollziehbaren Anordnung auf Grund einer solchen Rechtsverordnung zuwiderhandelt, soweit die Rechtsverordnung für einen bestimmten Tatbestand auf diese Bußgeldvorschrift verweist.

(2) Die Ordnungswidrigkeit kann mit einer Geldbuße bis zu fünftausend Euro geahndet werden.

(3) Verwaltungsbehörde im Sinn des § 36 Absatz 1 Nummer 1 des Gesetzes über Ordnungswidrigkeiten ist das Hauptzollamt.

§ 67 *(aufgehoben)*

Anlage
(zu § 55)

Zielwerte für die zu erreichende Reduzierung der Energieintensität

Antragsjahr	Bezugsjahr	Zielwert
2015	2013	1,3 %
2016	2014	2,6 %
2017	2015	3,9 %
2018	2016	5,25 %
2019	2017	6,6 %
2020	2018	7,95 %
2021	2019	9,3 %
2022	2020	10,65 %

Für die Bestimmung des Zielwertes gelten folgende Festlegungen:

1. Der Zielwert bezeichnet den Prozentsatz, um den sich die Energieintensität in dem für das Antragsjahr maßgeblichen Bezugsjahr gegenüber dem Basiswert verringert. Der Basiswert ist die jahresdurchschnittliche Energieintensität in den Jahren 2007 bis 2012.
2. Die Energieintensität ist der Quotient aus dem temperatur- und konjunkturbereinigten Gesamtenergieverbrauch und der Gesamtsumme der inflationsbereinigten Bruttoproduktionswerte. Der temperatur- und konjunkturbereinigte Gesamtenergieverbrauch und die inflationsbereinigten Bruttoproduktionswerte werden nach dem in der Vereinbarung zwischen der Regierung der Bundesrepublik Deutschland und der deutschen Wirtschaft zur Steigerung der Energieeffizienz vom 1. August 2012 festgelegten Verfahren und Berechnungsansatz ermittelt. Die Energieintensität wird in der Bezugsgröße GJ/1 000 Euro Bruttoproduktionswert angegeben.
3. Die Zielwerte für die Antragsjahre 2019 bis 2022 sind im Rahmen einer Evaluation im Jahr 2017 zu überprüfen. Im Fall einer Anpassung werden die jährlichen Steigerungen diejenige des Zielwertes für das Bezugsjahr 2016 nicht unterschreiten.

51. Verordnung zur Durchführung des Energiesteuergesetzes (Energiesteuer-Durchführungsverordnung – EnergieStV)[1]

Vom 31. Juli 2006

(BGBl. I S. 1753)

FNA 612-20-1

zuletzt geänd. durch Art. 5 G zur Neuregelung von Stromsteuerbefreiungen sowie zur Änd. energiesteuerrechtlicher Vorschriften v. 22.6.2019 (BGBl. I S. 856 iVm Bek. v. 1.7.2019, BGBl. I S. 908)

Inhaltsübersicht

---

[1] Verkündet als Art. 1 VO v. 31.7.2006 (BGBl. I S. 1753); Inkrafttreten gem. Art. 4 dieser VO am 4.8.2006.

---

[1] Anlagenüberschrift redaktionell an Änd. durch VO v. 5.10.2009 (BGBl. I S. 3262) angepasst.

Allgemeines

§ 1 Begriffsbestimmungen [1] Im Sinne dieser Verordnung ist oder sind:

1. zugelassene Kennzeichnungsstoffe:
   die in § 2 Abs. 1 genannten Rotfarbstoffe und der Markierstoff Solvent Yellow 124 sowie die nach § 2 Abs. 2 und 3 anzuerkennenden ausländischen Kennzeichnungsstoffe;

2. Kennzeichnungslösungen:
Lösungen der in § 2 Abs. 1 aufgeführten Kennzeichnungsstoffe in Energieerzeugnissen oder anderen Lösungsmitteln, die zum Kennzeichnen von Gasölen oder ihnen gleichgestellten Energieerzeugnissen nach § 2 Abs. 4 des Gesetzes bestimmt sind;
3. Kennzeichnungseinrichtungen:
Anlagen, in denen die Kennzeichnungslösung durch eine von einer Messeinrichtung gesteuerten Pumpe oder Regeleinrichtung in einem bestimmten Verhältnis dem zu kennzeichnenden Energieerzeugnis zugegeben oder in anderer Weise mengenproportional zugeführt und darin gleichmäßig verteilt wird. Eine Kennzeichnungseinrichtung umfasst auch das erforderliche Zubehör und Leitungen;
4. wesentliche Bauteile von Kennzeichnungseinrichtungen:
Regel- und Messeinrichtungen, Mengen- und Messwerterfassungssysteme, Sicherungseinrichtungen, Impfstellen und Behälter für Kennzeichnungslösung;
5. Kennzeichnungsbetriebe:
Betriebe, deren Inhabern die Kennzeichnung von Energieerzeugnissen nach § 6 bewilligt ist;
6. leichtes Heizöl:
Gasöle der Unterpositionen 2710 19 43 bis 2710 19 48 und der Unterpositionen 2710 20 11 bis 2710 20 19 der Kombinierten Nomenklatur (§ 1a Satz 1 Nummer 2 des Gesetzes), die nach § 2 Abs. 1 gekennzeichnet sind oder nach § 2 Abs. 2 und 3 als gekennzeichnet gelten;
7. Lagerstätten für Energieerzeugnisse:
Räume, Gefäße und Lagerplätze, in oder auf denen Energieerzeugnisse gelagert werden, sowie in den Fällen des § 7 Absatz 6 des Gesetzes die Fahrzeuge oder die Anhänger ohne Zulassung zum Straßenverkehr;
8. EDV-gestütztes Beförderungs- und Kontrollsystem:
System, über das Personen, die an Beförderungen unter Steueraussetzung beteiligt sind, elektronische Meldungen über Bewegungen von Energieerzeugnissen mit der Zollverwaltung austauschen; das System dient der Kontrolle dieser Bewegungen;
9. elektronisches Verwaltungsdokument:
der Entwurf des elektronischen Verwaltungsdokuments nach amtlich vorgeschriebenem Datensatz, der mit einem eindeutigen Referenzcode versehen ist;
10 Ausfallverfahren:
Verfahren, das zu Beginn, während oder nach Beendigung der Beförderung von Energieerzeugnissen unter Steueraussetzung verwendet wird, wenn das EDV-gestützte Beförderungs- und Kontrollsystem nicht zur Verfügung steht;
11. Ausgangszollstelle:
a) für im Eisenbahnverkehr, mit der Post, im Luft- oder im Seeverkehr beförderte Energieerzeugnisse die Zollstelle, die für den Ort zuständig ist, an dem die Energieerzeugnisse von Eisenbahngesellschaften, Postdiensten, Luftverkehrs- oder Schifffahrtsgesellschaften im Rahmen eines

durchgehenden Beförderungsvertrags zur Beförderung mit Bestimmung in ein Drittland oder Drittgebiet übernommen werden,

b) für in Rohrleitungen beförderte Energieerzeugnisse die von dem Mitgliedstaat, in dessen Gebiet der Ausführer ansässig ist, bezeichnete Zollstelle,

c) für in sonstiger Weise oder unter anderen als in Buchstabe a und b genannten Umständen beförderte Energieerzeugnisse die letzte Zollstelle vor dem Ausgang der Energieerzeugnisse aus dem Verbrauchsteuergebiet der Europäischen Gemeinschaft;

12. vereinfachtes Begleitdokument:
Versanddokument nach Artikel 2 Abs. 1 in Verbindung mit dem Anhang der Verordnung (EWG) Nr. 3649/92 der Kommission vom 17. Dezember 1992 über ein vereinfachtes Begleitdokument für die Beförderung von verbrauchsteuerpflichtigen Waren, die sich bereits im steuerrechtlich freien Verkehr des Abgangsmitgliedstaats befinden (ABl. EG Nr. L 369 S. 17), in der jeweils geltenden Fassung. Als vereinfachtes Begleitdokument gelten auch Handelsdokumente, wenn sie die gleichen Angaben unter Hinweis auf das entsprechende Feld im Vordruck des vereinfachten Begleitdokuments enthalten und an gut sichtbarer Stelle mit dem Aufdruck „Vereinfachtes Begleitdokument (verbrauchsteuerpflichtige Waren) zu verbrauchsteuerlichen Kontrollzwecken" versehen sind;

13. Zollkodex-Durchführungsverordnung:
die Verordnung (EWG) Nr. 2454/93 der Kommission vom 2. Juli 1993 mit Durchführungsvorschriften zu der Verordnung (EWG) Nr. 2913/92 des Rates zur Festlegung des Zollkodex der Gemeinschaften (ABl. EG Nr. L 253 S. 1, 1994 Nr. L 268 S. 32, 1996 Nr. L 180 S. 34, 1997 Nr. L 156 S. 59, 1999 Nr. L 111 S. 88), die durch die Verordnung (EU) Nr. 519/2013 (ABl. L 158 vom 10.6.2013, S. 74) geändert worden ist, in der jeweils geltenden Fassung;

14. Stromsteuer-Durchführungsverordnung:
die Stromsteuer-Durchführungsverordnung vom 31. Mai 2000 (BGBl. I S. 794), die zuletzt durch Artikel 3 der Verordnung vom 2. Januar 2018 (BGBl. I S. 84) geändert worden ist, in der jeweils geltenden Fassung;

15. lose Ware:
unverpackte Energieerzeugnisse in einem Behältnis, das entweder Bestandteil des Beförderungsmittels oder ein ISO-Tankcontainer ist, sowie unverpackte Energieerzeugnisse in anderen Behältnissen mit einem Volumen von mehr als 210 Litern Inhalt,

16. KWK-Einheit:
kleinste technisch selbständige Einrichtung zur gekoppelten Erzeugung von Kraft und Wärme (§ 1b Absatz 5);

17. Stromerzeugungseinheit:
kleinste technisch selbständige Einrichtung, mit der elektrische Energie erzeugt werden kann.

[2] Die Begriffsbestimmung nach Satz 1 Nummer 1 gilt für § 21 Absatz 1 Satz 1 und § 65 Absatz 1 Satz 1 Nummer 2 und 3 des Gesetzes entsprechend und die Begriffsbestimmung nach Satz 1 Nummer 15 gilt für § 4 Nummer 3 des Gesetzes entsprechend.

§ 1a Zuständiges Hauptzollamt. [1] Soweit in dieser Verordnung nichts anderes bestimmt ist, ist für den Anwendungsbereich dieser Verordnung das Hauptzollamt örtlich zuständig, von dessen Bezirk aus die in den einzelnen Vorschriften jeweils bezeichnete Person ihr Unternehmen betreibt oder, falls sie kein Unternehmen betreibt, in dessen Bezirk sie ihren Wohnsitz hat. [2] Für Unternehmen, die von einem Ort außerhalb des Steuergebiets betrieben werden, oder für Personen ohne Wohnsitz im Steuergebiet ist das Hauptzollamt örtlich zuständig, in dessen Bezirk sie erstmalig steuerlich in Erscheinung treten.

Zu den §§ 1 bis 3, 53 bis 53b und 55 des Gesetzes

§ 1b Ergänzende Begriffsbestimmungen zum Gesetz. (1) Als andere Waren im Sinn des § 1 Absatz 3 Satz 1 Nummer 2 des Gesetzes, die ganz oder teilweise aus Kohlenwasserstoffen bestehen, gelten nicht:

1. Klärschlamm nach § 2 Absatz 2 Satz 1 und 4 der Klärschlammverordnung vom 15. April 1992 (BGBl. I S. 912), die zuletzt durch Artikel 9 der Verordnung vom 9. November 2010 (BGBl. I S. 1504) geändert worden ist, in der jeweils geltenden Fassung,
2. Siedlungsabfälle des Abfallschlüssels 20 03 nach der Anlage zu § 2 Absatz 1 der Abfallverzeichnis-Verordnung vom 10. Dezember 2001 (BGBl. I S. 3379), die zuletzt durch Artikel 7 des Gesetzes vom 15. Juli 2006 (BGBl. I S. 1619) geändert worden ist, in der jeweils geltenden Fassung,
3.[1)] andere Abfälle nach der Anlage zu § 2 Absatz 1 der Abfallverzeichnis-Verordnung, in der jeweils geltenden Fassung, die im Durchschnitt einen Heizwert von höchstens 18 Megajoule je Kilogramm haben. Die Ermittlung des durchschnittlichen Heizwerts erfolgt
   a) monatlich je Verbrennungslinie oder
   b) bezogen auf einzelne oder mehrere Abfalllieferungen, wenn der Heizwert durch repräsentative Referenzanalysen nachgewiesen ist, und
4. gasförmige Abfälle der Positionen 3824 und 3825 der Kombinierten Nomenklatur, die
   a) im Durchschnitt einen Heizwert von höchstens 18 Megajoule je Kilogramm haben und
   b) nach umweltrechtlichen Vorschriften behandelt werden müssen.

   Die Ermittlung des durchschnittlichen Heizwerts erfolgt monatlich
   a) je Verbrennungslinie oder
   b) rechnerisch auf der Grundlage von Analysen repräsentativer, durch mengenproportionale Probeentnahme gewonnener Sammelproben.

(2) Eine Verwendung von Energieerzeugnissen zum Verheizen im Sinn des § 1a Satz 1 Nummer 12 des Gesetzes liegt nicht vor, wenn das Energieerzeugnis

---

[1)] Nach Art. 3 Abs. 2 Satz 2 der VO zur Änd. der Energiesteuer- und der Stromsteuer-Durchführungsverordnung v. 20. September 2011 (BGBl. I S. 1890) wird hiermit bekannt gemacht, dass die in Art. 3 Abs. 2 Satz 1 der VO genannte Genehmigung der Europäischen Kommission nicht erforderlich ist und dass damit § 1b Abs. 1 Nr. 3 der Energiesteuer-Durchführungsverordnung in der Fassung v. 20. September 2011 (BGBl. I S. 1890) mWv 1. Januar 2012 in Kraft getreten ist.

ausschließlich zur Beseitigung seines Schadstoffpotenzials oder aus Sicherheitsgründen verbrannt wird oder wenn Energieerzeugnisse ausschließlich aus Sicherheitsgründen zum Betrieb von Zünd- oder Lockflammen verwendet werden.

(3) Im Sinn des § 1a Satz 1 Nummer 14 des Gesetzes gelten nur solche gasförmigen Energieerzeugnisse als beim Kohleabbau aufgefangen, die aus aktiven oder stillgelegten Kohlebergwerken stammen.

(4) [1] Als andere vergleichbare Abfälle im Sinn des § 2 Absatz 4 Satz 2 des Gesetzes gelten Energieerzeugnisse, die gebraucht oder verunreinigt sind und somit nicht mehr ohne weitere Aufbereitung zu ihrem ursprünglichen Verwendungszweck eingesetzt werden können. [2] Andere vergleichbare Abfälle nach § 2 Absatz 4 Satz 2 des Gesetzes sind auch Rückstände aus der Alkoholgewinnung und Alkoholrektifikation, die zu den in § 2 Absatz 3 des Gesetzes genannten Zwecken verwendet oder abgegeben werden.

(5) Als gekoppelte Erzeugung von Kraft und Wärme (KWK) im Sinn der §§ 3 und 53 bis 53b des Gesetzes gilt die gleichzeitige Umwandlung von eingesetzter Energie in nutzbare mechanische oder elektrische Energie und nutzbare Wärme innerhalb eines thermodynamischen Prozesses.

(6) Als akkreditierte Konformitätsbewertungsstelle im Sinn des § 55 Absatz 8 Nummer 2 des Gesetzes gelten Stellen, die Konformitätsbewertungen einschließlich Kalibrierungen, Prüfungen, Zertifizierungen und Inspektionen durchführen und über eine Akkreditierung einer nationalen Akkreditierungsstelle nach Artikel 4 Absatz 1 der Verordnung (EG) Nr. 765/2008 des Europäischen Parlaments und des Rates vom 9. Juli 2008 über die Vorschriften für die Akkreditierung und Marktüberwachung im Zusammenhang mit der Vermarktung von Produkten und zur Aufhebung der Verordnung (EWG) Nr. 339/93 des Rates (ABl. L 218 vom 13.8.2008, S. 30) in der jeweils geltenden Fassung verfügen.

(7) Als nationale Akkreditierungsstelle im Sinn des § 55 Absatz 8 Nummer 2 des Gesetzes gelten folgende Stellen:

1. die nach § 8 des Akkreditierungsstellengesetzes vom 31. Juli 2009 (BGBl. I S. 2625), das durch Artikel 2 Absatz 80 des Gesetzes vom 22. Dezember 2011 (BGBl. I S. 3044) geändert worden ist, in der jeweils geltenden Fassung beliehene oder errichtete Stelle, und
2. jede andere von einem Mitgliedstaat der Europäischen Union oder einem Staat des Europäischen Wirtschaftsraums nach Artikel 4 Absatz 1 der Verordnung (EG) Nr. 765/2008 als nationale Akkreditierungsstelle benannte Stelle.

(8) Zulassungsstelle nach § 28 des Umweltauditgesetzes im Sinn des § 66b Absatz 1 des Gesetzes ist die nach § 1 der UAG-Beleihungsverordnung vom 18. Dezember 1995 (BGBl. I S. 2013), die zuletzt durch Artikel 1 der Verordnung vom 13. Dezember 2011 (BGBl. I S. 2727) geändert worden ist, in der jeweils geltenden Fassung mit den Aufgaben einer Zulassungs- und Aufsichtsstelle für Umweltgutachter und Umweltgutachterorganisationen jeweils beliehene Stelle.

§ 1c Steuertarif für schwefelhaltige Energieerzeugnisse. Energieerzeugnisse nach § 2 Absatz 4 Satz 2 des Gesetzes werden bei einem Schwefelgehalt von mehr als 50 Milligramm je Kilogramm abweichend von § 2 Absatz 3 Satz 1 Nummer 1 Buchstabe a des Gesetzes ausschließlich nach dem Steuersatz des § 2 Absatz 3 Satz 1 Nummer 1 Buchstabe b des Gesetzes versteuert.

Zu § 2 Abs. 3 und 4, § 27 Abs. 1, § 48 Abs. 1, § 52 Abs. 1 und § 66 Abs. 1 Nr. 12 des Gesetzes

§ 2 Ordnungsgemäße Kennzeichnung. (1) Gasöle der Unterpositionen 2710 19 43 bis 2710 19 48 und der Unterpositionen 2710 20 11 bis 2710 20 19 der Kombinierten Nomenklatur sind dann ordnungsgemäß gekennzeichnet im Sinne von § 2 Abs. 3 Satz 1 Nr. 1, § 27 Abs. 1 Satz 2, § 48 Abs. 1 Satz 1 und § 52 Abs. 1 Satz 2 des Gesetzes, wenn sie im Steuergebiet vor der erstmaligen Abgabe in einem Kennzeichnungsbetrieb unter Verwendung von zugelassenen Kennzeichnungseinrichtungen mit 4,1 g N-Ethyl-1-(4-phenylazophenylazo) naphthyl-2-amin oder 5,3 g N-Ethylhexyl-1-(tolylazotolylazo)naphthyl-2-amin oder 6,1 g N-Tridecyl-1-(tolylazotolylazo)naphthyl-2-amin oder einem in der Farbwirkung äquivalenten Gemisch aus diesen Farbstoffen (Rotfarbstoffe) und 6,0 g N-Ethyl-N-[2-(1-isobutoxyethoxy)ethyl]-4-(phenylazo)-anilin (Solvent Yellow 124 – Markierstoff) auf 1000 Liter bei 15 Grad Celsius gleichmäßig vermischt (gekennzeichnet) wurden.

(2) [1] Werden Gasöle der Unterpositionen 2710 19 43 bis 2710 19 48 und der Unterpositionen 2710 20 11 bis 2710 20 19 der Kombinierten Nomenklatur aus einem anderen Mitgliedstaat (§ 1a Satz 1 Nummer 5 des Gesetzes), einem Drittgebiet (§ 1a Satz 1 Nummer 6 des Gesetzes) oder einem Drittland (§ 1a Satz 1 Nummer 7 des Gesetzes) in das Steuergebiet verbracht oder eingeführt, gelten sie vorbehaltlich gegenteiliger Feststellung als ordnungsgemäß gekennzeichnet, wenn eine Bescheinigung in einer Amtssprache der Europäischen Gemeinschaft der für den Lieferer zuständigen Verbrauchsteuerverwaltung, des Herstellers oder des ausländischen Kennzeichners darüber vorgelegt wird, dass das Gasöl außerhalb des Steuergebiets gekennzeichnet worden ist und nach Art und Menge mindestens den Gehalt der in Absatz 1 genannten Kennzeichnungsstoffe und höchstens 9,0 g Solvent Yellow 124 auf 1000 Liter bei 15 Grad Celsius gleichmäßig verteilt enthält. [2] Wird ein zu geringer Anteil an Kennzeichnungsstoffen festgestellt, gilt § 7 Abs. 2 Satz 5 bis 7 sinngemäß.

(3) [1] Gasöle der Unterpositionen 2710 19 43 bis 2710 19 48 und der Unterpositionen 2710 20 11 bis 2710 20 19 der Kombinierten Nomenklatur, die aus einem anderen Mitgliedstaat in das Steuergebiet verbracht werden und neben der nach Absatz 2 Satz 1 vorgeschriebenen Menge Solvent Yellow 124 andere als in Absatz 1 genannte Kennzeichnungsstoffe enthalten, gelten vorbehaltlich gegenteiliger Feststellung als ordnungsgemäß gekennzeichnet, wenn diese Kennzeichnungsstoffe in gleicher Weise (Rotfärbung) und mit vergleichbarer Zuverlässigkeit wie die in Absatz 1 genannten Kennzeichnungsstoffe das Erkennen als gekennzeichnetes Energieerzeugnis und die Unterscheidung von anderen Energieerzeugnissen ermöglichen. [2] Das Bundesministerium der Finanzen bestimmt im Verwaltungswege, welche der in den anderen Mitgliedstaaten zugelassenen Kennzeichnungsverfahren die Voraussetzungen erfüllen. [3] Weitere Voraussetzung ist, dass eine Bescheinigung in einer Amtssprache der Europäischen Gemeinschaft der für den Lieferer zuständigen Verbrauchsteuerverwaltung, des Herstellers oder des ausländischen Kennzeichners darüber vorgelegt

wird, dass das Gasöl nach dem Recht des anderen Mitgliedstaats ordnungsgemäß gekennzeichnet ist.

§ 3 Antrag auf Zulassung von Kennzeichnungseinrichtungen. (1) [1]Die Zulassung von vollständigen Kennzeichnungseinrichtungen eines Herstellers sowie neuer wesentlicher Bauteile ist bei dem Hauptzollamt schriftlich zu beantragen, das für den Hersteller zuständig ist. [2]Die Zulassung von Kennzeichnungseinrichtungen aus Teilen verschiedener Hersteller sowie der Umbau bestehender Einrichtungen ist bei dem Hauptzollamt schriftlich zu beantragen, das für die Bewilligung des Kennzeichnungsbetriebs zuständig ist.

(2) Dem Antrag sind beizufügen:

1. eine genaue Beschreibung der Kennzeichnungseinrichtung oder der wesentlichen Bauteile und ihrer Arbeitsweise; dabei ist auch anzugeben, in welcher Konzentration Kennzeichnungslösungen zugegeben werden sollen,
2. eine schematische Darstellung der Kennzeichnungseinrichtung oder der wesentlichen Bauteile.

(3) Der Antragsteller hat auf Verlangen des Hauptzollamts weitere Angaben zu machen, wenn sie für die Zulassung erforderlich erscheinen.

§ 4 Zulassung von Kennzeichnungseinrichtungen. (1) [1]Das Hauptzollamt lässt Kennzeichnungseinrichtungen unter Widerrufsvorbehalt schriftlich zu, wenn sie den folgenden Anforderungen entsprechen:

1. Sie müssen übersichtlich sein und gut zugänglich eingebaut werden können,
2. Es muss gewährleistet sein, dass der Kennzeichnungsvorgang nicht beeinträchtigt und die Kennzeichnungslösung nicht abgeleitet werden kann,
3. Sie müssen mit Messeinrichtungen ausgestattet sein, die die Menge leichten Heizöls oder – bei Zugabe der Kennzeichnungslösung hinter der Messeinrichtung – das zu kennzeichnende Gasöl mit einem besonderen, nicht verstellbaren Zählwerk anzeigen oder bei denen ein entsprechend gesichertes Zählwerk die gemessene Menge unter Angabe der Art des Messgutes und der Reihenfolge der Abgabe fortlaufend dokumentiert; die Zugabe von Kennzeichnungslösung hinter dem Zählwerk ist nur zulässig, wenn ihre zur ordnungsgemäßen Kennzeichnung erforderliche Menge 0,01 Raumhundertteile nicht übersteigt,
4. Sie müssen mit technischen Vorrichtungen ausgestattet sein, die für die Verladung, Abgabe oder besondere Mengenerfassung von leichtem Heizöl bestimmte Vorrichtungen abstellen oder blockieren, wenn der Kennzeichnungsvorgang unterbrochen wird,
5. Störungen müssen durch Warneinrichtungen angezeigt und dokumentiert werden,
6. Sie müssen sicher gegen unbefugte Eingriffe sein oder hiergegen durch Anlegen von Verschlüssen gesichert werden können,
7. Sie müssen eine Vermischung von leichtem Heizöl mit nicht gekennzeichnetem Gasöl ausschließen.

[2]Die Zulassung kann mit Nebenbestimmungen nach § 120 Absatz 2 der Abgabenordnung verbunden werden. [3]Die Zulassung ist zu widerrufen, wenn eine der in Satz 1 Nr. 1 bis 7 genannten Voraussetzungen nicht mehr erfüllt ist.

(2) Das Hauptzollamt kann auf einzelne Anforderungen verzichten, wenn die Steuerbelange auf andere Weise ausreichend gesichert sind.

(3) [1] Hersteller von zugelassenen Kennzeichnungseinrichtungen haben dem Hauptzollamt Änderungen an den Kennzeichnungseinrichtungen vor ihrer Durchführung schriftlich anzuzeigen. [2] Die veränderten Einrichtungen dürfen erst nach erneuter Zulassung in Betrieb genommen werden. [3] Das Hauptzollamt kann hiervon Ausnahmen zulassen, wenn die Änderungen aus betrieblichen Unterlagen jederzeit erkennbar sind und die Steuerbelange nicht beeinträchtigt werden.

(4) Für die Zulassung von wesentlichen Bauteilen gelten die Absätze 1 bis 3 sinngemäß.

§ 5 Antrag auf Bewilligung des Kennzeichnungsbetriebs. (1) Inhaber von Betrieben, in denen Gasöle der Unterpositionen 2710 19 43 bis 2710 19 48 und der Unterpositionen 2710 20 11 bis 2710 20 19 der Kombinierten Nomenklatur gekennzeichnet werden sollen, haben die Bewilligung spätestens sechs Wochen vor der beabsichtigten Aufnahme der Kennzeichnung beim Hauptzollamt schriftlich zu beantragen.

(2) Dem Antrag sind beizufügen:

1. eine Darstellung des gesamten technischen Ablaufs der Kennzeichnung einschließlich der vorgesehenen Kennzeichnungseinrichtungen, -stoffe und -lösungen,
2. die Zulassung der Kennzeichnungseinrichtungen (§ 4) und die Erklärung des Antragstellers oder des Herstellers der Kennzeichnungseinrichtungen darüber, dass die eingebauten oder einzubauenden Kennzeichnungseinrichtungen der Zulassung entsprechen,
3. eine Darstellung der für die Mengenermittlung des leichten Heizöls vorgesehenen Einrichtungen,
4. eine Zeichnung und Beschreibung der Lagerstätten für Gasöl, aus denen dieses den für die Kennzeichnung bestimmten Einrichtungen zugeführt und in denen es nach der Kennzeichnung als leichtes Heizöl gelagert oder aus Zapfstellen abgegeben werden soll,
5. ein Gesamtplan der Rohrleitungen mit allen Abzweigungen, der Lagerbehälter, der Kennzeichnungseinrichtungen, der Zapfstellen und der Entnahmestellen, in dem alle Einrichtungen, aus denen Gasöl, leichtes Heizöl oder Kennzeichnungslösung entnommen werden können, besonders zu bezeichnen sind,
6. eine Darstellung der Maßnahmen zur Sicherung der Kennzeichnungseinrichtungen und damit zusammenhängender Anlagen gegen unbefugte Eingriffe,
7. gegebenenfalls eine Erklärung über die Bestellung eines Beauftragten nach § 214 der Abgabenordnung oder eines Betriebsleiters nach § 62 Abs. 1 des Gesetzes, in der dieser sein Einverständnis erklärt hat.

(3) [1] Der Antragsteller hat auf Verlangen des Hauptzollamts weitere Angaben zu machen, wenn sie für die Erteilung der Bewilligung erforderlich erscheinen. [2] Das Hauptzollamt kann auf einzelne Anforderungen verzichten, wenn sie zur Darstellung des Ablaufs der Kennzeichnung nicht erforderlich sind oder wenn im Fall des Absatzes 2 Nr. 5 ein Gesamtplan schon vorliegt.

§ 6 Bewilligung des Kennzeichnungsbetriebs. (1) [1]Das Hauptzollamt bewilligt Inhabern von Steuerlagern, die Gasöle der Unterpositionen 2710 19 43 bis 2710 19 48 und der Unterpositionen 2710 20 11 bis 2710 20 19 der Kombinierten Nomenklatur unter Steueraussetzung beziehen und lagern dürfen, und Dienstleistungsbetrieben, die unter Steueraussetzung stehendes Gasöl Dritter für diese lagern, unter Widerrufsvorbehalt schriftlich die Kennzeichnung, wenn die folgenden Voraussetzungen erfüllt sind:

1. Gegen die steuerliche Zuverlässigkeit des Antragstellers dürfen keine Bedenken bestehen,
2. Die Kennzeichnungseinrichtungen müssen zugelassen sein und entsprechend der Zulassung installiert und verwendet werden,
3. Die Kennzeichnungseinrichtung und andere Anlagenteile, in denen der Ablauf des Kennzeichnungsvorgangs beeinflusst werden kann, müssen durch amtliche Verschlüsse gegen unbefugte Eingriffe gesichert sein. Wenn eine Gefährdung der Steuerbelange nicht zu befürchten ist, kann das Hauptzollamt Firmenverschlüsse zulassen oder darüber hinaus auf Verschlüsse verzichten, soweit durch bauliche oder andere Einrichtungen sichergestellt ist, dass der Kennzeichnungsvorgang nicht unbefugt beeinflusst werden kann,
4. Eine Vermischung von leichtem Heizöl mit nicht gekennzeichnetem Gasöl muss ausgeschlossen sein; § 47 bleibt unberührt,
5. Die Kennzeichnungsstoffe müssen auch in der kleinsten nach den betrieblichen Verhältnissen in Betracht kommenden Abgabemenge an leichtem Heizöl in dem nach § 2 Abs. 1 bestimmten Mengenverhältnis gleichmäßig verteilt enthalten sein.

[2]Die Bewilligung ist zu widerrufen, wenn eine der in Satz 1 Nr. 1 bis 5 genannten Voraussetzungen nicht mehr erfüllt ist.

(2) Das Hauptzollamt kann die Bewilligung der Kennzeichnung mit Nebenbestimmungen nach § 120 Absatz 2 der Abgabenordnung versehen, die eine Gefährdung der Steuerbelange ausschließen sollen.

§ 7 Pflichten des Inhabers des Kennzeichnungsbetriebs. (1) [1]Der Inhaber des Kennzeichnungsbetriebs hat eine ordnungsgemäße Kennzeichnung im Sinne von § 2 Abs. 1 vorzunehmen und zu überwachen. [2]Die in § 2 Abs. 1 genannten Mengen an Kennzeichnungsstoffen dürfen dabei höchstens um 20 Prozent überschritten werden. [3]Er hat dem Hauptzollamt unverzüglich anzuzeigen, wenn der zulässige Höchstgehalt überschritten wird. [4]Das Hauptzollamt kann Ausnahmen von Satz 1 und 2 zulassen, wenn eine Gefährdung der Steuerbelange nicht zu befürchten ist oder wenn das leichte Heizöl unmittelbar an Verwender geliefert wird.

(2) [1]Der Inhaber des Kennzeichnungsbetriebs hat auf Verlangen des Hauptzollamts innerhalb von vorgegebenen Fristen Proben des leichten Heizöls zu entnehmen und sie auf die ordnungsgemäße Kennzeichnung zu untersuchen. [2]Störungen in der Kennzeichnungsanlage, die zu einer fehlerhaften Kennzeichnung geführt haben, und Unterschreitungen des Mindestgehalts an Kennzeichnungsstoffen in nicht ordnungsgemäß gekennzeichnetem Gasöl hat er dem Hauptzollamt unverzüglich anzuzeigen. [3]Zur Fortführung des Betriebs kann das Hauptzollamt in solchen Fällen zusätzliche Überwachungsmaßnahmen anordnen. [4]Der Inhaber des Kennzeichnungsbetriebs darf amtliche Verschlüsse

nur mit Zustimmung des Hauptzollamts entfernen. [5]Das Hauptzollamt kann zulassen, dass Gasöl mit zu geringem Gehalt an Kennzeichnungsstoffen nachgekennzeichnet oder leichtem Heizöl beigemischt wird. [6]Es kann auf eine Nachkennzeichnung verzichten und zulassen, dass das Gasöl unter Versteuerung nach dem Steuersatz des § 2 Abs. 3 Satz 1 Nr. 1 des Gesetzes zu den in § 2 Abs. 3 Satz 1, § 25 Abs. 1, § 26 oder § 27 Abs. 1 des Gesetzes genannten Zwecken abgegeben wird, wenn eine Nachkennzeichnung aus wirtschaftlichen Gründen nicht zumutbar ist und ungerechtfertigte Steuervorteile auszuschließen sind. [7]Die Sätze 5 und 6 gelten sinngemäß auch für Fälle, in denen Gasöl vor Feststellung seiner fehlerhaften Kennzeichnung zu den in § 2 Abs. 3 Satz 1, § 25 Abs. 1, § 26 oder § 27 Abs. 1 des Gesetzes genannten Zwecken abgegeben worden ist.

(3) Der Inhaber des Kennzeichnungsbetriebs hat

1. die bezogenen und verwendeten Kennzeichnungsstoffe und Kennzeichnungslösungen nach Zeitpunkt und Menge, Kennzeichnungslösungen auch nach Gehalt an Kennzeichnungsstoffen, beim Bezug, beim Mischen untereinander und bei der Verwendung zur Kennzeichnung in zugelassenen Aufzeichnungen und
2. die Menge an selbst gekennzeichnetem leichten Heizöl nach Weisung des Hauptzollamts gesondert im Herstellungs- oder Lagerbuch oder in den an ihrer Stelle zugelassenen Aufzeichnungen oder – soweit er Inhaber eines Dienstleistungsbetriebs nach § 6 Abs. 1 Satz 1 ist – in anderen zugelassenen Aufzeichnungen

zu erfassen.

(4) [1]Der Inhaber des Kennzeichnungsbetriebs hat Änderungen an Anlagen oder im technischen Ablauf dem Hauptzollamt vor ihrer Durchführung schriftlich anzuzeigen. [2]Er darf geänderte Anlagen erst benutzen oder geänderte technische Abläufe erst anwenden, wenn das Hauptzollamt zugestimmt hat. [3]Das Hauptzollamt kann hiervon Ausnahmen zulassen, wenn die Änderungen aus betrieblichen Unterlagen jederzeit erkennbar sind und die Steuerbelange nicht beeinträchtigt werden.

§ 8 Andere Energieerzeugnisse als Gasöle. (1) [1]Für andere Energieerzeugnisse als Gasöle, die nach § 2 Abs. 4 des Gesetzes einer ordnungsgemäßen Kennzeichnung bedürfen, gelten die §§ 2 bis 7 sinngemäß. [2]Werden Energieerzeugnisse trotz des Verzichts auf eine Kennzeichnung (§ 2 Absatz 4 Satz 4 des Gesetzes) gekennzeichnet, sind sie ordnungsgemäß zu kennzeichnen; die §§ 2 bis 7 gelten sinngemäß.

(2) [1]Auf Antrag kann das Hauptzollamt zulassen, dass Heizöladditive der Position 3811 der Kombinierten Nomenklatur abweichend von § 2 Abs. 3 Satz 1 und Abs. 4 des Gesetzes nicht gekennzeichnet werden, wenn nach den Umständen eine Verwendung der Additive als Kraftstoff oder zur Herstellung oder Verbesserung von Kraftstoff nicht anzunehmen ist. [2]Die Zulassung kann mit Nebenbestimmungen (§ 120 der Abgabenordnung) versehen werden.

Zu § 3 Absatz 1 Satz 1 Nummer 1 und 2, § 37 Absatz 2 Satz 3 sowie zu den §§ 53 und 53a des Gesetzes

§ 9 Anlagenbegriff. [1] Als Anlage im Sinne des § 3 Absatz 1 Satz 1 Nummer 1 und 2, § 37 Absatz 2 Satz 3 sowie der §§ 53 und 53a des Gesetzes gilt ein Verbund aus technischen Komponenten, mit dem der Energiegehalt von Energieerzeugnissen in Zielenergie umgewandelt wird. [2] Zielenergie ist die Energieform, die aus einem Energieumwandlungsprozess entstehen soll. [3] Als Anlage nach Satz 1 gelten insbesondere

1. KWK-Einheiten,
2. Stromerzeugungseinheiten,
3. mehrere an einem Standort unmittelbar miteinander verbundene KWK-Einheiten, Stromerzeugungseinheiten oder KWK- und Stromerzeugungseinheiten. Als unmittelbar miteinander verbunden gelten insbesondere Erzeugungseinheiten in Modulbauweise, die sich im selben baulichen Objekt befinden.

[4] Werden zu einer Anlage nach Satz 3 später weitere Einheiten im Sinn des Satzes 3 hinzugefügt und mit dieser unmittelbar verbunden (Zubau), gelten sie als Bestandteil dieser Anlage.

Zu den §§ 3 und 53a des Gesetzes

§ 10 Nutzungsgradermittlung. (1) [1] Zur Ermittlung des Nutzungsgrads sind zu messen:

1. die Mengen der eingesetzten Energieerzeugnisse,
2. die Mengen weiterer eingesetzter Brennstoffe,
3. die Mengen der eingesetzten Hilfsenergie und
4. die Mengen der genutzten erzeugten thermischen und mechanischen oder elektrischen Energie.

[2] Das zuständige Hauptzollamt kann auf Antrag andere Ermittlungsmethoden zulassen, wenn steuerliche Belange nicht beeinträchtigt werden. [3] Bei Anlagen zur gekoppelten Erzeugung von Kraft und Wärme, die ausschließlich wärmegeführt betrieben werden und weder über einen Notkühler noch über einen Bypass zur Umgehung des Abgaswärmetauschers verfügen, kann der Nutzungsgrad den technischen Beschreibungen entnommen werden. [4] Unabhängige technische Gutachten über die individuellen Anlageneigenschaften können zur Bestimmung des Nutzungsgrads herangezogen werden.

(2) [1] Erzeugte thermische Energie gilt dann als genutzt, wenn sie außerhalb des Kraft-Wärme-Kopplungsprozesses verwendet wird, insbesondere für die Raumheizung, Warmwasserbereitung, Kälteerzeugung oder als Prozesswärme. [2] Abwärme gilt nicht als genutzte thermische Energie im Sinn des Satzes 1. [3] Abwärme ist insbesondere thermische Energie in Form von Strahlungswärme, die ungenutzt an die Umgebung abgegeben wird.

Zu § 3 Absatz 1 Satz 1 Nummer 2 und Absatz 5 des Gesetzes

§ 11 Pflichten des Anlagenbetreibers. (1) [1]Der Betreiber einer Anlage nach § 3 Absatz 1 Satz 1 Nummer 2 des Gesetzes hat den Jahresnutzungsgrad der Anlage jährlich bis zum 31. März für das vorangegangene Kalenderjahr nachzuweisen. [2]Der Nachweis ist dem zuständigen Hauptzollamt vorzulegen.

(2) Die Anmeldung nach § 3 Absatz 5 des Gesetzes ist nach amtlich vorgeschriebenem Vordruck bei dem für den Anlagenbetreiber zuständigen Hauptzollamt abzugeben.

(3) [1]In der Anmeldung sind für jede Anlage anzugeben:

1. der Name und die Anschrift des Betreibers,
2. ihr Standort,
3. der Hersteller, der Typ und die Seriennummer,
4. eine technische Beschreibung mit der Angabe des Durchschnittsverbrauchs je Betriebsstunde,
5. eine Beschreibung der installierten und betriebsfähigen Vorrichtungen zur Kraft- und Wärmenutzung,
6. eine Erklärung zur Nutzung der erzeugten thermischen und mechanischen Energie,
7. eine vorläufige Nutzungsgradberechnung und
8. eine Darstellung der Mengenermittlung der eingesetzten Energieerzeugnisse.

[2]Der Betreiber hat auf Verlangen des Hauptzollamts weitere Angaben zu machen, wenn sie zur Sicherung des Steueraufkommens oder für die Steueraufsicht erforderlich erscheinen.

(4) Der Betreiber hat dem zuständigen Hauptzollamt Änderungen der nach Absatz 3 angegebenen Verhältnisse und eine endgültige Einstellung des Betriebs der Anlage innerhalb von vier Wochen schriftlich anzuzeigen.

Zu § 3a des Gesetzes

§ 11a Güterumschlag in Seehäfen. (1) Seehäfen im Sinn des § 3a Absatz 1 des Gesetzes sind Häfen oder Teile von Hafengebieten mit Güterumschlag, die an Wasserflächen liegen oder angrenzen, die vom Geltungsbereich der Seeschifffahrtsstraßen-Ordnung in der Fassung der Bekanntmachung vom 22. Oktober 1998 (BGBl. I S. 3209; 1999 I S. 193), die zuletzt durch Artikel 1 der Verordnung vom 7. April 2010 (BGBl. I S. 399) geändert worden ist, in der jeweils geltenden Fassung erfasst werden.

(2) Der Güterumschlag in Seehäfen im Sinn des § 3a Absatz 1 des Gesetzes umfasst folgende Tätigkeiten durch Lade- und Löschunternehmen:

1. den Frachtumschlag,
2. die Lagerei und
3. Hilfs- und Nebentätigkeiten bei der Beförderung von Gütern zu Wasser.

(3) [1]Als Frachtumschlag gilt die Stauerei sowie das Be- und Entladen von Gütern Dritter, unabhängig von der Art des benutzten Beförderungsmittels.

[2] Die Lagerei umfasst den Betrieb von Lagereinrichtungen für alle Arten von Gütern Dritter, wie zum Beispiel Getreidesilos, Lagerhäuser, Lagertanks oder Kühlhäuser. [3] Unter Hilfs- und Nebentätigkeiten bei der Beförderung von Gütern Dritter zu Wasser ist der Betrieb von Abfertigungseinrichtungen in Seehäfen zu verstehen, deren Aufgabe es ist, Schiffen beim Fest- und Losmachen behilflich zu sein. [4] Lade- und Löschunternehmen sind solche, die Tätigkeiten nach Absatz 2 für Dritte ausüben. [5] In Seehäfen liegende Produktions-, Betriebs- oder Lagerstätten von Unternehmen des Produzierenden Gewerbes, von anderen produzierenden Unternehmen als solchen des Produzierenden Gewerbes oder von Unternehmen des Handels sind jedoch keine Lade- und Löschunternehmen nach Satz 4. [6] Andere als die in Absatz 2 genannten Tätigkeiten sind von dieser Begünstigung ausgeschlossen, auch wenn sie von Lade- und Löschunternehmen in Seehäfen ausgeübt werden.

(4) Güter Dritter gemäß Absatz 3 sind Waren, an denen Lade- und Löschunternehmen vorübergehend oder auf Dauer kein Nutzungsrecht haben.

(5) Als Güterumschlag in Seehäfen im Sinn des § 3a Absatz 1 des Gesetzes gilt nicht der Betrieb von

1. Service- und Wartungsfahrzeugen,
2. Bau- und Instandhaltungsfahrzeugen sowie
3. Fahrzeugen, die dem Personentransport in Seehäfen dienen.

(6) Als Fahrzeuge im Sinn des § 3a Absatz 1 des Gesetzes gelten

1. Kraftfahrzeuge,
2. schienengebundene Fahrzeuge und
3. Kombinationen aus Kraftfahrzeugen und schienengebundenen Fahrzeugen.

Zu § 3b des Gesetzes

§ 11b Verfahren bei offenen Rückforderungsanordnungen. (1) [1] Die unverzügliche Mitteilung nach § 3b Absatz 1 Satz 2 des Gesetzes ist nach amtlich vorgeschriebenem Vordruck abzugeben. [2] Bei Steuerbefreiungen und Steuerermäßigungen nach § 3b Absatz 1 Satz 1 des Gesetzes entsteht für die verwendeten Energieerzeugnisse die Steuer vorbehaltlich § 21 des Gesetzes nach dem gemäß § 2 des Gesetzes jeweils zutreffenden Steuersatz. [3] Besteht die Steuerbegünstigung in einer Steuerermäßigung, gilt Satz 2 nur für den ermäßigten Teil der Steuer. [4] Der Steuerschuldner hat für Energieerzeugnisse, für die die Steuer entstanden ist, bis zum 15. Tag des folgenden Monats eine Steuererklärung nach amtlich vorgeschriebenem Vordruck abzugeben und darin die Steuer selbst zu berechnen (Steueranmeldung). [5] Die Steuer für andere Energieerzeugnisse als für Kohle und Erdgas, die in einem Monat entstanden ist, ist am zehnten Tag des zweiten auf die Entstehung folgenden Monats fällig. [6] Die Steuer für Kohle und Erdgas ist am 25. Tag des Monats fällig, der auf den Monat der Entstehung der Steuer folgt. [7] Wird die Mitteilung nach Satz 1 nicht oder nicht rechtzeitig abgegeben, ist die Steueranmeldung unverzüglich abzugeben und die Steuer sofort fällig.

(2) [1] Für die nachweislich nach Absatz 1 versteuerten Energieerzeugnisse kann auf Antrag eine Steuerentlastung bis auf den Betrag entsprechend den in

den §§ 3, 3a und 28 Absatz 1 Satz 1 Nummer 1 und 2 des Gesetzes genannten Steuerbefreiungen und Steuerermäßigungen gewährt werden, wenn der Antragsteller nachweist, dass er der Rückforderungsanordnung zwischenzeitlich nachgekommen ist. [2]Die Steuerentlastung nach Satz 1 ist bei dem für den Antragsteller zuständigen Hauptzollamt für alle Energieerzeugnisse zu beantragen. [3]Der Antragsteller hat in der Anmeldung alle Angaben zu machen, die für die Bemessung der Steuerentlastung erforderlich sind, und die Steuerentlastung selbst zu berechnen (Steueranmeldung). [4]Die Steuerentlastung wird nur gewährt, wenn der Antrag spätestens bis zum 31. Dezember des Jahres, das auf das Kalenderjahr folgt, in dem die Energieerzeugnisse verwendet worden sind, beim Hauptzollamt gestellt wird.

(3) [1]Die Versicherung nach § 3b Absatz 1 Satz 3 des Gesetzes ist nach amtlich vorgeschriebenem Vordruck abzugeben. [2]Steuerentlastungen nach § 3b Absatz 1 Satz 1 des Gesetzes dürfen nur gewährt werden, wenn die Versicherung dem zuständigen Hauptzollamt vorliegt. [3]Die Versicherung ist vom Antragsteller für den ersten Entlastungsabschnitt jedes Kalenderjahres vorzulegen. [4]Weiteren Anträgen auf Steuerentlastung muss die Versicherung nur beigefügt werden, wenn sich Änderungen gegenüber der dem zuständigen Hauptzollamt bereits vorliegenden Versicherung ergeben haben. [5]Für Änderungsanträge gelten die Sätze 1 bis 4 sinngemäß. [6]Steuerentlastungen nach § 3b Absatz 1 Satz 1 des Gesetzes dürfen nicht ausgezahlt werden, solange eine offene Rückforderungsanordnung besteht.

(4) Zur Umsetzung von § 3b Absatz 1 des Gesetzes können Verwaltungsakte mit einer Nebenbestimmung nach § 120 der Abgabenordnung versehen werden.

§ 11c Verfahren bei Unternehmen in Schwierigkeiten. (1) [1]Die unverzügliche Mitteilung nach § 3b Absatz 2 Satz 2 des Gesetzes ist nach amtlich vorgeschriebenem Vordruck abzugeben. [2]Bei Steuerbefreiungen und Steuerermäßigungen nach § 3b Absatz 2 Satz 1 des Gesetzes entsteht für die im entsprechenden Zeitraum verwendeten Energieerzeugnisse die Steuer vorbehaltlich § 21 des Gesetzes nach dem gemäß § 2 des Gesetzes jeweils zutreffenden Steuersatz. [3]Besteht die Steuerbegünstigung in einer Steuerermäßigung, gilt Satz 2 nur für den ermäßigten Teil der Steuer. [4]§ 11b Absatz 1 Satz 4 bis 7 gilt entsprechend. [5]Sofern der Zeitraum der Schwierigkeiten zwölf Monate nicht überschritten hat, kann auf Antrag eine Steuerentlastung entsprechend § 11b Absatz 2 gewährt werden.

(2) [1]Die Versicherung nach § 3b Absatz 2 Satz 3 des Gesetzes ist nach amtlich vorgeschriebenem Vordruck abzugeben. [2]§ 11b Absatz 3 Satz 2 bis 5 gilt entsprechend. [3]Steuerentlastungen nach § 3b Absatz 2 Satz 1 des Gesetzes dürfen grundsätzlich nur festgesetzt werden, sofern sich das Unternehmen weder im Entlastungsabschnitt noch im Zeitpunkt der Antragstellung in Schwierigkeiten befand. [4]Hat sich das Unternehmen im Entlastungsabschnitt in Schwierigkeiten befunden, kann gleichwohl eine Festsetzung erfolgen, wenn sich das Unternehmen im Zeitpunkt der Antragstellung nicht mehr in Schwierigkeiten befindet und der Zeitraum der Schwierigkeiten zwölf Monate nicht überschritten hat. [5]Befindet sich das Unternehmen im Zeitpunkt der Antragstellung noch in Schwierigkeiten und ist der Zeitraum von zwölf Monaten noch nicht überschritten, hat die Festsetzung unter der Bedingung zu erfolgen,

dass das Unternehmen nachweist, dass die Schwierigkeiten überwunden worden sind und der Zeitraum der Schwierigkeiten insgesamt zwölf Monate nicht überschritten hat.

(3) Zur Umsetzung von § 3b Absatz 2 des Gesetzes können Verwaltungsakte mit einer Nebenbestimmung nach § 120 der Abgabenordnung versehen werden.

Zu § 6 des Gesetzes

§ 12 Antrag auf Herstellererlaubnis. (1) [1] Wer Energieerzeugnisse unter Steueraussetzung herstellen will, hat die Erlaubnis nach § 6 Absatz 3 Satz 1 des Gesetzes vor Eröffnung des Betriebs nach amtlich vorgeschriebenem Vordruck beim Hauptzollamt zu beantragen. [2] Dem Antrag sind beizufügen:

1. eine Beschreibung der Herstellungsanlagen, der Lagerstätten, der Zapfstellen und der mit ihnen in Verbindung stehenden oder an sie angrenzenden Räume sowie in zweifacher Ausfertigung ein Lage- und Rohrleitungsplan;
2. eine Betriebserklärung; darin sind allgemeinverständlich zu beschreiben
   a) das Herstellungsverfahren,
   b) die zu bearbeitenden Rohstoffe,
   c) die herzustellenden Erzeugnisse sowie deren für die Steuer maßgebenden Merkmale,
   d) die Nebenerzeugnisse und Abfälle;

   die Betriebserklärung ist durch eine schematische Darstellung zu ergänzen, soweit dies zu ihrem Verständnis erforderlich ist;
3. eine Darstellung der Mengenermittlung und der Fabrikationsbuchführung;
4. von Unternehmen, die in das Handels-, Genossenschafts- oder Vereinsregister eingetragen sind, ein aktueller Registerauszug.

(2) [1] Der Antragsteller hat auf Verlangen des Hauptzollamts weitere Angaben zu machen, wenn sie zur Sicherung des Steueraufkommens oder für die Steueraufsicht erforderlich erscheinen. [2] Das Hauptzollamt kann auf Angaben verzichten, soweit die Steuerbelange dadurch nicht beeinträchtigt werden.

(3) Beabsichtigt der Inhaber des Herstellungsbetriebs weitere Herstellungsbetriebe zu betreiben, beantragt er in entsprechender Anwendung der Absätze 1 und 2 eine Erweiterung der Erlaubnis.

§ 13 Einrichtung des Herstellungsbetriebs. (1) [1] Der Herstellungsbetrieb muss so eingerichtet sein, dass die mit der Steueraufsicht betrauten Amtsträger den Gang der Herstellung und den Verbleib der Erzeugnisse im Betrieb verfolgen können. [2] Das Hauptzollamt kann besondere Anforderungen stellen, die im Interesse der Steueraufsicht erforderlich erscheinen.

(2) [1] Die Lagertanks für Energieerzeugnisse im Herstellungsbetrieb müssen eichamtlich vermessen und die Zapfstellen zur Entnahme von Energieerzeugnissen mit geeichten Messeinrichtungen versehen sein. [2] Das Hauptzollamt kann Ausnahmen zulassen, wenn die Steuerbelange dadurch nicht beeinträchtigt werden.

(3) Die Lagerstätten für Energieerzeugnisse und die Zapfstellen zur Entnahme von Energieerzeugnissen bedürfen der Zulassung durch das Hauptzollamt.

(4) Der Inhaber des Herstellungsbetriebs darf Energieerzeugnisse nur in den angemeldeten Betriebsanlagen herstellen, nur in den zugelassenen Lagerstätten lagern und nur an den zugelassenen Zapfstellen entnehmen.

§ 14 Erteilung und Erlöschen der Herstellererlaubnis. (1) [1]Das Hauptzollamt erteilt schriftlich die Erlaubnis. [2]Es kann die Erlaubnis schon vor Abschluss einer Prüfung des Antrags erteilen, wenn Sicherheit in Höhe der Steuer geleistet ist, die voraussichtlich entstehen wird. [3]Die Erlaubnis kann mit Nebenbestimmungen nach § 120 Absatz 2 der Abgabenordnung verbunden werden. [4]In den Fällen des § 12 Absatz 3 wird die Erlaubnis erweitert.

(1a) [1]Mit der Erlaubnis werden nach einer Verwaltungsvorschrift des Bundesministeriums der Finanzen für den Inhaber des Herstellungsbetriebs und für jeden Herstellungsbetrieb Verbrauchsteuernummern vergeben. [2]Wurde dem Inhaber des Herstellungsbetriebs bereits eine Verbrauchsteuernummer als Inhaber eines Lagers für Energieerzeugnisse erteilt (§ 18 Absatz 1a), gilt diese Verbrauchsteuernummer auch für ihn als Inhaber des Herstellungsbetriebs.

(2) Die Erlaubnis zur Herstellung erlischt

1. durch Widerruf,
2. durch Verzicht,
3. durch Fristablauf,
4. durch Übergabe des Herstellungsbetriebs an Dritte,
5. durch Tod des Inhabers der Erlaubnis,
6. durch Auflösung der juristischen Person oder Personenvereinigung ohne Rechtspersönlichkeit, der die Erlaubnis erteilt worden ist,
7. durch Eröffnung des Insolvenzverfahrens über das Vermögen des Inhabers der Erlaubnis oder durch Abweisung der Eröffnung mangels Masse

im Zeitpunkt des maßgebenden Ereignisses, soweit die folgenden Absätze nichts anderes bestimmen.

(3) Das Hauptzollamt kann beim Erlöschen der Erlaubnis eine angemessene Frist für die Räumung des Herstellungsbetriebs gewähren, wenn keine Anzeichen für eine Gefährdung der Steuer erkennbar sind.

(4) Beantragen in den Fällen des Absatzes 2 Nr. 5 bis 7 die Erben, die Liquidatoren oder der Insolvenzverwalter innerhalb eines Monats nach dem maßgebenden Ereignis die Fortführung des Herstellungsbetriebs bis zur Erteilung der Erlaubnis für Erben oder einen Erwerber oder bis zur Abwicklung des Herstellungsbetriebs, gilt die Erlaubnis für die Antragsteller fort und erlischt nicht vor Ablauf einer angemessenen Frist, die das Hauptzollamt festsetzt.

(5) Energieerzeugnisse, die sich im Zeitpunkt des Erlöschens der Erlaubnis im Betrieb befinden, gelten als im Zeitpunkt des Erlöschens in den steuerrechtlich freien Verkehr entnommen (§ 8 Abs. 1 Satz 1 des Gesetzes).

§ 15 Pflichten des Herstellers, Steueraufsicht. (1) [1]Der Inhaber des Herstellungsbetriebs hat ein Belegheft zu führen. [2]Das Hauptzollamt kann dazu Anordnungen treffen.

(2) [1]Der Inhaber des Herstellungsbetriebs hat über den Zugang und den Abgang an Energieerzeugnissen und anderen Stoffen ein Herstellungsbuch nach amtlich vorgeschriebenem Vordruck zu führen. [2]Das Hauptzollamt kann dazu Anordnungen treffen. [3]Der Inhaber des Herstellungsbetriebs hat auf Verlangen des Hauptzollamts weitere Aufzeichnungen zu führen und Art und Menge der aus dem Herstellungsbetrieb entfernten Energieerzeugnisse unter Angabe der Verkaufspreise, gewährter Preisnachlässe und der Lieferungs- und Zahlungsbedingungen dem Hauptzollamt am Tag nach der Entfernung anzuzeigen. [4]Das Hauptzollamt kann anstelle des Herstellungsbuchs betriebliche Aufzeichnungen zulassen, wenn die Steuerbelange dadurch nicht beeinträchtigt werden. [5]Das Herstellungsbuch ist jeweils für ein Kalenderjahr zu führen und spätestens am 31. Januar des folgenden Jahres abzuschließen. [6]Der Inhaber des Herstellungsbetriebs hat dem Hauptzollamt auf Verlangen das abgeschlossene Herstellungsbuch abzuliefern.

(3) [1]Der Inhaber des Herstellungsbetriebs hat dem Hauptzollamt auf Verlangen Zusammenstellungen über die Abgabe von steuerfreien Energieerzeugnissen vorzulegen. [2]Er hat dem zuständigen Hauptzollamt bis zum 15. Februar jeden Jahres andere als die in § 28 des Gesetzes genannten Energieerzeugnisse anzumelden, die er im abgelaufenen Kalenderjahr zu den in der Anlage 1 aufgeführten steuerfreien Zwecken abgegeben hat.

(4) [1]Der Inhaber des Herstellungsbetriebs hat einmal im Kalenderjahr den Bestand an Energieerzeugnissen und anderen Stoffen aufzunehmen und ihn gleichzeitig mit dem Sollbestand dem Hauptzollamt spätestens sechs Wochen nach der Bestandsaufnahme nach amtlich vorgeschriebenem Vordruck anzumelden. [2]Er hat den Zeitpunkt der Bestandsaufnahme dem Hauptzollamt drei Wochen vorher anzuzeigen. [3]Das Hauptzollamt kann auf die Anzeige verzichten, wenn die Steuerbelange dadurch nicht beeinträchtigt werden. [4]Die mit der Steueraufsicht betrauten Amtsträger können an der Bestandsaufnahme teilnehmen.

(5) [1]Auf Anordnung des Hauptzollamts sind im Herstellungsbetrieb die Bestände an Energieerzeugnissen und anderen Stoffen amtlich festzustellen. [2]Dazu hat der Inhaber des Herstellungsbetriebs das Herstellungsbuch oder die an seiner Stelle zugelassenen Aufzeichnungen aufzurechnen und auf Verlangen des Hauptzollamts die Bestände nach amtlich vorgeschriebenem Vordruck anzumelden. [3]Der Inhaber des Herstellungsbetriebs hat auf Verlangen des Hauptzollamts auch andere Energieerzeugnisse, mit denen er handelt, die er lagert oder verwendet, in die Bestandsaufnahme oder Anmeldung einzubeziehen.

(6) Die mit der Steueraufsicht betrauten Amtsträger können für steuerliche Zwecke unentgeltlich Proben von Energieerzeugnissen und von Stoffen, die zu ihrer Herstellung bestimmt sind oder als Nebenerzeugnisse bei der Herstellung anfallen, zur Untersuchung entnehmen.

(7) Der Inhaber des Herstellungsbetriebs hat dem Hauptzollamt auf Verlangen für die Steueraufsicht wichtige Betriebsvorgänge schriftlich anzumelden und Zwischenabschlüsse zu fertigen.

(8) Der Inhaber des Herstellungsbetriebs hat dem Hauptzollamt vorbehaltlich Absatz 9 Änderungen der nach § 12 angegebenen Verhältnisse sowie Überschuldung, drohende oder eingetretene Zahlungsunfähigkeit, Zahlungseinstel-

lung und Stellung des Antrags auf Eröffnung eines Insolvenzverfahrens unverzüglich schriftlich anzuzeigen.

(9) [1]Beabsichtigt der Inhaber des Herstellungsbetriebs, die angemeldeten Räume, Anlagen, Lagerstätten oder Zapfstellen oder die in der Betriebserklärung dargestellten Verhältnisse zu ändern, hat er dies dem Hauptzollamt mindestens eine Woche vorher schriftlich anzuzeigen. [2]Er darf die Änderung erst durchführen, wenn das Hauptzollamt zugestimmt hat. [3]Das Hauptzollamt kann auf Antrag auf die Anzeige verzichten, wenn die Änderung auf andere Weise jederzeit erkennbar ist und der Inhaber des Herstellungsbetriebs sich verpflichtet, die Änderung unverzüglich rückgängig zu machen, wenn die nachträgliche Zustimmung des Hauptzollamts nicht erteilt wird. [4]Das Hauptzollamt kann den Verzicht außerdem davon abhängig machen, dass über die An- und Abmeldung von Lagerstätten besondere Aufzeichnungen oder Verzeichnisse geführt werden. [5]Der Inhaber des Herstellungsbetriebs hat auf Verlangen des Hauptzollamts die Unterlagen nach § 12 Absatz 1 Satz 2 neu zu erstellen, wenn sie unübersichtlich geworden sind.

(10) Die Erben haben den Tod des Inhabers des Herstellungsbetriebs, die Liquidatoren haben den Auflösungsbeschluss, der Inhaber des Herstellungsbetriebs und der Insolvenzverwalter haben die Eröffnung des Insolvenzverfahrens jeweils dem Hauptzollamt unverzüglich schriftlich anzuzeigen.

(11) Der Inhaber des Herstellungsbetriebs hat dem Hauptzollamt die Einstellung des Betriebs unverzüglich, die Wiederaufnahme des Betriebs mindestens eine Woche vorher schriftlich anzuzeigen.

Zu § 7 des Gesetzes

§ 16 Antrag auf Lagererlaubnis. (1) [1]Wer Energieerzeugnisse nach § 7 Absatz 2 Satz 1 des Gesetzes unter Steueraussetzung lagern oder Energieerzeugnisse nach § 7 Absatz 6 des Gesetzes unter Steueraussetzung abgeben will, hat die jeweilige Erlaubnis nach amtlich vorgeschriebenem Vordruck beim zuständigen Hauptzollamt zu beantragen. [2]Dem Antrag sind beizufügen:

1. eine Beschreibung der Lagerstätten, der Zapfstellen und der mit ihnen in Verbindung stehenden oder an sie angrenzenden Räume sowie in zweifacher Ausfertigung ein Lage- und Rohrleitungsplan,
2. eine Darstellung der Mengenermittlung und der Buchführung,
3. von Unternehmen, die in das Handels-, Genossenschafts- oder Vereinsregister eingetragen sind, ein aktueller Registerauszug.

(2) [1]Der Antragsteller hat auf Verlangen des Hauptzollamts weitere Angaben zu machen, wenn sie zur Sicherung des Steueraufkommens oder für die Steueraufsicht erforderlich erscheinen. [2]Das Hauptzollamt kann auf Angaben verzichten, soweit die Steuerbelange dadurch nicht beeinträchtigt werden.

(3) [1]Beabsichtigt der Inhaber eines Lagers weitere Lager zu betreiben, so hat er in entsprechender Anwendung der Absätze 1 und 2 eine Erweiterung der Erlaubnis zu beantragen. [2]In den Fällen, in denen bereits eine Erlaubnis nach § 7 Absatz 2 des Gesetzes erteilt wurde und die Erlaubnis auf Lagerstätten nach § 7 Absatz 6 des Gesetzes erweitert werden soll, hat er abweichend von Satz 1 eine formlose Erklärung entsprechenden Inhalts an das Hauptzollamt abzuge-

ben. [3]Das Hauptzollamt kann weitere Angaben und Unterlagen verlangen, wenn dies zur Sicherung des Steueraufkommens oder für die Steueraufsicht erforderlich ist.

§ 17 Einrichtung des Lagers. (1) Die Lagerstätten eines Lagers für Energieerzeugnisse müssen so beschaffen sein, dass Energieerzeugnisse verschiedener Art voneinander getrennt und übersichtlich gelagert werden können.

(2) [1]Lagertanks für Energieerzeugnisse im Lager müssen eichamtlich vermessen und die Zapfstellen zur Entnahme von Energieerzeugnissen mit geeichten Messeinrichtungen versehen sein. [2]Das Hauptzollamt kann Ausnahmen zulassen, wenn die Steuerbelange dadurch nicht beeinträchtigt werden.

(3) Die Lagerstätten für Energieerzeugnisse und die Zapfstellen zur Entnahme von Energieerzeugnissen bedürfen der Zulassung durch das Hauptzollamt.

(4) Der Inhaber des Lagers darf Energieerzeugnisse nur in den zugelassenen Lagerstätten lagern und nur an den zugelassenen Zapfstellen entnehmen.

(5) [1]Für Lagerstätten nach § 7 Absatz 6 des Gesetzes ist Absatz 1 nicht anzuwenden. [2]Absatz 2 gilt mit der Maßgabe, dass lediglich die Zapfstellen zur Entnahme von Energieerzeugnissen mit geeichten Messeinrichtungen versehen sein müssen.

§ 18 Erteilung und Erlöschen der Lagererlaubnis. (1) [1]Das Hauptzollamt erteilt schriftlich die Erlaubnis. [2]Es kann die Erlaubnis schon vor Abschluss einer Prüfung des Antrags erteilen, wenn Sicherheit in Höhe der Steuer geleistet ist, die voraussichtlich entstehen wird. [3]Die Erlaubnis kann mit Nebenbestimmungen nach § 120 Absatz 2 der Abgabenordnung verbunden werden. [4]In den Fällen des § 16 Absatz 3 wird die Erlaubnis erweitert.

(1a) [1]Mit der Erlaubnis werden nach einer Verwaltungsvorschrift des Bundesministeriums der Finanzen für den Inhaber des Lagers und für jedes Lager Verbrauchsteuernummern vergeben. [2]Abweichend von Satz 1 erhalten keine Verbrauchsteuernummer:

1. der Inhaber eines Lagers, dem bereits eine Verbrauchsteuernummer als Inhaber eines Herstellungsbetriebs erteilt wurde (§ 14 Absatz 1a),
2. die Lagerstätten nach § 7 Absatz 6 des Gesetzes und
3. der Inhaber eines Lagers, dem lediglich eine Erlaubnis nach § 7 Absatz 6 des Gesetzes erteilt wurde.

(2) Für das Erlöschen der Erlaubnis gilt § 14 Abs. 2 bis 5 sinngemäß.

§ 19 Pflichten des Lagerinhabers, Steueraufsicht. (1) [1]Der Inhaber des Lagers hat ein Belegheft zu führen. [2]Das Hauptzollamt kann dazu Anordnungen treffen.

(2) [1]Der Inhaber des Lagers hat über den Zugang und den Abgang an Energieerzeugnissen und anderen Stoffen, die zum Vermischen mit Energieerzeugnissen in das Lager aufgenommen werden, ein Lagerbuch nach amtlich vorgeschriebenem Vordruck zu führen. [2]Das Hauptzollamt kann dazu Anordnungen treffen. [3]Der Inhaber des Lagers hat auf Verlangen des Hauptzollamts weitere Aufzeichnungen zu führen und Art und Menge der aus dem Lager entfernten Energieerzeugnisse unter Angabe der Verkaufspreise, gewährter Preisnachlässe und der Lieferungs- und Zahlungsbedingungen dem Hauptzoll-

amt am Tag nach der Entfernung anzuzeigen. [4]Das Hauptzollamt kann anstelle des Lagerbuchs betriebliche Aufzeichnungen zulassen, wenn die Steuerbelange dadurch nicht beeinträchtigt werden. [5]Das Lagerbuch ist jeweils für ein Kalenderjahr zu führen und spätestens am 31. Januar des folgenden Jahres abzuschließen. [6]Der Inhaber des Lagers hat dem Hauptzollamt auf Verlangen das abgeschlossene Lagerbuch abzuliefern. [7]Der Inhaber eines Lagers hat für seine Lagerstätten nach § 7 Absatz 6 des Gesetzes anstelle eines Lagerbuchs betriebliche Aufzeichnungen zu führen.

(3) [1]Der Inhaber des Lagers hat dem Hauptzollamt auf Verlangen Zusammenstellungen über die Abgabe von steuerfreien Energieerzeugnissen vorzulegen. [2]Er hat dem zuständigen Hauptzollamt bis zum 15. Februar jeden Jahres andere als die in § 28 des Gesetzes genannten Energieerzeugnisse anzumelden, die er im abgelaufenen Kalenderjahr zu den in der Anlage 1 aufgeführten steuerfreien Zwecken abgegeben hat.

(4) [1]Der Inhaber des Lagers hat einmal im Kalenderjahr den Bestand an Energieerzeugnissen und anderen Stoffen aufzunehmen und ihn gleichzeitig mit dem Sollbestand dem Hauptzollamt spätestens sechs Wochen nach der Bestandsaufnahme nach amtlich vorgeschriebenem Vordruck anzumelden. [2]Der Inhaber des Lagers hat den Zeitpunkt der Bestandsaufnahme dem Hauptzollamt drei Wochen vorher anzuzeigen. [3]Das Hauptzollamt kann auf die Anzeige verzichten, wenn die Steuerbelange dadurch nicht beeinträchtigt werden. [4]Die mit der Steueraufsicht betrauten Amtsträger können an der Bestandsaufnahme teilnehmen. [5]Die Sätze 1 bis 4 sind nicht anzuwenden auf Lagerstätten nach § 7 Absatz 6 des Gesetzes.

(5) [1]Auf Anordnung des Hauptzollamts sind im Lager die Bestände an Energieerzeugnissen und anderen Stoffen amtlich festzustellen. [2]Dazu hat der Inhaber des Lagers das Lagerbuch oder die an seiner Stelle zugelassenen Aufzeichnungen aufzurechnen und auf Verlangen des Hauptzollamts die Bestände nach amtlich vorgeschriebenem Vordruck anzumelden. [3]Der Inhaber des Lagers hat auf Verlangen des Hauptzollamts auch andere Energieerzeugnisse, mit denen er handelt, die er lagert oder verwendet, in die Bestandsaufnahme oder Anmeldung einzubeziehen. [4]Die Sätze 1 bis 3 sind nicht anzuwenden auf Lagerstätten nach § 7 Absatz 6 des Gesetzes.

(6) Die mit der Steueraufsicht betrauten Amtsträger können für steuerliche Zwecke unentgeltlich Proben von Energieerzeugnissen und anderen im Lager befindlichen Erzeugnissen zur Untersuchung entnehmen.

(7) Der Inhaber des Lagers hat dem Hauptzollamt auf Verlangen für die Steueraufsicht wichtige Betriebsvorgänge schriftlich anzumelden und Zwischenabschlüsse zu fertigen.

(8) Der Inhaber des Lagers hat dem Hauptzollamt vorbehaltlich Absatz 9 Änderungen der nach § 16 Abs. 2 angegebenen Verhältnisse sowie Überschuldung, drohende oder eingetretene Zahlungsunfähigkeit, Zahlungseinstellung und Stellung des Antrags auf Eröffnung eines Insolvenzverfahrens unverzüglich schriftlich anzuzeigen.

(9) [1]Beabsichtigt der Inhaber des Lagers, die angemeldeten Lagerstätten oder Zapfstellen oder die in der Betriebserklärung dargestellten Verhältnisse zu ändern, hat er dies dem Hauptzollamt mindestens eine Woche vorher schriftlich anzuzeigen. [2]Er darf die Änderung erst durchführen, wenn das Hauptzollamt zugestimmt hat. [3]Das Hauptzollamt kann auf Antrag auf die Anzeige verzich-

ten, wenn die Änderung auf andere Weise jederzeit erkennbar ist und der Inhaber des Lagers sich verpflichtet, die Änderungen unverzüglich rückgängig zu machen, wenn die nachträgliche Zustimmung des Hauptzollamts nicht erteilt wird. 4 Das Hauptzollamt kann den Verzicht außerdem davon abhängig machen, dass über die An- und Abmeldung von Lagerstätten besondere Aufzeichnungen oder Verzeichnisse geführt werden. 5 Der Inhaber des Lagers hat auf Verlangen des Hauptzollamts die Unterlagen nach § 16 Absatz 1 Satz 2 neu zu erstellen, wenn sie unübersichtlich geworden sind.

(10) Die Erben haben den Tod des Inhabers des Lagers, die Liquidatoren haben den Auflösungsbeschluss, der Inhaber des Lagers und der Insolvenzverwalter haben die Eröffnung des Insolvenzverfahrens jeweils dem Hauptzollamt unverzüglich schriftlich anzuzeigen.

§ 20 Lagerbehandlung. (1) Energieerzeugnisse dürfen im Lager miteinander oder mit anderen Stoffen gemischt werden, wenn das Gemisch ein Energieerzeugnis im Sinn des § 4 des Gesetzes ist.

(2) 1 Energieerzeugnisse dürfen im Lager umgepackt, umgefüllt und in jeder anderen Weise behandelt werden, die sie vor Schaden durch die Lagerung schützen soll. 2 Das Hauptzollamt kann weitere Behandlungen zulassen, wenn die Steuerbelange dadurch nicht beeinträchtigt werden.

(3) 1 Kohlenwasserstoffhaltige Dämpfe, die im Lager aufgefangen werden bei

a) der Lagerung,

b) der Verladung von Energieerzeugnissen oder

c) der Entgasung von Transportmitteln,

dürfen im Lager verflüssigt werden. 2 Der Lagerinhaber hat über die aufgefangenen Dämpfe und die verflüssigten Mengen Aufzeichnungen zu führen; die verflüssigten Mengen sind als Zugang im Lagerbuch zu führen.

§ 21 Zugelassener Einlagerer, Erlaubnis und Pflichten. (1) 1 Die Erlaubnis nach § 7 Abs. 4 Satz 2 des Gesetzes ist nach amtlich vorgeschriebenem Vordruck bei dem Hauptzollamt zu beantragen, das die Erlaubnis für das Lager erteilt hat. 2 Mit dem Antrag ist die schriftliche Zustimmung des Inhabers des Lagers zur Einlagerung vorzulegen. 3 Der Antragsteller hat sich schriftlich damit einverstanden zu erklären, dass dem Inhaber des Lagers im Rahmen der Durchführung von Besteuerung, Außenprüfung und Steueraufsicht Sachverhalte, die für die ordnungsgemäße Besteuerung des Einlagerers erforderlich sind, bekannt werden. 4 Im Übrigen gilt § 16 Absatz 1 Satz 2 und Absatz 2 sinngemäß; auf bereits beim Hauptzollamt vorliegende Unterlagen kann Bezug genommen werden. 5 Das Hauptzollamt erteilt die Erlaubnis schriftlich.

(2) 1 Für das Erlöschen der Erlaubnis gilt § 14 Abs. 2 und 4 sinngemäß. 2 Daneben erlischt die Erlaubnis auch durch Erlöschen der Erlaubnis für das Lager.

(3) 1 Der Einlagerer hat über die von ihm oder auf seine Veranlassung eingelagerten und aus dem Lager entnommenen Energieerzeugnisse Aufzeichnungen zu führen. 2 Der Einlagerer hat auf Verlangen des Hauptzollamts weitere Aufzeichnungen zu führen. 3 Mit Zustimmung des Hauptzollamts können die Aufzeichnungen auch vom Inhaber des Lagers geführt werden. 4 § 19 Abs. 1, 8 und 10 gilt sinngemäß.

§ 22 Lager ohne Lagerstätten. Für den Antrag, die Erteilung und das Erlöschen der Erlaubnis für ein Lager ohne Lagerstätten (§ 7 Abs. 5 des Gesetzes) gelten die §§ 16 und 18, für die Pflichten des Inhabers des Lagers gilt § 19 sinngemäß.

Zu § 8 des Gesetzes

§ 23 Entfernung und Entnahme von Energieerzeugnissen. (1) Energieerzeugnisse gelten als aus dem Steuerlager entfernt oder als innerhalb des Steuerlagers entnommen, sobald sie aus den zugelassenen Lagerstätten entnommen sind.

(2) [1] Energieerzeugnisse gelten nicht als aus dem Steuerlager entfernt oder als innerhalb des Steuerlagers entnommen, wenn sie nur kurzfristig zur Prüfung oder Eichung von Messgeräten oder als notwendige Proben zur Qualitätssicherung entnommen und anschließend wieder unmittelbar in das Steuerlager aufgenommen werden. [2] Dies gilt auch für die in Absatz 1 genannten Fälle.

(3) [1] In den Fällen des Absatzes 2 hat der Steuerlagerinhaber Aufzeichnungen über die entnommenen und wieder aufgenommenen Energieerzeugnisse zu führen und die Wiederaufnahme in geeigneter Weise nachzuweisen. [2] Das zuständige Hauptzollamt kann dazu Anordnungen treffen. Der Steuerlagerinhaber hat die Aufzeichnungen und Nachweise dem zuständigen Hauptzollamt auf Verlangen vorzulegen.

(4) In den Fällen des § 8 Absatz 7 des Gesetzes gelten hinsichtlich der Nachweisführung die §§ 34 und 37 sinngemäß.

Zu den §§ 8, 9, 9a, 14, 15, 16, 22 und 23 des Gesetzes

§ 23a Steueranmeldung. Die Steueranmeldungen nach § 8 Absatz 3 und 4, § 9 Absatz 2, § 9a Absatz 5, § 14 Absatz 7 Satz 1, § 15 Absatz 5, § 16 Absatz 3, § 22 Absatz 2 Satz 3 und § 23 Absatz 6 des Gesetzes sind nach amtlich vorgeschriebenem Vordruck abzugeben.

Zu § 9 des Gesetzes

§ 24 Herstellung außerhalb eines Herstellungsbetriebs. (1) Die Anzeige nach § 9 Absatz 1a des Gesetzes ist schriftlich bei dem für den Hersteller zuständigen Hauptzollamt zu erstatten.

(2) Das Hauptzollamt kann vom Hersteller die für den Antrag auf Erteilung einer Herstellererlaubnis (§ 12 Absatz 1) erforderlichen sowie weitere Angaben und Unterlagen fordern und ihm die in § 15 genannten sowie weitere Pflichten auferlegen, soweit dies zur Sicherung des Steueraufkommens oder für die Steueraufsicht erforderlich erscheint.

Zu den §§ 6 bis 9, 23, 24, 30 bis 32 und 38 des Gesetzes

§ 25 Anzeichen für eine Gefährdung der Steuer. Als Anzeichen für eine Gefährdung der Steuer nach § 6 Absatz 3, § 7 Absatz 2, § 8 Absatz 7, auch in Verbindung mit § 9 Absatz 2, § 23 Absatz 5, § 24 Absatz 5, § 30 Absatz 2 Satz 6, § 31 Absatz 4, § 32 Absatz 3 und § 38 Absatz 6 des Gesetzes ist insbesondere anzusehen, wenn Antragsteller oder Steuerpflichtige

1. Auskünfte über ihre wirtschaftliche Lage einschließlich der Herkunft des Betriebskapitals verweigern, die Prüfung ihrer wirtschaftlichen Lage ablehnen oder die für die Prüfung erforderlichen Bilanzen, Inventare, Bücher und Aufzeichnungen nicht, nicht rechtzeitig oder nicht mit richtigem Inhalt vorlegen,
2. zur Zahlung fälliger Energiesteuer nicht oder nur teilweise gedeckte Schecks vorlegen oder vorlegen lassen,
3. die Steuer mehrfach innerhalb der Frist nach § 240 Absatz 3 der Abgabenordnung oder nach deren Ablauf gezahlt haben,
4. die Steuer mehrmals durch einen Dritten haben entrichten lassen, ohne dass sie Ansprüche auf die Zahlung durch den Dritten aus einem wirtschaftlich begründeten gegenseitigen Vertrag nachweisen können,
5. Forderungen gegen Abnehmer fortlaufend abgetreten haben und zugleich Energieerzeugnisse an andere Abnehmer auf Kredit liefern, ohne dass der Zahlungseingang gesichert ist,
6. Energieerzeugnisse längere Zeit unter Einstandspreisen mit Verlust ohne begründete Aussicht auf Ausgleich des Verlusts, insbesondere unter Absatzausweitung verkaufen,
7. wirtschaftlich von einem Dritten abhängig sind oder fortlaufend Energieerzeugnisse eines Dritten in erheblichem Umfang herstellen oder lagern, ohne für den Eingang der zur Entrichtung der Steuer erforderlichen Mittel gesichert zu sein,
8. nicht übersehbare Unternehmensbeteiligungen oder -verbindungen, insbesondere im Ausland, eingehen oder
9. Personen maßgeblich am Kapital des Unternehmens oder an der Geschäftsabwicklung beteiligen, die Energiesteuer vorsätzlich oder leichtfertig verkürzt haben, vorsätzlich oder leichtfertig an einer Verkürzung beteiligt waren, die nach den im Einzelfall vorliegenden tatsächlichen Anhaltspunkten mit Wahrscheinlichkeit Täter oder Teilnehmer einer Steuerstraftat sind, oder die in einen Fall von Zahlungsunfähigkeit verwickelt sind oder waren, auf Grund dessen Energiesteuer nicht in voller Höhe vereinnahmt werden konnte.

Zu § 9a des Gesetzes

§ 26 Registrierter Empfänger. (1) [1] Wer als registrierter Empfänger Energieerzeugnisse unter Steueraussetzung nicht nur gelegentlich empfangen will (§ 9a Absatz 1 Satz 1 Nummer 1 des Gesetzes), hat die Erlaubnis nach § 9a

Absatz 2 Satz 1 des Gesetzes im Voraus beim Hauptzollamt nach amtlich vorgeschriebenem Vordruck zu beantragen. [2] Dem Antrag sind beizufügen:

1. von Unternehmen, die in das Handels-, Genossenschafts- oder Vereinsregister eingetragen sind, ein aktueller Registerauszug,
2. ein Lageplan mit dem beantragten Empfangsort im Betrieb mit Angabe der Anschrift,
3. eine Darstellung der Aufzeichnungen über den Empfang und den Verbleib der Energieerzeugnisse,
4. eine Darstellung der Mengenermittlung, wenn die Energieerzeugnisse nach § 2 des Gesetzes versteuert werden sollen.

(2) [1] Der Antragsteller hat auf Verlangen des Hauptzollamts weitere Angaben zu machen, wenn diese zur Sicherung des Steueraufkommens oder für die Steueraufsicht erforderlich erscheinen. [2] Das Hauptzollamt kann auf Angaben nach Absatz 1 verzichten, soweit die Steuerbelange dadurch nicht beeinträchtigt werden.

(3) [1] Das Hauptzollamt erteilt schriftlich die Erlaubnis als registrierter Empfänger. [2] Mit der Erlaubnis wird nach einer Verwaltungsvorschrift des Bundesministeriums der Finanzen für jeden Empfangsort eine Verbrauchsteuernummer vergeben. [3] Für die Sicherheitsleistung gilt § 29 sinngemäß. [4] Die Erlaubnis kann mit Nebenbestimmungen nach § 120 Absatz 2 der Abgabenordnung verbunden werden.

(4) [1] Der registrierte Empfänger hat Aufzeichnungen über die in seinen Betrieb aufgenommenen Energieerzeugnisse sowie ein Belegheft zu führen. [2] Das Hauptzollamt kann dazu Anordnungen treffen. [3] Registrierte Empfänger, die die empfangenen Energieerzeugnisse im Rahmen einer förmlichen Einzelerlaubnis verwenden oder verteilen, haben den Empfang nur im Verwendungsbuch oder in den an seiner Stelle zugelassenen Aufzeichnungen nachzuweisen.

(5) Die mit der Steueraufsicht betrauten Personen können für steuerliche Zwecke unentgeltlich Proben von Energieerzeugnissen und anderen Erzeugnissen zur Untersuchung entnehmen, die sich im Betrieb des registrierten Empfängers befinden.

(6) Beabsichtigt der registrierte Empfänger, die nach Absatz 1 angegebenen Verhältnisse zu ändern, hat er dies dem Hauptzollamt unverzüglich schriftlich anzuzeigen.

(7) Für das Erlöschen der Erlaubnis gilt § 14 Absatz 2 und 4 sinngemäß.

(8) [1] Wer als registrierter Empfänger im Einzelfall Energieerzeugnisse unter Steueraussetzung empfangen will (§ 9a Absatz 1 Satz 1 Nummer 2 des Gesetzes), hat die Erlaubnis nach § 9a Absatz 2 Satz 1 des Gesetzes im Voraus beim Hauptzollamt nach amtlich vorgeschriebenem Vordruck zu beantragen. [2] Der Antragsteller hat auf Verlangen des Hauptzollamts weitere Angaben zu machen, wenn diese zur Sicherung des Steueraufkommens oder für die Steueraufsicht erforderlich erscheinen. [3] Für die Erteilung der Erlaubnis gilt Absatz 3 entsprechend mit der Maßgabe, dass die Erlaubnis auf die beantragte Menge, den angegebenen Versender sowie auf eine Beförderung und auf einen bestimmten Zeitraum zu beschränken ist. [4] Der registrierte Empfänger im Einzelfall hat auf Verlangen des Hauptzollamts Aufzeichnungen über die in seinen Betrieb aufgenommenen Energieerzeugnisse zu führen.

Zu § 9b des Gesetzes

§ 27 Registrierter Versender. (1) [1] Wer als registrierter Versender Energieerzeugnisse vom Ort der Einfuhr unter Steueraussetzung versenden will (§ 9b Absatz 1 des Gesetzes), hat die Erlaubnis nach § 9b Absatz 2 Satz 1 des Gesetzes im Voraus beim Hauptzollamt nach amtlich vorgeschriebenem Vordruck zu beantragen. [2] Dem Antrag sind beizufügen:

1. von Unternehmen, die in das Handels-, Genossenschafts- oder Vereinsregister eingetragen sind, ein aktueller Registerauszug,
2. eine Aufstellung mit den Orten der Einfuhr beim Eingang der Energieerzeugnisse aus Drittländern und Drittgebieten (§ 1a Satz 1 Nummer 6, 7 und 9 des Gesetzes),
3. eine Darstellung der Aufzeichnungen über den Versand und den Verbleib der Energieerzeugnisse.

(2) [1] Der Antragsteller hat auf Verlangen des Hauptzollamts weitere Angaben zu machen, wenn diese zur Sicherung des Steueraufkommens oder für die Steueraufsicht erforderlich erscheinen. [2] Das Hauptzollamt kann auf Angaben nach Absatz 1 verzichten, soweit die Steuerbelange dadurch nicht beeinträchtigt werden.

(3) [1] Das Hauptzollamt erteilt schriftlich die Erlaubnis als registrierter Versender. [2] Mit der Erlaubnis wird nach einer Verwaltungsvorschrift des Bundesministeriums der Finanzen für den registrierten Versender eine Verbrauchsteuernummer vergeben. [3] Für die Sicherheitsleistung gilt § 29 sinngemäß. [4] Die Erlaubnis kann mit Nebenbestimmungen nach § 120 Absatz 2 der Abgabenordnung verbunden werden.

(4) [1] Die Erlaubnis als registrierter Versender gilt nicht für die Orte der Einfuhr, an denen die Energieerzeugnisse nach den Artikeln 263 bis 267 der Zollkodex-Durchführungsverordnung oder aus einem Zolllager des Typs D im Sinn des Artikels 525 Absatz 2 Buchstabe a der Zollkodex-Durchführungsverordnung in den zollrechtlich freien Verkehr überführt werden. [2] Hiervon ausgenommen sind die Fälle, in denen das Hauptzollamt die Überlassung der Energieerzeugnisse zum zollrechtlich freien Verkehr prüft und gegenüber dem Beteiligten erklärt.

(5) [1] Der registrierte Versender hat Aufzeichnungen über die unter Steueraussetzung versandten Energieerzeugnisse sowie ein Belegheft zu führen. [2] Das Hauptzollamt kann dazu Anordnungen treffen. [3] Die unter Steueraussetzung versandten Energieerzeugnisse sind vom registrierten Versender unverzüglich aufzuzeichnen.

(6) Beabsichtigt der registrierte Versender, die nach Absatz 1 angegebenen Verhältnisse zu ändern, hat er dies dem Hauptzollamt unverzüglich schriftlich anzuzeigen.

(7) Für das Erlöschen der Erlaubnis gilt § 14 Absatz 2 und 4 sinngemäß.

Zu den §§ 9c und 9d Absatz 2 des Gesetzes

§ 28 Begünstigte, Freistellungsbescheinigung. (1) [1]Ein Begünstigter, der Energieerzeugnisse unter Steueraussetzung empfangen will, hat vor Beginn der Beförderung eine Freistellungsbescheinigung nach der Verordnung (EG) Nr. 31/96 der Kommission vom 10. Januar 1996 über die Verbrauchsteuerfreistellungsbescheinigung (ABl. L 8 vom 11.1.1996, S. 11) in der jeweils geltenden Fassung in Verbindung mit Artikel 13 der Systemrichtlinie in drei Exemplaren auszufertigen und dem zuständigen Hauptzollamt zur Bestätigung in Feld 6 vorzulegen. [2]Der Begünstigte hat die mit Bestätigungsvermerk des Hauptzollamts versehene erste und zweite Ausfertigung dem Steuerlagerinhaber als Versender oder dem registrierten Versender auszuhändigen. [3]Die dritte Ausfertigung verbleibt beim Hauptzollamt. [4]Die zweite Ausfertigung hat der Beförderer während der Beförderung der Energieerzeugnisse mitzuführen. [5]Die erste Ausfertigung hat der Versender im Steuergebiet zu seinen steuerlichen Aufzeichnungen zu nehmen. [6]Nach der Übernahme der Energieerzeugnisse verbleibt die zweite Ausfertigung der Freistellungsbescheinigung beim Begünstigten.

(2) Zuständiges Hauptzollamt ist für Begünstigte

1. nach § 9c Absatz 1 Nummer 1 bis 3 des Gesetzes das Hauptzollamt, in dessen Bezirk sich der Sitz der amtlichen Beschaffungsstelle oder der Organisation der ausländischen Streitkräfte befindet, die zur Erteilung des Auftrags berechtigt ist,
2. nach § 9c Absatz 1 Nummer 4 des Gesetzes das Hauptzollamt, bei dem die Anträge auf Steuerentlastung nach § 59 des Gesetzes zu stellen sind,
3. nach § 9c Absatz 1 Nummer 5 des Gesetzes das Hauptzollamt, in dessen Bezirk sich der Sitz der internationalen Einrichtung befindet.

(3) [1]Von der Bestätigung nach Absatz 1 Satz 1 in Feld 6 der Freistellungsbescheinigung wird abgesehen, wenn eine ausländische Truppe (§ 9c Absatz 1 Nummer 1 des Gesetzes) Energieerzeugnisse unter Steueraussetzung empfängt. [2]An ihre Stelle tritt eine Eigenbestätigung der ausländischen Truppe.

(4) [1]Werden Energieerzeugnisse unter Steueraussetzung von Begünstigten im Sinn des § 9c Absatz 1 Nummer 1 bis 3 des Gesetzes aus Steuerlagern im Steuergebiet oder von registrierten Versendern vom Ort der Einfuhr im Steuergebiet empfangen, kann anstelle der Freistellungsbescheinigung ein Abwicklungsschein nach § 73 Absatz 1 Nummer 1 der Umsatzsteuer-Durchführungsverordnung verwendet werden. [2]Die zweite Ausfertigung des Abwicklungsscheins hat der Versender im Steuergebiet zu seinen steuerlichen Aufzeichnungen zu nehmen.

Zu den §§ 9d bis 13 des Gesetzes

§ 28a Teilnahme am EDV-gestützten Beförderungs- und Kontrollsystem. [1]Die Generalzolldirektion legt durch eine Verfahrensanweisung fest, unter welchen Voraussetzungen und Bedingungen Personen, die für Beförderungen unter Steueraussetzung das elektronische Verwaltungsdokument verwenden, mit den Zollbehörden elektronisch Nachrichten über das EDV-gestützte Beförderungs- und Kontrollsystem austauschen. [2] Um auf diese Weise elektronisch Nachrichten austauschen zu können, bedarf es der vorherigen Anmeldung bei einer von der Generalzolldirektion in der Verfahrensanweisung bekannt gegebenen Stelle. [3] Die Verfahrensanweisung wird von der Generalzolldirektion im Internet unter www.zoll.de veröffentlicht. [4] Die Personen nach Satz 1 und ihre IT-Dienstleister sind verpflichtet, die in der Verfahrensanweisung festgelegten Voraussetzungen und Bedingungen einzuhalten.

§ 28b Erstellen des elektronischen Verwaltungsdokuments, Mitführen eines Ausdrucks. (1) Sollen Energieerzeugnisse unter Steueraussetzung aus einem Steuerlager im Steuergebiet oder vom Ort der Einfuhr im Steuergebiet

1. in ein Steuerlager oder zu einem Begünstigten im Steuergebiet befördert werden (§ 10 Absatz 1 des Gesetzes),
2. in ein Steuerlager, in den Betrieb eines registrierten Empfängers oder zu einem Begünstigten in einem anderen Mitgliedstaat befördert werden (§ 11 Absatz 1 Nummer 1 des Gesetzes) oder
3. zu einem Ort, an dem die Energieerzeugnisse das Verbrauchsteuergebiet der Europäischen Gemeinschaft verlassen, befördert werden (§ 13 Absatz 1 des Gesetzes),

hat der Steuerlagerinhaber als Versender oder der registrierte Versender dem für ihn zuständigen Hauptzollamt vor Beginn der Beförderung unter Verwendung des EDV-gestützten Beförderungs- und Kontrollsystems den Entwurf des elektronischen Verwaltungsdokuments nach amtlich vorgeschriebenem Datensatz zu übermitteln.

(2) [1] Das Hauptzollamt überprüft automatisiert die Angaben in dem Entwurf des elektronischen Verwaltungsdokuments. [2] Bei Beförderungen vom Ort der Einfuhr erfolgt zusätzlich ein Abgleich mit der Zollanmeldung. [3] Gibt es keine Beanstandungen, wird der Entwurf des elektronischen Verwaltungsdokuments mit einem eindeutigen Referenzcode versehen und dem Versender als elektronisches Verwaltungsdokument übermittelt. [4] Beanstandungen werden dem Versender mitgeteilt.

(3) [1] Der Beförderer hat während der Beförderung einen Ausdruck des vom Hauptzollamt übermittelten elektronischen Verwaltungsdokuments mitzuführen. [2] Anstelle des ausgedruckten elektronischen Verwaltungsdokuments kann ein Handelspapier mitgeführt werden, wenn dieses dieselben Daten enthält oder wenn aus diesem der eindeutige Referenzcode hervorgeht.

(4) [1] Der Versender hat auf Verlangen des Hauptzollamts die Energieerzeugnisse unverändert vorzuführen. [2] Dabei kann das Hauptzollamt Verschlussmaßnahmen anordnen.

(5) [1] Ist der Empfänger im Fall des Absatzes 1 Nummer 1 ein Steuerlagerinhaber, leitet das für diesen zuständige Hauptzollamt das elektronische Verwaltungsdokument an ihn weiter. [2] Dies gilt auch für Beförderungen über das Gebiet eines anderen Mitgliedstaats. [3] Ein elektronisches Verwaltungsdokument, das von den zuständigen Behörden eines anderen Mitgliedstaats übermittelt wurde, wird vom zuständigen Hauptzollamt an den Empfänger im Steuergebiet weitergeleitet, wenn dieser ein Steuerlagerinhaber oder ein registrierter Empfänger ist.

§ 28c Unbestimmter Empfänger. (1) Stehen in den Fällen des § 10 Absatz 1 des Gesetzes oder des § 11 Absatz 1 des Gesetzes zu Beginn einer Beförderung im Seeverkehr oder auf Binnenwasserstraßen der Empfänger und der Bestimmungsort noch nicht endgültig fest, kann das Hauptzollamt auf Antrag des Steuerlagerinhabers als Versender oder des registrierten Versenders unter Widerrufsvorbehalt zulassen, diese Angaben im Entwurf des elektronischen Verwaltungsdokuments wegzulassen.

(2) Der Steuerlagerinhaber als Versender oder der registrierte Versender hat den zu Beginn der Beförderung noch nicht festgelegten Empfänger und Bestimmungsort während der Beförderung der Energieerzeugnisse über das EDV-gestützte Beförderungs- und Kontrollsystem zu ergänzen, sobald er Kenntnis über die Angaben zum Empfänger und zum zugelassenen Bestimmungsort hat, spätestens jedoch zum Ende der Beförderung.

(3) Für die Datenübermittlung mittels des EDV-gestützten Beförderungs- und Kontrollsystems gilt § 31 entsprechend.

§ 29 Art und Höhe der Sicherheitsleistung. (1) Die Sicherheit für die Beförderung von Energieerzeugnissen unter Steueraussetzung kann für mehrere Verfahren als Gesamtbürgschaft oder für jedes Verfahren einzeln als Einzelbürgschaft oder als Barsicherheit geleistet werden.

(2) [1]Die Sicherheit als Gesamtbürgschaft oder Einzelbürgschaft wird durch eine selbstschuldnerische Bürgschaft eines tauglichen Steuerbürgen nach § 244 der Abgabenordnung geleistet. [2]Die Bürgschaft ist in einer Urkunde nach amtlich vorgeschriebenem Vordruck bei dem für den Versender zuständigen Hauptzollamt zu leisten.

(3) [1]Das zuständige Hauptzollamt bestimmt die Bürgschaftssumme und die Höhe der Barsicherheit insbesondere unter Berücksichtigung der Steuer, die bei der Überführung der Energieerzeugnisse in den steuerrechtlich freien Verkehr entstehen würde. [2]Die Angemessenheit der Bürgschaftssumme ist im Fall der Gesamtbürgschaft regelmäßig zu überprüfen.

§ 30 Annullierung des elektronischen Verwaltungsdokuments.

(1) Der Versender kann das elektronische Verwaltungsdokument annullieren, solange die Beförderung der Energieerzeugnisse noch nicht begonnen hat.

(2) Um das elektronische Verwaltungsdokuments zu annullieren, hat der Steuerlagerinhaber als Versender oder der registrierte Versender dem für ihn zuständigen Hauptzollamt unter Verwendung des EDV-gestützten Beförderungs- und Kontrollsystems vor Beginn der Beförderung den Entwurf der elektronischen Annullierungsmeldung nach amtlich vorgeschriebenem Datensatz zu übermitteln.

(3) [1]Das Hauptzollamt überprüft automatisiert die Angaben in der Annullierungsmeldung. [2]Gibt es keine Beanstandungen, wird dies dem Versender unter Angabe des Datums und der Zeit der Prüfung mitgeteilt. [3]Beanstandungen werden dem Versender ebenfalls mitgeteilt.

(4) Ist ein elektronisches Verwaltungsdokument für die Beförderung von Energieerzeugnissen unter Steueraussetzung annulliert worden, die für einen Empfänger im Steuergebiet bestimmt waren, der entweder ein Steuerlagerinhaber oder ein registrierter Empfänger ist, leitet das für den Empfänger

zuständige Hauptzollamt die eingehende Annullierungsmeldung an diesen weiter.

§ 31 Änderung des Bestimmungsorts bei Verwendung des elektronischen Verwaltungsdokuments. (1) [1] Während der Beförderung der Energieerzeugnisse unter Steueraussetzung kann der Steuerlagerinhaber als Versender oder der registrierte Versender den Bestimmungsort ändern und einen anderen zulässigen Bestimmungsort (§ 10 Absatz 1 Nummer 1, § 11 Absatz 1 Nummer 1 Buchstabe a und b, § 13 Absatz 1 des Gesetzes) angeben. [2] Satz 1 gilt auch für Energieerzeugnisse, die nicht vom Empfänger aufgenommen oder übernommen oder nicht ausgeführt werden.

(2) Um den Bestimmungsort zu ändern, hat der Steuerlagerinhaber als Versender oder der registrierte Versender dem für ihn zuständigen Hauptzollamt unter Verwendung des EDV-gestützten Beförderungs- und Kontrollsystems den Entwurf der elektronischen Änderungsmeldung nach amtlich vorgeschriebenem Datensatz zu übermitteln.

(3) [1] Das Hauptzollamt überprüft automatisiert die Angaben in dem Entwurf der elektronischen Änderungsmeldung. [2] Gibt es keine Beanstandungen, wird dem Entwurf der Änderungsmeldung eine fortlaufende Vorgangsnummer zugewiesen und dem Versender als Änderungsmeldung zum ursprünglichen elektronischen Verwaltungsdokument übermittelt. [3] Beanstandungen werden dem Versender mitgeteilt.

(4) Wird durch eine Aktualisierung eines elektronischen Verwaltungsdokuments der darin angegebene Empfänger geändert, der entweder ein Steuerlagerinhaber im Steuergebiet oder ein registrierter Empfänger im Steuergebiet ist, gilt für die Weiterleitung des aktualisierten elektronischen Verwaltungsdokuments § 28b Absatz 5 entsprechend.

(5) Ändert sich der im elektronischen Verwaltungsdokument angegebene Empfänger, wird der ursprüngliche Empfänger, der entweder ein Steuerlagerinhaber im Steuergebiet oder ein registrierter Empfänger im Steuergebiet ist, von dem für ihn zuständigen Hauptzollamt durch eine entsprechende Meldung unterrichtet.

(6) Wird durch eine Aktualisierung eines elektronischen Verwaltungsdokuments das darin angegebene Steuerlager des Empfängers geändert, so leitet das für den Empfänger zuständige Hauptzollamt die Änderungsmeldung an diesen weiter.

§ 32 Aufteilung von Warensendungen während der Beförderung.

(1) [1] Während der Beförderung von Energieerzeugnissen unter Steueraussetzung im Steuergebiet (§ 10 des Gesetzes) kann der Steuerlagerinhaber als Versender oder der registrierte Versender die Energieerzeugnisse im Steuergebiet in zwei oder mehrere Warensendungen aufteilen, wenn

1. sich die Gesamtmenge der beförderten Energieerzeugnisse dadurch nicht ändert,
2. es sich bei den anschließenden Beförderungen ebenfalls um Beförderungen unter Steueraussetzungen im Steuergebiet handelt und
3. die in der Verfahrensanweisung (§ 28a) festgelegten Bedingungen eingehalten werden.

[2]Um Energieerzeugnisse aufteilen zu können, hat der Steuerlagerinhaber als Versender oder der registrierte Versender dem für ihn zuständigen Hauptzollamt den Entwurf der Aufteilungsmitteilung nach amtlich vorgeschriebenem Datensatz unter Verwendung des EDV-gestützten Beförderungs- und Kontrollsystems zu übermitteln.

(2) [1]Während der Beförderung von Energieerzeugnissen unter Steueraussetzung in andere Mitgliedstaaten (§ 11 Absatz 1 Nummer 1 des Gesetzes) kann der Steuerlagerinhaber als Versender oder der registrierte Versender die Energieerzeugnisse im Steuergebiet in zwei oder mehrere Warensendungen aufteilen, wenn die Voraussetzungen nach Absatz 1 Nummer 1 und 3 vorliegen. [2]Um Energieerzeugnisse aufteilen zu können, hat der Steuerlagerinhaber als Versender oder der registrierte Versender dem für ihn zuständigen Hauptzollamt den Entwurf der Aufteilungsmitteilung nach amtlich vorgeschriebenem Datensatz unter Verwendung des EDV-gestützten Beförderungs- und Kontrollsystems zu übermitteln.

(3) [1]Während der Beförderung von Energieerzeugnissen unter Steueraussetzung in andere Mitgliedstaaten (§ 11 Absatz 1 Nummer 1 des Gesetzes) kann der Steuerlagerinhaber als Versender oder der registrierte Versender die Energieerzeugnisse außerhalb des Steuergebiets in zwei oder mehrere Warensendungen aufteilen, wenn die Voraussetzungen nach Absatz 1 Nummer 1 und 3 vorliegen und der Mitgliedstaat, in dem die Energieerzeugnisse aufgeteilt werden, eine solche Aufteilung auf seinem Gebiet zulässt. [2]Um Energieerzeugnisse aufteilen zu können, hat der Steuerlagerinhaber als Versender oder der registrierte Versender dem für ihn zuständigen Hauptzollamt den Entwurf der Aufteilungsmitteilung nach amtlich vorgeschriebenem Datensatz unter Verwendung des EDV-gestützten Beförderungs- und Kontrollsystems zu übermitteln.

(4) [1]Während der Beförderung von Energieerzeugnissen unter Steueraussetzung aus anderen Mitgliedstaaten (§ 11 Absatz 1 Nummer 2 und 3 des Gesetzes) kann der Versender die Energieerzeugnisse im Steuergebiet in zwei oder mehrere Warensendungen aufteilen, wenn die Voraussetzungen nach Absatz 1 Nummer 1 und 3 vorliegen. [2]Der Versender hat die Zollverwaltung rechtzeitig, mindestens aber 24 Stunden vor der Aufteilung, darüber zu unterrichten, wo die Energieerzeugnisse im Steuergebiet aufgeteilt werden sollen, und Kontrollen zu dulden.

(5) [1]Wenn Steuerbelange gefährdet erscheinen, kann das zuständige Hauptzollamt die Aufteilung der Energieerzeugnisse nach den Absätzen 1 bis 4 versagen. [2]Es hat den Versandmitgliedstaat und den Versender über diese Entscheidung zu informieren.

(6) Eine Aufteilung von Energieerzeugnissen nach den Absätzen 1 bis 4 ist jeweils erst ab dem Zeitpunkt möglich, zu dem das EDV-gestützte Beförderungs- und Kontrollsystem dies zulässt.

§ 33 Beförderung aus anderen Mitgliedstaaten und Beendigung von Beförderungen unter Steueraussetzung. (1) Werden Energieerzeugnisse unter Steueraussetzung aus anderen Mitgliedstaaten zu einem Empfänger im Steuergebiet oder durch das Steuergebiet befördert, hat der Beförderer während der Beförderung einen Ausdruck des elektronischen Verwaltungsdokuments oder ein entsprechendes Handelsdokument für die Energieerzeugnisse mitzuführen.

(2) Ein elektronisches Verwaltungsdokument, das von den zuständigen Behörden eines anderen Mitgliedstaats übermittelt wurde, wird an den Empfänger im Steuergebiet von dem für ihn zuständigen Hauptzollamt weitergeleitet, wenn dieser ein Steuerlagerinhaber oder ein registrierter Empfänger ist.

(3) Der Steuerlagerinhaber hat die unter Steueraussetzung bezogenen Energieerzeugnisse nach der Aufnahme in sein Steuerlager unverzüglich in das Herstellungs- oder Lagerbuch einzutragen oder in den an ihrer Stelle zugelassenen Aufzeichnungen zu erfassen.

(4) Der registrierte Empfänger hat die bezogenen Energieerzeugnisse nach der Aufnahme in seinen Betrieb unverzüglich in seinen Aufzeichnungen zu erfassen.

(5) [1] Auf Antrag kann das Hauptzollamt unter Widerrufsvorbehalt zulassen, dass der Steuerlagerinhaber Energieerzeugnisse unter Steueraussetzung nur durch Inbesitznahme in sein Steuerlager aufnimmt, wenn die Energieerzeugnisse wie folgt abgegeben werden:

1. unter Steueraussetzung an ein anderes Steuerlager im Steuergebiet oder an einen Begünstigten im Sinn des § 9c des Gesetzes im Steuergebiet,
2. zu steuerfreien Zwecken oder
3. nach § 2 Absatz 1 Nummer 8 Buchstabe a, Absatz 2 Nummer 2 oder Absatz 3 des Gesetzes versteuert.

[2] Werden die Energieerzeugnisse außerhalb des Steuergebiets in Besitz genommen, ist die Aufnahme durch Inbesitznahme jedoch erst bewirkt, wenn der Steuerlagerinhaber erstmals im Steuergebiet Besitz an den Energieerzeugnissen ausübt. [3] In den Fällen der Nummern 1 und 2 gilt die Inbesitznahme der Energieerzeugnisse durch den empfangenden Steuerlagerinhaber, im Fall der Nummer 3 gilt die Inbesitznahme durch denjenigen, an den die Energieerzeugnisse abgegeben werden, als Entfernung aus dem Steuerlager (§ 8 Absatz 1 Satz 1 des Gesetzes).

(6) [1] Auf Antrag kann das Hauptzollamt zulassen, dass der registrierte Empfänger Energieerzeugnisse unter Steueraussetzung nur durch Inbesitznahme in seinen Betrieb aufnimmt. [2] Werden die Energieerzeugnisse außerhalb des Steuergebiets in Besitz genommen, ist die Aufnahme durch Inbesitznahme jedoch erst bewirkt, wenn der registrierte Empfänger erstmals im Steuergebiet Besitz an den Energieerzeugnissen ausübt. [3] Die Sätze 1 und 2 gelten nicht für registrierte Empfänger im Einzelfall.

(7) [1] Für Lager ohne Lagerstätten (§ 7 Absatz 5 des Gesetzes) gilt die Inbesitznahme der Energieerzeugnisse durch den empfangenden Steuerlagerinhaber als Aufnahme in das Steuerlager und die Inbesitznahme durch denjenigen, an den die Energieerzeugnisse abgegeben werden, als Entfernung aus dem Steuerlager. [2] Werden die Energieerzeugnisse außerhalb des Steuergebiets in Besitz genommen, ist die Aufnahme durch Inbesitznahme jedoch erst bewirkt, wenn der Steuerlagerinhaber erstmals im Steuergebiet Besitz an den Energieerzeugnissen ausübt.

§ 34 Eingangs- und Ausfuhrmeldung bei Verwendung des elektronischen Verwaltungsdokuments. (1) [1] Nach der Aufnahme der Energieerzeugnisse, auch von Teilmengen, an einem Bestimmungsort, der in § 10 Absatz 1 oder § 11 Absatz 1 Nummer 2 Buchstabe a und b des Gesetzes genannt ist, hat der Empfänger dem für ihn zuständigen Hauptzollamt unter Verwendung des EDV-gestützten Beförderungs- und Kontrollsystems unverzüglich, spätestens jedoch fünf Werktage nach Beendigung der Beförderung, eine Eingangsmeldung nach amtlich vorgeschriebenem Datensatz zu übermitteln. [2]Das Hauptzollamt kann zur Vermeidung unbilliger Härten auf Antrag des Empfängers die Frist nach Satz 1 verlängern.

(2) [1]Das für den Empfänger zuständige Hauptzollamt überprüft automatisiert die Angaben in der Eingangsmeldung. [2]Gibt es keine Beanstandungen, wird dies dem Empfänger mitgeteilt. [3]Beanstandungen werden dem Empfänger ebenfalls mitgeteilt. [4]Das für den Versender zuständige Hauptzollamt übermittelt dem Versender die Eingangsmeldung, wenn dieser ein Steuerlagerinhaber im Steuergebiet oder ein registrierter Versender im Steuergebiet ist. [5]Eine Eingangsmeldung, die von den zuständigen Behörden eines anderen Mitgliedstaats übermittelt wurde, wird an den Versender im Steuergebiet von dem für ihn zuständigen Hauptzollamt weitergeleitet.

(3) [1]Ist der Empfänger ein Begünstigter (§ 9c Absatz 1 des Gesetzes), hat er dem zuständigen Hauptzollamt nach der Übernahme der Energieerzeugnisse, auch von Teilmengen, die Daten, die für die Eingangsmeldung nach Absatz 1 erforderlich sind, und eine Kopie der ihm vorliegenden Ausfertigung der Freistellungsbescheinigung innerhalb der dort genannten Frist schriftlich zu übermitteln. [2]Das Hauptzollamt erstellt nach Prüfung der Angaben die Eingangsmeldung nach Absatz 1. [3]Absatz 2 Satz 4 gilt entsprechend.

(4) Der Empfänger hat auf Verlangen des Hauptzollamts die Energieerzeugnisse unverändert vorzuführen.

(5) [1]In den Fällen des § 13 des Gesetzes erstellt das für den Versender zuständige Hauptzollamt auf Grundlage der von der Ausgangszollstelle übermittelten Ausgangsbestätigung eine Ausfuhrmeldung, mit der bestätigt wird, dass die Energieerzeugnisse das Verbrauchsteuergebiet der Europäischen Gemeinschaft verlassen haben. [2]Dies gilt auch bei der Ausfuhr von Teilmengen. [3]Das Hauptzollamt übermittelt die Ausfuhrmeldung an den Steuerlagerinhaber als Versender im Steuergebiet oder an den registrierten Versender im Steuergebiet. [4]Ausfuhrmeldungen, die von den zuständigen Behörden eines anderen Mitgliedstaats übermittelt wurden, werden an den Versender im Steuergebiet von dem für ihn zuständigen Hauptzollamt weitergeleitet.

(6) [1]Die Eingangsmeldung nach Absatz 1 oder die Ausfuhrmeldung nach Absatz 5 gilt als Nachweis, dass die Beförderung der Energieerzeugnisse beendet wurde. [2]Die Ausfuhrmeldung gilt nicht als Nachweis, wenn nachträglich festgestellt wird, dass die Energieerzeugnisse das Verbrauchsteuergebiet der Europäischen Gemeinschaft nicht verlassen haben.

§ 35 Beförderung im Steuergebiet ohne elektronisches Verwaltungsdokument. [1]Auf Antrag des Versenders kann das Hauptzollamt, wenn die Steuerbelange dadurch nicht gefährdet sind, anstelle des EDV-gestützten Beförderungs- und Kontrollsystems vereinfachte Verfahren zulassen für Beförderungen

1. von Energieerzeugnissen zwischen Steuerlagern desselben Steuerlagerinhabers im Steuergebiet,

1a. von Energieerzeugnissen, die zwischen einem Ort der Einfuhr im Steuergebiet und einem Steuerlager befördert werden, wenn der registrierte Versender gleichzeitig Inhaber des Steuerlagers ist,
2. von Flüssiggasen, leichtem Heizöl oder Heizölen der Unterpositionen 2710 19 62 bis 2710 19 68 und der Unterpositionen 2710 20 31 bis 2710 20 39 der Kombinierten Nomenklatur im Steuergebiet,
3. von Energieerzeugnissen in Rohrleitungen im Steuergebiet.

[2] Dies gilt nicht, wenn die Energieerzeugnisse über das Gebiet eines anderen Mitgliedstaats befördert werden.

§ 36 Beginn der Beförderung im Ausfallverfahren. (1) Steht das EDV-gestützte Beförderungs- und Kontrollsystem nicht zur Verfügung, kann der Steuerlagerinhaber als Versender oder der registrierte Versender abweichend von § 28b nur dann eine Beförderung von Energieerzeugnissen unter Steueraussetzung beginnen, wenn ein Ausfalldokument nach amtlich vorgeschriebenem Vordruck verwendet wird.

(2) [1] Der Versender hat vor Beginn der ersten Beförderung im Ausfallverfahren das für ihn zuständige Hauptzollamt schriftlich über den Ausfall des EDV-gestützten Beförderungs- und Kontrollsystems zu unterrichten. [2] Eine Unterrichtung ist nicht erforderlich, wenn es sich um einen von der Zollverwaltung veranlassten Ausfall handelt.

(3) [1] Der Versender hat das Ausfalldokument in drei Exemplaren auszufertigen. [2] Er hat die erste Ausfertigung zu seinen Aufzeichnungen zu nehmen. [3] Die zweite Ausfertigung hat er unverzüglich dem für ihn zuständigen Hauptzollamt zu übermitteln. [4] Der Beförderer der Energieerzeugnisse hat während der Beförderung die dritte Ausfertigung mitzuführen. [5] Abweichend von Satz 3 kann das Hauptzollamt Ausnahmen von der unverzüglichen Übermittlung sowie weitere Verfahrensvereinfachungen zulassen, wenn die Steuerbelange dadurch nicht beeinträchtigt werden.

(4) [1] Der Versender hat auf Verlangen des Hauptzollamts jede Beförderung im Ausfallverfahren vor Beginn anzuzeigen. [2] Daneben hat er auf Verlangen des Hauptzollamts die zweite Ausfertigung des Ausfalldokuments bereits vor Beginn der Beförderung zu übermitteln. [3] § 28b Absatz 4 gilt entsprechend.

(5) [1] Steht das EDV-gestützte Beförderungs- und Kontrollsystem wieder zur Verfügung, hat der Versender dem für ihn zuständigen Hauptzollamt unverzüglich für alle im Ausfallverfahren durchgeführten Beförderungen unter Verwendung des EDV-gestützten Beförderungs- und Kontrollsystems den Entwurf des elektronischen Verwaltungsdokuments zu übermitteln, der dieselben Daten wie das Ausfalldokument nach Absatz 1 enthält und in dem auf die Verwendung des Ausfallverfahrens hingewiesen wird. [2] § 28b Absatz 2 und 5 gilt entsprechend.

(6) [1] Das Ausfallverfahren gilt bis zur Übermittlung des elektronischen Verwaltungsdokuments durch das Hauptzollamt. [2] Nach der Übermittlung tritt das elektronische Verwaltungsdokument an die Stelle des Ausfalldokuments.

(7) [1] Der mit dem elektronischen Verwaltungsdokument übermittelte eindeutige Referenzcode ist vom Versender auf der ersten Ausfertigung des Ausfalldokuments in dem dafür vorgesehenen Feld einzutragen. [2] Ist die Beförderung noch nicht beendet, ist der Referenzcode dem Beförderer der Energieerzeugnisse mitzuteilen und von diesem auf der dritten Ausfertigung des Aus-

falldokuments in dem dafür vorgesehenen Feld einzutragen, wenn ihm kein Ausdruck des elektronischen Verwaltungsdokuments übermittelt wurde. [3] Die mit dem Referenzcode versehene dritte Ausfertigung des Ausfalldokuments gilt als Papier im Sinn des § 28b Absatz 3 Satz 1. [4] Für die Eingangs- und Ausfuhrmeldung ist § 34 anzuwenden.

§ 36a Annullierung im Ausfallverfahren. (1) Steht das EDV-gestützte Beförderungs- und Kontrollsystem nicht zur Verfügung, kann der Steuerlagerinhaber als Versender oder der registrierte Versender das elektronische Verwaltungsdokument abweichend von § 30 oder das Ausfalldokument nach amtlich vorgeschriebenem Vordruck annullieren (Annullierungsdokument), solange die Beförderung der Energieerzeugnisse noch nicht begonnen hat.

(2) [1] Der Versender hat das Annullierungsdokument in zwei Exemplaren auszufertigen. [2] Er hat die erste Ausfertigung zu seinen Aufzeichnungen zu nehmen. [3] Mit der zweiten Ausfertigung hat er unverzüglich das für ihn zuständige Hauptzollamt zu unterrichten.

(3) [1] Steht das EDV-gestützte Beförderungs- und Kontrollsystem wieder zur Verfügung und liegt dem Versender das elektronische Verwaltungsdokument vor, hat er dem für ihn zuständigen Hauptzollamt unverzüglich unter Verwendung des EDV-gestützten Beförderungs- und Kontrollsystems den Entwurf einer elektronischen Annullierungsmeldung nach § 30 Absatz 2 zu übermitteln. [2] § 30 Absatz 3 und 4 gilt entsprechend.

§ 36b Änderung des Bestimmungsorts im Ausfallverfahren. (1) [1] Steht das EDV-gestützte Beförderungs- und Kontrollsystem nicht zur Verfügung, kann der Steuerlagerinhaber als Versender oder der registrierte Versender den Bestimmungsort während der Beförderung der Energieerzeugnisse abweichend von § 31 nach amtlich vorgeschriebenem Vordruck ändern (Änderungsdokument). [2] Satz 1 gilt auch für Energieerzeugnisse, die nicht vom Empfänger aufgenommen oder übernommen oder nicht ausgeführt werden.

(2) [1] Der Versender hat das Änderungsdokument in zwei Exemplaren auszufertigen. [2] Er hat die erste Ausfertigung zu seinen Aufzeichnungen zu nehmen. [3] Die zweite Ausfertigung hat er dem für ihn zuständigen Hauptzollamt unverzüglich zu übermitteln. [4] Er hat den Beförderer unverzüglich über die geänderten Angaben im elektronischen Verwaltungsdokument oder im Ausfalldokument zu unterrichten. [5] Der Beförderer hat die Angaben unverzüglich auf der Rückseite des mitgeführten Dokuments zu vermerken, wenn ihm nicht das Änderungsdokument übermittelt wurde.

(3) [1] Steht das EDV-gestützte Beförderungs- und Kontrollsystem wieder zur Verfügung, hat der Versender für alle im Ausfallverfahren durchgeführten Änderungen des Bestimmungsorts dem für ihn zuständigen Hauptzollamt unverzüglich unter Verwendung des EDV-gestützten Beförderungs- und Kontrollsystems den Entwurf einer elektronischen Änderungsmeldung nach § 31 Absatz 2 zu übermitteln, der dieselben Daten wie das Änderungsdokument nach Absatz 1 enthält. [2] § 31 Absatz 3 bis 6 gilt entsprechend.

(4) Für die Unterrichtung über den Ausfall des EDV-gestützten Beförderungs- und Kontrollsystems, die Anzeigepflicht bei jeder Änderung des Bestimmungsorts sowie die Übermittlung der zweiten Ausfertigung des Änderungsdokuments gilt § 36 Absatz 2 und 4 Satz 1 und 2 entsprechend.

§ 36c Aufteilung im Ausfallverfahren. (1) [1]Steht das EDV-gestützte Beförderungs- und Kontrollsystem nicht zur Verfügung, kann der Steuerlagerinhaber als Versender oder der registrierte Versender während der Beförderung von Energieerzeugnissen unter Steueraussetzung die Energieerzeugnisse nach Maßgabe des § 32 Absatz 1 bis 3 in zwei oder mehrere Warensendungen aufteilen. [2]Für die Aufteilung im Ausfallverfahren ist abweichend von § 32 das Ausfalldokument nach amtlich vorgeschriebenem Vordruck zu verwenden.

(2) [1]Der Versender hat je Teilsendung ein Ausfalldokument in zwei Exemplaren auszufertigen. [2]Er hat die jeweils erste Ausfertigung zu seinen Aufzeichnungen zu nehmen. [3]Die jeweils zweite Ausfertigung hat er dem für ihn zuständigen Hauptzollamt unverzüglich zu übermitteln. [4]Er hat den Beförderer unverzüglich über die Einzelheiten der neuen Teilsendungen zu unterrichten. [5]Der Beförderer hat die Angaben unverzüglich auf der Rückseite des mitgeführten Dokuments zu vermerken, wenn ihm nicht die Ausfalldokumente der neuen Teilsendungen übermittelt wurden.

(3) Steht das EDV-gestützte Beförderungs- und Kontrollsystem wieder zur Verfügung, hat der Versender für alle im Ausfallverfahren durchgeführten Aufteilungen dem für ihn zuständigen Hauptzollamt unverzüglich unter Verwendung des EDV-gestützten Beförderungs- und Kontrollsystems den Entwurf einer elektronischen Aufteilungsmitteilung nach § 32 zu übermitteln, der dieselben Daten wie die Ausfalldokumente nach Absatz 1 enthält.

(4) Für die Unterrichtung über den Ausfall des EDV-gestützten Beförderungs- und Kontrollsystems, für die Anzeigepflicht bei jeder Aufteilung sowie für die Übermittlung der jeweils zweiten Ausfertigung der Ausfalldokumente gilt § 36 Absatz 2 und 4 Satz 1 und 2 entsprechend.

(5) § 32 Absatz 5 gilt entsprechend.

§ 36d Eingangs- und Ausfuhrmeldung im Ausfallverfahren. (1) [1]Kann der Empfänger die Eingangsmeldung nach § 34 Absatz 1 nach Beendigung einer Beförderung unter Steueraussetzung nicht innerhalb der dort festgelegten Frist übermitteln, weil entweder das EDV-gestützte Beförderungs- und Kontrollsystem nicht zur Verfügung steht oder ihm das elektronische Verwaltungsdokument oder die Änderungsmeldung nach § 31 Absatz 6 nicht zugeleitet wurde, hat er dem für ihn zuständigen Hauptzollamt ein Eingangsdokument nach amtlich vorgeschriebenem Vordruck vorzulegen, mit dem er den Empfang der Energieerzeugnisse bestätigt. [2]Für die Frist zur Vorlage des Eingangsdokuments und deren Verlängerung gilt § 34 Absatz 1 entsprechend.

(2) [1]Der Empfänger hat das Eingangsdokument in drei Exemplaren auszufertigen. [2]Das Hauptzollamt bestätigt die drei Exemplare und gibt dem Empfänger die erste Ausfertigung zurück. [3]Der Empfänger hat diese Ausfertigung zu seinen Aufzeichnungen zu nehmen. [4]Wird die Eingangsmeldung nicht innerhalb der in § 34 Absatz 1 genannten Frist vom Empfänger übermittelt, übersendet das für den Empfänger zuständige Hauptzollamt die zweite Ausfertigung des Eingangsdokuments dem für den Versender zuständigen Hauptzollamt, das diese an den Versender weiterleitet. [5]Eingangsdokumente, die von den zuständigen Behörden eines anderen Mitgliedstaats übersendet wurden, werden an den Versender im Steuergebiet von dem für ihn zuständigen Hauptzollamt weitergeleitet.

(3) [1] Steht das EDV-gestützte Beförderungs- und Kontrollsystem wieder zur Verfügung und liegt das elektronische Verwaltungsdokument oder die Meldung nach § 31 Absatz 5 oder Absatz 6 dem Empfänger vor, hat dieser dem für ihn zuständigen Hauptzollamt unverzüglich für das im Ausfallverfahren erstellte Eingangsdokument unter Verwendung des EDV-gestützten Beförderungs- und Kontrollsystems eine Eingangsmeldung nach § 34 Absatz 1 zu übermitteln, die dieselben Daten wie das Eingangsdokument nach Absatz 1 enthält. [2] § 34 Absatz 2 gilt entsprechend.

(4) [1] Kann nach Beendigung einer Beförderung von Energieerzeugnissen unter Steueraussetzung die Ausfuhrmeldung nach § 34 Absatz 5 nicht erstellt werden, weil entweder das EDV-gestützte Beförderungs- und Kontrollsystem nicht zur Verfügung steht oder das elektronische Verwaltungsdokument nicht übermittelt wurde, so erstellt das Hauptzollamt ein Ausfuhrdokument, in dem bestätigt wird, dass die Energieerzeugnisse das Verbrauchsteuergebiet der Europäischen Gemeinschaft verlassen haben. [2] Dies gilt auch bei der Ausfuhr von Teilmengen. [3] Das Hauptzollamt übersendet dem Versender eine Ausfertigung dieses Ausfuhrdokuments, wenn die Energieerzeugnisse aus dem Steuergebiet versendet wurden. [4] In den Fällen, in denen ein entsprechendes Ausfuhrdokument von den zuständigen Behörden eines anderen Mitgliedstaats übermittelt wurde, übersendet das Hauptzollamt dem Versender eine Ausfertigung.

(5) [1] Steht das EDV-gestützte Beförderungs- und Kontrollsystem wieder zur Verfügung und liegt das elektronische Verwaltungsdokument vor, erstellt das zuständige Hauptzollamt eine Ausfuhrmeldung nach § 34 Absatz 5 Satz 1. [2] § 34 Absatz 5 Satz 2 und 3 gilt entsprechend.

§ 37 Ersatznachweise für die Beendigung der Beförderung. [1] Liegt kein Nachweis nach § 34 Absatz 6 vor, bestätigt das für den Empfänger zuständige Hauptzollamt oder das Hauptzollamt, in dessen Bezirk sich die Ausgangszollstelle befindet, in den Fällen, in denen keine Eingangs- oder Ausfuhrmeldung nach § 36c vorliegt, die Beendigung der Beförderung unter Steueraussetzung, wenn hinreichend belegt ist, dass die Energieerzeugnisse den angegebenen Bestimmungsort erreicht oder das Verbrauchsteuergebiet der Europäischen Gemeinschaft verlassen haben (Ersatznachweis). [2] Als hinreichender Beleg im Sinn von Satz 1 gilt insbesondere ein vom Empfänger vorgelegtes Dokument, das dieselben Angaben enthält wie die Eingangsmeldung und in dem dieser den Empfang der Energieerzeugnisse bestätigt.

Zu § 14 des Gesetzes

§ 37a Unregelmäßigkeiten während der Beförderung unter Steueraussetzung. (1) Sind Energieerzeugnisse während der Beförderung unter Steueraussetzung infolge unvorhersehbarer Ereignisse oder höherer Gewalt vollständig zerstört oder unwiederbringlich verloren gegangen, hat der Beförderer dies dem Hauptzollamt unverzüglich anzuzeigen und durch geeignete Unterlagen nachzuweisen.

(2) [1] Bei wiederholt auftretenden Fehlmengen kann das Hauptzollamt auf Antrag eines Steuerschuldners gemäß § 14 Absatz 7 Satz 3 und 4 des Gesetzes auf die sofortige Abgabe der Steueranmeldung verzichten, sofern

1. der Steuerschuldner auch für Beförderungen im Steuergebiet Sicherheit für die Beförderung von Energieerzeugnissen unter Steueraussetzung in ausreichender Höhe geleistet hat,
2. das Steueraussetzungsverfahren in der Vergangenheit wiederholt für einen Teil der Beförderung nicht ordnungsgemäß beendet wurde, jedoch grundsätzlich keine Anhaltspunkte für eine Steuerstraftat oder Steuerordnungswidrigkeit nach den §§ 370, 378 der Abgabenordnung vorliegen, oder
3. das Steueraussetzungsverfahren in der Vergangenheit wiederholt für einen Teil der Beförderung nicht ordnungsgemäß beendet wurde und dem Steuerschuldner die Glaubhaftmachung von zum Beispiel Messfehlern oder Transportdifferenzen nicht möglich ist.

[2] Für die Fristen zur Abgabe der Steueranmeldung und für die Fälligkeit der Steuer gilt § 8 Absatz 3 bis 6 des Gesetzes entsprechend.

(3) [1] Einem Antrag auf Verzicht auf die sofortige Abgabe der Steueranmeldung kann nur stattgegeben werden, wenn der Antragsteller erklärt, dass er für alle im Antrag genannten Beförderungsvorgänge auf die Möglichkeit verzichtet nachzuweisen, dass eine Fehlmenge nicht auf eine Unregelmäßigkeit zurückzuführen ist. [2] Die Steueranmeldung nach den Sätzen 1 und 2 hat unabhängig von der monatlichen Steueranmeldung zu erfolgen.

(4) In den Fällen des § 14 Absatz 2 des Gesetzes gelten hinsichtlich der Nachweisführung die §§ 34 und 37 sinngemäß.

Zu § 15 des Gesetzes

§ 38 Anzeige und Zulassung. (1) [1] Die Anzeige nach § 15 Absatz 3 des Gesetzes ist nach amtlich vorgeschriebenem Vordruck bei dem für den Anzeigepflichtigen zuständigen Hauptzollamt zu erstatten. [2] Sollen die bezogenen Energieerzeugnisse in ein Verfahren der Steuerbefreiung (§ 24 Absatz 1 des Gesetzes) überführt werden, ist der Erlaubnisschein beizufügen, soweit die Erlaubnis nicht allgemein erteilt ist.

(2) [1] Der Anzeigepflichtige hat auf Verlangen des Hauptzollamts weitere Angaben zu machen, wenn sie zur Sicherung des Steueraufkommens oder für die Steueraufsicht erforderlich erscheinen. [2] Das Hauptzollamt kann auf Angaben verzichten, soweit die Steuerbelange dadurch nicht beeinträchtigt werden.

(3) [1] Das Hauptzollamt erteilt schriftlich die Zulassung zum Bezug, zum Inbesitzhalten oder zur Verwendung der Energieerzeugnisse, wenn der Anzeigepflichtige Sicherheit in Höhe der Steuer geleistet hat, die voraussichtlich entsteht. [2] Für die Sicherheitsleistung gilt § 29, für das Erlöschen der Zulassung § 14 Abs. 2 und 4 sinngemäß. [3] Die Zulassung kann mit Nebenbestimmungen nach § 120 Absatz 2 der Abgabenordnung verbunden werden.

§ 39 Beförderung. (1) [1] Werden Energieerzeugnisse im Sinn des § 4 des Gesetzes in anderen als den in § 15 Absatz 4 des Gesetzes genannten Fällen aus dem steuerrechtlich freien Verkehr eines anderen Mitgliedstaats zu gewerblichen Zwecken in das Steuergebiet verbracht, hat der Beförderer während der Beförderung die zweite und dritte Ausfertigung des vereinfachten Begleitdokuments mitzuführen, das für die Energieerzeugnisse ordnungsgemäß ausgefertigt wurde. [2]Dies gilt für Energieerzeugnisse der Unterpositionen 2710 12 21, 2710 12 25 und 2710 19 29 und mittelschwere Öle der Unterposition 2710 20 90 der Kombinierten Nomenklatur jedoch nur, soweit sie als lose Ware verbracht werden.

(2) [1]Der Anzeigepflichtige im Sinn des § 15 Absatz 3 des Gesetzes hat dem Hauptzollamt mit der Steueranmeldung die mit seiner Empfangsbestätigung versehene zweite und dritte Ausfertigung des vereinfachten Begleitdokuments vorzulegen. [2]Auf Antrag bestätigt das Hauptzollamt die Anmeldung oder Entrichtung der Steuer. [3]Ist bei der Beförderung eine Empfangsbestätigung nach Artikel 4 Satz 4 der Verordnung (EWG) Nr. 3649/92 erforderlich, hat der Anzeigepflichtige die für den Lieferer bestimmte Ausfertigung des vereinfachten Begleitdokuments mit der vom Abgangsmitgliedstaat vorgesehenen Empfangsbestätigung unverzüglich an den Lieferer zurückzusenden.

§ 40 Pflichten des Anzeigepflichtigen, Steueraufsicht. (1) [1]Der Anzeigepflichtige hat ein Empfangsbuch über den Bezug, die Lieferung, die Lagerung oder die Verwendung der Energieerzeugnisse zu führen, aus dem jeweils Art, Kennzeichnung und Menge der Energieerzeugnisse, der Lieferer, der Empfänger und die Reihenfolge der Lieferungen hervorgehen. [2]Das Hauptzollamt kann dazu Anordnungen treffen. [3]Anzeigepflichtige, die die Energieerzeugnisse im Rahmen einer förmlichen Einzelerlaubnis verwenden oder verteilen, haben den Bezug und den weiteren Verbleib der Energieerzeugnisse nur im Verwendungsbuch nachzuweisen. [4]Der Anzeigepflichtige hat auf Verlangen des Hauptzollamts weitere Aufzeichnungen zu führen. [5]Das Hauptzollamt kann einfachere Aufzeichnungen zulassen, wenn die Steuerbelange dadurch nicht beeinträchtigt werden. [6]Das Empfangsbuch ist jeweils für ein Kalenderjahr zu führen und spätestens am 31. Januar des folgenden Jahres abzuschließen. [7]Der Anzeigepflichtige hat dem Hauptzollamt auf Verlangen das abgeschlossene Empfangsbuch abzuliefern.

(2) [1]Auf Anordnung des Hauptzollamts sind im Betrieb des Anzeigepflichtigen die Bestände an Energieerzeugnissen amtlich festzustellen. [2]Dazu hat der Anzeigepflichtige das Empfangsbuch oder die an seiner Stelle zugelassenen Aufzeichnungen aufzurechnen und auf Verlangen des Hauptzollamts die Bestände nach amtlich vorgeschriebenem Vordruck anzumelden. [3]Der Anzeigepflichtige hat auf Verlangen des Hauptzollamts auch andere Energieerzeugnisse, mit denen er handelt, die er lagert oder verwendet, oder auch andere Stoffe in die Bestandsaufnahme oder Anmeldung einzubeziehen.

(3) Die mit der Steueraufsicht betrauten Amtsträger können für steuerliche Zwecke unentgeltlich Proben von Energieerzeugnissen und anderen im Betrieb des Anzeigepflichtigen befindlichen Erzeugnissen zur Untersuchung entnehmen.

(4) Absatz 2 gilt nicht, wenn der Anzeigepflichtige bereits als Inhaber einer förmlichen Einzelerlaubnis die in § 56 genannten Pflichten zu erfüllen hat.

Zu den §§ 15, 17, 21 und 46 des Gesetzes

§ 41 Hauptbehälter. [1]Hauptbehälter im Sinn des § 15 Absatz 4 Nummer 1, § 21 Absatz 1 Satz 3 Nummer 1 und § 46 Absatz 1 Satz 2 des Gesetzes sind:

1. die fest eingebauten Behälter, die die unmittelbare Verwendung des Kraftstoffs für den Antrieb der Fahrzeuge und gegebenenfalls für den Betrieb der Kühlanlage oder sonstigen Anlagen während der Beförderung ermöglichen,
2. die vom Hersteller in alle Container desselben Typs fest eingebauten Behälter, die die unmittelbare Verwendung des Kraftstoffs für den Betrieb der Kühlanlage oder sonstiger Anlagen von Spezialcontainern während der Beförderung ermöglichen.

[2] Besteht ein Hauptbehälter aus mehr als einem Kraftstoffbehälter, ist ein Absperrventil in der Leitung zwischen zwei Kraftstoffbehältern unschädlich.

Zu § 18 des Gesetzes

§ 42 Versandhandel, Beauftragter. (1) Die Anzeige nach § 18 Absatz 3 Satz 1 des Gesetzes ist nach amtlich vorgeschriebenem Vordruck bei dem für den Beauftragten zuständigen Hauptzollamt zu erstatten.

(2) [1] Der Beauftragte des Versandhändlers hat die Erlaubnis nach § 18 Absatz 3 Satz 3 des Gesetzes nach amtlich vorgeschriebenem Vordruck vor Aufnahme seiner Tätigkeit bei dem für ihn zuständigen Hauptzollamt zu beantragen. [2] Dem Antrag ist von Unternehmen, die in das Handels-, Genossenschafts- oder Vereinsregister eingetragen sind, ein aktueller Registerauszug beizufügen. [3] Der Antragsteller hat auf Verlangen des Hauptzollamts weitere Angaben zu machen, wenn diese zur Sicherung des Steueraufkommens oder für die Steueraufsicht erforderlich erscheinen.

(3) [1] Das Hauptzollamt erteilt dem Beauftragten des Versandhändlers schriftlich die Erlaubnis, wenn der Beauftragte Sicherheit nach § 18 Absatz 3 Satz 5 oder Absatz 4 Satz 5 des Gesetzes geleistet hat. [2] Für die Sicherheitsleistung gilt § 29, für das Erlöschen der Erlaubnis gilt § 14 Absatz 2 und 4 sinngemäß. [3] Die Erlaubnis kann mit Nebenbestimmungen nach § 120 Absatz 2 der Abgabenordnung verbunden werden.

(4) [1] Der Beauftragte hat ein Belegheft zu führen. [2] Er hat in den Anzeigen nach § 18 Absatz 3 Satz 5 des Gesetzes die Art der Energieerzeugnisse nach der Bezeichnung im Gesetz, den voraussichtlichen Lieferumfang und, soweit sie zum Zeitpunkt der Anzeige bereits bekannt sind, Name und Anschrift des Empfängers oder der Empfänger sowie den Tag der jeweiligen Lieferung anzugeben. [3] Das Hauptzollamt kann dazu sowie zu den vom Beauftragten zu führenden Aufzeichnungen weitere Anordnungen treffen. [4] Der Beauftragte hat dem Hauptzollamt Änderungen der die Erlaubnis betreffenden Verhältnisse unverzüglich schriftlich anzuzeigen.

Zu § 18a des Gesetzes

§ 42a Unregelmäßigkeiten während der Beförderung von Energieerzeugnissen des steuerrechtlich freien Verkehrs anderer Mitgliedstaaten. [1] Stellt der Empfänger der Energieerzeugnisse Abweichungen gegenüber den Angaben im vereinfachten Begleitdokument fest, hat er dies dem für ihn zuständigen Hauptzollamt unverzüglich schriftlich anzuzeigen. [2] § 37a Absatz 1 gilt entsprechend.

Zu den §§ 19 bis 19b des Gesetzes

§ 43 Einfuhr von Energieerzeugnissen aus Drittländern und Drittgebieten. [1] Energieerzeugnisse aus Drittländern und Drittgebieten sind in den Fällen des § 19b Absatz 3 des Gesetzes nach den Zollvorschriften mit den für die Besteuerung maßgeblichen Merkmalen anzumelden. [2] Die Steuererklärung ist in der Zollanmeldung oder nach amtlich vorgeschriebenem Vordruck abzugeben.

Zu § 66 Abs. 1 Nr. 16 des Gesetzes

§ 44 Verbringen von Energieerzeugnissen des steuerrechtlich freien Verkehrs zu gewerblichen Zwecken in andere Mitgliedstaaten. [1] Wer in § 4 des Gesetzes genannte Energieerzeugnisse des steuerrechtlich freien Verkehrs zu gewerblichen Zwecken in andere Mitgliedstaaten verbringen will, hat das vereinfachte Begleitdokument auszufertigen. [2] Dies gilt für Energieerzeugnisse der Unterpositionen 2710 12 21, 2710 12 25, 2710 19 29 und mittelschwere Öle der Unterposition 2710 20 90 der Kombinierten Nomenklatur jedoch nur, soweit sie als lose Ware verbracht werden. [3] Der Lieferer hat die erste Ausfertigung des Begleitdokuments zu seinen Aufzeichnungen zu nehmen. [4] Der Beförderer hat die zweite und dritte Ausfertigung des Begleitdokuments bei der Beförderung der Energieerzeugnisse mitzuführen.

§ 45 Beförderungen von Energieerzeugnissen des steuerrechtlich freien Verkehrs durch einen anderen Mitgliedstaat. (1) [1] Werden die in § 4 des Gesetzes genannten Energieerzeugnisse des steuerrechtlich freien Verkehrs durch das Gebiet eines anderen Mitgliedstaats an einen Empfänger im Steuergebiet befördert, hat der Versender das vereinfachte Begleitdokument auszufertigen. [2] Dies gilt für Energieerzeugnisse der Unterpositionen 2710 12 21, 2710 12 25, 2710 19 29 und mittelschwere Öle der Unterposition 2710 20 90 der Kombinierten Nomenklatur jedoch nur, soweit sie als lose Ware befördert werden. [3] Der Versender hat in Feld 3 des vereinfachten Begleitdokuments den Hinweis

„Transit/Energieerzeugnisse des steuerrechtlich freien Verkehrs“

anzubringen sowie die Anschrift des für ihn zuständigen Hauptzollamts zu vermerken.

(2) [1] Der Versender hat das vereinfachte Begleitdokument in drei Exemplaren auszufertigen. [2] Er hat die erste Ausfertigung des vereinfachten Begleitdokuments spätestens am Versandtag dem für ihn zuständigen Hauptzollamt zu übermitteln. [3] Der Beförderer hat während der Beförderung der Energieerzeugnisse die zweite und dritte Ausfertigung des vereinfachten Begleitdokuments mitzuführen. [4] Er hat die Energieerzeugnisse auf dem kürzesten zumutbaren Weg durch das Gebiet des anderen Mitgliedstaats (Transitmitgliedstaat) zu befördern. [5] Nach Beendigung der Beförderung hat der Empfänger die Übernahme der Energieerzeugnisse auf der dritten Ausfertigung des vereinfachten Begleitdokuments zu bestätigen und sie dem für den Versender zuständigen Hauptzollamt zu übermitteln.

(3) [1] Tritt während der Beförderung auf dem Gebiet des Transitmitgliedstaats eine Unregelmäßigkeit ein, hat der Beförderer die zuständige Steuerbehörde des Mitgliedstaats und das für den Versender zuständige Hauptzollamt unverzüglich zu unterrichten. [2] § 18a Absatz 2 des Gesetzes gilt entsprechend.

Zu den §§ 21, 65 Abs. 1 und § 66 Abs. 1 Nr. 12 des Gesetzes

§ 46 Verkehrs-, Verbringungs- und Verwendungsbeschränkungen.

(1) [1] Energieerzeugnisse, die zugelassene Kennzeichnungsstoffe enthalten, dürfen nicht mit anderen Energieerzeugnissen gemischt sowie nicht als Kraftstoff bereitgehalten, abgegeben, mitgeführt oder verwendet werden, es sei denn, die Vermischung erfolgt zu den in § 25 Absatz 1 des Gesetzes genannten Zwecken oder ist nach § 47 Abs. 2 oder Abs. 3, § 48 Abs. 1 oder § 49 zulässig oder das Bereithalten, Abgeben, Mitführen oder die Verwendung als Kraftstoff erfolgt zu den in § 2 Abs. 3 Satz 1, § 26 oder § 27 Abs. 1 des Gesetzes genannten Zwecken oder ist nach § 47 Abs. 5, § 48 Abs. 5, § 61 oder Absatz 2 Satz 2 zulässig. [2] Die Kennzeichnungsstoffe dürfen nicht entfernt oder in ihrer Wirksamkeit beeinträchtigt werden. [3] Dies gilt nicht für die Aufarbeitung in Herstellungsbetrieben.

(2) [1] Gasöle der Unterpositionen 2710 19 43 bis 2710 19 48 und der Unterpositionen 2710 20 11 bis 2710 20 19 der Kombinierten Nomenklatur und ihnen gleichgestellte Energieerzeugnisse nach § 2 Absatz 4 des Gesetzes dürfen nur dann mit zugelassenen Kennzeichnungsstoffen oder anderen rot färbenden Stoffen vermischt in das Steuergebiet verbracht oder eingeführt, in den Verkehr gebracht oder verwendet werden, wenn

1. sie zu den in § 2 Absatz 3 Satz 1, § 25 Absatz 1, § 26 oder § 27 Absatz 1 des Gesetzes genannten Zwecken bestimmt sind, oder
2. das Verbringen oder die Einfuhr in das Steuergebiet in Verbindung mit einer Verwendung nach § 61 Absatz 1 Satz 1 Nummer 2 zulässig ist;

das Hauptzollamt kann in besonderen Einzelfällen Ausnahmen zulassen. [2] Abweichend von Satz 1 dürfen Energieerzeugnisse, die zugelassene Kennzeichnungsstoffe oder andere rot färbende Stoffe enthalten, als Kraftstoff in das Steuergebiet verbracht und verwendet werden, wenn sie in Hauptbehältern von Fahrzeugen, Spezialcontainern, Arbeitsmaschinen und -geräten sowie Kühl- und Klimaanlagen enthalten sind und wenn die Verwendung der Energieerzeugnisse als Kraftstoff

1. in Fahrzeugen, ausgenommen Wasserfahrzeuge der privaten nicht gewerblichen Schifffahrt im Sinn des § 60 Absatz 3, in dem Land der Fahrzeugzulassung erlaubt ist,
2. in Wasserfahrzeugen der privaten nicht gewerblichen Schifffahrt im Sinn des § 60 Absatz 3 in dem Land der Betankung erlaubt ist,
3. in Spezialcontainern, Arbeitsmaschinen und -geräten sowie Kühl- und Klimaanlagen in dem Land, in dem der Besitzer seinen Firmensitz hat, erlaubt ist und sie nach ihrem Arbeitseinsatz regelmäßig dorthin zurückkehren.

§ 47 Vermischungen in Kennzeichnungs- und anderen Betrieben.

(1) Werden aus Kennzeichnungs- oder anderen Betrieben leichtes Heizöl und nicht gekennzeichnete Gasöle der Unterpositionen 2710 19 43 bis 2710 19 48 und der Unterpositionen 2710 20 11 bis 2710 20 19 der Kombinierten Nomenklatur in wechselnder Folge abgegeben, sind Vermischungen nicht zulässig, wenn sie durch zumutbaren Aufwand vermieden werden können.

(2) [1] Unbeschadet des Absatzes 1 darf der Inhaber eines Betriebs leichtes Heizöl und nicht gekennzeichnete Gasöle der Unterpositionen 2710 19 43 bis 2710 19 48 und der Unterpositionen 2710 20 11 bis 2710 20 19 der Kombinierten Nomenklatur in wechselnder Folge unter Vermischung nur abgeben, wenn dabei der Anteil der für die jeweilige Abgabe nicht bestimmten Energieerzeugnisart 1 Prozent der in ein Behältnis abzugebenden Menge nicht übersteigt; er darf jedoch höchstens 60 Liter betragen. [2] Eine größere Menge als 60 Liter ist zulässig, wenn der Anteil der für die Abgabe nicht bestimmten Energieerzeugnisart nach Absatz 1 0,5 Prozent der in ein Behältnis abzugebenden Menge nicht übersteigt. [3] Vermischungen nach den Sätzen 1 und 2 sind nur zulässig, wenn bei aufeinander folgenden Wechseln das nicht zur Abgabe bestimmte Energieerzeugnis in gleicher Menge abgegeben und dadurch ein Steuervorteil ausgeschlossen wird. [4] Der nach den Sätzen 1 und 2 zulässige Anteil verringert sich nach Maßgabe des Absatzes 3.

(3) [1] Sind Vermischungen von Energieerzeugnissen nach Absatz 1 schon bei der Einlagerung oder Umlagerung in Kennzeichnungs- oder anderen Betrieben nicht vermeidbar, darf der Anteil der für die Abgabe nicht vorgesehenen Energieerzeugnisart im Gemisch 0,5 Prozent nicht übersteigen. [2] Kommt es in solchen Betrieben bei der Auslagerung oder Abgabe von Energieerzeugnissen erneut zu einer Vermischung, darf der in diesem Betrieb insgesamt entstandene Anteil der für die Abgabe nicht bestimmten Energieerzeugnisart 0,5 Prozent, im Fall des Absatzes 2 Satz 1 1 Prozent der jeweiligen Abgabemenge nicht übersteigen. [3] Absatz 2 Satz 3 gilt sinngemäß.

(4) Für die Fälle von Vermischungen nach den Absätzen 2 und 3 kann das Hauptzollamt mit dem Inhaber des Betriebs das nach den betrieblichen Verhältnissen zumutbare Verfahren vereinbaren.

(5) Gemische, die bei zulässigen Vermischungen nach den Absätzen 2 und 3 entstanden sind und in denen der Anteil der für die jeweilige Abgabe nicht bestimmten Energieerzeugnisart aus leichtem Heizöl besteht, dürfen als Kraftstoff bereitgehalten, abgegeben, mitgeführt und verwendet werden.

§ 48 Vermischungen bei der Abgabe aus Transportmitteln. (1) [1] Wer leichtes Heizöl, nicht gekennzeichnete Gasöle der Unterpositionen 2710 19 43 bis 2710 19 48 und der Unterpositionen 2710 20 11 bis 2710 20 19 der Kombinierten Nomenklatur und ihnen gleichgestellte Energieerzeugnisse nach § 2 Abs. 4 des Gesetzes aus verschiedenen Kammern eines Transportmittels in wechselnder Folge oder nach Beladung eines Transportmittels mit dem jeweils anderen Energieerzeugnis abgibt, darf das Energieerzeugnis, das in den Rohrleitungen, in den Armaturen und im Abgabeschlauch oder in einzelnen dieser Teile des Transportmittels von der vorhergehenden Abgabe verblieben ist (Restmenge), nur beimischen, wenn

1. folgende Mindestabgabemengen eingehalten werden:

a) das Einhundertfache der Restmenge bei der Abgabe an Verwender oder an Einrichtungen, aus denen Kraftfahrzeuge oder Motoren unmittelbar mit Kraftstoff versorgt werden,

b) das Zweihundertfache der Restmenge in anderen Fällen,

2. die Mindestabgabemenge in ein Behältnis abgegeben wird und
3. das Beimischen der Restmenge zu Beginn des Abgabevorgangs erfolgt.

[2] Das Beimischen der Restmenge zu dem bereits abgegebenen Energieerzeugnis ist nicht zulässig. [3] Bei der wechselseitigen Abgabe ist darauf zu achten, dass keine ungerechtfertigten Steuervorteile entstehen.

(2) Der Beförderer hat zur Wahrung der Steuerbelange auf Verlangen des Hauptzollamts für Transportmittel Aufzeichnungen über Reihenfolge, Art, Menge und Empfänger der im einzelnen Fall abgegebenen Energieerzeugnisse zu führen, soweit sich dies nicht aus betrieblichen Unterlagen ergibt.

(3) An den Abgabevorrichtungen von Tankkraftfahrzeugen und Schiffen, die für den Transport der in Absatz 1 genannten Energieerzeugnisse bestimmt sind, hat der Beförderer deutlich sichtbar das auf jeweils zehn Liter nach unten gerundete Einhundert- und Zweihundertfache der Restmengen nach Absatz 1 als die bei wechselweiser Abgabe oder Ladungswechsel zulässigen geringsten steuerlichen Abgabemengen anzugeben.

(4) Beschränkungen für das Vermischen von leichtem Heizöl mit nicht gekennzeichneten Gasölen der Unterpositionen 2710 19 43 bis 2710 19 48 und der Unterpositionen 2710 20 11 bis 2710 20 19 der Kombinierten Nomenklatur und ihnen gleichgestellten Energieerzeugnissen nach § 2 Abs. 4 des Gesetzes nach anderen als energiesteuerrechtlichen Vorschriften bleiben unberührt.

(5) Gemische, die bei zulässigen Vermischungen nach Absatz 1 entstanden sind und in denen der Anteil der Restmenge aus leichtem Heizöl besteht, dürfen als Kraftstoff bereitgehalten, abgegeben, mitgeführt und verwendet werden.

§ 49 Spülvorgänge und sonstige Vermischungen. (1) [1] Auf Antrag kann das Hauptzollamt zulassen, dass in Betrieben bei der Reinigung von Transportmitteln, Lagerbehältern und Rohrleitungen leichtes Heizöl und nicht gekennzeichnete Energieerzeugnisse in der notwendigen Menge miteinander vermischt werden. [2] Die Generalzolldirektion legt im Verwaltungswege fest, mit welchen Auflagen und Nebenbestimmungen im Sinne des § 120 der Abgabenordnung die Zulassung zu versehen ist. [3] Der Inhaber des Betriebs hat über die vermischten Energieerzeugnisse Aufzeichnungen zu führen. [4] § 7 Abs. 2 Satz 5 und 6 gilt sinngemäß.

(2) Auf Antrag des Verwenders kann das Hauptzollamt zulassen, dass leichtes Heizöl mit nicht gekennzeichneten Energieerzeugnissen oder Wasser vermischt wird, wenn das Gemisch zu Zwecken nach § 2 Abs. 3 Satz 1 des Gesetzes verwendet wird, die Vermischung im Hauptbehälter der jeweiligen Anlage erfolgt und eine andere Verwendung oder die Abgabe des Gemisches nicht zu befürchten ist.

(3) Heizöladditive der Position 3811 der Kombinierten Nomenklatur, auf deren Kennzeichnung verzichtet worden ist (§ 8 Abs. 2), dürfen mit leichtem Heizöl gemischt werden.

(4) Ist leichtes Heizöl versehentlich mit nicht gekennzeichneten Gasölen der Unterpositionen 2710 19 43 bis 2710 19 48 und der Unterpositionen 2710 20 11 bis 2710 20 19 der Kombinierten Nomenklatur vermischt worden, gilt § 7 Abs. 2 Satz 5 bis 7 sinngemäß.

(5) Die Absätze 1 bis 4 gelten sinngemäß für gekennzeichnete Energieerzeugnisse nach § 2 Abs. 4 des Gesetzes.

Zu § 23 des Gesetzes

§ 49a Abgabe von sonstigen Energieerzeugnissen. Andere als in § 4 des Gesetzes genannte Energieerzeugnisse gelten als erstmals im Steuergebiet als Kraft- oder Heizstoff oder als Zusatz oder Verlängerungsmittel von Kraft- oder Heizstoffen abgegeben, wenn der Abgebende einen nach außen hin objektiv erkennbaren Willen offenbart, ein Energieerzeugnis zu den genannten Zwecken abzugeben.

§ 50 Anzeige. (1) Die Anzeige nach § 23 Absatz 4 Satz 1 des Gesetzes ist schriftlich bei dem für den Anzeigepflichtigen zuständigen Hauptzollamt zu erstatten.

(2) [1] In der Anzeige sind anzugeben: Name, Geschäfts- oder Wohnsitz, Rechtsform, die Steuernummer beim zuständigen Finanzamt und – falls erteilt – die Umsatzsteuer-Identifikationsnummer (§ 27a des Umsatzsteuergesetzes) sowie die Art der Energieerzeugnisse nach der Bezeichnung im Gesetz und die voraussichtliche Höhe der durchschnittlich in einem Kalendermonat entstehenden Steuer. [2] Der Anzeige sind beizufügen:

1. ein Verzeichnis der Betriebsstätten im Steuergebiet nach § 12 der Abgabenordnung, aus oder in denen die Energieerzeugnisse abgegeben oder verwendet werden,
2. eine Darstellung der Mengenermittlung einschließlich der Messvorrichtungen,
3. von Unternehmen, die in das Handels-, Genossenschafts- oder Vereinsregister eingetragen sind, ein Registerauszug nach dem neuesten Stand,
4. gegebenenfalls eine Erklärung über die Bestellung eines Beauftragten nach § 214 der Abgabenordnung oder eines Betriebsleiters nach § 62 Abs. 1 des Gesetzes, in der dieser sein Einverständnis erklärt hat.

(3) [1] Auf Verlangen des Hauptzollamts hat der Anzeigepflichtige weitere Angaben zu machen, wenn sie zur Sicherung des Steueraufkommens oder für die Steueraufsicht erforderlich erscheinen. [2] Es kann auf Angaben verzichten, soweit die Steuerbelange dadurch nicht beeinträchtigt werden.

(4) Eine Anzeige ist in den Fällen des § 23 Abs. 2 Nr. 1 und 2 des Gesetzes nicht erforderlich.

§ 51 Pflichten, Steueraufsicht. (1) [1] Der Anzeigepflichtige hat ein Belegheft zu führen. [2] Das Hauptzollamt kann dazu Anordnungen treffen.

(2) [1]Der Anzeigepflichtige hat Aufzeichnungen zu führen, aus denen unter Angabe der für die Versteuerung maßgeblichen Merkmale ersichtlich sein müssen:

1. die Art und die Menge der als Kraft- oder Heizstoff oder als Zusatz oder Verlängerungsmittel von Kraft- oder Heizstoffen abgegebenen Energieerzeugnisse sowie der Tag der Abgabe; im Fall des § 23 Abs. 2 Nr. 3 des Gesetzes muss den Aufzeichnungen bei der Abgabe an ein Steuerlager zusätzlich die Bezeichnung und die Anschrift dieses Betriebs zu entnehmen sein,
2. die Art und die Menge der als Kraft- oder Heizstoff verwendeten Energieerzeugnisse, für die die Steuer nach § 23 Absatz 1 Satz 1 Nummer 2 des Gesetzes entstanden ist, sowie der Tag der Verwendung,
3. die Art und die Menge der Energieerzeugnisse, für die die Steuer nach § 23 Abs. 1 Satz 1 Nr. 3 oder Nr. 4 des Gesetzes entstanden ist, sowie der Tag der Abgabe oder der Verwendung,
4. die Art und die Menge der als Kraft- oder Heizstoff abgegebenen oder verwendeten Energieerzeugnisse, für die die Voraussetzungen eines Verfahrens der Steuerbefreiung vorliegen, sowie im Fall der Abgabe den Namen und die Anschrift des Empfängers sowie dessen Bezugsberechtigung,
5. der Betrag der anzumeldenden und zu entrichtenden Steuer.

[2]Die Aufzeichnungen müssen so beschaffen sein, dass es einem sachverständigen Dritten innerhalb einer angemessenen Frist möglich ist, die Grundlagen für die Besteuerung festzustellen. [3]Das Hauptzollamt kann weitere Aufzeichnungen vorschreiben oder besondere Anordnungen zu den Aufzeichnungen treffen, wenn dies zur Sicherung des Steueraufkommens oder für die Steueraufsicht erforderlich erscheint. [4]Es kann einfachere Aufzeichnungen zulassen oder auf Aufzeichnungen verzichten, wenn die Steuerbelange dadurch nicht beeinträchtigt werden.

(3) Die mit der Steueraufsicht betrauten Amtsträger können für steuerliche Zwecke unentgeltlich Proben von Energieerzeugnissen zur Untersuchung entnehmen.

(4) Der Anzeigepflichtige hat dem Hauptzollamt Änderungen der nach § 50 Abs. 2 angegebenen Verhältnisse sowie Überschuldung, drohende oder eingetretene Zahlungsunfähigkeit, Zahlungseinstellung und Stellung des Antrags auf Eröffnung eines Insolvenzverfahrens unverzüglich schriftlich anzuzeigen, soweit das Hauptzollamt nicht darauf verzichtet.

Zu den §§ 24 bis 30 des Gesetzes

§ 52 Antrag auf Erlaubnis als Verwender oder Verteiler. (1) [1]Die Erlaubnis als Verwender nach § 24 Absatz 2 Satz 1 des Gesetzes und die Erlaubnis als Verteiler nach § 24 Absatz 2 Satz 2 des Gesetzes sind, soweit sie nicht allgemein erteilt sind (§ 55), bei dem für den Verwender oder den Verteiler zuständigen Hauptzollamt schriftlich zu beantragen. [2]In den Fällen des § 27 Absatz 1 Nummer 1 und Absatz 2 Nummer 1 des Gesetzes ist der Antrag nach amtlich vorgeschriebenem Vordruck abzugeben.

(2) [1] In dem Antrag sind die Art der Energieerzeugnisse nach der Bezeichnung im Gesetz und der Verwendungszweck anzugeben; dabei ist auch anzugeben, ob gleichartige versteuerte Energieerzeugnisse gehandelt, gelagert oder verwendet werden. [2] Dem Antrag sind beizufügen:

1. eine Beschreibung der Betriebs- und Lagerräume und der mit ihnen in Verbindung stehenden oder an sie angrenzenden Räume sowie in zweifacher Ausfertigung ein Plan der Betriebsanlage, in dem die Lagerstätte für die Energieerzeugnisse kenntlich gemacht ist,
2. eine Betriebserklärung, in der die Verwendung der Energieerzeugnisse genau beschrieben ist; darin ist anzugeben, ob und wie bei der Verwendung nicht aufgebrauchte Energieerzeugnisse weiter verwendet werden sollen sowie ob bei der Verwendung Energieerzeugnisse gewonnen oder wiedergewonnen werden und wie sie verwendet werden sollen,
3. eine Darstellung der Buchführung über die Verwendung oder Verteilung der steuerfreien Energieerzeugnisse,
4. in den Fällen des § 27 Abs. 2 Nr. 1 des Gesetzes
   a) in den Fällen einer gewerbsmäßigen Beförderung von Personen oder Sachen die erforderliche Genehmigung als Luftfahrtunternehmen, alle nachträglichen Änderungen und alle auf das Unternehmen bezogenen Verfügungen der Luftfahrtbehörde, in anderen Fällen eine Beschreibung des Gegenstands des Dienstleistungsbetriebs und ein Nachweis der Gewerbsmäßigkeit,
   b) eine Erklärung, in der anzugeben ist, welche Luftfahrzeuge, gegliedert nach Luftfahrzeugmuster und Kennzeichen, ausschließlich zu steuerfreien Zwecken nach § 27 Abs. 2 Nr. 1 des Gesetzes eingesetzt werden sollen,
   c) der Nachweis der Nutzungsberechtigung und
   d) die Lufttüchtigkeitszeugnisse der Luftfahrzeuge,
5. in den Fällen des § 27 Abs. 2 Nr. 2, 3 und Abs. 3 des Gesetzes die Genehmigung des Luftfahrt-Bundesamts, der zuständigen Europäischen Agentur für Flugsicherheit oder des Bundesamts für Wehrtechnik und Beschaffung,
6. von Unternehmen, die in das Handels-, Genossenschafts- oder Vereinsregister eingetragen sind, ein Registerauszug nach dem neuesten Stand,
7. gegebenenfalls eine Erklärung über die Bestellung eines Beauftragten nach § 214 der Abgabenordnung oder eines Betriebsleiters nach § 62 Abs. 1 des Gesetzes, in der dieser sein Einverständnis erklärt hat.

(3) [1] Der Antragsteller hat auf Verlangen des Hauptzollamts weitere Angaben zu machen, wenn sie für die Steueraufsicht erforderlich erscheinen. [2] Das Hauptzollamt kann auf Angaben verzichten, soweit die Steuerbelange dadurch nicht beeinträchtigt werden.

(4) Wer als Erlaubnisinhaber steuerfreie Energieerzeugnisse aus dem Steuergebiet verbringen will, hat die Erlaubnis nach § 24 Abs. 4 des Gesetzes, soweit sie nicht allgemein erteilt ist, schriftlich bei dem für ihn zuständigen Hauptzollamt zu beantragen.

§ 53 Erteilung der Erlaubnis. [1] Das Hauptzollamt erteilt schriftlich die Erlaubnis nach § 52 Abs. 1 oder Abs. 4 (förmliche Einzelerlaubnis) und stellt einen Erlaubnisschein als Nachweis der Bezugsberechtigung aus. [2]Die Erlaubnis kann mit Nebenbestimmungen nach § 120 Absatz 2 der Abgabenordnung verbunden werden.

§ 54 Erlöschen der Erlaubnis. (1) Die förmliche Einzelerlaubnis erlischt
1. durch Widerruf,
2. durch Verzicht,
3. durch Fristablauf,
4. durch Übergabe des Betriebs an Dritte,
5. durch Tod des Erlaubnisinhabers,
6. durch Auflösung der juristischen Person oder Personenvereinigung ohne Rechtspersönlichkeit, der die Erlaubnis erteilt worden ist,
7. durch Eröffnung des Insolvenzverfahrens über das Vermögen des Erlaubnisinhabers oder durch Abweisung der Eröffnung mangels Masse

im Zeitpunkt des maßgebenden Ereignisses, soweit die Absätze 2, 3 und 5 nichts anderes bestimmen.

(2) [1]Beantragen in den Fällen des Absatzes 1 Nr. 5 bis 7 die Erben, die Liquidatoren oder der Insolvenzverwalter innerhalb von drei Monaten nach dem maßgebenden Ereignis die Fortführung des Betriebs bis zu seinem endgültigen Übergang auf einen anderen Inhaber oder bis zur Abwicklung des Betriebs, gilt die Erlaubnis für die Rechtsnachfolger oder die anderen Antragsteller entgegen Absatz 1 fort. [2]Sie erlischt nicht vor Ablauf einer angemessenen Frist, die das Hauptzollamt festsetzt. [3]Absatz 1 Nr. 1 bleibt unberührt.

(3) [1]Beantragen in den Fällen des Absatzes 1 Nr. 4 und 5 der neue Inhaber oder die Erben innerhalb von drei Monaten nach dem maßgebenden Ereignis eine neue Erlaubnis, gilt die Erlaubnis des Rechtsvorgängers für die Antragsteller entgegen Absatz 1 fort. [2]Sie erlischt nicht vor Eintritt der Rechtskraft der Entscheidung über den Antrag. [3]Absatz 1 Nr. 1 bleibt unberührt.

(4) Macht der Erlaubnisinhaber innerhalb eines Zeitraums von zwei Jahren keinen Gebrauch von der Erlaubnis, ist die Erlaubnis zu widerrufen.

(5) Soll im Fall des Absatzes 1 Nr. 3 ein beim Ablauf der Frist vorhandener Bestand an Energieerzeugnissen noch aufgebraucht werden, kann dafür das Hauptzollamt die Gültigkeitsfrist der Erlaubnis auf Antrag angemessen verlängern.

(6) In den Fällen des Absatzes 1 Nr. 2 und 4 bis 7 haben der Erlaubnisinhaber den Nichtgebrauch, der neue Inhaber die Übergabe des Betriebs, die Erben den Tod des Erlaubnisinhabers, die Liquidatoren und der Insolvenzverwalter jeweils die Eröffnung des Insolvenzverfahrens oder die Abweisung der Eröffnung des Insolvenzverfahrens dem Hauptzollamt unverzüglich schriftlich anzuzeigen.

§ 55 Allgemeine Erlaubnis. Unter Verzicht auf eine förmliche Einzelerlaubnis werden nach Maßgabe der Anlage 1 zu dieser Verordnung die Verwendung und die Verteilung von steuerfreien Energieerzeugnissen sowie das Verbringen von steuerfreien Energieerzeugnissen aus dem Steuergebiet allgemein erlaubt.

§ 56 Pflichten des Erlaubnisinhabers, Steueraufsicht. (1) [1]Die Lagerstätte für steuerfreie Energieerzeugnisse ist möglichst in einem besonderen Raum unterzubringen. [2]Sie bedarf der Zulassung durch das Hauptzollamt.

(2) [1]Der Erlaubnisinhaber hat ein Belegheft zu führen. [2]Das Hauptzollamt kann dazu Anordnungen treffen.

(3) [1]Der Erlaubnisinhaber hat ein Verwendungsbuch nach amtlich vorgeschriebenem Vordruck zu führen. [2]Das Hauptzollamt kann dazu Anordnungen treffen. [3]Der Erlaubnisinhaber hat auf Verlangen des Hauptzollamts weitere Aufzeichnungen zu führen, wenn Steuerbelange dies erfordern. [4]Das Hauptzollamt kann anstelle des Verwendungsbuchs betriebliche Aufzeichnungen zulassen, wenn die Steuerbelange dadurch nicht beeinträchtigt werden. [5]Inhaber von Herstellungsbetrieben, die Energieerzeugnisse im eigenen Herstellungsbetrieb steuerfrei verwenden, haben den Verbleib der Energieerzeugnisse nur im Herstellungsbuch nachzuweisen. [6]Verteiler haben dem Hauptzollamt auf Verlangen Zusammenstellungen über die Abgabe von Energieerzeugnissen zu steuerfreien Zwecken an bestimmte Empfänger vorzulegen.

(4) [1]Das Verwendungsbuch ist spätestens zwei Monate nach Erlöschen der Erlaubnis abzuschließen. [2]Der Erlaubnisinhaber hat dem Hauptzollamt auf Verlangen das abgeschlossene Verwendungsbuch abzuliefern.

(5) [1]Der Erlaubnisinhaber hat dem zuständigen Hauptzollamt bis zum 15. Februar jeden Jahres andere als die in § 28 des Gesetzes genannten Energieerzeugnisse anzumelden, die er im abgelaufenen Kalenderjahr

1. als Verwender bezogen,
2. als Verteiler zu den in der Anlage 1 aufgeführten steuerfreien Zwecken abgegeben oder
3. als Verwender oder Verteiler aus dem Steuergebiet verbracht oder ausgeführt

hat. [2]Das Hauptzollamt kann Ausnahmen zulassen.

(6) [1]Der Erlaubnisinhaber hat einmal im Kalenderjahr den Bestand an steuerfreien Energieerzeugnissen aufzunehmen und ihn gleichzeitig mit dem Sollbestand dem Hauptzollamt spätestens sechs Wochen nach der Bestandsaufnahme nach amtlich vorgeschriebenem Vordruck anzumelden. [2]Der Erlaubnisinhaber hat den Zeitpunkt der Bestandsaufnahme dem Hauptzollamt drei Wochen vorher anzuzeigen. [3]Das Hauptzollamt kann auf die Bestandsaufnahme, die Anmeldung und die Anzeige verzichten, wenn die Steuerbelange dadurch nicht beeinträchtigt werden. [4]Die mit der Steueraufsicht betrauten Amtsträger können an der Bestandsaufnahme teilnehmen.

(7) [1]Auf Anordnung des Hauptzollamts sind die Bestände amtlich festzustellen. [2]Dazu hat der Erlaubnisinhaber das Verwendungsbuch oder die an seiner Stelle zugelassenen Aufzeichnungen aufzurechnen und auf Verlangen des Hauptzollamts die Bestände nach amtlich vorgeschriebenem Vordruck anzumelden. [3]Der Erlaubnisinhaber hat auf Verlangen des Hauptzollamts auch andere Energieerzeugnisse, mit denen er handelt, die er lagert oder verwendet, oder auch andere Stoffe in die Bestandsaufnahme oder Anmeldung einzubeziehen.

(8) Treten Verluste an steuerfreien Energieerzeugnissen ein, die die betriebsüblichen unvermeidbaren Verluste übersteigen, hat der Erlaubnisinhaber dies dem Hauptzollamt unverzüglich anzuzeigen.

(9) Die mit der Steueraufsicht betrauten Amtsträger können für steuerliche Zwecke unentgeltlich Proben von Energieerzeugnissen und von den steuerfrei hergestellten Erzeugnissen zur Untersuchung entnehmen.

(10) [1] Der Erlaubnisinhaber hat dem Hauptzollamt Änderungen der nach § 52 Abs. 2 angegebenen Verhältnisse unverzüglich schriftlich anzuzeigen. [2] Versteuert der Erlaubnisinhaber Energieerzeugnisse nach § 61, hat er dem Hauptzollamt außerdem Überschuldung, drohende oder eingetretene Zahlungsunfähigkeit, Zahlungseinstellung und Stellung des Antrags auf Eröffnung eines Insolvenzverfahrens unverzüglich schriftlich anzuzeigen.

(11) Der Erlaubnisinhaber hat den Erlaubnisschein dem Hauptzollamt unverzüglich zurückzugeben, wenn die Erlaubnis erlischt (§ 54) oder die Verwendung oder Verteilung von steuerfreien Energieerzeugnissen eingestellt wird.

(12) [1] Geht der Erlaubnisschein verloren, hat der Erlaubnisinhaber dies dem Hauptzollamt unverzüglich anzuzeigen. [2] Das Hauptzollamt stellt auf Antrag einen neuen Erlaubnisschein aus, es sei denn, die Erlaubnis ist zu widerrufen.

(13) [1] Die Absätze 1 bis 7 und 10 bis 12 gelten nicht für den Inhaber einer allgemeinen Erlaubnis (§ 55). [2] Das zuständige Hauptzollamt kann jedoch Überwachungsmaßnahmen anordnen, wenn sie zur Sicherung der Steuerbelange erforderlich erscheinen. [3] Insbesondere kann es anordnen, dass

1. der Inhaber der allgemeinen Erlaubnis über den Bezug, die Verwendung und die Abgabe der steuerfreien Energieerzeugnisse Aufzeichnungen führt und sie dem Hauptzollamt vorlegt und
2. die Bestände amtlich festzustellen sind.

§ 57 Bezug und Abgabe von steuerfreien Energieerzeugnissen.

(1) Werden steuerfreie Energieerzeugnisse aus einem Steuerlager an einen Erlaubnisinhaber abgegeben, hat der Inhaber des abgebenden Steuerlagers vorbehaltlich des § 45 die einzelnen Lieferungen durch Empfangsbestätigungen des Empfängers oder mit Zulassung des Hauptzollamts durch betriebliche Versandpapiere nachzuweisen, die den Namen und die Anschrift des Empfängers sowie Art, Menge und steuerlichen Zustand der Energieerzeugnisse und den Zeitpunkt der Lieferung enthalten.

(2) *(aufgehoben)*

(3) Der Versender hat die abgegebenen Energieerzeugnisse unverzüglich in das Herstellungs- oder Lagerbuch einzutragen oder in den an ihrer Stelle zugelassenen Aufzeichnungen zu erfassen.

(4) [1] Der Versender darf steuerfreie Energieerzeugnisse nur übergeben, wenn ihm oder seinem Beauftragten ein gültiger Erlaubnisschein des Empfängers vorliegt oder spätestens bei der Übergabe vorgelegt wird. [2] Bei Liefergeschäften über einen oder mehrere Verteiler (Zwischenhändler), die die Energieerzeugnisse nicht selbst in Besitz nehmen (Streckengeschäft), genügt die Vorlage des gültigen Erlaubnisscheins des ersten Zwischenhändlers beim Versender, wenn jedem Zwischenhändler der gültige Erlaubnisschein des nachfolgenden Zwischenhändlers und dem letzten Zwischenhändler der gültige Erlaubnisschein des Empfängers vorliegt.

(5) [1] Sollen Energieerzeugnisse im Anschluss an die Einfuhr in den Betrieb eines Erlaubnisinhabers befördert werden, ist dies mit der Zollanmeldung

schriftlich zu beantragen. [2]Dem Antrag ist der Erlaubnisschein beizufügen, soweit die Erlaubnis nicht allgemein erteilt ist.

(6) *(aufgehoben)*

(7) [1]Der Erlaubnisinhaber hat steuerfreie Energieerzeugnisse, die er in Besitz genommen hat, unverzüglich in das Verwendungsbuch einzutragen oder in den an seiner Stelle zugelassenen Aufzeichnungen zu erfassen. [2]Mit der Inbesitznahme gelten die Energieerzeugnisse als in den Betrieb aufgenommen.

(8) [1]Das Hauptzollamt kann auf Antrag zulassen, dass steuerfreie Energieerzeugnisse zusammen mit anderen gleichartigen Energieerzeugnissen gelagert werden, wenn dafür ein Bedürfnis besteht, Steuerbelange nicht gefährdet werden und Steuervorteile nicht entstehen. [2]Das Gemisch wird in diesem Fall so behandelt, als ob die Energieerzeugnisse getrennt gehalten worden wären. [3]Die entnommenen Energieerzeugnisse werden je nach Wahl des Erlaubnisinhabers als aus einem der Gemischanteile stammend behandelt.

(9) Für die Verteilung von steuerfreien Energieerzeugnissen gelten die Absätze 1 bis 4 sinngemäß.

(10) [1]Wer als Erlaubnisinhaber steuerfreie Energieerzeugnisse nach § 4 des Gesetzes in ein Drittland ausführen will, hat das vereinfachte Begleitdokument auszufertigen. [2]Dies gilt für Energieerzeugnisse der Unterpositionen 2710 12 21, 2710 12 25, 2710 19 29 und mittelschwere Öle der Unterposition 2710 20 90 der Kombinierten Nomenklatur jedoch nur, soweit sie als lose Ware ausgeführt werden. [3]An die Stelle des Empfängers tritt die Zollstelle, an der die Energieerzeugnisse das Verbrauchsteuergebiet der Europäischen Gemeinschaft verlassen. [4]Der Beförderer hat die zweite und dritte Ausfertigung des vereinfachten Begleitdokuments bei der Beförderung der Energieerzeugnisse mitzuführen.

(11) [1]Werden die Energieerzeugnisse von einer Eisenbahngesellschaft, einem Postdienst oder einer Luftverkehrsgesellschaft im Rahmen eines durchgehenden Beförderungsvertrags zur Beförderung aus dem Verbrauchsteuergebiet der Europäischen Gemeinschaft übernommen, gelten die Energieerzeugnisse vorbehaltlich gegenteiliger Feststellung mit der Bestätigung der Übernahme als ausgeführt. [2]Wird der Beförderungsvertrag mit der Folge geändert, dass eine Beförderung, die außerhalb des Verbrauchsteuergebiets der Europäischen Gemeinschaft enden sollte, innerhalb dieses Gebiets endet, erteilt die zuständige Zollstelle (Ausgangszollstelle im Sinne des Artikels 793 Abs. 2 Buchstabe a der Zollkodex-Durchführungsverordnung) die Zustimmung zur Änderung nach Artikel 796 Abs. 2 der Zollkodex-Durchführungsverordnung nur, wenn gewährleistet ist, dass die Energieerzeugnisse im Verbrauchsteuergebiet der Europäischen Gemeinschaft ordnungsgemäß steuerlich erfasst werden.

(12) [1]Der Erlaubnisinhaber hat im Fall des Absatzes 11 den Inhalt der Sendung auf dem Beförderungspapier gut sichtbar mit der Kurzbezeichnung „VSt" als verbrauchsteuerpflichtige Ware zu kennzeichnen, die Sendung in ein Eisenbahn-, Post- oder Luftfrachtausgangsbuch nach amtlich vorgeschriebenem Vordruck einzutragen und das Buch dem Beförderer zur Bestätigung der Übernahme der Sendung vorzulegen. [2]Das Hauptzollamt kann anstelle des Eisenbahn-, Post- oder Luftfrachtausgangsbuchs andere Aufzeichnungen zulassen, wenn die Steuerbelange dadurch nicht gefährdet werden.

(13) Das Hauptzollamt kann den Erlaubnisinhaber auf Antrag von dem Verfahren nach Absatz 10 oder Absatz 11 freistellen, wenn die Energieerzeugnisse unmittelbar ausgeführt werden und die Ausfuhr der Energieerzeugnisse nach dem Ermessen des Hauptzollamts zweifelsfrei nachgewiesen werden kann.

(14) Das Bundesministerium der Finanzen kann zulassen, dass andere als die in § 2 Absatz 1 Nummer 1 bis 5 und 8 des Gesetzes genannten Energieerzeugnisse oder Energieerzeugnisse, deren Verwendung, Verteilung oder Verbringen und Ausfuhr aus dem Steuergebiet allgemein erlaubt ist, unter Verzicht auf das Verfahren nach Absatz 10 oder Absatz 11 ausgeführt werden, wenn die Steuerbelange dadurch nicht beeinträchtigt werden.

(15) Der Erlaubnisinhaber hat die nach den Absätzen 10 bis 14 aus dem Steuergebiet verbrachten oder ausgeführten Energieerzeugnisse unverzüglich in das Verwendungsbuch einzutragen oder in den an seiner Stelle zugelassenen Aufzeichnungen zu erfassen.

(16) [1] Der Erlaubnisinhaber darf die steuerfreien Energieerzeugnisse

1. an den Versender oder Verteiler zurückgeben,
2. unmittelbar oder über eine abfallrechtlich genehmigte Sammelstelle in ein Steuerlager verbringen oder
3. an andere Personen nur abgeben, wenn dies durch das Hauptzollamt zugelassen worden ist.

[2] Die Absätze 1 bis 3 gelten sinngemäß.

(17) Die Absätze 4 und 7 Satz 1 sowie die Absätze 9 und 15 gelten nicht für den Inhaber einer allgemeinen Erlaubnis.

Zu § 25 des Gesetzes

§ 58 Verwendung zu anderen Zwecken. (1) Die Verwendung von Schmierstoffen zur Herstellung von Zweitaktergemischen ist keine Verwendung im Sinne des § 25 Abs. 1 Satz 1 Nr. 2 des Gesetzes.

(2) Eine Untersuchung im Sinne des § 25 Abs. 2 des Gesetzes ist nur die im Laboratorium übliche chemisch-technische Prüfung.

Zu § 26 des Gesetzes

§ 59 Eigenverbrauch. [1] Teile des Herstellungs-, Gasgewinnungs- oder sonstigen Betriebs, in denen nach § 26 des Gesetzes Energieerzeugnisse steuerfrei verwendet werden können, sind

1. Anlagen zur Gewinnung oder Bearbeitung von Energieerzeugnissen,

1a. Anlagen zur Erzeugung von Hilfsstoffen für die Energieerzeugnisherstellung, die mit den Anlagen nach Nummer 1 räumlich zusammenhängen, soweit die Hilfsstoffe für die Herstellung von Energieerzeugnissen im Betrieb verwendet werden,

2. Lagerstätten für die hergestellten Energieerzeugnisse und für die Roh- und Hilfsstoffe, Zwischen- und Nebenerzeugnisse der Energieerzeugnisherstellung, die mit den Anlagen nach Nummer 1 räumlich zusammenhängen,

3. Rohrleitungen, Pump-, Transport- und Beheizungsanlagen, die mit den in den Nummern 1, 1a, 2, 4, 5 und 6 bezeichneten Anlagen räumlich zusammenhängen und die dem Entladen und Verladen der hergestellten Energieerzeugnisse und von Roh- und Hilfsstoffe, Zwischen- und Nebenerzeugnissen der Energieerzeugnisherstellung oder zu deren Beförderung zu den oder innerhalb der bezeichneten Anlagen dienen,
4. Anlagen zur Reinigung oder Beseitigung von Abwässern der Energieerzeugnisherstellung,
5. Bewetterungs- und Entwässerungsanlagen,
6. zum Betrieb gehörige Anlagen zur Energiegewinnung, die mit den Anlagen nach Nummer 1 räumlich zusammenhängen, soweit sie Energie zum Verbrauch im Betrieb abgeben; wird in den Anlagen Energie aus Energieerzeugnissen und anderen Stoffen gewonnen und den Verbrauchsstellen über ein einheitliches Leitungssystem zugeleitet, gilt die Energie aus Energieerzeugnissen als zum Verbrauch im Betrieb abgegeben.

[2] Die in den Betriebsteilen nach Satz 1 verwendeten Energieerzeugnisse sind nur insoweit von der Steuer befreit, als die weiteren Voraussetzungen des § 26 des Gesetzes gegeben sind.

Zu den §§ 17 und 27 des Gesetzes

§ 60 Schiff- und Luftfahrt. (1) Als Schifffahrt im Sinn des § 27 Absatz 1 des Gesetzes gelten nicht
1. die stationäre Nutzung eines Wasserfahrzeugs als Wohnschiff, Hotelschiff oder zu ähnlichen Zwecken,
2. der Antrieb von Arbeitsmaschinen, die auf einem schwimmenden Arbeitsgerät fest montiert sind und aufgrund eines eigenen Motors unabhängig vom Antriebsmotor des schwimmenden Arbeitsgeräts betrieben werden.

(1a) Als schwimmende Arbeitsgeräte im Sinn des Absatzes 1 Nummer 2 gelten die in der Position 8905 der Kombinierten Nomenklatur erfassten Wasserfahrzeuge und schwimmenden Vorrichtungen mit eigenem motorischen Antrieb zur Fortbewegung.

(2) Als Wasserfahrzeuge im Sinn des § 17 Absatz 1 Satz 3 Nummer 2 und des § 27 Absatz 1 des Gesetzes gelten alle im Kapitel 89 der Kombinierten Nomenklatur erfassten Fahrzeuge und schwimmenden Vorrichtungen mit eigenem motorischen Antrieb zur Fortbewegung.

(3) Private nichtgewerbliche Schifffahrt im Sinne des § 27 Abs. 1 Satz 1 Nr. 1 des Gesetzes ist die Nutzung eines Wasserfahrzeugs durch seinen Eigentümer oder den durch Anmietung oder aus sonstigen Gründen Nutzungsberechtigten zu anderen Zwecken als
1. zur gewerbsmäßigen Beförderung von Personen oder Sachen,
2. zur gewerbsmäßigen Erbringung von Dienstleistungen, ausgenommen die Nutzung von Wasserfahrzeugen der Position 8903 der Kombinierten Nomenklatur auf Binnengewässern,
3. zur Seenotrettung durch Seenotrettungsdienste,

4. zu Forschungszwecken,
5. zur dienstlichen Nutzung durch Behörden oder
6. zur Haupterwerbsfischerei.

(4) Private nichtgewerbliche Luftfahrt im Sinne des § 27 Abs. 2 Nr. 1 des Gesetzes ist die Nutzung eines Luftfahrzeugs durch seinen Eigentümer oder den durch Anmietung oder aus sonstigen Gründen Nutzungsberechtigten zu anderen Zwecken als

1. zur gewerbsmäßigen Beförderung von Personen oder Sachen durch Luftfahrtunternehmen oder in einem Luftsportgerät,
2. zur gewerbsmäßigen Erbringung von Dienstleistungen,
3. zur Luftrettung durch Luftrettungsdienste,
4. zu Forschungszwecken,
5. zur dienstlichen Nutzung durch Behörden.

(5) Gewerbsmäßigkeit liegt vor, wenn die mit Luft- oder Wasserfahrzeugen gegen Entgelt ausgeübte Tätigkeit mit Gewinnerzielungsabsicht betrieben wird und der Unternehmer auf eigenes Risiko und eigene Verantwortung handelt.

(6) Binnengewässer im Sinn des Absatzes 3 Nummer 2 sind die Binnenwasserstraßen nach § 1 Absatz 1 Nummer 1 des Bundeswasserstraßengesetzes in der Fassung der Bekanntmachung vom 23. Mai 2007 (BGBl. I S. 962; 2008 I S. 1980), das zuletzt durch § 2 der Verordnung vom 27. April 2010 (BGBl. I S. 540) geändert worden ist, in der jeweils geltenden Fassung und die sonstigen im Binnenland gelegenen Gewässer, die für die Schifffahrt geeignet und bestimmt sind, mit Ausnahme

1. der Seeschifffahrtsstraßen gemäß § 1 Absatz 1 der Seeschifffahrtsstraßen-Ordnung in der Fassung der Bekanntmachung vom 22. Oktober 1998 (BGBl. I S. 3209; 1999 I S. 193), die zuletzt durch Artikel 1 der Verordnung vom 7. April 2010 (BGBl. I S. 399) geändert worden ist, in der jeweils geltenden Fassung,
2. der Ems und der Leda in den Grenzen, die in § 1 Absatz 1 Satz 1 Nummer 2 der Verordnung zur Einführung der Schifffahrtsordnung Emsmündung vom 8. August 1989 (BGBl. I S. 1583), die zuletzt durch Artikel 3 § 17 der Verordnung vom 19. Dezember 2008 (BGBl. I S. 2868; 2010 I S. 380) geändert worden ist, in der jeweils geltenden Fassung genannt werden, und
3. der Elbe von Kilometer 607,5 bis Kilometer 639 und des Hamburger Hafens in den Grenzen, die in § 1 Absatz 2 des Hafenverkehrs- und Schifffahrtsgesetzes vom 3. Juli 1979 (Hamburgisches Gesetz- und Verordnungsblatt Teil I Seite 177), das zuletzt durch Artikel 4 des Gesetzes vom 6. Oktober 2005 (Hamburgisches Gesetz- und Verordnungsblatt Teil I Seite 424) geändert worden ist, in der jeweils geltenden Fassung genannt werden.

(7) Die Verwendung von steuerfreien Energieerzeugnissen in Luftfahrzeugen für die Luftfahrt mit Ausnahme der privaten nichtgewerblichen Luftfahrt und in Wasserfahrzeugen für die Schifffahrt mit Ausnahme der privaten nichtgewerblichen Schifffahrt wird vorbehaltlich des § 61 nur erlaubt, wenn diese ausschließlich zu steuerfreien Zwecken nach § 27 des Gesetzes eingesetzt werden.

(8) Die Verwendung von steuerfreien Energieerzeugnissen in den Fällen des § 27 Abs. 2 Nr. 2 und 3 und Abs. 3 des Gesetzes wird nur erlaubt, wenn die Energieerzeugnisse in Instandhaltungs-, Entwicklungs- und Herstellungsbetrieben verwendet werden, die vom Luftfahrt-Bundesamt, von der zuständigen Europäischen Agentur für Flugsicherheit oder vom Bundesamt für Wehrtechnik und Beschaffung genehmigt worden sind.

§ 61 Versteuerung von Energieerzeugnissen in Wasserfahrzeugen.

(1) [1] Inhaber von Erlaubnissen zur steuerfreien Verwendung von Energieerzeugnissen nach § 27 Absatz 1 des Gesetzes dürfen die Energieerzeugnisse unter Versteuerung nach dem jeweils zutreffenden Steuersatz des § 2 des Gesetzes

1. in Wasserfahrzeugen verwenden, die vorübergehend stationär als Wohnschiff, Hotelschiff oder zu ähnlichen Zwecken genutzt werden,
2. zum Antrieb von Arbeitsmaschinen verwenden, die auf einem schwimmenden Arbeitsgerät nach § 60 Absatz 1a fest montiert sind und aufgrund eines eigenen Motors unabhängig vom Antriebsmotor des schwimmenden Arbeitsgeräts betrieben werden.

[2] Der Erlaubnisinhaber hat dem zuständigen Hauptzollamt die Verwendung der Energieerzeugnisse zu den nicht steuerfreien Zwecken unverzüglich anzuzeigen. [3] Das Bundesministerium der Finanzen kann im Verwaltungswege eine Frist für die Abgabe der Anzeige bestimmen.

(2) In begründeten Ausnahmefällen kann das Hauptzollamt auf Antrag zulassen, dass Inhaber von Erlaubnissen zur steuerfreien Verwendung von Energieerzeugnissen nach § 27 Abs. 1 des Gesetzes die Energieerzeugnisse unter Versteuerung nach dem jeweils zutreffenden Steuersatz des § 2 des Gesetzes zu nicht steuerfreien Zwecken verwenden.

(3) [1] Die Steuer entsteht in den Fällen der Absätze 1 und 2 mit der Verwendung der Energieerzeugnisse zu den nicht steuerfreien Zwecken. [2] Steuerschuldner ist der Erlaubnisinhaber.

(4) [1] Der Steuerschuldner hat für Energieerzeugnisse, für die die Steuer entstanden ist, eine Steuererklärung abzugeben und darin die Steuer selbst zu berechnen (Steueranmeldung). [2] Den Zeitraum, für den die Steuererklärung abzugeben ist, die Frist für die Abgabe der Steuererklärung und den Zeitpunkt der Fälligkeit der Steuer bestimmt das Hauptzollamt. [3] Wird die Anzeige nach Absatz 1 Satz 2 nicht oder nicht rechtzeitig erstattet, ist die Steueranmeldung unverzüglich abzugeben und die Steuer sofort fällig.

Zu § 31 des Gesetzes

§ 62 Anmeldung des Kohlebetriebs. (1) Wer Kohle gewinnen oder bearbeiten will, hat die Anmeldung nach § 31 Absatz 3 des Gesetzes vor der Eröffnung des Betriebs schriftlich beim Hauptzollamt abzugeben.

(2) [1] In der Anmeldung sind anzugeben: Name, Geschäftssitz (§ 23 Abs. 2 der Abgabenordnung), Rechtsform, die Steuernummer beim Finanzamt und – falls erteilt – die Umsatzsteuer-Identifikationsnummer (§ 27a des Umsatzsteuergesetzes). [2] Der Anmeldung sind beizufügen:

1. eine Beschreibung der Gewinnungs- und Bearbeitungsvorgänge unter Angabe der der Lagerung dienenden Einrichtungen und der Verladestellen, über die die Kohle den Kohlebetrieb verlässt oder zum Eigenverbrauch entnommen wird. [2]Die Beschreibung ist durch eine schematische Darstellung zu ergänzen, soweit dies zu ihrem Verständnis erforderlich ist,
2. eine Aufstellung der zu gewinnenden oder zu bearbeitenden Erzeugnisse unter Darstellung der für die Steuer maßgeblichen Merkmale und der gegebenenfalls anfallenden Nebenerzeugnisse und Abfälle,
3. eine Darstellung der Mengenermittlung und der Fabrikationsbuchführung,
4. von Unternehmen, die in das Handels-, Genossenschafts- oder Vereinsregister eingetragen sind, ein Registerauszug nach dem neuesten Stand.

(3) [1]Der Anmeldepflichtige hat auf Verlangen des Hauptzollamts weitere Angaben zu machen, wenn sie zur Sicherung des Steueraufkommens oder für die Steueraufsicht erforderlich erscheinen. [2]Das Hauptzollamt kann auf Angaben verzichten, soweit die Steuerbelange dadurch nicht beeinträchtigt werden.

(4) Das Hauptzollamt bestätigt schriftlich die Anmeldung des Kohlebetriebs.

§ 63 Einrichtung des Kohlebetriebs. [1]Der Kohlebetrieb muss so eingerichtet sein, dass die mit der Steueraufsicht betrauten Amtsträger den Gang der Gewinnung und Bearbeitung und den Verbleib der Erzeugnisse im Betrieb verfolgen können. [2]Das Hauptzollamt kann besondere Anforderungen stellen, die im Interesse der Steueraufsicht erforderlich erscheinen.

§ 64 Pflichten des Betriebsinhabers. (1) [1]Der Inhaber des Kohlebetriebs hat ein Belegheft zu führen. [2]Das Hauptzollamt kann dazu Anordnungen treffen.

(2) [1]Der Inhaber des Kohlebetriebs hat Aufzeichnungen zu führen, aus denen für den jeweiligen Abrechnungszeitraum unter Angabe der für die Besteuerung maßgeblichen Merkmale ersichtlich sein müssen:
1. die Menge der Kohle, für die die Steuer nach § 32 Abs. 1 Satz 1 Nr. 1 oder Nr. 3 des Gesetzes entstanden ist,
2. die Menge der unversteuert an Inhaber einer Erlaubnis nach § 31 Abs. 4 oder § 37 Abs. 1 des Gesetzes gelieferten Kohle unter Angabe des Namens und der Anschrift des Empfängers sowie dessen Bezugsberechtigung,
3. die Menge der unversteuert aus dem Steuergebiet verbrachten oder ausgeführten Kohle unter Angabe des Namens und der Anschrift des Empfängers.

[2]Die Aufzeichnungen müssen so beschaffen sein, dass es einem sachverständigen Dritten innerhalb einer angemessenen Frist möglich ist, die Grundlagen für die Besteuerung festzustellen. [3]Das Hauptzollamt kann weitere Aufzeichnungen vorschreiben oder besondere Anordnungen zu den Aufzeichnungen treffen, wenn dies zur Sicherung des Steueraufkommens oder für die Steueraufsicht erforderlich erscheint. [4]Es kann einfachere Aufzeichnungen zulassen, soweit die Steuerbelange dadurch nicht beeinträchtigt werden.

(3) [1]Das Hauptzollamt kann eine Bestandsaufnahme anordnen. [2]Es trifft in diesem Fall besondere Regelungen.

(4) Die mit der Steueraufsicht betrauten Amtsträger können für steuerliche Zwecke unentgeltlich Proben von Kohle zur Untersuchung entnehmen.

(5) Der Inhaber des Kohlebetriebs hat dem Hauptzollamt Änderungen der nach § 62 Abs. 2 angegebenen Verhältnisse, Überschuldung, drohende oder eingetretene Zahlungsunfähigkeit, Zahlungseinstellung und Stellung des Antrags auf Eröffnung eines Insolvenzverfahrens unverzüglich schriftlich anzuzeigen.

§ 65 Antrag auf Erlaubnis für Kohlebetriebe und Kohlelieferer.

(1) Wer als Inhaber eines Kohlebetriebs oder als Kohlelieferer Kohle unversteuert beziehen will, hat die Erlaubnis nach § 31 Absatz 4 des Gesetzes schriftlich beim Hauptzollamt zu beantragen.

(2) [1] In dem Antrag ist anzugeben, ob auch versteuerte Kohle gehandelt, gelagert oder verwendet wird. [2] Dem Antrag sind beizufügen:

1. eine Beschreibung der Betriebs- und Lagerräume und der mit ihnen in Verbindung stehenden oder an sie angrenzenden Räume sowie in zweifacher Ausfertigung ein Plan der Betriebsanlage, in dem die Einrichtungen für die Lagerung von unversteuerter Kohle kenntlich gemacht sind,
2. eine Darstellung der Buchführung über den Bezug und die Abgabe der Kohle,
3. eine Darstellung der Mengenermittlung,
4. von Unternehmen, die in das Handels-, Genossenschafts- oder Vereinsregister eingetragen sind, ein Registerauszug nach dem neuesten Stand,
5. gegebenenfalls die Erklärung über die Bestellung eines Beauftragten nach § 214 der Abgabenordnung oder eines Betriebsleiters nach § 62 des Gesetzes, in der dieser sein Einverständnis erklärt hat.

(3) [1] Der Antragsteller hat auf Verlangen des Hauptzollamts weitere Angaben zu machen, wenn sie zur Sicherung des Steueraufkommens oder für die Steueraufsicht erforderlich erscheinen. [2] Das Hauptzollamt kann auf Angaben verzichten, soweit die Steuerbelange dadurch nicht beeinträchtigt werden.

§ 66 Erteilung und Erlöschen der Erlaubnis. (1) [1] Das Hauptzollamt erteilt schriftlich die Erlaubnis nach § 31 Abs. 4 des Gesetzes und stellt einen Erlaubnisschein als Nachweis der Bezugsberechtigung aus. [2] Die Erlaubnis kann mit Nebenbestimmungen nach § 120 Absatz 2 der Abgabenordnung verbunden werden.

(2) Für das Erlöschen der Erlaubnis gilt § 14 Abs. 2 bis 5 sinngemäß.

§ 67 Pflichten des Erlaubnisinhabers. (1) [1] Der Erlaubnisinhaber hat ein Belegheft zu führen. [2] Das Hauptzollamt kann dazu Anordnungen treffen.

(2) [1] Der Erlaubnisinhaber hat Aufzeichnungen zu führen, aus denen für den jeweiligen Abrechnungszeitraum unter Angabe der für die Besteuerung maßgeblichen Merkmale ersichtlich sein müssen:

1. die Mengen der unversteuert und versteuert bezogenen Kohle,
2. die Menge der Kohle, für die die Steuer nach § 32 Absatz 1 Satz 1 Nummer 1 oder Nummer 2 des Gesetzes entstanden ist,

3. die Menge der unversteuert an Inhaber einer Erlaubnis nach § 31 Abs. 4 oder § 37 Abs. 1 des Gesetzes gelieferten Kohle unter Angabe des Namens und der Anschrift des Empfängers sowie dessen Bezugsberechtigung,
4. die Menge der unversteuert aus dem Steuergebiet verbrachten oder ausgeführten Kohle unter Angabe des Namens und der Anschrift des Empfängers,
5. der Betrag der anzumeldenden und zu entrichtenden Steuer.

[2]Die Aufzeichnungen müssen so beschaffen sein, dass es einem sachverständigen Dritten innerhalb einer angemessenen Frist möglich ist, die Grundlagen für die Besteuerung festzustellen. [3]Das Hauptzollamt kann weitere Aufzeichnungen vorschreiben oder besondere Anordnungen zu den Aufzeichnungen treffen, wenn dies zur Sicherung des Steueraufkommens oder für die Steueraufsicht erforderlich erscheint. [4]Es kann einfachere Aufzeichnungen zulassen, soweit die Steuerbelange dadurch nicht beeinträchtigt werden.

(3) [1]Das Hauptzollamt kann eine Bestandsaufnahme anordnen. [2]Es trifft in diesem Fall besondere Regelungen.

(4) Treten Verluste an unversteuerter Kohle ein, die die betriebsüblichen unvermeidbaren Verluste übersteigen, hat der Erlaubnisinhaber dies dem Hauptzollamt unverzüglich anzuzeigen.

(5) Die mit der Steueraufsicht betrauten Amtsträger können für steuerliche Zwecke unentgeltlich Proben von Kohle zur Untersuchung entnehmen.

(6) Der Erlaubnisinhaber hat dem Hauptzollamt Änderungen der nach § 65 Abs. 2 angegebenen Verhältnisse, Überschuldung, drohende oder eingetretene Zahlungsunfähigkeit, Zahlungseinstellung und Stellung des Antrags auf Eröffnung eines Insolvenzverfahrens unverzüglich schriftlich anzuzeigen.

(7) Der Erlaubnisinhaber hat den Erlaubnisschein dem Hauptzollamt unverzüglich zurückzugeben, wenn die Erlaubnis erlischt oder der Bezug von unversteuerter Kohle eingestellt wird.

(8) [1]Geht der Erlaubnisschein verloren, hat der Erlaubnisinhaber dies dem Hauptzollamt unverzüglich anzuzeigen. [2]Das Hauptzollamt stellt auf Antrag einen neuen Erlaubnisschein aus, es sei denn, die Erlaubnis ist zu widerrufen.

§ 68 Bezug und Lagerung von unversteuerter Kohle. (1) [1]Der Erlaubnisinhaber hat unversteuerte Kohle, die er in Besitz genommen hat, unverzüglich in seinen Aufzeichnungen zu erfassen. [2]Mit der Inbesitznahme gilt die Kohle als in seinen Betrieb aufgenommen.

(2) [1]Der Erlaubnisinhaber darf versteuerte und unversteuerte Kohle als Gemisch lagern. [2]Das Gemisch wird in diesem Fall so behandelt, als ob die Kohle getrennt gehalten worden wäre. [3]Aus dem Gemisch entnommene Kohle wird je nach Wahl des Erlaubnisinhabers als aus einem der Gemischanteile stammend behandelt.

§ 69 Lieferung von unversteuerter Kohle. (1) Wird Kohle unversteuert an den Inhaber einer Erlaubnis nach § 31 Abs. 4 oder § 37 Abs. 1 des Gesetzes geliefert, hat der Kohlelieferer die einzelnen Lieferungen durch betriebliche Versandpapiere nachzuweisen, die den Namen und die Anschrift des Empfängers sowie Art, Menge und Zeitpunkt der Lieferung enthalten.

(2) Der Kohlelieferer hat die nach Absatz 1 gelieferte Kohle unverzüglich in seinen Aufzeichnungen zu erfassen.

(3) Der Kohlelieferer darf unversteuerte Kohle an den Inhaber einer Erlaubnis nach § 31 Abs. 4 oder § 37 Abs. 1 des Gesetzes nur übergeben, wenn ihm oder seinem Beauftragten dessen gültiger Erlaubnisschein vorliegt oder spätestens bei der Übergabe vorgelegt wird, es sei denn, die Lieferung erfolgt auf Grund einer allgemeinen Erlaubnis.

(4) Wird unversteuerte Kohle in einen anderen Mitgliedstaat verbracht, gelten die Absätze 1 und 2 sinngemäß.

(5) Wird unversteuerte Kohle in ein Drittland ausgeführt, gelten die Absätze 1 und 2 sinngemäß mit der Maßgabe, dass die Ausfuhr durch eine Bestätigung der Ausgangszollstelle oder durch andere geeignete Unterlagen nachzuweisen ist.

Zu § 34 des Gesetzes

§ 70 Verbringen von Kohle in das Steuergebiet. Wird Kohle aus einem anderen Mitgliedstaat in das Steuergebiet verbracht, finden sinngemäß Anwendung

1. die §§ 38 und 40 in den Fällen, in denen § 15 des Gesetzes nach § 34 des Gesetzes sinngemäß gilt,
2. § 42 in den Fällen, in denen § 18 des Gesetzes nach § 34 des Gesetzes sinngemäß gilt.

Zu § 35 des Gesetzes

§ 71 Einfuhr von Kohle. (1) [1] Kohle aus Drittländern und Drittgebieten ist in den Fällen des § 35 des Gesetzes in Verbindung mit § 19b Absatz 3 des Gesetzes nach den Zollvorschriften mit den für die Besteuerung maßgeblichen Merkmalen anzumelden. [2] Die Steuererklärung ist in der Zollanmeldung oder nach amtlich vorgeschriebenem Vordruck abzugeben.

(2) [1] Soll Kohle im Anschluss an die Überführung in den steuerrechtlich freien Verkehr in den Betrieb des Inhabers einer Erlaubnis nach § 31 Absatz 4 oder § 37 Absatz 1 des Gesetzes befördert werden, ist dies mit der Zollanmeldung schriftlich zu beantragen. [2] Dem Antrag ist, soweit die Erlaubnis nicht allgemein erteilt ist, der Erlaubnisschein beizufügen.

Zu § 37 des Gesetzes

§ 72 Antrag auf Erlaubnis als Kohleverwender. (1) Wer Kohle steuerfrei verwenden will, hat die Erlaubnis nach § 37 Absatz 1 des Gesetzes, soweit sie nicht allgemein erteilt ist (§ 74), schriftlich beim Hauptzollamt zu beantragen.

(2) [1] In dem Antrag ist der Verwendungszweck anzugeben und ob versteuerte Kohle gelagert oder verwendet wird. [2] Dem Antrag sind beizufügen:

1. eine Beschreibung der Betriebs- und Lagerräume und der mit ihnen in Verbindung stehenden oder an sie angrenzenden Räume sowie in zweifacher Ausfertigung ein Plan der Betriebsanlage, in dem die Einrichtungen für die Lagerung steuerfreier Kohle kenntlich gemacht sind,
2. eine Betriebserklärung, in der die Verwendung der Kohle genau beschrieben ist,

2a. eine Beschreibung der wirtschaftlichen Tätigkeiten des Unternehmens nach amtlich vorgeschriebenem Vordruck, wenn im Fall des § 37 Absatz 2 Satz 1 Nummer 4 des Gesetzes Kohle steuerfrei für Prozesse und Verfahren nach § 51 Absatz 1 Nummer 1 des Gesetzes verwendet werden soll; die Beschreibung muss es dem Hauptzollamt ermöglichen, das Unternehmen dem Produzierenden Gewerbe zuzuordnen; der maßgebende Zeitraum für die Zuordnung des Unternehmens zum Produzierenden Gewerbe bestimmt sich nach § 15 Absatz 3 Satz 1 der Stromsteuer-Durchführungsverordnung[1)],

3. eine Darstellung der Buchführung über den Bezug und die Verwendung der steuerfreien Kohle,
4. von Unternehmen, die in das Handels-, Genossenschafts- oder Vereinsregister eingetragen sind, ein Registerauszug nach dem neuesten Stand,
5. gegebenenfalls die Erklärung über die Bestellung eines Beauftragten nach § 214 der Abgabenordnung oder eines Betriebsleiters nach § 62 des Gesetzes, in der dieser sein Einverständnis erklärt hat.

(3) [1]Der Antragsteller hat auf Verlangen des Hauptzollamts weitere Angaben zu machen, wenn sie zur Sicherung des Steueraufkommens oder für die Steueraufsicht erforderlich erscheinen. [2]Das Hauptzollamt kann auf Angaben verzichten, soweit die Steuerbelange dadurch nicht beeinträchtigt werden.

§ 73 Erteilung und Erlöschen der Erlaubnis. (1) [1]Das Hauptzollamt erteilt schriftlich die Erlaubnis nach § 37 Abs. 1 des Gesetzes (förmliche Einzelerlaubnis) und stellt einen Erlaubnisschein als Nachweis der Bezugsberechtigung aus. [2]Die Erlaubnis kann mit Nebenbestimmungen nach § 120 Absatz 2 der Abgabenordnung verbunden werden.

(2) Für das Erlöschen der Erlaubnis gilt § 54 sinngemäß.

(3) [1]Unbeschadet Absatz 2 ist die Erlaubnis zur steuerfreien Verwendung von Kohle nach § 37 Abs. 2 Satz 1 Nr. 4 in Verbindung mit § 51 Abs. 1 Nr. 1 des Gesetzes zu widerrufen, wenn das Unternehmen auf Grund der nach § 75 Abs. 2a jährlich vorzulegenden Beschreibung nicht dem Produzierenden Gewerbe zugeordnet werden kann. [2]Legt der Erlaubnisinhaber die Beschreibung nach Satz 1 nicht oder nicht fristgerecht vor, kann das Hauptzollamt die Erlaubnis unmittelbar widerrufen.

(4) [1]Wird die Erlaubnis nach Absatz 3 Satz 1 oder Satz 2 widerrufen, gilt die auf Grund der Erlaubnis seit 1. Januar des Kalenderjahres, in dem die Beschreibung nach § 75 Abs. 2a vorzulegen war, steuerfrei bezogene Kohle als entgegen der Zweckbestimmung verwendet (§ 37 Abs. 3 des Gesetzes). [2]Abweichend von § 37 Abs. 3 des Gesetzes bestimmt das Hauptzollamt die Frist für die Abgabe der Steueranmeldung und den Zeitpunkt der Fälligkeit der Steuer.

---

1) Nr. **49**.

§ 74 Allgemeine Erlaubnis. Unter Verzicht auf eine förmliche Einzelerlaubnis wird nach Maßgabe der Anlage 1 zu dieser Verordnung die steuerfreie Verwendung von Kohle allgemein erlaubt.

§ 75 Pflichten des Erlaubnisinhabers. (1) [1]Der Erlaubnisinhaber hat ein Belegheft zu führen. [2]Das Hauptzollamt kann dazu Anordnungen treffen.

(2) [1]Der Erlaubnisinhaber hat Aufzeichnungen zu führen, aus denen für den jeweiligen Abrechnungszeitraum unter Angabe der für die Besteuerung maßgeblichen Merkmale ersichtlich sein müssen:

1. die Menge der steuerfrei bezogenen Kohle und
2. die Menge der steuerfrei verwendeten Kohle getrennt nach den jeweiligen Verwendungszwecken,
3. die Menge der Kohle, für die die Steuer nach § 37 Absatz 2 Satz 4 des Gesetzes entstanden ist.

[2]Die Aufzeichnungen müssen so beschaffen sein, dass es einem sachverständigen Dritten innerhalb einer angemessenen Frist möglich ist zu prüfen, ob die Kohle zu dem in der Erlaubnis genannten Zweck verwendet wurde. [3]Das Hauptzollamt kann weitere Aufzeichnungen vorschreiben oder besondere Anordnungen zu den Aufzeichnungen treffen, wenn dies zur Sicherung des Steueraufkommens oder für die Steueraufsicht erforderlich erscheint. [4]Es kann einfachere Aufzeichnungen zulassen, wenn die Steuerbelange dadurch nicht beeinträchtigt werden.

(2a) Der Inhaber einer Erlaubnis zur steuerfreien Verwendung von Kohle nach § 37 Abs. 2 Satz 1 Nr. 4 in Verbindung mit § 51 Abs. 1 Nr. 1 des Gesetzes hat dem Hauptzollamt nach Ablauf jeden Kalenderjahres bis zum 31. März des folgenden Kalenderjahres eine Beschreibung der wirtschaftlichen Tätigkeiten nach § 72 Abs. 2 Nr. 2a für das abgelaufene Kalenderjahr erneut vorzulegen.

(3) [1]Das Hauptzollamt kann eine Bestandsaufnahme anordnen. [2]Es trifft in diesem Fall besondere Regelungen.

(4) Treten Verluste an steuerfreier Kohle ein, die die betriebsüblichen unvermeidbaren Verluste übersteigen, hat der Erlaubnisinhaber dies dem Hauptzollamt unverzüglich anzuzeigen.

(5) Die mit der Steueraufsicht betrauten Amtsträger können für steuerliche Zwecke unentgeltlich Proben von Kohle und von den steuerfrei hergestellten Erzeugnissen zur Untersuchung entnehmen.

(6) [1]Der Erlaubnisinhaber hat dem Hauptzollamt Änderungen der nach § 72 Abs. 2 Satz 1 und 2 Nr. 1, 2 und 3 bis 5 angegebenen Verhältnisse unverzüglich schriftlich anzuzeigen. [2]Versteuert der Erlaubnisinhaber Kohle nach § 37 Abs. 2 Satz 3 bis 6 des Gesetzes, hat er dem Hauptzollamt außerdem Überschuldung, drohende oder eingetretene Zahlungsunfähigkeit, Zahlungseinstellung und Stellung des Antrags auf Eröffnung eines Insolvenzverfahrens unverzüglich schriftlich anzuzeigen.

(7) Der Erlaubnisinhaber hat den Erlaubnisschein dem Hauptzollamt unverzüglich zurückzugeben, wenn die Erlaubnis erloschen ist oder die Verwendung von steuerfreier Kohle eingestellt wird.

(8) [1]Geht der Erlaubnisschein verloren, hat der Erlaubnisinhaber dies dem Hauptzollamt unverzüglich anzuzeigen. [2]Das Hauptzollamt stellt auf Antrag einen neuen Erlaubnisschein aus, es sei denn, die Erlaubnis ist zu widerrufen.

(9) [1]Die Absätze 1 bis 3 und 6 bis 8 gelten nicht für den Inhaber einer allgemeinen Erlaubnis. [2]Das zuständige Hauptzollamt kann jedoch Überwachungsmaßnahmen anordnen, wenn sie zur Sicherung der Steuerbelange erforderlich erscheinen. [3]Insbesondere kann es anordnen, dass

1. der Inhaber der allgemeinen Erlaubnis über den Bezug und die Verwendung der steuerfreien Kohle Aufzeichnungen führt und sie dem Hauptzollamt vorlegt,
2. die Bestände aufzunehmen sind.

§ 76 Bezug und Lagerung von steuerfreier Kohle. (1) [1]Der Erlaubnisinhaber hat steuerfreie Kohle, die er in Besitz genommen hat, unverzüglich in seinen Aufzeichnungen zu erfassen. [2]Mit der Inbesitznahme gilt die Kohle als in seinen Betrieb aufgenommen.

(2) [1]Der Erlaubnisinhaber darf versteuerte und steuerfreie Kohle als Gemisch lagern. [2]Das Gemisch wird in diesem Fall so behandelt, als ob die Kohle getrennt gehalten worden wäre. [3]Aus dem Gemisch entnommene Kohle wird je nach Wahl des Erlaubnisinhabers als aus einem der Gemischanteile stammend behandelt.

(3) [1]Der Erlaubnisinhaber darf steuerfreie Kohle in begründeten Ausnahmefällen an Dritte nur liefern, wenn dies durch das Hauptzollamt zugelassen worden ist. [2]§ 69 Abs. 1 und 2 gilt sinngemäß.

(4) Die Absätze 1 und 2 gelten nicht für Inhaber einer allgemeinen Erlaubnis.

§ 77 Eigenverbrauch. Für die Teile des Kohlebetriebs, in denen Kohle nach § 37 Abs. 2 Satz 1 Nr. 2 des Gesetzes steuerfrei zur Aufrechterhaltung des Betriebs verwendet werden kann, gilt § 59 sinngemäß.

Zu § 38 des Gesetzes

§ 78 Anmeldung für Lieferer, Entnehmer und Bezieher von Erdgas.

(1) Die Anmeldung nach § 38 Absatz 3 des Gesetzes ist schriftlich bei dem für den Anmeldepflichtigen zuständigen Hauptzollamt abzugeben.

(2) [1]In der Anmeldung sind anzugeben: Name, Geschäfts- oder Wohnsitz, Rechtsform, bei jährlicher Steueranmeldung die voraussichtlich zu erwartende Jahressteuerschuld, die Steuernummer beim Finanzamt und – falls erteilt – die Umsatzsteuer-Identifikationsnummer (§ 27a des Umsatzsteuergesetzes). [2]Der Anmeldung sind beizufügen:

1. ein Verzeichnis der Betriebsstätten im Steuergebiet nach § 12 der Abgabenordnung,
2. eine Darstellung der Mengenermittlung und -abrechnung,
3. von Unternehmen, die in das Handels-, Genossenschafts- oder Vereinsregister eingetragen sind, ein Registerauszug nach dem neuesten Stand,

4. gegebenenfalls eine Erklärung über die Bestellung eines Beauftragten nach § 214 der Abgabenordnung oder eines Betriebsleiters nach § 62 Abs. 1 des Gesetzes, in der dieser sein Einverständnis erklärt hat.

(3) [1]Der Anmeldepflichtige hat auf Verlangen des Hauptzollamts weitere Angaben zu machen, wenn sie zur Sicherung des Steueraufkommens oder für die Steueraufsicht erforderlich erscheinen. [2]Das Hauptzollamt kann auf Angaben verzichten, soweit die Steuerbelange dadurch nicht beeinträchtigt werden.

(4) Das Hauptzollamt erteilt Lieferern von Erdgas einen schriftlichen Nachweis über die erfolgte Anmeldung.

§ 79 Pflichten. (1) [1]Der Anmeldepflichtige nach § 38 Abs. 3 des Gesetzes hat ein Belegheft zu führen. [2]Das Hauptzollamt kann dazu Anordnungen treffen.

(2) [1]Der Anmeldepflichtige hat Aufzeichnungen nach amtlich vorgeschriebenem Vordruck zu führen, aus denen für den jeweiligen Veranlagungszeitraum unter Angabe der für die Besteuerung maßgeblichen Merkmale insbesondere ersichtlich sein müssen:

1. bei Lieferern die Menge des unversteuert bezogenen Erdgases,
2. bei Lieferern die Menge des gelieferten Erdgases, für das der Lieferer Steuerschuldner nach § 38 Absatz 2 Nummer 1 des Gesetzes ist, getrennt nach den unterschiedlichen Steuersätzen des § 2 des Gesetzes sowie unter Angabe des Namens oder der Firma und der Anschrift des jeweiligen Empfängers,
3. die Menge des Erdgases, für das der Anmeldepflichtige Steuerschuldner nach § 38 Absatz 2 Nummer 2 des Gesetzes ist, getrennt nach den unterschiedlichen Steuersätzen des § 2 des Gesetzes,
4. im Fall des § 39 Absatz 6 des Gesetzes die dort näher bezeichneten Mengen und Steuerbeträge,
5. bei Lieferern die Menge des unversteuert gelieferten Erdgases unter Angabe des Namens oder der Firma und der Anschrift des Empfängers,
6. der Betrag der anzumeldenden und zu entrichtenden Steuer.

[2]Das zuständige Hauptzollamt kann Anordnungen zu den Aufzeichnungen treffen und weitere Aufzeichnungen vorschreiben, wenn sie zur Sicherung des Steueraufkommens oder für die Steueraufsicht erforderlich erscheinen. [3]Das Hauptzollamt kann anstelle der Aufzeichnungen nach amtlich vorgeschriebenem Vordruck betriebliche Aufzeichnungen oder einfachere Aufzeichnungen zulassen, wenn die Steuerbelange dadurch nicht beeinträchtigt werden. [4]Die Aufzeichnungen müssen so beschaffen sein, dass es einem sachverständigen Dritten innerhalb einer angemessenen Frist möglich ist, die Grundlagen für die Besteuerung festzustellen. [5]Der Anmeldepflichtige hat dem Hauptzollamt auf Verlangen die abgeschlossenen Aufzeichnungen oder die belegmäßigen Nachweise vorzulegen.

(3) Der Anmeldepflichtige hat dem Hauptzollamt Änderungen der nach § 78 Abs. 2 angegebenen Verhältnisse sowie Überschuldung, drohende oder eingetretene Zahlungsunfähigkeit, Zahlungseinstellung und Stellung des Antrags auf Eröffnung eines Insolvenzverfahrens unverzüglich schriftlich anzuzeigen, soweit das Hauptzollamt nicht darauf verzichtet.

Zu § 39 des Gesetzes

§ 80 Vorauszahlungen. (1) [1]Die Festsetzung der Vorauszahlungen erfolgt durch Vorauszahlungsbescheid. [2]Ist die Steuer nur in einem Teil des vorletzten dem Veranlagungsjahr vorhergehenden Kalenderjahres entstanden, ist die tatsächlich entstandene Steuer in eine Jahressteuerschuld umzurechnen. [3]Ist die Steuer erstmals im vorangegangenen oder laufenden Kalenderjahr oder bisher noch nicht entstanden, ist die voraussichtlich zu erwartende Jahressteuerschuld maßgebend.

(2) [1]Das Hauptzollamt kann auf Antrag bei der Festsetzung der Höhe der Vorauszahlungen dem Steuerschuldner voraussichtlich im gleichen Zeitraum zu gewährende Steuerentlastungen berücksichtigen, soweit die Steuerbelange dadurch nicht gefährdet sind. [2]Eine Steuerentlastung kann nach Satz 1 nur berücksichtigt werden, wenn in den Fällen des

1. § 51 Absatz 1 Nummer 1 des Gesetzes
   a) sich der maßgebende Zeitraum für die Zuordnung des Unternehmens zum Produzierenden Gewerbe nach § 15 Absatz 3 Satz 1 der Stromsteuer-Durchführungsverordnung[1)] bestimmt und
   b) die nach § 95 Absatz 3 erforderliche Beschreibung der wirtschaftlichen Tätigkeiten und die Betriebserklärung vom Antragsteller bereits vorgelegt worden sind;
2. § 53 des Gesetzes die nach § 99 Absatz 3 erforderlichen Unterlagen vom Antragsteller bereits vorgelegt worden sind;
3. § 53a des Gesetzes
   a) die nach § 99a Absatz 3 erforderlichen Unterlagen vom Antragsteller bereits vorgelegt worden sind und
   b) die Voraussetzungen der §§ 99b und 99c erfüllt sind;
4. § 53b des Gesetzes
   a) die nach § 99d Absatz 4 erforderlichen Unterlagen vom Antragsteller bereits vorgelegt worden sind und
   b) im Fall des § 53b Absatz 1 in Verbindung mit Absatz 3 des Gesetzes darüber hinaus sich der maßgebende Zeitraum für die Zuordnung des Unternehmens zum Produzierenden Gewerbe oder zur Land- und Forstwirtschaft nach § 15 Absatz 3 Satz 1 der Stromsteuer-Durchführungsverordnung[1)] bestimmt sowie die nach § 99d Absatz 5 erforderliche Beschreibung der wirtschaftlichen Tätigkeiten bereits vorgelegt worden ist;
5. § 54 des Gesetzes
   a) sich der maßgebende Zeitraum für die Zuordnung des Unternehmens zum Produzierenden Gewerbe oder zur Land- und Forstwirtschaft nach § 15 Absatz 3 Satz 1 der Stromsteuer-Durchführungsverordnung[1)] bestimmt und
   b) die nach § 100 Absatz 3 erforderliche Beschreibung der wirtschaftlichen Tätigkeiten vom Antragsteller bereits vorgelegt worden ist;
6. § 55 des Gesetzes

[1)] Nr. **49**.

a) sich der maßgebende Zeitraum für die Zuordnung des Unternehmens zum Produzierenden Gewerbe nach § 15 Absatz 3 Satz 1 der Stromsteuer-Durchführungsverordnung[1)] bestimmt,

b) die nach § 101 Absatz 4 in Verbindung mit § 100 Absatz 3 erforderliche Beschreibung der wirtschaftlichen Tätigkeiten vom Antragsteller bereits vorgelegt worden ist,

c) der Antragsteller den nach § 55 Absatz 4 Satz 1 Nummer 1 oder Absatz 5 des Gesetzes erforderlichen Nachweis bereits erbracht hat,

d) die nach § 55 Absatz 4 Satz 1 Nummer 2 Buchstabe b des Gesetzes erforderliche Bekanntmachung der Bundesregierung bereits erfolgt ist und

e) die nach § 101 Absatz 4 Satz 2 erforderliche Selbsterklärung bereits vorgelegt worden ist.

(3) Beträgt die Höhe der monatlichen Vorauszahlungen nicht mehr als 200 Euro, kann das Hauptzollamt auf die Festsetzung von Vorauszahlungen verzichten.

Zu § 40 des Gesetzes

§ 81 Nicht leitungsgebundenes Verbringen. Wird Erdgas nicht leitungsgebunden aus einem anderen Mitgliedstaat in das Steuergebiet verbracht, finden sinngemäß Anwendung

1. die §§ 38 und 40 in den Fällen, in denen § 15 des Gesetzes nach § 40 des Gesetzes sinngemäß gilt,
2. § 42 in den Fällen, in denen § 18 des Gesetzes nach § 40 des Gesetzes sinngemäß gilt.

Zu § 41 des Gesetzes

§ 82 Nicht leitungsgebundene Einfuhr. [1] Erdgas aus Drittländern und Drittgebieten ist in den Fällen des § 41 Absatz 1 des Gesetzes in Verbindung mit § 19b Absatz 3 des Gesetzes nach den Zollvorschriften mit den für die Besteuerung maßgeblichen Merkmalen anzumelden. [2] Die Steuererklärung ist in der Zollanmeldung oder nach amtlich vorgeschriebenem Vordruck abzugeben.

Zu § 44 des Gesetzes

§ 83 Antrag auf Erlaubnis als Erdgasverwender oder als Erdgasverteiler. (1) Die Erlaubnis als Verwender nach § 44 Absatz 1 Satz 2 des Gesetzes und die Erlaubnis als Verteiler nach § 44 Absatz 1 Satz 3 des Gesetzes sind, soweit sie nicht allgemein erteilt sind (§ 84a), bei dem für den Verwender oder den Verteiler zuständigen Hauptzollamt zu beantragen.

---

1) Nr. **49**.

(2) [1]In dem Antrag sind anzugeben: Name, Geschäfts- oder Wohnsitz, Rechtsform, die Steuernummer beim Finanzamt und – falls erteilt – die Umsatzsteuer-Identifikationsnummer (§ 27a des Umsatzsteuergesetzes). [2]Dem Antrag sind beizufügen:

1. im Fall einer steuerfreien Verwendung oder einer steuerfreien Verteilung von verflüssigtem Erdgas eine Beschreibung der Betriebs- und Lagerräume und der mit ihnen in Verbindung stehenden oder an sie angrenzenden Räume sowie in zweifacher Ausfertigung ein Plan der Betriebsanlage, in dem die Lagerstätte für das verflüssigte Erdgas kenntlich gemacht ist,
2. eine Betriebserklärung, in der die Verwendung des Erdgases genau beschrieben ist,
3. eine Darstellung der Buchführung über die Verwendung oder Verteilung des steuerfreien Erdgases,
4. von Unternehmen, die in das Handels-, Genossenschafts- oder Vereinsregister eingetragen sind, ein Registerauszug nach dem neuesten Stand,
5. gegebenenfalls eine Erklärung über die Bestellung eines Beauftragten nach § 214 der Abgabenordnung oder eines Betriebsleiters nach § 62 Abs. 1 des Gesetzes.

(3) [1]Der Antragsteller hat auf Verlangen des Hauptzollamts weitere Angaben zu machen, wenn sie zur Sicherung des Steueraufkommens oder für die Steueraufsicht erforderlich erscheinen. [2]Das Hauptzollamt kann auf Angaben verzichten, soweit die Steuerbelange dadurch nicht beeinträchtigt werden.

(4) Wer als Erlaubnisinhaber verflüssigtes Erdgas steuerfrei aus dem Steuergebiet verbringen oder ausführen will, hat die Erlaubnis nach § 44 Absatz 1a des Gesetzes, soweit sie nicht allgemein erteilt ist (§ 84a), schriftlich bei dem für ihn zuständigen Hauptzollamt zu beantragen.

§ 84 Erteilung und Erlöschen der Erlaubnis. (1) [1]Das Hauptzollamt erteilt die Erlaubnis nach § 44 Absatz 1 und 1a des Gesetzes schriftlich (förmliche Einzelerlaubnis) und stellt auf Antrag als Nachweis der Bezugsberechtigung einen Erlaubnisschein aus. [2]Die Erlaubnis kann mit Nebenbestimmungen nach § 120 Absatz 2 der Abgabenordnung verbunden werden.

(2) Für das Erlöschen der Erlaubnis gilt § 54 sinngemäß.

§ 84a Allgemeine Erlaubnis. Unter Verzicht auf eine förmliche Einzelerlaubnis werden nach Maßgabe der Anlage 1 zu dieser Verordnung die Verwendung von steuerfreiem Erdgas sowie das Verbringen und die Ausfuhr von steuerfreiem Erdgas aus dem Steuergebiet allgemein erlaubt.

§ 85 Pflichten des Erlaubnisinhabers. (1) [1]Der Erlaubnisinhaber hat ein Belegheft zu führen. [2]Das Hauptzollamt kann dazu Anordnungen treffen.

(2) [1]Der Erlaubnisinhaber hat Aufzeichnungen zu führen, aus denen unter Angabe der für die Besteuerung maßgeblichen Merkmale folgende Mengen ersichtlich sein müssen:

1. die Menge des steuerfrei bezogenen Erdgases,
2. die Menge des steuerfrei verwendeten Erdgases und der genaue Verwendungszweck,

3. die Menge des verflüssigten Erdgases, das steuerfrei an Inhaber einer Erlaubnis nach § 44 Absatz 1 des Gesetzes abgegeben worden ist, unter Angabe des Namens und der Anschrift des Empfängers sowie dessen Bezugsberechtigung, und
4. die Menge des verflüssigten Erdgases, das steuerfrei aus dem Steuergebiet verbracht oder ausgeführt worden ist, unter Angabe des Namens und der Anschrift des Empfängers.

[2]Die Aufzeichnungen müssen so beschaffen sein, dass es einem sachverständigen Dritten innerhalb einer angemessenen Frist möglich ist zu prüfen, ob das Erdgas zu dem in der Erlaubnis genannten Zweck verwendet oder abgegeben wurde. [3]Das Hauptzollamt kann weitere Aufzeichnungen vorschreiben oder besondere Anordnungen zu den Aufzeichnungen treffen, wenn dies zur Sicherung des Steueraufkommens oder für die Steueraufsicht erforderlich erscheint. [4]Es kann einfachere Aufzeichnungen zulassen, wenn die Steuerbelange dadurch nicht beeinträchtigt werden.

(3) [1]Der Erlaubnisinhaber hat dem zuständigen Hauptzollamt bis zum 15. Februar jeden Jahres das Erdgas anzumelden, das er im abgelaufenen Kalenderjahr

1. als Verwender zu steuerfreien Zwecken nach § 44 Absatz 2b des Gesetzes bezogen oder zu anderen steuerfreien Zwecken verwendet hat,
2. als Verteiler zu den in der Anlage 1 zu dieser Verordnung aufgeführten steuerfreien Zwecken abgegeben hat oder
3. als Verwender oder Verteiler aus dem Steuergebiet verbracht oder ausgeführt hat.

[2]Das Hauptzollamt kann Ausnahmen zulassen.

(4) Der Erlaubnisinhaber hat dem Hauptzollamt Änderungen der nach § 83 Abs. 2 angegebenen Verhältnisse unverzüglich schriftlich anzuzeigen, soweit das Hauptzollamt nicht darauf verzichtet.

(5) Der Erlaubnisinhaber hat den Erlaubnisschein dem Hauptzollamt unverzüglich zurückzugeben, wenn die Erlaubnis erlischt oder die Verwendung oder Verteilung von steuerfreiem Erdgas eingestellt wird.

(6) [1]Geht der Erlaubnisschein verloren, hat der Erlaubnisinhaber dies dem Hauptzollamt unverzüglich anzuzeigen. [2]Das Hauptzollamt stellt auf Antrag einen neuen Erlaubnisschein aus, es sei denn, die Erlaubnis ist zu widerrufen.

(7) Für die steuerfreie Verwendung und die steuerfreie Verteilung von verflüssigtem Erdgas gilt § 56 Absatz 1 und 6 bis 9 entsprechend.

(8) [1]Die Absätze 1 bis 6 und § 56 Absatz 1, 6 und 7, jeweils in Verbindung mit Absatz 7, gelten nicht für den Inhaber einer allgemeinen Erlaubnis (§ 84a). [2]Das zuständige Hauptzollamt kann jedoch Überwachungsmaßnahmen anordnen, wenn sie zur Sicherung der Steuerbelange erforderlich erscheinen. [3]Insbesondere kann es anordnen, dass

1. der Inhaber der allgemeinen Erlaubnis über den Bezug, die Abgabe und die Verwendung des Erdgases Aufzeichnungen führt und die Aufzeichnungen dem Hauptzollamt vorlegt und
2. die Bestände an verflüssigtem Erdgas amtlich festzustellen sind.

§ 86 Eigenverbrauch. Für die Teile des Gasgewinnungsbetriebs (§ 44 Abs. 3 des Gesetzes), in denen Erdgas steuerfrei nach § 44 Abs. 2 des Gesetzes verwendet werden kann, gilt § 59 sinngemäß.

Zu § 46 des Gesetzes

§ 87 Steuerentlastung beim Verbringen aus dem Steuergebiet.

(1) [1] Die Steuerentlastung nach § 46 des Gesetzes ist bei dem für den Antragsteller zuständigen Hauptzollamt mit einer Anmeldung nach amtlich vorgeschriebenem Vordruck für alle Energieerzeugnisse zu beantragen, die innerhalb eines Entlastungsabschnitts aus dem Steuergebiet verbracht oder ausgeführt worden sind. [2] Der Antragsteller hat in der Anmeldung alle für die Bemessung der Steuerentlastung erforderlichen Angaben zu machen und die Steuerentlastung selbst zu berechnen. [3] Die Steuerentlastung wird nur gewährt, wenn der Antrag spätestens bis zum 31. Dezember des Jahres, das auf das Kalenderjahr folgt, in dem die Energieerzeugnisse aus dem Steuergebiet verbracht oder ausgeführt worden sind, beim Hauptzollamt gestellt wird.

(2) [1] Entlastungsabschnitt ist nach Wahl des Antragstellers ein Zeitraum von einem Kalendervierteljahr, einem Kalenderhalbjahr oder einem Kalenderjahr. [2] Das Hauptzollamt kann auf Antrag einen Zeitraum von einem Kalendermonat als Entlastungsabschnitt zulassen oder in Einzelfällen die Steuerentlastung unverzüglich gewähren.

(3) Im Fall des § 46 Absatz 1 Satz 1 Nummer 1 in Verbindung mit § 46 Absatz 2 des Gesetzes hat der Antragsteller, ausgenommen im Versandhandel, dem Antrag die dritte Ausfertigung des vereinfachten Begleitdokuments mit ordnungsgemäßer Empfangsbestätigung des Empfängers sowie eine amtliche Bestätigung des anderen Mitgliedstaats darüber, dass die Energieerzeugnisse dort ordnungsgemäß steuerlich erfasst worden sind, beizufügen.

(4) In den Fällen des § 46 Absatz 1 Satz 1 Nummer 2 bis 4 des Gesetzes hat der Antragsteller das Verbringen oder die Ausfuhr durch eindeutige, leicht nachprüfbare Belege nachzuweisen.

Zu § 47 des Gesetzes

§ 88 Steuerentlastung bei Aufnahme in Steuerlager. (1) [1] Die Steuerentlastung nach § 47 Abs. 1 Nr. 1 des Gesetzes ist bei dem für den Antragsteller zuständigen Hauptzollamt mit einer Anmeldung nach amtlich vorgeschriebenem Vordruck für alle Energieerzeugnisse zu beantragen, die innerhalb eines Entlastungsabschnitts in das Steuerlager aufgenommen worden sind. [2] Der Antragsteller hat in der Anmeldung alle für die Bemessung der Steuerentlastung erforderlichen Angaben zu machen und die Steuerentlastung selbst zu berechnen. [3] Die Steuerentlastung wird nur gewährt, wenn der Antrag spätestens bis zum 31. Dezember des Jahres, das auf das Kalenderjahr folgt, in dem die Energieerzeugnisse in das Steuerlager aufgenommen worden sind, beim Hauptzollamt gestellt wird.

(2) [1] Entlastungsabschnitt ist ein Zeitraum von einem Kalendermonat. [2] Das Hauptzollamt kann auf Antrag einen längeren Zeitraum, höchstens jedoch ein

Kalenderjahr, als Entlastungsabschnitt zulassen, außerdem die Steuerentlastung in Einzelfällen unverzüglich gewähren.

(3) Der Entlastungsberechtigte hat auf Verlangen des Hauptzollamts über die einzelnen Mengen an versteuerten, nicht gebrauchten Energieerzeugnissen, die in das Steuerlager aufgenommen werden, besondere Aufzeichnungen zu führen.

§ 89 Steuerentlastung für Kohlenwasserstoffanteile. (1) [1] Die Steuerentlastung nach § 47 Abs. 1 Nr. 2 des Gesetzes ist bei dem für den Antragsteller zuständigen Hauptzollamt mit einer Anmeldung nach amtlich vorgeschriebenem Vordruck für alle Gemische zu beantragen, die innerhalb eines Entlastungsabschnitts verwendet oder aus denen innerhalb eines Entlastungsabschnitts Energieerzeugnisse im Sinn des § 4 des Gesetzes hergestellt worden sind. [2] Der Antragsteller hat in der Anmeldung alle für die Bemessung der Steuerentlastung erforderlichen Angaben zu machen und die Steuerentlastung selbst zu berechnen. [3] Die Steuerentlastung wird nur gewährt, wenn der Antrag spätestens bis zum 31. Dezember des Jahres, das auf das Kalenderjahr folgt, in dem die Gemische verwendet oder aus ihnen Energieerzeugnisse im Sinn des § 4 des Gesetzes hergestellt worden sind, beim Hauptzollamt gestellt wird.

(2) [1] Entlastungsabschnitt ist ein Zeitraum von einem Kalendermonat. [2] Das Hauptzollamt kann auf Antrag einen längeren Zeitraum, höchstens jedoch ein Kalenderjahr, als Entlastungsabschnitt zulassen, außerdem die Steuerentlastung in Einzelfällen unverzüglich gewähren.

(3) Der Antragsteller hat einen buchmäßigen Nachweis zu führen, aus dem sich für den Entlastungsabschnitt folgende Angaben ergeben müssen:

1. im Fall des § 47 Abs. 1 Nr. 2 Buchstabe a des Gesetzes die Art, die Menge und die Herkunft der Gemische, die zu den dort genannten Zwecken verwendet worden sind,
2. im Fall des § 47 Abs. 1 Nr. 2 Buchstabe b des Gesetzes die Art, die Menge und die Herkunft der Gemische, aus denen Energieerzeugnisse im Sinn des § 4 des Gesetzes hergestellt worden sind, sowie die Art und die Menge der aus den Gemischen hergestellten Energieerzeugnisse.

(4) Das Bundesministerium der Finanzen kann zur steuerlichen Vereinfachung im Verwaltungswege pauschale Sätze für die in den gasförmigen Gemischen enthaltenen Kohlenwasserstoffanteile festlegen.

§ 90 Steuerentlastung bei steuerfreien Zwecken. (1) [1] Die Steuerentlastung nach § 47 Absatz 1 Nummer 3 des Gesetzes ist bei dem für den Antragsteller zuständigen Hauptzollamt mit einer Anmeldung nach amtlich vorgeschriebenem Vordruck für alle Energieerzeugnisse zu beantragen, die innerhalb eines Entlastungsabschnitts verwendet worden sind. [2] Der Antragsteller hat in der Anmeldung alle für die Bemessung der Steuerentlastung erforderlichen Angaben zu machen und die Steuerentlastung selbst zu berechnen. [3] Die Steuerentlastung wird nur gewährt, wenn der Antrag spätestens bis zum 31. Dezember des Jahres, das auf das Kalenderjahr folgt, in dem die Energieerzeugnisse verwendet worden sind, beim Hauptzollamt gestellt wird.

(2) [1] Entlastungsabschnitt ist nach Wahl des Antragstellers ein Zeitraum von einem Kalendervierteljahr, einem Kalenderhalbjahr oder einem Kalenderjahr. [2] Das Hauptzollamt kann auf Antrag einen Zeitraum von einem Kalendermonat

als Entlastungsabschnitt zulassen oder in Einzelfällen die Steuerentlastung unverzüglich gewähren.

(3) [1]Bei erstmaliger Antragstellung ist dem Antrag eine Betriebserklärung beizufügen, in der die Verwendung der Energieerzeugnisse genau beschrieben ist. [2]Weiteren Anträgen muss eine Betriebserklärung nur beigefügt werden, wenn sich Änderungen gegenüber der dem Hauptzollamt bereits vorliegenden Betriebserklärung ergeben haben. [3]Der Antragsteller hat die Änderungen besonders kenntlich zu machen.

(4) Der Antragsteller hat einen buchmäßigen Nachweis zu führen, aus dem sich für den Entlastungsabschnitt die Art, die Menge, die Herkunft und der genaue Verwendungszweck der Energieerzeugnisse ergeben müssen.

§ 91 Steuerentlastung für Kohle. (1) [1]Die Steuerentlastung nach § 47 Abs. 1 Nr. 5 des Gesetzes ist bei dem für den Antragsteller zuständigen Hauptzollamt mit einer Anmeldung nach amtlich vorgeschriebenem Vordruck für Kohle zu beantragen, die innerhalb eines Entlastungsabschnitts in den Kohlebetrieb aufgenommen oder verwendet worden ist. [2]Der Antragsteller hat in der Anmeldung alle für die Bemessung der Steuerentlastung erforderlichen Angaben zu machen und die Steuerentlastung selbst zu berechnen. [3]Die Steuerentlastung wird nur gewährt, wenn der Antrag spätestens bis zum 31. Dezember des Jahres, das auf das Kalenderjahr folgt, in dem die Kohle in den Kohlebetrieb aufgenommen oder nachdem sie verwendet worden ist, beim Hauptzollamt gestellt wird.

(2) [1]Entlastungsabschnitt ist nach Wahl des Antragstellers ein Zeitraum von einem Kalendervierteljahr, einem Kalenderhalbjahr oder einem Kalenderjahr. [2]Das Hauptzollamt kann auf Antrag einen Zeitraum von einem Kalendermonat als Entlastungsabschnitt zulassen oder in Einzelfällen die Steuerentlastung unverzüglich gewähren.

(3) [1]Bei erstmaliger Antragstellung ist dem Antrag im Fall des § 47 Abs. 1 Nr. 5 Buchstabe b des Gesetzes eine Betriebserklärung beizufügen, in der die Verwendung der Kohle genau beschrieben ist. [2]Weiteren Anträgen muss eine Betriebserklärung nur beigefügt werden, wenn sich Änderungen gegenüber der dem Hauptzollamt bereits vorliegenden Betriebserklärung ergeben haben. [3]Der Antragsteller hat die Änderungen besonders kenntlich zu machen.

(4) Der Antragsteller hat einen buchmäßigen Nachweis zu führen, aus dem sich für den Entlastungsabschnitt ergeben müssen:

1. im Fall des § 47 Abs. 1 Nr. 5 Buchstabe a des Gesetzes die Art, die Menge und die Herkunft der in den Kohlebetrieb aufgenommenen Kohle,
2. im Fall des § 47 Abs. 1 Nr. 5 Buchstabe b des Gesetzes die Art, die Menge, die Herkunft und der genaue Verwendungszweck der Kohle.

§ 91a Steuerentlastung für Erdgas bei Einspeisung. (1) [1]Die Steuerentlastung nach § 47 Absatz 1 Nummer 6 des Gesetzes ist bei dem für den Antragsteller zuständigen Hauptzollamt mit einer Anmeldung nach amtlich vorgeschriebenem Vordruck für Erdgas zu beantragen, das innerhalb eines Entlastungsabschnitts in ein Leitungsnetz für unversteuertes Erdgas eingespeist worden ist. [2]Der Antragsteller hat in der Anmeldung alle für die Bemessung der Steuerentlastung erforderlichen Angaben zu machen und die Steuerentlastung selbst zu berechnen. [3]Die Steuerentlastung wird nur gewährt, wenn der Antrag spätestens bis zum 31. Dezember des Jahres, das auf das Kalenderjahr folgt, in dem das Erdgas in ein Leitungsnetz für unversteuertes Erdgas eingespeist worden ist, beim Hauptzollamt gestellt wird.

(2) [1]Entlastungsabschnitt ist nach Wahl des Antragstellers ein Zeitraum von einem Kalendervierteljahr, einem Kalenderhalbjahr oder einem Kalenderjahr. [2]Das Hauptzollamt kann auf Antrag einen Zeitraum von einem Kalendermonat als Entlastungsabschnitt zulassen oder in Einzelfällen die Steuerentlastung unverzüglich gewähren.

(3) Der Antragsteller hat einen buchmäßigen Nachweis zu führen, aus dem sich für den Entlastungsabschnitt die Herkunft und die eingespeisten Mengen des versteuerten Erdgases ergeben müssen.

Zu § 47a des Gesetzes

§ 91b Steuerentlastung für den Eigenverbrauch. (1) [1]Die Steuerentlastung nach § 47a des Gesetzes ist bei dem für den Antragsteller zuständigen Hauptzollamt mit einer Anmeldung nach amtlich vorgeschriebenem Vordruck für alle Energieerzeugnisse zu beantragen, die innerhalb eines Entlastungsabschnitts verwendet worden sind. [2]Der Antragsteller hat in der Anmeldung alle für die Bemessung der Steuerentlastung erforderlichen Angaben zu machen und die Steuerentlastung selbst zu berechnen (Steueranmeldung). [3]Die Steuerentlastung wird nur gewährt, wenn der Antrag spätestens bis zum 31. Dezember des Jahres, das auf das Kalenderjahr folgt, in dem die Energieerzeugnisse verwendet worden sind, beim Hauptzollamt gestellt wird.

(2) [1]Entlastungsabschnitt ist nach Wahl des Antragstellers ein Zeitraum von einem Kalendervierteljahr, einem Kalenderhalbjahr oder einem Kalenderjahr. [2]Das Hauptzollamt kann auf Antrag einen Zeitraum von einem Kalendermonat als Entlastungsabschnitt zulassen oder in Einzelfällen die Steuerentlastung unverzüglich gewähren.

(3) [1]Dem erstmaligen Antrag ist eine Betriebserklärung beizufügen, in der die Verwendung der Energieerzeugnisse genau beschrieben ist, es sei denn, die Betriebserklärung liegt dem Hauptzollamt bereits vor. [2]Das Hauptzollamt kann weitere Angaben und Unterlagen verlangen, wenn dies zur Sicherung des Steueraufkommens oder für die Steueraufsicht erforderlich ist.

(4) Der Antragsteller hat einen buchmäßigen Nachweis zu führen, aus dem sich für den Entlastungsabschnitt die Art, die Menge, die Herkunft und der genaue Verwendungszweck der Energieerzeugnisse ergeben müssen.

Zu § 48 des Gesetzes

§ 92 Steuerentlastung bei Spülvorgängen und versehentlichen Vermischungen. (1) Bewilligte Spülvorgänge im Sinne des § 48 Abs. 1 Satz 1 Nr. 1 des Gesetzes sind die vom Hauptzollamt nach § 49 Abs. 1 zugelassenen Vermischungen von leichtem Heizöl und Gasölen der Unterpositionen 2710 19 43 bis 2710 19 48 und der Unterpositionen 2710 20 11 bis 2710 20 19 der Kombinierten Nomenklatur.

(2) [1]Die Steuerentlastung nach § 48 des Gesetzes ist bei dem für den Antragsteller zuständigen Hauptzollamt mit einer Anmeldung nach amtlich vorgeschriebenem Vordruck zu beantragen, wobei im Fall der Steuerentlastung für bewilligte Spülvorgänge alle Spülvorgänge eines Entlastungsabschnitts in einer Anmeldung zusammenzufassen sind. [2]Der Antragsteller hat in der Anmeldung alle für die Bemessung der Steuerentlastung erforderlichen Angaben zu machen und die Steuerentlastung selbst zu berechnen. [3]Die Steuerentlastung wird nur gewährt, wenn der Antrag für Gemische, die bei bewilligten Spülvorgängen angefallen sind, spätestens bis zum 31. Dezember des Jahres, das auf das Kalenderjahr folgt, in dem die Energieerzeugnisse vermischt wurden, und für Gemische, die versehentlich entstanden sind, unmittelbar nach Feststellung der Vermischung beim Hauptzollamt gestellt wird.

(3) [1]Entlastungsabschnitt ist im Fall der Steuerentlastung für bewilligte Spülvorgänge nach Wahl des Antragstellers ein Zeitraum von einem Kalendervierteljahr, einem Kalenderhalbjahr oder einem Kalenderjahr. [2]Das Hauptzollamt kann auf Antrag einen Zeitraum von einem Kalendermonat als Entlastungsabschnitt zulassen oder in Einzelfällen die Steuerentlastung unverzüglich gewähren.

(4) Dem Antrag sind Unterlagen über die Versteuerung und die Herkunft der Gemischanteile beizufügen.

Zu § 49 des Gesetzes

§ 93 Steuerentlastung für zum Verheizen oder in begünstigten Anlagen verwendete Energieerzeugnisse. (1) [1]Die Steuerentlastung nach § 49 des Gesetzes ist bei dem für den Antragsteller zuständigen Hauptzollamt mit einer Anmeldung nach amtlich vorgeschriebenem Vordruck für alle Energieerzeugnisse zu beantragen, die innerhalb eines Entlastungsabschnitts verwendet oder abgegeben worden sind. [2]Der Antragsteller hat in der Anmeldung alle für die Bemessung der Steuerentlastung erforderlichen Angaben zu machen und die Steuerentlastung selbst zu berechnen. [3]Die Steuerentlastung wird nur gewährt, wenn der Antrag spätestens bis zum 31. Dezember des Jahres, das auf das Kalenderjahr folgt, in dem die Energieerzeugnisse verwendet oder abgegeben worden sind, beim Hauptzollamt gestellt wird.

(1a) [1]Bei erstmaliger Antragstellung ist dem Antrag eine Betriebserklärung beizufügen, in der die Verwendung der Energieerzeugnisse genau beschrieben ist. [2]Weiteren Anträgen muss eine Betriebserklärung nur beigefügt werden, wenn sich Änderungen gegenüber der dem Hauptzollamt bereits vorliegenden Betriebserklärung ergeben haben. [3]In diesem Fall hat der Antragsteller die Änderungen besonders kenntlich zu machen.

(2) [1]Entlastungsabschnitt ist nach Wahl des Antragstellers ein Zeitraum von einem Kalendervierteljahr, einem Kalenderhalbjahr oder einem Kalenderjahr. [2]Das Hauptzollamt kann auf Antrag einen Zeitraum von einem Kalendermonat als Entlastungsabschnitt zulassen oder in Einzelfällen die Steuerentlastung unverzüglich gewähren.

(3) Der Antragsteller hat einen buchmäßigen Nachweis zu führen, aus dem sich für den Entlastungsabschnitt ergeben müssen:

1. im Fall des § 49 Abs. 1 des Gesetzes die Menge, die Herkunft und der genaue Verwendungszweck der Gasöle,
2. im Fall des § 49 Abs. 2 des Gesetzes die Menge und die Herkunft der Flüssiggase,
3. im Fall des § 49 Absatz 3 des Gesetzes die Menge, die Herkunft und der genaue Verwendungszweck der Energieerzeugnisse.

(3a) Energieerzeugnisse, für die eine Steuerentlastung nach § 49 des Gesetzes gewährt wird, gelten als Energieerzeugnisse, die nach § 2 Absatz 3 des Gesetzes versteuert worden sind.

(4) § 107 Abs. 2 gilt im Fall des § 49 Abs. 2 des Gesetzes sinngemäß.

§ 94 *(aufgehoben)*

Zu § 51 des Gesetzes

§ 95 Steuerentlastung für bestimmte Prozesse und Verfahren. (1) [1] Die Steuerentlastung nach § 51 des Gesetzes ist bei dem für den Antragsteller zuständigen Hauptzollamt mit einer Anmeldung nach amtlich vorgeschriebenem Vordruck für alle Energieerzeugnisse zu beantragen, die innerhalb eines Entlastungsabschnitts verwendet worden sind. [2] Der Antragsteller hat in der Anmeldung alle für die Bemessung der Steuerentlastung erforderlichen Angaben zu machen und die Steuerentlastung selbst zu berechnen. [3] Die Steuerentlastung wird nur gewährt, wenn der Antrag spätestens bis zum 31. Dezember des Jahres, das auf das Kalenderjahr folgt, in dem die Energieerzeugnisse verwendet worden sind, beim Hauptzollamt gestellt wird.

(2) [1] Entlastungsabschnitt für Anträge auf Gewährung einer Steuerentlastung nach § 51 Absatz 1 Nummer 1 des Gesetzes ist das Kalenderjahr. [2] Bestimmt sich der maßgebende Zeitraum für die Zuordnung des Unternehmens zum Produzierenden Gewerbe nach § 15 Absatz 3 Satz 1 der Stromsteuer-Durchführungsverordnung[1)], kann der Antragsteller abweichend von Satz 1 das Kalendervierteljahr oder das Kalenderhalbjahr als Entlastungsabschnitt wählen. [3] Das Hauptzollamt kann im Fall des Satzes 2 auf Antrag auch einen Zeitraum von einem Kalendermonat als Entlastungsabschnitt zulassen oder in Einzelfällen die Steuerentlastung unverzüglich gewähren.

(2a) [1] Entlastungsabschnitt für Anträge auf Gewährung der Steuerentlastung nach § 51 Absatz 1 Nummer 2 des Gesetzes ist nach Wahl des Antragstellers ein Zeitraum von einem Kalendervierteljahr, einem Kalenderhalbjahr oder einem Kalenderjahr. [2] Das Hauptzollamt kann auf Antrag einen Zeitraum von einem Kalendermonat als Entlastungsabschnitt zulassen oder in Einzelfällen die Steuerentlastung unverzüglich gewähren.

(3) [1] Dem Antrag sind beizufügen:

1. im Fall des § 51 Absatz 1 Nummer 1 des Gesetzes eine Beschreibung der wirtschaftlichen Tätigkeiten des Antragstellers im maßgebenden Zeitraum nach amtlich vorgeschriebenem Vordruck, es sei denn, die Beschreibung liegt dem Hauptzollamt für den maßgebenden Zeitraum bereits vor; die

[1)] Nr. **49**.

Beschreibung muss es dem Hauptzollamt ermöglichen zu prüfen, ob die Energieerzeugnisse durch ein Unternehmen des Produzierenden Gewerbes verwendet worden sind,

2. bei erstmaliger Antragstellung eine Betriebserklärung, in der die Verwendung der Energieerzeugnisse genau beschrieben ist.

[2] Weiteren Anträgen muss eine Betriebserklärung nur beigefügt werden, wenn sich Änderungen gegenüber der dem Hauptzollamt bereits vorliegenden Betriebserklärung ergeben haben. [3] Der Antragsteller hat die Änderungen besonders kenntlich zu machen.

(4) Der Antragsteller hat einen buchmäßigen Nachweis zu führen, aus dem sich für den Entlastungsabschnitt die Art, die Menge, die Herkunft und der genaue Verwendungszweck der Energieerzeugnisse ergeben müssen.

(5) [1] Zur Ermittlung der entlastungsfähigen Mengen sind die nach § 51 des Gesetzes verwendeten Mengen an Energieerzeugnissen zu messen. [2] Das zuständige Hauptzollamt kann auf Antrag weitere Ermittlungsmethoden zulassen, wenn die steuerlichen Belange nicht beeinträchtigt werden.

Zu § 52 des Gesetzes

§ 96 Steuerentlastung für die Schifffahrt. (1) Abweichend von § 52 Abs. 1 Satz 2 des Gesetzes wird eine Steuerentlastung auch für nicht gekennzeichnete Energieerzeugnisse der Unterpositionen 2710 19 43 bis 2710 19 48 und der Unterpositionen 2710 20 11 bis 2710 20 19 der Kombinierten Nomenklatur gewährt, wenn das Wasserfahrzeug sowohl zu steuerfreien Zwecken nach § 27 Abs. 1 Satz 1 Nr. 1 oder Nr. 2 des Gesetzes als auch zu nicht steuerfreien Zwecken eingesetzt wird oder wenn glaubhaft gemacht wird, dass eine Betankung unvermeidlich war und ordnungsgemäß gekennzeichnete Energieerzeugnisse der Unterpositionen 2710 19 43 bis 2710 19 48 und der Unterpositionen 2710 20 11 bis 2710 20 19 der Kombinierten Nomenklatur kurzfristig nicht verfügbar waren.

(2) [1] Die Steuerentlastung nach § 52 des Gesetzes für in Wasserfahrzeugen verwendete Energieerzeugnisse ist bei dem für den Antragsteller zuständigen Hauptzollamt mit einer Anmeldung nach amtlich vorgeschriebenem Vordruck für alle Energieerzeugnisse zu beantragen, die innerhalb eines Entlastungsabschnitts verwendet worden sind. [2] Der Antragsteller hat in der Anmeldung alle für die Bemessung der Steuerentlastung erforderlichen Angaben zu machen und die Steuerentlastung selbst zu berechnen. [3] Die Steuerentlastung wird nur gewährt, wenn der Antrag spätestens bis zum 31. Dezember des Jahres, das auf das Kalenderjahr folgt, in dem die Energieerzeugnisse verwendet worden sind, beim Hauptzollamt gestellt wird.

(3) [1] Entlastungsabschnitt ist nach Wahl des Antragstellers ein Zeitraum von einem Kalendervierteljahr, einem Kalenderhalbjahr oder einem Kalenderjahr. [2] Das Hauptzollamt kann auf Antrag einen Zeitraum von einem Kalendermonat als Entlastungsabschnitt zulassen oder in Einzelfällen die Steuerentlastung unverzüglich gewähren.

(4) [1] Dem Antrag sind beizufügen:

1. für jedes Wasserfahrzeug ein buchmäßiger Nachweis mit folgenden Angaben:
   a) Tag und Art der Fahrt,
   b) Abgangs- und Zielhafen, weitere Anlegestellen,
   c) Fahrtdauer und gegebenenfalls Betriebsstunden des Antriebsmotors und der Hilfsaggregate,
   d) gegebenenfalls Art und Mengen der außerhalb des Steuergebiets bezogenen Energieerzeugnisse,
   e) Art und Mengen der im Steuergebiet bezogenen und zu begünstigten Fahrten verwendeten Energieerzeugnisse,
2. Nachweise, dass das Wasserfahrzeug zu den in § 27 Abs. 1 des Gesetzes genannten Zwecken eingesetzt wurde,
3. Unterlagen über die Versteuerung der Energieerzeugnisse.

[2] Das zuständige Hauptzollamt kann auf Antrag unter Auflagen von den Pflichten nach Satz 1 befreien, soweit die Steuerbelange dadurch nicht beeinträchtigt werden.

(5) [1] Werden versteuerte Energieerzeugnisse für die Herstellung oder im Rahmen von Instandhaltungsmaßnahmen von Wasserfahrzeugen bezogen, kann das zuständige Hauptzollamt andere als die in Absatz 4 genannten Nachweise zulassen, wenn die Steuerbelange dadurch nicht beeinträchtigt werden. [2] Absatz 4 Satz 2 gilt sinngemäß.

§ 97 Steuerentlastung für die Luftfahrt. (1) [1] Die Steuerentlastung nach § 52 des Gesetzes für Energieerzeugnisse, die zu den in § 27 Abs. 2 oder Abs. 3 des Gesetzes genannten Zwecken verwendet worden sind, ist bei dem für den Antragsteller zuständigen Hauptzollamt mit einer Anmeldung nach amtlich vorgeschriebenem Vordruck für alle innerhalb eines Entlastungsabschnitts verwendeten Energieerzeugnisse zu beantragen. [2] Der Antragsteller hat in der Anmeldung alle für die Bemessung der Steuerentlastung erforderlichen Angaben zu machen und die Steuerentlastung selbst zu berechnen. [3] Die Steuerentlastung wird nur gewährt, wenn der Antrag spätestens bis zum 31. Dezember des Jahres, das auf das Kalenderjahr folgt, in dem die Energieerzeugnisse verwendet worden sind, beim Hauptzollamt gestellt wird.

(2) [1] Entlastungsabschnitt ist nach Wahl des Antragstellers ein Zeitraum von einem Kalendervierteljahr, einem Kalenderhalbjahr oder einem Kalenderjahr. [2] Das Hauptzollamt kann auf Antrag einen Zeitraum von einem Kalendermonat als Entlastungsabschnitt zulassen oder in Einzelfällen die Steuerentlastung unverzüglich gewähren.

(3) [1] Dem Antrag sind im Fall des § 27 Abs. 2 des Gesetzes beizufügen:
1. die in § 52 Abs. 2 Satz 2 Nr. 4 Buchstabe a, c und d bezeichneten Unterlagen,
2. für jedes Luftfahrzeug ein buchmäßiger Nachweis mit folgenden Angaben:
   a) Tag und Art des Fluges,
   b) Start- und Bestimmungsflugplatz, Ort der Zwischenlandung,
   c) Flugdauer,

d) Art und Mengen der übernommenen und verbrauchten Energieerzeugnisse,

3. Nachweise, dass das Luftfahrzeug zu den in § 27 Abs. 2 des Gesetzes genannten Zwecken eingesetzt wurde,
4. Unterlagen über die Versteuerung der Energieerzeugnisse.

2 Das zuständige Hauptzollamt kann auf Antrag unter Auflagen von den Pflichten nach Satz 1 befreien, soweit die Steuerbelange dadurch nicht beeinträchtigt werden.

(4) 1 Werden versteuerte Energieerzeugnisse für die Entwicklung und Herstellung von Luftfahrzeugen oder im Rahmen von Instandhaltungsmaßnahmen von Luftfahrzeugen durch die in § 60 Abs. 8 genannten Betriebe bezogen, kann das zuständige Hauptzollamt andere als die in Absatz 3 genannten Nachweise zulassen, wenn die Steuerbelange dadurch nicht beeinträchtigt werden. 2 Zusätzlich ist die in § 52 Abs. 2 Satz 2 Nr. 5 bezeichnete Genehmigung vorzulegen. 3 Absatz 3 Satz 2 gilt sinngemäß.

Zu den §§ 53 und 53a des Gesetzes

§ 98 Steuerentlastung für die Stromerzeugung und die gekoppelte Erzeugung von Kraft und Wärme, Allgemeines. (1) 1 Zur Ermittlung der entlastungsfähigen Mengen sind die zur Stromerzeugung oder zur gekoppelten Erzeugung von Kraft und Wärme eingesetzten Energieerzeugnisse und die weiteren eingesetzten Brennstoffe und Hilfsenergie zu messen. 2 Das zuständige Hauptzollamt kann auf Antrag andere Ermittlungsmethoden zulassen, wenn die steuerlichen Belange nicht beeinträchtigt werden.

(2) Die zur Dampferzeugung eingesetzten Energieerzeugnisse sind den Dampfentnahmestellen entsprechend der jeweils entnommenen Dampfmenge und ihres Anteils an der Gesamtdampferzeugung zuzurechnen.

(3) 1 Wird aus Energieerzeugnissen erzeugte mechanische oder thermische Energie von einer anderen Person als dem Verwender der Energieerzeugnisse zur Stromerzeugung oder zur gekoppelten Erzeugung von Kraft und Wärme genutzt, ist dem Antrag nach § 99 oder § 99a zusätzlich für jede die mechanische oder die thermische Energie verwendende andere Person eine Selbsterklärung dieser anderen Person beizufügen. 2 Die Selbsterklärung gemäß Satz 1 ist nach amtlich vorgeschriebenem Vordruck abzugeben und gilt als Steuererklärung im Sinne der Abgabenordnung. 3 In der Selbsterklärung hat die andere Person im Sinne von Satz 1 Angaben über die vollständige oder anteilige Nutzung der mechanischen oder thermischen Energie zur Stromerzeugung oder zur gekoppelten Erzeugung von Kraft und Wärme zu machen. 4 Wer eine Selbsterklärung abgibt, hat Aufzeichnungen zu führen, aus denen sich die Verwendung der mechanischen oder thermischen Energie eindeutig herleiten lässt. 5 Die Aufzeichnungen müssen so beschaffen sein, dass es einem sachverständigen Dritten innerhalb einer angemessenen Frist möglich ist, die Aufzeichnungen zu prüfen.

Zu § 53 des Gesetzes

§ 99 Steuerentlastung für die Stromerzeugung. (1) [1]Die Steuerentlastung nach § 53 des Gesetzes ist für jede Anlage (§ 9) bei dem für den Antragsteller zuständigen Hauptzollamt mit einer Anmeldung nach amtlich vorgeschriebenem Vordruck für alle Energieerzeugnisse zu beantragen, die innerhalb eines Entlastungsabschnitts verwendet worden sind. [2]Der Antragsteller hat in der Anmeldung alle für die Bemessung der Steuerentlastung erforderlichen Angaben zu machen und die Steuerentlastung selbst zu berechnen. [3]Die Steuerentlastung wird nur gewährt, wenn der Antrag spätestens bis zum 31. Dezember des Jahres, das auf das Kalenderjahr folgt, in dem die Energieerzeugnisse verwendet worden sind, beim zuständigen Hauptzollamt gestellt wird.

(2) [1]Entlastungsabschnitt ist das Kalenderjahr. [2]Hiervon abweichend können Antragsteller das Kalenderhalbjahr, das Kalendervierteljahr oder den Kalendermonat als Entlastungsabschnitt wählen, sofern der Entlastungsbetrag bereits im jeweils ersten gewählten Entlastungsabschnitt eines Kalenderjahres mindestens 10 000 Euro beträgt.

(3) [1]Bei erstmaliger Antragstellung sind für jede Anlage anzugeben oder dem Antrag beizufügen:
1. der Name und die Anschrift des Betreibers sowie Angaben über die erstmalige Inbetriebnahme,
2. ihr Standort,
3. der Hersteller, der Typ und die Seriennummer,
4. eine technische Beschreibung mit der Angabe des Durchschnittsverbrauchs je Betriebsstunde,
5. Angaben zur elektrischen Nennleistung und zur Verwendung der mechanischen Energie,
6. eine Darstellung der Mengenermittlung der eingesetzten Energieerzeugnisse und
7. Angaben zur Verwendung der bezogenen Energieerzeugnisse.

[2]Das Hauptzollamt kann weitere Angaben und Unterlagen verlangen, wenn dies zur Sicherung des Steueraufkommens oder für die Steueraufsicht erforderlich ist. [3]Bei Anlagen nach § 9 Absatz 1 Satz 3 Nummer 3 oder § 9 Absatz 2 sind die nach den Sätzen 1 und 2 erforderlichen Angaben für jede zur Anlage gehörende KWK-Einheit oder Stromerzeugungseinheit vorzulegen. [4]Der Antragsteller hat Änderungen der nach den Sätzen 1 bis 3 angegebenen Verhältnisse dem Hauptzollamt mit dem nächsten Antrag mitzuteilen.

Zu § 53a des Gesetzes

§ 99a Steuerentlastung für die gekoppelte Erzeugung von Kraft und Wärme. (1) [1]Die Steuerentlastung nach § 53a des Gesetzes ist für jede Anlage (§ 9) bei dem für den Antragsteller zuständigen Hauptzollamt mit einer Anmeldung nach amtlich vorgeschriebenem Vordruck für alle Energieerzeugnisse zu beantragen, die innerhalb eines Entlastungsabschnitts verwendet worden sind. [2]Der Antragsteller hat in der Anmeldung alle für die Bemessung der Steuerentlastung erforderlichen Angaben zu machen und die Steuerentlastung selbst zu berechnen (Steueranmeldung). [3]Die Steuerentlastung wird nur gewährt, wenn der Antrag spätestens bis zum 31. Dezember des Jahres, das auf das Kalenderjahr folgt, in dem die Energieerzeugnisse verwendet worden sind, beim zuständigen Hauptzollamt gestellt wird.

(2) [1]Entlastungsabschnitt ist im Fall des § 53a Absatz 1 des Gesetzes in Verbindung mit § 53a Absatz 2 des Gesetzes, im Fall des § 53a Absatz 4 des Gesetzes in Verbindung mit § 53a Absatz 5 des Gesetzes sowie im Fall des § 53a Absatz 6 des Gesetzes das Kalenderjahr. [2]Hiervon abweichend können Antragsteller das Kalenderhalbjahr, das Kalendervierteljahr oder den Kalendermonat als Entlastungsabschnitt wählen, sofern der Entlastungsbetrag bereits im jeweils ersten gewählten Entlastungsabschnitt eines Kalenderjahres mindestens 10 000 Euro beträgt. [3]Wird als Entlastungsabschnitt das Kalenderjahr zugrunde gelegt, ist der Jahresnutzungsgrad der Anlage nachzuweisen. [4]Wird dagegen ein anderer Entlastungsabschnitt gewählt, ist für jeden Monat des Entlastungsabschnitts der jeweilige Monatsnutzungsgrad nachzuweisen.

(3) [1]Entlastungsabschnitt im Fall des § 53a Absatz 1 des Gesetzes in Verbindung mit § 53a Absatz 3 des Gesetzes ist das Kalenderjahr. [2]Hiervon abweichend können Antragsteller das Kalenderhalbjahr, das Kalendervierteljahr oder den Kalendermonat als Entlastungsabschnitt wählen, sofern

1. sich der maßgebliche Zeitraum für die Zuordnung eines Unternehmens zum Produzierenden Gewerbe oder zur Land- und Forstwirtschaft nach § 15 Absatz 3 Satz 1 der Stromsteuer-Durchführungsverordnung[1)] bestimmt und
2. der Entlastungsbetrag bereits im jeweils ersten gewählten Entlastungsabschnitt eines Kalenderjahres mindestens 10 000 Euro beträgt.

[3]Wird als Entlastungsabschnitt das Kalenderjahr zugrunde gelegt, ist der Jahresnutzungsgrad nachzuweisen. [4]Wird dagegen ein anderer Entlastungsabschnitt gewählt, ist für jeden Monat des Entlastungsabschnitts der jeweilige Monatsnutzungsgrad nachzuweisen.

(4) [1]Bei erstmaliger Antragstellung sind für jede Anlage anzugeben oder dem Antrag beizufügen:

1. der Name und die Anschrift des Betreibers sowie Angaben über die erstmalige Inbetriebnahme,
2. der Standort,
3. der Hersteller, der Typ und die Seriennummer,
4. Angaben zur elektrischen Nennleistung,
5. eine technische Beschreibung mit der Angabe des Durchschnittsverbrauchs je Betriebsstunde,
6. eine Beschreibung der installierten und betriebsfähigen Vorrichtungen zur Kraft- und Wärmenutzung,
7. eine Darstellung der Mengenermittlung der eingesetzten Energieerzeugnisse,
8. Angaben zur Nutzungsgradberechnung der Anlage und
9. Angaben zur Verwendung der bezogenen Energieerzeugnisse.

---

1) Nr. **49**.

[2]Im Fall des § 53a Absatz 6 des Gesetzes sind zusätzlich bei erstmaliger Antragstellung für jede Anlage anzugeben oder dem Antrag beizufügen:

1. ein Nachweis der Hocheffizienz nach § 99b und
2. Angaben zur Absetzung für Abnutzung der Hauptbestandteile nach § 7 des Einkommensteuergesetzes.

[3]Das Hauptzollamt kann weitere Angaben und Unterlagen verlangen, wenn dies zur Sicherung des Steueraufkommens oder für die Steueraufsicht erforderlich ist. [4]Bei Anlagen nach § 9 Absatz 1 Satz 3 Nummer 3 sind die nach den Sätzen 1 und 2 erforderlichen Angaben für jede zur Anlage gehörende KWK-Einheit oder Stromerzeugungseinheit vorzulegen. [5]Der Antragsteller hat Änderungen der nach den Sätzen 1 bis 4 angegebenen Verhältnisse dem Hauptzollamt jeweils mit dem nächsten Antrag auf eine Steuerentlastung mitzuteilen.

(5) [1]Im Fall einer Steuerentlastung nach § 53a Absatz 1 des Gesetzes in Verbindung mit § 53a Absatz 3 des Gesetzes hat der Antragsteller dem Antrag eine Beschreibung der wirtschaftlichen Tätigkeiten für den maßgebenden Zeitraum nach amtlich vorgeschriebenem Vordruck beizufügen, es sei denn, die Beschreibung liegt dem Hauptzollamt für den maßgebenden Zeitraum bereits vor. [2]Die Beschreibung muss es dem Hauptzollamt ermöglichen zu prüfen, ob die Energieerzeugnisse durch ein Unternehmen des Produzierenden Gewerbes oder der Land- und Forstwirtschaft im Sinne des § 53a Absatz 3 des Gesetzes verwendet worden sind.

(6) [1]Eine Entlastung wird nur für diejenigen Energieerzeugnisse gewährt, die innerhalb des KWK-Prozesses verwendet worden sind. [2]Für Energieerzeugnisse, die in den in § 3 Absatz 4 Satz 2 des Gesetzes genannten technischen Einrichtungen verwendet worden sind, wird keine Steuerentlastung gewährt.

§ 99b Nachweis der Hocheffizienz. (1) [1]Als Nachweis für die Hocheffizienz werden anerkannt:

1. vorbehaltlich Satz 2 ein Gutachten, das von einem unabhängigen Sachverständigen nach den allgemein anerkannten Regeln der Technik erstellt wurde,
2. für Anlagen mit einer elektrischen Nennleistung bis 50 Kilowatt: eine Kopie der Eingangsbestätigung des Bundesamtes für Wirtschaft und Ausfuhrkontrolle über die Anzeige nach Nummer 2 Buchstabe a oder Buchstabe b der Allgemeinverfügung vom 14. Januar 2016 zur Erteilung der Zulassung für kleine KWK-Anlagen mit einer elektrischen Leistung bis 50 Kilowatt (BAnz AT 02.02.2016 B3) oder
3. für Anlagen mit einer elektrischen Nennleistung von mehr als 50 Kilowatt bis 2 Megawatt: eine Kopie des jeweiligen Zulassungsbescheides des Bundesamtes für Wirtschaft und Ausfuhrkontrolle.

[2]Die Einhaltung der allgemein anerkannten Regeln der Technik wird vermutet, wenn das Sachverständigengutachten auf der Grundlage und nach den Rechenmethoden der Richtlinie 2012/27/EU[1] des Europäischen Parlaments

[1] Nr. **61**.

und des Rates vom 25. Oktober 2012 zur Energieeffizienz, zur Änderung der Richtlinien 2009/125/EG und 2010/30/EU und zur Aufhebung der Richtlinien 2004/8/EG und 2006/32/EG (ABl. L 315 vom 14.11.2012, S. 1; L 113 vom 25.4.2013, S. 24), die durch die Richtlinie 2013/12/EU (ABl. L 141 vom 28.5.2013, S. 28) geändert worden ist, in der jeweils geltenden Fassung erstellt worden ist. [3]Der Antragsteller kann den Nachweis der Hocheffizienz entsprechend den Vorgaben des Anhangs II der Richtlinie 2012/27/EU[1)] insbesondere durch die Vorlage von Herstellernachweisen führen, wenn die Angaben von einem sachverständigen Dritten in angemessener Zeit nachvollzogen werden können und die steuerlichen Belange dadurch nicht beeinträchtigt werden.

(2) [1]Ist der Entlastungsberechtigte im Sinn des § 53a Absatz 4 des Gesetzes nicht zugleich Inhaber eines Nachweises nach Absatz 1, hat er neben dem Nachweis nach Absatz 1 eine Erklärung abzugeben, dass die dem Nachweis zugrunde liegenden technischen Parameter nicht verändert wurden. [2]Das Hauptzollamt kann vom Inhaber des Nachweises nach Absatz 1 die Auskünfte verlangen, die für die Prüfung der Hocheffizienz der Anlage erforderlich sind.

§ 99c Betriebsgewöhnliche Nutzungsdauer. (1) [1]Die betriebsgewöhnliche Nutzungsdauer für die Hauptbestandteile einer Anlage entsprechend § 53a Absatz 7 des Gesetzes wird regelmäßig unter Einbeziehung der Erfahrungswerte der steuerlichen Betriebsprüfung nach den §§ 193 ff. der Abgabenordnung beim Vollzug des § 7 des Einkommensteuergesetzes in der Form von Anschreibungstabellen für bestimmte Anlagegüter (AfA-Tabellen) bestimmt. [2]Diese werden vom Bundesministerium der Finanzen in regelmäßigen Abständen aktualisiert und im Bundessteuerblatt Teil I sowie auf den Internetseiten des Bundesministeriums der Finanzen (www.bundesfinanzministerium.de) bekannt gegeben. [3]Stellt das Finanzamt ausnahmsweise eine von den AfA-Tabellen abweichende Nutzungsdauer fest, ist diese zugrunde zu legen. [4]Die Steuerentlastung wird nur in dem Umfang und nur für diejenigen Kalendermonate gewährt, für die eine Absetzung für Abnutzung nach § 7 des Einkommensteuergesetzes in Anspruch genommen werden kann. [5]Bei Wechsel des Eigentümers der Anlage gelten die Sätze 1 bis 4 sinngemäß.

(2) [1]Schreibt der Entlastungsberechtigte die Anlage (§ 9) nach § 7 des Einkommensteuergesetzes nicht selbst und im eigenen Namen ab, hat er den Nachweis zu erbringen, in welchem Umfang die Voraussetzungen nach Absatz 1 gegeben sind. [2]Das zuständige Hauptzollamt kann von demjenigen, der die Anlage abschreibt, die Auskünfte verlangen, die für die Prüfung der Absetzung für Abnutzung (AfA) der Anlage erforderlich sind.

(3) Erfolgt für die Anlage keine Absetzung für Abnutzung nach § 7 des Einkommensteuergesetzes, sind die Absätze 1 und 2 sinngemäß anzuwenden.

(4) [1]Die Kosten für eine Neuerrichtung der Anlage im Sinne des § 53a Absatz 7 Satz 3 des Gesetzes werden anhand der Marktpreise errechnet, die zum Zeitpunkt der Erneuerung der Hauptbestandteile der gesamten Anlage üblich sind. [2]Die Kosten für einen Zubau (§ 9) stehen in diesem Fall den Kosten einer Erneuerung von Hauptbestandteilen der Anlage gleich.

(5) [1]Eine Entlastung wird nur gewährt, soweit die eingesetzten Energieerzeugnisse innerhalb des KWK-Prozesses verwendet worden sind. [2]Für Ener-

---

[1)] Nr. **61**.

gieerzeugnisse, die in den in § 3 Absatz 4 Satz 2 des Gesetzes genannten technischen Einrichtungen verwendet worden sind, wird keine Steuerentlastung gewährt.

§ 99d *(aufgehoben)*

Zu § 54 des Gesetzes

§ 100 Steuerentlastung für Unternehmen. (1) [1]Die Steuerentlastung nach § 54 des Gesetzes ist bei dem für den Antragsteller zuständigen Hauptzollamt mit einer Anmeldung nach amtlich vorgeschriebenem Vordruck für alle Energieerzeugnisse zu beantragen, die innerhalb eines Entlastungsabschnitts verwendet worden sind. [2]Der Antragsteller hat in der Anmeldung alle für die Bemessung der Steuerentlastung erforderlichen Angaben zu machen und die Steuerentlastung selbst zu berechnen. [3]Die Steuerentlastung wird nur gewährt, wenn der Antrag spätestens bis zum 31. Dezember des Jahres, das auf das Kalenderjahr folgt, in dem die Energieerzeugnisse verwendet worden sind, beim Hauptzollamt gestellt wird.

(2) [1]Entlastungsabschnitt ist das Kalenderjahr. [2]Bestimmt sich der maßgebende Zeitraum für die Zuordnung eines Unternehmens zum Produzierenden Gewerbe oder zur Land- und Forstwirtschaft nach § 15 Absatz 3 Satz 1 der Stromsteuer-Durchführungsverordnung[1)], kann der Antragsteller abweichend von Satz 1 das Kalendervierteljahr oder das Kalenderhalbjahr als Entlastungsabschnitt wählen. [3]Das Hauptzollamt kann im Fall des Satzes 2 auf Antrag auch den Kalendermonat als Entlastungsabschnitt zulassen. [4]Eine Steuerentlastung wird in den Fällen der Sätze 2 und 3 jedoch nur gewährt, wenn der Entlastungsbetrag den Betrag nach § 54 Absatz 3 des Gesetzes bereits im jeweils ersten Entlastungsabschnitt eines Kalenderjahres überschreitet.

(3) [1]Der Antragsteller hat dem Antrag eine Beschreibung seiner wirtschaftlichen Tätigkeiten im maßgebenden Zeitraum gemäß § 15 Absatz 3 der Stromsteuer-Durchführungsverordnung[1)] nach amtlich vorgeschriebenem Vordruck beizufügen, es sei denn, die Beschreibung liegt dem Hauptzollamt bereits vor. [2]Die Beschreibung muss es dem Hauptzollamt ermöglichen zu prüfen, ob die Energieerzeugnisse durch ein Unternehmen im Sinn des § 2 Nummer 3 oder Nummer 5 des Stromsteuergesetzes[2)] verwendet worden sind.

(4) Eine Schätzung der jeweils selbst oder von einem anderen Unternehmen (§ 100a) des Produzierenden Gewerbes oder der Land- und Forstwirtschaft verwendeten Wärmemengen und der für die Erzeugung der Wärme verbrauchten Energieerzeugnisse ist zulässig, soweit

1. eine genaue Ermittlung der Mengen nur mit unvertretbarem Aufwand möglich wäre und
2. die Schätzung nach allgemein anerkannten Regeln der Technik erfolgt und für nicht sachverständige Dritte jederzeit nachprüf- und nachvollziehbar ist.

(5) Der Antragsteller hat einen buchmäßigen Nachweis zu führen, aus dem sich für den jeweiligen Entlastungsabschnitt ergeben müssen:

---

1) Nr. **49**.
2) Nr. **48**.

1. die Art, die Menge, die Herkunft und der genaue Verwendungszweck der verbrauchten Energieerzeugnisse,
2. soweit die erzeugte Wärme durch ein anderes Unternehmen des Produzierenden Gewerbes oder der Land- und Forstwirtschaft verwendet worden ist (§ 100a):
   a) der Name und die Anschrift dieses anderen Unternehmens sowie
   b) die Wärmemengen, die durch dieses andere Unternehmen jeweils verwendet worden sind, sowie die Menge der für die Erzeugung der Wärme jeweils verbrauchten Energieerzeugnisse.

§ 100a Verwendung von Wärme durch andere Unternehmen.

(1) [1]Soweit eine Steuerentlastung für die Erzeugung von Wärme, die durch ein anderes Unternehmen des Produzierenden Gewerbes oder der Land- und Forstwirtschaft im Sinn des § 2 Nummer 3 oder Nummer 5 des Stromsteuergesetzes[1)] verwendet worden ist, beantragt wird, sind dem Antrag nach § 100 Absatz 1 zusätzlich beizufügen:

1. für jedes die Wärme verwendende andere Unternehmen des Produzierenden Gewerbes oder der Land- und Forstwirtschaft eine Selbsterklärung dieses anderen Unternehmens nach Absatz 2 und
2. eine Aufstellung, in der die für die Wärmeerzeugung verwendeten Energieerzeugnisse diesen anderen Unternehmen jeweils zugeordnet werden.

[2]Die Vorlage einer Selbsterklärung nach Satz 1 Nummer 1 ist nicht erforderlich, wenn diese dem zuständigen Hauptzollamt für das Kalenderjahr, für das die Steuerentlastung beantragt wird, bereits vorliegt.

(2) [1]Die Selbsterklärung ist gemäß Satz 2 und 3 nach amtlich vorgeschriebenem Vordruck abzugeben. [2]Darin hat das andere Unternehmen des Produzierenden Gewerbes oder der Land- und Forstwirtschaft insbesondere seine wirtschaftlichen Tätigkeiten im maßgebenden Zeitraum zu beschreiben. [3]§ 100 Absatz 3 Satz 2 gilt entsprechend. [4]Auf die Beschreibung der wirtschaftlichen Tätigkeiten wird verzichtet, wenn dem für das andere Unternehmen des Produzierenden Gewerbes oder der Land- und Forstwirtschaft zuständigen Hauptzollamt eine Beschreibung der wirtschaftlichen Tätigkeiten für den maßgebenden Zeitraum bereits vorliegt. [5]Die Selbsterklärung gilt als Steuererklärung im Sinn der Abgabenordnung.

(3) [1]Der Antragsteller hat sich die von einem anderen Unternehmen des Produzierenden Gewerbes oder der Land- und Forstwirtschaft jeweils verwendeten Wärmemengen bestätigen zu lassen. [2]Soweit die jeweils bezogene Wärmemenge von einem anderen Unternehmen des Produzierenden Gewerbes oder der Land- und Forstwirtschaft vollständig selbst verwendet worden ist, reicht eine Bestätigung des anderen Unternehmens über die vollständige Verwendung der Wärme ohne Angabe der Menge aus. [3]Die vollständige oder anteilige Nutzung durch ein anderes Unternehmen des Produzierenden Gewerbes oder der Land- und Forstwirtschaft muss sich eindeutig und leicht nachprüfbar aus den bei dem Antragsteller vorhandenen Belegen ergeben. [4]Der Antragsteller nimmt die Bestätigungen zu seinen steuerlichen Aufzeichnungen.

---

1) Nr. **48**

(4) [1]Wer eine Bestätigung nach Absatz 3 ausstellt, hat gemäß Satz 2 Aufzeichnungen zu führen, aus denen sich die insgesamt bezogenen, die selbst verwendeten und die an Dritte abgegebenen Wärmemengen herleiten lassen. [2]Die Aufzeichnungen müssen so beschaffen sein, dass es einem sachverständigen Dritten innerhalb einer angemessenen Frist möglich ist, die Aufzeichnungen zu prüfen. [3]§ 100 Absatz 4 gilt entsprechend. [4]Das andere Unternehmen unterliegt im Entlastungsverfahren der Steueraufsicht nach § 209 Absatz 3 der Abgabenordnung.

(5) Vom Antragsteller erzeugte Wärme gilt nicht als durch ein anderes Unternehmen verwendet, wenn

1. dieses andere Unternehmen die Wärme im Betrieb des Antragstellers verwendet,
2. solche Wärme üblicherweise nicht gesondert abgerechnet wird und
3. der Empfänger der unter Verwendung der Wärme erbrachten Leistungen der Antragsteller ist.

Zu § 55 des Gesetzes

§ 101 Steuerentlastung für Unternehmen in Sonderfällen. (1) [1]Die Steuerentlastung nach § 55 des Gesetzes ist bei dem für den Antragsteller zuständigen Hauptzollamt nach amtlich vorgeschriebenem Vordruck für alle Energieerzeugnisse zu beantragen, die innerhalb eines Kalenderjahres (Abrechnungszeitraum) verwendet worden sind. [2]Die Steuerentlastung wird nur gewährt, wenn der Antrag spätestens bis zum 31. Dezember des Jahres, das auf das Kalenderjahr folgt, in dem die Energieerzeugnisse verwendet worden sind, bei dem für den Antragsteller zuständigen Hauptzollamt gestellt wird.

(2) [1]Bestimmt sich der maßgebende Zeitraum für die Zuordnung eines Unternehmens zum Produzierenden Gewerbe nach § 15 Absatz 3 Satz 1 der Stromsteuer-Durchführungsverordnung[1)], kann das Hauptzollamt auf Antrag einen vorläufigen Entlastungszeitraum von einem Kalendermonat, einem Kalendervierteljahr oder einem Kalenderhalbjahr (vorläufiger Abrechnungszeitraum) zulassen und die Steuerentlastung für innerhalb eines vorläufigen Abrechnungszeitraums verwendete Energieerzeugnisse gewähren. [2]Zur Errechnung der Höhe der Steuerentlastung ist § 55 des Gesetzes sinngemäß auf den vorläufigen Abrechnungszeitraum anzuwenden. [3]Eine Steuerentlastung nach Satz 1 wird nur dann gewährt, wenn

1. die Summe aus dem Steueranteil nach § 55 Absatz 3 des Gesetzes und der Stromsteuer nach § 10 Absatz 1 Satz 1 bis 4 des Stromsteuergesetzes bereits im ersten vorläufigen Abrechnungszeitraum im Kalenderjahr den Unterschiedsbetrag in der Rentenversicherung (§ 55 Absatz 2 Satz 1 Nummer 1 und 2 des Gesetzes) für diesen Zeitraum übersteigt,
2. der Antragsteller den nach § 55 Absatz 4 Satz 1 Nummer 1 oder Absatz 5 des Gesetzes erforderlichen Nachweis bereits erbracht hat und
3. die nach § 55 Absatz 4 Satz 1 Nummer 2 Buchstabe b des Gesetzes erforderliche Bekanntmachung der Bundesregierung bereits erfolgt ist.

---

1) Nr. **49**.

(3) [1]Wurde eine Steuerentlastung für innerhalb eines vorläufigen Abrechnungszeitraums verwendete Energieerzeugnisse nach Absatz 2 gewährt, hat der Antragsteller einen zusammenfassenden Antrag nach Absatz 1 für das Kalenderjahr bis zum 31. Juli des folgenden Kalenderjahres abzugeben. [2]Wird der zusammenfassende Antrag nicht oder nicht rechtzeitig abgegeben, fordert das Hauptzollamt die nach Absatz 2 gewährte Steuerentlastung zurück.

(4) [1]§ 100 Absatz 3 bis 5 und § 100a gelten entsprechend. [2]Sofern der Antragsteller Betreiber eines alternativen Systems zur Verbesserung der Energieeffizienz gemäß der Verordnung zu § 66b des Gesetzes ist, hat er dem Antrag nach Absatz 1 eine Selbsterklärung nach amtlich vorgeschriebenem Vordruck beizufügen, aus der hervorgeht, dass das Unternehmen im Antragsjahr die Voraussetzungen der Definition für kleine und mittlere Unternehmen im Sinn des § 55 Absatz 4 Satz 2 des Gesetzes erfüllt hat.

(5) Wurde das Unternehmen nach dem 31. Dezember 2013 neu gegründet (§ 55 Absatz 6 des Gesetzes), hat es die Art der Neugründung und den Zeitpunkt der Betriebsaufnahme durch geeignete Unterlagen nachzuweisen.

Zu § 56 des Gesetzes

§ 102 Steuerentlastung für den öffentlichen Personennahverkehr, Allgemeines. (1) [1]Die Steuerentlastung nach § 56 des Gesetzes ist bei dem für den Antragsteller zuständigen Hauptzollamt mit einer Anmeldung nach amtlich vorgeschriebenem Vordruck für alle Energieerzeugnisse zu beantragen, die innerhalb eines Entlastungsabschnitts verwendet worden sind. [2]Der Antragsteller hat in der Anmeldung alle für die Bemessung der Steuerentlastung erforderlichen Angaben zu machen und die Steuerentlastung selbst zu berechnen. [3]Die Steuerentlastung wird nur gewährt, wenn der Antrag spätestens bis zum 31. Dezember des Jahres, das auf das Kalenderjahr folgt, in dem die Energieerzeugnisse verwendet worden sind, beim Hauptzollamt gestellt wird.

(2) [1]Entlastungsabschnitt ist nach Wahl des Antragstellers ein Zeitraum von einem Kalendervierteljahr, einem Kalenderhalbjahr oder einem Kalenderjahr. [2]Das Hauptzollamt kann auf Antrag einen Zeitraum von einem Kalendermonat als Entlastungsabschnitt zulassen oder in Einzelfällen die Steuerentlastung unverzüglich gewähren.

(3) [1]Unternehmen mit Geschäftssitz im Ausland wird eine Steuerentlastung nur gewährt, wenn nachgewiesen ist, dass eine den begünstigten Beförderungen entsprechende Menge Kraftstoff verwendet wurde, die im Steuergebiet des Energiesteuergesetzes durch das Unternehmen versteuert worden ist oder versteuert bezogen worden ist. [2]Das Hauptzollamt kann Regelungen über die Art des Nachweises festlegen.

(4) Weicht der ermittelte Entlastungsbetrag erheblich von dem Entlastungsbetrag ab, der für einen vergleichbaren vorhergehenden Entlastungsabschnitt gewährt worden ist, sind die Abweichungen zu erläutern.

(5) [1]Dem Antrag müssen die tatsächlich zurückgelegten begünstigten Strecken zugrunde gelegt werden, wie sie sich aus dem buchmäßigen Nachweis ergeben. [2]Pauschalansätze sind nicht zulässig.

(6) [1]Der öffentliche Personennahverkehr mit Schienenbahnen oder mit Kraftfahrzeugen umfasst auch die damit zusammenhängenden notwendigen Betriebsfahrten. [2]Notwendige Betriebsfahrten sind

1. An- und Abfahrten
   a) von und zu der Einsatzstelle,
   b) von und zu dem Betriebshof,
   c) von der und zu der Wohnung des Fahrzeugführers; dies umfasst auch Sammeltransporte mit Fahrzeugen, die nicht im genehmigten Linienverkehr eingesetzt sind,
   d) vom Endhaltepunkt einer Linie oder Strecke zum Anfangspunkt der nächsten Linie oder Strecke,
2. Fahrten zur Sicherstellung von Betriebsumläufen und Fahrplanwechseln, zum Beispiel Rangierfahrten,
3. Werkstattfahrten,
4. Ersatzwagengestellfahrten,
5. Hilfszugeinsatzfahrten,
6. Überführungsfahrten,
7. Lehr- und Schulungsfahrten zur Einweisung von Fahrzeugführern sowie
8. Lehr- und Schulungsfahrten zur Aus-, Fort- und Weiterbildung, nicht jedoch zur Erlangung einer Fahrerlaubnis.

[3]Keine notwendigen Fahrten im Sinn des Satzes 1 sind Fahrten

1. zu Dienst- und Einsatzbesprechungen,
2. zum Austausch von Fahrplänen an Haltestellen,
3. von Werkstatt- und Servicefahrzeugen sowie
4. zur Beförderung von Personal und Material für unternehmenseigene Zwecke.

[4]Dabei ist es unerheblich, ob diese Fahrten mit Kraftfahrzeugen oder Schienenfahrzeugen durchgeführt werden. [5]Beförderungen von Personal und Material für unternehmenseigene Zwecke sind insbesondere Fahrten für den Streckenunterhalt und zur Sicherung des Fahrbetriebs.

§ 102a Steuerentlastung für den öffentlichen Personennahverkehr mit Schienenbahnen. (1) Der erstmalige Antrag auf Steuerentlastung muss – soweit zutreffend – folgende Angaben enthalten:

1. den Namen und den Zweck des Unternehmens,
2. den Namen des Betriebsinhabers (außer bei Kapitalgesellschaften) und, sofern ein solcher bestellt ist, des Betriebsleiters und gegebenenfalls seines Stellvertreters; bei juristischen Personen und Personengesellschaften sind die nach Gesetz, Gesellschaftsvertrag oder Satzung zur Vertretung berechtigten Personen anzugeben,
3. die Bezeichnung der mit Schienenbahnen befahrenen Strecken (zum Beispiel Strecken-Nummer) und die Länge der befahrenen Strecken in Kilometern,
4. die Angabe des Rechtsverhältnisses, sofern der Antragsteller für einen anderen Verkehrsunternehmer Beförderungen im öffentlichen Personennahverkehr durchführt,

5. ein Verzeichnis der im Schienenverkehr eingesetzten Fahrzeuge, für deren Verbrauch an Kraftstoffen die Entlastung beansprucht wird, unter Angabe des Typs und der Baureihe, der Motornummer, der Fabriknummer und der installierten Leistung in Kilowatt sowie
6. den spezifischen Kraftstoffverbrauch je Motortyp in Gramm je Kilowattstunde.

(2) Änderungen der nach Absatz 1 maßgeblichen betrieblichen Verhältnisse sind dem Hauptzollamt spätestens mit dem nächsten Antrag auf Steuerentlastung anzuzeigen.

(3) [1] Der Antragsteller hat in den Fällen des § 56 Absatz 1 Satz 1 Nummer 1 des Gesetzes für jedes Schienenfahrzeug, in dem die Energieerzeugnisse verwendet worden sind, einen buchmäßigen Nachweis mit folgenden Angaben zu führen:
1. der Betriebsbezeichnung (Typ oder Baureihe) des Schienenfahrzeugs,
2. dem Tag des Einsatzes,
3. der Zahl der einsatztäglich gefahrenen Kilometer, gegebenenfalls aufgeteilt nach begünstigten und nicht begünstigten Verkehrsleistungen,
4. der Menge des getankten Kraftstoffs.

[2] Der nach Satz 1 zu führende buchmäßige Nachweis ist entsprechend dem jeweiligen Entlastungsabschnitt (§ 102 Absatz 2) abzuschließen. [3] Werden betriebliche Aufzeichnungen geführt, die den Nachweis des begünstigten Kraftstoffverbrauchs für jeden Entlastungsabschnitt auf andere Weise erbringen, so können diese Aufzeichnungen auf Antrag vom zuständigen Hauptzollamt als buchmäßiger Nachweis zugelassen werden.

§ 102b Steuerentlastung für den öffentlichen Personennahverkehr mit Kraftfahrzeugen. (1) Der erstmalige Antrag auf Steuerentlastung muss – soweit zutreffend – folgende Angaben enthalten:
1. den Namen und den Zweck des Unternehmens,
2. den Namen des Betriebsinhabers (außer bei Kapitalgesellschaften) und, sofern ein solcher bestellt ist, des Betriebsleiters und seines Stellvertreters; bei juristischen Personen und Personengesellschaften sind die nach Gesetz, Gesellschaftsvertrag oder Satzung zur Vertretung berechtigten Personen anzugeben,
3. ein Verzeichnis der dem Antragsteller selbst genehmigten Linien und solcher Linien, für die ihm die Rechte und Pflichten übertragen worden sind, die aus der Genehmigung erwachsen (Genehmigungsübertragung), sowie derjenigen Linien, die der Antragsteller auf Grund einer Übertragung der Betriebsführung bedient; bei sämtlichen Linien sind die Linienlänge (längster Linienweg) und die Behörde anzugeben, die
   a) die Genehmigung für den Linienverkehr nach den §§ 42 und 43 des Personenbeförderungsgesetzes in der Fassung der Bekanntmachung vom 8. August 1990 (BGBl. I S. 1690), das zuletzt durch Artikel 4 des Gesetzes vom 5. April 2011 (BGBl. I S. 544) geändert worden ist, in der jeweils geltenden Fassung, erteilt hat,

b) die Übertragung der aus der Genehmigung erwachsenden Rechte und Pflichten genehmigt hat oder

c) die Übertragung der Betriebsführung nach § 2 Absatz 2 Nummer 3 des Personenbeförderungsgesetzes bewilligt hat,

4. ein Verzeichnis der vom Antragsteller in eigenem Namen, in eigener Verantwortung und für eigene Rechnung oder im Auftrag durchgeführten Beförderungen nach § 1 Nummer 4 Buchstabe d, g und i der Freistellungs-Verordnung in der im Bundesgesetzblatt Teil III, Gliederungsnummer 9240-1-1, veröffentlichten bereinigten Fassung, die durch Artikel 1 der Verordnung vom 30. Juni 1989 (BGBl. I S. 1273) geändert worden ist, in der jeweils geltenden Fassung, unter Angabe des Schulträgers oder der jeweiligen Einrichtung,

5. die Angabe des Rechtsverhältnisses, sofern der Antragsteller für ein anderes Verkehrsunternehmen Beförderungen im öffentlichen Personennahverkehr durchführt,

6. eine Erklärung, dass auf den einzelnen Linien oder Strecken, für die eine Entlastung beantragt wird, in der Mehrzahl der Beförderungsfälle die gesamte Reichweite 50 Kilometer oder die gesamte Reisezeit eine Stunde nicht übersteigt,

7. ein Verzeichnis der Verkehrsunternehmen, die im Auftrag des Antragstellers begünstigte Beförderungen durchführen, unter Angabe der übertragenen Linien und Strecken.

(2) Änderungen der für die Angaben nach Absatz 1 maßgeblichen betrieblichen Verhältnisse sind dem Hauptzollamt spätestens mit dem nächsten Antrag auf Steuerentlastung anzuzeigen.

(3) [1] Die für jeden Entlastungsabschnitt nach § 102 Absatz 2 zu erstellenden Berechnungsbögen zum Antrag auf Steuerentlastung müssen folgende Angaben enthalten:

1. entweder für alle Fahrzeuge, für die eine Entlastung beantragt wird, gemeinsam (Berechnungsbogen A) oder für jede Fahrzeuggruppe (Berechnungsbogen B) oder für jedes Fahrzeug einzeln (Berechnungsbogen C)

   a) die sich aus dem buchmäßigen Nachweis nach Absatz 4 ergebenden im Entlastungszeitraum insgesamt gefahrenen Kilometer und die im Rahmen von begünstigten Beförderungen zurückgelegten Kilometer,

   b) die Menge des insgesamt getankten Kraftstoffs in Litern, in Kilogramm oder in Kilowattstunden; Bruchteile eines Liters, eines Kilogramms oder einer Kilowattstunde sind auf den nächsten vollen Liter, das nächste volle Kilogramm oder die nächste volle Kilowattstunde aufzurunden,

   c) den Durchschnittsverbrauch je 100 Kilometer Fahrleistung, der sich aus den Angaben zu den Buchstaben a und b ergibt, auf drei Dezimalstellen gerundet, wobei Teile von weniger als 0,0005 entfallen und Teile von 0,0005 und mehr als ein Tausendstel anzusetzen sind,

   d) den Verbrauch bei den begünstigten Beförderungen, errechnet aus dem Durchschnittsverbrauch nach Buchstabe c und der Kilometerleistung für die begünstigten Beförderungen nach Buchstabe a, auf volle Liter, auf volle Kilogramm oder auf volle Kilowattstunden gerundet, wobei Teile von weniger als 0,5 entfallen und Teile von 0,5 oder mehr als volle Einheit anzusetzen sind;

2. für Kraftfahrzeuge, deren buchmäßiger Nachweis nach Absatz 4 Satz 2 geführt wird (Berechnungsbogen D für Taxen und Mietwagen im Anrufsammelverkehr, Berechnungsbogen E für sonstige im genehmigten Linienverkehr eingesetzte Kraftfahrzeuge)
   a) die sich aus dem buchmäßigen Nachweis nach Absatz 4 Satz 2 ergebenden Kilometer, die im Rahmen von begünstigten Beförderungen zurückgelegt wurden,
   b) den pauschalierten Durchschnittsverbrauch je 100 Kilometer Fahrleistung nach Absatz 4 Satz 2 Nummer 5,
   c) den Verbrauch bei den begünstigten Beförderungen, errechnet aus dem Durchschnittsverbrauch nach Buchstabe b und der Kilometerleistung für die begünstigten Beförderungen nach Buchstabe a, auf volle Liter, auf volle Kilogramm oder auf volle Kilowattstunden gerundet, wobei Teile von weniger als 0,5 entfallen und Teile von 0,5 oder mehr als volle Einheit anzusetzen sind

[2] Bei der Ermittlung des pauschalierten Durchschnittsverbrauchs nach Satz 1 Nummer 2 Buchstabe b ist nur auf eine Dezimalstelle zu runden. [3] Hierbei sind die kaufmännischen Rundungsregeln anzuwenden.

(4) [1] Der Antragsteller hat in den Fällen des § 56 Absatz 1 Nummer 2 und 3 des Gesetzes für jedes Fahrzeug, in dem die Energieerzeugnisse verwendet worden sind, einen buchmäßigen Nachweis mit folgenden Angaben zu führen:

1. dem amtlichen Kennzeichen des Fahrzeugs,
2. dem Tag des Einsatzes,
3. der Zahl der einsatztäglich gefahrenen Kilometer, aufgeteilt nach begünstigten und nicht begünstigten Beförderungen,
4. der Menge und der Art des getankten Kraftstoffs.

[2] Der buchmäßige Nachweis kann alternativ mit folgenden Angaben geführt werden:

1. dem amtlichen Kennzeichen des Kraftfahrzeugs,
2. den begünstigungsfähigen Einsatztagen während des jeweiligen Entlastungsabschnitts,
3. der Zahl der während des Entlastungsabschnitts im Rahmen begünstigter Beförderungen gefahrenen Kilometer,
4. dem Nachweis des Einsatzes für begünstigte Beförderungen im öffentlichen Personennahverkehr,
5. der Menge des während des Entlastungsabschnitts im Rahmen begünstigter Beförderungen verbrauchten Kraftstoffs; für die Mengenermittlung kann der Durchschnittsverbrauch je 100 Kilometer Fahrleistung nach den Fahrzeugunterlagen zuzüglich eines pauschalen Zuschlags in Höhe von 20 Prozent des Durchschnittsverbrauchs zugrunde gelegt werden.

[3] Der nach Satz 1 und 2 zu führende buchmäßige Nachweis ist entsprechend dem jeweiligen Entlastungsabschnitt (§ 102 Absatz 2) abzuschließen. [4] Werden betriebliche Aufzeichnungen geführt, die den Nachweis des begünstigten

Kraftstoffverbrauchs für jeden Entlastungsabschnitt auf andere Weise erbringen, so können diese Aufzeichnungen auf Antrag vom zuständigen Hauptzollamt als buchmäßiger Nachweis zugelassen werden.

Zu § 57 des Gesetzes

§ 103 Steuerentlastung für Betriebe der Land- und Forstwirtschaft.

(1) [1]Der Antrag nach § 57 des Gesetzes ist bei dem für den Betrieb des Antragstellers zuständigen Hauptzollamt zu stellen. [2]Hat der Inhaber eines Betriebs nach § 57 Abs. 2 des Gesetzes seinen Wohnsitz nicht im Steuergebiet und führt er im Steuergebiet Arbeiten im Sinne des § 57 Abs. 1 des Gesetzes aus, so ist der Antrag bei dem Hauptzollamt zu stellen, das für die Steuerentlastung nach § 57 des Gesetzes in der Gemeinde, in der die Arbeiten überwiegend ausgeführt werden, zuständig ist.

(2) [1]Die Steuerentlastung ist mit einer Anmeldung nach amtlich vorgeschriebenem Vordruck für die innerhalb eines Kalenderjahrs (Entlastungsabschnitt) zu begünstigten Zwecken nach § 57 Abs. 1 des Gesetzes verwendeten Energieerzeugnisse (begünstigter Verbrauch) zu beantragen. [2]Die elektronische Übermittlung der Antragsdaten ist zugelassen, soweit für die Datenübermittlung und den Ausdruck des Entlastungsantrags (komprimierter Vordruck) die von der Finanzverwaltung hierfür zur Verfügung gestellten elektronischen Komponenten genutzt werden. [3]Der Antragsteller hat in der Anmeldung alle für die Bemessung der Steuerentlastung erforderlichen Angaben zu machen und die Steuerentlastung selbst zu berechnen. [4]Die Steuerentlastung wird nur gewährt, wenn der Antrag bis zum 30. September des Jahres, das dem Kalenderjahr folgt, in dem die Energieerzeugnisse verwendet worden sind, beim zuständigen Hauptzollamt gestellt wird. [5]Bei einer elektronischen Übermittlung der Antragsdaten gilt der Antrag erst als gestellt, wenn dem zuständigen Hauptzollamt zusätzlich zu den elektronisch übermittelten Daten der unterschriebene komprimierte Vordruck zugeht. [6]Für die Fristwahrung ist allein der Eingang des unterschriebenen komprimierten Vordrucks maßgeblich. [7]Bei erstmaliger Antragstellung sind dem Antrag beizufügen:

1. Quittungen oder Lieferbescheinigungen nach Absatz 4 über im Entlastungsabschnitt insgesamt bezogene Gasöle und Biokraftstoffe,
2. die Aufzeichnungen nach Absatz 5, soweit der Antragsteller zu deren Führung verpflichtet ist,
3. von Betrieben der Imkerei ein Nachweis über die Anzahl der Bienenvölker (Völkermeldung) und
4. Bescheinigungen nach Absatz 6 über das im Entlastungsabschnitt von Betrieben im Sinne des § 57 Abs. 2 Nr. 5 des Gesetzes verbrauchte Gasöl.

[8]Bei Folgeanträgen hat der Antragsteller die in Satz 7 genannten Unterlagen lediglich auf Verlangen des Hauptzollamts vorzulegen.

(3) [1]Antragsberechtigt ist der Inhaber eines Betriebs im Sinne des § 57 Abs. 2 des Gesetzes (Begünstigter). [2]Wechselt innerhalb eines Entlastungsabschnitts der Inhaber eines Betriebs, so bleibt der bisherige Inhaber für die Zeit bis zum Inhaberwechsel Begünstigter.

(4) [1] Der Begünstigte hat sich Quittungen oder Lieferbescheinigungen über die im Entlastungsabschnitt insgesamt für begünstigte und nicht begünstigte Zwecke bezogene Gasöle und Biokraftstoffe ausstellen zu lassen, welche die Anschriften des Empfängers und des Lieferers, das Datum der Lieferung, die gelieferte Menge und den zu zahlenden Betrag enthalten. [2] Tankbelege gelten auch ohne die Anschrift des Empfängers als Lieferbescheinigung, wenn sie die übrigen Angaben nach Satz 1 enthalten. [3] Der Antragsteller hat die Belege nach § 147 Abs. 1 und 3 der Abgabenordnung aufzubewahren.

(5) [1] Inhaber von Betrieben im Sinne des § 57 Abs. 2 Nr. 5 des Gesetzes haben für jedes oder jede der in § 57 Abs. 1 des Gesetzes genannten Fahrzeuge, Geräte und Maschinen geeignete Aufzeichnungen zu führen, aus denen das Datum und der Umfang der ausgeführten Arbeiten sowie die Raummenge der beim Betrieb verbrauchten Energieerzeugnisse ersichtlich sein müssen. [2] Die Aufzeichnungen sind am Schluss des Kalenderjahrs abzuschließen.

(6) Für Arbeiten, die ein in § 57 Abs. 2 Nr. 5 des Gesetzes genannter Betrieb im Betrieb des Begünstigten unter Verwendung von selbst bezogenem Gasöl ausgeführt hat, hat sich der Begünstigte von dem ausführenden Betrieb Bescheinigungen ausstellen zu lassen, welche seine Anschrift, die des ausführenden Betriebs, das Datum sowie Art und Umfang der ausgeführten Arbeiten, die hierfür verbrauchte Gasölmenge und den hierfür zu zahlenden Geldbetrag enthalten.

(7) Der Steuerentlastungsanspruch nach § 57 des Gesetzes entsteht mit Ablauf des Entlastungsabschnitts (Absatz 2 Satz 1).

Zu § 59 des Gesetzes

§ 104 Steuervergütung für Diplomatenbenzin und -dieselkraftstoff.

(1) [1] Die Steuervergütung nach § 59 des Gesetzes ist bei dem Hauptzollamt, das für den Dienstsitz der ausländischen Vertretung zuständig ist, nach amtlich vorgeschriebenem Vordruck für die innerhalb eines Vergütungsabschnitts bezogenen Mengen an Benzin und Dieselkraftstoff zu beantragen. [2] Sie muss spätestens in dem auf den Bezug folgenden Kalenderjahr beantragt werden. [3] Die Steuervergütung wird nicht gewährt für Benzin und Dieselkraftstoffe, die in Fahrzeugen verwendet worden sind, die für eine ausländische Vertretung oder andere Begünstigte zugelassen, jedoch nicht begünstigten Dritten zur ständigen Benutzung überlassen worden sind. [4] Eine entsprechende Erklärung ist mit jedem Antrag abzugeben.

(2) [1] Die Vergütung ist, wenn nicht besondere Gründe eine Ausnahme rechtfertigen, erst zu beantragen, wenn die vergütungsfähige Menge 300 Liter übersteigt. [2] Vergütungsabschnitt ist unter den Voraussetzungen des Satzes 1 nach Wahl des Antragstellers ein Zeitraum von einem Kalendervierteljahr, einem Kalenderhalbjahr oder einem Kalenderjahr. [3] Das Hauptzollamt kann auf Antrag einen Zeitraum von einem Kalendermonat als Vergütungsabschnitt zulassen. [4] Eine Änderung des Vergütungsabschnitts ist erst mit Beginn eines neuen Kalenderjahres möglich. [5] Der Antrag nach Satz 1 muss alle im Vergütungsabschnitt entstandenen Vergütungsansprüche umfassen. [6] Ist über ihn entschieden, können für den gleichen Zeitraum keine weiteren Ansprüche geltend gemacht werden.

(3) [1] Die Steuervergütung wird gewährt, wenn

1. der Antrag einer Vertretung nach § 59 Absatz 2 Nummer 1 des Gesetzes mit der Unterschrift einer unterschriftsberechtigten Person und dem Dienststempelabdruck der Vertretung versehen ist,
2. der Antrag einer begünstigten Person nach § 59 Absatz 2 Nummer 2 des Gesetzes von dieser selbst unterschrieben ist, eine unterschriftsberechtigte Person mit dem Dienststempelabdruck der Vertretung bestätigt hat, dass der Antragsteller zu den nach § 59 Absatz 2 Nummer 2 des Gesetzes begünstigten Personen gehört, und keine Gründe vorliegen, die die Begünstigung nach § 59 Absatz 3 des Gesetzes ausschließen.

[2] Die unterschriftsberechtigte Person ist in der Regel der Leiter der ausländischen Vertretung oder sein Stellvertreter. [3] Sie wird von der Vertretung gegenüber dem Auswärtigen Amt bestimmt.

(4) [1] Dem Antrag sind die Rechnungen des Lieferers über die Abgabe von Benzin oder Dieselkraftstoff an den Begünstigten beizufügen; darin müssen der Tag der Lieferung, die gelieferte Menge und die Anschrift des Lieferers angegeben sein. [2] Das Hauptzollamt kann sich weitere für die Bearbeitung des Antrags erforderliche Unterlagen vorlegen lassen.

(5) [1] Die Steuervergütung wird nicht gewährt für einen Vergütungsabschnitt, für den eine gefälschte, verfälschte oder für andere als die angegebenen Fahrzeuge erteilte Rechnung vorgelegt wird. [2] Das Hauptzollamt kann eine teilweise Vergütung gewähren, wenn eine Rechnung, die für ein anderes als das angegebene Fahrzeug ausgestellt wurde, offenkundig versehentlich vorgelegt worden ist.

§ 105 *(aufgehoben)*

Zu § 66 Absatz 1 Nummer 18 des Gesetzes

§ 105a Steuerentlastung für ausländische Streitkräfte und Hauptquartiere. (1) [1] Eine Steuerentlastung wird auf Antrag gewährt für nachweislich versteuerte Energieerzeugnisse, die an die ausländischen Streitkräfte oder Hauptquartiere geliefert werden. [2] Artikel 67 Absatz 3 Buchstabe a Ziffer i des Zusatzabkommens vom 3. August 1959 (§ 66 Nummer 18 Satz 1 Buchstabe a des Gesetzes), Artikel 15 des Abkommens vom 13. März 1967 (§ 66 Nummer 18 Satz 1 Buchstabe b des Gesetzes) und Artikel III des Abkommens vom 15. Oktober 1954 (§ 66 Nummer 18 Satz 1 Buchstabe c des Gesetzes) gelten auch für diese Steuerentlastung. [3] Entlastungsberechtigt ist derjenige, der die Energieerzeugnisse geliefert hat.

(2) Der Lieferung an die ausländischen Streitkräfte oder Hauptquartiere steht die Abgabe an zum Bezug berechtigte Mitglieder der ausländischen Streitkräfte oder der Hauptquartiere gegen besondere Gutscheine oder im Rahmen eines Tankkartenverfahrens gleich.

(3) Ausländische Streitkräfte, Hauptquartiere und Mitglieder der ausländischen Streitkräfte oder der Hauptquartiere sind ausländische Streitkräfte, Hauptquartiere und Mitglieder der ausländischen Streitkräfte oder der Hauptquartiere im Sinn des Truppenzollgesetzes vom 19. Mai 2009 (BGBl. I S. 1090),

das durch Artikel 8 des Gesetzes vom 15. Juli 2009 (BGBl. I S. 1870) geändert worden ist, in der jeweils geltenden Fassung.

(4) [1]Die Steuerentlastung ist bei dem für den Antragsteller zuständigen Hauptzollamt mit einer Anmeldung nach amtlich vorgeschriebenem Vordruck für alle Energieerzeugnisse zu beantragen, die innerhalb eines Entlastungsabschnitts geliefert worden sind. [2]Der Antragsteller hat in der Anmeldung alle Angaben zu machen, die für die Bemessung der Steuerentlastung erforderlich sind, und die Steuerentlastung selbst zu berechnen. [3]Die Steuerentlastung wird nur gewährt, wenn der Antrag spätestens bis zum 31. Dezember des Jahres, das auf das Kalenderjahr folgt, in dem die Energieerzeugnisse geliefert oder abgegeben worden sind, beim Hauptzollamt gestellt wird.

(5) [1]Entlastungsabschnitt ist nach Wahl des Antragstellers der Zeitraum von einem Kalendervierteljahr, einem Kalenderhalbjahr oder einem Kalenderjahr. [2]Das Hauptzollamt kann auf Antrag einen Zeitraum von einem Kalendermonat als Entlastungsabschnitt zulassen oder in Einzelfällen die Steuerentlastung unverzüglich gewähren.

(6) [1]Dem Antrag sind die Abwicklungsscheine nach § 73 Absatz 1 Nummer 1 der Umsatzsteuer-Durchführungsverordnung beizufügen. [2]Das Hauptzollamt kann auf Abwicklungsscheine verzichten, wenn die vorgeschriebenen Angaben anderen Belegen und den Aufzeichnungen des Antragstellers eindeutig und leicht nachprüfbar zu entnehmen sind.

(7) Der Antragsteller hat einen buchmäßigen Nachweis zu führen, dem für jede Lieferung oder Abgabe im Entlastungsabschnitt die Art, die Menge, die Herkunft und der Empfänger der Energieerzeugnisse zu entnehmen sein müssen.

Zu den §§ 61 und 66 Abs. 1 Nr. 16 des Gesetzes

§ 106 Steueraufsicht, Pflichten. [1]Wer der Steueraufsicht unterliegt (§ 61 des Gesetzes), hat auf Verlangen des Hauptzollamts über den Bezug, den Vertrieb, den Transport, die Lagerung und die Verwendung von Energieerzeugnissen besondere Aufzeichnungen zu führen, aus denen jeweils Art, Kennzeichnung und Menge der Energieerzeugnisse, der Lieferer, der Empfänger und die Reihenfolge der Lieferungen hervorgehen, wenn diese Angaben aus den betrieblichen Unterlagen nicht ersichtlich sind. [2]Darüber hinaus kann das Hauptzollamt weitere Überwachungsmaßnahmen anordnen, wenn sie zur Sicherung der Steuerbelange erforderlich erscheinen.

§ 107 Hinweispflichten bei Abgabe von Energieerzeugnissen.

(1) Wer Energieerzeugnisse nach § 1 Abs. 2 Nr. 1, 4, 6 oder § 1 Abs. 3 des Gesetzes, für die die Steuer nach den Steuersätzen des § 2 Abs. 1 des Gesetzes entstanden ist, im Steuergebiet an Dritte abgibt, hat die für den Empfänger bestimmten Belege (Rechnungen, Lieferscheine, Lieferverträge oder dergleichen) mit einem Hinweis zu versehen, dass es sich bei den abgegebenen Waren um Energieerzeugnisse im Sinne des Energiesteuergesetzes[1)] handelt.

[1)] Nr. **50**.

(2) [1] Wer Energieerzeugnisse, für die die Steuer nach den Steuersätzen des § 2 Abs. 3 des Gesetzes entstanden ist, im Steuergebiet an Dritte abgibt, hat die für den Empfänger bestimmten Belege (Rechnungen, Lieferscheine, Lieferverträge oder dergleichen) mit folgendem Hinweis zu versehen:

„Steuerbegünstigtes Energieerzeugnis! Darf nicht als Kraftstoff verwendet werden, es sei denn, eine solche Verwendung ist nach dem Energiesteuergesetz oder der Energiesteuer-Durchführungsverordnung zulässig. Jede andere Verwendung als Kraftstoff hat steuer- und strafrechtliche Folgen! In Zweifelsfällen wenden Sie sich bitte an Ihr zuständiges Hauptzollamt."

[2] Der Hinweis kann bei der Abgabe von Flüssiggasen in Kleinflaschen oder Kartuschen mit einem Füllgewicht bis 5 Kilogramm entfallen. [3] Bei anderen Flaschen mit einem Füllgewicht bis 11 Kilogramm kann der Hinweis auch in Form eines Aufdrucks oder Aufklebers auf der Flüssiggasflasche angebracht werden.

Zu den §§ 65 und 66 Abs. 1 Nr. 16 des Gesetzes

§ 108 Kontrollen, Sicherstellung. [1] In Fahrzeugen mitgeführte oder in Behältern von Antriebsanlagen enthaltene Energieerzeugnisse hat der Fahrzeugführer oder der für den Betrieb der Antriebsanlage Verantwortliche zur Sicherstellung nach § 65 des Gesetzes aus den Behältern abzulassen, wenn die mit der Steueraufsicht betrauten Amtsträger dies verlangen. [2] Über die Sicherstellung ist eine Bescheinigung zu erteilen. [3] Die Amtsträger können die Energieerzeugnisse in den Behältern sicherstellen oder von einer Sicherstellung absehen, wenn ein unverzüglicher Austausch der Energieerzeugnisse den öffentlichen Verkehr stören würde. [4] Sie können auch zulassen, dass der Fahrzeugführer die Energieerzeugnisse bis zum Erreichen der nächsten Gelegenheit zum Ablassen, jedoch längstens 24 Stunden, weiterverwendet. [5] In diesem Fall hat der Fahrzeugführer das Fahrzeug nach dem Ablassen der nicht verwendeten Energieerzeugnisse unverzüglich einer von den Amtsträgern bestimmten Zollstelle zur erneuten Prüfung vorzuführen. [6] Den Rest der Energieerzeugnisse hat der Fahrzeugführer auf Verlangen der Amtsträger bei der Zollstelle oder einer von ihr bestimmten Stelle abzuliefern. [7] Eine zugelassene Weiterverwendung gilt nicht als Verwendung im Sinne des § 21 Abs. 1 Satz 1 des Gesetzes.

Zu § 66 Abs. 1 Nr. 17 des Gesetzes

§ 109 Vermischungen von versteuerten Energieerzeugnissen. (1) [1] Werden Energieerzeugnisse, die nach verschiedenen Steuersätzen des § 2 Abs. 1 des Gesetzes, auch in Verbindung mit § 2 Abs. 4 des Gesetzes, versteuert worden sind, vor der Abgabe in Haupt- oder Reservebehälter von Motoren miteinander gemischt, entsteht für die niedriger belasteten Anteile eine Steuer, wenn das Gemisch ein Benzin nach § 2 Abs. 1 Nr. 1 oder Nr. 2 des Gesetzes oder ein Kraftstoff nach § 2 Abs. 4 des Gesetzes ist, der nach seiner Beschaffenheit dem Benzin entspricht. [2] Dies gilt nicht für niedriger belastete Anteile, die eine Menge von 300 Litern nicht übersteigen, wenn sie in Transportmitteln, beim Entleeren von Transportmitteln, beim Spülen von Tankstellenbehältern, bei der Herstellung von Zweitaktergemischen oder durch Endverwender vermischt werden.

(2) Die Steuer beträgt,

1. falls das Gemisch ein Benzin nach § 2 Abs. 1 Nr. 1 Buchstabe a des Gesetzes oder ein entsprechender Kraftstoff nach § 2 Abs. 4 des Gesetzes ist,
   a) für 1000 l Energieerzeugnisse nach § 2 Abs. 1 Nr. 3 des Gesetzes 15,30 EUR,
   b) für 1000 l Energieerzeugnisse nach § 2 Abs. 1 Nr. 4 Buchstabe a des Gesetzes 184,10 EUR,
   c) für 1000 l Energieerzeugnisse nach § 2 Abs. 1 Nr. 4 Buchstabe b des Gesetzes 199,40 EUR,
   d) für 1000 l Energieerzeugnisse nach § 2 Abs. 1 Nr. 6 des Gesetzes 184,10 EUR;
2. falls das Gemisch ein Benzin nach § 2 Abs. 1 Nr. 1 Buchstabe b des Gesetzes oder ein entsprechender Kraftstoff nach § 2 Abs. 4 des Gesetzes ist,
   a) für 1000 l Energieerzeugnisse nach § 2 Abs. 1 Nr. 4 Buchstabe a des Gesetzes 168,80 EUR,
   b) für 1000 l Energieerzeugnisse nach § 2 Abs. 1 Nr. 4 Buchstabe b des Gesetzes 184,10 EUR,
   c) für 1000 l Energieerzeugnisse nach § 2 Abs. 1 Nr. 6 des Gesetzes 168,80 EUR;
3. falls das Gemisch ein Benzin nach § 2 Abs. 1 Nr. 2 des Gesetzes oder ein entsprechender Kraftstoff nach § 2 Abs. 4 des Gesetzes ist,
   a) für 1000 l Energieerzeugnisse nach § 2 Abs. 1 Nr. 1 Buchstabe a des Gesetzes 51,20 EUR,
   b) für 1000 l Energieerzeugnisse nach § 2 Abs. 1 Nr. 1 Buchstabe b des Gesetzes 66,50 EUR,
   c) für 1000 l Energieerzeugnisse nach § 2 Abs. 1 Nr. 3 des Gesetzes 66,50 EUR,
   d) für 1000 l Energieerzeugnisse nach § 2 Abs. 1 Nr. 4 Buchstabe a des Gesetzes 235,30 EUR,
   e) für 1000 l Energieerzeugnisse nach § 2 Abs. 1 Nr. 4 Buchstabe b des Gesetzes 250,60 EUR,
   f) für 1000 l Energieerzeugnisse nach § 2 Abs. 1 Nr. 6 des Gesetzes 235,30 EUR.

(3) *(aufgehoben)*

(4) [1] Steuerschuldner ist, wer die Energieerzeugnisse mischt. [2] Dieser hat für Energieerzeugnisse, für die in einem Monat die Steuer entstanden ist, bis zum 15. Tag des folgenden Monats eine Steuererklärung abzugeben und darin die Steuer selbst zu berechnen (Steueranmeldung). [3] Für die Fälligkeit der Steuer gilt § 8 Abs. 5 und 6 des Gesetzes sinngemäß.

(5) [1] Wer Energieerzeugnisse nach Absatz 1 Satz 1 mischen will, hat dies dem zuständigen Hauptzollamt drei Wochen vorher schriftlich anzumelden. [2] § 12

Absatz 1 Satz 2 und Absatz 2 sowie die §§ 13 und 15 Absatz 1, 2 und 4 bis 11 gelten sinngemäß.

Zu § 66 Abs. 1 Nr. 13 des Gesetzes

§ 110 Normen. [1] Es gelten

1. für die Ermittlung der Menge von Energieerzeugnissen die DIN 51650, Ausgabe Juli 2006, in Verbindung mit der DIN 51757, Ausgabe Januar 2011, soweit die Energieerzeugnisse durch diese Normen erfasst werden,
2. für die Berechnung des Normvolumens von Erdgas und gasförmigen Kohlenwasserstoffen die DIN 1343, Ausgabe Januar 1990,
3. für die Bestimmung des Brennwerts von Erdgas und gasförmigen Kohlenwasserstoffen die DIN 51857, Ausgabe März 1997, oder die DIN EN ISO 6976, Ausgabe September 2005,
4. für die Bestimmung des Bleigehalts von Benzin nach § 2 Abs. 1 Nr. 1 und 2 des Gesetzes die DIN EN 13723 (Ausgabe Oktober 2002),
5. für die Bestimmung des Schwefelgehalts von Energieerzeugnissen nach § 2 Absatz 1 Nummer 1 und 4 und Absatz 3 Satz 1 Nummer 1 des Gesetzes, in Abhängigkeit von dem in der jeweiligen Norm vorgesehenen Anwendungsbereich,
   a) die DIN EN ISO 8754, Ausgabe Dezember 2003,
   b) die DIN EN ISO 14596, Ausgabe Dezember 2007,
   c) die DIN EN ISO 20846, Ausgabe Januar 2012,
   d) die DIN EN ISO 20884, Ausgabe Juli 2011, und
   e) die DIN EN 24260, Ausgabe Mai 1994,
   f) die DIN EN ISO 13032, Ausgabe Juni 2012,
6. für die Bestimmung des Heizwerts von Energieerzeugnissen nach § 2 Absatz 1 Nummer 9 und 10 des Gesetzes die DIN 51900-1, Ausgabe April 2000,
7. für die Bestimmung des Gehalts der in § 2 Absatz 1 genannten Rotfarbstoffe
   a) das in der Anlage 2 dieser Verordnung genannte Verfahren (Hochdruckflüssigkeitschromatographie),
   b) die DIN 51426, Ausgabe September 2011, sofern die Bestimmung nicht durch Biokomponenten gestört wird, oder
   c) die DIN 51430, Ausgabe Oktober 2011; im Streitfall ist das Ergebnis der Untersuchung nach dem in der Anlage 2 dieser Verordnung genannten Verfahren maßgeblich,
8. für die Bestimmung des Gehalts des in § 2 Absatz 1 genannten Markierstoffs Solvent Yellow 124 das in der Anlage 3 dieser Verordnung genannte Verfahren (Euromarker-Referenzanalyseverfahren) oder die DIN 51430, Ausgabe Oktober 2011; im Streitfall ist das Ergebnis der Untersuchung nach dem in der Anlage 3 dieser Verordnung genannten Verfahren maßgeblich,
9. für die Bestimmung des Färbeäquivalents von Gemischen der in § 2 Abs. 1 genannten Rotfarbstoffe die Anlage 4 zu dieser Verordnung,

10. für die Probeentnahme nach § 1b Absatz 1 Nummer 4 die DIN EN ISO 10715, Ausgabe September 2000.

[2]DIN- und ISO/IEC-Normen, auf die in dieser Verordnung verwiesen wird, sind im Beuth-Verlag GmbH, Berlin, erschienen und bei der Deutschen Nationalbibliothek archivmäßig gesichert niedergelegt.

Zu § 156 Absatz 1 der Abgabenordnung

§ 110a Kleinbetragsregelung. (1) Eine angemeldete oder festgesetzte Steuer oder Steuerentlastung wird vom zuständigen Hauptzollamt nur abweichend festgesetzt, geändert oder berichtigt, wenn die Abweichung von der angemeldeten oder festgesetzten Steuer oder Steuerentlastung mindestens 25 Euro beträgt.

(2) Soweit die Festsetzung durch automatisierte Verfahren unterstützt wird, gilt Absatz 1 erst, wenn die entsprechende Regelung programmtechnisch umgesetzt worden ist.

Zu § 381 Abs. 1 der Abgabenordnung

§ 111 Ordnungswidrigkeiten. (1) Ordnungswidrig im Sinne des § 381 Abs. 1 Nr. 1 der Abgabenordnung handelt, wer vorsätzlich oder leichtfertig

1. entgegen § 4 Abs. 3 Satz 1, auch in Verbindung mit § 4 Abs. 4, entgegen § 7 Abs. 1 Satz 3, Abs. 2 Satz 2 oder Abs. 4 Satz 1, jeweils auch in Verbindung mit § 8 Abs. 1, entgegen § 11 Absatz 4, § 15 Abs. 2 Satz 3, Abs. 4 Satz 2, Abs. 8, 9 Satz 1, Abs. 10 oder Abs. 11, jeweils auch in Verbindung mit § 109 Abs. 5 Satz 2, entgegen § 19 Abs. 2 Satz 3, Abs. 4 Satz 2 oder Abs. 9 Satz 1, jeweils auch in Verbindung mit § 22, entgegen § 19 Abs. 8 oder Abs. 10, jeweils auch in Verbindung mit § 21 Abs. 3 Satz 3 oder § 22, entgegen § 26 Absatz 6, § 27 Absatz 6, § 36 Absatz 4 Satz 1, auch in Verbindung mit § 36b Absatz 4 oder § 36c Absatz 4, § 37a, § 42 Absatz 4 Satz 4, § 42a Satz 1, § 51 Abs. 4, § 54 Abs. 6, auch in Verbindung mit § 73 Abs. 2 oder § 84 Abs. 2, § 56 Absatz 6 Satz 2 oder Absatz 8, jeweils auch in Verbindung mit § 85 Absatz 7, entgegen § 56 Absatz 10, § 61 Abs. 1 Satz 2, § 64 Abs. 5, § 67 Abs. 4, 6 oder Abs. 8 Satz 1, § 75 Abs. 4, 6 oder Abs. 8 Satz 1, § 79 Abs. 3 oder § 85 Abs. 4 oder Abs. 6 Satz 1 eine Anzeige nicht, nicht richtig, nicht vollständig, nicht in der vorgeschriebenen Weise oder nicht rechtzeitig erstattet,
2. entgegen § 7 Abs. 3, auch in Verbindung mit § 8 Abs. 1, § 15 Abs. 2 Satz 3, auch in Verbindung mit § 109 Abs. 5 Satz 2, § 19 Abs. 2 Satz 3, auch in Verbindung mit § 22, § 23 Absatz 3 Satz 1, § 26 Absatz 4 Satz 1 oder Absatz 8 Satz 4, § 27 Absatz 5 Satz 1, § 40 Abs. 1 Satz 4, § 48 Abs. 2, § 51 Abs. 2 Satz 1 oder Satz 3, § 64 Abs. 2 Satz 1 oder Satz 3, § 67 Abs. 2 Satz 1 oder Satz 3, § 75 Abs. 2 Satz 1 oder Satz 3, § 79 Abs. 2 Satz 1, § 85 Abs. 2 Satz 1 oder Satz 3, § 100a Absatz 4 Satz 1, auch in Verbindung mit § 101 Absatz 4, oder § 106 Satz 1 eine Aufzeichnung nicht, nicht richtig oder nicht vollständig führt,

3. entgegen § 15 Abs. 2 Satz 1, auch in Verbindung mit § 109 Abs. 5 Satz 2, § 19 Abs. 2 Satz 1, auch in Verbindung mit § 22, § 40 Abs. 1 Satz 1 oder § 56 Abs. 3 Satz 1 ein Buch nicht oder nicht richtig führt,
4. entgegen § 15 Abs. 2 Satz 6, auch in Verbindung mit § 109 Abs. 5 Satz 2, § 19 Abs. 2 Satz 6, auch in Verbindung mit § 22, § 40 Abs. 1 Satz 7 oder § 56 Abs. 4 Satz 2 ein Buch nicht oder nicht rechtzeitig abliefert,
5. entgegen § 15 Abs. 3 Satz 1, § 19 Abs. 3 Satz 1, auch in Verbindung mit § 22, oder § 56 Abs. 3 Satz 6 eine Zusammenstellung nicht, nicht richtig oder nicht rechtzeitig vorlegt,
6. entgegen § 15 Absatz 3 Satz 2, § 15 Absatz 4 Satz 1, auch in Verbindung mit § 109 Absatz 5 Satz 2, § 19 Absatz 3 Satz 2 oder Absatz 4 Satz 1, jeweils auch in Verbindung mit § 22, § 56 Absatz 5 Satz 1, § 56 Absatz 6 Satz 1, auch in Verbindung mit § 85 Absatz 7, § 85 Absatz 3 Satz 1 oder § 109 Absatz 5 Satz 1 eine Anmeldung nicht, nicht richtig oder nicht rechtzeitig abgibt,
7. entgegen § 15 Abs. 5 Satz 2 oder Satz 3, jeweils auch in Verbindung mit § 109 Abs. 5 Satz 2, § 19 Abs. 5 Satz 2 oder Satz 3, jeweils auch in Verbindung mit § 22, § 40 Abs. 2 Satz 2 oder Satz 3 oder § 56 Abs. 7 Satz 2 oder Satz 3, jeweils auch in Verbindung mit § 85 Absatz 7, ein Buch oder eine Aufzeichnung nicht, nicht richtig oder nicht rechtzeitig aufrechnet, einen Bestand nicht, nicht richtig oder nicht rechtzeitig anmeldet oder ein anderes Energieerzeugnis nicht, nicht richtig oder nicht vollständig einbezieht,
8. entgegen § 27 Absatz 5 Satz 3, § 33 Absatz 3 oder Absatz 4, § 36 Absatz 7 Satz 1 oder Satz 2, § 36b Absatz 2 Satz 5, § 36c Absatz 2 Satz 5, § 57 Absatz 3, auch in Verbindung mit § 57 Absatz 9, § 57 Absatz 7 Satz 1 oder Absatz 15, § 68 Absatz 1 Satz 1, § 69 Absatz 2, auch in Verbindung mit § 69 Absatz 4, 5 oder § 76 Absatz 3 Satz 2, oder § 76 Absatz 1 Satz 1 eine Eintragung, eine Aufzeichnung oder einen Vermerk nicht, nicht richtig, nicht in der vorgeschriebenen Weise oder nicht rechtzeitig vornimmt,
9. entgegen § 28 Absatz 1 Satz 4, § 28b Absatz 3, § 33 Absatz 1, § 36 Absatz 3 Satz 4, § 39 Absatz 1 Satz 1, § 44 Satz 4, § 45 Absatz 2 Satz 3 oder § 57 Absatz 10 Satz 4 ein Dokument nicht mitführt,
10. entgegen § 28b Absatz 4 Satz 1, auch in Verbindung mit § 36 Absatz 4 Satz 3, oder § 34 Absatz 4 Energieerzeugnisse nicht, nicht vollständig oder nicht rechtzeitig vorführt,
11. entgegen § 32 Absatz 4 Satz 2, § 36 Absatz 2 Satz 1, auch in Verbindung mit § 36b Absatz 4 oder § 36c Absatz 4, entgegen § 36a Absatz 2 Satz 3, § 36b Absatz 2 Satz 4, § 36c Absatz 2 Satz 4 oder § 45 Absatz 3 Satz 1 eine Unterrichtung nicht, nicht richtig, nicht in der vorgeschriebenen Weise oder nicht rechtzeitig vornimmt,
12. entgegen § 34 Absatz 1 Satz 1, entgegen § 36 Absatz 3 Satz 3 oder entgegen § 36 Absatz 4 Satz 2, auch in Verbindung mit § 36b Absatz 4 oder § 36c Absatz 4, entgegen § 36 Absatz 5 Satz 1 oder Absatz 7 Satz 2, entgegen § 36a Absatz 3 Satz 1, entgegen § 36b Absatz 2 Satz 3 oder Absatz 3 Satz 1, entgegen § 36c Absatz 2 Satz 3 oder Absatz 3 oder entgegen § 36d Absatz 3 Satz 1 eine Übermittlung oder Mitteilung nicht,

nicht richtig, nicht in der vorgeschriebenen Weise oder nicht rechtzeitig vornimmt,

13. entgegen § 36d Absatz 1 Satz 1 oder Absatz 2 Satz 1 oder § 39 Absatz 2 Satz 1 ein Dokument nicht, nicht richtig oder nicht rechtzeitig vorlegt,
14. entgegen § 39 Absatz 2 Satz 3 eine Ausfertigung nicht oder nicht rechtzeitig zurücksendet,
15. entgegen § 44 Satz 1, § 45 Absatz 1 Satz 1 oder § 57 Absatz 10 Satz 1 ein Dokument nicht, nicht richtig, nicht in der vorgeschriebenen Weise oder nicht rechtzeitig ausfertigt,
16. entgegen § 56 Abs. 11, § 67 Abs. 7 oder § 85 Abs. 5 den Erlaubnisschein nicht oder nicht rechtzeitig zurückgibt,

16a. entgegen § 79 Absatz 2 Satz 5 eine Aufzeichnung oder einen Nachweis nicht oder nicht rechtzeitig vorlegt oder

17. entgegen § 100a Absatz 2 Satz 1, auch in Verbindung mit § 101 Absatz 4 Satz 1, oder entgegen § 101 Absatz 4 Satz 2 eine Selbsterklärung nicht richtig oder nicht vollständig abgibt oder nicht richtig oder nicht vollständig beifügt.

(2) Ordnungswidrig im Sinne des § 381 Abs. 1 Nr. 2 der Abgabenordnung handelt, wer vorsätzlich oder leichtfertig

1. entgegen § 7 Abs. 1 Satz 1, auch in Verbindung mit § 8 Abs. 1, eine Kennzeichnung nicht oder nicht richtig vornimmt,
2. entgegen § 7 Abs. 2 Satz 1, auch in Verbindung mit § 8 Abs. 1, eine Probe nicht oder nicht rechtzeitig untersucht,
3. entgegen § 7 Abs. 4 Satz 2, auch in Verbindung mit § 8 Abs. 1, eine Anlage benutzt oder einen technischen Ablauf anwendet,
4. entgegen § 13 Abs. 4, auch in Verbindung mit § 109 Abs. 5 Satz 2, oder § 17 Abs. 4 ein Energieerzeugnis herstellt, lagert oder entnimmt,
5. entgegen § 57 Abs. 12 Satz 1 den Inhalt einer Sendung nicht oder nicht richtig kennzeichnet,
6. entgegen § 46 Abs. 1 Satz 1 Energieerzeugnisse mischt oder sie als Kraftstoff bereithält, abgibt, mitführt oder verbraucht,
7. entgegen § 46 Abs. 1 Satz 2 einen Kennzeichnungsstoff entfernt oder in seiner Wirksamkeit beeinträchtigt,
8. entgegen § 46 Abs. 2 Satz 1 ein Energieerzeugnis in das Steuergebiet verbringt, in den Verkehr bringt oder verwendet,
9. entgegen § 47 Abs. 2 Satz 1 ein dort genanntes Energieerzeugnis abgibt,
10. entgegen § 47 Abs. 2 Satz 3 Energieerzeugnisse vermischt,
11. entgegen § 48 Abs. 1 Satz 1 oder Satz 2 eine Restmenge beimischt,
12. entgegen § 48 Abs. 3 eine Angabe nicht, nicht richtig oder nicht vollständig macht,
13. entgegen § 57 Abs. 4 Satz 1, auch in Verbindung mit § 57 Abs. 9, oder § 69 Abs. 3 ein Energieerzeugnis übergibt oder verteilt,
14. entgegen § 57 Abs. 16 Satz 1 Nr. 3 oder § 76 Abs. 3 Satz 1 ein Energieerzeugnis abgibt oder liefert,

15. entgegen § 107 Abs. 1 oder Abs. 2 Satz 1 einen Hinweis nicht oder nicht richtig gibt,
16. entgegen § 108 Satz 1 ein Energieerzeugnis nicht oder nicht rechtzeitig ablässt,
17. entgegen § 108 Satz 5 ein Fahrzeug nicht oder nicht rechtzeitig vorführt oder
18. entgegen § 108 Satz 6 ein Energieerzeugnis nicht oder nicht rechtzeitig abliefert.

Schlussbestimmungen

§ 112 Übergangsregelung. (1) [1] Für Beförderungen

1. von Energieerzeugnissen unter Steueraussetzung im Steuergebiet, die vor dem 1. Januar 2012 begonnen worden sind,
2. von Energieerzeugnissen, die unter Steueraussetzung unmittelbar aus dem Steuergebiet in Drittländer oder Drittgebiete ausgeführt werden und deren Beförderungen vor dem 1. Januar 2012 begonnen worden sind,

ist diese Verordnung in der bis zum 31. März 2010 geltenden Fassung weiter anzuwenden, es sei denn, die Beförderungen sind mit einem elektronischen Verwaltungsdokument begonnen worden. [2] Für die Ausfuhrförmlichkeiten ist in den Fällen des Satzes 1 Nummer 2 ab dem 1. Januar 2011 der Artikel 793c der Zollkodex-Durchführungsverordnung in der bis zum 31. Dezember 2010 geltenden Fassung weiter anzuwenden.

(2) Für Anträge auf eine Steuerentlastung nach § 53 des Gesetzes in der am 31. März 2012 geltenden Fassung sind die §§ 9 bis 11, 98 und 99 in der zu diesem Zeitpunkt geltenden Fassung weiter anzuwenden.

(3) Für Anträge auf eine Steuerentlastung nach § 55 des Gesetzes in der am 31. Dezember 2012 geltenden Fassung ist § 101 in der bis zu diesem Zeitpunkt geltenden Fassung weiter anzuwenden.

Anlage 1
(zu den §§ 55, 74 und 84a)

Verzicht auf förmliche Einzelerlaubnis

Die Verwendung und die Verteilung von steuerfreien Energieerzeugnissen oder das Verbringen und die Ausfuhr aus dem Steuergebiet ist in den nachstehenden Fällen unter Verzicht auf eine förmliche Einzelerlaubnis allgemein erlaubt:

Nr.	a) Art des Energieerzeugnisses b) Personenkreis	Begünstigung	Voraussetzungen
1	a) Flüssiggase		
1.1	a) Flüssiggase der Unterposition 2711 14 00 der Kombinierten Nomenklatur (KN) b) Verteiler, Verwender	Verteilung und Verwendung zu steuerfreien Zwecken nach § 25 Absatz 1 des Gesetzes, ausgenommen zur Herstellung von Kraft- oder Heizstoffen	Jeder Lieferer hat die in die Hand des Empfängers übergehenden Rechnungen, Lieferscheine, Lieferverträge oder dergleichen mit fol-

Nr.	a) Art des Energieerzeugnisses b) Personenkreis	Begünstigung	Voraussetzungen
			gendem Hinweis zu versehen: „Steuerfreies Energieerzeugnis! Darf nicht als Kraft- oder Heizstoff oder zur Herstellung solcher Stoffe verwendet werden!“
1.2	a) wie Nummer 1 b) Beförderer, Empfänger	Beförderung	nicht entleerbare Restmengen in Druckbehältern von Tankwagen, Kesselwagen und Schiffen
2	a) Spezialbenzine der Unterpositionen 2710 12 21 und 2710 12 25 und entsprechende Erzeugnisse der Unterpositionen 2707 10 bis 2707 30 und 2707 50 der KN; mittelschwere Öle der Position 2710 und entsprechende Erzeugnisse der Unterpositionen 2707 10 bis 2707 30 und 2707 50 der KN; Gasöle der Position 2710 der KN; Energieerzeugnisse der Unterpositionen 2901 10 und 2902 20 bis 2902 44 der KN; Energieerzeugnisse mit Pharmakopoe- oder Analysenbezeichnung		
2.1	a) wie Nummer 2 b) Verteiler, Verwender	Verteilung und Verwendung nach § 25 Absatz 1 des Gesetzes als Schmierstoffe (auch zur Herstellung von Zweitaktergemischen), Formenöl, Stanzöl, Schalungs- und Entschalungsöl, Trennmittel, Gaswaschöl, Rostlösungs- und Korrosionsschutzmittel, Konservierungs- und Entkonservierungsmittel, Reinigungsmittel, Bindemittel, Presswasserzusatz, Imprägniermittel, Isolieröl und -mittel, Fußboden-, Leder- und Hufpflegemittel, Weichmacher – auch zur Plastifizierung der Beschichtungsmassen von Farbschichtenpapier –, Saturierungs- und Schaumdämpfungsmittel, Schädlingsbekämpfungs- und Pflanzenschutzmittel oder Trägerstoffe dafür, Vergüteöl, Materialbearbeitungsöl, Brünierungsöl, Wärmeübertragungsöl und Wärmeträgeröl, Hydraulik-	Jeder Lieferer hat die in die Hand des Empfängers übergehenden Rechnungen, Lieferscheine, Lieferverträge oder dergleichen mit folgendem Hinweis zu versehen: „Steuerfreies Energieerzeugnis! Darf nicht als Kraft- oder Heizstoff oder zur Herstellung solcher Stoffe verwendet werden!“ Bei Packungen für den Einzelverkauf genügt der Hinweis auf den inneren Umschließungen. Er kann bei Packungen bis zu 5 l oder 5 kg entfallen.

Nr.	a) Art des Energieerzeugnisses b) Personenkreis	Begünstigung	Voraussetzungen
		öl, Dichtungsschmieren, Tränköl, Schmälz-, Hechel- und Batschöl, Textil- und Lederhilfsmittel, Prüföl für Einspritzpumpen	
2.2	a) wie Nummer 2 b) Verteiler, Verwender	Verteilung und Verwendung zu anderen als den in Nummer 2.1 genannten, nach § 25 Absatz 1 des Gesetzes steuerfreien Zwecken, ausgenommen zur Herstellung von Kraft- oder Heizstoffen	Gasöl in Ampullen bis zu 250 ccm; andere in handelsüblichen Behältern bis zu 220 l Nenninhalt. Jeder Lieferer hat die in die Hand des Empfängers übergehenden Rechnungen, Lieferscheine, Lieferverträge oder dergleichen mit folgendem Hinweis zu versehen: „Steuerfreies Energieerzeugnis! Darf nicht als Kraft- oder Heizstoff oder zur Herstellung solcher Stoffe verwendet werden!" Bei Packungen für den Einzelverkauf genügt der Hinweis auf den inneren Umschließungen. Er kann bei Packungen bis zu 5 l oder 5 kg entfallen.
3	a) Energieerzeugnisse nach § 27 Absatz 1 des Gesetzes und verflüssigtes Erdgas der Unterposition 2711 11 der KN	Verwendung für die Schifffahrt nach § 27 Absatz 1 Satz 1 Nummer 1 des Gesetzes; auch bei Instandhaltungen nach § 27 Absatz 1 Satz 1 Nummer 2 des Gesetzes; jeweils auch in Verbindung mit § 44 Absatz 2b des Gesetzes	
3.1	a) wie Nummer 3 b) Nutzungsberechtigte nach § 60 Abs. 3	Verwendung in Wasserfahrzeugen ausschließlich zu den in Nummer 3 genannten Zwecken auf Meeresgewässern; ausgenommen sind Wasserfahrzeuge der Position 8903 der KN und Wasserfahrzeuge der Position 8905 der KN, auf denen die in § 60 Absatz 1 Nummer 2 genannten Arbeitsmaschinen betrieben werden	Die Energieerzeugnisse müssen sich in Tankanlagen befinden, die mit dem Wasserfahrzeug fest verbunden sind.
3.2	a) wie Nummer 3 b) Nutzungsberechtigte nach § 60 Abs. 3; mit Ausnahme der Haupterwerbsfischer	Verwendung in Wasserfahrzeugen ausschließlich zu den in Nummer 3 genannten Zwecken auf Binnengewässern; ausgenommen sind Wasserfahrzeuge der Position 8903 der KN und Wasserfahrzeuge der Position 8905 der KN, auf denen	Die Energieerzeugnisse müssen sich in Tankanlagen befinden, die mit dem Wasserfahrzeug fest verbunden sind.

Nr.	a) Art des Energieerzeugnisses b) Personenkreis	Begünstigung	Voraussetzungen
		die in § 60 Absatz 1 Nummer 2 genannten Arbeitsmaschinen betrieben werden	
3.3	a) wie Nummer 3 b) Bundeswehr sowie in- und ausländische Behördenschiffe	Verwendung für die Schifffahrt, ausschließlich für dienstliche Zwecke, ausgenommen sind Wasserfahrzeuge der Position 8905 der KN, auf denen die in § 60 Absatz 1 Nummer 2 genannten Arbeitsmaschinen betrieben werden	
4	a) Flugbenzin und Flugturbinenkraftstoff nach § 27 Absatz 2 des Gesetzes	Verwendung für die Luftfahrt nach § 27 Absatz 2 Nummer 1 des Gesetzes, auch bei Instandhaltungen nach § 27 Absatz 2 Nummer 2 des Gesetzes	
4.1	a) wie Nummer 4 b) Nutzungsberechtigte nach § 60 Abs. 4	Verwendung in Luftfahrzeugen mit einem Höchstgewicht von mehr als 12 t, ausschließlich zu den in Nummer 4 genannten Zwecken	Die Energieerzeugnisse müssen sich in Tankanlagen befinden, die mit dem Luftfahrzeug fest verbunden sind.
4.2	a) wie Nummer 4 b) Luftrettungsdienste	Verwendung für Primär- und Sekundäreinsätze der Luftrettung	
4.3	a) wie Nummer 4 b) Bundeswehr sowie in- und ausländische Behörden	Verwendung für die Luftfahrt, ausschließlich für dienstliche Zwecke	
5	a) gasförmige Energieerzeugnisse nach § 28 Absatz 1 des Gesetzes b) Verteiler, Verwender	Verteilung und Verwendung zu steuerfreien Zwecken nach § 28 des Gesetzes	Jeder Lieferer hat die in die Hand des Empfängers übergehenden Rechnungen, Lieferscheine, Lieferverträge oder dergleichen mit folgendem Hinweis zu versehen: „Steuerfreies Energieerzeugnis! Darf nicht als Kraftstoff verwendet werden, es sei denn, eine solche Verwendung ist nach dem Energiesteuergesetz oder der Energiesteuer-Durchführungsverordnung zulässig. Jede andere Verwendung als Kraftstoff hat steuer- und strafrechtliche Folgen! In Zweifelsfällen wenden Sie sich bitte an Ihr zuständiges Hauptzollamt."
6	a) Erdgas, das beim Kohleabbau aufgefangen wird b) Verwender	Verwendung zu steuerfreien Zwecken nach § 44 Absatz 2a des Gesetzes	

Nr.	a) Art des Energieerzeugnisses b) Personenkreis	Begünstigung	Voraussetzungen
7	a) Heizöle der Position 2710 der KN b) Beförderer	Beförderung	Nicht entleerbare Restmengen (sog. Slops) in Tankschiffen. Die Restmengen sind unter der Bezeichnung „Slop" im Schiffsbedarfsbuch aufzuführen. Sie können bei den nach dem Kreislaufwirtschaftsgesetz genehmigten oder zugelassenen Sammelstellen oder Abfallentsorgungsanlagen abgeliefert werden. Die Empfangsbescheinigung ist dem Schiffsbedarfsbuch beizufügen. Die Unterlagen sind den Bediensteten der Zollverwaltung auf Verlangen vorzulegen. Das Verbringen aus dem Steuergebiet steht dem Abliefern gleich.
8	a) Kohle b) Verwender	Verwendung zu steuerfreien Zwecken nach § 37 Absatz 2 Satz 1 Nummer 1 des Gesetzes	Jeder Lieferer hat die in die Hand des Empfängers übergehenden Rechnungen, Lieferscheine, Lieferverträge oder dergleichen mit folgendem Hinweis zu versehen: „Steuerfreie Kohle! Darf nicht als Kraft- oder Heizstoff oder zur Herstellung solcher Stoffe verwendet werden!"
9	a) alle Energieerzeugnisse nach § 1 Absatz 2 und 3 des Gesetzes, ausgenommen Erdgas b) Verteiler, Verwender	Verwendung als Probe nach § 25 Absatz 2 oder § 37 Absatz 2 Satz 1 Nummer 5 des Gesetzes	
10	a) alle Energieerzeugnisse, die nach den Nummern 1 bis 5 im Rahmen einer allgemeinen Erlaubnis verteilt oder verwendet werden dürfen b) Verteiler, Verwender	Ausfuhr und Verbringen aus dem Steuergebiet	
11	a) alle Energieerzeugnisse nach § 4 des Gesetzes b) Verteiler, Verwender	thermische Vernichtung im Sinn des § 1b Absatz 2	

Anlage 1a *(aufgehoben)*

Anlage 2
(zu § 110 Satz 1 Nr. 7)

Verfahren zur Bestimmung des Rotfarbstoffgehalts in leichtem Heizöl oder in Gemischen von leichtem Heizöl mit nicht gekennzeichnetem Gasöl mittels Hochdruckflüssigkeitschromatographie (HPLC-Verfahren)

1 Zweck und Anwendungsbereich

Das HPLC-Verfahren dient der quantitativen Bestimmung der in § 2 Abs. 1 genannten Rotfarbstoffe in leichtem Heizöl und in Gemischen von leichtem Heizöl mit nicht gekennzeichneten Gasölen der Unterpositionen 2710 19 43 bis 2710 19 48 und der Unterpositionen 2710 20 11 bis 2710 20 19 der Kombinierten Nomenklatur.

2 Begriffsbestimmung

Als Farbstoffgehalt der in Abschnitt 1 genannten Energieerzeugnisse gilt der nach dem nachstehend beschriebenen Verfahren ermittelte Gehalt an Farbstoffen.

3 Kurzbeschreibung des Verfahrens

Die zu untersuchende Probe wird auf eine mit Kieselgel gefüllte Säule für die Hochdruckflüssigkeitschromatographie gegeben. Durch Elution mit einem Lösemittel werden die Farbstoffe von den anderen Bestandteilen der Probe getrennt und treten am Ende der Säule aus. Die Farbintensität dieser Lösung wird mit einem Spektralphotometer bei 535 nm gemessen. Die Auswertung erfolgt mit Hilfe eines Integrators.

4 Geräte

4.1 Hochdruckflüssigkeitschromatographie-System, bestehend aus:

4.1.1 Hochdruckpumpe,

4.1.2 Injektionssystem mit Probenschleife 20 µl bis 50 µl,

4.1.3 Vorsäule: Länge mindestens 30 mm, Innendurchmesser 4,0 mm oder 4,6 mm, gefüllt mit gebrochenem Kieselgel von 5 µm Korngröße,

4.1.4 Trennsäule aus Stahl: Länge mindestens 100 mm, Innendurchmesser mindestens 4,0 mm, gefüllt mit sphärischem Kieselgel von 5 µm Korngröße,

4.1.5 UV/VIS-Detektor für Messungen bei 535 nm,

4.1.6 Integrator mit Schreiber und Einrichtung zur rechnergestützten Auswertung von Chromatogrammen,

4.2 250-ml- und 1000-ml-Messkolben der Güteklasse A, mit Konformitätszeichen,

4.3 10-ml-Vollpipette der Güteklasse AS, mit Konformitätszeichen.

5 Chemikalien

5.1 Toluol, zur Analyse,

5.2 n-Heptan, zur Analyse,

5.3 Dichlormethan, zur Analyse,

5.4 N-Ethyl-1-(4-phenylazophenylazo)naphthyl-2-amin (Standard-Farbstoff)[1)]

5.5 Lösemittel zur Säulenregenerierung nach jeweiliger Vorschrift.

---

1) **Amtl. Anm.:** Über die Bezugsquellen gibt Auskunft:
DIN-Bezugsquellen für normgerechte Erzeugnisse im DIN Deutsches Institut für Normung e.V., Burggrafenstraße 6, 10787 Berlin.

6 Vorbereitung

6.1 Vorbereitung der Probe

Wasserhaltige Proben sind unter Verwendung von wasserfreiem Natriumsulfat zu entwässern. Verschmutzte Proben werden vor der Farbstoffgehaltsbestimmung filtriert.

6.2 Herstellung der Standard-Farbstofflösung

0,125 g Standard-Farbstoff (vgl. Unterabschnitt 5.4) werden auf 0,0001 g genau in den 250-ml-Messkolben eingewogen und nach dem Temperieren auf 20 Grad Celsius mit Toluol bis zur Ringmarke aufgefüllt. Von dieser Lösung werden mit der Vollpipette 10 ml in den 1000-ml-Messkolben gegeben und mit Toluol bis zur Ringmarke aufgefüllt. Die Massenkonzentration an Farbstoff in dieser Lösung beträgt 5 mg/l.

6.3 Herstellung des Elutionsmittels

Als Elutionsmittel wird ein Gemisch aus vier Volumenteilen n-Heptan (vgl. Unterabschnitt 5.2) und einem Volumenteil Dichlormethan (vgl. Unterabschnitt 5.3) verwendet.

6.4 Vorbereitung der Säule

Zur Konditionierung lässt man durch die Säule bei einer Flussrate von 2 ml/min Elutionsmittel (vgl. Unterabschnitt 6.3) strömen. Die Konditionierung ist beendet, wenn bei drei aufeinander folgenden Messungen der Standard-Farbstofflösung (vgl. Unterabschnitt 6.2) die Retentionszeiten des Farbstoffs um nicht mehr als 5 Prozent vom Mittelwert abweichen.

6.5 Ermittlung des Flächenfaktors aus den Peakflächen der Chromatogramme des Standard-Farbstoffs

Der für die Berechnung des Farbstoffgehalts in den Proben erforderliche Faktor wird ermittelt, indem mit der Standard-Farbstofflösung (vgl. Unterabschnitt 6.2) drei Messungen unter den gleichen Bedingungen wie bei der späteren Messung der Proben durchgeführt werden. Aus den dabei erhaltenen Peakflächen für den Standard-Farbstoff bildet man den Mittelwert und berechnet den Faktor nach folgender Formel:

$$f_s = \frac{C_s}{A_s}$$

Darin bedeuten:

f_s = Flächenfaktor

C_s = Massenkonzentration der Standard-Farbstofflösung (5 mg/l)

A_s = Mittelwert der Peakfläche des Standard-Farbstoffs aus drei Messungen

7 Durchführung der Messung

Die Probenschleife des Einlassventils der vorbereiteten Säule (vgl. Unterabschnitt 6.4) wird mit der Probe gefüllt. Durch Umschalten des Ventils wird die Probe auf die Säule gegeben. Gleichzeitig wird der Integrator gestartet. Die Flächenauswertung des Integrators ist so zu wählen, dass alle möglichen Farbstoffpeaks ausgewertet werden. Bei den zurzeit gesetzlich zugelassenen Farbstoffen können dies bis zu sieben Peaks sein. Dabei ist zu beachten, dass sowohl bei der Standard-Farbstofflösung als auch bei der zu untersuchenden Probe je nach Trennvermögen der Säule zuerst zwischen zwei bis fünf (beim Öl) Peaks auftreten, die auf den Toluol- oder Ölgehalt der Standard-Farbstofflösung oder der zu untersuchenden Probe zurückzuführen sind und nicht in die Auswertung durch den Integrator mit einbezogen werden dürfen. Nach Erscheinen des letzten Farbstoffpeaks, der vom Standard-Farbstoff hervorgerufen wird, ist die Messung beendet.

8 Auswertung

Zur Auswertung wird die Flächensumme aller Farbstoffpeaks gebildet. Daraus berechnet man den Farbstoffgehalt in mg/l nach der folgenden Formel:

$$mg/l\ Farbstoff = A_p \cdot f_s$$

Darin bedeuten:

A_p = Flächensumme der Farbstoffpeaks

f_s = Flächenfaktor nach Unterabschnitt 6.5

9 Angabe des Ergebnisses

Der Farbstoffgehalt wird in mg/l auf 0,1 mg/l gerundet angegeben. Beim Runden auf die letzte anzugebende Stelle ist die DIN 1333 (Ausgabe Februar 1992) zu berücksichtigen.

10 Präzision des Verfahrens

(nach DIN 51848 Teil l, Ausgabe Dezember 1981)

Wiederholbarkeit mg/l	Vergleichbarkeit mg/l
0,1	0,2

Anlage 3
(zu § 110 Satz 1 Nr. 8)

Harmonisiertes Euromarker – Referenzanalyseverfahren der Gemeinschaft zur Ermittlung des Markierstoffs Solvent Yellow 124 in Gasölen

Für ein reibungsloses Funktionieren des Binnenmarktes und insbesondere zur Vermeidung von Steuerhinterziehung wurde durch die Richtlinie 95/60/EG des Rates vom 27. November 1995 über die steuerliche Kennzeichnung von Gasölen und Kerosin (ABl. EG Nr. L 291 S. 46) ein gemeinsames System zur Kennzeichnung von Gasöl und Kerosin eingeführt, die einem ermäßigten Verbrauchsteuersatz unterliegen. Mit der Entscheidung 2001/574/EG der Kommission vom 13. Juli 2001 zur Bestimmung eines gemeinsamen Stoffs zur steuerlichen Kennzeichnung von Gasölen und Kerosin (ABl. EG Nr. L 203 S. 20, Nr. L 208 S. 48) wurde Solvent Yellow 124 (systematischer Name gemäß IUPAC: N-Ethyl-N-[2-(1-isobutoxyethoxy)ethyl]-4-(phenylazo)anilin); CAS-Nr.: 34432-92-3) als gemeinsamer Stoff zur steuerlichen Kennzeichnung von Gasölen und Kerosin bestimmt. Diese Anlage enthält ein Verfahren zur Ermittlung von Solvent Yellow 124 in Gasöl und Kerosin, welches auf der Methode 455 MAD, Rev. 1 (HPLC) basiert. Das Verfahren ist nach der Leitlinie des Verbrauchsteuerausschusses der Kommission der Europäischen Gemeinschaften vom 13. Januar 2005 (CED Nr. 494 Rev.1) in Streitfällen als Referenzverfahren zur Untersuchung von gekennzeichneten, einem ermäßigten Verbrauchsteuersatz unterliegenden Energieerzeugnissen und Dieselkraftstoffgemischen anzuwenden.

1 Zweck und Anwendungsbereich

1.1 Erläuterung

Das Verfahren beschreibt die Ermittlung von Solvent Yellow 124 in einem Konzentrationsbereich zwischen der Nachweisgrenze bis 10 mg Solvent Yellow 124 pro Liter. Liegt die Konzentration über 10 mg/l, wird zur genauen Ermittlung der Konzentration eine Verdünnung mit Xylol (Unterabschnitt 3.3) erforderlich.

1.2 Nachweisgrenze

Die Nachweisgrenze bei Gasöl und Kerosin liegt bei 0,02 mg/l.

1.3 Quantifizierungsgrenze (Bestimmungsgrenze)

Die Quantifizierungsgrenze bei Gasöl und Kerosin liegt bei 0,07 mg/l.

2 Prinzip und Reaktionen

Die Probe wird in ein kleines Probengefäß gefüllt. Das Produkt wird mittels Normalphasenchromatographie getrennt und mittels UV/Vis-Nachweis bei 450 nm bestimmt. Um weitere Informationen zu erhalten, kann eine Analyse der Proben mittels Diodenarraydetektor durchgeführt werden, und zwar ebenfalls bei 410 nm. Externe Kalibrierung wird verwendet, die Reinheit des verwendeten Solvent Yellow 124 sollte berücksichtigt werden.

3 Reagenzien und andere Materialien

Verwenden Sie ausschließlich Reagenzien anerkannter Qualität.

3.1 Solvent Yellow 124,

3.2 Toluol, für Flüssigchromatographie,

3.3 o-Xylol, p.a.,

3.4 Ethylacetat, p.a.

4 **Geräte**

4.1 Übliche Laborglaswaren: Messkolben (2000 ml und 100 ml) sowie Pipetten (1 ml, 5 ml und 10 ml) der Klasse B oder besser,

4.2 HPLC-Gerät, ausgerüstet mit:

4.2.1 HPLC-Pumpe, die pulsationsfrei arbeitet und einen konstanten Fluss bei dem erforderlichen Durchflussvolumen,

4.2.2 Probengeber mit Schleifeninjektor (manuell oder Teil eines automatischen Probengebers) mit einer Kapazität von 20 µl,

4.2.3 Säule, 5 µm Siliciumdioxid Länge 200 bis 250 mm, Innendurchmesser 3,0 bis 5,0 mm, zum Beispiel Waters Spherisorb 5 µm oder Luna 5 µm Silica Phenomenex,

4.2.4 Vorsäule, Siliciumdioxid zum Beispiel Spherisorb S5W Waters. Verwendung ratsam, aber nicht obligatorisch,

4.2.5 Säulenofen: Sollte verwendet werden, wenn die Retentionszeit der Solvent Yellow 124-Peaks von Durchlauf zu Durchlauf nicht stabil ist. Temperatur 40 Grad Celsius,

4.2.6 Detektor: UV 450 nm oder bei Verwendung eines Diodenarray 410 nm und 450 nm,

4.2.7 Integrationssystem mit elektronischem Integrator mit Rechen- und Berichtfunktion, kompatibel mit dem Ausgang des Nachweisinstruments.

5 **Ablauf**

5.1 **Allgemein**

Entnehmen Sie eine repräsentative Probe des zu analysierenden Produkts.

5.2 **Vorbehandlung der Probe**

Übertragen Sie die Probe in ein kleines Probengefäß. Sollte die Probe Schmutz enthalten, filtern Sie sie mittels eines Spritzenfilters, zum Beispiel 0,45 µm PTFE.

5.3 **Mobile Phase**

Elutionsmittel: Mischen Sie 40 ml Ethylacetat (Unterabschnitt 3.4) und 1960 ml Toluol (Unterabschnitt 3.2) in einem 2000-ml-Messkolben und homogenisieren Sie das Gemisch.

5.4 **Referenzstammlösung**

Stellen Sie eine Referenzstammlösung aus Solvent Yellow 124 von 100 mg/l her durch Verwiegung der erforderlichen Menge Solvent Yellow 124 (Unterabschnitt 3.1) in einem 500-ml-Messkolben und Auffüllen mit Xylol (Unterabschnitt 3.3) bei einer Temperatur von 20 ± 1 Grad Celsius. Notieren Sie das Gewicht mit vier Nachkommastellen. Die Reinheit des verwendeten Solvent Yellow 124 sollte berücksichtigt werden. Gründlich vermischen, eine Nacht stehen lassen. Dann erneut gründlich vermischen und die Kalibrierlösungen vorbereiten.

5.5 **Kalibrierlösungen**

Konzentration	Volumen Referenzstammlösung	Endvolumen-Messkolben
ungefähr 10 mg/l	10 ml	100 ml
ungefähr 5 mg/l	5 ml	100 ml
ungefähr 1 mg/l	1 ml	100 ml

5.6 **Systemkontrolle**

Vor Analyse der Proben müssen die Stabilität des HPLC-Systems und die Retention des Solvent Yellow 124 geprüft werden. Injizieren Sie die Kalibrierlösung mit einer Konzentration von 10 mg/l dreimal und führen Sie jeweils eine Chromatographie durch. Die relative Standardabweichung der Peakfläche bei den drei Injektionen sollte unter 1 Prozent liegen. Die Retentionszeit des Solvent Yellow 124 muss zwei- bis viermal länger sein als die Zeitspanne bis zum Erscheinen des Signals für das Leervolumen t_o. Die relative Standardabweichung der Retentionszeit des Solvent Yellow 124 sollte unter 2 Prozent liegen. Bei zu kurzer oder zu langer Retentionszeit muss das Elutionsmittel angepasst werden. Durch Zufügen von Ethylacetat zum Elutionsmittel verkürzt sich die Retentionszeit.

5.7 Bestimmung

Proben und Kalibriersubstanzen werden zweimal analysiert. Beginnen Sie mit den drei Kalibrierlösungen. Es können höchstens zwölf Proben zweimal analysiert werden, dann wird eine neue Kalibrierung erforderlich. Die Sequenz wird immer mit drei Kalibrierlösungen abgeschlossen. Die Kalibrierkurve wird durch den Nullpunkt gezwungen. Liegt der Korrelationskoeffizient der linearen Regression aller Kalibrierpunkte über 0,999, ist die Kalibrierung angemessen. Liegt der Korrelationskoeffizient unter 0,999, muss die Leistung des Systems überprüft und, wenn möglich, verbessert werden.

6 Auswertung

Zur Auswertung wird nach Unterabschnitt 5.7 aus den Mittelwerten der Peakflächen der zusammengehörigen Kalibrierlösungen A_s und deren Konzentration C_s ein Flächenfaktor a wie folgt ermittelt:

$$a = \frac{C_s}{A_s}$$

Bei der Konzentration des Standards in mg/l ist seine Reinheit zu berücksichtigen.

Aus den Flächen der Solvent Yellow 124-Peaks der Proben berechnet man die Konzentration wie folgt:

$$c = A_P \cdot a$$

Darin bedeuten:

c = Konzentration des Solvent Yellow 124 in der Probe in mg/l
A_P = Fläche des Solvent Yellow 124-Peaks
a = Flächenfaktor

7 Angabe des Ergebnisses

Bei einem Gehalt an Solvent Yellow 124 bis 0,3 mg/l ist der Gehalt in mg/l mit zwei Nachkommastellen, bei höheren Gehalten mit einer Nachkommastelle anzugeben. Beim Runden auf die letzte anzugebende Stelle ist die DIN 1333 (Ausgabe Februar 1992) zu berücksichtigen.

8 Präzision

8.1 Wiederholbarkeit

Unterschiede zwischen den Ergebnissen zweier Ermittlungen, die in kurzem Abstand nacheinander von derselben Person unter denselben Umständen mit identischem Probengut durchgeführt werden, dürfen bei 95 Prozent der Analysen die nachstehenden Werte nicht übersteigen:

Probeninhalt, Bereich	Wiederholbarkeit
0,12 bis 0,27 mg/l	0,03 mg/l
4 bis 10 mg/l	0,16 mg/l

8.2 Vergleichbarkeit

Unterschiede zwischen den Ergebnissen zweier voneinander unabhängiger Ermittlungen, die zwei verschiedene Personen in verschiedenen Labors unter verschiedenen Umständen mit identischem Probengut durchführen, dürfen bei 95 Prozent der Analysen die nachstehenden Werte nicht übersteigen:

Probeninhalt, Bereich	Vergleichbarkeit
0,12 bis 0,27 mg/l	0,05 mg/l
4 bis 10 mg/l	0,10 X

Dabei bedeutet X den Durchschnitt der beiden Ergebnisse.

8.3 Messunsicherheit

Die Messunsicherheit kann aufgrund der Daten zur Vergleichbarkeit geschätzt werden, nachdem bestätigt ist, dass das eigene Labor ebenso gut arbeitet wie die an der Validierungsstudie beteiligten Labors. Die Kalibrierungenauigkeit ist in den Daten zur Vergleichbarkeit nicht enthalten und kommt daher noch hinzu. Die Messunsicherheit wird dann folgendermaßen geschätzt:

$$U = k \cdot c\sqrt{u_R^2 + u_{st}^2}$$

Darin bedeuten:

U	=	erweiterte Messunsicherheit
k	=	Erweiterungsfaktor (für ein Vertrauensintervall von 95 Prozent, k = 2)
c	=	Konzentration, für die die Messunsicherheit berechnet werden soll
u_R	=	relative Messunsicherheit aufgrund der Vergleichbarkeit
u_{st}	=	relative Messunsicherheit des Kalibrierstandards (in erster Linie Reinheit); kann ignoriert werden, wenn $< 1/3\ u_R$

9 Anmerkungen

Die Vergleichbarkeit ist in der Methode nur für die Bereiche 0,12 bis 0,27 mg/l und 4 bis 10 mg/l angegeben. Die für den oberen Bereich angegebene Formel (R = 0,1 x) wird auf den Bereich von 0,28 bis 3,9 mg/l extrapoliert.

Anlage 4
(zu § 110 Satz 1 Nr. 9)

Verfahren zur Bestimmung des Färbeäquivalents von Kennzeichnungsstoffen

Das Färbeäquivalent von Gemischen der in § 2 Abs. 1 genannten Rotfarbstoffe ist spektralphotometrisch durch Vergleich der Extinktionen in Toluol zu ermitteln. Äquivalenz liegt vor, wenn sich die Extinktionskurve des Farbstoffgemisches und die Extinktionskurve von 5 g N-Ethyl-1-(4-phenylazophenylazo)-naphthyl-2-amin (Standard-Farbstoff) unter gleichen Messbedingungen im Maximum decken.

52. Verordnung zur Umsetzung unionsrechtlicher Veröffentlichungs-, Informations- und Transparenzpflichten im Energiesteuer- und im Stromsteuergesetz (Energiesteuer- und Stromsteuer-Transparenzverordnung – EnSTransV)[1)]

Vom 4. Mai 2016
(BGBl. I S. 1158)

FNA 612-20-4

zuletzt geänd. durch Art. 6 G zur Neuregelung von Stromsteuerbefreiungen sowie zur Änd. energiesteuerrechtlicher Vorschriften v. 22.6.2019 (BGBl. I S. 856 iVm Bek. v. 1.7.2019, BGBl. I S. 908)

Inhaltsübersicht

Abschnitt 1. Allgemeines

§ 1 Zweck und Anwendungsbereich. (1) [1]Diese Verordnung dient der Umsetzung unionsrechtlicher Vorgaben des Beihilferechts zur Erhebung, Verarbeitung, Nutzung und Übermittlung von Informationen durch die Zollverwaltung, die für die Erfüllung der Veröffentlichungs-, Informations- und Transparenzpflichten von Bedeutung sind. [2]Auf § 66 Absatz 1 Nummer 21 des

---

[1)] Verkündet als Art. 1 VO v. 4.5.2016 (BGBl. I S. 1158); Inkrafttreten gem. Art. 5 dieser VO am 18.5.2016.

Energiesteuergesetzes[1)] und § 11 Satz 1 Nummer 13 des Stromsteuergesetzes[2)] wird Bezug genommen. [3]Rechtsakte der Kommission hierzu sind insbesondere

1. die Verordnung (EU) Nr. 651/2014 der Kommission vom 17. Juni 2014 zur Feststellung der Vereinbarkeit bestimmter Gruppen von Beihilfen mit dem Binnenmarkt in Anwendung der Artikel 107 und 108 des Vertrags über die Arbeitsweise der Europäischen Union[3)] (ABl. L 187 vom 26.6.2014, S. 1, L 283 vom 27.9.2014, S. 65);
2. die Mitteilung der Kommission – Leitlinien für staatliche Umweltschutz- und Energiebeihilfen 2014–2020 (ABl. C 200 vom 28.6.2014, S. 1);
3. die Mitteilung der Kommission zur Änderung der Mitteilungen der Kommission über Leitlinien der EU für die Anwendung der Vorschriften über staatliche Beihilfen im Zusammenhang mit dem schnellen Breitbandausbau, über Leitlinien für Regionalbeihilfen 2014–2020, über staatliche Beihilfen für Filme und andere audiovisuelle Werke, über Leitlinien für staatliche Beihilfen zur Förderung von Risikofinanzierungen sowie über Leitlinien für staatliche Beihilfen für Flughäfen und Luftverkehrsgesellschaften (ABl. C 198 vom 27.6.2014, S. 30);
4. die Mitteilung der Kommission – Leitlinien für staatliche Beihilfen zur Rettung und Umstrukturierung nichtfinanzieller Unternehmen in Schwierigkeiten (ABl. C 249 vom 31.7.2014, S. 1).

(2) Diese Verordnung gilt ausschließlich für die aufgrund des Energiesteuer- und des Stromsteuergesetzes gewährten Steuerbegünstigungen, die

1. staatliche Beihilfen im Sinne des Artikels 107 des Vertrags über die Arbeitsweise der Europäischen Union (AEU-Vertrag)[3)] darstellen und
2. bei der Kommission angezeigt oder von ihr genehmigt worden sind.

§ 2 Begriffsbestimmungen. (1) [1]Steuerbegünstigungen im Sinne dieser Verordnung sind

1. die Steuerbefreiungen,
2. die Steuerermäßigungen oder
3. die Steuerentlastungen,

die aufgrund des Energiesteuer- oder des Stromsteuergesetzes gewährt werden und zugleich staatliche Beihilfen im Sinne des Artikels 107 des AEU-Vertrags[3)] darstellen. [2]Steuerbegünstigungen nach Satz 1 sind der Anlage zu dieser Verordnung zu entnehmen. [3]Das Bundesministerium der Finanzen veröffentlicht bei Änderungen der Anlage eine Übersicht der betroffenen Vorschriften des Energiesteuer- und des Stromsteuerrechts jeweils gesondert im Bundesanzeiger und im Internet auf den Seiten der Zollverwaltung unter zoll.de.

(2) Begünstigt im Sinne dieser Verordnung ist, wer eine Steuerbegünstigung im Sinne des Absatzes 1 in Anspruch nimmt.

(3) Einzelbeihilfe im Sinne dieser Verordnung ist jede Regelung des Energiesteuer- oder des Stromsteuergesetzes, die

1. eine Steuerbegünstigung im Sinne des Absatzes 1 enthält und

---

[1)] Nr. **50**.
[2)] Nr. **48**.
[3)] Nr. **13**.

2. in der Anlage zu dieser Verordnung aufgeführt ist.

(4) Kleinstunternehmen sowie kleine und mittlere Unternehmen im Sinne dieser Verordnung sind Unternehmen im Sinne der Empfehlung 2003/361/EG der Kommission vom 6. Mai 2003 betreffend die Definition der Kleinstunternehmen sowie der kleinen und mittleren Unternehmen (ABl. L 124 vom 20.5. 2003, S. 36), in der jeweils geltenden Fassung.

(5) Zuständiges Hauptzollamt im Sinne dieser Verordnung ist das Hauptzollamt nach § 1a der Energiesteuer-Durchführungsverordnung[1] und nach § 1 der Stromsteuer-Durchführungsverordnung[2].

Abschnitt 2. Veröffentlichungs-, Informations- und Transparenzpflichten

§ 3 Grundsätze. (1) Begünstigte haben gegenüber dem zuständigen Hauptzollamt Anzeige- oder Erklärungspflichten, wenn die Höhe der einzelnen Steuerbegünstigung jeweils ein Aufkommen im Kalenderjahr von 200 000 Euro oder mehr beträgt.

(2) Abzugeben ist

1. eine Erklärung nach § 5, wenn eine Steuerentlastung nach dem Energiesteuer- oder dem Stromsteuergesetz gewährt wurde;
2. eine Anzeige nach § 4, wenn eine andere Steuerbegünstigung nach dem Energiesteuer- oder dem Stromsteuergesetz in Anspruch genommen wurde.

(3) Die Anzeigen oder die Erklärungen nach Absatz 2 sind durch elektronische Datenübermittlung nach Maßgabe des § 7 beim zuständigen Hauptzollamt für das nach § 4 Absatz 2 Nummer 4 oder nach § 5 Absatz 2 Nummer 4 jeweils maßgebliche Kalenderjahr bis spätestens zum 30. Juni des Folgejahres abzugeben.

(4) Auf einer allgemein zugänglichen Internetseite werden folgende Angaben veröffentlicht:

1. die Angaben nach § 4 Absatz 2 Nummer 1, 3 und 5 bis 7,
2. die Angaben nach § 5 Absatz 2 Nummer 1, 3 und 5 bis 7 sowie
3. die weiteren Angaben, die von der Kommission in den in § 1 Absatz 1 zitierten Rechtsakten aufgeführt sind.

(5) [1] Eine Veröffentlichung erfolgt, wenn das Aufkommen der Steuerbegünstigung für die jeweilige Einzelbeihilfe im Kalenderjahr, das nach § 4 Absatz 2 Nummer 4 oder nach § 5 Absatz 2 Nummer 4 jeweils maßgeblich ist, mindestens 500 000 Euro beträgt. [2] Die Veröffentlichung erfolgt in Aufkommensschritten von 500 000 bis 1 000 000 Euro, von 1 000 001 bis 2 000 000 Euro, von 2 000 001 bis 5 000 000 Euro, von 5 000 001 bis 10 000 000 Euro, von 10 000 001 bis 30 000 000 Euro sowie von 30 000 001 und mehr Euro. [3] Das Aufkommen der Steuerbegünstigung im Einzelnen wird zur Zuordnung zu den Aufkommensschritten auf volle Euro aufgerundet.

---

[1] Nr. **51**.
[2] Nr. **49**.

§ 4 Anzeigepflicht für Steuerbegünstigungen. (1) [1] In den Fällen des § 3 Absatz 2 Nummer 2 haben Begünstigte, die eine der dort genannten Steuerbegünstigungen in Anspruch nehmen, für jeden Begünstigungstatbestand des Energiesteuer- oder des Stromsteuergesetzes nach Maßgabe des § 3 Absatz 3 eine Anzeige abzugeben. [2] Die Anzeige ist einmal jährlich abzugeben.

(2) In der Anzeige sind für jeden Begünstigungstatbestand die folgenden Angaben zu machen:

1. der Name des Begünstigten,
2. die Anschrift des Begünstigten,
3. der Identifikator des Begünstigten,
4. die Art und die Menge der im vorangegangenen Kalenderjahr verwendeten Energieerzeugnisse oder die Menge des im vorangegangenen Kalenderjahr entnommenen Stroms,
5. die Höhe der daraus resultierenden Steuerbegünstigung in Euro,
6. der Wirtschaftszweig des Begünstigten anhand der Klassifikation der Wirtschaftszweige nach § 2 Nummer 2a des Stromsteuergesetzes[1] und
7. ob der Begünstigte zum Zeitpunkt der Inanspruchnahme der Steuerbegünstigung als Kleinstunternehmen, kleines oder mittleres Unternehmen im Sinne des § 2 Absatz 4 galt.

(3) [1] Für die Ermittlung der Angaben nach Absatz 2 Nummer 4 und 5 gilt § 39 Absatz 6 des Energiesteuergesetzes[2] und § 8 Absatz 4a des Stromsteuergesetzes[1] entsprechend. [2] Das Verfahren nach Satz 1 dürfen Begünstigte ausnahmsweise auch dann sinngemäß anwenden, wenn ihnen zum Abgabetermin nach § 3 Absatz 3 für die Anzeige keine abschließenden Angaben zu Absatz 2 Nummer 4 und 5 möglich sind.

(4) Das zuständige Hauptzollamt kann darüber hinaus weitere Angaben und Unterlagen verlangen, soweit diese zur Dokumentation der Veröffentlichungs-, Informations- und Transparenzpflichten gegenüber der Kommission oder zur Nachweisführung erforderlich sind.

(5) In den Fällen des § 2 Absatz 1 Satz 1 Nummer 2 ergibt sich die Höhe der Steuerbegünstigung im Sinne des Absatzes 2 Nummer 5 aus

1. der Differenz zwischen den Steuersätzen nach § 2 Absatz 1 oder Absatz 2 des Energiesteuergesetzes[2] und den Steuersätzen nach § 2 Absatz 3 des Energiesteuergesetzes[2] einerseits sowie der Menge der verwendeten Energieerzeugnisse andererseits oder
2. der Differenz zwischen dem Steuersatz nach § 3 des Stromsteuergesetzes[1] und den Steuersätzen nach § 9 Absatz 2 oder Absatz 3 des Stromsteuergesetzes[1] einerseits sowie der Menge des entnommenen Stroms andererseits.

(6) Eine Anzeige ist nicht erforderlich, wenn Energieerzeugnisse ausschließlich der Stromerzeugung in Anlagen im Sinne des § 3 des Energiesteuergesetzes[2] dienen, die während des gesamten von der Anzeige erfassten Zeitraums stromsteuerpflichtig waren.

---

[1] Nr. **48**.
[2] Nr. **50**.

§ 5 Erklärungspflicht für Steuerentlastungen. (1) [1]In den Fällen des § 3 Absatz 2 Nummer 1 haben Begünstigte, denen eine Steuerentlastung ausgezahlt worden ist, für jeden Entlastungstatbestand des Energiesteuer- oder des Stromsteuergesetzes nach Maßgabe des § 3 Absatz 3 eine Erklärung abzugeben. [2]Die Erklärung ist einmal jährlich abzugeben.

(2) In der Erklärung sind für jeden Entlastungstatbestand die folgenden Angaben zu machen:

1. der Name des Begünstigten,
2. die Anschrift des Begünstigten,
3. der Identifikator des Begünstigten,
4. die Art und die Menge der im vorangegangenen Kalenderjahr entlasteten Energieerzeugnisse oder die Menge des im vorangegangenen Kalenderjahr entlasteten Stroms,
5. die Höhe der daraus resultierenden, im vorangegangenen Kalenderjahr ausgezahlten Steuerentlastung in Euro,
6. der Wirtschaftszweig des Begünstigten anhand der Klassifikation der Wirtschaftszweige nach § 2 Nummer 2a des Stromsteuergesetzes[1)] und
7. ob der Begünstigte zum Zeitpunkt der Gewährung der Steuerentlastung als Kleinstunternehmen, kleines oder mittleres Unternehmen im Sinne des § 2 Absatz 4 galt.

(3) Das zuständige Hauptzollamt kann darüber hinaus weitere Angaben und Unterlagen verlangen, soweit diese zur Dokumentation der Veröffentlichungs-, Informations- und Transparenzpflichten gegenüber der Kommission oder zur Nachweisführung erforderlich sind.

§ 6 *(aufgehoben)*

§ 7 Elektronische Datenübermittlung, Ausnahme. (1) Anzeigen und Erklärungen nach den §§ 4 und 5 sind von Begünstigten nach amtlich vorgeschriebenem Datensatz durch Datenfernübertragung elektronisch an die zuständigen Behörden der Zollverwaltung zu übermitteln (elektronische Datenübermittlung).

(2) [1]Eine Befreiung von der Nutzung der elektronischen Datenübermittlung ist nur auf Antrag zulässig und möglich. [2]Dieser ist beim zuständigen Hauptzollamt zu stellen und zu begründen. [3]Soweit die Befreiung erteilt wurde, sind die Anzeigen oder die Erklärungen nach § 3 Absatz 2 nach amtlich vorgeschriebenem Vordruck in Schriftform abzugeben.

(3) [1]Das Bundesministerium der Finanzen bestimmt Art und Weise der elektronischen Datenübermittlung durch eine Verfahrensanweisung. [2]Zur Teilnahme am Verfahren der elektronischen Datenübermittlung bedarf es der vorherigen Registrierung. [3]Die Begünstigten sind verpflichtet, die in der Verfahrensanweisung festgelegten Voraussetzungen und Bedingungen einzuhalten. [4]Die Verfahrensanweisung nach Satz 1 wird durch das Bundesministerium der Finanzen im Bundesanzeiger sowie im Internet auf den Seiten der Zollverwaltung unter www.zoll.de bekannt gegeben.

---

1) Nr. **48**.

(4) [1] Bei der elektronischen Datenübermittlung sind dem jeweiligen Stand der Technik entsprechende Verfahren einzusetzen, die Authentizität, Vertraulichkeit und Integrität der Daten gewährleisten. [2] Werden allgemein zugängliche Netze genutzt, sind Verschlüsselungsverfahren einzusetzen.

Abschnitt 3. Datenschutzrechtliche Regelungen

§ 8 Verarbeitung der erhobenen Daten. (1) Zur Erfüllung der Pflichten nach § 1 Absatz 1 kann die Zollverwaltung die nach den §§ 3 bis 5 erhobenen Daten verarbeiten.

(2) Für andere als die in Absatz 1 genannten Zwecke darf die Zollverwaltung die Daten in anonymisierter Form verarbeiten, soweit andere Gesetze dem nicht entgegenstehen.

§ 9 Datenübermittlung im innerstaatlichen Bereich. (1) [1] Zur Erfüllung der Pflichten nach § 1 Absatz 1 übermittelt die Zollverwaltung die nach den §§ 3 bis 5 erhobenen Daten an die innerstaatliche Stelle, der die Übermittlung der vorgenannten Daten an die Kommission obliegt. [2] Diese Stelle ist das Bundesministerium der Finanzen. [3] Es kann die Aufgabe auf die Generalzolldirektion übertragen. [4] Die Übertragung ist im Bundesanzeiger sowie im Internet auf den Seiten der Zollverwaltung unter zoll.de zu veröffentlichen.

(2) Die Zollverwaltung kann dem Statistischen Bundesamt bereits aufbereitete und anonymisierte Daten zur Darstellung und Veröffentlichung für statistische Zwecke übermitteln, soweit dies nach dem Bundesstatistikgesetz zulässig ist.

(3) Die Zollverwaltung darf bereits aufbereitete und anonymisierte Daten nur dann an andere als die in den Absätzen 1 und 2 genannten Stellen zu statistischen Zwecken übermitteln, soweit andere Gesetze dem nicht entgegenstehen.

§ 10 Datenübermittlung an die Kommission. [1] Zur Erfüllung der Pflichten nach § 1 Absatz 1 übermittelt das Bundesministerium der Finanzen die nach den §§ 3 bis 5 erhobenen Daten an die Kommission oder an eine nachgeordnete Behörde der Europäischen Union, die die Kommission zur Verarbeitung der Daten bestimmt hat. [2] Das Bundesministerium der Finanzen kann diese Aufgabe auf die Generalzolldirektion übertragen.

§ 11 Berichtigung, Speicherung und Löschung der erhobenen Daten. (1) Nach dieser Verordnung erhobene und gespeicherte Daten sind zu berichtigen, wenn sie unrichtig sind.

(2) Zur Erfüllung der Pflichten nach § 1 Absatz 1 werden die nach den §§ 3 bis 5 erhobenen Daten für zehn Jahre ab dem Tag der Anzeige nach § 4 oder der Erklärung nach § 5 gespeichert.

(3) [1] Nach Ablauf der Frist nach Absatz 2 werden die Daten gelöscht. [2] Die Löschung erfolgt frühestmöglich zum 30. Juni oder zum 31. Dezember. [3] In anonymisierter und aufbereiteter Form können Daten zu statistischen Zwecken über den Zeitpunkt nach Satz 1 hinaus gespeichert werden.

§ 12 Elektronische Datenbank. (1) Für die Zwecke des § 1 Absatz 1 richtet die Generalzolldirektion eine Datenbank zur Erfassung der nach den §§ 3 bis 5 erhobenen Daten ein.

(2) Diese Datenbank hat die unionsrechtlichen Vorgaben nach § 1 Absatz 1 zu erfüllen und dient der Erhebung und der Verarbeitung von Daten mit dem Ziel einer Übermittlung an die Kommission zur Veröffentlichung auf der allgemein zugänglichen Internetseite im Sinne des § 3 Absatz 4.

(3) Die nach § 7 Absatz 2 in Schriftform erhobenen Daten werden durch die Hauptzollämter in die elektronische Datenbank eingegeben.

(4) Die §§ 8 bis 11 gelten entsprechend.

§ 13 Datenschutzrechtliche Verantwortung. (1) Die Einhaltung der Regelungen zur Führung der Datenbank nach § 12 obliegt der Generalzolldirektion.

(2) [1] Die datenschutzrechtliche Verantwortung für die in der Datenbank (§ 12) gespeicherten Daten, namentlich für die Rechtmäßigkeit der Erhebung, die Zulässigkeit der Speicherung sowie die Richtigkeit oder Aktualität der Daten, obliegt den Stellen, die die Daten erheben. [2] Der jeweils Verantwortliche, der die Daten erhoben hat, muss intern dokumentiert und zweifelsfrei feststellbar sein. [3] Im Übrigen ist die Generalzolldirektion datenschutzrechtlich verantwortlich, insbesondere für die Übermittlung der Daten nach den §§ 9 und 10 sowie für die Löschung der Daten nach § 11 Absatz 3.

§ 14 Einsichtnahme. [1] Die nach dieser Verordnung erhobenen Daten sind ausschließlich über die allgemein zugängliche Internetseite nach § 3 Absatz 4 einsehbar. [2] Die datenschutzrechtlichen Betroffenenrechte bleiben unberührt.

§ 15 Ordnungswidrigkeiten. (1) Ordnungswidrig im Sinne des § 66c Absatz 1 des Energiesteuergesetzes[1)] handelt, wer vorsätzlich oder leichtfertig

1. entgegen § 3 Absatz 2 eine Erklärung oder eine Anzeige nicht, nicht richtig, nicht vollständig oder nicht rechtzeitig abgibt oder
2. einer vollziehbaren Anordnung nach § 4 Absatz 4 oder § 5 Absatz 3 zuwiderhandelt.

(2) Ordnungswidrig im Sinne des § 14 Absatz 1 des Stromsteuergesetzes[2)] handelt, wer vorsätzlich oder leichtfertig eine in Absatz 1 bezeichnete Handlung in Bezug auf eine Steuerbegünstigung nach dem Stromsteuergesetz[2)] begeht.

§ 16 Steueraufsicht. Der Steueraufsicht nach § 209 der Abgabenordnung unterliegt, wer Begünstigter nach § 2 Absatz 2 ist.

[1)] Nr. 50.
[2)] Nr. 48.

Abschnitt 4. Schlussbestimmungen

§ 17 Geltungszeitraum. Die sich aus dieser Verordnung ergebenden Verpflichtungen gelten für Steuerbegünstigungen ab dem 1. Juli 2016.

Anlage
(zu § 2 Absatz 1)

Steuerbegünstigungen im Sinne dieser Verordnung sind

1. die Steuerbefreiungen nach
   a) § 28 Absatz 1 Satz 1 Nummer 1 und 2 des Energiesteuergesetzes[1],
   b) § 9 Absatz 1 Nummer 1 des Stromsteuergesetzes[2] und
   c) § 9 Absatz 1 Nummer 3 des Stromsteuergesetzes;
2. die Steuerermäßigungen nach
   a) den §§ 3 und 3a des Energiesteuergesetzes,
   b) § 9 Absatz 2 des Stromsteuergesetzes und
   c) § 9 Absatz 3 des Stromsteuergesetzes;
3. die Steuerentlastungen nach
   a) § 47a des Energiesteuergesetzes,
   b) § 53a Absatz 1 und 4 (bis zum 31. Dezember 2017: § 53b) des Energiesteuergesetzes,
   c) § 53a Absatz 6 (bis zum 31. Dezember 2017: § 53a Absatz 1) des Energiesteuergesetzes,
   d) § 54 des Energiesteuergesetzes,
   e) § 55 des Energiesteuergesetzes,
   f) § 56 des Energiesteuergesetzes,
   g) § 57 Absatz 5 Nummer 1 des Energiesteuergesetzes,
   h) § 57 Absatz 5 Nummer 2 des Energiesteuergesetzes,
   i) § 9b des Stromsteuergesetzes,
   j) § 9c des Stromsteuergesetzes,
   k) § 10 des Stromsteuergesetzes,
   l) § 12c der Stromsteuer-Durchführungsverordnung[3],
   m) § 12d der Stromsteuer-Durchführungsverordnung und
   n) § 14a der Stromsteuer-Durchführungsverordnung.

---

[1] Nr. **50**.
[2] Nr. **48**.
[3] Nr. **49**.

53. Gesetz zur Bevorrechtigung der Verwendung elektrisch betriebener Fahrzeuge (Elektromobilitätsgesetz – EmoG) [1)2)]

Vom 5. Juni 2015

(BGBl. I S. 898)

FNA 9233-3

Der Bundestag hat das folgende Gesetz beschlossen:

§ 1 Anwendungsbereich. [1] Mit diesem Gesetz werden Maßnahmen zur Bevorrechtigung der Teilnahme elektrisch betriebener Fahrzeuge

1. der Klassen M1 und N1 im Sinne des Anhangs II Teil A der Richtlinie 2007/46/EG des Europäischen Parlaments und des Rates vom 5. September 2007 zur Schaffung eines Rahmens für die Genehmigung von Kraftfahrzeugen und Kraftfahrzeuganhängern sowie von Systemen, Bauteilen und selbstständigen technischen Einheiten für diese Fahrzeuge (ABl. L 263 vom 9.10.2007, S. 1), die zuletzt durch die Richtlinie 2013/15/EU (ABl. L 158 vom 10.6.2013, S. 172) geändert worden ist, und
2. der Klassen L3e, L4e, L5e und L7e im Sinne des Anhangs I der Verordnung (EU) Nr. 168/2013 des Europäischen Parlaments und des Rates vom 15. Januar 2013 über die Genehmigung und Marktüberwachung von zwei- oder dreirädrigen und vierrädrigen Fahrzeugen (ABl. L 60 vom 2.3.2013, S. 52)

am Straßenverkehr ermöglicht, um deren Verwendung zur Verringerung insbesondere klima- und umweltschädlicher Auswirkungen des motorisierten Individualverkehrs zu fördern. [2] Satz 1 gilt auch für ein elektrisch betriebenes Fahrzeug der Klasse N2 im Sinne des Anhangs II Teil A der Richtlinie 2007/46/EG, soweit es im Inland mit der Fahrerlaubnis der Klasse B geführt werden darf.

§ 2 Begriffsbestimmungen. Im Sinne dieses Gesetzes sind

1. ein elektrisch betriebenes Fahrzeug: ein reines Batterieelektrofahrzeug, ein von außen aufladbares Hybridelektrofahrzeug oder ein Brennstoffzellenfahrzeug,
2. ein reines Batterieelektrofahrzeug: ein Kraftfahrzeug mit einem Antrieb,
   a) dessen Energiewandler ausschließlich elektrische Maschinen sind und
   b) dessen Energiespeicher zumindest von außerhalb des Fahrzeuges wieder aufladbar sind,

---

[1)] **Amtl. Anm.:** Notifiziert gemäß der Richtlinie 98/34/EG des Europäischen Parlaments und des Rates vom 22. Juni 1998 über ein Informationsverfahren auf dem Gebiet der Normen und technischen Vorschriften und der Vorschriften für die Dienste der Informationsgesellschaft (ABl. L 204 vom 21.07.1998, S. 37), zuletzt geändert durch Artikel 26 Absatz 2 der Verordnung (EU) Nr. 1025/2012 des Europäischen Parlaments und des Rates vom 25. Oktober 2012 (ABl. L 316 vom 14.11.2012, S. 12).

[2)] Das G **tritt mit Ablauf des 31. Dezember 2026 außer Kraft**, vgl. § 8 Abs. 2.

3. ein von außen aufladbares Hybridelektrofahrzeug: ein Kraftfahrzeug mit einem Antrieb, der über mindestens zwei verschiedene Arten von
   a) Energiewandlern, davon mindestens ein Energiewandler als elektrische Antriebsmaschine, und
   b) Energiespeichern, davon mindestens einer von einer außerhalb des Fahrzeuges befindlichen Energiequelle elektrisch wieder aufladbar,

   verfügt,
4. ein Brennstoffzellenfahrzeug: ein Kraftfahrzeug mit einem Antrieb, dessen Energiewandler ausschließlich aus den Brennstoffzellen und mindestens einer elektrischen Antriebsmaschine bestehen,
5. Energiewandler: die Bauteile des Kraftfahrzeugantriebes, die dauerhaft oder zeitweise Energie von einer Form in eine andere umwandeln, welche zur Fortbewegung des Kraftfahrzeuges genutzt werden,
6. Energiespeicher: die Bauteile des Kraftfahrzeugantriebes, die die jeweiligen Formen von Energie speichern, welche zur Fortbewegung des Kraftfahrzeuges genutzt werden.

§ 3 Bevorrechtigungen. (1) Wer ein Fahrzeug im Sinne des § 2 führt, kann nach Maßgabe der folgenden Vorschriften Bevorrechtigungen bei der Teilnahme am Straßenverkehr erhalten, soweit dadurch die Sicherheit und Leichtigkeit des Verkehrs nicht beeinträchtigt werden.

(2) Im Falle eines von außen aufladbaren Hybridelektrofahrzeuges dürfen Bevorrechtigungen nur für ein Fahrzeug in Anspruch genommen werden, wenn sich aus der Übereinstimmungsbescheinigung nach Anhang IX der Richtlinie 2007/46/EG oder aus der Übereinstimmungsbescheinigung nach Artikel 38 der Verordnung (EU) Nr. 168/2013 ergibt, dass das Fahrzeug

1. eine Kohlendioxidemission von höchstens 50 Gramm je gefahrenen Kilometer hat oder
2. dessen Reichweite unter ausschließlicher Nutzung der elektrischen Antriebsmaschine mindestens 40 Kilometer beträgt.

(3) Kann das Vorliegen der Anforderungen des Absatzes 2 nicht über die Übereinstimmungsbescheinigung nachgewiesen werden oder gibt es für ein Fahrzeug keine Übereinstimmungsbescheinigung, kann der Nachweis auch in anderer geeigneter Weise erbracht werden.

(4) Bevorrechtigungen sind möglich

1. für das Parken auf öffentlichen Straßen oder Wegen,
2. bei der Nutzung von für besondere Zwecke bestimmten öffentlichen Straßen oder Wegen oder Teilen von diesen,
3. durch das Zulassen von Ausnahmen von Zufahrtbeschränkungen oder Durchfahrtverboten,
4. im Hinblick auf das Erheben von Gebühren für das Parken auf öffentlichen Straßen oder Wegen.

(5) [1] In Rechtsverordnungen nach § 6 Absatz 1 des Straßenverkehrsgesetzes können

1. die Bevorrechtigungen näher bestimmt werden,

2. die Einzelheiten der Anforderungen an deren Inanspruchnahme festgelegt werden,

3. die erforderlichen straßenverkehrsrechtlichen Anordnungen, insbesondere Verkehrszeichen und Verkehrseinrichtungen, bestimmt werden.

[2] Rechtsverordnungen mit Regelungen nach Satz 1 erlässt das Bundesministerium für Verkehr und digitale Infrastruktur gemeinsam mit dem Bundesministerium für Umwelt, Naturschutz, Bau und Reaktorsicherheit. [3] § 6 Absatz 3 des Straßenverkehrsgesetzes ist auf eine Rechtsverordnung mit Regelungen nach Satz 1 nicht anzuwenden.

(6) In Rechtsverordnungen nach § 6a Absatz 6 Satz 2, auch in Verbindung mit Satz 4, des Straßenverkehrsgesetzes können als Bevorrechtigungen Ermäßigungen der Gebühren oder Befreiungen von der Gebührenpflicht vorgesehen werden.

§ 4 Kennzeichnung. (1) Bevorrechtigungen nach § 3 dürfen nur für Fahrzeuge gewährt werden, die mit einer deutlich sichtbaren Kennzeichnung versehen sind.

(2) [1] In Rechtsverordnungen nach § 6 Absatz 1 Nummer 2 des Straßenverkehrsgesetzes können die Art und Weise der Kennzeichnung im Sinne des Absatzes 1 näher bestimmt werden, insbesondere können

1. die für das Erteilen der Kennzeichnung erforderlichen Angaben,
2. die Art und Weise der Anbringung der Kennzeichnung und
3. das Verfahren für das Erteilen der Kennzeichnung

geregelt werden. [2] In Rechtsverordnungen nach Satz 1 kann die Kennzeichnung im Inland gehaltener Fahrzeuge durch das Zuteilen eines für den Betrieb des Fahrzeuges auf öffentlichen Straßen erforderlichen Kennzeichens geregelt werden. [3] Rechtsverordnungen mit Regelungen nach Satz 1 erlässt das Bundesministerium für Verkehr und digitale Infrastruktur gemeinsam mit dem Bundesministerium für Umwelt, Naturschutz, Bau und Reaktorsicherheit. [4] § 6 Absatz 3 des Straßenverkehrsgesetzes ist auf Rechtsverordnungen mit Regelungen nach Satz 1 nicht anzuwenden.

(3) [1] Für individuell zurechenbare öffentliche Leistungen nach Absatz 1 in Verbindung mit Rechtsverordnungen nach Absatz 2 werden Gebühren und Auslagen erhoben. [2] § 6a Absatz 2 bis 5 und 8 des Straßenverkehrsgesetzes gilt entsprechend.

§ 5 Übergangsregelung. (1) Bis zum 1. Januar 2016 tritt an die Stelle des Artikels 38 der Verordnung (EU) Nr. 168/2013 der Artikel 7 der Richtlinie 2002/24/EG des Europäischen Parlaments und des Rates vom 18. März 2002 über die Typgenehmigung für zweirädrige oder dreirädrige Kraftfahrzeuge und zur Aufhebung der Richtlinie 92/61/EWG des Rates (ABl. L 124 vom 9.5. 2002, S. 1), die zuletzt durch die Richtlinie 2013/60/EU (ABl. L 329 vom 10.12.2013, S. 15) geändert worden ist.

(2) Abweichend von § 3 Absatz 2 Nummer 2 beträgt bis zum Ablauf des 31. Dezember 2017 die erforderliche Reichweite mindestens 30 Kilometer.

(3) Fahrzeugen, die die Anforderung des Absatzes 2 erfüllen, dürfen auch nach dem 31. Dezember 2017 die Bevorrechtigungen gewährt werden, die Fahrzeugen nach § 3 Absatz 2 gewährt werden können.

§ 6 Verkündung von Rechtsverordnungen. Rechtsverordnungen auf Grund dieses Gesetzes können abweichend von § 2 Absatz 1 des Verkündungs- und Bekanntmachungsgesetzes im Bundesanzeiger verkündet werden.

§ 7 Berichterstattung. Das Bundesministerium für Verkehr und digitale Infrastruktur und das Bundesministerium für Umwelt, Naturschutz, Bau und Reaktorsicherheit veröffentlichen gemeinsam alle drei Jahre, erstmals bis zum 1. Juli 2018, einen Bericht über die Beschaffenheit, die Ausrüstung und den Betrieb elektrisch betriebener Fahrzeuge im Sinne des § 2 Nummer 1, über das Ladeverhalten solcher Fahrzeuge und über die Entwicklung der Ladeinfrastruktur, um Erkenntnisse hinsichtlich der weiteren Verringerung der klima- und umweltschädlichen Auswirkungen des motorisierten Individualverkehrs, insbesondere der Fortschreibung der Umweltkriterien nach § 3 Absatz 2 Nummer 2, zu gewinnen.

§ 8 Inkrafttreten, Außerkrafttreten. (1) Dieses Gesetz tritt am Tag nach der Verkündung[1] in Kraft.

(2) Dieses Gesetz tritt mit Ablauf des 31. Dezember 2026 außer Kraft.

[1] Verkündet am 11.6.2015.

54. Verordnung über technische Mindestanforderungen an den sicheren und interoperablen Aufbau und Betrieb von öffentlich zugänglichen Ladepunkten für Elektromobile (Ladesäulenverordnung – LSV)[1]

Vom 9. März 2016

(BGBl. I S. 457)

FNA 752-6-18

geänd. durch Art. 1 Erste ÄndVO v. 1.6.2017 (BGBl. I S. 1520)

Auf Grund des § 49 Absatz 4 Satz 1 Nummer 1 bis 4 des Energiewirtschaftsgesetzes[2] vom 7. Juli 2005 (BGBl. I S. 1970, 3621), der zuletzt durch Artikel 6 Nummer 9 Buchstabe a des Gesetzes vom 21. Juli 2014 (BGBl. I S. 1066) geändert worden ist, verordnet das Bundesministerium für Wirtschaft und Energie:

§ 1 Anwendungsbereich. Diese Verordnung regelt die technischen Mindestanforderungen an den sicheren und interoperablen Aufbau und Betrieb von öffentlich zugänglichen Ladepunkten für Elektromobile sowie weitere Aspekte des Betriebes von Ladepunkten wie Authentifizierung, Nutzung und Bezahlung entsprechend der Umsetzungsfrist der Richtlinie 2014/94/EU des Europäischen Parlaments und des Rates vom 22. Oktober 2014 über den Aufbau der Infrastruktur für alternative Kraftstoffe (ABl. L 307 vom 28.10.2014, S. 1).

§ 2 Begriffsbestimmungen. Im Sinne dieser Verordnung

1. ist ein Elektromobil ein reines Batterieelektrofahrzeug oder ein von außen aufladbares Hybridelektrofahrzeug der Klassen M1 und N1 im Sinne des Anhangs II Teil A der Richtlinie 2007/46/EG des Europäischen Parlaments und des Rates vom 5. September 2007 zur Schaffung eines Rahmens für die Genehmigung von Kraftfahrzeugen und Kraftfahrzeuganhängern sowie von Systemen, Bauteilen und selbstständigen technischen Einheiten für diese Fahrzeuge (Rahmenrichtlinie) (ABl. L 263 vom 9.10.2007, S. 1), die zuletzt durch die Richtlinie 2013/15/EU (ABl. L 158 vom 10.6.2013, S. 172) geändert worden ist; Fahrzeuge der Klasse N2 im Sinne des Anhangs II Teil A der Richtlinie 2007/46/EG sind umfasst, soweit sie im Inland mit der Fahrerlaubnis der Klasse B geführt werden dürfen;
2. ist ein reines Batterieelektrofahrzeug ein Kraftfahrzeug mit einem Antrieb, bei dem
   a) alle Energiewandler ausschließlich elektrische Maschinen sind und

---

[1] **Amtl. Anm.:** Notifiziert gemäß der Richtlinie 98/34/EG des Europäischen Parlaments und des Rates vom 22. Juni 1998 über ein Informationsverfahren auf dem Gebiet der Normen und technischen Vorschriften und der Vorschriften für die Dienste der Informationsgesellschaft (ABl. L 204 vom 21.07.1998, S. 37), zuletzt geändert durch Artikel 26 Absatz 2 der Verordnung (EU) Nr. 1025/2012 des Europäischen Parlaments und des Rates vom 25. Oktober 2012 (ABl. L 316 vom 14.11.2012, S. 12).

[2] Nr. **1**.

b) alle Energiespeicher ausschließlich elektrisch wieder aufladbare Energiespeicher sind;

3. ist ein von außen aufladbares Hybridelektrofahrzeug ein Kraftfahrzeug mit einem Antrieb, der über mindestens zwei verschiedene Arten verfügt von
   a) Energiewandlern, davon mindestens ein Energiewandler als elektrische Antriebsmaschine, und
   b) Energiespeichern, davon mindestens einer von einer außerhalb des Fahrzeuges befindlichen Energiequelle elektrisch wieder aufladbar;
4. sind Energiewandler die Bauteile des Kraftfahrzeugantriebes, die dauerhaft oder zeitweise Energie von einer Form in eine andere umwandeln, welche zur Fortbewegung des Kraftfahrzeuges genutzt werden;
5. sind Energiespeicher die Bauteile des Kraftfahrzeugantriebes, die die jeweiligen Formen von Energie speichern, welche zur Fortbewegung des Kraftfahrzeuges genutzt werden;
6. ist ein Ladepunkt eine Einrichtung, die zum Aufladen von Elektromobilen geeignet und bestimmt ist und an der zur gleichen Zeit nur ein Elektromobil aufgeladen werden kann;
7. ist ein Normalladepunkt ein Ladepunkt, an dem Strom mit einer Ladeleistung von höchstens 22 Kilowatt an ein Elektromobil übertragen werden kann;
8. ist ein Schnellladepunkt ein Ladepunkt, an dem Strom mit einer Ladeleistung von mehr als 22 Kilowatt an ein Elektromobil übertragen werden kann;
9. ist ein Ladepunkt öffentlich zugänglich, wenn er sich entweder im öffentlichen Straßenraum oder auf privatem Grund befindet, sofern der zum Ladepunkt gehörende Parkplatz von einem unbestimmten oder nur nach allgemeinen Merkmalen bestimmbaren Personenkreis tatsächlich befahren werden kann;
10. ist der Aufbau eines Ladepunkts dessen Errichtung oder Umbau;
11. ist Regulierungsbehörde die Bundesnetzagentur für Elektrizität, Gas, Telekommunikation, Post und Eisenbahnen;
12. ist Betreiber, wer unter Berücksichtigung der rechtlichen, wirtschaftlichen und tatsächlichen Umstände bestimmenden Einfluss auf den Betrieb eines Ladepunkts ausübt;
13. ist punktuelles Aufladen das Laden eines Elektromobils, welches nicht als Leistung im Rahmen eines Dauerschuldverhältnisses zwischen dem Nutzer und einem Elektrizitätsversorgungsunternehmen oder einem Betreiber eines Ladepunktes erbracht wird.

§ 3 Mindestanforderungen an die technische Sicherheit und Interoperabilität. (1) Beim Aufbau von Normalladepunkten, an denen das Wechselstromladen möglich ist, muss aus Gründen der Interoperabilität jeder Ladepunkt mindestens mit Steckdosen oder mit Steckdosen und Fahrzeugkupplungen jeweils des Typs 2 gemäß der Norm DIN EN 62196-2, Ausgabe Dezember 2014, ausgerüstet werden.

(2) Beim Aufbau von Schnellladepunkten, an denen das Wechselstromladen möglich ist, muss aus Gründen der Interoperabilität jeder Ladepunkt mindestens mit Kupplungen des Typs 2 gemäß der Norm DIN EN 62196-2, Ausgabe Dezember 2014, ausgerüstet werden.

(3) Beim Aufbau von Normal- und Schnellladepunkten, an denen das Gleichstromladen möglich ist, muss aus Gründen der Interoperabilität jeder Ladepunkt mindestens mit Kupplungen des Typs Combo 2 gemäß der Norm DIN EN 62196-3, Ausgabe Juli 2012, ausgerüstet werden.

(4) [1] Sonstige geltende technische Anforderungen, insbesondere Anforderungen an die technische Sicherheit von Energieanlagen gemäß § 49 Absatz 1 des Energiewirtschaftsgesetzes[1)] vom 7. Juli 2005 (BGBl. I S. 1970, 3621), das zuletzt durch Artikel 1 des Gesetzes vom 27. Januar 2017 (BGBl. I S. 130) geändert worden ist, bleiben unberührt. [2] § 49 Absatz 2 Satz 1 Nummer 1 des Energiewirtschaftsgesetzes[1)] ist entsprechend anzuwenden.

(5) Die Absätze 1 bis 3 sind nicht für kabellos und induktiv betriebene Ladepunkte anzuwenden.

(6) Die in den Absätzen 1 bis 3 genannten DIN EN-Normen sind im Beuth Verlag GmbH, Berlin, erschienen und in der Deutschen Nationalbibliothek archivmäßig gesichert hinterlegt.

§ 4 Punktuelles Aufladen. [1] Der Betreiber eines Ladepunkts hat den Nutzern von Elektromobilen das punktuelle Aufladen zu ermöglichen. [2] Dies stellt er sicher, indem er an dem jeweiligen Ladepunkt

1. keine Authentifizierung zur Nutzung fordert, und die Leistungserbringung, die die Stromabgabe beinhaltet, anbietet
   a) ohne direkte Gegenleistung, ode
   b) gegen Zahlung mittels Bargeld in unmittelbarer Nähe zum Ladepunkt, oder
2. die für den bargeldlosen Zahlungsvorgang erforderliche Authentifizierung und den Zahlungsvorgang mittels eines gängigen kartenbasierten Zahlungssystems beziehungsweise Zahlungsverfahrens in unmittelbarer Nähe zum Ladepunkt oder mittels eines gängigen webbasierten Systems ermöglicht, wobei in der Menüführung mindestens die Sprachen Deutsch und Englisch zu berücksichtigen sind und mindestens eine Variante des Zugangs zum webbasierten Zahlungssystem kostenlos ermöglicht werden muss.

§ 5 Anzeige- und Nachweispflichten. (1) [1] Betreiber von Normal- und Schnellladepunkten haben der Regulierungsbehörde den Aufbau und die Außerbetriebnahme von Ladepunkten schriftlich oder elektronisch anzuzeigen. [2] Die Anzeige soll erfolgen:

1. mindestens vier Wochen vor dem geplanten Beginn des Aufbaus von Ladepunkten oder
2. unverzüglich nach Außerbetriebnahme von Ladepunkten.

---

1) Nr. **1**.

(2) Betreiber von Schnellladepunkten haben der Regulierungsbehörde durch Beifügung geeigneter Unterlagen die Einhaltung der technischen Anforderungen gemäß § 3 Absatz 2 bis 4 nachzuweisen:

1. beim Aufbau von Schnellladepunkten und
2. auf Anforderung der Regulierungsbehörde während des Betriebs von Schnellladepunkten.

(3) Betreiber von Schnellladepunkten, welche vor Inkrafttreten dieser Verordnung in Betrieb genommen worden sind, haben der Regulierungsbehörde den Betrieb anzuzeigen und die Einhaltung der technischen Anforderungen gemäß § 3 Absatz 4 durch Beifügung geeigneter Unterlagen nachzuweisen.

(4) [1]Die Absätze 1 bis 3 sind entsprechend anzuwenden, wenn bestehende Ladepunkte öffentlich zugänglich im Sinne dieser Verordnung werden. [2]Absatz 1 ist entsprechend beim Betreiberwechsel von Ladepunkten anzuwenden.

§ 6 Kompetenzen der Regulierungsbehörde. (1) Die Regulierungsbehörde kann die Einhaltung der technischen Anforderungen gemäß § 3 Absatz 2 bis 4 an Schnellladepunkten regelmäßig überprüfen.

(2) Die Regulierungsbehörde kann den Betrieb von Ladepunkten untersagen, wenn die technischen Anforderungen gemäß § 3 Absatz 1 bis 4 nicht eingehalten oder die Einhaltung der Anforderungen gemäß § 4 nicht nachgewiesen wird.

§ 7 Ladepunkte mit geringer Ladeleistung. Ladepunkte mit einer Ladeleistung von höchstens 3,7 Kilowatt sind von den Anforderungen der §§ 3 bis 6 ausgenommen.

§ 8 Übergangsregelung. Ladepunkte, die vor dem 14. Dezember 2017 in Betrieb genommen worden sind, sind von den Anforderungen nach § 4 ausgenommen.

Der Bundesrat hat zugestimmt.

55. Gesetz über den Handel mit Berechtigungen zur Emission von Treibhausgasen (Treibhausgas-Emissionshandelsgesetz – TEHG) [1)2)]

Vom 21. Juli 2011
(BGBl. I S. 1475)

FNA 2129-55

zuletzt geänd. durch Art. 1 G zur Anpassung der Rechtsgrundlagen für die Fortentwicklung des Europäischen Emissionshandels v. 18.1.2019 (BGBl. I S. 37)

Inhaltsübersicht

---

1) **Amtl. Anm.:** Dieses Gesetz dient der Umsetzung der Richtlinie 2003/87/EG des Europäischen Parlaments und des Rates vom 13. Oktober 2003 über ein System für den Handel mit Treibhausgasemissionszertifikaten in der Gemeinschaft und zur Änderung der Richtlinie 96/61/EG des Rates (ABl. L 275 vom 25.10.2003, S. 32), die zuletzt durch die Richtlinie 2009/29/EG (ABl. L 140 vom 5.6.2009, S. 63) geändert worden ist, und der Richtlinie 2006/123/EG des Europäischen Parlaments und des Rates vom 12. Dezember 2006 über Dienstleistungen im Binnenmarkt (ABl. L 376 vom 27.12.2006, S. 36).

2) Verkündet als Art. 1 G v. 21.7.2011 (BGBl. I S. 1475); Inkrafttreten gem. Art. 15 Abs. 2 Satz 1 dieses G am 28.7.2011.

Abschnitt 1. Allgemeine Vorschriften

§ 1 Zweck des Gesetzes [1]Zweck dieses Gesetzes ist es, für die in Anhang 1 Teil 2 genannten Tätigkeiten, durch die in besonderem Maße Treibhausgase emittiert werden, die Grundlagen für den Handel mit Berechtigungen zur Emission von Treibhausgasen in einem gemeinschaftsweiten Emissionshandelssystem zu schaffen, um damit durch eine kosteneffiziente Verringerung von Treibhausgasen zum weltweiten Klimaschutz beizutragen. [2]Das Gesetz dient auch der Umsetzung der europäischen und internationalen Vorgaben zur Einbeziehung des Luftverkehrs in Maßnahmen zur Erfassung, Reduktion und Kompensation von Treibhausgasen und zur Umsetzung der europäischen Vorgaben zur Erfassung von Treibhausgasen im Seeverkehr.

§ 2 Anwendungsbereich. (1) [1]Dieses Gesetz gilt für die Emission der in Anhang 1 Teil 2 genannten Treibhausgase durch die dort genannten Tätigkeiten. [2]Für die in Anhang 1 Teil 2 genannten Anlagen gilt dieses Gesetz auch dann, wenn sie Teile oder Nebeneinrichtungen einer Anlage sind, die nicht in Anhang 1 Teil 2 aufgeführt ist.

(2) [1]Der Anwendungsbereich dieses Gesetzes erstreckt sich bei den in Anhang 1 Teil 2 Nummer 2 bis 31 genannten Anlagen auf alle

1. Anlagenteile und Verfahrensschritte, die zum Betrieb notwendig sind, und
2. Nebeneinrichtungen, die mit den Anlagenteilen und Verfahrensschritten nach Nummer 1 in einem räumlichen und betriebstechnischen Zusammenhang stehen und die für das Entstehen von den in Anhang 1 Teil 2 genannten Treibhausgasen von Bedeutung sein können.

[2]Satz 1 gilt für Verbrennungseinheiten nach Anhang 1 Teil 2 Nummer 1 entsprechend.

(3) [1]Die in Anhang 1 bestimmten Voraussetzungen liegen auch vor, wenn mehrere Anlagen derselben Art in einem engen räumlichen und betrieblichen Zusammenhang stehen und zusammen die nach Anhang 1 maßgeblichen Leistungsgrenzen oder Anlagengrößen erreichen oder überschreiten werden. [2]Ein enger räumlicher und betrieblicher Zusammenhang ist gegeben, wenn die Anlagen

1. auf demselben Betriebsgelände liegen,
2. mit gemeinsamen Betriebseinrichtungen verbunden sind und
3. einem vergleichbaren technischen Zweck dienen.

(4) [1]Bedürfen Anlagen nach Anhang 1 Teil 2 Nummer 2 bis 30 einer Genehmigung nach § 4 Absatz 1 Satz 3 des Bundes-Immissionsschutzgesetzes, so sind hinsichtlich der Abgrenzung der Anlagen nach den Absätzen 2 und 3 die Festlegungen in der immissionsschutzrechtlichen Genehmigung für die Anlage maßgeblich. [2]Satz 1 gilt für Verbrennungseinheiten nach Anhang 1 Teil 2 Nummer 1 entsprechend. [3]In den Fällen des Absatzes 1 Satz 2 gilt Satz 1 hinsichtlich der Festlegungen in der immissionsschutzrechtlichen Genehmigung zu den Anlagenteilen oder Nebeneinrichtungen entsprechend.

(5) Dieses Gesetz gilt nicht für:

1. Anlagen oder Anlagenteile, soweit sie der Forschung oder der Entwicklung oder Erprobung neuer Einsatzstoffe, Brennstoffe, Erzeugnisse oder Verfahren im Labor- oder Technikumsmaßstab dienen; hierunter fallen auch solche Anlagen im Labor- oder Technikumsmaßstab, in denen neue Erzeugnisse in der für die Erprobung ihrer Eigenschaften durch Dritte erforderlichen Menge vor der Markteinführung hergestellt werden, soweit die neuen Erzeugnisse noch weiter erforscht oder entwickelt werden,
2. Anlagen, die nach § 4 Absatz 1 Satz 3 des Bundes-Immissionsschutzgesetzes genehmigungsbedürftig sind und bei denen nach ihrer immissionsschutzrechtlichen Genehmigung außer für Zwecke der Zünd- und Stützfeuerung als Brennstoff nur Klärgas, Deponiegas, Biogas oder Biomasse im Sinne des Artikels 2 Absatz 2 Satz 2 Buchstabe a und e der Richtlinie 2009/28/EG des Europäischen Parlaments und des Rates vom 23. April 2009 zur Förderung der Nutzung von Energie aus erneuerbaren Quellen und zur Änderung und anschließenden Aufhebung der Richtlinien 2001/77/EG und 2003/30/EG (ABl. L 140 vom 5.6.2009, S. 16) in der jeweils geltenden Fassung eingesetzt werden darf und
3. Anlagen oder Verbrennungseinheiten nach Anhang 1 Teil 2 Nummer 1 bis 6 zur Verbrennung von gefährlichen Abfällen oder Siedlungsabfällen, die nach Nummer 8.1 des Anhangs zur Verordnung über genehmigungsbedürftige Anlagen genehmigungsbedürftig sind.

(6) [1]Bei Luftverkehrstätigkeiten erstreckt sich der Anwendungsbereich dieses Gesetzes auf alle Emissionen eines Luftfahrzeugs, die durch den Verbrauch von Treibstoffen entstehen. [2]Zum Treibstoffverbrauch eines Luftfahrzeugs zählt auch der Treibstoffverbrauch von Hilfsmotoren. [3]Dieses Gesetz gilt nur für Luftverkehrstätigkeiten, die von Luftfahrzeugbetreibern durchgeführt werden,

1. die eine gültige deutsche Betriebsgenehmigung im Sinne des Artikels 3 der Verordnung (EG) Nr. 1008/2008 des Europäischen Parlaments und des Rates vom 24. September 2008 über gemeinsame Vorschriften für die Durchfüh-

rung von Luftverkehrsdiensten in der Gemeinschaft (ABl. L 293 vom 31.10. 2008, S. 3) in der jeweils geltenden Fassung besitzen oder

2. die der Bundesrepublik Deutschland als zuständigem Verwaltungsmitgliedstaat zugewiesen sind nach der Verordnung (EG) Nr. 748/2009 der Kommission vom 5. August 2009 über die Liste der Luftfahrzeugbetreiber, die am oder nach dem 1. Januar 2006 einer Luftverkehrstätigkeit im Sinne von Anhang I der Richtlinie 2003/87/EG nachgekommen sind, mit Angabe des für die einzelnen Luftfahrzeugbetreiber zuständigen Verwaltungsmitgliedstaats (ABl. L 219 vom 22.8.2009, S. 1), die durch die Verordnung (EU) Nr. 82/2010 (ABl. L 25 vom 29.1.2010, S. 12) geändert worden ist, in der jeweils geltenden Fassung, und keine gültige Betriebsgenehmigung eines anderen Vertragsstaats des Abkommens über den Europäischen Wirtschaftsraum besitzen.

[4] Alle Luftverkehrstätigkeiten, die der Luftfahrzeugbetreiber ab Beginn des Kalenderjahres durchführt, in dem die Voraussetzungen nach Satz 3 erstmals erfüllt sind, fallen in den Anwendungsbereich dieses Gesetzes.

(7) Dieses Gesetz gilt auch für Aufgaben im Zusammenhang mit der Bewilligung von Beihilfen zur Kompensation indirekter CO_2-Kosten, soweit solche Beihilfen nach einer Förderrichtlinie nach Artikel 10a Absatz 6 der Richtlinie 2003/87/EG vorgesehen sind.

(8) Dieses Gesetz gilt auch für Aufgaben im Zusammenhang mit der Überwachung und der Ahndung von Verstößen gegen die Überwachungs- und Berichterstattungspflichten der MRV-Seeverkehrsverordnung.

(9) Für Luftfahrzeugbetreiber nach Absatz 6 Satz 3 Nummer 1 gelten im Hinblick auf ihre Verpflichtungen nach dem globalen marktbasierten Mechanismus der Internationalen Zivilluftfahrt-Organisation gemäß einer nach Artikel 28c der Richtlinie 2003/87/EG erlassenen Verordnung zur Überwachung, Berichterstattung oder Prüfung von Treibhausgasemissionen nach dem globalen marktbasierten Mechanismus Abschnitt 4 sowie § 32 Absatz 3 Nummer 6 dieses Gesetzes.

§ 3 Begriffsbestimmungen. Für dieses Gesetz gelten die folgenden Begriffsbestimmungen:

1. Anlage
   eine Betriebsstätte oder sonstige ortsfeste Einrichtung;
2. Anlagenbetreiber
   eine natürliche oder juristische Person oder Personengesellschaft, die die unmittelbare Entscheidungsgewalt über eine Anlage innehat, in der eine Tätigkeit nach Anhang 1 Teil 2 Nummer 1 bis 32 durchgeführt wird, und die dabei die wirtschaftlichen Risiken trägt; wer im Sinne des Bundes-Immissionsschutzgesetzes eine genehmigungsbedürftige Anlage betreibt, in der eine Tätigkeit nach Anhang 1 Teil 2 Nummer 1 bis 30 durchgeführt wird, ist Anlagenbetreiber nach Halbsatz 1;
3. Berechtigung
   die Befugnis zur Emission von einer Tonne Kohlendioxidäquivalent in einem bestimmten Zeitraum; eine Tonne Kohlendioxidäquivalent ist eine Tonne Kohlendioxid oder die Menge eines anderen Treibhausgases, die in

ihrem Potenzial zur Erwärmung der Atmosphäre einer Tonne Kohlendioxid entspricht;

4. Betreiber
ein Anlagenbetreiber oder Luftfahrzeugbetreiber;
5. Emission
die Freisetzung von Treibhausgasen durch eine Tätigkeit nach Anhang 1 Teil 2; die Weiterleitung von Treibhausgasen steht nach Maßgabe der Monitoring-Verordnung der Freisetzung gleich;
6. *(aufgehoben)*
7. Luftfahrzeugbetreiber
eine natürliche oder juristische Person oder Personengesellschaft, die die unmittelbare Entscheidungsgewalt über ein Luftfahrzeug zu dem Zeitpunkt innehat, zu dem mit diesem eine Luftverkehrstätigkeit durchgeführt wird, und die dabei die wirtschaftlichen Risiken der Luftverkehrstätigkeit trägt, oder, wenn die Identität dieser Person nicht bekannt ist oder vom Luftfahrzeugeigentümer nicht angegeben wird, der Eigentümer des Luftfahrzeugs;
8. Luftverkehrsberechtigung
eine Berechtigung, die für Emissionen des Luftverkehrs vergeben wird;
9. Luftverkehrstätigkeit
eine Tätigkeit nach Anhang 1 Teil 2 Nummer 33;
10. Monitoring-Verordnung
die Verordnung (EU) Nr. 601/2012 der Kommission vom 21. Juni 2012 über die Überwachung von und die Berichterstattung über Treibhausgasemissionen gemäß der Richtlinie 2003/87/EG des Europäischen Parlaments und des Rates (ABl. L 181 vom 12.7.2012, S. 30) in der jeweils geltenden Fassung;
11. MRV-Seeverkehrsverordnung
die Verordnung (EU) 2015/757 des Europäischen Parlaments und des Rates vom 29. April 2015 über die Überwachung von Kohlendioxidemissionen aus dem Seeverkehr, die Berichterstattung darüber und die Prüfung dieser Emissionen und zur Änderung der Richtlinie 2009/16/EG (ABl. L 123 vom 19.5.2015, S. 55);
12. *(aufgehoben)*
13. Produktionsleistung
die tatsächlich und rechtlich maximal mögliche Produktionsmenge pro Jahr;
14. Tätigkeit
eine in Anhang 1 Teil 2 genannte Tätigkeit;
15. Transportleistung
das Produkt aus Flugstrecke und Nutzlast;
16. Treibhausgase
Kohlendioxid (CO_2), Methan (CH_4), Distickstoffoxid (N_2O), teilfluorierte Kohlenwasserstoffe (HFKW), perfluorierte Kohlenwasserstoffe (PFC) und Schwefelhexafluorid (SF_6);
17. Überwachungsplan
eine Darstellung der Methode, die ein Betreiber anwendet, um seine Emissionen zu ermitteln und darüber Bericht zu erstatten;

18. *(aufgehoben)*

Abschnitt 2. Genehmigung und Überwachung von Emissionen

§ 4 Emissionsgenehmigung. (1) [1]Der Anlagenbetreiber bedarf zur Freisetzung von Treibhausgasen durch eine Tätigkeit nach Anhang 1 Teil 2 Nummer 1 bis 32 einer Genehmigung. [2]Die Genehmigung ist auf Antrag des Anlagenbetreibers von der zuständigen Behörde zu erteilen, wenn die zuständige Behörde auf der Grundlage der vorgelegten Antragsunterlagen die Angaben nach Absatz 3 feststellen kann.

(2) Der Antragsteller hat dem Genehmigungsantrag insbesondere folgende Angaben beizufügen:

1. Name und Anschrift des Anlagenbetreibers,
2. eine Beschreibung der Tätigkeit, des Standorts und der Art und des Umfangs der dort durchgeführten Verrichtungen und der verwendeten Technologien,
3. in den Fällen des § 2 Absatz 1 Satz 2 eine Beschreibung der räumlichen Abgrenzung der Anlagenteile, Verfahrensschritte und Nebeneinrichtungen nach § 2 Absatz 2,
4. die Quellen von Emissionen und
5. den Zeitpunkt, zu dem die Anlage in Betrieb genommen worden ist oder werden soll.

(3) Die Genehmigung enthält folgende Angaben:

1. Name und Anschrift des Anlagenbetreibers,
2. eine Beschreibung der Tätigkeit und des Standorts, an dem die Tätigkeit durchgeführt wird,
3. in den Fällen des § 2 Absatz 1 Satz 2 eine Beschreibung der räumlichen Abgrenzung der einbezogenen Anlagenteile, Verfahrensschritte und Nebeneinrichtungen nach § 2 Absatz 2 und
4. eine Auflistung der einbezogenen Quellen von Emissionen.

(4) [1]Bei Anlagen, die vor dem 1. Januar 2013 nach den Vorschriften des Bundes-Immissionsschutzgesetzes genehmigt worden sind, ist die immissionsschutzrechtliche Genehmigung die Genehmigung nach Absatz 1. [2]Der Anlagenbetreiber kann aber auch im Fall des Satzes 1 eine gesonderte Genehmigung nach Absatz 1 beantragen. [3]In diesem Fall ist Satz 1 nur bis zur Erteilung der gesonderten Genehmigung anwendbar.

(5) [1]Der Anlagenbetreiber ist verpflichtet, der zuständigen Behörde eine geplante Änderung der Tätigkeit in Bezug auf die Angaben nach Absatz 3 mindestens einen Monat vor ihrer Verwirklichung vollständig und richtig anzuzeigen, soweit diese Änderung Auswirkungen auf die Emissionen haben kann. [2]Die zuständige Behörde ändert die Genehmigung entsprechend. [3]Die zuständige Behörde überprüft unabhängig von Satz 2 mindestens alle fünf Jahre die Angaben nach Absatz 3 und ändert die Genehmigung im Bedarfsfall entsprechend. [4]Für die genannten Änderungen der Genehmigung gilt Absatz 4 Satz 3 entsprechend.

(6) In den Verfahren zur Erteilung oder Änderung der Emissionsgenehmigung nach den Absätzen 1, 4 Satz 2 und Absatz 5 ist der nach § 19 Absatz 1 Nummer 3 zuständigen Behörde Gelegenheit zur Stellungnahme in angemessener Frist zu geben.

§ 5 Ermittlung von Emissionen und Emissionsbericht. (1) Der Betreiber hat die durch seine Tätigkeit in einem Kalenderjahr verursachten Emissionen nach Maßgabe des Anhangs 2 Teil 2 zu ermitteln und der zuständigen Behörde bis zum 31. März des Folgejahres über die Emissionen zu berichten.

(2) Die Angaben im Emissionsbericht nach Absatz 1 müssen von einer Prüfstelle nach § 21 verifiziert worden sein.

§ 6 Überwachungsplan. (1) [1]Der Betreiber ist verpflichtet, bei der zuständigen Behörde für jede Handelsperiode einen Überwachungsplan für die Emissionsermittlung und Berichterstattung nach § 5 Absatz 1 einzureichen. [2]Dabei hat er die in Anhang 2 Teil 1 Nummer 1 genannten Fristen einzuhalten.

(2) [1]Die Genehmigung ist zu erteilen, wenn der Überwachungsplan den Vorgaben der Monitoring-Verordnung, der Rechtsverordnung nach § 28 Absatz 2 Nummer 1 und, soweit diese keine Regelungen treffen, des Anhangs 2 Teil 2 Satz 3 entspricht. [2]Entspricht ein vorgelegter Überwachungsplan nicht diesen Vorgaben, ist der Betreiber verpflichtet, die festgestellten Mängel innerhalb einer von der zuständigen Behörde festzusetzenden Frist zu beseitigen und den geänderten Überwachungsplan vorzulegen. [3]Im Verfahren zur Genehmigung des Überwachungsplans ist in den Fällen des § 19 Absatz 1 Nummer 1 der danach zuständigen Behörde Gelegenheit zur Stellungnahme zu geben. [4]Die zuständige Behörde kann die Genehmigung mit Auflagen für die Überwachung von und Berichterstattung über Emissionen verbinden.

(3) [1]Der Betreiber ist verpflichtet, den Überwachungsplan innerhalb einer Handelsperiode unverzüglich anzupassen und bei der zuständigen Behörde einzureichen, soweit sich folgende Änderungen bezüglich der Anforderungen an die Emissionsermittlung oder an ihre Berichterstattung ergeben:

1. Änderung der Vorgaben nach Absatz 2 Satz 2,
2. Änderung seiner Emissionsgenehmigung oder
3. eine erhebliche Änderung der Überwachung nach Artikel 15 Absatz 3 und 4 der Monitoring-Verordnung.

[2]Für den angepassten Überwachungsplan gilt Absatz 2 entsprechend.

Abschnitt 3. Berechtigungen und Zuteilung

§ 7 Berechtigungen. (1) Der Betreiber hat jährlich bis zum 30. April an die zuständige Behörde eine Anzahl von Berechtigungen abzugeben, die den durch seine Tätigkeit im vorangegangenen Kalenderjahr verursachten Emissionen entspricht.

(2) [1]Berechtigungen, die ab dem 1. Januar 2013 ausgegeben werden, sind unbegrenzt gültig. [2]Beginnend mit der Ausgabe für die am 1. Januar 2021 beginnende Handelsperiode ist auf den Berechtigungen die Zuordnung zu einer jeweils zehnjährigen Handelsperiode erkennbar; diese Berechtigungen

sind für Emissionen ab dem ersten Jahr der jeweiligen Handelsperiode gültig. [3]Der Inhaber von Berechtigungen kann jederzeit auf sie verzichten und ihre Löschung verlangen.

(3) [1]Berechtigungen sind übertragbar. [2]Die Übertragung von Berechtigungen erfolgt durch Einigung und Eintragung auf dem Konto des Erwerbers im Emissionshandelsregister nach § 17. [3]Die Eintragung erfolgt auf Anweisung des Veräußerers an die kontoführende Stelle, Berechtigungen von seinem Konto auf das Konto des Erwerbers zu übertragen.

(4) [1]Soweit für jemanden eine Berechtigung in das Emissionshandelsregister eingetragen ist, gilt der Inhalt des Registers als richtig. [2]Dies gilt nicht für den Empfänger ausgegebener Berechtigungen, wenn ihm die Unrichtigkeit bei Ausgabe bekannt ist.

§ 8 Versteigerung von Berechtigungen. (1) [1]Die Versteigerung von Berechtigungen erfolgt nach den Regeln der Verordnung (EU) Nr. 1031/2010 der Kommission vom 12. November 2010 über den zeitlichen und administrativen Ablauf sowie sonstige Aspekte der Versteigerung von Treibhausgasemissionszertifikaten gemäß der Richtlinie 2003/87/EG des Europäischen Parlaments und des Rates über ein System für den Handel mit Treibhausgasemissionszertifikaten in der Gemeinschaft (ABl. L 302 vom 18.11.2010, S. 1) in der jeweils geltenden Fassung. [2]Im Fall der Stilllegung von Stromerzeugungskapazitäten aufgrund zusätzlicher nationaler Maßnahmen kann die Bundesregierung festlegen, dass Berechtigungen aus der zu versteigernden Menge an Berechtigungen gelöscht werden, soweit dies den Vorgaben nach Artikel 12 Absatz 4 der Richtlinie 2003/87/EG entspricht.

(2) Das Bundesministerium für Umwelt, Naturschutz, Bau und Reaktorsicherheit beauftragt im Einvernehmen mit dem Bundesministerium der Finanzen und dem Bundesministerium für Wirtschaft und Energie eine geeignete Stelle mit der Durchführung der Versteigerung.

(3) [1]Die Erlöse aus der Versteigerung der Berechtigungen nach Absatz 1 stehen dem Bund zu. [2]Die Kosten, die dem Bund durch die Wahrnehmung der ihm im Rahmen des Emissionshandels zugewiesenen Aufgaben entstehen und nicht durch ***[bis 30.9.2021:*** Gebühren nach § 22***]*** ***[ab 1.10.2021:*** *Gebühren nach dem Bundesgebührengesetz und der Besonderen Gebührenverordnung des Bundesministeriums für Umwelt, Naturschutz, Bau und Reaktorsicherheit nach § 22 Absatz 4 des Bundesgebührengesetzes****]*** gedeckt sind, werden aus den Erlösen nach Satz 1 gedeckt.

(4) [1]Zur Gebotseinstellung auf eigene Rechnung oder im Namen der Kunden ihres Hauptgeschäftes bedürfen die in § 3 Absatz 1 Nummer 8 des Wertpapierhandelsgesetzes genannten Unternehmen einer Erlaubnis der Bundesanstalt für Finanzdienstleistungsaufsicht (Bundesanstalt). [2]Die Erlaubnis wird erteilt, sofern das Unternehmen die Bedingungen des Artikels 59 Absatz 5 der Verordnung (EU) Nr. 1031/2010 erfüllt. [3]Die Bundesanstalt kann die Erlaubnis außer nach den Vorschriften des Verwaltungsverfahrensgesetzes aufheben, wenn ihr Tatsachen bekannt werden, welche eine Erteilung der Erlaubnis nach Satz 2 ausschließen würden.

§ 9 Zuteilung von kostenlosen Berechtigungen an Anlagenbetreiber.

(1) Anlagenbetreiber erhalten eine Zuteilung von kostenlosen Berechtigungen nach Maßgabe einer nach Artikel 10a Absatz 1 Satz 1 der Richtlinie 2003/87/EG erlassenen Verordnung der Kommission.

(2) [1] Die Zuteilung von kostenlosen Berechtigungen setzt einen Antrag bei der zuständigen Behörde voraus. [2] Der Antrag auf Zuteilung ist innerhalb einer Frist zu stellen, die von der zuständigen Behörde mindestens drei Monate vor Fristablauf im Bundesanzeiger bekannt gegeben wird. [3] Dem Antrag sind die zur Prüfung des Anspruchs erforderlichen Unterlagen beizufügen. [4] Die tatsächlichen Angaben im Zuteilungsantrag müssen von einer Prüfstelle nach § 21 verifiziert worden sein. Bei verspätetem Antrag besteht kein Anspruch auf kostenlose Zuteilung.

(3) [1] Die zuständige Behörde berechnet die vorläufigen Zuteilungsmengen, veröffentlicht eine Liste aller unter den Anwendungsbereich dieses Gesetzes fallenden Anlagen und der vorläufigen Zuteilungsmengen im Bundesanzeiger und meldet die Liste der Europäischen Kommission. [2] Bei der Berechnung der vorläufigen Zuteilungsmengen werden nur solche Angaben des Betreibers berücksichtigt, deren Richtigkeit ausreichend gesichert ist. [3] Rechtsbehelfe im Hinblick auf die Meldung der Zuteilungsmengen können nur gleichzeitig mit den gegen die Zuteilungsentscheidung zulässigen Rechtsbehelfen geltend gemacht werden.

(4) [1] Die zuständige Behörde entscheidet vor Beginn der Handelsperiode über die Zuteilung von kostenlosen Berechtigungen für eine Anlage an Anlagenbetreiber, die innerhalb der nach Absatz 2 Satz 2 bekannt gegebenen Frist einen Antrag gestellt haben. [2] Im Übrigen gelten für das Zuteilungsverfahren die Vorschriften des Verwaltungsverfahrensgesetzes.

(5) [1] Die Zuteilungsentscheidung ist aufzuheben, soweit sie auf Grund eines Rechtsakts der Europäischen Union nachträglich geändert werden muss. [2] Die §§ 48 und 49 des Verwaltungsverfahrensgesetzes bleiben im Übrigen unberührt.

§ 10 *(aufgehoben)*

§ 11 Zuteilung von kostenlosen Berechtigungen an Luftfahrzeugbetreiber. (1) [1] Für Luftfahrzeugbetreiber, die nach § 11 oder § 12 in der bis zum 24. Januar 2019 geltenden Fassung eine Zuteilung von kostenlosen Berechtigungen für die Handelsperiode 2013 bis 2020 erhalten haben, gilt die Zuteilung in Höhe der für das Jahr 2020 zugeteilten Anzahl an Berechtigungen für die Jahre 2021 bis 2023 nach Artikel 28a Absatz 2 der Richtlinie 2003/87/EG fort. [2] Auf die Zuteilung ist der für die Jahre ab 2021 geltende lineare Reduktionsfaktor nach Artikel 9 der Richtlinie 2003/87/EG anzuwenden.

(2) [1] Die Zuteilung für die nachfolgende Zuteilungsperiode setzt einen Antrag bei der zuständigen Behörde voraus, der spätestens zwölf Monate vor Beginn der Zuteilungsperiode gestellt werden muss. [2] Bei einem verspäteten Antrag besteht kein Anspruch mehr auf Zuteilung kostenloser Luftverkehrsberechtigungen.

(3) [1] In dem Antrag muss der Antragsteller die nach Artikel 56 der Monitoring-Verordnung ermittelte Transportleistung angeben, die er im Basisjahr

durch seine Luftverkehrstätigkeit erbracht hat. [2] Die Angaben zur Transportleistung müssen von einer Prüfstelle nach § 21 verifiziert worden sein.

(4) [1] Die zuständige Behörde überprüft die Angaben des Antragstellers zur Transportleistung und übermittelt nur solche Angaben an die Europäische Kommission, deren Richtigkeit ausreichend gesichert ist. [2] Der Luftfahrzeugbetreiber ist verpflichtet, auf Verlangen der zuständigen Behörde zur Prüfung des Antrags zusätzliche Angaben oder Nachweise zu übermitteln.

(5) Die zuständige Behörde veröffentlicht im Bundesanzeiger eine Liste mit den Namen der Luftfahrzeugbetreiber und der Höhe der zugeteilten Berechtigungen.

(6) [1] Die Zuteilungsentscheidung ist aufzuheben, soweit sie auf Grund eines Rechtsakts der Europäischen Union, insbesondere auch in Folge der Überprüfung nach Artikel 28b der Richtlinie 2003/87/EG, nachträglich geändert werden muss oder wenn ein Luftfahrzeugbetreiber keine Luftverkehrstätigkeit mehr ausübt. [2] Die §§ 48 und 49 des Verwaltungsverfahrensgesetzes bleiben im Übrigen unberührt.

§§ 12, 13 *(aufgehoben)*

§ 14 Ausgabe von Berechtigungen. (1) Die zuständige Behörde gibt die nach § 9 Absatz 4 zugeteilten Berechtigungen nach Maßgabe der Zuteilungsentscheidung bis zum 28. Februar eines Jahres, für das Berechtigungen abzugeben sind, aus.

(2) [1] Abweichend von Absatz 1 werden für Anlagen, die nach Beginn der Handelsperiode in Betrieb genommen wurden, für das erste Betriebsjahr zugeteilte Berechtigungen unverzüglich nach der Zuteilungsentscheidung ausgegeben. [2] Ergeht die Zuteilungsentscheidung vor dem 28. Februar eines Kalenderjahres, so werden Berechtigungen nach Satz 1 erstmals zum 28. Februar desselben Jahres ausgegeben.

(3) Bei der Zuteilung für Luftfahrzeugbetreiber nach § 11 gibt die zuständige Behörde die Luftverkehrsberechtigungen jeweils bis zum 28. Februar eines Jahres aus.

§ 15 Durchsetzung von Rückgabeverpflichtungen. [1] Soweit der Betreiber im Fall der Aufhebung der Zuteilungsentscheidung zur Rückgabe zu viel ausgegebener Berechtigungen verpflichtet ist, kann die zuständige Behörde diese Verpflichtung nach den Vorschriften des Verwaltungs-Vollstreckungsgesetzes durchsetzen. [2] Die Höhe des Zwangsgeldes beträgt bis zu 500 000 Euro.

§ 16 Anerkennung von Emissionsberechtigungen. Emissionsberechtigungen, die von Drittländern ausgegeben werden, mit denen Abkommen über die gegenseitige Anerkennung von Berechtigungen gemäß Artikel 25 Absatz 1 der Richtlinie 2003/87/EG geschlossen wurden, stehen nach Maßgabe der Vorgaben einer nach Artikel 19 Absatz 3 und 4 der Richtlinie 2003/87/EG erlassenen Verordnung der Kommission Berechtigungen gleich.

§ 17 Emissionshandelsregister. Berechtigungen werden in einem Emissionshandelsregister nach der Verordnung gemäß Artikel 19 Absatz 3 der Richtlinie 2003/87/EG gehalten und übertragen.

Abschnitt 4. Globaler marktbasierter Mechanismus für den internationalen Luftverkehr

§ 18 Überwachung, Berichterstattung und Prüfung. (1) Die Verpflichtungen für Luftfahrzeugbetreiber zur Überwachung, Berichterstattung und Prüfung der von ihnen bei internationalen Flügen freigesetzten Treibhausgase nach dem globalen marktbasierten Mechanismus der Internationalen Zivilluftfahrt-Organisation bestimmen sich nach einer nach Artikel 28c der Richtlinie 2003/87/EG erlassenen Verordnung und der Rechtsverordnung nach Absatz 4.

(2) [1] Das Umweltbundesamt ist die zuständige Behörde für den Vollzug des globalen marktbasierten Mechanismus. [2] § 19 Absatz 2 gilt entsprechend.

(3) Die §§ 3, 20 und 22 Absatz 3 sowie § 23 gelten entsprechend.

(4) Die Bundesregierung wird ermächtigt, durch Rechtsverordnung, die nicht der Zustimmung des Bundesrates bedarf, Einzelheiten zur Ermittlung von und Berichterstattung über Emissionen nach dem globalen marktbasierten Mechanismus sowie zur Verifizierung der berichteten Angaben zu regeln, soweit diese Sachverhalte in einer nach Artikel 28c der Richtlinie 2003/87/EG erlassenen Verordnung nicht abschließend geregelt sind.

Abschnitt 5. Gemeinsame Vorschriften

§ 19 Zuständigkeiten. (1) Zuständige Behörde ist

1. für den Vollzug des § 4 bei genehmigungsbedürftigen Anlagen nach § 4 Absatz 1 Satz 3 des Bundes-Immissionsschutzgesetzes die nach Landesrecht für den Vollzug des § 4 zuständige Behörde,

1a. für den Vollzug des § 2 Absatz 8 im Rahmen der Hafenstaatkontrolle die Berufsgenossenschaft Verkehrswirtschaft Post-Logistik Telekommunikation; hiervon ausgenommen sind die Aufgaben der Bußgeldbehörde,

2. für den Vollzug des § 31 Absatz 2 im Fall eines gewerblichen Luftfahrzeugbetreibers das Luftfahrt-Bundesamt,

3. im Übrigen das Umweltbundesamt.

(2) Ist für Streitigkeiten nach diesem Gesetz der Verwaltungsrechtsweg gegeben, ist für Klagen, die sich gegen eine Handlung oder Unterlassung des Umweltbundesamtes richten, das Verwaltungsgericht am Sitz der Deutschen Emissionshandelsstelle im Umweltbundesamt örtlich zuständig.

(3) Soweit die nach Absatz 1 Nummer 3 zuständige Behörde Aufgaben nach § 2 Absatz 7 wahrnimmt, unterliegt sie der gemeinsamen Fachaufsicht durch das Bundesministerium für Wirtschaft und Energie und das Bundesministerium für Umwelt, Naturschutz und nukleare Sicherheit.

(4) [1] Die Berufsgenossenschaft Verkehrswirtschaft Post-Logistik Telekommunikation überprüft im Rahmen der Hafenstaatkontrolle nach § 6 Absatz 1 des Seeaufgabengesetzes in der Fassung der Bekanntmachung vom 17. Juni

2016 (BGBl. I S. 1489), das zuletzt durch Artikel 21 des Gesetzes vom 13. Oktober 2016 (BGBl. I S. 2258) geändert worden ist, in Verbindung mit § 12 der Schiffssicherheitsverordnung vom 18. September 1998 (BGBl. I S. 3013, 3023), die zuletzt durch Artikel 177 des Gesetzes vom 29. März 2017 (BGBl. I S. 626) geändert worden ist, auch, ob eine gültige Konformitätsbescheinigung nach Artikel 18 der MRV-Seeverkehrsverordnung an Bord mitgeführt wird. [2] Zu diesem Zweck kann sie in den Betriebsräumen des Schiffes zu den üblichen Betriebs- und Geschäftszeiten Kontrollen durchführen. [3] Stellt die Berufsgenossenschaft Verkehrswirtschaft Post-Logistik Telekommunikation fest, dass eine gültige Konformitätsbescheinigung nach Satz 1 fehlt, meldet sie dies an die nach Nummer 3 zuständige Behörde zur Prüfung, ob ein Verstoß gegen § 32 Absatz 3a vorliegt. [4] § 9e des Seeaufgabengesetzes ist in diesem Fall entsprechend anzuwenden.

§ 20 Überwachung, Datenübermittlung. (1) Die nach § 19 jeweils zuständige Behörde hat die Durchführung dieses Gesetzes und der auf dieses Gesetz gestützten Rechtsverordnungen zu überwachen.

(2) [1] Betreiber sowie Eigentümer und Besitzer von Luftfahrzeugen oder von Grundstücken, auf denen sich Luftfahrzeuge befinden oder auf denen Anlagen betrieben werden, sind verpflichtet, den Angehörigen der zuständigen Behörde und deren Beauftragten unverzüglich

1. den Zutritt zu den Anlagen, Luftfahrzeugen oder Grundstücken zu den Geschäftszeiten zu gestatten,
2. die Vornahme von Prüfungen einschließlich der Ermittlung von Emissionen zu den Geschäftszeiten zu gestatten sowie
3. auf Anforderung die Auskünfte zu erteilen und die Unterlagen vorzulegen, die zur Erfüllung ihrer Aufgaben erforderlich sind.

[2] Im Rahmen der Pflichten nach Satz 1 haben die Betreiber Arbeitskräfte sowie Hilfsmittel bereitzustellen.

(3) Für die zur Auskunft verpflichtete Person gilt § 55 der Strafprozessordnung entsprechend.

(4) [1] Auf Ersuchen einer nach § 19 Absatz 1 Nummer 1 zuständigen Behörde kann das Umweltbundesamt nach § 5 übermittelte Daten von Anlagen aus dem betroffenen Land an die ersuchende Behörde übermitteln, soweit diese Daten zur Erfüllung der Aufgaben der ersuchenden Behörde erforderlich sind. [2] Die ersuchende Behörde hat darzulegen, für welche Zwecke und in welchem Umfang sie die Daten benötigt. [3] Enthalten die Daten Betriebs- und Geschäftsgeheimnisse, weist das Umweltbundesamt die ersuchende Behörde ausdrücklich darauf hin. [4] Die ersuchende Behörde ist für den Schutz der Vertraulichkeit der übermittelten Daten verantwortlich.

§ 21 Prüfstellen. (1) Zur Prüfung von Emissionsberichten nach § 5 Absatz 2 und zur Prüfung von Zuteilungsanträgen nach § 9 Absatz 2 Satz 4, § 11 Absatz 3 Satz 2 sind berechtigt:

1. akkreditierte Prüfstellen nach der Verordnung (EU) Nr. 600/2012 der Kommission vom 21. Juni 2012 über die Prüfung von Treibhausgasemissionsberichten und Tonnenkilometerberichten sowie die Akkreditierung von Prüfstellen gemäß der Richtlinie 2003/87/EG des Europäischen Parlaments

und des Rates (ABl. L 181 vom 12.7.2012, S. 1) in der jeweils geltenden Fassung,

2. zertifizierte Prüfstellen, die durch die auf Grundlage des § 28 Absatz 4 Satz 1 Nummer 1 beliehene Zulassungsstelle oder durch die entsprechende nationale Behörde eines anderen Mitgliedstaates nach Artikel 54 Absatz 2 der Verordnung (EU) Nr. 600/2012 zertifiziert sind.

(2) Die Prüfstelle hat die Emissionsberichte, die Zuteilungsanträge und die Datenmitteilungen nach den Vorgaben der Verordnung (EU) Nr. 600/2012 in der jeweils geltenden Fassung, einer nach Artikel 10a Absatz 1 Satz 1 der Richtlinie 2003/87/EG erlassenen Verordnung sowie den nach § 28 Absatz 1 Nummer 3 und Absatz 2 Nummer 1 erlassenen Rechtsverordnungen zu prüfen.

(3) Die Prüfstelle nimmt die ihr nach Absatz 2 zugewiesenen Aufgaben nur im öffentlichen Interesse wahr.

[§ 22 bis 30.9.2021:]

§ 22 Gebühren für individuell zurechenbare öffentliche Leistungen von Bundesbehörden. (1) Für die Eröffnung eines Personen- oder Händlerkontos im Emissionshandelsregister erhebt die zuständige Behörde von dem Kontoinhaber eine Gebühr von 170 Euro, für die Verwaltung eines Personen- oder Händlerkontos eine Gebühr von 600 Euro pro Handelsperiode sowie für die Umfirmierung eines Kontos oder für die Änderung eines Kontobevollmächtigten eine Gebühr von jeweils 60 Euro.

(2) Für Amtshandlungen der Zulassungsstelle nach § 28 Absatz 4 Satz 1 Nummer 1 werden Gebühren und Auslagen erhoben.

(3) [1] Wird ein Widerspruch gegen Entscheidungen nach diesem Gesetz vollständig oder teilweise zurückgewiesen, mit Ausnahme des Widerspruchs gegen Entscheidungen nach § 4, beträgt die Gebühr entsprechend dem entstandenen Verwaltungsaufwand 50 bis 4 000 Euro. [2] Dies gilt nicht, wenn der Widerspruch nur deshalb keinen Erfolg hat, weil die Verletzung einer Verfahrens- oder Formvorschrift nach § 45 des Verwaltungsverfahrensgesetzes unbeachtlich ist. [3] Wird der Widerspruch nach Beginn der sachlichen Bearbeitung jedoch vor deren Beendigung zurückgenommen, ermäßigt sich die Gebühr um mindestens 25 Prozent.

(4) Die Befugnis der Länder zur Erhebung von Gebühren und Auslagen für Amtshandlungen nach § 4 bleibt unberührt.

[§ 22 ab 1.10.2021:]

§ 22 *(aufgehoben)*

§ 23 Elektronische Kommunikation. (1) [1] Die zuständige Behörde kann für die in Satz 3 genannten Dokumente, für die Bekanntgabe von Entscheidungen und für die sonstige Kommunikation die Verwendung der Schriftform oder der elektronischen Form vorschreiben. [2] Wird die elektronische Form vorgeschrieben, kann die zuständige Behörde eine bestimmte Verschlüsselung sowie die Eröffnung eines Zugangs für die Übermittlung elektronischer Dokumente vorschreiben. [3] Die zuständige Behörde kann auch vorschreiben, dass Betreiber oder Prüfstellen zur Erstellung von Überwachungsplänen oder Berichten oder zur Stellung von Anträgen nur die auf ihrer Internetseite zur

Verfügung gestellten elektronischen Formularvorlagen zu benutzen und die ausgefüllten Formularvorlagen in elektronischer Form sowie unter Verwendung einer qualifizierten Signatur zu übermitteln haben. [4] Wenn die Benutzung elektronischer Formatvorlagen vorgeschrieben ist, ist die Übermittlung zusätzlicher Dokumente als Ergänzung der Formatvorlagen unter Beachtung der Formvorschriften des Satzes 3 möglich. [5] Soweit das Umweltbundesamt zuständige Behörde ist, werden Anordnungen nach den Sätzen 1 bis 3 im Bundesanzeiger bekannt gemacht; im Übrigen werden sie im amtlichen Veröffentlichungsblatt der zuständigen Behörde bekannt gemacht.

(2) Für Verfahren zur Bewilligung von Beihilfen im Sinne von § 2 Absatz 7 gilt Absatz 1 entsprechend.

§ 24 Einheitliche Anlage. Auf Antrag stellt die zuständige Behörde fest, dass das Betreiben mehrerer Anlagen im Sinne von Anhang 1 Teil 2 Nummer 7 sowie Nummer 8 bis 11, die von demselben Betreiber an demselben Standort in einem technischen Verbund betrieben werden, zur Anwendung der §§ 5 bis 7 und 9 als Betrieb einer einheitlichen Anlage gilt, wenn die erforderliche Genauigkeit bei der Ermittlung der Emissionen gewährleistet ist.

§ 25 Änderung der Identität oder Rechtsform des Betreibers. (1) [1] Ändert sich die Identität oder die Rechtsform eines Betreibers, so hat der neue Betreiber dies unverzüglich nach der Änderung der Behörde anzuzeigen, die für den Vollzug von § 6 Absatz 3 Satz 1 zuständig ist, und bei immissionsschutzrechtlich genehmigten Anlagen der Behörde, die für den Vollzug von § 4 Absatz 5 Satz 1 zuständig ist. [2] Der neue Betreiber übernimmt die noch nicht erfüllten Pflichten des ursprünglichen Betreibers nach den §§ 5 und 7.

(2) [1] Ein Wechsel des Betreibers im Verlauf der Handelsperiode lässt die Zuteilungsentscheidung unberührt. [2] Noch nicht ausgegebene Berechtigungen werden ab dem Nachweis des Betreiberwechsels an den neuen Betreiber ausgegeben, soweit er die Tätigkeit übernommen hat.

(3) [1] Wird über das Vermögen eines Betreibers das Insolvenzverfahren eröffnet, hat der Insolvenzverwalter die zuständige Behörde unverzüglich darüber zu unterrichten. [2] Soweit der Betrieb im Rahmen eines Insolvenzverfahrens fortgeführt wird, bestehen die Verpflichtungen des Betreibers aus diesem Gesetz fort. [3] Der Insolvenzverwalter teilt der zuständigen Behörde die natürlichen Personen mit, die während des Insolvenzverfahrens berechtigt sind, Übertragungen nach § 7 Absatz 3 vorzunehmen. [4] Die Sätze 1 bis 3 gelten entsprechend für den vorläufigen Insolvenzverwalter mit Verfügungsbefugnis über das Vermögen des Betreibers sowie für den Betreiber als eigenverwaltenden Schuldner.

§ 26 Ausschluss der aufschiebenden Wirkung. Widerspruch und Anfechtungsklage gegen Zuteilungsentscheidungen oder Entscheidungen nach § 29 Satz 1 oder § 31 Absatz 2 Satz 1 haben keine aufschiebende Wirkung.

§ 27 Kleinemittenten, Verordnungsermächtigung. Die Bundesregierung wird ermächtigt, durch Rechtsverordnung[1]), die nicht der Zustimmung des Bundesrates bedarf, im Rahmen der Vorgaben der Artikel 27 und 27a der Richtlinie 2003/87/EG den Ausschluss von Kleinemittenten aus dem europäi-

---

[1]) Siehe die EmissionshandelsVO 2030 (Nr. **60**).

schen Emissionshandelssystem auf Antrag des Anlagenbetreibers sowie weitere Erleichterungen für Kleinemittenten zu regeln, insbesondere

1. Erleichterungen bei der Emissionsberichterstattung für Anlagen mit jährlichen Emissionen von bis zu 5 000 Tonnen Kohlendioxid,
2. vereinfachte Emissionsnachweise für Anlagen mit jährlichen Emissionen von bis zu 2 500 Tonnen Kohlendioxid,
3. Vereinfachungen für die Verifizierung von Emissionsberichten,
4. Ausnahmen für die Verifizierung von Emissionsberichten,
5. im Rahmen der Umsetzung des Artikels 27 der Richtlinie 2003/87/EG die Festlegung gleichwertiger Maßnahmen, insbesondere die Zahlung eines Ausgleichsbetrages als Kompensation für die wirtschaftlichen Vorteile aus der Freistellung von der Pflicht nach § 7, einschließlich Regelungen zur Erhöhung dieses Ausgleichsbetrages im Falle nicht rechtzeitiger Zahlung; die Höhe des Ausgleichsbetrages orientiert sich am Zukaufbedarf von Berechtigungen für die Anlage,
6. den Ausschluss von Kleinemittenten auf einzelne Zuteilungsperioden zu begrenzen.

§ 28 Verordnungsermächtigungen. (1) Die Bundesregierung wird ermächtigt, durch Rechtsverordnung[1)], die nicht der Zustimmung des Bundesrates bedarf,

1. die Kohlendioxidäquivalente im Sinne des § 3 Absatz 1 Nummer 3 für die einzelnen Treibhausgase nach Maßgabe internationaler Standards zu bestimmen;
2. Einzelheiten für die Versteigerung nach § 8 vorzusehen; dabei kann die Bundesregierung insbesondere Vorschriften erlassen über die Zulassung von Stellen, die Versteigerungen durchführen, über die Aufsicht über diese Stellen sowie über die Zulassung von weiteren Bietern;
3. Einzelheiten zu regeln für die Zuteilung von kostenlosen Berechtigungen an Anlagenbetreiber nach § 9 Absatz 1, soweit diese Sachverhalte nicht in einer nach Artikel 10a Absatz 1 Satz 1 der Richtlinie 2003/87/EG erlassenen Verordnung abschließend geregelt sind, sowie weiterhin Einzelheiten zu regeln für die Anpassung der Zuteilung zur Umsetzung des Durchführungsrechtsakts nach Artikel 10a Absatz 21 der Richtlinie 2003/87/EG; insbesondere:
   a) die Erhebung von Daten über die Emissionen und die Produktion von Anlagen und sonstiger für das Zuteilungsverfahren relevanter Daten,
   b) die Bestimmung der Produktionsmenge oder sonstiger Größen, die zur Berechnung der Zuteilungsmenge und ihrer dynamischen Anpassung während der Handelsperiode erforderlich sind,
   c) die Zuteilung für Neuanlagen, einschließlich der Bestimmung der Auslastung dieser Anlagen,

---

1) Siehe die ZuteilungsVO 2020 (Nr. **57**), die EmissionshandelsVO 2020 (Nr. **59**) und die EmissionshandelsVO 2030 (Nr. **60**).

d) die Bestimmung der jährlich auszugebenden Mengen von kostenlosen Berechtigungen in der Zuteilungsentscheidung sowie den Übergang der Zuteilung im Falle der Teilung oder Zusammenlegung von Anlagen,

e) die im Antrag nach § 9 Absatz 2 Satz 1

aa) erforderlichen Angaben und

bb) erforderlichen Unterlagen sowie die Art der beizubringenden Nachweise und

f) die Anforderungen an die Verifizierung von Zuteilungsanträgen und Datenmitteilungen im Zusammenhang mit der Zuteilung sowie Ausnahmen von der Verifizierungspflicht;

4. Einzelheiten zur Anwendung des § 24 für Anlagen, die von demselben Betreiber am gleichen Standort in einem technischen Verbund betrieben werden, zu regeln; dies umfasst insbesondere Regelungen, dass

a) der Antrag nach § 24 auch zulässig ist für einheitliche Anlagen aus Anlagen nach Anhang 1 Teil 2 Nummer 1 bis 6 und anderen Anlagen nach Anhang 1 Teil 2,

b) bei Anlagen nach Anhang 1 Teil 2 Nummer 8 bis 11 die Produktionsmengen der in den einbezogenen Anlagen hergestellten Produkte anzugeben sind,

c) Anlagen nach Anhang 1 Teil 2 Nummer 7 mit sonstigen in Anhang 1 Teil 2 aufgeführten Anlagen als einheitliche Anlage gelten;

5. Einzelheiten zur Erstellung und Änderung des Überwachungsplans nach § 6 zu regeln, soweit diese Sachverhalte nicht in der Monitoring-Verordnung abschließend geregelt sind; abweichend von § 6 Absatz 3 Satz 1 können dabei auch für bestimmte Fallgruppen von Änderungen der Überwachung verlängerte Fristen für die Vorlage des geänderten Überwachungsplans festgelegt werden.

(2) Das Bundesministerium für Umwelt, Naturschutz und nukleare Sicherheit wird ermächtigt, durch Rechtsverordnung[1)], die nicht der Zustimmung des Bundesrates bedarf, zu regeln:

1. Einzelheiten zur Ermittlung von und Berichterstattung über Emissionen nach § 5 Absatz 1, zur Verifizierung der Angaben in Emissionsberichten nach § 5 Absatz 2 und zur Verifizierung der Angaben zur Transportleistung in Anträgen nach § 11 Absatz 3 Satz 2, soweit diese Sachverhalte nicht den Vollzug des § 4 betreffen und nicht in der Monitoring-Verordnung oder in der Verordnung (EU) Nr. 600/2012 in ihrer jeweils geltenden Fassung abschließend geregelt sind;

2. im Einvernehmen mit dem Bundesministerium für Wirtschaft und Energie Einzelheiten zur Überführung von Emissionsberechtigungen, die von Drittländern ausgegeben werden, nach § 16 und

3. Einzelheiten zur Einrichtung und Führung eines Emissionshandelsregisters nach § 17, insbesondere die in der Verordnung nach Artikel 19 Absatz 3 der Richtlinie 2003/87/EG aufgeführten Sachverhalte zur ergänzenden Regelung durch die Mitgliedstaaten.

[1)] Siehe die EmissionshandelsVO 2020 (Nr. **59**) und dieEmissionshandelsVO 2030 (Nr. **60**).

(3) [1]Das Bundesministerium für Umwelt, Naturschutz und nukleare Sicherheit wird ermächtigt, durch Rechtsverordnung, die nicht der Zustimmung des Bundesrates bedarf, eine juristische Person des Privatrechts mit der Wahrnehmung aller oder eines Teils der Aufgaben des Umweltbundesamtes nach diesem Gesetz und den hierfür erforderlichen hoheitlichen Befugnissen zu beleihen, wenn diese Gewähr dafür bietet, dass die übertragenen Aufgaben ordnungsgemäß und zentral für das Bundesgebiet erfüllt werden. [2]Dies gilt nicht für Befugnisse nach § 20 Absatz 2 Nummer 1 und 2 und Abschnitt 6 dieses Gesetzes sowie für Maßnahmen nach dem Verwaltungs-Vollstreckungsgesetz. [3]Eine juristische Person bietet Gewähr im Sinne des Satzes 1, wenn

1. diejenigen, die die Geschäftsführung oder die Vertretung der juristischen Person wahrnehmen, zuverlässig und fachlich geeignet sind,
2. die juristische Person über die zur Erfüllung ihrer Aufgaben notwendige Ausstattung und Organisation verfügt und ein ausreichendes Anfangskapital hat und
3. eine wirtschaftliche oder organisatorische Nähe zu Personen ausgeschlossen ist, die dem Anwendungsbereich dieses Gesetzes unterfallen.

[4]Die Beliehene untersteht der Aufsicht des Umweltbundesamtes.

(4) [1]Das Bundesministerium für Umwelt, Naturschutz und nukleare Sicherheit wird ermächtigt, durch Rechtsverordnung[1)], die nicht der Zustimmung des Bundesrates bedarf,

1. eine juristische Person mit den Aufgaben und Befugnissen einer Zulassungsstelle für Prüfstellen zu beleihen;
2. Anforderungen an die Zulassungsstelle und den Informationsaustausch mit der zuständigen Behörde nach § 19 Absatz 1 Nummer 3 sowie mit den für den Emissionshandel zuständigen Behörden anderer Mitgliedstaaten zu regeln;
3. Einzelheiten zum Zertifizierungsverfahren, insbesondere zu Anforderungen an die zu zertifizierenden Prüfstellen nach § 21 und zu deren Aufgaben und Pflichten, sowie zur Aufsicht über die Prüfstellen zu regeln;
4. die Erhebung von Gebühren und Auslagen für Amtshandlungen der Zulassungsstelle zu regeln.

[2]Die Beleihung nach Satz 1 Nummer 1 ist nur zulässig, wenn die zu beleihende juristische Person die Gewähr für die ordnungsgemäße Erfüllung der Aufgaben der Zulassungsstelle im Einklang mit den Anforderungen der Verordnung (EU) Nr. 600/2012 in ihrer jeweils geltenden Fassung bietet; die Beliehene untersteht der Aufsicht des Bundesministeriums für Umwelt, Naturschutz und nukleare Sicherheit.

Abschnitt 6. Sanktionen

§ 29 Durchsetzung der Berichtspflicht. [1]Kommt ein Betreiber seiner Berichtspflicht nach § 5 Absatz 1 nicht nach, so verfügt die zuständige Behörde die Sperrung seines Kontos. [2]Die Sperrung ist unverzüglich aufzuheben, sobald

[1)] Siehe die EmissionshandelsVO 2020 (Nr. **59**) und dieEmissionshandelsVO 2030 (Nr. **60**).

der Betreiber der zuständigen Behörde einen den Anforderungen nach § 5 entsprechenden Bericht vorlegt oder eine Schätzung der Emissionen nach § 30 Absatz 2 Satz 1 erfolgt.

§ 30 Durchsetzung der Abgabepflicht. (1) [1]Kommt ein Betreiber seiner Pflicht nach § 7 Absatz 1 nicht nach, so setzt die zuständige Behörde für jede emittierte Tonne Kohlendioxidäquivalent, für die der Betreiber keine Berechtigungen abgegeben hat, eine Zahlungspflicht von 100 Euro fest. [2]Die Zahlungspflicht erhöht sich entsprechend dem Anstieg des Europäischen Verbraucherpreisindex für das Berichtsjahr gegenüber dem Bezugsjahr 2012; diese Jahresindizes werden vom Statistischen Amt der Europäischen Union (Eurostat) veröffentlicht. [3]Von der Festsetzung einer Zahlungspflicht kann abgesehen werden, wenn der Betreiber seiner Pflicht nach § 7 Absatz 1 auf Grund höherer Gewalt nicht nachkommen konnte.

(2) [1]Soweit ein Betreiber nicht ordnungsgemäß über die durch seine Tätigkeit verursachten Emissionen berichtet hat, schätzt die zuständige Behörde die durch die Tätigkeit verursachten Emissionen entsprechend den Vorgaben des Anhangs 2 Teil 2. [2]Die Schätzung ist Basis für die Verpflichtung nach § 7 Absatz 1. [3]Die Schätzung unterbleibt, wenn der Betreiber im Rahmen der Anhörung zum Festsetzungsbescheid nach Absatz 1 seiner Berichtspflicht ordnungsgemäß nachkommt.

(3) [1]Der Betreiber bleibt verpflichtet, die fehlenden Berechtigungen bis zum 31. Januar des Folgejahres abzugeben; sind die Emissionen nach Absatz 2 geschätzt worden, so sind die Berechtigungen nach Maßgabe der erfolgten Schätzung abzugeben. [2]Gibt der Betreiber die fehlenden Berechtigungen nicht bis zum 31. Januar des Folgejahres ab, so werden Berechtigungen, auf deren Zuteilung oder Ausgabe der Betreiber einen Anspruch hat, auf seine Verpflichtung nach Satz 1 angerechnet.

(4) [1]Die Namen der Betreiber, die gegen ihre Verpflichtung nach § 7 Absatz 1 verstoßen, werden im Bundesanzeiger veröffentlicht. [2]Die Veröffentlichung setzt einen bestandskräftigen Zahlungsbescheid voraus.

§ 31 Betriebsuntersagung gegen Luftfahrzeugbetreiber. (1) [1]Erfüllt ein Luftfahrzeugbetreiber seine Pflichten aus diesem Gesetz nicht und konnte die Einhaltung der Vorschriften nicht durch andere Durchsetzungsmaßnahmen gewährleistet werden, so kann die zuständige Behörde die Europäische Kommission ersuchen, eine Betriebsuntersagung für den betreffenden Luftfahrzeugbetreiber zu beschließen. [2]Die zuständige Behörde hat dabei eine Empfehlung für den Geltungsbereich der Betriebsuntersagung und für Auflagen, die zu erfüllen sind, abzugeben. [3]Die zuständige Behörde hat bei dem Ersuchen im Fall eines gewerblichen Luftfahrzeugbetreibers Einvernehmen mit dem Luftfahrt-Bundesamt herzustellen.

(2) [1]Hat die Europäische Kommission gemäß Artikel 16 Absatz 10 der Richtlinie 2003/87/EG die Verhängung einer Betriebsuntersagung gegen einen Luftfahrzeugbetreiber beschlossen, so ergreift im Fall eines gewerblichen Luftfahrzeugbetreibers das Luftfahrt-Bundesamt und im Fall eines nichtgewerblichen Luftfahrzeugbetreibers das Umweltbundesamt die zur Durchsetzung dieses Beschlusses erforderlichen Maßnahmen. [2]Dazu können sie insbesondere

1. ein Startverbot verhängen,

2. ein Einflugverbot verhängen und
3. die Erlaubnis nach § 2 Absatz 7 des Luftverkehrsgesetzes oder die Betriebsgenehmigung nach § 20 Absatz 4 oder § 21a des Luftverkehrsgesetzes, soweit vorhanden, widerrufen.

§ 32 Bußgeldvorschriften. (1) Ordnungswidrig handelt, wer
1. entgegen § 5 Absatz 1 in Verbindung mit Anhang 2 Teil 2 Satz 1 einen Bericht nicht, nicht richtig, nicht vollständig oder nicht rechtzeitig erstattet,
2. entgegen § 11 Absatz 3 Satz 1 eine Angabe nicht richtig macht,
3. entgegen § 11 Absatz 4 Satz 2 eine Angabe oder einen Nachweis nicht, nicht richtig, nicht vollständig oder nicht rechtzeitig übermittelt oder
4. einer Rechtsverordnung nach § 28 Absatz 1 Nummer 3 Buchstabe e Doppelbuchstabe aa oder einer vollziehbaren Anordnung auf Grund einer solchen Rechtsverordnung zuwiderhandelt, soweit die Rechtsverordnung für einen bestimmten Tatbestand auf diese Bußgeldvorschrift verweist.

(2) Ordnungswidrig handelt, wer eine in Absatz 1 bezeichnete Handlung fahrlässig begeht.

(3) Ordnungswidrig handelt, wer vorsätzlich oder fahrlässig
1. ohne Genehmigung nach § 4 Absatz 1 Satz 1 Treibhausgase freisetzt,
2. entgegen § 4 Absatz 2 eine Angabe nicht richtig oder nicht vollständig beifügt,
3. entgegen § 4 Absatz 5 Satz 1 oder § 25 Absatz 1 Satz 1 eine Anzeige nicht, nicht richtig, nicht vollständig oder nicht rechtzeitig erstattet,
4. entgegen § 6 Absatz 1 oder 3 Satz 1 einen Überwachungsplan nicht, nicht richtig, nicht vollständig oder nicht rechtzeitig einreicht,
5. *(aufgehoben)*
6. einer Rechtsverordnung nach § 18 Absatz 4, § 27 Nummer 1 bis 3 oder § 28 Absatz 1 Nummer 3 Buchstabe a oder Buchstabe e Doppelbuchstabe bb oder einer vollziehbaren Anordnung auf Grund einer solchen Rechtsverordnung zuwiderhandelt, soweit die Rechtsverordnung für einen bestimmten Tatbestand auf diese Bußgeldvorschrift verweist, oder
7. entgegen § 20 Absatz 2 eine dort genannte Handlung nicht gestattet, eine Auskunft nicht, nicht richtig, nicht vollständig oder nicht rechtzeitig erteilt, eine Unterlage nicht, nicht richtig oder nicht rechtzeitig vorlegt oder eine Arbeitskraft oder ein Hilfsmittel nicht oder nicht rechtzeitig bereitstellt.

(3a) Ordnungswidrig handelt, wer vorsätzlich oder fahrlässig entgegen Artikel 11 Absatz 1 der Verordnung (EU) 2015/757 des Europäischen Parlaments und des Rates vom 29. April 2015 über die Überwachung von Kohlendioxidemissionen aus dem Seeverkehr, die Berichterstattung darüber und die Prüfung dieser Emissionen und zur Änderung der Richtlinie 2009/16/EG (ABl. L 123 vom 19.5.2015, S. 55) einen Emissionsbericht zu den CO_2-Emissionen nicht oder nicht rechtzeitig vorlegt.

(4) Die Ordnungswidrigkeit kann in den Fällen des Absatzes 1 mit einer Geldbuße bis zu fünfhunderttausend Euro und in den Fällen der Absätze 2 bis 3a mit einer Geldbuße bis zu fünfzigtausend Euro geahndet werden.

Abschnitt 7. Übergangsregelungen

§ 33 Übergangsregelung zur Gebührenerhebung. [1] § 22 Absatz 1 ist für die Erhebung von Gebühren für die Eröffnung und Verwaltung von Konten erst ab der Handelsperiode 2021 bis 2030 anzuwenden. [2] § 22 Absatz 1 in der bis zum Ablauf des 24. Januar 2019 geltenden Fassung, ist für die Verwaltung von Konten für die Handelsperiode 2013 bis 2020 weiter anzuwenden.

§ 34 Übergangsregelung für Anlagenbetreiber. (1) [1] Für die Freisetzung von Treibhausgasen durch Tätigkeiten im Sinne des Anhangs 1 sind in Bezug auf die Handelsperiode 2013 bis 2020 die §§ 1 bis 36 in der bis zum Ablauf des 24. Januar 2019 geltenden Fassung weiter anzuwenden. [2] Dies gilt auch, wenn die Anlage, in der die Tätigkeit ausgeübt wird, erst zwischen dem 25. Januar 2019 und dem 31. Dezember 2020 in Betrieb genommen wird.

(2) [1] Für Anlagenbetreiber gelten die Pflichten nach den §§ 4, 5 und 7 erst ab dem 1. Januar 2021. [2] Soweit sich diese Vorschriften auf Emissionen beziehen, sind sie für Treibhausgase, die ab dem 1. Januar 2021 freigesetzt werden, anzuwenden. [3] Die §§ 9 und 14 sind erst auf die Zuteilung und die Ausgabe von Berechtigungen für die Handelsperiode 2021 bis 2030 anzuwenden. [4] § 24 ist auf die Feststellung einheitlicher Anlagen ab der Handelsperiode 2021 bis 2030 anzuwenden. [5] Die zuständige Behörde kann Feststellungen nach § 24 in der bis zum Ablauf des 24. Januar 2019 geltenden Fassung mit Wirkung ab der Handelsperiode 2021 bis 2030 widerrufen, sofern diese Feststellungen nach § 24 oder nach der Rechtsverordnung nach § 28 Absatz 1 Nummer 4 nicht getroffen werden durften.

§ 35 Übergangsregelung für Luftfahrzeugbetreiber. (1) [1] Für die Freisetzung von Treibhausgasen durch Luftverkehrstätigkeiten im Sinne des Anhangs 1 Teil 2 Nummer 33 sind in Bezug auf die Handelsperiode 2013 bis 2020 die §§ 1 bis 36 in der bis zum Ablauf des 24. Januar 2019 geltenden Fassung weiter anzuwenden. [2] Dies gilt auch, wenn die Luftverkehrstätigkeit erst zwischen dem 25. Januar 2019 und dem 31. Dezember 2020 aufgenommen wird.

(2) Abweichend von § 6 Absatz 1 und 2 gilt der für das Jahr 2020 genehmigte Überwachungsplan für die Jahre 2021 bis 2023 fort.

§ 36 *(aufgehoben)*

Anhang 1
(zu § 1, § 2 Absatz 1 bis 3 Satz 1, Absatz 4 Satz 1, Absatz 5 Nummer 3, § 3 Nummer 2, 5 und 9, § 4 Absatz 1 Satz 1, § 7 Absatz 2 Satz 1 Nummer 1, § 24 und § 28 Absatz 1 Nummer 4)

Einbezogene Tätigkeiten und Treibhausgase

Teil 1. Grundsätze

1. Zur Berechnung der Gesamtfeuerungswärmeleistung einer in Teil 2 Nummer 2 bis 6, 11, 13, 19 und 22 genannten Anlage oder der Gesamtfeuerungswärmeleistung der Verbrennungseinheiten einer Anlage nach Teil 2 Nummer 1 werden die Feuerungswärmeleistungen aller technischen Einheiten addiert, die Bestandteil der Anlage sind und in denen Brennstoffe verbrannt werden. Bei diesen Einheiten handelt es sich insbesondere um alle Arten von Heizkesseln, Turbinen, Erhitzern,

Industrieöfen, Verbrennungsöfen, Kalzinierungsöfen, Brennöfen, sonstigen Öfen, Trocknern, Motoren, Brennstoffzellen, Fackeln und thermischen oder katalytischen Nachbrennern. Einheiten mit einer Feuerungswärmeleistung von weniger als 3 Megawatt (MW), Notfackeln zur Anlagenentlastung bei Betriebsstörungen, Notstromaggregate und Einheiten, die ausschließlich Biomasse nutzen, werden bei dieser Berechnung nicht berücksichtigt. Ist der Schwellenwert für die Gesamtfeuerungswärmeleistung überschritten, sind alle Einheiten erfasst, in denen Brennstoffe verbrannt werden.

2. Für die Zuordnung einer Anlage, die sowohl einer Tätigkeit mit einem als Produktionsleistung angegebenen Schwellenwert als auch einer Tätigkeit mit einem als Gesamtfeuerungswärmeleistung angegebenen Schwellenwert zugeordnet werden kann, gilt Folgendes:

a) Wenn die Anlage sowohl den Schwellenwert der Produktionsleistung als auch den Schwellenwert der Gesamtfeuerungswärmeleistung erreicht oder überschreitet, so ist die Anlage derjenigen Tätigkeit zuzuordnen, für die der Schwellenwert als Produktionsleistung angegeben ist.

b) Wenn die Anlage entweder nur den Schwellenwert der Gesamtfeuerungswärmeleistung oder nur den Schwellenwert der Produktionsleistung erreicht oder überschreitet, ist sie derjenigen Tätigkeit zuzuordnen, deren Schwellenwert sie erreicht.

Teil 2. Tätigkeiten

Nr.	Tätigkeiten	Treibhausgas
1	Verbrennungseinheiten zur Verbrennung von Brennstoffen mit einer Gesamtfeuerungswärmeleistung von insgesamt 20 MW oder mehr in einer Anlage, soweit nicht von einer der nachfolgenden Nummern erfasst	CO_2
2	Anlagen zur Erzeugung von Strom, Dampf, Warmwasser, Prozesswärme oder erhitztem Abgas durch den Einsatz von Brennstoffen in einer Verbrennungseinrichtung (wie Kraftwerk, Heizkraftwerk, Heizwerk, Gasturbinenanlage, Verbrennungsmotoranlage, sonstige Feuerungsanlage), einschließlich zugehöriger Dampfkessel, mit einer Feuerungswärmeleistung von 50 MW oder mehr	CO_2
3	Anlagen zur Erzeugung von Strom, Dampf, Warmwasser, Prozesswärme oder erhitztem Abgas durch den Einsatz von Kohle, Koks, einschließlich Petrolkoks, Kohlebriketts, Torfbriketts, Brenntorf, naturbelassenem Holz, emulgiertem Naturbitumen, Heizölen, gasförmigen Brennstoffen (insbesondere Koksofengas, Grubengas, Stahlgas, Raffineriegas, Synthesegas, Erdölgas aus der Tertiärförderung von Erdöl, Klärgas, Biogas), Methanol, Ethanol, naturbelassenen Pflanzenölen, Pflanzenölmethylestern, naturbelassenem Erdgas, Flüssiggas, Gasen der öffentlichen Gasversorgung oder Wasserstoff mit einer Feuerungswärmeleistung von mehr als 20 MW bis weniger als 50 MW in einer Verbrennungseinrichtung (wie Kraftwerk, Heizkraftwerk, Heizwerk, Gasturbinenanlage, Verbrennungsmotoranlage, sonstige Feuerungsanlage), einschließlich zugehöriger Dampfkessel	CO_2
4	Anlagen zur Erzeugung von Strom, Dampf, Warmwasser, Prozesswärme oder erhitztem Abgas durch den Einsatz anderer als in Nummer 3 genannter fester oder flüssiger Brennstoffe in einer Verbrennungseinrichtung (wie Kraftwerk, Heizkraftwerk, Heizwerk, Gasturbinenanlage, Verbrennungsmotoranlage, sonstige Feuerungsanlage), einschließlich zugehöriger Dampfkessel, mit einer Feuerungswärmeleistung von mehr als 20 MW bis weniger als 50 MW	CO_2
5	Verbrennungsmotoranlagen zum Antrieb von Arbeitsmaschinen für den Einsatz von Heizöl EL, Dieselkraftstoff, Methanol, Ethanol, naturbelassenen Pflanzenölen, Pflanzenölmethylestern oder gasförmigen Brennstoffen (insbesondere Koksofengas, Grubengas, Stahlgas, Raffineriegas, Synthesegas, Erdölgas aus der Tertiärförderung von Erdöl, Klärgas, Biogas, naturbelassenem Erdgas, Flüssiggas, Gasen der öffentlichen Gasversorgung, Wasserstoff) mit einer Feuerungswärmeleistung von 20 MW oder mehr	CO_2
6	Gasturbinenanlagen zum Antrieb von Arbeitsmaschinen für den Einsatz von Heizöl EL, Dieselkraftstoff, Methanol, Ethanol, naturbelassenen Pflanzenölen, Pflanzenölmethylestern oder gasförmigen Brennstoffen (insbesondere Koksofengas, Gru-	CO_2

Nr.	Tätigkeiten	Treib-hausgas
	bengas, Stahlgas, Raffineriegas, Synthesegas, Erdölgas aus der Tertiärförderung von Erdöl, Klärgas, Biogas, naturbelassenem Erdgas, Flüssiggas, Gasen der öffentlichen Gasversorgung, Wasserstoff) mit einer Feuerungswärmeleistung von mehr als 20 MW	
7	Anlagen zur Destillation oder Raffination oder sonstigen Weiterverarbeitung von Erdöl oder Erdölerzeugnissen in Mineralöl- oder Schmierstoffraffinerien	CO_2
8	Anlagen zur Trockendestillation von Steinkohle oder Braunkohle (Kokereien)	CO_2
9	Anlagen zum Rösten, Schmelzen, Sintern oder Pelletieren von Metallerzen	CO_2
10	Anlagen zur Herstellung oder zum Erschmelzen von Roheisen oder Stahl einschließlich Stranggießen, auch soweit Konzentrate oder sekundäre Rohstoffe eingesetzt werden, mit einer Schmelzleistung von 2,5 Tonnen oder mehr je Stunde, auch soweit in integrierten Hüttenwerken betrieben	CO_2
11	Anlagen zur Herstellung oder Verarbeitung von Eisenmetallen (einschließlich Eisenlegierung) bei Betrieb von Verbrennungseinheiten mit einer Gesamtfeuerungswärmeleistung von 20 MW oder mehr, soweit nicht von Nummer 10 erfasst; die Verarbeitung umfasst insbesondere Walzwerke, Öfen zum Wiederaufheizen, Glühöfen, Schmiedewerke, Gießereien, Beschichtungs- und Beizanlagen	CO_2
12	Anlagen zur Herstellung von Primäraluminium	CO_2, PFC
13	Anlagen zum Schmelzen, zum Legieren oder zur Raffination von Nichteisenmetallen bei Betrieb von Verbrennungseinheiten mit einer Gesamtfeuerungswärmeleistung (einschließlich der als Reduktionsmittel verwendeten Brennstoffe) von 20 MW oder mehr	CO_2
14	Anlagen zur Herstellung von Zementklinker mit einer Produktionsleistung von mehr als 500 Tonnen je Tag in Drehrohröfen oder mehr als 50 Tonnen je Tag in anderen Öfen	CO_2
15	Anlagen zum Brennen von Kalkstein, Magnesit oder Dolomit mit einer Produktionsleistung von mehr als 50 Tonnen Branntkalk, gebranntem Magnesit oder gebranntem Dolomit je Tag	CO_2
16	Anlagen zur Herstellung von Glas, auch soweit es aus Altglas hergestellt wird, einschließlich Anlagen zur Herstellung von Glasfasern, mit einer Schmelzleistung von mehr als 20 Tonnen je Tag	CO_2
17	Anlagen zum Brennen keramischer Erzeugnisse mit einer Produktionsleistung von mehr als 75 Tonnen je Tag	CO_2
18	Anlagen zum Schmelzen mineralischer Stoffe, einschließlich Anlagen zur Herstellung von Mineralfasern, mit einer Schmelzleistung von mehr als 20 Tonnen je Tag	CO_2
19	Anlagen zum Trocknen oder Brennen von Gips oder zur Herstellung von Gipskartonplatten und sonstigen Gipserzeugnissen bei Betrieb von Verbrennungseinheiten mit einer Gesamtfeuerungswärmeleistung von 20 MW oder mehr	CO_2
20	Anlagen zur Gewinnung von Zellstoff aus Holz, Stroh oder ähnlichen Faserstoffen	CO_2
21	Anlagen zur Herstellung von Papier, Karton oder Pappe mit einer Produktionsleistung von mehr als 20 Tonnen je Tag	CO_2
22	Anlagen zur Herstellung von Industrieruß bei Betrieb von Verbrennungseinheiten mit einer Gesamtfeuerungswärmeleistung von 20 MW oder mehr	CO_2
23	Anlagen zur Herstellung von Salpetersäure	CO_2, N_2O

Nr.	Tätigkeiten	Treibhausgas
24	Anlagen zur Herstellung von Adipinsäure	CO_2, N_2O
25	Anlagen zur Herstellung von Glyoxal oder Glyoxylsäure	CO_2, N_2O
26	Anlagen zur Herstellung von Ammoniak	CO_2
27	Anlagen zur Herstellung von a) organischen Grundchemikalien (Alkene und chlorierte Alkene; Alkine; Aromaten und alkylierte Aromaten; Phenole, Alkohole; Aldehyde, Ketone; Carbonsäuren, Dicarbonsäuren, Carbonsäureanhydride und Dimethylterephthalat; Epoxide; Vinylacetat, Acrylnitril; Caprolactam und Melamin) oder b) Polymeren (Polyethylen, Polypropylen, Polystyrol, Polyvinylchlorid, Polycarbonate, Polyamide, Polyurethane, Silikone) mit einer Produktionsleistung von mehr als 100 Tonnen je Tag	CO_2
28	Anlagen zur Herstellung von Wasserstoff oder Synthesegas durch Reformieren, partielle Oxidation, Wassergas-Shiftreaktion oder ähnliche Verfahren mit einer Produktionsleistung von mehr als 25 Tonnen je Tag	CO_2
29	Anlagen zur Herstellung von Natriumkarbonat und Natriumhydrogenkarbonat	CO_2
30	Anlagen zur Abscheidung von Treibhausgasen aus Anlagen nach den Nummern 1 bis 29 zum Zwecke der Beförderung und geologischen Speicherung in einer in Übereinstimmung mit der Richtlinie 2009/31/EG des Europäischen Parlaments und des Rates vom 23. April 2009 über die geologische Speicherung von Kohlendioxid und zur Änderung der Richtlinie 85/337/EWG des Rates sowie der Richtlinien 2000/60/EG, 2001/80/EG, 2004/35/EG, 2006/12/EG und 2008/1/EG des Europäischen Parlaments und des Rates sowie der Verordnung (EG) Nr. 1013/2006 (ABl. L 140 vom 5.6.2009, S. 114) zugelassenen Speicherstätte	CO_2
31	Rohrleitungsanlagen zur Beförderung von Treibhausgasen zum Zwecke der geologischen Speicherung in einer in Übereinstimmung mit der Richtlinie 2009/31/EG zugelassenen Speicherstätte	CO_2
32	Speicherstätte zur geologischen Speicherung von Treibhausgasen, die in Übereinstimmung mit der Richtlinie 2009/31/EG zugelassen ist	CO_2
33	Flüge, die von einem Flugplatz abgehen oder auf einem Flugplatz enden, der sich in einem Hoheitsgebiet eines Vertragsstaats des Abkommens über den Europäischen Wirtschaftsraum befindet, bei Mitgliedstaaten der Europäischen Union jedoch nur, soweit der Vertrag über die Europäische Union in dem Gebiet Anwendung findet. Nicht unter diese Tätigkeit fallen: a) Flüge, die ausschließlich durchgeführt werden, um aa) regierende Monarchinnen und Monarchen und ihre unmittelbaren Familienangehörigen, bb) Staatschefinnen und Staatschefs, Regierungschefinnen und Regierungschefs und zur Regierung gehörende Ministerinnen und Minister eines Nichtmitgliedstaats des Abkommens über den Europäischen Wirtschaftsraum in offizieller Mission zu befördern, soweit dies durch einen entsprechenden Statusindikator im Flugplan vermerkt ist; b) Militärflüge in Militärluftfahrzeugen sowie Zoll- und Polizeiflüge; c) Flüge im Zusammenhang mit Such- und Rettungseinsätzen, Löschflüge, Flüge im humanitären Einsatz sowie Ambulanzflüge in medizinischen Notfällen, soweit eine Genehmigung der jeweils zuständigen Behörde vorliegt; d) Flüge, die ausschließlich nach Sichtflugregeln im Sinne der §§ 28 und 31 bis 34 der Luftverkehrs-Ordnung durchgeführt werden; e) Flüge, bei denen das Luftfahrzeug ohne Zwischenlandung wieder zum Ausgangsflugplatz zurückkehrt;	CO_2

Nr.	Tätigkeiten	Treibhausgas
	f) Übungsflüge, die ausschließlich zum Erwerb eines Pilotenscheins oder einer Berechtigung für die Cockpit-Besatzung durchgeführt werden, sofern dies im Flugplan vermerkt ist; diese Flüge dürfen nicht zur Beförderung von Fluggästen oder Fracht oder zur Positionierung oder Überführung von Luftfahrzeugen dienen; g) Flüge, die ausschließlich der wissenschaftlichen Forschung oder der Kontrolle, Erprobung oder Zulassung von Luftfahrzeugen oder Ausrüstung dienen, unabhängig davon, ob es sich um Bord- oder Bodenausrüstung handelt; h) Flüge von Luftfahrzeugen mit einer höchstzulässigen Startmasse von weniger als 5 700 Kilogramm; i) Flüge im Rahmen von gemeinwirtschaftlichen Verpflichtungen nach Maßgabe des Artikels 16 der Verordnung (EG) Nr. 1008/2008 auf Routen innerhalb von Gebieten in äußerster Randlage im Sinne des Artikels 349 des Vertrags über die Arbeitsweise in der Europäischen Union oder auf Routen mit einer angebotenen Kapazität von höchstens 30 000 Sitzplätzen pro Jahr, j) Flüge, die nicht bereits von den Buchstaben a bis i erfasst sind und von einem Luftfahrzeugbetreiber durchgeführt werden, der gegen Entgelt Linien- oder Bedarfsflugverkehrsleistungen für die Öffentlichkeit erbringt, bei denen er Fluggäste, Fracht oder Post befördert (gewerblicher Luftfahrzeugbetreiber), sofern aa) dieser Luftfahrzeugbetreiber innerhalb eines Kalenderjahres jeweils weniger als 243 solcher Flüge in den Zeiträumen Januar bis April, Mai bis August und September bis Dezember durchführt oder bb) die jährlichen Gesamtemissionen solcher Flüge dieses Luftfahrzeugbetreibers weniger als 10 000 Tonnen betragen; diese Ausnahme gilt nicht für Flüge, die ausschließlich zur Beförderung von regierenden Monarchinnen und Monarchen und ihren unmittelbaren Familienangehörigen sowie von Staatschefinnen und Staatschefs, Regierungschefinnen und Regierungschefs und zur Regierung gehörenden Ministerinnen und Ministern eines Mitgliedstaats des Abkommens über den Europäischen Wirtschaftsraum in Ausübung ihres Amtes durchgeführt werden, sowie k) bis zum 31. Dezember 2030 Flüge, die nicht unter die Buchstaben a bis j fallen und von einem nichtgewerblichen Luftfahrzeugbetreiber durchgeführt werden, dessen Flüge jährliche Gesamtemissionen von weniger als 1 000 Tonnen aufweisen.	

Anhang 2
(zu § 5 Absatz 1, § 6 Absatz 1 Satz 2, Absatz 2 Satz 2, § 30 Absatz 2 Satz 1 und § 32 Absatz 1 Nummer 1)

Anforderungen an die Vorlage und Genehmigung von Überwachungsplänen nach § 6 sowie an die Ermittlung von Emissionen und die Berichterstattung nach § 5

Teil 1. Fristen für die Vorlage eines Überwachungsplans

Für die Einreichung eines Überwachungsplans nach § 6 Absatz 1 Satz 1 gelten folgende Fristen:

a) Für Betreiber von Anlagen, die spätestens zehn Monate vor Beginn einer Handelsperiode in Betrieb genommen wurden, endet die Frist fünf Monate vor Beginn der Handelsperiode;

b) Betreiber von Anlagen, die später als zehn Monate vor Beginn einer Handelsperiode erstmalig den Pflichten nach § 5 unterliegen, müssen den Überwachungsplan vor dem Zeitpunkt, zu dem sie erstmals den Pflichten nach § 5 unterliegen, vorlegen;

c) Luftfahrzeugbetreiber, die ihre Luftverkehrstätigkeit in einer laufenden Handelsperiode aufnehmen, müssen unverzüglich nach Aufnahme der Luftverkehrstätigkeit einen Überwachungsplan über die Emissionsberichterstattung für diese Handelsperiode vorlegen.

Teil 2. Anforderungen an die Ermittlung von Emissionen und an die Emissionsberichterstattung

Der Betreiber hat seine Emissionen nach seinem genehmigten Überwachungsplan zu ermitteln. Soweit dieser Überwachungsplan keine Regelungen trifft, hat er die Emissionen nach der Monitoring-Verordnung und nach einer nach § 28 Absatz 2 Nummer 1 erlassenen Rechtsverordnung zu ermitteln und darüber zu berichten. Soweit diese Verordnungen keine Regelungen treffen, ist bei Oxidationsprozessen ein Oxidationsfaktor von 1 zugrunde zu legen; eine unvollständige Verbrennung bleibt auch bei der Bestimmung des Emissionsfaktors unberücksichtigt.

Die CO_2-Emissionen von Anlagen im Sinne des Anhangs 1 Teil 2 Nummer 8 bis 10 sind über die Bilanzierung und Saldierung der Kohlenstoffgehalte der CO_2-relevanten Inputs und Outputs zu erfassen, soweit diese Anlagen nach § 24 als einheitliche Anlage gelten; Verbundkraftwerke am Standort von Anlagen zur Eisen- und Stahlerzeugung dürfen nicht gemeinsam mit den übrigen Anlagen bilanziert werden.

Anhang 3–5 *(aufgehoben)*

56. Gesetz über projektbezogene Mechanismen nach dem Protokoll von Kyoto zum Rahmenübereinkommen der Vereinten Nationen über Klimaänderungen vom 11. Dezember 1997 (Projekt-Mechanismen-Gesetz – ProMechG)[1)]

Vom 22. September 2005
(BGBl. I S. 2826)

FNA 2129-44

zuletzt geänd. durch Art. 67 G zum Abbau verzichtbarer Anordnungen der Schriftform im Verwaltungsrecht des Bundes v. 29.3.2017 (BGBl. I S. 626)

Inhaltsübersicht

[1)] Verkündet als Art. 1 G v. 22.9.2005 (BGBl. I S. 2826); Inkrafttreten gem. Art. 4 dieses G am 30.9.2005.

Teil 1. Allgemeine Vorschriften

§ 1 Anwendungsbereich. (1) Dieses Gesetz gilt für die Erzeugung von Emissionsreduktionseinheiten und zertifizierten Emissionsreduktionen aus der Durchführung von Projekttätigkeiten im Sinne der Artikel 6 und 12 des Protokolls, an denen die Bundesrepublik Deutschland als Investor- oder Gastgeberstaat beteiligt werden soll.

(2) Dieses Gesetz gilt nicht für die Erzeugung von Emissionsreduktionseinheiten und zertifizierten Emissionsreduktionen aus der Durchführung von Projekttätigkeiten, die Nuklearanlagen zum Gegenstand haben.

§ 2 Begriffsbestimmungen. Im Sinne dieses Gesetzes ist

1. Übereinkommen: das Rahmenübereinkommen der Vereinten Nationen über Klimaänderungen vom 9. Mai 1992 (BGBl. 1993 II S. 1784),
2. Protokoll: das Protokoll von Kyoto zum Rahmenübereinkommen der Vereinten Nationen über Klimaänderungen vom 11. Dezember 1997 (BGBl. 2002 II S. 967),
3. Emissionshandelsrichtlinie: die Richtlinie 2003/87/EG des Europäischen Parlaments und des Rates vom 13. Oktober 2003 über ein System für den Handel mit Treibhausgasemissionszertifikaten in der Gemeinschaft und zur Änderung der Richtlinie 96/61/EG des Rates, geändert durch die Richtlinie 2004/101/EG des Europäischen Parlaments und des Rates vom 27. Oktober 2004 (ABl. EU Nr. L 338 S. 18),
4. Emission: die Freisetzung von in Anlage A des Protokolls aufgeführten Treibhausgasen,
5. Emissionsminderung: die Minderung der Emission aus Quellen, nicht hingegen die Verstärkung des Abbaus von Treibhausgasen durch Senken in den Bereichen Landnutzung, Landnutzungsänderung und Forstwirtschaft,
6. zusätzliche Emissionsminderung: eine Emissionsminderung, soweit sie diejenige Menge an Emissionen unterschreitet, die ohne die Durchführung der Projekttätigkeit entstanden wäre (Referenzfallemissionen),
7. Gemeinsame Projektumsetzung: ein projektbezogener Mechanismus im Sinne des Artikels 6 des Protokolls,
8. Mechanismus für umweltverträgliche Entwicklung: ein projektbezogener Mechanismus im Sinne des Artikels 12 des Protokolls,
9. Gastgeberstaat: der Staat, auf dessen Staatsgebiet oder in dessen ausschließlicher Wirtschaftszone die Projekttätigkeit durchgeführt werden soll,
10. Investorstaat: der Staat, der ohne Gastgeberstaat zu sein, die Billigung im Sinne des Artikels 6 Abs. 1 Buchstabe a und des Artikels 12 Abs. 5 Buchstabe a des Protokolls erteilt,
11. Projektträger: die natürliche oder juristische Person, die die Entscheidungsgewalt über eine Projekttätigkeit innehat oder die an der Durchführung der Projekttätigkeit beteiligt ist; Projektträger können auch mehrere Personen gemeinschaftlich sein,
12. Projekttätigkeit: die Entwicklung und Durchführung eines Projektes entsprechend den Voraussetzungen des Artikels 6 oder Artikels 12 des Pro-

tokolls und den im Anhang zu diesem Gesetz abgedruckten Beschlüssen 16/CP.7 oder 17/CP.7 der Konferenz der Vertragsparteien des Übereinkommens,

13. Projektdokumentation: die Dokumentation des Projektträgers zur Beschreibung der geplanten Durchführung der Projekttätigkeit,
14. Überwachungsplan: der Teil der Projektdokumentation, der Art und Umfang der während des Projektverlaufs, insbesondere zur Ermittlung der Emissionen der Projekttätigkeit, zu erhebenden Daten festlegt,
15. Überwachungsbericht: der Bericht des Projektträgers über die nach den Vorgaben des Überwachungsplans ermittelten Daten,
16. Zustimmung: die Anerkennung der nach diesem Gesetz zuständigen Behörde, dass für eine Emissionsminderung durch eine validierte Projekttätigkeit auf der Grundlage der in der Projektdokumentation getroffenen Festlegungen, insbesondere von bestimmten Referenzfallemissionen, Emissionsreduktionseinheiten oder zertifizierte Emissionsreduktionen ausgestellt werden können; sie umfasst die Billigung im Sinne des Artikels 6 Abs. 1 Buchstabe a und des Artikels 12 Abs. 5 Buchstabe a des Protokolls sowie die Ermächtigung des Projektträgers im Sinne des Artikels 6 Abs. 3 und des Artikels 12 Abs. 9 des Protokolls,
17. Registrierung: die Eintragung einer Projekttätigkeit, die im Bundesgebiet durchgeführt wird, in ein nationales Verzeichnis,
18. Validierungsbericht: der Bericht einer sachverständigen Stelle darüber, ob ein Projekt die im Einzelfall für die Zustimmung maßgeblichen Voraussetzungen dieses Gesetzes erfüllt,
19. Verifizierungsbericht: der Bericht und die Zertifizierung einer sachverständigen Stelle darüber, in welchem Umfang die im Überwachungsbericht angegebene Emissionsminderung aus der Projekttätigkeit im Prüfungszeitraum eingetreten ist,
20. Emissionsreduktionseinheit: eine nach Artikel 6 des Protokolls und dem Beschluss 16/CP.7 der Konferenz der Vertragsparteien des Übereinkommens ausgestellte Einheit, die einer Tonne Kohlendioxidäquivalent entspricht,
21. zertifizierte Emissionsreduktion: eine nach Artikel 12 des Protokolls und dem Beschluss 17/CP.7 der Konferenz der Vertragsparteien des Übereinkommens ausgestellte Einheit, die einer Tonne Kohlendioxidäquivalent entspricht,
22. Exekutivrat: das von der Konferenz der Vertragsparteien des Übereinkommens eingesetzte Aufsichtsgremium im Sinne des Artikels 12 Abs. 4 des Protokolls,
23. Aufsichtsausschuss: das von der Konferenz der Vertragsparteien des Übereinkommens eingesetzte Aufsichtsgremium im Sinne des Artikel 6 des Protokolls,
24. Verzeichnis über den Teilnahmestatus: das Verzeichnis, das von dem nach Artikel 8 des Übereinkommens eingesetzten Sekretariat über den Teilnahmestatus der Vertragsparteien des Protokolls nach Nummer 27 des Abschnitts D der Anlage des Beschlusses 16/CP.7 und nach Nummer 34 des

Abschnitts F der Anlage des Beschlusses 17/CP.7 der Konferenz der Vertragsparteien des Übereinkommens geführt wird.

Teil 2. Gemeinsame Projektumsetzung

Abschnitt 1. Projekttätigkeiten außerhalb des Bundesgebiets

§ 3 Zustimmung. (1) [1] Im Rahmen der Gemeinsamen Projektumsetzung außerhalb des Bundesgebiets hat die zuständige Behörde die Zustimmung zu erteilen, wenn

1. die den Anforderungen des Absatzes 4 entsprechende Projektdokumentation und der sach- und fachgerecht erstellte Validierungsbericht ergeben, dass die Projekttätigkeit eine zusätzliche Emissionsminderung erwarten lässt und
2. die Projekttätigkeit keine schwerwiegenden nachteiligen Umweltauswirkungen verursacht.

[2] Für Projekttätigkeiten zur Erzeugung von Elektrizität aus Wasserkraft mit einer Erzeugungskapazität über 20 Megawatt ist zusätzlich erforderlich, dass die in Artikel 11b Abs. 6 der Emissionshandelsrichtlinie genannten internationalen Kriterien und Leitlinien eingehalten werden. [3] Wird eine Projekttätigkeit in den Mitgliedstaaten der Europäischen Union durchgeführt, so ist bei der Berechnung der zu erwartenden zusätzlichen Emissionsminderung im Sinne der Nummer 1 zu gewährleisten, dass die festgelegten Referenzfallemissionen mindestens den Anforderungen des Gemeinschaftsrechts unbeschadet der Ausnahmevorschriften in den Beitrittsverträgen entsprechen.

(2) Die Zustimmung ist zu versagen, wenn

1. Tatsachen die Annahme rechtfertigen, dass der Projektträger nicht die notwendige Gewähr für die ordnungsgemäße Durchführung der Projekttätigkeit, insbesondere die Erfüllung der Pflichten nach diesem Gesetz bietet oder
2. eine Projekttätigkeit zu einer unmittelbaren oder mittelbaren Minderung von Emissionen aus einer Anlage führt, die der Emissionshandelsrichtlinie unterliegt, und der Gastgeberstaat keine § 5 Abs. 1 Satz 3 entsprechende Regelung oder vergleichbare Maßnahme zum Ausgleich der Doppelzählung einer Emissionsminderung vorsieht.

(3) [1] Die Zustimmung wird entsprechend der vom Projektträger beantragten Laufzeit befristet. [2] Die einmalige Laufzeit darf den Zeitraum von zehn Jahren nicht überschreiten. [3] Beträgt die Erstlaufzeit höchstens sieben Jahre, kann für dieselbe Projekttätigkeit auf Antrag zweimal erneut eine Zustimmung mit einer jeweiligen Befristung auf höchstens sieben Jahre erteilt werden. [4] Soweit die Laufzeit über den 31. Dezember 2012 hinausgeht, wird die Zustimmung unter der Bedingung erteilt, dass die Gemeinsame Projektumsetzung nach Ablauf der Verpflichtungsperiode aus Artikel 3 Abs. 1 des Protokolls auf der Grundlage eines von der Konferenz der Vertragsparteien des Protokolls gefassten Beschlusses fortgeführt wird.

(4) [1] Die Zustimmung erfolgt auf schriftlichen oder elektronischen Antrag des Projektträgers bei der zuständigen Behörde. [2] Dem Antrag hat der Projektträger folgende Dokumente beizufügen:

1. die Projektdokumentation,

2. den Validierungsbericht und
3. ein Befürwortungsschreiben des Gastgeberstaates, falls ein solches ausgestellt worden ist.

[3]Die Projektdokumentation einschließlich des Überwachungsplans ist nach den formalen und inhaltlichen Anforderungen des Anhangs B zur Anlage des Beschlusses 16/CP.7 der Konferenz der Vertragsparteien des Übereinkommens zu erstellen. [4]Das Bundesministerium für Umwelt, Naturschutz, Bau und Reaktorsicherheit kann im Einvernehmen mit dem Bundesministerium für Wirtschaft und Energie die formalen und inhaltlichen Anforderungen an die Projektdokumentation einschließlich derer für den Überwachungsplan unter Beachtung der Anhänge B und C zur Anlage des Beschlusses 17/CP.7 sowie des Anhangs B zur Anlage des Beschlusses 16/CP.7 der Konferenz der Vertragsparteien des Übereinkommens durch Rechtsverordnung, die nicht der Zustimmung des Bundesrates bedarf, regeln. [5]In der Rechtsverordnung können für kleine und mittlere Projekttätigkeiten vereinfachte Anforderungen an die Antragsunterlagen und den Nachweis der zu erwartenden zusätzlichen Emissionsminderung festgelegt werden. [6]Die zuständige Behörde hat dem Projektträger den Eingang des Antrags und der beigefügten Unterlagen unverzüglich zu bestätigen. [7]Sie teilt dem Projektträger innerhalb von zwei Wochen mit, welche zusätzlichen Unterlagen und Angaben sie für ihre Entscheidung benötigt.

(5) Die zuständige Behörde soll innerhalb von zwei Monaten nach Eingang der vollständigen Antragsunterlagen abschließend über den Antrag entscheiden.

(6) [1]Die zuständige Behörde soll auf Antrag des Projektträgers mit einem Befürwortungsschreiben die Entwicklung einer Projekttätigkeit unterstützen, wenn die Zustimmung zu der Projekttätigkeit wahrscheinlich ist. [2]Dieses Befürwortungsschreiben erlangt keine rechtliche Verbindlichkeit; es beinhaltet insbesondere keine Zusicherung einer Zustimmung nach Absatz 1.

§ 4 Überprüfung der Verifizierung. [1]Die zuständige Behörde soll, soweit nach Bekanntgabe des Verifizierungsberichts begründete Zweifel an der Richtigkeit oder Vollständigkeit dieses Berichts bestehen, die durch den Projektträger nicht ausgeräumt werden können, unverzüglich ein Überprüfungsgesuch bei der zuständigen Behörde des Gaststaates oder bei dem Aufsichtsausschuss einreichen. [2]Der Projektträger ist hiervon unverzüglich zu unterrichten.

Abschnitt 2. Projekttätigkeiten im Bundesgebiet

§ 5 Zustimmung und Registrierung. (1) [1]Im Rahmen einer Gemeinsamen Projektumsetzung im Bundesgebiet hat die zuständige Behörde die Zustimmung zu erteilen, wenn

1. die den Anforderungen des Absatzes 4 entsprechende Projektdokumentation und der sach- und fachgerecht erstellte Validierungsbericht ergeben, dass die Projekttätigkeit eine zusätzliche Emissionsminderung erwarten lässt und
2. die Projekttätigkeit keine schwerwiegenden nachteiligen Umweltauswirkungen verursacht.

[2]§ 3 Abs. 1 Satz 2 gilt entsprechend. [3]Führt eine Projekttätigkeit zu einer unmittelbaren oder mittelbaren Minderung von Emissionen aus einer Anlage,

die der Emissionshandelsrichtlinie unterliegt, so ist diese Emissionsminderung bei der Berechnung der im Sinne der Nummer 1 zu erwartenden zusätzlichen Emissionsminderung Bestandteil der Referenzfallemissionen. [4]Wird eine Projekttätigkeit durch öffentliche Fördermittel finanziert, ist der Anteil derjenigen Emissionsminderung der Projekttätigkeit, der durch öffentliche Fördermittel finanziert wird, Bestandteil der Referenzfallemissionen; dies gilt nicht, wenn die öffentlichen Fördermittel der Absicherung von Investitionen dienen. [5]Wird mit der Projekttätigkeit zugleich Strom erzeugt, der die Voraussetzungen des § 19 Abs. 1 des Erneuerbare-Energien-Gesetzes[1)] oder des § 6 bis 13 sowie 35 des Kraft-Wärme-Kopplungsgesetzes[2)] erfüllt, ist eine Zustimmung nach Satz 1 ausgeschlossen.

(2) Die Zustimmung ist zu versagen, wenn

1. Tatsachen die Annahme rechtfertigen, dass der Projektträger nicht die notwendige Gewähr für die ordnungsgemäße Durchführung der Projekttätigkeit, insbesondere die Erfüllung der Pflichten nach diesem Gesetz bietet oder
2. keine Bereitschaft des Investorstaates besteht, unter vergleichbaren Bedingungen Projekttätigkeiten auf seinem Staatsgebiet zuzulassen.

(3) [1]Die Zustimmung wird entsprechend der vom Projektträger beantragten Laufzeit befristet. [2]Die Laufzeit darf nicht über den 31. Dezember 2012 hinausgehen.

(4) [1]Die Zustimmung erfolgt auf schriftlichen oder elektronischen Antrag des Projektträgers bei der zuständigen Behörde. [2]Dem Antrag hat der Projektträger folgende Dokumente beizufügen:

1. die Projektdokumentation und
2. den Validierungsbericht.

[3]§ 3 Abs. 4 Satz 3 gilt entsprechend. [4]Das Bundesministerium für Umwelt, Naturschutz, Bau und Reaktorsicherheit kann im Einvernehmen mit dem Bundesministerium für Wirtschaft und Energie die formalen und inhaltlichen Anforderungen an die Projektdokumentation einschließlich derer für den Überwachungsplan unter Beachtung der Anhänge B und C zur Anlage des Beschlusses 17/CP.7 sowie des Anhangs B zur Anlage des Beschlusses 16/CP.7 der Konferenz der Vertragsparteien des Übereinkommens durch Rechtsverordnung, die nicht der Zustimmung des Bundesrates bedarf, regeln. [5]In der Rechtsverordnung können für kleine und mittlere Projekttätigkeiten vereinfachte Anforderungen an die Antragsunterlagen und den Nachweis der zu erwartenden zusätzlichen Emissionsminderung festgelegt werden. [6]§ 3 Abs. 4 Satz 6 und 7 gilt entsprechend.

(5) [1]Der Antragsteller hat die Projektdokumentation und die Adresse der von ihm mit der Validierung beauftragten Stelle unverzüglich nach Erstellung der zuständigen Behörde zuzuleiten. [2]Die zugeleiteten Informationen sind nach § 10 des Umweltinformationsgesetzes zu veröffentlichen.

(6) Die Zustimmung nach Absatz 1 umfasst nicht die sonstigen behördlichen Entscheidungen, die nach anderen öffentlich-rechtlichen Vorschriften zur Durchführung der Projekttätigkeit erforderlich sind.

[1)] Nr. **37**.
[2)] Nr. **45**.

(7) Die Zustimmung enthält die Festlegung, dass Emissionsreduktionseinheiten nur für ab 1. Januar 2008 erzielte Emissionsminderungen ausgestellt werden können.

(8) [1]Die zuständige Behörde führt nach Maßgabe des Artikels 24 Abs. 1 Satz 2 der Verordnung (EG) Nr. 2216/2004 der Kommission vom 21. Dezember 2004 über ein standardisiertes und sicheres Registrierungssystem gemäß der Richtlinie 2003/87/EG sowie der Entscheidung 280/2004/EG des Europäischen Parlaments und des Rates (ABl. EU Nr. L 386 S. 1) ein nationales Verzeichnis über Projekttätigkeiten im Rahmen der Gemeinsamen Projektumsetzung im Bundesgebiet. [2]Die zuständige Behörde nimmt die Registrierung der Projekttätigkeit vor, sobald die Zustimmung nach Absatz 1 erteilt wurde und ihr die Billigung des Investorstaates vorliegt.

(9) § 3 Abs. 5 und 6 gilt entsprechend.

§ 6 Bestätigung des Verifizierungsberichts. (1) [1]Die zuständige Behörde hat den Verifizierungsbericht zu bestätigen, wenn

1. die registrierte Projekttätigkeit entsprechend der Projektdokumentation, die der Zustimmung zu Grunde lag, durchgeführt wurde, insbesondere der Überwachungsbericht den Vorgaben des validierten Überwachungsplans entspricht,
2. der Verifizierungsbericht sach- und fachgerecht erstellt wurde und
3. der Verfizierungsbericht ergibt, dass Doppelzählungen auf Grund unmittelbarer oder mittelbarer Emissionsminderungen oder Doppelbegünstigungen ausgeschlossen sind.

[2]Bevor die zuständige Behörde die Bestätigung des Verifizierungsberichts ablehnt, ist dem Projektträger und der mit der Verifizierung beauftragten sachverständigen Stelle Gelegenheit zu geben, sich zu den für die Entscheidung erheblichen Tatsachen zu äußern.

(2) [1]Die Bestätigung erfolgt auf schriftlichen oder elektronischen Antrag des Projektträgers bei der zuständigen Behörde. [2]Dem Antrag hat der Projektträger folgende Dokumente beizufügen:

1. den Überwachungsbericht und
2. den Verifizierungsbericht.

[3]Der Projektträger ist verpflichtet, im Überwachungsbericht richtige und vollständige Angaben zu machen. [4]§ 3 Abs. 4 Satz 6 und 7 gilt entsprechend.

(3) [1]Die zuständige Behörde unterrichtet unverzüglich nach der Bestätigung des Verifizierungsberichts den Registerführer im Sinne des Artikels 2 Buchstabe q der Verordnung (EG) Nr. 2216/2004. [2]Der Registerführer überträgt die Anzahl von Emissionsreduktionseinheiten, die der verifizierten Menge an Emissionsminderungen in Tonnen Kohlendioxidäquivalent entspricht, auf das vom Projektträger benannte Konto.

Abschnitt 3. Sachverständige Stellen

§ 7 Sachverständige Stellen. (1) [1]Zur Validierung und Verifizierung sind nur solche sachverständigen Stellen befugt, die durch den Exekutivrat oder den Aufsichtsausschuss akkreditiert und bekannt gegeben worden sind. [2]Die sachverständigen Stellen werden vom Projektträger beauftragt. [3] Sie sind verpflichtet, die Angaben des Projektträgers auf Richtigkeit und Vollständigkeit zu überprüfen sowie richtige und vollständige Angaben im Validierungs- und Verifizierungsbericht zu machen.

(2) Das Bundesministerium für Umwelt, Naturschutz, Bau und Reaktorsicherheit kann im Einvernehmen mit dem Bundesministerium für Wirtschaft und Energiet durch Rechtsverordnung, die nicht der Zustimmung des Bundesrates bedarf, unter Berücksichtigung der in Anhang A des Beschlusses 16/CP.7 der Konferenz der Vertragsparteien des Übereinkommens aufgestellten Anforderungen festlegen, dass auch andere als die in Absatz 1 genannten Stellen zur Validierung und Verifizierung befugt sind.

(3) [1] Bei der sach- und fachgerechten Erstellung des Validierungs- und Verifizierungsberichts sind die Vorgaben des Abschnitts E der Anlage des Beschlusses 16/CP.7 und die Abschnitte E, G und I der Anlage des Beschlusses 17/CP.7 der Konferenz der Vertragsparteien des Übereinkommens zu beachten. [2] Das Bundesministerium für Umwelt, Naturschutz, Bau und Reaktorsicherheit kann im Einvernehmen mit dem Bundesministerium für Wirtschaft und Energie die Voraussetzungen und das Verfahren durch Rechtsverordnung, die nicht der Zustimmung des Bundesrates bedarf, regeln. [3] Dabei ist sicherzustellen, dass bei der Verifizierung Doppelzählungen auf Grund unmittelbarer oder mittelbarer Emissionsminderungen und Doppelbegünstigungen ausgeschlossen werden.

Teil 3. Mechanismus für umweltverträgliche Entwicklung

§ 8 Zustimmung. (1) [1] Im Rahmen des Mechanismus für umweltverträgliche Entwicklung hat die zuständige Behörde die Zustimmung zu erteilen, wenn

1. die den Anforderungen des Absatzes 3 entsprechende Projektdokumentation und der sach- und fachgerecht erstellte Validierungsbericht ergeben, dass die Projekttätigkeit eine zusätzliche Emissionsminderung erwarten lässt,

und die Projekttätigkeit

2. keine schwerwiegenden nachteiligen Umweltauswirkungen verursacht und
3. der nachhaltigen Entwicklung des Gastgeberstaates in wirtschaftlicher, sozialer und ökologischer Hinsicht, insbesondere vorhandenen nationalen Nachhaltigkeitsstrategien, nicht zuwiderläuft.

[2] § 3 Abs. 1 Satz 2 gilt entsprechend.

(2) Die Zustimmung ist zu versagen, wenn

1. Tatsachen die Annahme rechtfertigen, dass der Projektträger nicht die notwendige Gewähr für die ordnungsgemäße Durchführung der Projekttätigkeit, insbesondere die Erfüllung der Pflichten nach diesem Gesetz bietet oder
2. sich aus dem Verzeichnis über den Teilnahmestatus ergibt, dass die Bundesrepublik Deutschland als möglicher Investorstaat die Teilnahmevoraussetzung der Nummer 31 oder der mögliche Gastgeberstaat die Teilnahmevoraussetzung der Nummer 30 des Abschnitts F der Anlage des Beschlusses 17/CP.7 der Konferenz der Vertragsparteien des Übereinkommens nicht erfüllt.

(3) [1]Die Zustimmung erfolgt auf schriftlichen oder elektronischen Antrag des Projektträgers bei der zuständigen Behörde. [2]Dem Antrag hat der Projektträger folgende Dokumente beizufügen:

1. die Projektdokumentation,
2. den Validierungsbericht und
3. ein Befürwortungsschreiben des Gastgeberstaates, falls ein solches ausgestellt worden ist.

[3]Die Projektdokumentation einschließlich des Überwachungsplans ist nach den formalen und inhaltlichen Anforderungen des Anhangs B sowie dem Abschnitt H zur Anlage des Beschlusses 17/CP.7 der Konferenz der Vertragsparteien des Übereinkommens zu erstellen. [4]Aus der Projektdokumentation muss sich ergeben, dass eine Öffentlichkeitsbeteiligung entsprechend den Anforderungen nach Nummer 40 des Abschnitts G der Anlage des Beschlusses 17/CP.7 der Konferenz der Vertragsparteien des Übereinkommens stattgefunden hat.

(4) [1]Die zuständige Behörde kann den Projektträger zum Nachweis, dass die Anforderung der Nummer 2 des Absatzes 1 erfüllt ist, zur Durchführung einer Umweltverträglichkeitsprüfung verpflichten, wenn sie insbesondere auf Grund der in der validierten Projektdokumentation beschriebenen Projekttätigkeit und der dort dargestellten Umweltauswirkungen zu der Einschätzung gelangt, dass nach Umfang, Standort und Folgen der Projekttätigkeit erhebliche nachteilige Umweltauswirkungen wahrscheinlich sind. [2]Das Bundesministerium für Umwelt, Naturschutz, Bau und Reaktorsicherheit kann im Einvernehmen mit dem Bundesministerium für Wirtschaft und Energie und dem Bundesministerium für wirtschaftliche Zusammenarbeit und Entwicklung durch Rechtsverordnung, die nicht der Zustimmung des Bundesrates bedarf, festlegen, welche Anforderungen im Einzelnen an die Umweltverträglichkeitsprüfung nach Satz 1 zu stellen sind. [3]Dabei sind vorhandene internationale Standards, die ökologische und gesellschaftliche Belange aufnehmen, zu berücksichtigen.

(5) § 3 Abs. 4 Satz 6 und 7, Abs. 5 und 6 gilt entsprechend.

(6) Die zuständige Behörde hat auf Antrag des Projektträgers eine natürliche oder juristische Person im Sinne des Artikels 12 Abs. 9 des Protokolls zu ermächtigen, sich an der Projekttätigkeit zu beteiligen, der nach Absatz 1 zugestimmt wurde.

§ 9 Überprüfungsgesuch. [1]Die zuständige Behörde kann, soweit die Voraussetzungen der Nummer 41 des Abschnitts G oder der Nummer 65 des Abschnitts J der Anlage des Beschlusses 17/CP.7 der Konferenz der Vertragsparteien des Übereinkommens vorliegen, ein Überprüfungsgesuch beim Exekutivrat einreichen. [2]Der Projektträger ist hiervon unverzüglich zu unterrichten.

Teil 4. Gemeinsame Vorschriften

§ 10 Zuständige Behörde; Aufgabenübertragung. (1) Zuständige Behörde im Sinne dieses Gesetzes ist das Umweltbundesamt.

(2) [1]Die nach Absatz 1 zuständige Behörde kann die Aufgaben und Befugnisse mit Ausnahme der Zuständigkeit für die Verfolgung und Ahndung von Ordnungswidrigkeiten nach § 15 ganz oder teilweise auf eine juristische Person übertragen, wenn diese die Gewähr dafür bietet, dass die übertragenen Aufgaben ordnungsgemäß und zentral für das Bundesgebiet erfüllt werden. [2]Die Beliehene untersteht der Aufsicht der nach Absatz 1 zuständigen Behörde. [3]Bei einer Aufgabenübertragung auf eine juristische Person des öffentlichen Rechts gilt Satz 2 entsprechend.

§ 11 Benennung eines Bevollmächtigten. [1]Wird ein Antrag im Sinne dieses Gesetzes von mehreren natürlichen oder juristischen Personen gestellt, haben diese der zuständigen Behörde eine natürliche Person als gemeinsamen Bevollmächtigten mit Zustelladresse im Inland zu benennen. [2]Hat der Projektträger seinen Firmensitz im Ausland und keine Zweigniederlassung in der Bundesrepublik Deutschland, hat er eine im Inland ansässige Person als Empfangsberechtigten für Zustellungen zu benennen.

§ 12 Mengenbeobachtung. (1) Die zuständige Behörde hat der Bundesregierung erstmals zum 31. Dezember 2006 und danach jährlich über die Anzahl der tatsächlichen und für den folgenden Berichtszeitraum absehbaren Registrierungen im Sinne des § 5 Abs. 8 zu berichten.

(2) [1]Ist nach dem Bericht der zuständigen Behörde nach Absatz 1 eine Gefährdung der Einhaltung der Reserve für den Verpflichtungszeitraum im Sinne der Nummer 6 der Anlage des im Anhang zu diesem Gesetz abgedruckten Beschlusses 18/CP.7 der Konferenz der Vertragsparteien des Übereinkommens zu besorgen, kann die Bundesregierung durch Rechtsverordnung, die nicht der Zustimmung des Bundesrates bedarf, eine Begrenzung der Menge von Emissionsreduktionseinheiten, die durch Projekttätigkeiten im Bundesgebiet erzeugt werden, beschließen. [2]Die Bundesregierung legt zugleich den Umfang und Zeitpunkt des Wirksamwerdens dieser Mengenbegrenzung fest und gibt dies im Bundesanzeiger bekannt.

(3) [1]Ab dem Zeitpunkt, zu dem die Bundesregierung nach Absatz 2 die Einführung einer Mengenbegrenzung beschlossen hat, bedarf die Registrierung gemäß § 5 Abs. 8 einer Vorregistrierung. [2]Die Vorregistrierung einer Projekttätigkeit im Rahmen einer Gemeinsamen Projektumsetzung im Bundesgebiet erfolgt durch die zuständige Behörde.

(4) [1]Das Bundesministerium für Umwelt, Naturschutz, Bau und Reaktorsicherheit wird ermächtigt, durch Rechtsverordnung, die nicht der Zustimmung des Bundesrates bedarf, das Verfahren der Vorregistrierung nach Absatz 3 und die Maßnahmen zu regeln, die die Einhaltung der Mengenbegrenzung gewährleisten. [2]Dabei ist sicherzustellen, dass eine Vorregistrierung gelöscht wird, soweit die betreffende Projekttätigkeit nicht innerhalb von zwei Jahren ab Vorregistrierung nach § 5 Abs. 8 registriert wird.

§ 13 Rechtsverordnung zu Zustimmungsvoraussetzungen. Das Bundesministerium für Umwelt, Naturschutz, Bau und Reaktorsicherheit kann im Einvernehmen mit dem Bundesministerium für Wirtschaft und Energie und dem Bundesministerium für wirtschaftliche Zusammenarbeit und Entwicklung unter Beachtung der Beschlüsse 16/CP.7 und 17/CP.7 der Konferenz der Vertragsparteien des Übereinkommens durch Rechtsverordnung, die nicht der

Zustimmung des Bundesrates bedarf, regeln, welche Anforderungen an das Vorliegen der einzelnen Zustimmungsvoraussetzungen des § 3 Abs. 1, des § 5 Abs. 1 und des § 8 Abs. 1 und Versagungsgründe des § 3 Abs. 2, des § 5 Abs. 2 und des § 8 Abs. 2 zu stellen sind.

[§ 14 bis 30.9.2021:]
§ 14 Gebühren und Auslagen. [1] Für individuell zurechenbare öffentliche Leistungen nach diesem Gesetz und den zur Durchführung dieses Gesetzes erlassenen Rechtsverordnungen erhebt die zuständige Behörde Gebühren und Auslagen. [2] Das Bundesministerium für Umwelt, Naturschutz, Bau und Reaktorsicherheit bestimmt durch Rechtsverordnung, die nicht der Zustimmung des Bundesrates bedarf, die gebührenpflichtigen Tatbestände, die Höhe der Gebühren und die zu erstattenden Auslagen für individuell zurechenbare öffentliche Leistungen nach diesem Gesetz und nach den auf Grund dieses Gesetzes erlassenen Rechtsverordnungen. [3] Die Gebühr beträgt mindestens 20 Euro; sie darf im Einzelfall 600 Euro nicht übersteigen. [4] Bei der Bemessung der Gebühren sind die Anzahl der aus der Durchführung der Projekttätigkeiten erzeugten Emissionsreduktionseinheiten und zertifizierten Emissionsreduktionen sowie der mit der Leistung verbundene Verwaltungsaufwand zu berücksichtigen.

[§ 14 ab 1.10.2021:]
§ 14 *(aufgehoben)*

§ 15 Bußgeldvorschriften. (1) Ordnungswidrig handelt, wer vorsätzlich oder leichtfertig entgegen § 6 Abs. 2 Satz 3 oder § 7 Abs. 1 Satz 3

1. im Überwachungsbericht oder im Validierungsbericht oder
2. im Verifizierungsbericht

eine Angabe nicht richtig oder nicht vollständig macht.

(2) Die Ordnungswidrigkeit kann in den Fällen des Absatzes 1 Nr. 2 mit einer Geldbuße bis zu hunderttausend Euro, in den übrigen Fällen mit einer Geldbuße bis zu fünfzigtausend Euro geahndet werden.

Anhang.
Bericht der Konferenz der Vertragsparteien über ihre siebte Tagung in Marrakesch vom 29. Oktober bis 10. November 2001

(Übersetzung)

Addendum

Teil Zwei. Von der Konferenz der Vertragsparteien ergriffene Maßnahmen

Band II

Inhalt

17/CP.7	Modalitäten und Verfahren für einen Mechanismus für umweltverträgliche Entwicklung im Sinne des Artikels 12 des Protokolls von Kyoto
18/CP.7	Modalitäten, Regeln und Leitlinien für den Handel mit Emissionen nach Artikel 17 des Protokolls von Kyoto
19/CP.7	Modalitäten für die Abrechnung über die zugeteilten Mengen nach Artikel 7 Absatz 4 des Protokolls von Kyoto

57. Verordnung über die Zuteilung von Treibhausgas-Emissionsberechtigungen in der Handelsperiode 2013 bis 2020 (Zuteilungsverordnung 2020 – ZuV 2020)

Vom 26. September 2011

(BGBl. I S. 1921)

FNA 2129-55-1

geänd. durch Art. 2 G zur Einbeziehung von Polymerisationsanlagen in den Anwendungsbereich des Emissionshandels v. 13.7.2017 (BGBl. I S. 2354)

Auf Grund der §§ 10 und 28 Absatz 1 Nummer 2, 4 und 5 des Treibhausgas-Emissionshandelsgesetzes[1)] vom 21. Juli 2011 (BGBl. I S. 1475), hinsichtlich des § 10 nach Anhörung der beteiligten Kreise und unter Wahrung der Rechte des Bundestages, verordnet die Bundesregierung:

Inhaltsübersicht

---

1) Nr. 55.

Abschnitt 1. Allgemeine Vorschriften

§ 1 Anwendungsbereich und Zweck. [1] Diese Verordnung gilt im Anwendungsbereich des Treibhausgas-Emissionshandelsgesetzes[1)]. [2] Sie dient

1. der nationalen Umsetzung des Beschlusses 2011/278/EU der Kommission vom 27. April 2011 zur Festlegung EU-weiter Übergangsvorschriften zur Harmonisierung der kostenlosen Zuteilung von Emissionszertifikaten gemäß Artikel 10a der Richtlinie 2003/87/EG des Europäischen Parlaments und des Rates (ABl. L 130 vom 17.5.2011, S. 1) sowie der Festlegung der Angaben, die im Zuteilungsverfahren nach § 9 des Treibhausgas-Emissionshandelsgesetzes zu fordern sind, und
2. der Konkretisierung der Anforderungen nach den §§ 8, 24 und 27 des Treibhausgas-Emissionshandelsgesetzes.

§ 2 Begriffsbestimmungen. [1] Für diese Verordnung gelten neben den Begriffsbestimmungen des § 3 des Treibhausgas-Emissionshandelsgesetzes[1)] die folgenden Begriffsbestimmungen:

1. Aufnahme des geänderten Betriebs
der erste Tag eines durchgängigen 90-Tage-Zeitraums oder, falls der übliche Produktionszyklus in dem betreffenden Sektor keine durchgängige Produktion vorsieht, der erste Tag eines in sektorspezifische Produktionszyklen unterteilten 90-Tage-Zeitraums, in dem im Fall einer Kapazitätserweiterung die zusätzliche Produktionsleistung oder im Fall einer Kapazitätsverringerung die verbleibende verringerte Produktionsleistung des geänderten Zuteilungselements mit durchschnittlich mindestens 40 Prozent arbeitet, gegebenenfalls unter Berücksichtigung der für das geänderte Zuteilungselement spezifischen Betriebsbedingungen;
2. Aufnahme des Regelbetriebs
der erste Tag eines durchgängigen 90-Tage-Zeitraums oder, falls der übliche Produktionszyklus in dem betreffenden Sektor keine durchgängige Produktion vorsieht, der erste Tag eines in sektorspezifische Produktionszyklen unterteilten 90-Tage-Zeitraums, in dem die Anlage mit durchschnittlich mindestens 40 Prozent der Produktionsleistung arbeitet, für die sie aus-

[1)] Nr. 55.

gelegt ist, gegebenenfalls unter Berücksichtigung der anlagenspezifischen Betriebsbedingungen;

3. Bestandsanlage
eine Anlage, die eine oder mehrere der in Anhang 1 des Treibhausgas-Emissionshandelsgesetzes aufgeführten Tätigkeiten durchführt und der vor dem 1. Juli 2011 eine Genehmigung zur Emission von Treibhausgasen erteilt wurde;
4. einheitliche EU-Zuteilungsregeln
Beschluss 2011/278/EU der Kommission vom 27. April 2011 zur Festlegung EU-weiter Übergangsvorschriften zur Harmonisierung der kostenlosen Zuteilung von Emissionszertifikaten gemäß Artikel 10a der Richtlinie 2003/87/EG des Europäischen Parlaments und des Rates (ABl. L 130 vom 17.5.2011, S. 1);
5. installierte Kapazität nach einer wesentlichen Kapazitätsänderung
der Durchschnitt der zwei höchsten Monatsproduktionsmengen innerhalb der ersten sechs Monate nach Aufnahme des geänderten Betriebs, hochgerechnet auf ein Kalenderjahr;
6. messbare Wärme
ein über einen Wärmeträger, beispielsweise Dampf, Heißluft, Wasser, Öl, Flüssigmetalle oder Salze, durch Rohre oder Leitungen transportierter Nettowärmefluss, für den ein Wärmezähler installiert wurde oder installiert werden könnte;
7. Monitoring-Leitlinien
die Entscheidung 2007/589/EG der Kommission vom 18. Juli 2007 zur Festlegung von Leitlinien für die Überwachung und Berichterstattung betreffend Treibhausgasemissionen im Sinne der Richtlinie 2003/87/EG des Europäischen Parlaments und des Rates (Monitoring-Leitlinien) (ABl. L 229 vom 31.8.2007, S. 1), die zuletzt durch den Beschluss 2010/345/EU (ABl. L 155 vom 22.6.2010, S. 34) geändert worden ist;
8. NACE-Code Rev 1.1
statistische Systematik der Wirtschaftszweige in der Europäischen Gemeinschaft „NACE Rev 1.1" nach Anhang I der Verordnung (EWG) Nr. 3037/90 des Rates vom 9. Oktober 1990 betreffend die statistische Systematik der Wirtschaftszweige in der Europäischen Gemeinschaft (ABl. L 293 vom 24.10.1990, S. 1), die zuletzt durch die Verordnung (EG) Nr. 1893/2006 (ABl. L 393 vom 30.12.2006, S. 1) geändert worden ist;
9. NACE-Code Rev 2
statistische Systematik der Wirtschaftszweige in der Europäischen Gemeinschaft „NACE Rev 2" nach Anhang I der Verordnung (EG) Nr. 1893/2006 des Europäischen Parlaments und des Rates vom 20. Dezember 2006 zur Aufstellung der statistischen Systematik der Wirtschaftszweige NACE Revision 2 und zur Änderung der Verordnung (EWG) Nr. 3037/90 des Rates sowie einiger Verordnungen der EG über bestimmte Bereiche der Statistik (ABl. L 393 vom 30.12.2006, S. 1), die durch die Verordnung (EG) Nr. 295/2008 (ABl. L 97 vom 9.4.2008, S. 13) geändert worden ist;
10. Neuanlagen
alle neuen Marktteilnehmer gemäß Artikel 3 Buchstabe h erster Gedankenstrich der Richtlinie 2003/87/EG;

11. nicht messbare Wärme
jede Wärme mit Ausnahme messbarer Wärme;
12. Privathaushalt
Gebäude, die überwiegend zu Wohnzwecken genutzt werden, oder anteilig andere Gebäude, soweit sie zu Wohnzwecken genutzt werden;
13. Prodcom-Code 2007
Code gemäß Anhang der Verordnung (EG) Nr. 1165/2007 der Kommission vom 3. September 2007 zur Erstellung der „Prodcom-Liste" der Industrieprodukte für 2007 gemäß der Verordnung (EWG) Nr. 3924/91 des Rates (ABl. L 268 vom 12.10.2007, S. 1);
14. Prodcom-Code 2010
Code gemäß Anhang der Verordnung (EU) Nr. 860/2010 der Kommission vom 10. September 2010 zur Erstellung der „Prodcom-Liste" der Industrieprodukte für 2010 gemäß der Verordnung (EWG) Nr. 3924/91 des Rates (ABl. L 262 vom 5.10.2010, S. 1);
15. Produkt-Emissionswert
in Anhang I Nummer 1 Spalte 5 und Nummer 2 Spalte 5 der einheitlichen EU-Zuteilungsregeln unter der Bezeichnung „Benchmarkwert" angegebene Anzahl Berechtigungen pro Produkteinheit;
16. Produktionsmenge
die Menge erzeugter Produkteinheiten je Jahr, bei den in Anhang I oder Anhang II der einheitlichen EU-Zuteilungsregeln genannten Produkten bezogen auf die dort angegebenen Produktspezifikationen, im Übrigen bezogen auf die jährliche Nettomenge marktfähiger Produkteinheiten;
17. Restgas
eine Mischung von Gasen, die unvollständig oxidierten Kohlenstoff als Nebenprodukt aus Prozessen gemäß Nummer 29 Buchstabe b enthält, so dass der chemische Energieinhalt ausreicht, um eigenständig ohne zusätzliche Brennstoffzufuhr zu verbrennen oder im Fall der Vermischung mit Brennstoffen mit höherem Heizwert signifikant zu der gesamten Energiezufuhr beizutragen;
18. Richtlinie 2003/87/EG
Richtlinie 2003/87/EG des Europäischen Parlaments und des Rates vom 13. Oktober 2003 über ein System für den Handel mit Treibhausgasemissionszertifikaten in der Gemeinschaft und zur Änderung der Richtlinie 96/61/EG des Rates (ABl. L 275 vom 25.10.2003, S. 32), die zuletzt durch die Richtlinie 2009/29/EG (ABl. L 140 vom 5.6.2009, S. 63) geändert worden ist, in der jeweils geltenden Fassung;
19. Sektor mit Verlagerungsrisiko
Sektor oder Teilsektor, der einem erheblichen Risiko der Verlagerung von Kohlendioxid-Emissionen ausgesetzt ist, entsprechend den Festlegungen im Anhang des Beschlusses 2010/2/EU der Kommission vom 24. Dezember 2009 zur Festlegung eines Verzeichnisses der Sektoren und Teilsektoren, von denen angenommen wird, dass sie einem erheblichen Risiko einer Verlagerung von CO_2-Emissionen ausgesetzt sind, gemäß der Richtlinie 2003/87/EG des Europäischen Parlaments und des Rates (ABl. L 1 vom 5.1.2010, S. 10) in der jeweils geltenden Fassung;

20. stillgelegte Kapazität
die Differenz zwischen der installierten Anfangskapazität eines Zuteilungselements und der installierten Kapazität dieses Elements nach einer wesentlichen Kapazitätsverringerung;
21. Stromerzeuger
Anlage, die nach dem 31. Dezember 2004 Strom erzeugt und an Dritte verkauft hat und in der ausschließlich eine Tätigkeit gemäß Anhang 1 Teil 2 Nummer 1 bis 4 des Treibhausgas-Emissionshandelsgesetzes durchgeführt wird;
22. Wärmezähler
ein Gerät zur Messung und Aufzeichnung der erzeugten Wärmemenge auf der Basis des Durchflusses und der Temperaturen, insbesondere Wärmezähler im Sinne des Anhangs MI-004 der Richtlinie 2004/22/EG des Europäischen Parlaments und des Rates vom 31. März 2004 über Messgeräte (ABl. L 135 vom 30.4.2004, S. 1), die zuletzt durch die Richtlinie 2009/137/EG (ABl. L 294 vom 11.11.2009, S. 7) geändert worden ist;
23. wesentliche Kapazitätsänderung
wesentliche Kapazitätserweiterung oder wesentliche Kapazitätsverringerung;
24. wesentliche Kapazitätserweiterung
wesentliche Erhöhung der installierten Anfangskapazität eines Zuteilungselements, bei der folgende Merkmale vorliegen:
   a) eine oder mehrere bestimmbare physische Änderungen der technischen Konfiguration des Zuteilungselements und seines Betriebs, ausgenommen der bloße Ersatz einer existierenden Produktionslinie, und
   b) eine Erhöhung
      aa) der Kapazität des Zuteilungselements um mindestens 10 Prozent gegenüber seiner installierten Anfangskapazität vor der Änderung oder
      bb) der Aktivitätsrate des von der physischen Änderung im Sinne des Buchstaben a betroffenen Zuteilungselements in erheblichem Maß, die bei entsprechender Anwendung der für neue Marktteilnehmer geltenden Zuteilungsregel zu einer zusätzlichen Zuteilung von mehr als 50 000 Berechtigungen pro Jahr führen würde, sofern diese Anzahl Berechtigungen mindestens 5 Prozent der vorläufigen jährlichen Anzahl zuzuteilender Berechtigungen für dieses Zuteilungselement vor der Änderung entspricht;
25. wesentliche Kapazitätsverringerung
eine oder mehrere bestimmbare physische Änderungen, die eine wesentliche Verringerung der installierten Anfangskapazität eines Zuteilungselements oder seiner Aktivitätsrate in derselben Größenordnung wie eine wesentliche Kapazitätserweiterung bewirken;
26. zusätzliche Kapazität
die Differenz zwischen der installierten Kapazität nach einer wesentlichen Kapazitätserweiterung und der installierten Anfangskapazität eines Zuteilungselements;

27. Zuteilungselement mit Brennstoff-Emissionswert
Zusammenfassung von nicht von einem Zuteilungselement nach Nummer 28 oder Nummer 30 umfassten Eingangsströmen, Ausgangsströmen und diesbezüglichen Emissionen für Fälle der Erzeugung von nicht messbarer Wärme durch Brennstoffverbrennung, soweit die nicht messbare Wärme
    a) zur Herstellung von Produkten, zur Erzeugung mechanischer Energie, zur Heizung oder zur Kühlung verbraucht wird oder
    b) durch Sicherheitsfackeln erzeugt wird, soweit die damit verbundene Verbrennung von Pilotbrennstoffen und sehr variablen Mengen an Prozess- oder Restgasen genehmigungsrechtlich zur ausschließlichen Anlagenentlastung bei Betriebsstörungen oder anderen außergewöhnlichen Betriebszuständen vorgesehen ist;

    hiervon jeweils ausgenommen ist nicht messbare Wärme, die zur Stromerzeugung verbraucht oder für die Stromerzeugung exportiert wird;
28. Zuteilungselement mit Produkt-Emissionswert
Zusammenfassung von Eingangsströmen, Ausgangsströmen und diesbezüglichen Emissionen im Zusammenhang mit der Herstellung eines Produktes, für das in Anhang I der einheitlichen EU-Zuteilungsregeln ein Emissionswert festgesetzt ist;
29. Zuteilungselement mit Prozessemissionen
Zusammenfassung von
    a) Emissionen anderer Treibhausgase als Kohlendioxid, die außerhalb der Systemgrenzen eines Zuteilungselements mit Produkt-Emissionswert auftreten;
    b) Kohlendioxid-Emissionen, die außerhalb der Systemgrenzen eines Zuteilungselements mit Produkt-Emissionswert auftreten, die aus einem der nachstehenden Prozesse resultieren:
        aa) chemische oder elektrolytische Reduktion von Metallverbindungen in Erzen, Konzentraten und Sekundärstoffen;
        bb) Entfernung von Unreinheiten aus Metallen und Metallverbindungen;
        cc) Zersetzung von Karbonaten, ausgenommen Karbonate für die Abgasreinigung;
        dd) chemische Synthesen, bei denen das kohlenstoffhaltige Material an der Reaktion teilnimmt und deren Hauptzweck nicht die Wärmeerzeugung ist;
        ee) Verwendung kohlenstoffhaltiger Zusatzstoffe oder Rohstoffe, deren Hauptzweck nicht die Wärmeerzeugung ist;
        ff) chemische oder elektrolytische Reduktion von Halbmetalloxiden oder Nichtmetalloxiden wie Siliziumoxiden und Phosphaten;
    c) Emissionen aus der Verbrennung von unvollständig oxidiertem Kohlenstoff, der im Rahmen der unter Buchstabe b genannten Prozesse entsteht und zur Erzeugung von messbarer Wärme, nicht messbarer Wärme oder Strom genutzt wird, sofern Emissionen abgezogen werden, die bei der Verbrennung einer Menge Erdgas entstanden wären, die dem technisch nutzbaren Energiegehalt des unvollständig oxidierten Kohlenstoffs entspricht,

30. Zuteilungselement mit Wärme-Emissionswert
Zusammenfassung von nicht von einem Zuteilungselement nach Nummer 28 umfassten Eingangsströmen, Ausgangsströmen und diesbezüglichen Emissionen im Zusammenhang mit der Erzeugung messbarer Wärme oder deren Import aus einer unter den Anwendungsbereich des Treibhausgas-Emissionshandelsgesetzes fallenden Anlage, soweit die Wärme nicht aus Strom erzeugt oder bei der Herstellung von Salpetersäure angefallen ist und nicht zur Stromerzeugung verbraucht oder für die Stromerzeugung exportiert wird und die Wärme
a) in der Anlage außerhalb eines Zuteilungselements nach Nummer 28 zur Herstellung von Produkten, zur Erzeugung mechanischer Energie, zur Heizung oder Kühlung verbraucht wird oder
b) an Anlagen und andere Einrichtungen, die nicht unter den Anwendungsbereich des Treibhausgas-Emissionshandelsgesetzes fallen, abgegeben wird.

Abschnitt 2. Zuteilungsregeln für Bestandsanlagen

Unterabschnitt 1. Allgemeine Zuteilungsregeln

§ 3 Bildung von Zuteilungselementen. (1) Im Antrag auf kostenlose Zuteilung von Berechtigungen für eine Anlage ist die Gesamtheit der für die Zuteilung relevanten Eingangsströme, Ausgangsströme und diesbezüglichen Emissionen in dem nach § 8 Absatz 1 festgelegten Bezugszeitraum folgenden Zuteilungselementen zuzuordnen:

1. einem Zuteilungselement oder mehreren Zuteilungselementen mit Produkt-Emissionswert nach § 2 Nummer 28,
2. einem Zuteilungselement mit Wärme-Emissionswert nach § 2 Nummer 30, soweit nicht von Zuteilungselementen nach Nummer 1 umfasst,
3. einem Zuteilungselement mit Brennstoff-Emissionswert nach § 2 Nummer 27, soweit nicht von Zuteilungselementen nach den Nummern 1 und 2 umfasst, und
4. einem Zuteilungselement mit Prozessemissionen nach § 2 Nummer 29, soweit nicht von Zuteilungselementen nach den Nummern 1 bis 3 umfasst.

(2) [1] Für die Bestimmung des Zuteilungselements nach Absatz 1 Nummer 2 gilt die Abgabe von messbarer Wärme an ein Wärmeverteilnetz als Abgabe an eine andere Einrichtung nach § 2 Nummer 30 Buchstabe b. [2] Abweichend von Satz 1 gilt die an ein Wärmeverteilnetz abgegebene Wärme als an einen an das Wärmeverteilnetz angeschlossenen Wärmeverbraucher abgegeben, soweit dieser Wärmeverbraucher nachweist, dass die Wärme auf Grundlage eines direkten Versorgungsvertrages mit dem Wärmeerzeuger in das Wärmeverteilnetz abgegeben wurde.

(3) [1] Bei Zuteilungselementen nach Absatz 1 Nummer 2 bis 4 hat der Antragsteller getrennte Zuteilungselemente zu bilden für Prozesse zur Herstellung von Produkten, die Sektoren mit Verlagerungsrisiko betreffen, und solchen Prozessen, auf die dieses nicht zutrifft. [2] Abweichend von Satz 1 ist die Bildung getrennter Zuteilungselemente ausgeschlossen, soweit der Antragsteller

1. den Nachweis erbringt, dass mindestens 95 Prozent der Aktivitätsrate dieses Zuteilungselements Sektoren mit Verlagerungsrisiko betreffen, oder
2. nicht den Nachweis erbringt, dass mindestens 5 Prozent der Aktivitätsrate des Zuteilungselements Sektoren mit Verlagerungsrisiko betreffen.

(4) [1] Bei Zuteilungselementen mit Wärme-Emissionswert gilt für die Zuordnung zu den getrennten Zuteilungselementen nach Absatz 3 Folgendes:

1. Bei der direkten Abgabe von Wärme an einen Abnehmer, der nicht unter den Anwendungsbereich des Treibhausgas-Emissionshandelsgesetzes fällt, ist diese Wärme den Sektoren mit Verlagerungsrisiko zuzurechnen, soweit der Betreiber nachweist, dass der Abnehmer einem Sektor mit Verlagerungsrisiko angehört; im Übrigen ist diese Wärme den Sektoren ohne Verlagerungsrisiko zuzuordnen;
2. Bei Abgabe der Wärme an Wärmeverteilnetze ist der Anteil an der insgesamt abgegebenen Wärmemenge den Sektoren mit Verlagerungsrisiko zuzurechnen, der dem Verhältnis der vom Wärmenetzbetreiber an Abnehmer in Sektoren mit Verlagerungsrisiko zur insgesamt von ihm abgegebenen Wärmemenge in dem nach § 8 Absatz 1 maßgeblichen Bezugszeitraum entspricht; im Übrigen ist diese Wärme den Sektoren ohne Verlagerungsrisiko zuzuordnen.

[2] Für die Zuordnung nach Satz 1 Nummer 1 hat der Antragsteller im Antrag zusätzlich den jeweiligen Prodcom-Code 2007 und 2010 sowie den jeweiligen NACE-Code Rev 1.1 und Rev 2 der abnehmenden Anlagen oder Einrichtungen und die zugehörigen Wärmemengen anzugeben. [3] Bei Abgabe der Wärme an ein Wärmeverteilnetz hat der Antragsteller die Gesamtmenge an Wärme anzugeben, die der Wärmenetzbetreiber innerhalb des nach § 8 Absatz 1 gewählten Bezugszeitraums abgegeben hat, sowie die Menge an Wärme, die der Wärmenetzbetreiber in diesem Zeitraum an Sektoren mit Verlagerungsrisiko abgegeben hat. [4] Die Daten des Wärmenetzbetreibers sind zu verifizieren.

§ 4 Bestimmung der installierten Anfangskapazität von Bestandsanlagen. (1) Zur Bestimmung der installierten Anfangskapazität eines Zuteilungselements mit Produkt-Emissionswert ist der Durchschnitt der zwei höchsten Monatsproduktionsmengen in den Kalendermonaten im Zeitraum vom 1. Januar 2005 bis 31. Dezember 2008 auf ein Kalenderjahr hochzurechnen; dabei wird davon ausgegangen, dass das Zuteilungselement mit dieser Auslastung 720 Stunden pro Monat und zwölf Monate pro Jahr in Betrieb war.

(2) [1] Soweit der Antragsteller belegt, dass die installierte Anfangskapazität für Zuteilungselemente mit Produkt-Emissionswert mangels vorhandener Daten oder bei einem Betrieb des Zuteilungselements von weniger als zwei Monaten in dem Zeitraum nach Absatz 1 nicht bestimmt werden kann, wird als Anfangskapazität die Produktionsmenge des Zuteilungselements unter Aufsicht und nach Prüfung durch eine sachverständige Stelle nach Maßgabe folgender Merkmale experimentell bestimmt:

1. Ermittlung der Menge verkaufsfertiger Produkte anhand eines ununterbrochenen, für den bestimmungsgemäßen stationären Betrieb repräsentativen Testlaufs von 48 Stunden,
2. Ermittlung der Produktionsmenge anhand eines ununterbrochenen Testlaufs über 48 Stunden,

3. Berücksichtigung früherer Produktionsmengen des Zuteilungselements,
4. Berücksichtigung sektortypischer Werte und Normen,
5. Berücksichtigung der Produktqualität der tatsächlich verkauften Produkte.

[2] Die durchschnittliche monatliche Kapazität des Zuteilungselements errechnet sich aus der nach vorstehenden Merkmalen bestimmten durchschnittlichen täglichen Produktionsmenge multipliziert mit 30, die installierte Anfangskapazität durch eine Multiplikation dieses Wertes mit zwölf.

(3) [1] Für ein Zuteilungselement mit einer wesentlichen Kapazitätsänderung im Zeitraum vom 1. Januar 2005 bis zum 30. Juni 2011 ist abweichend von Absatz 1 der Zeitraum vom 1. Januar 2005 bis zum Zeitpunkt der Aufnahme des geänderten Betriebs maßgeblich. [2] Bei Kapazitätserweiterungen im Jahr 2005 gilt Absatz 1 im Fall eines Antrags nach § 8 Absatz 8 Satz 3 erster Halbsatz. [3] Für Anlagen mit Aufnahme des Regelbetriebs nach dem 1. Januar 2007 ist abweichend von Absatz 1 der Zeitraum von der Aufnahme des Regelbetriebs bis zum 30. Juni 2011 maßgeblich.

(4) Zur Bestimmung der installierten Anfangskapazität für ein Zuteilungselement gemäß § 2 Nummer 27, 29 oder Nummer 30 gelten die Absätze 1 bis 3 entsprechend.

(5) [1] Für Zuteilungselemente von Bestandsanlagen, die bis zum 30. Juni 2011 ihren Regelbetrieb noch nicht aufgenommen haben, beträgt die installierte Anfangskapazität null. [2] Dies gilt bei wesentlichen Kapazitätserweiterungen mit Aufnahme des geänderten Betriebs nach dem 30. Juni 2011 auch für die zusätzliche Kapazität.

§ 5 Erhebung von Bezugsdaten. (1) Der Anlagenbetreiber ist verpflichtet, im Antrag auf kostenlose Zuteilung für Bestandsanlagen insbesondere folgende Angaben zu machen:

1. Allgemeine Angaben zu der Anlage:
   a) die Bezeichnung der Tätigkeit nach Anhang 1 Teil 2 des Treibhausgas-Emissionshandelsgesetzes[1)],
   b) die NACE-Codes Rev 2 und Rev 1.1 der Anlage,
   c) eine Beschreibung der Anlage, ihrer wesentlichen Anlagenteile und Nebeneinrichtungen sowie der Betriebsart,
   d) eine Beschreibung der angewandten Erhebungsmethodik, der verschiedenen Datenquellen und der angewandten Berechnungsschritte,
   e) die Gesamtfeuerungswärmeleistung, soweit für die Tätigkeit in Anhang 1 Teil 2 des Treibhausgas-Emissionshandelsgesetzes ein Schwellenwert als Feuerungswärmeleistung angegeben ist,
   f) sofern es sich um einen Stromerzeuger handelt, eine Bezeichnung als solcher,
   g) die Bezeichnung der für die Genehmigung nach § 4 Absatz 1 Satz 1 des Treibhausgas-Emissionshandelsgesetzes zuständigen Behörde, deren Genehmigungsaktenzeichen, das Datum der Genehmigung, die zu dem Zeitpunkt gegolten hat, zu dem die Anlage erstmals unter den Anwendungs-

---
[1)] Nr. **55**.

bereich des Treibhausgas-Emissionshandelsgesetzes gefallen ist, und das Datum der letztmaligen Änderung der Genehmigung,

h) die für die Zuteilung maßgeblichen Zuteilungselemente,

i) Veränderungen der Angaben zu den Buchstaben a bis h in den Kalenderjahren 2005 bis 2010;

2. Zusätzliche Angaben zu der Anlage:

a) sämtliche zuteilungsrelevanten Ein- und Ausgangsströme,

b) im Fall des Austausches von messbarer Wärme, Restgasen oder Treibhausgasen mit anderen Anlagen oder Einrichtungen auch die Angabe, in welcher Menge und mit welchen Anlagen oder Einrichtungen dieser Austausch stattfand, im Fall von Anlagen nach Anhang 1 Teil 2 des Treibhausgas-Emissionshandelsgesetzes zusätzlich die Genehmigungskennungen dieser Anlagen aus dem Emissionshandelsregister,

c) im Fall von Anlagen, die Strom erzeugen, eine Bilanz der elektrischen Energie der Anlage und die Mengen an Emissionen und Wärme sowie die Energien der Brennstoffe, die der Stromerzeugung zuzuordnen sind;

3. Allgemeine Angaben zu jedem Zuteilungselement:

a) die installierte Anfangskapazität nach § 4; für Zuteilungselemente mit Produkt-Emissionswert zusätzlich der Durchschnitt der zwei höchsten Monatsproduktionsmengen in den Kalendermonaten im Zeitraum vom 1. Januar 2005 bis 31. Dezember 2008,

b) die anteilig zuzuordnenden Emissionen und Energien der eingesetzten Brennstoffe,

c) die anteilig zuzuordnenden Eingangs- und Ausgangsströme nach Nummer 2 Buchstabe a, sofern für die Anlage mindestens zwei Zuteilungselemente gebildet wurden und davon mindestens ein Zuteilungselement dem § 3 Absatz 1 Nummer 2 bis 4 unterfällt,

d) die maßgebliche Aktivitätsrate nach § 8,

e) bei Produkten, die in Anhang I Nummer 2 Spalte 2 der einheitlichen EU-Zuteilungsregeln aufgeführt sind, den maßgeblichen Stromverbrauch für die Herstellung des betreffenden Produktes innerhalb der Systemgrenzen nach Anhang I Nummer 2 Spalte 3 der einheitlichen EU-Zuteilungsregeln,

f) die Bezeichnung der hergestellten Produkte mit deren Prodcom-Codes 2007 und 2010 und NACE-Codes Rev 1.1 und Rev 2 und die produzierten Mengen;

4. Zusätzliche Angaben zu Zuteilungselementen in Sonderfällen:

a) bei Aufnahme des Regelbetriebs zwischen dem 1. Januar 2005 und dem 30. Juni 2011 das Datum der Aufnahme des Regelbetriebs,

b) bei Zuteilungselementen, deren Kapazität zwischen dem 1. Januar 2005 und dem 30. Juni 2011 wesentlich geändert wurde, zusätzlich zu der installierten Anfangskapazität die installierte Kapazität nach jeder wesentlichen Kapazitätsänderung und das Datum der Aufnahme des geänderten Betriebs,

c) bei Zuteilungselementen, die in den Jahren 2005 bis 2010 messbare Wärme bezogen haben, die Menge an messbarer Wärme sowie die Menge, die von nicht dem Emissionshandel unterliegenden Anlagen oder anderen Einrichtungen bezogen wurde,

d) bei Zuteilungselementen, die in den Jahren 2005 bis 2010 messbare Wärme abgegeben haben, die Bezeichnung der Anlagen oder anderen Einrichtungen, an die die messbare Wärme abgegeben wurde, bei Anlagen nach Anhang 1 Teil 2 des Treibhausgas-Emissionshandelsgesetzes mit Angabe der Genehmigungskennung des Emissionshandelsregisters sowie Angaben über die an die einzelnen Anlagen oder andere Einrichtungen abgegebene Menge an Wärme,

e) bei Zuteilungselementen mit Wärme-Emissionswert für die in gekoppelter Produktion erzeugte Wärme eine Zuordnung der Eingangsströme und der diesbezüglichen Emissionen zu den in gekoppelter Produktion hergestellten Produkten nach Maßgabe von Anhang 1 Teil 3 sowie die hierfür zusätzlich erforderlichen Angaben nach Anhang 1 Teil 3 Nummer 4,

f) bei Produkten nach Anhang III der einheitlichen EU-Zuteilungsregeln die dort genannten Daten,

g) bei Prozessen zur Herstellung von Synthesegas und Wasserstoff in Anlagen im Sinne des Anhangs 1 Teil 2 Nummer 7 des Treibhausgas-Emissionshandelsgesetzes die Daten entsprechend Anhang III Nummer 6 und 7 der einheitlichen EU-Zuteilungsregeln,

h) bei der Herstellung von Produkten nach Anhang I der einheitlichen EU-Zuteilungsregeln die Menge der eingesetzten Zwischenprodukte im Sinne des § 9 Absatz 5 Satz 2 und aus dem Emissionshandelsregister die Genehmigungskennung der Anlage, von der das Zwischenprodukt bezogen wird,

i) bei Abgabe eines Zwischenproduktes im Sinne des § 9 Absatz 5 Satz 2 an eine andere Anlage im Anwendungsbereich des Treibhausgas-Emissionshandelsgesetzes die Menge der abgegebenen Zwischenprodukte und aus dem Emissionshandelsregister die Genehmigungskennung der Anlage, an die das Produkt oder Zwischenprodukt abgegeben wird,

j) bei Anlagen, die durch den Einsatz von Biomasse messbare Wärme in gekoppelter Produktion mit einer nach dem Erneuerbare-Energien-Gesetz vergüteten Strommenge erzeugt haben, die Angabe dieser in gekoppelter Produktion erzeugten Wärmemenge.

(2) [1] Angaben zu Absatz 1 Nummer 2 bis 4 sind mit Ausnahme der Angaben zu Absatz 1 Nummer 3 Buchstabe a und Nummer 4 Buchstabe a und b erforderlich für jedes der Kalenderjahre in dem vom Antragsteller nach § 8 Absatz 1 gewählten Bezugszeitraum. [2] Von Satz 1 erfasst sind alle Kalenderjahre, in denen die Anlage in Betrieb war, auch wenn sie nur gelegentlich oder saisonal betrieben oder in Reserve oder in Bereitschaft gehalten wurde. [3] Im Fall des Austausches von messbarer Wärme, Zwischenprodukten, Restgasen oder Treibhausgasen zwischen Anlagen nach Anhang 1 Teil 2 des Treibhausgas-Emissionshandelsgesetzes sind die Angaben für jedes der Kalenderjahre 2005 bis 2010 erforderlich. [4] Bei Anlagen mit mindestens einem Zuteilungselement mit Produkt-Emissionswert, für die als maßgeblicher Bezugszeitraum die Jahre 2009 und 2010 gewählt wurden, sind die Angaben auch für jedes der Kalenderjahre 2005 bis 2008 erforderlich.

(3) [1]Der Antragsteller kann auf Angaben zu den Eingangs- und Ausgangsströmen der Anlage nach Absatz 1 Nummer 2 Buchstabe a verzichten, soweit er diese Angaben für die gesamte Anlage, wie sie zum Zeitpunkt der Antragstellung der Emissionshandelspflicht unterliegt, bereits im Rahmen der Emissionsberichterstattung oder im Rahmen der Datenerhebung auf Grund der Datenerhebungsverordnung 2020 für die Jahre 2005 bis 2010 mitgeteilt hat. [2]Verzichtet der Antragsteller auf die Angaben im Zuteilungsantrag, werden auch die auf der Basis einheitlicher Stoffwerte mitgeteilten Emissionsdaten übernommen.

§ 6 Bestimmung von Bezugsdaten. (1) [1]Aktivitätsraten, Eingangs- und Ausgangsströme, zu denen nur für die Gesamtanlage Daten vorliegen, werden den jeweiligen Zuteilungselementen auf Basis der nachstehenden Methoden anteilig durch den Antragsteller zugeordnet:

1. soweit an derselben Produktionslinie nacheinander unterschiedliche Produkte hergestellt werden, werden Aktivitätsraten, Eingangs- und Ausgangsströme auf Basis der Nutzungszeit pro Jahr und Zuteilungselement zugeordnet;
2. soweit Aktivitätsraten, Eingangs- und Ausgangsströme nicht gemäß Nummer 1 zugeordnet werden können, erfolgt die Zuordnung auf Basis
   a) der Masse oder des Volumens der jeweils hergestellten Produkte,
   b) von Schätzungen, die sich auf die freien Reaktionsenthalpien der betreffenden chemischen Reaktionen stützen, oder
   c) eines anderen geeigneten wissenschaftlich fundierten Verteilungsschlüssels.

[2]Bei dieser Zuordnung darf die Summe der Emissionen aller Zuteilungselemente die Gesamtemissionen der Gesamtanlage nicht überschreiten. [3]Die Annahmen und Methoden, die der Zuordnung der Emissionen zu den jeweiligen Zuteilungselementen zugrunde gelegt worden sind, sind in der in § 5 Absatz 1 Nummer 1 Buchstabe c und d genannten Beschreibung der Anlage darzustellen.

(2) [1]Soweit die Angaben im Zuteilungsantrag die Durchführung von Berechnungen voraussetzen, ist neben den geforderten Angaben jeweils auch die angewandte Berechnungsmethode zu erläutern und die Ableitung der Angaben in der Beschreibung der Anlage nach § 5 Absatz 1 Nummer 1 Buchstabe c und d darzustellen. [2]Soweit die zuständige Behörde für die Berechnungen Formulare vorgibt, sind diese zu verwenden. [3]Der Betreiber ist verpflichtet, die den Angaben zugrunde liegenden Einzelnachweise auf Verlangen der zuständigen Behörde vorzuweisen.

(3) [1]Soweit diese Verordnung keine abweichenden Regelungen enthält, sind die im Zuteilungsantrag anzugebenden Daten und Informationen im Einklang mit den Monitoring-Leitlinien zu erheben und anzugeben. [2]Soweit die Anforderungen der Monitoring-Leitlinien nicht eingehalten werden können oder keine Regelungen enthalten, sind Daten und Informationen mit dem im Einzelfall höchsten erreichbaren Grad an Genauigkeit und Vollständigkeit zu erheben und anzugeben. [3]Dabei darf es weder zu Überschneidungen noch zu Doppelzählungen zwischen den Zuteilungselementen kommen.

(4) [1]Wenn Daten fehlen, ist der Grund dafür anzugeben. [2]Fehlende Daten sind durch konservative Schätzungen zu ersetzen, die insbesondere auf bewährter Industriepraxis und auf aktuellen wissenschaftlichen und technischen Infor-

mationen beruhen. [3]Liegen Daten teilweise vor, so bedeutet konservative Schätzung, dass der zur Füllung von Datenlücken geschätzte Wert maximal 90 Prozent des Wertes beträgt, der bei Verwendung der verfügbaren Daten erzielt wurde. [4]Liegen für ein Zuteilungselement mit Wärme-Emissionswert keine Daten über messbare Wärmeflüsse vor, so kann ein Ersatzwert abgeleitet werden. [5]Dieser errechnet sich durch Multiplikation des entsprechenden Energieeinsatzes mit dem Nutzungsgrad der Anlage zur Wärmeerzeugung, der von einer sachverständigen Stelle geprüft wurde. [6]Liegen keine Daten zur Bestimmung des Nutzungsgrades vor, so wird auf den entsprechenden Energieeinsatz für die Erzeugung messbarer Wärme als Bezugseffizienzwert ein Nutzungsgrad von 70 Prozent angewendet.

(5) Soweit im Rahmen der Berechnung der vorläufigen Zuteilungsmenge die Verwendung eines Oxidationsfaktors von Bedeutung ist, wird generell ein Oxidationsfaktor von 1 angewendet.

(6) Soweit bei einem Zuteilungselement mit Wärme-Emissionswert die Wärme in gekoppelter Produktion erzeugt wurde, sind die Eingangsströme und die diesbezüglichen Emissionen den in gekoppelter Produktion hergestellten Produkten nach Maßgabe von Anhang 1 Teil 3 zuzuordnen.

§ 7 Anforderungen an die Verifizierung von Zuteilungsanträgen.

(1) [1]Die tatsachenbezogenen Angaben im Zuteilungsantrag sowie die Erhebungsmethodik sind von einer sachverständigen Stelle im Sinne des § 21 des Treibhausgas-Emissionshandelsgesetzes[1)] im Rahmen der Verifizierung des Zuteilungsantrags nach § 9 Absatz 2 Satz 6 des Treibhausgas-Emissionshandelsgesetzes zu überprüfen. [2]Die Prüfung betrifft insbesondere die Zuverlässigkeit, Glaubhaftigkeit und Genauigkeit der von den Anlagenbetreibern übermittelten Daten. [3]Dabei ist die Aufteilung der Anlage in Zuteilungselemente gesondert zu bestätigen.

(2) Die sachverständige Stelle muss im Prüfbericht darlegen, ob der Antrag und die darin enthaltenen Daten mit hinreichender Sicherheit frei von wesentlichen Falschangaben und Abweichungen von den Anforderungen des Treibhausgas-Emissionshandelsgesetzes und dieser Verordnung sind.

(3) [1]Die sachverständige Stelle muss die in Anhang 2 Teil 1 geregelten Anforderungen erfüllen. [2]Unbeschadet der Anforderungen der Monitoring-Leitlinien gelten für die sachverständige Stelle im Rahmen der Prüfung nach Absatz 1 die in Anhang 2 Teil 2 näher geregelten Anforderungen.

(4) [1]Die sachverständige Stelle hat in ihrem externen Prüfbericht an Eides statt zu versichern, dass

1. bei der Verifizierung des Zuteilungsantrags die Unabhängigkeit und Unparteilichkeit ihrer Tätigkeit nach den jeweiligen Regelungen ihrer Zulassung als Umweltgutachter oder ihrer Bestellung als Sachverständiger gemäß § 36 der Gewerbeordnung gewahrt war und
2. sie bei der Erstellung des Zuteilungsantrags oder der Entwicklung der Erhebungsmethodik nicht mitgewirkt hat.

[1)] Nr. **55**.

[2] Für Sachverständige, die auf Grund der Gleichwertigkeit ihrer Akkreditierung in einem anderen Mitgliedstaat nach § 21 Absatz 3 Satz 1 des Treibhausgas-Emissionshandelsgesetzes bekannt gegeben wurden, gilt Satz 1 entsprechend.

(5) Die sachverständige Stelle hat im externen Prüfbericht zu bestätigen, dass der geprüfte Antrag weder Überschneidungen zwischen Zuteilungselementen noch Doppelzählungen enthält.

§ 8 Maßgebliche Aktivitätsrate. (1) Für Bestandsanlagen bestimmt sich die maßgebliche Aktivitätsrate auf Basis der gemäß § 5 erhobenen Daten nach Wahl des Antragstellers einheitlich für alle Zuteilungselemente der Anlage entweder nach dem Bezugszeitraum vom 1. Januar 2005 bis einschließlich 31. Dezember 2008 oder nach dem Bezugszeitraum vom 1. Januar 2009 bis einschließlich 31. Dezember 2010.

(2) [1] Die maßgebliche Aktivitätsrate ist für jedes Produkt der Anlage, für das ein Zuteilungselement im Sinne des § 3 Absatz 1 Nummer 1 zu bilden ist, der Medianwert aller Jahresmengen dieses Produktes in dem nach Absatz 1 gewählten Bezugszeitraum. [2] Abweichend von Satz 1 bestimmt sich die Aktivitätsrate für die in Anhang III der einheitlichen EU-Zuteilungsregeln genannten Produkte nach den dort für diese Produkte festgelegten Formeln.

(3) Die maßgebliche Aktivitätsrate für ein Zuteilungselement mit Wärme-Emissionswert ist der in Gigawattstunden pro Jahr angegebene Medianwert aller Jahresmengen der nach § 2 Nummer 30 einbezogenen Wärme in dem nach Absatz 1 gewählten Bezugszeitraum.

(4) Die maßgebliche Aktivitätsrate für ein Zuteilungselement mit Brennstoff-Emissionswert ist der in Gigajoule pro Jahr angegebene Medianwert aller Jahresenergiemengen der für die Zwecke nach § 2 Nummer 27 verbrauchten Brennstoffe als Produkt von Brennstoffmenge und unterem Heizwert in dem nach Absatz 1 gewählten Bezugszeitraum.

(5) Die maßgebliche Aktivitätsrate für ein Zuteilungselement mit Prozessemissionen ist der Medianwert der in Tonnen Kohlendioxid-Äquivalent angegebenen Jahreswerte der nach § 2 Nummer 29 einbezogenen Prozessemissionen in dem nach Absatz 1 gewählten Bezugszeitraum.

(6) [1] Zur Bestimmung der Medianwerte nach den Absätzen 2 bis 5 werden nur die Kalenderjahre berücksichtigt, in denen die Anlage an mindestens einem Tag in Betrieb war. [2] Abweichend hiervon werden für die Bestimmung der Medianwerte bei Anlagen auch die Kalenderjahre berücksichtigt, in denen die Anlage während des Bezugszeitraums nicht an mindestens einem Tag in Betrieb war, soweit

1. die Anlage gelegentlich genutzt wird, insbesondere als Bereitschafts- oder Reservekapazität, oder als Anlage mit saisonalem Betrieb regelmäßig in Betrieb ist,
2. die Anlage über eine Genehmigung zur Emission von Treibhausgasen sowie über alle anderen vorgeschriebenen Betriebsgenehmigungen verfügt und regelmäßig gewartet wird und
3. es technisch möglich ist, die Anlage kurzfristig in Betrieb zu nehmen.

(7) Abweichend von den Absätzen 2 bis 5 werden die Aktivitätsraten berechnet auf der Basis der installierten Anfangskapazität jedes Zuteilungsele-

ments, multipliziert mit dem gemäß § 17 Absatz 2 bestimmten, maßgeblichen Auslastungsfaktor, sofern

1. der Zeitraum von der Inbetriebnahme einer Anlage bis zum Ende des nach Absatz 1 gewählten Bezugszeitraums weniger als zwei volle Kalenderjahre beträgt,
2. auf Grund von Absatz 6 Satz 1 die Aktivitätsraten der Zuteilungselemente von weniger als zwei Kalenderjahren des Bezugszeitraums zu berücksichtigen sind oder
3. der Betrieb einer Anlage nach Anhang 1 Teil 2 Nummer 7 bis 29 des Treibhausgas-Emissionshandelsgesetzes[1)] in dem nach Absatz 1 gewählten Bezugszeitraum länger als ein Kalenderjahr unterbrochen war und die Anlage nicht als Bereitschafts- oder Reservekapazität vorgehalten oder saisonal betrieben wird.

(8) [1] Bei wesentlichen Kapazitätserweiterungen zwischen dem 1. Januar 2005 und dem 30. Juni 2011 entspricht die maßgebliche Aktivitätsrate des Zuteilungselements der Summe des nach den Absätzen 2 bis 5 bestimmten Medianwertes ohne die wesentliche Kapazitätserweiterung und der Aktivitätsrate der zusätzlichen Kapazität. [2] Die Aktivitätsrate der zusätzlichen Kapazität entspricht dabei der Differenz zwischen der installierten Kapazität des Zuteilungselements nach der Kapazitätserweiterung und der installierten Anfangskapazität des geänderten Zuteilungselements bis zur Aufnahme des geänderten Betriebs, multipliziert mit der durchschnittlichen Kapazitätsauslastung des betreffenden Zuteilungselements im Zeitraum vom 1. Januar 2005 bis zum Ende des Kalenderjahres vor Aufnahme des geänderten Betriebs. [3] Bei wesentlichen Kapazitätserweiterungen im Jahr 2005 werden diese auf Antrag des Betreibers als nicht wesentliche Kapazitätserweiterungen behandelt; ansonsten ist in diesen Fällen für die Bestimmung der durchschnittlichen Kapazitätsauslastung des betreffenden Zuteilungselements die durchschnittliche monatliche Kapazitätsauslastung im Jahr 2005 bis zum Kalendermonat vor Aufnahme des geänderten Betriebs maßgeblich. [4] Bei mehreren Kapazitätserweiterungen ist die durchschnittliche Kapazitätsauslastung des betreffenden Zuteilungselements vor der Aufnahme des Betriebs der ersten Änderung maßgeblich.

(9) [1] Bei wesentlichen Kapazitätsverringerungen zwischen dem 1. Januar 2005 und dem 30. Juni 2011 entspricht die maßgebliche Aktivitätsrate des Zuteilungselements der Differenz des gemäß den Absätzen 2 bis 5 bestimmten Medianwertes ohne die wesentliche Kapazitätsverringerung und der Aktivitätsrate der stillgelegten Kapazität. [2] Die Aktivitätsrate der stillgelegten Kapazität entspricht dabei der Differenz zwischen der installierten Anfangskapazität des geänderten Zuteilungselements bis zum Kalenderjahr vor Aufnahme des geänderten Betriebs und der installierten Kapazität des Zuteilungselements nach der Kapazitätsverringerung, multipliziert mit der durchschnittlichen Kapazitätsauslastung des betreffenden Zuteilungselements im Zeitraum vom 1. Januar 2005 bis zum Ende des Kalenderjahres vor Aufnahme des geänderten Betriebs. [3] Bei mehreren Kapazitätsverringerungen ist die durchschnittliche Kapazitätsauslastung des betreffenden Zuteilungselements vor der Aufnahme des Betriebs der ersten Kapazitätsverringerung maßgeblich. [4] Bei wesentlichen Kapazitätsverringerungen im Jahr 2005 gilt Absatz 8 Satz 3 zweiter Halbsatz entsprechend.

[1)] Nr. **55**.

§ 9 Zuteilung für Bestandsanlagen. (1) [1]Zur Ermittlung der kostenlosen Zuteilungsmenge für Bestandsanlagen wird zunächst für jedes Zuteilungselement die vorläufige jährliche Anzahl Berechtigungen nach Maßgabe der Absätze 2 bis 4 errechnet. [2]Die Summe der vorläufigen jährlichen Anzahl Berechtigungen, die allen Zuteilungselementen kostenlos zuzuteilen sind, bildet die vorläufige Zuteilungsmenge für die Anlage. [3]Die zuständige Behörde meldet die vorläufigen Zuteilungsmengen für alle Anlagen nach § 9 Absatz 3 des Treibhausgas-Emissionshandelsgesetzes[1)] an die Europäische Kommission.

(2) Die vorläufige jährliche Anzahl Berechtigungen für ein Zuteilungselement ergibt sich

1. für jedes Zuteilungselement mit Produkt-Emissionswert aus dem Produkt-Emissionswert multipliziert mit der maßgeblichen produktbezogenen Aktivitätsrate nach § 8 Absatz 2,
2. für
   a) Zuteilungselemente mit Wärme-Emissionswert aus dem Emissionswert für messbare Wärme gemäß Anhang I der einheitlichen EU-Zuteilungsregeln multipliziert mit der wärmebezogenen Aktivitätsrate nach § 8 Absatz 3,
   b) Zuteilungselemente mit Brennstoff-Emissionswert aus dem Brennstoff-Emissionswert gemäß Anhang I der einheitlichen EU-Zuteilungsregeln multipliziert mit der brennstoffbezogenen Aktivitätsrate nach § 8 Absatz 4,
   c) Zuteilungselemente mit Prozessemissionen aus der prozessbezogenen Aktivitätsrate nach § 8 Absatz 5 multipliziert mit dem Faktor 0,97.

(3) [1]Auf die nach den Regeln dieser Verordnung für jedes Zuteilungselement für das betreffende Jahr ermittelte vorläufige jährliche Anzahl kostenlos zuzuteilender Berechtigungen werden die jeweiligen jährlichen Faktoren gemäß Anhang VI der einheitlichen EU-Zuteilungsregeln angewandt. [2]Betreffen die in diesen Zuteilungselementen hergestellten Produkte Sektoren mit Verlagerungsrisiko, so ist für die Jahre 2013 und 2014 sowie für die Jahre 2015 bis 2020 der Faktor 1 anzuwenden. [3]Bei Änderungen der gemäß Artikel 10a Absatz 13 der Richtlinie 2003/87/EG durch die Europäische Kommission festgelegten Sektoren oder Teilsektoren für die Jahre 2013 und 2014 oder für die Jahre 2015 bis 2020 ist die Zuteilungsentscheidung insoweit von Amts wegen zu widerrufen und anzupassen.

(4) Die vorläufige jährliche Anzahl Berechtigungen für Zuteilungselemente mit Produkt-Emissionswert, welche messbare Wärme aus Zuteilungselementen bezogen haben, die Produkte herstellen, welche unter die Salpetersäure-Emissionswerte gemäß Anhang I der einheitlichen EU-Zuteilungsregeln fallen, wird um die Anzahl Berechtigungen gekürzt, die dem Produkt aus dem Jahresverbrauch dieser Wärme während der Jahre, die den Medianwert für die Zuteilung nach dem Salpetersäure-Emissionswert bilden, und dem Wert des Wärme-Emissionswertes für diese messbare Wärme gemäß Anhang I der einheitlichen EU-Zuteilungsregeln entspricht.

(5) [1]Bei der Berechnung der vorläufigen Zuteilungsmenge für die Anlage dürfen Eingangs- und Ausgangsströme sowie Emissionen nicht doppelt gezählt werden. [2]Stellt eine Anlage Zwischenprodukte her, die von dem Produkt-Emissionswert eines Produktes gemäß den jeweiligen Systemgrenzen nach

[1)] Nr. 55.

Spalte 3 des Anhangs I der einheitlichen EU-Zuteilungsregeln umfasst sind, erhält die Anlage für die Zwischenprodukte keine Zuteilung, soweit diese Zwischenprodukte von einer Anlage aufgenommen werden und dort bei der Zuteilung berücksichtigt sind.

(6) [1]Die endgültige Zuteilungsmenge für die Anlage entspricht dem Produkt aus der nach den Absätzen 1 bis 5 berechneten vorläufigen Zuteilungsmenge für die Anlage und dem von der Europäischen Kommission gemäß Artikel 15 Absatz 3 der einheitlichen EU-Zuteilungsregeln festgesetzten sektorübergreifenden Korrekturfaktor. [2]Bei der Zuteilung für die Wärmeerzeugung bei Stromerzeugern wird statt des in Satz 1 genannten Korrekturfaktors der lineare Faktor gemäß Artikel 10a Absatz 4 der Richtlinie 2003/87/EG angewandt, ausgehend von der vorläufigen jährlichen Anzahl Berechtigungen, die dem betreffenden Stromerzeuger für das Jahr 2013 kostenlos zuzuteilen sind.

(7) Soweit die Europäische Kommission die vorläufige Zuteilungsmenge für eine Anlage ablehnt, lehnt die zuständige Behörde die beantragte Zuteilung ab.

Unterabschnitt 2. Besondere Zuteilungsregeln

§ 10 Zuteilungsregel für die Wärmeversorgung von Privathaushalten.

(1) Soweit messbare Wärme an Privathaushalte abgegeben wird und sofern der auf die Produktion dieser Wärme entfallende Teil der nach § 9 Absatz 2 Nummer 2 Buchstabe a bestimmten vorläufigen jährlichen Anzahl Berechtigungen für 2013 niedriger ist als der für den Zeitraum vom 1. Januar 2005 bis zum 31. Dezember 2008 berechnete Medianwert der jährlichen Emissionen des Zuteilungselements, die aus der Produktion messbarer Wärme resultieren, die an Privathaushalte abgegeben worden ist, wird auf Antrag die vorläufige jährliche Anzahl Berechtigungen für 2013 um die Differenz erhöht.

(2) [1]In jedem der Jahre 2014 bis 2020 wird die nach Absatz 1 festgestellte vorläufige jährliche Anzahl Berechtigungen so angepasst, dass sie für das betreffende Jahr einem Prozentsatz des Medianwertes der jährlichen Emissionen nach Absatz 1 entspricht. [2]Dieser Prozentsatz beträgt 90 Prozent im Jahr 2014 und verringert sich in jedem der Folgejahre um 10 Prozentpunkte. [3]Die Anpassung nach den Sätzen 1 und 2 unterbleibt, sobald der auf die Produktion dieser Wärme entfallende Teil der nach § 9 Absatz 2 Nummer 2 Buchstabe a bestimmten vorläufigen jährlichen Anzahl Berechtigungen für das betreffende Jahr unterschritten würde.

(3) [1]Im Antrag nach Absatz 1 hat der Antragsteller zusätzlich die anteiligen Treibhausgasemissionen anzugeben, die der Produktion von messbarer Wärme in den Jahren 2005 bis 2008, die an Privathaushalte abgegeben worden ist, zuzurechnen sind; bei gekoppelter Wärmeproduktion sind die anteiligen Treibhausgasemissionen nach Maßgabe von Anhang 1 Teil 3 zu ermitteln und anzugeben. [2]Weiterhin anzugeben sind:

1. der Anteil der an Privathaushalte abgegebenen Wärmemenge an der Wärmemenge, die jährlich insgesamt an Anlagen und Einrichtungen abgegeben wird, die nicht dem Anwendungsbereich des Treibhausgas-Emissionshandelsgesetzes unterliegen, jeweils gesondert für die Jahre 2005 bis 2008, oder
2. die Menge der abgegebenen Wärme mit einer Vorlauftemperatur von weniger als 130 Grad Celsius im Auslegungszustand.

(4) [1] Im Fall von Absatz 3 Satz 2 Nummer 1 und der Wärmeabgabe an ein Wärmeverteilnetz hat der Antragsteller die Gesamtmenge an Wärme anzugeben, die der Wärmenetzbetreiber abgegeben hat, sowie die Menge an Wärme, die der Wärmenetzbetreiber an Privathaushalte abgegeben hat. [2] Die Daten des Wärmenetzbetreibers sind zu verifizieren. [3] Für den Antragsteller bestimmt sich die an Privathaushalte abgegebene Wärmemenge anhand des Verhältnisses der vom Wärmenetzbetreiber an Privathaushalte abgegebenen Wärmemenge zur insgesamt von ihm abgegebenen Wärmemenge.

(5) Im Fall von Absatz 3 Satz 2 Nummer 2 und der Wärmeabgabe an ein Wärmeverteilnetz gelten 39 Prozent dieser Wärme als an Privathaushalte abgegeben.

§ 11 Zuteilungsregel für die Herstellung von Zellstoff. Besteht eine Anlage aus Zuteilungselementen, in denen Zellstoff hergestellt wird, unabhängig davon, ob dieser Zellstoff unter einen Produkt-Emissionswert fällt, und wird aus diesen Zuteilungselementen messbare Wärme an andere Zuteilungselemente abgegeben, so wird für die Berechnung der vorläufigen Zuteilungsmenge dieser Anlage gemäß § 9 Absatz 1 Satz 2 die vorläufige jährliche Anzahl Berechtigungen für das Zellstoff herstellende Zuteilungselement nur berücksichtigt, soweit die von diesem Zuteilungselement hergestellten Zellstoffprodukte in den Verkehr gebracht und nicht in derselben Anlage oder in anderen, technisch angeschlossenen Anlagen zu Papier verarbeitet werden.

§ 12 Zuteilungsregel für Steamcracking-Prozesse. Abweichend von § 9 Absatz 2 Nummer 1 berechnet sich die vorläufige jährliche Anzahl Berechtigungen, die einem Zuteilungselement mit Produkt-Emissionswert für die Herstellung chemischer Wertprodukte zuzuteilen sind, nach Maßgabe von Anhang 1 Teil 1.

§ 13 Zuteilungsregel für Vinylchlorid-Monomer. [1] Abweichend von § 9 Absatz 2 Nummer 1 berechnet sich die vorläufige jährliche Anzahl der einem Zuteilungselement für die Herstellung von Vinylchlorid-Monomer zuzuteilenden Berechtigungen nach Anhang 1 Teil 2. [2] Bei diesen Zuteilungselementen muss der Zuteilungsantrag ergänzend zu den sonstigen Bestimmungen dieser Verordnung Angaben enthalten über den Wasserstoff, der für die Herstellung von Vinylchlorid-Monomer als Brennstoff verwendet wurde.

§ 14 Wärmeflüsse zwischen Anlagen. Soweit in einem Zuteilungselement mit Produkt-Emissionswert messbare Wärme aus einer nicht unter den Anwendungsbereich des Treibhausgas-Emissionshandelsgesetzes fallenden Anlage oder anderen Einrichtung bezogen wurde, wird die nach § 9 Absatz 2 Nummer 1 berechnete vorläufige jährliche Anzahl der dem betreffenden Zuteilungselement mit Produkt-Emissionswert zuzuteilenden Berechtigungen gekürzt um die Anzahl Berechtigungen, die dem Produkt entspricht aus

1. der Wärmemenge, die in den die Aktivitätsrate des Zuteilungselements bestimmenden Jahren des nach § 8 Absatz 1 gewählten Bezugszeitraums bezogen wurde, und
2. dem Wärme-Emissionswert für messbare Wärme gemäß Anhang I der einheitlichen EU-Zuteilungsregeln.

§ 15 Austauschbarkeit von Brennstoff und Strom. (1) Für jedes Zuteilungselement mit Produkt-Emissionswert, bei dem die Austauschbarkeit von Brennstoff und Strom nach Anhang I Nummer 2 der einheitlichen EU-Zuteilungsregeln berücksichtigt wird, entspricht die vorläufige jährliche Anzahl Berechtigungen nach § 9 Absatz 2 Nummer 1 dem mit der produktbezogenen Aktivitätsrate multiplizierten Wert des maßgeblichen Produkt-Emissionswertes, multipliziert mit dem Quotienten aus den in Tonnen Kohlendioxid-Äquivalent angegebenen gesamten direkten Emissionen nach Absatz 4 und der in Tonnen Kohlendioxid-Äquivalent angegebenen Summe der direkten Emissionen und der nach Absatz 2 zu berechnenden indirekten Emissionen während des Bezugszeitraums.

(2) Für die Berechnung nach Absatz 1 beziehen sich die maßgeblichen indirekten Emissionen auf den in Megawattstunden angegebenen maßgeblichen Stromverbrauch im Sinne der Definition der Prozesse und Emissionen der in Anhang I Nummer 2 der einheitlichen EU-Zuteilungsregeln aufgeführten Produkte für die Herstellung des betreffenden Produktes während des Bezugszeitraums gemäß § 8 Absatz 1, multipliziert mit 0,465 Tonnen Kohlendioxid pro Megawattstunde Strom und ausgedrückt als Tonnen Kohlendioxid.

(3) Für die Berechnung nach Absatz 1 beziehen sich die Emissionen aus dem Nettowärmebezug auf die für die Herstellung des betreffenden Produktes benötigte Menge an messbarer Wärme, die während des nach § 8 Absatz 1 gewählten Bezugszeitraums bezogen wurde, multipliziert mit dem Wärme-Emissionswert gemäß Anhang I Nummer 3 der einheitlichen EU-Zuteilungsregeln.

(4) [1] Die direkten Emissionen beinhalten die nach Absatz 3 zu berechnenden Emissionen aus der bezogenen Nettowärme während des nach § 8 Absatz 1 gewählten Bezugszeitraums. [2] Nicht enthalten sind die Emissionen aus der Stromproduktion sowie aus messbarer Wärme, die über die Systemgrenzen des Zuteilungselements hinaus abgegeben wurde. [3] Die Emissionen aus der gekoppelten Erzeugung von Strom und Wärme werden nach Maßgabe von Anhang 1 Teil 3 aufgeteilt.

Abschnitt 3. Neue Marktteilnehmer

§ 16 Antrag auf kostenlose Zuteilung von Berechtigungen. (1) Anträge auf kostenlose Zuteilung für neue Marktteilnehmer sind innerhalb eines Jahres nach Aufnahme des Regelbetriebs der Anlage zu stellen, bei wesentlichen Kapazitätserweiterungen innerhalb eines Jahres nach Aufnahme des geänderten Betriebs.

(2) Der Anlagenbetreiber ist verpflichtet, im Antrag folgende Angaben zu machen:

1. Allgemeine Angaben zu der Anlage:
   a) die Bezeichnung der Tätigkeit im Sinne des Anhangs 1 Teil 2 des Treibhausgas-Emissionshandelsgesetzes[1)],
   b) die NACE-Codes Rev 2 und Rev 1.1 der Anlage, dem die Tätigkeit zuzuordnen ist,

---

[1)] Nr. **55**.

c) eine Beschreibung der Anlage, ihrer wesentlichen Anlagenteile und Nebeneinrichtungen sowie der Betriebsart,

d) eine Beschreibung der angewandten Erhebungsmethodik, der verschiedenen Datenquellen und der angewandten Berechnungsschritte,

e) die Gesamtfeuerungswärmeleistung, soweit für die Tätigkeit in Anhang 1 Teil 2 des Treibhausgas-Emissionshandelsgesetzes ein Schwellenwert als Feuerungswärmeleistung angegeben ist,

f) sofern es sich um einen Stromerzeuger handelt, eine Bezeichnung als solcher,

g) die Bezeichnung der für die Genehmigung nach § 4 Absatz 1 Satz 1 des Treibhausgas-Emissionshandelsgesetzes zuständigen Behörde, deren Genehmigungsaktenzeichen, das Datum der Genehmigung zu dem Zeitpunkt, zu dem die Anlage erstmals unter den Anwendungsbereich des Treibhausgas-Emissionshandelsgesetzes gefallen ist, und gegebenenfalls das Datum der letzten Änderung der Genehmigung,

h) bei Neuanlagen das Datum der Aufnahme des Regelbetriebs sowie die Emissionen der Anlage bis zu diesem Zeitpunkt,

i) die für die Zuteilung maßgeblichen Zuteilungselemente;

2. Angaben für die Anlage bis einschließlich des vorletzten Kalendermonats vor der Antragstellung:

a) sämtliche zuteilungsrelevanten Eingangs- und Ausgangsströme,

b) im Fall des Austausches von messbarer Wärme, Restgasen oder Treibhausgasen mit anderen Anlagen oder Einrichtungen Angaben, in welcher Menge und mit welchen Anlagen oder Einrichtungen dieser Austausch stattfand; bei einem Austausch mit Anlagen nach Anhang 1 Teil 2 des Treibhausgas-Emissionshandelsgesetzes zusätzlich die Angabe der Genehmigungskennungen dieser Anlagen aus dem Emissionshandelsregister,

c) im Fall von Anlagen, die Strom erzeugen, eine Bilanz der elektrischen Energie der Anlage und die Mengen an Emissionen und Wärme sowie die Energie der Brennstoffe, die der Stromerzeugung zuzuordnen sind;

3. Angaben zu jedem Zuteilungselement:

a) die installierte Anfangskapazität,

b) bei einer wesentlichen Kapazitätserweiterung eines Zuteilungselements nach dem 30. Juni 2011 das Datum der Aufnahme des geänderten Betriebs, die zusätzliche Kapazität und die installierte Kapazität nach der wesentlichen Kapazitätserweiterung sowie die Nachweise, dass die Kriterien für eine wesentliche Kapazitätserweiterung nach § 2 Nummer 24 erfüllt sind,

c) zusätzliche Angaben nach § 17 Absatz 2;

4. Angaben zu jedem Zuteilungselement bis einschließlich des vorletzten Kalendermonats vor der Antragstellung:

a) die anteilig zuzuordnenden Emissionen und Energien der eingesetzten Brennstoffe,

b) die anteilig zuzuordnenden Eingangs- und Ausgangsströme nach Nummer 2 Buchstabe a, sofern für die Anlage mindestens zwei Zuteilungselemente gebildet wurden und davon mindestens ein Zuteilungselement unter § 3 Absatz 1 Nummer 2 bis 4 fällt,

c) die durchschnittliche Kapazitätsauslastung des Zuteilungselements,

d) bei Produkten, die in Anhang I Nummer 2 der einheitlichen EU-Zuteilungsregeln aufgeführt sind, den maßgeblichen Stromverbrauch für die Herstellung des betreffenden Produktes im Sinne der Definition der Prozesse und Emissionen der in Anhang I Nummer 2 der einheitlichen EU-Zuteilungsregeln aufgeführten Produkte,

e) die Bezeichnung der hergestellten Produkte mit deren Prodcom-Code 2007 und 2010 und NACE-Code Rev 1.1 und Rev 2 und den produzierten Mengen;

5. Zusätzliche Angaben zu Zuteilungselementen in Sonderfällen bis einschließlich des vorletzten Kalendermonats vor der Antragstellung:

a) bei Zuteilungselementen, die messbare Wärme beziehen, die Menge an messbarer Wärme sowie die Menge, die von nicht dem Emissionshandel unterliegenden Anlagen oder Einrichtungen bezogen wird,

b) bei Zuteilungselementen, die messbare Wärme abgeben, die Bezeichnung der Anlagen oder anderen Einrichtungen, an die die messbare Wärme abgegeben wird; wird die Wärme an Anlagen nach Anhang 1 Teil 2 des Treibhausgas-Emissionshandelsgesetzes abgegeben, so sind zusätzlich die Genehmigungskennungen dieser Anlagen aus dem Emissionshandelsregister sowie die Wärmemengen anzugeben, die an die einzelnen Anlagen oder Einrichtungen abgegeben werden,

c) bei Zuteilungselementen mit Wärme-Emissionswert für die in gekoppelter Produktion erzeugte Wärme eine Zuordnung der Eingangsströme und der diesbezüglichen Emissionen zu den in gekoppelter Produktion hergestellten Produkten nach Maßgabe von Anhang 1 Teil 3 sowie die hierfür zusätzlich erforderlichen Angaben nach Anhang 1 Teil 3 Nummer 4,

d) bei Produkten nach Anhang III der einheitlichen EU-Zuteilungsregeln die nach den dort angegebenen Formeln zu ermittelnden Daten,

e) bei Prozessen zur Herstellung von Synthesegas und Wasserstoff in Anlagen im Sinne des Anhangs 1 Teil 2 Nummer 7 des Treibhausgas-Emissionshandelsgesetzes die entsprechend den in Anhang III Nummer 6 und 7 der einheitlichen EU-Zuteilungsregeln angegebenen Formeln zu ermittelnden Daten,

f) bei der Herstellung von Produkten nach Anhang I der einheitlichen EU-Zuteilungsregeln die Menge der eingesetzten Zwischenprodukte im Sinne des § 9 Absatz 5 Satz 2 und aus dem Emissionshandelsregister die Genehmigungskennung der Anlage, von der das Zwischenprodukt bezogen wird,

g) bei Abgabe eines Zwischenproduktes im Sinne des § 9 Absatz 5 Satz 2 an eine andere Anlage im Anwendungsbereich des Treibhausgas-Emissionshandelsgesetzes die jeweilige Menge der abgegebenen Zwischenprodukte und aus dem Emissionshandelsregister die Genehmigungskennung der Anlage, an die das Produkt oder Zwischenprodukt abgegeben wird.

(3) § 6 gilt entsprechend.

(4) Die installierte Anfangskapazität für Neuanlagen entspricht für jedes Zuteilungselement abweichend von § 4 dem Durchschnitt der zwei höchsten Monatsproduktionsmengen innerhalb des durchgängigen 90-Tage-Zeitraums, auf dessen Grundlage die Aufnahme des Regelbetriebs bestimmt wird, hochgerechnet auf ein Kalenderjahr.

(5) [1] Die zuständige Behörde bestätigt unverzüglich den Eingang des Antrags und der beigefügten Unterlagen und Nachweise. [2] Im Fall einer durch die zuständige Behörde vorgeschriebenen elektronischen Übermittlung des Antrags genügt die automatisch erzeugte Eingangsbestätigung. [3] Die zuständige Behörde teilt dem Antragsteller innerhalb von sechs Wochen mit, welche zusätzlichen Angaben, Unterlagen und Nachweise für die Berechnung der vorläufigen Jahresgesamtzuteilungsmenge benötigt werden.

(6) Die zuständige Behörde soll innerhalb von drei Monaten nach Eingang der vollständigen Antragsunterlagen die vorläufige Jahresgesamtzuteilungsmenge ermitteln und an die Europäische Kommission melden.

§ 17 Aktivitätsraten neuer Marktteilnehmer. (1) Für die nach § 3 zu bestimmenden Zuteilungselemente von Neuanlagen bestimmen sich die für die Zuteilung von Berechtigungen maßgeblichen Aktivitätsraten wie folgt:
1. die produktbezogene Aktivitätsrate für ein Zuteilungselement mit Produkt-Emissionswert entspricht der installierten Anfangskapazität des betreffenden Zuteilungselements für die Herstellung dieses Produktes multipliziert mit dem von der Kommission hierfür nach Artikel 18 Absatz 2 Satz 1 der einheitlichen EU-Zuteilungsregeln veröffentlichten Standardauslastungsfaktor;
2. die wärmebezogene Aktivitätsrate für ein Zuteilungselement mit Wärme-Emissionswert entspricht der installierten Anfangskapazität des betreffenden Zuteilungselements multipliziert mit dem maßgeblichen Auslastungsfaktor;
3. die brennstoffbezogene Aktivitätsrate für ein Zuteilungselement mit Brennstoff-Emissionswert entspricht der installierten Anfangskapazität des betreffenden Zuteilungselements multipliziert mit dem maßgeblichen Auslastungsfaktor;
4. die auf Prozessemissionen bezogene Aktivitätsrate für ein Zuteilungselement mit Prozessemissionen entspricht der installierten Anfangskapazität des betreffenden Zuteilungselements multipliziert mit dem maßgeblichen Auslastungsfaktor.

(2) Der maßgebliche Auslastungsfaktor gemäß Absatz 1 Nummer 2 bis 4 wird bestimmt auf der Grundlage der Angaben des Antragstellers über
1. den tatsächlichen Betrieb des Zuteilungselements bis zur Antragstellung und den geplanten Betrieb der Anlage oder des Zuteilungselements, ihrer geplanten Wartungszeiträume und Produktionszyklen,
2. den Einsatz energie- und treibhausgaseffizienter Techniken, die den maßgeblichen Auslastungsfaktor der Anlage beeinflussen können,
3. die typische Auslastung innerhalb der betreffenden Sektoren.

(3) Für Zuteilungselemente, deren Kapazität nach dem 30. Juni 2011 wesentlich erweitert wurde, sind die Aktivitätsraten nach Absatz 1 nur für die

zusätzliche Kapazität der Zuteilungselemente zu bestimmen, auf die sich die wesentliche Kapazitätserweiterung bezieht.

§ 18 Zuteilung für neue Marktteilnehmer. (1) Für die Zuteilung von Berechtigungen für Neuanlagen berechnet die zuständige Behörde die vorläufige jährliche Anzahl der bei Aufnahme des Regelbetriebs der Anlage für die verbleibenden Jahre der Handelsperiode 2013 bis 2020 kostenlos zuzuteilenden Berechtigungen wie folgt und für jedes Zuteilungselement separat:

1. für jedes Zuteilungselement mit Produkt-Emissionswert entspricht die vorläufige jährliche Anzahl der kostenlos zuzuteilenden Berechtigungen dem Produkt aus dem jeweiligen Produkt-Emissionswert und der produktbezogenen Aktivitätsrate;
2. für jedes Zuteilungselement mit Wärme-Emissionswert entspricht die vorläufige jährliche Anzahl der kostenlos zuzuteilenden Berechtigungen dem Produkt aus dem Emissionswert für messbare Wärme und der wärmebezogenen Aktivitätsrate;
3. für jedes Zuteilungselement mit Brennstoff-Emissionswert entspricht die vorläufige jährliche Anzahl der kostenlos zuzuteilenden Berechtigungen dem Produkt aus dem Brennstoff-Emissionswert und der brennstoffbezogenen Aktivitätsrate;
4. für jedes Zuteilungselement mit Prozessemissionen entspricht die vorläufige jährliche Anzahl der kostenlos zuzuteilenden Berechtigungen der prozessbezogenen Aktivitätsrate multipliziert mit dem Faktor 0,97.

(2) [1] Für die Berechnung der vorläufigen jährlichen Anzahl Berechtigungen gemäß Absatz 1 gelten § 3 Absatz 3, § 9 Absatz 3 bis 5 sowie die §§ 11 bis 15 entsprechend. [2] Dabei ist der in den §§ 11 bis 15 maßgebliche Zeitraum derjenige, welcher zur Bestimmung der installierten Anfangskapazität für Neuanlagen oder zur Bestimmung der installierten Kapazität nach einer wesentlichen Kapazitätsänderung herangezogen wurde. [3] Für das Kalenderjahr, in dem die Neuanlage ihren Regelbetrieb aufgenommen hat, ist die Zuteilungsmenge taganteilig zu kürzen.

(3) Wurde die Kapazität eines Zuteilungselements nach dem 30. Juni 2011 wesentlich erweitert, so berechnet die zuständige Behörde auf Antrag des Anlagenbetreibers und unbeschadet der Zuteilung für die Anlage gemäß § 9 die Anzahl der für die zusätzliche Kapazität kostenlos zuzuteilenden Berechtigungen entsprechend den Zuteilungsregeln nach Absatz 1.

(4) Für Emissionen der Zuteilungselemente, die vor Aufnahme des Regelbetriebs erfolgt sind, werden für die Neuanlage auf Basis dieser in Tonnen Kohlendioxid-Äquivalent angegebenen Emissionen zusätzliche Berechtigungen zugeteilt.

(5) Die vorläufige Jahresgesamtmenge der kostenlos zuzuteilenden Berechtigungen entspricht der Summe der nach den Absätzen 1 und 2 oder nach Absatz 3 berechneten vorläufigen jährlichen Anzahl der allen Zuteilungselementen kostenlos zuzuteilenden Berechtigungen und der zusätzlichen Berechtigungen gemäß Absatz 4.

(6) [1] Die vorläufige Jahresgesamtmenge wird ab 2014 jährlich um den Kürzungsfaktor nach Artikel 10a Absatz 7 der Richtlinie 2003/87/EG gekürzt.

[2]Daraus ergibt sich die endgültige Jahresgesamtmenge. [3]§ 9 Absatz 7 gilt entsprechend.

(7) Zur Bewertung weiterer Kapazitätsänderungen legt die zuständige Behörde nach einer wesentlichen Kapazitätsänderung die installierte Kapazität des Zuteilungselements nach dieser wesentlichen Kapazitätsänderung gemäß § 2 Nummer 5 als installierte Anfangskapazität des Zuteilungselements zugrunde.

Abschnitt 4. Kapazitätsverringerungen und Betriebseinstellungen

§ 19 Wesentliche Kapazitätsverringerung. (1) [1]Im Fall einer wesentlichen Kapazitätsverringerung eines Zuteilungselements ab dem 30. Juni 2011 ist die Anzahl der für eine Anlage kostenlos zugeteilten Berechtigungen um die der Kapazitätsverringerung entsprechenden Menge zu kürzen. [2]Für die Berechnung der zu kürzenden Menge an Berechtigungen gilt § 18 Absatz 3 entsprechend. [3]Dabei sind in entsprechender Anwendung von § 17 Absatz 1 die Aktivitätsraten für die stillgelegte Kapazität der Zuteilungselemente zu bestimmen, auf die sich die wesentliche Kapazitätsverringerung bezieht.

(2) [1]Die Zuteilungsentscheidung für die Anlage ist ab dem Jahr, das auf das Jahr der Kapazitätsverringerung folgt, von Amts wegen aufzuheben und anzupassen, bei wesentlichen Kapazitätsverringerungen vor dem 1. Januar 2013 ab dem Jahr 2013. [2]Die Aufhebung der Zuteilungsentscheidung steht unter der auflösenden Bedingung einer Ablehnung durch die Europäische Kommission.

(3) Zur Bewertung anschließender wesentlicher Kapazitätsänderungen legt die zuständige Behörde die installierte Kapazität des Zuteilungselements nach der wesentlichen Kapazitätsverringerung als installierte Anfangskapazität des Zuteilungselements zugrunde.

§ 20 Betriebseinstellungen. (1) Der Betrieb einer Anlage gilt als eingestellt, wenn eine oder mehrere der folgenden Bedingungen gegeben sind:

1. die Genehmigung zur Emission von Treibhausgasen ist erloschen;
2. die Genehmigung zur Emission von Treibhausgasen wurde aufgehoben;
3. der Betrieb der Anlage ist aus technischer Sicht unmöglich;
4. die Anlage ist nicht in Betrieb, war jedoch zuvor in Betrieb, und der Betrieb kann aus technischen Gründen nicht wieder aufgenommen werden;
5. die Anlage ist nicht in Betrieb, war jedoch zuvor in Betrieb, und der Anlagenbetreiber kann nicht garantieren, dass diese Anlage ihren Betrieb innerhalb von maximal sechs Monaten nach der Betriebseinstellung wieder aufnehmen wird; die zuständige Behörde kann auf Antrag diese Frist auf bis zu 18 Monate verlängern, wenn der Anlagenbetreiber nachweisen kann, dass die Anlage den Betrieb innerhalb von sechs Monaten nicht wieder aufnehmen kann auf Grund außergewöhnlicher und unvorhersehbarer Umstände, die selbst bei aller gebührenden Sorgfalt nicht hätten verhindert werden können und die außerhalb der Kontrolle des Betreibers der betreffenden Anlage liegen, insbesondere auf Grund von Umständen wie Naturkatastrophen, Krieg, Kriegsdrohungen, Terroranschlägen, Revolutionen, Unruhen, Sabotageakten oder Sachbeschädigungen.

(2) Absatz 1 Nummer 5 gilt weder für Anlagen, die in Reserve oder Bereitschaft gehalten werden, noch für Saisonanlagen, soweit die Anlage über eine Genehmigung zur Emission von Treibhausgasen sowie über alle anderen vorgeschriebenen Betriebsgenehmigungen verfügt, regelmäßig gewartet wird und es technisch möglich ist, die Anlage kurzfristig in Betrieb zu nehmen, ohne dass hierzu physische Änderungen erforderlich sind.

(3) [1] Im Fall der Betriebseinstellung nach Absatz 1 hebt die zuständige Behörde ab dem Jahr, das auf das Jahr der Betriebseinstellung folgt, die Zuteilungsentscheidung von Amts wegen auf und stellt die Ausgabe von Berechtigungen an diese Anlage ein. [2] Die Aufhebung der Zuteilungsentscheidung steht unter der auflösenden Bedingung einer Ablehnung durch die Europäische Kommission.

§ 21 Teilweise Betriebseinstellungen. (1) Es wird davon ausgegangen, dass eine Anlage ihren Betrieb teilweise eingestellt hat, wenn ein Zuteilungselement, auf das mindestens 30 Prozent der der Anlage endgültig jährlich kostenlos zugeteilten Berechtigungen entfallen oder für das jährlich mehr als 50 000 Berechtigungen zugeteilt wurden, seine Aktivitätsrate in einem Kalenderjahr gegenüber der in der Zuteilung nach den §§ 9, 18 oder 19 zugrunde gelegten Aktivitätsrate (Anfangsaktivitätsrate) um mindestens 50 Prozent verringert.

(2) [1] Die zuständige Behörde hebt die Zuteilungsentscheidung von Berechtigungen an eine Anlage, die ihren Betrieb teilweise einstellt, ab dem auf die teilweise Betriebseinstellung folgenden Kalenderjahr, bei teilweiser Betriebseinstellung vor dem 1. Januar 2013 ab dem Jahr 2013, von Amts wegen auf und passt die Zuteilungsentscheidung wie folgt an:

1. verringert sich die Aktivitätsrate des Zuteilungselements gegenüber der Anfangsaktivitätsrate um 50 bis 75 Prozent, so erhält das Zuteilungselement die Hälfte der zugeteilten Berechtigungen;
2. verringert sich die Aktivitätsrate des Zuteilungselements gegenüber der Anfangsaktivitätsrate um 75 bis 90 Prozent, so erhält das Zuteilungselement 25 Prozent der zugeteilten Berechtigungen;
3. verringert sich die Aktivitätsrate des Zuteilungselements gegenüber der Anfangsaktivitätsrate um 90 Prozent oder mehr, so werden diesem Zuteilungselement keine Berechtigungen zugeteilt.

[2] Die zuständige Behörde kann bei Zuteilungselementen mit Produkt-Emissionswert im Rahmen der Berechnung der prozentualen Verringerung nach Satz 1 eine Verringerung der Aktivitätsrate unberücksichtigt lassen, soweit diese Verringerung durch eine Mehrproduktion eines vergleichbaren Produktes mit Produkt-Emissionswert in derselben Produktionslinie der Anlage kompensiert wird.

(3) Erreicht das Zuteilungselement nach einer Anpassung der Zuteilung nach Absatz 2 in einem der auf die teilweise Betriebseinstellung folgenden Kalenderjahre eine Aktivitätsrate von über 50 Prozent der Anfangsaktivitätsrate, so teilt die zuständige Behörde der betreffenden Anlage ab dem Jahr, das auf das Kalenderjahr folgt, in dem die Aktivitätsrate des Zuteilungselements den Schwellenwert von 50 Prozent überschritten hat, die ihr vor der Anpassung der Zuteilung nach Absatz 2 zugeteilten Berechtigungen von Amts wegen zu.

(4) Erreicht das Zuteilungselement nach einer Anpassung der Zuteilung nach Absatz 2 Nummer 2 oder Nummer 3 in einem der auf die teilweise Betriebseinstellung folgenden Kalenderjahre eine Aktivitätsrate von über 25 Prozent der Anfangsaktivitätsrate, so teilt die zuständige Behörde der betreffenden Anlage ab dem Jahr, das auf das Kalenderjahr folgt, in dem die Aktivitätsrate des Zuteilungselements den Schwellenwert von 25 Prozent überschritten hat, die Hälfte der ihr vor der Anpassung der Zuteilung nach Absatz 2 zugeteilten Berechtigungen von Amts wegen zu.

(5) Die Anpassungen von Zuteilungsentscheidungen nach den Absätzen 2 bis 4 stehen unter der auflösenden Bedingung einer Ablehnung durch die Europäische Kommission.

(6) Bei Zuteilungselementen mit Wärme-Emissionswert bleibt bei der Bestimmung der Aktivitätsraten nach den vorstehenden Absätzen unberücksichtigt:

1. die an andere Anlagen im Anwendungsbereich des Treibhausgas-Emissionshandelsgesetzes[1)] abgegebene Wärme und
2. die aufgenommene Wärme von anderen Anlagen, die nicht dem Anwendungsbereich des Treibhausgas-Emissionshandelsgesetzes unterliegen.

§ 22 Änderungen des Betriebs einer Anlage. (1) Der Anlagenbetreiber hat der zuständigen Behörde alle relevanten Informationen über geplante oder tatsächliche Änderungen der Kapazität, der Aktivitätsraten und des Betriebs der Anlage bis zum 31. Januar des Folgejahres, erstmals zum 31. Januar 2013, mitzuteilen.

(2) [1]Im Fall einer wesentlichen Kapazitätsverringerung nach § 19 ist der Anlagenbetreiber verpflichtet, der zuständigen Behörde die stillgelegte Kapazität und die installierte Kapazität des Zuteilungselements nach der wesentlichen Kapazitätsverringerung unverzüglich mitzuteilen. [2]Im Fall einer Betriebseinstellung nach § 20 Absatz 1 ist der Anlagenbetreiber verpflichtet, der zuständigen Behörde das Datum der Betriebseinstellung unverzüglich mitzuteilen.

Abschnitt 5. Befreiung von Kleinemittenten

§ 23 Angaben im Antrag auf Befreiung für Kleinemittenten. (1) Im Rahmen der Antragstellung nach § 27 Absatz 2 Satz 1 des Treibhausgas-Emissionshandelsgesetzes[1)] kann der Anlagenbetreiber im Fall der Auswahl des Ausgleichsbetrages als gleichwertige Maßnahme auf die Anrechnung des Kürzungsfaktors nach § 27 Absatz 3 Satz 2 des Treibhausgas-Emissionshandelsgesetzes verzichten; in diesem Fall sind die zusätzlich erforderlichen Angaben nach den Absätzen 3 und 4 sowie § 25 entbehrlich.

(2) Der Antrag muss folgende Angaben enthalten:

1. die jährlichen Emissionen der Anlage in den Kalenderjahren 2008 bis 2010 und
2. bei Anlagen nach Anhang 1 Teil 2 Nummer 1 bis 6 des Treibhausgas-Emissionshandelsgesetzes die Feuerungswärmeleistung der Anlage.

[1)] Nr. 55.

(3) Zusätzlich sind als Grundlage für den Nachweis spezifischer Emissionsminderungen folgende Angaben erforderlich:

1. die Produktionsmenge der Anlage nach § 24 in der Basisperiode;
2. die durch die Produktion nach Nummer 1 verursachten Emissionen in der Basisperiode;
3. für Anlagen nach Anhang 1 Teil 2 Nummer 7 bis 29 des Treibhausgas-Emissionshandelsgesetzes die Mengen an Strom und messbarer Wärme, die in der Basisperiode von anderen Anlagen bezogen oder an andere Anlagen abgegeben wurden, und
4. im Fall des gemeinsamen Minderungsnachweises nach Anhang 5 Teil 1 Nummer 1 Buchstabe b des Treibhausgas-Emissionshandelsgesetzes die Bezeichnung der einbezogenen Anlagen sowie der Name für den gemeinsamen Anlagenverbund.

(4) [1] Für Anlagen nach Anhang 1 Teil 2 Nummer 1 bis 6 des Treibhausgas-Emissionshandelsgesetzes sind die auf die Erzeugung von Strom, Wärme und mechanische Arbeit entfallenden Emissionen getrennt anzugeben. [2] Für die Zuordnung der Emissionen zu den in gekoppelter Produktion hergestellten Produkten Strom und Wärme gilt Anhang 1 Teil 3; im Fall gekoppelter Produktion von mechanischer Arbeit und Wärme gilt Anhang 1 Teil 3 entsprechend.

(5) [1] Bei der Bestimmung von Emissionen nach den Absätzen 2 bis 4 sind die Vorgaben der Datenerhebungsverordnung 2020[1)] zu beachten. [2] § 5 Absatz 3 gilt entsprechend. [3] Produktionsmengen sind bezogen auf die jährliche Nettomenge marktfähiger Produkteinheiten anzugeben, für Anlagen nach Anhang 1 Teil 2 Nummer 1 bis 6 des Treibhausgas-Emissionshandelsgesetzes in Megawattstunden und für andere Anlagen bezogen auf die Gesamtheit der unter der jeweiligen Tätigkeit hergestellten Produkte in Tonnen.

(6) [1] Basisperiode ist der nach § 8 Absatz 1 gewählte Bezugszeitraum. [2] Für Anlagen, die im Jahr 2007 oder 2008 in Betrieb genommen wurden und als Bezugszeitraum nach § 8 Absatz 1 nicht die Jahre 2009 und 2010 gewählt haben, besteht die Basisperiode aus den zwei auf das Jahr der Inbetriebnahme folgenden Jahren.

§ 24 Bestimmung des Emissionswertes der Anlage in der Basisperiode. (1) [1] Der Emissionswert der Anlage bezieht sich

1. bei Anlagen nach Anhang 1 Teil 2 Nummer 1 bis 6 des Treibhausgas-Emissionshandelsgesetzes[2)] auf die Emissionsmenge je Produkteinheit für die Produkte Strom, Wärme oder mechanische Arbeit, jeweils getrennt nach gekoppelter und nicht gekoppelter Produktion;
2. bei Anlagen nach Anhang 1 Teil 2 Nummer 7 bis 29 des Treibhausgas-Emissionshandelsgesetzes auf die Emissionsmenge je Produkteinheit für die Gesamtheit der unter der jeweiligen Tätigkeit hergestellten Produkte.

[2] Der Emissionswert der Anlage je Produkteinheit in der Basisperiode ergibt sich nach Maßgabe der nachfolgenden Absätze aus der Division der jahres-

---

[1)] Nr. 58.
[2)] Nr. 55.

durchschnittlichen Emissionen der Anlage in der Basisperiode durch die jahresdurchschnittliche Produktionsmenge der Anlage in der Basisperiode.

(2) [1] Stellt eine Anlage nach Absatz 1 Satz 1 Nummer 1 mehrere der dort genannten Produkte her, so werden zur Bestimmung des Emissionswertes der Anlage in der Basisperiode die Emissionswerte der einzelnen Produkte entsprechend dem jahresdurchschnittlichen Anteil der dem jeweiligen Produkt zuzuordnenden Emissionsmenge an den jahresdurchschnittlichen Gesamtemissionen der Anlage in der Basisperiode gewichtet. [2] § 23 Absatz 4 Satz 2 gilt entsprechend. [3] Werden in einer unter Absatz 1 Satz 1 Nummer 2 fallenden Anlage mehrere der in Anhang 1 Teil 2 Nummer 7 bis 29 des Treibhausgas-Emissionshandelsgesetzes genannten Tätigkeiten durchgeführt, gilt Satz 1 entsprechend.

(3) [1] Soweit eine Anlage in der Basisperiode Strom oder messbare Wärme von anderen Anlagen bezogen hat, sind die auf diese Mengen entfallenden Emissionen bei der Bestimmung des Emissionswertes der Anlage hinzuzurechnen. [2] Die Emissionen, die auf den aus einer anderen Anlage bezogenen Strom entfallen, werden bestimmt, indem die jahresdurchschnittlich bezogene Strommenge mit einem Emissionswert von 0,465 Tonnen Kohlendioxid pro Megawattstunde multipliziert wird. [3] Die auf den Bezug messbarer Wärme entfallenden Emissionen werden bestimmt, indem die jahresdurchschnittlich bezogene Wärmemenge mit einem Emissionswert von 62,3 Tonnen Kohlendioxid pro Terajoule multipliziert wird.

(4) Soweit eine Anlage nach Anhang 1 Teil 2 Nummer 7 bis 29 des Treibhausgas-Emissionshandelsgesetzes in der Basisperiode Strom oder messbare Wärme an eine andere Anlage abgegeben hat, werden die jahresdurchschnittlichen Emissionen, die der Produktion des abgegebenen Stroms oder der abgegebenen Wärme nach Absatz 3 Satz 2 und 3 zuzurechnen sind, bei der Bestimmung des Emissionswertes der Anlage von der Emissionsmenge abgezogen.

(5) Im Fall des gemeinsamen Minderungsnachweises nach Anhang 5 Teil 1 Nummer 1 Buchstabe b des Treibhausgas-Emissionshandelsgesetzes werden zur Bestimmung des Emissionswertes des Verbundes in der Basisperiode die Emissionswerte aller einbezogenen Anlagen in entsprechender Anwendung von Absatz 2 Satz 1 gewichtet.

§ 25 Nachweis anlagenspezifischer Emissionsminderungen. (1) Für die anlagenspezifische Emissionsminderung ist die Reduzierung des Emissionswertes der Anlage in einem Berichtsjahr der Handelsperiode 2013 bis 2020 gegenüber dem nach § 24 bestimmten Emissionswert der Anlage in der Basisperiode maßgeblich.

(2) [1] Der Emissionswert der Anlage je Produkteinheit in einem Berichtsjahr der Handelsperiode 2013 bis 2020 ergibt sich aus der Division der Emissionen der Anlage in diesem Berichtsjahr und der Produktionsmenge der Anlage in diesem Berichtsjahr. [2] § 24 Absatz 2 bis 5 gilt entsprechend.

(3) Der Anlagenbetreiber muss für jedes Berichtsjahr der Handelsperiode 2013 bis 2020 berichten über

1. die Produktionsmenge der nach § 24 bestimmten Produkte der Anlage und
2. die Mengen an Strom und messbarer Wärme, die von anderen Anlagen bezogen oder an andere Anlagen abgegeben wurden.

(4) [1]Die Mengen, über die nach Absatz 3 zu berichten ist, sind durch die kaufmännische Buchführung nachzuweisen. [2]Die Nachweise sind zehn Jahre aufzubewahren.

(5) Wird in einem Berichtsjahr eines der Produkte nicht hergestellt, bleibt es bei der Bestimmung der anlagenspezifischen Emissionsminderung in diesem Jahr unberücksichtigt.

(6) [1]Bei gemeinsamer Nachweisführung nach Anhang 5 Teil 1 Nummer 1 Buchstabe b des Treibhausgas-Emissionshandelsgesetzes[1)] sind die Überwachungs- und Berichtspflichten nach dem Treibhausgas-Emissionshandelsgesetz und dieser Verordnung für jede Anlage gesondert zu erfüllen. [2]In den Überwachungsplänen und Berichten sind der Name des Verbunds und die gemeinsamen Ansprechpersonen zu benennen. [3]Anlagen, die in einem Jahr keine Produktionsleistung erbracht haben, bleiben bei der Bestimmung der Emissionsminderung unberücksichtigt.

§ 26 Ausgleichszahlungs- und Abgabepflicht. (1) [1]Bei Ermittlung des Ausgleichsbetrages nach § 27 Absatz 3 des Treibhausgas-Emissionshandelsgesetzes[1)] für ein Berichtsjahr der Handelsperiode 2013 bis 2020 ist eine Anzahl kostenloser Berechtigungen zugrunde zu legen, die sich für die Anlage ohne eine Befreiung aus der Anwendung von § 9 Absatz 1 des Treibhausgas-Emissionshandelsgesetzes und den Zuteilungsregeln dieser Verordnung für dieses Berichtsjahr ergeben würde. [2]Dies gilt auch für Änderungen der Anlage oder ihrer Betriebsweise.

(2) [1]In den Fällen nach § 27 Absatz 6 des Treibhausgas-Emissionshandelsgesetzes ist es dem Anlagenbetreiber gestattet, Berechtigungen für das Kalenderjahr, in dem er erstmals die dort genannte Emissionsschwelle erreicht hat, bis zum 30. April des übernächsten Jahres abzugeben. [2]Abweichend davon muss der Anlagenbetreiber für das Kalenderjahr 2020 Berechtigungen bis zum 30. April 2021 abgeben.

§ 27 Öffentlichkeitsbeteiligung. (1) Die zuständige Behörde gibt auf ihrer Internetseite folgende Informationen bekannt:

1. die Namen der Anlagen, für die eine Befreiung nach § 27 des Treibhausgas-Emissionshandelsgesetzes[1)] beantragt wurde;
2. für jede dieser Anlagen die festgelegte gleichwertige Maßnahme nach § 27 Absatz 2 des Treibhausgas-Emissionshandelsgesetzes und
3. für jede dieser Anlagen die jährlich zwischen 2008 und 2010 verursachten Treibhausgasemissionen.

(2) [1]Nach Bekanntgabe hat die Öffentlichkeit vier Wochen Gelegenheit, zu den beabsichtigten Befreiungen Stellung zu nehmen. [2]Nach Ablauf der Frist teilt die zuständige Behörde der Europäischen Kommission das Ergebnis der Öffentlichkeitsbeteiligung mit. [3]Diese Mitteilung macht die zuständige Behörde auf ihrer Internetseite bekannt.

§ 28 Erleichterungen bei der Emissionsberichterstattung von Kleinemittenten. (1) Für Betreiber von Anlagen, die in den Jahren 2008 bis 2010

[1)] Nr. **55**.

oder in den drei Kalenderjahren vor dem Berichtsjahr jeweils weniger als 5 000 Tonnen Kohlendioxid-Äquivalent emittiert haben, gelten bei der Ermittlung von Emissionen und der Emissionsberichterstattung nach § 5 des Treibhausgas-Emissionshandelsgesetzes[1] folgende Erleichterungen:

1. Emissionsfaktoren, Heizwerte und Kohlenstoffgehalte von Brennstoffen und Materialien können durch Lieferantenangaben bestimmt werden, soweit für die betreffenden Brennstoffe keine entsprechenden standardisierten Parameter durch Rechtsvorschrift bestimmt sind; eines Nachweises der Unsicherheit, mit der die einzelnen Parameter ermittelt wurden, bedarf es nicht.
2. Bestimmt der Betreiber die Parameter in eigener Verantwortung oder durch Beauftragung eines Dritten, genügt der Nachweis, dass normierte Verfahren zur Beprobung und Analyse der einzelnen Stoffparameter angewendet und Herstellerhinweise zum Betrieb der verwendeten Messgeräte beachtet wurden; die in Anspruch genommenen Laboratorien müssen nicht akkreditiert sein; Vergleichsuntersuchungen sind entbehrlich.
3. Für die Überwachung von und die Berichterstattung über Aktivitätsdaten gelten die Nummern 1 und 2 entsprechend.
4. Die fossilen Anteile von Stoffen gleicher Herkunft mit überwiegend biogenem Kohlenstoffanteil müssen vierteljährlich nur einmal durch repräsentative Probenahme und Analyse ermittelt werden; von gleicher Herkunft kann ausgegangen werden, wenn auf Grund des Ursprungs der Stoffe nur eine unwesentlich verschiedene Zusammensetzung anzunehmen ist.
5. Im Überwachungsplan ist eine Beschreibung der Verfahren zur Festlegung von Verantwortlichkeiten und Kompetenzen entbehrlich.
6. Eine Beschreibung des Verfahrens zur regelmäßigen Revision des Überwachungsplans ist entbehrlich.
7. In den Überwachungsplan ist ein nachvollziehbares Datenflussdiagramm aufzunehmen; eine verbale Beschreibung der Datenerhebung und -verwaltung ist daneben entbehrlich.
8. Informationen zu anderen in der Anlage angewandten Umweltmanagementsystemen sind nicht erforderlich.
9. Im Rahmen der Verifizierung des Emissionsberichts ist es ausreichend, wenn die sachverständige Stelle die berichteten Sachverhalte alle vier Jahre mit den Verhältnissen vor Ort abgleicht, soweit die Methode zur Überwachung der Aktivitätsdaten oder Stoffparameter nicht geändert wurde.

(2) Für andere Anlagen nach § 27 Absatz 5 Satz 1 des Treibhausgas-Emissionshandelsgesetzes gilt bei der Ermittlung von Emissionen und der Emissionsberichterstattung Absatz 1 Nummer 1 bis 6 und 8 entsprechend.

Abschnitt 6. Sonstige Regelungen

§ 29 Einheitliche Anlagen. (1) Auf Antrag des Betreibers stellt die zuständige Behörde fest, dass Anlagen nach Anhang 1 Teil 2 Nummer 1 bis 6 des Treibhausgas-Emissionshandelsgesetzes[1] gemeinsam mit anderen Anlagen nach Anhang 1 Teil 2 Nummer 12 bis 22 des Treibhausgas-Emissionshandelsgesetzes

[1] Nr. **55**.

eine einheitliche Anlage bilden, sofern die Voraussetzungen des § 24 des Treibhausgas-Emissionshandelsgesetzes erfüllt sind.

(2) Betreiber von Anlagen im Sinne des Anhangs 1 Teil 2 Nummer 8 bis 11 des Treibhausgas-Emissionshandelsgesetzes, die nach § 24 des Treibhausgas-Emissionshandelsgesetzes als einheitliche Anlage gelten, sind verpflichtet, im Rahmen der Emissionsberichterstattung auch die Produktionsmengen der in den einbezogenen Anlagen hergestellten Produkte anzugeben.

(3) Anlagen nach Anhang 1 Teil 2 Nummer 7 des Treibhausgas-Emissionshandelsgesetzes gelten gemeinsam mit sonstigen in Anhang 1 Teil 2 des Treibhausgas-Emissionshandelsgesetzes aufgeführten Anlagen als einheitliche Anlage, sofern sie von demselben Anlagenbetreiber an demselben Standort in einem technischen Verbund betrieben werden.

(4) Die zuständige Behörde hat Feststellungen nach § 24 des Treibhausgas-Emissionshandelsgesetzes zu widerrufen, soweit nachträglich unmittelbar geltende Rechtsakte der Europäischen Union der Bildung einer solchen einheitlichen Anlage entgegenstehen.

§ 30 Auktionierung. (1) Anbieter der gemäß § 8 Absatz 1 Satz 1 des Treibhausgas-Emissionshandelsgesetzes[1)] zu versteigernden Berechtigungen ist das Umweltbundesamt oder ein von ihm beauftragter Dritter.

(2) [1] Erlöse gemäß § 8 Absatz 3 Satz 1 des Treibhausgas-Emissionshandelsgesetzes sind die Einnahmen nach Abzug der Umsatzsteuer (Nettoerlöse). [2] Im Rahmen des § 8 Absatz 3 Satz 2 des Treibhausgas-Emissionshandelsgesetzes sind Überdeckungen und Unterdeckungen der entstandenen Kosten der Deutschen Emissionshandelsstelle im Umweltbundesamt auf den Refinanzierungsbedarf des darauffolgenden Jahres anzurechnen.

§ 31 Ordnungswidrigkeiten. (1) Ordnungswidrig im Sinne des § 32 Absatz 1 Nummer 2 und Absatz 2 des Treibhausgas-Emissionshandelsgesetzes[1)] handelt, wer vorsätzlich oder fahrlässig entgegen § 5 Absatz 1, § 6 Absatz 4 Satz 1, § 10 Absatz 3 Satz 1 erster Halbsatz oder Satz 2 oder § 16 Absatz 2 eine Angabe nicht richtig macht.

(2) Ordnungswidrig im Sinne des § 32 Absatz 3 Nummer 6 des Treibhausgas-Emissionshandelsgesetzes handelt, wer vorsätzlich oder fahrlässig

1. entgegen § 6 Absatz 2 Satz 3 einen Einzelnachweis nicht, nicht richtig oder nicht rechtzeitig vorweist,
2. entgegen § 22 Absatz 1 eine Mitteilung über Aktivitätsraten der Anlage nicht, nicht richtig, nicht vollständig oder nicht rechtzeitig macht,
3. entgegen § 22 Absatz 2 eine Mitteilung nicht, nicht richtig, nicht vollständig oder nicht rechtzeitig macht oder
4. entgegen § 29 Absatz 2 eine Angabe nicht, nicht richtig oder nicht vollständig macht.

§ 32 Übergangsregelung zur Einbeziehung von Polymerisationsanlagen. Für Polymerisationsanlagen gelten für die Jahre 2018 bis 2020 folgende Übergangsregelungen:

[1)] Nr. **55**.

1. Als Bestandsanlage gelten alle Anlagen, denen vor dem 1. Juli 2011 eine Genehmigung zur Emission von Treibhausgasen erteilt wurde; als Neuanlage gelten alle Anlagen, denen zum ersten Mal nach dem 30. Juni 2011 eine Genehmigung zur Emission von Treibhausgasen erteilt wurde.
2. Abweichend von § 16 Absatz 1 sind Anträge auf kostenlose Zuteilung von Berechtigungen für neue Marktteilnehmer, die ihren Regelbetrieb oder ihren geänderten Betrieb in dem Zeitraum vom 1. Juli 2011 bis zum 30. September 2016 aufgenommen haben, bis zum Ablauf der Frist nach § 36 Absatz 3 des Treibhausgas-Emissionshandelsgesetzes[1] zu stellen.
3. Abweichend von § 18 Absatz 4 werden für Emissionen der Zuteilungselemente, die vor Aufnahme des Regelbetriebs erfolgt sind, zusätzliche Berechtigungen nur zugeteilt, wenn die Emissionen nach dem 31. Dezember 2017 erfolgt sind.
4. Abweichend von § 21 Absatz 2 Satz 1 hebt die zuständige Behörde die Entscheidung über die Zuteilung von Berechtigungen an eine Anlage, die ihren Betrieb teilweise einstellt, ab dem auf die teilweise Betriebseinstellung folgenden Kalenderjahr, bei teilweisen Betriebseinstellungen vor dem 1. Januar 2017 ab dem Jahr 2018, von Amts wegen auf und passt die Zuteilung nach den Vorgaben nach § 21 an.
5. Abweichend von § 22 Absatz 1 hat der Anlagenbetreiber der zuständigen Behörde alle relevanten Informationen über geplante oder tatsächliche Änderungen der Kapazität, der Aktivitätsraten und des Betriebs der Anlage bis zum 31. Januar des Folgejahres, erstmals zum 31. Januar 2018, mitzuteilen.

§ 33 Inkrafttreten. Diese Verordnung tritt am Tag nach der Verkündung[2] in Kraft.

Anhang 1
(zu § 5 Absatz 1 Nummer 4 Buchstabe e, § 6 Absatz 6, § 10 Absatz 3 Satz 1, §§ 12, 13 Satz 1, § 15 Absatz 4 Satz 3, § 16 Absatz 2 Nummer 5 Buchstabe c, § 23 Absatz 4 Satz 2)

Anwendung besonderer Zuteilungsregeln

Teil 1. Zuteilung für Steamcracking-Prozesse nach § 12

Die vorläufige jährliche Anzahl Berechtigungen, die einem Zuteilungselement mit Produkt-Emissionswert für die Herstellung chemischer Wertprodukte zuzuteilen sind, berechnet sich nach folgender Formel:

$$F_{cWP} = \frac{Em_{direkt}}{Em_{direkt} + Em_{indirekt}} \cdot BM_{Steamcracken} \cdot MEDIAN\,(HAR_{cWP,\,insg.,k} - HZE_{H,k} - HZE_{E,k} - HZE_{O,k}) + 1{,}78 \cdot MEDIAN\,(HZE_{H,k}) + 0{,}24 \cdot MEDIAN\,(HZE_{E,k}) + 0{,}16 \cdot MEDIAN\,(HZE_{O,k})$$

[1] Nr. **55**.
[2] Verkündet am 29.9.2011.

Erläuterung der Abkürzungen

F_{cWP}	vorläufige jährliche Zuteilung für ein Zuteilungselement, das die Produktion von chemischen Wertprodukten durch Steamcracken abbildet, in Anzahl Berechtigungen;
$BM_{Steamcracken}$	Produkt-Emissionswert für Steamcracken;
Em_{direkt}	direkte Emissionen nach Maßgabe von § 15 Absatz 4. Die in den direkten Emissionen enthaltenen Emissionen aus allen Nettoimporten messbarer Wärme werden nach § 15 Absatz 3 berechnet;
$Em_{indirekt}$	indirekte Emissionen aus dem Verbrauch von Strom innerhalb der Systemgrenzen des Steamcrackens während des gewählten Bezugszeitraums, berechnet anhand des Emissionsfaktors nach § 15 Absatz 2;
$HAR_{cWP,insg.,k}$	historische Aktivitätsrate für die Gesamtproduktion an chemischen Wertprodukten im Jahr *k* des gewählten Bezugszeitraums, ausgedrückt in Tonnen chemische Wertprodukte;
$HZE_{H,k}$	historische Wasserstoff-Produktion aus zusätzlichen Einsatzstoffen im Jahr *k* des gewählten Bezugszeitraums, ausgedrückt in Tonnen Wasserstoff;
$HZE_{E,k}$	historische Ethen-Produktion aus zusätzlichen Einsatzstoffen im Jahr *k* des gewählten Bezugszeitraums, ausgedrückt in Tonnen Ethen;
$HZE_{O,k}$	historische Produktion anderer chemischer Wertprodukte aus zusätzlichen Einsatzstoffen im Jahr *k* des gewählten Bezugszeitraums, ausgedrückt in Tonnen anderer chemischer Wertprodukte, hier als Summe der Massen von Ethin, Propen, Butadien und Benzol.

Teil 2. Zuteilung für Vinylchlorid-Monomer nach § 13

Die vorläufige jährliche Anzahl Berechtigungen, die einem Zuteilungselement mit Produkt-Emissionswert für die Herstellung von Vinylchlorid-Monomer zuzuteilen sind, berechnet sich nach folgender Formel:

$$F_{VCM} = \frac{Em_{direkt}}{Em_{direkt} + Em_{Wasserstoff}} \cdot BM_{VCM} \cdot HAR_{VCM}$$

Erläuterung der Abkürzungen

F_{VCM}	vorläufige jährliche Zuteilung für die Produktion von Vinylchlorid-Monomer, in Anzahl Berechtigungen;
BM_{VCM}	Produkt-Emissionswert für Vinylchlorid-Monomer;
HAR_{VCM}	historische Aktivitätsrate für die Produktion von Vinylchlorid-Monomer als Median der jährlichen Produktionsmengen während des jeweiligen Bezugszeitraums, ausgedrückt in Tonnen Vinylchlorid (Chlorethylen);
Em_{direkt}	historische direkte Emissionen nach Maßgabe von § 15 Absatz 4 aus der Produktion von Vinylchlorid-Monomer, einschließlich Emissionen aus dem Nettowärmeimport während des jeweiligen Bezugszeitraums, ausgedrückt in Tonnen Kohlendioxid-Äquivalent; die in den direkten Emissionen enthaltenen Emissionen aus allen Nettoimporten messbarer Wärme berechnen sich nach § 15 Absatz 3;
$Em_{Wasserstoff}$	historische virtuelle Emissionen aus der Verbrennung von Wasserstoff zur Produktion von Vinylchlorid-Monomer während des jeweiligen Bezugszeitraums, berechnet als historischer Wasserstoffverbrauch multipliziert mit 56,1 Tonnen Kohlendioxid pro Terajoule, ausgedrückt in Tonnen Kohlendioxid-Äquivalent.

Teil 3. Zuordnung der Eingangsströme und Emissionen bei der Erzeugung von Wärme in Kraft-Wärme-Kopplung

1. Für die Zuordnung der Eingangsströme und Emissionen bei der Erzeugung von Wärme in Kraft-Wärme-Kopplung auf die in gekoppelter Produktion hergestellten Produkte ist folgende Formel maßgeblich:

$$E_Q = E_{KWK} \cdot \frac{\frac{\eta_Q}{\eta_{Q,ref}}}{\frac{\eta_{el}}{\eta_{el,ref}} + \frac{\eta_Q}{\eta_{Q,ref}}}$$

Erläuterung der Abkürzungen

E_Q	die auf die in gekoppelter Erzeugung von Wärme entfallende Emissionsmenge in Tonnen Kohlendioxid-Äquivalente oder die auf die in gekoppelter Erzeugung von Wärme entfallenden Stoffströme, bezogen auf ein Zuteilungselement;
η_Q	Wirkungsgrad der Wärmeerzeugung in gekoppelter Wärmeproduktion;
$\eta_{Q,ref}$	Referenzwirkungsgrad der Wärmeerzeugung in gekoppelter Wärmeproduktion;
η_{el}	Wirkungsgrad der Stromproduktion in gekoppelter Stromerzeugung;
$\eta_{el,ref}$	Referenzwirkungsgrad der Stromproduktion in gekoppelter Stromerzeugung;
E_{KWK}	die auf die in gekoppelter Erzeugung von elektrischer und thermischer Energie entfallende Emissionsmenge in Tonnen Kohlendioxid-Äquivalente oder die auf die in gekoppelter Erzeugung von elektrischer und thermischer Energie entfallenden Stoffströme.

2. Zur Anwendung der Formel nach Nummer 1 sind die Wirkungsgrade für die Strom- und Wärmeproduktion entweder aus den Auslegungsparametern der Anlage anzugeben oder durch verifizierte Messungen zu ermitteln; alternativ zur Angabe der Wirkungsgrade können auch die Nutzungsgrade angegeben werden.
Für die Ermittlung der Wirkungsgrade durch verifizierte Messungen sind folgende Formeln maßgeblich:

$$\eta_Q = \frac{Q_W}{Q_{Br}} \text{ bzw. } \eta_{el} = \frac{Q_{el}}{Q_{Br}}$$

Erläuterung der Abkürzungen

Q_W	die auf die in gekoppelter Erzeugung von elektrischer und thermischer Energie entfallende Wärmemenge, ausgedrückt in Gigajoule;
Q_{Br}	die für die gekoppelte Erzeugung von elektrischer und thermischer Energie benötigte Brennstoffmenge, ausgedrückt in Gigajoule;
Q_{el}	die auf die in gekoppelter Erzeugung von elektrischer und thermischer Energie entfallende Strommenge, ausgedrückt in Gigajoule.

Sofern diese Angaben nicht vorliegen oder nicht ermittelt werden können, ist für η_Q ein Wert von 0,7, für η_{el} ein Wert von 0,525 anzunehmen.

3. Zur Anwendung der Formel nach Nummer 1 gelten für $\eta_{Q,ref}$ und $\eta_{el,ref}$ die folgenden Referenzwirkungsgrad-Werte der getrennten Strom- und Wärmeerzeugung:

	Steinkohle, Koks und sonstige feste Brennstoffe	Braunkohle, Braunkohlebriketts	Gasöl, Heizöl, Flüssiggas und sonstige flüssige Brennstoffe	Erdgas und weitere gasförmige Brennstoffe
Strom	44,2 %	41,8 %	44,2 %	52,5 %
Wärme	88 %	86 %	89 %	90 %

Werden in einem Zuteilungselement mehrere Brennstoffe eingesetzt, so ist ein Mischwert für den Referenzwirkungsgrad auf Basis einer Gewichtung nach Brennstoffenergie zu bilden.

4. Zusätzliche Angaben im Zuteilungsantrag
Soweit Regelungen dieser Verordnung auf diesen Teil des Anhangs 1 verweisen, sind im Zuteilungsantrag folgende Angaben zu den Verbrennungseinheiten der Anlage zusätzlich erforderlich:

a) die Bezeichnung der Verbrennungseinheit,

b) die Feuerungswärmeleistung zum Zeitpunkt der Antragstellung,

c) die zugehörigen Zuteilungselemente,

d) Veränderungen der Angaben zu den Buchstaben a bis c in den Kalenderjahren 2005 bis 2010.

Anhang 2
(zu § 7 Absatz 3)

Anforderungen an die sachverständigen Stellen und die Prüfung

Teil 1. Anforderungen an die sachverständigen Stellen

Die sachverständige Stelle muss vom Anlagenbetreiber unabhängig sein, ihre Aufgabe objektiv und unparteiisch ausführen und vertraut sein mit

1. den für die zu prüfenden Tätigkeiten relevanten Rechts- und Verwaltungsvorschriften, insbesondere mit der Richtlinie 2003/87/EG, den Monitoring-Leitlinien, den einheitlichen EU-Zuteilungsregeln, dem Treibhausgas-Emissionshandelsgesetz [1)], der Datenerhebungsverordnung 2020[2)] sowie dieser Verordnung und den einschlägigen Normen;
2. dem Zustandekommen aller Informationen über die einzelnen Parameter und Emissionsquellen in der Anlage, insbesondere im Hinblick auf Erfassung, messtechnische Erhebung, Berechnung und Übermittlung von Daten.

Teil 2. Anforderungen an die Prüfung

I. Allgemeine Grundsätze

1. Planung und Durchführung der Prüfung müssen unter Beachtung professioneller Skepsis erfolgen und insbesondere solche Umstände berücksichtigen, die zu wesentlichen Fehlern und Falschangaben der vorgelegten Informationen und Daten führen könnten.
2. Im Rahmen des Verifizierungsverfahrens dürfen vom Anlagenbetreiber mitgeteilte Parameter und Daten nur validiert werden, wenn sie mit einem hohen Grad an Sicherheit bestimmt werden konnten. Zur Gewährleistung eines hohen Grades an Sicherheit muss die sachverständige Stelle bei der Prüfung der vom Anlagenbetreiber vorgelegten Nachweise zur Überzeugung gelangen, dass
   a) die mitgeteilten Parameter und Daten zuverlässig und schlüssig sind,
   b) die Daten in Übereinstimmung mit den geltenden Normen, Leitlinien und wissenschaftlichen Standards erhoben worden sind und
   c) die einschlägigen Aufzeichnungen und Dokumentationen der Anlage vollständig und schlüssig sind.
3. Die sachverständige Stelle erhält Zugang zu allen Standorten und zu allen Informationen, die mit dem Gegenstand der Prüfung in Zusammenhang stehen.

II. Methodik

1. Die Prüfung basiert auf einer strategischen Analyse aller Tätigkeiten, die in der Anlage durchgeführt werden. Dazu verschafft sich die sachverständige Stelle insbesondere ein vollständiges und detailliertes Verständnis sämtlicher relevanter Tätigkeiten und ihrer Bedeutung für die Zuteilung.
2. Bei der Prüfung sind sämtliche relevanten Informationen der Emissionsgenehmigung, der immissionsschutzrechtlichen Genehmigung oder sonstiger Betriebsgenehmigungen zu berücksichtigen. Dies gilt insbesondere auch hinsichtlich der Bewertung der installierten Anfangskapazität von Zuteilungselementen.
3. Im Rahmen einer Risikoanalyse sind die inhärenten Risiken und die Kontrollrisiken, die sich jeweils aus dem Umfang und der Komplexität der Tätigkeiten des Anlagenbetreibers und den Zuteilungsparametern ergeben und zu wesentlichen Falschangaben führen könnten, sowie die

---

[1)] Nr. **55**.
[2)] Nr. **58**.

Entdeckungsrisiken zu untersuchen und zu bewerten. Basierend auf den Ergebnissen der strategischen Analyse und der Risikoanalyse ist der Prüfplan aufzustellen.

4. Für die Prüfung ist sowohl eine technische Vor-Ort-Besichtigung der Anlage als auch eine Vor-Ort-Einsichtnahme in Nachweise und Belege erforderlich, um das Funktionieren von Zählern und Überwachungssystemen zu kontrollieren, Interviews durchzuführen, Stichproben und hinreichende Informationen zu erheben sowie Belege zu überprüfen. Die sachverständige Stelle kann auf eine Vor-Ort-Besichtigung verzichten, soweit die in Satz 1 genannten Umstände bereits Gegenstand einer nicht länger als zwei Jahre zurückliegenden Vor-Ort-Überprüfung durch die sachverständige Stelle waren.
5. Bei der Umsetzung des Prüfplans sind anhand der vorgesehenen Probenahmeverfahren, Durchgangstests, Dokumentenprüfungen, Analyseverfahren und Datenprüfungen sämtliche Daten zu erheben und Informationen einzuholen, auf die das spätere Prüfgutachten gestützt wird.
6. Die sachverständige Stelle fordert den Anlagenbetreiber auf, alle fehlenden Daten oder fehlende Teile des Prüfpfads zu vervollständigen, Abweichungen bei den Parametern oder Emissionsdaten zu erklären sowie Berechnungen erneut durchzuführen oder mitgeteilte Daten anzupassen.
7. Der Sachverständige hat wesentliche Prüftätigkeiten selbst auszuführen. Soweit er Hilfstätigkeiten delegiert, hat er dies in seinem externen Prüfbericht zu vermerken.

III. Bericht

1. Die sachverständige Stelle erstellt einen internen Prüfbericht, in dem dokumentiert und nachgewiesen wird, dass die strategische Analyse, die Risikoanalyse und der Prüfplan vollständig durchgeführt und umgesetzt wurden. Der interne Prüfbericht muss hinreichende Informationen zu den tragenden Erwägungen des Prüfgutachtens enthalten. Der interne Prüfbericht dient auch dazu, der zuständigen Behörde und der Aufsichtsbehörde eine etwaige Bewertung der Prüfung zu erleichtern.
2. Die Entscheidung, ob die mitgeteilten Parameter wesentliche Falschangaben enthalten oder irgendwelche anderen Fragen offengeblieben sind, die für das Prüfgutachten von Belang sind, ist auf der Grundlage der Ergebnisse und Feststellungen des internen Prüfberichts zu treffen.
3. Prüfmethode, Feststellungen und Prüfgutachten sind in einem externen Prüfbericht zusammenzufassen, welcher durch den Betreiber zusammen mit dem Zuteilungsantrag an die zuständige Behörde übermittelt wird. Der externe Prüfbericht muss in nachvollziehbarer Weise Inhalt und Ergebnis der Prüfung erkennen lassen. Er muss Angaben zu sämtlichen Feldern enthalten, die in der elektronischen Formatvorlage zur Ausfüllung durch die sachverständige Stelle vorgesehen sind. Im elektronischen Format sind die jeweils zutreffenden Prüfvermerke auszuwählen. Hat die sachverständige Stelle in den Antragsangaben Fehler oder Abweichungen von den rechtlichen Anforderungen festgestellt, so muss sie im externen Prüfbericht darauf hinweisen und erläutern, warum sie das Testat trotzdem erteilen konnte. Soweit eine Überprüfung nicht oder nur bedingt möglich ist, ist im externen Prüfbericht zu vermerken, inwieweit der Nachweis geführt werden konnte. Es ist zu begründen, warum die eingeschränkte Prüfbarkeit der Erteilung des Testats nicht entgegenstand.

58. Verordnung über die Erhebung von Daten zur Einbeziehung des Luftverkehrs sowie weiterer Tätigkeiten in den Emissionshandel (Datenerhebungsverordnung 2020 – DEV 2020)[1)]

Vom 22. Juli 2009
(BGBl. I S. 2118)

FNA 2129-40-3

zuletzt geänd. durch Art. 106 Zehnte ZuständigkeitsanpassungsVO v. 31.8.2015 (BGBl. I S. 1474)

Auf Grund des § 27 Absatz 2, 3 und 6 Satz 2 des Treibhausgas-Emissionshandelsgesetzes, der durch Artikel 1 Nummer 4 des Gesetzes vom 16. Juli 2009 (BGBl. I S. 1954) eingefügt worden ist, verordnet die Bundesregierung:

Abschnitt 1. Allgemeine Vorschriften

§ 1 Anwendungsbereich. (1) Diese Verordnung gilt für Tätigkeiten innerhalb des sachlichen Anwendungsbereichs des Anhangs I der Richtlinie 2003/87/EG des Europäischen Parlaments und des Rates vom 13. Oktober 2003 über ein System für den Handel mit Treibhausgasemissionszertifikaten in der Gemeinschaft und zur Änderung der Richtlinie 96/61/EG des Rates (ABl. L 275 vom 25.10.2003, S. 32), die zuletzt durch die Richtlinie 2009/29/EG (ABl. L 140 vom 5.6.2009, S. 63) geändert worden ist, soweit diese Tätigkeiten nicht von Anhang 1 des Treibhausgas-Emissionshandelsgesetzes vom 8. Juli 2004 (BGBl. I S. 1578), das zuletzt durch Artikel 9 des Gesetzes vom 11. August 2010 (BGBl. I S. 1163) geändert worden ist, erfasst sind.

(2) [1] Diese Verordnung gilt abweichend von Absatz 1 für Flüge, die von einem Flugplatz abgehen oder auf einem Flugplatz enden, der sich in dem Hoheitsgebiet eines Mitgliedstaats der Europäischen Union befindet, auf das der Vertrag zur Gründung der Europäischen Gemeinschaft Anwendung findet, und die von Luftfahrzeugbetreibern durchgeführt werden, die

1. durch die nach § 27 Absatz 3 Satz 1 zweiter Halbsatz des Treibhausgas-Emissionshandelsgesetzes vom 8. Juli 2004 (BGBl. I S. 1578), das zuletzt durch Artikel 9 des Gesetzes vom 11. August 2010 (BGBl. I S. 1163) geändert worden ist, im Bundesanzeiger bekannt gemachte Liste der Kommission nach Artikel 18a Absatz 3 der Richtlinie 2003/87/EG der Bundesrepublik Deutschland als zuständigem Verwaltungsmitgliedstaat zugewiesen sind oder
2. auf dieser Liste keinem Verwaltungsmitgliedstaat zugewiesen sind, sofern sie eine gültige deutsche Betriebsgenehmigung im Sinne des Artikels 3 der Ver-

[1)] **Amtl. Anm.:** Diese Verordnung dient der Umsetzung der Richtlinie 2003/87/EG des Europäischen Parlaments und des Rates vom 13. Oktober 2003 über ein System für den Handel mit Treibhausgasemissionszertifikaten in der Gemeinschaft und zur Änderung der Richtlinie 96/61/EG des Rates (ABl. L 275 vom 25.10.2003, S. 32), die zuletzt durch die Richtlinie 2009/29/EG (ABl. L 140 vom 5.6.2009, S. 63) geändert worden ist.

ordnung (EG) Nr. 1008/2008 des Europäischen Parlaments und des Rates vom 24. September 2008 über gemeinsame Vorschriften für die Durchführung von Luftverkehrsdiensten in der Gemeinschaft (ABl. L 293 vom 31.10. 2008, S. 3) besitzen und nicht nur privilegierte Flüge nach Anlage 1 durchführen.

[2] Ist ein Luftfahrzeugbetreiber nach Satz 1 Nummer 1 der Bundesrepublik Deutschland als zuständigem Verwaltungsmitgliedstaat zugewiesen nach der Liste der Kommission nach Artikel 18a Absatz 3 der Richtlinie 2003/87/EG in der Fassung der Verordnung (EG) Nr. 748/2009 (ABl. L 219 vom 22.8.2009, S. 1), die durch die Verordnung (EU) Nr. 82/2010 (ABl. L 25 vom 29.1.2010, S. 12) geändert worden ist, und wird dieser Luftfahrzeugbetreiber durch eine neue Fassung der Verordnung (EG) Nr. 748/2009 einem anderen Verwaltungsmitgliedstaat zugewiesen, so bleibt die vorliegende Verordnung auf ihn anwendbar, bis er seine Pflichten nach § 4 hinsichtlich der Emissionen des Jahres 2010 und seine Pflichten nach § 5 erfüllt hat.

§ 2 Begriffsbestimmungen. (1) Für diese Verordnung gelten folgende Begriffsbestimmungen:

1. Inbetriebnahme: die erstmalige Aufnahme des Regelbetriebes nach Abschluss des Probebetriebes;
2. Kapazität: die tatsächlich und rechtlich maximal mögliche Produktionsmenge pro Jahr;
3. Luftfahrzeugbetreiber: natürliche oder juristische Person, die ein Luftfahrzeug zu dem Zeitpunkt betreibt, zu dem eine Luftverkehrstätigkeit durchgeführt wird, oder, wenn die Identität dieser Person unbekannt ist oder vom Luftfahrzeugeigentümer nicht angegeben wird, der Eigentümer des Luftfahrzeugs;
4. Luftverkehrstätigkeit: dem Anwendungsbereich dieser Verordnung unterfallende Flüge;
5. Monitoring-Leitlinien: die Entscheidung 2007/589/EG der Kommission vom 18. Juli 2007 zur Festlegung von Leitlinien für die Überwachung und Berichterstattung betreffend Treibhausgasemissionen im Sinne der Richtlinie 2003/87/EG des Europäischen Parlaments und des Rates (Monitoring-Leitlinien) (ABl. L 229 vom 31.8.2007, S. 1), die zuletzt durch die Entscheidung 2009/399/EG (ABl. L 103 vom 23.4.2009, S. 10) geändert worden ist;
6. Probebetrieb: der zeitweilige Betrieb einer Anlage zur Prüfung ihrer Betriebstüchtigkeit entsprechend dem vorgesehenen Ablauf der Inbetriebsetzung;
7. Produktionsmenge: die Menge der pro Jahr in einer Anlage erzeugten Produkteinheiten, bezogen auf die jährliche Nettomenge verkaufsfertiger Produkte;
8. Überwachungsplan: ein Monitoringkonzept nach Anhang I Abschnitt 4.3. der Monitoring-Leitlinien;
9. Verantwortlicher für eine weitere Tätigkeit: natürliche oder juristische Person, die die unmittelbare Entscheidungsgewalt über eine weitere Tätigkeit innehat und dabei die wirtschaftlichen Risiken der Tätigkeit trägt; bei genehmigungsbedürftigen Anlagen im Sinne von § 4 Absatz 1 Satz 3 des

Bundes-Immissionsschutzgesetzes ist Verantwortlicher für eine weitere Tätigkeit der Betreiber der Anlage;

10. weitere Tätigkeit: Tätigkeit im Sinne des Anhangs I der Richtlinie 2003/87/EG in ortsfesten Anlagen, soweit die Tätigkeit nicht oder nicht in diesem Umfang in Anhang 1 des Treibhausgas-Emissionshandelsgesetzes vom 8. Juli 2004 (BGBl. I S. 1578), das zuletzt durch Artikel 9 des Gesetzes vom 11. August 2010 (BGBl. I S. 1163) geändert worden ist, aufgeführt ist und soweit es sich nicht um eine Luftverkehrstätigkeit handelt.

(2) Im Übrigen gelten die Begriffsbestimmungen aus Anhang I Abschnitt 2 Nummer 1 bis 5 der Monitoring-Leitlinien.

§ 3 Allgemeine Anforderungen an die Ermittlung von Daten und deren Berichterstattung. (1) [1] Luftfahrzeugbetreiber sowie Verantwortliche für eine weitere Tätigkeit sind verpflichtet, Daten und Informationen nach Maßgabe der Vorschriften dieser Verordnung zu ermitteln und mitzuteilen. [2] Soweit die Vorschriften dieser Verordnung keine abweichenden Regelungen enthalten, müssen die Daten entsprechend den Anforderungen der Monitoring-Leitlinien ermittelt und berichtet werden.

(2) [1] Soweit Angaben die Durchführung von Berechnungen oder von Messungen voraussetzen, sind der Luftfahrzeugbetreiber sowie der Verantwortliche für eine weitere Tätigkeit verpflichtet, die angewandte Berechnungs- und Messmethode zu erläutern und die Ableitung der Angaben nachvollziehbar darzustellen. [2] Die zugrunde liegenden Einzelnachweise sind auf Verlangen der zuständigen Behörde unverzüglich vorzulegen.

Abschnitt 2. Berichtspflichten für Luftfahrzeugbetreiber

§ 4 Ermittlung von Emissionsdaten, Berichterstattung sowie Erstellung des Überwachungsplans. (1) [1] Der Luftfahrzeugbetreiber hat einen Überwachungsplan zur Überwachung und Berichterstattung der durch seine Luftverkehrstätigkeit ab dem 1. Januar 2010 verursachten Kohlendioxid-Emissionen, über die er nach Absatz 5 zu berichten hat, nach Anhang I und XIV der Monitoring-Leitlinien zu erstellen und bei der zuständigen Behörde zur Genehmigung einzureichen. [2] Sofern die in § 1 Absatz 2 Nummer 1 genannte Liste bis zum 25. Juli 2009 im Bundesanzeiger bekannt gemacht ist, ist der späteste Zeitpunkt für die Einreichung des Überwachungsplans nach Anhang XIV Abschnitt 6 Absatz 1 der Monitoring-Leitlinien der 31. August 2009; ansonsten endet die Frist zur Einreichung des Überwachungsplans sechs Wochen nach der Bekanntmachung dieser Liste.

(2) Stellt der Luftfahrzeugbetreiber bis zu dem nach Absatz 1 Satz 2 maßgeblichen Zeitpunkt einen Antrag nach § 6 Absatz 1 und wird dieser Antrag abgelehnt, beträgt die Frist zur Einreichung des Überwachungsplans sechs Wochen, beginnend ab der Bekanntgabe der Entscheidung.

(3) [1] Hat der Luftfahrzeugbetreiber bis zu dem nach Absatz 1 Satz 2 maßgeblichen Zeitpunkt keinen Überwachungsplan eingereicht und keinen Antrag nach § 6 Absatz 1 gestellt, ist er verpflichtet, den Überwachungsplan innerhalb einer von der zuständigen Behörde festzusetzenden Frist nachzureichen. [2] Sofern die zuständige Behörde zur Prüfung des eingereichten Überwachungsplans

zusätzliche Angaben benötigt, ist der Luftfahrzeugbetreiber verpflichtet, diese Angaben auf Verlangen der zuständigen Behörde innerhalb einer von der zuständigen Behörde festzusetzenden Frist zu übermitteln. [3] Genügt ein Überwachungsplan den Anforderungen dieser Verordnung nicht, ist der Luftfahrzeugbetreiber verpflichtet, die festgestellten Mängel innerhalb einer von der zuständigen Behörde festzusetzenden Frist zu beseitigen und einen Überwachungsplan vorzulegen, der den Anforderungen dieser Verordnung entspricht.

(4) [1] Soweit ein Luftfahrzeugbetreiber erst nach dem 25. Juli 2009 eine Luftverkehrstätigkeit aufnimmt oder nicht mehr nach § 6 befreit ist, ist er verpflichtet, den Überwachungsplan nach Absatz 1 Satz 1 unverzüglich bei der zuständigen Behörde einzureichen. [2] Absatz 3 gilt entsprechend.

(5) [1] Der Luftfahrzeugbetreiber hat ab dem 1. Januar 2010 die durch seine Luftverkehrstätigkeit in den Kalenderjahren 2010 und 2011 verursachten Kohlendioxid-Emissionen nach Maßgabe der Anhänge I und XIV der Monitoring-Leitlinien auf der Grundlage eines genehmigten Überwachungsplans für jedes der beiden Kalenderjahre zu ermitteln und der zuständigen Behörde jeweils bis zum 31. März des Folgejahres über die Emissionen zu berichten. [2] Die Pflicht nach Satz 1 umfasst nicht die Emissionen privilegierter Flüge nach Anlage 1.

(6) Sofern ein Luftfahrzeugbetreiber erst nach dem 25. Juli 2009 dem Anwendungsbereich dieser Verordnung unterfällt, beziehen sich die Ermittlungs- und Berichtspflichten nach Absatz 5 jeweils auf das gesamte Kalenderjahr, in dem dieses Ereignis eintritt.

(7) [1] Werden die Monitoring-Leitlinien nach dem 25. Juli 2009 geändert und bestimmt die Kommission hierbei für die Einreichung des Überwachungsplans einen späteren als den nach Absatz 1 Satz 2 maßgeblichen Zeitpunkt, so ist dieser Termin der nach Absatz 1 Satz 2 maßgebliche Zeitpunkt. [2] Soweit die Monitoring-Leitlinien nach dem 25. Juli 2009 geändert werden und sich diese Änderungen auf die Ermittlung der in Absatz 1 Satz 1 und Absatz 5 Satz 1 genannten Emissionen beziehen, hat der Luftfahrzeugbetreiber nach Maßgabe der geänderten Monitoring-Leitlinien den Überwachungsplan zu erstellen sowie die Emissionen zu ermitteln und über sie zu berichten. [3] Das Bundesministerium für Umwelt, Naturschutz, Bau und Reaktorsicherheit gibt die für den Luftfahrzeugbetreiber maßgeblichen Änderungen nach Satz 1 und 2 im Bundesanzeiger bekannt.

§ 5 Ermittlung von Flugstrecke und Nutzlast, Berichterstattung sowie Erstellung des Überwachungsplans. (1) [1] Der Luftfahrzeugbetreiber hat die durch seine Luftverkehrstätigkeit, soweit sie nicht unter die privilegierten Flüge nach Anlage 1 fällt, in dem Kalenderjahr 2010 zurückgelegte Flugstrecke und die in diesem Jahr transportierte Nutzlast nach den Anhängen I und XV der Monitoring-Leitlinien zu ermitteln und der zuständigen Behörde bis zum 31. März 2011 darüber zu berichten. [2] Sofern die zuständige Behörde zur Prüfung des Berichts nach Satz 1 zusätzliche Angaben benötigt, ist der Luftfahrzeugbetreiber verpflichtet, diese Angaben auf Verlangen der zuständigen Behörde innerhalb einer von der zuständigen Behörde festzusetzenden Frist zu übermitteln.

(2) [1] Zum Zweck der Ermittlung und Berichterstattung nach Absatz 1 Satz 1 hat der Luftfahrzeugbetreiber nach Anhang I und XV der Monitoring-Leitlinien einen Überwachungsplan zu erstellen und bei der zuständigen Behörde zur Genehmigung einzureichen. [2] Sofern die in § 1 Absatz 2 Nummer 1 genannte Liste bis zum 25. Juli 2009 im Bundesanzeiger bekannt gemacht ist, ist der späteste Zeitpunkt für die Einreichung des Überwachungsplans nach Anhang XV Abschnitt 3 Absatz 2 der Monitoring-Leitlinien der 31. August 2009; ansonsten endet die Frist zur Einreichung des Überwachungsplans sechs Wochen nach der Bekanntmachung dieser Liste.

(3) [1] § 4 Absatz 2 bis 4 und 6 gilt entsprechend. [2] § 4 Absatz 7 gilt entsprechend mit der Maßgabe, dass sich die Änderungen der Monitoring-Leitlinien auf den nach Absatz 2 Satz 2 maßgeblichen Zeitpunkt sowie auf die zurückgelegte Flugstrecke und die transportierte Nutzlast beziehen.

(4) Die Pflichten nach den Absätzen 1 und 2 entfallen, wenn der Luftfahrzeugbetreiber gegenüber der zuständigen Behörde in einer unwiderruflichen, schriftlichen Erklärung auf seinen künftigen Anspruch auf kostenlose Zuteilung von Berechtigungen für die Zuteilungsperiode 2012 und für die Zuteilungsperiode 2013 bis 2020 verzichtet.

§ 6 Befreiung für gelistete Luftfahrzeugbetreiber mit privilegierten Flügen. (1) Auf Antrag eines Luftfahrzeugbetreibers, der durch die Liste der Kommission nach Artikel 18a Absatz 3 der Richtlinie 2003/87/EG der Bundesrepublik Deutschland als zuständigem Verwaltungsmitgliedstaat zugewiesen ist, befreit die zuständige Behörde diesen Luftfahrzeugbetreiber von den Pflichten nach den §§ 4 und 5, sofern

1. der Luftfahrzeugbetreiber im Kalenderjahr 2008 nur privilegierte Flüge nach Anlage 1 durchgeführt hat oder
2. zu erwarten ist, dass der Luftfahrzeugbetreiber in den Kalenderjahren 2010 oder 2011 nur privilegierte Flüge nach Anlage 1 durchführen wird; die Befreiung gilt für das Kalenderjahr, für das zu erwarten ist, dass der Luftfahrzeugbetreiber die Voraussetzung erfüllt.

(2) Im Fall des Absatzes 1 Nummer 2 hat der Antragsteller die Veränderungen gegenüber dem bisher ausgeübten Umfang oder der Art der Luftverkehrstätigkeit anzugeben, auf deren Grundlage zu erwarten ist, dass er nur privilegierte Flüge nach Anlage 1 durchführen wird.

(3) [1] Die Befreiung erlischt, wenn der Luftfahrzeugbetreiber in einem Kalenderjahr, für das die Befreiung erteilt wurde, auch Flüge durchführt, die nicht nach Anlage 1 privilegiert sind. [2] In diesem Fall beziehen sich die Ermittlungs- und Berichtspflichten nach § 4 Absatz 5 und § 5 Absatz 1 Satz 1 jeweils auf das gesamte Kalenderjahr, in dem die Befreiung nach Satz 1 erloschen ist.

Abschnitt 3. Mitteilungspflichten für die Verantwortlichen weiterer Tätigkeiten

§ 7 Ermittlung und Mitteilung von Daten. (1) [1] Der Verantwortliche für eine weitere Tätigkeit hat die durch seine Tätigkeit in den Kalenderjahren 2005 bis 2008 verursachten jährlichen Emissionen zu ermitteln und der zuständigen Behörde bis zum 31. März 2010 mitzuteilen. [2] Bei Inbetriebnahme einer neuen

Anlage im Zeitraum 2005 bis 2008 gilt die Verpflichtung nach Satz 1 ab dem Zeitpunkt der Inbetriebnahme.

(2) Die Ermittlungs- und Mitteilungspflicht bezieht sich bei der jeweiligen weiteren Tätigkeit auf diejenigen Treibhausgase, die in Spalte 2 der Tabelle in Anhang I der Richtlinie 2003/87/EG aufgeführt sind.

(3) [1] Entstehen bei einer weiteren Tätigkeit Emissionen aus der Verbrennung, so sind diese nach Anhang II der Monitoring-Leitlinien zu ermitteln und mitzuteilen. [2] Bei denjenigen weiteren Tätigkeiten, bezüglich derer die Anhänge III bis XI und XIII der Monitoring-Leitlinien oder diese Verordnung in den §§ 8 und 9 tätigkeitsspezifische Regelungen vorsehen, sind diese Regelungen neben den allgemeinen Regelungen des Anhangs I der Monitoring-Leitlinien bei der Ermittlung und Mitteilung der Emissionen zugrunde zu legen. [3] Bei denjenigen weiteren Tätigkeiten, bezüglich derer die Monitoring-Leitlinien in den Anhängen oder diese Verordnung keine tätigkeitsspezifischen Regelungen vorsehen, sind die allgemeinen Regelungen des Anhangs I der Monitoring-Leitlinien bei der Ermittlung und Mitteilung der Emissionen zugrunde zu legen. [4] Anhang 2 Teil I Nummer 2 des Treibhausgas-Emissionshandelsgesetzes vom 8. Juli 2004 (BGBl. I S. 1578), das zuletzt durch Artikel 9 des Gesetzes vom 11. August 2010 (BGBl. I S. 1163) geändert worden ist, gilt entsprechend.

(4) [1] Soweit in den Monitoring-Leitlinien oder in dieser Verordnung keine tätigkeitsspezifischen Anforderungen festgelegt sind oder der Verantwortliche für die weitere Tätigkeit die dort festgelegten Anforderungen nicht einhalten kann, sind die Daten mit dem im Einzelfall höchsten erreichbaren Grad an Genauigkeit und Vollständigkeit zu ermitteln und mitzuteilen. [2] Der Verantwortliche für die weitere Tätigkeit hat in diesem Fall darzulegen, auf welcher Grundlage die Angaben beruhen und welcher Grad an Genauigkeit insofern erzielt worden ist.

(5) Der Verantwortliche für eine weitere Tätigkeit ist verpflichtet, folgende Daten anzugeben:

1. die Bezeichnung der weiteren Tätigkeit;
2. eine textliche und, soweit vorhanden, bildliche Beschreibung der zu überwachenden Anlage, der dort durchgeführten Tätigkeiten und der in der Anlage erzeugten Produkte;
3. die Kapazität der Anlage für den jeweiligen Erhebungszeitraum;
4. das Datum der Inbetriebnahme der Anlage;
5. die Gesamtfeuerungswärmeleistung, unterteilt nach den einzelnen Einheiten der Anlage, soweit für die Tätigkeit in Anhang I der Richtlinie 2003/87/EG ein Schwellenwert als Feuerungswärmeleistung angegeben ist;
6. die Einstufung der weiteren Tätigkeit entsprechend der für die Anlage maßgeblichen Nummerierung im Anhang zur Verordnung über genehmigungsbedürftige Anlagen, bei abweichender Nummerierung in der immissionsschutzrechtlichen Genehmigung auch diese;
7. der NACE-Code, dem die weitere Tätigkeit zuzuordnen ist, nach Anhang I der Verordnung (EG) Nr. 1893/2006 des Europäischen Parlaments und des Rates vom 20. Dezember 2006 zur Aufstellung der statistischen Systematik der Wirtschaftszweige NACE Revision 2 und zur Änderung der Verordnung (EWG) Nr. 3037/90 des Rates sowie einiger Verordnungen der EG über bestimmte Bereiche der Statistik (ABl. Nr. L 393 vom 30.12.2006, S. 1);

8. die in den Monitoring-Leitlinien genannten Daten unter Anhang I Abschnitt 8 – mit Ausnahme der Absätze vor Nummer 1 – sowie Abschnitt 14 und
9. im Fall der Weiterleitung von Kuppelgasen, Synthesegasen oder Treibhausgasen an andere Anlagen Angaben, in welcher Menge und an welche Anlagen diese Gase weitergeleitet wurden; im Fall des Bezugs weitergeleiteter Kuppelgase, Synthesegase oder Treibhausgase die Angaben über Menge und Herkunft der Gase.

§ 8 Besondere Anforderungen an die Ermittlung und Mitteilung von perfluorierten Kohlenwasserstoffen (PFC) (1) [1] Unter den perfluorierten Kohlenwasserstoffen sind Tetrafluormethan und Hexafluorethan nach Anlage 2 zu ermitteln und die Emissionsmengen für jedes Jahr der Kalenderjahre 2005 bis 2008 mitzuteilen. [2] Die Emissionsmengen von Tetrafluormethan und Hexafluorethan sind getrennt anzugeben. [3] Dabei kann die Emissionsmenge von Hexafluorethan rechnerisch aus der Emissionsmenge von Tetrafluormethan ermittelt werden. [4] Bei der Mitteilung von Tetrafluormethan und Hexafluorethan ist keine Umrechnung in Kohlenstoffdioxid-Äquivalente vorzunehmen.

(2) Der Verantwortliche für eine weitere Tätigkeit ist verpflichtet, zusätzlich zu den Daten nach § 7 folgende Daten mitzuteilen:
1. die jährliche Produktionsmenge Aluminium je Zelltyp;
2. die Angabe der Zelltypen;
3. die für jede Anlage zelltypspezifisch ermittelten Steigungskoeffizienten sowie das Datum der Bestimmung bei Erfassung nach Formel 2 gemäß Anlage 2;
4. die Dauer des Anodeneffekts bei Erfassung nach Formel 2 gemäß Anlage 2; die Methode der Erfassung der Anodeneffekt-Dauer ist zu beschreiben;
5. die Überspannungskoeffizienten sowie das Datum der Bestimmung bei Erfassung nach Formel 3 gemäß Anlage 2;
6. die Werte der Anodeneffekt-Überspannung bei Erfassung nach Formel 3 gemäß Anlage 2; die Methode der Erfassung der Überspannung ist zu beschreiben;
7. die Stromeffizienz bei der Aluminiumproduktion bei Erfassung nach Formel 3 gemäß Anlage 2; die Methode der Erfassung der Stromeffizienz ist zu beschreiben;
8. die bei der Ermittlung der Emissionsmenge von Hexafluorethan nach Formel 5 verwendeten Gewichtungsfaktoren.

§ 9 Besondere Anforderungen an die Ermittlung und Mitteilung von Distickstoffoxid (N_2O). (1) [1] Bei der Ermittlung und Mitteilung von Distickstoffoxid gilt bezüglich der einzuhaltenden Mindestgenauigkeit Ebene 2 des Anhangs XIII Abschnitt 2.2. der Monitoring-Leitlinien. [2] Für die im Rahmen der Ermittlung der Emissionsmengen notwendigen Angaben zur Produktionsmenge gilt § 10 Absatz 1 und 2 der Zuteilungsverordnung 2012 entsprechend.

(2) Der Verantwortliche für die weitere Tätigkeit ist verpflichtet, zusätzlich zu den Daten nach § 7 die in Anhang XIII Abschnitt 9 Buchstabe a bis g der Monitoring-Leitlinien genannten Daten anzugeben.

(3) Werden Daten zu Distickstoffoxid nach Anhang XIII Abschnitt 2.6. oder Abschnitt 6.3. der Monitoring-Leitlinien ermittelt und mitgeteilt, so hat der Verantwortliche für die weitere Tätigkeit darzulegen, auf welcher Grundlage die Ermittlung beruht und welcher Grad an Genauigkeit erzielt worden ist.

Abschnitt 4. Verfahren

§ 10 Elektronische Kommunikation. [1] Die zuständige Behörde kann vorschreiben, dass Luftfahrzeugbetreiber sowie Verantwortliche für eine weitere Tätigkeit die auf der Internetseite der zuständigen Behörde zur Verfügung gestellten elektronischen Formularvorlagen zu benutzen haben und die ausgefüllten Formularvorlagen in elektronischer Form zu übermitteln sind. [2] Sie gibt Anordnungen nach Satz 1 mindestens einen Monat vor Ablauf der festgelegten Übermittlungsfrist im Bundesanzeiger bekannt.

§ 11 Prüfung. (1) [1] Die Berichte nach den §§ 4 und 5 sowie die Datenmitteilungen nach den §§ 7 bis 9 müssen vor ihrer Abgabe von einer durch die zuständige Behörde bekannt gegebenen sachverständigen Stelle geprüft werden. [2] Die Anforderungen nach Anhang V der Richtlinie 2003/87/EG gelten entsprechend.

(2) Bei der Prüfung der Datenmitteilungen von Verantwortlichen für eine weitere Tätigkeit bei Anlagen mit Kohlendioxid-Emissionen von durchschnittlich weniger als 25 000 Tonnen pro Jahr in den Kalenderjahren 2005 bis 2008 kann die sachverständige Stelle auf eine Besichtigung der Anlage vor Ort verzichten.

(3) Die zuständige Behörde macht die sachverständigen Stellen entsprechend den Vorgaben des § 5 Absatz 3 Satz 2 bis 9 des Treibhausgas-Emissionshandelsgesetzes vom 8. Juli 2004 (BGBl. I S. 1578), das zuletzt durch Artikel 9 des Gesetzes vom 11. August 2010 (BGBl. I S. 1163) geändert worden ist, bekannt.

Abschnitt 5. Sanktionen und Inkrafttreten

§ 12 Ordnungswidrigkeiten. Ordnungswidrig im Sinne des § 19 Absatz 1 Nummer 4 des Treibhausgas-Emissionshandelsgesetzes vom 8. Juli 2004 (BGBl. I S. 1578), das zuletzt durch Artikel 9 des Gesetzes vom 11. August 2010 (BGBl. I S. 1163) geändert worden ist, handelt, wer vorsätzlich oder fahrlässig

1. entgegen § 4 Absatz 3 Satz 1, auch in Verbindung mit Absatz 4 Satz 2, einen Überwachungsplan nicht oder nicht rechtzeitig nachreicht,
2. entgegen § 4 Absatz 3 Satz 2, auch in Verbindung mit Absatz 4 Satz 2, eine Angabe nicht, nicht richtig, nicht vollständig oder nicht rechtzeitig übermittelt,
3. entgegen § 4 Absatz 5 Satz 1 der zuständigen Behörde nicht oder nicht rechtzeitig berichtet,
4. entgegen § 5 Absatz 1 Satz 2 eine Angabe nicht richtig oder nicht vollständig übermittelt oder

5. entgegen § 7 Absatz 1 Satz 1 in Verbindung mit § 7 Absatz 5, § 8 Absatz 2 oder § 9 Absatz 2 eine Mitteilung nicht, nicht richtig, nicht vollständig oder nicht rechtzeitig macht.

§ 13 Zuständige Behörde. Zuständige Behörde im Sinne dieser Verordnung ist das Umweltbundesamt.

§ 14 Inkrafttreten. Diese Verordnung tritt am Tag nach der Verkündung[1)] in Kraft.

Anlage 1
(zu § 1 Absatz 2 Nummer 2, § 4 Absatz 5 Satz 2, § 5 Absatz 1 Satz 1 und § 6)

Privilegierte Flüge

1. Flüge, die ausschließlich durchgeführt werden, um folgende Personen in offizieller Mission zu befördern:
   a) regierende Monarchinnen und Monarchen und ihre unmittelbaren Familienangehörigen,
   b) Staatschefinnen und Staatschefs, Regierungschefinnen und Regierungschefs und zur Regierung gehörende Ministerinnen und Minister

   eines Nichtmitgliedstaats der Europäischen Union, soweit dies durch einen entsprechenden Statusindikator im Flugplan vermerkt ist;
2. Militärflüge in Militärluftfahrzeugen sowie Zoll- und Polizeiflüge;
3. Flüge im Zusammenhang mit Such- und Rettungseinsätzen, Löschflüge, Flüge im humanitären Einsatz sowie Ambulanzflüge in medizinischen Notfällen, soweit eine Genehmigung der jeweils zuständigen Behörde vorliegt;
4. Flüge, die ausschließlich nach Sichtflugregeln im Sinne der §§ 28 und 31 bis 34 der Luftverkehrs-Ordnung durchgeführt werden;
5. Flüge, bei denen das Luftfahrzeug ohne Zwischenlandung wieder zum Ausgangsflugplatz zurückkehrt;
6. Übungsflüge, die ausschließlich zum Erwerb eines Pilotenscheins oder einer Berechtigung für die Cockpit-Besatzung durchgeführt werden, sofern dies im Flugplan vermerkt ist; diese Flüge dürfen nicht zur Beförderung von Fluggästen oder Fracht oder zur Positionierung oder Überführung von Luftfahrzeugen dienen;
7. Flüge, die ausschließlich der wissenschaftlichen Forschung oder der Kontrolle, Erprobung oder Zulassung von Luftfahrzeugen oder Ausrüstung dienen, unabhängig davon, ob es sich um Bord- oder Bodenausrüstung handelt;
8. Flüge von Luftfahrzeugen mit einer höchstzulässigen Startmasse von weniger als 5 700 Kilogramm;
9. Flüge im Rahmen von gemeinwirtschaftlichen Verpflichtungen nach Maßgabe des Artikels 16 der Verordnung (EG) Nr. 1008/2008 auf Routen innerhalb von Gebieten in äußerster Randlage im Sinne von Artikel 299 Absatz 2 des Vertrags zur Gründung der Europäischen Gemeinschaft oder auf Routen mit einer angebotenen Kapazität von höchstens 30 000 Sitzplätzen pro Jahr sowie
10. Flüge nach § 1 Absatz 2, die nicht bereits von den Nummern 1 bis 9 erfasst sind und von einem Luftfahrzeugbetreiber durchgeführt werden, der gegen Entgelt Linien- oder Bedarfsflugverkehrsleistungen für die Öffentlichkeit erbringt, bei denen er Fluggäste, Fracht oder Post befördert (gewerblicher Luftfahrzeugbetreiber), sofern dieser Betreiber entweder
    a) weniger als 243 solcher Flüge in jedem von drei aufeinander folgenden Viermonatszeiträumen durchführt oder
    b) die jährlichen Gesamtemissionen solcher Flüge dieses Luftfahrzeugbetreibers weniger als 10 000 Tonnen betragen;

[1)] Verkündet am 24.7.2009.

diese Privilegierung gilt nicht für Flüge, die ausschließlich zur Beförderung von regierenden Monarchinnen und Monarchen und ihren unmittelbaren Familienangehörigen, sowie von Staatschefinnen und Staatschefs, Regierungschefinnen und Regierungschefs und zur Regierung gehörenden Ministerinnen und Ministern eines Mitgliedstaats der Europäischen Union in Ausübung ihres Amtes durchgeführt werden.

Anlage 2
(zu § 8 Absatz 1 Satz 1 und Absatz 2 Nummer 3 bis 8)

Ermittlung und Berichterstattung von perfluorierten Kohlenwasserstoffen (PFC)

Teil 1. Bestimmung der Emissionen von Tetrafluormethan (CF_4)

1. Die Gesamtemissionen von Tetrafluormethan sind nach Formel 1 zu bestimmen. Dabei sind die für jede Anlage zelltypspezifisch ermittelten Emissionsmengen $E_{CF4,\,i}$ in Abhängigkeit von der Prozessführung entweder nach Formel 2 oder nach Formel 3 zu bestimmen. Für die im Rahmen der Ermittlung der Emissionsmengen notwendigen Angaben zur Produktionsmenge in Tonnen Aluminium gilt § 10 Absatz 1 und 2 der Zuteilungsverordnung 2012 entsprechend.
2. Wurde in einem Berichtsjahr nach einem anerkannten Messverfahren ein Steigungskoeffizient für einen Zelltyp ermittelt, der höchstens eine Ungenauigkeit von 15 Prozent aufweist, ist dieser Steigungskoeffizient in Formel 2 für das betreffende Berichtsjahr und den betreffenden Zelltyp zu verwenden. Sofern nicht in jedem Jahr des Zeitraums 2005 bis 2008 eine solche Ermittlung stattfand, kann für einen Zelltyp ein Steigungskoeffizient aus einem anderen Berichtsjahr angesetzt werden, vorausgesetzt es liegt höchstens eine Ungenauigkeit von 15 Prozent vor. Sofern bei einer Ermittlung nach Satz 1 und 2 die Ungenauigkeit eines ermittelten Steigungskoeffizienten höher ist als 15 Prozent oder sofern in keinem Jahr des Zeitraums 2005 bis 2008 ein Steigungskoeffizient nach einem anerkannten Messverfahren für einen betreffenden Zelltyp ermittelt wurde, ist für das Jahr 2009 ein Steigungskoeffizient nach einem anerkannten Messverfahren für jeden Zelltyp zu bestimmen und auf alle Jahre der Datenmitteilung anzuwenden. Wenn infolge von Betriebsunterbrechungen, Prozessstörungen oder aus anderen technischen Gründen im Jahr 2009 bei der Bestimmung eines Steigungskoeffizienten die Ungenauigkeit von 15 Prozent überschritten wird, ist der jeweilige Standardfaktor aus der Tabelle in Teil 3 zu verwenden. Die Anwendung eines Standardfaktors ist zu begründen.
3. Für die in Formel 3 anzusetzenden Überspannungskoeffizienten gelten die Anforderungen nach Nummer 2 entsprechend.

Teil 2. Bestimmung der Emissionen von Hexafluorethan (C_2F_6)

1. Die Gesamtemissionen von Hexafluorethan sind nach Formel 4 zu bestimmen. Dabei sind die zelltypbezogenen Emissionsmengen von C_2F_6 anhand von Formel 5 zu bestimmen.
2. Für den Gewichtungsfaktor können die Standardfaktoren aus Spalte 4 der Tabelle in Teil 3 verwendet werden. Im Fall einer Messung gelten die Anforderungen unter Teil 1 Nummer 2 entsprechend.

Teil 3. Formeln und Tabelle

Formel 1. (Gesamtemissionen von CF_4)

$$EMIS_{CF4} = \sum_i E_{CF4,\,i}$$

mit	i	Index für den Zelltyp
	$EMIS_{CF4}$	Gesamtemissionsmenge von CF_4 in kg CF_4
	$E_{CF4,\,i}$	Emissionsmenge von CF_4 in kg CF_4 je Zelltyp i

Formel 2. (Emissionsmengen von CF_4 je Zelltyp über die Dauer der Anodeneffekte)

$E_{CF4,i} = S_{CF4,i} \star AEM_i \star MP_i$

mit $E_{CF4,i}$ Emissionsmenge CF_4 für Zelltyp i in kg CF_4
$S_{CF4,i}$ Steigungskoeffizient für Zelltyp i in (kg CF_4/Tonne Al)/(AE-Min/Zelltag)
AEM_i Dauer des Anodeneffekts für Zelltyp i je Zelltag in AE-Min/Zelltag
MP_i Produktionsmenge in Tonnen Al für Zelltyp i

Formel 3. (Emissionsmengen von CF_4 je Zelltyp über die Höhe der Überspannungseffekte)

$E_{CF4,i} = OVC_i \star AEO_i \star MP_i/CE_i \star 100\,\%$

mit $E_{CF4,i}$ Emissionsmenge CF_4 für Zelltyp i in kg CF_4
OVC_i Überspannungskoeffizient für Zelltyp i in (kg CF_4/Tonne Al)/mV
AEO_i Anodeneffekt-Überspannung von Zelltyp i in mV
CE_i Stromeffizienz je Zelltyp der Aluminiumproduktion in Prozent (z.B. 95 %)
MP_i Produktionsmenge in Tonnen Al für Zelltyp i

Formel 4. (Berechnung der Gesamtemissionen von C_2F_6)

$$EMIS_{C2F6} = \sum_i E_{C2F6,i}$$

mit i Index für den Zelltyp
$EMIS_{C2F6}$ Gesamtemissionsmenge von C_2F_6 in kg C_2F_6
$E_{C2F6,i}$ Emissionsmenge von C_2F_6 je Zelltyp i

Formel 5. (Berechnung der Emissionsmengen von C_2F_6 je Zelltyp

$E_{C2F6,i} = E_{CF4,i} \star F_{C2F6/CF4,i}$

mit $E_{C2F6,i}$ Emissionsmenge C_2F_6 für Zelltyp i gemessen in kg C_2F_6
$E_{CF4,i}$ Emissionsmenge CF_4 für Zelltyp i gemessen in kg CF_4
$F_{C2F6/CF4,i}$ Gewichtungsfaktor, welcher das Verhältnis von E_{C2F6} zu E_{CF4} in kg C_2F_6/kg CF_4 für Zelltyp i angibt

Tabelle

Zelltyp	Standardfaktor Steigungskoeffizient ($S_{CF4,i}$)	Standardfaktor Überspannungskoeffizient (OVC_i)	Standardfaktor Gewichtungsfaktor ($F_{C2F6/CF4,i}$)
Mittenbedienter Ofen mit vorgebrannten Anoden	0,143	1,16	0,121
Seitenbedienter Ofen mit vorgebrannten Anoden	0,272	3,65	0,252
Søderberg-Zelle mit vertikaler Anodenanordnung	0,092	n.r.*)	0,053
Søderberg-Zelle mit horizontaler Anodenanordnung	0,099	n.r.*)	0,085

*) **Amtl. Anm.:** n.r. = nicht relevant

59. Verordnung zur Durchführung des Treibhausgas-Emissionshandelsgesetzes in der Handelsperiode 2013 bis 2020 (Emissionshandelsverordnung 2020 – EHV 2020)[1]

Vom 20. August 2013

(BGBl. I S. 3295)

FNA 2129-55-2

zuletzt geänd. durch Art. 3 VO zur Änd. der Biomassestrom-NachhaltigkeitsVO, der Biokraftstoff-NachhaltigkeitsVO und der EmissionshandelsVO 2020 sowie zur Umsetzung europarechtlicher Vorgaben v. 26.6.2018 (BGBl. I S. 872)

Es verordnen auf Grund

– des § 28 Absatz 1 Nummer 3 Buchstabe b und c des Treibhausgas-Emissionshandelsgesetzes[2] vom 21. Juli 2011 (BGBl. I S. 1475) die Bundesregierung sowie

– des § 28 Absatz 2 Nummer 1 und Absatz 4 Satz 1 Nummer 1 bis 3 des Treibhausgas-Emissionshandelsgesetzes vom 21. Juli 2011 (BGBl. I S. 1475), von denen Absatz 2 Nummer 1 durch Artikel 1 Nummer 13 Buchstabe a des Gesetzes vom 15. Juli 2013 (BGBl. I S. 2431) neu gefasst und Absatz 4 Satz 1 Nummer 1 bis 3 durch Artikel 1 Nummer 13 Buchstabe b des vorgenannten Gesetzes eingefügt worden ist, das Bundesministerium für Umwelt, Naturschutz und Reaktorsicherheit:

Inhaltsübersicht

---

[1] **Amtl. Anm.:** Diese Verordnung dient der Umsetzung der Richtlinie 2009/28/EG des Europäischen Parlaments und des Rates vom 23. April 2009 zur Förderung der Nutzung von Energie aus erneuerbaren Quellen und zur Änderung und anschließenden Aufhebung der Richtlinien 2001/77/EG und 2003/30/EG (ABl. L 140 vom 5.6.2009, S. 16).

[2] Nr. **55**.

Abschnitt 1. Allgemeine Vorschriften

§ 1 Anwendungsbereich und Zweck. [1]Diese Verordnung gilt innerhalb des Anwendungsbereichs des Treibhausgas-Emissionshandelsgesetzes[1)]. [2]Sie dient der Konkretisierung der Anforderungen der §§ 5, 18 und 21 des Treibhausgas-Emissionshandelsgesetzes[1)].

§ 2 Begriffsbestimmungen. Für diese Verordnung gelten die folgenden Begriffsbestimmungen:
1. am wenigsten entwickelte Länder: Staaten, die auf der Liste der am wenigsten entwickelten Länder aufgeführt sind, die vom Wirtschafts- und Sozialrat der Vereinten Nationen beschlossen wurde;
2. flüssige Biobrennstoffe: Brennstoffe im Sinne von Artikel 3 Nummer 21 der Monitoring-Verordnung (§ 3 Nummer 10 des Gesetzes), die zum Zeitpunkt des Eintritts in den Brenn- oder Feuerraum flüssig sind;
3. Biokraftstoffe: Biokraftstoffe im Sinne von Artikel 3 Nummer 22 der Monitoring-Verordnung;
4. Verifizierungs-Verordnung: die Verordnung (EU) Nr. 600/2012 der Kommission vom 21. Juni 2012 über die Prüfung von Treibhausgasemissionsberichten und Tonnenkilometerberichten sowie die Akkreditierung von Prüfstellen gemäß der Richtlinie 2003/87/EG des Europäischen Parlaments und des Rates (ABl. L 181 vom 12.7.2012, S. 1), in der jeweils geltenden Fassung.

Abschnitt 2. Emissionsberichterstattung (Zu § 5 des Gesetzes)

§ 3 Emissionsfaktor beim Einsatz flüssiger Biobrennstoffe. (1) [1]Für den Einsatz flüssiger Biobrennstoffe zur Stromproduktion gilt Artikel 38 Absatz 2 Satz 1 der Monitoring-Verordnung, soweit die eingesetzten flüssigen Biobrennstoffe die Nachhaltigkeitsanforderungen der §§ 4 bis 8 der Biomassestrom-Nachhaltigkeitsverordnung vom 23. Juli 2009 (BGBl. I S. 2174) erfüllen, die zuletzt durch Artikel 2 Absatz 70 des Gesetzes vom 22. Dezember 2011 (BGBl. I S. 3044) geändert worden ist, in der jeweils geltenden Fassung. [2]§ 3 Absatz 2 und 3 der Biomassestrom-Nachhaltigkeitsverordnung gilt entsprechend, zu Absatz 3 mit der Maßgabe, dass anstelle des § 3 Absatz 1 der Biomassestrom-Nachhaltigkeitsverordnung auf Satz 1 abzustellen ist. [3]Für flüs-

---

[1)] Nr. **55**.

sige Biomasse, die aus Abfall oder aus Reststoffen hergestellt worden ist, ist Satz 1 mit der Maßgabe anzuwenden, dass lediglich die Nachhaltigkeitsanforderungen nach § 8 der Biomassestrom-Nachhaltigkeitsverordnung erfüllt sein müssen; diese Einschränkung gilt nicht für flüssige Biomasse aus Reststoffen der Land-, Forst- oder Fischwirtschaft oder aus Aquakulturen.

(2) Beim Einsatz flüssiger Biobrennstoffe zur Wärmeerzeugung gilt Absatz 1 mit der Maßgabe, dass zur Berechnung des Treibhausgas-Minderungspotenzials anstelle des Vergleichswertes für Fossilbrennstoffe nach Nummer 4 der Anlage 1 zur Biomassestrom-Nachhaltigkeitsverordnung folgende Vergleichswerte gelten:

1. für flüssige Biomasse, die zur Wärmeerzeugung verwendet wird, 77 g CO_2eq/MJ und
2. für flüssige Biomasse, die zur Wärmeerzeugungin Kraft-Wärme-Kopplung verwendet wird, 85 g CO_2eq/MJ.

(3) Die Einhaltung der Anforderungen nach den Absätzen 1 und 2 für die eingesetzten flüssigen Biobrennstoffe ist nachzuweisen durch einen anerkannten Nachhaltigkeitsnachweis nach § 14 Nummer 1, 2 oder 3 der Biomassestrom-Nachhaltigkeitsverordnung oder durch einen Nachhaltigkeits-Teilnachweis nach § 24 der Biomassestrom-Nachhaltigkeitsverordnung, der in der Datenbank der nach § 74 Absatz 1 Nummer 4 der Biomassestrom-Nachhaltigkeitsverordnung zuständigen Behörde auf das Konto der nach § 19 Absatz 1 Nummer 3 des Treibhausgas-Emissionshandelsgesetzes[1)] zuständigen Behörde überwiesen wird.

(4) [1] Für den Einsatz flüssiger Biobrennstoffe in Anlagen, die keine Schnittstelle nach § 2 Absatz 3 der Biomassestrom-Nachhaltigkeitsverordnung sind und denen keine solche Schnittstelle vorgelagert ist, ist der Nachweis über die Einhaltung der Nachhaltigkeitsanforderungen abweichend von Absatz 3 durch eine Prüfbescheinigung einer nach § 42 Nummer 1 oder 2 der Biomassestrom-Nachhaltigkeitsverordnung anerkannten Zertifizierungsstelle zu erbringen. [2] Die §§ 48, 49, 52 bis 55 der Biomassestrom-Nachhaltigkeitsverordnung gelten entsprechend.

(5) Für flüssige Biobrennstoffe als Bestandteil eines Brennstoffgemischs sowie für die Bestimmung des Kohlenstoffgehalts bei Anwendung einer Massenbilanz gelten die Absätze 1 bis 4 entsprechend.

(6) Die Absätze 1 bis 5 gelten nicht für den Einsatz von Ablauge, die bei der Herstellung von Zellstoff angefallen ist.

(7) Soweit die Anforderungen nach den Absätzen 1 bis 5 nicht erfüllt sind, ist der Emissionsfaktor beim Einsatz flüssiger Biobrennstoffe nach den Vorgaben der Monitoring-Verordnung zur Ermittlung des Emissionsfaktors für fossile Brennstoffe zu bestimmen.

§ 4 Emissionsfaktor beim Einsatz von Biokraftstoffen im Luftverkehr.

(1) [1] Beim Einsatz von Biokraftstoffen im Luftverkehr beträgt der Emissionsfaktor Null, soweit die eingesetzten Biokraftstoffe die Nachhaltigkeitsanforderungen der §§ 4 bis 8 der Biokraftstoff-Nachhaltigkeitsverordnung vom 30. September 2009 (BGBl. I S. 3182) erfüllen, die zuletzt durch Artikel 2 der

---

[1)] Nr. **55**.

Verordnung vom 26. November 2012 (BGBl. I S. 2363) geändert worden ist, in der jeweils geltenden Fassung. [2] § 3 Absatz 2 und 3 der Biokraftstoff-Nachhaltigkeitsverordnung gilt entsprechend, zu Absatz 3 mit der Maßgabe, dass anstelle des § 3 Absatz 1 der Biokraftstoff-Nachhaltigkeitsverordnung auf Satz 1 abzustellen ist. [3] Für Biokraftstoffe, die aus Abfall oder aus Reststoffen hergestellt worden sind, ist Satz 1 mit der Maßgabe anzuwenden, dass lediglich die Nachhaltigkeitsanforderungen nach § 8 der Biokraftstoff-Nachhaltigkeitsverordnung erfüllt sein müssen; diese Einschränkung gilt nicht für Biokraftstoffe aus Reststoffen der Land-, Forst- oder Fischwirtschaft oder aus Aquakulturen.

(2) Die Einhaltung der Anforderungen nach Absatz 1 ist nachzuweisen durch einen anerkannten Nachhaltigkeitsnachweis nach § 14 Nummer 1, 2 oder 3 der Biokraftstoff-Nachhaltigkeitsverordnung oder durch einen Nachhaltigkeits-Teilnachweis nach § 24 der Biokraftstoff-Nachhaltigkeitsverordnung, der in der Datenbank der nach § 66 Absatz 1 Nummer 3 dritter Halbsatz der Biokraftstoff-Nachhaltigkeitsverordnung zuständigen Behörde auf das Konto der nach § 19 Absatz 1 Nummer 3 des Treibhausgas-Emissionshandelsgesetzes[1)] zuständigen Behörde überwiesen wird.

(3) Für Biokraftstoffe als Bestandteil eines Treibstoffgemischs gelten die Absätze 1 und 2 entsprechend.

(4) Soweit die Anforderungen nach den Absätzen 1 bis 3 nicht erfüllt sind, ist der Emissionsfaktor beim Einsatz von Biokraftstoffen nach den Vorgaben der Monitoring-Verordnung zur Ermittlung des Emissionsfaktors für fossile Treibstoffe zu bestimmen.

§ 5 Nachweisanforderungen für angewendete Analysemethoden. Soweit zur Bestimmung der Emissionen Berechnungsfaktoren verwendet werden, die auf Analysen basieren, gelten die Nachweisanforderungen in den Artikeln 32 bis 35 der Monitoring-Verordnung für alle angewendeten Analysemethoden.

Abschnitt 3. Umtausch von Emissionsgutschriften (Zu § 18 des Gesetzes)

§ 6 Umtauschbarkeit von Emissionsgutschriften. Neben den Emissionsgutschriften nach § 18 Absatz 3 des Gesetzes sind auch zertifizierte Emissionsreduktionen im Sinne des § 2 Nummer 21 des Projekt-Mechanismen-Gesetzes[2)] aus Projekten umtauschbar, die

1. von dem Exekutivrat im Sinne des § 2 Nummer 22 des Projekt-Mechanismen-Gesetzes[2)] nach dem 31. Dezember 2012 registriert wurden und
2. in einem Staat durchgeführt werden, der zum Zeitpunkt der Registrierung zu den am wenigsten entwickelten Ländern zählt.

§ 7 Umtauschverfahren. [1] Für den Umtausch von Emissionsgutschriften in Berechtigungen der Handelsperiode 2013 bis 2020 sind die Vorgaben der

---

1) Nr. **55**.
2) Nr. **56**.

Register-Verordnung gemäß Artikel 19 der Richtlinie 2003/87/EG maßgeblich. [2]Bei Emissionsgutschriften für Emissionsminderungen, die vor dem Jahr 2013 erbracht wurden, muss der Betreiber die für den Umtausch erforderliche Mitwirkungshandlung im Emissionshandelsregister vor dem 1. April 2015 vorgenommen haben. [3]Bei verspätet vorgenommener Mitwirkungshandlung besteht kein Anspruch auf Umtausch.

Abschnitt 4. Zertifizierung von Prüfstellen (Zu § 21 des Gesetzes)

§ 8 Beleihung. (1) [1]Die im Handelsregister, Abteilung B des Amtsgerichts Bonn unter der Nummer 6946 eingetragene DAU-Deutsche Akkreditierungs- und Zulassungsgesellschaft für Umweltgutachter mbH wird mit den Aufgaben der Zulassungsstelle nach Artikel 54 Absatz 2 der Verifizierungs-Verordnung beliehen (Beliehene). [2]Die Beleihung nach Satz 1 wird wirksam am 17. Dezember 2013.

(2) Die Beliehene und das Bundesministerium für Umwelt, Naturschutz, Bau und Reaktorsicherheit vereinbaren in einem öffentlich-rechtlichen Vertrag, wie die nach dieser Verordnung übertragenen Aufgaben im Einzelnen auszuführen sind.

(3) [1]Die Beliehene ist verpflichtet, alle personellen, organisatorischen und finanziellen Voraussetzungen zur ordnungsgemäßen Erfüllung der ihr übertragenen Aufgaben fortlaufend sicherzustellen. [2]Hierzu gehört auch, dass bei ihr keine Personen angestellt sind, die gleichzeitig auch als zertifizierte Prüfstelle oder bei einer akkreditierten Prüfstelle tätig sind.

(4) Im Widerspruchsverfahren gegen einen von der Zulassungsstelle erlassenen Verwaltungsakt ist die Zulassungsstelle für die Entscheidung über den Widerspruch zuständig.

§ 9 Anwendbare Vorschriften. (1) Hinsichtlich der Anforderungen an die zu zertifizierenden Prüfstellen, die Zulassungsstelle und das Zertifizierungsverfahren gilt die Verifizierungs-Verordnung entsprechend mit der Maßgabe, dass anstelle der Akkreditierung auf die Zertifizierung abzustellen ist.

(2) [1]Unbeschadet des Absatzes 1 gilt Artikel 35 Absatz 6 der Verifizierungs-Verordnung mit der weiteren Maßgabe, dass die Aufgaben des kompetenten Bewerters von einem Dritten wahrgenommen werden, der nicht bei der zertifizierten Prüfstelle tätig ist. [2]Dies gilt auch für die Aufgaben des unabhängigen Überprüfers nach Artikel 36 Absatz 3 der Verifizierungs-Verordnung.

§ 10 Ausschluss von der Zertifizierung. (1) Von der Zertifizierung als Prüfstelle sind natürliche Personen ausgeschlossen, die

1. in einem Beschäftigungsverhältnis mit einer juristischen Person oder einer Personengesellschaft stehen, die nach der Verifizierungs-Verordnung als Prüfstelle akkreditiert ist oder einen Antrag auf eine solche Akkreditierung gestellt hat,
2. einem Organ einer juristischen Person oder einer Personengesellschaft nach Nummer 1 angehören oder

3. Gesellschafter einer juristischen Person oder einer Personengesellschaft nach Nummer 1 sind; im Fall der Beteiligung an einer Kapitalgesellschaft gilt dies nur, sofern die Beteiligung insgesamt den fünften Teil des Nennkapitals dieser Gesellschaft überschreitet.

(2) [1] Im Fall des Absatzes 1 Nummer 1 kann bei einem laufenden Akkreditierungsverfahren über den Antrag auf Zertifizierung als Prüfstelle erst nach der Entscheidung über den Akkreditierungsantrag entschieden werden. [2] Tritt einer der Ausschlussgründe nach Absatz 1 Nummer 1 bis 3 nachträglich ein, hebt die Beliehene die Zertifizierung als Prüfstelle auf.

§ 11 Aufsicht über die Tätigkeit der Beliehenen. (1) Die Aufsicht über die Beliehene erstreckt sich auf die Rechtmäßigkeit der Zertifizierungs- und Aufsichtstätigkeit und auf die Entscheidungen der Beliehenen über Aufsichtsmaßnahmen nach Artikel 53 der Verifizierungs-Verordnung.

(2) Die Beliehene hat jährlich bis zum 1. Juni in einem Bericht an das Bundesministerium für Umwelt, Naturschutz, Bau und Reaktorsicherheit nachzuweisen, dass die in der Verifizierungs-Verordnung genannten Anforderungen an die Zulassungsstelle und an das Zertifizierungsverfahren eingehalten werden.

§ 12 Beendigung der Beleihung. (1) Die Beleihung endet mit dem Inkrafttreten einer Verordnung, durch die die Beleihung aufgehoben wird.

(2) [1] Die Beliehene kann die Beendigung der Beleihung jederzeit in schriftlicher oder elektronischer Form verlangen. [2] Das Bundesministerium für Umwelt, Naturschutz, Bau und Reaktorsicherheit hat diesem Verlangen innerhalb einer Frist von drei Jahren zu entsprechen.

(3) Die Beliehene ist zur ordnungsgemäßen Wahrnehmung der ihr übertragenen Aufgaben bis zur Beendigung der Beleihung oder bis zum Ablauf der in Absatz 2 genannten Frist verpflichtet.

Abschnitt 5. Gebühren und Auslagen für Amtshandlungen der Zulassungsstelle (Zu § 22 Absatz 2 des Gesetzes)

[§ 13 bis 30.9.2021:]
§ 13 Gebühren und Auslagen. (1) Die Gebühren für Amtshandlungen der nach § 8 Absatz 1 Beliehenen in Zusammenhang mit der Zertifizierung als Prüfstelle und der Überwachung der zertifizierten Prüfstellen bestimmen sich nach dem anliegenden Gebührenverzeichnis.

(2) [1] Die Erhebung von Auslagen richtet sich nach § 23 Absatz 6 des Bundesgebührengesetzes. [2] Aufwendungen für Telekommunikationsdienstleistungen der nach § 8 Absatz 1 Beliehenen sind mit der Gebühr abgegolten; dies gilt auch für die Reisekosten externer Gutachter, die diesen im Rahmen der vorgesehenen Heranziehung zu den Amtshandlungen entstanden sind, soweit diese Reisekosten den Betrag von 300 Euro je Begutachtungstag nicht übersteigen.

(3) Den Gebühren und Auslagen ist die gesetzliche Umsatzsteuer hinzuzurechnen.

[§ 13 ab 1.10.2021:]
§ 13 *(aufgehoben)*

Abschnitt 6. Übergangs- und Schlussbestimmungen

§ 14 Übergangsbestimmung. Die §§ 3 und 4 gelten nicht für flüssige Biobrennstoffe oder Biokraftstoffe, die vor dem 1. Januar 2014 eingesetzt werden.

§ 15 Inkrafttreten; Außerkrafttreten. (1) Diese Verordnung tritt am Tag nach der Verkündung[1)] in Kraft.

(2) § 13 und die Anlage (zu § 13) treten am 1. Oktober 2021 außer Kraft.

[Anlage bis 30.9.2021:]

Anlage
(zu § 13)

Gebührenverzeichnis

Tarif-stelle	Amtshandlungen der Zulassungsstelle	Gebührensatz (Nettobetrag zuzüglich Umsatzsteuer) Angaben in Euro
1	**Erstzertifizierung**	
1.1	**Antragsprüfung und Bescheid**	
1.1.1	nach Aktenlage für bis zu drei Tätigkeitsgruppen gemäß Anhang I der Verifizierungsverordnung	945
1.1.1.1	– je weitere drei beantragte Tätigkeitsgruppen gemäß Anhang I der Verifizierungsverordnung zusätzlich zu 1.1.1	315
1.1.2	mit Gespräch in den Räumen der Zulassungsstelle für bis zu drei Tätigkeitsgruppen gemäß Anhang I der Verifizierungsverordnung	1 260
1.1.2.1	– je weitere drei beantragte Tätigkeitsgruppen gemäß Anhang I der Verifizierungsverordnung zusätzlich zu 1.1.2	315
1.1.2.2	– Hinzuziehung externer Gutachter, je Gutachter und jeweils bis zu drei beantragten Tätigkeitsgruppen zusätzlich zu 1.1.2	250 – 335
1.2	**Durchführung der Begutachtung (je Office-Audit oder je Witness-Audit)**	840
1.2.1	zuzüglich Personal der Zulassungsstelle vor Ort, je Person und Tag	840
1.2.2	zuzüglich externer Begutachter vor Ort, je Begutachter und je Tag	750 – 1 000
2	**Rezertifizierung**	
2.1	**Antragsprüfung und Bescheid nach Aktenlage**	Kosten entsprechend Tarifstellen 1.1.1 und 1.1.1.1

1) Verkündet am 28.8.2013.

Tarif-stelle	Amtshandlungen der Zulassungsstelle	Gebührensatz (Nettobetrag zuzüglich Umsatzsteuer) Angaben in Euro
2.2	**Begutachtung im Rahmen der Rezertifizierung**	Kosten entsprechend Tarifstellen 1.2 bis 1.2.2
3	**Begutachtung nach Artikel 49 der Verifizierungsverordnung im Zeitraum zwischen Zertifizierung und Rezertifizierung**	Kosten entsprechend Tarifstellen 1.2 bis 1.2.2
4	**Anlassabhängige Überprüfung auf Basis der Artikel 51, 61 und 72 der Verifizierungsverordnung im Zeitraum zwischen Zertifizierung und Rezertifizierung**	
4.1	**Dokumentenprüfung und Bescheid, ohne Begutachtung**	1 000 – 5 000
4.2	**Anlassabhängige Begutachtung**	Kosten entsprechend Tarifstellen 1.2 bis 1.2.2
5	**Änderung des Zertifizierungsbereichs**	
5.1	**Antragsprüfung und Bescheid**	
5.1.1	nach Aktenlage für bis zu drei Tätigkeitsgruppen gemäß Anhang I der Verifizierungsverordnung	525
5.1.1.1	– je weitere drei beantragte Tätigkeitsgruppen gemäß Anhang I der Verifizierungsverordnung zusätzlich zu 5.1.1	525
5.1.2	mit Gespräch in den Räumen der Zulassungsstelle für bis zu drei Tätigkeitsgruppen gemäß Anhang I der Verifizierungsverordnung	840
5.1.2.1	– je weitere drei beantragte Tätigkeitsgruppen gemäß Anhang I der Verifizierungsverordnung zusätzlich zu 5.1.2	315
5.1.2.2	– Hinzuziehung externer Gutachter, je Gutachter und jeweils bis zu drei beantragten Tätigkeitsgruppen zusätzlich zu 5.1.2	250 – 335
5.2	**Begutachtung im Rahmen der Änderung des Zertifizierungsbereichs**	Kosten entsprechend Tarifstellen 1.2 bis 1.2.2

60. Verordnung zur Durchführung des Treibhausgas-Emissionshandelsgesetzes in der Handelsperiode 2021 bis 2030 (Emissionshandelsverordnung 2030 – EHV 2030)[1)]

Vom 29. April 2019

(BGBl. I S. 538)

FNA 2129-55-3

Es verordnen auf Grund

– des § 27 Nummer 1 bis 6 des Treibhausgas-Emissionshandelsgesetzes[2)], der durch Artikel 1 Nummer 23 des Gesetzes vom 18. Januar 2019 (BGBl. I S. 37) neu gefasst worden ist, die Bundesregierung,

– des § 28 Absatz 1 Nummer 2 bis 5 des Treibhausgas-Emissionshandelsgesetzes, von denen Absatz 1 Nummer 3 durch Artikel 1 Nummer 24 Buchstabe a Doppelbuchstabe aa und Absatz 1 Nummer 5 durch Artikel 1 Nummer 24 Buchstabe a Doppelbuchstabe bb des Gesetzes vom 18. Januar 2019 (BGBl. I S. 37) geändert worden ist, die Bundesregierung sowie

– des § 28 Absatz 2 Nummer 1 und Absatz 4 Satz 1 Nummer 1 bis 4 des Treibhausgas-Emissionshandelsgesetzes, von denen Absatz 2 Nummer 1 durch Artikel 1 Nummer 24 Buchstabe b Doppelbuchstabe aa und Buchstabe d sowie Absatz 4 Satz 1 durch Artikel 1 Nummer 24 Buchstabe d des Gesetzes vom 18. Januar 2019 (BGBl. I S. 37) geändert worden ist, das Bundesministerium für Umwelt, Naturschutz und nukleare Sicherheit:

Inhaltsübersicht

[1)] **Amtl. Anm.:** Diese Verordnung dient der Umsetzung der Richtlinie (EU) 2018/410 des Europäischen Parlaments und des Rates vom 14. März 2018 zur Änderung der Richtlinie 2003/87/EG zwecks Unterstützung kosteneffizienter Emissionsreduktionen und zur Förderung von Investitionen mit geringem CO_2-Ausstoß und des Beschlusses (EU) 2015/1814 (ABl. L 76 vom 19.3.2018, S. 3).

[2)] Nr. **55**.

Abschnitt 1. Allgemeine Vorschriften

§ 1 Anwendungsbereich und Zweck. [1] Diese Verordnung gilt innerhalb des Anwendungsbereichs des Treibhausgas-Emissionshandelsgesetzes. [2] Sie dient der Konkretisierung der Anforderungen der §§ 5, 6, 8, 9, 21, 22 und 24 des Treibhausgas-Emissionshandelsgesetzes[1)] und der Umsetzung eines Systems zur Privilegierung von Kleinemittenten für die Handelsperiode 2021 bis 2030.

§ 2 Begriffsbestimmungen. Für diese Verordnung gelten die folgenden Begriffsbestimmungen:

1. Flüssige Biobrennstoffe:
Brennstoffe im Sinne von Artikel 3 Nummer 21 der Monitoring-Verordnung, die zum Zeitpunkt des Eintritts in den Brenn- oder Feuerraum flüssig sind;
2. Biokraftstoffe:
Biokraftstoffe im Sinne von Artikel 3 Nummer 22 der Monitoring-Verordnung;
3. EU-Zuteilungsverordnung:
Delegierte Verordnung (EU) 2019/331 der Kommission vom 19. Dezember 2018 zur Festlegung EU-weiter Übergangsvorschriften zur Harmonisierung der kostenlosen Zuteilung von Emissionszertifikaten gemäß Artikel 10a der Richtlinie 2003/87/EG des Europäischen Parlaments und des Rates (ABl. L 59 vom 27.2.2019, S. 8);

[1)] Nr. **55**.

4. Akkreditierungs- und Verifizierungsverordnung:
   Durchführungsverordnung (EU) 2018/2067 der Kommission vom 19. Dezember 2018 über die Prüfung von Daten und die Akkreditierung von Prüfstellen gemäß der Richtlinie 2003/87/EG des Europäischen Parlaments und des Rates (ABl. L 334 vom 31.12.2018, S. 94), in der jeweils geltenden Fassung.

Abschnitt 2. Emissionsberichterstattung

(Zu § 5 des Gesetzes)

§ 3 Emissionsfaktor beim Einsatz flüssiger Biobrennstoffe. (1) [1] Für den Einsatz flüssiger Biobrennstoffe zur Stromproduktion gilt Artikel 38 Absatz 2 Satz 1 der Monitoring-Verordnung, soweit die eingesetzten flüssigen Biobrennstoffe die Nachhaltigkeitsanforderungen der §§ 4 bis 8 der Biomassestrom-Nachhaltigkeitsverordnung vom 23. Juli 2009 (BGBl. I S. 2174) erfüllen, die zuletzt durch Artikel 1 der Verordnung vom 26. Juni 2018 (BGBl. I S. 872) geändert worden ist, in der jeweils geltenden Fassung. [2] § 3 Absatz 2 und 3 der Biomassestrom-Nachhaltigkeitsverordnung gilt entsprechend, zu Absatz 3 mit der Maßgabe, dass anstelle des § 3 Absatz 1 der Biomassestrom-Nachhaltigkeitsverordnung auf Satz 1 abzustellen ist. [3] Für flüssige Biomasse, die aus Abfall oder aus Reststoffen hergestellt worden ist, ist Satz 1 mit der Maßgabe anzuwenden, dass lediglich die Nachhaltigkeitsanforderungen nach § 8 der Biomassestrom-Nachhaltigkeitsverordnung erfüllt sein müssen; diese Einschränkung gilt nicht für flüssige Biomasse aus Reststoffen der Land-, Forst- oder Fischwirtschaft oder aus Aquakulturen.

(2) Beim Einsatz flüssiger Biobrennstoffe zur Wärmeerzeugung gilt Absatz 1 mit der Maßgabe, dass zur Berechnung des Treibhausgas-Minderungspotenzials anstelle des Vergleichswertes für Fossilbrennstoffe nach Nummer 4 der Anlage 1 zur Biomassestrom-Nachhaltigkeitsverordnung folgende Vergleichswerte gelten:

1. für flüssige Biomasse, die zur Wärmeerzeugung verwendet wird, 77 Gramm CO_2eq/MJ und
2. für flüssige Biomasse, die zur Wärmeerzeugung in Kraft-Wärme-Kopplung verwendet wird, 85 Gramm CO_2eq/MJ.

(3) Die Einhaltung der Anforderungen nach den Absätzen 1 und 2 für die eingesetzten flüssigen Biobrennstoffe ist nachzuweisen durch einen anerkannten Nachhaltigkeitsnachweis nach § 14 Nummer 1, 2 oder 3 der Biomassestrom-Nachhaltigkeitsverordnung oder durch einen Nachhaltigkeits-Teilnachweis nach § 24 der Biomassestrom-Nachhaltigkeitsverordnung, der in der Datenbank der nach § 74 Absatz 1 Nummer 4 der Biomassestrom-Nachhaltigkeitsverordnung zuständigen Behörde auf das Konto der nach § 19 Absatz 1 Nummer 3 des Treibhausgas-Emissionshandelsgesetzes[1)] zuständigen Behörde überwiesen wird.

(4) [1] Für den Einsatz flüssiger Biobrennstoffe in Anlagen, die keine Schnittstelle nach § 2 Absatz 3 der Biomassestrom-Nachhaltigkeitsverordnung sind

[1)] Nr. **55**.

und denen keine solche Schnittstelle vorgelagert ist, ist der Nachweis über die Einhaltung der Nachhaltigkeitsanforderungen abweichend von Absatz 3 durch eine Prüfbescheinigung einer nach § 42 Nummer 1 oder 2 der Biomassestrom-Nachhaltigkeitsverordnung anerkannten Zertifizierungsstelle zu erbringen. [2]Die §§ 48, 49, 52 bis 55 der Biomassestrom-Nachhaltigkeitsverordnung gelten entsprechend.

(5) Für flüssige Biobrennstoffe als Bestandteil eines Brennstoffgemischs sowie für die Bestimmung des Kohlenstoffgehalts bei Anwendung einer Massenbilanz gelten die Absätze 1 bis 4 entsprechend.

(6) Die Absätze 1 bis 5 gelten nicht für den Einsatz von Ablauge, die bei der Herstellung von Zellstoff angefallen ist.

(7) Soweit die Anforderungen nach den Absätzen 1 bis 5 nicht erfüllt sind, ist der Emissionsfaktor beim Einsatz flüssiger Biobrennstoffe nach den Vorgaben der Monitoring-Verordnung zur Ermittlung des Emissionsfaktors für fossile Brennstoffe zu bestimmen.

§ 4 Emissionsfaktor beim Einsatz von Biokraftstoffen im Luftverkehr.

(1) [1]Beim Einsatz von Biokraftstoffen im Luftverkehr beträgt der Emissionsfaktor Null, soweit die eingesetzten Biokraftstoffe die Nachhaltigkeitsanforderungen der §§ 4 bis 8 der Biokraftstoff-Nachhaltigkeitsverordnung vom 30. September 2009 (BGBl. I S. 3182) erfüllen, die zuletzt durch Artikel 2 der Verordnung vom 26. Juni 2018 (BGBl. I S. 872) geändert worden ist, in der jeweils geltenden Fassung. [2]§ 3 Absatz 2 und 3 der Biokraftstoff-Nachhaltigkeitsverordnung gilt entsprechend, zu Absatz 3 mit der Maßgabe, dass anstelle des § 3 Absatz 1 der Biokraftstoff-Nachhaltigkeitsverordnung auf Satz 1 abzustellen ist. [3]Für Biokraftstoffe, die aus Abfall oder aus Reststoffen hergestellt worden sind, ist Satz 1 mit der Maßgabe anzuwenden, dass lediglich die Nachhaltigkeitsanforderungen nach § 8 der Biokraftstoff-Nachhaltigkeitsverordnung erfüllt sein müssen; diese Einschränkung gilt nicht für Biokraftstoffe aus Reststoffen der Land-, Forst- oder Fischwirtschaft oder aus Aquakulturen.

(2) Die Einhaltung der Anforderungen nach Absatz 1 ist nachzuweisen durch einen anerkannten Nachhaltigkeitsnachweis nach § 14 Nummer 1, 2 oder 3 der Biokraftstoff-Nachhaltigkeitsverordnung oder durch einen Nachhaltigkeits-Teilnachweis nach § 24 der Biokraftstoff-Nachhaltigkeitsverordnung, der in der Datenbank der nach § 66 Absatz 1 Nummer 3 dritter Halbsatz der Biokraftstoff-Nachhaltigkeitsverordnung zuständigen Behörde auf das Konto der nach § 19 Absatz 1 Nummer 3 des Treibhausgas-Emissionshandelsgesetzes[1)] zuständigen Behörde überwiesen wird.

(3) Für Biokraftstoffe als Bestandteil eines Treibstoffgemischs gelten die Absätze 1 und 2 entsprechend.

(4) Soweit die Anforderungen nach den Absätzen 1 bis 3 nicht erfüllt sind, ist der Emissionsfaktor beim Einsatz von Biokraftstoffen nach den Vorgaben der Monitoring-Verordnung zur Ermittlung des Emissionsfaktors für fossile Treibstoffe zu bestimmen.

[1)] Nr. **55**.

§ 5 Nachweisanforderungen für angewendete Analysemethoden.

Soweit zur Bestimmung der Emissionen Berechnungsfaktoren verwendet werden, die auf Analysen basieren, gelten die Nachweisanforderungen in den Artikeln 32 bis 35 der Monitoring-Verordnung für alle angewendeten Analysemethoden.

Abschnitt 3. Überwachung

(Zu § 6 des Gesetzes)

§ 6 Anpassung des Überwachungsplans bei nicht erheblichen Änderungen der Überwachung. (1) [1]Abweichend von § 6 Absatz 3 Satz 1 des Treibhausgas-Emissionshandelsgesetzes[1)] ist ein Betreiber bei folgenden nicht erheblichen Änderungen der Überwachung verpflichtet, den Überwachungsplan anzupassen und innerhalb der bis zum 31. Dezember desselben Kalenderjahres verlängerten Vorlagefrist bei der zuständigen Behörde einzureichen:

1. Kapazitätsänderung einer Anlage ohne Änderung der Emissionsgenehmigung und ohne Aufnahme neuer Emissionsquellen oder Stoffströme;
2. Austausch eines Messgeräts gegen ein geeichtes Messgerät;
3. Wechsel des beauftragten Labors, sofern ein akkreditiertes Labor im Sinne von Artikel 34 Absatz 1 der Monitoring-Verordnung beauftragt wird;
4. Wechsel des Ansprechpartners für die Anlage oder Änderung von Zuständigkeiten innerhalb der Anlage.

[2]Satz 1 Nummer 2 und 3 gilt auch im Fall der Datenerhebung durch einen Lieferanten.

(2) Die zuständige Behörde kann Betreibern in weiteren Fällen nicht erheblicher Änderungen der Überwachung gestatten, den geänderten Überwachungsplan bis spätestens zum 31. Dezember des Kalenderjahres, in dem die Überwachung geändert wurde, zu übermitteln.

Abschnitt 4. Versteigerung von Berechtigungen

(Zu § 8 des Gesetzes)

§ 7 Versteigerung. (1) Anbieter der gemäß § 8 Absatz 1 Satz 1 des Treibhausgas-Emissionshandelsgesetzes[1)] zu versteigernden Berechtigungen ist das Umweltbundesamt oder ein von ihm beauftragter Dritter.

(2) [1]Erlöse gemäß § 8 Absatz 3 Satz 1 des Treibhausgas-Emissionshandelsgesetzes sind die Einnahmen nach Abzug der Umsatzsteuer (Nettoerlöse). [2]Im Rahmen des § 8 Absatz 3 Satz 2 des Treibhausgas-Emissionshandelsgesetzes sind Überdeckungen und Unterdeckungen der entstandenen Kosten der Deutschen Emissionshandelsstelle im Umweltbundesamt auf den Refinanzierungsbedarf des darauffolgenden Jahres anzurechnen.

[1)] Nr. **55**.

Abschnitt 5. Zuteilung von Berechtigungen
(Zu § 9 des Gesetzes)

§ 8 Erhebung von Bezugsdaten. Der Anlagenbetreiber ist verpflichtet, im Antrag auf kostenlose Zuteilung für Bestandsanlagen zusätzlich zu den Angaben, die nach der EU-Zuteilungsverordnung gefordert sind, folgende Angaben zu machen:

1. allgemeine Angaben zu jedem Zuteilungselement:
   a) die anteilig zuzuordnenden Eingangs- und Ausgangsströme,
   b) im Fall eines Zuteilungselements mit Wärme-Emissionswert, bei dem Wärme zur Herstellung von Produkten in der Anlage verbraucht wird: für jedes der nach Anhang IV Nummer 2.6 Buchstabe b der EU-Zuteilungsverordnung anzugebenden Produkte die Menge an messbarer Wärme, die zu seiner Herstellung aufgewendet wurde,
   c) im Fall des Exports von messbarer Wärme an Anlagen oder Einrichtungen, die nicht in den Anwendungsbereich des Treibhausgas-Emissionshandelsgesetzes[1] fallen: die Wärmemenge in Verbindung mit den Prodcom-Codes 2010 und NACE-Codes Rev 2 der Produkte dieser Anlagen oder Einrichtungen;
2. zusätzliche Angaben zu Zuteilungselementen in Sonderfällen:
   bei Anlagen, die durch den Einsatz von Biomasse messbare Wärme in gekoppelter Produktion mit einer nach dem Erneuerbare-Energien-Gesetz[2] vergüteten Strommenge erzeugt haben, die Angabe dieser in gekoppelter Produktion erzeugten Wärmemenge.

Abschnitt 6. Zertifizierung von Prüfstellen
(Zu § 21 des Gesetzes)

§ 9 Beleihung. (1) Die im Handelsregister, Abteilung B des Amtsgerichts Bonn unter der Nummer 6946 eingetragene DAU-Deutsche Akkreditierungs- und Zulassungsgesellschaft für Umweltgutachter mbH wird mit den Aufgaben der Zulassungsstelle nach Artikel 55 Absatz 2 der Akkreditierungs- und Verifizierungsverordnung beliehen (Beliehene).

(2) Die Beliehene und das Bundesministerium für Umwelt, Naturschutz und nukleare Sicherheit vereinbaren in einem öffentlich-rechtlichen Vertrag, wie die nach dieser Verordnung übertragenen Aufgaben im Einzelnen auszuführen sind.

(3) [1]Die Beliehene ist verpflichtet, alle personellen, organisatorischen und finanziellen Voraussetzungen zur ordnungsgemäßen Erfüllung der ihr übertragenen Aufgaben fortlaufend sicherzustellen. [2]Hierzu gehört auch, dass bei ihr keine Personen angestellt sind, die gleichzeitig auch als zertifizierte Prüfstelle oder bei einer akkreditierten Prüfstelle tätig sind.

---

[1] Nr. **55**.
[2] Nr. **37**.

(4) Im Widerspruchsverfahren gegen einen von der Zulassungsstelle erlassenen Verwaltungsakt ist die Zulassungsstelle für die Entscheidung über den Widerspruch zuständig.

§ 10 Anwendbare Vorschriften. (1) Hinsichtlich der Anforderungen an die zu zertifizierenden Prüfstellen, die Zulassungsstelle und das Zertifizierungsverfahren gilt die Akkreditierungs- und Verifizierungsverordnung entsprechend mit der Maßgabe, dass anstelle der Akkreditierung auf die Zertifizierung abzustellen ist.

(2) [1] Unbeschadet des Absatzes 1 gilt Artikel 37 Absatz 6 der Akkreditierungs- und Verifizierungsverordnung mit der weiteren Maßgabe, dass die Aufgaben des kompetenten Bewerters von einem Dritten wahrgenommen werden, der nicht bei der zertifizierten Prüfstelle tätig ist. [2] Dies gilt auch für die Aufgaben des unabhängigen Überprüfers nach Artikel 37 Absatz 3 der Akkreditierungs- und Verifizierungsverordnung.

§ 11 Ausschluss von der Zertifizierung. (1) Von der Zertifizierung als Prüfstelle sind natürliche Personen ausgeschlossen, die

1. in einem Beschäftigungsverhältnis mit einer juristischen Person oder einer Personengesellschaft stehen, die nach der Akkreditierungs- und Verifizierungsverordnung in der gültigen Fassung als Prüfstelle akkreditiert ist oder einen Antrag auf eine solche Akkreditierung gestellt hat,
2. einem Organ einer juristischen Person oder einer Personengesellschaft nach Nummer 1 angehören oder
3. Gesellschafter einer juristischen Person oder einer Personengesellschaft nach Nummer 1 sind; im Fall der Beteiligung an einer Kapitalgesellschaft gilt dies nur, sofern die Beteiligung insgesamt den fünften Teil des Nennkapitals dieser Gesellschaft überschreitet.

(2) [1] Im Fall des Absatzes 1 Nummer 1 kann bei einem laufenden Akkreditierungsverfahren über den Antrag auf Zertifizierung als Prüfstelle erst nach der Entscheidung über den Akkreditierungsantrag entschieden werden. [2] Tritt einer der Ausschlussgründe nach Absatz 1 Nummer 1 bis 3 nachträglich ein, hebt die Beliehene die Zertifizierung als Prüfstelle auf.

§ 12 Aufsicht über die Tätigkeit der Beliehenen. (1) Die Aufsicht über die Beliehene erstreckt sich auf die Rechtmäßigkeit der Zertifizierungs- und Aufsichtstätigkeit und auf die Entscheidungen der Beliehenen über Aufsichtsmaßnahmen nach Artikel 54 der Akkreditierungs- und Verifizierungsverordnung.

(2) Die Beliehene hat jährlich bis zum 1. Juni in einem Bericht an das Bundesministerium für Umwelt, Naturschutz und nukleare Sicherheit nachzuweisen, dass die in der Akkreditierungs- und Verifizierungsverordnung genannten Anforderungen an die Zulassungsstelle und an das Zertifizierungsverfahren eingehalten werden.

§ 13 Beendigung der Beleihung. (1) Die Beleihung endet mit dem Inkrafttreten einer Verordnung, durch die die Beleihung aufgehoben wird.

(2) [1] Die Beliehene kann die Beendigung der Beleihung jederzeit in schriftlicher oder elektronischer Form verlangen. [2] Das Bundesministerium für Um-

welt, Naturschutz und nukleare Sicherheit hat diesem Verlangen innerhalb einer Frist von drei Jahren zu entsprechen.

(3) Die Beliehene ist zur ordnungsgemäßen Wahrnehmung der ihr übertragenen Aufgaben bis zur Beendigung der Beleihung oder bis zum Ablauf der in Absatz 2 genannten Frist verpflichtet.

Abschnitt 7. Gebühren und Auslagen für Amtshandlungen der Zulassungsstelle

(Zu § 22 des Gesetzes)

§ 14 Gebühren und Auslagen. (1) Die Gebühren für Amtshandlungen der nach § 9 Absatz 1 Beliehenen in Zusammenhang mit der Zertifizierung als Prüfstelle und der Überwachung der zertifizierten Prüfstellen bestimmen sich nach dem anliegenden Gebührenverzeichnis.

(2) [1] Die Erhebung von Auslagen richtet sich nach § 23 Absatz 6 des Bundesgebührengesetzes. [2] Aufwendungen für Telekommunikationsdienstleistungen der nach § 9 Absatz 1 Beliehenen sind mit der Gebühr abgegolten; dies gilt auch für die Reisekosten externer Gutachter, die diesen im Rahmen der vorgesehenen Heranziehung zu den Amtshandlungen entstanden sind, soweit diese Reisekosten den Betrag von 300 Euro je Begutachtungstag nicht übersteigen.

(3) Den Gebühren und Auslagen ist die gesetzliche Umsatzsteuer hinzuzurechnen.

Abschnitt 8. Verfahren zur Feststellung einheitlicher Anlagen

(Zu § 24 des Gesetzes)

§ 15 Einheitliche Anlage. (1) Auf Antrag des Betreibers stellt die zuständige Behörde fest, dass Anlagen nach Anhang 1 Teil 2 Nummer 1 bis 6 des Treibhausgas-Emissionshandelsgesetzes[1)] gemeinsam mit anderen Anlagen nach Anhang 1 Teil 2 Nummer 12 bis 22 des Treibhausgas-Emissionshandelsgesetzes eine einheitliche Anlage bilden, sofern die Voraussetzungen des § 24 des Treibhausgas-Emissionshandelsgesetzes erfüllt sind.

(2) Betreiber von Anlagen im Sinne des Anhangs 1 Teil 2 Nummer 8 bis 11 des Treibhausgas-Emissionshandelsgesetzes, die nach § 24 des Treibhausgas-Emissionshandelsgesetzes als einheitliche Anlage gelten, sind verpflichtet, im Rahmen der Emissionsberichterstattung auch die Produktionsmengen der in den einbezogenen Anlagen hergestellten Produkte anzugeben.

(3) Anlagen nach Anhang 1 Teil 2 Nummer 7 des Treibhausgas-Emissionshandelsgesetzes gelten gemeinsam mit sonstigen in Anhang 1 Teil 2 des Treibhausgas-Emissionshandelsgesetzes aufgeführten Anlagen als einheitliche Anlage, sofern sie von demselben Anlagenbetreiber an demselben Standort in einem technischen Verbund betrieben werden.

[1)] Nr. **55**.

(4) Die zuständige Behörde hat Feststellungen nach § 24 des Treibhausgas-Emissionshandelsgesetzes zu widerrufen, soweit nachträglich unmittelbar geltende Rechtsakte der Europäischen Union der Bildung einer solchen einheitlichen Anlage entgegenstehen.

Abschnitt 9. Kleinemittenten
(Zu § 27 des Gesetzes)

§ 16 Befreiung von Kleinemittenten. (1) Die zuständige Behörde befreit den Betreiber einer Anlage auf Antrag jeweils für die Dauer eines Zuteilungszeitraums nach Artikel 2 Absatz 15 der EU-Zuteilungsverordnung von der Pflicht nach § 7 Absatz 1 des Treibhausgas-Emissionshandelsgesetzes, sofern

1. die Anlage in jedem Jahr des Bezugszeitraums des jeweiligen Zuteilungszeitraums weniger als 15 000 Tonnen Kohlendioxidäquivalent emittiert hat,
2. der Betreiber sich für den jeweiligen Zuteilungszeitraum zur Durchführung einer gleichwertigen Maßnahme nach § 18 verpflichtet und
3. die Europäische Kommission keine Einwände nach Artikel 27 Absatz 2 Satz 1 der Richtlinie 2003/87/EG des Europäischen Parlaments und des Rates vom 13. Oktober 2003 über ein System für den Handel mit Treibhausgasemissionszertifikaten in der Gemeinschaft und zur Änderung der Richtlinie 96/61/EG des Rates (ABl. L 275 vom 25.10.2003, S. 32), die zuletzt durch die Richtlinie (EU) 2018/410 (ABl. L 76 vom 19.3.2018, S. 3) geändert worden ist, gegen die Befreiung erhebt.

(2) Der Bezugszeitraum für den Zuteilungszeitraum 2021 bis 2025 sind die Jahre 2016 bis 2018; der Bezugszeitraum für den Zuteilungszeitraum 2026 bis 2030 sind die Jahre 2021 bis 2023.

(3) Bei Anlagen der in Anhang 1 Teil 2 Nummer 2 bis 6 des Treibhausgas-Emissionshandelsgesetzes genannten Tätigkeiten ist eine Befreiung nach Absatz 1 ausgeschlossen, sofern die Feuerungswärmeleistung der Anlage 35 Megawatt oder mehr beträgt; dies gilt für die Gesamtfeuerungswärmeleistung von Verbrennungseinheiten nach Anhang 1 Teil 2 Nummer 1 des Treibhausgas-Emissionshandelsgesetzes in einer Anlage entsprechend.

(4) Für die Dauer der Befreiung besteht kein Anspruch auf eine Zuteilung von kostenlosen Berechtigungen nach § 9 Absatz 1 des Treibhausgas-Emissionshandelsgesetzes.

§ 17 Form und Inhalt des Antrags. (1) [1] Die Befreiung nach § 16 Absatz 1 setzt einen Antrag des Betreibers bei der zuständigen Behörde auf Befreiung für den jeweiligen Zuteilungszeitraum voraus. [2] Der Antrag auf Befreiung ist innerhalb einer Frist, die von der zuständigen Behörde mindestens einen Monat vor ihrem Ablauf im Bundesanzeiger bekannt gegeben wird, zu stellen. [3] Bei verspätetem Antrag besteht kein Anspruch auf Befreiung.

(2) Der Antrag muss folgende Angaben enthalten:

1. bei Anlagen nach Anhang 1 Teil 2 Nummer 1 bis 6 des Treibhausgas-Emissionshandelsgesetzes die Feuerungswärmeleistung der Anlage und
2. die Festlegung auf eine der gleichwertigen Maßnahmen nach § 18.

§ 18 Gleichwertige Maßnahme. (1) Während der Dauer der Befreiung nach § 16 Absatz 1 unterliegt der Betreiber entsprechend seiner nach § 16 Absatz 1 Nummer 2 getroffenen Auswahl einer der nachfolgenden gleichwertigen Maßnahmen:

1. Zahlung eines Ausgleichsbetrages für ersparte Kosten des Erwerbs von Emissionsberechtigungen nach § 19 oder
2. Selbstverpflichtung zu Emissionsminderungen der Anlage nach § 20.

(2) Betreiber von Anlagen, die Stromerzeuger im Sinne von Artikel 10a Absatz 4 der Richtlinie 2003/87/EG sind, und Betreiber von Anlagen, die Restgase oder Wärme mit anderen Anlagen austauschen, dürfen die gleichwertige Maßnahme nach Absatz 1 Nummer 2 nicht wählen.

§ 19 Ausgleichsbetrag. (1) Während der Dauer der Befreiung nach § 16 Absatz 1 hat der Betreiber für jedes Berichtsjahr einen Ausgleichsbetrag für ersparte Kosten des Erwerbs von Berechtigungen zu leisten.

(2) Der zu zahlende Ausgleichsbetrag ist das Produkt aus

1. der anzusetzenden Menge an Berechtigungen, die dem Zukaufbedarf einer Anlage für das jeweilige Berichtsjahr entspricht, und
2. dem durchschnittlichen, volumengewichteten Zuschlagspreis der Versteigerungen nach § 8 des Treibhausgas-Emissionshandelsgesetzes[1)] im Berichtsjahr oder in dem Kalenderjahr vor dem Berichtsjahr, je nachdem, welcher der beiden Zuschlagspreise der niedrigere ist; die zuständige Behörde gibt den maßgeblichen Zuschlagspreis für das jeweilige Berichtsjahr bis zum 31. März des auf das Berichtsjahr folgenden Kalenderjahres auf ihrer Internetseite bekannt.

(3) [1] Die anzusetzende Menge an Berechtigungen nach Absatz 2 Nummer 1 entspricht der Differenz zwischen der Emissionsmenge der Anlage im Berichtsjahr und der Menge an Berechtigungen, die dem Betreiber anstelle der Befreiung für das Berichtsjahr nach den Vorgaben des § 9 des Treibhausgas-Emissionshandelsgesetzes zugeteilt worden wäre. [2] Sofern der Wert der anzusetzenden Menge an Berechtigungen einen negativen Wert erreicht, entfällt die Pflicht nach Absatz 1 für dieses Berichtsjahr und der Betreiber kann im Folgejahr desselben Zuteilungszeitraums bei der Differenzbildung nach Satz 1 den negativen Wert des Vorjahres anrechnen. [3] Sofern sich durch diese Anrechnung auch für das Folgejahr ein negativer Wert ergibt, gilt Satz 2 für das Folgejahr entsprechend.

(4) [1] Die zuständige Behörde setzt die Menge an Berechtigungen, die dem Betreiber anstelle der Befreiung für die einzelnen Jahre des jeweiligen Zuteilungszeitraums zugeteilt worden wäre, mit der Befreiung nach § 16 Absatz 1 fest. [2] Veränderungen der Produktionsmenge gegenüber dem für die Festsetzung nach Satz 1 maßgeblichen Zeitraum bleiben unberücksichtigt.

(5) [1] Der Ausgleichsbetrag ist für jedes Berichtsjahr bis zum 30. April des auf das Berichtsjahr folgenden Kalenderjahres als Schickschuld an die zuständige Behörde zu leisten. [2] Soweit der Ausgleichsbetrag nicht rechtzeitig geleistet wurde, setzt die zuständige Behörde den rückständigen Ausgleichsbetrag fest. [3] Für die Berechnung des rückständigen Ausgleichsbetrages gilt abweichend

---

1) Nr. **55**.

von Absatz 2 Nummer 2 als maßgeblicher Zuschlagspreis der durchschnittliche volumengewichtete Zuschlagspreis der Versteigerungen nach § 8 des Treibhausgas-Emissionshandelsgesetzes im Berichtsjahr oder in dem Kalenderjahr vor dem Berichtsjahr, je nachdem, welcher der beiden Zuschlagspreise der höhere ist.

(6) [1] Soweit ein Ausgleichsbetrag ohne rechtlichen Grund entrichtet wurde, kann derjenige, auf dessen Rechnung die Zahlung bewirkt worden ist, von der zuständigen Behörde die Erstattung des entrichteten Betrages fordern. [2] Ansprüche des Bundes auf Zahlung des Ausgleichsbetrages sowie Erstattungsansprüche nach Satz 1 verjähren nach den Vorschriften des Bürgerlichen Gesetzbuches über die regelmäßige Verjährung.

(7) Die Einnahmen aus dem Ausgleichsbetrag stehen dem Bund zu und fließen in das Sondervermögen „Energie- und Klimafonds".

§ 20 Selbstverpflichtung zu Emissionsminderungen. (1) Gegenstand der Selbstverpflichtung des Betreibers zu Emissionsminderungen der Anlage ist die Reduzierung der Gesamtemissionen der Anlage gegenüber dem Basiswert beginnend ab dem Jahr 2021 um jährlich 2,2 Prozent.

(2) Der Basiswert ist der Median der Emissionen der Anlage in den Jahren 2014 bis 2018, in denen die Anlage vom Anwendungsbereich des Treibhausgas-Emissionshandelsgesetzes[1)] erfasst war, reduziert um den Prozentsatz, der der prozentualen Minderung der gemeinschaftsweiten Menge der vergebenen Zertifikate nach den Artikeln 9 und 9a der Richtlinie 2003/87/EG von der Mitte des Zeitraums der Kalenderjahre 2014 bis 2018 bis zum Ende der Handelsperiode 2013 bis 2020 entspricht.

(3) Die zuständige Behörde setzt mit der Befreiung nach § 16 Absatz 1 den Basiswert nach Absatz 2 sowie den jeweiligen Zielwert für jedes Kalenderjahr des Zuteilungszeitraums fest.

(4) [1] Erfüllt ein Betreiber die Selbstverpflichtung nach Absatz 1 in einem Berichtsjahr nicht, so hat er für dieses Berichtsjahr einen Überschreitungsbetrag zu zahlen. [2] Der zu zahlende Überschreitungsbetrag ist das Produkt aus

1. der Differenz zwischen der tatsächlichen Emissionsmenge der Anlage im Berichtsjahr und dem sich aus Absatz 1 ergebenden Zielwert für dieses Berichtsjahr und
2. dem durchschnittlichen, volumengewichteten Zuschlagspreis der Versteigerungen nach § 8 des Treibhausgas-Emissionshandelsgesetzes im Berichtsjahr oder in dem Kalenderjahr vor dem Berichtsjahr, je nachdem, welcher der beiden Zuschlagspreise der niedrigere ist; die zuständige Behörde gibt den maßgeblichen Zuschlagspreis für das jeweilige Berichtsjahr bis zum 31. März des auf das Berichtsjahr folgenden Kalenderjahres auf ihrer Internetseite bekannt.

(5) [1] Sofern die Emissionsmenge der Anlage geringer ist als der sich aus Absatz 1 ergebende Zielwert für das jeweilige Berichtsjahr, kann der Betreiber die Differenzmenge bei der Differenzbildung nach Absatz 4 Satz 2 Nummer 1 im Folgejahr desselben Zuteilungszeitraums anrechnen. [2] Sofern sich durch

---

[1)] Nr. **55**.

diese Anrechnung auch für das Folgejahr ein negativer Wert ergibt, gilt Satz 1 für das Folgejahr entsprechend.

(6) Für die Leistung des Überschreitungsbetrags gilt § 19 Absatz 5 bis 7 entsprechend.

§ 21 Erlöschen der Befreiung. [1] Die Befreiung nach § 16 Absatz 1 erlischt, wenn die Anlage in einem Berichtsjahr 25 000 Tonnen Kohlendioxidäquivalent oder mehr emittiert. [2] In diesem Fall unterliegt der Betreiber ab dem Kalenderjahr der Überschreitung der Emissionsgrenze der Pflicht nach § 7 Absatz 1 des Treibhausgas-Emissionshandelsgesetzes[1)].

§ 22 Öffentlichkeitsbeteiligung. (1) Die zuständige Behörde gibt im Rahmen des Antragsverfahrens folgende Informationen auf ihrer Internetseite bekannt:

1. die Namen der Anlagen, für die eine Befreiung nach § 16 beantragt wurde,
2. für jede dieser Anlagen die gleichwertige Maßnahme nach § 18 und
3. für jede dieser Anlagen die in den Jahren des jeweiligen Bezugszeitraums verursachten Treibhausgasemissionen.

(2) [1] Nach der Bekanntgabe hat die Öffentlichkeit vier Wochen Gelegenheit, zu den beabsichtigten Befreiungen Stellung zu nehmen. [2] Nach Ablauf der Frist zur Stellungnahme teilt die zuständige Behörde der Europäischen Kommission das Ergebnis der Öffentlichkeitsbeteiligung mit. [3] Diese Mitteilung gibt die zuständige Behörde auf ihrer Internetseite bekannt.

§ 23 Erleichterungen bei Überwachung und Berichterstattung.

(1) [1] Für die Dauer der Befreiung nach § 16 gilt die Pflicht zur Emissionsberichterstattung nach § 5 des Treibhausgas-Emissionshandelsgesetzes[1)] mit der Maßgabe, dass die Pflicht zur Verifizierung des Emissionsberichts jeweils nur für das dritte Jahr des jeweiligen Zuteilungszeitraums gilt. [2] Abweichend von Satz 1 sind Anlagen, die in jedem Jahr des Bezugszeitraums nach § 16 Absatz 2 weniger als 5 000 Tonnen Kohlendioxidäquivalent emittiert haben, von der Pflicht zur Verifizierung des Emissionsberichts befreit, solange die Anlagen in jedem Berichtsjahr des Zuteilungszeitraums weniger als 5 000 Tonnen Kohlendioxidäquivalent emittieren.

(2) Für die Dauer der Befreiung nach § 16 gilt die Pflicht nach § 6 des Treibhausgas-Emissionshandelsgesetzes mit den Maßgaben, dass

1. der nach § 6 Absatz 1 des Treibhausgas-Emissionshandelsgesetzes zur Genehmigung vorzulegende Überwachungsplan keine Angaben nach Artikel 12 Absatz 2 Buchstabe c bis g der Monitoring-Verordnung zu den innerbetrieblichen Verfahren zur Überwachung und Berichterstattung nach Anhang I Teil 1 der Monitoring-Verordnung enthalten muss;
2. eine Anpassung des Überwachungsplans nach § 6 Absatz 3 des Treibhausgas-Emissionshandelsgesetzes nur bei Änderungen des Anlagenumfangs oder der Emissionsquellen oder bei der Aufnahme zusätzlicher Stoffströme erforderlich ist.

[1)] Nr. **55**.

(3) [1]Bestimmt der Betreiber einer Anlage, die in jedem Jahr des Bezugszeitraums nach § 16 Absatz 2 weniger als 5 000 Tonnen Kohlendioxidäquivalent emittiert hat, Berechnungsfaktoren eines Stoffstroms mittels Analysen, so ist er von der Pflicht nach Artikel 33 der Monitoring-Verordnung zur Übermittlung eines Probenahmeplans befreit. [2]Nimmt der Betreiber zur Durchführung der Analysen sein betriebseigenes Labor in Anspruch, ist er von der Pflicht nach Artikel 34 Absatz 3 der Monitoring-Verordnung zur Vorlage eines Gleichwertigkeitsnachweises befreit.

(4) Für die Dauer der Befreiung nach § 16 ist der Betreiber einer Anlage, die in jedem Jahr des Bezugszeitraums nach § 16 Absatz 2 weniger als 5 000 Tonnen Kohlendioxidäquivalent emittiert hat, von der Pflicht zur Übermittlung eines Verbesserungsberichtes nach Artikel 69 Absatz 4 der Monitoring-Verordnung befreit.

(5) Für die Dauer der Befreiung nach § 16 ist der Betreiber der Anlage von der Pflicht zur Mitteilung der Aktivitätsraten nach dem Durchführungsrechtsakt nach Artikel 10a Absatz 21 der Richtlinie 2003/87/EG befreit.

Abschnitt 10. Schlussvorschriften

§ 24 Inkrafttreten, Außerkrafttreten. (1) Diese Verordnung tritt am Tag nach der Verkündung[1)] in Kraft.

(2) § 14 und die Anlage treten am 1. Oktober 2021 außer Kraft.

Anlage
(zu § 14)

Gebührenverzeichnis

Tarifstelle	Amtshandlungen der Zulassungsstelle	Gebührensatz (Nettobetrag zuzüglich Umsatzsteuer) Angaben in Euro
1	**Erstzertifizierung**	
1.1	**Antragsprüfung und Bescheid**	
1.1.1	nach Aktenlage für bis zu drei Tätigkeitsgruppen gemäß Anhang I der Akkreditierungs- und Verifizierungsverordnung	945
1.1.1.1	– je weitere drei beantragte Tätigkeitsgruppen gemäß Anhang I der Akkreditierungs- und Verifizierungsverordnung zusätzlich zu 1.1.1	315
1.1.2	mit Gespräch in den Räumen der Zulassungsstelle für bis zu drei Tätigkeitsgruppen gemäß Anhang I der Akkreditierungs- und Verifizierungsverordnung	1 260
1.1.2.1	– je weitere drei beantragte Tätigkeitsgruppen gemäß Anhang I der Akkreditierungs- und Verifizierungsverordnung zusätzlich zu 1.1.2	315

1) Verkündet am 3.5.2019.

Tarif-stelle	Amtshandlungen der Zulassungsstelle	Gebührensatz (Nettobetrag zuzüglich Umsatzsteuer) Angaben in Euro
1.1.2.2	– Hinzuziehung externer Gutachter, je Gutachter und jeweils bis zu drei beantragten Tätigkeitsgruppen zusätzlich zu 1.1.2	250–335
1.2	**Durchführung der Begutachtung (je Office-Audit oder je Witness-Audit)**	840
1.2.1	zuzüglich Personal der Zulassungsstelle vor Ort, je Person und Tag	840
1.2.2	zuzüglich externer Begutachter vor Ort, je Begutachter und je Tag	750–1 000
2	**Rezertifizierung**	
2.1	**Antragsprüfung und Bescheid nach Aktenlage**	Kosten entsprechend Tarifstellen 1.1.1 und 1.1.1.1
2.2	**Begutachtung im Rahmen der Rezertifizierung**	Kosten entsprechend Tarifstellen 1.2 bis 1.2.2
3	**Begutachtung nach Artikel 50 der Akkreditierungs- und Verifizierungsverordnung im Zeitraum zwischen Zertifizierung und Rezertifizierung**	Kosten entsprechend Tarifstellen 1.2 bis 1.2.2
4	**Anlassabhängige Überprüfung auf Basis der Artikel 52, 62 und 73 der Akkreditierungs- und Verifizierungsverordnung im Zeitraum zwischen Zertifizierung und Rezertifizierung**	
4.1	**Dokumentenprüfung und Bescheid, ohne Begutachtung**	1 000–5 000
4.2	**Anlassabhängige Begutachtung**	Kosten entsprechend Tarifstellen 1.2 bis 1.2.2
5	**Änderung des Zertifizierungsbereichs**	
5.1	**Antragsprüfung und Bescheid**	
5.1.1	nach Aktenlage für bis zu drei Tätigkeitsgruppen gemäß Anhang I der Akkreditierungs- und Verifizierungsverordnung	525
5.1.1.1	– je weitere drei beantragte Tätigkeitsgruppen gemäß Anhang I der Akkreditierungs- und Verifizierungsverordnung zusätzlich zu Tarifstelle 5.1.1	525
5.1.2	mit Gespräch in den Räumen der Zulassungsstelle für bis zu drei Tätigkeitsgruppen gemäß Anhang I der Akkreditierungs- und Verifizierungsverordnung	840
5.1.2.1	– je weitere drei beantragte Tätigkeitsgruppen gemäß Anhang I der Akkreditierungs- und Verifizierungsverordnung zusätzlich zu Tarifstelle 5.1.2	315
5.1.2.2	– Hinzuziehung externer Gutachter, je Gutachter und jeweils bis zu drei beantragten Tätigkeitsgruppen zusätzlich zu Tarifstelle 5.1.2	250–335
5.2	**Begutachtung im Rahmen der Änderung des Zertifizierungsbereichs**	Kosten entsprechend Tarifstellen 1.2 bis 1.2.2

61. Richtlinie 2012/27/EU des Europäischen Parlaments und des Rates vom 25. Oktober 2012 zur Energieeffizienz, zur Änderung der Richtlinien 2009/125/EG und 2010/30/EU und zur Aufhebung der Richtlinien 2004/8/EG und 2006/32/EG[1)]

(Text von Bedeutung für den EWR)

(ABl. L 315 S. 1, ber. 2013 S. 24)

Celex-Nr. 3 2012 L 0027

zuletzt geänd. durch Art. 70 RL (EU) 2019/944 mit gemeinsamen Vorschriften für den Elektrizitätsbinnenmarkt[2)] v. 5.6.2019 (ABl. L 158 S. 125)

DAS EUROPÄISCHE PARLAMENT UND DER RAT DER EUROPÄISCHEN UNION –

gestützt auf den Vertrag über die Arbeitsweise der Europäischen Union, insbesondere auf Artikel 194 Absatz 2,

auf Vorschlag der Europäischen Kommission,

nach Zuleitung des Entwurfs des Gesetzgebungsaktes an die nationalen Parlamente,

nach Stellungnahme des Europäischen Wirtschafts- und Sozialausschusses[3)],

nach Stellungnahme des Ausschusses der Regionen[4)],

gemäß dem ordentlichen Gesetzgebungsverfahren[5)],

in Erwägung nachstehender Gründe:

(1) Die Union steht vor beispiellosen Herausforderungen, die auf die verstärkte Abhängigkeit von Energieimporten, knappe Energieressourcen sowie das Erfordernis, dem Klimawandel Einhalt zu gebieten und die Wirtschaftskrise zu überwinden, zurückzuführen sind. Energieeffizienz ist ein wertvolles Instrument, um diese Herausforderungen anzugehen. Sie verbessert die Versorgungssicherheit der Union durch die Verringerung des Primärenergieverbrauchs sowie der Energieeinfuhren. Sie trägt dazu bei, Treibhausgasemissionen kostenwirksam zu senken und dadurch den Klimawandel abzumildern. Der Umstieg auf eine energieeffizientere Wirtschaft sollte auch die Verbreitung innovativer technologischer Lösungen beschleunigen sowie die Wettbewerbsfähigkeit der Industrie in der Union verbessern und dadurch das Wirtschaftswachstum fördern und hochwertige Arbeitsplätze in einer Reihe von Branchen, die mit Energieeffizienz zusammenhängen, schaffen.

(2) In den Schlussfolgerungen des Europäischen Rates vom 8./9. März 2007 wurde hervorgehoben, dass die Energieeffizienz in der Union gesteigert werden muss, um das Ziel – nämlich Einsparungen beim Primärenergieverbrauch der Union bis 2020 um 20 % gegenüber den Projektionen – zu erreichen. In den Schlussfolgerungen des Europäischen Rates vom 4. Februar 2011 wurde betont, dass das auf der Tagung des Europäischen Rates vom Juni 2010 vereinbarte, aber derzeit gefährdete Ziel einer Steigerung der Energieeffizienz um 20 % bis 2020 erreicht werden muss. Die Projektionen aus 2007 ergaben für 2020 einen Primärenergieverbrauch von 1 842 Mio. t RÖE.

[1)] Die Änderung durch Beschl. v. 19.3.2019 (ABl. Nr. L 85 I S. 66) gilt gem. Art. 4 Abs. 2 dieses Beschl. erst ab dem Tag, an dem die Richtlinie 2012/27/EU und die Verordnung (EU) 2018/1999 auf das Vereinigte Königreich und im Vereinigten Königreich nicht mehr anwendbar sind; sie ist im Text noch nicht berücksichtigt.

[2)] Nr. 4.

[3)] **Amtl. Anm.:** ABl. C 24 vom 28.1.2012, S. 134.

[4)] **Amtl. Anm.:** ABl. C 54 vom 23.2.2012, S. 49.

[5)] **Amtl. Anm.:** Standpunkt des Europäischen Parlaments vom 11. September 2012 (noch nicht im Amtsblatt veröffentlicht) und Beschluss des Rates vom 4. Oktober 2012.

Bei einer Verringerung um 20 % ergeben sich 1 474 Mio. t RÖE im Jahr 2020; dies entspricht einer Senkung um 368 Mio. t RÖE gegenüber den Projektionen.

(3) In den Schlussfolgerungen des Europäischen Rates vom 17. Juni 2010 wurde das Energieeffizienzziel als eines der vorrangigen Ziele der neuen Strategie der Union für Arbeitsplätze und intelligentes, nachhaltiges und integratives Wachstum (Strategie Europa 2020) bestätigt. Im Rahmen dieses Prozesses und zur Verwirklichung dieses Ziels auf nationaler Ebene müssen die Mitgliedstaaten in engem Dialog mit der Kommission nationale Ziele festlegen und in ihren Nationalen Reformprogrammen angeben, wie sie diese erreichen wollen.

(4) In der Mitteilung der Kommission „Energiestrategie 2020" vom 10. November 2010 wird die Energieeffizienz in den Mittelpunkt der Energiestrategie der Union bis 2020 gestellt und die Erforderlichkeit einer neuen Energieeffizienzstrategie dargelegt, die es allen Mitgliedstaaten ermöglichen soll, die Energienutzung vom Wirtschaftswachstum zu entkoppeln.

(5) In seiner Entschließung vom 15. Dezember 2010 zur Überarbeitung des Aktionsplans für Energieeffizienz forderte das Europäische Parlament die Kommission auf, in ihren überarbeiteten Aktionsplan für Energieeffizienz Maßnahmen aufzunehmen, mit denen der Rückstand im Hinblick auf das Gesamtenergieeffizienzziel der Union für 2020 aufgeholt werden kann.

(6) Eine der Initiativen der Strategie Europa 2020 ist die Leitinitiative „Ressourcenschonendes Europa", die von der Kommission am 26. Januar 2011 verabschiedet wurde. Darin wird Energieeffizienz als ein wesentlicher Faktor für die Gewährleistung der nachhaltigen Nutzung von Energieressourcen benannt.

(7) In den Schlussfolgerungen des Europäischen Rates vom 4. Februar 2011 wurde eingeräumt, dass das Energieeffizienzziel der Union mit dem bisherigen Kurs nicht erreicht werden wird und entschlossenes Handeln erforderlich ist, um das erhebliche Potenzial verstärkter Energieeinsparungen in Gebäuden, im Verkehr, bei Produkten und Prozessen zu nutzen. Diese Schlussfolgerungen stellen außerdem fest, dass die Umsetzung des Energieeffizienzziels der Union bis 2013 überprüft wird und erforderlichenfalls weitere Maßnahmen erwogen werden.

(8) Am 8. März 2011 hat die Kommission ihre Mitteilung zu einem Energieeffizienzplan 2011 verabschiedet. In der Mitteilung wurde bestätigt, dass die Union ihr Energieeffizienzziel mit dem bisherigen Kurs nicht erreichen wird. Dies gilt trotz des skizzierten Fortschritts bei den nationalen Energieeffizienzstrategien in den von den Mitgliedstaaten gemäß der Richtlinie 2006/32/EG des Europäischen Parlaments und des Rates vom 5. April 2006 über Endenergieeffizienz und Energiedienstleistungen[1] vorgelegten ersten Nationalen Energieeffizienz-Aktionsplänen. Eine erste Analyse der zweiten Aktionspläne bestätigt, dass die Union nicht auf dem richtigen Kurs ist. Um dem entgegenzuwirken, wurden in dem Energieeffizienzplan 2011 Energieeffizienzstrategien und -maßnahmen für die gesamte Energiekette beschrieben. Dabei wurden folgende Bereiche einbezogen: Energieerzeugung, -übertragung bzw. -fernleitung und -verteilung, die Vorreiterrolle des öffentlichen Sektors bei der Energieeffizienz, Gebäude und Geräte, die Industrie sowie die Erforderlichkeit, Endkunden die Möglichkeit der Steuerung ihres Energieverbrauchs zu geben. Auf die Energieeffizienz im Verkehrssektor wurde parallel dazu im Weißbuch zum Verkehr vom 28. März 2011 eingegangen. Insbesondere werden in der Initiative 26 des Weißbuchs geeignete CO_2-Abgasnormen für die Fahrzeuge aller Verkehrsträger gefordert, die, soweit erforderlich, durch Energieeffizienzanforderungen zur Erfassung sämtlicher Antriebsarten zu ergänzen sind.

(9) Am 8. März 2011 hat die Kommission auch einen Fahrplan für den Übergang zu einer wettbewerbsfähigen kohlenstoffarmen Wirtschaft bis 2050 verabschiedet, in dem festgestellt wird, dass aus dieser Perspektive der Schwerpunkt stärker auf Energieeffizienz gelegt werden muss.

(10) In diesem Zusammenhang muss der Rechtsrahmen der Union für Energieeffizienz durch eine Richtlinie aktualisiert werden, mit der das Gesamtziel verfolgt wird, das Energieeffizienzziel einer Einsparung von 20 % beim Primärenergieverbrauch der Union bis 2020 und weitere Verbesserungen bei der Energieeffizienz nach 2020 zu erreichen. Hierzu sollten in dieser Richtlinie ein gemeinsamer Rahmen für die Energieeffizienzförderung in der Union sowie konkrete Maßnahmen festgelegt werden, um einige der Vorschläge des Energieeffizienzplans 2011 und die darin ausgewiesenen erheblichen ungenutzten Energieeinsparpotenziale zu verwirklichen.

(11) Nach der Entscheidung Nr. 406/2009/EG des Europäischen Parlaments und des Rates vom 23. April 2009 über die Anstrengungen der Mitgliedstaaten zur Reduktion ihrer Treibhausgasemissionen mit Blick auf die Erfüllung der Verpflichtungen der Gemeinschaft zur Reduktion der

---

[1] **Amtl. Anm.:** ABl. L 114 vom 27.4.2006, S. 64.

Treibhausgasemissionen bis 2020[1] muss die Kommission die Fortschritte der Union und ihrer Mitgliedstaaten im Hinblick auf das Ziel, den Energieverbrauch bis 2020 gegenüber den Projektionen um 20 % zu senken, bis 2012 bewerten und darüber Bericht erstatten. Ferner heißt es dort, dass die Kommission bis zum 31. Dezember 2012 verschärfte oder neue Maßnahmen zur Beschleunigung von Verbesserungen bei der Energieeffizienz vorschlagen sollte, um den Mitgliedstaaten beim Erreichen der Verpflichtungen der Union zur Reduktion ihrer Treibhausgasemissionen zu helfen. Mit dieser Richtlinie wird dieser Anforderung entsprochen. Ferner trägt sie dazu bei, die Ziele des Fahrplans für den Übergang zu einer wettbewerbsfähigen CO_2-armen Wirtschaft bis 2050, insbesondere durch eine Verringerung der Treibhausgasemissionen aus dem Energiesektor, und eine emissionsfreie Stromerzeugung bis 2050 zu erreichen.

(12) Für die Erschließung des vorhandenen Energieeinsparpotenzials, das Einsparungen im Energieversorgungs- und im Endnutzersektor umfasst, ist ein integrierter Ansatz erforderlich. Gleichzeitig sollten die Bestimmungen der Richtlinie 2004/8/EG des Europäischen Parlaments und des Rates vom 11. Februar 2004 über die Förderung einer am Nutzwärmebedarf orientierten Kraft-Wärme-Kopplung im Energiebinnenmarkt[2] und der Richtlinie 2006/32/EG gestärkt werden.

(13) Es wäre wünschenswert, das 20 %-Energieeffizienzziel würde durch die kumulierte Umsetzung spezifischer nationaler und europäischer Maßnahmen zur Förderung der Energieeffizienz auf verschiedenen Gebieten erreicht werden. Die Mitgliedstaaten sollten zur Festlegung indikativer nationaler Energieeffizienzziele, -systeme und -programme verpflichtet werden. Diese Ziele und die Anstrengungen der einzelnen Mitgliedstaaten sowie die Daten über die erzielten Fortschritte sollten von der Kommission evaluiert werden, um die Wahrscheinlichkeit des Erreichens des Gesamtziels der Union zu bewerten und zu prüfen, inwiefern die Einzelanstrengungen ausreichen, um das gemeinsame Ziel zu erreichen. Die Kommission sollte daher die Umsetzung der nationalen Energieeffizienzprogramme im Wege ihres überarbeiteten Rechtsrahmens und im Zuge des Europa-2020-Prozesses genau beobachten. Bei der Festlegung der indikativen nationalen Energieeffizienzziele sollten die Mitgliedstaaten die Möglichkeit haben, die sich auf den Primärenergieverbrauch auswirkenden nationalen Gegebenheiten – wie etwa das verbleibende Potenzial für kostenwirksame Energieeinsparungen, Veränderungen bei Energieeinfuhren und -ausfuhren, den Ausbau aller Quellen für erneuerbare Energien, Kernenergie sowie CO_2-Abscheidung und -Speicherung und frühzeitig getroffene Maßnahmen – zu berücksichtigen. Bei der Durchführung von Modellrechnungen sollte die Kommission die Mitgliedstaaten frühzeitig und transparent zu den Modellannahmen und den Entwürfen von Modellergebnissen konsultieren. Es bedarf einer verbesserten Modellierung zur Auswirkung von Maßnahmen zur Steigerung der Energieeffizienz und zum Stand und zur Leistungsfähigkeit der Technik.

(14) In der Richtlinie 2009/28/EG des Europäischen Parlaments und des Rates vom 23. April 2009 zur Förderung der Nutzung von Energie aus erneuerbaren Quellen[3] wird folgende Feststellung getroffen: „Zypern und Malta sind aufgrund ihrer Lage auf Inseln und in Randgebieten auf den Flugverkehr als unverzichtbares Beförderungsmittel für ihre Bürger und ihre Wirtschaft angewiesen. Das führt dazu, dass Zypern und Malta einen Bruttoendenergieverbrauch im nationalen Flugverkehr haben, der mit dem Dreifachen des Gemeinschaftsdurchschnitts im Jahr 2005 unverhältnismäßig hoch ist, und die deshalb unverhältnismäßig durch die derzeitigen technischen und ordnungspolitischen Grenzen betroffen sind."

(15) Das Gesamtvolumen öffentlicher Ausgaben entspricht 19 % des Bruttoinlandsprodukts der Union. Der öffentliche Sektor stellt daher eine wichtige treibende Kraft dar, wenn es darum geht, die Marktveränderung hin zu effizienteren Produkten, Gebäuden und Dienstleistungen zu fördern und bei Bürgern und Unternehmen Verhaltensänderungen in Bezug auf den Energieverbrauch zu bewirken. Außerdem kann eine Senkung des Energieverbrauchs als Folge von Maßnahmen zur Steigerung der Energieeffizienz öffentliche Gelder für andere Zwecke freisetzen. Nationale, regionale und lokale öffentliche Einrichtungen sollten bei der Energieeffizienz mit gutem Beispiel vorangehen.

(16) In Anbetracht dessen, dass in den Schlussfolgerungen des Rates vom 10. Juni 2011 über den Energieeffizienzplan 2011 hervorgehoben wurde, dass 40 % des Gesamtendenergieverbrauchs der Union auf Gebäude entfallen, und mit dem Ziel, das Wachstums- und Beschäftigungspotenzial auszuschöpfen, das in Handwerk und Baugewerbe sowie bei der Herstellung von Bauprodukten und in Branchen wie Architektur, Beratungsgewerbe und Ingenieurwesen vorhanden ist, sollten

---

[1] **Amtl. Anm.:** ABl. L 140 vom 5.6.2009, S. 136.
[2] **Amtl. Anm.:** ABl. L 52 vom 21.2.2004, S. 50.
[3] **Amtl. Anm.:** ABl. L 140 vom 5.6.2009, S. 16.

die Mitgliedstaaten eine langfristige Strategie für die Zeit nach 2020 festlegen, mit der Anreize für Investitionen in die Renovierung von Wohn- und Geschäftsgebäuden mit Blick auf eine Verbesserung der Gesamtenergieeffizienz des Gebäudebestands geschaffen werden sollen. Die Strategie sollte auf kostenwirksame größere Renovierungen abstellen, die eine Modernisierung bewirken, in deren Folge sowohl der Verbrauch an gelieferter Energie als auch der Gesamtenergieverbrauch eines Gebäudes im Vergleich zum Verbrauch vor der Renovierungsmaßnahme erheblich abnimmt und infolgedessen eine sehr hohe Gesamtenergieeffizienz erreicht wird. Solche umfassenden Renovierungen könnten auch stufenweise durchgeführt werden.

(17) Die Gebäuderenovierungsquote muss erhöht werden, da der Gebäudebestand der Einzelsektor mit dem größten Energieeinsparpotenzial ist. Außerdem sind Gebäude entscheidend dafür, dass das Ziel der Union, die Treibhausgasemissionen bis 2050 um 80-95 % gegenüber 1990 zu senken, erreicht wird. Gebäude im öffentlichen Eigentum haben einen erheblichen Anteil am Gebäudebestand und eine große öffentliche Wahrnehmung. Daher ist es angebracht, eine jährliche Renovierungsquote für die im Hoheitsgebiet eines Mitgliedstaats im Eigentum der Zentralregierung befindlichen und von ihr genutzten Gebäude festzulegen, um deren Energieeffizienz zu verbessern. Diese Renovierungsquote sollte unbeschadet der in der Richtlinie 2010/31/EU des Europäischen Parlaments und des Rates vom 19. Mai 2010 über die Gesamtenergieeffizienz von Gebäuden[1)] festgelegten Verpflichtungen in Bezug auf Niedrigstenergiegebäude gelten. Die Verpflichtung in dieser Richtlinie zur Renovierung von Gebäuden der Zentralregierung ergänzt jene Richtlinie, nach der die Mitgliedstaaten sicherstellen müssen, dass bei einer größeren Renovierung bestehender Gebäude deren Gesamtenergieeffizienz verbessert wird, damit sie Mindestanforderungen an die Energieeffizienz genügen. Den Mitgliedstaaten sollte die Möglichkeit eingeräumt werden, alternative kosteneffiziente Maßnahmen zu ergreifen, um eine gleichwertige Verbesserung der Gesamtenergieeffizienz der im Eigentum der Zentralregierung befindlichen Gebäude zu erreichen. Die Pflicht zur Renovierung von Flächen von Gebäuden der Zentralregierung sollte für Verwaltungseinheiten gelten, deren Zuständigkeit sich auf das gesamte Hoheitsgebiet eines Mitgliedstaats erstreckt. Wenn in einem Mitgliedstaat für einen bestimmten Zuständigkeitsbereich keine einschlägige Verwaltungseinheit existiert, die das gesamte Hoheitsgebiet abdeckt, sollte diese Pflicht für die Verwaltungseinheiten gelten, deren Zuständigkeiten gemeinsam das gesamte Hoheitsgebiet abdecken.

(18) Einige Gemeinden und andere öffentliche Einrichtungen in den Mitgliedstaaten haben bereits integrierte Konzepte für Energieeinsparungen und für die Energieversorgung eingeführt, etwa durch Aktionspläne für nachhaltige Energie wie jene, die im Rahmen der Initiative des Bürgermeisterkonvents entwickelt wurden, und durch integrierte städtische Konzepte, die über einzelne Maßnahmen in Gebäuden oder bezüglich bestimmter Verkehrsträger hinausgehen. Die Mitgliedstaaten sollten Gemeinden und sonstige öffentliche Einrichtungen dazu ermutigen, integrierte und nachhaltige Energieeffizienzpläne mit klaren Zielen zu verabschieden, die Bürger an deren Entwicklung und Umsetzung zu beteiligen und sie in angemessener Weise über deren Inhalt und die Fortschritte bei der Verwirklichung der Ziele zu informieren. Solche Pläne können erhebliche Energieeinsparungen bewirken, vor allem wenn sie durch Energiemanagementsysteme realisiert werden, die es den betroffenen öffentlichen Einrichtungen erlauben, ihren Energieverbrauch besser zu steuern. Der Erfahrungsaustausch zwischen Städten und Gemeinden und anderen öffentlichen Einrichtungen sollte im Hinblick auf innovativere Erfahrungen gefördert werden.

(19) Was die Beschaffung bestimmter Produkte und Dienstleistungen sowie den Kauf und die Anmietung von Gebäuden betrifft, so sollten Zentralregierungen, die Bau-, Liefer- und Dienstleistungsaufträge vergeben, mit gutem Beispiel vorangehen und energieeffiziente Beschaffungsentscheidungen treffen. Dies sollte für die Verwaltungseinheiten gelten, deren Zuständigkeit sich auf das gesamte Hoheitsgebiet eines Mitgliedstaats erstreckt. Wenn in einem Mitgliedstaat für einen bestimmten Zuständigkeitsbereich keine einschlägige Verwaltungseinheit existiert, die das gesamte Hoheitsgebiet abdeckt, sollte diese Pflicht für die Verwaltungseinheiten gelten, deren Zuständigkeiten gemeinsam das gesamte Hoheitsgebiet abdecken. Allerdings sollten die Bestimmungen der Vergaberichtlinien der Union nicht beeinträchtigt werden. Soweit es um Produkte geht, die nicht unter die Energieeffizienzanforderungen für die Beschaffung gemäß dieser Richtlinie fallen, sollten die Mitgliedstaaten die öffentlichen Einrichtungen auffordern, die Energieeffizienz bei der Beschaffung zu berücksichtigen.

(20) Eine Bewertung der Möglichkeit, ein System „Weißer Zertifikate" auf Unionsebene einzuführen, hat gezeigt, dass ein solches System in der derzeitigen Situation mit zu hohen Verwaltungskosten

---

[1)] **Amtl. Anm.:** ABl. L 153 vom 18.6.2010, S. 13.

verbunden und mit dem Risiko behaftet wäre, dass die Energieeinsparungen sich auf einzelne Mitgliedstaaten konzentrieren und nicht unionsweit verbreitet würden. Das Ziel eines solchen Systems auf Unionsebene ließe sich, zumindest im aktuellen Stadium, besser durch nationale Energieeffizienzverpflichtungssysteme für Energieversorgungsunternehmen erreichen oder durch andere strategische Maßnahmen, die Energieeinsparungen in gleicher Höhe bewirken. Es ist angebracht, das Anspruchsniveau solcher Systeme in einem gemeinsamen Rahmen auf Unionsebene festzulegen und gleichzeitig den Mitgliedstaaten ein erhebliches Maß an Flexibilität zuzugestehen, um der nationalen Organisation der Marktakteure, dem spezifischen Kontext des Energiesektors und den Gewohnheiten der Endkunden vollständig Rechnung zu tragen. Der gemeinsame Rahmen sollte Energieversorgungsunternehmen die Option bieten, allen Endkunden Energiedienstleistungen anzubieten und nicht nur ihren Energieabnehmern. Dadurch wird der Wettbewerb im Energiemarkt verstärkt, da die Energieversorgungsunternehmen ihr Produkt durch das Anbieten ergänzender Energiedienstleistungen differenzieren können. Der gemeinsame Rahmen sollte es den Mitgliedstaaten ermöglichen, Anforderungen in ihr nationales System aufzunehmen, mit denen soziale Ziele verfolgt werden, um insbesondere sicherzustellen, dass sozial schwache Kunden Zugang zu den Vorteilen einer größeren Energieeffizienz haben. Die Mitgliedstaaten sollten anhand objektiver und nichtdiskriminierender Kriterien festlegen, welche Energieverteiler oder Energieeinzelhandelsunternehmen verpflichtet sein sollten, das mit dieser Richtlinie festgelegte Endenergieeinsparziel zu verwirklichen.

Die Mitgliedstaaten sollten sich insbesondere dafür entscheiden können, diese Verpflichtung kleinen Energieverteilern, kleinen Energieeinzelhandelsunternehmen und kleinen Energiebranchen nicht aufzuerlegen, um einen unverhältnismäßigen Verwaltungsaufwand zu vermeiden. In der Mitteilung der Kommission vom 25. Juni 2008 sind Grundsätze festgelegt, die von den Mitgliedstaaten, die von dieser Möglichkeit keinen Gebrauch machen wollen, berücksichtigt werden sollten. Zur Unterstützung nationaler Energieeffizienzinitiativen sollte es möglich sein, dass nach nationalen Energieeffizienzverpflichtungssystemen verpflichtete Parteien ihren Verpflichtungen dadurch nachkommen können, dass sie zu einem Nationalen Energieeffizienzfonds jährlich einen Beitrag leisten, der den im Rahmen des Systems verlangten Investitionen entspricht.

(21) In Anbetracht der zwingenden Erforderlichkeit, die langfristige Tragfähigkeit der öffentlichen Finanzen wiederherzustellen und die Staatshaushalte zu konsolidieren, sollte auf der Ebene der Mitgliedstaaten bei der Durchführung der unter diese Richtlinie fallenden Einzelmaßnahmen mithilfe angemessener Analysen und Bewertungen gebührend beachtet werden, dass die Durchführung von Energieeffizienzmaßnahmen kostenwirksam erfolgt.

(22) Die Anforderung, Einsparungen bei den jährlichen Energieverkäufen an die Endkunden in Bezug auf das gesamte Energieabsatzvolumen zu erzielen, stellt keine Deckelung des Absatzes oder des Energieverbrauchs dar. Die Mitgliedstaaten sollten die Möglichkeit haben, das Volumen der Energieverkäufe für Verwendungen bei industriellen Tätigkeiten, die in Anhang I der Richtlinie 2003/87/EG des Europäischen Parlaments und des Rates vom 13. Oktober 2003 über ein System für den Handel mit Treibhausgasemissionszertifikaten in der Gemeinschaft[1)] aufgeführt sind, bei der Berechnung der Energieverkäufe an die Endkunden ganz oder teilweise auszuklammern, da in einigen Bereichen oder Teilbereichen dieser Tätigkeiten die Gefahr einer Verlagerung von CO_2-Emissionen bekanntermaßen besonders groß ist. Es ist angebracht, dass die Mitgliedstaaten Kenntnis von den Kosten der Systeme haben, damit sie die Kosten der Maßnahmen genau abschätzen können.

(23) Unbeschadet der Anforderungen des Artikels 7 kann jeder Mitgliedstaat zur Begrenzung des Verwaltungsaufwands alle einzelnen strategischen Maßnahmen zur Umsetzung des Artikels 7 in einem umfassenden nationalen Energieeffizienzprogramm bündeln.

(24) Um das Energieeinsparpotenzial in bestimmten Marktsegmenten zu nutzen, in denen Energieaudits in der Regel nicht gewerblich angeboten werden (z.B. kleine und mittlere Unternehmen (KMU)), sollten die Mitgliedstaaten Programme aufstellen, mit denen die KMU ermutigt werden, sich einem Energieaudit zu unterziehen. Energieaudits sollten für große Unternehmen verbindlich sein und regelmäßig erfolgen, da die Energieeinsparungen erheblich sein können. Energieaudits sollten die einschlägigen europäischen oder internationalen Normen wie etwa EN ISO 50001 (Energiemanagementsysteme) oder EN 16247-1 (Energieaudits) oder – wenn ein Energieaudit einbegriffen ist – EN ISO 14000 (Umweltmanagementsysteme) berücksichtigen und ferner auch den Bestimmungen des Anhangs VI dieser Richtlinie entsprechen, da solche

---

1) **Amtl. Anm.:** ABl. L 275 vom 25.10.2003, S. 32.

Vorschriften nicht über die Anforderungen dieser einschlägigen Normen hinausgehen. Eine spezifische Europäische Norm für Energieaudits wird derzeit ausgearbeitet.

(25) Werden Energieaudits von hausinternen Experten durchgeführt, so sollten diese Experten im Hinblick auf die erforderliche Unabhängigkeit nicht unmittelbar an der Tätigkeit beteiligt sein, die einem Audit unterzogen wird.

(26) Bei der Konzipierung von Maßnahmen zur Verbesserung der Energieeffizienz sollten Effizienzsteigerungen und Einsparungen infolge des breiten Einsatzes kostenwirksamer technologischer Innovationen wie z.B. intelligenter Zähler berücksichtigt werden. Dort, wo intelligente Zähler installiert wurden, sollten sie von den Unternehmen nicht für ungerechtfertigte Nachforderungen genutzt werden.

(27) Was den Strombereich anbelangt, so sollten im Einklang mit der Richtlinie 2009/72/EG des Europäischen Parlaments und des Rates vom 13. Juli 2009 über gemeinsame Vorschriften für den Elektrizitätsbinnenmarkt[1] mindestens 80 % der Verbraucher bis 2020 mit intelligenten Verbrauchserfassungssystemen ausgestattet werden, falls die Einführung intelligenter Zähler positiv bewertet wird. Was den Gasbereich betrifft, so sollten im Einklang mit der Richtlinie 2009/73/EG[2] des Europäischen Parlaments und des Rates vom 13. Juli 2009 über gemeinsame Vorschriften für den Erdgasbinnenmarkt[3] die Mitgliedstaaten oder die von ihnen benannten zuständigen Behörden einen Zeitplan für die Einführung intelligenter Verbrauchserfassungssysteme erstellen, falls die Einführung dieser Systeme positiv bewertet wird.

(28) Die Verwendung individueller Messgeräte oder Heizkostenverteiler zur Messung des individuellen Wärmeverbrauchs in Gebäuden mit mehreren Wohnungen, die über ein Fernwärmenetz oder eine gemeinsame Zentralheizung versorgt werden, ist dann vorteilhaft, wenn die Endkunden die Möglichkeit haben, ihren individuellen Verbrauch zu steuern. Daher ist ihre Verwendung nur sinnvoll in Gebäuden, in denen die Heizkörper mit Thermostatventilen ausgerüstet sind.

(29) In einigen Gebäuden mit mehreren Wohnungen, die über ein Fernwärmenetz oder eine gemeinsame Zentralheizung versorgt werden, wäre die Verwendung präziser individueller Verbrauchsmessgeräte für Wärme technisch kompliziert und kostspielig, weil das für Heizungszwecke verwendete Warmwasser an mehreren Stellen in die Wohnungen hinein- bzw. herausgeführt wird. Es ist jedoch davon auszugehen, dass die individuelle Messung des Wärmeverbrauchs in Gebäuden mit mehreren Wohnungen dann technisch machbar ist, wenn der Einbau individueller Messgeräte ohne Austausch der bestehenden Warmwasserleitungen des Gebäudes erfolgen kann. In diesen Gebäuden kann dann der individuelle Wärmeverbrauch mittels individueller, an jedem Heizkörper angebrachter Heizkostenverteiler gemessen werden.

(30) Nach der Richtlinie 2006/32/EG müssen die Mitgliedstaaten sicherstellen, dass die Endkunden individuelle Zähler zu wettbewerbsorientierten Preisen erhalten, die den tatsächlichen Energieverbrauch des Endkunden und die tatsächliche Nutzungszeit widerspiegeln. In den meisten Fällen gilt für diese Anforderung der Vorbehalt, dass dies technisch machbar, finanziell vertretbar und im Vergleich zu den potenziellen Energieeinsparungen angemessen sein muss. Soweit neue Gebäude mit neuen Anschlüssen ausgestattet oder soweit Gebäude größeren Renovierungen im Sinne der Richtlinie 2010/31/EU unterzogen werden, sollten jedoch stets solche individuellen Zähler bereitgestellt werden. Ferner ist in der Richtlinie 2006/32/EG bestimmt, dass die klare Abrechnung auf der Grundlage des tatsächlichen Verbrauchs so häufig erfolgen sollte, dass die Kunden in der Lage sind, ihren eigenen Energieverbrauch zu steuern.

(31) Die Richtlinien 2009/72/EG und 2009/73/EG[2] verpflichten die Mitgliedstaaten, zu gewährleisten, dass intelligente Messsysteme eingeführt werden, durch die die aktive Beteiligung der Verbraucher am Strom- und Erdgasversorgungsmarkt unterstützt wird. Was den Strombereich betrifft, sind mindestens 80 % der Verbraucher bis 2020 mit intelligenten Verbrauchserfassungssystemen auszustatten, wenn die Einführung intelligenter Zähler als kostenwirksam angesehen wird. Was den Gasbereich betrifft, wird keine Frist festgesetzt, aber es wird die Aufstellung eines Zeitplans vorgeschrieben. Ferner ist in diesen Richtlinien bestimmt, dass die Endkunden häufig genug über ihren tatsächlichen Strom- bzw. Gasverbrauch und ihre Strom- bzw. Gaskosten ordnungsgemäß informiert werden müssen, damit sie ihren eigenen Strom- bzw. Gasverbrauch regulieren können.

---

[1] **Amtl. Anm.:** ABl. L 211 vom 14.8.2009, S. 55.
[2] Nr. **5**.
[3] **Amtl. Anm.:** ABl. L 211 vom 14.8.2009, S. 94.

(32) Die Verbrauchserfassungs- und Abrechnungsvorschriften der Richtlinien 2006/32/EG, 2009/72/EG und 2009/73/EG[1] haben sich nur begrenzt auf die Energieeinsparungen ausgewirkt. In großen Teilen der Union hatten diese Bestimmungen nicht zur Folge, dass die Verbraucher so häufig neueste Informationen über ihren Energieverbrauch oder auf dem tatsächlichen Verbrauch beruhende Abrechnungen erhalten, wie Untersuchungen zufolge erforderlich wäre, damit sie ihren Energieverbrauch regulieren können. In Bezug auf Raumheizung und Warmwasserversorgung in Gebäuden mit mehreren Wohnungen gab die mangelnde Klarheit der betreffenden Bestimmungen darüber hinaus Anlass zu zahlreichen Beschwerden von Bürgern.

(33) Um die Rechte der Endkunden in Bezug auf den Zugang zu Erfassungs- und Abrechnungsinformationen über ihren individuellen Energieverbrauch zu stärken, ist es in Anbetracht der Chancen, die mit dem Prozess der Einführung intelligenter Verbrauchserfassungssysteme und intelligenter Zähler in den Mitgliedstaaten verbunden sind, wichtig, dass die Anforderungen des Unionsrechts in diesem Bereich klarer formuliert sind. Dies dürfte zur Reduzierung der Kosten beitragen, die mit der Einführung intelligenter, mit Funktionen für größere Einsparungen ausgestatteter Verbrauchserfassungssysteme verbunden sind. Die Einführung intelligenter Verbrauchserfassungssysteme ermöglicht häufige Abrechnungen auf der Grundlage des tatsächlichen Verbrauchs. Es ist jedoch auch erforderlich, die Vorschriften für den Zugang zu Informationen und für eine gerechte und genaue Abrechnung auf der Grundlage des tatsächlichen Verbrauchs in den Fällen zu präzisieren, in denen intelligente Zähler nicht bis 2020 verfügbar sind; dies gilt auch für Erfassung und Abrechnung des individuellen Wärme-, Kälte- und Warmwasserverbrauchs in Gebäuden mit mehreren Wohnungen, die über ein Fernwärme- bzw. Fernkältenetz oder über ein in diesen Gebäuden vorhandenes eigenes gemeinsames Heizungs- bzw. Kühlsystem versorgt werden.

(34) Bei der Konzipierung von Maßnahmen zur Verbesserung der Energieeffizienz sollten die Mitgliedstaaten der Erforderlichkeit Rechnung tragen, das ordnungsgemäße Funktionieren des Binnenmarkts und die kohärente Umsetzung des Besitzstands in Einklang mit dem Vertrag über die Arbeitsweise der Europäischen Union sicherzustellen.

(35) Hocheffiziente Kraft-Wärme-Kopplung und Fernwärme- sowie Fernkälteversorgung bergen ein erhebliches Potenzial für die Einsparung von Primärenergie, das in der Union weitgehend ungenutzt ist. Die Mitgliedstaaten sollten eine umfassende Bewertung des Potenzials für hocheffiziente KWK und Fernwärme- sowie Fernkälteversorgung vornehmen. Diese Bewertungen sollten auf Ersuchen der Kommission aktualisiert werden, damit Investoren Informationen über nationale Ausbaupläne erhalten und ein Beitrag zu einem stabilen und günstigen Investitionsumfeld geleistet wird. Neue Stromerzeugungsanlagen und vorhandene Anlagen, die in erheblichem Umfang modernisiert werden oder deren Genehmigung aktualisiert wird, sollten mit hocheffizienten KWK-Anlagen zur Rückgewinnung von Abwärme aus der Stromerzeugung ausgerüstet werden, sofern eine Kosten-Nutzen-Analyse positiv ausfällt. Diese Abwärme könnte dann durch Fernwärmenetze dorthin transportiert werden, wo sie gebraucht wird. Bei den Ereignissen, die die Pflicht zur Anwendung von Zulassungskriterien begründen, wird es sich im Allgemeinen um die Ereignisse handeln, die auch die Genehmigungspflicht nach der Richtlinie 2010/75/EU des Europäischen Parlaments und des Rates vom 24. November 2010 über Industrieemissionen[2] und nach der Richtlinie 2009/72/EG begründen.

(36) Es kann angebracht sein, Kernkraftwerke oder Stromerzeugungskraftwerke, bei denen eine nach der Richtlinie 2009/31/EG des Europäischen Parlaments und des Rates vom 23. April 2009 über die geologische Speicherung von Kohlendioxid[3] zulässige geologische Speicherung vorgenommen werden soll, dort anzusiedeln, wo die Rückgewinnung von Abwärme durch hocheffiziente KWK oder Einspeisung in ein Fernwärme- oder Fernkältenetz nicht kostenwirksam ist. Daher sollten die Mitgliedstaaten die Möglichkeit haben, diese Anlagen von der Verpflichtung zu befreien, dass vor dem Einbau einer Ausrüstung, die die Abwärmerückgewinnung mittels eines hocheffizienten KWK-Blocks ermöglicht, eine Kosten-Nutzen-Analyse durchgeführt werden muss. Es sollte auch möglich sein, Spitzenlast- und Reserve-Stromerzeugungskraftwerke, die im gleitenden Durchschnitt über einen Zeitraum von fünf Jahren weniger als 1 500 Betriebsstunden jährlich in Betrieb sein sollen, von der Verpflichtung, auch Wärme liefern zu müssen, freizustellen.

---

[1] Nr. **5**.
[2] **Amtl. Anm.:** ABl. L 334 vom 17.12.2010, S. 17.
[3] **Amtl. Anm.:** ABl. L 140 vom 5.6.2009, S. 114.

(37) Es ist angebracht, dass die Mitgliedstaaten die Einführung von Maßnahmen und Verfahren zur Förderung von KWK-Anlagen mit einer thermischen Gesamtnennleistung von weniger als 20 MW begünstigen, um die dezentrale Energieerzeugung zu fördern.

(38) Die hocheffiziente KWK sollte anhand der Energieeinsparungen definiert werden, die durch die kombinierte anstatt der getrennten Erzeugung von Wärme und Strom erzielt werden. Die in den Rechtsvorschriften der Union zugrunde gelegten Definitionen der Begriffe „KWK" und „hocheffiziente KWK" sollten die Verwendung anderer Definitionen in nationalen Rechtsvorschriften zu anderen Zwecken als denen der infrage stehenden Rechtsvorschriften der Union unberührt lassen. Um möglichst große Energieeinsparungen zu erzielen und um zu vermeiden, dass Energieeinsparmöglichkeiten nicht genutzt werden, sollte den Betriebsbedingungen von KWK-Blöcken die größte Aufmerksamkeit gelten.

(39) Um mehr Transparenz für den Endkunden herzustellen, damit dieser zwischen KWK-Strom und durch andere Verfahren erzeugtem Strom wählen kann, sollte die Herkunft von Strom aus hocheffizienter KWK auf der Basis harmonisierter Wirkungsgrad-Referenzwerte gewährleistet werden. Herkunftsnachweissysteme begründen nicht an sich ein Recht auf Inanspruchnahme nationaler Förderregelungen. Es ist wichtig, dass alle Arten von Strom aus hocheffizienter KWK von Herkunftsnachweisen erfasst werden können. Herkunftsnachweise sollten von handelbaren Zertifikaten unterschieden werden.

(40) Die spezifische Struktur der KWK-, Fernwärme- und Fernkältebranche, der zahlreiche kleine und mittelgroße Erzeuger angehören, sollte insbesondere bei der Überprüfung der Verwaltungsverfahren zur Erteilung der Genehmigung zum Bau von KWK-Anlagen oder dazugehörigen Netzen nach dem Grundsatz „Vorfahrt für KMU" berücksichtigt werden.

(41) Die meisten Unternehmen in der Union sind KMU. Für die Union stellen sie ein enormes Energieeinsparpotenzial dar. Um ihnen bei der Einführung von Energieeffizienzmaßnahmen zu helfen, sollten die Mitgliedstaaten einen günstigen Rahmen schaffen, der darauf abzielt, den KMU technische Hilfe und gezielte Informationen bereitzustellen.

(42) In der Richtlinie 2010/75/EU gehört Energieeffizienz zu den Kriterien für die Ermittlung der besten verfügbaren Techniken, die als Referenz für die Festlegung der Genehmigungsauflagen für Anlagen gelten, die unter die Richtlinie fallen, einschließlich Verbrennungsanlagen mit einer Feuerungswärmeleistung von insgesamt 50 MW oder mehr. Allerdings sieht diese Richtlinie für die Mitgliedstaaten die Option vor, für die in Anhang I der Richtlinie 2003/87/EG aufgeführten Tätigkeiten keine Energieeffizienzanforderungen in Bezug auf Verbrennungseinheiten oder andere Kohlendioxid ausstoßende Einheiten am Standort festzulegen. Die Mitgliedstaaten könnten in ihre Berichterstattung nach der Richtlinie 2010/75/EU Informationen über Energieeffizienzniveaus aufnehmen.

(43) Die Mitgliedstaaten sollten anhand von objektiven, transparenten und nichtdiskriminierenden Kriterien Regeln für die Übernahme und Teilung der Kosten für Netzanschlüsse und Netzverstärkungen sowie für technische Anpassungen, die zur Einbindung neuer Erzeuger von Strom aus hocheffizienter KWK erforderlich sind, unter Berücksichtigung der Leitlinien und Kodizes festlegen, die gemäß der Verordnung (EG) Nr. 714/2009 des Europäischen Parlaments und des Rates vom 13. Juli 2009 über die Netzzugangsbedingungen für den grenzüberschreitenden Stromhandel[1)] sowie gemäß der Verordnung (EG) Nr. 715/2009[2)] des Europäischen Parlaments und des Rates vom 13. Juli 2009 über die Bedingungen für den Zugang zu den Erdgasfernleitungsnetzen[3)] entwickelt wurden. Erzeuger von Strom aus hocheffizienter KWK sollten eine Ausschreibung für die Anschlussarbeiten durchführen dürfen. Der Netzzugang für Strom aus hocheffizienter KWK, insbesondere für KWK-Klein- und Kleinstanlagen, sollte erleichtert werden. Die Mitgliedstaaten können nach Artikel 3 Absatz 2 der Richtlinie 2009/72/EG und nach Artikel 3 Absatz 2 der Richtlinie 2009/73/EG[4)] den Elektrizitäts- bzw. Gasunternehmen gemeinwirtschaftliche Verpflichtungen auch in Bezug auf die Energieeffizienz auferlegen.

(44) Die Laststeuerung ist ein wichtiges Instrument zur Verbesserung der Energieeffizienz, da sie den Verbrauchern oder von ihnen benannten Dritten erheblich mehr Möglichkeiten einräumt, aufgrund von Verbrauchs- und Abrechnungsinformationen tätig zu werden; sie liefert somit einen Mechanismus, um den Verbrauch zu verringern oder zu verlagern, was zu Energieeinsparungen

---

1) **Amtl. Anm.:** ABl. L 211 vom 14.8.2009, S. 15.
2) Nr. **9**.
3) **Amtl. Anm.:** ABl. L 211 vom 14.8.2009, S. 36.
4) Nr. **5**.

sowohl beim Endverbrauch als auch – durch bessere Nutzung der Netze und Erzeugungskapazitäten – bei der Energieerzeugung, -übertragung bzw. -fernleitung und -verteilung führt.

(45) Die Laststeuerung kann auf der Reaktion der Endkunden auf Preissignale oder auf Gebäudeautomatisierung beruhen. Die Bedingungen für die Laststeuerung und der Zugang hierzu sollten verbessert werden, auch für kleine Endverbraucher. Um der fortlaufenden Realisierung intelligenter Netze Rechnung zu tragen, sollten daher die Mitgliedstaaten dafür Sorge tragen, dass die nationalen Energieregulierungsbehörden in der Lage sind sicherzustellen, dass die Netztarife und Netzregelungen Anreize für Verbesserungen bei der Energieeffizienz bieten und eine dynamische Tarifierung im Hinblick auf Laststeuerungsmaßnahmen seitens der Endkunden unterstützen. Es sollte weiterhin auf Marktintegration und gleiche Markteintrittschancen für nachfrageseitige Ressourcen (Versorgungs- und Verbraucherlasten) parallel zur Erzeugung hingewirkt werden. Darüber hinaus sollten die Mitgliedstaaten sicherstellen, dass die nationalen Energieregulierungsbehörden einen integrierten Ansatz verfolgen, der potenzielle Einsparungen in den Bereichen Energieversorgung und Endverbrauch umfasst.

(46) Es sollte eine ausreichende Zahl zuverlässiger Fachleute mit Kompetenz im Bereich der Energieeffizienz verfügbar sein, um für die wirksame und fristgerechte Durchführung dieser Richtlinie zu sorgen, z.B. hinsichtlich der Einhaltung der Anforderungen an Energieaudits und der Umsetzung der Energieeffizienzverpflichtungssysteme. Die Mitgliedstaaten sollten daher Zertifizierungssysteme für die Anbieter von Energiedienstleistungen, Energieaudits und anderen Maßnahmen zur Verbesserung der Energieeffizienz einführen.

(47) Der Markt für Energiedienstleistungen muss weiter ausgebaut werden, um sicherzustellen, dass sowohl das Angebot an als auch die Nachfrage nach Energiedienstleistungen vorhanden ist. Hierzu kann Transparenz beitragen, etwa durch Listen mit Anbietern von Energiedienstleistungen. Musterverträge, der Austausch bewährter Verfahren sowie Leitlinien, insbesondere für Energieleistungsverträge, können ebenfalls zur Förderung der Nachfrage beitragen. Wie bei anderen Formen der Drittfinanzierung vermeidet der Begünstigte der Energiedienstleistung bei einem Energieleistungsvertrag Investitionskosten dadurch, dass er einen Teil des finanziellen Werts der Energieeinsparungen dafür nutzt, die von einem Dritten ganz oder zum Teil getätigte Investition zurückzuzahlen.

(48) Rechtliche und sonstige Hemmnisse für die Nutzung von Energieleistungsverträgen und anderen Drittfinanzierungen für das Erzielen von Energieeinsparungen müssen ermittelt und beseitigt werden. Dazu gehören Rechnungslegungsvorschriften und -praktiken, die verhindern, dass Kapitalinvestitionen und jährliche finanzielle Einsparungen infolge von Energieeffizienzverbesserungsmaßnahmen adäquat über die gesamte Laufzeit der Investition ausgewiesen werden. Hemmnisse für die Renovierung des Gebäudebestands, die in der Aufteilung der Anreize zwischen den verschiedenen betroffenen Akteuren begründet sind, sollten ebenfalls auf nationaler Ebene beseitigt werden.

(49) Die Mitgliedstaaten und Regionen sollten dazu ermutigt werden, die Strukturfonds und den Kohäsionsfonds voll auszuschöpfen, um Investitionen in Maßnahmen zur Steigerung der Energieeffizienz auszulösen. Investitionen in Energieeffizienz können zu Wirtschaftswachstum, Beschäftigung, Innovation und Verringerung der Brennstoffarmut in Haushalten und somit positiv zum wirtschaftlichen, sozialen und territorialen Zusammenhalt beitragen. Potenzielle Finanzierungsbereiche sind u.a. Energieeffizienzmaßnahmen in öffentlichen Gebäuden und Wohnungen und Qualifizierungsmaßnahmen zur Förderung der Beschäftigung im Energieeffizienzsektor.

(50) Die Mitgliedstaaten sollten auf die Nutzung von Finanzierungsfazilitäten hinwirken, um die Erreichung der Ziele dieser Richtlinie zu fördern. Solche Finanzierungsfazilitäten könnten Folgendes umfassen: finanzielle Beiträge und Sanktionen aufgrund der Nichterfüllung bestimmter Bestimmungen dieser Richtlinie; Mittel, die nach Artikel 10 Absatz 3 der Richtlinie 2003/87/EG dem Bereich Energieeffizienz zugewiesen wurden; Mittel – vor allem aus dem Kohäsionsfonds, dem Strukturfonds und dem Fonds für die Entwicklung des ländlichen Raums –, die im mehrjährigen Finanzrahmen dem Bereich Energieeffizienz zugewiesen wurden, sowie zweckgebundene europäische Finanzierungsinstrumente wie der Europäische Energieeffizienzfonds.

(51) Grundlage für solche Fazilitäten könnten gegebenenfalls sein: Mittel aus Projektanleihen der Union, die dem Bereich Energieeffizienz zugewiesen wurden; dem Bereich Energieeffizienz zugewiesene Mittel der Europäischen Investitionsbank und anderer europäischer Finanzinstitute, vor allem der Europäischen Bank für Wiederaufbau und Entwicklung und der Entwicklungsbank des Europarats; Mittel von Finanzinstituten; nationale Mittel, auch solche, die durch die Schaffung gesetzlicher und steuerlicher Rahmenbedingungen zur Förderung der Durchführung von

Energieeffizienzinitiativen und -programmen generiert werden; Einnahmen aus jährlichen Emissionszuweisungen gemäß der Entscheidung Nr. 406/2009/EG.

(52) Die Finanzierungsfazilitäten könnten insbesondere diese Mittel und Beiträge so einsetzen, dass durch Privatkapital finanzierte Investitionen ermöglicht und gefördert werden und vor allem institutionelle Anleger angezogen werden, wobei anhand entsprechender Kriterien sichergestellt wird, dass im Zusammenhang mit der Mittelbereitstellung sowohl die umwelt- als auch die sozialpolitischen Ziele erreicht werden; innovative Finanzierungsmechanismen (wie Kreditgarantien für Privatkapital, Kreditgarantien zur Stützung von Energieleistungsverträgen, Zuschüsse, subventionierte Kredite und zweckgebundene Kreditlinien, Drittfinanzierungen) nutzen, mit denen das Risiko bei Energieeffizienzvorhaben verringert und ermöglicht wird, dass selbst bei Haushalten mit niedrigem und mittlerem Einkommen kostenwirksame Renovierungen durchgeführt werden können; an Programme oder Agenturen gekoppelt sein, bei denen Energieeinsparungsvorhaben zusammengeführt und qualitativ bewertet werden, technische Hilfe geleistet wird, der Markt für Energiedienstleistungen unterstützt und dazu beigetragen wird, die Nachfrage der Verbraucher nach Energiedienstleistungen zu fördern.

(53) Die Finanzierungsfazilitäten könnten ferner entsprechende Ressourcen zur Unterstützung von Schulungs- und Zertifizierungsprogrammen zur Verfügung stellen, in deren Rahmen Kompetenzen im Bereich Energieeffizienz verbessert und anerkannt werden; Ressourcen für die Erforschung, Demonstration und Beschleunigung der Verbreitung von Technologien für Klein- und Kleinstanlagen zur Energieerzeugung und die Optimierung der Einbindung dieser Erzeugung in die Netze bereitstellen; an Programme gekoppelt sein, in deren Rahmen Maßnahmen zur Förderung der Energieeffizienz in allen Haushalten getroffen werden, um Energiearmut zu bekämpfen und Eigentümer, die Wohnraum vermieten, dazu zu bewegen, ihr Eigentum so energieeffizient wie möglich zu gestalten; entsprechende Ressourcen zur Unterstützung des gesellschaftlichen Dialogs bereitstellen und Standardvorgaben vorsehen, die auf die Verbesserung der Energieeffizienz und die Gewährleistung guter Arbeitsbedingungen sowie des Gesundheitsschutzes und der Sicherheit am Arbeitsplatz ausgerichtet sind.

(54) Die verfügbaren Finanzinstrumente der Union und innovative Finanzierungsmechanismen sollten genutzt werden, um das Ziel der Verbesserung der Energieeffizienz von Gebäuden öffentlicher Einrichtungen in der Praxis zu verwirklichen. Diesbezüglich können die Mitgliedstaaten auf der Grundlage der Freiwilligkeit und unter Einhaltung ihrer nationalen Haushaltsvorschriften ihre Einnahmen aus den jährlichen Emissionszuweisungen nach der Entscheidung Nr. 406/2009/EG für den Aufbau derartiger Mechanismen verwenden.

(55) Bei der Verwirklichung des 20 %-Energieeffizienzziels wird die Kommission die Auswirkungen neuer Maßnahmen auf die Richtlinie 2003/87/EG über ein System für den Handel mit Treibhausgasemissionszertifikaten in der Union beobachten müssen, um die Anreize des Emissionshandelssystems beizubehalten, die Investitionen in kohlenstoffarme Technologien zu belohnen und dem Emissionshandelssystem unterliegende Wirtschaftszweige auf die künftig benötigten Investitionen vorzubereiten. Sie wird die Auswirkungen auf die Branchen überwachen müssen, in denen laut dem Beschluss 2010/2/EU der Kommission vom 24. Dezember 2009 zur Festlegung eines Verzeichnisses der Sektoren und Teilsektoren, von denen angenommen wird, dass sie einem erheblichen Risiko einer Verlagerung von CO_2-Emissionen ausgesetzt sind, gemäß der Richtlinie 2003/87/EG des Europäischen Parlaments und des Rates[1)] die Gefahr einer Verlagerung von CO_2-Emissionen besonders groß ist, um sicherzustellen, dass diese Richtlinie die Entwicklung dieser Branchen fördert und nicht behindert.

(56) Nach der Richtlinie 2006/32/EG müssen die Mitgliedstaaten einen nationalen Energieeinsparrichtwert von insgesamt 9 % bis 2016 beschließen und verfolgen, wofür Energiedienstleistungen und andere Maßnahmen zur Verbesserung der Energieeffizienz eingesetzt werden sollen. In der Richtlinie heißt es, dass auf den zweiten Energieeffizienzplan der Mitgliedstaaten, soweit angemessen und erforderlich, Vorschläge der Kommission für zusätzliche Maßnahmen, einschließlich einer etwaigen Verlängerung der Dauer der Anwendung der Ziele, folgen. Falls ein Bericht zu dem Ergebnis kommt, dass unzureichende Fortschritte im Hinblick auf das Erreichen der in jener Richtlinie festgelegten nationalen indikativen Ziele gemacht worden sind, gehen diese Vorschläge auf diese Ziele unter quantitativem und qualitativem Aspekt ein. Die Folgenabschätzung, die dieser Richtlinie beigefügt ist, kommt zu dem Ergebnis, dass die Mitgliedstaaten hinsichtlich des 9 %-Ziels, das deutlich weniger ehrgeizig ist als das später verabschiedete Energie-

---

[1)] **Amtl. Anm.:** ABl. L 1 vom 5.1.2010, S. 10.

einsparziel von 20 % bis 2020, auf Kurs sind, weshalb keine Erforderlichkeit besteht, auf die Höhe der Ziele einzugehen.

(57) Das Programm „Intelligente Energie – Europa", das durch den Beschluss Nr. 1639/2006/EG des Europäischen Parlaments und des Rates vom 24. Oktober 2006 zur Einrichtung eines Rahmenprogramms für Wettbewerbsfähigkeit und Innovation (2007-2013)[1] eingerichtet wurde, hat maßgeblich zur Schaffung eines die ordnungsgemäße Durchführung der Strategien der Union für nachhaltige Energie begünstigenden Umfelds beigetragen, indem es Markthindernisse beseitigt hat, wie mangelndes Bewusstsein oder unzureichende Fähigkeiten der Marktakteure und Institutionen, nationale technische oder administrative Hürden, die dem reibungslosen Funktionieren des Energiebinnenmarkts entgegenstehen, oder aber Arbeitsmärkte, die in Bezug auf die Anforderungen einer kohlenstoffarmen Wirtschaft nur unzureichend entwickelt sind. Viele dieser Hindernisse sind nach wie vor von Belang.

(58) Um das erhebliche Energieeinsparpotenzial energieverbrauchsrelevanter Produkte nutzbar zu machen, sollte die Umsetzung der Richtlinie 2009/125/EG des Europäischen Parlaments und des Rates vom 21. Oktober 2009 zur Schaffung eines Rahmens für die Festlegung von Anforderungen an die umweltgerechte Gestaltung energieverbrauchsrelevanter Produkte[2] und der Richtlinie 2010/30/EU des Europäischen Parlaments und des Rates vom 19. Mai 2010 über die Angabe des Verbrauchs an Energie und anderen Ressourcen durch energieverbrauchsrelevante Produkte mittels einheitlicher Etiketten und Produktinformationen[3] beschleunigt und erweitert werden. Dabei sollte Produkten, die laut dem Ökodesign-Arbeitsplan das höchste Energieeinsparpotenzial bieten, und gegebenenfalls der Überarbeitung bestehender Maßnahmen Vorrang eingeräumt werden.

(59) Um die Bedingungen zu klären, nach denen die Mitgliedstaaten unter Beachtung der Richtlinie 2009/125/EG sowie ihrer Durchführungsmaßnahmen Gesamtenergieanforderungen gemäß Richtlinie 2010/31/EU festlegen können, sollte Richtlinie 2009/125/EG entsprechend geändert werden.

(60) Da das Ziel dieser Richtlinie, nämlich die Verwirklichung des Energieeffizienzziels der Union von 20 % bis 2020 und die Vorbereitung weiterer Verbesserungen bei der Energieeffizienz nach 2020, ohne zusätzliche Energieeffizienzmaßnahmen von den Mitgliedstaaten nicht in ausreichendem Maße erreicht werden kann und besser auf Ebene der Union zu erreichen ist, kann die Union im Einklang mit dem Subsidiaritätsprinzip nach Artikel 5 des Vertrags über die Europäische Union Maßnahmen beschließen. Gemäß dem in demselben Artikel genannten Grundsatz der Verhältnismäßigkeit geht diese Richtlinie nicht über das für das Erreichen dieses Ziels erforderliche Maß hinaus.

(61) Um die Anpassung an den technischen Fortschritt und Änderungen bei der Verteilung der Energiequellen zu ermöglichen, sollte der Kommission die Befugnis übertragen werden, gemäß Artikel 290 des Vertrags über die Arbeitsweise der Europäischen Union Rechtsakte hinsichtlich der Überprüfung der aufgrund der Richtlinie 2004/8/EG festgelegten harmonisierten Energieeffizienz-Referenzwerte und hinsichtlich der Werte, der Berechnungsmethoden, des standardmäßigen Primärenergiekoeffizienten und der Anforderungen in den Anhängen dieser Richtlinie zu erlassen. Es ist von besonderer Bedeutung, dass die Kommission im Zuge ihrer Vorbereitungsarbeit angemessene Konsultationen, auch auf der Ebene von Sachverständigen, durchführt. Bei der Vorbereitung und Ausarbeitung delegierter Rechtsakte sollte die Kommission gewährleisten, dass die einschlägigen Dokumente dem Europäischen Parlament und dem Rat gleichzeitig, rechtzeitig und auf angemessene Weise übermittelt werden.

(62) Um einheitliche Bedingungen für die Durchführung dieser Richtlinie zu gewährleisten, sollten der Kommission Durchführungsbefugnisse übertragen werden. Diese Befugnisse sollten im Einklang mit der Verordnung (EU) Nr. 182/2011 des Europäischen Parlaments und des Rates vom 16. Februar 2011 zur Festlegung der allgemeinen Regeln und Grundsätze, nach denen die Mitgliedstaaten die Wahrnehmung der Durchführungsbefugnisse durch die Kommission kontrollieren können[4] ausgeübt werden.

(63) Alle materiellrechtlichen Bestimmungen der Richtlinien 2004/8/EG und 2006/32/EG mit Ausnahme des Artikels 4 Absätze 1 bis 4 sowie der Anhänge I, III und IV der Richtlinie 2006/32/EG

---

[1] **Amtl. Anm.:** ABl. L 310 vom 9.11.2006, S. 15.
[2] **Amtl. Anm.:** ABl. L 285 vom 31.10.2009, S. 10.
[3] **Amtl. Anm.:** ABl. L 153 vom 18.6.2010, S. 1.
[4] **Amtl. Anm.:** ABl. L 55 vom 28.2.2011, S. 13.

sollten aufgehoben werden. Letztere Bestimmungen sollten bis zum Ablauf der Frist für das 9%-Ziel weiterhin gelten. Artikel 9 Absätze 1 und 2 der Richtlinie 2010/30/EU, nach der die Mitgliedstaaten bestrebt sein müssen, nur Produkte der höchsten Energieeffizienzklasse zu beschaffen, sollte gestrichen werden.

(64) Die Verpflichtung zur Umsetzung dieser Richtlinie in innerstaatliches Recht sollte nur jene Bestimmungen betreffen, die gegenüber den Richtlinien 2004/8/EG und 2006/32/EG inhaltlich geändert wurden. Die Pflicht zur Umsetzung der inhaltlich unveränderten Bestimmungen ergibt sich aus den beiden genannten Richtlinien.

(65) Diese Richtlinie sollte die Pflichten der Mitgliedstaaten hinsichtlich der Fristen für die Umsetzung in innerstaatliches Recht und für die Anwendung der Richtlinien 2004/8/EG und 2006/32/EG unberührt lassen.

(66) Gemäß der Gemeinsamen Politischen Erklärung der Mitgliedstaaten und der Kommission zu erläuternden Dokumenten vom 28. September 2011 haben sich die Mitgliedstaaten verpflichtet, in begründeten Fällen zusätzlich zur Mitteilung ihrer Umsetzungsmaßnahmen ein oder mehrere Dokumente zu übermitteln, in dem bzw. denen der Zusammenhang zwischen den Bestandteilen einer Richtlinie und den entsprechenden Teilen innerstaatlicher Umsetzungsinstrumente erläutert wird. In Bezug auf diese Richtlinie hält der Gesetzgeber die Übermittlung derartiger Dokumente für gerechtfertigt –

HABEN FOLGENDE RICHTLINIE ERLASSEN:

Kapitel I. Gegenstand, Geltungsbereich, Begriffsbestimmungen und Energieeffizienzziele

Art. 1 Gegenstand und Geltungsbereich. (1) *[1]* Mit dieser Richtlinie wird ein gemeinsamer Rahmen für Maßnahmen zur Förderung der Energieeffizienz in der Union geschaffen, um sicherzustellen, dass die übergeordneten Energieeffizienzziele der Union von 20% bis 2020, sowie ihre übergeordneten Energieeffizienzziele von mindestens 32,5% bis 2030, erreicht werden, und um weitere Energieeffizienzverbesserungen über die genannten Zeitpunkte hinaus vorzubereiten.

[2] Diese Richtlinie legt Regeln fest, mit denen Hemmnisse im Energiemarkt und Marktversagen, die der Effizienz bei der Energieversorgung und -nutzung entgegenstehen, beseitigt werden sollen; ferner ist die Festlegung indikativer nationaler Energieeffizienzziele und -beiträge bis 2020 und 2030 vorgesehen.

[3] Diese Richtlinie dient der Umsetzung des Prinzips Energieeffizienz an erster Stelle (energy efficiency first).

(2) [1] Bei den Anforderungen dieser Richtlinie handelt es sich um Mindestanforderungen; sie hindern die einzelnen Mitgliedstaaten nicht daran, strengere Maßnahmen beizubehalten oder zu ergreifen. [2] Solche Maßnahmen müssen mit dem Unionsrecht vereinbar sein. [3] Sehen einzelstaatliche Rechtsvorschriften strengere Maßnahmen vor, so notifizieren die Mitgliedstaaten der Kommission diese Rechtsvorschriften.

Art. 2 Begriffsbestimmungen. Im Sinne dieser Richtlinie bezeichnet der Ausdruck

1. „Energie" alle Formen von Energieerzeugnissen, Brennstoffe, Wärme, Energie aus erneuerbaren Quellen, Elektrizität oder Energie in jeder anderen Form gemäß der Definition in Artikel 2 Buchstabe d der Verordnung

(EG) Nr. 1099/2008 des Europäischen Parlaments und des Rates vom 22. Oktober 2008 über die Energiestatistik[1];

2. „Primärenergieverbrauch" den Bruttoinlandsverbrauch ohne nichtenergetische Nutzungsformen;
3. „Endenergieverbrauch" die gesamte an die Industrie, den Verkehrssektor, die Haushalte, den Dienstleistungssektor und die Landwirtschaft gelieferte Energie. Nicht eingeschlossen sind Lieferungen an den Energieumwandlungssektor sowie an die Energiewirtschaft selbst;
4. „Energieeffizienz" das Verhältnis von Ertrag an Leistung, Dienstleistungen, Waren oder Energie zu Energieeinsatz;
5. „Energieeinsparungen" die eingesparte Energiemenge, die durch Messung und/oder Schätzung des Verbrauchs vor und nach der Umsetzung einer Maßnahme zur Energieeffizienzverbesserung und bei gleichzeitiger Normalisierung der den Energieverbrauch beeinflussenden äußeren Bedingungen ermittelt wird;
6. „Energieeffizienzverbesserung" die Steigerung der Energieeffizienz als Ergebnis technischer, verhaltensbezogener und/ oder wirtschaftlicher Änderungen;
7. „Energiedienstleistung" den physischen Nutzeffekt, den Nutzwert oder die Vorteile, die aus einer Kombination von Energie mit energieeffizienter Technologie oder mit Maßnahmen gewonnen werden, die die erforderlichen Betriebs-, Instandhaltungs- und Kontrollaktivitäten zur Erbringung der Dienstleistung beinhalten können; sie wird auf der Grundlage eines Vertrags erbracht und führt unter normalen Umständen erwiesenermaßen zu überprüfbaren und mess- oder schätzbaren Energieeffizienzverbesserungen oder Primärenergieeinsparungen;
8. „öffentliche Einrichtungen" die „öffentlichen Auftraggeber" gemäß der Definition in der Richtlinie 2004/18/EG des Europäischen Parlaments und des Rates vom 31. März 2004 über die Koordinierung der Verfahren zur Vergabe öffentlicher Bauaufträge, Lieferaufträge und Dienstleistungsaufträge[2];
9. „Zentralregierung" alle Verwaltungseinheiten, deren Zuständigkeit sich auf das gesamte Hoheitsgebiet eines Mitgliedstaats erstreckt;
10. „Gesamtnutzfläche" die Fläche von Gebäuden oder Gebäudeteilen, in denen Energie zur Konditionierung des Innenraumklimas verwendet wird;
11. „Energiemanagementsystem" eine Reihe miteinander verbundener oder interagierender Elemente eines Plans, in dem ein Energieeffizienzziel und eine Strategie zur Erreichung dieses Ziels festgelegt werden;
12. „Europäische Norm" eine Norm, die vom Europäischen Komitee für Normung, dem Europäischen Komitee für elektrotechnische Normung oder dem Europäischen Institut für Telekommunikationsnormen verabschiedet und zur öffentlichen Verwendung bereitgestellt wurde;

[1] **Amtl. Anm.:** ABl. L 304 vom 14.11.2008, S. 1.
[2] **Amtl. Anm.:** ABl. L 134 vom 30.4.2004, S. 114.

13. „internationale Norm" eine Norm, die von der Internationalen Normungsorganisation (ISO) verabschiedet und für die Öffentlichkeit bereitgestellt wurde;
14. „verpflichtete Partei" einen Energieverteiler oder ein Energieeinzelhandelsunternehmen, der bzw. das den nationalen Energieeffizienzverpflichtungssystemen des Artikels 7 unterliegt;
15. „beauftragte Partei" eine juristische Person, der vom Staat oder einer anderen öffentlichen Einrichtung die Befugnis übertragen wurde, im Auftrag der Regierung oder einer anderen öffentlichen Einrichtung eine Finanzierungsregelung auszuarbeiten, zu verwalten und umzusetzen;
16. „teilnehmende Partei" ein Unternehmen oder eine öffentliche Einrichtung, die sich verpflichtet hat, im Rahmen einer freiwilligen Vereinbarung bestimmte Ziele zu erreichen, oder die unter ein nationales ordnungsrechtliches Instrument fällt;
17. „durchführende Behörde" eine Verwaltungseinheit, die für die Anwendung oder Kontrolle in Bezug auf Energie- oder CO_2-Besteuerung, Finanzregelungen und -instrumente, steuerliche Anreize, Standards und Normen, Energiekennzeichnungssysteme, berufliche oder allgemeine Ausbildung zuständig ist;
18. „strategische Maßnahme" ein in einem Mitgliedstaat förmlich eingerichtetes und verwirklichtes Regulierungs-, Finanz-, Fiskal-, Fakultativ- oder Informationsinstrument zur Schaffung eines unterstützenden Rahmens oder Auflagen oder Anreize für Marktteilnehmer, damit sie Energiedienstleistungen erbringen und kaufen und weitere energieeffizienzverbessernde Maßnahmen ergreifen;
19. „Einzelmaßnahme" eine Maßnahme, die zu überprüfbaren und mess- oder schätzbaren Energieeffizienzverbesserungen führt und infolge einer strategischen Maßnahme ergriffen wird;
20. „Energieverteiler" eine natürliche oder juristische Person, einschließlich eines Verteilernetzbetreibers, die für den Transport von Energie zur Abgabe an Endkunden oder an Verteilerstationen, die Energie an Endkunden verkaufen, verantwortlich ist;
21. „Verteilernetzbetreiber" einen Verteilernetzbetreiber gemäß der Definition in der Richtlinie 2009/72/EG bzw. der Richtlinie 2009/73/EG[1]);
22. „Energieeinzelhandelsunternehmen" eine natürliche oder juristische Person, die Energie an Endkunden verkauft;
23. „Endkunde" eine natürliche oder juristische Person, die Energie für den eigenen Endverbrauch kauft;
24. „Energiedienstleister" eine natürliche oder juristische Person, die Energiedienstleistungen oder andere Maßnahmen zur Energieeffizienzverbesserung in den Einrichtungen oder Räumlichkeiten eines Endkunden erbringt bzw. durchführt;
25. „Energieaudit" ein systematisches Verfahren zur Erlangung ausreichender Informationen über das bestehende Energieverbrauchsprofil eines Gebäudes oder einer Gebäudegruppe, eines Betriebsablaufs oder einer industriellen

---

[1]) Nr. **5**.

oder gewerblichen Anlage in der Industrie oder im Gewerbe oder privater oder öffentlicher Dienstleistungen, zur Ermittlung und Quantifizierung der Möglichkeiten für kostenwirksame Energieeinsparungen und zur Erfassung der Ergebnisse in einem Bericht;

26. „kleine und mittlere Unternehmen" oder „KMU" Unternehmen gemäß der Definition in Titel I des Anhangs der Empfehlung 2003/361/EG der Kommission vom 6. Mai 2003 betreffend die Definition der Kleinstunternehmen sowie der kleinen und mittleren Unternehmen[1]; die Kategorie der Kleinstunternehmen sowie der kleinen und mittleren Unternehmen setzt sich aus Unternehmen zusammen, die weniger als 250 Personen beschäftigen und die entweder einen Jahresumsatz von höchstens 50 Mio. EUR erzielen oder deren Jahresbilanzsumme sich auf höchstens 43 Mio. EUR beläuft;
27. „Energieleistungsvertrag" eine vertragliche Vereinbarung zwischen dem Begünstigten und dem Erbringer einer Maßnahme zur Energieeffizienzverbesserung, die während der gesamten Vertragslaufzeit einer Überprüfung und Überwachung unterliegt und in deren Rahmen Investitionen (Arbeiten, Lieferungen oder Dienstleistungen) in die betreffende Maßnahme zur Energieeffizienzverbesserung in Bezug auf einen vertraglich vereinbarten Umfang an Energieeffizienzverbesserungen oder ein anderes vereinbartes Energieleistungskriterium, wie finanzielle Einsparungen, getätigt werden;
28. „intelligentes Verbrauchserfassungssystem" ein elektronisches System zur Messung des Energieverbrauchs, wobei mehr Informationen angezeigt werden als bei einem herkömmlichen Zähler, und Daten auf einem elektronischen Kommunikationsweg übertragen und empfangen werden können;
29. „Übertragungsnetzbetreiber" bzw. „Fernleitungsnetzbetreiber" einen Übertragungsnetzbetreiber gemäß der Definition in der Richtlinie 2009/72/EG bzw. einen Fernleitungsnetzbetreiber gemäß der Definition in der Richtlinie 2009/73/EG[2];
30. „Kraft-Wärme-Kopplung" (KWK) die gleichzeitige Erzeugung thermischer Energie und elektrischer oder mechanischer Energie in einem Prozess;
31. „wirtschaftlich vertretbarer Bedarf" den Bedarf, der die benötigte Wärme- oder Kühlungsleistung nicht überschreitet und der sonst durch andere Energieerzeugungsprozesse als KWK zu Marktbedingungen gedeckt würde;
32. „Nutzwärme" die in einem KWK-Prozess zur Befriedigung eines wirtschaftlich vertretbaren Wärme- oder Kühlbedarfs erzeugte Wärme;
33. „in KWK erzeugter Strom" Strom, der in einem Prozess erzeugt wurde, der an die Erzeugung von Nutzwärme gekoppelt ist und der gemäß der in Anhang I festgelegten Methode berechnet wird;
34. „hocheffiziente Kraft-Wärme-Kopplung" die KWK, die den in Anhang II festgelegten Kriterien entspricht;
35. „Gesamtwirkungsgrad" die Summe der jährlichen Erzeugung von Strom, mechanischer Energie und Nutzwärme im Verhältnis zum Brennstoff, der

[1] **Amtl. Anm.:** ABl. L 124 vom 20.5.2003, S. 36.
[2] Nr. **5**.

für die in KWK erzeugte Wärme und die Bruttoerzeugung von Strom und mechanischer Energie eingesetzt wurde;

36. „Kraft-Wärme-Verhältnis" bzw. „Stromkennzahl" das anhand der Betriebsdaten des spezifischen Blocks berechnete Verhältnis von KWK-Strom zu Nutzwärme im vollständigen KWK-Betrieb;
37. „KWK-Block" einen Block, der für den KWK-Betrieb geeignet ist;
38. „KWK-Kleinanlage" eine KWK-Anlage mit einer installierten Kapazität von weniger als 1 MW_{el};
39. „KWK-Kleinstanlage" eine KWK-Anlage mit einer Höchstkapazität von weniger als 50 kW_{el};
40. „Geschossflächenzahl" das Verhältnis von Geschossfläche zur Grundstücksfläche auf einem bestimmten Grundstück;
41. „effiziente Fernwärme- und Fernkälteversorgung" ein Fernwärme- oder Fernkältesystem, das mindestens 50 % erneuerbare Energien, 50 % Abwärme, 75 % KWK-Wärme oder 50 % einer Kombination dieser Energien und dieser Wärme nutzt;
42. „effiziente Wärme- und Kälteversorgung" eine Möglichkeit der Wärme- bzw. Kälteversorgung, die – ausweislich der Kosten-Nutzen-Analyse gemäß dieser Richtlinie – gegenüber einem Ausgangsszenario, das den üblichen Rahmenbedingungen entspricht, die Menge an Primärenergie, die zur Bereitstellung einer Einheit der gelieferten Energie benötigt wird, innerhalb einer maßgeblichen Systemgrenze auf kostenwirksame Weise messbar reduziert, wobei der für Gewinnung, Umwandlung, Beförderung und Verteilung erforderlichen Energie Rechnung getragen wird;
43. „effiziente individuelle Wärme- und Kälteversorgung" eine Möglichkeit der individuellen Wärme- und Kälteversorgung, die gegenüber effizienter Fernwärme- und Fernkälteversorgung die Menge an Primärenergie aus nicht erneuerbaren Quellen, die zur Bereitstellung einer Einheit der gelieferten Energie benötigt wird, innerhalb einer maßgeblichen Systemgrenze messbar reduziert oder die gleiche Menge an Primärenergie aus nicht erneuerbaren Quellen, aber zu niedrigeren Kosten benötigt, wobei der für Gewinnung, Umwandlung, Beförderung und Verteilung erforderlichen Energie Rechnung getragen wird;
44. „erhebliche Modernisierung" eine Modernisierung, deren Kosten mehr als 50 % der Investitionskosten für eine neue vergleichbare Anlage betragen;
45. „Aggregator" ein Lastmanagement-Dienstleister, der verschiedene kurzfristige Verbraucherlasten zwecks Verkauf oder Auktion in organisierten Energiemärkten bündelt.

Art. 3 Energieeffizienzziele. (1) *[1]* [1]Jeder Mitgliedstaat legt ein indikatives nationales Energieeffizienzziel fest, das sich entweder auf den Primärenergie- oder den Endenergieverbrauch oder auf die Primärenergie- oder Endenergieeinsparungen oder auf die Energieintensität bezieht. [2]Die Mitgliedstaaten übermitteln diese Ziele an die Kommission gemäß Artikel 24 Absatz 1 und Anhang XIV Teil 1. [3]Dabei drücken sie diese Ziele auch als absoluten Wert des Primärenergieverbrauchs und des Endenergieverbrauchs im Jahr 2020 aus und erläutern, wie und auf Grundlage welcher Daten dieser Wert berechnet wurde.

[2] Bei der Festlegung dieser Ziele berücksichtigen die Mitgliedstaaten Folgendes:

a) der Energieverbrauch der Union im Jahr 2020 darf nicht mehr als 1 483 Mio. t RÖE Primärenergie oder nicht mehr als 1 086 Mio. t RÖE Endenergie betragen,

b) die in dieser Richtlinie vorgesehenen Maßnahmen,

c) die Maßnahmen zur Erreichung der gemäß Artikel 4 Absatz 1 der Richtlinie 2006/32/EG verabschiedeten nationalen Energieeinsparziele und

d) sonstige Maßnahmen zur Förderung der Energieeffizienz in den Mitgliedstaaten und auf Unionsebene.

[3] Bei der Festlegung dieser Ziele können die Mitgliedstaaten auch die sich auf den Primärenergieverbrauch auswirkenden nationalen Gegebenheiten berücksichtigen – wie beispielsweise:

a) das verbleibende Potenzial für kostenwirksame Energieeinsparungen,

b) die Entwicklung und Prognosen des BIP,

c) Veränderungen der Energieeinfuhren und -ausfuhren,

d) die Weiterentwicklung aller Quellen für erneuerbare Energien, Kernenergie sowie CO_2-Abscheidung und -Speicherung und

e) frühzeitig getroffene Maßnahmen.

(2) Die Kommission bewertet bis zum 30. Juni 2014 die erzielten Fortschritte und beurteilt, ob die Union die Vorgabe eines Energieverbrauchs von nicht mehr als 1 483 Mio. t RÖE an Primärenergie und/oder nicht mehr als 1 086 Mio. t RÖE an Endenergie im Jahr 2020 voraussichtlich erreichen wird.

(3) Bei der Überprüfung nach Absatz 2 verfährt die Kommission wie folgt:

a) Sie addiert die von den Mitgliedstaaten gemeldeten indikativen nationalen Energieeffizienzziele.

b) Sie beurteilt, ob die Summe dieser Ziele als zuverlässiger Anhaltspunkt dafür angesehen werden kann, ob die Union insgesamt auf dem richtigen Weg ist, wobei sie die Auswertung des ersten Jahresberichts nach Artikel 24 Absatz 1 und die Auswertung der Nationalen Energieeffizienz-Aktionspläne nach Artikel 24 Absatz 2 berücksichtigt.

c) Sie trägt der ergänzenden Analyse Rechnung, die sich ergibt aus

   i) einer Bewertung der Fortschritte beim Energieverbrauch und beim Energieverbrauch im Verhältnis zur Wirtschaftstätigkeit auf Unionsebene, einschließlich der Fortschritte bei der Effizienz der Energieversorgung in Mitgliedstaaten, deren nationale indikative Ziele auf dem Endenergieverbrauch oder Endenergieeinsparungen beruhen, einschließlich der Fortschritte dieser Mitgliedstaaten bei der Einhaltung des Kapitels III dieser Richtlinie;

   ii) den Ergebnissen von Modellrechnungen in Bezug auf zukünftige Entwicklungen beim Energieverbrauch auf Unionsebene.

d) Sie vergleicht die Ergebnisse nach Buchstaben a bis c mit den Energieverbrauchswerten, die erforderlich wären, um einen Energieverbrauch von nicht mehr als 1 483 Mio. t RÖE an Primärenergie und/oder nicht mehr als 1 086 Mio. t RÖE an Endenergie im Jahr 2020 zu erreichen.

(4) Die Kommission prüft bis zum 31. Oktober 2022, ob die Union ihre übergeordneten Ziele zur Energieeffizienz für 2020 erreicht hat.

(5) [1] Jeder Mitgliedstaat legt im Einklang mit den Artikeln 4 und 6 der Verordnung (EU) 2018/1999[1)2)] indikative nationale Energieeffizienzbeiträge zur Erreichung der in Artikel 1 Absatz 1 dieser Richtlinie vorgegebenen Ziele der Union für 2030 fest. [2] Bei der Festlegung dieser Beiträge berücksichtigen die Mitgliedstaaten, dass der Energieverbrauch der Union im Jahr 2030 höchstens 1 273 Mio. t RÖE an Primärenergie und/oder höchstens 956 Mio. t RÖE an Endenergie betragen darf. [3] Die Mitgliedstaaten teilen diese Beiträge der Kommission gemäß Artikel 3 und 7 bis 12 der Verordnung (EU) 2018/1999[1)] in ihren integrierten nationalen Energie- und Klimaplänen mit.

(6) Die in Artikel 1 Absatz 1 festgelegten übergeordneten Ziele der Union zur Energieeffizienz für 2030 werden von der Kommission bewertet, um bis 2023 einen Gesetzgebungsvorschlag vorzulegen, mit dem Ziel, diese Zielvorgaben nach oben zu korrigieren, falls sich aufgrund wirtschaftlicher oder technischer Entwicklungen wesentliche Kostensenkungen ergeben oder wenn es nötig ist, um die internationalen Verpflichtungen der Union in Bezug auf die Dekarbonisierung zu erfüllen.

Kapitel II. Effizienz bei der Energienutzung

Art. 4 *(aufgehoben)*

Art. 5 Vorbildcharakter der Gebäude öffentlicher Einrichtungen.

(1) *[1]* Unbeschadet des Artikels 7 der Richtlinie 2010/31/EU sorgt jeder Mitgliedstaat dafür, dass ab dem 1. Januar 2014 jährlich 3 % der Gesamtfläche beheizter und/oder gekühlter Gebäude, die sich im Eigentum seiner Zentralregierung befinden und von ihr genutzt werden, mindestens nach den Mindestanforderungen an die Gesamtenergieeffizienz renoviert werden, die er in Anwendung von Artikel 4 der Richtlinie 2010/31/EU festgelegt hat.

[2] [1] Die 3 %-Quote wird berechnet nach der Gesamtfläche von Gebäuden, die sich in dem betreffenden Mitgliedstaat im Eigentum der Zentralregierung befinden und von ihr genutzt werden, wenn deren Gesamtnutzfläche mehr als 500 m^2 beträgt, und die am 1. Januar eines jeden Jahres die gemäß Artikel 4 der Richtlinie 2010/31/EU festgelegten nationalen Mindestanforderungen an die Gesamtenergieeffizienz nicht erfüllen. [2] Diese Schwellenwerte werden ab dem 9. Juli 2015 auf 250 m^2 gesenkt.

[3] Verlangt ein Mitgliedstaat, dass die Pflicht, jedes Jahr 3 % der Gesamtfläche zu renovieren, auch für Flächen von solchen Gebäuden gilt, die sich im Eigentum von Verwaltungseinheiten auf einer Ebene unterhalb der Zentral-

---

1) Nr. 6.

2) **Amtl. Anm.:** Verordnung (EU) 2018/1999 [Nr. **6**] des Europäischen Parlaments und des Rates vom 11. Dezember 2018 über das Governance-System für die Energieunion und für den Klimaschutz, zur Änderung der Verordnungen (EG) Nr. 663/2009 und (EG) Nr. 715/2009 des Europäischen Parlaments und des Rates, der Richtlinien 94/22/EG, 98/70/EG, 2009/31/EG, 2009/73/EG, 2010/31/EU, 2012/27/EU und 2013/30/EU des Europäischen Parlaments und des Rates, der Richtlinien 2009/119/EG und (EU) 2015/652 des Rates und zur Aufhebung der Verordnung (EU) Nr. 525/2013 des Europäischen Parlaments und des Rates (ABl. L 328 vom 21.12.2018, S. 1).

regierung befinden und von ihnen genutzt werden, so wird die 3 %-Quote berechnet nach der Gesamtfläche von Gebäuden, die sich in dem betreffenden Mitgliedstaat im Eigentum der Zentralregierung und dieser nachgeordneten Verwaltungseinheiten befinden und von ihr bzw. ihnen genutzt werden, wenn deren Gesamtnutzfläche mehr als 500 m^2 bzw. ab dem 9. Juli 2015 mehr als 250 m^2 beträgt, und die am 1. Januar eines jeden Jahres die gemäß Artikel 4 der Richtlinie 2010/31/EU festgelegten nationalen Mindestanforderungen an die Gesamtenergieeffizienz nicht erfüllen.

[4] Bei der Durchführung von Maßnahmen zur umfangreichen Renovierung von Gebäuden der Zentralregierung gemäß Unterabsatz 1 können die Mitgliedstaaten entscheiden, das Gebäude als Ganzes zu betrachten, einschließlich der Gebäudehülle, der gebäudetechnischen Ausrüstung, des Betriebs und der Instandhaltung.

[5] Die Mitgliedstaaten verlangen, dass die Gebäude der Zentralregierung mit der schlechtesten Gesamtenergieeffizienz bei der Durchführung von Energieeffizienzmaßnahmen Vorrang erhalten, sofern dies kostenwirksam durchführbar und technisch machbar ist.

(2) Die Mitgliedstaaten können beschließen, die in Absatz 1 genannten Anforderungen bei den folgenden Gebäudekategorien nicht festzulegen oder anzuwenden:

a) Gebäude, die als Teil eines ausgewiesenen Umfelds oder aufgrund ihres besonderen architektonischen oder historischen Werts offiziell geschützt sind, soweit die Einhaltung bestimmter Mindestanforderungen an die Gesamtenergieeffizienz eine unannehmbare Veränderung ihrer Eigenart oder ihrer äußeren Erscheinung bedeuten würde;

b) Gebäude, die sich im Eigentum der Streitkräfte oder der Zentralregierung befinden und Zwecken der nationalen Verteidigung dienen außer Einzelunterkünften oder Bürogebäuden der Streitkräfte und anderer Bediensteter der nationalen Verteidigungsbehörden;

c) Gebäude, die für Gottesdienst und religiöse Zwecke genutzt werden.

(3) Renoviert ein Mitgliedstaat in einem bestimmten Jahr mehr als 3 % der Gesamtnutzfläche von Gebäuden der Zentralregierung, kann er den erzielten Überschuss auf die jährliche Renovierungsquote der drei vorangegangenen oder darauffolgenden Jahre anrechnen.

(4) Die Mitgliedstaaten können auf die jährliche Renovierungsquote der Gebäude der Zentralregierung neue Gebäude anrechnen, die in ihr Eigentum übergegangen sind und von ihr genutzt werden und die als Ersatz für bestimmte, in einem der zwei vorangegangenen Jahre abgerissene Gebäude der Zentralregierung dienen; dies gilt auch für Gebäude, die aufgrund einer intensiveren Nutzung anderer Gebäude in einem der zwei vorangegangenen Jahre verkauft, abgerissen oder außer Dienst gestellt wurden.

(5) [1] Für die Zwecke des Absatzes 1 erstellen die Mitgliedstaaten bis zum 31. Dezember 2013 ein Inventar der beheizten und/oder gekühlten Gebäude, die sich im Eigentum der Zentralregierung befinden und eine Gesamtnutzfläche von mehr als 500 m^2 bzw. ab 9. Juli 2015 von mehr als 250 m^2 aufweisen, wobei die nach Absatz 2 freigestellten Gebäude ausgenommen sind, und machen dieses öffentlich zugänglich. [2] In dem Inventar ist Folgendes anzugeben:

a) die Gesamtnutzfläche in m^2 und

b) die Gesamtenergieeffizienz jedes Gebäudes oder relevante Energiedaten.

(6) *[1]* Unbeschadet des Artikels 7 der Richtlinie 2010/31/EU können die Mitgliedstaaten alternativ zu den Absätzen 1 bis 5 dieses Artikels vorgehen, indem sie andere kostenwirksame Maßnahmen einschließlich umfassender Renovierungen und Maßnahmen zur Änderung des Verhaltens der Gebäudenutzer ergreifen, um bis 2020 Energieeinsparungen zu erreichen, die mindestens dem nach Absatz 1 vorgeschriebenen Umfang der in Frage kommenden Gebäude, die sich im Eigentum der Zentralregierung befinden und von ihr genutzt werden, entsprechen; die Maßnahmen werden jährlich gemeldet.

[2] [1] Für die Zwecke der alternativen Vorgehensweise können die Mitgliedstaaten die Energieeinsparungen, die aufgrund der Absätze 1 bis 4 erreicht würden, anhand geeigneter Standardwerte für den Energieverbrauch von Referenzgebäuden der Zentralregierung vor und nach der Renovierung und entsprechend der geschätzten Gesamtnutzfläche ihres Gebäudebestands schätzen. [2] Die Kategorien der Referenzgebäude der Zentralregierung müssen repräsentativ für diesen Gebäudebestand sein.

[3] Die Mitgliedstaaten, die sich für die alternative Vorgehensweise entscheiden, teilen der Kommission bis zum 31. Dezember 2013 die alternativen Maßnahmen mit, die sie zu treffen beabsichtigen, und legen dar, wie sie eine gleichwertige Verbesserung der Energieeffizienz der Gebäude, die sich im Eigentum der Zentralregierung befinden, erreichen würden.

(7) Die Mitgliedstaaten ermutigen die öffentlichen Einrichtungen, auch auf regionaler und lokaler Ebene, und die öffentlich-rechtlichen Sozialwohnungsträger, unter gebührender Berücksichtigung ihrer jeweiligen Befugnisse und Verwaltungsstruktur dazu,

a) einen Energieeffizienzplan mit speziellen Energieeinspar- und Energieeffizienzzielen und -maßnahmen einzeln oder als Teil eines umfassenderen Klimaschutz- oder Umweltplans zu verabschieden, um so dem Vorbildcharakter der Gebäude der Zentralregierung nach den Absätzen 1, 5 und 6 Rechnung zu tragen;

b) ein Energiemanagementsystem einschließlich Energieaudits als Bestandteil der Umsetzung ihres Plans einzuführen;

c) gegebenenfalls auf Energiedienstleistungsunternehmen und Energieleistungsverträge zurückzugreifen, um Renovierungen zu finanzieren und Pläne zur langfristigen Aufrechterhaltung oder Verbesserung der Energieeffizienz durchzuführen.

Art. 6 Beschaffung durch öffentliche Einrichtungen. (1) *[1]* Die Mitgliedstaaten stellen sicher, dass die Zentralregierungen nur Produkte, Dienstleistungen und Gebäude mit hoher Energieeffizienz beschaffen, soweit dies gemäß Anhang III mit den Aspekten Kostenwirksamkeit, wirtschaftliche Tragfähigkeit, Nachhaltigkeit im weiteren Sinne und technische Eignung sowie ausreichender Wettbewerb zu vereinbaren ist.

[2] Die Verpflichtung gemäß Unterabsatz 1 gilt für Verträge über die Beschaffung von Produkten, Dienstleistungen und Gebäuden durch öffentliche Einrichtungen insoweit, als der Auftragswert mindestens so hoch ist wie die in Artikel 7 der Richtlinie 2004/18/EG aufgeführten Schwellenwerte.

(2) [1]Die Verpflichtung gemäß Absatz 1 gilt für die Verträge der Streitkräfte nur insoweit, wie ihre Anwendung nicht im Gegensatz zu der Art und dem Hauptziel der Tätigkeiten der Streitkräfte steht. [2]Die Verpflichtung gilt nicht für Verträge über die Lieferung von Militärausrüstung im Sinne der Richtlinie 2009/81/EG des Europäischen Parlaments und des Rates vom 13. Juli 2009 über die Koordinierung der Verfahren zur Vergabe bestimmter Bau-, Liefer- und Dienstleistungsaufträge in den Bereichen Verteidigung und Sicherheit[1)].

(3) [1]Die Mitgliedstaaten ermuntern die öffentlichen Einrichtungen, auch auf regionaler und lokaler Ebene, unter gebührender Berücksichtigung ihrer jeweiligen Befugnisse und Verwaltungsstruktur dazu, dem Vorbild der Zentralregierungen zu folgen und nur Produkte, Dienstleistungen und Gebäude mit hoher Energieeffizienz zu beschaffen. [2]Die Mitgliedstaaten ermuntern die öffentlichen Einrichtungen, bei der Vergabe von Dienstleistungsaufträgen, die in erheblichem Maße energieverbrauchsrelevant sind, die Möglichkeit zu prüfen, langfristige Energieleistungsverträge zu schließen, die langfristige Energieeinsparungen erbringen.

(4) Unbeschadet des Absatzes 1 können die Mitgliedstaaten bei der Beschaffung eines Produktpakets, das als Ganzes von einem im Rahmen der Richtlinie 2010/30/EU erlassenen delegierten Rechtsakt erfasst wird, verlangen, dass die Gesamtenergieeffizienz in der Weise stärker gewichtet wird als die Energieeffizienz der einzelnen Produkte des Pakets, dass das Produktpaket beschafft wird, das das Kriterium der Zugehörigkeit zur höchsten Energieeffizienzklasse erfüllt.

Art. 7 Energieeinsparverpflichtung. (1) *[1]* Die Mitgliedstaaten müssen kumulierte Endenergieeinsparungen mindestens in folgender Höhe erreichen:

a) neue jährliche Einsparungen vom 1. Januar 2014 bis zum 31. Dezember 2020 in Höhe von 1,5 % des jährlichen Energieabsatzes an Endkunden, gemessen am Volumen und gemittelt über den jüngsten Dreijahreszeitraum vor dem 1. Januar 2013. Das Absatzvolumen der im Verkehrswesen genutzten Energie kann ganz oder teilweise aus dieser Berechnung herausgenommen werden;

b) neue jährliche Einsparungen vom 1. Januar 2021 bis zum 31. Dezember 2030 in Höhe von 0,8 % des jährlichen Endenergieverbrauchs, gemittelt über den jüngsten Dreijahreszeitraum vor dem 1. Januar 2019. Von dieser Anforderung abweichend müssen Zypern und Malta vom 1. Januar 2021 bis zum 31. Dezember 2030 neue jährliche Einsparungen in Höhe von 0,24 % des jährlichen Endenergieverbrauchs, gemittelt über den jüngsten Dreijahreszeitraum vor dem 1. Januar 2019, erreichen.

[2] Die Mitgliedstaaten können Energieeinsparungen aufgrund strategischer Maßnahmen unabhängig davon, ob diese bis zum 31. Dezember 2020 oder nach diesem Datum eingeführt wurden, anrechnen, sofern die Maßnahmen zu neuen Einzelmaßnahmen geführt haben, die nach dem 31. Dezember 2020 durchgeführt werden.

[3] Die Mitgliedstaaten müssen auch in den Zehnjahreszeiträumen nach 2030 neue jährliche Einsparungen gemäß Unterabsatz 1 Buchstabe b erzielen, es sei denn, die von der Kommission bis 2027 und danach alle 10 Jahre durchgeführ-

---

1) **Amtl. Anm.:** ABl. L 216 vom 20.8.2009, S. 76.

ten Überprüfungen ergeben, dass dies nicht erforderlich ist, um die langfristigen Energie- und Klimaziele der Union für 2050 zu erreichen.

[4] Die Mitgliedstaaten entscheiden selbst, wie sich die berechnete Menge neuer Einsparungen zeitlich über jeden der unter Unterabsatz 1 Buchstaben a und b genannten Zeiträume verteilt, sofern am Ende jedes Verpflichtungszeitraums die kumulierten Gesamtendenergieeinsparungen erreicht werden.

(2) Sofern die Mitgliedstaaten zumindest ihre kumulierte Endenergieeinsparungsverpflichtung gemäß Absatz 1 Unterabsatz 1 Buchstabe b erreichen, können sie die geforderte Energieeinsparung unter Heranziehung einer oder mehrerer der folgenden Maßnahmen berechnen, indem sie

a) eine jährliche Einsparquote auf den Energieabsatz an Endkunden oder auf den Endenergieverbrauch, gemittelt über den jüngsten Dreijahreszeitraum vor dem 1. Januar 2019, anwenden;
b) im Verkehrswesen genutzte Energie ganz oder teilweise als Berechnungsgrundlage ausschließen; sowie
c) eine der Optionen gemäß Absatz 4 nutzen.

(3) Wenn Mitgliedstaaten die in Absatz 2 Buchstaben a, b oder c vorgesehenen Möglichkeiten nutzen, legen sie Folgendes fest:

a) die eigene jährliche Einsparquote, die bei der Berechnung ihrer kumulierten Endenergieeinsparungen angewendet wird, damit sichergestellt ist, dass die endgültigen Nettoenergieeinsparungen nicht niedriger ausfallen als die gemäß Absatz 1 Unterabsatz 1 Buchstabe b vorgeschriebenen Einsparungen, und
b) die eigene Berechnungsgrundlage, wobei im Verkehrswesen genutzte Energie ganz oder teilweise als Berechnungsgrundlage ausgeschlossen werden kann.

(4) Jeder Mitgliedstaat kann vorbehaltlich des Absatzes 5

a) die nach Absatz 1 Unterabsatz 1 Buchstabe a erforderliche Berechnung mit folgenden Werten durchführen: 1 % für 2014 und 2015, 1,25 % für 2016 und 2017 und 1,5 % für 2018, 2019 und 2020;
b) das Absatzvolumen der in dem Verpflichtungszeitraum gemäß Absatz 1 Unterabsatz 1 Buchstabe a genutzten Energie oder den Endenergieverbrauch in dem Verpflichtungszeitraum gemäß Buchstabe b dieses Unterabsatzes bei in Anhang I der Richtlinie 2003/87/EG aufgeführten industriellen Tätigkeiten ganz oder teilweise aus der Berechnung herausnehmen;
c) Energieeinsparungen, die in den Sektoren Energietransformation sowie -verteilung und -übertragung – einschließlich der Infrastruktur für effiziente Fernwärme- und Fernkälteversorgung – aufgrund der Anwendung der Anforderungen nach Artikel 14 Absatz 4 und Artikel 14 Absatz 5 Buchstabe b sowie Artikel 15 Absätze 1 bis 6 und 9 erzielt werden, für die erforderlichen Energieeinsparungen anrechnen. Die Mitgliedstaaten unterrichten die Kommission im Rahmen ihrer integrierten nationalen Energie- und Klimapläne über die von ihnen beabsichtigten strategischen Maßnahmen gemäß diesem Buchstaben für den Zeitraum vom 1. Januar 2021 bis zum 31. Dezember 2030. Die Auswirkungen dieser Maßnahmen werden gemäß Anhang V berechnet und in diese Pläne einbezogen;

d) Energieeinsparungen auf die erforderlichen Energieeinsparungen anrechnen, aufgrund von Einzelmaßnahmen, die nach dem 31. Dezember 2008 neu eingeführt wurden und im Jahr 2020 in Bezug auf den Verpflichtungszeitraum gemäß Absatz 1 Unterabsatz 1 Buchstabe a sowie nach 2020 in Bezug auf den Zeitraum gemäß Absatz 1 Unterabsatz 1 Buchstabe b weiterhin eine mess- und nachprüfbare Wirkung entfalten;

e) Energieeinsparungen auf die erforderlichen Energieeinsparungen anrechnen, aufgrund strategischer Maßnahmen, sofern die strategischen Maßnahmen nachweislich zu neuen Einzelmaßnahmen führen, die vom 1. Januar 2018 bis zum 31. Dezember 2020 durchgeführt werden und die nach dem 31. Dezember 2020 Einsparungen bewirken;

f) bei der Berechnung der erforderlichen Energieeinsparungen 30 % der nachprüfbaren Menge der Energie ausschließen, die infolge von strategischen Maßnahmen zur Förderung der Neuinstallation von Technologien zur Nutzung erneuerbarer Energie an oder in Gebäuden für den Eigengebrauch erzeugt wurde;

g) diejenigen erforderlichen Energieeinsparungen, die über die für den Verpflichtungszeitraum vom 1. Januar 2014 bis 31. Dezember 2020 erforderlichen Energieeinsparungen hinausgehen, auf die erforderlichen Energieeinsparungen anrechnen, sofern diese Einsparungen im Rahmen von strategischen Maßnahmen im Sinne von Artikel 7a und 7b durch Einzelmaßnahmen erreicht wurden, die die Mitgliedstaaten im Rahmen ihrer Nationalen Energieeffizienz-Aktionspläne mitgeteilt und in ihren Fortschrittsberichten gemäß Artikel 24 gemeldet haben.

(5) *[1]* Bei der Anwendung der gemäß Absatz 4 gewählten Optionen und bei der Berechnung ihrer Auswirkungen gehen die Mitgliedstaaten für die in Absatz 1 Unterabsatz 1 Buchstaben a und b genannten Zeiträume separat wie folgt vor:

a) bei der Berechnung der erforderlichen Energieeinsparungen in dem in Absatz 1 Unterabsatz 1 Buchstabe a genannten Verpflichtungszeitraum können die Mitgliedstaaten Absatz 4 Buchstaben a bis d anwenden. Auf alle gemäß Absatz 4 gewählten Optionen dürfen insgesamt höchstens 25 % der in Absatz 1 Unterabsatz 1 Buchstabe a genannten Energieeinsparungen entfallen;

b) bei der Berechnung der erforderlichen Energieeinsparungen in dem in Absatz 1 Unterabsatz 1 Buchstabe b genannten Verpflichtungszeitraum können die Mitgliedstaaten Absatz 4 Buchstaben b bis g anwenden, sofern Einzelmaßnahmen gemäß Absatzes 4 Buchstabe d nach dem 31. Dezember 2020 weiterhin eine mess- und nachprüfbare Wirkung entfalten. Die Menge der gemäß Absatz 2 und 3 berechneten Energieeinsparungen darf durch die gemäß Absatz 4 gewählten Optionen insgesamt nicht um mehr als 35 % vermindert werden.

[2] Unabhängig davon, ob Mitgliedstaaten im Verkehrswesen genutzte Energie ganz oder teilweise von ihrer Berechnungsgrundlage ausschließen oder eine der Optionen gemäß Absatz 4 nutzen, stellen sie sicher, dass die berechnete Nettomenge der neuen Einsparungen, die im Verpflichtungszeitraum vom 1. Januar 2021 bis 31. Dezember 2030 beim Endenergieverbrauch zu erreichen

sind, nicht niedriger ausfällt als die Menge, die sich durch Anwendung der jährlichen Einsparquote gemäß Absatz 1 Unterabsatz 1 Buchstabe b ergibt.

(6) Die Mitgliedstaaten erläutern in ihren integrierten nationalen Energie- und Klimaplänen gemäß Anhang III der Verordnung (EU) 2018/1999[1)], wie die Energieeinsparungen berechnet werden, die im Zeitraum vom 1. Januar 2021 bis 31. Dezember 2030 gemäß Absatz 1 Unterabsatz 1 Buchstabe b dieses Artikels zu erreichen sind, und sie erläutern gegebenenfalls, wie die jährliche Einsparquote und die Berechnungsgrundlage festgelegt wurden und wie, sowie in welchem Umfang, die in Absatz 4 genannten Optionen angewendet wurden.

(7) Energieeinsparungen, die nach dem 31. Dezember 2020 erzielt werden, werden nicht auf die erforderlichen Energieeinsparungen angerechnet, die im Zeitraum vom 1. Januar 2014 bis zum 31. Dezember 2020 erforderlich sind.

(8) Abweichend von Absatz 1 können Mitgliedstaaten, die verpflichteten Parteien die Nutzung der Option gemäß Artikel 7a Absatz 6 Buchstabe b gestatten, Energieeinsparungen, die in einem Jahr nach 2010, aber vor dem Verpflichtungszeitraum gemäß Absatz 1 Unterabsatz 1 Buchstabe a dieses Artikels erzielt wurden, für die Zwecke von Absatz 1 Unterabsatz 1 Buchstabe a dieses Artikels so anrechnen, als wären diese Energieeinsparungen stattdessen nach dem 31. Dezember 2013 und vor dem 1. Januar 2021 erreicht worden, sofern alle folgenden Umstände vorliegen:

a) Das Energieeffizienzverpflichtungssystem war bereits zu einem Zeitpunkt zwischen dem 31. Dezember 2009 und dem 31. Dezember 2014 in Kraft, und es war in dem ersten Nationalen Energieeffizienz-Aktionsplan des Mitgliedstaats enthalten, der gemäß Artikel 24 Absatz 2 vorgelegt wurde;

b) die Einsparungen wurden im Rahmen des Verpflichtungssystems erzielt;

c) die Einsparungen werden gemäß Anhang V berechnet;

d) die Jahre, für die die Einsparungen angerechnet werden, als wären sie zu dieser Zeit erreicht worden, wurden in den Nationalen Energieeffizienz-Aktionsplänen gemäß Artikel 24 Absatz 2 angegeben.

(9) Die Mitgliedstaaten stellen sicher, dass Einsparungen, die aus strategischen Maßnahmen gemäß den Artikeln 7a und 7b sowie Artikel 20 Absatz 6 resultieren, im Einklang mit Anhang V berechnet werden.

(10) [1] Die Mitgliedstaaten müssen die erforderlichen Energieeinsparungen gemäß Absatz 1 dieses Artikels entweder durch Einrichtung eines Energieeffizienzverpflichtungssystems gemäß Artikel 7a oder durch die Annahme alternativer strategischer Maßnahmen gemäß Artikel 7b erzielen. [2] Die Mitgliedstaaten können Energieeffizienzverpflichtungssysteme mit alternativen strategischen Maßnahmen kombinieren.

(11) *[1]* Bei der Konzeption strategischer Maßnahmen zur Erfüllung ihrer Verpflichtungen zur Erzielung von Energieeinsparungen berücksichtigen die Mitgliedstaaten, dass die Energiearmut im Einklang mit den von ihnen festgelegten Kriterien, und unter Berücksichtigung ihrer in diesem Bereich bestehenden Verfahren, gemindert werden muss, indem sie vorschreiben, dass ein Teil der Energieeffizienzmaßnahmen im Rahmen ihrer nationalen Energieeffizienzverpflichtungssysteme, alternativen strategischen Maßnahmen oder über

---

1) Nr. **6**.

einen nationalen Energieeffizienzfonds finanzierten Programme oder Maßnahmen in einem angemessenen Umfang vorrangig bei sozial schwachen Haushalten, einschließlich von Energiearmut betroffener Haushalte, und gegebenenfalls bei Sozialwohnungen umzusetzen ist.

[2] Die Mitgliedstaaten nehmen in ihre integrierten nationalen energie- und klimabezogenen Fortschrittsberichte gemäß der Verordnung (EU) 2018/1999[1)] Informationen über die Ergebnisse der Maßnahmen zur Minderung der Energiearmut im Rahmen dieser Richtlinie auf.

(12) Für den Fall, dass sich strategische Maßnahmen oder Einzelmaßnahmen in ihrer Wirkung überschneiden, weisen die Mitgliedstaaten nach, dass Energieeinsparungen nicht doppelt angerechnet werden.

Art. 7a Energieeffizienzverpflichtungssysteme. (1) *[1]* Entscheiden sich die Mitgliedstaaten dafür, ihre Verpflichtungen hinsichtlich der Erreichung von Energieeinsparungen gemäß Artikel 7 Absatz 1 mithilfe eines Energieeffizienzverpflichtungssystems zu erfüllen, so sorgen sie dafür, dass die in Absatz 2 dieses Artikels genannten und im Hoheitsgebiet des Mitgliedstaats tätigen verpflichteten Parteien ihre in Artikel 7 Absatz 1 festgelegten kumulierten Endenergieeinsparanforderungen unbeschadet des Artikels 7 Absätze 4 und 5 erreichen.

[2] Die Mitgliedstaaten können gegebenenfalls entscheiden, dass verpflichtete Parteien diese Einsparverpflichtungen ganz oder teilweise durch einen gemäß Artikel 20 Absatz 6 geleisteten Beitrag zum Nationalen Energieeffizienzfonds erfüllen.

(2) [1] Die Mitgliedstaaten benennen unter den in ihrem Hoheitsgebiet tätigen Energieverteilern, Energieeinzelhandelsunternehmen und Verkehrskraftstoffverteilern oder Verkehrskraftstoff-Einzelhandelsunternehmen nach objektiven und nichtdiskriminierenden Kriterien verpflichtete Parteien. [2] Die zur Erfüllung der Verpflichtung erforderlichen Energieeinsparungen müssen durch die verpflichteten Parteien unter den vom Mitgliedstaat benannten Endkunden unabhängig von der nach Artikel 7 Absatz 1 vorgenommenen Berechnung oder, falls die Mitgliedstaaten dies beschließen, durch zertifizierte Einsparungen anderer Parteien gemäß Absatz 6 Buchstabe a des vorliegenden Artikels erzielt werden.

(3) Werden Energieeinzelhandelsunternehmen als verpflichtete Parteien in Absatz 2 benannt, so sorgen die Mitgliedstaaten dafür, dass diese Unternehmen bei der Erfüllung ihrer Verpflichtung keine Hindernisse schaffen, die dem Verbraucher einen Anbieterwechsel erschweren.

(4) [1] Die Mitgliedstaaten geben die von jeder verpflichteten Partei geforderte Energieeinsparung entweder als Endenergieverbrauch oder als Primärenergieverbrauch an. [2] Die für die Angabe der geforderten Energieeinsparung gewählte Methode wird auch für die Berechnung der von den verpflichteten Parteien geltend gemachten Einsparungen verwendet. [3] Es gelten die Umrechnungsfaktoren nach Anhang IV.

(5) [1] Die Mitgliedstaaten richten Mess-, Kontroll- und Prüfsysteme ein, in deren Rahmen zumindest für einen statistisch signifikanten, eine repräsentative Stichprobe darstellenden Prozentsatz der von den verpflichteten Parteien ergriffenen Maßnahmen zur Energieeffizienzverbesserung eine dokumentierte

---

[1)] Nr. **6**.

Prüfung durchgeführt wird. [2]Diese Messung, Kontrolle und Überprüfung erfolgt unabhängig von den verpflichteten Parteien.

(6) *[1]* Innerhalb des Energieeffizienzverpflichtungssystems können die Mitgliedstaaten den verpflichteten Parteien eine oder mehrere der folgenden Optionen gestatten

a) zertifizierte Energieeinsparungen, die von Energiedienstleistern oder sonstigen Dritten erzielt werden, auf ihre Verpflichtung anzurechnen, was auch dann gilt, wenn die verpflichteten Parteien Maßnahmen über andere staatlich zugelassene Einrichtungen oder über Behörden fördern, die gegebenenfalls auch förmliche Partnerschaften umfassen können und in Verbindung mit anderen Finanzierungsquellen stehen können. Sofern die Mitgliedstaaten es gestatten, stellen sie sicher, dass die Zertifizierung von Energieeinsparungen nach einem Genehmigungsverfahren erfolgt, das in den Mitgliedstaaten eingerichtet wird, klar und transparent ist und allen Marktteilnehmern offen steht und das darauf abzielt, die Zertifizierungskosten gering zu halten;

b) in einem bestimmten Jahr erzielte Einsparungen so anzurechnen, als ob sie in einem der vier vorangegangenen oder der drei darauffolgenden Jahre erreicht worden wären, sofern der jeweilige Zeitraum nicht über das Ende der in Artikel 7 Absatz 1 genannten Verpflichtungszeiträume hinausreicht.

[2] Die Mitgliedstaaten bewerten die Auswirkungen der direkten und indirekten Kosten von Energieeffizienzverpflichtungssystemen auf die Wettbewerbsfähigkeit energieintensiver Industriezweige, die dem internationalen Wettbewerb ausgesetzt sind, und ergreifen gegebenenfalls Maßnahmen, um diese Auswirkungen möglichst gering zu halten.

(7) Die Mitgliedstaaten veröffentlichen auf jährlicher Grundlage die von jeder verpflichteten Partei oder jeder Unterkategorie von verpflichteten Parteien erzielten Energieeinsparungen sowie die im Rahmen des Systems erzielten Gesamtenergieeinsparungen.

Art. 7b Alternative strategische Maßnahmen. (1) Entscheiden sich die Mitgliedstaaten dafür, ihre Verpflichtungen zur Erreichung der gemäß Artikel 7 Absatz 1 erforderlichen Einsparungen mithilfe alternativer strategischer Maßnahmen zu erfüllen, so stellen sie unbeschadet des Artikels 7 Absätze 4 und 5 sicher, dass die gemäß Artikel 7 Absatz 1 erforderlichen Energieeinsparungen unter den Endkunden erzielt werden.

(2) [1]Für alle Maßnahmen mit Ausnahme steuerlicher Maßnahmen richten die Mitgliedstaaten Mess-, Kontroll- und Prüfsysteme ein, in deren Rahmen zumindest für einen statistisch signifikanten, eine repräsentative Stichprobe darstellenden Prozentsatz der von den teilnehmenden oder beauftragten Parteien ergriffenen Maßnahmen zur Energieeffizienzverbesserung eine dokumentierte Prüfung durchgeführt wird. [2]Die Messung, Kontrolle und Überprüfung erfolgt unabhängig von den teilnehmenden oder beauftragten Parteien.

Art. 8 Energieaudits und Energiemanagementsysteme. (1) *[1]* Die Mitgliedstaaten fördern die Verfügbarkeit von hochwertigen Energieaudits für alle Endkunden, die kostenwirksam sind und

a) in unabhängiger Weise von qualifizierten und/oder akkreditierten Experten nach Qualifikationskriterien durchgeführt werden oder

b) durchgeführt und nach innerstaatlichem Recht von unabhängigen Behörden überwacht werden.

[2] Die Energieaudits nach Unterabsatz 1 können von hausinternen Experten oder Energieauditoren durchgeführt werden, sofern der betreffende Mitgliedstaat ein Qualitätssicherungs- und -überprüfungssystem eingerichtet hat, zu dem – soweit angemessen – auch gehört, dass jährlich nach dem Zufallsprinzip mindestens ein statistisch signifikanter Prozentsatz aller von ihnen durchgeführten Energieaudits ausgewählt wird.

[3] Um die hohe Qualität der Energieaudits und Energiemanagementsysteme zu gewährleisten, stellen die Mitgliedstaaten auf der Grundlage des Anhangs VI transparente und nichtdiskriminierende Mindestkriterien für Energieaudits auf.

[4] Energieaudits enthalten keine Klauseln, die verhindern, dass die Ergebnisse der Audits an qualifizierte/akkreditierte Energiedienstleister weitergegeben werden, sofern der Verbraucher keine Einwände erhebt.

(2) *[1]* Die Mitgliedstaaten entwickeln Programme, die KMU dazu ermutigen, sich Energieaudits zu unterziehen und anschließend die Empfehlungen dieser Audits umzusetzen.

[2] Die Mitgliedstaaten können auf der Grundlage transparenter und nichtdiskriminierender Kriterien und unbeschadet des Beihilferechts der Union Förderregelungen für KMU einführen, um die Kosten eines Energieaudits und der Umsetzung sehr kostenwirksamer Empfehlungen der Energieaudits – soweit die vorgeschlagenen Maßnahmen durchgeführt werden – zu decken; dies gilt auch für KMU, die freiwillige Vereinbarungen geschlossen haben.

[3] [1]Die Mitgliedstaaten weisen KMU auch über ihre jeweiligen Verbände auf konkrete Beispiele dafür hin, wie ihre Unternehmen von Energiemanagementsystemen profitieren könnten. [2]Die Kommission unterstützt die Mitgliedstaaten bei der Förderung des Austauschs bewährter Verfahren in diesem Bereich.

(3) *[1]* Die Mitgliedstaaten entwickeln ferner Programme, um Haushalte durch geeignete Beratungsleistungen für den Nutzen dieser Audits zu sensibilisieren.

[2] Die Mitgliedstaaten fördern Ausbildungsprogramme zur Qualifizierung von Energieauditoren, um dafür zu sorgen, dass Experten in ausreichender Zahl zur Verfügung stehen.

(4) Die Mitgliedstaaten stellen sicher, dass Unternehmen, die kein KMU sind, Gegenstand eines Energieaudits sind, das bis zum 5. Dezember 2015 und mindestens alle vier Jahre nach dem vorangegangenen Energieaudit in unabhängiger und kostenwirksamer Weise von qualifizierten und/oder akkreditierten Experten durchgeführt oder nach innerstaatlichem Recht von unabhängigen Behörden durchgeführt und überwacht wird.

(5) *[1]* Bei Energieaudits ist davon auszugehen, dass sie die Anforderungen des Absatzes 4 erfüllen, wenn sie auf unabhängige Weise vorgenommen werden und anhand von Mindestkriterien auf der Grundlage von Mindestkriterien nach Anhang VI im Rahmen freiwilliger Vereinbarungen zwischen Organisationen von Betroffenen und einer von dem jeweiligen Mitgliedstaat benannten Stelle durchgeführt werden, die der Aufsicht des betreffenden Mitgliedstaats,

anderer von den zuständigen Behörden hiermit beauftragter Einrichtungen oder der Kommission unterliegen.

[2] Der Zugang von Marktteilnehmern, die Energiedienstleistungen anbieten, erfolgt auf der Grundlage transparenter und nichtdiskriminierender Kriterien.

(6) Unternehmen, die keine KMU sind und die ein von einer unabhängigen Einrichtung nach den einschlägigen europäischen oder internationalen Normen zertifiziertes Energiemanagementsystem oder Umweltmanagementsystem einrichten, sind von den Anforderungen des Absatzes 4 freigestellt, sofern die Mitgliedstaaten sicherstellen, dass das betreffende Managementsystem ein Energieaudit anhand von Mindestkriterien auf der Grundlage des Anhangs VI umfasst.

(7) *[1]* [1]Energieaudits können eigenständig oder Teil eines umfassenderen Umweltaudits sein. [2]Die Mitgliedstaaten können verlangen, dass eine Bewertung der technischen Durchführbarkeit und der wirtschaftlichen Machbarkeit des Anschlusses an ein bestehendes oder geplantes Fernwärme- oder Fernkältenetz Teil des Energieaudits sein muss.

[2] Unbeschadet des Beihilferechts der Union können die Mitgliedstaaten Anreizsysteme und Förderregelungen für die Durchführung der Empfehlungen aus Energieaudits und ähnlichen Maßnahmen einführen.

Art. 9 ***[bis 31.12.2020:*** **Verbrauchserfassung für Erdgas und Strom*]*** ***[ab 1.1.2021: Erdgasverbrauchserfassung].*** (1) ***[Unterabs. 1 bis 31.12.2020:]***

[1] Soweit es technisch machbar, finanziell vertretbar und im Vergleich zu den potenziellen Energieeinsparungen verhältnismäßig ist, stellen die Mitgliedstaaten sicher, dass Endkunden im Bereich Strom und Erdgas individuelle Zähler zu wettbewerbsfähigen Preisen erhalten, die den tatsächlichen Energieverbrauch des Endkunden genau widerspiegeln und Informationen über die tatsächliche Nutzungszeit bereitstellen.

[Unterabs. 1 ab 1.1.2021:]

[1] Soweit es technisch durchführbar, finanziell vertretbar und im Vergleich zu den potenziellen Energieeinsparungen verhältnismäßig ist, stellen die Mitgliedstaaten sicher, dass Endkunden im Bereich Erdgas individuelle Zähler zu wettbewerbsfähigen Preisen erhalten, die den tatsächlichen Energieverbrauch des Endkunden genau widerspiegeln und Informationen über die tatsächliche Nutzungszeit bereitstellen.

[2] Ein solcher individueller Zähler zu einem wettbewerbsfähigen Preis ist stets bereitzustellen, wenn:

a) ein bestehender Zähler ersetzt wird, außer in Fällen, in denen dies technisch nicht machbar oder im Vergleich zu den langfristig geschätzten potenziellen Einsparungen nicht kostenwirksam ist;

b) neue Gebäude mit neuen Anschlüssen ausgestattet oder Gebäude größeren Renovierungen im Sinne der Richtlinie 2010/31/EU unterzogen werden.

(2) ***[bis 31.12.2020:*** Wenn und soweit Mitgliedstaaten intelligente Verbrauchserfassungssysteme und intelligente Zähler für den Erdgas- und/oder Stromverbrauch im Einklang mit den Richtlinien 2009/72/EG und 2009/73/EG[1)] einführen, gilt Folgendes:***]*** ***[ab 1.1.2021:*** *Wenn und soweit Mitgliedstaaten*

[1)] Nr. **5**.

intelligente Messsysteme und intelligente Zähler für den Erdgasverbrauch gemäß der Richtlinie 2009/73/EG[1] *einführen, gilt Folgendes:]*

a) Sie stellen sicher, dass die Verbrauchserfassungssysteme dem Endkunden Informationen über seine tatsächlichen Nutzungszeiten vermitteln und dass die Ziele der Energieeffizienz und der Vorteile für den Endkunden bei der Festlegung der Mindestfunktionen der Zähler und der den Marktteilnehmern auferlegten Verpflichtungen vollständig berücksichtigt werden.

b) Sie gewährleisten die Sicherheit der intelligenten Zähler und der Datenkommunikation sowie die Wahrung der Privatsphäre der Endkunden im Einklang mit den einschlägigen Rechtsvorschriften der Union über den Datenschutz und den Schutz der Privatsphäre.

[Buchst. c bis 31.12.2020:]

c) Bei Elektrizität verlangen sie von den Messstellenbetreibern, auf Wunsch des Endkunden zu gewährleisten, dass der oder die Zähler den Strom erfassen können, der vom Grundstück des Endkunden ins Netz eingespeist wird.

[Buchst. d bis 31.12.2020:]

d) Sie gewährleisten, dass, falls die Endkunden dies wünschen, ihnen oder einem im Auftrag des Endkunden handelnden Dritten Messdaten über ihre Stromeinspeisung und Stromentnahme in einem leicht verständlichen Format zur Verfügung gestellt werden, das es ermöglicht, Angebote unter gleichen Voraussetzungen zu vergleichen.

[Buchst. cd ab 1.1.2021:]

c), d) *(aufgehoben)*

e) Sie verlangen, dass die Kunden zum Zeitpunkt des Einbaus intelligenter Zähler angemessen beraten und informiert werden, insbesondere über das volle Potenzial dieser Zähler im Hinblick auf die Handhabung der Zählerablesung und die Überwachung des Energieverbrauchs.

Art. 9a Verbrauchserfassung für die Wärme- und Kälteversorgung sowie die Warmwasserbereitung für den häuslichen Gebrauch. (1) Die Mitgliedstaaten stellen sicher, dass Endkunden im Rahmen der Fernwärme- und Fernkälteversorgung sowie der Warmwasserbereitung für den häuslichen Gebrauch (im Folgenden „Trinkwarmwasser") Zähler zu wettbewerbsfähigen Preisen erhalten, die ihren tatsächlichen Energieverbrauch präzise widerspiegeln.

(2) Wird ein Gebäude aus einer zentralen Anlage, die mehrere Gebäude versorgt, oder über ein Fernwärme- oder Fernkältesystem mit Wärme, Kälte oder Trinkwarmwasser versorgt, wird am Wärmetauscher oder an der Übergabestelle ein Zähler installiert.

Art. 9b Einzelverbrauchserfassung („Sub-metering") und Kostenverteilung für die Wärme-, Kälte- und Trinkwarmwasserversorgung.

(1) *[1]* In Gebäuden mit mehreren Wohnungen und in Mehrzweckgebäuden, die über eine zentrale Anlage zur Wärme-/Kälteerzeugung verfügen oder über

[1] Nr. **5**.

ein Fernwärme- oder Fernkältesystem versorgt werden, werden individuelle Verbrauchszähler installiert, um den Wärme-, Kälte- oder Trinkwarmwasserverbrauch der einzelnen Einheiten zu messen, wenn dies im Vergleich zu den potenziellen Energieeinsparungen unter dem Gesichtspunkt der Verhältnismäßigkeit technisch durchführbar und kosteneffizient ist.

[2] [1] Wenn der Einsatz individueller Zähler technisch nicht machbar ist oder wenn es nicht kosteneffizient ist, den Wärmeverbrauch in jeder Einheit zu messen, werden an den einzelnen Heizkörpern zur Messung des Wärmeenergieverbrauchs individuelle Heizkostenverteiler verwendet, es sei denn, der betreffende Mitgliedstaat weist nach, dass die Installation derartiger Heizkostenverteiler nicht kosteneffizient durchführbar wäre. [2] In diesen Fällen können alternative kosteneffiziente Methoden zur Messung des Wärmeenergieverbrauchs in Betracht gezogen werden. [3] Jeder Mitgliedstaat erläutert klar die allgemeinen Kriterien, Methoden und/oder Verfahren zur Feststellung, ob eine Maßnahme als „technisch nicht machbar" oder „nicht kosteneffizient durchführbar" anzusehen ist, und veröffentlicht diese.

(2) In neuen Gebäuden mit mehreren Wohnungen und im Wohnbereich neuer Mehrzweckgebäude, die mit einer zentralen Anlage zur Wärmeerzeugung für Trinkwarmwasser ausgestattet sind oder über Fernwärmesysteme versorgt werden, werden ungeachtet des Absatzes 1 Unterabsatz 1 individuelle Trinkwarmwasserzähler bereitgestellt.

(3) [1] Werden Gebäude mit mehreren Wohnungen und Mehrzweckgebäude mit Fernwärme oder Fernkälte versorgt oder sind eigene gemeinsame Wärme- oder Kältesysteme für diese Gebäude vorhanden, so sorgen die Mitgliedstaaten dafür, dass für die Verteilung der Kosten des Wärme-, Kälte- und Trinkwarmwasserverbrauchs in diesen Gebäuden transparente, öffentlich zugängliche nationale Regeln gelten, damit die Transparenz und die Genauigkeit der Abrechnung des individuellen Verbrauchs gewährleistet ist. [2] Solche Regeln enthalten gegebenenfalls auch Leitlinien für die Art und Weise der Zurechnung der Kosten für den Energieverbrauch in folgenden Fällen:

a) Trinkwarmwasser;
b) von den Verteilungseinrichtungen des Gebäudes abgestrahlte Wärme und für die Beheizung von Gemeinschaftsflächen verwendete Wärme, sofern Treppenhäuser und Flure mit Heizkörpern ausgestattet sind;
c) zum Zwecke der Beheizung oder Kühlung von Wohnungen.

Art. 9c Fernablesungsanforderung. (1) [1] Für die Zwecke der Artikel 9a und 9b müssen installierte Zähler und Heizkostenverteiler nach dem 25. Oktober 2020 fernablesbar sein. [2] Die Bedingungen der technischen Machbarkeit und der kosteneffizienten Durchführbarkeit gemäß Artikel 9b Absatz 1 gelten weiterhin.

(2) Bereits installierte, nicht fernablesbare Zähler und Heizkostenverteiler müssen bis zum 1. Januar 2027 mit dieser Funktion nachgerüstet oder durch fernablesbare Geräte ersetzt werden, es sei denn, der betreffende Mitgliedstaat weist nach, dass dies nicht kosteneffizient ist.

Art. 10 ***[bis 31.12.2020:*** **Abrechnungsinformationen für Erdgas und Strom]** ***[ab 1.1.2021: Abrechnungsinformationen für Erdgas].*** (1) ***[Unterabs. 1 bis 31.12.2020:]***

[1] Verfügen die Endkunden nicht über intelligente Zähler gemäß den Richtlinien 2009/72/EG und 2009/73/EG[1)], so gewährleisten die Mitgliedstaaten bis zum 31. Dezember 2014, dass die Abrechnungsinformationen im Einklang mit Anhang VII Abschnitt 1.1 für Erdgas und Strom zuverlässig und präzise sind und auf dem tatsächlichen Verbrauch beruhen, sofern dies technisch möglich und wirtschaftlich gerechtfertigt ist.

[Unterabs. 1 ab 1.1.2021:]

[1] Verfügen die Endkunden nicht über intelligente Zähler gemäß der Richtlinie 2009/73/EG[1)], so gewährleisten die Mitgliedstaaten bis zum 31. Dezember 2014, dass die Abrechnungsinformationen für Erdgas im Sinne von Anhang VII Abschnitt 1.1 zuverlässig und genau sind und auf dem tatsächlichen Verbrauch beruhen, sofern das technisch möglich und wirtschaftlich gerechtfertigt ist.

[2] [1] Diese Verpflichtung kann durch ein System der regelmäßigen Selbstablesung seitens der Endkunden erfüllt werden, bei dem die Endkunden die an ihrem Zähler abgelesenen Werte dem Energieversorger mitteilen. [2] Nur wenn der Endkunde für einen bestimmten Abrechnungszeitraum keine Zählerablesewerte mitgeteilt hat, erfolgt die Abrechnung auf der Grundlage einer Verbrauchsschätzung oder eines Pauschaltarifs.

(2) ***[Unterabs. 1 bis 31.12.2020:]***

[1] [1] Die nach den Richtlinien 2009/72/EG und 2009/73/EG[1)] installierten Zähler müssen genaue Abrechnungsinformationen auf der Grundlage des tatsächlichen Verbrauchs ermöglichen. [2] Die Mitgliedstaaten stellen sicher, dass die Endkunden die Möglichkeit eines leichten Zugangs zu ergänzenden Informationen haben, mit denen sie den historischen Verbrauch detailliert selbst kontrollieren können.

[Unterabs. 1 ab 1.1.2021:]

[1] [1] Die nach der Richtlinie 2009/73/EG[1)] installierten Zähler müssen die Bereitstellung genauer Abrechnungsinformationen auf der Grundlage des tatsächlichen Verbrauchs ermöglichen. [2] Die Mitgliedstaaten stellen sicher, dass die Endkunden die Möglichkeit eines leichten Zugangs zu ergänzenden Informationen haben, mit denen sie den historischen Verbrauch detailliert selbst kontrollieren können.

[2] Die ergänzenden Informationen über den historischen Verbrauch enthalten:

a) kumulierte Daten für mindestens die drei vorangegangenen Jahre oder für den Zeitraum seit Beginn des Versorgungsvertrags, falls dieser kürzer ist. Die Daten müssen den Intervallen entsprechen, für die Zwischenabrechnungsinformationen erstellt wurden; und

b) ausführliche tages-, wochen-, monats- und jahresbezogene Daten zu den Nutzungszeiten. Diese Daten werden dem Endkunden über das Internet oder die Zählerschnittstelle für mindestens die letzten 24 Monate oder für den Zeitraum seit Beginn des Versorgungsvertrags, falls dieser kürzer ist, zugänglich gemacht.

[1)] Nr. **5**.

(3) Unabhängig davon, ob intelligente Zähler eingebaut wurden oder nicht, gilt für die Mitgliedstaaten Folgendes:

a) Sie schreiben vor, dass auf Wunsch des Endkunden Informationen über die Energieabrechnungen und den historischen Verbrauch – soweit verfügbar – einem vom Endkunden benannten Energiedienstleister zur Verfügung gestellt werden.

b) Sie stellen sicher, dass Endkunden die Möglichkeit eröffnet wird, Abrechnungsinformationen und Abrechnungen in elektronischer Form zu erhalten und dass sie auf Anfrage eine klare und verständliche Erläuterung erhalten, wie ihre Abrechnung zustande gekommen ist, insbesondere dann, wenn nicht auf den tatsächlichen Verbrauch bezogen abgerechnet wird.

c) Sie stellen sicher, dass mit der Abrechnung geeignete Angaben zur Verfügung gestellt werden, damit die Endkunden eine umfassende Darstellung der aktuellen Energiekosten gemäß Anhang VII erhalten.

d) Sie können vorschreiben, dass auf Wunsch des Endkunden die in den betreffenden Abrechnungen enthaltenen Informationen nicht als Zahlungsaufforderungen anzusehen sind. In diesen Fällen sorgen die Mitgliedstaaten dafür, dass die Energieversorger flexible Regelungen für die tatsächlich zu leistenden Zahlungen anbieten.

e) Sie verlangen, dass den Verbrauchern auf Anfrage Informationen und Schätzungen in Bezug auf Energiekosten rechtzeitig und in einem leicht verständlichen Format zur Verfügung gestellt werden, das es den Verbrauchern ermöglicht, Angebote unter gleichen Voraussetzungen zu vergleichen.

Art. 10a Abrechnungs- und Verbrauchsinformationen zur Wärme-, Kälte- und Trinkwarmwasserversorgung. (1) *[1]* Wenn Zähler oder Heizkostenverteiler installiert sind, stellen die Mitgliedstaaten sicher, dass Abrechnungs- und Verbrauchsinformationen gemäß Anhang VIIA Nummern 1 und 2 zuverlässig und präzise sind und auf dem tatsächlichen Verbrauch oder den Ablesewerten von Heizkostenverteilern beruhen – und zwar bei allen Endnutzern, d.h. natürlichen oder juristischen Personen, die Wärme, Kälte oder Trinkwarmwasser für den eigenen Endverbrauch erwerben, oder natürlichen oder juristischen Personen, die ein einzelnes Gebäude oder eine Einheit in einem Gebäude mit mehreren Wohnungen oder einem Mehrzweckgebäude nutzen, das bzw. die von einer zentralen Quelle mit Wärme, Kälte oder Trinkwarmwasser versorgt wird bzw. werden, und die keinen direkten oder individuellen Vertrag mit dem Energieversorger haben.

[2] [1] Diese Verpflichtung kann, sofern ein Mitgliedstaat dies vorsieht, durch ein System der regelmäßigen Selbstablesung durch den Endkunden oder Endnutzer erfüllt werden, wobei diese die an ihrem Zähler abgelesenen Werte mitteilen, es sei denn, die Einzelverbrauchserfassung basiert auf Heizkostenverteilern gemäß Artikel 9b. [2] Nur wenn der Endkunde oder Endnutzer für einen bestimmten Abrechnungszeitraum keine Zählerablesewerte mitgeteilt hat, erfolgt die Abrechnung auf der Grundlage einer Verbrauchsschätzung oder eines Pauschaltarifs.

(2) *[1]* Die Mitgliedstaaten

a) schreiben vor, dass Informationen über die Energieabrechnungen und den historischen Verbrauch oder Ablesewerte von Heizkostenverteilern – soweit verfügbar – auf Verlangen des Endnutzers einem vom Endnutzer benannten Energiedienstleister zur Verfügung gestellt werden;

b) stellen sicher, dass Endkunden Abrechnungsinformationen und Abrechnungen in elektronischer Form erhalten können;

c) stellen sicher, dass alle Endnutzer klare und verständliche Informationen gemäß Anhang VIIA Nummer 3 mit ihrer Rechnung erhalten; und

d) fördern die Cybersicherheit und sorgen für den Schutz der Privatsphäre und der Daten der Endnutzer im Einklang mit dem geltenden Unionsrecht.

[2] [1] Die Mitgliedstaaten können vorschreiben, dass auf Wunsch des Endkunden die Bereitstellung von Abrechnungsinformationen nicht als Zahlungsaufforderung anzusehen ist. [2] In solchen Fällen stellen die Mitgliedstaaten sicher, dass flexible Regelungen für die tatsächlich zu leistende Zahlung angeboten werden.

(3) Die Mitgliedstaaten entscheiden, wer dafür zuständig ist, Endnutzern, die keinen direkten oder individuellen Vertrag mit dem Energieversorger haben, die in den Absätzen 1 und 2 genannten Informationen bereitzustellen.

Art. 11 ***[bis 31.12.2020:*** **Kosten für den Zugang zu Verbrauchserfassungs- und Abrechnungsinformationen für Strom und Erdgas*]*** ***[ab 1.1. 2021: Kosten des Zugangs zu Verbrauchserfassungs- und Abrechnungsinformationen für Erdgas].*** Die Mitgliedstaaten stellen sicher, dass Endkunden all ihre Energieverbrauchsabrechnungen und diesbezüglichen Abrechnungsinformationen kostenlos erhalten, und dass sie in geeigneter Weise kostenfreien Zugang zu ihren Verbrauchdaten haben.

Art. 11a Kosten für den Zugang zu Verbrauchserfassungs- und Abrechnungs- und Verbrauchsinformationen für die Wärme-, Kälte- und Trinkwarmwasserversorgung. (1) Die Mitgliedstaaten sorgen dafür, dass die Endnutzer alle ihre Energieverbrauchsabrechnungen und diesbezüglichen Abrechnungsinformationen kostenfrei erhalten und dass ihnen in geeigneter Weise kostenfreier Zugang zu ihren Verbrauchsdaten gewährt wird.

(2) Ungeachtet des Absatzes 1 dieses Artikels werden die Kosten von Abrechnungsinformationen über den individuellen Verbrauch von Wärme, Kälte und Trinkwarmwasser in Gebäuden mit mehreren Wohnungen und in Mehrzweckgebäuden gemäß Artikel 9b auf nichtkommerzieller Grundlage aufgeteilt. Kosten, die durch die Übertragung dieser Aufgabe auf einen Dritten – etwa einen Dienstleister oder den örtlichen Energieversorger – entstehen und die die Messung, die Zurechnung und die Abrechnung des tatsächlichen individuellen Verbrauchs in diesen Gebäuden betreffen, können auf die Endnutzer umgelegt werden, soweit diese Kosten der Höhe nach angemessen sind.

(3) Um die Angemessenheit der Kosten für Einzelverbrauchserfassungsdienste gemäß Absatz 2 sicherzustellen, können die Mitgliedstaaten den Wettbewerb in diesem Dienstleistungsbereich anregen, indem sie geeignete Maßnahmen treffen, d.h. beispielsweise, die Durchführung von Ausschreibungen oder die Nutzung interoperabler Geräte und Systeme, die den Anbieterwechsel erleichtern, empfehlen oder auf andere Weise fördern.

Art. 12 Programm für „informierte und kompetente Verbraucher".

(1) [1] Die Mitgliedstaaten ergreifen geeignete Maßnahmen, um die effiziente Nutzung von Energie durch Kleinabnehmer, auch Privathaushalte, zu fördern

und zu erleichtern. [2]Diese Maßnahmen können Teil einer nationalen Strategie sein.

(2) Für die Zwecke des Absatzes 1 enthalten diese Maßnahmen eine oder mehrere der folgenden in den Buchstaben a oder b aufgeführten Komponenten:

a) eine Reihe von Instrumenten und Politiken zur Förderung von Verhaltensänderungen, wie beispielsweise:
   i) steuerliche Anreize,
   ii) Zugang zu Finanzierungsquellen, Finanzhilfen oder Subventionen,
   iii) Bereitstellung von Informationen,
   iv) Projekte mit Beispielcharakter,
   v) Aktivitäten am Arbeitsplatz;
b) Mittel und Wege, um Verbraucher und Verbraucherorganisationen während der möglichen Einführung intelligenter Zähler einzubeziehen, indem ihnen Folgendes mitgeteilt wird:
   i) kostenwirksame und leicht umsetzbare Möglichkeiten zur Änderung des Energienutzungsverhaltens,
   ii) Informationen über Energieeffizienzmaßnahmen.

Art. 13 Sanktionen. [1]Die Mitgliedstaaten legen Sanktionen für den Fall der Nichteinhaltung der aufgrund der ***[bis 25.10.2020:*** Artikel 7 bis 11***]*** ***[ab 26.10. 2020:*** *Artikel 7 bis 11a****]*** und des Artikels 18 Absatz 3 dieser Richtlinie erlassenen nationalen Vorschriften fest und ergreifen die zu ihrer Anwendung erforderlichen Maßnahmen. [2]Die Sanktionen müssen wirksam, angemessen und abschreckend sein. [3]Die Mitgliedstaaten teilen der Kommission diese Vorschriften bis zum 5. Juni 2014 mit und melden ihr alle späteren Änderungen dieser Bestimmungen unverzüglich.

Kapitel III. Effizienz bei der Energieversorgung

Art. 14 Förderung von Effizienz bei der Wärme- und Kälteversorgung. (1) *[1]* [1]Bis zum 31. Dezember 2015 führen die Mitgliedstaaten eine umfassende Bewertung des Potenzials für den Einsatz der hocheffizienten KWK und der effizienten Fernwärme- und Fernkälteversorgung durch und teilen diese mit den in Anhang VIII aufgeführten Informationen der Kommission mit. [2]Wenn sie bereits eine gleichwertige Bewertung durchgeführt haben, teilen sie diese der Kommission mit.

[2] Bei der umfassenden Bewertung wird der Analyse des jeweiligen nationalen Potenzials für hocheffiziente KWK gemäß der Richtlinie 2004/8/EG umfassend Rechnung getragen.

[3] [1]Auf Ersuchen der Kommission wird die Bewertung alle fünf Jahre aktualisiert und der Kommission mitgeteilt. [2]Die Kommission unterbreitet ihr Ersuchen mindestens ein Jahr vor dem Fälligkeitstermin.

(2) [1]Die Mitgliedstaaten verabschieden Politiken, mit denen darauf hingewirkt werden soll, dass das Potenzial der Verwendung effizienter Wärme- und Kühlsysteme – insbesondere von Systemen, die mit hocheffizienter KWK

arbeiten – auf lokaler und regionaler Ebene gebührend berücksichtigt wird. [2]Dem Potenzial für die Entwicklung lokaler und regionaler Wärmemärkte ist Rechnung zu tragen.

(3) [1]Für die Zwecke der Bewertung gemäß Absatz 1 führen die Mitgliedstaaten im Einklang mit Anhang IX Teil 1 eine Kosten-Nutzen-Analyse für ihr gesamtes Hoheitsgebiet durch, bei der klimatische Bedingungen, die wirtschaftliche Tragfähigkeit und die technische Eignung berücksichtigt werden. [2]Die Kosten-Nutzen-Analyse muss es ermöglichen, die ressourcen- und kosteneffizientesten Lösungen zur Deckung des Wärme- und Kälteversorgungsbedarfs zu ermitteln. [3]Diese Kosten-Nutzen-Analyse kann Teil einer Umweltprüfung im Rahmen der Richtlinie 2001/42/EG des Europäischen Parlaments und des Rates vom 27. Juni 2001 über die Prüfung der Umweltauswirkungen bestimmter Pläne und Programme[1)] sein.

(4) *[1]* Ergeben die Bewertung nach Absatz 1 und die Analyse nach Absatz 3, dass ein Potenzial für den Einsatz hocheffizienter KWK und/oder effizienter Fernwärme- und Fernkälteversorgung vorhanden ist, dessen Nutzen die Kosten überwiegt, so ergreifen die Mitgliedstaaten angemessene Maßnahmen, um eine Infrastruktur für effiziente Fernwärme- und Fernkälteversorgung auf- und auszubauen und/oder der Entwicklung der hocheffizienten KWK und der Nutzung von Wärme und Kälte aus Abwärme und erneuerbaren Energiequellen gemäß den Absätzen 1, 5 und 7 Rechnung zu tragen.

[2] Ergeben die Bewertung nach Absatz 1 und die Analyse nach Absatz 3, dass kein Potenzial vorhanden ist, bei dem der Nutzen die Kosten – einschließlich der Verwaltungskosten für die Durchführung der Kosten-Nutzen-Analyse nach Absatz 5 – überwiegt, so können die betreffenden Mitgliedstaaten Anlagen von den Anforderungen jenes Absatzes ausnehmen.

(5) *[1]* Die Mitgliedstaaten stellen sicher, dass nach dem 5. Juni 2014 in folgenden Fällen eine Kosten-Nutzen-Analyse in Einklang mit Anhang IX Teil 2 durchgeführt wird:

a) Planung einer neuen thermischen Stromerzeugungsanlage mit einer thermischen Gesamtnennleistung von mehr als 20 MW; zu bewerten sind die Kosten und der Nutzen von Vorkehrungen für den Betrieb der Anlage als hocheffiziente KWK-Anlage;

b) erhebliche Modernisierung einer vorhandenen thermischen Stromerzeugungsanlage mit einer thermischen Gesamtnennleistung von mehr als 20 MW; zu bewerten sind die Kosten und der Nutzen einer Umrüstung zu einer hocheffizienten KWK-Anlage;

c) Planung oder erhebliche Modernisierung einer Industrieanlage mit einer thermischen Gesamtnennleistung von mehr als 20 MW, bei der Abwärme mit einem nutzbaren Temperaturniveau entsteht; zu bewerten sind die Kosten und der Nutzen der Verwendung der Abwärme zur Deckung eines wirtschaftlich vertretbaren Bedarfs, auch durch KWK, und der Anbindung dieser Anlage an ein Fernwärme- und Fernkältenetz;

d) Planung eines neuen Fernwärme- und Fernkältenetzes oder Planung einer neuen Energieerzeugungsanlage mit einer thermischen Gesamtnennleistung von mehr als 20 MW in einem bestehenden Fernwärme- oder Fernkältenetz

---

[1)] **Amtl. Anm.:** ABl. L 197 vom 21.7.2001, S. 30.

oder erhebliche Modernisierung einer bestehenden derartigen Anlage; zu bewerten sind die Kosten und der Nutzen der Verwendung der Abwärme von nahe gelegenen Industrieanlagen.

[2] Der Einbau von Ausrüstungen für die Abscheidung des von einer Verbrennungsanlage erzeugten CO_2 im Hinblick auf seine geologische Speicherung gemäß der Richtlinie 2009/31/EG gilt für die Zwecke der Buchstaben b, c und d dieses Absatzes nicht als Modernisierung.

[3] Die Mitgliedstaaten können verlangen, dass die Kosten-Nutzen-Analyse gemäß den Buchstaben c und d in Zusammenarbeit mit den für den Betrieb der Fernwärme- bzw. Fernkältenetze zuständigen Unternehmen durchgeführt wird.

(6) *[1]* Die Mitgliedstaaten können folgende Anlagen von der Anwendung des Absatzes 5 freistellen:

a) Spitzenlast- und Reserve-Stromerzeugungsanlagen, die im gleitenden Durchschnitt über einen Zeitraum von fünf Jahren unter 1 500 Betriebsstunden jährlich in Betrieb sein sollen; Grundlage hierfür ist ein von dem betreffenden Mitgliedstaat eingerichtetes Verifizierungsverfahren, mit dem sichergestellt wird, dass das Freistellungskriterium erfüllt ist;

b) Kernkraftwerke;

c) Anlagen, die in der Nähe einer nach der Richtlinie 2009/31/EG genehmigten geologischen Speicherstätte angesiedelt werden müssen.

[2] Die Mitgliedstaaten können außerdem Schwellenwerte für die verfügbare Nutzabwärme, für die Wärmenachfrage oder für die Entfernungen zwischen den Industrieanlagen und den Fernwärmenetzen festlegen, um einzelne Anlagen von der Anwendung des Absatzes 5 Buchstaben c und d freizustellen.

[3] Die Mitgliedstaaten teilen der Kommission bis zum 31. Dezember 2013 die nach diesem Absatz gewährten Freistellungen und alle späteren Änderungen dieser Freistellungen mit.

(7) Die Mitgliedstaaten beschließen Genehmigungskriterien gemäß Artikel 7 der Richtlinie 2009/72/EG oder gleichwertige Erlaubniskriterien,

a) um den Ergebnissen der umfassenden Bewertung gemäß Absatz 1 Rechnung zu tragen,

b) um sicherzustellen, dass die Anforderungen des Absatzes 5 erfüllt sind, und

c) um den Ergebnissen der Kosten-Nutzen-Analyse gemäß Absatz 5 Rechnung zu tragen.

(8) [1] Die Mitgliedstaaten können einzelne Anlagen mittels der in Absatz 7 genannten Genehmigungs- und Erlaubniskriterien von der Anforderung freistellen, Optionen anzuwenden, deren Nutzen die Kosten überwiegt, wenn es aufgrund von Rechtsvorschriften, Eigentumsverhältnissen oder der Finanzlage zwingende Gründe hierfür gibt. [2] In diesen Fällen notifizieren die betreffenden Mitgliedstaaten der Kommission ihre Entscheidung innerhalb von drei Monaten nach ihrem Erlass zusammen mit einer Begründung.

(9) Die Absätze 5, 6, 7 und 8 gelten für Anlagen, die unter die Richtlinie 2010/75/EU fallen, unbeschadet der Anforderungen der genannten Richtlinie.

(10) *[1]* [1] Auf der Grundlage der in Anhang II Buchstabe f genannten harmonisierten Wirkungsgrad-Referenzwerte sorgen die Mitgliedstaaten dafür, dass

die Herkunft von Strom aus hocheffizienter KWK nach von den einzelnen Mitgliedstaaten festgelegten objektiven, transparenten und nichtdiskriminierenden Kriterien nachgewiesen werden kann. [2]Sie stellen sicher, dass dieser Herkunftsnachweis die Anforderungen erfüllt und mindestens die in Anhang X genannten Informationen enthält. [3]Die Mitgliedstaaten anerkennen die von ihnen ausgestellten Herkunftsnachweise gegenseitig ausschließlich als Nachweis der in diesem Absatz genannten Informationen. [4]Die Verweigerung einer entsprechenden Anerkennung eines Herkunftsnachweises, insbesondere aus Gründen der Betrugsbekämpfung, muss sich auf objektive, transparente und nichtdiskriminierende Kriterien stützen. [5]Die Mitgliedstaaten teilen der Kommission eine solche Verweigerung und deren Begründung mit. [6]Wird die Anerkennung eines Herkunftsnachweises verweigert, so kann die Kommission einen Beschluss erlassen, um die verweigernde Seite insbesondere aufgrund objektiver, transparenter und nichtdiskriminierender Kriterien zur Anerkennung zu verpflichten.

[2] Die Kommission wird ermächtigt, die harmonisierten Wirkungsgrad-Referenzwerte, die im Durchführungsbeschluss 2011/877/EU der Kommission[1)] auf der Grundlage der Richtlinie 2004/8/EG festgelegt wurden, durch delegierte Rechtsakte gemäß Artikel 23 dieser Richtlinie bis zum 31. Dezember 2014 zu überprüfen.

(11) [1]Die Mitgliedstaaten stellen sicher, dass jede verfügbare Förderung der KWK davon abhängig gemacht wird, dass der erzeugte Strom aus hocheffizienter KWK stammt und die Abwärme wirksam zur Erreichung von Primärenergieeinsparungen genutzt wird. [2]Die staatliche Förderung der KWK sowie der Fernwärmeerzeugung und -netze unterliegt gegebenenfalls den Vorschriften für staatliche Beihilfen.

Art. 15 Energieumwandlung, -übertragung bzw. -fernleitung und -verteilung. (1) *[1]* Die Mitgliedstaaten stellen sicher, dass die nationalen Energieregulierungsbehörden bei der Wahrnehmung ihrer Regulierungsaufgaben gemäß den Richtlinien 2009/72/EG und 2009/73/EG[2)] in Bezug auf ihre Beschlüsse zum Betrieb der Gas- und Strominfrastruktur der Energieeffizienz gebührend Rechnung tragen.

[2] Insbesondere gewährleisten die Mitgliedstaaten, dass die nationalen Energieregulierungsbehörden durch die Erarbeitung von Netztarifen und Netzregulierung im Rahmen der Richtlinie 2009/72/EG und unter Berücksichtigung der Kosten und des Nutzens der einzelnen Maßnahmen Anreize für die Netzbetreiber vorsehen, damit sie für die Netznutzer Systemdienste bereitstellen, mit denen diese im Rahmen der fortlaufenden Realisierung intelligenter Netze Maßnahmen zur Verbesserung der Energieeffizienz umsetzen können.

[3] Derartige Systemdienste können vom Netzbetreiber festgelegt werden und dürfen die Systemsicherheit nicht beeinträchtigen.

[4] Für den Strombereich gewährleisten die Mitgliedstaaten, dass die Netzregulierung und die Netztarife die Kriterien des Anhangs XI erfüllen, wobei die gemäß der Verordnung (EG) Nr. 714/2009 entwickelten Leitlinien und Kodizes berücksichtigt werden.

[1)] **Amtl. Anm.:** ABl. L 343 vom 23.12.2011, S. 91.
[2)] Nr. **5**.

(2) Die Mitgliedstaaten sorgen bis 30. Juni 2015 dafür, dass

a) eine Bewertung der Energieeffizienzpotenziale ihrer Gas- und Strominfrastruktur durchgeführt wird, insbesondere hinsichtlich der Übertragung bzw. Fernleitung, der Verteilung, des Lastmanagements, der Interoperabilität und der Anbindung an Energie erzeugende Anlagen, einschließlich der Zugangsmöglichkeiten für Kleinstenergieerzeugungsanlagen;

b) konkrete Maßnahmen und Investitionen für die Einführung kostenwirksamer Energieeffizienzverbesserungen bezüglich der Netzinfrastruktur mit einem Zeitplan für ihre Einführung bestimmt werden.

(2a) Bis zum 31. Dezember 2020 erarbeitet die Kommission, nach Konsultation der einschlägigen Interessenträger, eine gemeinsame Vorgehensweise, um die Netzbetreiber dazu zu veranlassen, die Verluste zu verringern, ein Investitionsprogramm für eine kosten- und energieeffiziente Infrastruktur aufzulegen und der Energieeffizienz und der Flexibilität des Netzes entsprechend Rechnung zu tragen.

(3) Die Mitgliedstaaten können Systemkomponenten und Tarifstrukturen mit sozialer Zielsetzung für die netzgebundene Energieübertragung bzw. -fernleitung und -verteilung genehmigen, sofern alle störenden Auswirkungen auf das Übertragungs- bzw. Fernleitungs- und Verteilernetz auf das erforderliche Mindestmaß begrenzt werden und in keinem unangemessenen Verhältnis zu der sozialen Zielsetzung stehen.

(4) [1] Die Mitgliedstaaten stellen sicher, dass Anreize in Übertragungs- und Verteilungstarifen, die sich nachteilig auf die Gesamteffizienz (auch die Energieeffizienz) der Stromerzeugung, -übertragung, -verteilung und -lieferung auswirken oder die die Teilnahme an der Laststeuerung (Demand Response) sowie den Zugang zum Markt für Ausgleichsdienste und zur Erbringung von Hilfsdiensten verhindern könnten, beseitigt werden. [2] Die Mitgliedstaaten stellen sicher, dass Netzbetreiber Anreize erhalten, um bezüglich Auslegung und Betrieb der Infrastruktur Effizienzverbesserungen zu erzielen, und dass – im Rahmen der Richtlinie 2009/72/EG – es die Tarife gestatten, dass die Versorger die Einbeziehung der Verbraucher in die Systemeffizienz verbessern, wozu auch eine von nationalen Gegebenheiten abhängige Laststeuerung zählt.

(5) *[1]* Die Übertragungs- und Verteilernetzbetreiber erfüllen die Anforderungen des Anhangs XII.

[2] [1] Die Mitgliedstaaten können insbesondere die Netzanbindung von Strom aus hocheffizienten KWK-Klein- und -Kleinstanlagen erleichtern. [2] Die Mitgliedstaaten unternehmen gegebenenfalls Schritte, um Netzbetreiber darin zu bestärken, für die Installation von KWK-Kleinstanlagen ein auf einer einfachen Mitteilung beruhendes vereinfachtes und abgekürztes Genehmigungsverfahren für Einzelpersonen und Installateure einzuführen, in dessen Rahmen erst installiert und die Anlage anschließend angemeldet wird.

(6) *[1]* [1] Vorbehaltlich der Anforderungen an die Wahrung der Netzzuverlässigkeit und der Netzsicherheit ergreifen die Mitgliedstaaten geeignete Maßnahmen, um sicherzustellen, dass Betreiber hocheffizienter KWK-Anlagen, wenn dies mit Blick auf die Betriebsweise der hocheffizienten KWK-Anlage technisch machbar und wirtschaftlich tragfähig ist, Ausgleichsleistungen und andere operative Dienste auf der Ebene der Übertragungs- oder Verteilernetzbetreiber anbieten können. [2] Die Übertragungs- und Verteilernetzbetreiber

sorgen dafür, dass solche Dienstleistungen Teil eines Bieterverfahrens sind, das transparent und nichtdiskriminierend ist und überprüft werden kann.

[2] Die Mitgliedstaaten können gegebenenfalls von den Übertragungs- und Verteilernetzbetreibern verlangen, dass sie die Ansiedlung hocheffizienter KWK-Anlagen in der Nähe von Bedarfsgebieten fördern, indem sie die Anschluss- und Netznutzungsgebühren senken.

(7) Die Mitgliedstaaten können Erzeugern von Strom aus hocheffizienter KWK, die einen Netzanschluss wünschen, gestatten, für die Anschlussarbeiten eine Ausschreibung durchzuführen.

[Abs. 8 bis 31.12.2020:]

(8) *[1]* Die Mitgliedstaaten stellen sicher, dass die nationalen Energieregulierungsbehörden darauf hinwirken, dass nachfrageseitige Ressourcen, wie etwa die Laststeuerung (Demand Response), neben den Versorgern an den Großhandels- und Einzelhandelsmärkten teilnehmen.

[2] Vorbehaltlich technischer Sachzwänge im Zusammenhang mit dem Netzmanagement sorgen die Mitgliedstaaten dafür, dass Anbieter aus dem Bereich Laststeuerung – darunter auch Aggregatoren – von den Übertragungs- und Verteilernetzbetreibern bei der Erfüllung der Anforderungen für Ausgleichs- und Hilfsleistungen diskriminierungsfrei, ausgehend von ihren technischen Fähigkeiten, behandelt werden.

[3] [1] Vorbehaltlich technischer Sachzwänge im Zusammenhang mit dem Netzmanagement fördern die Mitgliedstaaten in Bezug auf Märkte für Ausgleichsleistungen, Reservedienste und andere Systemdienste den Marktzugang und die Marktteilnahme von Laststeuerungs-Dienstleistern, unter anderem indem sie verlangen, dass die nationalen Regulierungsbehörden oder, falls dies in ihren nationalen Regulierungssystemen vorgesehen ist, die Übertragungs- und Verteilernetzbetreiber in enger Zusammenarbeit mit den Laststeuerungs-Dienstleistern und Verbrauchern auf der Grundlage der technischen Anforderungen dieser Märkte und der Laststeuerungsmöglichkeiten technische Modalitäten für die Teilnahme an diesen Märkten festlegen. [2] Diese Spezifikationen beziehen die Teilnahme von Aggregatoren mit ein.

[Abs. 8 ab 1.1.2021:]

(8) (aufgehoben)

(9) *[1]* Bei der Berichterstattung nach der Richtlinie 2010/75/EU prüfen die Mitgliedstaaten unbeschadet des Artikels 9 Absatz 2 der genannten Richtlinie, ob Informationen über Energieeffizienzniveaus von Anlagen, die mit einer thermischen Gesamtnennleistung von 50 MW oder mehr Brennstoffe verfeuern, aufgenommen werden, und zwar unter Berücksichtigung der relevanten besten verfügbaren Techniken, die gemäß der Richtlinie 2010/75/EU und der Richtlinie 2008/1/EG des Europäischen Parlaments und des Rates vom 15. Januar 2008 über die integrierte Vermeidung und Verminderung der Umweltverschmutzung[1)] entwickelt wurden.

[2] Die Mitgliedstaaten können sich bei den Betreibern von Anlagen dafür einsetzen, deren Nettobetriebswirkungsgrad im Jahresdurchschnitt zu verbessern.

[1)] **Amtl. Anm.:** ABl. L 24 vom 29.1.2008, S. 8.

Kapitel IV. Horizontale Bestimmungen

Art. 16 Verfügbarkeit von Qualifizierungs-, Akkreditierungs- und Zertifizierungssystemen. (1) Vertritt ein Mitgliedstaat die Auffassung, dass das nationale Niveau an technischer Kompetenz, Objektivität und Zuverlässigkeit nicht ausreicht, so stellt er sicher, dass bis zum 31. Dezember 2014 Zertifizierungssysteme und/oder Akkreditierungssysteme und/oder gleichwertige Qualifizierungssysteme, soweit erforderlich einschließlich geeigneter Ausbildungsprogramme, für die Anbieter von Energiedienstleistungen und Energieaudits sowie für Energiemanager und Installateure von energierelevanten Gebäudekomponenten gemäß Artikel 2 Nummer 9 der Richtlinie 2010/31/EU bereitstehen oder bereitgestellt werden.

(2) Die Mitgliedstaaten stellen sicher, dass die in Absatz 1 genannten Systeme gegenüber den Verbrauchern für Transparenz sorgen, zuverlässig sind und ihren Beitrag zur Verwirklichung der nationalen Energieeffizienzziele leisten.

(3) *[1]* Die Mitgliedstaaten machen die Zertifizierungs- und/oder Akkreditierungssysteme oder gleichwertigen Qualifizierungssysteme nach Absatz 1 öffentlich zugänglich und arbeiten sowohl untereinander als auch mit der Kommission bei Vergleichen zwischen den Systemen sowie bei der Anerkennung der Systeme zusammen.

[2] Die Mitgliedstaaten treffen geeignete Maßnahmen, um die Verbraucher gemäß Artikel 18 Absatz 1 auf die Verfügbarkeit von Qualifizierungs- und/oder Zertifizierungssystemen aufmerksam zu machen.

Art. 17 Information und Ausbildung. (1) *[1]* Die Mitgliedstaaten stellen sicher, dass die Informationen zu verfügbaren Energieeffizienzmechanismen sowie Finanz- und Rechtsrahmen transparent sind und umfassend bei allen einschlägigen Marktakteuren verbreitet werden, wie etwa Verbrauchern, Bauunternehmern, Architekten, Ingenieuren, Umweltgutachtern und Energieauditoren sowie Installateuren von Gebäudekomponenten gemäß der Richtlinie 2010/31/EU.

[2] Die Mitgliedstaaten wirken darauf hin, dass Banken und andere Finanzinstitute über die Möglichkeiten der Beteiligung an der Finanzierung von Maßnahmen zur Verbesserung der Energieeffizienz, einschließlich der Schaffung öffentlich-privater Partnerschaften, informiert werden.

(2) Die Mitgliedstaaten schaffen geeignete Bedingungen, damit die Marktakteure die Energieverbraucher angemessen und gezielt über Energieeffizienz informieren und beraten können.

(3) [1] Die Kommission überprüft die Wirkung ihrer Maßnahmen zur Unterstützung der Entwicklung von Plattformen, welche unter anderem die europäischen Gremien für sozialen Dialog mit der Förderung von Ausbildungsprogrammen zum Thema Energieeffizienz beinhalten, und schlägt gegebenenfalls weitere Maßnahmen vor. [2] Die Kommission unterstützt die europäischen Sozialpartner bei der Erörterung des Themas Energieeffizienz.

(4) Die Mitgliedstaaten fördern unter Beteiligung der Akteure, einschließlich lokaler und regionaler Behörden, zweckdienliche Informations-, Sensibilisierungs- und Ausbildungsmaßnahmen, um die Bürger über die Vorteile und die

praktischen Aspekte von Maßnahmen zur Steigerung der Energieeffizienz zu informieren.

(5) Die Kommission fördert den Austausch und die Verbreitung von Informationen über vorbildliche Energieeffizienzverfahren in den Mitgliedstaaten.

Art. 18 Energiedienstleistungen. (1) Die Mitgliedstaaten fördern den Energiedienstleistungsmarkt und den Zugang zu diesem Markt für KMU, indem sie

a) klare und leicht zugängliche Informationen über Folgendes verbreiten:
   i) verfügbare Energiedienstleistungsverträge und Klauseln, die in solche Verträge aufgenommen werden sollten, um Energieeinsparungen und die Rechte der Endkunden zu garantieren;
   ii) Finanzinstrumente, Anreize, Zuschüsse und Darlehen zur Förderung von Dienstleistungsprojekten im Bereich Energieeffizienz;
b) die Entwicklung von Gütesiegeln, unter anderem durch Fachverbände, unterstützen;
c) eine Liste verfügbarer qualifizierter und/oder zertifizierter Energiedienstleister sowie ihrer Qualifizierungen und/oder Zertifizierungen gemäß Artikel 16 öffentlich zugänglich machen und regelmäßig aktualisieren oder für eine Schnittstelle sorgen, über die die Energiedienstleister Informationen bereitstellen können;
d) den öffentlichen Sektor bei der Annahme von Energiedienstleistungsangeboten, insbesondere für Gebäuderenovierungen, unterstützen und hierzu
   i) Energieleistungs-Musterverträge bereitstellen, die mindestens die in Anhang XIII aufgeführten Punkte enthalten;
   ii) Informationen über bewährte Verfahren in Bezug auf Energieleistungsverträge bereitstellen, die – sofern verfügbar – Kosten-Nutzen-Analysen unter Berücksichtigung des gesamten Lebenszyklus beinhalten;
e) *(aufgehoben)*

(2) Die Mitgliedstaaten unterstützen, sofern angemessen, das ordnungsgemäße Funktionieren des Energiedienstleistungsmarkts, indem sie

a) eine oder mehrere Anlaufstellen, bei denen Endkunden die in Absatz 1 genannten Informationen erhalten können, benennen und bekanntmachen;
b) bei Bedarf Maßnahmen ergreifen, um rechtliche und sonstige Hemmnisse zu beseitigen, die der Nutzung von Energieleistungsverträgen und anderen Energieeffizienz-Dienstleistungsmodellen für die Ermittlung und/oder Durchführung von Energiesparmaßnahmen erschweren;
c) die Schaffung oder Benennung einer unabhängigen Einrichtung wie etwa eines Bürgerbeauftragen prüfen, um dafür zu sorgen, dass Beschwerden effizient bearbeitet und Streitfälle, die sich aus Energiedienstleistungsverträgen ergeben, außergerichtlich beigelegt werden;
d) dafür sorgen, dass unabhängige Marktmittler eine Rolle bei der Stimulierung der Marktentwicklung auf der Angebots- und der Nachfrageseite übernehmen können.

(3) Die Mitgliedstaaten stellen sicher, dass die Energieverteiler, die Verteilernetzbetreiber und die Energieeinzelhandelsunternehmen sich jeder Tätigkeit

enthalten, die die Nachfrage nach und die Bereitstellung von Energiedienstleistungen oder sonstigen Energieeffizienzmaßnahmen beeinträchtigt oder die Entwicklung von Märkten für solche Dienstleistungen oder Maßnahmen behindern könnte, wozu auch die Abschottung des Markts gegen Wettbewerber oder der Missbrauch einer marktbeherrschenden Stellung gehören.

Art. 19 Sonstige Maßnahmen zur Förderung von Energieeffizienz.

(1) *[1]* Unbeschadet der Grundprinzipien des Eigentums- und Mietrechts der Mitgliedstaaten beurteilen und ergreifen die Mitgliedstaaten falls erforderlich geeignete Maßnahmen zur Beseitigung rechtlicher und sonstiger Hemmnisse für die Energieeffizienz, insbesondere in Bezug auf

a) die Aufteilung von Anreizen zwischen dem Eigentümer und dem Mieter eines Gebäudes oder zwischen den Eigentümern, damit diese Parteien nicht deshalb, weil ihnen die vollen Vorteile der Investition nicht einzeln zugute kommen oder weil Regeln für die Aufteilung der Kosten und Vorteile untereinander fehlen, davon abgehalten werden, Investitionen zur Verbesserung der Energieeffizienz vorzunehmen, die sie ansonsten getätigt hätten; dies gilt auch für nationale Vorschriften und Maßnahmen zur Regelung der Entscheidungsfindung bei Grundstücken mit mehreren Eigentümern;

b) Rechts- und Verwaltungsvorschriften sowie Verwaltungsverfahren im Bereich des öffentlichen Beschaffungswesens sowie der jährlichen Haushaltsplanung und des Rechnungswesens, um sicherzustellen, dass einzelne öffentliche Einrichtungen nicht von der Durchführung von Investitionen zur Verbesserung der Energieeffizienz und zur Minimierung der erwarteten Lebenszykluskosten und von der Inanspruchnahme von Energieleistungsverträgen oder anderer Drittfinanzierungen mit langfristiger Vertragslaufzeit abgehalten werden.

[2] [1] Solche Maßnahmen zur Beseitigung von Hemmnissen können die Bereitstellung von Anreizen, die Aufhebung oder Änderung von Rechts- und Verwaltungsvorschriften, die Verabschiedung von Leitlinien und Auslegungsmitteilungen oder die Vereinfachung der Verwaltungsverfahren umfassen. [2] Diese Maßnahmen können mit Aus- und Fortbildungsmaßnahmen, der Bereitstellung von speziellen Informationen und technischer Hilfe im Bereich der Energieeffizienz kombiniert werden.

(2) [1] Die Bewertung der Hemmnisse und Maßnahmen nach Absatz 1 wird der Kommission im ersten Nationalen Energieeffizienz-Aktionsplan gemäß Artikel 24 Absatz 2 übermittelt. [2] Die Kommission fördert den diesbezüglichen Austausch bewährter nationaler Verfahren.

Art. 20 Nationaler Energieeffizienzfonds, Finanzierung und technische Unterstützung. (1) Unbeschadet der Artikel 107 und 108 des Vertrags über die Arbeitsweise der Europäischen Union ermöglichen die Mitgliedstaaten die Einrichtung von Finanzierungsfazilitäten oder die Nutzung bestehender derartiger Fazilitäten für Maßnahmen zur Verbesserung der Energieeffizienz, damit der aus mehreren Finanzierungsströmen erwachsende Nutzen maximiert wird.

(2) Die Kommission unterstützt die Mitgliedstaaten gegebenenfalls direkt oder über die europäischen Finanzinstitute bei der Einrichtung von Finanzie-

rungsfazilitäten und Programmen zur technischen Unterstützung mit dem Ziel, die Energieeffizienz in verschiedenen Sektoren zu erhöhen.

(3) Die Kommission fördert den Austausch bewährter Verfahren zwischen den zuständigen nationalen oder regionalen Behörden oder Einrichtungen, beispielsweise durch alljährliche Sitzungen der Regulierungsbehörden, öffentliche Datenbanken mit Informationen zum Stand der Umsetzung von Maßnahmen durch die Mitgliedstaaten und Ländervergleichen.

(3a) Damit für Energieeffizienzmaßnahmen und energetische Renovierungen gemäß Richtlinie 2010/31/EU private Mittel mobilisiert werden, führt die Kommission einen Dialog mit sowohl öffentlichen als auch privaten Finanzinstituten, um mögliche Maßnahmen ihrerseits zu entwickeln.

(3b) Zu den in Absatz 3a genannten Maßnahmen gehören

a) die Mobilisierung von Kapitalinvestitionen in Energieeffizienz durch Berücksichtigung der weiter reichenden Folgen von Energieeinsparungen für das Finanzrisikomanagement;

b) die Sicherstellung besserer Energie- und Finanzleistungsdaten, indem
   i) genauer untersucht wird, wie der Wert zugrunde liegender Vermögenswerte durch Investitionen in Energieeffizienz verbessert wird;
   ii)) Studien unterstützt werden, in deren Rahmen die Monetarisierung der mit Energieeffizienzinvestitionen verbundenen nicht energiespezifischen Vorteile bewertet wird.

(3c) Zur Mobilisierung von privaten Mitteln für Energieeffizienzmaßnahmen und energetische Renovierungen haben die Mitgliedstaaten bei der Umsetzung dieser Richtlinie:

a) Möglichkeiten der besseren Nutzung von Energieaudits gemäß Artikel 8 zur Beeinflussung von Entscheidungsprozessen zu prüfen,

b) die in der Initiative „Intelligente Finanzierung für intelligente Gebäude" vorgeschlagenen Möglichkeiten und Instrumente optimal zu nutzen.

(3d) Die Kommission legt den Mitgliedstaaten bis 1. Januar 2020 Leitlinien zur Mobilisierung privater Investitionen vor.

(4) [1] Die Mitgliedstaaten können einen Nationalen Energieeffizienzfonds einrichten. [2] Dieser Fonds muss darauf ausgerichtet sein, nationale Energieeffizienzinitiativen zu unterstützen.

(5) Die Mitgliedstaaten können gestatten, dass den Verpflichtungen nach Artikel 5 Absatz 1 dadurch nachgekommen wird, dass zum Nationalen Energieeffizienzfonds Jahresbeiträge geleistet werden, deren Höhe den zur Erfüllung dieser Verpflichtungen erforderlichen Investitionen entspricht.

(6) Die Mitgliedstaaten können vorsehen, dass die verpflichteten Parteien ihren Verpflichtungen nach Artikel 7 Absatz 1 dadurch nachkommen können, dass sie zum Nationalen Energieeffizienzfonds einen Jahresbeitrag leisten, dessen Höhe den zur Erfüllung dieser Verpflichtungen erforderlichen Investitionen entspricht.

(7) Die Mitgliedstaaten können ihre Einnahmen aus den jährlichen Emissionszuweisungen nach der Entscheidung Nr. 406/2009/EG für den Aufbau innovativer Finanzierungsmechanismen verwenden, um das in Artikel 5 fest-

gelegte Ziel der Verbesserung der Energieeffizienz von Gebäuden in der Praxis zu verwirklichen.

Art. 21 Umrechnungsfaktoren. Zum Vergleich der Energieeinsparungen und zur Umrechnung in vergleichbare Einheiten sind die Umrechnungsfaktoren in Anhang IV zu verwenden, sofern die Verwendung anderer Umrechnungsfaktoren nicht gerechtfertigt werden kann.

Kapitel V. Schlussbestimmungen

Art. 22 Delegierte Rechtsakte. (1) Der Kommission wird die Befugnis übertragen, gemäß Artikel 23 delegierte Rechtsakte zu erlassen, um die in Artikel 14 Absatz 10 Unterabsatz 2 genannten harmonisierten Wirkungsgrad-Referenzwerte zu überprüfen.

(2) Der Kommission wird die Befugnis übertragen, gemäß Artikel 23 delegierte Rechtsakte zu erlassen, um diese Richtlinie zu ändern, indem die Werte, die Berechnungsmethoden, die Standard-Primärenergiekoeffizienten und die Anforderungen in den Anhängen I bis V, VII bis X und XII an den technischen Fortschritt angepasst werden.

Art. 23 Ausübung der Befugnisübertragung. (1) Die Befugnis zum Erlass delegierter Rechtsakte wird der Kommission unter den in diesem Artikel festgelegten Bedingungen übertragen.

(2) [1]Die Befugnis zum Erlass delegierter Rechtsakte gemäß Artikel 22 wird der Kommission für einen Zeitraum von fünf Jahren ab dem 24. Dezember 2018 übertragen. [2]Die Kommission erstellt spätestens neun Monate vor Ablauf des Zeitraums von fünf Jahren einen Bericht über die Befugnisübertragung. [3]Die Befugnisübertragung verlängert sich stillschweigend um Zeiträume gleicher Länge, es sei denn, das Europäische Parlament oder der Rat widersprechen einer solchen Verlängerung spätestens drei Monate vor Ablauf des jeweiligen Zeitraums.

(3) [1]Die Befugnisübertragung gemäß Artikel 22 kann vom Europäischen Parlament oder vom Rat jederzeit widerrufen werden. [2]Der Beschluss über den Widerruf beendet die Übertragung der in diesem Beschluss angegebenen Befugnis. [3]Er wird am Tag nach seiner Veröffentlichung im *Amtsblatt der Europäischen Union* oder zu einem in dem Beschluss über den Widerruf angegebenen späteren Zeitpunkt wirksam. [4]Die Gültigkeit von delegierten Rechtsakten, die bereits in Kraft sind, wird von dem Beschluss über den Widerruf nicht berührt.

(3a) Vor dem Erlass eines delegierten Rechtsakts konsultiert die Kommission die von den einzelnen Mitgliedstaaten benannten Sachverständigen im Einklang mit den in der Interinstitutionellen Vereinbarung vom 13. April 2016 über bessere Rechtsetzung enthaltenen Grundsätzen[1)].

(4) Sobald die Kommission einen delegierten Rechtsakt erlässt, übermittelt sie ihn gleichzeitig dem Europäischen Parlament und dem Rat.

[1)] **Amtl. Anm.:** ABl. L 123 vom 12.5.2016, S. 1.

(5) [1]Ein delegierter Rechtsakt, der gemäß Artikel 22 erlassen wurde, tritt nur in Kraft, wenn weder das Europäische Parlament noch der Rat innerhalb einer Frist von zwei Monaten nach Übermittlung dieses Rechtsakts an das Europäische Parlament und den Rat Einwände erhoben haben oder wenn vor Ablauf dieser Frist das Europäische Parlament und der Rat beide der Kommission mitgeteilt haben, dass sie keine Einwände erheben werden. [2]Auf Initiative des Europäischen Parlaments oder des Rates wird diese Frist um zwei Monate verlängert.

Art. 24 Überprüfung und Überwachung der Durchführung. (1) bis (4) *(aufgehoben)*

(4a) Im Rahmen des Berichts über die Lage der Energieunion berichtet die Kommission im Einklang mit Artikel 35 Absatz 1 sowie Artikel 35 Absatz 2 Buchstabe c der Verordnung (EU) 2018/1999[1)] über das Funktionieren des CO_2-Markts, wobei sie den Auswirkungen der Umsetzung dieser Richtlinie Rechnung trägt.

(5) [1]Die Kommission überprüft erstmals bei der Bewertung des jeweils ersten Nationalen Energieeffizienz-Aktionsplans und danach alle drei Jahre, ob die Möglichkeit einer Freistellung nach Artikel 14 Absatz 6 noch erforderlich ist. [2]Ergibt die Überprüfung, dass eines der Kriterien für diese Freistellungen unter Berücksichtigung der Verfügbarkeit der Wärmelast und der realen Betriebsbedingungen der freigestellten Anlagen nicht mehr gerechtfertigt ist, so schlägt die Kommission geeignete Maßnahmen vor.

(6) [1]Die Mitgliedstaaten übermitteln der Kommission jedes Jahr vor dem 30. April Statistiken nach der in Anhang I beschriebenen Methode über die nationale Erzeugung von Strom und Wärme aus hocheffizienter und niedrigeffizienter KWK im Vergleich zu der gesamten Wärme- und Stromerzeugung. [2]Außerdem übermitteln sie jährliche Statistiken über die KWK-Wärme- und KWK-Stromerzeugungskapazitäten und die Brennstoffe für die KWK sowie über die Fernwärme- und Fernkälteerzeugung und -kapazitäten im Vergleich zu der gesamten Wärme- und Stromerzeugungskapazität. [3]Ferner übermitteln die Mitgliedstaaten Statistiken nach der in Anhang II beschriebenen Methode über die durch KWK erzielten Primärenergieeinsparungen.

(7) Die Kommission legt dem Europäischen Parlament und dem Rat bis zum 30. Juni 2014 die Bewertung gemäß Artikel 3 Absatz 2 vor, der bei Bedarf Vorschläge für weitere Maßnahmen beigefügt werden.

(8) [1]Die Kommission überprüft bis zum 5. Dezember 2015 die Wirkung der Anwendung des Artikels 6, wobei sie den Anforderungen der Richtlinie 2004/18/EG Rechnung trägt, und legt dem Europäischen Parlament und dem Rat einen Bericht vor. [2]Diesem Bericht werden gegebenenfalls Vorschläge für weitere Maßnahmen beigefügt.

(9) [1]Die Kommission legt dem Europäischen Parlament und dem Rat bis zum 30. Juni 2016 einen Bericht über die Anwendung des Artikels 7 vor. [2]Diesem Bericht wird, sofern angemessen ein Legislativvorschlag für einen oder mehrere der folgenden Zwecke beigefügt:

a) Änderung des in Artikel 7 Absatz 1 festgelegten Endtermins;

[1)] Nr. **6**.

b) Überprüfung der in Artikel 7 Absätze 1, 2 und 3 festgelegten Anforderungen;

c) Festlegung zusätzlicher gemeinsamer Anforderungen, insbesondere hinsichtlich der Angelegenheiten, auf die in Artikel 7 Absatz 7 Bezug genommen wird.

(10) [1] Die Kommission bewertet bis zum 30. Juni 2018 die Fortschritte, die die Mitgliedstaaten bei der Beseitigung der in Artikel 19 Absatz 1 genannten rechtlichen und sonstigen Hemmnisse erzielt haben. [2] Mit dieser Bewertung gehen, sofern angemessen, Vorschläge für weitere Maßnahmen einher.

(11) *(aufgehoben)*

(12) [1] Bis zum 31. Dezember 2019 bewertet die Kommission die Wirksamkeit der Umsetzung der Begriffsbestimmung von kleineren und mittleren Unternehmen für die Zwecke des Artikels 8 Absatz 4 und legt dem Europäischen Parlament und dem Rat einen entsprechenden Bericht vor. [2] Die Kommission erlässt möglichst bald nach der Vorlage dieses Berichts gegebenenfalls entsprechende Gesetzgebungsvorschläge.

(13) [1] Bis zum 1. Januar 2021 bewertet die Kommission das Potenzial für Energieeffizienz bei der Umwandlung, Transformation, Übertragung, Beförderung und Speicherung von Energie und legt dem Europäischen Parlament und dem Rat einen entsprechenden Bericht vor. [2] Diesem Bericht werden gegebenenfalls Gesetzgebungsvorschläge beigefügt.

(14) [1] Sofern in der Zwischenzeit keine Änderungen an den Bestimmungen für Endkundenmärkte der Richtlinie 2009/73/EG[1)] über gemeinsame Vorschriften für den Erdgasbinnenmarkt vorgeschlagen werden, führt die Kommission bis zum 31. Dezember 2021 eine Bewertung der Bestimmungen über die Verbrauchserfassungs-, Abrechnungs- und Verbraucherinformationen für Erdgas durch und legt dem Europäischen Parlament und dem Rat einen entsprechenden Bericht vor, wobei es darum geht, die Bestimmungen gegebenenfalls an die einschlägigen Bestimmungen für Strom in der Richtlinie 2009/72/EG anzugleichen, damit der Verbraucherschutz gestärkt wird und Endkunden häufiger eindeutige und aktuelle Informationen über ihren Erdgasverbrauch erhalten und ihren Energieverbrauch steuern können. [2] Die Kommission erlässt möglichst bald nach der Übermittlung dieses Berichts gegebenenfalls entsprechende Gesetzgebungsvorschläge.

(15) *[1]* Spätestens bis zum 28. Februar 2024 und danach alle fünf Jahre überprüft die Kommission diese Richtlinie und legt dem Europäischen Parlament und dem Rat einen entsprechenden Bericht vor.

[2] Diese Überprüfung umfasst:

a) eine Prüfung, ob die Anforderungen und der alternative Ansatz nach Artikel 5 nach 2030 angepasst werden sollten;

b) eine Bewertung der allgemeinen Wirksamkeit dieser Richtlinie und der Frage, ob die Politik der Union im Bereich Energieeffizienz nach Maßgabe der Ziele des Übereinkommens von Paris aus 2015 über Klimawandel im Anschluss an die 21. Konferenz der Vertragsparteien des Rahmenüberein-

---

1) Nr. **5**.

kommens der Vereinten Nationen über Klimaänderungen[1)] sowie angesichts der Wirtschaftsentwicklung und der Entwicklung von Innovationen angepasst werden muss.

[3] Diesem Bericht werden gegebenenfalls Vorschläge für weitere Maßnahmen beigefügt.

Art. 25 Online-Plattform. [1] Die Kommission richtet eine Online-Plattform ein, um die praktische Umsetzung der Richtlinie auf nationaler, regionaler und lokaler Ebene zu fördern. [2] Diese Plattform unterstützt den Erfahrungsaustausch in Bezug auf Verfahrensweisen, Referenzwerte, vernetztes Arbeiten sowie innovative Verfahrensweisen.

Art. 26 Ausschussverfahren. (1) [1] Die Kommission wird von einem Ausschuss unterstützt. [2] Dieser Ausschuss ist ein Ausschuss im Sinne der Verordnung (EU) Nr. 182/2011.

(2) Wird auf diesen Absatz Bezug genommen, so gilt Artikel 4 der Verordnung (EU) Nr. 182/2011.

Art. 27 Änderungen und Aufhebungen. *(hier nicht wiedergegeben)*

Art. 28 Umsetzung. (1) *[1]* Die Mitgliedstaaten setzen die Rechts- und Verwaltungsvorschriften in Kraft, die erforderlich sind, um dieser Richtlinie bis zum 5. Juni 2014 nachzukommen.

[2] Unbeschadet des Unterabsatzes 1 setzen die Mitgliedstaaten die Rechts- und Verwaltungsvorschriften in Kraft, die erforderlich sind, um Artikel 4, Artikel 5 Absatz 1 Unterabsatz 1, Artikel 5 Absatz 5, Artikel 5 Absatz 6, Artikel 7 Absatz 9 letzter Unterabsatz, Artikel 14 Absatz 6, Artikel 19 Absatz 2, Artikel 24 Absatz 1 und Artikel 24 Absatz 2 sowie Anhang V Nummer 4 bis zu den in diesen Bestimmungen genannten Zeitpunkten nachzukommen.

[3] Sie teilen der Kommission unverzüglich den Wortlaut dieser Vorschriften mit.

[4] [1] Wenn die Mitgliedstaaten diese Vorschriften erlassen, nehmen sie in den Vorschriften selbst oder durch einen Hinweis bei der amtlichen Veröffentlichung auf diese Richtlinie Bezug. [2] Die Mitgliedstaaten regeln die Einzelheiten der Bezugnahme.

(2) Die Mitgliedstaaten teilen der Kommission den Wortlaut der wichtigsten nationalen Rechtsvorschriften mit, die sie auf dem unter diese Richtlinie fallenden Gebiet erlassen.

Art. 29 Inkrafttreten. Diese Richtlinie tritt am zwanzigsten Tag nach ihrer Veröffentlichung[2)] im *Amtsblatt der Europäischen Union* in Kraft.

Art. 30 Adressaten. Diese Richtlinie ist an die Mitgliedstaaten gerichtet.

[1)] **Amtl. Anm.:** ABl. L 282 vom 19.10.2016, S. 4.
[2)] Veröffentlicht am 14.11.2012.

Anhang I.
Allgemeine Grundsätze für die Berechnung der Strommenge aus KWK

Teil I. Allgemeine Grundsätze

Die Werte für die Berechnung des KWK-Stroms sind auf der Grundlage des erwarteten oder tatsächlichen Betriebs des Blocks unter normalen Einsatzbedingungen zu bestimmen. Für KWK-Kleinstanlagen kann die Berechnung auf zertifizierten Werten beruhen.

a) Die Stromerzeugung aus KWK ist in folgenden Fällen mit der jährlichen Gesamtstromerzeugung des Blocks, gemessen am Ausgang der Hauptgeneratoren, gleichzusetzen:
   i) bei KWK-Blöcken des Typs b, d, e, f, g und h gemäß Teil II mit einem von den Mitgliedstaaten festgelegten jährlichen Gesamtwirkungsgrad von mindestens 75 % und
   ii) bei KWK-Blöcken des Typs a und c gemäß Teil II mit einem von den Mitgliedstaaten festgelegten jährlichen Gesamtwirkungsgrad von mindestens 80 %.

b) Bei KWK-Blöcken mit einem jährlichen Gesamtwirkungsgrad unter dem in Buchstabe a Ziffer i genannten Wert (KWK-Blöcke des Typs b, d, e, f, g und h gemäß Teil II) oder mit einem jährlichen Gesamtwirkungsgrad unter dem in Buchstabe a Ziffer ii genannten Wert (KWK-Blöcke der Typen a und c gemäß Teil II) wird die KWK nach folgender Formel berechnet:
   $E_{KWK}=Q_{KWK}{}^{*}C$
   Dabei gilt:
   E_{KWK} ist die Strommenge aus KWK;
   C ist die Stromkennzahl;
   Q_{KWK} ist die Nettowärmeerzeugung aus KWK (zu diesem Zweck berechnet als Gesamtwärmeerzeugung, vermindert um eventuelle Wärmemengen, die in getrennten Kesselanlagen oder mittels Frischdampfentnahme aus dem Dampferzeuger vor der Turbine erzeugt werden).
   Bei der Berechnung des KWK-Stroms ist die tatsächliche Stromkennzahl zugrunde zu legen. Ist die tatsächliche Stromkennzahl eines KWK-Blocks nicht bekannt, können, insbesondere zu statistischen Zwecken, die nachstehenden Standardwerte für Blöcke des Typs a, b, c, d und e gemäß Teil II verwendet werden, soweit der berechnete KWK-Strom die Gesamtstromerzeugung des Blocks nicht überschreitet:

Typ	Standard-Stromkennzahl C
Gasturbine mit Wärmerückgewinnung (kombinierter Prozess)	0,95
Gegendruckdampfturbine	0,45
Entnahme-Kondensationsdampfturbine	0,45
Gasturbine mit Wärmerückgewinnung	0,55
Verbrennungsmotor	0,75

   Verwenden die Mitgliedstaaten Standardwerte für die Stromkennzahl in Blöcken des Typs f, g, h, i, j und k gemäß Teil II, so sind diese zu veröffentlichen und der Kommission mitzuteilen.

c) Wird ein Teil des Energieinhalts der Brennstoffzufuhr zum KWK-Prozess in chemischer Form rückgewonnen und verwertet, so kann dieser Anteil von der Brennstoffzufuhr abgezogen werden, bevor der unter den Buchstaben a und b genannte Gesamtwirkungsgrad berechnet wird.

d) Die Mitgliedstaaten können die Stromkennzahl als das Verhältnis von Strom zu Nutzwärme bestimmen, wenn der Betrieb im KWK-Modus bei geringerer Leistung erfolgt, und dabei Betriebsdaten des entsprechenden Blocks zugrunde legen.

e) Die Mitgliedstaaten können für die Berechnungen nach den Buchstaben a und b andere Berichtszeiträume als ein Jahr verwenden.

Teil II. KWK-Technologien, die unter diese Richtlinie fallen

a) Gasturbine mit Wärmerückgewinnung (kombinierter Prozess)
b) Gegendruckdampfturbine
c) Entnahme-Kondensationsdampfturbine

d) Gasturbine mit Wärmerückgewinnung

e) Verbrennungsmotor

f) Mikroturbinen

g) Stirling-Motoren

h) Brennstoffzellen

i) Dampfmotoren

j) Rankine-Kreislauf mit organischem Fluidum

k) Jede andere Technologie oder Kombination von Technologien, für die die Begriffsbestimmung von Artikel 2 Nummer 30 gilt.

Bei der Durchführung und Anwendung der allgemeinen Grundsätze für die Berechnung der Strommenge aus KWK befolgen die Mitgliedstaaten die in der Entscheidung 2008/952/EG der Kommission vom 19. November 2008 zur Festlegung detaillierter Leitlinien für die Umsetzung und Anwendung des Anhangs II der Richtlinie 2004/8/EG des Europäischen Parlaments und des Rates[1] festgelegten detaillierten Leitlinien.

Anhang II.
Verfahren zur Bestimmung der Effizienz des KWK-Prozesses

Die Werte für die Berechnung des Wirkungsgrades der KWK und der Primärenergieeinsparungen sind auf der Grundlage des erwarteten oder tatsächlichen Betriebs des Blocks unter normalen Einsatzbedingungen zu bestimmen.

a) Hocheffiziente KWK

Im Rahmen dieser Richtlinie muss hocheffiziente KWK folgende Kriterien erfüllen:

– die KWK-Erzeugung in KWK-Blöcken ermöglicht gemäß Buchstabe b berechnete Primärenergieeinsparungen von mindestens 10 % im Vergleich zu den Referenzwerten für die getrennte Strom- und Wärmeerzeugung;

– die Erzeugung in KWK-Klein- und -Kleinstanlagen, die Primärenergieeinsparungen erbringen, kann als hocheffiziente KWK gelten.

b) Berechnung der Primärenergieeinsparungen

Die Höhe der Primärenergieeinsparungen durch KWK gemäß Anhang I ist anhand folgender Formel zu berechnen:

$$PES = \left(1 - \frac{1}{\frac{CHP\,H\eta}{Ref\,H\eta} + \frac{CHP\,E\eta}{Ref\,E\eta}} \right) x\,100\,\%$$

Dabei gilt:

PEE ist die Primärenergieeinsparung.

KWK Wη ist der Wärmewirkungsgrad-Referenzwert der KWK-Erzeugung, definiert als jährliche KWK-Nutzwärmeerzeugung im Verhältnis zum Brennstoff, der für die Erzeugung der Summe von KWK-Nutzwärmeleistung und KWK-Stromerzeugung eingesetzt wurde.

Ref Wη ist der Wirkungsgrad-Referenzwert für die getrennte Wärmeerzeugung.

KWK Eη ist der elektrische Wirkungsgrad der KWK-Erzeugung, definiert als jährlicher KWK-Strom im Verhältnis zum Brennstoff, der für die Erzeugung der Summe von KWK-Nutzwärmeleistung und KWK-Stromerzeugung eingesetzt wurde. Wenn ein KWK-Block mechanische Energie erzeugt, so kann der jährlichen KWK-Stromerzeugung ein Zusatzwert hinzugerechnet werden, der der Strommenge entspricht, die der Menge der mechanischen Energie gleichwertig ist. Dieser Zusatzwert berechtigt nicht dazu, Herkunftsnachweise gemäß Artikel 14 Absatz 10 auszustellen.

Ref Eη ist der Wirkungsgrad-Referenzwert für die getrennte Stromerzeugung.

---

[1] **Amtl. Anm.:** ABl. L 338 vom 17.12.2008, S. 55.

c) Berechnung der Energieeinsparung unter Verwendung alternativer Berechnungsmethoden
Die Mitgliedstaaten können Primärenergieeinsparungen aufgrund der Erzeugung von Wärme und Strom sowie von mechanischer Energie wie nachfolgend dargestellt berechnen, ohne dass – um die nicht im Rahmen von KWK erzeugten Wärme- und Stromanteile des gleichen Prozesses auszunehmen – Anhang I angewendet wird. Diese Erzeugung kann als hocheffiziente KWK gelten, wenn sie den Effizienzkriterien unter Buchstabe a dieses Anhangs entspricht und wenn bei KWK-Blöcken mit einer elektrischen Leistung von über 25 MW der Gesamtwirkungsgrad über 70 % liegt. Die in KWK erzeugte Strommenge aus einer solchen Erzeugung wird jedoch für die Ausstellung eines Herkunftsnachweises und für statistische Zwecke nach Anhang I bestimmt.
Werden die Primärenergieeinsparungen für einen Prozess unter Verwendung der oben genannten alternativen Berechnungsmethoden berechnet, so sind sie gemäß der Formel unter Buchstabe b dieses Anhangs zu berechnen, wobei „KWK Wη" durch „Wη" und „KWK Eη" durch „Eη" ersetzt wird.
Dabei gilt: Wη bezeichnet den Wärmewirkungsgrad des Prozesses, definiert als jährliche Wärmeerzeugung im Verhältnis zum Brennstoff, der für die Erzeugung der Summe von Wärmeerzeugung und Stromerzeugung eingesetzt wurde.
Eη bezeichnet den elektrischen Wirkungsgrad des Prozesses, definiert als jährliche Stromerzeugung im Verhältnis zum Brennstoff, der für die Summe von Wärme- und Stromerzeugung eingesetzt wurde. Wenn ein KWK-Block mechanische Energie erzeugt, so kann der jährlichen KWK-Stromerzeugung ein Zusatzwert hinzugerechnet werden, der der Strommenge entspricht, die der Menge der mechanischen Energie gleichwertig ist. Dieser Zusatzwert berechtigt nicht dazu, Herkunftsnachweise gemäß Artikel 14 Absatz 10 auszustellen.

d) Die Mitgliedstaaten können für die Berechnung nach den Buchstaben b und c dieses Anhangs andere Berichtszeiträume als ein Jahr verwenden.

e) Für KWK-Kleinstanlagen kann die Berechnung von Primärenergieeinsparungen auf zertifizierten Daten beruhen.

f) Wirkungsgrad-Referenzwerte für die getrennte Erzeugung von Strom und Wärme
Die harmonisierten Wirkungsgrad-Referenzwerte bestehen aus einer Matrix von Werten, aufgeschlüsselt nach relevanten Faktoren wie Baujahr und Brennstofftypen, und müssen sich auf eine ausführlich dokumentierte Analyse stützen, bei der unter anderem die Betriebsdaten bei realen Betriebsbedingungen, der Brennstoffmix, die klimatischen Bedingungen und die angewandten KWK-Technologien berücksichtigt werden.
Anhand der Wirkungsgrad-Referenzwerte für die getrennte Erzeugung von Strom und Wärme gemäß der Formel unter Buchstabe b ist der Betriebswirkungsgrad der getrennten Erzeugung von Strom und Wärme zu ermitteln, die durch KWK ersetzt werden soll.
Die Wirkungsgrad-Referenzwerte werden nach folgenden Grundsätzen berechnet:

1. Beim Vergleich von KWK-Blöcken mit Anlagen zur getrennten Stromerzeugung gilt der Grundsatz, dass die gleichen Kategorien von Brennstoffen verglichen werden.
2. Jeder KWK-Block wird mit der besten im Jahr des Baus dieses KWK-Blocks auf dem Markt erhältlichen und wirtschaftlich vertretbaren Technologie für die getrennte Erzeugung von Wärme und Strom verglichen.
3. Die Wirkungsgrad-Referenzwerte für KWK-Blöcke, die mehr als zehn Jahre alt sind, werden auf der Grundlage der Referenzwerte von Blöcken festgelegt, die zehn Jahre alt sind.
4. Die Wirkungsgrad-Referenzwerte für die getrennte Erzeugung von Strom und Wärme müssen die klimatischen Unterschiede zwischen den Mitgliedstaaten widerspiegeln.

Anhang III.
Energieeffizienzanforderungen für die Beschaffung von Produkten, Dienstleistungen und Gebäuden durch Zentralregierungen

Bei der Beschaffung von Produkten, Dienstleistungen oder Gebäuden beachten Zentralregierungen, soweit dies mit den Aspekten Kostenwirksamkeit, wirtschaftliche Durchführbarkeit, Nachhaltigkeit im weiteren Sinne, technische Eignung sowie ausreichender Wettbewerb vereinbar ist, die folgenden Vorschriften:

a) Soweit Produkte von einem gemäß der Richtlinie 2010/30/EU oder gemäß einer entsprechenden Durchführungsrichtlinie der Kommission erlassenen delegierten Rechtsakt erfasst werden, beschaffen sie nur Produkte, die das Kriterium der Zugehörigkeit zur höchstmöglichen Energieeffizienzklasse in Anbetracht der Erforderlichkeit, dass hinreichender Wettbewerb sichergestellt werden muss, erfüllen.

b) Soweit Produkte, die nicht unter Buchstabe a fallen, von einer nach Inkrafttreten der vorliegenden Richtlinie angenommenen Durchführungsmaßnahme gemäß der Richtlinie 2009/125/EG erfasst werden, beschaffen sie nur Produkte, die die in jener Durchführungsmaßnahme festgelegten Referenzwerte für die Energieeffizienz erfüllen.

c) Sie beschaffen von dem Beschluss 2006/1005/EG des Rates vom 18. Dezember 2006 über den Abschluss des Abkommens zwischen der Regierung der Vereinigten Staaten von Amerika und der Europäischen Gemeinschaft über die Koordinierung von Kennzeichnungsprogrammen für Strom sparende Bürogeräte[1] erfasste Bürogeräte, die Energieeffizienzanforderungen erfüllen, die mindestens ebenso anspruchsvoll sind wie diejenigen, die in Anhang C des diesem Beschluss beigefügten Übereinkommens aufgeführt sind.

d) Sie beschaffen ausschließlich Reifen, die das Kriterium der Zugehörigkeit zur höchsten Energieeffizienzklasse gemäß der Festlegung durch die Verordnung (EG) Nr. 1222/2009 des Europäischen Parlaments und des Rates vom 25. November 2009 über die Kennzeichnung von Reifen in Bezug auf die Kraftstoffeffizienz und andere wesentliche Parameter[2] erfüllen. Diese Vorschrift hindert öffentliche Einrichtungen nicht daran, Reifen mit den besten Nasshaftungseigenschaften oder dem geringsten Abrollgeräusch zu beschaffen, sofern dies aus Gründen der Sicherheit oder der öffentlichen Gesundheit gerechtfertigt ist.

e) Sie fordern bei der Ausschreibung von Dienstleistungsverträgen, dass Dienstleister für die Zwecke des Erbringens der betreffenden Dienstleistungen ausschließlich Produkte verwenden, die die unter Buchstabe a bis d genannten Anforderungen erfüllen, wenn sie die betreffenden Dienstleistungen erbringen. Diese Anforderung gilt nur für neue Produkte, die von Dienstleistern ausschließlich oder teilweise zur Erbringung der betreffenden Dienstleistungen erworben werden.

f) Sie erwerben nur Gebäude bzw. treffen neue Mietvereinbarungen nur für Gebäude, die wenigstens die Mindestanforderungen an die Gesamtenergieeffizienz nach Artikel 5 Absatz 1 erfüllen, es sei denn, der Erwerb des Gebäudes dient einem der nachstehend genannten Zwecke:

   i) der Vornahme umfassender Renovierung oder des Abbruchs;

   ii) im Falle von öffentlichen Einrichtungen, dem Weiterverkauf des Gebäudes ohne dessen Nutzung für die Zwecke der öffentlichen Einrichtung;

   iii) der Erhaltung als Gebäude, das als Teil eines ausgewiesenen Umfelds oder aufgrund seines besonderen architektonischen oder historischen Werts offiziell geschützt ist.

Die Erfüllung dieser Anforderungen wird mittels der Ausweise über die Gesamtenergieeffizienz nach Artikel 11 der Richtlinie 2010/31/EU überprüft.

Anhang IV.
Energiegehalt ausgewählter Brennstoffe für den Endverbrauch – Umrechnungstabelle[3]

Brennstoff	kJ (Nettowärmeinhalt)	kg Öläquivalent (OE) (Nettowärmeinhalt)	kWh (Nettowärmeinhalt)
1 kg Koks	28 500	0,676	7,917
1 kg Steinkohle	17 200 – 30 700	0,411 – 0,733	4,778 – 8,528
1 kg Braunkohlenbriketts	20 000	0,478	5,556
1 kg Hartbraunkohle	10 500 – 21 000	0,251 – 0,502	2,917 – 5,833
1 kg Braunkohle	5 600 – 10 500	0,134 – 0,251	1,556 – 2,917
1 kg Ölschiefer	8 000 – 9 000	0,191 – 0,215	2,222 – 2,500
1 kg Torf	7 800 – 13 800	0,186 – 0,330	2,167 – 3,833

[1] **Amtl. Anm.:** ABl. L 381 vom 28.12.2006, S. 24.
[2] **Amtl. Anm.:** ABl. L 342 vom 22.12.2009, S. 46.
[3] **Amtl. Anm.:** Die Mitgliedstaaten können andere Umrechnungsfaktoren verwenden, wenn sie dies rechtfertigen können.

Brennstoff	kJ (Nettowärmeinhalt)	kg Öläquivalent (OE) (Nettowärmeinhalt)	kWh (Nettowärmeinhalt)
1 kg Torfbriketts	16 000 – 16 800	0,382 – 0,401	4,444 – 4,667
1 kg Rückstandsheizöl (Schweröl)	40 000	0,955	11,111
1 kg leichtes Heizöl	42 300	1,010	11,750
1 kg Motorkraftstoff (Vergaserkraftstoff)	44 000	1,051	12,222
1 kg Paraffin	40 000	0,955	11,111
1 kg Flüssiggas	46 000	1,099	12,778
1 kg Erdgas[1)]	47 200	1,126	13,10
1 kg Flüssigerdgas	45 190	1,079	12,553
1 kg Holz (25 % Feuchte)[2)]	13 800	0,330	3,833
1 kg Pellets/Holzbriketts	16 800	0,401	4,667
1 kg Abfall	7 400 – 10 700	0,177 – 0,256	2,056 – 2,972
1 MJ abgeleitete Wärme	1 000	0,024	0,278
1 kWh elektrische Energie	3 600	0,086	1[3)]

Quelle: Eurostat.

Anhang V. Gemeinsame Methoden und Grundsätze zur Berechnung der Auswirkungen der Energieeffizienzverpflichtungssysteme oder anderer strategischer Maßnahmen nach Artikel 7, 7a und 7b und nach Artikel 20 Absatz 6

1. Methoden zur Berechnung von nicht auf steuerliche Maßnahmen zurückzuführenden Energieeinsparungen für die Zwecke der Artikel 7, 7a und 7b und des Artikels 20 Absatz 6.
   Verpflichtete, teilnehmende oder beauftragte Parteien oder durchführende Behörden können zur Berechnung der Energieeinsparungen auf die folgenden Methoden zurückgreifen:

---

1) **Amtl. Anm.:** 93 % Methan.

2) **Amtl. Anm.:** Die Mitgliedstaaten können je nach der im jeweiligen Mitgliedstaat am meisten genutzten Holzsorte andere Werte verwenden.

3) **Amtl. Anm.:** Sofern Energieeinsparungen in Form von Primärenergieeinsparungen unter Verwendung eines Bottom-up-Ansatzes auf der Grundlage des Endenergieverbrauchs berechnet werden. Für Einsparungen von elektrischer Energie in kWh wenden die Mitgliedstaaten ausgehend von den nationalen Gegebenheiten, die den Primärenergieverbrauch beeinflussen, einen in einer transparenten Vorgehensweise festgelegten Koeffizienten an, damit eine präzise Berechnung der tatsächlichen Einsparungen sichergestellt ist. Diese Gegebenheiten müssen begründet und nachprüfbar sein und auf objektiven und diskriminierungsfreien Kriterien beruhen. Für Einsparungen von elektrischer Energie in kWh können die Mitgliedstaaten standardmäßig einen Koeffizienten von 2,1 anwenden oder von ihrem Spielraum Gebrauch machen, einen anderen Koeffizienten festzulegen, wenn sie dies rechtfertigen können. Wenn die Mitgliedstaaten so verfahren, berücksichtigen sie den Energiemix in ihren integrierten nationalen Energie- und Klimaplänen, die der Kommission gemäß Verordnung (EU) 2018/1999 mitzuteilen sind. Bis zum 25. Dezember 2022 und danach alle vier Jahre passt die Kommission den Standardkoeffizienten auf der Grundlage der tatsächlich erhobenen Daten an. Diese Anpassung wird unter Berücksichtigung ihrer Auswirkungen auf anderes Unionsrecht, wie die Richtlinie 2009/125/EG und die Verordnung (EU) 2017/1369 des Europäischen Parlaments und des Rates vom 4. Juli 2017 zur Festlegung eines Rahmens für die Energieverbrauchskennzeichnung und zur Aufhebung der Richtlinie 2010/30/EU (ABl. L 198 vom 28.7.2017, S. 1), durchgeführt.

a) angenommene Einsparungen – unter Bezugnahme auf die Ergebnisse früherer unabhängig kontrollierter Energieeffizienzverbesserungen in ähnlichen Anlagen. Der allgemeine Ansatz ist „ex ante";

b) gemessene Einsparungen, wobei die Einsparungen aufgrund der Umsetzung einer Maßnahme oder eines Maßnahmenpakets durch Erfassung der tatsächlichen Verringerung der Energienutzung unter gebührender Berücksichtigung von Faktoren, die den Verbrauch beeinflussen können, wie Zusätzlichkeit, Nutzung, Produktionsniveaus und Wetter, festgestellt werden. Der allgemeine Ansatz ist „ex post";

c) geschätzte Einsparungen, wobei technische Abschätzungen der Einsparungen verwendet werden. Dieser Ansatz darf nur dann verwendet werden, wenn die Ermittlung belastbarer gemessener Daten für eine bestimmte Anlage schwierig oder unverhältnismäßig teuer ist, wie z.B. Ersatz eines Kompressors oder eines Elektromotors mit anderer kWh-Nennleistung als jener, für die unabhängige Angaben zu gemessenen Einsparungen vorliegen, oder wenn diese Schätzungen anhand national festgelegter Verfahren und Referenzwerte von qualifizierten oder akkreditierten Experten durchgeführt werden, die unabhängig von den verpflichteten, teilnehmenden oder beauftragten Parteien sind;

d) mittels Erhebung bestimmte Einsparungen, bei denen die Reaktion der Verbraucher auf Beratung und Informationskampagnen, auf Kennzeichnungs- oder Zertifizierungssysteme oder auf den Einsatz intelligenter Zähler festgestellt wird. Dieser Ansatz darf nur für Einsparungen verwendet werden, die sich aus einem veränderten Verbraucherverhalten ergeben. Er wird nicht für Einsparungen verwendet, die sich aus dem Einbau physischer Vorrichtungen ergeben.

2. Für die Feststellung der Energieeinsparungen durch eine Energieeffizienzmaßnahme für die Zwecke der Artikel 7, 7a und 7b und des Artikels 20 Absatz 6 gelten folgende Grundsätze:

a) Es wird nachgewiesen, dass es sich um zusätzliche Einsparungen handelt, die über die Einsparungen hinausgehen, die auch ohne die Tätigkeit der verpflichteten, teilnehmenden oder beauftragten Parteien oder durchführenden öffentlichen Stellen in jedem Fall zu verzeichnen gewesen wären. Um festzustellen, welche Einsparungen als zusätzlich geltend gemacht werden können, betrachten die Mitgliedstaaten, wie sich Energienutzung und -nachfrage ohne die betreffende strategische Maßnahme unter Berücksichtigung mindestens folgender Faktoren entwickeln würden: Entwicklungen beim Energieverbrauch, Veränderungen des Verbraucherverhaltens, technischer Fortschritt und Veränderungen aufgrund anderer Maßnahmen, die auf Unions- und nationaler Ebene umgesetzt werden;

b) aus der Durchführung verbindlichen Unionsrechts resultierende Einsparungen gelten als Einsparungen, die in jedem Fall erzielt worden wären, und können daher nicht als Energieeinsparungen für die Zwecke des Artikels 7 Absatz 1 geltend gemacht werden. Abweichend von dieser Anforderung können Einsparungen im Zusammenhang mit der Renovierung bestehender Gebäude für die Zwecke des Artikels 7 Absatz 1 als Energieeinsparungen geltend gemacht werden, sofern das Kriterium der Wesentlichkeit gemäß Nummer 3 Buchstabe h dieses Anhangs erfüllt ist. Einsparungen aufgrund der Einhaltung nationaler Mindestanforderungen für neue Gebäude, die vor der Umsetzung der Richtlinie 2010/31/EU festgelegt wurden, können für die Zwecke des Artikels 7 Absatz 1 Buchstabe a als Energieeinsparungen geltend gemacht werden, sofern das Kriterium der Wesentlichkeit gemäß Nummer 3 Buchstabe h dieses Anhangs erfüllt ist und die Mitgliedstaaten diese Einsparungen in ihren Nationalen Energieeffizienz-Aktionsplänen gemäß Artikel 24 Absatz 2 angegeben haben;

c) es dürfen nur Einsparungen angerechnet werden, die über folgende Schwellen hinausgehen:

i) Emissionsvorgaben der Union für neue Personenkraftwagen und neue leichte Nutzfahrzeuge aufgrund der Durchführung der Verordnung (EG) Nr. 443/2009 [1)] und der Verordnung (EU) Nr. 510/2011[2)] des Europäischen Parlaments und des Rates;

[1)] **Amtl. Anm.:** Verordnung (EG) Nr. 443/2009 des Europäischen Parlaments und des Rates vom 23. April 2009 zur Festsetzung von Emissionsnormen für neue Personenkraftwagen im Rahmen des Gesamtkonzepts der Gemeinschaft zur Verringerung der CO_2-Emissionen von Personenkraftwagen und leichten Nutzfahrzeugen (ABl. L 140 vom 5.6.2009, S. 1).

[2)] **Amtl. Anm.:** Verordnung (EU) Nr. 510/2011 des Europäischen Parlaments und des Rates vom 11. Mai 2011 zur Festsetzung von Emissionsnormen für neue leichte Nutzfahrzeuge im Rahmen des Gesamtkonzepts der Union zur Verringerung der CO_2-Emissionen von Personenkraftwagen und leichten Nutzfahrzeugen (ABl. L 145 vom 31.5.2011, S. 1).

ii) Anforderungen der Union für energieverbrauchsrelevante Produkte, die aufgrund der Umsetzung von Durchführungsmaßnahmen nach der Richtlinie 2009/125/EG vom Markt zu nehmen sind.

d) Strategien, mit denen bei Produkten, Ausrüstung, Verkehrssystemen, Fahrzeugen und Kraftstoffen, Gebäuden und Gebäudekomponenten, Verfahren oder Märkten auf eine Erhöhung der Energieeffizienz hingewirkt werden soll, sind zulässig.

e) Maßnahmen zur Förderung der Installation von Kleinanlagen für erneuerbare Energie an oder in Gebäuden sind im Hinblick auf die Erfüllung der Energieeinsparverpflichtungen nach Artikel 7 Absatz 1 anrechenbar, sofern sie zu überprüfbaren und mess- oder schätzbaren Energieeinsparungen führen. Die Berechnung der Einsparungen muss den Anforderungen dieses Anhangs entsprechen.

f) bei Strategien, die den Einsatz effizienterer Produkte und Fahrzeuge beschleunigen, ist eine vollständige Anrechnung möglich, wenn nachgewiesen wird, dass ein solcher Einsatz vor Ende der durchschnittlich zu erwartenden Produkt- oder Fahrzeuglebensdauer oder früher als zum üblichen Austauschzeitpunkt erfolgt, und wenn die Einsparungen nur für den Zeitraum bis zum Ende der voraussichtlichen durchschnittlichen Lebensdauer des zu ersetzenden Produkts oder Fahrzeugs geltend gemacht werden.

g) zur Förderung der Verbreitung von Energieeffizienzmaßnahmen stellen die Mitgliedstaaten, sofern relevant, sicher, dass Qualitätsstandards für Produkte, Dienstleistungen und die Durchführung von Maßnahmen beibehalten oder, wenn es solche Standards noch nicht gibt, eingeführt werden;

h) um den klimatischen Unterschieden zwischen den Regionen Rechnung zu tragen, können die Mitgliedstaaten beschließen, die Einsparungen an einen Standardwert anzupassen oder unterschiedliche Energieeinsparungen entsprechend den Temperaturunterschieden zwischen den Regionen anzugeben;

i) bei der Berechnung der Energieeinsparungen ist die Lebensdauer von Maßnahmen sowie das Tempo, in dem die Einsparwirkung mit der Zeit nachlässt, zu berücksichtigen. Bei dieser Berechnung werden die Einsparungen, die sich aus den Einzelmaßnahmen im Zeitraum zwischen dem Datum ihrer Einführung und dem 31. Dezember 2020 bzw. dem 31. Dezember 2030 ergeben, angerechnet. Ersatzweise können sich die Mitgliedstaaten für eine andere Methode entscheiden, bei der davon ausgegangen wird, dass damit Gesamteinsparungen in mindestens gleicher Höhe erreicht werden. Wenden die Mitgliedstaaten eine andere Methode an, so stellen sie sicher, dass die nach dieser Methode berechnete Gesamthöhe der Energieeinsparungen nicht die Höhe der Energieeinsparungen übersteigt, die eine Berechnung ergäbe, bei der die Einsparungen, die sich aus den Einzelmaßnahmen im Zeitraum zwischen dem Datum ihrer Einführung und dem 31. Dezember 2020 bzw. dem 31. Dezember 2030 ergeben, angerechnet werden. Die Mitgliedstaaten erläutern ausführlich in ihren integrierten nationalen Energie- und Klimaplänen gemäß der Verordnung (EU) 2018/1999, welche andere Methode sie angewandt haben und welche Regelungen getroffen wurden, um die Einhaltung dieses verbindlichen Grundsatzes bei der Berechnung zu gewährleisten.

3. Die Mitgliedstaaten stellen sicher, dass strategische Maßnahmen nach Artikel 7b und Artikel 20 Absatz 6 die folgenden Anforderungen erfüllen:

a) Die strategischen Maßnahmen und Einzelmaßnahmen bewirken nachprüfbare Endenergieeinsparungen.

b) Die Verantwortung jeder teilnehmenden oder beauftragten Partei bzw. durchführenden Behörde wird klar festgelegt.

c) Die erzielten bzw. zu erzielenden Energieeinsparungen werden auf transparente Art und Weise festgelegt.

d) Der Umfang der Energieeinsparungen, der mit der strategischen Maßnahme vorgeschrieben wird oder erzielt werden soll, wird unter Verwendung der Umrechnungsfaktoren gemäß Anhang IV entweder als Primärenergie- oder Endenergieverbrauch ausgedrückt.

e) Ein Jahresbericht über die von den teilnehmenden oder beauftragten Parteien und durchführenden öffentlichen Stellen erzielten Energieeinsparungen, sowie Angaben zum Jahrestrend bei den Energieeinsparungen, werden vorgelegt und öffentlich zugänglich gemacht.

f) Die Ergebnisse werden überwacht, und falls keine zufriedenstellenden Fortschritte erzielt werden, werden geeignete Maßnahmen ergriffen.

g) Energieeinsparungen, die sich aus einer Einzelmaßnahme ergeben, können von höchstens einer Partei für sich beansprucht werden.

h) Die Tätigkeiten der teilnehmenden oder beauftragten Partei bzw. durchführenden Behörde sind nachweislich wesentlich für die Erreichung der geltend gemachten Energieeinsparungen.

4. Bei der Feststellung der Energieeinsparungen durch strategische Maßnahmen im Bereich der Besteuerung, die gemäß Artikel 7b eingeführt wurden, gelten die folgenden Grundsätze:

a) Angerechnet werden nur Energieeinsparungen aus steuerlichen Maßnahmen, die die in der Richtlinie 2003/96/EG[1)] oder 2006/112/EG des Rates[2)] vorgegebenen Mindeststeuersätze für Kraftstoffe überschreiten.

b) Die für die Berechnung der Auswirkungen der (Energie-)Besteuerungsmaßnahmen verwendeten Preiselastizitäten bilden die Anpassung der Energienachfrage an Preisänderungen ab und werden auf der Grundlage aktueller und repräsentativer amtlicher Datenquellen geschätzt.

c) Die Energieeinsparungen aus flankierenden steuerpolitischen Instrumenten, einschließlich Steueranreizen oder Einzahlungen in einen Fonds, werden getrennt verbucht.

5. Mitteilung der Vorgehensweise
Die Mitgliedstaaten teilen der Kommission gemäß der Verordnung (EU) 2018/1999[3)] ihre geplante detaillierte Vorgehensweise für die Energieeffizienzverpflichtungssysteme und alternativen Maßnahmen nach den Artikeln 7a und 7b sowie nach Artikel 20 Absatz 6 mit. Außer bei Steuern umfasst diese Mitteilung spezifische Angaben zu folgenden Aspekten:

a) Höhe der in Artikel 7 Absatz 1 Unterabsatz 2 Buchstabe b festgelegten Energieeinsparungen oder der zu erwartenden Einsparungen, die über den gesamten Zeitraum vom 1. Januar 2021 bis zum 31. Dezember 2030 hinweg angestrebt werden;

b) verpflichtete, teilnehmende oder beauftragte Parteien oder durchführende Behörden;

c) Zielsektoren;

d) strategische Maßnahmen und Einzelmaßnahmen, einschließlich der erwarteten Gesamthöhe der kumulierten Energieeinsparungen für jede Maßnahme;

e) Dauer des Verpflichtungszeitraums im Rahmen des Energieeffizienzverpflichtungssystems;

f) im Rahmen der strategischen Maßnahme vorgesehene Maßnahmen;

g) Berechnungsmethode einschließlich der Angabe, wie die Zusätzlichkeit und die Wesentlichkeit festgestellt wurden und welche Methoden und Referenzwerte für die angenommenen und die geschätzten Einsparungen verwendet werden;

h) Lebensdauer der Maßnahmen und Angaben dazu, wie sie berechnet werden bzw. worauf sie beruhen;

i) Ansatz, auf den zur Berücksichtigung unterschiedlicher klimatischer Bedingungen in dem Mitgliedstaat zurückgegriffen wird;

j) Überwachungs- und Prüfsysteme für Maßnahmen nach den Artikeln 7a und 7b sowie Methoden zur Gewährleistung ihrer Unabhängigkeit von den verpflichteten, teilnehmenden oder beauftragten Parteien;

k) bei Steuern:

i) Zielsektoren und Steuerzahler-Segment;

ii) durchführende Behörde;

iii) erwartete Einsparungen;

iv) Dauer der steuerlichen Maßnahme und

v) Berechnungsmethode, einschließlich der verwendeten Preiselastizitäten und der Angabe, wie diese festgelegt wurden.

---

1) **Amtl. Anm.:** Richtlinie 2003/96/EG des Rates vom 27. Oktober 2003 zur Restrukturierung der gemeinschaftlichen Rahmenvorschriften zur Besteuerung von Energieerzeugnissen und elektrischem Strom (ABl. L 283 vom 31.10.2003, S. 51).

2) **Amtl. Anm.:** Richtlinie 2006/112/EG des Rates vom 28. November 2006 über das gemeinsame Mehrwertsteuersystem (ABl. L 347 vom 11.12.2006, S. 1).

3) Nr. **6**.

Anhang VI. Mindestkriterien für Energieaudits einschließlich derjenigen, die als Teil von Energiemanagementsystemen durchgeführt werden

Die Energieaudits nach Artikel 8 stützen sich auf folgende Leitlinien:

a) Sie basieren auf aktuellen, gemessenen, belegbaren Betriebsdaten zum Energieverbrauch und den Lastprofilen (für Strom).

b) Sie schließen eine eingehende Prüfung des Energieverbrauchsprofils von Gebäuden oder Gebäudegruppen und Betriebsabläufen oder Anlagen in der Industrie ein, einschließlich der Beförderung.

c) Sie basieren nach Möglichkeit auf einer Lebenszyklus-Kostenanalyse anstatt auf einfachen Amortisationszeiten, um langfristige Einsparungen, Restwerte von langfristigen Investitionen und Abzinsungssätze zu berücksichtigen.

d) Sie sind verhältnismäßig und so repräsentativ, dass sich daraus ein zuverlässiges Bild der Gesamtenergieeffizienz ergibt und sich die wichtigsten Verbesserungsmöglichkeiten zuverlässig ermitteln lassen.

Audits müssen detaillierte und validierte Berechnungen für die vorgeschlagenen Maßnahmen ermöglichen und so klare Informationen über potenzielle Einsparungen liefern.
Die für Audits herangezogenen Daten müssen für historische Analysen und zur Rückverfolgung der Leistung aufbewahrt werden können.

Anhang VII. *[bis 31.12.2020:* Mindestanforderungen an die Abrechnung und die Abrechnungsinformationen auf der Grundlage des tatsächlichen Strom- und Erdgasverbrauchs*] [ab 1.1.2021: Mindestanforderungen an die Abrechnung und die Abrechnungsinformationen auf der Grundlage des tatsächlichen Erdgasverbrauchs]*

1. Mindestanforderungen an die Abrechnung

1.1. Abrechnung auf der Grundlage des tatsächlichen Verbrauchs
Um die Endkunden in die Lage zu versetzen, ihren eigenen Energieverbrauch zu steuern, sollte die Abrechnung auf der Grundlage des tatsächlichen Verbrauchs mindestens einmal jährlich erfolgen; Abrechnungsinformationen sollten, wenn die Verbraucher dies verlangen oder sich für die Zustellung der Abrechnung auf elektronischem Wege entschieden haben, mindestens vierteljährlich und ansonsten halbjährlich zur Verfügung gestellt werden. Ausschließlich zum Kochen verwendetes Gas kann von dieser Anforderung ausgenommen werden.

1.2. Mindestinformationen auf der Rechnung
Die Mitgliedstaaten stellen sicher, dass den Endkunden gegebenenfalls in oder zusammen mit den Rechnungen, Verträgen, Transaktionen und an Verteilerstationen ausgestellten Quittungen folgende Informationen auf klare und verständliche Weise zur Verfügung gestellt werden:

a) geltende tatsächliche Preise und tatsächlicher Energieverbrauch;

b) Vergleich des gegenwärtigen Energieverbrauchs des Endkunden mit dem Energieverbrauch im gleichen Zeitraum des Vorjahres, vorzugsweise in grafischer Form;

c) Kontaktinformationen, darunter Internetadressen, von Verbraucherorganisationen, Energieagenturen oder ähnlichen Einrichtungen, von denen Informationen über angebotene Maßnahmen zur Verbesserung der Energieeffizienz, Endnutzer-Vergleichsprofile und objektive technische Spezifikationen für energiebetriebene Geräte erhalten werden können.
Wo immer dies machbar und zweckmäßig ist, stellen die Mitgliedstaaten außerdem sicher, dass Vergleiche mit den normierten oder durch Vergleichstests ermittelten Durchschnittsendkunden derselben Nutzerkategorie den Endkunden in oder zusammen mit den Rechnungen, Verträgen, Transaktionen und an Verteilerstationen ausgestellten Quittungen auf klare und verständliche Weise zur Verfügung gestellt bzw. ausgehängt werden.

1.3. Energieeffizienz-Begleitinformationen zu Rechnungen und sonstige Rückmeldungen an die Endkunden
Energieverteiler, Verteilernetzbetreiber und Energieeinzelhandelsunternehmen bieten ihren Kunden bei der Übermittlung von Verträgen und Vertragsänderungen sowie in den Rechnungen, die den Kunden zugehen, oder durch an einzelne Kunden gerichtete Internetseiten klare und verständliche Angaben (darunter Internetadressen) zur Kontaktaufnahme mit unabhängigen Ver-

braucherberatungszentren, Energieagenturen oder ähnlichen Institutionen, bei denen Beratung zu bestehenden Energieeffizienzmaßnahmen, Vergleichsprofile für ihren Energieverbrauch und technische Spezifikationen für energiebetriebene Geräte, die zur Verringerung des Verbrauchs dieser Geräte beitragen können, erhältlich sind.

Anhang VIIA.
Mindestanforderungen an die Abrechnungs- und die Verbrauchsinformationen zur Wärme-, Kälte- und Trinkwarmwasserversorgung

1. Abrechnung auf der Grundlage des tatsächlichen Verbrauchs oder der Ablesewerte von Heizkostenverteilern
Damit die Endnutzer ihren eigenen Energieverbrauch steuern können, erfolgt die Abrechnung auf der Grundlage des tatsächlichen Verbrauchs oder der Ablesewerte von Heizkostenverteilern mindestens einmal jährlich.
2. Mindesthäufigkeit der Abrechnungs- und Verbrauchsinformationen
Wenn fernablesbare Zähler oder Heizkostenverteiler installiert wurden, werden den Endnutzern ab dem 25. Oktober 2020 Abrechnungs- und Verbrauchsinformationen auf der Grundlage des tatsächlichen Verbrauchs oder der Ablesewerte von Heizkostenverteilern – auf Verlangen oder wenn die Endkunden sich für die Zustellung der Abrechnung auf elektronischem Wege entschieden haben – mindestens vierteljährlich und ansonsten zweimal im Jahr bereitgestellt.
Wenn fernablesbare Zähler oder Heizkostenverteiler installiert wurden, werden Endnutzern ab dem 1. Januar 2022 Abrechnungs- oder Verbrauchsinformationen auf der Grundlage des tatsächlichen Verbrauchs oder der Ablesewerte von Heizkostenverteilern mindestens monatlich bereitgestellt. Diese Informationen können auch über das Internet zur Verfügung gestellt und so oft aktualisiert werden, wie es die eingesetzten Messgeräte und -systeme zulassen. Wärme- und Kälteversorgung können außerhalb der Heiz-/Kühlperioden von dieser Anforderung ausgenommen werden.
3. Mindestinformationen in der Rechnung
Die Mitgliedstaaten stellen sicher, dass den Endnutzern auf oder zusammen mit den Rechnungen, wenn diese auf dem tatsächlichen Verbrauch oder auf den Ablesewerten von Heizkostenverteilern beruhen, folgende Informationen auf klare und verständliche Weise zur Verfügung gestellt werden:
a) geltende tatsächliche Preise und tatsächlicher Energieverbrauch oder Gesamtheizkosten und Ablesewerte von Heizkostenverteilern;
b) Informationen über den eingesetzten Brennstoffmix und die damit verbundenen jährlichen Mengen an Treibhausgasemissionen, auch für Endnutzer, die mit Fernwärme bzw. Fernkälte versorgt werden, und eine Erläuterung der erhobenen Steuern, Abgaben und Zolltarife. Die Mitgliedstaaten können den Anwendungsbereich der Anforderung, Informationen zu den Treibhausgasemissionen zur Verfügung zu stellen, auf Lieferungen aus Fernwärmesystemen mit einer thermischen Gesamtnennleistung über 20 MW beschränken;
c) Vergleich des gegenwärtigen Energieverbrauchs des Endnutzers mit dem Energieverbrauch im gleichen Zeitraum des Vorjahres, vorzugsweise in grafischer Form, mit klimabezogener Korrektur für die Wärme- und Kälteversorgung;
d) Kontaktinformationen, darunter Internetadressen, von Verbraucherorganisationen, Energieagenturen oder ähnlichen Einrichtungen, bei denen Informationen über angebotene Maßnahmen zur Energieeffizienzverbesserung, Endnutzer-Vergleichsprofile und objektive technische Spezifikationen für energiebetriebene Geräte eingeholt werden können;
e) Informationen über damit verbundene Beschwerdeverfahren, Dienste von Bürgerbeauftragten oder alternative Streitbeilegungsverfahren, die in den Mitgliedstaaten zur Anwendung kommen;
f) Vergleiche mit dem normierten oder durch Vergleichstests ermittelten Durchschnittsendnutzer derselben Nutzerkategorie. Im Fall elektronischer Rechnungen kann ein solcher Vergleich alternativ online bereitgestellt und in der Rechnung entsprechend darauf verwiesen werden.

In Rechnungen, die nicht auf dem tatsächlichen Verbrauch oder auf den Ablesewerten von Heizkostenverteilern beruhen, wird klar und verständlich erklärt, wie der in der Rechnung ausgewiesene Betrag berechnet wurde, und sind mindestens die Informationen gemäß den Buchstaben d und e angegeben.

Anhang VIII.
Potenzial für eine effiziente Wärme- und Kälteversorgung

Die umfassende Bewertung des nationalen Wärme- und Kälteversorgungspotenzials gemäß Artikel 14 Absatz 1 muss Folgendes enthalten und sich auf Folgendes stützen:

Teil I. Übersicht über die Wärme- und Kälteversorgung

1. Wärme- und Kältebedarf in Bezug auf die ermittelte Nutzenergie [1] und quantifizierter Endenergieverbrauch in GWh pro Jahr[2] nach Sektoren:

a) Wohngebäude;

b) Dienstleistungen;

c) Industrie;

d) alle sonstigen Sektoren mit jeweils mehr als 5 % des gesamten nationalen Nutzwärme- und -kältebedarfs;

2. Ermittlung bzw., in dem unter Nummer 2 Buchstabe a Ziffer i genannten Fall, Ermittlung oder Schätzung der derzeitigen Wärme- und Kälteversorgung:

a) nach Technologie in GWh pro Jahr[2], möglichst innerhalb der unter Nummer 1 genannten Sektoren, mit einer Unterscheidung zwischen Energie aus fossilen Energieträgern und aus erneuerbaren Quellen:

i) Bereitstellung vor Ort in Wohngebäuden und an Dienstleistungsstandorten durch:
– ausschließlich wärmeerzeugende Kesselanlagen;
– hocheffiziente KWK;
– Wärmepumpen;
– sonstige vor Ort befindliche Technologien und Quellen;

ii) Bereitstellung vor Ort an anderen Standorten als Wohn- und Dienstleistungsstandorten durch:
– ausschließlich wärmeerzeugende Kesselanlagen;
– hocheffiziente KWK;
– Wärmepumpen;
– sonstige vor Ort befindliche Technologien und Quellen;

iii) Bereitstellung außerhalb des Standorts durch:
– hocheffiziente KWK;
– Abwärme;
– sonstige außerhalb des Standorts befindliche Technologien und Quellen;

b) Ermittlung von Anlagen, die Abwärme oder -kälte erzeugen, und ihres Potenzials für die Wärme- und Kälteversorgung in GWh pro Jahr:

i) Wärmekraftwerksanlagen, die Abwärme mit einer thermischen Gesamtnennleistung von mehr als 50 MW liefern oder dafür nachgerüstet werden können;

ii) KWK-Anlagen mit einer thermischen Gesamtnennleistung von mehr als 20 MW, die in Anhang I Teil II genannte Technologien nutzen;

iii) Abfallverbrennungsanlagen;

iv) Anlagen zur Nutzung erneuerbarer Energie mit einer thermischen Gesamtnennleistung von mehr 20 MW, die aus erneuerbaren Energiequellen Wärme oder Kälte erzeugen, mit Ausnahme der unter Nummer 2 Buchstabe b Ziffern i und ii genannten Anlagen;

v) Industrieanlagen mit einer thermischen Gesamtnennleistung von mehr als 20 MW, die Abwärme erzeugen können;

---

[1] **Amtl. Anm.:** Menge der zur Deckung des Wärme- und Kältebedarfs der Endnutzer erforderlichen Wärmeenergie.

[2] **Amtl. Anm.:** Es sollten die aktuellsten verfügbaren Daten verwendet werden.

c) gemeldeter Anteil der Energie aus erneuerbaren Quellen sowie aus Abwärme oder -kälte am Endenergieverbrauch im Fernwärme- und -kältesektor[1] während der letzten fünf Jahre gemäß der Richtlinie (EU) 2018/2001;

3. Landkarte des gesamten Hoheitsgebiets mit folgenden Angaben (unter Wahrung der Vertraulichkeit wirtschaftlich sensibler Informationen):

a) bei der Analyse gemäß Nummer 1 ermittelte Wärme- und Kältebedarfsgebiete, wobei im Interesse der Konzentration auf energieintensive Gebiete in Städten und Ballungsgebieten einheitliche Kriterien anzuwenden sind;

b) gemäß Nummer 2 Buchstabe b ermittelte bestehende Wärme- und Kälteversorgungspunkte und Fernwärmeübertragungsanlagen;

c) geplante Wärme- und Kälteversorgungspunkte des gemäß Nummer 2 Buchstabe b beschriebenen Typs sowie geplante Fernwärmeübertragungsanlagen;

4. Prognose der Trends für den Wärme- und Kältebedarf in GWh im Hinblick auf die nächsten 30 Jahre, insbesondere unter Berücksichtigung der Projektionen für die nächsten zehn Jahre, der Änderung des Bedarfs in Gebäuden und verschiedenen Industriesektoren und der Auswirkungen politischer Maßnahmen und Strategien im Zusammenhang mit dem Bedarfsmanagement, wie z.B. langfristiger Strategien für die Gebäuderenovierung gemäß der Richtlinie (EU) 2018/844.

Teil II. Ziele, Strategien und politische Maßnahmen

5. Geplanter Beitrag des Mitgliedstaats zu seinen nationalen Zielen, Vorgaben und Beiträgen zu den fünf Dimensionen der Energieunion gemäß Artikel 3 Absatz 2 Buchstabe b der Verordnung (EU) 2018/1999[2], der durch eine effiziente Wärme- und Kälteversorgung geleistet werden soll, insbesondere in Bezug auf Artikel 4 Buchstabe b Nummern 1 bis 4 und Artikel 15 Absatz 4 Buchstabe b der genannten Verordnung, wobei anzugeben ist, welche dieser Elemente die integrierten nationalen Energie- und Klimapläne ergänzen;

6. allgemeiner Überblick über die bestehenden Politiken und Maßnahmen, die im letzten Bericht gemäß den Artikeln 3, 20 und 21 sowie Artikel 27 Buchstabe a der Verordnung (EU) 2018/1999[2] beschrieben werden.

Teil III. Anlayse des wirtschaftlichen Potentials für eine effiziente Wärme- und Kälteversorgung

7. Für das gesamte nationale Hoheitsgebiet ist anhand der in Artikel 14 Absatz 3 genannten Kosten-Nutzen-Analyse eine Analyse des wirtschaftlichen Potenzials[3] verschiedener Wärme- und Kälteversorgungstechnologien durchzuführen; dabei sind alternative Szenarien für auf erneuerbaren Energien basierende oder effizientere Wärme- und Kälteversorgungstechnologien zu ermitteln, wobei gegebenenfalls zwischen Energie aus fossilen Energieträgern und Energie aus erneuerbaren Quellen zu unterscheiden ist.

Es sollten folgende Technologien berücksichtigt werden:

a) Industrieabwärme und -kälte;

b) Abfallverbrennung;

---

[1] **Amtl. Anm.:** Der Ermittlung der Kälteversorgung aus erneuerbaren Quellen ist im Einklang mit der Richtlinie (EU) 2018/2001 vorzunehmen, sobald die Methode zur Berechnung der Menge an erneuerbarer Energie für die Kälteversorgung und die Fernkälteversorgung gemäß Artikel 35 der genannten Richtlinie festgelegt ist. Bis zu diesem Zeitpunkt ist eine geeignete nationale Methode anzuwenden.

[2] Nr. **6**.

[3] **Amtl. Anm.:** Aus der Analyse des wirtschaftlichen Potenzials sollte die Menge an Energie (in GWh) hervorgehen, die jährlich mit jeder analysierten Technologie erzeugt werden kann. Zudem sollten die Beschränkungen und Wechselbeziehungen innerhalb des Energieversorgungssystems berücksichtigt werden. Bei der Analyse können Modelle angewandt werden, die auf Annahmen hinsichtlich der für gebräuchliche Arten von Technologien oder Systemen repräsentativen Betriebsvorgänge beruhen.

c) hocheffiziente KWK;

d) erneuerbare Energiequellen (z.B. Geothermie, Solarthermie und Biomasse), die nicht für die hocheffiziente KWK genutzt werden;

e) Wärmepumpen;

f) Verringerung der Wärme- und Kälteverluste bestehender Fernwärme- bzw. -kältenetze.

8. Diese Analyse des wirtschaftlichen Potenzials muss folgende Schritte und Erwägungen umfassen:

a) Erwägungen:

i) Die Kosten-Nutzen-Analyse gemäß Artikel 14 Absatz 3 muss eine wirtschaftliche Analyse, die sozioökonomischen und ökologischen Faktoren Rechnung trägt[1], sowie eine finanzielle Analyse, in der die Projekte aus Investorensicht bewertet werden, umfassen. Sowohl bei der wirtschaftlichen als auch bei der finanziellen Analyse ist der Kapitalwert (Net Present Value) als Bewertungskriterium zu nutzen;

ii) das Grundlagenszenario sollte als Ausgangspunkt dienen und den bestehenden strategischen Maßnahmen zum Zeitpunkt der Erstellung dieser umfassenden Bewertung[2] Rechnung tragen; dabei sollte eine Verbindung zu den gemäß Teil I und Teil II Nummer 6 dieses Anhangs erhobenen Daten hergestellt werden;

iii) Alternativen zum Grundlagenszenario müssen den Zielen der Verordnung (EU) 2018/1999 in den Bereichen Energieeffizienz und erneuerbare Energien Rechnung tragen. Jedes Szenario muss einen Vergleich folgender Elemente mit dem Grundlagenszenario umfassen:

– wirtschaftliches Potenzial der untersuchten Technologien bei Anwendung des Kapitalwerts als Kriterium;

– Verringerung der Treibhausgasemissionen;

– Primärenergieeinsparungen in GWh pro Jahr;

– Auswirkungen auf den Anteil der erneuerbaren Energien am nationalen Energieversorgungsmix;

Szenarien, die aus technischen oder finanziellen Gründen oder aufgrund nationaler Rechtsvorschriften nicht durchführbar sind, können in einer frühen Phase der Kosten-Nutzen-Analyse ausgeschlossen werden, falls sorgfältige, ausdrücklich benannte und ausführlich dokumentierte Überlegungen dies rechtfertigen.

Bei der Bewertung und Entscheidungsfindung sollten Kosten und Energieeinsparungen, die sich aus der erhöhten Flexibilität bei der Energieversorgung und aus einem optimierten Betrieb der Elektrizitätsnetze in den analysierten Szenarien ergeben, berücksichtigt werden, einschließlich vermiedener Kosten und Einsparungen durch geringere Infrastrukturinvestitionen.

b) Kosten und Nutzen

Kosten und Nutzen gemäß Nummer 8 Buchstabe a müssen mindestens Folgendes umfassen:

i) Nutzen:

– Nutzwert für den Verbraucher (Wärme, Kälte und Strom);

– soweit möglich, externer Nutzen, z.B. mit Blick auf die Umwelt, die Treibhausgasemissionen, die Gesundheit und die Sicherheit;

– soweit möglich, Auswirkungen auf Arbeitsmarkt, Energieversorgungssicherheit und Wettbewerbsfähigkeit;

ii) Kosten:

– Kapitalkosten von Anlagen und Ausrüstungen;

– Kapitalkosten der dazugehörigen Energienetze;

– variable und feste Betriebskosten;

---

[1] **Amtl. Anm.:** Einschließlich der Bewertung gemäß Artikel 15 Absatz 7 der Richtlinie (EU) 2018/2001.

[2] **Amtl. Anm.:** Im Grundlagenszenario sind Maßnahmen zu berücksichtigen, die bis zum Ende des Jahres vor dem Jahr erlassen wurden, bis zu dessen Ende die umfassende Bewertung vorzunehmen ist. Maßnahmen, die innerhalb eines Jahres vor dem Ende der Frist für die Einreichung der umfassenden Bewertung erlassen wurden, brauchen somit nicht berücksichtigt zu werden.

– Energiekosten;
– soweit möglich, Umwelt-, Gesundheits- und Sicherheitskosten;
– soweit möglich, Kosten in den Bereichen Arbeitsmarkt, Energieversorgungssicherheit und Wettbewerbsfähigkeit.

c) Relevante Szenarien im Vergleich zum Grundlagenszenario:
Alle relevanten Alternativen zum Grundlagenszenario sind in Betracht zu ziehen, einschließlich der Rolle einer effizienten individuellen Wärme- und Kälteversorgung.

i) Die Kosten-Nutzen-Analyse kann sich auf eine Bewertung eines Projekts oder auf die Bewertung einer Gruppe von Projekten im Hinblick auf eine umfassendere lokale, regionale oder nationale Bewertung erstrecken, um für ein bestimmtes geografisches Gebiet für Planungszwecke die kostenwirksamste und zweckmäßigste Lösung für die Wärme- oder Kälteversorgung im Vergleich zum Grundlagenszenario zu ermitteln;

ii) die Mitgliedstaaten benennen die zuständigen Behörden, die für die Durchführung der Kosten-Nutzen-Analysen nach Artikel 14 verantwortlich sind. Sie geben die detaillierten Methoden und Annahmen nach diesem Anhang vor, stellen die Verfahren für die wirtschaftliche Analyse auf und machen diese öffentlich bekannt.

d) Grenzen und integrierter Ansatz:

i) Die geografischen Grenzen müssen ein geeignetes und genau definiertes geografisches Gebiet umfassen;

ii) die Kosten-Nutzen-Analyse muss alle innerhalb des Systems und der geografischen Grenzen verfügbaren relevanten zentralen und dezentralen Versorgungsressourcen, einschließlich Technologien gemäß Teil III Nummer 7, sowie Entwicklungen und Merkmale des Wärme- und Kältebedarfs berücksichtigen.

e) Annahmen:

i) Für die Zwecke der Kosten-Nutzen-Analysen treffen die Mitgliedstaaten Annahmen zu den Preisen wichtiger Input- und Output-Faktoren und zum Abzinsungssatz;

ii) der bei der wirtschaftlichen Analyse zur Berechnung des Kapitalwerts verwendete Abzinsungssatz wird gemäß den europäischen oder nationalen Leitlinien ausgewählt;

iii) die Mitgliedstaaten nutzen Prognosen für die nationalen, europäischen oder internationalen Energiepreisentwicklungen, falls dies in ihrem nationalen und/oder regionalen/lokalen Kontext zweckmäßig ist;

iv) die bei der wirtschaftlichen Analyse verwendeten Preise müssen sozioökonomische Kosten und Vorteile widerspiegeln. Externe Kosten wie die Folgen für Umwelt und Gesundheit sollten berücksichtigt werden, soweit dies möglich ist, d.h. wenn es Marktpreise gibt oder wenn dies bereits in europäischen oder nationalen Rechtsvorschriften vorgesehen ist.

f) Sensitivitätsanalyse:

i) Es wird eine Sensitivitätsanalyse einbezogen, um Kosten und Nutzen eines Projekts oder einer Gruppe von Projekten auf der Grundlage variabler Faktoren, die sich erheblich auf das Ergebnis der Berechnungen auswirken, wie z.B. unterschiedlicher Energiepreise, Diskontsätze und sonstiger variabler Faktoren, zu bewerten.

Teil 4. Potenzielle und neue Strategien und strategische Maßnahmen

9. Überblick über neue gesetzgeberische und andere strategische Maßnahmen[1)], mit denen das gemäß den Nummern 7 und 8 ermittelte wirtschaftliche Potenzial erschlossen werden soll, zusammen mit den Erwartungen für

a) die Verringerung der Treibhausgasemissionen;
b) die Primärenergieeinsparungen in GWh pro Jahr;
c) die Auswirkungen auf den Anteil der hocheffizienten KWK;
d) die Auswirkungen auf den Anteil der erneuerbaren Energiequellen am nationalen Energieversorgungsmix und am Wärme- und Kälteversorgungssektor;

[1)] **Amtl. Anm.:** Dieser Überblick muss Finanzierungsmaßnahmen und -programme enthalten, die während der umfassenden Bewertung verabschiedet werden könnten, ohne dabei einer separaten Notifizierung der staatlichen Förderregelungen für eine beihilferechtliche Prüfung vorzugreifen.

e) Zusammenhänge mit nationalen Finanzprogrammen und Kosteneinsparungen für den öffentlichen Haushalt und die Marktteilnehmer;

f) etwaige öffentliche Fördermaßnahmen mit ihrem jährlichen Haushalt und der Ermittlung eines möglichen Beihilfeelements.

Anhang IX.
Kosten-Nutzen-Analyse

Teil 1. *(aufgehoben)*

Teil 2. Grundsätze für die Zwecke von Artikel 14 Absätze 5 und 7

Die Kosten-Nutzen-Analysen liefern Informationen für die in Artikel 14 Absätze 5 und 7 genannten Maßnahmen:

Wird die Errichtung einer reinen Stromerzeugungsanlage oder einer Anlage ohne Wärmerückgewinnung geplant, so wird die geplante Anlage oder die geplante Modernisierung mit einer gleichwertigen Anlage verglichen, bei der dieselbe Menge an Strom oder an Prozesswärme erzeugt, jedoch Abwärme rückgeführt und Wärme mittels hocheffizienter KWK und/oder Fernwärme- und Fernkältenetze abgegeben wird.

Bei der Bewertung werden innerhalb festgelegter geografischer Grenzen die geplante Anlage und etwaige geeignete bestehende oder potenzielle Wärmebedarfspunkte, die über die Anlage versorgt werden könnten, berücksichtigt, wobei den praktischen Möglichkeiten (z.B. technische Machbarkeit und Entfernung) Rechnung zu tragen ist.

Die Systemgrenze wird so festgelegt, dass sie die geplante Anlage und die Wärmelasten umfasst, beispielsweise Gebäude und Industrieprozesse. Innerhalb dieser Systemgrenze sind die Gesamtkosten für die Bereitstellung von Wärme und Strom für beide Fälle zu ermitteln und zu vergleichen.

Die Wärmelasten umfassen bestehende Wärmelasten wie Industrieanlagen oder vorhandene Fernwärmesysteme sowie – in städtischen Gebieten – die Wärmelasten und -kosten, die bestehen würden, wenn eine Gebäudegruppe oder ein Stadtteil ein neues Fernwärmenetz erhielte und/oder an ein solches angeschlossen würde.

Die Kosten-Nutzen-Analyse stützt sich auf eine Beschreibung der geplanten Anlage und der Vergleichsanlage(n); diese umfasst – gegebenenfalls – die elektrische und thermische Kapazität, den Brennstofftyp, die geplante Verwendung und die geplante Anzahl der Betriebsstunden pro Jahr, den Standort und den Bedarf an Strom und Wärme.

Für die Zwecke des Vergleichs werden der Wärmeenergiebedarf und die Arten der Wärme- und Kälteversorgung, die von den nahe gelegenen Wärmebedarfspunkten genutzt werden, berücksichtigt. In den Vergleich fließen die infrastrukturbezogenen Kosten der geplanten Anlage und der Vergleichsanlage ein.

Die Kosten-Nutzen-Analyse zum Zwecke von Artikel 14 Absatz 5 beinhaltet eine wirtschaftliche Analyse unter Berücksichtigung einer Finanzanalyse, die Aufschluss über die tatsächlichen Cashflow-Transaktionen gibt, die sich aus Investitionen in einzelne Anlagen und deren Betrieb ergeben.

Ein positives Ergebnis der Kosten-Nutzen-Analyse eines Projekts liegt vor, wenn in der wirtschaftlichen Analyse und in der Finanzanalyse der abgezinste Gesamtnutzen die abgezinsten Gesamtkosten übersteigt (positives Kosten-Nutzen-Ergebnis).

Die Mitgliedstaaten legen Leitgrundsätze für die Methodik, die Annahmen und den zeitlichen Rahmen der wirtschaftlichen Analyse fest.

Die Mitgliedstaaten können von den Unternehmen, die für den Betrieb von thermischen Stromerzeugungsanlagen, Industrieanlagen sowie Fernwärme- und Fernkältenetzen zuständig sind, oder von anderen Parteien, auf die sich die festgelegte Systemgrenze und geografische Grenze auswirkt, Angaben verlangen, die zur Bewertung von Kosten und Nutzen einzelner Anlagen verwendet werden.

Anhang X.
Herkunftsnachweis für Strom aus hocheffizienter KWK

a) Die Mitgliedstaaten tragen dafür Sorge, dass

i) der Herkunftsnachweis für Strom aus hocheffizienter KWK

– den Erzeugern den Nachweis ermöglicht, dass der von ihnen verkaufte Strom aus hocheffizienter KWK stammt und auf Antrag des Erzeugers zu diesem Zweck ausgestellt wird;

– genau, zuverlässig und betrugssicher ist;

– elektronisch ausgestellt, übermittelt und annulliert wird;

ii) eine Energieeinheit aus hocheffizienter KWK stets nur einmal angerechnet wird.

b) Der Herkunftsnachweis gemäß Artikel 14 Absatz 10 enthält mindestens folgende Angaben:

i) Bezeichnung, Standort, Typ und (thermische und elektrische) Kapazität der Anlage, in der die Energie erzeugt wurde;

ii) Erzeugungszeitpunkte und -orte;

iii) unterer Heizwert des Primärenergieträgers, aus dem der Strom erzeugt wurde;

iv) Menge und Verwendung der zusammen mit dem Strom erzeugten Wärme;

v) Menge an Strom aus hocheffizienter KWK gemäß Anhang II, für die der Nachweis ausgestellt wird;

vi) Primärenergieeinsparungen, die gemäß Anhang II auf der Grundlage der in Anhang II Buchstabe f genannten harmonisierten Wirkungsgrad-Referenzwerte berechnet worden sind;

vii) elektrischer und thermischer Nennwirkungsgrad der Anlage;

viii) ob und in welchem Umfang die Anlage Gegenstand von Investitionsförderung war;

ix) ob und in welchem Umfang die betreffende Energieeinheit in irgendeiner anderen Weise Gegenstand einer nationalen Förderregelung war, und Art der Förderregelung;

x) Datum der Inbetriebnahme der Anlage;

xi) Ausstellungsdatum und ausstellendes Land sowie eine eindeutige Kennnummer.

Der Herkunftsnachweis gilt standardmäßig für 1 MWh. Er bezieht sich auf die an der Außenseite der Anlage gemessene und in das Netz eingespeiste Nettostromerzeugung.

Anhang XI. Energieeffizienzkriterien für die Regulierung von Energienetzen und für Stromnetztarife

1. Netztarife müssen Kosteneinsparungen in Netzen, die durch nachfrageseitige und Laststeuerungs-Maßnahmen (Demand Response) sowie durch dezentrale Erzeugung erzielt wurden, darunter Einsparungen durch Senkung der Bereitstellungskosten oder durch Netzinvestitionen und optimierten Netzbetrieb, kostenorientiert widerspiegeln.

2. Netzregulierung und Netztarife dürfen Netzbetreiber oder Energieeinzelhändler nicht daran hindern, Systemdienste für Laststeuerungs-Maßnahmen, Nachfragemanagement und dezentrale Erzeugung auf organisierten Strommärkten zur Verfügung zu stellen, insbesondere:

a) Lastverlagerung von Spitzenzeiten in Nebenzeiten durch Endkunden unter Berücksichtigung der Verfügbarkeit von Energie aus erneuerbaren Quellen, aus KWK und dezentraler Erzeugung;

b) Energieeinsparungen infolge der Laststeuerung bezüglich dezentraler Verbraucher durch Energieaggregatoren;

c) Nachfrageverringerung infolge von Energieeffizienzmaßnahmen seitens Energiedienstleistern, darunter Energiedienstleistungsunternehmen;

d) Anbindung und Einsatz von Erzeugungsquellen auf niedrigeren Spannungsebenen;

e) Anbindung von Erzeugungsquellen an verbrauchsnäheren Standorten;

f) Energiespeicherung.

Im Sinne dieser Bestimmung umfasst der Begriff „organisierte Strommärkte" außerbörsliche Märkte und Strombörsen zum Handel mit Energie, Kapazität, Ausgleichs- und Hilfsdiensten in allen Zeitrastern, einschließlich Terminmärkte, Day-Ahead- und Intraday-Märkte.

3. Netz- oder Einzelhandelstarife können einer dynamischen Tarifierung im Hinblick auf Laststeuerung-Maßnahmen seitens der Endkunden förderlich sein, wie z.B.

a) nutzungszeitspezifische Tarife;

b) Tarifierung in kritischen Spitzenzeiten;

c) Echtzeit-Tarifierung;

d) Spitzenzeitenrabatte.

Anhang XII. Energieeffizienzanforderungen an Übertragungs- und Verteilernetzbetreiber

Die Übertragungs- und Verteilernetzbetreiber sind verpflichtet,

a) ihre Standardregeln für die Übernahme und Teilung der Kosten für technische Anpassungen – wie Netzanschlüsse, Ausbau bestehender und Einrichtung neuer Netze, verbesserten Netzbetrieb und Regeln für die diskriminierungsfreie Anwendung der Netzkodizes, die Voraussetzung für die Einbindung neuer Erzeuger sind, die Strom aus hocheffizienter KWK in das Verbundnetz einspeisen – aufzustellen und zu veröffentlichen;

b) neuen Erzeugern von Strom aus hocheffizienter KWK, die Netzanschluss wünschen, in umfassender Weise die dazu erforderlichen Informationen bereitzustellen, darunter

i) einen umfassenden und detaillierten Voranschlag der durch den Anschluss entstehenden Kosten;

ii) einen angemessenen und genauen Zeitplan für die Entgegennahme und die Bearbeitung des Antrags auf Anschluss an das Netz;

iii) einen angemessenen Richtzeitplan für jeden vorgeschlagenen Netzanschluss. Die Dauer des Gesamtverfahrens zur Erlangung eines Netzanschlusses sollte – unter Berücksichtigung der Zumutbarkeit und der Gleichbehandlung – 24 Monate nicht übersteigen;

c) standardisierte und vereinfachte Verfahren für den Anschluss dezentraler Erzeuger von Strom aus hocheffizienter KWK bereitzustellen, um deren Netzanschluss zu erleichtern.

Die in Buchstabe a genannten Standardregeln müssen sich auf objektive, transparente und nichtdiskriminierende Kriterien stützen, die insbesondere sämtliche Kosten und Vorteile des Anschlusses jener Erzeuger an das Netz berücksichtigen. Sie können verschiedene Arten von Anschlüssen vorsehen.

Anhang XIII. Mindestelemente in Energieleistungsverträgen mit dem öffentlichen Sektor oder in den zugehörigen Ausschreibungsbedingungen

– Klare und transparente Aufstellung der durchzuführenden Effizienzmaßnahmen oder der zu erzielenden Effizienzergebnisse.

– Mittels Durchführung der Vertragsmaßnahmen zu erzielende garantierte Einsparungen.

– Vertragslaufzeit und -zwischenziele, Kündigungsbedingungen und -fristen.

– Klare und transparente Aufstellung der Verpflichtungen jeder Vertragspartei.

– Für die Ermittlung der erzielten Einsparungen maßgebliche(s) Datum/Daten.

– Klare und transparente Aufstellung der zur Durchführung einer Maßnahme oder eines Maßnahmenpakets zu unternehmenden Schritte und, sofern relevant, der dazugehörigen Kosten.

– Verpflichtung zur vollständigen Durchführung der Vertragsmaßnahmen und Dokumentation aller im Laufe des Projekts vorgenommenen Änderungen.

– Vorschriften zur Einbeziehung gleichwertiger Anforderungen in alle Unteraufträge an Dritte.

– Klare und transparente Angabe der finanziellen Implikationen des Projekts und Aufteilung der erzielten monetären Einsparungen zwischen den Parteien (d.h. Bezahlung des Dienstleisters).

– Klare und transparente Bestimmungen zur Messung und Überprüfung der erzielten garantierten Einsparungen, Qualitätskontrollen und Garantien.

– Bestimmungen zur Klärung des Verfahrens zum Umgang mit sich wandelnden Rahmenbedingungen, die den Vertragsinhalt und das Vertragsergebnis berühren (d.h. sich ändernde Energiepreise, Nutzungsintensität der Anlage).

– Detaillierte Informationen zu den Verpflichtungen jeder Vertragspartei und zu den Sanktionen bei Nichteinhaltung.

Anhang XIV.
Allgemeiner Rahmen für die Berichterstattung

Teil 1. *(aufgehoben)*

Teil 2. Allgemeiner Rahmen für Nationale Energieeffizienz-Aktionspläne

Die in Artikel 24 Absatz 2 genannten Nationalen Energieeffizienz-Aktionspläne müssen einen Rahmen für die Entwicklung der nationalen Energieeffizienzstrategien bilden.

Die Nationalen Energieeffizienz-Aktionspläne müssen bedeutende Maßnahmen zur Verbesserung der Energieeffizienz sowie erwartete/erzielte Energieeinsparungen umfassen, u.a. bei der Energieversorgung, -übertragung bzw. -fernleitung und -verteilung sowie beim Energieendverbrauch. Die Mitgliedstaaten gewährleisten, dass die Nationalen Energieeffizienz-Aktionspläne die folgenden Mindestinformationen enthalten:

1. Ziele und Strategien
   – indikatives nationales Energieeffizienzziel für 2020 gemäß Artikel 3 Absatz 1;
   – nationaler Energieeinsparrichtwert gemäß Artikel 4 Absatz 1 der Richtlinie 2006/32/EG;
   – sonstige bestehende Energieeffizienzziele für die Gesamtwirtschaft oder bestimmte Sektoren.
2. Maßnahmen und Energieeinsparungen
   Die Nationalen Energieeffizienz-Aktionspläne müssen Informationen über verabschiedete oder zur Verabschiedung anstehende Maßnahmen zur Umsetzung der wichtigsten Aspekte dieser Richtlinie sowie über die entsprechenden Einsparungen enthalten.
   a) Primärenergieeinsparungen
      In den Nationalen Energieeffizienz-Aktionsplänen müssen bedeutende Maßnahmen und Aktionen aufgeführt werden, die im Hinblick auf Primärenergieeinsparung in sämtlichen Wirtschaftssektoren unternommen wurden. Für jede Maßnahme oder jedes Maßnahmen-/Aktionspaket sind Schätzungen der erwarteten Einsparungen für das Jahr 2020 und die zum Berichtszeitpunkt erzielten Einsparungen anzugeben.
      Soweit verfügbar, sollten Informationen zu anderen Auswirkungen/Nutzeffekten der Maßnahmen (Verringerung der Treibhausgasemissionen, bessere Luftqualität, Schaffung von Arbeitsplätzen usw.) und das Budget für die Durchführung angegeben werden.
   b) Endenergieeinsparungen
      Der erste und der zweite Nationale Energieeffizienz-Aktionsplan müssen eine Aufstellung der Ergebnisse bezüglich des Erreichens der in Artikel 4 Absätze 1 und 2 der Richtlinie 2006/32/EG genannten Einsparziele beim Endenergieverbrauch enthalten. Ist keine Berechnung/Schätzung der Einsparungen je Maßnahme verfügbar, so ist die Verringerung des Energieverbrauchs auf Sektorebene aufgrund der (Kombination von) Maßnahmen auszuweisen.
      Der erste und der zweite Nationale Energieeffizienz-Aktionsplan müssen auch die zur Ermittlung der Energieeinsparungen angewandte Mess- und/oder Berechnungsmethode enthalten. Wird die „empfohlene Methode“[1] angewandt, so sollte der Nationale Energieeffizienz-Aktionsplan hierauf verweisen.
3. Spezifische Informationen bezüglich dieser Richtlinie

3.1. Öffentliche Einrichtungen (Artikel 5)
Die Nationalen Energieeffizienz-Aktionspläne müssen eine Aufstellung der öffentlichen Einrichtungen enthalten, die einen Energieeffizienzplan gemäß Artikel 5 Absatz 7 erstellt haben.

3.2. Energieeffizienzverpflichtungen (Artikel 7)
Die Nationalen Energieeffizienz-Aktionspläne müssen die gemäß Anhang IV gewählten nationalen Koeffizienten enthalten.
Der erste Nationale Energieeffizienz-Aktionsplan muss eine kurze Beschreibung des nationalen Systems nach Artikel 7 Absatz 1 oder der gemäß Artikel 7 Absatz 9 verabschiedeten Alternativmaßnahmen enthalten.

3.3. Energieaudits und Energiemanagementsysteme (Artikel 8)
Die Nationalen Energieeffizienz-Aktionspläne müssen folgende Angaben enthalten:
a) Anzahl der im vorausgegangenen Zeitraum durchgeführten Energieaudits;

---

[1] **Amtl. Anm.:** Empfehlungen zu Mess-und Prüfmethoden im Rahmen der Richtlinie 2006/32/EG über Endenergieeffizienz und Energiedienstleistungen.

b) Anzahl der im vorausgegangenen Zeitraum in großen Unternehmen durchgeführten Energieaudits;

c) Anzahl großer Unternehmen im Hoheitsgebiet des betreffenden Mitgliedstaats und Anzahl der Unternehmen, für die Artikel 8 Absatz 5 gilt.

3.4. Förderung von Effizienz bei der Wärme- und Kälteversorgung (Artikel 14)
Die Nationalen Energieeffizienz-Aktionspläne müssen eine Bewertung der Fortschritte enthalten, die bei der Durchführung der in Artikel 14 Absatz 1 genannten umfassenden Bewertung erzielt wurden.

3.5. Energieübertragung bzw. -fernleitung und -verteilung (Artikel 15)
Der erste Nationale Energieeffizienz-Aktionsplan und die danach alle 10 Jahre fälligen Folgeberichte müssen die durchgeführte Bewertung und die ausgewiesenen Maßnahmen und Investitionen zur Nutzung der Energieeffizienzpotenziale der Gas- und Elektrizitätsinfrastruktur gemäß Artikel 15 Absatz 2 enthalten.

3.6. Die Mitgliedstaaten berichten im Rahmen ihrer Nationalen Energieeffizienz-Aktionspläne über die Maßnahmen, die zur Ermöglichung und Entwicklung der Laststeuerung gemäß Artikel 15 ergriffen wurden.

3.7. Verfügbarkeit von Qualifizierungs-, Akkreditierungs- und Zertifizierungssystemen (Artikel 16)
Die Nationalen Energieeffizienz-Aktionspläne müssen Angaben zu den verfügbaren Qualifizierungs-, Akkreditierungs- und Zertifizierungssystemen oder gleichwertigen Qualifizierungssystemen für die Anbieter von Energiedienstleistungen, Energieaudits und Maßnahmen zur Verbesserung der Energieeffizienz enthalten.

3.8. Energiedienstleistungen (Artikel 18)
Die Nationalen Energieeffizienz-Aktionspläne müssen einen Link zu der Internetseite enthalten, auf der die in Artikel 18 Absatz 1 Buchstabe c genannte Liste der Anbieter von Energiedienstleistungen bzw. die entsprechende Schnittstelle zugänglich ist.

3.9. Sonstige Maßnahmen zur Förderung von Energieeffizienz (Artikel 19)
Der erste Nationale Energieeffizienz-Aktionsplan muss eine Aufstellung der in Artikel 19 Absatz 1 genannten Maßnahmen enthalten.

Anhang XV.
Entsprechungstabelle

Richtlinie 2004/8/EG	Diese Richtlinie
Artikel 1	Artikel 1 Absatz 1
Artikel 2	Artikel 1 Absatz 1
Artikel 3 Buchstabe a	Artikel 2 Nummer 30
Artikel 3 Buchstabe b	Artikel 2 Nummer 32
Artikel 3 Buchstabe c	Artikel 2 Nummer 31
Artikel 3 Buchstabe d	Artikel 2 Nummer 33
Artikel 3 Buchstaben e und f	–
Artikel 3 Buchstabe g	Artikel 2 Nummer 35
Artikel 3 Buchstabe h	–
Artikel 3 Buchstabe i	Artikel 2 Nummer 34
Artikel 3 Buchstabe j	–
Artikel 3 Buchstabe k	Artikel 2 Nummer 36
Artikel 3 Buchstabe l	Artikel 2 Nummer 37
Artikel 3 Buchstabe m	Artikel 2 Nummer 39
Artikel 3 Buchstabe n	Artikel 2 Nummer 38

Richtlinie 2004/8/EG	Diese Richtlinie
Artikel 3 Buchstabe o	–
–	Artikel 2 Nummern 40, 41, 42, 43 und 44
Artikel 4 Absatz 1	Anhang II Buchstabe f Nummer 1
Artikel 4 Absatz 2	Artikel 14 Absatz 10 Unterabsatz 2
Artikel 4 Absatz 3	–
Artikel 5	Artikel 14 Absatz 10 Unterabsatz 1 und Anhang X
Artikel 6	Artikel 14 Absätze 1 und 3 und Anhänge VIII und IX
Artikel 7 Absatz 1	Artikel 14 Absatz 11
Artikel 7 Absätze 2 und 3	–
Artikel 8	Artikel 15 Absatz 5
–	Artikel 15 Absätze 6, 7, 8 und 9
Artikel 9	–
Artikel 10 Absätze 1 und 2	Artikel 14 Absatz 1, Artikel 24 Absatz 2 und Anhang XIV Teil 2
Artikel 10 Absatz 3	Artikel 24 Absatz 6
Artikel 11	Artikel 24 Absatz 3
–	Artikel 24 Absatz 5
Artikel 12 Absätze 1 und 3	–
Artikel 12 Absatz 2	Anhang II Buchstabe c
Artikel 13	Artikel 22 Absatz 2
Artikel 14	–
Artikel 15	Artikel 28
Artikel 16	–
Artikel 17	Artikel 29
Artikel 18	Artikel 30
Anhang I	Anhang I Teil II
Anhang II	Anhang I Teile I und II letzter Unterabsatz
Anhang III	Anhang II
Anhang IV	Anhang VIII
–	Anhang IX

Richtlinie 2006/32/EG	Diese Richtlinie
Artikel 1	Artikel 1 Absatz 1
Artikel 2	Artikel 1 Absatz 1
Artikel 3 Buchstabe a	Artikel 2 Nummer 1
Artikel 3 Buchstabe b	Artikel 2 Nummer 4
Artikel 3 Buchstabe c	Artikel 2 Nummer 6

Richtlinie 2006/32/EG	Diese Richtlinie
Artikel 3 Buchstabe d	Artikel 2 Nummer 5
–	Artikel 2 Nummern 2 und 3
Artikel 3 Buchstabe e	Artikel 2 Nummer 7
Artikel 3 Buchstabe f, g, h und i	–
–	Artikel 2 Nummern 8 bis 19
Artikel 3 Buchstabe j	Artikel 2 Nummer 27
–	Artikel 2 Nummer 28
Artikel 3 Buchstabe k	–
Artikel 3 Buchstabe l	Artikel 2 Nummer 25
–	Artikel 2 Nummer 26
Artikel 3 Buchstabe m	–
Artikel 3 Buchstabe n	Artikel 2 Nummer 23
Artikel 3 Buchstabe o	Artikel 2 Nummer 20
Artikel 3 Buchstabe p	Artikel 2 Nummer 21
Artikel 3 Buchstabe q	Artikel 2 Nummer 22
Artikel 3 Buchstaben r und s	–
–	Artikel 2 Nummern 24, 29, 44 und 45
–	Artikel 3
–	Artikel 4
Artikel 4	–
Artikel 5	Artikel 5 und 6
Artikel 6 Absatz 1 Buchstabe a	Artikel 7 Absatz 8 Buchstaben a und b
Artikel 6 Absatz 1 Buchstabe b	Artikel 18 Absatz 3
Artikel 6 Absatz 2	Artikel 7 Absätze 1, 5, 6, 7, 9, 10, 11 und 12
–	Artikel 7 Absätze 2 und 3
Artikel 6 Absatz 3	Artikel 18 Absatz 2 Buchstaben b und c
Artikel 6 Absatz 5	–
Artikel 7	Artikel 17
Artikel 8	Artikel 16 Absatz 1
–	Artikel 16 Absätze 2 und 3
Artikel 9 Absatz 1	Artikel 19
Artikel 9 Absatz 2	Artikel 18 Absatz 1 Buchstabe d Ziffer i
–	Artikel 18 Absatz 1 Buchstaben a, b, c, d Ziffer ii und Buchstabe e
Artikel 10 Absatz 1	Artikel 15 Absatz 4
Artikel 10 Absatz 2	Artikel 15 Absatz 3
–	Artikel 15 Absätze 7, 8 und 9

Richtlinie 2006/32/EG	Diese Richtlinie
Artikel 11	Artikel 20
Artikel 12 Absatz 1	Artikel 8 Absatz 1
Artikel 12 Absatz 2	–
–	Artikel 8 Absätze 2, 3, 4, 5, 6 und 7
Artikel 12 Absatz 3	–
Artikel 13 Absatz 1	Artikel 9
Artikel 13 Absatz 2	Artikel 10 und Anhang VII Nummer 1.1
Artikel 13 Absatz 3	Anhang VII Nummern 1.2 und 1.3
–	Artikel 11
–	Artikel 12
–	Artikel 13
–	Artikel 15 Absätze 1 und 2
–	Artikel 18 Absatz 2 Buchstaben a und d
–	Artikel 21
Artikel 14 Absätze 1 und 2	Artikel 24 Absätze 1 und 2
Artikel 14 Absatz 3	–
Artikel 14 Absätze 4 und 5	Artikel 24 Absatz 3
–	Artikel 24 Absätze 4 und 7 bis 11
–	Artikel 22 Absatz 1
Artikel 15 Absatz 1	Artikel 22 Absatz 2
Artikel 15 Absatz 2, 3 und 4	–
–	Artikel 23
–	Artikel 25
Artikel 16	Artikel 26
Artikel 17	Artikel 27
Artikel 18	Artikel 28
Artikel 19	Artikel 29
Artikel 20	Artikel 30
Anhang I	–
Anhang II	Anhang IV
Anhang III	–
Anhang IV	–
Anhang V	–
Anhang VI	Anhang III
–	Anhang V
–	Anhang VI
–	Anhang VII

Richtlinie 2006/32/EG	Diese Richtlinie
–	Anhang XI
–	Anhang XII
–	Anhang XIII
–	Anhang XIV
–	Anhang XV

62. Gesetz über Energiedienstleistungen und andere Energieeffizienzmaßnahmen (EDL-G)[1]

Vom 4. November 2010
(BGBl. I S. 1483)

FNA 754-23

zuletzt geänd. durch Art. 2 Abs. 8 VergaberechtsmodernisierungsG v. 17.2.2016 (BGBl. I S. 203)

§ 1 Anwendungsbereich. Dieses Gesetz findet Anwendung auf

1. Anbieter von Energiedienstleistungen, Energieeffizienzmaßnahmen und Energieunternehmen,
2. Endkunden mit Ausnahme von Anlagenbetreibern nach § 3 Nummer 2 des Treibhausgas-Emissionshandelsgesetzes[2] vom 21. Juli 2011 (BGBl. I S. 1475), das zuletzt durch Artikel 4 Absatz 28 des Gesetzes vom 7. August 2013 (BGBl. I S. 3154) geändert worden ist, hinsichtlich ihrer Tätigkeiten nach Anhang 1 Teil 2 zum Treibhausgas-Emissionshandelsgesetz,
3. die öffentliche Hand einschließlich der Bundeswehr, soweit die Anwendung dieses Gesetzes nicht der Art und dem Hauptzweck der Tätigkeit der Streitkräfte entgegensteht, und mit Ausnahme von Material, das ausschließlich für militärische Zwecke verwendet wird,
4. Unternehmen, die keine Kleinstunternehmen, kleinen und mittleren Unternehmen im Sinne der Empfehlung 2003/361/EG der Kommission vom 6. Mai 2003 betreffend die Definition der Kleinstunternehmen sowie der kleinen und mittleren Unternehmen (ABl. L 124 vom 20.5.2003, S. 36) sind.

§ 2 Begriffsbestimmungen. Im Sinne dieses Gesetzes sind

1. Drittfinanzierung: eine vertragliche Vereinbarung, an der neben dem Energielieferanten und dem Nutzer einer Energieeffizienzmaßnahme ein Dritter beteiligt ist, der die Finanzmittel für diese Maßnahme bereitstellt und dem Nutzer ein Entgelt berechnet, das einem Teil der durch die Energieeffizienzmaßnahme erzielten Energieeinsparungen entspricht, wobei Dritter auch der Energiedienstleister sein kann;
2. Endkunde: eine natürliche oder juristische Person, die Energie für den eigenen Endverbrauch kauft;
3. Energie: alle handelsüblichen Energieformen einschließlich Elektrizität, Erdgas und Flüssiggas, Brennstoff für Heiz- und Kühlzwecke einschließlich Fernheizung und -kühlung, Stein- und Braunkohle, Torf, Kraftstoffe und Biomasse im Sinne der Biomasseverordnung[3] vom 21. Juni 2001 (BGBl. I S. 1234), die durch die Verordnung vom 9. August 2005 (BGBl. I S. 2419) geändert worden ist, ausgenommen Flugzeugtreibstoffe und Bunkeröle für die Seeschifffahrt;

---

[1] Verkündet als Art. 1 G v. 4.11.2010 (BGBl. I S. 1483); Inkrafttreten gem. Art. 6 dieses G am 12.11.2010.

[2] Nr. **55**.

[3] Nr. **39**.

4. Energieaudit: ein systematisches Verfahren zur Erlangung ausreichender Informationen über das bestehende Energieverbrauchsprofil eines Gebäudes oder einer Gebäudegruppe, eines Betriebsablaufs in der Industrie oder einer Industrieanlage oder privater oder öffentlicher Dienstleistungen, zur Ermittlung und Quantifizierung der Möglichkeiten für wirtschaftliche Energieeinsparungen und Erfassung der Ergebnisse in einem Bericht;
5. Energiedienstleister: eine natürliche oder juristische Person, die Energiedienstleistungen oder andere Energieeffizienzmaßnahmen in Einrichtungen oder Räumlichkeiten eines Endkunden erbringt oder durchführt;
6. Energiedienstleistung: Tätigkeit, die auf der Grundlage eines Vertrags erbracht wird und in der Regel zu überprüfbaren und mess- oder schätzbaren Energieeffizienzverbesserungen oder Primärenergieeinsparungen sowie zu einem physikalischen Nutzeffekt, einem Nutzwert oder zu Vorteilen als Ergebnis der Kombination von Energie mit energieeffizienter Technologie oder mit Maßnahmen wie beispielsweise Betriebs-, Instandhaltungs- und Kontrollaktivitäten führt;
7. Energieeffizienz: das Verhältnis von Ertrag an Leistung, Dienstleistungen, Waren oder Energie zum Energieeinsatz;
8. Energieeffizienzmaßnahmen: alle Maßnahmen, die in der Regel zu überprüfbaren und der Höhe nach mess- oder schätzbaren Energieeffizienzverbesserungen führen;
9. Energieeffizienzmechanismen: allgemeine Instrumente zur Schaffung von Rahmenbedingungen oder von Anreizen für Marktteilnehmer bei Erbringung und Inanspruchnahme von Energiedienstleistungen und anderen Energieeffizienzmaßnahmen, die von der öffentlichen Hand, insbesondere von der Bundesstelle für Energieeffizienz eingesetzt werden;
10. Energieeffizienzverbesserung: die Steigerung der Endenergieeffizienz durch technische, wirtschaftliche oder Verhaltensänderungen;
11. Energieeinsparungen: die eingesparte Energiemenge, die durch Messung oder berechnungsbasierte Schätzung des Verbrauchs vor und nach der Umsetzung einer oder mehrerer Energieeffizienzmaßnahmen oder Verhaltensänderungen ermittelt wird, wobei äußere Bedingungen, die den Energieverbrauch negativ beeinflussen, durch Bildung eines Normalwerts zu berücksichtigen sind;
12. Energielieferant: eine natürliche oder juristische Person, die Energie an Endkunden verkauft und deren Umsatz dem Äquivalent von 75 Gigawattstunden an Energie pro Jahr entspricht oder darüberliegt oder die zehn oder mehr Personen beschäftigt oder deren Jahresumsatz und Jahresbilanz 2 Millionen Euro übersteigt;
13. Energieunternehmen: Energieverteiler, Verteilernetzbetreiber und Energielieferanten;
14. Energieverteiler: eine natürliche oder juristische Person, die für den Transport von Energie zur Abgabe an Endkunden und an Energielieferanten verantwortlich ist, ausgenommen Verteilernetzbetreiber gemäß Nummer 16;
15. Finanzinstrumente für Energieeinsparungen: alle Instrumente zur teilweisen oder vollen Deckung der anfänglichen Projektkosten für die Durchführung

von Energieeffizienzmaßnahmen wie Finanzhilfen, Steuervergünstigungen, Darlehen, Drittfinanzierungen, entsprechend gestaltete Energieleistungsverträge und andere ähnliche Verträge, die auf dem Markt bereitgestellt werden;

16. Verteilernetzbetreiber: eine natürliche oder juristische Person, die verantwortlich ist für den Betrieb, die Wartung, erforderlichenfalls den Ausbau des Verteilernetzes für Elektrizität oder Erdgas in einem bestimmten Gebiet und gegebenenfalls der Verbindungsleitungen zu anderen Netzen sowie für die Sicherstellung der langfristigen Fähigkeit des Netzes, eine angemessene Nachfrage nach Verteilung von Elektrizität oder Erdgas zu befriedigen;
17. Energiemanagementsystem: ein System, das den Anforderungen der DIN EN ISO 50001, Ausgabe Dezember 2011[1] entspricht;
18. EMAS-Registrierungsstelle: die nach § 32 des Umweltauditgesetzes in der Fassung der Bekanntmachung vom 4. September 2002 (BGBl. I S. 3490), das zuletzt durch Artikel 2 Absatz 43 des Gesetzes vom 7. August 2013 (BGBl. I S. 3154) geändert worden ist, in der jeweils geltenden Fassung für die Eintragung in das EMAS-Register zuständige Industrie- und Handelskammer oder Handwerkskammer.

§ 3 Energieeinsparziele. (1) [1]Ziel der Maßnahmen nach diesem Gesetz ist es, die Effizienz der Energienutzung durch Endkunden in Deutschland mit Energiedienstleistungen und anderen Energieeffizienzmaßnahmen kostenwirksam zu steigern. [2]Dazu legt die Bundesregierung Energieeinsparrichtwerte fest, die als Energieeinsparziel bis zum Mai des Jahres 2017 erreicht werden sollen, sowie eine Strategie zur Erreichung dieser Ziele. [3]Die Berechnung des Richtwerts erfolgt nach den Anhängen I, II und IV der Richtlinie 2006/32/EG des Europäischen Parlaments und des Rates vom 5. April 2006 über Endenergieeffizienz und Energiedienstleistungen und zur Aufhebung der Richtlinie 93/76/EWG des Rates (ABl. L 114 vom 27.4.2006, S. 64).

(2) [1]Die Energieeinsparrichtwerte sollen durch wirtschaftliche und angemessene Maßnahmen erreicht werden. [2]Maßnahmen sind wirtschaftlich, wenn generell die erforderlichen Aufwendungen innerhalb der üblichen Nutzungsdauer durch die eintretenden Einsparungen erwirtschaftet werden können. [3]Bei Maßnahmen im Bestand ist die noch zu erwartende Nutzungsdauer zu berücksichtigen. [4]Zur Erreichung der Energieeinsparrichtwerte sollen insbesondere:

1. die erforderlichen Energieeffizienzmechanismen, Anreize und institutionellen, finanziellen und rechtlichen Rahmenbedingungen geschaffen sowie Markthemmnisse beseitigt werden, die der effizienten Energienutzung durch Endkunden entgegenstehen;
2. die Voraussetzungen für die Entwicklung und Förderung eines Marktes für Energiedienstleistungen und für die Erbringung von anderen Energieeffizienzmaßnahmen für die Endkunden geschaffen werden.

(3) [1]Der öffentlichen Hand kommt bei der Energieeffizienzverbesserung eine Vorbildfunktion zu. [2]Hierzu nimmt die öffentliche Hand Energiedienst-

---

[1] **Amtl. Anm.:** Die Norm ist bei der Beuth Verlag GmbH, Berlin, erschienen und bei der Deutschen Nationalbibliothek archivmäßig gesichert niedergelegt.

leistungen in Anspruch und führt andere Energieeffizienzmaßnahmen durch, deren Schwerpunkt in besonderer Weise auf wirtschaftlichen Maßnahmen liegt, die in kurzer Zeit zu Energieeinsparungen führen. [3] Die öffentliche Hand wird insbesondere bei ihren Baumaßnahmen unter Beachtung der Wirtschaftlichkeit nicht unwesentlich über die Anforderungen zur Energieeffizienz in der Energieeinsparverordnung[1)] in der jeweils geltenden Fassung hinausgehen. [4] Über Maßnahmen nach den Sätzen 2 und 3 ist die Öffentlichkeit zu unterrichten.

(4) Die Bundesregierung legt dem Deutschen Bundestag bis zum 30. April 2017 und bis zum 30. April 2020 jeweils einen Energieeffizienz-Aktionsplan im Sinne von Artikel 24 Absatz 2 der Richtlinie 2012/27/EU[2)] des Europäischen Parlaments und des Rates vom 25. Oktober 2012 zur Energieeffizienz, zur Änderung der Richtlinien 2009/125/EG und 2010/30/EU und zur Aufhebung der Richtlinien 2004/8/EG und 2006/32/EG (ABl. L 315 vom 14.11. 2012, S. 1), die zuletzt durch die Richtlinie 2013/12/EU (ABl. L 141 vom 28.5.2013, S. 28) geändert worden ist, vor.

§ 4 Information und Beratung der Endkunden; Verordnungsermächtigung. (1) [1] Energielieferanten unterrichten ihre Endkunden mindestens jährlich in geeigneter Form über die Wirksamkeit von Energieeffizienzmaßnahmen sowie über die für sie verfügbaren Angebote, die durch

1. Energiedienstleister,
2. Anbieter von Energieaudits, die unabhängig von den Energieunternehmen sind, und
3. Anbieter von Energieeffizienzmaßnahmen

mit wettbewerbsorientierter Preisgestaltung durchgeführt werden. [2] Diese Informationen können im Rahmen der Abrechnung des Energieverbrauchs durch ausdrücklichen Hinweis auf die Anbieterliste nach § 7 Absatz 1 Satz 1 oder eine Anbieterliste, auf die die Bundesstelle für Energieeffizienz nach § 7 Absatz 1 Satz 3 hinweist, sowie auf die Berichte nach § 6 Absatz 1 gegeben werden.

(2) Energieunternehmen stellen den Endkunden zusammen mit Verträgen, Vertragsänderungen, Abrechnungen oder Quittungen in klarer und verständlicher Form Kontaktinformationen zu Verbraucherorganisationen, Energieagenturen oder ähnlichen Einrichtungen, einschließlich Internetadressen, zur Verfügung, von denen sie Angaben über angebotene Energieeffizienzmaßnahmen, Endkunden-Vergleichsprofile sowie gegebenenfalls technische Spezifikationen von energiebetriebenen Geräten erhalten können.

(3) Zur Information der Endkunden über Maßnahmen zur Energieeffizienzverbesserung wird die Bundesregierung ermächtigt, durch Rechtsverordnung ohne Zustimmung des Bundesrates zu bestimmen, welche Art von Informationen und Beratungsangeboten über Energieeffizienz den Endkunden von den Marktteilnehmern zur Verfügung zu stellen sind.

§ 5 Verbot der Behinderung oder Beeinträchtigung durch Energieunternehmen. Energieunternehmen haben alle Handlungen zu unterlassen, die

---

1) Nr. **63**.
2) Nr. **61**.

1. die Nachfrage nach Energiedienstleistungen und anderen Energieeffizienzmaßnahmen behindern,
2. die Erbringung oder Durchführung von Energiedienstleistungen und anderen Energieeffizienzmaßnahmen behindern oder
3. die Entwicklung von Märkten für Energiedienstleistungen und von anderen Energieeffizienzmaßnahmen beeinträchtigen könnten.

§ 6 Information der Marktteilnehmer. (1) [1]Die Bundesstelle für Energieeffizienz sorgt dafür, dass die Informationen über Energieeffizienzmechanismen und die zur Erreichung der Energieeinsparrichtwerte nach § 3 Absatz 1 festgelegten finanziellen und rechtlichen Rahmenbedingungen transparent sind und den Marktteilnehmern umfassend zur Kenntnis gebracht werden. [2]Sie veröffentlicht hierzu fortlaufend, mindestens alle zwei Jahre, Berichte.

(2) [1]Die Bundesstelle für Energieeffizienz hat auf ihrer Internetseite Folgendes zur Verfügung zu stellen:

1. verständliche und leicht zugängliche Informationen über verfügbare Energiedienstleistungsverträge,
2. Musterklauseln, die in solchen Verträgen verwendet werden können.

[2]Die Bundesstelle für Energieeffizienz übernimmt nur in Fällen von Vorsatz oder grober Fahrlässigkeit eine Haftung für die Richtigkeit und Vollständigkeit der Musterverträge.

§ 7 Anbieterliste und Energieauditorenliste; Verordnungsermächtigung. (1) [1]Anbieter von Energiedienstleistungen, Energieaudits oder Energieeffizienzmaßnahmen können sich vorbehaltlich der Absätze 2 und 3 in eine bei der Bundesstelle für Energieeffizienz öffentlich geführte Anbieterliste eintragen lassen. [2]Von den Energieunternehmen unabhängige Anbieter sind kenntlich zu machen. [3]Die Angebotseintragung kann auf bestimmte Länder, Landkreise oder kreisfreie Städte beschränkt werden. [4]Die Bundesstelle für Energieeffizienz kann ergänzend zu der nach Satz 1 zu führenden Liste auf nach Zweck und Inhalt vergleichbare Listen qualifizierter Anbieter hinweisen.

(2) [1]Voraussetzung für eine Eintragung nach Absatz 1 ist, dass die Anbieter zuverlässig und fachkundig sind. [2]Die Fachkunde eines Anbieters wird vermutet, wenn er in den letzten drei Jahren Energiedienstleistungen, Energieaudits oder Energieeffizienzmaßnahmen für mindestens zehn Endkunden durchgeführt hat. [3]Anbieter von Energieaudits müssen zudem in unabhängiger Weise beraten.

(3) Personen, die die Voraussetzung nach § 8b zur Durchführung von Energieaudits oder gegebenenfalls nach einer gemäß § 8d Nummer 2 erlassenen Rechtsverordnung erfüllen, können sich in eine beim Bundesamt für Wirtschaft und Ausfuhrkontrolle öffentlich geführte Liste für Energieaudits durchführende Personen eintragen lassen.

(4) Die Bundesregierung wird ermächtigt, durch Rechtsverordnung ohne Zustimmung des Bundesrates ergänzend zu den Absätzen 2 und 3 festzulegen,

1. welche Anforderungen an Anbieter hinsichtlich ihrer Zuverlässigkeit, Fachkunde und der Fähigkeit zur unabhängigen Beratung zu stellen sind,

2. welche Nachweise die Anbieter erbringen müssen, um in die Anbieter- und Energieauditorenlisten eingetragen werden zu können,
3. welche Kosten für die Eintragung erhoben werden können und
4. unter welchen Voraussetzungen eine Löschung aus der Anbieter- und Energieauditorenliste erfolgt.

§ 8 Verpflichtung zur Durchführung von Energieaudits; Verpflichtungsbefreiung. (1) Unternehmen im Sinne des § 1 Nummer 4 sind verpflichtet,

1. bis zum 5. Dezember 2015 ein Energieaudit nach Maßgabe des
   a) § 8a Absatz 1 Nummer 1 und § 8b Absatz 1 Satz 1 und Absatz 2 Satz 1 bis 5,
   b) § 8a Absatz 1 Nummer 2 bis 5, Absatz 2 und 3 und § 8b Absatz 1 Satz 2 und 3 und Absatz 2 Satz 6

   durchzuführen und
2. gerechnet vom Zeitpunkt des ersten Energieaudits mindestens alle vier Jahre ein weiteres Energieaudit nach Maßgabe des
   a) § 8a Absatz 1 Nummer 1 und § 8b Absatz 1 Satz 1 und Absatz 2 Satz 1 bis 5,
   b) § 8a Absatz 1 Nummer 2 bis 5, Absatz 2 und 3 und § 8b Absatz 1 Satz 2 und 3 und Absatz 2 Satz 6

   durchzuführen.

(2) Die Pflicht zur Durchführung des ersten Energieaudits nach Absatz 1 Nummer 1 gilt als erfüllt, wenn zwischen dem 4. Dezember 2012 und dem 5. Dezember 2015 ein Energieaudit durchgeführt worden ist, das den Anforderungen nach § 8a entspricht.

(3) Unternehmen sind von der Pflicht nach Absatz 1 freigestellt, wenn sie zu dem nach Absatz 1 maßgeblichen Zeitpunkt entweder

1. ein Energiemanagementsystem im Sinne von § 2 Nummer 17 eingerichtet haben oder
2. ein Umweltmanagementsystem im Sinne der Verordnung (EG) Nr. 1221/2009 des Europäischen Parlaments und des Rates vom 25. November 2009 über die freiwillige Teilnahme von Organisationen an einem Gemeinschaftssystem für Umweltmanagement und Umweltbetriebsprüfung und zur Aufhebung der Verordnung (EG) Nr. 761/2001 sowie der Beschlüsse der Kommission 2001/681/EG und 2006/193/EG (ABl. L 342 vom 22.12.2009, S. 1), die zuletzt durch die Verordnung (EU) Nr. 517/2013 (ABl. L 158 vom 10.6.2013, S. 1) geändert worden ist, eingerichtet haben.

§ 8a Anforderungen an Energieaudits; Verfügbarkeit von Energieaudits. (1) Das Energieaudit nach § 8 Absatz 1 muss

1. den Anforderungen der DIN EN 16247-1, Ausgabe Oktober 2012[1] entsprechen, wobei zu diesen Anforderungen gehört, dass das Unternehmen

[1] **Amtl. Anm.:** Die Norm ist bei der Beuth Verlag GmbH, Berlin, erschienen und bei der Deutschen Nationalbibliothek archivmäßig gesichert niedergelegt.

einen Verantwortlichen beziehungsweise Ansprechpartner zur Durchführung des Energieaudits vorsieht,

2. auf aktuellen, kontinuierlich oder zeitweise gemessenen, belegbaren Betriebsdaten zum Energieverbrauch und zu den Lastprofilen basieren, wobei für gängige Geräte, für die eine Ermittlung des Energieverbrauchs mittels Messung nicht oder nur mit einem erheblichen Aufwand möglich ist, der Energieverbrauch auch durch nachvollziehbare Hochrechnungen von bestehenden Betriebs- und Lastkenndaten ermittelt werden kann und für Geräte zur Beleuchtung und für Bürogeräte eine Schätzung des Energieverbrauchs mittels anderer nachvollziehbarer Methoden vorgenommen werden kann,
3. eine eingehende Prüfung des Energieverbrauchsprofils von Gebäuden oder Gebäudegruppen und Betriebsabläufen oder Anlagen in der Industrie einschließlich der Beförderung mit einschließen,
4. nach Möglichkeit auf einer Lebenszyklus-Kostenanalyse anstatt auf einfachen Amortisationszeiten basieren und
5. verhältnismäßig und so repräsentativ sein, dass sich daraus ein zuverlässiges Bild der Gesamtenergieeffizienz ergibt und sich die wichtigsten Verbesserungsmöglichkeiten zuverlässig ermitteln lassen.

(2) Die für das Energieaudit nach § 8 Absatz 1 verwendeten Daten müssen dem Unternehmen durch die das Energieaudit durchführende Person in einer Weise übermittelt werden, die es ihm ermöglicht, die Daten für historische Analysen und für die Rückverfolgung der Leistung aufzubewahren.

(3) [1]Die Bundesstelle für Energieeffizienz wirkt darauf hin, dass allen Endkunden wirksame, hochwertige Energieaudits zur Verfügung stehen, die von Anbietern durchgeführt werden, die den Anforderungen des § 7 Absatz 2 Satz 1 und 3 genügen. [2]Sofern hierfür keine ausreichende Zahl unabhängiger Anbieter tätig ist, ergreift die Bundesstelle für Energieeffizienz Maßnahmen, um das Tätigwerden unabhängiger Anbieter zu entwickeln und zu fördern.

§ 8b Anforderungen an die das Energieaudit durchführenden Personen. (1) [1]Das Energieaudit ist von einer Person durchzuführen, die auf Grund ihrer Ausbildung oder beruflichen Qualifizierung und praktischen Erfahrung über die erforderliche Fachkunde zur ordnungsgemäßen Durchführung eines Energieaudits verfügt. [2]Die Fachkunde erfordert

1. eine einschlägige Ausbildung, nachgewiesen durch
   a) den Abschluss eines Hochschul- oder Fachhochschulstudiums in einer einschlägigen Fachrichtung oder
   b) eine berufliche Qualifikation zum staatlich geprüften Techniker oder zur staatlich geprüften Technikerin in einer einschlägigen Fachrichtung oder einen Meisterabschluss oder gleichwertigen Weiterbildungsabschluss und
2. eine mindestens dreijährige hauptberufliche Tätigkeit, bei der praxisbezogene Kenntnisse über die betriebliche Energieberatung erworben wurden.

[3]Der Nachweis einer einschlägigen Ausbildung nach Satz 2 Nummer 1 ist auch als erbracht anzusehen, wenn ein Abschluss oder eine berufliche Qualifikation durch eine oberste Bundes- oder Landesbehörde oder durch eine Körperschaft des öffentlichen Rechts als gleichwertig anerkannt ist.

(2) [1]Das Energieaudit ist in unabhängiger Weise durchzuführen. [2]Die das Energieaudit durchführende Person muss das Unternehmen, das sie beauftragt, hersteller-, anbieter- und vertriebsneutral beraten. [3]Die das Energieaudit durchführenden Personen dürfen keine Provisionen oder sonstige geldwerte Vorteile von einem Unternehmen fordern oder erhalten, das Produkte herstellt oder vertreibt oder Anlagen errichtet oder vermietet, die bei Energiesparinvestitionen im auditierten Unternehmen verwendet werden. [4]Wird das Energieaudit von unternehmensinternen Personen durchgeführt, so dürfen diese Personen nicht unmittelbar an der Tätigkeit beteiligt sein, die einem Energieaudit unterzogen wird. [5]Unternehmensinterne Energieauditoren müssen in ihrer Aufgabenwahrnehmung unabhängig sein; sie sind der Leitung des Unternehmens unmittelbar zu unterstellen und in dieser Funktion weisungsfrei. [6]Sie dürfen wegen der Erfüllung ihrer Aufgaben als Energieauditoren nicht benachteiligt werden.

§ 8c Nachweisführung. (1) [1]Das Bundesamt für Wirtschaft und Ausfuhrkontrolle hat Stichprobenkontrollen zur Durchführung der Energieaudits im Sinne von § 8 Absatz 1 durchzuführen. [2]Dazu hat es Unternehmen unter Setzung einer angemessenen Frist zur Vorlage des Nachweises aufzufordern, dass das betreffende Unternehmen

1. der Verpflichtung nach § 8 Absatz 1 nachgekommen ist oder
2. nach § 8 Absatz 3 von der Verpflichtung nach § 8 Absatz 1 freigestellt ist.

(2) Wird ein Unternehmen zum Nachweis aufgefordert, das nicht in den Anwendungsbereich gemäß § 8 Absatz 1 fällt und demnach nicht zur Durchführung eines Energieaudits verpflichtet ist, so hat es in einer Selbsterklärung anzugeben, dass es kein Unternehmen im Sinne des § 1 Nummer 4 ist.

(3) [1]Der Nachweis über die Durchführung eines Energieaudits nach § 8 Absatz 1 erfolgt über eine Bestätigung derjenigen Person, die das Energieaudit durchgeführt hat. [2]Fand eine Überprüfung der Fachkunde und Zuverlässigkeit der Person, die das Energieaudit durchgeführt hat, nicht bereits im Rahmen ihrer Eintragung in die Liste nach § 7 Absatz 3 statt, so ist die Fachkunde auf Anforderung des Bundesamts für Wirtschaft und Ausfuhrkontrolle durch das auditierte Unternehmen durch Vorlage entsprechender Unterlagen nachzuweisen. [3]Das Bundesamt für Wirtschaft und Ausfuhrkontrolle kann von dem Unternehmen im Rahmen der Stichprobenprüfung nach Absatz 1 Satz 1 die Vorlage von im Rahmen des Energieaudits anzufertigenden Unterlagen einschließlich des Energieauditberichts verlangen.

(4) [1]Nachweise im Sinne von Absatz 3 aus einem anderen Mitgliedstaat der Europäischen Union oder einem anderen Vertragsstaat des Abkommens über den Europäischen Wirtschaftsraum stehen inländischen Nachweisen gleich, wenn sie gleichwertig sind. [2]Das Bundesamt für Wirtschaft und Ausfuhrkontrolle kann verlangen, dass die Unterlagen in beglaubigter Kopie und in beglaubigter deutscher Übersetzung vorgelegt werden.

(5) [1]Wurde das Energieaudit von einer Organisation durchgeführt, die von der nationalen Akkreditierungsstelle als Konformitätsbewertungsstelle für die Zertifizierung von Energiemanagementsystemen nach der DIN EN ISO 50001 akkreditiert wurde, genügt als Nachweis der Qualifikation die entsprechende Akkreditierungsurkunde, sofern der als Energieauditor tätige Mitarbeiter der akkreditierten Organisation die Kompetenzanforderungen erfüllt, die nach den

einschlägigen Akkreditierungsregeln für eine Berufung als Auditor für Energiemanagementsysteme vorausgesetzt werden. [2]Wurde das Energieaudit von einem Umweltgutachter oder einer Umweltgutachterorganisation im Sinne der §§ 9, 10 und 18 des Umweltauditgesetzes durchgeführt, genügt als Nachweis der Qualifikation die für den betreffenden Sektor ausgestellte Zulassungsurkunde für die Person, die das Energieaudit durchgeführt hat.

(6) [1]Der Nachweis über das Vorliegen der Voraussetzungen für eine Freistellung nach § 8 Absatz 3 erfolgt

1. im Fall von § 8 Absatz 3 Nummer 1 über ein gültiges DIN EN ISO 50001-Zertifikat;
2. im Fall von § 8 Absatz 3 Nummer 2 über einen gültigen Eintragungs- oder Verlängerungsbescheid der zuständigen EMAS-Registrierungsstelle über die Eintragung des Unternehmens in das EMAS-Register oder eine Bestätigung der EMAS-Registrierungsstelle über eine aktive Registrierung mit der Angabe eines Zeitpunkts, bis zu dem die Registrierung gültig ist.

[2]Bei Unternehmen mit mehreren Unternehmensteilen oder Standorten ist es für die Nachweisführung nach § 8c Absatz 6 unschädlich, wenn für die einzelnen Unternehmensteile oder Standorte unterschiedliche Systeme nach Absatz 3 Satz 1 Nummer 1 und 2 betrieben werden. [3]Bei einer Überprüfung zwischen dem 5. Dezember 2015 und dem 31. Dezember 2016 genügt der Nachweis über den Beginn der Einrichtung eines Systems nach § 8 Absatz 3. [4]Dieser Nachweis erfolgt durch die Abgabe einer schriftlichen oder elektronischen Erklärung der Geschäftsführung mit folgendem Inhalt:

1. das Unternehmen verpflichtet sich oder beauftragt eine der in § 55 Absatz 8 des Energiesteuergesetzes[1)] vom 15. Juli 2006 (BGBl. I S. 1534; 2008 I S. 660, 1007), das zuletzt durch Artikel 11 des Gesetzes vom 18. Juli 2014 (BGBl. I S. 1042) geändert worden ist, und § 10 Absatz 7 des Stromsteuergesetzes[2)] vom 24. März 1999 (BGBl. I S. 378; 2000 I S. 147), das zuletzt durch Artikel 2 des Gesetzes vom 5. Dezember 2012 (BGBl. I S. 2436, 2725) geändert worden ist, genannten Stellen,
   a) ein Energiemanagementsystem nach § 8 Absatz 3 Nummer 1 oder
   b) ein Umweltmanagementsystem nach § 8 Absatz 3 Nummer 2

   einzuführen, und
2. das Unternehmen hat mit der Einführung des Systems (Nummer 1) begonnen und dabei folgende Maßnahmen umgesetzt:
   a) für ein Energiemanagementsystem nach § 8 Absatz 3 Nummer 1 die Nummer 4.4.3 Buchstabe a der DIN EN IS0 50001, Ausgabe Dezember 2011;
   b) für ein Umweltmanagementsystem nach § 8 Absatz 3 Nummer 2 mindestens die Erfassung und Analyse eingesetzter Energieträger mit einer Bestandsaufnahme der Energieströme und Energieträger, der Ermittlung wichtiger Kenngrößen in Form von absoluten und prozentualen Einsatzmengen gemessen in technischen und bewertet in monetären Einheiten

---

1) Nr. **50**.
2) Nr. **48**.

und der Dokumentation der eingesetzten Energieträger mit Hilfe einer Tabelle.

§ 8d Verordnungsermächtigung. Das Bundesministerium für Wirtschaft und Energie wird ermächtigt, durch Rechtsverordnung im Einvernehmen mit dem Bundesministerium für Umwelt, Naturschutz, Bau und Reaktorsicherheit ohne Zustimmung des Bundesrates Näheres zu regeln zu

1. den Anforderungen an das Energieaudit,
2. den Anforderungen an die das Energieaudit durchführenden Personen hinsichtlich der Fachkunde und der Unabhängigkeit und
3. den Voraussetzungen für eine Freistellung von der Pflicht zur Durchführung von Energieaudits.

§ 9 Bundesstelle für Energieeffizienz. (1) Das Bundesamt für Wirtschaft und Ausfuhrkontrolle nimmt die Aufgaben der Bundesstelle für Energieeffizienz wahr.

(2) [1] Die Bundesstelle für Energieeffizienz erledigt in eigener Zuständigkeit Verwaltungsaufgaben auf dem Gebiet der Energieeffizienz, die ihr durch dieses Gesetz oder andere Bundesgesetze zugewiesen werden. [2] Die Bundesstelle für Energieeffizienz hat insbesondere folgende Aufgaben:

1. Berechnung der Energieeinsparrichtwerte nach § 3 Absatz 1 Satz 2 und die Anpassung der hierzu erforderlichen Werte und Berechnungsverfahren an den technischen Forschritt im Einklang mit den Vorgaben der Europäischen Kommission;
2. Erfassung und Unterstützung der Erreichung der Energieeinsparrichtwerte nach § 3 Absatz 1 Satz 2 und der Umsetzung der dazu festgelegten Strategie sowie des Erfolgs der Maßnahmen nach § 3 Absatz 3;
3. Vorbereitung der Energieeffizienz-Aktionspläne nach § 3 Absatz 4 für die Bundesregierung;
4. Feststellung der Energieeinsparungen, die mit Energiedienstleistungen und anderen Energieeffizienzmaßnahmen erreicht wurden, und Erfassung der Ergebnisse in einem Bericht;
5. Beobachtung und Bewertung des Marktes für Energiedienstleistungen, Energieaudits und andere Energieeffizienzmaßnahmen und Erarbeitung von Vorschlägen zur weiteren Entwicklung;
6. Unterrichtung der Öffentlichkeit über Maßnahmen, die die öffentliche Hand auf dem Gebiet der Energieeffizienz zur Wahrnehmung ihrer Vorbildfunktion nach § 3 Absatz 3 ergreift;
7. Vermittlung des Erfahrungsaustausches zwischen öffentlichen Stellen in Deutschland und anderen Mitgliedstaaten der Europäischen Union in Zusammenarbeit mit der Europäischen Kommission;
8. Veröffentlichung von Empfehlungen zur Erfüllung der Aufgaben von Energieunternehmen nach § 4 Absatz 1 und 2 und, falls eine Rechtsverordnung nach § 4 Absatz 3 erlassen worden ist, hinsichtlich der Aufgaben nach dieser Rechtsverordnung;
9. *(aufgehoben)*

10. Unterrichtung der Öffentlichkeit und der Marktteilnehmer über Energieeffizienzmechanismen und die zur Erreichung der Energieeinsparrichtwerte festgelegten Rahmenbedingungen nach § 6 Absatz 1 sowie Veröffentlichung von Musterverträgen nach § 6 Absatz 2;
11. öffentliches Führen der Anbieterliste nach § 7;
12. Entwicklung und Durchführung von Maßnahmen nach § 8 Satz 2;
13. Erstellung und Veröffentlichung von Listen mit Energieeffizienzkriterien für technische Spezifikationen verschiedener Produktkategorien, wobei für die Erstellung dieser Listen gegebenenfalls eine Analyse minimierter Lebenszykluskosten oder vergleichbare Methoden zur Gewährleistung der Wirtschaftlichkeit zugrunde zu legen sind;
14. Unterstützung der in § 99 Nummer 1 bis 3 und § 100 des Gesetzes gegen Wettbewerbsbeschränkungen[1] in der Fassung der Bekanntmachung vom 26. Juni 2013 (BGBl. I S. 1750, 3245), das zuletzt durch Artikel 5 des Gesetzes vom 21. Juli 2014 (BGBl. I S. 1066) geändert worden ist, bezeichneten Stellen bei der Ergreifung von Energieeffizienzmaßnahmen;
15. wissenschaftliche Unterstützung des Bundesministeriums für Wirtschaft und Energie in allen Angelegenheiten der Energieeinsparung und Energieeffizienz.

(3) Die Bundesstelle für Energieeffizienz untersteht der Rechts- und Fachaufsicht des Bundesministeriums für Wirtschaft und Energie.

§ 10 Beirat. (1) [1] Bei der Bundesstelle für Energieeffizienz wird ein Beirat für Fragen der Energieeffizienz gebildet, in dem Energiedienstleister, Anbieter von Energieaudits und Energieeffizienzmaßnahmen, Endkunden, Energieunternehmen, Umweltverbände und unabhängige Personen mit besonderer Fachkunde auf dem Gebiet der Energieeffizienz vertreten sind. [2] Der Beirat berät die Bundesstelle für Energieeffizienz bei der Erfüllung ihrer Aufgaben nach diesem Gesetz.

(2) [1] Das Bundesministerium für Wirtschaft und Energie beruft im Einvernehmen mit dem Bundesministerium für Verkehr und digitale Infrastruktur, dem Bundesministerium für Umwelt, Naturschutz, Bau und Reaktorsicherheit und dem Bundesministerium der Justiz und für Verbraucherschutz die Mitglieder des Beirats für zwei Jahre. [2] Wiederholte Bestellung ist zulässig. [3] Die Gesamtzahl der Mitglieder des Beirats soll 13 Personen nicht überschreiten.

(3) Der Beirat gibt sich eine Geschäftsordnung, die der Zustimmung des Bundesministeriums für Wirtschaft und Energie bedarf.

§ 11 Datenerhebung; Verordnungsermächtigung. (1) [1] Zur Erfüllung ihrer Aufgaben kann die Bundesstelle für Energieeffizienz von Energieunternehmen die Übermittlung zusammengefasster Daten über deren Endkunden sowie über die Marktaktivitäten von Energieunternehmen mit Bezug zum Energiedienstleistungsmarkt in anonymisierter Form verlangen, insbesondere zum Verbrauch der Endkunden, zu Art und Umfang der jeweiligen Kundengruppen, zum Kundenstandort und zu Lastprofilen. [2] Daten, die Betriebs- oder Ge-

[1] Nr. **12**.

schäftsgeheimnisse darstellen, hat das übermittelnde Energieunternehmen als vertraulich zu kennzeichnen.

(2) Die Bundesregierung regelt durch Rechtsverordnung ohne Zustimmung des Bundesrates

1. die Einzelheiten der Datenerhebung nach Absatz 1, insbesondere
   a) welche Datenarten erhoben werden dürfen,
   b) wann und wie die Daten zu übermitteln sind und
2. die Verwendung der Daten.

§ 12 Bußgeldvorschriften. (1) Ordnungswidrig handelt, wer vorsätzlich oder fahrlässig

1. entgegen § 8 Absatz 1 Nummer 1 Buchstabe a oder Nummer 2 Buchstabe a ein Energieaudit nicht, nicht richtig, nicht vollständig oder nicht rechtzeitig durchführt,
2. einer vollziehbaren Anordnung nach § 8c Absatz 1 Satz 2 oder § 11 Absatz 1 Satz 1 in Verbindung mit einer Rechtsverordnung nach § 11 Absatz 2 Nummer 1 Buchstabe b zuwiderhandelt oder
3. entgegen § 8c Absatz 2 oder Absatz 6 Satz 4 eine Angabe nicht richtig macht.

(2) Die Ordnungswidrigkeit kann mit einer Geldbuße bis zu fünfzigtausend Euro geahndet werden.

(3) Verwaltungsbehörde im Sinne des § 36 Absatz 1 Nummer 1 des Gesetzes über Ordnungswidrigkeiten ist das Bundesamt für Wirtschaft und Ausfuhrkontrolle.

§ 13 *(aufgehoben)*

63. Verordnung über energiesparenden Wärmeschutz und energiesparende Anlagentechnik bei Gebäuden (Energieeinsparverordnung – EnEV)[1)]

Vom 24. Juli 2007
(BGBl. I S. 1519)

FNA 754-4-10

zuletzt geänd. durch Art. 3 VO zum AsylverfahrensbeschleunigungsG v. 24.10.2015 (BGBl. I S. 1789)

Auf Grund des § 1 Abs. 2, des § 2 Abs. 2 und 3, des § 3 Abs. 2, des § 4, jeweils in Verbindung mit § 5, sowie des § 5a Satz 1 und 2 des Energieeinsparungsgesetzes in der Fassung der Bekanntmachung vom 1. September 2005 (BGBl. I S. 2684) verordnet die Bundesregierung:

Inhaltsübersicht

[1)] **Amtl. Anm.:** Die §§ 1 bis 5, 8, 9, 11 Abs. 3, §§ 12, 15 bis 22, § 24 Abs. 1, §§ 26, 27 und 29 dienen der Umsetzung der Richtlinie 2002/91/EG des Europäischen Parlaments und des Rates vom 16. Dezember 2002 über die Gesamtenergieeffizienz von Gebäuden (ABl. EG Nr. L 1 S. 65). § 13 Abs. 1 bis 3 und § 27 dienen der Umsetzung der Richtlinie 92/42/EWG des Rates vom 21. Mai 1992 über die Wirkungsgrade von mit flüssigen oder gasförmigen Brennstoffen beschickten neuen Warmwasserheizkesseln (ABl. EG Nr. L 167 S. 17, L 195 S. 32), zuletzt geändert durch die Richtlinie 2005/32/EG des Europäischen Parlaments und des Rates vom 6. Juli 2005 (ABl. EU Nr. L 191 S. 29).

Abschnitt 1. Allgemeine Vorschriften

§ 1 Zweck und Anwendungsbereich. (1) [1]Zweck dieser Verordnung ist die Einsparung von Energie in Gebäuden. [2]In diesem Rahmen und unter Beachtung des gesetzlichen Grundsatzes der wirtschaftlichen Vertretbarkeit soll die Verordnung dazu beitragen, dass die energiepolitischen Ziele der Bundesregierung, insbesondere ein nahezu klimaneutraler Gebäudebestand bis zum Jahr 2050, erreicht werden. [3]Neben den Festlegungen in der Verordnung soll dieses Ziel auch mit anderen Instrumenten, insbesondere mit einer Modernisierungsoffensive für Gebäude, Anreizen durch die Förderpolitik und einem Sanierungsfahrplan, verfolgt werden. [4]Im Rahmen der dafür noch festzulegenden Anforderungen an die Gesamtenergieeffizienz von Niedrigstenergiegebäu-

---

1) Anlagenüberschrift redaktionell an Änd. durch G v. 4.7.2013 (BGBl. I S. 2197) angepasst.

den wird die Bundesregierung in diesem Zusammenhang auch eine grundlegende Vereinfachung und Zusammenführung der Instrumente, die die Energieeinsparung und die Nutzung erneuerbarer Energien in Gebäuden regeln, anstreben, um dadurch die energetische und ökonomische Optimierung von Gebäuden zu erleichtern.

(2) [1] Diese Verordnung gilt

1. für Gebäude, soweit sie unter Einsatz von Energie beheizt oder gekühlt werden, und
2. für Anlagen und Einrichtungen der Heizungs-, Kühl-, Raumluft- und Beleuchtungstechnik sowie der Warmwasserversorgung von Gebäuden nach Nummer 1.

[2] Der Energieeinsatz für Produktionsprozesse in Gebäuden ist nicht Gegenstand dieser Verordnung.

(3) [1] Mit Ausnahme der §§ 12 und 13 gilt diese Verordnung nicht für

1. Betriebsgebäude, die überwiegend zur Aufzucht oder zur Haltung von Tieren genutzt werden,
2. Betriebsgebäude, soweit sie nach ihrem Verwendungszweck großflächig und lang anhaltend offen gehalten werden müssen,
3. unterirdische Bauten,
4. Unterglasanlagen und Kulturräume für Aufzucht, Vermehrung und Verkauf von Pflanzen,
5. Traglufthallen und Zelte,
6. Gebäude, die dazu bestimmt sind, wiederholt aufgestellt und zerlegt zu werden, und provisorische Gebäude mit einer geplanten Nutzungsdauer von bis zu zwei Jahren,
7. Gebäude, die dem Gottesdienst oder anderen religiösen Zwecken gewidmet sind,
8. Wohngebäude, die
   a) für eine Nutzungsdauer von weniger als vier Monaten jährlich bestimmt sind oder
   b) für eine begrenzte jährliche Nutzungsdauer bestimmt sind, wenn der zu erwartende Energieverbrauch der Wohngebäude weniger als 25 Prozent des zu erwartenden Energieverbrauchs bei ganzjähriger Nutzung beträgt, und
9. sonstige handwerkliche, landwirtschaftliche, gewerbliche und industrielle Betriebsgebäude, die nach ihrer Zweckbestimmung auf eine Innentemperatur von weniger als 12 Grad Celsius oder jährlich weniger als vier Monate beheizt sowie jährlich weniger als zwei Monate gekühlt werden.

[2] Auf Bestandteile von Anlagensystemen, die sich nicht im räumlichen Zusammenhang mit Gebäuden nach Absatz 2 Satz 1 Nr. 1 befinden, ist nur § 13 anzuwenden.

§ 2 Begriffsbestimmungen. Im Sinne dieser Verordnung

1. sind Wohngebäude Gebäude, die nach ihrer Zweckbestimmung überwiegend dem Wohnen dienen, einschließlich Wohn-, Alten- und Pflegeheimen sowie ähnlichen Einrichtungen,

2. sind Nichtwohngebäude Gebäude, die nicht unter Nummer 1 fallen,
3. sind kleine Gebäude Gebäude mit nicht mehr als 50 Quadratmetern Nutzfläche,
3a. sind Baudenkmäler nach Landesrecht geschützte Gebäude oder Gebäudemehrheiten,
4. sind beheizte Räume solche Räume, die auf Grund bestimmungsgemäßer Nutzung direkt oder durch Raumverbund beheizt werden,
5. sind gekühlte Räume solche Räume, die auf Grund bestimmungsgemäßer Nutzung direkt oder durch Raumverbund gekühlt werden,
6. sind erneuerbare Energien solare Strahlungsenergie, Umweltwärme, Geothermie, Wasserkraft, Windenergie und Energie aus Biomasse,
7. ist ein Heizkessel der aus Kessel und Brenner bestehende Wärmeerzeuger, der zur Übertragung der durch die Verbrennung freigesetzten Wärme an den Wärmeträger Wasser dient,
8. sind Geräte der mit einem Brenner auszurüstende Kessel und der zur Ausrüstung eines Kessels bestimmte Brenner,
9. ist die Nennleistung die vom Hersteller festgelegte und im Dauerbetrieb unter Beachtung des vom Hersteller angegebenen Wirkungsgrades als einhaltbar garantierte größte Wärme- oder Kälteleistung in Kilowatt,
10. ist ein Niedertemperatur-Heizkessel ein Heizkessel, der kontinuierlich mit einer Eintrittstemperatur von 35 bis 40 Grad Celsius betrieben werden kann und in dem es unter bestimmten Umständen zur Kondensation des in den Abgasen enthaltenen Wasserdampfes kommen kann,
11. ist ein Brennwertkessel ein Heizkessel, der für die Kondensation eines Großteils des in den Abgasen enthaltenen Wasserdampfes konstruiert ist,
11a. sind elektrische Speicherheizsysteme Heizsysteme mit vom Energielieferanten unterbrechbarem Strombezug, die nur in den Zeiten außerhalb des unterbrochenen Betriebes durch eine Widerstandsheizung Wärme in einem geeigneten Speichermedium speichern,
12. ist die Wohnfläche die nach der Wohnflächenverordnung oder auf der Grundlage anderer Rechtsvorschriften oder anerkannter Regeln der Technik zur Berechnung von Wohnflächen ermittelte Fläche,
13. ist die Nutzfläche die Nutzfläche nach anerkannten Regeln der Technik, die beheizt oder gekühlt wird,
14. ist die Gebäudenutzfläche die nach Anlage 1 Nummer 1.3.3 berechnete Fläche,
15. ist die Nettogrundfläche die Nettogrundfläche nach anerkannten Regeln der Technik, die beheizt oder gekühlt wird,
16. sind Nutzflächen mit starkem Publikumsverkehr öffentlich zugängliche Nutzflächen, die während ihrer Öffnungszeiten von einer großen Zahl von Menschen aufgesucht werden. Solche Flächen können sich insbesondere in öffentlichen oder privaten Einrichtungen befinden, die für gewerbliche, freiberufliche, kulturelle, soziale oder behördliche Zwecke genutzt werden.

Abschnitt 2. Zu errichtende Gebäude

§ 3 Anforderungen an Wohngebäude. (1) Zu errichtende Wohngebäude sind so auszuführen, dass der Jahres-Primärenergiebedarf für Heizung, Warmwasserbereitung, Lüftung und Kühlung den Wert des Jahres-Primärenergiebedarfs eines Referenzgebäudes gleicher Geometrie, Gebäudenutzfläche und Ausrichtung mit der in Anlage 1 Tabelle 1 angegebenen technischen Referenzausführung nicht überschreitet.

(2) Zu errichtende Wohngebäude sind so auszuführen, dass die Höchstwerte des spezifischen, auf die wärmeübertragende Umfassungsfläche bezogenen Transmissionswärmeverlusts nach Anlage 1 Nummer 1.2 nicht überschritten werden.

(3) [1] Für das zu errichtende Wohngebäude und das Referenzgebäude ist der Jahres-Primärenergiebedarf nach einem der in Anlage 1 Nummer 2 genannten Verfahren zu berechnen. [2] Das zu errichtende Wohngebäude und das Referenzgebäude sind mit demselben Verfahren zu berechnen.

(4) Zu errichtende Wohngebäude sind so auszuführen, dass die Anforderungen an den sommerlichen Wärmeschutz nach Anlage 1 Nummer 3 eingehalten werden.

(5) [1] Das Bundesministerium für Wirtschaft und Energie kann gemeinsam mit dem Bundesministerium für Umwelt, Naturschutz, Bau und Reaktorsicherheit für Gruppen von nicht gekühlten Wohngebäuden auf der Grundlage von Modellberechnungen bestimmte Ausstattungsvarianten beschreiben, die unter dort definierten Anwendungsvoraussetzungen die Anforderungen nach den Absätzen 1, 2 und 4 generell erfüllen, und diese im Bundesanzeiger bekannt machen. [2] Die Anwendungsvoraussetzungen können sich auf die Größe, die Form, die Ausrichtung und die Dichtheit der Gebäude sowie auf die Vermeidung von Wärmebrücken und auf die Anteile von bestimmten Außenbauteilen an der wärmeübertragenden Umfassungsfläche beziehen. [3] Die Einhaltung der in den Absätzen 1, 2 und 4 festgelegten Anforderungen wird vermutet, wenn ein nicht gekühltes Wohngebäude die Anwendungsvoraussetzungen erfüllt, die in der Bekanntmachung definiert sind, und gemäß einer der dazu beschriebenen Ausstattungsvarianten errichtet wird; Berechnungen nach Absatz 3 sind nicht erforderlich.

§ 4 Anforderungen an Nichtwohngebäude. (1) Zu errichtende Nichtwohngebäude sind so auszuführen, dass der Jahres-Primärenergiebedarf für Heizung, Warmwasserbereitung, Lüftung, Kühlung und eingebaute Beleuchtung den Wert des Jahres-Primärenergiebedarfs eines Referenzgebäudes gleicher Geometrie, Nettogrundfläche, Ausrichtung und Nutzung einschließlich der Anordnung der Nutzungseinheiten mit der in Anlage 2 Tabelle 1 angegebenen technischen Referenzausführung nicht überschreitet.

(2) Zu errichtende Nichtwohngebäude sind so auszuführen, dass die Höchstwerte der mittleren Wärmedurchgangskoeffizienten der wärmeübertragenden Umfassungsfläche nach Anlage 2 Tabelle 2 nicht überschritten werden.

(3) [1] Für das zu errichtende Nichtwohngebäude und das Referenzgebäude ist der Jahres-Primärenergiebedarf nach einem der in Anlage 2 Nummer 2 oder 3

genannten Verfahren zu berechnen. [2]Das zu errichtende Nichtwohngebäude und das Referenzgebäude sind mit demselben Verfahren zu berechnen.

(4) Zu errichtende Nichtwohngebäude sind so auszuführen, dass die Anforderungen an den sommerlichen Wärmeschutz nach Anlage 2 Nummer 4 eingehalten werden.

§ 5 Anrechnung von Strom aus erneuerbaren Energien. (1) [1]Wird in zu errichtenden Gebäuden Strom aus erneuerbaren Energien eingesetzt, darf dieser Strom von dem nach § 3 Absatz 3 oder § 4 Absatz 3 berechneten Endenergiebedarf abgezogen werden, soweit er

1. im unmittelbaren räumlichen Zusammenhang zu dem Gebäude erzeugt wird und
2. vorrangig in dem Gebäude unmittelbar nach Erzeugung oder nach vorübergehender Speicherung selbst genutzt und nur die überschüssige Energiemenge in ein öffentliches Netz eingespeist wird.

[2]Es darf höchstens die Strommenge nach Satz 1 angerechnet werden, die dem berechneten Strombedarf der jeweiligen Nutzung entspricht.

(2) [1]Der Strombedarf nach Absatz 1 Satz 2 ist nach den Berechnungsverfahren nach Anlage 1 Nummer 2 für Wohngebäude und Anlage 2 Nummer 2 oder 3 für Nichtwohngebäude als Monatswert zu bestimmen. [2]Der monatliche Ertrag der Anlagen zur Nutzung erneuerbarer Energien ist nach DIN V 18599-9 : 2011-12[1)], berichtigt durch DIN V 18599-9 Berichtigung 1 : 2013-05, zu bestimmen. [3]Bei Anlagen zur Erzeugung von Strom aus solarer Strahlungsenergie sind die monatlichen Stromerträge unter Verwendung der mittleren monatlichen Strahlungsintensitäten der Referenzklimazone Potsdam nach DIN V 18599-10 : 2011-12 Anhang E sowie der Standardwerte zur Ermittlung der Nennleistung des Photovoltaikmoduls nach DIN V 18599-9 : 2011-12 Anhang B zu ermitteln. [4]Bei Anlagen zur Erzeugung von Strom aus Windenergie sind die monatlichen Stromerträge unter Verwendung der mittleren monatlichen Windgeschwindigkeiten der Referenzklimazone Potsdam nach DIN V 18599-10 : 2011-12 Anhang E zu ermitteln.

§ 6 Dichtheit, Mindestluftwechsel. (1) [1]Zu errichtende Gebäude sind so auszuführen, dass die wärmeübertragende Umfassungsfläche einschließlich der Fugen dauerhaft luftundurchlässig entsprechend den anerkannten Regeln der Technik abgedichtet ist. [2]Wird die Dichtheit nach Satz 1 überprüft, kann der Nachweis der Luftdichtheit bei der nach § 3 Absatz 3 und § 4 Absatz 3 erforderlichen Berechnung berücksichtigt werden, wenn die Anforderungen nach Anlage 4 eingehalten sind.

(2) Zu errichtende Gebäude sind so auszuführen, dass der zum Zwecke der Gesundheit und Beheizung erforderliche Mindestluftwechsel sichergestellt ist.

§ 7 Mindestwärmeschutz, Wärmebrücken. (1) [1]Bei zu errichtenden Gebäuden sind Bauteile, die gegen die Außenluft, das Erdreich oder Gebäudeteile mit wesentlich niedrigeren Innentemperaturen abgrenzen, so auszuführen, dass

---

[1)] **Amtlicher Hinweis:** Alle zitierten DIN-Vornormen und Normen sind im Beuth-Verlag GmbH, Berlin, veröffentlicht und beim Deutschen Patent- und Markenamt in München archivmäßig gesichert niedergelegt.

die Anforderungen des Mindestwärmeschutzes nach den anerkannten Regeln der Technik eingehalten werden. [2] Ist bei zu errichtenden Gebäuden die Nachbarbebauung bei aneinandergereihter Bebauung nicht gesichert, müssen die Gebäudetrennwände den Mindestwärmeschutz nach Satz 1 einhalten.

(2) Zu errichtende Gebäude sind so auszuführen, dass der Einfluss konstruktiver Wärmebrücken auf den Jahres-Heizwärmebedarf nach den anerkannten Regeln der Technik und den im jeweiligen Einzelfall wirtschaftlich vertretbaren Maßnahmen so gering wie möglich gehalten wird.

(3) [1] Der verbleibende Einfluss der Wärmebrücken bei der Ermittlung des Jahres-Primärenergiebedarfs ist nach Maßgabe des jeweils angewendeten Berechnungsverfahrens zu berücksichtigen. [2] Soweit dabei Gleichwertigkeitsnachweise zu führen wären, ist dies für solche Wärmebrücken nicht erforderlich, bei denen die angrenzenden Bauteile kleinere Wärmedurchgangskoeffizienten aufweisen, als in den Musterlösungen der DIN 4108 Beiblatt 2 : 2006-03 zugrunde gelegt sind.

§ 8 Anforderungen an kleine Gebäude und Gebäude aus Raumzellen. [1] Werden bei zu errichtenden kleinen Gebäuden die in Anlage 3 genannten Werte der Wärmedurchgangskoeffizienten der Außenbauteile eingehalten, gelten die übrigen Anforderungen dieses Abschnitts als erfüllt. [2] Satz 1 ist auf Gebäude entsprechend anzuwenden, die für eine Nutzungsdauer von höchstens fünf Jahren bestimmt und aus Raumzellen von jeweils bis zu 50 Quadratmetern Nutzfläche zusammengesetzt sind.

Abschnitt 3. Bestehende Gebäude und Anlagen

§ 9 Änderung, Erweiterung und Ausbau von Gebäuden. (1) [1] Soweit bei beheizten oder gekühlten Räumen von Gebäuden Änderungen im Sinne der Anlage 3 Nummer 1 bis 6 ausgeführt werden, sind die Änderungen so auszuführen, dass die Wärmedurchgangskoeffizienten der betroffenen Flächen die für solche Außenbauteile in Anlage 3 festgelegten Höchstwerte der Wärmedurchgangskoeffizienten nicht überschreiten. [2] Die Anforderungen des Satzes 1 gelten als erfüllt, wenn

1. geänderte Wohngebäude insgesamt den Jahres-Primärenergiebedarf des Referenzgebäudes nach § 3 Absatz 1 und den Höchstwert des spezifischen, auf die wärmeübertragende Umfassungsfläche bezogenen Transmissionswärmeverlusts nach Anlage 1 Tabelle 2,
2. geänderte Nichtwohngebäude insgesamt den Jahres-Primärenergiebedarf des Referenzgebäudes nach § 4 Absatz 1 und die Höchstwerte der mittleren Wärmedurchgangskoeffizienten der wärmeübertragenden Umfassungsfläche nach Anlage 2 Tabelle 2 Zeile 1a, 2a, 3a und 4a

um nicht mehr als 40 vom Hundert überschreiten; wird nach Nummer 1 oder 2 der zulässige Jahres-Primärenergiebedarf ermittelt, ist jeweils die Zeile 1.0 der Anlage 1 Tabelle 1 oder der Anlage 2 Tabelle 1 nicht anzuwenden.

(2) [1] In Fällen des Absatzes 1 Satz 2 sind die in § 3 Absatz 3 sowie in § 4 Absatz 3 angegebenen Berechnungsverfahren nach Maßgabe der Sätze 2 und 4 und des § 5 entsprechend anzuwenden. [2] Soweit

1. Angaben zu geometrischen Abmessungen von Gebäuden fehlen, können diese durch vereinfachtes Aufmaß ermittelt werden;
2. energetische Kennwerte für bestehende Bauteile und Anlagenkomponenten nicht vorliegen, können gesicherte Erfahrungswerte für Bauteile und Anlagenkomponenten vergleichbarer Altersklassen verwendet werden;

hierbei können anerkannte Regeln der Technik verwendet werden; die Einhaltung solcher Regeln wird vermutet, soweit Vereinfachungen für die Datenaufnahme und die Ermittlung der energetischen Eigenschaften sowie gesicherte Erfahrungswerte verwendet werden, die vom Bundesministerium für Wirtschaft und Energie und dem Bundesministerium für Umwelt, Naturschutz, Bau und Reaktorsicherheit gemeinsam im Bundesanzeiger bekannt gemacht worden sind. [3] Satz 2 kann auch in Fällen des Absatzes 1 Satz 1 sowie des Absatzes 4 angewendet werden. [4] Bei Anwendung der Verfahren nach § 3 Absatz 3 sind die Randbedingungen und Maßgaben nach Anlage 3 Nr. 8 zu beachten.

(3) Absatz 1 ist nicht anzuwenden auf Änderungen von Außenbauteilen, wenn die Fläche der geänderten Bauteile nicht mehr als 10 vom Hundert der gesamten jeweiligen Bauteilfläche des Gebäudes betrifft.

(4) [1] Bei der Erweiterung und dem Ausbau eines Gebäudes um beheizte oder gekühlte Räume, für die kein Wärmeerzeuger eingebaut wird, sind die betroffenen Außenbauteile so zu ändern oder auszuführen, dass die Wärmedurchgangskoeffizienten der betroffenen Flächen die für solche Außenbauteile in Anlage 3 festgelegten Höchstwerte der Wärmedurchgangskoeffizienten nicht überschreiten. [2] Ist die hinzukommende zusammenhängende Nutzfläche größer als 50 Quadratmeter, sind außerdem die Anforderungen an den sommerlichen Wärmeschutz nach Anlage 1 Nummer 3 oder Anlage 2 Nummer 4 einzuhalten.

(5) [1] Wird in Fällen des Absatzes 4 Satz 2 ein neuer Wärmeerzeuger eingebaut, sind die betroffenen Außenbauteile so zu ändern oder auszuführen, dass der neue Gebäudeteil die Vorschriften für zu errichtende Gebäude nach § 3 oder § 4 einhält. [2] Bei der Ermittlung des zulässigen Jahres-Primärenergiebedarfs ist jeweils die Zeile 1.0 der Anlage 1 Tabelle 1 oder der Anlage 2 Tabelle 1 nicht anzuwenden. [3] Bei Wohngebäuden ergibt sich der zulässige Höchstwert des spezifischen, auf die wärmeübertragende Umfassungsfläche bezogenen Transmissionswärmeverlusts aus Anlage 1 Tabelle 2; bei Nichtwohngebäuden ergibt sich der Höchstwert des mittleren Wärmedurchgangskoeffizienten der wärmeübertragenden Umfassungsfläche aus Anlage 2 Tabelle 2 Zeile 1a, 2a, 3a und 4a. [4] Hinsichtlich der Dichtheit der Gebäudehülle kann auch beim Referenzgebäude die Dichtheit des hinzukommenden Gebäudeteils in Ansatz gebracht werden.

§ 10 Nachrüstung bei Anlagen und Gebäuden. (1) [1] Eigentümer von Gebäuden dürfen Heizkessel, die mit flüssigen oder gasförmigen Brennstoffen beschickt werden und vor dem 1. Oktober 1978 eingebaut oder aufgestellt worden sind, nicht mehr betreiben. [2] Eigentümer von Gebäuden dürfen Heizkessel, die mit flüssigen oder gasförmigen Brennstoffen beschickt werden und vor dem 1. Januar 1985 eingebaut oder aufgestellt worden sind, ab 2015 nicht mehr betreiben. [3] Eigentümer von Gebäuden dürfen Heizkessel, die mit flüssigen oder gasförmigen Brennstoffen beschickt werden und nach dem 1. Januar

1985 eingebaut oder aufgestellt worden sind, nach Ablauf von 30 Jahren nicht mehr betreiben. [4]Die Sätze 1 bis 3 sind nicht anzuwenden, wenn die vorhandenen Heizkessel Niedertemperatur-Heizkessel oder Brennwertkessel sind, sowie auf heizungstechnische Anlagen, deren Nennleistung weniger als vier Kilowatt oder mehr als 400 Kilowatt beträgt, und auf Heizkessel nach § 13 Absatz 3 Nummer 2 bis 4.

(2) Eigentümer von Gebäuden müssen dafür sorgen, dass bei heizungstechnischen Anlagen bisher ungedämmte, zugängliche Wärmeverteilungs- und Warmwasserleitungen sowie Armaturen, die sich nicht in beheizten Räumen befinden, nach Anlage 5 zur Begrenzung der Wärmeabgabe gedämmt sind.

(3) [1]Eigentümer von Wohngebäuden sowie von Nichtwohngebäuden, die nach ihrer Zweckbestimmung jährlich mindestens vier Monate und auf Innentemperaturen von mindestens 19 Grad Celsius beheizt werden, müssen dafür sorgen, dass zugängliche Decken beheizter Räume zum unbeheizten Dachraum (oberste Geschossdecken), die nicht die Anforderungen an den Mindestwärmeschutz nach DIN 4108-2 : 2013-02 erfüllen, nach dem 31. Dezember 2015 so gedämmt sind, dass der Wärmedurchgangskoeffizient der obersten Geschossdecke 0,24 Watt/(m^2·K) nicht überschreitet. [2]Die Pflicht nach Satz 1 gilt als erfüllt, wenn anstelle der obersten Geschossdecke das darüberliegende Dach entsprechend gedämmt ist oder den Anforderungen an den Mindestwärmeschutz nach DIN 4108-2 : 2013-02 genügt. [3]Bei Maßnahmen zur Dämmung nach den Sätzen 1 und 2 in Deckenzwischenräumen oder Sparrenzwischenräumen ist Anlage 3 Nummer 4 Satz 4 und 6 entsprechend anzuwenden.

(4) [1]Bei Wohngebäuden mit nicht mehr als zwei Wohnungen, von denen der Eigentümer eine Wohnung am 1. Februar 2002 selbst bewohnt hat, sind die Pflichten nach den Absätzen 1 bis 3 erst im Falle eines Eigentümerwechsels nach dem 1. Februar 2002 von dem neuen Eigentümer zu erfüllen. [2]Die Frist zur Pflichterfüllung beträgt zwei Jahre ab dem ersten Eigentumsübergang.

(5) Die Absätze 2 bis 4 sind nicht anzuwenden, soweit die für die Nachrüstung erforderlichen Aufwendungen durch die eintretenden Einsparungen nicht innerhalb angemessener Frist erwirtschaftet werden können.

§ 10a *(aufgehoben)*

§ 11 Aufrechterhaltung der energetischen Qualität. (1) [1]Außenbauteile dürfen nicht in einer Weise verändert werden, dass die energetische Qualität des Gebäudes verschlechtert wird. [2]Das Gleiche gilt für Anlagen und Einrichtungen nach dem Abschnitt 4, soweit sie zum Nachweis der Anforderungen energieeinsparrechtlicher Vorschriften des Bundes zu berücksichtigen waren. [3]Satz 1 ist nicht anzuwenden auf Änderungen von Außenbauteilen, wenn die Fläche der geänderten Bauteile nicht mehr als 10 Prozent der gesamten jeweiligen Bauteilfläche des Gebäudes betrifft.

(2) [1]Energiebedarfssenkende Einrichtungen in Anlagen nach Absatz 1 sind vom Betreiber betriebsbereit zu erhalten und bestimmungsgemäß zu nutzen. [2]Eine Nutzung und Erhaltung im Sinne des Satzes 1 gilt als gegeben, soweit der Einfluss einer energiebedarfssenkenden Einrichtung auf den Jahres-Primärenergiebedarf durch andere anlagentechnische oder bauliche Maßnahmen ausgeglichen wird.

(3) [1] Anlagen und Einrichtungen der Heizungs-, Kühl- und Raumlufttechnik sowie der Warmwasserversorgung sind vom Betreiber sachgerecht zu bedienen. [2] Komponenten mit wesentlichem Einfluss auf den Wirkungsgrad solcher Anlagen sind vom Betreiber regelmäßig zu warten und instand zu halten. [3] Für die Wartung und Instandhaltung ist Fachkunde erforderlich. [4] Fachkundig ist, wer die zur Wartung und Instandhaltung notwendigen Fachkenntnisse und Fertigkeiten besitzt.

§ 12 Energetische Inspektion von Klimaanlagen. (1) Betreiber von in Gebäude eingebauten Klimaanlagen mit einer Nennleistung für den Kältebedarf von mehr als zwölf Kilowatt haben innerhalb der in den Absätzen 3 und 4 genannten Zeiträume energetische Inspektionen dieser Anlagen durch berechtigte Personen im Sinne des Absatzes 5 durchführen zu lassen.

(2) [1] Die Inspektion umfasst Maßnahmen zur Prüfung der Komponenten, die den Wirkungsgrad der Anlage beeinflussen, und der Anlagendimensionierung im Verhältnis zum Kühlbedarf des Gebäudes. [2] Sie bezieht sich insbesondere auf

1. die Überprüfung und Bewertung der Einflüsse, die für die Auslegung der Anlage verantwortlich sind, insbesondere Veränderungen der Raumnutzung und -belegung, der Nutzungszeiten, der inneren Wärmequellen sowie der relevanten bauphysikalischen Eigenschaften des Gebäudes und der vom Betreiber geforderten Sollwerte hinsichtlich Luftmengen, Temperatur, Feuchte, Betriebszeit sowie Toleranzen, und
2. die Feststellung der Effizienz der wesentlichen Komponenten.

(3) [1] Die Inspektion ist erstmals im zehnten Jahr nach der Inbetriebnahme oder der Erneuerung wesentlicher Bauteile wie Wärmeübertrager, Ventilator oder Kältemaschine durchzuführen. [2] Abweichend von Satz 1 sind die am 1. Oktober 2007 mehr als vier und bis zu zwölf Jahre alten Anlagen innerhalb von sechs Jahren, die über zwölf Jahre alten Anlagen innerhalb von vier Jahren und die über 20 Jahre alten Anlagen innerhalb von zwei Jahren nach dem 1. Oktober 2007 erstmals einer Inspektion zu unterziehen.

(4) Nach der erstmaligen Inspektion ist die Anlage wiederkehrend mindestens alle zehn Jahre einer Inspektion zu unterziehen.

(5) [1] Inspektionen dürfen nur von fachkundigen Personen durchgeführt werden. [2] Fachkundig sind insbesondere

1. Personen mit berufsqualifizierendem Hochschulabschluss in den Fachrichtungen Versorgungstechnik oder Technische Gebäudeausrüstung mit mindestens einem Jahr Berufserfahrung in Planung, Bau, Betrieb oder Prüfung raumlufttechnischer Anlagen,
2. Personen mit berufsqualifizierendem Hochschulabschluss in
   a) den Fachrichtungen Maschinenbau, Elektrotechnik, Verfahrenstechnik, Bauingenieurwesen oder
   b) einer anderen technischen Fachrichtung mit einem Ausbildungsschwerpunkt bei der Versorgungstechnik oder der Technischen Gebäudeausrüstung

   mit mindestens drei Jahren Berufserfahrung in Planung, Bau, Betrieb oder Prüfung raumlufttechnischer Anlagen.

[3]Gleichwertige Ausbildungen, die in einem anderen Mitgliedstaat der Europäischen Union, einem anderen Vertragsstaat des Abkommens über den Europäischen Wirtschaftsraum oder der Schweiz erworben worden sind und durch einen Ausbildungsnachweis belegt werden können, sind den in Satz 2 genannten Ausbildungen gleichgestellt.

(6) [1]Die inspizierende Person hat einen Inspektionsbericht mit den Ergebnissen der Inspektion und Ratschlägen in Form von kurz gefassten fachlichen Hinweisen für Maßnahmen zur kosteneffizienten Verbesserung der energetischen Eigenschaften der Anlage, für deren Austausch oder für Alternativlösungen zu erstellen. [2]Die inspizierende Person hat den Inspektionsbericht unter Angabe ihres Namens, ihrer Anschrift und Berufsbezeichnung sowie des Datums der Inspektion und des Ausstellungsdatums eigenhändig oder durch Nachbildung der Unterschrift zu unterschreiben und dem Betreiber zu übergeben. [3]Vor Übergabe des Inspektionsberichts an den Betreiber hat die inspizierende Person die nach § 26c Absatz 2 zugeteilte Registriernummer einzutragen. [4]Hat bei elektronischer Antragstellung die nach § 26c zuständige Registrierstelle bis zum Ablauf von drei Arbeitstagen nach Antragstellung und in sonstigen Fällen der Antragstellung bis zum Ablauf von sieben Arbeitstagen nach Antragstellung keine Registriernummer zugeteilt, sind statt der Registriernummer die Wörter „Registriernummer wurde beantragt am" und das Datum der Antragstellung bei der Registrierstelle einzutragen (vorläufiger Inspektionsbericht). [5]Unverzüglich nach Erhalt der Registriernummer hat die inspizierende Person dem Betreiber eine Ausfertigung des Inspektionsberichts mit der eingetragenen Registriernummer zu übermitteln. [6]Nach Zugang des vervollständigten Inspektionsberichts beim Betreiber verliert der vorläufige Inspektionsbericht seine Gültigkeit.

(7) Der Betreiber hat den Inspektionsbericht der nach Landesrecht zuständigen Behörde auf Verlangen vorzulegen.

Abschnitt 4. Anlagen der Heizungs-, Kühl- und Raumlufttechnik sowie der Warmwasserversorgung

§ 13 Inbetriebnahme von Heizkesseln. (1) [1]Heizkessel, die mit flüssigen oder gasförmigen Brennstoffen beschickt werden und deren Nennleistung mindestens vier Kilowatt und höchstens 400 Kilowatt beträgt, dürfen zum Zwecke der Inbetriebnahme in Gebäuden nur eingebaut oder aufgestellt werden, wenn sie mit der CE-Kennzeichnung nach § 5 Abs. 1 und 2 der Verordnung über das Inverkehrbringen von Heizkesseln und Geräten nach dem Bauproduktengesetz vom 28. April 1998 (BGBl. I S. 796), die zuletzt durch Artikel 5 des Gesetzes vom 5. Dezember 2012 (BGBl. I S. 2449) geändert worden ist, oder nach Artikel 7 Abs. 1 Satz 2 der Richtlinie 92/42/EWG des Rates vom 21. Mai 1992 über die Wirkungsgrade von mit flüssigen oder gasförmigen Brennstoffen beschickten neuen Warmwasserheizkesseln (ABl. EG Nr. L 167 S. 17, L 195 S. 32), die zuletzt durch die Richtlinie 2008/28/EG des Europäischen Parlaments und des Rates vom 11. März 2008 (ABl. L 81 vom 20.3.2008, S. 48) geändert worden ist, versehen sind. [2]Satz 1 gilt auch für Heizkessel, die aus Geräten zusammengefügt werden, soweit dabei die Parameter beachtet werden, die sich aus der den Geräten beiliegenden EG-Konformitätserklärung ergeben.

(2) [1] Heizkessel dürfen in Gebäuden nur dann zum Zwecke der Inbetriebnahme eingebaut oder aufgestellt werden, wenn die Anforderungen nach Anlage 4a eingehalten werden. [2] Ausgenommen sind bestehende Gebäude, wenn deren Jahres-Primärenergiebedarf den Wert des Jahres-Primärenergiebedarfs des Referenzgebäudes um nicht mehr als 40 vom Hundert überschreitet.

(3) Absatz 1 ist nicht anzuwenden auf

1. einzeln produzierte Heizkessel,
2. Heizkessel, die für den Betrieb mit Brennstoffen ausgelegt sind, deren Eigenschaften von den marktüblichen flüssigen und gasförmigen Brennstoffen erheblich abweichen,
3. Anlagen zur ausschließlichen Warmwasserbereitung,
4. Küchenherde und Geräte, die hauptsächlich zur Beheizung des Raumes, in dem sie eingebaut oder aufgestellt sind, ausgelegt sind, daneben aber auch Warmwasser für die Zentralheizung und für sonstige Gebrauchszwecke liefern,
5. Geräte mit einer Nennleistung von weniger als sechs Kilowatt zur Versorgung eines Warmwasserspeichersystems mit Schwerkraftumlauf.

§ 14 Verteilungseinrichtungen und Warmwasseranlagen. (1) [1] Zentralheizungen müssen beim Einbau in Gebäude mit zentralen selbsttätig wirkenden Einrichtungen zur Verringerung und Abschaltung der Wärmezufuhr sowie zur Ein- und Ausschaltung elektrischer Antriebe in Abhängigkeit von

1. der Außentemperatur oder einer anderen geeigneten Führungsgröße und
2. der Zeit

ausgestattet werden. [2] Soweit die in Satz 1 geforderten Ausstattungen bei bestehenden Gebäuden nicht vorhanden sind, muss der Eigentümer sie nachrüsten. [3] Bei Wasserheizungen, die ohne Wärmeübertrager an eine Nah- oder Fernwärmeversorgung angeschlossen sind, gilt Satz 1 hinsichtlich der Verringerung und Abschaltung der Wärmezufuhr auch ohne entsprechende Einrichtungen in den Haus- und Kundenanlagen als eingehalten, wenn die Vorlauftemperatur des Nah- oder Fernwärmenetzes in Abhängigkeit von der Außentemperatur und der Zeit durch entsprechende Einrichtungen in der zentralen Erzeugungsanlage geregelt wird.

(2) [1] Heizungstechnische Anlagen mit Wasser als Wärmeträger müssen beim Einbau in Gebäude mit selbsttätig wirkenden Einrichtungen zur raumweisen Regelung der Raumtemperatur ausgestattet werden; von dieser Pflicht ausgenommen sind Fußbodenheizungen in Räumen mit weniger als sechs Quadratmetern Nutzfläche. [2] Satz 1 gilt nicht für Einzelheizgeräte, die zum Betrieb mit festen oder flüssigen Brennstoffen eingerichtet sind. [3] Mit Ausnahme von Wohngebäuden ist für Gruppen von Räumen gleicher Art und Nutzung eine Gruppenregelung zulässig. [4] Soweit die in Satz 1 bis 3 geforderten Ausstattungen bei bestehenden Gebäuden nicht vorhanden sind, muss der Eigentümer sie nachrüsten; Fußbodenheizungen, die vor dem 1. Februar 2002 eingebaut worden sind, dürfen abweichend von Satz 1 erster Halbsatz mit Einrichtungen zur raumweisen Anpassung der Wärmeleistung an die Heizlast ausgestattet werden.

(3) In Zentralheizungen mit mehr als 25 Kilowatt Nennleistung sind die Umwälzpumpen der Heizkreise beim erstmaligen Einbau und bei der Ersetzung so auszustatten, dass die elektrische Leistungsaufnahme dem betriebsbedingten Förderbedarf selbsttätig in mindestens drei Stufen angepasst wird, soweit sicherheitstechnische Belange des Heizkessels dem nicht entgegenstehen.

(4) Zirkulationspumpen müssen beim Einbau in Warmwasseranlagen mit selbsttätig wirkenden Einrichtungen zur Ein- und Ausschaltung ausgestattet werden.

(5) Beim erstmaligen Einbau und bei der Ersetzung von Wärmeverteilungs- und Warmwasserleitungen sowie von Armaturen in Gebäuden ist deren Wärmeabgabe nach Anlage 5 zu begrenzen.

§ 15 Klimaanlagen und sonstige Anlagen der Raumlufttechnik.

(1) [1] Beim Einbau von Klimaanlagen mit einer Nennleistung für den Kältebedarf von mehr als zwölf Kilowatt und raumlufttechnischen Anlagen, die für einen Volumenstrom der Zuluft von wenigstens 4 000 Kubikmeter je Stunde ausgelegt sind, in Gebäude sowie bei der Erneuerung von Zentralgeräten oder Luftkanalsystemen solcher Anlagen müssen diese Anlagen so ausgeführt werden, dass

1. die auf das Fördervolumen bezogene elektrische Leistung der Einzelventilatoren oder
2. der gewichtete Mittelwert der auf das jeweilige Fördervolumen bezogenen elektrischen Leistungen aller Zu- und Abluftventilatoren

bei Auslegungsvolumenstrom den Grenzwert der Kategorie SFP 4 nach DIN EN 13779 : 2007-09 nicht überschreitet. [2] Der Grenzwert für die Klasse SFP 4 kann um Zuschläge nach DIN EN 13779 : 2007-09 Abschnitt 6.5.2 für Gas- und HEPA-Filter sowie Wärmerückführungsbauteile der Klassen H2 oder H1 nach DIN EN 13053 : 2007-11 erweitert werden.

(2) [1] Beim Einbau von Anlagen nach Absatz 1 Satz 1 in Gebäude und bei der Erneuerung von Zentralgeräten solcher Anlagen müssen, soweit diese Anlagen dazu bestimmt sind, die Feuchte der Raumluft unmittelbar zu verändern, diese Anlagen mit selbsttätig wirkenden Regelungseinrichtungen ausgestattet werden, bei denen getrennte Sollwerte für die Be- und die Entfeuchtung eingestellt werden können und als Führungsgröße mindestens die direkt gemessene Zu- oder Abluftfeuchte dient. [2] Sind solche Einrichtungen in bestehenden Anlagen nach Absatz 1 Satz 1 nicht vorhanden, muss der Betreiber sie bei Klimaanlagen innerhalb von sechs Monaten nach Ablauf der jeweiligen Frist des § 12 Absatz 3, bei sonstigen raumlufttechnischen Anlagen in entsprechender Anwendung der jeweiligen Fristen des § 12 Absatz 3, nachrüsten.

(3) [1] Beim Einbau von Anlagen nach Absatz 1 Satz 1 in Gebäude und bei der Erneuerung von Zentralgeräten oder Luftkanalsystemen solcher Anlagen müssen diese Anlagen mit Einrichtungen zur selbsttätigen Regelung der Volumenströme in Abhängigkeit von den thermischen und stofflichen Lasten oder zur Einstellung der Volumenströme in Abhängigkeit von der Zeit ausgestattet werden, wenn der Zuluftvolumenstrom dieser Anlagen je Quadratmeter versorgter Nettogrundfläche, bei Wohngebäuden je Quadratmeter versorgter Gebäudenutzfläche neun Kubikmeter pro Stunde überschreitet. [2] Satz 1 gilt nicht, soweit in den versorgten Räumen auf Grund des Arbeits- oder Gesundheits-

schutzes erhöhte Zuluftvolumenströme erforderlich sind oder Laständerungen weder messtechnisch noch hinsichtlich des zeitlichen Verlaufes erfassbar sind.

(4) Werden Kälteverteilungs- und Kaltwasserleitungen und Armaturen, die zu Anlagen im Sinne des Absatzes 1 Satz 1 gehören, erstmalig in Gebäude eingebaut oder ersetzt, ist deren Wärmeaufnahme nach Anlage 5 zu begrenzen.

(5) [1] Werden Anlagen nach Absatz 1 Satz 1 in Gebäude eingebaut oder Zentralgeräte solcher Anlagen erneuert, müssen diese mit einer Einrichtung zur Wärmerückgewinnung ausgestattet sein, die mindestens der Klassifizierung H3 nach DIN EN 13053 : 2007-11 entspricht. [2] Für die Betriebsstundenzahl sind die Nutzungsrandbedingungen nach DIN V 18599-10 : 2011-12 und für den Luftvolumenstrom der Außenluftvolumenstrom maßgebend.

Abschnitt 5. Energieausweise und Empfehlungen für die Verbesserung der Energieeffizienz

§ 16 Ausstellung und Verwendung von Energieausweisen. (1) [1] Wird ein Gebäude errichtet, hat der Bauherr sicherzustellen, dass ihm, wenn er zugleich Eigentümer des Gebäudes ist, oder dem Eigentümer des Gebäudes ein Energieausweis nach dem Muster der Anlage 6 oder 7 unter Zugrundelegung der energetischen Eigenschaften des fertig gestellten Gebäudes ausgestellt und der Energieausweis oder eine Kopie hiervon übergeben wird. [2] Die Ausstellung und die Übergabe müssen unverzüglich nach Fertigstellung des Gebäudes erfolgen. [3] Die Sätze 1 und 2 sind entsprechend anzuwenden, wenn unter Anwendung des § 9 Absatz 1 Satz 2 für das gesamte Gebäude Berechnungen nach § 9 Absatz 2 durchgeführt werden. [4] Der Eigentümer hat den Energieausweis der nach Landesrecht zuständigen Behörde auf Verlangen vorzulegen.

(2) [1] Soll ein mit einem Gebäude bebautes Grundstück, ein grundstücksgleiches Recht an einem bebauten Grundstück oder Wohnungs- oder Teileigentum verkauft werden, hat der Verkäufer dem potenziellen Käufer spätestens bei der Besichtigung einen Energieausweis oder eine Kopie hiervon mit dem Inhalt nach dem Muster der Anlage 6 oder 7 vorzulegen; die Vorlagepflicht wird auch durch einen deutlich sichtbaren Aushang oder ein deutlich sichtbares Auslegen während der Besichtigung erfüllt. [2] Findet keine Besichtigung statt, hat der Verkäufer den Energieausweis oder eine Kopie hiervon mit dem Inhalt nach dem Muster der Anlage 6 oder 7 dem potenziellen Käufer unverzüglich vorzulegen; der Verkäufer muss den Energieausweis oder eine Kopie hiervon spätestens unverzüglich dann vorlegen, wenn der potenzielle Käufer ihn hierzu auffordert. [3] Unverzüglich nach Abschluss des Kaufvertrages hat der Verkäufer dem Käufer den Energieausweis oder eine Kopie hiervon zu übergeben. [4] Die Sätze 1 bis 3 sind entsprechend anzuwenden auf den Vermieter, Verpächter und Leasinggeber bei der Vermietung, der Verpachtung oder dem Leasing eines Gebäudes, einer Wohnung oder einer sonstigen selbständigen Nutzungseinheit.

(3) [1] Der Eigentümer eines Gebäudes, in dem sich mehr als 500 Quadratmeter oder nach dem 8. Juli 2015 mehr als 250 Quadratmeter Nutzfläche mit starkem Publikumsverkehr befinden, der auf behördlicher Nutzung beruht, hat dafür Sorge zu tragen, dass für das Gebäude ein Energieausweis nach dem Muster der Anlage 6 oder 7 ausgestellt wird. [2] Der Eigentümer hat den nach

Satz 1 ausgestellten Energieausweis an einer für die Öffentlichkeit gut sichtbaren Stelle auszuhängen. [3] Wird die in Satz 1 genannte Nutzfläche nicht oder nicht überwiegend vom Eigentümer selbst genutzt, so trifft die Pflicht zum Aushang des Energieausweises den Nutzer. [4] Der Eigentümer hat ihm zu diesem Zweck den Energieausweis oder eine Kopie hiervon zu übergeben. [5] Zur Erfüllung der Pflicht nach Satz 1 ist es ausreichend, von einem Energiebedarfsausweis nur die Seiten 1 und 2 nach dem Muster der Anlage 6 oder 7 und von einem Energieverbrauchsausweis nur die Seiten 1 und 3 nach dem Muster der Anlage 6 oder 7 auszuhängen; anstelle des Aushangs eines Energieausweises nach dem Muster der Anlage 7 kann der Aushang auch nach dem Muster der Anlage 8 oder 9 vorgenommen werden.

(4) [1] Der Eigentümer eines Gebäudes, in dem sich mehr als 500 Quadratmeter Nutzfläche mit starkem Publikumsverkehr befinden, der nicht auf behördlicher Nutzung beruht, hat einen Energieausweis an einer für die Öffentlichkeit gut sichtbaren Stelle auszuhängen, sobald für das Gebäude ein Energieausweis vorliegt. [2] Absatz 3 Satz 3 bis 5 ist entsprechend anzuwenden.

(5) [1] Auf kleine Gebäude sind die Vorschriften dieses Abschnitts nicht anzuwenden. [2] Auf Baudenkmäler sind die Absätze 2 bis 4 nicht anzuwenden.

§ 16a[1)] Pflichtangaben in Immobilienanzeigen. (1) [1] Wird in Fällen des § 16 Absatz 2 Satz 1 vor dem Verkauf eine Immobilienanzeige in kommerziellen Medien aufgegeben und liegt zu diesem Zeitpunkt ein Energieausweis vor, so hat der Verkäufer sicherzustellen, dass die Immobilienanzeige folgende Pflichtangaben enthält:

1. die Art des Energieausweises: Energiebedarfsausweis oder Energieverbrauchsausweis im Sinne des § 17 Absatz 1 Satz 1,
2. den im Energieausweis genannten Wert des Endenergiebedarfs oder Endenergieverbrauchs für das Gebäude,
3. die im Energieausweis genannten wesentlichen Energieträger für die Heizung des Gebäudes,
4. bei Wohngebäuden das im Energieausweis genannte Baujahr und
5. bei Wohngebäuden die im Energieausweis genannte Energieeffizienzklasse.

[2] Bei Nichtwohngebäuden ist bei Energiebedarfs- und bei Energieverbrauchsausweisen als Pflichtangabe nach Satz 1 Nummer 2 der Endenergiebedarf oder Endenergieverbrauch sowohl für Wärme als auch für Strom jeweils getrennt aufzuführen.

(2) Absatz 1 ist entsprechend anzuwenden auf den Vermieter, Verpächter und Leasinggeber bei Immobilienanzeigen zur Vermietung, Verpachtung oder zum Leasing eines Gebäudes, einer Wohnung oder einer sonstigen selbständigen Nutzungseinheit.

(3) Bei Energieausweisen, die nach dem 30. September 2007 und vor dem 1. Mai 2014 ausgestellt worden sind, und bei Energieausweisen nach § 29 Absatz 1 sind die Pflichten der Absätze 1 und 2 nach Maßgabe des § 29 Absatz 2 und 3 zu erfüllen.

---

1) Siehe hierzu ua Arbeitshilfe Pflichtangaben in Immobilienanzeigen und „alte" Energieausweise v. 17.4.2014 (BAnz AT 30.04.2014 B1).

§ 17 Grundsätze des Energieausweises. (1) [1]Der Aussteller hat Energieausweise nach § 16 auf der Grundlage des berechneten Energiebedarfs (Energiebedarfsausweis) oder des erfassten Energieverbrauchs (Energieverbrauchsausweis) nach Maßgabe der Absätze 2 bis 6 sowie der §§ 18 und 19 auszustellen. [2]Es ist zulässig, sowohl den Energiebedarf als auch den Energieverbrauch anzugeben.

(2) [1]Energieausweise dürfen in den Fällen des § 16 Abs. 1 nur auf der Grundlage des Energiebedarfs ausgestellt werden. [2]In den Fällen des § 16 Abs. 2 sind ab dem 1. Oktober 2008 Energieausweise für Wohngebäude, die weniger als fünf Wohnungen haben und für die der Bauantrag vor dem 1. November 1977 gestellt worden ist, auf der Grundlage des Energiebedarfs auszustellen. [3]Satz 2 gilt nicht, wenn das Wohngebäude

1. schon bei der Baufertigstellung das Anforderungsniveau der Wärmeschutzverordnung vom 11. August 1977 (BGBl. I S. 1554) eingehalten hat oder
2. durch spätere Änderungen mindestens auf das in Nummer 1 bezeichnete Anforderungsniveau gebracht worden ist.

[4]Bei der Ermittlung der energetischen Eigenschaften des Wohngebäudes nach Satz 3 können die Bestimmungen über die vereinfachte Datenerhebung nach § 9 Abs. 2 Satz 2 und die Datenbereitstellung durch den Eigentümer nach Absatz 5 angewendet werden.

(3) [1]Energieausweise werden für Gebäude ausgestellt. [2]Sie sind für Teile von Gebäuden auszustellen, wenn die Gebäudeteile nach § 22 getrennt zu behandeln sind.

(4) [1]Energieausweise einschließlich Modernisierungsempfehlungen müssen nach Inhalt und Aufbau den Mustern in den Anlagen 6 bis 9 entsprechen und mindestens die dort für die jeweilige Ausweisart geforderten, nicht als freiwillig gekennzeichneten Angaben enthalten. [2]Zusätzliche, nicht personenbezogene Angaben können beigefügt werden. [3]Energieausweise sind vom Aussteller unter Angabe seines Namens, seiner Anschrift und Berufsbezeichnung sowie des Ausstellungsdatums eigenhändig oder durch Nachbildung der Unterschrift zu unterschreiben. [4]Vor Übergabe des neu ausgestellten Energieausweises an den Eigentümer hat der Aussteller die nach § 26c Absatz 2 zugeteilte Registriernummer einzutragen. [5]Hat bei elektronischer Antragstellung die nach § 26c zuständige Registrierstelle bis zum Ablauf von drei Arbeitstagen nach Antragstellung und in sonstigen Fällen der Antragstellung bis zum Ablauf von sieben Arbeitstagen nach Antragstellung keine Registriernummer zugeteilt, sind statt der Registriernummer die Wörter „Registriernummer wurde beantragt am" und das Datum der Antragstellung bei der Registrierstelle einzutragen (vorläufiger Energieausweis). [6]Unverzüglich nach Erhalt der Registriernummer hat der Aussteller dem Eigentümer eine Ausfertigung des Energieausweises mit der eingetragenen Registriernummer zu übermitteln. [7]Nach Zugang des vervollständigten Energieausweises beim Eigentümer verliert der vorläufige Energieausweis seine Gültigkeit. [8]Die Modernisierungsempfehlungen nach § 20 sind Bestandteil der Energieausweise nach den Mustern in den Anlagen 6 und 7.

(5) [1]Der Eigentümer kann die zur Ausstellung des Energieausweises nach § 18 Absatz 1 Satz 1 oder Absatz 2 Satz 1 in Verbindung mit den Anlagen 1, 2 und 3 Nummer 8 oder nach § 19 Absatz 1 Satz 1 und 3, Absatz 2 Satz 1 oder 5 und Absatz 3 Satz 1 erforderlichen Daten bereitstellen. [2]Der Eigentümer muss

dafür Sorge tragen, dass die von ihm nach Satz 1 bereitgestellten Daten richtig sind. [3] Der Aussteller darf die vom Eigentümer bereitgestellten Daten seinen Berechnungen nicht zugrunde legen, soweit begründeter Anlass zu Zweifeln an deren Richtigkeit besteht. [4] Soweit der Aussteller des Energieausweises die Daten selbst ermittelt hat, ist Satz 2 entsprechend anzuwenden.

(6) [1] Energieausweise sind für eine Gültigkeitsdauer von zehn Jahren auszustellen. [2] Unabhängig davon verlieren Energieausweise ihre Gültigkeit, wenn nach § 16 Absatz 1 ein neuer Energieausweis erforderlich wird.

§ 18 Ausstellung auf der Grundlage des Energiebedarfs. (1) [1] Werden Energieausweise für zu errichtende Gebäude auf der Grundlage des berechneten Energiebedarfs ausgestellt, sind die Ergebnisse der nach den §§ 3 bis 5 erforderlichen Berechnungen zugrunde zu legen. [2] Die Ergebnisse sind in den Energieausweisen anzugeben, soweit ihre Angabe für Energiebedarfswerte in den Mustern der Anlagen 6 bis 8 vorgesehen ist. [3] In den Fällen des § 3 Absatz 5 Satz 3 sind die Kennwerte zu verwenden, die in den Bekanntmachungen nach § 3 Absatz 5 Satz 1 der jeweils zutreffenden Ausstattungsvariante zugewiesen sind.

(2) [1] Werden Energieausweise für bestehende Gebäude auf der Grundlage des berechneten Energiebedarfs ausgestellt, ist auf die erforderlichen Berechnungen § 9 Abs. 2 entsprechend anzuwenden. [2] Die Ergebnisse sind in den Energieausweisen anzugeben, soweit ihre Angabe für Energiebedarfswerte in den Mustern der Anlagen 6 bis 8 vorgesehen ist.

§ 19 Ausstellung auf der Grundlage des Energieverbrauchs. (1) [1] Werden Energieausweise für bestehende Gebäude auf der Grundlage des erfassten Energieverbrauchs ausgestellt, sind der witterungsbereinigte Endenergie- und Primärenergieverbrauch nach Maßgabe der Absätze 2 und 3 zu berechnen. [2] Die Ergebnisse sind in den Energieausweisen anzugeben, soweit ihre Angabe für Energieverbrauchswerte in den Mustern der Anlagen 6, 7 und 9 vorgesehen ist. [3] Die Bestimmungen des § 9 Abs. 2 Satz 2 über die vereinfachte Datenerhebung sind entsprechend anzuwenden.

(2) [1] Bei Wohngebäuden ist der Endenergieverbrauch für Heizung und Warmwasserbereitung zu ermitteln und in Kilowattstunden pro Jahr und Quadratmeter Gebäudenutzfläche anzugeben. [2] Ist im Fall dezentraler Warmwasserbereitung in Wohngebäuden der hierauf entfallende Verbrauch nicht bekannt, ist der Endenergieverbrauch um eine Pauschale von 20 Kilowattstunden pro Jahr und Quadratmeter Gebäudenutzfläche zu erhöhen. [3] Im Fall der Kühlung von Raumluft in Wohngebäuden ist der für Heizung und Warmwasser ermittelte Endenergieverbrauch um eine Pauschale von 6 Kilowattstunden pro Jahr und Quadratmeter gekühlte Gebäudenutzfläche zu erhöhen. [4] Ist die Gebäudenutzfläche nicht bekannt, kann sie bei Wohngebäuden mit bis zu zwei Wohneinheiten mit beheiztem Keller pauschal mit dem 1,35fachen Wert der Wohnfläche, bei sonstigen Wohngebäuden mit dem 1,2fachen Wert der Wohnfläche angesetzt werden. [5] Bei Nichtwohngebäuden ist der Endenergieverbrauch für Heizung, Warmwasserbereitung, Kühlung, Lüftung und eingebaute Beleuchtung zu ermitteln und in Kilowattstunden pro Jahr und Quadratmeter Nettogrundfläche anzugeben. [6] Der Endenergieverbrauch für Heizung ist einer Witterungsbereinigung zu unterziehen. [7] Der Primärenergieverbrauch wird auf

der Grundlage des Endenergieverbrauchs und der Primärenergiefaktoren nach Anlage 1 Nummer 2.1.1 Satz 2 bis 7 errechnet.

(3) [1] Zur Ermittlung des Energieverbrauchs sind

1. Verbrauchsdaten aus Abrechnungen von Heizkosten nach der Heizkostenverordnung für das gesamte Gebäude,
2. andere geeignete Verbrauchsdaten, insbesondere Abrechnungen von Energielieferanten oder sachgerecht durchgeführte Verbrauchsmessungen, oder
3. eine Kombination von Verbrauchsdaten nach den Nummern 1 und 2

zu verwenden; dabei sind mindestens die Abrechnungen aus einem zusammenhängenden Zeitraum von 36 Monaten zugrunde zu legen, der die jüngste vorliegende Abrechnungsperiode einschließt. [2] Bei der Ermittlung nach Satz 1 sind längere Leerstände rechnerisch angemessen zu berücksichtigen. [3] Der maßgebliche Energieverbrauch ist der durchschnittliche Verbrauch in dem zugrunde gelegten Zeitraum. [4] Für die Witterungsbereinigung des Endenergieverbrauchs und die angemessene rechnerische Berücksichtigung längerer Leerstände sowie die Berechnung des Primärenergieverbrauchs auf der Grundlage des ermittelten Endenergieverbrauchs ist ein den anerkannten Regeln der Technik entsprechendes Verfahren anzuwenden. [5] Die Einhaltung der anerkannten Regeln der Technik wird vermutet, soweit bei der Ermittlung des Energieverbrauchs Vereinfachungen verwendet werden, die vom Bundesministerium für Wirtschaft und Energie und dem Bundesministerium für Umwelt, Naturschutz, Bau und Reaktorsicherheit gemeinsam im Bundesanzeiger bekannt gemacht worden sind.

(4) Als Vergleichswerte für den Energieverbrauch eines Nichtwohngebäudes sind in den Energieausweis die Werte einzutragen, die jeweils vom Bundesministerium für Wirtschaft und Energie und dem Bundesministerium für Umwelt, Naturschutz, Bau und Reaktorsicherheit gemeinsam im Bundesanzeiger bekannt gemacht worden sind.

§ 20 Empfehlungen für die Verbesserung der Energieeffizienz. [1] Der Aussteller des Energieausweises hat dem Eigentümer im Energieausweis Empfehlungen für Maßnahmen zur kosteneffizienten Verbesserung der energetischen Eigenschaften des Gebäudes (Energieeffizienz) in Form von kurz gefassten fachlichen Hinweisen zu geben (Modernisierungsempfehlungen), es sei denn, solche Maßnahmen sind nicht möglich. [2] Die Modernisierungsempfehlungen beziehen sich auf Maßnahmen am gesamten Gebäude, an einzelnen Außenbauteilen sowie an Anlagen und Einrichtungen im Sinne dieser Verordnung. [3] In den Modernisierungsempfehlungen kann ergänzend auf weiterführende Hinweise in gemeinsamen Veröffentlichungen des Bundesministeriums für Wirtschaft und Energie und des Bundesministeriums für Umwelt, Naturschutz, Bau und Reaktorsicherheit oder in Veröffentlichungen von ihnen beauftragter Dritter Bezug genommen werden. [4] Die Bestimmungen des § 9 Absatz 2 Satz 2 über die vereinfachte Datenerhebung sind entsprechend anzuwenden. [5] Sind Modernisierungsempfehlungen nicht möglich, hat der Aussteller dies im Energieausweis zu vermerken.

§ 21 Ausstellungsberechtigung für bestehende Gebäude. (1) [1] Zur Ausstellung von Energieausweisen für bestehende Gebäude nach § 16 Absatz 2 bis 4 sind nur berechtigt

1. Personen mit berufsqualifizierendem Hochschulabschluss in
   a) den Fachrichtungen Architektur, Hochbau, Bauingenieurwesen, Technische Gebäudeausrüstung, Physik, Bauphysik, Maschinenbau oder Elektrotechnik oder
   b) einer anderen technischen oder naturwissenschaftlichen Fachrichtung mit einem Ausbildungsschwerpunkt auf einem unter Buchstabe a genannten Gebiet,
2. Personen im Sinne der Nummer 1 Buchstabe a im Bereich Architektur der Fachrichtung Innenarchitektur,
3. Personen, die für ein zulassungspflichtiges Bau-, Ausbau- oder anlagentechnisches Gewerbe oder für das Schornsteinfegerwesen die Voraussetzungen zur Eintragung in die Handwerksrolle erfüllen, sowie Handwerksmeister der zulassungsfreien Handwerke dieser Bereiche und Personen, die auf Grund ihrer Ausbildung berechtigt sind, ein solches Handwerk ohne Meistertitel selbständig auszuüben,
4. staatlich anerkannte oder geprüfte Techniker, deren Ausbildungsschwerpunkt auch die Beurteilung der Gebäudehülle, die Beurteilung von Heizungs- und Warmwasserbereitungsanlagen oder die Beurteilung von Lüftungs- und Klimaanlagen umfasst,
5. Personen, die nach bauordnungsrechtlichen Vorschriften der Länder zur Unterzeichnung von bautechnischen Nachweisen des Wärmeschutzes oder der Energieeinsparung bei der Errichtung von Gebäuden berechtigt sind, im Rahmen der jeweiligen Nachweisberechtigung,

wenn sie mit Ausnahme der in Nummer 5 genannten Personen mindestens eine der in Absatz 2 genannten Voraussetzungen erfüllen. [2]Die Ausstellungsberechtigung nach Satz 1 Nr. 2 bis 4 in Verbindung mit Absatz 2 bezieht sich nur auf Energieausweise für bestehende Wohngebäude. [3]Für Personen im Sinne des Satzes 1 Nummer 1 ist die Ausstellungsberechtigung auf bestehende Wohngebäude beschränkt, wenn sich ihre Fortbildung im Sinne des Absatzes 2 Nummer 2 Buchstabe b auf Wohngebäude beschränkt hat und keine andere Voraussetzung des Absatzes 2 erfüllt ist.

(2) Voraussetzung für die Ausstellungsberechtigung nach Absatz 1 Satz 1 Nummer 1 bis 4 ist

1. während des Studiums ein Ausbildungsschwerpunkt im Bereich des energiesparenden Bauens oder nach einem Studium ohne einen solchen Schwerpunkt eine mindestens zweijährige Berufserfahrung in wesentlichen bau- oder anlagentechnischen Tätigkeitsbereichen des Hochbaus,
2. eine erfolgreiche Fortbildung im Bereich des energiesparenden Bauens, die
   a) in Fällen des Absatzes 1 Satz 1 Nr. 1 den wesentlichen Inhalten der Anlage 11,
   b) in Fällen des Absatzes 1 Satz 1 Nr. 2 bis 4 den wesentlichen Inhalten der Anlage 11 Nr. 1 und 2

   entspricht, oder
3. eine öffentliche Bestellung als vereidigter Sachverständiger für ein Sachgebiet im Bereich des energiesparenden Bauens oder in wesentlichen bau- oder anlagentechnischen Tätigkeitsbereichen des Hochbaus.

(3) § 12 Abs. 5 Satz 3 ist auf Ausbildungen im Sinne des Absatzes 1 entsprechend anzuwenden.

Abschnitt 6. Gemeinsame Vorschriften, Ordnungswidrigkeiten

§ 22 Gemischt genutzte Gebäude. (1) Teile eines Wohngebäudes, die sich hinsichtlich der Art ihrer Nutzung und der gebäudetechnischen Ausstattung wesentlich von der Wohnnutzung unterscheiden und die einen nicht unerheblichen Teil der Gebäudenutzfläche umfassen, sind getrennt als Nichtwohngebäude zu behandeln.

(2) Teile eines Nichtwohngebäudes, die dem Wohnen dienen und einen nicht unerheblichen Teil der Nettogrundfläche umfassen, sind getrennt als Wohngebäude zu behandeln.

(3) Für die Berechnung von Trennwänden und Trenndecken zwischen Gebäudeteilen gilt in Fällen der Absätze 1 und 2 Anlage 1 Nr. 2.6 Satz 1 entsprechend.

§ 23 Regeln der Technik. (1) Das Bundesministerium für Wirtschaft und Energie kann gemeinsam mit dem Bundesministerium für Umwelt, Naturschutz, Bau und Reaktorsicherheit durch Bekanntmachung im Bundesanzeiger auf Veröffentlichungen sachverständiger Stellen über anerkannte Regeln der Technik hinweisen, soweit in dieser Verordnung auf solche Regeln Bezug genommen wird.

(2) Zu den anerkannten Regeln der Technik gehören auch Normen, technische Vorschriften oder sonstige Bestimmungen anderer Mitgliedstaaten der Europäischen Union und anderer Vertragsstaaten des Abkommens über den Europäischen Wirtschaftsraum sowie der Türkei, wenn ihre Einhaltung das geforderte Schutzniveau in Bezug auf Energieeinsparung und Wärmeschutz dauerhaft gewährleistet.

(3) [1] Soweit eine Bewertung von Baustoffen, Bauteilen und Anlagen im Hinblick auf die Anforderungen dieser Verordnung auf Grund anerkannter Regeln der Technik nicht möglich ist, weil solche Regeln nicht vorliegen oder wesentlich von ihnen abgewichen wird, sind der nach Landesrecht zuständigen Behörde die erforderlichen Nachweise für eine anderweitige Bewertung vorzulegen. [2] Satz 1 gilt nicht für Baustoffe, Bauteile und Anlagen,

1. soweit für sie die Bewertung auch im Hinblick auf die Anforderungen zur Energieeinsparung im Sinne dieser Verordnung durch die Verordnung (EU) Nr. 305/2011 des Europäischen Parlaments und des Rates vom 9. März 2011 zur Festlegung harmonisierter Bedingungen für die Vermarktung von Bauprodukten und zur Aufhebung der Richtlinie 89/106/EWG des Rates (ABl. L 88 vom 4.4.2011, S. 5) oder durch nationale Rechtsvorschriften zur Umsetzung oder Durchführung von Rechtsvorschriften der Europäischen Union gewährleistet wird, erforderliche CE-Kennzeichnungen angebracht wurden und nach den genannten Vorschriften zulässige Klassen und Leistungsstufen nach Maßgabe landesrechtlicher Vorschriften eingehalten werden, oder

2. bei denen nach bauordnungsrechtlichen Vorschriften über die Verwendung von Bauprodukten auch die Einhaltung dieser Verordnung sichergestellt wird.

(4) Das Bundesministerium für Wirtschaft und Energie und das Bundesministerium für Umwelt, Naturschutz, Bau und Reaktorsicherheit oder in deren Auftrag Dritte können Bekanntmachungen nach dieser Verordnung neben der Bekanntmachung im Bundesanzeiger auch kostenfrei in das Internet einstellen.

(5) Verweisen die nach dieser Verordnung anzuwendenden datierten technischen Regeln auf undatierte technische Regeln, sind diese in der Fassung anzuwenden, die dem Stand zum Zeitpunkt der Herausgabe der datierten technischen Regel entspricht.

§ 24 Ausnahmen. (1) Soweit bei Baudenkmälern oder sonstiger besonders erhaltenswerter Bausubstanz die Erfüllung der Anforderungen dieser Verordnung die Substanz oder das Erscheinungsbild beeinträchtigen oder andere Maßnahmen zu einem unverhältnismäßig hohen Aufwand führen, kann von den Anforderungen dieser Verordnung abgewichen werden.

(2) Soweit die Ziele dieser Verordnung durch andere als in dieser Verordnung vorgesehene Maßnahmen im gleichen Umfang erreicht werden, lassen die nach Landesrecht zuständigen Behörden auf Antrag Ausnahmen zu.

§ 25 Befreiungen. (1) [1] Die nach Landesrecht zuständigen Behörden haben auf Antrag von den Anforderungen dieser Verordnung zu befreien, soweit die Anforderungen im Einzelfall wegen besonderer Umstände durch einen unangemessenen Aufwand oder in sonstiger Weise zu einer unbilligen Härte führen. [2] Eine unbillige Härte liegt insbesondere vor, wenn die erforderlichen Aufwendungen innerhalb der üblichen Nutzungsdauer, bei Anforderungen an bestehende Gebäude innerhalb angemessener Frist durch die eintretenden Einsparungen nicht erwirtschaftet werden können.

(2) Absatz 1 ist auf die Vorschriften des Abschnitts 5 nicht anzuwenden.

§ 25a Gebäude für die Unterbringung von Asylsuchenden und Flüchtlingen. (1) [1] Gebäude, die bis zum 31. Dezember 2018 geändert, erweitert oder ausgebaut werden, um sie als Aufnahmeeinrichtungen nach § 44 des Asylgesetzes oder als Gemeinschaftsunterkünfte nach § 53 des Asylgesetzes zu nutzen, sind von den Anforderungen des § 9 befreit. [2] Die Anforderungen an den Mindestwärmeschutz nach den anerkannten Regeln der Technik sind einzuhalten.

(2) Im Übrigen kann die zuständige Landesbehörde bei Anträgen auf Befreiung nach § 25 Absatz 1 Satz 1, die bis zum 31. Dezember 2018 gestellt werden, von einer unbilligen Härte ausgehen, wenn die Anforderungen dieser Verordnung im Einzelfall die Schaffung von Aufnahmeeinrichtungen nach § 44 des Asylgesetzes oder von Gemeinschaftsunterkünften nach § 53 des Asylgesetzes erheblich verzögern würden.

(3) Gebäude, die als Aufnahmeeinrichtungen nach § 44 des Asylgesetzes oder als Gemeinschaftsunterkünfte nach § 53 des Asylgesetzes genutzt werden,

sind bis zum 31. Dezember 2018 von der Verpflichtung nach § 10 Absatz 3 befreit.

(4) Die Ausnahme von den Anforderungen dieser Verordnung nach § 1 Absatz 3 Satz 1 ist bis zum 31. Dezember 2018 auch für die in § 1 Absatz 3 Satz 1 Nummer 6 genannten Gebäude mit einer geplanten Nutzungsdauer von bis zu fünf Jahren anzuwenden, wenn die Gebäude dazu bestimmt sind, als Aufnahmeeinrichtungen nach § 44 des Asylgesetzes oder als Gemeinschaftsunterkünfte nach § 53 des Asylgesetzes zu dienen.

§ 26 Verantwortliche. (1) Für die Einhaltung der Vorschriften dieser Verordnung ist der Bauherr verantwortlich, soweit in dieser Verordnung nicht ausdrücklich ein anderer Verantwortlicher bezeichnet ist.

(2) Für die Einhaltung der Vorschriften dieser Verordnung sind im Rahmen ihres jeweiligen Wirkungskreises auch die Personen verantwortlich, die im Auftrag des Bauherrn bei der Errichtung oder Änderung von Gebäuden oder der Anlagentechnik in Gebäuden tätig werden.

§ 26a Private Nachweise. (1) Wer geschäftsmäßig an oder in bestehenden Gebäuden Arbeiten

1. zur Änderung von Außenbauteilen im Sinne des § 9 Absatz 1 Satz 1,
2. zur Dämmung oberster Geschossdecken im Sinne von § 10 Absatz 3, auch in Verbindung mit Absatz 4, oder
3. zum erstmaligen Einbau oder zur Ersetzung von Heizkesseln und sonstigen Wärmeerzeugersystemen nach § 13, Verteilungseinrichtungen oder Warmwasseranlagen nach § 14 oder Klimaanlagen oder sonstigen Anlagen der Raumlufttechnik nach § 15

durchführt, hat dem Eigentümer unverzüglich nach Abschluss der Arbeiten schriftlich zu bestätigen, dass die von ihm geänderten oder eingebauten Bau- oder Anlagenteile den Anforderungen dieser Verordnung entsprechen (Unternehmererklärung).

(2) [1] Mit der Unternehmererklärung wird die Erfüllung der Pflichten aus den in Absatz 1 genannten Vorschriften nachgewiesen. [2] Die Unternehmererklärung ist von dem Eigentümer mindestens fünf Jahre aufzubewahren. [3] Der Eigentümer hat die Unternehmererklärungen der nach Landesrecht zuständigen Behörde auf Verlangen vorzulegen.

§ 26b Aufgaben des bevollmächtigten Bezirksschornsteinfegers.

(1) Bei heizungstechnischen Anlagen prüft der bevollmächtigte Bezirksschornsteinfeger als Beliehener im Rahmen der Feuerstättenschau, ob

1. Heizkessel, die nach § 10 Absatz 1, auch in Verbindung mit Absatz 4, außer Betrieb genommen werden mussten, weiterhin betrieben werden und
2. Wärmeverteilungs- und Warmwasserleitungen sowie Armaturen, die nach § 10 Absatz 2, auch in Verbindung mit Absatz 4, gedämmt werden mussten, weiterhin ungedämmt sind.

(2) Bei heizungstechnischen Anlagen, die in bestehende Gebäude eingebaut werden, prüft der bevollmächtigte Bezirksschornsteinfeger im Rahmen der bauordnungsrechtlichen Abnahme der Anlage oder, wenn eine solche Abnah-

me nicht vorgesehen ist, als Beliehener im Rahmen der ersten Feuerstättenschau nach dem Einbau außerdem, ob

1. die Anforderungen nach § 11 Absatz 1 Satz 2 erfüllt sind,
2. Zentralheizungen mit einer zentralen selbsttätig wirkenden Einrichtung zur Verringerung und Abschaltung der Wärmezufuhr sowie zur Ein- und Ausschaltung elektrischer Antriebe nach § 14 Absatz 1 ausgestattet sind,
3. Umwälzpumpen in Zentralheizungen mit Vorrichtungen zur selbsttätigen Anpassung der elektrischen Leistungsaufnahme nach § 14 Absatz 3 ausgestattet sind,
4. bei Wärmeverteilungs- und Warmwasserleitungen sowie Armaturen die Wärmeabgabe nach § 14 Absatz 5 begrenzt ist.

(3) [1] Der bevollmächtigte Bezirksschornsteinfeger weist den Eigentümer bei Nichterfüllung der Pflichten aus den in den Absätzen 1 und 2 genannten Vorschriften schriftlich auf diese Pflichten hin und setzt eine angemessene Frist zu deren Nacherfüllung. [2] Werden die Pflichten nicht innerhalb der festgesetzten Frist erfüllt, unterrichtet der bevollmächtigte Bezirksschornsteinfeger unverzüglich die nach Landesrecht zuständige Behörde.

(4) [1] Die Erfüllung der Pflichten aus den in den Absätzen 1 und 2 genannten Vorschriften kann durch Vorlage der Unternehmererklärungen gegenüber dem bevollmächtigten Bezirksschornsteinfeger nachgewiesen werden. [2] Es bedarf dann keiner weiteren Prüfung durch den bevollmächtigten Bezirksschornsteinfeger.

(5) Eine Prüfung nach Absatz 1 findet nicht statt, soweit eine vergleichbare Prüfung durch den bevollmächtigten Bezirksschornsteinfeger bereits auf der Grundlage von Landesrecht für die jeweilige heizungstechnische Anlage vor dem 1. Oktober 2009 erfolgt ist.

§ 26c Registriernummern. (1) [1] Wer einen Inspektionsbericht nach § 12 oder einen Energieausweis nach § 17 ausstellt, hat für diesen Bericht oder für diesen Energieausweis bei der zuständigen Behörde (Registrierstelle) eine Registriernummer zu beantragen. [2] Der Antrag ist grundsätzlich elektronisch zu stellen. [3] Eine Antragstellung in Papierform ist zulässig, soweit die elektronische Antragstellung für den Antragsteller eine unbillige Härte bedeuten würde. [4] Bei der Antragstellung sind Name und Anschrift der nach Satz 1 antragstellenden Person, das Bundesland und die Postleitzahl der Belegenheit des Gebäudes, das Ausstellungsdatum des Inspektionsberichts oder des Energieausweises anzugeben sowie

1. in Fällen des § 12 die Nennleistung der inspizierten Klimaanlage,
2. in Fällen des § 17
   a) die Art des Energieausweises: Energiebedarfs- oder Energieverbrauchsausweis und
   b) die Art des Gebäudes: Wohn- oder Nichtwohngebäude, Neubau oder bestehendes Gebäude.

(2) [1] Die Registrierstelle teilt dem Antragsteller für jeden neu ausgestellten Inspektionsbericht oder Energieausweis eine Registriernummer zu. [2] Die Registriernummer ist unverzüglich nach Antragstellung zu erteilen.

§ 26d Stichprobenkontrollen von Energieausweisen und Inspektionsberichten über Klimaanlagen. (1) Die zuständige Behörde (Kontrollstelle) unterzieht Inspektionsberichte über Klimaanlagen nach § 12 und Energieausweise nach § 17 nach Maßgabe der folgenden Absätze einer Stichprobenkontrolle.

(2) Die Stichproben müssen jeweils einen statistisch signifikanten Prozentanteil aller in einem Kalenderjahr neu ausgestellten Energieausweise und neu ausgestellten Inspektionsberichte über Klimaanlagen erfassen.

(3) [1] Die Kontrollstelle kann bei der Registrierstelle Registriernummern und dort vorliegende Angaben nach § 26c Absatz 1 zu neu ausgestellten Energieausweisen und Inspektionsberichten über im jeweiligen Land belegene Gebäude und Klimaanlagen erheben, speichern und nutzen, soweit dies für die Vorbereitung der Durchführung der Stichprobenkontrollen erforderlich ist. [2] Nach dem Abschluss der Stichprobenkontrolle hat die Kontrollstelle die Daten nach Satz 1 jeweils im Einzelfall unverzüglich zu löschen. [3] Kommt es auf Grund der Stichprobenkontrolle zur Einleitung eines Bußgeldverfahrens gegen den Ausweisaussteller nach § 27 Absatz 2 Nummer 7, 8 oder 9 oder Absatz 3 Nummer 1 oder 3 oder gegen die inspizierende Person nach § 27 Absatz 2 Nummer 2 oder Absatz 3 Nummer 1 oder 3, so sind abweichend von Satz 2 die Daten nach Satz 1, soweit diese im Rahmen des Bußgeldverfahrens erforderlich sind, erst nach dessen rechtskräftigem Abschluss jeweils im Einzelfall unverzüglich zu löschen.

(4) [1] Die gezogene Stichprobe von Energieausweisen wird von der Kontrollstelle auf der Grundlage der nachstehenden Optionen oder gleichwertiger Maßnahmen überprüft:

1. Validitätsprüfung der Eingabe-Gebäudedaten, die zur Ausstellung des Energieausweises verwendet wurden, und der im Energieausweis angegebenen Ergebnisse;
2. Prüfung der Eingabe-Gebäudedaten und Überprüfung der im Energieausweis angegebenen Ergebnisse einschließlich der abgegebenen Modernisierungsempfehlungen;
3. vollständige Prüfung der Eingabe-Gebäudedaten, die zur Ausstellung des Energieausweises verwendet wurden, vollständige Überprüfung der im Energieausweis angegebenen Ergebnisse einschließlich der abgegebenen Modernisierungsempfehlungen und, falls dies insbesondere auf Grund des Einverständnisses des Eigentümers des Gebäudes möglich ist, Inaugenscheinnahme des Gebäudes zur Prüfung der Übereinstimmung zwischen den im Energieausweis angegebenen Spezifikationen mit dem Gebäude, für das der Energieausweis erstellt wurde.

[2] Wird im Rahmen der Stichprobe ein Energieausweis gezogen, der bereits auf der Grundlage von Landesrecht einer zumindest gleichwertigen Überprüfung unterzogen wurde, findet keine erneute Überprüfung statt. [3] Die auf der Grundlage von Landesrecht bereits durchgeführte Überprüfung gilt als Überprüfung im Sinne derjenigen Option nach Satz 1, der sie gleichwertig ist.

(5) Aussteller von Energieausweisen sind verpflichtet, Kopien der von ihnen ausgestellten Energieausweise und der zu deren Ausstellung verwendeten Daten und Unterlagen zwei Jahre ab dem Ausstellungsdatum des jeweiligen Energieausweises aufzubewahren.

(6) [1]Die Kontrollstelle kann zur Durchführung der Überprüfung nach Absatz 4 in Verbindung mit Absatz 1 vom jeweiligen Aussteller die Übermittlung einer Kopie des Energieausweises und die zu dessen Ausstellung verwendeten Daten und Unterlagen verlangen. [2]Der Aussteller ist verpflichtet, dem Verlangen der Kontrollbehörde zu entsprechen. [3]Der Energieausweis sowie die Daten und Unterlagen sind der Kontrollstelle grundsätzlich in elektronischer Form zu übermitteln. [4]Eine Übermittlung in Papierform ist zulässig, soweit die elektronische Übermittlung für den Antragsteller eine unbillige Härte bedeuten würde. [5]Angaben zum Eigentümer und zur Adresse des Gebäudes darf die Kontrollstelle nur verlangen, soweit dies zur Durchführung der Überprüfung im Einzelfall erforderlich ist; werden die im ersten Halbsatz genannten Angaben von der Kontrollstelle nicht verlangt, hat der Aussteller Angaben zum Eigentümer und zur Adresse des Gebäudes in der Kopie des Energieausweises sowie in den zu dessen Ausstellung verwendeten Daten und Unterlagen vor der Übermittlung unkenntlich zu machen. [6]Im Fall der Übermittlung von Angaben nach Satz 5 erster Halbsatz in Verbindung mit Satz 2 hat der Aussteller des Energieausweises den Eigentümer des Gebäudes hierüber unverzüglich zu informieren.

(7) [1]Die vom Aussteller nach Absatz 6 übermittelten Kopien von Energieausweisen, Daten und Unterlagen dürfen, soweit sie personenbezogene Daten enthalten, von der Kontrollstelle nur für die Durchführung der Stichprobenkontrollen und hieraus resultierender Bußgeldverfahren gegen den Ausweisaussteller nach § 27 Absatz 2 Nummer 7, 8 oder 9 oder Absatz 3 Nummer 1 oder 3 erhoben, gespeichert und genutzt werden, soweit dies im Einzelfall jeweils erforderlich ist. [2]Die in Satz 1 genannten Kopien, Daten und Unterlagen dürfen nur so lange aufbewahrt werden, wie dies zur Durchführung der Stichprobenkontrollen und der Bußgeldverfahren im Einzelfall erforderlich ist. [3]Sie sind nach Durchführung der Stichprobenkontrollen und bei Einleitung von Bußgeldverfahren nach deren rechtskräftigem Abschluss jeweils im Einzelfall unverzüglich zu löschen. [4]Im Übrigen bleiben die Datenschutzgesetze des Bundes und der Länder sowie andere Vorschriften des Bundes und der Länder zum Schutz personenbezogener Daten unberührt.

(8) Die Absätze 5 bis 7 sind auf die Durchführung der Stichprobenkontrolle von Inspektionsberichten über Klimaanlagen entsprechend anzuwenden.

§ 26e Nicht personenbezogene Auswertung von Daten. (1) Die Kontrollstelle kann den nicht personenbezogenen Anteil der Daten, die sie im Rahmen des § 26d Absatz 3 Satz 1, Absatz 4, 6 Satz 1 bis 4 und Absatz 8 erhoben und gespeichert hat, unbefristet zur Verbesserung der Erfüllung von Aufgaben der Energieeinsparung auswerten.

(2) Die Auswertung kann sich bei Energieausweisen insbesondere auf folgende Merkmale beziehen:

1. Art des Energieausweises: Energiebedarfs- oder Energieverbrauchsausweis,
2. Anlass der Ausstellung des Energieausweises nach § 16 Absatz 1 Satz 1, Absatz 1 Satz 3, Absatz 2 Satz 1, Absatz 2 Satz 4 oder Absatz 3 Satz 1,
3. Art des Gebäudes: Wohn- oder Nichtwohngebäude, Neubau oder bestehendes Gebäude,
4. Gebäudeeigenschaften, wie die Eigenschaften der wärmeübertragendenden Umfassungsfläche und die Art der heizungs-, kühl- und raumlufttechnischen

Anlagentechnik sowie der Warmwasserversorgung, bei Nichtwohngebäuden auch die Art der Nutzung und die Zonierung,
5. Werte des Endenergiebedarfs oder -verbrauchs sowie des Primärenergiebedarfs oder -verbrauchs für das Gebäude,
6. wesentliche Energieträger für Heizung und Warmwasser,
7. Einsatz erneuerbarer Energien und
8. Land und Landkreis der Belegenheit des Gebäudes ohne Angabe des Ortes, der Straße und der Hausnummer.

(3) Die Auswertung kann sich bei Inspektionsberichten über Klimaanlagen insbesondere auf folgende Merkmale beziehen:
1. Nennleistung der inspizierten Klimaanlage,
2. Art des Gebäudes: Wohn- oder Nichtwohngebäude und
3. Land und Landkreis der Belegenheit des Gebäudes, ohne Angabe des Ortes, der Straße und der Hausnummer.

§ 26f Erfahrungsberichte der Länder. [1] Die Länder berichten der Bundesregierung erstmals zum 1. März 2017, danach alle drei Jahre, über die wesentlichen Erfahrungen mit den Stichprobenkontrollen nach § 26d. [2] Die Berichte dürfen keine personenbezogenen Daten enthalten.

§ 27 Ordnungswidrigkeiten. (1) Ordnungswidrig im Sinne des § 8 Abs. 1 Nr. 1 des Energieeinsparungsgesetzes handelt, wer vorsätzlich oder leichtfertig
1. entgegen § 3 Absatz 1 ein Wohngebäude nicht richtig errichtet,
2. entgegen § 4 Absatz 1 ein Nichtwohngebäude nicht richtig errichtet,
3. entgegen § 9 Absatz 1 Satz 1 Änderungen ausführt,
4. entgegen § 10 Absatz 1 Satz 1, 2 oder Satz 3 einen Heizkessel betreibt,
5. entgegen § 10 Absatz 2 nicht dafür sorgt, dass eine dort genannte Leitung oder eine dort genannte Armatur gedämmt ist,
6. entgegen § 10 Absatz 3 Satz 1 nicht dafür sorgt, dass eine dort genannte Geschossdecke gedämmt ist,
7. entgegen § 13 Abs. 1 Satz 1, auch in Verbindung mit Satz 2, einen Heizkessel einbaut oder aufstellt,
8. entgegen § 14 Abs. 1 Satz 1, Abs. 2 Satz 1 oder Abs. 3 eine Zentralheizung, eine heizungstechnische Anlage oder eine Umwälzpumpe nicht oder nicht rechtzeitig ausstattet oder
9. entgegen § 14 Abs. 5 die Wärmeabgabe von Wärmeverteilungs- oder Warmwasserleitungen oder Armaturen nicht oder nicht rechtzeitig begrenzt.

(2) Ordnungswidrig im Sinne des § 8 Absatz 1 Nummer 2 des Energieeinsparungsgesetzes handelt, wer vorsätzlich oder leichtfertig
1. entgegen § 12 Absatz 1 eine Inspektion nicht oder nicht rechtzeitig durchführen lässt,
2. entgegen § 12 Absatz 5 Satz 1 eine Inspektion durchführt,
3. entgegen § 16 Absatz 1 Satz 1 nicht sicherstellt, dass ein Energieausweis oder eine Kopie hiervon übergeben wird,

4. entgegen § 16 Absatz 2 Satz 1 erster Halbsatz oder Satz 2 zweiter Halbsatz, jeweils auch in Verbindung mit Satz 4, einen Energieausweis oder eine Kopie hiervon nicht, nicht vollständig oder nicht rechtzeitig vorlegt,
5. entgegen § 16 Absatz 2 Satz 3, auch in Verbindung mit Satz 4, einen Energieausweis oder eine Kopie hiervon nicht, nicht vollständig oder nicht rechtzeitig übergibt,
6. entgegen § 16a Absatz 1 Satz 1, auch in Verbindung mit Absatz 2, nicht sicherstellt, dass in der Immobilienanzeige die Pflichtangaben enthalten sind,
7. entgegen § 17 Absatz 5 Satz 2, auch in Verbindung mit Satz 4, nicht dafür Sorge trägt, dass die bereitgestellten Daten richtig sind,
8. entgegen § 17 Absatz 5 Satz 3 bereitgestellte Daten seinen Berechnungen zugrunde legt oder
9. entgegen § 21 Absatz 1 Satz 1 einen Energieausweis ausstellt.

(3) Ordnungswidrig im Sinne des § 8 Absatz 1 Nummer 3 des Energieeinsparungsgesetzes handelt, wer vorsätzlich oder leichtfertig
1. entgegen § 12 Absatz 6 Satz 3 oder Satz 4 oder § 17 Absatz 4 Satz 4 oder Satz 5 die zugeteilte Registriernummer oder das Datum der Antragstellung nicht, nicht richtig oder nicht rechtzeitig einträgt,
2. entgegen § 26a Absatz 1 eine Bestätigung nicht, nicht richtig oder nicht rechtzeitig vornimmt oder
3. einer vollziehbaren Anordnung nach § 26d Absatz 6 Satz 1, auch in Verbindung mit Absatz 8, zuwiderhandelt.

Abschnitt 7. Schlussvorschriften

§ 28 Allgemeine Übergangsvorschriften. (1) Auf Vorhaben, welche die Errichtung, die Änderung, die Erweiterung oder den Ausbau von Gebäuden zum Gegenstand haben, ist diese Verordnung in der zum Zeitpunkt der Bauantragstellung oder der Bauanzeige geltenden Fassung anzuwenden.

(2) Auf nicht genehmigungsbedürftige Vorhaben, die nach Maßgabe des Bauordnungsrechts der Gemeinde zur Kenntnis zu geben sind, ist diese Verordnung in der zum Zeitpunkt der Kenntnisgabe gegenüber der zuständigen Behörde geltenden Fassung anzuwenden.

(3) Auf sonstige nicht genehmigungsbedürftige, insbesondere genehmigungs-, anzeige- und verfahrensfreie Vorhaben ist diese Verordnung in der zum Zeitpunkt des Beginns der Bauausführung geltenden Fassung anzuwenden.

(3a) Wird nach dem 30. April 2014 ein Energieausweis gemäß § 16 Absatz 1 Satz 1 oder 3 für ein Gebäude ausgestellt, auf das nach den Absätzen 1 bis 3 eine vor dem 1. Mai 2014 geltende Fassung dieser Verordnung anzuwenden ist, ist in der Kopfzeile zumindest der ersten Seite des Energieausweises in geeigneter Form die angewandte Fassung dieser Verordnung anzugeben.

(4) Auf Verlangen des Bauherrn ist abweichend von Absatz 1 das neue Recht anzuwenden, wenn über den Bauantrag oder nach einer Bauanzeige noch nicht bestandskräftig entschieden worden ist.

§ 29 Übergangsvorschriften für Energieausweise und Aussteller.

(1) [1]Energiebedarfsausweise für Wohngebäude, die nach Fassungen der Energieeinsparverordnung, die vor dem 1. Oktober 2007 gegolten haben, ausgestellt worden sind, gelten als Energieausweise im Sinne des § 16 Absatz 1 Satz 4 und Absatz 2 bis 4 sowie des § 16a; sie sind ab dem Tag der Ausstellung zehn Jahre gültig. [2]Satz 1 ist entsprechend anzuwenden auf Energieausweise, die vor dem 1. Oktober 2007 ausgestellt worden sind

1. von Gebietskörperschaften oder auf deren Veranlassung von Dritten nach einheitlichen Regeln, wenn sie Angaben zum Endenergiebedarf oder -verbrauch enthalten, die auch die Warmwasserbereitung und bei Nichtwohngebäuden darüber hinaus die Kühlung und eingebaute Beleuchtung berücksichtigen, und wenn die wesentlichen Energieträger für die Heizung des Gebäudes angegeben sind, oder
2. in Anwendung der in dem von der Bundesregierung am 25. April 2007 beschlossenen Entwurf dieser Verordnung (Bundesrats-Drucksache 282/07) enthaltenen Bestimmungen.

[3]Energieausweise, die vor dem 1. Oktober 2007 ausgestellt worden sind und nicht von Satz 1 oder Satz 2 erfasst werden, sind von der Fortgeltung im Sinne des Satzes 1 ausgeschlossen; sie können bis zu sechs Monate nach dem 30. April 2014 für Zwecke des § 16 Absatz 1 Satz 4 und Absatz 2 bis 4 verwendet werden.

(2) [1]§ 16a ist auf Energieausweise, die nach dem 30. September 2007 und vor dem 1. Mai 2014 ausgestellt worden sind, mit den folgenden Maßgaben anzuwenden. [2]Als Pflichtangabe nach § 16a Absatz 1 Satz 1 Nummer 2 ist in Immobilienanzeigen anzugeben:

1. bei Energiebedarfsausweisen für Wohngebäude der Wert des Endenergiebedarfs, der auf Seite 2 des Energieausweises gemäß dem Muster nach Anlage 6 angegeben ist;
2. bei Energieverbrauchsausweisen für Wohngebäude der Energieverbrauchskennwert, der auf Seite 3 des Energieausweises gemäß dem Muster nach Anlage 6 angegeben ist; ist im Energieverbrauchskennwert der Energieverbrauch für Warmwasser nicht enthalten, so ist der Energieverbrauchskennwert um eine Pauschale von 20 Kilowattstunden pro Jahr und Quadratmeter Gebäudenutzfläche zu erhöhen;
3. bei Energiebedarfsausweisen für Nichtwohngebäude der Gesamtwert des Endenergiebedarfs, der Seite 2 des Energieausweises gemäß dem Muster nach Anlage 7 zu entnehmen ist;
4. bei Energieverbrauchsausweisen für Nichtwohngebäude sowohl der Heizenergieverbrauchs- als auch der Stromverbrauchskennwert, die Seite 3 des Energieausweises gemäß dem Muster nach Anlage 7 zu entnehmen sind.

[3]Die Sätze 1 und 2 sind entsprechend auf Energieausweise nach Absatz 1 Satz 2 Nummer 2 anzuwenden. [4]Bei Energieausweisen für Wohngebäude nach Satz 1 und nach Absatz 1 Satz 2 Nummer 2, bei denen noch keine Energieeffizienzklasse angegeben ist, darf diese freiwillig angegeben werden, wobei sich die Klasseneinteilung gemäß Anlage 10 aus dem Endenergiebedarf oder dem Endenergieverbrauch des Gebäudes ergibt. [5]Das Bundesministerium für Wirtschaft und Energie und das Bundesministerium für Umwelt, Naturschutz, Bau und Reaktorsicherheit können für Energieausweise nach Satz 1 und nach Absatz 1

Satz 2 Nummer 2 Arbeitshilfen zu den Pflichtangaben in Immobilienanzeigen im Bundesanzeiger gemeinsam bekannt machen.

(3) [1] § 16a ist auf Energieausweise nach Absatz 1 Satz 1 und 2 Nummer 1 mit folgenden Maßgaben anzuwenden. [2] Als Pflichtangaben nach § 16a Absatz 1 Satz 1 Nummer 2 und 3 sind in Immobilienanzeigen anzugeben:

1. bei Energiebedarfsausweisen für Wohngebäude nach Absatz 1 Satz 1, jeweils gemäß dem Muster A des Anhangs der Allgemeinen Verwaltungsvorschrift zu § 13 der Energieeinsparverordnung in der Fassung vom 7. März 2002 (BAnz. S. 4865), geändert durch Allgemeine Verwaltungsvorschrift vom 2. Dezember 2004 (BAnz. S. 23 804),
   a) der Wert des Endenergiebedarfs, der sich aus der Addition der Werte des Endenergiebedarfs für die einzelnen Energieträger ergibt, und
   b) die Art der Beheizung;
2. bei Energieausweisen nach Absatz 1 Satz 2 Nummer 1 der im Energieausweis angegebene Endenergiebedarf oder Endenergieverbrauch und die dort angegebenen wesentlichen Energieträger für die Heizung des Gebäudes.

[3] Bei Energieausweisen für Wohngebäude nach Satz 1 und Absatz 1 Satz 2 Nummer 2, bei denen noch keine Energieeffizienzklasse angegeben ist, darf diese freiwillig angegeben werden, wobei sich die Klasseneinteilung gemäß Anlage 10 aus dem Endenergiebedarf oder dem Endenergieverbrauch des Gebäudes ergibt. [4] Absatz 2 Satz 5 ist entsprechend anzuwenden.[1)]

(3a) In den Fällen des § 16 Absatz 2 sind begleitende Modernisierungsempfehlungen zu noch geltenden Energieausweisen, die nach Maßgabe der am 1. Oktober 2007 oder am 1. Oktober 2009 in Kraft getretenen Fassung der Energieeinsparverordnung ausgestellt worden sind, dem potenziellen Käufer oder Mieter zusammen mit dem Energieausweis vorzulegen und dem Käufer oder neuen Mieter mit dem Energieausweis zu übergeben; für die Vorlage und die Übergabe sind im Übrigen die Vorgaben des § 16 Absatz 2 entsprechend anzuwenden.

(4) Zur Ausstellung von Energieausweisen für bestehende Wohngebäude nach § 16 Abs. 2 sind ergänzend zu § 21 auch Personen berechtigt, die vor dem 25. April 2007 nach Maßgabe der Richtlinie des Bundesministeriums für Wirtschaft und Technologie über die Förderung der Beratung zur sparsamen und rationellen Energieverwendung in Wohngebäuden vor Ort vom 7. September 2006 (BAnz. S. 6379) als Antragsberechtigte beim Bundesamt für Wirtschaft und Ausfuhrkontrolle registriert worden sind.

(5) [1] Zur Ausstellung von Energieausweisen für bestehende Wohngebäude nach § 16 Abs. 2 sind ergänzend zu § 21 auch Personen berechtigt, die am 25. April 2007 über eine abgeschlossene Berufsausbildung im Baustoff-Fachhandel oder in der Baustoffindustrie und eine erfolgreich abgeschlossene Weiterbildung zum Energiefachberater im Baustoff-Fachhandel oder in der Baustoffindustrie verfügt haben. [2] Satz 1 gilt entsprechend für Personen, die eine solche Weiterbildung vor dem 25. April 2007 begonnen haben, nach erfolgreichem Abschluss der Weiterbildung.

[1)] Siehe hierzu ua Arbeitshilfe Pflichtangaben in Immobilienanzeigen und „alte" Energieausweise v. 17.4.2014 (BAnz AT 30.04.2014 B1).

(6) [1] Zur Ausstellung von Energieausweisen für bestehende Wohngebäude nach § 16 Abs. 2 sind ergänzend zu § 21 auch Personen berechtigt, die am 25. April 2007 über eine abgeschlossene Weiterbildung zum Energieberater des Handwerks verfügt haben. [2] Satz 1 gilt entsprechend für Personen, die eine solche Weiterbildung vor dem 25. April 2007 begonnen haben, nach erfolgreichem Abschluss der Weiterbildung.

§ 30 Übergangsvorschrift über die vorläufige Wahrnehmung von Vollzugsaufgaben der Länder durch das Deutsche Institut für Bautechnik.

[1] Bis zum Inkrafttreten der erforderlichen jeweiligen landesrechtlichen Regelungen zur Aufgabenübertragung nimmt das Deutsche Institut für Bautechnik vorläufig die Aufgaben des Landesvollzugs als Registrierstelle nach § 26c und als Kontrollstelle nach § 26d wahr. [2] Die vorläufige Aufgabenwahrnehmung als Kontrollstelle nach Satz 1 bezieht sich nur auf die Überprüfung von Stichproben auf der Grundlage der in § 26d Absatz 4 Nummer 1 und 2 geregelten Optionen oder gleichwertiger Maßnahmen, soweit diese Aufgaben elektronisch durchgeführt werden können. [3] Die Sätze 1 und 2 sind längstens sieben Jahre nach Inkrafttreten dieser Regelung anzuwenden.

§ 31 Inkrafttreten, Außerkrafttreten. [1] Diese Verordnung tritt am 1. Oktober 2007 in Kraft. [2] Gleichzeitig tritt die Energieeinsparverordnung in der Fassung der Bekanntmachung vom 2. Dezember 2004 (BGBl. I S. 3146) außer Kraft.

Anlage 1
(zu den §§ 3 und 9)

Anforderungen an Wohngebäude

1 Höchstwerte des Jahres-Primärenergiebedarfs und des spezifischen Transmissionswärmeverlusts für zu errichtende Wohngebäude (zu § 3 Absatz 1 und 2)

1.1 Höchstwerte des Jahres-Primärenergiebedarfs

Der Höchstwert des Jahres-Primärenergiebedarfs eines zu errichtenden Wohngebäudes ist der auf die Gebäudenutzfläche bezogene, nach einem der in Nr. 2.1 angegebenen Verfahren berechnete Jahres-Primärenergiebedarf eines Referenzgebäudes gleicher Geometrie, Gebäudenutzfläche und Ausrichtung wie das zu errichtende Wohngebäude, das hinsichtlich seiner Ausführung den Vorgaben der Tabelle 1 entspricht.

Soweit in dem zu errichtenden Wohngebäude eine elektrische Warmwasserbereitung ausgeführt wird, darf diese bis zum 31. Dezember 2015 anstelle von Tabelle 1 Zeile 6 als wohnungszentrale Anlage ohne Speicher gemäß den in Tabelle 5.1-3 der DIN V 4701-10 : 2003-08, geändert durch A1 : 2012-07, gegebenen Randbedingungen berücksichtigt werden. Der sich daraus ergebende Höchstwert des Jahres-Primärenergiebedarfs ist in Fällen des Satzes 2 um 10,0 kWh/(m^2·a) zu verringern; dies gilt nicht bei Durchführung von Maßnahmen zur Einsparung von Energie nach § 7 Absatz 1 Nummer 2 in Verbindung mit Nummer VII.1 und 2 der Anlage des Erneuerbare-Energien-Wärmegesetzes[1)].

[1)] Nr. **44**.

Tabelle 1. Ausführung des Referenzgebäudes

Zeile	Bauteile/Systeme	Referenzausführung/Wert (Maßeinheit)	
		Eigenschaft (zu Zeilen 1.1 bis 3)	
1.0	Der nach einem der in Nummer 2.1 angegebenen Verfahren berechnete Jahres-Primärenergiebedarf des Referenzgebäudes nach den Zeilen 1.1 bis 8 ist für Neubauvorhaben ab dem 1. Januar 2016 mit dem Faktor 0,75 zu multiplizieren. § 28 bleibt unberührt.		
1.1	Außenwand (einschließlich Einbauten, wie Rollladenkästen), Geschossdecke gegen Außenluft	Wärmedurchgangskoeffizient	U = 0,28 W/(m²·K)
1.2	Außenwand gegen Erdreich, Bodenplatte, Wände und Decken zu unbeheizten Räumen	Wärmedurchgangskoeffizient	U = 0,35 W/(m²·K)
1.3	Dach, oberste Geschossdecke, Wände zu Abseiten	Wärmedurchgangskoeffizient	U = 0,20 W/(m²·K)
1.4	Fenster, Fenstertüren	Wärmedurchgangskoeffizient	U_W = 1,3 W/(m²·K)
		Gesamtenergiedurchlassgrad der Verglasung	$g_\perp$ = 0,60
1.5	Dachflächenfenster	Wärmedurchgangskoeffizient	U_W = 1,4 W/(m²·K)
		Gesamtenergiedurchlassgrad der Verglasung	$g_\perp$ = 0,60
1.6	Lichtkuppeln	Wärmedurchgangskoeffizient	U_W = 2,7 W/(m²·K)
		Gesamtenergiedurchlassgrad der Verglasung	$g_\perp$ = 0,64
1.7	Außentüren	Wärmedurchgangskoeffizient	U = 1,8 W/(m²·K)
2	Bauteile nach den Zeilen 1.1 bis 1.7	Wärmebrückenzuschlag	ΔU_{WB} = 0,05 W/(m²·K)
3	Luftdichtheit der Gebäudehülle	Bemessungswert n_{50}	Bei Berechnung nach • DIN V 4108-6 : 2003-06: mit Dichtheitsprüfung • DIN V 18599-2 : 2011-12: nach Kategorie I*)
4	Sonnenschutzvorrichtung	keine im Rahmen der Nachweise nach Nummer 2.1.1 oder 2.1.2 anzurechnende Sonnenschutzvorrichtung	
5	Heizungsanlage	• Wärmeerzeugung durch Brennwertkessel (verbessert), Heizöl EL, Aufstellung: – für Gebäude bis zu 500 m² Gebäudenutzfläche innerhalb der thermischen Hülle – für Gebäude mit mehr als 500 m² Gebäudenutzfläche außerhalb der thermischen Hülle • Auslegungstemperatur 55/45 °C, zentrales Verteilsystem innerhalb der wärmeübertragenden Umfassungsfläche, innen liegende Stränge und Anbindeleitungen,	

Zeile	Bauteile/Systeme	Referenzausführung/Wert (Maßeinheit)	
		Eigenschaft (zu Zeilen 1.1 bis 3)	
		Standard-Leitungslängen nach DIN V 4701-10 : 2003-08 Tabelle 5.3-2, Pumpe auf Bedarf ausgelegt (geregelt, Δp konstant), Rohrnetz hydraulisch abgeglichen • Wärmeübergabe mit freien statischen Heizflächen, Anordnung an normaler Außenwand, Thermostatventile mit Proportionalbereich 1 K	
6	Anlage zur Warmwasserbereitung	• zentrale Warmwasserbereitung • gemeinsame Wärmebereitung mit Heizungsanlage nach Zeile 5 • bei Berechnung nach Nummer 2.1.1: Solaranlage mit Flachkollektor sowie Speicher ausgelegt gemäß DIN V 18599-8 : 2011-12 Tabelle 15 • bei Berechnung nach Nummer 2.1.2: Solaranlage mit Flachkollektor zur ausschließlichen Trinkwassererwärmung entsprechend den Vorgaben nach DIN V 4701-10 : 2003-08 Tabelle 5.1-10 mit Speicher, indirekt beheizt (stehend), gleiche Aufstellung wie Wärmeerzeuger, – kleine Solaranlage bei $A_N \leq 500$ m² (bivalenter Solarspeicher) – große Solaranlage bei $A_N > 500$ m² • Verteilsystem innerhalb der wärmeübertragenden Umfassungsfläche, innen liegende Stränge, gemeinsame Installationswand, Standard-Leitungslängen nach DIN V 4701-10 : 2003-08 Tabelle 5.1-2 mit Zirkulation	
7	Kühlung	keine Kühlung	
8	Lüftung	zentrale Abluftanlage, bedarfsgeführt mit geregeltem DC-Ventilator	

*) **Amtl. Anm.:** Die Angaben nach Anlage 4 zum Überprüfungsverfahren für die Dichtheit bleiben unberührt.

1.2 Höchstwerte des spezifischen, auf die wärmeübertragende Umfassungsfläche bezogenen Transmissionswärmeverlusts

Ab dem 1. Januar 2016 darf der spezifische, auf die wärmeübertragende Umfassungsfläche bezogene Transmissionswärmeverlust eines zu errichtenden Wohngebäudes das 1,0fache des entsprechenden Wertes des jeweiligen Referenzgebäudes nicht überschreiten. Die jeweiligen Höchstwerte der Tabelle 2 dürfen dabei nicht überschritten werden. § 28 bleibt unberührt.

Tabelle 2. Höchstwerte des spezifischen, auf die wärmeübertragende Umfassungsfläche bezogenen Transmissionswärmeverlusts

Zeile	Gebäudetyp		Höchstwert des spezifischen Transmissionswärmeverlusts
1	Freistehendes Wohngebäude	mit $A_N \leq 350$ m²	$H'_T = 0{,}40$ W/(m²·K)
		mit $A_N > 350$ m²	$H'_T = 0{,}50$ W/(m²·K)
2	Einseitig angebautes Wohngebäude*)		$H'_T = 0{,}45$ W/(m²·K)
3	Alle anderen Wohngebäude		$H'_T = 0{,}65$ W/(m²·K)

Zeile	Gebäudetyp	Höchstwert des spezifischen Transmissionswärmeverlusts
4	Erweiterungen und Ausbauten von Wohngebäuden gemäß § 9 Absatz 5	$H'_T = 0{,}65\ W/(m^2 \cdot K)$

*) **Amtl. Anm.:** Einseitig angebaut ist ein Wohngebäude, wenn von den vertikalen Flächen dieses Gebäudes, die nach einer Himmelsrichtung weisen, ein Anteil von 80 Prozent oder mehr an ein anderes Wohngebäude oder an ein Nichtwohngebäude mit einer Raum-Solltemperatur von mindestens 19 Grad Celsius angrenzt.

1.3 Definition der Bezugsgrößen

1.3.1 Die wärmeübertragende Umfassungsfläche A eines Wohngebäudes in m^2 ist nach den in DIN V 18599-1 : 2011-12 Abschnitt 8 angegebenen Bemaßungsregeln so festzulegen, dass sie alle beheizten und gekühlten Räume einschließt. Für alle umschlossenen Räume sind dabei gleiche, den Vorgaben der Nummer 2.1.1 oder 2.1.2 entsprechende Nutzungsrandbedingungen anzunehmen (Ein-Zonen-Modell).

1.3.2 Das beheizte Gebäudevolumen V_e in m^3 ist das Volumen, das von der nach Nr. 1.3.1 ermittelten wärmeübertragenden Umfassungsfläche A umschlossen wird.

1.3.3 Die Gebäudenutzfläche A_N in m^2 wird bei Wohngebäuden wie folgt ermittelt:

$$A_N = 0{,}32\ m^{-1} \cdot V_e$$

mit A_N Gebäudenutzfläche in m^2
V_e beheiztes Gebäudevolumen in m^3.

Beträgt die durchschnittliche Geschosshöhe h_G eines Wohngebäudes, gemessen von der Oberfläche des Fußbodens zur Oberfläche des Fußbodens des darüber liegenden Geschosses, mehr als 3 m oder weniger als 2,5 m, so ist die Gebäudenutzfläche A_N abweichend von Satz 1 wie folgt zu ermitteln:

$$A_N = \left(\frac{1}{h_G} - 0{,}04\,m^{-1}\right) . V_e$$

mit A_N Gebäudenutzfläche in m^2
h_G Geschossdeckenhöhe in m
V_e beheiztes Gebäudevolumen in m^3.

2 Berechnungsverfahren für Wohngebäude (zu § 3 Absatz 3, § 9 Absatz 2 und 5)

2.1 Berechnung des Jahres-Primärenergiebedarfs

2.1.1 Der Jahres-Primärenergiebedarf Q_p ist nach DIN V 18599 : 2011-12, berichtigt durch DIN V 18599-5 Berichtigung 1 : 2013-05 und durch DIN V 18599-8 Berichtigung 1 : 2013-05, für Wohngebäude zu ermitteln. Als Primärenergiefaktoren sind die Werte für den nicht erneuerbaren Anteil nach DIN V 18599-1 : 2011-12 zu verwenden. Dabei sind für flüssige Biomasse der Wert für den nicht erneuerbaren Anteil „Heizöl EL" und für gasförmige Biomasse der Wert für den nicht erneuerbaren Anteil „Erdgas H" zu verwenden. Für flüssige oder gasförmige Biomasse im Sinne des § 2 Absatz 1 Nummer 4 des Erneuerbare-Energien-Wärmegesetzes[1)] kann für den nicht erneuerbaren Anteil der Wert 0,5 verwendet werden, wenn die flüssige oder gasförmige Biomasse im unmittelbaren räumlichen Zusammenhang mit dem Gebäude erzeugt wird. Satz 4 ist entsprechend auf Gebäude anzuwenden, die im räumlichen Zusammenhang zueinander stehen und unmittelbar gemeinsam mit flüssiger oder gasförmiger Biomasse im Sinne des § 2 Absatz 1 Nummer 4 des Erneuerbare-Energien-Wärmegesetzes[1)] versorgt werden. Für elektrischen Strom ist abweichend von Satz 2 als Primärenergiefaktor für den nicht erneuerbaren Anteil ab dem 1. Januar 2016 der Wert 1,8 zu verwenden; für den durch Anlagen mit Kraft-Wärme-Kopplung erzeugten und nach Abzug des Eigenbedarfs in das Verbundnetz eingespeisten Strom gilt unbeschadet des ersten Halbsatzes der dafür in DIN V 18599-1 : 2011-12 angegebene Wert von 2,8. Wird als Wär-

[1)] Nr. **44**.

meerzeuger eine zum Gebäude gehörige Anlage mit Kraft-Wärme-Kopplung genutzt, so ist für deren Berechnung DIN V 18599-9 : 2011-12 Abschnitt 5.1.7 Verfahren B zu verwenden. Bei der Berechnung des Jahres-Primärenergiebedarfs des Referenzwohngebäudes und des Wohngebäudes sind die in Tabelle 3 genannten Randbedingungen zu verwenden. Abweichend von DIN V 18599-1 : 2011-12 sind bei der Berechnung des Endenergiebedarfs diejenigen Anteile gleich „Null" zu setzen, die durch in unmittelbarem räumlichen Zusammenhang zum Gebäude gewonnene solare Strahlungsenergie sowie Umgebungswärme und Umgebungskälte gedeckt werden.

Tabelle 3. Randbedingungen für die Berechnung des Jahres-Primärenergiebedarfs

Zeile	Kenngröße	Randbedingungen
1	Verschattungsfaktor F_S	$F_S = 0{,}9$ soweit die baulichen Bedingungen nicht detailliert berücksichtigt werden.
2	Solare Wärmegewinne über opake Bauteile	– Emissionsgrad der Außenfläche für Wärmestrahlung: $\varepsilon = 0{,}8$ – Strahlungsabsorptionsgrad an opaken Oberflächen: $\alpha = 0{,}5$ für dunkle Dächer kann abweichend $\alpha = 0{,}8$ angenommen werden.
3	Gebäudeautomation	– Summand $\Delta\theta_{EMS}$: Klasse C – Faktor adaptiver Betrieb f_{adapt}: Klasse C jeweils nach DIN V 18599-11 : 2011-12
4	Teilbeheizung	Für den Faktor a_{TB} (Anteil mitbeheizter Flächen) sind ausschließlich die Standardwerte nach DIN V 18599-10 : 2011-12 Tabelle 4 zu verwenden.

2.1.2 Alternativ zu Nummer 2.1.1 kann der Jahres-Primärenergiebedarf Q_p für Wohngebäude, die nicht gekühlt werden, nach DIN V 4108-6 : 2003-06[1] und DIN V 4701-10 : 2003-08, geändert durch A1 : 2012-07, ermittelt werden. Nummer 2.1.1 Satz 2 bis 6 ist entsprechend anzuwenden. Der in diesem Rechengang zu bestimmende Jahres-Heizwärmebedarf Q_h ist nach dem Monatsbilanzverfahren nach DIN V 4108-6 : 2003-06[1] mit den dort in Anhang D.3 genannten Randbedingungen zu ermitteln. Als Referenzklima ist abweichend von DIN V 4108-6 : 2003-06[1] das Klima nach DIN V 18599-10 : 2011-12 Abschnitt 7.1 (Region Potsdam) zu verwenden. Zur Berücksichtigung von Lüftungsanlagen mit Wärmerückgewinnung sind die methodischen Hinweise in Abschnitt 4.1 der DIN V 4701-10 : 2003-08 zu beachten.

2.1.3 Werden in Wohngebäude bauliche oder anlagentechnische Komponenten eingesetzt, für deren energetische Bewertung weder anerkannte Regeln der Technik noch gemäß § 9 Absatz 2 Satz 2 dritter Teilsatz bekannt gemachte gesicherte Erfahrungswerte vorliegen, so dürfen die energetischen Eigenschaften dieser Komponenten unter Verwendung derselben Randbedingungen wie in den Berechnungsverfahren nach Nummer 2.1.1 beziehungsweise Nummer 2.1.2 durch dynamisch-thermische Simulationsrechnungen ermittelt werden.

2.2 Berücksichtigung der Warmwasserbereitung

Bei Wohngebäuden ist der Energiebedarf für Warmwasser in der Berechnung des Jahres-Primärenergiebedarfs wie folgt zu berücksichtigen:

a) Bei der Berechnung gemäß Nr. 2.1.1 ist der Nutzenergiebedarf für Warmwasser nach Tabelle 4 der DIN V 18599-10 : 2011-12 anzusetzen.

b) Bei der Berechnung gemäß Nr. 2.1.2 ist der Nutzwärmebedarf für die Warmwasserbereitung Q_W im Sinne von DIN V 4701-10 : 2003-08 mit 12,5 kWh/(m²·a) anzusetzen.

---

[1] **Amtl. Anm.:** Geändert durch DIN V 4108-6 Berichtigung 1 2004-03.

2.3 Berechnung des spezifischen Transmissionswärmeverlusts

Der spezifische, auf die wärmeübertragende Umfassungsfläche bezogene Transmissionswärmeverlust H'_T in W/(m²·K) ist wie folgt zu ermitteln:

$$H'_T = \frac{H_T}{A} \text{ in W/(m}^2\cdot\text{K)}$$

mit

H_T nach DIN V 4108-6 : 2003-06[1] mit den in Anhang D.3 genannten Randbedingungen berechneter Transmissionswärmeverlust in W/K;

A wärmeübertragende Umfassungsfläche nach Nr. 1.3.1 in m².

Die in Nummer 2.1.1 Tabelle 3 angegebenen Randbedingungen sind anzuwenden.

2.4 Beheiztes Luftvolumen

Bei der Berechnung des Jahres-Primärenergiebedarfs nach Nr. 2.1.1 ist das beheizte Luftvolumen V in m³ gemäß DIN V 18599-1 : 2011-12, bei der Berechnung nach Nr. 2.1.2 gemäß DIN V 4108-6 : 2003-06 Abschnitt 6.2[1] zu ermitteln. Vereinfacht darf es wie folgt berechnet werden:

– $V = 0{,}76 \cdot V_e$ in m³ bei Wohngebäuden bis zu drei Vollgeschossen

– $V = 0{,}80 \cdot V_e$ in m³ in den übrigen Fällen

mit V_e beheiztes Gebäudevolumen nach Nr. 1.3.2 in m³.

2.5 Ermittlung der solaren Wärmegewinne bei Fertighäusern und vergleichbaren Gebäuden

Werden Gebäude nach Plänen errichtet, die für mehrere Gebäude an verschiedenen Standorten erstellt worden sind, dürfen bei der Berechnung die solaren Gewinne so ermittelt werden, als wären alle Fenster dieser Gebäude nach Osten oder Westen orientiert.

2.6 Aneinandergereihte Bebauung

Bei der Berechnung von aneinandergereihten Gebäuden werden Gebäudetrennwände

a) zwischen Gebäuden, die nach ihrem Verwendungszweck auf Innentemperaturen von mindestens 19 Grad Celsius beheizt werden, als nicht wärmedurchlässig angenommen und bei der Ermittlung der wärmeübertragenden Umfassungsfläche A nicht berücksichtigt,

b) zwischen Wohngebäuden und Gebäuden, die nach ihrem Verwendungszweck auf Innentemperaturen von mindestens 12 Grad Celsius und weniger als 19 Grad Celsius beheizt werden, bei der Berechnung des Wärmedurchgangskoeffizienten mit einem Temperatur-Korrekturfaktor F_{nb} nach DIN V 18599-2 : 2011-12 oder nach DIN V 4108-6 : 2003-06[1] gewichtet und

c) zwischen Wohngebäuden und Gebäuden oder Gebäudeteilen, in denen keine beheizten Räume im Sinne des § 2 Nummer 4 vorhanden sind, bei der Berechnung des Wärmedurchgangskoeffizienten mit einem Temperaturfaktor $F_u = 0{,}5$ gewichtet.

Werden beheizte Teile eines Gebäudes getrennt berechnet, gilt Satz 1 Buchstabe a sinngemäß für die Trennflächen zwischen den Gebäudeteilen. Werden aneinandergereihte Wohngebäude gleichzeitig erstellt, dürfen sie hinsichtlich der Anforderungen des § 3 wie ein Gebäude behandelt werden. Die Vorschriften des Abschnitts 5 bleiben unberührt.

2.7 Anrechnung mechanisch betriebener Lüftungsanlagen

Im Rahmen der Berechnung nach Nr. 2 ist bei mechanischen Lüftungsanlagen die Anrechnung der Wärmerückgewinnung oder einer regelungstechnisch verminderten Luftwechselrate nur zulässig, wenn

a) die Dichtheit des Gebäudes nach Anlage 4 Nr. 2 nachgewiesen wird und

b) der mit Hilfe der Anlage erreichte Luftwechsel § 6 Absatz 2 genügt.

---

[1] **Amtl. Anm.:** Geändert durch DIN V 4108-6 Berichtigung 1 2004-03.

Die bei der Anrechnung der Wärmerückgewinnung anzusetzenden Kennwerte der Lüftungsanlagen sind nach anerkannten Regeln der Technik zu bestimmen oder den allgemeinen bauaufsichtlichen Zulassungen der verwendeten Produkte zu entnehmen. Lüftungsanlagen müssen mit Einrichtungen ausgestattet sein, die eine Beeinflussung der Luftvolumenströme jeder Nutzeinheit durch den Nutzer erlauben. Es muss sichergestellt sein, dass die aus der Abluft gewonnene Wärme vorrangig vor der vom Heizsystem bereitgestellten Wärme genutzt wird.

2.8 Berechnung im Fall gemeinsamer Heizungsanlagen für mehrere Gebäude

Wird ein zu errichtendes Gebäude mit Wärme aus einer Heizungsanlage versorgt, aus der auch andere Gebäude oder Teile davon Wärme beziehen, ist es abweichend von DIN V 18599 : 2011-12 und DIN V 4701-10 : 2003-08 zulässig, bei der Berechnung des zu errichtenden Gebäudes eigene zentrale Einrichtungen der Wärmeerzeugung (Wärmeerzeuger, Wärmespeicher, zentrale Warmwasserbereitung) anzunehmen, die hinsichtlich ihrer Bauart, ihres Baualters und ihrer Betriebsweise den gemeinsam genutzten Einrichtungen entsprechen, hinsichtlich ihrer Größe und Leistung jedoch nur auf das zu berechnende Gebäude ausgelegt sind. Soweit dabei zusätzliche Wärmeverteil- und Warmwasserleitungen zur Verbindung der versorgten Gebäude verlegt werden, sind deren Wärmeverluste anteilig zu berücksichtigen.

3 Sommerlicher Wärmeschutz (zu § 3 Absatz 4)

3.1 Grundsätze

3.1.1 Zum Zweck eines ausreichenden baulichen sommerlichen Wärmeschutzes sind die Anforderungen nach DIN 4108-2 : 2013-02 Abschnitt 8 einzuhalten. Dazu sind entweder die Sonneneintragskennwerte nach Abschnitt 8.3 oder die Übertemperatur-Gradstunden nach Abschnitt 8.4 zu begrenzen; es reicht aus, die Berechnungen gemäß Abschnitt 8 Satz 1 der DIN 4108-2 : 2013-02 auf die Räume oder Raumbereiche zu beschränken, für welche die Berechnung nach Abschnitt 8.3 zu den höchsten Anforderungen führen würde. Auf eine Berechnung darf unter den Voraussetzungen des Abschnitts 8.2.2 der DIN 4108-2 : 2013-02 verzichtet werden.

3.1.2 Wird bei Wohngebäuden mit Anlagen zur Kühlung die Berechnung nach Abschnitt 8.4 durchgeführt, sind bauliche Maßnahmen zum sommerlichen Wärmeschutz gemäß DIN 4108-2 : 2013-02 Abschnitt 4.3 insoweit vorzusehen, wie sich die Investitionen für diese baulichen Maßnahmen innerhalb deren üblicher Nutzungsdauer durch die Einsparung von Energie zur Kühlung erwirtschaften lassen.

3.2 Begrenzung der Sonneneintragskennwerte

3.2.1 Als höchstzulässige Sonneneintragskennwerte nach § 3 Absatz 4 sind die in DIN 4108-2 : 2013-02 Abschnitt 8.3.3 festgelegten Werte einzuhalten.

3.2.2 Der Sonneneintragskennwert des zu errichtenden Wohngebäudes ist nach dem in DIN 4108-2 : 2013-02 Abschnitt 8.3.2 genannten Verfahren zu bestimmen.

3.3 Begrenzung der Übertemperatur-Gradstunden

Ein ausreichender sommerlicher Wärmeschutz nach § 3 Absatz 4 liegt auch vor, wenn mit einem Verfahren (Simulationsrechnung) nach DIN 4108-2 : 2013-02 Abschnitt 8.4 gezeigt werden kann, dass unter den dort genannten Randbedingungen die für den Standort des Wohngebäudes in Tabelle 9 dieser Norm angegebenen Übertemperatur-Gradstunden nicht überschritten werden.

Anlage 2
(zu den §§ 4 und 9)

Anforderungen an Nichtwohngebäude

1 Höchstwerte des Jahres-Primärenergiebedarfs und der Wärmedurchgangskoeffizienten für zu errichtende Nichtwohngebäude (zu § 4 Absatz 1 und 2)

1.1 Höchstwerte des Jahres-Primärenergiebedarfs

1.1.1 Der Höchstwert des Jahres-Primärenergiebedarfs eines zu errichtenden Nichtwohngebäudes ist der auf die Nettogrundfläche bezogene, nach dem in Nr. 2 oder 3 angegebenen

Verfahren berechnete Jahres-Primärenergiebedarf eines Referenzgebäudes gleicher Geometrie, Nettogrundfläche, Ausrichtung und Nutzung wie das zu errichtende Nichtwohngebäude, das hinsichtlich seiner Ausführung den Vorgaben der Tabelle 1 entspricht. Die Unterteilung hinsichtlich der Nutzung sowie der verwendeten Berechnungsverfahren und Randbedingungen muss beim Referenzgebäude mit der des zu errichtenden Gebäudes übereinstimmen; bei der Unterteilung hinsichtlich der anlagentechnischen Ausstattung und der Tageslichtversorgung sind Unterschiede zulässig, die durch die technische Ausführung des zu errichtenden Gebäudes bedingt sind.

1.1.2 Die Ausführungen zu den Zeilen 1.13 bis 8 der Tabelle 1 sind beim Referenzgebäude nur insoweit und in der Art zu berücksichtigen, wie beim Gebäude ausgeführt. Die dezentrale Ausführung des Warmwassersystems (Zeile 4.2 der Tabelle 1) darf darüber hinaus nur für solche Gebäudezonen berücksichtigt werden, die einen Warmwasserbedarf von höchstens 200 Wh/(m²·d) aufweisen. Auf Gebäudezonen mit mehr als 4 m Raumhöhe, die durch dezentrale Gebläse- oder Strahlungsheizungen beheizt werden, ist Zeile 1.0 der Tabelle 1 nicht anzuwenden.

Tabelle 1. Ausführung des Referenzgebäudes

Zeile	Bauteile/Systeme	Eigenschaft (zu Zeilen 1.1 bis 1.13)	Referenzausführung/Wert (Maßeinheit)	
			Raum-Soll-temperaturen im Heizfall ≥ 19 °C	Raum-Solltemperaturen im Heizfall von 12 bis < 19 °C
1.0	Der nach einem der in Nummer 2 oder in Nummer 3 angegebenen Verfahren berechnete Jahres-Primärenergiebedarf des Referenzgebäudes nach den Zeilen 1.1 bis 8 ist für Neubauvorhaben ab dem 1. Januar 2016 mit dem Faktor 0,75 zu multiplizieren. § 28 bleibt unberührt.			
1.1	Außenwand (einschließlich Einbauten, wie Rollladenkästen), Geschossdecke gegen Außenluft	Wärmedurchgangskoeffizient	U = 0,28 W/(m²·K)	U = 0,35 W/(m²·K)
1.2	Vorhangfassade (siehe auch Zeile 1.14)	Wärmedurchgangskoeffizient	U = 1,4 W/(m²·K)	U = 1,9 W/(m²·K)
		Gesamtenergiedurchlassgrad der Verglasung	$g_\perp$ = 0,48	$g_\perp$ = 0,60
		Lichttransmissionsgrad der Verglasung	τ_{D65} = 0,72	τ_{D65} = 0,78
1.3	Wand gegen Erdreich, Bodenplatte, Wände und Decken zu unbeheizten Räumen (außer Abseitenwänden nach Zeile 1.4)	Wärmedurchgangskoeffizient	U = 0,35 W/(m²·K)	U = 0,35 W/(m²·K)
1.4	Dach (soweit nicht unter Zeile 1.5), oberste Geschossdecke, Wände zu Abseiten	Wärmedurchgangskoeffizient	U = 0,20 W/(m²·K)	U = 0,35 W/(m²·K)

Zeile	Bauteile/Systeme	Eigenschaft (zu Zeilen 1.1 bis 1.13)	Referenzausführung/Wert (Maßeinheit)	
1.5	Glasdächer	Wärmedurchgangskoeffizient	U_W = 2,7 W/(m²·K)	U_W = 2,7 W/(m²·K)
		Gesamtenergiedurchlassgrad der Verglasung	$g_\perp$ = 0,63	$g_\perp$ = 0,63
		Lichttransmissionsgrad der Verglasung	τ_{D65} = 0,76	τ_{D65} = 0,76
1.6	Lichtbänder	Wärmedurchgangskoeffizient	U_W = 2,4 W/(m²·K)	U_W = 2,4 W/(m²·K)
		Gesamtenergiedurchlassgrad der Verglasung	$g_\perp$ = 0,55	$g_\perp$ = 0,55
		Lichttransmissionsgrad der Verglasung	τ_{D65} = 0,48	τ_{D65} = 0,48
1.7	Lichtkuppeln	Wärmedurchgangskoeffizient	U_W = 2,7 W/(m²·K)	U_W = 2,7 W/(m²·K)
		Gesamtenergiedurchlassgrad der Verglasung	$g_\perp$ = 0,64	$g_\perp$ = 0,64
		Lichttransmissionsgrad der Verglasung	τ_{D65} = 0,59	τ_{D65} = 0,59
1.8	Fenster, Fenstertüren (siehe auch Zeile 1.14)	Wärmedurchgangskoeffizient	U_W = 1,3 W/(m²·K)	U_W = 1,9 W/(m²·K)
		Gesamtenergiedurchlassgrad der Verglasung	$g_\perp$ = 0,60	$g_\perp$ = 0,60
		Lichttransmissionsgrad der Verglasung	τ_{D65} = 0,78	τ_{D65} = 0,78
1.9	Dachflächenfenster (siehe auch Zeile 1.14)	Wärmedurchgangskoeffizient	U_W = 1,4 W/(m²·K)	U_W = 1,9 W/(m²·K)
		Gesamtenergiedurchlassgrad der Verglasung	$g_\perp$ = 0,60	$g_\perp$ = 0,60
		Lichttransmissionsgrad der Verglasung	τ_{D65} = 0,78	τ_{D65} = 0,78
1.10	Außentüren	Wärmedurchgangskoeffizient	U = 1,8 W/(m²·K)	U = 2,9 W/(m²·K)
1.11	Bauteile in Zeilen 1.1 und 1.3 bis 1.10	Wärmebrückenzuschlag	ΔU_{WB} = 0,05 W/(m²·K)	ΔU_{WB} = 0,1 W/(m²·K)

Zeile	Bauteile/Systeme	Eigenschaft (zu Zeilen 1.1 bis 1.13)	Referenzausführung/Wert (Maßeinheit)
1.12	Gebäudedichtheit	Kategorie nach DIN V 18599-2 : 2011-12 Tabelle 6	Kategorie I*)
1.13	Tageslichtversorgung bei Sonnen- oder Blendschutz oder bei Sonnen- und Blendschutz	Tageslichtversorgungsfaktor $C_{TL,Vers,SA}$ nach DIN V 18599-4 : 2011-12	• kein Sonnen- oder Blendschutz vorhanden: 0,70 • Blendschutz vorhanden: 0,15
1.14	Sonnenschutzvorrichtung	Für das Referenzgebäude ist die tatsächliche Sonnenschutzvorrichtung des zu errichtenden Gebäudes anzunehmen; sie ergibt sich gegebenenfalls aus den Anforderungen zum sommerlichen Wärmeschutz nach Nummer 4 oder aus Erfordernissen des Blendschutzes. Soweit hierfür Sonnenschutzverglasung zum Einsatz kommt, sind für diese Verglasung folgende Kennwerte anzusetzen: • anstelle der Werte der Zeile 1.2 – Gesamtenergiedurchlassgrad der Verglasung $g_{\perp}$ — $g_{\perp} = 0{,}35$ – Lichttransmissionsgrad der Verglasung τ_{D65} — $\tau_{D65} = 0{,}58$ • anstelle der Werte der Zeilen 1.8 und 1.9: – Gesamtenergiedurchlassgrad der Verglasung $g_{\perp}$ — $g_{\perp} = 0{,}35$ – Lichttransmissionsgrad der Verglasung τ_{D65} — $\tau_{D65} = 0{,}62$	
2.1	Beleuchtungsart	– in Zonen der Nutzungen 6 und 7**): wie beim ausgeführten Gebäude – im Übrigen: direkt/indirekt jeweils mit elektronischem Vorschaltgerät und stabförmiger Leuchtstofflampe	
2.2	Regelung der Beleuchtung	Präsenzkontrolle: – in Zonen der Nutzungen 4, 15 bis 19, 21 und 31**): — mit Präsenzmelder – im Übrigen: — manuell Konstantlichtkontrolle/tageslichtabhängige Kontrolle – in Zonen der Nutzungen 5, 9, 10, 14, 22.1 bis 22.3, 29, 37 bis 40**): Konstantlichtkontrolle gemäß DIN V 18599-4 : 2011-12 Abschnitt 5.4.6 – in Zonen der Nutzungen 1 bis 4, 8, 12, 28, 31 und 36**): tageslichtabhängige Kontrolle, Kontrollart „gedimmt, nicht ausschaltend“ gemäß DIN V 18599-4 : 2011-12 Abschnitt 5.5.4 (einschließlich Konstantlichtkontrolle) – im Übrigen: — manuell	

Zeile	Bauteile/Systeme	Eigenschaft (zu Zeilen 1.1 bis 1.13)	Referenzausführung/Wert (Maßeinheit)
3.1	Heizung (Raumhöhen ≤ 4 m) – Wärmeerzeuger	Brennwertkessel „verbessert" nach DIN V 18599-5 : 2011-12 Tabelle 47 Fußnote a, Gebläsebrenner, Heizöl EL, Aufstellung außerhalb der thermischen Hülle, Wasserinhalt > 0,15 l/kW	
3.2	Heizung (Raumhöhen ≤ 4 m) – Wärmeverteilung	– <u>bei statischer Heizung und Umluftheizung (dezentrale Nachheizung in RLT-Anlage):</u> Zweirohrnetz, außen liegende Verteilleitungen im unbeheizten Bereich, innen liegende Steigstränge, innen liegende Anbindeleitungen, Systemtemperatur 55/45 °C, hydraulisch abgeglichen, Δp konstant, Pumpe auf Bedarf ausgelegt, Pumpe mit intermittierendem Betrieb, keine Überströmventile, für den Referenzfall sind die Rohrleitungslängen und die Umgebungstemperaturen gemäß den Standardwerten nach DIN V 18599-5 : 2011-12 zu ermitteln. – <u>bei zentralem RLT-Gerät:</u> Zweirohrnetz, Systemtemperatur 70/55 °C, hydraulisch abgeglichen, Δp konstant, Pumpe auf Bedarf ausgelegt, für den Referenzfall sind die Rohrleitungslängen und die Lage der Rohrleitungen wie beim zu errichtenden Gebäude anzunehmen.	
3.3	Heizung (Raumhöhen ≤ 4 m) – Wärmeübergabe	– <u>bei statischer Heizung:</u> freie Heizflächen an der Außenwand (bei Anordnung vor Glasflächen mit Strahlungsschutz); P-Regler (1K), keine Hilfsenergie – <u>bei Umluftheizung (dezentrale Nachheizung in RLT-Anlage):</u> Regelgröße Raumtemperatur, hohe Regelgüte.	
3.4	Heizung (Raumhöhen > 4 m)	<u>Dezentrales Heizsystem:</u> Wärmeerzeuger gemäß DIN V 18599-5 : 2011-12 Tabelle 50: – Dezentraler Warmlufterzeuger – nicht kondensierender Betrieb – Leistung 25 bis 50 kW – Energieträger Erdgas – Leistungsregelung 1 (einstufig oder mehrstufig/modulierend ohne Anpassung der Verbrennungsluftmenge) Wärmeübergabe gemäß DIN V 18599-5 : 2011-12 Tabelle 13: – Radialventilator, seitlicher Luftauslass, ohne Warmluftrückführung Raumtemperaturregelung P-Regler	
4.1	Warmwasser – zentrales System	<u>Wärmeerzeuger:</u> Solaranlage mit Flachkollektor in Standardausführung nach DIN V 18599-8 : 2011-12, berichtigt durch DIN V 18599-8 Berichtigung 1 : 2013-05, jedoch abweichend auch für zentral warmwasserversorgte Nettogrundflächen über 3 000 m² Restbedarf über Wärmeerzeuger der Heizung <u>Wärmespeicherung:</u> bivalenter, außerhalb der thermischen Hülle aufgestellter Speicher nach DIN V 18599-8 : 2011-12 Abschnitt 6.3.1, berichtigt durch DIN V 18599-8 Berichtigung 1 : 2013-05 <u>Wärmeverteilung:</u>	

Zeile	Bauteile/Systeme	Eigenschaft (zu Zeilen 1.1 bis 1.13)	Referenzausführung/Wert (Maßeinheit)
		mit Zirkulation, für den Referenzfall sind die Rohrleitungslänge und die Lage der Rohrleitungen wie beim zu errichtenden Gebäude anzunehmen.	
4.2	Warmwasser – dezentrales System	elektrischer Durchlauferhitzer, eine Zapfstelle und 6 m Leitungslänge pro Gerät	
5.1	Raumlufttechnik – Abluftanlage	spezifische Leistungsaufnahme Ventilator	P_{SFP} = 1,0 kW/(m³/s)
5.2	Raumlufttechnik – Zu- und Abluftanlage ohne Nachheiz- und Kühlfunktion	Soweit für Zonen der Nutzungen 4, 8, 9, 12, 13, 23, 24, 35, 37 und 40**): eine Zu- und Abluftanlage vorgesehen wird, ist diese mit bedarfsabhängiger Luftvolumenstromregelung gemäß DIN V 18599-7 : 2011-12 Abschnitt 5.8.1 auszulegen. Spezifische Leistungsaufnahme – Zuluftventilator – Abluftventilator Zuschläge nach DIN EN 13779 : 2007-09 Abschnitt 6.5.2 können nur für den Fall von HEPA-Filtern, Gasfiltern oder Wärmerückführungsklassen H2 oder H1 angerechnet werden. – Wärmerückgewinnung über Plattenwärmeübertrager (Kreuzgegenstrom) Rückwärmzahl Druckverhältniszahl Luftkanalführung: innerhalb des Gebäudes	 P_{SFP} = 1,5 kW/(m³/s) P_{SFP} = 1,0 kW/(m³/s) η_t= 0,6 f_P = 0,4
5.3	Raumlufttechnik – Zu- und Abluftanlage mit geregelter Luftkonditionierung	Soweit für Zonen der Nutzungen 4, 8, 9, 12, 13, 23, 24, 35, 37 und 40**): eine Zu- und Abluftanlage vorgesehen wird, ist diese mit bedarfsabhängiger Luftvolumenstromregelung gemäß DIN V 18599-7 : 2011-12 Abschnitt 5.8.1 auszulegen. Spezifische Leistungsaufnahme – Zuluftventilator – Abluftventilator Zuschläge nach DIN EN 13779 : 2007-09 Abschnitt 6.5.2 können nur für den Fall von HEPA-Filtern, Gasfiltern oder Wärmerückführungsklassen H2 oder H1 angerechnet werden. – Wärmerückgewinnung über Plattenwärmeübertrager (Kreuzgegenstrom) Rückwärmzahl Zulufttemperatur Druckverhältniszahl Luftkanalführung: innerhalb des Gebäudes	 P_{SFP} = 1,5 kW/(m³/s) P_{SFP} = 1,0 kW/(m³/s) Φ_{rec} bzw. η_t= 0,6 18 °C f_P = 0,4
5.4	Raumlufttechnik – Luftbefeuchtung	für den Referenzfall ist die Einrichtung zur Luftbefeuchtung wie beim zu errichtenden Gebäude anzunehmen	
5.5	Raumlufttechnik – Nur-Luft-Klimaanlagen	als Variabel-Volumenstrom-System ausgeführt: Druckverhältniszahl	 f_P = 0,4

Zeile	Bauteile/Systeme	Eigenschaft (zu Zeilen 1.1 bis 1.13)	Referenzausführung/Wert (Maßeinheit)
		Luftkanalführung: innerhalb des Gebäudes	
6	Raumkühlung	– Kältesystem: Kaltwasser-Ventilatorkonvektor, Brüstungsgerät Kaltwassertemperatur – Kaltwasserkreis Raumkühlung: Überströmung spezifische elektrische Leistung der Verteilung hydraulisch abgeglichen, geregelte Pumpe, Pumpe hydraulisch entkoppelt, saisonale sowie Nacht- und Wochenendabschaltung	 14/18 °C 10 % $P_{d,spez}$ =30 $W_{el}/kW_{Kälte}$
7	Kälteerzeugung	Erzeuger: Kolben/Scrollverdichter mehrstufig schaltbar, R134a, luftgekühlt Kaltwassertemperatur: – bei mehr als 5 000 m² mittels Raumkühlung konditionierter Nettogrundfläche, für diesen Konditionierungsanteil – im Übrigen: Kaltwasserkreis Erzeuger inklusive RLT-Kühlung: Überströmung spezifische elektrische Leistung der Verteilung hydraulisch abgeglichen, ungeregelte Pumpe, Pumpe hydraulisch entkoppelt, saisonale sowie Nacht- und Wochenendabschaltung, Verteilung außerhalb der konditionierten Zone. Der Primärenergiebedarf für das Kühlsystem und die Kühlfunktion der raumlufttechnischen Anlage darf für Zonen der Nutzungen 1 bis 3, 8, 10, 16 bis 20 und 31**): nur zu 50 % angerechnet werden.	 14/18 °C 6/12 °C 30 % $P_{d,spez}$ =20 $W_{el}/kW_{Kälte}$
8	Gebäudeautomation	– Summand $\Delta\theta_{EMS}$: gemäß Klasse C – Faktor adaptiver Betrieb f_{adapt}: Klasse C jeweils nach DIN V 18599-11 : 2011-12	

*) **Amtl. Anm.:** Die Angaben nach Anlage 4 zum Überprüfungsverfahren für die Dichtheit bleiben unberührt.

) **Amtl. Anm.: Nutzungen nach Tabelle 5 der DIN V 18599-10 : 2011-12.

1.2 Systemgrenze, Flächenangaben

Die Systemgrenze für die Berechnung der energiebezogenen Angaben ist die Hüllfläche aller konditionierten Zonen nach DIN V 18599-1 : 2011-12 Abschnitt 8. Bezugsfläche der energiebezogenen Angaben ist die Nettogrundfläche gemäß § 2 Nummer 15.

1.3 Höchstwerte der Wärmedurchgangskoeffizienten

Die Wärmedurchgangskoeffizienten der wärmeübertragenden Umfassungsfläche eines zu errichtenden Nichtwohngebäudes dürfen die in Tabelle 2 angegebenen Werte nicht überschreiten. Satz 1 ist auf Außentüren nicht anzuwenden. Für Gebäudezonen mit mehr als 4 m Raumhöhe, die durch dezentrale Gebläse- oder Strahlungsheizungen beheizt werden, gilt das Anforderungsniveau nach Tabelle 2 Zeile 1a, 2a, 3a und 4a.

Tabelle 2. Höchstwerte der Wärmedurchgangskoeffizienten der wärmeübertragenden Umfassungsfläche von Nichtwohngebäuden

Zeile	Bauteile	Anforderungsniveau	Höchstwerte der nach Nummer 2.3 bestimmten Mittelwerte der Wärmedurchgangskoeffizienten	
			Zonen mit Raum-Solltemperaturen im Heizfall ≥ 19 °C	Zonen mit Raum-Solltemperaturen im Heizfall von 12 bis < 19 °C
1a		nach EnEV 2009*)	$\overline{U} = 0{,}35\ W/(m^2 \cdot K)$	
1b	Opake Außenbauteile, soweit nicht in Bauteilen der Zeilen 3 und 4 enthalten	für Neubauvorhaben bis zum 31. Dezember 2015**):	$\overline{U} = 0{,}35\ W/(m^2 \cdot K)$	$\overline{U} = 0{,}50\ W/(m^2 \cdot K)$
1c		für Neubauvorhaben ab dem 1. Januar 2016**):	$\overline{U} = 0{,}28\ W/(m^2 \cdot K)$	
2a		nach EnEV 2009*)	$\overline{U} = 1{,}9\ W/(m^2 \cdot K)$	
2b	Transparente Außenbauteile, soweit nicht in Bauteilen der Zeilen 3 und 4 enthalten	für Neubauvorhaben bis zum 31. Dezember 2015**):	$\overline{U} = 1{,}9\ W/(m^2 \cdot K)$	$\overline{U} = 2{,}8\ W/(m^2 \cdot K)$
2c		für Neubauvorhaben ab dem 1. Januar 2016**):	$\overline{U} = 1{,}5\ W/(m^2 \cdot K)$	
3a		nach EnEV 2009*)	$\overline{U} = 1{,}9\ W/(m^2 \cdot K)$	
3b	Vorhangfassade	für Neubauvorhaben bis zum 31. Dezember 2015**):	$\overline{U} = 1{,}9\ W/(m^2 \cdot K)$	$\overline{U} = 3{,}0\ W/(m^2 \cdot K)$
3c		für Neubauvorhaben ab dem 1. Januar 2016**):	$\overline{U} = 1{,}5\ W/(m^2 \cdot K)$	
4a		nach EnEV 2009*)	$\overline{U} = 3{,}1\ W/(m^2 \cdot K)$	
4b	Glasdächer, Lichtbänder, Lichtkuppeln	für Neubauvorhaben bis zum 31. Dezember 2015**):	$\overline{U} = 3{,}1\ W/(m^2 \cdot K)$	$\overline{U} = 3{,}1\ W/(m^2 \cdot K)$
4c		für Neubauvorhaben ab dem 1. Januar 2016**):	$\overline{U} = 2{,}5\ W/(m^2 \cdot K)$	

*) **Amtl. Anm.:** Energieeinsparverordnung vom 24. Juli 2007 (BGBl. I S. 1519), die durch Artikel 1 der Verordnung vom 29. April 2009 (BGBl. I S. 954) geändert worden ist.

) **Amtl. Anm.: § 28 bleibt unberührt.

2 Berechnungsverfahren für Nichtwohngebäude (zu § 4 Absatz 3 und § 9 Absatz 2 und 5)

2.1 Berechnung des Jahres-Primärenergiebedarfs

2.1.1 Der Jahres-Primärenergiebedarf Q_p für Nichtwohngebäude ist nach DIN V 18599 : 2011-12, berichtigt durch DIN V 18599-5 Berichtigung 1 : 2013-05 und durch DIN V 18599-8 Berichtigung 1 : 2013-05, zu ermitteln. Als Primärenergiefaktoren sind die Werte für den nicht erneuerbaren Anteil nach DIN V 18599-1 : 2011-12 anzusetzen. Anlage 1 Nr. 2.1.1 Satz 3 bis 8 ist entsprechend anzuwenden.

2.1.2 Unbeschadet der Regelungen in den Nummern 2.1.3 und 2.1.6 sind als Randbedingungen zur Berechnung des Jahres-Primärenergiebedarfs die in den Tabellen 5 bis 9 der DIN V 18599-10 : 2011-12 aufgeführten Nutzungsrandbedingungen und Klimadaten zu verwenden; bei der Berechnung des Referenzgebäudes müssen die in Tabelle 5 der DIN V 18599-10 : 2011-12 als Mindest- oder Maximalwerte enthaltenen Angaben unverändert angesetzt werden. Die Nutzungen 1 und 2 nach Tabelle 5 der DIN V 18599-10 : 2011-12 dürfen zur Nutzung 1 zusammengefasst werden. Darüber hinaus brauchen Energiebedarfsanteile nur unter folgenden Voraussetzungen in die Ermittlung des Jahres-Primärenergiebedarfs einer Zone einbezogen zu werden:

a) Der Primärenergiebedarf für das Heizungssystem und die Heizfunktion der raumlufttechnischen Anlage ist zu bilanzieren, wenn die Raum-Solltemperatur des Gebäudes oder einer Gebäudezone für den Heizfall mindestens 12 Grad Celsius beträgt und eine durchschnittliche Nutzungsdauer für die Gebäudebeheizung auf Raum-Solltemperatur von mindestens vier Monaten pro Jahr vorgesehen ist.

b) Der Primärenergiebedarf für das Kühlsystem und die Kühlfunktion der raumlufttechnischen Anlage ist zu bilanzieren, wenn für das Gebäude oder eine Gebäudezone für den Kühlfall der Einsatz von Kühltechnik und eine durchschnittliche Nutzungsdauer für Gebäudekühlung auf Raum-Solltemperatur von mehr als zwei Monaten pro Jahr und mehr als zwei Stunden pro Tag vorgesehen sind.

c) Der Primärenergiebedarf für die Dampfversorgung ist zu bilanzieren, wenn für das Gebäude oder eine Gebäudezone eine solche Versorgung wegen des Einsatzes einer raumlufttechnischen Anlage nach Buchstabe b für durchschnittlich mehr als zwei Monate pro Jahr und mehr als zwei Stunden pro Tag vorgesehen ist.

d) Der Primärenergiebedarf für Warmwasser ist zu bilanzieren, wenn ein Nutzenergiebedarf für Warmwasser in Ansatz zu bringen ist und der durchschnittliche tägliche Nutzenergiebedarf für Warmwasser wenigstens 0,2 kWh pro Person und Tag oder 0,2 kWh pro Beschäftigtem und Tag beträgt.

e) Der Primärenergiebedarf für Beleuchtung ist zu bilanzieren, wenn in einem Gebäude oder einer Gebäudezone eine Beleuchtungsstärke von mindestens 75 lx erforderlich ist und eine durchschnittliche Nutzungsdauer von mehr als zwei Monaten pro Jahr und mehr als zwei Stunden pro Tag vorgesehen ist.

f) Der Primärenergiebedarf für Hilfsenergien ist zu bilanzieren, wenn er beim Heizungssystem und der Heizfunktion der raumlufttechnischen Anlage, beim Kühlsystem und der Kühlfunktion der raumlufttechnischen Anlage, bei der Dampfversorgung, bei der Warmwasseranlage und der Beleuchtung auftritt. Der Anteil des Primärenergiebedarfs für Hilfsenergien für Lüftung ist zu bilanzieren, wenn eine durchschnittliche Nutzungsdauer der Lüftungsanlage von mehr als zwei Monaten pro Jahr und mehr als zwei Stunden pro Tag vorgesehen ist.

2.1.3 Abweichend von DIN V 18599-10 : 2011-12 Tabelle 5 darf bei Zonen der Nutzungen 6 und 7 die tatsächlich auszuführende Beleuchtungsstärke angesetzt werden, jedoch für die Nutzung 6 mit nicht mehr als 1 500 lx und für die Nutzung 7 mit nicht mehr als 1 000 lx. Beim Referenzgebäude ist der Primärenergiebedarf für Beleuchtung mit dem Tabellenverfahren nach DIN V 18599-4 : 2011-12 zu berechnen.

2.1.4 Die Vereinfachungen zur Zonierung, zur pauschalierten Zuweisung der Eigenschaften der Hüllfläche und zur Ermittlung von tageslichtversorgten Bereichen gemäß DIN V 18599-1 : 2011-12 Anhang D dürfen nach Maßgabe der dort angegebenen Bedingungen auch für zu errichtende Nichtwohngebäude verwendet werden.

2.1.5 Werden in Nichtwohngebäuden bauliche oder anlagentechnische Komponenten eingesetzt, für deren energetische Bewertung keine anerkannten Regeln der Technik oder keine gemäß § 9 Absatz 2 Satz 2 dritter Teilsatz bekannt gemachten gesicherten Erfahrungswerte vorliegen, so dürfen die energetischen Eigenschaften dieser Komponenten unter Verwendung derselben Randbedingungen wie in den Berechnungsverfahren nach DIN V 18599 : 2011-12 durch dynamisch-thermische Simulationsrechnungen ermittelt werden.

2.1.6 Bei der Berechnung des Jahres-Primärenergiebedarfs des Referenzgebäudes und des Nichtwohngebäudes sind ferner die in Tabelle 3 genannten Randbedingungen zu verwenden.

Tabelle 3. Randbedingungen für die Berechnung des Jahres-Primärenergiebedarfs

Zeile	Kenngröße	Randbedingungen
1	Verschattungsfaktor F_S	$F_S = 0{,}9$ soweit die baulichen Bedingungen nicht detailliert berücksichtigt werden.
2	Verbauungsindex I_V	$I_V = 0{,}9$ Eine genaue Ermittlung nach DIN V 18599-4 : 2011-12 Abschnitt 5.5.2 ist zulässig.
3	Heizunterbrechung	– Heizsysteme in Raumhöhen ≤ 4 m: Absenkbetrieb gemäß DIN V 18599-2 : 2011-12 Gleichung (28) – Heizsysteme in Raumhöhen > 4 m: Abschaltbetrieb gemäß DIN V 18599-2 : 2011-12 Gleichung (29) jeweils mit Dauer gemäß den Nutzungsrandbedingungen in Tabelle 5 der DIN V 18599-10 : 2011-12
4	Solare Wärmegewinne über opake Bauteile	– Emissionsgrad der Außenfläche für Wärmestrahlung: $\varepsilon = 0{,}8$ – Strahlungsabsorptionsgrad an opaken Oberflächen: $\alpha = 0{,}5$ für dunkle Dächer kann abweichend $\alpha = 0{,}8$ angenommen werden.
5	Wartungsfaktor der Beleuchtung	Der Wartungsfaktor WF ist wie folgt anzusetzen: – in Zonen der Nutzungen 14, 15 und 22*) mit 0,6 – im Übrigen mit 0,8. Dementsprechend ist der Energiebedarf für einen Berechnungsbereich im Tabellenverfahren nach DIN V 18599-4 : 2011-12 Abschnitt 5.4.2 Gleichung (10) mit dem folgenden Faktor zu multiplizieren: – für die Nutzungen 14, 15 und 22*) mit 1,12 – im Übrigen mit 0,84.
6	Gebäudeautomation	– Klasse C – Klasse A oder B bei entsprechendem Ausstattungsniveau jeweils nach DIN V 18599-11 : 2011-12

*) **Amtl. Anm.:** Nutzungen nach Tabelle 5 der DIN V 18599-10 : 2011-12.

2.1.7 Wird bei der Errichtung eines Nichtwohngebäudes in einer Zone keine Beleuchtungsanlage eingebaut, so sind dort bei der Berechnung als Beleuchtungsart eine direkt/indirekte Beleuchtung mit elektronischem Vorschaltgerät und stabförmiger Leuchtstofflampe und eine Regelung der Beleuchtung gemäß Tabelle 1 Zeile 2.2 anzunehmen.

2.1.8 Abweichend von DIN V 18599-10 : 2011-12 darf bei Zonen der Nutzungen 5 bis 7, 18 bis 20 und 24 von einer „Raum-Solltemperatur Heizung" von 17 Grad Celsius ausgegangen werden, soweit die tatsächlichen Nutzungsbedingungen dies nahelegen. Zonen der Nutzungen 32 und 33 (Parkhäuser) sind als unbeheizt und ungekühlt anzunehmen.

2.1.9 Im Fall gemeinsamer Heizungsanlagen für mehrere Gebäude darf für die Berechnung Anlage 1 Nummer 2.8 sinngemäß angewendet werden.

2.2 Zonierung

2.2.1 Soweit sich bei einem Gebäude Flächen hinsichtlich ihrer Nutzung, ihrer technischen Ausstattung, ihrer inneren Lasten oder ihrer Versorgung mit Tageslicht wesentlich unterscheiden, ist das Gebäude nach Maßgabe der DIN V 18599-1 : 2011-12 in Verbindung mit DIN V 18599-10 : 2011-12 und den Vorgaben in Nr. 1 dieser Anlage in Zonen zu unterteilen. Die Nutzungen 1 und 2 nach Tabelle 5 der DIN V 18599-10 : 2011-12 dürfen zur Nutzung 1 zusammengefasst werden.

2.2.2 Für Nutzungen, die nicht in DIN V 18599-10 : 2011-12 aufgeführt sind, kann

a) die Nutzung 17 der Tabelle 5 in DIN V 18599-10 : 2011-12 verwendet werden oder

b) eine Nutzung auf der Grundlage der DIN V 18599-10 : 2011-12 unter Anwendung gesicherten allgemeinen Wissensstandes individuell bestimmt und verwendet werden.

In Fällen des Buchstabens b sind die gewählten Angaben zu begründen und den Berechnungen beizufügen. Steht bei der Errichtung eines Nichtwohngebäudes die Nutzung einer Zone noch nicht fest, ist hierfür gemäß Buchstabe a zu verfahren.

2.3 Berechnung des Mittelwerts des Wärmedurchgangskoeffizienten

Bei der Berechnung des Mittelwerts des jeweiligen Bauteils sind die Bauteile nach Maßgabe ihres Flächenanteils zu berücksichtigen. Die Wärmedurchgangskoeffizienten von Bauteilen gegen unbeheizte Räume (außer Dachräumen) oder Erdreich sind zusätzlich mit dem Faktor 0,5 zu gewichten. Bei der Berechnung des Mittelwerts der an das Erdreich angrenzenden Bodenplatten bleiben die Flächen unberücksichtigt, die mehr als 5 m vom äußeren Rand des Gebäudes entfernt sind. Die Berechnung ist für Zonen mit unterschiedlichen Raum-Solltemperaturen im Heizfall getrennt durchzuführen. Für die Bestimmung der Wärmedurchgangskoeffizienten der verwendeten Bauausführungen gelten die Fußnoten zu Anlage 3 Tabelle 1 entsprechend.

3 Vereinfachtes Berechnungsverfahren für Nichtwohngebäude (zu § 4 Absatz 3 und § 9 Absatz 2 und 5)

3.1 Zweck und Anwendungsvoraussetzungen

3.1.1 Im vereinfachten Verfahren sind die Bestimmungen der Nr. 2 nur insoweit anzuwenden, als Nr. 3 keine abweichenden Bestimmungen trifft.

3.1.2 Im vereinfachten Verfahren darf der Jahres-Primärenergiebedarf des Nichtwohngebäudes sowie des Referenzgebäudes abweichend von Nr. 2.2 unter Verwendung eines Ein-Zonen-Modells ermittelt werden.

3.1.3 Das vereinfachte Verfahren gilt für

a) Bürogebäude, ggf. mit Verkaufseinrichtung, Gewerbebetrieb oder Gaststätte,

b) Gebäude des Groß- und Einzelhandels mit höchstens 1 000 m^2 Nettogrundfläche, wenn neben der Hauptnutzung nur Büro-, Lager-, Sanitär- oder Verkehrsflächen vorhanden sind,

c) Gewerbebetriebe mit höchstens 1 000 m^2 Nettogrundfläche, wenn neben der Hauptnutzung nur Büro-, Lager-, Sanitär- oder Verkehrsflächen vorhanden sind,

d) Schulen, Turnhallen, Kindergärten und -tagesstätten und ähnliche Einrichtungen,

e) Beherbergungsstätten ohne Schwimmhalle, Sauna oder Wellnessbereich und

f) Bibliotheken.

In Fällen des Satzes 1 kann das vereinfachte Verfahren angewendet werden, wenn

a) die Summe der Nettogrundflächen aus der Hauptnutzung gemäß Tabelle 4 Spalte 3 und den Verkehrsflächen des Gebäudes mehr als zwei Drittel der gesamten Nettogrundfläche des Gebäudes beträgt,

b) in dem Gebäude die Beheizung und die Warmwasserbereitung für alle Räume auf dieselbe Art erfolgen,

c) das Gebäude nicht gekühlt wird,

d) höchstens 10 vom Hundert der Nettogrundfläche des Gebäudes durch Glühlampen, Halogenlampen oder durch die Beleuchtungsart „indirekt" nach DIN V 18599-4 : 2011-12 beleuchtet werden und

e) außerhalb der Hauptnutzung keine raumlufttechnische Anlage eingesetzt wird, deren Werte für die spezifische Leistungsaufnahme der Ventilatoren die entsprechenden Werte in Tabelle 1 Zeilen 5.1 und 5.2 überschreiten.

Abweichend von Satz 2 Buchstabe c kann das vereinfachte Verfahren auch angewendet werden, wenn in einem Bürogebäude eine Verkaufseinrichtung, ein Gewerbebetrieb oder eine Gaststätte gekühlt wird und die Nettogrundfläche der gekühlten Räume jeweils 450 m² nicht übersteigt. Der Energiebedarf für die Kühlung von Anlagen der Datenverarbeitung bleibt als Energieeinsatz für Produktionsprozesse im Sinne von § 1 Absatz 2 Satz 2 außer Betracht.

3.2 Besondere Randbedingungen und Maßgaben

3.2.1 Abweichend von Nr. 2.2.1 ist bei der Berechnung des Jahres-Primärenergiebedarfs die entsprechende Nutzung nach Tabelle 4 Spalte 4 zu verwenden. Der Nutzenergiebedarf für Warmwasser ist mit dem Wert aus Spalte 5 in Ansatz zu bringen.

Tabelle 4. Randbedingungen für das vereinfachte Verfahren für die Berechnungen des Jahres-Primärenergiebedarfs

Zeile	Gebäudetyp	Hauptnutzung	Nutzung (Nummer gemäß DIN V 18599-10 : 2011-12 Tabelle 5)	Nutzenergiebedarf Warmwasser*[1)]
1	2	3	4	5
1	Bürogebäude	Einzelbüro (Nr. 1) Gruppenbüro (Nr. 2) Großraumbüro (Nr. 3) Besprechung, Sitzung, Seminar (Nr. 4)	Einzelbüro (Nr. 1)	0
1.1	Bürogebäude mit Verkaufseinrichtung oder Gewerbebetrieb	wie Zeile 1	Einzelbüro (Nr. 1)	0
1.2	Bürogebäude mit Gaststätte	wie Zeile 1	Einzelbüro (Nr. 1)	1,5 kWh je Sitzplatz in der Gaststätte und Tag
2	Gebäude des Groß- und Einzelhandels bis 1 000 m² NGF	Groß-, Einzelhandel/Kaufhaus	Einzelhandel/Kaufhaus (Nr. 6)	0
3	Gewerbebetriebe bis 1 000 m² NGF	Gewerbe	Gewerbliche und industrielle Hallen – leichte Arbeit, überwiegend sitzende Tätigkeit (Nummer 22.3)	1,5 kWh je Beschäftigten und Tag
4	Schule, Kindergarten und -tagesstätte, ähn-	Klassenzimmer, Gruppenraum	Klassenzimmer/Gruppenraum (Nr. 8)	ohne Duschen: 85 Wh/(m²·d) mit Duschen: 250 Wh/(m²·d)

Zeile	Gebäudetyp	Hauptnutzung	Nutzung (Nummer gemäß DIN V 18599-10 : 2011-12 Tabelle 5)	Nutzenergiebedarf Warmwasser*1)
1	2	3	4	5
	liche Einrichtungen			
5	Turnhalle	Turnhalle	Turnhalle (Nr. 31)	1,5 kWh je Person und Tag
6	Beherbergungsstätte ohne Schwimmhalle, Sauna oder Wellnessbereich	Hotelzimmer	Hotelzimmer (Nr. 11)	250 Wh/(m²·d)
7	Bibliothek	Lesesaal, Freihandbereich	Bibliothek, Lesesaal (Nr. 28)	30 Wh/(m²·d)

*1) **Amtl. Anm.:** Die flächenbezogenen Werte beziehen sich auf die gesamte Nettogrundfläche des Gebäudes.

3.2.2 Bei Anwendung des vereinfachten Verfahrens sind der Höchstwert und der Referenzwert des Jahres-Primärenergiebedarfs in Fällen der Nummer 3.1.3 Satz 3 pauschal um 50 kWh/(m²·a) je m² gekühlte Nettogrundfläche der Verkaufseinrichtung, des Gewerbebetriebes oder der Gaststätte zu erhöhen; dieser Betrag ist im Energieausweis als elektrische Energie für Kühlung auszuweisen.

3.2.3 Der Jahres-Primärenergiebedarf für Beleuchtung darf vereinfacht für den Bereich der Hauptnutzung berechnet werden, der die geringste Tageslichtversorgung aufweist.

3.2.4 Der im vereinfachten Verfahren nach Maßgaben der Nummern 3.2.1 bis 3.2.3 ermittelte Jahres-Primärenergiebedarf des Referenzgebäudes nach Nummer 1.1 ist um 10 Prozent zu reduzieren; der reduzierte Wert ist der Höchstwert des Jahres-Primärenergiebedarfs des zu errichtenden Gebäudes.

4 Sommerlicher Wärmeschutz (zu § 4 Absatz 4)

Auf den baulichen sommerlichen Wärmeschutz von Nichtwohngebäuden ist Anlage 1 Nummer 3 entsprechend anzuwenden.

Anlage 3
(zu den §§ 8 und 9)

Anforderungen bei Änderung von Außenbauteilen und bei Errichtung kleiner Gebäude; Randbedingungen und Maßgaben für die Bewertung bestehender Wohngebäude

1 Außenwände

Soweit bei beheizten oder gekühlten Räumen Außenwände ersetzt oder erstmals eingebaut werden, sind die Anforderungen nach Tabelle 1 Zeile 1 einzuhalten. Dies ist auch auf Außenwände anzuwenden, die in der Weise erneuert werden, dass bei einer bestehenden Wand

a) auf der Außenseite Bekleidungen in Form von Platten oder plattenartigen Bauteilen oder Verschalungen sowie Mauerwerks-Vorsatzschalen angebracht werden oder

b) der Außenputz erneuert wird.

Satz 2 ist nicht auf Außenwände anzuwenden, die unter Einhaltung energiesparrechtlicher Vorschriften nach dem 31. Dezember 1983 errichtet oder erneuert worden sind. Werden Maßnahmen nach Satz 1 oder 2 ausgeführt und ist die Dämmschichtdicke im Rahmen dieser Maßnahmen aus technischen Gründen begrenzt, so gelten die Anforderungen als erfüllt, wenn die nach anerkannten Regeln der Technik höchstmögliche Dämmschichtdicke (bei einem Bemessungswert der Wärmeleitfähigkeit λ = 0,035 W/(m·K)) eingebaut wird. Werden Maßnahmen nach Satz 1 oder 2 ausgeführt und wird hierbei Satz 4 angewendet, ist ein Bemessungswert der Wärmeleitfähigkeit von λ = 0,045 W/(m·K) einzuhalten, soweit Dämm-Materialien in Hohlräume eingeblasen oder Dämm-Materialien aus nachwachsenden Rohstoffen verwendet werden.

2 **Fenster, Fenstertüren, Dachflächenfenster und Glasdächer**

Soweit bei beheizten oder gekühlten Räumen gegen Außenluft abgrenzende Fenster, Fenstertüren, Dachflächenfenster und Glasdächer in der Weise erneuert werden, dass

a) das gesamte Bauteil ersetzt oder erstmalig eingebaut wird,

b) zusätzliche Vor- oder Innenfenster eingebaut werden oder

c) die Verglasung oder verglaste Flügelrahmen ersetzt werden

sind die Anforderungen nach Tabelle 1 Zeile 2 einzuhalten. Werden Maßnahmen gemäß Buchstabe a an Fenstertüren mit Klapp-, Falt-, Schiebe- oder Hebemechanismus durchgeführt, sind die Anforderungen nach Tabelle 1 Zeile 2f einzuhalten. Werden Maßnahmen nach Buchstabe c ausgeführt und ist die Glasdicke im Rahmen dieser Maßnahmen aus technischen Gründen begrenzt, so gelten die Anforderungen als erfüllt, wenn eine Verglasung mit einem Wärmedurchgangskoeffizienten von höchstens 1,3 W/(m^2·K) eingebaut wird. Werden Maßnahmen nach Buchstabe c an Kasten- oder Verbundfenstern durchgeführt, so gelten die Anforderungen als erfüllt, wenn eine Glastafel mit einer infrarotreflektierenden Beschichtung mit einer Emissivität $\varepsilon_n \leq 0{,}2$ eingebaut wird. Werden bei Maßnahmen nach Satz 1

1. Schallschutzverglasungen mit einem bewerteten Schalldämmmaß der Verglasung von $R_{w,R} \geq$ 40 dB nach DIN EN ISO 717-1 : 1997-01 oder einer vergleichbaren Anforderung oder
2. Isolierglas-Sonderaufbauten zur Durchschusshemmung, Durchbruchhemmung oder Sprengwirkungshemmung nach anerkannten Regeln der Technik oder
3. Isolierglas-Sonderaufbauten als Brandschutzglas mit einer Einzelelementdicke von mindestens 18 mm nach DIN 4102-13 : 1990-05 oder einer vergleichbaren Anforderung

verwendet, sind abweichend von Satz 1 die Anforderungen nach Tabelle 1 Zeile 3 einzuhalten.

3 **Außentüren**

Bei der Erneuerung von Außentüren dürfen nur Außentüren eingebaut werden, deren Türfläche einen Wärmedurchgangskoeffizienten von 1,8 W/(m^2·K) nicht überschreitet. Satz 1 ist auf rahmenlose Türanlagen aus Glas, Karusselltüren und kraftbetätigte Türen nicht anzuwenden.

4 **Dachflächen sowie Decken und Wände gegen unbeheizte Dachräume**

Soweit bei beheizten oder gekühlten Räumen Dachflächen einschließlich Dachgauben, die gegen die Außenluft abgrenzen, sowie Decken und Wände, die gegen unbeheizte Dachräume abgrenzen, ersetzt oder erstmals eingebaut werden, sind für die betroffenen Bauteile die Anforderungen nach Tabelle 1 Zeile 4a einzuhalten. Soweit derartige Bauteile in der Weise erneuert werden, dass

a) eine Dachdeckung einschließlich darunter liegender Lattungen und Verschalungen ersetzt oder neu aufgebaut werden,

b) eine Abdichtung, die flächig (zum Beispiel mit geschlossenen Nähten und Stößen) das Gebäude wasserdicht abdichtet, durch eine neue Schicht gleicher Funktion ersetzt wird (bei Kaltdachkonstruktionen einschließlich darunter liegender Lattungen),

c) bei Wänden zum unbeheizten Dachraum (einschließlich Abseitenwänden) auf der kalten Seite Bekleidungen oder Verschalungen aufgebracht oder erneuert werden oder Dämmschichten eingebaut werden oder

d) bei Decken zum unbeheizten Dachraum (oberste Geschossdecken) auf der kalten Seite Bekleidungen oder Verschalungen aufgebracht oder erneuert werden oder Dämmschichten eingebaut werden,

sind für die betroffenen Bauteile bei Maßnahmen nach den Buchstaben a, c und d die Anforderungen nach Tabelle 1 Zeile 4a sowie bei Maßnahmen nach Buchstabe b die Anforderungen nach Tabelle 1 Zeile 4b einzuhalten. Satz 2 ist nicht auf Bauteile anzuwenden, die unter

Einhaltung energiesparrechtlicher Vorschriften nach dem 31. Dezember 1983 errichtet oder erneuert worden sind. Wird bei Maßnahmen nach Satz 2 Buchstabe a der Wärmeschutz als Zwischensparrendämmung ausgeführt und ist die Dämmschichtdicke wegen einer innenseitigen Bekleidung oder der Sparrenhöhe begrenzt, so gilt die Anforderung als erfüllt, wenn die nach anerkannten Regeln der Technik höchstmögliche Dämmschichtdicke (bei einem Bemessungswert der Wärmeleitfähigkeit λ = 0,035 W/(m·K)) eingebaut wird. Werden bei Maßnahmen nach Satz 2 Buchstabe b Gefälledächer durch die keilförmige Anordnung einer Dämmschicht aufgebaut, so ist der Wärmedurchgangskoeffizient nach DIN EN ISO 6946 : 2008-04 Anhang C zu ermitteln; der Bemessungswert des Wärmedurchgangswiderstandes am tiefsten Punkt der neuen Dämmschicht muss den Mindestwärmeschutz nach § 7 Absatz 1 gewährleisten. Werden Maßnahmen nach Satz 2 ausgeführt und ist die Dämmschichtdicke im Rahmen dieser Maßnahmen aus technischen Gründen begrenzt, so gelten die Anforderungen als erfüllt, wenn die nach anerkannten Regeln der Technik höchstmögliche Dämmschichtdicke (bei einem Bemessungswert der Wärmeleitfähigkeit λ = 0,035 W/(m·K)) eingebaut wird; werden Maßnahmen nach Satz 2 ausgeführt und wird hierbei der erste Halbsatz angewendet, ist ein Bemessungswert der Wärmeleitfähigkeit von λ = 0,045 W/(m·K) einzuhalten, soweit Dämm-Materialien in Hohlräume eingeblasen oder Dämm-Materialien aus nachwachsenden Rohstoffen verwendet werden. Die Sätze 1 bis 6 sind nur auf opake Bauteile anzuwenden.

5 Wände gegen Erdreich oder unbeheizte Räume (mit Ausnahme von Dachräumen) sowie Decken nach unten gegen Erdreich, Außenluft oder unbeheizte Räume

Soweit bei beheizten Räumen Wände, die an Erdreich oder an unbeheizte Räume (mit Ausnahme von Dachräumen) grenzen, oder Decken, die beheizte Räume nach unten zum Erdreich, zur Außenluft oder zu unbeheizten Räumen abgrenzen, ersetzt oder erstmals eingebaut werden, sind die Anforderungen der Tabelle 1 Zeile 5 einzuhalten. Dies ist auch anzuwenden, soweit derartige Bauteile in der Weise erneuert werden, dass

a) außenseitige Bekleidungen oder Verschalungen, Feuchtigkeitssperren oder Drainagen angebracht oder erneuert werden,

b) Fußbodenaufbauten auf der beheizten Seite aufgebaut oder erneuert werden oder

c) Deckenbekleidungen auf der Kaltseite angebracht werden.

Satz 2 ist nicht auf Bauteile anzuwenden, die unter Einhaltung energiesparrechtlicher Vorschriften nach dem 31. Dezember 1983 errichtet oder erneuert worden sind. Werden Maßnahmen nach Satz 1 oder 2 ausgeführt und ist die Dämmschichtdicke im Rahmen dieser Maßnahmen aus technischen Gründen begrenzt, so gelten die Anforderungen als erfüllt, wenn die nach anerkannten Regeln der Technik höchstmögliche Dämmschichtdicke (bei einem Bemessungswert der Wärmeleitfähigkeit λ = 0,035 W/(m·K)) eingebaut wird. Werden Maßnahmen nach Satz 1 oder 2 ausgeführt und wird hierbei Satz 4 angewendet, ist ein Bemessungswert der Wärmeleitfähigkeit von λ =0,045 W/(m·K) einzuhalten, soweit Dämm-Materialien in Hohlräume eingeblasen oder Dämm-Materialien aus nachwachsenden Rohstoffen verwendet werden.

6 Vorhangfassaden

Soweit bei beheizten oder gekühlten Räumen Vorhangfassaden in Pfosten-Riegel-Konstruktion, deren Bauart DIN EN 13947 : 2007-07 entspricht, in der Weise erneuert werden, dass das gesamte Bauteil ersetzt oder erstmalig eingebaut wird, sind die Anforderungen nach Tabelle 1 Zeile 2d einzuhalten. Werden bei Maßnahmen nach Satz 1 Sonderverglasungen entsprechend Nummer 2 Satz 5 verwendet, sind abweichend von Satz 1 die Anforderungen nach Tabelle 1 Zeile 3c einzuhalten.

7 Anforderungen

Tabelle 1. Höchstwerte der Wärmedurchgangskoeffizienten bei erstmaligem Einbau, Ersatz und Erneuerung von Bauteilen

Zeile	Bauteil	Maßnahme nach	Wohngebäude und Zonen von Nichtwohngebäuden mit Innentemperaturen ≥ 19 °C	Zonen von Nichtwohngebäuden mit Innentemperaturen von 12 bis < 19 °C
			Höchstwerte der Wärmedurchgangskoeffizienten U_{max} *1)	
1	Außenwände	Nummer 1 Satz 1 und 2	0,24 W/(m²·K)	0,35 W/(m²·K)
2a	Fenster, Fenstertüren	Nummer 2 Buchstabe a und b	1,3 W/(m²·K)*2)	1,9 W/(m²·K)*2)
2b	Dachflächenfenster	Nummer 2 Buchstabe a und b	1,4 W/(m²·K)*2)	1,9 W/(m²·K)*2)
2c	Verglasungen	Nummer 2 Buchstabe c	1,1 W/(m²·K)*3)	keine Anforderung
2d	Vorhangfassaden	Nummer 6 Satz 1	1,5 W/(m²·K)*4)	1,9 W/(m²·K)*4)
2e	Glasdächer	Nummer 2 Buchstabe a und c	2,0 W/(m²·K)*3)	2,7 W/(m²·K)*3)
2f	Fenstertüren mit Klapp-, Falt-, Schiebe- oder Hebemechanismus	Nummer 2 Buchstabe a	1,6 W/(m²·K)*2)	1,9 W/(m²·K)*2)
3a	Fenster, Fenstertüren, Dachflächenfenster mit Sonderverglasungen	Nummer 2 Buchstabe a und b	2,0 W/(m²·K)*2)	2,8 W/(m²·K)*2)
3b	Sonderverglasungen	Nummer 2 Buchstabe c	1,6 W/(m²·K)*3)	keine Anforderung
3c	Vorhangfassaden mit Sonderverglasungen	Nummer 6 Satz 2	2,3 W/(m²·K)*4)	3,0 W/(m²·K)*4)
4a	Dachflächen einschließlich Dachgauben, Wände gegen unbeheizten Dachraum (einschließlich Abseitenwänden), oberste Geschossdecken	Nummer 4 Satz 1 und 2 Buchstabe a, c und d	0,24 W/(m²·K)	0,35 W/(m²·K)
4b	Dachflächen mit Abdichtung	Nummer 4 Satz 2 Buchstabe b	0,20 W/(m²·K)	0,35 W/(m²·K)
5a	Wände gegen Erdreich oder unbeheizte Räume (mit Ausnahme von Dachräumen) sowie Decken nach unten gegen Erdreich oder unbeheizte Räume	Nummer 5 Satz 1 und 2 Buchstabe a und c	0,30 W/(m²·K)	keine Anforderung
5b	Fußbodenaufbauten	Nummer 5 Satz 2 Buchstabe b	0,50 W/(m²·K)	keine Anforderung

Zeile	Bauteil	Maßnahme nach	Wohngebäude und Zonen von Nichtwohngebäuden mit Innentemperaturen ≥ 19 °C	Zonen von Nichtwohngebäuden mit Innentemperaturen von 12 bis < 19 °C
			Höchstwerte der Wärmedurchgangskoeffizienten U_{max} *1)	
5c	Decken nach unten an Außenluft	Nummer 5 Satz 1 und 2 Buchstabe a und c	0,24 W/(m²·K)	0,35 W/(m²·K)

*1) **Amtl. Anm.:** Wärmedurchgangskoeffizient des Bauteils unter Berücksichtigung der neuen und der vorhandenen Bauteilschichten; für die Berechnung der Bauteile nach den Zeilen 5a und b ist DIN V 4108-6 : 2003-06 Anhang E und für die Berechnung sonstiger opaker Bauteile ist DIN EN ISO 6946 : 2008-04 zu verwenden.

*2) **Amtl. Anm.:** Bemessungswert des Wärmedurchgangskoeffizienten des Fensters; der Bemessungswert des Wärmedurchgangskoeffizienten des Fensters ist technischen Produkt-Spezifikationen zu entnehmen oder gemäß den nach den Landesbauordnungen bekannt gemachten energetischen Kennwerten für Bauprodukte zu bestimmen. Hierunter fallen insbesondere energetische Kennwerte aus Europäischen Technischen Bewertungen sowie energetische Kennwerte der Regelungen nach der Bauregelliste A Teil 1 und auf Grund von Festlegungen in allgemeinen bauaufsichtlichen Zulassungen.

*3) **Amtl. Anm.:** Bemessungswert des Wärmedurchgangskoeffizienten der Verglasung; Fußnote 2 ist entsprechend anzuwenden.

*4) **Amtl. Anm.:** Wärmedurchgangskoeffizient der Vorhangfassade; er ist nach DIN EN 13947 : 2007-07 zu ermitteln.

8 Randbedingungen und Maßgaben für die Bewertung bestehender Wohngebäude (zu § 9 Absatz 2)

Die Berechnungsverfahren nach Anlage 1 Nr. 2 sind bei bestehenden Wohngebäuden mit folgenden Maßgaben anzuwenden:

8.1 Wärmebrücken sind in dem Falle, dass mehr als 50 vom Hundert der Außenwand mit einer innen liegenden Dämmschicht und einbindender Massivdecke versehen sind, durch Erhöhung der Wärmedurchgangskoeffizienten um ΔU_{WB} = 0,15 W/(m²·K) für die gesamte wärmeübertragende Umfassungsfläche zu berücksichtigen.

8.2 Die Luftwechselrate ist bei der Berechnung abweichend von DIN V 4108-6 : 2003-06[1] Tabelle D.3 Zeile 8 bei offensichtlichen Undichtheiten, wie bei Fenstern ohne funktionstüchtige Lippendichtung oder bei beheizten Dachgeschossen mit Dachflächen ohne luftdichte Ebene, mit 1,0 h^{-1} anzusetzen.

8.3 Bei der Ermittlung der solaren Gewinne nach DIN V 18599 : 2011-12 oder DIN V 4108-6 : 2003-06[1] Abschnitt 6.4.3 ist der Minderungsfaktor für den Rahmenanteil von Fenstern mit F_F = 0,6 anzusetzen.

Anlage 4
(zu § 6 Absatz 1)

Anforderungen an die Dichtheit des gesamten Gebäudes

Wird bei Anwendung des § 6 Absatz 1 Satz 2 eine Überprüfung der Anforderungen nach § 6 Absatz 1 Satz 1 durchgeführt, darf der nach DIN EN 13829 : 2001-02 mit dem dort beschriebenen Verfahren B bei einer Druckdifferenz zwischen innen und außen von 50 Pa gemessene Volumenstrom – bezogen auf das beheizte oder gekühlte Luftvolumen – folgende Werte nicht überschreiten:

– bei Gebäuden ohne raumlufttechnische Anlagen 3,0 h^{-1} und

1) **Amtl. Anm.:** Geändert durch DIN V 4108-6 Berichtigung 1 2004-03.

– bei Gebäuden mit raumlufttechnischen Anlagen 1,5 h^{-1}.

Abweichend von Satz 1 darf bei Wohngebäuden, deren Jahres-Primärenergiebedarf nach Anlage 1 Nummer 2.1.1 berechnet wird und deren Luftvolumen 1 500 m^3 übersteigt, sowie bei Nichtwohngebäuden, deren Luftvolumen aller konditionierten Zonen nach DIN V 18599-1 : 2011-12 insgesamt 1 500 m^3 übersteigt, der nach DIN EN 13829 : 2001-02 mit dem dort beschriebenen Verfahren B bei einer Druckdifferenz zwischen innen und außen von 50 Pa gemessene Volumenstrom – bezogen auf die Hüllfläche des Gebäudes – folgende Werte nicht überschreiten:

– bei Gebäuden ohne raumlufttechnische Anlagen 4,5 $m \cdot h^{-1}$ und
– bei Gebäuden mit raumlufttechnischen Anlagen 2,5 $m \cdot h^{-1}$.

Wird bei Berechnungen nach Anlage 2 Nummer 2 die Dichtheit nach Kategorie I lediglich für bestimmte Zonen berücksichtigt oder ergeben sich für einzelne Zonen des Gebäudes aus den Sätzen 1 und 2 unterschiedliche Anforderungen, so können die Sätze 1 und 2 auf diese Zonen getrennt angewandt werden.

Anlage 4a
(zu § 13 Absatz 2)

Anforderungen an die Inbetriebnahme von Heizkesseln

In Fällen des § 13 Absatz 2 sind der Einbau und die Aufstellung zum Zwecke der Inbetriebnahme nur zulässig, wenn das Produkt aus Erzeugeraufwandszahl e_g und Primärenergiefaktor f_p nicht größer als 1,30 ist. Die Erzeugeraufwandszahl e_g ist nach DIN V 4701-10 : 2003-08 Tabellen C.3-4b bis C.3-4f zu bestimmen. Soweit Primärenergiefaktoren nicht unmittelbar in dieser Verordnung festgelegt sind, ist der Primärenergiefaktor f_p für den nicht erneuerbaren Anteil nach DIN V 4701-10 : 2003-08, geändert durch A1 : 2012-07, zu bestimmen. Werden Niedertemperatur-Heizkessel oder Brennwertkessel als Wärmeerzeuger in Systemen der Nahwärmeversorgung eingesetzt, gilt die Anforderung des Satzes 1 als erfüllt.

Anlage 5
(zu § 10 Absatz 2, § 14 Absatz 5 und § 15 Absatz 4)

Anforderungen an die Wärmedämmung von Rohrleitungen und Armaturen

1 In Fällen des § 10 Absatz 2 und des § 14 Absatz 5 sind die Anforderungen der Zeilen 1 bis 7 und in Fällen des § 15 Absatz 4 der Zeile 8 der Tabelle 1 einzuhalten, soweit sich nicht aus anderen Bestimmungen dieser Anlage etwas anderes ergibt.

Tabelle 1. Wärmedämmung von Wärmeverteilungs- und Warmwasserleitungen, Kälteverteilungs- und Kaltwasserleitungen sowie Armaturen

Zeile	Art der Leitungen/Armaturen	Mindestdicke der Dämmschicht, bezogen auf eine Wärmeleitfähigkeit von 0,035 W/(m·K)
1	Innendurchmesser bis 22 mm	20 mm
2	Innendurchmesser über 22 mm bis 35 mm	30 mm
3	Innendurchmesser über 35 mm bis 100 mm	gleich Innendurchmesser
4	Innendurchmesser über 100 mm	100 mm
5	Leitungen und Armaturen nach den Zeilen 1 bis 4 in Wand- und Deckendurchbrüchen, im Kreuzungsbereich von Leitungen, an Leitungsverbindungsstellen, bei zentralen Leitungsnetzverteilern	1/2 der Anforderungen der Zeilen 1 bis 4
6	Wärmeverteilungsleitungen nach den Zeilen 1 bis 4, die nach dem 31. Januar 2002 in Bauteilen	1/2 der Anforderungen der Zeilen 1 bis 4

Zeile	Art der Leitungen/Armaturen	Mindestdicke der Dämmschicht, bezogen auf eine Wärmeleitfähigkeit von 0,035 W/(m·K)
	zwischen beheizten Räumen verschiedener Nutzer verlegt werden	
7	Leitungen nach Zeile 6 im Fußbodenaufbau	6 mm
8	Kälteverteilungs- und Kaltwasserleitungen sowie Armaturen von Raumlufttechnik- und Klimakältesystemen	6 mm

Soweit in Fällen des § 14 Absatz 5 Wärmeverteilungs- und Warmwasserleitungen an Außenluft grenzen, sind diese mit dem Zweifachen der Mindestdicke nach Tabelle 1 Zeile 1 bis 4 zu dämmen.

2 In Fällen des § 14 Absatz 5 ist Tabelle 1 nicht anzuwenden, soweit sich Wärmeverteilungsleitungen nach den Zeilen 1 bis 4 in beheizten Räumen oder in Bauteilen zwischen beheizten Räumen eines Nutzers befinden und ihre Wärmeabgabe durch frei liegende Absperreinrichtungen beeinflusst werden kann. In Fällen des § 14 Absatz 5 ist Tabelle 1 nicht anzuwenden auf Warmwasserleitungen bis zu einem Wasserinhalt von 3 Litern, die weder in den Zirkulationskreislauf einbezogen noch mit elektrischer Begleitheizung ausgestattet sind (Stichleitungen) und sich in beheizten Räumen befinden.

3 Bei Materialien mit anderen Wärmeleitfähigkeiten als 0,035 W/(m·K) sind die Mindestdicken der Dämmschichten entsprechend umzurechnen. Für die Umrechnung und die Wärmeleitfähigkeit des Dämmmaterials sind die in anerkannten Regeln der Technik enthaltenen Berechnungsverfahren und Rechenwerte zu verwenden.

4 Bei Wärmeverteilungs- und Warmwasserleitungen sowie Kälteverteilungs- und Kaltwasserleitungen dürfen die Mindestdicken der Dämmschichten nach Tabelle 1 insoweit vermindert werden, als eine gleichwertige Begrenzung der Wärmeabgabe oder der Wärmeaufnahme auch bei anderen Rohrdämmstoffanordnungen und unter Berücksichtigung der Dämmwirkung der Leitungswände sichergestellt ist.

Anlage 6
(zu § 16)

Muster Energieausweis Wohngebäude

ENERGIEAUSWEIS für Wohngebäude

gemäß den §§ 16 ff. der Energieeinsparverordnung (EnEV) vom [1]

Gültig bis: **Registriernummer** [2] (oder: „Registriernummer wurde beantragt am...") **1**

Gebäude

Gebäudetyp			**Gebäudefoto (freiwillig)**
Adresse			
Gebäudeteil			
Baujahr Gebäude [3]			
Baujahr Wärmeerzeuger [3, 4]			
Anzahl Wohnungen			
Gebäudenutzfläche (A_N)		□ nach § 19 EnEV aus der Wohnfläche ermittelt	
Wesentliche Energieträger für Heizung und Warmwasser [3]			
Erneuerbare Energien	Art:		Verwendung:
Art der Lüftung/Kühlung	□ Fensterlüftung □ Schachtlüftung	□ Lüftungsanlage mit Wärmerückgewinnung □ Lüftungsanlage ohne Wärmerückgewinnung	□ Anlage zur Kühlung
Anlass der Ausstellung des Energieausweises	□ Neubau □ Vermietung/Verkauf	□ Modernisierung (Änderung/Erweiterung)	□ Sonstiges (freiwillig)

Hinweise zu den Angaben über die energetische Qualität des Gebäudes

Die energetische Qualität eines Gebäudes kann durch die Berechnung des **Energiebedarfs** unter Annahme von standardisierten Randbedingungen oder durch die Auswertung des **Energieverbrauchs** ermittelt werden. Als Bezugsfläche dient die energetische Gebäudenutzfläche nach der EnEV, die sich in der Regel von den allgemeinen Wohnflächenangaben unterscheidet. Die angegebenen Vergleichswerte sollen überschlägige Vergleiche ermöglichen (**Erläuterungen – siehe Seite 5**). Teil des Energieausweises sind die Modernisierungsempfehlungen (Seite 4).

□ Der Energieausweis wurde auf der Grundlage von Berechnungen des **Energiebedarfs** erstellt (Energiebedarfsausweis). Die Ergebnisse sind auf **Seite 2** dargestellt. Zusätzliche Informationen zum Verbrauch sind freiwillig.

□ Der Energieausweis wurde auf der Grundlage von Auswertungen des **Energieverbrauchs** erstellt (Energieverbrauchsausweis). Die Ergebnisse sind auf **Seite 3** dargestellt.

Datenerhebung Bedarf/Verbrauch durch □ Eigentümer □ Aussteller

□ Dem Energieausweis sind zusätzliche Informationen zur energetischen Qualität beigefügt (freiwillige Angabe).

Hinweise zur Verwendung des Energieausweises

Der Energieausweis dient lediglich der Information. Die Angaben im Energieausweis beziehen sich auf das gesamte Wohngebäude oder den oben bezeichneten Gebäudeteil. Der Energieausweis ist lediglich dafür gedacht, einen überschlägigen Vergleich von Gebäuden zu ermöglichen.

Aussteller

Ausstellungsdatum Unterschrift des Ausstellers

[1] Datum der angewendeten EnEV, gegebenenfalls angewendeten Änderungsverordnung zur EnEV [2] Bei nicht rechtzeitiger Zuteilung der Registriernummer (§ 17 Absatz 4 Satz 4 und 5 EnEV) ist das Datum der Antragstellung einzutragen; die Registriernummer ist nach deren Eingang nachträglich einzusetzen. [3] Mehrfachangaben möglich [4] bei Wärmenetzen Baujahr der Übergabestation

ENERGIEAUSWEIS für Wohngebäude

gemäß den §§ 16 ff. der Energieeinsparverordnung (EnEV) vom [1]

Berechneter Energiebedarf des Gebäudes

Registriernummer [2]
(oder: „Registriernummer wurde beantragt am...")

2

Energiebedarf

CO_2-Emissionen [3] kg/(m²·a)

Endenergiebedarf dieses Gebäudes
kWh/(m²·a)

A+ | A | B | C | D | E | F | G | H

0 25 50 75 100 125 150 175 200 225 >250

kWh/(m²·a)
Primärenergiebedarf dieses Gebäudes

Anforderungen gemäß EnEV [4]

Primärenergiebedarf
Ist-Wert kWh/(m²·a) Anforderungswert kWh/(m²·a)

Energetische Qualität der Gebäudehülle H_T'
Ist-Wert W/(m²·K) Anforderungswert W/(m²·K)

Sommerlicher Wärmeschutz (bei Neubau) □ eingehalten

Für Energiebedarfsberechnungen verwendetes Verfahren

□ Verfahren nach DIN V 4108-6 und DIN V 4701-10
□ Verfahren nach DIN V 18599
□ Regelung nach § 3 Absatz 5 EnEV
□ Vereinfachungen nach § 9 Absatz 2 EnEV

Endenergiebedarf dieses Gebäudes

[Pflichtangabe in Immobilienanzeigen] kWh/(m²·a)

Angaben zum EEWärmeG [5]

Nutzung erneuerbarer Energien zur Deckung des Wärme- und Kältebedarfs auf Grund des Erneuerbare-Energien-Wärmegesetzes (EEWärmeG)

Art: Deckungsanteil: %
%
%

Ersatzmaßnahmen [6]

Die Anforderungen des EEWärmeG werden durch die Ersatzmaßnahme nach § 7 Absatz 1 Nummer 2 EEWärmeG erfüllt.

□ Die nach § 7 Absatz 1 Nummer 2 EEWärmeG verschärften Anforderungswerte der EnEV sind eingehalten.

□ Die in Verbindung mit § 8 EEWärmeG um % verschärften Anforderungswerte der EnEV sind eingehalten.

Verschärfter Anforderungswert Primärenergiebedarf: kWh/(m²·a)

Verschärfter Anforderungswert für die energetische Qualität der Gebäudehülle H_T': W/(m²·K)

Vergleichswerte Endenergie

A+ | A | B | C | D | E | F | G | H

0 25 50 75 100 125 150 175 200 225 >250

Effizienzhaus 40
MFH Neubau
EFH Neubau
EFH energetisch gut modernisiert
Durchschnitt Wohngebäudebestand
MFH energetisch nicht wesentlich modernisiert
EFH energetisch nicht wesentlich modernisiert

7

Erläuterungen zum Berechnungsverfahren

Die Energieeinsparverordnung lässt für die Berechnung des Energiebedarfs unterschiedliche Verfahren zu, die im Einzelfall zu unterschiedlichen Ergebnissen führen können. Insbesondere wegen standardisierter Randbedingungen erlauben die angegebenen Werte keine Rückschlüsse auf den tatsächlichen Energieverbrauch. Die ausgewiesenen Bedarfswerte der Skala sind spezifische Werte nach der EnEV pro Quadratmeter Gebäudenutzfläche (A_N), die im Allgemeinen größer ist als die Wohnfläche des Gebäudes.

1 siehe Fußnote 1 auf Seite 1 des Energieausweises
2 siehe Fußnote 2 auf Seite 1 des Energieausweises
3 freiwillige Angabe
4 nur bei Neubau sowie bei Modernisierung im Fall des § 16 Absatz 1 Satz 3 EnEV
5 nur bei Neubau
6 nur bei Neubau im Fall der Anwendung von § 7 Absatz 1 Nummer 2 EEWärmeG
7 EFH: Einfamilienhaus, MFH: Mehrfamilienhaus

ENERGIEAUSWEIS für Wohngebäude

gemäß den §§ 16 ff. der Energieeinsparverordnung (EnEV) vom [1]

Erfasster Energieverbrauch des Gebäudes

Registriernummer [2]
(oder: „Registriernummer wurde beantragt am...")

3

Energieverbrauch

Endenergieverbrauch dieses Gebäudes
kWh/(m²·a)

A+	A	B	C	D	E	F	G	H

0 25 50 75 100 125 150 175 200 225 >250

kWh/(m²·a)
Primärenergieverbrauch dieses Gebäudes

Endenergieverbrauch dieses Gebäudes
[Pflichtangabe für Immobilienanzeigen]
kWh/(m²·a)

Verbrauchserfassung – Heizung und Warmwasser

Zeitraum von	Zeitraum bis	Energieträger [3]	Primär-energie-faktor	Energieverbrauch [kWh]	Anteil Warmwasser [kWh]	Anteil Heizung [kWh]	Klima-faktor

Vergleichswerte Endenergie

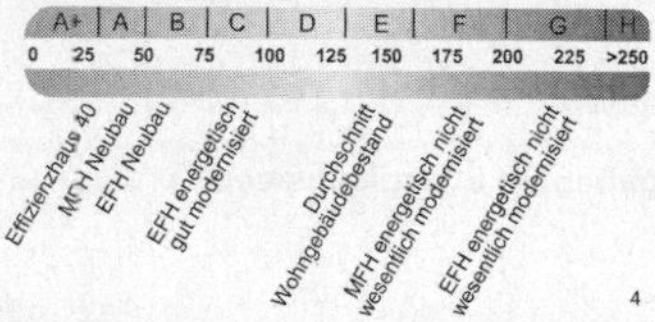

Die modellhaft ermittelten Vergleichswerte beziehen sich auf Gebäude, in denen die Wärme für Heizung und Warmwasser durch Heizkessel im Gebäude bereitgestellt wird.
Soll ein Energieverbrauch eines mit Fern- oder Nahwärme beheizten Gebäudes verglichen werden, ist zu beachten, dass hier normalerweise ein um 15 bis 30 % geringerer Energieverbrauch als bei vergleichbaren Gebäuden mit Kesselheizung zu erwarten ist.

Erläuterungen zum Verfahren

Das Verfahren zur Ermittlung des Energieverbrauchs ist durch die Energieeinsparverordnung vorgegeben. Die Werte der Skala sind spezifische Werte pro Quadratmeter Gebäudenutzfläche (A_N) nach der Energieeinsparverordnung, die im Allgemeinen größer ist als die Wohnfläche des Gebäudes. Der tatsächliche Energieverbrauch einer Wohnung oder eines Gebäudes weicht insbesondere wegen des Witterungseinflusses und sich ändernden Nutzerverhaltens vom angegebenen Energieverbrauch ab.

[1] siehe Fußnote 1 auf Seite 1 des Energieausweises
[2] siehe Fußnote 2 auf Seite 1 des Energieausweises
[3] gegebenenfalls auch Leerstandszuschläge, Warmwasser- oder Kühlpauschale in kWh
[4] EFH: Einfamilienhaus, MFH: Mehrfamilienhaus

ENERGIEAUSWEIS für Wohngebäude

gemäß den §§ 16 ff. der Energieeinsparverordnung (EnEV) vom [1]

Empfehlungen des Ausstellers

Registriernummer [2]
(oder: „Registriernummer wurde beantragt am...")

4

Empfehlungen zur kostengünstigen Modernisierung

Maßnahmen zur kostengünstigen Verbesserung der Energieeffizienz sind ☐ möglich ☐ nicht möglich

Empfohlene Modernisierungsmaßnahmen

Nr.	Bau- oder Anlagenteile	Maßnahmenbeschreibung in einzelnen Schritten	empfohlen: in Zusammenhang mit größerer Modernisierung	empfohlen: als Einzelmaßnahme	(freiwillige Angaben): geschätzte Amortisationszeit	(freiwillige Angaben): geschätzte Kosten pro eingesparte Kilowattstunde Endenergie
			☐	☐		
			☐	☐		
			☐	☐		
			☐	☐		
			☐	☐		
			☐	☐		
			☐	☐		
			☐	☐		
			☐	☐		
			☐	☐		

☐ weitere Empfehlungen auf gesondertem Blatt

Hinweis: Modernisierungsempfehlungen für das Gebäude dienen lediglich der Information. Sie sind nur kurz gefasste Hinweise und kein Ersatz für eine Energieberatung.

Genauere Angaben zu den Empfehlungen sind erhältlich bei/unter:	

Ergänzende Erläuterungen zu den Angaben im Energieausweis (Angaben freiwillig)

[1] siehe Fußnote 1 auf Seite 1 des Energieausweises

[2] siehe Fußnote 2 auf Seite 1 des Energieausweises

ENERGIEAUSWEIS für Wohngebäude

gemäß den §§ 16 ff. der Energieeinsparverordnung (EnEV) vom [1]

Erläuterungen

5

Angabe Gebäudeteil – Seite 1

Bei Wohngebäuden, die zu einem nicht unerheblichen Anteil zu anderen als Wohnzwecken genutzt werden, ist die Ausstellung des Energieausweises gemäß dem Muster nach Anlage 6 auf den Gebäudeteil zu beschränken, der getrennt als Wohngebäude zu behandeln ist (siehe im Einzelnen § 22 EnEV). Dies wird im Energieausweis durch die Angabe „Gebäudeteil" deutlich gemacht.

Erneuerbare Energien – Seite 1

Hier wird darüber informiert, wofür und in welcher Art erneuerbare Energien genutzt werden. Bei Neubauten enthält Seite 2 (Angaben zum EEWärmeG) dazu weitere Angaben.

Energiebedarf – Seite 2

Der Energiebedarf wird hier durch den Jahres-Primärenergiebedarf und den Endenergiebedarf dargestellt. Diese Angaben werden rechnerisch ermittelt. Die angegebenen Werte werden auf der Grundlage der Bauunterlagen bzw. gebäudebezogener Daten und unter Annahme von standardisierten Randbedingungen (z. B. standardisierte Klimadaten, definiertes Nutzerverhalten, standardisierte Innentemperatur und innere Wärmegewinne usw.) berechnet. So lässt sich die energetische Qualität des Gebäudes unabhängig vom Nutzerverhalten und von der Wetterlage beurteilen. Insbesondere wegen der standardisierten Randbedingungen erlauben die angegebenen Werte keine Rückschlüsse auf den tatsächlichen Energieverbrauch.

Primärenergiebedarf – Seite 2

Der Primärenergiebedarf bildet die Energieeffizienz des Gebäudes ab. Er berücksichtigt neben der Endenergie auch die so genannte „Vorkette" (Erkundung, Gewinnung, Verteilung, Umwandlung) der jeweils eingesetzten Energieträger (z. B. Heizöl, Gas, Strom, erneuerbare Energien etc.). Ein kleiner Wert signalisiert einen geringen Bedarf und damit eine hohe Energieeffizienz sowie eine die Ressourcen und die Umwelt schonende Energienutzung. Zusätzlich können die mit dem Energiebedarf verbundenen CO_2-Emissionen des Gebäudes freiwillig angegeben werden.

Energetische Qualität der Gebäudehülle – Seite 2

Angegeben ist der spezifische, auf die wärmeübertragende Umfassungsfläche bezogene Transmissionswärmeverlust (Formelzeichen in der EnEV: H_T'). Er beschreibt die durchschnittliche energetische Qualität aller wärmeübertragenden Umfassungsflächen (Außenwände, Decken, Fenster etc.) eines Gebäudes. Ein kleiner Wert signalisiert einen guten baulichen Wärmeschutz. Außerdem stellt die EnEV Anforderungen an den sommerlichen Wärmeschutz (Schutz vor Überhitzung) eines Gebäudes.

Endenergiebedarf – Seite 2

Der Endenergiebedarf gibt die nach technischen Regeln berechnete, jährlich benötigte Energiemenge für Heizung, Lüftung und Warmwasserbereitung an. Er wird unter Standardklima- und Standardnutzungsbedingungen errechnet und ist ein Indikator für die Energieeffizienz eines Gebäudes und seiner Anlagentechnik. Der Endenergiebedarf ist die Energiemenge, die dem Gebäude unter der Annahme von standardisierten Bedingungen und unter Berücksichtigung der Energieverluste zugeführt werden muss, damit die standardisierte Innentemperatur, der Warmwasserbedarf und die notwendige Lüftung sichergestellt werden können. Ein kleiner Wert signalisiert einen geringen Bedarf und damit eine hohe Energieeffizienz.

Angaben zum EEWärmeG – Seite 2

Nach dem EEWärmeG müssen Neubauten in bestimmtem Umfang erneuerbare Energien zur Deckung des Wärme- und Kältebedarfs nutzen. In dem Feld „Angaben zum EEWärmeG" sind die Art der eingesetzten erneuerbaren Energien und der prozentuale Anteil der Pflichterfüllung abzulesen. Das Feld „Ersatzmaßnahmen" wird ausgefüllt, wenn die Anforderungen des EEWärmeG teilweise oder vollständig durch Maßnahmen zur Einsparung von Energie erfüllt werden. Die Angaben dienen gegenüber der zuständigen Behörde als Nachweis des Umfangs der Pflichterfüllung durch die Ersatzmaßnahme und der Einhaltung der für das Gebäude geltenden verschärften Anforderungswerte der EnEV.

Endenergieverbrauch – Seite 3

Der Endenergieverbrauch wird für das Gebäude auf der Basis der Abrechnungen von Heiz- und Warmwasserkosten nach der Heizkostenverordnung oder auf Grund anderer geeigneter Verbrauchsdaten ermittelt. Dabei werden die Energieverbrauchsdaten des gesamten Gebäudes und nicht der einzelnen Wohneinheiten zugrunde gelegt. Der erfasste Energieverbrauch für die Heizung wird anhand der konkreten örtlichen Wetterdaten und mithilfe von Klimafaktoren auf einen deutschlandweiten Mittelwert umgerechnet. So führt beispielsweise ein hoher Verbrauch in einem einzelnen harten Winter nicht zu einer schlechteren Beurteilung des Gebäudes. Der Endenergieverbrauch gibt Hinweise auf die energetische Qualität des Gebäudes und seiner Heizungsanlage. Ein kleiner Wert signalisiert einen geringen Verbrauch. Ein Rückschluss auf den künftig zu erwartenden Verbrauch ist jedoch nicht möglich; insbesondere können die Verbrauchsdaten einzelner Wohneinheiten stark differieren, weil sie von der Lage der Wohneinheiten im Gebäude, von der jeweiligen Nutzung und dem individuellen Verhalten der Bewohner abhängen.

Im Fall längerer Leerstände wird hierfür ein pauschaler Zuschlag rechnerisch bestimmt und in die Verbrauchserfassung einbezogen. Im Interesse der Vergleichbarkeit wird bei dezentralen, in der Regel elektrisch betriebenen Warmwasseranlagen der typische Verbrauch über eine Pauschale berücksichtigt: Gleiches gilt für den Verbrauch von eventuell vorhandenen Anlagen zur Raumkühlung. Ob und inwieweit die genannten Pauschalen in die Erfassung eingegangen sind, ist der Tabelle „Verbrauchserfassung" zu entnehmen.

Primärenergieverbrauch – Seite 3

Der Primärenergieverbrauch geht aus dem für das Gebäude ermittelten Endenergieverbrauch hervor. Wie der Primärenergiebedarf wird er mithilfe von Umrechnungsfaktoren ermittelt, die die Vorkette der jeweils eingesetzten Energieträger berücksichtigen.

Pflichtangaben für Immobilienanzeigen – Seite 2 und 3

Nach der EnEV besteht die Pflicht, in Immobilienanzeigen die in § 16a Absatz 1 genannten Angaben zu machen. Die dafür erforderlichen Angaben sind dem Energieausweis zu entnehmen, je nach Ausweisart der Seite 2 oder 3.

Vergleichswerte – Seite 2 und 3

Die Vergleichswerte auf Endenergieebene sind modellhaft ermittelte Werte und sollen lediglich Anhaltspunkte für grobe Vergleiche der Werte dieses Gebäudes mit den Vergleichswerten anderer Gebäude sein. Es sind Bereiche angegeben, innerhalb derer ungefähr die Werte für die einzelnen Vergleichskategorien liegen.

[1] siehe Fußnote 1 auf Seite 1 des Energieausweises

Anlage 7
(zu § 16)

Muster Energieausweis Nichtwohngebäude

ENERGIEAUSWEIS für Nichtwohngebäude

gemäß den §§ 16 ff. der Energieeinsparverordnung (EnEV) vom [1]

Gültig bis:

Registriernummer [2]
(oder: „Registriernummer wurde beantragt am...")

1

Gebäude

Hauptnutzung/ Gebäudekategorie		**Gebäudefoto (freiwillig)**
Adresse		
Gebäudeteil		
Baujahr Gebäude [3]		
Baujahr Wärmeerzeuger [3, 4]		
Nettogrundfläche [5]		
Wesentliche Energieträger für Heizung und Warmwasser [3]		
Erneuerbare Energien	Art:	Verwendung:
Art der Lüftung/Kühlung [3]	□ Fensterlüftung □ Schachtlüftung □ Lüftungsanlage mit Wärmerückgewinnung □ Lüftungsanlage ohne Wärmerückgewinnung	□ Anlage zur Kühlung
Anlass der Ausstellung des Energieausweises	□ Neubau □ Vermietung/Verkauf □ Modernisierung (Änderung/Erweiterung)	□ Aushangpflicht □ Sonstiges (freiwillig)

Hinweise zu den Angaben über die energetische Qualität des Gebäudes

Die energetische Qualität eines Gebäudes kann durch die Berechnung des **Energiebedarfs** unter Annahme von standardisierten Randbedingungen oder durch die Auswertung des **Energieverbrauchs** ermittelt werden. **Als Bezugsfläche dient die Nettogrundfläche**. Teil des Energieausweises sind die Modernisierungsempfehlungen (Seite 4).

□ Der Energieausweis wurde auf der Grundlage von Berechnungen des **Energiebedarfs** erstellt (Energiebedarfsausweis). Die Ergebnisse sind auf **Seite 2** dargestellt. Zusätzliche Informationen zum Verbrauch sind freiwillig. Diese Art der Ausstellung ist Pflicht bei Neubauten und bestimmten Modernisierungen nach § 16 Absatz 1 Satz 3 EnEV. Die angegebenen Vergleichswerte sind die Anforderungen der EnEV zum Zeitpunkt der Erstellung des Energieausweises **(Erläuterungen – siehe Seite 5)**.

□ Der Energieausweis wurde auf der Grundlage von Auswertungen des **Energieverbrauchs** erstellt (Energieverbrauchsausweis). Die Ergebnisse sind auf **Seite 3** dargestellt. Die Vergleichswerte beruhen auf statistischen Auswertungen.

Datenerhebung Bedarf/Verbrauch durch □ Eigentümer □ Aussteller

□ Dem Energieausweis sind zusätzliche Informationen zur energetischen Qualität beigefügt (freiwillige Angabe).

Hinweise zur Verwendung des Energieausweises

Der Energieausweis dient lediglich der Information. Die Angaben im Energieausweis beziehen sich auf das gesamte Gebäude oder den oben bezeichneten Gebäudeteil. Der Energieausweis ist lediglich dafür gedacht, einen überschlägigen Vergleich von Gebäuden zu ermöglichen.

Aussteller

Ausstellungsdatum Unterschrift des Ausstellers

[1] Datum der angewendeten EnEV, gegebenenfalls angewendeten Änderungsverordnung zur EnEV [2] Bei nicht rechtzeitiger Zuteilung der Registriernummer (§ 17 Absatz 4 Satz 4 und 5 EnEV) ist das Datum der Antragstellung einzutragen; die Registriernummer ist nach deren Eingang nachträglich einzusetzen. [3] Mehrfachangaben möglich [4] bei Wärmenetzen Baujahr der Übergabestation
[5] Nettogrundfläche ist im Sinne der EnEV ausschließlich der beheizte/gekühlte Teil der Nettogrundfläche

ENERGIEAUSWEIS für Nichtwohngebäude

gemäß den §§ 16 ff. der Energieeinsparverordnung (EnEV) vom [1]

Berechneter Energiebedarf des Gebäudes

Registriernummer [2]
(oder: „Registriernummer wurde beantragt am...")

2

Primärenergiebedarf

CO_2-Emissionen [3] kg/(m²·a)

Primärenergiebedarf dieses Gebäudes
kWh/(m²·a)

0 100 200 300 400 500 600 700 800 900 ≥1000

EnEV-Anforderungswert Neubau (Vergleichswert)

EnEV-Anforderungswert modernisierter Altbau (Vergleichswert)

Anforderungen gemäß EnEV [4]

Primärenergiebedarf
Ist-Wert kWh/(m²·a) Anforderungswert kWh/(m²·a)
Mittlere Wärmedurchgangskoeffizienten ☐ eingehalten
Sommerlicher Wärmeschutz (bei Neubau) ☐ eingehalten

Für Energiebedarfsberechnungen verwendetes Verfahren

☐ Verfahren nach Anlage 2 Nummer 2 EnEV
☐ Verfahren nach Anlage 2 Nummer 3 EnEV („Ein-Zonen-Modell")
☐ Vereinfachungen nach § 9 Absatz 2 EnEV
☐ Vereinfachungen nach Anlage 2 Nummer 2.1.4 EnEV

Endenergiebedarf

Energieträger	Jährlicher Endenergiebedarf in kWh/(m²·a) für Heizung	Warmwasser	Eingebaute Beleuchtung	Lüftung [5]	Kühlung einschl. Befeuchtung	**Gebäude insgesamt**

Endenergiebedarf Wärme [Pflichtangabe in Immobilienanzeigen] **kWh/(m²·a)**

Endenergiebedarf Strom [Pflichtangabe in Immobilienanzeigen] **kWh/(m²·a)**

Angaben zum EEWärmeG [6]

Nutzung erneuerbarer Energien zur Deckung des Wärme- und Kältebedarfs auf Grund des Erneuerbare-Energien-Wärmegesetzes (EEWärmeG)

Art: **Deckungsanteil:** %
%
%

Ersatzmaßnahmen [7]

Die Anforderungen des EEWärmeG werden durch die Ersatzmaßnahme nach § 7 Absatz 1 Nummer 2 EEWärmeG erfüllt.

☐ Die nach § 7 Absatz 1 Nummer 2 EEWärmeG verschärften Anforderungswerte der EnEV sind eingehalten.

Verschärfter Anforderungswert Primärenergiebedarf: kWh/(m²·a)

☐ Die in Verbindung mit § 8 EEWärmeG um % verschärften Anforderungswerte der EnEV sind eingehalten.

Verschärfter Anforderungswert Primärenergiebedarf: kWh/(m²·a)

Gebäudezonen

Nr.	Zone	Fläche [m²]	Anteil [%]
1			
2			
3			
4			
5			
6			
7			
☐	weitere Zonen in Anlage		

Erläuterungen zum Berechnungsverfahren

Die Energieeinsparverordnung lässt für die Berechnung des Energiebedarfs in vielen Fällen neben dem Berechnungsverfahren alternative Vereinfachungen zu, die im Einzelfall zu unterschiedlichen Ergebnissen führen können. Insbesondere wegen standardisierter Randbedingungen erlauben die angegebenen Werte keine Rückschlüsse auf den tatsächlichen Energieverbrauch. Die ausgewiesenen Bedarfswerte sind spezifische Werte nach der EnEV pro Quadratmeter beheizte/gekühlte Nettogrundfläche.

[1] siehe Fußnote 1 auf Seite 1 des Energieausweises [2] siehe Fußnote 2 auf Seite 1 des Energieausweises [3] freiwillige Angabe
[4] nur bei Neubau sowie bei Modernisierung im Fall des § 16 Absatz 1 Satz 3 EnEV [5] nur Hilfsenergiebedarf
[6] nur bei Neubau [7] nur bei Neubau im Fall der Anwendung von § 7 Absatz 1 Nummer 2 EEWärmeG

ENERGIEAUSWEIS für Nichtwohngebäude

gemäß den §§ 16 ff. der Energieeinsparverordnung (EnEV) vom [1]

Erfasster Energieverbrauch des Gebäudes

Registriernummer [2]
(oder: „Registriernummer wurde beantragt am...")

3

Endenergieverbrauch

Endenergieverbrauch Wärme
[Pflichtangabe in Immobilienanzeigen]
kWh/(m²·a)

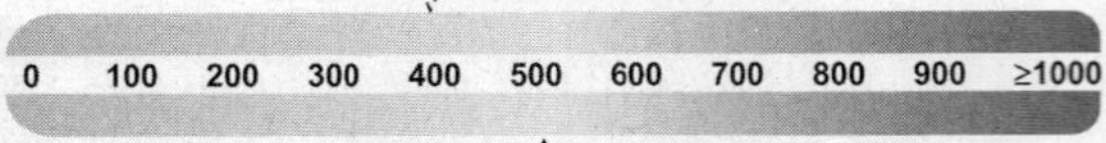

Vergleichswert dieser Gebäudekategorie für Heizung und Warmwasser [3]

□ Warmwasser enthalten

Endenergieverbrauch Strom
[Pflichtangabe in Immobilienanzeigen]
kWh/(m²·a)

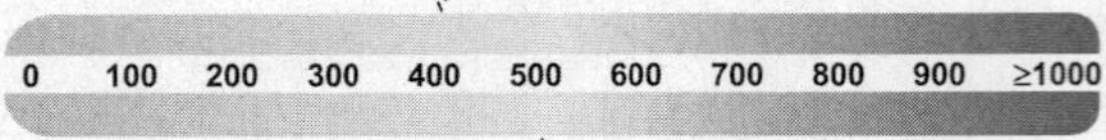

Vergleichswert dieser Gebäudekategorie für Strom [3]

Der Wert enthält den Stromverbrauch für

□ Zusatzheizung □ Warmwasser □ Lüftung □ eingebaute Beleuchtung □ Kühlung □ Sonstiges

Verbrauchserfassung

Zeitraum von	Zeitraum bis	Energieträger [4]	Primärenergiefaktor	Energieverbrauch Wärme [kWh]	Anteil Warmwasser [kWh]	Anteil Heizung [kWh]	Klimafaktor	Energieverbrauch Strom [kWh]

Primärenergieverbrauch dieses Gebäudes kWh/(m²·a)

Gebäudenutzung

Gebäudekategorie/ Nutzung	Flächenanteil	Vergleichswerte [3] Heizung und Warmwasser	Strom
	%		
	%		
	%		

Erläuterungen zum Verfahren

Das Verfahren zur Ermittlung von Energieverbrauchskennwerten ist durch die Energieeinsparverordnung vorgegeben. Die Werte sind spezifische Werte pro Quadratmeter beheizte/gekühlte Nettogrundfläche. Der tatsächliche Energieverbrauch eines Gebäudes weicht insbesondere wegen des Witterungseinflusses und sich ändernden Nutzerverhaltens von den angegebenen Kennwerten ab.

[1] siehe Fußnote 1 auf Seite 1 des Energieausweises [2] siehe Fußnote 2 auf Seite 1 des Energieausweises
[3] veröffentlicht unter www.bbsr-energieeinsparung.de durch das Bundesministerium für Wirtschaft und Energie gemeinsam mit dem Bundesministerium für Umwelt, Naturschutz, Bau und Reaktorsicherheit
[4] gegebenenfalls auch Leerstandszuschläge in kWh

ENERGIEAUSWEIS für Nichtwohngebäude

gemäß den §§ 16 ff. der Energieeinsparverordnung (EnEV) vom [1]

Empfehlungen des Ausstellers

Registriernummer [2]
(oder: „Registriernummer wurde beantragt am...")

4

Empfehlungen zur kostengünstigen Modernisierung

Maßnahmen zur kostengünstigen Verbesserung der Energieeffizienz sind ☐ möglich ☐ nicht möglich

Empfohlene Modernisierungsmaßnahmen

Nr.	Bau- oder Anlagenteile	Maßnahmenbeschreibung in einzelnen Schritten	empfohlen		(freiwillige Angaben)	
			in Zusammenhang mit größerer Modernisierung	als Einzelmaßnahme	geschätzte Amortisationszeit	geschätzte Kosten pro eingesparte Kilowattstunde Endenergie
			☐	☐		
			☐	☐		
			☐	☐		
			☐	☐		
			☐	☐		
			☐	☐		
			☐	☐		
			☐	☐		
			☐	☐		
			☐	☐		

☐ weitere Empfehlungen auf gesondertem Blatt

Hinweis: Modernisierungsempfehlungen für das Gebäude dienen lediglich der Information. Sie sind nur kurz gefasste Hinweise und kein Ersatz für eine Energieberatung.

Genauere Angaben zu den Empfehlungen sind erhältlich bei/unter:

Ergänzende Erläuterungen zu den Angaben im Energieausweis (Angaben freiwillig)

[1] siehe Fußnote 1 auf Seite 1 des Energieausweises

[2] siehe Fußnote 2 auf Seite 1 des Energieausweises

ENERGIEAUSWEIS für Nichtwohngebäude

gemäß den §§ 16 ff. der Energieeinsparverordnung (EnEV) vom [1]

Erläuterungen

5

Angabe Gebäudeteil – Seite 1

Bei Nichtwohngebäuden, die zu einem nicht unerheblichen Anteil zu Wohnzwecken genutzt werden, ist die Ausstellung des Energieausweises gemäß dem Muster nach Anlage 7 auf den Gebäudeteil zu beschränken, der getrennt als Nichtwohngebäude zu behandeln ist (siehe im Einzelnen § 22 EnEV). Dies wird im Energieausweis durch die Angabe „Gebäudeteil" deutlich gemacht.

Erneuerbare Energien – Seite 1

Hier wird darüber informiert, wofür und in welcher Art erneuerbare Energien genutzt werden. Bei Neubauten enthält Seite 2 (Angaben zum EEWärmeG) dazu weitere Angaben.

Energiebedarf – Seite 2

Der Energiebedarf wird hier durch den Jahres-Primärenergiebedarf und den Endenergiebedarf für die Anteile Heizung, Warmwasser, eingebaute Beleuchtung, Lüftung und Kühlung dargestellt. Diese Angaben werden rechnerisch ermittelt. Die angegebenen Werte werden auf der Grundlage der Bauunterlagen bzw. gebäudebezogener Daten und unter Annahme von standardisierten Randbedingungen (z. B. standardisierte Klimadaten, definiertes Nutzerverhalten, standardisierte Innentemperatur und innere Wärmegewinne) berechnet. So lässt sich die energetische Qualität des Gebäudes unabhängig vom Nutzerverhalten und von der Wetterlage beurteilen. Insbesondere wegen der standardisierten Randbedingungen erlauben die angegebenen Werte keine Rückschlüsse auf den tatsächlichen Energieverbrauch.

Primärenergiebedarf – Seite 2

Der Primärenergiebedarf bildet die Energieeffizienz des Gebäudes ab. Er berücksichtigt neben der Endenergie auch die so genannte „Vorkette" (Erkundung, Gewinnung, Verteilung, Umwandlung) der jeweils eingesetzten Energieträger (z. B. Heizöl, Gas, Strom, erneuerbare Energien etc.). Ein kleiner Wert signalisiert einen geringen Bedarf und damit eine hohe Energieeffizienz sowie eine die Ressourcen und die Umwelt schonende Energienutzung. Die angegebenen Vergleichswerte geben für das Gebäude die Anforderungen der EnEV an, die zum Zeitpunkt der Ausstellung des Energieausweises galt. Sie sind im Fall eines Neubaus oder einer Modernisierung des Gebäudes, die nach den Vorgaben des § 9 Absatz 1 Satz 2 EnEV durchgeführt wird, einzuhalten. Bei Bestandsgebäuden dienen sie zur Orientierung hinsichtlich der energetischen Qualität des Gebäudes. Zusätzlich können die mit dem Energiebedarf verbundenen CO_2-Emissionen des Gebäudes freiwillig angegeben werden.

Der Endwert der Skala zum Primärenergiebedarf beträgt, auf die Zehnerstelle gerundet, das Dreifache des Vergleichswerts „EnEV Anforderungswert modernisierter Altbau" (140 % des „EnEV Anforderungswerts Neubau").

Wärmeschutz – Seite 2

Die EnEV stellt bei Neubauten und bestimmten baulichen Änderungen auch Anforderungen an die energetische Qualität aller wärmeübertragenden Umfassungsflächen (Außenwände, Decken, Fenster etc.) sowie bei Neubauten an den sommerlichen Wärmeschutz (Schutz vor Überhitzung) eines Gebäudes.

Pflichtangaben für Immobilienanzeigen – Seite 2 und 3

Nach der EnEV besteht die Pflicht, in Immobilienanzeigen die in § 16a Absatz 1 genannten Angaben zu machen. Die dafür erforderlichen Angaben sind dem Energieausweis zu entnehmen, je nach Ausweisart der Seite 2 oder 3.

Endenergiebedarf – Seite 2

Der Endenergiebedarf gibt die nach technischen Regeln berechnete, jährlich benötigte Energiemenge für Heizung, Warmwasser, eingebaute Beleuchtung, Lüftung und Kühlung an. Er wird unter Standardklima und Standardnutzungsbedingungen errechnet und ist ein Indikator für die Energieeffizienz eines Gebäudes und seiner Anlagentechnik. Der Endenergiebedarf ist die Energiemenge, die dem Gebäude unter Annahme von standardisierten Bedingungen und unter Berücksichtigung der Energieverluste zugeführt werden muss, damit die standardisierte Innentemperatur, der Warmwasserbedarf, die notwendige Lüftung und eingebaute Beleuchtung sichergestellt werden können. Ein kleiner Wert signalisiert einen geringen Bedarf und damit eine hohe Energieeffizienz.

Angaben zum EEWärmeG – Seite 2

Nach dem EEWärmeG müssen Neubauten in bestimmtem Umfang erneuerbare Energien zur Deckung des Wärme- und Kältebedarfs nutzen. In dem Feld „Angaben zum EEWärmeG" sind die Art der eingesetzten erneuerbaren Energien und der prozentuale Anteil der Pflichterfüllung abzulesen. Das Feld „Ersatzmaßnahmen" wird ausgefüllt, wenn die Anforderungen des EEWärmeG teilweise oder vollständig durch Maßnahmen zur Einsparung von Energie erfüllt werden. Die Angaben dienen gegenüber der zuständigen Behörde als Nachweis des Umfangs der Pflichterfüllung durch die Ersatzmaßnahme und der Einhaltung der für das Gebäude geltenden verschärften Anforderungswerte der EnEV.

Endenergieverbrauch – Seite 3

Die Angaben zum Endenergieverbrauch von Wärme und Strom werden für das Gebäude auf der Basis der Abrechnungen von Heizkosten bzw. der Abrechnungen von Energielieferanten ermittelt. Dabei werden die Energieverbrauchsdaten des gesamten Gebäudes und nicht der einzelnen Nutzeinheiten zugrunde gelegt. Die so ermittelten Werte sind spezifische Werte pro Quadratmeter Nettogrundfläche nach der EnEV. Der erfasste Energieverbrauch für die Heizung wird anhand der konkreten örtlichen Wetterdaten und mithilfe von Klimafaktoren auf einen deutschlandweiten Mittelwert umgerechnet. Die Angaben zum Endenergieverbrauch geben Hinweise auf die energetische Qualität des Gebäudes. Ein kleiner Wert signalisiert einen geringen Verbrauch. Ein Rückschluss auf den künftig zu erwartenden Verbrauch ist jedoch nicht möglich. Der tatsächliche Verbrauch einer Nutzungseinheit oder eines Gebäudes weicht insbesondere wegen des Witterungseinflusses und sich ändernden Nutzerverhaltens oder sich ändernder Nutzungen vom angegebenen Endenergieverbrauch ab.

Im Fall längerer Leerstände wird hierfür ein pauschaler Zuschlag rechnerisch bestimmt und in die Verbrauchserfassung einbezogen. Ob und inwieweit derartige Pauschalen in die Erfassung eingegangen sind, ist der Tabelle „Verbrauchserfassung" zu entnehmen.

Die Vergleichswerte ergeben sich durch die Beurteilung gleichartiger Gebäude. Kleinere Verbrauchswerte als der Vergleichswert signalisieren eine gute energetische Qualität im Vergleich zum Gebäudebestand dieses Gebäudetyps. Die Endwerte der beiden Skalen zum Endenergieverbrauch betragen, auf die Zehnerstelle gerundet, das Doppelte des jeweiligen Vergleichswerts.

Primärenergieverbrauch – Seite 3

Der Primärenergieverbrauch geht aus dem für das Gebäude insgesamt ermittelten Endenergieverbrauch für Wärme und Strom hervor. Wie der Primärenergiebedarf wird er mithilfe von Umrechnungsfaktoren ermittelt, die die Vorkette der jeweils eingesetzten Energieträger berücksichtigen.

[1] siehe Fußnote 1 auf Seite 1 des Energieausweises

Anlage 8
(zu § 16)

Muster Aushang Energieausweis auf der Grundlage des Energiebedarfs

ENERGIEAUSWEIS für Nichtwohngebäude

gemäß den §§ 16 ff. der Energieeinsparverordnung (EnEV) vom [1]

Gültig bis: | **Registriernummer** [2] (oder: „Registriernummer wurde beantragt am...") | **Aushang**

Gebäude

Hauptnutzung/ Gebäudekategorie		**Gebäudefoto (freiwillig)**
Adresse		
Gebäudeteil		
Baujahr Gebäude		
Nettogrundfläche		
Wesentliche Energieträger für Heizung und Warmwasser		
Erneuerbare Energien	Art:	Verwendung:

Primärenergiebedarf

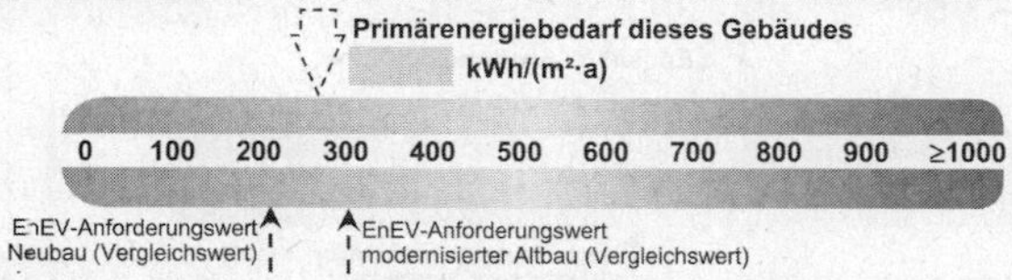

Aufteilung Energiebedarf

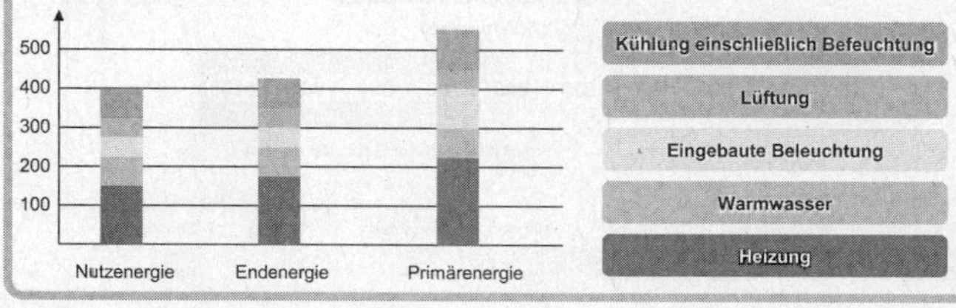

Aussteller

Ausstellungsdatum | Unterschrift des Ausstellers

[1] Datum der angewendeten EnEV, gegebenenfalls angewendeten Änderungsverordnung zur EnEV

[2] Bei nicht rechtzeitiger Zuteilung der Registriernummer (§ 17 Absatz 4 Satz 4 und 5 EnEV) ist das Datum der Antragstellung einzutragen; die Registriernummer ist nach deren Eingang nachträglich einzusetzen.

Anlage 9
(zu § 16)

Muster Aushang Energieausweis auf der Grundlage des Energieverbrauchs

ENERGIEAUSWEIS für Nichtwohngebäude

gemäß den §§ 16 ff. der Energieeinsparverordnung (EnEV) vom [1]

Gültig bis:

Registriernummer [2]
(oder: „Registriernummer wurde beantragt am...")

Aushang

Gebäude

Hauptnutzung/ Gebäudekategorie		Gebäudefoto (freiwillig)
Adresse		
Gebäudeteil		
Baujahr Gebäude		
Nettogrundfläche		
Wesentliche Energieträger für Heizung und Warmwasser		
Erneuerbare Energien	Art:	Verwendung:

Endenergieverbrauch

Endenergieverbrauch Wärme
kWh/(m²·a)

0 100 200 300 400 500 600 700 800 900 ≥1000

Vergleichswert dieser Gebäudekategorie für Heizung und Warmwasser

☐ Warmwasser enthalten

Endenergieverbrauch Strom
kWh/(m²·a)

0 100 200 300 400 500 600 700 800 900 ≥1000

Vergleichswert dieser Gebäudekategorie für Strom

Der Wert enthält den Stromverbrauch für

☐ Zusatzheizung ☐ Warmwasser ☐ Lüftung ☐ eingebaute Beleuchtung ☐ Kühlung ☐ Sonstiges

Primärenergieverbrauch dieses Gebäudes kWh/(m²·a)

Aussteller

Ausstellungsdatum Unterschrift des Ausstellers

[1] Datum der angewendeten EnEV, gegebenenfalls angewendeten Änderungsverordnung zur EnEV

[2] Bei nicht rechtzeitiger Zuteilung der Registriernummer (§ 17 Absatz 4 Satz 4 und 5 EnEV) ist das Datum der Antragstellung einzutragen; die Registriernummer ist nach deren Eingang nachträglich einzusetzen.

Anlage 10

Einteilung in Energieeffizienzklassen

Die Energieeffizienzklassen ergeben sich gemäß der nachfolgenden Tabelle unmittelbar aus dem Endenergieverbrauch oder dem Endenergiebedarf.

Energieeffizienz-klasse	Endenergie [kWh/(m²·a)]
A+	< 30
A	< 50
B	< 75
C	< 100
D	< 130
E	< 160
F	< 200
G	< 250
H	> 250

Anlage 11
(zu § 21 Abs. 2 Nr. 2)

Anforderungen an die Inhalte der Fortbildung

1 Zweck der Fortbildung

Die nach § 21 Abs. 2 Nr. 2 verlangte Fortbildung soll die Aussteller von Energieausweisen für bestehende Gebäude nach § 16 Abs. 2 und 3 in die Lage versetzen, bei der Ausstellung solcher Energieausweise die Vorschriften dieser Verordnung einschließlich des technischen Regelwerks zum energiesparenden Bauen sachgemäß anzuwenden. Die Fortbildung soll praktische Übungen einschließen und insbesondere die im Folgenden genannten Fachkenntnisse vermitteln.

2 Inhaltliche Schwerpunkte der Fortbildung zu bestehenden Wohngebäuden

2.1 Bestandsaufnahme und Dokumentation des Gebäudes, der Baukonstruktion und der technischen Anlagen

Ermittlung, Bewertung und Dokumentation des Einflusses der geometrischen und energetischen Kennwerte der Gebäudehülle einschließlich aller Einbauteile und Wärmebrücken, der Luftdichtheit und Erkennen von Leckagen, der bauphysikalischen Eigenschaften von Baustoffen und Bauprodukten einschließlich der damit verbundenen konstruktivstatischen Aspekte, der energetischen Kennwerte von anlagentechnischen Komponenten einschließlich deren Betriebseinstellung und Wartung, der Auswirkungen des Nutzerverhaltens und von Leerstand und von Klimarandbedingungen und Witterungseinflüssen auf den Energieverbrauch.

2.2 Beurteilung der Gebäudehülle

Ermittlung von Eingangs- und Berechnungsgrößen für die energetische Berechnung, wie z.B. Wärmeleitfähigkeit, Wärmedurchlasswiderstand, Wärmedurchgangskoeffizient, Transmissionswärmeverlust, Lüftungswärmebedarf und nutzbare interne und solare Wärmegewinne. Durchführung der erforderlichen Berechnungen nach DIN V 18599 oder DIN V 4108-6 sowie Anwendung vereinfachter Annahmen und Berechnungs- und Beurteilungsmethoden. Berücksichtigung von Maßnahmen des sommerlichen Wärmeschutzes und Berechnung nach DIN 4108-2, Kenntnisse über Luftdichtheitsmessungen und die Ermittlung der Luftdichtheitsrate.

2.3 Beurteilung von Heizungs- und Warmwasserbereitungsanlagen

Detaillierte Beurteilung von Komponenten einer Heizungsanlage zur Wärmeerzeugung, Wärmespeicherung, Wärmeverteilung und Wärmeabgabe. Kenntnisse über die Interaktion von Gebäudehülle und Anlagentechnik, Durchführung der Berechnungen nach DIN V 18599 oder DIN V 4701-10, Beurteilung von Systemen der alternativen und erneuerbaren Energie- und Wärmeerzeugung.

2.4 Beurteilung von Lüftungs- und Klimaanlagen

Bewertung unterschiedlicher Arten von Lüftungsanlagen und deren Konstruktionsmerkmalen, Berücksichtigung der Brand- und Schallschutzanforderungen für lüftungstechnische Anlagen, Durchführung der Berechnungen nach DIN V 18599 oder DIN V 4701-10, Grundkenntnisse über Klimaanlagen.

2.5 Erbringung der Nachweise

Kenntnisse über energetische Anforderungen an Wohngebäude und das Bauordnungsrecht (insbesondere Mindestwärmeschutz), Durchführung der Nachweise und Berechnungen des Jahres-Primärenergiebedarfs, Ermittlung des Energieverbrauchs und seine rechnerische Bewertung einschließlich der Witterungsbereinigung, Ausstellung eines Energieausweises.

2.6 Grundlagen der Beurteilung von Modernisierungsempfehlungen einschließlich ihrer technischen Machbarkeit und Wirtschaftlichkeit

Kenntnisse und Erfahrungswerte über Amortisations- und Wirtschaftlichkeitsberechnung für einzelne Bauteile und Anlagen einschließlich Investitionskosten und Kosteneinsparungen, über erfahrungsgemäß wirtschaftliche (rentable), im Allgemeinen verwirklichungsfähige Modernisierungsempfehlungen für kosteneffiziente Verbesserungen der energetischen Eigenschaften des Wohngebäudes, über Vor- und Nachteile bestimmter Verbesserungsvorschläge unter Berücksichtigung bautechnischer und rechtlicher Rahmenbedingungen (z.B. bei Wechsel des Heizenergieträgers, Grenzbebauung, Grenzabstände), über aktuelle Förderprogramme, über tangierte bauphysikalische und statischkonstruktive Einflüsse, wie z.B. Wärmebrücken, Tauwasseranfall (Kondensation), Wasserdampftransport, Schimmelpilzbefall, Bauteilanschlüsse und Vorschläge für weitere Abdichtungsmaßnahmen, über die Auswahl von Materialien zur Herstellung der Luftdichtheit (Verträglichkeit, Wirksamkeit, Dauerhaftigkeit) und über Auswirkungen von wärmeschutztechnischen Maßnahmen auf den Schall- und Brandschutz. Erstellung erfahrungsgemäß wirtschaftlicher (rentabler), im Allgemeinen verwirklichungsfähiger Modernisierungsempfehlungen für kosteneffiziente Verbesserungen der energetischen Eigenschaften.

3 Inhaltliche Schwerpunkte der Fortbildung zu bestehenden Nichtwohngebäuden

Zusätzlich zu den unter Nr. 2 aufgeführten Schwerpunkten soll die Fortbildung insbesondere die nachfolgenden Fachkenntnisse zu Nichtwohngebäuden vermitteln.

3.1 Bestandsaufnahme und Dokumentation des Gebäudes, der Baukonstruktion und der technischen Anlagen

Energetische Modellierung eines Gebäudes (beheiztes/gekühltes Volumen, konditionierte/nicht konditionierte Räume, Versorgungsbereich der Anlagentechnik), Ermittlung der Systemgrenze und Einteilung des Gebäudes in Zonen nach entsprechenden Nutzungsrandbedingungen, Zuordnung von geometrischen und energetischen Kenngrößen zu den Zonen und Versorgungsbereichen, Zusammenwirken von Gebäude und Anlagentechnik (Verrechnung von Bilanzanteilen), Anwendung vereinfachter Verfahren (z.B. Ein-Zonen-Modell), Bestimmung von Wärmequellen und -senken und des Nutzenergiebedarfs von Zonen, Ermittlung, Bewertung und Dokumentation der energetischen Kennwerte von raumlufttechnischen Anlagen, insbesondere von Klimaanlagen, und Beleuchtungssystemen.

3.2 Beurteilung der Gebäudehülle

Ermittlung von Eingangs- und Berechnungsgrößen und energetische Bewertung von Fassadensystemen, insbesondere von Vorhang- und Glasfassaden, Bewertung von Systemen für den sommerlichen Wärmeschutz und von Verbauungs- und Verschattungssituationen.

3.3 Beurteilung von Heizungs- und Warmwasserbereitungsanlagen

Berechnung des Endenergiebedarfs für Heizungs- und Warmwasserbereitung einschließlich der Verluste in den technischen Prozessschritten nach DIN V 18599-5 und DIN V 18599-8, Beurteilung von Kraft-Wärme-Kopplungsanlagen nach DIN V 18599-9, Bilanzierung von Nah- und Fernwärmesystemen und der Nutzung erneuerbarer Energien.

3.4 Beurteilung von raumlufttechnischen Anlagen und sonstigen Anlagen zur Kühlung

Berechnung des Kühlbedarfs von Gebäuden (Nutzkälte) und der Nutzenergie für die Luftaufbereitung, Bewertung unterschiedlicher Arten von raumlufttechnischen Anlagen und deren Konstruktionsmerkmalen, Berücksichtigung der Brand- und Schallschutzanforderungen für diese Anlagen, Berechnung des Energiebedarfs für die Befeuchtung mit einem Dampferzeuger, Ermittlung von Übergabe- und Verteilverlusten, Bewertung von Bauteiltemperierungen, Durchführung der Berechnungen nach DIN V 18599-2, DIN V 18599-3 und DIN V 18599-7 und der Nutzung erneuerbarer Energien.

3.5 Beurteilung von Beleuchtungs- und Belichtungssystemen

Berechnung des Endenergiebedarfs für die Beleuchtung nach DIN V 18599-4, Bewertung der Tageslichtnutzung (Fenster, Tageslichtsysteme, Beleuchtungsniveau, Wartungswert der Beleuchtungsstärke etc.), der tageslichtabhängigen Kunstlichtregelung (Art, Kontrollstrategie, Funktionsumfang, Schaltsystem etc.) und der Kunstlichtbeleuchtung (Lichtquelle, Vorschaltgeräte, Leuchten etc.).

3.6 Erbringung der Nachweise

Kenntnisse über energetische Anforderungen an Nichtwohngebäude und das Bauordnungsrecht (insbesondere Mindestwärmeschutz), Durchführung der Nachweise und Berechnungen des Jahres-Primärenergiebedarfs, Ermittlung des Energieverbrauchs und seine rechnerische Bewertung einschließlich der Witterungsbereinigung, Ausstellung eines Energieausweises.

3.7 Grundlagen der Beurteilung von Modernisierungsempfehlungen einschließlich ihrer technischen Machbarkeit und Wirtschaftlichkeit

Erstellung von erfahrungsgemäß wirtschaftlichen (rentablen), im Allgemeinen verwirklichungsfähigen Modernisierungsempfehlungen für kosteneffiziente Verbesserungen der energetischen Eigenschaften für Nichtwohngebäude.

4 Umfang der Fortbildung

Der Umfang der Fortbildung insgesamt sowie der einzelnen Schwerpunkte soll dem Zweck und den Anforderungen dieser Anlage sowie der Vorbildung der jeweiligen Teilnehmer Rechnung tragen.

64. Verordnung über die verbrauchsabhängige Abrechnung der Heiz- und Warmwasserkosten (Verordnung über Heizkostenabrechnung – HeizkostenV)[1)]

In der Fassung der Bekanntmachung vom 5. Oktober 2009[2)]
(BGBl. I S. 3250)

FNA 754-4-4

§ 1 Anwendungsbereich. (1) Diese Verordnung gilt für die Verteilung der Kosten

1. des Betriebs zentraler Heizungsanlagen und zentraler Warmwasserversorgungsanlagen,
2. der eigenständig gewerblichen Lieferung von Wärme und Warmwasser, auch aus Anlagen nach Nummer 1 (Wärmelieferung, Warmwasserlieferung),

durch den Gebäudeeigentümer auf die Nutzer der mit Wärme oder Warmwasser versorgten Räume.

(2) Dem Gebäudeeigentümer stehen gleich

1. der zur Nutzungsüberlassung in eigenem Namen und für eigene Rechnung Berechtigte,
2. derjenige, dem der Betrieb von Anlagen im Sinne des § 1 Absatz 1 Nummer 1 in der Weise übertragen worden ist, dass er dafür ein Entgelt vom Nutzer zu fordern berechtigt ist,
3. beim Wohnungseigentum die Gemeinschaft der Wohnungseigentümer im Verhältnis zum Wohnungseigentümer, bei Vermietung einer oder mehrerer Eigentumswohnungen der Wohnungseigentümer im Verhältnis zum Mieter.

(3) Diese Verordnung gilt auch für die Verteilung der Kosten der Wärmelieferung und Warmwasserlieferung auf die Nutzer der mit Wärme oder Warmwasser versorgten Räume, soweit der Lieferer unmittelbar mit den Nutzern abrechnet und dabei nicht den für den einzelnen Nutzer gemessenen Verbrauch, sondern die Anteile der Nutzer am Gesamtverbrauch zu Grunde legt; in diesen Fällen gelten die Rechte und Pflichten des Gebäudeeigentümers aus dieser Verordnung für den Lieferer.

(4) Diese Verordnung gilt auch für Mietverhältnisse über preisgebundenen Wohnraum, soweit für diesen nichts anderes bestimmt ist.

§ 2 Vorrang vor rechtsgeschäftlichen Bestimmungen. Außer bei Gebäuden mit nicht mehr als zwei Wohnungen, von denen eine der Vermieter selbst

---

[1)] **Amtl. Anm.:** Diese Verordnung dient der Umsetzung der Richtlinie 2006/32/EG des Europäischen Parlaments und des Rates vom 5. April 2006 über Endenergieeffizienz und Energiedienstleistungen und zur Aufhebung der Richtlinie 93/76/EWG des Rates (ABl. L 114 vom 27.4.1996, S. 64).

[2)] Neubekanntmachung der HeizkostenV idF der Bek. v. 20.1.1989 (BGBl. I S. 115) in der ab 1.1. 2009 geltenden Fassung.

bewohnt, gehen die Vorschriften dieser Verordnung rechtsgeschäftlichen Bestimmungen vor.

§ 3 Anwendung auf das Wohnungseigentum. [1]Die Vorschriften dieser Verordnung sind auf Wohnungseigentum anzuwenden unabhängig davon, ob durch Vereinbarung oder Beschluss der Wohnungseigentümer abweichende Bestimmungen über die Verteilung der Kosten der Versorgung mit Wärme und Warmwasser getroffen worden sind. [2]Auf die Anbringung und Auswahl der Ausstattung nach den §§ 4 und 5 sowie auf die Verteilung der Kosten und die sonstigen Entscheidungen des Gebäudeeigentümers nach den §§ 6 bis 9b und 11 sind die Regelungen entsprechend anzuwenden, die für die Verwaltung des gemeinschaftlichen Eigentums im Wohnungseigentumsgesetz enthalten oder durch Vereinbarung der Wohnungseigentümer getroffen worden sind. [3]Die Kosten für die Anbringung der Ausstattung sind entsprechend den dort vorgesehenen Regelungen über die Tragung der Verwaltungskosten zu verteilen.

§ 4 Pflicht zur Verbrauchserfassung. (1) Der Gebäudeeigentümer hat den anteiligen Verbrauch der Nutzer an Wärme und Warmwasser zu erfassen.

(2) [1]Er hat dazu die Räume mit Ausstattungen zur Verbrauchserfassung zu versehen; die Nutzer haben dies zu dulden. [2]Will der Gebäudeeigentümer die Ausstattung zur Verbrauchserfassung mieten oder durch eine andere Art der Gebrauchsüberlassung beschaffen, so hat er dies den Nutzern vorher unter Angabe der dadurch entstehenden Kosten mitzuteilen; die Maßnahme ist unzulässig, wenn die Mehrheit der Nutzer innerhalb eines Monats nach Zugang der Mitteilung widerspricht. [3]Die Wahl der Ausstattung bleibt im Rahmen des § 5 dem Gebäudeeigentümer überlassen.

(3) [1]Gemeinschaftlich genutzte Räume sind von der Pflicht zur Verbrauchserfassung ausgenommen. [2]Dies gilt nicht für Gemeinschaftsräume mit nutzungsbedingt hohem Wärme- oder Warmwasserverbrauch, wie Schwimmbäder oder Saunen.

(4) Der Nutzer ist berechtigt, vom Gebäudeeigentümer die Erfüllung dieser Verpflichtungen zu verlangen.

§ 5 Ausstattung zur Verbrauchserfassung. (1) [1]Zur Erfassung des anteiligen Wärmeverbrauchs sind Wärmezähler oder Heizkostenverteiler, zur Erfassung des anteiligen Warmwasserverbrauchs Warmwasserzähler oder andere geeignete Ausstattungen zu verwenden. [2]Soweit nicht eichrechtliche Bestimmungen zur Anwendung kommen, dürfen nur solche Ausstattungen zur Verbrauchserfassung verwendet werden, hinsichtlich derer sachverständige Stellen bestätigt haben, dass sie den anerkannten Regeln der Technik entsprechen oder dass ihre Eignung auf andere Weise nachgewiesen wurde. [3]Als sachverständige Stellen gelten nur solche Stellen, deren Eignung die nach Landesrecht zuständige Behörde im Benehmen mit der Physikalisch-Technischen Bundesanstalt bestätigt hat. [4]Die Ausstattungen müssen für das jeweilige Heizsystem geeignet sein und so angebracht werden, dass ihre technisch einwandfreie Funktion gewährleistet ist.

(2) [1]Wird der Verbrauch der von einer Anlage im Sinne des § 1 Absatz 1 versorgten Nutzer nicht mit gleichen Ausstattungen erfasst, so sind zunächst durch Vorerfassung vom Gesamtverbrauch die Anteile der Gruppen von Nut-

zern zu erfassen, deren Verbrauch mit gleichen Ausstattungen erfasst wird. [2]Der Gebäudeeigentümer kann auch bei unterschiedlichen Nutzungs- oder Gebäudearten oder aus anderen sachgerechten Gründen eine Vorerfassung nach Nutzergruppen durchführen.

§ 6 Pflicht zur verbrauchsabhängigen Kostenverteilung. (1) [1]Der Gebäudeeigentümer hat die Kosten der Versorgung mit Wärme und Warmwasser auf der Grundlage der Verbrauchserfassung nach Maßgabe der §§ 7 bis 9 auf die einzelnen Nutzer zu verteilen. [2]Das Ergebnis der Ablesung soll dem Nutzer in der Regel innerhalb eines Monats mitgeteilt werden. [3]Eine gesonderte Mitteilung ist nicht erforderlich, wenn das Ableseergebnis über einen längeren Zeitraum in den Räumen des Nutzers gespeichert ist und von diesem selbst abgerufen werden kann. [4]Einer gesonderten Mitteilung des Warmwasserverbrauchs bedarf es auch dann nicht, wenn in der Nutzeinheit ein Warmwasserzähler eingebaut ist.

(2) [1]In den Fällen des § 5 Absatz 2 sind die Kosten zunächst mindestens zu 50 vom Hundert nach dem Verhältnis der erfassten Anteile am Gesamtverbrauch auf die Nutzergruppen aufzuteilen. [2]Werden die Kosten nicht vollständig nach dem Verhältnis der erfassten Anteile am Gesamtverbrauch aufgeteilt, sind

1. die übrigen Kosten der Versorgung mit Wärme nach der Wohn- oder Nutzfläche oder nach dem umbauten Raum auf die einzelnen Nutzergruppen zu verteilen; es kann auch die Wohn- oder Nutzfläche oder der umbaute Raum der beheizten Räume zu Grunde gelegt werden,
2. die übrigen Kosten der Versorgung mit Warmwasser nach der Wohn- oder Nutzfläche auf die einzelnen Nutzergruppen zu verteilen.

[3]Die Kostenanteile der Nutzergruppen sind dann nach Absatz 1 auf die einzelnen Nutzer zu verteilen.

(3) [1]In den Fällen des § 4 Absatz 3 Satz 2 sind die Kosten nach dem Verhältnis der erfassten Anteile am Gesamtverbrauch auf die Gemeinschaftsräume und die übrigen Räume aufzuteilen. [2]Die Verteilung der auf die Gemeinschaftsräume entfallenden anteiligen Kosten richtet sich nach rechtsgeschäftlichen Bestimmungen.

(4) [1]Die Wahl der Abrechnungsmaßstäbe nach Absatz 2 sowie nach § 7 Absatz 1 Satz 1, §§ 8 und 9 bleibt dem Gebäudeeigentümer überlassen. [2]Er kann diese für künftige Abrechnungszeiträume durch Erklärung gegenüber den Nutzern ändern

1. bei der Einführung einer Vorerfassung nach Nutzergruppen,
2. nach Durchführung von baulichen Maßnahmen, die nachhaltig Einsparungen von Heizenergie bewirken oder
3. aus anderen sachgerechten Gründen nach deren erstmaliger Bestimmung.

[3]Die Festlegung und die Änderung der Abrechnungsmaßstäbe sind nur mit Wirkung zum Beginn eines Abrechnungszeitraumes zulässig.

§ 7 Verteilung der Kosten der Versorgung mit Wärme. (1) [1]Von den Kosten des Betriebs der zentralen Heizungsanlage sind mindestens 50 vom Hundert, höchstens 70 vom Hundert nach dem erfassten Wärmeverbrauch der

Nutzer zu verteilen. [2] In Gebäuden, die das Anforderungsniveau der Wärmeschutzverordnung vom 16. August 1994 (BGBl. I S. 2121) nicht erfüllen, die mit einer Öl- oder Gasheizung versorgt werden und in denen die freiliegenden Leitungen der Wärmeverteilung überwiegend gedämmt sind, sind von den Kosten des Betriebs der zentralen Heizungsanlage 70 vom Hundert nach dem erfassten Wärmeverbrauch der Nutzer zu verteilen. [3] In Gebäuden, in denen die freiliegenden Leitungen der Wärmeverteilung überwiegend ungedämmt sind und deswegen ein wesentlicher Anteil des Wärmeverbrauchs nicht erfasst wird, kann der Wärmeverbrauch der Nutzer nach anerkannten Regeln der Technik bestimmt werden. [4] Der so bestimmte Verbrauch der einzelnen Nutzer wird als erfasster Wärmeverbrauch nach Satz 1 berücksichtigt. [5] Die übrigen Kosten sind nach der Wohn- oder Nutzfläche oder nach dem umbauten Raum zu verteilen; es kann auch die Wohn- oder Nutzfläche oder der umbaute Raum der beheizten Räume zu Grunde gelegt werden.

(2) [1] Zu den Kosten des Betriebs der zentralen Heizungsanlage einschließlich der Abgasanlage gehören die Kosten der verbrauchten Brennstoffe und ihrer Lieferung, die Kosten des Betriebsstromes, die Kosten der Bedienung, Überwachung und Pflege der Anlage, der regelmäßigen Prüfung ihrer Betriebsbereitschaft und Betriebssicherheit einschließlich der Einstellung durch eine Fachkraft, der Reinigung der Anlage und des Betriebsraumes, die Kosten der Messungen nach dem Bundes-Immissionsschutzgesetz, die Kosten der Anmietung oder anderer Arten der Gebrauchsüberlassung einer Ausstattung zur Verbrauchserfassung sowie die Kosten der Verwendung einer Ausstattung zur Verbrauchserfassung einschließlich der Kosten der Eichung sowie der Kosten der Berechnung, Aufteilung und Verbrauchsanalyse. [2] Die Verbrauchsanalyse sollte insbesondere die Entwicklung der Kosten für die Heizwärme- und Warmwasserversorgung der vergangenen drei Jahre wiedergeben.

(3) Für die Verteilung der Kosten der Wärmelieferung gilt Absatz 1 entsprechend.

(4) Zu den Kosten der Wärmelieferung gehören das Entgelt für die Wärmelieferung und die Kosten des Betriebs der zugehörigen Hausanlagen entsprechend Absatz 2.

§ 8 Verteilung der Kosten der Versorgung mit Warmwasser. (1) Von den Kosten des Betriebs der zentralen Warmwasserversorgungsanlage sind mindestens 50 vom Hundert, höchstens 70 vom Hundert nach dem erfassten Warmwasserverbrauch, die übrigen Kosten nach der Wohn- oder Nutzfläche zu verteilen.

(2) [1] Zu den Kosten des Betriebs der zentralen Warmwasserversorgungsanlage gehören die Kosten der Wasserversorgung, soweit sie nicht gesondert abgerechnet werden, und die Kosten der Wassererwärmung entsprechend § 7 Absatz 2. [2] Zu den Kosten der Wasserversorgung gehören die Kosten des Wasserverbrauchs, die Grundgebühren und die Zählermiete, die Kosten der Verwendung von Zwischenzählern, die Kosten des Betriebs einer hauseigenen Wasserversorgungsanlage und einer Wasseraufbereitungsanlage einschließlich der Aufbereitungsstoffe.

(3) Für die Verteilung der Kosten der Warmwasserlieferung gilt Absatz 1 entsprechend.

(4) Zu den Kosten der Warmwasserlieferung gehören das Entgelt für die Lieferung des Warmwassers und die Kosten des Betriebs der zugehörigen Hausanlagen entsprechend § 7 Absatz 2.

§ 9 Verteilung der Kosten der Versorgung mit Wärme und Warmwasser bei verbundenen Anlagen. (1) [1] Ist die zentrale Anlage zur Versorgung mit Wärme mit der zentralen Warmwasserversorgungsanlage verbunden, so sind die einheitlich entstandenen Kosten des Betriebs aufzuteilen. [2] Die Anteile an den einheitlich entstandenen Kosten sind bei Anlagen mit Heizkesseln nach den Anteilen am Brennstoffverbrauch oder am Energieverbrauch, bei eigenständiger gewerblicher Wärmelieferung nach den Anteilen am Wärmeverbrauch zu bestimmen. [3] Kosten, die nicht einheitlich entstanden sind, sind dem Anteil an den einheitlich entstandenen Kosten hinzuzurechnen. [4] Der Anteil der zentralen Anlage zur Versorgung mit Wärme ergibt sich aus dem gesamten Verbrauch nach Abzug des Verbrauchs der zentralen Warmwasserversorgungsanlage. [5] Bei Anlagen, die weder durch Heizkessel noch durch eigenständige gewerbliche Wärmelieferung mit Wärme versorgt werden, können anerkannte Regeln der Technik zur Aufteilung der Kosten verwendet werden. [6] Der Anteil der zentralen Warmwasserversorgungsanlage am Wärmeverbrauch ist nach Absatz 2, der Anteil am Brennstoffverbrauch nach Absatz 3 zu ermitteln.

(2) [1] Die auf die zentrale Warmwasserversorgungsanlage entfallende Wärmemenge (Q) ist ab dem 31. Dezember 2013 mit einem Wärmezähler zu messen. [2] Kann die Wärmemenge nur mit einem unzumutbar hohen Aufwand gemessen werden, kann sie nach der Gleichung

$$Q = 2{,}5 \cdot \frac{\text{kWh}}{\text{m}^3 \cdot \text{K}} \cdot V \cdot (t_w - 10\,°\text{C})$$

bestimmt werden. [3] Dabei sind zu Grunde zu legen

1. das gemessene Volumen des verbrauchten Warmwassers (V) in Kubikmetern (m^3);
2. die gemessene oder geschätzte mittlere Temperatur des Warmwassers (t_w) in Grad Celsius (°C).

[4] Wenn in Ausnahmefällen weder die Wärmemenge noch das Volumen des verbrauchten Warmwassers gemessen werden können, kann die auf die zentrale Warmwasserversorgungsanlage entfallende Wärmemenge nach folgender Gleichung bestimmt werden

$$Q = 32 \cdot \frac{\text{kWh}}{\text{m}^2 A_{\text{Wohn}}} \cdot A_{\text{Wohn}}$$

[5] Dabei ist die durch die zentrale Anlage mit Warmwasser versorgte Wohn- oder Nutzfläche (A_{Wohn}) zu Grunde zu legen. [6] Die nach den Gleichungen in Satz 2 oder 4 bestimmte Wärmemenge (Q) ist

1. bei brennwertbezogener Abrechnung von Erdgas mit 1,11 zu multiplizieren und
2. bei eigenständiger gewerblicher Wärmelieferung durch 1,15 zu dividieren.

(3) [1] Bei Anlagen mit Heizkesseln ist der Brennstoffverbrauch der zentralen Warmwasserversorgungsanlage (B) in Litern, Kubikmetern, Kilogramm oder Schüttraummetern nach der Gleichung

$$B = \frac{Q}{H_i}$$

zu bestimmen. [2] Dabei sind zu Grunde zu legen

1. die auf die zentrale Warmwasserversorgungsanlage entfallende Wärmemenge (Q) nach Absatz 2 in kWh;
2. der Heizwert des verbrauchten Brennstoffes (H_i) in Kilowattstunden (kWh) je Liter (l), Kubikmeter (m^3), Kilogramm (kg) oder Schüttraummeter (SRm). Als H_i-Werte können verwendet werden für

Leichtes Heizöl EL	10	kWh/l
Schweres Heizöl	10,9	kWh/l
Erdgas H	10	kWh/m^3
Erdgas L	9	kWh/m^3
Flüssiggas	13	kWh/kg
Koks	8	kWh/kg
Braunkohle	5,5	kWh/kg
Steinkohle	8	kWh/kg
Holz (lufttrocken)	4,1	kWh/kg
Holzpellets	5	kWh/kg
Holzhackschnitzel	650	kWh/SRm.

[3] Enthalten die Abrechnungsunterlagen des Energieversorgungsunternehmens oder Brennstofflieferanten H_i-Werte, sind diese zu verwenden. [4] Soweit die Abrechnung über kWh-Werte erfolgt, ist eine Umrechnung in Brennstoffverbrauch nicht erforderlich.

(4) Der Anteil an den Kosten der Versorgung mit Wärme ist nach § 7 Absatz 1, der Anteil an den Kosten der Versorgung mit Warmwasser nach § 8 Absatz 1 zu verteilen, soweit diese Verordnung nichts anderes bestimmt oder zulässt.

§ 9a Kostenverteilung in Sonderfällen. (1) [1] Kann der anteilige Wärme- oder Warmwasserverbrauch von Nutzern für einen Abrechnungszeitraum wegen Geräteausfalls oder aus anderen zwingenden Gründen nicht ordnungsgemäß erfasst werden, ist er vom Gebäudeeigentümer auf der Grundlage des Verbrauchs der betroffenen Räume in vergleichbaren Zeiträumen oder des Verbrauchs vergleichbarer anderer Räume im jeweiligen Abrechnungszeitraum oder des Durchschnittsverbrauchs des Gebäudes oder der Nutzergruppe zu ermitteln. [2] Der so ermittelte anteilige Verbrauch ist bei der Kostenverteilung anstelle des erfassten Verbrauchs zu Grunde zu legen.

(2) Überschreitet die von der Verbrauchsermittlung nach Absatz 1 betroffene Wohn- oder Nutzfläche oder der umbaute Raum 25 vom Hundert der für die Kostenverteilung maßgeblichen gesamten Wohn- oder Nutzfläche oder des maßgeblichen gesamten umbauten Raumes, sind die Kosten ausschließlich

nach den nach § 7 Absatz 1 Satz 5 und § 8 Absatz 1 für die Verteilung der übrigen Kosten zu Grunde zu legenden Maßstäben zu verteilen.

§ 9b Kostenaufteilung bei Nutzerwechsel. (1) Bei Nutzerwechsel innerhalb eines Abrechnungszeitraumes hat der Gebäudeeigentümer eine Ablesung der Ausstattung zur Verbrauchserfassung der vom Wechsel betroffenen Räume (Zwischenablesung) vorzunehmen.

(2) Die nach dem erfassten Verbrauch zu verteilenden Kosten sind auf der Grundlage der Zwischenablesung, die übrigen Kosten des Wärmeverbrauchs auf der Grundlage der sich aus anerkannten Regeln der Technik ergebenden Gradtagszahlen oder zeitanteilig und die übrigen Kosten des Warmwasserverbrauchs zeitanteilig auf Vor- und Nachnutzer aufzuteilen.

(3) Ist eine Zwischenablesung nicht möglich oder lässt sie wegen des Zeitpunktes des Nutzerwechsels aus technischen Gründen keine hinreichend genaue Ermittlung der Verbrauchsanteile zu, sind die gesamten Kosten nach den nach Absatz 2 für die übrigen Kosten geltenden Maßstäben aufzuteilen.

(4) Von den Absätzen 1 bis 3 abweichende rechtsgeschäftliche Bestimmungen bleiben unberührt.

§ 10 Überschreitung der Höchstsätze. Rechtsgeschäftliche Bestimmungen, die höhere als die in § 7 Absatz 1 und § 8 Absatz 1 genannten Höchstsätze von 70 vom Hundert vorsehen, bleiben unberührt.

§ 11 Ausnahmen. (1) Soweit sich die §§ 3 bis 7 auf die Versorgung mit Wärme beziehen, sind sie nicht anzuwenden

1. auf Räume,
   a) in Gebäuden, die einen Heizwärmebedarf von weniger als 15 kWh/(m² · a) aufweisen,
   b) bei denen das Anbringen der Ausstattung zur Verbrauchserfassung, die Erfassung des Wärmeverbrauchs oder die Verteilung der Kosten des Wärmeverbrauchs nicht oder nur mit unverhältnismäßig hohen Kosten möglich ist; unverhältnismäßig hohe Kosten liegen vor, wenn diese nicht durch die Einsparungen, die in der Regel innerhalb von zehn Jahren erzielt werden können, erwirtschaftet werden können; oder
   c) die vor dem 1. Juli 1981 bezugsfertig geworden sind und in denen der Nutzer den Wärmeverbrauch nicht beeinflussen kann;
2. a) auf Alters- und Pflegeheime, Studenten- und Lehrlingsheime,
   b) auf vergleichbare Gebäude oder Gebäudeteile, deren Nutzung Personengruppen vorbehalten ist, mit denen wegen ihrer besonderen persönlichen Verhältnisse regelmäßig keine üblichen Mietverträge abgeschlossen werden;
3. auf Räume in Gebäuden, die überwiegend versorgt werden
   a) mit Wärme aus Anlagen zur Rückgewinnung von Wärme oder aus Wärmepumpen- oder Solaranlagen oder
   b) mit Wärme aus Anlagen der Kraft-Wärme-Kopplung oder aus Anlagen zur Verwertung von Abwärme, sofern der Wärmeverbrauch des Gebäudes nicht erfasst wird;

4. auf die Kosten des Betriebs der zugehörigen Hausanlagen, soweit diese Kosten in den Fällen des § 1 Absatz 3 nicht in den Kosten der Wärmelieferung enthalten sind, sondern vom Gebäudeeigentümer gesondert abgerechnet werden;
5. in sonstigen Einzelfällen, in denen die nach Landesrecht zuständige Stelle wegen besonderer Umstände von den Anforderungen dieser Verordnung befreit hat, um einen unangemessenen Aufwand oder sonstige unbillige Härten zu vermeiden.

(2) Soweit sich die §§ 3 bis 6 und § 8 auf die Versorgung mit Warmwasser beziehen, gilt Absatz 1 entsprechend.

§ 12 Kürzungsrecht, Übergangsregelungen. (1) [1] Soweit die Kosten der Versorgung mit Wärme oder Warmwasser entgegen den Vorschriften dieser Verordnung nicht verbrauchsabhängig abgerechnet werden, hat der Nutzer das Recht, bei der nicht verbrauchsabhängigen Abrechnung der Kosten den auf ihn entfallenden Anteil um 15 vom Hundert zu kürzen. [2] Dies gilt nicht beim Wohnungseigentum im Verhältnis des einzelnen Wohnungseigentümers zur Gemeinschaft der Wohnungseigentümer; insoweit verbleibt es bei den allgemeinen Vorschriften.

(2) Die Anforderungen des § 5 Absatz 1 Satz 2 gelten bis zum 31. Dezember 2013 als erfüllt

1. für die am 1. Januar 1987 für die Erfassung des anteiligen Warmwasserverbrauchs vorhandenen Warmwasserkostenverteiler und
2. für die am 1. Juli 1981 bereits vorhandenen sonstigen Ausstattungen zur Verbrauchserfassung.

(3) Bei preisgebundenen Wohnungen im Sinne der Neubaumietenverordnung 1970 gilt Absatz 2 mit der Maßgabe, dass an die Stelle des Datums „1. Juli 1981" das Datum „1. August 1984" tritt.

(4) § 1 Absatz 3, § 4 Absatz 3 Satz 2 und § 6 Absatz 3 gelten für Abrechnungszeiträume, die nach dem 30. September 1989 beginnen; rechtsgeschäftliche Bestimmungen über eine frühere Anwendung dieser Vorschriften bleiben unberührt.

(5) Wird in den Fällen des § 1 Absatz 3 der Wärmeverbrauch der einzelnen Nutzer am 30. September 1989 mit Einrichtungen zur Messung der Wassermenge ermittelt, gilt die Anforderung des § 5 Absatz 1 Satz 1 als erfüllt.

(6) Auf Abrechnungszeiträume, die vor dem 1. Januar 2009 begonnen haben, ist diese Verordnung in der bis zum 31. Dezember 2008 geltenden Fassung weiter anzuwenden.

§ 13 (Berlin-Klausel)

§ 14 (Inkrafttreten)

65. Verordnung über die Umstellung auf gewerbliche Wärmelieferung für Mietwohnraum (Wärmelieferverordnung – WärmeLV)

Vom 7. Juni 2013
(BGBl. I S. 1509)

FNA 754-26

Auf Grund des § 556c Absatz 3 des Bürgerlichen Gesetzbuchs, der durch Artikel 1 des Gesetzes vom 11. März 2013 (BGBl. I S. 434) eingefügt worden ist, verordnet die Bundesregierung:

Inhaltsübersicht

Abschnitt 1. Allgemeine Vorschriften

§ 1 Gegenstand der Verordnung. Gegenstand der Verordnung sind

1. Vorschriften für Wärmelieferverträge, die bei einer Umstellung auf Wärmelieferung nach § 556c des Bürgerlichen Gesetzbuchs geschlossen werden, und
2. mietrechtliche Vorschriften für den Kostenvergleich und die Umstellungsankündigung nach § 556c Absatz 1 und 2 des Bürgerlichen Gesetzbuchs.

Abschnitt 2. Wärmeliefervertrag

§ 2 Inhalt des Wärmeliefervertrages. (1) Der Wärmeliefervertrag soll enthalten:

1. eine genaue Beschreibung der durch den Wärmelieferanten zu erbringenden Leistungen, insbesondere hinsichtlich der Art der Wärmelieferung sowie der Zeiten der Belieferung,
2. die Aufschlüsselung des Wärmelieferpreises in den Grundpreis in Euro pro Monat und in Euro pro Jahr und den Arbeitspreis in Cent pro Kilowattstunde, jeweils als Netto- und Bruttobeträge, sowie etwaige Preisänderungsklauseln,
3. die Festlegung des Übergabepunkts,
4. Angaben zur Dimensionierung der Heizungs- oder Warmwasseranlage unter Berücksichtigung der üblichen mietrechtlichen Versorgungspflichten,
5. Regelungen zum Umstellungszeitpunkt sowie zur Laufzeit des Vertrages,
6. falls der Kunde Leistungen vorhalten oder Leistungen des Wärmelieferanten vergüten soll, die vom Grund- und Arbeitspreis nicht abgegolten sind, auch eine Beschreibung dieser Leistungen oder Vergütungen,
7. Regelungen zu den Rechten und Pflichten der Parteien bei Vertragsbeendigung, insbesondere wenn für Zwecke des Wärmeliefervertrages eine Heizungs- oder Warmwasseranlage neu errichtet wurde.

(2) Der Wärmelieferant ist verpflichtet, in seiner Vertragserklärung

1. die voraussichtliche energetische Effizienzverbesserung nach § 556c Absatz 1 Satz 1 Nummer 1 des Bürgerlichen Gesetzbuchs oder die energetisch verbesserte Betriebsführung nach § 556c Absatz 1 Satz 2 des Bürgerlichen Gesetzbuchs anzugeben sowie
2. den Kostenvergleich nach § 556c Absatz 1 Satz 1 Nummer 2 des Bürgerlichen Gesetzbuchs und nach den §§ 8 bis 10 durchzuführen sowie die ihm zugrunde liegenden Annahmen und Berechnungen mitzuteilen.

(3) Die Vereinbarung von Mindestabnahmemengen oder von Modernisierungsbeschränkungen ist unwirksam.

§ 3 Preisänderungsklauseln. Preisänderungsklauseln in Wärmelieferverträgen sind nur wirksam, wenn sie den Anforderungen des § 24 Absatz 4 Satz 1 und 2 der Verordnung über Allgemeine Bedingungen für die Versorgung mit Fernwärme[1] in der jeweils geltenden Fassung entsprechen.

§ 4 Form des Wärmeliefervertrages. Der Wärmeliefervertrag bedarf der Textform.

§ 5 Auskunftsanspruch. Hat der Mieter nach einer Umstellung auf Wärmelieferung die Wärmelieferkosten nicht als Betriebskosten zu tragen, weil die Voraussetzungen des § 556c Absatz 1 des Bürgerlichen Gesetzbuchs nicht erfüllt sind, so kann der Kunde vom Wärmelieferanten verlangen, diejenigen Bestandteile des Wärmelieferpreises als jeweils gesonderte Kosten auszuweisen, die den umlegbaren Betriebskosten nach § 7 Absatz 2 und § 8 Absatz 2 der Verordnung über Heizkostenabrechnung[2] entsprechen.

---

[1] Nr. **35**.
[2] Nr. **64**.

§ 6 Verhältnis zur Verordnung über Allgemeine Bedingungen für die Versorgung mit Fernwärme. Soweit diese Verordnung keine abweichenden Regelungen enthält, bleiben die Regelungen der Verordnung über Allgemeine Bedingungen für die Versorgung mit Fernwärme unberührt.

§ 7 Abweichende Vereinbarungen. Eine von den Vorschriften dieses Abschnitts abweichende Vereinbarung ist unwirksam.

Abschnitt 3. Umstellung der Wärmeversorgung für Mietwohnraum

§ 8 Kostenvergleich vor Umstellung auf Wärmelieferung. Beim Kostenvergleich nach § 556c Absatz 1 Satz 1 Nummer 2 des Bürgerlichen Gesetzbuchs sind für das Mietwohngebäude gegenüberzustellen

1. die Kosten der Eigenversorgung durch den Vermieter mit Wärme oder Warmwasser, die der Mieter bislang als Betriebskosten zu tragen hatte, und
2. die Kosten, die der Mieter zu tragen gehabt hätte, wenn er die den bisherigen Betriebskosten zugrunde liegende Wärmemenge im Wege der Wärmelieferung bezogen hätte.

§ 9 Ermittlung der Betriebskosten der Eigenversorgung. (1) Die bisherigen Betriebskosten nach § 8 Nummer 1 sind wie folgt zu ermitteln:

1. Auf der Grundlage des Endenergieverbrauchs der letzten drei Abrechnungszeiträume, die vor der Umstellungsankündigung gegenüber dem Mieter abgerechnet worden sind, ist der bisherige durchschnittliche Endenergieverbrauch für einen Abrechnungszeitraum zu ermitteln; liegt der Endenergieverbrauch nicht vor, ist er aufgrund des Energiegehalts der eingesetzten Brennstoffmengen zu bestimmen.
2. Der nach Nummer 1 ermittelte Endenergieverbrauch ist mit den Brennstoffkosten auf Grundlage der durchschnittlich vom Vermieter entrichteten Preise des letzten Abrechnungszeitraums zu multiplizieren.
3. Den nach Nummer 2 ermittelten Kosten sind die sonstigen abgerechneten Betriebskosten des letzten Abrechnungszeitraums, die der Versorgung mit Wärme oder Warmwasser dienen, hinzuzurechnen.

(2) Hat der Vermieter die Heizungs- oder Warmwasseranlage vor dem Übergabepunkt während der letzten drei Abrechnungszeiträume modernisiert, so sind die Betriebskosten der bisherigen Versorgung auf Grundlage des Endenergieverbrauchs der modernisierten Anlage zu berechnen.

§ 10 Ermittlung der Kosten der Wärmelieferung. (1) Die Kosten der Wärmelieferung nach § 8 Nummer 2 sind wie folgt zu ermitteln: Aus dem durchschnittlichen Endenergieverbrauch in einem Abrechnungszeitraum nach § 9 Absatz 1 Nummer 1 ist durch Multiplikation mit dem Jahresnutzungsgrad der bisherigen Heizungs- oder Warmwasseranlage, bestimmt am Übergabepunkt, die bislang durchschnittlich erzielte Wärmemenge zu ermitteln.

(2) Sofern der Jahresnutzungsgrad nicht anhand der im letzten Abrechnungszeitraum fortlaufend gemessenen Wärmemenge bestimmbar ist, ist er durch

Kurzzeitmessung oder, sofern eine Kurzzeitmessung nicht durchgeführt wird, mit anerkannten Pauschalwerten zu ermitteln.

(3) Für die nach Absatz 1 ermittelte bisherige durchschnittliche Wärmemenge in einem Abrechnungszeitraum sind die Wärmelieferkosten zu ermitteln, indem der aktuelle Wärmelieferpreis nach § 2 Absatz 1 Nummer 2 unter Anwendung einer nach Maßgabe von § 3 vereinbarten Preisänderungsklausel auf den letzten Abrechnungszeitraum indexiert wird.

§ 11 Umstellungsankündigung des Vermieters. (1) Die Umstellungsankündigung nach § 556c Absatz 2 des Bürgerlichen Gesetzbuchs muss dem Mieter spätestens drei Monate vor der Umstellung in Textform zugehen.

(2) Sie muss Angaben enthalten

1. zur Art der künftigen Wärmelieferung,
2. zur voraussichtlichen energetischen Effizienzverbesserung nach § 556c Absatz 1 Satz 1 Nummer 1 des Bürgerlichen Gesetzbuchs oder zur energetisch verbesserten Betriebsführung nach § 556c Absatz 1 Satz 2 des Bürgerlichen Gesetzbuchs; § 555c Absatz 3 des Bürgerlichen Gesetzbuchs gilt entsprechend,
3. zum Kostenvergleich nach § 556c Absatz 1 Satz 1 Nummer 2 des Bürgerlichen Gesetzbuchs und nach den §§ 8 bis 10 einschließlich der ihm zugrunde liegenden Annahmen und Berechnungen,
4. zum geplanten Umstellungszeitpunkt,
5. zu den im Wärmeliefervertrag vorgesehenen Preisen und den gegebenenfalls vorgesehenen Preisänderungsklauseln.

(3) Rechnet der Vermieter Wärmelieferkosten als Betriebskosten ab und hat er dem Mieter die Umstellung nicht nach den Absätzen 1 und 2 angekündigt, so beginnt die Frist für Einwendungen gegen die Abrechnung der Wärmelieferkosten (§ 556 Absatz 3 Satz 5 des Bürgerlichen Gesetzbuchs) frühestens, wenn der Mieter eine Mitteilung erhalten hat, die den Anforderungen nach den Absätzen 1 und 2 entspricht.

§ 12 Abweichende Vereinbarungen. Eine zum Nachteil des Mieters von den Vorschriften dieses Abschnitts abweichende Vereinbarung ist unwirksam.

Abschnitt 4. Schlussvorschriften

§ 13 Inkrafttreten. Diese Verordnung tritt am 1. Juli 2013 in Kraft.

Sachverzeichnis

Die fetten Zahlen bezeichnen die Ordnungsnummern, welche die Gesetze in dieser Ausgabe erhalten haben, die mageren Zahlen bezeichnen deren Artikel oder Paragraphen. Die römischen Zahlen verweisen auf die Seitenzahlen der Einführung.
Die Buchstaben ä, ö und ü sind wie a, o und u in das Alphabet eingeordnet.

Kunz
Vom Mitarbeiter zur Führungskraft
Die erste Führungsaufgabe
erfolgreich übernehmen.
Wirtschaftsberater
4. Aufl. 2019. 310 S.
€ 16,90. dtv 50966
Auch als **ebook** erhältlich.

TOPTITEL

Erfolgreicher Start in die Managementpraxis.

Der Übergang von einer Fachfunktion zur Leitungsaufgabe will gemeistert sein. Der Autor liefert dafür zahlreiche **Hinweise, Tipps und praktische Hilfen**. Er beschreibt, wie man sich auf die neue Rolle als Teamleiter vorbereiten kann – im Zeitraum von der Entscheidung bis zur ersten Ausübung der neuen Führungsaufgabe und den **»ersten 100 Tagen«** im neuen Job.
Das Buch macht Mut und hilft, die teils verborgenen Klippen in der Managementpraxis gut zu umschiffen. Denn eine Führungsaufgabe soll Spaß machen und Gestaltungsspielräume bieten.

Aus dem Inhalt:

- Was es bedeutet, eine Führungsaufgabe auszuüben
- Ein Team führen: Anforderungen und worauf es ankommt
- Was Ihre Vorgesetzten erwarten
- Wie Sie sich auf anspruchsvolle Erwartungen und Wünsche einstellen
- Wie Sie wirkungsvoll »an sich selbst arbeiten«: Selbst- und Stressmanagement
- Wie Sie den Überblick behalten

Der Autor **Dr. Gunnar Carlo Kunz**, Diplompsychologe, ist selbstständiger Managementberater und Coach in Ginsheim-Gustavsburg.